Wächter

M&A Litigation
M&A-Recht im Streit

M&A Litigation

M&A-Recht im Streit

3. neu bearbeitete Auflage

von

Rechtsanwalt und Notar a. D. Dr. Gerhard H. Wächter

RWS Verlag Kommunikationsforum GmbH · Köln

Die Deutsche Nationalbibliothek verzeichnet diese Publikation in der Deutschen Nationalbibliografie; detaillierte bibliografische Daten sind im Internet über http://dnb.d-nb.de abrufbar.

© 2017 RWS Verlag Kommunikationsforum GmbH
Postfach 27 01 25, 50508 Köln
E-Mail: info@rws-verlag.de, Internet: http://www.rws-verlag.de

Das vorliegende Werk ist in all seinen Teilen urheberrechtlich geschützt. Alle Rechte vorbehalten, insbesondere das Recht der Übersetzung, des Vortrags, der Reproduktion, der Vervielfältigung auf fotomechanischem oder anderen Wegen und der Speicherung in elektronischen Medien.

Satz und Datenverarbeitung: SEUME Publishing Services GmbH, Erfurt
Druck und Verarbeitung: CPI books GmbH, Leck

Vorwort zur dritten Auflage

Dieses Buch versteht sich auch in der dritten Auflage als Ort für eine vertiefte Analyse zentraler Fragen von „M&A Litigation" und M&A-Recht sowie als „Portal", das den Stand der Rechtsprechung und Literatur möglichst schnell, geordnet und vollständig erschließen soll. Das Buch wurde durch eine Aufteilung in eine größere Auswahl von Kapiteln übersichtlicher gestaltet.

Inhaltlich wurden die Darstellungen zu MAC-Klauseln, Prognose- und Planungsgarantien, hybridisierten (sog. „harten") Bilanzgarantien, zu Aufklärungspflichten, zur Wissensorganisationshaftung (Wissenszurechnung) und Verhaltenszurechnung und teilweise erneut zu Schadensersatzfragen erheblich überarbeitet, vertieft und erweitert. Eine Passage zum AGB-Recht wurde neu aufgenommen.

Namentlich werden die Kriterien für ein Vorliegen/Nichtvorliegen von Aufklärungspflichten bei M&A-Transaktionen weiter ausgearbeitet. Die Unterscheidung zwischen einfachen, nicht aufklärungspflichtigen Informationen und Informationen, die ungefragt aufklärungspflichtig sind, ist zentral. Sie wird eingesetzt, um Fragen von Wissensorganisationspflichten und der Verhaltenszurechnung besser zu lösen. Während der Verkäufer echten Aufklärungspflichten ungefragt nachkommen muss, darf er nämlich zu allen anderen Umständen nicht nur schweigen und Auskunftsersuchen verweigern, wenn er selbst befragt wird, sondern er unterliegt insoweit auch geringeren Wissensorganisationspflichten.

Was § 278 BGB angeht, so bleibt der Verkäufer – bei aufklärungspflichtigen und nicht aufklärungspflichtigen Umständen – gleichermaßen frei, ob er Erfüllungsgehilfen bestellt. Der Verkäufer darf daher den Käufer – bei Umständen beider Kategorien – auch in der Due Diligence an „Auskunftspersonen" im Zielunternehmen verweisen, ohne diese zu Erfüllungsgehilfen zu machen. Allerdings erfährt der Käufer bei aufklärungspflichtigen Umständen mittelbar größeren Schutz. Weil er hier einen Aufklärungserfolg schuldet, gerät der Verkäufer, wenn er diesen Erfolg nicht herbeiführt, i. d. R. in die Haftung für eigenes Verschulden nach § 276 BGB.

In den letzten Jahren sind im Schadensrecht erfreulicherweise neue Literaturstimmen und ein Senat des OLG Frankfurt a. M. auf Distanz zur „Bilanzauffüllung" gegangen. Indessen sind einige dieser Literaturstimmen und das OLG Frankfurt a. M. sogleich in den nächsten Fehler – den sog. „Preisdifferenzschaden" – geraten, wodurch zu Unrecht der Unterschied zwischen dem positiven und negativen Interesse eingeebnet wird.

Im Zusammenhang mit einem größeren Schiedsverfahren hatte der Autor Gelegenheit mit *Herrn WP Christoph Wollny*, Berlin, an der Schnittstelle zwischen Schadensrecht und Unternehmensbewertung bei der c. i. c.-Haftung zusammenzuarbeiten. Eine gemeinsame Veröffentlichung steht bevor. Ich danke *Herrn Wollny*, dass der maßgeblich von ihm entwickelte Gedanke, dass der Unterschied zwischen dem negativen und positiven Interesse aus Bewertungsperspektive an einem unterschiedlichen Informationsstichtag festgemacht werden kann, schon hier verwendet werden kann.

Abschließend danke ich *Herrn stud. jur. Arne Zabel* und *Herrn stud. jur. Luca Kowalewski* für ihre zahlreichen Hilfen. *Frau RA Iris Theves-Telyakar* danke ich erneut und ganz besonders für ihr ausgezeichnetes Lektorat.

Es wurden ca. 250 Literaturbeiträge und Urteile neu ausgewertet.

Berlin, im April 2017 *Gerhard H. Wächter*

Vorwort zur zweiten Auflage

Das Konzept dieses Buches besteht darin, die wesentlichen Themen des M&A-Rechts in Rechtsprechung und Literatur systematisch zu erschließen und bei nicht eindeutigen oder schwierigen Rechtsfragen in die Tiefe zu gehen und Positionen zu entwickeln. Dieses Konzept ist gut angenommen worden.[1] Der Autor freut sich besonders, dass die erste Auflage nicht nur „Forensiker" bzw. „Arbitrators" oder „Litigators" angesprochen, sondern ihren Weg auch in die Handbibliotheken[2] zahlreicher Transaktionsanwälte gefunden hat.

Die Erweiterung der zweiten Auflage um rund 200 Seiten beruht auf drei Ursachen: Vor allem wurde die Behandlung der wichtigen, aber überwiegend unklaren schadensrechtlichen Fragen noch einmal erheblich ausgedehnt. Sodann hat der Verfasser den Versuch unternommen, ca. 40 zugängliche, einschlägige Schiedssprüche, zumeist der ICC, auszuwerten. Für Hinweise hat er Mme. *Sylvie Picard Renaut* und Mr. *Damien Schoenstein* vom *Documentation & Research Center* der ICC in Paris zu danken. Auch wenn nicht alle „Entscheidungs-Rationalen" der behandelten (i. d. R. nur teilweise oder zusammenfassend veröffentlichten) Schiedssprüche klar sind oder einen der inländischen Diskussion überlegenen Erkenntnisstand aufweisen, ist es oft nützlich zu wissen, dass und wie ein Schiedsgericht einen solchen Fall entschieden hat. Schließlich wurden, drittens, noch einmal umfangreich neue Aufsätze und Gerichtsentscheidungen eingearbeitet. Auch die zweite Auflage wird indessen das Ziel der vollständigen Erfassung aller relevanten Urteile und Beiträge wohl noch nicht erreichen.

---

1) Besprechungen von *Spehl*, SchiedsVZ, 2012, 216; *Engelhardt*, M&A Review, 11/2012, und *Henle*, ZIP 2013, 596.

2) Es sei bei dieser Gelegenheit auf eine Auswahl von vorzüglichen Handbüchern hingewiesen werden, die v. a. Hilfestellungen bei der Verhandlung und Formulierung von M&A-Verträgen geben möchten. In alphabetischer Ordnung: *Beisel/Klumpp*, Der Unternehmenskauf, 6. Aufl. 2009; *Commandeur/Kleinebrink*, Betriebs-, Firmen- und Vermögensübernahme, 2. Aufl. 2002; *Ettinger/Jaques*, Beck'sches Handbuch Unternehmenskauf im Mittelstand, 2012; *Hettler/Stratz/Hörtnagl*, Beck'sches Mandatshandbuch Unternehmenskauf, 2. Aufl. 2013; *Holzapfel/Pöllath*, Unternehmenskauf in Recht und Praxis, 15. Aufl. 2014; *Jaletzke/Henle*, M&A Agreements in Germany, 2011; *Knott/Mielke*, Unternehmenskauf, 4. Aufl. 2011; *Liebs*, Der Unternehmenskauf, 2. Aufl. 2003; *Merkt/Göthel*, Internationaler Unternehmenskauf, 3. Aufl. 2011; *Meyer-Sparenberg*, Muster zum Unternehmenskauf, in: Beck'sches Formularhandbuch bürgerliches Handels- und Wirtschaftsrecht, 11. Aufl. 2013, S. 181–311; *Picot*, Die Gestaltung des Unternehmenskaufvertrages, in Kauf und Restrukturierung von Unternehmen, 4. Aufl. 2013, S. 131 ff.; *Picot*, Wirtschaftliche und wirtschaftsrechtliche Aspekte bei der Planung der Mergers & Acquisitions, in: Handbuch Mergers & Acquisitions, 5. Aufl. 2012, S. 2 ff.; *Rödder/Hötzel/Mueller-Thuns*, Unternehmenskauf Unternehmensverkauf, 2003; *Rotthege/Wassermann*, Unternehmenskauf bei der GmbH, 2011; *Seibt*, Beck'sches Formularhandbuch, Mergers & Acquisitions, 2. Aufl. 2011; *Semler*, Der Unternehmens- und Beteiligungskaufvertrag, in: Hölters, Handbuch des Unternehmens- und Beteiligungskaufs, 6. Aufl. 2005; *Timmerbeil/Pfeiffer*, Unternehmenskauf Nebenvereinbarungen, 2010.

Vorwort zur zweiten Auflage

Mein Dank für zahlreiche Hilfen gilt meiner Sekretärin Frau *Ulrike Beyer* und Herrn stud. jur. *Arne Zabel*. Frau RAin *Theves-Telyakar* danke ich erneut für ihr kenntnisreiches und sorgfältiges Lektorat.

Berlin, im April 2014 *Gerhard H. Wächter*

Vorwort zur ersten Auflage

Während der Transaktionsphase einer Unternehmensakquisition (durch Share Deal, Asset Deal oder auf sonstige Weise – in diesem Buch M&A-Transaktion genannt) wünschen sich Verkäufer und Käufer das Recht als etwas Eindeutiges und Festes, mit dessen Hilfe sie ein verlässliches Regelwerk zimmern können, um die Transaktion zu fixieren und ihre jeweiligen Interessen nach Hause zu bringen. Es sind zahlreiche und sehr gute Handbücher auf dem Markt, die sie hierbei unterstützen.

Wenn es nachher zu einem Rechtsstreit kommt – was keineswegs bedeuten muss, dass der M&A-Vertrag misslungen ist – verlangt die forensische Aufarbeitung vor Schiedsgerichten oder staatlichen Gerichten allerdings ein anderes Herangehen: Es ist tiefer zu graben und das, was klar und eindeutig sein sollte, darauf zu befragen, ob es wirklich klar und eindeutig geworden ist. Der M&A-Vertrag wird zum Schlachtfeld eines geistigen Kampfes. Gesetzesrecht und Rechtsprechung werden bemüht, um Stücke aus ihm herauszubrechen. Es weht ein anderer Wind. Die Fragen stellen sich theoretischer, „dogmatischer" und schärfer. Die richterlichen Streitbeobachter kommen ins Spiel und die Parteien müssen sich auf ihr Niveau an Komplexitätsbereitschaft und -beherrschung einstellen. Fehler, Irrtümer und Unaufmerksamkeiten werden zum Faktor.

Dieses Buch möchte die Dogmatik und Rechtsprechung zum Unternehmenskauf für nachfolgende Rechtsstreitigkeiten aufarbeiten. Die Behandlungsdichte folgt dem Gewicht der Fragestellungen und dem Umfang der zugänglichen Rechtsprechung, die, auch wenn Vollständigkeit noch nicht erreicht werden konnte, ausführlich referiert wird. Besonders ausführlich werden Ansprüche bei Unternehmenswertbeeinträchtigungen und sonst vernachlässigte schadensrechtliche Fragen dargestellt. Die Herangehensweise ist kritisch, schon um Gegenpositionen zu skizzieren, mit denen im Rechtsstreit zu rechnen ist. Dabei sind auch Auffassungen zu erörtern, die kaum Aussicht haben, kurzfristig einen Kurswechsel der Rechtsprechung zu bewirken. (Auch wenn sich ein staatliches Gericht oder Schiedsgericht nicht zu ihnen bekennen mögen wird, können sie seine Urteilsfindung beeinflussen.)

Es ist mir ein Anliegen, einigen Persönlichkeiten zu danken, die meine geistige Entwicklung besonders angeregt oder gefördert haben: VRiOLG *Helmut Leonardy*, *Dr. Joachim Blau*, *Prof. Dr. Helmut Ridder*, *Prof. Dr. Klaus Lüderssen*, *Prof. Niklas Luhmann* und *Prof. Peter Furth*.

Vorwort zur ersten Auflage

Ich danke Frau RA *Theves-Telyakar* für ihr kenntnisreiches und äußerst hilfreiches Lektorat und Herrn stud. iur. *Sayid Bayoumi-Aly* für die Erstellung des Literatur- und Rechtsprechungsverzeichnisses.

Für Hinweise und Kritik ist der Verfasser dankbar (waechter@waechterlaw.de).

Berlin, im Februar 2012 *Gerhard H. Wächter*

Inhaltsübersicht

Seite

Vorwort zur dritten Auflage V

Vorwort zur zweiten Auflage VII

Vorwort zur ersten Auflage IX

Inhaltsverzeichnis XIX

Erster Teil Streitigkeiten Post Prae M&A 1

1. Kapitel Prae M&A 3

I. Einleitung 4

II. C. i. c. bei Nicht-Zustandekommen von M&A-Transaktionen 5

III. Ansprüche aus wettbewerbsrechtlichen Normen 38

IV. Ansprüche aus Vereinbarungen prae M&A 38

V. Verjährungsfragen bei post prae M&A 51

Zweiter Teil Streitigkeiten um den Bestand von M&A-Verträgen und Nichtlieferung 53

2. Kapitel Bestand von M&A-Verträgen 55

I. Einleitung 59

II. Zustandekommen von M&A-Verträgen durch Ausübung von Optionen 60

III. Nichtigkeit von abgeschlossenen M&A-Verträgen 69

IV. Bestandsrisiken bei Insolvenznähe oder Insolvenz des Verkäufers 109

Inhaltsübersicht

Seite

V. Vereinbarte Rücktrittsrechte, Geschäftsgrundlage
und MAC-Klauseln 112

VI. Verjährungsfragen bei Bestandsangriffen 129

3. Kapitel Nichtlieferung **131**

I. Hintergrund 131

II. Nichtexistenz des Verkäufers 133

III. Nichtexistenz eines Kaufvehikels 134

IV. Nichtexistenz der Zielgesellschaft 135

V. Verkäufer nicht Rechtsinhaber 136

VI. Verkäufer erfüllt Wirksamkeitsbedingung nicht 142

VII. International-privatrechtliches Scheitern der
Unternehmenslieferung 143

VIII. Fehlende Zustimmung Dritter zur Übertragung
vinkulierter Gesellschaftsanteile beim Share Deal 143

IX. Fehlende Zustimmung Dritter zur Vertragsübertragungen
beim Asset Deal 143

X. Rechtsmängel des gelieferten Unternehmens
oder der gelieferten Anteile 145

XI. Kausalität der Nichtlieferung für Schadensentstehung 147

XII. Zur Vollstreckung einer Unternehmenslieferpflicht
und zum Schadensersatz bei Nichtlieferung 148

XIII. Verjährungsfragen bei Nichtlieferung und Rechtsmängeln 149

Inhaltsübersicht

Seite

Dritter Teil Streit um Unternehmenswertbeeinträchtigungen 151

4. Kapitel Unternehmenswertbeeinträchtigungen 153

I. Einführung: Unternehmenswertbeeinträchtigung als Oberbegriff auf Sachverhaltsebene 154

II. Garantien, c. i. c., Delikt, Täuschungsanfechtung und Sachmängelrecht 157

III. AGB-Recht und M&A-Verträge 167

5. Kapitel Garantien 175

I. Hintergrund 177

II. Struktur von Garantien 180

III. Garantien zum rechtlichen, tatsächlichen Zustand und Geldeswert von Sachen und Gegenständen 198

IV. Garantien mit Zukunftsbezug 206

V. Garantien zu erteilten Informationen 257

VI. Verjährungsfragen bei Garantien 259

6. Kapitel C. i. c., Delikt, § 123 BGB 261

I. C. i. c. (§§ 280 Abs. 1, 311 Abs. 2, 241 Abs. 2 BGB) 263

II. Arglistanfechtung gemäß § 123 BGB 320

III. § 823 Abs. 2 BGB i. V. m. § 263 StGB, § 826 BGB 321

7. Kapitel Sachmängelhaftung 325

I. Hintergrund 326

II. Nichtanwendung des Sachmängelrechts auf Sachmängel 328

Inhaltsübersicht

Seite

III. Anwendung des Sachmängelrechts auf Nicht-Sachmängel 335

IV. Sachmängelrecht und Unternehmenswertbeeinträchtigungen 351

V. Verjährungsfragen bei Ansprüchen aus dem Sachmängelrecht 357

8. Kapitel Subjektive Merkmale auf Verkäuferseite zur Haftungsbegründung 359

I. Vertypungen subjektiver Merkmale, Kognitionspsychologie und Recht 361

II. Überblick Wissensorganisationshaftung (Wissenszurechnung) und Verhaltenszurechnung 372

III. „Wissensorganisationshaftung" (Wissenszurechnung) 374

IV. Verhaltenszurechnung nach § 278 BGB 412

V. Beweisfragen 441

9. Kapitel Subjektive Merkmale auf Käuferseite zum Haftungsausschluss 443

I. Einleitung 444

II. Käuferkenntnis bei selbstständigen Garantien 445

III. Käuferkenntnis bei kaufrechtlicher Sachmängelhaftung 459

IV. Käuferkenntnis und Mitverschulden bei c. i. c. und Delikt 460

V. Wissenszurechnung auf Käuferseite 465

Vierter Teil Rechtsfolgen bei Unternehmenswertbeeinträchtigungen 471

10. Kapitel Überblick Rechtsfolgenseite 473

I. „Unternehmenswertaffines", aber topisch dekonturiertes Schadensrecht 474

Inhaltsübersicht

Seite

II. Betriebswirtschaftliche Quantifizierung von Unternehmenswertminderungen nicht trivial 476

III. Der für ein (Schieds)Gericht maßgebliche Unternehmenswert vs. von den Parteien verwendete Unternehmenswerte und der Kaufpreis 480

IV. Subjektbezogenheit und Prognosesubjektivität bei Unternehmenswerten und die „objektive Bestimmung subjektiver Unternehmenswerte" 483

V. Weiter Begriff von Unternehmenswert vs. „Enterprise Value" 486

11. Kapitel Berechnung von Nachbaukosten und Unternehmensbewertung 489

I. Kosten des Nachbaus eines Investments 491

II. Unternehmenswert als Barwert von Zukunftsüberschüssen 493

III. Verkäufer- und Käufer-Unternehmenswert und Kaufpreis 512

IV. Ausgleichsmodelle zur Anpassung der Sachleistung oder Gegenleistung an Unternehmenswertminderungen 519

V. Grundfälle von Unternehmenswertbeeinträchtigungen 529

12. Kapitel Schadensersatz- bzw. Schadensrecht 537

I. „Interesse" und Totalausgleich 542

II. Zwei Bedeutungsebenen in § 249 Abs. 1 BGB: generelle Zielprogrammierung und ein vorrangiger Zielerreichungsmodus 543

III. Die beiden wichtigsten schadensrechtlichen Begriffspaare 545

IV. Ergänzende und irreführende schadensrechtliche Begriffe 575

V. Ersatz des Bestands- bzw. negativen Interesses bei Unternehmenswertbeeinträchtigungen 586

Inhaltsübersicht

Seite

VI. Ersatz des Leistungs- bzw. positiven Interesses
bei Unternehmenswertbeeinträchtigungen 618

VII. „Dreiecksprobleme" beim Share Deal: Aktivlegitimation
(Anspruchsberechtigung), Käuferschaden und Gesellschaftsschaden
und Empfangszuständigkeit für die Ersatzleistung 695

VIII. Mitverschulden 699

IX. Vertragliche Rechtsfolgenklauseln 699

X. Darlegungs- und Beweisfragen 703

XI. Zusammenfassende Matrix: Schadensersatzansprüche
bei M&A-Transaktionen 709

Fünfter Teil Zusatzabreden und Weiterungen 711

13. Kapitel Zusatzabreden und Kaufpreisklauseln 713

I. Hintergrund 717

II. Pflichten des Verkäufers neben der Lieferungspflicht 720

III. Pflichten des Käufers neben der Kaufpreiszahlungspflicht 738

IV. Kaufpreisklauseln 757

V. Wechselseitige Pflichten bei Minderheitsbeteiligungen,
bei Venture Capital oder Private Equity-Finanzierungen 780

VI. Sog. „Sprech-", „Neuverhandlungs-" oder
„Nachverhandlungsklauseln" 780

VII. Pflichten der Gesellschaft 784

VIII. Zur Verjährung von Ansprüchen aus Zusatzabreden und
Kaufpreisklauseln 784

Inhaltsübersicht

Seite

14. Kapitel Weiterungen 787

I. Weitere Beteiligte 788

II. Haftung des Managements der Zielgesellschaft und Dritter 789

III. Haftung des Verkäufers als Altgesellschafter oder von verkäufernahen Personen als vormaligen Organen beim Share Deal 796

IV. Altansprüche des Anteilsverkäufers gegen die Zielgesellschaft beim Share Deal 800

V. Ansprüche des Anteilskäufers gegen die Zielgesellschaft beim Share Deal 800

VI. Informationshaftung des Käufers gegenüber dem Verkäufer bei M&A-Transaktionen 801

VII. Haftung von Verkäufer- oder Käufer-Organen oder Beratern wegen Fehlern bei M&A-Transaktionen 805

VIII. Streitigkeiten zwischen Verkäufer oder Käufer und Warranty & Indemnity-Versicherungen 806

Sechster Teil Anhang 807

15. Kapitel Rechtsstreit, Recht, Gerichte und Prozessführung 809

I. Einführung 810

II. Was ist ein Rechtsstreit? 811

III. Gerichte und Recht 814

IV. Zur Prozessführung 835

Literaturverzeichnis 853

Wichtige Gerichtsurteile und Schiedssprüche zum Unternehmenskauf 897

Stichwortverzeichnis 917

Inhaltsverzeichnis

	Rn.	Seite

Vorwort zur dritten Auflage V

Vorwort zur zweiten Auflage VII

Vorwort zur ersten Auflage IX

Inhaltsübersicht XI

Erster Teil Streitigkeiten Post Prae M&A 1

1. Kapitel Prae M&A 3

I. Einleitung 1.1 4

II. C. i. c. bei Nicht-Zustandekommen von
   M&A-Transaktionen 1.3 5
   1. Hintergrund 1.3 5
   2. C. i. c. durch Täuschung über Abschluss-
      bereitschaft 1.17 10
      a) Deliktsähnlicher Charakter 1.17 10
      b) Täuschung über ein Zustandekommen des Ver-
         trages oder die eigene Abschlussbereitschaft? 1.22 11
      c) Täuschung über Voraussetzungen der Abschluss-
         bereitschaft 1.24 12
      d) Über die „Sicherheit" von Abschlussbereit-
         schaften 1.28 13
      e) Verschulden 1.40 15
      f) Relevanz eines qualifizierten Formerforder-
         nisses? 1.42 16
      g) Fallbeispiele 1.43 16
      h) Ersatzfähige Aufwendungen und Schäden 1.55 22
   3. C. i. c. durch Verhandlungsabbruch 1.56 22
      a) Vertragsähnlicher Charakter 1.57 22
      b) Vertrauenstatbestand 1.63 24
      c) Über die Triftigkeit von Gründen 1.85 31
      d) Relevanz eines Formerfordernisses? 1.98 34
      e) Ersatzfähige Aufwendungen und Schäden 1.106 38

III. Ansprüche aus wettbewerbsrechtlichen Normen 1.107 38

Inhaltsverzeichnis

	Rn.	Seite

IV. Ansprüche aus Vereinbarungen prae M&A 1.109 38
    1. Term Sheet, Memorandum of Understanding,
       Letter of Intent 1.109 38
    2. Geheimhaltungsvereinbarungen 1.112 39
       a) Hintergrund 1.112 39
       b) Inhalte und Rechtsfolgen 1.119 41
    3. Exklusivitätsvereinbarungen 1.125 43
    4. Abwerbeverbote 1.135 46
    5. „Break up Fee" und Kostenvereinbarungen 1.137 47
    6. Vorvertrag 1.148 50
    7. Vorfeldvereinbarungen zwischen prospektiven
       Käufern 1.151 51

V. Verjährungsfragen bei post prae M&A 1.152 51

**Zweiter Teil Streitigkeiten um den Bestand von
M&A-Verträgen und Nichtlieferung** 53

2. Kapitel Bestand von M&A-Verträgen 55

I. Einleitung 2.1 59

II. Zustandekommen von M&A-Verträgen durch Ausübung
    von Optionen 2.3 60
    1. Hintergrund 2.3 60
    2. Zustandekommen eines M&A-Vertrages durch
       Optionsausübung 2.9 61
    3. Verpflichtung zum Vertragsabschluss aufgrund
       einer Option 2.23 68

III. Nichtigkeit von abgeschlossenen M&A-Verträgen 2.24 69
    1. Nichtigkeit wegen Formmängeln (§ 125 BGB) 2.29 70
       a) Mangelhafte Gründung einer Käufer-GmbH
          (§ 2 GmbHG) 2.30 70
       b) Formmängel beim Verkauf, der sonstigen
          Begründung von Abtretungsverpflichtungen
          oder der Abtretung von Geschäftsanteilen nach
          § 15 Abs. 3, 4 GmbHG 2.32 71
          aa) Extensive Interpretation von Beurkundungs-
              notwendigkeiten 2.33 71

Inhaltsverzeichnis

	Rn.	Seite

  (1) Verkauf und/oder Abtretung von Kommanditanteilen bei einer GmbH & Co. KG ... 2.46 ... 75
  (2) Änderungsvereinbarungen und Vollzugsprotokolle ... 2.47 ... 75
  (3) Schiedsordnungen ... 2.49 ... 75
 bb) Restriktive Interpretation von Heilungsvorschriften ... 2.50 ... 76
 c) Formmängel bei Asset Deals mit Grundstücken ... 2.61 ... 80
  aa) § 331b Abs. 1 BGB ... 2.61 ... 80
  bb) Grundstücksbezeichnung bei Spaltungen ... 2.70 ... 82
  cc) Anwendung von Heilungsvorschriften ... 2.71 ... 82
 d) Formmängel bei Asset Deals über das gegenwärtige Vermögen ... 2.72 ... 83
 e) § 154 Abs. 2 BGB ... 2.80 ... 85
 f) Beurkundungsmängel ... 2.81 ... 85
  aa) Fehlende Unterschrift einer Partei ... 2.82 ... 85
  bb) Fehlende Verlesung von Anlagen ... 2.84 ... 86
 g) Auslandbeurkundungen von GmbH-Abtretungen ... 2.92 ... 89
2. Nichtigkeit wegen Gesetzesverstoßes (§ 134 BGB) ... 2.93 ... 90
 a) Patientenkarteien (§ 203 StGB) ... 2.95 ... 90
 b) Beraterakten und Mandantendaten (§ 203 StGB, § 57 Abs. 1 StBerG) ... 2.98 ... 91
 c) Kartellrechtliche Vorschriften (v. a. § 1 GWB) ... 2.101 ... 92
 d) Darlehensforderungen ... 2.103 ... 92
3. Nichtigkeit wegen Wucher (§ 138 Abs. 2 BGB) ... 2.104 ... 93
4. Nichtigkeit nach § 138 Abs. 1 BGB (Sittenwidrigkeit) ... 2.110 ... 95
 a) Schmiergeldzahlung ... 2.111 ... 95
 b) Steuerhinterziehung ... 2.112 ... 95
 c) Schädigung eines Dritten ... 2.113 ... 96
 d) Rechtsgeschäfte im Zusammenhang mit Firmenbestattungen ... 2.114 ... 96
 e) Call-Optionen, Drag Along-, Tag Along- und Hinauskündigungsklauseln ... 2.115 ... 96
 f) Nachträgliche Änderungen eines nichtigen Vertrages ... 2.120 ... 98
5. Nichtigkeit bei Bedingungen ... 2.121 ... 98
6. Nichtigkeit bei Genehmigungsvorbehalten ... 2.129 ... 100
7. Nichtigkeit bei In-Sich-Geschäften ... 2.130 ... 101
8. Nichtigkeit bei Missbrauch von Vertretungsmacht ... 2.131 ... 101

| | Rn. | Seite |

9. Nichtigkeit aufgrund gesellschaftsrechtlicher
   Vorschriften 2.135 102
   a) Unzulässige Stückelung von GmbH-Anteilen 2.136 102
   b) Unwirksame Teilung von GmbH-Anteilen 2.137 103
   c) Falsche Bezeichnung von GmbH-Anteilen 2.138 103
   d) Nichtigkeit der Abtretung von „Geschäftsanteilen"
      an einer Vor-GmbH 2.139 104
   e) Nichtigkeit von Einbringungsvorgängen bei
      verdeckten Sacheinlagen 2.141 104
   f) Keine Nichtigkeit bei Verletzung von Kapitaler-
      haltungsvorschriften 2.144 105
   g) Nichtigkeit von Beschlüssen von GmbH-Gesell-
      schaftern, die nicht in der Gesellschafterliste
      eingetragen sind 2.145 105
   h) Übertragung des gesamten Gesellschafts-
      vermögens 2.146 106
   i) Verpflichtungen zur Änderung von
      GmbH-Satzungen 2.147 106
   j) Übergabe von Aktienurkunden 2.148 106
10. Nichtigkeit aufgrund familienrechtlicher Verfügungs-
    beschränkungen 2.149 106
11. Nichtigkeit aufgrund erbrechtlicher Verfügungs-
    beschränkungen 2.151 106
12. Nichtigkeit aus verschiedenen Gründen 2.152 107
13. Teilnichtigkeit und Gesamtnichtigkeit 2.154 107
    a) Nichtigkeit des „ganzen Rechtsgeschäfts"
       bei Nichtigkeit eines „Teil(s) eines Rechts-
       geschäfts" gemäß § 139 BGB 2.154 107
    b) Beschränkte Wirkung salvatorischer Klauseln ... 2.160 109

IV. Bestandsrisiken bei Insolvenznähe oder Insolvenz
    des Verkäufers 2.162 109
    1. Insolvenzanfechtung (§§ 132 Abs. 1 Nr. 1,
       133 InsO) 2.164 110
    2. Verwalterwahlrecht (§ 103 Abs. 2 Nr. 1 InsO) 2.167 111
    3. Anfechtungen nach dem Anfechtungsgesetz 2.168 112
    4. Unternehmensverkäufe nach eröffnetem Insolvenz-
       verfahren 2.169 112

V. Vereinbarte Rücktrittsrechte, Geschäftsgrundlage
   und MAC-Klauseln 2.170 112
   1. Rücktrittsrechte 2.170 112

Inhaltsverzeichnis

		Rn.	Seite

2. Wegfall der Geschäftsgrundlage 2.171 113
3. MAC-Klauseln 2.173 114
   a) Überblick 2.173 114
   b) Interims-Periode als formaler Anlass von
      MAC-Klauseln 2.179 116
   c) Die materielle Risikoabwälzung durch
      MAC-Klauseln 2.181 117
   d) MAC-Klauseln in Kreditverträgen des Käufers
      als Argument für MAC-Klauseln in
      M&A-Verträgen? 2.184 118
   e) Zur „Power Politics" von MAC-Klauseln 2.188 120
      aa) Sehr hohe Verkäufernachteile bei Scheitern
          des M&A-Vertrages 2.190 120
          (1) Schwere wirtschaftliche Nachteile
              bei Scheitern des M&A-Vertrages
              oder Kaufpreisnachlass für Käufer 2.191 120
          (2) Drohung mit Ausübung des MACs
              setzt Verkäufer unter Stress 2.192 120
          (3) Rechtliche Verkäuferrisiken im
              MAC-Konflikt 2.193 122
      bb) Zumeist deutlich weniger bedrohliche
          Situation für Käufer 2.196 122
          (1) Upside des Käufers hoch 2.196 122
          (2) Kaum Downside für Käufer 2.197 123
          (3) Käuferkontrolle über den
              MAC-Konflikt 2.202 125
      cc) Zusammenfassung „Power Politics" 2.203 125
      dd) Fragwürdige Versuche zur „Entschärfung"
          von MAC-Klauseln 2.205 126
          (1) MAC-Klauseln im Interesse beider
              Parteien domestizieren? 2.206 126
          (2) Missbrauch von MAC-Klauseln
              bei bloßer Kaufpreisreduzierungs-
              absicht? 2.209 127
      ee) Im Streit um MAC-Klauseln 2.210 127

VI. Verjährungsfragen bei Bestandsangriffen 2.213 129

3. Kapitel Nichtlieferung 131

I. Hintergrund 3.1 131

II. Nichtexistenz des Verkäufers 3.4 133

Inhaltsverzeichnis

	Rn.	Seite
III. Nichtexistenz eines Kaufvehikels	3.12	134
IV. Nichtexistenz der Zielgesellschaft	3.13	135
V. Verkäufer nicht Rechtsinhaber	3.16	136
1. Fehlgeschlagene Gründungsvorgänge	3.17	136
2. Verdeckte Sacheinlage (§ 19 Abs. 5 GmbHG a. F.)	3.20	136
3. Missachtung von Vinkulierungsbestimmungen in der Vergangenheit	3.30	139
4. Vorherige Lieferung an einen Dritten	3.35	140
VI. Verkäufer erfüllt Wirksamkeitsbedingung nicht	3.37	142
VII. International-privatrechtliches Scheitern der Unternehmenslieferung	3.41	143
VIII. Fehlende Zustimmung Dritter zur Übertragung vinkulierter Gesellschaftsanteile beim Share Deal	3.42	143
IX. Fehlende Zustimmung Dritter zur Vertragsübertragungen beim Asset Deal	3.43	143
X. Rechtsmängel des gelieferten Unternehmens oder der gelieferten Anteile	3.47	145
1. Rechtsmängel beim Share Deal	3.47	145
2. Rechtsmängel beim Asset Deal	3.50	145
XI. Kausalität der Nichtlieferung für Schadensentstehung	3.54	147
XII. Zur Vollstreckung einer Unternehmenslieferpflicht und zum Schadensersatz bei Nichtlieferung	3.57	148
XIII. Verjährungsfragen bei Nichtlieferung und Rechtsmängeln	3.60	149

Dritter Teil Streit um Unternehmenswertbeeinträchtigungen 151

4. Kapitel Unternehmenswertbeeinträchtigungen 153

I. Einführung: Unternehmenswertbeeinträchtigung als Oberbegriff auf Sachverhaltsebene	4.1	154

Inhaltsverzeichnis

| | | Rn. | Seite |

II. Garantien, c. i. c., Delikt, Täuschungsanfechtung und Sachmängelrecht 4.9 157
    1. Überblick: Garantien, c. i. c., Delikt, Täuschungsanfechtung und Sachmängelrecht 4.9 157
    2. Objektive und subjektive Tatbestandsmerkmale, subjektive Unrechts- bzw. Pflichtwidrigkeitsmerkmale? 4.18 161
       a) Objektive und subjektive Tatbestandsmerkmale im Gang der Darstellung 4.18 161
       b) Subjektive Merkmale – Voraussetzungen für Aufklärungspflichten 4.21 162
       c) Begründen Aufklärungsplichten Unrecht/Pflichtwidrigkeit oder Verschulden? 4.31 166

III. AGB-Recht und M&A-Verträge 4.36 167
    1. Neunziger Jahre: Rechtsprechung und Diskussion zur Anwendung des AGBG auf Treuhandprivatisierungsverträge 4.36 167
    2. Heute: Liberaler impetus von Wirtschaftsanwälten gegen die Anwendung des AGB-Rechts auf M&A-Verträge 4.37 169
    3. Materielle Vertragskontrolle auch bei M&A-Verträgen nicht vermeidbar 4.39 169
    4. Unehrlichkeit des AGB-Rechts 4.40 170
    5. § 305 BGB verlangt Subsumtion unter einen Unbegriff, der die Systemizität von Verträgen ignoriert 4.42 171
    6. Gerichte sind aus Verbraucherschutzgründen gezwungen, den Kontrollbereich für AGB weitzuhalten 4.45 172
    7. Die Inhaltskontrolle nach § 307 BGB und ihre möglichen Themen 4.47 173
       a) Angriffsziele 4.48 173
       b) Unangemessene Benachteiligung 4.49 174

5. Kapitel Garantien 175

I. Hintergrund 5.1 177

II. Struktur von Garantien 5.8 180
    1. Tatbestandsseite: Garantie der Richtigkeit einer Aussage 5.8 180

		Rn.	Seite
	a) Aussagegarantien „erster Ordnung" und Aussagegarantien „zweiter Ordnung"	5.9	180
	b) Neben Unrichtigkeit der Garantieaussage keine weitere Pflichtwidrigkeit erforderlich	5.16	182
	c) Vergangenheits-, gegenwarts- und zukunftsbezogene Garantien, „Prognosequalitäts-" und „Zukunftserfolgsgarantien"	5.18	183
	d) Objektive und subjektive Garantien	5.22	184
	e) Stichtage	5.29	186
	aa) Bedeutung von Stichtagen	5.29	186
	bb) Stichtage I (für die Richtigkeit von Garantieaussagen)	5.43	189
	(1) Aussagegarantien „erster Ordnung"	5.43	189
	(2) Aussagegarantien „zweiter Ordnung"	5.47	190
	cc) Stichtage II (für die Kenntnis der Unrichtigkeit)	5.52	193
2.	Ausblick auf Rechtsfolgen	5.58	194
	a) Abweichungen der Außenwelt gegenüber der Garantieaussage und Pflichtwidrigkeit von Aussagen	5.58	194
	b) Rechtsfolge: Erfüllung oder Schadensersatz?	5.62	196
III.	Garantien zum rechtlichen, tatsächlichen Zustand und Geldeswert von Sachen und Gegenständen	5.71	198
1.	Garantien zum Eigentum an Sachen und zur Inhaberschaft an Gegenständen	5.71	198
2.	Garantien zum Zustand von Sachen und Gegenständen	5.77	199
3.	Garantien zum Geldeswert von Sachen und Gegenständen (Vermögensgarantien)	5.85	201
4.	Garantien zur Einhaltung öffentlich-rechtlicher Vorschriften (Compliance-Garantien), inkl. Steuergarantien	5.94	203
IV.	Garantien mit Zukunftsbezug	5.102	206
1.	Garantien zu Prognosen und Planungen	5.102	206
2.	Bilanzgarantien	5.118	213
	a) Aussagen „zweiter Ordnung" und „erster Ordnung"	5.119	213
	b) Wann ist eine Bilanz „richtig"?	5.132	217
	c) Einfache, normale (sog. „weiche" oder „subjektive") Bilanzgarantien	5.142	220

Inhaltsverzeichnis

	Rn.	Seite

aa) Bilanzgarantien oder Garantien hybridisierter Bilanzen? 5.142 220
bb) „Normativ-subjektiver Fehlerbegriff" bei der einfachen, normalen Bilanzgarantie 5.147 221
  (1) Ein Beispiel für eine einfache, normale Bilanzgarantie 5.148 221
  (2) Einfache, normale Bilanzgarantien können kenntnisabhängig oder kenntnisunabhängig sein 5.151 222
d) Garantien hybridisierter Bilanzen (sog. „harte" bzw. „objektive" Bilanzgarantien) 5.154 224
  aa) Hintergrund 5.154 224
    (1) Käuferinteresse an mehr Sicherheit als das Bilanzrecht gewährt 5.154 224
    (2) Vermögensgarantien werden selten vereinbart 5.156 225
    (3) Sachlich hybridisierte Bilanzgarantien werden selten vereinbart 5.159 225
    (4) Zeitlich hybridisierte Bilanzgarantien werden selten vereinbart 5.161 226
  bb) Einwände gegen die Uminterpretation von Bilanzgarantien in hybridisierte Bilanzgarantien 5.167 227
    (1) Welche Regeln sollen anstelle des Bilanzrechts gelten, um die „Richtigkeit" der Bilanzaussagen zu messen? 5.176 231
    (2) Hybridisierte Bilanzgarantien können kenntnisabhängig oder kenntnisunabhängig vereinbart werden. 5.182 233
e) Beschränkte Relevanz des Betrages der Unrichtigkeit von Bilanzpositionen 5.183 233
f) Bilanzgarantien im Einzelnen 5.184 234
  aa) „Bilanz" i. S. einer Bilanzgarantie 5.184 234
  bb) Garantien zu Bilanzwerten von Aktiva 5.191 236
  cc) Garantien zu Schulden und Risiken bzw. Rückstellungen 5.200 238
  dd) Garantien zu Jahresergebnissen 5.227 248
  ee) Eigenkapitalgarantien 5.228 249
    (1) Zwei generelle Auslegungsfragen von Eigenkapitalgarantien 5.229 249
    (2) ... Ausdruck der ökonomischen „Streuwirkung" von Eigenkapitalgarantien 5.231 250

Inhaltsverzeichnis

	Rn.	Seite
(3) Eigenkapitalgarantien als Garantien einer „Bilanzbreimasse"	5.234	251
(4) Keine Haftung aus Eigenkapitalgarantie ohne Aufspüren der konkreten Ursache der „Eigenkapitallücke"	5.239	254
(5) Keine Saldierung von Bilanzunrichtigkeiten auf Tatbestandsebene	5.245	257
g) Bilanzgarantien in internationalen Schiedsverfahren	5.246	257
V. Garantien zu erteilten Informationen	5.247	257
VI. Verjährungsfragen bei Garantien	5.254	259

6. Kapitel C. i. c., Delikt, § 123 BGB ... 261

I. C. i. c. (§§ 280 Abs. 1, 311 Abs. 2, 241 Abs. 2 BGB) ... 6.1 ... 263
  1. Voraussetzungen der Anwendung der c. i. c.: Keine „Sperrwirkung" ... 6.4 ... 264
    a) Vorliegen eines „Unternehmensverkaufs" ... 6.9 ... 265
    b) Umfang der Sperrwirkung = Umfang der kaufrechtlichen Sachmängelhaftung ... 6.11 ... 265
    c) Sperrwirkung trotz Nichtbestehens von Ansprüchen wegen Sachmängelhaftung ... 6.13 ... 266
    d) Keine Sperrwirkung bei Vorsatz ... 6.16 ... 267
    e) Kein „Ausschluss" der c. i. c. ... 6.17 ... 267
  2. Gläubigerstellung in vorvertraglichem Schuldverhältnis ... 6.18 ... 267
  3. Einfache Informationen und aufklärungspflichtige Informationen ... 6.19 ... 268
  4. C. i. c. durch positive Falschangabe ... 6.29 ... 271
    a) Zum Ort und zur Formbedürftigkeit von Falschangaben ... 6.29 ... 271
    b) Falschangabe als Falschangabe (statt als Verschweigen) ... 6.32 ... 272
  5. C. i. c. durch Verletzung von Aufklärungspflichten ... 6.36 ... 273
    a) BGH-Formel zu Aufklärungspflichten ... 6.36 ... 273
    b) Umstand und Schuldnerkenntnis/Kennenmüssen ... 6.41 ... 274
    c) Eignung eines Umstands zur „Vereitelung des Vertragszwecks" und Schuldnerkenntnis/Kennenmüssen ... 6.43 ... 275

Inhaltsverzeichnis

	Rn.	Seite

d) „Von-wesentlicher-Bedeutung-Sein" für den Entschluss des Vertragspartners und Schuldnerkenntnis/Kennenmüssen ... 6.47 ... 276
e) „Nach-der-Verkehrsauffassung-erwarten-können" einer Aufklärung über den Umstand ... 6.50 ... 277
   aa) Legitimer Eigennutz in der Eigentümermarktwirtschaft ... 6.51 ... 277
   bb) Offenbarungspflichten bezüglich einer Verschlechterung der eigenen Wettbewerbsposition? ... 6.53 ... 277
   cc) Kosten, mögliche Selbstgefährdung/ Selbstschädigung, unbegründete Verdachtsmomente ... 6.55 ... 278
   dd) Etwaige Informationsbeschaffungspflichten ... 6.58 ... 279
   ee) Aufklärungspflichten und Informationsaustausch ... 6.62 ... 281
   ff) Sachkenntnis des Käufers ... 6.66 ... 282
   gg) Aufklärungspflichten und Due Diligence ... 6.74 ... 284
     (1) Kein Erlöschen von Aufklärungspflichten per se aufgrund einer Durchführung oder Nichtdurchführung einer Due Diligence ... 6.75 ... 284
     (2) Erfüllung von Aufklärungspflichten in der Due Diligence ... 6.78 ... 285
f) «Une voiture peut en cacher une autre ... » – wann ist eine Aufklärungspflicht erfüllt? ... 6.88 ... 289

6. Gesteigerte Aufklärungspflicht beim Unternehmensverkauf ... 6.99 ... 293
7. Beispiele zur Täuschung bzw. Verletzung von Aufklärungspflichten ... 6.102 ... 294
   a) Schulden ... 6.103 ... 294
   b) Vermögen ... 6.116 ... 297
   c) Kosten ... 6.119 ... 297
   d) Umsätze ... 6.120 ... 298
   e) Operative Überschüsse ... 6.126 ... 300
   f) Aufstellungen, Abschlüsse, Bilanzen, Status, BWA ... 6.132 ... 301
   g) Prognosen und Planungen ... 6.138 ... 306
   h) Öffentlich-rechtliche Genehmigungen, Emissionen und grundbuchliche Belastungen ... 6.141 ... 307
   i) Charakter und Ruf ... 6.147 ... 308
   j) Einstiegspreise ... 6.149 ... 309
   k) Beispiele aus Immobilienkäufen ... 6.150 ... 310

Inhaltsverzeichnis

		Rn.	Seite
	8. Kausalitätsfragen	6.151	314
	a) Kausalität der Informationspflichtverletzung für den Abschluss?	6.152	314
	b) Abschlussbereitschaft des Verkäufers zu schlechteren Konditionen?	6.154	315
	9. Beschränkbarkeit der Haftung für vorsätzliche Informationspflichtverletzungen?	6.155	316
	10. Beweislastfragen zum Unrechtstatbestand einer c. i. c.	6.162	318
	11. Verjährung von Ansprüchen aus c. i. c.	6.167	320
II.	Arglistanfechtung gemäß § 123 BGB	6.168	320
III.	§ 823 Abs. 2 BGB i. V. m. § 263 StGB, § 826 BGB	6.172	321
	1. Haftung eines erweiterten Personenkreises	6.172	321
	2. Zurückhaltende Rechtsprechung der Zivilgerichte zu § 263 StGB	6.173	322
	3. Verjährung deliktischer Ansprüche	6.179	324

7. Kapitel Sachmängelhaftung ... 325

I.	Hintergrund	7.1	326
II.	Nichtanwendung des Sachmängelrechts auf Sachmängel	7.5	328
III.	Anwendung des Sachmängelrechts auf Nicht-Sachmängel	7.23	335
	1. Voraussetzungen der Haftungserweiterung beim Share und Asset Deal	7.23	335
	2. Unternehmen und Unternehmensträger	7.25	336
	3. Zur analogen Anwendung des Sachmängelrechts auf Unternehmenswertbeeinträchtigungen	7.36	340
	a) Rechtsprechung des RG und BGH	7.37	340
	b) Selbstkorrektur: Raum für die c. i. c.	7.50	346
	c) Lage nach Schuldrechtsreform	7.54	346
	d) Quantitätsmängel als Sachmängel	7.56	348
	4. Vereinbarung einer Beschaffenheit oder Fingierung einer Beschaffenheitsvereinbarung?	7.58	348
IV.	Sachmängelrecht und Unternehmenswertbeeinträchtigungen	7.64	351

Inhaltsverzeichnis

		Rn.	Seite

V. Verjährungsfragen bei Ansprüchen aus dem
Sachmängelrecht 7.81 357

**8. Kapitel Subjektive Merkmale auf Verkäuferseite
zur Haftungsbegründung** 359

I. Vertypungen subjektiver Merkmale, Kognitionspsychologie
und Recht 8.1 361
   1. Vertypungen subjektiver Merkmale 8.1 361
      a) Vorsatz und Arglist 8.1 361
      b) Fahrlässigkeit 8.3 362
      c) Kenntnis, Wissen, beste Kenntnis,
         bestes Wissen 8.5 362
      d) Exkulpation mit Verhalten Dritter
         nach § 280 Abs. 1 Satz 2 BGB? 8.10 363
   2. Kognitionspsychologie und Recht 8.18 366
      a) Kaum Zugriff der Justiz auf das Innere
         von Menschen 8.18 366
      b) Zugang einer Information 8.19 367
      c) Wahrnehmung einer Information 8.21 367
      d) Zur Kenntnisnahme einer Information 8.22 367
      e) Widersprüchliche Informationen 8.23 368
      f) Auslegen von Kenntnissen/Information 8.30 371
      g) Vorsatz bei falschen Prognosen
         und Planungen 8.31 371

II. Überblick Wissensorganisationshaftung (Wissens-
zurechnung) und Verhaltenszurechnung 8.36 372

III. „Wissensorganisationshaftung" (Wissenszurechnung) 8.44 374
   1. Das Problem 8.44 374
   2. Zwei Modelle zur Begründung einer Schuldner-
      haftung im Hinblick auf bei Dritten vorhandene
      Informationen 8.47 375
   3. Wissenszurechnung nach dem „Vertretermodell" –
      unmittelbare, erweiterte und weite Anwendung
      des § 166 Abs. 1 BGB 8.57 378
      a) Unmittelbare Anwendung des
         § 166 Abs. 1 BGB 8.57 378
      b) Erweiterte analoge Anwendung des
         § 166 Abs. 1 BGB 8.60 380

				Rn.	Seite
		c)	Weite analoge Anwendung des § 166 Abs. 1 BGB	8.62	381
		d)	Rechtsprechung zur weiten analogen Auslegung von § 166 Abs. 1 BGB	8.64	383
		e)	Zurechnungsabbruch bei beurkundungspflichtigen Rechtsgeschäften?	8.86	394
	4.	„Wissensorganisationshaftung"		8.87	394
		a)	Kritik an der Wissenszurechnung nach dem „Vertretermodell"	8.87	394
			aa) Widerspruch zu Verschuldensprinzip	8.89	394
			bb) Widerspruch zu Anknüpfung an Wissensorganisationspflichten	8.93	397
		b)	Vorzüge einer „Wissensorganisationshaftung" gegenüber der weiten analogen Anwendung von § 166 Abs. 1 BGB	8.96	398
	5.	Einzelfragen der Wissensorganisationshaftung und Wissenszurechnung		8.97	399
		a)	Aufklärungspflichten und Wissensorganisationspflichten	8.97	399
		b)	Wissensorganisationspflichten über die Schuldnerorganisation hinaus?	8.102	400
		c)	Haftung bei jedem Versagen einer Wissensorganisation?	8.106	401
		d)	Wissensorganisationspflichten, Unrecht und § 280 Abs. 1 Satz 2 BGB	8.114	403
	6.	Wissensorganisationspflichten und M&A-Transaktionen		8.117	403
		a)	„Gesteigerte" Wissensorganisationspflichten bei M&A-Transaktionen	8.117	403
		b)	„Wissensorganisationsanweisung" und punktuelle Nachfragepflichten	8.121	404
		c)	Ad hoc-Teams aus Transaktionsberatern *plus* „Organisationsstümpfen" aus Zielunternehmen	8.125	405
	7.	Einseitige oder vertragliche Begrenzung von Wissensorganisationspflichten (bzw. der Wissenszurechnung?)		8.132	408
IV.	Verhaltenszurechnung nach § 278 BGB			8.147	412
	1.	„Verhandlungsgehilfen" und „Auskunftspersonen"		8.149	413
		a)	Schwierige Abgrenzung	8.150	413

		Rn.	Seite
	b) Tätigwerden „mit Auswirkung auf Schuldner" vs. „Tätigwerden *als* Hilfsperson"	8.154	414
	c) Dem Gläubiger objektiv nützlich vs. „Tätigwerden *als* Hilfsperson"	8.155	415
	d) Erfüllungsgehilfeneigenschaft aufgabenbezogen und schuldverhältnisbezogen	8.156	415
	e) Zeitliche Dimension der Erfüllungsgehilfeneigenschaft	8.158	416
	f) Erfüllungsgehilfe qua Billigkeit?	8.161	418
2.	Ausdehnungen des Begriffs des Erfüllungsgehilfen in der Rechtsprechung	8.167	421
3.	Verhaltenszurechnung bei Organen und Mitarbeitern der Zielgesellschaft in der Rechtsprechung	8.173	422
4.	Literaturmeinungen zur Verhaltenszurechnung bei M&A-Transaktionen	8.199	432
5.	Einseitige Vermeidung oder Beendigung einer Erfüllungsgehilfeneigenschaft einer Person durch den Prinzipal	8.205	433
6.	Zum vertraglichen Ausschluss der Verhaltenszurechnung nach § 278 Satz 2 BGB	8.224	438
7.	Zurechnungsabbruch bei beurkundungspflichtigen Rechtsgeschäften?	8.228	439
V. Beweisfragen		8.231	441

9. Kapitel Subjektive Merkmale auf Käuferseite zum Haftungsausschluss 443

		Rn.	Seite
I.	Einleitung	9.1	444
II.	Käuferkenntnis bei selbstständigen Garantien	9.7	445
	1. Keine analoge Anwendung von § 442 BGB	9.7	445
	2. Kein Haftungsausschluss nach § 242 BGB	9.17	449
	3. „Offenlegungs-" und „Kenntnisklauseln" bei Garantien	9.24	452
	a) Zeitpunkt der Kenntnis	9.30	453
	b) Erforderliche Inhalte der Käuferkenntnis	9.31	454
	c) Grob fahrlässige Unkenntnis des Käufers	9.34	455
	d) Grobe Fahrlässigkeit und Due Diligence	9.36	456
III.	Käuferkenntnis bei kaufrechtlicher Sachmängelhaftung	9.48	459
	1. § 442 BGB	9.48	459
	2. Abbedingbarkeit des § 442 BGB	9.51	459

Inhaltsverzeichnis

		Rn.	Seite

IV. Käuferkenntnis und Mitverschulden bei c. i. c. und Delikt 9.56 460
    1. § 254 BGB bei c. i. c. und Delikt durch Täuschungen nicht anwendbar 9.56 460
    2. § 442 BGB bei c. i. c. und Delikt nicht anwendbar 9.65 463

V. Wissenszurechnung auf Käuferseite 9.69 465

Vierter Teil Rechtsfolgen bei Unternehmenswertbeeinträchtigungen **471**

10. Kapitel Überblick Rechtsfolgenseite **473**

I. „Unternehmenswertaffines", aber topisch dekonturiertes Schadensrecht 10.2 474

II. Betriebswirtschaftliche Quantifizierung von Unternehmens wertminderungen nicht trivial 10.9 476

III. Der für ein (Schieds)Gericht maßgebliche Unternehmenswert vs. von den Parteien verwendete Unternehmenswerte und der Kaufpreis 10.14 480

IV. Subjektbezogenheit und Prognosesubjektivität bei Unternehmenswerten und die „objektive Bestimmung subjektiver Unternehmenswerte" 10.27 483

V. Weiter Begriff von Unternehmenswert vs. „Enterprise Value" 10.34 486

11. Kapitel Berechnung von Nachbaukosten und Unternehmensbewertung **489**

I. Kosten des Nachbaus eines Investments 11.2 491
    1. Garantieunrichtigkeit u. U. ohne Auswirkungen auf Revenuen 11.2 491
    2. Nachbaukosten eines Investments kein Unternehmenswert 11.3 491
    3. Nachbaukosten und Naturalherstellung nach §§ 249, 250 BGB 11.5 492

Inhaltsverzeichnis

| | Rn. | Seite |

II. Unternehmenswert als Barwert von Zukunftsüberschüssen 11.7 493
  1. „Der Kaufmann gibt nichts für die Vergangenheit" 11.8 493
  2. Die Zukunft besteht aus Prognosen und Planungen 11.9 493
  3. Unternehmenswert = Barwert der Überschüsse aus dem operativen Geschäftsbetrieb *plus* Barwert der Überschüsse aus dem nicht betriebsnotwendigen Vermögen 11.10 494
     a) Barwert der Überschüsse aus dem operativen Geschäftsbetrieb 11.14 495
     b) ... *plus* Barwert der Überschüsse aus nicht betriebsnotwendigem Vermögen 11.22 499
     c) Vereinfachte Darstellung: Überschüsse aus betriebsnotwendigem und nicht betriebsnotwendigem Vermögen vermengt 11.33 501
     d) Barwert des betriebsnotwendigen Vermögens und Barwert des nicht betriebsnotwendigen Vermögens vs. Equity Value und Enterprise Value 11.34 502
     e) Auch der Liquidationswert ist ein Barwert von Zukunftsüberschüssen 11.40 503
  4. Das nicht sehr berechtigte Vertrauen in Unternehmensplanungen – und warum man gut damit leben kann 11.41 505
     a) Gründe für geringe Vertrauenswürdigkeit von Unternehmensplanungen 11.41 505
     b) Gründe, warum die Wirtschaft gut mit der Unsicherheit von Unternehmensbewertungen leben kann 11.43 506
        aa) Wirtschaftlich relevant sind nur die ersten 38 Jahre 11.44 506
        bb) Wenn man sich nur nicht zu weit von der Herde entfernt 11.47 507
     c) Gründe, warum Gerichte gut mit der Unsicherheit von Unternehmensbewertungen leben können 11.50 508
  5. Multiplikatorverfahren für Rechtsstreitigkeiten i. d. R. ungeeignet 11.52 508
  6. Unternehmenswert und Wertentschädigung nach § 251 BGB 11.64 512

III. Verkäufer- und Käufer-Unternehmenswert und Kaufpreis 11.65 512

Inhaltsverzeichnis

| | Rn. | Seite |

1. Zwischen zwei Unternehmenswerten 11.66 513
2. Wie werden Kaufpreise vereinbart? 11.68 513
3. Kaufpreis und Unternehmenswerte weichen systematisch voneinander ab 11.79 516
4. Verführungen zur Verwechselung von Unternehmenswert(en) und Kaufpreis durch Net Debt-/Net Cash-Klauseln 11.88 518

IV. Ausgleichsmodelle zur Anpassung der Sachleistung oder Gegenleistung an Unternehmenswertminderungen 11.91 519
   1. Ausgleichsmodelle, die die Soll-Vermögensposition des Käufers oder das vertragliche Austauschverhältnis aufrechterhalten 11.92 520
      a) Erhöhung der Verkäuferleistung 11.99 521
          aa) Nachlieferung von „fehlendem Unternehmen" in natura bis zur Erreichung des Soll-Unternehmens 11.100 521
          bb) Nachlieferung von fehlendem Unternehmenswert bis zur Erreichung des Soll-Käufer-Unternehmenswerts 11.104 522
      b) Herabsetzung der Käuferleistung 11.108 523
          aa) Überproportionale Herabsetzung der Käuferleistung zur Aufrechterhaltung der Soll-Vermögensposition des Käufers 11.109 523
          bb) Proportionale Herabsetzung der Käuferleistung zur Aufrechterhaltung des vertraglichen Austauschverhältnisses 11.112 524
   2. Ausgleichsmodelle, die die Soll-Vermögensposition des Käufers und das vertragliche Austauschverhältnis abändern 11.124 526
      a) Erhöhung der Verkäuferleistung 11.124 526
          aa) Nachlieferung von „fehlendem Unternehmen" in natura bis zur Erreichung einer Kaufpreiskongruenz? 11.124 526
          bb) Nachlieferung von fehlendem Unternehmenswert in Geld bis zur Erreichung einer Kaufpreiskongruenz, $SE = KP - KUWi$? 11.125 527
      b) Herabsetzung des Kaufpreises auf den Ist-Unternehmenswert, $KPneu = UWi$? 11.132 529

Inhaltsverzeichnis

| | | Rn. | Seite |

V. Grundfälle von Unternehmenswertbeeinträchtigungen 11.133 529
   1. Grundfall 1: Bargeld oder Guthaben bei Kreditinstituten zu niedrig, unbedingte Schulden (Verbindlichkeiten) zu hoch 11.136 530
   2. Grundfall 2: Nicht betriebsnotwendige Wirtschaftsgüter nicht vorhanden oder Marktwert zu niedrig 11.138 531
   3. Grundfall 3: Forderungen (andere als gegen Kreditinstitute) oder Vorräte zu niedrig, Risiken im Verhältnis zu Rückstellungen zu hoch 11.141 531
   4. Grundfall 4: Betriebsnotwendige Wirtschaftsgüter nicht vorhanden oder mangelhaft 11.143 532
   5. Grundfall 5: Laufende Überschüsse zu niedrig 11.147 533
   6. Grundfall 6: Buchwerte betriebsnotwendiger Wirtschaftsgüter des Anlagevermögens zu niedrig 11.149 534
   7. Grundfall 7: Bilanzielles Eigenkapital zu niedrig 11.157 535

12. Kapitel Schadensersatz- bzw. Schadensrecht 537

I. „Interesse" und Totalausgleich 12.3 542

II. Zwei Bedeutungsebenen in § 249 Abs. 1 BGB: generelle Zielprogrammierung und ein vorrangiger Zielerreichungsmodus 12.6 543

III. Die beiden wichtigsten schadensrechtlichen Begriffspaare 12.11 545
   1. Bestands- bzw. negatives Interesse und Leistungs- bzw. positives Interesse 12.23 550
      a) Herausbildung des Unterschieds 12.23 550
      b) Maßgeblichkeit des § 249 Abs. 1 BGB (erste Bedeutungsebene) für das „Interesse" 12.28 553
      c) Unschärfen beim Begriffsgebrauch „positives" und „negatives Interesse" 12.32 555
      d) Eigentlich das „negative", ausnahmsweise aber doch das „positive Interesse"? 12.35 556
      e) „Negatives" und „positives Interesse" gleich hoch? 12.36 557
      f) „Negatives Interesse" und „Bestandsinteresse" 12.40 558
   2. Naturalherstellung und Wertentschädigung 12.42 559
      a) Aussaat und Ernte 12.42 559
      b) Vorrang der Naturalherstellung 12.48 561

Inhaltsverzeichnis

| | | Rn. | Seite |

c) Inhalt, Möglichkeit und Unmöglichkeit der Naturalherstellung .... 12.51 ... 562
    aa) Zur Interessenlage .... 12.51 ... 562
    bb) „Umschaltnormen" und „Umschaltpunkte" .... 12.57 ... 563
    cc) Noch Naturalherstellung .... 12.61 ... 565
    dd) Nicht mehr Naturalherstellung .... 12.68 ... 567
d) Teilweise Naturalherstellung, teilweise Wertentschädigung ... . 12.70 ... 568
e) Bemessung der Wertentschädigung .... 12.75 ... 569

IV. Ergänzende und irreführende schadensrechtliche Begriffe .... 12.88 ... 575
  1. Nähe und Ferne des Schadens .... 12.90 ... 575
  2. Voraussehbarkeit des Schadens .... 12.93 ... 577
  3. Damnum ermergens („positiver Schaden") und lucrum cessans („entgangener Gewinn") .... 12.94 ... 577
  4. „Geldersatz" .... 12.108 ... 584
  5. „Integritätsinteresse" .... 12.109 ... 584

V. Ersatz des Bestands- bzw. negativen Interesses bei Unternehmenswertbeeinträchtigungen .... 12.113 ... 586
  1. Ersatz des Bestands- bzw. negativen Interesses durch Naturalherstellung .... 12.113 ... 586
    a) Rücktritt .... 12.118 ... 588
    b) Ersatz des „Restvertrauensschadens" bzw. schadensrechtliche Kaufpreisminderung .... 12.119 ... 589
        aa) Entwicklung einer schadenrechtlichen Kaufpreisminderung durch die Rechtsprechung .... 12.119 ... 589
        bb) Die Berechnung der schadensrechtlichen Kaufpreisminderung .... 12.126 ... 592
            (1) Dogmatische Unentschiedenheit der Rechtsprechung .... 12.126 ... 592
            (2) Durch Täuschung verborgener Minderwert relevant .... 12.132 ... 593
            (3) Bestimmung der drei relevanten Unternehmenswerte: Subjektive Unternehmenswerte und früher Bewertungs- und Informationsstichtag .... 12.141 ... 596
            (4) Transformation des Minderwerts in eine Kaufpreisanpassung .... 12.151 ... 599

Inhaltsverzeichnis

		Rn.	Seite

(a) Alleinige Maßgeblichkeit des Käufer-Unternehmensminderwertes? 12.152 599
(b) Drei Modelle zur schadensrechtlichen Kaufpreisminderung 12.158 601
cc) Rechtsprechung zur schadensrechtlichen Kaufpreisminderung 12.167 604
   (1) Rechtsprechung in den Grundfällen 1 bis 4 .... 12.167 604
   (2) Rechtsprechung im Grundfall 5 ohne betriebsnotwendiges Vermögen 12.179 607
   (3) Rechtsprechung im Grundfall 5 bei Vorhandensein von nicht betriebsnotwendigem Vermögen 12.190 610
dd) Zusammenfassung Kaufpreisminderung bei der c. i. c. 12.199 612
c) Vertragsanpassung? 12.204 613
d) Entgangener Gewinn und Folgeschäden 12.207 614
e) Bestands- bzw. negatives Interesse bei Delikt 12.212 615
2. Ersatz des Bestands- bzw. negativen Interesses durch Wertentschädigung 12.215 617

VI. Ersatz des Leistungs- bzw. positiven Interesses bei Unternehmenswertbeeinträchtigungen 12.221 618
  1. Ersatz des Leistungs- bzw. positiven Interesses durch Naturalherstellung 12.223 619
    a) Naturalherstellung des Leistungs- bzw. positiven Interesses überhaupt 12.224 619
    b) Grenzen der Naturalherstellung des positiven bzw. Leistungsinteresses 12.239 626
    c) Entgangener Gewinn und Folgeschäden bei (teilweisem) Ersatz des positiven bzw. Leistungsinteresses durch Naturalherstellung 12.246 628
  2. Ersatz des Leistungs- bzw. positiven Interesses durch Wertentschädigung 12.251 629
    a) Subjektiver Käufer-Unternehmenswert, später Bewertungs- und Informationsstichtag 12.254 631
      aa) Subjektiver Käufer-Unternehmenswert 12.256 631
      bb) Später Bewertungs- und Informationsstichtag 12.266 634
    b) Direkte und indirekte Methode der Berechnung der Wertentschädigung 12.272 636

Inhaltsverzeichnis

		Rn.	Seite
	c) Zwei grundlegende BGH-Entscheidungen zur Gewährung des positiven Interesses durch Wertentschädigung	12.290	642
	d) Vier Schiedssprüche zur Gewährung des positiven Interesses durch Wertentschädigung	12.304	649
	e) „Wertdifferenzschaden" oder „Preisdifferenzschaden"?	12.309	651
	aa) Schwer erklärbare Aufgabe gesicherter Erkenntnisse beim Unternehmenskauf	12.309	651
	bb) Verwechselung des negativen Interesses mit dem positiven in zwei Gerichtsentscheidungen	12.314	653
	cc) Verwechselung des negativen Interesses mit dem positiven in der Literatur, sog. „Preisdifferenzschaden"	12.319	655
	f) Entgangener Gewinn und Folgeschäden bei Ersatz des Leistungsinteresses durch Wertentschädigung	12.326	657
	g) Wiederkehrende Nachteile und Abzinsung	12.328	657
	h) Faktorenvereinbarungen	12.331	658
	i) Schadensersatz bei Steuergarantien	12.346	663
	j) Abschließendes Beispiel – was schief gehen kann	12.347	664
3.	Ersatz des Leistungs- bzw. positiven Interesses bei Bilanzgarantien	12.349	667
	a) „Verschlüsselung" der Welt in Bilanzen und „Entschlüsselung" von Bilanzaussagen von Bilanzgarantien	12.350	668
	b) Rechtsfolgen bei Bilanzgarantien	12.355	669
	aa) „Bilanzauffüllung"?	12.355	669
	bb) „Preisdifferenzschaden"	12.374	677
	cc) Ist-EK/Soll-EK * Kaufpreis?	12.376	677
	dd) Aufstellung einer neuen Bilanz?	12.379	678
	c) Schaden bei Bilanzgarantien: Anlagevermögen	12.381	679
	d) Schaden bei Bilanzgarantien: Vorratsvermögen	12.386	681
	aa) Hauptfälle der Unrichtigkeit von Bilanzwerten für Vorräte	12.386	681
	bb) Die Entschlüsselung von Bilanzaussagen und das „strenge Niederstwertprinzip"	12.387	681
	cc) Keine „Delkredere-Haftung" des Verkäufers	12.390	682
	dd) Naturalherstellung und Wertentschädigung bei Vorräten	12.396	683

Inhaltsverzeichnis

		Rn.	Seite
e)	Schaden bei Bilanzgarantien: Unfertige Erzeugnisse	12.399	684
f)	Schaden bei Bilanzgarantien: Forderungen	12.404	686
g)	Schaden bei Bilanzgarantien: Bankguthaben und Kasse	12.407	687
h)	Schaden bei Bilanzgarantien: Verbindlichkeiten	12.408	687
i)	Schaden bei Bilanzgarantien: Rückstellungen	12.409	688
j)	Schaden bei Bilanzgarantien: Eigenkapitalgarantien	12.415	690
	aa) Saldierung auf Tatbestandsebene	12.415	690
	bb) Aufteilung eines Eigenkapitalminderbetrages	12.416	690
	cc) Saldierung mit nachträglichen Eigenkapitalverbesserungen?	12.422	694
	dd) „Quersaldierung" von Tatbestandsgrößen und Schadensgrößen?	12.423	695
	ee) Saldierung auf Schadensebene	12.424	695

VII. „Dreiecksprobleme" beim Share Deal: Aktivlegitimation (Anspruchsberechtigung), Käuferschaden und Gesellschaftsschaden und Empfangszuständigkeit für die Ersatzleistung 12.425 695

VIII. Mitverschulden 12.436 699

IX. Vertragliche Rechtsfolgenklauseln 12.437 699
1. Fristen zulasten des Käufers 12.439 700
2. Freigrenzen (Triggers), Freibeträge (Baskets) und Höchstbeträge (Caps) 12.442 701

X. Darlegungs- und Beweisfragen 12.447 703
1. Direkte und indirekte Methode 12.447 703
2. Begrenzungen entgangener Gewinne und Vorteilsanrechnung 12.448 703
3. Schadensschätzung und „Ersatz entgangener Chancen" 12.452 704
   a) § 252 Satz 2 BGB, § 287 ZPO 12.452 704
   b) Internationale Schiedsgerichte 12.458 705
   c) Ersatz entgangener Chancen? 12.463 707

XI. Zusammenfassende Matrix: Schadensersatzansprüche bei M&A-Transaktionen 12.466 709

XLI

Inhaltsverzeichnis

	Rn.	Seite

Fünfter Teil Zusatzabreden und Weiterungen 711

13. Kapitel Zusatzabreden und Kaufpreisklauseln 713

I. Hintergrund 13.1 717

II. Pflichten des Verkäufers neben der Lieferungspflicht 13.13 720
    1. Pflichten des Verkäufers zur Herbeiführung von
       Wirksamkeitsbedingungen 13.14 720
    2. Freistellungs- oder Kostenerstattungspflichten 13.17 721
    3. Altlastenklauseln 13.21 723
       a) Vertraglicher Altlastenbegriff 13.22 723
       b) Bedeutung der sog. „Nutzungsrelativität" 13.25 724
       c) Vorliegen einer Sanierungsanordnung 13.27 726
       d) Mitwirkungsrechte des Verkäufers 13.32 728
       e) Rechtsprechung zu § 463 BGB a. F. 13.35 728
    4. Steuerklauseln 13.36 729
    5. Geschäftsführung zwischen Signing und Closing 13.42 730
    6. Liefer-, Bezugs- und Finanzierungspflichten
       des Verkäufers 13.46 732
    7. Einstandspflichten des Verkäufers für einen
       Mindestwert von Aktiva und einen Höchstwert
       von Schulden 13.49 734
    8. Pflichten des Verkäufers aus Wettbewerbs-
       verboten 13.50 734

III. Pflichten des Käufers neben der Kaufpreis-
     zahlungspflicht 13.56 738
    1. Pflichten des Käufers zur Herbeiführung
       von Wirksamkeitsbedingungen 13.56 738
    2. Freistellungs- und Kostenerstattungspflichten
       des Käufers 13.58 739
    3. Liefer- und Bezugspflichten des Käufers 13.61 740
    4. Nachbewertungsklauseln 13.63 740
    5. Mehrerlös-, Einzelverwertungs- oder
       Spekulationsklauseln 13.80 746
       a) Unterschiedliche Zwecke und Ausgestaltungen
          von Mehrerlös- u. ä. Klauseln 13.80 746
       b) Kontrolle von Mehrerlös- u. ä. Klauseln 13.83 749
    6. Rückstellungsauflösungs- u. ä. Klauseln 13.86 750
    7. Beschäftigungs-, Standort- und Investitionszusagen
       des Käufers 13.87 751

Inhaltsverzeichnis

| | | Rn. | Seite |

a) Hintergrund 13.87 751
b) Ökonomische Problematik 13.89 752
c) Unverbindliche und verbindliche Zusagen 13.91 754
d) Tatbestand von Zusagen 13.92 754
e) Grenzen von Zusagen nach §§ 138 und
305 ff. BGB 13.93 754
f) Ausnahme „dringende betriebliche
Erfordernisse" etc. 13.96 756

IV. Kaufpreisklauseln 13.99 757
1. Hintergrund 13.99 757
2. Kaufpreisklauseln und Unternehmenswert 13.104 758
3. Net Debt-/Net Cash- und Working Capital-
Kaufpreisklauseln 13.111 760
4. Auf nicht betriebsnotwendiges Vermögen
bezogene Kaufpreisklauseln 13.132 768
5. Auf das buchmäßige Eigenkapital bezogene
Kaufpreisklauseln 13.133 768
6. Auf operative Überschüsse bezogene
Kaufpreisklauseln 13.139 770
7. Earn Out-Klauseln bzw. Besserungsscheine 13.140 770
8. Gemeinsame Probleme bei Kaufpreis-
u. ä. Klauseln 13.151 775
9. Rechtsnatur von Kaufpreisklauseln 13.156 778

V. Wechselseitige Pflichten bei Minderheitsbeteiligungen, bei Venture Capital oder Private
Equity-Finanzierungen 13.159 780

VI. Sog. „Sprech-", „Neuverhandlungs-" oder
„Nachverhandlungsklauseln" 13.160 780

VII. Pflichten der Gesellschaft 13.168 784

VIII. Zur Verjährung von Ansprüchen aus Zusatzabreden
und Kaufpreisklauseln 13.169 784

14. Kapitel Weiterungen 787

I. Weitere Beteiligte 14.1 788

XLIII

Inhaltsverzeichnis

| | Rn. | Seite |

II. Haftung des Managements der Zielgesellschaft und Dritter 14.5 789
   1. Haftung des Managements aufgrund eines Management Letters 14.5 789
   2. Auskunftsvertrag 14.10 791
   3. Sachwalterhaftung von Personen neben dem Verkäufer (§ 311 Abs. 3 BGB) 14.15 793
      a) Inanspruchnahme besonderen persönlichen Vertrauens 14.16 793
      b) Wirtschaftliches Eigeninteresse 14.21 795

III. Haftung des Verkäufers als Altgesellschafter oder von verkäufernahen Personen als vormaligen Organen beim Share Deal 14.25 796
   1. Ansprüche aus §§ 30, 31 GmbHG, §§ 57, 62 AktG 14.26 796
   2. Ansprüche aus § 43 Abs. 2 GmbHG, § 93 Abs. 2 oder § 116 AktG 14.28 797
   3. Ansprüche aus § 823 Abs. 2 BGB i. V. m. § 41 GmbHG bzw. § 826 BGB 14.32 799

IV. Altansprüche des Anteilsverkäufers gegen die Zielgesellschaft beim Share Deal 14.35 800

V. Ansprüche des Anteilskäufers gegen die Zielgesellschaft beim Share Deal 14.39 800

VI. Informationshaftung des Käufers gegenüber dem Verkäufer bei M&A-Transaktionen 14.43 801

VII. Haftung von Verkäufer- oder Käufer-Organen oder Beratern wegen Fehlern bei M&A-Transaktionen 14.53 805

VIII. Streitigkeiten zwischen Verkäufer oder Käufer und Warranty & Indemnity-Versicherungen 14.54 806

Sechster Teil Anhang 807

15. Kapitel Rechtsstreit, Recht, Gerichte und Prozessführung 809

I. Einführung 15.1 810

Inhaltsverzeichnis

		Rn.	Seite
II.	Was ist ein Rechtsstreit?	15.3	811
	1. Gewalt – ein Spiel ohne Schiedsrichter	15.3	811
	2. Rechtsstreit – argumentativer Kampf unter dem Schirm des Staates	15.5	813
III.	Gerichte und Recht	15.9	814
	1. Faktenschwäche der deutschen Ziviljustiz	15.14	816
	a) Nichtwahrnehmung von Vortrag als „verspätet"	15.18	817
	b) Nichtwahrnehmung von Sachvortrag aus qualitativen Gründen	15.21	819
	c) Illegale Nichtwahrnehmung von Sachvortrag	15.24	820
	d) Rechtsgeschichtliches und Rechtsvergleichendes	15.25	820
	2. Materielle Inhaltskontrolle, bürokratischer Formalismus, verfallende Dogmatik	15.28	822
	a) Materielle Inhaltskontrolle, bürokratischer Formalismus	15.31	823
	b) Verfallende Dogmatik und „Pianistentheorie"	15.36	825
	3. Richter	15.47	829
	a) Hintergrundwissen	15.47	829
	b) Einstellungen	15.53	830
	c) Stile	15.55	831
	d) Zur Auswahl von Schiedsrichtern	15.58	832
IV.	Zur Prozessführung	15.65	835
	1. Kampf um den Sachverhalt	15.66	835
	2. Kampf um Recht	15.71	838
	3. Kampf um Skripte	15.74	839
	4. Zur rechten „Körnung" und zum rechten Zeitpunkt	15.87	843
	a) Zur rechten „Körnung" der Argumente	15.87	843
	b) Zur rechten Zeit der Argumente	15.89	843
	5. Destruktionsstrategien	15.95	845
	6. Anwaltskunst	15.102	847
	7. Friktionen	15.109	848

Literaturverzeichnis 853

Wichtige Gerichtsurteile und Schiedssprüche zum Unternehmenskauf 897

Stichwortverzeichnis 917

Erster Teil
Streitigkeiten Post Prae M&A

1. Kapitel Prae M&A

Übersicht

I. Einleitung 1.1
II. C. i. c. bei Nicht-Zustandekommen von M&A-Transaktionen ... 1.3
  1. Hintergrund 1.3
  2. C. i. c. durch Täuschung über Abschlussbereitschaft 1.17
    a) Deliktsähnlicher Charakter 1.17
    b) Täuschung über ein Zustandekommen des Vertrages oder die eigene Abschlussbereitschaft? 1.22
    c) Täuschung über Voraussetzungen der Abschlussbereitschaft 1.24
    d) Über die „Sicherheit" von Abschlussbereitschaften 1.28
    e) Verschulden 1.40
    f) Relevanz eines qualifizierten Formerfordernisses? 1.42
    g) Fallbeispiele 1.43
    h) Ersatzfähige Aufwendungen und Schäden 1.55
  3. C. i. c. durch Verhandlungsabbruch 1.56
    a) Vertragsähnlicher Charakter ... 1.57
    b) Vertrauenstatbestand 1.63
    c) Über die Triftigkeit von Gründen 1.85
    d) Relevanz eines Formerfordernisses? 1.98
    e) Ersatzfähige Aufwendungen und Schäden 1.106
III. Ansprüche aus wettbewerbsrechtlichen Normen 1.107
IV. Ansprüche aus Vereinbarungen prae M&A 1.109
  1. Term Sheet, Memorandum of Understanding, Letter of Intent 1.109
  2. Geheimhaltungsvereinbarungen 1.112
    a) Hintergrund 1.112
    b) Inhalte und Rechtsfolgen 1.119
  3. Exklusivitätsvereinbarungen 1.125
  4. Abwerbeverbote 1.135
  5. „Break up Fee" und Kostenvereinbarungen 1.137
  6. Vorvertrag 1.148
  7. Vorfeldvereinbarungen zwischen prospektiven Käufern 1.151
V. Verjährungsfragen bei post prae M&A 1.152

Literatur: *Bergjan*, Die Haftung aus culpa in contrahendo beim Letter of Intent nach neuem Schuldrecht, ZIP 2004, 395; *Bergjan/Schwarz*, Scheitern von Vertragsverhandlungen bei M&A-Transaktionen: Die Breakup-Fee-Klausel im Letter of Intent, GWR 2013, 4; *Bihr*, Due Diligence: Geschäftsführungsorgane im Spannungsfeld zwischen Gesellschaft- und Gesellschafterinteressen, BB 1998, 1198; *Drygala*, Deal Protection in Verschmelzungs- und Unternehmenskaufverträgen – eine amerikanische Vertragsgestaltung auf dem Weg ins deutsche Recht – Teil 1, WM 2004, 1413; *Engelhardt*, Gesellschafterbeschluss zur Durchführung einer Due Diligence, Zugleich Besprechung von LG Köln, Urteil vom 26.3.2008 – 90 O 11/08, GmbHR 2009, 237; *Gehling*, Zur Beurkundungsbedürftigkeit einer ein selbständiges Strafversprechen enthaltenden Vereinbarung zu Verhandlungen über Unternehmensübernahmen und Unternehmenszusammenschlüsse, NZG 2000, 901; *Gehrlein*, Haftung nach Abbruch von Verhandlungen über formgebundene Verträge, MDR 1998, 445; *Geyrhalter/Zirngibl/Strehle*, Haftungsrisiken aus dem Scheitern von Vertragsverhandlungen bei M&A-Transaktionen, DStR 2006, 1559; *Gran*, Abläufe bei Mergers & Acquisitions, NJW 2008, 1409; *Hasselbach*, Die Weitergabe von Insider Informationen bei M&A Transaktionen mit börsennotierten Aktiengesellschaften – unter Berücksichtigung des Gesetzes zur Verbesserung des Anlegerschutzes vom 28.10.2004, NZG 2004, 1087; *Hermes*, Abbruch von Vertragsverhandlungen im deutsch-niederländischen Rechtsverkehr, RIW 1999, 933; *Hilgard*, Break-up Fees beim Unternehmenskauf, BB 2008, 286; *Kapp*, Nochmals: Schadensersatz aus culpa in contrahendo beim gescheiterten Abschluss eines formbedürftigen Vertrages – Erwiderung zu Küpper DB 1990 S. 2460 –, DB 1991, 1265; *Kapp*, Der geplatzte Unternehmenskauf: Schadensersatz aus culpa in contrahendo bei formbedürftigen Verträgen (§ 15 IV GmbHG)?, DB 1989, 1224; *Kösters*, Letter of Intent – Erscheinungsformen und Gestaltungshinweise, NZG 1999, 623; *Krejci*, Verschwiegenheitspflicht des AG-Vorstandes bei Due-Diligence-Prüfungen, RdW 1999, 574; *Krüger/ Kaufmann*, Eklusivität und Deal Protection beim Unternehmenskauf vom Insolvenzverwalter, ZIP 2009, 1095; *Küpper*, Schadensersatz aus culpa in contrahendo beim gescheiterten Abschluss eines formbedürftigen Vertrages – zu LG Heilbronn, DB 1989 S. 1227, OLG Stuttgart, DB 1989 S. 1817 und Kapp, DB 1989 S. 1224, DB 1990, 2460; *Lettl*, Schadensersatz bei Kartellrechtsverstößen in der 9. GWB-Novelle, WM 2016, 1962; *Linke/ Fröhlich*, Gestaltungsoptionen für Vertraulichkeitsvereinbarungen bei Unternehmenstransaktionen, GWR 2014, 449; *Lutter*, Due Diligence des Erwerbers beim Kauf einer Beteiligung, ZIP 1997, 613; *Mertens, K.*, Die Information des Erwerbers einer wesentlichen Unternehmensbeteiligung an einer Aktiengesellschaft durch deren Vorstand, AG 1997, 541; *Müller, K. J.*, Gestattung der Due Diligence durch den Vorstand der Aktiengesellschaft, NJW 2000, 3453; *Nowotny*, „Due Diligence" und Gesellschaftsrecht, wbl 1998, 145; *Reinicke/Tiedtke*, Schadensersatzverpflichtungen aus Verschulden beim Vertragsabschluss nach Abbruch von Vertragsverhandlungen ohne triftigen Grund, ZIP 1989, 1093; *Rittmeister*, Due Diligence und Geheimhaltungspflichten beim Unternehmenskauf – Die Zulässigkeit der Gestattung einer Due Diligence durch den Vorstand oder die Geschäftsführer der Zielgesellschaft, NZG 2004, 1032; *Roschmann/Frey*, Geheimhaltungsverpflichtungen der Vorstandsmitglieder von Aktiengesellschaften bei Unternehmenskäufen, AG 1996, 449; *Sachs*, Schiedsgerichtsverfahren über Unternehmenskaufverträge – unter besonderer Berücksichtigung kartellrechtlicher Aspekte, SchiedsVZ 2004, 123; *Sieger/Hasselbach*, Break Fee-Vereinbarung bei Unternehmenskäufen, BB 2000, 625; *Süßmann*, Die befugte Weitergabe von Insidertatsachen, AG 1999, 162; *Ternick*, Der Vorvertrag beim Unternehmenskauf, GmbHR 2015, 627; *Tophoven*, Anspruch auf Ersatz der Kosten einer Due Diligence wegen Verstoßes gegen eine Exklusivitätsvereinbarung – ein Praxisbericht, BB 2010, 2919; *Ulrich*, Ad-hoc Mitteilung bei Unternehmenskäufen nach Gelti/Daimler und vor Marktmissbrauchsverordnung, GmbHR 2013, 374; *Weber*, Haftung für in Aussicht gestellten Vertragsabschluß, AcP 192 (1992), 390; *Werkmüller*, Haftungsbeschränkung und Schadensersatz beim Tod des Verkäufers im schwebenden M&A-Prozess, ZEV 2007, 16; *Wertenbruch*, Zur Haftung aus culpa in contrahendo bei Abbruch von Vertragsverhandlungen, ZIP 2004, 1525; *Wolf*, Rechtsgeschäfte im Vorfeld von Grundstücksübertragungen und ihre eingeschränkte Beurkundungsbedürftigkeit, DNotZ 1995, 179; *Ziegler*, „Due Diligence" im Spannungsfeld zur Geheimhaltungspflicht von Geschäftsführern und Gesellschaftern, DStR 2000, 249; *Ziemons*, Die Weitergabe von Unternehmensinterna an Dritte durch den Vorstand einer Aktiengesellschaft, AG 1999, 492.

I. Einleitung

1.1 Hier werden Streitigkeiten behandelt, die durch Abbruch von Verhandlungen über einen M&A-Vertrag oder die Verletzung von Geheimhaltungsverpflichtungen **ohne Zustandekommen eines Hauptvertrages** entstehen können. Anspruchsgrundlage ist entweder ein Delikt, eine c. i. c. (seit der Schuldrechtsreform § 311 Abs. 2 BGB, wobei im Folgenden der Terminus „c. i. c." weiterhin verwendet wird) oder eine vor dem Verhandlungsabbruch geschlossene Vereinbarung, wie etwa ein Memorandum of Understanding (MoU), ein Letter of

Intent (LoI),[1] eine Geheimhaltungsvereinbarung oder ein Vorvertrag, keinesfalls jedoch ein Hauptvertrag über eine M&A-Transaktion. Die Rechtsfolgen können im Ersatz von Aufwendungen oder Schäden, v. a. als Schadensersatz durch Ersatz des sog. „Vertrauensschadens" oder „negativen Interesses", in einer Vertragsstrafe oder, etwa bei einem Vorvertrag, auch Schadensersatz in Form des „positiven Interesses" liegen.[2]

Wenn eine Partei behauptet, es sei bereits ein M&A-Vertrag zustande gekommen, führt dies schon in das nächste Kapitel.   **1.2**

II. C. i. c. bei Nicht-Zustandekommen von M&A-Transaktionen

1. Hintergrund

Der große Umfang, in dem seit Jahrzehnten zu dem Thema „culpa in contrahendo bei Scheitern eines Vertrages" publiziert wird,[3] steht außer Verhältnis zu seiner **relativ geringen praktischen Bedeutung**. Nur in seltenen Ausnahmefällen werden (selbst) die von Teilen der Rechtsprechung zugrunde gelegten großzügigen[4] Tatbestandsvoraussetzungen einer c. i. c. vorliegen und in noch selteneren Fällen werden die kausal verursachten „fortfließenden" oder „forttröpfelnden" Aufwendungen, wie sie bei einem Verhandlungsprozess üblich sind (für Berater, Reisen, Gutachten etc.), einen Betrag ergeben, der im Zusammenhang mit einer M&A-Transaktion wirtschaftlich relevant ist.   **1.3**

Klagen wegen Aufwendungen, die durch Nicht-Zustandekommen eines Vertrages nutzlos geworden sind, sollten daher nur bei einerseits sehr frühen und andererseits **ungewöhnlich eindeutigen Äußerungen** der anderen Partei und   **1.4**

---

1) Verbreitete englische Begriffe werden i. d. R. einfach groß geschrieben ohne eine sonstige Hervorhebung zu verwenden. Urteile von Gerichten der Bundesrepublik Deutschland sind grundsätzlich mit Datum und Aktenzeichen zitiert; wenn sie veröffentlicht wurden, ist meist zusätzlich ein Veröffentlichungsort angegeben; wenn Randziffern beigegeben wurden, sind auch diese i. d. R. zitiert. Bei der Darstellung von Meinungsverschiedenheiten in der Literatur wurde nicht der Versuch unternommen, alle Anhänger der verschiedenen Ansichten vollständig aufzulisten, sondern es wurden die Beiträge ausgewählt, die den betreffenden Punkt besonders klar, nachdrücklich, ausführlich oder überzeugend darstellen. Die eingesparte Zeit wurde darauf verwandt, Fundstellen in Zeitschriften zumeist genauer zu bezeichnen, als dies allgemein üblich ist.
2) Zu den Begriffen „Vertrauensschaden" und „positives Interesse" etc., s. u. Rn. 12.23.
3) Wesentliche Beiträge zu der Diskussion sind in der Folge zitiert. Zum deutsch-niederländischen Rechtsverkehr s. *J. Hermes*, RIW 1999, 933.
4) Die Tatbestandsvoraussetzung der Rspr. sind nach Auffassung eines erheblichen Teils der Literatur, dem sich der Verfasser anschließt, zu weit. Insbesondere ist die Existenz der gesamten sog. „zweiten Fallgruppe" einer „c. i. c. durch Verhandlungsabbruch" fraglich; s. u. Rn. 1.14 ff.

einer **sprunghaften Erhöhung eigener Aufwendungen** danach, etwa wegen der Durchführung einer Due Diligence, in Betracht gezogen werden.[5]

1.5 Der zweite Fall, in dem ernsthaft an eine Klage zu denken ist, liegt vor, wenn der Geschädigte im Vertrauen auf das Zustandekommen des Vertrages auf den **Abschluss eines anderen Geschäfts** verzichtet hat. Eine Klage aus c. i. c. auf Ersatz von Verhandlungsaufwendungen ist aber **kein probates Mittel, um** bei einer Niederlage im Markt oder Verärgerung über den Verhandlungspartner „**nachzutreten**". Da nach nicht zustande gekommenen Transaktionen, in den Verhandlungsteams relativ häufig darüber diskutiert wird, ob Ansprüche erhoben werden sollen, ist gleichwohl eine Darstellung zweckmäßig.

1.6 Die Voraussetzung für eine Haftung bei einem Verhandlungsabbruch hängen von den **Vorstellungen** ab, die man **über Motive und Abläufe** bei Verhandlungsprozessen besitzt. Solche Vorstellungen beziehen sich insbesondere darauf, mit welcher mentalen Disposition Parteien in Verhandlungen eintreten, wie und wann sich eingeholte Informationen, erreichte Klärungen oder ein Entgegenkommen der Gegenpartei zu Entscheidungen einer Partei verdichten, wann ungeklärte Punkte nicht mehr so gewichtig sind, dass sie einem Abschluss redlicherweise noch entgegenstehen können und wann andererseits trotz Klärung aller in Betracht gezogenen Punkte redlicherweise wiederum doch noch nicht unbedingt mit einem Abschluss gerechnet werden kann. Hierfür ist eine **Gemengelage** von **kognitivem Wissen** über Verhandlungen und **normativen Einstellungen** entscheidend.

1.7 Viele gerichtliche[6] Entscheidungen stellen – zu Recht – die Aussage voran, dass die Beteiligten an Verhandlungen bis zum Abschluss des Vertrages wegen des Prinzips der Vertragsfreiheit (Art. 2 Abs. 1 GG, § 305 BGB) grundsätzlich **in ihrem Entscheidungsspielraum in keiner Weise eingeschränkt** seien,[7] und zwar auch dann nicht, wenn der Verhandlungspartner in Erwartung des Vertragsabschlusses bereits Aufwendungen gemacht habe[8] und wenn der Abbre-

---

5) Vorgreifend: Weil nur die *nach* der Entstehung des Tatbestandes, aufgrund dessen der anderen Seite bei Nicht-Zustandekommen des Vertrages ein Anspruch zusteht, gemachten Aufwendungen ersetzt werden müssen (s. u. Rn. 1.106). Im Allgemeinen wird aber ein Großteil der Aufwendungen auf eine Akquisition, insbesondere die Due Diligence und die Erarbeitung und Verhandlung der meisten Vertragsentwürfe, gemacht, *bevor* irgendein Vertrauen auf einen Abschluss geschaffen werden konnte. Ist andererseits vielleicht irgendwann der Vertrag abschließend verhandelt, so entstehen zumeist keine hohen Kosten mehr. Man wartet v. a. ab, ob es zur Unterzeichnung kommt.

6) In diesem Buch wird grundsätzlich, wo sich aus dem Sachzusammenhang nichts Gegenteiliges ergibt, unter „Gerichten" neben staatlichen Gerichten auch Schiedsgerichte verstanden.

7) Nachweise dazu, BGH. v. 14.7.1967 – V ZR 120/64, NJW 1967, 2199; BGH v. 18.10.1974 – V ZR 17/73, NJW 1975, 43; BGH v. 29.3.1996 – V ZR 332/94, NJW 1996, 1884; BGH v. 7.12.2000 – VII ZR 360/98, NJW-RR 2001, 381; OLG Dresden v. 8.2.2001 – 7 U 2238/00, ZIP 2001, 604; st. Rspr. s. Palandt-*Grüneberg*, BGB, § 311 Rn. 30.

8) Etwa OLG Düsseldorf v. 25.4.1991 – 10 U 154/90, DWW 1991, 240, mittl. Sp. oben.

chende dies wisse.⁹⁾ In diesem Sinne besteht auch keine Verpflichtung, die Kosten eines Angebots (Projektionskosten) zu vergüten, wenn ein Anbieter den Auftrag nicht erhält.¹⁰⁾ Wie eine *invitatio ad offerendum* noch nicht „angenommen" werden kann, begründet sie auch i. d. R. keine Vergütungspflichten.

Diese Aussage ist insoweit klar und eindeutig und wird von Niemandem bestritten. Damit ist indessen das Thema, wo die Grenzen des Gebrauchmachens von der Vertragsabschlussfreiheit bzw. des legitimen marktmäßigen Agierens liegen, ob es einen *Missbrauch* geben kann und wo dieser beginnt, noch nicht erschöpft. 1.8

Ein beachtenswerter, möglicherweise folgenreicher Akzent liegt z. B. schon darin, dass Gerichte formulieren, dass die Beteiligten bis zum **Abschluss des „angestrebten" Vertrages** frei blieben. Dies könnte als Unterstellung gemeint, verstanden oder missverstanden werden, dass – jedenfalls seriöse Verhandlungsparteien – überhaupt nur in Verhandlungen einträten, wenn sie auch einen Abschluss „anstreben" und also „grundsätzlich", „eigentlich" oder „generell" schon zum Abschluss entschlossen seien, wenn sie nur ein Angebot zu entsprechenden Konditionen erhielten. Wer noch keinen innerlichen Entschluss gefasst hat, einen Vertrag bestimmter Art mit einem Vertragspartner überhaupt zu wollen, sich hierfür einzusetzen, Hindernisse zu überwinden, zumutbare Kompromisse zu machen etc., wäre also u. U. fehl am Platze. Es liegt auf der Hand, dass eine als bestehend unterstellte „Pro-Deal-Tendenz" zu einer schnelleren Annahme der Schaffung eines Vertrauenstatbestandes¹¹⁾ und zu einer Einschränkung der Möglichkeiten einer Berufung auf einen triftigen Grund für einen Rückzug führen wird.¹²⁾ 1.9

Die Gegenansicht würde unterstreichen, dass Verhandlungen **eröffnet werden dürfen**, ohne dass die Parteien schon wissen, **ob** sie definitiv den Abschluss eines Rechtsgeschäfts der fraglichen Art anstreben. Sie kann anführen, dass die besondere Pflichtenstellung nach § 311 Abs. 2 Satz 1 BGB bereits mit der „Aufnahme von Vertragsverhandlungen"¹³⁾ entsteht, also unabhängig davon, ob die Partei tatsächlich den Abschluss eines Vertrages „anstrebt". 1.10

---

9) BGH v. 13.4.1972 – II ZR 51/70, WM 1972, 772; BGH v. 18.10.1974 – V ZR 17/73, NJW 1975, 43, 44; BGH v. 28.3.1977 – VIII ZR 242/75, WM 1977, 618, 619, 620; Staudinger-*Löwisch*, BGB, Vorb. zu §§ 275 ff. Rn. 66.

10) Etwas anderes würde voraussetzen, dass die Erstellung des Angebotes Gegenstand eines besonderen Vertrages war. BGH v. 12.7.1979 – VII ZR 154/78, NJW 1979, 2202 re. Sp. Mitte.

11) Etwa: „Anstreben + Klärung der wesentlichen Verhandlungspunkte = Vertrauenstatbestand".

12) Etwa keine Anerkennung von Rückzugsmotiven als triftige Gründe i. S. der zweiten Fallgruppe, die nicht unmittelbar mit der verhandelten Transaktion zusammenhängen.

13) § 311 Abs. 2 Nr. 1 BGB.

1.11 Junge Juristen bewerben sich oft als Richter, bei Rechtsabteilungen von Großunternehmen und bei Anwaltskanzleien, ohne zuvor zu wissen, ob sie wirklich eine Richterstelle, Anstellung in einem Großunternehmen oder eine Partnerschaft in einem Anwaltsbüro wollen. Erst recht wissen Sie nicht, ob die betreffende Kanzlei oder Stadt für sie die richtige sein wird. Bei manchen Bewerbungen wissen Sie indessen sehr genau, dass der Adressat nur zweite Wahl ist. Auch das wird sie nicht hindern, die Klärung der Beschäftigungskonditionen voranzutreiben, schon um ihren Marktwert herauszufinden, wie die Anwaltssozietäten diesen Punkt mit den Bewerbern klären werden, die sie ihrerseits nur als zweite Wahl ansehen. Die Bewerber wissen vielleicht auch nicht, ob sie nicht vor der Arbeitsaufnahme noch promovieren, eine Weltreise machen oder ein Baby bekommen möchten. Während die letzten Optionen im Allgemeinen für Verhandlungspartner von M&A-Transaktionen nicht relevant sind, sind sie in anderer Hinsicht von ihren – wesentlich komplexeren – Umwelten noch viel abhängiger. Die Märkte sind Entdeckungsverfahren[14] in dem Sinne, dass Unternehmen von ihnen laufend neue Erkenntnisse über Ökonomie, Technologie, Geldwesen, Politik etc. erlangen und also auch darüber, wie sie ihre *eigenen Ziele* unter diesen Gegebenheiten erreichen können oder ob sie diese ändern sollten. Selbst unendlich zur Voraussicht fähige und entscheidungskräftige Marktakteure können sich daher *ihrer eigenen Präferenzen nur sehr kurzfristig gewiss sein*. Was heute ein „Kauf" ist, ist morgen ein „Verkauf". Also muss die Vertragsabschlussfreiheit auch bedeuten, so könnte man argumentieren, dass man **mit** dieser **allgemeinen Volatilität und Suche nach Opportunitäten „mitgehen" darf**. Diese Sichtweise würde zur Einschränkung einer Haftung führen.

1.12 Eine zweite Frage ist, welche Umstände, gleich ob ein anfängliches „Anstreben" eines Abschlusses unterstellt wird oder nicht, „unterwegs" geeignet sein können, einen zwischenzeitlich gebildeten „Abschlusswillen" – was immer das genau sei – wieder aufzugeben. **Gibt es eine Art von „Selbstbindung"?** Kann erwartet werden, dass Entscheidungen nur in der geordneten Sequenz eines Entscheidungsbaums abgearbeitet werden?[15]

1.13 Darf eine Verhandlungspartei wieder zu einer „abgehakten", **früheren Weichenstellung**, etwa einem Kriterium, Verhandlungsziel oder Kompromiss, zurückkehren und diese korrigieren – oder muss sie ihr treu bleiben? Sollte man wollen, dass Richter die Qualität und Eignung von Umschwungmotiven beurteilen?

---

14) Ein bekanntes Wort von *Friedrich August von Hayek*.
15) Etwa: Investment überhaupt: ja/nein – in bestimmter Branche: ja/nein – i. H. eines bestimmten Anteils: ja/nein – in einem bestimmten Unternehmen: ja/nein – zu einem bestimmten Preis: ja/nein etc.

II. C. i. c. bei Nicht-Zustandekommen von M&A-Transaktionen

In der Rechtsprechung und Literatur werden zur rechtlichen Bewältigung von Fällen der Enttäuschung über das Nichtzustandekommen von M&A-Transaktionen zwei Fallgruppen unterschieden: 1.14
- Die Existenz der ersten Fallgruppe – „**c. i. c. durch Täuschung über Abschlussbereitschaft**", zum Teil auch „c. i. c. durch schuldhaftes Herbeiführen von Vertrauen" genannt[16] – ist in der Sache unbestritten.[17]
- Die Existenz der zweiten Fallgruppe – „**c. i. c. durch Verhandlungsabbruch**",[18] – wird zwar von der ständigen Rechtsprechung angenommen, aber ist zu Recht stark bestritten und zweifelhaft.[19]

Zum Teil wird zwischen beiden Fallgruppen danach unterschieden, ob ein „Verschulden bei Entstehen von Vertrauen" oder eine Enttäuschung von „schuldlos verursachtem Vertrauen durch vorwerfbares Verhalten" vorliegt.[20] 1.15

In diesem Buch wird bei der Darstellung von der Sichtweise der Rechtsprechung und h. L. ausgegangen, wonach beide Fallgruppen nebeneinander bestehen; entsprechend werden die internen Auslegungsfragen der zweiten Fallgruppe ausführlich dargestellt. Nichtsdestoweniger ist nach Ansicht des Verfassers die **zweite Fallgruppe dreifach problematisch**. Unterhalb der Schwelle einer schuldhaften Täuschung über eine nicht bestehende Abschlussbereitschaft sollte ein Vertrauen der anderen Seite auf das Zustandekommen eines Abschlusses nicht geschützt werden. Der Begriff des „triftigen Grundes", der als Korrektur benötigt wird, wenn dies doch geschieht, ist ausgesprochen unbestimmt und unbefriedigend. Schließlich ist auch das Instrument, mit dem die Rechtsprechung und h. L. die von ihr losgelassenen Geister teilweise wieder einfängt – strengere Anforderungen an das Zustandekommen von Vertrauen auf den Abschluss bzw. „gelockerte" Triftigkeit der Rückzugsgründe bei einer qualifizierten Formbedürftigkeit – nicht überzeugend. Der Unterschied zwischen der notariellen Form, Schriftform, Textform oder der mündlichen oder konkludenten „Form" ist untergeordnet gegenüber dem Unterschied dazwischen, ob ein Vertrag geschlossen wurde oder nicht. Werden die Formfragen in diesem Sinne „zurückgestuft", so wird der richtige Kern der Rechtsprechung und h. L. deutlich: Die nicht schuldhaft über die Abschlussbereitschaft ihres Verhandlungspartners getäuschte Partei hat deshalb keinen Grund für Vertrauen, weil sie weiß, dass der Vertrag noch nicht geschlossen ist. Deshalb darf es sich die Gegenpartei noch anders überlegen. Der Gedanke, mit dem die h. L. ihrer zweiten Fallgruppe Grenzen 1.16

---

[16] Zur Abkürzung wird in Folge z. T. auch von „erster Fallgruppe" gesprochen.
[17] *Emmerich* in: MünchKomm-BGB, § 311 Rn. 160 m. w. N.
[18] Zur Abkürzung wird in Folge z. T. auch von „zweiter Fallgruppe" gesprochen.
[19] Sehr gute Übersicht bei *Reinicke/Tiedtke*, ZIP 1989, 1093 ff.; ebenso lesenswert: *Wertenbruch*, ZIP 2004, 1525 ff.
[20] Etwa LG Heilbronn v. 15.8.1988 – 2 KfH O 241/87, DB 1989, 1227.

setzt, besitzt eigentlich das Potenzial, die zweite Fallgruppe als solche wieder zu erübrigen.

2. C. i. c. durch Täuschung über Abschlussbereitschaft
a) Deliktsähnlicher Charakter

1.17 Wie erwähnt, kann die Existenz der ersten Fallgruppe, einer c. i. c. durch Täuschung über eine Abschlussbereitschaft, als gesichert angesehen werden.[21] Dem Erklärenden wird vorgeworfen, dass seine Erklärung bei der Abgabe *schuldhaft* falsch war, dass er gewissermaßen gelogen hat.[22]

1.18 Alles dreht sich nur um den **Akt, der zeitlich am Anfang steht**. Dem Erklärenden wird hingegen nicht vorgeworfen, dass er etwas nicht eingehalten hat, was er versprach bzw. dass er einen *Quasi-Vertrag* nicht erfüllte.

1.19 Das Tatbestandsmerkmal der Täuschung über eine nicht vorhandene Abschlussbereitschaft steht also dem Tatbestandsmerkmal der Täuschung in § 263 StGB[23] und in § 123 BGB bzw. in § 826 BGB und insoweit die erste Fallgruppe dem Deliktsrecht nahe. Die c. i. c. durch Täuschung über eine nicht vorhandene Abschlussbereitschaft ist allerdings im Anwendungsbereich weiter. Die Schwelle der Pflichtwidrigkeit nach § 311 Abs. 2 BGB dürfte niedriger sein als nach § 263 StGB oder § 826 BGB. Auch wird ein Schadensersatzanspruch aus c. i. c., anders als ein Anspruch aus § 823 Abs. 2 BGB i. V. m. § 263 StGB, nie daran scheitern, dass der Schaden des Getäuschten nicht die „Kehrseite"[24] des Vorteils des Täuschenden war. Insoweit stellt die c. i. c. durch **Täuschung** über eine **nicht vorhandene Abschlussbereitschaft** einen tatsächlich, über das Deliktsrecht hinausgehenden, erweiterten **Schutz** des Vertrauens im Verkehr nach der Aufnahme von Vertragsverhandlungen[25] bzw. der Anbahnung eines Vertrages[26] dar. Dem anfänglichen Vorspiegeln einer nicht vorhandenen Abschlussbereitschaft ist gleichzustellen, dass zunächst eine **Abschlussbereitschaft** bestand, aber diese im Verlauf der Verhandlungen innerlich **aufgegeben** wurde, ohne dies zu offenbaren.[27]

---

21) Bisweilen zeigen sich allerdings Tendenzen, die die Grenzen zur zweiten, problematischen Gruppe auflösen. Vgl. etwa Palandt-*Grüneberg*, BGB, § 311 Rn. 30 f.
22) Der Vorwurf liegt nur darin, den Verhandlungspartner über die innere Einstellung zum künftigen Vertragsabschluss unrichtig informiert zu haben. Vgl. *Reinicke/Tiedtke*, ZIP 1989, 1093, 1094 re. Sp., 1096 re. Sp. oben.
23) Vgl. *Fischer*, StGB, § 263 Rn. 14 ff.
24) Vgl. *Fischer*, StGB, § 263 Rn. 187 f.
25) S. § 311 Abs. 2 Nr. 1 BGB.
26) S. § 311 Abs. 2 Nr. 2 BGB.
27) BGH v. 29.3.1996 – V ZR 332/94, NJW 1996, 1884, 1885 re. Sp. oben. „Die eingetretene Ungewissheit blieb dem Kläger verborgen, während der Bekl. sie kannte" (S. 1885 re. Sp. Mitte). Dieses Urteil wird unten bei Rn. 1.48 besprochen.

Eine Täuschung über eine nicht vorhandene Abschlussbereitschaft kann auch darin liegen, dass der Kontrahent zu einem Abschluss mit einem **Vertreter ohne Vertretungsmacht** veranlasst wird, wenn der Vertretene die Genehmigung von vorneherein nicht beabsichtigt. Im Übrigen haftet eine Partei grundsätzlich nicht, wenn sie die Erklärungen eines Vertreters ohne Vertretungsmacht **nicht genehmigt**; ein triftiger Grund ist nicht erforderlich.[28]   1.20

Es besteht übrigens eine Verwandtschaft zu einer c. i. c. durch eine Falschangabe oder Verletzung einer Aufklärungspflicht bei Vertragsverhandlungen.[29]   1.21

b) Täuschung über ein Zustandekommen des Vertrages oder die eigene Abschlussbereitschaft?

Es ist häufig die Rede davon, dass eine Partei über das *Zustandekommen eines Vertrages* oder eines *Abschlusses* getäuscht haben müsse. Das ist zu weit und zu ungenau. Aus der Betrugsdogmatik ist bekannt, dass sich eine Täuschung nicht auf ein *zukünftiges Ereignis* beziehen kann,[30] sondern nur auf die „**innere Tatsache**" **einer gegenwärtigen Absicht** *des Täuschenden*[31] im Hinblick auf ein solches Ereignis. Zudem kann sich eine Täuschung nur auf etwas beziehen, das der Täuschende selbst wissen kann; er kann aber nie wissen, ob ein Vertrag zustande kommen wird, sondern nur, ob bzw. unter welchen Voraussetzungen er selbst zum Abschluss bereit ist.   1.22

Weil es nur um die Täuschung über die Richtigkeit der eigenen Aussage geht, steht der Haftung i. R. der ersten Fallgruppe nicht entgegen, dass sich die Ge-   1.23

---

28) BGH v. 9.11.2012 – V ZR 182/11, MDR 2013, 271 f. Der BGH prüft bekanntlich primär die „zweite Fallgruppe". Er gelangt in dem Fall aber quasi „zurück" in die „erste Fallgruppe", weil er bei Geschäften i. S. des § 311b Abs. 1 BGB höhere Anforderungen an die Auslösung von Schadensersatzansprüchen aufstellt – und die hauptsächliche Möglichkeit der Erfüllung dieser vorausgesetzten die Erfüllung der Voraussetzungen der „ersten Fallgruppe" ist (vgl. S. 272 li. Sp. Mitte).

29) In der Entscheidung des BGH v. 8.6.1978 macht der III. Zivilsenat diese Verwandtschaft deutlich: „Bei Verhandlungen über den Abschluss eines (bürgerlichrechtlichen) Vertrages besteht regelmäßig die Verpflichtung, den anderen Teil über Umstände aufzuklären, die den Vertragszweck gefährden und für die Entschließung des Partners von wesentlicher Bedeutung sein können ... eine schuldhafte Verletzung solcher Pflichten aus Vertragsverhandlung kann auch darin liegen, dass das Vertrauen einer Vertragspartei auf das bevorstehende Zustandekommen eines (länger dauernden) Vertragsverhältnisses erweckt und die Partei zu Aufwendungen veranlasst wird, die sie nicht gemacht hätte, wenn sie nicht mit dem Vertragsschluss gerechnet hätte", BGH v. 8.6.1978 – III ZR 48/76, NJW 1978, 1802, 1804 re. Sp. unten.

30) *Fischer*, StGB, § 263 Rn. 7.

31) *Fischer*, StGB, § 263 Rn. 8 f.

genpartei zu dem Zeitpunkt der Aussage den Abschluss selbst noch vorbehalten hat.[32]

c) Täuschung über Voraussetzungen der Abschlussbereitschaft

1.24 Die Rechtsprechung operiert bisweilen auch innerhalb der ersten Fallgruppe mit dem Vorwurf, die Partei habe den **Abschluss als „sicher" hingestellt**.[33] Ein Import des aus der fraglichen zweiten Fallgruppe stammenden Tatbestandsmerkmals der „Sicherheit" in die erste Fallgruppe wäre indessen nicht überzeugend. Der Grund der Haftung in der ersten Fallgruppe ist die Täuschung – ohne dass ein bestimmter Inhalt der täuschenden Aussage verlangt wird.

1.25 Auch andere Aussagen als diejenige, der Erklärende wolle den Vertrag „sicher" abschließen, können täuschend sein. Werden konkrete Bedingungen oder Voraussetzungen als hinreichender Grund für einen Abschluss hingestellt, so wird getäuscht, wenn der Erklärende auch bei ihrem Eintritt noch nicht abschließen oder dann erst in weitere Überlegungen eintreten möchte.[34]

1.26 In diesem Sinne kann auch täuschen, wer den Abschluss eines Gesellschaftsvertrages unter der *Bedingung* zusagt, dass die Schwierigkeiten mit einem opponierenden Gesellschafter – durch Zustimmung oder Ausschluss – beseitigt werden können.[35]

1.27 Ebenso täuscht, wer bestimmte Motive oder Kriterien ausschließt, aber sich vorbehält, sich doch von ihnen leiten zu lassen, etwa wenn er behauptet, er werde nicht an einen anderen verkaufen, nur weil dieser mehr biete oder er werde generell nicht an einen bestimmten Wettbewerber – etwa einen ausländischen Staatsfonds – verkaufen. Desgleichen täuscht, wer einen Interessenten Glauben macht, dass eine persönliche Eigenschaft eines Interessenten dem Geschäft nicht entgegenstehe, wenn dies nicht zutrifft.[36] Sogar wer nur sagt, *er prüfe* den Verkauf an einen Interessenten ernsthaft, obwohl er die Bücher schon geschlossen hat, täuscht.

---

32) Es mag sein, dass, wenn die „zweite Fallgruppe" existiert, hier ein Vorbehalt der Gegenpartei einem Vertrauenstatbestand entgegensteht; vgl. *Emmerich* in: MünchKomm-BGB, § 311 Rn. 163.

33) BGH v. 10.7.1970 – V ZR 159/67, NJW 1970, 1840; BGH v. 22.2.1989 – VIII ZR 4/88, NJW-RR 1989, 627; s. Palandt-*Grüneberg*, BGB, § 311 Rn. 31.

34) Eine Täuschung ist auch über Wahrscheinlichkeiten möglich. So wird etwa beim „Hütchenspiel" über Ergebniswahrscheinlichkeiten getäuscht. Der Spieler glaubt, die Wahrscheinlichkeit sei 1:3, der „Veranstalter" weiß, dass sie „gleich 0" sein wird. Vgl. *Fischer*, StGB, § 263 Rn. 30.

35) BGH v. 6.2.1969 – II ZR 86/67, NJW 1969, 595, 597 re. Sp. oben; s. Rn. 1.44.

36) Es ist eine zweite Frage, ob die Täuschung auch kausal für einen Schaden war. Ein kapitalkräftiger Staatsfonds mag die Aussage, man werde ihm den Zuschlag nicht wegen seiner Herkunft verweigern, zum Anlass für neue Aufwendungen in den Vertragsabschluss nehmen, weil er weiß, dass kein anderer Interessent den Preis zahlen wird, zu dem er bereit ist.

II. C. i. c. bei Nicht-Zustandekommen von M&A-Transaktionen

d) Über die „Sicherheit" von Abschlussbereitschaften

Obwohl es – wie gezeigt – auch Fälle der Täuschung über die Abschlussbereitschaft gibt, in denen sich die Täuschung auf andere Aussagen als die einer „sicheren" Abschlussbereitschaft bezieht, kommt es, wie die Rechtsprechung zeigt, tatsächlich häufig dazu, dass eine Partei erklärt, dass alle ihre Bedingungen und Voraussetzungen für einen Abschluss nun erfüllt sind und sie den Vertrag „sicher" abschließen möchte.[37] Jedenfalls wird dies von Klägern immer wieder behauptet. — 1.28

Meistens sticht ein Satz, an den sich auch alle Zeugen erinnern, aus dem Verhandlungsgeschehen hervor. In einer von dem Verfasser begleiteten rein innerdeutschen Transaktion war das „We have got a deal!"; merkwürdigerweise war es in einem von *Tophoven*[38] geschilderten Fall genauso. In einem anderen Fall war es der Signalsatz des Käufers gegenüber Mitarbeitern „Ich bin Euer neuer Boss!".[39] — 1.29

Nichts ist aber sicher, jedenfalls nicht das zukünftige Verhalten von Unternehmen, deren Lebenselixier die **laufende Anpassung an die laufende Anpassung der anderen ist**. Das wissen diejenigen, die die betreffende Äußerung bei Verhandlungen tätigen, und diejenigen, die sie vernehmen, gleichermaßen. Soll das aber die Konsequenz haben, dass solche Äußerungen unbeachtlich sind? — 1.30

Zwangsläufig geht jedem Vertragsabschluss eine Phase voraus, in der die Parteien einander **das Vertrauen geben wollen**, dass sie den **Vertrag nun schließen** werden. Eine Partei wird sich z. B. kaum zu einem bestimmten Zeitpunkt bei einem Notar zur Beurkundung einfinden, wenn ihr die andere Partei nur gesagt hätte, sie werde *möglicherweise* auch da sein.[40] — 1.31

Wäre das nicht so, würde jedenfalls eine der Parteien sich gänzlich anders verhalten als sie es tut, etwa die Verhandlungen mit anderen Interessenten wieder aufnehmen, und Parallelverhandlungen bis zur letzten Minute wären die Regel. Ohne Inanspruchnahme eines **beachtlichen Vertrauens in der Phase der finalen Annäherung**, womit immer das Eingehen von Kosten und Risiken verbunden ist, sind Vertragsabschlüsse überhaupt nicht möglich, obwohl die Parteien noch auf den freien Meeren der allgemeinen Handlungsfreiheit unterwegs sind. Gerade weil sie dies wissen und die Kosten hoch sein können,[41] drängen sie die Gegenpartei zu der Aussage, dass sie in ihrem sicheren Hafen anlanden können. — 1.32

---

37) Gemeint sind: alle der Partei bewussten, vielleicht nicht vorhersehbaren Bedingungen und Voraussetzungen; zu unbewussten Bedingungen und Voraussetzungen, s. Rn. 1.38.
38) *Tophoven*, BB 2010, 2919, 2920 re. Sp. oben.
39) S. Rn. 1.45.
40) S. a. Rn. 1.103.
41) Namentlich das Risiko, einen kritischen Zeitpunkt im Hinblick auf einen alternativen Abschluss zu verpassen.

1.33 Jetzt geschieht es häufig, dass die Gegenseite diesem Wunsch zwar noch nicht durch Unterzeichnung eines Vertrages entspricht, aber sie die andere Seite, mit einer Erklärung des Inhalts, sie werde den Vertrag „sicher" schließen, beruhigen und sie veranlassen möchte, weiter durchzustehen. Der Sender dieser Botschaft unternimmt es bewusst, den Empfänger davon zu überzeugen, dass er sich ausnahmsweise auf etwas einstellen solle, auf das er sich normalerweise – wie beide wissen – nicht einstellen sollte. Die von der menschlichen Zivilisation entwickelte Technik, einer Person rechtlich Sicherheit zu geben, dass die andere etwas tun werde, was sie angekündigt hat, ist der *Vertrag*, einschließlich Vorvertrag, aber nicht die Ankündigung eines Vertrages.

1.34 Es ist ein „doch" mitgedacht: „Sie zweifeln, dass ich es tun werde? Doch, ich werde es bestimmt tun!" Diese pragmatische Gesprächssituation kann bei der Auslegung nicht unberücksichtigt bleiben: *Da die Aussage gerade ernst genommen werden (und beeinflussen) will, ist sie auch bei der Auslegung ernst zu nehmen.* Es wäre zu einfach, die Bedeutung einer Aussage, die *gerade der Überwindung nahe liegender Zweifel dienen soll,* im Hinblick auf diese Zweifel zu relativieren. Zudem sollte das Recht nicht den vollmundig und unverantwortlich Agierenden belohnen und den Gutgläubigen bzw. Vertrauensvollen bestrafen.

1.35 Wenn eine Partei eine **„sichere Abschlussabsicht"** mitteilt, muss dies also durchaus wörtlich genommen werden und, wenn die Auslegung keine Beschränkung ergibt, so verstanden werden, dass es **keinen einzigen Umstand** geben könne, dessen Änderung oder bessere Erkenntnis die Partei von dem Vertragsabschluss abbringen werde. Selbstverständlich muss hiervon zweifelsfrei, sogar vorrangig, umfasst sein, dass sich der Verkäufer nicht von dem naheliegendsten Motiv zum Abschluss mit einem Dritten, einem besseren Konkurrenzangebot, beeinflussen lassen wird. Da dies der normalen Rationalität eines *homo oeconomicus* widerspricht, schließt die Aussage insoweit ein eigenes ökonomisch unvernünftiges Verhalten ein. Aber das ist gerade ihr Zweck, den Partner zu einem **Vertrauen auf ein unvernünftiges Verhalten zu bewegen** bzw. auf ein Verhalten, unabhängig davon, ob es dann noch vernünftig ist.[42]

1.36 Ebenso muss umfasst sein, dass der prospektive Verkäufer überhaupt verkaufen (und es sich nicht anders überlegen) wird.

1.37 Die Aussage muss auch so verstanden werden, dass der Erklärende für den Fall, dass noch bislang übersehene Fragen auftreten, was bekanntlich häufig geschieht, ein solches Maß an Entgegenkommen mitbringen wird und genügend **Reserven besitzt**, dass er die dann noch hinzukommenden Erwartungen des Partners zufrieden stellen können wird. Wie weit das eingeplante Entgegenkommen zu gehen hat, hängt von dem Verlauf der bisherigen Verhandlungen ab. Mit plötzlichen ab-

---

42) Das ist bei Verträgen nicht anders. Verträge schützen die Erwartung des Partners auf die Erbringung der Leistung eben unabhängig davon, ob die Vertragsdurchführung aus Sicht des Schuldners in der Durchführungsphase noch rational ist.

surden Forderungen wird er nicht zu rechnen haben, aber „sicher" war seine Abschlussbereitschaft nur, wenn er noch Spielraum für Nachforderungen hatte, wie sie aus neu hoch gekommenen Themen erfahrungsgemäß erwachsen können.

Dass die Erklärung der sicheren Abschlussbereitschaft im Ausgangspunkt inhaltlich ernst zu nehmen ist, bedeutet nicht zu leugnen, dass jeder Handelnde vermutlich immer eine **innere**, ihm teilweise bewusste oder – wahrscheinlich überwiegend – unbewusste **Liste mit Voraussetzungen** für jede erdenkliche Handlung besitzt. Allerdings kann es in der ersten Fallgruppe der Täuschung über die Abschlussbereitschaft nicht darauf ankommen, ob die Gründe als solche vernünftig oder seriös waren, sondern nur darauf, **ob sie kommuniziert wurden**. Bei der Auslegung der Erklärung gelten insoweit keine Besonderheiten, so dass die Auslegung im Einzelfall ergeben kann, dass sie implizite, dem Empfänger der Aussage erkennbare Bedingungen enthielt. Es besteht insoweit auch i. R. der ersten Fallgruppe die Möglichkeit, eine Erklärung so auszulegen, dass sie nur gelten solle, sofern sich einzelne Umstände oder die Geschäftsgrundlage nicht ändern. Diese „Öffnungsmöglichkeit" wird allerdings regelmäßig nichts daran ändern, dass die am nächsten liegenden und vernünftigsten Motive, v. a. ein besseres konkurrierendes Angebot, ausgeschlossen sind – weil die Aussage dem Empfänger eben das Vertrauen geben sollte, dass der Erklärende trotz solcher Umstände den Vertrag schließen werde. 1.38

Auch bei der hier vertretenen strengen Sichtweise von Parteierklärungen, die der Gegenpartei vorvertraglich Abschlusssicherheit geben sollen, bleibt diese Partei nicht schutzlos. Soweit sie den Vertrag nicht abschließt und entsprechend auf das negative Interesse in Anspruch genommen wird, wird sie, wenn ein Umstand mit dem Gewicht des § 313 BGB eintrat, i. S. der Berufung auf ein **rechtmäßiges Alternativverhalten** einwenden können, dass der betreffende Schaden ganz oder teilweise auch entstanden wäre, wenn sie den Vertrag geschlossen hätte, weil der Vertrag nach § 313 Abs. 3 BGB anzupassen gewesen wäre oder sie hätte zurücktreten können. 1.39

e) Verschulden

Die erste Fallgruppe setzt Verschulden bei Abgabe einer täuschenden Erklärung voraus, wobei ohne vertragliche Haftungsbeschränkung, die im Vorfeld des Vertragsabschlusses **häufig** fehlen wird, auch **Fahrlässigkeit umfasst** ist (§ 276 Abs. 1 BGB); auch auf der subjektiven Seite ist die Haftung aus c. i. c. weiter als aus Delikt. 1.40

War Gegenstand der Erklärung, wie die Auslegung ergibt, eine sichere „Abschlussbereitschaft", so wird **häufig Vorsatz** zu unterstellen sein. Der Erklärende hätte wissen müssen, dass er bei geänderten Umständen den Vertrag doch nicht schließen werde. Er handelte also mindestens bedingt vorsätzlich oder „ins Blaue hinein", als er das Gegenteil zum Ausdruck brachte. Der Vorsatz kann allenfalls ausnahmsweise ausgeschlossen sein, wenn so unwahrschein- 1.41

liche Umstände eingetreten sind, dass sie der Erklärende bei seiner Ankündigung den Vertrag sicher oder auch unter definierten Bedingungen abschließen zu wollen, wirklich nicht voraussehen konnte. Hierfür würde es, um dies zu wiederholen, nur auf die **fehlende Vorhersehbarkeit, nicht auf das Gewicht oder die Vernünftigkeit** der Umstände ankommen. Häufig werden gerade gewichtige Gründe voraussehbar sein – und nicht exkulpieren können.

f) Relevanz eines qualifizierten Formerfordernisses?

1.42 Ob der Vertragsabschluss einer qualifizierten Form bedurft hätte, ist in der ersten Fallgruppe ganz unerheblich.[43] In diesem Sinne formuliert das OLG Köln in einer Entscheidung aus dem Jahre 1987: „... die Freiheit der Willensänderung bis zum notariellen Termin (umfasst) nicht das Recht, der anderen Partei eine in Wirklichkeit nicht vorhandene feste Kaufabsicht vorzuspiegeln, oder ihr erhebliche offenbarungspflichtige Umstände zu verschweigen."[44]

g) Fallbeispiele

1.43 Es ist wohl der Erfindung der zweiten Fallgruppe zu verdanken, dass die Rechtsprechung zur ersten Fallgruppe spärlich ist. Allerdings geraten immer wieder Fälle in die erste Fallgruppe, mit denen die Gerichte in der zweiten Fallgruppe „stecken" geblieben waren, weil die avisierten Verträge der notariellen Form unterlagen.[45] Dann bleibt nämlich auch aus Sicht der Anhänger der zweiten Fallgruppe zumeist nur die erste übrig. Bei den entschiedenen Fällen erfolgte die Täuschung über die Abschlussbereitschaft zum Teil konkludent oder durch Schweigen.

1.44 *Fallbeispiel „Deutsche Schlauchbootfabrik"* (BGH v. 6.2.1969 – II ZR 86/67, NJW 1969, 595)

Eine private Kreditgeberin gewährte einer im Schlauchbootgeschäft tätigen KG im Jahr 1956 zur Behebung von Liquiditätsschwierigkeiten einen Kredit von 150.000 DM. Es war mit einem Komplementär und Kommanditisten abgesprochen, dass die Kreditgeberin Gesellschafterin der KG werden sollte, sofern dies gegenüber einem zweiten, opponierenden Komplementär durchgesetzt werden könne. Die Dinge zogen sich hin. Schließlich wurde der opponierende Komplementär aus der Gesellschaft ausgeschlossen, aber der verbliebene Gesellschafter lehnte nunmehr doch die Aufnahme der Kreditgeberin zu den bisherigen Konditionen ab.

Das OLG Celle und der BGH erwogen, ob die Kreditgeberin „ohne ernsthaften Verhandlungswillen lediglich ,hingehalten' (worden war), um ihre

---

43) So auch *Reinicke/Tiedtke*, ZIP 1989, 1093, 1094 re. Sp., 1096 re. Sp. oben.
44) OLG Köln v. 20.1.1987 – 4 U 22/86, NJW-RR 1987, 801 re. Sp. unten, 802 li. Sp. oben.
45) Darstellung und Kritik dieses Kriteriums unten Rn. 1.98.

Finanzhilfe nicht zu verlieren". Schließlich gab der BGH dem OLG Celle mit auf den Weg, nochmals zu prüfen, ob die Gesellschafter „in Wahrheit von (einem bestimmten Zeitpunkt ab) einen im Widerspruch zu ihrem bisherigen Verhalten stehenden Standpunkt eingenommen und die ... angeführten Gründe nur vorgeschützt haben, weil sie infolge der inzwischen eingetretenen Entwicklung nunmehr die Beteiligung der kapitalkräftigen Klägerin entbehren zu können glaubten oder eine für sie günstigere Kapitalhilfe von anderer Seite ins Auge gefasst hatten."[46)]

Fallbeispiel „Zuckerwarenfabrik" (BGH v. 19.1.1979 – I ZR 172/76, WM 1979, 458)

1.45

Die Parteien verhandelten längere Zeit über den Verkauf einer Zuckerwarenfabrik. Sie schlossen am 1.3.1973 einen privatschriftlichen Vorvertrag, verschiedene weitere privatschriftliche Verträge und einen notariell beurkundeten Vertrag über ein Grundstücksverkaufsangebot. Der Kaufinteressent hatte im Mai 1973 gegenüber der Belegschaft der Fabrik erklärt „Ich bin Euer neuer Boss", zog sich aber schließlich am 6.12.1973 vom Kauf zurück. Die Verträge waren, da der Grundstücksübertragung erhebliche Bedeutung i. R. des Gesamtgeschäfts zukam, insgesamt nach den §§ 313, 128 BGB nichtig.[47)] Es war auch nicht treuwidrig, dass sich der Kaufinteressent hierauf berief.[48)] Das Verhalten des Kaufinteressenten hätte ihm allerdings zum Schuldvorwurf gereichen können, soweit er „damals bereits nicht den Willen gehabt hätte ..., die Fabrik zu übernehmen oder er der Klägerin gegenüber eine Aufklärungspflicht verletzt hätte."[49)] Deshalb hätte das Berufungsgericht nach Auffassung des BGH dem Beweisangebot nachgehen müssen, der Kaufinteressent sei jedenfalls seit September 1973 nicht mehr bereit gewesen die Fabrik zu übernehmen.[50)]

Fallbeispiel „Falsche Eindrücke über den Stand der Bauleitplanung" (BGH v. 8.6.1978 – III ZR 48/76, NJW 1978, 1802)

1.46

Der Kläger machte Ansprüche gegen eine Gemeinde wegen einer nicht zustande gekommenen Bauleitplanung geltend. Nachdem der BGH Ansprüche wegen der unterlassenen Bauleitplanung verneint hatte, prüfte er, ob eine c. i. c. darin gelegen haben könne, dass dem Kläger „unrichtige, seine Vermögensdispositionen nachteilig beeinflussende Eindrücke über den Stand der Bauleitplanung vermittelt" worden seien.[51)] Namentlich habe eine Pflicht bestanden, den Kläger „auf planungsrechtliche Risiken hinzuweisen, die

---

46) BGH v. 6.2.1969 – II ZR 86/67, NJW 1969, 595, 597 li. Sp. Mitte.
47) BGH v. 19.1.1979 – I ZR 172/76, WM 1979, 458, 460 re. Sp. oben.
48) BGH v. 19.1.1979 – I ZR 172/76, WM 1979, 458, 461 re. Sp. oben.
49) BGH v. 19.1.1979 – I ZR 172/76, WM 1979, 458, 462 unten.
50) BGH v. 19.1.1979 – I ZR 172/76, WM 1979, 458, 462 re. Sp. Mitte.
51) BGH v. 8.6.1978 – III ZR 48/76, NJW 1978, 1802, 1804 re. Sp. unten.

nach ihrem Erkenntnisstand (der Gemeinde) diesem Vorhaben v. a. auch in zeitlicher Hinsicht hinderlich werden konnten".[52] Diese Pflicht konnte einschließen, keinen „unvollkommenen und daher unrichtigen Eindruck vom Stand der Abstimmung der Planungsabsichten mit den infrage kommenden behördlichen Stellen" zu geben bzw. „wesentliche Darstellungen aus ihrem Kenntnisbereich unrichtig" darzustellen oder zu verschweigen.[53] Im Ergebnis verneinte der BGH allerdings die Haftung.

1.47 Wer die Existenz der zweiten Fallgruppe bejaht, wird häufig versucht sein, Fälle der ersten Fallgruppe als solche der zweiten Fallgruppe zu behandeln; allerdings führt eine zweite, kritisch zu sehende, Auffassung dann u. U. wieder de facto zurück in die erste Fallgruppe:

1.48 *Fallbeispiel „Umbau einer gemieteten Druckerei"* (BGH v. 29.3.1996 – V ZR 332/94, NJW 1996, 1884)

Der Mieter verhandelte mit dem Eigentümer eines Grundstücks, auf dem er eine Druckerei betrieb, über den Ankauf. Im Frühjahr 1991 gab es einen Verhandlungsstand – der veröffentlichte Sachverhalt gibt keine weiteren Details – von einem Kaufpreis von 750.000 DM. Der Mieter nahm ab Ende April 1991 Umbaumaßnahmen vor, aber der Kauf scheiterte schließlich daran, dass der Eigentümer einen Kaufpreis von 1 Mio. DM verlangte.

LG und OLG Köln hatten dem klagenden Mieter Ersatz seiner Aufwendungen aus c. i. c. zugesprochen. Der V. Zivilsenat ging das Problem in den Begriffen der zweiten Fallgruppe an: Wenn ein Vertragsschluss als sicher hingestellt worden und in dem hierdurch begründeten Vertrauen Aufwendungen gemacht worden seien, könnten diese zu erstatten sein, wenn der Vertragsabschluss später ohne triftigen Grund abgelehnt worden wären.[54]

Im Bereich von zu beurkundenden Rechtsgeschäften löse der Abbruch von Vertragsverhandlungen keine Schadensersatzansprüche aus, wenn es an einem triftigen Grund fehle, weil dies zu einem „indirekten Zwang" zum Vertragsabschluss hinauslaufe und dem Zweck des § 313 BGB (a. F.) widerspreche.[55]

Die Nichtigkeitsfolge eines Verstoßes gegen § 313 BGB (a. F.) habe, so der V. Senat, aber „zurückzutreten, wenn sie nach den gesamten Umständen mit Treu und Glauben schlechthin nicht zu vereinbaren ist", etwa wenn sie

---

52) BGH v. 8.6.1978 – III ZR 48/76, NJW 1978, 1802, 1805 li. Sp. Mitte.
53) BGH v. 8.6.1978 – III ZR 48/76, NJW 1978, 1802, 1805, 1805 re. Sp. oben.
54) BGH v. 29.3.1996 – V ZR 332/94, NJW 1996, 1884, 1885 li. Sp. oben.
55) BGH v. 29.3.1996 – V ZR 332/94, NJW 1996, 1884, 1885 li. Sp. Mitte. Es wird sogleich näher dargestellt werden, dass ein Teil der Senate des BGH die zweite Fallgruppe bei „formbedürftigen" Verträgen nicht anwenden wollen (s. Rn. 1.98 f.). Nach einem Teil der Literatur, dem der Verfasser sich anschließt, ist die Existenz der zweiten Fallgruppe überhaupt zu verneinen und demgemäß ihre Einschränkung durch die Rspr. wünschenswert. Der richtige Ansatz hierzu ist allerdings die Vertragsfreiheit und nicht die „Formbedürftigkeit" (s. hierzu Rn. 1.102 f.).

die Existenz des anderen Vertragsteils gefährde oder ihre Geltendmachung eine besonders schwerwiegende Treuepflichtverletzung bedeute.[56] Eine besonders schwerwiegende Treuepflichtverletzung liege bei einer vorsätzlichen Treuepflichtverletzung vor, „wie sie im Vorspiegeln tatsächlich nicht vorhandener Abschlussbereitschaft liegt".[57]

So kommt der BGH nach einigem Zickzack bei einer schönen und klaren Fragestellung aus der ersten Fallgruppe an: ob nämlich der Grundstückseigentümer geäußert hatte, dass er das Grundstück für 750.000 DM an den Druckereibetreiber verkaufen werde und ob er hierbei getäuscht hatte.[58] Kaum anders ging der V. Zivilsenat bald 20 Jahre später in einem die Verweigerung einer Genehmigung betreffenden Fall vor: 1.49

Fallbeispiel „Truppenunterkünfte" (BGH v. 9.11.2012 – V ZR 172/11, DNotZ 2013, 288–292) 1.50

Eine Investorin beabsichtigte Truppenunterkünfte errichten zu lassen. Ein Vertreter ohne Vertretungsmacht dieser Investorin schloss einen aufschiebend bedingten Grundstückskaufvertrag mit dem Verkäufer über Grundstücke von insgesamt 182.000 qm für einen Kaufpreis von 75,5 Mio. €. Die aufschiebende Bedingung bestand darin, „dass eine due diligence-Prüfung und Bewertung zufriedenstellend verläuft". Die Bedingung spielte aber später keine Rolle mehr, weil die Investorin schon die Erklärungen des Vertreters ohne Vertretungsmacht nicht genehmigte. Im Streit standen die Hälfte der Notarkosten von ca. 60.000 €, also 30.000 €, die der Verkäufer als Schadensersatz geltend machte. Die beiden Vorinstanzen hatten der Klage stattgegeben, der V. Zivilsenat wies dies ab.

Für die Verweigerung der Genehmigung einer ohne Vertretungsmacht Vertretenen gelte nichts anderes als bei einem Nichtabschluss für die Vertragspartei selbst. Daher reiche es im Hinblick auf die Formvorschrift des § 311b BGB, so der V. Zivilsenat in der Sache, für die – sogleich zu behandelnde Fallgruppe der c. i. c. durch Verhandlungsabbruch – nicht aus, dass der Käufer einfach nur ohne triftigen Grund die Genehmigung verweigert habe.[59] Bei einem nach § 311b BGB formbedürftigen Vertrag löse „die Verweigerung der Mitwirkung an der Beurkundung durch einen Verhandlungspartner nicht schon dann Schadensersatzansprüche aus, wenn es an

---

56) BGH v. 29.3.1996 – V ZR 332/94, NJW 1996, 1884, 1885 li. Sp. Mitte.
57) BGH v. 29.3.1996 – V ZR 332/94, NJW 1996, 1884, 1885 li. Sp. unten.
58) Die erste Fallgruppe wird auf diese Weise bei formbedürftigen Geschäften zu einer *Art von Untergruppe der zweiten Fallgruppe*, in der es wieder etwas strenger zugeht, weil die die Vertragsabschlussfreiheit sekundierende Wirkung des Formzwangs geschwächt wird.
59) BGH v. 9.11.2012 – V ZR 172/11, DNotZ 2013, 288, 290 oben. Kritik an der Rspr., wonach die notarielle Beurkundung eines verhandelten Rechtsgeschäftes Bedeutung i. S. einer Erschwerung der Haftung für zukommen soll, s. Rn. 1.98.

einem triftigen Grund dafür fehlt, sondern nur, wenn eine besonders schwerwiegende, in der Regel vorsätzliche Treuepflichtverletzung vorliegt, wie sie bspw. beim Vorspiegeln einer tatsächlich nicht vorhandenen Abschlussbereitschaft gegeben ist."[60]

1.51 Wäre nicht überhaupt die *einzig* relevante und richtige Frage gewesen, ob die prospektive Käuferin vor der Beurkundung vorgespiegelt hatte, dass sie die feste Absicht hatte, die Vertretererklärungen zu genehmigen? Warum soll dann aber die „Verweigerung der Mitwirkung an der Beurkundung" Schadensersatzansprüche „auslösen" – und nicht schon die täuschende Vorspiegelung der Absicht zu beurkunden?

1.52 Auch der folgende Fall, in dem die spätere Beklagte dem späteren Kläger ausdrücklich „Sicherheit" für eine Investitionsmaßnahme geben wollte, wäre möglicherweise sachgerecht über die erste Fallgruppe zu lösen gewesen.

1.53 Fallbeispiel *„Wärmebelieferung eines Stadtteils"* (LG Berlin v. 30.1.1996 – 9 O 804/94, n. v.)

Ein Unternehmen hatte in der ehemaligen DDR jahrzehntelang neben der eigenen Fabrik einen benachbarten Stadtteil mit Fernwärme beliefert. Es plante 1990 den Ersatz seines Kohleheizkraftwerkes durch ein Ölheizkraftwerk und stellte sich die Frage, ob das neue Heizkraftwerk wieder so bemessen werden sollte, dass die Wärmeversorgung des Stadtteils fortgesetzt werden konnte. Diesbezüglich fanden ab Juli 1990 Verhandlungen zwischen Unternehmen und der Stadt statt. Das Unternehmen beauftragte schließlich ein großes Heizkraftwerk für ca. 9 Mio. DM, das auf die Mitversorgung des Stadtteils ausgelegt war. Als die Stadt kurz darauf einen Wärmelieferungsvertrag mit einem anderen Energieversorger abschloss und keine Wärme aus dem neuen Ölheizkraftwerk abnahm, klagte das Unternehmen u. a. aus c. i. c.

Die Stadt hatte dem Unternehmen im August 1990 geschrieben: „Die Stadtverwaltung bittet ... auch weiterhin Wärme analog wie bisher zu liefern. Hierüber wird ein langfristiger Rahmenvertrag mit einer Laufzeit von 15 Jahren abgeschlossen." In einer Niederschrift von technischen Spezialisten beider Seiten vom Oktober 1990 wurden Preise von etwa „33 DM/GJ" für 1991 und „marktfähige Preise, die vermutlich unter 25 DM/GJ liegen werden", für 1992 geplant. Unter Bezug hierauf schrieb der Bürgermeister dem Unternehmen: „... möchte ich das Interesse der Stadt ... an einer weiteren Wärmeversorgung bekunden. Nach Abstimmung mit dem Magistrat ... erkläre ich hiermit die Festlegung in der Niederschrift (der technischen Spezialisten) als für die Stadt verbindlich und sichere somit die Abnahme von Fernwärme in einer Größenordnung von ... MW (etwa) zu ... *Mit diesem Schreiben erhalten Sie die Sicherheit, die sie brauchen, um die entsprechenden*

---

[60] BGH v. 9.11.2012 – V ZR 172/11, DNotZ 2013, 288, 290 oben.

II. C. i. c. bei Nicht-Zustandekommen von M&A-Transaktionen

Investitionen vornehmen zu können. Ich bitte Sie dahingehend um Verständnis, dass ein exakter Wärmemengenliefervertrag, der natürlich kurzfristig auszuhandeln ist, erst nach konkreten Preisabstimmungen und nach Rückmeldung der bereits erwähnten Abnehmer (geschlossen werden kann)." (Hervorhebung d. Vf.)

Das LG Berlin prüfte die zweite Fallgruppe und verneinte einen Vertrauenstatbestand. Selbst wenn der Bürgermeister „ernstlich und verbindlich die langfristige Abnahme bestimmter Mindestmengen zusichern wollte, wäre diese Erklärung in der Form und mit dem Inhalt, den sie tatsächlich hatte, unter den damals obwaltenden Umständen keinesfalls geeignet gewesen, Investitionsentscheidungen in der hier vorliegenden Größenordnung zu rechtfertigen." Das LG bezog sich darauf, dass die Stadt erst teilweise Rückmeldungen ihrer Fernwärmeabnehmer habe und dass die Klägerin erstmals im Oktober Angaben zu ihren Preisen gemacht hätte. „Bei dieser Sachlage konnte die scheinbare Eindeutigkeit des Bürgermeisterschreibens ... für einen verständigen Unternehmer keine Grundlage für eine 9 Mio.-Investition sein. Eine ... Entscheidung von diesem Gewicht fordert, wenn nicht eindeutige und vollständige vertragliche Abmachungen, so doch zumindest eine massive Vertrauensbasis, wie sie hier, schon wegen der Offenheit aller wesentlichen Vertragsinhalte nicht gegeben war."

Das LG Berlin, das den Fall durch einen Einzelrichter entschied, bewegte sich hier in die schon oben als bedenklich kritisierte Richtung. Es nahm Erklärungen, die ein prospektiver Vertragspartner verlangt hatte, um Sicherheit für eine Investitionsentscheidung zu erlangen und entsprechende Aufwendungen zu tätigen, – gewissermaßen aufgrund der Inanspruchnahme einer höheren Lebensklugheit – nicht hinreichend ernst. Es wurde der geschädigten Partei verwehrt, auf Äußerungen vertrauen zu dürfen, die nur zu dem Zweck gemacht worden waren, ihr Vertrauen zu erlangen und sie wurde belehrt, dass sie zu gutgläubig gewesen war.[61]

1.54

---

61) Eine Verurteilung nach der ersten Fallgruppe hätte sich wie folgt begründen lassen: Die Stadt musste bei Abgabe der Erklärung mit der Möglichkeit rechnen, dass sie bessere Angebote zur Wärmeversorgung erhalten werde. Die Stadt wusste, dass sich das Unternehmen gerade vor einem Verlust der Nachfrage der Stadt aufgrund solcher Konkurrenzangebote fürchtete. Die Erklärungen der Stadt waren daher nach Treu und Glauben so auszulegen, dass sie sich durch Konkurrenzangebote nicht mehr von dem Abschluss abbringen lassen würde, nachdem das Unternehmen die Investition getätigt hatte, auch wenn sie bessere Angebote erhalten sollte. Die Stadt musste bei Abgabe der Erklärung mindestens mit der Möglichkeit rechnen, dass sie später so handeln würde, wie sie dann tatsächlich gehandelt hat. Das reicht für die vorsätzliche Abgabe der falschen Erklärung aus; es war nicht erforderlich, dass zu diesem Zeitpunkt bereits ein *volitives Moment*, ein Willen, ggf. mit der Erklärung zu brechen, bestand. Bedauerlicherweise wurde die Berufung – es handelte sich um einen vom Verfasser vertretenen Fall – nicht durchgeführt. Soweit von dem Verfasser selbst geführte Prozesse referiert werden, liegt entweder ein Einverständnis der Mandanten vor oder die Fälle wurden anonymisiert und variiert, um eine Erkennbarkeit für Dritte auszuschließen.

h) Ersatzfähige Aufwendungen und Schäden

1.55 Als Bestandsinteresse bzw. negatives Interesse[62] sind alle Aufwendungen und Schäden ersatzfähig, die durch die Täuschung verursacht oder entstanden sind.

3. C. i. c. durch Verhandlungsabbruch

1.56 Die **zweite Fallgruppe** ist **für die Gerichte** wesentlich **bequemer** als die erste. Statt feststellen zu müssen – ggf. durch Beweiserhebung – dass der Beklagte zunächst überhaupt eine bestimmte Erklärung zu seiner Abschlussbereitschaft abgegeben hat, diese präzise auszulegen und ihm sodann ins Gesicht zu sagen, hierbei *schuldhaft getäuscht* zu haben, ist nur die objektive Begründung eines Vertrauenstatbestandes zu prüfen, ohne dass es auf Pflichtwidrigkeit und Verschulden ankommt. Dieses ist häufig aufgrund des unstreitigen Sachverhalts möglich. Das Gericht kann sich selbst das Eingehen auf den Vertrauenstatbestand sparen, wenn es einen triftigen Grund für den Nichtabschluss findet. Aber auch wenn eine Haftung bejaht werden soll, ist dies zumeist ohne Beweisaufnahme möglich, indem die angegebenen Gründe als nicht triftig bewertet werden.

a) Vertragsähnlicher Charakter

1.57 Der Tatbestand der zweiten Fallgruppe ist zweigliedrig. Er besteht aus
- der Schaffung eines Vertrauenstatbestandes hinsichtlich des Vertragsabschlusses[63] und
- dem Fehlen eines triftigen Grundes für den Abbruch.[64]

1.58 Die **Schaffung des Vertrauenstatbestandes** setzt **weder Pflichtwidrigkeit noch Verschulden** voraus.[65] Weil dies so ist, kann der erste Akt, der Vertrauenstatbestand, für sich genommen noch keine Pflichtwidrigkeit und keine Haftung rechtfertigen. Hierzu wird das zweite Tatbestandsmerkmal, das **Nichtvorliegen eines triftigen Grundes** zum Verhandlungsabbruch, benötigt. Auch wer nicht pflichtwidrig den Eindruck erweckt, er werde einen Vertrag schließen, ohne sich hierzu, etwa durch Vorvertrag, vertraglich zu verpflichten, geht i. S. der zweiten Fallgruppe doch schon eine gewisse Bindung ein, aus der er sich nicht mehr beliebig lösen kann.

1.59 Die dogmatische Begründung der zweiten Fallgruppe war von Anfang an zweifelhaft. Der II. Zivilsenat des BGH rechtfertigte etwa im Jahre 1969 die zweite Fallgruppe wie folgt: „Lehnt er[66] den Vertragsschluss am Ende dennoch ohne

---

62) Dazu ausführlich erst unten Rn. 12.23 f.
63) Palandt-*Grüneberg*, BGB, § 311 Rn. 31 m. w. N.
64) Palandt-*Grüneberg*, BGB, § 311 Rn. 32 m. w. N.
65) Palandt-*Grüneberg*, BGB, § 311 Rn. 33 m. w. N.
66) Gemeint ist die Verhandlungspartei, die sich so verhielt, dass der Partner berechtigterweise auf das Zustandekommen des Vertrages mit dem ausgehandelten Inhalt vertrauen durfte.

II. C. i. c. bei Nicht-Zustandekommen von M&A-Transaktionen

triftigen Grund ab und enttäuscht er damit das erweckte Vertrauen des anderen, so ist die Sach- und Rechtslage dem Falle ähnlich, in dem ein Vertrag zwar wirksam zustande gekommen ist, der eine Teil aber nachträglich seine Erklärungen wegen Irrtums anficht."[67] Die Rechtslage ohne Vertrag ist der Rechtslage mit Vertrag ähnlich – aus dem Munde des BGH.

Der X. Zivilsenat des BGH sah 1975 die Haftung als eine solche „für Auswirkungen eines Vertrauenstatbestandes gegenüber demjenigen, bei dem Vertrauen auf das Zustandekommen des in Aussicht genommenen Vertrages hervorgerufen worden ist."[68]   1.60

Insgesamt kamen die Versuche zu einer dogmatischen Begründung für die Haftung bei der c. i. c. durch Verhandlungsabbruch nicht darüber hinaus, sie im schuldhaften Zuwiderhandlungen gegen die durch das eigene Verhalten hervorgerufene Bindung[69] anzusiedeln, also in einer **rechtsgeschäftsähnlichen Bindung** unterhalb der Schwelle einer rechtsgeschäftlichen Bindung.[70]   1.61

Diese kann man sich vielleicht so **ähnlich** vorstellen wie ein **venire contra factum proprium**.[71] Obwohl die Pflichtwidrigkeit erst in dem Verhandlungsabbruch in *t2* liegen soll, soll der Betreffende bereits für Aufwendungen und Schäden haften, die schon durch die nicht pflichtwidrige Schaffung des Vertrauenstatbestandes in *t1* verursacht wurden. Es liegt also eine **Haftung für die Folgen des „factum proprium"**, nicht des „venire contra" vor, lediglich **bedingt durch ein „venire contra"**. Insgesamt liegt der Struktur nach eine Haftung wie aus einem Vertrag vor, bloß dass die §§ 116, 145 ff. BGB nicht gelten, sondern durch eine einseitig mögliche Schaffung eines Vertrauenstatbestandes ersetzt werden. Nach der hier vertretenen Auffassung ist die zweite Fallgruppe **abzulehnen**.   1.62

---

67) BGH v. 6.2.1969 – II ZR 86/67, DB 1969, 655 li. Sp. unten.

68) BGH v. 12.6.1975 – X ZR 25/73, NJW 1975, 1774, 1774 li. Sp. unten

69) Staudinger-*Löwisch*, BGB, Vorb. zu §§ 275 ff. Rn. 66.

70) *Weber* stellte etwa ausführlich dar, dass als schlüssiger „Begründungsansatz" für den „Geltungsgrund" von Ansprüchen bei einer „Enttäuschung (konkret und objektiv) begründeter Abschlusserwartungen" nur die Anerkennung einer „Bindungswirkung besonders qualifizierter Vertrauenstatbestände" in Betracht komme (*Weber*, AcP 192 (1992), 390, 391, 434). Erst durch diese Annahme, dass es eine „Bindungswirkung besonders qualifizierter Vertrauenstatbestände" unterhalb des Vertrages, also quasi von „werdenden Verträgen" geben könne, werde „die Haftungsbegründung für die zweite Fallgruppe schlüssig". Man kann diese Ausführungen auch als Eingeständnis lesen, dass die dogmatische Begründung der zweiten Fallgruppe i. R. der bestehenden Rechtsquellenlehre (Vertrag, Gesetz, etc.) unschlüssig bleibt.

71) Hierfür reicht auch ein Verhalten aus, das weder eine rechtsgeschäftliche Erklärung darstellen noch schuldhaft sein muss. Vgl. Palandt-*Grüneberg*, BGB, § 242 Rn. 55, 56.

b) Vertrauenstatbestand

1.63 Wie bereits erwähnt, begründet die Aufnahme von Vertragsverhandlungen keine Abschlusspflicht. Eine Verhandlungspartei kann daher grundsätzlich die Verhandlungen jederzeit aus jedem beliebigen Grund, auch ohne Angabe von Gründen gegenüber dem Verhandlungspartner, beenden.[72] Dies gilt auch dann, wenn die andere Partei bereits erhebliche Aufwendungen in Erwartung des Vertrages gemacht hat und selbst, wenn die erste Partei davon weiß.[73] Wenn die Partei aber einen gewissen **zusätzlichen Vertrauenstatbestand** schafft, soll sie sich nach Auffassung der Verfechter der Existenz einer zweiten Fallgruppe dieser Freiheit begeben.

1.64 Der Vertrauenstatbestand soll gesetzt werden, wenn die Partei bei ihrer Verhandlungsführung in zurechenbarer Weise Vertrauen in das Zustandekommen[74] oder in das sichere[75] Zustandekommen des Vertrages erweckt. Nach der Rechtsprechung kann dies auf unterschiedliche Weise erfolgen. In Betracht kommt eine mündliche oder schriftliche **Äußerung**,[76] die **Veranlassung** der anderen Seite **zu Vorleistungen**[77] oder das **Beginnen mit der Vertragsdurchführung**.[78] Ob ein Vertrauenstatbestand auch bei Verträgen geschaffen werden kann, deren Abschluss „formbedürftig" ist bzw. ob in diesen Fällen bei einem Verhandlungsabbruch ohne triftigen Grund eine Haftung eingreift, ist streitig.[79]

1.65 Es fragt sich, **worin** der **Vertrauenstatbestand inhaltlich** bestehen soll. Dies betrifft einerseits den Aspekt, inwieweit ein Vertrauenstatbestand die vorherige Klärung aller oder aller wesentlichen Verhandlungspunkte voraussetzt. Für die **Klärung der essentialia negotii** bei M&A-Transaktionen,[80] dürfte regelmäßig jedenfalls ein Term Sheet oder ein Letter of Intent (LoI) erforderlich sein, aber

---

72) St. Rspr. BGH v. 7.12.2000 – 7 ZR 360/98, NJW-RR 2001, 381.
73) BGH v. 14.7.1967 – V ZR 120/64, NJW 1967, 2199; BGH v. 13.4.1972 – II ZR 51/70, WM 1972, 772, 772 re. Sp. unten; OLG Köln v. 4.7.1974 – 15 U 47/74, MDR 1975, 71.
74) BGH v. 12.6.1975 – X ZR 25/3, NJW 1975, 1774, 1774 li. Sp. unten; BGH v. 8.6.1978 – III ZR 48/76, NJW 1978, 1802, 1804 re. Sp. unten.
75) BGH v. 13.4.1972 – II ZR 51/70, WM 1972, 772, 772 re. Sp. unten. Der BGH verlangte hier sogar noch, dass das Vertrauen „schuldhaft" geweckt werde, gab das Erfordernis aber später auf. S. a. BGH v. 7.2.1980 – III ZR 23/78, NJW 1980, 1683, 1684 li. Sp. unten = BGHZ 76, 343, 349.
76) BGH v. 22.2.1989 – VIII ZR 4/88, ZIP 1989, 514, 515 re. Sp. Mitte.
77) BGH v. 27.2.1976 –I ZR 122/73, WM 1976, 923 – es wurde darüber gesprochen, dass eine Einigung über den Ersatz notwendiger Aufwendungen schon zustande kommen werde, falls der Vertrag nicht geschlossen werde; der Eigentümer werde nicht kleinlich sein; BGH v. 20.9.1984 – III ZR 47/83, NJW 1985, 1778, 1781.
78) BGH v. 20.6.1952 – V ZR 34/51, BGHZ 6, 330.
79) S. unten Rn. 1.93 f.
80) Die Übersetzung von „wesentliche Verhandlungspunkte" in das Lateinische klärt natürlich in der Sache nichts.

II. C. i. c. bei Nicht-Zustandekommen von M&A-Transaktionen

u. U. **nicht genügen**, weil hierin zumeist wesentliche, auch wirtschaftlich bedeutende Fragen der Risikoverteilung und Haftung offenbleiben.

Gerichte würden etwa sehr viel guten Willen, zugunsten eines Anspruchstellers (und zulasten eines Anspruchsgegners) aufbringen müssen, die Vorgabe eines LoI, dass der Kaufvertrag einen „Katalog von Garantien und Freistellungen durch den Käufer, die für eine Transaktion dieser Art marktüblich sind", enthalten solle,[81)] als so bestimmt anzusehen, dass hiermit die Verhandlungspunkte Bilanzkapitalgarantie, Altlastenfreistellung, verschuldensunabhängige oder Fahrlässigkeitshaftung für die Richtigkeit der Due Diligence-Informationen, verschuldensunabhängige oder verschuldensabhängige Garantien, Bedeutung von Kenntnis des Käufers, Wissens- und Verschuldenszurechnung, Freigrenzen, Freibeträge und Höchstbeträge etc., als geklärt angesehen werden könnten. Wenn nicht anzunehmen ist, dass der anderen Partei oder einem Dritten ein Bestimmungsrecht nach den §§ 315 ff. BGB eingeräumt wurde, fehlen eben noch wesentliche Abreden.[82)] 1.66

In der Rechtsprechung zeigt sich eine Tendenz, dass **nicht** die Klärung aller **oder aller wesentlichen Verhandlungspunkte** erforderlich sein soll.[83)] 1.67

Allerdings muss als zweite inhaltliche Voraussetzung die **Äußerung eines volitiven Moments** hinzukommen,[84)] nämlich der Absicht des in Anspruch Genommenen, den Vertrag zu schließen. Hierfür ist stets wichtig, ob er den Partner zu Aufwendungen veranlasst. 1.68

Fallbeispiel „Enttrümmerungsarbeiten" (BGH v. 19.10.1960 – VIII ZR 133/59, WM 1960, 1384) 1.69

Ein Investor bemühte sich nach dem Krieg im Jahre 1946 um Grundstücke für die Errichtung eines Bitumenwerks. Ein Bundesland legte ihm einen Mustermietvertrag vor und händigte ihm im Februar 1947 einen sog. „Sicherstellungsschein" aus, durch den ihm, unter der Voraussetzung eines Miet- und Pachtabschlusses, „die Grundstücke zur Sicherstellung anhand gegeben wurden". In dem Dokument hieß es weiter, dass der Investor „alle entstehenden Aufwendungen und Ausgaben, die mit der Inbesitznahme und dem Ausbau, der sofort beginnen kann, verbunden sind", zu tragen habe und dass er „ab heute ... für alle noch an dem Gebäude entstehenden Schäden" hafte. Der Investor nahm Enttrümmerungs- und Wiederherstellungsarbeiten vor und klagte auf Aufwendungsersatz als das Land den Mietvertrag schließlich nicht abschloss. Der BGH hob das klageabweisende Urteil des OLG

---

81) Vgl. *Timmerbeil/Pfeiffer*, Unternehmenskauf Nebenvereinbarungen, S. 51.
82) Unter „customary representations, warranties and indemnifications" verstehen Transaktionsanwälte etwas ganz anderes, wenn sie den Verkäufer oder wenn sie den Käufer vertreten.
83) S. die Nachweise bei den folgenden Fallbeispielen.
84) S. die Nachweise bei den folgenden Fallbeispielen.

mit der Begründung auf, „das Land habe erkennen müssen, dass der Kläger Aufwendungen treffen werde, die er nicht machen würde, wenn er nicht mit dem Abschluss des Mietvertrages rechnete."[85]

1.70 *Fallbeispiel „Brauhaus-Pachtvertrag"* (BGH v. 19.4.1967 – VIII ZR 8/65, NJW 1967, 798)

Eine Brauerei-KG suchte einen neuen Pächter für ein alteingesessenes Brauhaus aus. Sie wählte den Kläger aus und stellte ihn der Belegschaft bei der Weihnachtsfeier vor. Im Januar 1963 übersandte sie ihm den (noch nicht unterschriebenen) Pachtvertrag und schrieb „Nachdem ... die Wahl des zukünftigen Pächters auf Sie gefallen ist, möchten wir Ihnen und Ihrer Gattin zu dieser Entscheidung unsere besten Glückwünsche übermitteln .... Verabredungsgemäß überreichen wir Ihnen ... den Pachtvertrag ... mit der Bitte, ihn mit ihrer sowie der Unterschrift ihrer verehrten Gattin zurücksenden zu wollen. Alsdann werden wir ihnen ein Exemplar mit unserer Unterschrift ... zugehen lassen." Der Kläger übergab den unterschriebenen Pachtvertrag am 19.1. dem persönlich haftenden Gesellschafter D der Brauerei-KG, der den Vertrag indessen noch nicht sofort unterschrieb, weil er ihn nochmals mit den anderen Gesellschaftern durchsprechen wollte. Zugleich bejahte D die Frage des Klägers, ob er nun die von ihm schon in die Wege geleiteten Anschaffungen machen könne. Am 21.1.1963 verhandelte der Kläger mit dem Vorpächter in Gegenwart des D über die Übernahme von Kleininventar, das er für 15.000 DM kaufte. Hierbei übergab der Vorpächter dem Kläger auch eine Erklärung, in der er zu seinen Gunsten auf seine Konzession verzichtete. Berufungsgericht und BGH werteten v. a. die ausdrückliche Erklärung des D, der Kläger könne nun seine geplanten Anschaffungen machen, als Schaffung eines Vertrauenstatbestandes.

1.71 *Fallbeispiel „Großraumschiessanlage"* (OLG Rostock v. 30.1.2002 – 1 U 255/99, OLG-NL 2003, 73)

Ein Bundesland verhandelte mit dem Eigentümer einer Schießsportanlage über einen Ausbau zur Großraumschießanlage zur Nutzung durch die Landespolizei. Das Land teilte mit, dass der Innenminister einer langfristigen Anmietung der Großraumschießanlage zugestimmt habe und die notwendigen Haushaltsmittel zur Verfügung stelle. Vorbehaltlich der formellen Zustimmung der Finanzministerin werde ein in der Anlage beigefügter Mietvertrag Grundlage der Anmietung sein. Dieser stehe demnach „grundsätzlich nichts mehr im Wege". Das Land bat weiter am 26.10.1994, „im Interesse einer möglichst umfassenden Nutzung ihrer Schießanlage ab Januar 1995 bitte ich Sie, alles dafür Notwendige zu veranlassen." Der Vertragsab-

---

[85] BGH v. 19.10.1960 – VIII ZR 133/59, WM 1960, 1386 li. Sp. Mitte.

schluss sollte zwischen dem 21.11. und dem 16.12.1994 erfolgen. Der Eigentümer begann mit dem Ausbau.[86]

Die Ausführungen des OLG sprachen dafür, dass es wohl – wenn es darauf angekommen wäre[87] – einen Vertrauenstatbestand bejaht hätte. Der formelle Vorbehalt der Zustimmung der Finanzministerin sei nicht geeignet gewesen, das begründete Vertrauen auf das Zustandekommen des Vertrages in Zweifel zu ziehen. Ein solcher formeller Vorbehalt wiege nicht sonderlich schwer und brauche jedenfalls dann nicht sonderlich ernst genommen zu werden, wenn der Verhandlungspartner aufkommende Zweifel beschwichtige. Dies habe das Land mit der Äußerung getan, dem Abschluss stehe in sachlicher Hinsicht grundsätzlich nichts mehr im Wege. Zudem habe es den Eigentümer zu Vorleistungen aufgefordert.[88]

In dem folgenden Fall ließ der VIII. Zivilsenat des BGH eine Verständigung über alle wesentlichen Punkte zur Schaffung eines Vertrauenstatbestandes nicht genügen, es fehlte das volitive Moment. 1.72

Fallbeispiel „Rechtzeitige Information bei neuer Situation" (BGH v. 22.2.1989 – VIII ZR 4/88, ZIP 1989, 514) 1.73

Die Parteien verhandelten über den Erwerb zweier Zeitschriften. Der BGH hatte Verhandlungsstände vom 3.3. und 18.4.1986 daraufhin zu würdigen, ob von dem prospektiven Verkäufer ein Vertrauenstatbestand begründet worden war. Er verneinte dies bei dem Verhandlungsstand vom 3.3., weil noch nicht alle Fragen, über die nach dem Willen der Parteien eine Regelung getroffen werden sollte, geklärt waren. So war noch offen, ob die Kaufinteressentin selbst oder eine von ihr zu gründende Gesellschaft Käuferin sein würde, welche Verlagsmitarbeiter übernommen werden würden, die Weiterbeschäftigung eines der Gesellschafter des prospektiven Verkäufers, wie mit Kundenforderungen umgegangen werden würde und der Inhalt eines Konkurrenz- und Wettbewerbsverbots. Die prospektive Verkäuferin hatte auch in dem Vertragsentwurf das Wort „exklusiv" gestrichen und hinzugefügt, sie wolle die Kaufinteressentin rechtzeitig informieren, wenn sich zwischenzeitlich eine für sie neue Situation ergebe.[89]

Der BGH verneinte die Begründung eines Vertrauenstatbestands auch bei dem Verhandlungsstand vom 18.4.1986. Es reiche nicht aus, dass über „alle wesentlichen Punkte eine Einigung erzielt worden sei" und dass der Käufer deshalb „den Eindruck haben konnte, der Vertrag werde endgültig geschlossen". Es hätte hinzukommen müssen, dass der Verkäufer *über die*

---

86) OLG Rostock v. 30.1.2002 – 1 U 225/99, OLG-NL 2003, 73, 74 li. Sp. unten.
87) S. Fortsetzung des Falles bei Rn. 1.93.
88) OLG Rostock v. 30.1.2002 – 1 U 255/99, OLG-NL 2003, 73, 75 li. Sp. oben.
89) BGH v. 22.2.1989 – VIII ZR 4/88, ZIP 1989, 514, 515 re. Sp. Mitte.

bloße Tatsache der Einigung hinaus den Vertragsabschluss als sicher hinstellte. Auch wenn diesbezüglich eine ausdrückliche Erklärung nicht erforderlich gewesen sei, hätte er seinen „festen Abschlusswillen deutlich erkennbar werden lassen" müssen, etwa durch eine Ermunterung von Kaufinteressenten zu Maßnahmen, die nur bei einem zustande gekommenen Vertrag sinnvoll waren.[90]

1.74 Hier wird der Unterschied zwischen einem Formulieren bzw. **Resümieren** von Verhandlungsergebnissen, auch dem inneren Akzeptieren, dass sie wohl nicht mehr zu verbessern sein werden, wenn man den Vertrag abschließen möchte, einerseits, und dem tatsächlichen Ausdruck des **Willens zu einem Abschluss** auf ihrer Grundlage andererseits betont. Diese Differenzierung ist sachgerecht. Verhandlungsparteien führen häufig Verhandlungen auch dann noch weiter bzw. sagen den Abschluss nicht ab – und dürfen dies auch[91] –, wenn sie ihre abschließende Würdigung und Entscheidung noch nicht getroffen haben. Dass eine Partei nur **konstruktiv an Vertragsentwürfen mitarbeitet**, selbst wenn der Vertragsentwurf fertig gestellt wird, **reicht** daher noch **nicht** zur Begründung eines Vertrauenstatbestandes aus.

1.75 In den beiden folgenden Fallbeispielen spielte eine erhebliche Rolle, auf *welche Weise* über die Verhandlungspunkte Einigung erzielt wurde. Der BGH ließ erkennen, dass er mit **Macht, Druck und purem Willen und durch einseitiges Nachgeben** durchgesetzten Verhandlungsergebnissen weniger Schutz zuteilwerden lassen möchte als auf andere Weise ausverhandelten Ergebnissen.

1.76 In dem bereits teilweise dargestellten *Fallbeispiel „Rechtzeitige Information bei neuer Situation"* (BGH v. 22.2.1989 – VIII ZR 4/88, ZIP 1989, 514)[92], wäre nach Auffassung des BGH eine mögliche Einigung über die wesentlichen Vertragsinhalte fragwürdiger gewesen, wenn „die Einigung in wesentlichen Punkten auf einem Nachgeben beruhte. In einem solchen Fall hätte die Klägerin u. U. damit rechnen müssen, dass sich die (andere Partei) anders entscheiden und vom Vertragsschluss doch noch Abstand nehmen werde."[93]

1.77 Ebenso spielte es in dem *Fallbeispiel „Auftragserteilung"* (BGH v. 7.12.2000 – VII ZR 360/98, NJW-RR 2001, 381) eine maßgebliche Rolle, *wie* der Verhandlungsstand zustande gekommen war, auf den sich der Kläger berief: „Der Gang der Gespräche zeigt, dass die Klägerin kaum bereit war, auf die Vorstellung der Beklagten einzugehen. Sie hat sich überwiegend darauf beschränkt, die Beklagten zum Nachgeben zu bewegen. Die Zuversicht, auf diesem Weg zum Erfolg zu gelangen, darf nicht verwechselt werden mit einem von den Be-

---

90) BGH v. 22.2.1989 – VIII ZR 4/88, ZIP 1989, 514, 517 li. Sp. Mitte.
91) S. oben Rn. 1.7 f.
92) S. schon Rn. 1.73.
93) BGH v. 22.2.1989 – VIII ZR 4/88, ZIP 1989, 514, 517 li. Sp. Mitte.

klagten etwa veranlassten Vertrauen. Die Beklagten andererseits waren grundsätzlich bereit, die von ihrem Angebot deutlich abweichende Preisvorstellung der Klägerin zu übernehmen. Damit war im Gegensatz zur Auffassung des Berufungsgerichts nicht alles Wesentliche bereits vereinbart; es war erst ein Rahmen für die weiteren Verhandlungen gesetzt".[94] Deshalb half es der Klägerin nichts, dass man sich auf eine Auftragssumme geeinigt hatte.

Der Versuch der Abgrenzung wertvoller Formen der Erzielung einer Einigung von weniger wertvollen ist **problematisch**. Gemeint ist wohl,[95] dass eine Partei weniger geschützt werden soll, wenn die andere Partei allein nachgegeben hat, als wenn sie selbst auch ihrerseits gegenüber der anderen Partei nachgegeben hätte. Ein Fehler dürfte hier darin liegen, dass die **Ausgangspositionen** mit den **Endpositionen** der Verhandlung **verglichen** werden. Die relative Beweglichkeit der Positionen der Parteien im Laufe der Verhandlung sagt aber mehr über den Verhandlungsstil oder das Verhandlungsgeschick von Parteien aus als darüber, ob ein faires Ergebnis erzielt wurde. Wenn 50 ein angemessener Preis wäre, kann eine Partei, die zuerst 100 gefordert hat, den Eindruck größter Kooperativität erwecken, indem sie nach und nach bis auf 60 entgegen kommt – ihre Forderung bleibt doch sachlich unakzeptabel. Hingegen hätte eine Partei, die – wesentlich realitätsnäher – die Verhandlung im Beispiel mit 40 eröffnet, fast keinen Spielraum mehr, um der anderen Partei entgegenzukommen; sie mag daher unkooperativ und stur erscheinen; tatsächlich trifft das Gegenteil zu. Das „**Ausmaß der Bewegung gegenüber dem ersten Angebot**" ist daher kein geeignetes Bewertungskriterium von Verhandlungsabläufen. Der zweite Fehler liegt darin, dass das deutsche Recht – vielleicht abgesehen von Formularverträgen – keine Prämie für einen formal konsensorientierten Verhandlungsstil kennt. Die Gerichte sollten hier Judicial Self Restraint üben. 1.78

Das OLG Saarbrücken ist im folgenden Fall in der Annahme eines Vertrauenstatbestandes sehr großzügig und wenig überzeugend verfahren. 1.79

Fallbeispiel „Hautarztpraxis" (OLG Saarbrücken v. 14.5.1997 – 1 U 744/96-121, NJW-RR 1998, 341) 1.80

Der Inhaber einer Hautarztpraxis und ein Kaufinteressent hatten einen „Vorvertrag zum Kaufvertrag" unterschrieben, in dem es hieß, dass in dem Verkaufspreis von 6.000 DM die derzeitige Praxiseinrichtung, nicht aber der Computer und die persönliche Literatur enthalten seien. Das OLG Saarbrücken meinte (wohl zutreffend), der Vorvertrag habe der gebotenen inhaltlichen Konkretisierung entbehrt, weil er den regelungsbedürftigen ideellen Wert außer Betracht lasse, der im allgemeinen weit über den Wert der Praxiseinrichtung hinaus ginge.[96] Hieran lässt es den Vorvertrag schei-

---

94) BGH v. 7.12.2000 – VII ZR 360/98, NJW-RR 2001, 382 li. Sp. Mitte.
95) Ganz eindeutig ist der Urteilstext nicht.
96) OLG Saarbrücken v. 14.5.1997 – 1 U 744/96-121, NJW-RR 1998, 341 re. Sp. Mitte.

tern.[97)] Es sieht aber in der mangelnden inhaltlichen Konkretisierung nicht auch einen Grund, der einer „berechtigte(n) Erwartung eines Vertragsschlusses" entgegenstand.[98)] Nach einhelliger Ansicht in Rechtsprechung und Schrifttum setzte ein Anspruch aus c. i. c. nicht voraus, dass sich die Vertragspartner bereits über alle Punkte bis ins Einzelne geeinigt hätten.[99)]

1.81 In dem folgenden Fall wurde wohl schon die Grenze zu einer vertraglichen Kostenersatzabrede bei Nicht-Zustandekommen des Vertrages erreicht.

1.82 *Fallbeispiel „Hydrotechnische und geologische Untersuchungen"* (BGH v. 27.2.1976 – I ZR 122/73, WM 1976, 923)

Ein Kaufinteressent eines gemeindlichen Grundstücks hatte darauf hingewiesen, dass zur Feststellung der Bebauungsfähigkeit erforderliche Prüfungshandlungen Kosten verursachen würden. Daraufhin wurde „darüber gesprochen, eine Einigung über den Ersatz notwendiger Kosten werde schon zustande kommen, falls der Vertrag nicht geschlossen werde; der Eigentümer (die Gemeinde) werde nicht kleinlich sein." Dem Kaufinteressent entstanden daraufhin Kosten für hydrotechnische und geologische Untersuchungen und Planungen, aber die Gemeinde verkaufte ihm das Grundstück nicht. Der BGH urteilte: „Erweist sich dieser Vortrag (zu dem vorbeschriebenen Gesprächsinhalt) als richtig, dann durfte die Klägerin darauf vertrauen, dass ihr gewisse Unkosten jedenfalls dann vom Verkäufer ersetzt würden, wenn sie bereit war, auf die Bedingungen des Verkäufers einzugehen, dieser aber willkürlich mit einem Dritten abschloss."[100)] Der BGH ist freilich nicht so weit gegangen, einen Anspruch aus *Vertrag* anzunehmen.

1.83 Gelegentlich kommt es auch vor, dass zwar alle wesentlichen Punkte des Vertrages geklärt sind, aber dem Verhandlungspartner bekannt ist, dass noch die **Einwilligung** von mindestens **einer weiteren Person**, z. B. eines Aufsichtsratsmitgliedes, aussteht. In diesen Zusammenhängen wird meistens damit argumentiert, wie überzeugend dem Verhandlungspartner dargestellt wurde, dass **„in der Sache"** die Entscheidung schon gefallen sei[101)] bzw. die Einwilligung als **„reine Formalität"** dargestellt wurde.[102)]

---

97) S. a. die Darstellung bei Rn. 1.149.
98) OLG Saarbrücken v. 14.5.1997 – 1 U 744/96-121, NJW-RR 1998, 341, 342 li. Sp. Mitte.
99) OLG Saarbrücken v. 14.5.1997 – 1 U 744/96-121, NJW-RR 1998, 341, 342 li. Sp. oben.
100) BGH v. 27.2.1976 – I ZR 122/73, WM 1976, 923, 924 li. Sp. oben.
101) S. schon OLG Rostock v. 30.1.2002 – 1 U 255/99, OLG-NL 2003, 73, s. o. Rn. 1.71.
102) Dies verneinte das LG München bei einer Schadensersatzklage eines Managers, der seinen aktuellen Vertrag im Hinblick auf eine erwartete Bestellung zum Finanzvorstand eines anderen Unternehmens gekündigt hatte. Er habe gewusst, dass, obwohl ihm bereits ein (offenbar nicht unterschriebener) Entwurf des Anstellungsvertrages übermittelt worden war, die Einwilligung eines dritten Aufsichtsrats noch fehlte (LG München v. 27.12.2012 – 5 HK O 20845/11, Rn. 21 f.), BB 2013, 399.

Übrigens soll ein bestehender Vertrauenstatbestand **durch Zeitablauf** – in Analogie zu §§ 145 ff. BGB – wieder erlöschen können, z. B., wenn auf ein Schreiben vom 31.3. ein nicht eindeutiges Antwortschreiben erst am 19.5. eingeht.[103]   1.84

c) Über die Triftigkeit von Gründen

Die entscheidende Frage der zweiten Fallgruppe ist zumeist, was im Einzelfall als „triftiger Grund" anzusehen ist. Dabei besteht in der Rechtsprechung über die **Kernfrage Streit,** ob kaufmännisch übliche und vernünftige Motive, wie z. B. durch einen Rückzug einen höheren Gewinn zu erzielen oder Verluste zu vermeiden, als „triftiger Grund" i. S. dieses Tatbestandsmerkmals gelten sollen. Wenn man vom kaufmännischen Alltagsverstand ausgehen würde, dürften hieran keine Zweifel bestehen. In den Worten des OLG Koblenz: „Zudem hat die Beklagte nicht ohne triftigen Grund, d. h. aus sachfremden Erwägungen die weiteren Vertragsverhandlungen auf einer Preisbasis von 360.000 DM abgebrochen. Es kann keinem Grundstücksverkäufer verwehrt werden, bis zuletzt, nämlich bis zum notariellen Vertragsakt, seinen Preisvorteil zu wahren. Nichts anderes hat die Bekl. getan, als sie sich letztlich nur noch für einen Preis von 430.000 DM zum Grundstücksverkauf bereit zeigte."[104]   1.85

Das OLG Stuttgart formuliert die Gegenauffassung: „Unterstellt werden kann ferner, dass die von den Bekl. geltend gemachten Hinderungsgründe (zu geringer Kaufpreis, fehlender Anlagemöglichkeit u. a. m.) keine triftigen Gründe darstellen."[105]   1.86

Die Literatur teilt sich ebenfalls in zwei Lager, solche, die den Begriff „triftigen Grund" oder auch „wichtigen Grund"[106] **weit definieren,** und diejenigen, die ihn **eng definieren.** Zur ersten Gruppe, die generell etwa ein besseres Angebot   1.87

---

103) BGH v. 10.7.1970 – V ZR 159/67, NJW 1970, 1840, 1841 li. Sp. Mitte.
104) OLG Koblenz v. 25.2.1997 – 3 U 477/96, NJW-RR 1997, 974 re. Sp. unten.
105) OLG Stuttgart v. 7.7.1989 – 9 U 13/89, DB 1989, 1817 li. Sp. Mitte. Das OLG Stuttgart löst den Fall im Ergebnis schließlich über eine problematische (s. Rn. 1.102–1.105) „Ausstrahlung" von § 15 Abs. 3 und 4 GmbHG sowie zusätzlich § 254 BGB. Hierzu schreibt es hübsch: „Die Kl. wusste von vornherein, dass sie als Verhandlungspartnern drei schwäbischen Familienstämmen gegenüberstand. Es ist allgemein bekannt, dass mittelständische Unternehmer schwäbischer Herkunft sich schwer vom ererbten und erarbeitetem Besitz trennen. Dies schließt auch und gerade die Erkenntnis ein, dass solche Verhandlungspartner häufig im Stadium fortgeschrittener Verhandlungen kehrt machen, weil dieses Stadium ihnen die Tragweite ihres Schrittes eröffnet und erschließt. Bevor die Kl. Aufwendungen in der geltend gemachten Höhe tätigte, hätte sie sich durch geeignete Maßnahmen gegen einen nicht ersatzfähigen Vertrauensschaden schützen müssen ...", OLG Stuttgart v. 7.7.1989 – 9 U 13/89, DB 1989, 1817 re. Sp. unten.
106) *Emmerich* in: MünchKomm-BGB, § 311 Rn. 162.

oder die Verschlechterung von Absatzchancen für einen „triftigen Grund" ausreichen lassen will, gehören *Emmerich*[107] und *Palandt/Grüneberg*.[108]

1.88 Eine enge Definition des Begriffes des „triftigen Grundes" findet sich bei *Staudinger/Löwisch* der explizit nicht ausreichen lassen will, dass die Partei ihre Dispositionen ändert und sogar einen Umstand verlangt, der die Partei nach Abschluss von einer Verpflichtung zur Leistung befreit hätte.[109]

1.89 Wenn der h. L. überhaupt hinsichtlich der Existenz der zweiten Fallgruppe zu folgen wäre, könnte jedenfalls, wie bereits deutlich wurde, der Kreis der „triftigen Gründe" **nicht abstrakt und generell** bestimmt werden. Wie es Sache der Parteien ist, ob und welche Lösungsrechte sie bei einem Vertragsschluss eröffnen wollen, ist es auch ihre Sache, wenn sie in eine quasi-vertragliche Bindung durch einen Vertrauenstatbestand i. S. der zweiten Fallgruppe eintreten, – explizit oder stillschweigend – festzulegen, was ein triftiger Grund sein soll, um sich wieder hieraus lösen zu können. Wenn sie dies weder explizit noch stillschweigend regeln, ist der **Parteiwille** aus den **Umständen des Einzelfalls** abzuleiten. *Busche* fasst diesen springenden Punkt zutreffend ins Auge: Ein höheres Angebot von dritter Seite könne nicht entlasten, „wenn dieser (der geschaffene Vertrauenstatbestand) gerade darauf angelegt war, derartige Willensänderungen auszuschließen."[110] Wie schon im Zusammenhang mit der ersten Fallgruppe dargestellt,[111] soll der anderen Seite häufig die Sicherheit gegeben werden, dass der Vertrag gerade unabhängig von dem Wirksamwerden ganz nahe liegender rationaler Gründe geschlossen werden würde.

1.90 Relativ unproblematisch dürfte der Tod des Unternehmensverkäufers als triftiger Grund für einen Verhandlungsabbruch für seine Erben anzusehen sein.[112]

1.91 Unter Umständen kann ein vertragswidriges Verhalten noch nicht als triftiger Grund ausreichen.

1.92 *Fallbeispiel „Brauhaus-Pachtvertrag"* (BGH v. 19.4.1967 – VIII ZR 8/65, NJW 1967, 798)[113]

Die Brauerei-KG hatte den Vertragsabschluss schließlich mit dem Argument abgelehnt, dass der Kläger eine mit der Tradition des Brauhauses nicht vereinbare Geschäftspolitik verfolgte. In dem Absageschreiben hieß es, dass

---

107) XXX„Jede vernünftige Erwägung genügt, ... um den Abbruch der Verhandlungen zu ‚rechtfertigen'„ – *Emmerich* in: MünchKomm-BGB, § 311 Rn. 162.
108) Palandt-*Grüneberg*, BGB, § 311 Rn. 32.
109) Staudinger-*Löwisch*, Vorb. zu §§ 275 ff. Rn. 69.
110) Staudinger/*Busche*, Eckpfeiler des Zivilrechts, Die Begründung von Schuldverhältnissen, S. 211.
111) Rn. 1.31–1.38.
112) *Werkmüller*, ZEV 2007, 16, 18 li. Sp. oben.
113) S. schon Rn. 1.70.

der Kläger „den wahren Geist unseres Hauses nicht erfasst" habe, indem er u. a. vorgeschlagen habe, „im Frack bedienen zu lassen und damit den ganzen Nimbus zu zerstören". Auch das „Auflegen einer Weinkarte" und die Einführung von Tuch-Servietten statt der „anständigen Krepp-Servietten", „und zwar Tuchservietten nur für den Gast, der eine Speise über 7,50 DM zu sich nimmt" sowie die Absicht zur Aufstellung einer „riesenhaften Kaffeemaschine" und ähnliche Änderungsvorhaben des Klägers wurden als Grund für die Nichtunterzeichnung des Vertrages angegeben.

Der BGH sah dies nicht als einen triftigen Grund an, obwohl der Pachtvertrag den Kläger verpflichtet hätte, die Gaststätte in der Tradition „der alten vaterstädtischen Kulturstätte" weiterzuführen. Nachdem der Vertreter der Verpächterin erklärt hätte, der Kläger könne nun seine geplanten Anschaffungen machen, hätte er vor einer Absage jedenfalls den Versuch machen müssen, den Kläger in einer Aussprache dazu zu bewegen, das Brauhaus im Geiste des Vertrages zu führen.[114]

In dem *Fallbeispiel „Großraumschießanlage"* (OLG Rostock v. 30.1.2002 – 1 U 255/99, OLG-NL 2003, 73)[115], war gegen den Eigentümer ein Strafverfahren wegen Bestechung aufgrund einer gemeinsamen Brasilienreise mit dem Leiter der für den Abschluss des Mietvertrages zuständigen Behörde eröffnet worden. Dieser war, auch aufgrund von anderen Delikten, zu einer Freiheitsstrafe von zwei Jahren und sechs Monaten verurteilt worden.[116] Das OLG Rostock ließ dies als triftigen Grund für einen Rückzug des Bundeslandes von dem Vertrag über die Großraumschießanlage ausreichen,[117] obwohl der Eigentümer selbst frei gesprochen worden war.

1.93

Ob eine Bevorzugung eines anderen Erwerbsobjekts bzw. die Aufgabe der Absicht zu einem Engagement in einer Branche als triftiger Grund ausreicht, behandelte der folgende Fall.

1.94

Fallbeispiel „Mietvertrag für ein Café" (OLG Düsseldorf v. 25.4.1991 – 10 U 154/90, DWW 1991, 240)

1.95

Die Parteien verhandelten einen langfristigen Mietvertrag für ein Café in Düsseldorf. Aus den – nur verkürzt wiedergegebenen – Urteilsgründen ergibt sich, dass der Mietinteressent die Verhandlungen schließlich scheitern ließ, weil er zunächst ein anderes Objekt für geeigneter gehalten und schließlich die Absicht, ein Café einzurichten, wegen der Konkurrenzsituation ganz aufgegeben hatte. Das OLG Düsseldorf sah dies als einen nachvollziehbaren und keineswegs unvernünftigen Anlass für die Aufgabe der vor-

---

114) BGH v. 19.4.1967 – VIII ZR 8/65, NJW 1967, 798, 799 li. Sp. unten.
115) S. schon Rn. 1.71.
116) OLG Rostock v. 30.1.2002 – 1 U 255/99, OLG-NL 2003, 73 re. Sp. oben.
117) OLG Rostock v. 30.1.2002 – 1 U 255/99, OLG-NL 2003, 73, 75 li. Sp. Mitte.

vertraglichen Gespräche an. Die Lage sei nicht anders zu beurteilen wie im Falle der Aufgabe von Verhandlungen wegen eines günstigeren Angebotes.[118]

1.96 Es muss zusammenfassend darauf hingewiesen werden, dass der **Ausdruck „triftige Gründe"** geradezu **frontal in die Irre** führen kann. Der Ausdruck legt nämlich, wie der Gegenausdruck des *„untriftigen"* Grundes, nolens volens nahe, dass es darauf ankäme, ob die Gründe für den Rückzug von dem Geschäft personenunabhängig objektiv bzw. sachlich vernünftig oder unvernünftig sind oder nicht. Wenn man die zweite Fallgruppe überhaupt akzeptiert, wird man aber akzeptieren müssen, dass der – aus kaufmännischer Sicht – triftigste aller Gründe, nämlich durch Abschluss mit einem Dritten ein besseres wirtschaftliches Ergebnis zu erzielen (sowie ähnliche Gründe), i. d. R. nach dem Willen der Parteien im Einzelfall gerade *keinen* triftigen Grund darstellen soll, der einen Abbruch rechtfertigt.

1.97 Der Begriff dient nicht dazu, den aus unsinnigen Gründen Abbrechenden zusätzlich zu bestrafen, sondern dazu, den aus sehr vernünftigen Gründen Abbrechenden daran zu hindern.

d) Relevanz eines Formerfordernisses?

1.98 In der Rechtsprechung zur zweiten Fallgruppe spielt es eine große Rolle, ob der Vertrag, auf dessen Abschluss die Verhandlungen gerichtet waren, formbedürftig ist oder nicht, insbesondere ob als qualifizierte Formbedürftigkeit eine **notarielle Beurkundungsbedürftigkeit** besteht. Dies wird als Umstand angesehen, der die Entschließungsfreiheit der Parteien gegenüber Fällen fehlender Formbedürftigkeit erhöht. Die Ansprüche, die an die Entstehung eines Vertrauenstatbestandes gestellt werden, sollen bei einem derart formbedürftigen Vertrag höher bzw. die Gründe, die einen Rückzug rechtfertigen können, müssen „weniger triftig" sein als bei einem formfreien Vertrag.

1.99 Die Meinungen, auch der Senate des BGH, waren und sind teilweise noch geteilt. Der II. Zivilsenat des BGH hat bereits im Jahre 1969[119] und dann wieder am 21.9.1987,[120] im Zusammenhang mit der Errichtung einer Möbelhaus-GmbH entschieden, dass eine c. i. c. durch Vertragsabbruch bei einem nach § 2 GmbHG formbedürftigen Vertrag vorliegen könne, wenn der Vertragsabschluss als sicher hingestellt wurde und ein triftiger Grund für den Rückzug fehle;[121]

---

118) OLG Düsseldorf v. 25.4.1991 – 10 U 154/90, DWW 1991, 240 mittl. Sp. unten.
119) BGH v. 6.2.1969 – II ZR 86/67, BGH LM § 276 BGB (Fa) Nr. 28 = DB 1969, 655.
120) BGH v. 21.9.1987 – II ZR 16/87, WuB II C. § 2 GmbHG 1.88, 427 *(Frisinger)* = ZIP 1988, 89 = WM 1988, 163 ff.
121) BGH v. 21.9.1987 – II ZR 16/87, WuB II C. § 2 GmbHG 1.88, 428 li. Sp. *(Frisinger)* = WM 1988, 163, 164 li. Sp. Mitte.

II. C. i. c. bei Nicht-Zustandekommen von M&A-Transaktionen

der III. Zivilsenat ist dem II. Zivilsenat auch für nach § 313 BGB a. F. (§ 311b BGB n. F.) formbedürftige Grundstückskaufverträge gefolgt.[122]

Indessen haben der V. Zivilsenat schon 1974[123] und der I. Zivilsenat 1979[124] die Gegenauffassung vertreten, dass sich die Parteien eines nach § 313 BGB a. F. formbedürftigen Vertrages zurückziehen können, ohne dass es auf die Gründe hierfür ankomme; sie sollen lediglich – zur Vermeidung einer c. i. c. durch Täuschung über die Abschlussbereitschaft i. S. der ersten Fallgruppe – verpflichtet sein, den Vertragsgegner unverzüglich zu informieren.[125]

1.100

Dieser Rechtsauffassung des I. und V. Zivilsenats sind andere Spruchkörper entweder nur hinsichtlich des § 313 a. F. BGB oder auch hinsichtlich des § 15 Abs. 3 und 4 GmbHG gefolgt, so der IV. Zivilsenat[126] hinsichtlich § 313 BGB, der X. Zivilsenat,[127] das OLG Köln,[128] das OLG Stuttgart,[129] das OLG Frankfurt,[130] das LG Heilbronn,[131] das OLG Koblenz[132] hinsichtlich § 313 a. F. BGB. *Kapp* und *Küpper* haben sich im Anschluss an diese Rechtsprechungsdivergenz eine interessante Kontroverse geliefert.[133]

1.101

Wer, wie der Verfasser, skeptisch gegenüber der „zweiten Fallgruppe" eingestellt ist, wird deren **Einengung wenigstens für formbedürftige Verträge befürworten**. Dennoch müssen aus grundsätzlichen Erwägungen gegen den Ansatz Bedenken erhoben werden: Die Folgen daraus, dass der Vertragsabschlussfreiheit eine zu geringe Bedeutung eingeräumt wird, sind nicht dadurch zu korrigieren, dass die Formbedürftigkeit eine zu große Bedeutung erhält.[134] Dies

1.102

---

122) Nachweise s. BGH v. 8.6.1978 – III ZR 48/76, BGHZ 71, 386, 395.
123) BGH v. 18.10.1974 – V ZR 17/73, NJW 1975, 43, 44; ebenso OLG Saarbrücken v. 23.9.1997 – 7 U 381/97-89, OLGR Saarbrücken 1998, 119 und erneut BGH v. 19.11.1982 – V ZR 161/81, WM 1982, 1434, 1436. *Gehrlein*, MDR 1998, 445, 446 li. Sp. Mitte, sieht hier, insbesondere in der Entscheidung BGH v. 19.11.1982 – V ZR 161/81, WM 1982, 1434, 1436, eine deutliche Tendenz zur Haftungseinschränkung.
124) BGH v. 19.1.1979 – I 172/76, WM 1979, 459, 462 re. Sp. Mitte.
125) BGH v. 19.1.1979 – I 172/76, WM 1979, 459, 462 re. Sp. Mitte.
126) BGH v. 23.5.2001 – IV ZR 62/00, NJW 2001, 2713, 2714 re. Sp. oben.
127) BGH v. 12.6.1975 – X ZR 25/73, NJW 1975, 1774, 1774 li. Sp. unten.
128) OLG Köln v. 20.1.1987 – 4 U 22/86, NJW-RR 1987, 801.
129) OLG Stuttgart v. 7.7.1989 – 9 U 13/89, DB 1989, 1817 re. Sp. Mitte und neuerdings erneut OLG Stuttgart v. 2.4.2007 – 5 U 177/06, WM 2007, 1743, 1745 li. Sp. Mitte.
130) OLG Frankfurt v. 30.10.1997 – 3 U 178/99, MDR 1998, 957.
131) LG Heilbronn v. 15.8.1988 – 2 KfH O 241/87, DB 1989, 1227 re. Sp. unten.
132) OLG Koblenz v. 25.2.1997 – 3 U 477/96, NJW-RR 1997, 974 re. Sp. oben.
133) *Kapp*, DB 1989, 1224 und *Kapp*, DB 1991, 1265 spricht sich, dem LG Heilbronn v. 15.8.1988 – KfH O 241/87, DB 1989, 1227 re. Sp. oben zust., dafür aus, dass es bei formbedürftigen Verträgen keine c. i. c. wegen Verhandlungsabbruchs geben dürfe. *Küpper*, DB 1990, 2460, vertritt die Gegenansicht. Lesenswert, wenn auch im Ergebnis eine andere als die hier vertretene Auffassung vertretend, *Gehrlein*, MDR 1998, 445.
134) *Emmerich* in: MünchKomm-BGB, § 311 Rn. 164, „Formbedürftigkeit" gibt „kein Recht zu illoyalem Verhalten".

würde verkennen, dass das Prinzip der **Vertragsfreiheit** ungleich **wichtiger** ist, als etwa die **Formvorschriften** des § 15 Abs. 3 und 4 GmbHG oder des § 311b BGB.[135)]

1.103 *Fallbeispiel „Kaufe für 250.000 DM!"* (OLG Köln v. 20.1.1987 – 4 U 22/86, NJW-RR 1987, 801)

Ein Kaufinteressent hatte schriftlich zugesagt: „Ihr Haus … kaufe ich zum Preis von 250.000 DM …". Er hielt die Zusage nicht ein und der Verkäufer machte als Schadensersatz die Differenz zu dem bei dem Verkauf an einen Dritten erzielten, niedrigeren Kaufpreis geltend.

Das OLG Köln urteilte luzide: „Ein schuldhaftes Verhalten kann … nicht darin gesehen werden, dass der Kaufwillige zunächst feste Kaufabsichten geäußert oder schriftlich niedergelegt und dann ohne triftigen Grund den Vertragsschluss doch verweigert. Es entspricht dem typischen und auch organisatorisch notwendigen Geschehensablauf, dass vor dem Beurkundungstermin feste Kaufabsichten geäußert und Vertragsbedingungen ausgehandelt werden. Gleichwohl behält das Gesetz den Vertragsparteien bis zur Beurkundung die volle Entscheidungsfreiheit vor. Das weiß (oder muss wissen) angesichts der gesetzlichen Regelung auch der andere Vertragspartner, der daher nicht eigens darauf hingewiesen werden muss, dass ungeachtet der erklärten festen Kaufabsicht bis zur Beurkundung eine Änderung dieser Absicht möglich ist. Auch die Klägerin war bis zur notariellen Beurkundung jederzeit in der Lage, das Haus an einen anderen, ihr geeigneter erscheinenden Bewerber zu veräußern. Bei formbedürftigen Verträgen[136)] tragen daher beide Parteien das Risiko einer Willensänderung des anderen Teils, ohne daraus Ersatzansprüche herleiten zu können."[137)]

1.104 Die Auffassung des OLG Köln kann darauf gestützt werden, dass ein **Unterschied** zwischen der **Erklärung der Absicht, etwas zu tun** und der **Tat** auch bei einem Vertragsabschluss (gleich ob formbedürftig oder nicht) besteht und dem geschäftlichen Verkehr bekannt ist. Der Unterschied entspricht weitgehend demjenigen zwischen einer moralischen und einer rechtlichen Bindung und es wäre überzeugend, wenn das Recht auch hier einen Bereich „frei" ließe, in dem man seinen „guten Namen aufs Spiel setzen" kann ohne rechtlich zu haften. Dies sollte der Normalfall bei Ankündigungen sein, einen Vertrag zu schließen – und zwar unabhängig von einem qualifizierten Formerfordernis. Andererseits gibt es aber doch **besondere pragmatische Situationen**, in der die eine Partei

---

135) Bekanntlich standen § 15 Abs. 3 und 4 GmbHG sogar i. R. des Gesetzgebungsverfahrens zum MoMiG zeitweise zur Disposition und gibt es funktionsfähige Ordnungen von Immobiliareigentum ohne Notariate und Grundbücher. Dass die Vertragsfreiheit eine grundlegende Bedeutung hat, eint jedoch alle modernen freien Marktwirtschaften.
136) Wieso nur bei formbedürftigen?
137) OLG Köln v. 20.1.1987 – 4 U 22/86, NJW-RR 1987, 801 re. Sp. unten.

die andere **gezielt beeinflussen möchte**, bei der Ausübung ihrer Handlungsfreiheit nicht mehr in Rechnung zu stellen, dass sich die erste Partei noch anders entscheiden kann. Dies wäre z. B. so gewesen, wenn etwa der Verkäufer dem Käufer im Fallbeispiel entgegengehalten hätte „Aber warum soll ich Herrn X nicht für 240.000 DM verkaufen – Was tue ich, wenn Sie Ihre Meinung ändern?!" und der Kaufinteressent repliziert hätte „Glauben Sie mir, ich werde definitiv für 250.000 DM kaufen!" Unter den sonstigen Voraussetzungen der ersten Fallgruppe sollte hier gehaftet werden.[138)]

Die „Formbedürftigkeit" ist auch deshalb kein geeignetes Kriterium für die Gewährung eines größeren Maßes an Vertragsabschlussfreiheit, weil das **Merkmal** der „**Formbedürftigkeit**" **weniger klar** ist als es zunächst scheint. Sicher sind nicht nur Verträge, die die Beachtung einer der beiden notariellen Formen verlangen, sondern auch Verträge, die einer sonstigen gesetzlichen Form bedürfen (§§ 126–126b BGB), formbedürftig; dasselbe muss für eine nach § 127 BGB vereinbarte Form gelten.[139)] Aber auch darüber hinaus ist für *jedes* Zustandekommen eines Vertrages, auch wenn das Gesetz es nicht so nennt, die Einhaltung von gewissen Formen, etwa der „Sprachform", „Gestenform" o. Ä., erforderlich, weil ohne eine äußerliche Materialisierung – durch Schall, körperliche, elektronische o. Ä. Zeichen – eine Willens*erklärung* überhaupt keine Existenz haben kann. Da insoweit jeder Vertrag in diesem Sinne „formbedürftig" ist, kann die Vertragsabschlussfreiheit bei allen Verträgen bis zu dem „formgerechten" Abschluss bewahrt werden.

1.105

---

138) *Gehrlein* spricht sich zwar in der Tendenz eher für eine Erweiterung der Haftung auch bei formbedürftigen Verträgen durch Gleichstellung von formfreien mit formbedürftigen Verträgen aus, aber arbeitet hierbei ein überzeugendes Argument gegen die Relevanz einer Formbedürftigkeit des (späteren) Vertrages heraus. „In beiden Fällen liegt – zum einen mangels Einigung, zum anderen mangels Form – nach übereinstimmender Kenntnis aller Parteien ein bindender Vertrag noch nicht vor. Ebenso wie § 313 BGB eine Bindung ohne Wahrung des Formgebots ausschließt, stehen § 145 BGB einem Vertragsschluss ohne verbindliche Einigung der Parteien entgegen. Für eine Haftung aus Verschulden bei Vertragsverhandlungen hat aber die Vertragsgültigkeit nichts zu besagen. Darum müssen beide Konstellationen ... gleich behandelt werden." *Gehrlein*, MDR 1998, 445, 446, 448 li. Sp. oben, 448 re. Sp. oben.
139) So auch OLG Karlsruhe v. 31.1.2007 – 3 O 465/06, Rn. 17. Entsprechend verneinte das OLG Karlsruhe zunächst die Wirksamkeit eines (grundsätzlich formfrei zulässigen) Vertrages über den Verkauf von Anteilen an einer Gemeinschaftspraxis nach § 154 Abs. 2 BGB, weil sich die Parteien auf die Schriftform nicht verständigt hatten. Obwohl es weiter dahinstehen ließ, „ob sich die Parteien grundsätzlich über alle wesentlichen Punkte und Details (nota bene, der Verfasser) des anvisierten Vertrages einig geworden waren", habe die Klägerin damit rechnen müssen, „dass sich der Beklagte auf einen verbindlichen, der vereinbarten Schriftform genügenden Abschluss des Vertrages nicht einlassen werde". Das Urteil besitzt dieselbe richtige Tendenz wie das des OLG Köln v. 20.1.1987 – 4 U 22/86, NJW-RR 1987, 801, s. o. Rn. 1.103 f.

e) **Ersatzfähige Aufwendungen und Schäden**

1.106 Als Bestands- bzw. negatives Interesse[140] sind alle Aufwendungen und Schäden ersatzfähig, die *nach* der Schaffung des Vertrauenstatbestandes verursacht oder entstanden sind.[141] Hieran wird erneut die fragwürdige „vertragsähnliche" bzw. die einer rechtsgeschäftlichen Verpflichtung ähnliche Konstruktion der zweiten Fallgruppe deutlich. Würde die zweite Fallgruppe als Haftung für eine Pflichtverletzung konstruiert, die in dem Verhandlungsabbruch läge, könnten nur nach dem Verhandlungsabbruch entstandene Aufwendungen und Schäden ersetzt werden, was sinnlos wäre.

III. Ansprüche aus wettbewerbsrechtlichen Normen

1.107 Im Zusammenhang mit gescheiterten Vertragsverhandlungen können auch Ansprüche aus wettbewerbsrechtlichen Normen, v. a. dem **UWG** in Betracht kommen, namentlich wenn Mitarbeiter oder Lieferanten abgeworben werden.

1.108 *Fallbeispiel „57 Mitarbeiter im Fernstraßenbau"* (BAG v. 26.92012 – 10 AZR 370/10, GWR 2013, 51)

Ein Unternehmen des Fernstraßenbaus wurde in der Insolvenz der Mutter vom Verwalter zum Verkauf angeboten. Ein Interessent kam nicht zum Zuge und beschloss, durch Abwerbung von Mitarbeitern selbst einen Fernstraßenbaubetrieb hochzuziehen. Er warb 57 Mitarbeiter, darunter Schlüsselkräfte, die Geschäftsführer des neuen Unternehmens wurden, ab. Die Belegschaft des zum Verkauf stehenden Unternehmens sank von 1.329 auf 1.101 Mitarbeiter, in den Jahren 2005 und 2006 wurden Verluste von 85 Mio. € statt der geplanten Gewinne von 1 Mio. € erwirtschaftet. Bei der Abwerbung wurden UWG-Vorschriften vielfach verletzt und das Unternehmen klagte auf 65 Mio. € Schadensersatz aus §§ 9, 3 UWG. Das BAG wies die Klage trotz der Pflichtwidrigkeiten der Beklagten ab, weil die Voraussetzungen für eine Schadensschätzung nach § 287 ZPO nicht vorlagen. Die Auswirkungen der Personalfluktuation auf die Gewinnsituation und die Kalkulation der einzelnen Bauprojekte sei nicht hinreichend vorgetragen worden.

IV. Ansprüche aus Vereinbarungen prae M&A

1. Term Sheet, Memorandum of Understanding, Letter of Intent

1.109 Es liegt im Begriff eines „Letter of *Intent*"[142] (LoI), dass durch ihn keine Verpflichtung zum Erwerb eines Gegenstandes – und nicht einmal zum Abschluss

---

140) Dazu ausführlich erst unten bei Rn. 12.113 ff., 12.23, 12.40.
141) Vgl. BGH v. 22.2.1989 – VIII ZR 4/88, ZIP 1989, 516 li. Sp. Mitte, m. w. N.
142) *Kösters*, NZG 1999, 623, 623 li. Sp., bezeichnet den Begriff des LoI im Gegensatz zu einem Rechtsinstitut als „rechtliche neutrale Bezeichnung eines Schriftstücks".

IV. Ansprüche aus Vereinbarungen prae M&A

eines Erwerbvertrages – begründet werden soll und nicht begründet wird, wenn der Begriff korrekt verwendet wird.[143]

Wird der Begriff inkorrekt verwendet, indem er etwa als Überschrift über eine Vereinbarung gesetzt wird, die eine vollständige Veräußerung regelt, so ist trotz der Überschrift möglicherweise schon eine bindende[144] Veräußerungsverpflichtung oder ein – u. U. formnichtiger[145] – Vorvertrag zustande gekommen. 1.110

Im Übrigen ist zu Memoranda of Understanding (MoU) und Letters of Intent lediglich anzumerken, dass durch sie, auch wenn keine Übertragungs- oder Abschlussverpflichtung begründet wird, **vielfältige sonstige Verpflichtungen**, insbesondere hinsichtlich des weiteren Prozedierens oder für den Fall des Nicht-Zustandekommens eines Abschlusses **bindend vereinbart** werden können; dies kann sich sowohl auf die Erbringung von Beiträgen zur **Förderung des Zustandekommens des Hauptvertrages**[146] als auch auf eine Erhöhung oder Abschwächung von **Aufklärungspflichten** beziehen.[147] Im Allgemeinen sind verbindliche Pflichten eher in einem „Letter of Intent" oder „Memorandum of Understanding" genannten Dokument enthalten als in einem „Term Sheet" oder einer „Punktation"; das ist aber nicht zwingend. 1.111

2. Geheimhaltungsvereinbarungen

a) Hintergrund

Dem Verfasser ist, auch im Gefolge von Gesprächen mit Kollegen und Richtern, kein Fall bekannt, in dem ein Rechtsstreit wegen der Verletzung einer Geheimhaltungsvereinbarung geführt wurde.[148] 1.112

Der Verkäufer erbringt bei einer M&A-Transaktion eine äußerst komplexe Sachleistung, die Übertragung des mannigfaltigen und lebendigen Unternehmens mit seinen vielen unterschiedlichen (auch verborgenen) Stärken und Schwächen. 1.113

---

143) S. etwa *Wolf*, DNotZ 1995, 179, 193; ihm folgend LG Paderborn v. 28.4.2000 – 2 O 132/00, NZG 2000, 899, 900 re. Sp. oben.
144) OLG Köln v. 21.1.1994 – 19 U 73/93, dazu EWiR 1994 § 157 3/94. In dem ICC-Fall 9613, 1999 (Final Award) stand ähnlich u. a. im Streit, ob 1995 geschlossene „Heads of Agreement" bereits eine Verpflichtung zur Lieferung von Geschäftsanteilen an einer Fabrik zur Verarbeitung von Mineralien einschlossen, die von einer Investitionsgesellschaft eines Landes angeboten worden waren. Das ICC-Schiedsgericht verneinte das. (Yearbook Commercial Arbitration 2007 – Volume XXXII, Kluwer Law International, pp. 42–59).
145) LG Paderborn v. 28.4.2000 – 2 O 132/00, NZG 2000, 899, 900 re. Sp. oben.
146) Vgl. *Bergjan*, ZIP 2004, 395 ff.
147) S. a. *Sörgel*, M&A Review 2014, 334, 336 li Sp. f.
148) In eigener Praxis oblag ihm einmal die Aufgabe, i. R. einer Transaktion, ein M-DAX Unternehmen auffordern zu müssen, von weiteren Kontakten mit dem Management des Zielunternehmens, die auf Inspiration eines „Management Buy Outs" gerichtet waren, abzusehen. Die Unterlassungserklärung wurde unterschrieben; weitere Erkenntnisse ergaben sich hieraus nicht.

Er kann den höchsten Kaufpreis von dem Interessenten erwarten, der von dem Stand Alone-Wert des Unternehmens überzeugt ist, für den es die höchsten Synergien mit sich bringt und der bereit oder genötigt ist, am meisten von diesen Synergien – durch einen hohen Kaufpreis – an den Verkäufer abzugeben.[149]

1.114 Mit anderen Worten: Der Verkäufer muss einen einerseits **„nutzungsstarken"** aber **„verhandlungsschwachen"** bzw. „alternativlosen" Käufer suchen.[150]

1.115 Je höher die Verlässlichkeit und Sicherheit, die der Käufer hinsichtlich der Merkmale des Zielunternehmens erlangen kann, umso größeres Vertrauen wird er regelmäßig auch in dessen Stand Alone-Wert und in die gemeinsam mit dem eigenen Unternehmen realisierbaren Synergien entwickeln und umso höher ist der Kaufpreis, den er – ganz rational – zahlen kann. Der Verkäufer sollte insoweit selbst ein ausgeprägtes Interesse haben, dass der Käufer gut informiert wird und hierzu eine informative Due Diligence durchführen kann.[151]

1.116 Dass der Verkäufer an einer wahrheitsgemäßen und vollständigen Information des prospektiven Käufers interessiert ist, gilt freilich nur unter zwei Voraussetzungen: erstens, wenn die Informationen überwiegend positiv sind und zweitens, wenn es tatsächlich zu einem Abschluss kommt. **Wenn die Verhandlungen scheitern, kippt die Situation vollständig um.** Was helfen konnte, den Käufer von einem Erwerb zu überzeugen, wird nunmehr zu einer erheblichen Gefährdung, v. a. wenn Informationen zu Wettbewerbern gelangen oder der Kaufinteressent selbst Wettbewerber ist oder dazu wird. Die einmal erteilte Information kann nicht mehr vindiziert werden: „You cannot unring the bell".

1.117 In diesem Schisma zwischen Eigeninteresse an einer für den Verkäufer befriedigenden Due Diligence und der Angst vor einem Missbrauch der herausgegebenen Informationen nach einem Verhandlungsabbruch steckt jeder Verkäufer. Es beherrscht ihn auch, wenn er sich zwischen einer großzügigen oder kleinlichen Bereitstellung von Informationen in der Due Diligence hin und her windet.

1.118 Seine Gefangenheit in dem Schisma erlaubt es immer, Einschränkungen bei der Gewährung von Informationen *auf doppelte Weise zu erklären*: Der Verkäufer kann sich für den Fall des Scheiterns der Verhandlungen schützen wollen – so wird sich der Verkäufer erklären – oder er kann etwas zu verbergen haben – so die Sichtweise des Käufers.

---

149) Es kann völlig rational sein, einen Teil von Synergien abzugeben, um überhaupt ein Unternehmen zu erhalten und die verbleibenden Synergien zu realisieren; s. Rn. 12.256.

150) Wenn hinzukommt, dass der Käufer aufgrund von Fehlern, Irrtümern, etc., noch mehr zahlt, wird es dem Verkäufer recht sein.

151) Es kommt für den Verkäufer nicht nur darauf an, den Personenkreis zu überzeugen, der ihm am Verhandlungstisch gegenübersitzt, sondern auch deren „Hinterleute" in Vorständen, Beiräten und bei Finanzgebern, die u. U. nur die Management Summaries der Due Diligence-Berichte lesen werden.

b) Inhalte und Rechtsfolgen[152]

Zur Problematik der Sanktionen für eine Verletzung von Geheimhaltungspflichten liest man in der Literatur Widersprüchliches. Einerseits heißt es, dass **Schadensersatz** allein **keinen wirksamen Schutz** gewähre, weil in den meisten Fällen kausale Schäden durch Verletzung der Geheimhaltungsverpflichtung nicht hinreichend sicher ermittelbar oder nachweisbar seien, weshalb die Vereinbarung von Vertragsstrafen anempfohlen wird.[153] Dies ist zu unterstreichen. Die Quantifizierung eines Schadensersatzanspruches würde erfordern, eine Kette von Kausalitäten von dem Bruch der Geheimhaltung über die Nutzung der Information durch einen Wettbewerber bis hin zu den Umsatz- oder Gewinneinbußen des Zielunternehmens nachzuweisen. Dies würde auch in dem vergleichbar einfachsten Fall, dass der Kaufinteressent Wettbewerbsprodukte an Kunden verkauft, die sich auf einer im Datenraum befindlichen Liste befanden, schon kaum möglich sein. Verwendet der Käufer technische Informationen in seiner eigenen Fertigung, rückt der Nachweis, dass hierdurch dem Verkäufer Schäden entstanden, in noch weitere Ferne. Es stellt sich dem Verkäufer ein ähnliches Darlegungs- und Beweisproblem wie bei der Erhebung von Schadensersatzansprüchen wegen der Verletzung von Abwerbeverboten[154] oder des wettbewerbsrechtlichen Kartellverbotes. Die von § 287 ZPO gewährte Hilfe wird auch hier oft nicht ausreichen.[155]

1.119

Man liest aber ebenso, dass **Vertragsstrafen regelmäßig nicht durchgesetzt werden** könnten.[156]

1.120

Die logische Schlussfolgerung beider Aussagen wäre, dass Geheimhaltungsvereinbarungen nur der **Beruhigung der „Uneingeweihten"** dienen, aber sonst eine ziemlich nutzlose Veranstaltung[157] sind. „Uneingeweihte" wären die Gesellschafter des Verkäufers und auch das Management der Zielgesellschaft. Sodann

1.121

---

152) Zu Gestaltungsoptionen für Vertraulichkeitsvereinbarungen bei Unternehmenstransaktionen s. *Linke/Fröhlich*, GWR 2014, 449, 454.
153) Für die Zweckmäßigkeit von Vertragsstrafen aus Verkäufersicht: *Hölters-Semler*, Hdb. Unternehmenskauf, S. 801 Rn. 7.40; ähnlich *Beisel/Klumpp*, Der Unternehmenskauf, S. 42 unten, die quasi informativ mitteilen, dass Geheimhaltungs- und Nichtverwendungspflichten des Erwerbers in NDA (Non Disclosure Agreements) „gemeinhin mit einer hohen Vertragsstrafe sanktioniert" seien. In diesem Sinne auch: *Seibt* in: Beck'sches Formularbuch M&A, Form B.I.1 Anm. 15; *Gran*, NJW 2008, 1409, 1410 li. Sp. Mitte.
154) S. sogleich Rn. 1.135.
155) S. in diesem Zusammenhang den Entwurf von § 33a GWB, wonach die Entstehung eines Schadens und die Kausalität der Kartellverletzung widerleglich vermutet werden soll. Hierzu etwa *Lettl*, WM 2016, 1962. Zum alten Recht: BGH v. 12.7.2016 – KZR 25/14 („Lottoblock II"), insb. Rn. 40 ff., NJW 2016, 3527.
156) So auch *Seibt* in: Beck'sches Formularbuch M&A, Form B.I.1 Anm. 15.
157) Dafür, dass Geheimhaltungsvereinbarungen nicht besonders ernst genommen werden, könnte auch sprechen, dass ihre Bereitstellung häufig einer Investmentbank oder einem M&A-Berater überlassen bleibt.

würde sich die Rechtsprechung zu einem „Uneingeweihten" machen, wenn sie den Abschluss einer (unspezifizierten) Geheimhaltungsvereinbarung als Voraussetzung dafür ansähe, dass der Vorstand einer Aktiengesellschaft i. R. einer Due Diligence ohne Pflichtverletzung Betriebsgeheimnisse an Gesellschaftsfremde herausgeben darf.[158]

1.122 Ein effektiver Verkäuferschutz bei wirklich geheimhaltungsbedürftigen Informationen wäre deshalb nur durch deren gänzliche Verweigerung erreichbar. Eine andere Schlussfolgerung könnte sein, dass wer sein Unternehmen verkaufen möchte, eben an einer relativ gefährlichen Preisgabe von Informationen nicht vorbeikommt.

1.123 Tatsächlich ist die Durchsetzung einer Vertragsstrafe in Geheimhaltungsvereinbarungen ebenso schwierig, wie der **Abschluss von zahnlosen Geheimhaltungsvereinbarungen wohlfeil** ist. Die erste Hürde, die ein Verkäufer, der sich seriös schützen möchte, zumeist überwinden muss, ist der eigene M&A-Berater bzw. die eigene Investmentbank, von denen unvermeidlich der Hinweis kommen wird, *„dass eine Vertragsstrafe schwer durchzusetzen ist"*. Da die Anknüpfung der Kontakte zu prospektiven Kaufinteressenten ihnen ebenfalls obliegt, kommt bald die Rückmeldung, dass die Interessenten – wenig überraschend – eine Vertragsstrafe ablehnen. Dieser Weg führt also meist zu nichts. Eine Vertragsstrafe kann realistischerweise nur dann durchgesetzt werden, wenn sich Prinzipal und Anwalt des Verkäufers relativ früh – sehr früh –, nachdrücklich – sehr nachdrücklich –, auf diesen Punkt konzentrieren und differen-

---

158) Es gibt eine umfangreiche Literatur dazu, unter welchen Voraussetzungen insbesondere Vorstände von Aktiengesellschaften i. R. einer Due Diligence Betriebsgeheimnisse der Gesellschaft – darum handelt es sich – offenbaren dürfen. Vgl. Hölters-*Semler*, Hdb. Unternehmenskauf, S. 813 Rn. 7.68 f.; *Nowotny*, wbl 1998, 145; *Bihr*, BB 1998, 1198; *Roschmann/ Frey*, AG 1996, 449; *Lutter*, ZIP 1997, 613; *Mertens*, AG 1997, 541; *Ziemons*, AG 1999, 492; *Krejci*, RdW 1999, 574; *Süßmann*, AG 1999, 162; *Müller*, NJW 2000, 3453; *Ziegler*, DStR 2000, 249; *Rittmeister*, NZG 2004, 1032; *Hasselbach*, NZG 2004, 1087. Nach dem LG Köln v. 26.3.2008 – 90 O 11/08, GmbHR 2008, 261 f. m. w. N., muss ein Gesellschafterbeschluss, der einem Kaufinteressenten, insbesondere einem Wettbewerber, eine Due Diligence gewährt, einstimmig gefasst werden (abl. *Engelhardt*, GmbHR 2009, 237 f. m. w. N. zum Diskussionsstand; u. a. soll die einfache Mehrheit – bei einem Stimmverbot für den veräußerungswilligen Gesellschafter – genügen, S. 242 f.). Ein Aktionärsbeschluss, erst recht ein einstimmiger, dürfte allerdings in der Aktiengesellschaft nicht möglich sein. Wenn hier die Zulässigkeit einer Herausgabe von Betriebsgeheimnissen durch den Vorstand von dem Abschluss einer Geheimhaltungsvereinbarung abhängen soll, aber eine Geheimhaltungsvereinbarung als solche eher eine kaum wirksame Maskerade ist, stellt sich die Frage, ob ihr Abschluss schon ausreichen kann, um eine Pflichtverletzung auszuschließen. U. U. könnte ein weitergehender effektiverer Geheimnisschutz, etwa durch eine Vertragsstrafe, zu verlangen sein. Die Pflichtwidrigkeit des Vorstandes könnte so von der technischen Qualität der Geheimhaltungsvereinbarung abhängen.

zierte Vorstellungen v. a. zu den besonders gefährlichen Klassen von Informationen entwickeln.[159)]

In einem etwaigen Rechtsstreit würden u. U. Einwände gemäß §§ 138, 307, 343[160)] BGB erhoben werden; ihre Aussichten können erneut nicht abstrakt eingeschätzt werden.[161)] 1.124

3. Exklusivitätsvereinbarungen

Jeder Käufer strebt in jedem bindenden Instrument im Vorfeld einer Transaktion eine Möglichkeit der **Beschränkung der Wettbewerbsmöglichkeiten des Verkäufers** an. Im Englischen wird dies bisweilen drastisch und ehrlich „Lock Out", im Deutschen oft ein wenig beschönigend – als ginge es um den Erwerb einer anstrebenswerten Mitgliedschaft – „Exklusivität" genannt. Das Ziel ist eindeutig: Der Verkäufer soll in die Lage gebracht werden, dass er, wenn er über die Annahme des Käuferangebots entscheiden muss, **keine greifbaren Alternativen besitzt**. Diese Situation ist für den Verkäufer strukturell immer nachteilig. Er wird gewissermaßen in die Ecke getrieben, indem er nur zwischen dem konkreten Käuferangebot und „Nicht Verkaufen" wählen kann. Die wesentlich elegantere Möglichkeit, bei einem unbefriedigenden Angebot leichthin die Gespräche mit einem Konkurrenten weiterführen zu können, soll verstellt werden. 1.125

Diese Situation ist **immer nachteilig für den Verkäufer**. Insbesondere sollte er sich nicht einreden, er könne ja „Nein" sagen und dann *später* an einen zweiten Interessenten verkaufen. Wenn der erste Interessent ausgeschieden ist, wird i. d. R. auch der zweite, der zunächst sehr kurzfristig ein massives Interesse zeigte, überraschenderweise doch nicht mehr den Preis bieten wollen, mit dem er zuerst lockte. Dem Verkäufer wird es nur gelingen, zwischen verschiedenen Kaufinteressenten einen Wettbewerb um sein Unternehmen zu organisieren, wenn er sie mehr oder minder parallel durch ihre verschiedenen Prüfungen, internen Entscheidungsprozesse, Finanzierungsverhandlungen etc., die nicht übersprungen werden können, hindurch führt, um am Ende entscheidungsfähige Konkurrenten gegeneinander bieten lassen zu können. Die Bitte oder Forderung nach Exklusivität, die häufig mit den Kosten für die Due Diligence begründet wird, zielt genau darauf, diese **Simultaneität des Fortschreitens der Konkurrenten zur Abschlussbereitschaft** zu behindern; selbst ein Zeitverlust von sechs Wochen kann dabei schon eine erhebliche Störung bewirken. 1.126

---

159) Sicher ist dies von der Verhandlungsmacht des Verkäufers und der Attraktivität des Zielunternehmens abhängig und es ist natürlich auch nicht ausgeschlossen, dass durch ein Bestehen auf einer Vertragsstrafe der Kreis der Interessenten eingeschränkt werden könnte.
160) S. aber auch § 348 HGB.
161) Zum Verhältnis von Ad-hoc-Pflicht und Geheimhaltungsvereinbarung s. *Ulrich*, GmbHR 2013, 374.

1.127 Exklusivitätsabreden können – dann ist der Übergang zur Break Up Fee flüssig – mit Vertragsstrafen sanktioniert werden. Geschieht dies nicht, kann sich die interessante Frage ergeben, ob die Verletzung einer Exklusivitätsvereinbarung zu einem Schadensersatzanspruch, und ggf. in welcher Höhe, führt.

1.128 *Fallbeispiel „Schadensersatz wegen Verletzung einer Exklusivitätsvereinbarung"* (LG Frankfurt/M. v. 14.1.2010 – 3.04 O 170/07)[162]

Die Gesellschafter einer Zielgesellschaft schlossen mit dem prospektiven Käufer einen Letter of Intent, in dem sie sich u. a. in einer Exclusivity Period verpflichteten, (not to) „solicit, make or entertain offers from, negotiate with or in any manner encourage any proposal of any third party relating to the acquisition of the Shares or the Company or any similar ... Transaction ...". Der LoI untersagte den Verkäufern auch, anderen Personen als dem prospektiven Käufer „access to any information about the Company" zu geben. Die Verkäufer verletzten beide Verpflichtungen, indem sie einem zweiten Interessenten Informationen gaben und schließlich mit ihm abschlossen.

Der enttäuschte Kaufinteressent klagte Ersatz von Berater- und Reisekosten etc. ein, die teilweise sogar vor Abschluss des LoI entstanden waren. Das LG Frankfurt/M. wies die Klage – v. a. aus Gründen, die hier nicht weiter von Interesse sind[163] – ab. In der Berufung vor dem OLG Frankfurt schlossen die Parteien einen Vergleich, wonach die Verkäufer offenbar einen Teilbetrag der geltend gemachten 314.217,15 € zu entrichten hatten.

1.129 *Tophoven* berichtet,[164] wie es ihm in der Berufungsinstanz vor dem OLG Frankfurt gelang, den Senat so zu verwirren,[165] dass es zu einem Vergleich zugunsten des offenbar von ihm vertretenen klagenden Käufers kommen konnte.

1.130 *Tophoven* stellt die Sache so dar, die Schwierigkeit bei der Geltendmachung von Schadensersatz wegen Verletzung einer Exklusivitätsabrede liege im *„Nachweis der Kausalität zwischen Pflichtverstoß und Schaden"* (Kursivdruck hinzugefügt).[166] Mit der Akzentsetzung auf Nachweisprobleme wird aber die vorgeschaltete Frage *übersprungen*, ob *de iure* Schäden in Form von Verhandlungs-

---

162) Abrufbar unter www.betriebs-berater.de//BB-Online BBL 2010-2919-1. *Tophoven*, BB 2010, 2919, gibt das Aktenzeichen des Berufungsverfahrens mit OLG Frankfurt 5 U 28/10 (ohne Datum) an.

163) Die Exclusivity Period war angeblich verlängert und erst in dem Verlängerungszeitraum verletzt worden. Ein wesentlicher Teil des Streits, der kaum verallgemeinerungsfähig ist, drehte sich hierum.

164) *Tophoven*, BB 2010, 2919.

165) Vielleicht sah das OLG Frankfurt den Vorgang aber auch ganz klar und duldete nur in seiner Weisheit, dass sich der Verkäufer, der zweifellos auf unredliche Weise ein Exklusivitätsversprechen gebrochen hatte, zur Zahlung eines Betrages verpflichtete, zu der er – rechtens – nicht hätte verurteilt werden können.

166) *Tophoven*, BB 2010, 2919 re. Sp. unten, 2921 li. Sp. unten.

IV. Ansprüche aus Vereinbarungen prae M&A

und Vertragsvorbereitungsaufwendungen[167] als solche überhaupt *kausal* durch eine Nichteinhaltung einer Exklusivitätszusage verursacht werden können.

Die Untersuchung dieser Frage wird von *Tophoven* zwar in der Abschnittsüberschrift „Kausalität zwischen Verstoß gegen die Exklusivitätsabrede und Schaden" angekündigt;[168] behandelt wird indessen nur die Frage, ob eine „Kontaktaufnahme mit dem Drittinteressenten während des Exklusivitätszeitraums zumindest mitursächlich *für die Vergeblichkeit* der Aufwendungen" geworden ist.[169]   1.131

Die Verursachung der **Vergeblichkeit einer Aufwendung** ist jedoch klar etwas anderes als die **Verursachung der Aufwendung**. Selbstverständlich führen Vertragsbrüche häufig zur Nutzlosigkeit von in Erwartung der Vertragseinhaltung veranlassten Aufwendungen, aber ebenso selbstverständlich sind derartige „Frustrierungsschäden" i. d. R. nicht als Schäden nach §§ 249 ff. BGB ersatzfähig. Bekanntlich hat sich die **Frustrationstheorie**, deren Anliegen es war, derartige, vor dem haftungsauslösenden Ereignis getätigte Aufwendungen, die durch dieses nutzlos wurden, als kausal verursachte Schäden anzusehen, in der Rechtsprechung des BGH nicht durchsetzen können,[170] so dass die Begründung einer Haftung – auch für zeitlich nach[171] der Exklusivitätsvereinbarung veranlasste Aufwendungen – aufgrund des Bruches dieser Vereinbarung auf diesem Weg nicht möglich sein dürfte. Ob eine Begründung einer Haftung auf Ersatz der Vertragskosten wegen Verletzung einer Exklusivitätsabrede über eine *Rentabilitätsvermutung*[172] erreichbar wäre, dürfte schon wegen Widerlegbarkeit der Vermutung[173] fraglich sein. Ob § 284 n. F. BGB helfen könnte, ist ungeklärt, aber wohl auch eher zweifelhaft.[174]   1.132

Eine Haftung wäre wohl u. U. – aus Delikt oder c. i. c.[175] – begründet, wenn der Erklärende *schon bei Abgabe* der Exklusivitätszusage beabsichtigt hätte, diese   1.133

---

167) Es geht, so war es auch in dem Fall vor dem OLG Frankfurt, typischerweise um die beim Zustandekommen eines Vertrages mit dem Dritten, zu dessen Gunsten die Exklusivitätsabrede gebrochen wurde, unnützen Aufwendungen, die ohne diesen Bruch, gleich ob bei Zustandekommen oder schlussendlichem Scheitern des Vertrages, normale Vertragsvorbereitungskosten gewesen wären. Entgangene Gewinne wegen Nicht-Zustandekommen der Transaktion aufgrund der Verletzung der Exklusivität werden wohl kaum geltend gemacht werden.
168) *Tophoven*, BB 2010, 2919, 2921 li. Sp. unten.
169) *Tophoven*, BB 2010, 2919, 2921 re. Sp. oben.
170) Nachweise bei Palandt-*Grüneberg*, BGB, Vorb. v. § 249 Rn. 19 und § 249 Rn. 61, insb. BGH v. 23.9.1982 – III ZR 196/80, NJW 1983, 443; zu frustrierten Aufwendung für die Ausarbeitung eines Vertragsangebotes explizit OLG Köln v. 8.11.1991 – 19 U 50/90, MDR 1992, 229.
171) Richtig beschränkt *Tophoven*, BB 2010, 2919, 2922 re. Sp. Mitte, die Haftung jedenfalls auf *nach* Abschluss der Exklusivitätsvereinbarung veranlasste Aufwendungen.
172) Palandt-*Grüneberg*, BGB, § 281 Rn. 23 f.
173) Palandt-*Grüneberg*, BGB, § 281 Rn. 24.
174) Vgl. *Lips/Stratz/Rudo* in: Beck'sches Mandatshandbuch Unternehmenskauf, § 4 Rn. 46, 193.
175) I. S. der ersten Fallgruppe der c. i. c. – s. Rn. 1.17.

nicht einzuhalten. An der Kausalität der Verursachung der Aufwendungen durch die Exklusivitätszusage dürfte dann eher kein Zweifel bestehen.[176] Fraglich könnte wiederum das Verschulden sein. Wie nicht jeder spätere Vertragsbruch schon ein vorsätzlicher Betrug oder eine vorsätzliche c. i. c. beim Vertragsabschluss ist, ist dies auch nicht jede später gebrochene Exklusivitätszusage; Vorsatz[177] wird häufig zweifelhaft sein.

1.134 In dem *ICC-Fall 11724, 2006*, scheiterte ein europäisches Unternehmen mit einer Klage wegen der Verletzung einer zum Unterlassen von Parallelverhandlungen verpflichtenden Klausel in einem Letter of Intent.[178] *Sachs* berichtet über ein ICC-Schiedsverfahren, in dem ein deutsches Unternehmen eine Vertragsstrafe von 25 Mio. US $ geltend machte, weil das Zielunternehmen von dem italienischen Verkäufer unter Verletzung einer Exklusivitätsabrede an einen anderen Interessenten verkauft wurde.[179]

4. Abwerbeverbote

1.135 Gelegentlich kommen Abwerbeverbote vor, die v. a. den Verkäufer bzw. die Zielgesellschaft davor schützen sollen, dass der Käufer Kontakte zu Leistungsträgern der Zielgesellschaft i. R. der Due Diligence dazu nutzt, diese abzuwerben.

1.136 Der BGH entschied hierzu am 30.4.2104, dass Vereinbarungen zwischen Unternehmern, sich nicht gegenseitig Arbeitskräfte abzuwerben, grundsätzlich gerichtlich nicht durchsetzbare Sperrabreden i. S. von § 75f HGB darstellten. Abwerbeverbote fielen allerdings nicht in den Anwendungsbereich des § 75f HGB, wenn sie nur Nebenbestimmungen der Vereinbarung sind und einem besonderen Vertrauensverhältnis der Parteien oder einer besonderen Schutzbedürftigkeit einer der beiden Seiten Rechnung tragen. In diesem Zusammenhang erwähnte der BGH ausdrücklich „Abwerbeverbote, die bei Risikoprüfungen vor dem Kauf von Unternehmen oder Unternehmensbeteiligungen vereinbart werden (sog. Due-Diligence-Prüfungen) und die vom Anwendungsbereich des § 75f HGB auszunehmen sind."[180] Regelmäßig ist die zeitliche Ausdehnung eines Abwerbeverbotes auf zwei Jahre zu begrenzen.[181]

---

176) Sogar weniger Zweifel als *Tophoven* (BB 2010, 2019, 2921 f.) annimmt, da Mitkausalität allgemein ausreicht (Palandt-*Grüneberg*, BGB, Vorb. v. § 249 Rn. 34). Allerdings kann man Bedenken haben, ob der Einwand des rechtmäßigen Alternativverhaltens, wenn es darauf ankäme, wirklich so leicht – über den Schutzzweck der Norm – aus dem Wege zu räumen wäre, wie *Tophoven* meint (vgl. S. 2922).

177) Anderes mag schon wieder für den Nachweis von Fahrlässigkeit gelten.

178) ICC International Court of Arbitration Bulletin, Vol. 24, No. 1, 2013, S. 95 f.

179) *Sachs*, SchiedsVZ 2004, 123, 126 li. Sp. Mitte.

180) BGH v. 30.4.2014 – I ZR 245/12 Rn. 38, ZIP 2014, 1934. S. hierzu auch *Ulrich*, GmbHR 2014, R309.

181) BGH v. 30.4.2014 – I ZR 245/12 Rn. 42 f., ZIP 2014, 1934. S. a. *Link/Fröhlich*, GWR 2014, 449, 454.

IV. Ansprüche aus Vereinbarungen prae M&A

5. „Break up Fee" und Kostenvereinbarungen

Durch eine „Break up Fee" verpflichtet sich gelegentlich, zunehmend häufiger, eine Verhandlungspartei einer M&A-Transaktion zur Zahlung eines – von dem Nachweis von Schäden oder Aufwendungen unabhängigen – Geldbetrages[182] an die andere Partei, wenn sie den Vertrag nicht abschließt.[183] Ihrer Rechtsnatur nach wird eine Break up Fee als selbstständiges Strafversprechen[184] oder als pauschalierter Schadensersatz[185] angesehen; im letzteren Fall muss man sich allerdings bewusst sein, dass „pauschalierter Schadensersatz" keine Anspruchsgrundlage ist und die Parteien insoweit auf eine c. i. c. wegen Nicht-Zustandekommen eines Vertrages oder Delikt verwiesen bleiben.[186]

1.137

Bisweilen liegt ihre Zweckmäßigkeit und Legitimität auf der Hand, etwa wenn Unternehmensgründer oder -verkäufer bei *Berufsinvestoren* wie Venture Capital- oder Private Equity-Firmen mit ihrem Angebot „shoppen" gehen. Um über den Erwerb entscheiden zu können, müssen die Investoren erhebliche interne und externe Ressourcen mit entsprechenden Kosten (Due Diligence) aufwenden. Es ist verständlich, dass sie sich schützen wollen, wenn sie hiernach zum Abschluss zu den vorher avisierten, dem Verkäufer schon zuvor bekannten Konditionen, bereit sind,[187] aber der Verkäufer nicht mehr.[188]

1.138

---

182) Vgl. zur Angabe von Beträgen insb. *Sieger/Hasselbach*, BB 2000, 625, 629 (0,5 % bis 0,9 % des Transaktionswertes); *Hilgard*, BB 2008, 286, erwähnt Beträge von mehreren Milliarden Euro. In den USA sollen sie 3 %–6 % des Transaktionswertes betragen, in England aufgrund des Takeover-Code 1 %. Letztes solle auch für Deutschland gelten, mit u. U. höheren Prozentsätzen bei kleineren Transaktionen und demgemäß einer degressiven Tendenz (S. 292). Bei Break Up Fees i. H. von mehreren Milliarden Euro sind – bei aller Liebe – die Grenzen überschritten, bei denen es sich noch um Ersatz unmittelbarer Transaktionsaufwendungen gehen könnte. Es dürfte tatsächlich nicht einmal nur um eine relativ frühere Ausübung eines erheblichen Abschlussdrucks, sondern um eine in die Transaktion eingelagerte Wette, eine Beteiligung an einer durch den Wettbewerb des Begünstigten mitverursachten Preiserhöhung bzw. um eine (überproportionale) Verzinsung von möglicherweise während der Transaktionsphase gebundenen Finanzmitteln gehen.
183) Zur Break Up Fee im amerikanischen Recht s. *Drygala*, WM 2004, 1413.
184) *Geyrhalter/Zirngibl/Strehle*, DStR 2006, 1559, 1560 re. Sp. oben; *Hilgard*, BB 2008, 286.
185) *Hilgard*, BB 2008, 286, 289.
186) Eine Break up Fee würde in manchen Fällen befremdlich wirken, aber sie wird dann meistens auch nicht vereinbart. Etwa bei gleichgewichtigen industriellen Verhandlungspartnern oder komplexen Transaktionen, wo von Anfang an nahe liegt, dass Erkenntnisse, die die Parteien auf dem Wege machen, zum Abbruch führen können.
187) Eine Break Up Fee kann also – wie ein Vorvertrag oder ein selbstständiges Strafversprechen – nur vereinbart werden, wenn eine Mindestbestimmtheit des Hauptvertrages besteht.
188) Dies spräche dafür, dass eine Break Up Fee zumeist im Interesse des Käufers liegt und von ihm verlangt werden würde. Nach *Hilgard* BB 2008, 286, soll meistens der Verkäufer eine Break Up Fee vorschlagen. Denkbar sei allerdings auch, dass der Käufer sie verlangt oder beide. Im letzten Fall, erwähnt *Hilgard*, müsse darauf geachtet werden, die Trigger Events (Tatbestandsvoraussetzungen, die die Zahlung auslösen) so klar zu gestalten, dass nicht beide Parteien gleichzeitig zahlungsverpflichtet und zahlungsbegünstigt sind. Das wäre in der Tat merkwürdig.

1.139 Dies gilt umso mehr als die (positiv) abgeschlossene Due Diligence und das Angebot des prospektiven Investors den Verkäufern Vorteile bringen kann.[189]

1.140 *Fallbeispiel „Break Up Fee"* (LG Paderborn 28.4.2000 – 2 O 132/00, NZG 2000, 899)

Die Parteien hatten vor, zwei Gesellschaften auf eine dritte zu verschmelzen, diese in eine AG umzuwandeln und die Aktien am Neuen Markt einzuführen. In einem mit „Letter of Intent" überschriebenen, privatschriftlichen Dokument vereinbarten sie, dass derjenige, der die Umwandlungsbeschlüsse nicht mittragen würde, eine Break Up Fee von 250.000 DM zahlen und die bis dahin entstandenen Kosten tragen sollte. Ein Gesellschafter lehnte die Mitwirkung an der Umwandlung ab.

Das LG Paderborn qualifizierte diese Vereinbarung als Vorvertrag, da sie eine bindende Verpflichtung enthalte, die zur Verschmelzung erforderlichen Beschlüsse zu fassen. Da der Verschmelzungsbeschluss notariell zu beurkunden sei (§ 13 Abs. 3 UmwG), gelte dies auch für den Vorvertrag, der somit wegen Missachtung dieses Formerfordernisses nach § 125 BGB nichtig sei.[190] Sähe man die Vereinbarung als selbstständiges Strafversprechen nach § 339 BGB an, gelte nichts anderes.[191]

1.141 Das LG Paderborn ist insoweit der von *Sieger* und *Hasselbach* vertretenen Auffassung nicht gefolgt, nach der auch eine privatschriftliche „Break Up Fee" wirksam gewesen wäre.[192]

1.142 Eine **Kostenvereinbarung**[193] ist teilweise funktionsgleich mit einer Break-up-Fee, aber sieht keinen Pauschalbetrag, sondern u. U. nur die Zahlung eines an den Nachweis von Kosten und Schäden geknüpften Betrages bei Vertragsabbruch vor. *Wolf* hatte 1995[194] die Auffassung vertreten, dass Regelungen über den Ersatz des Vertrauensschadens, Aufwendungsersatz oder die Rückgabe von

---

189) Konkurrierende Investoren können bei Kenntnis einer positiven Due Diligence des Wettbewerbers Kosten für ihre eigene Due Diligence einsparen – und den Verkäufern ein besseres Angebot machen. *Krüger/Kaufmann*, ZIP 2009, 1095, 1099 li. Sp. oben, deuten an, dass sich Käufer neben einer Abgeltung des Mehrwertes, den sie dadurch schaffen, dass sie helfen, ein Unternehmen verkaufsfertig zu machen, auch ihren Beitrag zur Ermöglichung der bei Bietergefechten erfahrungsgemäß zu erwartenden Preissteigerungen vergüten lassen wollen.
190) LG Paderborn v. 28.4.2000 – 2 O 132/00, NZG 2000, 899, 900 re. Sp. oben.
191) LG Paderborn v. 28.4.2000 – 2 O 132/00, NZG 2000, 899, 900 re. Sp. Mitte.
192) *Sieger/Hasselbach*, BB 2000, 625 ff.; ebenso *Timmerbeil/Pfeiffer*, Unternehmenskauf Nebenvereinbarungen S. 68.
193) S. hierzu auch *Kapp*, DB 1989, 1224, 1226 li. Sp.
194) *Wolf*, DNotZ 1995, 179, 193. Ebenso *Hilgard*, BB 2008, 289 re. Sp. Mitte.

IV. Ansprüche aus Vereinbarungen prae M&A

Vorleistungen auf den nicht zustande gekommenen Vertrag, nicht beurkundungsbedürftig seien. Das LG Paderborn ließ diese Auffassung dahinstehen.[195)]
Diese Auffassung von *Wolf* ist im Jahre 2012 durch ein Urteil des *OLG München* bestätigt worden, das eine Verpflichtung „to reimburse [die andere Partei] for all its due diligence and legal costs in the context of the Transaction of up to 400k ..." als wirksam ansah. Namentlich stelle diese Verpflichtung, die zeitlich und nach oben begrenzt und ihrem Sinn und Zweck nach auf nachgewiesene, angemessene und tatsächlich entstandene Kosten beschränkt sei, keinen derartigen Nachteil für die andere Partei dar, dass sie deshalb faktisch zum Abschluss beurkundungspflichtiger Verträge gezwungen sei.[196)] Hiernach wären **Kostenvereinbarungen** für Due Diligence-Kosten **zulässig**; dem ist zuzustimmen.[197)]

1.143

Gehling hatte schon aus dem Urteil des LG Paderborn herleiten wollen, dass unabhängig von der Bezeichnung überhaupt Vereinbarungen wirksam seien, nach denen eine am wirklichen Aufwand orientierte (auch pauschale) Entschädigung zu zahlen ist.[198)] Ob die Rechtsprechung diesen Schritt zur **Pauschalierung** oder in Richtung auf eine formfreie Zulässigkeit einer Break Up Fee weiter gehen wird, etwa in dem von *Bergjan* befürworteten Sinn, das Break UP Fees i. H. von 10–15 % des geplanten Kaufpreises auch bei formbedürftigen Hauptverträgen formfrei zulässig sein dürften,[199)] bleibt abzuwarten.

1.144

Rechtsprechung zu den Tatbestandsvoraussetzungen eines Anspruches auf eine Break-up-Fee, der wohl seiner Natur nach als selbstständiges Vertragsstrafversprechen zu sehen wäre, liegt, soweit ersichtlich, noch nicht vor.[200)]

1.145

Die Tatbestandsvoraussetzungen für einen Anspruch auf eine Break Up Fee müssen stets den **Abbruch der Verhandlungen**[201)] und das **Nichtvorliegen**

1.146

---

195) Die Break Up Fee stellte *in casu* jedenfalls keinen bloßen Aufwendungsersatz dar, da sie zusätzlich zu einer Kostentragungspflicht vereinbart worden war, LG Paderborn v. 28.4.2000 – 2 O 132/00, NZG 2000, 899, 900 re. Sp. Mitte.
196) OLG München v. 19.9.2012 – 7 U 736/12, ZIP 2013, 23 = NZG 2013, 257. Hierzu *Ulrich*, GmbHR 2013, R 230.
197) Vgl. auch die Urteilsanm. von *Bergjan/Feltes*, GWR 2012, 468.
198) *Gehling*, NZG 2000, 901 a. E. (Urteilsanm.).
199) *Bergjan/Schwarz*, GWR 2013, 4, 5 re. Sp. unten – unter Bezugnahme auf eine Rechtsprechung, die bei Maklerverträgen die vereinbarte Aufwandsentschädigung in Verhältnis zu der Vereinbarten Erfolgsprovision setzt. Aber kann dieses Verhältnis dem Verhältnis von Kaufpreis zu Break Up Fee gleichgesetzt werden?
200) Eine *un*selbstständige Vertragsstrafe i. S. von § 340 BGB dürfte nicht in Betracht kommen, weil es an einer Verpflichtung zum Abschluss des Vertrages mangelt. Theoretisch wären durchaus andere Konstruktionen denkbar, etwa die einer BGB-Gesellschaft zum Ausgleich von Kosten bei Scheitern des gemeinsamen Projektes oder eine Gestaltung auf Grundlage des Auftrags- oder Geschäftsbesorgungsrechts, wenn auch vielleicht fernliegend.
201) Vorschläge zu einer kautelarjuristischen Konkretisierung des Abbruchs bei *Bergjan/Schwarz*, GWR 2013, 4, 5 li. Sp.

von **Ausnahmetatbeständen** umfassen, die den Abbruch ausnahmsweise rechtfertigen. Schließt man Ausnahmetatbestände ganz aus, so wäre in der Sache eine 100 %ige Wahrscheinlichkeit eines Vertragsabschlusses angenommen und könnte auf den Abschluss einer Break Up Fee – zugunsten eines Vorvertrages oder des Hauptvertrages – verzichtet werden. Bei der Vereinbarung und Auslegung der Ausnahmetatbestände werden ähnliche Streitfragen auftreten wie bei dem Tatbestandsmerkmal „triftiger Grund" bei der „c. i. c. durch Verhandlungsabbruch."[202]

1.147 Erneut kann nicht die Vernünftigkeit und Plausibilität eines Motivs für einen Abbruch denselben rechtfertigen, sondern es ist zu berücksichtigen, dass die Break Up Fee den Abbruch aus gerade ganz rationalen Gründen einschränken soll. Es muss auf die Verständigung der Parteien ankommen, welcher Kreis von rationalen Abbruchsmotiven ausgeschlossen werden sollte.

6. Vorvertrag

1.148 Ein Vorvertrag verpflichtet zum Abschluss des Hauptvertrages. Ein Vertrag, der nur den Modus regelt, wie ein Hauptvertrag geschlossen (und verhandelt) werden soll, ist noch kein Vorvertrag; ein Vertrag, der bereits die Leistungspflichten des Hauptvertrages begründet, auch wenn er dies nur bedingt tut, ist es schon nicht mehr – sondern ein bedingter Hauptvertrag.

1.149 Vorverträge kommen bei M&A-Transaktionen gelegentlich vor. Sie müssen **hinreichend bestimmt** sein; ausfüllbare Regelungslücken können jedoch von Gerichten ergänzt werden.[203] Daran mangelt es z. B. bei einem Vorvertrag über eine Hautarztpraxis, wenn sich die Parteien nur über die Praxiseinrichtung verständigt, aber noch keine Einigung über die Abgeltung des Patientenstamms getroffen haben.[204] Vorverträge bedürfen der Form des Hauptvertrages.[205] Zudem muss ein Vorvertrag einen **Bindungswillen** beinhalten; nur dann ist er

---

202) Es wurde oben dargestellt, dass die zweite Fallgruppe, „c. i. c. durch Verhandlungsabbruch", ohnehin vertragsähnlich modelliert ist. Man könnte die zweite Fallgruppe durchaus als eine durch die Rspr. erfundene stillschweigende Vereinbarung einer Break Up Fee (mit etwas anderen Rechtsfolgen) auffassen. Das erste Tatbestandsmerkmal, der Schaffung eines Vertrauenstatbestandes, stellt sich nicht mehr; es wird durch einen echten Vertrag, die Vereinbarung der Break Up Fee ersetzt.

203) Palandt-*Ellenberger*, BGB, Einf. zu § 145 Rn. 19, 20; BGH v. 20.9.1989 – VIII ZR 143/88, NJW 1990, 1234 (betr. Verkauf eines Sportgeschäfts). Hölters-*Semler*, Hdb. Unternehmenskauf, S. 800 Rn. 7.36; *Beisel/Klumpp*, Der Unternehmenskauf, S. 26.

204) OLG Saarbrücken v. 14.5.1997 – 1 U 744/96-121, NJW-RR 1998, 341 re. Sp. Mitte (s. bereits Rn. 1.79). Das OLG weist dabei darauf hin, dass der good will, der nach der Chance, die Patienten der veräußerten Praxis zu übernehmen zu berechnen sei, regelmäßig weit über den Wert der Praxis hinausginge. Weitere Bsp. und Kritik bei *Ternick*, GmbHR 2015, 627, 632.

205) RG v. 8.4.1929 – VI 701/28, RGZ 124, 81, 83; *Beisel/Klumpp*, Der Unternehmenskauf, S. 26. A. A. *Ternick*, GmbHR 2015, 627, 631 li. Sp. oben, für GmbH-Anteile.

Vorvertrag und nicht nur die vorläufige inhaltliche Fixierung eines Verhandlungsergebnisses.[206)]

Wird auf Abschluss des Hauptvertrages geklagt, sollte der Klageantrag den gesamten abzuschließenden Vertragsinhalt umfassen.[207)] Aus einem wirksamen Vorvertrag kann allerdings auch direkt auf großen Schadensersatz wegen Nichterfüllung des Hauptvertrages geklagt werden.[208)] 1.150

7. Vorfeldvereinbarungen zwischen prospektiven Käufern

Es kommt vor, dass Unternehmen beabsichtigen, gemeinsam ein drittes Unternehmen zu übernehmen und diesbezügliche Vereinbarungen schließen. Diese können z. B., ähnlich einem LoI oder MoU, eine Verpflichtung zum Abschluss eines Shareholders' Agreements und Exklusivitätsabreden umfassen. Im *ICC-Fall 11404, 2003* hatten im vorstehenden Sinne zwei Kaufinteressenten ein Konsortium zur Übernahme eines dritten Unternehmens gebildet und ein Memorandum of Understanding geschlossen. Parallel zu den Verhandlungen über ein hierin vorgesehenes Shareholders' Agreements begannen sie bereits die Verhandlungen mit dem Verkäufer und schlossen einen Letter of Intent. Eine Partei kündigte indessen alsbald das Shareholders' Agreement und übernahm die Zielgesellschaft allein. Die Schiedsklage auf Schadensersatz war weitgehend erfolgreich. Das Schiedsgericht verurteilte zur Fortsetzung der Verhandlungen über das Shareholders' Agreement und Ersatz gewisser Kosten und Aufwendungen, aber nicht zum Ersatz entgangener Gewinne.[209)] 1.151

V. Verjährungsfragen bei post prae M&A

Ansprüche aus Vorverträgen und Schadensersatzansprüche nach c. i. c. verjähren in der Regelverjährung nach § 195 BGB nach nunmehr generell drei Jahren.[210)] 1.152

---

206) S. zum Abschlusswillen auch *Ternick*, GmbHR 2015, 627, 629. Die Bereitschaft zur Unterzeichnung vorgelegter Verträge unter der Bedingung, dass auch ein opponierender Mitgesellschafter unterzeichne, wurde nicht als vorvertragliche Bindung zum Abschluss des Vertrages nach Ausscheiden des Mitgesellschafters angesehen. BGH v. 6.2.1969 – II ZR 86/67, NJW 1969, 595, 596 re. Sp. oben und li. Sp. unten; s. a. Rn. 1.44.
207) Hölters-*Semler*, Hdb. Unternehmenskauf, S. 800 Rn. 7.36; BGH v. 18.11.1993 – IX ZR 256/92, NJW-RR 1994, 317.
208) BGH v. 15.3.1963 – Ib ZR 69/62, NJW 1963, 1247 li. Sp. Mitte.
209) S. Bericht von *v. Segesser* über den ICC-Fall 11404, 2003 in: *v. Segesser*, Arbitrating Pre-Closing Disputes in Mergers and Acquisition Transactions, in: Kaufmann-Kohler/Johnson (ed.) Arbitration of Merger and Acquisition Disputes, Conference of ASA Swiss Arbitration Association on January 21, 2005, S. 17 ff., 19. Im LCIA-Fall 9178, 2000 wurde die Frage streitig, ob ein nach Abschluss eines Konsortialvertrages von einem Konsortialpartner übernommenes Unternehmen durch diesen gebunden wurde (vgl. den Bericht von *v. Segesser*, S. 20).
210) Palandt-*Ellenberger*, BGB, § 195 Rn. 4.

Die Verjährung beginnt nach § 199 Abs. 1 BGB i. d. R. an dem der Pflichtverletzung folgenden 31.12., sofern der Gläubiger schon Kenntnis i. S. des § 199 Abs. 2 Nr. 2 BGB erlangt hat.

1.153 Vereinbarungen über Break Up Fees, Geheimhaltungsvereinbarungen und Exklusivität, regeln ihre Verjährung zumeist selbst. Bei einer Verkürzung unterhalb der Regelverjährung kann u. U. § 202 Abs. 1 BGB (Beschränkung einer Verkürzung der Verjährung bei Vorsatz) in Betracht kommen.

Zweiter Teil
Streitigkeiten um den Bestand von M&A-Verträgen und Nichtlieferung

2. Kapitel Bestand von M&A-Verträgen

Übersicht

- I. Einleitung 2.1
- II. Zustandekommen von M&A-Verträgen durch Ausübung von Optionen 2.3
  1. Hintergrund 2.3
  2. Zustandekommen eines M&A-Vertrages durch Optionsausübung 2.9
  3. Verpflichtung zum Vertragsabschluss aufgrund einer Option ... 2.23
- III. Nichtigkeit von abgeschlossenen M&A-Verträgen 2.24
  1. Nichtigkeit wegen Formmängeln (§ 125 BGB) 2.29
     - a) Mangelhafte Gründung einer Käufer-GmbH (§ 2 GmbHG) 2.30
     - b) Formmängel beim Verkauf, der sonstigen Begründung von Abtretungsverpflichtungen oder der Abtretung von Geschäftsanteilen nach § 15 Abs. 3, 4 GmbHG 2.32
       - aa) Extensive Interpretation von Beurkundungsnotwendigkeiten 2.33
         - (1) Verkauf und/oder Abtretung von Kommanditanteilen bei einer GmbH & Co. KG 2.46
         - (2) Änderungsvereinbarungen und Vollzugsprotokolle 2.47
         - (3) Schiedsordnungen 2.49
       - bb) Restriktive Interpretation von Heilungsvorschriften 2.50
     - c) Formmängel bei Asset Deals mit Grundstücken 2.61
       - aa) § 331b Abs. 1 BGB 2.61
       - bb) Grundstücksbezeichnung bei Spaltungen 2.70
       - cc) Anwendung von Heilungsvorschriften 2.71
     - d) Formmängel bei Asset Deals über das gegenwärtige Vermögen 2.72
     - e) § 154 Abs. 2 BGB 2.80
     - f) Beurkundungsmängel 2.81
       - aa) Fehlende Unterschrift einer Partei 2.82
       - bb) Fehlende Verlesung von Anlagen 2.84
     - g) Auslandbeurkundungen von GmbH-Abtretungen 2.92
  2. Nichtigkeit wegen Gesetzesverstoßes (§ 134 BGB) 2.93
     - a) Patientenkarteien (§ 203 StGB) 2.95
     - b) Beraterakten und Mandantendaten (§ 203 StGB, § 57 Abs. 1 StBerG) 2.98
     - c) Kartellrechtliche Vorschriften (v. a. § 1 GWB) 2.101
     - d) Darlehensforderungen 2.103
  3. Nichtigkeit wegen Wucher (§ 138 Abs. 2 BGB) 2.104
  4. Nichtigkeit nach § 138 Abs. 1 BGB (Sittenwidrigkeit) 2.110
     - a) Schmiergeldzahlung 2.111
     - b) Steuerhinterziehung 2.112
     - c) Schädigung eines Dritten ... 2.113
     - d) Rechtsgeschäfte im Zusammenhang mit Firmenbestattungen 2.114
     - e) Call-Optionen, Drag Along-, Tag Along- und Hinauskündigungsklauseln 2.115
     - f) Nachträgliche Änderungen eines nichtigen Vertrages 2.120
  5. Nichtigkeit bei Bedingungen 2.121
  6. Nichtigkeit bei Genehmigungsvorbehalten 2.129
  7. Nichtigkeit bei In-Sich-Geschäften 2.130

8. Nichtigkeit bei Missbrauch von Vertretungsmacht 2.131
9. Nichtigkeit aufgrund gesellschaftsrechtlicher Vorschriften ... 2.135
   a) Unzulässige Stückelung von GmbH-Anteilen 2.136
   b) Unwirksame Teilung von GmbH-Anteilen 2.137
   c) Falsche Bezeichnung von GmbH-Anteilen 2.138
   d) Nichtigkeit der Abtretung von „Geschäftsanteilen" an einer Vor-GmbH 2.139
   e) Nichtigkeit von Einbringungsvorgängen bei verdeckten Sacheinlagen 2.141
   f) Keine Nichtigkeit bei Verletzung von Kapitalerhaltungsvorschriften 2.144
   g) Nichtigkeit von Beschlüssen von GmbH-Gesellschaftern, die nicht in der Gesellschafterliste eingetragen sind 2.145
   h) Übertragung des gesamten Gesellschaftsvermögens 2.146
   i) Verpflichtungen zur Änderung von GmbH-Satzungen 2.147
   j) Übergabe von Aktienurkunden 2.148
10. Nichtigkeit aufgrund familienrechtlicher Verfügungsbeschränkungen 2.149
11. Nichtigkeit aufgrund erbrechtlicher Verfügungsbeschränkungen . 2.151
12. Nichtigkeit aus verschiedenen Gründen 2.152
13. Teilnichtigkeit und Gesamtnichtigkeit 2.154
    a) Nichtigkeit des „ganzen Rechtsgeschäfts" bei Nichtigkeit eines „Teil(s) eines Rechtsgeschäfts" gemäß § 139 BGB 2.154
    b) Beschränkte Wirkung salvatorischer Klauseln 2.160

IV. Bestandsrisiken bei Insolvenznähe oder Insolvenz des Verkäufers 2.162
1. Insolvenzanfechtung (§§ 132 Abs. 1 Nr. 1, 133 InsO) 2.164
2. Verwalterwahlrecht (§ 103 Abs. 2 Nr. 1 InsO) 2.167
3. Anfechtungen nach dem Anfechtungsgesetz 2.168
4. Unternehmensverkäufe nach eröffnetem Insolvenzverfahren 2.169

V. Vereinbarte Rücktrittsrechte, Geschäftsgrundlage und MAC-Klauseln 2.170
1. Rücktrittsrechte 2.170
2. Wegfall der Geschäftsgrundlage . 2.171
3. MAC-Klauseln 2.173
   a) Überblick 2.173
   b) Interims-Periode als formaler Anlass von MAC-Klauseln 2.179
   c) Die materielle Risikoabwälzung durch MAC-Klauseln 2.181
   d) MAC-Klauseln in Kreditverträgen des Käufers als Argument für MAC-Klauseln in M&A-Verträgen? 2.184
   e) Zur „Power Politics" von MAC-Klauseln 2.188
   aa) Sehr hohe Verkäufernachteile bei Scheitern des M&A-Vertrages 2.190
   (1) Schwere wirtschaftliche Nachteile bei Scheitern des M&A-Vertrages oder Kaufpreisnachlass für Käufer 2.191
   (2) Drohung mit Ausübung des MACs setzt Verkäufer unter Stress 2.192
   (3) Rechtliche Verkäuferrisiken im MAC-Konflikt 2.193
   bb) Zumeist deutlich weniger bedrohliche Situation für Käufer 2.196

2. Kapitel Bestand von M&A-Verträgen

(1) Upside des Käufers hoch ... 2.196
(2) Kaum Downside für Käufer 2.197
(3) Käuferkontrolle über den MAC-Konflikt 2.202
cc) Zusammenfassung „Power Politics" 2.203
dd) Fragwürdige Versuche zur „Entschärfung" von MAC-Klauseln 2.205

(1) MAC-Klauseln im Interesse beider Parteien domestizieren? 2.206
(2) Missbrauch von MAC-Klauseln bei bloßer Kaufpreisreduzierungsabsicht? 2.209
ee) Im Streit um MAC-Klauseln 2.210
VI. Verjährungsfragen bei Bestandsangriffen 2.213

Literatur: *Altmeppen*, In-sich-Geschäfte der Geschäftsführer in der GmbH, NZG 2013, 401; *Altmeppen*, Die Grundfesten des deutschen Notarwesens kommen ins Wanken (Kommentar zu KG 14 U 136/04), NJW 2006, 3761; *Arends/Hofert-von Weiss*, Distressed M&A – Unternehmenskauf aus der Insolvenz, BB 2009, 1538; *Bächstädt*, Kritische Erfolgsfaktoren bei Distressed M&A-Transaktionen, M&A Review 2014, 264; *Bayer*, Übertragung von GmbH-Geschäftsanteilen im Ausland nach der MoMiG-Reform, GmbHR 2013, 897; *Binz/Rosenbauer*, Beurkundungspflicht bei Veräußerung von Anteilen an einer GmbH & Co. KG?, NZG 2015, 1136; *Borris*, Streiterledigung bei (MAC-)Klauseln in Unternehmenskaufverträgen: ein Fall für „Fast-Track"-Schiedsverfahren, BB 2008, 294; *Böttcher*, Zur Beurkundungspflicht von Änderungsvereinbarungen zu GmbH-Anteilskaufverträgen, NotBZ 2011, 118; *Böttcher/Grewe*, Die Anwendbarkeit des § 311b III BGB beim Unternehmenskauf, NZG 2005, 950; *v. Braunschweig*, Vendor Loans, Rückbeteiligung und Earn-Out als aktuelle Finanzierungsalternativen bei Buy-Outs, DB 2010, 713; *Bredol/Natterer*, Von Irrungen und Wirrungen bei der Veräußerung des „ganzen" Vermögens einer Kommanditgesellschaft: Keine analoge Anwendung des § 179a AktG!, ZIP 2015, 1419; *Broichmann*, Disputes in the Fast Lane: Fast Track Arbitration in Merger and Acquisition Disputes, International Arbitration Law Review, Issue 4, 2008, S. 143–152; *Broichmann*, Streiten auf der Überholspur – Fast-Track-Arbitration bei M&A-Streitigkeiten, in: Festschrift Pöllath+Partners, 2008, S. 115; *Broichmann/Makos*, Rücktritt vom Unternehmenskaufvertrag unter Berufung auf eine Material Adverse Change-Klausel: Handlungsoptionen des Verkäufers – Ein rechtlicher Ablaufplan im Fall eines MAC-Szenarios –, BB 2015, 2801; *Döser*, Vertragsgestaltung im internationalen Wirtschaftsrecht, 2001; *Duhnkrack/Hellmann*, Der Side Letter, ZIP 2003, 1425; *Ehle*, Arbitration as a Dispute Resolution Mechanism in Mergers and Acquisitions, Comparative Law Yearbook of International Business, Vol. 27, 2005, S. 287; *Ehle/Ahrens*, Distressed M&A auf Verkäuferseite – Unternehmensverkauf unter anderen Vorzeichen, M&A Review 2013, 382; *Ehle/Scherer*, Arbitration of International M&A Disputes, IPBA Journal, September 2007, S. 23; *Falk/Schäfer*, Insolvenz- und gesellschaftsrechtliche Haftungsrisiken der übertragenden Sanierung, ZIP 2004, 1337; *Feißel/Gorn*, Finanzkrise v. Pacta sunt servanda – Vertragsanpassung in Krisenzeiten, BB 2009, 1138; *Fleischer/Schneider*, Tag along- und Drag along-Klauseln in geschlossenen Kapitalgesellschaften, DB 2012, 961; *Fleischer/Schneider*, Zulässigkeit und Grenzen von Shoot-Out-Klauseln im Personengesellschafts- und GmbH-Recht, DB 2010, 2713; *Freitag/Kiesewetter/Narr*, Unternehmenskauf vom Verkäufer in der Krise, BB 2015, 1418; *Fritzemeyer*, Common Law vs. Civil Law – Dichotomie oder Konvergenz der Rechtssysteme, in: Festschrift für Kay Hailbronner, 2013, S. 833; *Fröhlich/Ehlen*, Eintritt der aufschiebenden Bedingungen durch Hinterlegung in M&A Transaktionen, GWR 2014, 151; *Haberstock*, Risikoverteilung im Unternehmenskauf, in: Festschrift Pöllath+Partners, 2008, S. 29; *Hasselbrink*, Beteiligungserwerbe an GmbH durch ausländische Investoren – Auswirkungen des Außenwirtschaftsgesetzes auf GmbH-Transaktionen, GmbHR 2010, 512; *Hauschild/Zimmermann*, Anlagen zum Unternehmenskaufvertrag – ein beurkundungsrechtliches Buch mit sieben Siegeln?, in: Festschrift für Günter Brambring zum 70. Geburtstag, 2012, S. 113; *Heckschen*, Die Formbedürftigkeit der Veräußerung des gesamten Vermögens im Wege des „asset deal", NZG 2006, 772; *Henssler*, Material Adverse Change-Klauseln in deutschen Unternehmenskaufverträgen – (r)eine Modeerscheinung?, in: Festschrift für Ulrich Huber, 2006, S. 739; *Hermann*, Der Umfang des notariellen Formerfordernisses bei GmbH-Geschäftsanteilsübertragungen am Beispiel von Finanzierungszusagen – Keine Verbesserung durch das MoMIG, GmbHR 2009, 625; *Hermann*, Anfechtungsrechtliche Risiken nach §§ 129 ff. InsO beim Kauf von Krisenunternehmen, in: Birk/Pöllath/Saenger (Hrsg.), Forum Unternehmenskauf 2006, 2007, S. 85; *Hilgard/Haubner*, Beurkundungsbedürftigkeit von Schiedsvereinbarungen, BB 2014, 970; *Hölzle*, Sanierende Übertragung – Besonderheiten des Unternehmenskaufs in Krise und Insolvenz, DStR 2004, 1433; *Hopt*, MAC-Klauseln im Finanz- und Übernahmerecht, in: Festschrift für Karsten Schmidt, 2009, S. 681; *Irriger/Münstermann*, Teilung und Teilveräußerung von Geschäftsanteilen, Offene Rechtsfragen zur Zuständigkeit und Wirksamkeit, GmbHR 2010, 617; *Jordan*, Unternehmenskauf in der Krise/Insolvenz – Chancen und Risiken für den Käufer, in: Schalast, Aktuelle Aspekte des M&A-Geschäftes (Jahrbuch 2011), S. 179; *Kamlah*, Optionen, Gesellschafterlisten und Guter Glaube, GmbHR 2009, 841; *Kammel*, Ausgewählte Probleme des Unternehmenskaufs aus der Insolvenz, NZI 2000, 102; *Kästle/Haller*, Schieds- oder Schiedsgutachterverfahren zur Feststellung einer Material Adverse Change (MAC) beim Unternehmensverkauf, NZG 2016, 926; *Kiem*, Das Beurkundungserfordernis beim Unternehmenskauf im Wege des Asset Deals, NJW 2006, 2363; *Kindt/Stanek*, MAC-Klauseln in der Krise, BB 2010, 1490; *Klöckner*, Erfordernis der notariellen Beurkundung gem. § 311b Abs. 3 BGB beim Asset-Deal?, DB 2008, 1083; *Kuntz*, Auswirkungen der Finanzmarktkrise auf Unternehmenskaufverträge aus Sicht des Käufers, WM 2009, 1257; *Kuntz*, Die Auslegung von Material Adverse Change (MAC) – Klauseln in Unternehmenskaufverträgen, DStR 2009, 377; *Land*, Rechtsfragen des internationalen Unternehmenskaufs, BB 2013, 2697; *Lange, Ch.*, „Material Adverse Effect" und „Material Adverse Change"-Klauseln in amerikanischen Unternehmenskaufverträgen, NZG 2005, 454; *Liese*, Die Beurkundungspflicht von Änderungsvereinbarungen zu Geschäftsanteilskaufverträgen, GmbHR 2010, 1256; *Meissner*, Die Veräußerung von Teilen eines GmbH-Geschäftsanteils in Erfüllung von Earn-Out-Klauseln, GmbHR 2005, 752; *Morshäuser*, Die Formvorschrift des § 311b Abs. 3 BGB bei Unternehmenskäufen, WM 2007, 337; *Müller, Klaus J.*, Auslandsbeurkundungen von Abtretungen deutscher GmbH-Geschäftsanteile in der Schweiz, NJW 2014, 1994; *Müller, Klaus J.*, Unternehmenskauf und notarielle Beurkundung nach § 311b III BGB, NZG 2007, 201; *Müller-Feldhammer*, Die übertragende Sanierung – ein ungelöstes Problem der Insolvenzrechtsreform, ZIP 2003, 2186; *Niewiarra*, Unternehmenskauf, 2. Aufl. 2002; *Perwein*, Übergabe der Aktienurkunde als Wirksamkeitsvoraussetzung bei der Abtretung von Namensaktien kleiner Publikums-Aktiengesellschaften, AG 2012, 611; *Picot/Duggal*, Unternehmenskauf: Schutz vor wesentlich nachteiligen Veränderungen der Grundlagen der Transaktion durch sog. MAC-Klauseln, DB 2003, 2635; *Römermann*, Praxisverkauf und Praxisbewertung bei Freiberuflern – ein (scheinbar) unlösbares Problem, NJW 2012, 1694; *Rosenboom/Ens*, Kosten sparen durch Beurkundung in der Schweiz, M&A Review 2014, 245; *Sachs*, Fast-Track Arbitration Agreements of MAC Clauses, in: M. Á. Fernández-Ballesteros/Davíd Arias, Liber Americorum Bernardo Cremades (La Ley), 2010, S. 1051; *Schmolke*, „Shoot out"-Klauseln und Verpflichtung des Vorstands zur Amtsniederlegung, ZIP 2014, 897; *Schroeder/Welpot*, Neues vom Texan Shoot-out, zum Russian Roulette und zu anderen Klauseln der alternativen Streitbeilegung im Gesellschaftsrecht, NZG 2014, 609; *Schulte/Sieger*, „Russian Roulette" und „Texan Shoot Out" – zur Gestaltung von radikalen Ausstiegsklauseln in Gesellschaftsverträgen von Joint-Venture-Gesellschaften, NZG 2005, 24; *v. Segesser*, Arbitrating Pre-Closing Disputes in Merger and Acquisition Transactions, in Kaufmann-Kohler/Johnson (ed.) Arbitration of Merger and Acquisition Disputes, Conference of ASA Swiss Arbitration Association on January 21, 2005, S. 17; *Stoppel*, Die Formbedürftigkeit von Vollzugsprotokollen im Rahmen des Erwerbs von Geschäftsanteilen, GmbHR 2012, 828; *Tholen/Weis*, Formfragen bei Finanzierungsrunden in der GmbH – Formbedürftigkeit von Beteiligungsverträgen und Gesellschafterverträgen nach § 15 Abs. 4 S. 1, § 53 Abs. 2 S. 1 und § 55 Abs. 1 GmbHG, GmbHR 2016, 915; *Triebel*, Anglo-amerikanischer Einfluß auf Unternehmenskaufverträge in Deutschland – eine Gefahr für die Rechtsklarheit?, in: Festschrift für Carl Zimmerer, 1996, S. 429; *Triebel/Balthasar*, Auslegung englischer Vertragstexte unter deutschem Vertragsstatut – Fallstricke des Art. 32 I Nr. 1

I. Einleitung

EGBGB, NJW 2004, 2189; *Ulrich*, Untreue-Strafbarkeit von Geschäftsführern, GmbHR 2013, R 325; *Ulrich/Böhle*, Die Auslandsbeurkundung im M&A-Geschäft, GmbHR 2007, 566; *Valdini/Koch*, Die missbräuchliche Verwendung von Russian-Roulette-Klauseln, GWR 2016, 179; *Vallender*, Unternehmenskauf in der Insolvenz (II), GmbHR 2004, 642; *van Venrooy*, Vereinbarte „Beurkundung" im Sinne von § 154 Abs. 2 BGB, DStR 2012, 565; *Wächter*, Tatbestand und Heilung verdeckter Sacheinlagen, insbesondere bei Unternehmenseinbringungen; GmbHR 2006, 1084; *Wächter*, Käufereinwendungen gegen Zahlungspflichten bei Nichteinhaltung bei Beschäftigungs- und Investitionsaussagen in Treuhand-Privatisierungsverträgen, WM 1994, 1319; *Wächter/Stender*, Die Rechtsprechung zu Investitions- und Beschäftigungszusagen in Treuhandprivatisierungsverträgen, NJW 2000, 395; *Werner*, Der Asset Deal und die Notwendigkeit seiner notariellen Beurkundung – Zu Anwendung und Reichweite des § 311 Abs. 3 BGB, GmbHR 2008, 1135; *Wessels*, Unternehmenskauf im Vorfeld der Verkäuferinsolvenz, ZIP 2004, 1237; *Wilken/Felke*, Corporate Litigation, 2013; *Willms/Bicker*, Shoot-Out – der wirksame Ausstieg aus einem paritätischen Joint Venture, BB 2014, 1347.

I. Einleitung

Von hier an ist nun, jedenfalls der äußeren Form nach, durch Angebot und Annahme ein Options- oder M&A-Vertrag zustande gekommen. Ein Streit um dessen Wirksamkeit bricht aus, wenn eine Partei diesen nicht erfüllen oder die vertraglichen Bedingungen abändern möchte. Dem Käufer gelangt eine bedrohliche Waffe in die Hand, wenn er aussichtsreich die Nichtigkeit eines Kaufvertrags geltend machen kann.[1] Allein das Vorzeigen dieser Waffe kann den Verkäufer in Furcht und Schrecken versetzen und erhebliche Bereitschaft zu einem finanziellen Kompromiss auslösen. Entsprechend häufig wird die Vertragsnichtigkeit ins Spiel gebracht, um den Verkäufer dazu zu zwingen, dem Käufer durch einen Kaufpreisnachlass eine „Klarstellungsvereinbarung", die die Wirksamkeit bestätigt, „abzukaufen".

2.1

In diesem Kapitel wird v. a. eine Vertragsnichtigkeit aus Gründen des nicht wirksamen Zustandekommens eines Vertrages bei Optionen, des Nichteintritts von Bedingungen und wegen Verletzungen von Vorschriften der materiellen und formalen Vertragskontrolle behandelt.[2]

2.2

---

1) Diese Wirkung tritt freilich erst von einem bestimmten Punkt der Entwicklung an ein. Wenn die Parteien einen Vertrag Stunden nach Vertragsschluss als nichtig erkennen und er noch nicht durch Leistungen vollzogen ist, ist möglicherweise kaum mehr geschehen, als wenn sie ihn sogleich wieder aufgehoben oder gar nicht erst geschlossen hätten. Der *Umschlag* erfolgt aus Sicht des Verkäufers mit der Erbringung seiner Leistungen, insbesondere der Unternehmensübertragung und der Aufgabe der Möglichkeit das Unternehmen so weiterzuführen wie bisher. Unter Umständen schaffen auch schon öffentliche Erklärungen kaum mehr reversible Tatsachen. Aus Sicht des Käufers erfolgt der Umschlag mit der Erbringung seiner Leistungen oder dem Eintritt in unternehmensbezogene Pflichten im Außenverhältnis, u. U. aber auch schon mit einer Kreditgewährung an das Zielunternehmen. In der frühen Phase kann eine Nichtigkeit den Verkäufer noch davor bewahren, in eine Nichterfüllungshaftung hineinzulaufen.

2) Die Nichtigkeit aus Gründen der §§ 123, 142 BGB gehört nach dem Plan der Darstellung erst in den Zusammenhang mit den Rechten des Käufers bei Unternehmenswertbeeinträchtigungen, auch wenn § 142 BGB rechtstechnisch rückwirkend zu einer anfänglichen ex-tunc-Nichtigkeit führt (s. u. Rn. 6.168 f.).

II. Zustandekommen von M&A-Verträgen durch Ausübung von Optionen
1. Hintergrund

2.3 Die typische Situation ist die, dass von einer Partei ein Angebot angenommen (oder eine andere Handlung ergriffen, z. B. der Eintritt einer Wirksamkeitsbedingung für einen Vertrag herbeigeführt) wurde, und dann darüber gestritten wird, ob hierdurch ein wirksames Verpflichtungsgeschäft bzw. häufig auch ein wirksames Verfügungsgeschäft zustande kam. Der Streit erhält so den Charakter eines **Streits um das Bestehen eines M&A-Vertrages**. Anders als in Situationen der Berufung auf eine Nichtigkeit nach §§ 134, 138 BGB o. Ä. **fehlt** hier das **Element des Überraschenden**. Häufig ist schon bei Ausübung der Option – i. d. R. durch Annahme eines Angebots – absehbar, dass der Stillhalter diese nicht gelten lassen will.

2.4 Der Begriff „Option" soll dabei in einem wirtschaftlichen bzw. machtmäßigen Sinne weit gebraucht werden: Als die rechtliche Möglichkeit einer Partei, einseitig einen Vertrag zustande zu bringen. Ob dies durch Abgabe einer **Annahmeerklärung** bezogen auf ein bindendes Angebot des späteren Vertragsgegners nach §§ 145, 148 BGB, als Einfordern der **Erfüllung eines Vorvertrags** oder durch das Herbeiführen einer **Voluntativbedingung** eines schon bedingt geschlossenen Hauptvertrages erfolgt, ist eine sekundäre Frage der rechtlichen Ausgestaltung.[3]

2.5 Gestaltungen, die Optionen einschließen, sind besonders in **Beteiligungsverträgen** als unbedingte Andienungs- oder Ankaufrechte oder als bedingte solche Rechte, etwa als **Drag Along/Take Along-**Klauseln (Mitverkaufspflichten) oder **Tag Along-Klauseln** (Mitverkaufsrechte) verbreitet, können aber auch isoliert vorkommen.

2.6 Optionen sind **anfällig für Missverständnisse**. Selbst Kaufleute und Manager[4] verstehen sie bisweilen falsch. Sie denken es sich u. U. so zurecht, dass sie als Stillhalter nicht schlechter – sondern sogar besser – da stünden als wenn es die Option nicht gäbe. Englische Begriffe helfen bei falschem Denken. Manch einer, der Stillhalter einer gewährten Kaufoption ist, was er richtig als Bestehen einer Call Option gegen sich bezeichnen mag, denkt z. B. fälschlicherweise, dass seine komplementäre Stellung die des Inhabers einer Put Option sei. Er hat aber gar nichts inne. Oder ein Stillhalter einer Verkaufsoption (z. B. wer ein bindendes Verkaufsangebot abgegeben hat) spricht sich Mut zu, dass es eine *gesteigerte psychologische Wahrscheinlichkeit* gäbe, dass der Berechtigte den Kauf zustande brächte. Die mag es auch geben, weil er als Stillhalter nicht mehr weglaufen kann. Er vergisst aber, dass nichts den Optionsberechtigten hindert, den Still-

---

3) Zu den drei Möglichkeiten der rechtstechnischen Ausgestaltung von Optionen und den Möglichkeiten ihres Schutzes gegen Zwischenverfügungen, s. *Kamlah*, GmbHR 2009, 841.
4) Außerhalb des Bank- und Finanzsektors, versteht sich.

II. Zustandekommen von M&A-Verträgen durch Ausübung von Optionen

halter freundlich einzuladen, vor der Annahme noch erheblich von dem Optionspreis nachzulassen.[5)]

Wenn i. R. von M&A-Transaktionen Optionen vereinbart werden, setzt der Optionsberechtigte regelmäßig durch, dass der Verkäufer, neben dem Angebot zum Abschluss des schuldrechtlichen Geschäfts, auch ein **Angebot zum Abschluss des dinglichen Verfügungsgeschäfts** (Anteilsabtretung) abgibt. Der Vorteil liegt zunächst darin, dass der Käufer später nicht – äußerst mühsam – auf Erfüllung klagen muss. Der Nachteil wird oft übersehen: Wenn es zum Streit kommt, wird eben auch **Unklarheit** darüber herrschen, **wem das Unternehmen dinglich gehört**, wer seine Organe bestellen darf und bald wahrscheinlich auch, wer die Organe des Unternehmens *sind*. Möglicherweise werden die Parteien sogar an Geschäftspartner herantreten, diese in eine Bösgläubigkeit i. S. von § 15 HGB führen und sie in den Konflikt hineinziehen. Durch die Gewährung eines dinglichen Angebotes zusätzlich zu einem schuldrechtlichen, werden der Einsatz beider Parteien und die möglichen Kollateralschäden erhöht und ein entstehender **Konflikt existenzieller und giftiger**. 2.7

Im Konfliktfall nimmt der Käufer das Angebot an, wählt – beim Share Deal – neue Organe und versucht sodann, den Stillhalter – durch einstweilige Verfügung oder, noch weniger freundlich, durch den Werkschutz – aus der Geschäftsführung zu entsetzen. Hiernach kommt es wie bei Gesellschafterstreitigkeiten,[6)] denen diese Streitigkeiten typologisch nahestehen, regelmäßig zu **einstweiligen Rechtsschutzverfahren**, durch die ein **notdürftiger Modus Vivendi** für die prekäre Situation des Unternehmens gefunden werden soll. Diese Verfahren stellen häufig schon die Weichen i. S. des Prozesserfolges der einen oder anderen Partei. Am Ende erhebt oft eine der Parteien trotzdem eine Feststellungsklage zur Klärung der Gesamtsituation in ihrem Sinne oder eine Klage auf Schadensersatz. 2.8

2. Zustandekommen eines M&A-Vertrages durch Optionsausübung

Optionen sind zur einmaligen Übertragung eines Anteils oder zur schrittweisen Übertragung mehrerer Anteile beim Share Deal gebräuchlich.[7)] Die Optionsausübung ist dann grundsätzlich nur an die Einhaltung von **Fristen** gebunden. 2.9

---

5) Optionsberechtigte legen oft großen Wert darauf, dass ihnen eine längere Periode nach Entstehung des Optionsrechts zur Annahme des Angebots eingeräumt wird, um ausreichend Zeit für entsprechende „Überzeugungsarbeit" gegenüber dem Stillhalter zu haben.
6) Vgl. *Wilken/Felke*, Corporate Litigation, 2013; *Mehrbrey*, Handbuch gesellschaftsrechtliche Streitigkeiten, 2013.
7) *v. Braunschweig* zeigt, dass die Gewährung von Verkäuferhilfen bei der Kaufpreisfinanzierung und Optionskonstruktionen aufgrund der Zurückhaltung der Banken bei Übernahmefinanzierungen nach der Finanzkrise des Jahres 2008 häufiger geworden sind; vgl. *v. Braunschweig*, DB 2010, 713 ff.

2.10 Daneben können Optionen durch den Eintritt bestimmter Umstände („Trigger Events"), z. B. den Eintritt von **Bedingungen**, ausgelöst werden.

2.11 Denkbar sind auch **wechselseitige Optionen**, z. B. zur Auflösung von Gemeinschaftsunternehmen. In diesem Fall erhält eine Partei z. B. eine befristete oder bedingte Kaufoption und erhält die andere für den Fall, dass die erste Partei diese Option nicht fristgemäß ausübt oder bestimmte Regelungen, insbesondere die Zahlung eines Kaufpreises, nicht einhält, ihrerseits eine Kaufoption.

2.12 Solche Klauseln, die häufig als ein „legal transplant" amerikanischen oder angelsächsischen Ursprungs bezeichnet[8] und „**Texan Shoot Out-Klausel**" oder „**Russian Roulette-Klausel**" (o. Ä.) genannt werden, können für unterschiedliche Zwecke offen sein oder explizit unterschiedliche Zwecke verfolgen und sie können in verschiedenen Varianten ausgestaltet werden. So können sie nur einer Partei oder beiden Parteien das Recht gewähren, den **Mechanismus auszulösen** und/oder das Recht zur Auslösung kann an den Eintritt einer Bedingung geknüpft werden. Klauseln können auch eine Präferenz dafür enthalten, wer gehen und wer bleiben soll. Sie versüßen dann demjenigen, der planwidrig bleiben muss, sein Bleiben finanziell. Umso schmerzhafter wird es für den Ausscheidenden, der ursprünglich als Übernehmer vorgesehen war und jetzt den Schauplatz doppelt als Verlierer verlassen muss, indem er zu einem „Strafabschlag" ausscheidet.

2.13 „Texan Shoot Out-", „Russian Roulette-" u. ä. Klauseln müssen zunächst **gar nichts mit „Konfliktlösung"** zu tun haben,[9] sondern sie können einfach nur die im Gesellschaftsvertrag oder in Gesellschaftervereinbarungen getroffenen **finanziellen Regelungen** ergänzen; die Parteien sind insofern nicht nur Mitgesellschafter, sondern auch **Stillhalter** bzw. **Berechtigter** aus Put- oder Call-Optionen, wie sie sie auch an der Börse für Drittunternehmen erwerben bzw. verkaufen könnten. Solche Klauseln eröffnen insofern nur die Möglichkeit, eine Entscheidung zwischen einer wirtschaftlichen **Desinvestition oder „Total-Übernahme"** zu erzwingen und die Zuordnung von Auslösungsrechten und etwaige

---

8) *Picot/Duggal*, DB 2003, 2635 li. Sp. Mitte. S. a. *Krecek*, Die Gewährleistungshaftung beim Unternehmenskauf nach deutschem und englischem Recht, 2001; *Schroeder/Welpot*, NZG 2014, 609. Der Hinweis auf den amerikanischen oder angelsächsischen Ursprung von MAC-Klauseln dürfte kaum als ernste rechtshistorische Aussage, beruhend z. B. auf Studien in Vertragsarchiven, gemeint sein. Möglich ist auch, dass die Klauseln assyrischen, venezianischen, französischen, chinesischen (oder wirklich russischen?) „Ursprungs" sind. Vermutlich wurden sie mehrfach parallel und unabhängig voneinander neu erfunden. Darauf kommt es aber nicht an. Wichtig ist, dass es Optionskonstruktionen sind, die rechtstechnisch auf verschiedene Weise realisiert werden können (s. Rn. 2.4) und die nach dem Schuldrecht aller modernen Rechtsordnungen ähnlich möglich sind. Deshalb sind unterschiedliche Variationen möglich. S. dazu, materialreich, *Schroeder/Welpot*, NZG 2014, 609, 611 („Offer to Sell or Buy Russian Roulette", „One Way Sell Russian Roulette", „Texan Shoot-out", „Fairest Sealed Bid" und „Final Offer Arbitration").

9) So auch *Schmolke*, ZIP 2014, 897, 898 li. Sp. unten.

II. Zustandekommen von M&A-Verträgen durch Ausübung von Optionen

Preisdifferenzen sind Teil des von den Gesellschaftern eingegangenen **wirtschaftlichen „Mix"**, der ggf. spekulative Züge besitzen mag.

Diese rein wirtschaftliche Dimension, dass eine Partei durch Ausübung der Option finanziell gewinnen (und die andere oft verliert) kann, bleibt auch erhalten, wenn „Texan Shoot Out-" oder „Russian Roulette-Klauseln" bezwecken eine **sichere Trennung** der Gesellschafter herbeizuführen, wenn die Grundlage für ihre Zusammenarbeit zerstört ist oder sogar ein Gesellschafterkonflikt explizit Voraussetzung der Auslösung ihres Mechanismus ist. Mit Blick hierauf werden „Texan Shoot Out-" oder „Russian Roulette-Klauseln" als **kosteneffizienter Streitbeilegungsmechanismus** gelobt, obwohl freilich zugleich (und zu Recht) beobachtet wird, dass die darauf folgenden Auseinandersetzungen mit **„äußerster Härte"** geführt werden – sogar bis zur wechselseitigen Erschöpfung bzw. bis der ursprüngliche Wert der Anteile nicht mehr realisiert werden kann.[10] Der Ausdruck „Strei*tbeilegungs*mechanismus" ist daher fragwürdig. Richtiger wäre es von einem **„Strei*tumformungs*mechanismus"** bzw. einem **„Strei*teskalations*mechanismus"** zu sprechen, der das „Hinschmoren" eines zermürbenden Dauerkonflikts in einen Zwei-Punkte-Endkampf (Wer geht? Für wieviel?) überführt. Das Gute ist, dass man nach Auslösen des Mechanismus wenigstens bald einen Rechtsstreit führen kann, nach dessen Abschluss man weiß, „was Sache ist", nicht, dass es „nett" würde und nicht, dass keine Werte zerstört würden. Gerade deshalb mag es so sein, dass die Parteien – zur Vermeidung der **Schrecken des vollen Durchprozessierens** – häufig den Streit durch einen **Verhandlungskompromiss** beilegen.[11]

2.14

Dem OLG Nürnberg lag 2013 ein Fall vor, der es in einem obiter dictum zu einer Stellungnahme zu einer „Texas Shoot Out-Klausel" oder „Russian Roulette-Klausel" veranlasste.

2.15

Fallbeispiel „Obiter dictum zu „Texas Shoot Out/Russian Roulette" (OLG Nürnberg v. 20.12.2013 – 12 U 49/13, NJW-RR 2014, 418 = ZIP 2014, 171 = WM 1989, 256)[12]

2.16

Eine GmbH & Co. KG mit zwei in gleicher Höhe beteiligten Kommanditisten war Alleinaktionärin einer AG. Der Gesellschaftsvertrag der GmbH & Co. KG enthielt eine hier als „chinesisch" bezeichnete Klausel, nach der jeder Kommanditist berechtigt war, dem anderen seinen Kommanditanteil unter Nennung eines Preises anzubieten. Wenn der Empfänger das Angebot nicht innerhalb einer Frist annahm, war er verpflichtet, seinen Kommanditanteil zu dem gleichen Preis an den anderen Kommanditisten zu verkaufen. Bei der Klage ging es um eine Verpflichtung zur Aufgabe der Stellung als Vorstand der

---

10) Beide Zitate aus dem lesenswerten Beitrag von *Schroeder/Welpot*, NZG 2014, 609, 610.
11) *Schroeder/Welpot*, NZG 2014, 609, 610, 612 li. Sp. oben.
12) Besprochen von. *Schroeder/Welpot*, NZG 2014, 609, Willms/Bicker, BB 2014, 1347. *Valdini/ Koch*, GWR 2016, 179; *Pauli*, GWR 2014, 86.

AG, die mit dem Anteilsverkauf verknüpft war. Die Übertragungspflicht aus der „chinesischen Klausel" war vorher erfüllt worden und stand nicht im Streit. Das OLG Nürnberg stellte seine Erörterungen von vorneherein[13] in den Kontext, dass die Klausel die Funktion haben sollte, das Gesellschafterverhältnis im Konfliktfalle zu beenden und prüft, ob die Beendigung einer möglichen „Patt-Situation" als sachliche Rechtfertigung einer sog. Hinauskündigung ausreicht. Es bejaht dies.[14]

2.17 Hier sind zwei Dinge fragwürdig: *Erstens* ist im Ansatz fragwürdig, *generell* einen besonderen „sachlichen" Grund dafür zu fordern, dass ein Gesellschafter gegen seinen Willen ausgeschlossen (oder „hinausgekündigt") wird. **Warum** sollte hier eine **höhere Rechtfertigung** für etwas verlangt werden, das bei jeder Leistungsklage aus Vertrag vorliegt: der Schuldner hat sich *früher* zu etwas verpflichtet, was er *heute* nicht mehr will. Wenn der Gläubiger nun das „alte" Versprechen des Schuldners rechtlich „gegen den Willen des Schuldners" durchsetzt, macht er also genau das, wozu das Recht da ist. Daher sollte das „Handeln gegen den Willen des Schuldners" – über das „pacta sunt servanda" hinaus – eigentlich keiner zusätzlichen Rechtfertigung bedürfen. Materiell könnte das Verlangen nach einer *besonderen, zusätzlichen* Rechtfertigung nur damit begründet werden, dass es nicht um eine Lieferung oder sonstige Leistung geht, sondern um das „Hinausdrängen" bzw. **„Ausstoßen" des Schuldners aus einer „Gemeinschaft"**. Auch wenn hier archaische Assoziationen anklingen („vogelfrei werden"), dürfte dies aber kaum haltbar sein. Der Verlust der Mitgliedschaft einer Kapitalgesellschaft (bei einer unternehmenstragenden Personengesellschaft ist es kaum anders) ist kein Entzug der Staatsbürgerschaft. *Zweitens* wird nun der auf fragwürdige Weise aufgebaute zusätzliche Rechtsfertigungsbedarf sodann auch auf fragwürdige Weise bedient, indem das „Hinauskündigen" ausnahmsweise mit einer **Befriedungsfunktion** gerechtfertigt wird.

2.18 So wird aus dem Blick verloren, was wir eingangs schon sagten, dass „Texas Shoot Out-Klausel" oder „Russian Roulette-Klauseln" **zunächst mit der Lösung von Gesellschafterkonflikten gar nichts zu tun haben müssen**,[15] sondern zuerst nur vertragliche Liefer- bzw. Erfüllungsansprüche darstellen, die auf der einen

---

13) OLG Nürnberg v. 20.12.2013 – 12 U 49/13, Rn. 40 (zit. nach juris), NJW-RR 2014, 418 = ZIP 2014, 171 = WM 1989, 256.
14) Das OLG Nürnberg stützt sich hierbei auf das OLG Wien, Urt. v. 20.4.2009 – 28 R 53/09h, und den Cour d'Appel de Paris (RTDcom, revenue trimestrielle de droit commercial 2007, 167,170). S. a. *Fleischer/Schneider*, DB 2010, 2713, 2715 ff.; *Schulte/Sieger*, NZG 2005, 24. Zur Rspr. des BGH zur Unzulässigkeit des „Hinauskündigen" von Gesellschaftern ohne sachlichen Grund s. BGH v. 13.7.1981 – II ZR 56/80, BGHZ 81, 263, 269 = ZIP 1981, 978; BGH v. 19.3.2007 – II ZR 300/05, ZIP 2007, 862; BGH v. 2.6.1997 – II ZR 81/96, BGHZ 135, 387, 390 = ZIP 1997, 1453; BGH v. 29.4.2014 – II ZR 216/13, ZIP 2014, 1327.
15) Wohl anders: *Valdini/Koch*, GWR 2016, 179.

II. Zustandekommen von M&A-Verträgen durch Ausübung von Optionen

Seite – wie beim „Squeeze-Out" – die Übernahme weiterer Anteile erlauben/ bewirken und auf der anderen Seite eine Desinvestition. Solche Klauseln können, wie jede Option oder wie Rechte, sich an Kapitalerhöhungen zu beteiligen oder der Ausschluss davon, wirtschaftliche Chancen zuordnen. Es besteht nur die Besonderheit, dass sie durch **Optionsausübungen** zustande kommen, wobei das Recht zur Ausübung der Option und die Rollenzuteilung als Sachleistungsschuldner und Geldleistungsschuldner durch einen etwas **komplizierteren Mechanismus** geregelt wird als sonst.

Selbstverständlich kann und muss eine die Vertragserfüllung erzwingende Justiz sich vorbehalten, bestimmte Verträge von der Erfüllungserzwingung auszuschließen (i. d. R. indem sie als unwirksam oder nichtig deklariert oder restriktiv ausgelegt werden).[16] Ansatzpunkte können aber auch hier nur die üblichen Instrumente, v. a. **§§ 138, 242 oder 826 BGB** sein, was bedeutet, dass es um die **Grenzen der Vertragsinhaltsfreiheit**, v. a. in wirtschaftlicher Hinsicht geht. Ausgehend hiervon kann nun gesagt werden, dass eine Klausel, die einen Verkauf/Kauf zu einem **wucherischen Preis** – über oder unter dem Wert des Anteils – grundsätzlich auch dann nichtig sein kann, wenn es sich um eine „Shoot Out-Klausel" handelt. Der Umstand, dass zwischen Rechtsgenossen wegen unterschiedlicher Zahlungsfähigkeiten generell unterschiedliche **tatsächliche Ausübungswahrscheinlichkeiten** von Rechten bestehen, sollte als solcher indessen niemanden mehr überraschen oder empören. Freilich kann er (später) ins Spiel kommen: Wenn der an einen Ausscheidenden zu zahlende Preis wucherisch niedrig oder der von dem Bleibenden zu zahlende Preis wucherisch hoch ist, kann die Nichtigkeit wegen Wuchers nicht daran scheitern, dass der Bewucherte sein Bewuchert-Werden hätte verhindern können, wenn er im „Shoot-Out" eine Option genutzt hätte, die er tatsächlich nicht nutzen konnte.[17] Es mag auch sein, dass das absehbare tatsächliche Nicht-Nutzen-Können einer Option durch eine Partei zur Sittenwidrigkeit nach § 138 Abs. 1 BGB der Ausübung einer hieraus folgenden Gegenoption der anderen Partei zu denselben oder noch vorteilhafteren, wenn auch noch nicht wucherischen, Bedingungen führen kann, wenn sich im Gesamtbild das Verhalten der schlussendlich den Vorteil erlangenden Partei als sittenwidrig nach § 138 Abs. 1 BGB darstellt. Allerdings wird wiederum gegenläufig zu berücksichtigen sein, dass auch eine signifikante **Prämie** für die Partei, die **planwidrig gehen oder bleiben** muss, noch nicht wucherisch ist. Dieser Gesichtspunkt dürfte schon deshalb wichtiger sein als der Gesichtspunkt der „Konfliktlösung", weil eine Gesellschaftertrennung ja immer auch zu einem „faireren" Preis möglich gewesen wäre.

2.19

---

16) Wirtschaftsanwälte neigen gelegentlich dazu, ihrem liberalen globalen Impetus folgend, in ihrer Kritik hieran über das Ziel hinaus zu schießen.
17) Freilich ergibt sich dies i. d. R. schon direkt aus § 138 Abs. 2 BGB.

2.20 Mit nahendem Ablauf von Optionsausübungs-, Reaktions- oder Zahlungsfristen **spitzt sich die Krise zu.** Die unter Druck stehende Partei erkennt jetzt, dass ihr große wirtschaftliche Nachteile drohen und sie sucht nicht selten – in großer Hektik – Verhandlungen mit der anderen Partei, um eine alternative Lösung zu dem „eigentlich" geltenden Mechanismus zu vereinbaren. Typischerweise werden die Inhalte und Ergebnisse solcher Verhandlungen später streitig.[18]

2.21 Dies war auch im folgenden Fallbeispiel so, in dem eine Partei geltend machte, dass eine notariell getroffene Optionsregelung vor Fristablauf telefonisch abgeändert worden sei. Zudem stellten sich verschiedene Sonderfragen zur der Rechtmäßigkeit des Verhaltens des Verkäufers und (späteren) Erwerbsberechtigten.

2.22 *Fallbeispiel „Ende eines Joint Venture"* (Schiedsgerichtsverfahren, abgewandelt)[19]

Ein Finanzinvestor und ein industrieller Partner besaßen je 50 % einer unternehmenstragenden GmbH. Als die Parteien in Meinungsverschiedenheiten über die weitere Strategie gerieten, verkaufte der Finanzinvestor dem industriellen Partner seine 50 %ige Beteiligung. Wenn allerdings der industrielle Partner den Kaufpreis nicht bis zum 21.1. zahlen würde, konnte der Finanzinvestor, durch Annahme eines von dem industriellen Partner abgegebenen gegenläufigen Angebotes, dessen Anteile i. H. von 50 % zu einem *sehr niedrigen Optionspreis* übernehmen. Angesichts der Gefährlichkeit der Regelung, erhielt der industrielle Partner ein vertragliches Rücktrittsrecht, das am 6.1. auslief.

Der industrielle Partner hatte bei der Finanzierung des Kaufpreises tatsächlich Schwierigkeiten. Er sendete deshalb am 6.1. einen Beauftragten zum Notar, um das Rücktrittsrecht auszuüben. Zugleich führten die Parteien mehrere Telefonate, bei denen der industrielle Partner eine Verlängerung der Zahlungsfrist erbat. Der Beauftragte wurde nach den Telefonaten vom Notar zurückgerufen und das Rücktrittsrecht wurde nicht ausgeübt. Die Inhalte der Telefonate, insbesondere ob eine Fristverlängerung gewährt wurde, waren im Schiedsverfahren streitig. Nach mehreren Terminen zur Zeugenvernehmung ergab sich, dass der zuständige Vorstand des Finanzpartners zugesagt hatte, sich bei seinem Vorstandsvorsitzenden für eine Verlängerung der Zahlungsfrist bis zum 1.2. *einzusetzen*, und dass das Erlangen der Verlängerung als *wahrscheinlich* dargestellt wurde (Drei-Personen-Vorstand).

---

[18] Nicht selten verdächtigt eine Partei die andere, einen bestimmten Gang der Dinge von Anfang an geplant und durch Täuschungen gefördert zu haben. Diese Verdächtigungen klingen zunächst verstiegen und „konspirationstheoretisch". Allerdings werden sich die beide Parteien in den meisten Fällen vorab durchaus mit der Frage beschäftigt haben, ob die jeweils andere Partei ihr vorrangiges Erwerbsrecht ausüben und ob sie in der Lage sein wird, den Kaufpreis aufzubringen und wie vorteilhaft oder nachteilig die Situation für sie sein wird, wenn sie das nicht kann.

[19] Ein Fall des Verfassers.

II. Zustandekommen von M&A-Verträgen durch Ausübung von Optionen

Der zuständige Vorstand des Finanzpartners gestand als Zeuge allerdings (merkwürdigerweise) ein, er habe die Verlängerung von Anfang an nicht befürwortet und auch in seinem Vorstand die Ablehnung empfohlen. Entsprechend lehnte der Gesamtvorstand des Finanzpartners die Verlängerung am 7.1. ab. Am 14.1. ging bei dem industriellen Partner postalisch ein Schreiben ein, wonach die Fristverlängerung verweigert und Zahlung bis zum 21.1. verlangt wurde. Als die Zahlung am 21.1. nicht eingegangen war, übte der Finanzpartner die Option aus und übernahm er die Büroräume der Gesellschaft mit Wachschutzleuten.

In verschiedenen einstweiligen Verfügungsverfahren vor ordentlichen Gerichten hatte sich der Finanzpartner vorläufig durchgesetzt. In einem anschließenden Schiedsgerichtsverfahren fragte sich v. a., ob der Finanzpartner bei einzelnen Handlungen oder Unterlassungen *pflichtwidrig* gehandelt hatte und welche Rechtsfolgen seine Pflichtwidrigkeit hatte. Der industrielle Partner trug vor, er wäre trotz seiner Bitte um Fristverlängerung noch in der Lage gewesen die Zahlungsfrist bis zum 21.1. (durch eine allerdings nachteilige Finanzierung, die er habe vermeiden wollen) einzuhalten, wenn er schon am 6.1. gewusst hätte, dass der Finanzpartner die Frist nicht verlängern werde. Durch die unstreitige Täuschung des Vorstandes des Finanzpartners über dessen beabsichtigte Einflussnahme auf den Gesamtvorstand sei er hieran gehindert worden. Der Finanzpartner müsse deshalb nach Treu und Glauben in eine Änderung des Vertrages einwilligen, durch die ihm eine weitere Nachfrist gewährt werde.[20]

Auf diese Weise hätte der industrielle Partner doch noch 100 % der Anteile erhalten können. Der Finanzpartner vertrat die Gegenauffassung, der industrielle Partner hätte die Zahlung zur Not vorsorglich nach Ende der Frist leisten müssen, um sich hierauf berufen zu können.

Alternativ argumentierte der industrielle Partner, ohne die Täuschung durch den Vorstand des Finanzpartners bei dem Telefonat am 6.1. wäre er noch am selben Tage von dem Kaufvertrag zurückgetreten, so dass er wenigstens die 50 % der Anteile, die er schon besaß, habe behalten können.

Eine weitere Pflichtwidrigkeit des Finanzpartners konnte darin liegen, dass er den industriellen Partner – gerade nachdem er durch eine Täuschung Ver-

---

[20] Eine ungewöhnliche, aber wohl nicht *per se* ausgeschlossene Form eines Schadensersatzes in Form einer Naturalherstellung, gedanklich angelehnt an die von der Rechtsprechung gewährte Rechtsfolge des Schadensersatzes durch Vertragsabschluss bei der Verletzung von Abschlussfristen (etwa im Kartellrecht). In dem Schiedsgerichtsverfahren blieb offen, ob eine Naturalherstellung i. S. von § 257 Abs. 1 BGB noch möglich gewesen wäre.

trauen in eine Verlängerung bei ihm erweckt hatte – erst verzögert und nur postalisch über die Ablehnung der Verlängerung informiert hatte.[21]
Das Verfahren endete mit einem Vergleich.[22]

3. Verpflichtung zum Vertragsabschluss aufgrund einer Option

2.23 Streitigkeiten um das Bestehen einer Verpflichtung zum Abschluss eines M&A-Vertrages aufgrund einer Option sind relativ selten, weil Optionen regelmäßig schon mit Angeboten zum Abschluss des dinglichen Rechtsgeschäfts verbunden werden,[23] aber sie kommen vor.[24] Wenn der Partner in dem aufgrund der Option zustande gekommenen Vertrag, das Unternehmen oder die Anteile selbst übertragen kann, ist eine Vollstreckung nach § 894 ZPO möglich; falls er die Übertragung durch einen Dritten zu bewirken hat, kann eine Vollstreckung nur nach § 888 ZPO erfolgen. Mehrfach waren Versuche zur Erzwingung der Einhaltung von in Shareholders' Agreements gewährter Optionen Gegenstände von internationalen Schiedsverfahren.[25] Im *ICC-Fall 8786, 1998* ging es wie in dem obigen Fallbeispiel um einen „buy/sell-mechanism" zwischen mehreren Anteilseignern einer Gesellschaft, wobei beide beanspruchten, die Anteile des anderen gekauft zu haben.[26] Bisweilen werden Vertragsstrafen zur Erzwingung der Einhaltung einer dinglich nicht gesicherten Option vereinbart.[27]

---

21) Bei dergleichen Fällen hängt viel davon ab, welche von mehreren möglichen Verhaltenselementen eines Schuldners der Gläubiger herausgreift, ihre Pflichtwidrigkeit darstellt und kausale Schäden aus ihnen ableitet.

22) *v. Segesser*, Arbitrating Pre-Closing Disputes in Mergers and Acquisition Transactions, in: Kaufmann-Kohler/Johnson, Conference of ASA Swiss Arbitration Association on January 21, 2005, S. 17, 24, berichtet über einen ähnlichen unveröffentlichten Fall (T. v. C. et al.), der am 26.2.2002 zu einem Schiedsspruch führte.

23) S. Rn. 2.7. Bei *Niewiarra*, Unternehmenskauf, finden sich eine „Shoot Out"-Klausel (S. 168 f.) und eine „Sicilian Opening"-Klausel, bei denen das nicht der Fall ist. Hier werden die Parteien bisweilen schon beim Zustandebringen des schuldrechtlichen Geschäfts wissen, dass sie in einen Konflikt hineinsteuern.

24) Vgl. *Ehle*, Arbitration as a Dispute Resolution Mechanism in Mergers and Acquisitions, Comparative Law Yearbook of International Business, Vol. 27, 2005, S. 287 ff., 301 f. (mit drei Fallbeispielen); s. Swiss Federal Tribunal, Decision 4P.102/2006 v. 29.8.2006, ASA Bulletin 3/2007, 550, und Swiss Federal Tribunal, Decision 4P. 168/2006 v. 19.2.2007; *Ehle/Scherer*, Arbitration of International M&A Disputes, Inter-Pacific Bar Association Journal, September 2007, S. 23 li. Sp. unten. Auch wenn das Schiedsgerichtsverfahren zwischen *Ahold* und *Canica* durch Ausübung einer Put Option durch *Canica* ausgelöst wurde, standen hier indessen eher Fragen der Kaufpreishöhe im Streit (vgl. „Ahold bekommt Recht", NZZ 12.10.2004.)

25) ICC-Fall 10335, 2000, ICC International Court of Arbitration Bulletin Vol. 12, No. 2, 2001, S. 102; ICC-Fall 12875/MS, 2004, Mealeys' International Arbitration Report, 19/9 (2004), 6–8, A. 1–A. 17.

26) ICC-Fall 8786, 1998, International Court of Arbitration Bulletin Vol. 11, No. 1, 2000, S. 84 f.

27) Vgl. Arbitral Award of January 28, 1998, Ad hoc Arbitration, Helsinki (Auszug s. http://www.unilex.info/).

III. Nichtigkeit von abgeschlossenen M&A-Verträgen

Es wird später anzusprechen sein, dass unsere Rechtsordnung aus materiellen und formalen Motiven, die gelegentlich ins Paternalistische umschlagen, und Formalmotiven, die gelegentlich ins Bürokratische umschlagen, heraus relativ viele, überraschende Einfallstore für eine Vertragsnichtigkeit bereithält. Die **Nichtigkeitsgründe** sind **oft heimtückisch**, weil sie auf in ihren Konturen unscharfen Begriffen oder Gerichtsentscheidungen beruhen und manchmal aus abgelegenen Bereichen herrühren (an die u. U. auch ein sorgfältiger und redlicher Berater nicht denkt). Ein Versuch der Geltendmachung einer Vertragsnichtigkeit ist daher in vielen Fällen keineswegs so aussichtslos, wie sich Verkäufer und Verkäuferanwalt zunächst gerne gegenseitig versichern möchten. 2.24

Korrekterweise muss man daher das deutsche Recht und die Rechtsprechung wohl – immer noch – durchaus als „nichtigkeitsfreundlich" bezeichnen, was sich an 2.25

- einer häufigen gesetzgeberischen Produktion von Verbotsgesetzen i. S. von § 134 BGB und
- der eher großzügigen Einordnung von Gesetzen als Verbotsgesetze durch die Rechtsprechung,
- der Annahme eines sog. Vollständigkeitsgrundsatzes bei Formerfordernissen,
- einer extensiven Auslegung des § 139 BGB,
- der Einschränkung der sog. „geltungserhaltenden Reduktion"[28] und
- einer restriktiven Interpretation von gesetzlichen, etwa v. a. des § 15 Abs. 4 Satz 2 GmbHG, und vertraglichen Heilungstatbeständen, etwa von salvatorischen Klauseln,

zeigen wird. All dies ist darauf angelegt, das Anwendungsspektrum und die Zerstörungskraft von § 134 BGB und der genannten anderen Normen auf der Rechtsfolgenseite zu erweitern.[29]

Jedes Mal, wenn Gesetzgeber, wie seit 1900 nicht ganz selten, oder die Rechtsprechung durch Gesetzesauslegung, gleich aus welcher Sorge um das Heil des Rechtsverkehrs, Nichtigkeitsgründe für Verträge schaffen oder erweitern, legen sie eine *Mine*, die Anwälte bei Gelegenheit zu zünden versuchen werden, um ihren Mandanten eines missliebigen Vertrags zu entledigen. 2.26

---

28) Der Ausdruck ist schon selbst täuschend, weil er den Eindruck erweckt, dass die Rspr. generell dazu neige, die Vertragswirksamkeit durch die „geltungserhaltenden Reduktion" zu retten. Tatsächlich geht es, wenn der Begriff fällt, fast immer um das Gegenteil, die Ablehnung einer „geltungserhaltenden Reduktion" durch eine Art von „geltungsvernichtender Expansion".

29) Allerdings gibt es erfreulicherweise Gegentendenzen, s. Rn. 15.33.

2.27 Bei M&A-Transaktionen kommt dieser Versuch typischerweise von dem reuigen Käufer, der eine Anpassung des Kaufpreises an Unternehmenswertbeeinträchtigungen oder nachträgliche Wertverluste nicht über die hierfür „eigentlich" vorgesehenen Rechtsinstitute erreichen kann.

2.28 In diesem Kapitel soll ein kurzer „Überflug" über die wichtigsten Sektoren dieses Minenfeldes unternommen werden.

1. Nichtigkeit wegen Formmängeln (§ 125 BGB)

2.29 Aus verschiedenen, meist guten Gründen sehen Bestimmungen des deutschen Rechts vor, dass manche – man kann leider nicht uneingeschränkt sagen „bestimmte" – Rechtsgeschäfte, um wirksam werden zu können, einer besonderen Form bedürfen. Die Nichtbeachtung eines solchen, in verschiedenen Gesetzen niedergelegten Formerfordernisses[30] wird durch § 125 BGB sanktioniert und mit der Rechtsfolge der Nichtigkeit belegt. Bei M&A-Transaktionen läuft die kritische Grenze fast ausschließlich zwischen der Form der notariellen Beurkundung und der einfachen Schriftform.

a) Mangelhafte Gründung einer Käufer-GmbH (§ 2 GmbHG)

2.30 Formmängel der Gründung einer „NewCo" können zur Nichtigkeit einer M&A-Transaktion mit der „NewCo" führen.

2.31 *Fallbeispiel „Möbelhausanpachtung"* (BGH v. 21.9.1987 – II ZR 16/87, NJW-RR 1988, 288)

Der Komplementär einer Möbelhaus-KG hatte mit Interessenten bzgl. der Pacht des Möbelhauses vereinbart eine gemeinsame GmbH zu errichten, an der er sich mit 20 % und die Interessenten mit 80 % beteiligen sollten – „Rückbeteiligung" – und das Möbelhaus an diese GmbH zu verpachten. Als es zu Meinungsverschiedenheiten kam, klagten die Interessenten auf Schadensersatz wegen Verletzung eines abgeschlossenen Vorvertrages bzw. Pachtvertrages. Der BGH meinte, ein etwaiges Versprechen, das Möbelgeschäft zu verpachten, sei, da die Verpachtung ausschließlich an die zu gründende GmbH beabsichtigt gewesen sei, für den Fall des Nicht-Zustandekommens der GmbH-Gründung, gegenstandslos geworden. Ein aus dem behaupteten Pachtvertrag ableitbarer Schadensersatzanspruch wegen Nichterfüllung scheiterte daher an der Formnichtigkeit des „Vorgründungsvorvertrages" für die als Pächterin vorgesehene GmbH.[31]

---

30) Einen umfassenden Überblick des aktuellen Problemstandes gibt Picot-*Temme*, Unternehmenskauf und Restrukturierung, S. 304–322.

31) BGH v. 21.9.1987 – II ZR 16/87, NJW-RR 1988, 289 li. Sp. oben.

III. Nichtigkeit von abgeschlossenen M&A-Verträgen

b) **Formmängel beim Verkauf, der sonstigen Begründung von Abtretungsverpflichtungen oder der Abtretung von Geschäftsanteilen nach § 15 Abs. 3, 4 GmbHG**

Wenn GmbH-Geschäftsanteile verkauft oder abgetreten werden, wird selten die notarielle Beurkundung des Verkaufs oder der Abtretung selbst verabsäumt. 2.32

aa) **Extensive Interpretation von Beurkundungsnotwendigkeiten**

Wahrscheinlicher ist, dass es zwar eine beurkundungsrechtlich durchaus korrekte notarielle Urkunde über den Verkauf oder eine sonstige Begründung von Abtretungsverpflichtungen oder eine Abtretung von Geschäftsanteilen gibt, aber daneben eine **weitere Vereinbarung, die nicht beurkundet wurde**. Dies betrifft z. B. Gesellschaftervereinbarungen,[32] Vereinbarungen mit verbundenen Unternehmen oder sog. „Side Letter".[33] Diese weitere Vereinbarung wird nun u. U. (i) als ebenfalls beurkundungsbedürftig deklariert, um dann (ii) die Beurkundung der anderen, beurkundeten Vereinbarung als nicht ausreichend anzusehen, weil insgesamt zu wenig beurkundet worden sei. 2.33

Der entscheidende Schritt ist der erste. Im Kern beruht er auf einer, jedenfalls auch zu dem hiesigen Zweck erfundenen, Unterscheidung zwischen einem **Rechtsgeschäft im engeren, rechtlichen Sinne** und einem **Rechtsgeschäft im weiteren Sinne**, wobei wirtschaftliche Betrachtungen einfließen. Den Ausgangspunkt bilden naheliegenderweise die Erklärungen, durch die die Tatbestandsmerkmale einer Gesetzesnorm, etwa § 433 BGB, erfüllt werden und die z. B. bei einer Klage aus dieser Norm vorgetragen werden müssten. Schon darin, dass die Rechtsprechung die Beurkundung von Erklärungen erlangt, die hierüber hinausgehen, liegt eine **richterrechtliche extensive Interpretation** des § 15 Abs. 3 und 4 GmbHG. Dies ist bei Grundstücksgeschäften und § 311b BGB nicht anders.[34] 2.34

Inhaltlich füllt die Rechtsprechung den unterstellten Begriff eines „Rechtsgeschäfts im weiteren Sinne" mit dem von ihr entwickelten[35] sog. **Vollständig-** 2.35

---

32) Zu Formfragen bei Finanzierungsrunden in der GmbH ausführlich *Tholen/Weis*, GmbHR 2016, 915.

33) Sog. „Side Letters" sind oft bei Kaufleuten beliebt, vielleicht weil sie wieder in der nichtjuristischen Komfort-Zone des Kaufmanns liegen. Juristen sollten allerdings i. d. R. vor „Side Letters" warnen. Man könnte zynisch formulieren, dass der Vorzug des Side Letters ein doppelter ist: Erstens kann er dazu verführen, doch Dinge unterzubringen, die man sich scheuen würde, in den Hauptvertrag zu schreiben (*Duhnkrack/Hellmann*, ZIP 2003, 1425, 1426 re. Sp. oben, nennen das „Giftschrankpraktiken" und vielleicht besser gar nicht sagen oder gar *nicht wollen sollte*). Zweitens kann er bisweilen helfen, den Hauptvertrag – durch den Formmangel des Side Letters – unwirksam zu machen. Das klingt an bei *Duhnkrack/Hellmann*, ZIP 2003, 1425, 1428 li. Sp. Mitte, 1430 re. Sp. an.

34) S. Rn. 2.62. Es ist nicht klar, ob der Vollständigkeitsgrundsatz bei § 15 Abs. 3 und 4 GmbHG weniger weit geht oder ebenso weit wie bei § 311b BGB. Für ersteres *Herrmann*, GmbHR 2009, 625, 629. Picot-*Temme*, Unternehmenskauf und Restrukturierung, S. 304, 311 und 319 lässt die Frage eher offen.

35) *Herrmann*, GmbHR 2009, 625, 626.

keitsgrundsatz[36] auf. Die Frage, auf welche eigentlich nicht beurkundungspflichtigen (anderen) Rechtsgeschäfte (im engeren, rechtlichen Sinne) die Beurkundungsbedürftigkeit ausgreift, wird anhand des Kriteriums entschieden, ob sie mit der notariellen Urkunde zusammen ein „**einheitliches Rechtsgeschäft**"[37] bildet. Da aber nun etwa ein Miet- oder Darlehensvertrag zweifellos im Verhältnis zu einem Kaufvertrag je eigene Rechtsgeschäfte darstellen und da das BGB keine Aussagen dazu macht, wann mehrere selbstständige Rechtsgeschäfte ein „einheitliches Rechtsgeschäft" bilden, und die Rechtsprechung diesen Begriff auch nicht auf etwa den Fall einer vertraglichen wechselseitigen *rechtlichen* Bedingtheit einschränken lassen möchte, bleibt schlechterdings nichts anderes, als die „Vollständigkeit" bzw. den Begriff des „einheitlichen Rechtsgeschäfts" von **wirtschaftlichen Kriterien** abhängig zu machen, die weder dem Gesetz zu entnehmen, noch auf irgendeine Weise in der Sache klar sind.

2.36 Die Auswirkungen dieser Rechtsprechung werden dadurch verschärft, dass auch noch (als solche zunächst nicht beurkundungsbedürftige) Rechtsgeschäfte einer Partei des beurkundungsbedürftigen Rechtsgeschäfts **mit Dritten** von dem „einheitlichen Rechtsgeschäft" umfasst und beurkundungsbedürftig werden sollen.[38]

2.37 Eigentlich liegt auf der Hand, dass sich die Rechtsprechung hiermit ein Problem aufgeladen hat, das **nicht befriedigend gelöst werden kann**. Gewiss, alles hängt „systemisch" zusammen und bei Lichte besehen ist jedes Rechtsgeschäft, besonders eine M&A-Transaktion, von einer Vielzahl von Umweltzuständen abhängig – aber sollen nun alle Rechtsgeschäfte, mit denen eine Partei im Zusammenhang mit einem solchen beurkundungspflichtigen Geschäft Kontrolle über solche Umweltzustände zu erlangen oder Ressourcen für das Hauptgeschäft zu erschließen sucht, beurkundungspflichtig werden? Da dies nicht so sein kann, müssen Einschränkungen entwickelt werden. In diesem Sinne heißt es etwa, die Rechtsgeschäfte müssten nach dem Willen der Parteien so verknüpft sein, dass sie **miteinander „stehen und fallen".**[39] Hierbei soll es schon ausreichen, wenn eine solche „**Verknüpfungsabsicht**" bei **einer Partei** vorhanden ist,

---

36) Scholz-*Winter/Seibt*, GmbHG, § 15 Rn. 66. Zu Auslegungsfragen *Herrmann*, GmbHR 2009, 625, 628 ff.

37) Vgl. Scholz-*Winter/Seibt*, GmbHG, § 15 Rn. 66; *Roth/Altmeppen*, GmbHG, § 15 Rn. 70 f. S. etwa RG v. 15.6.1942 – RG V 132/41, RGZ 169, 185, 188, wegen einer Option (Offertvertrag) und eines Pachtvertrages.

38) Picot-*Temme*, Unternehmenskauf und Restrukturierung, S. 304, 307, 319 oben und 307 unten m. w. N.

39) BGH v. 6.9.1979 – VII ZR 313/78, BGHZ 76, 43, 49. S. Darstellung bei Picot-*Temme*, Unternehmenskauf und Restrukturierung, S. 304, 307. Warum die Parteien, wenn mehrere Rechtsgeschäfte „miteinander stehen und fallen" sollten, die naheliegende Technik hierzu (wechselseitige Bedingtheit) nicht gewählt haben, bleibt unerörtert. Ebenso, ob nicht bereits, dass sie es nicht getan haben hinreichend zeigt, dass zumindestens eine Partei das „Miteinander-stehen-und-fallen-sollen" doch nicht hingenommen hat.

III. Nichtigkeit von abgeschlossenen M&A-Verträgen

sofern sie **der anderen Partei erkennbar** ist und von ihr gebilligt oder hingenommen wird.[40]

Auf diese Weise wird nun **ein Gipfel der Unsicherheit** erreicht: Die Wirksamkeit eines beurkundeten(!) Vertrages wird von einer doppelten und reflexiven Schau subjektiver Merkmale abhängig. (Das Gericht reflektiert, ob eine Partei – „hinnehmend" – den subjektiven Verknüpfungswillen der anderen Partei reflektierte). Dies geschieht in einem Feld, wo nicht nur häufig, ganz vernünftigerweise, „Verknüpfungswillen" aller Beteiligten zu erwarten ist, sondern wo auch damit gerechnet werden kann, dass der jeweils andere solche Verknüpfungswillen i. d. R. zu erkennen vermag.[41] Die Entscheidung kann also immer nur knapp ausgehen. Der Vollständigkeitsgrundsatz wird entsprechend in der Kommentarliteratur zunehmend kritisiert.[42] 2.38

In dieser Situation ist keinem Berater zu verübeln, dass er im Zweifel eine Beurkundung von Nebenabreden empfiehlt. Eine zweite Gefahrenquelle liegt darin, den zahlreichen Aufsätzen, die hier und dort eine Einengung von Formerfordernissen zu begründen versuchen, zu schnell Vertrauen zu schenken und auf eine von der Rechtsprechung nicht nachvollzogene Weise vorzupreschen.[43] 2.39

Am sichersten scheinen die „bereits entschiedenen" Fälle. So soll bei der **Übernahme von Verträgen** der übernommene Vertrag nicht mitbeurkundet werden müssen; anders soll indessen, wenn ein **neuer Vertrag** mit dem Verkäufer abzuschließen ist, dieser beurkundungsbedürftig sein.[44] Eine **Treuhandvereinbarung** (Esrcow Agreement) soll nicht beurkundungsbedürftig sein.[45] Andererseits hatte der BGH sogar einmal bei der Vereinbarung einer **Beratungsleistung** Beurkundungsbedürftigkeit angenommen.[46] 2.40

Ein **Darlehensvertrag** zur Kaufpreisfinanzierung, den ein Käufer **mit einer Bank** abschließt, soll durch ein formbedürftiges Hauptgeschäft nicht auch formbedürftig werden.[47] Dies ist zweifellos richtig. Das Ergebnis lässt sich wohl auch 2.41

---

40) BGH v. 6.11.1980 – VII ZR 12/80, BGHZ 78, 346, 349; BGH v. 24.9.1987 – VII ZR 306/86, BGHZ 101, 393, 396.
41) Man kann das ins Absurde führen: Was geschieht, wenn eine Partei erklärt: „Ich erkenne Ihren Verknüpfungswillen, aber nehme ihn nicht hin!". Hindert es die Formwirksamkeit oder ist es als widersprüchliches Verhalten unbeachtlich?
42) Scholz-*Winter*/*Seibt*, GmbHG, § 15 Rn. 66b m. w. N.
43) Nota bene: Im Streitfall wird der Anwalt des Gegners, der sich in den Verhandlungen vielleicht noch als Kritiker expansiver Formerfordernisse zu erkennen gab, liebevoll aufarbeiten, warum im Streitfall doch eine Beurkundungsbedürftigkeit bestand und entsprechend das Vertragswerk nichtig ist.
44) Vgl. Nachweise bei Picot-*Temme*, Unternehmenskauf und Restrukturierung, S. 304, 308.
45) Nach Literaturmeinungen. Vgl. Picot-*Temme*, Unternehmenskauf und Restrukturierung, S. 304, 314 m. w. N.
46) BGH v. 23.2.1983 – IVa ZR 187/81, NJW 1983, 1843.
47) Picot-*Temme*, Unternehmenskauf und Restrukturierung, S. 304–322.

noch, obwohl die Situation entstehen mag, dass der Käufer den Kaufpreis bezahlen muss und keine Mittel hierzu besitzt oder dass er Darlehensvaluta erhält, die er nicht benötigt, in der Logik der Rechtsprechung damit begründen, dass der Verkäufer das „Stehen-und-Fallen" des Verkaufs mit den Finanzierungsverträgen des Käufers nicht hingenommen hätte.

2.42 Anders soll die Rechtslage sein, wenn ein **Finanzierungsvertrag mit dem Verkäufer**[48] abgeschlossen wird, was, auch wenn es nicht aus § 15 Abs. 3 oder 4 GmbHG herleitbar ist, erneut innerhalb der Logik der Rechtsprechung liegt. Obwohl es sich hier auch um ein Finanzierungsinstrument handelt, ist die Situation beim sog. „**Equity Commitment Letter**" oder „Financing Commitment Letter" keineswegs klar. *Herrmann* verneint schlussendlich die Formbedürftigkeit,[49] *Temme* scheint sie tendenziell zu bejahen, wenn auch nur eindeutig beim Asset Deal.[50]

2.43 Das OLG München hatte in einem Fall einer nicht beurkundeten Finanzierungszusage eines mit dem Käufer verbundenen Unternehmens die Beurkundungspflicht bejaht.

2.44 *Fallbeispiel „Garantieerklärung für Annahme eines Angebots"* (OLG München v. 20.3.1996 – 7 U 5523/95, DB 1996, 975)

Ein Verkäufer bot am 3.4. den Verkauf und die Übertragung seiner Geschäftsanteile notariell an. Die französische Muttergesellschaft des Angebotsempfängers erklärte am selben Tag privatschriftlich, sie stehe für die Annahme ein. Der Verkäufer äußerte am 20.5., er fühle sich wegen einer entscheidenden Werterhöhung der betroffenen Anteile nicht mehr gebunden. Das Angebot wurde gleichwohl am 1.6. angenommen.

Das OLG München meinte, die Erklärung der Muttergesellschaft sei ebenfalls notariell zu beurkunden gewesen, weil die Erklärung der Muttergesellschaft gemeinsam mit dem Angebot ein einheitliches Rechtsgeschäft i. S. des § 139 BGB dargestellt habe. Die Nichtbeurkundung der Erklärung führte zur Nichtigkeit des Angebotes und damit des Verkaufsvertrages.[51] Eine Heilung nach § 15 Abs. 4 Satz 2 GmbHG konnte nicht mehr eintreten, da am 1.6. keine Willensübereinstimmung der Parteien mehr bestand.[52] Schließlich ergriff die Formnichtigkeit des Kaufvertrages auch die Abtretung, erneut nach § 139 BGB.

---

48) Nachweise bei Picot-*Temme*, Unternehmenskauf und Restrukturierung, S. 304, 310.
49) *Herrmann*, GmbHR 2009, 625, 631.
50) Picot-*Temme*, Unternehmenskauf und Restrukturierung, S. 304, 309 (zum Asset Deal bei Einbeziehung von Grundstücken), 315 (zurückhaltender zum Share Deal bei einer GmbH).
51) OLG München v. 20.3.1996 – 7 U 5523/95, DB 1996, 957 f., 976 li. Sp. unten.
52) OLG München v. 20.3.1996 – 7 U 5523/95, DB 1996, 957 f., 976 re. Sp. oben. Zur Frage des Fortbestehens einer Willensübereinstimmung s. Rn. 2.50.

III. Nichtigkeit von abgeschlossenen M&A-Verträgen

Es ist nicht eindeutig, wo eine **Verknüpfungsabrede** beurkundet werden muss, nur in dem zur Formbedürftigkeit führenden oder auch in dem an sich nicht formbedürftigen Vertrag. Hierzu werden unterschiedliche, zum Teil zwischen GmbH-Anteilskaufverträgen und anderen formbedürftigen Verträgen zu unterscheidende, Auffassungen vertreten.[53] 2.45

(1) Verkauf und/oder Abtretung von Kommanditanteilen bei einer GmbH & Co. KG

Bei einer GmbH & Co. KG bedarf nach der h. M. die Begründung einer Verpflichtung zur Abtretung von GmbH-Anteilen der notariellen Beurkundung und ist der Vertrag in toto nichtig, wenn dies missachtet wird. Ob die Kommanditanteile auch notariell abgetreten werden müssen ist streitig.[54] 2.46

(2) Änderungsvereinbarungen und Vollzugsprotokolle

Grundsätzlich sind Vertragsänderungen, vielleicht abgesehen von untergeordneten oder technischen Fragen, nach h. M. beurkundungsbedürftig.[55] Eine Mindermeinung möchte dies einengen.[56] *Böttcher* hat der Mindermeinung ausführlich widersprochen.[57] 2.47

Ausnahmsweise anerkennt die Rechtsprechung einen einseitigen und formfreien Verzicht auf Bedingungen durch den Begünstigten. Die Voraussetzungen und Grenzen dieser Möglichkeit sind aber ungewiss. Vollzugsprotokolle bzw. **Closing-Protokolle** dürften daher, wenn sie nicht nur deklaratorisch tatsächlich stattgefundene Eintritte von Bedingungen dokumentieren, sondern soweit es einmal auf in ihnen enthaltene „vorsorgliche" Verzichte auf Bedingungen oder Aufhebungen von Bedingungen ankommen sollte, **überwiegend formbedürftig** sein.[58] 2.48

(3) Schiedsordnungen

Es ist ungeklärt, ob neben der Schiedsklausel auch Schiedsordnungen beurkundungsbedürftig sind. Dies wurde kürzlich von dem OLG München verneint[59] 2.49

---

53) Nachweise bei Picot-*Temme*, Unternehmenskauf und Restrukturierung, S. 304, 310.
54) S. die Nachweise und eine ausführliche Erörterung des Themas in *Binz/Rosenbauer*, NZG 2015, 1136, 1137 li. Sp. oben.
55) *Roth/Altmeppen*, GmbHG, § 15 Rn. 73 f. m. w. N.
56) Etwa *Liese*, GmbHR 2010, 1256, 1258 f.
57) *Böttcher*, NotBZ 2011, 118 f.
58) *Stoppel*, GmbHR 2012, 828, 829 li. Sp., 834.
59) OLG München v. 10.9.2013 – 34 SchH 10/13, SchiedsVZ 2013, 287; BGH v. 24.7.2014 – III ZB 83/13, ZIP 2014, 1852. Zustimmend *Ulrich*, GmbHR 2013, R 325. S. a. ausführlich in diesem Sinne *Hauschild/Zimmermann* in: FS Brambring, S. 113 ff. und *Hilgard/Haubner*, BB 2014, 970.

bb) Restriktive Interpretation von Heilungsvorschriften

2.50 Bei fast allen Streitigkeiten über eine Verletzung der Form des § 15 Abs. 4 Satz 1 GmbHG stellt sich irgendwann die Frage einer möglichen Heilung der fehlenden Beurkundung durch nachfolgende Abtretung gemäß § 15 Abs. 4 Satz 2 GmbHG.[60] Ebenso extensiv, wie die Rechtsprechung hinsichtlich der Formerfordernisse ist, so **restriktiv** ist sie **hinsichtlich der Heilungsregeln.** Sie hat insbesondere die Wirksamkeit von § 15 Abs. 4 Satz 2 GmbHG dadurch stark eingeengt, dass eine Heilung bei einer aufschiebend bedingten notariellen Abtretung oder bei Abgabe eines Abtretungsangebotes nur bei einer bis zu einem gewissen Zeitpunkt **noch fortbestehenden Willensübereinstimmung** möglich sein soll.

2.51 Es war über längere Zeit unklar, bis zu welchem **Zeitpunkt** die Willensübereinstimmung fortbestehen muss. Zudem hat die Herbeiführung der Heilung Haken und Ösen. Zu dem Thema sind jedenfalls drei BGH-Fälle bemerkenswert.

2.52 In dem folgenden Fallbeispiel ging es zunächst um die Frage, ob ein **Verzicht auf eine aufschiebende Bedingung** für eine Anteilsabtretung **wirksam** war, und so eine Abtretung vollendet und ein formnichtiger Verkauf geheilt werden konnte. Dem war nicht so, weil Verkauf und Abtretung unter einer Bedingung gestanden hatten und der Bedingungsverzicht auch formbedürftig gewesen wäre.

2.53 *Fallbeispiel „N.-Tiefkühlfleischwaren-GmbH"* (BGH v. 23.11.1988 – VIII ZR 262/87, WM 1989, 256)[61]

Es waren – in einer im Übrigen unübersichtlichen und hier überwiegend nicht relevanten Gestaltung – zunächst Anteile an der N.-Tiefkühlfleischwaren-GmbH verkauft und abgetreten worden. In der notariellen Urkunde war ein Kaufpreis von 100.000 DM beurkundet, vereinbart waren 300.000 DM. Verkauf *und* Abtretung standen unter aufschiebenden Bedingungen, die zunächst unstreitig nicht erfüllt waren. Später, am 30.11.1984 kam es allerdings zu einer privatschriftlichen Erklärung, die als Verzicht auf die aufschiebenden Bedingungen angesehen werden konnte.

Der BGH sah den Verkauf wegen Unterverbriefung als formnichtig an.[62] Eine Heilung könne nur durch eine wirksame Abtretung eingetreten sein. Dies hätte, da die aufschiebenden Bedingungen nicht erfüllt waren, einen

---

60) Vgl. die Darstellungen bei Scholz-*Winter/Seibt*, GmbHG, § 15 Rn. 69 f.; Lutter/Hommelhoff-*Bayer*, GmbHG, § 15 Rn. 52 f.; ausführlich *Stoppel*, GmbHR 2010, 225 ff.
61) Ähnlicher Fall in BGH v. 21.9.1994 – VIII ZR 257/93, BGHZ 127, 129.
62) Bei dem Verkauf von GmbH-Geschäftsanteilen kann sich auch das sonst von Grundstücksverkäufen bekannte Thema der sog. *Unterverbriefung* stellen. Wird etwa ein Kaufpreis von 100.000 DM protokolliert, während der vereinbarte Kaufpreis 300.000 DM beträgt, ist der Anteilskaufvertrag nach § 15 Abs. 4 GmbHG nichtig, BGH v. 23.11.1988 – VIII ZR 262/87, WM 1989, 256, 257 li. Sp. oben, 258 li. Sp. oben.

III. Nichtigkeit von abgeschlossenen M&A-Verträgen

wirksamen Verzicht auf die Bedingungen vorausgesetzt.[63] Dann musste überhaupt ein formfreier Verzicht auf aufschiebende Bedingungen eines notariellen Verkaufs- und Abtretungsvertrages über GmbH-Anteile möglich sein.[64]
Der BGH brachte hier eine Unterscheidung an. Er meinte, ein formfreier Verzicht sei hinsichtlich einer der *Abtretung* beigefügten Bedingung anzuerkennen,[65] nicht jedoch hinsichtlich einer dem *schuldrechtlichen* Vertrag beigefügten Bedingung; dieser Verzicht bedürfe als Vertragsänderung der Einhaltung der Form des § 15 Abs. 4 GmbHG.[66] Im Ergebnis wurde die heilende Abtretung nicht wirksam, weil sich die aufschiebende Bedingung auf Verkauf *und* Abtretung bezogen hatte und der Verzicht auf die Verkaufsbedingung nur in notarieller Form möglich war.

Es fehlt freilich hier noch ein Kettenglied, nämlich warum die fehlende notarielle Form des Verzichts auf die aufschiebende Bedingung für den Verkauf, auch auf die Wirksamkeit dieses Verzichts bezogen, die Abtretung hinderte (auf die es ja für die Heilung ankam). Die Antwort des BGH: Beide waren *in casu* so eng mit einander verbunden, dass die Nichtigkeit des einen Verzichts den anderen, eigentlich formfreien Verzicht mit ergreife. In diesem dogmatischen Glasperlenspiel allerfeinster Güte wirkte sich also v. a. der Gedanke des „einheitlichen Rechtsgeschäfts" heilungsfeindlich aus. **2.54**

In dem *Fallbeispiel „F. W. GmbH I"* (BGH v. 21.9.1994 – VIII ZR 257/93, BGHZ 127, 129) **2.55**

sollte der Kaufpreis für den einzigen Geschäftsanteil an der F. W. GmbH nach einer notariellen Urkunde vom 20.7.1990 2,2 Mio. DM betragen. Im Gegensatz zu dem vorherigen Fallbeispiel stand *nur die dingliche Rechtsänderung* unter einer aufschiebenden Bedingung – derjenigen, der vollständigen Zahlung des Kaufpreises.

Tatsächlich hatten die Parteien einen Kaufpreis von 2,45 Mio. DM vereinbart und es waren schon 250.000 DM vor dem Notartermin in bar geflossen. Erneut gerieten die Parteien in Streit, der Verkäufer klagte auf den Restkaufpreis, der Käufer focht den Vertrag an, berief sich zudem auf eine Nichtigkeit wegen der Unterverbriefung und klagte auf Rückzahlung des bereits Gezahlten.

In der Berufungsinstanz, am 4.3.1993, verzichtete der Verkäufer auf die aufschiebende Bedingung und erneut war die Frage, ob die – wiederum bejahte – Nichtigkeit wegen der Unterverbriefung durch den Verzicht auf die

---

63) BGH v. 23.11.1988 – VIII ZR 262/87, WM 1989, 256 ff. li. Sp. Mitte.
64) Daneben, dass überbrückt werden musste, dass das Schreiben vom 30.11.1984 nicht an den Verkäufer gerichtet worden war.
65) BGH v. 23.11.1988 – VIII ZR 262/87, WM 1989, 256 ff. li. Sp. unten.
66) BGH v. 23.11.1988 – VIII ZR 262/87, WM 1989, 256 ff. li. Sp. Mitte.

Bedingung geheilt worden war. Das OLG Frankfurt hatte dies v. a. mit dem Argument verneint, dass bei der Verzichtserklärung in der Berufungsinstanz keine Willensübereinstimmung mehr bestanden hatte.[67] Der BGH widersprach: Das aufschiebend bedingte Rechtsgeschäft sei tatbestandlich mit seiner Vornahme vollendet. Es binde die Parteien fortan und seine Wirksamkeit trete mit dem Bedingungseintritt ipso iure ein, ohne dass die Willenseinigung noch bis zu diesem Zeitpunkt Bestand haben müsse.[68] Da der BGH dem Verkäufer eine einseitige Möglichkeit auf den Verzicht der vereinbarten aufschiebenden Bedingung zubilligte, war also die Nichtigkeit wegen der Unterverbriefung geheilt.[69]

2.56 Vier Jahre später lag derselbe Fall dem VIII. Zivilsenat erneut vor und gab ihm Gelegenheit zu einer Klarstellung und zu einer bemerkenswerten Differenzierung.

2.57 *Fallbeispiel „F. W. GmbH II"* (BGH v. 25.3.1998 – VIII ZR 185/96, BGHZ 135, 195)[70]

Das OLG Frankfurt hatte sich nach der Zurückverweisung mit dem (nicht wirklich überraschenden) Umstand auseinanderzusetzen, dass von dem Unternehmen, mit dem bereits seit acht Jahren niemand mehr so recht etwas zu tun haben wollte, nicht mehr viel übrig war. Der Käufer, der nach dem sogerade ergangenen ersten BGH-Urteil nun damit rechnen musste, dass das OLG Frankfurt den Kaufvertrag als geheilt ansehen würde, erhob kaufrechtliche Mängelrügen wegen „zwischenzeitlichen Veränderungen und Verschlechterungen".

Das OLG Frankfurt folgte dem nicht, mit dem Argument, dass der Verzicht auf die Bedingung rückwirkende Kraft gehabt habe. Daher sei das Unternehmen schon vor dem Verzicht auf die aufschiebenden Bedingungen am 4.3.1993 i. S. von § 446 BGB übergeben worden und habe sich nicht *vor*, sondern *nach* der Übergabe verschlechtert. Das OLG Frankfurt hatte indessen den BGH hier missverstanden. Der Verzicht auf die Bedingung hatte keinesfalls rückwirkende Kraft, sondern wirkte, wie auch der Eintritt einer Bedingung, *ex nunc*. Deshalb wurde die Abtretung am 4.3.1993 wirksam, auch wenn die Willensübereinstimmung für die dadurch bewirkte Heilung

---

67) BGH v. 21.9.1994 – VIII ZR 257/93, BGHZ 127, 132 oben. Daneben hatte das OLG Zweifel, ob der Verkäufer einseitig auf die Bedingung verzichten konnte. Nach Auffassung des BGH konnte er das hier (S. 133 unten).
68) BGH v. 21.9.1994 – VIII ZR 257/93, BGHZ 127, 13 Mitte, 135 unten, 138 oben.
69) Anders als in dem vorherigen Fall BGH v. 23.11.1988 – VIII ZR 262/87, WM 1989, 256 war der Verzicht auch nicht formbedürftig, da er sich nur auf die Abtretung bezog.
70) BGH v. 25.3.1998 – VIII ZR 185/96, BGHZ 135, 195, 200 Mitte f. (etwas vereinfachte Darstellung).

III. Nichtigkeit von abgeschlossenen M&A-Verträgen

des Verkaufs nur bis zur Abgabe der Erklärungen für das Verfügungsgeschäft (wohl am 20.7.1990) fortbestehen musste.[71]

Durch die vorstehenden Entscheidungen des BGH ist nun klar, dass eine Heilung nicht mangels **fortbestehender Willensübereinstimmung** scheitert, wenn der Vertragsabschlusswille des Vertragsgegners zwischen Abgabe einer Abtretungserklärung und Bedingungseintritt oder Verzicht auf eine Bedingung verloren gegangen ist. Es kommt auf die **Abgabe** seiner **Erklärung zur dinglichen Einigung** an.[72] Vermutlich dürfte dies auch gelten, wenn eine Partei ein Abtretungsangebot abgegeben hat, so dass die Aufgabe des Abschlusswillens danach die Annahme des Angebots auch nicht mehr hindern kann. Bei einem Verzicht auf eine Bedingung bleiben die Probleme der Formbedürftigkeit – wenn auch das Kausalgeschäft betroffen ist – und überhaupt des Bestehens einer einseitigen Möglichkeit zum Verzicht. 2.58

Einen neuen Ansatz zur Einschränkung der Heilungsmöglichkeit einer formrichtigen Abtretung ergab sich in dem *Fallbeispiel „Magazin G."* (OLG Hamburg v. 26.1.2007 – 11 U 254/05, ZIP 2007, 1008) 2.59

Es waren im Mai 2004 notariell die Geschäftsanteile an einer GmbH verkauft und abgetreten worden, die Herausgeberin eines „Magazin G." war. Im März 2004 war bereits ein privatschriftlicher Vertrag hierüber geschlossen worden, in dem ein Kaufpreis vereinbart worden war und sich die Verkäuferin verpflichtet hatte, den Käufer „bilanziell von allen Schulden freizustellen". In dem notariellen Vertrag war eine solche Regelung nicht wiederholt worden, sondern waren derartige Garantien „ausdrücklich nicht vereinbart" worden. Der Käufer klagte aus der privatschriftlichen Vereinbarung vom März 2004.

Das LG hatte verurteilt, das Hanseatische OLG sah diese Vereinbarung als formnichtig an. Die Formnichtigkeit sei auch nicht nach § 15 Abs. 4 Satz 2 i. V. m. Abs. 3 GmbHG geheilt, weil die privatschriftliche Vereinbarung inhaltlich im Widerspruch zu dem notariellen Vertrag stehe.[73] Hierbei stützte sich das Hanseatische OLG auf die soeben dargestellte Rechtsprechung des BGH zum Erfordernis des Fortbestehens einer Willensübereinstimmung.

---

71) BGH v. 25.3.1998 – VIII ZR 185/96, BGHZ 135, 195, 202 Mitte, 198 Mitte. Die erwähnte bemerkenswerte Differenzierung des BGH lag darin, dass er im weiteren Fortgang der Untersuchungen dazu, welche kaufrechtlichen Gewährleistungsrechte der Käufer gegen die nun grundsätzlich feststehende Zahlungspflicht von 2,45 Mio. DM erheben durfte, weil das Unternehmen, während die Parteien, ermuntert von den Gerichten, über subtile Fragen der Nichtigkeit, Heilung, fortbestehenden Willenseinigung, Rückwirkung etc., gestritten hatten, *weiter dahinsiecht* war, die Aussage traf: „Die Übergabe i. S. d. § 446 BGB hat mit der dinglichen Rechtsänderung nichts zu tun." BGH v. 25.3.1998 – VIII ZR 185/96, BGHZ 138, 195, 207 Mitte.

72) Z. B. BGH v. 21.9.1994 – VIII ZR 257/93, BGHZ 127, 129; Scholz-*Winter/Seibt*, GmbHG, § 15 Rn. 71; Lutter/Hommelhoff-*Bayer*, GmbHG, § 15 Rn. 53.

73) OLG Hamburg v. 26.1.2007 – 11 U 254/05, Rn. 40 (zit. nach juris), ZIP 2007, 1008.

2.60 Es fragt sich, warum der umständliche Weg eingeschlagen wurde, das Eingreifen der formalen Heilungswirkung zirkulär von einem inhaltlichen Abgleich der – zu diesem Zeitpunkt möglicherweise noch ungeheilt nichtigen – formwidrigen Abrede mit dem notariellen Vertrag abhängig zu machen. Es hätte vielleicht näher gelegen, die Heilungswirkung als eine einfache und formale Angelegenheit zu betrachten und die spätere Regelung die frühere derogieren zu lassen. Das OLG Hamburg stützte seine Entscheidung immerhin subsidiär hierauf.[74]

c) Formmängel bei Asset Deals mit Grundstücken
aa) § 331b Abs. 1 BGB

2.61 Bei Asset Deals mit Grundstücken wird die Vorgabe „ein Vertrag, durch den sich der eine Teil verpflichtet, das Eigentum an einem Grundstück zu übertragen oder zu erwerben, bedarf der notariellen Beurkundung",[75] eigentlich im engeren Sinne nie verletzt. Ein Nichtigkeitsrisiko kommt allein aus der extensiven Auslegung von § 331b BGB bzw. § 313 BGB a. F. hinsichtlich des Umfangs des Formzwangs.

2.62 Wenn zwischen denselben oder verbundenen Parteien, zwischen denen unter Beachtung der notariellen Form ein Grundstück veräußert wurde, in einem zeitlichen Zusammenhang weitere Gegenstände privatschriftlich veräußert (oder sonstige Vereinbarungen geschlossen) werden, fragt sich die Rechtsprechung – wie bei § 15 Abs. 3 und 4 GmbHG[76] – nach dem Vorbild des Reichsgerichts, **ob die Formbedürftigkeit des Grundstücksverkaufs** nicht **den Verkauf der anderen Gegenstände erfasst**. Wenn sie dies bejaht, zieht dies die Nichtigkeit beider Verträge, also auch des notariell beurkundeten Grundstücksverkaufs, nach sich.

2.63 Die gedanklichen Operationen sind also erneut:
- extensive Interpretation des Umfangs des Formzwangs nach § 331b BGB;
- Auffinden eines Geschäfts, das danach auch formbedürftig gewesen wäre, aber der Form nicht genügte;
- Nichtigkeit beider Geschäfte.

2.64 Die Rechtfertigung für die Rechtsprechung schon des RG war, dass es nicht in der Macht von Parteien liege, einen Teil eines zusammengesetzten Geschäfts[77] unbeurkundet zu lassen, ohne dass das ganze Rechtsgeschäft dadurch nichtig werde.[78] Aufgrund dieser Rechtsprechung ist faktisch § 331b BGB zu lesen als „Ein Vertrag, durch den sich der eine Teil verpflichtet, das Eigentum an einem Grund-

---

74) OLG Hamburg v. 26.1.2007 – 11 U 254/05, Rn. 42 (zit. nach juris), ZIP 2007, 1008.
75) Zitat aus § 331b BGB.
76) S. bereits oben Rn. 2.33.
77) *Kanzleiter* in: MünchKomm-BGB, § 311b, Rn. 53, 54 m. w. N.
78) *Kanzleiter* in: MünchKomm-BGB, § 311b, Rn. 68.

III. Nichtigkeit von abgeschlossenen M&A-Verträgen

stück zu übertragen oder zu erwerben, *oder der hiermit als Einheit gewollt ist*, bedarf der notariellen Beurkundung".

Hierdurch wird entscheidend, **wie der Zusammenhang** beschaffen sein muss, um zwei oder **mehrere Rechtsgeschäfte** nach der Rechtsgeschäftslehre zu zusammenhängenden Geschäften oder sogar, wie häufig sogar gesagt wird, zu *„einem* zusammenhängenden Geschäft" i. S. der §§ 311b und 139 BGB zu machen. In der Sache verzichtet die Rechtsprechung auf den präzisen juristischen Begriff des „Rechtsgeschäfts" und wendet einen unscharfen Begriff eines „Rechtsgeschäfts im erweiterten bzw. wirtschaftlichen Sinne" oder den Begriff eines „kaufmännisch einheitlichen Deals" an. Ein objektiver Ansatz zur Bestimmung des Kreises von zusammengehörenden Geschäften würde mit der Vertragsfreiheit und Marktwirtschaft nicht vereinbar sein, ein Abstellen auf den subjektiven Willen der Parteien nicht zu dem gewünschten Ergebnis führen – schließlich haben die Parteien die beiden Geschäfte nicht gemeinsam beurkundet und nicht wechselseitig bedingt. 2.65

Die Rechtsprechung wählt so einen **Misch-Weg**, ein objektives Zusammengehören in den Vertragssubjekten aufzuspüren: Es genüge bei einem Unternehmensverkauf für das Zusammengehören nicht, dass ein Grundstück nur mitübertragen werde; Voraussetzung soll vielmehr sein, dass *nach dem Willen der Parteien* der Grundstücksveräußerungsvertrag und die übrigen auf Übertragung des Unternehmens gerichteten Vereinbarungen voneinander abhängig sind und ein einheitliches Rechtsgeschäft bilden.[79] 2.66

Dabei soll **genügen**, dass der eine Teil eine Abrede **zum Vertragsbestandteil machen will**, wenn die **andere Partei** dies erkannt und **hingenommen hat**.[80] Darauf, ob es sich um eine wesentliche oder unwesentliche Abrede handelt, soll es nicht ankommen.[81] Da sowohl das „Zusammengehören" von zwei Dingen als auch der „Wille" einer Partei und schließlich ebenso das „Hinnehmen" durch die andere Partei entweder subjektive oder hochspekulative, und deshalb kaum noch rational feststellbare Umstände[82] sind, sind es der Umfang des Formzwangs – und also die Nichtigkeit oder das Überleben des Vertrags – auf diese Weise ebenfalls geworden. 2.67

---

79) BGH v. 19.1.1979 – I ZR 172/78, WM 1979, 458, 460 re. Sp. oben; BGH v. 24.9.1987 – VII ZR 306/86, BGHZ 101, 393; BGH v. 7.2.1989 – VII ZR 343/88, NJW-RR 1990, 340.
80) Palandt-*Grüneberg*, BGB, § 311b Rn. 25.
81) Palandt-*Grüneberg*, BGB, § 311b Rn. 25 m. w. N; Letzteres steht allerdings im Widerspruch dazu, dass ein Formverstoß nach § 139 BGB unschädlich sein soll, wenn die Parteien den Vertrag auch ohne den nicht beurkundeten Teil abgeschlossen hätten, Palandt-*Grüneberg*, BGB, § 311b Rn. 25.
82) Nach systemischen und holistischen Weltbildern gehört ohnehin alles zusammen. Irgendwie werden wohl auch fast immer Käufe, die eine Partei zeitnah von demselben Verkäufer tätigt, etwas miteinander zu tun haben.

2.68 Angesichts dieser Rechtsprechungslage wundert die **These** nicht, dass ein **Asset Deal generell formbedürftig** sei, wenn zu dem verkauften Unternehmen ein Grundstück gehört,[83] obwohl diese Aussage klar über die soeben zitierte Entscheidung des I. Zivilsenats aus dem Jahre 1979[84] hinausgeht.

2.69 Der BGH hat in mehreren Urteilen auch keinen Zweifel daran gelassen, dass eine Partei der Geltendmachung der Nichtigkeit durch die andere Partei regelmäßig auch **nicht den Einwand der Treuwidrigkeit** – unter Berufung darauf, dass sie an dem Formverstoß mitgewirkt habe – entgegensetzen kann. Insbesondere reiche es nicht aus, wenn die Nichtanerkennung des formnichtigen Vertrages zu einem „harten Ergebnis" führe, solange das Ergebnis nicht „schlechthin untragbar" sei. Andernfalls würde über den Umweg über § 242 BGB, der den Hauptgrundsatz des gesamten Liegenschaftsrechts bildende Formzwang des § 313 BGB a. F. praktisch ausgeschaltet.[85]

bb) Grundstücksbezeichnung bei Spaltungen

2.70 Beim Grundstücks*verkauf* wird der Notar von sich aus schon üblicherweise darauf achten, dass das Kaufgrundstück in Übereinstimmung mit **§ 28 GBO** hinreichend eindeutig bezeichnet wird. Zu der Abspaltung nach § 123 Abs. 2 UmwG wurde in der Literatur jedoch von namhaften Autoren eine großzügigere Auffassung vertreten,[86] der sich das OLG Düsseldorf anschloss, nicht aber der V. Zivilsenat des BGH, der das Urteil des OLG Düsseldorf mit – nach Ansicht des Verfassers – überzeugenden Gründen aufhob.[87] Für die Zukunft wird dies leicht zu beachten sein. Ob noch Altfälle hochkommen werden, bleibt abzuwarten.

cc) Anwendung von Heilungsvorschriften

2.71 Ein nach § 311b Abs. 1 Satz 1 BGB i. V. m. § 125 BGB formunwirksamer Vertrag kann bekanntlich nach § 311b Abs. 1 Satz 2 BGB geheilt werden, wenn das Grundstück aufgelassen und umgeschrieben wird. Die Rechtsprechung hatte die Heilungsmöglichkeiten dahin erweitert, dass auch der Abschluss eines formwirksamen Vertrages erfolgen könne.[88] Das OLG Karlsruhe hatte es für möglich gehalten, dass der spätere Abschluss eines formwirksamen Vertrages mit einem Dritten ausreiche. Dem hat der BGH widersprochen: Wenn sich ein Verkäufer einer Immobilie formunwirksam zum Rückkauf einer Immobilie verpflichte, werde diese Verpflichtung nicht dadurch wirksam, dass ein Dritter auf

---

83) Palandt-*Grüneberg*, BGB, § 311b Rn. 27a m. w. N.
84) BGH v. 19.1.1979 – I ZR 172/78, WM 1979, 458, 460 re. Sp. oben. S. oben Rn. 2.66.
85) BGH v. 19.1.1979 – I ZR 172/78, WM 1979, 458, 461 re. Sp. Mitte.
86) Umfangreich zitiert in BGH v. 25.1.2008 – V ZR 79/07, Rn. 24, ZIP 2008, 600.
87) BGH v. 25.1.2008 – V ZR 79/07, ZIP 2008, 600.
88) BGH v. 18.12.1981 – V ZR 233/80, BGHZ 82, 398; BGH v. 8.10.2004 – V 178/03, BGHZ 160, 368, 373.

Veranlassung oder Vermittlung des Verkäufers die Immobilie formwirksam kaufe.[89]

d) Formmängel bei Asset Deals über das gegenwärtige Vermögen

Nach § 311b Abs. 2 BGB bedarf ein Vertrag der notariellen Beurkundung, „durch den sich der eine Teil verpflichtet, sein gegenwärtiges Vermögen oder einen Bruchteil seines gegenwärtigen Vermögens zu übertragen". In Fällen, in denen ohnehin die notarielle Form zu beachten ist, bei einem Mitverkauf von Grundstücken und GmbH-Anteilen, ist die Bestimmung bedeutungslos, weil das Beurkundungserfordernis nicht übersehen werden kann – und dann auch dem Formerfordernis des § 311b Abs. 3 BGB genügt. 2.72

Wie verschiedene Publikationen von *Böttcher/Grewe*,[90] *Kiem*,[91] *Heckschen*,[92] *Morshäuser*,[93] *Werner*,[94] *Klöckner*[95] und *Müller*[96] zeigen, kann die Bestimmung aber zu einem Stolperstein werden, **wenn nur Mobilien und Forderungen verkauft** werden, und im Hinblick darauf, auf eine Beurkundung verzichtet wird. Dabei sind die Folgen von § 311b Abs. 3 BGB noch härter als bei § 311b Abs. 1 BGB, weil es **keine Heilungsmöglichkeit** gibt.[97] 2.73

Es ist zunächst wichtig, dass § 311b Abs. 3 BGB nach überwiegender Auffassung auch für juristische Personen und Gesellschaften gilt,[98] namentlich also, wenn ohne Einsatz der Instrumente des Umwandlungsgesetzes, insbesondere der Verschmelzung nach §§ 2 ff. UmwG, das Gesamtvermögen eines Rechtsträgers übertragen werden soll. 2.74

Das RG hat § 311b Abs. 3 BGB im Übrigen formal dahingehend interpretiert, dass das gesamte Vermögen „**in Bausch und Bogen**"[99] übertragen werden muss; ein Verkauf einzeln bezeichneter oder abschließend aufgelisteter Gegenstände[100] 2.75

---

89) BGH v. 13.7.2012 – V ZR 176/11, WM 2013, 854 ff. Bspr. bei *Schwab*, JuS 2013, 555 f. (Urteilsanm.).
90) *Böttcher/Grewe*, NZG 2005, 950 ff.
91) *Kiem*, NJW 2006, 2363.
92) *Heckschen*, NZG 2006, 772.
93) *Morshäuser*, WM 2007, 337.
94) *Werner*, GmbHR 2008, 1135.
95) *Klöckner*, DB 2008, 1083; *Werner*, GmbHR 2008, 1135, 1137 re. Sp. unten.
96) *Müller*, NZG 2007, 201.
97) *Müller*, NZG 2007, 201 re. Sp. Mitte.
98) *Morshäuser*, WM 2007, 337 re. Sp. Mitte, 342 li. Sp. Mitte; *Böttcher/Grewe*, NZG 2005, 950, 951 li. Sp. unten; *Müller*, NZG 2007, 205 li. Sp. Mitte. Hiergegen richtet sich eine ausführliche Kritik von *Kiem*, NJW 2006, 2363, insb. 2365 f.; krit. auch *Klöckner*, DB 2008, 1083, 1085 re. Sp.; abl. auch *Werner*, GmbHR 2008, 1135, 1138 re. Sp.; vgl. auch *Beisel/Klumpp*, Der Unternehmenskauf, S. 31 f.
99) RG v. 3.2.1919 – IV 323/18, RGZ 94, 315, 316.
100) So auch *Kiem*, NJW 2006, 2363 f. li. Sp. unten.

begründe deshalb selbst dann, wenn diese unter einem „Gesamtnamen" oder einer „Sammelbezeichnung" veräußert werden, keine Formbedürftigkeit.[101] Ohne Bedeutung soll auch – abweichend von § 419 BGB a. F. – der wirtschaftliche Wert der verkauften Gegenstände im Verhältnis zum Gesamtvermögen sein.[102] Es gehe bei der Norm nicht in erster Linie um den Schutz des Vertragsschließenden vor dem wirtschaftlich schwerwiegenden Geschäft, sondern um die *fehlende Überschaubarkeit* seines Handelns.[103]

2.76 Ein Vertrag dürfte bei einem Verkauf „des gesamten Vermögens", „des gesamten Aktivvermögens" und des „gesamten Geschäftsbetriebs" wohl formbedürftig sein. Kritisch kann aber auch der Verkauf von zunächst einzelnen, aber nicht abschließend bezeichneten Gegenständen werden, wenn der Auflistung eine sog. **Catch-All-Klausel** oder **Sweep-Klausel** angefügt wird, etwa „**sowie alle sonstigen Gegenstände**, die dem Verkäufer gehören." Zu einer Formbedürftigkeit soll auch die umgekehrte Darstellungsweise „verkauft werden alle zu dem Geschäftsbetrieb des Verkäufers gehörenden Gegenstände, *insbesondere ...*" führen können.[104] Durch die erste Formulierung wird die abschließende Aufzählung wieder geöffnet und auf das Gesamtvermögen erweitert, nach der zweiten wird von Anfang an das Gesamtvermögen übertragen und die Aufzählung auf eine beispielhafte Erwähnung von Gegenständen reduziert.[105]

2.77 Der Formbedürftigkeit soll allerdings – insoweit wird der formale Ansatz der Rechtsprechung dann doch eingeschränkt – nicht entgegenstehen, dass einzelne unwesentliche Vermögensgegenstände beim Verkäufer zurückbleiben.[106] Die Übertragung eines nicht einzeln aufgelisteten Gesamtvermögens abzüglich von „Excluded Assets" könnte so doch beurkundungsbedürftig bleiben, wenn nur verhältnismäßig **untergeordnete Gegenstände** ausgeschlossen werden.[107]

2.78 Der zweite Fall des § 311 Abs. 2 BGB – Formbedürftigkeit wegen der Übertragung eines „**Bruchteils**" **des gegenwärtigen Vermögens** – ist ebenfalls formal zu interpretieren und greift nur dann ein, wenn tatsächlich ein Prozentsatz oder eine Quote des Gesamtvermögens angegeben wird. Eine Formbedürftigkeit besteht nicht bei einzelnen, aufgelisteten Gegenständen oder einem Verkauf unter Verwendung einer Sammelbezeichnung oder dem Verkauf eines Geschäfts-

---

101) So *Morshäuser*, WM 2007, 337, 339 li. Sp. oben und Mitte m. w. N.; ebenso *Müller*, NZG 2007, 201, 204 li. Sp. unten; hiergegen spricht sich *Heckschen*, NZG 2006, 772, 777 re. Sp. oben, aufgrund einer Aufarbeitung der Rspr. seit dem RG aus.
102) *Morshäuser*, WM 2007, 337, 339 li. Sp. unten, re. Sp. oben.
103) *Morshäuser*, WM 2007, 337, 339 re. Sp. oben.
104) Vgl. *Morshäuser*, WM 2007, 337, 342 li. Sp. unten, 343 li. Sp. Mitte; *Böttcher/Grewe*, NZG 2005, 950, 953 li. Sp. Mitte.
105) *Klöckner*, DB 2008, 1083, 1088 li. Sp., führt Argumente dafür an, dass eine „Catch-All-Klausel" nicht zur Anwendung des § 311b BGB führen solle.
106) *Morshäuser*, WM 2007, 337, 340 li. Sp. unten.
107) Vgl. *Morshäuser*, WM 2007, 337, 344 li. Sp. Mitte, der eine Grenze von 5 % vorschlägt.

III. Nichtigkeit von abgeschlossenen M&A-Verträgen

bereichs oder Teilbetriebs.[108] Das Thema dürfte also bei M&A-Transaktionen kaum praktisch werden.

Wegen weiterer Einzelheiten wird auf die zitierten Aufsätze verwiesen, die zum Teil – mit dem Ziel einer Zurückdrängung des § 311b Abs. 3 BGB – auch großzügigere Auffassungen vertreten, als die Verfasser wohl selbst – den „sichersten Weg" gehend – bei einer Transaktion zugrunde legen würden. Die Sorge von *Morshäuser*, dass der Vermögensbegriff in § 311b Abs. 3 BGB ohnehin schon auf einen Nukleus reduziert sei[109] und dass weitere Einschränkungen de lege lata an Grenzen stoßen könnten,[110] wird zu bedenken sein. 2.79

e) § 154 Abs. 2 BGB

Ist eine Beurkundung eines beabsichtigten Vertrages verabredet worden, so ist nach § 154 Abs. 2 BGB im Zweifel der Vertrag nicht geschlossen, bis die Beurkundung erfolgt ist. Diese Vorschrift kann eigenständige Relevanz entfalten, wenn ein Geschäft, wie etwa ein Asset Deal außerhalb von § 311b Abs. 1 oder 3 BGB, nicht der notariellen oder einer anderen Form unterliegt, aber eine solche Form verabredet war ohne eingehalten zu werden.[111] 2.80

f) Beurkundungsmängel

Wie nicht anders zu erwarten, können die Kautelen der notariellen Beurkundung zu Fallstricken für die Vertragswirksamkeit werden. Dass dann häufig Anwälte oder der Notar haften werden, ändert nichts daran, dass zuvor über den Bestand der M&A-Transaktion gestritten werden muss. 2.81

aa) Fehlende Unterschrift einer Partei

Fallbeispiel „Versehentlich fehlende Unterschrift" (OLG Düsseldorf v. 23.5.1997 – 3 Wx 203/97, NJW-RR 1998, 756) 2.82

Die Anteile an einer GmbH, die Putzarbeiten, Fug-, Spachtel- und Stuckarbeiten erbrachte, wurden notariell verkauft und abgetreten. Die Urkunde enthielt die Abberufung des Verkäufers und Neubestellung des Käufers als Geschäftsführer. Sie wurde *versehentlich von dem Käufer nicht unterschrieben*. Nachdem der Geschäftsführerwechsel im Handelsregister eingetragen war, besannen sich die Verkäufer. Sie vertraten die Auffassung, weiter Ge-

---

108) *Morshäuser*, WM 2007, 337, 341 li. Sp. Mitte, 344 li. Sp. unten. Es kann nicht anders sein, denn sonst wäre jeder Verkauf beurkundungspflichtig, weil jeder Kaufgegenstand „Bruchteil" des Vermögens des Verkäufers ist. So *Müller*, NZG 2007, 201, 203 li. Sp. Mitte.
109) *Morshäuser*, WM 2007, 337, 343. Es ist auch keinesfalls, die auf Einengung angelegte Tendenz bei *Heckschen*, NZG 2006, 772, zu berücksichtigen.
110) *Morshäuser*, WM 2007, 337, 344.
111) Vgl. *van Venrooy*, DStR 2012, 565 ff.

sellschafter und Geschäftsführer zu sein und beantragten die Löschung der Eintragung des Käufers als neuen Geschäftsführer. Dieser holte kurz darauf die fehlende Unterschrift unter der notariellen Urkunde nach, wobei der Notar zusätzlich eine Nachtragsurkunde fertigte.

Das OLG Düsseldorf erachtete Verkauf, Abtretung und Geschäftsführerwechsel als nichtig, da § 13 Abs. 1 BeurkG das eigenhändige Unterschreiben der Urkunde durch die Beteiligten voraussetze. Eine Heilung durch nachträgliches Unterzeichnen einer Urkunde ohne Anwesenheit der anderen Beteiligten scheide jedenfalls aus, wenn die übrigen an der ursprünglichen Beurkundung notwendig Beteiligten den Inhalt der Beurkundung nicht mehr billigten.[112]

2.83 Das OLG Düsseldorf wendet hier eine ähnliche Überlegung an, wie die Rechtsprechung sonst, wenn sie das **Fortbestehen einer Willensübereinstimmung** als Voraussetzung für die Heilungswirkung eines Bedingungseintritts oder der Annahme eines Angebots ansieht.[113] Was wäre eigentlich, wenn der Verkäufer nach Unterzeichnung der notariellen Urkunde ausruft: "Nein, ich will den Vertrag doch nicht! Ich widerrufe meine Willensübereinstimmung!"? Kann der Käufer, indem er unterschreibt, jetzt noch die Wirksamkeit herbeiführen? Eine problematische Folge dieses Urteils ist auch, dass der Gegenpartei faktisch eine *Rücktrittsoption* in die Hand gespielt wird. Wie lange darf sie die Enthüllung, dass trotz der nachgeholten Unterschrift der Vertrag nichtig ist, weil sie sich zuvor innerlich von dem nur einseitig unterschriebenen Vertrag löste, aufschieben?

bb) Fehlende Verlesung von Anlagen

2.84 Wer sich daran erinnern muss, heiße Sommernachmittage im Park eines größeren Stuttgarter Unternehmens damit verbracht zu haben, reihum stundenlang Inventarlisten vorzulesen[114] oder ähnliche Erfahrungen gemacht hat, wird sich dafür interessieren, wie die Rechtsprechung mit einem Fall umgeht, in dem sich die Beteiligten diese Mühen, die ihnen wohl ähnlich absurd vorkamen wie den Spaziergängern in jenem Stuttgarter Park, großzügig erspart haben.

2.85 *Fallbeispiel „Umfangreiches Inventarverzeichnis"* (KG v. 4.11.2005 – 14 U 136/04, NJW 2006, 3786)

Eine der Treuhandanstalt gehörende GmbH hatte 1993 auf dem Wege eines Asset Deals ein Maschinenbauunternehmen, einschließlich von Teilen des Firmengeländes, verkauft. Auf die Zahlungsklage eines Kaufpreisanteils von 5 Mio. DM hin machte der Käufer die Nichtigkeit des Vertrages wegen Beurkundungsmängeln geltend. Es ergab sich, dass tatsächlich – unstreitig –

---

112) OLG Düsseldorf v. 23.5.1997 – 3 Wx 203/97, NJW-RR 1998, 756 f. li. Sp. unten, re. Sp. Mitte.
113) S. Rn. 2.50.
114) Vor der Einführung der Erleichterungen in § 15 Abs. 1 BeurkG im Jahre 1998.

III. Nichtigkeit von abgeschlossenen M&A-Verträgen

umfangreiche Inventarverzeichnisse, auf die in der notariellen Urkunde verwiesen worden und deren Verlesung in dem von den Parteien unterzeichneten Schlussvermerk bestätigt worden war, zwar in der notariellen Verhandlung „in blauen Ordnern" vorgelegen hatten, aber eben *nicht verlesen* worden waren. Die Inventarverzeichnisse waren auch nicht den Ausfertigungen der Urkunde beigeheftet worden. Allerdings waren von dem Notar gefertigte, kurze *Saldenlisten* beigeheftet worden; ob die Saldenlisten schon bei der Beurkundung existiert hatten und verlesen worden waren, blieb *streitig*.

Das LG hatte den Vertrag als wirksam angesehen und der Klage stattgegeben. Das KG hielt sein Urteil mit dem Argument aufrecht, dass sich der Käufer unter dem Gesichtspunkt der Verwirkung gemäß § 242 BGB nicht auf eine Formnichtigkeit berufen dürfe. Der BGH gab allerdings der Revision statt, da die Voraussetzungen für eine Verwirkung – „schlechthin unerträglich widersprüchliches Verhalten"[115] – nicht vorgelegen hätten.

Das KG erhielt die Sache also zurück und kam nun an einer Entscheidung der heiklen Fragen nicht mehr vorbei. Der beurkundende Notar, der der Treuhandanstalt als Streithelfer beigetreten war, hatte vorgetragen, *man habe sich vor der eigentlichen Beurkundung darauf verständigt, den Kaufgegenstand doch nicht durch die umfangreichen Inventarverzeichnisse zu beschreiben.* Diese hätten vielmehr nur noch zu den Notarakten genommen werden und es hätten nur von dem Notar erstellte Saldenlisten als Anlagen mitbeurkundet werden sollen. Dies war indessen nicht in dem Vertragstext berücksichtigt worden, der den Eindruck erweckte, die Inventarverzeichnisse seien mitbeurkundet worden.[116] Das KG nahm diese Hürde mit dem Argument, der Verweis auf die nicht beurkundeten Inventarverzeichnisse sei als *falsa demonstratio* für die von den Parteien einvernehmlich gemeinten Saldenlisten zu verstehen.[117] Da nach § 13 Abs. 1 Satz 3 BeurkG aufgrund der Unterzeichnung der Urkunde widerleglich vermutet werde, dass die Urkunde mit den im Verlesungsvermerk angegebenen Anlagen verlesen worden sei, aber die durchgeführte Beweisaufnahme eine Widerlegung der Vermutung nicht erbracht habe, sah es den Kaufvertrag im Ergebnis als nicht formunwirksam an. Das Urteil wurde rechtskräftig.

Das KG ging also davon aus, dass die Vermutungswirkung des § 13 Abs. 1 Satz 3 BeurkG nicht nur hinsichtlich der im Schlussvermerk *bezeichneten* Anlagen, sondern auch hinsichtlich von *anderen*, eben gerade *nicht bezeichneten* Anlagen gelte.[118] Schon hieran – wie soll es eine Vermutungswirkung einer unterzeich- **2.86**

---

115) BGH v. 16.7.2004 – V ZR 222/03, NJW 2004, 3330.
116) KG v. 4.11.2005 – 14 U 136/04, NJW 2006, 3786, 3788 li. Sp. Mitte.
117) KG v. 4.11.2005 – 14 U 136/04, NJW 2006, 3786, 3788 li. Sp. Mitte, unten.
118) Sehr krit. *Altmeppen*, NJW 2006, 3761 re. Sp. Mitte.

neten schriftlichen Aussage geben können, wenn es eine schriftliche Aussage des Inhalts gar nicht gibt? – wird man Zweifel haben müssen.[119]

2.87 Unter Umständen könnte man, um hierüber hinweg zu helfen, es genügen lassen, dass die Parteien, die die schriftliche Aussage unterschrieben haben, *übereinstimmen*, dass mit der von ihnen unterzeichneten Aussage eine Aussage anderen Inhalts gemeint war.[120] Selbst diese Voraussetzung war im Streitfall aber nicht erfüllt, weil der Käufer die Existenz und Verlesung der Saldenliste bei der Beurkundung *bestritt* und sie unbewiesen geblieben war.[121]

2.88 Das KG übersah, dass, jedenfalls solange die *falsa demonstratio* nicht bewiesen war, § 13 Abs. 1 Satz 3 BeurkG unter keinen Umständen die ihm zugemessene Kraft haben konnte. Trotz der schweren Bedenken und der vernichtenden Kritik von *Altmeppen* wird das Urteil in Auseinandersetzungen über Nichtigkeitsfolgen von nicht verlesenen Anlagen eine Bedeutung als Referenzpunkt behalten.

2.89 Im Jahre 2012 lag nunmehr dem OLG Frankfurt ein GmbH-Anteile betreffender Fall zur Entscheidung vor, in dem Anlagen einer notariellen Urkunde nicht verlesen worden waren.

2.90 *Fallbeispiel „Treuhand- und Sanierungsvertrag"* (OLG Frankfurt v. 21.2.2012 – 11 U 97/11, DB 2012, 739 ff. = ZIP 2012, 1125)[122]

In einer Krise wurden Geschäftsanteile an einer GmbH notariell an einen Treuhänder übertragen. Dabei war möglicherweise eine Anlage nicht verlesen worden, in der die Anteile aufgelistet waren, und unstreitig eine Anlage mit einem Sanierungskonzept nicht verlesen worden. Die Zessionare beriefen sich später auf die Formnichtigkeit der Abtretung. Das Landgericht gab ihnen Recht, das OLG nicht. Die abzutretenden Anteile seien auch ohne etwaige Nichtverlesung der ersten Anlage identifizierbar bezeichnet gewesen. Was das Sanierungskonzept angehe, so seien im Hinblick auf das Abstraktionsprinzip nur Nebenabreden formbedürftig, die sich auf das dingliche Geschäft bezögen,[123] was bei dem Sanierungskonzept nicht der Fall sei. Die Formunwirksamkeit des Verpflichtungsgeschäftes (wegen Nichtverlesung des Sanierungskonzepts) führe nicht über § 139 BGB zur Unwirksamkeit des Verfügungsgeschäfts, weil die Unwirksamkeit des Verpflichtungsgeschäfts

---

119) Einwände bei *Altmeppen*, NJW 2006, 3761, 3762 li. Sp. oben.
120) Dies würde zum Nachteil von *Dritten* gehen, die etwa eine Vertragsnichtigkeit geltend machen wollten, und den Parteien, z. B. die Möglichkeit eröffnen einen Vertrag zu schließen, den sie als formnichtig behandeln könnten oder auch als formwirksam, je nach dem was für sie vorteilhaft wäre, indem sie sich ex post über das Vorliegen oder Nichtvorliegen einer *falsa demonstratio* verständigten.
121) In diesem Sinne *Altmeppen*, NJW 2006, 3761, 3762 li. Sp. unten.
122) Dazu ausführliche Bemerkungen von *Bohrer*, DStR 2012, 1232 ff. (Urteilsanm.) und *Gerber*, EWiR 2012, 521.
123) OLG Frankfurt v. 21.2.2012 – 11 U 97/11, DB 2012, 739, 740 = ZIP 2012, 1125.

III. Nichtigkeit von abgeschlossenen M&A-Verträgen

eben durch das wirksame Verfügungsgeschäft geheilt werde, auch wenn sich beide in derselben Urkunde befänden.[124)]
Hier bestätigt sich die Tendenz, wie sich in der Entscheidung des Kammergerichts aus dem Jahre 2005[125)] zeigte, dass Gerichte durchaus bemüht scheinen, die Wirksamkeit von notariellen Urkunden aufrecht zu erhalten, deren Anlagen fehlerhaft nicht verlesen wurden. Die Formulierung von der „Nichtigkeitsfreundlichkeit" der Rechtsprechung[126)] kann so für diesen Bereich nicht aufrecht erhalten werden.   2.91

g) Auslandbeurkundungen von GmbH-Abtretungen

Zur Zulässigkeit der Abtretung von Anteilen an einer deutschen GmbH im Ausland wird auf die umfangreichen Darstellungen bei *Holzapfel/Pöllath*[127)], *Beisel/ Klumpp*[128)], *Ulrich/Böhle*[129)], *Bayer*[130)], *Rosenboom/Ens*[131)] und *Müller*[132)] verwiesen. Danach müssten „sichere" Schweizer Kantone von den weniger sicheren Kantonen, denen wohl Österreich gleichgestellt wird, zu unterscheiden sein.[133)] Unter Umständen können auch Fragen des Vollmachtsstatuts kritisch werden.[134)] Das LG Frankfurt/M. hat im Jahre 2009 angedeutet, dass nach der Neufassung von § 40 Abs. 2 GmbHG eine Beurkundung durch einen Basler Notar wahrscheinlich nicht mehr wirksam sein dürfte. Der BGH hat am 17.12.2013 entschieden, dass auch nach Inkrafttreten des MoMiG nach dem GmbHG erforderliche Beurkundungen durch einen ausländischen Notar vorgenommen werden dürfen, „sofern die ausländische Beurkundung der deutschen gleichwertig ist".[135)] Das AG Charlottenburg hat kürzlich entschieden, dass eine Beurkundung in Bern nicht gleichwertig mit einer deutschen ist.[136)] Das Thema hat seit Änderungen im deutschen Notarkostenrecht an praktischer Bedeutung verloren.[137)]   2.92

---

124) OLG Frankfurt v. 21.2.2012 – 11 U 97/11, DB 2012, 739, 741 = ZIP 2012, 1125. S. zum Thema auch OLG Düsseldorf v. 10.2.1978 – 16 U 88/77, MDR 1978, 668; BGH v. 19.4.2010 – II ZR 150/09, ZIP 2010, 1446.
125) KG v. 4.11.2005 – 14 U 136/04, NJW 2006, 3786, s. Rn. 2.85.
126) Vgl. Rn. 2.25.
127) *Holzapfel/Pöllath*, Unternehmenskauf in Recht und Praxis, Rn. 1145 f.
128) *Beisel/Klumpp*, Der Unternehmenskauf, § 7 Rn. 60 f.
129) *Ulrich/Böhle*, GmbHR 2007, 566 ff.
130) *Bayer*, GmbHR 2013, 897–914. S. a. *Land*, BB 2013, 2697, 2700 f.
131) *Rosenboom/Ens*, M&A Review 2014, 245 f.
132) *Müller*, NJW 2014, 1994. Der Beitrag enthält eine Übersicht über acht Schweizer Kantone.
133) Vgl. die Auflistung und Rspr. bei *Ulrich/Böhle*, GmbHR 2007, 566, 570 li. Sp. oben.
134) Vgl. die Auflistung und Rspr. bei *Ulrich/Böhle*, GmbHR 2007, 566, 572 li. Sp. Mitte.
135) BGH v. 17.12.2013 – II ZB 6/13 (LS 2), ZIP 2014, 317.
136) AG Charlottenburg v. 22.1.2016 – 99 AR 9466/15, BeckRS 2016, 02475 = ZIP 2016, 770.
137) S. a. Ettinger/Jaques-*Jaques*, Beck'sches Hdb. Unternehmenskauf im Mittelstand, S. 273 f., Rn. 88 f.

2. Nichtigkeit wegen Gesetzesverstoßes (§ 134 BGB)

2.93 § 134 BGB ist die Zentralnorm, die die Nichtigkeit von Rechtsgeschäften – wenn sich nicht aus dem Gesetz ein Anderes ergibt – anordnet, die gegen ein gesetzliches Verbot verstoßen. § 134 BGB enthält nicht selbst die gesetzlichen Verbote, sondern **verweist auf alle Verbotsnormen** der Rechtsordnung und fügt ihnen die **weitere Rechtsfolge der Nichtigkeit hinzu**. Dies hat zur Folge, dass sich der „Zugang" zu § 134 BGB durch jede gesetzgeberische Schaffung neuer Verbotsgesetze oder die Neuklassifizierung solcher Gesetze als Verbotsgesetze erweitert.

2.94 Eine Vollständigkeit bei der Darstellung der Verbotsnormen, die zum Eingreifen von § 134 BGB führen können, wird nicht angestrebt. Die Situation ähnelt ohnehin einem „Hase und Igel"-Spiel. Der nächste erfolgreiche Bestandsangriff auf eine M&A-Transaktion könnte unter Berufung auf eine Schutznorm geführt werden, an die heute noch niemand denkt.

a) Patientenkarteien (§ 203 StGB)

2.95 Eine inzwischen „alter Hut"[138] ist § 203 StGB v. a. beim Verkauf bestimmter Dienstleister.

2.96 *Fallbeispiel „Zahnarztpraxis"* (KG v. 9.10.1995 – 12 U 1926/92, NJW-RR 1996, 431, 432)

Es war eine Zahnarztpraxis veräußert worden und die Patientenkartei ohne Einwilligung der Patienten übergeben worden. Der Käufer war über die von ihm nach Übernahme erzielten Umsätze enttäuscht und rügte, dass der Patientenstamm nur 8.230 Patienten statt 14.000 umfasse und der Anteil ausländischer Patienten 40 % statt 10 bis 15 % betrage. Vorsorglich berief er sich auch darauf, dass in der Übergabe der Patientenkartei (worauf es ihm natürlich angekommen war!) ohne Zustimmung der Patienten ein Verstoß gegen § 203 Abs. 1 Nr. 1 StGB gelegen habe. Das KG folgte ihm und sah den Vertrag als von Anfang an nichtig an.

2.97 Die Entscheidung des KG mag geltendem Recht entsprochen haben. Wirklich überzeugend ist sie nicht.[139] Die Nichtigkeit wäre keineswegs die unvermeidliche Folge. Die Staatsanwaltschaft könnte nach § 203 Abs. 1 Nr. 1 StGB, u. U. gegen beide Beteiligten, ermitteln, der Verkäufer die Lieferung der Patientenkartei unter Berufung auf § 203 Abs. 1 Nr. 1 StGB verweigern und die Patienten könnten Herausgabe ihrer Daten verlangen. Der Käufer könnte dann – in

---

138) Übrigens wirtschaftlich durchaus bedeutend – man denke an den Verkauf von Kliniken.
139) Die Rspr. des BGH hat sich allerdings sogar verschärft. In BGH v. 7.11.1973 – VIII ZR 228/72, WM 1974, 21, hatte der BGH die Nichtigkeit noch durch eine mutmaßliche Einwilligung der Patienten vermieden, in BGH v. 11.12.1991 – VIII ZR 4/91, BGHZ 116, 268, den Vertrag über eine salvatorische Klausel gerettet.

III. Nichtigkeit von abgeschlossenen M&A-Verträgen

beiden Fällen – Rechte aus dem Vertrag oder aus c. i. c. geltend machen. Alle derartigen, u. U. auftretenden Streitigkeiten hätten einen sinnvollen Bezug zu den Vorgängen, die wirklich zwischen den Beteiligten stattfanden, und könnten nach ihren Meriten sachgerecht entschieden werden; etwa kann berücksichtigt werden, dass v. a. der Käufer an dem Gesetzesverstoß interessiert war. Ein Überraschungsergebnis, das beide Parteien – unterstellt, sie wussten nicht um die Strafbarkeit und die Nichtigkeitsrechtsfolge – wie ein Zufall überfällt, den Verkäufer in einen Großschaden stürzt und dem Käufer ein Glückslos zuspielt, wäre vermieden.[140] Ebenso wäre ein Ausgreifen auf Dritte, etwa Vertragspartner der Parteien z. B. bei einem nunmehr wirksamen Weiterverkauf, ausgeschlossen.

b) Berateakten und Mandantendaten (§ 203 StGB, § 57 Abs. 1 StBerG)

Eine zweite, inzwischen eigentlich bekannte und eher kleine Mine: 2.98

Fallbeispiel „Kanzleiübernahmevertrag I" (BGH v. 17.5.1995 – VIII ZR 94/94, NJW 1995, 2026)

Die Vereinbarung, dass die Akten eines Anwalts an den Erwerber übergeben und die offenen Honorarforderungen an ihn abgetreten werden, verstößt jeweils gegen § 203 Abs. 1 Nr. 3 StGB i. V. m. § 134 BGB und § 138 BGB und führt zur Nichtigkeit des Kanzleiübernahmevertrages. Dies gilt auch, wenn der Erwerber vom Präsidenten des LG zum amtlichen Vertreter des Verkäufers bestellt wurde.[141]

Fallbeispiel „Kanzleiübernahmevertrag II" (OLG Hamm v. 15.12.2011 – 2 U 2.99 65/11, NJW 2012, 1743 ff. = DStR 2012, 722 m. Anm. *Weitze*)

Es war im Jahre 2005 ein Praxisübernahmevertrag hinsichtlich einer Steuerberater- und Wirtschaftsprüferkanzlei geschlossen worden. Vor Abschluss war eine ABC-Liste mit den Namen und Umsätzen aller Mandanten übergeben worden. Die Mandantendaten, die für die Bewertung von Bedeutung waren, sollten erst nach Zustimmung der Mandanten übergeben werden. Die Parteien schrieben aber die Mandanten derart an, dass sie ihr Schweigen innerhalb einer Frist als Einwilligung ansehen würden und der Verkäufer übergab die Daten nach Fristablauf.[142] Das OLG Hamm sah den Verkauf

---

140) Besonders unappetitlich an der derzeitigen Lösung der Rspr. ist, dass der Käufer, der ein viel größeres Interesse an den Patientendaten hatte als der Verkäufer, daraus dass der Verkäufer ihm hier entgegen kam, einen Vorteil ziehen kann, indem er aus für den Verkäufer zerstörerische Rückabwicklung erzwingen kann, ohne die Voraussetzungen etwa von § 123 BGB darlegen zu müssen. Er erhält eine *Prämie für seine Scheinheiligkeit*.
141) Auch hier erscheint die Anordnung der Nichtigkeit, *de lege lata* nicht als zwingend. Eine Wertung als rechtliche Unmöglichkeit könnte zu sachgerechteren Lösungen führen. Eine Scherzfrage: Wie sicher sind die Beteiligten bei Zusammenschlüssen von Anwaltsbüros und WP-Gesellschaften, dass § 203 Abs. 1 Nr. 3 StGB i. V. m. § 134 BGB keine Stolpersteine bereithalten?
142) OLG Hamm v. 15.12.2011 – 2 U 65/11, NJW 2012, 1743, 1745 li. Sp. oben.

wegen Verletzung der Verschwiegenheitspflicht des § 57 Abs. 1 StBerG i. V. m. § 134 BGB als nichtig an.[143] Da die verkaufte Praxis nicht mehr existierte, hatte der Käufer Wertersatz zu leisten. Dieser war übrigens zum Zeitpunkt der Auflösung der Praxis im Jahre 2007 zu bestimmen.[144]

2.100 *Fölsing* hat gemeint, der Vertrag sei korrekt gewesen; es sei lediglich ein nachträglicher Verstoß dagegen erfolgt.[145]

c) Kartellrechtliche Vorschriften (v. a. § 1 GWB)

2.101 Eine schon größere Mine kann im Kartellrecht liegen. Es kommt eine Nichtigkeit wegen der Durchführung von Zusammenschlüssen in Frage, die einem Vollzugsverbot nach § 41 Abs. 1 GWB oder Art. 7 Abs. 1 der Fusionskontrollverordnung der EU (VO 139/2004/EG – FKVO) unterliegen. Diese Regelungen werden allerdings im Allgemeinen nicht übersehen. Kritischer ist das **Kartellverbot des § 1 GWB**, da ein Verstoß zur Nichtigkeit nach § 134 BGB führt.[146] Unter Umständen kann auch ein gegen § 20 GWB verstoßender Vertrag nach § 134 BGB nichtig sein.[147]

2.102 Es ist möglich, dass die M&A-Transaktionen, die Besonderheiten i. S. einer vorübergehenden Koordinierung des Verhaltens von Verkäufer und Käufer aufweisen, u. U. einmal unter dem Gesichtspunkt des § 1 GWB infrage gestellt werden könnten.

d) Darlehensforderungen

2.103 Hier hat der BGH erfreulicherweise kürzlich § 134 BGB Grenzen gesetzt. Die Abtretung von Darlehensforderungen, die häufig Teil von M&A-Transaktionen sind, wurde weder wegen **Verstoßes gegen das Bankgeheimnis** oder das **Bundesdatenschutzgesetz** noch wegen Verstoßes gegen § 32 Abs. 1 Satz 1 KWG (Erlaubnispflicht von Bankgeschäften) als nichtig angesehen.[148]

---

143) OLG Hamm v. 15.12.2011 – 2 U 65/11, NJW 2012, 1743, 1745 li. Sp. unten.
144) OLG Hamm v. 15.12.2011 – 2 U 65/11, NJW 2012, 1743, 1746 li. Sp. Mitte.
145) *Fölsing*, EWiR § 57 StBerG 1/12, 363; zu dem Urteil krit. auch *Römermann*, NJW 2012, 1694 ff.
146) *Bechtold*, GWB, § 1 Rn. 80, 81 m. w. N.
147) S. Rn. 1.53. Vgl. *Bechtold*, GWB, § 20 Rn. 67; *Bechtold* weist zutreffend auf die Schwierigkeit hin, den Grundsatz der Nichtigkeit von gegen § 20 GWB verstoßenden Verträgen in der Praxis anzuwenden, da sich die unbillige Behinderung oder Diskriminierung im Allgemeinen nicht aus dem Vertrag, sondern nur aus seinen konkreten Auswirkungen ergäbe. Auch würde die Nichtigkeit häufig in Rechtspositionen Dritter eingreifen. Zu Recht plädiert *Bechtold* für eine einschränkende Anwendung des § 134 BGB. Dieses Plädoyer bestätigt die allgemeine Problematik einer zu großzügigen Anwendung der Nichtigkeitsfolge im deutschen Recht.
148) BGH v. 27.2.2007 – XI ZR 195/05, BGHZ 171, 180; BGH v. 19.4.2011 – XI ZR 25/10, GWR 2011, 312.

III. Nichtigkeit von abgeschlossenen M&A-Verträgen

3. Nichtigkeit wegen Wucher (§ 138 Abs. 2 BGB)

Der Wuchertatbestand des § 138 Abs. 2 BGB betrifft den klassischen Fall der materiellen Vertragskontrolle wegen Missbrauchs der Inhaltsfreiheit bzw. der Freiheit zur privatautonomen Vereinbarung von Preisen. Es ist gegenüber § 138 Abs. 1 BGB vorrangig. 2.104

Fallbeispiel „Pizza-Heimservice" (OLG München v. 10.11.1993 – 7 U 2879/93, BB 1995, 2235) 2.105

Ein Bewertungsgutachten über einen Geschäftsanteil an einer Pizza-Heimservice GmbH mit einem Stammkapital von 25.000 DM, das das OLG München als „überzeugend" und „nachvollziehbar" ansah, war zu dem Ergebnis gelangt, dass ein Ertragswert nicht festgestellt werden könne. Der Anteilswert habe dem Nennwert von 25.000 DM entsprochen[149] und der gezahlte Kaufpreis von 80.000 DM sei deshalb um 220 % überhöht gewesen. Käuferin war eine in Deutschland lebende Perserin.

Das OLG München beurteilte das so angenommene „Leistungsmissverhältnis" als besonders grob, was den Schluss rechtfertigte, dass der Verkäufer aus einer verwerflichen Gesinnung gegenüber der Käuferin gehandelt und die schwierige Lage der Käuferin bewusst ausgenutzt habe, um ungerechtfertigte Vorteile zu erreichen. Es spreche nichts dafür, dass der Verkäufer das grobe Missverhältnis nicht erkannt habe.[150]

Auch wenn das OLG München den Einzelfall im Ergebnis richtig entschieden haben sollte, könnte die Entscheidung problematische Auswirkungen haben. Unternehmensbewertungen können leicht zu ganz unterschiedlichen und falschen Ergebnissen führen (dafür dürfte die Bewertung in dem Urteil selbst ein Beispiel sein). Gerade bei *jungen Unternehmen* oder Unternehmen in einer *Krisensituation*en hängt meist alles davon ab, ob der Geschäfts- oder Sanierungsplan aufgehen wird oder nicht. Je nachdem wird sich ein erheblicher positiver Unternehmenswert oder ein negativer Wert ergeben.[151] Die Entscheidung zum Verkauf wie zum Kauf solcher Unternehmen ist immer zu einem erheblichen Teil eine *Wette* auf den Eintritt oder Nichteintritt von bestimmten Szenarien, 2.106

---

149) Dies könnte nur ganz zufällig richtig und muss deshalb wahrscheinlich falsch gewesen sein. Mit dem Nominalwert eines Geschäftsanteils hat der Anteilswert ebenso wenig zu tun wie der Unternehmenswert einer Aktiengesellschaft mit ihrem Grundkapital. Wenn kein positiver Ertragswert bei Fortführung festgestellt werden konnte, wäre richtigerweise der *Liquidationswert* zu prüfen gewesen. Vgl. unten Rn. 11.40.
150) OLG München v. 10.11.1993 – 7 U 2879/90, BB 1995, 2236 li. Sp.
151) Zu dem Dilemma der Bewertung junger Unternehmen s. etwa *Loderer/Wälchli*, Handbuch der Bewertung, Bd. 2, S. 465 ff. In diese Richtung geht auch das Urteil des BGH v. 16.1.2006 – II ZR 65/04, ZIP 2006, 668, in dem für Zwecke der Prüfung einer Unterbilanz ein „Start Up-Unternehmen" nach Substanzwerten bewertet wurde, weil es noch kein „bewertungsfähiges, strukturiertes und in das Marktgeschehen integriertes Unternehmen" sei (Rn. 12).

durch die die für den Unternehmenswert maßgeblichen „Stellschrauben" in die eine oder andere Richtung gedreht werden. Wie ein Käufer in solchen Situationen nicht kaufen wird, wenn er nicht an eine für das Unternehmen günstige Entwicklung glaubt, wird ein Verkäufer zumeist nicht verkaufen, wenn er nicht eine – im Verhältnis zum Kaufpreis – negative Entwicklung für möglich hält. Es besteht die Gefahr, dass wenn sich später ein Hinweis auf diese Erwartung des Verkäufers ergibt, dies schon ausreichen könnte,[152] um dem Verkäufer Kenntnis des auffälligen Missverhältnisses zur Last zu legen.[153]

2.107 Entscheidend für den Ausgang des Gefechts um den Wuchertatbestand wird letztlich sein, ob das Gericht die **Ausbeutung** einer **Zwangslage** *oder* **Unerfahrenheit** *oder* eines **Mangels an Urteilsvermögens** *oder* einer **erheblichen Willensschwäche** bejaht. Das OLG Brandenburg hat sich kürzlich hier zurückhaltend gezeigt, indem es in einem Nachläuferfall aus der Treuhandprivatisierung – es ging um ein in der Nähe von Berlin gelegenes ehemaliges Rittergut – der Behauptung, dass der Kaufpreis einen Grundstückswert um das Vier- bis Fünffache überstiegen habe, nicht nachging. Jedenfalls habe bei dem Verkauf ein geregelter Grundstücksmarkt in der ehemaligen DDR nicht existiert, so dass auch von einem groben Missverhältnis von Leistung und Gegenleistung nicht auf eine verwerfliche Gesinnung geschlossen werde könne.[154] Dass die Anforderun-

---

152) Das OLG München hat offenbar nicht einmal einen Nachweis verlangt, dass der Verkäufer Kenntnis von den schlechten Aussichten der Gesellschaft hatte, sondern es genügen lassen, dass nichts dafür sprach, dass er das grobe Missverhältnis nicht erkannt habe.

153) Es kommt hinzu, dass, sobald die Reste des Unternehmens zerfleddert auf der Straße liegen, selbst Gutachter, die vor Jahr und Tag phantastische Werte ausgeworfen hätten, plötzlich der Meinung sein werden, dass dieses Schicksal *ex ante* vorausbestimmt war. Sie mögen sich auch schon dadurch, dass überhaupt ein Verfahren stattfindet, aufgerufen sehen, in diese Kerbe zu schlagen. Vielleicht wird auch durch Zufall oder kluges Taktieren des Beklagten ein tendenziell konservativer Gutachter bestellt, der mit der „M&A-Welt" nicht vertraut ist. Kommt ein Gericht verwandten Geistes hinzu, so droht dem Verkäufer u. U. große Gefahr. Im Fall des OLG Brandenburg v. 30.4.2009 – 12 U 165/08, wurde die Nichtigkeit eines Vertrags über den Verkauf einer Steuerberaterpraxis allerdings zutreffend verneint (Rn. 28). Ebenso verneinte das OLG Stuttgart v. 18.5.1998 – 5 U 101/97 die Sittenwidrigkeit eines Vertrags über den Verkauf eines Spielautomatenbetriebs.

154) Vgl. OLG Brandenburg v. 31.7.2008 – 5 U 103/07, Rn. 27. Das OLG Brandenburg bezieht sich ergänzend auf BGH v. 6.5.2003 – IX ZR 226/02, NJW 2003, 2230. In BGH v. 6.5.2003 – XI ZR 226/02, NJW 2230, 2231 li. Sp. unten, lehnte der BGH bei der Vereinbarung einer Vorfälligkeitsentschädigung das Vorliegen von Wucher oder eines wucherähnlichen Rechtsgeschäfts i. S. von § 138 Abs. 1 BGB jedenfalls mangels Erfüllung der subjektiven Voraussetzungen ab. An subjektiven Merkmalen scheiterte auch die Berufung auf § 138 Abs. 2 BGB beim Verkauf zweier Sonnenstudios in einer Kleinstadt, BGH v. 2.3.2005 – VIII ZR 374/04 (Beschluss über Zurückweisung einer Nichtzulassungsbeschwerde). Verbreitet wird die Auffassung vertreten, dass bei gewerblichen Rechtsbeziehungen, etwa gewerblichen Mietverhältnissen, ohnehin nicht von einem auffälligen Missverhältnis von Leistung und Gegenleistung auf eine verwerfliche Gesinnung des Begünstigten geschlossen werden könne (OLG Düsseldorf v. 28.7.2012 – I-24 U 35/11, MDR 2012, 18 f.).

III. Nichtigkeit von abgeschlossenen M&A-Verträgen

gen hier nicht immer so hoch sein müssen – wenn ein Gericht das will –, zeigt allerdings das OLG München.[155)]

Während der Wuchertatbestand bei Transaktionen zwischen Konzernen oder Private Equity-Häusern und der gewachsenen mittelständischen Industrie sicher weiterhin keine Bedeutung haben wird, könnten andere enttäuschte Käufer in dem sumpfigen Gefechtsfeld des § 138 Abs. 2 BGB durchaus einmal einen Angriff wagen. 2.108

Im *ICC-Fall 7986, 1999* war gegen einen Zahlungsanspruch aus einem Anteilskaufvertrag geltend gemacht worden, dass „le prix de cession des actions ... est exorbitant, considérant que la valeur desdits actifs déterminée [un an plus tard] était de ... et que cette valeur s'est par la suite encore dépréciée." Deshalb besitze die Klage einen „caractère abusif". Das Schiedsgericht war diesem Einwand nicht gefolgt, obwohl es als „amiable compositeur" zu Entscheidungen *ex aequo et bono* berechtigt war.[156)] 2.109

4. Nichtigkeit nach § 138 Abs. 1 BGB (Sittenwidrigkeit)

Außerhalb des bei Vorliegen seiner Voraussetzungen vorrangigen Wuchertatbestands des § 138 Abs. 2 BGB kann eine M&A-Transaktion oder ein sie vorbereitendes oder begleitendes Geschäft nach § 138 Abs. 1 BGB nichtig sein. 2.110

a) Schmiergeldzahlung

Eine Schmiergeldzahlung kann zur Nichtigkeit des dadurch zustande gekommenen Vertrages führen.[157)] 2.111

b) Steuerhinterziehung

Verträge sollen auch nichtig sein können, wenn sie mit einer Steuerhinterziehung verbunden sind, die den „Hauptzweck des Geschäfts" bildet und soweit die Steuerverkürzung die Preisvereinbarung beeinflusst hat.[158)] Das OLG Hamm 2.112

---

155) Vgl. Rn. 2.105 f. Das *OLG Saarbrücken* hat entschieden, dass die inländische Rechtsprechung zu wucherähnlichen Geschäften kein Bestandteil des inländischen *ordre public* sei. Die Anerkennung eines Schiedsspruches oder die Vollstreckung eines ausländischen Urteils können also hieran nicht scheitern (OLG Saarbrücken v. 30.5.2011 – 4 Sch 03/10, SchiedsVZ 2012, 47).
156) ICC-Fall 7986, 1999 Final Award Case, ICC International Court of Arbitration Bulletin Vol. 18, No. 1, 2007, IV. 3.3.
157) Vgl. etwa BGH v. 17.5.1988 – VI ZR 233/87, NJW 1989, 26 m. w. N; OLG Köln v. 8.11.1991 – 19 U 50/91, BauR 1992, 98–100; OLG Stuttgart v. 15.12.1998 – 5 U 129/98, OLGR 1999, 162 (zu einem Vertriebsvertrag der „M.-B.-AG" betreffend den Vertrieb von Fahrzeugen der „S-Klasse" in ehem. GUS-Staaten).
158) OLG Hamm v. 10.1.1989 – 26 U 77/87, BB 1989, 651 li. Sp. unten, im Anschluss an BGH v. 9.6.1954 – II ZR 70/53, BGHZ 14, 25, 30; BGH v. 3.7.1968 – VIII ZR 113/66, MDR 1968, 834, und BGH v. 23.2.1983 – IVa ZR 187/81, NJW 1983, 1843 (sehr klar).

hatte dies in einem Fall *verneint*, weil der Preis für die beauftragte Heizungsanlage genauso hoch gewesen sei, wie er ohne die Vereinbarung der Parteien gewesen wäre, die Zahlung werde mit aus Australien „mitgebrachtem Schwarzpulver" und ohne Rechnung erfolgen.[159] Das OLG München hat indessen eine Nichtigkeit in einem Fall *bejaht*, in dem ein Käufer 94 % der Anteile einer grundbesitzenden GmbH & Co. KG erwarb und er sich hinsichtlich der restlichen 6 % – durch eine zweite notarielle Vereinbarung – unwiderruflich die Stimmrechte und alle sonstigen Vermögensrechte übertragen ließ und zum Verkauf der Anteile berechtigt wurde.[160] Es bleibt unglücklich, dass wenn eine Steuerhinterziehung mit im Spiel ist, der Vertrag in Abhängigkeit von unscharfen, wirtschaftlichen oder subjektiven Merkmalen nichtig sein können soll.

c) **Schädigung eines Dritten**

2.113 Ein Vertrag, den zwei Personen abschließen, um eine dritte Person zu schädigen – hier Vater und Sohn zum Nachteil der Ehefrau des Vaters – ist nur nichtig, wenn er die Rechtsstellung des Dritten *objektiv* verschlechtert.[161] Anders als beim untauglichen Versuch im Strafrecht setzt also keine zivilrechtliche Sanktion ein.

d) **Rechtsgeschäfte im Zusammenhang mit Firmenbestattungen**

2.114 Das OLG Karlsruhe hat im Jahre 2013 entschieden, dass Geschäftsführerbestellungen im Zusammenhang mit sog. „Firmenbestattungen" nicht nach § 138 BGB nichtig sind. Es hat dies ausdrücklich mit Gesichtspunkten der Rechtsklarheit begründet. Offengelassen wurde, ob die Übertragung von Geschäftsanteilen zu dem „möglicherweise verfolgten Zweck der „Firmenbestattung" nach § 138 BGB nichtig sind.[162]

e) **Call-Optionen, Drag Along-, Tag Along- und Hinauskündigungsklauseln**

2.115 *Fleischer/Schneider* haben eine materialreiche, rechtsvergleichend ausgreifende sowie wirtschaftliche und rechtsökonomische Analyse von Drag Along-Klauseln (auch Go Along-Klauseln, Unlocking-Klauseln oder Mitveräußerungspflichten) und von Tag Along-Klauseln (auch Take Along- oder Co-Sale- bzw. Mitverkaufsrechten) unternommen. Sie verorten den wirtschaftlichen Zweck der Klauseln zutreffend darin, die Verwertbarkeit von Anteilen des Mehrheits- bzw. stärkeren Gesellschafters oder einfach nur des vertraglich begünstigten, initiativen

---

159) OLG Hamm v. 10.1.1989 – 26 U 77/87, BB 1989, 651 re. Sp. oben.
160) OLG München v. 14.8.2013 – 3 U 1530/11.
161) BGH v. 28.10.2011 – V ZR 212/10, WM 2012, 461 ff.
162) OLG Karlsruhe v. 19.4.2013 – 2(7) Ss 89/12 – AK, GmbHR 2013, 1090, 1092 re. Sp. Mitte.

III. Nichtigkeit von abgeschlossenen M&A-Verträgen

Gesellschafters (Drag Along) oder des Minderheits- bzw. des schwächeren Gesellschafters (Tag Along) bei Trade Sales außerhalb von Börsengängen zu sichern.[163] Dies geschieht, indem **Drag Along**-Abreden dem **stärkeren Gesellschafter** ermöglichen, alle (oder mehr) Anteile am Sekundärmarkt anzubieten und sich bei exitorientierten Investitionen eine wahrscheinlichere (oder überhaupt eine) Exit-Route zu erschließen. Zugleich bewahren Drag Along-Abreden den stärkeren Gesellschafter vor Erpressungsstrategien (Hold Up) des kleineren Gesellschafters.[164]

Tag Along-Abreden schützen den **schwächeren Gesellschafter** davor, bei einem Exit seines alten Mitgesellschafters u. U. von der Verwertung seiner Anteile ausgeschlossen zu bleiben. Indem diese Klauseln die Möglichkeiten zu einem „ex post-Opportunismus" verringern – so wird man *Fleischer/Schneider* verstehen dürfen –, erleichtern sie zugleich „effiziente ex ante-Investitionen" der Gesellschafter.[165]   2.116

Während die Darstellung der Varianten der Umsetzungstechniken[166] für die kauteljuristische Praxis bedeutend ist, interessiert für Rechtsstreitigkeiten post M&A eher eine **mögliche Nichtigkeit**. Immerhin hat ein Mailänder Instanzgericht im Jahre 2008 eine Drag Along-Klausel nur deshalb als wirksam angesehen weil sie einen angemessenen Kaufpreis vorsehe; es hat also implizert, dass die Drag Along-Klausel bei Unangemessenheit des Kaufpreises hätte unwirksam sein können).[167] Andererseits haben ein italienischer Einzelschiedsrichter[168] und der Delaware Court of Chancery[169] eine Drag Along-Klausel ohne weiteres für wirksam gehalten.   2.117

Im deutschen Recht können **Hinauskündigungsverträge**, denen Drag Along-Klauseln und andere Call-Options u. U. ähneln, nach § 138 Abs. 1 BGB nichtig sein. Von einer näheren Darstellung dieser möglicherweise für Beteiligungsverträge relevanten Rechtsprechung[170] wird abgesehen.   2.118

Fleischer/Schneider weisen darauf hin, dass **Missbrauchsmöglichkeiten** bestehen, wenn der ausstiegswillige Mehrheitsgesellschafter „kollusiv" mit dem Erwerber   2.119

---

163) *Fleischer/Schneider*, DB 2012, 961, 962.
164) *Fleischer/Schneider*, DB 2012, 961, 962, 963.
165) *Fleischer/Schneider*, DB 2012, 961, 962 f., 968.
166) *Fleischer/Schneider*, DB 2012, 961, 963, 964.
167) Tribunale Milano, 1 aprile 2008, Giur. comm. 2009, II, S. 1029. Dazu *Fleischer/Schneider*, DB 2012, 961, 962 f., 965 m. w. N.
168) Lodo Arbitrale, 29 Iuglio 2008, Arbitro Unico Prof. Mazzoni, Banca, borsa, tit. cred. 2009, II, S. 493.
169) Minnesota Invco of RSA No. 7, Inc. v. Midwestern Wireless Holdings LLC, 903 A 2d 786 (Del. Ch. 2006). S. a. die weiteren Ausführungen von *Fleischer/Schneider* hierzu (DB 2012, 961, 962 f., 965 f.).
170) S. aber z. B. BGH v. 22.1.2013 – II ZR 80/10, GmbHR 2013, 301 ff. = ZIP 2013, 263, und *Fleischer/Schneider*, DB 2012, 961, 962 f., 966 m. w. N.

zusammenwirkt. Wenn er sich mit diesem zum Schein auf einen niedrigen Kaufpreis einigt (anderswo erfolgt natürlich ein Ausgleich), kann ein Tag Along-Recht des schwächeren Gesellschafters ausgehöhlt werden oder ein Drag Along Recht wird dazu benutzt, zu einem niedrigen Preis an ein nahestehendes Unternehmen, vielleicht erneut mit späterem Ausgleich zugunsten des stärkeren Gesellschaftes, zu verkaufen.[171] Wenn sich solche Gestaltungen andeuten, könnte dies zu Wirksamkeitsangriffen, insbesondere auf Drag Along-Rechte, führen.[172]

f) **Nachträgliche Änderungen eines nichtigen Vertrages**

2.120 Nachträgliche Änderungen eines nichtigen Vertrages können für die Frage einer Nichtigkeit nach § 138 Abs. 1 BGB zu berücksichtigen sein, wenn die Parteien den zuvor nichtigen Vertrag zugleich nach § 141 Abs. 1 BGB bestätigen. Da es an dem letzten Element mangelte, blieb im Streitfall der Wohnungskaufvertrag trotz Beseitigung des groben Missverhältnisses nichtig.[173]

5. **Nichtigkeit bei Bedingungen**

2.121 Die Sinnhaftigkeit vieler M&A-Transaktionen hängt oft von dem Eintritt oder Nichteintritt von Umständen ab, die bei Vertragsschluss noch ungewiss sind, etwa einer kartellrechtlichen Genehmigung oder der Erlangung einer Finanzierung. Es gibt dann nur die Alternativen, den Abschluss bis zum Bedingungseintritt zu verzögern oder eine – meist aufschiebende – Bedingung[174] in den Vertrag aufzunehmen. In anderen Fällen wird auch überflüssigerweise und wesentlich zu schnell zu einer Bedingung gegriffen, um ein augenblickliches Verhandlungspatt zu überwinden oder den Verhandlungsparteien Denk- und Formulierungsarbeit zu ersparen. Oft, besonders wenn die Idee des Einsatzes einer Bedingung in tiefer Nacht geboren wird, werden weder die Machtsituation, die **Power Politics**, durchdacht, die sich ergeben, wenn die Bedingung tatsächlich nicht eintritt oder dies mit halbwegs begründbaren Argumenten **behauptet werden kann**, noch gelingt es, die Bedingung so präzise zu formulieren, dass sich das „ob" und der Zeitpunkt ihres Eintritt eindeutig feststellen lassen.[175]

2.122 Es reicht hierfür nicht, dass die Parteien am Verhandlungstisch eine gemeinsame Vorstellung davon haben, welches „Problem" mit einer Bedingung „gehandled" werden soll und hierfür einen ihnen geläufigen, oft verwendeten *Topos* entwickelt haben, etwa „die Anschlussfinanzierung" oder das „Baurecht für den Erweiterungsbau", sondern ein solcher *Topos* muss aufgesplittet, mit Quantitäten, Ter-

---

171) *Fleischer/Schneider*, DB 2012, 961, 962 f., 967.
172) S. a. die Darstellung zu „Russian Roulette-" und „Shoot Out-Klauseln" Rn. 2.12 ff.
173) BGH v. 10.2.2012 – V ZR 51/11, WM 2012, 2015 f.
174) Eine auflösende Bedingung oder ein Rücktrittsrecht bei Nichteintritt des betreffenden Umstandes ist weitgehend funktionsgleich.
175) In diesem Sinne auch *Haberstock* in: FS Pöllath+Partners, S. 29 ff., 35, 39.

III. Nichtigkeit von abgeschlossenen M&A-Verträgen

minen und Qualitäten versehen werden, um als Bedingung fungieren zu können. Der *Topos* „die Anschlussfinanzierung" etwa ist viel zu unentwickelt hierzu. Auch wenn er in „Sicherung der Anschlussfinanzierung" „präzisiert" wird, oder die Bedingung in einer „Erlangung des Baurechts für den Erweiterungsbau" besteht, bezeichnet dies immer noch nur ein Problem oder ein Bedürfnis, aber die Formulierungen sind noch keine taugliche Bedingung.[176]

Es gibt hier nur zwei Möglichkeiten: Erstens die Parteien unterziehen sich der **Mühe des Durchdenkens und Formulierens einer präzisen Bedingung**. Oft werden sie dann erkennen müssen, dass sie bisher noch überhaupt kein gemeinsames Verständnis des verwendeten *Topos* hatten.[177]   2.123

Erst wenn sie hiernach diese verdeckten Meinungsverschiedenheiten überbrückt haben und sich das Thema weiter für eine Bedingung eignet, werden sie in der Lage sein, eine praktikable Bedingung zu formulieren.   2.124

Oder zweitens, die Parteien schenken sich diese Mühen und **delegieren das Thema an die Prozessanwälte**, die später – im Gegensatz zueinander – darum ringen werden, in die blasse, unscharfe und vielleicht widersprüchliche Bedingung hineinzulesen, was ihre Seite aus heutiger Sicht hier gerne sehen würde – um den Vertrag zu zerstören oder zu retten. Dabei ist der Einsatz hoch: Es geht um den Bestand oder die Unwirksamkeit des Vertrages.   2.125

Auch wer eine Bedingung im Interesse der Eindeutigkeit **besonders formalistisch und technisch formuliert**, kann böse Überraschungen erleben, insbesondere wenn die Bedingung nicht auf gleichem Niveau „nachgepflegt" wird. Dies zeigt der folgende Fall, der zudem ein Lehrfall zu der Gefährlichkeit von Bedingungen und ihrem stählern-mechanischem Wirken überhaupt ist.   2.126

Fallbeispiel „Notarmitteilung" (LG Berlin v. 9.9.1999 – 9 O 465/97, KG 8657/99)[178]   2.127

Die Wirksamkeit einer Transaktion sollte von der Erteilung einer öffentlich-rechtlichen Genehmigung abhängen. Offenbar um Streit über den Zeitpunkt des Bedingungseintritts zu vermeiden, stellten die Parteien die Abtretung unter die aufschiebende Bedingung der Erteilung der Genehmigung und dass „der Eintritt der Bedingung dem Notar ... schriftlich mitgeteilt wird."

---

176) Klar zu stellen wäre z. B.: ein Erweiterungsbau von x qm einer näher definierten Fläche mit Raumhöhen, Bodenbelastbarkeiten, Zugänglichkeit für einen Kran, für bestimmte zugelassene Fertigungsarten und Verfahren, eine bestimmte Mitarbeiteranzahl, zu bestimmten Kosten; Ausreichen einer Bauvoranfrage, Erfordernis einer Baugenehmigung, Unschädlichkeit bestimmter Bedingungen und Auflagen etc.

177) Sie hatten den Topos vielmehr beide nicht zu Ende durchdacht, aber beide ebenso unterstellt, dass alle bei weiterem Nachdenken neu auftretenden Weichenstellungen stets in ihrem jeweiligen unterschiedlichen Sinne entschieden werden würden.

178) Ein Fall des Verfassers.

Ein Jahr später entstand Streit. Der Verkäufer verlangte Zahlung eines gestundeten Kaufpreisteils, der Käufer erhob Ansprüche aus Garantieverletzungen, die Gesellschaft war bereits in Insolvenz. Während des Prozesses, sieben Jahre später, fand der Käufer heraus, dass, obwohl die Genehmigung erteilt wurde, die *Mitteilung an den Notar vergessen* worden war.

Daran, dass dem Notar nicht schriftlich Mitteilung gemacht worden war, war nicht zu deuteln, ebenso wenig daran, dass der Vertrag dies verlangt hatte. Dem Verkäufer blieb nur die Berufung darauf, dass dem Notar mündlich Mitteilung gemacht worden sei und es treuwidrig sei, aus der Missachtung der Form Rechte herzuleiten. Es ließ sich auch mit einer gewissen Berechtigung argumentieren, dass die Bedingung v. a. den Verkäufer schützen sollte – aber eben nur vor allem. Reichte dies aus, damit der Verkäufer einseitig auf die Bedingung verzichten konnte? Wenn ja, worin lag die Verzichtserklärung? Und war eine Verzichtserklärung überhaupt formfrei möglich?[179] Immerhin konnte der Verkäufer auch noch damit argumentieren, dass eine Berufung auf eine Formnichtigkeit nach Ablauf von fünf Jahren treuwidrig wäre, zumal sich der Käufer vorher nie dafür interessiert hatte.

Das LG Berlin ließ sich nicht erweichen. Die Bedingung sei eindeutig. Es habe in der Hand der Parteien gelegen, eine andere Bedingung zu formulieren oder mehr Sorgfalt bei der Abwicklung des Vertrages obwalten zu lassen. So drohte dem Verkäufer zu seinem Schrecken nach sieben Jahren nicht nur der Nichterhalt des offenen Kaufpreisanteils, sondern eine Verurteilung auf Rückzahlung des Kaufpreises nebst Zinsen, Zug um Zug gegen Rückübertragung der wertlosen Anteile. Glücklicherweise hatte das KG ein Einsehen und erachtete die Berufung auf den Nichteintritt der Bedingung – v. a. aufgrund der langen, verstrichenen Zeit – als treuwidrig. Der BGH folgte dem KG.

2.128 Zur Sicherung des Verkäufers wird häufig die **Zahlung des Kaufpreises** als aufschiebende Bedingung für den Übergang von Anteilen oder (nichtbedingungsfeindliche) Assets ausgestaltet. *Fröhlich/Ehlen* haben untersucht, ob der Käufer den Eintritt dieser Bedingung durch Hinterlegung des Kaufpreises herbeiführen kann.[180]

6. Nichtigkeit bei Genehmigungsvorbehalten

2.129 Selbstverständlich führen auch Genehmigungsvorbehalte, wenn eine Genehmigung nicht sogleich erteilt wird, zu einer schwebenden Unwirksamkeit – und irgendwann zu einer Nichtigkeit – des Vertrages. In Betracht kommen Genehmigungen von Erklärungen von Vertretern ohne Vertretungsmacht nach

---

179) S. hierzu die Fallbeispiele Rn. 2.53–2.57.
180) *Fröhlich/Ehlen*, GWR 2014, 151.

III. Nichtigkeit von abgeschlossenen M&A-Verträgen

§ 179 BGB oder von Verfügungen nach § 185 BGB oder gesellschaftsrechtlicher Art, etwa bei außerordentlichen Rechtsgeschäften, wenn diese ausnahmsweise im Außenverhältnis relevant sind. In Streitigkeiten scheinen Nichtigkeitsfragen wegen fehlenden Genehmigungen keine so große Rolle zu spielen wie im Zusammenhang mit Bedingungen, möglicherweise, weil das Fehlen von Genehmigungen kaum übersehen werden kann.

7. Nichtigkeit bei In-Sich-Geschäften

Liegt in einer M&A-Transaktion ein In-Sich-Geschäft, ohne dass die nach § 181 BGB erforderliche Gestattung erteilt wurde, kann die Transaktion schwebend unwirksam sein.[181] Häufig wird die Partei, auf deren Seite die Gestattung fehlte, dem Rechtsgeschäft noch einseitig durch Genehmigung zur Wirksamkeit verhelfen können, womit die Bestandsgefahr abgewendet werden kann. In den anderen Fällen rücken aber ggf. die Streitfragen zu § 181 BGB, namentlich die Frage des Erfordernisses einer Satzungsregelung für eine Befreiung, ins Zentrum einer Auseinandersetzung um die Vertragswirksamkeit.[182] Fälle aus dem M&A-Kontext sind nicht bekannt.

2.130

8. Nichtigkeit bei Missbrauch von Vertretungsmacht

Es gibt Fallgestaltungen, in denen das Recht trotz einer Rechtsverletzung zunächst keine Nichtigkeit eines durch die Rechtsverletzung zustande gebrachten Rechtsgeschäfts anordnet. Dies ist etwa nach deutschem Recht i. d. R. so, wenn ein Vertreter einer Partei ein Rechtsgeschäft unter Missachtung einer gesellschaftsvertraglichen Kompetenzordnung[183] abschließt. Wenn eine Person ein Rechtsgeschäft i. R. ihres rechtlichen Könnens schließt, ist dieses wirksam, auch wenn es ihr rechtliches Sollen überschreitet.

2.131

Die Rechtsprechung hat indessen in bestimmten Fällen – unter zusätzlichen Voraussetzungen – unter Verletzung des rechtlichen Sollens abgeschlossene Geschäfte gleichwohl als nichtig angesehen. Das Problem des Missbrauchs der Vertretungsmacht besteht in der Frage, unter welchen zusätzlichen Voraussetzungen und mit welchen Rechtsfolgen eine Pflichtwidrigkeit des Vertreterhandelns einem Dritten – insbesondere dem Vertragspartner – entgegengehalten werden kann.[184] Früher stellte die Rechtsprechung darauf ab, ob der pflichtwidrig handelnde **Vertreter bewusst zum Nachteil des Vertretenen handelte**.[185] Indem hierfür häufig das Stichwort „**Kollusion**" verwendet wurde, wurde der

2.132

---

181) Palandt-*Ellenberger*, BGB, § 181 Rn. 15.
182) Kritische Darstellung des Meinungsstandes bei *Altmeppen*, NZG 2013, 401 ff.
183) S. z. B. die teilweise schon behandelten § 164 BGB, § 50 HGB, §§ 126, 170 HGB, § 37 GmbHG, § 82 AktG, § 179a AktG und § 160 Abs. 2 Nr. 1 InsO.
184) *K. Schmidt* in: MünchKomm-HGB, § 126 Rn. 20.
185) *K. Schmidt* in: MünchKomm-HGB, § 126 Rn. 21 m. w. N.

Eindruck erweckt, als ob sogar eine illegitime Willensübereinstimmung, eine Art von gemeinsamer Verschwörung von Vertreter und Gegenpartei zulasten des Vertretenen erforderlich sei.

2.133 Das Erfordernis eines bewussten Handelns des Vertreters zum Nachteil des Vertretenen wurde inzwischen von der Rechtsprechung aufgegeben.[186] **Heute** wird nicht mehr auf die subjektive Situation des Vertreters, etwa ein bewusstes Handeln zum Nachteil des Vertretenen oder Vorsatz,[187] sondern nur noch auf die **Vertrauenssituation bei dem Vertragsgegner** abgestellt. Sodann wird bei diesem weder verlangt, dass er sich eines illegitimen Zusammenwirkens mit dem Vertreter der Gegenpartei bewusst ist, noch auch nur, dass er Kenntnis von der Pflichtwidrigkeit dessen Handelns besitzt oder selbst vorsätzlich handelt. Es reicht vielmehr ein **geringerer Grad des Verschuldens** aus – eine einfache Fahrlässigkeit allerdings wohl nicht; bisweilen wird eine **Evidenz der Pflichtverletzung** verlangt,[188] oder sogar eine „sich aus massiven Verdachtsmomenten ergebende objektive Evidenz des Missbrauchs".[189] Zum Teil wird die Subsumtionsfrage in eine offene Wertungsfrage umgewandelt und als Kriterium für einen Missbrauch der Vertretungsmacht aufgestellt, ob es noch **mit Treu und Glauben vereinbar** wäre, dass sich der Vertragsgegner **auf die Vertretungsmacht berufe**.[190]

2.134 Nach der Rechtsprechung sollen sich die Rechtsfolgen des Missbrauchs der Vertretungsmacht aus § 242 BGB ergeben,[191] nach a. A. analog §§ 177–179 BGB.[192] Diese Meinungsverschiedenheit bei der Begründung ist jedoch für die Praxis ohne Relevanz.

9. Nichtigkeit aufgrund gesellschaftsrechtlicher Vorschriften

2.135 In der Folge werden einige Beispiele der Nichtigkeit von M&A-Transaktionen wegen Verletzung gesellschaftsrechtlicher Vorschriften dargestellt.

a) Unzulässige Stückelung von GmbH-Anteilen

2.136 In einer Entscheidung des OLG Schleswig aus dem Jahre 1994 waren Teilgeschäftsanteile unter Verstoß gegen die damals noch geltenden § 5 Abs. 3 Satz 2

---

186) Etwa BGH v. 18.5.1988 – IVa ZR 59/87, NJW 1988, 3012, 3013 li. Sp. unten.
187) Ausdrücklich BGH v. 18.5.1988 – IVa ZR 59/87, NJW 1988, 3012, 3013 unten.
188) *K. Schmidt* in: MünchKomm-HGB, § 126 Rn. 21 m. w. N.; Ebenroth/Boujong/Joost/Strohn-*Hillmann*, HGB, § 126 Rn. 20 f. m. w. N.
189) BGH v. 1.2.2012 – VIII ZR 307/10, NJW 2012, 1718, 1719 re. Sp.
190) BGH v. 18.2.1960 – VII ZR 21/59, WM 1960, 611, 613.
191) RG v. 14.10.1931 – I 10/31, RGZ 134, 67 ff., 71; BGH v. 25.3.1968 – II ZR 208/64, BGHZ 50, 112, 114; BGH v. 31.1.1991 – VII ZR 291/88, BGHZ 113, 315, 320; BGH v. 19.5.1980 – II ZR 241/79, WM 1980, 953, 954; BGH v. 5.11.2003 – VIII ZR 218/01, NJW-RR 2004, 247, 248.
192) *K. Schmidt* in: MünchKomm-HGB, § 126 Rn. 22 m. w. N.

und § 17 Abs. 4 GmbHG, wonach Geschäftsanteile durch 100 DM teilbar sein mussten, abgetreten worden. Dies führte zur Nichtigkeit der Abtretung, die auch das Verpflichtungsgeschäft umfasste.[193] Im Jahre 2005 hat der BGH den Verkauf und die Abtretung von Anteilen an einer GmbH & Co. KG ebenfalls wegen Verstoßes gegen § 17 Abs. 4 i. V. m. § 5 Abs. 3 Satz 2 GmbHG a. F. als unwirksam angesehen, als Anteile von 6.250 DM verkauft und abgetreten worden waren; er lehnte auch noch den von dem Berufungsgericht gegangen Rettungsweg über eine ergänzende Vertragsauslegung ab.[194] Das Thema hat, nachdem Geschäftsanteile nur noch auf volle Euro lauten müssen (§ 5 Abs. 2 Satz 1 GmbHG), für die Zukunft[195] an Bedeutung verloren.

b) Unwirksame Teilung von GmbH-Anteilen

Wenn die Teilung eines GmbH-Geschäftsanteils unwirksam ist, kann er auch nicht wirksam abgetreten werden und die Anteilsübertragung ist nichtig. In diesem Zusammenhang hat das MoMiG ein neues Problem gebracht, nämlich die Frage, ob § 46 Nr. 4 GmbHG nach Aufhebung von § 17 GmbHG a. F. so zu verstehen ist, dass die Wirksamkeit der Teilung von GmbH-Geschäftsanteilen nunmehr im Außenverhältnis von dem Vorliegen eines Gesellschafterbeschlusses abhängt. Diese Auffassung wird von namhaften Autoren vertreten. Als Einstieg in diese gesellschaftsrechtliche Spezialfrage, die hier nicht weiter behandelt werden kann, wird auf einen Beitrag von *Irriger/Münstermann*[196] verwiesen. *Irriger/Münstermann* sprechen sich gegen eine so weit reichende Bedeutung von § 46 Nr. 4 GmbHG aus, u. a. mit dem Hinweis auf die davon ausgehenden Unsicherheiten bei Transaktionen,[197] aber zitieren auch die Anhänger der Gegenposition umfangreich.

2.137

c) Falsche Bezeichnung von GmbH-Anteilen

Das OLG Frankfurt verneinte im Jahre 2008 die Nichtigkeit eines GmbH-Anteilskaufvertrages, weil ein Geschäftsanteil von 15.000 DM und ein Geschäftsanteil von 60.000 DM übertragen wurden – obwohl es sich um zwei Geschäftsanteile à 7.500 DM bzw. zwei Geschäftsanteile à 30.000 DM gehandelt hatte. Das Gericht meinte, ernsthafte Zweifel, was Gegenstand der Veräußerung ge-

2.138

---

193) OLG Schleswig v. 15.12.1994 – 5 U 45/93, NJW-RR 1995, 554 re. Sp. Mitte.
194) BGH v. 20.7.2005 – VIII ZR 397/03, ZIP 2005, 1824 = NJW-RR 2005, 1619.
195) Zu Risiken beim stufenweisen Beteiligungserwerb nach Earn Out-Klauseln nach altem Recht s. *Meissner*, GmbHR 2005, 752.
196) *Irriger/Münstermann*, GmbHR 2010, 617 ff.
197) *Irriger/Münstermann*, GmbHR 2010, 617, 622.

wesen sei, könnten nicht bestehen; es sei völlig klar gewesen, was gemeint war.[198] Dies mag allerdings in weniger glücklichen Fällen anders sein.

d) Nichtigkeit der Abtretung von „Geschäftsanteilen" an einer Vor-GmbH

2.139 Bekanntlich beginnt die Existenz einer GmbH erst mit ihrer Eintragung. Geschäftsanteile an einer GmbH können somit eigentlich auch erst nach Eintragung der GmbH existieren. Entsprechend können in der Gründungsphase – zwischen notarieller Protokollierung der Gründung und Eintragung im Handelsregister – noch keine Geschäftsanteile an der GmbH abgetreten werden.[199] Eine Änderung des Gesellschafterkreises der Vor-GmbH ist vielmehr grundsätzlich nur durch Änderung der Gründungsurkunde möglich.[200]

2.140 *Fallbeispiel „ET GmbH"* (OLG Thüringen v. 5.12.2012 – 2 U 557/12, GmbHR 2013, 145)

Entgegen der dargestellten Rechtslage waren tatsächlich Anteile an einer Vor-GmbH abgetreten worden. Später stellte ein Mitgesellschafter die Wirksamkeit des Erwerbs der betreffenden Anteile bzw. einer Gesellschafterstellung des Zessionars infrage und nutzte seine Geschäftsführerstellung dazu, eine Gesellschafterliste einzureichen, die dies negierte. Der Erwerber der „Geschäftsanteile an einer Vor-GmbH" beantragte die Eintragung eines Widerspruchs zu der Gesellschafterliste und erhielt Recht.

Das OLG Thüringen verneinte zwar im Einzelfall eine – von ihm grundsätzlich für möglich gehaltene – Umdeutung der getroffenen Vereinbarungen in eine bedingte Abtretung des zukünftigen Geschäftsanteils, aber bejahte eine Umdeutung in einen Beitritt zur Vor-GmbH.[201]

e) Nichtigkeit von Einbringungsvorgängen bei verdeckten Sacheinlagen

2.141 Bis zum MoMiG des Jahres 2008 waren „verdeckte Sacheinlagen", früher „verschleierte Sachanlagen", das vielleicht am härtesten und häufigsten umstrittene Thema im Gesellschaftsrecht.[202]

2.142 Nach § 19 Abs. 5 i. V. m. § 5 Abs. 4 GmbHG a. F. wurde ein Inferent durch eine Leistung auf eine Stammeinlage, die nicht in Geld bestand, nur dann befreit, wenn die Sacheinlage im Gesellschaftsvertrag festgesetzt war. Bei einer

---

198) OLG Frankfurt v. 25.4.2008 – 10 U 80/06, insb. Rn. 25, unter Bezugnahme auf BGH v. 19.1.1987 – II ZR 81/86, NJW-RR 1987, 807 f.; KG v. 22.11.1996 – 5 U 1304/96, NJW-RR 1997, 1259; OLG Brandenburg v. 11.2.1998 – 3 U 55/97, NZG 1998, 951.
199) BGH v. 13.12.2004 –II ZR 409/02, ZIP 2005, 523 = GmbHR 2005, 354.
200) BGH v. 13.12.2004 –II ZR 409/02, ZIP 2005, 523 = GmbHR 2005, 354.
201) OLG Thüringen v. 5.12.2012 – 2 U 557/12, GmbHR 2013, 145, 147 re. Sp., m. Anm. *Peetz*.
202) Vgl. *K. Schmidt*, GesR, S. 1122 ff.; *Roth/Altmeppen*, GmbHG, § 19 Rn. 40 ff.

III. Nichtigkeit von abgeschlossenen M&A-Verträgen

Bargründung einer GmbH mit 25.000 € konnte der Inferent, z. B. ein Alleingesellschafter, seiner Stammeinlageverpflichtung also nicht durch Übertragung eines Unternehmens, selbst im Wert von 1 Mio. €, erfüllen. Wenn es darauf ankam, im Insolvenzfall, hätte er die 25.000 € Bareinlage nachzahlen müssen, obwohl er seine Gesellschaft mit mehr – inzwischen offenbar verlorenem – Vermögen ausgestattet hatte, als er verpflichtet gewesen war. Noch wesentlich dramatischer war aber, dass auch die Unternehmensübertragung an die GmbH als nichtig angesehen wurde.[203]

Eine nähere Darstellung erfolgt zusammen mit Streitigkeiten über die Nichtlieferung des Unternehmens, weil die Problematik hier in ihrer giftigsten Form auftritt.[204]   2.143

f) Keine Nichtigkeit bei Verletzung von Kapitalerhaltungsvorschriften

Die Verletzung von § 57 AktG führt weder zur Nichtigkeit des Erfüllungs- noch des Verfügungsgeschäfts. Die Anwendung von § 134 BGB scheitere daran, dass sich aus dem Gesetz, nämlich § 62 AktG, etwas anderes als die Nichtigkeit ergebe. Der II. Zivilsenat des BGH, der das Urteil fällte, führte aber auch als Argument an, dass § 57 AktG auf einen wertmäßigen Kapitalschutz gerichtet sei und dass Unsicherheit über die Wirksamkeit des Erfüllungsgeschäfts häufig zu einer Unsicherheit über die dingliche Zuordnung der von der Gesellschaft weggegebenen Vermögensgegenständen und damit zu Rechtsunsicherheit führen würde.[205] Auch hier zeigt sich eine zunehmende Tendenz der Rechtsprechung, die Nichtigkeitsrechtsfolge zum Schutz unbeteiligter Dritter und der Verkehrssicherheit einzudämmen. Dem ist zuzustimmen.[206]   2.144

g) Nichtigkeit von Beschlüssen von GmbH-Gesellschaftern, die nicht in der Gesellschafterliste eingetragen sind

Ein neuer Stolperstein ergibt sich nach Auffassung des OLG Bremen aus § 16 Abs. 1 GmbHG. Wurde eine neue Gesellschafterliste eingereicht, aber dann die ihr zugrunde liegende Abtretung angefochten, können die neuen (und alten) Gesellschafter vorläufig keine Gesellschafterbeschlüsse fassen, solange sie noch nicht durch die Gesellschafterliste legitimiert sind. Tun sie es dennoch, sind diese nichtig.[207] Dies kann bei sorglosem „corporate housekeeping" – auf Umwegen – auch einmal zu einem minderen (kurzfristige Heilbarkeit?) oder größeren Störfaktor bei einer M&A-Transaktion bzw. sogar ihrer Nichtigkeit führen.   2.145

---

203) S. dazu näher Rn. 3.20 ff.
204) S. unten Rn. 3.20 ff.
205) BGH v. 12.3.2013 – II ZR 179/12, AG 2013, 431, 432 = ZIP 2013, 819.
206) Der Hauptkritikpunkt an der verdeckten Sacheinlage war bereits vor Jahren die Nichtigkeit des Austauschgeschäfts. Vgl. *Wächter*, GmbHR 2006, 1084, 1090.
207) OLG Bremen v. 21.10.2011 – 2 U 43/11, GWR 2012, 271.

h) Übertragung des gesamten Gesellschaftsvermögens

2.146 Nach § 179a AktG bedarf ein Vertrag, durch den sich eine AG oder KGaA zur Übertragung ihres gesamten Vermögens verpflichtet, der Zustimmung der Hauptversammlung. Die Norm wird analog auf die GmbH angewendet[208] Eine Missachtung führt zwar nicht zu einer Nichtigkeit des dinglichen Verfügungsgeschäfts, aber zur Rückabwicklung.[209]

i) Verpflichtungen zur Änderung von GmbH-Satzungen

2.147 Es ist umstritten, ob Verpflichtungen zur Änderung von GmbH-Satzungen, z. B. i R. von Beteiligungsverträgen, formbedürftig sind.[210]

j) Übergabe von Aktienurkunden

2.148 Bei Aktiengesellschaften bedarf der Übergang des Eigentums an einer verbrieften Namensaktie nicht nur der Abtretung der Mitgliedschaft, sondern auch der Übergabe der Aktienurkunde.[211] Wird dies nicht beachtet, kann die Abtretung unwirksam sein.

10. Nichtigkeit aufgrund familienrechtlicher Verfügungsbeschränkungen

2.149 Auch das Familienrecht ist eine Quelle von „Vertragsnichtigkeiten". § 1365 BGB greift dabei, anders als § 311b Abs. 2 BGB, auch dann ein, wenn **nur ein einzelner Vermögenswert** veräußert wird, der wirtschaftlich im Wesentlichen das ganze Vermögen des Veräußerers darstellt, sofern der Vertragspartner die Verhältnisse kennt, aus denen sich dies ergibt.[212] Selbst ein Anwartschaftsrecht, das infolge einer Abtretung eines GmbH-Geschäftsanteils unter einer aufschiebenden Bedingung entstanden ist, kann ein solcher Vermögenswert sein.[213] Im Übrigen wird auf die Kommentierungen zu § 1365 BGB verwiesen.

2.150 Auch das Fehlen vormundschaftlicher Genehmigungen i. S. der §§ 1821 ff. kann zur Nichtigkeit eines Vertrages führen.[214]

11. Nichtigkeit aufgrund erbrechtlicher Verfügungsbeschränkungen

2.151 Erben können über ein zu einem Nachlass gehörenden Unternehmen, dessen Anteile der Erbengemeinschaft zur gesamten Hand zustehen, nur gemeinschaft-

---

208) Lutter/Hommelhoff-*Kleindiek*, GmbHG, § 37 Rn. 11. *Bredol/Natterer*, ZIP 2015, 1419, sprechen sich gegen die analoge Anwendung auf das Personengesellschaft aus.
209) Hölters-*Semler*, Hdb. Unternehmenskauf, S. 844, Rn. 7.153 m. w. N.
210) Vgl. Picot-*Temme*, Unternehmenskauf und Restrukturierung, S. 304, 319.
211) Vgl. *Perwein*, AG 2012, 611, 612 li. Sp. oben m. w. N.
212) BGH v. 25.6.1980 – IVb ZR 516/80, BGHZ 77, 293, 295; BGH v. 25.6.1993 – V 7/92, BGHZ 123, 93, 95.
213) BGH v. 21.3.1996 – III ZR 106/95, DB 1996, 1227.
214) Näher Hölters-*Semler*, Hdb. Unternehmenskauf, S. 840, Rn. 7.144 f.

III. Nichtigkeit von abgeschlossenen M&A-Verträgen

lich verfügen. Die Missachtung führt zur Unwirksamkeit. Weitere Verfügungsbeschränkungen können sich bei Vorerbschaft, Testamentsvollstreckung, Nachlassverwaltung und Nachlassinsolvenz ergeben.[215]

12. Nichtigkeit aus verschiedenen Gründen

Nichtigkeit in der Form der **rechtlichen Unmöglichkeit** wurde bei dem Verkauf von Anteilen an dem französischen Fernsehkanal *La Cinq* von Lagardère SCA an Reteitalia Spa zum Thema. Durch den Erwerb hätte Reteitalia Spa mehr als den zulässigen Höchstanteil gehalten, was über die rechtliche Unmöglichkeit zur Nichtigkeit führte.[216] 2.152

Das **Außenwirtschaftsgesetz (AWG)** kann zur Untersagung von Unternehmenserwerben gebietsansässiger Unternehmen durch Käufer außerhalb der EU und EFTA führen. Gemäß § 53 Außenwirtschaftsverordnung stehen das schuldrechtliche und dingliche Geschäft unter der *auflösenden* Bedingung der nachträglichen Untersagung.[217] 2.153

13. Teilnichtigkeit und Gesamtnichtigkeit

a) Nichtigkeit des „ganzen Rechtsgeschäfts" bei Nichtigkeit eines „Teil(s) eines Rechtsgeschäfts" gemäß § 139 BGB

§ 139 BGB ordnet dem Wortlaut nach die Nichtigkeit des ganzen Rechtsgeschäfts an („... so ist *das ganze* Rechtsgeschäft nichtig ..."), wenn „ein Teil *eines* Rechtsgeschäfts" nichtig ist. 2.154

Die extensive Auslegung durch die Rechtsprechung liegt darin, dass sie zwei oder mehrere **nebeneinander bestehende Rechtsgeschäfte**, im üblichen Sinn dieses Begriffs, für Zwecke des § 139 BGB als „**Teile**" eines „**ganzen**" **Rechtsgeschäfts** behandelt (statt als mehrere Rechtsgeschäfte). Der Begriff „das ganze Rechtsgeschäft" in § 139 BGB meint insofern i. S. der Rechtsprechung nicht dasselbe, was sonst, etwa in § 134 BGB, mit „einem Rechtsgeschäft" gemeint wird, sondern er schließt mit ihm „zusammenhängende Rechtsgeschäfte", also mehrere Rechtsgeschäfte, etwa Unternehmenskaufvertrag *und* Bezugsverpflichtung oder Bierlieferungsvertrag *und* Gaststättenmietvertrag,[218] ein. 2.155

§ 139 BGB wird so als eine „**Infektionsnorm**" gehandhabt, die die **Nichtigkeit eines Rechtsgeschäfts auf ein (eigentlich) anderes überträgt**, wenn das zweite 2.156

---

215) *Beisel/Klumpp*, Der Unternehmenskauf, S. 167.
216) Die diesbezügliche Entscheidung eines Schiedsgerichts wurde bei Überprüfung durch ein schweizerisches staatliches Gericht aufrechterhalten (Reteitalia Spa (Italie) v. Lagardère SCA (France), Swiss Federal Tribunal 1. Civil Chamber, Urteil v. 26.5.1999, ASA Bulletin 2000, S. 331–336. Dazu *Bernd D. Ehle*, Arbitration as a Dispute Resolution Mechanism in Mergers and Acquisitions, The Comparative Law Yearbook of International Business, Vol. 27, 2005, (S. 287–309) S. 287, 293.
217) Vgl. Darstellung bei *Hasselbrink*, GmbHR 2010, 512, 516.
218) S. die Nachweise und zahlreiche andere Beispiele bei Palandt-*Ellenberger*, BGB, § 139 Rn. 6.

mit dem ersten auf eine gewisse Weise zusammenhängt. Es soll sogar möglich sein, dass ein Vertrag zwischen A und B und A und C zwei Teile eines Rechtsgeschäfts i. S. von § 139 BGB darstellen.[219)]

2.157 Wie soll nun entschieden werden, ob zwei oder noch mehr Rechtsgeschäfte auf eine solche Weise zusammenhängen, dass sie als „Teile" eines „ganzen" Rechtsgeschäfts i. S. von § 139 BGB behandelt werden können? Eine äußere Verknüpfung soll nicht reichen, ebenso wenig ein wirtschaftlicher Zusammenhang.[220)] Am Ende bleibt wieder nur ein überwiegend subjektives Tatbestandsmerkmal, ein für den anderen **erkennbar gewordener Einheitlichkeitswille** einer Partei.[221)] Dieses Kriterium entspricht weitgehend demjenigen, das die Rechtsprechung anwendet, um die Erstreckung des Formerfordernisses eines formbedürftigen Rechtsgeschäfts auf andere Rechtsgeschäfte zu bestimmen.[222)] In diesem Sinne hat der BGH erneut am 22.9.2016 judiziert: „Der für die Annahme eines einheitlichen Rechtsgeschäfts nach § 139 BGB erforderliche Einheitlichkeitswille liegt vor, wenn das eine Geschäft nicht ohne das andere gewollt ist, die möglicherweise äußerlich getrennten Rechtsgeschäfte also miteinander stehen und fallen sollen. Dabei kommt es auf den rechtlichen Zusammenhang, nicht auf eine wirtschaftliche Verknüpfung an. Ob es sich insoweit aufgrund eines Einheitlichkeitswillens der Vertragsparteien um ein einheitliches Rechtsgeschäft handelt, ist Tatfrage und durch Ermittlung und Auslegung des – objektiv erkennbaren Parteiwillens festzustellen."[223)]

2.158 Gleichwohl hat er eine Möglichkeit eröffnet, eine Gesamtnichtigkeit zu vermeiden. Jedenfalls wenn geschäftserfahrene Parteien, die zuvor über die Nichtigkeit eines nicht notariell geschlossenen Vertrages belehrt wurden, gleichwohl auf die Beurkundung verzichten und hierbei sogar erklären, dass ihnen aufgrund eines Vertrauensverhältnisses eine gleichsam nur „moralische" Verpflichtung genüge, so rechtfertigt dies den Schluss, dass die Parteien eine rechtliche Einheit zwischen den beiden Verträgen nicht beabsichtigten.[224)]

2.159 Wenn es im Umfeld einer M&A-Transaktion ein nichtiges Rechtsgeschäft gibt, so liegt daher oft die Geltendmachung einer Nichtigkeit der M&A-Transaktion für die reuige Partei schon in nicht mehr unüberbrückbarer Ferne und für die vertragstreue Partei schon in bedrohlicher Nähe.[225)] Der reuigen Partei wird es meist nicht schwerfallen zu argumentieren, dass sie schon bei Abschluss einen

---

219) Palandt-*Ellenberger*, BGB, § 139 Rn. 5.
220) Palandt-*Ellenberger*, BGB, § 139 Rn. 5.
221) Palandt-*Ellenberger*, BGB, § 139 Rn. 5.
222) Vgl. bereits Rn. 2.33 und Rn. 2.62–2.69.
223) BGH Urt. v. 22.9.2016 – III ZR 427/15, Rn. 17, ZIP 2016, 2019.
224) BGH Urt. v. 22.9.2016 – III ZR 427/15, Rn. 21, 22, ZIP 2016, 2019. S. a. *Ulrich*, GmbHR 2016, R 325.
225) Vgl. etwa OLG Schleswig v. 28.3.1996 – 2 U 54/95, BB 1996, 2216.

IV. Bestandsrisiken bei Insolvenznähe oder Insolvenz des Verkäufers

Einheitlichkeitswillen hatte, und sich mit Hilfe ihres Anwalts plausible Motive hierfür zurechtlegen, vielleicht sogar Unterlagen vorlegen können, die diesen bestätigen. Der Streit wird also wohl v. a. darum gehen, ob dieser Einheitlichkeitswille der anderen Partei erkennbar war. An der **Erkennbarkeit eines Einheitlichkeitswillens**, also dem Fingerspitzengefühl des Gerichts, entscheidet sich nun das Schicksal des Vertrages. Beruhigend rechtssicher ist dies nicht.

b) Beschränkte Wirkung salvatorischer Klauseln

Die „nichtigkeitsfreundliche" Tendenz der Rechtsprechung – extensive Auslegung der zur Nichtigkeit führenden, restriktiven Auslegung der begrenzenden Normen – setzt sich bei der Behandlung von salvatorischen Klauseln fort. 2.160

Der VIII. Zivilsenat des BGH hat im Jahre 1991 einen Kaufvertrag mit einer wegen § 203 Abs. 1 Nr. 1 StGB i. V. m. § 134 BGB nichtigen Klausel über die Übergabe einer Patientenkartei vermittels einer salvatorischen Klausel vor der Nichtigkeit bewahrt.[226] Auch im Jahre 2005 gelangte der VIII. Zivilsenat des BGH ausgehend von einer salvatorischen Klausel zur Rettung eines Verkaufs. Allerdings wurde hierbei davon ausgegangen, dass ein Vertrag vor einer sonst eintretenden Nichtigkeit nicht einfach durch eine salvatorische Klausel gerettet wird. Eine salvatorische Klausel hindere nicht generell eine Gesamtnichtigkeit nach § 139 BGB, sondern berühre **nur** die **Beweislast**. Während diese normalerweise von der Partei zu tragen sei, die das teilnichtige Geschäft aufrechterhalten wolle, verlagere die salvatorische Klausel die Beweislast auf die Partei, die die Gesamtnichtigkeit geltend mache.[227] 2.161

IV. Bestandsrisiken bei Insolvenznähe oder Insolvenz des Verkäufers

Als *Distressed M&A* werden M&A-Transaktion bei Insolvenznähe oder Insolvenz[228] bezeichnet. Da in Insolvenznähe eine Übernahme des krisenbehafteten Unternehmens durch Share Deal nur in Sonderfällen im Interesse des Über- 2.162

---

226) BGH v. 11.12.1991 – VIII ZR 4/91, BGHZ 116, 268, 277 unten.
227) BGH v. 15.6.2005 – VIII ZR 271/04, MDR 2006, 79, unter Berufung auf BGH v. 22.9.2002 – KZR 10/01, ZIP 2003, 126 = NJW 2003, 347. Ähnl. OLG Hamm v. 15.12.2011 – 2 U 65/11, NJW 2012, 1743, 1745 li. Sp. unten. Die einschränkende Auslegung von salvatorischen Klauseln, die in der Sache keine bloße Auslegung sein dürfte – sonst würden die Parteien die Rspr. durch eine unzweideutige Klarstellung zu einer anderen Auslegung zwingen können –, ist argumentativ problematisch. Die Abweichung durch § 139 BGB bzw. seine herrschende Auslegung von dem gemeinrechtlichen Grundsatz *utile per inutile non vitiatur* wird etwa damit gerechtfertigt, dass sie dem Schutz der Privatautonomie diene, vgl. Palandt-*Ellenberger*, BGB, § 139 Rn. 1. Gerade dann wäre der privatautonome Wunsch der Parteien, die auf diese Hilfe verzichten wollen, zu respektieren.
228) Dazu auch *Jordan*, Unternehmenskauf in der Krise/Insolvenz – Chancen und Risiken für den Käufer, in: Schalast, S. 179–209. *Ehle/Ahrens*, M&A Review 2013, 382; *Bächstädt*, M&A Review 2014, 264. Zum Unternehmenskauf vom Verkäufer in der Krise *Freitag/Kiesewetter/Narr*, BB 2015, 1418.

nehmers liegen wird,[229] geht es im Allgemeinen um ein Herauskaufen der werthaltigen Teile des operativen Geschäftsbetriebes aus dem Krisenunternehmensträger – **möglichst bei Zurücklassen der Altverbindlichkeiten**. Dies kann vor jedem Insolvenzverfahren in der Krise, in dem Insolvenzeröffnungsverfahren oder schließlich im Insolvenzverfahren erfolgen;[230] die Bestandsrisiken sind je nachdem andere.[231] Versuche in diesem Sinne werden zum Teil „**übertragende Sanierung**" genannt.[232]

2.163 Da eine „übertragende Sanierung" auf Herausholen der Werte bei Zurücklassen der Schulden abzielt, kann sie leicht (bzw. müsste eigentlich häufig) in **Konflikt mit den §§ 30, 31, 64 GmbHG, §§ 15a, 21, 22 und 129 ff. InsO** sowie **§ 283 StGB** (strafbarer Bankrott) geraten. „Übertragende Sanierungen" vor der Insolvenzeröffnung sowie ähnliche Formen von Asset Deals, dürften daher häufig unzulässig sein.[233] Soweit dies zu Ansprüchen gegen Gesellschafter, Geschäftsführer oder andere Beteiligte führen kann, werden diese unten behandelt.[234] Hier sollen kurz die Normen vorgestellt werden, die den Bestand von M&A-Transaktionen im Vorfeld der Insolvenz gefährden können.

1. Insolvenzanfechtung (§§ 132 Abs. 1 Nr. 1, 133 InsO)

2.164 Nach § 132 Abs. 1 Nr. 1 InsO kann der Verwalter Rechtsgeschäfte des Schuldners, die die Insolvenzgläubiger unmittelbar benachteiligen und die in den letzten drei Monaten vor dem Eröffnungsantrag vorgenommen worden sind, anfechten, wenn der Schuldner zahlungsunfähig war und der andere Teil zu dieser Zeit hier-

---

229) An der Überschuldung oder Zahlungsunfähigkeit und der Belastung mit den Altverbindlichkeiten, zu großem Personal etc., ändert sich nichts. Der Übernehmer muss also nicht nur neues Kapital bzw. Finanzmittel einschießen, um die noch vorhandenen wertvollen Assets, Unternehmenskompetenzen, Kundenverbindungen etc. neu auszurichten und in Gang zu setzen, sondern das Volumen des erforderlichen neuen Kapitals bzw. der Finanzmittel erhöht sich um die Altverbindlichkeiten bzw. den in der Vergangenheit aufgelaufenen Verlust, soweit die Altgläubiger nicht zum Forderungsverzicht bewegt werden können. Hierauf wird sich ein Übernehmer nur in Ausnahmefällen einlassen, etwa wenn das Unternehmen ein überragend wertvolles Vertragsgeflecht oder andere Assets hat, die nicht einzeln übernommen werden können.
230) Vgl. auch *Beisel/Klumpp*, Der Unternehmenskauf, S. 105, 106.
231) Gute Darstellung bei *Holzapfel/Pöllath*, Unternehmenskauf in Recht und Praxis, S. 592 ff.
232) Nach *Falk/Schäfer*, ZIP 2004, 1337, 1373 li. Sp. oben soll die „übertragende Sanierung" als „probates Sanierungsinstrument" gelten und sich bei „vielen Insolvenzverwaltern ... größter Beliebtheit" erfreuen. Von *Karsten Schmidt* wurde der Begriff mit krit. Absicht geprägt, aber von Teilen der Insolvenzverwalter einfach „umgewertet" und als Bezeichnung für ein positives Gestaltungsinstrument benutzt. So *Falk/Schäfer*, ZIP 2004, 1337 re. Sp. unten; vgl. auch *Müller-Feldhammer*, ZIP 2003, 2186.
233) So *Arends/Hofert-von Weiss*, BB 2009, 1538 li. Sp. unten; *Hölzle*, DStR 2004, 1433, 1434 re. Sp. oben.
234) S. Rn. 14.1 ff.

IV. Bestandsrisiken bei Insolvenznähe oder Insolvenz des Verkäufers

von Kenntnis hatte.²³⁵⁾ Es reicht die Kenntnis von Umständen aus, die zwingend auf die Zahlungsunfähigkeit schließen lassen.²³⁶⁾ Die Rechtsfolge der Anfechtung ist nicht eine *ex ante*-Nichtigkeit i. S. von § 142 BGB, sondern ein **bereicherungsähnlicher Rückgewähranspruch**. Da dieser auf Rückübertragung des Unternehmens gerichtet ist, aber der Käufer seinen Kaufpreisrückzahlungsanspruch nur als einfache Insolvenzforderung geltend machen kann, bedeutet dies für den Käufer gleichwohl eine sehr nachteilige, asymmetrische Rückabwicklungssituation.²³⁷⁾

Nach § 133 Abs. 1 Satz 1 und 2 InsO ist eine Rechtshandlung in den letzten zehn Jahren vor dem Antrag auf Verfahrenseröffnung anfechtbar, wenn sie mit Gläubigerbenachteiligungsvorsatz vorgenommen wurde und der andere Teil den Vorsatz kannte. Dies wird vermutet, wenn der andere Teil wusste, dass die Zahlungsunfähigkeit des Schuldners drohte und die Handlung die Gläubiger benachteiligte. 2.165

Anfechtbar sollen auch Handlungen des sog. „schwachen" vorläufigen Insolvenzverwalters ohne Verwaltungs- und Verfügungsmacht sein.²³⁸⁾ 2.166

2. Verwalterwahlrecht (§ 103 Abs. 2 Nr. 1 InsO)

Ist ein gegenseitiger Vertrag zur Zeit der Eröffnung des Insolvenzverfahrens vom Schuldner und vom anderen Teil nicht oder nicht vollständig erfüllt (§ 103 Abs. 1 InsO) und lehnt der Verwalter die Erfüllung ab, so kann der andere Teil eine Forderung wegen der Nichterfüllung nur als Insolvenzgläubiger geltend machen (Abs. 2). Eine „**nicht vollständige Erfüllung**" kann vorliegen bei offenen Bedingungen, wenn eine Betriebsimmobilie nicht umgeschrieben wurde, bei einem Kaufpreiseinbehalt, einer variablen Kaufpreisklausel, die noch nicht völlig abgewickelt ist, oder selbst, wenn der Käufer nur noch Garantieansprüche geltend macht. Bei Mängeln soll es allerdings nur darauf ankommen, ob der Käufer Ansprüche geltend macht; der Verwalter kann sich nicht hierauf berufen.²³⁹⁾ Wenn ein „Bargeschäft" i. S. von § 142 InsO („unmittelbare wertgleiche Gegenleistung") vorliegt, greift das Verwalterwahlrecht nicht mehr ein.²⁴⁰⁾ 2.167

---

235) Zu den §§ 129 ff. InsO vgl. *Rotthege/Wassermann*, Unternehmenskauf bei der GmbH, S. 506 f., sowie ausführlich *Hermann*, Anfechtungsrechtliche Risiken nach §§ 129 ff. InsO beim Kauf von Krisenunternehmen, in: Birk/Pöllath/Saenger, S. 85 ff. In dem Verfasser bekannt gewordenen oder veröffentlichten Rechtsstreitigkeiten aus M&A-Transaktionen spielten Insolvenzanfechtungen bislang noch keine Rolle.
236) § 132 Abs. 3 i. V. m. § 130 Abs. 2 InsO.
237) Vgl. *Wessels*, ZIP 2004, 1237 re. Sp. oben, 1238 li. Sp. Mitte.
238) *Kammel*, NZI 2000, 102, 103 li. Sp. oben.
239) Vgl. *Wessels*, ZIP 2004, 1237 re. Sp. oben, 1241 li. Sp. m. w. N., eine solche Gestaltung, die allerdings auf große praktische Schwierigkeiten stoßen wird, wird daher als Schutzmaßnahme für den Käufer erwogen; vgl. *Wessels*, ZIP 2004, 1237, 1245 f.
240) Vgl. auch *Rotthege/Wassermann*, Unternehmenskauf bei der GmbH, S. 506 f. In dem Verfasser bekannt gewordenen oder veröffentlichten Rechtsstreitigkeiten aus M&A-Transaktionen spielten Bestandsangriffe aufgrund von Ausübungen des Verwalterwahlrechts bislang noch keine Rolle.

3. Anfechtungen nach dem Anfechtungsgesetz

2.168 Außerhalb der Insolvenz sind M&A-Transaktionen, die Gläubiger benachteiligen, u. U. nach den §§ 3 ff. AnfG durch Gläubiger anfechtbar, die einen vollstreckbaren Schuldtitel erlangt haben und deren Forderungen fällig sind, wenn die Zwangsvollstreckung in das Vermögen des Schuldners nicht zu einer vollständigen Befriedigung geführt hat, oder wenn anzunehmen ist, dass sie nicht dazu führen würde. Die hauptsächlichen Voraussetzungen sind eine Gläubigerbenachteiligungsabsicht oder Unentgeltlichkeit (§§ 3, 4 AnfG).

4. Unternehmensverkäufe nach eröffnetem Insolvenzverfahren

2.169 Das eröffnete Insolvenzverfahren konfrontiert Unternehmenskäufer zwar mit einem möglicherweise schwierigen Verhandlungspartner, aber bringt Transaktionssicherheit. Selbst eine fehlende Zustimmung des Gläubigerausschusses oder der Gläubigerversammlung zu einem Unternehmensverkauf durch den Insolvenzverwalter nach § 160 Abs. 2 Nr. 1 InsO führt im Außenverhältnis nicht zur Unwirksamkeit (§ 164 InsO).[241]

V. Vereinbarte Rücktrittsrechte, Geschäftsgrundlage und MAC-Klauseln
1. Rücktrittsrechte

2.170 Wie Genehmigungsvorbehalte, etwa zugunsten von Gremien, ein einseitiges Recht zur Verhinderung eines M&A-Vertrages *vor* seinem Abschluss eröffnen, gewähren **Rücktrittsrechte** ein **Lösungsrecht** für die **Zeit danach**, etwa zwischen Signing und Closing. Käufer würden sich zwar solche Rücktrittsrechte, die an keine weitere Voraussetzungen gebunden wären, was nach § 346 Abs. 1 Satz 1 Alt. 1 BGB („Rücktritt vorbehalten") möglich ist, und die etwa nur befristet sind, eigentlich stets wünschen,[242] aber sie kommen in dieser offenen Ausprägung nur selten vor. Sie würden den Verkäufer zu einseitig binden und dem Käufer **zu viel Macht** einräumen. Allerdings kommen Rücktrittsrechte vor, die an konkretere Voraussetzungen gebunden sind (dann sind sie u. U. unproblematisch) oder die, da ihre **Voraussetzungen unbestimmt** und **nicht vorhersehbar justiziabel** sind, in ihrer Wirkung an freie Rücktrittsrechte heranreichen. Häu-

---

241) *Vallender*, GmbHR 2004, 642, 643, 644 re. Sp. Mitte.
242) Eigentlich müsste es der Idealvorstellung eines jeden Marktakteurs entsprechen, sich nicht nur in jede Rechtsbeziehung hineinoptieren zu können, sondern auch aus jeder Rechtsbeziehung, in der man sich schon befindet, wieder hinaus. Deshalb sind Käufer daran interessiert, Verkäufer früh und umfangreich zu binden (Exklusivität, Break Up Fees, frühzeitige Begründung einer c. i. c.-Haftung wegen Vertragsabbruch), aber zugleich selbst möglichst lange frei zu bleiben (keine Break Up Fees zahlen zu müssen, nicht wegen Vertragsabbruchs zu haften) und sogar nach Vertragsabschluss (MAC) oder selbst nach dem Closing aussteigen zu können (Rücktrittsrecht bei Garantieverletzungen). *Pinkerton* (in Madame Butterfly): „Così mi sposo all'uso giapponese per novecento novantanove anni. Salvo a prosciogliermi ogni mese."

V. Vereinbarte Rücktrittsrechte, Geschäftsgrundlage und MAC-Klauseln

fig enthalten an die angelsächsische Rechtspraxis angelehnte MAC-Klauseln (siehe sogleich Rn. 1.173) eine Gemengelage von bestimmteren und unbestimmteren Rücktrittsrechten.

2. Wegfall der Geschäftsgrundlage

Bei einer Störungen oder einem Wegfall der Geschäftsgrundlage kann nach § 313 Abs. 1 BGB Vertragsanpassung verlangt werden oder kann nach § 313 Abs. 3 BGB der benachteiligte Teil von dem Vertrag zurücktreten oder ihn kündigen.[243] Dabei hat sich die Berufung auf § 313 BGB bislang freilich i. d. R. nicht als taugliches Instrument für einen Angriff auf einen Unternehmenskaufvertrag erwiesen. Dies galt sowohl für konjunkturelle Umsatz- und Ertragsrückgänge in der politischen und ökonomischen Normalität der „alten" Bundesrepublik[244] als auch während der Umbrüche nach der deutschen Wiedervereinigung, etwa beim Wegbrechen preisgünstiger Lieferanten und traditioneller Abnehmer der privatisierten ostdeutschen Unternehmen im Rat für Gegenseitige Wirtschaftshilfe. Es gab namentlich eine beachtliche Zahl von Fällen, in denen Käufer von Treuhandunternehmen, v. a. gegen Ansprüche aus Beschäftigungs- und Investitionsklauseln, einen Wegfall der Geschäftsgrundlage geltend machten. Dies blieb indessen zumeist ohne Erfolg.[245]

2.171

§ 313 BGB ist insoweit bislang für die M&A-Praxis ohne Bedeutung geblieben. Das könnte sich aber ändern, wenn, was sich abzeichnet, die politische und makro-ökonomische Lage insgesamt instabiler würde und häufiger „Black Swans" auftreten. Es dürfte dann zu Fällen der parallelen Anwendung von **MAC-Klauseln** (sogleich) und von § 313 BGB kommen. In diesem **Nebeneinander** liegt zunächst kein Problem. Es ist nicht ersichtlich, warum es einer Partei, die eine MAC-Klausel durchgesetzt hat, zum Nachteil gereichen sollte, dass ihr das Gesetz von sich aus schon einen parallelen (schwächeren, gleichstarken oder stärkeren?) Schutz gewährt; die Vertragsfreiheit erlaubt ja sogar ein vorausset-

2.172

---

243) S. a. die *force majeure-* oder *rebus sic stantibus*-Klauseln verschiedener Rechtsordnungen *Andrea Carlevaris*, The Arbitration of Disputes Relating to Mergers and Acquisitions: A Study of ICC-Cases, ICC International Court of Arbitration Bulletin, Vol. 24, No. 1, 2013, S. 19, 21 li. Sp. oben.

244) 1977 hatte der BGH entschieden, dass ein konjunkturbedingter Einnahmerückgang bei einem Architekturbüro keinen Wegfall einer Geschäftsgrundlage darstellt (BGH v. 13.7.1977 – VIII ZR 72/76, BB 1977, 1171).

245) Der Verfasser hat in den 90er Jahren zahlreiche Rechtsstreitigkeiten in diesem Kontext geführt und sich später an der Aufarbeitung beteiligt. Vgl. *Wächter/Stender*, NJW 2000, 395, 403 li. Sp. Mitte. Der 9. Senat des OLG Celle formulierte einen relativ engen, der 10. Senat desselben Gerichts einen spürbar weiteren Begriff der Geschäftsgrundlage. Vgl. OLG Celle, OLGR 1998, 29 und OLG Celle v. 17.12.1998 – 10 U 65/95; vgl. zur Geschäftsgrundlage weiter *Wächter*, WM 1994, 1319, 1320; *Picot* weist auf OLG Düsseldorf v. 23.1.1992 – 13 U 131/91, OLGR 1992, 138, hin. Wegen weiterer Einzelheiten wird auf die Kommentarliteratur zu § 313 BGB n. F. verwiesen.

zungsloses vertragliches Rücktrittsrecht.[246] Es kann umgekehrt die Frage aufgeworfen werden, ob, etwa zugunsten von MAC-Klauseln, § 313 BGB abbedungen werden kann, um ein Nebeneinander zu verhindern.[247] Hiergegen bestehen erhebliche Bedenken.[248]

3. MAC-Klauseln
a) Überblick

2.173 Die Literatur befasst sich in einem beachtlich Umfang mit sog. MAC-Klauseln (Material Adverse Change/Effect-Klauseln).[249] Sie erlauben die Wieder-Zerstörung des M&A-Vertrages. Ihr kennzeichnender Unterschied zu sonst gebräuchlichen Rücktrittsrechten besteht in der ankündigungsgemäß: „material", „adverse" „Change" – **Kombination von Tatbestandsvoraussetzungen ungewöhnlicher Unklarheit und Unbestimmtheit**. MAC-Klauseln beinhalten darüber hinaus häufig auch konkrete, klar und bestimmt formulierte Lösungsrechte

---

246) Übrigens kann es bisweilen gefährlich sein, dem Wunsch eines Vertragspartners nach einer – wie man denken würde – sinnlosen bzw. überflüssigen Klausel nachzugeben. In einem Privatisierungsvertrag, der von einer Tochtergesellschaft der Treuhandanstalt geschlossen worden war, war zugunsten dieser Tochtergesellschaft eine Zahlungspflicht vereinbart worden. Im Anschluss daran hieß es: „Diese Verpflichtung entfällt, sofern die Treuhandanstalt aus Kenntnis der wirtschaftlichen Situation auf die Zahlung verzichtet." Die Verhandlungsführer der Gläubiger der Zahlungspflicht hatten wohl die Stirn über so viel Unverstand der Schuldnerin gerunzelt, die diesen Hinweis unbedingt aufgenommen haben wollte. Das KG hat diese Klausel nun tatsächlich nicht als überflüssigen Hinweis darauf, dass die Treuhandanstalt ihre Tochtergesellschaft entsprechend hätte anweisen (oder zur Not deren Vertragspartner freistellen) können, verstanden, sondern als eine Regelung i. S. von § 317 BGB. Der Treuhandanstalt sei zwar nicht die *Bestimmung* der Leistung, aber die *der Nichtleistung* in einem anderen Vertragsverhältnis überlassen worden. Da die Klausel aber keine hinreichenden Maßstäbe enthielt, nach welchen Kriterien der Dritte der Entscheidung treffen sollte, erachtete das KG die Begründung der Zahlungspflicht als nichtig (KG v. 10.3.1998 – 5 U 1173/97). An dem Urteil überzeugt ebenso wenig die Betrachtung der Klausel als ein Fall des § 317 BGB wie die Nichtberücksichtigung des Textes von § 317 BGB, der selbst Kriterien für den Zweifelsfall vorsieht.

247) Dies ziehen *Picot/Duggal*, DB 2003, 2635, 2638 li. Sp. unten, in Betracht.

248) Nach *Roth* in: MünchKomm-BGB, 6. Aufl., § 313 Rn. 112, ist eine Abbedingung nicht möglich. § 313 BGB sei wie § 242 BGB oder die Möglichkeit einer Kündigung von Dauerschuldverhältnissen aus wichtigem Grund zu bewerten. Die Parteien könnten zwar „in Ausübung ihrer Privatautonomie einvernehmlich die Reizschwelle für eine Vertragskorrektur herabsetzen oder anheben, sie können für eine Anpassung inhaltliche und andere Vorgaben setzen. Die Unterscheidung mag theoretisch klar, praktisch aber kompliziert erscheinen; im Ergebnis bedeutet sie jedoch schlicht, dass die Parteien § 313 nicht abbedingen können ...". *Henssler* in: FS Huber, S. 739, 752 unten, stimmt dem für einen Kerngehalt von § 242 BGB zu. A. A. (pro Abdingbarkeit) wohl *Finkenauer* in: MünchKomm-BGB, 7. Aufl., § 313 Rn. 51.

249) Zu MAC-Klauseln s. allgemein: *Holzapfel/Pöllath*, Unternehmenskauf in Recht und Praxis, S. 310 ff.; *Picot/Duggal*, DB 2003, 2635; *Lange*, NZG 2005, 454; *Borris*, BB 2008, 294; *Haberstock* in: FS Pöllath+Partners, S. 29 ff., 36 f.; *Kuntz*, WM 2009, 1257; *Kuntz*, DStR 2007, 209; *Kindt/Stanek*, BB 2010, 1490 ff. Einen relativ umfangreichen Überblick, besonders auf das Übernahmerecht bezogen, gibt *Hopt* in: FS K. Schmidt, S. 681 ff.

V. Vereinbarte Rücktrittsrechte, Geschäftsgrundlage und MAC-Klauseln

(z. B. bei einem Verbot des Zusammenschlusses, Nichterlangung einer Finanzierung o. Ä.). Der Wunsch nach solchen konkreten Rücktrittsmöglichkeiten für den Käufer (oder ausnahmsweise den Verkäufer) kann häufig völlig legitim sein. Hierzu würde aber die einfache Formulierung eines Rücktrittsrecht ausreichen und müsste kein sog. „Legal Transplant" bemüht werden. Das Spezifische und Besondere von MAC-Klauseln liegt indessen in den unbestimmten und unklaren Passagen der MAC-Klauseln, die es dem Käufer erlauben, den Verkäufer vor der Vertragsabwicklung **in einen asymmetrischen Machtkampf zu zwingen**. An dieser Stelle geht es dem Käufer nicht (mehr) darum, durch klare und bestimmte Tatbestandsvoraussetzungen ein sicheres Rücktrittsrecht für sich selbst zu erlangen, sondern darum, **den Verkäufer in möglichst vielen Fällen in Unsicherheit zu stürzen** und ihn mit dem Horrorszenario der Nichtdurchführung des Vertrages bedrohen zu können, **ohne selbst sogleich als Vertragsbrecher dazustehen**.

Die Unklarheit und Unbestimmtheit liegen dabei primär **im Interesse des Käufers** und sie – und die von ihr ausgehenden Machteffekte – werden von dem Käufer in aller Regel instinktiv, und von den klügeren mit dolus directus beabsichtigt. 2.174

Es verlangt kautelarjuristische Kunst, die Voraussetzungen für ein Rücktrittsrecht in einem klaren und bestimmten Fall zu formulieren. MAC-Klauseln sind indessen i. d. R. jenseits von kautelarjuristischer Kunst. Es sind kompromisshafte Aneinanderreihungen unbestimmter und von den Parteien schon bei Vertragsabschluss unterschiedlich interpretierter „Gummibegriffe". Das eigentliche Thema bei MAC-Klauseln sind die **„Power-Politics"**, die sie auslösen; sie ähneln insoweit **Notstandsartikeln** in Verfassungen. 2.175

MAC-Klauseln können rechtlich auf unterschiedliche Weise ausgestaltet sein. Denkbar ist v. a., dass (i) das (positive) Vorliegen eines MACs ein **Rücktrittsrecht** eröffnet oder (ii) dass das (negative) Fehlen eines MACs eine Closing Condition ist, so dass beide Parteien bzw. der Käufer **nur bei Nichtvorliegen eines MACs verpflichtet bleiben**, den Vertrag weiter **zu vollziehen**. 2.176

Dabei dürfte im Allgemeinen die zweite Gestaltung dem **Käufer** noch mehr Macht einräumen als die erste, zunächst, da sich der Käufer bei der zweiten Gestaltung nicht verbindlich – durch Ausübung eines Rücktrittsrechts – festlegen muss und über eine **längere Zeit frei taktieren** kann, ohne sich den „Weg zurück" zur Vertragstreue zu versperren.[250] Man würde auch erwarten, dass im zweiten Fall die **Beweislast** beim Verkäufer liegt (weil er Ansprüche auf Erbringung einer bedingten Leistungspflicht zur weiteren Vertragsabwicklung geltend macht),[251] im ersten Fall beim Käufer; Rechtsprechung gibt es noch nicht. 2.177

---

250) Es sei denn der Verkäufer operiert mit Fristsetzung und Ablehnungsdrohung.
251) So auch, mit Empfehlung zum Abschluss einer Beweislastvereinbarung, *Broichmann/Makos*, DB 2015, 2801, 2805 re. Sp.

2.178 Es gibt auch MAC-Klauseln, die als *Garantien* ausgestaltet sind und neben einem Rücktrittsrecht zu Schadensersatz oder Minderung führen können. Wenn der Nichteintritt des MACs nicht zugleich als auflösende Bedingung für das schuldrechtliche Verpflichtungsgeschäft konstruiert ist, bleibt dieses in der Schwebe und ist das endgültige Schicksal des Vertrages selbst bei Vorliegen eines MAC noch nicht geklärt. Oft sehen M&A-Verträge dann fristgebunden auszuübende Rücktrittsrechte vor. Andernfalls muss ggf. eine Partei nach Fristsetzung den Rücktritt erklären.

b) Interims-Periode als formaler Anlass von MAC-Klauseln

2.179 Formaler Ansatzpunkt für MAC-Klauseln ist i. d. R. der Zufall, dass unterschiedliche Gegebenheiten, etwa ein Fusionskontrollverfahren, ein zeitliches Auseinanderfallen zwischen Abschluss des M&A-Vertrags (Signing) und den wesentlichen Erfüllungshandlungen (Closing), erforderlich machen.[252] Der Käufer nimmt dies zum Anlass, dem Verkäufer ein **„Verschlechterungsrisiko"** hinsichtlich des Zielunternehmens für diese **Interims-Periode** aufzuerlegen, das, wie wir sehen werden, i. d. R. signifikant über das Risiko hinausgeht, dass der Verkäufer tragen müsste, wenn seine Garantiehaftung auch zum Closing-Stichtag gelten würde. Diese formale Begründung von MAC-Klauseln gibt jedoch keine überzeugende materielle Begründung her. So gibt es z. B. i. d. R. keine MAC-Klauseln bei **Grundstückskaufverträgen**, obwohl auch hier aufgrund von gemeindlichen Vorkaufsrechten oder der Nutzung des Kaufobjektes als Finanzierungssicherheit eine Interims-Periode zwischen schuldrechtlichem und dem Vollzug des dinglichem Geschäfts durch Umschreibung im Grundbuch unvermeidbar ist.[253]

2.180 Für eine Unverzichtbarkeit von MAC-Klauseln kann, obwohl man natürlich Verständnis für das Anliegen haben kann, kaum angeführt werden, dass einem Käufer generell nicht zugemutet werden könne, zu einem Zeitpunkt, zu dem er absehen kann, dass sein Kauf ein „Fehlkauf" war, den Kauf noch weiter abwickeln zu müssen. Dieses Risiko muss der Käufer bei jeder Kaufpreisstundung (die oft vom Käufer gewünscht wird) und muss jeder fremdfinanzierende Immobilieninvestor tragen, wenn er ggf. noch über Jahrzehnte Annuitäten bedient, mit denen er einen Fehlkauf finanzierte. Die Möglichkeit, von einem eingegangenen Rechtsgeschäft aus reiner „Vertragsreue" – vor oder nach „Leistungsaustausch" – wieder Abstand zu nehmen, obwohl der Vertragspartner

---

[252] Der dingliche Übergang muss noch nicht unbedingt beim Closing stattfinden. Registrierungserfordernisse (z. B. Grundbuch) können ihn verzögern.

[253] § 446 BGB sieht vor, dass der Verkäufer die „Gefahr des zufälligen Unterganges und der zufälligen Verschlechterung" bis zur Übergabe trägt. Veränderungen bei der Marktbewertung der Sache sind nicht umfasst. Als „makroökonomischer" MAC bei Immobilientransaktionen käme neben dem Platzen von Immobilienblasen, das Bekanntwerden gesetzgeberischer Absichten, politische Konfrontationen und Kriege, etc. in Betracht.

V. Vereinbarte Rücktrittsrechte, Geschäftsgrundlage und MAC-Klauseln

seine Leistungspflichten nicht verletzt hat,[254] gewährt die Rechtsordnung nur in Ausnahmefällen („Kauf auf Probe", „Widerrufsvorbehalt" bei Verbrauchergeschäften, „Probezeit" im Arbeitsrecht oder „Verlobung" im Familienrecht). Allein der formale Umstand, dass das Unternehmen noch nicht übergeben werden konnte, stellt keinen vergleichbaren sachlichen Grund dar. Insbesondere wird der Käufer nicht ernsthaft argumentieren können, er hätte die Realisierung des Risikos, das letztlich zur Reduzierung seines subjektiven Unternehmenswerts führt, verhindern können, wenn die Übergabe schon erfolgt wäre.

c) Die materielle Risikoabwälzung durch MAC-Klauseln

Die von den typischen unklaren und unbestimmten Tatbestandsvoraussetzungen in MAC-Klauseln umfassten Fälle dienen, wie *Kästle/Oberbracht* schreiben, „der Berücksichtigung von Umständen, die sich außerhalb der Verantwortlichkeit des Verkäufers und des Zielunternehmens ereignen und als solche **alle Parteien unvorhergesehen treffen.**"[255] Es wird also eine eher zufällige, von den **Bezugs- oder Absatzmärkten**, der **Makroökonomie/Politik** oder gar der **Technik** oder **Naturkatastrophen** herrührende Veränderung oder „Störung" (für einen Lieferanten von Rüstungsgütern könnte auch ein Friedensschluss ein MAC sein) zum Anlass für eine **Risikoabwälzung auf den Verkäufer** genommen. Dieses abgewälzte Risiko geht, wie schon erwähnt, weit über das Risiko hinaus, das im Normalfall des Sach- oder Rechtskaufs oder nach der üblichen Mechanik von M&A-Verträgen mit den üblichen Garantien, aber ohne MAC-Klauseln, vom Verkäufer zu tragen wäre. 2.181

Das gesetzliche Verschlechterungsrisiko des Verkäufers nach § 446 BGB umfasst beim *Sachkauf*, also dem Kernvorgang des Asset Deals,[256] je nachdem, ob man der Lehre vom „Unternehmensmangel"[257] folgt, entweder den Untergang von verkauften Sachen oder ggf. den Untergang des „Unternehmens". Gleichermaßen umfasst es eine Verschlechterung der verkauften Sachen durch Entstehung von Sachmängeln oder des verkauften Unternehmens durch Entstehung eines sog. „Unternehmensmangels". Im Übrigen, auch wenn die kaufrechtliche Gewährleistung abbedungen ist, ist entscheidend, ob nach dem M&A-Vertrag die Garantien zum Closing/zur Übergabe gelten. In diesem Fall bleibt das Risiko des Eintritts garantiewidriger Umstände aller Art bis zum Closing/zur Übergabe beim Verkäufer. 2.182

---

254) Oft gewähren MAC-Klauseln ein Lösungsrecht auch, wenn sich bis zum Closing herausstellt, dass Garantien nicht eingehalten werden. Dies macht aber ebenso wenig wie konkrete Rücktrittsrechte den Kern von MAC-Klauseln aus.
255) *Kästle/Oberbracht*, Unternehmenskauf – Share Purchase Agreement, S. 136.
256) Wobei i. d. R. ein Asset Deal auch ergänzende Rechtskäufe, IP und Forderungen, und Vertragsübernahmen einschließt.
257) Vgl. Rn. 7.5–7.28.

Beim *Rechtskauf*, also auch beim Share Deal, müssen einzelne Sachen grundsätzlich ohnehin nicht sachmängelfrei sein.[258] Würde man der Lehre vom sog. „Unternehmensmangel"[259] folgen und auf § 446 BGB anwenden, und ist die kaufrechtliche Gewährleistungshaftung nicht ohnehin ausgeschlossen, trüge der Verkäufer nach §§ 453, 422 Abs. 1 Satz 2 BGB das Risiko der „Unternehmensmangelfreiheit" ebenfalls bis zum Closing/zur Übergabe. Zusätzlich trägt er wieder die Risiken aus zum Closing/zur Übergabe geltenden Garantien; insoweit besteht kein Unterschied zum Sachkauf.

2.183 MAC-Klauseln umfassen aber darüber hinaus Risiken, vor denen der Käufer typischerweise **gewährleistungs- oder garantierechtlich nicht geschützt wäre.** Die MAC-Klausel erfasst nämlich oft, wie *Kästle/Oberbracht* schreiben, „gerade auch Entwicklungen außerhalb der Risikosphäre des Verkäufers oder sogar in der Risikosphäre des Käufers".[260] Mit anderen Worten: Inhaltlich erhält der Käufer durch MAC-Klauseln (i) einen Schutz vor Beeinträchtigungen seines subjektiven Unternehmenswerts, die ohne diese Klauseln, sein wirtschaftliches Risiko darstellen, und (ii) die Chance, die MAC-Klausel ggf. als Verhandlungshebel zu nutzen, um den Kaufpreis zu reduzieren, wenn bestimmte Umstände – zu seinem Glück – nur vor[261] dem Closing eintreten.

d) MAC-Klauseln in Kreditverträgen des Käufers als Argument für MAC-Klauseln in M&A-Verträgen?

2.184 Bisweilen wird von Käufern für das Erfordernis einer MAC-Klausel angeführt, dass sie, was ja zutreffen mag,[262] ihrerseits in den Vereinbarungen mit ihren Finanzgebern eine MAC-Klausel akzeptieren müssten („Bank-MAC").

2.185 Dieses **„Back-to-Back"-Argument** ist aber nur auf den ersten Blick plausibel. Nähme man den Schutzbedarf des Käufers daraus, dass ihm seine Bank aufgrund eines Bank-MACs die Finanzierung entziehen könnte, ernst, aber würde man den Schutz des Käufers auch hierauf beschränken wollen, so würde dies nur rechtfertigen, dass der Käufer vom M&A-Vertrag nur zurücktreten kann, wenn die Bank den **Kredit tatsächlich aufgrund** einer MAC-Klausel im Kreditver-

---

258) S. Rn. 7.27.
259) S. erneut Rn. 7.5–7.28.
260) *Kästle/Oberbracht*, Unternehmenskauf – Share Purchase Agreement, S. 137 oben.
261) MAC-Klauseln können so formuliert werden, dass sie auch noch Rücktrittsrechte *nach* dem Closing gewähren. Sie verschmelzen in ihrem Effekt dann mit kaufrechtlichen Rücktrittsrechten (nach §§ 434, 440, 323 und 326 Abs. 5 BGB), wenn diese Möglichkeit nicht ausgeschlossen ist, oder einem generellen vertraglichen Rücktrittsrecht bei besonders schwerwiegenden Garantieverletzungen, wenn diese Möglichkeit eröffnet ist.
262) Vgl. *Picot/Duggal*, DB 2003, 2635 li. Sp. oben; *Borris*, BB 2008, 294 li. Sp. oben; zu LBOs vgl. *Kuntz*, DStR 2009, 377, und *Lange*, NZG 2005, 454 f.

V. Vereinbarte Rücktrittsrechte, Geschäftsgrundlage und MAC-Klauseln

trag bzw. **eines „Bank-MACs" verweigert**.[263] Das wäre sogar *weniger* als ein „einfacher" Finanzierungsvorbehalt, der den Käufer auch schützt, wenn er ohne MAC keine Finanzierung erhält. Vor allem ist es *viel weniger* als dem Käufer eine eigene MAC-Klausel zu gewähren, die er von sich aus und ganz unabhängig vom Verhalten seiner Bank bzw. Finanzgeber „ziehen" in einer viel größeren Zahl von Fällen geltend machen kann. Der Versuch eine MAC-Klausel in einem M&A-Vertrag mit dem „Back-to-Back"-Argument zu rechtfertigen, ist daher denkfehlerhaft.[264]

Das „Back-to-Back"-Argument würde insofern allenfalls ein einfaches Rücktrittsrecht beim Scheitern der Finanzierung aufgrund der Ausübung eines Kreditvertrags-MACs durch den Finanzgeber rechtfertigen. Zusätzlich würde sich dann, – wie bei Fusionskontroll- oder außenwirtschaftlichen Genehmigungsklauseln oder Altlasten-, Steuer-, Compliance- und Produkthaftungsfreistellungsklauseln – aufdrängen, dem Käufer eine **Abwehrverpflichtung** gegen eine Kreditkündigung seiner Bank aufzuerlegen und dem Verkäufer ggf. **Mitwirkungsrechte** bei der Verteidigung gegen die Geltendmachung des „Bank-MACs" durch die Kreditgeber einzuräumen. Auf diese Weise würden der MAC-Klausel im M&A-Vertrag weitgehend „die Zähne gezogen" bzw. sie würde zu einem engen Rücktrittsrecht entschärft. 2.186

Dabei ist es natürlich nicht „zwingend", dass sich der Verkäufer überhaupt auf einen **Finanzierungsvorbehalt** des Käufers einlässt. Es wird bei den tausendfach geschlossenen Immobilienkäufen i. d. R. kein Finanzierungsvorbehalt vereinbart, sondern der Käufer hat sich, wenn er keine Eigenmittel einsetzt, seiner Finanzierungsmöglichkeiten vorher zu versichern – und wenn er sich täuscht, auch, wenn seine Bank den Kredit verweigert, weil sich das Kaufobjekt verschlechtert hat, läuft er schnurstracks in eine Schadensersatzhaftung („Geld hat man zu haben"). Anderseits kann sich wiederum der Käufer auf einen Finanzierungs- 2.187

---

263) Auch Rücktrittsrechte bei einer Verweigerung von fusionskontroll- oder außenwirtschaftlichen o. ä. Genehmigungen oder z. B. schwerwiegenden öffentlich-rechtlichen Auflagen setzen zu allererst voraus, dass die betreffenden Behörden die Genehmigung tatsächlich verweigern oder die Auflage anordnen.

264) Übrigens wäre zu erreichen, selbst wenn eine MAC-Klausel in einem Kreditvertrag und M&A-Vertrag gleichlautend wären, dass sie *identisch ausgelegt* würden. Dies nicht nur deshalb, weil sie bei internationalen Transaktionen häufig unterschiedlichem Recht und unterschiedlichen Jurisdiktionen und wahrscheinlich unterschiedlichen Spruchkörpern (ohne eine institutionelle Sicherung, dass sie übereinstimmend ausgelegt werden) unterliegen werden, sondern schon, weil MAC-Klauseln in Kreditverträgen im engen Kontext mit der Rechtsprechung zu den jeweiligen *kredit- und bankrechtlichen Kündigungs- bzw. Beendigungsmöglichkeiten* und Bankpflichten ausgelegt werden würden, die in einem Rechtsstreit um dieselbe MAC-Klausel in einem M&A-Vertrag kaum heranzuziehen wären. Es ist denkbar, dass sich dies, etwa die AGB-Praxis und Rechtsprechung zu § 490 BGB, bremsend auf die Kündigungsmöglichkeit von Banken auswirken könnte und die MAC-Klausel im M&A-Vertrag einen *Überschuss* an Rücktrittsmöglichkeiten gewähren könnte.

vorbehalt einlassen, etwa in der Hoffnung, aufgrund der Fremdfinanzierung einen höheren Kaufpreis zahlen zu können.[265]

e) Zur „Power Politics" von MAC-Klauseln

2.188 Auch wenn die bisherigen Überlegungen nicht ergaben, dass es starke sachliche Gründe für MAC-Klauseln in M&A-Verträgen gibt, werden sie häufig, v. a. in sog. „Käufermärkten" vereinbart.[266]

2.189 Wir sagten eingangs, dass an MAC-Klauseln weniger ihre Formulierung und Auslegung als vielmehr ihre „Power Politics" interessant sind. Diese „Power Politics" von MAC-Klauseln sind für M&A Litigation relevant, da, je unbestimmter eine Klausel, umso so mehr ihre **Effekte**, ihr „**telos**" und ihre **Legitimität** im Rechtsstreit in den Vordergrund rücken. Das Entscheidende ist dabei, dass die unbestimmten und unklaren Rechtsbegriffe, deren Auslegung durch ein Schiedsgericht oder Gericht kaum vorhersehbar ist, in Verbindung mit der scharfen Rechtsfolge der Rücktrittsmöglichkeit, dem **Käufer Macht einräumt**.

aa) Sehr hohe Verkäufernachteile bei Scheitern des M&A-Vertrages

2.190 Es wird zumeist richtig die Auffassung vertreten, dass MAC-Klauseln für den Verkäufer riskanter sind als für den Käufer. Dies ist zu unterstreichen und zu verstärken: Die typischen MAC-Klauseln, die unklare und unbestimmte Rücktrittsrechte gewähren, sind, ähnlich wie Optionen immer gut für den Optionsinhaber und (fast?) immer schlecht für den Stillhalter. MAC-Klauseln sind fast immer gut für den Käufer und fast nie gut für den Verkäufer.

(1) Schwere wirtschaftliche Nachteile bei Scheitern des M&A-Vertrages oder Kaufpreisnachlass für Käufer

2.191 Es kann nicht zweifelhaft sein, dass der Rücktritt von einem Unternehmenskaufvertrag i. d. R. ein sehr bedeutendes Ereignis ist, das **schwere Nachteile für den Verkäufer** mit sich bringt, von oft großen Einbußen bei einem weiteren Verkaufsversuch bis hin zur Unmöglichkeit, das zurückgenommene Unternehmen weiterzuführen, und u. U. dem völligen Verlust seines Unternehmenswertes durch Insolvenz. Der alternative schwere Nachteil liegt darin, dass der Verkäufer Teile des vereinbarten Kaufpreises verlieren kann.

(2) Drohung mit Ausübung des MACs setzt Verkäufer unter Stress

2.192 Schon vorher, mit der erstmaligen argumentativen Berufung des Käufers auf die MAC-Klausel, die von der Ausübung eines Gestaltungrechts, v. a. Rücktritt, zu unterscheiden ist, wird der Verkäufer einer extremen Stresssituation ausgesetzt.

---

265) *Kästle/Oberbracht*, Unternehmenskauf – Share Purchase Agreement, S. 138 oben.
266) *Kästle/Haller*, NZG 2016, 926 re. Sp. oben.

V. Vereinbarte Rücktrittsrechte, Geschäftsgrundlage und MAC-Klauseln

Er muss v. a. von nun an nicht nur **zweispurig denken** (was fehleranfällig und anstrengend ist, aber noch ginge), sondern er müsste auch **zweispurig handeln** (was nicht mehr geht). So sitzt er in einer „Zwickmühle" bzw. im „double bind": Was er tut, müsste sich bewähren, wenn der M&A-Vertrag doch noch durchgeführt wird, aber auch, wenn er nicht durchgeführt wird und der Verkäufer das Unternehmen planwidrig behalten muss.[267] Dabei wird der Verkäufer bald von seinen Anwälten erfahren, dass Rechtssicherheit über das Vorliegen eines MACs durch gerichtliche Verfahren – gleich ob ein Schiedsgutachter[268] ein Schiedsgericht, auch im „Fast Track"[269] oder „Super Fast Track"[270], oder ob ein staatliches Gericht darüber zu entscheiden hat – kurzfristig nicht zu erlangen sein wird. Psychische Systeme reagieren auf „double-bind"-Situationen oft mit Systemausfall – sie werden verrückt. Auf die Verkäuferorganisation stürzt durch Berufung auf einen MAC neben dem „double-bind" auch noch eine **kognitive und zeitliche Überbeanspruchung** ein[271] und beide für sich oder jedenfalls zusammen können durchaus für einen Systemzusammenbruch ausreichen.[272] Dabei wird die Lage des Verkäufers, wenn er sich einige Tage oder Wochen mit seiner Situation beschäftigt hat, meistens nur schlimmer und er muss, auch wenn er zunächst den „Kampf annehmen wollte", schmerzhaft lernen, dass seine Optionen weniger und immer weniger erfreulich werden und wie sehr er und sein Team durch die Situation überfordert sind. All das wirkt in die Richtung, möglicherweise – durch erhebliche Zugeständnisse beim Kaufpreis – „klein beizugeben".

---

267) Was sich oft, besonders, wenn der Verkauf öffentlich bekannt gemacht wurde und maßgebliche Manager von Bord gegangen sind oder im Begriff sind, von Bord zu gehen, als „Rücknahme" anfühlen wird.
268) Dies schlagen *Kästle/Haller*, NZG 2016, 926, vor. Der Verfasser ist skeptisch.
269) *Broichmann* in: FS Pöllath+Partners, S. 115 ff.; *Broichmann*, International Arbitration Law Review, Issue 4, 2008, S. 143–152; *Borris*, BB 2008, 294, 295 re. Sp. Mitte; *Sachs*, Fast-Track Arbitration Agreements of MAC Clauses, in: M. Á. Fernández-Ballesteros/ Davíd Arias, S. 1051 ff.
270) Gemeint ist ein Schiedsverfahren ohne mündliche Verhandlung (s. *Kästle/Haller*, NZG 2016, 928 re. Sp. unten). Ob der Verkäufer in einer so existenziellen Lage eine Schiedsverfahren ohne mündliche Verhandlung wünschen sollte, steht auf einem anderen Blatt.
271) Welche Manager sollten zum Dableiben gewonnen werden? Welche Lieferanten und Kundengespräche müssen geführt werden? Besonders giftig: Wie kann die Bank überzeugt werden, Kredite zu verlängern etc. Zudem werden die maßgeblichen Verkäufervertreter Tage bei ihren anwaltlichen und anderen Beratern und in oft sinnlosen Verhandlungen mit den Käufern und mit alternativen Käufern verbringen.
272) Demgegenüber erscheint es fast als friedlich und entspannt, wenn das Closing vollzogen wird und dem Verkäufer *danach* „nur" eine Schadensersatzklage über ein Drittel des Kaufpreises zugestellt wird, selbst wenn dieser Kaufpreisanteil zurückbehalten werden kann. Durch Aufsetzen eines entsprechenden Prozessteams kann hier viel geordneter und innerhalb vertrauter Routinen und unter weniger Zeitstress reagiert werden.

(3) Rechtliche Verkäuferrisiken im MAC-Konflikt

2.193 Selten, wenn überhaupt einmal, enthalten MAC-Klauseln die Regelung, dass der Verkäufer, wenn der Käufer den Rücktritt aufgrund eines MAC erklärt hat oder das Closing verweigert, aus den **Pflichten aus dem M&A-Vertrag** gegenüber dem Käufer auch dann **frei wird**, wenn der Verkäufer geltend macht, dass kein MAC vorliege und hiermit schlussendlich Recht bekommt.

2.194 Wenn dies aber nicht der Fall ist – und es ist meistens nicht der Fall – muss der Verkäufer entweder, um einen Selbstwiderspruch zu vermeiden, bei seinen Reaktionen die Fesseln beachten, die ihm durch den M&A-Vertrag auferlegt wurden. Oder er setzt sich, wenn er sich um alternative Käufer bemüht oder Maßnahmen rückgängig macht, die nach dem M&A-Vertrag gegenüber dem Käufer geschuldet waren, selbst dem Vorwurf eines **Selbstwiderspruchs** aus. Schließlich behauptet er, dass kein MAC vorliege und der M&A-Vertrag weitergelte, aber missachtet zugleich Pflichten aus dem M&A-Vertrag.[273] Alles stürzt auf den **Verkäufer** ein, jetzt auch das Recht, und er, der sich vertragstreu fühlt (und es vielleicht auch ist), **steht** zum Schmunzeln des Käufers **plötzlich als Vertragsbrecher dar.**

2.195 Zwar wird sich der Verkäufer ggf. später – wenn geklärt ist, dass kein MAC vorlag –, damit verteidigen können, dass gerade der Käufer mit dem Rücktritt das Erlöschen der beidseitigen vertraglichen Bindungen geltend gemacht habe, und sich auch („anche tu") **in einem Selbstwiderspruch** befinde. Wie aber Gerichte oder Schiedsgerichte diese Situation schlussendlich mit § 242 BGB meistern werden, ist schwer vorauszusehen. Die Ausübung einer MAC-Klausel zieht den Verkäufer jedenfalls auf ein Feld, wo er bei jedem Schritt Fehler machen kann und jederzeit Minen und Selbstschüsse auslösen kann.

bb) Zumeist deutlich weniger bedrohliche Situation für Käufer
(1) Upside des Käufers hoch

2.196 Was der Verkäufer als Downside empfindet – die Risiken, auf den Kaufpreis zu verzichten und das Unternehmen unter i. d. R. verschlechterten Bedingungen

---

273) Wenn der Verkäufer das Unternehmen selbst fortführen möchte, muss er u. U. Maßnahmen rückgängig machen, die den spezifischen Verkauf an den Käufer vorbereiteten (Heraustrennung oder Einbringung von Assets und Betriebsteilen) und er muss typischerweise Maßnahmen ergreifen (Aufnahme von Krediten, Verlängerungen von Verträgen mit dem Management, Bestellungen und Aufnahme von Aufträgen etc.), die er nach dem Signing nicht mehr ohne Zustimmung des Käufers durchführen durfte. Manche dieser Maßnahmen können sogar als MAC ausgestaltet sein, so dass der Verkäufer gezwungen werden kann, einen eindeutigen, **sekundären MAC** zu kreieren. Das Bemühen um alternative Käufer kann eine noch geltende Exklusivität, explizite oder implizite Geheimhaltungspflichten hinsichtlich des Zielunternehmens (Due Diligence des alternativen Käufers) verletzen, und wenn der Verkäufer das Zielunternehmen wirklich ein zweites Mal verkauft, bricht er ganz offensichtlich den ersten Kaufvertrag, den er bis kurz vorher wegen Nichtvorliegens eines MACs als wirksam verteidigte.

V. Vereinbarte Rücktrittsrechte, Geschäftsgrundlage und MAC-Klauseln

fortführen zu müssen oder beim Kaufpreis nachzulassen – spiegeln den Upside des Käufers. Er kann versuchen, ein Investment, das sich schon in der „Verlobungsphase" als Fehler herausstellte, wieder loszuwerden. Oder er will den MAC nutzen, um den Kaufpreis (weiter) unter seinen subjektiven Unternehmenswert als Grenzpreis zu drücken.

(2) Kaum Downside für Käufer

Wenn man sich vorstellt, dass dem Verkäufer eine verschuldensunabhängige Vertragsstrafe, ein pauschalierter Schadensersatz oder eine z. B. 15 %ige Kaufpreiserhöhung zustünde, wenn der Käufer eine MAC-Klausel unberechtigt ausübt,[274] sieht man was in den meisten wirklichen MAC-Klauseln fehlt: **Es fehlt ein nennenswertes „Downside" für den Käufer**. Schlimmstenfalls muss der Käufer den Vertrag weiter abwickeln, das Unternehmen übernehmen und den Kaufpreis zahlen. Das aber müsste er ohne Berufung auf die MAC-Klausel sofort tun. Dies, die **Durchsetzung der Vertragserfüllung des Käufers**, v. a. einer Zahlungspflicht nach § 433 Abs. 2 BGB oder einer Pflicht zur Herbeiführung von Bedingungen, die die Zahlungspflicht aufleben lassen, ist das Hauptrisiko des Käufers. 2.197

Allerdings können durch die Ausübung des MAC den Käufer drei Komponenten zusätzlich belasten. *Erstens* mag das **Zielunternehmen** unter der planwidrigen Verzögerung der Übernahme gelitten haben und, wenn der Käufer schließlich nachgibt oder nach einem Verlust eines Rechtsstreits das Unternehmen doch übernehmen muss, **weiter im Wert gesunken sein** – und zwar ohne dass der Käufer Ersatz von dem Verkäufer erhält. Im schlimmsten Fall ist das Unternehmen insolvent. Freilich wird umgekehrt der Verkäufer i. d. R. von sich aus versuchen, eine solchen Wertverlust zu vermeiden, schon weil er ggf. das Unternehmen weiterführen oder an einen Dritten verkaufen muss. Es wurde schon kurz angesprochen, dass ein Haftungsrisiko des Verkäufers bestehen kann, wenn er in dem Widerspruch, in den ihn die Ausübung der MAC-Klauseln bringt, unglücklich agiert, etwa zum Nachteil des Unternehmens.[275] Dieses Risiko für den Verkäufer mindert das Risiko für den Käufer. Vor allem ist der Käufer dem Unternehmen oft schon so nah, dass er die Entwicklung relativ gut beobachten und ggf. einlenken kann. Wenn er sich nur argumentativ auf einen MAC berufen (und noch kein Rücktrittsrecht ausgeübt) hat, kann er dies jederzeit einseitig, indem er das Closing anbietet. Wenn er ein Gestaltungsrecht ausgeübt hat, etwa einen Rücktritt, wird der Verkäufer vermutlich jedenfalls dann kompromissbereit sein, wenn das Unternehmen gefährdet ist. 2.198

---

274) U. U. würden diese Gestaltungen Wirksamkeitsfragen aufwerfen. Diese sollten nicht unüberwindlich sein.
275) Rn. 2.194 f.

2.199 **Zweitens** droht dem Käufer, der eigentlich das Unternehmen weiter übernehmen möchte, aber die MAC-Klausel einsetzt, um den Preis zu drücken, die Gefahr, dass der Verkäufer **andere Kaufinteressenten** (re)aktiviert oder er plötzlich das Unternehmen selbst fortführen möchte. Diese Handlungsoptionen des Verkäufers kann der Käufer aber zum Teil vorab analysieren und das Szenario ist eher unwahrscheinlich. Wenn ein Unternehmen zum Verkauf stand (und sogar verkauft wurde), ist es für den Verkäufer i. d. R. schwierig, kurzfristig wieder die Energien und Visionen zu sammeln, das Unternehmen doch weiterzuführen. Alternative Kaufinteressenten werden zwar oft auf eine neuerliche Kontaktaufnahme schnell eine erste positive Reaktion zeigen, aber dann benötigen sie Zeit, um durch die verschiedenen Prozessphasen (Due Diligence, Finanzierung, interne Entscheidung etc.) hindurchzugehen. Vor allem sind sie wohl deshalb aus dem Prozess ausgeschieden, weil sie *schon damals einen zu geringen Preis* zahlen wollten und es ist kaum zu erwarten, dass sie *jetzt*, nachdem eine strategische Schwäche des Verkäufers offensichtlich geworden ist, plötzlich einen höheren Preis bieten werden. „Weiße Ritter" sind oft „Schnäppchen-Ritter".

2.200 Das *dritte* Zusatzrisiko für den Käufer neben dem Risiko, den Kaufpreis doch zahlen und das Unternehmen übernehmen zu müssen, liegt darin, dass der Käufer dem Verkäufer (wenigstens)[276] nach § 280 BGB durch die unbegründete Ausübung der MAC-Klausel verursachte Schäden und Aufwendungen ersetzen muss. Diese **sekundäre Käuferhaftung nach § 280 BGB** dürfte aber i. d. R. **wirtschaftlich kaum von Gewicht** sein. Da der Käufer nachteilige Folgen der MAC-Ausübung, die das Zielunternehmen getroffen haben, ohnehin mit dem Zielunternehmen übernehmen muss, bleiben v. a. Anwalts-, Berater- und Rechtsverteidigungskosten als eher unbeachtliche Größe. Theoretisch können Folgeschäden hinzukommen, die den Käufer direkt treffen; das dürfte aber selten sein.

2.201 Zudem dürfte übrigens die Durchsetzung von sekundären Schadensersatzansprüchen wegen einer vertragswidrigen nicht fristgerechten Erbringung von Leistungen rechtlich kein Selbstläufer sein. Zwar liegt bei der Nichterbringung geschuldeter Leistungen, hier v. a. der Kaufpreiszahlung, grundsätzlich die Rechtswidrigkeit vor, und zwar muss sich bei gegebener Rechtswidrigkeit der Käufer nach § 280 Abs. 1 Satz 2 BGB exkulpieren und kommt hier wohl i. d. R. nur ein **Rechtsirrtum**[277] in Betracht. Die Aussichten eines Käufers, sich auf einen solchen Rechtsirrtum zu berufen steigen aber (i) mit der „Wolkigkeit" der MAC-Klausel, (ii) wenn es ihm gelang, (auch) zugunsten des Käufers eine Beschränkung der Haftung auf Vorsatz durchzusetzen (eine solche Freizeichnung erfolgt erstaunlich häufig nur zu Gunsten des Verkäufers!) und (iii) wenn seine

---

[276] Da typischerweise Klauseln der in Rn. 2.197 beschriebenen Art nicht vereinbart sein werden.
[277] Zu den strengen Voraussetzungen s. Bamberger/Roth-*Unberath*, BGB, § 286 Rn. 56, und Staudinger-*Caspers*, BGB, Neubearb. 2014, § 276 Rn. 55. S. zu der ähnlichen Problematik der Bankenhaftung bei nicht existierenden Kündigungsrechten von Darlehen *Weber*, DStR 2014, 213 f. m. w. N. aus der Rspr. und Literatur.

V. Vereinbarte Rücktrittsrechte, Geschäftsgrundlage und MAC-Klauseln

Anwälte bereit sind, ihm ein Gutachten[278] bzw. eine Legal Opinion zu geben, wonach ein MAC vorliegt. Näheres ist hier nicht zu erörtern.

(3) Käuferkontrolle über den MAC-Konflikt

Eine MAC-Klausel ist schließlich auch deshalb wenig bedrohlich für einen Käufer, weil er es i. d. R. in der Hand hat, ob sie ausgeübt wird. Wenn der Käufer den MAC nicht ausübt, kann er ihm nie schaden. Es bleibt für den Käufer also eigentlich **nur das Risiko, dass er sich versehentlich selbst schädigt**, z. B. verkalkuliert.[279] Ein solches Risiko – Macht zu haben, mit der man sich auch selbst verletzen kann – ist aber ein Risiko, das zu haben jeder anstreben sollte und i. d. R. jeder anstrebt. Der Käufer kann, bevor er geltend macht, dass ein MAC vorliegt, und insbesondere vor der Ausübung von Gestaltungsrechten, in Ruhe und mit Sorgfalt seine die **Chancen und Risiken** rechtlicher und tatsächlicher Art und die Risiken des Verkäufers auf der anderen Seite analysieren und **abwägen**. Der Käufer kann das nicht. Oft liegt es ganz oder überwiegend in der Hand des Käufers, einen MAC-Konflikt zu beenden.[280]

2.202

cc) Zusammenfassung „Power Politics"

Man sieht, dass ausreichend unbestimmte MAC-Klauseln für einen „Rogue-Buyer" oder „Predator-Buyer" die Option eröffnen, eine M&A-Transaktion in ein „**Chicken-Spiel**" zu verwandeln, in dem der Erfolg nicht mehr von überlegener Branchenkenntnis, innovativer Strategie, Synergien, Financial Engineering oder selbst juristischer oder betriebswirtschaftlicher Kompetenz abhängt, sondern von **ruchlosem Brinkmanship**.

2.203

Dabei kann der Käufer zuversichtlich sein, dass die Situation, für ihn eher wenige und relativ kontrollierbare, für den Verkäufer aber sehr viele und viel weniger kontrollierbare Risiken bereithält. Er kann zusätzlich darauf spekulieren, dass, auch wenn der Verkäufer zunächst den „Kampf um den MAC" psychisch, finanziell und organisatorisch aufnehmen möchte, immer mehr Unerfreuliches für den Verkäufer aus der Pandora-Büchse herauskriechen und möglicherweise dessen Meinung ändern wird. Demgegenüber kann sich der Käufer, insbesondere, wenn er die Situation – einschließlich der Charaktere der maßgeblichen

2.204

---

278) S. allg. zu diesem Erfordernis bei Geltendmachung eines Rechtsirrtums: Staudinger-*Caspers*, BGB, Neubearb. 2014, § 276 Rn. 55. Der Gutachter muss vollständig und richtig informiert werden und das Gutachten muss von dem Verwender einer Plausibilitätskontrolle unterzogen werden (Palandt-*Grüneberg*, BGB, § 276 Rn. 22).

279) Der MAC ist, wie jede Option, wie eine Waffe im Schrank. Wenn man die Waffe nicht benötigt, lässt man sie einfach dort liegen. Wenn man sie unglücklicherweise benötigt, holt man sie heraus (und es ist gut, dass sie da ist). Manch einer wird argumentieren, es gäbe Fälle (die gibt es auch), in denen sich Waffenbesitzer selbst in den Fuß schießen oder Angreifer ihr Opfer zwingen, ihnen ihre Waffe auszuliefern mit der sie es dann verletzen.

280) Vgl. Rn. 2.198.

Entscheider auf Verkäuferseite – schon früher durchdacht hat, bequem zurückzulehnen, zusehen und seine nächsten Züge bedenken.

dd) Fragwürdige Versuche zur „Entschärfung" von MAC-Klauseln

2.205 Wie erwähnt teilen die meisten Autoren die Ansicht, dass MAC-Klauseln oft sehr unbestimmt und besonders gefährlich für den Verkäufer sind.

(1) MAC-Klauseln im Interesse beider Parteien domestizieren?

2.206 Ausgehend hiervon, versuchen zahlreiche Autoren, MAC-Klauseln durch Gestaltungsempfehlungen,[281] Auslegungsvorschläge oder die Aufarbeitung der angelsächsischen Rechtsprechung,[282] Verhaltensempfehlungen an den Verkäufer, oder verfahrensmäßige Überlegungen – Fast-Track-Schiedsverfahren oder Schiedsgutachterverfahren[283] – zu entschärfen. Diese Versuche sind aller Ehren wert. Dennoch ist große Skepsis angebracht.

2.207 Zunächst gehen manche Autoren irrtümlich davon aus, beide Parteien müssten ein Interesse an einer „klaren" MAC-Klausel[284] oder an einer zügigen Beendigung eines Streits um eine MAC-Klausel haben.[285] Wenn das so wäre, hätte sich das Thema unklarer MAC-Klauseln freilich schon lange selbst erledigt und wären MAC-Klauseln durch einzelne präzise formulierte Rücktrittsrechte verdrängt worden und es wäre nicht erklärlich, warum es weiter so viele unklare MAC-Klauseln gibt.

2.208 Richtig dürfte demgegenüber sein, dass Käufer zwar ein Interesse an einzelnen „rechtssicher" formulierten Rücktrittsrechten für spezifische Fälle haben, die „in" MAC-Klauseln enthalten sein können, aber dass es ihnen da, wo sie MAC-Klauseln aufrufen, nicht primär um ihre Sicherheit geht, sondern darum, ein möglichst hohes Maß an **Unsicherheit für den Verkäufer zu schaffen**. Dabei muss man dem Käufer nicht absprechen, dass er auch oder primär daran denken mag, bei ihm unvorhersehbaren, kritischen Entwicklungen reagieren können. Weil er aber nicht voraussehen kann, welche Entwicklungen das sein könnten, er aber in jedem Fall geschützt sein möchte, drängt er auf eine Klausel, die,

---

281) *Henssler* in: FS Huber, S. 739, 742 unten, betrachtet die Voraussetzungen, an die Rücktrittsrechte in MAC-Klauseln geknüpft werden, unter dem Gesichtspunkt, inwieweit sie dem Wunsch der Parteien nach einer „sicheren' Gestaltung ihrer MAC-Klausel" nahekommen.

282) *Kuntz*, DStR 2009, 377.

283) *Kästle/Haller*, NZG 2016, 926.

284) So wohl *Broichmann/Makos*, DB 2015, 2801, 2803 li. Sp. unten: „Angesichts der mit dem Schwebezustand verbundenen Risiken liegt es im Interesse beider Parteien, diesen möglichst schnell zu beenden und ggf. im Verhandlungswege eine gütliche Einigung herbeizuführen"

285) So auch *Holzapfel/Pöllath*, Unternehmenskauf in Recht und Praxis, S. 310 ff., Rn. 1201: „Derartige MAC-Klauseln sind aber nur dann sinnvoll und praktisch handhabbar, wenn hinreichend klar und präzise vereinbart wird, welche tatsächlichen Umstände zu einem Rücktrittsrecht führen".

V. Vereinbarte Rücktrittsrechte, Geschäftsgrundlage und MAC-Klauseln

wenn sie ihm gibt, was sie ihm geben soll, **ihm zugleich auch mehr geben muss.** Sein Bedürfnis nach seiner eigenen größten Sicherheit strebt so zugleich zur größten Unsicherheit für den Vertragsgegner.

(2) Missbrauch von MAC-Klauseln bei bloßer Kaufpreisreduzierungsabsicht?

Wenn die Tatbestandsvoraussetzungen einer MAC-Klausel vorliegen und der Käufer also zum Rücktritt berechtigt ist, darf er auch auf ein Angebot des Verkäufers eingehen, das Unternehmen (doch noch) zu einem niedrigeren Preis zu erwerben.[286] Es ändert auch nichts, wenn er dieses dem Käufer *selbst* vorschlägt oder er es sogar schon bei Berufung auf die MAC-Klausel *vorhat*. Wenn ein Lösungsrecht einer Partei vorliegt und diese also in den vorvertraglichen bürgerlichen Freiheits-Zustand zu der anderen Partei zurückkehren kann, kann sie von diesem Zustand selbstverständlich wieder Gebrauch machen, indem sie einen **neuen Kontrakt,** auch über denselben Gegenstand, vorschlägt und abschließt. Es ist grundsätzlich nicht systemwidrig (i. S. der Marktwirtschaft) und **nicht rechtswidrig, sich auf die Unwirksamkeit eines Vertrages zu berufen** oder ein Gestaltungsrecht zu seiner Vernichtung auszuüben, um denselben Vertrag, weil bessere Marktkonditionen das jetzt erlauben, **zu vorteilhafteren Konditionen neu abzuschließen.** In der Konsequenz ist vollkommen legitim, wenn ein Käufer etwa eine Rücktrittserklärung aufgrund einer MAC-Klausel – wie bei einer Änderungskündigung – mit dem Angebot verbindet, das Unternehmen zu einem niedrigeren Preis (erneut) zu erwerben.[287] Dies schließt es aus, einem Käufer das Recht zur Berufung auf einen MAC deshalb zu versagen, weil offengelegt wurde oder Indizien dafür vorliegen, dass der Käufer das Unternehmen weiter, aber „nur" zu einem billigeren Preis kaufen möchte.[288]

2.209

ee) Im Streit um MAC-Klauseln

Die Berufung auf eine MAC-Klausel schafft eine typische Rollenverteilung: Die Partei, die sich auf die MAC-Klausel beruft, möchte die Transaktion, jedenfalls vorgeblich, beenden, die andere verteidigt sie und macht einen Erfüllungsan-

2.210

---

286) Es ist ebenso, wenn nur Unklarheit über das Vorliegen des MAC besteht (§ 779 BGB e contrario).

287) A. A. wohl *Broichmann/Makos*, DB 2015, 2801, 2803 re. Sp., mit der Empfehlung an den Verkäufer, MAC-Verhandlungen stets im Beisein potenzieller Zeugen zu führen und sie zu protokollieren, „um vor Gericht die wahre Intention des Käufers nachweisen zu können". Natürlich bleibt es auch bei dem „Zweitkauf" bei der Geltung von § 138 BGB und etwa § 823 Abs. 2 BGB i. V. m. § 240 StGB oder § 826 BGB (und § 242 BGB), aber der Vorschlag eines „Zweitkaufs" durch den Käufer, der eine MAC-Klausel ausübte wird i. d. R. deutlich im sicheren Abstand von dem Anwendungsbereich dieser Normen bleiben.

288) Auch wenn in aktienrechtlichen Anfechtungsstreitigkeiten gelegentlich das frühzeitige Anbieten einer Klagerücknahme gegen eine Zahlung erfolgreich als Argument für eine Missbräuchlichkeit der Klage angeführt wurde.

spruch oder einen Anspruch auf Herbeiführung von Wirksamkeitsbedingungen des M&A-Vertrages geltend. Ob sich die beendigungswillige Partei dabei technisch auf die wirksame Ausübung eines Rücktrittsrechts oder das Erlöschen einer Pflicht zum Closing berufen muss, hat Auswirkungen auf ihre taktische Flexibilität und wohl die Darlegungs- und Beweislast, aber ändert nichts Grundsätzliches. Der Streit wird i. d. R. durch die große **Eilbedürftigkeit** geprägt, wobei häufig das Problem von **Interims-Maßnahmen**[289] auftritt, die bei Schiedsverfahren u. U. größere Schwierigkeiten machen als bei staatlichen Gerichten.

2.211 Soweit ersichtlich, liegt **keine Rechtsprechung deutscher Gerichte zur Auslegung von MAC-Klauseln** vor. Im Streitfall würde man daher wohl zunächst auf die nicht ganz unbeachtliche Zahl von Entscheidungen zum **Wegfall der Geschäftsgrundlage**[290] oder zu Klauseln, wonach Pflichten, etwa nach Treuhandprivatisierungsverträgen, bei „dringenden betrieblichen Erfordernissen" wegfallen oder modifiziert werden sollen, zurückgreifen. Etwas pauschalierend kann man feststellen, dass die Berufung auf eine Änderung der Geschäftsgrundlage i. d. R. scheiterte, während eine Berufung auf **„dringende betriebliche Erfordernisse"** in einzelnen Fällen erfolgreich war.[291] Im Übrigen liegt die Versuchung nahe, in einem Rechtsstreit mit veröffentlichten Urteilen amerikanischer oder englischer Gerichte zu MAC-Klauseln zu argumentieren.[292] Während dies ohnehin nur unter Beachtung der Besonderheiten eines Transfers von Rechtskonzepten und der Rechtssprache aus einer anderen Rechtsordnung[293] möglich ist und sich Gerichte und Schiedsgerichte sicher für die von amerikanischen Gerichten angestellten Überlegungen interessieren werden, hat diese Vorgehensweise aber nichts mehr mit einer Auslegung der konkreten streitigen MAC-Klausel nach deutschem Recht zu tun, auf die es ankommen muss.

---

289) Hierzu v. *Segesser*, Arbitrating Pre-Closing Disputes in Mergers and Acquisition Transactions, in Kaufmann-Kohler/Johnson, S. 17 ff., insb. S. 28 ff.; *Kraus*, Arbitration Newsletter, International Bar Association Legal Practice Division, March 2011, S. 150 f.

290) Zu § 313 BGB bei Verschlechterung der Finanzierungssituation des Käufers (verneint) und Verschlechterung des Zustandes der Zielgesellschaft (grundsätzlich bejaht) s. a. *Kuntz*, WM 2009, 1257 ff.; *Henssler* in: FS Huber, S. 739, 741–745. In dem ICC-Fall 9029 1998, ICC International Court of Arbitration Bulletin Vol. 10, No. 2, 1999, erachtete das Schiedsgericht einen vermittels einer MAC-Klausel angegriffenen Gesellschaftsvertrag als wirksam, aber als stillschweigend von den Parteien aufgehoben.

291) Zur näheren Darstellung s. unten Rn. 13.96 f.

292) *Lange*, NZG 2005, 454, 456 f., zitiert verschiedene US-amerikanische Entscheidungen zu MAC-Klauseln und behandelt „IBP Inc. v. Tyson Foods Inc. and Lasso Acquisition Corporation 789 A.2d 14 (Del. Ch. 2001)" relativ ausführlich. Kürzlich Ipsos S.A. v. Dentsu Aegis network Limited (2015), EWHC 2716, bespr. bei *Broichmann/Makos*, DB 2015, 2801, 2806. Zur Auslegung von MAC-Klauseln im deutschen und amerikanischen Recht s. a. *Kuntz*, DStR 2009, 377; weitere Hinweise zur Auslegung finden sich in den zitierten Beiträgen von *Picot/Duggal*, DB 2003, 2635, und *Borris*, BB 2008, 294. S. a. *Feißel/Gorn*, BB 2009, 1138.

293) *Fritzemeyer* in: FS Hailbronner, S. 833; *Triebel/Balthasar*, NJW 2004, 2189; *Triebel* in: FS Zimmerer, S. 429; *Döser*, Vertragsgestaltung im internationalen Wirtschaftsrecht.

Häufig wird u. a. empfohlen, bei der Vereinbarung von MAC-Klauseln ein **Fast**   2.212
Track-Schiedsverfahren vorzusehen.[294] Ist der Konflikt aufgebrochen, wird sich meist sogleich zeigen, welche Partei – i. d. R. der Verkäufer – mehr unter der Situation leidet als die andere Partei – i. d. R. der Käufer.[295] Unter Umständen *tritt diese begünstigte Partei, wenn sie etwas risikobereit ist, dann sogleich auf die Bremse,* um den Druck auf die andere Partei zu steigern und ihr den Spaß am Fast Track zu verderben. Auch dann bleibt freilich *für die benachteiligte Partei* die Empfehlung einer Fast Track-Vereinbarung immer noch richtig, weil sie sich hiermit vielleicht gegen eine Verzögerungsstrategie der Gegenpartei besser verteidigen kann. Vermutlich bringt der Vorschlag von *Kästle/Haller*, einen Schiedsgutachter zu beauftragen, auch keine Lösung.[296]

VI. Verjährungsfragen bei Bestandsangriffen

Die Schuldrechtsreform des Jahres 2003 hat eine Verkürzung der Regelverjäh-   2.213
rung auf drei Jahre gebracht, eine souveräne Reduzierung um neun Zehntel(!)[297] der bis dahin geltenden Verjährung.

Dies trifft v. a. die bürgerlichen Rechtsstreitigkeiten, in denen **großes und**   2.214
schweres Unrecht versteckt geschah, das nicht sogleich bemerkt wurde, und bei denen, um substantiierte und schlüssige Klage erheben zu können, umfangreiche und schwierige Faktenaufklärungen und rechtliche und wirtschaftliche Prüfungen erforderlich sind. Die Korrektur, den Verjährungsbeginn durch § 199 BGB von der Kenntnis oder fahrlässigen Unkenntnis des Klägers abhängig zu machen, ist keine befriedigende Kompensation. Sie bedeutet gerade bei den genannten besonders gewichtigen und komplexen Streitigkeiten, dass ein **Vorgefecht über subjektive Merkmale** auf einem unübersichtlichen Schlachtfeld geführt werden muss. Geht indessen der Gläubiger in einem Zweifelsfall den sichereren Weg, was die Verjährungsfrist anbetrifft, wird er häufig die Klage zunächst nicht hinreichend substantiieren können; es droht eine *Zwickmühle* aus Substantiierungslast und Verjährungsdrohung.

---

[294] *Broichmann* in: FS Pöllath+Partners, S. 115 ff.; *Broichmann*, International Arbitration Law Review, Issue 4, 2008, S. 143–152; *Borris*, BB 2008, 294, 295 re. Sp. Mitte; *Sachs*, Fast-Track Arbitration Agreements of MAC Clauses, in: M. Á. Fernández-Ballesteros/Davíd Arias, S. 1051 ff.

[295] *Jamieson*, Reaching Across the Aisle: Preventing and Managing Disputes in Corporate and M&A Matters, International Bar Association, Arbitration News, Vol. 17, No. 1, April 2012, S. 1 f., berichtet über eine Konferenz, bei der empfohlen wurde, dass die Transaktionsanwälte bereits bei den Vertragsgestaltungen im Interesse ihrer jeweiligen Klienten berücksichtigen sollten, welche Partei an der Einleitung welchen zukünftigen Rechtsstreits interessiert sein wird, wie dringlich dessen Fortschritt sein wird – und ggf. schon hier „Gas zu geben" oder zu bremsen.

[296] *Kästle/Haller*, NZG 2016, 926.

[297] Dieses bedenkliche Herabschneiden der zeitlichen Wirkungsmacht von Recht, war, wenn es nicht als Entsorgung von Recht gemeint war, wohl als Arbeitsentsorgung für die Justiz gedacht.

3. Kapitel Streitigkeiten bei Nichtlieferung

Übersicht

I. Hintergrund 3.1	VIII. Fehlende Zustimmung
II. Nichtexistenz des Verkäufers 3.4	Dritter zur Übertragung
III. Nichtexistenz eines Kauf-	vinkulierter Gesellschafts-
vehikels 3.12	anteile beim Share Deal 3.42
IV. Nichtexistenz der Zielgesell-	IX. Fehlende Zustimmung Dritter
schaft 3.13	zur Vertragsübertragungen
V. Verkäufer nicht Rechtsinhaber 3.16	beim Asset Deal 3.43
1. Fehlgeschlagene Gründungs-	X. Rechtsmängel des gelieferten
vorgänge 3.17	Unternehmens oder der ge-
2. Verdeckte Sacheinlage (§ 19	lieferten Anteile 3.47
Abs. 5 GmbHG a. F.) 3.20	1. Rechtsmängel beim Share Deal 3.47
3. Missachtung von Vinkulierungs-	2. Rechtsmängel beim Asset Deal 3.50
bestimmungen in der Ver-	XI. Kausalität der Nichtlieferung
gangenheit 3.30	für Schadensentstehung 3.54
4. Vorherige Lieferung an einen	XII. Zur Vollstreckung einer Un-
Dritten 3.35	ternehmenslieferpflicht und
VI. Verkäufer erfüllt Wirksam-	zum Schadensersatz bei Nicht-
keitsbedingung nicht 3.37	lieferung 3.57
VII. International-privatrechtliches	XIII. Verjährungsfragen bei
Scheitern der Unternehmens-	Nichtlieferung und Rechts-
lieferung 3.41	mängeln 3.60

Literatur: *Bormann/Urlichs*, Kapitalaufbringung und Kapitalerhaltung nach dem MoMiG, in: Römermann/Wachter, GmbH-Beratung nach dem MoMiG, Sonderheft GmbHR 10/2008, S. 37; *Hasselbach/Jakobs*, Internationale Assets Deals Transaktionsstrukturierung und rechtliche Besonderheiten aus Käufersicht, DB 2014, 2092; *Heidenhain*, Katastrophale Rechtsfolgen verdeckter Sacheinlagen, GmbHR 2006, 455; *Linke/Fröhlich*, Einsatz von Vorrats- und Mantelgesellschaften in M&A-Transaktionen, GWR 2014, 277; *Lutter*, Verdeckte Leistungen und Kapitalschutz, in: Festschrift für Ernst Stiefel, 1987, S. 505; *Mayer*, Ein Beitrag zur „Entschleierung" der verschleierten Sacheinlage, NJW 1990, 2593; *Meyding/Adolfs*, Veräußerung von Konzernteilen im Rahmen von M&A-Transaktionen, BB 2012, 2383; *Paefgen/Wallisch*, Vermutungswirkung, Chain of Title, Verkäuferhaftung und Due Diligence, NZG 2016, 801; *Schniepp/Hensel*, Probleme mit der Chain of Title – Die Verschmelzung der Ziel-GmbH als Königs- oder Holzweg?, NZG 2014, 857; *Schreier/Leicht*, Übertragung von Verträgen bei Carve-Outs, NZG 2011, 121; *Teichmann*, Vinkulierte Gesellschaftsanteile im Vermögen zu spaltender Gesellschaften, GmbHR 2014, 393; *Wächter*, Tatbestand und Heilung verdeckter Sacheinlagen, insbesondere bei Unternehmenseinbringungen, GmbHR 2006, 1084; *Weigl*, Die Auswirkungen der Schuldrechtsreform auf den Unternehmenskauf, DNotZ 2005, 246.

I. Hintergrund

Wir betreten einen Sektor, wo auch die Kuriositäten in M&A-Transaktionen 3.1 beheimatet sind; diese können allerdings eine elementare Kraft besitzen. Die im folgenden Kapitel zusammengefassten Fälle haben gemeinsam, dass der Verkäufer das Unternehmen oder die Anteile – jedenfalls vor der Klageerhebung –

nicht geliefert hat. Für das Weitere ist entscheidend, ob der Verkäufer das Unternehmen überhaupt noch liefern kann oder ob ihm die Lieferung unmöglich ist. Sofern noch eine Lieferungsmöglichkeit besteht, kann der Käufer dazwischen wählen, ob er Klage auf Erfüllung oder Schadensersatz erhebt.[1] Der Käufer kann aber nie Ausgleich einer Differenz zwischen einer Soll-Beschaffenheit und einer Ist-Beschaffenheit verlangen.

3.2 Phänomenologisch sind neben groben Betrugsfällen des vorsätzlichen Verkaufs von Unternehmen oder Anteilen, die dem Verkäufer nicht oder nicht mehr gehören, v. a. Fälle relevant, in denen sich der Verkäufer in der komplexen Rechtsmaterie verstrickt und seine Leistungs*un*fähigkeit selbst nicht erkannt hat. Letzteres beruht häufig auf dem bereits beklagten Umstand, dass sich von Beteiligten als wirksam angesehene frühere Transaktionen im deutschen Recht besonders leicht als nichtig erweisen.[2] Indem der Gesetzgeber des MoMiG 2008 in § 16 Abs. 3 GmbHG die Möglichkeit eines gutgläubigen Erwerbs von GmbH-Geschäftsanteilen schuf, anerkannte er die Unsicherheiten,[3] die schon immer hinsichtlich der Inhaberschaft von GmbH-Geschäftsanteilen bestanden und mit denen Transaktionsanwälte bei Versuchen der Rekonstruktion von Abtretungsketten i. R. einer Legal Due Diligence immer wieder konfrontiert wurden.[4]

3.3 Ein „Klassiker" als Tretmine – bis zu der Einführung von § 19 Abs. 4 Satz 2 GmbHG durch das MoMiG und von § 27 Abs. 3 Satz 2 AktG durch das ARUG – war die Rechtsprechung zur **dinglichen Nichtigkeit** eines Einbringungsvertrages bei einer **verdeckten Sacheinlage**. Weil die Bareinlage „an einem Gummiband" gehangen hatte, erwies sich bisweilen, dass auch das eingebrachte Unternehmen „an einem Gummiband" gehangen und von dort wieder herausgeschnellt war, wo alle Beteiligten – namentlich Verkäufer und Käufer des vermeintlichen Unternehmensträgers – es vermutet hatten.[5] Auch das **„Einigungsrecht"** stellte gerne und liebevolle Fallen[6] – selbstverständlich ohne es zu wollen oder zu verstehen. Diese (weitgehend) rechtshistorischen Fälle werden mitbehandelt, weil sie die Problematik verdeutlichen.

---

1) In Form des Nichterfüllungsschadens bzw. positiven Interesses (s. Rn. 12.13) bzw. als „großen Schadensersatz" (alte Terminologie) bzw. „Schadensersatz statt der ganzen Leistung" i. S. von § 281 BGB n. F.
2) S. oben Rn. 2.24 und unten Rn. 15.32 f.
3) Je älter die GmbH, umso schlimmer: Gründung 1890, 9 Erbfälle und Anteilsabtretungen bis 1939, dann „Arisierung", gefolgt von einer Rückgabe an Anspruchsteller und einer erneuten Enteignung in der DDR 1972, einer Umwandlung in einen volkseigenen Betrieb, Rückumwandlung in GmbH im Aufbau, Privatisierung durch die Treuhandanstalt, verschiedene Abtretungen zwischen VC etc.
4) *Paefgen/Wallisch*, NZG 2016, 801.
5) S. eine Falldarstellung bei *Wächter*, GmbHR 2006, 1084 ff. m. w. N.
6) S. sogleich Rn. 3.6 und Rn. 3.9.

II. Nichtexistenz des Verkäufers

Es ist möglich, dass Menschen, auch gutgläubig, für eine juristische Person oder Gesellschaft handeln, die rechtlich nicht existiert. Wenn sie hierbei eine M&A-Transaktion als Verkäufer abschließen sind zwei Dinge in großer Unordnung: Der Vertragspartner existiert nicht und weil er nicht existiert, kann er nicht Eigentümer von irgendetwas, auch nicht des Zielunternehmens, sein und kann dieses also auch nicht liefern. 3.4

Die Quelle von solchen schwer pathologischen Situationen sind v. a. fehlgeschlagene Gründungs- und Umwandlungsvorgänge, insbesondere Verschmelzungen und Spaltungen, die nicht in den Vorzug einer Heilung[7] gekommen sind. 3.5

Ein Musterbeispiel war die Transformation der ehemaligen volkseigenen Betriebe der DDR in Kapitalgesellschaften. Das Transformationsrecht enthält gleich **drei Mechanismen zur Stiftung von Konfusion** hinsichtlich der Existenz von juristischen Personen und ihres Eigentums. Teil des Einigungsvertrages war das *Treuhandgesetz*.[8] Dieses sah in § 11 Abs. 2 vor, dass Kombinate am Stichtag des 1.7.1990 automatisch in „Aktiengesellschaften im Aufbau" und dass kombinatsabhängige volkseigene Betriebe in „GmbH im Aufbau" umgewandelt wurden. Die Geschäftsanteile an den „GmbH i. A.", deren Rechtsvorgänger-VEB kombinatsabhängig gewesen waren, sollten nach § 12 Treuhandgesetz den „Aktiengesellschaften im Aufbau" gehören, die Rechtsnachfolger der Kombinate waren. Die Aktien an den „Aktiengesellschaften im Aufbau" und Geschäftsanteile an den Nachfolge-GmbH der nicht kombinatsabhängigen VEB, die es ebenfalls in erheblicher Anzahl gegeben hatte, sollten der Treuhandanstalt gehören. 3.6

Auf diese Weise sollte gewissermaßen die **Konzernstruktur der Wirtschaft** der ehemaligen DDR in Aktiengesellschaften und GmbH **nachgebildet** werden. Niemand dachte bei dieser Idee[9] daran, dass die Konzernstruktur der vormaligen DDR, namentlich ob volkseigene Betriebe kombinatsabhängig oder nicht kombinatsabhängig waren, bei weitem **nicht** so **eindeutig definiert** war, als dass man Rechtsautomatismen hätte hieran knüpfen sollen.[10] 3.7

---

7) Etwa nach § 20 Abs. 2 UmwG.
8) Gesetz zur Privatisierung und Reorganisation des volkseigenen Vermögens v. 17.6.1990, GBl. DDR 1990 I, S. 300.
9) Diese Idee war aus heutiger Sicht falsch. Die Wirtschaftsstruktur war rückständig und musste sofort zerschlagen werden. Es verzögerte die Anpassung nur, dass nunmehr teilweise die schwerfälligen aktienrechtlichen Prozeduren beachtet werden mussten.
10) Dies betraf etwa die Frage, wie eine Kombinatsabhängigkeit geschaffen oder beendet und wie ein volkseigener Betrieb von der Abhängigkeit eines Kombinats in diejenige eines anderen übergeht, welche Vereinbarungen oder Eintragungen hierzu erforderlich waren, welche staatlichen Stellen beteiligt werden mussten etc.

3.8 Zudem hatten in sehr vielen Fällen Direktoren von volkseigenen Betrieben und Kombinaten schon ab März 1990 begonnen, die Konzernstruktur „auf eigene Faust" umzuändern und *praeter legem* Rechtsinstitute zu praktizieren, die das sozialistische Recht nicht kannte, wie etwa ein „**Recht auf Austritt aus einem Kombinat**".[11] Von dieser Mischung aus schlecht dokumentierten und undurchdachten Begriffen der altsozialistischen Kommandowirtschaft und einem Wildwuchs von „revolutionären Wirtschaftsrecht" hing es nun zum Teil ab, ob die Treuhandanstalt oder die Nachfolge-Aktiengesellschaften von Kombinaten Eigentümer der operativen Unternehmen waren.

3.9 Als ob diese Verwirrung noch nicht ausreichend gewesen wäre, hatten auch gerade die wichtigsten und größten DDR-Betriebe aufgrund der *Umwandlungsverordnung* vom 1.3.1990 schon früher begonnen, sich notariell selbst in GmbH oder AG umzuwandeln. Die sog. „Handumwandlungen" hatten stets eine Anteilsinhaberschaft der Treuhandanstalt zur Folge. Das Problem lag hier darin, dass nicht definiert war, **wie weit die „Handumwandlungen" fortgeschritten** sein mussten, damit sie der „automatischen" Umwandlung nach dem Treuhandgesetz vorgingen bzw. entgehen konnten.

3.10 Schließlich gab es eine **Grauzone** von mit **Gebietskörperschaften**, mit Kommunen und mit anderen Organisationen verbundenen Unternehmen, bei denen zweifelhaft war, ob sie überhaupt unter den Teil des Einigungsvertrages fielen, der sich mit der „Wirtschaft" der DDR befasste, oder unter sonstige Regelungen bzw. ob es überhaupt Regelungen für sie gab. Erneut erwies sich die wohlmeinende Kombination von anspruchsvollen Zielvorstellungen mit Sorglosigkeit bei der Analyse des Vorhandenen als Quelle von schweren Unsicherheiten.

3.11 Das Zusammenwirken der vorgeschriebenen Mechanismen konnte dazu führen – und führte dazu –, dass AG und GmbH „im Aufbau" im Rechtsverkehr auftraten, die nicht existierten und dass andere Gesellschaften als sog. „**Phantom-Gesellschaften**" – ohne jedes Management und Bewusstsein ihrer Existenz – rechtlich bestanden.[12]

III. Nichtexistenz eines Kaufvehikels

3.12 Es scheinen keine größeren Gefahren aus dem Einsatz von Vorratsgesellschaften zu drohen.[13]

---

11) Analog zu der gerade gewonnenen Reisefreiheit.
12) Etwa weil aufgrund einer vor dem 1.7.1900 hinreichend weit vorangetriebenen „Handumwandlung" aus demselben Unternehmen bereits eine GmbH entstanden war oder weil es sich um gemeindliches, bezirkliches oder organisationseigenes Vermögen gehandelt hatte und eine GmbH sich überhaupt nicht gebildet hatte, die vielleicht als Verkäuferin i. R. eines Asset Deals auftrat. S. Rn. 3.14, 3.9.
13) S. dazu *Linke/Fröhlich*, GWR 2014, 277.

IV. Nichtexistenz der Zielgesellschaft

Eine Folge von fehlgeschlagenen Gründungsvorgängen besteht darin, dass der Gründer später Anteile an dem nicht wirksam entstandenen Rechtsträger nicht liefern kann. Bisweilen befinden sich auch die Assets, mit denen der nicht wirksam gegründete Unternehmensträger ausgestattet werden sollte, nicht einmal bei dem Verkäufer. 3.13

Fallbeispiel "Aufbau-Verlag" (LG Frankfurt/M. v. 18.11.2005 – 2-27 O 238/04; OLG Frankfurt v. 17.8.2006 – 16 U 175/05; BGH v. 3.3.2008 – II ZR 213/06) 3.14

Im Jahre 1991 erwarb – in einem denkbar farbigen Fall – eine Beteiligungsgesellschaft um – den im Hinblick auf seine Vergangenheit als Maoist und seinen späteren Erfolg als Immobilienspekulant als "Salonmarxist" bekannten – *Bernd F. Lunkewitz* von der Treuhandanstalt die Geschäftsanteile an dem noch bekannteren Ostberliner Aufbau-Verlag – oder so schien es jedenfalls. Als kritisch erwies sich, dass die alte Aufbau-Verlag GmbH 1955 in einen "organisationseigenen Betrieb" (OEB) des Kulturbundes der DDR umgewandelt worden war. Die Treuhandanstalt war davon ausgegangen, dass der OEB in 1962 von dem Kulturbund der DDR weiter an die SED übertragen worden sei. Betriebe der SED wären nach dem Einigungsvertrag wie VEB in GmbH umgewandelt worden und hätten in der Verfügungsbefugnis der Treuhand gestanden. Bei OEB war aber nach dem Einigungsvertrag keine Umwandlung in GmbH vorgesehen.

Der Verlag verfügte über die Rechte an über 1.000 Büchern. Nachdem *Lunkewitz* angeblich einen zweistelligen Millionenbetrag in den Verlag – im Folgenden Aufbau-Verlag I – investiert und mehrere Rechtsstreitigkeiten gegen die BvS als Nachfolgeorganisation der Treuhandanstalt verloren hatte, stellte er fest, "Ich saß in einem geklauten Auto, das mir nicht gehörte"[14] und erwarb 1995 von dem fortbestehenden Kulturbund[15] "den" Aufbau-Verlag *ein zweites Mal* – im Folgenden "Aufbau-Verlag II" genannt. Er ließ nun Aufbauverlag I gegen Aufbauverlag II auf Feststellung klagen, dass der Aufbauverlag I Rechtsnachfolger des früheren Aufbau-Verlages der DDR und Vertragspartei der Autorenlizenzverträge war und erhielt am 17.8.2006 vom OLG Frankfurt das erwünschte Urteil, dass Aufbauverlag I nicht klagen konnte, *weil er nicht existierte*. Der Verlag sei nämlich niemals von dem Kulturbund an die SED übertragen und deshalb auch nicht in eine GmbH in der Verfügungsbefugnis der Treuhandanstalt umgewandelt worden.

---

14) So Süddeutsche Zeitung v. 28.3.2008, S. 13.
15) Vgl. FAZ v. 8.6.2008, S. 27, 46; Kleine Anfrage der Abgeordneten des Deutschen Bundestags *Dr. Dietmar Bartsch*, u. a. v. 25.4.2008, BT-Drucks. 16/8975, sowie v. 15.5.2008, BT-Drucks. 16/9212; s. a. BT-Drucks. 15/1777, S. 23, 24.

3.15 Damit stand nun fest, dass der Aufbauverlag I tatsächlich nicht existiert hatte – weshalb die Treuhandanstalt ihn auch nicht verkaufen konnte.

V. Verkäufer nicht Rechtsinhaber

3.16 Es ist auch möglich, dass ein verkauftes existierendes Unternehmen oder existierende verkaufte Anteile dem Verkäufer nicht gehörten.[16]

1. Fehlgeschlagene Gründungsvorgänge

3.17 Fehlgeschlagene Gründungsvorgänge können bei der Zielgesellschaft die Folge haben, dass die gegründete Gesellschaft zwar entsteht, aber die Anteile nicht bei den Personen liegen, die dies erwarten. Dann gerieren sich vermeintliche Gründer – gutgläubig – als Anteilsinhaber und verkaufen Anteile, die ihnen nicht gehören.[17]

3.18 Das Transformationsrecht hatte auch diese Variante parat, weil das Treuhandgesetz und die Umwandlungsverordnung vom 1.3.1990 nicht klärten, wann exakt die Umwandlung von VEB nach der Umwandlungsverordnung schon so weit vorangeschritten war, dass die gesetzliche Umwandlung nach dem Treuhandgesetz nicht mehr eingriff. Selbst nachdem dies im Jahr 1997 – nachdem die meisten Privatisierungen abgeschlossen waren – überwiegend geklärt war,[18] war noch nicht gleichermaßen eindeutig, ob diese Entscheidung auch für die Regelungen zur Zuordnung der Anteile der aus der Umwandlung hervorgegangenen GmbH galt.

3.19 Da beide Umwandlungsformen zu unterschiedlichen Anteilsinhabern – Treuhandanstalt oder Aktiengesellschaften, die Nachfolger des Kombinats waren – führten, kam es auch hier zu einigen Fällen von Anteilsverkäufen durch Nichtinhaber. Die Situation ähnelte dem beschriebenen Fall des Aufbau-Verlages; auf eine weitere Darstellung wird verzichtet.

2. Verdeckte Sacheinlage (§ 19 Abs. 5 GmbHG a. F.)

3.20 Es soll hier kurz auf ein Stück Rechtsgeschichte eingegangen werden, eine Mine für die Wirksamkeit von M&A-Verträgen, die durch das MoMiG sicher geborgen wurde.

---

16) Zu Problemen mit der „Chain of Title" unter der Perspektive der Due Diligence und Schutzfunktion der Gesellschafterliste s. nochmals *Paefgen/Wallisch*, NZG 2016, 801, und im Hinblick auf eine Verschmelzung der Ziel-GmbH als mögliche Schutz s. *Schniepp/Hensel*, NZG 2014, 857.

17) Dies führt auch dazu, dass verkauften Gesellschaften bei ihnen erwartete Anteile an Tochtergesellschaften nicht gehören; dies wäre jedoch beim Verkauf der Anteile an der Obergesellschaft nicht mehr ein technischer Fall einer Nichterfüllung, sondern ein Fall einer Unternehmenswertbeeinträchtigung wegen Fehlens von Vermögen.

18) BGH v. 2.10.1997 – II ZR 169/96, ZIP 1998, 86.

V. Verkäufer nicht Rechtsinhaber

Das deutsche Kapitalaufbringungsrecht erzwingt, dass sich ein Inferent zwischen einer Bareinlage und einer Sacheinlage, etwa i. S. von § 5 Abs. 4 GmbHG, entscheidet. Bei Letzterer gelten für die Prüfung der Werthaltigkeit Regeln, die bei der Bareinlage nicht anwendbar sind. Wenn der Inferent zu einer Bareinlage verpflichtet ist, kann er nicht einfach stattdessen eine Sache – oder ein Unternehmen – einbringen. 3.21

Was aber nun, wenn der Inferent zuerst eine Geldeinlage, etwa 25.000 € Stammkapital, in bar einzahle und drei Monate später die GmbH das Unternehmen von ihm käuflich für 25.000 € erwirbt? Das Stammkapital war korrekt bar eingezahlt worden und alles in Ordnung? Nein, sprach die Rechtsprechung. Solche Vorgänge im sachlichen und zeitlichen Zusammenhang mit der Begründung einer Einlagepflicht stellten eine verdeckte Sacheinlage dar, für die weiter die Sacheinlageregelungen – also § 19 Abs. 5 i. V. m. § 5 Abs. 4 GmbHG a. F. – galten. Erneut war also die Bareinlage nicht erbracht und musste der Inferent, wenn es darauf ankam, nachzahlen. 3.22

Hiergegen richtete sich über Jahrzehnte ein Sturm der Empörung[19] und eine sachlich überzeugende Kritik.[20] Im MoMiG trugen die Kritiker schließlich einen Sieg davon. 3.23

Bis hierher ist der eigentliche Skandal der verdeckten Sacheinlage allerdings noch unerwähnt geblieben: Er lag nicht in der möglicherweise zu harten Sanktionierung von Inferenten, die tatsächlich häufig keine bösen Absichten gehabt haben mochten (und zudem gelegentlich ihre GmbH reicher machten, als sie es hätten tun müssen), sondern in der **archaischen Destruktionswut**, mit der die verdeckte Sacheinlage um sich schlug, indem sie schon den **Einbringungsvorgang für nichtig erklärte**.[21] Hierdurch konnten völlig unbeteiligte Dritte, etwa in späteren M&A-Transaktionen, in Mitleidenschaft gezogen werden. 3.24

Fallbeispiel „Steuerberatermodell" 3.25

Ein Steuerberater empfiehlt seinem Mandanten, der ein ihm und seiner Frau gehörendes Unternehmen auf eine GmbH übertragen möchte, „zur Vermeidung von Formalitäten" die Bargründung einer GmbH mit 25.000 €, die Einlage weiterer 25.000 € in die Rücklagen und den Erwerb des Unternehmens durch die GmbH mit den 25.000 € „aus den Rücklagen".

---

19) Den die Rechtsprechungsvertreter, etwa die ehemaligen Vorsitzenden Richter *Röhricht* und *Goette* am II. Zivilsenat des BGH, auf den VGR-Jahrestagungen geduldig mit dem nicht völlig von der Hand zu weisenden Hinweis abprallen ließen, die von dem unerfreulichen Schicksal der Inferenten einer verdeckten Sacheinlage Ereilten hätten doch einfach die vom GmbHG vorgesehenen Regeln einhalten mögen.
20) Nachweise bei *K. Schmidt*, GesR, S. 1124; *Roth/Altmeppen*, GmbHG, § 19 Rn. 40 ff. m. w. N.
21) Die Nichtigkeitsfolge der verdeckten Sacheinlage stellen bei ihrer Kritik ins Zentrum: *Lutter* in: FS Stiefel, S. 505, 517; *Heidenhain*, GmbHR 2006, 455; *Wächter*, GmbHR 2006, 1084, 1090.

Variante 1: Der Mandant befolgt den Rat. Der Nettowert des eingebrachten Unternehmens nach Verkehrswerten und der Ertragswert sind positiv.

Variante 2: Der Mandant vernimmt den Rat, lässt aber die GmbH das Unternehmen für die gesamten 50.000 € kaufen, weil es nach seiner Überzeugung „viel mehr Wert" ist.

Variante 3: Der Mandant befolgt den Rat und verkauft der GmbH das Unternehmen für 25.000 €. Der Nettowert des eingebrachten Unternehmens nach Verkehrswerten ist positiv (fünf Computer, ein Drucker, ein PKW, 100.000 € Bankguthaben und 50.000 € Schulden gegenüber einem Business Angel). Das Unternehmen hat eine monatliche Cash-Burn-Rate von 20.000 €.

Variante 4: Der Mandant befolgt den Rat und verkauft der GmbH das Unternehmen für 25.000 €. Er verzögert aber die Einbringung. Als es fünf Monate später dazu kommt, ist der Nettowert des eingebrachten Unternehmens nach Verkehrswerten negativ (fünf Computer, ein Drucker, 0 € Bankguthaben, 50.000 € Schulden gegenüber einem Business Angel).

In allen Varianten erweist sich am Ende das Unternehmen als großer Erfolg und die GmbH wird nach drei Jahren für 70 Mio. € an eine Private Equity-Gesellschaft verkauft. Die inzwischen geschiedene Ehefrau klagt jeweils auf Feststellung, dass das Unternehmen noch ihr und ihrem ehemaligen Mann gehöre und sie noch Miteigentümerin des Unternehmens sei.

3.26 Selbst in der *ersten Variante*, in der alles in Ordnung scheint, konnte eine verdeckte Sacheinlage vorliegen. Es war jedenfalls schwer, ausgehend von den Formeln der Rechtsprechung systematische Gründe dafür zu finden, warum dies nicht so war. Tatsächlich konnte der Verkehr dem Unternehmen nicht ansehen, dass es nach jeder denkbaren Bewertungsweise einen positiven Wert hatte.[22]

3.27 In der *zweiten Variante* liegt – nach dem Rechtszustand vor dem MoMiG – zweifelsfrei eine verdeckte Sacheinlage vor und war die Einbringung nichtig. Der Gläubigerschutz wirkt sich als Glücksfall für die Ehefrau und als Katastrophe für die Private Equity-Gesellschaft aus.

3.28 In der *vierten Variante* liegt ebenfalls eine verdeckte Sacheinlage vor. In der Einbringung eines Unternehmens mit einem negativen Wert lag, selbst aus Sicht einer großzügigen Betrachtung, die bei der ersten Variante eine verdeckte Sacheinlage verneint hätte, eine verdeckte Sacheinlage vor. Bei der *dritten Variante* hing dies davon ab, ob auf den Ertragswert oder Nettosubstanzwert nach Ver-

---

22) Für die Unzulässigkeit konnte sprechen, dass auch, wenn in der Sache eine verdeckte Sacheinlage verboten war, um eine *„verdeckte Barentnahme"* zu verhindern, tatbestandlich eben an ersteres erstere angeknüpft wurde; vgl. Mayer, NJW 1990, 2593, 2599 li. Sp. Mitte, erachtet diese Variante nicht für eine verdeckte Sacheinlage, sondern nur – bei Übernahme entsprechend hoher Passivpositionen des Unternehmens – als ggf. unter § 30 GmbHG fallend; vgl. auch *Wächter*, GmbHR 2006, 1084, 1084 re. Sp. unten, und 1084 ff.

V. Verkäufer nicht Rechtsinhaber

kehrswerten abzustellen wäre; beim Abstellen auf den Ertragswert würde die Cash-Burn-Rate wohl zu einem negativen Ertragswert führen.

Das für die M&A-Praxis an der verdeckten Sacheinlage Bedrohliche, die *Nichtigkeit des Einbringungsgeschäfts*, wurde durch § 19 Abs. 4 Satz 2 GmbHG n. F. abgeschafft. Der schöne Satz lautet: „Jedoch sind die Verträge über die Sacheinlage und Rechtshandlungen zu ihrer Ausführung nicht nichtig."[23]   3.29

3. Missachtung von Vinkulierungsbestimmungen in der Vergangenheit

Anteile an Personengesellschaften sind gewissermaßen „geborene vinkulierte Anteile", Anteile an Kapitalgesellschaften „gekorene vinkulierte Anteile". In beiden Fällen wirkt die Vinkulierung dinglich.[24] Es ist in der Praxis nicht sehr wahrscheinlich, dass bei einem aktuellen Kauf Vinkulierungsklauseln in Gesellschaftsverträgen übersehen werden und erforderliche Zustimmungen nicht eingeholt werden bzw. dass bestehende Vorerwerbsrechte von Mitgesellschaftern nicht auf die erforderliche Weise berücksichtigt werden.   3.30

Allerdings kann das Problem auftreten, dass der Verkäufer oder ein Rechtsvorgänger des Verkäufers in der Vergangenheit Anteile unter Missachtung von Vinkulierungsbestimmungen erworben hat, obwohl die **Vinkulierungsbestimmungen anscheinend beachtet** wurden oder Verfahren zur Außerkraftsetzung der Vinkulierung durchgeführt wurden.   3.31

Fallbeispiel „Abstand zwischen Übernahmeangebot und Anteilsverkauf" (OLG Schleswig v. 28.5.1998 – 5 U 24/97, NZG 1998, 856; BGH v. 31.1.2000 – II ZR 209/98, NJW-RR 2000, 988)   3.32

Eine Satzungsbestimmung lautet: „Geschäftsanteile sind zwischen Gesellschaftern frei abtretbar. Vor der Abtretung an Nichtgesellschafter ist der Geschäftsanteil den übrigen Gesellschaftern zum Kauf anzubieten." Am 5.4.1994 bot der Verkäufer den übrigen Gesellschaftern seinen Geschäftsanteil zum Kauf zum Nominalwert an. Am 19.1.1996 übertrug er den Geschäftsanteil an den Käufer. Der Verkäufer wurde insolvent und der Verwalter klagte auf Feststellung, dass er noch Anteilsinhaber war. Dem OLG Schleswig war der zeitliche Abstand zwischen dem Angebot an die Mitgesellschafter und dem Verkauf zu groß. Es entschied: „Die in der Satzung normierte Andienungsverpflichtung ist ... verletzt worden. Dies führt zu einer dinglichen Unwirksamkeit des Übertragungsgeschäftes" und gab der

---
23) Da § 3 Abs. 4 EGGmbHG eine Rückwirkung von § 19 Abs. 4 GmbHG n. F. anordnete, wurden grundsätzlich auch Altfälle geheilt; vgl. zu den damit zusammenhängenden sachenrechtlichen Fragen (wann und wie gingen die zu der nichtigen Sacheinlageleistung gehörenden Gegenstände auf die GmbH über?) *Bormann/Urlichs*, Kapitalaufbringung und Kapitalerhaltung nach dem MoMiG, in: Römermann/Wachter, Sonderheft GmbHR 10/2008, 37, 41.

24) Zu Personengesellschaften: *K. Schmidt*, GesR, S. 1323; zur GmbH: *Roth/Altmeppen*, GmbHG, § 15 Rn. 97, 116; zur Namensaktie bei der AG: *Spindler/Stilz*, AktG, § 68 Rn. 31.

Klage statt. Der BGH hob das Urteil des OLG Schleswig auf. *Nur die geschützten* Mitgesellschafter, nicht aber der Verkäufer, könnten sich auf die Unwirksamkeit einer Übertragung wegen Nichtbeachtung des Vorerwerbsrechts berufen.[25)]

3.33 Obwohl der BGH *in casu* dem Verkäufer und seinem Insolvenzverwalter die Möglichkeit verschloss, aufgrund *eigener* Verletzungen des Gesellschaftsvertrages später die Nichtigkeit eines Anteilsverkaufes geltend zu machen, **bleibt das Problem der Unsicherheit von Anteilsübertragungen** in solchen Fällen bestehen. Warum sollte es einem reuigen Verkäufer nicht gelingen, einen damaligen Mitgesellschafter zu einer Klage zu gewinnen? Oder dem Käufer, wenn er reuig ist?

3.34 Für die nicht reuige Seite ist besonders problematisch, dass die Außerkraftsetzung der Vinkulierung sich oft nur aus **privatschriftlicher Korrespondenz** ergeben wird, die in Unkenntnis ihrer Relevanz möglicherweise nicht aufbewahrt wurde oder nicht vollständig ist. Es kommen weitere Risiken aus der Möglichkeit hinzu, dass der Mitgesellschafter das Schreiben mit dem Übernahmeangebot nicht erhalten hat oder wenn er sein Schweigen, etwa nach § 123 BGB, anficht, weil er von dem verkaufswilligen Gesellschafter getäuscht wurde.[26)] Nach der Minderheitsauffassung von *Teichmann* behalten Vinkulierungsbestimmungen nach § 15 Abs. 5 GmbHG bzw. § 68 Abs. 2 AktG ihre Wirkung auch bei **Abspaltungen nach dem UmwG**. Setzt sich diese Auffassung durch, würde sie einen neuen Weg zu einem Lieferunvermögen eröffnen.[27)]

4. Vorherige Lieferung an einen Dritten

3.35 Eine Nichterfüllung einer Verpflichtung zur Lieferung von Anteilen kann sich u. U. als **Enteignungsmechanismus** hinsichtlich **anderer Vermögenswerte** erweisen.

3.36 *Fallbeispiel „Düngemittelfabrik"* (LG Kiel v. 27.10.2000 – 14 O 15/99)

Ein Wirtschaftsprüfer hatte die Möglichkeit, von einem Dritten die Anteile an einer Düngemittelfabrik GmbH von einem ungewissen wirtschaftlichen Wert preisgünstig zu erwerben. Er suchte einen neuen Geschäftsführer, der eine Minderheitsbeteiligung an dem Unternehmen erhalten sollte, und sprach einen alten Schulfreund darauf an. Dieser war interessiert. Der Schulfreund schlug vor, die Anteile an der Düngemittel GmbH *über eine Holding-GmbH*, einen inaktiven GmbH-Mantel den er schon besaß, zu halten.

In diesem Sinne vereinbarten die – bis dahin – Freunde, dass der Schulfreund als Verkäufer dem Wirtschaftsprüfer 80 % der Geschäftsanteile *an der Hol-*

---

25) BGH v. 31.1.2000 – II ZR 209/98, NJW-RR 2000, 988.
26) Ein ähnlicher Fall, bei dem der eine Abtretung anfechtende Gesellschafter nicht erfolgreich war, wird bei Rn. 14.48 behandelt.
27) Auch mit Nachweis der Mehrheitsauffassung *Teichmann*, GmbHR 2014, 393.

V. Verkäufer nicht Rechtsinhaber

ding-GmbH zum Nennwert verkaufen und abtreten sollte. Der Wirtschaftsprüfer veranlasste nunmehr, dass die Anteile an der Düngemittel GmbH auf die Holding-GmbH übertragen wurden. Hiernach *sollte* die Struktur bestehen, dass der Wirtschaftsprüfer 80 % und der Schulfreund 20 % an der Holding-GmbH halten würden und dass diese alle Anteile an der Düngemittel GmbH halten würde.

Jahre später, nachdem die Düngemittelfabrik eine spürbare Wertsteigerung erfahren hatte und die Parteien eine Meinungsverschiedenheit über die Geschäftspolitik hatten, legte der Schulfreund offen, dass er die Geschäftsanteile an der Holding-GmbH bereits *vor* der Abtretung an den Käufer an einen Dritten zur Sicherheit abgetreten habe. Er behauptete, der Käufer habe das gewusst und die Abtretung der Anteile an der Holding-GmbH an den Käufer sei ohnehin nur zum Schein erfolgt. Er selbst habe von Anfang an wirtschaftlich Alleineigentümer des Unternehmens sein sollen.

Der Wirtschaftsprüfer, falsch beraten, lud zunächst zu einer Gesellschafterversammlung der Holding-GmbH, wählte seinen ehemaligen Freund als Geschäftsführer ab und bestellte sich selbst als neuen Geschäftsführer. Sodann lud er in dieser neuen Eigenschaft zu einer Gesellschafterversammlung der Düngemittel GmbH und berief seinen ehemaligen Freund auch dort als Geschäftsführer ab und bestellte sich dort ebenfalls selbst zum Geschäftsführer. Seine Versuche, diese Änderungen in den Registern eintragen zu lassen – und entsprechende einstweilige Rechtsschutzverfahren – scheiterten aber daran, dass die Gerichte ihn – ganz zutreffend – nicht als Gesellschafter der Holding-GmbH anerkannten.[28]

Aus denselben Rechtsgründen war auch eine Klage auf Feststellung einer Inhaberschaft an den Anteilen an der Holding-GmbH aussichtslos. Es kamen nur entweder eine Leistungsklage auf *Lieferung der Anteile an der Holding-GmbH* oder eine Klage *auf Wiederbeschaffung der Anteile* **an der unternehmenstragenden GmbH** in Betracht bzw. eine Klage auf Schadensersatz.[29]

---

28) Der Verfasser übernahm den Rechtsstreit an dieser Stelle.

29) Ein Anspruch auf Schadensersatz wäre nicht wegen Nichtlieferung der damals wertlosen Anteile an der Holding-GmbH, sondern wegen des *Verlusts des wertvollen Unternehmens* geltend zu machen und entsprechend zu berechnen. Dies würde substantiierten Vortrag zu dem Wert der Düngemittelfabrik erfordert haben. *In casu* fehlten dem Käufer hierzu alle Angaben sowohl zu den Überschüssen aus dem operativen Geschäftsbetrieb als auch zu den aus der Verwertung von nicht betriebsnotwendigen Immobilien nach Abzug von Altlastenkosten erzielbaren Überschüssen (zur Relevanz dieser beiden Summanden vgl. unten Rn. 11.10–11.32). Insofern hätte nur eine Stufenklage erhoben werden können, die jedenfalls auf der 2. Stufe zu dem umfangreichen Sachvortrag zur Frage des Unternehmenswerts und voraussichtlich die Vorlage eines Parteiengutachtens erforderlich gemacht hätte. Der Käufer zog im Hinblick darauf und in der Hoffnung, der Verkäufer werde einem obsiegenden Urteil nachkommen, eine Klage auf Verschaffung des Unternehmens vor. Dies führt in erhebliche Vollstreckungsschwierigkeiten, wenn nicht freiwillig geleistet wird.

Die Klage auf Lieferung der Anteile an der Holding-GmbH hätte nur zu einem wirtschaftlichen Eigentum an der Düngemittelfabrik i. H. von 80 % geführt; v. a. waren die Anteile an der Holding-GmbH bei ihrem Kauf wertlos gewesen – der ehemalige Freund hätte den Anspruch u. U. erfüllen können, indem er Anteile an der inzwischen wieder „leeren" Holding-GmbH übertragen hätte. Die Klage aus c. i. c., § 823 Abs. 2 BGB i. V. m. § 263 StGB bzw. § 826 BGB auf *Wiederbeschaffung*[30] *der Anteile* an der unternehmenstragenden GmbH hatte den Vorteil, dass sie direkt auf den eigentlichen Wert abzielte und dem Käufer ein 100 %iges wirtschaftliches Eigentum an dem Unternehmen verschaffen würde. Die Klage war erstinstanzlich erfolgreich, aber scheiterte in der Berufung vor dem OLG Schleswig an hier nicht weiter zu erörternden Gesichtspunkten, die nicht im Zusammenhang mit der bisherigen Darstellung stehen.

VI. Verkäufer erfüllt Wirksamkeitsbedingung nicht

3.37 Ein M&A-Vertrag wird u. U. nicht durchgeführt, weil der Verkäufer den Eintritt einer Wirksamkeitsbedingung nicht herbeiführt oder hieran nicht ausreichend mitwirkt. Mangels Eintritts dieser Wirksamkeitsbedingung, gleich ob für den schuldrechtlichen Verkauf oder die dingliche Anteils- oder Unternehmensübertragung (oft unterschiedslos „Closing Condition" genannt) und unterstellt, dass der Nichteintritt nicht folgenlos bleibt, weil § 162 Abs. 1 BGB eingreift oder der Käufer die Bedingungsherbeiführung durch den Verkäufer erzwingt, kommt es dann nicht zur weiteren Abwicklung des Kaufs oder der Unternehmenslieferung. Es bleiben Sekundäransprüche des Käufers, etwa auf Schadensersatz oder auf eine Vertragsstrafe.

3.38 Die Wirksamkeitsbedingung kann z. B. in der Herbeiführung einer öffentlichrechtlichen Genehmigung, z. B. fusionskontroll-, außenwirtschafts-, steuer- oder bankrechtlicher Art, aber auch in einer Erklärung von privaten Dritten oder eines beliebigen Umstandes, liegen.

3.39 Die rechtliche Verpflichtung zur Herbeiführung bzw. Mitwirkung hieran muss schon vorher wirksam sein. Kautelarjuristisch findet sich sowohl die Vorgehensweise, den gesamten M&A-Vertrag unter eine Bedingung zu stellen und dann darauf zu vertrauen, dass gleichwohl schon eine wirksame Verpflichtung zur Herbeiführung des Bedingungseintritts besteht, etwa aus § 162 Abs. 1 BGB abgeleitet, oder es wird ausdrücklich eine Verpflichtung zur **Herbeiführung der Bedingung** oder Mitwirkung daran in den Vertrag aufgenommen und klargestellt, dass diese Verpflichtung selbst **unbedingt wirksam ist.** Während sich die erste Sichtweise vielleicht auf die Vorstellung stützen kann, die dem BGB vor-

---

30) Genau genommen war es keine „*Wieder*"-Beschaffung, weil der Käufer nie selbst Anteilsinhaber gewesen war, und musste auch der Verkäufer ein Unternehmen verschaffen, dass nicht ihm, sondern nach dem damaligen Stand der Dinge, der Holding-GmbH gehörte.

IX. Fehlende Zustimmung Dritter zur Vertragsübertragungen beim Asset Deal

schwebte, spricht allerdings nichts dagegen, M&A-Verträge von Bedingungen abhängig zu machen, hinsichtlich derer eine oder beide Parteien sich neutral verhalten, passiv bleiben oder ihren Eintritt sogar verhindern dürfen, womit diese zu ein- oder beidseitigen Voluntativbedingungen werden.
Soweit ersichtlich, sind Entscheidungen zu dem Thema[31] noch nicht ergangen.[32] 3.40

VII. International-privatrechtliches Scheitern der Unternehmenslieferung

Theoretisch kann eine Unternehmenslieferung daran scheitern, dass die Vor- 3.41
schriften des für Verfügungsgeschäfte geltenden Statutes, z. B. bei Sachen der *lex rei sitae* nicht eingehalten worden.[33]

VIII. Fehlende Zustimmung Dritter zur Übertragung vinkulierter Gesellschaftsanteile beim Share Deal

Es wurde schon die Möglichkeit angesprochen, dass ein Verkäufer nicht Anteils- 3.42
inhaber geworden sein mag, weil der fragliche Anteil (dinglich) vinkuliert war, was nach einer Minderheitsauffassung sogar bei einer Abspaltung gelten soll.[34] Denkbar ist nun auch, wenn Vinkulierungen bei der aktuellen Transaktion übersehen wurden, dass ein Verkäufer aus diesem Grund nicht liefern kann. Abgesehen von vertraglichen Sondergestaltungen wird er dann haften.

IX. Fehlende Zustimmung Dritter zur Vertragsübertragungen beim Asset Deal

Es ist ein Hauptthema jedes Asset Deals, dass die Übertragung von Verträgen 3.43
und Schulden der Zustimmung (§ 415 BGB spricht von „Genehmigung") der Vertragspartner bzw. Gläubiger bedarf.[35] Alle Asset Deals enthalten demgemäß Klauseln, die ein gemeinsames Ansprechen der Dritten und Regelungen für den Fall vorsehen, dass die Zustimmung bzw. Genehmigung nicht erteilt wird. Diese laufen im Wesentlichen darauf hinaus, dass dann der Verkäufer den Käufer im Innenverhältnis so stellen soll, als ob der Dritte sie doch erteilt hätte.[36] Was aber, wenn ein „**Weiterreichen**" der Leistung des Dritten – z. B. Vermieter,

---

31) S. a. Rn. 13.14–13.16.
32) Anders bei dem ähnlichen Fall, dass der Käufer Pflichten zu Herbeiführung einer Bedingung oder zur Schaffung von Voraussetzungen, deren Nichtherbeiführung Rücktrittsrechte o. Ä. gewährt, nicht erfüllt. S. unten Rn. 13.15.
33) Vgl. hierzu und überhaupt zu Rechtsfragen des internationalen Unternehmenskaufs: *Land*, BB 2013, 2697, 2699, 2701.
34) S. o. Rn. 3.30 und *Teichmann*, GmbHR 2014, 393.
35) S. allgemein *Schreier/Leicht*, NZG 2011, 121; *Meyding/Adolfs*, BB 2012, 2383; *Hasselbach/Jakobs*, DB 2014, 2092.
36) Vgl. etwa *Lips/Stratz/Rudo* in: Beck'sches Mandatshandbuch Unternehmenskauf, § 4 Rn. 421, 427.

3. Kapitel Streitigkeiten bei Nichtlieferung

Darlehensgeber oder Lizenzgeber – nach dem Vertrag zwischen dem Dritten und dem Verkäufer, etwa aufgrund von § 399 BGB oder einer vertraglichen Abrede, **nicht zulässig** ist,[37] oder wenn der Dritte – z. B. Werkauftraggeber, Käufer, Dienstherr – **Leistungen des Übernehmers nicht hinnehmen muss?** § 415 Abs. 3 Satz 1 und 2 BGB i. V. m. § 329 BGB bzw. eine Analogie hierzu helfen nicht weiter; auch sie regeln nur das Verhältnis zwischen Übertragendem und Übernehmer, binden aber den Dritten nicht. Nicht nur das: Dass der „Möchte-Gern-Übernehmer" nach § 415 Abs. 3 BGB[38] verpflichtet ist, den Dritten zu befriedigen gilt gegenüber dem Übertragenden nur „im Zweifel" und kann zudem nur solange gelten wie der Dritte die Leistung annimmt und nicht etwa sogar den Vertrag überhaupt, z. B. aus wichtigem Grund, kündigt oder davon zurücktritt. Tut der Dritte dies, so dürfte die Übernahme des betroffenen Assets unmöglich geworden sein, u. U. mit Folgen für den Gesamtvertrag.[39]

3.44 So war es in dem folgenden Fall aus öffentlich-rechtlichen Gründen bei einem Asset Deal zwischen zwei Banken:

Fallbeispiel „Privatkundenverkauf durch Asset Deal" (BGH v. 15.7.2009 – VIII ZR 217/06, NJOZ 2009, 3882)

Eine Bank verkaufte einer anderen Bank einen „Geschäftsbereich Privatkunden" durch Asset Deal. Der Kaufpreis von 1,5 Mio. € wurde gezahlt und Verkäuferin und Käuferin wollten sich gemeinsam um die Einholung der Zustimmung der Kunden bemühen. Dazu kam es nicht mehr, weil die BaFin die Bankerlaubnis der Käuferin aufhob. Später verkaufte die Verkäuferin den Geschäftsbereich für nur 124.800 € an eine dritte Bank. Die Käuferin klagt auf Rückzahlung des Kaufpreises von 1,5 Mio. €.

3.45 Zunächst ist zu betonen, dass der Wegfall der Bankerlaubnis der Käuferin nicht etwa zur Nichtigkeit des Vertrages führt.[40]

3.46 Die Leistung wurde aber nach § 275 BGB a. F. unmöglich. Das Schicksal der Gegenleistung unterlag § 324 BGB a. F.[41] Nach Absatz 1 dieser Norm galt, dass der Schuldner (= die verkaufende Bank) den Anspruch auf die Gegenleistung behielt, wenn der Gläubiger (= die kaufende Bank) die Unmöglichkeit zu verschulden hatte. So war es hier und der Käufer hatte deshalb keinen Rück-

---

37) Dieses Thema wird bei *Rödder/Hötzel/Müller-Thuns*, Unternehmenskauf, Unternehmensverkauf, S. 85, und *Lips/Stratz/Rudo* in: Beck'sches Mandatshandbuch Unternehmenskauf, § 4 Rn. 427, gesehen.
38) Hierzu vgl. BGH v. 1.2.2012 – VIII ZR 307/10, NJW 2012, 1718 ff., 1720 re. Sp.
39) Zur Grenzen der „synthetischen Vertragsübernahme" auch *Schreier/Leicht*, NZG 2011, 121.
40) Mit der Folge, dass der Erfüllungsanspruch und entsprechende Ansprüche auf Ersatz des Nichterfüllungsschadens bestehen blieben.
41) Jetzt § 326 Abs. 2 BGB n. F.

X. Rechtsmängel des gelieferten Unternehmens oder der gelieferten Anteile

zahlungsanspruch auf den gezahlten Kaufpreis.[42] Allerdings musste sich die Verkäuferin nach § 324 Abs. 1 Satz 2 BGB a. F. den Erlös aus einer anderweitigen Verwertung des Leistungsgegenstandes anrechnen lassen.[43] Hier kamen die später von der dritten Bank erhaltenen 124.800 € ins Spiel. „Ein Rückzahlungsanspruch der Käuferin aus ungerechtfertigter Bereicherung kann folglich nur bestehen, wenn der (Verkäuferin) durch die Unmöglichkeit kein oder ein hinter dem Wert des anrechnungsfähigen Vorteils zurückbleibender Schaden entstanden ist."[44]

X. Rechtsmängel des gelieferten Unternehmens oder der gelieferten Anteile

1. Rechtsmängel beim Share Deal

Beim Verkauf von Anteilen ist die Rechtsprechung zu Rechtsmängeln relativ geradeheraus und wendet das BGB an, wie es geschrieben steht. Es werden Rechtsmängel des Kaufgegenstandes, und nur des Kaufgegenstandes, also der Anteile, geprüft. Als solche kommen v. a. Belastungen der verkauften Anteile, z. B. durch Pfandrechte, in Betracht. Da diese wohl meist so sorgfältig dokumentiert sind, dass sie nicht übersehen werden, spielen Streitigkeiten um solche Rechtsmängel in den veröffentlichten Urteilen keine Rolle. 3.47

Soweit ersichtlich, wird nicht vertreten, beim Anteilskauf § 435 BGB auf einzelne, der Gesellschaft gehörende Gegenstände anzuwenden, etwa bei einer auf einem Betriebsgrundstück lastenden Dienstbarkeit oder einer auf einem Patent lastenden Lizenz. 3.48

Auch der Versuch, beim Verkauf einer 60 %igen Beteiligung an einer GmbH, einen Rechtsmangel wegen der Überschuldung der GmbH geltend zu machen, scheiterte. Anders als bei Kuxen einer bergrechtlichen Gewerkschaft, bleibt der rechtliche Inhalt eines GmbH-Geschäftsanteils bei Überschuldung der Gesellschaft unverändert.[45] 3.49

2. Rechtsmängel beim Asset Deal

Beim Asset Deal hätte die Möglichkeit bestanden, ungerührt davon, dass viele Einzelgegenstände gemeinsam oder nebeneinander verkauft werden, die in ihrem Zusammenwirken ein Unternehmen darstellen, das Rechtsmängelrecht weiter auf die einzelnen Kaufgegenstände[46] anzuwenden. Das RG hatte diesen Weg 3.50

---

42) BGH v. 15.7.2009 – VIII ZR 217/06, Rn. 14, NJOZ 2009, 3882.
43) BGH v. 15.7.2009 – VIII ZR 217/06, Rn. 14, NJOZ 2009, 3882.
44) BGH v. 15.7.2009 – VIII ZR 217/06, Rn. 27, NJOZ 2009, 3882.
45) BGH v. 2.6.1980 – VIII ZR 64/79, NJW 1980, 2408, 2409 li. Sp. oben; ebenso OLG München v. 7.5.2008 – 20 U 5630/07.
46) Zu unklaren Vorstellungen des Verkaufs eines „Unternehmens in seiner Gesamtheit" s. Rn. 7.8 und Rn. 7.67.

3. Kapitel Streitigkeiten bei Nichtlieferung

einmal kurzfristig eingeschlagen, indem es die **Bindung eines Asset-Käufers** nach § 25 HGB an ein vom Verkäufer für Österreich-Ungarn gewährtes **Alleinvertriebsrecht als Rechtsmangel** des verkauften Unternehmens angesehen hatte.[47] Es hatte allerdings schon 1908 die Beeinträchtigung eines verkauften Schlacksteinwerks durch ein Untersagungsrecht aus einem Patent als Sachmangel betrachtet[48] und die h. M. und die Rechtsprechung haben sich schließlich in diese Richtung weiterentwickelt.

3.51 Um die Implikationen der analogen Anwendung des Sachmängelrechts auf Unternehmen schlüssig zu Ende zu bringen,[49] wurde nicht nur die Sachmängelhaftung auf Nicht-Sachmängel[50] – aber nicht mehr auf alle Sachmängel[51] – angewendet, sondern eben auch die Rechtsmängelhaftung nicht mehr auf alle Rechtsmängel. Weiter fortgerissen von der Logik des Glättens der Konsequenzen der Anwendung des Sachmängelrechts auf Unternehmen, lag es dann auch nahe, die **Sachmängelhaftung auf Rechtsmängel anzuwenden**, wenn diese Auswirkungen auf das ganze Unternehmen hatten.

3.52 Dies entspricht dem heutigen Stand der h. M. und Rechtsprechung: Rechtsmängel, die nur einem einzelnen Gegenstand des Unternehmens anhaften, sollen auch beim Asset Deal keine Rechtsmängel mehr sein, aber als Sachmangel gelten, wenn eine entsprechende Beschaffenheitsvereinbarung getroffen wurde oder sie die übliche Beschaffenheit des Unternehmens – als Ganzes – beeinträchtigen.[52] Dies soll etwa für das Fehlen von öffentlich-rechtlichen Positionen,[53] genossenschaftliche Betriebsverbote[54] und baupolizeiliche Nutzungsbeschränkungen[55] gelten. Es ist dann neben dem Vorliegen eines Unternehmensverkaufes zusätzlich das „Durchschlagen" dieser nunmehr als Sachmängel angesehenen Umstände auf das „Unternehmen als Ganzes" erforderlich.[56]

---

47) RG v. 16.2.1916 – RG V 356/16, RGZ 88, 103, 105 unten, 106.
48) RG v. 20.11.1908 – RG II 199/08, RGZ 69, 429, 431.
49) S. ausführlich unten Rn. 7.1 ff., 7.64.
50) S. u. Rn. 7.23 ff.
51) S. dazu unten Rn. 7.5 f.
52) Palandt-*Weidenkaff*, BGB, § 434 Rn. 95 f.
53) BGH v. 9.7.1976 – V ZR 256/75, BGHZ 67, 134, 136; BGH v. 10.3.1978 – V ZR 69/76, NJW 1978, 1429.
54) BGH v. 4.3.1985 – II ZR 271/83, ZIP 1985, 607.
55) BGH v. 20.1.1971 – VIII ZR 167/69, WM 1971, 531; RG v. 22.11.1932 – II ZR 148/32, RGZ 138, 354; eine Baulast ist kein Rechtsmangel vgl. BGH v. 10.3.1978 – V ZR 69/76, NJW 1978, 1429.
56) Wenn das Unternehmen als Sache angesehen wird, soll der Sachmangel bzw. der wie ein Sachmangel behandelte Rechtsmangel nach § 434 Abs. 1 BGB das Unternehmen als Ganzes beeinträchtigen müssen. § 435 BGB verlangt solches nicht; vgl. hierzu Rn. 7.7 und die Darstellung der h. M. bei *Holzapfel/Pöllath*, Unternehmenskauf in Recht und Praxis, 14. Aufl., Rn. 625, 626.

XI. Kausalität der Nichtlieferung für Schadensentstehung

Allerdings kann das Unvermögen, einem Käufer die Gelegenheit zum Eintritt in einen für das Unternehmen wichtigen Mietvertrag mit einem Dritten zu verschaffen, einen Rechtsmangel darstellen.[57]

XI. Kausalität der Nichtlieferung für Schadensentstehung
Wird als Rechtsfolge einer Nichtlieferung Schadensersatz begehrt, so muss der geltend gemachte Schaden kausal durch die Nichtlieferung verursacht sein. Ein Fall des BGH, bei dem es nicht um die Nichtlieferung eines ganzen Unternehmens, sondern nur einer wesentliche Voraussetzung für die Errichtung eines Unternehmens ging, führt in die Probleme ein.

Fallbeispiel „Leichtbauplattenhersteller" (BGH v. 17.12.1963 – V ZR 186/61, NJW 1964, 661)

Ein Leichtbauplattenhersteller hatte von einer Gemeinde ein Grundstück gekauft, um einen Fabrikationsbetrieb zu errichten. Als die Gemeinde die Baugenehmigung nicht erteilte, klagte er zivilrechtlich entgangenen Gewinn als Schadensersatz ein. Er trug vor, in den Jahren 1955 und 1956 hätte er zusammen Gewinne von 150.000 DM erzielen können. Auf das Bestreiten der Gemeinde, dass er die Mittel zur Errichtung der Fabrik gehabt habe, trug er vor, dass er die auf dem Grundstück geplante Fabrik vier Jahre später andernorts tatsächlich errichtet habe.

Das OLG Köln meinte, der Kläger brauche aufgrund der Beweiserleichterung des § 252 Satz 2 BGB zwar die Erwartung des Gewinns nicht zur vollen Gewissheit darzutun, sondern es genüge anstelle des positiven Nachweises die Wahrscheinlichkeit eines Gewinnentganges.[58] Er müsse aber die grundlegenden Tatsachen, die erst ermöglichen sollten, auf den gewöhnlichen Lauf der Dinge abzustellen, vortragen und ggf. voll beweisen.[59] Hierzu sah das OLG Köln den Hinweis auf die später andernorts gebaute Fabrik als nicht ausreichend an. Der BGH hielt diese Argumentation für richtig.

Dem BGH und dem OLG Köln ist darin zuzustimmen, dass zur Darlegungslast bei Geltendmachung von entgangenem Gewinn auch die **Verfügbarkeit der Finanzmittel zur Errichtung der Fabrik** gehört. Dies kann eigentlich grundsätzlich nicht fraglich sein. In jedem Einzelfall wird aber sachangemessen zu entscheiden sein, wie konkret der dem Geschädigten abzuverlangende Sachvortrag zu sein hat. Hierbei können keine Anforderungen gestellt werden, die § 287 ZPO (und ggf. § 252 Satz 2 BGB) konterkarieren. Dass es drei oder vier Jahre danach schwierig ist, darzulegen, dass ein Kredit bewilligt worden wäre, der aufgrund eines haftungsauslösenden Verhaltens des Schädigers nie beantragt

---

57) BGH v. 7.1.1970 – I ZR 99/68, NJW 1970, 556.
58) BGH v. 17.12.1963 – V ZR 186/61, NJW 1964, 661, 662 li. Sp. unten.
59) BGH v. 17.12.1963 – V ZR 186/61, NJW 1964, 661, 662 li. Sp. unten.

wurde, liegt auf der Hand. § 287 ZPO bestimmt insoweit auch das Maß der Vortragslast. Sofern Schadensersatz wegen Nichtlieferung einer Voraussetzung/ Zerstörung anderer Voraussetzungen für die Errichtung eines Unternehmens bzw. Aufnahme einer unternehmerischen Tätigkeit geltend gemacht wird, ist, dies gesagt, jedoch stets zu den sonstigen Voraussetzungen für die Unternehmenserrichtung/Aufnahme des Unternehmens sowie dazu vorzutragen, dass bestimmte Umsätze und Gewinne erwirtschaftet worden wären, bevor dem Kläger § 287 ZPO hilfreich zur Seite tritt.[60]

XII. Zur Vollstreckung einer Unternehmenslieferpflicht und zum Schadensersatz bei Nichtlieferung

3.57 Ausgeurteilte Verpflichtungen zur Lieferung von Gesellschaftsanteilen sind grundsätzlich nach § 894 ZPO vollstreckbar.[61] Schwierigkeiten können sich daraus ergeben, dass der enttäuschte Käufer schon die Aufteilung der Anteile nicht kennt oder diese aus sonstigen Gründen im Klageantrag nicht hinreichend genau angeben kann.[62]

3.58 Sodann kann der Schuldner die Vollstreckung ins Leere gehen lassen, indem er die Anteile rechtzeitig weiter abtritt und den Gläubiger zwingt, zu einem Schadensersatzantrag – mit entsprechenden erneuten Darlegungslasten – überzugehen. Die Verschaffung von Anteilen, die dem Schuldner nicht selbst gehören, wie im Fallbeispiel *„Düngemittelfabrik"*,[63] ist nur eine „nicht vertretbare Handlung" i. S. von § 888 ZPO, die nur durch Zwangsgelder oder Zwangshaft vollstreckbar ist.

3.59 Die rechtlichen und tatsächlichen Fragen stellen sich bei der Nichtlieferung nicht wesentlich anders als bei der Lieferung eines Unternehmens, bei dem eine Unternehmenswertbeeinträchtigung (gegenüber einem Sollzustand) vorliegt. Der Schaden bei Nichtlieferung ist gewissermaßen ein *maius* gegenüber dem Schaden bei einer Unternehmenswertbeeinträchtigung; es wird nicht weniger, sondern es wird überhaupt kein Unternehmenswert geliefert. Eine Naturalherstellung wird durch Erfüllungsklage angestrebt, bei der Wertentschädigung ist die Differenzschadensberechnung vereinfacht, weil das geleistete Wertinkrement gleich Null ist; der Schaden ist der durch Bewertung festzustellende Wert des versprochenen, aber nicht gelieferten Unternehmens abzüglich der zu erbringenden Gegenleistung, aber zuzüglich von Folgeschäden und etwaigen entgangenen Gewinnen

---

60) BGH v. 17.12.1963 – V ZR 186/61, NJW 1964, 661, 663 li. Sp. Mitte.
61) Prütting/Gehrlein-*Olzen*, ZPO, § 894 Rn. 3.
62) Insoweit kommt eine Stufenklage in Betracht.
63) S. Rn. 3.36.

außerhalb des Unternehmens. Es wird insbesondere auf die Behandlung des Fallbeispiels „Vermächtnis des Versicherungsmaklers" unten[64] verwiesen.

XIII. Verjährungsfragen bei Nichtlieferung und Rechtsmängeln

Bei Nichtlieferung dürfte die Regelverjährung nach den §§ 195, 199 BGB mit kenntnisabhängigem Beginn eingreifen. Rechtsprechung gibt es hierzu, soweit ersichtlich, noch nicht. 3.60

Bei Rechtsmängelhaftung greift § 438 Abs. 1 Nr. 3 BGB n. F. – Verjährung nach zwei Jahren – ein.[65] 3.61

---

64) BGH v. 29.2.1984 – IVa ZR 188/82, NJW 1984, 2570. S. u. Rn. 12.256.
65) Zum Verjährungsbeginn vgl. *Holzapfel/Pöllath*, Unternehmenskauf in Recht und Praxis, 14. Aufl., Rn. 665.

Dritter Teil

Streit um Unternehmenswertbeeinträchtigungen

4. Kapitel Unternehmenswertbeeinträchtigungen

Übersicht

I. Einführung: Unternehmenswertbeeinträchtigung als Oberbegriff auf Sachverhaltsebene 4.1
II. Garantien, c. i. c., Delikt, Täuschungsanfechtung und Sachmängelrecht 4.9
   1. Überblick: Garantien, c. i. c., Delikt, Täuschungsanfechtung und Sachmängelrecht 4.9
   2. Objektive und subjektive Tatbestandsmerkmale, subjektive Unrechts- bzw. Pflichtwidrigkeitsmerkmale? 4.18
     a) Objektive und subjektive Tatbestandsmerkmale im Gang der Darstellung 4.18
     b) Subjektive Merkmale – Voraussetzungen für Aufklärungspflichten 4.21
     c) Begründen Aufklärungspflichten Unrecht/Pflichtwidrigkeit oder Verschulden? 4.31
III. AGB-Recht und M&A-Verträge 4.36

1. Neunziger Jahre: Rechtsprechung und Diskussion zur Anwendung des AGBG auf Treuhandprivatisierungsverträge 4.36
2. Heute: Liberaler impetus von Wirtschaftsanwälten gegen die Anwendung des AGB-Rechts auf M&A-Verträge 4.37
3. Materielle Vertragskontrolle auch bei M&A-Verträgen nicht vermeidbar 4.39
4. Unehrlichkeit des AGB-Rechts ... 4.40
5. § 305 BGB verlangt Subsumtion unter einen Unbegriff, der die Systemizität von Verträgen ignoriert 4.42
6. Gerichte sind aus Verbraucherschutzgründen gezwungen, den Kontrollbereich für AGB weitzuhalten 4.45
7. Die Inhaltskontrolle nach § 307 BGB und ihre möglichen Themen 4.47
     a) Angriffsziele 4.48
     b) Unangemessene Benachteiligung 4.49

Literatur: *Bisle*, Gewährleistungs- und Garantieklauseln in Unternehmenskaufverträgen, DStR 2013, 364; *Habersack/Schürnbrand*, Unternehmenskauf im Wege des Auktionsverfahrens aus AGB-rechtlicher Sicht, in: Festschrift für Claus-Wilhelm Canaris, 2007, Bd. I, S. 359; *Kästle*, M&A-Verträge unterliegen nicht der AGB-Kontrolle, NZG 2014, 288; *Kiethe*, Die Auslegung von Mehrerlösklauseln in Kaufverträgen der Treuhandanstalt/Bundesanstalt für vereinigungsbedingte Sonderaufgaben, VIZ 2003, 209; *Kiethe*, Nachbewertungsklauseln in Musterverträgen der THA/BvS auf dem Prüfstand der Rechtsprechung, VIZ 1999, 697; *Kiethe*, Nachträgliche Korrektur von Vertragsklauseln in Treuhandmusterverträgen, BB 1994, 7; *Kiethe*, Nachverhandlungen mit der Treuhandanstalt, 1994; *Kiethe*, Mehrerlösklauseln und Nachbewertungsklauseln in Treuhand- Musterverträgen – eine kritische Bestandsaufnahme, VIZ 1993, 471; *Larisch*, Gewährleistungshaftung beim Unternehmens- und Beteiligungskauf, 2004; *Leuschner/Meyer*, AGB-Verträge zwischen Unternehmen, Forschungsprojekt des BMJV, Abschlussbericht v. 30.9.2014; *Löhnig/Jerger*, Von Sozietäten entworfene Verträge maßgeschneidert oder doch AGB?, GWR 2013, 239; *Maier-Reimer*, AGB-Recht im unternehmerischen Rechtsverkehr – Der BGH überdreht die Schraube, NJW 2017, 1; *Maier-Reimer/Niemeyer*, Unternehmenskaufvertrag und AGB-Recht, NJW 2015, 1713; *Paefgen/Wallisch*, Vertragliche Kaufpreisanpassungsklauseln als Alternative zum Schadensersatz bei Bilanzgarantien, in: Drygala/Wächter, Bilanzgarantien bei M&A-Transaktionen, 2015, S. 205; *Picot*, Entwicklungen des Unternehmenskaufrechts im deutschen Bürgerlichen Recht, in: Müller-Stewens/Kunisch/Binder,

4. Kapitel Unternehmenswertbeeinträchtigungen

Merger&Acquisitions, 2010, S. 514; *Picot*, Due Diligence und privatrechtliches Haftungssystem, in: Berens/Brauner/Strauch, Due Dilligence bei Unternehmensakquisitionen, 4. Aufl., 2005, S. 313; *Pohlmann*, Die Haftung wegen Verletzung von Aufklärungspflichten, 2002; *Wächter*, Käufereinwendungen gegen Zahlungspflichten bei Nichteinhaltung bei Beschäftigungs- und Investitionszusagen in Treuhand-Privatisierungsverträgen, WM 1994, 1319; *Wächter*, Geltung des AGB-Gesetzes bei der Nichteinhaltung von Zusagen in Treuhandprivatisierungsverträgen, VIZ 1994, 265; *Wächter*, Beschäftigungs- und Investitionszusagen in Treuhandprivatisierungsverträgen, ZAP-Ost 1994, Fach 15, S. 181, Nr. 16 v. 17.8.1994, S. 519; *Wächter/Kaiser/Krause*, Klauseln in Unternehmenskaufverträgen mit der Treuhandanstalt, Teil I, WM 1992, 293; Teil II, WM 1992, 395; *Wächter/Stender*, Die Rechtsprechung zu Investitions- und Beschäftigungszusagen in Treuhandprivatisierungsverträgen, NJW 2000, 395; *Weißhaupt*, Haftung und Wissen beim Unternehmenskauf – über Gestaltungsspielräume im M&A Recht, WM 2013, 782; *Weitnauer*, Der Unternehmenskauf nach neuem Kaufrecht, NJW 2002, 2511; *Wittuhn/Quecke*, Unternehmenskaufverträge und das Recht der Allgemeinen Geschäftsbedingungen, NZG 2014, 131; *Wollny, C.*, Der objektivierte Unternehmenswert, 2. Aufl., 2010.

I. Einführung: Unternehmenswertbeeinträchtigung als Oberbegriff auf Sachverhaltsebene

4.1 In dem folgenden Kapitel geht es darum, dass zwar der M&A-Vertrag – jedenfalls vor einer etwaigen Arglistanfechtung oder einem Rücktritt – von den Parteien als wirksam angesehen und das Unternehmen oder die Anteile auch geliefert wurden. Der Käufer ist aber mit seinem Kauf unzufrieden. Dies kann – auf einer ersten Ebene – auf sehr unterschiedlichen Umständen beruhen, einem schadhaften Dach einer Fabrikhalle, einer funktionsunfähigen Fertigungsstraße, unbekannten Schulden, fehlenden Patenten, falsch bewerteten Vorräten bis dazu, dass die erwarteten Umsätze nicht oder später erzielt werden[1] oder laufende Kosten höher sind oder früher anfallen als geplant. Allen den vorgenannten Umständen ist gemeinsam, dass sie – auf einer zweiten Ebene – die Barwerte der mit dem Unternehmen erzielten *Überschüsse* reduzieren;[2] da die Addition dieser Barwerte den Unternehmenswert ergibt, reduzieren sie also auch diesen.[3]

4.2 Der in diesem Buch durchgehend verwendete **Oberbegriff „Unternehmenswertbeeinträchtigungen"** (denkbar wäre auch „Unternehmensbeeinträchtigungen" gewesen) umfasst alle derartigen Umstände, ohne einen Teil von ihnen auszu-

---

1) Dies ist etwa wegen des Abzinsungseffektes von Bedeutung – s. Rn. 11.10 und Fn.
2) Jeder Unternehmenskauf bzw. jede M&A-Transaktion ist, auf den abstraktesten Ausdruck gebracht, ein *Tausch von vorhandenen Zahlungsströmen gegen andere Zahlungsströme*. Die moderne Unternehmensbewertung besteht darin, die dem Käufer aus dem Unternehmens- oder Beteiligungskauf insgesamt zufließenden Überschüsse abzuzinsen und in der Form eines Barbetrages auszudrücken. Dabei kann auf Cash- bzw. Zahlungsmittelüberschüsse oder auf Bilanzgewinne abgestellt werden. Discounted Cashflow-Verfahren bzw. DCF-Verfahren stellen in der Unternehmensbewertung auf erstere, Ertragswertverfahren auf letztere ab. In der Folge wird zumeist nur von „Überflüssen" gesprochen, was bilanzielle Überschüsse oder Cashflow-Überschüsse meinen kann. International und bei Großtransaktion dominieren DCF-Verfahren, in Deutschland und bei mittleren und kleineren Transaktionen eher Ertragswertverfahren. S. näher Rn. 11.19, 11.20.
3) S. die ausführlichere Darstellung Rn. 11.10 – 11.21.

I. Einführung: Unternehmenswertbeeinträchtigung als Oberbegriff auf Sachverhaltsebene

grenzen; es kann sich auch um Vorgänge in weiter Ferne handeln, etwa darum, dass Kunden ihre Rechnungen nicht zahlen können – vielleicht weil Kunden-Kunden die ihrigen nicht zahlen – oder dass Autofahrer in China plötzlich überhaupt weniger oder weniger deutsche Autos kaufen. Natürlich umfasst er auch handgreiflichere Umstände wie kaputte Dächer, defekte Produktionsmittel, fehlende Vorräte oder nicht bekannte Schulden. Der Sinn der Verwendung des Begriffs liegt *erstens* darin, Umstände bezeichnen zu können, an denen der Käufer Anstoß nimmt, **ohne sie schon juristisch klassifizieren** zu müssen. Er ist insoweit als **Oberbegriff auf der Sachverhaltsebene** angesiedelt und wenn er verwendet wird, ist weder entschieden, auf welche Weise diese Umstände rechtlich subsumiert werden können, etwa als Garantieverletzung, c. i. c., arglistige Täuschung i. S. von § 123 BGB, Delikt oder als „Mangel" i. S. einer analogen Anwendung des Sachmängelrechts, noch dass der Verkäufer überhaupt haftet. Freilich wird der Begriff immer vor dem Hintergrund verwendet, dass der **Käufer enttäuscht ist (oder dies vorgibt)**. Wenn klar ist, dass eine Kaufhauskette fünf Filialen hat, obwohl sie gewinnträchtiger wäre, wenn sie sechs oder sieben Filialen besäße, ist das daher als solches noch keine Unternehmenswertbeeinträchtigung.

Der häufig zur Kennzeichnung eines „Problems" des Käufers mit dem Zustand des gekauften Unternehmens verwendete Begriff **„Mangel"** oder „Unternehmensmangel" schiebt nicht nur die rechtliche Prüfung vereinseitigend in den Bereich des Kaufrechts ab, sondern impliziert zudem schon ein Prüfungsergebnis: dass der Verkäufer im Unrecht ist. Wollte man das vermeiden und den Begriff des „Mangels" nur zur Bezeichnung von Umständen auf der Sachverhaltsebene verwenden, müsste man wohl von einem „Mangel im weiteren Sinne" o. Ä. sprechen, was unschön wäre. Es käme gewiss in Betracht, auf ein Fremdwort auszuweichen, etwa von „Defekt" oder „Unternehmensdefekt". Hierauf oder auf ähnliche Termini wird die Praxis sicher auch immer wieder, ohne daran Schaden zu nehmen, zurückgreifen. Allerdings ist die Nähe zu dem Begriff „Mangel" und seinen unerwünschten Assoziaten zu groß, als dass der „Defekt" eine wirkliche Lösung wäre. Für „Unternehmenswertbeeinträchtigung" spricht auch, dass er **weniger verdinglichend** ist als „Mangel" oder „Defekt". Etwa kann eine Gesetzesänderung, durch die die „Energiewende" wieder umgewendet und Atomkraftwerke wieder im weiteren Umfang zugelassen würden, durchaus als „Unternehmenswertbeeinträchtigung" (bezogen auf Windenergieunternehmen) aufgefasst werden, aber doch kaum als einen „Mangel" solcher Unternehmen. 4.3

Wie „Unternehmenswertbeeinträchtigungen" noch keine rechtliche Würdigung und kein Subsumtionsergebnis ausdrücken, sind sie auch in dem *zweiten* Sinne insofern erst noch auf der **Ebene der Sachumstände** – der des kaputten Daches, der schadhaften Fertigungsstraße, der nicht bilanzierten Verbindlichkeit etc. –, als dass sie **noch nicht** eine **quantitative Unternehmenswertminderung** bezeichnen, die in Folge einer Unternehmenswertbeeinträchtigung eingetreten sein mag. Eine Unternehmenswertbeeinträchtigung *führt* zu einer Min- 4.4

155

derung des Unternehmenswertes, aber sie ist noch nicht die Unternehmenswertminderung selbst.

4.5 Wir werden später die **Subjektbezogenheit des Unternehmenswerts** kennenlernen. Eine ihrer wichtigen Folgen besteht darin, dass etwas, was für ein Bewertungssubjekt (Verkäufer, Käufer 1, Käufer 2) eine Unternehmenswertbeeinträchtigung sein, für ein anderes gleichgültig oder sogar ein werterhöhender Umstand sein kann. So mag es für einen Käufer, der ein übernommenes Filialunternehmen ohnehin gemäß seinem Corporate Design völlig neu braun anstreichen wird, gleichgültig sein, dass der alte Anstrich garantiewidrig gelb statt weiß war. Insofern ist es eine *dritte* Eigenart des Begriffs der „Unternehmenswertbeeinträchtigung", dass er immer nur **sinnvoll** verwendet werden kann, wenn ein **Subjektbezug dazu gedacht** wird. In der Regel ist der Begriff aus Käuferperspektive gemeint.

4.6 Wie schon gesagt, bringt die Verwendung eines subjekt- und sachverhaltsbezogenen Oberbegriffs der „Unternehmenswertbeeinträchtigung" mit sich, dass nicht immer, wenn eine Unternehmenswertbeeinträchtigung vorliegt, unbedingt ein Anspruch des Käufers gegeben sein muss. Die hängt von den entsprechenden Normen – v. a. Garantien und c.i.c./Delikt – ab. Umgekehrt ist denkbar, dass die in Frage kommenden Normen, etwa Garantien oder c.i.c., einen Anspruch hergeben, obwohl keine Unternehmenswertbeeinträchtigung oder, erneut, sogar ein werterhöhender Umstand vorliegt. Dann kann für den Verkäufer eine positive Überraschung hinzukommen, dass er einen Anspruch auf Schadensersatz (Ersatz der Kosten einer Naturalherstellung) erwirbt, obwohl er keinen Schaden hat.[4]

4.7 Sachverhaltsmomente die als „Unternehmenswertbeeinträchtigung" zusammengefasst werden, können daneben, dass sie zu einer Unternehmenswertminderung führen, weitere zusätzliche negative Einflüsse auf den Gläubiger haben, indem sie z. B. – rechtlich als Folgeschäden – das Käufervermögen außerhalb des erworbenen Unternehmens mindern. Der Begriff „Unternehmenswertbeeinträchtigung" definiert insofern **nicht** die **Obergrenze der rechtlichen Verkäuferhaftung**. Auch wenn es per saldo Unternehmenswertbeeinträchtigungen mit und ohne Haftung und Haftung ohne Unternehmenswertbeeinträchtigung gibt, besteht das **Kernthema von M&A Litigation** darin, dass der Käufer rechtliche **Anspruchsgrundlagen** für eine **Unternehmenswertbeeinträchtigung** sucht.

---

[4] Kosten der Naturalherstellung sind grundsätzlich unabhängig davon zu ersetzen, ob der „zum Ersatz verpflichtende Umstand" i. S. von § 249 Abs. 1 BGB zugleich eine Vermögenseinbuße darstellte (s. näher Rn. 12.53). Wenn ein anderer Käufer des erwähnten Filialunternehmens, dem ebenfalls garantiert worden war, dass die Filialen weiß angestrichen waren, gemäß seinem Corporate Design gelbe Filialen herstellen möchte, mag sein subjektiver Unternehmenswert um den Barwert der ersparten Malerkosten ansteigen. Gleichwohl wird er die Kosten für den Umstrich nach § 249 Abs. 1 BGB i. V. m. § 250 BGB verlangen können (vgl. Rn. 12.54).

II. Garantien, c. i. c., Delikt, Täuschungsanfechtung und Sachmängelrecht

Diese Unterscheidung von „Unternehmenswertbeeinträchtigung" (als noch nicht quantifiziertes Sachverhaltsmoment) und „Unternehmenswertminderung" (als i. d. R. berechnetes Ergebnis von Bewertungen) ist besonders bei Unternehmenswertbeeinträchtigungen hilfreich, die **von Anfang an in Geldeswert quantifiziert** sind. Sie eröffnet etwa die Möglichkeit zwischen der Unrichtigkeit der Garantie eines bestimmten Betrages von a Vorratsvermögen, von b Schulden oder einem Planergebnisses von c, als Unternehmenswertbeeinträchtigung und einer hieraus resultierenden Unternehmenswertminderung von x, y oder z zu unterscheiden, die nur zufällig dieselbe Höhe haben wird.[5] Wie gesagt, ist freilich stets bei dem Begriff „Unternehmenswertbeeinträchtigung" mitgedacht, dass der Umstand, den sie umfasst am Ende des Tages **eindimensional in weniger Geld, in Form eines niedrigeren Barwertes** aller Zahlungsflüsse aus der Investition, also eines niedrigeren Bruttobarwertes,[6] ausdrücken wird. Nur solche Umstände interessieren den Käufer im Regelfall.

4.8

II. Garantien, c. i. c., Delikt, Täuschungsanfechtung und Sachmängelrecht

1. Überblick: Garantien, c. i. c., Delikt, Täuschungsanfechtung und Sachmängelrecht

Über die Zuständigkeit für Unternehmenswertbeeinträchtigungen streiten Garantien, c. i. c., Delikt, Täuschungsanfechtung und Sachmängelrecht miteinander.[7]

4.9

Die Garantietechnik gewinnt stets leicht die Oberhand, wenn Garantien vereinbart werden und die kaufrechtliche Sachmängelhaftung abbedungen wird; die

4.10

---

5) Z. B. kann nach dem Bilanzrecht richtig eine Rückstellung von x zu bilden gewesen sein, obwohl sich schließlich faktisch hieraus eine Unternehmenswertminderung von nx, z. B. 0 oder $3x$ ergibt (s. etwa Rn. 5.221 ff.). Eine verschwiegene Verbindlichkeit von 100.000 € kann, wenn die Gesellschaft keine Finanzierungsmöglichkeiten mehr hat, zur Insolvenz und vollständigen Vernichtung des Unternehmenswertes führen. Ebenso führt ein garantiewidrig zu niedriger Buchwert i. d. R. nicht zu einer Unternehmenswertminderung i. H. des zu niedrigen Buchwerts, s. etwa Rn. 11.49, 11.157 f.

6) Der *Bruttobarwert* einer Investition entspricht der Summe der Barwerte aller Überschüsse und Unterdeckungen aus der Investition in all ihren Zeitabschnitten, der *Nettobarwert* dem Bruttobarwert abzüglich dem eigenen Einsatz zur Erlangung der Investition, etwa des gezahlten Kaufpreises. Vgl. *C. Wollny*, Der objektivierte Unternehmenswert, S. 10 Fn. 2. Es bleibt aber immer im Blick zu behalten, dass die Wertminderung des gelieferten Unternehmens möglicherweise nicht die einzige negative Vermögensfolge für den Käufer ist. Negative Folgen können auch für das bereits vorhandene Käufervermögen, rechtlich als Folgeschäden, eintreten. S. Rn. 12.88, 12.253, 12.278, 12.327.

7) Freistellungs- und Kostenerstattungsregeln sowie Kaufpreisanpassungsklauseln können wirtschaftlich funktionsgleich sein. (S. *Paefgen/Wallisch*, Vertragliche Kaufpreisanpassungsklauseln als Alternative zum Schadensersatz bei Bilanzgarantien, in: Drygala/Wächter, Bilanzgarantien bei M&A-Transaktionen, S. 205). Sie versprechen allerdings nicht unbedingt einen *vorhandenen* Zustand des Unternehmens, sondern begründen (bedingte oder nichtbedingte) Herrichtungspflichten. Zudem sind sie rechtlich anders konstruiert. Sie werden deshalb gesondert behandelt (dazu Rn. 13.17 ff. unten). In der Kurzübersicht von *Bisle*, DStR 2013, 364 ff. wird die c. i. c. vollkommen ausgeblendet.

c. i. c. bleibt ebenso wie die Deliktshaftung bei vorsätzlichen Informationspflichtverletzungen weiterhin neben Garantien anwendbar.[8] Mit diesem Dualismus kann die Praxis sehr gut leben.

4.11 Nur wenn die kaufrechtliche Sachmängelhaftung nicht abbedungen wird, was freilich i. d. R. bei der Vereinbarung von Garantien geschieht, tritt die lästige und etwas gespenstige Frage auf, inwieweit die Sachmängelhaftung die c. i. c. verdrängt oder nicht. Hier ist zuerst die gute Nachricht zu wiederholen: Jedenfalls bleibt – nach der ganz herrschenden, nicht ernsthaft angegriffenen[9] und von dem V. Zivilsenat des BGH[10] nach der Schuldrechtsreform bestätigten Auffassung – die **c. i. c. bei Vorsatz anwendbar.**[11] Selbst bei der denkbar großzügigsten Anwendung des Sachmängelrechts auf Unternehmenswertbeeinträchtigungen mit einer entsprechend breiten „Sperrwirkung" würde die c. i. c. also ihrerseits das Sachmängelrecht bei Vorsatz „zurückdrängen".

4.12 Bei der Frage, ob und wieweit die Regeln des BGB zu Sachmängeln über Sachmängel hinaus analog auf Unternehmenswertbeeinträchtigungen, wie (zu)[12] hohe Schulden, (zu) niedrige Umsätze, (zu) hohe Kosten oder (zu) niedrige Überschüsse etc., angewendet werden können und sollten,[13] und ob oder inwieweit hier die c. i. c. verdrängt wird, geht es also *nur* um die fahrlässige c. i. c. – und diese wird bei größeren Transaktionen ohnehin fast immer ausgeschlossen. Die Diskussion spielt also bei den meisten M&A-Streitigkeiten **praktisch keine**

---

8) S. Rn. 4.11.
9) S. als einzelne Stimme *Larisch*, Gewährleistungshaftung beim Unternehmens- und Beteiligungskauf, S. 162. Dies soll sich aber aufgrund des Wegfalls des § 463 Satz 2 BGB a. F. geändert haben (S. 159).
10) BGH v. 27.3.2009 – V ZR 30/08, Rn. 19, BGHZ 180, 205, 212, und Rn. 24, 214.
11) Ausführlich Rn. 6.4, 6.16.
12) Man kann kaum in das Problem einführen, ohne dass schon hierbei ein folgenschwerer (später zu entwickelnder) Unterschied zwischen schadhaften Sachen und anderen Unternehmenswertbeeinträchtigungen (Schulden, Umsätzen, Gewinne etc.) deutlich wird. Sachen tragen grundsätzlich den Maßstab dafür, wann sie mangelhaft sind, in sich. Ob ein Schuldenstand, bestimmte Kosten oder Gewinne pflichtwidrig oder normal sind, kann aber nur anhand eines externen Maßstabs der Vertragsparteien entschieden werden, „über x", „zu hoch", es sei denn man sähe alle Schulden als Mangel an. S. ausf. Rn. 7.72–7.78.
13) Es geht keineswegs um die Anwendung des *Kaufrechts* überhaupt. Es ist selbstverständlich, dass beim Asset Deal Sachen, Rechte, Verträge und beim Share Deal Rechte durch Kaufvertrag verkauft werden, also Kaufpreisforderungen und andere kaufrechtliche Leistungspflichten begründet werden. Es geht auch nicht um die Anwendung des Gewährleistungsrechts überhaupt. Selbstverständlich können – beim Share Deal – verkaufte Anteile oder beim Asset Deal – verkaufte Patente Rechtsmängel haben. Es wird schließlich auch nicht – beim Asset Deal – um die grundsätzliche Anwendung des Sachmängelrechts auf Sachmängel gestritten, sondern nur, beim Asset Deal und Share Deal, um die analoge Anwendung des Sachmängelrechts auf Umstände, die (definitiv) keine Sachen sind wie Umsätze, Gewinne und andere Unternehmensmesszahlen.

II. Garantien, c. i. c., Delikt, Täuschungsanfechtung und Sachmängelrecht

Rolle.[14)] Selbst Autoren, die sich als Anhänger einer weiten analogen Anwendung des kaufrechtlichen Sachmängelrechts zu erkennen geben, enden am Schluss ihrer Ausführungen mit schöner Regelmäßigkeit mit der Empfehlung, dieses bei wirklichen Unternehmenskäufen aber doch am besten zu vermeiden.[15)]

Dieses Buch schließt sich den Autoren an, die sich weiter nicht mit der Vorstellung versöhnen mögen, dass ob eine Tafel Schokolade gekauft oder nicht gekauft wird, als Beschaffenheit der Schokoladenfabrik angesehen werden soll, die sie herstellte. Es wird deshalb die **analoge Anwendung des Sachmängelrechts auf Unternehmenswertbeeinträchtigungen, die keine Sachmängel sind, abgelehnt.** Sonstige aus Sicht des Käufers unerwünschte Entwicklungen in den Austauschbeziehungen oder Stoffwechselvorgängen zwischen Unternehmen und Umwelt, auch wenn sie in bilanziellen oder anderen Kennzahlen objektiviert und quantifiziert sind, können Garantieverletzungen darstellen oder zu Ansprüchen wegen Informationspflichtverletzungen führen, aber nicht zu Ansprüchen aus einer analogen Anwendung der kaufrechtlichen Sachmängelgewährleistung. 4.13

Daher werden auch in der Folge – in Übereinstimmung mit der praktischen Relevanz der Institute und unter Hinnahme des Nachteils, dass mögliche Einschränkungen der *leges generales* durch das *lex specialis* vor diesem dargestellt werden – zuerst Ansprüche aus Garantien, sodann Ansprüche aus c. i. c. und Delikt und erst dann etwaige Ansprüche aus dem Sachmängelrecht behandelt. 4.14

Weniger bemerkt treten bei Ansprüchen wegen Unternehmenswertbeeinträchtigungen nach M&A-Transaktionen weitere Konkurrenzfragen auf. Zunächst gibt es einen Überlappungsbereich, in dem Ansprüche aus einer vorsätzlichen 4.15

---

14) Zutreffend *Meyer-Sparenberg* in: Beck'sches Formularbuch, Anm. 22 zu Muster III. A. 10 (Kauf von GmbH-Anteilen), S. 234, wonach die umfangreich erörterten Gewährleistungs- und Haftungsfragen nach der Schuldrechtsreform für die Vertragspraxis eine geringe Bedeutung haben.

15) Erstaunlich häufig werden aus der Praxis kommende Transaktionsanwälte, wenn sie sich als Schriftsteller betätigen, allerdings zuvor zu Anhängern der analogen Anwendung des Sachmängelrechts auf Unternehmenswertbeeinträchtigungen schlechthin. Vgl. etwa *Picot* in: Berens/Brauner/Strauch/Knauer, S. 313, 328; *Weitnauer*, NJW 2002, 2511, 2515 re. Sp. Mitte; *Picot*, Entwicklungen in der Judikatur zum deutschen Unternehmenskaufrecht in: Müller-Stewens/Kunisch/Binder, Merger&Acquisitions, 2010, S. 514–533. Es gibt keinen einzigen Transaktionspraktiker, der einen Bedarf sieht, den etablierten, an internationale Praktiken anschlussfähigen und funktionierenden Dualismus von Garantien und einer parallelen Haftung für c. i. c./Delikt bei vorsätzlichen Informationspflichtverletzungen zu verdrängen. Auch der ehemalige Richter am für den Unternehmenskaufvertrag zuständigen VIII. Zivilsenat *Dr. Beyer* äußerte in einem Vortrag am 22.11.2005 in Frankfurt a. M. im Hinblick auf die Schuldrechtsreform seine persönliche Ansicht „Ich glaube nicht, dass sie die künftige Rechtsprechung zum Unternehmenskauf *in ihrem Kernpunkt, der Haftung des Verkäufers für eine Verletzung der vorvertraglichen Aufklärungspflicht*, im Ergebnis einschneidend ändern wird" (in einem gemeinsamen Seminar mit *Dr. Willisch* und dem Verfasser; Hervorhebung durch den Autor). Diese Voraussicht hat sich bis heute bestätigt.

bzw. **arglistigen Sachmängelhaftung** (§ 444 BGB) **und c. i. c.** nebeneinander bestehen.[16)] Diese Anspruchskonkurrenz ist freilich grundsätzlich folgenlos.

4.16 Kaum erörtert ist das Konkurrenzverhältnis von **Garantien** und **c. i. c. bzw. Delikt**. Man könnte denken, dass sich, wenn eine Garantie einen Anspruch auf das „positive Interesse" gewährt, das Thema einer c. i. c. erledigt. Dies trifft aber nicht zu. Selbst zweifelsfrei zur Geltendmachung des „positiven Interesses" berechtigte Garantiegläubiger mussten von der Rechtsprechung bei dem Unterfangen gestoppt werden, stattdessen das „negative" zu erlangen.[17)] Ein Motiv hierfür mag sein, dass es einfacher und aussichtsreicher erscheint, der Vortragslast beim „negativen Interesse" zu genügen. Auch muss das „negative Interesse" keineswegs geringer sein als das „positive".

4.17 Die Rechtsfrage des Konkurrenzverhältnisses von Garantien und c. i. c. bzw. Delikt wird also nicht durch praktische Irrelevanz bedeutungslos. In der Sache ist dieses **Konkurrenzverhältnis nicht geklärt.** Vom Ansatz her ist davon auszugehen, dass, wenn ein oder zwei Sachverhalte zwei Anspruchsnormen erfüllen, nebeneinander zwei Ansprüche entstehen – und nebeneinander bestehen bleiben. Dies ändert sich nur, wenn eine andere Norm diese „Anspruchskonkurrenz" genannte Situation – zulasten – eines Anspruchs beendet. Die Rechtsprechung ist schon seit langer Zeit davon ausgegangen, dass eine Anspruchskonkurrenz zwischen kaufrechtlichen Gewährleistungsansprüchen und c. i. c., außer bei Vorsatz, zulasten der c. i. c. aufgelöst wird; dies soll Folge einer „Sperrwirkung" des Gewährleistungsrechts sein. Es gab immer Kritik an dieser Rechtsprechung, der sich auch dieses Buch anschließt,[18)] aber selbst wenn der Rechtsprechung hinsichtlich einer „Sperrwirkung des Gewährleistungsrechts" gefolgt würde, würde dies nicht unbedingt bedeuten, dass gleichermaßen eine „Sperrwirkung von selbstständigen Garantien" anzuerkennen wäre. Und auch dann spräche immer noch Vieles dafür, eine solche „Sperrwirkung", wie auch im Gewährleistungsrecht, jedenfalls bei Vorsatz zu „durchbrechen." Dies deutet darauf hin, dass **bei Vorsatz die c. i. c.** nicht nur **neben kaufrechtlichen Ansprüchen,**[19)] sondern auch **neben Ansprüchen aus Garantien** bestehen kann. Letzteres hätte zur Folge, dass auf das „negative" und das „positive Interesse" gerich-

---

16) *Weißhaupt*, WM 2013, 782 re. Sp. oben, m. w. N.; OLG Köln v. 17.2.1999 – 13 U 174/98, rkr., S. 1 UG, openJur 2011, 78549. Nach Auffassung des OLG Köln besteht bei § 463 Satz 2 BGB a. F. eine geringere Darlegungslast.
17) S. etwa BGH v. 15.3.2006 – VIII ZR 120/04, GmbHR 2006, 1042, 1043 = ZIP 2006, 1351. sowie LG Stuttgart v. 20.5.1996 – 5 KfH O 45/94. Vgl. näher Rn. 12.302 und Rn. 12.315.
18) S. Nachweise beider Auffassungen Rn. 4.10, 6.4 ff. *Emmerich* in: MünchKomm-BGB, § 311 Rn. 82.
19) Der Vorsatz durchbricht nach der Rpr. die „Sperrwirkung" des Gewährleistungsrechts, § 444 BGB durchbricht erforderlichenfalls einen Gewährleistungsausschluss.

tete Ansprüche *nebeneinander* erhoben werden können müssten. Die Frage ist indessen nicht geklärt, Rechtsprechung ist nicht bekannt.[20]

2. Objektive und subjektive Tatbestandsmerkmale, subjektive Unrechts- bzw. Pflichtwidrigkeitsmerkmale?

a) Objektive und subjektive Tatbestandsmerkmale im Gang der Darstellung

In den Darstellungen dieses Dritten Teils werden jeweils zuerst die Tatbestandsmerkmale von Garantien, c. i. c., Delikt, Täuschungsanfechtung und Sachmängelrecht behandelt. Dabei stehen Merkmale im Vordergrund, die i. d. R. als „objektiv" bezeichnet würden (z. B. die Unrichtigkeit von Garantien zu Eigentumsverhältnissen oder Sachen, das Vorliegen externer Umstände, die nicht offenbart wurden oder der Begriff des Sachmangels oder „Unternehmensmangels"). Allerdings erwies es sich als nicht sinnvoll, subjektive Merkmale auszuschließen. So können Garantien als kenntnisunabhängige (objektive) oder kenntnisabhängige (subjektive) formuliert werden und es würde den Sachzusammenhang zerreißen, wenn subjektive Garantien nicht miterörtert würden. Bei der c. i. c., Delikt und der Arglistanfechtung nach § 123 BGB bei Verschweigen eines offenbarungspflichtigen Umstandes hängt sodann die Verkäuferhaftung zentral davon an, ob der Verkäufer Kenntnis von dem jeweiligen äußeren tatsächlichen Umstand und hinsichtlich der „Negativität" dieses Umstandes für den Gläubiger besaß, aus denen sich ggf. gemeinsam eine Offenbarungspflicht ableitete. Wenn eine Täuschung über eine eigene Absicht, Prognose oder Wertung des Verkäufers in Frage steht, würde es den Zusammenhang der Behandlung erst recht stören, wenn „subjektive Merkmale" zurückgestellt würden. Die Eliminierung von „subjektiven Merkmalen" aus den Darstellungen des 5. bis 7. Kapitels wurde entsprechend nicht versucht.   4.18

Hinter der gerade dargestellten Vorgehensweise stehen v. a. auch die beiden Annahmen, dass subjektive Merkmale Voraussetzungen für Aufklärungspflichten sein können und dass es sich bei der Frage der Begründung von Aufklärungspflichten, auch wenn dies durch subjektive Merkmale erfolgt, dogmatisch um eine Frage der Begründung von Unrecht bzw. Pflichtwidrigkeit und nicht von Verschulden handelt. Dies wird sogleich erläutert.   4.19

Anderseits besteht ein Bedürfnis danach, verschiedene Fragestellungen, die im Hinblick auf subjektive Merkmale auftreten und übergreifend Einfluss etwa auf Garantien, c. i. c., Delikt und Arglistanfechtung haben können, zusammen zu   4.20

---

20) Das OLG Dresden hat kein Problem darin gesehen, dass Ansprüche auf das negative Interesse gegen *eine* Partei erhoben wurden, während Ansprüche auf das positive Interesse gegen eine *andere* Partei noch in der Schwebe waren (vgl. OLG Dresden v. 18.6.1998 – 7 U 695/98, GmbHR 1999, 238, 240 li. Sp. Mitte, bezogen auf einen Anspruch gegen eine insolvente GmbH auf das positive und den Geschäftsführer auf das negative Interesse).

erörtern. Dies geschieht im 8. Kapitel (soweit es die Begründung der Verkäuferhaftung betrifft) und im 9. Kapitel (soweit subjektiven Merkmale beim Käufer ggf. eine Abwehr eines Anspruchs erlauben).[21]

b) **Subjektive Merkmale – Voraussetzungen für Aufklärungspflichten**

4.21 Es stellt sich bei der c. i. c. und bei Delikten durch Verschweigen von Informationen die Frage, ob bereits das objektive Vorliegen von Umständen mit einer „Negativität" für den Gläubiger oder erst deren Kenntnis durch den Verkäufer Aufklärungspflichten auslöst?

4.22 Diese Frage muss in zwei Unterfragen aufgeteilt werden, nämlich ob (i) Kenntnis (oder Kennenmüssen etc.) des Schuldners hinsichtlich des **tatsächlichen, äußeren objektiven Umstandes** und ob (ii) Kenntnis des Schuldners hinsichtlich der „Negativität" dieses Umstandes für den Gläubiger[22] erforderlich ist.

4.23 Besteht eine Aufklärungspflicht schon deshalb weil in einem verkauften Haus *Asbest verbaut* wurde oder nur, wenn der Verkäufer um das *Asbest weiß*? Unterstellt ein Umstand im Zielunternehmen hat dessen Betrieb durch den Verkäufer nicht beeinträchtigt, vereitelt aber den Vertragszweck des Käufers und wäre für dessen Entscheidung wesentlich gewesen – reicht es für eine Aufklärungspflicht, dass der Verkäufer den Umstand kannte oder kennen konnte oder musste er auch dessen Eignung zur Vereitelung des Vertragszwecks des Käufers und dessen Bedeutung für die Entscheidung des Käufers kennen oder kennen gekonnt haben?

4.24 Hier wird die Auffassung vertreten, dass eine Aufklärungspflicht formal nicht durch einen externen Umstand in der Welt und eine (noch näher zu bestimmenden) objektiv bestehende „Negativität" bezogen auf den Gläubiger allein, sondern erst durch den äußeren **Umstand und seine Kenntnis** (oder ein Kennenmüssen) durch den Schuldner sowie eine „**Negativität**" bezogen auf den Gläubiger **und ihre Kenntnis** (oder ein Kennenmüssen) durch den Schuldner begründet wird.

4.25 In der Rechtsprechung und Literatur wird allerdings merkwürdigerweise gerade das erste Erfordernis, dass nicht schon der äußere Umstand, sondern erst die Information über den Umstand beim Schuldner die Aufklärungspflicht auslöst,

---

21) Es erschien nicht überzeugend, die Behandlung von Fragestellungen zu subjektiven Merkmalen danach aufzuteilen, ob sie die „Unrechtsbegründung" bzw. „Pflichtwidrigkeit" oder das „Verschulden" betreffen. Dies hätte es erzwungen, nicht nur z. T. wenig erörterten abstrakten dogmatischen Fragen zu entscheiden, sondern dieser Entscheidung auch sogleich eine strukturierende Bedeutung beizumessen. Solche Fragen wären gewesen: Ist Kenntnis bei subjektiven Garantien eine Frage des Verschuldens? Oder ist der Verschuldenskategorie, ggf. einschließlich § 276 Abs. 3 BGB, bei subjektiven Garantien nicht anwendbar? Betrifft Wissenszurechnung nur das Verschulden oder kann durch Wissenszurechnung auch eine Offenbarungspflicht begründet werden?

22) In Rn. 6.39 werden wir die „Negativität" für den Gläubiger genauer fassen.

II. Garantien, c. i. c., Delikt, Täuschungsanfechtung und Sachmängelrecht

selten und eher zögerlich ausgesprochen.[23] Es scheint, viele Gerichte wollen eine unnötige Festlegung in dieser dogmatischen Frage vermeiden oder sind sich selbst nicht ganz sicher. Auch die schon vom RG zur Herleitung von Aufklärungspflichten verwendete Formel, die mit gewissen Nuancierungen bis heute weiter der Ausgangspunkt für Aufklärungspflichten in der Rechtsprechung ist – Aufklärungspflichten bestehen für sämtliche Umstände, die für den Vertragsschluss der anderen Partei erkennbar von wesentlicher Bedeutung sind und deren Mitteilung nach Treu und Glauben erwartet werden kann[24] –, bringt nicht klar zum Ausdruck, dass der Schuldner als allererstes Erfordernis zunächst einmal den prospektiv negativen Umstand kennen muss.[25]

4.26 Der Durchgang durch Rechtsprechungsfälle bringt nur zögerlich eine Bestätigung der Vermutung, dass erst die Kenntnis des äußeren Umstandes über diesen aufklärungspflichtig macht. In den sehr zahlreichen Rechtsprechungsfällen, in denen trotz Gewährleistungsausschluss beim Immobilienkauf eine Haftung nach § 444 BGB bejaht wird, ist die Anspruchsgrundlage die aufgrund bejahter Arglist gewissermaßen „wiedereingesetzte" Sachmängelhaftung. Die Frage, ob eine Offenbarungs*pflicht* schon durch das objektive Vorhandensein von Umständen oder nur durch deren Kenntnis beim Verkäufer begründet wird, stellt sich daher selbst dann nicht, wenn die Gerichte Kenntnis des Verkäufers bejahen.[26]

4.27 Soweit im Sachkaufrecht, etwa im Immobilienkaufrecht, ausnahmsweise eine c. i. c.-Haftung zur maßgeblichen Anspruchsgrundlage wird – wenn es um Täuschung hinsichtlich eines Umstandes geht, der keinen Sachmangel darstellt[27] – müssen zwar, wenn es um Täuschung durch Unterlassen geht, die Voraussetzungen für eine Aufklärungspflicht festgestellt werden. So haben das LG Dortmund und der BGH das Abweichen von durch Zäune markierten Grundstücksgrenzen vom dem tatsächlich rechtlich maßgeblichen Grenzverlauf als aufklärungspflichtigen Umstand angesehen. Allerdings wird dann die Frage, was genau die Aufklärungspflicht begründet, der objektive Umstand oder seine Kenntnis, typischerweise nicht erörtert. Wenn letztlich die Verkäuferkenntnis i. R. der Vorsatzprüfung

---

23) So etwa nicht bei *Gehrlein/Sutschet* in: BeckOK-BGB, Stand: 1.1.2016, § 311 Rn. 70–75.
24) Viele Nachweise bei *Olzen* in: Staudinger, BGB, Stand: 5/2014, § 241 Rn. 447.
25) Es kommt nur zum Ausdruck, dass der Schuldner das „Von-wesentlicher-Bedeutung-sein" erkennen können muss. Z. B. mag aber das „Von-wesentlicher-Bedeutung-sein" einer Asbestverwendung erkennbar sein, aber nicht dass Asbest verwendet wurde.
26) So ist das Fehlen einer Baugenehmigung für die gegenwärtig bestehende Nutzung zu Wohnzwecken ein Sachmangel, und der Verkäufer handelt arglistig, wenn er hierauf nicht hinweist (BGH v. 10.6.1983 – V ZR 292/81, WM 1983, 990; BGH v. 12.4.2013 – V ZR 266/11, MDR 2013, 700). Ebenso eine fehlende Sicherung gegen Hochwasser (BGH v. 8.11.1991 – V ZR 193/90, NJW-RR 1992, 334), eindringende Feuchtigkeit (BGH v. 12.3.2010 – V ZR 147/09, ZIP 2010, 886) und die Verwendung bestimmter Bauteile aus Asbest (BGH v. 27.3.2009 – V ZR 30/08, BGHZ 180, 205) Sachmängel.
27) Manche Gerichtsentscheidungen legen nicht klar offen, ob sie einen Anspruch aus Sachmängelrecht, das sich nach § 444 BGB gegen einen Haftungsausschluss durchsetzt, oder aus c. i. c. herleiten, so etwa OLG Koblenz v. 13.11.2009 – 2 U 443/09, NJW-RR 2010, 989.

bejaht wird, wäre sie zweifellos schon bei einer etwa vorgeschalteten Rechtswidrigkeitsprüfung vorhanden gewesen. Wenn Vorsatz verneint wird, scheitert die Haftung jedenfalls und kann offengelassen werden, ob eine Haftung schon früher, auf der Rechtswidrigkeitsebene gescheitert wäre, weil möglicherweise mangels Kenntnis von den fraglichen Umständen, gar keine Aufklärungspflicht bestand.[28]

4.28 Immerhin gibt es dann doch Fälle, die dafür sprechen, dass die Rechtsprechung die hier zugrunde gelegte Sicht teilt: Es war ein Grundstück für einen Hotelbau verkauft worden, wobei der Landkreis der zuständigen Gemeindeverwaltung am 2.7.1992 hierzu mitgeteilt hatte, dass er der erforderlichen Ausweisung des von dem Bauvorhaben betroffenen Gebiets als Mischgebiet mit Zweckbestimmung Hotel nicht zustimmen werde.[29] Das OLG Brandenburg hat hier eine Schadensersatzpflicht des Verkäufers aus c. i. c. daran scheitern lassen, dass keine Kenntnis des Verkäufers von dem Schreiben vom 2.7.1992 dargetan sei, während bei der Vertragsanbahnung jeder Vertragsteil den anderen über „ihm bekannte oder bekanntgewordene Umstände zu unterrichten haben".[30] Es hat weiter ausgeführt, dass eine Aufklärungspflicht ein „erkennbares Informationsgefälle" voraussetze.[31] Dies und die Nichterörterung von § 280 Abs. 1 Satz 2 BGB sprechen dafür, dass das OLG Brandenburg die Kenntnis von dem Schreiben schon als Frage der Rechtswidrigkeit angesehen haben dürfte, aber eindeutig ist es nicht.[32]

---

28) So stellte das LG Dortmund in dem erwähnten Fall die Aufklärungspflichtverletzung fest, ohne zu erörtern, ob die Verkäufer – so war es wohl – Kenntnis davon hatte, dass das umzäunte Grundstück größer als das Kaufgrundstück war (LG Dortmund v. 26.3.2010 – 6 O 614/07). S. a. Rn. 6.82. Ähnlich geben die Urteilsgründe in einem Fall, in dem bei einem Verkauf einer Eigentumswohnung als Kapitalanlage der Verkäufer nicht auf Leerstand hinwies und der BGH eine Verkäuferhaftung aus c. i. c. bejahte, nicht zu erkennen, ob der BGH die Verkäuferkenntnis von dem Leerstand, die wohl vorlag, als Voraussetzung der Aufklärungspflicht ansah (BGH v. 10.10.2008 – V ZR 175/07, MDR 2009, 15). Dies war nicht anders bei einem anderen Verkauf als Kapitalanlage, bei dem der Verkäufer nach c. i. c. haftete, weil er nicht auf eine Mietpreisbindung hingewiesen hatte (BGH v. 19.12.1997 – V ZR 112/96, MDR 1998, 392). Auch soweit der BGH für Zwecke der c. i. c. eine vorvertragliche Aufklärungspflicht eines Verkäufers hinsichtlich des Vorhandenseins eines schikanösen Nachbarn, der regelmäßig böswillig Lärm erzeugt, bejaht hatte, blieb unerörtert, ob die Kenntnis des Verkäufers Voraussetzung der Pflichtverletzung war, wobei der Verkäufer wohl der Natur der Sache nach um den lärmenden Nachbarn gewusst haben muss (BGH v. 22.2.1991 – V ZR 299/89, NJW 1991, 1673).
29) OLG Brandenburg v. 7.12.1995 – 5 U 58/95, Rn. 24, NJW-RR 1996, 724.
30) OLG Brandenburg v. 7.12.1995 – 5 U 58/95, Rn. 67, NJW-RR 1996, 724.
31) OLG Brandenburg v. 7.12.1995 – 5 U 58/95, Rn. 67, NJW-RR 1996, 724.
32) In BGH v. 26.1.1996 – V ZR 42/94, NJW-RR 1996, 690, war beim Verkauf eines Seniorenheims nicht darüber aufgeklärt worden, in welcher Höhe Mietzahlungen durch den Kostenträger sichergestellt werden würden. Der BGH machte die Arglist des Verschweigens des Verkäufers davon abhängig, ob der Verkäufer davon ausgehen durfte, dass der Erwerber von den tatsächlichen Mieterträgen Kenntnis hatte, und grenzte das „Davonausgehen-dürfen" scharf von einer tatsächlichen Kenntnis ab. (BGH v. 26.1.1996 – V ZR 42/94, UG II. 2. b, NJW-RR 1996, 690. Hier ging es also darum, ob der Käufer *auch* Bescheid wusste, nicht darum – das war kein Problem –, ob der Verkäufer über die Höhe der Beiträge des Kostenträgers Bescheid wusste.

II. Garantien, c. i. c., Delikt, Täuschungsanfechtung und Sachmängelrecht

Bachmann gibt freilich im Münchener Kommentar[33] und *Olzen* im Staudinger[34] eine eindeutige Antwort i. S. des Erfordernisses von Kenntnis des Umstandes durch den Schuldner als Voraussetzung seiner Aufklärungspflicht. Die monographische Untersuchung von *Pohlmann* bestätigt das Ergebnis.[35]   4.29

Weiter können für diese – auch hier geteilte Sicht – gelegentlich sehr klare Aussagen des BGH[36] und des Reichgerichts[37] angeführt werden.   4.30

---

33) „Eine Aufklärungspflicht setzt zunächst voraus, dass eine Partei bereits über Informationen und somit über die Kenntnis der relevanten Tatsachen verfügt" (*Bachmann* in: MünchKomm-BGB, § 241 Rn. 122)
34) „Wesentliche, sogar logisch zwingende Voraussetzung für eine Aufklärungspflicht, ist der Umstand, dass eine Partei über mehr Informationen verfügt als die andere, eine Situation, die in der Literatur als Informationsgefälle bezeichnet wird" (*Olzen* in: Staudinger, BGB, Stand: 5/2014, § 241 Rn. 448). Später fügt *Olzen* hinzu „Ein zweites konstituierendes Auslegungskriterium für die Annahme einer Aufklärungspflicht besteht in der Erkennbarkeit des Informationsgefälles für die wissende Partei. Sie muss zumindest damit rechnen, dass die andere Partei weder über die betreffende Information verfügt noch darüber verfügen kann" (Rn. 450).
35) *Pohlmann*, Die Haftung wegen Verletzung von Aufklärungspflichten, S. 104: „Aus der Perspektive des Informationspflichtigen ist zunächst einmal erforderlich, dass er die Information überhaupt hat. Besitzt der Pflichtige die fragliche Information nicht und ist sie für ihn auch nicht ohne weiteres aus ihm zugänglichen Quellen erschließbar, wir eine über eine Aufklärungspflicht hinausgehende Nachforschungs- und Untersuchungspflicht nur in engen Grenzen bejaht."
36) BGH v. 28.1.1992 – XI ZR 301/90, WM 1992, 602: „Anspruchsvoraussetzung ist die positive Kenntnis der Bank von den aufklärungsbedürftigen Tatsachen." Diese positive Kenntnis kann nach der vom BGH hier vertretenen Auffassung nur in Ausnahmefällen durch ein Kennenmüssen ersetzt werden. „Die Bank ist gegenüber dem Kreditinteressenten nicht verpflichtet, sich durch gezielte Auswertung ihr zugänglicher Unterlagen oder gar durch weitere Nachforschungen einen Wissensvorsprung zu verschaffen. Der positiven Kenntnis ist die bloße Erkennbarkeit nur dann gleichzustellen, wenn sich die für den Kreditnehmer bedeutsamen Tatsachen einem zuständigen Bankmitarbeiter nach den Umständen des Einzelfalls aufdrängen mußten; er ist dann nach Treu und Glauben nicht berechtigt, seine Augen vor solchen Tatsachen zu verschließen." Im sog. „Bond-Urteil" (BGH v. 6.7.1993 – XI ZR 12/93, BGHZ 123, 126 = ZIP 1993, 1148), ebenso OLG Celle v. 25.11.1992 – 3 U 303/91, NJW-RR 1993, 500 = ZIP 1993, 181 [Vorinstanz], hatte der BGH allerdings eine Aufklärungspflicht auch dann bejaht, wenn sich die Bank entsprechende Kenntnisse nicht verschafft hatte (z. B. aus der Wirtschaftspresse) und dem Kunden auch nach dem Fehlen entsprechender Kenntnisse offengelegt hatte. Soweit *Bachmann* auf den Widerspruch beider Entscheidungen hinweist, betrifft dies die unterschiedlich hohen Anforderungen daran, wann positive Kenntnis ausnahmsweise ersetzt werden kann.
37) In RG v. 27.3.1906 – II 374/05, RGZ 62, 149 f. hat das RG bis hin zu Urteilen aus dem Jahre 1895 zum preußischen Allgemeinen Landrecht die Voraussetzungen zu Aufklärungspflichten aufgearbeitet. Hierbei hat es die Revisionsfrage gestellt „In welchem Umfange hat der Verkäufer ihm bekannte, dem Käufer aber nicht bekannte Umstände ... mitzuteilen?" In seiner Antwort behandelt es als gesichert, dass grundsätzlich sowohl nur (i) dem Verkäufer bekannte Umstände als auch (ii) nur dem Käufer nicht bekannte Umstände und (iii) schließlich diese nur dann aufklärungspflichtig sind, wenn sich der Verkäufer bewusst ist, dass der Käufer auf den verschwiegenen Umstand Wert legen könnte. (S. 150 oben, Mitte, S. 151 oben Mitte, S. 152 Mitte).

c) Begründen Aufklärungspflichten Unrecht/Pflichtwidrigkeit oder Verschulden?

4.31 Eng verknüpft mit der Frage der Begründung von Aufklärungspflichten durch Kenntnis des Umstandes und seiner „Negativität" für den Gläubiger ist die dogmatisch-klassifikatorische Frage, ob das Vorliegen einer Offenbarungspflicht für die Begründung einer c. i. c.-Haftung und Deliktshaftung eine Frage des Unrechts oder des Verschuldens ist.

4.32 Da die Beweislastregel des § 280 Abs. 1 Satz 2 BGB nur für das *Vertretenmüssen* einer Pflichtwidrigkeit (also auf der Verschuldensebene), aber nicht für das *Vorliegen* einer Pflichtwidrigkeit (also nicht auf der Rechtswidrigkeitsebene) gilt, dürfte das Ergebnis der dogmatischen Klassifikation von subjektiven Kenntnissen bzw. Informationen beim Schuldner, die Aufklärungspflichten auslösen können, zugleich über die Beweislast und den Ausgang vieler Prozesse entscheiden.[38]

4.33 Die Frage, ob das Vorliegen von Aufklärungspflichten ein Rechtswidrigkeits- oder Verschuldensthema ist, wirft ferner einen Schatten auf die Rechtsfragen bei der Einbeziehung dritter Personen, etwa durch herkömmliche Wissenszurechnung, voraus: Wenn die Verkäuferkenntnis eines Umstandes Voraussetzung für die Rechtswidrigkeit einer unterbliebenen Auskunft (oder auch einer positiv erteilten gegenteiligen Auskunft) ist und wenn, wie anzunehmen ist, Wissen dritter Personen auch zugerechnet werden kann, um Aufklärungspflichten zu begründen, dann muss dies wohl bedeuten, dass der **Anwendungsbereich der Wissenszurechnung die Unrechtsbegründung umfasst** und keineswegs die Verschuldensbegründung beschränkt sein kann.

4.34 Es spricht in der Sache zuerst sehr vieles dafür, dass bei kenntnisabhängigen, sog. „subjektiven" Garantien,[39] das Vorliegen/Nichtvorliegen von **Kenntnis** oder Kennenmüssen eines nachteiligen Umstandes kaum als „**Verschuldensthema**" angesehen werden kann. Es liegt näher, dass die Unterscheidung in Unrecht und Schuld, die in der Dreistufigkeit des § 823 Abs. 1 BGB (Rechtsgutverletzung und Widerrechtlichkeit ergeben Unrecht, Verschulden muss dazu kommen) oder in der Zweistufigkeit des § 823 Abs. 2 BGB (der Verstoß gegen ein Schutzgesetz ergibt Unrecht, Verschulden muss erneut dazu kommen) angelegt sind, auf Garantien überhaupt keine Anwendung findet. Vielmehr sind in eine Garantie hinein formulierte subjektive Merkmale, etwa „Kenntnis", „Wissen", „beste Kenntnis" oder „bestes Wissen", wohl als vertragsautonome Begriffe nicht nur im Ansatz unabhängig von den in § 276 BGB vertypten Verschuldensformen Vorsatz und Fahr-

---

38) Vgl. Palandt-*Grüneberg*, BGB, § 280 Rn. 34. *Schwarze* in: Staudinger, BGB, Stand: 2014, § 280 Rn. F 38, meint allerdings, die Beweislastverteilung nach § 280 Abs. 1 Satz 2 BGB werde in bestimmten Fällen „durch die Unterscheidung Pflichtverletzung – Verschulden nicht definitiv bestimmt."

39) S. Rn. 5.22 f.

lässigkeit,[40] sondern auch nicht i. S. eines Aufsteigens in einer Stufenfolge Tatbestandsmäßigkeit – Rechtswidrigkeit – Verschulden aufzufassen. Sie dürften stattdessen gleichgeordnete Merkmale neben anderen – objektiven – Merkmalen sein.[41] Auch bei einer c. i. c. oder Delikt begründet die Kenntnis eines nachteiligen Umstandes durch den Schuldner überhaupt erst das Unrecht im Falle einer unterbliebenen Aufklärung. Das Verschweigen etwa von Asbestvorkommen durch den Hausverkäufer wird Unrecht erst dadurch, dass der Verkäufer Kenntnis von dem Asbest hat.[42]

4.35

III. AGB-Recht und M&A-Verträge

1. Neunziger Jahre: Rechtsprechung und Diskussion zur Anwendung des AGBG auf Treuhandprivatisierungsverträge

In den letzten Jahren hat die Frage der Anwendbarkeit des AGB-Rechts auf Unternehmenskaufverträge verstärkt literarische Aufmerksamkeit erlangt. Das Thema hatte schon in den 90er Jahren eine erhebliche Rolle gespielt. Die Treuhandanstalt (THA) hatte in ihre Privatisierungsverträge, insbesondere wenn sie den Verkäufer-Unternehmenswert (i. d. R. war das der Liquidationswert) nicht realisieren konnte, zumeist sozialpolitisch motivierte, marktwirtschaftsuntypische Zusatzverpflichtungen – Investitions- und Beschäftigungszusagen, Nachbewertungs-, Einzelverwertungs- und Spekulationsklauseln – aufgenommen. Wenn nun der Käufer solche Verpflichtungen nicht einhalten wollte oder konnte, führte er als ein Verteidigungsargument an, dass diese Klauseln gegen das damalige AGBG[43] verstießen. *Kiethe* hatte damals als Autor diese Argumentationslinie propagiert[44] und als Anwalt zahlreiche Prozesse gegen die THA geführt. Der

4.36

---

40) S. Rn. 8.1–8.9, 8.18–8.35.
41) Hieran ließe sich die Auffassung anknüpfen, dass § 276 Abs. 3 BGB vom Ansatz her nicht hindern könne, eine Garantiehaftung selbst bei Kenntnis des Verkäufers wirksam auf einen Höchstbetrag zu beschränken. Zusätzlich steht das Argument im Raum, dass der Verkäufer ja überhaupt keine Garantiehaftung abgeben musste und dass er deshalb, wenn er dies doch tat, wenigstens berechtigt bleiben sollte, diese freiwillige Zusatzhaftung einzuschränken. Die Nichtanwendbarkeit von § 276 Abs. 3 BGB würde nicht ausschließen, dass die Garantieaussage *zugleich* eine Täuschung i. S. einer c. i. c. darstellen kann, und dass die Haftungsbegrenzung für *diese* c. i. c. dann unwirksam wäre. Das ist aber eine Frage der Auslegung im Einzelfall. Wenn der Verkäufer eine Garantie nur als technisches Instrument der Haftungsbegründung abgibt, aber dabei gar keine Aussage „So ist es" trifft, kann er auch nicht täuschen. S. Rn. 5.7.
42) Dessen „Negativität" für den Käufer wird regelmäßig anzunehmen sein.
43) Jetzt §§ 305–310 BGB.
44) *Kiethe*, Nachverhandlungen mit der Treuhandanstalt, 1994; *Kiethe*, VIZ 2003, 209; *Kiethe*, VIZ 1993, 471; *Kiethe*, BB 1994, 7; *Kiethe*, VIZ 1999, 697.

Verfasser hatte versucht, dem literarisch zu begegnen[45] und häufig die Treuhandanstalt in Prozessen vertreten. Diese Auseinandersetzungen endeten juristisch, was den AGB-Charakter von Treuhandprivatisierungsverträgen anging, mit einem „Patt"[46], aber zumeist wirtschaftlich zugunsten der Treuhandanstalt. So bejahte der BGH in mehreren Entscheidungen den AGB-Charakter der Verträge, aber rettete die Wirksamkeit der angegriffenen Klauseln (v. a. Beschäftigungszusagen) über den damaligen § 9 AGBG.[47] Die Untergerichte kamen bisweilen zu abweichenden Entscheidungen, aber die Tendenz war ähnlich.[48] Per saldo hilft diese Vorgeschichte allerdings kaum: Die Furcht vor einer Inhaltskontrolle nach § 307 BGB bei heutigen M&A-Transaktionen bezieht sich weder auf Beschäftigungs- und Investitionszusagen oder ähnliche Exotika, noch können bei einer Inhaltskontrolle in heutigen privatwirtschaftlichen Transaktionen altruistische, sozialpolitische Zwecke zur Rettung von Klauseln angeführt werden.

---

45) *Wächter*, WM 1994, 1319; *Wächter*, ZAP-Ost 1994, Fach 15, S. 181, Nr. 16 v. 17.8.1994, S. 519; *Wächter*, VIZ 1994, 265. S. a. *Wächter/Kaiser/Krause*, Teil I, WM 1992, 293 und Teil II, WM 1992, 395, und die rückblickende Rspr.-Auswertung *Wächter/Stender*, NJW 2000, 395.

46) Nachweise s. Rn. 13.93.

47) Heute § 307 BGB.

48) Die damals ergangene Rechtsprechung wurde von der neueren Literatur nicht ausreichend berücksichtigt. Dabei wäre übrigens die Annahme irrig, dass Treuhandprivatisierungsverträge auf eine nennenswert andere Weise entworfen wurden, wie dies bei heutigen, rein privatwirtschaftlichen Verträgen der Fall ist; hieraus kann also kein Honig gesaugt werden, um zu begründen, warum heutige, rein privatwirtschaftliche M&A-Verträge weniger Formularcharakter besäßen. Juristen, die Privatisierungsverträge entwarfen und verhandelten (wie der Autor), hatten selbstverständlich zwei „Ausgangstexte" (für Asset Deal und Share Deal), die sie für eine Transaktion abänderten (i) um gerade neu gewonnene generelle Erkenntnisse einzubauen und (ii) sie an Spezifika der Transaktion anzupassen. Die neu gewonnenen generellen Erkenntnisse wanderten dann, wenn Zeit da war, in die Ausgangstexte weiter und wenn keine Zeit da war (wie zumeist) gleich weiter in den nächsten konkreten M&A-Vertrag. Es gab zwar rege Diskussionen und laufend Publikationen zur Gestaltung von Privatisierungsverträgen (wobei der gemeinsame Fortsetzungs-Beitrag des Autors und von *Thomas Kaiser* und *Michael Krause* eine besondere Rolle spielte). Gerade die Anwälte/Juristen kochten ihre eigene Suppe, die sich davon angezogen fühlten, dass die Privatisierung unablässig neue und ungewohnte Probleme aufwarf (Eigentum an Grundstücken, Eigentum an Gesellschaftsanteilen, Existenz von Gesellschaften und dann erst Rückübertragungsansprüche und die THA-typischen vorerwähnten Klauseln). Einen „Mustervertrag" konnte es nicht geben, weil ständig neue Erkenntnisse gewonnen wurden, über viele Fragen gestritten wurde und sich das „Direktorat Recht" bewusst hier heraushielt. Eine übergreifende Vertragspflege konnte es aus denselben Gründen auch nicht geben. Irgendwann wurde einmal ein Ordner mit Klauselvorschlägen produziert, der aber nie bindend sein sollte und der sich auch nach der Beobachtung des Autors nie durchsetzte. Große Anwaltsbüros dürften heute viel ausgefeiltere Musterverträge besitzen und sie viel effektiver implementieren, als dies bei der THA geschah.

III. AGB-Recht und M&A-Verträge

2. Heute: Liberaler impetus von Wirtschaftsanwälten gegen die Anwendung des AGB-Rechts auf M&A-Verträge

Kästle hat kürzlich beschieden „M&A-Verträge unterliegen nicht der AGB-Kontrolle".[49] *Löhnig/Jerger*,[50] *Wittuhn/Quecke*[51] und *Niemeyer/Maier-Reimer*[52] haben sich mit derselben Tendenz geäußert.[53] **4.37**

Sicher steht hinter solchen Äußerungen zunächst die ehrenhafte Absicht, die **Vertragsinhaltsfreiheit** (wenn sie schon im Arbeits-, Miet-, und Verbraucherrecht etc. sehr eingeschränkt ist) wenigstens für die M&A-Transaktionen – als Geschäfte der denkbar höchsten kapitalistischen Potenz – zu retten. Ebenso, vielleicht noch ehrenhafter, mag die hinzukommende Absicht sein, den **Lebensraum für das kautelarjuristische Handwerk zu verteidigen**. Wie Dogmatik Dogmatizität, braucht nämlich Kautelarjurisprudenz, wenn auch nicht unbedingt grenzen*lose* Vertragsfreiheit, so doch **klare Grenzen** *der* **Vertragsfreiheit**. Wenn sich aber verhandelnde Juristen nicht gewisser Grenzen sicher sein dürfen, innerhalb derer sie gestalten und sich darauf verlassen können, dass das was sie sich ausgedacht, konzipiert, verhandelt und formuliert haben, Bestand haben wird, macht ihr Verhandeln und Gestalten keinen Sinn (und keinen Spaß) mehr. Der „Bescheid" von *Kästle* war insofern auch ein Hilferuf, ein kräftiges Blasen ins Rolandshorn. **4.38**

3. Materielle Vertragskontrolle auch bei M&A-Verträgen nicht vermeidbar

Freilich ist das noch nicht die ganze Geschichte. Eine grenzenlose Vertragsfreiheit i. S. eines radikalen Liberalismus konnte in der wirklichen politischen und sozialen Geschichte nie eine andere Rolle spielen als die eines intellektuellen Dauerherausforderers. Auch seit es „Liberalismus" gibt, haben sich die Staaten vom Liberalismus nie die „die Butter vom Brot nehmen lassen", indem sie das Recht (oder die Wirtschaft) der Vertragsfreiheit (oder wirtschaftlichen Handlungsfreiheit) vollkommen überlassen haben. Das galt für England im 18. und 19. Jahrhundert wie für Deutschland im 19. Jahrhundert. Die Frage war immer nur die nach dem *rechten Ausmaß* der Eingriffe in Vertragsfreiheit und wirtschaftliche Freiheit. Die Mutternormen der „materiellen Vertragskontrolle" (§§ 134, 138 und 242 BGB) waren eben Bestandteil des ur-liberalen Ur-BGB. Richtig ist allerdings, dass die materielle Vertragskontrolle mit dem Vordringen von Massendemokratie und Wohlstandsversprechen an die Massen – von **4.39**

---

[49] *Kästle*, NZG 2014, 288.
[50] *Löhnig/Jerger*, GWR 2013, 239.
[51] *Wittuhn/Quecke*, NZG 2014, 131.
[52] *Maier-Reimer/Niemeyer*, NJW 2015, 1713; *Maier-Reimer*, NJW 2017, 1.
[53] S. a. *Leuschner/Meyer*, AGB-Verträge zwischen Unternehmen, Forschungsprojekt des BMJV, Abschlussbericht v. 30.9.2014 und *Habersack/Schürnbrand* in: FS Canaris, Bd. I, S. 359.

der Weimarer Republik über den Nazismus, den DDR-Sozialismus und den Sozialstaat – weiter zunahm. Hiermit ist gesagt, dass eine grenzenlose Vertragsfreiheit eine Utopie – und keine uneingeschränkt schöne – wäre. Auch das M&A-Recht grenzt an § 134 und § 138 BGB und steht unter dem Einfluss von § 242 BGB und seiner Folgerungen. Auf diese „Grenzunsicherheit" der Vertragsfreiheit muss sich das Verhandeln von M&A-Verträgen einstellen. Eine weitere Erkenntnis drängt sich auf: Wenn das AGB-Recht von heute auf morgen weggewischt wäre, würden ganz ähnliche Bedrohungen für die Vertragsfreiheit aus den §§ 134, 138 und 242 BGB wiederauferstehen.

4. Unehrlichkeit des AGB-Rechts

4.40 Nach Auffassung des Verfassers liegt das eigentliche Problem somit nicht darin, dass der Vertragsfreiheit auch bei M&A-Transaktionen irgendwo materielle Grenzen gesetzt sind, sondern in der **Unehrlichkeit des Ansatzes**, diese Grenzen aus der **Verwendung von Formularverträgen** herleiten zu wollen.

4.41 Pikanterweise dürfte gerade der liberale Geist zu dieser Unehrlichkeit beigetragen haben, indem er *aus ideologischen Gründen* durchsetzte, dass das, was in der Sache als Schutz der wirtschaftlich Schwachen bzw. **Verbraucherschutz** zum (guten) Teil gerechtfertigt war, nicht als „ehrliche" materielle Kontrolle von Leistungs- und Gegenleistungsrelationen[54] auftreten durfte, sondern als Schutz vor dem „**Teufelszeug**" **der Formularverträge** verbrämt werden musste.[55] Indem aber zwischen den Kernbereich, der von den §§ 134, 138 und 242 BGB „bewacht" wird, und den Bereich der uneingeschränkten Vertragsfreiheit statt eines **erweiterten Verbraucherschutzrechts**[56] (nur) ein „**Formularvertragskontrollrecht**" geschoben wurde, wurde der Rechtsprechung eine schwere Last aufgeladen.

---

54) Das schließt Gewährleistungs-, Haftungsfragen und die Frage ein, über welche Laufzeiten sich ein Sachleistungsgläubiger bei Dauerschuldverhältnissen verpflichten muss – z. B. was Kündigungsrechte bei „Mitgliedschaften", automatische Vertragsverlängerungen etc. angeht.

55) 1977, als es Computer nur als Großrechner gab, mag die Verwendung von Formularverträgen noch eine Besonderheit gewesen sein, die auf ein Machtgefälle hindeutete. Heute werden fast nur noch Formularverträge geschlossen und könnte sich theoretisch jeder Verbraucher seine eigenen AGBs aus dem Internet herunterladen und diese „stellen".

56) Das neben das Arbeitsrecht, soziale Mietrecht, Reiserecht, Verbraucherkreditrecht, Haustürwiderrufsrecht o. Ä. getreten wäre.

5. § 305 BGB verlangt Subsumtion unter einen Unbegriff, der die Systemizität von Verträgen ignoriert

Gerichte wurden durch diese Unehrlichkeit **gezwungen, mit „Unbegriffen" zu hantieren**, namentlich da, wo es um die Eingangspforte zu einer Kontrollpflicht nach dem AGB-Recht überhaupt geht. Dieser Zwang geht davon aus, dass Gerichte prüfen müssen, ob „die Vertragsbedingungen im Einzelnen ausgehandelt" sind (§ 305 Abs. 1 Satz 3 BGB), wobei schon eine einzelne Klausel[57] eine allgemeine Geschäftsbedingung sein kann. Dieses Erfordernis ist noch kein „Unbegriff", weil es (nur) relativ unbestimmt ist.[58] Das Problem ist spezifischer und besteht darin, dass die Gerichte gezwungen sind, **nach sinnvollen Differenzierungen zu suchen, wo es keine gibt**. 4.42

Bei den meisten Verträgen geht es um die **Regelung eines wirtschaftlichen Austauschs**, i. d. R. von Sachleistung gegen Geld. Bei einem solchen Austausch besteht indessen eine **systemische Beziehung** nicht nur (i) zwischen Sachleistung und Geld, sondern auch (ii) zwischen allen rechtlichen Vertragsbedingungen, die den Austausch regeln, und schließlich auch zwischen (iii) dem Verhältnis von Sach- und Geldleistung, dem „Preis", und allen rechtlichen Vertragsbedingungen. Das heißt, dass einzelne Regelungen ihre wirkliche Bedeutung erst durch andere Regelungen und zwar nicht nur durch die Ausgestaltung von Rechten und Pflichten, sondern auch durch Sachleistungen und Preise gewinnen. 4.43

All dies ist lange bekannt und findet sich in volkstümlichen Sätzen wie *„Einem geschenkten Gaul schaut man nicht ins Maul"*. Der Rechtsprechung wird es indessen durch das AGB-Recht *verboten*, diesen Zusammenhang wahrzunehmen. Sie wird vielmehr gezwungen zu prüfen, ob gerade die *einzelne Klausel* mit dem Ausschluss der Gewährleistungshaftung für den – vielleicht nicht geschenkten, aber sehr billig verkauften – Gaul „im Einzelnen" ausgehandelt wurde. Das führt unvermeidlich in absurde Differenzierungen, so etwa dass der „gesetzesfremde **Kerngehalt der Klausel** inhaltlich ernsthaft zur Disposition gestellt werden und dem Verhandlungspartner **Gestaltungsfreiheit zur Wahrung eigener Interessen** eingeräumt werden müsse".[59] Die hier vorausgesetzte Situation ist indessen unwirklich und fiktiv, weil einzelne Klauseln (von irgendeiner Bedeutung) *nie* ohne Rücksicht auf andere Klauseln und die Leistung und Gegenleistung vereinbart werden. Daher unterstellt § 305 Abs. 1 Satz 3 BGB die 4.44

---

57) *Basedow* in: MünchKomm-BGB, § 305 Rn. 31 m. w. N.; Palandt-*Grüneberg*, BGB, § 305 Rn. 15 m. w. N. S. a. *Kästle*, NZG 2014, 288; *Wittuhn/Quecke*, NZG 2014, 131, 133 li. Sp. Mitte. *Löhnig/Jerger*, GWR 2013, 239, 240 li. Sp. unten; *Maier-Reimer/Niemeyer*, NJW 2015, 1713, 1716 li. Sp. Mitte; *Maier-Reimer*, NJW 2017, 1.

58) Unbestimmte Rechtsbegriffe (wie in §§ 138, 242, 826 BGB) sind oft unvermeidlich. Dabei ist klar, dass solche unbestimmten Rechtsbegriffe von der Rspr. mehr aufgefüllt als ausgelegt werden müssen und dass sich ihre Anwendung im Laufe der Zeit ändert.

59) *Basedow* in: MünchKomm-BGB, § 305 Rn. 35 m. w. N.

Möglichkeit von etwas Unmöglichem bzw. die Subsumtion unter einen Unbegriff[60] – all das als Folge von einem unehrlichen Ansatz des AGB-Rechts.[61]

6. Gerichte sind aus Verbraucherschutzgründen gezwungen, den Kontrollbereich für AGB weitzuhalten

4.45 Indem das AGB-Recht so funktional an die Stelle eines erweiterten Verbraucherschutzrechts neben das Arbeitsrecht, soziale Mietrecht, Reiserecht, Verbraucherkreditrecht, Haustürwiderrufsrecht etc. gestellt wurde, wurde *erstens* von § 138 BGB weniger Gebrauch gemacht als dies ohne das AGB-Recht der Fall gewesen wäre. Entsprechend wurde die Rechtsprechung dazu, wann § 138 BGB eingreift, nicht weiter entwickelt, weil die meisten Fälle durch das AGB-Recht „abgefangen" wurden. *Zweitens*, je mehr die Rechtsprechung nun, überwiegend verständlicher- und berechtigterweise, Verbrauchern und wirtschaftlich Schwachen über das AGB-Recht Schutz gewähren wollte, umso mehr musste sie bzw. wurde sie dazu **verführt, die konstitutiven Begriffe des AGB-Rechts**, die freilich nie Nadelöhre gewesen waren, **ausdehnen**. Das betraf „für eine Vielzahl von Verträgen vorformulierte Vertragsbedingungen" und „Stellen" in § 305 Abs. 1 Satz 1 BGB, die entsprechend möglichst weit und die Einschränkungen in § 305 Abs. 1 Satz 3 BGB „ausgehandelt" und § 305b BGB (Vorrang individueller Vertragsabreden), die entsprechend möglichst eng interpretiert wurden. Wenn die Gerichte nicht großflächig Möglichkeiten zu einem Schutz von Verbrauchern und wirtschaftlich Schwachen und zur Verhinderung unappetitlicher Praktiken von Anbietern von Massenprodukten aufgeben wollten, mussten sie also die Netze immer weiter werfen. Die Gerichte besorgte das übrigens wenig – Richter sind verständlicherweise im Allgemeinen von ihrer Rechtschaffenheit überzeugt und fürchten sich wenig vor dem Missbrauch ihrer eigenen gestiegenen Macht. Zudem können sich oft gerade BGH-Richter nicht vorstellen, wie schwer rechtliche Unsicherheit über Jahre hinweg

---

60) Eine ähnliche unmögliche Aufgabe würde den Finanzgerichten gestellt, wenn die Gewährung des Ehegattensplittings daran hinge, ob die Ehe „nur aus reiner Liebe" oder auch unter dem Einfluss der Attraktivität, des Einkommens o. Ä. des Partners eingegangen wurde.

61) Zudem ist unmöglich, jenseits von § 123 BGB und § 240 StGB (schon dort ist es schwer genug) an Prozessen des Verhandelns eine Art von „Machtfreiheit" oder eine „ausreichende Diskursivität" festzustellen. Ein grobes und starrsinniges Verweigern von rationaler Argumentation in einem Punkt mag über den systemischen Gesamteffekt ebenso wenig auszusagen wie das sanfteste und flexibelste Entgegenkommen in einem anderen Punkt. Zudem gibt es jenseits von illegitimen Formen der Machtausübung in Verhandlungen (§ 123 BGB, § 240 StGB) *immer* starke, aber alltägliche und legitime „Zwänge", die im Hintergrund wirken, wenn Austauschverträge geschlossen werden.

III. AGB-Recht und M&A-Verträge

auf den Parteien und ihren Anwälten lastet,[62] bevor, wenn alles gut geht, der BGH die Dinge geraderückt.

Da insbesondere die herrschende, behandelte enge Interpretation von § 305 Abs. 1 Satz 3 BGB – das Erfordernis, dass die *einzelne Klausel* ausgehandelt wird, um kontrollfrei zu sein – die Pforten für eine Kontrollpflicht von M&A-Verträgen weit öffnet, setzen hier auch v. a. Eingrenzungsversuche im Schrifttum ein. *Maier-Reimer* argumentiert hierzu überzeugend – ebenfalls ausgehend von dem Systemcharakter von Geschäften – damit, das „Aushandeln" überhaupt nicht für eine einzelne Klausel erfüllt werden könne, sondern ein „Geben und Nehmen", also mehrere Diskussionspunkte, voraussetze.[63]

4.46

7. Die Inhaltskontrolle nach § 307 BGB und ihre möglichen Themen

Während rechtspolitisch wünschenswert wäre, dass sich das Recht in diesem Punkt wieder „ehrlich machen" und das AGB-Recht in ein maßvolles, aber intelligentes Verbraucherschutzrecht zurückgeführt würde, ist damit nicht zu rechnen. Vielleicht mag es gelingen, das „Aushandeln" in § 307 Abs. 1 Satz 3 BGB i. S. der zitierten Kritik an der Rechtsprechung weiter zu fassen. Auch dies bleibt aber zweifelhaft, weil, wie beschrieben, die verfehlte Anlage des AGB-Rechts die Gerichte zwingt, die Pforten in die Kontrollpflicht generell möglichst offenzuhalten.

4.47

a) Angriffsziele

So bleibt in der Zukunft die Möglichkeit bestehen, dass sich eine Partei – wodurch die sie vertretenden Anwälte gewissermaßen zum „Verräter" an der gemeinsamen Sache der Herausdrängung des AGB-Rechts aus M&A-Transaktionen würden! – in post M&A-Streitigkeiten auf § 307 BGB und die Unwirksamkeit von Klauseln beruft. Hierdurch könnten substantielle Themen betroffen sein. Geht man – entgegen der hier vertretenden Ansicht[64] – davon aus, dass Garantien, auch wenn sie freiwillig gewährt wurden, nicht beliebig eingeschränkt werden dürfen, könnten zulasten des Verkäufers Haftungshöchstgrenzen, Regelungen zur Wissenszurechnung, zu Ausschlussfristen und Haftungsausschlüssen nach § 278 Satz 2 BGB angegriffen werden. Denkbar wären Versuche Offenbarungs- und Kenntnisklauseln auszuhebeln. Bei der gesetzlichen Haftung wären u. U. zulasten des Verkäufers Pauschalierungen von Schadens-

4.48

---

62) Zu dem „Lasten" gehört v. a., dass Parteien unter dem Eindruck falscher Urteile oder Hinweise vor Untergerichten Urteile hinnehmen oder Vergleiche schließen, die sie zu Unrecht belasten.

63) *Maier-Reimer*, NJW 2017, 1, 2. Weitere Argumente bei *Kästle*, NZG 2014, 293, 294; *Wittuhn/Quecke*, NZG 2014, 131, 133 li. Sp. Mitte. *Löhnig/Jerger*, GWR 2013, 239, 240 li. Sp. unten; *Maier-Reimer/Niemeyer*, NJW 2015, 1713, 1716 li. Sp. Mitte.

64) S. Rn. 8.132.

ersatz – i. S. von § 309 Nr. 5 lit. a BGB[65] –, Haftungsbeschränkungen bei grobem Verschulden – i. S. von § 309 Nr. 7 lit. b BGB – und Beschränkungen von Rücktrittsrechten – i. S. von § 309 Nr. 8 lit. a BGB – denkbar. Zusätzlich würden hier erneut Regelungen zur Wissenszurechnung und Haftungsausschlüsse nach § 278 Satz 2 BGB in die Schusslinie geraten können. Zudem bleibt es bei den im Zusammenhang mit Treuhandprivatisierungen schon „erprobten" Themen, z. B. betreffend Vertragsstrafen.

b) Unangemessene Benachteiligung

4.49 Die materielle Inhaltskontrolle nach § 307 BGB steht in der Gefahr, durch die inhärente Unehrlichkeit des AGB-Rechts gegenüber § 138 BGB an Voraussehbarkeit zu verlieren. Hinter der „Unvereinbarkeit mit einem wesentlichen Grundgedanken der gesetzlichen Regelung" oder der „Natur des Vertrages" bzw. dem „Vertragszweck" stecken, weil anders als in § 138 BGB Leistungen und Preise unberücksichtigt bleiben sollen, erneut unehrliche unbestimmte Rechtsbegriffe, deren Anwendung (noch) weniger vorauszusehen sein könnte als bei § 138 BGB. In vielen Fällen gibt freilich § 307 BGB durchaus Gelegenheit dazu M&A-Verträge, trotz bestehender Kontrollpflicht, aufrechtzuerhalten.[66]

---

65) Im Zusammenwirken mit § 307 Abs. 2 BGB.
66) *Wittuhn/Quecke*, NZG 2014, 131, 135; *Maier-Reimer/Niemeyer*, NJW 2015, 1713, 1718.

5. Kapitel Garantien

Übersicht

I. Hintergrund 5.1
II. Struktur von Garantien 5.8
1. Tatbestandsseite: Garantie der Richtigkeit einer Aussage 5.8
   a) Aussagegarantien „erster Ordnung" und Aussagegarantien „zweiter Ordnung" 5.9
   b) Neben Unrichtigkeit der Garantieaussage keine weitere Pflichtwidrigkeit erforderlich 5.16
   c) Vergangenheits-, gegenwarts- und zukunftsbezogene Garantien, „Prognosequalitäts-" und „Zukunftserfolgsgarantien" 5.18
   d) Objektive und subjektive Garantien 5.22
   e) Stichtage 5.29
   aa) Bedeutung von Stichtagen 5.29
   bb) Stichtage I (für die Richtigkeit von Garantieaussagen) 5.43
   (1) Aussagegarantien „erster Ordnung" 5.43
   (2) Aussagegarantien „zweiter Ordnung" 5.47
   cc) Stichtage II (für die Kenntnis der Unrichtigkeit) 5.52
2. Ausblick auf Rechtsfolgen 5.58
   a) Abweichungen der Außenwelt gegenüber der Garantieaussage und Pflichtwidrigkeit von Aussagen 5.58
   b) Rechtsfolge: Erfüllung oder Schadensersatz 5.62
III. Garantien zum rechtlichen, tatsächlichen Zustand und Geldeswert von Sachen und Gegenständen 5.71
1. Garantien zum Eigentum an Sachen und zur Inhaberschaft an Gegenständen 5.71
2. Garantien zum Zustand von Sachen und Gegenständen 5.77
3. Garantien zum Geldeswert von Sachen und Gegenständen (Vermögensgarantien) 5.85
4. Garantien zur Einhaltung öffentlich-rechtlicher Vorschriften (Compliance-Garantien), inkl. Steuergarantien 5.94
IV. Garantien mit Zukunftsbezug 5.102
1. Garantien zu Prognosen und Planungen 5.102
2. Bilanzgarantien 5.118
   a) Aussagen „zweiter Ordnung" und „erster Ordnung" 5.119
   b) Wann ist eine Bilanz „richtig"? 5.132
   c) Einfache, normale (sog. „weiche" oder „subjektive") Bilanzgarantien 5.142
   aa) Bilanzgarantien oder Garantien hybridisierter Bilanzen? 5.142
   bb) „Normativ-subjektiver Fehlerbegriff" bei der einfachen, normalen Bilanzgarantie 5.147
   (1) Ein Beispiel für eine einfache, normale Bilanzgarantie 5.148
   (2) Einfache, normale Bilanzgarantien können kenntnisabhängig oder kenntnisunabhängig sein 5.151
   d) Garantien hybridisierter Bilanzen (sog. „harte" bzw. „objektive" Bilanzgarantien) 5.154
   aa) Hintergrund 5.154
   (1) Käuferinteresse an mehr Sicherheit als das Bilanzrecht gewährt 5.154

(2) Vermögensgarantien werden selten vereinbart 5.156
(3) Sachlich hybridisierte Bilanzgarantien werden selten vereinbart 5.159
(4) Zeitlich hybridisierte Bilanzgarantien werden selten vereinbart 5.161
bb) Einwände gegen die Uminterpretation von Bilanzgarantien in hybridisierte Bilanzgarantien 5.167
(1) Welche Regeln sollen anstelle des Bilanzrechts gelten, um die „Richtigkeit" der Bilanzaussagen zu messen? 5.176
(2) Hybridisierte Bilanzgarantien können kenntnisabhängig oder kenntnisunabhängig vereinbart werden 5.182
e) Beschränkte Relevanz des Betrages der Unrichtigkeit von Bilanzpositionen 5.183
f) Bilanzgarantien im Einzelnen 5.184
aa) „Bilanz" i. S. einer Bilanzgarantie 5.184
bb) Garantien zu Bilanzwerten von Aktiva 5.191

cc) Garantien zu Schulden und Risiken bzw. Rückstellungen 5.200
dd) Garantien zu Jahresergebnissen 5.227
ee) Eigenkapitalgarantien 5.228
(1) Zwei generelle Auslegungsfragen von Eigenkapitalgarantien 5.229
(2) ... Ausdruck der ökonomischen „Streuwirkung" von Eigenkapitalgarantien 5.231
(3) Eigenkapitalgarantien als Garantien einer „Bilanzbreimasse" 5.234
(4) Keine Haftung aus Eigenkapitalgarantie ohne Aufspüren der konkreten Ursache der „Eigenkapitallücke" 5.239
(5) Keine Saldierung von Bilanzunrichtigkeiten auf Tatbestandsebene 5.245
g) Bilanzgarantien in internationalen Schiedsverfahren 5.246
V. Garantien zu erteilten Informationen 5.247
VI. Verjährungsfragen bei Garantien 5.254

Literatur: *Bachmann*, Thesen zur deutschen Business Judgment Rule, WM 2015, 105; *Bergjan*/Schäfer, Die Ausgestaltung von Bilanzgarantien in der Praxis des Unternehmenskaufvertrages, DB 2016, 2587; *v. Bernuth*, Die Gewährleistungshaftung des Unternehmensverkäufers für Angaben in Geschäftsplänen (Business Plans), DB 1999, 1689; *Blunk/Rabe*, Bilanz- und Eigenkapitalgarantien beim GmbH-Geschäftsanteilskauf, GmbHR 2011, 408; *Broichmann/Makos*, Unternehmenskäufer muss Anhaltspunkten aus einer Due Diligence konkret nachgehen, GWR 2015, 279; *Bruse*, Zeiten, Fristen und wirtschaftliche Abgrenzungen im Unternehmenskaufvertrag, in: Festschrift für Sebastian Spiegelberger, S. 598; *Findeisen*, Die Sorgfaltspflichten des Erwerbers beim Unternehmenskauf, BB 2015, 2700; *Flick*, Die Garantie beim Unternehmenskauf, 2006; *Görg*, Objektive Bilanzgarantien – der Windfall-Profit des Unternehmenskäufers, DB 2016, M 5; *Haberstock*, Risikoverteilung im Unternehmenskaufvertrag, Festschrift Pöllath+Partners, 2008, S. 29; *Hennrichs*, Falsche Bilanzen und Bilanzgarantien bei M&A-Transaktionen, in: Drygala/Wächter, Bilanzgarantien bei M&A-Transaktionen, 2015, S. 1; *Hennrichs*, Zur Haftung auf Schadenersatz wegen unrichtiger Bilanzgarantien bei M&A-Transaktionen, NZG 2014, 1001; *Hilgard*, Berechnung des Schadens bei Verletzung einer Eigenkapitalgarantie beim Unternehmenskauf, BB 2013, 937; *Hilgard*, Earn-Out-Klauseln beim Unternehmenskauf, BB 2010, 2912; *Hoffmann*, Wertaufhellung – das Bilanzierungsproblem schlechthin, BB 1996, 1157; *Houck/ Zondler*, Verjährung von Garantieübernahmen bei M&A-Transaktionen in den USA, M&A Review 2014, 204; *Hüttemann/Meyer*, Stichtagsprinzip, in: Fleischer/Hüttemann, Rechtshandbuch Unternehmensbewertung, 2015, S. 323; *Kästle*, Post-M&A-Streitigkeiten nehmen zu – Ist die M&A-Praxis darauf vorbereitet?, M&A Review 2014, 71; *Keynes*, The General Theorie of Employment, Quarterly Journal of Economics, 51 (Vol. 2), 1937, S. 209; *König/Gießelmann*, Zur Haftung beim Unternehmenskauf – Voraussetzungen und Schadensbegriff bei der objektiven und der sujebktiven Bilanzgarantie, GWR 2016, 155; *Lappe/Schmitt*, Risikoverteilung beim Unternehmenskauf durch Stichtagsregelungen, DB 2007, 153; *Louven/Mehrbrey*, Bedeutung aktueller M&A-Streitigkeiten für die Gestaltungspraxis, NZG 2014, 1321; *Luka*, Bilanzgarantien, ihre vertragsrechtliche Bedeutung und ihre Rechtsfolgen, in: Birk/Pöllath/Saenger, Forum Unternehmenskauf 2006, 2007, S. 157; *Maier-Reimer/Schilling*, Bilanzgarantien in Unternehmenskaufverträgen, KSzW 2016, 4; *Mehrbrey/Hofmeister*, Schadensersatz bei Verletzung einer Bilanzgarantie, NZG 2016, 419; *Mellert*, Tatbestandsprobleme bei Eigenkapitalgarantien, in Drygala/Wächter, Bilanzgarantien bei M&A-Transaktionen, 2015, S. 11; *Meyding/Grau*, Earn-out-Klauseln und Absicherung von Garantieansprüchen – „tickende Zeitbomben" bei Distressed M&A?, NZG 2011, 41; *Moser*, Kaufpreisklauseln in Unternehmenskaufverträgen, in: Berens/Brauner/Strauch/Knauer, 7. Aufl., S. 363; *Noelle-Neumann*, Die Schweigespirale, 1980; *Osterloh-Konrad*, Rückstellungen für Prozessrisiken in Handelsbilanz und Steuerbilanz – Kriterien der Risikokonkretisierung und ihre Anwendung auf die Prozesssituation, DStR 2003, 1631 und 1675; *Schiffer/Mayer*, Sorgfaltspflichten des Verkäufers und des Käufers beim Unternehmenskauf: die neue Rechtsprechung, BB 2016, 2627; *Schmitz*, Mängelhaftung beim Unternehmenskauf nach der Schuldrechtsreform, RNotZ 2006, 561; *Schniepp/Holfeld*, Compliancegarantien in Unternehmenskaufverträgen – Bedeutung, Inhalt sowie Probleme bei der Verletzung von Compliancegarantien, DB 2016, 1738; *Schön*, Wie die unrichtige Darstellung in der Rechnungslegung den Deal gefährdet – der Grundsatz der Bilanzwahrheit in M&A-Disputes, M&A Review 2014, 122; *Schöne/Uhlendorf*, Kaufpreisanpassung an das bilanzielle Eigenkapital oder Nettovermögen, in Drygala/Wächter, Kaufpreisanpassungs- und Earnout-Klauseln, 2016, S. 133; *Stengel*, Rückstellungen für Risiken aus Rechtsstreiten, BB 1993, 1403; *Timmerbeil/Mansdörfer*, Die Behandlung kartellrechtlicher Bußgeldrisiken im Rahmen von M&A-Transaktionen, BB 2011, 323; *Ulrich*, Abwerbeverbote – und warum sie manchmal doch halten, z. B. nach einer Due Diligence, GmbHR 2015, R 149; *Wächter*, Bilanzgarantien und ihre Auslegung, BB 2016, 711; *Wächter*, Schadensrechtliche Probleme beim Unternehmenskauf: Naturalherstellung und Bilanzgarantien, NJW 2013, 1270; *Wächter*, Praktische Fragen der Gestaltung und Auslegung von Altlastenklauseln in Grundstücks- und Unternehmenskaufverträgen, NJW 1997, 2073; *Weißhaupt*, Äquivalenzsicherung im Unternehmenskaufvertrag durch Kaufpreisklauseln und Jahresabschlussklauseln, BB 2013, 2947; *Weißhaupt*, Haftung und Wissen beim Unternehmenskauf – über Gestaltungsspielräume im M&A Recht, WM 2013, 782; *Witte/Gerardy*, Ausgestaltung von Bilanzgarantien – objektive und subjektive Elemente, in: Drygala/Wächter, Bilanzgarantien bei M&A-Transaktionen, 2015, S. 23; *Wollny, C.*, Unternehmensbewertung, Eigenkapitalgarantie und Kaufpreisanpassung, in Drygala/Wächter, Kaufpreisanpassungs- und Earnout-Klauseln, 2016, S. 23; *Wulf*, Rückstellungen für ungewisse Verbindlichkeiten – zwingend zu bilden nach Klageerhebung?, AG 2013, 713.

I. Hintergrund

Die gebräuchliche Verwendung von selbstständigen Garantien i. S. des § 311 Abs. 1 BGB in deutschen M&A-Transaktionen hat zunächst einen **rein deutschrechtlichen Hintergrund**: Im BGB gibt es keinen originär passenderen Ort für die Behandlung von Leistungsstörungen aus Unternehmenskäufen. Das BGB war zwar auf Systematik und Vollständigkeit angelegt, aber die Regelungen des ursprünglichen allgemeinen Schuldrechts (Verzug und Unmöglichkeit) passten ebenso wenig wie die des besonderen Schuldrechts (Sach- und Rechtsmängelgewährleistung). Ein, jedenfalls klar ausgeprägter, allgemeiner Grundtatbestand

5.1

einer Leistungsstörung, etwa der Pflichtverletzung, fehlte zunächst. Insofern kam die Vereinbarung von selbstständigen Garantien als die erste kautelarjuristische Lösung in Betracht.

5.2 Im Jahre 1932[1]) stellte das RG Garantien als Instrument des Käuferschutzes beim Unternehmenskauf wie folgt dar:

> „Bei Vorliegen großer Unübersichtlichkeit kann [der Käufer] sich durch eine besondere Vertragsbestimmung schützen ... Er kann sich auch eine besondere Garantie geben lassen, so dafür, dass die äußeren Bedingungen für den Geschäftsbetrieb auf eine bestimmte Zeit nach der Geschäftsübernahme fortbestehen. Die Garantie könnte sich z. B. darauf erstrecken, dass die mit der örtlichen Lage des Unternehmens verknüpften Absatzmöglichkeiten weiterbestehen, oder dass die Benutzung der für das Unternehmen vorgesehenen Räumlichkeiten nicht durch polizeiliche Eingriffe beeinträchtigt wird."

5.3 Im Jahre 1934 urteilte das RG:

> „Aber das Schuldrecht wird beherrscht von dem Grundsatz der Vertragsfreiheit. Soweit nicht gesetzliche Schranken errichtet sind, können die Parteien ihre schuldrechtlichen Beziehungen nach ihrem eigenen Ermessen regeln, und es besteht auch beim Kauf kein rechtliches Hindernis, über den Rahmen der gesetzlichen Gewährleistungsvorschriften hinaus, dem Verkäufer Verpflichtungen aufzuerlegen, die im Sinne einer vertragsmäßigen Gewährschaft der Gegenpartei weitergehende Erfolge sichern, z. B. mit Bezug auf künftige Verwendbarkeit oder Leistungsfähigkeit des Kaufgegenstandes, auf das Nichteintreten von hemmenden oder störenden Ereignissen, auch wenn diese sich unabhängig von Eigenschaften des Kaufgegenstandes und unabhängig von dem Willen der Beteiligten einstellen, auf das Eintreten von vorteilhaft wirkenden Verhältnissen und dergl. mehr. In solchen Fällen richtet sich die vertragsgemäße Zusicherung auf einen Erfolg, der über die Vertragsmäßigkeit der Leistung weit hinausgeht, und begründet die Garantie eine noch nach der Übergabe des Kaufgegenstandes zu erfüllende Vertragspflicht".[2])

5.4 Allerdings nutzte dieses weit offene Tor nichts, wenn die Parteien diesen Weg im konkreten Fall nicht gegangen waren. Wollten die Gerichte hier helfen, so war – solange richterrechtlich die p. V. V. oder c. i. c. noch nicht erfunden war und nachdem das Deliktsrecht zu voraussetzungsvoll war[3]) – nur eine Analogie zum Sachmängelrecht denkbar. Sobald die c. i. c. erfunden war, begann sie aller-

---

1) RG v. 22.11.1932 – II 148/32, RGZ 138, 354.
2) RG v. 11.12.1934 – VII 240/34, RGZ 146, 120, 121, 124 Mitte.
3) § 826 BGB zeigt durchaus, dass außerhalb des vertraglichen Schuldverhältnisses nach den Umständen des Einzelfalls ein Verhalten zur haftungsbegründenden Pflichtverletzung werden kann, das keinen Eingriff in ein Rechtsgut oder eine Gesetzesverletzung i. S. des § 823 BGB darstellt. Theoretisch wäre es möglich gewesen, die Fälle der Vertragsanbahnung über § 826 BGB zu lösen, indem der Vertragsanbahnung die Fähigkeit zur Verschärfung der Ansprüche an sittengemäßes Verhalten zuerkannt worden wäre. Die Haftung wäre indessen ausschließlich auf Vorsatz beschränkt geblieben, was schon im *Linoleumrollenfall* (RG v. 7.12.1911 – VI 240/11, RGZ 78, 239 ff.) nicht ausgereicht hätte. Die schweren Geschütze des Delikts- und Anfechtungsrechts wurden zudem aufgrund ihrer überhaupt strengen Tatbestandsvoraussetzungen – Sittenwidrigkeit und Vorsatz bei § 826 BGB, Erfordernis einer Rechtsgutverletzung oder der Verletzung eines Schutzgesetzes in § 823 BGB – als ungeeignet angesehen. § 123 BGB bot zudem nur eine einzige und zu grobe Rechtsfolge an.

dings – bis heute – mit der analogen Anwendung des Sachmängelrechts zu konkurrieren.

Übrigens sind in der kautelarjuristischen Praxis der Gegenwart terminologische Ungenauigkeiten, wenn nicht Widersprüchlichkeiten, sehr verbreitet. Sehr häufig wird etwa unter der **Überschrift „Gewährleistung"** formuliert „**der Käufer garantiert ...**". Ebenso kommt es vor, dass eine Liste von Aussagen, die mit „der Verkäufer garantiert" mit „Zusicherungen", oder, sprachlich etwas Distanz zu § 463 a. F. BGB suchend, mit „Versicherungen" überschrieben wird. Offensichtlich hat dies – obwohl das Thema nicht ganz risikolos sein dürfte[4] – bislang bei Streitigkeiten noch nicht zu Überraschungen geführt.

5.5

Garantien grenzen an **Kostenerstattungen** bzw. **Freistellungen** (Indemnifications) und an **Kaufpreisanpassungsklauseln**. Bei Garantien geht es noch um eine Beschreibung des Sollzustandes, in dem sich das Unternehmen angeblich schon befindet. Weicht der Istzustand davon ab, so liegt grundsätzlich, auch bei verschuldensunabhängigen Garantien, ein **Unrecht** des Verkäufers vor. Bei Garantien sagt der Verkäufer i. d. R. nicht „Es kann so oder so (*a* oder *b*) sein, und wenn es so (*b*) ist, dann zahle ich Schadensersatz." Vielmehr gibt es anstelle von Neutralität eine klare **Wertungsdifferenz** zwischen „Garantieaussage richtig" und „Garantieaussage falsch".[5] Deshalb liegt, wenn Verschulden zu einer unrichtigen Garantieaussage hinzukommt, i. d. R. zusätzlich eine c. i. c. oder ein Delikt vor. Die Rechtsfolge einer Garantie"verletzung" (sic!), i. d. R. **Schadensersatz**, ist eine **Reaktion auf Unrecht**. Bei Kostenerstattungen bzw. Freistellungen ist das anders. Hier wird – jedenfalls im rechtlichen Sinne – kein Sollzustand des Unternehmens mehr beschrieben und gibt es tatsächlich eine gewisse Neutralität der Parteien. Es kann so oder anders sein.[6] Insofern fehlt bei Kostenerstattungen bzw. Freistellungen auch das Garantien kennzeichnende erste Glied, die Aussage, wie das Unternehmen sein *soll*.

5.6

Da es im Schuldrecht keinen numerus clausus und keinen Typenzwang gibt, haben die Parteien freilich große Freiheiten, Garantien und Kostenerstattungen bzw. Freistellungen einander anzunähern. Sie tun dies bisweilen, indem sie **Garantien „entmoralisieren"**, so dass zwar der Form nach eine Garantie abgegeben wird, durch die die Parteien bei Unrichtigkeit der Garantieaussage auch die betreffende Rechtsfolge auslösen wollen; der Verkäufer möchte aber den Käufer keineswegs dafür gewinnen, in die Richtigkeit der Garantieaussage zu *ver-*

5.7

---

[4] Vgl. Nachweise bei *v. Bernuth*, DB 1999, 1689 Fn. 5.
[5] Man könnte dies auch mit *Luhmann*, Rechtssoziologie, S. 40 f., ein „normatives Erwarten" nennen. S. a. *Wächter*, Schadensersatz und Kaufpreisanpassung post M&A, in: Drygala/Wächter, Kaufpreisanpassungs- und Earnout-Klauseln, S. 1 Mitte: „Sollzustand als Minimum" – Unterschreitung der „benchmark" nach unten als mit Vorwurf verbundene Leistungsstörung.
[6] Dies wäre in der Begrifflichkeit von *Luhmann*, Rechtssoziologie, S. 40 f., ein „kognitives Erwarten".

trauen. Als Folge einer Modifikation von Garantien in diesem Sinne liegt bei Unrichtigkeit der Garantieaussage allein deshalb noch keine c. i. c. bzw. ein Delikt vor. Eine *zweite Modifikation* von Garantien besteht in einer weitgehenden oder vollständigen **Transformation in Kostenerstattungen, Freistellungen oder Kaufpreisanpassungsklauseln.** Die Vorgehensweise besteht darin, dass die negativen Wirkungen auf das Zielunternehmen, von deren Eintritt eine Garantie schützen will, direkt angesprochen werden. Sagt eine Altlastengarantie „es gibt keine (näher zu definierende) Altlasten ..." und würde eine Altlastenfreistellungsklausel lauten „der Verkäufer stellt ... von Sanierungskosten und sonstigen Aufwendungen und Schäden in Folge des Vorhandenseins von Altlasten frei ...", so würde eine „transformierte Altlastengarantie" lauten „der Verkäufer garantiert, dass dem Zielunternehmen in Folge des Vorhandenseins von Altlasten keine Sanierungskosten und sonstigen Aufwendungen und Schäden entstehen". Es wird also gesagt, dass die Kosten, die von einer Freistellung umfasst wären, gar nicht entstehen werden; der Ersatz dieser Kosten ist dann nicht Freistellung, sondern Schadensersatz. Solche Garantien können auch als **Vermögensgarantien** bezeichnet werden.

II. Struktur von Garantien

1. Tatbestandsseite: Garantie der Richtigkeit einer Aussage

5.8 Garantien in M&A-Transaktionen sind **Aussagegarantien.** Es wird eine Aussage über den Zustand des Unternehmens oder von unternehmenswertrelevanten Umständen außerhalb des Unternehmens zu einem bestimmten Zeitpunkt aufgestellt, die Richtigkeit der Aussage garantiert und es werden – explizit oder durch Bezug auf das Schadensrecht des BGB – Rechtsfolgen für den Fall der Unrichtigkeit vereinbart. Die Aussage kann alle Umstände umfassen, die irgendwie als relevant angesehen werden; es muss sich nicht um Umstände handeln, die einen kaufrechtlichen „Mangel" darstellen oder sonst eine gewisse „Mindestnähe" zu dem Unternehmen besitzen. Es kann sich **auch um subjektive Umstände** handeln, z. B. dass keine öffentliche Stelle *beabsichtige*, eine bestehende Genehmigung zu widerrufen oder dass der Verkäufer *erwarte*, dass ein Kunde einen Großauftrag erteile. Diese **Subjektivität** bei einer **Person, auf die sich die Garantieaussage bezieht,** ist nicht mit möglichen, **subjektiven Merkmalen beim Garantiegeber** zu verwechseln; von letzteren hängt es ab, ob eine „subjektive" oder „objektive" Garantie vorliegt.[7]

a) Aussagegarantien „erster Ordnung" und Aussagegarantien „zweiter Ordnung"

5.9 Es ist sinnvoll zwischen Aussagegarantien „erster Ordnung" und Aussagegarantien „zweiter Ordnung" zu unterscheiden. Im ersten Fall geht es um Garantien

---

[7] Dies wird immer wieder durcheinander geworfen. S. a. Rn. 5.23 ff.

II. Struktur von Garantien

wie „Die Gesellschaft ist Eigentümer von …", „… ist Partner der folgenden ungekündigten Verträge …", „… hat keine Schulden außer …", „… ist nicht Partei von Verwaltungs- oder Gerichtsverfahren außer …" etc. Aussagegarantien „erster Ordnung" können aber auch subjektive Merkmale einbeziehen: „Die Geschäftsführung der Gesellschaft hat keine Kenntnis von Umstände, die der Patenterteilung entgegenstehen …", „… die die Einleitung eines Steuerstrafverfahrens erwarten lassen", „… die eine Vermieterkündigung des Mietvertrages in Berlin erwarten lassen" (etc.). Ebenso können Aussagegarantien „erster Ordnung" von subjektiven Merkmalen beim Garantiegeber abhängig gemacht werden. Allen vorherigen Beispielen kann vorangestellt werden „nach (bester) Kenntnis des Verkäufers". So kann es heißen „nach (bester) Kenntnis des Verkäufers ist die Gesellschaft Partner der folgenden ungekündigten Verträge …" oder „nach (bester) Kenntnis des Verkäufers hat die Geschäftsführung keine Kenntnis von Umstände, die der Patenterteilung entgegenstehen".

Bei Aussagegarantien „zweiter Ordnung" gibt es zwei Aussagen, eine *spätere*, die **Garantieabgabe**, die in der Sache eine Richtigkeitsaussage bzw. **Richtigkeitsgarantie** ist, die Aussage „zweiter Ordnung" (oder „Meta-Aussage"), und eine **frühere, originäre Aussage**, die oft, aber nicht zwingend, von einer anderen Person getroffen wurde, und auf die sich die zweite Aussage bezieht und deren Richtigkeit sie aussagt. Die Komplexität, die Aussagegarantien „zweiter Ordnung" mit sich bringen, liegt *erstens* darin, dass jedenfalls zwei Stichtage, ein früherer und ein späterer, ins Spiel kommen, an denen die Richtigkeit der Aussagen gemessen werden kann. *Zweitens* erhöht sich die Komplexität, weil die zweite Aussage zwangsläufig von dem Sinngehalt und Kontext der ersten Aussage abhängig ist; deshalb ist die Prüfung, ob die „Richtigkeitsaussage" der zweiten Aussage ihrerseits richtig oder falsch ist, von der ersten Aussage abhängig; sie ist ihrem Sinngehalt und Kontext oder auch ihren „Codes" „ausgeliefert". Wenn die erste Aussage lautet $\sqrt{25}=5$ und die zweite garantiert die Richtigkeit dieser originären Aussage, kann die Richtigkeit nur nach dem mathematischen Sinngehalt der Aussage festgestellt werden. Bei physikalischen, chemischen, biologischen ersten Aussagen wäre dies nicht anders. 5.10

Praktisch relevant sind freilich v. a. zwei andere Typen von Aussagen, Prognosen und Planungen und Bilanzaussagen. Wenn der Verkäufer die Richtigkeit von **Prognosen und Planungen** garantiert, wird damit selten eine Garantie für ihr *Eintreffen* gemeint sein. Was aber ist dann gemeint? In der Regel wird eine Richtigkeitsgarantie für eine Planung der Geschäftsführung der Zielgesellschaft wohl verletzt sein, wenn diese Planung nur *zum Schein* aufgestellt wurde, etwa um den Käufer zu beeindrucken, und die Geschäftsführung *selbst nicht daran glaubte*. Wenn aber dieser einfache Fall nicht vorliegt, kann die Richtigkeitsgarantie i. d. R. wohl nur bedeuten, dass – weil Planungen eben nicht schon dadurch „unrichtig" werden, dass sie sich nicht realisieren – irgendwelche Ansprüche an die *Planungsqualität* (z. B. Datenerfassung, Methodik etc.) zu stellen 5.11

waren. Hierdurch stellt sich die Frage, ob solche Ansprüche an die Planungsqualität aus dem Kontext der Aussagen erster Ordnung oder aus der Garantieabgabe abzuleiten sind.

5.12 Sodann können **Bilanzaussagen** wie „Grundstück München ... 723 T €", „Vorräte ... 1.200 T €" oder „Eigenkapital...7.400 T €" per se nur sinnvoll unter Zuhilfenahme des Bilanzrechts dechiffriert werden, nur so waren sie ja gemeint.

5.13 Unter Umständen werden **Informationsgarantien** abgegeben, z. B. dahin, dass „alle erteilten Auskünfte und vorgelegten Unterlagen (im Wesentlichen) richtig und vollständig waren". Was hier „Richtigkeit" bzw. „Vollständigkeit" bedeutet, muss wohl erneut im Kontext mit den jeweiligen Auskünften „erster Ordnung" verstanden werden.

5.14 Die Unterscheidung zwischen „Aussagen erster Ordnung" und „Aussagen zweiter Ordnung" kann sodann hilfreich sein, um bei Stichtagen Verwirrung zu vermeiden. Es können etwa schon **Aussagen erster Ordnung „Kenntniseinschränkungen"** unterliegen. Zum Beispiel mag eine Vollständigkeitserklärung oder ein „Management Letter"[8] in diesem Sinne formuliert sein, wobei sich das Problem mit besonderem praktischem Gewicht erneut bei Bilanzgarantien stellt.

5.15 Die Unterscheidung zwischen der originären Aussage erster Ordnung und der Meta-Aussage zweiter Ordnung (Garantie) hilft dabei, Aussagegarantien zweiter Ordnung in all diesen Hinsichten – Stichtage, sonstige Richtigkeitslogik der originären Aussage, Kenntnisbeschränkungen – juristisch handhabbar zu machen.

b) **Neben Unrichtigkeit der Garantieaussage keine weitere Pflichtwidrigkeit erforderlich**

5.16 Die Garantie ist schon „**verletzt**", der objektive Tatbestand ist schon erfüllt, **wenn die Aussage falsch ist** und die zugesagten Merkmale zum Garantiestichtag fehlen bzw. das „Ist" negativ vom „Sollen" der Garantieaussage abweicht. Wie die Aussage zustande kam, ist unerheblich. Neben der Unrichtigkeit der Aussage muss dem Verkäufer z. B. nicht vorgeworfen werden, dass er den von der Garantie abweichenden Zustand herbeigeführt oder sich sonst pflichtwidrig verhalten hat.[9]

5.17 Weder ist ein Einwirken auf die Außenwelt erforderlich, durch das diese von der Garantieaussage entfernt wird, noch spielen auf der Tatbestandsseite Merkmale eine Rolle, die das Tätigen der unrichtigen Aussage mehr oder minder vor-

---

[8] S. Rn. 14.5 f.
[9] Die Abgabe der unrichtigen Garantie kann, aber muss nicht pflichtwidrig sein. Wenn sie zugleich den Tatbestand einer c. i. c. oder den des § 823 Abs. 2 BGB i. V. m. § 263 StGB oder des § 826 BGB erfüllt, war sie auch pflichtwidrig, sonst, etwa bei einer „entmoralisierten Garantie", nicht.

werfbar machen könnte. Der Ausdruck „*Verletzung*" der Garantie, der für Juristen einen der „Pflichtverletzung" eng verwandten Klang hat, kann insoweit in die Irre führen; er ist allerdings unschädlich, wenn man sich bewusst ist und bleibt, dass die **einzige Verletzung** in der **objektiven Unwahrheit der Aussage** besteht. Man könnte pointiert sagen: Nicht der Garantiegeber handelt bei Abgabe der Garantie pflichtwidrig, sondern er haftet dafür, dass sich „die Außenwelt pflichtwidrig verhält".[10]

c) Vergangenheits-, gegenwarts- und zukunftsbezogene Garantien, „Prognosequalitäts-" und „Zukunftserfolgsgarantien"

Auf die *Vergangenheit und auf die Gegenwart* bezogene Aussagen können, sobald sie getroffen sind, durch einen **Vergleich der Aussage mit der Welt** auf Richtigkeit überprüft werden. Ob der Autor bei der Aussage innerlich wahrhaftig war – und also ein Vergleich zwischen der Aussage und dem, was ihr Autor innerlich wirklich gedacht, gewusst, gefühlt oder geglaubt hat, ist sekundär. Eine solche zusätzliche **Abweichung von dem „Innen" des Autors und dem Inhalt Aussage** kann aber durch entsprechende Formulierung der Garantie rechtlich relevant gemacht werden. Bei Garantien erster Ordnung kann zusätzlich zur Unrichtigkeit der Garantieaussage Kenntnis des Garantiegebers verlangt werden, bei Aussagen zweiter Ordnung bzw. „Aussagen über Aussagen" kann, wenn der Autor der ersten und zweiten Aussage verschieden sind, eine Haftung, zusätzlich zur Unrichtigkeit der Aussage erster Ordnung, von zwei Vergleichen des „Innen" eines Aussagenautors und seiner Aussage abhängig gemacht werden. Wir werden dies insbesondere bei Bilanzgarantien näher sehen.

5.18

Auf die *Zukunft* bezogene Aussagen unterscheiden sich von auf die Vergangenheit oder Gegenwart (die stets in Vergangenheit umschlägt) bezogene Aussagen dadurch, dass sie auf Richtigkeit im üblichen Sinne – durch Vergleich von Aussageninhalt und Welt – **erst in der Zukunft**, nach Erreichen des Zeitpunkts oder Ablauf des Zeitraums, auf den sie sich beziehen, „verifiziert" oder „falsifiziert" werden können. So kann die hypothetische Garantieaussage „China wird in den nächsten 25 Jahren jährlich mindestens so viele PKW von Mercedes importieren wie in 2016" u. U. überhaupt erst nach 25 Jahren überprüft werden bzw. kann jedenfalls das Ausmaß einer Unrichtigkeit der Aussage erst nach 25 Jahren abschließend festgestellt werden. Unverzüglich nachdem die Aussage getroffen wurde, kann freilich der Aussageinhalt mit dem „Inneren" ihres Autors verglichen werden, was zu dem Urteil führen kann, dass er über seine wirkliche Sicht der Dinge, die, aus dem Strafrecht, namentlich der Betrugsdogmatik herkommen, als **„innere Tatsache"** bezeichnet wird, **getäuscht** habe.

5.19

---

10) Die „Pflichtwidrigkeit der Außenwelt" kann u. U. zu einem anderen, sogar späteren Zeitpunkt abgemessen werden als dem der Abgabe der Garantie.

5.20 Insofern kann man bei allen auf die Zukunft bezogenen Aussagen zwischen auf Merkmale der Prognose zum Abgabezeitpunkt (Aufrichtigkeit, Qualität der Datenerfassung und Auswertung, Methodik des Vorgehens etc.) bezogene und auf den Eintritt der vorausgesagten Umstände in der Zukunft bezogene Aussagen bzw. Garantien unterscheiden. Man könnte die ersten **„Prognosequalitätsgarantien"** und die zweiten **„Zukunftserfolgsgarantien"** nennen. Der wesentliche Unterschied im Rechtsstreit liegt darin, dass bei Vorliegen (nur) einer Prognosequalitätsgarantie Vortrag dazu, ob die vorhergesagten Umstände eingetreten sind, unerheblich ist – und selbst kaum mittelbare, indikative oder „cirumstantial" Bedeutung haben kann.[11]

5.21 Geht es um Garantien von Prognosen oder Planungen,[12] so sind die Parteien ganz frei, wie sie sie ausgestalten. Unter der „Losung" der „harten Bilanzgarantie" wird allerdings häufig versucht, Prognosequalitätsgarantien in Zukunftserfolgsgarantien umzukonzipieren. Dabei wird übersehen, dass das Bilanzrecht von seiner Methodik her *ab initio* nur Regeln zur Sicherung einer gewissen Prognosequalität und Prognoseaufrichtigkeit und zu Quantifzierungen in Abhängigkeit von Prognosen zum Prognosezeitpunkt nach bestimmten Codes enthält, und also nur sagt, welche Prognosen bzw. Bilanzerwartungen gebildet werden dürfen oder müssen. Insofern sperren sich Bilanzen dagegen als Zukunftserfolgsaussagen bzw. Zukunftserfolgsgarantien „umgelesen" zu werden. Der Ausdruck „harte" Bilanzgarantie ist auch irreführend, weil in Wirklichkeit nicht die Aussage zweiter Ordnung, die Garantieaussage „verhärtet" werden soll, sondern die Aussage erster Ordnung, die Bilanzaussage, von einer Prognosequalitätsaussage in eine Zukunftserfolgsaussage umgedeutet werden soll.[13]

d) Objektive und subjektive Garantien

5.22 Wie schon gesehen, kann jede Garantieaussage sich auf subjektive Merkmale beziehen.[14] Mit der Unterscheidung von „objektiven" und „subjektiven" Garantien ist aber etwas Anderes gemeint. Der Unterschied liegt darin, dass sich die Aussage bei objektiven Garantien nur auf ein **äußeres Faktum** (bzw. mehrere äußere Fakten) bezieht und bei subjektiven Garantien zusätzlich (mindestens) eine sog. **„innere Tatsache"** bei dem Garantiegeber oder einer ihm zurechenbaren Personen als weiteres Tatbestandsmerkmal vorliegen muss. Die Ausgestaltung als objektive oder subjektive Garantie ändert nichts daran, dass es in beiden Fällen nur um die **Richtigkeit einer Aussage** geht.

---

11) Es tritt so Vieles, das sich Menschen von der Zukunft erwarten nicht ein, dass hieraus im Allgemeinen keine Rückschlüsse auf die Aufrichtigkeit der historischen Erwartung möglich sind.
12) S. Rn. 5.102 f.
13) Dazu ausf. Rn. 5.142 ff.
14) S. Rn. 5.16.

II. Struktur von Garantien

Darüber, ob objektive oder subjektive Garantien vereinbart werden sollten, wird bei jeder Transaktion und – verallgemeinernd – in der Literatur gestritten. Ähnlich wird in M&A-Streitigkeiten u. U. unterschwellig zur Legitimität der einen oder anderen Gestaltung argumentiert.   5.23

Für objektive Garantien „spricht", dass bei M&A-Transaktionen Zahlungsströme getauscht werden und für die Angemessenheit dieses Tausches ganz unerheblich ist, aus welchem Grund die beim Käufer ankommenden Zahlungsströme niedriger sind als die erwarteten; auch der Käufer hat ja „objektive Zahlungsströme" zu erbringen, für die er eine „objektive Leistung" erwarten darf.[15] Subjektive Garantien sind aus dieser Perspektive sachlich nicht gerechtfertigte Zuweisungen von Glückschancen an den Verkäufer, der, wenn er weniger liefert, als der Käufer erwarten durfte, einen Vorteil einstreichen kann, wenn ihm (zufälligerweise) kein subjektiver Vorwurf gemacht werden kann.   5.24

Die Gegenauffassung misst die Ausgestaltung der Garantien an dem – in der Tat – großen abendländischen Kriterium des Schuldprinzips. Der Verkäufer lehnt es mit Inbrunst ab, haften zu sollen, „bestraft" zu werden, wenn er „nach bestem Wissen" agiert hat. Es ist einzuräumen, dass es sehr riskante Garantien gibt, bei denen die Sanktion über einen mechanischen Ausgleich hinausgeht und sich einer überproportionalen Strafe annähern kann. Vor allem wird man Verständnis dafür haben müssen, dass ein Verkäufer, auch wenn ihm die Investmentbanker des Käufers nachdrücklich vorrechnen, dass der Wert seines Unternehmens nur in den zukünftigen Cashflows liege, eine verschuldensunabhängige Garantie dieser Cashflows jedenfalls solange ablehnen wird, wie er die *Alternative besitzt*, das Unternehmen ohne eine objektive Garantie an einen Dritten verkaufen zu können. Noch weniger wird ein Manager – etwa in einem Management Letter[16] – geneigt sein, eine objektive Garantie abzugeben; er erhält i. d. R. noch nicht einmal eine objektive Gegenleistung in entsprechender Größenordnung.   5.25

In der Summe wird es also Situationen, wo eher objektive Garantien und andere Situationen geben, wo eher subjektive angebracht sind. Im Übrigen gilt wie überall: Man nimmt, was man bekommt, und man gibt, was man geben muss. Die Verhandlungsergebnisse hängen von der Attraktivität der Angebote, den Handlungsalternativen der Parteien und ggf. sonstigen Machtfaktoren ab.   5.26

Nicht selten gibt es Fälle, in denen Ansprüche aus **verschuldensabhängigen Garantien** geltend gemacht werden.   5.27

---

15) Nachdrücklich und klar in diesem Sinne *Holzapfel/Pöllath*, Unternehmenskauf in Recht und Praxis, 14. Aufl., S. 401, 490. Freilich könnte man dem auch mit dem Argument begegnen, dass wenn nur eine subjektive Garantie abgegeben wird, abweichend von der „Objektivität des Kaupreiszahlungsstroms" eben von vornherein doch keine objektive Leistung vereinbart wurde und daher, auch wenn die Garantieaussage nicht zutrifft, aber der Verkäufer mangels Verschulden nicht haftet, dem Käufer kein Unrecht geschieht.

16) S. Rn. 14.5 f.

5.28 Im *ICC-Fall 14691, 2009* erhoben die Käufer nach dem Kauf eines brasilianischen Unternehmens aufgrund eines Kaufvertrages nach New Yorker Recht Schiedsklage gegen die Verkäufer wegen *vorsätzlichen* Garantieverletzungen u. a. im Zusammenhang mit der Nichtberücksichtigung eines ungewöhnlich hohen Niveaus von Warengeschenken und Reisevorteilen, die Kunden gewährt worden waren. Das Schiedsgericht verneinte eine absichtliche Garantieverletzung.[17]

e) **Stichtage**

aa) **Bedeutung von Stichtagen**

5.29 Nicht selten erfährt der Transaktionsanwalt von seinem Mandanten quasi als beschlossene Sache, das Unternehmen soll „rückwirkend", etwa „mit wirtschaftlicher Wirkung zum letzten Jahresende" verkauft werden oder umgekehrt, der „wirtschaftliche Übergangsstichtag" solle in der Zukunft liegen. Häufiger steckt hinter einer solchen Rede nicht wirklich ein volles Verständnis dessen, was sinnvollerweise mit der Aussage gemeint sein kann.

5.30 Inhaltlich sind hier einerseits verschiedene relativ technische Fragen der juristischen Übertragungsmechanik bei einer Unternehmenstransaktion und andererseits eine wirtschaftliche Frage angesprochen, die sorgfältig auseinander gehalten werden müssen.[18]

5.31 Da ist zunächst der Abschluss des schuldrechtlichen M&A-Vertrages, etwa beim Signing, und zweitens die Erfüllung der hauptsächlichen Pflicht aus diesem Vertrag, der Unternehmensübertragung, etwa beim Closing. Beide Rechtsgeschäfte können befristet, oder, was häufiger ist, bedingt sein,[19] zumeist durch die kumulative Erfüllung mehrerer Bedingungen, so dass – schon aus dieser rein rechtstechnischen Logik heraus – potentiell *vier* Zeitpunkte von Bedeutung sind.

5.32 Mit dem rückwirkenden oder in der Zukunft liegenden „wirtschaftlichen Übergang" oder dem „Verkauf zum nächsten Quartalsende" ist noch etwas anders, ein *Fünftes*, gemeint, nämlich ein kaufmännisch verhandelter und abgestimmter Zeitpunkt, von dem an die unternehmerischen Chancen und Risiken beim Käufer liegen sollen. Dieser Stichtag weicht i. d. R. wiederum von den soeben benannten **vier „juristisch-technischen"** Stichtagen (Kaufvertragsabschluss, Wirksamwerden des schuldrechtlichen Geschäfts, Abschluss des dinglichen Geschäfts, Wirksamwerden des dinglichen Geschäfts) ab. Der **„wirtschaftliche Übergangsstichtag"** kann zu jedem beliebigen Zeitpunkt, selbst vor dem Signing und the-

---

17) ICC-Fall 14691, 2009, ICC International Court of Arbitration Bulletin, Vol. 24, No. 1, 2013, S. 128 f.

18) Zu „Zeiten, Fristen und wirtschaftlichen Abgrenzungen im Unternehmenskaufvertrag" s. a. *Bruse* in: FS Spiegelberger, S. 598 ff. sowie zu Stichtagsregelungen *Lappe/Schmitt*, DB 2007, 153 ff.

19) Man beachte § 925 Abs. 2 BGB; das Grundstücksrecht gilt auch beim Asset Deal.

oretisch auch nach dem Closing liegen. Es ergeben sich also die folgenden *fünf* verschiedenen Stichtage in Bezug auf eine M&A-Transaktion:
- Abschluss des M&A-Vertrages (Signing) – $t1$ –,
- Wirksamwerden des M&A-Vertrages – $t2$ –,
- Abschluss der Rechtsgeschäfte zur Unternehmensübertragung (Closing) – $t3$ –,
- Wirksamwerden der Unternehmensübertragung – $t4$ –,
- „wirtschaftlicher Übergangsstichtag" – tx –.[20]

Nur der letztere wirft besondere Schwierigkeiten auf.

Was bedeutet also ein „wirtschaftlicher Übergangsstichtag"? Zunächst kann er keine „dingliche" Wirkung entfalten, etwa derart, dass im Außenverhältnis bei dem Käufer nur die Ergebnisse, Chancen und Risiken aus Geschäftsvorfällen nach dem wirtschaftlichen Übergangsstichtag „ankommen". Das Unternehmen bleibt ein in Bewegung befindliches und in vielen Außenbeziehungen stehendes Ganzes mit seiner Geschichte, Gegenwart und Zukunft. Es „fängt" weder nach dem wirtschaftlichen Übergangsstichtag „neu an", noch können seine Außenbeziehungen eine logische Sekunde vorher vorübergehend „still" gestellt werden. Ein wirtschaftlicher Übergangsstichtag kann insoweit immer nur auf eine **interne Aufteilung** von wirtschaftlichen Ergebnissen zwischen den Parteien zielen. 5.33

Um den Unterschied deutlich zu machen: Werden Anteile an einer unternehmenstragenden GmbH am 15.11. denkbar einfach notariell durch Bargeschäft verkauft und übertragen und dem Käufer die Geschäftsführung überlassen, so „übernimmt" der Käufer zwar erst mit der Beurkundung, zu der alle vier rechtlich relevanten Stichtage zusammenfallen, die Anteilsinhaberschaft und die Kontrolle. Nichtsdestoweniger übernimmt er das lebende Unternehmen mit den in ihm steckenden Ansprüchen, Verbindlichkeiten, Chancen und Risiken, Vertragsbeziehungen, öffentlich-rechtlichen Positionen, o. Ä., ohne dass es eine Rolle spielt, ob diese vor zehn Jahren oder am Tag der Beurkundung am 15.11. oder am Tag danach entstanden sind. Auch wenn die Parteien vereinbart hätten, dass der „wirtschaftliche Übergangsstichtag am 31.12." liegen soll, würde dies am Außenverhältnis nichts ändern. Durch bislang unbekannte Produktschäden im Sommer verletzte Personen, Gläubiger der GmbH aus dem Vorjahr etc., können z. B. immer noch Zahlung von der GmbH verlangen oder Insolvenzantrag stellen. 5.34

Unterstellt, die Parteien hätten nun tatsächlich den 31.12. als wirtschaftlichen Übergangsstichtag vereinbart. Was wollen Sie hiermit bewirken, was bewirken sie? 5.35

---

20) Zu dem Unterschied zwischen Vertragsabschluss, rechtlichem und wirtschaftlichem Übergangsstichtag s. a. *Rödder/Hötzel/Müller-Thuns*, Unternehmenskauf, Unternehmensverkauf, S. 135–159.

5.36 Die Parteien haben sich erkennbar **vorgenommen, in den Fluss der Dinge einzugreifen** und einen **internen Ausgleich** – ein dinglich im Außenverhältnis wirksamer ist ja nicht möglich – vorzunehmen. Dies kann nur bedeuten, dass sie gewisse positive und negative Ergebnisse und Risiken und Chancen aus dem Unternehmen **anders zuteilen wollen,** als sich ohne die Vereinbarung eines wirtschaftlichen Übergangsstichtages ergäbe. Offenbar sollen Probleme, Risiken, Verluste, aber auch Opportunitäten, Chancen und Gewinne vor dem Stichtag noch den Verkäufer und erst solche danach den Käufer treffen. Man könnte versuchen, sich von hier aus näher an das heranzutasten, was gemeint war, aber allein der Satz „wirtschaftlicher Übergangsstichtag ist der 31.12 ... " in einem Vertrag gibt zivilrechtlich[21] mehr Rätsel als Lösungen auf.

5.37 Die Verständigung darauf, „mit wirtschaftlicher Wirkung" zu einem Stichtag zu verkaufen, entfaltet also noch **keine greifbaren und klaren Wirkungen,** sondern formuliert eher nur eine Aufgabe an die Vertragsgestaltung.

5.38 Da der Übergangsstichtag im Außenverhältnis beim Share Deal keine Wirkung hat, kann jede interne Verarbeitung von Ereignissen zuvor nur durch eine **Anpassung der Leistungen des Verkäufers oder des Käufers** erfolgen. Hierzu müssen irgendwelche **Messungen von Stellgrößen** am wirtschaftlichen Übergangsstichtag erfolgen und die Messergebnisse müssen mit irgendwelchen **Führungsgrößen (Sollwerten)** verglichen werden.

5.39 Zum Beispiel könnten die Parteien als einzige Folge des wirtschaftlichen Übergangs am 31.12. vereinbaren, dass die **Dividenden für das Vorjahr** – oder die auf den Zeitraum bis zum Stichtag entfallenden – noch dem Verkäufer zustehen. In diesem Fall muss die GmbH u. U. in der Zukunft noch eine Zahlung an den Verkäufer leisten und mindert sich daher der Wert des übertragenen Unternehmens.

5.40 Die Parteien könnten den internen Ausgleich auf einzelne Positionen beschränken, etwa dem Verkäufer die Ergebnisse und Risiken aus der Geschäftsbeziehung mit zwei besonderen Kunden bis zum 31.12. zuweisen. Auch hier fände eine **Anpassung** der **Verkäuferleistung** bzw. des **gelieferten Unternehmens** an bestimmte bis zum Stichtag eingetretene Ergebnisse (Bilanzgewinn, o. Ä.) statt. Eine solche Anpassung der Verkäuferleistung bzw. des gelieferten Unternehmens läge auch darin, wenn Chancen und Risiken, Kosten oder Erträge ausgegliedert würden.

5.41 In der Praxis wird zumeist wirtschaftlich dasselbe auf weniger umständliche Weise angestrebt, indem ein Ausgleich durch **Anpassung des Kaufpreises** bzw. der **Käuferleistung** erfolgt. So können die Parteien etwa auf Grundlage einer Financial Due Diligence und den geführten Verhandlungen für die Ertragskraft des operativen Unternehmens einen Kaufpreisteilbetrag vereinbaren, aber den endgültigen Kaufpreis davon abhängig machen, wie hoch etwa die Zahlungsmittelbestände und langfristigen Schulden (sog. Net Debt-/Net Cash-Klausel) und

---

[21] Steuerlich mag das anders sein.

ggf. auch die Forderungen, Lieferantenverbindlichkeiten, Rückstellungen und Vorräte (das Working Capital)[22] zum wirtschaftlichen Übergangsstichtag sind.[23]

Ein wirtschaftlicher Übergangsstichtag erhält insoweit zivilrechtlich einen Sinn erst durch die **Regeln, die festlegen, was am Übergangsstichtag wie zu messen ist** – z. B. wie eine Abrechnungsbilanz auszusehen hat – und **wie die Messergebnisse in Leistungen der Parteien**, i. d. R. eine Kaufpreisanpassung, **umzusetzen sind**.[24]

5.42

bb) Stichtage I (für die Richtigkeit von Garantieaussagen)

(1) Aussagegarantien „erster Ordnung"

Zu welchen Stichtagen wird der Käufer, anknüpfend an die oben dargestellten[25] fünf möglichen, für eine Transaktion relevanten, Stichtage, Garantien erwarten? Für $t1$ deshalb, weil dies den Zeitpunkt seiner entscheidenden Bindung darstellt. Er hat sich nur gebunden, wird er argumentieren, weil er an diesem Tag von den fraglichen Aussagen ausging. Bei $t2$ wurde die Bindung wirksam. Dann erst recht, so wird der Käufer sagen, müssen die Voraussetzungen vorliegen, unter denen er sich nur binden wollte. Nichts anderes kann für den Abschluss des Erfüllungsgeschäftes gelten, wenn die maßgeblichen Handlungen der Parteien zur Unternehmensübertragung stattfinden und dies kann erneut nicht weniger für den alles entscheidenden Zeitpunkt des Wirksamwerdens der Übertragung gelten, wenn das Unternehmen bei dem Käufer „ankommt", dem Zeitpunkt der Lieferung. Alle juristisch-technisch relevanten Stichtage sind insoweit grundsätzlich auch legitime und plausible Stich- und „Messtage" für die Einhaltung von Garantien.[26]

5.43

Anders als $t1$ bis $t4$, die zwangsläufig zeitlich hintereinander aufgereiht sind (oder auf denselben Zeitpunkt fallen), kann der „wirtschaftliche Übergangsstichtag"

5.44

---

22) S. ausführlich Rn. 11.33 f.
23) S. ausführlich Rn. 11.32 ff., 11.61 ff.
24) Was ist der wirtschaftliche Übergangsstichtag, wenn ein wirtschaftlicher Übergangsstichtag nicht ausdrücklich vereinbart wird: Ist er identisch mit dem Tag des dinglichen Übergangs des Unternehmens, etwa dem Wirksamwerden der Abtretung? Dies würde bedeuten, dass Chancen und Risiken vor dem dinglichen Übergang bei dem Verkäufer verbleiben – und kann also nicht richtig sein. Die zutreffende Antwort ist wohl: Es gibt eben keinen wirtschaftlichen Übergangsstichtag, zu dem bestimmte bis dahin angefallene Ergebnisse, Chancen und Risiken aus dem Unternehmen ausgegrenzt und zurück auf den Verkäufer abgewälzt werden. Der Käufer übernimmt das Unternehmen mit seiner ganzen Geschichte seit der Gründung ohne jegliche Ausgrenzung, Abschichtung oder Abschottung.
25) S. Rn. 5.32.
26) Das LG Hamburg v. 13.3.2015 – 315 O 89/13, juris hat eine Garantie zu einem Stichtag so ausgelegt, dass die Garantie in dem *Zeitraum davor* nicht erfüllt sein musste. Wer sich garantieren lässt, dass zum Signing alle erforderlichen/Lizenzen bzw. Patente vorliegen (so hatte der Kläger die fragliche Garantie in dem Rechtsstreit vor dem LG Hamburg – wohl zu Unrecht – ausgelegt), wäre demnach nicht zum Schadensersatz berechtigt, wenn das Zielunternehmen Lizenzgebühren für Zeiträume davor nachzahlen müsste. S. Rn. 5.99.

tx irgendwo dazwischen (oder sogar davor oder danach) liegen. Wie dargestellt, liegt die Pointe eines von dem rechtlich dinglichen Übergang ($t4$) verschiedenen „wirtschaftlichen Übergangsstichtags" darin, dass die Parteien, bei einem gegebenen Kaufpreis, bestimmte davor stattfindende Geschäftsvorfälle „ausklammern" und ihre wirtschaftlichen Folgen dem Verkäufer zuweisen wollen. Also muss der wirtschaftliche Übergangsstichtag tx der für die Austauschbalance maßgebliche sein – und müssen konsequenterweise die Garantieaussagen v. a. auf tx bezogen sein.

5.45 Die bekannte Formulierung,

> „Der Verkäufer garantiert zum Zeitpunkt des Abschlusses dieses Vertrages und zum Closing ...",

könnte hiernach bei Vereinbarung eines wirtschaftlichen Übergangsstichtags wie folgt erweitert werden:

> „Der Verkäufer garantiert zum Zeitpunkt des Abschlusses dieses Vertrages, seines Wirksamwerdens, zum Closing, dem Wirksamwerden des rechtlichen Unternehmensüberganges und zum wirtschaftlichen Übergangsstichtag ...".

5.46 Dies passt jedenfalls zu allen Aussagen, hinsichtlich derer zwischen diesen Zeitpunkten **keine Änderungen** stattfinden sollen – das Eigentum an wesentlichen Vermögensgegenständen, das Bestehen von erforderlichen Genehmigungen etc. Es passt indessen nicht für Aussagen zu Gegebenheiten, die sich schnell bewegen und verändern, etwa zu Kontoständen, Verbindlichkeiten, Cash- und Working Capital. Hier wäre die Aussage, dass dieselben „Pegelstände" an drei oder noch mehr Terminen erreicht würden, unsinnig; hier ist i. d. R. *ein* Stichtag zu bestimmen, an dem sie zutreffen. Es ist möglich, dass Garantieaussagen auf andere Stichtage als auf die vorgenannten und auf mehrere Stichtage bezogen werden.

(2) Aussagegarantien „zweiter Ordnung"

5.47 In der Folge werden auch Garantien zu behandeln sein, die sich, etwa bei Bilanzen, auf die Richtigkeit von schon früher getroffenen, originären Aussagen beziehen. Diese Aussagegarantien „zweiter Ordnung" führen zu einer Reihe von Verwicklungen. Eine hier interessierende Verwicklung hängt damit zusammen, dass die **originären Aussagen**, deren Richtigkeit garantiert wird, zwangsläufig schon immer – explizit oder implizit – selbst **einen Stichtag enthalten**, zu dem sie gelten sollen bzw. zu dem ihre Richtigkeit zu messen ist.

5.48 Was ist nun, wenn sich die **Garantieaussage** (Meta-Aussage) auf einen **zweiten Stichtag** bezieht und z. B. „zum Tag des Signing", dem 30.9.2014, garantiert wird, „dass nur die in der Bilanz zum 31.12.2013 vorgenommenen Wertberichtigungen und Abschreibungen und nur die vorgenommenen Rückstellungsbildungen geboten waren"? Es sind zwei Interpretationen dieser Garantie möglich. *Erstens:* Der Stichtag für die Garantie (30.9.2014) wird als unbeachtlich angesehen, weil sich die originäre Aussage per se auf einen früheren Stichtag oder auf mehrere frühere Stichtage bezieht. Die Aussage wird so aufgefasst wie

II. Struktur von Garantien

„Ich garantiere zum 1.1.2000, dass der dreißigjährige Krieg im Jahre 1618 begann". Tatsächlich bezieht sich dann die originäre Aussage, indem sie sich durch das „geboten waren" den Regeln des Bilanzrechts unterwirft, sogar übrigens auf *zwei* frühere Stichtage, den 31.12.2013 für „**wertbegründende**" oder „**wertbeinflussende Umstände**",[27)] und auf das Ende des Werterhellungszeitraums (Werterhellungsstichtag), sagen wir dem 31.3.2014, für „**werterhellende**" oder „**wertaufhellende Umstände**"[28)].

Die zweite Interpretation bestünde darin, dass der Garantiestichtag eine Abweichung des Inhalts der garantierten Aussage von der Bilanzaussage bewirkt. Die Garantie wäre zu lesen als *„aus Sicht vom 30.9.2014* waren nur die in der Bilanz zum 31.12.2013 vorgenommenen Wertberichtigungen und Abschreibun- 5.49

---

27) **„Wertbeeinflussende Umstände"** sind „solche Ereignisse ..., die erst nach dem Bilanzstichtag eingetreten sind, ohne dass sie die Verhältnisse am Bilanzstichtag zu zeigen, d. h. aufzuhellen vermögen, weil sie – als wertbeeinflussende Tatsachen – nichts enthalten, was einen Rückschluss auf die Wertverhältnisse am Bilanzstichtag zulässt, seinen Ursprung im abzuschließenden Geschäftsjahr hat." (BFH v. 4.4.1973 – I R 130/71 Rn. 9, BFHE 109, 55). Als Beispiele für wertbeeinflussende Tatsachen werden wie etwa ein Lottogewinn eines Schuldners einer wertberichtigten Forderung nach dem Bilanzstichtag (Rn. 9) oder ein Brandschaden oder ein Schuldanerkenntnis zu Beginn des neuen Wirtschaftsjahres angesehen (*Hoffmann*, BB 1996, 1157 re. Sp. oben). Eine wertbeeinflussende Tatsache kann auch sein, wenn ein unterliegender Kläger auf ein Rechtsmittel bei einer Klage, für die der Bilanzersteller eine Rückstellung gebildet hat, verzichtet. Die Rückstellung ist also in der Bilanz noch in der ursprünglich gebildeten Höhe aufrechtzuerhalten. Dies deshalb, weil der Verzicht auf das Rechtsmittel keine rückwirkende Erkenntnis über das Prozessrisiko zum Bilanzstichtag vermittelt (BFH v. 30.1.2002 – I R 68/00, Rn. 17, BFHE 197, 530). Obwohl häufig eine am Anfang des neuen Bilanzjahres eingetretene Insolvenz eines Schuldners eine Werterhellung hinsichtlich von bilanzierten Forderungen erlaubt (s. etwa *Winkeljohann/Büssow* in: Beck'scher Bilanzkommentar, § 252 Rn. 38) ist die Zahlungsunfähigkeit einer Schuldnerin dann keine wertaufhellende Tatsache, wenn nicht erkennbar ist, dass die Schuldnerin bereits vor dem Bilanzstichtag zahlungsunfähig war (BFH v. 22.8.2008 – VI S 1617/04 PKH, Rn. 94). Selbst wenn eine Garantierückstellung gebildet wurde, ist die nach dem Bilanzstichtag erklärte Wandlung keine werterhellende Tatsache, die die Bildung einer Rückstellung für die Pflicht zur Rückzahlung des Kaufpreises erlauben würde, also insofern nur eine wertbeeinflussende Tatsache; vgl. BFH v. 28.3.2000 – VIII R 77/96, Rn. 20–25, BFHE 191, 339. Zur Abgrenzung überhaupt s. *Ciric*, Grundsätze ordnungsgemäßer Wertaufhellung, und *Hoffmann*, BB 1996, 1157–1164 und *Osterloh-Konrad*, DStR 2003, 1675, 1679 li. Sp., m. w. N.

28) „Werterhellende" oder **„wertaufhellende Umstände"** sind „nur die Umstände ..., die zum Bilanzstichtag bereits objektiv vorlagen nach dem Bilanzstichtag, aber vor dem Tag der Bilanzstellung lediglich bekannt oder erkennbar wurden. Der zu beurteilende Kenntnisstand zum Zeitpunkt der Bilanzerstellung ist daher auf die am Bilanzstichtag – objektiv – bestehenden Verhältnisse zu beziehen" (BFH v. 30.1.2002 – I R 68/00, Rn. 18, DStR 2002, 713–715 m. w. N.; vgl. auch *Winkeljohann/Büssow* in: Beck'scher Bilanzkommentar, § 252 Rn. 38 m. w. N.). Beispiele für werterhellende Tatsachen sind die Schadensersatzklage eines Kunden wegen Produkthaftung, über die außergerichtlich keine Einigung erzielt werden konnte, auch wenn die Klage erst im neuen Jahr zugestellt wurde oder wenn sich im neuen Finanzjahr die endgültige Zahlungsunfähigkeit (durch Insolvenzantrag) eines Schuldners herausstellt, der schon in der Vergangenheit schleppend zahlte (*Hoffmann*, BB 1996, 1157 re. Sp. oben). Eine werterhellende Tatsache liegt auch vor, wenn die Aufdeckung einer zum Schadensersatz verpflichtenden Handlung noch vor Bilanzerstellung geschah (*Winkeljohann/Büssow* in: Beck'scher Bilanzkommentar, § 252 Rn. 38 m. w. N.).

gen und nur die vorgenommenen Rückstellungsbildungen geboten".[29)] Da es zwischenzeitlich neue Geschäftsvorfälle gab – z. B. mögen am 10.1.2014 Vorräte angeschafft worden sein, deren Wert schon zu berichtigen ist oder mag im Sommer 2014 ein PKW des Unternehmens einen Unfall verursacht haben – muss eine sinnvolle Interpretation wohl neue Geschäftsvorfälle nach dem 31.12.2013 generell ausschließen. Also kann die zweite Interpretation keine Verschiebung des Stichtages für wertbegründende Umstände bedeuten. Sie kann aber eine Verschiebung des Werterhellungsstichtags nach hinten bewirken. Die Garantieaussage „auch *wenn der Werterhellungszeitraum erst am 30.9.2014 geendet hätte*, wären nur die in der Bilanz zum 31.12.2013 vorgenommenen Wertberichtigungen und Abschreibungen und nur die vorgenommenen Rückstellungsbildungen geboten gewesen" wäre als solche sinnvoll.

5.50 Allerdings dürfte die Bezugnahme auf einen späteren Stichtag für die Richtigkeit der Garantie, der nach dem Stichtag für die Richtigkeit der garantierten Aussage liegt, allein regelmäßig keine inhaltliche Verwandlung des Inhalts der ersten Aussage (auf die sich die Garantieaussage bezieht) bewirken. Die Parteien können daher dieses i. d. R. nur durch eine ausdrückliche Regelung erreichen.[30)]

5.51 Auch sonst ist häufig die Auflösung von stichtagsbezogenen Unklarheiten in einem Rechtsstreit nicht voraussehbar.[31)]

---

29) Um naheliegende Missverständnisse zu vermeiden: Es geht hier noch nicht um Kenntnisse bzw. subjektive Merkmale des Garantiegebers der Garantie zweiter Ordnung. Dazu erst Rn. 5.151 f. Es geht hier weiter nur darum, welche Kenntnisse bzw. subjektive Merkmale des *Autors der Aussage erster Ordnung* (Bilanzaussage) bei dem Richtigkeitsurteil zu berücksichtigen sind.

30) Diese Problematik der sog. „weichen" und „harten" Bilanzgarantie erweist sich insofern zu einem wesentlichen Teil als Stichtagsproblematik (ausf. s. Rn. 5.154 ff.). S. a. den Klauselvorschlag Rn. 5.56, 5.91, 5.157, 5.160, 5.164.

31) *Erstes Beispiel:* In einem Schiedsverfahren lautete eine Garantie „Das Eigenkapital der Gesellschaft zum Stichtag beläuft sich nach der Stichtagsbilanz auf mindestens ... €" (es folgt ein Betrag, der exakt dem Eigenkapitalausweis der Jahresbilanz zum vorherigen 31.12. entspricht). Allerdings wurde im M&A-Vertrag ein späterer Monatsletzter als „Stichtag" definiert und festgelegt, dass eine Bilanz zum „Stichtag" aufgestellt werden sollte, die „Stichtagsbilanz" genannt wurde. Der Käufer ließ nun eine „Stichtagsbilanz" zu dem betreffenden Monatsletzten, dem „Stichtag", erstellen, die, was kaum überraschen kann, ein von der Jahresbilanz des Vorjahres abweichendes Eigenkapital ergab. Nachdem dieses Eigenkapital in einem Gutachterverfahren bestätigt wurde, klagte der Kläger die Differenz zwischen dem in der Jahresbilanz genannten Eigenkapital und dem für den Stichtag festgestellten Eigenkapital ein. Der Verkäufer trug vor, es sei klar gewesen, dass die Gesellschaft zwischen dem Jahresultimo und dem Übernahmestichtag weitere Verluste machen werde; er habe die Garantie immer so verstanden, dass der in der Bilanz ausgewiesene und in der Garantie genannte Eigenkapitalbetrag nur zu dem Stichtag der Bilanz, dem Jahresultimo garantiert werden solle, nicht zum Übergangsstichtag. Er fand hiermit keine Gnade vor dem Schiedsgericht und wurde verurteilt, den Differenzbetrag zu zahlen. Den Verkäufer treffe sogar der – zur Nicht-Anwendung der kurzen vertraglichen Verjährungsfrist führende – Vorwurf des Vorsatzes; er habe von der Eigenkapitaldifferenz gewusst, sie aber nicht „aufgefüllt".

II. Struktur von Garantien

cc) Stichtage II (für die Kenntnis der Unrichtigkeit)

Wenn Garantieaussagen – bezogen auf einen der vorgenannten möglichen Stichtage – „nach Wissen" oder „bestem Wissen"[32] abgegeben werden (sog. „subjektive Garantien"), ist zwischen dem Zeitpunkt, zu dem die Richtigkeit der objektiven Aussage zu überprüfen ist, und dem **Zeitpunkt** zu unterscheiden, der für das **subjektive Merkmal beim Garantiegeber maßgeblich ist**.[33] Der Verkäufer wird regelmäßig ablehnen, dass er für ein subjektives Merkmal haften soll, das sich nach Abgabe der Garantieaussage einstellte.[34] Der Käufer wird andererseits i. d. R. erwarten, dass der Verkäufer bei zu einem früheren Stichtag getroffenen Aussagen für eine spätere Kenntnis bis zum letzten Moment der Abgabe der Garantieaussage, also i. d. R. bis zum Signing, einsteht. Entsprechend wird es im Regelfall auf die Kenntnis oder andere subjektive Merkmale des Verkäufers zum Zeitpunkt der Abgabe der Garantie (also dem Signing) ankommen. 5.52

Wenn eine am 31.3.2017 abgegebene Garantie lautet 5.53

„nach bester Kenntnis des Verkäufers laufen gegen die Zielgesellschaft am 31.12.2016 keine behördlichen Ermittlungen, die nicht in der Liste vom aufgelistet sind",

wird es, wenn es solche garantiewidrigen Ermittlungen gibt, für das Kennenmüssen des Verkäufers auf den 31.3.2017 ankommen. Der Stichtag für die Verkäuferkenntnis unterscheidet sich insofern von dem Stichtag zur Beurteilung der Richtigkeit der Garantieaussage.

Hingegen würde eine am 31.3.2017 abgegebene Garantie, dass es „nach bester Kenntnis des Verkäufers zum Kenntnisstand vom 31.12.2016 keine behördlichen Ermittlungen gibt", befremden und vermutlich vom Käufer nicht akzeptiert werden. 5.54

Hier besteht nun kein erheblicher Unterschied zwischen einfachen Aussagegarantien (erster Ordnung) und Aussagegarantien zweiter Ordnung. Gleich ob der Verkäufer nach seiner besten Kenntnis garantiert, dass kein Lieferant der Gesellschaft einen Liefervertrag gekündigt hat oder ob er nach seiner besten Kenntnis garantiert, dass eine Bilanz per 31.12.2016 „richtig" ist, wird es für die Verkäuferkenntnis regelmäßig auf die Kenntnis bei Garantieabgabe ankommen. 5.55

---

32) S. u. Rn. 8.5.
33) Z. B. erst bis zum Closing. Zu Stichtagen bei Garantien vgl. auch *Rödder/Hötzel/Müller-Thuns*, Unternehmenskauf, Unternehmensverkauf, S. 270 f.
34) Er wird also nicht wegen seines Wissens zum Closing bezogen auf eine zum Signing geltende Garantie haften wollen.

5.56 Allerdings kann bei Aussagegarantien zweiter Ordnung eine Verwirrung eintreten, wenn die Richtigkeit der originären Aussage erster Ordnung von subjektiven Merkmalen des Autors dieser originären Aussage abhängt, was bei Bilanzgarantien der Fall ist. Führt eine Bilanzgarantie zur Haftung, die lautet

> „die Verkäufer garantieren, dass der Jahresabschluss *nach ihrer heutigen besten Kenntnis* unter Berücksichtigung der Grundsätze ordnungsgemäßer Buchführung ein den tatsächlichen Verhältnissen entsprechendes Bild der Vermögens-, Finanz-, und Ertragslage der Gesellschaft zum 31.12.2016 vermittelt",

wenn die *Verkäufer* vor der Garantieabgabe Kenntnisse von werterhellenden Umständen erlangt haben, wonach zusätzliche Eigenkapitalminderungen geboten gewesen wären, wenn die *Bilanzersteller* diese Kenntnisse am Werterhellungsstichtag noch nicht hatten? Das ist zu verneinen. Entscheidend ist, dass der Jahresabschluss danach bilanzrechtlich richtig war, weil es hierfür auf die *Kenntnis und das Kennen-Müssen der Bilanzersteller am Werterhellungsstichtag ankam*. Der Jahresabschluss ist deshalb wie aus damaliger auch aus heutiger Sicht „richtig". Eine andere Frage ist, ob der Jahresabschluss auch richtig gewesen *wäre, wenn auch die Bilanzersteller* Kenntnis der später dem Verkäufer bekannt gewordenen *werterhellenden Umstände* gehabt hätten. Das ist zu verneinen. Hiervor schützt aber nicht die abgegebene Garantie, sondern würde z. B. folgende *andere* Garantie schützen:

> „Heute bestehen keine Umstände, die, wenn sie bei Bilanzerstellung bekannt gewesen wären, unter Berücksichtigung der Grundsätze ordnungsgemäßer Buchführung Eigenkapitalminderungen in der Bilanz zum 31.12.2016 hätten führen müssen."

5.57 Dies aber ist etwas anderes. Bisweilen wird die Frage des Fehlens subjektiver Merkmale zum maßgeblichen Zeitpunkt bei Garantieformulierungen nicht bedacht und sind die Vertragsklauseln hier unscharf und streitanfällig.

2. Ausblick auf Rechtsfolgen

a) Abweichungen der Außenwelt gegenüber der Garantieaussage und Pflichtwidrigkeit von Aussagen

5.58 Die Rechtsfolge[35] der Garantie ist keine Reaktion darauf, dass der Schädiger eine falsche Aussage gemacht hat, sondern eine Reaktion darauf, dass **die Außenwelt nicht so ist, wie sie sein sollte.**

---

[35] Wir greifen insoweit der ausführlichen Darstellung bei Rn. 12.23, 12.42 ff., 12.221 teilweise vor.

II. Struktur von Garantien

Abweichung der Außenwelt gegenüber der Garantieaussage

„Zum Ersatz verpflichtender Umstand" i. S. des § 249 Abs. 1 BGB	Für Rechtsfolge maßgebliche Kausalität	Schaden
Der Zustand der objektiven Welt war in $t1^{36)}$ nicht $x1$, sondern $y1$.	Es wird untersucht, was geschehen wäre, wenn die Aussage richtig gewesen wäre, also, welches $x2$ sich in $t2$ aus $x1$ in $t1$ entwickelt hätte.	*„Positives Interesse"*: Es wird der Zustand $x2$ hergestellt, der bei Richtigkeit der Aussage in $t2$ von selbst bestehen würde. Der Ausgangszustand ist dabei nicht mehr $y1$, sondern $y2$. Der „Anpassungsvektor" des Seins an das Sollen verläuft von $y2$ zu $x2$.

Dies ist beispielsweise bei der c. i. c. oder bei einem Delikt anders. Der die Haftung auslösende Tatbestand ist hier, dass der Schädiger eine falsche Aussage gemacht hat. 5.59

Pflichtwidrigkeit einer Aussage

„Zum Ersatz verpflichtender Umstand" i. S. des § 249 Abs. 1 BGB	Für Rechtsfolge maßgebliche Kausalität	Schaden
Der Zustand der objektiven Welt wurde in $t1^{37)}$ als $x1$ beschrieben; er war aber $y1$.	Es wird untersucht, welche Folgen die gegebene Zustandsbeschreibung der objektiven Welt als $x1$ tatsächlich bei dem Käufer in $t1$ hatte. Er hat etwa den Vertrag geschlossen, Aufwendungen getätigt, den Kaufpreis akzeptiert ...	*„Negatives Interesse"*: Es wird der Zustand hergestellt, der bestünde, wenn die in $t1$ bei dem Käufer tatsächlich eingetretenen Folgen der Täuschung bis $t2$ (heute) nicht eingetreten wären.

In den beiden Fällen wird mit anderen haftungsauslösenden Tatbeständen begonnen, die über andere Kausalitäten zu anderen zu ersetzenden Schäden führen. Die **Kausalität** ist **einmal eine hypothetische**, da als ihr Ausgangspunkt ein Zustand $x1$ anzunehmen ist, der – weil die Garantieaussage falsch war – nie existierte, und **einmal eine reale**, indem die historischen Folgen einer Aussage nachzuvollziehen sind. Der Geschädigte ist bei c. i. c. und Delikt so zu stellen, als ob die Folgen der realen falschen Aussage – Vertragsabschluss unter dem Einfluss der falschen Aussage – nicht eingetreten wären. 5.60

---

36) $t1$ ist hier der Zeitpunkt, auf den sich die Garantieaussage bezieht. Dies kann, aber muss nicht der Zeitpunkt der Garantieabgabe sein.
37) $t1$ ist hier immer der Zeitpunkt der Garantieabgabe.

5.61 Auch wenn § 311 Abs. 2 Nr. 1 i. V. m. § 241 Abs. 2 BGB oder das Deliktsrecht – § 823 Abs. 2 BGB i. V. m. § 263 StGB und § 826 BGB – dazu verpflichtet, keine schuldhaft falschen Angaben, also auch keine falschen Garantieaussagen, zu machen, ist dies, um es zu wiederholen, für den Anspruch aus der Unrichtigkeit einer Garantie unerheblich.

b) Rechtsfolge: Erfüllung oder Schadensersatz?

5.62 Soweit eine Garantieaussage richtig ist, hat die Garantie keine weitere Bedeutung mehr und das Thema ist folgenlos abgeschlossen. Ist die Garantieaussage falsch, greifen die Rechtsfolgen ein. Die ausführliche Erörterung der Rechtsfolgen erfolgt unten;[38] wir werden indessen noch ein wenig mehr vorgreifen.

5.63 Wenn man die Juristensprache einmal kurz abstreift, sagt der Garantiegeber zum Gläubiger: „Sie werden so stehen, als ob die Garantieaussagen richtig wären, entweder, weil sie ohnehin richtig sind oder weil ich, wenn sich die Unrichtigkeit herausgestellt hat, die dann erforderlichen Maßnahmen ergreifen und/oder die Kosten tragen werde, um Sie wenigstens dann so zu stellen, als ob sie richtig gewesen wären."[39]

5.64 Man sieht hieraus, dass Garantien, wenn es zum Ernstfall kommt, den Parteien und dem Gericht **umfangreiche Pflichten zum Durchforsten** und Verstehen **der Abläufe der Welt** auferlegen. Um den Sollzustand $x2$ in der Gegenwart $t2$[40] überhaupt bestimmen zu können, der den von dem Garantiegeber zu schaffenden Sollzustand vorgibt, müssen sie sich fast die Gedanken eines Historikers machen: was wäre heute wie, wenn die Welt damals anders – nämlich $x1$ und nicht $y1$ – gewesen wäre. Haben sie so $y2$ bestimmt, so müssen sie gewissermaßen zu einem Mathematiker oder Ingenieur werden, und eine Art von *Vektor* berechnen, der in $t2$ von $y2$ zu $x2$ führt.

5.65 Das Vorstehende zeigt schon, dass zwar Tatbestand und Rechtsfolge der Garantie streng zu unterscheiden sind, aber dass, weil der Schadensersatz bzw. das zu gewährende Interesse nach § 249 Abs. 1 BGB eine möglichst passgenaue Negation der Folgen der Abweichung der Welt von den Garantieaussagen sind, ein enges Verhältnis zwischen ihnen besteht. **Die Auslegung des Garantietatbestands programmiert die Ersatzleistung.**

5.66 Es werden in der Jurisprudenz unterschiedliche Meinungen dazu vertreten, ob die zuvor inhaltlich beschriebene Leistungspflicht des Garantiegebers formal als Erfüllung oder Schadensersatz begriffen werden sollte. Im ersten Sinne formulierte *Picot*:

„Gesetzliche Rechtsfolge eines selbständigen Garantievertragsversprechens ist in erster Linie der Erfüllungsanspruch des Käufers. Der Käufer hat den Zustand her-

---

[38] S. Rn. 12.42 ff., 12.221 ff.
[39] Wie gesagt – s. Übersicht (Rn. 5.58) – ist aus $y2$ der Zustand $x2$ herzustellen, nicht nur $x1$!
[40] Zivilprozessual: der Schluss der letzten mündlichen Verhandlung.

II. Struktur von Garantien

zustellen, der bestehen würde, wenn das Garantieversprechen erfüllt worden wäre ... Nur wenn die Herstellung des garantierten Zustandes nicht möglich ist, hat der Käufer Anspruch auf Schadensersatz."[41]

In dieser Logik kommt nach einer unrichtigen Garantieaussage der Schadensersatz also erst auf einer zweiten Stufe ins Spiel; zuvor ist ein – allerdings der Naturalherstellung des § 249 BGB ähnlicher – vertraglicher Erfüllungsanspruch zu erfüllen. Schadensersatz findet nur statt, wenn dies nicht geschieht. 5.67

Im Sinne der zweiten Auffassung formulierte der VIII. Zivilsenat des BGH: 5.68

„... im Garantiefall ... ist der Garant verpflichtet, den Versprechensempfänger schadlos zu halten. Der Umfang dieser auf Erfüllung gerichteten Verpflichtung bestimmt sich nach den Grundsätzen des Schadensersatzrechtes. Danach finden die §§ 249 ff. BGB auf die Garantieverpflichtung Anwendung. Der Garantieschuldner hat ... den Gläubiger so zu stellen, als ob der garantierte Erfolg eingetreten oder der Schaden nicht entstanden wäre."[42]

Dass derselbe Anspruchsinhalt in konstruktiv so unterschiedliche Formen eingehen kann, hängt damit zusammen, dass der Inhalt des Schadensersatzanspruchs in der Form der **Naturalherstellung weithin oder vollständig identisch** mit dem ist, was üblicher- und sinnvollerweise als **Erfüllungsanspruch bei einer Garantieunrichtigkeit** festgelegt wird.[43] Dies wiederum ist möglich, weil die Naturalherstellung des § 249 Abs. 1 BGB ohnehin ein Herstellungsanspruch ist. 5.69

Aus Sicht des Verfassers sind zwingende Gesichtspunkte für die eine oder andere Konstruktion nicht ersichtlich. Die Konstruktion als Schadensersatz hat allerdings den Vorteil, dass sie das Merkmal der „Selbstständigkeit", der selbstständigen Garantie[44] – und damit des Fehlens einer vorgeschalteten Primärleistungspflicht des Garantiegebers – stärker betont. Sie lässt es dabei bewenden, dass die bei einer selbstständigen Garantie „übersprungene" Phase einer Primärleistungsverpflichtung, auch im Anschluss an die Feststellung der Unrichtigkeit der Garantieaussage, nicht mehr nachgeholt wird, sondern sogleich das Regime der sekundären Leistungsverpflichtungen eingreift. So vermeidet sie auch, dass nach Nichterfüllung der Erfüllungspflicht i. S. von *Picot* ein weiteres Mal die Naturalherstellung des § 249 Abs. 1 BGB eingreifen müsste, bevor ggf. eine Wertentschädigung nach § 251 BGB infrage käme. 5.70

---

41) *Picot* in: Hdb. Mergers & Acquisitions, S. 155; auch Hölters-*Semler*, Hdb. Unternehmenskauf, S. 799 Rn. 249, S. 800 Rn. 251, sehen die Rechtsfolge einer Garantieübernahme als Begründung einer Erfüllungspflicht an. Für Erfüllungsanspruch auch *Luka*, Bilanzgarantien, ihre vertragsrechtliche Bedeutung und ihre Rechtsfolgen, in: Birk/Pöllath/Saenger, Forum Unternehmenskauf 2006, S. 157.
42) BGH v. 15.3.2006 – VIII ZR 120/04, GmbHR 2006, 1042.
43) Bei den Rechtsfolgenformulierungen in M&A-Verträgen ist oft nicht zu erkennen, wie weit sie eine Paraphrase der Rechtsfolge der Naturalherstellung in § 249 BGB oder angelsächsischen Ursprungs sind.
44) S. a. die selbstständige Vertragsstrafe, die ebenfalls keinen Erfüllungsanspruch kennt.

III. Garantien zum rechtlichen, tatsächlichen Zustand und Geldeswert von Sachen und Gegenständen

1. Garantien zum Eigentum an Sachen und zur Inhaberschaft an Gegenständen

5.71 Wie unten noch näher dargestellt werden wird, fallen die Aktiva von Unternehmen in zwei Kategorien. Es gibt solche – sog. **betriebsnotwendige – Aktiva**, die nur durch ihren funktionalen Einsatz bei der Herstellung der Unternehmensleistungen zum Unternehmenswert beitragen. Andere – sog. **nicht betriebsnotwendige – Aktiva** werden für den operativen Geschäftsbetrieb nicht benötigt und können jederzeit am Markt versilbert werden.[45]

5.72 Garantien zum Eigentum an Sachen und zur Inhaberschaft an Gegenständen[46] unterscheiden meist nicht zwischen beiden Kategorien, obwohl ihr Fehlen unterschiedliche Folgen hat. Ist ein betriebsnotwendiges Aktivum garantiewidrig nicht vorhanden, so tritt in der Organisation der betrieblichen Leistungserbringung eine Störung ein. Der Schadensersatz muss dann i. d. R. auf die Ersetzung des Aktivums und Ersatz der Produktionsausfälle und sonstigen Schäden oder, soweit dies nicht möglich ist, auf Ausgleich der geminderten Zukunftsüberschüsse gehen.[47] Bei nicht betriebsnotwendigem Aktivum geht der Schadensersatz i. d. R. auf den Betrag, der bei einer Veräußerung erzielbar gewesen wäre.[48]

5.73 Der Käufer ist nichtsdestoweniger gleichermaßen daran interessiert, dass beide Kategorien im Eigentum bzw. der Inhaberschaft des Verkäufers bzw. des Unternehmensträgers stehen. Die klassische Garantieaussage hierzu lautet:

„Die Zielgesellschaft ist Eigentümer bzw. Inhaber von x."

5.74 Bei solchen Garantien ergeben sich kaum Auslegungsprobleme, weil die Garantieaussage auf rechtlich klar definierte Begriffe wie Eigentum abstellt. Obwohl es in der Kommentarliteratur und Rechtsprechung bisweilen uneindeutige Aussagen dazu gibt, ob bei Gewährung des positiven Interesses eine Naturalherstellung möglich ist, sollte hieran letztlich nicht gezweifelt werden.[49] Entsprechend wäre, um auf die Rechtsfolgenseite vorzugreifen, der Schadensersatzan-

---

45) S. u. Rn. 11.8–11.12, 11.22 ff.
46) Im ICC-Fall 11326, 2003, waren am Tage vor dem Verkauf der Anteile an dem Zielunternehmen Rechte verkauft worden die der Anteilskäufer „considered to be part of the target business" (S. 61 li. Sp. Mitte). Das Schiedsgericht sah dies als Verletzung von „representations and warranties" an (S. 61 li. Sp. unten). Im Vordergrund des teilw. im ICC International Court of Arbitration Bulletin Vol. 24, 2013, S. 61 ff. abgedruckten Schiedsspruches standen allerdings Verjährungsfragen.
47) S. näher Rn. 12.239.
48) S. näher Rn. 11.122, 11.138, 11.139.
49) In diesem Sinne *Wächter*, NJW 2013, 1270 ff., 1273 und Rn. 12.223.

III. Garantien zum rechtlichen, tatsächlichen Zustand

spruch primär auf die Verschaffung des Eigentums an „x" bzw. ggf. eines Ersatzgegenstandes gerichtet.[50)]

Garantien zum Eigentum/zur Inhaberschaft von Gegenständen dürften i. d. R. auch in **Bilanzgarantien** enthalten sein. Der Ansatz eines Bilanzwertes für einen bestimmten Gegenstand bedeutet nicht nur, dass der Gegenstand den angegebenen quantitativen Bilanzwert hat, sondern – gedanklich vorgeschaltet – v. a. auch, dass der Bilanzierungspflichtige der rechtliche Eigentümer ist oder mindestens auf eine solche Weise der „wirtschaftliche Eigentümer" ist, dass die Aktivierung erfolgen durfte. Allerdings dürfte erforderlich sein, dass der Bilanzwert auf eine nachvollziehbare Weise einem oder mehreren konkreten Gegenständen **zugeordnet werden kann**. Dies muss sich nach der allgemeinen Auslegungsgrundsätzen nicht allein aus der Bilanz, sondern kann sich auch aus einem Inventar, Anlagenspiegeln, Aufstellungen, Arbeitspapieren o. Ä. ergeben. Der Käufer trägt freilich die Darlegungs- und Beweislast für diesen Inhalt der Bilanzaussage. 5.75

Wenn eine Bilanzgarantie abgegeben wurde und ein bilanzierter Gegenstand nicht im rechtlichen oder wirtschaftlichen Eigentum des Bilanzierungspflichtigen steht, dürfte dies daher dem Käufer schon dieselben Rechtsfolgen gewähren, die die Verletzung einer isolierten Garantieaussage zum Eigentum/zur Inhaberschaft von Gegenständen haben würde; Näheres ist bei den Rechtsfolgen von Garantieverletzungen zu erörtern. 5.76

2. Garantien zum Zustand von Sachen und Gegenständen

Die Funktionsfähigkeit, das Fehlen von Sachmängeln oder sonstige beliebige Eigenschaften und Merkmale von Sachen, Gegenständen oder Verträgen des betriebsnotwendigen wie nicht betriebsnotwendigen Vermögens können auf unterschiedliche Weise für den gegenwärtigen Unternehmenswert oder den Unternehmenswert nach Übernahme durch den Käufer von Bedeutung sein. Beim betriebsnotwendigen Aktivum wird der operative Geschäftsbetrieb gestört, beim nicht betriebsnotwendigen werden die Versilberungserlöse geringer. Üblicherweise unterscheiden Garantien nicht zwischen beiden Kategorien. 5.77

Fallbeispiel „Gastronomiekette" (Schiedsgerichtsverfahren, abgewandelt) 5.78

Bei dem Verkauf einer Gastronomiekette wird garantiert, dass sich das Inventar der Restaurants „… except for normal wear and tear, in good condition" befinde. Der Erwerber lässt von Küchen- und Möbelfachleuten sowie Designern eine 500-seitige Fotodokumentation erstellen. Ergebnis: Das Mobiliar ist – im Vergleich zu ähnlichen Restaurationsbetrieben – deutlich überstrapaziert, zerschlissen und reparatur- bzw. austauschbedürftig. Auch wurden

---

50) Daneben besteht ggf. ein Anspruch auf Ersatz von Folgeschäden und entgangenem Gewinn als Wertentschädigung.

in den Jahren vor dem Verkauf Neuanschaffungen und Reparaturen im Vergleich zu früheren Jahren zurückgestellt. Das Kücheninventar entspricht teilweise nicht mehr neueren hygienischen Anforderungen und ist technisch rückständig.

5.79 Wenn der Käufer in solchen Fällen Ansprüche erheben möchte, führt dies zunächst zu einem Untersuchungs- und Dokumentationserfordernis unter Einbeziehung von Sachverständigen, vielleicht zu einem Beweissicherungsverfahren etc. Insoweit besteht bei Klagen aus auf einen Sachzustand bezogenen Garantien zunächst kein Unterschied zu einem Prozess nach dem Kauf einer mangelhaften Sache. Unter Umständen sind Untergruppen für verschiedene Gegenstände (Gegenstände, die Hygienevorschriften verletzen, nicht mehr funktionsfähige Sachen, Mobiliar, das so zerschlissen ist, dass es in dem Restaurant nicht mehr aufgestellt werden kann etc.) zu bilden.[51]

5.80 *Fallbeispiel „Gastronomiekette"* (Abwandlung)

Man stelle sich vor, bei der Gastronomiekette habe es sich um Jugendrestaurants gehandelt, in denen Sportveranstaltungen übertragen werden. In 20 Niederlassungen, die nicht besichtigt wurden, befinden sich noch einwandfrei funktionierende Röhrenfernsehgeräte.

5.81 Es würde sich nun die Frage stellen, ob eine technisch funktionsfähige Sache i. S. einer Sachgarantie dadurch defizitär werden kann, dass sie „moralisch verschlissen" ist, weil sich Konsumentenerwartungen geändert haben. Kann also ein – zwangsläufig kleinerer – Röhrenbildschirm im Jahre 2011 unter den obwaltenden Umständen noch „in good condition" sein?

5.82 Das Problem, ob Kundenerwartungen einen Sachmangel begründen können, stellt sich auch im Investitionsgüterbereich.

---

51) Bei Vereinbarung einer Garantie stellt sich nicht die Frage, ob der Mangel der einzelnen Sache auch einen Unternehmensmangel begründet. Diese Frage kann sich nach der h. M. bei einer Haftung nach Sachmängelrecht stellen. So würde in dem Gastronomiefall nach der fragwürdigen Logik des OLG Köln v. 29.1.2009 – 12 U 20/08, DB 2009, 2259, eine Haftung über die analoge Anwendung der Sachmängelhaftung nach den §§ 434, 437 BGB davon abhängen, ob die Einzelmängel in einen Unternehmensmangel umschlagen. Wenn von 100 Restaurants 13 nicht mehr den hygienischen Erfordernissen entsprächen und in 20 die Hälfte des Mobiliars auszutauschen wäre, würde diese – vermeintlich den Gegebenheiten der Wirtschaft so besonders gerecht werdende – Rspr. das zuständige Gericht zu einer „Alles-oder-Nichts-Entscheidung" zwingen. Auch bei Unternehmen macht es durchaus einen Unterschied, ob einzelne, mehrere oder viele Dinge schadhaft sind, dem unschwer Rechnung getragen werden kann, indem die Gerichte – wie sonst auch – ein wenig, etwas mehr oder relativ viel Schadensersatz gewähren. Die „Alles-oder-Nichts"-zuspitzung des OLG Köln ist allerdings auch nach der h. M. nur bei kaufrechtlichen Ansprüchen ein Thema, nicht bei Garantieverletzung; s. nähere Darstellung Rn. 7.11.

III. Garantien zum rechtlichen, tatsächlichen Zustand

Fallbeispiel „Investitionsbedarf eines Zulieferers" (Schiedsgerichtsverfahren, abgewandelt)　　5.83
Beim Verkauf eines Zulieferers, der mehrere namhafte Elektronikkonzerne beliefert, wird garantiert, „dass die Maschinen und Einrichtungen mangelfrei sind sowie fachgerecht gewartet und in regelmäßigen Intervallen instandgesetzt wurden". Es stellt sich heraus, dass (i) einige Maschinen den vertraglichen Anforderungen eines Hauptkunden nicht entsprechen, (ii) andere Maschinen über elektronische Steuerungen verfügen, die überholt sind und für die keine Ersatzteile mehr erhältlich sind, und (iii) ein Großteil der Maschinen Innovationsanforderungen nicht entspricht, die ein Hauptkunde seit einiger Zeit ohne rechtliche Grundlage aufstellt, von deren Einhaltung er allerdings möglicherweise die Verlängerung der Lieferbeziehung abhängig machen wird. Die Maschinen laufen i. Ü. ohne besondere Probleme. Der betreffende Hauptkunde wird nach dem Kauf massiv bei dem Erwerber vorstellig.

Es dürfte Einiges dafür sprechen, dass die Garantie nicht verletzt ist. Der Käufer hätte sich durch eine weiter formulierte Garantie schützen müssen, die etwa neben der technischen Seite auf das Fehlen von Investitionsbedarf abgestellt hätte. Ein mittelbarer Schutz des Käufers könnte sich u. U. aus einer Planungsgarantie ergeben, wenn die – kommerziell zweifellos gebotenen – Investitionen nicht in die Planung eingestellt wurden.[52]　　5.84

3. Garantien zum Geldeswert von Sachen und Gegenständen (Vermögensgarantien)

Vermögensgarantien garantieren weder, wie die soeben behandelten Garantien bezüglich Eigentum oder Inhaberschaft, nur das Bestehen einer rechtlichen Position an Vermögensgegenständen, noch garantieren sie nur ihren Zustand. Sie sind vielmehr dadurch ausgezeichnet, dass der Verkäufer aus beidem eine in einem **Geldwert** ausgedrückte Schlussfolgerung zu den betreffenden **Aktiva** zieht, für die er ebenfalls einstehen will. Sie lauten also z. B. „Das Grundstück der Gesellschaft in A hat eine Wert von x" oder „Die Zielgesellschaft besitzt einbringliche Forderungen i. H. von y."　　5.85

Vermögensgarantien können ebenso bezogen auf das **„Negativvermögen"** abgegeben werden, etwa: „Es gibt keine Zahlungsverpflichtungen außer …".　　5.86

Oft „kippen"[53] Vermögensgarantien zu **Kostenerstattungs- bzw. Freistellungspflichten** oder **Kaufpreisanpassungsklauseln**,[54] bei denen nur das Bestehen/ Auftreten einer Zahlungspflicht oder das Ausbleiben einer Zahlung (bzw. eines　　5.87

---
52) Vgl. Rn. 5.85.
53) Sie umfassen freilich auch etwaige Folgeschäden.
54) I. S. von Rn. 12.443 ff.

anderen Wertzugangs) bzw. das Fehlen eines vermeintlich schon vorhandenen Geldbetrages oder Werts eine Leistungspflicht, die kaum noch „Haftung" zu nennen ist, auslöst.

5.88 Vermögensgarantien **entscheiden grundsätzlich selbst über die Bewertungsfragen**, die bei Bilanzgarantien das Bilanzrecht vorgibt. Sie sind daher zunächst unabhängig von dem Bilanzrecht, dem Bestehen einer Bilanzierungspflicht oder einer erfolgten Bilanzierung auszulegen. Entsprechend ist der Inhalt der Aussage einer Vermögensgarantie im Ausgangspunkt unbeeinflusst vom Bilanzrecht zu interpretieren. So wäre also z. B. ausgehend vom **allgemeinen juristischen oder wirtschaftlichen Verständnis** der verwendeten Worte und Formulierungen bzw. ihrem Sinn im Alltagssprachgebrauch zu fragen, was „besitzt einbringliche Forderungen i. H. von x" oder „hat nicht mehr Verbindlichkeiten als y" etc. bedeutet. Andererseits kann es wieder im Einzelfall naheliegend sein, dass eine Aussage einer Vermögensgarantie in einem bilanzrechtlichen Sinne gemeint war.

5.89 Der erhebliche Konkretisierungsbedarf, den Vermögensgarantien mit sich bringen, wird bei Vermögensgarantien bezüglich der **Nichtexistenz von Risiken** – gleich ob sie zur Abwertung von Aktivvermögen oder Erhöhung des Passivvermögens führen – besonders sichtbar.[55] Die Aussage „Es gibt per t keine Risiken außer (Auflistung)" würde, wenn sie ernst genommen wird, dem Verkäufer eine unzumutbare Haftung aufbürden. Die Welt ist eben für Unternehmen und Menschen voll von Risiken (Kriege, terroristische Anschläge, technologische Umwälzungen, Staatsinsolvenzen, andere makroökonomische Risiken, Inflation etc.). Eine solche Garantie kann also nur akzeptabel und sinnvoll sein, wenn sie eingeschränkt wird. Die nächstliegende Einschränkung wird sicher an einem **Stichtag** ansetzen, z. B. Signing oder Closing. Aber das ist bei weitem nicht genügend, weil an dem Stichtag häufig die **Risiken im Keim schon vorhanden** sein werden. Das kann nicht anders sein, weil die Gegenwart aus der Vergangenheit heraus wächst. Daher müssen Vermögensgarantien einen „**vertraglichen Risikobegriff**" einführen, dessen Hauptaufgabe darin besteht, **Kriterien für eine ausreichende Relevanz von Risiken** zu definieren, die schon zu einer Minderung des garantierten Vermögens führen. Die Stoßrichtung wäre dabei i. d. R., durch eine Vermögensgarantie in **sachlicher Hinsicht** eine **Erweiterung oder Präzisierung** der Verkäuferhaftung gegenüber einer Bilanzgarantie zu erreichen. Hierzu müssen die Parteien **eigene Konzepte und Formulierungen** – z. B. zwischen „angelegt sein", „in der Wurzel angelegt sein", „voraussehbar sein", o. Ä. – finden.

---

[55] Ein ähnliches Problem stellt sich, wenn garantiert wird, dass die Gesellschaft zukünftig keine Zahlungen oder sonstige Leistungen zu erbringen haben wird, die auf Umstände vor einem Stichtag „zurückgehen" (o. Ä.).

III. Garantien zum rechtlichen, tatsächlichen Zustand

Weil dies ein schwieriges Unterfangen ist, gehen die Parteien – wenn überhaupt – eher den Weg, die bilanzrechtlichen Voraussetzungen, die zu einer Eigenkapitalminderung führen, in ihre Vermögensgarantie zu importieren und die Verkäuferhaftung nur auf die Weise zu erweitern, dass der Werterhellungsstichtag nach hinten, z. B. auf das Signing verschoben wird. Dies wird z. B. wie folgt erreicht: 5.90

„Die Verkäufer garantieren, dass der Jahresabschluss, *wenn er heute, dem 30.9.2014, zum 31.12.2013 aufgestellt worden wäre*, unter Berücksichtigung der Grundsätze ordnungsgemäßer Buchführung ein den tatsächlichen Verhältnissen entsprechendes Bild der Vermögens-, Finanz-, und Ertragslage der Gesellschaft zum 31.12.2013 vermitteln würde". 5.91

Obwohl hier ein enger Bezug zu einer historischen Bilanz besteht, liegt schon keine Bilanzgarantie mehr vor, weil im bilanzrechtlichen Sinne nicht die Richtigkeit dieser Bilanz garantiert wird.[56] Es liegt vielmehr eine Vermögensgarantie vor, unter der der Verkäufer dafür einsteht, dass die Zielgesellschaft das Vermögen besitzt, das sie besitzen müsste, wenn am 30.9.2014 – unter Berücksichtigung von werterhellenden Umständen, die bis dahin bekannt wurden – eine bilanzrechtlich richtige Bilanz zum 31.12.2013 erstellt worden *wäre*, die (gewissermaßen zufällig) der historischen Bilanz entspricht. Die **historische Bilanz** wird nicht garantiert, sondern sie wird – unter Verwendung des Bilanzrechts und der Annahme der Ausdehnung des Werterhellungszeitraums – benutzt, um den **Soll-Vermögenszustand** der Gesellschaft **zu beschreiben**. 5.92

Diese Selbstständigkeit von Vermögensgarantien macht sich auch bemerkbar, wenn es um die **Interpretation von Geldwerten** geht. Hier ist, insbesondere wenn es um nicht betriebsnotwendiges Vermögen geht, i. d. R. nicht der Bilanz- bzw. Buchwert gemeint, sondern der Verkehrswert.[57] 5.93

4. Garantien zur Einhaltung öffentlich-rechtlicher Vorschriften (Compliance-Garantien), inkl. Steuergarantien

In der Vergangenheit war die „Legalitätspflicht" von Unternehmensorganen, verknüpft mit zivil- und strafrechtlicher Haftung, nicht so prävalent wie heute. Ein Verkäufer konnte durchaus mit dem Verständnis des Käufers rechnen, wenn das Unternehmen in bestimmten Bereichen nicht immer „streng legal", sondern „situationsangemessen" geführt worden war (Bestechungen im Ausland, Kartellabsprachen, umweltschutzrechtliche Regelungen …), bisweilen erwartete der Käufer das sogar.[58] Dennoch gehörten schon in der zweiten Hälfte der 80er Jahre 5.94

---

56) Die historische Bilanz dürfte nach dem Bilanzrecht nur an den werterhellenden Kenntnissen zum Werterhellungsstichtag (sagen wir dem 31.3.2014) gemessen werden.
57) In BGH v. 15.6.1979 – I ZR 137/77, WM 1979, 944 f., stellte sich die Frage, ob bei einer Freistellungsverpflichtung, bezüglich einen bestimmten Betrag überschreitenden Verbindlichkeiten (Anzahlungen), der Wert von Halbfertigfabrikaten abzuziehen war.
58) Auch politische Parteien interpretierten in der Vergangenheit die (damals sogar noch großzügigeren) Regelungen zur Parteienfinanzierungen „lockerer", als dies heute Standard ist.

5. Kapitel Garantien

Garantien zu der Einhaltung von öffentlich-rechtlichen Vorschriften zum Standardinventar von Unternehmenskäufen.

5.95 Es ist ein gewisser Witz der Geschichte, dass die – politisch fast stets liberalen und globalisierungsfreundlichen – Wirtschaftsanwälte, die in den der 80er Jahren bisweilen sehnsüchtig nach Amerika als einem Land blickten, das von einem „hypertrophen Gewerberecht" preußisch-bürokratisch-absolutistischer Prägung verschont geblieben war, in den 90er Jahren aus just diesem Mekka der vermeintlich zurückgenommenen öffentlich-rechtlichen Wirtschaftsregulierung von einer gewaltigen **„Compliance"-Welle** überschwemmt wurden. Plötzlich war der deutsche Regulierungs-Lehrmeister zum Regulierungs-Lehrling Amerikas geworden. Nicht nur das – zugleich wurde Brüssel zu einem eigenständigen europäischen Sub-Zentrum für Regulierungskünste.

5.96 Es würde so etwas erfunden wie **„Correct Capitalism"**[59] und das Ausmaß der öffentlich-rechtlichen Regulierung von Unternehmen nahm an Breite (etwa Gender, Diskriminierung), Intensität (Kapitalmarktrecht, Kartellrecht, Arbeitssicherheit, Steuern) und Schärfe der Sanktionen (Kartellrecht, Bußen der Großbanken wegen Libor, FOREX, Sub-Prime etc.) drastisch zu. Wegen der gestiegenen „Aggressivität" der staatlichen Unternehmensüberwachung konnte eine festgestellte **Non-Compliance massiv Unternehmenswert vernichten**. Entsprechend nahm das relative Gewicht der Compliance Due Diligence und von Compliance-Garantien in M&A-Transaktionen zu.

5.97 Dabei sind rechtlich „Compliance"-Garantien eher unauffällig. Die privatrechtliche Garantietechnik knüpft an die Erfüllung von **gesetzlichen öffentlich-rechtlichen Tatbeständen** an, die i. d. R. relativ klar definiert sind. Weiter stellt sich das Thema der Verletzung einer Compliance-Garantie praktisch zumeist nur, wenn es tatsächlich zu **behördlichen Eingriffen** kam, über deren Vorliegen – Verwaltungsakt, Bußgeld – kaum gestritten werden kann, bzw., wenn überhaupt, nur als einer **Spezialfrage des „besonderen Verwaltungsrechts"**. Eher treten hier ausnahmsweise bei Garantien die aus dem Bereich von Freistellungen und Kostenerstattungsregelungen bekannten Probleme hinsichtlich einer Abwehr von Behördeneingriffen und Mitwirkungsrechten oder -pflichten des Garantieschuldners auf.[60]

5.98 Kennzeichnend ist, dass es bei dem bereits erwähnten, jüngeren Fall des LG Hamburg, in dem der Käufer an eine Compliance-Garantie anknüpfte, tatsächlich um das Fehlen einer anderen Rechtsposition des Zielunternehmens ging.

---

59) In dieselbe Richtung gehen „Corporate Governance" und „Corporate Social Responsibility".
60) *Schniepp/Holfeld*, DB 2016, 1738, berühren das Thema kurz unter III. 3. Etwas ausführlicher zu dem „Doppelcharakter" von behördlichen Eingriffen, die, daneben, dass sie öffentlich-rechtlich belasten, Tatbestandsvoraussetzung einer privatrechtlichen Entlastung darstellen, *Wächter*, NJW 1997, 2073, 2078 re. Sp. Mitte f. (zu Altlastenfreistellungen).

III. Garantien zum rechtlichen, tatsächlichen Zustand

Fallbeispiel „Fehlende Patentlizenzen für digitalen Satellitenempfänger" (LG 5.99
Hamburg v. 13.3.2015 – 315 O 89/13, juris)
Ein englischsprachiger Share Deal enthielt in § 5.4. die Garantie: „The company has all permits and authorisations necessary for the conduct of its business as now being conducted ...". Es stellte sich heraus, dass die Zielgesellschaft (die Nebenintervenientin) Patente Dritter bezüglich eines digitalen Videokompressionsverfahrens verletzt hatte, das für digitalen Satellitenempfänger – den Geschäftsgegenstand der Zielgesellschaft – genutzt wurde. Die Käuferin machte geltend, dass hierdurch die Garantie in § 5.4. verletzt sei. Das LG Hamburg wies die Klage ab. Es sah § 5.4 als ausschließlich auf behördliche Erlaubnisse bzw. Genehmigungen bezogene Garantie an (Rn. 73). Es führte neben dem Begriff „Permit" an, dass es in § 5.7, eine ausdrückliche Regelung über „Intellectual Property Rights" gab (wenn dort auch nur Markenrechte behandelt wurden und nicht Patente; Rn. 73). Auch wenn die Verwendung englischer Begriffe ggf. eine genauere Untersuchung des Begriffs „Permit" im Englischen und eine Erörterung der Frage, ob die Parteien in ihrem Vertrag auf dieselben Inhalte Bezug nehmen wollten, nahegelegt hätte, dürfte die Auslegung des LG Hamburg – nach dem öffentlich bekannten Sachverhalt – sehr gut vertretbar sein.

Bemerkenswert ist freilich, dass das Gericht sein Ergebnis ergänzend auf das zeitliche Argument stütze, dass die Garantie nur zum Stichtag, aber nicht bezogen auf den Zeitraum davor, in dem den Schaden verursachende Lizenzgebühren der Patentinhaber entstanden waren, gegolten habe (Rn. 74): „Der Beklagten ist Recht zu geben, wenn sie ausführt, dass nach dem Sinn und Zweck des Vertrages das Vorhandensein von Genehmigungen in der Vergangenheit ein Risiko darstellt, das durch die Stichtagsregelung gerade von einer etwaigen Garantie ausgenommen werden soll." (Rn. 74).[61]

Steuergarantien stellen systematisch ebenso eine Unterkategorie der Compliance-Garantien dar wie man das Steuerrecht als ein besonderes Verwaltungsrecht ansehen kann. Insoweit teilen sie mit den gerade behandelten, anderen Compliance-Garantien die Erleichterung, dass die Auslegung ihres Tatbestandes, weil sie auf meist relativ präzise steuerliche Normen Bezug nehmen, i. d. R. keine Schwierigkeiten aufwirft. 5.100

Sachlich wird *erstens* häufig garantiert, dass alle Steuererklärungen rechtzeitig abgegeben wurden und alle festgesetzten Zahlungen rechtzeitig geleistet wurden. *Zweitens* wird, kaum seltener, garantiert, dass die Steuererklärungen vollständig, zutreffend, in Übereinstimmung mit dem geltenden Recht, den Rund- 5.101

---

[61] In diesem Punkt stimmen alle Besprechungen zu: *Findeisen*, BB 2015, 2700, 2702 re. Sp. Mitte. *Broichmann/Makos*, GWR 2015, 279; s. a. Kurzbesprechung *Ulrich*, GmbHR 2015, R 149. Auf das Urteil wird kritisch in zwei anderen Zusammenhängen zurückzukommen sein, s. Rn. 5.214 f. und Rn. 9.68 f.

schreiben der Finanzverwaltungen und der Rechtsprechung abgegeben wurden. Die *dritte* Rubrik von Steuergarantien umfasst Sonderthemen, die für die steuerliche Lage des Zielunternehmens bzw. Käufers relevant sein können, z. B. betreffend Verlustvorträge oder Organschaften. Steuergarantien überlagern sich oft mit Steuerfreistellungen.[62] Es kann allerdings leicht Streit ausgelöst werden, wenn Formulierungsfehler oder Ungenauigkeiten im Vertrag vorkommen, z. B. unklar ist, an welche steuerrechtlichen Voraussetzungen angeknüpft wird.

IV. Garantien mit Zukunftsbezug

1. Garantien zu Prognosen und Planungen

5.102 Der Kaufmann gibt nichts, so heißt es, für die Vergangenheit. Unternehmen sind aufgrund ihrer Zukunftsüberschüsse zu bewerten.[63] Garantien von (positiven) Prognosen und Planungen würden daher eigentlich den Punkt genau treffen. Ebenso gerne wie sich Verkäufer positive Prognosen und Planungen und entsprechende Zukunftsüberschüsse durch einen hohen Kaufpreis vergelten oder diesen ggf. in Abhängigkeit von der Zukunft durch einen Earn Out oder Besserungsscheine weiter erhöhen lassen, so ungern geben sie aber diesbezügliche Garantien ab oder akzeptieren sie einen Earn Out, der in beide Richtungen wirkt und bei niedrigen Zukunftsergebnissen zu einer Reduzierung des Kaufpreises führen kann.

5.103 Ein **beidseitiger Earn Out**[64] macht dabei die Zahlungen, die der Käufer erhält und behalten darf, von den **tatsächlichen Ergebnissen in der Zukunft** abhängig; ein zu leistender Ausgleich kann daher erst festgestellt werden, wenn die Zukunft zur Vergangenheit geworden ist. Die ist, wenn die Garantie von Planungen oder Prognosen als „**Zukunftserfolgsgarantie**"[65] ausgestaltet ist, und der Verkäufer für den *tatsächlichen Eintritt von Prognosen* und Planungen einzustehen hat, genauso. Auch dann greift ohne weiteres die Garantiehaftung ein, wenn die Prognosen/Planungen nicht erreicht werden. Solche Ausgestaltungen sind dann ähnlich „objektivistisch" wie Freistellungen oder Kostenerstattungen oder eben wie ein Earn Out[66] bzw. eine Kaufpreisklausel.[67] Die Richtig-

---

62) S. Rn. 13.36.
63) S. näher Rn. 11.14 f.
64) Dazu s. u. a. *Meyding/Grau*, NZG 2011, 41, 43.
65) S. Rn. 5.18 f.
66) S. Rn. 13.140.
67) Sie ähneln zugleich Vermögensgarantien – bezogen auf die Zukunft – und besitzen dieselbe „Härte", die von hybridisierten Bilanzgarantien (sog. „harten Bilanzgarantien") erwartet werden. Freilich geht es beim Käuferwunsch nach einer Garantie hybridisierter Bilanzen v. a. um die Abwehr von Zukunfts*risiken*, die über diejenigen hinausgehen, die schon nach dem Imparitätsprinzip passiviert werden müssten. Da das Bilanzrecht ohnehin aufgrund des Imparitätsprinzips i. d. R. den Ausweis von Zukunftserfolgen nicht erlaubt, etwa durch die geltenden Gewinnrealisierungsregeln, finden „Verhärtungswünsche" für Zukunfts*chancen* keine Aussage vor, die sie „verhärten" könnten.

IV. Garantien mit Zukunftsbezug

keit/Unrichtigkeit so aufgefasster Garantien wird durch einen Vergleich von **vorausgesagten** Ereignissen mit **tatsächlich eingetretenen Ereignissen** überprüft und die erforderlichen **Messungen** können, wie generell bei Zukunftserfolgsgarantien, **erst in der Zukunft** stattfinden. Man kann die so aufzufassenden Garantien paraphrasieren als „die Prognose/Planung wird eintreten – sonst haftet der Garantiegeber".

Andererseits können Prognosen und Planungen, statt an ihrem tatsächlichen Eintritt in der Zukunft, daran gemessen werden, ob sie, als sie aufgestellt wurden, *subjektiv wahrhaftige Einschätzungen* des „Voraussagers" oder Planers wiedergaben und bestimmten Anforderungen an Prognosegüte (Datenerfassung, Datenauswertung, Methodik) genügen („**Prognosequalitätsgarantien**")[68]. Insofern ist zur Feststellung der Richtigkeit/Unrichtigkeit der Garantieaussage die „**innere Tatsache**" der wirklichen inneren Einschätzung mit der äußeren Tatsache der **geäußerten Einschätzung** zu vergleichen. Dieser Vergleich kann nicht nur schon unmittelbar nach **Abgabe der Einschätzung** erfolgen, sondern zukünftige Entwicklungen können auch gar nicht mehr beeinflussen, ob der „Vorhersager" bei seiner Prognose „gelogen" hat.[69] Die Richtigkeit der Garantieaussage hängt also von dem Vergleich anderer Elemente und zu einem anderen Zeitpunkt ab.[70] Man kann diese Garantie paraphrasieren als „die Prognose/Planung war subjektiv wahrhaftig/sorgfältig – sonst haftet der Garantiegeber".

5.104

Weil Verkäufer das Geschäftsrisiko i. d. R. nicht mehr tragen möchten, sobald sie auch die Kontrolle aufgeben, sind Garantien des Eintreffens von Prognosen/Planungen bei M&A-Transaktionen ebenso selten wie in beide Richtungen wirkende Earn Outs.[71] Indessen kommen Prognosequalitätsgarantien sowohl als Garantien der **subjektiven Wahrhaftigkeit** von Prognosen oder Planungen oder als Garantien, dass bestimmte **Prognosemethoden** oder eine bestimmte

5.105

---

68) S. Rn. 5.18–5.21.

69) Ersichtlich fällt die Prüfung der Richtigkeit einer solchen Garantie zur subjektiven Wahrhaftigkeit und Qualität einer Prognose/Planung fast vollständig mit der Prüfung zusammen, ob über die „wirkliche Erwartung" als innere Tatsache getäuscht wurde, die für eine c. i. c. oder Delikt (Betrug) vorzunehmen ist.

70) Es wird schon hier auf die Parallele zu Bilanzen hingewiesen. Bilanzen sind nach dem „normativ-subjektiven Richtigkeitsbegriff" ausgehend von den Kenntnissen und Erkenntnismöglichkeiten am Werterhellungsstichtag aufzustellen und sind „richtig", wenn sie die bekannten Fakten und die Fakten, die normativ hätten bekannt sein müssen, nach dem geltenden Code des Bilanzrechts in eine Bilanz umsetzen. Die Richtigkeitsprüfung findet also statt, indem das tatsächliche Innere im Kopf des Bilanzerstellers, erweitert um gewisse normative zusätzliche Soll-Inhalte, zum Zeitpunkt der Bilanzerstellung mit dem Bilanzrecht und der Welt verglichen wird.

71) S. a. *Hilgard*, BB 2010, 2912, 2917 re. Sp. Mitte. *v. Bernuth*, DB 1999, 1689 ff., fokussiert seine Untersuchung über Gewährleistungshaftung bei Business Plans auf Geschäftspläne, die Finanzgebern vorgelegt werden, und geht deshalb nicht intensiv auf die hier interessierenden Fragen ein.

Planungsgüte (z. B. zur Faktengrundlage von Planungen[72]) oder zur Planungskonsistenz)[73] durchaus vor. Bisweilen erfolgt der Einstieg in eine Garantie einer Prognose oder Planung auch **über eine Informationsgarantie**.[74]

5.106 *Fallbeispiel „Maschinenpark eines Automobilzulieferers"* (Schiedsverfahren des Verfassers)

In einem Fall, in dem der Verfasser den Käufer vertrat, war bei einer Verschmelzung eines Automobilzulieferers von einem Konzern auf einen mittelständischen Erwerber eine Unternehmensplanung übergeben worden, die für die Liquiditätsplanung und den Kaufpreis entscheidend war. Es war eine Informationsgarantie[75] abgegeben worden, dass der Verkäufer „keine Umstände verschwiegen habe, die für Planung wesentlich sind". Tatsächlich war die Planung ohne Berücksichtigung von erheblichen Rückständen bei Reparaturen und Ersatzanschaffungen des Maschinenparks erstellt worden. Der Käufer machte eine Garantieverletzung geltend. Das Schiedsgericht neigte der Sichtweise des Käufers zu, das Schiedsverfahren wurde aber verglichen.

5.107 Dieses Beispiel zeigte zunächst, was freilich bekannt ist, dass subjektive Zukunftserwartungen[76] einer Person – hier ist der Vorhersager bzw. Planer gemeint – häufig **„tatsächliche Kerne"** oder „Faktenkerne" beinhalten. So setzen Planungen stets auf einer Vergangenheit auf und knüpft die Höhe der Raumkosten, Gehälter und Löhne, öffentlichen Gebühren, Steuern, Versicherungen u. Ä. in den ersten Jahren unmittelbar an feststehende vergangene Kosten an, so dass das Einsetzen hiervon abweichender Kosten in frühen Perioden u. U. sogar als **Aussage über gegenwärtige Tatsachen** angesehen werden kann. Insoweit „stecken" also Garantien gegenwärtiger oder vergangener Umstände in Garantieaussagen, die zunächst als auf die Zukunft bezogene Aussagen erscheinen.

5.108 Daher konnte in dem obigen Schiedsverfahren „Maschinenpark eines Automobilzulieferers" die Übergabe der Planung ohne Berücksichtigung der Reparaturrückstände etc. als Kosten auch als unrichtige Aussage über den **gegenwär-**

---

72) Z. B. Umsatzpläne und erwartete Abschlussquoten aus Angeboten des Zielunternehmens beruhen auf neuesten Einschätzungen der unmittelbaren Verkaufsmitarbeiter oder des Director Business Development, nicht auf Vorstellungen eine Praktikums-Studenten oder sie Zahlen wurden nicht vom Verkäufer abgeändert.

73) Wenn eine Umsatzausdehnung über Kapazitätsgrenzen von Flächen, Gebäuden, Maschinen oder vorhandenem Personal angenommen wurde, wurden auch Mehrkosten für die Kapazitätserweiterungen geplant. Wenn Investitionen geplant wurden, wurden auch die Finanzierungskosten und der Liquiditätsbedarf geplant ... Solche Fragen werden insbesondere kritisch, wenn dem Käufer nur stark vereinfachte Prognosen/Planungen übergeben werden, die er nicht selbst nachprüfen kann.

74) Darüber stellt sich gelegentlich die Frage, ob der Verkäufer i. S. einer c. i. c. oder eines Delikts getäuscht hat, wenn er eine Planung übergeben hat bzw. sie nicht korrigierte, s. Rn. 6.138 f.

75) S. Rn. 5.247.

76) Dasselbe gilt bei Wertungen, die oft in Zukunftsprognosen übergehen.

IV. Garantien mit Zukunftsbezug

tigen physischen Zustand der Anlagen angesehen werden (da in dem Nichtansetzen von entsprechenden Kosten die Aussage enthalten war, dass die Anlagen jedenfalls heute in Ordnung waren). Zugleich blieb es dabei, dass in der Planung unmittelbar die Aussage getroffen war, dass **Kosten** aus Reparaturrückständen etc. **nicht anfallen würden** und diese zukunftsbezogene Aussage grundsätzlich sowohl (später) auf ihr späteres Eintreten i. S. einer Zukunftserfolgsgarantie als auch (schon jetzt) auf ihre Prognosequalität hin überprüft werden konnte.

Da die Garantie dahin ging, dass der Verkäufer „keine Umstände verschwiegen habe, die für die Planung wesentlich sind" war hier allerdings relativ eindeutig eine Prognosequalitätsgarantie gemeint.[77] Nicht einfach zu beantworten war, ob Umstände allein deshalb, weil sie *(objektiv) „wesentlich"* waren offenzulegen waren oder ob die Offenlegungspflicht zudem *Kenntnis* voraussetzte. Die Garantie konnte insoweit als kenntnisabhängige, „subjektive" oder kenntnisunabhängige „objektive" Garantie verstanden werden. Dies hing von der Auslegung von „Verschweigen" ab.[78] 5.109

Aus der Rechtsprechung ist ein Fall bekannt geworden, in dem das LG Wuppertal bei der Prüfung eines Anspruchs aus c. i. c. wegen der Übergabe einer „Erfolgs-Finanzplanung" i. R. eines Unternehmensverkaufs **so skeptisch gegenüber Planungszahlen** war, dass es diese nicht einmal darauf hin prüfen wollte, ob sie ehrlich oder seriös waren, als sie übergeben wurden. 5.110

Fallbeispiel „Erfolgs-Finanzplanung" (LG Wuppertal v. 28.3.1996 – 17 O 466/95, BB 1996, 2011) 5.111

Das LG Wuppertal verneinte eine Täuschungshandlung bei Übergabe der „Erfolgs-Finanzplanung" durch aktives Tun, weil die Planung keine Täuschung begründe. „Eine Erfolgs- und Finanzplanung enthält nämlich nicht den Erklärungswert, den der Beklagte ihr beimisst. Es handelt sich nicht um eine Garantie, um die Zusage oder auch nur um die bloße Möglichkeit, dass tatsächlich Umsätze und Erlöse in der dort genannten Größenordnung erwirtschaftet werden. Erkennbar war die Planung eine mehrere Jahre in die Zukunft projizierte Schätzung oder Erwartung, die bestenfalls anpreisenden Charakter hatte. Einen weiteren Erklärungswert, insbesondere eine verlässliche Entscheidungsgrundlage, konnte ein verständiger Käufer daraus nicht ableiten. Das ergibt sich nicht nur aus der Zukunftsbezogenheit der Daten, son-

---

77) Diese hatte die Besonderheit, dass „wesentliche Umstände" sogar außerhalb der Planung hätten offengelegt werden dürfen.
78) Je nachdem wurden entweder Probleme der Wissensorganisationshaftung über die Grenze der Zielgesellschaft hinweg vermieden oder der Rechtsstreit führte geradewegs in sie hinein. S. dazu Rn. 8.44 ff., insb. 8.97 f. und 8.117 f. Hier stellte sich übrigens auch die Frage, ob die BGB-Regeln zur Wissensorganisationshaftung (Wissenszurechnung), wenn der Vertrag schweigt, ohne weiteres bei vertragsautonomen Garantien gelten.

dern auch aus dem Begriff der Planung als zukunftsorientierte Einschätzung ohne sichere Aussagekraft."[79]

5.112 Das LG Wuppertal schießt hier mehrfach über eine gesunde Skepsis gegenüber Prognosen hinaus. *Erstens* berücksichtigt es nicht genug, dass Planungen **Aussagen von ganz unterschiedlicher Verlässlichkeit** enthalten, darunter auch de facto Aussagen über die Vergangenheit oder Gegenwart.[80] *Zweitens* übergeht das LG Wuppertal merkwürdigerweise die Frage nach der subjektiven Wahrhaftigkeit der Planung. Dies mag darauf beruhen, dass es die Planung nicht detailliert genug betrachtete. Wie Zeile für Zeile einer Bilanz von Bedeutung sind, sind indessen Zeile für Zeile einer Planung einzeln zu lesen und auf darin enthaltene Aussagen zu prüfen. Dabei beginnt zwar die Planung in den oberen Zeilen – etwa bei jungen Unternehmen oder Unternehmen in der Krise – mit vielleicht hoch spekulativen Schätzungen, die oft nur Annahmen bzw. Szenarien sind, und die – durchaus i. S. des Gerichts – vielleicht nur als relativ willkürliche Annahmen oder Anpreisungen (aggressive „Best Case"-Planung) angesehen werden können und wohl sogar dann „gezeigt" werden dürfen, wenn der Verkäufer sie selbst für zu optimistisch hielt.[81] Das ändert aber nichts daran, dass der Käufer wesentlich **höhere Ansprüche an die Genauigkeit der späteren Zeilen,** etwa den wiederkehrenden Kosten und außerordentlichen Kosten wegen Investitionsbedürfnisses, stellen darf. Häufig wird sich der Käufer ohnehin mehr hierfür interessieren als für das betragsmäßige Gesamtergebnis, das durch Hinzuzählen der geschätzten Umsätze entsteht. Es lassen sich so mehrere Kategorien von Planungsgrößen bilden:

– **Sehr sichere Größen:** Positionen, wie die Höhe der Raumkosten, Gehälter und Löhne, öffentlichen Gebühren, Steuern, Versicherungen u. Ä., stehen oft auf Jahre hinweg fest bzw. können allenfalls etwas steigen. Ein größerer Fehler sollte hier ausgeschlossen sein und die Planungsansätze hierzu können also durchaus an strengen Maßstäben gemessen werden. In diese Kategorie gehören auch kurzfristig anstehende Anschaffungs-, Herrichtungs- oder Re-

---

79) LG Wuppertal v. 28.3.1996 – 17 O 466/95, BB 1996, 2011 re. Sp. oben.
80) Auch sonst ist bisweilen eine Neigung der Rspr. ersichtlich, Schuldnern den Einwand, ihre täuschenden Äußerungen seien doch erkennbar nicht ernst zu nehmen gewesen, zu leicht zu machen oder ihnen den Einwand geradezu aufzudrängen. In BGH v. 15.6.2005 – VIII ZR 118/03, hatte der Verkäufer im Dezember 1996 mehrfach erklärt, eine verkaufte Werbeagentur werde im Jahre 1996 einen Gewinn von mindestens 100.000 DM erzielen. Das OLG Köln hatte diesen Vortrag des Käufers im Hinblick auf eine Arglistanfechtung nicht als schlüssig angesehen; es handle sich bei diesen Äußerungen lediglich um subjektive Werturteile oder reklamehafte Anpreisungen. Der BGH hat dieses Urteil zu Recht aufgehoben und darauf hingewiesen, dass die im Dezember gemachten Äußerungen schon unrichtige Tatsachenangaben gewesen sein könnten. Jedenfalls wären sie wohl Täuschungen über Tatsachen gewesen, weil der Verkäufer wusste, dass dieses Ergebnis nicht erreichbar sein würde.
81) Hier bedarf der Käufer auch oft keines Schutzes. Anders ist es allerdings, wenn z. B. die Umsätze aus dem Wachstum von Bestandskunden abgeleitet werden.

paraturmaßnahmen. Auch hier müssen eigentlich nur Marktpreise eingeholt werden. Bei diesen sehr sicheren Größen wird, auch wenn nur eine „Prognosequalitätsgarantie" abgegeben wurde, bei größeren Abweichungen häufig der Verdacht einer Täuschung über eine innere Tatsache begründet sein.

- **Mittlere Kategorie:** Die Situation ändert sich etwas bei Rohstoffpreisen (Öl, Kakao etc.), Zinsen, Währungsrelationen; hier können größere Schwankungen auftreten, die – je nach Unternehmen – auch einen wesentlichen Anteil der Kosten ausmachen können.

- **Unsichere Kategorie:** Am kritischsten sind, jedenfalls bei jungen Unternehmen, neuen Produkten, hart umkämpften Märkten oder bei Krisen oder makroökonomischen Verwerfungen, z. B. nach der Weltwirtschaftskrise 2008, häufig die Umsatzplanungen. Allerdings relativiert sich dies dadurch, dass beide Parteien zumeist von vorneherein nur mit Szenarien mit eingestanden fraglichen Eintrittswahrscheinlichkeiten arbeiten.[82]

Allerdings sind auch bei der mittleren und unsicheren Kategorie **methodische Konsistenzansprüche** an die Planung zu stellen und zu erfüllen. Auch eine spekulative Szenarienbildung muss berücksichtigen, dass angenommene Ausstöße nur mit einer ausreichenden Anzahl von ordentlich in Stand gehaltenen Maschinen und einem bestimmten Personalstand etc. erreicht werden können. Soweit sich Planaussagen auf spekulative Umstände beziehen, kann eine Unrichtigkeit auch darin liegen, dass bei der Prognose von **erkannt unzutreffenden Annahmen** ausgegangen wurde. Je nach Formulierung der Garantie kann eine Verletzung auch darin liegen, dass der Planersteller eine ihm bewusst aggressive Planung als konservativ darstellt (Best Case als Business Case).[83]

5.113

Ohne Bedeutung für die Richtigkeit oder Unrichtigkeit einer Planung ist, ob bereits eine rechtliche Verpflichtung, etwa zu einer Auszahlung, besteht. Eine Planung wird auf der Einzahlungsseite, was etwa Zukunftsumsätze angeht, wie auf

5.114

---

82) Optimismus hier schadet dem Käufer auch meist wenig; er kann ja mit herabgesetzten Umsätzen, höheren Zinsen und schlechteren Währungsrelationen nachrechnen.

83) Die wohl noch überwiegende Sicht differenziert noch nicht im hier vorgeschlagenen Sinne. *Weißhaupt*, WM 2013, 782 ff., geht z. B. wohl grundsätzlich – ohne Unterscheidung zwischen den einzelnen Elementen von Planungen – davon aus, dass es sich bei den Aussagen, die in Planungen enthalten sind, um „Prognose- und Werturteile" und „nicht um Tatsachen, die richtig oder falsch sein können", handelt (S. 785 li. Sp. oben). Andererseits hält *Weißhaupt* eine arglistige Täuschung wohl doch für denkbar, wenn der Verkäufer „später im Prozess nicht oder unkorrekt über aktuelle Veränderungen des Geschäftsverlaufs" ... informiert (*Weißhaupt*, BB 2013, 2947, 2950 li. Sp. Mitte). Die Global Arbitration Review (GAR) v. 12.2.2010 berichtet, dass *Agfa-Gaefert* in einem ICC-Schiedsverfahren von einem Anspruch i. H. von 265 Mio. € freigesprochen wurde, der u. a. darauf gestützt wurde, dass *Agfa-Gaefert* eine mittelfristige Geschäftsplanung vorgelegt hatte, die nie eingehalten werden sollte, und die wirkliche Planung verschwiegen hatte. S. a. OLG Hamm v. 20.8.2009 – I-27 U 34/09, ZNER 2010, 88, das eine einem Prospekt beigefügte „Modellrechnung" nicht als kaufrechtliche Zusicherung ansah (Rn. 25).

der Auszahlungsseite überwiegend aus Flussgrößen gebildet, für die **noch keine rechtlichen Verbindlichkeiten** bestehen. Deshalb sind natürlich nicht nur zu planende **Auszahlungen für noch nicht bestellte Waren und Leistungen**, sondern auch übliche Kulanzleistungen etc. zu berücksichtigen, denen sich das Unternehmen aus sittlichen, tatsächlichen und wirtschaftlichen Gründen nicht entziehen kann – sog. Fälle eines „faktischen Leistungszwangs".[84] Dies gilt auch unabhängig davon, ob schon eine Rückstellung zu bilden gewesen wäre.[85]

5.115 In die Zukunft gerichtete Garantien, haben mit Earn Out-Vereinbarungen, Besserungsscheinen, Freistellungen und Kostenerstattungen gemeinsam, dass beide Parteien Einfluss auf den Eintritt von Umständen nehmen können, die für eine Anspruchsentstehung von Bedeutung sind.[86] Einwendungen hieraus können neben die Frage treten, worauf sich die Garantie bezieht. Dies war auch in der folgenden Entscheidung des BGH so. Es ging zudem darum, welche Unternehmen von einer Gewinngarantie betroffen waren.

5.116 *Fallbeispiel „Gewinngarantie"* (BGH v. 24.5.2000 – VIII ZR 329/98, NZG 2000, 992)

Bei einem im Jahr 1991 geschlossenen Kaufvertrag über Anteile einer GmbH, die ihrerseits Beteiligungsunternehmen hatte, wurde folgende Gewinngarantie für die Zukunft abgegeben:

„Die Verkäufer garantieren für das Wirtschaftsjahr 1992 bis 1995 einen Gewinn der GmbH ... i. H. von jeweils einer Million DM pro Jahr." Der Käufer addierte die Verluste der GmbH *und der Beteiligungsunternehmen* für die Jahre 1992 und 1993 auf und klagte ca. 9 Mio. DM ein.

Der Käufer glaubte sich zu einer Einbeziehung der Verluste der Beteiligungsunternehmen berechtigt, weil es in dem Vertrag auch hieß: „Die Tochterunternehmen werden als Teil des Kaufgegenstandes mitveräußert und die Zusicherungen und Erklärungen der ... Verkäufer beziehen sich auch auf die Tochterunternehmen ..." Die Verkäufer vertraten die Auffassung, die Gewinngarantie beziehe sich nur auf den Gewinn der verkauften Gesellschaft. Sie verteidigten sich weiter damit, dass während der Laufzeit der Gewinngarantie gegen ihren Willen von dem Käufer „keine ergebnisbeeinflussenden Maßnahmen angeordnet und durchgesetzt werden" durften. Das OLG Oldenburg gab dem Käufer dahingehend Recht, dass sich die Gewinngarantien auch auf die Beteiligungsunternehmen beziehen. Die Verkäufer könnten sich auch nicht auf ergebnisbeeinflussende Maßnahmen des Käufers berufen, da die Verkäufer nicht auf einem Gesellschafterbeschluss bestanden hätten.

---

84) So die Bezeichnung durch den BGH, BGH v. 28.1.1991 – II ZR 20/90, ZIP 1991, 442, 444 li. Sp. unten.
85) BGH v. 28.1.1991 – II ZR 20/90, ZIP 1991, 442, 443 re. Sp. oben.
86) S. hierzu Rn. 13.9 f.

IV. Garantien mit Zukunftsbezug

Der VIII. Zivilsenat des BGH hob das Urteil – zu Recht – auf und gab den Verkäufern in beiden Fragen Recht. Nach dem „Grundsatz der nach beiden Seiten hin interessensgerechten Auslegung" habe der Käufer kein anerkennenswertes Interesse daran, dass bei der Gewinngarantie die Verluste der Tochtergesellschaften einbezogen würden. „Diese wirken sich nur insoweit auf die Vermögenslage und den Wert der (GmbH) aus, als ihre zu aktivierenden Unternehmensbeteiligungen bis zur völligen Wertlosigkeit herabgemindert werden können. An Gewinnen der Tochtergesellschaften kann sie hingegen unbeschränkt partizipieren, über einen Wertzuwachs ihrer Beteiligung oder über eine Gewinnausschüttung. Darüber hinaus wird die Muttergesellschaft aber durch Verluste ihrer Tochterunternehmen grundsätzlich nicht unmittelbar berührt. Daher ist es nicht gerechtfertigt die Verluste der Tochtergesellschaften gegen die Gewinne der Muttergesellschaft, über eine etwaige Herabsetzung des Werts ihrer Beteiligung hinaus, zu verrechnen ... Die von dem BerGer. vorgenommene Auslegung würde zu dem sachlich nicht tragbaren Ergebnis führen, dass die Bekl. nicht nur unbeschränkt für den Verlust der (GmbH) in dem Geschäftsjahr 1992 bis 1995 einstehen müsste, sondern auch für sämtliche Verluste der jeweiligen Tochtergesellschaft. Damit würde das Haftungsrisiko der Bekl. im Verhältnis zum vereinbarten Kaufpreis unübersehbar und unangemessen hoch, zumal die Tochtergesellschaften noch vergleichsweise jung waren ...".[87]

5.117

2. Bilanzgarantien

Bilanzgarantien gehören zum „Ur-Inventar" bei Unternehmenskäufen und sie gelten weiter als „die vielleicht wichtigste Gewährleistungsklausel in einem Unternehmenskaufvertrag".[88] Indessen beginnen die Probleme sobald eine garantierte Bilanz falsch war. Sie liegen gleichermaßen auf der *Tatbestandsseite* wie auf der *Rechtsfolgenseite*. Hier wird zunächst die Tatbestandsseite behandelt.[89]

5.118

a) Aussagen „zweiter Ordnung" und „erster Ordnung"

Bilanzgarantien gehören in die Gruppe der Garantien „zweiter Ordnung". **Bilanzen** sind schon **selbst Aussagen** (Bilanzaussagen) – eine Vielzahl von qualitativen und quantitativen, tabellarisch geordneten Aussagen.

5.119

Eine Bilanz- oder Abschlussgarantie ist also eine **Aussage über Aussagen**, eine „Aussage zweiter Ordnung".[90] Sie gibt eine Beschreibung – und zwar regel-

5.120

---

87) BGH v. 24.5.2000 – VIII ZR 329/98, ZIP 2000, 1385 = NZG 2000, 992, 994.
88) *Bruski*, BB-Beilage 2005 H. 30, 19, 23 li. Sp. unten.
89) Zur Rechtsfolgenseite s. unter Rn. 10.1 ff.
90) Zust. zur Voraufl. *Hennrichs*, „Jahresabschlussgarantien – Streitanfällige Bilanzierungsfragen bei M&A-Transaktionen", Vortrag bei der M&A-Konferenz 2013 (Veranstalter Betriebsberater) am 6.9.2013; *Weißhaupt*, BB 2013, 2947, 2952, Fn. 71. Ettinger/Jaques-*Jaques*, Beck'sches Hdb. Unternehmenskauf im Mittelstand, D 336.

5. Kapitel Garantien

mäßig eine Bewertung – der Bilanz als einer anderen Aussage, nicht der Wirklichkeit. Die Garantieaussage geht dahin, dass die Bilanz „richtig" ist. Hiermit kommt es für die Richtigkeit der Garantieaussage auf die „Richtigkeitslogik" an, nach der Bilanzen zu erstellen sind.

5.121 Bilanzen werden gewissermaßen nach folgender „mathematischen" Formel erstellt:

„Welt" * Bilanzrecht = Bilanz

5.122 Die Aussage, dass eine Bilanz „richtig" ist,[91] gewinnt nur einen Sinn dadurch, dass sich der Inhalt der Bilanz, jedenfalls innerhalb bestimmter Spielräume (und die Bilanz ist dann auch noch „richtig", wenn sie innerhalb dieser Spielräume liegt), aus der „Welt" einerseits und dem Bilanzrecht andererseits ergibt. Die Aussage, dass eine Bilanz „richtig" sei, ist insoweit gleichbedeutend damit, dass bei ihrer Erstellung die bilanzrechtlichen Vorgaben bzw. der **Code des Bilanzrechts eingehalten** wurden und dass diese **auf die wirkliche** und nicht auf eine fiktive, nicht existente **Welt** angewendet wurden.[92] Die Aussage der „Richtigkeit" einer Bilanz macht anders keinen Sinn.

5.123 Dem Käufer, der sich eine Bilanzgarantie geben lässt, kommt es im Ergebnis natürlich auf die Welt an. Da das Bilanzrecht – in einem ausreichenden Rahmen – als konstant angesehen werden kann, kann die obige „mathematische" Formel zur „Welt" hin aufgelöst werden und ergibt dann folgende Aussage über die Welt:

„Welt" = Bilanz/Bilanzrecht

5.124 Die Aussagen, die aus der Garantie der Richtigkeit einer Bilanz ableitbar sind, sind also: Bei der Umsetzung der „Welt" in die Bilanz wurde das Bilanzrecht richtig angewendet. Oder, bei einer „Auflösung" der Formel zur „Welt" hin: Die „Welt" war zum Stichtag so beschaffen, dass die Anwendung des Bilanzrechts auf sie zu der Bilanz führte, deren Richtigkeit garantiert ist.

5.125 Der zur Darlegung einer Verletzung einer Bilanzgarantie bzw. Unrichtigkeit einer Bilanzaussage **erforderliche Vortrag des Käufers** ist nicht zu unterschätzen.

---

91) Unten wird untersucht, was unter „Richtigkeit" einer Bilanz verstanden werden kann, s. Rn. 5.132–5.141.
92) So schon die erste Auflage dieses Buchs 2012 (Rn. 396). *Hennrichs* unterscheidet in diesem Sinne die Bilanzgarantie als eine „Garantie bilanzieller Normbeachtung" von einer auf die „Seins-Ebene" bezogenen Garantie. Vgl. *Hennrichs*, NZG 2014, 1001. Zustimmend *Elsing* in: FS Haarmann, S. 18. *Maier-Reimer/Schilling*, KSzW 2016, 4, meinen der Verfasser (und wohl auch *Hennrichs*) wären der Auffassung, dass eine einfache, normale bzw. „weiche" oder „subjektive" Bilanzgarantie nur dahin ginge, dass sich der Verkäufer bei der Bilanzerstellung „normgerecht verhalten habe", aber nicht auch dahin, dass „dieser Jahresabschluss auch das Ergebnis normgerechten Verhaltens sei" und insofern richtig sei (S. 8 re. Sp. Mitte). Das ist aber ein Missverständnis. Natürlich geht es darum, dass die inhaltlichen Aussagen der Bilanz so sind, wie sie bei normgerechtem Verhalten der Bilanzersteller sein müssten. Nur: Wenn sie so sind, dann sind sie bilanzrechtlich „richtig", auch wenn sie sich später in einem anderen Sinne als falsch herausstellen mögen. Möglicherweise meinen *Maier-Reimer/Schilling* im Ergebnis dasselbe.

IV. Garantien mit Zukunftsbezug

Schon ein **Rechtsvortrag** zu den relevanten Fragen des Bilanzrechts führt oft in Schwierigkeiten. Diese liegen darin, dass die Rechtsprechung zumeist von den *Finanzgerichten* stammt und den Akzent darauf legt, welchen Aufwand das Unternehmen *nicht* – mit steuermindernden Folgen – berücksichtigen durfte. Rechtsprechung der Zivilgerichte zu der gegenteiligen Frage, welche das Eigenkapital mindernden Ansätze vorgenommen werden *mussten*, ist aber selten, so dass das konkret geltende Bilanzrecht häufiger aus der direkt **umgekehrten Perspektive der finanzgerichtlichen Rechtsprechung** oder unmittelbar aus den Normen des HGB oder den Grundsätzen ordnungsgemäßer Buchführung herzuleiten ist und ein vergleichsweise „weiter Brückenschlag" unternommen werden muss.

Erstaunlicherweise kann sogar der Vortrag, was **konkreter Inhalt der Bilanzaussage** ist, Probleme bereiten. Zwar sind das Anlage- und das Umlaufvermögen in der Bilanz „hinreichend aufzugliedern" (§ 247 Abs. 1 HGB) und hat jeder Kaufmann für den Schluss eines jeden Geschäftsjahres ein Inventar aufzustellen, das die „Vermögensgegenstände genau zu verzeichnen und dabei den Wert der einzelnen Vermögensgegenstände und Schulden anzugeben" hat (§ 240 Abs. 2 HGB), aber dennoch sind prozessual genügend substantiierte und zutreffende Aussagen nicht leicht herleitbar. Der Käufer mag Glück haben und Unterlagen vorfinden, die zeigen, wie 40 unterschiedliche Gruppen von Fertigwaren bewertet wurden und den aus der Bilanz ersichtlichen Gesamtbetrag ergeben. Bisweilen ergibt sich dies auch aus Erläuterungen in der Bilanz. Dann kann er vielleicht vortragen: „In der Bilanzposition § 266 Abs. 2 B. I. 3. HGB (fertige Erzeugnisse oder Waren) ist ein Betrag von x zu viel aktiviert. Zutreffend sind für die Fertigwarengruppen 1–38 die Werte $a, b, c \ldots n$ angesetzt, aber die Gruppe 39 enthält einen Betrag von x/a zu viel, weil ..., und die Gruppe 39 enthält einen Betrag von x/b zu viel, weil..., so dass per saldo der Gesamtansatz für Fertigwaren um x überhöht ist". Was aber, wenn dem Käufer das Glück, solche Unterlagen zu finden, nicht zur Hilfe kommt? Wie kann er dann darstellen, dass **bestimmte** (z. B. defekte) **Fertigwaren zu bestimmten** (überhöhten) **Werten in die Bilanz eingeflossen** sind? Oder wie, dass Fertigwaren eingeflossen sind, die überhaupt nicht vorhanden sind?

5.126

Der der Klägerin obliegende Vortrag ähnelt dem Vortrag, dass weniger in einer Schachtel enthalten als darauf angegeben ist. Der Aufwand für einen solchen Vortrag hängt davon ab, wie detailliert die Angaben auf der Schachtel und wie viele Teile in der Schachtel sind. Befindet sich eine Tabelle mit 40 Bezeichnungen von Gegenständen und vierzig Beträgen auf der Schachtel, die sich zu einem in der Bilanz stehenden Gesamtbetrag aufaddieren, ist der Aufwand für den Vortrag gering; es muss nur der konkrete Gegenstand gesucht und, wenn er vorhanden ist, bewertet werden. Stehen aber nur die vierzig Gegenstände und ein Gesamtbetrag auf der Schachtel oder gar nur der Gesamtbetrag, ist der Aufwand ungleich höher.

5.127

5. Kapitel Garantien

5.128 Es bleibt dann nur übrig, alles, was sich in der Schachtel befindet, zu bewerten, die Werte aufzuaddieren und mit dem Betrag auf der Schachtel zu vergleichen. Wenn alle Inhalte der Schachtel abgearbeitet sind, aber der auf der Schachtel stehende Buchwert noch nicht erreicht wurde, dann ist er insoweit falsch. Je größer die „Schachtel" und umso mehr Gegenstände sich in ihr befinden, umso aufwendiger ist dies.

5.129 Zweifellos kann der Verkäufer die Mühen des Käufers sehr erleichtern, indem er, wenn der Käufer dies nicht zu dokumentieren vermag, die Zuordnung eines Betrages zu dem Gros der Gegenstände in der Schachtel unstreitig stellt, wodurch die Frage darauf reduziert wird, ob der Restbetrag durch die restlichen Gegenstände gerechtfertigt wird. Dann kann sich der Käufer auf die Prüfung beschränken, ob es diese restlichen Gegenstände gibt und wie sie zu bewerten sind. Aber wird der Verkäufer das ohne Not tun?

5.130 Solche Schwierigkeiten mögen einen Käufer zu dem Versuch veranlassen, seinen Vortrag bzw. Beweis nicht auf das **Ergebnis** („es ist zu wenig in der Schachtel"), sondern auf einen angeblich **fehlerhaften Prozess** („es wurden Gegenstände methodisch falsch gezählt oder bewertet") auszurichten. Sollen aktivierte Gegenstände nicht vorhanden sein,[93] könnte etwa vorgetragen werden, dass beim Einlegen eines Gegenstandes sein Buchwert zweimal auf die Schachtel geschrieben wurde.[94] Geht es um überhöhte Aktivierungen von defekten oder nicht mehr marktgängigen Fertigwaren, könnte die Unrichtigkeit der Bilanzierung durch Vortrag zu bei der Bilanzerstellung berücksichtigten Vorgaben erfolgen. Es darf allerdings nicht übersehen werden, dass der Vortrag/Beweis eines solchen fehlerhaften Prozesses möglicherweise selbst dann noch nicht ausreichend ist, wenn unstreitig/bewiesen wäre, dass beim „Hineinlegen in die Schachtel" zunächst Werte zweimal aufgeschrieben wurden oder zunächst falsche Bewertungsmaßstäbe angewandt wurden. Es bleibt die Möglichkeit, dass der **Fehler** entdeckt und **korrigiert** wurde.

5.131 Spätestens bei einer Beweiserhebung wird deutlich werden, dass das Bild einer „Schachtel" die Sache noch zu einfach darstellt und eine Nachprüfbarkeit nahelegt, die es nicht gibt. Bei dem „Schachtelinhalt" handelt es sich um **historische Lagerbestände**, die überwiegend längst umgeschlagen, umgeräumt und/oder verschrottet und/oder durch neue Zugänge aufgefüllt wurden. In der Praxis wird zudem häufig zu fragen sein, wann ein Vortrag ausreichend substantiiert für eine Beweiserhebung ist und inwieweit die Einzelglieder, deren Gesamtschau erst

---

93) Der Vortrag, dass Gegenstände *mehrfach* aktiviert worden seien, ist eine Variante davon. Es umfasst den Vortrag, dass beim 2.-ten oder x.-ten Mal Werte angesetzt wurden, obwohl keine Gegenstände vorhanden waren, die sie „belegt" hätten.

94) In einem von dem Verfasser begleiteten Schiedsverfahren kam es so zum Streit, ob Originallisten über Lagerbestände eines Lohnfertigers über im Eigentum des Bilanzierenden stehenden und von letzterem hiervon ausgehend gefertigte eigene Listen versehentlich zum zweiten Mal in die Bilanz eingeflossen waren.

IV. Garantien mit Zukunftsbezug

die Bestätigung des Käufervortrags ergeben könnte, zum Gegenstand eines Sachverständigenbeweises gemacht werden können oder ob sie in einzelne Beweisantritte aufgefächert werden müssen.

b) Wann ist eine Bilanz „richtig"?

Wir hatten eingangs schon gesagt, dass die Meta-Aussage, eine Bilanz sei richtig, formal als Aussage nur den Sinn haben kann, dass in der fraglichen Bilanz der **Code** bzw. die Vorgaben **des Bilanzrechts auf die existierende Welt angewendet** wurde. Negativ ist damit gesagt, dass eine Bilanz falsch ist, wenn der Code des Bilanzrechts auf eine andere als die existierende Welt angewendet wurde oder auf die existierende Welt ein anderer Code als der des Bilanzrechts angewendet wurde. Die Aussage, das Ergebnis sei 5, macht nur Sinn und ist nur überprüfbar, wenn man den Ausgangswert und die Rechenoperation kennt, die zu dem Ergebnis führen soll. 5 mag das richtige Ergebnis des Wurzelziehens sein, vielleicht aber nicht einer Division durch 2. Soweit bewegen wir uns noch auf einer sehr abstrakten semiotischen oder logischen Ebene. 5.132

Was ist nun aber der Code des Bilanzrechts, was sind die Vorgaben des Bilanzrechts? Der Autor hatte schon in den Vorauflagen die Auffassung vertreten, dass die Aussage „die Bilanz ... ist richtig" nur „richtig" in dem Sinne bedeute, dass sich der Bilanzersteller, was die Aufklärung der für die Bilanz relevanten faktischen Umstände anging, die vom Bilanzrecht verlangte Sorgfalt bzw. sonstigen Regeln angewendet hat und die gewonnenen Erkenntnisse nach den Regeln des jeweiligen Bilanzrechts in Zahlen überführt hat.[95] Insofern ist die (einfache) „Bilanzgarantie" nur eine Aussage über das **Fehlen von Pflichtwidrigkeiten bei der Bilanzaufstellung** bzw., was dasselbe ist, über die **Einhaltung der Regeln des Bilanzrechts**; soweit Bilanzen Zukunfsbezüge haben, kann auch von einer „Prognosequalitätsgarantie" gesprochen werden. Eine (einfache) „Bilanzgarantie" redet daher nur mittelbar über die Außenwelt, etwa das Fehlen von Schulden der Gesellschaft.[96] Sie sagt nur, dass es solche Schulden nicht 5.133

---

95) S. 1. Aufl. Rn. 398 f., 402 f.; 2. Aufl. Rn. 481 f., 511.
96) So auch *King*, Die Bilanzgarantie beim Unternehmenskauf, Rn. 276. *King* spricht sich gleichwohl *gegen* die Verwendung objektiver Bilanzgarantien aus. Diese verteuerten die Transaktion und gingen an dem „eigentlichen Zweck" von Bilanzgarantien, den *King* objektivierend als den Ausgleich der Informationsasymmetrien feststellen zu können glaubt, vorbei (Rn. 276). Das über 300-seitige, lesenswerte Buch von *King*, seine Dissertation, verfolgt schlussendlich nicht die Zielsetzung, die sich zunächst aus dem Titel zu ergeben scheint, Bilanzgarantien als selbstständige Garantien in rechtlicher Hinsicht in der Breite und vertieft darzustellen. *King* versteht unter „Bilanzgarantie" vielmehr nahezu alle rechtlichen Mechanismen, die im Hinblick auf bilanzierungsfähige Umstände zu Anpassungen der vereinbarten Leistungen der Parteien führen können und er untersucht als Chefsyndikus eines Unternehmens, wie „Bilanzgarantien" (in dem erwähnten weiten Sinne) vernünftigerweise in M&A-Transaktionen ausgestaltet sein sollten. Hierbei berücksichtigt er Gesichtspunkte der ökonomischen Analyse des Rechts, der Systemtheorie („Komplexitätsreduktion"), Betriebswirtschaft („Pfadabhängigkeit") und v. a. der Unternehmensbewertung.

gibt, die nach dem Bilanzrecht zu passivieren gewesen wären – und schweigt über andere.

5.134 Der Bilanzrechtler *Hennrichs* ist inzwischen in zwei Untersuchungen[97] dem Thema intensiver nachgegangen. Er hat dargelegt, dass nach der zutreffenden h. M. im Handelsrecht ein **„normativ-subjektiver Fehlerbegriff"** gilt, bei dem es auf die **Erkenntnismöglichkeiten eines ordentlichen Kaufmanns bei Bilanzerstellung ankommt.**[98] *Elsing* hat in einem breit angelegten Festschriftbeitrag das Thema ebenfalls untersucht und der von *Hennrichs* und vom hiesigen Autor vertretenen Position zugestimmt.[99] Die Aufgabe des normativ-subjektiven Fehlerbegriffs durch den BFH für Zwecke der steuerlichen Gewinnermittlung steht dem nicht entgegen.[100]

5.135 Insbesondere ist das **„True and Fair View-Prinzip"** in § 264 Abs. 2 Satz 1 HGB i. S. des **„normativ-subjektiven Fehlerbegriffs"** zu lesen. § 264 Abs. 2 Satz 1 HGB lautet:

> „Der Jahresabschluß der Kapitalgesellschaft hat *unter Beachtung der Grundsätze ordnungsgemäßer Buchführung* ein den tatsächlichen Verhältnissen entsprechendes Bild der Vermögens-, Finanz- und Ertragslage der Kapitalgesellschaft zu vermitteln".

5.136 Das Handelsbilanzrecht ist primär dafür gemacht, handelsrechtliche Ergebnisse festzustellen und diese auf verschiedene Perioden zu verteilen. Indem sich die ihm zugrunde liegende kaufmännische Rechnungslegung hierfür von einfach feststellbaren Cash-Größen (Einzahlung, Auszahlung) entfernt und „in Aufwand und Ertrag denkt", um periodengerechte Jahresüberschüsse und Jahresfehlbeträge herzuleiten, bringt sie zwangsläufig eine *Wertung* ins Spiel. Die normativen Vorgaben für diese Wertungen – etwa die Abschreibungssätze bei langfristig genutzten Wirtschaftsgütern, Vorgaben für gewinnmindernde Vorgriffe auf zukünftige Auszahlungen oder Einzahlungsausfälle durch Abschreibungen, Wertberichtigungen und Rückstellungen – können rechtlich nicht scharf sein (weil es i. d. R. um die Zukunft geht)[101] und ihre Anwendung wird zudem dadurch erschwert, dass die Sachverhalte i. d. R. ungewiss und unterschiedlich prognostizierbar sind (weil sie i. d. R. in der Zukunft liegen)[102]. Die bilanzrechtlichen

---

97) *Hennrichs*, NZG 2014, 1001; *Hennrichs*, Falsche Bilanzen und Bilanzgarantien bei M&A-Transaktionen, in: Drygala/Wächter, Bilanzgarantien bei M&A-Transaktionen, S. 1.
98) *Hennrichs*, NZG 2014, 1001, 1004.
99) *Elsing* in: FS Haarmann, S. 30 unten, 31 oben, 36 oben.
100) *Hennrichs*, NZG 2014, 1001, 1004.
101) *Hennrichs*, Falsche Bilanzen und Bilanzgarantien bei M&A-Transaktionen, in: Drygala/Wächter, Bilanzgarantien bei M&A-Transaktionen, S. 1, 6 spricht ausdrücklich von „rechtliche(n) Unklarheiten" des Bilanzrechts.
102) *Hennrichs*, Falsche Bilanzen und Bilanzgarantien bei M&A-Transaktionen, in: Drygala/Wächter, Bilanzgarantien bei M&A-Transaktionen, S. 1, 5, spricht so von „Unsicherheiten im Tatsächlichen", v. a. da es um „Schätzungen und Prognosen" und eine „mehrdeutige Wirklichkeit" gehe, die keine „Punktlandung" erlaube, sondern Einschätzungen innerhalb einer gewissen Bandbreite erfordere.

IV. Garantien mit Zukunftsbezug

Vorgaben mussten freilich, solange es allein um die **kaufmännische Abgrenzung von Periodenergebnissen** ging, nicht besonders scharf sein, weil sich die Effekte der Ergebnisperiodisierung über die Gesamtlebensdauer des Unternehmens saldieren und es relativ wenig Schaden anrichtete, ob bessere Ergebnisse in einer frühen und schlechtere in einer späteren Periode zugeordnet wurden. Ansprüche von Dritten, eine Aufteilung in „Mein" und „Dein" hingen von der Bilanz und dem Bilanzrecht nicht ab – solange es nur das originäre Berichts und Selbstverständigungsinstrument der Kaufleute blieb.

Indessen haben die Bilanz und das Bilanzrecht schon lange einen **Funktionswandel** erfahren. Sie werden unmittelbar vom Kapitalerhaltungsrecht (was ausgeschüttet werden darf, hängt von der Anwendung des Bilanzrechts ab) und sodann auch Strafrecht (etwa Untreuestrafbarkeit) und v. a. von dem Steuerrecht – über die sog. Maßgeblichkeit – in Anspruch genommen. Jetzt plötzlich entscheiden bilanzrechtliche Regelungen nicht mehr nur über bessere frühe oder bessere späte Periodenergebnisse ein und desselben Rechtssubjektes, sondern über **Reichtumszugriffe von Dritten** bzw. **Reichtumsabflüsse an Dritte**, ja sogar über Gefängnis. 5.137

Eine gewisse intellektuelle Schärfe brachte schon das Steuerinteresse des Staates in das Bilanzrecht. Indessen überlagert dieser das Bilanzrecht, wo ihm dessen originäre Ergebnisse nicht passen, mit seinem eigenen Steuerbilanzrecht und mit allerlei Rechtsverordnungen und Verwaltungsanweisungen und genießt die Prärogative, die ihm seine öffentlich-rechtliche Stellung gewährt. 5.138

Die **inhärente Unschärfe bilanzrechtlicher Regeln** wird so erst **ungemildert zum Problem**, wenn es um kapitalerhaltungsrechtliche Ansprüche, Untreue- und andere Strafbarkeiten – und eben auch um Ansprüche aus Bilanzgarantien – geht. 5.139

Daher wendet sich *Hennrichs* besonders der Frage zu, welche Auswirkung die häufig unklare bilanzrechtliche Rechtslage auf die Richtigkeit oder Unrichtigkeit von Bilanzen hat. Seine Antwort knüpft an den Begriff der „**Vertretbarkeit**" an und benutzt die **prozeduralen Elemente der Business Judgement Rule**.[103] Wenn der Kaufmann, der nicht selbst über die rechtliche Expertise verfügt, seinem Berater alle tatsächlichen Umstände offen und vollständig darlege, so sei, so ist *Hennrichs* wohl zu verstehen, eine Bilanzierung, die der Berater vorschlägt „richtig", es sei denn, die eigene Plausibilitätsbeurteilung des Kaufmanns ergebe etwas Gegenteiliges.[104] Selbst wenn ein Gericht später „zu einer anderen, (vermeintlich) ‚besseren' Rechtserkenntnis gelangen (sollte), macht diese spätere Klärung der bis dahin unklaren Rechtslage die Bilanz nicht rückwirkend ‚falsch', wenn der Rechtsstandpunkt, der bei der Bilanzierung zugrun- 5.140

---

103) Hierzu allgemein *Bachmann*, WM 2015, 105.
104) *Hennrichs*, NZG 2014, 1001, 1004 unten, 1005.

de gelegt wurde, aus Sicht des sorgfältigen Kaufmanns am Tag der Feststellung des Abschlusses vertretbar war."[105]

5.141 Dieses Ergebnis wird darauf gestützt, dass bei Entscheidungen unter Unsicherheit von dem Kaufmann redlicherweise nicht mehr verlangt werden, als dass er die relevanten Umstände sorgfältig prüft, abwägt, sich ggf. Expertenrat einholt und auf dieser Grundlage eine vertretbare Entscheidung trifft.[106] Zugleich beruft sich *Hennrichs* offen auf die Business Judgement Rule des § 93 AktG, deren Einhaltung ja bereits die Pflichtwidrigkeit des Vorstandshandelns ausschließe; analog enthalte eine entsprechend aufgestellte Bilanz schon keinen Fehler.[107] Entsprechend würde sich also der Verkäufer bei Geltendmachung von Ansprüchen aus einer Bilanzgarantie hinreichend damit verteidigen können, dass die Bilanzierung in diesem Sinne „vertretbar" war.[108] Dieser Sicht ist grundsätzlich zuzustimmen.

c) **Einfache, normale (sog. „weiche" oder „subjektive") Bilanzgarantien**
aa) **Bilanzgarantien oder Garantien hybridisierter Bilanzen?**

5.142 Wir werden bei der Behandlung der Bilanzgarantien die zumeist verwendeten Gegensatzpaare „weiche" bzw. „subjektive" vs. „harte"[109] bzw. „objektive"[110] durch das Gegensatzpaar **einfache, normale Bilanzgarantie vs. „Garantie einer hybridisierten Bilanz"** ersetzen.

5.143 Diese Vorgehensweise rechtfertigt sich v. a. daraus, dass die Adjektive „weich" vs. „hart" oder „subjektiv" vs. „objektiv" den falschen Anschein erwecken, der Gegensatz bestünde vorrangig in unterschiedlichen **Intensitäten des Garantierens**. Tatsächlich gibt es aber hier keinen Unterschied; namentlich können beide Arten von Garantien verschuldens- bzw. kenntnisabhängig oder -unabhängig ausgestaltet werden. Sie können auch dieselben Rechtsfolgen haben.

5.144 Der entscheidende Unterschied liegt darin, *worauf* sich die Garantieaussagen beziehen, in den **Gegenständen der Garantieaussagen**. Bilanzgarantien (einfa-

---

105) *Hennrichs*, NZG 2014, 1001, 1005. So auch *Hennrichs*, Falsche Bilanzen und Bilanzgarantien bei M&A-Transaktionen, in: Drygala/Wächter, Bilanzgarantien bei M&A-Transaktionen, S. 1, 9.
106) *Hennrichs*, NZG 2014, 1001, 1004.
107) *Hennrichs*, NZG 2014, 1001, 1005.
108) Zustimmend *Elsing* in: FS Haarmann, S. 26, 36 oben. Deshalb müsse der Erwerber, der einen Anspruch aus einer (subjektiven) Bilanzgarantie geltend macht, „substantiiert darlegen, aus welchen Gründen ein Bilanzansatz nicht mehr vertretbar war". Die Bilanzierung muss nicht unbedingt die Bilanzierung des Verkäufers gewesen sein, sondern kann ggf. von dem Management der Zielgesellschaft vorgenommen worden sein.
109) *Holzapfel/Pöllath*, Unternehmenskauf in Recht und Praxis, S. 490; *Haberstock* in: FS Pöllath + Partners, S. 29 ff., 41. *Blunk/Rabe*, GmbHR 2011, 408, 409 f.
110) Die Begriffe „weiche" Bilanzgarantie und „subjektive" Bilanzgarantie werden, soweit ersichtlich, gleichbedeutend verwendet, ebenso die Gegenbegriffe dazu „harte" Bilanzgarantie und „objektive" Bilanzgarantie. *Flick*, Die Garantie beim Unternehmenskauf, S. 215, spricht von einer „absoluten" Bilanzgarantie.

IV. Garantien mit Zukunftsbezug

che, normale) beziehen sich darauf, dass eine Bilanz nach den Regeln, nach denen sie erstellt wurde, **nach dem Bilanzrecht, richtig** ist. Das, was „harte" bzw. „objektive" Bilanzgarantie genannt wird, bezieht sich indessen darauf dass eine Bilanz zum Teil **nach Regeln richtig** sein soll, **nach denen sie** *nicht* **erstellt wurde**. Dieses Messen einer Bilanz an einem anderen Code als ihrem Erstellungscode, ihr Lesen in einer anderen Sprache als in der, in der sie geschrieben wurde – ein **„Umlesen" bzw. „Hybridisieren" der Bilanzaussagen** –, ist das eigentlich Kennzeichnende sog. „harter" bzw. „objektiver" Bilanzgarantien.

Die beiden zumeist verwendeten Begriffspaare sind auch sonst zur Bezeichnung des Gemeinten unbefriedigend. Die Begriffe **„subjektiv"** vs. **„objektiv"** sind schon – sogar im Zusammenhang mit Garantien – **anders besetzt**, nämlich im Hinblick auf Verschulden oder Kenntnisabhängigkeit des Garantiegebers (nicht des Autors der originären Aussage). Eine zweifache Verwendung mit einem anderen Inhalt erschwert aber den Gebrauch;[111] man muss immer dazu sagen, was gerade gemeint ist und ruft Verwechselungsgefahren hervor.   5.145

Auch das Begriffspaar **„weich"** vs. **„hart"** passt nicht wirklich. In der Sache sagt[112] die Aussage in der Bilanzgarantie, die mit „weich" bezeichnet werden soll, dass die Bilanz **nach ihren eigenen Standards richtig** ist. Warum sollte das aber als „weich" bezeichnet werden? Man würde ja auch nicht die Aussage, dass 3 x 3 = 9 richtig ist, als „weich" bezeichnen, weil „nur" gemeint ist, dass sie „mathematisch richtig" sei.   5.146

bb) „Normativ-subjektiver Fehlerbegriff" bei der einfachen, normalen Bilanzgarantie

In der Sache wirft die einfache, normale Bilanzgarantie **keine Auslegungsprobleme** auf, **die nicht schon das Bilanzrecht selbst stellen würde**. Die ist die Folge davon, dass ihre Aussage nur dahin geht, dass die Bilanz die bestehende Welt richtig – wenn auch durch die Brille des Bilanzrechts – widerspiegelt. Mit anderen Worten: Die Bilanz ist falsch, wenn sie einen Fehler i. S. des „normativ-subjektiven Fehlerbegriffs" des Bilanzrechts hat. Die Probleme, die bei der Beurteilung dieser Frage auftreten, sind freilich groß genug.[113]   5.147

(1) Ein Beispiel für eine einfache, normale Bilanzgarantie

Meyer-Sparenberg geben ein Beispiel einer einfachen bzw. normalen (bzw. „weichen" oder „subjektiven" Bilanzgarantie wie folgt: 5.148

„Der Jahresabschluss ist mit der Sorgfalt eines ordentlichen Kaufmanns in Übereinstimmung mit den gesetzlichen Vorschriften des HGB und den Grundsätzen ordnungsgemäßer Buchführung unter Wahrung der Bewertungs- und Bilanz-

---

111) Es kann in der Sache vier Kombinationen geben, s. Rn. 5.152.
112) Dass das Gesagte zugleich garantiert wird, ist eine Frage der Rechtsfolge.
113) S. Rn. 5.184–5.246.

kontinuität erstellt worden. Er vermittelt unter Beachtung dieser Grundsätze ein den tatsächlichen Verhältnissen entsprechendes Bild der Vermögens-, Finanz- und Ertragslage ... zum ..."[114]

5.149 Ersichtlich wird hier weithin § 264 Abs. 2 Satz 1 HGB paraphrasiert. Im Ergebnis sind, worauf der Musterverfasser selbst hinweist,[115] **keine Risiken umfasst**, die auch bei sorgfältiger Aufstellung und Prüfung des Jahresabschlusses **nicht erkennbar** waren. Diese Einschränkung wird durch die Bezugnahme auf die Grundsätze ordnungsgemäßer Buchführung bewirkt, nach denen – vgl. § 252 Abs. 1 Nr. 4 HGB – nur „alle vorhersehbaren Risiken und Verluste" zu berücksichtigen sind.[116]

5.150 Der Unternehmenskäufer muss also bei einer „weichen" Bilanzgarantie ggf. hinnehmen, dass der Unternehmenswert aufgrund von Umständen absinkt, die aus der Bilanz nicht erkennbar waren. Er steht insoweit genauso wie der alte Unternehmenseigentümer, der sich, auch wenn er eine richtige Bilanz hat, nicht darauf verlassen kann, dass nicht das Eine oder Andere schlimmer kommen könnte.

(2) Einfache, normale Bilanzgarantien können kenntnisabhängig oder kenntnisunabhängig sein[117]

5.151 Beim Asset Deal oder wenn ein Anteilsverkäufer beim Share Deal zugleich bilanzerstellendes Organ der Zielgesellschaft ist, sind Bilanzersteller und Garantiegeber personenidentisch. Sobald die Bilanzersteller (Geschäftsleitung der Zielgesellschaft) andere Personen als die Garantiegeber (der Verkäufer) sind, wird doppelt manifest, dass zweimal hinsichtlich der „Subjektivität" oder „Objektivität" von Aussagen unterschieden werden muss. Bei allen Aussagegarantien zweiter Ordnung gibt es zwei mögliche Stichtage (Abgabe der originären Aussage *und* Abgabe der Meta-Aussage).[118] Jetzt tritt eine zwangsläufige Personenverschiedenheit hinzu. Zuerst geht es um die „subjektive" oder „objektive" Unrichtigkeit der Bilanzaussage der Bilanzsteller (Geschäftsleitung der Zielgesellschaft) also um „normativ-subjektive-Richtigkeit" i. S. des Bilanzrechts oder eine irgendwie strengere und objektivere[119] „Richtigkeit", die die Anhän-

---

114) Vgl. das Muster von *Meyer-Sparenberg* in: Beck'sches Formularbuch, III. A. 10 (Kauf von GmbH-Anteilen) § 5 Abs. 2, S. 209 f.
115) *Meyer-Sparenberg* in: Beck'sches Formularbuch, III. A. 10 (Kauf von GmbH-Anteilen) § 5 Abs. 2, S. 234 Rn. 24.
116) Was nicht anders sein kann: Der Bilanzersteller kann natürlich nicht bilanzrechtlich verpflichtet werden Rückstellungen für Risiken zu bilden, die er gar nicht kennt. Die Logik des Bilanzrechts ist insoweit eine andere als die des Käufers, der sich nur dafür interessieren darf, welcher Unternehmenswert bei ihm ankommt und für den er bezahlt.
117) Bzw. verschuldensabhängig oder verschuldensunabhängig.
118) S. Rn. 5.43 f. und 5.52 f.
119) Wir werden gleich sehen, dass es den Anhängern der Möglichkeit einer „harten" oder „objektiven" Bilanzgarantie, nachdem sie das Bilanzrecht als zu weichen oder zu subjektiven Richtigkeitsmaßstab verabschiedet haben, sehr schwer fällt zu sagen, was ihn ersetzen soll.

IV. Garantien mit Zukunftsbezug

ger der Möglichkeit einer „harten" oder „objektiven" Bilanzgarantie konstruieren möchten.[120] Sodann geht es um die Kenntnis oder den Vorsatz des Verkäufers bzw. Garantiegebers bei seiner Meta-Aussage über die Bilanzaussagen. Es stellt sich nämlich, bei der Bilanzgarantie wie bei jeder Garantie, die Frage danach, ob zusätzlich zu der Unrichtigkeit der Garantieaussage Kenntnis des Garantiegebers erforderlich ist.[121]

Aufgrund der zweifachen Anwendung der Unterscheidung subjektiv/objektiv auf zwei verschiedene Personen hinsichtlich zwei verschiedener Aussagen, kann es also vier Fälle geben: 5.152

- „**Subjektive Garantien der ‚subjektiven Richtigkeit' von Bilanzen**" – der Verkäufer garantiert, dass die in der Zielgesellschaft erstellte Bilanz nach seiner Kenntnis in Übereinstimmung mit dem Bilanzrecht erstellt wurde.

- „**Objektive Garantien der ‚subjektiven Richtigkeit' von Bilanzen**" – der Verkäufer garantiert kenntnisunabhängig, dass die in der Zielgesellschaft erstellte Bilanz in Übereinstimmung mit dem Bilanzrecht erstellt wurde.[122]

- „**Subjektive Garantien der ‚objektiven Richtigkeit' von Bilanzen**" – der Verkäufer garantiert, dass nach seiner Kenntnis die Bilanz „objektiv richtig" i. S. einer sog. „harten" oder „objektiven" Bilanzgarantie bzw. einer Garantie einer hybridisierten Bilanz ist.

- „**Objektive Garantien der ‚objektiven Richtigkeit' von Bilanzen**" – der Verkäufer garantiert kenntnisunabhängig, das die Bilanz „objektiv richtig" i. S. einer sog. „harten" oder „objektiven" Bilanzgarantie bzw. einer Garantie einer hybridisierten Bilanz ist.

Alle Varianten können vorkommen. Wenn die Parteien verstehen, dass bei Bilanzgarantien, wie bei allen Aussagegarantien, zweimal Unterscheidungen von Subjektivität und Objektivität stattfinden können, ist der erste Schritte zu einer halbwegs klaren Klausel gegangen. Den zweiten Schritt können die Parteien nur gemeinsam gehen, wenn sie sich darüber verständigen können, ob die Richtigkeit der Bilanz auch „als Bilanz" oder „als etwas anderes" garantiert werden soll. 5.153

---

120) Konsequent *Moser* in: Berens/Brauner/Strauch/Knauer, 7. Aufl., S. 363 ff., 383 unten, wonach es bei einer „harten" Bilanzgarantie um eine Haftung „unabhängig von der Kenntnis durch das Zielunternehmen in der Wertaufhellungsperiode" geht.

121) S. Rn. 5.22 f. In diesem Sinne auch *Witte/Gerardy*, Ausgestaltung von Bilanzgarantien – objektive und subjektive Elemente, in: Drygala/Wächter, Bilanzgarantien bei M&A-Transaktionen, S. 23, 37 unten, 38. In diesem Sinne sind wohl auch *König/Gießelmann*, GWR 2016, 155, 157 unter III. 5, und *Bormann/Trautmann*, GmbHR 2016, 122, 123 re. Sp. Mitte, zu verstehen, obwohl die beiden Subjektivitäten der beiden Subjekte nicht eindeutig unterschieden werden. Unklar auch *Schmitz*, RNotZ 2006, 561, 594.

122) *Hennrichs*, NZG 2014, 1001, 1001 oben, geht stillschweigend davon aus, dass diese der Regelfall seien. Das mag, muss aber nicht unbedingt zutreffen. Die Haftung für die Bilanzgarantie im Fall des OLG Frankfurt a. M. betraf eine Garantie „nach § 276 BGB". S. a. *Schön*, M&A Review 2014, 122, 124 re. Sp. oben.

d) Garantien hybridisierter Bilanzen (sog. „harte" bzw. „objektive" Bilanzgarantien)

aa) Hintergrund

(1) Käuferinteresse an mehr Sicherheit als das Bilanzrecht gewährt

5.154 Jeder Unternehmenseigner, der eine Bilanz für sein Unternehmen durchsieht, weiß dass ihm die Zukunft Wertminderungen von Aktiva oder eine Erhöhung von Schuldenpositionen bringen kann, die aufgrund des geltenden Bilanzrechts noch nicht aus der Bilanz ablesbar sind – auch wenn die Bilanz richtig war. Dies gilt nicht nur für völlig neue Entwicklungen, sondern auch für solche, die auf eine bestimmte Weise schon angelegt oder erkennbar waren.[123] Da die Bilanz, soweit sie auf der Aktivseite Anschaffungskosten nicht außerordentlich abschreibt oder wertberichtigt, bzw. auf der Passivseite keine Rückstellungen bildet, **Aussagen über die Zukunft enthält**, ist sie – trotz Vorsichts- und Imparitätsprinzip – **kein „Worst Case-Szenario"**. Das weiß der Unternehmenseigner wie seine „Stakeholder" – und alle nehmen es unaufgeregt hin.

5.155 Dies gilt außerhalb einer M&A-Transaktion und noch oft während Verhandlungen eines M&A-Vertrages. Stellt sich indessen *nach* Abschluss einer M&A-Transaktion Abschreibungs- oder Wertberichtigungsbedarf heraus oder zeichnen sich nicht passivierte Auszahlungen ab, erfolgt i. d. R. käuferseitig ein „Aufschrei". Es scheint nun, dass der Käufer keine Reserven dafür vorhält, dass Abwertungen von Aktiva oder Erhöhungen von Schulden nicht erfolgten, die nach dem „normativ-subjektiven Fehlerbegriff" des Bilanzrechts nicht zwingend erfolgen mussten. Zudem scheint der Käufer gerade hier kampfbereit zu sein. Dieser Aufschrei führt oft zur Behauptung, gerade in casu sei eine **„Garantie der objektiven Richtigkeit der Bilanz"** vereinbart worden. Dies erfolgt obwohl naheliegende Techniken zur Erweiterung des Verkäuferschutzes – Vermögensgarantien oder eine ausdrückliche sachliche oder zeitliche Hybridisierung der Bilanzgarantie – sich fast nie in den Verträgen finden.

---

[123] Die Abgrenzung zwischen beiden ist schwieriger als man denkt. Oft liegen dazwischen nur Zufälle, ein etwas besseres Erkenntnisvermögen oder Zivilcourage. Ein Meteoriteneinschlag erscheint zunächst eine völlig neue Entwicklung darzustellen. Aber wie lange war der Meteorit schon unterwegs? Die sozialpsychologische Sicherheit, die viele Menschen bei Erwartungen über die Zukunft haben, beruht primär auf ihrer Beobachtung, dass andere genauso denken, das aber ist ein schlechter Ratgeber. Immer noch lesenswert: *Noelle-Neumann*, Die Schweigespirale, 1980. Übrigens ist die Sicherheit, in der sich die Rechtsprechung und Unternehmensbewertungslehre aufgrund der sog. **„Wurzeltheorie"** des BGH wähnt, eine Scheinsicherheit. Die „Wurzeltheorie" ist ein Konsens, die botanische Metapher „Wurzel" zu verwenden, wenn in bestimmten Fällen der rechtsgeleiteten Bewertung darüber entschieden werden muss, welche Umstände bzw. Informationen bei einer Bewertung berücksichtigt werden dürfen und welche nicht. Es gibt indessen keinerlei weitergehende Konkretisierung wann schon „eine Wurzel gelegt ist" und kann sie wohl auch nicht geben. Deshalb bröckelt der Konsens auch. Vgl. *Hüttemann/Meyer*, Stichtagsprinzip, in: Fleischer/Hüttemann, Rechtshandbuch Unternehmensbewertung, S. 323, insb. Rn. 41 ff., 47 f.

IV. Garantien mit Zukunftsbezug

(2) Vermögensgarantien werden selten vereinbart

Vermögensgarantien wurden bereits behandelt. Es können einfache Aussagen „erster Ordnung" über die Wirklichkeit sein, wie: 5.156
- „Das Grundstück der Gesellschaft in A hat einen Wert von x".

Oder es können, wie schon gesehen,[124)] relativ schwierige Aussagen sein: 5.157
- „Die Verkäufer garantieren, dass der Jahresabschluss, *wenn er heute, dem 30.9.2014, zum 31.12.2013 aufgestellt worden wäre*, unter Berücksichtigung der Grundsätze ordnungsgemäßer Buchführung ein den tatsächlichen Verhältnissen entsprechendes Bild der Vermögens-, Finanz-, und Ertragslage der Gesellschaft zum 31.12.2013 vermitteln würde".

Solche **Vermögensgarantien**[125)] finden sich jedoch recht **selten in M&A-Verträgen**. Auch die weithin funktionsgleichen Freistellungen, Kostenerstattungsregelungen, Kaufpreisanpassungsregelungen oder andere Gestaltungen, z. B. Andienungsrechte (etwa betreffend Immobilien und Forderungen), mit einer entsprechenden funktionalen Ausrichtung, finden sich selten.[126)] Sie helfen dem empörten Käufer also nicht, Ansprüche wegen der Enttäuschung seines (zu hohen?) Vertrauens in die Bilanz der Zielgesellschaft herzuleiten. 5.158

(3) Sachlich hybridisierte Bilanzgarantien werden selten vereinbart

„Bilanzgarantien", die einen klar erkennbaren „Hybridisierungsversuch" unternehmen – Garantien, wonach die Richtigkeit der garantierten Bilanz nicht an den üblichen Regeln des Bilanzrechts, sondern an anderen, definierten „verhärteten" Regeln des Bilanzrechts gemessen werden, werden selten vereinbart. Eine hybridisierte Bilanzgarantie könnte z. B. lauten: 5.159

„Der Verkäufer garantiert die Richtigkeit der Bilanz zum 31.12.2016. Mit Richtigkeit ist indessen nicht Richtigkeit i. S. der üblichen bilanzrechtlichen Regeln, etwa von § 264 Abs. 2 Satz 1 HGB, gemeint, sondern dass die Bilanz folgenden, härteren Ansprüchen genügt: (i) alle bilanzierten Gegenstände sind mindestens *zu ihren Bilanzwerten veräußerlich oder sonst verwertbar*; (ii) alle bilanzierten Forderungen sind in voller Höhe *einbringlich*; (iii) die Gesellschaft wird *keine Auszahlungen* für *nicht in der Bilanz passivierte Verbindlichkeiten* leisten müssen. Das Vorstehende soll nur dann nicht gelten, wenn sich der Nichteintritt des garantierten Erfolges sich aus einem am Tag der Garantieabgabe noch nicht angelegten Risiken ergibt. Noch nicht angelegte Risiken in dem vorstehenden Sinne sind Risiken, die (iv) in 5.160

---

124) S. Rn. 5.91.
125) Nach der hier vertretenen Auffassung ist bei einem Abgehen von den Regeln des Bilanzrechts nicht mehr angemessen, noch von einer „Bilanz"garantie zu sprechen. Wenn man z. B. die Fußballregeln außer Kraft setzt und anordnet, dass nach anderen Regeln, z. B. auf Eis mit Schlägern, gespielt werden solle, sollte man nicht mehr von „harten Fußballregeln" sprechen. Das ist aber Geschmacksfrage.
126) Keinem Zweifel unterliegt, dass solche Gestaltungen möglich und zulässig sind, und hiermit – maßgeschneidert, klar und relativ sicher – all das erreicht werden könnte, was sich Käufer auch von „harten" oder „objektiven" Bilanzgarantien erhoffen.

Folge von Gegebenheiten eintreten, denen die Gesellschaft erst nach Übernahme durch den Käufer neu ausgesetzt wurde (z. B. einer nicht schon vor der Übernahme beabsichtigte Erlangung von Eigentum oder der Besitz an Vermögensgegenständen oder eine solche Ausdehnung ihrer Aktivitäten). Keine noch nicht angelegten Risiken sind Risiken, mit deren Realisierung ein vorsichtiger Unternehmensleiter angesichts eines vorhandenen Vermögens oder angesichts vorhandener Aktivitäten der Gesellschaft oder einer bestehenden Absicht, Vermögen zu erwerben oder die Aktivitäten auszudehnen im Grundsätzlichen rechnen muss, und zwar auch dann, wenn er bilanzrechtlich hierfür keine Rückstellungen, Abschreibungen oder Wertberichtigungen vornehmen darf oder muss.[127]

(4) Zeitlich hybridisierte Bilanzgarantien werden selten vereinbart

5.161 Wir sind schon dem Thema begegnet, dass durch eine **Nach-Hinten-Verschiebung** des für die Richtigkeit der Aussage maßgeblichen Stichtags neue werterhellende Umstände einbezogen und die Haftung erweitert werden kann.[128] Während die einfache bzw. normale Bilanzgarantie die Richtigkeit der Bilanz etwa zum 31.12.2013 daran misst, welche Kenntnisse der Bilanzersteller (nicht unbedingt der Verkäufer!) am Ende des Werterhellungszeitraums, also bei Bilanzerstellung – sagen wir am 31.3.2014 – hatte, könnten die Parteien vereinbaren, die Bilanz in diesem Punkt einem **veränderten Richtigkeitskriterium** zu unterwerfen, indem der Werterhellungsstichtag nach hinten verlegt wird.[129] Vor allem kann er auf das Signing verschoben werden.[130] Was die Be-

---

127) In BGH v. 16.1.1995 – II ZR 279/93, NJW-RR 1995, 413, hat der BGH bei einer Nichtberücksichtigung eines erheblichen Teils des Vorratsvermögens in der Bilanz, die er als Verletzung gegen das grundlegende Gebot des § 246 Abs. 1 HGB (Vollständigkeit) ansah, gleichwohl geäußert, „Dies alles schließt es freilich nicht aus, dass die im Vertrag vom 3.8.1987 für maßgebend erklärten ‚Gewinnermittlungsmethoden' die bis dahin offenbar ständig praktizierte Zuwiderhandlung gegen das oben genannte Vollständigkeitsgebot einschließen sollten" (S. 414 li. Sp. Mitte), und damit ausdrücklich das Recht von Vertragsparteien, inhaltlich andere Anforderungen zu garantieren, als sie sich aus dem gesetzlichen Bilanzrecht ergeben würden, anerkannt.

128) S. Rn. 5.56, 5.91, 5.157, 5.160 und 5.164.

129) *Mellert* möchte wohl generell „harte" Bilanzgarantie in dem Sinne verstehen, dass sich die Richtigkeit nach der *Erkenntnislage* zum *Zeitpunkt der Abgabe der Garantie* bestimme. Vgl. *Mellert*, Tatbestandsprobleme bei Eigenkapitalgarantien, in: Drygala/Wächter, Bilanzgarantien bei M&A-Transaktionen, S. 11, 14 oben. Dass eine „harte Bilanzgarantie" so einen konsistenten und nachvollziehbaren Sinn gewinnen kann, bedeutet aber noch nicht, dass sie einfach in eine normale Bilanzgarantie hineingelesen werden kann, wenn diese nur „Härtesignale" enthält.

130) Theoretisch denkbar, aber ferner liegend, wären auch das Closing oder, als die letzte praktikable, prozessuale Möglichkeit, die letzte mündliche Verhandlung in dem Rechtsstreit über die Bilanzgarantie. Diese am weitesten ausgedehnte („harte", oder sollte man besser sagen „verweichlichte"?) hybridisierte Bilanzgarantie würde bedeuten, dass der Verkäufer dann haftet, wenn am *Ende der letzten mündlichen Verhandlung in dem Garantieprozess* irgendjemand Risiken erkennen könnte, die nicht durch Wertabschläge auf der Aktivseite der Bilanz oder Rückstellungen berücksichtigt wurden.

IV. Garantien mit Zukunftsbezug

rücksichtigung wertändernder Tatsachen angeht, bleibt es aber beim Bilanzstichtag.[131)]

Es ist auch möglich, dass statt auf die Kenntnis von wirklichen Personen beim Bilanzersteller zu einem späteren Zeitpunkt auf die Kenntnis eines „allwissenden Geistes" abgestellt wird.[132)] Das nähert sich der Verschiebung des Werterhellungsstichtages in unendliche Zukunft an. 5.162

In der Sache bedeutet dies freilich, dass eine Bilanz garantiert wird, die es nicht gab. Es gab nämlich keine mit dem Stand von Kennen und Kennenmüssen per 30.9.2014 erstellte Bilanz zum 31.12.2013 als Bilanzstichtag. Insofern gibt der Verkäufer in Wirklichkeit die Garantie ab, dass eine **hypothetische Bilanz**, die zu einem späteren Ende des Werterhellungszeitraums (z. B. dem 30.9.2014 statt des 31.3.2014) zu dem alten Bilanzstichtag aufgestellt worden wäre „*richtig gewesen wäre*", wenn sie mit der historischen Bilanz identisch gewesen wäre. Daher ist die Richtigkeit dieser fiktiven Bilanz daran zu messen, welche Kenntnisse der Bilanzersteller (nicht unbedingt der Verkäufer!) am Ende des Werterhellungszeitraums, also am 30.9.2014, hatte. Eine Klausel, die der bereits oben behandelten Vermögensgarantie sehr nahekäme, könnte z. B. lauten: 5.163

„Der Verkäufer garantiert, dass die Bilanz vom 31.12.2013 auch dann i. S. des Bilanzrechts richtig gewesen wäre, wenn sie erst am 30.9.2014 (Ende des Werterhellungszeitraums) erstellt worden wäre". 5.164

Der große Vorzug dieser Vorgehensweise besteht darin, dass der **bilanzrechtliche Code vollumfänglich in Kraft bleibt** (es müssen also keine „strengeren" Bilanzierungsregeln erfunden werden). Deshalb behält die Aussage der „Richtigkeit" der Bilanz ihren immanenten, auf das Bilanzrecht abstellenden Sinn und werden Ansprüche aus einer solchen „Garantie der Richtigkeit der Bilanz zu einem späteren Werterhellungsstichtag" nicht mit größeren Auslegungsproblemen belastet, als sie das Bilanzrecht ohnehin mit sich bringt. 5.165

Der Umstand, dass indessen auch solche relativ leicht möglichen und seriösen Verstärkungen des Käuferschutzes **selten vereinbart** werden, muss nochmals skeptisch gegenüber Versuchen machen, Landaus und Landein hybridisierte Bilanzgarantien in Verträgen zu „entdecken". 5.166

bb) Einwände gegen die Uminterpretation von Bilanzgarantien in hybridisierte Bilanzgarantien

Im wirklichen Leben scheinen sog. „harte " bzw. „objektive" Bilanzgarantien bevorzugt in der Form aufzutreten, dass sie sich „verstecken" und es erheblicher 5.167

---

131) Das sehen auch Anhänger hybridisierter Bilanzgarantien. „Von der Garantieerklärung nicht erfasst werden allerdings *wertbegründende Tatsachen aus der Zeit nach dem Stichtag des Referenzabschlusses.*" (*Blunk/Rabe*, GmbHR 2011, 408, 410 li. Sp. unten, Hv. hinzugefügt.) Allerdings ist die Grenze zwischen wertbegründenden und werterhellenden Tatsachen ungewiss.

132) *Bergjan/Schäfer*, DB 2016, 2587, 2588 re. Sp. unten; *König/Gießelmann*, GWR 2016, 155, 156.

Geburtshilfe der Käuferanwälte bedarf, um sie als sog. „harte" bzw. „objektive" Bilanzgarantien erkennen zu können. Spöttisch könnte man sagen: Käuferanwälte schaffen es in Verhandlungen so gut wie nie, eindeutig eine „harte" Bilanzgarantie durchzusetzen; wenn es zum Streit kommt, entdecken sie aber mit schöner Regelmäßigkeit, dass ihnen das *in casu* gerade doch irgendwie gelungen ist.

5.168 Gegen den Versuch einer Uminterpretation einer normalen Garantie in sog. „harte" bzw. „objektive" Bilanzgarantie sprechen aber zumeist vier Gründe:

5.169 *Erstens* ein „**aussagenlogisches**" Argument: Eine Bilanzgarantie ist, wie gesehen, eine Aussage über eine andere Aussage(n). Die **Sachaussagen** (Bilanzaussagen), die Bilanzansätze über ein Unternehmen zu einem Stichtag wiedergibt, wird von einem Bilanzersteller getroffen. Sie gewinnen ihren Sinn nur dadurch, dass sie *auf bestimmte bilanzrechtliche Spielregeln Bezug nehmen*, z. B. ein Ansatz für eine Immobilie nur dadurch, dass man weiß, dass der Ansatz als die historischen Anschaffungskosten minus der Abschreibungen auf das Gebäude zu berechnen ist. Eine oft *zweite* Person, der Verkäufer, trifft nun als Meta-Aussage eine **Richtigkeitsaussage** über die Sachaussagen, die mit einer Schadensersatzhaftung versehen ist. Diese Meta-Aussage kann nur dahin gehen, dass die Bilanzersteller die bilanzrechtlichen Regeln richtig auf die gegebenen Umstände angewendet haben. Die Richtigkeitsaussage setzt die bilanzrechtlichen Regeln, an denen die Bilanz gemessen wird, voraus, sonst gäbe es nichts, woran die Richtigkeit gemessen werden könnte. Nun kann man die Richtigkeitsaussage verstärken oder abschwächen, wie man möchte – die bilanzrechtlichen Regeln, von denen die Richtigkeit der Bilanzaussage abhängt, liegen auf einer anderen Ebene als die Richtigkeitsaussage und sind nicht erreichbar für diese. Wenn *Günther* sagt „**Dieses Haus ist rosa**" und *Klaus* fügt hinzu „das ist richtig", so würde Klaus, darüber dürfte Einigkeit bestehen, das Rosa-Sein des Hauses bestätigen. Wenn *Klaus* aber nun, so die Anhänger der „harten Bilanzgarantie", sagt „ich garantiere (hart), dass es richtig ist" – so soll *Klaus* nun plötzlich sagen, dass **das Haus *dunkelrot* ist**. Mit anderen Worten: Die „Härte" der Garantie als Meta-Aussage soll den Inhalt der garantierten Aussage „verhärten" (von rosa zu dunkelrot). Das ist aber nicht möglich. Man kann die Richtigkeitsaussage so sehr bekräftigen wie man möchte, die Kriterien dafür, wann die Sachaussage richtig war, werden davon nicht betroffen.[133] Es wird aussagenlogisch an der falschen Schraube gedreht.

5.170 *Zweitens:* Wie gesehen, soll, wenn eine Bilanzgarantie als „harte Bilanzgarantie" bezeichnet wird, das bedeuten, dass die Frage, ob die garantierte Bilanz richtig oder falsch ist, nach anderen (strengeren) Regeln bestimmt wird als nach den

---

133) *Blunk/Rabe*, GmbHR 2011, 408, 410 li. Sp. oben, behandeln die aussagenlogische Problematik von hybridisierten Bilanzgarantien selbst nicht, aber berühren das Problem indem sie von einer „objektiv-materiellen Wirkung" von Elementen in der Formulierung einer Bilanzgarantie sprechen. Mit „objektiv-materieller Wirkung" müssen sie wohl die inhaltliche Veränderung der Bilanzaussagen meinen, die abzulehnen ist.

IV. Garantien mit Zukunftsbezug

üblichen bilanzrechtlichen Regeln (nach denen seinerzeit die Bilanz nur aufgestellt wurde). Wer geltend macht, dass eine Bilanzgarantie eine „harte Bilanzgarantie" sei, **will von einer Garantie der Richtigkeit einer Bilanz mehr Schutz und Sicherheit als ihm die richtige Bilanz gewähren könnte.** Es ist aber ein überaus ambitioniertes Unterfangen, auf dem Wege der Auslegung herleiten zu wollen, dass die Aussage, eine Bilanz sei richtig, eigentlich bedeutet, sie sei **ggf. als Bilanz unrichtig.** Den angeblich geltenden strengeren „Bilanzierungs-"Regeln könnte ja nur Genüge getan worden sein, wenn in der garantierten „Bilanz" Aktiva abgeschrieben oder wertberichtigt worden wären, die zwar nicht nach dem Bilanzrecht abgeschrieben oder wertberichtigt werden mussten (bzw. ggf. sogar nicht abgeschrieben oder wertberichtigt werden durften), aber nach den „strengeren" Regeln. Ebenso hätten ggf. Rückstellungen erhöht werden müssen, die zwar nicht nach dem Bilanzrecht zu erhöhen waren bzw. nicht erhöht werden durften, aber nach den „strengeren" Regeln. Mit anderen Worten: Eine sog. „harte" Bilanzgarantie würde, wenn man sie ernstnimmt, eigentlich vorher die Erstellung einer nichtexistenten Sonderbilanz (**nach den „härteren" Regeln**) voraussetzen.[134]

Drittens: Es ist unklar, *wie die „Verhärtung" stattfinden soll.* Wenn eine Verstärkung auf der Ebene der Meta-Aussage in Wirklichkeit die Bilanzaussagen – auf einer Ebene darunter – abändern soll, so fragt sich, **welche Veränderungen der Bilanzaussagen** bewirkt werden sollen. Die „alten" Regeln, die originär für die Bilanzaussage galten, kamen aus dem Bilanzrecht, das aber soll ja durch die „Härte" der Meta-Aussage derogiert werden. Aber woher sollen die „neuen Regeln" kommen, die den Inhalt der (neuen) „verhärteten" Bilanzaussagen vorgeben sollen? Soll die Formel „aus hell mache dunkel" gelten (wie bei dem Übergang von „rosa" zu „dunkelrot") oder aus „Buchwert mache Verkehrswert" (etwa bei Bilanzansätzen für Immobilien)? Soll gelten „aus HGB-Bilanzrecht mache IFRS"?[135] Sobald die Frage aufgeworfen ist, wird deutlich, dass die Anhänger von „harten Bilanzgarantien" dem Rechtspublikum nicht nur zumuten wollen, einen Text, der in einer Sprache geschrieben wurde, als Text einer *anderen* Sprache zu lesen, sondern ihm auch nicht sagen, in welcher Sprache.

5.171

Viertens: Jenseits von wenigen Fällen, in denen die Parteien ausdrücklich entweder eine Vermögensgarantie, Kostenerstattung, Freistellung, ähnliche Gestaltung oder Garantien sachlich oder zeitlich hybridisierter Bilanzen[136] vereinbaren, ist unklar, **welche Zauberworte Auslöser für eine** Hybridisierung der Bilanz sein sollen. Klar sein sollte allerdings, dass eine Paraphrase seines

5.172

---

134) Zust. zur 2. Auflage *Schiffer/Mayer*, BB 2016, 2627, 2630 re. Sp. Mitte.
135) Wenn auch inhaltlich absurd, würde eine solche Anweisung („Überprüfe die nach dem heutigen HGB-Bilanzrecht erstellte Bilanz an dem französischen Bilanzrecht des Jahres 1936") wenigstens das Vakuum wieder auffüllen, das durch das „Nichtanwendungsoktroi der „weichen" Regeln entstand, nach denen die Bilanz tatsächlich erstellt wurde.
136) S. Rn. 5.159 und 5.161.

5. Kapitel Garantien

Textes des „True and Fair View"-Prinzip des § 264 Abs. 2 Satz 1 HGB hierzu nicht ausreichen können.[137] Indem hier Anforderungen an den Jahresabschluss *jeder* Kapitalgesellschaft formuliert werden, werden eben die *allgemeinen* bilanzrechtlichen Anforderungen rezipiert. Diese entsprechen also dem „normativ-subjektiven" Richtigkeitsbegriff des Bilanzrechts und sind – in der Sprache der Anhänger der „harten Bilanzgarantie"– „weiche" Regeln. Eine Paraphrase von § 264 Abs. 2 Satz 1 HGB kann keinen einvernehmlichen „Verhärtungswunsch" der Parteien belegen, der das Bilanzrecht auf den Kopf stellt.

5.173 Leider ist dem OLG Frankfurt a. M. in dieser Hinsicht in einer Entscheidung vom 7.5.2015,[138] die mehrfach ausführlich, überwiegend kritisch, besprochen wurde,[139] genau dieser Fehler unterlaufen, indem es eine Garantie, dass eine Bilanz „mit der Sorgfalt eines ordentlichen Kaufmannes und unter Beachtung der gesetzlichen Vorschriften erstellt worden sei und ein den tatsächlichen Verhältnissen entsprechendes Bild der Vermögens-, Finanz- und Ertragslage der Gesellschaft vermittle" umstandslos als „harte" Bilanzgarantie ausgelegt hat.

---

137) *Wächter*, BB 2016, 711, 712 li. Sp. unten; *Wächter*, Schadensersatz und Kaufpreisanpassung post M&A, in: Drygala/Wächter, Kaufpreisanpassungs- und Earnout-Klauseln, S. 1, 10 Mitte; *Bergjan/Schäfer*, DB 2016, 2587, 2588 re. Sp. Mitte; *König/Gießelmann*, GWR 2016, 155, 157; *Görg*, DB 2016, M5; Ettinger/Jaques-*Jaques*, Beck'sches Hdb. Unternehmenskauf im Mittelstand, 2. Aufl. 2014, D 336. *Witte/Gerardy*, Ausgestaltung von Bilanzgarantien – objektive und subjektive Elemente, in: Drygala/Wächter, Bilanzgarantien bei M&A-Transaktionen, S. 23, vertreten dieselbe Ansicht zur Paraphrase von § 264 Abs. 2 Satz 1 HGB (S. 23, 24, 40 f.). Indessen schlagen sie als Text einer „besonders harten" Bilanzgarantie vor „... Der Jahresabschluss ist objektiv richtig und enthält sämtliche zum Aufstellungszeitpunkt bestehenden Vermögensgegenstände und Verbindlichkeiten, unabhängig davon, ob die ihnen zugrunde liegenden tatsächlichen Umstände vorhersehbar waren. Der Jahresabschluss entspricht vollständig der objektiven Wirklichkeit" (S. 44). Es ist nicht ganz klar, wieso eine Haftungserweiterung darin liegen soll, dass die tatsächlichen Umstände nicht vorhersehbar gewesen sein müssen. Es handelt sich ja um rechtliche Verbindlichkeiten, nicht bloße Risiken; also müssten die Umstände bezüglich von am Aufstellungszeitpunkt bestehenden Verbindlichkeiten schon eingetreten sein. Risiken jenseits von Verbindlichkeiten werden nicht behandelt.
138) OLG Frankfurt a. M. v. 7.5.2015 – 26 U 35/12, BB 2016, 721 = NZG 2016, 435. Das Urteil ist die Berufungsentscheidung zu der in der Vorauflage dieses Buches (Rn. 1535) besprochenen erstinstanzlichen Entscheidung des LG Limburg.
139) *Wächter*, BB 2016, 711; *Bergjan/Schäfer*, DB 2016, 2587; *König/Gießelmann*, GWR 2016, 155; *Mehrbrey/Hofmeister*, NZG 2016, 419; *Schiffer/Mayer*, BB 2016, 2627, 2630; *Görg*, DB 2016, M 5. *Görg* sieht das Urteil als (weiteren) Grund dafür an, Schiedsabreden in M&A-Verträge aufzunehmen. Skeptischer ist hierzu *Kästle*, M&A Review 2014, 71, 74. Eine gemeinsame Studie von *Baker & McKenzie* und *Alvarez & Marsal* auswertend schreibt er: „Anders als im staatlichen Gerichtsverfahren nach der ZPO steht zu Beginn des Schiedsverfahrens in der Regel keine Prüfung der Schlüssigkeit des rechtlichen Vortrags, sondern es geht gleich in die Beweisaufnahme. Sie schleppt sich nicht selten dahin, bis die Parteien erschöpft einem Vergleich zustimmen ... Um zu einem Forum für die effiziente Beilegung von Post-M&A-Streitigkeiten zu werden, bedürfen die gängigen Schiedsverfahren daher dringend der Verbesserung."

IV. Garantien mit Zukunftsbezug

Der Fehler war dem OLG Frankfurt a. M. freilich von *Blunk/Rabe* in einem Beitrag aus dem Jahre 2011 auf einem silbernen Tablett serviert worden.[140] *Blunk/Rabe* sehen § 264 Abs. 2 Satz 1 HGB,[141] aber meinen, *gerade* weil die Parteien das Wort „tatsächlich" aus § 264 Abs. 2 Satz 1 HGB *noch einmal* in der Garantie verwendet haben, „… sei ersichtlich, dass die Parteien mehr gewollt haben …"[142]. Denn weil die Einhaltung handelsrechtlicher Aufstellungsverfahren bereits durch § 264 Abs. 2 Satz 1 HGB sichergestellt sei, „wäre eine weitere Beschreibung nicht erforderlich".[143] Das ist aber nicht haltbar, sondern es gilt richtigerweise gerade das Gegenteil: Die Wiederholung eines in einem bestimmten Kontext gebrauchten Wortes mit Bezug auf diesen Kontext nimmt die Bedeutung des Wortes in dem Kontext auf.[144]

5.174

Um eine sog. „harte" oder „objektive" Bilanzgarantie bzw. eine Garantie einer hybridisierten Bilanz annehmen zu können, wird man also eine **ausdrückliche** bzw. **eindeutige Formulierung**, in der Regel i. S. einer sachlichen oder zeitlichen Hybridisierung, verlangen müssen.[145]

5.175

(1) Welche Regeln sollen anstelle des Bilanzrechts gelten, um die „Richtigkeit" der Bilanzaussagen zu messen?

Es ist leicht, Einzelfälle zu benennen, in denen ein verstärkter Schutzwunsch von Käufern nachvollziehbar ist. Dies ist so bei **Vorräten** und **Forderungen**, die bei Bilanzerstellung zulässig aktiviert und mit einem bestimmten Betrag bewertet werden *durften*, aber später dennoch nicht zu ihren Bilanzwerten verkäuflich/verwertbar oder nicht einziehbar sind. Ebenso ist es bei **vor dem Bilanzstichtag entstandenen Verbindlichkeiten**, von denen der Bilanzersteller am Ende des Werterhellungszeitraums keine Kenntnis hatte – obwohl dieser

5.176

---

140) *Blunk/Rabe*, GmbHR 2011, 408 ff., 409 f.
141) Das OLG Frankfurt a. M. erörtert das Problem nicht.
142) *Blunk/Rabe*, GmbHR 2011, 408, 410 li. Sp. Mitte.
143) *Blunk/Rabe*, GmbHR 2011, 408, 410 li. Sp. Mitte.
144) S. a. *Wächter*, Schadensersatz und Kaufpreisanpassung post M&A, in: Drygala/Wächter, Kaufpreisanpassungs- und Earnout-Klauseln, S. 1, 10 Mitte.
145) *Elsing* in: FS Haarmann, S. 30, verlangt in diesem *Sinne*, dass eine „harte Bilanzgarantie" „ausdrücklich" vereinbart werde. Ähnlich *Hennrichs*, NZG 2014, 1001, 1005 und *Louven/Mehrbrey*, NZG 2014, 1321 ff. Auch *Schön*, M&A Review 2014, 122, 124 re. Sp. oben, erachtet „normale" Bilanzgarantien stillschweigend als Regelfall.

Fall schon seltener sei dürfte.[146] Vor allem ist es so im Bereich von Risiken zukünftiger Auszahlungen, die auch aus Sicht des Werterhellungsstichtages noch nicht als Rückstellungen passivierungspflichtig waren (z. B. mag ein Passivprozess doch noch verloren werden, bei dem ausnahmsweise keine Rückstellung gebildet werden musste)[147].

5.177 Die Anhänger hybridisierter Bilanzgarantien argumentieren i. d. R. mit solchen Punkten und sehen den Vorzug von „harten" Bilanzgarantien darin, dass sie in diesen Fällen zur Haftung führen würden. Hingegen umgehen sie i. d. R. die Frage, wo die **Grenzen der Haftung** liegen sollen. Entsprechend erörtern sie nicht die für die Haftung geltenden maßgeblichen Obersätze.[148]

5.178 Typisch ist insoweit das OLG Frankfurt a. M. in seiner Entscheidung vom 7.5.2015, wo es formulierte, es seien

„hinsichtlich der Existenz und/oder der Höhe der Schuld noch nicht (vollständig) bekannte bzw. zu erwartende Risiken, Wertminderungen und Verbindlichkeiten von der Bilanzgarantie umfasst" (UG S. 16 oben).

5.179 An anderer Stelle sagt das OLG Frankfurt a. M.:

„Die von den Beklagten abgegebene „harte" Bilanzgarantie ist unter Berücksichtigung des in ihr enthaltenen materiellen Elements so zu verstehen, dass die Referenzbilanz zum Stichtag die tatsächlichen Verhältnisse objektiv vollständig und korrekt wiederspiegelt. Damit hat der Verkäufer auch für nicht bekannte Schulden und Eventualverbindlichkeiten bis zum Stichtag einzustehen, mögen diese auch nach subjektiven Kriterien unter Berücksichtigung der bilanzrechtlich erforderlichen Aufstellungssorgfalt nicht erkennbar gewesen sein und im Hinblick auf die Vermögenslage der Zielgesellschaft *keine Verletzung der handelsrechtlichen Bilanzierungsgrundlagen* darstellen" (UG S. 20 oben, Hv. hinzugefügt).

5.180 Daher bestehe eine

„Einstandspflicht nicht nur für diejenigen unbekannten Schulden und nicht zurückgestellten Eventualverbindlichkeiten, die später zum Vorschein kommen und nach handelsrechtlichen Grundsätzen unbedingt bilanziell hätten ausgeglichen werden müssen, sondern auch für solche, die aufgrund der angewandten Sorgfalt bis zum Stichtag überhaupt nicht ersichtlich waren" (UG S. 20 Mitte).

---

146) Eine Bilanz wird oft schon nach dem normativ-subjektiven Richtigkeitsbegriff des Bilanzrechts nicht mehr richtig sein, wenn eine *vertraglich* vor dem Bilanzstichtag übernommene Verbindlichkeit nicht passiviert wurde oder wenn eine deliktische bzw. öffentlich-rechtliche Verbindlichkeit (Kartellbuße, Compliance-Verletzung) nicht passiviert wurde. In der Sache stellen sich hier Fragen einer „**bilanzrechtlichen Wissenszurechnung**", die, soweit sie eingreift, die Richtigkeitsanforderungen schon an eine (normale) Bilanz erhöhen und die „Schutzlücke" für den Käufer schließen. *Wächter*, Schadensersatz und Kaufpreisanpassung post M&A, in: Drygala/Wächter, Kaufpreisanpassungs- und Earnout-Klauseln, S. 1, 4, Fn. 7. Soweit es um *Sekundäransprüche* geht, teilweise auch um Delikte und öffentlich-rechtliche Verbindlichkeiten, wird es materiell oft um die Passivierung einer Rückstellung, nicht Verbindlichkeit, gehen.
147) S. Rn. 5.200 f.
148) *Witte/Gerardy*, Ausgestaltung von Bilanzgarantien – objektive und subjektive Elemente, in: Drygala/Wächter, Bilanzgarantien bei M&A-Transaktionen, S. 23, 27: „Auch das Unvorhersehbare muss berücksichtigt werden" – aber *alles* Unvorhersehbare? (ähnl. S. 33, 35).

IV. Garantien mit Zukunftsbezug

Rechtswissenschaftliche Darlegungen, die einen Typus von „harten Bilanzga- 5.181
rantien" ausmachen wollen, werden aber wohl angeben müssen, wo die **Grenze
zu Risiken bzw. Umständen verläuft, für die der Verkäufer nicht mehr haftet.**
Wie schon gesehen,[149) gibt es zwei Stellschrauben zur „Verhärtung" der normalen bilanzrechtlichen Regeln, eine „Verhärtung" der Ansatz- und Bewertungsvorschriften des Bilanzrechts und/oder eine Verschiebung des Werterhellungsstichtages nach hinten.[150) Während aufgrund der Vertragsfreiheit hier vieles
möglich ist, wird man, wenn Garantien hybridisierter Bilanzen auf dem Auslegungsweg hergeleitet werden sollen, im besonderen Maße Klarheit darin erwarten,
**wo die Pflicht zur Antizipation zukünftiger Vermögensentwertungen oder
Auszahlungen enden soll.**

(2) **Hybridisierte Bilanzgarantien können kenntnisabhängig oder
kenntisunabhängig vereinbart werden**

Wie bei einfachen, normalen Bilanzgarantien bestünde auch bei hybridisierten 5.182
Bilanzgarantien die Möglichkeit, diese als objektive oder als subjektive Garantien auszugestalten. Bei einer kenntnisabhängigen Ausgestaltung kann der Stichtag
für das Vorliegen von Kenntnis in der Garantieaussage wiederum von dem für
die originäre – wenn auch „verhärtete" bzw. hybridisierte" – Aussage abweichen.[151)

e) **Beschränkte Relevanz des Betrages der Unrichtigkeit von
Bilanzpositionen**

Die quantitative Unrichtigkeit der Bilanz, die immer die quantitative Unrich- 5.183
tigkeit einer oder mehrerer Bilanzpositionen ist, ist die „Eintrittskarte" zu Ansprüchen aus der Verletzung von Bilanzgarantien. Indessen spielt, wenn eine
solche Unrichtigkeit vorliegt, die absolute Höhe sowohl der Beträge der Buchbzw. Bilanzwerte, die richtigerweise, etwa für Vorräte, anzusetzen *gewesen wären*, als auch die Differenz zwischen ihnen und den tatsächlich angesetzten Beträgen unmittelbar keine große Rolle. So ist zunächst, wenn feststeht, dass
Kfz-Ersatzteile überhöht angesetzt wurden, zunächst unerheblich, ob sie mit
90 € oder 110 € angesetzt wurden und ob der richtige Ansatz 40 € oder 70 €
gewesen wäre, da der Schadensersatz eben nicht als „Buchwertdifferenz" zu
bemessen und die Bilanz nicht „aufzufüllen" ist. Dies bedeutet nun freilich
nicht, dass es ganz auswirkungslos bleibt, ob eine Bilanz quantitativ in hohem

---

149) S. Rn. 5.159 und 5.161.
150) Das Thema war schon bei Vermögensgarantien aufgetreten – dort als kauterlarjuristisches Gestaltungsproblem. S. Rn. 5.89 f., 5.156 f. Das Problem, wie weit die Zukunft bzw. welche Ereignisse in der Zukunft zu antizipieren sind, stellt sich nicht nur auf der Passivseite. Es ist auch die Aktivseite betroffen, da Aktiva (Vorräte, Forderungen, sogar Anlagevermögen) durch zukünftige Umstände entwertet werden können.
151) S. Rn. 5.22 f. und 5.52–5.57.

oder nur in geringem Maße unrichtig war. Der *Spread* zwischen dem richtigen und tatsächlichen Bilanzansatz wirkt sich vermutlich auf die Weise auf die Höhe des Schadensersatzes aus, weil die Größe des *Spread* indiziert, wie weit der Ist-Zustand, z. B. von Vorräten, vom Soll-Zustand abweicht. Je näher die garantierten Bilanzwerte an den bilanzrechtlich richtigen Werten lagen, umso **weniger weit** dürfte bei Anwendung der indirekten Methode der Schadensbemessung durch zwei Unternehmensbewertungen[152] **der reale Fall von dem hypothetischen Fall abweichen**. Umso weniger werden entsprechend die Unternehmensplanungen differieren und umso geringer wird daher – im Allgemeinen – der Schaden sein; mit Bilanzauffüllung hat dies nichts zu tun.

f) Bilanzgarantien im Einzelnen
aa) „Bilanz" i. S. einer Bilanzgarantie

5.184 Die Streitfrage bei Bilanzgarantien ist stets, ob „die Bilanz" pflichtgemäß erstellt bzw. „richtig" ist. Um diese Frage untersuchen zu können, muss zunächst feststehen, was überhaupt unter „die Bilanz" oder „der Abschluss" zu verstehen ist.[153] Sicher ist, dass auch dies der Parteidisposition unterliegt; sie könnten auch „einige Zahlen auf einem Bierdeckel" als Bilanz bezeichnen. Soweit die Parteien dies nicht klarstellen, wird aber wohl, wenn die „Bilanz" oder der „Abschluss" garantiert ist, an die gesetzliche Begrifflichkeit des Bilanzrechts anzuknüpfen sein. Hiernach ist zwischen Bilanz und Gewinn- und Verlustrechnung zu unterscheiden (§ 242 Abs. 3 HGB), stellt bei Kapitalgesellschaften der Anhang eine Erweiterung des Jahresabschlusses dar, der mit der Bilanz und der Gewinn- und Verlustrechnung eine Einheit bildet (§ 264 Abs. 1 Satz 1 HGB), aber gehört der **Lagebericht** nicht mehr zu dem Jahresabschluss (§ 264 Abs. 1 Satz 2 HGB).[154] Es wird sicher argumentiert werden, dass anwaltlich beratene Parteien, wenn sie in einschlägigen Gesetzen definierte Begrifflichkeiten verwenden, regelmäßig deren Inhalt übernehmen wollen. Etwas anderes mag gelten, wenn die Parteien während der Verhandlungen zumeist etwas anderes gemeint haben oder sie (nur ihre Anwälte) zu verschiedenen Rechtskulturen gehören.

5.185 Nicht selten wird der „in Anlage ... beigefügte[155] Jahresabschluss" garantiert und sodann ein gebundenes Exemplar des **Prüfungsberichts** der Wirtschaftsprüfungsgesellschaft, der den Jahresabschluss beinhaltet, beigefügt. Ist nun nur

---

152) S. Rn. 12.272 ff.
153) Vgl. hierzu auch *King*, Die Bilanzgarantie beim Unternehmenskauf, Rn. 169 f.
154) So wohl auch *Blunk/Rabe*, GmbHR 2011, 408, 411 li. Sp. oben.
155) Es kann sich auch die Frage stellen, ob ein garantierter Abschluss aus Formgründen beigefügt werden muss. In BGH v. 27.2.1970 – I ZR 103/68, WM 1970, 819 ff., wo ein Anspruch aus § 463 Satz 1 BGB a. F. geltend gemacht wurde, war dies nicht geschehen. Der BGH erörterte kurz Formnichtigkeit, Heilung und die, der Heilung entgegenstehende Regelung, dass mündliche Nebenabsprachen unwirksam sein sollten (S. 821 li. Sp. unten). Er ließ den Anspruch aus § 463 Satz 1 BGB a. F. schließlich hieran scheitern.

IV. Garantien mit Zukunftsbezug

der handelsrechtliche Jahresabschluss oder sind auch die Aussagen der Wirtschaftsprüfer im Prüfungsbericht garantiert?

Fallbeispiel „Kartellverfahren im Ausland" (Schiedsgerichtsverfahren, abgewandelt) 5.186

In der Bilanz war ein Risiko aus einem drohenden Kartellverfahren im Ausland wesentlich zu niedrig angesetzt.[156] Die Wirtschaftsprüfer hatten Bedenken erhoben und die Erstellung eines Fachgutachtens verlangt. Dieses war von dem Verteidiger in dem ausländischen Kartellstrafverfahren erstellt worden und beschönigte die Risiken. Immerhin erwähnte es korrekt, das u. U. ein fünfzigfach höheres Risiko eintreten könnte, als Rückstellungen gebildet waren, sah dies aber als unwahrscheinlich an. Der Käufer kannte das Gutachten nicht. Der Prüfungsbericht referierte es knapp, aber akzeptierte dann die Bildung der niedrigen Rückstellung durch die Geschäftsführung. Als sich abzeichnete, dass sich doch ein wesentlich höheres Risiko realisieren würde, kam es zu einer Schiedsklage auf Feststellung einer Schadensersatzpflicht. Konnten die Verkäufer einwenden, dass die „Bilanz" nicht unrichtig gewesen war, weil der Prüfungsbericht als Teil der „Bilanz" diese gewissermaßen korrigiert hatte?

Die Käufer verwiesen darauf, dass die „Bilanz" ein fest definierter Begriff sei, der ebenso wenig den Prüfungsbericht umfasse, wie eine Abiturarbeit das Benotungsgutachten des Korrektors. Sie warfen den Verkäufern vor, dass sie sich trotz der Zweifel des Wirtschaftsprüfers an der niedrigen Rückstellung nicht veranlasst gesehen hatten, diese zu erhöhen oder auf die Bedenken hinzuweisen.[157] Ein ähnliches Problem stellte sich in einem vom BGH entschiedenen Fall: 5.187

Fallbeispiel „Einfuhrvertrag" (LG Berlin v. 18.8.1994 – 13 O 160/94; KG v. 16.1.1996 – 7 U 76/95; BGH v. 15.10.1997 – VIII ZR 89/96; KG v. 28.5.1999 – 7 U 323/98) 5.188

Ein Außenhandelsbetrieb der ehem. DDR hatte 1988 zugunsten eines VEB einen Einfuhrvertrag über ein Gasturbinenheizkraftwerk i. H. von fast 500 Mio. DM mit einem französischen Unternehmen geschlossen. In der Bilanz der Nachfolge-GmbH des VEB waren keine Risiken hieraus passiviert. Bei dem Verkauf an einen schweizerischen Käufer garantierte die Treuhandanstalt u. a. dass „in der Eröffnungsbilanz ... alle Risiken und Verbindlichkeiten ausgewiesen" und dass ihr „keine Verbindlichkeiten und/oder Risiken, die in der Eröffnungsbilanz hätten erfasst werden müssen", bekannt seien.

---

156) Zum Thema *Timmerbeil/Mansdörfer*, BB 2011, 323.
157) Die Verkäufer könnten durch die kritischen Anmerkungen der Wirtschaftsprüfer im Prüfungsbericht auch noch deshalb „gerettet" werden, weil sie hierdurch Kenntnis von der Garantieverletzung erlangt haben könnten. Dies hängt davon ab, welche Anforderungen eine in der Art des § 442 BGB formulierte Kenntnisklausel an eine hinreichend konkrete Offenlegung stellt. S. dazu Rn. 9.24 f.

Es war fraglich, ob die Bilanzgarantie verletzt war. Unter Umständen wären Rückwirkungen des Einfuhrvertrages auf die GmbH – als schwebendes Geschäft oder da keine rückstellungspflichtigen, drohenden Verluste absehbar waren – nicht passivierungspflichtig gewesen. Der BGH zeigte sich untechnisch. Der Einstandswille der Garantien sei nicht auf „bilanzierungspflichtige Verbindlichkeiten im eigentlichen Sinne" beschränkt gewesen. Die Angaben hätten, auch wenn sie in der Bilanz selbst nicht zulässig gewesen wären, jedenfalls im Anhang gemacht werden müssen.

5.189 Bedenken gegen diese Rechtsauffassung sind darin begründet, dass die Garantien sehr technisch und präzise formuliert waren („Risiken, die in der Eröffnungsbilanz hätten erfasst werden müssen"). Wenn die Rechtsprechung in solchen, präzise formulierten Fällen eine Ausdehnung über „bilanzierungspflichtige Verbindlichkeiten im eigentlichen Sinne" hinaus vornimmt, frustriert dies das Bemühen der Parteien um exakte Formulierungen.

5.190 Solche Urteile führen dazu, dass die Parteien bei späteren Verträgen entweder darauf spekulieren werden, auch klare Vereinbarungen vor Gericht „umdrehen" zu können, oder werden hinzufügen wollen, dass sie das, was sie gesagt haben, wirklich meinen, also etwa formulieren werden, dass „in der Bilanz (ohne Anhang) alle (im streng bilanzrechtlichen Sinne) bilanzierungspflichtigen Risiken" erfasst wurden. Bekanntlich ergeben sich aber aus solchen *Aufrüstungswettbewerben* nur neue Folgeprobleme.

bb) Garantien zu Bilanzwerten von Aktiva

5.191 Enthalten isolierte Garantien eine Aussage wie „der Bilanzwert von x ist y" oder enthält eine Bilanzgarantie, was regelmäßig so sein wird, eine solche Aussage, so stellen sich verschiedene nicht triviale Fragen, zunächst beim **Fehlen** eines bilanzierten Gegenstandes.

5.192 *Fallbeispiel „Schokoladenfabrik"* (erfunden)

Man unterstelle, dass beim Verkauf einer Schokoladenfabrik eine Bilanzgarantie lautet „Alle Aktiva sind nicht mit höheren Werten in die Bilanz eingestellt worden als nach geltendem Bilanzrecht zulässig ist", dass aber der Bilanzwert für eine Fertigungsstraße mit 500.000 € angesetzt wurde, obwohl sie einer nicht mitverkauften Schwestergesellschaft gehört. Die Kosten der Beschaffung einer Ersatzmaschine betragen 2 Mio. €.

5.193 Es stellt sich hier erneut die schon bei Garantien zum Eigentum/zur Inhaberschaft an Gegenständen aufgeworfene Frage, ob die Aussage in der Bilanz „der Bilanzwert der Fertigungsstraße ist 500.000 €"[158] die Aussage „die Schokola-

---

[158] I. d. R. werden die Werte einzelner Gegenstände nicht in Bilanzen ausgewiesen. Es muss hier vorausgesetzt werden, dass diese Hürde aufgrund entsprechender Auslegung schon genommen wurde.

IV. Garantien mit Zukunftsbezug

denfabrik GmbH ist Eigentümer der Fertigungsstraße und diese ist vorhanden" umfasst. Falls dies bejaht werden kann, müsste dies bedeuten, dass der Käufer ohne weiteres, wie bei einer einfachen Garantie zum Eigentum/zur Inhaberschaft an Gegenständen, Ersatz des Schadens u. a. durch Naturalherstellung durch Verschaffung des Eigentums an der Fertigungsstraße oder Ersatz der Kosten für eine Ersatzbeschaffung verlangen kann.[159]

Um diese Folge zu vermeiden, müsste eine alternative Sichtweise entweder abstreiten, dass eine Bilanzaussage die Aussage mitenthalte, dass der Gegenstand, auf den sie sich bezieht, im Eigentum oder im wirtschaftlichen Eigentum des Bilanzierenden stehe,[160] oder sie müsste daraus, dass die Garantieaussage durch eine quantitative Angabe eines Bilanzwertes über die Aussage „A ist Eigentümer der Fertigungsstraße" hinaus *erweitert* ist, (irgendwie) eine *Einschränkung* der Rechtsfolgen ihrer Unrichtigkeit herleiten, wie es die Vorstellung eines „Bilanzauffüllungsschadens"[161] versucht. Beides erscheint wenig überzeugend. 5.194

An dieser Stelle kann nur auf das mögliche Auftreten dieses Auslegungsproblems hingewiesen werden. Ob sich der Käufer mit der ersten Auslegung durchsetzen kann, hängt im Einzelfall von der Formulierung, der Verhandlungsgeschichte, der Rolle der Bilanzgarantie im Gesamtsystem der Garantien etc. ab. 5.195

Eine etwas anders gelagerte Frage tritt auf, wenn der bilanzierte Gegenstand **vorhanden, aber schadhaft** und der Bilanzwert deshalb überhöht ist. 5.196

Fallbeispiel „Schokoladenfabrik" 5.197

Man unterstelle, dass beim Verkauf der Schokoladenfabrik eine Bilanzgarantie lautet: „Alle Aktiva sind nicht mit höheren Werten in die Bilanz eingestellt worden als nach geltendem Bilanzrecht zulässig ist." Zuvor hatte ein unaufmerksamer LKW-Fahrer eines Lieferanten beim Zurücksetzen eine Fertigungsstraße beschädigt, so dass *Schmieröl* in die Schokolade gerät. Der Bilanzwert dieser (nun schadhaften) Fertigungsstraße wäre deshalb gemäß § 253 Abs. 2 Satz 3 Halbs. 2 HGB nach dem „gemilderten Niederstwertprinzip"[162] außerplanmäßig auf 200.000 € abzuschreiben gewesen; er wurde aber weiter mit 800.000 € angesetzt. Die Bilanz war hiernach i. S. der Garantie „um 600.000 € falsch".

---

159) I. R. der schadensrechtlichen Untersuchungen im 12. Kapitel wird dargestellt, dass es für die Höhe des Schadensersatzes nicht auf die Höhe der Bilanzunrichtigkeit von 500.000 €, worauf die Anhänger des sog. „Bilanzauffüllungsschadens" abstellen möchten, sondern nur auf die Kosten der Naturalherstellung durch Beschaffung einer Ersatzmaschine von 2 Mio. € ankommen kann. Daneben dürften entgangener Gewinn und ggf. Folgeschäden zu ersetzen sein.

160) Aus generellen Gründen oder etwa, weil eine konkrete Zuordnung des Bilanzwertes zu einem Gegenstand nicht möglich sei.

161) Näher zu der Problematik und zu dem „Bilanzauffüllungsschaden" s. u. Rn. 12.354 f.

162) Vgl. *Hoyos/Schramm/Ring* in: Beck'scher Bilanz-Kommentar, § 253 HGB Rn. 280 f.

Kann der Käufer Schadensersatz i. H. der Kosten der Reparatur der Fertigungsstraße von 1,3 Mio. € (und ggf. Ersatz von Folgeschäden und entgangenem Gewinn) verlangen?

5.198 Es ist erkennbar, dass auch dieses Fallbeispiel auf der Rechtsfolgenseite mit der Frage enden wird, ob eine sog. „Bilanzauffüllung" im System des Schadensrechts einen Platz haben kann. Systematisch ist aber ein **tatbestandliches Auslegungsproblem vorrangig**. Die Frage ist nämlich, ob die Garantieaussage „der Bilanzwert der Fertigungsstraße beträgt 800.000 €", die sich also zunächst nur auf eine Ziffer bezieht, überhaupt i. S. der Nichtexistenz der **konkreten sachlichen Gegebenheiten** ausgelegt werden kann, die **zur Unrichtigkeit des angegebenen Bilanzwertes führten**.[163]

5.199 Ist die erste Auslegung zutreffend und ist die Garantie zu lesen als „der Bilanzwert der Fertigungsstraße beträgt 800.000 €" und es gibt an ihr keine Umstände, die eine Teilwertabschreibung erfordern würden", so bedeutet dies, dass die **Schadhaftigkeit** selbst einen „**zum Ersatz verpflichtenden Umstand**" i. S. des § 249 Abs. 1 BGB darstellt. Der Käufer kann also ohne weiteres verlangen, so gestellt zu werden, als ob der Defekt nicht bestanden hätte; die Reparaturkosten und etwaige entgangene Gewinne und Folgeschäden sind zu ersetzen. Kann sich der Käufer mit der ersten Auslegung nicht durchsetzen (und wird nur die **Unrichtigkeit des Bilanzwertes** als der „zum Ersatz verpflichtende Umstand" angesehen), so bleibt er im Regen stehen. „Nun gut", wird ihm das Gericht sagen, „der Bilanzwert war falsch – aber daraus folgt doch nicht, dass Sie eine neue Maschine anschaffen mussten!" Soweit ersichtlich, ist der Fall noch nicht entschieden worden.[164]

cc) Garantien zu Schulden und Risiken bzw. Rückstellungen

5.200 Garantien zu Verbindlichkeiten werfen i. d. R. keine besonderen Auslegungsprobleme auf, da der bilanzielle Begriffe „Verbindlichkeit" fast immer als gleichbedeutend mit dem Rechtsbegriff „Verpflichtung" angesehen werden kann.

5.201 Problematisch und praktisch sehr bedeutsam sind allerdings Garantien zu Rückstellungen. Wie Bilanzen versuchen, auf der **Aktivseite** über **Abschreibungen und Wertberichtigungen** auf **negative Ereignisse in der Zukunft vorausblicken**, tun sie dies auf der **Passivseite über Rückstellungen**. Die Zukunft ist für die

---

163) Dafür spricht immerhin, dass der Defekt der Maschine zu dem Erfordernis der Sonderabschreibung führte und dass die Abschreibung, die die Unrichtigkeit des Bilanzansatzes nach sich zog, nicht vorzunehmen gewesen wäre, wenn die Fertigungsstraße intakt gewesen wäre.

164) Zu Streitigkeiten über die Bilanzierung von Vorräten, s. *Hennrichs*, NZG 2014, 1001, 1003. *Hennrichs* betont, dass es i. d. R. eine Bandbreite vertretbarer Einschätzungen gibt. Zu Schwierigkeiten der Bestimmung des Zeitpunts der Gewinnrealisierung s. *Hennrichs*, ebd., S. 1003 unter Darstellung des „Tomberger-Falles" und der dazu ergangenen BGH-, BFH- und EuGH-Entscheidungen.

IV. Garantien mit Zukunftsbezug

Menschheit eine schwierige Sache, und für sie in dem Maße noch schwieriger geworden, in dem die Menschheit den Glauben an Geister und Magie sowie Götter aufgegeben hat. Geister erlaubten eine Zukunftsvoraussicht, etwa über das Orakel in Delphi, über die Schau des Vogelfluges, das Studium der Gedärme von Tieren oder Astrologie; sie erlaubten Versuche der Einflussnahme auf die Zukunft über magische Techniken. Der Glauben an Götter erlaubt(e) immerhin die Annahme, dass wenigstens Gott die Zukunft kennt und eröffnet, in Verbindung mit der Allmacht Gottes, die theoretische Möglichkeit Versuche, über seine Beeinflussung, z. B. durch Beten, auch die Zukunft zu beeinflussen. Nach der aufklärerischen Vertreibung der Geister und Götter aus der Welt sind diese Hilfen nicht mehr verfügbar – und entsprechend wäre es heute auch kein bilanzrechtliches Argument, etwa gegen die Bildung einer Prozessrückstellung, dass das bilanzierende Unternehmen ein astrologisches Gutachten eingeholt habe oder eine Delegation auf eine Pilgerfahrt nach Lourdes oder Mekka schicken wird.

Leider sind die **juristischen Ersatz-Techniken der Zukunftsvorhersage** knöchern und fragwürdig und beruhen zum Teil auf Annahmen, die außerhalb der Jurisprudenz bereits überwunden sind. 5.202

Im Wesentlichen geht die Rechtsprechung bei der Frage, ob für ein Risiko eine Rückstellung zu bilden sei, zunächst so vor, dass sie zwischen der Frage des **Bestehens von** öffentlich-rechtlichen oder privatrechtlichen **Ansprüchen** gegen den Bilanzierungspflichtigen und die Frage der **Durchsetzung von Ansprüchen** unterscheidet.[165] Dies bewahrt den Bilanzierungspflichtigen – vernünftigerweise! – davor, i. R. seiner jährlichen Bilanzerstellung eine **Selbstkontrolle seiner Tätigkeit auf Legalität** hin durchzuführen und aktiv nach allen möglichen theoretischen Ansprüchen gegen sich selbst zu suchen (und durch ihr Einstellen in die Bilanz „schlafende Hunde" zu wecken). Es erlaubt zudem, dass selbst wenn ein Anspruch Dritter besteht, eine Rückstellung nicht gebildet werden muss, wenn konkret nicht mit der Durchsetzung des Anspruchs zu rechnen ist, etwa weil er längere Zeit nicht geltend gemacht wurde, z. B. im Ausland. Wenn freilich eine Behörde oder ein Dritter die Durchsetzung von Ansprüchen aufgenommen hat, hilft der Ansatz nicht mehr weiter und die Rückstellungsbildung hängt dann doch von einem Blick auf ein Zukunftsergebnis ab. 5.203

Hierbei nun soll nach einer etablierten Rechtsprechung[166] eine Rückstellung erforderlich sein, **wenn mehr Gründe für als gegen eine Inanspruchnahme sprechen.** Daran irritiert sofort, dass dieser Obersatz zu einem „Abzählen von Gründen" auffordert (sieben pro, drei kontra). Das kann nicht gemeint sein[167] – aber 5.204

---

165) Ebenroth/Boujong/Joost/Strohn-*Wiedemann*, HGB, § 249 Rn. 28; *Hoyos/Ring* in: Beck'scher Bilanzkommentar, § 249 HGB Rn. 42 f.
166) S. OLG Frankfurt a. M. v. 24.6.2009 – 23 U 90/07 (Kirch/Deutsche Bank), DB 2009, 1863–1870, insb. 1867 ff.
167) So *Osterloh-Konrad*, DStR 2003, 1631, 1633 li. Sp. Mitte.

warum wird es dann so ausgedrückt? Die Antwort könnte sein, dass die Rechtsprechung, wenn schon so viel Unsicherheit bei dem Erfordernis von Rückstellungsbildungen herrscht, wenigstens tradierte Formulierungen, auch wenn sie eher Hilflosigkeit verraten, als Stabilität zu geben, beibehalten möchte.

5.205 Ein weiterer Versuch der Rechtsprechung, die Zukunft zu handhaben, der wohl eindeutig denkfehlerhaft ist, besteht darin, **alle Zukunftsfragen zu Wahrscheinlichkeitsfragen zu machen**. Das Feld, für das die Mathematik Wahrscheinlichkeiten anzugeben vermag, ist jedoch nur ein winziger Teil der Zukunft. Wenn es um das Werfen einer Münze oder eines Würfels, ein Roulettespiel, einschließlich von „Russisch Roulette", oder die Frage geht, wie viele Jungen im Verhältnis zu Mädchen geboren werden, oder um versicherungsmathematisch erschließbare Fragen geht, gibt es ein **„probabilistisches System"** und kann mit „Wahrscheinlichkeiten" gerechnet werden. Dies ist aber nur unter engen Voraussetzungen so, nämlich wenn eine (i) **zufällige Auswahl** zwischen (ii) einer **begrenzten Zahl** von **wohldefinierten Ereignissen** (iii) **mehrfach** getroffen wird, wobei sich (iv) die Auswahl **wiederholbar, pfadunabhängig** ist bzw. sich die Verhältnisse nicht ändern und (v) von den Spielern **nicht beeinflussbar** ist.[168]

5.206 Das aber ist bei fast allen Fragen, auf die es normalerweise bei Zukunftsrisiken ankommt, nicht gegeben. Viele Ereignisse, die für zukünftige Marktpreise von Bedeutung sind, hängen z. B. vom **Ausgang von Kämpfen oder Wettbewerben** zwischen Menschen oder Menschengruppen ab, z. B. Auftragserteilungen, Rechtsstreitigkeiten, Wahlen, Volksabstimmungen, ob Kriege geführt werden oder wie sie ausgehen (etc.). Der Ausgang solcher Kämpfe oder Wettbewerbe („Kriegen wir den Auftrag?", „Gewinnen wir den Prozess?", „Gibt es einen BREXIT?") ist aber keine Angelegenheit von Wahrscheinlichkeiten, weil mehrere der vorstehenden Merkmale nicht vorliegen (der Ausgang ist nicht zufällig, der Ausgang wird von den Spielern beeinflusst, das Spiel kann nicht wiederholt werden und wenn, so gäbe es „Pfadabhängigkeit".) Ebenso sind **makroökonomische Vorgänge** nicht im vorstehenden Sinne probabilistisch. Sie sind vielmehr sehr komplexe, dynamische und nicht-lineare, vielleicht „chaotische", Abläufe, wobei oft weder geklärt ist, welche Größen überhaupt ergebnisrelevant sind,[169] noch wie sie zusammenwirken und was die Auslöser bzw. Tempobeschleuniger von nicht-

---

[168] Übrigens erlauben auch Wahrscheinlichkeiten, dort wo sie richtigerweise angewendet werden, keine verlässlichen individuellen Voraussagen. Wer gerade ein Russisch-Roulette-Spiel überlebt hat, bei dem die Hälfte der Kammern gefüllt war, mag bei dem nächsten „Spiel" umkommen, obwohl nur in einer Kammer eine Patrone steckt. Spieler setzen auf Serien, also darauf das achtmal hintereinander „Rouge" oder „Impair" beim Roulette ausgespielt wird. Dies steht nicht im Widerspruch zu einer Wahrscheinlichkeit, unter Berücksichtigung der Null, von nur 48,648 %, dass bei einem Spiel „Rouge" oder „Impair" gezogen wird.

[169] Bis zur Finanzkrise ging die ganz überwiegende Zahl der makro-ökonomischen Modelle noch davon aus, dass die Verschuldung von Unternehmen und Haushalten irrelevant für das Verhalten der Makroökonomie sei!

IV. Garantien mit Zukunftsbezug

linearen Entwicklungen sind. Es gilt i. S. von *Keynes*: „About these matters there is no scientific basis on which to form any calculable probability whatever. We simply don't know!"[170].

Daher müsste eigentlich das Wort „Wahrscheinlichkeit" im Hinblick auf solche Zukunftsereignisse völlig vermieden werden und, wie es viele Ökonomen tun, stattdessen über „Ungewissheit" oder „Uncertainty" im Gegensatz zu „Wahrscheinlichkeit" gesprochen werden. Wenn die Rechtsprechung gleichwohl das Wort „Wahrscheinlichkeit" mit Blick auf den Eintritt zukünftiger Ereignisse in nicht probabilistischen Systemen verwendet, kann es nur **metaphorisch gemeint** sein.[171]   5.207

Wenn über den Eintritt eines negativen Zukunftsereignisses nachgedacht wird, geschieht dies wohl tatsächlich in Anlehnung an eine Vorgehensweise, die aus der rechtlichen Prüfung von Ermessen (bei Behörden), Business Judgement (bei Organen) oder angemessener Berücksichtigung von Grundrechten durch den Gesetzgeber („praktische Konkordanz") bekannt ist, durch eine **gewichtete Berücksichtigung eines Kreises von Gründen**. Eine weitergehende Methodenstrenge verlangt die Rechtsprechung nicht und wendet sich auch nicht selbst an.[172] Vielmehr erfolgt von dem Bedenken der Einzelgründe ein „Sprung" zu einer Conclusio, ob das negative Ereignis wohl eintreten werde (dann erfolgt eine eigentlich überflüssige und eine falsche Sicherheit vorspiegelnde Angabe eines Prozentsatzes > 50 %) oder nicht eintreten werde (dann erfolgt die Angabe eines Prozentsatzes von < 50 %). Zusätzlich drückt nun die Erhöhung dieses Prozentsatzes über 51 % bis zu einer maximalen Eintrittswahrscheinlichkeit von 100 % (bzw. 1) das Ausmaß der subjektiven Zuversicht bzw. einen größeren oder kleineren Glauben an eine **subjektive Spekulation über die Zukunft** aus.   5.208

Nach der Rechtsprechung kommt es, wie überhaupt im Bilanzrecht, auf eine *ex ante*-Betrachtung aus Sicht des Bilanzstichtags unter Berücksichtigung von wertaufhellenden Tatsachen bis zur Bilanzerstellung an.[173] Es ist nicht nur die einschlägige Rechtsprechung der Zivilgerichte, sondern v. a. auch der Finanzgerichte,   5.209

---

170) *Keynes*, Quarterly Journal of Economics, 51 (Vol. 2), 1937, S. 209, 214.
171) Es ist konsequent, dass die Rechtsprechung nirgends „Wahrscheinlichkeitsrechnung" betreibt. Das würde voraussetzen, dass im Voraus feste Wahrscheinlichkeiten für den Eintritt des fraglichen Ereignisses angegeben werden könnten. Das aber ist typischerweise (wer gewinnt den Prozess?) nicht möglich.
172) Z. B. verlangt sie nicht, dass in einem Tabellenkalkulationsprogramm die einzelnen Gründe Pro und Kontra aufgelistet werden, ihnen Gewichte und so etwas wie Eintrittswahrscheinlichkeiten zugeordnet werden (obwohl die Vorgänge außerhalb von Wahrscheinlichkeiten stehen), um dann durch das Aufaddieren der gewichteten Einzelwahrscheinlichkeiten zu einem Ergebnis zu kommen. Eine adäquatere und noch komplexere Methodik, die es u. a. erlaubt, Bedingungen und Wechselwirkungen zu berücksichtigen, bestünde in der Verwendung „künstlicher neuronaler Netze". Diese aber für die Justiz derzeit nicht operativ verwendbar.
173) *Budde/Geißler* in: Beck'scher Bilanz-Kommentar, § 252 HGB Rn. 38.

die fast häufiger als die Zivilgerichte – als Folge von § 5 Abs. 1 EStG – mit Fragen der Rückstellungsbildung befasst wird, zu berücksichtigen.[174)]

5.210 Zahlreiche Formulierungen werden als Hilfe zur Entscheidung angeboten, wann das eine oder das andere der Fall ist.[175)] Es soll eine sorgfältige **Abwägung aller in Betracht zu ziehenden Umstände erforderlich** sein, wozu es ggf. tatsächlicher Feststellungen und rechtlicher Wertungen bedarf.[176)] Ob „mehr Gründe für als gegen das Bestehen einer Zahlungspflicht" sprechen, sei auf Grundlage **objektiver, erkennbarer Tatsachen**[177)] aus der Sicht eines sorgfältigen und gewissenhaften Kaufmannes zu beurteilen.[178)]

5.211 Eine subjektiv optimistische Erwartung des Bilanzierenden hinsichtlich eines günstigen Prozessausgangs ist nicht entscheidend,[179)] sondern es kommt allein auf objektive Kriterien an.[180)] Widersprüchliche Urteile liegen dazu vor, ob nach einer **Klageerhebung** regelmäßig davon ausgegangen werden muss, dass „mehr Gründe für die Wahrscheinlichkeit einer Zahlungspflicht sprechen als dagegen". Dies war teilweise in der Rspr. und Literatur gesagt worden,[181)] teilweise sogar mit der Tendenz, dass eine Klageerhebung eine Rückstellung zwingend erforderlich mache.[182)] Dafür kann der in § 252 Abs. 1 Nr. 4 HGB enthaltenen Grundsatz der vorsichtigen Bewertung, einem der wichtigsten Grundsätze ordnungsgemäßer Buchführung, angeführt werden.[183)] Andererseits wird gesagt, für die Rückstellungsbildung dürfe weder die optimistischste noch die pessimistischste

---

174) Bei der Auswertung der Rspr. des BFH wird stets zu berücksichtigen sein, dass der Ausgangspunkt der meisten von ihm entschiedenen Fälle ein ganz anderer ist als bei Rechtsstreitigkeiten um unterlassene Rückstellungen bei M&A-Transaktionen. Hier ist der Vorwurf regelmäßig, dass die Bildung *zu Unrecht unterlassen* und so das Ergebnis verbessert wurde; bei den Fällen des BFH zumeist, dass Rückstellungen *zu Unrecht gebildet* wurden, um das Ergebnis zur Verringerung der Steuerlast zu mindern.
175) Zu Prozessrückstellungen *Hennrichs*, NZG 2014, 1001, 1004.
176) BGH v. 5.6.1989 – II ZR 172/88, BB 1989, 1518 f. Das ist allerdings wohl bei jeder gerichtlich zu entscheidenden Frage so.
177) BGH v. 28.1.1991 – II ZR 20/90, ZIP 1991, 442 ff. Auch das ist wohl bei jeder gerichtlich zu entscheidenden Frage so. Es kann auch als ausdrückliche Absage an irrationale Techniken angesehen werden. Es kann also nicht damit argumentiert werden, dass der Bilanzierungspflichtige bei eine spiritistischen Séance erkannte, dass er den Prozess gewinnen wird.
178) BFH v. 1.8.1984 – I R 88/80, BFHE 142, 226.
179) *Osterloh-Konrad*, DStR 2003, 1675.
180) BGH v. 28.1.1991 – II ZR 20/90, ZIP 1991, 442 ff.
181) BFH v. 30.1.2002 – I R 68/00, DB 2002, 871 ff.; *Osterloh-Konrad*, DStR 2003, 1675 li. Sp. Mitte, 1677 li. Sp. Mitte. Schleswig-Holsteinisches FG v. 25.8.2012 – 3 K 77/11, BB 2013, 302 ff., 303 li. Sp. unten. Abl. *Wulf*, AG 2013, 713 f.
182) *Stengel*, BB 1993, 1403, 1407; BFH v. 30.1.2002 – I R 68/00, DB 2002, 871 ff.; *Osterloh-Konrad*, DStR 2003, 1675; BFH v. 3.7.1991 – X R 163-164/87, BB 1991, 1827 ff.; BFH v. 30.1.2002 – I R 68/00, DB 2002, 871 ff.
183) BFH v. 3.7.1991 – X R 163-164/87, BB 1991, 1827 ff.; BFH v. 30.1.2002 – I R 68/00, DB 2002, 871 ff.

IV. Garantien mit Zukunftsbezug

Schätzungsalternative[184] maßgebend sein, sondern es sei eine vernünftige, objektive Einschätzung geboten.[185]

Im Jahre 2012 hatte das *Schleswig-Holsteinische FG* zunächst die strengere und formalere Auffassung vertreten, dass, wenn gegen einen Steuerpflichtigen ein Anspruch gerichtlich geltend gemacht werde, der Steuerpflichtige **unabhängig von den Erfolgsaussichten** der Klage eine Rückstellung zu bilden habe, wenn die Klage **nicht** dem Grunde und/oder der Höhe nach **offensichtlich willkürlich oder erkennbar nur zum Schein** erhoben worden sei.[186] Der 8. Senat des BFH hat jedoch der Revision gegen das Urteil des Schleswig-Holsteinischen FG in seiner im Wesentlichen auf Basis der alten, weniger formalen und weniger strengen Sichtweise der Dinge stattgegeben. Er hat entschieden, ein Steuerpflichtiger könne nach den Umständen des Einzelfalls nicht verpflichtet sein, eine Rückstellung für eine ungewisse Verbindlichkeit wegen eines gegen ihn geführten Klageverfahrens zu bilden, wenn nach einem von **fachkundiger dritter Seite erstellten Gutachten** sein **Unterliegen** im Prozess am Bilanzstichtag **nicht überwiegend wahrscheinlich** sei.[187] Ein „im Werterhellungszeitraum von fachkundiger dritter Seite erstelltes Gutachten …, welches zu dem Ergebnis kommt, das Unterliegen in dem Verfahren sei zum Bilanzstichtag nicht überwiegend wahrscheinlich", könne ein „gewichtiger objektiver Umstand sein, der gegen ein Unterliegen im Prozess spreche". Die darauf gestützte Prognoseentscheidung eines Steuerpflichtigen, die Klage werde abgewiesen, sei 5.212

> „jedenfalls dann nicht zu beanstanden, wenn das eingeholte Gutachten sich mit allen vom Prozessgegner geltend gemachten Ansprüchen und den Fragen der prozessual notwendigen Beweiserhebung auseinandersetzt und der Ausgang des Rechtsstreits von der Entscheidung mehrerer ungeklärter Rechtsfragen sowie von einer noch nicht durchgeführten Beweisaufnahme abhängt."[188]

Die Rechtsprechung ist auch in anderen Fällen eher großzügig verfahren. Im Jahre 2013 hatte sich im Zusammenhang mit einer Aktionärsanfechtungsklage das OLG Frankfurt a. M. erneut[189] damit zu befassen, ob die Deutsche Bank wegen der Interviewäußerungen des ehemaligen Vorstandsvorsitzenden *Rolf. E. Breuer* Rückstellungen zu bilden hatte. Zu dem betreffenden Zeitpunkt war nicht nur aus einem erhobenen Anspruch von 5 Mrd. € eine Klage über 2 Mrd. € rechtshängig, sondern hatte das OLG München auch einen Vergleichsvorschlag über 775 Mio. € unterbreitet.[190] Dennoch sah das OLG Frankfurt a. M. keine Not- 5.213

---

184) BFH v. 6.5.2003 – VIII B 163/02, DStRE 2003, 1139 ff.
185) *Stengel*, BB 1993, 1403 ff.; *Osterloh-Konrad*, DStR 2003, 1631.
186) Schleswig Holsteinisches FG v. 25.8.2012 – 3 K 77/11, BB 2013, 302 ff., 303 li. Sp. unten. Abl. *Wulf*, AG 2013, 713 f. (unter Aufarbeitung des damaligen Standes der Rspr. und Lit.).
187) BFH v. 16.12.2014 – VIII R 45/12, LS 2, Rn. 29, 30, BStBl. II 2015, 759.
188) BFH v. 16.12.2014 – VIII R 45/12, Rn. 30, BStBl. II 2015, 759.
189) S. Rn. 5.204.
190) OLG Frankfurt a. M. v. 12.11.2013 – 5 U 14/13, AG 2014, 95, 96 = ZIP 2013, 2403.

wendigkeit einer Rückstellungsbildung. Dagegen spreche u. a., dass *Kirch* in der ersten Instanz verloren habe. Auch, dass die Deutsche Bank den Vergleichsvorschlag des OLG München abgelehnt habe, spreche dagegen, dass eine Rückstellung zu bilden sei.[191]

5.214 *Im Fallbeispiel „Fehlende Patentlizenzen für digitalen Satellitenempfänger"* (LG Hamburg v. 13.3.2015 – 315 O 89/13, juris)

enthielt ein M&A-Vertrag u. a. in Ziff. 5.3 eine Bilanzgarantie. Es stellte sich nun heraus, dass die Zielgesellschaft Patente Dritter bezüglich eines digitalen Videokompressionsverfahrens verletzt hatte, das für digitale Satellitenempfänger – den Geschäftsgegenstand der Zielgesellschaft – genutzt wurde. Es fragte sich, ob die Bilanzgarantie verletzt war, weil Rückstellungen für eventuelle Patentverletzungsforderungen nicht gebildet worden waren. Hier hatte das LG Hamburg stärkere Argumente gegen eine Notwendigkeit einer Rückstellungsbildung als das OLG Frankfurt a. M. in der *Kirch/Deutsche Bank*-Entscheidung. Die Patentinhaber hatten *noch nicht Klage erhoben*, was dagegen angeführt werden konnte, dass mit einer Inanspruchnahme zu rechnen sei. Dennoch sind die Überlegungen des LG Hamburg möglicherweise immer noch zu großzügig. Das LG Hamburg führte dafür, dass keine Rückstellungen gebildet werden mussten, nämlich primär an, die Verkäuferin und die Zielgesellschaft (auf letzte kam es v. a. an) seien „offensichtlich nach einer Prüfung davon ausgegangen, dass eine Inanspruchnahme der Nebenintervenientin [Zielgesellschaft] nicht drohte." „Konkrete Forderungen" seien damals von den Pateninhabern zu den damaligen Zeitpunkten „jedenfalls noch nicht gestellt worden ..." Indessen ergibt sich aus dem Urteil, dass es Forderungen der Patentinhaber wohl doch schon gab. Das LG Hamburg fährt nämlich fort „Insgesamt waren die Forderungen der Patentgesellschaften zu unbestimmt, um die Pflicht zur Bildung von Rückstellungen auszulösen." (Rn. 76). Weiter ergibt sich aus dem Urteil, dass es zwischen der Zielgesellschaft und der Verkäuferin Korrespondenz zu dem Thema gab, wobei die Frage, ob eine Patentverletzung vorlag, von der Verkäuferin als Muttergesellschaft gegenüber der Zielgesellschaft als Tochter falsch beantwortet wurde. Es dürfte von weiteren Sachverhaltsdetails abhängen, ob dem „normativ" im „normativ-subjektiven Richtigkeitsbegriff" schon dadurch Genüge getan wurde, dass sich die bilanzierungspflichtige Zielgesellschaft einfach mit einer (später als falsch erkannten) Auskunft der Muttergesellschaft zufrieden gab.

5.215 Jedenfalls kann nicht generell daraus, dass gesondert zu prüfen ist, ob mit einer Durchsetzung eines bestehenden Anspruches zu rechnen ist, geschlossen wer-

---

191) OLG Frankfurt a. M. v. 12.11.2013 – 5 U 14/13, AG 2014, 95, 96 = ZIP 2013, 2403. Das letzte Argument überzeugt kaum.

IV. Garantien mit Zukunftsbezug

den, dass solange keine zivilrechtliche Klage erhoben oder kein Verwaltungsakt erlassen wurde, handelsrechtlich auch keine Rückstellung gebildet werden muss bzw. dass steuerrechtlich keine Rückstellung gebildet werden darf.[192] Eine Klageerhebung bzw. der Erlass eines Verwaltungsaktes wie das (bisherige) Unterbleiben einer Klageerhebung stellen nur Gesichtspunkte i. R. der von der Rechtsprechung geforderten „Wahrscheinlichkeitsprüfung" dar, ob mehr Gründe für als gegen die Inanspruchnahme sprechen bzw. ob mit einer Inanspruchnahme aus einer nach ihrer Entstehung oder Höhe ungewissen Verbindlichkeit ernsthaft zu rechnen ist.[193]

Insbesondere spricht wohl bei möglichen öffentlich-rechtlichen Inanspruchnahmen, etwa aus Steuertatbeständen oder Altlasten, **schon die Kenntnis** der Behörde von dem rechtswidrigen bzw. polizeipflichtigen Zustand für eine Rückstellungsbildung.[194] Denn die jeweils zuständige Fachbehörde der öffentlichen Hand ist verpflichtet evtl. bestehende öffentlich-rechtliche Ansprüche geltend zu machen und – ggf. mit Hilfe anderer Behörden – durchzusetzen.[195] Daher ist hinterzogene Lohnsteuer zu dem Zeitpunkt zurückzustellen, zu dem der Arbeitgeber mit seiner Haftungsinanspruchnahme ernsthaft rechnen muss.[196] Eine Rückstellung für die öffentlich-rechtliche Verpflichtung zur Beseitigung von Altlasten darf steuerrechtlich erst gebildet werden, wenn die die Verpflichtung begründenden Tatsachen der zuständigen Fachbehörde bekannt geworden sind oder dies doch unmittelbar bevorsteht. In diesem Fall muss sie allerdings auch handelsrechtlich gebildet werden. Ähnlich muss mit der Durchsetzung eines Strafanspruchs auf eine Geldbuße gerechnet werden, wenn der Tatbestand, der die Buße auslöst, erfüllt und dies der zuständigen Ermittlungs- oder Strafverfolgungsbehörde bekannt ist, insbesondere soweit das Offizialprinzip reicht.

5.216

Relativ streng im Verhältnis zum OLG Frankfurt a. M. und LG Hamburg hatte – ausweislich der Urteilsgründe des OLG München i. R. eines Verfahrens zur Vollstreckbarerklärung des Schiedsspruchs – ein Schiedsgericht das Erfordernis einer Rückstellungsbildung gesehen.

5.217

Fallbeispiel „Th. Brandschutzbauteile" (OLG München v. 20.4.2009 – 34 Sch 017/08, OLGR 2009, 482 ff.)

5.218

Die Geschäftsanteile der österreichischen Th. Brandschutzbauteile GmbH waren verkauft worden. Ein Konkurrenzunternehmen erhob die Rüge, dass

---

192) So auch *Osterloh-Konrad*, DStR 2003, 1675, 1676 li. Sp. oben. *Osterloh-Konrad* sieht gerade darin, dass der prospektive Beklagte u. U. schon eine Rückstellung bilden muss, während der prospektive Kläger keine Forderung einbuchen kann, einen Ausdruck des Imparitätsprinzips (ebd.). Selbstverständlich gilt das auch für den Zeitraum nach Klageerhebung.
193) Ebenroth/Boujong/Joost/Strohn-*Wiedemann*, HGB, § 249 Rn. 15, 28.
194) BFH v. 16.2.1996 – I R 73/95, BB 1996, 1323; BFH v. 19.10.1993 – VIII R 14/92, NJW 1994, 543.
195) BFH v. 19.10.1993 – VIII R 14/92, NJW 1994, 543.
196) BFH v. 16.2.1996 – I R 73/95, BB 1996, 1323.

von der Gesellschaft angebotene Brandschutzplatten nicht durch allgemeine bauaufsichtliche Prüfungszeugnisse (AbP) belegt seien. Die GmbH ließ ein Gutachten über das Risiko von Schadensersatzansprüchen und deren bilanzielle Auswirkungen erstellen. Nachdem das Gutachten zu dem Ergebnis gekommen war, dass aufgrund der Eventualverbindlichkeiten wegen der fehlenden AbP eine rechnerische Überschuldung eingetreten war, meldete die GmbH Konkurs an und der Käufer klagte gegen den Verkäufer vor einem Schiedsgericht – jedenfalls auch aufgrund arglistiger c. i. c. – einen Betrag von 6.896.467,10 € ein. Das Schiedsgericht war der Meinung, die fehlenden Prüfungszeugnisse hätten es notwendig gemacht, in die Bilanz Rückstellungen aufzunehmen und gab der Klage – teilweise – statt.[197]

5.219 Hinsichtlich der **Höhe** der zu bildenden Rückstellung gilt: Das Risiko entweder **in voller Höhe oder gar nicht** einzustellen. Der Ansatz einer Rückstellung nach der Rechnung „maximales Risiko × Eintrittswahrscheinlichkeit" ist nach h. M. nicht zulässig. Dies wird als **„Alles-oder-Nichts-Prinzip"** bzw., etwa von *Osterloh-Konrad*, als die **„51 %-Klausel"** bezeichnet.[198]

5.220 Eine nicht betragsmäßig feststehende Verbindlichkeit ist in der Höhe anzusetzen, in der mit ihr gerechnet werden muss, wobei v. a. die für den Bilanzierenden erkennbaren Vorstellungen eines etwa privaten Geschädigten maßgeblich sein sollen.[199] Ist bereits Klage erhoben, ist die Verbindlichkeit mit dem eingeklagten Betrag anzusetzen.[200] Unter Umständen sollen aber Aufrechnungsrechte und Regressmöglichkeiten berücksichtigt werden können.[201] Es sollen i. d. R. nur die Kosten der angerufenen Instanz, noch nicht der Folgeinstanzen, maßgeblich sein.[202] **Wertaufhellende Tatsachen** (neue Erkenntnisse nach dem Stichtag) sind zu berücksichtigen, also etwa Erkenntnisse auf deren Grundlage ein optimaler Beobachter am Stichtag eine andere Bewertung vorgenommen hätte.[203]

---

197) S. OLG München v. 20.4.2009 – 34 Sch 17/08, Rn. 11, 12, 18, 61, OLGR München 2009, 482 ff. Das Schiedsurteil ist auch deshalb interessant, weil es den Anspruch aufgrund von Mitverschulden nach § 254 BGB minderte; s. dazu Rn. 12.436 (abl.). Übrigens zeigt der Gesamtvorgang, dass auch bei Schiedsverfahren keine Partei sicher sein kann, dass der Streit nicht an die Öffentlichkeit gerät. Die unterlegene Partei kann den Streit jedenfalls immer vor die ordentliche Gerichtsbarkeit bringen, indem sie einen Aufhebungsantrag nach § 1059 ZPO stellt.
198) *Osterloh-Konrad*, DStR 2003, 1631, 1633 li. Sp. Mitte.
199) BFH v. 3.7.1991 – X R 163-164/87, BB 1991, 1827 ff.
200) *Osterloh-Konrad*, DStR 2003, 1675, 1678 li. Sp. unten.
201) *Osterloh-Konrad*, DStR 2003, 1675, 1678 li. Sp. oben.
202) *Osterloh-Konrad*, DStR 2003, 1675, 1678 re. Sp. Mitte.
203) *Osterloh-Konrad*, DStR 2003, 1675, 1679 li. Sp. oben ff., 1679 re. Sp. unten. Dort auch die schöne Warnung „Geht es um eine Risikoprognose, so vermittelt die Verwirklichung oder das endgültige Ausbleiben des Risikos zu einem späteren Zeitpunkt nicht rückwirkend neue Erkenntnisse ... Fällt im Roulette die Kugel auf „Schwarz", so lässt dies nicht im Nachhinein den Schluss zu, die Wahrscheinlichkeit für „Schwarz" habe zuvor 100 % betragen." Das Fallen der Kugel auf „Schwarz" ist insoweit eine wertbeeinflussende Tatsache.

IV. Garantien mit Zukunftsbezug

Nicht zu berücksichtigen sind **wertbeeinflussende Tatsachen** nach dem Stichtag, etwa dass ein Vergleich geschlossen wurde.

Ein einfacher Beratungsfall des Verfassers zeigt die Probleme nochmals und erlaubt einen Ausblick auf die Rechtsfolgenproblematik. 5.221

Fallbeispiel „Risiken aus einer Beteiligung an einer insolventen Bauentwicklungs- GbR" (Schiedsgericht) 5.222

Die Zielgesellschaft war, neben ihrem operativen Geschäft, Partnerin einer Bauentwicklungs-GbR mit einer internen Gewinn- und Verlustbeteiligung von 25 % gewesen. Der einzige GbR-Partner und die GbR befanden sich in Insolvenz. Der GbR-Insolvenzverwalter teilte der Zielgesellschaft im Bilanzjahr mit, dass die Gläubiger der GbR Forderungen i. H. von 6 Mio. € geltend machten.

Die Bilanz der Zielgesellschaft hatte keine Schuldposten für den Vorfall enthalten, als 50 % der Anteile von einem chinesischen Investor erworben wurden. Der Verkäufer hatte das vorhandene Eigenkapital und die Richtigkeit der Bilanz garantiert. Bei Verletzung der Garantie war der Verkäufer zur „Herstellung des Zustandes (verpflichtet), der bestünde, wenn die Zusicherung oder Angabe richtig gewesen wäre." Später zahlte die Zielgesellschaft dem Insolvenzverwalter der GbR „zum Ausgleich aller Ansprüche aus § 426 Abs. 2 BGB" 0,9 Mio. €.

Die Eigenkapitalgarantie und die Garantie, dass keine nicht offengelegten Schulden vorhanden seien, wären verletzt gewesen, wenn wegen dem Risiko aus der Bauentwicklungs-GbR eine Rückstellung hätte gebildet werden müssen. Rückstellungen sind Schulden und reduzieren das Eigenkapital.[204] 5.223

Meines Erachtens war hier eine Rückstellung zu bilden. Eine Verbindlichkeit bestand und eine Inanspruchnahme war wahrscheinlich, da sich der Insolvenzverwalter gemeldet hatte. Die Höhe der zu bildenden Rückstellung – 0,9 oder 6 Mio. € – ist eine bilanzrechtlich interessante Frage. Einiges dürfte dafür sprechen, dass die Rückstellung mit einem Betrag von 6 Mio. € zu bilden war. 5.224

Die Frage nach der Höhe der pflichtwidrig nicht gebildeten Rückstellung ist jedoch nicht mit der **schadensrechtlichen Frage** zu verwechseln, **welcher Betrag als Schadensersatz** zu leisten ist. Es sind erneut Tatbestandsebene und Rechtsfolgenebene sauber auseinander zu halten und die Denkfalle einer sog. „Bilanzauffüllung",[205] wonach eine zahlenmäßige Korrespondenz zwischen dem 5.225

---

204) *Roth/Altmeppen*, GmbHG, § 13 Rn. 72 ff.; BGH v. 22.9.2003 – II ZR 229/02, NJW 2003, 3629, 3630 re. Sp. unten.
205) S. bereits oben Rn. 5.198 und ausführlich unten Rn. 12.354. Der Begriff „Bilanzauffüllungsbetrag" wird übrigens auch in einer grundlegenden Entscheidung des BGH v. 25.5.1977 – VIII ZR 186/75, NJW 1977, 1536, mit Skepsis angefasst (S. 1537 re. Sp. Mitte, 1538 li. Sp. Mitte).

Betrag der „Bilanzunrichtigkeit" und dem zu zahlenden Schadensersatz bestehen soll, zu vermeiden. Dies ergibt sich schon aus einer einfachen Anwendung der vertraglichen Rechtsfolgenanweisung „Herstellung des Zustandes, der bestehen würde, wenn die Zusicherung oder Angabe richtig gewesen wäre ...". Wenn die Garantieaussage des Nichtvorhandenseins von nicht offengelegten Schulden richtig gewesen wäre, hätte dieses nämlich nur bedeutet, dass die Gesellschaft die 0,9 Mio. € nicht an den Insolvenzverwalter hätte zahlen müssen; es hätte aber nicht bedeutet, dass die Gesellschaft um 5,1 Mio. € (6 Mio. € „Bilanzauffüllung" abzüglich der tatsächlich an den Insolvenzverwalter zu zahlenden 0,9 Mio. €) reicher gewesen wäre.[206]

5.226 Nach dem Bilanzrecht können auch Rückstellungen für Leistungsverpflichtungen gebildet werden, die juristisch keine Verpflichtungen sind, denen sich aber der Kaufmann **wirtschaftlich nicht entziehen kann**. So wurde bei der Bestimmung der Abfindung eines Gesellschafters die Ergebnisminderung in dem maßgeblichen Jahresabschluss durch zu bildende Rückstellungen für Entwicklungskosten und freiwillig zu erbringende Provisionen und Garantieleistungen vom BGH aufrechterhalten. Auch für rechtlich erst künftig entstehende Verbindlichkeiten, die jedoch schon in der abgelaufenen Periode wirtschaftlich verursacht worden seien und denen sich der Verpflichtete am Bilanzstichtag aus sittlichen, tatsächlichen und wirtschaftlichen Gründen nicht entziehen könne, sei eine Rückstellung zu bilden.[207] Es hängt freilich von der Formulierung der konkreten Bilanzgarantie ab, ob die Nichtbildung einer Rückstellung in solchen Fällen des „faktischen Leistungszwangs"[208] eine Garantieverletzung darstellt.

dd) Garantien zu Jahresergebnissen

5.227 Bilanzgarantien sind i. d. R. zugleich Garantien bezogen auf die Gewinn- und Verlustrechnung.[209] Die tatsächlichen Fragen und Bewertungsfragen, von denen das Vorliegen einer Garantieverletzung abhängt, sind zumeist dieselben wie bei einer Bilanzgarantie. Das Thema wird deshalb hier nicht weiter erörtert.

---

206) Das Ergebnis ist wohl aus dem Begriff des Schadensersatzes ableitbar, ohne dass das sog. „schadensrechtliche Bereicherungsverbot" (dazu *Oetker* in: MünchKomm-HGB, § 249 Rn. 231 m. w. N.) bemüht werden muss.
207) BGH v. 28.1.1991 – II ZR 20/90, ZIP 1991, 442, 443 re. Sp. oben.
208) So die Bezeichnung durch den BGH v. 28.1.1991 – II ZR 20/90 ZIP 1991, 442, 444 li. Sp. unten.
209) Sie tut es jedenfalls mittelbar, indem das Eigenkapital Folge des Ergebnisses des Vorjahres ist. Vgl. allerdings oben Rn. 11.157 ff.

IV. Garantien mit Zukunftsbezug

ee) Eigenkapitalgarantien

Eigenkapitalgarantien[210] spitzen alle Probleme, die Bilanzgarantien inhärent sind, zu und führen auf der Tatbestandsseite wie auf der Rechtsfolgenseite in noch größere Auslegungsprobleme. Häufig schlagen diese von „vorne" nach „hinten" (vom Tatbestand zur Rechtsfolge) durch oder können die Probleme „vorne" erst verstanden werden, wenn die Auswirkungen für den Schadensersatz „hinten" durchdacht wurden.

5.228

(1) Zwei generelle Auslegungsfragen von Eigenkapitalgarantien ...
Eine *erste* Frage, quasi v. a. auf der Tatbestandsseite, ist, ob Eigenkapitalgarantien – i. S. eines extremen Ausgangspunktes – so zu verstehen sind, dass es **nur auf die „nackte" „Eigenkapitalziffer-Differenz"** ankommt, aber die Herkunft und die sachlichen Einzelheiten der konkreten Bilanzposten, die zu der Unterschreitung des garantierten Eigenkapitals führten, nicht von Belang sind. Die Alternative bestünde darin, die **Herkunft und die sachlichen Einzelheiten der konkreten Bilanzposten aufzuspüren**, die zu der Ausweisung eines überhöhten Eigenkapitals führten (etwa aus einer Überwertung von Anlagevermögen, der Aktivierung nicht vorhandener Vorräte etc.). Im ersten Fall gäbe der Unrechtstatbestand zur Herleitung des Schadensersatzanspruchs entsprechend auch **nur den (abstrakten, quantitativen) Differenzbetrag** zwischen Soll-Eigenkapital und Ist-Eigenkapital her und würde sich keine Ansatzpunkte für eine Untersuchung bieten, welche Unternehmenswertminderungen bzw. Schäden i. S. der §§ 249 ff. BGB daraus entstanden sind. Es könnte daher nur abstrakt nach den schadensrechtlichen Folgen gefragt werden, die sich daraus ergeben, dass das bilanzielle Eigenkapital niedriger war, als es sein sollte.[211] Da die möglichen Kausalketten jedoch davon abhängen, warum das Ist-Eigenkapital unter dem Soll-Eigenkapital lag, wären jedoch die Informationen abgeschnitten, die für die Verfolgung der Kausalitätsstränge i. S. von § 249 Abs. 1 BGB bzw. die Entwicklung eines alternativen Unternehmensverlaufs (bei Richtigkeit der Garantie) erforderlich gewesen wären. Diese tatbestandliche Frage wird sogleich behandelt.

5.229

Die *zweite* Frage liegt vorrangig auf dem Gebiet der Rechtsfolgen: Ist der „Ausgleichsgedanke" und sind die §§ 249 ff. BGB „ganz normal" anzuwenden (indem die Kausalitätslinien aufgespürt werden, die sich in dem hypothetischen Fall ergeben hätten, dass die Wirklichkeit so gewesen wäre wie es garantiert wurde, und die daraus resultierende Vermögenslage mit der tatsächlichen verglichen wird) oder gilt eine andere Rechtsfolge? Der „Bilanzauffüllungsansatz"

5.230

---

210) Ettinger/Jaques-*Jaques*, Beck'sches Hdb. Unternehmenskauf im Mittelstand, Rn. 336a, sieht Eigenkapitalgarantien per se nicht als Garantien sondern als Kaufpreisanpassungsmechanismen an. Das ist fraglich.
211) Die sog. „Bilanzauffüllung" kann auch keine Antwort hierauf sein, weil sie die §§ 249 ff. BGB missachtet.

behauptet dies. Neben seinem Nichtinteresse für die hinter dem Eigenkapital stehenden Bilanzpositionen ist er noch mehr durch sein Nichtinteresse für das Schadensrecht der §§ 249 ff. BGB gekennzeichnet. Er verdrängt dieses durch die vom Schadensrecht losgelöste Hypothese, dass der bei Unrichtigkeit einer Bilanzgarantie zu ersetzende Betrag identisch mit dem Betrag der Bilanzunrichtigkeit sein müsse.[212]

(2) ... Ausdruck der ökonomischen „Streuwirkung" von Eigenkapitalgarantien

5.231 Die beiden vorstehenden generellen Auslegungsfragen von Eigenkapitalgarantien sind die Folge davon, dass **Eigenkapitalgarantien im besonderen Maße keine sachgerechten und** jedenfalls **keine zielgenauen**[213] **Instrumente** des Schutzes der vereinbarten Austauschbalance eines M&A-Vertrages sind. Dies ist so, weil Eigenkapitalgarantien das generelle Problem von Bilanzgarantien, dass Bilanzwerte auf sehr unterschiedlichen Wegen und mit sehr unterschiedlichen Berechnungen nur sehr unterschiedliche Auswirkungen auf die – allein relevanten – Unternehmenswerte haben, noch einmal durch den Saldierungseffekt verstärken. Eigenkapitalgarantien ähneln, um ein Beispiel zu geben, der Garantie, das alle Mobilien eines Unternehmens eine gewisse **Gesamttonnage nicht unterschreiten** dürften. Auch hier würde für den Ausleger das analoge Problem aufgeworfen, ob für die Schadensableitung berücksichtigt werden darf, ob Kies, Schiffsschrauben oder Gold fehlen. Ähnlich stampft das Eigenkapital „doppelt hybride" Buch- bzw. Bilanzwerte von betriebsnotwendigem und nicht betriebsnotwendigem Vermögen, teils Verkehrswerten nah, teils nicht, von Äpfeln und Birnen, in einen **Einheitsbrei**, der den Unternehmenswert höchst gebrochen und extrem verzerrt, ja eigentlich gar nicht mehr erkennbar reflektiert.

5.232 Eigenkapitalgarantien setzen insoweit den Problemen von Bilanzgarantien überhaupt gewissermaßen „die Krone auf", indem sie eine **Verrechnung der heterogenen Bilanzwerte miteinander erzwingen**. Das Eigenkapital als Saldogröße hängt eben von jeder Bewegung in der Bilanz ab. Es ist sein „Wesen", dass an beliebiger Stelle ausgelöste Eigenkapitalminderungen durch Zuschreibungen bei

---

212) Es ergeben sich in zahlreichen anderen Zusammenhängen weitere Argumente gegen den „Bilanzauffüllungsansatz"; s. etwa Rn. 12.354.
213) S. Rn. 11.157 f., 12.415 f. Zust. zur 1. Aufl.: *Hilgard*, BB 2013, 937, 938 re. Sp. unten. Skeptisch zur Eigenkapitalgarantie auch *King*, Die Bilanzgarantie beim Unternehmenskauf, Rn. 95; Ettinger/Jaques-*Jaques*, Beck'sches Hdb. Unternehmenskauf im Mittelstand, 2012, S. 244, Rn. 98 („systemwidrig") m. w. N.; *Rödder/Hötzel/Müller-Thuns*, Unternehmenskauf, Unternehmensverkauf, S. 166, erwähnen zwar, dass die Höhe des Eigenkapitals für den Kaufpreis grundsätzlich ohne Bedeutung sei (sie ist es v. a. für den Unternehmenswert), aber erörtern dann doch Eigenkapitalgarantien so, als ob sie eine sinnvolle Gestaltung darstellen würden (ebenso S. 177). Auf S. 266 wird eine „realistisch festgelegte und präzise formulierte Eigenkapitalgarantie" als geeignet angesehen, „das Problem der vertraglichen Garantien merklich zu entschärfen und ihr(en) Umfang wesentlich (zu) reduzieren"; ähnlich S. 284.

IV. Garantien mit Zukunftsbezug

beliebigen anderen Aktiva oder Abschreibungen bei beliebigen anderen Passiva **kompensiert** werden können. Indem im Eigenkapital alle Aktiva und Schulden addiert (bzw. subtrahiert) werden, impliziert die Bilanz im Prinzip eine **Gleichwertigkeit der Bilanzpositionen.** Birnen dürfen, ja sollen, mit Äpfeln verrechnet werden.

Da Eigenkapitalgarantien die Probleme, die dem Eigenkapital unter dem Gesichtspunkt seines geringen Unternehmenswertbezugs[214] anhaften, nicht loswerden, wäre ihnen nicht nachzutrauern, wenn sie aus der Übung kämen und durch geeignetere Klauseln ersetzt würden. Dafür spricht freilich zurzeit wenig.[215] Solange Parteien von M&A-Transaktionen Eigenkapitalgarantien vereinbaren, werden sich Gerichte und Schiedsgerichte mit ihnen auseinandersetzen müssen. 5.233

(3) Eigenkapitalgarantien als Garantien einer „Bilanzbreimasse"

Eigenkapitalgarantien führen zunächst auf der Tatbestandsseite zu verschiedenen Auslegungsfragen. Nach der hier vertretenen Auffassung sind Eigenkapitalgarantien darin beim Wort zu nehmen, dass sie in einem ersten Schritt wirklich **nur das „Eigenkapital" als Bilanzziffer**, aber nicht alle einzelnen, in es einfließenden Bilanzpositionen garantieren. Eine Garantie „das Eigenkapital beträgt x €" schließt also die Aussage „Vorräte ... 13 Mio. €" nicht ein. Das Eigenkapital stellt eine Größe einer Betrachtungsweise auf einer höheren Ebene dar, die nicht auch eine Aussage über die **Herkunft und Zusammensetzung des Eigenkapitals** trifft. Sie ist nur **Garantie einer „Summenzeile"**, die in der Kunstsprache des Bilanzrechts gebildet wurde – und es ist (zunächst) gleichgültig, aus welchen Additionen und Subtraktionen diese Summenzeile entstand. Insofern werden durch die Eigenkapitalgarantie nicht alle Einzelposten der Bilanz mitgarantiert und ihr Inhalt fällt nicht mit dem einer Garantie der Richtigkeit aller Bilanzpositionen zusammen. Eine Eigenkapitalgarantie kann daher bei einer unendlichen Zahl von Kombinationen von Bilanzpositionen erfüllt sein. 5.234

Dies kann allerdings nicht bedeuten, dass die einzelnen Bilanzpositionen und die konkreten „hinter ihnen stehenden" Aktiva und Passiva völlig unbedeutend wären. Das Geltendmachen einer Unrichtigkeit einer Eigenkapitalgarantie ist nicht möglich, wenn nicht bezüglich mindestens einer konkreten Bilanzposition vorgetragen wird, dass der für das „hinter ihm stehende" Aktivum angesetzte Betrag 5.235

---

214) S. *Wollny*, Unternehmensbewertung, Eigenkapitalgarantie und Kaufpreisanpassung, in: Drygala/Wächter, Kaufpreisanpassungs- und Earnout-Klauseln, S. 23 ff; *Schöne/Uhlendorf*, Kaufpreisanpassung an das bilanzielle Eigenkapital oder Nettovermögen, in: Drygala/Wächter, Kaufpreisanpassungs- und Earnout-Klauseln, S. 133; *Mellert*, Tatbestandsprobleme bei Eigenkapitalgarantien, in: Drygala/Wächter, Bilanzgarantien bei M&A-Transaktionen, S. 11.

215) *Mirow* hat kürzlich eine Renaissance der Eigenkapitalgarantie zur Diskussion gestellt. Dazu ausf. s. Rn. 13.121 f.

gegenüber dem, was geboten wäre, zu hoch bzw. bei einer Schuldposition, gegenüber der konkreten Schuld zu niedrig ist. Die Bilanz und das Eigenkapital bleiben selbstverständlich immer bezogen auf das **konkrete Unternehmen** des Bilanzierenden mit seinen real vorhandenen Aktiven und Passiven, so dass auch die Eigenkapitalgarantie stets einen **Abgleich** der Höhe eines in dem individuellen, historischen Unternehmen vorhandenen (oder fehlenden) Aktivums oder der Schuldposition mit einem konkreten Gegenstand und dem Bilanzrecht erfordern. Dabei bilden die zum Bilanzstichtag zu dem bilanzierten Unternehmen gehörenden Aktiven und Schuldpositionen einen **numerus clausus**. Die vorhandenen Gegenstände bilden den feststehenden „Sachverhalt"; nur dieser ist daraufhin zu prüfen, ob sie angesetzt wurden, ob sie vollständig angesetzt wurden, ob nicht zusätzlich andere, nicht vorhandene angesetzt wurden und ob sie mit den richtigen Beträgen bewertet wurden. Neben diesen Gegenständen sind alle tatsächlich existierenden Umstände in der „Welt" zu berücksichtigen, die nach dem Bilanzrecht Auswirkungen auf den Ansatz bzw. die Bewertung haben.

5.236 Wenn, wovon soeben ausgegangen wurde, ein inhaltlicher Unterschied zwischen einer Garantie aller Bilanzpositionen und einer Eigenkapitalgarantie besteht, so müsste sich dieser grundsätzlich daran zeigen, dass der Schuldner ein **Eigenkapitalmanko**, das durch irgendeine beliebige Überbewertung von Aktiva oder Unterbewertung von Schulden aufgetreten ist, durch die Darlegung einer gegenläufigen Unterbewertung von Aktiven oder einer Überbewertung von Schulden **an anderer Stelle ausgleichen** kann. Dies muss jedenfalls der systematisch-logische Ausgangspunkt sein, da es der Systematik bzw. Logik der Bilanz entspricht. Zudem wäre anders eine Eigenkapitalgarantie von einer Garantie aller Bilanzpositionen nicht mehr zu unterscheiden. Dies bedeutet, dass im Rechtsstreit, wenn der Käufer seine „Karten" eigenkapital*mindernder Unrichtigkeiten* „auf den Tisch legt", der Verkäufer sich mit anderen „Karten" von eigenkapital*erhöhenden Unrichtigkeiten* verteidigen kann. Grundsätzlich, vom Ausgangspunkt her,[216] kann sich der Verkäufer gegen den Vorwurf einer tatbestandlichen Verletzung einer Eigenkapitalgarantie also mit **beliebigen „Aufstockungen" von Bilanzwertansätzen verteidigen** bzw. er darf beliebige „Buchwertreserven"[217] offenlegen, die bei Bilanzerstellung schon vorhanden und die bilanzrechtlich zulässig gewesen wären. So führt die Berufung auf eine Eigenkapitalgarantie in einem Rechtsstreit zu einem **Kampf an „allen bilanziellen Fronten"**. Der Aufwand zur Durchsetzung einer Bilanzgarantie kann daher, bei entsprechender Verteidigung des Verkäufers, für den Käufer sehr hoch werden.

5.237 Die Vertragsfreiheit lässt es aber auch zu, von dem vorstehenden Ausgangspunkt in zwei Richtungen abzuweichen und für Zwecke einer Eigenkapitalga-

---

216) Natürlich nur sofern es keine gegenteilige Regelung im M&A-Vertrag gibt. Dazu gleich.
217) Nicht zu verwechseln mit einer „Aufdeckung stiller Reserven" bzw. mit Zuschreibungen auf den Verkehrswert, der eben nicht durch das Bilanzrecht bestimmt wäre.

IV. Garantien mit Zukunftsbezug

rantie **Bilanzpositionen „festzuzurren".** Dies kann geschehen, indem einzelne Positionen von vorneherein nicht zur Darlegung einer Unterschreitung des garantierten Eigenkapitals herangezogen werden dürfen. Es kann weiter geschehen, indem der Verkäufer aufgrund vertraglicher Abrede zur „Rettung" des garantierten Eigenkapitals Aktiva, wenn sie zu hoch, oder Schulden, wenn sie zu niedrig angesetzt waren, eben doch nicht durch ein „Aufstocken" von Aktiva oder ein Abschreiben von Schulden auf ein bilanzrechtlich zulässiges Niveau bringen darf. Es mag auch Situation geben, wo dem Verkäufer eine solche Verteidigung ohne vertragliche Abrede ausnahmsweise nach **Treu und Glauben** zu verwehren ist. In solchen Fällen der teilweisen „Blockade" der Bilanzmechanik bewegt sich die Eigenkapitalgarantie ein Stück auf eine Garantie der restlichen Bilanzpositionen zu.

Das Prinzip der „Gleichwertigkeit" aller Bilanzpositionen besitzt freilich nur innerhalb der Bilanzmechanik bzw. innerhalb der Bilanzlogik Geltung. Bei Bilanzgarantien geht es aber, wie bei allen Garantien in M&A-Transaktionen, wirtschaftlich i. d. R. um den Ausgleich einer Unternehmenswertminderung bzw. eines wirtschaftlichen Schadens, dessen Höhe von einer *anderen Logik* abhängt und der rechtlich durch die §§ 249 ff. BGB programmiert wird. Eigenkapitalmanko und Schaden bzw. Unternehmenswertminderung sind zwei verschiedene Dinge.[218] Sobald zum Schadensersatz übergegangen wird, macht sich daher der Umstand bemerkbar, dass **Bilanzpositionen** hinsichtlich ihrer Auswirkungen auf den Unternehmenswert **nicht gleichwertig** sind. Vorhandene oder fehlende „100 Buchwert Bankguthaben" sind *ungleich* „100 Buchwert Anlagevermögen" – wenn es auf die Folgen für den Unternehmenswert ankommt.[219] Es ist aber eine zwingende Folge der „Gleichwertigkeit aller Bilanzpositionen" und davon, dass die Eigenkapitalgarantie nur eine Garantie einer „Summenzeile" ist, dass wenn der Käufer eine Verletzung einer Eigenkapitalgarantie herleitet, weil **wichtige Vorräte fehlen,** der Verkäufer dem entgegenhalten kann, dass **Teile des Anlagevermögens unterbewertet** gewesen seien.[220] Dies ist die Folge aus der Auswahl des eben „zielungenauen" und fragwürdigen Schutzinstruments der Eigenkapitalgarantie. (Der Schaden verbliebe beim Käufer; die Saldierung innerhalb der Eigenkapitalberechnung lässt schon tatbestandlich den Anspruch wegfallen.)

5.238

---

218) Die Vorstellung einer „Bilanzauffüllung" durch Leistung von Schadensersatz i. H. der Bilanzrichtigkeit ist nicht haltbar. S. Rn. 12.355 ff.
219) Der Betrag von *betriebsnotwendigem Vermögen* zum Unternehmenswert wird ohnehin nicht durch seinen Bilanzwert widergespiegelt und selbst der Bilanzwert von *nicht betriebsnotwendigem Vermögen* entspricht i. d. R. nicht dessen Barwert, der dem Enterprise Value hinzuzuaddieren ist, um den Unternehmenswert zu bestimmen. Weil so i. d. R. „100 € Buchwert" nicht „100 € Unternehmenswert" sind, verursacht auch nicht jedes Fehlen von „100 Eigenkapital" denselben Schaden i. S. der §§ 249 ff. BGB. Dies wird später in schadensrechtlicher Hinsicht erhebliche Bedeutung haben.
220) Obwohl dies für den Unternehmenswert weitgehend folgenlos ist.

5. Kapitel Garantien

(4) Keine Haftung aus Eigenkapitalgarantie ohne Aufspüren der konkreten Ursache der „Eigenkapitallücke"

5.239 Allgemein müssen bei Bilanzgarantien quantitative Bilanzaussagen in **qualitative Aussagen über die „Welt" entschlüsselt werden.**[221] Dies ist schon bei einzelnen Bilanzaussagen („Bilanzwert von Maschinen... x €", „Bilanzwert von Halbfertigwaren ... y €") oft nicht einfach. Bei Eigenkapitalgarantien erhöht sich die Schwierigkeit. Wir haben nun nicht mehr Äpfel und Birnen, wie immer bei der Bilanz, sondern die Garantieunrichtigkeit bezieht sich auf die Abweichung **der Masse eines Soll-Breis von einem Ist-Brei** bzw. es wird die Differenz zwischen zwei Saldowerten gemessen, in die eine Vielzahl von in ihrer Bedeutung heterogenen Werten einfloss. Zur *tatbestandlichen Feststellung einer Unrichtigkeit der Eigenkapitalgarantie* genügt das.

5.240 Zur **Herleitung eines Schadens** aus einer Eigenkapitalunterschreitung genügt es aber nicht mehr. Hier muss der Kläger, wenn er aus der Garantieunrichtigkeit auch einen Schaden herleiten möchte, die **Herkunft der Lücke** aufklären und darlegen, um im Bild zu bleiben, wie viel Apfel- und wie viel Birnenbrei in der fehlenden Masse enthalten ist. Dies muss er, weil es für die Anwendung der §§ 249 ff. BGB eben (glücklicherweise!) einen Unterschied macht, ob das Eigenkapitalmanko gegenüber dem garantierten Betrag auf dem Fehlen von „100 Buchwert Bankguthaben" oder „100 Buchwert Anlagevermögen" beruht. Die Einzelheiten, die der Käufer schon heranzog, um überhaupt eine Verletzung der Eigenkapitalgarantie darzutun, spielen jetzt wieder eine Rolle, und eine größere Rolle als zuvor. Er kann seinen Schaden nur darstellen, indem er (i) in dem gesamten Eigenkapitalmanko die in es eingegangenen Minderungen *einzelner* Aktiv- bzw. Erhöhungen *einzelner* Schuldpositionen nachweist und (ii) diese sodann in qualitative Aussagen über die „Welt" entschlüsselt. Nur durch solche qualitativen Aussagen – das Eigenkapital war zu niedrig, weil veräußerbare Vorräte, nicht weil kaum relevante Buchwerte für Anlagevermögen fehlten – kann er seinen Schaden aus einem Vergleich von Vermögenslagen herleiten. Mit anderen Worten: Es ist die **Saldierung**, die die Bilanzmechanik automatisch bewirkte, **rückgängig zu machen** und auszurechnen, wie viel Euro Eigenkapitalminderung durch fehlende/faule Äpfel und wie viele Euro durch solche Birnen verursacht wurden.

5.241 Ersichtlich wird der Käufer besonders große Schwierigkeiten bekommen, konkrete Anknüpfungspunkte für seine Kausalitätsketten zur Schadensbegründung zu finden, wenn die Eigenkapitallücke nicht nur aus einer oder mehreren Überbewertungen von Aktiva oder Unterbewertungen von Schulden herrührt, die gleichgerichtet die Eigenkapitallücke erhöhen, sondern wenn der Verkäufer **gegenläufige eigenkapitalerhöhende Korrekturen** geltend machen kann. Es wird

---

[221] S. Rn. 12.415 ff.

IV. Garantien mit Zukunftsbezug

dann die Frage auftreten, mit welchen Eigenkapitalminderungen diese Eigenkapitalerhöhungen zu verrechnen sind, mit denen, die „schadensmäßig" dem Käufer „viel bringen" oder wenig oder nichts. Viel Mitleid wird man einem Käufer, der in Schwierigkeiten gerät, weil er ein so inadäquates Instrument wie eine „Tonnagen-Eigenkapitalgarantie" einsetzen wollte, freilich nicht entgegenbringen müssen. Einzelheiten werden bei den schadensrechtlichen Fragen dargestellt.[222]

Im folgenden Fallbeispiel, das wenig verallgemeinerungsfähig ist, kam Verschiedenes zum Nachteil der Klägerin zusammen: 5.242

Fallbeispiel „Bilanzgarantie bei Lebensmittel- bzw. Einzelhandelsstandorte-KG" (OLG Schleswig v. 28.5.2009 – 5 U 146/08) 5.243

Im Jahre 2003 war eine Kommanditbeteiligung verkauft worden, wodurch die Lebensmittel- bzw. Einzelhandelsstandorte in F. und W. von dem wirtschaftlich angeschlagenen S-Konzern auf den Käufer übergehen sollten. Es wurde garantiert, dass der Jahresabschluss der S-KG [KG] unter Beachtung der gesetzlichen Vorschriften und den Grundsätzen ordnungsgemäßer Buchführung erstellt wird und ein den tatsächlichen Verhältnissen entsprechendes Bild der Vermögens-, Finanz- und Ertragslage vermitteln sollte.

Der Jahresabschluss sollte ursprünglich von der Verkäuferin erstellt werden; tatsächlich wurde er von der KG selbst (durch ihre Komplementärin) erstellt und im Auftrag der KG von einer Wirtschaftsprüfungsgesellschaft geprüft. Unstreitig wurden *keine Rückstellungen für Gewerbesteuerzahlungen* aufgrund von Veräußerungsgewinnen, die bei der Verkäuferin i. H. von 4.730.736,91 € entstanden waren, gebildet (obwohl Steuerschuldner bei Veräußerungsgewinnen durch Verkauf von Kommanditbeteiligungen gemäß § 5 GewStG die KG selbst ist). Nachdem die KG 462.377,71 € Gewerbesteuern und Verzugszinsen hatte nachzahlen müssen, klagte die Käuferin auf diesen Betrag.

Das LG hatte die Klage abgewiesen. Die Garantie sei stillschweigend dahingehend auszulegen, dass eine Haftung nur für einen Jahresabschluss in Betracht komme, der *von der Beklagten selbst erstellt* bzw. in Auftrag gegeben worden sei.[223] Das OLG Schleswig trat dem LG hierin bei. Es könne nicht davon ausgegangen werden, dass die Verkäuferin für die Richtigkeit eines von dritter Seite (aus der Sphäre der Klägerin) erstellten und von einer Wirtschaftsprüferin der Gesellschaft geprüften Jahresabschlusses verschuldensunabhängig haften wollte, zumal verschuldensunabhängige Garantieerklärungen eng auszulegen seien; verschuldensunabhängige Schadensersatzansprüche seien nämlich – von wenigen Ausnahmen der Gefährdungshaftung

---

222) S. Rn. 12.415 f.
223) OLG Schleswig v. 28.5.2009 – 5 U 146/08, Rn. 13.

abgesehen – dem deutschen Recht wesensfremd.[224] Das OLG Schleswig ist hierbei zudem davon ausgegangen, dass die Verkäuferin nicht verpflichtet war, ungefragt Auskunft über die Höhe der Veräußerungsgewinne zu erteilen; die KG bzw. ihre Wirtschaftsprüferin hätten sich bei der Verkäuferin über die Höhe der Veräußerungsgewinne erkundigen müssen und diese habe davon ausgehen dürfen, dass dies geschehe.[225]

5.244 Leider hat der VIII. Zivilsenat des BGH die eingelegte Nichtzulassungsbeschwerde nicht angenommen.[226] So wurde die Möglichkeit versäumt, die vom LG und OLG Schleswig nur am Rande berührte Frage aufzuklären, von der die Entscheidung richtigerweise wohl abgehangen hätte. Das OLG Schleswig war so von seiner (falschen) Überzeugung erfüllt, dass verschuldensunabhängige Schadensersatzansprüche eine eng auszulegende Anomalie seien[227] und dass entsprechend eine verschuldensunabhängige Haftung für eine in der Sphäre des Gläubigers aufgestellte Bilanz ausgeschlossen sein müsse, dass es sich für die konkrete Funktion dieser Bilanz innerhalb des Kaufvertrages nicht mehr interessierte. So geben weder der Sachverhalt noch die Urteilsgründe verlässlich Auskunft dazu, ob die unterbliebene Passivierung von immerhin 462.377,71 € in der fraglichen Bilanz, die bisweilen „Stichtagsabschluss" genannt wird,[228] nicht möglicherweise eine Kaufpreis erhöhende Auswirkung hatte (etwa wenn es sich um Closing Accounts in Verbindung mit einer Net Debt-/Net Cash-Regelung gehandelt hätte). Wenn niedrigere Verbindlichkeiten zu einem höheren Kaufpreis und höhere Verbindlichkeiten zu einem niedrigeren Kaufpreis führten und nach der vertraglichen Konstruktion – wie häufig – die Richtigkeit der zu Zwecken der Kaufpreisbestimmung aufgestellten Bilanz verschuldensunabhängig garantiert wurde (ebenso wie zuvor die Kaufpreisanpassung verschuldensunabhängig funktionierte!), hätte das OLG Schleswig den Vorgang nicht nur wirtschaftlich missverstanden, sondern auch rechtlich verfehlt. Die Frage, wer die Bilanz erstellte, hätte nämlich unter diesen Voraussetzungen kaum noch Bedeutung gehabt. Immerhin sprach hierfür, dass, wie das OLG Schleswig zweimal zitiert, die Käuferin am 7.9.2004 gegenüber der Verkäuferin erklärt hatte, dass die Bilanz „vollumfänglich zutreffe und damit Bemessungsgrundlage für den Kaufpreis nach § 3 des Kaufvertrages sei ...". Mit der gegebenen Begründung wäre das Urteil dann nicht haltbar gewesen.

---

224) OLG Schleswig v. 28.5.2009 – 5 U 146/08, Rn. 29.
225) OLG Schleswig v. 28.5.2009 – 5 U 146/08, Rn. 33.
226) BGH v. 7.6.2011 – VIII ZR 167/09.
227) OLG Schleswig v. 28.5.2009 – 5 U 146/08, Rn. 29.
228) OLG Schleswig v. 28.5.2009 – 5 U 146/08, Rn. 25.

V. Garantien zu erteilten Informationen

(5) Keine Saldierung von Bilanzunrichtigkeiten auf Tatbestandsebene
Eine Saldierung auf Tatbestandsebene kann es nur bei den gerade behandelten Eigenkapitalgarantien geben. Bei anderen Bilanzgarantien ist eine Saldierung nicht möglich. Eine Bilanz bleibt „an einer Stelle" unrichtig, auch wenn sie an einer „anderen Stelle" noch einmal unrichtig war, diesmal durch Überbewertung von Aktiva oder Unterbewertung von Schulden, oder wenn der Bilanzersteller i. R. seiner zulässigen Spielräume eigenkapitalerhöhende Ansätze hätte vornehmen dürfen. Dies ist auf einer sehr allgemeinen Ebene gewissermaßen die Folge von *caveat emptor*, dass der Käufer alle Risiken übernimmt hinsichtlich derer es keine anderweitige vertragliche oder gesetzliche Regelung gibt, und davon, dass das Gesetz und die Formulierungen von Bilanzgarantien üblicherweise eine solche andere Regelung nicht hergeben. Vor allem folgt das Ergebnis aus der Interessenlage des Käufers: Maßgeblich für ihn sind die Auswirkungen einer Bilanzunrichtigkeit auf den Unternehmenswert. Da diese je nach Bilanzposition äußerst unterschiedlich sind, kann nicht angenommen werden, dass der Käufer mit einer Saldierung einverstanden gewesen wäre (das Bargeld war versehentlich um 100 zu hoch bilanziert – „das macht nichts, der Buchwert für das Betriebsgebäude hätte ja um 100 höher sein dürfen"). Freilich erlaubt die **Vertragsfreiheit** den Parteien, solche Saldierungsmöglichkeiten vorzusehen; hierdurch würden sonstige Bilanzgarantien gewissermaßen Eigenkapitalgarantien angenähert.

5.245

g) Bilanzgarantien in internationalen Schiedsverfahren
Zu Bilanzgarantien in Schiedsverfahren siehe z. B. die Entscheidungen „C and K v S Compagnie SA", Geneva Court of Justice, Decision of 15 October 1999[229]) und „Swiss Federal Tribunal", Decision of 27 October 1995.[230])

5.246

V. Garantien zu erteilten Informationen

Als ob es die sogleich zu behandelnde c. i. c. und den Deliktschutz wegen der Verletzung von Informationspflichten nicht gäbe, enthalten viele Unternehmenskaufverträge Garantien, die darum kreisen, dass alle Informationen, die der Verkäufer dem Käufer zur Verfügung gestellt habe, richtig gewesen seien und dass er nichts Wesentliches verschwiegen habe; letzteres wird zum Teil „**Material Disclosure Guaranty**" genannt. Im Einzelnen gibt es Abweichungen.

5.247

Informationsgarantien sind formal erneut „**Aussagen zweiter Ordnung**"; sie sind Aussagen, die sagen, dass andere Aussagen zutreffen. Insoweit sind sie Bilanzgarantien vergleichbar, die, weniger offensichtlich, dieselbe Eigenart besitzen. Anders als bei Bilanzgarantien drängt die Garantieaussage „Alle außerhalb

5.248

---

229) ASA Bulletin 2000, S. 793–802.
230) ASA Bulletin 1996, S. 277–283.

einer Bilanz getroffenen Aussagen *p* sind richtig." aber kaum dazu, die Aussage *p* „Mit dem Kunden K wurde ein *LoI* zur Errichtung eines Kraftwerkes in Kasachstan unterzeichnet." inhaltlich aufzuladen bzw. abzuändern. Kaum ein Käufer würde ernsthaft argumentieren wollen, die Garantie dieser Aussage bedeute nun, dass der *endgültige Auftrag* schon erteilt wäre. Dies wohl auch nicht, wenn die Garantieaussage gelautet hätte, dass die „Aussagen *p* objektiv richtig sind". Da Informationsgarantien „Aussagen zweiter Ordnung" sind, tritt wie bei Bilanzgarantien das Thema auf, dass sich Fragen der „**Objektivität**" oder „**Subjektivität**" auf **zwei Ebenen** stellen können; das Thema ist hier aber praktisch weniger relevant als bei Bilanzgarantien.

5.249 Inhaltlich können solche Garantien ihren **Tatbestand parteiautonom** definieren. Dies erlaubt es, die Haftungsvoraussetzungen gegenüber der c. i. c. oder einer möglichen deliktischen Haftung zu verschärfen, abzumildern oder zu präzisieren; es wird ein größerer oder kleinerer Bereich einer **Parallelhaftung** eröffnet, aber die Haftung aus c. i. c. oder Delikt bleibt hiervon grundsätzlich unbeeinflusst. Die Auslegungsfragen sind häufig ähnlich wie bei der c. i. c. oder einem Delikt.

5.250 Garantien zu erteilten Informationen können v. a. bewirken, dass an Informationspflichtverletzungen **neue Rechtsfolgen** geknüpft werden. Bei Verletzung von Informationspflichten, für die aufgrund einer c. i. c. oder aus Delikt gehaftet wird, liegt die Pflichtwidrigkeit in dem Informationsverhalten des Verkäufers und führt gemäß § 249 Abs. 1 BGB dazu, den Käufer so zu stellen, als ob der Verkäufer **sich korrekt verhalten**, also richtige Informationen erteilt bzw. nichts wesentliches verschwiegen hätte. Dies wird bekanntlich Ersatz des „negativen Interesses" genannt.[231] Wenn eine Informationsgarantie abgegeben wird, wird man vermuten, dass bei demselben oder einem ähnlichen Tatbestand v. a. andere Rechtsfolgen ausgelöst werden sollen. Der Verkäufer wäre „beim Wort zu nehmen" und der Käufer wäre so zu stellen, als ob die **Welt objektiv so gewesen wäre**, wie es den vom Verkäufer erteilten Informationen entsprochen hätte bzw. der Käufer müsste die Welt an das von ihm bei dem Käufer ausgelöste Bild anpassen, also das sog. „positive Interesse" gewähren.

5.251 Die Naturalherstellung kommt auch beim „positiven Interesse" als vorrangige Entschädigungsart zuerst in Frage; ist sie nicht möglich oder nicht genügend, so tritt die Wertentschädigung an ihre Stelle. Die Freiheit, die die Parteien bei Garantien genießen, bedeutet auch, dass die Parteien, soweit sie Informationspflichtverletzungen in Garantien regeln, frei darin sind, *diese* **Haftung beliebig zu begrenzen**, z. B. mit Mindest- und Höchstbeträgen, hinsichtlich der Wissenszurechnung und Verjährung.

---

[231] S. Rn. 12.40 ff.

Das bereits angesprochene[232] Problem der Anspruchskonkurrenz kann auch im Verhältnis zwischen c. i. c. bzw. Delikt und Informationsgarantie praktisch werden. 5.252

Fallbeispiel ICC-Fall 10977, 2005 5.253

Es wurden bei einem Anteilskaufvertrag bezogen auf eine asiatische Zementfabrik eine sog. „Material Disclosure Warranty" abgegeben, die lautete „All material facts relating to the Cement ... Assets have been disclosed to the Purchaser". Tatsächlich waren erhebliche Schwierigkeiten beim Betrieb einer bestehenden Produktionslinie und bei der Fertigstellung einer weiteren Produktionslinie sowie u. a. die Verwendung minderwertiger Baumaterialien verschwiegen worden.[233] Das Schiedsgericht bejahte eine Haftung des Verkäufers aufgrund der „Material Disclosure Warranty". Aus den Urteilsgründen ergibt sich, dass es wohl auch eine parallele Haftung aus „Quasi-Delikt" nach dem anwendbaren, nicht mitgeteilten, nationalen Recht bejaht hätte. Da allerdings „the succesful party cannot be compensated twice for the same wrong"[234] und da das Quasi-Delikt keine weitergehende Haftung gewährt hätte als die vertragliche, ließ das Schiedsgericht die Frage letztlich offen.[235]

VI. Verjährungsfragen bei Garantien

Garantien verjähren – wenn nicht eine vertragliche Sonderregelung wirksam vereinbart wurde – grundsätzlich in der dreijährigen Regelverjährung des § 195 BGB mit Verjährungsbeginn gemäß § 199 BGB.[236] Nach a. A., der wegen der Eigenständigkeit von Garantien nicht zu folgen ist, soll § 438 BGB mit seiner zweijährigen Verjährung analog angewendet werden.[237] 5.254

---

232) S. Rn. 4.15.
233) ICC-Fall 10977, 2005, teilw. abgedruckt in ICC International Court of Arbitration Bulletin Vol. 24, 2013, S. 49 ff.
234) ICC-Fall 10977, 2005, teilw. abgedruckt in ICC International Court of Arbitration Bulletin Vol. 24, 2013, S. 49, 56 li. Sp. oben.
235) ICC-Fall 10977, 2005, teilw. abgedruckt in ICC International Court of Arbitration Bulletin Vol. 24, 2013, S. 49, 57 li. Sp. unten f.
236) Palandt-*Weidenkaff*, BGB, § 443 Rn. 23; *Westermann* in: MünchKomm-BGB, § 443 Rn. 10, 22. Zur Verjährung von Garantien bei M&A-Transaktionen in den USA s. *Houck/Zondler*, M&A Review 2014, 204.
237) *Beisel/Klumpp*, Der Unternehmenskauf, S. 381 m. w. N. S. a. Rn. 13.156 f. (OLG Karlsruhe v. 14.8.2008 – 4 U 137/06, OLGR 2009, 305 – zur analogen Anwendung von § 477 BGB a. F.) und Rn. 13.169. Ebenso *Stamer* in: Knott, Unternehmenskauf, Rn. 1156.

6. Kapitel C. i. c., Delikt, § 123 BGB

Übersicht

I. C. i. c. (§§ 280 Abs. 1, 311 Abs. 2, 241 Abs. 2 BGB) 6.1
1. Voraussetzungen der Anwendung der c. i. c.: Keine „Speerwirkung" 6.4
   a) Vorliegen eines „Unternehmensverkaufs" 6.9
   b) Umfang der Sperrwirkung = Umfang der kaufrechtlichen Sachmängelhaftung 6.11
   c) Sperrwirkung trotz Nichtbestehens von Ansprüchen wegen Sachmängelhaftung 6.13
   d) Keine Sperrwirkung bei Vorsatz 6.16
   e) Kein „Ausschluss" der c. i. c. 6.17
2. Gläubigerstellung in vorvertraglichem Schuldverhältnis 6.18
3. Einfache Informationen und aufklärungspflichtige Informationen ... 6.19
4. C. i. c. durch positive Falschangabe 6.29
   a) Zum Ort und zur Formbedürftigkeit von Falschangaben 6.29
   b) Falschangabe als Falschangabe (statt als Verschweigen) 6.32
5. C. i. c. durch Verletzung von Aufklärungspflichten 6.36
   a) BGH-Formel zu Aufklärungspflichten 6.36
   b) Umstand und Schuldnerkenntnis/Kennenmüssen 6.41
   c) Eignung eines Umstands zur „Vereitelung des Vertragszwecks" und Schuldnerkenntnis/Kennenmüssen 6.43
   d) „Von-wesentlicher-Bedeutung-Sein" für den Entschluss des Vertragspartners und Schuldnerkenntnis/Kennenmüssen 6.47
   e) „Nach-der-Verkehrsauffassung-erwarten-können" einer Aufklärung über den Umstand 6.50
     aa) Legitimer Eigennutz in der Eigentümermarktwirtschaft .. 6.51
     bb) Offenbarungspflichten bezüglich einer Verschlechterung der eigenen Wettbewerbsposition? 6.53
     cc) Kosten, mögliche Selbstgefährdung/Selbstschädigung, unbegründete Verdachtsmomente 6.55
     dd) Etwaige Informationsbeschaffungspflichten 6.58
     ee) Aufklärungspflichten und Informationsaustausch 6.62
     ff) Sachkenntnis des Käufers 6.66
     gg) Aufklärungspflichten und Due Diligence 6.74
       (1) Kein Erlöschen von Aufklärungspflichten per se aufgrund einer Durchführung oder Nichtdurchführung einer Due Diligence 6.75
       (2) Erfüllung von Aufklärungspflichten in der Due Diligence 6.78
   f) «Une voiture peut en cacher une autre ... » – wann ist eine Aufklärungspflicht erfüllt? 6.88
6. Gesteigerte Aufklärungspflicht beim Unternehmensverkauf 6.99
7. Beispiele zur Täuschung bzw. Verletzung von Aufklärungspflichten 6.102
   a) Schulden 6.103
   b) Vermögen 6.116
   c) Kosten 6.119
   d) Umsätze 6.120
   e) Operative Überschüsse 6.126

f) Aufstellungen, Abschlüsse, Bilanzen, Status, BWA 6.132
g) Prognosen und Planungen 6.138
h) Öffentlich-rechtliche Genehmigungen, Emissionen und grundbuchliche Belastungen 6.141
i) Charakter und Ruf 6.147
j) Einstiegspreise 6.149
k) Beispiele aus Immobilienkäufen 6.150
8. Kausalitätsfragen 6.151
a) Kausalität der Informationspflichtverletzung für den Abschluss? 6.152
b) Abschlussbereitschaft des Verkäufers zu schlechteren Konditionen? 6.154

9. Beschränkbarkeit der Haftung für vorsätzliche Informationspflichtverletzungen? 6.155
10. Beweislastfragen zum Unrechtstatbestand einer c. i. c. 6.162
11. Verjährung von Ansprüchen aus c. i. c. 6.167
II. Arglistanfechtung gemäß § 123 BGB 6.168
III. § 823 Abs. 2 BGB i. V. m. § 263 StGB, § 826 BGB 6.172
1. Haftung eines erweiterten Personenkreises 6.172
2. Zurückhaltende Rechtsprechung der Zivilgerichte zu § 263 StGB 6.173
3. Verjährung deliktischer Ansprüche 6.179

Literatur: *Barnert*, Mängelhaftung beim Unternehmenskauf zwischen Sachgewährleistung und Verschulden bei Vertragsschluss im neuen Schuldrecht, WM 2003, 416; *Dauner-Lieb/Thiessen*, Garantiebeschränkungen in Unternehmenskaufverträgen nach der Schuldrechtsreform, ZIP 2002, 110; *Ehling/Kappel*, Arglist sticht Haftungsausschluss – Gewährleistungsprozess mit „harten Bandagen", BB 2013, 2955; *Eidenmüller*, Rechtskauf und Unternehmenskauf, ZGS 2002, 290; *Elsing*, Das Interesse beim Schadensersatz Post-M&A-Streitigkeiten am Beispiel der Bilanzgarantie und der culpa in contrahendo, in: Festschrift für Wilhelm Haarmann, 2015, S. 26; *Graewe*, Gesetzliche Aufklärungspflichten bei M&A-Transaktionen – Informationszusammenstellung und -offenlegung durch den Verkäufer, M&A Review 2015, 168; *Hasselbach/Ebbinghaus*, Vorvertragliche Pflichtverletzung als Haftungsfalle beim Unternehmenskauf, DB 2012, 216; *Huber*, Die Praxis des Unternehmenskaufs im System des Kaufrechts, AcP 202 (2002), 179; *Hübner*, Schadensersatz wegen Täuschung beim Unternehmenskauf, BB 2010, 1483; *Karampatzos*, Der Umfang der Aufklärungspflicht des Verkäufers beim Unternehmenskauf – Insbesondere die so genannte „Non-Reliance"-Klausel, NZG 2012, 852; *Knoche*, Sachmängelgewährleistung beim Kauf eines Altlastengrundstücks, NJW 1995, 1985; *Koppmann*, Die gesetzliche Aufklärungspflicht des Verkäufers und ihre Erfüllung beim Unternehmenskauf, BB 2014, 1673; *Krebs/Kemmerer*, Non Reliance Letter – ein wirkungsvolles Gestaltungsinstrument?, NZG 2012, 847; *Lang/Hunke*, Aufklärungs- und Informationspflichten bei der Veräußerung von Altlastengrundstücken für Verkäufer, Käufer und Banken, NJOZ 2009, 2508; *Lorenz*, Der Unternehmenskauf nach der Schuldrechtsreform, in: Festschrift für Andreas Heldrich, 2005, S. 305; *Möller*, Offenlegungen und Aufklärungspflichten beim Unternehmenskauf, System, Regelungskonzepte und Haftungsrisiken, NZG 2012, 841; *Müggenborg*, Der Kauf von Altlastengrundstücken nach der Schuldrechtsmodernisierung, NJW 2005, 2810; *Niesse/Ghassemi-Tabar*, Grundstückskauf – Die Arglisthaftung des Verkäufers, MDR 2013, 569; *Picot*, Due Diligence und privatrechtliches Haftungssystem, in: Berens/Brauner/Strauch, Due Dilligence bei Unternehmensakquisitionen, 4. Aufl. 2005, S. 313; *Sachs*, Schiedsgerichtsverfahren über Unternehmenskaufverträge – unter besonderer Berücksichtigung kartellrechtlicher Aspekte, SchiedsVZ 2004, 123; *Schmitz*, Mängelhaftung beim Unternehmenskauf nach der Schuldrechtsreform, RNotZ 2006, 561; *Turiaux/Knigge*, Umweltrisiken bei M&A-Transaktionen. Risikominimierung durch Environmental Auditing, BB 1999, 913; *Ulrich*, Ablehnung einer Handelsregistereintragung wegen Verdachts einer sog. Firmenbestattung, GmbHR 2013, R 293; *Wächter*, Praktische Fragen der Gestaltung und Aus-

I. C. i. c. (§§ 280 Abs. 1, 311 Abs. 2, 241 Abs. 2 BGB)

legung von Altlastenklauseln in Grundstücks- und Unternehmenskaufverträgen, NJW 1997, 2073.

I. C. i. c. (§§ 280 Abs. 1, 311 Abs. 2, 241 Abs. 2 BGB)

Bei Unternehmenswertbeeinträchtigungen werden häufig Ansprüche – ggf. neben Garantien oder kaufrechtlicher Sachmängelhaftung – auch auf eine c. i. c. gestützt. Der Käufer sucht diese Möglichkeit v. a., weil bei Vorsatz die Haftung für eigenes Verschulden nicht im Voraus[1] erlassen werden kann (§ 276 Abs. 3 BGB) und jedenfalls dann eine etwaige Sperrwirkung des kaufrechtlichen Sachmängelrechts entfällt.[2] Die Annahme von Vorsatz kann[3] auch zu einem moralischen Unwerturteil und in die Nähe eines strafrechtlichen Betrugs führen sowie Schwellen- und Höchstbeträge[4] und u. U. vertragliche Verjährungsregelungen (siehe § 202 BGB) außer Kraft setzen. Zudem können sich für den Käufer prozessuale Vorteile ergeben, weil er ein Recht auf Einsicht der in einem Strafverfahren geführten Akten besitzt und somit strafprozessual gewonnene Erkenntnisse in seinem Zivilrechtsstreit verwenden kann.[5] 6.1

Bekanntlich liegt die Grenze zum Vorsatz nach der Rechtsprechung des BGH relativ niedrig, jedenfalls so niedrig, dass die meisten „Tricks", mit denen M&A-Akteure gelegentlich ihre Geschäftspartner übervorteilen möchten, abgefangen werden können. Die Geltendmachung einer c. i. c. eröffnet auch die Möglichkeit einer weitreichenden Zurechnung des Verschuldens Dritter und der Wissenszurechnung, 6.2

Der Streit um das Vorliegen einer c. i. c. führt häufig in Dispute um die folgenden Sachverhalts- wie Rechtsfragen: 6.3

– Welche Auskünfte und Aufklärungen wurden erteilt (insbesondere außerhalb eines Datenraumes)?
– War eine erteilte Auskunft bzw. ein etwa durch Unterlassen weiterer Information bestätigter Informationsstand des Käufers unrichtig?
– Reichten die Angaben, die der Verkäufer gemacht hatte aus? War das Unterlassen einer weitergehenden Nichtaufklärung pflichtwidrig?
– Lag Verschulden, i. d. R. Vorsatz, vor?

---

1) Kann sich der Verkäufer bei Abschluss des Kaufvertrages hinsichtlich vorsätzlicher Täuschung in der vergangenen Due Diligence freizeichnen lassen? Wohl kaum. Das „Im-Voraus" wird auf die Kenntnis des Gläubigers zu beziehen sein. Zudem bestünde eine Verpflichtung zur Aufklärung bzw. zur Korrektur falscher Angaben jedenfalls bis zur Unterzeichnung weiter, so dass die vorsätzliche Pflichtverletzung noch nicht abgeschlossen ist.
2) S. Rn. 6.16.
3) Sie muss es aber nicht immer; s. Rn. 8.1, 8.92.
4) S. Rn. 12.446.
5) *Ehling/Kappel*, BB 2013, 2955, 2958 li. Sp. Mitte f.

– Konnte dem Verkäufer ein schuldhaftes Verhalten eines Verhandlungsgehilfen bei der Informationserteilung oder das Wissen Dritter zugerechnet werden? Wer war Verhandlungsgehilfe? Handelte er pflichtwidrig? Wann wusste der Dritte, dessen Wissen zugerechnet werden soll, was?

1. Voraussetzungen der Anwendung der c. i. c.: Keine „Sperrwirkung"

6.4 Dieses Buch schließt sich nicht nur den Autoren an, die eine Anwendung des Sachmängelrechts auf Unternehmenswertbeeinträchtigungen, die keine Sachmängel sind, ablehnen,[6)] sondern auch denjenigen, die zudem im Verhältnis von Sachmängelrecht und c. i. c. von einer Gesetzeskonkurrenz statt Spezialität ausgehen.[7)] Eine **Sperrwirkung** des Sachmängelrechts zulasten der c. i. c. wird daher gewissermaßen **zweifach nicht** für **begründbar** erachtet.

6.5 Bei der Sachmängelhaftung und der c. i. c. handelt es sich um zwei verschiedene Haftungsregime, die unterschiedliche Zwecke und Voraussetzungen haben. Es ist daher nicht erkennbar, warum Ansprüche aus kaufrechtlicher Sachmängelhaftung, wenn sie bestünden, und aus c. i. c. nicht nebeneinander bestehen können sollen.[8)] Die Sachmängelhaftung setzt das Zustandekommen eines Kaufvertrags und die Übergabe einer mangelhaften Kaufsache voraus, die c. i. c. eine Informationspflichtverletzung im Vorfeld eines Vertrages. Eine Verschuldenshaftung wegen einer schon begangenen Pflichtwidrigkeit fällt nicht rückwirkend – wie auflösend bedingt – weg, nur weil nach der Pflichtwidrigkeit ein Kaufvertrag geschlossen wird.

6.6 Auch wenn, weil die Sperrwirkung der Sachmängelhaftung bei Vorsatz ohnehin nicht gilt,[9)] in der Sache **nur** darüber **gestritten** wird, ob und wieweit die **fahrlässige c. i. c.** eingeschränkt wird, die bei den meisten M&A-Transaktionen ohnehin ausgeschlossen ist, ist trotzdem aus grundsätzlichen dogmatischen Gründen an dieser Auffassung festzuhalten. Zudem können bei Unternehmens- und Anteilskäufen des Mittelstandes und der Kleinwirtschaft durchaus Fälle auftreten, in denen eine fahrlässige c. i. c. ein sachgerechtes und flexibles Instrument zum Interessenausgleich sein kann.

6.7 Nach der hier vertretenen Auffassung greift die c. i. c. also – wie § 823 Abs. 2 BGB i. V. m. § 263 StGB oder § 826 BGB – immer, auch beim Verkauf von Unternehmen durch Asset Deal oder beim Verkauf von Anteilen an einem Unternehmensträger (von Zwerganteilen bis zu 100 %), ein.

---

6) S. hierzu Rn. 7.64.
7) Etwa *Emmerich* in: MünchKomm-BGB, § 311 Rn. 143. Umfangreiche Nachweise für diese Ansicht auch in BGH v. 27.3.2009 – V ZR 30/08, Rn. 14, BGHZ 180, 205, 210.
8) A. A. nicht überzeugend BGH v. 27.3.2009 – V ZR 30/08, Rn. 20 f., BGHZ 180, 205, 211.
9) Umfangreiche Nachweise für diese Ansicht auch in BGH v. 27.3.2009 – V ZR 30/08, Rn. 17, BGHZ 180, 205, 211.

I. C. i. c. (§§ 280 Abs. 1, 311 Abs. 2, 241 Abs. 2 BGB)

Nach der h. M., der auch die Rechtsprechung folgt und die in der Folge dargestellt wird, ist die c. i. c. hingegen nicht anwendbar, wenn 6.8
- ein „Unternehmensverkauf" statt eines „Anteilsverkaufs" vorliegt und
- sich die Informationspflichtverletzung auf Umstände bezieht, die durch eine analoge Anwendung des Sachmängelrecht erfasst werden können (sog. Sperrwirkung) – es sei denn, es liegt Vorsatz vor.

a) Vorliegen eines „Unternehmensverkaufs"

Unter der Geltung des alten Rechts hatte die Rechtsprechung beim Verkauf von Geschäftsanteilen die c. i. c. nur angewendet, wenn wirtschaftlich *nicht* das ganze Unternehmen verkauft wurde. Ein wirtschaftlicher Verkauf des ganzen Unternehmens in diesem Sinne, der dann „Unternehmensverkauf" genannt wurde, wurde allerdings nur bei sehr hohen Prozentsätzen am gezeichneten Kapital angenommen; selbst 90 % reichten häufig nicht.[10] Bis zu dieser Größenordnung konnten also noch Ansprüche aus c. i. c. erhoben werden, die „Sperrwirkung" setzte erst danach ein. 6.9

Es ist weiter offen, wie sich die Rechtsprechung nach neuem Recht zu dieser Frage stellen wird. Zum Teil wird vertreten, dass nunmehr die c. i. c. generell, sogar auch beim Verkauf von Minderheitsbeteiligungen „weggesperrt" werden solle.[11] Nach einer engeren Gegenauffassung, die allerdings grundsätzlich eine Sperrwirkung hinnimmt, soll es bei der Situation vor der Schuldrechtsreform bleiben.[12] 6.10

b) Umfang der Sperrwirkung = Umfang der kaufrechtlichen Sachmängelhaftung

Dafür, ob die Sperrwirkung des Sachmängelrechts eingreift, soll nach Auffassung ihrer Befürworter entscheiden, ob der Umstand, über den getäuscht wurde, in dem **Bereich** liegt, der **durch die analoge Anwendung des Sachmängelrechts abgedeckt** wird. Dies bedeutete nach altem Recht, dass der Umstand einen Fehler i. S. von § 459 Abs. 1 BGB a. F. darstellen oder wenigstens als Eigenschaft i. S. von § 459 Abs. 2 BGB a. F. zusicherungsfähig gewesen sein musste.[13] 6.11

---

10) BGH v. 4.4.2001 – VIII ZR 32/00, NJW 2001, 2163 = ZIP 2001, 918. S. die genauere Darstellung unter Rn. 7.29 f.
11) *Picot* in: Hdb. Mergers&Acquisitions, S. 116.
12) *Eidenmüller*, ZGS 2002, 290, 294 li. Sp. unten, m. w. N.
13) Palandt-*Heinrichs*, BGB, 61. Aufl., § 276 Rn. 80. Nach BGH v. 26.4.1991 – V ZR 165/89, BGHZ 114, 263, 266 = ZIP 1991, 874, sollten die §§ 459 ff. BGB „auch insoweit eine vorgehende Sonderregelung für die Haftung des Verkäufers (sein), als es um zusicherungsfähige Eigenschaften der Kaufsache gemäß § 459 Abs. 2 BGB geht, die im Einzelfall nicht zugesichert worden sind".

6.12 Nach neuem Recht soll nach wohl h. M., der der V. Zivilsenat in einer Entscheidung beigetreten ist, das Eingreifen der sog. Sperrwirkung davon abhängen, ob ein Umstand **Gegenstand einer Beschaffenheitsvereinbarung** werden kann.[14] Wegen weiterer Einzelheiten des möglichen Ausmaßes der analogen Anwendung des Sachmängelrechts wird auf die Darstellung dazu verwiesen.[15]

c) **Sperrwirkung trotz Nichtbestehens von Ansprüchen wegen Sachmängelhaftung**

6.13 Das Entscheidende – und etwas merkwürdig – war stets, dass nach der h. M. die Sperrwirkung nicht nur eingriff, wenn ein Anspruch aufgrund von kaufrechtlichen Gewährleistungsvorschriften *bejaht* wurde, sondern auch wenn er *verneint* wurde;[16] mit anderen Worten, es wurde ein Anspruch **weggesperrt, damit der Käufer überhaupt keinen Anspruch**, nicht damit er einen anderen geltend machen konnte.

6.14 Der klagende Käufer musste in solchen Prozessen regelmäßig lernen, dass die Schicksalsfrage seines Falles nicht die Bewertung des Verhaltens des Verkäufers – als Täuschung oder nicht – war, sondern, ob ein „Unternehmenskauf" vorlag oder nicht. Nach seitenlangen Ausführungen hierzu erfuhr er schließlich, dass dies tatsächlich so war[17] und dass er *deshalb* den Prozess verlieren würde. Der „Anspruch wegen fahrlässigen Verschuldens bei Vertragsschluss" werde, so der BGH etwa 1992, eben „auch dann vom Sachmängelrecht verdrängt ..., wenn im konkreten Fall keine Zusicherung vorliegt".[18]

6.15 Diese Sichtweise der Dinge war immer bestritten und wäre durchaus nicht zwingend gewesen,[19] aber nachdem die Rechtsprechung diesen Weg einmal eingeschlagen hatte, ließ sie hieran nicht mehr rütteln. Andererseits erkannte sie zunehmend, dass die Behandlung vieler Pflichtwidrigkeiten bei Unternehmensverkäufen wesentlich sachgerechter, differenzierter und weniger zufallsabhängig als c. i. c. gelöst werden konnten und dass der **Käufer durch das Kaufrecht ob-**

---

14) Palandt-*Grüneberg*, BGB, § 311 Rn. 41; BGH v. 27.3.2009 – V ZR 30/08, Rn. 15, 19, 22, BGHZ 180, 205, 211 ff.
15) S. unten Rn. 7.54 f.
16) So noch Palandt-*Grüneberg*, BGB, 67. Aufl., § 311 Rn. 14 m. w. N. In der Literatur wird auch vertreten, eine Sperrwirkung könne nur dann bestehen, wenn der Umstand, auf den sich die c. i. c. bezieht, (wenigstens) tatsächlich zum Gegenstand einer Beschaffenheitsvereinbarung gemacht wurde (s. die umfangreichen Nachweise in BGH v. 27.3.2009 – V ZR 30/08, Rn. 18, BGHZ 180, 205, 212). Dies vermeidet so das sonst typische Ergebnis, dass die „Sperrwirkung" eine Haftung zugunsten einer zweiten Haftung „wegsperrt", die es überhaupt nicht gibt.
17) Der Käufer hatte hieran nie gezweifelt.
18) BGH v. 3.7.1992 – V ZR 97/91, NJW 1992, 2564 = ZIP 1992, 1517. Auf diesen Effekt der Sperrwirkung weist auch krit. *Barnert*, WM 2003, 416, 425 li. Sp. Mitte, m. w. N., hin.
19) S. die in der grundlegenden Entscheidung des BGH selbst aufgeführten Nachweise BGH v. 16.3.1973 – V ZR 18/71, BGHZ 60, 319, 321 Mitte.

I. C. i. c. (§§ 280 Abs. 1, 311 Abs. 2, 241 Abs. 2 BGB)

jektiv schlechtergestellt wurde. Die Rechtsprechung des BGH war so immer wieder bemüht, die Zugänge zur c. i. c. nicht völlig durch das Sachmängelrecht verstopfen zu lassen.

d) **Keine Sperrwirkung bei Vorsatz**

Es soll wiederholt werden, dass – wie weit die Sperrwirkung des Sachmängelrechts gegenüber der c. i. c. auch immer ausgedehnt werden mag – die **c. i. c.** jedenfalls **bei Vorsatz und Arglist anwendbar bleibt**.[20] Dies hat auch der V. Zivilsenat des BGH in seinem Urteil aus dem Jahre 2009 noch einmal unzweideutig unterstrichen[21] und im Jahre 2012 bestätigt.[22]

6.16

e) **Kein „Ausschluss" der c. i. c.**

Da die Haftung aus c. i. c., wie gerade gesehen, bei Fahrlässigkeit ausgeschlossen werden kann, kann die Frage aufkommen, ob eine Haftungsausschlussklausel hierzu ausreicht. Das OLG München sah eine ihm vorliegende Klausel als unzureichend an.[23]

6.17

2. Gläubigerstellung in vorvertraglichem Schuldverhältnis

Nicht selten werden M&A-Verhandlungen durch Personen, die Organe oder Mitarbeiter einer Konzernobergesellschaft oder Managementgesellschaft der Käuferseite sind, geführt, während das **Vehikel**, das das Unternehmen (Shares oder Assets) später erwerben wird, **bei den Verhandlungen** und einer etwaigen Verletzung von Informationspflichten **noch nicht existiert**. Das *OLG Düsseldorf* hat nun im Jahre 2016 ausgesprochen – was zuvor wohl von den meisten schon so gesehen worden war –, dass gleichwohl das Erwerbsvehikel, wenn es gegründet ist, gekauft hat und feststellt, dass Informationspflichten verletzt wurden, geltend machen kann, dass diese Pflichten auch ihm gegenüber bestanden. Es hat dies im Streitfall doppelt hergeleitet, einmal daraus, dass stets Verhandlungsgrundlage der Erwerb durch eine noch zu gründende Erwerbergesellschaft gewesen sei, und andererseits aus einer Drittschutzwirkung von § 311 Abs. 2 BGB.[24]

6.18

---

20) Palandt-*Grüneberg*, BGB, § 311 Rn. 15; BGH v. 6.10.1989 – V ZR 223/87, NJW-RR 1990, 78, 79; w. Nachw. bei *Huber*, AcP 202 (2002), 179, 182, Fn. 14.
21) BGH v. 27.3.2009 – V ZR 30/08, insb. Rn. 24, BGHZ 180, 205, 210 ff.; BGH v. 10.7.1987 – V ZR 236/85, NJW-RR 1988, 10, 11.
22) BGH v. 30.11.2012 – V ZR 25/11, NJW 2013, 1671, 1673 li. Sp. unten; OLG Düsseldorf v. 16.6.2016 – 1-6 U 20/15, Rn. 77, ZIP 2016, 2363.
23) OLG München v. 26.7.2006 – 7 U 2128/06, OLGR 2007, 198 = ZIP 2006, 1911.
24) OLG Düsseldorf v. 16.6.2016 – 1-6 U 20/15, Rn. 79, ZIP 2016, 2363.

6. Kapitel C. i. c., Delikt, § 123 BGB

3. Einfache Informationen und aufklärungspflichtige Informationen

6.19 Die Unterscheidung zwischen **einfachen** Informationen (Informationen, die *nicht* ungefragt zu übermitteln sind) und **aufklärungspflichtigen Informationen** (Informationen, die per se ungefragt zu erteilen sind) hat nach der hier vertretenen Auffassung eine **hervorragende Bedeutung** für die Haftung bei der Verletzung von Informationspflichten.

6.20 Die Unterscheidung bezieht sich dabei auf die **Gegenstände der** erteilten oder nicht erteilten **Auskünfte**, die betroffenen Umstände bzw. Informationen über Umstände. Wenn Aufklärungspflichten bestanden, kommt es nicht darauf an, ob positiv falsche Auskünfte erteilt wurden oder einfach nur nicht aufgeklärt bzw. geschwiegen wurde. Aufklärungspflichten sind darauf gerichtet, einen **Erfolg**, die Aufklärung, die Ankunft einer Information beim Gläubiger, herbeizuführen.

6.21 Die wesentliche Folge der Unterscheidung besteht darin, dass der Verkäufer Auskunftsersuchen bezüglich von einfachen Informationen – Umständen bzw. Gegenständen, die nicht per se und unabhängig von Nachfragen zu offenbaren sind,[25] ablehnen bzw. die Auskunft bzw. Information **verweigern** darf.[26] Diese Verweigerung löst dann keine Haftung des Verkäufers aus.[27] Er darf ferner, selbst wenn das wenig stilvoll ist, den Käufer insoweit immer wieder vertrösten und die Antwort immer wieder, beliebig lange, selbst bis über das Signing hin-

---

[25] Die überwältigende Zahl der „Due Diligence Disclosure Requests", etwa von Punkten auf einer Checkliste, dürfte in diese Kategorie fallen. Man darf z. B. ein Unternehmen verkaufen, ohne alle Gesellschafter-, Unternehmenskauf-, Grundstückskauf-, Miet-, Lizenz-, Anstellungs-, Bezugs- und Vertriebsverträge aufzulisten oder gar vorzulegen. Gleichermaßen muss man nicht alle neuere Korrespondenz zu solchen Rechtsverhältnissen, die laufende Buchhaltung, Auswertungen und Planungen etc. auflisten oder vorlegen. Wohl muss man aber ggf. sagen, dass die Hausbank eine wesentliche Kreditlinie gekündigt hat und man wegen einer schwerwiegenden Patentverletzung verklagt wurde. Die Erfüllung solcher (echter) Aufklärungspflichten setzt dabei übrigens nicht voraus, dass der Verkäufer von sich aus alle möglichen weiteren Details nachtragen muss. Wenn der Kern des Problems transportiert worden, kann der Verkäufer abwarten, ob der Käufer weitere Fragen stellt. Wenn er diese beantwortet, muss die Antwort richtig sein. Er darf weitere Auskünfte verweigern, solange die Gegenstände der erbetenen Auskunft nicht trotz der schon erteilten Aufklärung weiter aus eigenem Recht aufklärungspflichtig sind.

[26] *Emmerich* in: Münch-Komm-BGB, § 311 Rn. 79.

[27] Wenn z. B. ein PKW-Käufer um eine Auflisten der an „seinem" PKW tätigen Fabriken, Arbeitnehmer, Lieferanten und der Daten der Herstellung der wesentlichen Teile bittet, kann der Verkäufer dies freundlich verweigern – und er haftet selbst dann nicht, wenn sich hinterher herausstellt, dass der PKW Mängel hat und dass alle Teile an einem Montag und von Fabriken in einem Land gefertigt wurden, an deren Verarbeitungsqualität der fachkundige Käufer zweifelt. Der PKW-Verkäufer kann auch eine Probefahrt verweigern. Der Anteilverkäufer kann auch überhaupt eine Due Diligence pauschal verweigern (beim Börsenhandel geschieht dies ohnehin). Sollte es bei Asset Deal anders sein? Nein! Unberührt von all dem bleiben freilich bestehende Aufklärungspflichten.

I. C. i. c. (§§ 280 Abs. 1, 311 Abs. 2, 241 Abs. 2 BGB)

aus, verzögern, ohne dass das für sich genommen eine Haftung auslöst. Der Verkäufer darf allerdings auch bei solchen einfachen Informationen nicht lügen.

Informationen, die **Aufklärungspflichten unterliegen**, befinden sich indessen schon auf einer Ebene des „Geschuldet-Seins" bzw. der rechtlichen Verbindlichkeit bzw. ihre Erteilung ist „verrechtlicht". Dies gilt auch dann, wenn die Parteien es grundsätzlich in der Hand gehabt hätten, Aufklärungspflichten abzubedingen. Diese sind nämlich **vertragsdispositiv**.[28] Soweit von einer Abbedingung oder Modifikation, wie zumeist in M&A-Transaktionen, nicht Gebrauch gemacht wurde, kann sich der Schuldner seiner Pflicht zur Herbeiführung eines Aufklärungserfolges indessen nicht so billig, wie bei „einfachen" Informationen, insbesondere **nicht** durch offene **Verweigerung** oder durch Nichterteilung der Auskünfte, entziehen. 6.22

Der Unterschied zwischen einfachen Informationen und Informationen, die Aufklärungspflichten unterliegen, wird auf die Wissensorganisationspflichten und Verhaltenszurechnung ausstrahlen. Wir greifen im Interesse des Sachzusammenhanges auf dort näher dargestellte Ergebnisse vor: 6.23

Wenn keine Aufklärungspflichten bestehen und wenn der Verkäufer schweigt, kann schon vom Ansatz keine Haftung wegen der Verletzung von **Wissensorganisationspflichten** eingreifen. Bestehen Aufklärungspflichten, so begründen diese Wissensorganisationspflichten, und die Intensität der Aufklärungspflichten beeinflusst die Intensität der Wissensorganisationspflichten. In der Regel werden hingegen, wenn der Verkäufer freiwillig einfache Auskünfte erteilt (ohne dass Aufklärungspflichten bestehen), geringere Ansprüche an etwaige Wissensorganisationspflichten zu stellen sein.[29] Dies kann die Folge haben, dass wenn dem Verkäufer selbst kein Vorwurf der Unwahrhaftigkeit gemacht werden kann, möglicherweise auch keine Verschuldensbegründung über eine Wissensorganisationshaftung bzw. Wissenszurechnung möglich ist.[30] 6.24

Was die **Verhaltenszurechnung** angeht entscheidet der Verkäufer unabhängig davon, ob (echte) Aufklärungspflichten bestehen oder es um einfache Auskunftsersuchen bzw. vom Käufer ausgehende freiwillige Auskünfte geht, über die nicht ungefragt aufzuklären ist, frei darüber, ob er Erfüllungsgehilfen einschaltet. Sind **aufklärungspflichtige Informationen** betroffen, nutzt ihm freilich die Vermeidung einer möglichen Haftung nach § 278 BGB (indem er sich keiner Erfüllungsgehilfen „bedient" oder indem er die Haftung für diese nach 6.25

---

28) Dabei gibt es freilich – nicht einfach zu bestimmende – Grenzen. Vgl. *Bachmann* in: MünchKomm-BGB, § 241 Rn. 51; *Schubert* in: MünchKomm-BGB, § 242 Rn. 96.
29) So sind Wissensorganisationspflichten, wenn der Verkäufer Auskünfte über die bestehenden Kopierer-Leasingverträge oder PKW-Leasing-Verträge erteilt, die Anforderungen an die Wissensorganisation geringer als bei Auskünften zu einem Streit über die Kündigung einer zentralen Lizenz.
30) S. Rn. 8.106 f. – 8.113, 8.124, 8.131, 8.137 f.

§ 278 Satz 2 BGB ausschließt) i. d. R. nicht viel; er beraubt sich u. U. nur einer Möglichkeit zur Herbeiführung eines Aufklärungserfolges. Hat der Verkäufer (doch) oder Erfüllungsgehilfen eingesetzt, so haftet er nach § 278 BGB.

6.26 Bewirkt der Verkäufer die geschuldete Aufklärung nicht selbst und schaltet er keinen Erfüllungsgehilfen bzw. Verhandlungsgehilfen hierzu ein, so bleiben Auskunftspersonen übrig, um die Aufklärung zu bewirken – oder der Verkäufer vertraut auf „gut Glück". Wenn die Aufklärung so erbracht wird, ist im Ergebnis gleichgültig von wem. Sie kann auch wirksam „zufällig", etwa von einer Behörde erbracht werden; erst recht kann sie, beim Share Deal und Asset Deal, von Organen und Mitarbeitern des Zielunternehmens erbracht werden, wo der Verkäufer z. B. eine Due Diligence nur „erlaubt" hat (ohne die einbezogenen Personen im Zielunternehmen zu Erfüllungsgehilfen zu machen). Wird die Aufklärung nicht erbracht, wird indessen i. d. R. die **Eigenhaftung** des Verkäufers **nach § 276 BGB** eingreifen, wenn der Verkäufer, der die Aufklärung nicht selbst erbringt, sich nicht nach § 280 Abs. 1 Satz 2 BGB exkulpieren kann.

6.27 Soweit der Käufer **einfache Auskünfte** erbittet, die nicht per se und unabhängig von Nachfragen zu erfüllen (oder der Verkäufer dem Käufer solche Informationen freiwillig zugänglich machen will), sind, verfügt der Verkäufer also – nach der hier vertretenen Auffassung – um eine Skala an möglichen Vorgehensweisen, wobei die drei letzten sich möglicherweise in den Abläufen wenig unterscheiden

- Der Verkäufer kann freiwillig überhaupt keine Informationen geben und erbetene Auskünfte ganz **verweigern oder vermeiden,** ohne dass dies im Falle des Vertragsabschlusses rechtlich sanktioniert werden kann.[31]

- Der Verkäufer kann es dem Käufer ermöglichen, **Auskünfte von Auskunftspersonen** einzuholen, für die der Verkäufer also nicht nach § 278 BGB haftet. Hier macht es keinen Unterschied, ob der Verkäufer durch Erteilung seiner Zustimmung als Unternehmenseigentümer oder Gesellschafter solche Auskunftsersuchen und Auskünfte **nur erlaubt,**[32] ob der Verkäufer dem Käufer Organe und Mitarbeiter der Zielgesellschaft nur **als** bloße **Auskunftspersonen vorstellt bzw. anbietet** (soweit es hierbei bleibt und er diese Personen nicht zu Erfüllungsgehilfen macht) oder ob er sogar die Anfragen an sich richten lässt, die Informationen, z. B. durch Ausübung von Auskunftsrechten nach § 51a GmbHG, beschafft und sie an den Käufer weitergibt (erneut, soweit er diese Personen nicht zu Erfüllungsgehilfen macht).

- Der Verkäufer kann Organe und Mitarbeiter der Zielgesellschaft (oder sonstige Personen) zu seinen Erfüllungsgehilfen machen, aber die **Haftung nach § 278 Satz 2 BGB ausschließen.**

---

31) Selbstverständlich kann der Käufer die Verhandlungen abbrechen!
32) Worin schon ein Entgegenkommen liegt.

I. C. i. c. (§§ 280 Abs. 1, 311 Abs. 2, 241 Abs. 2 BGB)

- Der Verkäufer kann Organe und Mitarbeiter der Zielgesellschaft (oder sonstige Personen) zu seinen Erfüllungsgehilfen machen, ohne die Haftung nach § 278 Satz 2 BGB ausschließen; er haftet also nach § 278 BGB.

Insoweit liegt also der Schlüssel zur sachgerechten Lösung vieler umstrittener Fragen der Wissensorganisationspflichten und Verhaltenszurechnung schon hier „vorne", bei der Unterscheidung einfacher Informationserteilungen und Informationserteilungen bei Bestehen echter Aufklärungspflichten. Die Fragen der Wissensorganisationspflichten und Verhaltenszurechnung werden unten ausführlich,[33] Aufklärungspflichten sogleich behandelt.   6.28

4. C. i. c. durch positive Falschangabe
a) Zum Ort und zur Formbedürftigkeit von Falschangaben

Im Rahmen eines Unternehmensverkaufs werden regelmäßig von dem Verkäufer in ganz unterschiedlichen Zusammenhängen Angaben über das Unternehmen mit Relevanz für den Unternehmenswert gemacht. Dies beginnt bei formlosen Gesprächen, setzt sich in Darstellungen der Investmentbank oder eines M&A-Beraters fort und findet einen ersten Höhepunkt in der Einsichtnahme in die im physischen oder virtuellen Datenraum eingestellten Unterlagen. Auch bei Managementpräsentationen und Verhandlungen oder bei „Pausengesprächen" zwischen den Prinzipalen bei Unterbrechungen von Verhandlungen werden Angaben über unternehmenswertrelevante Umstände gemacht. In allen derartigen Äußerungen kann eine c. i. c. „stecken". Eine Falschangabe i. S. einer c. i. c.[34] kann auch bei formbedürftigen Verträgen außerhalb der Vertragsurkunde mündlich oder schriftlich gemacht werden.   6.29

Fallbeispiel „Mietrückstände Mehrfamilienhaus" (OLG Celle v. 21.11.1997 – 4 U 174/96, NJW-RR 1999, 280)   6.30

Ein Verkäufer berief sich zur Verteidigung gegen eine Haftung nach § 463 BGB a. F. wegen einer arglistigen Täuschung über die Mieterträge (durch Verschweigen eines erheblichen Zahlungsrückstandes) beim Verkauf eines Mehrfamilienhauses darauf, dass die notarielle Urkunde hierzu schwieg. Das OLG Celle akzeptierte den Einwand nicht: „Das Argument des Beklagten, VI. des Kaufvertrages enthalte keine Angaben zu den tatsächlichen Mietverträgen, überzeugt nicht. Durch die Bezugnahme auf die einzelnen Mietverträge, die dem Kläger bereits vor der notariellen Beurkundung ausgehändigt waren, war die Höhe der einzelnen Mietzahlung bekannt, so dass es keinen Unterschied macht, ob dem notariellen Kaufvertrag eine Liste über die vereinbarten Mieten

---

33) S. Rn. 8.44 ff. und 8.147 ff.
34) Wenn eine solche Aussage als Beschaffenheitsvereinbarung i. S. von § 434 BGB betrachtet wird, kann sie unter Umständen formnichtig sein oder sogar zur Formnichtigkeit des ganzen Vertrages führen; vgl. Rn. 7.59. Für die c. i. c. stellt sich dieses Problem nicht.

beigefügt ist oder die Mietverträge selbst der Urkunde beigefügt werden, worauf die Parteien hier nur deswegen ... verzichtet haben, weil die Mietverträge dem Kläger bereits zuvor ausgehändigt worden waren."[35]

6.31 Daneben können natürlich auch im Vertrag[36] oder in den Anlagen Falschangaben enthalten sein; eine unrichtige Garantieaussage stellt regelmäßig zusätzlich eine objektive Täuschung[37] dar.

b) Falschangabe als Falschangabe (statt als Verschweigen)

6.32 Die Rechtsprechung des BGH zur c. i. c. stand über Jahrzehnte unter dem Paradigma der „Verletzung einer Aufklärungspflicht", womit der Blick v. a. auf das *Unterlassen*, das „nicht Gesagte" gerichtet wurde. Dies führte zum Teil dazu, dass bei falschen Angaben das Vorliegen einer c. i. c. darauf gestützt wurde, dass der Erklärende nicht auf die Unrichtigkeit der Angabe hingewiesen habe.[38]

6.33 Der V. und der VIII. Zivilsenat des BGH haben indessen bereits seit längerem klargestellt, dass dieser umständliche Umweg überflüssig ist: „Macht ein Verkäufer jedoch tatsächliche Angaben, die für den Kaufentschluss des anderen Teils von Bedeutung sein können, so müssen diese richtig sein, und zwar auch dann, wenn eine Offenbarungspflicht nicht bestand."[39]

6.34 Hierin liegt eine doppelte Erkenntnis:

– Zunächst muss eine unrichtige Angabe nicht mehr dahin umgedeutet werden, dass die Wahrheit verschwiegen wurde;[40] **die falsche Angabe als solches reicht aus.**

– Noch wichtiger ist, dass, weil der Verkäufer eine positive Angabe gemacht hat, er sich **nicht mehr darauf berufen** kann, dass er hinsichtlich des Gegenstandes seiner Falschangabe **zu einer ungefragten Offenbarung nicht verpflichtet** gewesen wäre.

6.35 Er kann also dem Käufer bei einer c. i. c. durch positive Falschangabe nicht entgegenhalten, dass die fragliche Aussage objektiv (relativ) unwichtig gewesen sei, und er deshalb zu einer ungefragten Offenbarung der richtigen Sachlage nicht verpflichtet gewesen sei. Ebenso würde der Einwand ins Leere gehen, es

---

35) OLG Celle v. 21.11.1997 – 4 U 174/96, NJW-RR 1999, 280, 281 re. Sp. unten.
36) Eine c. i. c. durch eine Falschangabe in einem Vertrag bejahte der BGH in dem Fallbeispiel „Kissenfabrik" BGH v. 11.11.1987 – VIII ZR 304/86, NJW-RR 1988, 744; s. Rn. 6.119.
37) Möglicherweise mit der Folge, dass insoweit vertragliche Haftungshöchstgrenzen, Beschränkungen hinsichtlich von Verhandlungsgehilfen und Wissenszurechnung und eine vertraglich vereinbarte kurze Verjährung – namentlich bei Vorsatz – nicht eingreifen.
38) Etwa OLG Frankfurt v. 25.9.2002 – 17 U 28/02.
39) BGH v. 20.9.1996 – V ZR 173/95, NJW-RR 1997, 144, 145 re. Sp.; BGH v. 26.9.1997 – V ZR 29/96, ZIP 1998, 154 = NJW 1998, 302; BGH v. 13.7.2004 – VIII 325/02, n. v. S. a. BGH v. 4.6.2003 – VIII ZR 91/02, ZIP 2003, 1399 = BB 2003, 1695, 1697.
40) Zutreffend *Lorenz* in: FS Heldrich, S. 305, 313.

I. C. i. c. (§§ 280 Abs. 1, 311 Abs. 2, 241 Abs. 2 BGB)

fehle an einem Verschulden des Verkäufers, weil für ihn die Wichtigkeit, die zu einer Aufklärungspflicht hätte führen können, nicht erkennbar gewesen sei; weil er eine positive Angabe gemacht hat, kommt es hierauf nicht mehr an. Es gilt: „Si tacuisses!" Auch eine freiwillige – und gewissermaßen überflüssige – Angabe muss zutreffen.[41]

5. C. i. c. durch Verletzung von Aufklärungspflichten

a) BGH-Formel zu Aufklärungspflichten

Die Grundsätze der Rechtsprechung des BGH zur c. i. c. durch Verletzung von Aufklärungspflichten stellen sich wie folgt dar: Der Käufer hat sich zunächst selbst über den Kaufgegenstand zu informieren. Insoweit gilt, soweit nicht das Sachmängelgewährleistungs- oder ggf. das Deliktsrecht eingreift, dann doch „Caveat Emptor". Dies drückt der BGH gelegentlich so aus, dass „... der Grundsatz zu berücksichtigen (sei), dass derjenige, der einen Vertrag abschließt sich selbst vergewissern muss, ob er ihm von Vorteil ist oder nicht".[42] Dies bedeutet zunächst, dass eine rigoros altruistische Totaloffenbarungspflicht für den Schuldner dem geltenden Recht fremd ist. 6.36

Da andererseits das geltende Recht auch ein hinterlistiges „Catch as Catch Can" ablehnt, besteht dennoch relativ häufig eine Pflicht zu einer ungefragten Offenbarung. Die Voraussetzungen hierfür beschreibt der BGH oft durch die Formel: 6.37

„Nach gefestigter Rechtsprechung besteht selbst bei Vertragsverhandlungen, in denen die Parteien entgegengesetzte Interessen verfolgen, für jeden Vertragspartner die Pflicht, den anderen Teil über solche Umstände aufzuklären, die den **Vertragszweck (des anderen) vereiteln können** und daher für seinen **Entschluss von wesentlicher Bedeutung** sind, sofern er die **Mitteilung nach der Verkehrsauffassung erwarten kann**".[43]

Gelegentlich wählt der BGH im Anschluss an die Nennung des soeben zitierten Grundsatzes, dass derjenige, der einen Vertrag abschließt sich selbst vergewissern müsse, ob er ihm von Vorteil ist oder nicht, die Formulierung: „Darauf darf sich der andere Teil einstellen und braucht deshalb nicht auf Umstände hinzuweisen, von denen er annehmen darf, dass er nach ihnen gefragt wird, falls auf sie Wert gelegt wird."[44] Diese Erläuterung dazu, wann der Käufer eine 6.38

---

41) Eine Einschränkung wird man allenfalls dann machen dürfen, wenn sie für den Käufer *auf keine Weise* von Bedeutung sein konnte; indessen wird sich dann wohl auch nie ein kausaler Schaden ergeben können.
42) BGH v. 26.11.1986 – VIII ZR 260/85, ZIP 1987, 452 = NJW 1987, 909 – ebenso bereits BGH v. 16.9.1981 – VIII ZR 161/80, NJW 1982, 376; BGH v. 13.7.1983 – VIII ZR 142/82, ZIP 1983, 1073 = WM 1983, 1006; BGH v. 13.7.1988 – VIII ZR 224/87, NJW 1989, 763.
43) BGH v. 6.12.1995 – VIII ZR 192/94, NJW-RR 1996, 429 m. w. N. (Fettdruck hinzugefügt).
44) BGH v. 6.12.1995 – VIII ZR 192/94, NJW-RR 1996, 429.

Aufklärung nicht erwarten kann, darf freilich nicht missverstanden werden und ist nicht geeignet, den Grundsatz als solchen zu korrigieren. Natürlich wird jeder Käufer auf die von dem Grundsatz umfassten Umstände – solche Umstände die seinen Vertragszweck vereiteln können etc. – „wertlegen". Der Grundsatz sagt aber gerade, dass er diese Umstände nicht systematisch abfragen muss, weil soweit die Aufklärungspflicht des Verkäufers reicht. Wenn man diese Einschränkung der Verkäuferaufklärungspflicht an der BGH-Formulierung selbst festmachen möchte, könnte man sagen, dass der Verkäufer nicht annehmen darf, dass der Käufer ihn nach solchen – selbstverständlichen oder überragenden o. Ä. – Umständen fragt, die schon deshalb von der Verkäuferaufklärungspflicht umfasst sind.

6.39 Nach dem Vorstehenden ist nun der bislang verwendete Begriff der „Negativität" der Umstände für den Gläubiger zu präzisieren. Es geht um ein Doppeltes,

– das **Potenzial** eines Umstandes, den **Vertragszweck (des anderen) zu vereiteln** und

– ein **„Von-wesentlicher-Bedeutung-Sein"** von Umständen für den Entschluss des Vertragspartners.

6.40 Insgesamt gibt es so vier Voraussetzungen für Aufklärungspflichten.

b) Umstand und Schuldnerkenntnis/Kennenmüssen

6.41 Es wurde bereits dargestellt, dass allein das rein äußere, objektive Vorliegen eines Umstandes, etwa von Asbest in einem verkauften Haus, noch keine Aufklärungspflicht auslöst. Der Schuldner muss im Ausgangspunkt hiervon zudem **Kenntnis** gehabt haben. Allerdings werden beim Schuldner nicht vorhandene Informationen nicht generell von seiner Aufklärungspflicht ausgeschlossen, sondern der Kreis der aufklärungspflichtigen Informationen ist teilweise normativ definiert. Er umfasst bekannte Umstände und **„Beobachtungs-Soll-Ergebnisse"** des Schuldners bzw. Umstände, die er kennen musste.[45] Die Frage, wie weit die Pflichten des Schuldners gehen, sich Kenntnis zu verschaffen, wird im Kontext mit dem „Nach-der-Verkehrsauffassung-erwarten-können" und mit Wissensorganisationspflichten zu erörtern sein.

6.42 Eine Offenbarungspflicht besteht nicht, wenn der Verkäufer davon ausgehen darf, dass der Käufer eine Information schon besitzt.[46] Es hängt von den Erkenntnissen, die sich aufgrund des Zuhörens und Beobachtens bei dem Käufer **hätten herausbilden müssen** ab, ob der Verkäufer von sich aus – ungefragt – über Umstände aufklären muss oder ob er (weiter) schweigen darf.

---

45) S. Rn. 4.21 f. insb. 4.28 und 4.29.
46) S. etwa *Bachmann* in: MünchKomm-BGB, § 241 Rn. 122a; *Olzen* in: Staudinger, BGB, 2014, § 241 Rn. 448, 450; BGH v. 26.1.1996 – V ZR 42/94, NJW-RR 1996, 690, und OLG Brandenburg v. 7.12.1995 – 5 U 58/95, NJW-RR 1996, 724. Näher dazu Rn. 4.28, 4.29.

I. C. i. c. (§§ 280 Abs. 1, 311 Abs. 2, 241 Abs. 2 BGB)

c) Eignung eines Umstands zur „Vereitelung des Vertragszwecks" und Schuldnerkenntnis/Kennenmüssen

Die BGH-Formel[47] verlangt mit einer Eignung eines Umstands zur „Vereitelung des Vertragszwecks" zunächst – in der Art eines konkreten Gefährdungsdelikts – einen aus dritter, objektiver Perspektive bestehenden Bezug des Umstandes zu einem „Vertragszweck" des Gläubigers. Obwohl die Eignung zur Vereitelung aus objektiver Perspektive zu prüfen ist, muss dabei der „Zweck", der ggf. vereitelt wird, von einem Subjekt, dem Gläubiger, gesetzt worden sein. Die Prüfung impliziert also, dass dem Rechtsanwender dieser Zweck irgendwie erschlossen wurde – ohne zu sagen wie, z. B. ob das Recht an eine Erklärung des Gläubiger zu seinem (angeblichen) Vertragszweck gebunden sei oder nicht[48] oder wie Gerichte diesen Zweck sonst festzustellen haben. Wegen dieses Subjektbezogenheit des Zwecksystems kann, wie die Ausführungen des BGH immer wieder zeigen, strukturell über das Vorliegen einer Aufklärungspflicht nur durch ein **„Hin-und-Her-Blicken"** zwischen dem jeweiligen Umstand und dem Käufer bzw. den Informationen, die der Verkäufer über die Zwecke, die Nutzenfunktion und Präferenzen, des Käufer besitzt, entschieden werden. Der BGH unterstellt und erwartet – ja verlangt –, dass der **Verkäufer dem Käufer zuhört und ihn gewissermaßen beobachtet.** 6.43

Es sind weitere Fragen zu stellen: Kann es vorkommen und was ist, wenn der Käufer mehrere Zwecke verfolgt? Soll dann jeder Zweck ausreichen, soll ein besonders wichtiger Zweck ausschlaggebend sein oder wird man von einem Zwecksystem ausgehen müssen, wo sich einzelne Umstände wechselseitig u. U. teilweise kompensieren können?[49] Zudem: Wer ist der „Käufer", aus dem der „Vertragszweck" abzuleiten ist? Ist allein die Kapitaleigentümerperspektive maßgeblich oder sind andere „Stakeholder" zu berücksichtigen, Manager, Finanzgeber, oder Arbeitnehmer, die eigene Zwecke verfolgen? 6.44

Das Erfordernis der Eignung eines Umstands zur „Vereitelung des Vertragszwecks" hat bei all dem eine zentrale Aufklärungspflichten beschränkende Funktion: „Vereiteln" im Zusammenhang mit „der Vertragszweck"[50] (man könnte auch sagen: durchkreuzen, sabotieren, scheitern lassen etc.) markiert die **entscheidende materielle Vorgabe**, durch die eine Pflicht zur selbstschädigenden Aufklärung der Gegenpartei auf (i) wirklich **fundamentale Umstände** und (ii) solche mit **ultimativ destruktiver Durchschlagskraft** beschränkt wird. Was den Vertragszweck des anderen nicht „vereiteln" kann, ist schon deshalb 6.45

---

47) Z. T. auch „goldene Regel" der Rspr. genannt. Nachw. bei *Olzen* in: Staudinger, BGB, 2014, § 241 Rn. 447.
48) Wohl eher nicht.
49) Das dürfte wohl richtig sein.
50) Selbst wenn die stillschweigend auf das Zwecksystem des Gläubiger zu erweitern sein wird.

nicht aufklärungspflichtig. Dies bewirkt, dass die Bäume nicht in den Himmel wachsen werden.[51]

6.46 Wiederum hängt die Aufklärungspflicht auch davon ab, dass der Käufer Kenntnis davon hat oder davon haben kann, dass der Umstand für die Entscheidung des Käufers wesentlich ist.

d) „Von-wesentlicher-Bedeutung-Sein" für den Entschluss des Vertragspartners und Schuldnerkenntnis/Kennenmüssen

6.47 Die Information über den Umstand muss für „seinen" Entschluss, den des Vertragspartners, von wesentlicher Bedeutung sein. Der *weitere* Filter, den die Rechtsprechung hier einschiebt, nimmt nicht mehr das Zwecksystem zwar des Schuldnersubjekts und dessen objektive Vereitelungsbedrohung in den Blick, sondern das **Funktionieren des Gläubigers als Entscheidungssubjekt**.

6.48 Da es sich bei dem Erfordernis des „Von-wesentlicher-Bedeutung-Sein" für den Vertragspartner um eine *zusätzliche* Tatbestandsvoraussetzung für eine Aufklärungspflicht handelt (einen „Und"-Satz), wird der Bereich, in dem Aufklärungspflichten eingreifen können, weiter reduziert.[52] Dies bedeutet zunächst, dass selbst ein „Von-wesentlicher-Bedeutung-sein" in der Entscheidung eines Unternehmenskäufers allein, ohne dass Hinzukommen des den „Vertragszweck-des-anderen-vereiteln-können" keine Aufklärungspflicht begründen kann. Vielmehr wird das Bestehen von Aufklärungspflichten auf eine „**Teilmenge**" **von Fällen** „herabgeschrumpft", in denen eine „Vereitelungsgefahr" besteht.

6.49 Durch den Blick auf die Entscheidungsfindung des Gläubigers sagt das Recht gewissermaßen, dass sich der Schuldner sogar über Zweckvereitelungsgefahren, also ganz erhebliche Risiken, keine Gedanken/Sorgen machen muss, über die sich der **Gläubiger selbst keine Gedanken/Sorgen macht**. Mit anderen Worten: Der Gläubiger muss den Umstand selbst „auf dem Schirm" gehabt haben. Die alte Version der Rechtsprechungsformel hatte hier noch deutlicher gemacht, dass es auf die Erkennbarkeit des „Von-wesentlicher-Bedeutung-Seins" für den Gläubiger ankommt.[53] Insoweit hängt das Ausmaß der Einengungswirkung des „Von-wesentlicher-Bedeutung-Seins" maßgeblich von der Erkennbarkeit von Gewichten in der Entscheidungsfindung des Käufers für den Verkäufer ab. Dabei reicht es nicht aus, dass sich der Käufer nur für einen Umstand „interes-

---

51) Unklar *Graewe*, M&A Review 2015, 168 re. Sp. Mitte: „Die Basis der vertraglichen Aufklärungspflichten bilden die Garantien im Unternehmenskaufvertrags."
52) „Oder" würde den Anwendungsbereich erweitern. So unrichtig *Graewe*, M&A Review 2015, 168, 170 li. Sp. Mitte.
53) „… für den Vertragsschluss der anderen Partei **erkennbar** von wesentlicher Bedeutung sind" – Nachw. bei *Olzen* in: Staudinger, BGB, 2014, § 241 Rn. 447.

I. C. i. c. (§§ 280 Abs. 1, 311 Abs. 2, 241 Abs. 2 BGB)

siert", sondern er muss in seiner Entscheidungsfindung „wesentlich" sein. Bei vielen Umständen wird dies freilich vom Verkäufer zu vermuten sein.

e) „Nach-der-Verkehrsauffassung-erwarten-können" einer Aufklärung über den Umstand

Das vierte Tatbestandsmerkmal in der BGH-Formel, das „Nach-der-Verkehrsauffassung-erwarten-dürfen" einer Aufklärung, bringt einen weiteren Kreis von eine Aufklärungspflicht hemmenden Umständen. Diese ergeben sich nunmehr v. a. aus der **Sozialperspektive** und aus der **Sphäre des Käufers**, ggf. aber auch und aus der tatsächlichen **Interaktion zwischen Verkäufer und Käufer**. 6.50

aa) Legitimer Eigennutz in der Eigentümermarktwirtschaft

Die Beschränkung betrifft zunächst den **legitimen Eigennutz** als sozialadäquates Verhalten **in einer Eigentümermarktwirtschaft**. Der Verkäufer muss nicht seine düsteren makro-ökonomischen, technologischen, klimatischen, politischen, demographischen oder stadtsoziologischen Erwartungen offenbaren, die bei seiner De-Investitionsentscheidung eine Rolle spielen. Er muss nicht einmal konkretere Vorstellungen zu Verschiebungen auf Beschaffungsmärkten und Nachfragemärkten offenbaren, selbst wenn er diese durch konkrete Informationssplitter bei Lieferanten oder Kunden vermutet. 6.51

Oft wird ein Verkäufer mit vermeintlichem oder tatsächlichem wert*mindernd*em „Geheimwissen" einem Käufer mit vermeintlichem oder tatsächlichem wert*erhöhendem* „Geheimwissen" verkaufen. Dies gilt nicht nur für Schuldverschreibungen eines kriegsführenden Staates, sondern ebenso bei M&A-Transaktionen. Während solche – typischerweise sehr unsicheren – vermeintlichen oder tatsächlichen Informationsvorsprünge i. A. nicht offenbart werden müssen, können in Extremfällen über § 138 BGB vorsichtig Grenzen gesetzt werden. Eine Aufklärungspflicht kann z. B. bejaht werden, wenn konkrete Informationen vorliegen, dass ein wesentlicher Lieferant oder Abnehmer kurz vor den Insolvenz steht, ein Schutzrecht zu verlieren droht, von dem seine Lieferungen bzw. sein Bezug abhängt o. Ä. Dazwischen liegt ein Bereich, über den nur im Einzelfall entschieden werden kann. 6.52

bb) Offenbarungspflichten bezüglich einer Verschlechterung der eigenen Wettbewerbsposition?

Generell ist es i. R. des Wettbewerbs auf Märkten ebenso unvermeidlich wie systemgerecht, dass eine Marktseite nur unvollständig über die Handlungsmöglichkeiten der anderen Marktseite informiert ist. Hieraus kann z. B. abgeleitet werden, dass ein Verkäufer nicht verpflichtet sein kann, dem verbliebenen Kaufinteressenten zu offenbaren, dass der einzige **andere Interessent sich zurückgezogen** hat. Der Rückzug des Wettbewerbers stellt zwar definitiv einen Umstand dar, der i. S. der BGH-Formel für den Entschluss des Käufers „von 6.53

wesentlicher Bedeutung"[54]) sein dürfte, aber er gehört (ebenso definitiv) auch zu denjenigen Umständen, deren Mitteilung der Käufer „nach der Verkehrsauffassung" gerade nicht erwarten kann. Die Verkehrsauffassung sieht nämlich das **Gebrauchmachen von** eigenen **Informationsvorsprüngen** im Wettbewerb weitestgehend[55]) als **legitim** an. Der Verkäufer muss daher das Wegfallen des einzigen Kaufinteressenten nicht ungefragt offenbaren.

6.54 Was aber, wenn der Käufer unverschämt genug ist, bei jeder Verhandlungsrunde danach zu fragen? Vernünftigerweise wird man dem Verkäufer auch dann so viel Raum zum Manövrieren lassen müssen, dass er sich der ihm gestellten Falle entziehen kann. Die Äußerung, dass „dies den Käufer nichts angehe", dürfte ebenso wenig pflichtwidrig sein wie, dass sich der Verkäufer „sehr zuversichtlich" zeigt „in jedem Fall einen sehr guten Preis zu erzielen." Selbst wenn ihm tatsächlich diese Zuversicht fehlt, dürfte der „Bluff" gerade noch sozialadäquat sein. Anders verhält es sich, wenn, wie im Fallbeispiel, der Verkäufer einem Kaufinteressenten schamlos und gezielt direkt ins Gesicht lügt. Irgendwann aber sind die Grenzen der „Verkehrsauffassung" überschritten und es liegt, wie wohl im Fallbeispiel, eine pflichtwidrige Täuschung vor.[56])

cc) Kosten, mögliche Selbstgefährdung/Selbstschädigung, unbegründete Verdachtsmomente

6.55 Das „Nach-der-Verkehrsauffassung-erwarten-dürfen" einer Aufklärung kann auch Aufklärungspflichten wegen anfallender Kosten oder einer mögliche Selbstgefährdung/Selbstschädigung des Käufers abdämpfen. Dies betrifft z. B. dem Verkäufer entstehende **Kosten** bei der Beschaffung verlässlicher Informationen, soweit überhaupt eine Beschaffungspflicht besteht.[57])

6.56 Es betrifft nach der hier vertretenen Auffassung ferner **Ansatzpunkte für einen nicht begründeter Verdacht** bzw. den möglichen Verdacht als solchen.[58]) Der Effizienzfortschritt der kapitalistischen Wirtschaft und der Kapitalmärkte zwingt Unternehmen immer mehr, alles, auch die Grenzen des rechtlich Möglichen „*auszureizen.*" Dies betrifft nicht mehr nur die Erreichung hohen „Leve-

---

54) Vgl. BGH v. 6.12.1995 – VIII ZR 192/94, NJW-RR 1996, 429.
55) Grenzen werden etwa durch das Insiderrecht und § 138 BGB gesetzt.
56) Ob dem Käufer dies etwas nutzt, wird von den Nachweis eines kausalen Schadens abhängen.
57) „Der Bestand einer Aufklärungspflicht ist auch davon abhängig, ob der potenziell Auskunftspflichtige die fraglichen Informationen bereits besitzt oder ob er sich diese erst beschaffen muss. Denn Nachforschungs- und Untersuchungspflichten sind in deutlich engeren Grenzen anzuerkennen als einfache Aufklärungspflichten über bereits bekannte Umstände ..." (*Gehrlein/Sutschet* in: BeckOK-BGB, Stand 1.1.2016, § 311 Rn. 73).
58) Oft werden solche Ansatzpunkte schon kein „Zweckvereitelungspotenzial" besitzen bzw. kein „wesentlicher" Umstand im obigen Sinne sein, da, wenn der Verdacht nicht begründet ist, der Verkäufer damit rechnen darf, dass das Unternehmen ihn ausräumen können wird und die Ansatzpunkte nur eine Lästigkeit darstellen.

I. C. i. c. (§§ 280 Abs. 1, 311 Abs. 2, 241 Abs. 2 BGB)

rage" durch hohe Verschuldung auf der Finanzierungsseite. Bekanntlich haben vielmehr in den letzten Jahren beachtliche Teile der Elite der deutschen Großunternehmen, fast in geschlossener Phalanx, die Grenze ins Unrecht überschritten – mit der Folge von Milliarden-Dollar oder Milliarden-Euro-Bußen oder Schadensersatzzahlungen. Die Frage stellt sich, ob Unternehmen, die als Automobilhersteller „Cheating-Devices" in Diesel-Fahrzeugen verwendeten oder als Banken an Libor-Fixing-Absprachen oder FOREX-Kartellen beteiligt waren oder ihren Kunden massenhaft intern als solche rubrizierte Schrott-Investments in Subprime-Loans verkauften, zur ungefragten Offenbarung dieser Praxen verpflichtet gewesen wären, wenn eine M&A-Transaktion für die betroffenen Unternehmen angestanden hätte.[59] Dies dürfte – wohl! – zu bejahen sein, namentlich schließt die Rechtswidrigkeit/Strafbarkeit von Verhalten eine Pflicht zur Selbstoffenbarung nicht aus.

Andererseits, haben Unternehmen, gerade weil sie häufig in „Grausphären" operieren, ein legitimes Interesse daran haben, von *unberechtigten*, aber u. U. sehr aufwendigen und imageschädigenden Verwaltungs- oder Strafverfahren oder Vorverurteilungen in der Öffentlichkeit bewahrt zu werden – je größer der moralische Rigorismus und die „Political Correctness" in der Öffentlichkeit, umso mehr. Daher muss der Verkäufer (z. B. wenn heute ein Unternehmensverkauf eines Automobilherstellers oder einer Bank stattfände) nicht ungefragt solche Punkte offenbaren, die ein misstrauischer Käufer-Berater, ein misstrauischer Staatsanwalt oder, erst recht, ein Journalist als **Hinweis** bzw. **Verdachtsmoment** auf einen Rechtsbruch ansehen und die ihn zu weiteren Nachfragen veranlassen könnten, *wenn der Verkäufer schlussendlich (normativ) davon ausgehen darf, dass der tatsächliche Zustand pflichtgemäß ist.*[60]

6.57

dd) Etwaige Informationsbeschaffungspflichten

Das Merkmal „Nach-der-Verkehrsauffassung-erwarten-Dürfen" einer Aufklärung ist der Ort um das Ausmaß **Informationsbeschaffungspflichten** des Verkäufers, soweit solche überhaupt bestehen, zu **konkretisieren**. Es ist danach zu differenzieren, ob eine Information beim Verkäufer vorhanden, für ihn leicht abfragbar, ob die Information erst bei anderen Personen beschafft oder gar – durch Erhebungen von Daten und Auswertungen – erst generiert werden muss.

6.58

---

59) Außerhalb des Verkaufs einzelner Aktien, z. B. bei einer Verschmelzung.
60) Punkte, die Anlass zu dem Verdacht einer Pflichtwidrigkeit geben könnten, unterscheiden sich dabei darin von dem Mangelverdacht (etwa „Altlastenverdacht") i. S. der Rspr., dass der „Altlastenverdacht" in der Öffentlichkeit bekannt geworden und insofern auch dann (sozialpsychologisch) zunächst wertmindernd ist, wenn er unbegründet wäre. Deshalb ist der Altlastenverdacht auch ein „Mangel", wenn es gar keine Altlast gibt. Wenn es nicht hierum, sondern nur darum geht, dass Umstände nicht offengelegt wurden, die ein Hinweis auf Altlasten sein können, sollte nicht von „Altlastenverdacht" gesprochen werden, sondern sollten diese Umstände als solche auf eine Aufklärungspflicht hin untersucht werden.

6.59 Um **Beschaffung** von Informationen geht es, wenn diese schon als solche – irgendwo, z. B. im Kopf eines Dritten – vorhanden sind. Die Frage, ob hier nach der Verkehrsauffassung eine Informationsbeschaffung erwartet werden kann,[61] geht in die Frage nach dem Ausmaß von Wissensorganisationspflichten über.[62] Sie wird in das Problem führen, dass bei M&A-Transaktionen auch auf Verkäuferseite die entscheidenden „Einheiten" nicht behördenähnlich ausgestaltet und etwa auf Dauer gestellte „Einheiten" sind, sondern i. d. R. flüchtige, projektbezogene und informelle Ad-hoc-„Teams" mit Mitgliedern, Organen und Angestellten aus einer Vielzahl von Gesellschaften als Rechtsträgern und Funktionsträgern aus einer Vielzahl von Organisationen.

6.60 Abzugrenzen ist die erstmalige **Generierung** von Informationen durch Datenerhebungen, Auswertungen, Analysen etc. Zum Beispiel wird ein pharmazeutisches Unternehmen zwar gewichtige Ermittlungen der Gesundheitsbehörde offenlegen müssen (und erst recht, wenn Todesfälle einem Arzneimittel zugeordnet werden), aber es wird i. d. R. keine eigenen Untersuchungen bzw. „Trials" in Auftrag geben, um abzusichern, dass „weiterhin alles in Ordnung" ist. Insofern wird man sagen können, dass selbst wenn an der „Zweckvereitelungseignung" und „Entscheidungswesentlichkeit" einer gegenteiligen Entdeckung für den Käufer nicht gezweifelt werden könnte, i. d. R. keine Verkäuferverpflichtung besteht, Informationen zu generieren.[63]

6.61 Es ist ferner **Zurückhaltung** angebracht, wo es darum geht, ob der Verkäufer Informationen durch **Anfragen an externe Dritte** erschließen muss (z. B. Anfrage an Kunden, ob ein Auftrag erteilt wird, an einen Vermieter/Lizenzgeber, ob der Mietvertrag/die Lizenz verlängert wird etc.). Soweit solche Anfragen im normalen Geschäftsverkehr unüblich sind – was oft so sein wird – oder sie für das Zielunternehmens schädlich sein können, etwa wenn der Verkauf scheitert, wird der Käufer solche Informationsbeschaffungen nicht „nach der Verkehrsauffassung" erwarten dürfen.

---

61) Nachforschungs- und Untersuchungspflichten können nur in deutlich engeren Grenzen als einfache Aufklärungspflichten (über schon bekannte Tatsachen) anerkannt werden. So *Emmerich* in: MünchKomm-BGB, § 311 Rn. 69.
62) S. Rn. 8.97 f.
63) Der BGH v. 28.1.1992 – XI ZR 301/90, WM 1992, 602, verneinte eine Verpflichtung einer kreditgewährenden Bank, sich „durch gezielte Auswertung ihr zugänglicher Unterlagen oder gar durch weitere Nachforschungen" einen Wissensvorsprung zu verschaffen. Eine bloße „Erkennbarkeit" sei der positiven Kenntnis nur dann gleichzustellen, „wenn sich die bedeutsamen Tatsachen einem zuständigen Bankmitarbeiter nach den Umständen des Einzelfalls aufdrängen mussten" (S. 603 li. Sp. oben). Einen „solchen Ausnahmefall" konnte der BGH nicht erkennen.

I. C. i. c. (§§ 280 Abs. 1, 311 Abs. 2, 241 Abs. 2 BGB)

ee) Aufklärungspflichten und Informationsaustausch

Das Schwergewicht der Prüfungen, ob der Käufer nach der Verkehrsauffassung eine Mitteilung über den Umstand „erwarten konnte", liegt darauf, ob aus dem konkreten Wechselspiel zwischen Verkäufer und Käufer eine Aufklärungspflicht begründet wurde. 6.62

Zunächst ist die **Kenntnis des Verkäufers** über einen bestimmten „Vertragszweck" des Käufers von Bedeutung. Der Vertragszweck des Käufers erreicht den Verkäufer regelmäßig nur verquickt mit Interpretationen, die der Käufer selbst hinzufügt. Hieraus hat sich der Verkäufer ein **Bild** über den **Vertragszweck des Käufers** und der ihm **für seinen Entschluss subjektiv wichtigen Umstände** zu machen. Das so beim Verkäufer entstandene Bild kann Aufklärungspflichten verstärken oder mindern. Eine Verstärkung kann sich ergeben, wenn das Käuferprofil eine besonders große Verletzlichkeit oder besondere (positive) Nutzungsmöglichkeit bzw. Potential für den Käufer ausweist. Eine Minderung kann sich ergeben, wenn ein Bereich für den Käufer erkennbar weniger relevant ist und/oder er für einen Bereich kein oder wenig Interesse zeigt. Ob solche vom Verkäufer gewonnenen Erkenntnisse ausreichen, eine Aufklärungspflicht zu begründen, steht indessen noch auf einem anderen Blatt. 6.63

Erkennbares mangelndes Interesse des Käufers ist freilich nur insoweit beachtlich, als es **nicht schon auf einer Fehlinformation** oder Täuschung durch den Verkäufer **beruht**. Gibt der Verkäufer falsche oder stark beschönigende Informationen, wird etwa ein unrichtiges Sachverständigengutachten über ein Risiko in den Datenraum gestellt, so kann der Verkäufer keine Minderung seiner Aufklärungspflichten daraus herleiten, dass der Käufer nicht weiter nachfragt. Im Gegenteil spricht der Umstand, dass der Verkäufer von sich aus Informationen gab dafür, dass der Verkäufer das Interesse des Käufers kannte – und für eine Verstärkung der Aufklärungspflichten. 6.64

Zu demselben Ergebnis führt die Annahme von sog. „**sekundären Aufklärungspflichten**". Diese können sich daraus ergeben, dass der Verkäufer Auskünfte erteilt hat, die entweder von Anfang an unvollständig oder irreführend waren[64] oder es nach Erteilung der Auskunft wurden, weil sich die Umstände geändert haben und der Verkäufer hiervon Kenntnis erlangt hat. Der Verkäufer hat dann die defizitären Informationen zu korrigieren.[65] Dies kann auch daraus hergeleitet werden, dass der Verkäufer, der den Käufer irregeführt hat, gerade nicht annehmen darf, dass er weiter nach Umständen befragt worden wäre, „falls auf sie Wert gelegt wird."[66] Der Einwand des Verkäufers wird dadurch abgeschnitten, 6.65

---

64) Dann liegt schon eine positive Falschangabe vor. Bei einer unrichtigen Angabe entsteht immer zum Zeitpunkt der Kenntnis der Unrichtigkeit eine Pflicht zur Korrektur. Dies gilt auch, wenn durch ein Verschweigen irregeführt wurde.
65) Ausf. *Hübner*, BB 2010, 1483 ff., insb. 1485 re. Sp. unten.
66) Vgl. BGH v. 6.12.1995 – VIII ZR 192/94, NJW-RR 1996, 429.

dass er genau weiß, dass der Käufer die Frage bereits für beantwortet hält. Dieser Erklärung für das Unterbleiben weiterer Fragen hat der Verkäufer Rechnung zu tragen und deshalb ungefragt zu offenbaren, dass die „alte" Information nicht (mehr) zutrifft.

ff) Sachkenntnis des Käufers

6.66 Es könnte im Anschluss an die Formulierung des BGH, dass der Verkäufer nicht auf Umstände hinzuweisen braucht, „von denen er annehmen darf, dass er nach ihnen gefragt wird, falls auf sie Wert gelegt wird",[67] naheliegen, dass die Sachkenntnis des Käufers die Aufklärungspflichten des Verkäufers mindert.

6.67 Dieser Gedanke ist **mit Vorsicht zu genießen.** Der unbedachte Umgang mit dem Stichwort „Sachkenntnis des Käufers" kann den Verkäufer u. U. zu leicht von Offenbarungspflichten entlasten. Bedenklich war z. B., dass der BGH die *Sachkenntnis eines Steuerberaters* beim Kauf einer Steuerberatungskanzlei als einen Gesichtspunkt dafür anführte, dass der Verkäufer keine Aufklärungspflicht verletzte, als er die *Neigung zu strafbaren Handlungen* eines offenbar besonders wichtigen Steuerfachgehilfen verschwieg.[68] Selbst der fachkundigste Steuerberater kann aber „kriminelle Neigungen" nicht erkennen. Ebenso wenig kann die Sachkenntnis eines durch einen Wirtschaftsprüfer beratenen Käufers eine Pflicht zur Offenlegung von verschwiegenen Schulden einschränken, da selbst der sachkundigste Wirtschaftsprüfer das Bestehen von Schulden nicht zu erraten vermag. Dies wird an anderer Stelle ganz zutreffend von dem BGH gesehen, indem er in seiner Grundsatzentscheidung vom 4.4.2001 die gesteigerte Aufklärungspflicht des Unternehmensverkäufers gerade aus der „besonderen Abhängigkeit" des Käufers von Verkäuferinformationen ableitet und darauf hinweist, dass diese durch „vorhandene Sachkunde" des Käufers möglicherweise nicht ausgeglichen wird.[69]

6.68 Richtig dürfte allerdings sein, dass eine Sachkenntnis des Käufers – im Verhältnis zu anderen Käufern – Aufklärungspflichten des Verkäufers u. U. reduzieren kann, **wenn** sie **mit „befruchtenden" Vorabinformationen zusammengekommen** ist. Die Sachkenntnis mag den Käufer in die Lage versetzen, aus solchen Informationen kompetente Schlussfolgerungen zu ziehen, die ein Käufer ohne solche Fachkenntnisse nicht ziehen könnte. Sie ersetzt aber nicht die Verpflichtung zur Übermittlung der Informationen, an denen die Sachkenntnis erst anknüpfen kann.

---

67) BGH v. 6.12.1995 – VIII ZR 192/94, NJW-RR 1996, 429.
68) BGH v. 16.1.1991 – VIII ZR 335/89, NJW 1991, 1223, 1224 li. Sp. unten = ZIP 1991, 321; s. Fallbeispiel Rn. 6.147.
69) Rn. 6.100.

I. C. i. c. (§§ 280 Abs. 1, 311 Abs. 2, 241 Abs. 2 BGB)

Fallbeispiel „Getränkegroßhandel" (BGH v. 28.11.2001 – VIII ZR 37/01, ZIP 2002, 440 = NJW 2002, 1042)

6.69

In dem Fall des Verkaufs des Getränkegroßhandels[70] hatte der Käufer auch gerügt, dass er nicht hinreichend über die durch hohe Personalkosten und nachteilige Gestaltungen im Ein- und Verkauf in der Vergangenheit aufgetretenen Verluste informiert worden sei. Der BGH hat, auch wenn nur eine „modifizierte Betriebsübernahme" vorlag, eine diesbezügliche Aufklärungspflicht bejaht.[71] Er hat jedoch angenommen, dass der Verkäufer seiner Aufklärungspflicht genügte, weil er darauf hinwies, dass es sich bei dem Unternehmen „in der geführten Form um ein Verlustgeschäft handele", und weil dem Käufer die Möglichkeit eröffnet worden war, sich umfassend durch Einsicht in Unterlagen zu informieren. „Der (Käufer) war als Inhaber eines Getränkegroßhandels hinreichend sach- und branchenkundig. Von ihm war zu erwarten, dass er sich auf den Hinweis (des Verkäufers), es habe sich um ein Verlustgeschäft gehandelt, von (seinen) Verhandlungsgehilfen Bilanzen, Gewinn- und Verlustrechnungen, betriebswirtschaftliche Auswertungen oder ähnlich aussagekräftige Unterlagen hätte vorlegen lassen, wenn dies für ihn von Interesse gewesen wäre."[72]

Die Offenlegung, dass der Getränkegroßhandel ein Verlustgeschäft war, stellte die kritische Information dar. Erst diese Information – und das Angebot zur Einsichtnahme in die Unterlagen – brachte die Sachkenntnis des Käufers ins Spiel.

6.70

Kritischer war der folgende Fall, in dem das OLG Düsseldorf möglicherweise etwas zu schnell annahm, dass der Käufer aufgrund seiner Sachkenntnis weitere Fragen zu stellen hatte.

6.71

Fallbeispiel „Herren- und Kinderbekleidungsgeschäft mit ‚Abschriften'" (OLG Düsseldorf v. 8.11.1991 – 16 U 112/90, NJW-RR 1993, 377)

6.72

Es war ein Einzelhandelsgeschäft für Herren- und Kinderbekleidung verkauft und hierbei waren Umsatzzahlen vorgelegt worden. Dabei waren die Umsätze vor dem Verkauf dadurch erhöht worden, dass der Verkäufer durch sog. Abschriften (Preissenkungen) mit niedrigeren Deckungsbeiträgen kalkuliert hatte, was zu einem hohen Ertragsrückgang gegenüber dem Vorjahr von insgesamt 20 % geführt hatte. Obwohl der Käufer bei den Verhandlungen zum Ausdruck gebracht hatte, er wolle „Umsatz mit normalem Aufschlag zum Einkaufspreis" kaufen, war er auf die Abschriften nicht hingewiesen worden. Das OLG Düsseldorf begründete die Verneinung der Haftung wie folgt: „... abgesehen davon handelte es sich bei beiden Ver-

---

70) Bereits erörtert – s. Rn. 6.110.
71) BGH v. 28.11.2001 – VIII ZR 37/01, ZIP 2002, 440 = NJW 2002, 1042, 1043 li. Sp. unten.
72) BGH v. 28.11.2001 – VIII ZR 37/01, ZIP 2002, 440 = NJW 2002, 1042, 1044 li. Sp. Mitte.

tragspartnern um Kaufleute. War der Klägerin daran gelegen, für bestimmte Zeiträume Umsätze und Preiskalkulation zu erfahren, wäre es ihre Sache gewesen, diese ... konkret zu erfragen. Dies gilt auch für die vorgenommenen Abschriften. Diese sind unstreitig im Textilhandel geschäftsüblich ... Sich über deren Höhe und Umfang zu erkundigen, war ihre Obliegenheit."[73]

6.73 Es ist aus den veröffentlichen Urteilsgründen nicht erkennbar, welche Bedeutung die im Urteil wiedergegebene Äußerung des Käufers, er wolle „Umsatz mit normalem Aufschlag zum Einkaufspreis" kaufen, in den Verhandlungen hatte. Diese Äußerung hätte auch eine Verpflichtung des Verkäufers auslösen können, Genaueres zu den Abschriften mitzuteilen.[74]

gg) Aufklärungspflichten und Due Diligence

6.74 Eine häufig diskutierte Frage ist, welche Auswirkungen die Durchführung einer Due Diligence auf Aufklärungspflichten hat und ob durch die Einstellung von Informationen – ggf. unter welchen Voraussetzungen – in einen Datenraum bestehende Aufklärungspflichten erfüllt werden.

(1) Kein Erlöschen von Aufklärungspflichten per se aufgrund einer Durchführung oder Nichtdurchführung einer Due Diligence

6.75 Insbesondere wird diskutiert, inwieweit Aufklärungspflichten überhaupt und generell durch die Durchführung einer Due Diligence beeinflusst werden. Dabei ist sowohl die Argumentation denkbar, dass keine Aufklärungspflichten bestünden, wenn eine Due Diligence durchgeführt wird (weil der Käufer dann selbst prüfen kann) als auch, dass Aufklärungspflichten erlöschen, wenn keine Due Diligence durchgeführt wird (weil hierin eine grobe Fahrlässigkeit liegen könnte).

6.76 Es sind gegen diese **generalisierende Fragestellung methodische Bedenken** anzumelden, weil jede Due Diligence anders ist und weil es **kein** authentisches oder **verbindliches „Inventar"**, der bei einer Due Diligence zu stellenden Fragen bzw. durchzuführenden Maßnahmen gibt. Dass „Due Diligence" die Anwendung einer „angemessenen" oder „geschuldeten" „Sorgfalt" bedeutet, mit der Durchsicht von vielen Unterlagen und dem Verfassen von Berichten verbunden ist, sagt zu wenig. Es gibt so viele unterschiedliche „Due Diligences", wie es Parteien, Anwälte, Wirtschaftsprüfer und Zielunternehmen gibt.

6.77 Vor allem werden Aufklärungspflichten, wenn sie bestehen, durch **Erteilung** der geschuldeten Aufklärung erfüllt, sonst aber nicht. Wir werden sehen,[75] dass die Nichtdurchführung einer Due Diligence *keine* fahrlässige Unkenntnis

---

73) OLG Düsseldorf v. 8.11.1991 – 16 U 112/90, NJW-RR 1993, 377, 379 re. Sp. unten.
74) S. a. Rn. 12.180.
75) Namentlich in Rn. 9.38 f.

I. C. i. c. (§§ 280 Abs. 1, 311 Abs. 2, 241 Abs. 2 BGB)

i. S. von § 442 BGB (wenn die Norm überhaupt anwendbar ist) begründet. Die Nichtdurchführung einer Due Diligence dürfte auch nach vertraglichen Offenbarungs- oder Kenntnisklauseln regelmäßig zu keinem Rechtsverlust für den Käufer führen.

(2) Erfüllung von Aufklärungspflichten in der Due Diligence

Eine Due Diligence ist freilich ein besonders organisierter Informationsfluss zwischen den Parteien und eine sogar besonders hervorgehobene, um nicht zu sagen, die „geborene" Gelegenheit, nicht nur beliebige „einfache Informationen", hinsichtlich derer keine Aufklärungspflicht besteht, sondern ebenfalls um Informationen zu übermitteln, **die Aufklärungspflichten unterliegen**. Der V. Zivilsenat des BGH hat in den letzten Jahren mehrere Urteile gefällt, die **Aufklärungspflichten bei Immobilienkäufen** behandeln und aus denen sich relativ konkrete Hinweise zur Sichtweise der Rechtsprechung zu Aufklärungspflichten in einer Due Diligence bei M&A-Transaktionen ableiten lassen. 6.78

Der V. Zivilsenat des BGH legt den Akzent dabei darauf, dass der **Verkäufer Unterlagen zur Verfügung stellt,** und fragt sich, wann ein Verkäufer hierdurch seine Aufklärungspflichten erfüllt und wann nicht. 6.79

Fallbeispiel „Asbestzementplatten II" (BGH v. 12.11.2010 – V ZR 181/09, ZIP 2011, 383) 6.80

Das *Fallbeispiel „Asbestzementplatten I"* (BGH v. 25.3.2009 – V ZR 30/08, BGHZ 180, 205 ff.) ist schon behandelt worden, weil sich der BGH hier mit dem Verhältnis von kaufrechtlicher Gewährleistung und c. i. c. beschäftigt und die Rechtsprechung vor der Schuldrechtsreform dahingehend bestätigt hat, dass die „Sperrwirkung" des kaufrechtlichen Gewährleistungsrechts (weiter) nicht bei Vorsatz gilt.[76] Ein gutes Jahr später erreichte der „Asbestplattenfall" den BGH zum zweiten Mal.[77] Das OLG Celle, an das der BGH zurückverwies, hatte nunmehr die Arglist des Verkäufers verneint. Der V. Senat des BGH war wiederum nicht einverstanden und gab den Käufern erneut Recht.

Es lohnt, die Argumentation nachzuverfolgen. Vorausgesetzt wird zunächst, dass eine Aufklärungspflicht hinsichtlich des Asbestbesatzes bestand. Dabei wird implizit als eine Art von **Regelform der Aufklärung** eine **mündliche oder schriftliche Erläuterung** des Mangels vorausgesetzt. „Ein verständiger und redlicher Verkäufer", heißt es dann, dürfe aber „davon ausgehen, dass bei einer **Besichtigung ohne weiteres erkennbare Mängel** auch dem Käufer ins Auge springen werden und deshalb eine gesonderte Aufklärung nicht erforderlich 6.81

---

76) S. Rn. 6.1.
77) BGH v. 12.11.2010 – V ZR 181/09, ZIP 2011, 383.

ist."[78] Wenn Mängel „ohne weiteres" erkennbar sind und das Objekt besichtigt wird, ersetzt also die Besichtigung die mündliche oder schriftliche Aufklärung. Nunmehr nimmt der BGH die **Übergabe von Unterlagen** in den Blick. Er sieht sie als dritte mögliche Form der Erfüllung von Aufklärungspflichten an und misst sie daran, ob sie Mängel im gleichen Maße erkennen lassen wie eine Besichtigung.

> „Konstellationen, in denen dem Käufer auf andere Weise die Möglichkeit gegeben wird, sich Kenntnis von einem Mangel des Kaufobjekts zu verschaffen, stehen der Besichtigungsmöglichkeit nicht ohne weiteres gleich. Mit Blick auf übergebene Unterlagen, aus denen sich die Mangelhaftigkeit der Sache ergibt, ist eine Gleichstellung nur dann gerechtfertigt, wenn ein Verkäufer aufgrund der Umstände die berechtigte Erwartung haben kann, dass der Käufer die Unterlagen als Grundlage seiner Kaufentscheidung durchsehen wird. Solche Umstände liegen etwa vor, wenn der Verkäufer dem Käufer im Zusammenhang mit möglichen Mängeln ein Sachverständigengutachten überreicht. Dagegen kann ein verständiger und redlicher Verkäufer nicht ohne weiteres erwarten, dass der Käufer *Finanzierungsunterlagen auf Mängel des Kaufobjektes* hin durchsehen wird. Es ist daher irrelevant, dass die Asbestverwendung der ersten Seite der Baubeschreibung zu entnehmen ist."[79]

6.82 Kurz darauf hatte der V. Senat des BGH erneut Gelegenheit zu Fragen der Aufklärung durch die Übergabe von Unterlagen Stellung zu nehmen: *Fallbeispiel „Nachbargrundstück miteingezäunt"* (BGH v. 11.11.2011 – V ZR 245/10, NJW 2012, 846)

Der Käufer erwarb ein mit einem massiven Holzzaun umfriedetes Grundstück. Allerdings umschloss der Holzzaun 184 qm, die dem Nachbarn gehörten, und also nicht mitverkauft wurden. Der BGH entschied, dass eine Aufklärungspflicht des Verkäufers bestand, den Käufer darauf hinzuweisen, dass die betreffende Teilfläche, obwohl mitumzäunt, nicht zu dem Kaufgrundstück gehörte und bejahte eine c. i. c. wegen Verletzung dieser Aufklärungspflicht. In diesem Zusammenhang äußerte er sich erneut zur Erfüllung von Aufklärungspflichten durch die Übergabe von Unterlagen: „Ihre Pflicht zur Aufklärung haben die Beklagten nicht dadurch erfüllt, dass der Beklagte zu 2 der Klägerin die erbetenen Finanzierungsunterlagen, die für die Bank benötigt wurden, sowie einen Ordner überlassen hat, in dem sich neben dem Exposé und diversen anderen Unterlagen Lagepläne des Grundstücks befunden haben." Der V. Zivilsenat wiederholte sodann: „Mit der Übergabe von Unterlagen erfüllt ein Verkäufer seine Aufklärungspflicht nur dann, wenn er aufgrund der Umstände die berechtigte Erwartung haben kann, dass der Käufer die Unterlagen nicht nur zum Zweck allgemeiner Information, sondern *unter einem bestimmten Gesichtspunkt gezielt durchsehen wird*. Solche Umstände liegen etwa vor, wenn der Verkäufer dem Käufer im Zusammenhang mit möglichen Mängeln ein Sachverständigengutachten überreicht. Ein verständiger

---

78) Hv. v. Vf.
79) Hv. v. Vf.

I. C. i. c. (§§ 280 Abs. 1, 311 Abs. 2, 241 Abs. 2 BGB)

und redlicher Verkäufer kann dagegen nicht erwarten, dass ein Käufer Finanzierungsunterlagen oder einen ihm übergebenen Ordner mit Unterlagen zu dem Kaufobjekt darauf durchsieht, ob in die Einfriedung des Grundstücks möglicherweise fremder Grund einbezogen wurde".[80]

Indem der Verkäufer einen nach systematischen Gesichtspunkten geordneten Datenraum einrichtet, strukturiert er einen Teil der Informationsaufnahme durch den Käufer gewissermaßen so vor, dass der Käufer zu ihn interessierenden Themen vorrangig bei den dazu gehörenden Gliederungspunkten suchen wird bzw. ggf. die entsprechenden Fachleute in seinem Due Diligence-Team nur auf diese Gliederungspunkte „ansetzen" wird. Ein Verkäufer, der ein derart **systematisiertes Informationsangebot** macht, kann sich daher i. d. R. wohl nicht mehr darauf berufen, dass der Datenraum ein einziger großer Korb sei, wo alles an jeder beliebigen Stelle liegen könne. **Falsch eingeordnete Informationen** können daher u. U.– für Zwecke einer c. i. c.[81] – als nicht offengelegt anzusehen sein, so dass eine nach den sonstigen Kriterien anzunehmende **Aufklärungspflicht** nicht erfüllt wurde. 6.83

Eine gewisse **Großzügigkeit** ist allerdings geboten. Einerseits stellt die Praxis von vornherein eher pragmatisch-niedrige Ansprüche an die systematische Schlüssigkeit Konsistenz der Ordnung der Datenräume – schon weil sie häufig von Investmentbankern oder M&A-Beratern, und zwar deren Junioren, statt von Juristen eingerichtet werden – und andererseits würde es auch zu einer fürchterlichen Sisyphos-Arbeit führen, wenn das Durchhalten einer Systematik nach strengsten Anforderungen verlangt werden würde. Dies würde z. B. erzwingen, dass die Gliederungspunkte fast wie Gesetzestexte formuliert werden müssten und wohl dennoch derselbe Vorgang/dasselbe Dokument möglicherweise ein halbes dutzendmal zu erwähnen wäre.[82] Im Allgemeinen wird auch sinnvollerweise[83] vermieden, Dokumente, die zu mehreren Gliederungspunkten relevant sind, mehrfach einzustellen, sondern es wird mit Querverweisen gearbeitet, die bisweilen vergessen werden. **Je restriktiver** allerdings die von dem Verkäufer aufgestellte „Datenraumordnung" und je beschränkter die zeitli- 6.84

---

80) Hv. v. Vf.; vgl. BGH v. 11.11.2011 – V ZR 245/10, NJW 2012, 846, 847. In diesem Sinne auch *Möller*, NZG 2012, 841, 844 ff.

81) Dies mag für Garantien anders sein. Wenn Garantien vorsehen, dass alle im Datenraum enthaltenen Informationen ohne Einschränkungen als offengelegt gelten, dann ist dies zunächst so. Es kann sich allenfalls die Frage stellen, ob die Berufung hierauf treuewidrig sein könnte. Bei einem einfach fahrlässigen Versehen wird dies eher zu verneinen sein. Häufig begrenzen Garantien die „Disclosure-Wirkung" von im Datenraum enthaltenen Informationen auf diejenigen, die zu Gliederungspunkten eingestellt wurden, die der Käufer in dem Sachzusammenhang sinnvoller Weise aufgesucht hätte.

82) Fairerweise: Auch Juristen, die keine Lehre als Bibliothekar absolviert haben, würden recht bald an die Grenzen ihres systematischen Vermögens stoßen.

83) Sobald ein elektronsicher Datenraum anstelle eines physischen angelegt wird, ist das mehrfache Einstellen von Dokumenten freilich problemlos möglich.

chen und sonstigen Prüfungsmöglichkeiten des Käufers sind, **umso höhere** Anforderungen können an die Beachtung der selbst vom Verkäufer gewählten Systematik des Datenraums zu stellen sein. Unter Umständen kann dafür, ob durch das Einstellen in einen Datenraum eine Aufklärungspflicht erfüllt wurde, auch eine Rolle spielen, **wann die Information eingestellt wurde**.[84)]

6.85 Eine andere Frage ist, **wann** eine sich **aus einem Datenraum ergebende Aussage positiv unrichtig** ist. Dies kann auch „einfache Informationen", hinsichtlich derer keine Aufklärungspflicht besteht, betreffen. Hierbei handelt es sich um Informationen, die der Verkäufer überhaupt nicht erteilen muss (sondern die er verweigern darf) und hinsichtlich derer ihm i. d. R. auch keine Nachteile entstehen, wenn er es dem Käufer überlässt, solche Informationen von bloßen Auskunftspersonen einzuholen (z. B. Mitarbeitern des Zielunternehmens, die der Verkäufer nicht zu Erfüllungsgehilfen gemacht hat) und der Käufer fehlinformiert wird.[85)] Es ist zunächst klar, dass auch, wenn in einem Dokument im Datenraum ein falscher Betrag, eine falsche Person oder eine falsche Frist angegeben wird (etc.), eine positiv falsche Information erteilt wird.

6.86 Auf einem anderen Blatt steht, ob der Verkäufer, wenn er seine eigenen Gliederungspunkte zur Strukturierung eines Datenraums verwendet oder eine Checkliste des Käufers „abarbeitet", hiermit schon i. S. der c. i. c. die **positive Aussage** macht, dass, abgesehen von den bereitgestellten Informationen, **keine anderen Informationen vorhanden** sind, die unter diesen Gliederungspunkt fallen. Wenn man dies so sähe, wäre jede derartige Unvollständigkeit in einem Datenraum **zugleich** schon eine **positive Falschangabe** i. S. der Rechtsprechung des BGH zur c. i. c. anzusehen. In der Rechtsprechung des V. Zivilsenates zu Offenlegungspflichten bei Immobilienkäufen gibt es erhebliche Ansatzpunkte in dieser Richtung, indem der V. Zivilsenat verlangt, dass gestellte Fragen unabhängig von der Erheblichkeit eines „Mangels" (das Urteil erging zum Kaufrecht) stets vollständig und wahrheitsgemäß zu beantworten sind.[86)]

6.87 Als alternative Sichtweise käme in Betracht, die Gliederungspunkte des Datenraums oder die Punkte auf einer Due Diligence Request Checklist nur als eine systematisierte Darstellung von **dem Käufer wichtigen oder besonders wichtigen Themenbereichen** anzusehen. In der Konsequenz dürfte der Verkäufer nur keine solchen Informationen verschweigen, für die nach der Rechtsprechung **eine Aufklärungspflicht** besteht.[87)] Der Verfasser neigt dieser Interpretation zu, die mehr Differenzierungsmöglichkeiten eröffnet und teilweise we-

---

84) Zum verspäteten Einstellen von Informationen in den Datenraum: *Möller*, NZG 2012, 841, 845.
85) S. Rn. 6.19–6.21.
86) BGH v. 27.3.2009 – V ZR 30/08, Rn. 25, BGHZ 180, 205 m. w. N.; bestätigt in BGH v. 15.7.2011 – V ZR 171/10, Rn. 12, ZIP 2011, 1872.
87) S. zu dieser Differenzierung oben Rn. 6.33, 6.101.

I. C. i. c. (§§ 280 Abs. 1, 311 Abs. 2, 241 Abs. 2 BGB)

niger strenge Ergebnisse erlaubt. Zum Beispiel könnten u. U. „gestufte Wichtigkeiten" für den Käufer verschieden strikte und umfassende Aufklärungspflichten auslösen. Etwa könnte eine Nichteinstellung einer unter einen Gliederungspunkt des Datenraums fallenden Information u. U. erst dann eine Pflichtverletzung sein, wenn die Information nicht nur systematisch in eine Kategorie der Checklist fällt, sondern nach den konkreten Umständen und den spezifischen Interessen des Käufers eine gewisse Erheblichkeitsschwelle überschritten hätte. Auch hiermit wäre der Käufer – i. R. der c. i. c. bzw. des Delikts – wohl ausreichend geschützt. Zudem steht den Parteien die Möglichkeit offen, über Garantien eine maßgeschneiderte, ggf. schärfere Haftung zu begründen.

f) «Une voiture peut en cacher une autre ...» – wann ist eine Aufklärungspflicht erfüllt?

Die Frage, unter welchen Voraussetzungen eine Aufklärungspflicht besteht, ist von der zu unterscheiden, wann einer solchen Pflicht genügt wurde. Wann also wurden dem Käufer sachlich ausreichende Informationen auf eine solche Weise übermittelt, dass die Informationspflicht erfüllt ist? 6.88

Insbesondere fragt sich, wie sich die Voraussetzungen für die Erfüllung einer Aufklärungspflicht zu den Voraussetzungen des § 442 BGB verhalten. Dort geht es darum, was und wie viel der Käufer gewusst haben muss, damit eine (sonst bestehende) kaufrechtliche Gewährleistungshaftung durch diesen „Kenntniszustand" des Käufers ausgeschlossen wird; hier geht es darum, was und wie viel der Käufer gewusst haben muss, damit der Verkäufer seiner Aufklärungspflicht genügt hat (womit die Entstehung einer Haftung vermieden wird). Vermutlich wird es jedenfalls so sein, dass, wenn ein „Kenntniszustand" des Käufers erreicht wurde, der der **„Kenntnis" in § 442 BGB entspricht**, auch allen Aufklärungspflichten aus § 311 Abs. 2 i. V. m. § 241 Abs. 2 BGB sicher genügt wurde. Befindet sich der Käufer indessen nur in einem Geisteszustand des „Für-Möglichhaltens" eines Umstandes bzw. einer fahrlässigen oder grob fahrlässigen Unkenntnis des Umstandes, so ist jedenfalls, wie auch immer diese Gegebenheit nach § 442 BGB oder einer vertraglichen Kenntnisklausel bei Garantien zu behandeln sein mag, für Zwecke der c. i. c. der Aufklärungspflicht noch nicht Genüge getan. 6.89

Viele Abgrenzungsfragen sind sonst ähnlich oder identisch. Insbesondere gibt es bei beiden Prüfungen häufig die Situation, dass zwar ein relativ **kleines Manko** offengelegt wurde, aber ein großes, benachbartes verschwiegen wird; bisweilen wird das **große Manko** sogar berührt, aber eben nicht hinreichend klar. Zu dem Themenbereich gibt es verschiedene instruktive Fälle bei Hauskäufen. Der BGH hat sich gegenüber dem Versuch unzugänglich gezeigt, die Aufklärung zu Recht über ein kleines Manko als Aufklärung eines größeren Mankos anzusehen, wenn **Quantitäts- bzw. Maßunterschiede** bestehen. 6.90

6. Kapitel C. i. c., Delikt, § 123 BGB

6.91 *Fallbeispiel „Klärwerk"* (BGH v. 10.7.1987 – V ZR 236/85, NJW-RR 1988, 10)

Es war ein Baugrundstück in der Nähe eines Klärwerks verkauft worden und der Käufer nahm den Verkäufer auf Minderung bzw. Schadensersatz in Anspruch, weil das Klärwerk *zwei bis dreimal wöchentlich* „üble Gerüche" verbreitete. Das OLG Schleswig hatte die Klage abgewiesen. Der BGH hob das Urteil auf. Der Verkäufer sei wegen der Geruchsbelästigungen befragt worden und deshalb verpflichtet gewesen, „alles mitzuteilen, was er insoweit weiß, um dem Käufer auf dieser Grundlage eine Abwägung zu ermöglichen, ob und zu welchem Preis er kaufen will."[88] Dass dem Käufer grundsätzlich Belästigungen durch das Klärwerk bekannt waren, stand der Verletzung der Aufklärungspflicht des Bekl. nicht entgegen, da es auf das *Ausmaß* der Geruchsbelästigungen ankomme (ebd.). Dass der Verkäufer das Ausmaß richtig offengelegt habe, könne aber nicht festgestellt werden, nachdem ein Zeuge ausgesagt hatte, der Verkäufer habe (nur) eingeräumt, dass es „noch *zwei- bis dreimal im Jahre* stinke" (ebd.; Hervorhebung durch den Autor hinzugefügt).

6.92 Ähnliche Fragen traten beim Kauf von Altlastengrundstücken im Zusammenhang mit der Prüfung des Tatbestandsmerkmals „Arglist" in § 463 BGB a. F. im Hinblick auf das Thema **Verdacht** und **Vorliegen** von Altlasten auf.

6.93 *Fallbeispiel „Mineralkohlenwasserstoffe aus Metallverarbeitung"* (BGH v. 20.10.2000 – V ZR 285/99, ZIP 2000, 2257)

Es war ein Grundstück, das durch den früheren Betrieb einer Metallverarbeitung durch Mineralkohlenwasserstoffe verunreinigt war, verkauft worden. Der Verkäufer hatte von der Verunreinigung Kenntnis. Das OLG Dresden hatte die Klage abgewiesen, weil der Käufer bei Anwendung der im eigenen Interesse zu erwartenden Sorgfalt aufgrund verschiedener Indizien (Färbung des Fußbodens, Ölspuren an der Wand, Geruchsbildung) habe erkennen können, dass ein Altlastenverdacht bestehe. Der BGH hob das Urteil des OLG Dresden u. a. auf, weil es „schon nicht ausreichend zwischen dem offenbarungspflichtigen Umstand eines Altlastenverdachts und dem einer vorhandenen Kontaminierung" unterscheide. „Sind dem Verkäufer Altlasten bekannt, genügt er seiner Aufklärungspflicht nicht dadurch, dass er dem Käufer von einem bloßen Altlastenverdacht Mitteilung macht. Der Käufer kann vielmehr erwarten, dass er über eine konkret vorhandene Kontamination Aufklärung erhält. Infolgedessen besteht die Offenbarungspflicht fort, wenn dem Käufer Umstände bekannt sind oder durch eine Besichtigung hätten bekannt werden können, aus dem sich ein Altlastenverdacht ergibt. Hält der Verkäufer in einer solchen Situation mit konkretem

---

88) BGH v. 10.7.1987 – V ZR 236/85, NJW-RR 1988, 10, 11 li. Sp. Mitte.

I. C. i. c. (§§ 280 Abs. 1, 311 Abs. 2, 241 Abs. 2 BGB)

Wissen über vorhandene Altlasten zurück, so handelt er arglistig, wenn er es für möglich hält, dass der Käufer lediglich einen Altlastenverdacht hat."

Hier lag das offengelegte (oder erkennbare) kleine Manko in dem **Risiko von Altlasten**, das nicht offengelegte große Manko in ihrem **tatsächlichen Vorhandensein**; die Kenntnis des ersteren änderte nichts an dem Fortbestehen einer Offenbarungspflicht hinsichtlich des zweiten Mankos. Die Aussage, dass eine *Möglichkeit* eines Nachteils bestehe, ist also nicht gleichbedeutend damit, dass sich der Nachteil verwirklicht hat bzw. der Verkäufer ein Thema nicht mit dem Hinweis auf einen Verdacht oder ein Risiko erledigen kann, wenn er konkrete Umstände kennt, die dafür sprechen, dass sich der Verdacht bzw. das Risiko realisiert haben.[89]

6.94

Im Jahre 1968 hatte der BGH über einen Anteilskaufvertrag zu entscheiden, der ein Unternehmen betraf, das (jedenfalls auch) Warenautomaten aufstellte. Der Käufer focht u. a. den Kauf wegen arglistiger Täuschung an, weil ihm die **Sicherungsübereignung** von Warenautomaten an eine finanzierende Bank nicht offengelegt worden war. Der BGH verneinte jedenfalls die Arglist, da das Bestehen der **Verbindlichkeit** gegenüber dem Bankhaus dem Käufer bekannt, das Erfordernis einer Sicherungsübereignung aus dem Käufer vorgelegten Unterlagen erkennbar gewesen war und der Käufer nicht nach einer Sicherungsübereignung gefragt hatte.[90]

6.95

Bei M&A-Transaktionen setzen an dieser Stelle gelegentlich – dies wird natürlich immer streitig bleiben – gezielte Verkäufertaktiken an. Der kritische Bereich wird – im Datenraum oder in Gesprächen – als solcher thematisiert (eine Information wird „gepflanzt"), aber nur auf eine vage und unklare Weise. Im Falle eines Rechtsstreits verfügt der Verkäufer dann über eine Kaskade von Argumenten, von „das stand doch im Datenraum ...", „darüber haben wir doch lange gesprochen" und „da haben Sie etwas nicht verstanden!" über „ich dachte, Sie wussten das ..." oder „das war Ihnen doch nicht wirklich wichtig!" bis „ich wusste doch nicht, dass ihnen das wichtig war!". Der Verfasser war mit folgender, etwas abgewandelt wiedergegebenen Situation konfrontiert:

6.96

Fallbeispiel „Kartellverfahren im Ausland" (Schiedsverfahren, abgewandelt)

6.97

In einem Vertrag war garantiert worden, dass es keine relevanten strafrechtlichen Ermittlungsverfahren gab, außer einem noch nicht eröffneten ausländischen Kartellverfahren. Diesbezüglich waren Rückstellungen i. H. eines sechsstelligen Betrages für die absehbaren Beratungskosten gebildet worden. Ein Jahr nach dem Erwerb wurde das Verfahren eröffnet und nun drohten

---

89) Bestätigt in BGH v. 30.11.2012 – V ZR 25/11, NJW 2013, 1671, 1673 li. Sp. oben. Trotz Hinweis, dass Altlastenverdacht bestehe, kann arglistiges Verschweigen vorliegen, wenn der Grundstücksverkäufer weiß, dass das Grundstück von Grundwasser durchströmt wird, das mit Cyaniden belastet ist.
90) BGH v. 16.10.1968 – I ZR 81/66, Rn. 22 f., WM 1969, 67.

Bußgelder i. H. eines zweistelligen Millionenbetrages. Die Garantie, die infrage kam, war nicht verletzt, weil die Möglichkeit der Eröffnung eines Kartellverfahrens als solche offengelegt worden war. Es konnte aber eine vorsätzliche c. i. c. darin liegen, dass der Verkäufer über die **tatsächliche Bedrohlichkeit** des Kartellverfahrens getäuscht hatte.

Die Wirtschaftsprüfer der Zielgesellschaft hatten ihr Testat von der Vorlage eines Rechtsgutachtens zu den Kartellverstößen abhängig gemacht. Dieses Gutachten ging vier Tage vor der Beurkundung bei den Wirtschaftsprüfern ein, die daraufhin am Tag vor der Beurkundung ihr Testat erteilten. Hierin wird das theoretische Risiko der Verfahrenseröffnung und einer Buße i. H. eines zweistelligen Millionenbetrages erwähnt, sodann heißt es aber: „Im Ergebnis kommt der Sachverständige zu der Überzeugung, dass die Gesellschaft mit hoher Wahrscheinlichkeit nicht den subjektiven Tatbestand der vorzitierten Normen erfüllt. Ungeachtet dessen könne die Einleitung eines Verfahrens gegen die Gesellschaft nicht gänzlich ausgeschlossen werden. Den überzeugenden und unsererseits nachvollziehbaren Ableitungen und Ergebnissen des Sachverständigen schließen wir uns vollumfänglich an. Die nicht erfolgte Berücksichtigung eines Risikos in Form einer Rückstellung durch die Gesellschaft stellt sich unter diesem Aspekt, dass mehr Gründe gegen als für einen Risikoeintritt sprechen, auch aus unserer Sicht aus als zutreffend dar …".

Nachdem die beunruhigenden Informationen über das ausländische Kartellverfahren die Käuferin erreicht haben, nimmt sie Monate später Einsicht in das Rechtsgutachten. Verfasser ist der ausländische Strafverteidiger der Gesellschaft. Dieser konnte zu seiner optimistischen Einschätzung nur gelangen, weil er einseitig die Sachverhaltsdarstellung der Gesellschaft als richtig angenommen hatte, ohne die wesentlich nachteiligere Darstellung der Kartellbehörde zu berücksichtigen. Die Käuferin meinte daher, sie sei in einem Fall „multipler mittelbarer Täterschaft" getäuscht worden. Die Verkäufer, die den Strafverteidiger als Geschäftsführer der Zielgesellschaft mit dem Gutachten beauftragt hatten, hätten ihn entweder veranlassen müssen, ausdrücklich darauf hinzuweisen, dass er von für die Gesellschaft günstigen Sachverhaltsannahmen ausging und dass die Kartellbehörde andere Annahmen zugrunde lege. Oder sie hätten, nachdem dies nicht aus dem Gutachten heraus deutlich wurde, jedenfalls die Wirtschaftsprüfer außerhalb des Gutachtens darauf hinweisen müssen. Das Gutachten sei auch irreführend, weil der Strafverteidiger in entscheidenden Fragen von kaum vertretenen Mindermeinungen ausgegangen war.

6.98 In der Sache kam es schließlich nicht zu einem Schiedsspruch. Der Käufer, der sich in der Transaktionsphase darauf einlässt relativ spät zu einem kritischen Thema unklare Informationen entgegenzunehmen, sieht sich in einem späteren Rechtsstreit sicher dem Vorwurf ausgesetzt, er habe sich mit den erhaltenen

I. C. i. c. (§§ 280 Abs. 1, 311 Abs. 2, 241 Abs. 2 BGB)

ungenauen Informationen nicht zufrieden geben dürfen. Freilich schließt dies eine Täuschung keineswegs immer aus. Es wäre allenfalls, wenn bei der c. i. c. § 254 BGB gilt,[91] ein Mitverschulden zu prüfen.

6. Gesteigerte Aufklärungspflicht beim Unternehmensverkauf

In einem Grundsatzurteil vom 4.4.2001 hat der VIII. Zivilsenat eine generell „gesteigerte Aufklärungspflicht des Unternehmensverkäufers" angenommen.[92] Ausgehend von der soeben zitierten BGH-Formel[93] schließt der VIII. Zivilsenat folgende Erörterung des Unternehmenskaufs an: 6.99

> „Beim Kauf eines Unternehmens oder von GmbH-Geschäftsanteilen ist im Hinblick auf den für den Kaufpreis im Regelfall erheblichen Ertragswert insbesondere zu berücksichtigen, dass der Kaufinteressent – für den Verkäufer erkennbar – sich ein einigermaßen zutreffendes Bild von den wertbildenden Faktoren in erster Linie nur an Hand der Bilanzen, der laufenden betriebswirtschaftlichen Auswertungen, sonstiger Buchführungsunterlagen und ergänzender Auskünfte des Inhabers oder Geschäftsführers machen kann. Diese Erschwerung der Bewertung des Kaufobjekts durch einen außenstehenden Interessenten, die auch durch dessen möglicherweise vorhandene Sachkunde nicht ausgeglichen wird, und seine besondere Abhängigkeit von der Vollständigkeit und Richtigkeit der ihm erteilten Informationen v. a. zur Umsatz- und Ertragslage des Unternehmens sowie die regelmäßig weitreichenden wirtschaftlichen Folgen der Kaufentscheidung rechtfertigen es, dem Verkäufer eine gesteigerte Aufklärungspflicht aufzuerlegen und an die hierbei anzuwendende Sorgfalt einen strengen Maßstab anzulegen."

Die „besondere Aufklärungspflicht" des Unternehmensverkäufers wird somit mit der angesichts der **erschwerten Bewertung von Unternehmen** gegebenen **besonderen Abhängigkeit** des Käufers von den ihm **vom Verkäufer erteilten Informationen** begründet.[94]   6.100

Die „besondere Aufklärungspflicht" des Unternehmensverkäufers ändert jedoch nichts an der dargestellten Grundstruktur bei der Begründung von Aufklärungspflichten, sondern verlangt nur eine höhere Pflichtanspannung, die wohl v. a. bei dem „Nach-der-Verkehrsauffassung-erwarten-darf" zu berücksichtigen sein wird. Im Folgenden sollen, ausgehend von der BGH-Formel zum „Von-wesentlicher-Bedeutung-sein" und „Nach-der-Verkehrsauffassung-erwarten-darf" und der „gesteigerten Aufklärungspflicht des Unternehmensverkäufers", einige für das Bestehen von Aufklärungspflichten relevante Gesichtspunkte erörtert werden.   6.101

---

91) S. Darstellung der Meinungsverschiedenheit bei Rn. 9.56 f.
92) BGH v. 4.4.2001 – VIII ZR 32/00, NJW 2001, 2163 = ZIP 2001, 918; BGH v. 6.2.2002 – VIII ZR 185/00, ZIP 2002, 853; bestätigt in BGH v. 15.6.2005 – VIII ZR 118/03 BeckRS 2005, 30358080.
93) S. Rn. 6.37 f.
94) Zu Aufklärungspflichten generell warnend, *Ulrich*, GmbHR 2013, R 293. Ausf. *Koppmann*, BB 2014, 1673.

7. Beispiele zur Täuschung bzw. Verletzung von Aufklärungspflichten

6.102 In der Folge sollen wesentliche Fälle dargestellt werden, die von der Rechtsprechung daraufhin untersucht wurden, ob die gemachten Angaben eine positive Falschangabe darstellten oder eine Verletzung von Aufklärungspflichten vorlag.[95)] Die Fälle werden nach sachlichen Gesichtspunkten zu Gruppen zusammengefasst.

a) Schulden

6.103 Der Verkäufer weiß, dass das Interesse eines Unternehmenskäufers dahin geht, mit dem erworbenen Unternehmen, ggf. im Verbund mit schon vorhandenen Unternehmen, **möglichst hohe Überschüsse** zu erzielen.[96)] Schon aufgrund dieses – bei M&A-Transaktionen vorauszusetzenden – Interesses des Käufers, ist für den Verkäufer erkennbar, dass **jede nicht unerhebliche Zahlungsverpflichtung** bzw. auch nur Risiken eines nicht unerheblichen Zahlungsmittelabflusses immer für den Käufer von Bedeutung sind. Hierfür ist es völlig gleichgültig, ob der Käufer beabsichtigt das Unternehmen in seiner jetzigen Form fortzuführen oder wesentlich umzustrukturieren.

6.104 In die Kategorie fallen etwa drohende Inanspruchnahmen aus rückständigen Steuern, einer Altlastensanierung oder aus Schadensersatzansprüchen, Produkthaftung oder Bußgeldern. Wenn die Liquiditätssituation kritisch ist, kann u. U. sogar ein **vorzeitiges Fälligwerden** einer bekannten Zahlungsverpflichtung oder ein diesbezügliches Risiko von erheblicher Bedeutung sein.

6.105 Die entscheidende Frage kann eigentlich nur sein, **ab welcher Höhe** Schulden bzw. wahrscheinliche Zahlungsverpflichtungen **zu offenbaren** sind. Selbst die Auffassung, dass Schulden jeglicher Höhe offenbarungspflichtig sind, ist dabei nicht von vornherein von der Hand zu weisen. Eine Einschränkung lässt sich vielleicht aus dem Gedanken der „Wesentlichkeit" ableiten. Diese kann anhand der Relation der verschwiegenen Schuld zu der Größe der Transaktion beurteilt werden, die an dem Kaufpreis oder u. U. der Bilanzsumme gemessen werden kann.

6.106 Zusätzlich sind das Zielunternehmen und der Käufer darauf zu überprüfen, inwieweit sich aus ihrer besonderen Lage eine **überproportionale** bzw. **besonders starke Wirkung** einer zusätzlichen Zahlungspflicht ergeben kann. Wenn das Unternehmen oder der Käufer ohnehin bekannt finanzschwach sind – bei einem Verkauf an ein kapitalschwaches Team aus Managern und Angestellten in einer

---

95) Es werden auch Fälle einbezogen, in denen eine arglistige Täuschung und eine Anfechtung nach § 123 BGB in Rede stand. Sachlich dürfte eine arglistige Täuschung, wenn sie durch Tun erfolgt, stets eine positive Falschangabe und, wenn sie durch Schweigen erfolgt, stets eine Verletzung von Aufklärungspflichten darstellen. Unter Umständen besteht auch eine Anspruchskonkurrenz mit deliktischen Ansprüchen.

96) S. dazu Rn. 11.8.

I. C. i. c. (§§ 280 Abs. 1, 311 Abs. 2, 241 Abs. 2 BGB)

MBO-Situation etwa – muss dieses, wenn der Verkäufer Kenntnis davon hat, die Aufklärungspflichten über Schulden verschärfen.

Stets wird auch von Bedeutung sein, was der Vertrag und der Verhandlungsverlauf darüber verraten, welche Bedeutung der Käufer der Vermögens- und Finanzlage zumaß. Die Rechtsprechung hat in der Sache eigentlich schon immer in diese Richtung gedacht. Sie war etwa der Auffassung, dass ungefragt zu offenbaren waren 6.107

– eine Umsatzsteuerschuld von 633.000 DM, jedenfalls wenn die Gesellschaft überschuldet ist,[97)] und

– Verbindlichkeiten, die dazu führen können, dass die Überlebensfähigkeit der Gesellschaft ernsthaft gefährdet ist (Zahlungsunfähigkeit oder Überschuldung), etwa Verbindlichkeiten i. H. von 51.000 DM bei einem Fehlbetrag von 66.000 DM.[98)]

Es fragt sich, inwieweit Aufklärungspflichten dadurch entfallen, dass der Verkäufer die Last oder das Risiko – etwa in Form einer Verpflichtung zum Kostenersatz oder zur Freistellung – übernimmt. Unter Umständen reduziert dies tatsächlich die Aufklärungspflichten. 6.108

Fallbeispiel „Fitness Studio" (BGH v. 6.2.2002 – VIII ZR 185/00, ZIP 2002, 853) 6.109

Der BGH hat eine Verpflichtung zur Offenlegung von Details einer möglichen Steuernachforderung verneint, nachdem bei einem Verkauf über die anstehende Betriebsprüfung gesprochen worden war und der Verkäufer eine Freistellungsverpflichtung übernommen hatte.[99)]

In dem *Fallbeispiel „Getränkegroßhandel"* (BGH v. 28.11.2001 – VIII ZR 37/01, NJW 2002, 1042) 6.110

wurden die wesentlichen Vertriebsgrundlagen eines Getränkegroßhandels durch Asset Deal verkauft. Der Käufer übernahm auch bestimmte Verbindlichkeiten, andere blieben beim Verkäufer zurück. Der Käufer focht den Kaufvertrag wegen arglistiger Täuschung an und verlangte seine Rückabwicklung als Rechtsfolge der c. i. c. mit der Begründung, der Verkäufer habe ihn für Verbindlichkeiten, für die er kraft Gesetz hafte und über Verluste der Vorjahre nicht hinreichend aufgeklärt. Die Vorinstanzen hatten dem Käufer Recht gegeben.

Der BGH sah dies anders. Über die von dem Käufer übernommenen Verpflichtungen sei dieser zutreffend unterrichtet worden. Über die nicht übernommenen Verbindlichkeiten musste der Verkäufer den Käufer nicht un-

---

97) OLG Naumburg v. 28.2.1995 – 7 U 38/94, NJW-RR 1995, 799.
98) BGH v. 6.2.2002 – VIII ZR 185/00, ZIP 2002, 853.
99) BGH v. 6.2.2002 – VIII ZR 185/00, ZIP 2002, 853.

terrichten, da der damals noch geltende § 419 BGB nicht eingriff; die Altschulden, die bei dem Verkäufer verblieben, berührten den Käufer nicht.[100] Soweit der Käufer rügte, der Verkäufer habe ihn auch nicht über hohe Personalkosten und nachteilige Vertragsgestaltungen im Ein- und Verkauf aufgeklärt, durch die ein ungünstiges Kosten-Nutzen-Verhältnis entstanden sei,[101] bejahte der VIII. Zivilsenat zwar die Aufklärungspflicht, weil mit der Betriebsorganisation diese Nachteile auf den Käufer übergegangen seien. Auch dies führte jedoch nicht zu einer Haftung, weil der Verkäufer – so der BGH – hier seiner Aufklärungspflicht genügt hatte.[102]

6.111 Wie in dem Urteil schon anklingt, dürfte allerdings eine Freistellung von einer im Außenverhältnis auf den Käufer übergegangenen Haftung allein den Verkäufer nicht von seiner Aufklärungspflicht entlasten, wenn der Verkäufer wirtschaftlich zur Erfüllung der Freistellungsverpflichtung nicht in der Lage wäre. Zudem ist über bestimmte rufbeeinträchtigende oder unabsehbare Umstände selbst dann aufzuklären, wenn der Verkäufer ihre unmittelbaren finanziellen Auswirkungen übernimmt, z. B. dass es zu Dioxin-Vergiftungen von Mitarbeitern o. Ä. kam.

6.112 In der Rechtsprechung wurde in folgenden weiteren Fällen das Vorliegen einer c. i. c. bei unrichtigen Angaben zur Höhe von Schulden oder bei ihrem Verschweigen bejaht.

6.113 *Fallbeispiel „Ausgeglichene Bilanz"* (BGH v. 2.6.1980 – VIII ZR 64/79, NJW 1980, 2408 = ZIP 1980, 549)

Eine Täuschung lag darin, dass ein Verkäufer eine Bilanz als „ausgeglichen" bezeichnet hatte und in der Bilanz nicht aufgeführte weitere Schulden i. H. von 81.000 DM verschwieg.[103]

6.114 *Fallbeispiel „Niederländische Umsatzsteuer bezahlt"* (BGH v. 28.3.1990 – VIII ZR 169/89, NJW 1990, 1659)

Die falsche Angabe, dass eine anfallende niederländische Umsatzsteuer bezahlt und auf die deutsche Einfuhrumsatzsteuer anrechenbar sei, kann eine c. i. c. sein. Diese Behauptung ist gleichbedeutend damit, dass die Gesellschaft hinsichtlich der Einfuhr keine Zoll- bzw. Steuerverbindlichkeiten habe, was aber nicht zutrifft.

6.115 *Fallbeispiel „Rückständige Umsatzsteuer"* (OLG Köln v. 18.3.1994 – 6 U 211/93, NJW-RR 1994, 1064)

Eine GmbH verkaufte durch Asset Deal eine Gaststätte für 75.000 DM und fiel in masselose Insolvenz. Das Finanzamt nahm den Käufer wegen rück-

---

100) BGH v. 28.11.2001 – VIII ZR 37/01, ZIP 2002, 440 = NJW 2002, 1042, 1043 re. Sp. Mitte.
101) BGH v. 28.11.2001 – VIII ZR 37/01, ZIP 2002, 440 = NJW 2002, 1042, 1043 re. Sp. Mitte.
102) BGH v. 28.11.2001 – VIII ZR 37/01, ZIP 2002, 440 = NJW 2002, 1042, 1044 li. Sp. oben.
103) BGH v. 2.6.1980 – VIII ZR 64/79, NJW 1980, 2409 li. Sp. unten = ZIP 1980, 549.

I. C. i. c. (§§ 280 Abs. 1, 311 Abs. 2, 241 Abs. 2 BGB)

ständiger Umsatzsteuer nach § 75 AO i. H. von ca. 12.000 DM in Anspruch. Der Käufer verklagte den *Geschäftsführer* der GmbH. Das OLG Köln bejahte eine arglistige Täuschung durch Verschweigen der Umsatzsteuerschuld und gab der Klage nach § 826 BGB – nicht aus c. i. c.[104] – statt. Dabei sah das OLG die verschwiegene, drohende Inanspruchnahme aus der Steuerschuld als einen für den Kaufentschluss des Käufers wesentlichen Umstand an, weil der Vertrag die Regelung enthielt, dass der Käufer nicht für Drittschulden der GmbH haftbar gemacht werden sollte.[105]

b) Vermögen

Selbstverständlich hat ein Unternehmenskäufer auch ein Interesse an dem vorhandenen Vermögen. Ein Weniger an – kurzfristig in Geld eintauschbarem – Vermögen besitzt wirtschaftlich nahezu dieselben Auswirkungen wie ein Mehr an Schulden.[106] Dabei besitzen Bankguthaben, die Werthaltigkeit der Forderungen und die Veräußerbarkeit nicht betriebsnotwendigen Vermögens zu einem attraktiven Preis etc. für die meisten Käufer denselben Wert; freilich können solche Liquiditätsreserven für finanzschwache Käufer existenziell sein. 6.116

Wenig wichtig dürfte regelmäßig der Verkehrswert (oder gar Buchwert) von betriebsnotwendigem Vermögen[107] sein, das auch der Käufer nicht versilbern will. 6.117

Es darf nicht verschwiegen werden, wenn der Anteilsverkäufer (die Zielgesellschaft?) während der Verhandlungen über ihren Verkauf einen kleinen, aber nicht unwesentlichen Teil des Betriebsgeländes verkauft hat.[108] 6.118

c) Kosten

Fallbeispiel „Kissenfabrik" (BGH v. 11.11.1987 – VIII ZR 304/86, NJW-RR 1988, 744) 6.119

Es war eine Fabrik verkauft worden, die mit Heimarbeiterinnen, u. a. der Mutter des Verkäufers, die nach Stücklohn bezahlt wurden, Kissen herstellte. Im Vertrag versicherte der Verkäufer, dass die – in den übergebenen Bilanzen bzw. einer vorläufigen Gewinnberechnung angesetzten – Betriebsaufwendungen den tatsächlichen Aufwendungen für die Kissenfabrikation entsprechen und dass *keine Aufwands- oder Ertragsverschiebungen* zu einer Im-

---

104) Der Anspruch wäre u. U. auch aus c. i. c. i. V. m. mit den Grundsätzen der Sachwalterhaftung begründet gewesen; s. Rn. 14.15.
105) OLG Köln v. 18.3.1994 – 6 U 211/93, NJW-RR 1994, 1064, 1066 li. Sp. Mitte. Da kein Rechtsträger veräußert worden war, der ohne weiteres Schuldner der Steuerverbindlichkeit war, hatte das OLG ergänzend Feststellungen dazu zu treffen, dass der Geschäftsführer auch mit einer Inanspruchnahme des Käufers aus § 75 AO rechnen musste.
106) S. hierzu unten Rn. 11.22 f.
107) S. hierzu Rn. 11.149 f.
108) KG v. 12.12.1994 – 2 U 5962/93, Tenor abgedr. in GmbHR 1995, 381.

portfirma des Verkäufers vorgenommen worden seien. Es stellte sich indessen heraus, dass die Arbeiterinnen sechs Jahre lang vorschriftswidrig 25 % unter Tarif bezahlt und einzelne Näherinnen der Kissenfabrik, darunter die Mutter des Verkäufers, von der Importfirma bezahlt worden waren.

Der BGH stellte fest, dass die in den Bilanzen und Gewinnberechnungen, die Grundlage für die Kaufpreisbemessung waren, berücksichtigten Personalkosten zu niedrig und der Gewinn dementsprechend zu hoch angesetzt worden war. Die Zusicherungen des Verkäufers, die ausgewiesenen Betriebsaufwendungen entsprächen den tatsächlichen Aufwendungen und es seien keine Aufwandsverschiebungen vorgenommen worden, waren also falsch.[109] Der BGH sah eine schriftliche Erklärung innerhalb des Vertrages als maßgebliche Falschangabe an.

d) Umsätze

6.120 Der BGH hat wiederholt entschieden, dass falsche Angaben über die von einem Unternehmen erzielten Umsätze eine c. i. c. darstellen können. Unter Umständen müssen auch ungefragt Umsatzentwicklungen offenbart werden.

6.121 *Fallbeispiel „Umsatz des Juweliergeschäfts"* (BGH v. 12.11.1969 – I ZR 93/67, NJW 1970, 653)

Ein DDR-Flüchtling hatte einen Kaufvertrag über ein Juweliergeschäft wegen arglistiger Täuschung angefochten, da ihm ein überhöhter Jahresumsatz von 200.000 DM vorgespiegelt worden sei. Das OLG Hamburg und der BGH gingen davon aus, dass die tatsächlichen Jahresumsätze der letzten drei Jahre, mit abnehmender Tendenz, unter 100.000 DM gelegen hatten und dass dies nicht offengelegt worden war, obwohl der Käufer danach gefragt hatte. Sie ließen dahinstehen, ob der Verkäufer die Frage falsch beantwortet hatte (positive Falschangabe) und erörterten nur die Verletzung einer Aufklärungspflicht. Sie bezogen sich auf die – damals, 1969 – schon „ständige Rechtsprechung" des BGH, wonach sich bereits aus sich anbahnenden Vertragsverhandlungen eine Pflicht der Vertragspartner herleite, alle Tatsachen zu offenbaren, die für den Willensentschluss des anderen Teiles von wesentlicher Bedeutung sind und deren Mitteilung von ihnen nach Treu und Glauben erwartet werden kann.[110] Der BGH erachtete „bisherige Umsätze" als Umstände, hinsichtlich derer „im allgemeinen" eine Offenbarungspflicht nicht bestehe. Eine Offenbarungspflicht entstehe aber, „wenn der Käufer seinen Kaufentschluss für den Verkäufer *erkennbar* von einer bestimmten Größe dieser Umsätze abhängig gemacht" habe (Hervorhebung durch

---

109) BGH v. 11.11.1987 – VIII ZR 304/86, NJW-RR 1988, 744 re. Sp. unten.
110) BGH v. 12.11.1969 – I ZR 93/67, NJW 1970, 655 li. Sp. oben.

I. C. i. c. (§§ 280 Abs. 1, 311 Abs. 2, 241 Abs. 2 BGB)

den Autor).[111] Dies war im Streitfall so gewesen. Der Käufer wollte, wie der Verkäufer wusste, ein Aufbaudarlehen in Anspruch nehmen und sich eine Existenzgrundlage schaffen. Der Verkäufer hatte sogar den Eindruck erweckt, er wolle dem Käufer behilflich sein.[112] Vor allem hatte der Käufer nach den Umsätzen gefragt.[113]

In den Urteilsgründen klingt an, dass der BGH dem Käufer den Erfolg beinahe versagt hätte, weil er hingenommen hatte, dass seine Frage nach den Umsätzen letztendlich *unbeantwortet blieb.*[114] Er erwog etwa als Motiv für den Vertragsabschluss ohne Aufklärung der Umsätze, dass sich Käufer häufig zutrauen, das Geschäft erfolgreicher zu betreiben als der Verkäufer und dass solche Käufer an der Mitteilung der genauen Umsatzzahlen für die Vergangenheit nicht interessiert seien.

Fallbeispiel „Rechtsbeistandspraxis" (BGH v. 5.10.1988 – VIII ZR 222/87, WM 1988, 1700) 6.122

Eine Rechtsbeistandspraxis ohne einen zurückbehaltenen Immobilien- und Treuhandbereich war verkauft worden. Der Verkäufer hatte Gewinnermittlungen für die Jahre 1981 bis 1983 vorgelegt, die Einnahmen *aus dem nicht mitverkauften* Immobilien- und Treuhandbereich enthielten. Dies war dem Kläger nicht offengelegt worden, obwohl der Käufer ausdrücklich nach den Umsätzen gefragt hatte. Ihm war auch verschwiegen worden, dass der *bisherige Hauptmandant*, der 30 % aller Mandate gebracht hatte, in Insolvenz gegangen war. Eine pflichtwidrig unterlassene Aufklärung lag vor.[115]

Fallbeispiel „Umsatzstarke Privatpatienten" (BGH v. 13.7.1988 – VIII ZR 224/87, NJW 1989, 763) 6.123

Eine ärztliche Allgemeinpraxis mit einem mitgeteilten Gesamtumsatz von 465.000 DM bei „900 Krankenscheinen pro Quartal" sowie „hohem Privatumsatz" war verkauft worden. Eine Aufschlüsselung des Privatumsatzes war nicht erfolgt. Der Käufer focht den Erwerb nach § 123 BGB an, u. a. weil der Privatumsatz 1980 372.000 DM und 1981 272.000 DM betragen habe, wovon eine einzelne Familie allein im Jahre 1980 mit 137.688,10 DM beigetragen habe. Das OLG Köln meinte, eine Praxis mit wenigen Patienten, die jeweils sehr hohe Honorare zahlen, berge für den Erwerber größere Risiken als eine vorwiegend auf Kassenpatienten ausgerichtete Praxis. Wenn sich auch nur ein Patient von der Praxis abwende, könne dies eine erhebliche finanzielle Einbuße bedeuten. Der Verkäufer habe daher (ungefragt) auf die Reihe

---

111) BGH v. 12.11.1969 – I ZR 93/67, NJW 1970, 655 li. Sp. Mitte.
112) BGH v. 12.11.1969 – I ZR 93/67, NJW 1970, 655 li. Sp. unten.
113) BGH v. 12.11.1969 – I ZR 93/67, NJW 1970, 655 li. Sp. Mitte.
114) BGH v. 12.11.1969 – I ZR 93/67, NJW 1970, 655 li. Sp. Mitte.
115) BGH v. 5.10.1988 – VIII ZR 222/87, WM 1988, 1702 li. Sp. Mitte.

"auffälliger Privatabrechnungen" hinweisen müssen, weil derartige „zahlreiche hohe und höchste Abrechnungen" nach der Lebenserfahrung in einer Praxis für Allgemeinmedizin auf Dauer nicht erzielt werden könnten.[116] Der BGH korrigierte – wohl zu Recht – das OLG Köln. Es sei Sache des Käufers gewesen, derartigen Risiken vorzubeugen und entsprechende Fragen zu stellen.[117] Allerdings deutete er Konstellationen an, in denen eine Aufklärungspflicht in Betracht gekommen wäre, etwa wenn zwei oder drei, vielleicht in naher Zukunft wegfallende Patienten, rd. 370.000 DM bzw. 270.000 DM der Honorareinnahmen erbracht hätten,[118] wenn spezifische Bindungen von Patienten (z. B. durch Verwandtschaft, Suchtkrankheit) vorgelegen hätten oder wenn die Honorareinnahmen nicht bei Einhaltung des ärztlichen Gebührenrechts erzielbar gewesen seien.[119]

6.124 *Fallbeispiel „Zu niedriger Bierumsatz"* (BGH v. 30.3.1990 – V ZR 13/89, NJW 1990, 1658)

Der Verkäufer einer Gaststätte hatte den erzielten monatlichen Bierumsatz, wider besseren Wissens, mit 25 hL angegeben. Der BGH nahm eine c. i. c. an.[120]

6.125 *Fallbeispiel „Eingebrochener EDV-Wartungsumsatz"* (BGH v. 6.12.1995 – VIII ZR 192/94, NJW-RR 1996, 429)

Binnen eines halben Jahres war der Bestand an Wartungsverträgen bei dem verkauften Stützpunkt eines EDV-Unternehmens um über 40 % zurückgegangen. Dies hatte dazu geführt, dass der Rohertrag von 252.000 DM auf 129.000 DM absank. Bei der Kaufpreisbestimmung war allerdings von einem jährlichen Rohertrag i. H. von 252.000 DM ausgegangen worden. Das Berufungsgericht hatte eine auf c. i. c. gestützte Klage des Käufers abgewiesen, der BGH hob diese Entscheidung auf. Dass der Rückgang des Wartungsumsatzes von über 40 % von „wesentlicher Bedeutung" für den Käufer – und also offenzulegen – war, leitete er daraus ab, dass der Rohertrag sich erheblich von dem zugrunde gelegten Rohertrag entfernt habe.[121]

e) Operative Überschüsse

6.126 Für den Käufer ist v. a. die Fähigkeit des Zielunternehmens zur fortgesetzten Erwirtschaftung von operativen Überschüssen entscheidend. Insoweit kommt den vorhandenen und erreichbaren Umsätzen und Kostenstrukturen, etwa ihre

---

116) BGH v. 13.7.1988 – VIII ZR 224/87, NJW 1989, 763 li. Sp. oben.
117) BGH v. 13.7.1988 – VIII ZR 224/87, NJW 1989, 763, 764 li. Sp. Mitte.
118) BGH v. 13.7.1988 – VIII ZR 224/87, NJW 1989, 763, 764 li. Sp. Mitte.
119) BGH v. 13.7.1988 – VIII ZR 224/87, NJW 1989, 763, 764 li. Sp. unten.
120) BGH v. 30.3.1990 – V ZR 13/89 NJW 1990, 1658, 1659 li. Sp. unten.
121) BGH v. 6.12.1995 – VIII ZR 192/94, NJW-RR 1996, 429 re. Sp. oben.

I. C. i. c. (§§ 280 Abs. 1, 311 Abs. 2, 241 Abs. 2 BGB)

Beeinflussung durch bevorstehende Umsatzeinbrüche, Kündigungen durch Kunden, dem Verkäufer bekannten Investitionsrückstände oder bevorstehende sprunghafte Kostensteigerungen, große Bedeutung zu.

Allerdings hat der BGH in einem Fall Offenbarungspflichten hinsichtlich von Umsatzrückgängen an entsprechende Fragen des Käufers geknüpft und sich also vorstellen können, dass die erzielten Umsätze einen Käufer nicht immer im gleichen Maße interessieren müssen. 6.127

Fallbeispiel „Juweliergeschäft" (BGH v. 12.11.1969 – I ZR 93/67, NJW 1970, 653) 6.128

Beim Verkauf eines Juweliergeschäfts waren erhebliche Umsatzrückgänge nur dann ungefragt zu offenbaren, wenn der Käufer seinen Kaufentschluss *erkennbar von bestimmten Umsätzen abhängig* gemacht hat.[122]

Für die Offenbarungspflicht ist **unerheblich**, ob die abträglichen Umstände „verrechtlicht" sind oder nicht. Erlangt der Verkäufer vertraulich, verlässliche Kenntnis von der Absicht eines Hauptkunden, den Bezug von dem Unternehmen einzustellen, könnte dies – es wird auf den Einzelfall ankommen – offenzulegen sein. Derartige Umstände sind allerdings für den Käufer nicht relevant, wenn er die betroffenen Produkte einstellt. 6.129

Für die Erzielbarkeit von operativen Überschüssen sind auch die für einen Geschäftsbetrieb erforderlichen **öffentlich-rechtlichen Positionen** von Bedeutung. Das Verschweigen des Fehlens einer für den Gebrauch eines Kaufgegenstandes erforderlichen Genehmigung kann daher – bei entsprechender Erheblichkeit der mit den betroffenen Produkten erzielten Überschüsse – eine c. i. c. darstellen.[123] Aufklärungspflichten könnten erneut wegfallen, wenn der Käufer die Genehmigung nicht mehr benötigt. 6.130

Eine für den Verkäufer erkennbare **Umstrukturierungsabsicht** kann die **Aufklärungspflichten erweitern**, indem der Verkäufer nun ungefragt ihm bekannte Hindernisse der Umstrukturierung offenlegen muss (z. B. eine von der Gesellschaft übernommene Verpflichtung zur Arbeitsplatzerhaltung für einen bestimmten Zeitraum, Rückzahlungspflichten hinsichtlich von Investitionszuschüssen, mangelnde Nutzungsmöglichkeit für ein Reservegrundstück etc.). 6.131

f) Aufstellungen, Abschlüsse, Bilanzen, Status, BWA

Wesentliche Angaben über das zu verkaufende Unternehmen ergeben sich aus zusammenfassenden Zahlenwerken, die i. R. des Verkaufsprozesses übergeben werden. Die Angaben können in einem Dokument der externen Rechnungslegung, wie einer Bilanz, oder in inoffiziellen, u. U. eigens für Zwecke der Ver- 6.132

---

122) BGH v. 12.11.1969 – I ZR 93/67, NJW 1970, 653, 655 re. Sp. oben.
123) Fallbeispiele s. Rn. 6.141 f.

handlung erstellten Aufstellungen zu einzelnen vermögens- oder ertragsrelevanten Größen oder einem Status enthalten sein. Bereits 1973[124] und 1977[125] hat der BGH eine c. i. c. in Fällen bejaht, in denen aufgrund von Verstößen gegen die Regeln einer ordnungsgemäßen Bilanzierung – Falschbewertung von Warenbestand, Materialvorräten, halbfertigen Arbeiten etc. – eine unrichtige Bilanz bzw. ein unrichtiger Status gefertigt und i. R. von Verkaufsverhandlungen an den späteren Käufer übergeben worden war.

6.133 *Fallbeispiel „Patentanwaltspraxis"* (BGH v. 4.6.2003 – VIII ZR 91/02 ZIP 2003, 1399 = BB 2003, 1695)

Der Verkäufer einer Beteiligung an einer Patentanwaltspraxis hatte sich bei der Errechnung seiner Kaufpreisforderung auf dem Käufer vorgelegte Gewinn- und Verlustrechnungen gestützt, die aufgrund von Buchungsfehlern überhöhte Gewinne ausgewiesen hatten. Obwohl die Buchungsfehler von Dritten verursacht worden waren, hat der BGH eine c. i. c. aufgrund positiver Falschangabe bejaht. Der Schwerpunkt des Falles lag auf der Frage der Zurechnung der Pflichtwidrigkeit des Buchhalters.[126]

6.134 *Fallbeispiel „Mietrückstände Mehrfamilienhaus"* (OLG Celle v. 21.11.1997 – 4 U 174/96, NJW-RR 1999, 280)

Beim Verkauf eines Mehrfamilienhauses als Renditeobjekt waren dem Käufer „auf seine Nachfrage nach der Miethöhe" die Mietverträge vorgelegt worden, ohne bestehende, erhebliche Rückstände eines zahlungsunfähigen Gewerbemieters zu erwähnen.[127] Das OLG Celle beschrieb die Abläufe wie folgt: „Im Verlauf der Vertragsverhandlungen hat der Kl. die einzelnen Mietverträge erhalten, aus denen er die Höhe der einzelnen Mieten entnehmen konnte ...". Es schlussfolgerte: „Ohne einen anders lautenden Hinweis musste der Kl. davon ausgehen, dass diese Mieten auch tatsächlich gezahlt wurden, Mietrückstände nicht bestanden und die Mieter zahlungsfähig waren."[128] Dies hätte sogar nahegelegt, eine stillschweigende Täuschung[129] zu bejahen.

---

124) BGH v. 5.10.1973 – I ZR 43/72, WM 1974, 51.
125) BGH v. 25.5.1977 – VIII ZR 186/75, NJW 1977, 1536.
126) S. Rn. 8.193.
127) OLG Celle v. 21.11.1997 – 4 U 174/96, NJW-RR 1999, 280 re. Sp. Mitte.
128) OLG Celle v. 21.11.1997 – 4 U 174/96, NJW-RR 1999, 280 re. Sp. unten.
129) Nach der Erfahrung des Verfassers besteht eine spürbare Zurückhaltung der Rspr. bei der Annahme stillschweigender Erklärungen. Die Rspr. *bevorzugt eher eine großzügige Herleitung einer Offenbarungspflicht* (aufgrund normativer Wertungen), als sich auf semiotischen Überlegungen dazu einzulassen, was mit einem Satz oder einen Schweigen mitgesagt wurde. Diese Zurückhaltung kann zu weit gehen. Der Verfasser musste etwa erleben, wie zwei Gerichte nicht dafür zu gewinnen waren, die Vorlage einer Bankbestätigung, die einem überschuldeten und illiquiden Käufer ausreichende Kapitalkraft bescheinigte, als Täuschung durch die Personen anzusehen, die die Bestätigung verwendeten, obwohl sie Kenntnis von der Finanzlage des Käufers hatten. S. a. Rn. 6.175.

I. C. i. c. (§§ 280 Abs. 1, 311 Abs. 2, 241 Abs. 2 BGB)

Das OLG Celle ging indessen wohl von der Verletzung einer Aufklärungspflicht aus.

Fallbeispiel „Niedrige Untermieten" (BGH v. 1.2.2013 – V ZR 72/11, MDR 2013, 769 f.) 6.135

In diesem besonders interessanten Fall war ein Einkaufszentrum von mehr als 7.000 qm an eine Investmentgesellschaft verkauft worden, wobei der Kaufpreis von ca. 11,8 Mio. € durch Multiplikation der Jahresmiete mit dem Faktor 11,33 errechnet worden war. Etwa die Hälfte der Fläche des Einkaufszentrums war für die Dauer von 15 Jahren für 12,42 €/qm an einen Hauptmieter vermietet worden, die Mietverträge mit dem Hauptmieter liefen, wie auch der Käufer wusste, noch etwa zwei Jahre. Der Käufer wusste aber nicht, dass der Hauptmieter bei der Untervermietung durchschnittlich nur 3,38 €/qm erzielte. Neben einer Garantie hinsichtlich der von dem Hauptmieter entrichteten Miete (die erfüllt war) hatte der Verkäufer auch garantiert, dass dem Käufer die Mietvertragsunterlagen einschließlich aller Nachträge und Zusatzvereinbarungen sowie der Mieterkorrespondenz übergeben worden waren. Der Käufer klagte auf Schadensersatz in Höhe von rd. 2,8 Mio. €. Das OLG Hamburg hatte die Klage abgewiesen. Der Käufer habe gewusst, dass die Hauptmietverträge nur noch eine kurze Laufzeit gehabt hätten und dass die von der Hauptmieterin angemieteten Flächen untervermietet gewesen seien. Der Verkäufer habe daher davon ausgehen dürfen, dass der Käufer das Risiko, bei der nach Ende der kurzen Restvermietungszeit anstehenden Neuvermietung die bis dahin erzielten Mieten nicht erneut realisieren zu können, erkannt habe.[130] Der V. Zivilsenat des BGH hielt diese Sichtweise des OLG Hamburg hinsichtlich eines Anspruches aus c. i. c. letztlich für zutreffend: Zwar könne ein Verkäufer auch verpflichtet sein, den Käufer über Umstände aufzuklären, die für dessen Preiskalkulation wesentlich sind, wenn er erkenne, dass der Käufer sein Angebot auf der Grundlage falscher Vorstellungen abgab. Eine erhebliche Diskrepanz zwischen vereinbarten Mieten mit einem Hauptmieter und den von dem Hauptmieter erzielten Untermieten könnte ein solcher Umstand sein. Wenn also die im Zeitpunkt eines Kaufvertrages erzielten Mieten aufgrund besonderer Umstände ein falsches Bild über die Ertragsfähigkeit des Grundstückes vermitteln würden und also die übliche Schlussfolgerung von den vereinbarten Mieten auf die Ertragsfähigkeit nicht gerechtfertigt sei, müsse der Verkäufer den Käufer hierüber unaufgefordert aufklären.[131] Bis hierher sind die Ausführungen des V. Senats rechtlich und wirtschaftlich vollkommen überzeugend. Ausgehend von der ständigen Rechtsprechung, dass die verschwiegenen Umstände für den Kaufentschluss des Käufers *erkennbar* von wesent-

---

130) BGH, Urt. v. 1.2.2013 – V ZR 72/11, UG I., MDR 2013, 769.
131) BGH, Urt. v. 1.2.2013 – V ZR 72/11, UG II. A. 1. a, MDR 2013, 769.

licher Bedeutung sein müssen, vollzieht der V. Senat allerdings hier einen – nicht gleichermaßen überzeugenden – Kurswechsel. Die Annahme des Berufungsgerichts, der Verkäufer habe nicht davon ausgehen müssen, dass der Verkäufer das Grundstück zu dem vereinbarten Preis nicht kaufen würde, wenn ihm die Diskrepanz zwischen der Höhe der Mieten und der Höhe der Untermieten bekannt gewesen wäre, sei aus Rechtsgründen nicht zu beanstanden. Der Kaufpreis sei „ersichtlich nicht im Hinblick auf die tatsächliche Nutzung des Einkaufszentrums im Verkaufszeitpunkt bestimmt worden". Diese Nutzung sei nämlich von einer bereits mehrjährigen Aufgabe der Nutzung durch den Hauptmieter, einer nur noch zweijährigen Restlaufzeit und erheblichen Leerständen bei den vermietbaren Flächen geprägt gewesen. Da der Käufer in Kenntnis dieser Umstände einen Kaufpreis akzeptiert habe, der auf der Grundlage der Mieterlöse für die Restlaufzeit des Hauptmietvertrags vereinbart worden sei, habe der Verkäufer davon ausgehen dürfen, dass der Käufer „eigene Pläne hinsichtlich des Einkaufszentrums verfolgte".[132] Es mag sein, dass dem BGH hier durch die Grenzen des Revisionsrechts untersagt war, den Sachverhalt selbst neu zu würdigen. Auch soll nicht ausgeschlossen werden, dass Sachumstände vorgelegen haben könnten, die die Sichtweise des V. Senates letztlich tragen konnten. Nichtsdestoweniger ist die vom V. Senat akzeptierte Argumentation des OLG Hamburg nicht hinreichend: Kaufpreise von Immobilien wie von Unternehmen werden fast *nie* im Hinblick nur auf die tatsächliche Nutzung „im Verkaufszeitpunkt" bestimmt, sondern sie hängen – bekanntlich – immer ganz überwiegend von den zukünftigen Erwartungen des Käufers hinsichtlich der erzielbaren Erträge, also seinen Plänen, ab. Für solche Pläne, von denen die Einschätzungen der zukünftig realisierbaren Erträge maßgeblich abhängen, ist aber der Umstand, dass eine Untervermietung zu fast nur einem Viertel des Hauptmietzinses möglich war, u. U. wichtiger als das Wissen um das Auslaufen des aktuellen Hauptmietvertrages in zwei Jahren oder um erhebliche Leerstände.

In der Folge gelangte der BGH gleichwohl zur Annahme einer Verkäuferhaftung: Der Verkäufer hatte dem Käufer nämlich garantiewidrig nicht die vollständige Korrespondenz mit dem Hauptmieter übergeben; Schriftstücke, in denen der Hauptmieter die Höhe der Untermieten mitgeteilt und, wenn auch vergeblich, um eine teilweise Entlassung aus dem Mietvertrag und um Mietminderung gebeten hatte, fehlten.[133] In dieser Argumentation stecken allerdings auch gewisse Unklarheiten, die auf Besonderheiten des Kaufvertrages zurückgehen dürften. So wie der BGH den Kaufvertrag zitiert, wurde garantiert, dass die Mieterkorrespondenz (erst nach Vertragsschluss)

---

132) BGH, Urt. v. 1.2.2013 – V ZR 72/11, UG II. A. 1. b, MDR 2013, 769.
133) BGH, Urt. v. 1.2.2013 – V ZR 72/11, UG II. A. 2. b. aa, MDR 2013, 769.

I. C. i. c. (§§ 280 Abs. 1, 311 Abs. 2, 241 Abs. 2 BGB)

übergeben werde. Hiernach hätte noch keine Garantieverletzung darin gelegen, dass die Mieterkorrespondenz *vor* Vertragsschluss dem Käufer noch nicht vorlag. Allerdings enthielt der Vertrag die ungewöhnliche Regelung, dass der Käufer den Kaufgegenstand in technischer, wirtschaftlicher und rechtlicher Hinsicht (offenbar nach dem Vertragsschluss) überprüfen lassen werde und behielt er sich das Recht vor, innerhalb von neun Tagen nach Vertragsschluss Nachverhandlungen zu verlangen; bei deren Scheitern durfte jede Partei vom Vertrag zurücktreten. Diese Besonderheit mag letztlich die Bejahung der Verletzung einer „vertraglichen Informationspflicht" durch den BGH rechtfertigen.[134)]

6.136 *Fallbeispiel „Abgrenzungsbuchungen"* (OLG München v. 26.7.2006 – 7 U 2128/06, OLGR 2007, 198 = ZIP 2006, 1911)

Beim Verkauf einer Computer Hardware- und Software-Gesellschaft hatte das EBIT[135)] im Jahr 1998 115.000 DM und 1999 230.000 DM betragen. Als im Herbst 2000 über den Verkauf verhandelt wurde, gab der Verkäufer das voraussichtliche EBIT für 2000 mit ca. 1,1 Mio. € an und stellte eine betriebswirtschaftliche Auswertung (BWA) per Ende November 2000 zur Verfügung, die dies bestätigte. Tatsächlich hatte das EBIT höchstens 650.000 € betragen, wie ein Sachverständigengutachten ergab. Die Fehler hatten im Wesentlichen darin gelegen, dass erhaltene Zahlungen ungeachtet dessen, dass Leistungen noch nicht erbracht waren, erfolgswirksam verbucht und gebotene Rückstellungen nicht gebildet worden waren.

Das LG München I hatte die Klage u. a. mit dem Argument abgewiesen, dass Ansprüche aus c. i. c. ausgeschlossen seien, weil es im Vertrag geheißen hatte, dass Nebenabreden nicht bestünden[136)] und dass nicht ausdrücklich übernommene Gewährleistungsansprüche ausgeschlossen seien.[137)] Das LG verneinte auch einen Vorsatz des Verkäufers und gab dessen Klage auf Freigabe eines Kaufpreisrestbetrages von einem Notaranderkonto statt.

Das OLG München sah – wohl ganz zur Recht – die Dinge in völlig anderem Licht. Es stellte zunächst fest, dass die Angabe des EBIT keine Angabe über die Ertragskraft eines Unternehmens sei, für die ein Vorrang des Gewährleistungsrechts bestünde; die Angabe für ein Jahr könne auch keine

---

134) BGH, Urt. v. 1.2.2013 – V ZR 72/11, UG II. A. 2. b. bb, MDR 2013, 769.
135) „Earnings before Interest and Taxes". Häufig wird auch das EBITDA („Earnings before Interest, Taxes, Depreciation and Amortization") verwendet.
136) OLG München v. 26.7.2006 – 7 U 2128/06, Rn. 38, OLGR 2007, 198 = ZIP 2006, 1911. Das Vermögen von Gerichten, aus Standardformulierungen überraschend einen speziellen Gehalt herauszulesen, ist bisweilen beeindruckend. S. a. die krit. Auffassung des OLG München in Rn. 60.
137) OLG München v. 26.7.2006 – 7 U 2128/06, Rn. 18, 38, OLGR 2007, 198 = ZIP 2006, 1911.

zusicherungsfähige Eigenschaft darstellen.[138] Hiermit wäre der Weg zu einer fahrlässigen c. i. c. frei gewesen. Das OLG München bejahte indessen sogar Vorsatz. Es nahm Bezug auf die Grundsatzentscheidung des VIII. Zivilsenates des BGH vom 4.4.2001, mit der dieser, u. a. aufgrund der Abhängigkeit des Kaufinteressenten von der Vollständigkeit und Richtigkeit der erteilten Informationen, eine „gesteigerte Aufklärungspflicht des Unternehmensverkäufers" angenommen hatte.[139] Unterstützend führte es vertragliche „Versicherungen" an, dass der Verkäufer „nach bestem Wissen und Gewissen vollständig und richtig" informiert und erklärt habe, dass keine Tatsachen bestünden, die für die Käuferin „vernünftigerweise von Bedeutung sein könnten und die vom Verkäufer nicht offengelegt wurden".[140] Das OLG München ließ sich nicht durch den Einwand beeindrucken, der Steuerberater des Verkäufers habe bei Übergabe der BWA per Ende November darauf hingewiesen, dass diese, weil sie keine Abgrenzungsbuchungen beinhalte, für Prüfungszwecke wertlos sei.[141] Dieser Hinweise wäre nicht geeignet gewesen, den Verkäufer von seiner Pflicht zur Offenbarung aller für die Kaufpreisbildung wesentlichen Umstände zu befreien.

6.137 Da ein Anspruch aus c. i. c. bejaht wurde, ergab sich als Rechtsfolge Ersatz des negativen Interesses in der Form einer besonderen Kaufpreisminderung.

g) Prognosen und Planungen

6.138 *Fallbeispiel „Erfolgs-Finanzplanung"* (LG Wuppertal v. 28.3.1996 – 17 O 466/95, BB 1996, 2011)

Der Fall wurde schon im Zusammenhang mit Planungsgarantien dargestellt, obwohl er primär eine c. i. c. betraf.[142]

6.139 Die spürbare Geringschätzung des LG Wuppertal für Planungen wurde bereits kritisiert;[143] hierauf wird verwiesen.

6.140 *Sachs* berichtet über ein ad-hoc-Schiedsgerichtsverfahren, in dem ein Käufer eine Verletzung einer Aufklärungspflicht darin sah, dass aufgrund von technischen

---

138) OLG München v. 26.7.2006 – 7 U 2128/06, Rn. 51, OLGR 2007, 198 = ZIP 2006, 1911.
139) BGH v. 4.4.2001 – VIII ZR 32/00, NJW 2001, 2163 = ZIP 2001, 918; BGH v. 6.2.2002 – VIII ZR 185/00, ZIP 2002, 853; bestätigt in BGH v. 15.6.2005 – VIII ZR 118/03, BeckRS 2005, 30358080, s. Darstellung bei Rn. 6.99.
140) OLG München v. 26.7.2006 – 7 U 2128/06, Rn. 99 ff., OLGR 2007, 198 = ZIP 2006, 1911.
141) Hier hätte allerdings möglicherweise ein Ansatz für eine Verteidigung des Verkäufers liegen können. S. etwa im Vergleich das Fallbeispiel „Getränkegroßhandel", BGH v. 28.11.2001 – VIII ZR 37/01, ZIP 2002, 440 = NJW 2002, 1042, 1044 li. Sp. Mitte, und oben bei Rn. 6.110.
142) LG Wuppertal v. 28.3.1996 – 17 O 466/95, BB 1996, 2011 re. Sp. oben.
143) S. oben Rn. 5.111 f.

I. C. i. c. (§§ 280 Abs. 1, 311 Abs. 2, 241 Abs. 2 BGB)

Gründen ein wichtiges Produkt später als geplant auf den Markt kommen würde, obwohl die Umsätze aus diesem Produkt bereits in eine für EBIT und Kaufpreis wichtige Planung eingeflossen waren.[144)] Hier konnte auch eine aktive Täuschung über die Planung darin liegen, dass die Umsätze mit dem neuen Produkt zu einem Zeitpunkt eingeplant worden waren, zu dem sie, wie der Verkäufer wusste, noch nicht erzielt werden konnten.

h) Öffentlich-rechtliche Genehmigungen, Emissionen und grundbuchliche Belastungen

Fallbeispiel „Fehlende Umbaugenehmigung" (BGH v. 2.3.1979 – V ZR 157/77, NJW 1979, 2243)

6.141

Es war ein Haus verkauft worden, das ohne Genehmigung umgebaut worden war. Der V. Zivilsenat des BGH bejahte das Vorliegen einer Offenbarungspflicht. Bemerkenswert ist, dass es dem Verkäufer nichts half, dass die Behörde in der Vergangenheit gegen den Umbau nicht eingeschritten war und die Erteilung einer Genehmigung für die Zukunft nicht unmöglich erschien.[145)]

Fallbeispiel „Feuertreppe" (BGH v. 8.12.1988 – VII ZR 83/88, NJW 1989, 1793)

6.142

Es war eine Eigentumswohnung verkauft worden, ohne den Käufer darauf hinzuweisen, dass gemäß einer behördlichen Auflage vor dem einzigen Fenster der Wohnung eine Feuertreppe eingebaut werden musste. Eine Aufklärungspflicht wurde bejaht.[146)]

Fallbeispiel „Umbauarbeiten" (BGH v. 2.3.2979 – V ZR 157/77, NJW 1979, 2243)

6.143

Es waren Umbauarbeiten an einem Haus ohne eine erforderliche Baugenehmigung durchgeführt worden. Das Verschweigen beim Verkauf erfüllte § 463 BGB a. F.[147)]

---

144) *Sachs*, SchiedsVZ 2004, 123, 127 li. Sp. unten f.
145) S. a. RG v. 4.12.1908 – Rep. II 212/08, RGZ 70, 82 (Zinshaus) und Fallbeispiel „Seglerhafen", BGH v. 8.12.1989 – V ZR 259/87, NJW 1990, 1661.
146) Bemerkenswert ist, dass der BGH die sog. *Sperrwirkung des Gewährleistungsrechts* überwindet, indem er die „nach dem Erwerb der Wohnung ... eingebaute Feuertreppe" nicht als Mangel der Wohnung ansah. Im Gegenteil. „Die Treppe beeinträchtigt nicht die Nutzung der Wohnung ..., auch beschränkt sie nicht den mit dem Erwerb der Wohnung vorausgesetzten Gebrauch als Wohnraum, sondern ermöglicht ihn sogar erst", BGH v. 8.12.1988 – VII ZR 83/88, NJW 1989, 1793, 1794 li. Sp. oben. Der BGH „trickste" die Sperrwirkung aus. Richtigerweise wäre das Erfordernis, vor dem einzigen Fenster eine Treppe zu errichten (um Feuersicherheit herzustellen) wohl doch ein Mangel gewesen.
147) BGH v. 2.3.1979 – V ZR 157/77, NJW 1979, 2243, 2244 li. Sp. oben.

6.144 *Fallbeispiel „Seglerhafen"* (BGH v. 8.12.1989 – V ZR 259/87, NJW 1990, 1661)

Es war ein Seglerhafen am „A-See" in Bayern mit 80 Liegeplätzen verkauft worden. Ein Teil der Hafenanlage und 43 Liegeplätze waren ungenehmigt. Der Käufer machte Ansprüche aus c. i. c., § 826 BGB und § 123 i. V. m. § 812 BGB geltend. OLG München und BGH bejahten umstandslos eine Aufklärungspflicht. Es half der Verkäuferin auch hier nichts, dass die Behörden die fehlende Genehmigung längere Zeit geduldet hatten. Der Schwerpunkt des Falles liegt – da die Verkäuferin, die Ehefrau des Verwalters, die fehlenden Genehmigungen nicht kannte – auf Zurechnungsfragen.[148]

6.145 *Fallbeispiel „Waschsalon"* (BGH v. 19.12.1973 – VIII ZR 37/73, WarnR 1973 Nr. 313)

Von dem verkauften Waschsalon gingen rechtswidrige Abgasbelästigungen aus, die zu offenbaren waren (und offenbart wurden).

6.146 *Fallbeispiel „Zwangsversteigerungsvermerk"* (BGH v. 24.2.1978 – V ZR 122/75, DB 1978, 979)

In einem Rechtsstreit aus einem Grundstückskauf erhob der Käufer Ansprüche aus c. i. c., weil der Verkäufer ihm nicht offenbart hatte, dass im Grundbuch ein Zwangsversteigerungsvermerk eingetragen war. Der BGH leitete eine Offenbarungspflicht daraus her, dass die Parteien damit gerechnet hatten, dass das Grundstück als Sicherheit für die Finanzierung herangezogen werde.[149]

i) **Charakter und Ruf**

6.147 *Fallbeispiel „Charakter des Mitarbeiters einer Steuerberatungs-GmbH"* (BGH v. 16.1.1991 – VIII ZR 335/89, ZIP 1991, 321 = NJW 1991, 1223)

Im November 1987 war ein Geschäftsanteil an einer Steuerberatungs-GmbH verkauft worden. Der Käufer gewährte einem offenbar besonders wichtigen Steuerfachgehilfen verschiedene Vergünstigungen (Pkw zur privaten Nutzung, Tantieme) und eine Option für eine Beteiligung an der GmbH. Die GmbH kündigte indessen den Anstellungsvertrag mit dem Steuerfachgehilfen fünf Monate später aufgrund von strafbaren Handlungen fristlos. Der Käufer machte nur Ansprüche gegen den Verkäufer geltend, weil dieser ihm die charakterliche Unzuverlässigkeit des Steuerfachgehilfen, namentlich dass er zu strafbaren Handlungen neige, verschwiegen habe. Der Käufer verwies

---

[148] S. Rn. 8.162.
[149] BGH v. 24.2.1978 – V ZR 122/75, DB 1978, 979 li. Sp. Mitte. Bemerkenswert ist, dass der BGH die Eintragung eines Zwangsversteigerungsvermerks nicht als eine beim Grundstückskauf generell offenbarungspflichtige Tatsache angesehen hat. Der Fall ist auch deshalb von Interesse, weil es dem Verkäufer nicht half, dass das Problem aus dem Grundbuch ersichtlich war. S. zu diesem Aspekt Rn. 9.63.

I. C. i. c. (§§ 280 Abs. 1, 311 Abs. 2, 241 Abs. 2 BGB)

darauf, dass der Steuerfachgehilfe bereits im Dezember 1985 von der GmbH anwaltlich abgemahnt worden war.

Nach Auffassung des VIII. Zivilsenats kann das Fehlen bestimmter Charaktereigenschaften eines maßgeblichen Mitarbeiters einer Steuerberaterpraxis generell ein aufklärungspflichtiger Umstand sein. Im Besprechungsfall verneinte er aber eine Offenbarungspflicht. Die anwaltliche Abmahnung vor zwei Jahren – ohne Feststellungen dazu, dass es hiernach wiederum Grund zu Beanstandungen gegeben hatte – reiche schon angesichts des Zeitablaufs nicht aus.[150]

Für den VIII. Zivilsenat spielte es offenbar eine wichtige Rolle, dass „ein Steuerberater geschäftsgewandt" sei.[151] Der BGH meinte auch, nachdem der Käufer dem Steuergehilfen eine besondere Stellung eingeräumt hatte (Gewährung einer Option etc.), dass er sich erst recht nicht auf das Schweigen des Verkäufers habe verlassen dürfen, sondern zu Nachfragen bei dem Verkäufer veranlasst gewesen wäre.[152]

Fallbeispiel „Stundenhotel" (BGH v. 3.7.1992 – V ZR 97/91, NJW 1992, 2564) 6.148

Es war ein Stundenhotel als „Raststätte" und „gepflegte Pension", deren Stammkunden Monteure und Handlungsreisende seien – teilweise gegen Leibrente – verkauft worden. Der Käufer machte Schadensersatz, u. a. aus c. i. c., geltend. Während das OLG Schleswig die Klage abgewiesen hatte, lag nach Auffassung des BGH tatbestandlich eine c. i. c. vor.[153]

j) Einstiegspreise

Fallbeispiel „Einstiegspreise des Verkäufers eines Computersystems" (BGH v. 6.149
13.7.1983 – VIII ZR 142/82, ZIP 1983, 1073 = WM 1983, 1006)

Der Käufer eines Computersystems hatte im Jahre 1975 Verhandlungen mit dem Verkäufer über den Erwerb eines Modells 6032 E geführt, dessen Listenpreis damals ca. 160.000 DM betrug. Nachdem der Käufer zum Ausdruck gebracht hatte, dass er, einschließlich Peripherie, nur ca. 120.000 DM investieren könne und der Verkäufer ihm eine Notiz überlassen hatte, aus der sich ein Listenpreis von ca. 185.000 DM ergab, kam es am 21.3.1975 zu einem Abschluss i. H. von. 121.230 DM. Allerdings hatte der Lieferant des Verkäufers elf Tage zuvor seine Lieferpreise drastisch herabgesetzt, so dass der vereinbarte Kaufpreis nunmehr nur noch dem Listenpreis entsprach.

---

150) BGH v. 16.1.1991 – VIII ZR 335/89, NJW 1991, 1224 li. Sp. Mitte = ZIP 1991, 321.
151) BGH v. 16.1.1991 – VIII ZR 335/89, NJW 1991, 1224 li. Sp. unten = ZIP 1991, 321; s. hierzu bereits Rn. 6.67.
152) BGH v. 16.1.1991 – VIII ZR 335/89, NJW 1991, 1224 li. Sp. unten = ZIP 1991, 321.
153) BGH v. 3.7.1992 – V ZR 97/91, NJW 1992, 2564, 2565 re. Sp. oben, 2566 li. Sp. oben = ZIP 1992, 1317.

Der Käufer focht den Vertrag mit der Begründung an, ihm sei ein ungewöhnlich hoher, *nicht vorhandener Nachlass* vom Listenpreis *vorgetäuscht* worden. Gerade der Nachlass sei für seine Kaufentscheidung maßgebend gewesen, weil er sicher habe sein wollen, dass er die Anlage ohne nennenswerte Verluste wieder werde veräußern können, falls sie seinen Erwartungen nicht entsprochen hätte.[154]

Der BGH schloss nicht generell aus, dass eine Aufklärungspflicht des Verkäufers auch hinsichtlich eines Einkaufspreises des Verkäufers bestehen könne, wenn i. R. von Verhandlungen Angaben gemacht wurden, die für die Kaufentscheidung erkennbar von wesentlicher Bedeutung waren, aber deren tatsächliche Grundlagen noch vor Vertragsschluss entfallen waren und die sich damit als unrichtig herausstellten.[155] Die Senkung der Herstellerpreise habe hier zur Folge gehabt, dass der vereinbarte Kaufpreis fast genau dem Preis entsprochen hätte, den die Beklagte bei einer Änderung ihrer eigenen Preisliste auf Grundlage des neuen Herstellerpreises gefordert hätte, so dass die vom Käufer etwa gehegte Erwartung, er erhalte eine Anlage, deren Marktwert erheblich über dem vereinbarten Kaufpreis liege, fehlgeschlagen war.

Der BGH verneinte aber schließlich eine Aufklärungspflicht über die Änderung der Herstellerpreise, weil die Erwartung des Käufers für den Verkäufer *nicht erkennbar* gewesen sei. Dieser habe jedoch nur erkennen können, dass der Käufer nur rund 120.000 DM investieren könne oder wolle (die Budgetbeschränkung). Da der vereinbarte Preis noch dem Marktwert entsprach, bestand daher keine Aufklärungspflicht darüber, dass es dem Verkäufer aufgrund der Senkung der Herstellerpreise nun wirtschaftlich leicht fiel, den angebotenen Preis zu halten.[156]

k)   **Beispiele aus Immobilienkäufen**

6.150 Es gibt zahlreiche Rechtsprechungsfälle zu Aufklärungspflichten nach § 463 BGB a. F., § 444 BGB n. F. oder c. i. c. beim Verkauf von Immobilien,[157] ins-

---

154) BGH v. 13.7.1983 – VIII ZR 142/82, WM 1983, 1007 li. Sp. Mitte = ZIP 1983, 1073.
155) BGH v. 13.7.1983 – VIII ZR 142/82, WM 1983, 1008 li. Sp. oben = ZIP 1983, 1073.
156) BGH v. 13.7.1983 – VIII ZR 142/82, WM 1983, 1008 Mitte = ZIP 1983, 1073.
157) Vgl. *Niesse/Ghassemi-Tabar*, MDR 2013, 569 ff.

I. C. i. c. (§§ 280 Abs. 1, 311 Abs. 2, 241 Abs. 2 BGB)

besondere mangelhaften Häusern oder kontaminierten Grundstücken.[158] Einige Beispiele werden kurz zusammengefasst:
- Es besteht eine Pflicht zur Offenlegung des Vorhandenseins von großen Erdtanks.[159]
- Die Offenlegung der Ablagerung von Betonteilen als kleines Manko ist nicht gleichbedeutend mit der Offenlegung der früheren Unterhaltung einer Werksdeponie auf dem Grundstück als großes Manko.[160]
- Eine Altlast auf einem Nachbargrundstück ist ein aufklärungsbedürftiger Mangel des Grundstücks.[161]
- Das Durchströmtwerden eines Grundstücks mit Grundwasser, das mit Cyaniden belastet ist, ist ein aufklärungsbedürftiger Mangel des Grundstücks.[162]
- Die Vornutzung als Hausmülldeponie ist ein offenbarungspflichtiger Mangel.[163]
- Dasselbe gilt für die frühere Nutzung eines zu Wohnzwecken verkauften Grundstücks, auf dem eine chemische Reinigung betrieben worden war, auch ohne konkrete Anhaltspunkte für Bodenbelastungen.[164]
- Ein Altlastenverdacht ist ein zu offenbarender Mangel.[165]
- Das Verschweigen von Verdachtsmomenten kann pflichtwidrig sein.[166]
- Ein Käufer eines Grundstücks mit einem alten Gebäude, das erhebliche altersbedingte Schäden aufweist und von dem Käufer mehrfach besichtigt worden war, konnte gleichwohl wegen arglistiger Täuschung zurücktreten, weil ihm der Verkäufer Verdachtsgründe für das Bestehen sonstiger oder weitergehender Schäden nicht mitgeteilt hatte.[167] Das Urteil, das das erst-

---

158) Ergänzend zu den behandelten Fällen vgl. auch BGH v. 12.7.1991 – V ZR 121/90, ZIP 1991, 1291 = NJW 1991, 2900; OLG Köln v. 27.11.1992 – 19 U 82/92, ZUR 1993, 281 (lesenswert); LG Bochum v. 13.4.1988 – 2 O 255/87, BB 1989, 651 (Haftung verneint). S. a. *Knoche*, NJW 1995, 1985; *Wächter*, NJW 1997, 2073; *Müggenborg*, NJW 2005, 2810; *Turiaux/Knigge*, BB 1999, 913. Als Überblick zu Aufklärungs- und Informationspflichten bei der Veräußerung von Altlastengrundstücken für Verkäufer, Käufer und Banken s. *Lang/Hunke*, NJOZ 2009, 2508 ff.
159) OLG Nürnberg v. 2.2.2005 – 6 U 3751/03, juris.
160) BGH v. 3.3.1995 – V ZR 43/94, NJW 1995, 1549, 1550 li. Sp. Mitte.
161) OLG Schleswig v. 2.6.2005 – 7 U 199/01, OLGR 2005, 709.
162) BGH v. 30.11.2012 – V ZR 25/11, NJW 2013, 1671, 1672 li. Sp. unten.
163) OLG Düsseldorf v. 21.8.1996 – 9 U 99/95, NJW 1996, 3284.
164) OLG Celle v. 7.2.1997 – U 188/95, NJW-RR 1997, 848.
165) OLG München v. 21.4.1994 – 32 U 2088/94, NJW 1995, 2566; OLG München v. 3.4.1998 – 21 U 4350/97, NJW-RR 1999, 455; OLG Hamm v. 16.6.1997 – 22 U 95/96, OLGR 1997, 321, 323 re. Sp. unten.
166) OLG Köln v. 27.11.1992 – 19 U 82/99, ZuR 1993, 281.
167) OLG Brandenburg v. 21.6.2012 – 5 U 5/11, MDR 2013, 206 f.

instanzliche Urteil des LG Neuruppin aufhob, wird im Wesentlichen damit begründet, dass ein von dem Verkäufer vor dem Verkauf eingeholtes Verkehrswertgutachten, das auf verschiedene Indizien für mögliche Risiken hinwies, nicht offengelegt worden war.[168]

- Die Versagung der Bestellung von Grundschulden durch die Kommunalaufsichtsbehörde kann offenbarungspflichtig sein.[169]
- Es besteht eine Offenbarungspflicht, wenn einem Mieter des Kaufgrundstücks zusätzlich zu einer offengelegten Mietverlängerungsoption eine weitere Mietverlängerungsoption gewährt wurde.[170]
- Es kann eine Offenbarungspflicht bestehen, obwohl der Verkäufer meint, dass ein Problem „normal" sei.[171]
- Wer ein Haus errichtet, in das mehrfach in erheblichem Umfang Wasser einbricht, muss dies offenlegen. Er kann dem Arglistvorwurf nicht mit der Einlassung entgehen, er habe geglaubt, dass die Wassereinbrüche nur auf einer noch nicht fertiggestellten Regenwasserableitung vom Dach beruhten (wenn sie tatsächlich durch einen hohen Grundwasserstand und unzureichende Abdichtung verursacht sind). Er handelt, auch wenn er die Wasser-

---

168) Das Urteil führt in einen Grenzbereich und kann jedenfalls nicht ohne weiteres auf Unternehmenskäufe übertragen werden. Erfahrungsgemäß werden Berater, die um Stellungnahmen gebeten werden, schon im Hinblick auf eigene Haftungsrisiken auf alle möglichen Risiken hinweisen, die allgemein bestehen können oder für die es sogar im Einzelfall Indizien geben mag. Solche Hinweise sollten indessen noch nicht generell als offenbarungspflichtige Verdachtsmomente angesehen werden. Vielmehr müsste der Verkäufer, der z. B. eine Unternehmensbewertung erstellen lässt, berechtigt sein, für sich selbst zu überprüfen, ob hierin allgemein angesprochene Risiken, auch diejenigen für die Indizien sprechen mögen, tatsächlich bestehen. Dann muss er sie, bei Vorliegen der sonstigen Voraussetzungen einer Aufklärungspflicht, offenbaren. Kommt er nach einer sachlichen und seriösen Prüfung indessen zu dem Ergebnis, dass die Risiken „rein theoretisch" sind (nur allgemein mit Sachlagen der betreffenden Art verbunden sind) oder dass etwaige Indizien durch andere Ursachen zu erklären sind, muss er m. E. die „Risikohinweise" seines Beraters nicht weitergeben. Eine andere Sicht würde dazu führen, dass ein Verkäufer im Vorfeld einer Transaktion grundsätzlich nicht nur alle irgendwann erhaltenen, aus seiner Sicht nicht begründeten, konkreten Negativinformationen, sondern auch alle Warnungen betreffend die allgemeinen Risiken, die mit seiner Immobilie oder seinem Unternehmen verbunden sind, offenbaren muss. Das Thema ist ungeklärt und die hier vertretene Ansicht nicht gesichert.
169) OLG Naumburg v. 11.3.1998 – 5 U 1705/97, OLGR 1999, 151, 152 re. Sp. Mitte.
170) BGH v. 6.4.2001 – V ZR 394/99, UG II. 2. d, WM 2001, 1302. Der BGH betrachtete die Existenz der weiteren Option zugleich als Umstand, der die positive Aussage des Bestehens der ersten Option falsch gemacht hatte.
171) Vgl. z. B. BGH v. 8.12.2006 – V ZR 249/05, Rn. 8, ZIP 2007, 686. Die Arglist eines Verkäufers, der den unzureichenden Schutz einer Garage und eines Kellers vor Überschwemmungen kennt, hängt nicht davon ab, ob der Verkäufer die den Fehler begründenden Umstände zutreffend als Fehler i. S. des Gesetzes einordnet oder z. B. die Gefahr gelegentlicher Überschwemmungen für normal hält.

I. C. i. c. (§§ 280 Abs. 1, 311 Abs. 2, 241 Abs. 2 BGB)

einbrüche führ harmlos hält, insbesondere „ins Blaue hinein" (durch Verschweigen), wenn ihm die baufachliche Sachkenntnis fehlt.[172)]

– Ein Bauunternehmer, der bewusst abweichend von dem Vertrag einen nicht erprobten Baustoff verwendet, handelt arglistig, wenn er den Auftraggeber hierauf und auf das damit verbundene Risiko nicht hinweist.[173)]

– Ein Bauunternehmer verschweigt einen Gründungsmangel arglistig, wenn er in Kenntnis, dass es sich bei dem Baugrundstück um eine Industriebrache mit Fundamentresten, Lockerstellen und unterschiedlichen Bodenverhältnissen handelt, eine eigentlich fachlich (nach DIN) veranlasste Bodengrunduntersuchung nicht durchführt, ohne auf die überragende Bedeutung der mangelfreien Gründung und die damit verbundenen Risiken hinzuweisen. Er kann sich nicht damit entlasten, es reiche aus, dass er nach Entfernung der Fundamentreste eine Schotter- und Sandschicht von etwa 50 cm Stärke eingebracht und verdichtet habe.[174)]

– Andererseits können klare und eindeutige Sachverständigenfeststellungen, aus denen sich die Gewissheit der nachhaltigen Schadensursachenbeseitigung ableitet, rechtfertigen, dass der Verkäufer eines Hausgrundstücks nicht über ein Schadensereignis aufklären muss, das Risse im Haus zur Folge hatte.[175)]

– Auch wenn bei alten Häuser nicht jede Feuchtigkeit im Keller ein offenbarungspflichtiger Sachmangel ist, können, wenn ein altes Haus als „saniert" verkauft wird, Feuchtigkeitserscheinungen und Beseitigungsbemühungen offenzulegen sein.[176)]

– Ein Hinweis auf vorhandene Kellerfeuchtigkeit bei einem Hausverkauf ist entbehrlich, wenn diese bei der Besichtigung ohne weiteres erkennbar war.[177)]

– Ebenso ist Hinweis auf eine Hochwassergefährdung bei einem Grundstücksverkauf entbehrlich, wenn die Lage offenkundig ist und auf der Hand liegt, dass von einem Bach Hochwassergefahren ausgehen können.[178)] Die Aussage des Verkäufers, „mit dem Grundstück sei alles in Ordnung", steht dem nicht unbedingt entgegen.

---

172) OLG Celle v. 19.12.1986 – 4 U 284/85 NJW-RR 1987, 744 re. Sp. Mitte.
173) BGH v. 27.3.2009 – V ZR 30/08, Rn. 25, BGHZ 180, 205, 214.
174) BGH v. 8.3.2012 – VII ZR 116/10, WM 2012, 2206, 2207 re. Sp. Mitte, 2208 li. Sp. oben.
175) OLG Koblenz v. 12.9.1997 – 2 U 905/96, OLGR 1998, 50.
176) OLG Saarbrücken v. 6.2.2013 – 1 U 132/12 – 37, MDR 2013, 577 f.
177) OLG Köln v. 24.10.2001 – 11 U 113/00, OLGR 2002, 138.
178) OLG Dresden v. 31.5.2006 – 6 U 2222/05, Rn. 31, 34, LKV 2007, 382. Ähnlich muss nach BGH v. 22.12.2011 – VII ZR 67/11, MDR 2012, 143, ein öffentlicher Auftraggeber nicht ausdrücklich auf die Kontaminierung von Aushub hinweisen, wenn sich dies aus den Umständen klar und eindeutig ergibt, weil der beschriebene Boden regelmäßig kontaminiert ist (hier: Boden unterhalb einer teerhaltigen Asphaltschicht).

- Ein Käufer eines Hauses, der den Verkäufer wegen Kellerfeuchtigkeit in Anspruch nimmt, muss beweisen, dass der Verkäufer ihn auf die vorhandene Feuchtigkeit nicht hingewiesen hatte.[179]
- Keine Offenbarungspflicht wurde angenommen, wenn ein Käufer eines Hauses als Fachmann aus bei Verhandlungen vorliegenden Bauplänen Rückschlüsse auf Grundwasserbeeinträchtigungen ziehen konnte.[180]
- Es besteht nach § 444 BGB eine Aufklärungspflicht für eine Baulast, aufgrund derer ein Brennereigebäude, in dem sich eine verkaufte Eigentumswohnung befindet, nicht verändert werden darf. Der Käufer kann sich sogar dann auf § 444 BGB berufen, wenn die unterbliebene Information nicht kausal für den Kauf war, da das Kaufrecht keine Kausalität eines Mangels für die Kaufentscheidung voraussetzt.[181]
- Es besteht eine Aufklärungspflicht, wenn ein Gebäude (eines Motorradclubs) verkauft wird und eine beabsichtigte gewerbliche Nutzung mangels Baugenehmigung oder zweifelsfreien Bestandsschutzes nicht gesichert ist.[182]
- Eine Aufklärungspflicht bei einer landwirtschaftlich nicht nutzbaren Deponiefläche nach § 463 BGB bestand nicht, weil der Verkäufer keine Kenntnis von Deponiegasen hatte.[183]

8. Kausalitätsfragen

6.151 Bei Ansprüchen aus c. i. c. wegen Unternehmenswertbeeinträchtigungen sind zwei Kausalitätsfragen zu unterscheiden:
- War die positive Falschangabe bzw. die pflichtwidrig unterbliebene Aufklärung für den Vertragsabschluss kausal?
- Wäre der Verkäufer noch bereit gewesen, den Vertrag zu den schlechteren Bedingungen abzuschließen, die ihm der Käufer ohne die Pflichtwidrigkeit offeriert hätte?

a) Kausalität der Informationspflichtverletzung für den Abschluss?

6.152 Die erste Frage verlangt den Vortrag und ggf. den Beweis des Käufers, dass er den Vertrag ohne die Irreführung nicht oder nicht zu den vereinbarten Bedingungen abgeschlossen hätte. Dies setzt zu allererst voraus, dass er auf die Täuschung hereingefallen ist. Andernfalls liegt entweder schon tatbestandlich keine

---

179) OLG Köln v. 24.10.2001 – 11 U 113/00, OLGR 2002, 138.
180) BGH v. 29.1.2993 – V ZR 227/91, NJW 1993, 1643, 1644 re. Sp. oben.
181) BGH v. 15.7.2011 – V ZR 171/10, Rn. 16, 17, ZIP 2011, 1872.
182) OLG Nürnberg v. 7.1.2013 – 4 U 585/12, MDR 2013, 322 f.
183) OLG Köln v. 17.12.1986 – 13 U 264/85, AgrarR 1987, 355.

I. C. i. c. (§§ 280 Abs. 1, 311 Abs. 2, 241 Abs. 2 BGB)

erfolgreiche Täuschung[184] – allenfalls ein Täuschungsversuch – vor, oder kann eine Täuschung jedenfalls nicht kausal geworden sein.[185] Im Regelfall wird der Vortrag des Käufers hierzu nur in einer entsprechenden substantiierten Behauptung bestehen müssen. Die Rechtsprechung kehrt die Beweislast zu seinem Vorteil um.[186] Der BGH hat diese Sichtweise schon 1990 als ständige Rechtsprechung bezeichnet. „Dieser hypothetische Sachverhalt (ob der Käufer den Vertrag bei zutreffender Unterrichtung zumindest nicht mit dem vereinbarten Inhalt geschlossen hätte) ist zwar nicht einem Beweis, wohl aber einem Wahrscheinlichkeitsurteil zugänglich. Verbleiben dabei Unsicherheiten, ob es zu einem Vertragsschluss gekommen wäre, so gehen diese zulasten derjenigen Vertragspartei, die nicht richtig aufgeklärt hat."[187]

6.153 Gleichwohl hatte er 1996 Veranlassung, sich erneut mit dem Thema zu befassen: *Fallbeispiel „Umsätze der Gastwirtschaft"* (BGH v. 18.6.1996 – VI ZR 121/95, ZIP 1996, 1515 = NJW 1996, 2503)

Ein Schreiner strebte eine neue Existenz als Gastwirt durch Erwerb einer Gastwirtschaft an. Der Verkäufer legte ein Schreiben seines Steuerberaters vor, in dem mehrere Jahresumsätze, was der Verkäufer wusste, um 10–12 % zu hoch angegeben waren. Nachdem die Umsätze niedriger waren als erwartet und die Gastwirtschaft vorübergehend wegen der Entlassung der Geschäftsführerin geschlossen blieb, konnte der Schreiner die Miete für die Räumlichkeiten nicht mehr zahlen und der Vermieter kündigte den Mietvertrag fristlos. Der Schreiner klagte wegen der falschen Umsatzzahlen aus c. i. c. Das LG gab der Klage statt. Das OLG Hamm wies sie mit der Begründung ab, der Schreiner habe nicht nachgewiesen, dass eine etwaige Täuschung kausal für den Erwerb gewesen sei. Der BGH schloss sich dem LG an. Es sei Sache des Verkäufers gewesen, zu widerlegen, dass der Schreiner bei Angabe richtiger Umsatzzahlen vom Vertrag Abstand genommen hätte.[188]

b) Abschlussbereitschaft des Verkäufers zu schlechteren Konditionen?

6.154 Die zweite Frage, ob der Verkäufer bereit gewesen wäre, den Vertrag auch zu verschlechterten Konditionen abzuschließen, wird von der Rechtsprechung als Problem der Art und Höhe des Schadens angesehen. Hier gewährt die Rechtsprechung dem Käufer eine noch weitergehende Erleichterung, indem – zur Not

---

184) S. Rn. 9.65.
185) *Schmitz*, RNotZ 2006, 561, 574.
186) Vgl. *Emmerich* in: MünchKomm-BGB, § 311 Rn. 268–270.
187) BGH v. 28.3.1990 – VIII ZR 169/89, NJW 1990, 1661 li. Sp. Mitte; ebenso BGH v. 30.10.1987 – V ZR 144/86, ZIP 1988, 316 = NJW-RR 1988, 348.
188) BGH v. 18.6.1996 – VI ZR 121/95, ZIP 1996, 1515 = NJW 1996, 2503. Bei Täuschungen bei Prospekthaftung im weiten Sinne spricht eine tatsächliche Vermutung dafür, dass die mangelhafte Prospektdarstellung für die Anlageentscheidung ursächlich geworden ist, s. BGH v. 11.2.2014 – II ZR 273/12, ZIP 2014, 722.

kontrafaktisch – unterstellt wird, der Verkäufer habe in eine angemessene Kaufpreisherabsetzung eingewilligt.[189]

9. Beschränkbarkeit der Haftung für vorsätzliche Informationspflichtverletzungen?

6.155 Bisweilen werden Überlegungen dazu angestellt, ob trotz § 276 Abs. 3 BGB die **Vorsatzhaftung** bei einer **Verletzung von Aufklärungspflichten teilweise abbedungen** oder modifiziert werden könnte. So erwägen *Hasselbach/Ebbinghaus*, es könnten Einschränkungen der c. i. c.-Haftung dahingehend möglich sein, dass bei fehlender Aktualisierung von Vendor-Due Diligence-Berichten nicht und bei fehlender Offenlegung überhaupt nur ab einer bestimmten Materialitätsschwelle gehaftet wird.[190] Es ist hier zwischen zwei eng benachbarten Fragen zu unterscheiden: Während § 276 Abs. 3 BGB nicht zulassen dürfte, dass die *Vorsatzhaftung als Rechtsinstitut*, auch bei Pflichtwidrigkeiten durch Verschweigen, eingeschränkt wird, ist das „*Aufleben" von Aufklärungspflichten situationsabhängig* und können so auf dieser Ebene durchaus Verhaltensweisen und Erklärungen des Käufers Aufklärungspflichten abmildern oder nicht entstehen lassen. Hierbei können – durchaus nach dem jetzigen Ansatz des BGH – Materialitäts- und Praktikabilitätsgesichtspunkte berücksichtigt werden.

6.156 Während der vorherige Vorstoß nur die c. i. c. durch Verschweigen betrifft, geht *Karampatzos* in einem Aufsatz über die Möglichkeiten von „**Non-Reliance**"-**Klauseln**[191] einen Schritt weiter.[192] Auch seine Argumentation führt allerdings in Abgrenzungsprobleme zwischen verschiedenen Ebenen. Der Kernsatz der untersuchten „Non-Reliance"-Klausel lautet:

> „... the Buyer represents and agrees that neither the Seller nor any of his advisers has made any Representation which is not set out in the Transaction Documents and will not contend to the contrary. For the avoidance of doubt, the Buyer agrees that the Seller and its advisers have no liability to the Buyer for any Representation except those set out in the Transaction Documents, and the Buyer's only rights in respect of any Representations are those rights and remedies set out in this Agreement."[193]

6.157 Unterstellt man, dass anderswo „Representations" so definiert sind, dass sie auch Angaben oder Verschweigen außerhalb des Vertragsdokuments umfassen –

---

189) Nähere Darstellung s. unten Rn. 12.119 ff. Vgl. *Emmerich* in: MünchKomm-BGB, § 311 Rn. 271.
190) *Hasselbach/Ebbinghaus*, DB 2012, 216 li. Sp. Mitte.
191) Nicht mit einer „Non Reliance"-Klausel im hiesigen Sinne ist der „Non Reliance Letter" zu verwechseln, den sich Anwälte geben lassen, wenn sie z. B. einen Due Diligence-Bericht einem Dritten zur Verfügung stellen. Zu der Notwendigkeit und Eignung von „Non Reliance Letters" vgl. *Krebs/Kemmerer*, NZG 2012, 847 ff.
192) *Karampatzos*, NZG 2012, 852 ff. Der Beitrag untersucht wohl primär die Rechtslage nach griechischem Recht, wurde aber in deutscher Sprache und in einer deutschen Zeitschrift veröffentlicht.
193) Hv. v. Vf.

I. C. i. c. (§§ 280 Abs. 1, 311 Abs. 2, 241 Abs. 2 BGB)

sonst macht das Ganze keinen Sinn –, dann ist die Pointe der Klausel, dass sie nicht nur eine Tatsachenbehauptung aufstellt, sondern auch eine Verpflichtung des Käufers beinhaltet, sich nicht anders zu besinnen und später das Gegenteil zu behaupten („not contend to the contrary"). Man könnte auch sagen: Es soll einfach deklariert werden, dass die Tatbestandsvoraussetzungen einer Anspruchsnorm nicht vorliegen. Deshalb muss die Anspruchsnorm, die, wenn die Voraussetzungen doch vorlägen, ein Recht gewährte, nicht selbst angegangen werden.

Karampatzos sieht das nicht anders. Zweck der Erklärung sei es, „den Verkäufer zu schützen vor einer im Nachhinein vorgebrachten Behauptung des Käufers, dass es außer den schriftlichen auch noch mündliche Versicherungen gegeben habe".[194] Gegenstand der Klausel sei nicht, dass „der Verkäufer (offen) von seiner Haftung befreit wird ... wo er ... seine vertraglichen Pflichten nicht erfüllt, sondern dass der Käufer bewusst anerkennt, dass .... auf seine Person nicht das Merkmal der ... unzulässigen Irreführung zutrifft ...".[195] An anderer Stelle heißt es, die Parteien wollten in dieser „Risikoübernahmeklausel" das Risiko regeln, „dass der Käufer im Nachhinein ... die Behauptung aufstellt, dass trotz seiner mit der Klausel ... abgegebenen Erklärung seine Informierung ... nicht den Tatsachen entsprechend ... wäre und (dies) ... auf eine Täuschungshandlung des Verkäufers bei den Vertragsverhandlungen zurückzuführen sei."[196] All dies zeigt, dass der Kern des Ansatzes von *Karampatzos* ist, dass **verbindlich Tatsachen weggeleugnet** werden können sollen. Auf diesen „Kniff" sollte aber das deutsche Recht (vermutlich auch das griechische) nicht hereinfallen. Wenn bestimmte grundlegende Regelungen – ausnahmsweise – dem Zugriff von Vertragspartnern entzogen sind, dann können sie auch nicht verbindlich vereinbaren bzw. fingieren, dass die Tatbestandsvoraussetzungen dieser Normen nicht vorliegen.

6.158

So kann auch nicht eine Partei eines M&A-Vertrages der anderen im Voraus Freiraum für eine vorsätzliche Irreführung eröffnen. Dies ist mit § 276 Abs. 3 BGB nicht vereinbar.[197] Entsprechend kann der Ansatz von *Karampatzos* zur Einengung der zwingenden Vorsatzhaftung keinen Erfolg haben.

6.159

Aus **§ 276 Abs. 3** und **§ 278 Satz 2 BGB** *e contrario* ergibt sich, dass – bei Individualverträgen – zwar nicht die Haftung für den Vorsatz des Schuldners, aber die für Fahrlässigkeit des Schuldners und Fahrlässigkeit und Vorsatz von Erfüllungsgehilfen[198] abbedungen werden kann. Diese Möglichkeiten, die grundsätzlich

6.160

---

194) *Karampatzos*, NZG 2012, 852, 856.
195) *Karampatzos*, NZG 2012, 852, 856.
196) *Karampatzos*, NZG 2012, 852, 860.
197) Im Ergebnis so auch *Grigoleit* in: Schulze/Ebers/Grigoleit, Informationspflichten und Vertragsschluss im Aquis Communautaire, S. 226; *Huber*, AcP 202 (2002), 208; *Dauner-Lieb/Thiessen*, ZIP 2002, 110; *Holzapfel/Pöllath*, Unternehmenskauf in Recht und Praxis, Rn. 744.
198) Organe von Kapitalgesellschaften fallen nicht unter das Privileg des § 278 Satz 2 BGB (Palandt-*Grüneberg*, BGB, § 278 Rn. 42).

auch bei deliktischer Haftung bestehen,[199] werden in M&A-Verträgen häufig zur Beschränkung der Haftung des Verkäufers für Erfüllungsgehilfen eingesetzt.[200]

6.161 Es bleibt hier freilich die Ungewissheit, ob nicht in manchen Fällen, in denen so sogar die Haftung für zuzurechnendes vorsätzliches Verhalten von Erfüllungsgehilfen vermieden werden konnte, nicht auf einem anderen Weg doch eine Vorsatzhaftung des Verkäufers aufgrund einer Wissenszurechnung eingreifen kann. Selbst bei fehlendem persönlichen Vorsatz des Verkäufers kann eine Wissensorganisationshaftung/Wissenszurechnung bekanntlich zur Bejahung von Vorsatz bzw. Arglist führen – und hier gibt es keine „Erleichterungsnorm" wie sie § 278 Satz 2 BGB sie darstellt. Diese Fragen werden im Zusammenhang mit der Verhaltens- bzw. Wissenszurechnung weiter behandelt.[201]

10. Beweislastfragen zum Unrechtstatbestand einer c. i. c.

6.162 Die primäre Beweisfrage bei Streitigkeiten um das Vorliegen einer c. i. c. durch eine Falschangabe ist, ob der Verkäufer die entsprechende falsche Angabe gemacht hat. Hier trägt der Käufer, was etwa Angaben zu Umsätzen angeht, nicht nur die Darlegungs- und Beweislast dazu, dass Angaben gemacht wurden, sondern auch zu ihrer Unrichtigkeit. In einem Urteil aus dem Jahre 1999 hat der BGH daher ein Berufungsurteil des OLG Nürnberg zum Verkauf einer Anwaltskanzlei aufgehoben, in dem das OLG Nürnberg den Vortrag des Käufers zu angeblich unrichtigen Verkäuferangaben mangels detaillierten Bestreitens des Verkäufers – nach Ansicht des BGH – vorschnell als unstreitig angesehen hatte.[202]

6.163 Wenn eine c. i. c. durch Verletzung einer Aufklärungspflicht geltend gemacht wird, muss das **Unterbleiben der Aufklärung** dargelegt und bewiesen werden. Die **Darlegungs- und Beweislast trägt der Käufer**; dabei muss er allerdings nicht alle theoretisch denkbaren Möglichkeiten einer Aufklärung ausräumen, sondern es genügt, wenn er die von dem Verkäufer vorzutragende konkrete, d. h. räumlich, zeitlich und inhaltlich spezifizierte Aufklärung widerlegt.[203] Die Darlegungs- und Beweislast des Käufers umfasst auch, „ob ein durch die Täuschung hervorgerufener Irrtum vor Schadenseintritt durch Aufklärung beseitigt worden ist oder nicht".[204] Bei Arglist bzw. Vorsatz umfasst sie schließlich, dass der Verkäufer wusste oder damit rechnete, dass der Käufer den Mangel

---

199) Palandt-*Grüneberg*, BGB, § 276 Rn. 35.
200) S. unten Rn. 8.226; s. ergänzend Rn. 8.169.
201) S. unten Rn. 8.132, 8.223.
202) BGH v. 3.2.1999 – VIII ZR 14/98, NJW 1999, 1404.
203) BGH v. 20.10.2000 – V ZR 285/99, ZIP 2000, 2257.
204) BGH v. 22.10.1976 – V ZR 247/75, WM 1976, 1330.

I. C. i. c. (§§ 280 Abs. 1, 311 Abs. 2, 241 Abs. 2 BGB)

nicht kannte oder bei Kenntnis den Vertrag möglicherweise nicht – oder nicht mit dem gleichen Inhalt – abgeschlossen hätte.[205]

Der Käufer muss auch die **Voraussetzungen des Bestehens einer Aufklärungspflicht** darlegen und beweisen. Wenn sich diese ohne weiteres aus Unternehmenswertbeeinträchtigungen bei dem Zielunternehmen, etwa aus besonders hohen Risiken, ergibt, ist nur die Darlegung und ggf. der Beweis der Kenntnis des Verkäufers hiervon erforderlich. Soweit Aufklärungspflichten dadurch erweitert worden sein sollen, dass der Verkäufer **Kenntnisse über Interessen oder subjektive Merkmale** (Absichten, Wissen) **des Käufers** erlangte, trägt der Käufer auch die Darlegungs- und Beweislast hierfür.

6.164

In dem *Fallbeispiel „Ungenaue Plankostenrechnungen"* (BGH v. 23.11.1979 – I ZR 161/77, DB 1980, 679 = LM § 123 Nr. 56) war die Frage, ob die Verkäufer hinreichend konkrete Kenntnisse hatten, aus denen sich eine Aufklärungspflicht gegenüber den Käufern ergab. Die Käufer hatten im Jahre 1970 die Hälfte des Aktienkapitals erworben. Sie gaben der AG wegen einem Liquiditätsengpass ein Darlehen i. H. von 1,5 Mio. DM.[206] Im Dezember 1973 erwarben sie weitere Aktien, im Mai und Juli 1974 nahmen sie Angebote der Käufer zum Erwerb der restlichen Aktien an. Noch nicht einmal zwei Wochen nach Annahme des letzten Angebots, im August 1974, beantragte die AG die Eröffnung des Vergleichsverfahrens, im September 1974 wurde das Konkursverfahren eröffnet. Die Käufer fochten nun die Aktienkäufe aus 1973 und 1974 nach § 123 BGB an und verlangten Kaufpreisrückzahlung oder Schadensersatz in gleicher Höhe.

6.165

Das OLG Düsseldorf erhob Beweis dazu, inwieweit die Verkäufer bewusst Tatsachen verschwiegen hatten, die einer Auskunftspflicht unterlagen.[207] Diese Beweisaufnahme bestätigte nach Auffassung des Gerichtes die Behauptungen der Käufer nicht, dass für die Verkäufer bereits im September 1973 ein Verlust von etwa 1 Mio. DM und im Dezember 1973 von mindestens 2 Mio. DM erkennbar gewesen sei. Tatsächlich waren, wie drei Zeugen, darunter der Leiter der Abteilung Kostenrechnung der AG, aussagten, den Verkäufern monatlich Gegenüberstellungen von Finanzdaten vorgelegt worden. Das OLG Düsseldorf meinte aber, dass dieses „Zahlenmaterial der monatlichen Plankostenrechnungen, das sich allein auf Kosten und Umsätze bezogen habe, ohne Hinzunahme und Kenntnis anderer Faktoren, wie beispielsweise Kostensteigerungen, Warenbestand und Rohstoffbestand, nicht geeignet gewesen sei, auch nur *mit annähernder Sicherheit* einen *bestimmten* Geschäftsverlust zu ermitteln"[208] (Kursivdruck hinzugefügt), und wollte

---

205) OLG Saarbrücken v. 28.2.2002 – 1 U 208/02, OLGR 2002, 404, 405 li. Sp. Mitte.
206) BGH v. 23.11.1979 – I ZR 161/77, DB 1980, 679, 680 re. Sp. oben.
207) BGH v. 23.11.1979 – I ZR 161/77, DB 1980, 679, 680 li. Sp. oben.
208) BGH v. 23.11.1979 – I ZR 161/77, DB 1980, 679, 680 li. Sp. unten.

daher nicht feststellen, dass der Verkäufer Verluste für 1973 in bekannter oder erwarteter Höhe verschwiegen habe.[209] Es wies die Klage ab.

6.166 Auch wenn der BGH diese Argumentation durchgehen ließ, ist sie eher nicht überzeugend, weil u. U. die von dem OLG – als Voraussetzung für eine Aufklärungspflicht – aufgestellten Anforderungen an Konkretheit und Genauigkeit der Kenntnisse der Verkäufer über eine Negativentwicklung überhöht waren,[210] indem eine annähernd sichere Kenntnis eines „bestimmte(n) Geschäftsverlusts" verlangt wurde. Warum soll aber nicht auch ein noch nicht mit annähernder Sicherheit bestimmbarer – aber erkennbar erheblicher – Geschäftsverlust offenbarungspflichtig sein? Und warum soll es Verkäufern zum Vorteil gereichen, dass sie offenbar ein schlechtes Berichtswesen besaßen und sich auch durch vorgelegte negative Plankostenrechnungen nicht veranlasst sahen, sich wenigstens danach einen verlässlichen Überblick zu verschaffen? Das Gegenteil glaubte das OLG Düsseldorf aus eigener Sachkunde beurteilen zu können.

11. Verjährung von Ansprüchen aus c. i. c.

6.167 Grundsätzlich müsste die dreijährige Regelverjährung des § 195 BGB mit Verjährungsbeginn nach § 199 BGB gelten. Nach der h. M. sollen Ansprüche wegen unrichtiger Angaben, z. b. i. R. der Due Diligence, indessen nach § 438 Abs. 1 Nr. 3, Abs. 2 BGB in zwei Jahren nach Übergabe verjähren.[211] Dieser Ansicht ist nicht zu folgen. Die Sachmängelgewährleistung ist ohnehin das für Unternehmenswertbeeinträchtigungen am wenigsten passende Rechtsregime und sollte deshalb nicht den Takt bei der Verjährung vorgeben. Zudem würde sich ein Auseinanderfallen mit der Verjährung deliktischer Ansprüche mit dreijähriger Regelverjährung ergeben.

II. Arglistanfechtung gemäß § 123 BGB

6.168 In zahlreichen Fällen, in denen wegen Unternehmenswertbeeinträchtigungen Ansprüche aus c. i. c. erhoben werden, wird auch eine Arglistanfechtung erklärt. Der sich hieraus ergebende Anspruch aus § 812 BGB steht dem Käufer neben einem Anspruch aus vorsätzlichem Verschulden beim Vertragsabschluss zu.[212]

6.169 *Fallbeispiel „Werbeagentur"* (BGH v. 15.6.2005 – VIII ZR 118/03 BeckRS 2005, 30358080)

Beim Verkauf einer Werbeagentur war in einer vor Vertragsabschluss dem Käufer übergebenen Kurzübersicht eine, dem Verkäufer bekannt, unein-

---

209) BGH v. 23.11.1979 – I ZR 161/77, DB 1980, 679, 680 li. Sp. oben.
210) Abgesehen davon, dass sie zu changieren scheinen.
211) *Beisel/Klumpp*, Der Unternehmenskauf, S. 40. BGH v. 12.11.2010 – V ZR 181/09, ZIP 2011, 383; *Emmerich* in: MünchKomm-BGB, § 311 Rn. 214; *Unberath* in: Bamberger/Roth, BGB, § 280 Rn. 77; *Fikentscher-Heinemann*, Schuldrecht, Rn. 92; *Canaris*, Karlsruher Forum 2002, S. 99.
212) BGH v. 3.2.1999 – VIII ZR 14/98, NJW 1999, 1404, 1405 re. Sp. Mitte m. w. N.

bringliche Forderung über 71.465,05 DM enthalten, aber eine Zahlungspflicht über 33.000 DM aufgrund eines gerichtlichen Vergleichs verschwiegen worden. Das OLG Köln hatte eine Anfechtung nach § 123 BGB zunächst daran scheitern lassen, dass der Käufer die Agentur auch erworben hätte, wenn er die Unrichtigkeit der Angaben gekannt hätte.[213] Der BGH hielt dem OLG Köln vor, dass diese Feststellung ohne greifbare Anhaltspunkte getroffen worden sei,[214] und hob das Urteil schon deshalb auf (ohne dass es auf die Darlegungs- und Beweislast ankam).

Die Sachfragen des Vorliegens einer Täuschung und von Arglist stellen sich i. d. R. genauso wie bei der c. i. c., so dass auf die dortige Behandlung verwiesen werden kann. Ein vertraglicher Ausschluss von § 123 BGB im Voraus ist unwirksam.[215]   6.170

Bei der Arglistanfechtung ist zunächst die Anfechtungsfrist des § 124 BGB – ein Jahr ab Entdeckung der Täuschung – maßgeblich. Diese Frist kann nach den in § 124 Abs. 2 BGB genannten, für die Verjährung geltenden Regelungen gehemmt werden. Nach erfolgter Anfechtung gilt für den Anspruch aus § 812 BGB i. d. R. die Regelverjährung des § 195 BGB;[216] dem Käufer kommt i. d. R. § 819 Abs. 2 BGB zugute.[217]   6.171

III. § 823 Abs. 2 BGB i. V. m. § 263 StGB, § 826 BGB

1. Haftung eines erweiterten Personenkreises

Die Erhebung deliktischer Ansprüche hat auch gegenüber der c. i. c. den Vorteil, dass u. U. Ansprüche gegen einen erweiterten Personenkreis erhoben werden können. Bei der c. i. c. ist zunächst nur der Verkäufer passiv legitimiert; gegen andere Personen, insbesondere **Organe**, **Berater** oder **Gesellschafter**, können Ansprüche nur bei Vorliegen der relativ engen Voraussetzungen einer Sachwalterhaftung – Inanspruchnahme besonderen persönlichen Vertrauens oder Bestehen eines besonderen eigenen Interesses[218] – erhoben werden. Demgegenüber kommt der Deliktsgläubiger in den Vorzug des relativ weiten Vorsatzbegriffs – und greifen zudem die §§ 830, 840 BGB, ggf. i. V. m. mit den §§ 25–27 StGB, ein, wonach jeder Täter und Teilnehmer als Gesamtschuldner haftet.[219] Anderseits ist § 278 BGB nicht anwendbar.[220]   6.172

---

213) BGH v. 15.6.2005 – VIII ZR 118/03, UG I. a. E. BeckRS 2005, 30358080.
214) BGH v. 15.6.2005 – VIII ZR 118/03, unter II. 2. BeckRS 2005, 30358080.
215) Der BGH v. 17.1.2007 – VIII ZR 37/06, ZIP 2007, 1271, hat einen solchen Ausschluss schon in dem in der Rechtsfolgenklausel enthaltenen Satz „Ausgeschlossen ist das Recht [des Käufers], Rückgängigmachung des Vertrages zu verlangen" gesehen.
216) Palandt-*Ellenberger*, BGB, § 195 Rn. 5.
217) *Kramer* in: MünchKomm-BGB, § 123 Rn. 33.
218) S. unten Rn. 13.168.
219) S. etwa das Fallbeispiel Rn. 12.213 f.
220) BGH v. 22.10.1976 – V ZR 247/75, WM 1976, 1330.

2. Zurückhaltende Rechtsprechung der Zivilgerichte zu § 263 StGB

6.173 Der Betrugstatbestand des § 263 StGB ist ein intellektuell beeindruckendes Kunstprodukt.[221] Wenn man in Lehrbüchern, etwa dem von *Arzt/Weber/ Heinrich/Hilgendorf*,[222] oder in Kommentaren über seine Tatbestandsvoraussetzungen nachliest, kann man nicht anders, als von der Vielzahl, der auf seiner Grundlage filigran und exakt gebildeten Unter- und Unter-Unter-Fallgruppen, beeindruckt zu sein. Die Betrugs-Dogmatik scheint auf alle Lebenssachverhalte eine kluge und in der Sache überzeugende Antwort zu haben.

6.174 Wer in der Wirklichkeit vor Zivil- oder Schiedsgerichten einen Anspruch auf § 263 StGB, § 823 Abs. 2 BGB stützen möchte, wird aber häufig enttäuscht und muss bisweilen lernen, dass in der Kasuistik des Betruges Höchstleistungen der Rechtsprechung gesammelt sind, aber dass sich die Entscheidungspraxis nicht unbedingt in jedem Einzelfall wieder auf dieses Niveau aufschwingen *möchte*. Die Bereitschaft, von den Möglichkeiten des Betrugstatbestandes Gebrauch zu machen, ist zum Teil gering.[223] Dies zeigt auch das in der Folge dargestellte Fallbeispiel, bei dem es um Täuschungen der Käuferseite ging.

6.175 *Fallbeispiel „Wärmeanlagenbau Berlin (WBB)"* (KG v. 2.7.2002 – 9 U 2711/99)

Der Fall gilt als größter wirtschaftskrimineller Vorgang im Zusammenhang mit der Privatisierungstätigkeit der Treuhandanstalt. Er war Gegenstand des Treuhanduntersuchungsausschusses des Bundestages,[224] zahlreicher Presseveröffentlichungen[225] und führte zu strafrechtlichen Verurteilungen zuerst des Rechtsanwalts des Haupttäters und dann der beiden ehemaligen Ost-Geschäftsführer der WBB zu etwa dreijährigen Freiheitsstrafen. Der Haupttäter *Michael Rottmann*, der nach einem Vergleich 50 Mio. € an die Treuhandanstalt zu zahlen hatte, war ab Mitte der 90er Jahre zunächst flüchtig und hielt sich seit Beginn des neuen Jahrtausends an bekannter Anschrift in der Nähe von London auf. Nachdem er – nach annähernd zehnjähriger Dauer des Auslieferungsverfahrens – im Jahre 2009 nach Berlin ausgeliefert worden war, wurde er ebenfalls zu etwa drei Jahren Gefängnis verurteilt. Der BGH hob das Urteil im Jahre 2010 wegen Verjährung auf.

---

221) *Arzt*, Strafrecht Besonderer Teil, Vermögensdelikte (Kernbereich), 1978, S. 119.
222) *Arzt*, Strafrecht Besonderer Teil, Vermögensdelikte (Kernbereich), 1978, S. 119 ff.
223) Allerdings sehr überzeugend LG München v. 28.4.2005 – 23 U 4675/04 (Comrad), ZIP 2005, 1141. Das OLG Köln gab im Jahre 1994 – in einem einfach gelagerten Fall – vgl. Darstellung Rn. 12.168 – einer Klage aufgrund von § 826 BGB statt, weil über eine Umsatzsteuerzahlungspflicht getäuscht worden war, OLG Köln v. 18.3.1994 – 6 U 211/93, NJW-RR 1994, 1064.
224) BT-Drucks. 13/10900, S. 268 f.
225) „Mit Plan in die Pleite", Der Spiegel 30/1995, S. 67 f.; „Zehn Disketten für Waigel", Der Spiegel 50/1997, S. 129 f.; „Kaufhaus des Ostens", Der Spiegel 45/2010, S. 70 f.

III. § 823 Abs. 2 BGB i. V. m. § 263 StGB, § 826 BGB

Der Fall warf Fragen des § 823 Abs. 2 BGB i. V. m. § 263 StGB sowie § 266 StGB ebenso wie schadensrechtliche Fragen auf. Hier werden zunächst die im Zusammenhang mit § 823 Abs. 2 BGB i. V. m. § 263 StGB dargestellt: Die schweizerische Chematec AG erwarb 1991 die WBB, eine GmbH, von der Treuhand. Die WBB hatte erhebliche Bankguthaben und Immobilien im Wert von 250 Mio. DM. Im Sommer 1993 war der Geschäftsbetrieb der Zielgesellschaft nahezu eingestellt. Die Bankguthaben waren verschwunden und die Immobilienwerte – durch Grundschulden – versilbert. Die Darlehensvaluta war ebenfalls verschwunden.

Die Chematec, ihre Vertreter und die damaligen WBB-Geschäftsführer hatten schon während der Verhandlungen verschiedene Verhaltensweisen gezeigt, die u. U. zu Ansprüchen nach den § 823 Abs. 2 BGB i. V. m. § 263 StGB führen konnten. So hatte sie während der Verhandlungen zwei *positive Bestätigungen von Schweizer Banken zu ihrer finanziellen Lage vorgelegt*, obwohl sie damals überschuldet und zahlungsunfähig war (der Kaufpreis von 2 Mio. DM wurde über ein Darlehen der Zielgesellschaft finanziert). Weiter behauptete sie in einem Unternehmensprofil unrichtig, in ihrer Gruppe *weltweit fast 300 Mitarbeiter* zu beschäftigen. Während der Verhandlungen mit der Treuhand hatten sodann die beiden Ost-Geschäftsführer der WBB, die den Verkauf an die Chematec nachdrücklich empfahlen, *verschwiegen*, dass sie schon je *20 % an der Chematec erworben* hatten. Sie hatten auch bei der Erstellung der DM-Eröffnungsbilanz das erhebliche *Immobilienvermögen*, das nach dem einschlägigen Gesetz[226] mit Marktpreisen zu bewerten war, *drastisch unterbewertet*, obwohl ein Gutachten vorlag, das den richtigen Wert auswies. Die beiden Geschäftsführer hatten schließlich ebenfalls vor dem Kauf, gemeinsam mit den anderen drei Gesellschaftern eine Vereinbarung geschlossen, wonach jedem von ihnen kurz nach dem Erwerb *5 Mio. sFr.* aus dem Unternehmensvermögen zufließen sollte; auch diese wurde – verständlicherweise – verschwiegen (wenn auch nach dem Erwerb buchstabengetreu umgesetzt).

Der Ertragswert der Zielgesellschaft bei Unternehmensfortführung wäre negativ gewesen; der Liquidationswert hätte noch etwa 50 Mio. DM betragen.

Unter dem Gesichtspunkt der § 823 Abs. 2 BGB i. V. m. § 263 StGB ist hier bemerkenswert, dass alle mit dem Vorgang befassten Zivil- und Strafgerichte übereinstimmend die zuvor geschilderten Verhaltensweisen entweder schon *nicht* als Täuschungen i. S. von § 263 StGB (etwa mangels Offenbarungspflichten der Geschäftsführer) ansahen oder eine Kausalität für die Verkaufsentscheidung oder schließlich die Verursachung eines Schadens der Treuhandanstalt verneinten.[227] Die Durchsicht der Rechtsprechung und Literatur führt aber wohl – je-

6.176

---
226) Gesetz über die Eröffnungsbilanz in Deutscher Mark und die Kapitalneufestsetzung (D-Markbilanzgesetz – DMBilG) v. 23.9.1990.
227) KG v. 2.7.2002 – 9 U 2711/99, S. 82 ff. insb. 88–96.

denfalls auch – zu zahlreichen Ansätzen, hier Täuschungen zu bejahen. Ebenfalls bemerkenswert ist, dass auch keine Offenbarungspflicht der Geschäftsführer gegenüber ihrem Gesellschafter, bezüglich ihrer erheblichen Beteiligung an der Käufergesellschaft und ihrer zusätzlichen Motivation durch die Abrede betreffend die 5 Mio. sFr., angenommen wurde.[228]

6.177 Im *ICC-Fall 12021, 2003*[229] erwarb ein englischer Verkäufer von einem französischen Verkäufer die Mehrheitsbeteiligung an einem Unternehmen, das kurz darauf insolvent war. Der Käufer warf dem Verkäufer Betrug („*dol*" i. S. v. 1116 Code Civil) vor und machte nach 1382 Code civil Schadensersatz geltend. Das Schiedsgericht hielt fest, dass ein Opfer eines „*dol*", statt sich auf die daraus folgende Nichtigkeit des Vertrages zu berufen, nach seiner Wahl auch „une indemnisation pécuniaire qui peut prendre la forme de la restitution de l'excès de prix qu'elle à été conduite à payer"[230] verlangen kann. Das Schiedsgericht hat jedoch die Haftungsvoraussetzungen verneint.[231]

6.178 Im *ICC-Fall 14235, 2008* wurde das verkaufte Zielunternehmen aufgrund eines Ingenieurs- und Bauvertrages von einem Dritten in Anspruch genommen und der Verkäufer machte diesbezüglich Schadensersatzansprüche gegen den Verkäufer geltend. Um eine Verjährung von Garantieansprüchen, die dem französischen Recht unterlagen, zu überwinden, berief sich der Käufer auf Betrug („*dol*" i. S. von 1116 Code Civil); allerdings scheiterte er auch hier.[232]

3. Verjährung deliktischer Ansprüche

6.179 Deliktische Ansprüche verjähren in der Regelverjährung nach §§ 195, 199 BGB.[233]

---

228) Der Autor, der den Rechtsstreit von der Berufungsinstanz an geführt hat, sieht von einer weitergehenden Kritik ab. Die Verneinung des Schadens wurde in der Sache entweder darauf gestützt, dass es der Treuhandanstalt nicht auf monetäre Gewinne angekommen sei – auch dieses Argument ist fraglich –, oder darauf, dass eine Differenz zwischen dem Kaufpreis von 2 Mio. DM und dem Wert der WBB, deren Liquidationswert laut einem Gutachten ca. 50 Mio. DM betragen hatte und der immerhin, wenn auch zulasten ihrer Gläubiger ca. 250 Mio. DM entzogen werden konnten, bestanden habe. Dies wurde damit begründet, dass bei der Bewertung der WBB aus Gründen des „in dubio pro reo" für juristische Zwecke das Ertragswertverfahren anzuwenden und der Liquidationswert nicht zu berücksichtigen sei. Ausdrücklich in diesem Sinne BGH v. 11.9.2003 – 5 StR 524/02, wistra 2003, 457. Dazu s. ausführlicher Fn. zu Rn. 11.40.
229) ICC-Fall 12021, 2003, ICC International Court of Arbitration Bulletin, Vol. 24, No. 1, 2013, S. 113 f.
230) ICC-Fall 12021, 2003, ICC International Court of Arbitration Bulletin, Vol. 24, No. 1, 2013, S. 114 re. Sp. Mitte. Die Formulierung ist als Zitat von Cass. com. 27. mai 1997, No. 95-15.930 JCP éd. E 1997, I, No. 710, No. 5 ausgewiesen. Die Formulierung entspricht der Minderungsrechtsprechung des BGH bei der c. i. c.
231) ICC-Fall 12021, 2003, ICC International Court of Arbitration Bulletin, Vol. 24, No. 1, 2013, S. 117 li. Sp. unten.
232) ICC-Fall 12021, 2003, ICC International Court of Arbitration Bulletin, Vol. 24, No. 1, 2013, S. 119 ff., 127 re. Sp. unten.
233) Palandt-*Heinrichs*, BGB, § 195 Rn. 4.

7. Kapitel Sachmängelhaftung

Übersicht

I. Hintergrund 7.1
II. Nichtanwendung des Sachmängelrechts auf Sachmängel 7.5
III. Anwendung des Sachmängelrechts auf Nicht-Sachmängel 7.23
   1. Voraussetzungen der Haftungserweiterung beim Share und Asset Deal 7.23
   2. Unternehmen und Unternehmensträger 7.25
   3. Zur analogen Anwendung des Sachmängelrechts auf Unternehmenswertbeeinträchtigungen 7.36
     a) Rechtsprechung des RG und BGH 7.37
     b) Selbstkorrektur: Raum für die c. i. c. 7.50
     c) Lage nach Schuldrechtsreform 7.54
     d) Quantitätsmängel als Sachmängel 7.56
   4. Vereinbarung einer Beschaffenheit oder Fingierung einer Beschaffenheitsvereinbarung? 7.58
IV. Sachmängelrecht und Unternehmenswertbeeinträchtigungen 7.64
V. Verjährungsfragen bei Ansprüchen aus dem Sachmängelrecht.... 7.81

Literatur: *Baur*, Die Gewährleistungshaftung des Unternehmensverkäufers, BB 1979, 381; *Berger*, Der Beschaffenheitsbegriff des § 434 Abs. 1 BGB, JZ 2004, 276; *Canaris*, Leistungsstörungen und Gewährleistung beim Unternehmenskauf nach der Reform des deutschen Schuldrechts, in: Festschrift für Apostolos Georgiades, 2006, S. 71; *v. Drygalski*, BGB und Unternehmenskauf oder die Möglichkeit eines kurzen deutschen Unternehmenskaufvertrages, in: Festschrift Pöllath + Partners, 2008, S. 51; *Eidenmüller*, Rechtskauf und Unternehmenskauf, ZGS 2002, 290; *Elsing*, Das Interesse beim Schadensersatz Post-M&A-Streitigkeiten am Beispiel der Bilanzgarantie und der culpa in contrahendo, in: Festschrift für Wilhelm Haarmann, 2015, S. 26; *Ferguson*, The Ascent of Money, 2008; *Grigoleit/Herresthal*, Grundlagen der Sachmängelhaftung im Kaufrecht, JZ 2003, 118; *Gruber*, Neues Kaufrecht – Umsatz- und Ertragsangaben beim Unternehmenskauf, MDR 2002, 433; *Huber*, Die Praxis des Unternehmenskaufs im System des Kaufrechts, AcP 202 (2002), 179; *Kindl*, Unternehmenskauf und Schuldrechtsmodernisierung, WM 2003, 409; *Kleinhenz/Junk*, Der Haftung des Verkäufers für Falschangaben beim Unternehmensverkauf, JuS 2009, 787; *Knott*, Unternehmenskauf nach der Schuldrechtsreform, NZG 2002, 249; *Lange*, Ungelöste Rechtsfragen der gesetzlichen Gewährleistungshaftung, ZGS 2003, 300; *Larisch*, Gewährleistungshaftung beim Unternehmens- und Beteiligungskauf, 2004; *Lorenz*, Der Unternehmenskauf nach der Schuldrechtsreform, in: Festschrift für Andreas Heldrich, 2005, S. 305; *Müller*, Einfluss der Due Diligence auf die Gewährleistungsrechte des Käufers beim Unternehmenskauf, NJW 2004, 2196; *Picot*, Unternehmenskauf und Sachmängelhaftung, DB 2009, 2587; *Picot*, Entwicklungen des Unternehmenskaufrechts im deutschen Bürgerlichen Recht, in: Müller-Stewens/Kunisch/Binder, Merger&Acquisitions, 2010, S. 514; *Redeker*, Die Verkäuferhaftung beim Unternehmens- und Grundstückskauf. Die Grenzziehung zwischen Gewährleistungs- und Informationshaftung, NJW 2012, 2471; *Schmitz*, Mängelhaftung beim Unternehmenskauf nach der Schuldrechtsreform, RNotZ 2006, 561; *Seibt/Schwarz*, Fortgeschrittenenklausur – Zivilrecht: Sachmängelgewährleistung und Verschulden bei Vertragsverhandlungen beim Unternehmenskauf, JuS 2012, 43; *Weigl*, Die Auswirkungen der Schuldrechtsreform auf den Unternehmenskauf, DNotZ 2005, 246; *Weitnauer*, Der Unternehmenskauf nach neuem Kaufrecht, NJW 2002, 2511; *Wolf/Kaiser*, Die Mängelhaftung bei Unternehmenskauf nach neuem Recht, DB 2002, 411; *Wunderlich*, Die kaufrechtliche Haftung beim asset deal nach dem SchuldRModG, WM 2002, 981.

7. Kapitel Sachmängelhaftung

I. Hintergrund

7.1 Explizite Beschaffenheitsvereinbarungen, etwa der gezielte Einsatz von „Beschaffenheitslisten" i. S. von § 434 Abs. 1 Satz 1 BGB wie sonst Garantielisten, oder eine explizite Bezugnahme auf die Sachmängelhaftung sind in M&A-Transaktionen selten. *v. Drygalsky* hat zwar erwogen, in diesem Sinne Unternehmenskäufe rein nach deutschem Kaufrecht vermittels Beschaffenheitsvereinbarungen i. S. von § 434 Abs. 1 Satz 1 BGB durchzuführen,[1] aber dies ist wohl eine Gedankenübung geblieben. In der Praxis spielen so Beschaffenheitsvereinbarungen bzw. ein bewusstes Abstellen auf kaufrechtliche Regularien als **konstruktives Gestaltungsmittel** in M&A-Verträgen weiterhin **kaum eine Rolle**.[2] Wahrscheinlich ist sogar – selbst wenn die Schuldrechtsreform das Kaufrecht für M&A-Transaktionen tatsächlich verwendbarer machen wollte[3] – eine weiter abnehmende Bedeutung des kaufrechtlichen Sachmängelrechts bei M&A-Transaktionen anzunehmen. Bis in die achtziger Jahre mag es in Deutschland noch Verkäufe kleiner und mittelständischer Unternehmen gegeben haben, die nur durch diejenigen Steuerberater und Notare begleitet wurden, die die betreffenden Familien auch sonst berieten, keinen Anschluss an die Usancen und Stile der angelsächsischen und internationalen M&A-Szene hatten und daher mit der kaufrechtlichen Gewährleistungshaftung operierten. Dies ist heute fast nicht mehr denkbar. Sogar bei Kleinsttransaktionen werden i. d. R. Vertragsmuster benutzt, die das von dem Käufer erwartete Unternehmen und seine relevante Umwelt durch selbstständige Garantien beschreiben. Und wenn doch einmal der eine oder andere Vertragsverfasser daran denken sollte, die Formulierung „der Verkäufer garantiert ..." durch „die Parteien vereinbaren folgende Beschaffenheiten ..." zu ersetzen, zeigen sich schnell Gründe, diesem Impuls schlussendlich doch nicht zu folgen. Einerseits muss er befürchten, dass manches von dem, das er festlegen möchte, – wenn es auch eine **„Beschaffenheit" von irgendetwas**[4] ist – doch **keine Be-**

---

1) *v. Drygalski* in: FS Pöllath + Partners, S. 51 ff.
2) Vielleicht abgesehen von einer Restbedeutung bei Klein- und Kleinsttransaktionen (Verkäufe von Läden-, Restaurants-, Imbissbuden etc. und kleinen freiberuflichen Praxen).
3) *Picot* in: Müller-Stewens/Kunisch/Binder, Merger&Acquisitions, S. 514, 526. Es erscheint aber zweifelhaft, dass sich der deutsche Reformgesetzgeber überhaupt die Aufgabe gestellt haben sollte, ein Phänomen, dessen Internationalität mit der Größe der Transaktionen zunimmt und für das sich – auch wegen seiner Internationalität – aus guten Gründen weltweit ähnliche Vertragspraktiken entwickelt haben, in den „Hafen" des deutschen Kaufrechts zu locken. So ist nur zu logisch, dass *Picot* abschließend ein Scheitern dieses vermeintlichen Vorhabens feststellt (S. 532). Wenig plausibel ist übrigens auch die Vorstellung, die deutsche M&A-Praxis habe sich internationalen Vertragsgestaltungen angeschlossen, weil das deutsche Gewährleistungssystem Mängel hatte (S. 519). Die Rockmusik wäre auch nicht durch bessere deutsche Schlager aufzuhalten gewesen.
4) Ausf. und informativ allerdings *Schmitz*, RNotZ 2006, 561, aus Perspektive eines Notars. *Schmitz* unterschätzt allerdings wohl die Möglichkeit eines Notars, als neutrale Person, bis hin zu mittelständischen Transaktionen M&A-Verträge zu entwerfen (S. 563). Zur Grenze der Möglichkeiten von Beschaffenheitsvereinbarungen nach den verschiedenen Auffassungen s. Rn. 7.54 f.

I. Hintergrund

schaffenheit des Kaufgegenstandes mehr sein könnte. Der Vertragsverfasser würde sich so u. U. ein riskantes Abgrenzungsproblem einhandeln, das durch den Einsatz von Garantien sicher vermieden werden kann.[5] Andererseits würde er sich durch eine Entscheidung für Beschaffenheitsvereinbarungen auf ein **sperriges und eigensinniges Rechtsfolgenregime** – etwa mit einem gesetzlichen Nachbesserungsrecht des Käufers – einlassen, das ihm jedenfalls nicht so verlässlich beherrschbar erscheint, wie die Rechtsfolgen bei Garantien. Je sorgfältiger die Parteien heute die Umstände definieren, die den Sollzustand des Kaufgegenstandes und anderer unternehmenswertrelevanter Umstände bestimmen, umso wahrscheinlicher werden sie dies mit Hilfe von selbstständigen Garantien tun.

Entsprechend werden in der Literatur zumeist die Fragen, die bei einem kautelarjuristischen Einsatz von Beschaffenheitsvereinbarungen auftreten können, eher nur unter der Perspektive von „was-wäre-eigentlich-wenn" – und entsprechend spärlich erörtert.[6] Auch die (oft Weichen stellenden) Fälle, in denen die Rechtsprechung sich nach altem oder neuem Recht damit auseinander zu setzen hatte, welche Umstände von einer analog angewendeten Sachmängelhaftung umfasst sein können, waren i. d. R. keine Fälle, in denen sich die Parteien unzweideutig für das Sachmängelrecht als Gestaltungsinstrument entschieden hatten. Die Eigenschaftszusicherung oder Beschaffenheitsvereinbarung wurde vielmehr i. d. R. aus einfachen schriftlichen oder mündlichen bzw. sogar konkludenten Angaben des Verkäufers entnommen, die gefährlich auf der Kippe standen, noch gar keine „Vereinbarung" dargestellt zu haben, sondern allenfalls eine einseitige Aussage des Verkäufers außerhalb des Vertrages.

7.2

Eine zweite, erhebliche Relevanz des Themas „Beschaffenheitsvereinbarungen" und „kaufrechtliche Sachmängelhaftung" kommt daher, dass es in verschiedenen Zusammenhängen als **störender** und bisweilen **bösartiger Überraschungsfaktor** auftritt. Hier sticht v. a. die bereits erörterte sog. „Sperrwirkung" der Sachmängelhaftung gegenüber der fahrlässigen c. i. c. hervor. Es deutet sich zudem die Gefahr an, dass die Rechtsprechung autonom gemeinte vertragliche Gestaltungen **in Ausgestaltungen der Sachmängelhaftung umdeuten** – und deshalb vermeintlich mit der Sachmängelhaftung verbundene Inhalte in sie hineinlesen könnte.[7] Schließlich besteht die Möglichkeit, dass die Anhänger der analogen Anwendung des Sachmängelrechts auf Unternehmenswertbeeinträchtigungen „Boden gut machen" und den derzeit herrschenden Dualismus („normale" Ga-

7.3

---

5) Er könnte natürlich für die kritischen Themen, deren Eigenschaft als Beschaffenheit des Kaufgegenstandes fraglich ist, Garantien verwenden und i. Ü. Beschaffenheitsvereinbarungen. Aber auch diese Parallelität von Haftungsregimes kann er sich leicht sparen, indem er nur die flexibelste, die Garantien, einsetzt.
6) V. a. *v. Drygalski* in: FS Pöllath + Partners, S. 51 ff. Zum Asset Deal nach der Schuldrechtsreform auch *Wunderlich*, WM 2002, 981 ff.
7) S. die Argumentation in Rn. 13.157.

rantiehaftung und, ausnahmsweise, „pathologische" c. i. c.- und Deliktshaftung) zurückdrängen könnten.

7.4 In der Folge wird zunächst auf eine (zumeist übersehene) **haftungsbeschränkende Wirkung** der analogen Anwendung des Sachmängelrechts beim **Asset Deal** eingegangen, die den nicht so geschäftsgewandten Unternehmenskäufer, der sich treuherzig auf das gesetzliche Kaufrecht verlässt, unangenehm überraschen kann, weil er plötzlich bei zweifelsfrei vorhandenen Sachmängeln schutzloser dasteht als ohne die „analoge Anwendung". Sodann sind die bekannteren **haftungserweiternden Wirkungen** zu erörtern, die sich bei solchen **Asset Deals und Share Deals** ergeben, **bei denen keine Garantien vereinbart** wurden. Abschließend wird die analoge Anwendung des Sachmängelrechts auf Unternehmenswertbeeinträchtigungen einer Kritik unterzogen.

II. Nichtanwendung des Sachmängelrechts auf Sachmängel

7.5 Die Anhänger der analogen Anwendung des Sachmängelrechts sind in ihrem Engagement so leidenschaftlich, dass sie Fälle, in denen die Sachmängelhaftung bei M&A-Transaktionen tatsächlich legitim und vernünftig wäre und sich klar aus dem Gesetz ergibt – wenn bei einem Asset Deal „klassische" Sachmängel vorliegen – verschmähen. Sie betreiben daher eigentlich nicht eine Erweiterung, sondern eine **Verschiebung des Anwendungsbereichs** des Sachmängelrechts. Diese Verschiebung findet nicht in der Fläche – von links nach rechts – sondern gewissermaßen im Raum – von unten nach oben – statt. Der Preis dafür, dem Drang der Anwendung des Sachmängelrechts in höheren Sphären auf Nicht-Sachmängel nachzugeben, ist der, dass ganz evidente (zu banale) Sachmängel „unten" herausfallen.

7.6 Wenn das Dach einer verkauften Lagerhalle undicht ist, wird im Regelfall ein Mangel i. S. von § 434 Abs. 1 Satz 2 BGB vorliegen. Liegt aber auch ein Mangel i. S. von § 434 Abs. 1 Satz 1 oder 2 BGB (oder nach § 434 Abs. 1 Satz 1 BGB) vor, wenn eine **Spedition als Asset Deal** verkauft wird und das Dach der Lagerhalle undicht ist?

7.7 Die naheliegende Antwort wäre: „Gewiss, warum denn nicht?!" An dem physischen Befund ändert sich ja dadurch nichts, dass die Lagerhalle zu einem Unternehmen gehört. Und an der Rechtslage eigentlich auch nichts: Warum sollte sie anders sein, wenn einige LKW etc. mitverkauft werden und Anstellungsverhältnisse nach § 613a BGB mitübergehen?

7.8 Hier bringen die Anhänger der analogen Anwendung des Sachmängelrechts auf Unternehmenswertbeeinträchtigungen zur Rechtfertigung ihrer Sicht nun einen – unten näher zu kritisierenden – **Okkultismus von Sachgesamtheiten** bzw. des **Systems „Unternehmen"** ins Spiel. Die i. d. R. unausgesprochene Über-

II. Nichtanwendung des Sachmängelrechts auf Sachmängel

zeugung: „Das Ganze ist mehr als die Summe der Teile" wird auf eine nicht mehr haltbare[8] Weise entfaltet und zur Quelle von **drei paradoxen Leitsätzen:**
- **Leitsatz 1:** Bei einem Asset Deal sind „die Einzelgegenstände nicht Gegenstand des Kaufvertrages, obwohl ihre Übertragung zu den Pflichten des Verkäufers gehört"[9] (paradoxe Instruktion: Das, was verkauft wird, wird nicht verkauft).
- **Leitsatz 2:** „Ein Handelsgewerbe und die an dasselbe geknüpfte Kundschaft fällt ... weder unter den rechtlichen Begriff der Sache ... noch unter den rechtlichen Begriff des ‚Rechts' im Sinne von § 433 Abs. 1."[10] Ein „Handelsgewerbe mit Kundschaft" ist vielmehr ein „Gut ganz anderer Art", das „weder Recht noch Forderung" und ebenso wenig „Sache" ist.[11] (Paradoxe Instruktion: Es gibt ein Rechtsobjekt, das verkauft werden kann, von dem man nicht sagen kann, was es ist,[12] außer, dass es kein übliches Rechtsobjekt ist).

---

8) Gewiss können Sachgesamtheiten einen Mangel haben, wenn die Einzelteile in Ordnung sind, aber sie nicht auf eine Weise ein Ganzes bilden oder zu einem Ganzen verbunden werden können, dass die Sachgesamtheit funktioniert bzw. die nach § 434 Abs. 1 BGB vereinbarte Beschaffenheit hat oder für die nach Satz 2 Nr. 1 vorausgesetzte oder die gewöhnliche Verwendung nach Satz 2 Nr. 2 geeignet ist (etc.). Allerdings ist dies nur in wenigen Fällen wirklich evident, etwa bei einem *Bausatz für ein Flugzeug*, dem nicht unwichtige Teile fehlen, während die Abgrenzung schon bei den häufig erwähnten Beispielen einer Sitzgruppe, einer Bibliothek, einer Briefmarkensammlung (Staudinger-*Beckmann*, BGB, 2004, § 453 Rn. 58) unsicher wird. Während die *haftungserweiternde Wirkung* des Ansatzes nachvollziehbar ist, ist seine *haftungsbeschränkende Wirkung* nicht mehr plausibel. Warum soll ein Käufer eines Flugzeugs (oder eines PKW) selbstverständliche Mängelrechte haben, wenn sich eine von vier Türen nicht öffnen lässt, während diese Rechte bei einem Käufer eines Bausatzes mit demselben Problem – oder einer Spedition, bei der das Dach von mehreren Hallen schadhaft ist – davon abhängen, ob eine systemische Gesamtschau ergibt, dass die Auswirkungen so gewichtig sind, dass das Ganze, z. B. Unternehmen, „als solches durch sie mangelhaft wird" (Prütting/Wegen/Weinreich-*D. Schmidt*, BGB, § 453 Rn. 32).
9) *H. P. Westermann* in: MünchKomm-BGB, § 453 Rn. 28, unter Bezug auf *Canaris* in: FS Georgiades, S. 71, 80.
10) RG v. 13.3.1906 – II 344/05, RGZ 63, 57, 58 unten.
11) RG v. 13.3.1906 – II 344/05, RGZ 57, 63, 62 oben, 58 unten.
12) Hieran würde sich selbstverständlich nichts ändern, wenn der Gesetzgeber meinen sollte, das nicht klar Denkbare sei ein ‚sonstiger Gegenstand' i. S. von § 453 BGB n. F. Der Gesetzgeber kann beliebige Begriffe zu Gesetzesbegriffen erheben – aber er besitzt nicht die Macht, sie mit einem rationalen Inhalt auszufüllen, wenn sie diesen nicht schon vorher besitzen. Die Behauptung, § 453 BGB habe „die bisher getrennte Behandlung von Asset und Share Deal beendet" (Prütting/Wegen/Weinreich-*D. Schmidt*, BGB, § 453 Rn. 31), dürfte wesentlich zu weit gehen. Auch *H. P. Westermann* wirft die Frage auf, „ob der für die Behandlung von Unternehmenskäufen bislang als zentral wichtig, gewissermaßen als summa divisio betrachtete Unterschied zwischen Beteiligungs- und Unternehmenskauf ... seine entscheidende Kraft voll behalten hat" (*H. P. Westermann* in: MünchKomm-BGB, § 453 Rn. 20), beantwortet diese Frage aber zu Recht wesentlich zurückhaltend. Selbstverständlich bleibt weiter fundamental zwischen Rechts- und Sachkauf zu unterscheiden. Der Unterschied hat überhaupt wenig mit angelsächsischer M&A-Praxis zu tun, sondern ist nichts anderes als die Anwendung des Unterschieds zwischen dem Gesellschaftervermögen und dem Gesellschaftsvermögen, der konstitutiv für die Konstruktion von juristischen Personen und anderen Rechtsträgern ist, auf das „In-Bewegung-Bringen" des einen oder anderen. Demgegenüber sind Fragen der etwaigen analogen Anwendung des Sachmängelrechts „kleine Münze".

- **Leitsatz 3:** Durch Verkauf von Anteilen an einem Unternehmensträger, dessen Verhältnis zu den ihm gehörenden Einzelgegenständen bekanntlich hierdurch unverändert bleibt, wird gleichwohl, wenn die Parteien nur einen entsprechenden *Willen* besitzen, das Unternehmen verkauft, das aus diesen Gegenständen besteht. „Neben den Geschäftsanteilen (an einer GmbH)" kann „ein Verkauf des von ihr betriebenen Geschäftsunternehmens als Ganzes Gegenstand des Kaufes"[13] sein. Dies soll etwa so sein, wenn zu dem Verkauf einer entsprechend hohen Beteiligung, „der Wille der Vertragsschließenden (hinzukommt), dem Erwerber das Unternehmen zu übertragen."[14] Noch eine andere Formulierung lautet, dass der Vertrag neben dem Verkauf der Anteile an der Gesellschaft „auch auf die Veräußerung des von dieser Gesellschaft betriebenen Geschäfts gerichtet" sein müsse.[15] (Paradoxe Instruktion: Der Wille kann Berge versetzen. Es kann ein Verkauf eines „Unternehmens" ohne Verkauf und Übereignung/Abtretung der Elemente stattfinden, aus denen es besteht, und wenn weder eine Übereignung/Abtretung oder Übergabe dieser Elemente geschuldet noch möglich ist, da der Unternehmensträger schon Eigentümer, Inhaber und Besitzer ist und es bleiben soll).[16]

7.9 Diese Paradoxien sind – wie unten[17] ausführlich begründet wird – **zurückzuweisen**. Sie mussten hier schon erwähnt werden, weil so der Gedankengang der h. M. und Rechtsprechung am besten dargestellt werden kann, der zur teilweisen Nichtanwendung des Sachmängelrechts auf Sachmängel beim Asset Deal führt: Die drei Leitsätze ermöglichen es nämlich, beim Verkauf eines Unternehmens ein **Nebeneinander** des **Systems „Unternehmen"** und der **Elemente** zu behaupten, aus denen es besteht. Dies wiederum erlaubt die Annahme, dass die Elemente mangelfrei sind, aber das Unternehmen mangelhaft, oder dass zwar **Elemente mangelhaft** seien, aber das **System „Unternehmen" mangelfrei**.

7.10 Die Denk- und Vorgehensweise der h. M. und Rechtsprechung zeigte sich in einem Fall des OLG Köln, das tatsächlich ein schadhaftes Dach zum Thema hatte.

7.11 *Fallbeispiel „Polygraphisches Unternehmen"* (OLG Köln v. 29.1.2009 – 12 U 20/08, ZIP 2009, 2063, rkr.)

Es wurden Geschäftsanteile einer GmbH verkauft[18], die polygraphische Maschinen herstellte und vertrieb. Im Winter vor dem Vertragsabschluss

---

13) RG v. 23.5.1930 – II 532/29, JW 1930, 3740, 3741 li. Sp. oben.
14) H. P. *Westermann* in: MünchKomm-BGB, § 453 Rn. 23. Erman-*Grunewald*, BGB, 12. Aufl., § 463 Rn. 20, gibt die h. M. so wieder, dass es darauf ankomme, ob beim Verkauf von Mitgliedschaftsrechten „im Grunde' das Unternehmen verkauft ist."
15) RG v. 2.11.1920 – II 162/20, RGZ 100, 200.
16) Richtig demgegenüber Staudinger-*Beckmann*, BGB, 2004, § 453 Rn. 32 „Denn Gegenstand des Kaufes ist beim share deal stets der Geschäftsanteil und nicht das von dieser Gesellschaft betriebene Unternehmen."
17) Rn. 7.64.
18) Insofern wurde die haftungseinschränkende Wirkung der analogen Anwendung des Sachmängelrechts hier nicht so deutlich. Dazu später im Text.

II. Nichtanwendung des Sachmängelrechts auf Sachmängel

hatte es durch das Dach eines als Bürofläche untervermieteten Teils eines Gebäudes hineingeregnet und es war – den winterlichen Verhältnissen geschuldet – nur eine provisorische Notreparatur durchgeführt worden. Nach einem von der klagenden Verkäuferin vorgelegten Sachverständigengutachten, soll auch das Dach eines anderen Gebäudes, der Lagerhalle, mangelhaft konstruiert worden sein. Das OLG sah den Verkauf als Unternehmensverkauf an und referierte ausführlich die Meinungen dazu „wann bei Mangelhaftigkeit eines einzelnen zum Unternehmen gehörenden Gegenstandes das Unternehmen insgesamt als mangelhaft anzusehen ist, und ob in einem solchen Fall die Gewährleistung auch hinsichtlich einzelner mangelhafter Gegenstände gesondert oder nur hinsichtlich des Unternehmens als Ganzem geltend gemacht werden kann."[19] Nach einer Auffassung liege ein Unternehmensmangel ohne weiteres vor, wenn ein einzelner Gegenstand mangelhaft ist. Nach a. A. greife eine Gewährleistung erst ein, wenn ein Mangel eines einzelnen Gegenstandes auf das Unternehmen „durchschlägt indem (er) z. B. dessen wirtschaftliche Grundlagen erschüttert, seine Marktstellung gefährdet oder sonst seine Tauglichkeit als Unternehmen beeinträchtigt."[20] Sichtlich beeindruckt von dem Argument, dass die zweite Auffassung bei dem Verkauf eines Großunternehmens für jeden mangelhaften Bürostuhl und jede einredebehaftete Kundenforderung zu einem Anspruch auf Nacherfüllung, einem Anspruch auf „kleinen" Schadensersatz bzw. einem Minderungsrecht führen würde, schloss es sich der zweiten Auffassung an[21] und *verneinte* das Vorliegen eines Unternehmensmangels, da nicht dargelegt sei, „dass und inwieweit die konstruktiven Mängel sich auf den Betriebsablauf und die Produktion" bzw. „auf den Wert oder die Ertragskraft des Unternehmens" ausgewirkt hätten.[22]

Es lohnt, die Vorgehensweise des Urteils verlangsamt Revue passieren zu lassen: 7.12
Hier wird zunächst – zutreffend – davon ausgegangen, dass es beim **Share Deal**, dem Rechtskauf, keine Sachmängelhaftung gibt. Sodann wird der Rechtskauf als

---

19) OLG Köln v. 29.1.2009 – 12 U 20/08, ZIP 2009, 2063, 2064 re. Sp. unten.
20) OLG Köln v. 29.1.2009 – 12 U 20/08, ZIP 2009, 2063, 2065 li. Sp. Mitte.
21) OLG Köln v. 29.1.2009 – 12 U 20/08, ZIP 2009, 2063, 2065 li. Sp. unten. Sicher wird dem OLG Köln zuzugeben sein, dass das Vorhandensein von kaputten Bürostühlen, einredebehafteten Kundenforderungen – und meist Schlimmerem – zum Normalzustand eines Unternehmens gehört bzw. dass „in einem komplexen Gebilde wie in einem lebenden Unternehmen kleinere Störungen niemals ganz ausgeschlossen werden können." Aber welche Folgen soll das haben?
22) OLG Köln v. 29.1.2009 – 12 U 20/08, ZIP 2009, 2063, 2066 li. Sp. unten. Dem OLG Köln stimmen zu: *Weigl*, DNotZ 2005, 246; *Larisch*, Gewährleistungshaftung beim Unternehmens- und Beteiligungskauf, S. 77 f. m. w. N.; *Picot*, DB 2009, 2587; *Weller*, EWiR 2010, 15. Ablehnend *Wolf/Kaiser*, DB 2002, 411, 414 f. Leider ist das Urteil, obwohl zunächst Revision eingelegt worden war, ohne Sachentscheidung des BGH rechtskräftig geworden.

7. Kapitel Sachmängelhaftung

„Unternehmenskauf"[23] eingeordnet und der Auffassung Folge geleistet, dass eine analoge Anwendung des Sachmängelrechts beim „Unternehmenskauf" möglich ist. Diese Analogie besteht freilich nicht nur einfach darin, dass die Sachmängelhaftung qua Analogie dort gilt, wo sie nach dem Gesetz (zunächst) nicht gilt. Vielmehr findet mit dem „Transport" des Begriffs des Sachmangels aus dem Sachkaufrecht in das Rechtskaufrecht *uno actu* eine Inhaltsänderung des Begriffs „Sachmangel" zu „Unternehmensmangel" statt. Im Rechtskaufrecht wird also nicht der Sachmangelbegriff aus dem Sachkaufrecht, sondern ein modifizierter angewendet. Dieser ist – wie schon erwähnt – auch nicht bloß „weiter" als der originäre Begriff. Er ist „erhöht" und „sphärischer" und umfasst v. a. den originären Begriff nicht einmal als Teilmenge; also fällt der „klassische Sachmangel" bei der analogen Anwendung des Sachmangelrechts durch das Raster – wie es das OLG Köln vorführt.

7.13 Während die vorstehende Logik beim Share Deal noch erträglich sein mag – es wird „nur" eine eigentlich nach dem Gesetz nicht bestehende Haftung beim Rechtskauf unter Auslassung des Ursprungsbereichs der Haftung neu begründet – wäre dasselbe Vorgehen beim **Asset Deal** aber überhaupt nicht mehr begründbar: Die Normen des BGB – wie die §§ 434 ff. BGB – gelten wenn ihre Tatbestandsvoraussetzungen vorliegen. Dann gelten sie unabhängig davon, ob sie einmal oder mehrmals auf parallele Geschäfte Anwendung finden; ein Rechtssatz, dass die Sachmängelhaftung nicht gilt, wenn sich mehrere Sachen (und andere Gegenstände und Vertragsbeziehungen) zu einem „Unternehmen" aufaddieren, kennt das BGB nicht. Gewiss bestünde die Möglichkeit zuzulassen, dass beim Asset Deal neben Unternehmensmängeln doch für Sachmängel zu haften ist – aber dann wäre die Kernthese der analogen Anwendung des Sachmängelrechts auf Unternehmenswertbeeinträchtigungen, der Gleichlauf der einheitlichen Tatbestandsvoraussetzung des „Unternehmenskaufs" und der Folge der Haftung für „Unternehmensmängel" aufgegeben.

7.14 Kurz nachdem die vorstehende Frage kritisch in der 1. Auflage dieses Buches erörtert wurde, hat das „Handbuch für den Unternehmenskauf im Mittelstand" von *Ettinger/Jaques* ebenfalls hier angesetzt. Es weist darauf hin, dass für den Käufer beim Asset Deal aus den vorgenannten Gründen „ein deutliches Risiko" bestünde, „im Falle der Mangelhaftigkeit einzelner Gegenstände keinerlei Rechte ... geltend machen" zu können.[24] Als Berater mittelständischer Transaktionen kommt *Jaques* zu der Empfehlung „neben dem Verkauf des Unternehmens als Gesamtheit ...

---

[23] Schon an dem Begriff „Unternehmenskauf" als Rechtsbegriff sollte man sich stoßen. Der Begriff hat eine wichtige und eine legitime Bedeutung als *wirtschaftswissenschaftlicher Begriff*, aber auch nur hier. Als Rechtsbegriffe sind die Begriffe „Anteilskauf" bzw. „Share Deal", bzw. die Gegenbegriffe „Kauf von Gegenständen" bzw. Asset Deal wesentlich wichtiger. Dies ist Folge davon, dass die Jurisprudenz durch die Erfindung der juristischen Person unterschiedliche Zugriffsformen auf die wirtschaftliche Einheit „Unternehmen" geschaffen hat. Vgl. auch Rn. 7.25 f.

[24] Ettinger/Jaques-*Jaques*, Beck'sches Hdb. Unternehmenskauf im Mittelstand, S. 226, Rn. 11.

II. Nichtanwendung des Sachmängelrechts auf Sachmängel

einzelne, für den Käufer besonders wichtige Vermögenswerte zusätzlich als individuellen Kaufgegenstand zu vereinbaren".[25] Diese Empfehlung ist tatsächlich eine naheliegende Konsequenz aus der (dogmatisch nicht haltbaren) **Verdoppelung** der Sachen und Rechte, aus denen ein Unternehmen besteht und des Unternehmens in **zwei mögliche Verfügungsgegenstände**.[26]

Neben dem vorstehenden und anderen[27] Bedenken lädt sich die h. M. auch noch die rational kaum zu bewerkstelligende und **kaum voraussehbare Entscheidung**[28] auf, ob Mängel an Einzelgegenständen in einen „Unternehmensmangel" umschlagen. Sie verlangt, ein unscharfes und spekulatives Merkmal („wirtschaftliche Grundlage des Unternehmens erschüttern", „durchschlagen" etc.)[29] anzuwenden, das nur anhand einer Art „betriebswirtschaftlicher Systemschau" beurteilt werden kann. Dies lässt viele Fehlurteile und Zufallsentscheidungen erwarten. 7.15

Das Abstellen auf die Frage, ob ein „Unternehmensmangel" vorliegt, ist umso fragwürdiger, als sie **ohne Not** eine **„Alles-oder-Nichts-Entscheidung"** – volle Haftung auf der einen Seite, keine Haftung auf der anderen – erzwingt. Die Rechtsprechung des OLG Köln hätte etwa, wenn das kaufrechtliche Gewährleistungsrecht gegolten hätte, in dem Fall „Gastronomiekette"[30] zu der Entscheidung gezwungen, wie viele Möbel in wie vielen Restaurants in welchem Grad verschlissen sein müssen etc., um plötzlich schlagartig einen Unternehmensmangel zu bejahen. Je nachdem hätte dies zur vollen Haftung oder zur vollen Haftungsfreiheit geführt. 7.16

Im Einzelnen zwingt diese Rechtsprechung in vielerlei kritische Abgrenzungsfragen überwiegend betriebswirtschaftlicher Art hinein: Ab wann besitzt etwa eine soeben gegründete GmbH **schon ein „Unternehmen"** und wann findet also der Umschlag zur Haftung für „Unternehmensmängel" statt? (Beim Share Deal von der Nichthaftung und beim Asset Deal von der Sachmängelhaftung). 7.17

Wie soll mit **nicht betriebsnotwendigem Vermögen**, z. B. einem Gebäude,[31] umgegangen werden, wenn der Verkauf als „Unternehmenskauf" eingeordnet wurde? Erfreut sich das mitverkaufte betriebsnotwendige Vermögen, trotz „Un- 7.18

---

25) Ettinger/Jaques-*Jaques*, Beck'sches Hdb. Unternehmenskauf im Mittelstand, S. 226, Rn. 11.
26) Tatsächlich läuft die h. L., wie sie sich zur Rechtfertigung ihres Vorschlages der Anwendung des kaufrechtlichen Sachmängelrechts auf Unternehmenskäufe entwickelt hat, auf die Vorstellung hinaus, dass „ein Unternehmensverkauf" (notabene als Asset Deal) vorliegen könnte, „ohne dass die Einzelgegenstände Kaufgegenstand geworden sind" (Ettinger/Jaques-*Jaques*, Beck'sches Hdb. Unternehmenskauf im Mittelstand, S. 226, Rn. 11).
27) S. Rn. 7.64 ff.
28) Ähnlich zur Frage der Abgrenzung „Unternehmenskauf" vs. „Anteilskauf" sogleich Rn. 7.25 f.
29) *H. P. Westermann* in: MünchKomm-BGB, § 453 Rn. 27, 28.
30) Rn. 5.78.
31) Etwa mit der ehemaligen Industriellenvilla, die an einen Architekten vermietet ist, aber noch der unternehmenstragenden GmbH gehört. Zum Begriff „nicht betriebsnotwendiges Vermögen" s. u. Rn. 11.22 ff.

ternehmenskauf" beim Asset Deal weiter des Privilegs der Anwendung des Sachmängelrechts auf Sachmängel? Oder „infiziert" der „Unternehmenskauf" das nicht betriebsnotwendige Vermögen, so dass bloße Sachmängel durch das Raster des „Unternehmensmangels" fallen (und deshalb hier ebenso folgenlos bleiben wie ohnehin beim Share Deal)?

7.19 Dann würde das „unternehmensmangelfreundliche" Denken sich fragen lassen müssen, warum es den Umstand ausblendet, dass doch der betreffende nicht betriebsnotwendige Gegenstand, etwa eine alte Industriellenvilla, wenn sie keine Ruine wäre, *verkäuflich* gewesen wäre, um etwa mit den Erlösen eine Investition zu finanzieren.[32] Auf diesem Weg hat, genau genommen, jeder Sachmangel an nicht betriebsnotwendigem Vermögen Einfluss auf den Unternehmenswert.

7.20 Noch genauer genommen, gilt dies freilich auch bei **betriebsnotwendigem Vermögen**. Die Reparatur des schadhaften Dachs der Produktionshalle kann genauso viel kosten wie sich die erzielbaren Veräußerungserlöse wegen eines schadhaften Daches der alten Industriellenvilla mindern mögen. Wirtschaftlich ist der Effekt also derselbe. Eine wirtschaftliche Betrachtung, wie sie dem Nachdenken über ein „Durchschlagen eines Mangels auf das Ganze" naheliegen müsste, würde also wohl letztlich zu einem **quantitativen Abgrenzungskriterium für den „Unternehmensmangel"** führen. Welches Verhältnis zwischen den Kosten der Reparatur oder Ersatzbeschaffung für mangelhaftes nicht betriebsnotwendiges oder betriebsnotwendiges Vermögen und welcher Größe soll aber bestehen müssen, damit aus einem zu reparierenden Sachmangel ein „Unternehmensmangel" wird?[33]

---

32) Nicht betriebsnotwendiges Vermögen stellt generell eine Finanzierungs- und Ertragsreserve eines Unternehmens dar. S. zu der Abgrenzungsfrage auch *H. P. Westermann* in: MünchKomm-BGB, § 453 Rn. 28.

33) *Seibt/Schwarz* haben an der Bucerius Law School eine an das Urteil des OLG Köln angelehnten Fall als Abschlussklausur gestellt und hierüber in JuS 2012, 43 ff. berichtet. Eine Weiterentwicklung des Falles des OLG Köln liegt darin, dass das Dach nicht nur über der Produktionshalle, sondern auch über an einen Dritten zur Aktenaufbewahrung vermieteten Räumen schadhaft war. Hier bejahen *Seibt/Schwarz* bemerkenswerterweise einen Unternehmensmangel. Die Vermietung sei Teil des Geschäftsmodells des Unternehmens gewesen. Dass die Mieterin wegen des Mangels mindern konnte, habe sich auf „die Ertragskraft des ... Unternehmens aus(gewirkt), so dass ein Unternehmensmangel vorliegt" (S. 45 re. Sp. unten und S. 46 li. Sp. oben). Hier werden also noch nicht einmal quantitative Anforderungen dafür aufgestellt, ob Ertragsminderungen einen „Unternehmensmangel" darstellen. Gälte aber: Ertragsminderung → Unternehmenswertminderung → „Unternehmensmangel", so würde der Begriff des „Unternehmensmangels" auf diesem Wege den einfachen Sachmangel wieder in sich aufnehmen, weil *jeder* Sachmangel von nicht betriebsnotwendigem Vermögen die erzielbaren Veräußerungs-/Vermietungserlöse und also die Ertragskraft mindert. Diese zutreffende wirtschaftliche Überlegung von *Seibt/Schwarz* passt indessen nicht dazu, dass sie mit dem OLG Köln einen Mangel bzw. „Unternehmensmangel" hinsichtlich des schadhaften Daches über der Produktionshalle verneinen (S. 45 re. Sp. oben). Konnte das Dach wirklich unrepariert bleiben, weil hier nur „wasserunempfindliche Teile der Produktionsstraße betrieben wurden" (S. 45 re. Sp. oben)? Vielleicht. Ansonsten hätte die Reparatur Geld gekostet, was sich auf die „Ertragskraft des ... Unternehmens" vermutlich mehr ausgewirkt hätte als die Mietausfälle für das Aktenlager.

III. Anwendung des Sachmängelrechts auf Nicht-Sachmängel

Das Problem, das sich beim Übergang von einem „bloßen" Rechtsträger, z. B. GmbH, zu einem „Unternehmen" nach der Geburt stellte, wiederholt sich im Alter: Wann ist ein im Scheitern begriffenes oder zu liquidierendes Unternehmen nicht mehr „Unternehmen" – sondern nur mehr ein Sammelsurium von Sachen und Rechten? Wann „lebt" die normale Sachmängelhaftung wieder auf? 7.21

Auch das in den Urteilsgründen des OLG Köln anklingende Motiv, es zunächst Unternehmensverkäufern (und später Gerichten) zu ersparen, sich mit solchen *trivia* wie Bürostühlen und einredebehafteten Forderungen zu befassen, ist vom Ansatz her nicht wirklich überzeugend. Großunternehmen werden dieser Erleichterung zumeist ohnehin nicht bedürfen, weil sie ihre Transaktionen auf Grundlage von Garantien und unter Ausschluss des kaufrechtlichen Gewährleistungsrechts durchführen werden. Bei **Verkäufen von kleineren und mittleren Unternehmen**, denen sich das Sachmängelrecht ja als geeignet anbieten möchte, kann es aber gerade zweckmäßig sein, dass der Verkäufer durch das Gesetzesrecht veranlasst wird, eine **Liste der „defekten Gegenstände"** zu übergeben (statt darauf zu hoffen, sich später damit herausreden zu können, dass die vielen Mängel an diversen Einzelgegenständen noch keinen „Unternehmensmangel" begründen.) 7.22

III. Anwendung des Sachmängelrechts auf Nicht-Sachmängel

1. Voraussetzungen der Haftungserweiterung beim Share und Asset Deal

Die allgemein bekanntere Wirkung der analogen Anwendung der Sachmängelhaftung auf Unternehmenswertbeeinträchtigungen besteht in einer **Haftungserweiterung auf sog. „Unternehmensmängel", die keine Sachmängel sind**. Das Thema tritt beim Asset Deal wie beim Share Deal auf. 7.23

In der Sache stellt die h. L. drei Voraussetzungen für eine analoge Anwendung der §§ 434, 437 ff. BGB bei Unternehmenswertbeeinträchtigungen auf:[34] 7.24

– Es liegt ein **„Unternehmenskauf"** im Gegensatz zu einem Anteilskauf (beim Share Deal) oder zu einem Verkauf von Einzelgegenständen[35] (beim Asset Deal) vor.

– Die Unternehmenswertbeeinträchtigung muss in dem Spektrum liegen, das von der analogen Anwendung des Sachmängelrechts umfasst wird, damit ein sog. „Unternehmensmangel" bejaht werden kann. Dies kann sich aus einem oder mehreren Mängeln eines Einzelgegenstandes bzw. an Einzelgegenständen ergeben, die als solche Sachmängel darstellen, aber auch aus Umständen, die als solche keine Sachmängel sein könnten, z. B. Flussgrößen zu dem Unternehmen hin oder von ihm weg.

---

34) Diese sind teilidentisch mit den Voraussetzungen, unter denen die sog. Sperrwirkung des Sachmangelrechts gegenüber der c. i. c. eingreift; vgl. bereits Rn. 6.4–6.16.
35) Gemeint ist, dass bei einem Verkauf von Einzelgegenständen, was auch auf jeden Asset Deal zutrifft, die zusätzliche höhere Qualität des „Unternehmensverkaufs" nicht vorliegt.

7. Kapitel Sachmängelhaftung

- In der Regel kaum erwähnt, muss die h. M. wohl auch verlangen, dass das Nichtvorliegen der Unternehmenswertbeeinträchtigung als Beschaffenheit **vereinbart** wurde.

2. Unternehmen und Unternehmensträger

7.25 Die „Erfindung" von juristischen Personen und anderen Rechts- bzw. Unternehmensträgern[36] hat es ermöglicht, *wirtschaftlich gesehen,*[37] Vermögenswerte oder Unternehmen auf zwei Arten zu übertragen, einmal indem die Rechtsbande des Unternehmensträgers (Gesellschaft 1)[38] zu diesen Gegenständen, Vertragsbeziehungen, Gläubigern und Vertragspartnern (Assets) gelöst und bei dem Käufer (Gesellschaft 2) *neu geknüpft* werden,

Asset Deal

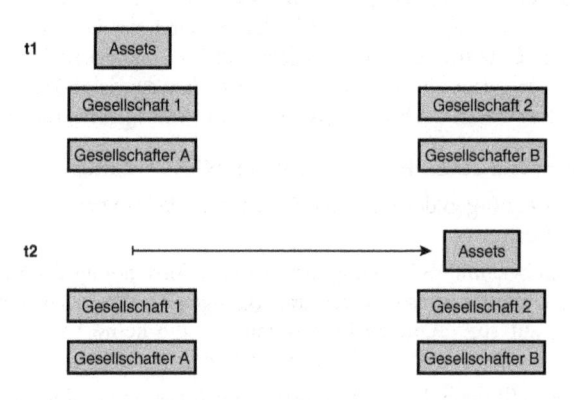

t1	Assets	
	Gesellschaft 1	Gesellschaft 2
	Gesellschafter A	Gesellschafter B

t2	⟶	Assets
	Gesellschaft 1	Gesellschaft 2
	Gesellschafter A	Gesellschafter B

---

36) Die geistig eigentlich erst im Zusammenhang mit der Durchsetzung des juristische Personen und Personengesellschaften zusammenfassenden Begriffs des *Rechtsträgers* – s. § 3 UmwG – und mit dem Urteil des BGH zur GbR, BGH v. 29.1.2001 – II ZR 331/00, BGHZ 146, 341 = ZIP 2001, 330, abgeschlossen wurde.

37) Eben wirtschaftlich! Der Kaufmann mag die Rede führen, dass er seine „Firma", sein „business" oder sein „Unternehmen" verkauft – der Jurist fragt, welche rechtlichen Formen die Rechtsordnung hierzu zur Verfügung stellt und was rechtlich „verkauft" wird.

38) Die folgenden Graphiken zeigen den Gesellschafter räumlich unten und die Gesellschaft über ihm. Das entspricht der räumlichen Metaphorik, die die Sprache des deutschen Gesellschaftsrechts selbst verwendet: Der Gesellschaftsgründer *„errichtet"* in der notariellen Gründungsverhandlung eine GmbH (§ 1 GmbHG, ähnl. § 29 AktG). Dies geschieht also „von unten nach oben" – so wie ein Gebäude errichtet wird. Dieselbe räumliche Vorstellung liegt dem Begriff *„Ausschüttungen"* zugrunde. Hier fließt etwas von der höheren „Gesellschaftsebene" zurück (eine Ausschüttung ist nur von oben nach unten – vermittels der Schwerkraft – möglich). Allerdings wird eine andere, die gegensätzliche, Metaphorik verwendet, wenn das Konzernrecht betreten wird. Die Muttergesellschaft, die die Konzerntochter „errichtete" und ihre „Ausschüttungen" erhält, befindet sich jetzt als „Obergesellschaft" scheinbar räumlich über ihr und erhält ggf. „Up Stream Loans" etc.

III. Anwendung des Sachmängelrechts auf Nicht-Sachmängel

was bekanntlich Asset Deal genannt wird, oder indem der Unternehmensträger selbst, die Gesellschaft 1, von dem Gesellschafter A auf den Gesellschafter B übertragen wird.

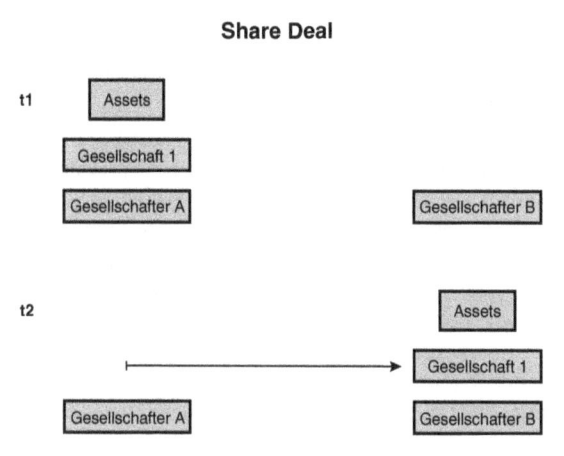

Share Deal

t1 — Assets — Gesellschaft 1 — Gesellschafter A — Gesellschafter B

t2 — Assets — Gesellschaft 1 — Gesellschafter A — Gesellschafter B

Im letzteren Fall, was bekanntlich Share Deal genannt wird, erhält der Unternehmensträger zwar einen neuen Gesellschafter, aber im Verhältnis **zwischen ihm und den Assets** zu dem Unternehmen gehörenden Gegenständen, Vertragsbeziehungen und Schulden **ändert sich nichts**; insbesondere verkauft der Unternehmensträger kein einziges ihm gehörendes Element des Unternehmens.[39]   7.26

Der Anteilskauf als solcher ist grundsätzlich Rechtskauf. Bei Rechtskauf wird nur für die Verität des Rechts, nicht für die Qualität des Gegenstandes an dem das Recht besteht, gehaftet.[40]   7.27

Leider hat es die Rechtsprechung – schon des RG – für sachdienlich gehalten, sich an dieser Stelle aus pragmatischen Gründen[41] juristische Bedenken aufzugeben und von einem gewissen Punkt an bei einem Anteilskauf Sachmängelrecht anzuwenden. Sie tut dies, pointiert formuliert, obwohl, das, was verkauft wird – die Anteile – keinen Sachmangel haben kann und das, was einen Mangel haben könnte, – die zu dem Unternehmen gehörenden Sachen – nicht verkauft wird. Es kommt ein **etwas okkulter Vorgang** heraus. Der Verkauf der Mitgliedschaft an dem Unternehmensträger bewirkt von einem gewissen Punkt an, dass **fingiert** wird, der Unternehmensträger habe die **Assets**, die das Unter-   7.28

---

39) Deshalb finden hier auch *nie* § 613a BGB, § 25 HGB oder § 75 AO Anwendung. Zu § 25 HGB s. übrigens BGH v. 28.11.2005 – II ZR 355/03: Bejahung der Haftung eines Diskothekenfortführers für Anwaltshonorare des Vor-Betreibers (JuS 2006, 657 ff.).
40) Vgl. *Huber*, AcP 202 (2002), 229 f.; *Eidenmüller*, ZGS 2002, 290, 291 li. Sp. oben.
41) Die jedenfalls heute keinesfalls mehr zu überzeugen vermögen; s. Rn. 7.37 f., 7.64 ff.

nehmen ausmachen, **verkauft** und ein Käufer habe hieraus, wenn ein „Unternehmensmangel" vorliegt, entsprechende Rechte erworben. Freilich macht es keinen Sinn, diese Rechte tatsächlich einem „neuen" Eigentümer/Inhaber der Assets bzw. fiktiven Asset-Käufer zuzuordnen, weil dieser weiter mit dem alten Eigentümer/Inhaber identisch ist und es keinen Verkauf der Assets gab. Die durch einen **fiktiven Asset-Kauf** kreierten Rechte werden daher dem **Käufer der Mitgliedschaft zugeordnet**.

7.29 Voraussetzung dieses Vorgangs ist, dass „alle oder nahezu alle Anteile" verkauft werden. Auf genaue Prozentsätze ließ sich die Rechtsprechung bislang nicht festlegen; irgendwo zwischen dem Erreichen der satzungsändernden Mehrheit von regelmäßig 75 % und dem Erwerb von 95 % soll der Umschlag eintreten.[42]

7.30 Umstände, die einen **Kontrollerwerb** erleichtern, können die Schwelle beeinflussen, deshalb auch die Gestaltung des Gesellschaftsvertrages.[43] Der BGH hat dazu, wann die Vorschriften über die Sachmängelhaftung auf Anteilskäufe entsprechende Anwendung finden, gelegentlich formuliert: „Dies ist etwa dann der Fall, wenn der Käufer von seinem Verkäufer sämtliche Geschäftsanteile erwirbt und damit, ohne durch Befugnisse von Mitgesellschaftern beeinträchtigt zu sein, uneingeschränkt über das Unternehmen verfügen kann, wenn auch formell die GmbH Träger des Unternehmens und Eigentümerin der Sachwerte dieses Unternehmens bleibt. Dieselben Erwägungen müssen auch dann gelten, wenn der Käufer zwar nicht alle Geschäftsanteile erwirbt, die bei dem Verkäufer oder einem Dritten verbleibenden Anteile aber so geringfügig sind, dass sie die Verfügungsbefugnis des Erwerbers über das Unternehmen nicht entscheidend beeinträchtigen, sofern nur der Wille der Vertragspartner auf den Kauf des Unternehmens – im Ganzen – gerichtet ist."[44]

7.31 Sonderfragen, die freilich erneut gegen das Gesamtkonzept sprechen, treten auf, wenn **auf der Käuferseite mehrere Personen** stehen, die nennenswerte Anteile erwerben. In diesem Fall kann eigentlich bei keinem Käufer ein „Unternehmenskauf" vorliegen – also steht der Verkäufer kaufrechtlich besser da –

---

42) Als ausreichend angesehen bei OLG Celle v. 1.4.1998 – 13 U 197/97, OLGR 1998, 285. Vgl. Darstellung bei *Holzapfel/Pöllath*, Unternehmenskauf in Recht und Praxis, S. 372. S. a. Staudinger-*Beckmann*, BGB, 2004, § 453 Rn. 33.
43) Vgl. die Nachweise bei *H. P. Westermann* in: MünchKomm-BGB, § 453 Rn. 24, und Hölters-*Semler*, Hdb. Unternehmenskauf, S. 779 f.
44) BGH v. 12.11.1975 – VIII ZR 142/74, BGHZ 65, 246, 251 Mitte.

III. Anwendung des Sachmängelrechts auf Nicht-Sachmängel

als bei nur einem Käufer – und das Bestehen der Sachmängelhaftung hängt von der Anzahl der Vertragspartner ab. Die ist kaum begründbar.[45]

Das analoge Problem stellt sich, wenn zwar auf der **Verkäuferseite mehrere Personen**[46] stehen, aber ein Käufer alle Anteile eines Unternehmensträgers erwirbt. 7.32

Fallbeispiel „Tonwerke GmbH" (RG v. 2.11.1920 – II 162/20, RGZ 100, 200) 7.33
Drei Gesellschafter, die Anteile an einer Tonwerke-GmbH hielten, veräußerten diese in zwei notariellen Urkunden vom 28.7. und 3.8.1916 an einen Käufer. Zwei Verkäufer übernahmen eine „Gewähr dafür, dass die Schulden ... nach Abzug der Außenstände und des Wertes der Vorräte den Betrag von 55.000 M. keinesfalls überschreiten." Dies traf nicht zu. Der Käufer verlor beim OLG Naumburg aufgrund § 477 BGB. Das RG prüfte, ob die Vereinbarungen zusammen „einen Vertrag darstellten, der nicht bloß auf den Verkauf und die Abtretung aller Geschäftsanteile der ... Tonwerke GmbH, sondern auch auf die Veräußerung des von dieser Gesellschaft betriebenen Geschäfts gerichtet[47] gewesen sei" – und verneinte dies.

Die Verneinung des Vorliegens eines „Unternehmenskaufs", mit der Folge der Verweigerung der Anwendung des Sachmängelrechts auf einen Anteilskauf, muss nun allerdings den Käufer, der Anteile von mehreren Verkäufern erwirbt, ebenso wenig betrüben wie die Käufer, die parallel Anteile von einem Verkäufer erwerben. Im Gegenteil, es kann ihr Glück sein, denn nun bleibt Raum für sachgerechtere Rechtsregeln, etwa die c. i. c. Im Streitfall sah das RG die Gewährübernahme an dem Tonwerk zugunsten des Käufers der Anteile als eigenständige Verpflichtung für Mehrschulden aufzukommen an.[48] 7.34

Wenn beabsichtigt ist, alle Anteile oder im Wesentlichen alle Anteile einer Gesellschaft (im eigentlich für einen „Unternehmenskauf" ausreichenden, obigen Umfang) entweder von einer **Mehrzahl von Personen** auf Verkäuferseite zu verkaufen oder von einer Mehrzahl von Personen auf Käuferseite zu kaufen, aber eine oder mehrere Personen kurzfristig als Verkäufer oder Käufer abspringen (oder wieder hinzukommen), kann dies also jeweils zu einem Regimewechsel 7.35

---

45) LKWs sind defekt, eine verschwiegene Verbindlichkeit besteht – unabhängig davon, ob z. B. eine Speditions-GmbH von dem Ehemann allein, gemeinsam mit der Ehefrau oder auch noch unter Beteiligung des Geschäftsführers, gekauft wird. Die wirtschaftlichen Auswirkungen eines Sachmangels auf den Käufer wachsen zwar proportional mit dem Prozentsatz seines Anteilserwerbs, aber eben *nur* proportional und nicht überproportional. Warum soll also der Schutz von Käufern von Anteilen an Unternehmensträgern davon abhängen, ob auf Käuferseite eine oder mehrere Personen stehen?
46) Zu dieser Situation Erman-*Grunewald*, BGB, § 463 Rn. 20 m. w. N.
47) Auch das „Eigentlich-Gerichtet-Sein" eines Vertrages ist eine juristisch kaum verwendbare Formulierung.
48) Sie unterlagen der damals 30-jährigen Regelverjährung des § 195 BGB und dem Käufer konnte geholfen werden. RG v. 2.11.1920 – II 162/20, RGZ 100, 200, 204 unten.

– hinein in die analoge Anwendung des Sachmängelrechts oder aus ihr heraus – führen.[49]

3. Zur analogen Anwendung des Sachmängelrechts auf Unternehmenswertbeeinträchtigungen

7.36 Die Hauptfrage, die sich heute wie eh und je für die Befürworter der analogen Anwendung des Sachmängelrechts auf Unternehmenswertbeeinträchtigungen stellt, ist die nach dem Kreis der Umstände, die vereinbarte Beschaffenheiten i. S. von § 434 BGB darstellen bzw. die Frage, was gegenständlich ein sog. „Unternehmensmangel" sein kann. Hierzu wird kurz die Vergangenheit rekapituliert.

a) Rechtsprechung des RG und BGH

7.37 Jedenfalls schon im Jahre 1906, vor dem *Linoleumrollenfall*, mit dem das RG im Jahre 1911 einen großen Schritt zur Anerkennung der c. i. c. tat,[50] wurde es damit konfrontiert, dass bei einem Unternehmenskauf[51] eine Unternehmenswertbeeinträchtigung geltend gemacht wurde.

7.38 Fallbeispiel *„Fisch- und Delikatessengeschäft mit Kundschaft"* (RG v. 13.3.1906 – II 344/05, RGZ 63, 57)

Es war ein Fisch- und Delikatessengeschäft in Mieträumen mit Ladeneinrichtung, Vorräten und Kundschaft zum Preis von 1.500 M. verkauft wor-

---

49) Vielleicht würde ein Gericht erwägen, hier doch einen „Unternehmenskauf" anzunehmen, weil der Verkauf aller Anteile *beabsichtigt* gewesen sei. Auch eine solche Erfindung eines „subjektiv beabsichtigten Unternehmenskaufs" wäre problematisch. Wenn irgendjemand in der Praxis ernsthaft den Gebrauch des Sachmängelrechts bei Unternehmenskäufen einsetzen wollte, läge in solchen Fällen die Gestaltung nahe, dass zuerst ein Käufer alle Anteile des Verkäufers erwirbt, um so Sachmängelansprüche gegen diesen zu begründen – und dann einen Teil der Anteile verkauft und die Sachmängelansprüche anteilig abtritt. Solche Überlegungen scheint allerdings niemand anzustellen.

50) RG v. 7.12.1911 – VI 240/11, RGZ 78, 239 ff. Spätestens 1930 hat das RG die c. i. c. auch bei dem Verkauf eines landwirtschaftlichen Anwesens geprüft. Allerdings wendete es damals § 477 BGB analog an und wies deshalb die Klage ab, RG v. 19.6.1930 – VI 530/28, RGZ 129, 280, 281.

51) Man sollte sich, obwohl das Volumen und die Häufigkeit seit den 70er Jahren des 20. Jh. signifikant zugenommen haben, Unternehmensverkäufe als solche nicht als die Rspr. bis dahin völlig fremde Erscheinungen vorstellen. Selbstverständlich hatte es seit der Renaissance neben den Übertragungen von landwirtschaftlichen Höfen auch immer die Übertragung sonstiger Unternehmen, zunächst v. a. Handelshäuser und Banken, später Manufakturen und ab der industriellen Revolution auch von Fabriken, gegeben. Der Schwerpunkt dürfte sich hier – wie überhaupt in der Wirtschaftsgeschichte – von den mittelitalienischen Städten über Holland nach England verlagert haben (vgl. etwa *Ferguson*, The Ascent of Money, 2008). England war als das fortgeschrittenste kapitalistische Land bereits Mitte des 19. Jh. durch schwere Krisen gegangen, die zweifellos auch mit M&A-Transaktionen verknüpft waren. Deutschland erlebte nach der Reichsgründung 1871 Gründerjahre, Gründungsschwindel und eine Gründerkrise und Unternehmensverkäufe durch Share Deal wurden eine ständige Möglichkeit. Es muss angenommen werden, dass dem RG die Thematik von M&A-Transaktionen 1906 deshalb schon seit mehreren Jahrzehnten durchaus nicht unbekannt war.

III. Anwendung des Sachmängelrechts auf Nicht-Sachmängel

den, wobei das RG die Überlassung des Handelsgewerbes einschließlich der Kundschaft als den maßgebenden Teil des Rechtsgeschäfts ansah und allem Übrigen nur nebensächliche Bedeutung zumaß. Hierbei war ein wöchentlicher Reinverdienst von etwa 100 M. zugesichert worden, der sich nicht bewahrheitete. Der Käufer klagte aus § 463 BGB a. F.[52] Das RG ging hierauf ein, ohne § 276 BGB oder die c. i. c. auch nur zu erwähnen. Es handele sich bei einem „Handelsgewerbe mit Kundschaft" „um ein Gut ganz anderer Art, das weder Recht noch Forderung" und ebenso wenig „Sache" sei.[53] Eine Analogie sei aber gerechtfertigt.

Besser wäre gewesen, dass RG hätte ein „Gut ganz anderer Art" als ein solches bezeichnet, das „weder Fisch noch Fleisch" sei, und sich dann wieder abgewandt. Stattdessen beging es aufgrund einer Kombination aus Alternativlosigkeit – 1906 war die c. i. c. noch nicht entwickelt und die Voraussetzungen der schon seit 1905 anerkannten[54] selbständigen Garantie lagen nicht vor – und dem Wunsch nach Einzelfallgerechtigkeit eine denkerische Sünde. Dabei blieb es freilich dem RG bewusst, dass ein „Handelsgewerbe mit Kundschaft" nur aus Sachen, Rechten und Forderungen oder aus *Expektanzen* besteht, und kein einheitliches übertragbares Rechtsobjekt darstellt, wie das folgende Fallbeispiel zeigt.   7.39

Fallbeispiel „Vollstreckung in Möbelgeschäft" (RG v. 26.1.1909 – VII 146/08, RGZ 70, 226 ff.)   7.40

Aus einer vollstreckbaren Forderung war ein Vertrag über den Verkauf eines „Möbelgeschäfts samt Vorräten und Außenständen" angefochten worden und der Gläubiger verklagte den Unternehmenskäufer dahingehend, ihm gegenüber „die Übertragung des Möbelgeschäfts mit den Vorräten und Außenständen" für unwirksam zu erklären.

Während die Vorinstanzen der Klage stattgegeben hatten, verwies das RG die Klage an das OLG Frankfurt a. M. mit folgender Begründung zurück: „Der entscheidende Gesichtspunkt ist bereits oben angedeutet worden. Die weit gespannte Möglichkeit schuldrechtlicher Bindung und schuldrechtlichen Handelns und Unterlassens gestattet es, ein tatsächliches Ganzes zu gewähren und in Bezug hierauf Verbindlichkeiten einzugehen und auf dem Gebiet des Schuldrechts liegende Rechte zu schaffen. Das Handelsgeschäft kann, mit anderen Worten ... wohl Gegenstand obligatorischer Rechtsgeschäfte sein. Allein ein einheitliches dingliches Recht kann an diesem tatsächlichen Ganzen nicht bestehen. Dies tritt sofort hervor, sobald bei der Veräußerung die Übereignung zu vollziehen ist. Einen einheitlichen Über-

---

52) RG v. 13.3.1906 – II 344/05, RGZ 63, 57, 61 f.
53) RG v. 13.3.1906 – II 344/05, RGZ 63, 57, 62 oben, 58 unten.
54) Vgl. RG v. 29.7.1905 – VI 531/04, RGZ 61, 157, 160.

eignungsakt für das Handelsgeschäft als Ganzes gibt es nicht; die Übereignung muss sich je nach der Beschaffenheit der einzelnen Bestandteile in einzelne Übereignungsakte zerspalten."[55] Entsprechend sind ein Nießbrauch, eine Verpfändung und eine Vollstreckung bezogen auf ein solches Geschäft nicht möglich.[56]

7.41 *Fallbeispiel „Schlackensteinwerk nebst Kundschaft"* (RG v. 20.11.1908 – II 199/08, RGZ 69, 429)

Es wurde ein Schlackensteinwerk nebst Kundschaft verkauft, aber kurz darauf dem Käufer der Betrieb aufgrund eines schon zur Zeit des Kaufs bestehenden Patents untersagt. Das Berufungsgericht wies die Wandelungsklage des Käufers ab. Die verkauften Sachen – Grundstücke, Formen, Materialien – seien nicht mit Fehlern, die den Wert oder die Tauglichkeit zu dem gewöhnlichen oder nach dem Vertrage vorausgesetzten Gebrauch aufhöben oder minderten, behaftet, da das Schlackensteinwerk so wie bisher weiterbetrieben werden könne.[57] Aber auch im Falle einer analogen Anwendung der §§ 459 ff. BGB sei die Ausnutzung eines bestimmten Herstellungsverfahrens nur als *res merae facultatis* anzusehen. „Solle ein Recht auf das besondere, im Geschäft verwertete Verfahren gewährt werden, so sichere sich der Verkehr durch eine besondere Vertragsabrede."[58] Das RG hat der Revision hiergegen stattgegeben und den Rechtsstreit zur Prüfung der Frage zurückverwiesen, „ob die tatsächliche und rechtliche Möglichkeit eines künftigen ungehinderten Betriebs ... als ein für dessen Wert oder den nach dem Vertrag vorausgesetzten Gebrauch erheblicher Umstand, und somit ... (als) dem Erwerbsgeschäfte selbst anhaftender Fehler anzusehen ist."[59] Hiernach kann das Recht eines Dritten zur Untersagung des Gebrauchs eines Verfahrens also wohl einen Mangel des Unternehmens begründen, das dieses Verfahren benutzt. Auch in diesem Falle erwähnte das RG § 276 BGB oder die c. i. c. mit keinem Wort.

7.42 *Fallbeispiel „Maschinenfabrik ohne Absatzmöglichkeiten in Österreich-Ungarn"* (RG v. 16.2.1916 – V 356/16, RGZ 88, 103)

Es war eine Maschinenfabrik für 140.000 M. verkauft worden, die u. a. Filter herstellte. Der Verkäufer hatte einer Wiener Firma ein ausschließliches Recht zur Herstellung und zum Vertrieb der Filter in Österreich-Ungarn übertragen, aber den Käufer über diese Beschränkung nur hinsichtlich eines Teils der Filter – solcher aus Eisenbeton – aufgeklärt. Das RG führte aus:

---

55) RG v. 26.1.1909 – VII 146/08 RGZ 70, 226, 231 Mitte.
56) RG v. 26.1.1909 – VII 146/08 RGZ 70, 227 unten, 232 Mitte.
57) Insoweit hatte das Berufungsgericht das Steinwerk also als eine Ansammlung von Sachen angesehen und die Mangelhaftigkeit der einzelnen Sachen nach § 459 BGB a. F. verneint.
58) RG v. 20.11.1908 – II 199/08, RGZ 69, 429, 430 unten.
59) RG v. 20.11.1908 – II 199/08, RGZ 69, 429, 432 oben.

III. Anwendung des Sachmängelrechts auf Nicht-Sachmängel

„Dem Beklagten ist ... zur Last gelegt worden, dass er es unterlassen habe, die Klägerin beim Vertragsabschlusse von den Rechten der Firma L.&K. in Kenntnis zu setzen. Eine Rechtspflicht dazu bestand aber für den Beklagten nicht, und die Anwendbarkeit des § 276 setzt das Bestehen einer Rechtspflicht und die Verletzung einer solchen voraus. Ob unter Umständen eine verletzbare Rechtspflicht auch schon dann infrage kommen kann, wenn der Verkäufer es beim Vertragsabschluss unterlässt, dem Käufer erhebliche, den Vertragszweck betreffende Tatsachen bekannt zu geben, nämlich dann, wenn zwischen den Vertragschließenden schon zur Zeit des Vertragsabschlusses ein Vertrauensverhältnis bestand, kann hier dahingestellt bleiben, weil diese besondere *Voraussetzung* im Verhältnis zwischen den Parteien nicht gegeben war."[60]

Das Urteil erging nach dem Urteil im *Linoleumrollenfall*[61] und entsprechend erwog das RG schon eine c. i. c. Allerdings ging es hierbei (bemerkenswerterweise) noch davon aus, dass eine Vertragsanbahnung nicht *per se* zu einem **vorvertraglichen Vertrauensverhältnis** führt, sondern dass hierfür zusätzliche „**besondere Voraussetzung(en)**" erforderlich seien. Das RG verneinte diese, ohne weitere Ausführungen zu ihren Anforderungen zu machen. Aufgrund dieser – heute überholten[62] – Einschränkung stand dem RG die c. i. c. auch im Jahre 1916 noch nicht zur Verfügung. Das RG sah *in casu* die Beschränkung des Absatzgebietes allerdings nicht als einen Sach-, sondern als einen Rechtsmangel (§ 434 BGB a. F.) an.[63]

7.43

Fallbeispiel „Rittergut mit Verkalbungsseuche" (RG v. 15.6.1921 – V 6/21, RGZ 102, 307 f.)

7.44

Beim Verkauf eines Rittergutes, der als Grundstücksverkauf behandelt wurde, sah das RG eine „im Viehbestande herrschende Verkalbungsseuche", die arglistig verschwiegen worden war, „nicht nur als einen Mangel der Herde, sondern auch des Grundstücks" an.[64] So konnte, da die Verkalbungsseuche nicht zu den als Hauptmängeln geltenden Viehmängeln i. S. des §§ 481 f. BGB gehörte, eine Haftung nach § 459 BGB a. F. bejaht werden, da „Mängel des Zubehörs" durchaus „Fehler des Grundstücks" darstellen können.[65]

Im Jahre 1930 mühte sich das RG mit einer Begründung dafür ab, Sachmängelrecht bei einem Verkauf aller Anteile einer GmbH, die eine Schwerspatgrube betrieb, anzuwenden. Es unterschied zunächst klar zwischen der „Veräußerung der Mitgliedschaft an der GmbH" und dem „von der GmbH betriebenen Erwerbsgeschäft,"[66] meinte dann aber, Sachmängelrecht anwenden zu können, da „neben

7.45

---

60) RG v. 16.2.1916 – V 356/16, RGZ 88, 105.
61) RG v. 7.12.1911 – VI 240/11, RGZ 78, 239 ff.
62) Durch § 311 Abs. 2 BGB wurde klargestellt: „Ein Schuldverhältnis mit Pflichten nach § 241 Abs. 2 entsteht auch durch die Aufnahme von Vertragsverhandlungen", also grundsätzlich *immer* bei Aufnahme von Vertragsverhandlungen.
63) RG v. 16.2.1916 – V 356/16, RGZ 88, 105.
64) RG v. 15.6.1921 – V 6/21, RGZ 102, 307, 310.
65) RG v. 15.6.1921 – V 6/21, RGZ 102, 307, 310.
66) RG v. 23.5.1930 – II 532/29, JW 1930, 3740 re. Sp. unten.

den Geschäftsanteilen" (der GmbH) „ein Verkauf des von ihr betriebenen Geschäftsunternehmens als Ganzes Gegenstand des Kaufes"[67] sei. Neben den Geschäftsanteilen war aber erneut, trotz der mystifizierenden Rede des RG, nichts anderes Gegenstand des Verkaufes; es gab keinen Verkauf von, erstens, den GmbH-Anteilen und, zweitens, dem Unternehmen. Eigentlich zeigte schon die für das RG ungewohnt missglückte Formulierung (Gegenstand des Kaufes ist ein Verkauf), dass etwas nicht in Ordnung war. Die Begründungsnot des RG war so groß, dass es sich sogar auf eine Literaturstimme stützte, die sich gegen eine „Überspannung des Unterschieds zwischen rechtlicher Gestalt und wirtschaftlichem Gehalt" aussprach und vor „formaljuristischem Dogmatismus" warnte.[68]

7.46   *Fallbeispiel „Düsen-Passat"* (BGH v. 9.11.1977 – VIII ZR 40/76, WM 1978, 59)

Es waren alle Anteile an einer GmbH & Co. KG verkauft worden, deren Geschäftstätigkeit ganz überwiegend in der Herstellung und im Vertrieb eines als „Düsen-Passat" bezeichneten Abgasentgiftungsgerätes für Automotoren bestand. Der BGH wandte die Regeln über den Sachkauf an und stellte fest, die „technische Verwertbarkeit" des Geräts sei für beide Parteien zweifelsfrei gewesen. Diese Überzeugung sei auch nicht dadurch berührt worden, dass die Käufer von Fehlschlägen mit verschiedenen eingebauten Geräten gewusst hätten, denn diese Fehlschläge hätten auch auf Mängeln der benutzten Geräte oder auch darauf beruhen können, dass die Konstruktion noch ausreifen musste.[69] Der BGH wies die Auffassung der Berufung, Gegenstand des Kaufs sei lediglich etwas gewesen, was erst in Zukunft einmal und nur möglicherweise technisch brauchbar und wirtschaftlich verwertbar sein werde, zurück.[70]

---

67) RG v. 23.5.1930 – II 532/29, JW 1930, 3740, 3741 li. Sp. oben.
68) RG v. 23.5.1930 – II 532/29, JW 1930, 3740, 3741 li. Sp. unten. Die Warnung vor formaljuristischem Dogmatismus verdient zumeist nicht den Beifall, den sie erheischen möchte. Der Versuch, die Wirklichkeit, mit klaren und scharfen Begriffen zu ergreifen – so klar und so scharf, dass es sogar gerechtfertigt ist, ausgehend von ihnen staatlichen Zwang anzuwenden(!) – verlangt eben anstrengendes begrifflich-dogmatisches Denken. Es ist ebenso wenig die Krönung der Jurisprudenz, ihre Begriffe an dem entscheidenden Punkt über Bord zu werfen, wie es die Krönung der Mathematik wäre, mit dem Rechnen aufhören, wenn es darauf ankommt. Wo im Vorfeld staatlichen Zwanges („Recht und Befugnis zu zwingen bedeuten also einerlei"; *Kant*, Metaphysik der Sitten, § E) auf Dogmatik verzichtet wird, macht sich nur das Vorrechtliche – Vorurteile, wirtschaftliche und soziale Macht etc. – breit, das übrigens von anderen weitaus besser beherrscht wird als von Juristen.
69) BGH v. 9.11.1977 – VIII ZR 40/76, WM 1978, 60 li. Sp. oben.
70) BGH v. 9.11.1977 – VIII ZR 40/76, WM 1978, 60 li. Sp. Mitte. Das OLG Brandenburg hat durch Urt. v. 7.7.2010 – 7 U 206/08 – einen auf eine c. i. c. gestützten Schadensersatzanspruch bei einem Verkauf von Rechten an einem digitalen Scanner von 35 mm-Filmen bejaht, weil der Käufer darüber getäuscht worden sei, dass der Scanner aufgrund konzeptioneller Mängel von Anfang an nicht realisierbar war (Rn. 46–53).

III. Anwendung des Sachmängelrechts auf Nicht-Sachmängel

Hier behandelte der BGH die „**technische Verwertbarkeit**"[71] einer Erfindung, obwohl der Verkäufer keine diesbezüglichen konkreten Aussagen getroffen hatte, als eine ohne weiteres „ontisch" zu verlangende Eigenschaft eines freilich tatsächlich noch nicht abschließend entwickelten und bewiesenen Verfahrens. Zur Redlichkeit einer Transaktion, die ein solches Verfahren mitbetrifft, gehört aber wohl eher nur die korrekte Aufklärung über den Entwicklungsstand, einschließlich des subjektiven Glaubens des Erfinders an den erfolgreichen Abschluss der Entwicklung. „Vertragsgerechtigkeit" ist auch hier entweder ein Informationsproblem oder eine Frage der Risikoübernahme durch eine Garantie.[72] 7.47

Als Sachmangel sahen Gerichte auch das „Nicht-Aufgearbeitet-Sein" einer Steuerberaterkanzlei,[73] die Sicherungsübereignung der Automaten einer GmbH, die Warenautomaten aufstellte.[74] Ebenfalls als Fehler wurde angesehen, dass von einem verkauften Waschsalon rechtswidrige Abgasbelästigungen ausgingen.[75] 7.48

Im Laufe der Zeit war der BGH noch einen weiteren Schritt zur Ausdehnung der analogen Anwendung des Sachmängelrechts gegangen. Der Begriff der zugesicherten Eigenschaft in § 459 Abs. 2 BGB a. F. in der Ausprägung als „**zusicherungsfähige Eigenschaft**" sollte in einem über den Fehlerbegriff nach § 459 Abs. 1 BGB a. F. hinausgehenden Umfang Unternehmenswertbeeinträchtigungen umfassen können. Namentlich sollte die **langfristige Ertragsfähigkeit** – wohl, weil man sie sich wie die Ertragskraft eines Ackers, eines Weinbergs oder einer Mine vorstellte – zusicherungsfähig nach § 459 Abs. 1 BGB a. F. sein. Dies hatte zur Folge, dass Täuschungen über eine langfristige Ertragsfähigkeit dem analog angewandten Sachmängelrecht unterlagen und keine c. i. c. begründen konnten.[76] Als zusicherungsfähige Eigenschaften wurden weiterhin Umstände wie die Verfügung oder Beschränkung durch **Schutzrechte** und der gute oder schlechte **Ruf** eines Unternehmens[77] angesehen. Der BGH stellte nun klar, dass die Sperrwirkung des Sachmängelrechts auch bei zusicherungsfähigen Eigenschaften unabhängig davon eingreifen sollte, ob im Einzelfall eine Zusicherung vorlag.[78] 7.49

---

71) Schon die Bezeichnung ist schillernd. Ist eine „technische Funktionsfähigkeit" oder „wirtschaftliche Verwertbarkeit" gemeint?
72) Vergleiche *Huber*, AcP 202 (2002), 179, 180 oben, und später ausf. Rn. 7.51 f., 7.78 f.
73) OLG Karlsruhe v. 8.11.1974 – 10 U 231/73 BB 1974, 1604.
74) BGH v. 16.10.1968 – I ZR 81/66, WM 1969, 67.
75) BGH v. 19.12.1973 – VIII ZR 37/73, WarnR 1973 Nr. 313. Zur Mängelhaftung beim Tausch von Facharztpraxen, s. BGH v. 9.5.1959 – VIII ZR 107/58, NJW 1959, 1584.
76) RG v. 13.3.1906 – II 344/05, RGZ 63, 57; BGH v. 8.2.1995 – VIII ZR 8/94, ZIP 1995, 655 = NJW 1995, 1547.
77) RG v. 15.11.1907 – II 383/07, RGZ 67, 86 (Absteigequartier).
78) BGH v. 24.6.1991 – V ZR 165/89, BGHZ 114, 263, 266 = ZIP 1991, 874.

b) Selbstkorrektur: Raum für die c. i. c.

7.50 1979 schrieb *Baur* „Mehr und mehr scheint sich in der Rechtsprechung die Erkenntnis durchzusetzen, dass die §§ 459 ff. BGB vielleicht doch nicht die geeignete Grundlage zur Lösung der bei Konzentrationsvorgängen auftretenden Käufer-Verkäuferkonflikte darstellen."[79]

7.51 Tatsächlich wurde sich die Rechtsprechung des BGH ab den 70er Jahren des letzten Jahrhunderts auch zunehmend bewusst, dass sich der **beabsichtigte Effekt** der Anwendung des Sachmängelrechtes auf Unternehmensverkäufe **in sein Gegenteil verkehrt** hatte. Was ursprünglich als Wohltat gemeint war, wurde so zur Plage – und zwar umso mehr, je weiter der Kreis der Umstände gezogen wurde, auf den das Sachmängelrecht analog angewendet werden konnte.[80] *Huber* hat später herausgearbeitet, dass diese mangelnde Eignung nicht primär auf der nur sechsmonatigen Verjährungsfrist des § 477 BGB a. F. oder Schwächen auf der Rechtsfolgenseite – kleiner Schadensersatzes nach § 463 BGB a. F. nur bei Arglist – begründet lag, sondern v. a. darin, dass der **kaufrechtliche Sachmangelbegriff** schon **als Tatbestandsvoraussetzung ungeeignet** ist.[81]

7.52 Seit den 70er Jahren des letzten Jahrhunderts ist einigen Entscheidungen des BGH deutlich anzumerken, dass er den Kreis der von der analogen Anwendung des Sachmängelrechts betroffenen Unternehmenswertbeeinträchtigungen einschränken wollte, um Raum für die c. i. c. zu lassen.

7.53 Der entscheidende Schritt zu einer restriktiven Gegenbewegung war, dass der BGH als Fehler oder zusicherungsfähige Eigenschaften jedenfalls nicht Angaben über **kurzfristige** sog. „**Unternehmensmesszahlen**", insbesondere über einzelne **Umsätze, Erträge, Schulden** etc., wie sie etwa in Bilanzen enthalten sind, ansah. Unrichtige Angaben hierüber konnten demgemäß keine Fehler des Unternehmens darstellen[82] und das Sachmängelrecht blieb außen vor. Entsprechend griff, wie schon erwähnt, auch die sog. Sperrwirkung nicht ein und konnten Täuschungen bei solchen Angaben eine c. i. c. sein.[83]

c) Lage nach Schuldrechtsreform

7.54 Nach neuem Recht soll nach wohl h. M. das Eingreifen der sog. Sperrwirkung davon abhängen, ob ein Umstand **Gegenstand einer Beschaffenheitsvereinba-**

---

79) *Baur*, BB 1979, 381, 383 re. Sp. Mitte; einen Überblick über die Entwicklung der Rechtswissenschaft gibt *Huber*, AcP 202 (2002), 179, 191 f.
80) Zutreffend insoweit *Lorenz*, in: FS Heldrich, S. 305, 310, 311, „Je enger die Definition des Sachmangels, desto weiter der Anwendungsbereich der c. i. c.".
81) *Huber*, AcP 202 (2002), 179, 211 f.
82) Vgl. etwa BGH v. 6.12.1995 – VIII ZR 192/94, NJW-RR 1996, 429 m. w. N.
83) BGH v. 6.12.1995 – VIII ZR 192/94, NJW-RR 1996, 429; OLG Celle v. 1.4.1998 – 13 U 197/97, Rn. 7, OLGR 1998, 285 (Angaben über Schuldenstand und Wert von Forderungen keine möglichen Gegenstände der Gewährleistung und daher mögliche Gegenstände einer fahrlässigen c. i. c.).

III. Anwendung des Sachmängelrechts auf Nicht-Sachmängel

rung werden kann.⁸⁴⁾ Diese Sichtweise hat auch der V. Zivilsenat in einer Entscheidung aus dem Jahre 2009 betreffend den Verkauf eines asbestbelasteten Hauses zugrunde gelegt.⁸⁵⁾ Für das Ausmaß der sog. Sperrwirkung wäre danach entscheidend, was alles als Beschaffenheit eines Unternehmens vereinbart werden kann, namentlich, ob das auch die seit der Selbstkorrektur des BGH ausgeschlossenen kurzfristigen sog. Unternehmensmesszahlen – Umsätze, Erträge, Verbindlichkeiten, Bilanzen und Prognosen – miteinschließt.⁸⁶⁾

Ein beachtlicher Teil der Lehre verneint dies weiterhin und identifiziert den Begriff der Beschaffenheit im Wesentlichen mit dem alten Fehlerbegriff zuzüglich des Begriffs der zusicherungsfähigen Eigenschaft; insofern habe die Schuldrechtsreform **nichts geändert**.⁸⁷⁾ Teilweise wird der Beschaffenheitsbegriff sogar enger gefasst. Hingegen drängen die Anhänger einer weiten analogen Anwendung des Sachmängelrechtes auf Unternehmenswertbeeinträchtigungen verständlicherweise darauf, dass nach neuem Recht in weiterem Umfang als nach dem alten Recht bzw. sogar **jeder Umstand** auf der Welt der analogen Anwendung des Sachmängelrechts unterliegen könne.⁸⁸⁾ 7.55

---

84) Palandt-*Grüneberg*, BGB, § 311 Rn. 41.
85) BGH v. 27.3.2009 – V ZR 30/08, Rn. 15, 17 i. V. m. Rn. 19, BGHZ 180, 205 (allerdings nicht ganz eindeutig).
86) Ausf. *H. P. Westermann* in: MünchKomm-BGB, § 453 Rn. 31–35.
87) Für Festhalten am engen Eigenschafts- und Fehlerbegriff und ein weites Anwendungsfeld der c. i. c.: Hölters-*Semler*, Hdb. Unternehmenskauf, S. 782 Rn. 202; *Weitnauer*, NJW 2002, 2511, 2514 li. Sp. unten; *Lorenz* in: FS Heldrich, S. 305, 316, ähnl. S. 319; *Eidenmüller*, ZGS 2002, 290, 295 re. Sp.; *Kindl*, WM 2003, 409, 412 li. Sp. oben, weist zutreffend darauf hin, dass sich insbesondere nichts anderes als § 453 Abs. 1 BGB ergebe. Diese Norm ordne nicht an, dass Gewährleistungsrecht bei Unternehmenskäufen gelte, wenn gar kein Mangel des verkauften Unternehmens vorliege (S. 411 li. Sp. oben); *Grigoleit/Herresthal*, JZ 2003, 118, 124, weisen zutreffend darauf hin, dass die entsprechende Anwendung des § 434 Abs. 1 BGB auf Kaufverträge, die keine Sache betreffen „dadurch erschwert (ist), dass das Sachmängelkriterium wertungsmäßig in spezifischer Weise mit der Körperlichkeit des Kaufgegenstandes verknüpft ist" (S. 124 re. Sp. unten). Eine Anwendung von § 434 Abs. 1 BGB sei daher nur möglich, „soweit Mängel des Sachsubstrats des Unternehmens" festgestellt werden (S. 125 li. Sp. unten), nicht bei Bilanzangaben und Ertragsfähigkeit; ebenso *Huber*, AcP 202 (2002), 179, 228.
88) Ausf. *Bergjan*, Die Auswirkungen der Schuldrechtsreform 2002 auf den Unternehmenskauf, S. 124 ff., 141 ff., 276 ff. 278 f.; *Knott*, NZG 2002, 249, 250 li. Sp. unten, 251 li. Sp., m. w. N.; *Gruber*, MDR 2002, 433 ff. Daraus, dass das neue Kaufrecht den subjektiven Fehlerbegriff zugrunde legt, kann übrigens nicht ohne weiteres hergeleitet werden, dass Unternehmensmesszahlen unbeschränkt zum Gegenstand einer Beschaffenheitsvereinbarung gemacht werden könnten. Der subjektive oder objektive Fehlerbegriff bezieht sich darauf, *wie Fehler definiert* werden können. Sie ändern daran nichts, dass sich um *Fehler des Kaufgegenstandes* handeln muss – was bei Unternehmensmesszahlen, die Stoffwechselvorgänge zwischen Unternehmensträger und Umwelt beschreiben, fraglich ist. *Redeker*, NJW 2012, 2471 ff., meint, dass „Anhaftungskriterium" solle aufgegeben werden und es sollten „alle Umweltbeziehungen" eines Kaufgegenstandes zum Gegenstand einer Beschaffenheitsvereinbarung gemacht werden können. Deshalb scheide auch diesbezüglich eine c. i. c. aus, freilich, wie *Redeker* zu Recht feststellt, nur eine fahrlässige (S. 2474).

d) Quantitätsmängel als Sachmängel

7.56 Ein Sonderthema sind Quantitätsmängel, die nach der Rechtsprechung ebenfalls Unternehmensmängel sollen darstellen können, etwa fehlendes Leergut beim Kauf eines Getränkegroßhandelsunternehmens[89] oder fehlende Gerüste beim Kauf eines Gerüstbauunternehmens.

7.57 *Fallbeispiel "Fehlende Gerüste"* (BGH v. 14.7.1978 – I ZR 154/76, NJW 1979, 33)

Auf dem Wege des Asset Deals wurde ein Gerüstbauunternehmen verkauft. Der Käufer machte geltend, dass ein beträchtlicher Fehlbestand an Gerüsten bestand und erhob gegen die Zahlung eines Kaufpreisteils die Einrede des nicht erfüllten Vertrages. Der BGH sah den Fehlbestand als einen Sachmangel (eine nicht unbeträchtliche Abweichung des tatsächlichen Zustandes von der vorausgesetzten Beschaffenheit, von der die Kapazität des Unternehmens sachlich-technisch abhänge)[90] an. Da die Gewährleistung ausgeschlossen war, entfiel jedoch eine Haftung. Da §§ 459 ff. BGB „in dem Bereich der Sachmängelhaftung eine abschließende Regelung" darstelle, sei es auch ausgeschlossen, die allgemeinen Vorschriften über Leistungsstörung (Irrtumsanfechtung, § 320 BGB) anzuwenden.[91]

4. Vereinbarung einer Beschaffenheit oder Fingierung einer Beschaffenheitsvereinbarung?

7.58 § 434 BGB setzt voraus, dass die Beschaffenheit zwischen den Parteien „vereinbart" ist.[92] Rechtsprechung und Kommentarliteratur betonen, dass nach neuem Recht eine einfache Vereinbarung, anders als die nach dem alten Recht erforderliche *Zusicherung* einer Eigenschaft, ausreiche und dass die Vereinbarung, wie auch die Gesetzesbegründung besagt, konkludent möglich sein soll.[93] Nichtsdestoweniger lassen sie im Allgemeinen keinen Zweifel daran, dass die Beschaffenheitsvereinbarung **Inhalt des Kaufvertrages** geworden sein bzw. eine

---

89) BGH v. 18.1.1974 – I ZR 17/73, WM 1974, 312, 313 re. Sp. oben; vgl. ausf. *Larisch*, Gewährleistungshaftung beim Unternehmens- und Beteiligungskauf, S. 73 f.
90) BGH v. 14.7.1978 – I ZR 154/76, Rn. 24, 25, NJW 1979, 33.
91) BGH v. 14.7.1978 – I ZR 154/76, Rn. 33, 34, NJW 1979, 33. Bemerkenswerterweise lässt der BGH die Berufung auf eine c. i. c. nur daran scheitern, dass der Käufer versäumt habe darzulegen, „welche Umstände ihm der Kläger fahrlässig verschwiegen haben sollte und welche Angaben fahrlässig falsch waren" (Rn. 36), ohne auch das Eingreifen einer Sperrwirkung des Sachmängelrechts geltend zu machen.
92) Sehr großzügig *Berger*, JZ 2004, 276, 282 li. Sp. unten, und *Kleinhenz/Junk*, JuS 2009, 787, 789 li. Sp. oben, die beide in der Sache Falschangabe und Beschaffenheitsvereinbarung weitgehend gleichsetzen.
93) BT-Drucks. 14/6040, S. 213; Palandt-*Weidenkaff*, BGB, § 434 Rn. 17. BGH v. 6.11.2015 – V ZR 78/14, Rn. 15, ZIP 2016, 222.

III. Anwendung des Sachmängelrechts auf Nicht-Sachmängel

vom Vertragsinhalt erfasste verbindliche Beschreibung der Kaufsache darstellen muss.[94)]

Für konkludente Beschaffenheitsvereinbarungen ist allerdings beim Unternehmenskauf wenig Raum, weil, wenn der Kaufvertrag **formbedürftig** ist, auch die Beschaffenheitsvereinbarung dieser Form genügen muss.[95)] Bei dem Verkauf von GmbH-Geschäftsanteilen, Beteiligungen an einer GmbH & Co. KG oder bei einem Asset Deal unter Einschluss von Grundvermögen bzw. das gesamte Vermögen betreffend, müssen Beschaffenheitsvereinbarungen, um wirksam zu werden, also **genauso in den Vertragstext aufgenommen** werden, **wie** es bei einer **selbstständigen Garantie** der Fall wäre.[96)] Die Möglichkeit einer stillschweigenden Beschaffenheitsvereinbarung ist daher beim Unternehmenskauf kaum praktisch.[97)]

7.59

Selbst bei ganz einfachen, formfreien Unternehmenskaufverträgen, oder wenn man die Forderung nach Einhaltung der Vertragsform durch eine Beschaffenheitsvereinbarung aufgeben wollte, würde die **Rechtsgeschäftslehre** noch erhebliche Ansprüche stellen, denen häufig explizite und stillschweigende Erklärungen oder das Verschweigen i. R. von Vertragsanbahnungen, aus denen Käufer typischerweise Ansprüche herzuleiten versuchen, nicht genügen werden. Das Rechtsgeschäft ist das rechtstechnische Mittel zur Verwirklichung der Privatautonomie, das – wenn es Vertrag ist – aus *mehreren* Willenserklärungen besteht, die eine *gewollte* Rechtsfolge herbeiführen.[98)] Insoweit wäre – bei außerhalb der Vertragsurkunde behaupteten Beschaffenheitsvereinbarungen, unabhängig von dem Formerfordernis – ein Rechtsbindungswille bzw. **Rechtsfolgewille**[99)] eben-

7.60

---

94) Palandt-*Weidenkaff*, BGB, § 434 Rn. 15, 16. *H. P. Westermann* in: MünchKomm-BGB, § 453 Rn. 34 („nicht alle im Zuge der Verkaufsverhandlungen gefallenen Bemerkungen ...").
95) Palandt-*Weidenkaff*, BGB, § 434 Rn. 18.
96) Schließen die Parteien eines kleinen Unternehmensverkaufs, etwa im Vertrauen darauf, dass Unternehmensverkäufe nach der Schuldrechtsreform einfach kaufrechtlich abgewickelt werden könnten, einen Anteilsverkaufvertrag ohne Beschaffenheitsvereinbarungen und zeigen sich danach Schulden, die der Käufer nicht kannte, so könnte sich Folgendes ergeben: Schulden als solche sind kein Unternehmensmangel, sondern eher ein Normalzustand. Da der Vertrag keine Aussage enthält, kann der Käufer also nicht das Vorliegen eines Mangels dartun (es sei denn er findet ein Gericht, das einen „Normalstand" an Schulden zu bestimmen können glaubt). Stößt er glücklich auf einen Brief, in dem ihm der Verkäufer schriftlich erklärte, „er sei von dem Geschäftsführer informiert worden, dass die Gesellschaft keine Schulden habe" ist denkbar, dass das Gericht den Brief als Beschaffenheitsvereinbarung ansieht, die formbedürftig gewesen wäre, und den Vertrag deshalb als nichtig ansieht (vgl. Hölters-*Semler*, Hdb. Unternehmenskauf, S. 790 Rn. 227). Stützt sich der Anwalt nun auf eine c. i. c. wird er belehrt, dass die fahrlässige c. i. c. durch das Kaufrecht verdrängt werde, weil der Schuldenstand zum Gegenstand einer Beschaffenheitsvereinbarung gemacht werden können.
97) *Weitnauer*, NJW 2002, 2511, 2514 li. Sp. Mitte; zu großzügig: *Kleinhenz/Junk*, JuS 2009, 787, 789 li. Sp. oben.
98) Palandt-*Ellenberger*, BGB, Überbl. v. § 104 Rn. 1, 2.
99) Palandt-*Ellenberger*, BGB, Überbl. v. § 104 Rn. 2.

so wie eine **Annahme** des Angebots zu einer Beschaffenheitsvereinbarung nachzuweisen. Es ist aber dogmatisch nicht haltbar, wozu Anhänger der Anwendung des Sachmängelrechts bisweilen neigen,[100] alle von dem Verkäufer gemachten Angaben oder abgegebenen Erklärungen ohne weiteres zu Beschaffenheitsvereinbarungen zu erheben.[101] Hiermit wäre die Möglichkeit, Angaben ohne jeden Rechtsbindungswillen zu machen bzw. Erklärungen abzugeben, die *nicht* Vertragsinhalt werden, oder für die der Verkäufer entweder nur deliktisch oder nur bei Verschulden oder Vorsatz einstehen möchte, im Sogbereich eines Kaufvertrags *a limine* verschlossen; vielmehr würde dem Verkäufer für jedes gesprochene Wort eine objektive Erfüllungs- bzw. Garantiehaftung (etwa §§ 439, 441 BGB) auferlegt. Dass die Ansicht, die *nolens volens* alle Angaben in Beschaffenheitsvereinbarungen umwandelt, den Parteien Gestaltungsmöglichkeiten nimmt und die Verkäuferhaftung befremdlich verschärft, zeigt folgendes, sich an einen Beratungsfall des Verfassers anlehnende, Beispiel.

7.61 *Fallbeispiel „Bilanzgewinn der kleinen AG"* (erfunden)

Ein Käufer einer GmbH sorgt sich um die Eintreibbarkeit von hohen Forderungen der GmbH gegen eine kleinere börsennotierte AG. Der Verkäufer der GmbH hält auch Aktien der AG und hat die Hauptversammlung besucht. Als das Thema bei der Beurkundung des Verkaufs der GmbH hochkommt, gibt er notariell die Erklärung ab, die den Aussagen des Vorstandes der AG auf der Hauptversammlung entsprach, dass die AG einen Bilanzgewinn von 10 Mio. € erzielt habe. Der Käufer ist beruhigt und der Vertrag wird abgeschlossen. Die Aussage auf der Hauptversammlung war falsch, die AG wird insolvent und die GmbH fällt mit ihren Forderungen aus.

7.62 Wenn man die Erklärung als eine Vereinbarung und den Bilanzgewinn eines anderen Unternehmens als eine Beschaffenheit des Zielunternehmens ansieht,[102] was i. R. einer vertretenen weiten Auffassung liegt,[103] setzt die objektive Garantiehaftung des Kaufrechts ein und der Käufer kann *verschuldensunabhängig* Nacherfüllung verlangen, mindern oder, jedenfalls nach Fristsetzung, zurücktreten (vgl. § 437 Abs. 1 und Abs. 2 BGB). Um sich davor zu sichern, hätte der

---

100) *Berger*, JZ 2004, 276, 282 li. Sp. unten und *Kleinhenz/Junk*, JuS 2009, 787, 789 li. Sp. oben. Die „Neigung" ist natürlich Folge davon, dass sich präzise Beschaffenheitsvereinbarungen ganz selten in den Verträgen finden. Wenn die Parteien detaillierte unternehmenswertrelevante Parameter festlegen, erfolgt dies fast immer in Übereinstimmung mit der internationalen Praxis durch Garantien.

101) S. erneut *H. P. Westermann* in: MünchKomm-BGB, § 453 Rn. 34; Erman-*Grunewald*, BGB, § 453 Rn. 20.

102) Everything goes! Warum nicht den Gewinn des anderen Unternehmens als Beschaffenheit des ersten.

103) S. dazu Rn. 7.55.

Verkäufer seiner Erklärung ausdrücklich hinzufügen müssen, dass er sie nicht als Beschaffenheitsvereinbarung abgebe und nur bei Verschulden haften wolle.[104]

Die Vorstellung der Befürworter der Anwendung des Sachmängelrechts mag freilich sein, dass die vorstehenden Probleme nicht auftreten, weil Beschaffenheitsvereinbarungen ausdrücklich in der Vertragsurkunde getroffen werden. Dann allerdings nähert sich der Vertrag weitgehend einem *Vertrag mit selbstständigen Garantien* an. Eine vertragstechnische Vereinfachung gegenüber der Garantietechnik bieten Beschaffenheitsvereinbarungen in diesem Fall nicht mehr.[105]

7.63

IV. Sachmängelrecht und Unternehmenswertbeeinträchtigungen

Aus Sicht des Verfassers ist eine analoge Anwendung des Sachmängelrechts auf Unternehmenswertbeeinträchtigungen[106] deplatziert. Sie ist, weil sie sachlich unangemessen ist und aufgrund von schweren Denksünden, wieder aus der Jurisprudenz auszuscheiden.

7.64

Die Erfindung von „juristischen Personen" und von anderen Rechtsträgern, die keine natürlichen Personen sind, hat es ermöglicht, nicht nur Eigentümer von Sachen und Inhaber von Rechten, sondern auch „Eigentümer von Eigentümern" und „Inhaber von Inhabern" sein zu können. Die Durchsetzung der Erfindung steht und fällt mit einer klaren und festen **Trennung der Ebene der Rechtsbeziehungen** des Rechtsträgers und derjenigen ihrer Mitglieder. Die zentrale Frage ist: Verfügte ein Mitglied über die Mitgliedschaft am Rechtsträger oder verfügte der Rechtsträger über Sachen oder Rechte? Es ist aber grundsätzlich ausgeschlossen, dass die Mitglieder als Mitglieder über Sachen oder Rechte des Rechtsträgers verfügen.[107]

7.65

„**Durchgriffsdenken**" ist eine partielle Preisgabe der Trennung der Ebenen des Rechtsträgers und der Mitglieder aus politischer Opportunität. Da es eine erhebliche geistige Anstrengung erfordert – und an die Grenzen der Bereitschaft oder Fähigkeiten zu einer begrifflichen Anstrengung vieler im Rechtsbereich Tätigen geht – ist die Durchlöcherung der Trennung ein Spiel mit dem Feuer. Wenn man sie überhaupt benötigt,[108] sollte sie unbedingt auf das Notwendigste beschränkt werden.

7.66

---

104) Dann allerdings könnte sich ein anderes Problem stellen. Wenn der Bilanzgewinn eines zweiten Unternehmens eine Beschaffenheit des Zielunternehmens sein kann, so könnte eine fahrlässige c. i. c.-Haftung durch die „Sperrwirkung" des Gewährleistungsmängelrechts ausgeschlossen sein. Der Käufer ist in einer „Zwickmühle".

105) Allerdings bleiben wohl doch Nachteile und Unklarheiten auf der Rechtsfolgenseite, die bei Garantien nicht auftreten. Vgl. *Picot*, DB 2009, 2587, 2592 re. Sp. Mitte.

106) Präzise: auf Unternehmenswertbeeinträchtigungen, die nicht Sachmängel sind.

107) S. die Grafik Rn. 7.25.

108) Was zweifelhaft ist, weil bei Pflichtwidrigkeiten im vertraglichen Bereich die c. i. c. und im außervertraglichen Bereich das Deliktsrecht für Missbräuche bereitsteht. Der BGH hat soeben einen Weg gefunden, die Haftung wegen existenzvernichtenden Eingriffen unter Verzicht auf jegliches Durchgriffsdenken mit § 826 BGB zu begründen. Vgl. BGH v. 16.7.2007 – II ZR 3/04, BGHZ 173, 246 = ZIP 2007, 1552.

7.67 Eine zweite Deformation des juristischen Denkens durch die analoge Anwendung der Sachmängelhaftung auf Unternehmenswertbeeinträchtigungen liegt in einer **mystifizierenden Gegenüberstellung** der **Elemente** oder **Teile** eines systemischen Ganzen und des **Ganzen** bzw. des **Systems**. Gerne wird, fast emphatisch und mit großer Betonung, formuliert: „Die Schuldrechtsreform hat zusätzlich zum Sachkauf und zum Rechtskauf eine weitere selbständige Kategorie des Kaufs, nämlich den Kauf eines sonstigen Gegenstandes, eingeführt." oder „Ein Unternehmen ist weder eine Sache, noch ein Recht, noch eine Summe von Sachen oder Rechten, noch eine Sach- und Rechtsgesamtheit, sondern ein sonstiger Gegenstand."[109]

7.68 *Lange* befindet sich mit dieser Aussage freilich in keiner schlechten Gesellschaft. Das RG hatte, wie gesehen, in dem Fallbeispiel des „Fisch- und Delikatessengeschäfts mit Kundschaft" ganz ähnlich formuliert: „Ein Handelsgewerbe und die an dasselbe geknüpfte Kundschaft fällt aber weder unter den rechtlichen Begriff der Sache, unter der eine körperliche Sache zu verstehen ist, noch unter den rechtlichen Begriff des ‚Rechts' im Sinne von § 433 Abs. 1."[110] Ein „Handelsgewerbe mit Kundschaft" sei vielmehr ein „Gut ganz anderer Art, das weder Recht noch Forderung" sei und ebenso wenig „Sache".[111]

7.69 Nichtsdestoweniger ist diese Denkart abzulehnen. Sie geht an eine zweite Wurzel der Jurisprudenz, nämlich den **Begriff** davon, **was Rechtsobjekt sein kann**. Das BGB setzte, so war wenigstens bislang der Konsens, den Begriff des Rechtsobjekts bzw. Rechtsgegenstandes als Oberbegriff von Sachen und Rechten voraus.[112] Alles das, was nicht Sache war, waren Rechte – oder sie waren überhaupt noch kein Rechtsgegenstand. Soweit sie Gegenstand von Rechten werden wollten, konnten sie das nur als Sache oder als Recht.[113]

7.70 Unter diesem Regime gab es keinerlei Schwierigkeiten, **Gesamtheiten von Sachen**, von Rechten oder Sachen und Rechten, von einem Haufen Getreide über eine Viehherde bis hin zu einem Bauernhof, zu handhaben. Dass manche dieser

---

109) *Lange*, ZGS 2003, 300, 306.
110) RG v. 13.3.1906 – II 344/05, RGZ 63, 57, 58 unten.
111) RG v. 13.3.1906 II 344/05, RGZ 57, 63, 62 oben, 58 unten.
112) Etwa in §§ 135, 161, 185, 747, 816, 2014 BGB (betr. Verfügungen) und in den §§ 256, 260, 273, 285, 292, 453, 581, 2374 BGB voraus (vgl. Palandt-*Ellenberger*, BGB, Vor § 90 Rn. 2).
113) Der Kreis dessen, was ein Recht sein kann, ist anerkanntermaßen erweiterbar. Aufgrund der Vertragsfreiheit der Parteien oder durch den Gesetzgeber können neue Rechte begründet werden, z. B. ein Recht zum Erwerb bestimmter Aktien. Wenn ein solches Recht begründet wurde, kann darüber wie über ein Recht weiterverfügt werden, z. B. durch Abtretung einer Forderung. Die Grenzen dieses permanenten „Sich-Vorschiebens" des Rechts in das noch nicht Verrechtlichte werden durch die Grenzen der Vertragsfreiheit oder der Gesetzgebung bestimmt. Insoweit besteht aus Sicht des Rechts die Welt aus Personen, Sachen, Rechten, möglichen zukünftigen Verhaltensweisen, die zu Gegenständen rechtlicher Verpflichtungen und Rechten werden können und solchen, die es nicht werden können.

IV. Sachmängelrecht und Unternehmenswertbeeinträchtigungen

Gesamtheiten, etwa ein Bauernhof[114] – möglicherweise der historisch ersten Form eines Unternehmens –, eine organisierte Einheit mit einer inneren Struktur und inneren Abläufen sowie Austauschprozessen mit der Umwelt (etwa auf dem Wochenmarkt in der nahen Stadt) darstellten, war schon lange bekannt; ebenso, dass in diesem Systemischen ein Mehrwert lag.

Dieses musste freilich nichts daran ändern, dass, um etwa einen Bauernhof zu übertragen, auch wenn dies unter einer Abkürzung geschah, die **Summe der Einzelelemente** hergeschenkt, vererbt oder verkauft (und übertragen) werden mussten, bei denen dies nach der Rechtsordnung möglich war. Dass ein Bauernhof ein wirtschaftliches System war, war keine Veranlassung zur Aufgabe der Erkenntnis, dass seine **Einzelelemente** entweder **Sachen oder Rechte** waren oder dazu, neben ihnen eine dritte Kategorie von Rechtsobjekten zu erfinden. Auch mehre Rechtsobjekte nebeneinander stellen **keine dritte**, von den einzelnen Rechtsobjekten unterscheidbare andere **Kategorie von Rechtsobjekten** dar, erst recht nicht eine solche, über die die Mitglieder des Rechtsträgers verfügen könnten. Hieran hat sich auch heute nichts geändert.[115]

7.71

Der dritte Vorwurf an die analoge Anwendung des Sachmängelrechts auf Unternehmenswertbeeinträchtigungen liegt in der besonders **ausgeprägten Sachunähnlichkeit von Unternehmen**. Eigentlich erkennen dies auch die Befürworter der analogen Anwendung. Sie halten nur trotzdem an ihrer Position fest.

7.72

---

114) Der Bauernhof mochte über Wasserrechte, Rechte an der Allmende, Rechte zum Viehtrieb über Nachgrundstücke etc. verfügen.

115) Dass der Gesetzgeber in § 453 Abs. 1 BGB n. F. nicht wirklich eine grundlegende Erweiterung der möglichen Rechtsobjekte von Sachen und Rechten auf Sachen, Rechte und „sonstige Gegenstände" beabsichtigt hat, zeigt sich schon darin, dass er den Begriff im *Kaufrecht* einführte, nicht etwa im allgemeinen Teil. Sollte eine Vermietung eines „sonstigen Gegenstandes" (vgl. § 535 Abs. 1 BGB), eine Verleihung (§ 598 BGB), ein Sachdarlehen § 607 BGB), eine unregelmäßige Verwahrung und eine Vorlegung von Sachen (§ 809 BGB) oder ein atypischer Vertrag über ein Unternehmen als „sonstiger Gegenstand" also nicht möglich sein? Und sollte ggf. das Sachmängelrecht nur im Kaufrecht, aber nicht im Recht der Schenkung auf ein Unternehmen als sonstiger Gegenstand Anwendung finden? Gilt § 524 Abs. 1 BGB auch, wenn arglistig ein Fehler eines verschenkten Unternehmens verschwiegen wird? Es ist fraglich, ob § 524 Abs. 2 Satz 3 BGB zur Bejahung dieser Frage ausreicht. Vor allem ist aber die Art der Begriffsbildung problematisch. Kann etwa ein prospektiver Dienstleister oder Werkunternehmer einen Anspruch auf Erbringung von Dienst- oder Werkleistungen gegen sich als Verkauf von „sonstigen Gegenständen" ausgestalten bzw. inwieweit soll § 453 BGB ermöglichen, die vertypten Formen des besonderen Schuldrechts aufzulösen. Als „sonstige Gegenstände" werden von *Beckmann* aufgeführt Know-how, Kundschaft, Erwerbs- oder Gewinnchancen, Adressen, Ideen, Informationen, Erfindungen, Kundenbeziehungen, Domain-Adressen, Strom- und Wasser, Computerprogramme, die nicht schon aufgrund der Verkörperung auf einem Datenträger, also dem § 433 BGB unterfallen (Staudinger-*Beckmann*, BGB, 2004, § 453 Rn. 20). Tatsächlich dürfte es sich bei den meisten der erwähnten Gegenstände (Know-how, Adressen, Domain, Computerprogramm, Informationen) um Rechte oder eine Kombination von Rechten und einer Sache (Informationsträger) handeln. Hierfür wäre die Erfindung des Begriffs „sonstige Gegenstände" sicher nicht erforderlich gewesen.

7.73 Man stelle sich eine Fertigungsstraße in einer Schokoladenfabrik vor, die aus Kakao, Zucker, Wasser, Silberpapier sowie Öl und unter Einsatz von Arbeit zur Überwachung, Wartung und Reparatur Schokoladentafeln herstellt. Die Maschine ist durch die fixe Verbindung ihrer beweglichen Teile auf die Herstellung eines einzigen Produktes festgelegt. Sie soll immer nur Schokoladenmaschine sein und kann es immer nur sein. Wenn sie der Schokolade Schmieröl beimengt, muss sie repariert werden oder sie wird verschrottet oder wandert in ein Museum. Ähnliches gilt für eine sehr große Zahl von Maschinen und Geräten sowie überhaupt Sachen, für Heizungen, einen Kochherd, Windmühlen, Schiffe, Flugzeuge, Kraftfahrzeuge, Motoren etc.

7.74 Man könnte insoweit – ganz platonisch – sagen, dass die vorstehenden Maschinen und Geräte eine **Idee ihrer Sollbeschaffenheit** in sich selbst tragen; weichen die Dinge davon erheblich ab, so sind sie „kaputt". Die Dinge verraten uns nicht nur, *dass* sie „kaputt" sind, sondern auch, wie sie sein sollten und was zu geschehen hat, um sie zu reparieren.

7.75 Nun stelle man sich das Unternehmen vor, das mit der Fertigungsstraße – und mit anderen – Schokolade produziert. Man kann nicht sagen, dass dieses Unternehmen „kaputt" ist und nicht mehr „funktioniert", weil die Fertigungsstraße schadhaft ist. Ebenso wenig kann man sagen, dass es „kaputt" ist und nicht mehr „funktioniert", weil es 20, 50 oder 200 Mio. € Schulden hat oder seine Warenvorräte auf die Hälfte abzuschreiben sind. Vermutlich wäre es unter den meisten Umständen besser, wenn die Fertigungsstraße funktionieren, das Unternehmen keine Schulden hätte und die Warenvorräte nicht abzuschreiben wären – aber ein solches Unternehmen kann, wie es steht und liegt, gleichwohl ein wunderbares – und u. U. auch ohne jede Kapitalspritze lebensfähiges – Unternehmen sein.

7.76 Die bei Sachen bestehende Möglichkeit, daraus, was für ein Ding die jeweilige Sache ist, Soll-Beschaffenheiten, „die bei Sachen der gleichen Art üblich" sind, und eine „gewöhnliche Verwendung" ableiten zu können, versagt bei Unternehmen völlig.[116] Auch der Gedanke, dass ein Unternehmen Gewinne abwerfen bzw. Geld verdienen solle, erlaubt nicht die Ableitung eines Standards, wann es „ontisch mangelhaft" ist. Soll der Standard sein, dass die Unternehmerfamilie anständig davon leben kann oder eine Eigenkapitalrendite von 5 %, 10 % oder 25 % erlangt werden kann? Und für wie viele Jahre?

7.77 Selbst die Flexibilität des subjektiven Fehlerbegriffs hilft nicht weiter. Im Gegenteil: Die Betonung der Flexibilität des subjektiven Fehlerbegriffs und von

---

[116] In diesem Sinne weist auch *Müller*, NJW 2004, 2196, 2197 re. Sp. unten, darauf hin, dass Kunstwerke oder Autos „typischerweise eine bestimmte Art von Fehlern haben (Auto fährt nicht, Kunstwerk ist nicht echt)". Wegen der Vielzahl der denkbaren Fehler bei einem Unternehmen könne aber niemand sagen, welche typischen Fehler ihm anhaften könnten.

IV. Sachmängelrecht und Unternehmenswertbeeinträchtigungen

Beschaffenheitsvereinbarungen im Zusammenhang mit Unternehmensverkäufen ist schon das Eingeständnis, dass die spezifische Leistung der kaufrechtlichen Sachmängelhaftung, eben doch zur Not aus von Vereinbarungen unabhängigen Anknüpfungen („vorausgesetzte" oder „gewöhnliche" Verwendung) Maßstäbe für das rechtliche „Sollen" herzuleiten, beim Unternehmensverkauf nicht erbracht werden kann. Es mag sein, dass der subjektive Fehlerbegriff erlaubt, durch Beschaffenheitsvereinbarungen Vieles von dem festzulegen, was die Parteien auch durch Garantien festlegen könnten – aber **warum** sollten die Parteien, wenn sie ohnehin konkrete Vereinbarungen treffen müssen, **dann nicht lieber gleich zum „Original"** – zu selbstständigen Garantien – greifen? Da, wo das Sachmängelrecht durch Beschaffenheitsvereinbarungen sinnvoll zur Regelung von Unternehmenswertbeeinträchtigungen verwendet werden kann, steht es schon auf der Grenze zu Garantien oder zur c. i. c.[117]

---

[117] Obwohl *Bergjan*, Die Auswirkungen der Schuldrechtsreform 2002 auf den Unternehmenskauf, 2003, S. 159 ff., einräumt, dass die Feststellung einer gewöhnlichen Verwendung eines Unternehmens angesichts unterschiedlicher Erwerbsmotive und der Individualität von Unternehmen nicht unproblematisch ist, hält er dies am Ende wohl doch für möglich (S. 159 oben). *Bergjan* meint etwa, dass die handelsrechtlichen Grundsätzen *ordentlicher Buchführung entsprechende Bilanz zur gewöhnlichen Beschaffenheit eines Unternehmens* gehöre (S. 158 oben). Dieses ist in mehrfacher Hinsicht interessant. Zunächst ist bemerkenswert, dass die Unrichtigkeit von Aussagen – der Bilanz – als Mangel des Unternehmens angesehen wird, auf das sich die Aussagen beziehen. Das Unternehmen ist also ein Ganzes, das aus dem Unternehmen und jedenfalls den in der Bilanz enthaltenen Aussagen über das Unternehmen besteht und die Unrichtigkeit der Widerspiegelung eines Teils (des Unternehmens ohne Bilanz) durch den anderen Teil (die Bilanz) ist wiederum ein Mangel „des Unternehmens". Auch wenn man Sympathie mit der Vorstellung hat, dass in Systeme Selbstreflexionen „eingebaut" sein können, die Teil des Systems sind, geht es wohl doch zu weit, hier aus solchen Gedanken eine analoge Anwendung des Sachmängelrechts herzuleiten. Dies würde übrigens auch nicht das erhoffte Ergebnis bringen: In welche Richtung wäre der Fehler der nicht handelsrechtlichen Grundsätzen entsprechenden Bilanz zu korrigieren? Dahingehend, dass der Verkäufer das Unternehmen (wie auch immer) in Richtung auf die Bilanz anzupassen hätte? Wohl kaum. Die Bilanz ist nach den feinsinnigen Ausgangsüberlegungen ja nur deshalb mangelhaft, *weil sie dem Unternehmen nicht entspricht* (§ 243 Abs. 1 HGB). Ein Fehler, der darin läge, dass die GoB verletzt wurden, wäre also durch *Neuaufstellung einer GoB-konformen Bilanz* auf dem Weg der Nacherfüllung (§§ 437 Nr. 1, 439 BGB) zu korrigieren. Nur eine Garantie oder ein Beschaffenheitsvereinbarung, bei Zugrundelegung der weiten Vorstellung von möglichen Beschaffenheitsvereinbarungen, führen zu einer Anpassung der Wirklichkeit an die Bilanz. Dass der Käufer durch die beschönigende Bilanz getäuscht wurde, wäre sachgerecht durch eine c. i. c. anzugehen, wenn nicht deren Anwendungsbereich durch das Sachmängelrecht „weggesperrt" wäre. Schließlich zeigen die Ausführungen noch einmal, dass sich jeder, der § 434 Abs. 1 Satz 2 BGB anwenden möchte, nolens volens dazu gebracht wird, sich auf die Suche nach *Aussagen* zu machen, um die Wirklichkeit des Unternehmens mit ihnen abgleichen zu können, was mittelbar nur wieder zeigt, dass ohne Aussagen ein Unternehmen betreffender Sollzustand kaum angegeben werden kann – und v. a. für Garantien und die c. i. c. bzw. Delikt spricht.

7.78 Im vorstehenden Sinne ist zu Recht kritisch gegen die Anwendung der Sachmängelhaftung auf Unternehmen eingewandt worden, dass es bei Unternehmen **keine Standardbeschaffenheit** gäbe.[118] Dies trifft sicher zu.[119]

7.79 Die Anwendung des Sachmängelrechts auf Unternehmen passt, viertens, v. a. nicht, weil für ein Unternehmen **wesentliche Ereignisse** und **Umstände ganz außerhalb des Unternehmens** stehen. Umsatzerlöse und Kosten sind quantifizierte Geldausdrücke für **Flussgrößen**, die Aktivitäten zwischen dem Unternehmen (als Subjekt) und seinen Lieferanten und Kunden auf den Märkten (als anderen Subjekten) messen – und Lieferanten und Kunden stehen außerhalb dessen, was als Unternehmen verkauft werden kann.[120] Selbst wer die Gewalttätigkeit begehen wollte, ein Unternehmen gedanklich in die Nähe einer Sache oder Person (wie einen Geld verdienenden Sklaven) zu rücken, müsste also anerkennen, dass **das Wesentliche außerhalb** dieser **Sache** bzw. **Person** liegen würde: Dass es dem Unternehmen gelingen wird, sich in Austauschprozessen auf verschiedenen Märkten Finanzmittel, Personal, Räume, Maschinen, Rohstoffe etc. in so ausreichender Menge und zu Preisen zu beschaffen, dass es hiermit dauerhaft Produkte und Dienstleistungen herstellen und diese in ausreichender Menge verkaufen und Kaufpreise vereinnahmen kann, um über entsprechende Zeiträume Überschüsse zu erwirtschaften; dies kann nicht vernünftig als gegenwärtige Beschaffenheit einer Unternehmenssubstanz oder -sache gedacht werden.[121]

---

118) *Huber*, AcP 202 (2002), 179, 212 f.; ebenso *Kindl*, WM 2003, 409, 412 li. Sp. oben; *Lorenz* in: FS Heldrich, S. 305, 314, 320.

119) In den schönen alten Zeiten mag dies anders gewesen sein und ganze Generationen mögen über Jahrhunderte hinweg eine Maßschneiderei oder Überseehandel betrieben haben. Diese idyllischen Zeiten sind vorbei – und selbst damals wäre es für Gerichte nicht leicht festzustellen gewesen, ob es ein Mangel des Überseehandelsgeschäfts war, dass es mehr Kooperationspartner in China oder Indien besäß. Heute erweisen sich Unternehmen immer häufiger als Organisationen, die fast beliebig schnell ihre jeweiligen Gegenständlichkeiten (Standorte, Produkte, Technologien) abstreifen, um sich Marktveränderungen anzupassen und weiter finanzielle Überschüsse erwirtschaften zu können. Dies ist zu wenig, als dass ein Gericht – selbst die meisten Unternehmensberater können es nicht – sagen könnte, woran es ihnen mangelt – außer, versteht sich, immer an Geld und Reichtum und geldwerten Zuflüssen in jeder Form.

120) Allenfalls Lieferverträge, Alleinbelieferungsrechte etc. könnten verkauft werden. Der Zugang zu den Kunden kann im Übrigen, wenn noch keine Rechtsbeziehungen zu Kunden bestehen, nur durch Wettbewerbsverbote (zulasten des Verkäufers), Schutzrechte (zulasten von Konkurrenten) u. Ä. auf sehr unvollständige Weise geschützt werden, was an der grundsätzlichen Wettbewerbsfreiheit nur wenig ändert. Der Ausdruck „Verkauf eines Kundenstamms" ist insofern irreführend.

121) Hat ein Gewehr einen Mangel, wenn der Jäger auf kein Wild trifft? Wenn die Waffengesetze verschärft werden und er das Gewehr wieder abgeben muss? Hat das erworbene Restaurant an der Messe einen Mangel, wenn die Messe nicht mehr stattfindet? Der dem Filius geschenkte Fußball, wenn er damit nicht trifft, das Schachspiel, mit dem man verliert, das Handy, wenn man nicht häufig angerufen wird etc.?

V. Verjährungsfragen bei Ansprüchen aus dem Sachmängelrecht

Die Haftung bei Unternehmenskäufen ist insoweit tatsächlich im Kern entweder ein **Informationsproblem**[122] oder eine **Vereinbarungssache**[123] – und in dem ersten Fall ist die c. i. c. und in dem zweiten sind Garantien sachgerechter als die Sachmängelhaftung.   7.80

V. Verjährungsfragen bei Ansprüchen aus dem Sachmängelrecht

Die Verjährung erfolgt gemäß § 438 Abs. 1 Nr. 3 BGB nach zwei Jahren ab Ablieferung der Sache (Abs. 2).[124] Bei Unternehmensverkäufen dürfte dies i. d. R. mit dem Übergang der Kontrollmöglichkeiten, etwa bei einem Closing,[125] gleichzusetzen sein.   7.81

Das OLG Köln hat die Auffassung vertreten, wenn i. R. eines Unternehmensverkaufs Grundstücke mitverkauft würden, gelte für diese ebenfalls nur die zweijährige Frist nach § 438 Abs. 1 Nr. 3 BGB statt der sonst geltenden fünfjährigen Frist des § 438 Abs. 1 Nr. 2 BGB.[126] Diese Auffassung ist abzulehnen. Es gibt weder eine sachliche Berechtigung zu einer Verkürzung der Rechte des Unternehmenskäufers gegenüber dem sonstigen Käufer noch eine Berechtigung für die Rechtsprechung, eine solche Verkürzung *contra legem* vorzunehmen. Schließlich wird hierdurch überflüssigerweise weitere Unsicherheit geschaffen, indem die Verjährungsfrist von unbestimmten und zweifelhaften Tatbestandsmerkmalen abhängig gemacht wird.[127]   7.82

---

122) *Huber*, AcP 202 (2002), 179, 180; zust. *Eidenmüller*, ZGS 2002, 290, 295 li. Sp. unten.
123) Die Anhänger einer extensiven Anwendung des Sachmängelrechts auf Unternehmenswertbeeinträchtigungen sind bei allen kritischen Punkten von *sprachlichen Beschreibungen des Sollzustandes* abhängig. Wenn nicht darüber geredet oder geschrieben wurde, gibt es keine Möglichkeit zu wissen, ob ein Schuldenstand von 45 Mio. € oder 80 Mio. € als Sollzustand akzeptabel sein soll. So schrieb das RG (RG v. 15.11.1907 – II 383/07, RGZ 67, 86, 87 Mitte): „Denn das Fehlen der vorausgesetzten, nicht vertraglich zugesicherten Höhe des bisherigen Ertrages einer Sache oder eines Geschäftsbetriebes ist grundsätzlich überhaupt kein Fehler im Sinne des § 459 BGB, so wenig wie der Irrtum über die Höhe des Ertrages ein Irrtum über die Eigenschaft der Kaufsache ist. Nur durch vertragliche Zusicherung (§ 463 BGB) kann die Höhe des Ertrages in der Vergangenheit einer im Sinne des § 459 erheblichen Eigenschaft der Sache rechtlich gleichgestellt werden." Ganz ähnlich beschreibt der BGH 70 Jahre später seine eigene Rspr. Er habe „die bis zum Verkauf auf längere Zeit erzielten Umsätze und Erträge – nicht die künftigen Umsätze und Erträge – nur dann als eine Unternehmenseigenschaft angesehen, wenn sie vertraglich zugesichert wurden" (BGH v. 18.3.1977 – I ZR 132/75 NJW 1977, 1538, 1939 li. Sp. oben). Dass auch langfristige Umsätze und Erträge, die grundsätzlich als zusicherungsfähig angesehen wurden, nur auf dem Wege einer Zusicherung zu einer „Unternehmenseigenschaft" werden konnten, dürfte dem geschuldet sein, dass es ohne eine sprachliche Beschreibung des Sollzustandes einfach *nicht möglich wäre festzustellen, wo die Mangelfreiheit endet und der Fehler beginnt.*
124) *Beisel/Klumpp*, Der Unternehmenskauf, S. 380.
125) *Holzapfel/Pöllath*, Unternehmenskauf in Recht und Praxis, S. 386.
126) OLG Köln v. 29.1.2009 – 12 U 20/08, DB 2009, 2259, 2066 li. Sp. unten.
127) Etwa: Wann liegt – bei der Gründung – schon ein Unternehmen vor? Wann liegt – bei der Liquidation – noch ein Unternehmen vor? Wann liegt überhaupt ein Unternehmen vor? S. hierzu Rn. 7.21.

8. Kapitel Subjektive Merkmale auf Verkäuferseite zur Haftungsbegründung

Übersicht

I. Vertypungen subjektiver Merkmale, Kognitionspsychologie und Recht 8.1
1. Vertypungen subjektiver Merkmale 8.1
   a) Vorsatz und Arglist 8.1
   b) Fahrlässigkeit 8.3
   c) Kenntnis, Wissen, beste Kenntnis, bestes Wissen 8.5
   d) Exkulpation mit Verhalten Dritter nach § 280 Abs. 1 Satz 2 BGB? 8.10
2. Kognitionspsychologie und Recht 8.18
   a) Kaum Zugriff der Justiz auf das Innere von Menschen 8.18
   b) Zugang einer Information 8.19
   c) Wahrnehmung einer Information 8.21
   d) Zur Kenntnisnahme einer Information 8.22
   e) Widersprüchliche Informationen 8.23
   f) Auslegen von Kenntnissen/Information 8.30
   g) Vorsatz bei falschen Prognosen und Planungen 8.31
II. Überblick Wissensorganisationshaftung (Wissenszurechnung) und Verhaltenszurechnung 8.36
III. „Wissensorganisationshaftung" (Wissenszurechnung) 8.44
1. Das Problem 8.44
2. Zwei Modelle zur Begründung einer Schuldnerhaftung im Hinblick auf bei Dritten vorhandene Informationen 8.47
3. Wissenszurechnung nach dem „Vertretermodell" – unmittelbare, erweiterte und weite Anwendung des § 166 Abs. 1 BGB 8.57
   a) Unmittelbare Anwendung des § 166 Abs. 1 BGB 8.57
   b) Erweiterte analoge Anwendung des § 166 Abs. 1 BGB ... 8.60
   c) Weite analoge Anwendung des § 166 Abs. 1 BGB 8.62
   d) Rechtsprechung zur weiten analogen Auslegung von § 166 Abs. 1 BGB 8.64
   e) Zurechnungsabbruch bei beurkundungspflichtigen Rechtsgeschäften? 8.86
4. „Wissensorganisationshaftung".... 8.87
   a) Kritik an der Wissenszurechnung nach dem „Vertretermodell" 8.87
   aa) Widerspruch zu Verschuldensprinzip 8.89
   bb) Widerspruch zu Anknüpfung an Wissensorganisationspflichten 8.93
   b) Vorzüge einer „Wissensorganisationshaftung" gegenüber der weiten analogen Anwendung von § 166 Abs. 1 BGB 8.96
5. Einzelfragen der Wissensorganisationshaftung und Wissenszurechnung 8.97
   a) Aufklärungspflichten und Wissensorganisationspflichten 8.97
   b) Wissensorganisationspflichten über die Schuldnerorganisation hinaus? 8.102
   c) Haftung bei jedem Versagen einer Wissensorganisation? 8.106
   d) Wissensorganisationspflichten, Unrecht und § 280 Abs. 1 Satz 2 BGB 8.114
6. Wissensorganisationspflichten und M&A-Transaktionen 8.117

8. Kapitel Subjektive Merkmale auf Verkäuferseite zur Haftungsbegründung

- a) „Gesteigerte" Wissensorganisationspflichten bei M&A-Transaktionen 8.117
- b) „Wissensorganisationsanweisung" und punktuelle Nachfragepflichten 8.121
- c) Ad hoc-Teams aus Transaktionsberatern *plus* „Organisationsstümpfen" aus Zielunternehmen 8.125
- 7. Einseitige oder vertragliche Begrenzung von Wissensorganisationspflichten (bzw. der Wissenszurechnung?) 8.132
- IV. **Verhaltenszurechnung nach § 278 BGB** 8.147
- 1. „Verhandlungsgehilfen" und „Auskunftspersonen" 8.149
  - a) Schwierige Abgrenzung 8.150
  - b) Tätigwerden „mit Auswirkung auf Schuldner" vs. Tätigwerden *als* Hilfsperson 8.154
  - c) Dem Gläubiger objektiv nützlich vs. „Verhalten *als* Hilfsperson" 8.155
  - d) Erfüllungsgehilfeneigenschaft aufgabenbezogen und schuldverhältnisbezogen 8.156
- e) Zeitliche Dimension der Erfüllungsgehilfeneigenschaft 8.158
- f) Erfüllungsgehilfe qua Billigkeit? 8.161
- 2. Ausdehnungen des Begriffs des Erfüllungsgehilfen in der Rechtsprechung 8.167
- 3. Verhaltenszurechnung bei Organen und Mitarbeitern der Zielgesellschaft in der Rechtsprechung 8.173
- 4. Literaturmeinungen zur Verhaltenszurechnung bei M&A-Transaktionen 8.199
- 5. Einseitige Vermeidung oder Beendigung einer Erfüllungsgehilfeneigenschaft einer Person durch den Prinzipal 8.205
- 6. Zum vertraglichen Ausschluss der Verhaltenszurechnung nach § 278 Satz 2 BGB 8.224
- 7. Zurechnungsabbruch bei beurkundungspflichtigen Rechtsgeschäften? 8.228
- V. **Beweisfragen** 8.231

Literatur: *Altmeppen,* Verbandshaftung kraft Wissenszurechnung am Beispiel des Unternehmenskaufs, BB 1999, 749; *Bachmann,* Thesen zur deutschen Business Judgment Rule, WM 2015, 105; *Buck-Heeb,* Wissenszurechnung und Verschwiegenheitspflicht von Aufsichtsratsmitgliedern, WM 2016, 1469; *Buck-Heeb,* Wissenszurechnung, Informationsorganisation und Ad-hoc-Mitteilungspflicht bei Kenntnis eines Aufsichtsratsmitglieds, AG 2015, 801; *Ciric,* Grundsätze ordnungsgemäßer Wertaufhellung, 1995; *Dauner-Lieb,* Wissenszurechnung im Gewährleistungsrecht – Ethische Neutralisierung der Arglist?, in: Festschrift für Alfons Kraft 1998, S. 43; *Ehling/Kappel,* Arglist sticht Haftungsausschluss – Gewährleistungsprozess mit „harten Bandagen", BB 2013, 2955; *Faßbender/Neuhaus,* Zum aktuellen Stand der Diskussion in der Frage der Wissenszurechnung, WM 2002, 1253; *Gasteyer/Goldschmidt,* Wissenszurechnung bei juristischen Personen und im Konzern, AG 2016, 116; *Goffmann,* The Presentation of Self in Every Day Life, 1959 (zit. nach Schrager, The Trial Lawyer's Art, Philadelphia 1999, S. 87); *Goldschmidt,* Wissenszurechnung beim Unternehmenskauf, ZIP 2005, 1305; *Hartung,* Wissenszurechnung beim Unternehmenskauf, NZG 1999, 52; *Hasselbach/Ebbinghaus,* Vorvertragliche Pflichtverletzung als Haftungsfalle beim Unternehmenskauf, DB 2012, 216; *Hoenig/Klingen,* Grenzen der Wissenszurechnung beim Unternehmenskauf, NZG 2013, 1046; *Huber,* Die Praxis des Unternehmenskaufs im System des Kaufrechts, AcP 202 (2002), 179; *Jaques,* Die Haftung des Verkäufers für arglistiges Verhalten beim Unternehmenskauf – zugleich eine Stellungnahme zu § 444 BGB n. F., BB 2002, 417; *Koch,* Wissenszurechnung aus dem Aufsichtsrat, ZIP 2015, 1757; *Koppmann,* Die gesetzliche Aufklärungspflicht des Verkäufers und ihre Erfüllung beim Unternehmenskauf, BB 2014, 1673; *Medicus*, Probleme der Wissenszurechnung, Karlsruher Forum 1994, S. 4; *Meyer*, Vereinbarungen über die Grenzen der Wissenszurechnung – Überlegungen zur Wirksamkeit von Gewährleistungsausschlüssen im Unternehmenskaufvertrag, WM 2012, 2040; *Picot*, Due Diligence und privatrechtliches Haftungssystem, in: Berens/Brauner/Strauch, Due Diligence bei Unternehmensakquisitionen, 4. Aufl. 2005, S. 313; *Rasner*, Die Bedeutung von Parteienwissen für die Gestaltung von Unternehmenskaufverträgen, WM 2006, 1425; *Sajnovits*, Ad-hoc-Publizität und Wissenszurechnung, WM 2016, 765; *Schilling/Scharf*, Aufklärungspflichtverletzung und Wissenszurechnung beim Unternehmenskauf, DB 2016, 2402; *Schirmer*, Kurze Gedanken zu verborgenen Gedanken – Die Wissenszurechnung ist wieder da!, AG 2015, 666; *Schmitz*, Mängelhaftung beim Unternehmenskauf nach der Schuldrechtsreform, RNotZ 2006, 561; *Schwintowski*, Die Zurechnung des Wissens von Mitgliedern des Aufsichtsrats in einem oder mehreren Unternehmen, ZIP 2015, 617; *Schwarzfischer*, Wissenszurechnung beim Management Buy-out, GWR 2016, 442; *Taupitz*, Wissenszurechnung nach englischem und deutschem Recht, Karlsruher Forum 1994, S. 16; *Tschäni*, Post Closing Disputes, in: Kaufmann-Kohler/Johnson, Arbitration of Merger and Acquisition Disputes, 2005, S. 67; *Tschäni/Frey/Müller*, Streitigkeiten aus M&A-Transaktionen, 2013; *Ulrich*, Schweigepflicht des Aufsichtsrats wichtiger als Wissenszurechnung, GmbHR 2016, R 213; *Verse*, Doppelmandate und Wissenszurechnung im Konzern, AG 2015, 413; *Waltermann*, Zur Wissenszurechnung – am Beispiel der juristischen Personen des privaten und öffentlichen Rechts, AcP 192 (1992), 181; *Weißhaupt*, Geschäftsleiter der Zielgesellschaft als „Diener zweier Herren" des Unternehmenskaufvertrags?, ZIP 2016, 2447; *Weißhaupt*, Haftung und Wissen beim Unternehmenskauf – über Gestaltungsspielräume im M&A Recht, WM 2013, 782; *Weitnauer*, Der Unternehmenskauf nach neuem Kaufrecht, NJW 2002, 2511; *Wendelstein*, Zur Schadenshaftung für „Erfüllungs"-Gehilfen bei Verletzungen des Integritätsinteresses, AcP 215 (2015), 70; *Werner*, Die Zurechnung von im Aufsichtsrat vorhandenem Wissen an die Gesellschaft und ihre Folgen, WM 2016, 1474.

I. Vertypungen subjektiver Merkmale, Kognitionspsychologie und Recht

1. Vertypungen subjektiver Merkmale

a) Vorsatz und Arglist

Zwischen Arglist und Vorsatz besteht – im Gegensatz zum Verständnis der Begriffe im alltäglichen Sprachgebrauch – nahezu kein Unterschied. Insbesondere ist für Arglist nicht erforderlich, dass der Handelnde Täuschungsabsicht hat. Die Rechtsprechung hat dies immer wieder wie folgt formuliert:

8.1

> „Wie die Klägerin zu Recht geltend macht, erfasst das Tatbestandsmerkmal (der Arglist, d. Vf.) nicht nur ein Handeln des Verkäufers, das von betrügerischer Absicht getragen ist, sondern auch solche Verhaltensweisen, bei denen es an einer betrügerischen Absicht fehlt, die vielmehr auf **bedingten Vorsatz** – im Sinne eines (bloßen) ‚Fürmöglichhaltens' und ‚Inkaufnehmens' – reduziert sind und mit denen **kein moralisches Unwerturteil** verbunden sein muss. Bei einer Täuschung durch Verschweigen handelt arglistig, wer einen ‚Fehler/Sachmangel' mindestens für möglich hält, gleichzeitig weiß oder damit rechnet und billigend in Kauf nimmt, dass der Vertragsgegner den ‚Fehler/Sachmangel' nicht kennt und bei Offenbarung den Vertrag nicht oder nicht mit dem vereinbarten Inhalt geschlossen hätte".[1]

---

1) KG v. 2.2.1995 – 2 U 7876/93, VIZ 1995, 476, 479 li. Sp. Mitte = WM 1996, 356, mit Bezug auf BGH v. 19.3.1992 – III ZR 16/90, NJW 1992, 1953, 1954; BGH v. 14.10.1993 – III ZR 156/92, WM 1994, 70, 71.

8.2 Der BGH formuliert auch, „arglistig (handele) auch der, der tatsächliche Behauptungen ohne sachliche Grundlage, sozusagen, **ins Blaue hinein'"** abgebe.[2] In der strafrechtlichen Terminologie bedeutet dies, dass, um Arglist zu bejahen, nicht dolus directus gegeben sein muss, sondern dass **dolus eventualis** (bedingter Vorsatz) ausreicht.[3] Dies kann bedeuten, dass in dem gedankenlosen Abgeben eines von den eigenen Beratern oder der Gegenseite vorgelegten Garantiekataloges (ohne ausreichende Prüfung) eine vorsätzliche Täuschung liegen kann.[4]

b) Fahrlässigkeit

8.3 In den meisten M&A-Transaktionen, je größer umso sicherer, wird die Haftung für Fahrlässigkeit **ausgeschlossen**, was im Allgemeinen – mangels Eingreifens des § 276 Abs. 3 BGB – zulässig ist. So gibt es wenig Rechtsprechung zu den Voraussetzungen einer Fahrlässigkeitshaftung bei einem Unternehmenskaufvertrag.

8.4 In einem von dem Verfasser geführten Fall[5] verneinte das KG eine Haftung der Treuhandanstalt wegen einer *groben Fahrlässigkeit* von Treuhandmitarbeitern, obwohl dem Käufer eine falsche Bilanz übergeben worden war. Die Treuhandmitarbeiter durften sich darauf verlassen, dass die von dem Geschäftsführer der Zielgesellschaft unter Mitwirkung eines Steuerberaters erstellte Bilanz vollständig und richtig war, und hatten in Ermangelung konkreter Anhaltspunkte keinen Anlass, die Bilanz zu überprüfen. Das Urteil liest sich so, als ob das KG, wenn es darauf angekommen wäre, auch *einfache Fahrlässigkeit* verneint hätte.[6]

c) Kenntnis, Wissen, beste Kenntnis, bestes Wissen

8.5 Die Begriffe „Kenntnis" und „beste Kenntnis" oder „Wissen" und „bestes Wissen" sind keine typisierten Schuldformen des deutschen Rechts. Sie können daher nur **vertragsautonome Begriffe** sein. Nennenswerte Schwierigkeiten scheinen sich hieraus noch nicht ergeben zu haben, vielleicht weil entweder die Begriffs-

---

2) Vgl. dazu OLG Celle v. 19.12.1986 – 4 U 284/85, NJW-RR 1987, 744. Liegt der Fehler in der Verletzung von gesetzlichen Sicherheitsbestimmungen, ist ein solcher Tatbestand dann erfüllt, wenn der Verkäufer um die Existenz einschlägiger Vorschriften weiß, sich aber gleichwohl nicht vergewissert, ob die von ihm produzierte und vertriebene Anlage diesen Bestimmungen entspricht, BVerwG v. 13.12.1985 – 8 C 95/83, NJW 1986, 1770, 1771.
3) BGH v. 16.1.1985 – VIII ZR 317/83, NJW 1985, 1769. Zust. *Hasselbach/Ebbinghaus* (DB 2012, 216 re. Sp. unten) z. B. für den Fall, dass Mitarbeiter in einer Befragung (Q&A) unüberprüfte Antworten abgeben, um sich nicht dem Vorwurf der Inkompetenz durch ihre Vorgesetzten auszusetzen.
4) *Jaques*, BB 2002, 417.
5) KG v. 6.5.1997 – 14 U 3534/95, KG Report 1998, 238; s. a. Rn. 8.191.
6) KG v. 6.5.1997 – 14 U 3534/95, KG Report 1998, 238, 240 re. Sp. oben; ähnl. BGH v. 15.10.1997 – VIII ZR 89/96; vgl. Rn. 5.188, 8.84.

I. Vertypungen subjektiver Merkmale, Kognitionspsychologie und Recht

inhalte ausführlich definiert werden oder die Rechtsprechung stillschweigend bei § 276 BGB gewonnene Differenzierungen heranzieht.

Ist dies unterblieben, so können sich allerdings schon verschiedene Fragen stellen: Zunächst liegt nahe, die Kenntnis i. S. des Elements „Wissen", in der zweigliedrigen Definition des Vorsatzes als „Wissen und Wollen des pflichtwidrigen Erfolgs"[7] anzusehen.[8] Das Tatbestandsmerkmal **„Kenntnis"** müsste dann theoretisch **etwas leichter zu erfüllen** sein **als** der **Vorsatz**, weil das volitive Moment nicht nachgewiesen werden muss. Wenn „Kenntnis" in diesem Sinne als „Wissen" aufgefasst wird, läge auch nahe, dass die Umstände, die beim Vorsatz für einen bedingten Vorsatz, etwa bei Angaben „ins Blaue hinein", ausreichen, für „Kenntnis" genügen.[9] 8.6

Freilich lassen sich auch Ansätze für eine restriktivere Auslegung der Begriffe „Kenntnis" und „Wissen" finden. Der Kenntnisbegriff wird im BGB zwar nicht bei der Begründung des Verschuldens des Schuldners, aber immerhin als subjektives Merkmal beim Käufer – zur Begründung eines Ausschlusses der Haftung des Verkäufers – verwendet. In **§ 442 BGB** ist **„Kenntnis"** aber **enger als** **„Wissen"** i. R. des Vorsatzes zu verstehen, indem nur das positive Wissen umfasst ist.[10] 8.7

Ein weiteres Argument für einen – gegenüber dem „Wissen" – engeren Begriffsinhalt der „Kenntnis" ließe sich aus dem Begriffspaar „Kenntnis – beste Kenntnis" herleiten. Spricht nicht die Existenz dieses Begriffspaars dafür, dass die kognitive Seite des bedingten Vorsatzes als „beste Kenntnis" einzuordnen ist – womit für die **„Kenntnis"** doch **nur das positive Wissen** verbliebe? Andererseits kann man vielleicht entgegenhalten, dass der bei der Wissenszurechnung verwendete Wissensbegriff wohl auch das Wissen-*Können* umfasst.[11] 8.8

Bei entsprechenden Umständen, etwa einem ausgeprägtem USA-Bezug der Transaktion und einem Vertrag in englischer Sprache, könnte der Begriff „Kenntnis" vielleicht auch einmal i. S. eines US-amerikanischen Begriffs von „knowledge" auszulegen sein. 8.9

d) Exkulpation mit Verhalten Dritter nach § 280 Abs. 1 Satz 2 BGB?

Nach dem schon erwähnten § 280 Abs. 1 Satz 2 BGB trägt bei der vertraglichen Haftung der Schuldner die Beweislast für das Fehlen seines Vertretenmüssens, also auch seines Verschuldens. Damit spitzfindigere Überlegungen zu Verschul- 8.10

---

7) Nachweise bei Palandt-*Grüneberg*, BGB, § 276 Rn. 10, 11.
8) Wenn „Kenntnis" nicht sogar einfach mit „Vorsatz" gleichgesetzt wird.
9) S. dazu Rn. 8.1, 8.2.
10) Palandt-*Weidenkaff*, BGB, § 442 Rn. 7.
11) Allerdings spricht die Ausgangsnorm der Wissenszurechnung – § 166 BGB – nur von Kenntnis und Kennenmüssen.

8. Kapitel Subjektive Merkmale auf Verkäuferseite zur Haftungsbegründung

densfragen angestellt werden müssen, hat also der Schuldner zunächst einmal einen Exkulpationsbeweis zu versuchen. An diesen sollen „keine zu hohen Anforderungen zu stellen" sein.[12] Hierzu hat der BGH konkretisierend entschieden, dass es ausreicht, wenn der Schuldner die Ursache eines Schadens nachweist und dartut, das er diese nicht zu vertreten hat oder dass er die Ursache wahrscheinlich macht und sicher ist, dass er diese nicht zu vertreten hat.[13] So eröffnen sich Exkulpationsmöglichkeiten für das eigene Verschulden nach § 276 BGB in Fällen wie:

- Aufgrund eines Fehlers eines zuverlässigen Dienstleisters, der den elektronischen Datenraum bereitstellt, sind während der Due Diligence wesentliche Offenlegungen (für den Käufer unerkennbar) nicht zugänglich.
- Ein Mitarbeiter einer Investmentbank hat versehentlich ein Dokument nicht „hochgestellt".
- Eine Akte, die über einen namhaften Kurierdienst übermittelt werden sollte, wird nicht zugestellt, ohne dass der Verkäufer davon erfährt.

8.11 Wenn in solchen Fällen die handelnde Person entweder nicht Verhandlungs- bzw. Erfüllungsgehilfe des Verkäufers war, sie nicht schuldhaft handelte oder von § 278 Satz 2 BGB Gebrauch gemacht wurde, kommt eine Verkäuferverschuldenshaftung nur nach § 276 BGB in Betracht und ist also streitentscheidend, ob der Exkulpationsbeweis für eigenes Verschulden gelingt.

8.12 Es kann aber einem Verkäufer nach § 276 BGB vorgeworfen werden, dass er sich auf eine dritte Person verließ.

8.13 In dem *Fallbeispiel „Mietrückstände Mehrfamilienhaus"* (OLG Celle v. 21.11.1997 – 4 U 174/96, NJW-RR 1999, 280)

hatte ein Verkäufer eines Mehrfamilienhauses die Mietverträge übergeben aber verschwiegen, dass erhebliche Mietrückstände bei einem nicht zahlungsfähigen Mieter bestanden. Er verteidigte sich damit, er habe darauf vertraut, dass der Käufer von der Maklerfirma, die um die Mietrückstände wusste, aufgeklärt worden sei. Der Verkäufer vertrat dabei (wohlweislich) die Ansicht, die Maklerfirma sei nicht sein Erfüllungsgehilfe gewesen. Das OLG Celle wollte sich nun auch clever zeigen: „Wenn aber der Beklagte zu Recht davon ausgeht, dass die Fa. M nicht als sein Erfüllungsgehilfe tätig geworden ist und er sich deswegen deren Handeln nicht zurechnen lassen muss, kann er sich andererseits nicht darauf berufen, er habe aufgrund einer von ihm nur vermuteten Aufklärung der Fa. M über die Mietrückstände darauf ver-

---

12) Palandt-*Grüneberg*, BGB, § 280 Rn. 40.
13) BGH v. 13.12.1991 – LwZR 5/91, BGHZ 116, 334, 337.

I. Vertypungen subjektiver Merkmale, Kognitionspsychologie und Recht

trauen dürfen, dass diese den Kläger schon aufklären werde.[14] Da die Fa. M auch nach Ansicht des Beklagten[15] nicht sein Erfüllungsgehilfe gewesen ist, durfte sich der Bekl. umso weniger darauf verlassen, dass die erforderliche Aufklärung des Kl. seitens der Vermittlerin vorgenommen wurde, so dass der Bekl. weiterhin in erster Linie gegenüber dem Kl. als seinem Vertragspartner aufklärungspflichtig blieb."[16]

Gerichte sollten grundsätzlich nicht versuchen, mit den Parteien in einen Wettbewerb um „Cleverness" einzutreten und in diesem Sinne müssen Bedenken gegen die Argumentation des OLG Celle angemeldet werden. In der Sache ist allerdings richtig: Wenn es eine Aufklärungspflicht gab, hatte der Verkäufer die Aufklärung zu bewirken. Er konnte dies **selbst**, durch Erfüllungsgehilfen oder sonstige Dritte, etwa Auskunftspersonen, tun; entscheidend war der Erfolg. Wenn er die Aufklärung an einen **Erfüllungsgehilfen** delegierte, dieser aber untätig blieb, haftet er für das Verschulden des Erfüllungsgehilfen nach § 278 BGB (soweit die Haftung nicht nach § 278 Satz 2 BGB ausgeschlossen war). Wollte er die Aufklärung von einem sonstigen Dritten, einer bloßen „Auskunftsperson", bewirken lassen und blieb dieser untätig – schuldhaft oder nicht –, so ist § 278 BGB nicht anwendbar. Eine Haftung des Verkäufers kann sich aber weiter aus § 276 BGB ergeben. 8.14

In diesem Sinne warf auch das OLG Celle dem Verkäufer vor, er habe sich nicht einfach darauf „verlassen" dürfen, dass der Dritte (Makler) die Aufklärung vornehmen werde. Der Verkäufer, so das OLG Celle, habe sich „vielmehr **selbst vergewissern** müssen, ob diese Aufklärung erfolgt ist."[17] Das persönliche Verschulden des Verkäufers wird so auf die unterbliebene „Vergewisserung" gestützt. 8.15

Es fragt sich, wie weit die Vergewisserungspflicht des Geschäftsherrn geht. Bedeutet sie, dass der Prinzipal **immer** wegen eigenem Verschulden nach § 276 BGB haftet, wenn der **Aufklärungserfolg nicht eintritt**? Diese Objektivierung würde jedoch über den üblichen Verschuldensmaßstab – Wissen und Wollen des pflichtwidrigen Erfolgs einschließlich des billigenden Inkaufnehmens eines als möglich erkannten pflichtwidrigen Erfolgs bzw. Außerachtlassung der im Verkehr erforderlichen Sorgfalt[18] – hinausgehen. Soll etwa der Verkäufer haften, wenn der technischen Geschäftsführer eines Anlagenbauers, gleich ob er Verhandlungs- bzw. Erfüllungsgehilfe ist oder nicht, angekündigt hatte, in einer 8.16

---

14) Hier stimmt die Logik des Satzes schon nicht mehr. Das OLG Celle hatte zuvor festgestellt, dass der Verkäufer die Fa. M über die Mietrückstände aufgeklärt hatte, OLG Celle v. 21.11.1997 – 4 U 174/96, NJW-RR 1999, 280, 281. Sp. oben.
15) Das OLG Celle v. 21.11.1997 – 4 U 174/96, NJW-RR 1999, 280, 281, reibt ihm diese Rechtsansicht vier- oder fünfmal „unter die Nase."
16) OLG Celle v. 21.11.1997 – 4 U 174/96, NJW-RR 1999, 280, 281 li. Sp. unten.
17) OLG Celle v. 21.11.1997 – 4 U 174/96, NJW-RR 1999, 280, 281 li. Sp. Mitte (Hv. Verf.).
18) Vgl. Palandt-*Heinrichs*, BGB, § 276 Rn. 10, 12, und § 276 Abs. 3.

Management-Präsentation auf ein aufklärungspflichtiges technisches Problem hinzuweisen, aber dies plötzlich unterließ – ohne dass der Verkäufer dies erfuhr? Handelte der Verkäufer schon deshalb fahrlässig (oder gar vorsätzlich), weil er sich nicht durch Nachfrage bei dem Käufer vergewisserte, dass die Information ankam oder sich dies wenigstens von dem technischen Geschäftsführer bestätigen ließ?

8.17 Dabei fragt sich, ob es einen Unterschied macht, ob die dritte Person Erfüllungsgehilfe war oder nicht. Nach Auffassung des Verfassers kommt es für die Zuverlässigkeit einer Person und die **Legitimität der Erwartung** einer zweiten Person, dass die erste Person **bestimmte Auskünfte erteilt**, nicht auf die formale Erfüllungsgehilfeneigenschaft der ersten Person an. Nach Auffassung des OLG Celle dürften allerdings wohl an die Überwachung einer bloßen Auskunftsperson durch den Verkäufer, obwohl diese ein Vorstandsvorsitzender, ein Chefjustiziar oder ein Behördenchef sein kann, höhere Ansprüche zu stellen sein.[19]

2. Kognitionspsychologie und Recht
a) Kaum Zugriff der Justiz auf das Innere von Menschen

8.18 Alle subjektiven Merkmale[20] verlangen, wenig greifbare innere menschliche Umstände unter schwer greifbare Tatbestandsvoraussetzungen zu subsumieren. Gegenstand der Subsumtion müssen zwangsläufig sog. „innere Tatsachen" sein, die, wenn es sie überhaupt gibt und sie nicht nur interpretierende und konstruierende Zuschreibungen des beobachtenden Geistes sind, allenfalls tief im Innern von psychischen und neuronalen Systemen aufzufinden sind und zu deren Feststellung es keine verlässlichen Technologien gibt. Auf „innere Tatsachen" kann daher nur von „äußeren Tatsachen" zurückgeschlossen werden.[21] Durch dieses Erfordernis, das zugleich eine Mindestrationalität und Mindestrechtsstaatlichkeit sichert, verlagert sich das Problem auf die Frage, ob die „äußeren Tatsachen" im Einzelfall wirklich den **Rückschluss auf die gesuchte „innere Tatsa-**

---

19) In dem zuvor zitierten Urteil (Rn. 8.13) meinte das OLG Celle, der Verkäufer habe sich „umso weniger darauf verlassen ..." dürfen, dass die Fa. M die Aufklärung herbeigeführt habe, als sie nicht Erfüllungsgehilfe gewesen sei. Dies ist zweifelhaft. Die Kompetenz, Vertrauenswürdigkeit und Verlässlichkeit eines Menschen oder einer Institution hängen nicht von der Eigenschaft als Erfüllungsgehilfe ab, sondern sind eine Frage des Einzelfalls und der Umstände. Dies gilt insbesondere, da die Rspr. Wert darauf legt, dass der Erfüllungsgehilfe nicht einmal vertraglich gegenüber dem Geschäftsherrn verpflichtet sein muss; s. Rn. 8.169.

20) Zu auf Kenntnis im Bürgerlichen Recht bezogene rechtliche und psychologische Fragen s. *Fatemi*, NJOZ 2010, 2637.

21) Sehr schön formuliert von *Goffmann*, The Presentation of Self in Every Day Life, S. 249, über die Beobachtungen des Menschens: „The more reality is not available to perception, the more he must concentrate his attention on appearances." Zit. nach *Schrager*, The Trial Lawyer's Art, S. 87.

che" – mit dem für eine richterliche Tatsachenfeststellung nach § 286 ZPO erforderlichen Maß an Überzeugung – zu begründen vermögen.

b) Zugang einer Information

Um kognitive Elemente zur Begründung von Wissen, Kenntnis, Vorsatz o. Ä. feststellen zu können, muss ein vorrangig ein **Zugang** einer in materiellen Zeichen **verkörperten Information** – in Buchstaben in Druckerschwärze, Schallwellen im Raum, Inhalten von elektronischen Speichern – erfolgt sein. 8.19

Wer Vorteile aus dem Zugang einer Willenserklärung oder Kenntnis eines Umstandes ziehen möchte, muss den Zugang bzw. die Kenntnis beweisen; dies ist bei M&A-Streitigkeiten nicht anders als auch sonst.[22] 8.20

c) Wahrnehmung einer Information

Zweitens muss **die zugegangene Information** wahrgenommen worden sein. Der Brief oder die E-Mail müssen gelesen bzw. der gesprochene Satz gehört worden sein. Wenn eine E-Mail zwar geöffnet, aber nicht gelesen oder ein in der vorgelegten Post befindlicher Brief nur weitergeleitet wurde oder ein Teilnehmer bei einem Gespräch, wegen einer Ablenkung nicht zugehört oder nur „halb hingehört" hat, kann es sein, dass hierdurch entweder überhaupt keine oder nur solche Bruchstücke von Informationen wahrgenommen wurden, aus denen sich noch kein ausreichendes Gesamtbild ergab. 8.21

d) Zur Kenntnisnahme einer Information

Dass eine Information i. S. des vorstehenden Absatzes wahrgenommen (ein gesprochenes Wort gehört, ein Satz gelesen, ein Bild gesehen) wurde, bedeutet nach der herrschenden Sichtweise der Dinge noch nicht unbedingt, dass die Information auf eine ausreichende Weise auch **in das innere Bewusstsein aufgenommen** wurde. Es wird für denkbar gehalten, dass deshalb die Information in dem Moment des Handelns oder Unterlassens gleichwohl nicht auf die erforderliche Weise bewusst oder präsent war. Es könnte also sein, dass ein Vorstand ein Memorandum über eine drohende Insolvenz einer Z-S.a.r.l. zwar gelesen und vielleicht sogar abgezeichnet hat, aber, als er eine Garantie der Werthaltigkeit von Kundenforderungen nach seiner besten Kenntnis abgab, nicht daran dachte, dass die Z-S.a.r.l. eine solche Kundin der Zielgesellschaft war oder das Memorandum schlicht vergessen hatte. Auch hier wird das Recht – statt den Versuch zu unternehmen, der modernen Gehirnphysiologie und der Kognitions- und Willenspsychologie auf ihr Terrain zu folgen –, mit **vereinfachten Modellen** arbeiten müssen. 8.22

---

[22] Vgl. *Baumgärtel/Laumen/Prütting*, Hdb. der Beweislast, § 12 Rn. 15 – selbst bei Einschreibebriefen.

e) Widersprüchliche Informationen

8.23 Eine interessante Möglichkeit bestünde darin, dass sich der Vorstand beim Lesen der Information über die Z-GmbH sagt „So ein Unfug – die Z-S.a.r.l. geht nie in Konkurs!", deshalb Zweifel an der Werthaltigkeit der Kundenforderungen nicht offenlegte und sich, nachdem die Zielgesellschaft mit den Forderungen gegen die Z-S.a.r.l. ausfiel, damit verteidigte, dass er trotz der Lektüre des Memorandums keine Kenntnis von der mangelnden Werthaltigkeit gehabt habe. Mit einem solchen Argument i. S. einer Auslöschung eines Informationsstandes durch Gegeninformationen war ein Verkäufer vor dem hanseatischen OLG erfolgreich:

8.24 *Fallbeispiel „Kaufhof/Oppermann"* (OLG Hamburg v. 3.6.1994 – 11 U 90/92, WM 1994, 1378 = ZIP 1994, 944)

Im Jahre 1989 waren von der Hamburger Gründerfamilie 60 % der Anteile an der Oppermann Versand AG in Hamburg verkauft worden. Die Käuferin erhob im Anschluss eine Klage über rd. 168 Mio. DM, die sie auf c. i. c. und Delikt stützte. Neben angeblichen schweren Mängeln der Bilanz warf sie dem Verkäufer vor, dass er die Käuferin bei den Vertragsverhandlungen dahingehend falsch informiert hatte, dass im Geschäftsjahr 1989 die AG voraussichtlich ein Ergebnis der gewöhnlichen Geschäftstätigkeit i. H. von ca. 63 Mio. DM erzielen werde. Er habe insbesondere pflichtwidrig nicht darauf hingewiesen, dass die zugrunde liegenden Umsatzschätzungen nach *während der Verhandlungen gewonnenen Erkenntnissen* nicht mehr zu halten waren, sondern sich um ca. 20 Mio. DM verschlechtert hatten.[23]

Die Klägerin hatte hierzu behauptet, spätestens bei einer Vorstandssitzung vom 19.7.1989 sei dem Verkäufer bekannt geworden, dass das Ergebnis der gewöhnlichen Geschäftstätigkeit in 1989 nur 41,7 Mio. DM betragen werde.

Die Beweiserhebung ergab, dass bei der Vorstandssitzung vom 19.7.1989 tatsächlich zwischen zehn und zwanzig Minuten über eine von dem Finanzvorstand H vorbereitete „Hochrechnung II", die dieses Ergebnis von 41,7 Mio. DM beinhaltete, gesprochen worden war, dass „man" hierüber erstaunt bzw. „erschrocken" war, aber „andererseits" auch „sehr schnell" zu dem Ergebnis kam, „diese Hochrechnung sei ungeprüft, vorschnell und wohl auch mit Rücksicht auf das entscheidende Herbstgeschäft nicht zu einem geeigneten, aussagekräftigen und zuverlässigen Zeitpunkt erstellt worden".[24] Im Anschluss an die Diskussion wurden die Hochrechnungen wieder ein-

---

23) OLG Hamburg v. 3.6.1994 – 11 U 90/92, WM 1994, 1378 re. Sp. oben, 1380 li. Sp., 1383 re. Sp. oben = ZIP 1994, 944.
24) OLG Hamburg v. 3.6.1994 – 11 U 90/92, WM 1994, 1378, 1389 re. Sp. Mitte = ZIP 1994, 944.

I. Vertypungen subjektiver Merkmale, Kognitionspsychologie und Recht

gesammelt.[25] Elf Tage später brachte der Verkäufer den Kaufvertrag durch Annahme eines Angebotes des Käufers zustande. Die wieder eingesammelte Hochrechnung erwies sich indessen bereits im September als – jedenfalls im Kern – *richtig*.[26]

Das OLG Hamburg sah den Versuch des Käufers, dem Verkäufer Kenntnis der Verschlechterung des Jahresergebnisses nachzuweisen, gleichwohl als gescheitert an. Selbst dass der Finanzvorstand die Hochrechnungen wieder „an sich nahm", wertete es als Indiz dafür, dass sie offenbar nicht als plausibel angesehen worden seien. In demselben Sinne wertete es die Erinnerungslücken des Finanzvorstandes bei der Beweisaufnahme.[27]

Dies konnte man allerdings auch ganz anders sehen.[28] Es hätte nahegelegen, zumindest zu erwägen, ob nicht das „Wiedereinsammeln" der „Hochrechnung II" statt Ausdruck davon zu sein, dass die Vorstandsmitglieder die „Hochrechnung II" als unglaubwürdig ansahen, erfolgte, damit die Bösgläubigkeit des Verkäufers sich nicht später aus den Vorstandsakten ergab. Mit ein wenig Fantasie kann man sich gut vorstellen, wie dem Verkäufer der „Kamm anschwoll" als ihm „sein" Finanzvorstand dieses „Ei ins Nest" legte. 8.25

Es wäre richtigerweise näher zu untersuchen gewesen, ob es eine häufige Praxis des Vorstandes der O-AG war, Vorstandsvorlagen, die den Gesamtvorstand nicht überzeugten, wieder aus dem Verkehr zu ziehen. Vor allem wäre jedoch sehr sorgfältig zu prüfen gewesen, ob die Argumente, aus denen heraus die Hochrechnung II angeblich sogleich abgelehnt wurde, wirklich *ex ante* überzeugend oder ob sie nur auf ein Signal des Prinzipals vorgeschoben worden waren, um die „Smoking Gun" verschwinden zu lassen. 8.26

Es kann auch nicht uneingeschränkt stehen bleiben, dass das OLG Hamburg „zuverlässige Anhaltspunkte" und „klare Erkenntnisse" einer Verschlechterung der Aussichten verlangte, um eine Aufklärungspflicht zu begründen. Wer – zum eigenen Vorteil – eine Planung vorlegt, die sich später – in relevanten Größen- 8.27

---

25) OLG Hamburg v. 3.6.1994 – 11 U 90/92, WM 1994, 1378, 1389 re. Sp. Mitte = ZIP 1994, 944.
26) OLG Hamburg v. 3.6.1994 – 11 U 90/92, WM 1994, 1378, 1389 li. Sp. Mitte = ZIP 1994, 944.
27) OLG Hamburg v. 3.6.1994 – 11 U 90/92, WM 1994, 1378, 1389 re. Sp. unten = ZIP 1994, 944.
28) In OLG München v. 26.7.2006 – 7 U 2128/06, OLGR 2007, 198 = ZIP 2006, 1911, hatte es vor der Auslieferung von mangelhaften Produkten eine Diskussion zwischen dem Verkäufer und dem technischen Leiter darüber gegeben, ob die Geräte mangelfrei seien und ausgeliefert werden könnten. Der technische Leiter hatte dies verneint, der Verkäufer bejaht. Die Geräte waren ausgeliefert und die Umsatzerlöse waren aktiviert, Rückstellungen waren nicht passiviert worden. Als später hierüber gestritten wurde, sah das OLG München das stattgefundene Gespräch wohl richtig als Indiz für ein Verschulden des Verkäufers an (Rn. 126 ff.).

8. Kapitel Subjektive Merkmale auf Verkäuferseite zur Haftungsbegründung

ordnungen – als falsch erweist,[29)] und wem noch rechtzeitig die Informationen vorlagen, die die Entdeckung des Fehlers ermöglicht hätten, dem kann es nicht zum Vorteil gereichen, dass seine **Fehlererkenntnis nicht klarer war als seine vermeintliche Erkenntnis,** als er die falsche Planung aufstellte.[30)] Richtig dürfte sein, dass, wer eine von zahlreichen Prognosen abhängende Planung vorlegt, aufklärungspflichtig ist, wenn er neuere Erkenntnisse erlangt, die seine Prognosen angesichts der für die Planung relevanten Größenordnungen in Zweifel ziehen. Wenn sich der Verkäufer berechtigt sieht, positive Umstände mit einer prognostischen Wahrscheinlichkeit von x % bei seiner Planung zu berücksichtigen, dann muss er jedenfalls auch nachträglich bekannt werdende, negative Umstände mit derselben Wahrscheinlichkeit offenbaren.

8.28 Andererseits hat das Hanseatische OLG ganz zu Recht *die Möglichkeit* in Betracht gezogen, dass im Rechtssinne Unkenntnis einer Information vorliegen bzw. das kognitive Element im Vorsatz fehlen kann, obwohl die Person nachweislich *zuvor über den Umstand informiert* war. Wer die Information „A ist x!" besitzt, scheint zunächst Kenntnis zu haben. Was aber, wenn er auch die Gegeninformation „A ist nicht x!" erhalten hat? Hat er nun von beiden – sich ausschließenden – Umständen Kenntnis oder kann der Gegeninformation im Rechtssinne die Kraft zukommen, die **Kenntnis der ersten Information wieder auszulöschen?**[31)] Letzteres muss richtig sein. Wenn der Verkäufer zunächst glaubhaft informiert wird, dass der Widerruf einer Genehmigung drohe, sich dann bei der Behörde erkundigt und die falsche Auskunft erhält, dass die Genehmigung nicht widerrufen werde, hat er im Rechtssinne *keine* Kenntnis des drohenden Widerrufs mehr.[32)]

8.29 Da die Kenntnis eine innere Tatsache ist und die Gerichte das innere Ringen im Kopf der betreffenden Person nicht nachvollziehen können, führt kein Weg an einer normativen Beurteilung vorbei, zu welchem Ergebnis sie bei ihrer inneren Auseinandersetzung vernünftigerweise hätte gelangen müssen.

---

29) Die also möglicherweise recht optimistisch oder wenig sorgfältig war.
30) In diesem Sinne schon die Kritik an dem Urteil des BGH v. 23.11.1979 – I ZR 161/77, DB 1980, 679 („ungenaue Plankostenrechnung"). Nachweis s. Rn. 6.165, 6.166.
31) Also doch „to unring the bell"?
32) In wirklichen Rechtsstreitigkeiten wird man häufig noch mehr ins Detail zu gehen haben: Es muss zunächst selbstverständlich vorausgesetzt werden, dass er die Unrichtigkeit der Auskunft nicht kannte. Ebenso ist Voraussetzung des *„Neutralisierungseffekts" der Gegeninformation,* dass die Auskunft von einem zuständigen, vollständig informierten, nicht bestochenen etc. Mitarbeiter kam. Hat der Verkäufer den Mitarbeiter getäuscht, etwa über die Einhaltung von Auflagen, kann ihm die so „gepflanzte" bzw. erschwindelte Gegeninformation nicht helfen. Auch ein Kennen-Können der Unrichtigkeit der Gegeninformation kann ihr die magische Kraft nehmen, eine vorherige Kenntnis wieder zu vernichten.

f) Auslegen von Kenntnissen/Information

Während die Rechtsprechung hinsichtlich der Wahrnehmung und Zur-kenntnisnahme von Informationen auf vereinfachende Konzepte zurückgreifen muss, stellt allerdings das Auslegen von Kenntnissen/Informationen eine Aufgabe dar, bei der der Verkehr von der Justiz höchste Genauigkeit erwarten kann. Die Frage danach, **worauf** genau **sich eine Kenntnis bezog** bzw. was genau die Person wusste und kannte und wollte, muss in der privilegierten Welt von M&A-Streitigkeiten genau so sorgfältig behandelt werden, wie dies kleine Strafkammern tun, wenn es darum geht, ob der Fahrer des Tatwagens Kenntnis davon hatte, dass 500 Gramm oder 2 Kilo Heroin an Bord waren.[33]

8.30

g) Vorsatz bei falschen Prognosen und Planungen

Soweit es um zukünftige Umstände geht, etwa Erwartungen hinsichtlich der Geschäftsentwicklung oder Planungen, gibt es den Umstand, über den eine Aussage getroffen wird, selbst noch nicht – wie der Käufer weiß. Die Aussage „Die Gesellschaft wird in den nächsten fünf Jahren Personalkosten von 35 Mio. € und Kosten aus Investitionen von insgesamt ca. 50 Mio. € haben", ist also nicht an einer bei Abgabe der Aussage bereits bestehenden Außenwelt überprüfbar, sondern sie kann nur eine Aussage über eine sog. „**innere Tatsache**" sein. Der Verschuldensvorwurf bei Prognosen oder Planungen kann also nur an eine unwahrhaftige Wiedergabe dieser inneren Tatsache, bzw., was dasselbe ist, an eine zweite, oft nicht ausgesprochene, aber zu unterstellende „Aussage zweiter Ordnung" anknüpfen, die lautet: „**Und das glaube ich wirklich!**" Insoweit ist eine Täuschung nur über die „Prognosegüte", aber nie über den Eintritt eines Zukunftserfolges möglich.

8.31

Häufig wird diese „Aussage zweiter Ordnung" zur „Prognosegüte" einen noch präziseren sachlichen Gehalt besitzen, etwa „… und das glaube ich nach sorgfältiger Abklärung der zu erwartenden Kostenpositionen aufgrund einer fachgerechten Planung unter Vermeidung von methodischen Fehlern wirklich!". Dabei mag noch hinzugefügt sein „… wobei Sie wissen, dass wir von einem Ölpreis von x, einem Dollarkurs von y und einem Marktwachstum von z % ausgegangen sind".

8.32

Der Verschuldensvorwurf wird sich also an die Unrichtigkeit dieser „Aussage zweiter Ordnung" knüpfen: „**Nein, das haben Sie selbst nicht geglaubt!**" oder „Nein, Sie haben die Kostenpositionen nicht seriös aufgeklärt, sondern Ihren Planer, der protestierte, angewiesen die Investitionskosten um 30 % zu senken und die Umsätze um 20 % hoch zu setzen!"

8.33

---

[33] Sehr präzise allerdings BGH v. 20.10.2000 – V ZR 285/99, ZIP 2000, 2257, und BGH v. 15.10.1997 – VIII ZR 89/96, s. unten Rn. 8.83.

8.34 Wie oben dargestellt,[34] ist eine Unternehmensplanung, ähnlich einer Bilanz, als eine **Sammlung von Aussagen** anzusehen, an die sehr **unterschiedliche Ansprüche** zu stellen sind. In manchen Bereichen, etwa bei den Umsätzen, mögen (selbst grobe) Schätzungen legitim sein; dann wird dem Verkäufer ein Täuschungsvorwurf auch dann oft nicht zu machen sein, wenn er selbst zweifelt, aber die Szenarien methodisch durchhält.[35] In anderen Bereichen, etwa bei wiederkehrenden und anderen leicht absehbaren Kosten, kann der Käufer eine relativ hohe Genauigkeit verlangen, bis hin zur Exaktheit. Überall kann der Käufer eine sachliche und methodische Konsistenz erwarten. Wenn sich der Verkäufer nicht hieran hält, kann ihm durchaus eine schuldhafte Täuschung vorgeworfen werden.[36]

8.35 Allerdings ist – wiederum zum Schutz des Verkäufers – zu betonen, dass die meisten Planungen Ergebnis des Durchdenkens vieler Szenarien und u. U. mehrerer Meinungsumschwünge sind. Wenn der Käufer einen Hinweis darauf findet, dass der Verkäufer **irgendwann mit einer negativeren Entwicklung gerechnet** hat als derjenigen, die schließlich, etwa im „Business Case", vorgelegt wurde, ist hiermit noch keine Kenntnis der Planunrichtigkeit nachgewiesen,[37] weil die Möglichkeit des „Auslöschens" dieser Information nicht verneint werden kann.

II. Überblick Wissensorganisationshaftung (Wissenszurechnung) und Verhaltenszurechnung

8.36 In den Fällen dieses Abschnitts, in denen eine Haftung des Verkäufers von subjektiven Tatbestandsmerkmalen abhängt,[38] stellt sich oft die Frage, ob und unter welchen Voraussetzungen subjektive Merkmale „in den Köpfen" anderer na-

---

34) Vgl. oben Rn. 5.102 ff.
35) Eine Ausnahme dürfte allerdings eingreifen, wenn der Verkäufer Kenntnis davon hat, dass seine Annahmen unrealistisch sind. Etwa, weil er einen schweren Produktmangel kennt, der die Absetzbarkeit des Produktes – und also auch die Umsatzverdopplung – überhaupt hindern wird, wenn er die Verletzung eines Patentes eines Dritten verschweigt, weiß, dass der Maschinenzustand den geplanten Ausstoß nicht zulässt, oder Kenntnis von der Kündigungsabsicht eines Großabnehmers hat.
36) M. E. hier etwas zu weitgehend: *Weißhaupt*, WM 2013, 782, 785 li. Sp. Mitte: „Für vorsätzliche Täuschung ist von vorneherein kein Raum." Das OLG Hamm (Urt. v. 20.8.2009 – I-27 U 34/09, ZNER 2010, 88) sah – zu Recht – in einer einem Angebot zum Kauf eines Betreibers einer Windkraftanlage beigefügten Modellrechnung keine (kaufrechtliche) „Zusicherung" bestimmter Erträge (Rn. 25).
37) Auch in dem oben teilweise dargestellten Fallbeispiel „Kaufhof/Oppermann", OLG Hamburg v. 3.6.1994 – 11 U 90/92, WM 1994, 1378 = ZIP 1994, 944, spielte der Vorwurf einer Täuschung durch eine unterlassene Aufklärung über eine dem Verkäufer bekannt gewordene neue Planung eine Rolle. Vgl. Rn. 8.187 f.
38) Es sind dies, um es zu wiederholen, Kenntnis, beste Kenntnis, Arglist, Vorsatz, Fahrlässigkeit, etc. bei von subjektiven Tatbestandsmerkmalen abhängigen Garantien und Vorsatz oder Fahrlässigkeit bei c. i. c. oder § 437 Abs. 3 i. V. m. § 280 BGB.

II. Überblick Wissensorganisationshaftung (Wissenszurechnung) und Verhaltenszurechnung

türlicher Personen als des Verkäufers[39] von Bedeutung sein können. Dies ist bei der gesetzlichen Haftung[40] in zwei Fällen zu bejahen, die hier als „Wissensorganisationshaftung" („Wissenszurechnung") und „Verhaltenszurechnung" unterschieden werden.

Anwälte denken in Rechtsstreitigkeiten, möglicherweise, weil § 278 BGB einen klaren gesetzlichen Anknüpfungspunkt liefert, zuerst an die Verhaltenszurechnung, z. B. unter dem Gesichtspunkt ob Manager der Zielgesellschaft Verhandlungs- bzw. Erfüllungsgehilfen des Verkäufers waren. Entsprechend behandelten die beiden Vorauflagen dieses Buchs die Verhaltenszurechnung an erster Stelle. Dogmatisch ist indessen die Wissensorganisationshaftung eine Haftung für eigenes Verschulden nach § 276 BGB, die demnach vor der Haftung für fremdes Verschulden nach § 278 BGB zu behandeln ist. Daher wird die Wissensorganisationshaftung nunmehr vorgezogen. 8.37

Die Wissenszurechnung/Wissensorganisationshaftung soll das Problem lösen, dass für eine Haftung erforderliche *subjektive Merkmale* bei dem Handelnden oder Unterlassenden *nicht oder nur bruchstückhaft* vorhanden sind. Es hat z. B. der Verkäufer selbst eine Angabe gemacht oder geschwiegen, aber er wusste nicht, dass die Angabe oder die durch das Schweigen ausgedrückte Information falsch war. Durch die Wissenszurechnung sollen ihm nun **subjektive Merkmale oder Bruchstücke von anderen natürlichen Personen „imputiert"**[41] werden, um daraus, zusammen mit den bei dem Handelnden vorhandenen Bruchstücken, eine ganze schuldhafte Pflichtverletzung zu konstruieren. 8.38

Beispiel: Der Verkäufer erteilt bei Verkaufsverhandlungen subjektiv wahrhaftig die Auskunft, dass eine öffentlich-rechtliche Position bestehe. Ein Mitarbeiter der Rechtsabteilung, bei dem vor einer Woche der Widerruf der Position eingegangen, sitzt an einem Memorandum dazu. War die falsche Auskunft des Verkäufers eine schuldhafte Pflichtverletzung? 8.39

Hier weiß der Verkäufer nichts von dem Widerruf, der Mitarbeiter der Rechtsabteilung u. U. nichts von der erteilten Auskunft. Dem Verkäufer, der gehandelt hat, kann zunächst – vor der Operation der Wissensorganisationshaftung/Wissenszurechnung – kein Vorwurf gemacht werden. Dasselbe gilt für den Leiter der Rechtsabteilung, der indessen schon nicht handelte, und dessen Handeln, 8.40

---

39) Oder der natürlichen Person, die den Verkäufer *als Organ* vertritt. Selbstverständlich ist die Prüfung eines einfachen eigenen Verschuldens des Verkäufers – Vorsatz, etwa durch Kenntnis der unrichtigen Angabe bzw. des Nichterfolgens der Aufklärung, u. U. Fahrlässigkeit, indem sich der Verkäufer nicht vergewisserte, dass die erteilte Auskunft richtig war etc. – vorrangig.

40) Auch in der vertraglichen Garantiehaftung können subjektive Merkmale bei anderen Personen als dem Käufer relevant werden, was indessen regelmäßig vertraglich geregelt wird. Theoretisch können auch die gesetzlichen Regeln anwendbar sein. S. Rn. 9.24 ff.

41) Ein bis ins 19. Jh. in der Jurisprudenz für die Zurechnung von subjektiven Merkmalen gebräuchlicher Ausdruck.

selbst wenn er gehandelt hätte, dem Verkäufer auch nicht zuzurechnen wäre, weil er wohl kein Verhandlungsgehilfe war. Es liegt – anders als im Fall der Verhaltenszurechnung – also kein vollständig schuldhaftes Verhalten überhaupt irgendeiner natürlichen Person vor.

8.41 Bei der **Verhaltenszurechnung**, die immer die Zurechnung eines auch **schuldhaften** Verhaltens ist und deshalb auch „Verschuldenszurechnung" genannt werden könnte, geht es um die **Herleitung einer Haftung des Schuldners als einer Person**, i. d. R. des Verkäufers, **aus dem vollständig schuldhaften Verhalten einer anderen Person**, eines Dritten.

8.42 *Beispiel*: Der Geschäftsführer der Zielgesellschaft gibt bei einer Managementpräsentation bewusst falsche Auskünfte. Derselbe Geschäftsführer verschweigt einen für den Käufer wesentlichen Umstand, obwohl er dessen Bedeutung für den Käufer kennt. Kann dem Verkäufer dieses Verhalten eines Organs der Gesellschaft zugerechnet werden?

8.43 In diesem Fall kommen in der Person des Geschäftsführers Handeln (seine falsche Erklärung) und Verschulden (aufgrund seiner Kenntnis der Unrichtigkeit der Erklärung) zusammen. Insoweit liegt in *einer* Person, die allerdings nicht identisch mit dem Verkäufer und nicht Organ des Verkäufers ist, ein vollständig schuldhaftes Verhalten vor. Die Frage ist also, ob der Verkäufer für dieses vollständig schuldhafte Verhalten einer *anderen Person* einstehen muss.[42]

III. „Wissensorganisationshaftung" (Wissenszurechnung)

1. Das Problem

8.44 Wir sind in diesem Buch bereits auf das Problem gestoßen, wessen Wissen am Ende der Werterhellungsperiode für die Richtigkeit der Bilanz maßgeblich ist.[43] Diese Frage betraf beim Asset Deal den Verkäufer und beim Share Deal die Zielgesellschaft. Später werden wir auf analoge Probleme auf der Gläubiger bzw. Käuferseite[44] (i. R. von § 442 BGB oder von Kenntnisklauseln) stoßen.[45] Daneben kann es weitere „ähnliche Probleme" geben, z. B. wessen Wissen Ad

---

[42] Es geht hier um die Haftung des Verkäufers für eine andere Person. Ob die andere Person *selbst* haften muss, ist eine Frage des Eingreifens einer Sachwalterhaftung oder eines Delikts. Vgl. unten Rn. 14.15 und Rn. 6.172.

[43] Es ging ja um die Unrichtigkeit der Bilanz, nicht um eine etwaige Kenntnis des Verkäufers von der Unrichtigkeit! S. Rn. 5.151 f.

[44] S. u. Rn. 9.69.

[45] S. Rn. 9.24 ff.

III. „Wissensorganisationshaftung" (Wissenszurechnung)

hoc-pflichtig ist. Die Kriterien für ihre rechtliche Behandlung müssen dabei nicht a priori dieselben sein.[46)]

Hier geht es nun darum, dass der **Verkäufer** bei der c. i. c. oder Delikt z. B. eine gewichtige nachteilige Information verschwiegen oder sogar unrichtige Erklärungen abgegeben hat, dass aber bei ihm die von der Anspruchsnorm verlangten, **subjektiven Unrechtsmerkmale**[47)] oder Verschuldensmerkmale, etwa Kenntnis eines Umstandes oder der Unrichtigkeit einer Information, **fehlen**. 8.45

Dieses Überbrückungsproblem kann sich bei Personen innerhalb einer Abteilung, über Abteilungsgrenzen hinweg, innerhalb einer juristischen Person oder Gesellschaft oder über deren Grenzen hinaus, z. B. bei Beteiligungsunternehmen, oder im Verhältnis zu externen Dienstleistern, etwa bei Anwälten, Wirtschaftsprüfern o. ä. Beratern bei Transaktionen stellen. Es ist eine Differenzierung in „vertikale Wissensaufspaltung" – etwa bei § 166 Abs. 2 BGB – oder „horizontale Wissensaufspaltung" zwischen hierarchisch auf einer Ebene angesiedelten Personen oder Unterorganisationen möglich.[48)] 8.46

2. Zwei Modelle zur Begründung einer Schuldnerhaftung im Hinblick auf bei Dritten vorhandene Informationen

Rechtsordnungen können unterschiedliche Anknüpfungen auswählen, um eine Schuldnerhaftung für sein Verhalten, z. B. erteilte Auskünfte oder Schweigen, herzuleiten, das von bei Dritten vorhandenen Informationen abhängig ist. Zwei Modelle stehen im BGB im Vordergrund. 8.47

Man könnte sagen, dass § 166 BGB (und ähnlich §§ 31 und 278 BGB) ein „Vertretermodell" zugrunde liegt. Das **„Vertretermodell"** besteht in der Anwendung der Rechtstechnik, dass eine Person **als Vertreter** einer anderen **identifiziert wird** und sodann der **Vertretene in „Bausch und Bogen"** für das pflichtwidrig schuldhafte Verhalten des Vertreters **haftbar** gemacht (§§ 31, 278 BGB) oder ihm in „Bausch und Bogen" das gesamte Wissen des Vertreters zugerechnet wird (§ 166 Abs. 1 BGB). All dies hat v. a. den Zweck, eine Verschuldenshaftung des Vertretenen ohne eigenes Verschulden des Vertretenen zu begrün- 8.48

---

46) So richtig *Goldschmidt*, ZIP 2005, 1305, 1308 re. Sp. Mitte. Sie seien „anhand der jeweiligen Rechtsnorm zu bestimmen, die an die Kenntnis oder das Kennenmüssen Rechtsfolgen knüpft". Anknüpfend an das Urteil BGH v. 26.4.2016 – XI ZR 108/15, ZIP 2016, 1063, wurde eine umfangreiche Diskussion zu Problemen der Wissenszurechnung bei Aktiengesellschaften, namentlich von in einer Aufsichtsratssitzung erlangtem Wissen, geführt. Vgl.: *Schwintowski*, ZIP 2015, 617. *Koch*, ZIP 2015, 1757; *Verse*, AG 2015, 413; *Buck-Heeb*, AG 2015, 801; *Schirmer*, AG 2015, 666; *Sajnovits*, WM 2016, 765; *Werner*, WM 2016, 1474; *Habersack*, DB 2016, 1307; *Buck-Heeb*, WM 2016, 1469; *Gasteyer/Goldschmidt*, AG 2016, 116; *Ulrich*, GmbHR 2016, R 213.
47) S. Rn. 4.18–4.31.
48) *Buck*, Wissen und juristische Person, S. 327, 328.

den (nach §§ 31, 278 oder eben §§ 276 i. V. m. 166 Abs. 1 BGB).[49] Insoweit laufen eine **Erklärungszurechnung**, eine darüber hinausgehende **Handlungszurechnung** und die **Wissenszurechnung** nach dem „Vertretermodell" **parallel**.

8.49 Aufgrund des pauschalen Anknüpfens an die Vertreterstellung, bringt es § 166 Abs. 1 BGB mit sich, dass kein Raum für die Frage bleibt, ob der Vertretene (z. B. Vollmachtgeber) selbst arglistig oder schuldhaft (oder selbst rechtswidrig) gehandelt hat. Er haftet aufgrund des – freiwilligen oder zwangsläufigen – Transfers seiner Handlungsmacht auf den Vertreter, sogar für dessen Arglist.[50] Insoweit gibt es eine Ähnlichkeit zwischen § 31 BGB und § 278 BGB, wo der Geschäftsherr für das Verschulden des Erfüllungsgehilfen unabhängig von seinem etwaigen eigenen Verschulden haftet. Die Rechtfertigung für die Haftung des Vertretenen für das schuldhaft rechtswidrige Verhalten des Vertreters liegt in dem **Vertretungsverhältnis und** im **Verkehrsschutz** – nicht in einer Pflichtwidrigkeit oder einem Verschulden des Vertretenen.

8.50 Dabei ist übrigens *jedes* Zusammenbringen von Wissen und Handeln ein **Zusammenbringen zweier Wissen** aus zwei verschiedenen Köpfen, also eine sog. **Wissenszusammenrechnung**. Ein Handeln ohne Wissen ist nicht vorstellbar, da auch bei der primär handelnden Person subjektive Merkmale vorliegen; der Handelnde, der den Vertrag schließt, eine Garantie abgibt oder eine Frage verneint, weiß zumindest, *dass* er dies tut und was er sagt bzw. dass er eine Erklärung abgibt oder einen Vertrag schließt.[51]

8.51 Die Rechtsprechung des BGH hat, wie wir näher sehen werden, den Ansatz des „Vertretermodells" bei der weiten analogen Anwendung des § 166 Abs. 1 BGB auf Situationen ausgedehnt, bei denen ein Vertretungsverhältnis schlechterdings nicht mehr bestand, nämlich bei arbeitsteiligen Prozessen, die irgendwo zwischen verschiedenen Armen, Ohren und dem Haupt einer Organisation stattfinden. In der Sache ersetzt das **Feststellen einer Verletzung von Wissensorganisationspflichten** – im Hinblick auf bestehende Aufklärungspflichten – eine **Vertretereinsetzung** durch Rechtsgeschäft, Realhandlung oder Gesetz (wie bei §§ 31, 166 Abs. 1 und 278 BGB). Die Struktur erinnert an § 162 BGB. Das Ergebnis bleibt ebenso einwertig, wie dort und bei §§ 31, 166 Abs. 1 und 278 BGB eine Zurechnung des vollständigen Vertreterverschuldens oder des vollständigen Vertreterwissens erfolgt. Allerdings wird nicht wie bei §§ 31 oder 278 BGB ein schon vollständiges schuldhaftes und rechtswidriges Verhalten

---

49) In anderen Zusammenhängen kann die Wissenszurechnung für den Lauf von Verjährungsfristen, Gutglaubensschutz (§§ 892, 932 BGB), Verkehrsschutz (§ 15 HGB) und den Eintritt einer verschärften Haftung (§ 819 BGB) relevant werden.

50) So auch zutreffend *Buck*, Wissen und juristische Person, S. 327; ähnl. *Faßbender/Neuhaus*, WM 2002, 1253, 1258 li. Sp. Mitte.

51) *Buck*, Wissen und juristische Person, S. 327, möchte demgegenüber eine strikte Grenze zwischen Zusammenbringen von Wissen und Handlung einerseits und der Wissenszusammenrechnung i. S. der Kombination mehrerer, bloßer Wissenselemente ziehen.

III. „Wissensorganisationshaftung" (Wissenszurechnung)

des Vertretenen imputiert, sondern wird ein zuvor „unschuldiges" Verhalten durch das zusätzlich zugerechnete Wissen „vergiftet" und schuldhaft (ggf. auch erst pflichtwidrig).

Das gedankliche Schema ist: 8.52

Wenn Wissensorganisationspflichten verletzt wurden, erfolgt eine Wissenszurechnung. Diese ermöglicht die Begründung von Pflichtwidrigkeit/Verschulden des Schuldners bei unrichtigen Auskunftserteilungen mit einem Wissen von der Dritten.

Das Gegenmodell lässt von dem Versuch ab, den Schuldner vertretergleich mit 8.53 der schuldhaften Pflichtwidrigkeit oder Wissen einer anderen Person (oder mehrerer anderer Personen oder einem etwa erst durch einen Austausch des Wissens dieser Personen zu generierendem Wissen) zuzurechnen, sondern macht den **Schuldner persönlich nur** dafür **verantwortlich**, dass er – aktiv oder durch Verschweigen – eine Informationspflicht verletzte, weil seine Information nicht auf einer adäquaten Wissensorganisation beruhte. Die vorkommenden Größen (War die erteilte Information richtig oder falsch? War die Wissensorganisation pflichtgemäß?) sind zunächst dieselben, aber (i) ihre Verknüpfung ist eine andere und (ii) der Akzent wird anders gesetzt. Die Folge der Verletzung von Organisationspflichten ist nicht mehr ein der Vertreterbestellung vergleichbares Zwischenglied einer pauschalen Wissenszurechnung „in Bausch und Bogen", wodurch dann – in der Art des § 162 BGB – das Erfordernis echten Verschuldens ersetzt wird. Vielmehr wird die Frage, ob die Wissensorganisation pflichtgemäß war, von vornherein nur bezogen auf einzelne, konkrete Informationen gestellt und wird der haftungsbegründende Vorwurf unmittelbar, wie bei der strafrechtlichen *actio libera in causa*, schon an die zeitlich der falschen Auskunft oder dem Schweigen *vorausgehende* Verletzung von Wissensorganisationspflichten geknüpft.

Das neue gedankliche Schema ist: 8.54

Wenn eine unrichtige Auskunft erteilt und wenn Wissensorganisationspflichten verletzt wurden, ermöglicht die Verletzung der Wissensorganisationspflichten die Begründung von Pflichtwidrigkeit/Verschulden des Schuldners bei der Auskunftserteilung mit seiner eigenen Verletzung von Wissensorganisationspflichten (ohne Wissenszurechnung).

Das Ausgangsproblem der Wissenszurechnung, überhaupt Wissen „aus einem 8.55 Kopf" einem „anderen Kopf" zuzurechnen, wird so umgangen. Auch das Problem, dass dem Schuldner ein Wissen „übergestülpt" werden muss, das nur andere, aber nicht er hatte, und dass ihm erklärt werden muss, wieso er gleichwohl (i. d. R.) arglistig bzw. vorsätzlich handelte, stellt sich so nicht. Das positiv vorhandene Vertreterwissen wird weniger wichtig. Dies macht Platz dafür, die Pflichtwidrigkeit bzw. das Verschulden des Schuldners bei der Erteilung einer unrichtigen Auskunft darin zu sehen, dass er – **wie bei „Erklärungen ins Blaue**

hinein" – eine Auskunft erteilt hat, ohne sich ihrer Richtigkeit angemessen zu vergewissern. Das zweite Modell kann für sich geltend machen, dass es eine großer Nähe zur Rechtsprechung des BGH zum sog. **„Organisationsverschulden"**[52] besitzt. Es könnte **„Wissensorganisationshaftung"** (nach §§ 241 Abs. 2, 280 Abs. 1 BGB) genannt werden.

8.56 Hier wird nun zunächst die Rechtsprechung zu § 166 Abs. 1 BGB und seiner erweiterten und seiner weiten analogen Anwendung dargestellt. Danach wird die weite analoge Anwendung § 166 Abs. 1 BGB kritisiert, und werden – unter Verwendung von Ansätzen aus der Perspektive der am Vertretungsmodell orientierten Wissenszurechnungsdoktrin und einer „Wissensorganisationshaftung" – einige materiell entscheidungserheblichen Fragen der Verkäuferhaftung wegen erteilten Informationen bei M&A-Transaktionen erörtert.

3. Wissenszurechnung nach dem „Vertretermodell" – unmittelbare, erweiterte und weite Anwendung des § 166 Abs. 1 BGB

a) Unmittelbare Anwendung des § 166 Abs. 1 BGB

8.57 Die unmittelbare Anwendung des § 166 Abs. 1 BGB ist auf rechtsgeschäftliche Vertreter beschränkt – § 166 BGB ist Teil des Vollmachtsrechts. Insoweit ordnet die Norm – auch bei M&A-Transaktionen – an, dass dem Verkäufer die Kenntnis seines rechtsgeschäftlichen Vertreters beim Vertragsabschluss schadet, etwa um Vorsatz zu begründen, wie ihm die Kenntnis des den Vertrag schließenden Käufervertreters, etwa nach § 442 BGB, nutzt. § 166 Abs. 1 BGB würde hiernach – in direkter Anwendung – aber schon nicht mehr helfen, soweit Wissenselemente von **nicht vertretungsberechtigten** Mitgliedern eines Verhandlungsteams oder sonstigen transaktions- oder verkäufernahen Personen berücksichtigt werden sollen.[53] § 166 Abs. 1 BGB ist überhaupt unzureichend für viele Zurechnungsbedürfnisse: Er regelt nur Auswirkungen des Wissens auf das **konkrete Rechtsgeschäft des Wissenden,** aber weder generelle Auswirkungen des Wissens für die Organisation noch Auswirkungen außerhalb von rechtsge-

---

52) S. BGH v. 10.3.1992 – VII ZR 5/91, NJW 1992, 1754 = ZIP 1992, 773 (Organisationsverschulden eines Werkunternehmers, der die organisatorischen Voraussetzungen dafür schaffen muss, sachgerecht beurteilen zu können, ob ein Werk mangelfrei ist); BGH v. 11.10.2007 – VII ZR 99/06, BGHZ 174, 32 (zu Organisationsobliegenheiten der arbeitsteilig tätigen Werkunternehmens); BGH v. 27.11.2014 – III ZR 294/13, NZG 2015, 273 = ZIP 2015, 229 (Organisationsverschulden eines Wertpapierdienstleistungsunternehmens, das es in Kenntnis seiner Aufklärungsverpflichtung unterlässt, seine Mitarbeiter zu Kundenaufklärungen anzuweisen). Kennzeichnenderweise ist das Verhältnis der „Wissenszurechnung" zum „Organisationsverschulden", obwohl beide benachbarte Themen behandeln, ungeklärt. Ist die Wissenszurechnung trotz ihrer Prominenz möglicherweise ein „Baby" des in der Diaspora des Werkvertragsrechts und übrigens auch der anwaltlichen Organisationspflichten vorkommenden „Organisationsverschuldens"?

53) So auch *Medicus*, Probleme der Wissenszurechnung, S. 8 re. Sp. oben.

III. „Wissensorganisationshaftung" (Wissenszurechnung)

schäftlichen Willenserklärungen, etwa im Zusammenhang mit Delikt oder Wissenserklärungen.[54)]

Wissenszurechnung nach § 166 Abs. 1 BGB

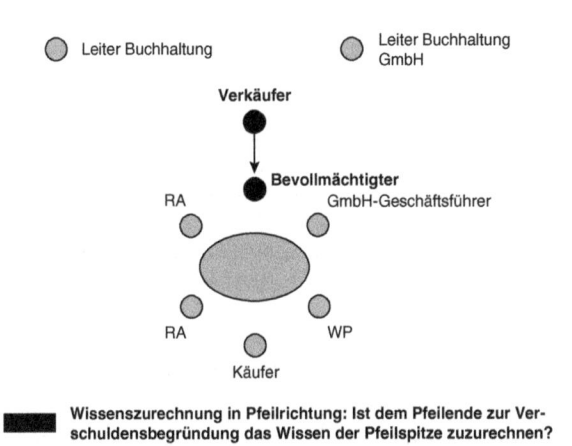

```
        ○ Leiter Buchhaltung         ○ Leiter Buchhaltung
                                       GmbH

                    Verkäufer
                       ●
                       ↓
                       ●  Bevollmächtigter
           RA             GmbH-Geschäftsführer

                    ⬭

              ○              ○
             RA              WP
                    ○
                 Käufer
```

▬▬ Wissenszurechnung in Pfeilrichtung: Ist dem Pfeilende zur Verschuldensbegründung das Wissen der Pfeilspitze zuzurechnen?

Hier fällt gleich auf, dass § 166 Abs. 1 BGB keineswegs auf ein „ozeanisches" Zusammenbringen des Wissens der relevanten Akteure – Geschäftsherr und Vertreter – zielt, sondern es werden selektiv Zurechnungsschleusen geöffnet und andere bleiben geschlossen. Es findet eine Zurechnung entweder in diese oder in jene Richtung, aber gerade keine generelle wechselseitige Zurechnung oder Zusammenrechnung des Wissens von Vertreter *und* Geschäftsherr zulasten des Geschäftsherrn statt.[55)] Die Norm sagt deutlich, dass es keine Zurechnung des Wissens des Geschäftsherrn, der selbst keine Willenserklärung abgibt, zulasten des Vertreters – am Ende: zulasten des Geschäftsherrn selbst – geben soll, wenn der Geschäftsherr den Vertreter nicht mindestens zu einem Verhalten anweist.[56)] Wenn aber einem rechtsgeschäftlichen Vertreter noch nicht einmal das ihm nicht bekannte Wissen seines Geschäftsherrn zugerechnet wird, könnte man fragen, wie soll durch § 166 Abs. 1 BGB – gewissermaßen quer durch die Organisation hin-

8.58

---

54) Vgl. *Medicus*, Probleme der Wissenszurechnung, S. 8 re. Sp. Mitte.
55) So auch *Buck*, Wissen und juristische Person, S. 335.
56) So die Ausnahme des § 166 Abs. 2 BGB. Hiernach kann sich der Vertretene, wenn er Weisungen an den Vertretenen erteilt hat, in Ansehung solcher Umstände, die er selbst kannte, nicht auf die Unkenntnis des Vertretenen berufen. Nach der h. M. steht einer Weisung des Vertretenen gleich, wenn dieser trotz Weisung nicht eingreift oder das Geschäft durch den Vertreter in seiner Anwesenheit abgeschlossen wird. Z. T. wird allerdings vertreten, dass schon bloße Unredlichkeit des Vertretenen, seine Kenntnis ohne Möglichkeit einer Weisung, genüge (Palandt-*Ellenberger*, BGB, § 166 Rn. 11).

durch, von oben nach unten (vertikal) und von links nach rechts (horizontal) – möglicherwiese das Wissen eines mehrerer Geschäfts*diener* – und dann dieses konstruierte Wissen weiter zulasten des Geschäftsherrn – zugerechnet werden können? Es ist ersichtlich ein weiter Weg von dem Konzept des § 166 BGB zu dem heute erreichten Endpunkt der „weiten analogen Auslegung" von § 166 BGB.

8.59 § 166 Abs. 1 BGB erweist sich auch aus einer weiteren Perspektive als „Zurechnungsbremse": Die Norm zeigt, dass dem BGB das **Konzept fremd** ist, einer Person ein Wissen, das sie einmal erlangt und möglicherweise sogar weiter verfügbar hat, **situationsunabhängig** immer weiter **zuzurechnen**. Wenn aber einer Person erlangtes und selbst aktuell – etwa bei einem Einzelkaufmann – verfügbares Wissen nicht stets zugerechnet wird, um wie viel fernliegender ist es dann, ein nicht einmal als „Wissenseinheit" real vorhandenes, sondern vermittels der Unterstellung, dass ein tatsächlich nicht stattgefundener Austausch mehrerer Einzelmenschen doch stattgefunden hätte, kontrafaktisch konstruiertes oder fingiertes Wissen zuzurechnen?

b) Erweiterte analoge Anwendung des § 166 Abs. 1 BGB

8.60 Eine erste Erweiterung erfolgte, indem die Rechtsprechung den Bezug zu dem Vollmachtsrecht und das Erfordernis einer „Rechtsgeschäftlichkeit" der Vertretung aufgab. Diese Entwicklung wurde durch die Erfindung des Begriffs „**Wissensvertreter**" markiert; hierunter ist eine Person zu verstehen, die, **ohne Vertretungsmacht** zu haben, für den Geschäftsherrn Aufgaben in eigener Verantwortung erledigt und dabei die **anfallenden Informationen zur Kenntnis nimmt und weiterzugeben hat**.[57] Der Begriff des Wissensvertreters erlaubte es, einer Organisation das Wissen von Personen auf **eher untergeordneten Hierarchiestufen**, die aber **selbstständige Entscheidungen nach außen** treffen konnten – von Bankkassieren, Filialleitern ohne Prokura, bestimmten Bearbeitern bei Versicherungen[58] – zuzurechnen; der Organisation wurde die Berufung darauf abgeschnitten, dass diese Personen keine rechtsgeschäftliche Vertretungsmacht hatten. Die Struktur des § 166 BGB wurde durch diese Analogie noch nicht verändert.

---

[57] Palandt-*Ellenberger*, BGB, § 166 Rn. 6; BGH v. 24.1.1992 – V ZR 262/90, BGHZ 117, 104 (Knollenmergel) = WM 1992, 792, 793 li. Sp. unten.

[58] Weitere Fälle bei Palandt-*Ellenberger*, BGB, § 166 Rn. 6a.

III. „Wissensorganisationshaftung" (Wissenszurechnung)

Erweiterte Wissenszurechnung analog § 166 Abs. 1 BGB

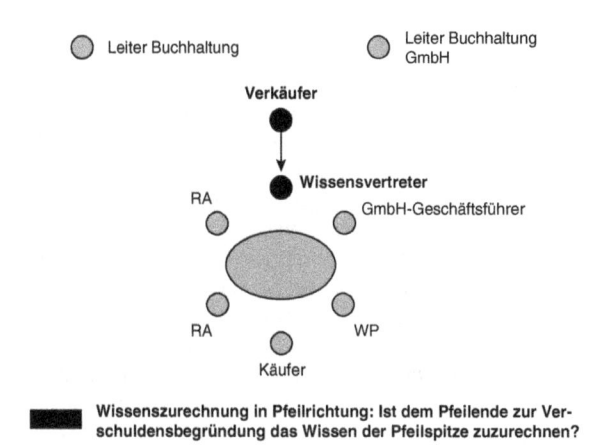

[Diagramm: Leiter Buchhaltung, Leiter Buchhaltung GmbH, Verkäufer, Wissensvertreter, RA, GmbH-Geschäftsführer, RA, WP, Käufer]

■ Wissenszurechnung in Pfeilrichtung: Ist dem Pfeilende zur Verschuldensbegründung das Wissen der Pfeilspitze zuzurechnen?

Die Auswirkungen dieser erweiterten Auslegung des § 166 Abs. 1 BGB auf 8.61
M&A-Transaktionen blieben gering. Personen, die Aufgaben in eigener Verantwortung erledigen können, ohne bevollmächtigt zu sein, dienen vorrangig den **Bedürfnissen des Massenverkehrs**, bei dem einzelne Mitarbeiter einen Vertragsabschluss sachlich-inhaltlich vorbereiten,[59] der im Anschluss daran mechanisch aufgrund einer delegierten Vertretungsmacht vollzogen wird. Schon bei Verkäufen von gemeindlichen Grundstücken ist fraglich, ob Mitarbeiter im Baurechtsamt mit der eigenverantwortlichen Wahrnehmung von Aufgaben im privatrechtlichen Geschäftsverkehr betraut sind.[60] Erst recht sind bei M&A-Transaktionen Personen, die eigenverantwortliche Aufgaben für den Geschäftsherrn wahrnehmen dürfen, relativ rar. Es gibt eigentlich auch keine Vielzahl von selbstständigen Entscheidungen, sondern nur die einzige große Entscheidung über den Abschluss der Transaktion. Diese Entscheidung darf oft nicht einmal das vertretungsberechtigte Organ des Geschäftsherrn alleine treffen.

c) **Weite analoge Anwendung des § 166 Abs. 1 BGB**
Die Rechtsprechung hat in den neunziger Jahren mit der Entwicklung einer „anderen Variante der Wissenszurechnung"[61] einen Schritt zu einer besonders „weiten 8.62

---

59) Bejaht bei einem angestellten Gebrauchtwagenankäufer einer GmbH & Co. KG, s. BGH v. 31.2.1996 – VIII ZR 297/94, NJW 1996, 1205 re. Sp. unten = ZIP 1996, 500.
60) So BGH v. 24.1.1992 – V ZR 262/90, BGHZ 117, 104 (Knollmergel) = WM 1992, 792, 793 li. Sp. unten.
61) So ausdrücklich BGH v. 2.2.1996 – V ZR 239/94, NJW 1996, 1339, 1340 re. Sp. Mitte = ZIP 1996, 548.

8. Kapitel Subjektive Merkmale auf Verkäuferseite zur Haftungsbegründung

Auslegung", sozusagen einem **„Off Off – § 166 BGB"** betreten, durch die sie noch einmal über den Begriff des „Wissensvertreters" – mit dem Erfordernis der Erledigung von Aufgaben in eigener Verantwortung – hinausgegangen ist. Freilich wird für diese neue Rolle nicht durchgängig ein neuer Begriff verwendet, sondern teilweise der Begriff des „Wissensvertreters" einfach aufgeweicht. Der **Vordermann**, der schon vom rechtsgeschäftlichen Vertreter zum Wissensvertreter geworden war, wandelt sich jetzt in der Sache weiter zu etwas, was man **„Wissensträger"** oder **„Informationsträger"**[62] nennen könnte. Er kann nun auch ein einfaches Mitglied in einem Verhandlungs- oder Due Diligence-Team oder ein Sachbearbeiter ohne Befugnis zur Erledigung von Aufgaben in eigener Verantwortung sein; ebenso tritt als **Hintermann** an die Stelle des Vollmachtgebers bzw. Geschäftsherrn ein **zweiter Wissensträger** oder Informationsträger, der auch nur eine irgendwie wissensrelevante Funktion in der Organisation spielen muss und dem geänderten Vordermann weithin ähnelt. Was von § 166 Abs. 1 BGB übrig bleibt, ist eine **„Wissenszusammenrechnung"**[63] **zwischen einem Vorder- und einem Hintermann**, die, auch wenn sie unterschiedlich transaktionsnah sein mögen, beide hierarchisch gleichgestellte Wissensträger oder „Informationsträger" sein können.[64]

**Weite Wissenszurechnung analog § 166 Abs. 1 BGB –
Wissenszusammenrechnung**

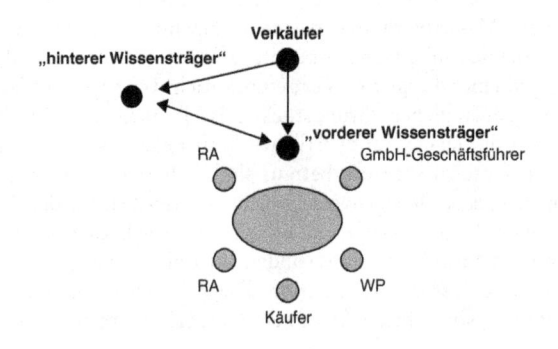

```
              Verkäufer
„hinterer Wissensträger"    ●
                    ●    ↙
                       ↘
                         „vorderer Wissensträger"
              RA    ●    GmbH-Geschäftsführer

                    ⬭

              RA    ○    WP
                  Käufer
```

▬ Wissenszurechnung in Pfeilrichtung: Ist dem Pfeilende zur Verschuldensbegründung das Wissen der Pfeilspitze zuzurechnen?

---

[62] So etwa Palandt-*Ellenberger*, BGB, § 166 Rn. 8.
[63] Der Ausdruck stammt von Staudinger-*Schilken*, BGB, § 166 Rn. 5a.
[64] Dabei könnte man es sich wohl so vorstellen, dass sich der Vollmachtgeber bzw. Geschäftsherr von § 166 Abs. 2 BGB in den hinteren Wissensträger verwandelt hat (dann wäre der Geschäftsherr gewissermaßen aus § 166 „Off Off" BGB herausgefallen) oder dass sich der Bevollmächtigte nach Abschluss seiner Entwicklung über einen Wissensvertreter zum Wissensträger zweigeteilt hat und die wechselseitige Wissenszusammenrechnung zunächst zwischen den eineiigen Zwillingen stattfindet und der Vollmachtgeber bzw. Geschäftsherrn seinen Platz behalten hat.

III. „Wissensorganisationshaftung" (Wissenszurechnung)

Mit dem Auftreten zweier oder mehrerer Wissensträger ändert sich auch das Verhältnis zwischen ihnen; das „Entweder/Oder" des alten § 166 Abs. 1 oder Abs. 2 BGB wird nun durch ein „**sowohl als auch**" ersetzt und für die „Zusammenrechnung" kommt es nicht mehr darauf an, ob der Geschäftsherr eine „Weisung" erteilt hat, sondern sie kommt zustande, wenn die Wissensträger ihre Kommunikation nicht ordnungsgemäß organisiert haben. 8.63

d) Rechtsprechung zur weiten analogen Auslegung von § 166 Abs. 1 BGB

Weiterhin praktisch bedeutend ist die Frage des Wissens von Vertretungsorganen einer juristischen Person. Hier lässt die Rechtsprechung soweit **aktuelle Organe** betroffen sind i. S. der „**Organtheorie**"[65] weiter keine Zweifel aufkommen: Das Wissen eines vertretungsberechtigten Organmitglieds ist als Wissen des Organs anzusehen und damit auch der juristischen Person zuzurechnen.[66] Auch das Wissen eines ausgeschiedenen Organs, des Bürgermeisters einer Gemeinde, wurde zugerechnet,[67] wenngleich die Zurechnung des Wissens eines verstorbenen Geschäftsführers einer Komplementär-GmbH an die KG unterblieb.[68] Hierzu werden unterschiedliche Auffassungen vertreten, mit der gemeinsamen Tendenz einer Einschränkung der „ewigen" Zurechnung des Wissens ausgeschiedener oder verstorbener Organmitglieder.[69] 8.64

Die Rechtsprechung hat die Entwicklung von der einfachen zur analogen und zur weiten analogen Anwendung des § 166 BGB in einer Serie von zitierten Urteilen vollzogen, die bei Streitigkeiten um Fragen der Wissenszurechnung, vielleicht mit Ausnahme des ersten, fast unvermeidlich in Bezug genommen werden. 8.65

Fallbeispiel „Kontovollmacht der Ehefrau" (BGH v. 25.3.1982 – VII ZR 60/81, BGHZ 83, 293 = ZIP 1982, 670) 8.66

Der Beklagte hatte seiner Ehefrau sämtliche Geldgeschäfte überlassen, ihr Kontovollmacht erteilt, und ließ sich in ähnlicher Weise in diesem Zusammenhang repräsentieren, wie durch einen rechtsgeschäftlichen Vertreter.[70] Die Ehefrau hatte im Namen des Beklagten über ein Kreditvermittlungsbüro ein Darlehen aufgenommen, den Kreditvertrag, ohne bevollmächtigt gewesen zu sein, mit dem Namen des Beklagten unterschrieben, die Kreditvaluta von dem Konto des Beklagten abgehoben und das Geld verbraucht. Im Rahmen der Darlehensrückzahlungsklage kam es darauf an, ob wegen § 819 Abs. 1 BGB eine Berufung des Beklagten auf eine Entreicherung ausge-

---

65) Vgl. *Meyer*, WM 2012, 2040 ff., 2042 li. Sp. Mitte.
66) BGH v. 8.12.1989 – V ZR 246/87, BGHZ 109, 327, 331. Bestätigt in BGH v. 15.12.2005 – IX ZR 227/04, Rn. 13, ZIP 2006, 138.
67) Vgl. BGH v. 8.12.1989 – V ZR 246/87, BGHZ 109, 327, 332 Mitte.
68) BGH v. 17.5.1995 – VIII ZR 70/94, NJW 1995, 2159, 2160 re. Sp. Mitte.
69) Vgl. *Meyer*, WM 2012, 2040 ff., 2042 re. Sp. oben.
70) BGH v. 25.3.1982 – VII ZR 60/81, BGHZ 83, 293, 296 unten = ZIP 1982, 670.

8. Kapitel Subjektive Merkmale auf Verkäuferseite zur Haftungsbegründung

schlossen war. Der BGH hat dem Beklagten die Kenntnis seiner Ehefrau analog § 166 Abs. 1 BGB zugerechnet. Die Norm enthalte den allgemeinen Rechtsgedanken, dass sich derjenige, der einen anderen mit der Erledigung bestimmter Angelegenheiten *in eigener Verantwortung* betraue, das in diesem Rahmen erlangte Wissen des anderen zurechnen lassen müsse.[71]

8.67 Hiermit war die Tür zu einer weiten analogen Anwendung von § 166 BGB aufgestoßen, aber es fehlte noch an einer Struktur und Dogmatik. Diese wurde in mehreren „klassischen" BGH-Fällen ausgebildet, die meistens Wissenszurechnung in Behörden betrafen:

8.68 *Fallbeispiel „Gemeindlicher Schlachthof"* (BGH v. 8.12.1989 – V ZR 246/87, BGHZ 109, 327 = NJW 1990, 975)

Eine Gemeinde hatte 1992 ein Schlachthofgrundstück für 350.000 DM unter Ausschluss der Gewährleistung verkauft, dessen Nutzung 1984 wegen der erheblichen Gefährdung der Tragfähigkeit einer Decke teilweise baupolizeilich von dem Landratsamt untersagt wurde. Das Landratsamt hatte der Gemeinde bereits 1965 die baupolizeiliche Sperrung für den Fall angedroht, dass Reparaturmaßnahmen nicht durchgeführt werden würden. Die Gemeinde hatte 1975 das Gebäude mit einem neuen Flachdach belegen lassen, aber andere verlangte Maßnahmen nicht durchgeführt. 1981 hatte eine weitere Ortsbesichtigung unter Beteiligung verschiedener Behörden und eines Bediensteten der Gemeinde stattgefunden. Eine Mitteilung von dieser Besichtigung war der Gemeinde während des Urlaubs des Bürgermeisters zugegangen und nur von dessen Stellvertreter zu den Akten genommen worden.

8.69 Das Berufungsgericht hatte ein arglistiges Verschweigen der Gemeinde verneint, weil der Bürgermeister keine hinreichende Kenntnis gehabt habe. Arglist könne sich, so das OLG Karlsruhe, „nicht allein aus der Fiktion ergeben, dass einer Rechtsperson das Wissen verschiedener natürlicher Personen zugerechnet werde. Der Täuschende müsse sich bewusst sein und zumindest in Kauf nehmen, die Willensbildung des Anderen zu beeinflussen. Davon könne nicht ausgegangen werden, wenn die handelnde Person den Mangel nicht kenne, und die Person, die Kenntnis habe, mit dem Geschäft nicht befasst sei."[72]

8.70 Der BGH folgte dem Berufungsgericht darin, dass bei keinem Organvertreter der Gemeinde alle Voraussetzungen der Arglist vorgelegen hätten. Er meinte aber, der Gemeinde im Interesse des Verkehrsschutzes das ihr einmal vermittelte, **typischerweise aktenmäßig festgehaltene, Wissen** des ehemaligen Bürgermeisters aus dem Jahre 1965 und des stellvertretenden Bürgermeisters aus dem Jahre 1981 zurechnen zu können.[73] Die noch **entscheidendere Korrektur**

---

71) BGH v. 25.3.1982 – VII ZR 60/81, BGHZ 83, 293, 296 Mitte = ZIP 1982, 670.
72) BGH v. 8.12.1989 – V ZR 246/87, BGHZ 109, 327, 329 unten = NJW 1990, 975.
73) BGH v. 8.12.1989 – V ZR 246/87, BGHZ 109, 327, 332 Mitte = NJW 1990, 975.

III. „Wissensorganisationshaftung" (Wissenszurechnung)

betraf die **Arglist**. Zwar sei weitere Voraussetzung der Haftung, dass der Verkäufer zugleich wisse oder doch mit der Möglichkeit rechne und sie billigend in Kauf nehme, dass der Vertragsgegner den Fehler nicht kenne, und bei Offenbarung den Vertrag nicht oder nicht mit dem vereinbarten Inhalt abgeschlossen hätte.[74] Auf dieses Erfordernis, das hier zu dem kritischen Zeitpunkt im Jahr 1992 nicht erfüllt sein konnte, weil die Gemeinde selbst den Fehler nicht positiv kannte, meinte der BGH indessen verzichten zu können. Bei einer natürlichen Person könne nämlich „nach der Lebenserfahrung von der Kenntnis eines schwerwiegenden verborgenen Mangels ... auf die Einsicht und die Billigung geschlossen werden, dass der Vertragspartner ... den Mangel vielleicht nicht kennt und andernfalls den Vertrag möglicherweise nicht ... abgeschlossen hätte". Um den mit einer Gemeinde privatrechtlich kontrahierenden Bürger in seinem Vertrauen zu schützen, erscheine es **„interessengerecht"**, die Gemeinde auch hinsichtlich „der weiteren Elemente des bedingten Vorsatzes" – gemeint ist das volitive Element des bedingten Vorsatzes – **„nicht besser als eine natürliche Person zu stellen"**.[75]

In der Sache **verzichtete** der BGH in Fällen, in denen, wie er sagte, Wissen „kumulativ, gleichsam mosaikartig, zugerechnet wird",[76] **auf das volitive Element**, die billigende Inkaufnahme oder den Eventualvorsatz bzw. ersetzte es durch eine theoretische Konstruktion. 8.71

Fallbeispiel „Knollenmergel" (BGH v. 24.1.1992 – V ZR 262/90, BGHZ 117, 104 = WM 1992, 792) 8.72

Eine durch ihr Liegenschaftsamt handelnde Gemeinde verkaufte einen Bauplatz, dessen Baugrund durch Knollenmergel beeinträchtigt war. Die Gewährleistung war ausgeschlossen. So kam es für eine Arglisthaftung des Verkäufers nach § 463 BGB, da das Liegenschaftsamt keine Kenntnis von dem Knollenmergel hatte, darauf an, ob der Gemeinde die *Kenntnis des Baurechtsamtes* von dem Knollenmergel zugerechnet werden konnte. Das OLG Stuttgart hatte diese Zurechnung – i. R. einer Prüfung einer analogen Anwendung des § 166 Abs. 1 BGB – verneint. Der in Frage kommende Mitarbeiter des Baurechtsamtes war kein „Wissensvertreter" gewesen, da er nicht mit der eigenverantwortlichen Wahrnehmung von Aufgaben im privatrechtlichen Geschäftsverkehr betraut war.[77] Der BGH erwog in diesem Zusammenhang eine weite analoge Anwendung des § 166 BGB, aber ließ dies daran scheitern, dass die Gemeinde jedenfalls nicht verpflichtet gewesen sei,

---

74) BGH v. 8.12.1989 – V ZR 246/87, BGHZ 109, 327, 332 unten = NJW 1990, 975.
75) BGH v. 8.12.1989 – V ZR 246/87, BGHZ 109, 327, 333 Mitte = NJW 1990, 975.
76) BGH v. 8.12.1989 – V ZR 246/87, BGHZ 109, 327, 333 unten = NJW 1990, 975.
77) So BGH v. 24.1.1992 – V ZR 262/90, BGHZ 117, 104 (Knollenmergel) = WM 1992, 792, 793 li. Sp. unten.

8. Kapitel Subjektive Merkmale auf Verkäuferseite zur Haftungsbegründung

einen allgemeinen Informationsaustausch zwischen dem Liegenschafts- und dem Baurechtsamt zu organisieren.[78]

8.73 Im Jahre 1994 loteten *Medicus*[79] und *Taupitz*[80] in grundlegenden Beiträgen im **Karlsruher Forum** die „Probleme der Wissenszurechnung" theoretisch aus. Der Beitrag von *Medicus* erwies sich als besonders einflussreich. Er begann mit der Frage, was man einem Einzelmenschen als „Wissen" zurechnen könne. Ist es all das Wissen, das er einmal erfahren hat, unabhängig davon, ob er sich derzeit daran erinnert oder es vergessen hat? Ist es nur das Wissen, was sich der einzelne Mensch – quasi im Augenblick – konkret vorstellt? Und ist es nur ganz sicheres Wissen?[81]

- *Medicus* lehnte einerseits eine Verengung auf das konkret Vorgestellte ab; es gelte als Wissen, was man **nach Erfahrungsregeln** im Gedächtnis habe und sich daher vorstellen könne.[82] Das Wissen besitze daher eine **normative Komponente**.[83] Es könne allerdings auch nicht von einem „immerwährenden Sich-Erinnern-Können" an alles, was ein Mensch einmal wahrgenommen hat, ausgegangen werden. Insoweit ließ er auf die normative Ausdehnung über das aktuell präsente Wissen hinaus auch eine normative Einschränkung folgen.[84]
- *Medicus* wendet sodann die am Menschen entwickelten Wertungen auch auf die in Speichern – Akten und Computern – enthaltenen Informationen an. Nicht jede einmal gespeicherte Information soll schon deshalb als bekannt gelten, aber auch nicht nur jede tatsächlich abgerufene; gespeicherte Daten sollen vielmehr als bekannt angesehen werden, „soweit Anlass besteht, sie abzurufen."[85]
- *Medicus* würdigt kritisch, dass die Rechtsprechung – vermittels Konstruktionen wie „Behauptungen ins Blaue hinein" oder „Verschweigen auf gut Glück" – nicht nur die (Binnen-)Grenze zwischen Arglist und Vorsatz, sondern auch die (Außen-)Grenze zwischen Eventualvorsatz und bewusster

---

78) So BGH v. 24.1.1992 – V ZR 262/90, BGHZ 117, 104 (Knollenmergel) = WM 1992, 792, 793 re. Sp. Mitte; vgl. auch BGH v. 17.5.1995 – VIII ZR 70/94, WM 1995, 1145 = ZIP 1995, 1082 – Verneinung von Wissenszurechnung bei Verkauf eines Omnibusses.
79) *Medicus*, Probleme der Wissenszurechnung, S. 4 ff.
80) *Taupitz*, Wissenszurechnung nach englischem und deutschem Recht, S. 16 ff.
81) *Medicus*, Probleme der Wissenszurechnung, S. 4 li. Sp., 5 re. Sp.
82) *Medicus*, Probleme der Wissenszurechnung, S. 4, 6 li. Sp. Mitte.
83) *Medicus*, Probleme der Wissenszurechnung, S. 4, 6 li. Sp. *Medicus* weist dabei darauf hin, dass auch bei einer Beschränkung auf das konkret vorgestellte eine normative Bewertung unvermeidlich sei, weil das konkret Vorgestellte – als innere Tatsache – auch nur mittels Erfahrungsregeln bewiesen werden könne (S. 6 li. Sp. oben).
84) *Medicus*, Probleme der Wissenszurechnung, S. 4, 6 li. Sp. Mitte.
85) *Medicus*, Probleme der Wissenszurechnung, S. 4, 5 re. Sp. oben, S. 7 li. Sp. Mitte.

III. „Wissensorganisationshaftung" (Wissenszurechnung)

Fahrlässigkeit „aufgeweicht" habe,[86)] stellte sich dieser Entwicklung aber nicht ernsthaft entgegen.

- *Medicus* nimmt vielmehr hin, dass i. R. der Vorsatzbegründung durch Wissenszurechnung „auf die **für den klassischen Eventualvorsatz nötige Feststellung verzichtet** (wird), **der Erklärende habe die Unrichtigkeit einer Angabe billigend in Kauf genommen**".[87)] Statt auf dem Erfordernis eines volitiven Momentes zu bestehen, lässt wohl auch *Medicus* den „Nachweis von Umständen genügen, die nach der Lebenserfahrung den Schluss erlauben, der Erklärende habe den rechtserheblichen Umstand für einigermaßen wahrscheinlich halten müssen".[88)]

Fallbeispiel „Säge- und Imprägnierwerk" (BGH v. 2.2.1996 – V ZR 239/94, NJW 1996, 1339 = ZIP 1996, 548) 8.74

Der Käufer erwarb von einer GmbH & Co. KG eine Teilfläche eines ehemaligen Betriebsgeländes eines Säge- und Imprägnierwerks, auf der u. a. vergrabene Produktionsrückstände festgestellt wurden. Das OLG Bamberg hatte ein arglistiges Verschweigen nach § 463 Satz 2 BGB a. F. bejaht. Es hatte offengelassen, ob die Geschäftsführer der Komplementärin von den Vergrabungen Kenntnis hatten, der GmbH & Co. KG aber jedenfalls das Wissen früherer vertretungsberechtigter Personen zugerechnet oder nach § 166 BGB das Wissen eines verantwortlichen Leiters des Werks, der eine entsprechende Entscheidung für die GmbH & Co. KG habe treffen dürfen.[89)]

Der BGH ließ dies zwar zur Bejahung der Arglist nicht genügen, aber nahm den Fall zum Anlass, die Grundlagen der Wissenszurechnung präziser zu bestimmen. Bereits in der *Knollenmergel*-Entscheidung vom 14.1.1992 hatte der BGH ja die weitere „Variante der Wissenszurechnung" erwogen, wonach sich die Kenntnis der juristischen Person schon daraus ergeben könne, dass sie Aktenwissen besitze und seine Nutzung nicht in ihrem Belieben stehe, sondern normativem Verkehrsschutzanforderungen unterliege; die Verantwortung für das einmal erlangte Wissen schließe die Verpflichtung ein, eine Verfügbarkeit zu organisieren. Wenn die juristische Person dieser

---

86) *Medicus*, Probleme der Wissenszurechnung, S. 4, 6 li. Sp. unten.
87) *Medicus*, Probleme der Wissenszurechnung, S. 4, 6 li. Sp. unten. Die von der Rechtsprechung entwickelten Begriffe „Behauptungen ins Blaue hinein" oder „Verschweigen auf gut Glück" sowie die Wertung des Verschweigens bewusster Verdachtsmomente als Arglist lasse schon die Leichtfertigkeit oder die Gewissenlosigkeit der Angaben genügen (S. 6 re. Sp. oben).
88) *Medicus*, Probleme der Wissenszurechnung, S. 4, 6 re. Sp. Mitte.
89) BGH v. 2.2.1996 – V ZR 239/94, NJW 1996, 1339 re. Sp. oben, 1340 li. Sp. unten = ZIP 1996, 548.

Rechtspflicht nicht nachkomme, müsse sie sich materiell-rechtlich so behandeln lassen, als habe sie von der Information Kenntnis.[90]

Diese Überlegungen, die in der Knollenmergel-Entscheidung noch folgenlos geblieben waren, machte der BGH nunmehr, unterstützt durch die soeben dargestellten Beiträge von *Medicus* und *Taupitz*,[91] im Karlsruher Forum zur Grundlage seines Urteils: Die Wissenszurechnung gründe in dem „Gedanken des **Verkehrsschutzes** und der daran geknüpften Pflicht zu **ordnungsgemäßer Organisation der gesellschaftsinternen Kommunikation**".[92] Zugleich griff er – mit zurechnungsbeschränkender Wirkung – das „**Gleichstellungsargument**" auf, „wonach der Vertragspartner einer Gemeinde (oder einer sonstigen juristischen Person) nicht schlechter, aber auch nicht bessergestellt sein soll, als derjenige einer natürlichen Person."[93] Daher müssten der Wissenszurechnung „**persönliche und zeitliche Grenzen**" gezogen werden. Das als Wissen Zuzurechnende dürfe nicht zu einer Fiktion entarten, die am Rechtsverkehr teilnehmende Organisationen weit über jede menschliche Fähigkeit hinaus belaste. Vielmehr müsse für „denjenigen Menschen, bei dem die Zurechnung gelten soll, wenigstens eine **reale Möglichkeit**, aber auch ein **Anlass** bestehen, sich das Wissen aus dem eigenen Gedächtnis, aus Speichern oder von anderen Menschen zu beschaffen".[94] Es sei hierfür einerseits – gewissermaßen i. S. der „**Informationsweiterleitungspflicht**" bzw. einer „**Informationsspeicherungspflicht**" – entscheidend, ob das Wissen überhaupt gespeichert werden müsse. Dies hinge von der Wahrscheinlichkeit seiner späteren Rechtserheblichkeit nach dem Zeitpunkt der Wahrnehmung ab.[95] Die **Dauer der Speicherung** müsse davon abhängen, wie erkennbar wichtig der Umstand sei; eine zu früh aufgehobene Speicherung beende die Wissenszurechnung nicht.[96] Andererseits könne man – gewissermaßen i. S. einer „**Informationsabfragepflicht**" – den Inhalt von Speichern nur zurechnen, soweit ein besonderer Anlass bestanden habe, sich seiner in der konkreten Situation noch einmal zu vergewissern; maßgeblich seien Bedeutung des Anlasses und Schwierigkeit der Suche.[97]

8.75 Die Entscheidung „Säge- und Imprägnierwerk" stellte **den wesentlichen Sprung in der Rechtsprechung zur Wissenszurechnung** dar. Als ihre Ratio war nun

---

90) BGH v. 2.2.1996 – V ZR 239/94, NJW 1996, 1339, 1340 re. Sp. Mitte = ZIP 1996, 548.
91) *Medicus*, Probleme der Wissenszurechnung; *Taupitz*, Wissenszurechnung nach englischem und deutschem Recht.
92) BGH v. 2.2.1996 – V ZR 239/94, NJW 1996, 1339, 1341 li. Sp. Mitte = ZIP 1996, 548.
93) BGH v. 2.2.1996 – V ZR 239/94, NJW 1996, 1339, 1340 li. Sp. unten = ZIP 1996, 548.
94) BGH v. 2.2.1996 – V ZR 239/94, NJW 1996, 1339, 1341 li. Sp. Mitte = ZIP 1996, 548.
95) BGH v. 2.2.1996 – V ZR 239/94, NJW 1996, 1339, 1341 li. Sp. unten = ZIP 1996, 548.
96) BGH v. 2.2.1996 – V ZR 239/94, NJW 1996, 1339, 1341 li. Sp. unten = ZIP 1996, 548.
97) BGH v. 2.2.1996 – V ZR 239/94, NJW 1996, 1339, 1341 re. Sp. oben = ZIP 1996, 548.

III. „Wissensorganisationshaftung" (Wissenszurechnung)

die Verpflichtung zur ordnungsgemäßen Organisation der Kommunikation etabliert, womit für diese „zweite Variante der Wissenszurechnung" auch das Erfordernis der Aufgabenerledigung in eigener Verantwortung zurücktrat. Das Tor für eine „Wissenszusammenrechnung" war weit geöffnet – und es blieb nun eher die Aufgabe, Organisationen vor einer zu weit gehenden Haftung zu schützen. Hierzu hatte der BGH drei Jahre später Gelegenheit.

Fallbeispiel „Kleiderfabrik" (BGH v. 1.10.1999 – V ZR 218/91, NJW 1999, 3777) 8.76

Eine Gemeinde hatte ein innerstädtisches Grundstück, das ehemalige Fabrikgelände einer Kleiderfabrik, auf dem allerdings auch ein Omnibusunternehmen mit einer Eigenbetankungsanlage betrieben worden war, verkauft. Die Gewährleistung war ausgeschlossen und deshalb eine Haftung nach § 463 Satz 2 BGB a. F. zu prüfen. Das OLG Zweibrücken hatte die Haftung bejaht, der BGH verneinte die Haftung.

Es sei der Vortrag des Käufers erforderlich gewesen, dass der bei dem Verkauf für die Gemeinde Handelnde seine Informationsabfragepflicht nicht hinreichend wahrgenommen habe. Die Behauptung, bei einer Abfrage hätten Unterlagen aus dem Jahre 1959 und 1962 bekannt werden müssen, reiche hierzu nicht aus. Eine Nachfrage habe zu keinen Ergebnissen führen können, weil beim Bau- und Umweltamt keine verfügbaren Informationen vorhanden gewesen seien. Das Liegenschaftsamt, das den Verkauf durchführte, sei nicht verpflichtet gewesen, sämtliche die Nachbargrundstücke betreffenden Akten nach Zufallsfunden abzufragen.[98] Die Beklagte sei auch nicht verpflichtet gewesen, die beiden Unterlagen aus dem Jahre 1959 und 1962 so zu speichern, dass eine Informationssuche ohne weiteres zu einer Wissensermittlung geführt hätte. Wegen der lange zurückliegenden Zeit und weil die Unterlagen nur vage Hinweise enthalten hätten, handele es sich nicht um Informationen, die „typischerweise aktenmäßig festgehalten werden"[99] müssten.

Die Rechtsprechung hat sich in den letzten Jahren weiterhin häufig mit Fragen 8.77 der **Wissenszurechnung bei Behörden** beschäftigt. Der BGH hat dabei bestätigt, dass die zum rechtsgeschäftlichen Handeln entwickelten Grundsätze der Wissenszurechnung bei **deliktischen Ansprüchen** nicht gelten, was eine Zurechnung des Wissens von Mitarbeitern der Leistungsabteilung eines Sozialversicherungsträgers für einen in der Regressabteilung behandelten Vorgang ausschloss.[100] Das OLG Nürnberg hat es abgelehnt, Kenntnisse der Umsatz- und Einkommensteuerstelle eines Finanzamtes über die drohende Zahlungsunfä-

---
98) BGH v. 1.10.1999 – V ZR 218/91, NJW 1999, 3777, 3778 li. Sp. Mitte.
99) BGH v. 1.10.1999 – V ZR 218/91, NJW 1999, 3777, 3778 re. Sp. Mitte.
100) BGH v. 20.10.2011 – III ZR 252/10, NJW 2012, 447, 448 li. Sp. unten, 449 re. Sp. Mitte. Die Aussage wird auf eine Verkäuferhaftung nach § 823 Abs. 2 BGB i. V. m. § 263 StGB hin auszuwerten sein.

higkeit einer Sondervollstreckungsstelle für Kraftfahrzeugsteuer zuzurechnen. Hierbei hat es die Rechtsprechung des BFH zugrunde gelegt, dass bei Dienststellen desselben Finanzamtes, die organisatorisch, personell und nach ihren sachlichen Aufgaben getrennt arbeiten, eine Wissenszurechnung nur dann zulässig ist, wenn ein sachlich begründeter Anlass bestand, die fraglichen Tatsachen einander mitzuteilen.[101]

8.78 Im Jahre 2011 und 2012 hatte sich der IX. Zivilsenat des BGH im Zusammenhang mit insolvenzrechtlichen Vorsatzanfechtungen mit Fragen der **behördenübergreifenden Wissenszurechnung** bei Beteiligung mehrerer Behörden auseinanderzusetzen. Er stellte den früheren Stand der Rechtsprechung zur Wissenszurechnung noch einmal zusammenfassend dar und urteilte: „Werden behördenübergreifende **Handlungs- und Informationseinheiten** gebildet, um Aufrechnungen zu ermöglichen, liegt darin ein besonderer Umstand, der eine Erkundigungs- und Informationspflicht über alle bekannten Tatsachen im Zusammenhang mit der beabsichtigten Aufrechnung auslöst ... Teilt der Fiskus die Abwicklung und Bezahlung eines Bauauftrages, bei dem er routinemäßig die Bezahlung – bei entsprechender Möglichkeit – durch Aufrechnung vornimmt, auf mehrere Behörden auf, macht er sich das Wissen der jeweils beteiligten anderen Behörden systematisch zunutze. Dann kann er sich andererseits nicht darauf berufen, dass eine Wissenszurechnung nicht stattfinden dürfe."[102] Daher muss auch ein Sozialversicherungsträger, so der IX. Senat in der Entscheidung aus dem Jahre 2013, der ein Hauptzollamt mit der Vollstreckung einer Forderung beauftragt, sich das Wissen dessen Mitarbeiters zurechnen lassen.[103] Dies kann ersichtlich eine Ausstrahlungswirkung auf **rechtssubjektübergreifende Teams in M&A-Prozessen** haben.[104]

8.79 In einem von dem Verfasser geführten Rechtsstreit wurde eine Frage der **Wissenszurechnung im Konzern** entscheidend.

8.80 *Fallbeispiel „Zurechnung des Wissens der Tochter?"* (LG Heidelberg v. 11.7.2002 – 1 O 264/01; OLG Karlsruhe v. 15.10.2003 – 1 U 124/02)

Eine Immobilienverwaltungsgesellschaft hatte ein großes Industriegrundstück an eine GbR aus zwei Gesellschaftern verkauft, darunter ein bekannter Bauträger. Hierbei waren Nebenansprüche zugunsten der Muttergesellschaft der Immobilienverwaltungsgesellschaft begründet worden, die nun im Streit standen. Die Klage richtete sich, nachdem der bekannte Bauträger in Insolvenz war, gegen seinen ehemaligen GbR-Mitgesellschafter. Da dieser aus der GbR ausgeschieden war, hing der Erfolg der Klage davon ab, wann

---

101) OLG Nürnberg v. 9.1.2012 – 4 U 931/11, ZIP 2012, 1043, 1044 li. Sp. Mitte.
102) BGH v. 30.6.2011 – IX ZR 155/08, Rn. 25, 26, ZIP 2011, 1523.
103) Hv. v. Vf., BGH v. 14.2.2013 – IX ZR 115/12, WM 2013, 567 re. Sp. oben = ZIP 2013, 685.
104) Dazu unten Rn. 8.102 f., 8.125 f.

III. „Wissensorganisationshaftung" (Wissenszurechnung)

die klagende Muttergesellschaft nach § 736 Abs. 2 BGB i. V. m. § 160 Abs. 1 Satz 2 HGB zurechenbar positive Kenntnis von dem Ausscheiden erlangt hatte.[105]

Hier war es nun so gewesen, dass ein Organ der Immobilienverwaltungsgesellschaft, der ehemaligen Verkäuferin, vor Ablauf der Fünf-Jahres-Frist Kenntnis erlangt hatte und es war die Frage, ob *der Mutter diese Kenntnis der Tochter* analog § 166 BGB zugerechnet werden konnte. Das LG Heidelberg meinte, dass „interorganisatorische" Informationspflichten nur in Ausnahmefällen bestünden und eine konzernrechtliche Verbundenheit allein hierzu nicht ausreiche. Dies wäre allenfalls denkbar, wenn eine **durchgreifende Bestimmungsmacht der Mutter** bestünde oder eine **funktionale Spezifizität i. S. einer Art von Geschäftsbesorgung** bestehe. Das LG Heidelberg zog zudem aus dem Gleichstellungsargument eine zurechnungsbegrenzende Schlussfolgerung; der Beklagte stünde hier durch die Beteiligung von zwei Organisationen nicht schlechter, als er bei der Beteiligung von zwei natürlichen Personen gestanden hätte.[106] Das OLG Karlsruhe fand das überzeugend und hielt das Urteil aufrecht.

Die beiden folgenden Fallbeispiele richten das Augenmerk auf Anlässe zum organisationsinternen (erstes Fallbeispiel) oder konzerninternen (zweites Fallbeispiel) Wissensaustausch bei Unternehmen. 8.81

Fallbeispiel „Verwalterin von 1300 Immobilien und einem Dachgeschoss" (OLG Köln v. 17.2.1999 – 13 U 174/98, openJur 2011, 78549) 8.82

Eine Verwalterin von 1.300 Wohnungen für die Bundesrepublik Deutschland hatte eine Wohnung verkauft, die ungenehmigt zu Wohnzwecken umgebaute Dachgeschossräume einschloss. Der Käufer war hierüber nicht aufgeklärt worden. Der erst kurze Zeit für die Verkäuferin tätige Mitarbeiter mochte die Genehmigungsbedürftigkeit verkannt haben.[107] Das OLG Köln rechnete der Verwalterin gleichwohl „neben der Kenntnis der fehlenden Nutzungsänderungsgenehmigung ... das bei ihr vorhandene Sach- und Rechtswissen um die Genehmigungsbedürftigkeit der selbstständigen Nutzung des Dachgeschosses" zu.[108]

Sachlich wurde der Verwalterin also ein juristischer Schluss (das Dachgeschoss soll zu Wohnzwecken genutzt werden/eine Dachgeschossnutzung zu Wohnzwecken ist genehmigungsbedürftig/es liegt keine Genehmigung vor ...) abverlangt und das OLG Köln sah es von den Wissensorganisationspflichten innerhalb der Verwalterin als gedeckt an, dass diese in einen Wis-

---

105) So später BGH v. 24.9.2007 – II ZR 284/05, NJW 2007, 3784.
106) LG Heidelberg v. 11.7.2002 – 1 O 264/01, S. 39 ff. Ebenso *Ehling/Kappel*, BB 2013, 2955, 2957 re. Sp.
107) OLG Köln v. 17.2.1999 – 13 U 174/98, S. 1, openJur 2011, 78549.
108) OLG Köln v. 17.2.1999 – 13 U 174/98 (rkr.), S. 3, openJur 2011, 78549.

sensaustausch zur Ermöglichung dieses Schlusses hätte eintreten müssen. Mitarbeiter A (mit Kenntnis von der beabsichtigten Wohnnutzung des Dachgeschosses) hätte also etwa, wenn er dies schon selbst nicht wusste, bei einem Mitarbeiter B (mit Rechtskenntnis) nachfragen müssen. Implizit wird der Verwalterin die Aufrechterhaltung einer solchen Wissensorganisation „zugemutet", dass auch neue Mitarbeiter wenigstens darauf hingewiesen werden, dass z. B. die Wohnnutzung von Dachgeschossen genehmigungsbedürftig sein kann und sie dies mit Mitarbeiter B mit Rechtskenntnissen zu klären haben. Oder es wird eine solche Organisation erwartet, bei der jeder Vorgang von Mitarbeiter B gesichtet werden und so von ihm der Anstoß zum Zusammenbringen von Rechtswissen und Tatsachenwissen ausgehen kann. Dies dürfte im Streitfall ganz zutreffend beurteilt worden sein.

8.83 Auch das Fallbeispiel „Einfuhrvertrag", das bereits berührt wurde,[109] warf interessante Fragen dazu auf, wann einer Organisation welcher Wissensaustausch abverlangt werden kann, die der BGH hier mit gegenteiligem Ergebnis beantwortete.

8.84 *Fallbeispiel „Einfuhrvertrag"* (LG Berlin v. 18.8.1994 – 13 O 160/94; KG v. 16.1.1996 – 7 U 76/95; BGH v. 15.10.1997 – VIII ZR 89/96; KG v. 28.5.1999 – 7 U 323/98)

Ein Außenhandelsbetrieb der ehemaligen DDR hatte 1988 zugunsten eines VEB einen Einfuhrvertrag über ein Gasturbinenheizkraft über fast 500 Mio. DM mit einem französischen Unternehmen geschlossen. In der Bilanz der Nachfolge-GmbH des VEB waren keine Risiken hieraus passiviert. Ein Wirtschaftsprüfer hatte die Bilanz testiert. Bei dem Verkauf im Februar 1991 gab die Treuhandanstalt eine Bilanzgarantie ab, die alle Instanzen als verletzt ansahen.[110] Da die Treuhandanstalt nur bei Vorsatz und grober Fahrlässigkeit haftete, kam es auf Verschulden an.

Hierzu ergab sich: Der die Treuhandanstalt bei Abschluss des Anteilskaufvertrags vertretende Bevollmächtigte Z hatte keine Kenntnis von dem Risiko. Ein Mitarbeiter der Finanzabteilung der Treuhandanstalt, K, hatte Kenntnis von dem Thema, aber bei einem Gespräch im September 1990 die Rechtsauffassung geäußert, dass der fragliche Anspruch nicht bestehe. K hatte aber keine Kenntnis davon, (i) ob das Risiko später in der Bilanz ausgewiesen worden war und auch – selbst im Februar 1991 noch nicht – (ii) dass die GmbH überhaupt – und ohne Offenlegung des Risikos – verkauft worden war.

Das LG Berlin und das KG bejahten Verschulden. Die Treuhandanstalt habe arglistig gehandelt, weil ihr die Kenntnis des Mitarbeiters der Finanzabtei-

---

109) Im Zusammenhang mit dem Bilanzbegriff und einer Ausdehnung von Bilanzgarantien auf nicht bilanzierungspflichtige Umstände s. Rn. 5.188.
110) S. o. Rn. 5.188.

III. „Wissensorganisationshaftung" (Wissenszurechnung)

lung K hinsichtlich des möglichen Bestehens der nicht bilanzierten Risiken zuzurechnen sei. Es spiele keine Rolle, dass der die Treuhandanstalt vertretende Verhandlungsbevollmächtigte keine Kenntnis hatte.

Der BGH hob das Urteil auf. Es prüfte zunächst, ob grobe Fahrlässigkeit darin liegen könne, dass sich die Treuhandanstalt auf die – auch aus Sicht des BGH – falsche Bilanz verlies, also diese etwa nicht noch einmal prüfte. Dies verneinte er, weil die Bilanz testiert worden war.[111] Der BGH verneinte v. a. auch eine Wissenszurechnung. Diese hätte vorausgesetzt, dass die Treuhandanstalt „im Bewusstsein der Notwendigkeit der Ausweisung des Einfuhrvertrags in der Bilanz oder im Anhang Kenntnis davon hatte, dass der Einfuhrvertrag in der Bilanz einschließlich im Anhang nicht aufgeführt war (Arglist) oder dass ihr dies trotz auf der Hand liegender Anhaltspunkte verborgen geblieben sei (grobe Fahrlässigkeit)."[112]

Anders als im Fall der Immobilienverwalterin und des Dachgeschosses wurde hier also implizit keine Wissensorganisationspflicht dahingehend angenommen, die Wissenselemente zusammenzubringen. Es handelte sich dabei um die folgenden drei Elemente: (i) Kenntnis des Bilanzinhalts, (ii) Kenntnis der Umstände, aus denen auf eine Unrichtigkeit der Bilanz zu schließen wäre (Kenntnis der bilanzierungspflichtigen Passiva und Kenntnis ihrer Passivierungspflicht – im Streitfall also Kenntnis des Bestehens von Risiken aus dem Einfuhrvertrag und ihrer Passivierungspflicht)[113] sowie (iii) Kenntnis, dass das Unternehmen verkauft und die Richtigkeit der Bilanzaussage garantiert worden war. Hier waren bei Herrn K. nicht einmal die Elemente (i) und (ii) zusammengekommen. Der BGH kam aus Sicht des Vertreters der Treuhandanstalt bei der Beurkundung hierauf zu sprechen: „Sollte das Berufungsgericht [nach Rückverweisung, d. Vf.] zu der Feststellung gelangen, Herr K habe Kenntnis von der Nichterwähnung des Einfuhrvertrages in der Bilanz bzw. im Anhang hierzu gehabt [wenn also die Informationen (i) und (ii) doch zusammen gekommen sein sollten, d. Vf.], schließt sich die Frage an, ob sich die Beklagte, die beim Abschluss des Anteilskaufvertrages von einem anderen Mitarbeiter, Herrn Z [der um den Verkauf und die Garantie wusste, d. Vf.], vertreten wurde, das Wissen des K zurechnen lassen muss. Dass Z selbst über diese Erkenntnisse verfügte ist bislang nicht festgestellt."[114]

8.85

---

111) S. Rn. 5.188.
112) BGH v. 15.10.1997 – VIII ZR 89/96, Rn. 15.
113) Dies hat selbstverständlich nichts mit einem „Verbotsirrtum" zu tun. Übrigens wäre im Streitfall noch zu berücksichtigen gewesen, dass K der Meinung gewesen war, der Anspruch, für den eine Rückstellung zu bilden war, bestehe nicht.
114) BGH v. 15.10.1997 – VIII ZR 89/96, Rn. 16. Die Kenntnis, dass eine entsprechende Garantie abgegeben worden war, könnte, wenn sie nicht bei der handelnden Person (Z) vorhanden war, nur zugerechnet werden, wenn entsprechende Informationsabfragepflichten etc., bestanden.

e) **Zurechnungsabbruch bei beurkundungspflichtigen Rechtsgeschäften?**

8.86 Bei beurkundungspflichtigen Rechtsgeschäften ist die Rechtsprechung zum Teil einer merkwürdigen formalistischen Regression erlegen, wonach eine Kenntnis eines vorbereitenden Verhandlungsgehilfen nicht zugerechnet werden könne, wenn die Partei bei der notariellen **Beurkundung** durch eine **andere natürliche Person** vertreten wird. Dieser Ansatz ist bei der Verhaltenszurechnung nicht geeignet, frühere pflichtwidrig schuldhafte Täuschungen durch Verhandlungsgehilfen ungeschehen zu machen, die nicht durch Beteiligung an der notariellen Beurkundung aufgewertet wurden. Gleichermaßen kann es eine frühere Verletzung von Wissensorganisationspflichten nicht ungeschehen machen, dass möglicherweise später ein Wissensträger bei der notariellen Beurkundung eingeschaltet wird. Auf die Darstellung zu Verhaltenszurechnung wird verwiesen.[115]

4. „Wissensorganisationshaftung"

a) **Kritik an der Wissenszurechnung nach dem „Vertretermodell"**

8.87 Die Entwicklung der Rechtsprechung des BGH zur „Wissenszusammenrechnung" erscheint weithin abgeschlossen. Tatsächlich wurden in diesem Rahmen auch sachgerechte Gesichtspunkte für die Begründung einer Haftung im Hinblick auf ein Wissen Dritter ausgearbeitet.

8.88 Gleichwohl bestehen weiter schwere Bedenken gegen den Ansatz der weiten analogen Auslegung von § 166 Abs. 1 BGB bzw. die dem „Vertretermodell" folgende Wissenszurechnungsdoktrin.

aa) **Widerspruch zu Verschuldensprinzip**

8.89 Der Kern der Wissenszurechnung besteht darin, den Vorwurf eines pflichtwidrig schuldhaften Verhaltens an den Schuldner mit einem Umstand zu begründen, den er *nicht* kannte. Insofern fehlt bei dem Schuldner typischerweise mit einem erforderlichen kognitiven Element[116] die Grundlage für ein erforderliches volitives Element, einen missbilligten Willen.[117] Daher besteht grundsätzlich ein **Widerspruch** zum **Verschuldensprinzip**.[118] Dieser mag bei einer ausdrück-

---

115) Dazu unten Rn. 8.228 f.
116) *Rasner*, WM 2006, 1425, 1429 li. Sp. Mitte, spricht von „Wissensfiktion"; ähnlich der BGH v. 13.10.2000 – V ZR 349/99, ZIP 2001, 26 = WM 2000, 2515. Der BGH verneinte, dass eine Wissenszurechnung zulasten einer juristischen Person oder Personengesellschaft sich auch als Wissenszurechnung zulasten ihrer Organe auswirken könne, und führte aus „Die Zurechnung steht der Geltendmachung von Unkenntnis entgegen, ohne dass sie eine tatsächlich fehlende Kenntnis ersetzt" (S. 2516 re. Sp. Mitte).
117) Das kognitive Element ist nur bei dem zugerechneten Wissensträger vorhanden oder würde ggf. überhaupt erst als Ergebnis des Operierens einer pflichtgemäßen Wissensorganisation generiert. Insofern stellt *Waltermann*, AcP 192 (1992), 181, 216, zu Recht die Frage, wie zwei unschuldige Wissen ein Verschulden, sogar Arglist, ergeben können sollen?
118) Etwa in §§ 276, 278, 280, 823 BGB oder §§ 20, 21 StGB.

III. „Wissensorganisationshaftung" (Wissenszurechnung)

lichen Erfolgshaftung[119] bei der Bestellung eines (bestimmten) Vertreters bzw. beim „Einsetzen" eines (bestimmten) Erfüllungsgehilfen hinnehmbar sein, wird aber schwer erträglich, wenn der Kreis der potentiell eine Haftung des Schuldners begründenden Wissensträger i. R. der weiten analogen Auslegung des § 161 Abs. 1 BGB unüberschaubar wird. Als alternative Rechtfertigung kommt bei der weiten analogen Anwendung von § 166 Abs. 1 BGB ein Vorwurf an den „Vertretenen" selbst in Betracht. Dieser Vorwurf wird zwar nicht auf seine Kenntnis der *Unrichtigkeit der Auskunft*, aber, ähnlich wie bei einer sog. „Erklärung ins Blaue hinein" oder einem „Organisationsverschulden", darauf gestützt, dass er sich *vor* der Auskunftserteilung **nicht angemessen um Tatsachenaufklärung bemüht** habe. Er haftet, wie bei einer *actio libera in causa*, weil er seine Wissensorganisationspflichten verletzt hat, was er, anders als der Täter bei der *actio libera in causa*, bei der Auskunftserteilung (oder seinem pflichtwidrigen Schweigen) auch noch vorwerfbar wusste.[120]

Die hier ansetzende Versöhnung der Wissenszurechnung mit dem Verschuldensprinzip ist ihrer Logik nach aber nur punktuell für „**Wissensbrocken**" geeignet, die, jeder für sich, der Sache nach so **gewichtig** und **alarmierend** sind, dass sie von sich aus den Schuldner veranlassen müssen, den Punkt aufzuklären bevor er eine falsche Auskunft erteilt oder schweigt. Diese Herangehensweise (musste der Schuldner hier „nachfassen" bevor er redete oder schwieg?) ist aber, wie schon betont, **anlass- und einzelfallbezogen** (u. U. sogar auf einen „Ausnahmefall" bezogen) und steht im konstruktiven Widerspruch zu dem „Vertretermodell" in § 166 Abs. 1 BGB, das auf eine **Zurechnung des Wissens** des „Vertreters" **in Bausch und Bogen**" herausläuft. So ist ja die modellgebende Zurechnung des Wissens des Vertreters nach § 166 Abs. 1 BGB direkt oder des Wissensvertreters i. R. der erweiterten analogen Auslegung von § 166 Abs. 1 BGB zulasten des Vertretenen keineswegs davon abhängig, ob es für den Vertretenen erkennbar war, dass sein Vertreter etwas für einen Dritten oder ihn selbst Nachteiliges wissen konnte.

8.90

---

119) Die Haftung für das schuldhafte Verhalten des Erfüllungsgehilfen ist explizit eine Erfolgshaftung. Palandt-*Ellenberger*, BGB, § 278 Rn. 1.

120) Wenn Arglist Haftungsvoraussetzung ist, setzt auch die Wissensorganisationshaftung eine Einebnung von Arglist und bedingtem Vorsatz zu einem homogenen subjektiven Unwert voraus, die nicht unumstritten ist. Vgl. *Altmeppen*, BB 1999, 749, 754 re. Sp. oben, 755 li. Sp. oben.

8. Kapitel Subjektive Merkmale auf Verkäuferseite zur Haftungsbegründung

8.91 Dies wird an der i. d. R. generalisierend-abstrakten Erörterung der Frage deutlich, ob **Anwälte Wissensvertreter ihrer Parteien** sind.[121] Richtig hat daher das OLG Frankfurt a. M. in einer die Zurechnung des Aktenwissens eines **Anwaltsbüros** zulasten des Mandanten betreffenden Entscheidung mehrfach ausdrücklich von einem *„fiktivem Verschulden"* aufgrund einer Wissenszurechnung gesprochen.[122] Es ist damit zu rechnen, dass Gerichte und Schiedsgerichte im Ansatzpunkt auch bei anderen **Beratern bei M&A-Transaktionen** (mit entsprechender Selbstständigkeit und Qualifikation) vorgehen dürften.[123] Jedenfalls bei einer weiten analogen Anwendung von § 166 Abs. 1 BGB, etwa qua Mitgliedschaft eines Junior-Steuerberaters in einem Team, das Unterlagen für die Due Diligence zusammenstellt, kann die Zurechnung des Verkäufers mit dessen Wissen nicht mehr mit dem Verschuldensprinzip vereinbart werden.

8.92 Die Rechtsprechung weiß sehr gut, dass ihr Vorgehen riskiert, das Schuldprinzip zu verletzen. Sie betont deshalb, dass Organisationen aufgrund von normativen Verkehrsschutzanforderungen nur *so behandelt würden, als ob* sie von einer Information Kenntnis hätten,[124] und dass bei Fällen der Wissenszurechnung mit der Bejahung von Arglist **keine moralische Verurteilung** verbunden sei.[125] Gerade das, die Wissenszurechnung als Instrument einer Haftungserweiterung vermittels Arglist[126] zu benutzen, dann aber „Arglist" (oder Vorsatz) ausnahmsweise in eine moralisch neutrale fiktive „Organisationsarglist"[127] umzudeuten – gewissermaßen dem Schuldner zusammen mit der zivilrechtlichen Verurteilung einen „moralischen Freispruch" zuzustellen – ist nicht akzeptabel. Die Rechtfertigung für eine Verschuldenshaftung ist und bleibt ein

---

121) S. z. B. BGH v. 10.1.2013 – IX ZR 13/12, Rn. 26, ZIP 2013, 174. Der BGH bestätigte in diesem die „Göttinger Gruppe" betreffenden Rechtsstreit pauschal, dass der Rechtsanwalt „Wissensvertreter" seines Mandanten war. An der Unabhängigkeit dieser Einordnung davon, ob der Mandant die Gegenstände der Wissenszurechnung voraussehen konnte, änderte es nichts, dass die Zurechnung auf Wissen aus allgemein zugänglichen Quellen beschränkt wurde. Bei der Behandlung von Anwälten „Wissensvertretern" wird häufig noch nicht einmal insofern exakt vorgegangen als dass geprüft wird, ob sie dies als rechtsgeschäftliche Vertreter (direkte Anwendung von § 166 Abs. 1 BGB) oder aufgrund der Einbeziehung in eine arbeitsteilige Organisation (weite analoge Anwendung von § 166 Abs. 1 BGB) sein sollen. Nach Palandt-*Ellenberger*, BGB, § 166 Rn. 6 m. w. N., soll der Anwalt Wissensvertreter nur in den Grenzen des Mandats und für solche Informationen sein, die der Anwalt nach Mandatsbegründung erlangte.

122) OLG Frankfurt a. M. v. 5.5.2004 – 19 U 184/03.

123) *Tschäni/Frey/Müller* gehen für das schweizerische Recht davon aus, dass einem Käufer ohne gegenteilige Abrede das Wissen seiner Vertreter, einschließlich externer Rechtsberater und -prüfer, zugerechnet werde, und zwar unabhängig davon, ob ihm die Informationen weitergeleitet worden seien. S. *Tschäni/Frey/Müller*, Streitigkeiten aus M&A-Transaktionen, S. 121.

124) BGH v. 2.2.1996 – V ZR 239/95, NJW 1996, 1340 re. Sp. Mitte.

125) S. die Nachweise in Rn. 8.1.

126) Krit. *Dauner-Lieb* in: FS Kraft, S. 43 ff.; ebenso *Jaques*, BB 2002, 417, 421 li. Sp. Mitte.

127) So *Goldschmidt*, Die Wissenszurechnung, S. 136 ff.

III. „Wissensorganisationshaftung" (Wissenszurechnung)

Verschulden[128] – und wenn das Verschulden ausgehöhlt wird, schwindet die Rechtfertigung für die Haftung. Der umgekehrte Weg wäre richtig: Die Haftung für die Verletzung von Wissensorganisationspflichten sollte auf die Fälle beschränkt werden, in denen *wirklich* eine arglistige oder vorsätzliche Verletzung[129] von Wissensorganisationspflichten vorliegt und die Haftung sollte dann auch *hiermit begründet werden*.[130]

bb) Widerspruch zu Anknüpfung an Wissensorganisationspflichten

Die BGH-Rechtsprechung zur weiten analogen Anwendung von § 166 Abs. 1 BGB ist innerlich inkonsistent. Die Inkonsistenz besteht darin, dass das § 166 Abs. 1 BGB (wie § 31 oder § 278 BGB) zugrunde liegende „**Vertretermodell**" nach seiner Logik zu einer **generellen** Zurechnung des **gesamten Wissens** bestimmter Wissensträger auffordert. Auf der Linie der §§ 31, 166 Abs. 1 und § 278 BGB müsste das Wissen der Wissensträger, von Funktions- oder Rollenträgern, Stellen oder Positionen in Organisationen oder Teams, ebenso pauschal „in Bausch und Bogen" zugerechnet werden wie das Wissen oder Verschulden von Vertretern. Zudem dürfte die Zurechnung eigentlich nur aus abstrakten, vom Einzelfall losgelösten **generellen Organisationsbeziehungen** zwischen den betroffenen Stellen hergeleitet werden.

8.93

Gerade das steht aber im Widerspruch dazu, dass Wissensorganisationspflichten nur **situationsabhängig aus Aufklärungspflichten** abgeleitet werden können.[131] Wissensorganisationspflichten können also ihrer einzelfallbezogenen Logik nach nicht statisch und dauerhaft-stabil auf Organisations- oder Funktionseinheiten bezogen erfolgen, sondern nur anlass- und themenbezogen. Das mag bei routinemäßigen Tätigkeiten im Alltagsleben von Unternehmen und Behörden verborgen bleiben, weil hier auf Dauer gestellte Organisationsanweisungen, Pläne oder Charts zur Wissensorganisation noch Sinn machen. In Sondersituationen wie bei M&A-Transaktionen wird aber überdeutlich, dass nicht nur

8.94

---

128) Das Verschuldensprinzip wurzelt in der jüdisch-griechisch-christlichen europäischen Tradition und soll gerade eine *Ankoppelung* des Rechts an die Moral bewirken. Dies zeigt sich auch daran, dass die Rechtsnormen, die zu einer Verurteilung führen – ganz bewusst – den moralisch hoch aufgeladenen Begriff „Arglist" verwenden, der fast den „Gipfel des Bösen" verkörpert. In diesem Sinne *Hartung*, NZG 1999, 524, 528.

129) Oder ggf. fahrlässige – in seltenen Fällen der Fahrlässigkeitshaftung.

130) Arglist war ursprünglich ein qualifizierter Vorsatztatbestand, der eine höhere Intensität der Vorwerfbarkeit markierte, ist aber inzwischen weitgehend in dem einfachen Vorsatz und bedingten Vorsatz aufgegangen, etwa bei §§ 123, 444, 826 BGB. Vgl. *Medicus*, Probleme der Wissenszurechnung, S. 4, 6 li. Sp. unten. Krit. *Altmeppen*, BB 1999, 749, 754 re. Sp. oben, 755 li. Sp. oben. *Altmeppen* spricht sich skeptisch zur „Auflösung des Arglistbegriffs" und einer Gleichsetzung „des Begriffs der Kenntnis im Verband mit fahrlässiger Unkenntnis" aus. Analog wurde der Eventualvorsatz in den Bereich der bewussten Fahrlässigkeit hinein erweitert (vgl. *Medicus*, Probleme der Wissenszurechnung, S. 4, 6 re. Sp. Mitte).

131) Es besteht insofern eine doppelte Situationsabhängigkeit. Einmal sind Aufklärungspflichten situationsabhängig und Wissensorganisationspflichten sind nochmals situationsabhängig.

Aufklärungspflichten rechtsverhältnisrelativ und situationsabhängig sind, sondern auch Wissensorganisationspflichten.

8.95 Insoweit erlaubt die Ableitung der Wissenszurechnung aus Wissensorganisationspflichten nicht, die Fragen zu beantworten, die die Rechtsprechung über ihre an dem Vertretermodell orientierte Wissenszurechnungsdoktrin ständig zu stellen auffordert: Kann dem Verkäufer generell „das" Wissen „seiner Anwälte", „seiner sonstigen Berater", „seiner Mitgeschäftsführer", „seiner Prokuristen", „seiner leitenden Angestellten", „seiner Mitarbeiter der zweiten, dritten, vierten Führungsebene" etc. oder „der Organe" der Zielgesellschaft, „der Anwälte und Berater der Zielgesellschaft", „den Mitarbeitern der zweiten, dritten, vierten Führungsebene" etc. der Zielgesellschaft zugerechnet werden?[132]

b) Vorzüge einer „Wissensorganisationshaftung" gegenüber der weiten analogen Anwendung von § 166 Abs. 1 BGB

8.96 Der größte Vorzug einer „Wissensorganisationshaftung" gegenüber der weiten analogen Anwendung von § 166 Abs. 1 BGB liegt darin, dass die konkrete **Herleitung von Wissensorganisationspflichten ins Zentrum** rückt, weil ihre Verletzung unmittelbar haftungsbegründend ist. Zugleich wird diese Herleitung auf den **Einzelfall** ausgerichtet und ein **materielles Kriterium** für die Bejahung einer Wissensorganisationshaftung bereitgestellt, das letztlich aus der Pflichtwidrigkeit der Fehlinformation herrührt. Die Wissensorganisationshaftung drängt dem Rechtsanwender v. a. nachdrücklich die Frage auf, ob dem Verkäufer nach den konkreten Umständen des Einzelfalls abzuverlangen war, bevor er schrieb, redete oder schwieg, (nochmals) irgendwo (wo?) nachzufragen bzw. Erkundigungen einzuholen. Weiter würde sich vielleicht eine Möglichkeit der Integration der „Wissensorganisationshaftung" und des „Organisationsverschuldens" ergeben.[133]

---

[132] Sicher kann die herkömmliche Wissenszurechnungsdoktrin nach dem Vertretermodell versuchen, sich zu „retten" indem sie, dann offen abweichend von der Logik der §§ 31, 166 Abs. 1 und 278 BGB, nicht mehr das Wissen bestimmter Wissensträger pauschal „in Bausch und Bogen" zurechnet, sondern nur *gewisse Wissenspartikel*. Also könnte die Rspr. etwa in einem Einzelfall argumentieren, der technische Leiter der Zielgesellschaft sei zwar ein dem Verkäufer zuzurechnender Wissensträger hinsichtlich einer Asbestbelastung eines Gebäudes, aber nicht hinsichtlich der Frage, wie haltbar der Farbanstrich des Holzzaunes um das Betriebsgelände ist. Während solche sachlichen Differenzierungen vollkommen sachgerecht sind, zeigt gerade ihre Zweckmäßigkeit, dass eine Wissenszurechnung nach dem Vertretermodell im Ausgangspunkt verfehlt ist.

[133] Etwa wie die Haftung für „existenzvernichtende Eingriffs" nach einigem Hin- und Her ihren Ort in § 826 BGB gefunden hat.

III. „Wissensorganisationshaftung" (Wissenszurechnung)

5. Einzelfragen der Wissensorganisationshaftung und Wissenszurechnung
a) Aufklärungspflichten und Wissensorganisationspflichten

Im Rahmen der Wissenszurechnungsdoktrin wie bei der Prüfung einer Verkäuferverschuldenshaftung nach §§ 280 Abs. 1 i. V. m. § 241 Abs. 2 BGB stellt sich regelmäßig die Frage, inwieweit bei einer M&A-Transaktion im Einzelfall Wissensorganisationspflichten bestanden und wie weit sie reichten. 8.97

Hinter Wissensorganisationspflichten stehen **Aufklärungspflichten nach § 241 Abs. 2 BGB**. Diese sind, wie gesehen, **schuldverhältnisrelativ**.[134] Wenn ein pharmazeutisches Labor, statt Experimente mit Ratten, klinische Tests mit Menschen durchführt, ändern sich die Schuldverhältnisse, in denen der Betreiber steht, und seine Aufklärungspflichten.[135] 8.98

Aufklärungspflichten sind weiter, wie ebenfalls gesehen, **situationsabhängig**.[136] Die „Zweckvereitelungsgefahr" für den Gläubiger, das „Wesentlichkeitserfordernis" im Hinblick auf den Entschluss des Gläubigers und das Merkmal des „Nach-der-Verkehrsauffassung-erwarten-dürfen" hängen jeweils von zahlreichen Umständen in der Person des Schuldners, seinen Möglichkeiten, dem Wechselspiel zwischen Schuldner und Gläubiger, sozialen Gegebenheiten und Auffassungen ab. Dies eröffnet schon bei der Herleitung von Aufklärungspflichten Raum für die Berücksichtigung vielfältiger Gesichtspunkte. 8.99

Das Aufstellen von **Wissensorganisationspflichten** – ausgehend hiervon – erlaubt weitere derartige Betrachtungen. Bei der Wissensorganisationshaftung geht es immer um ein Wissen, das der Schuldner zwar selbst nicht besitzt, das aber typischerweise als Information schon in einem anderen menschlichen „Kopf" vorhanden ist und von hier **beschafft werden kann bzw. muss**; auf Aufklärungspflichten aufsetzende Wissensorganisationspflichten erhöhen so den dem Schuldner abverlangten „Energieaufwand". 8.100

Entsprechend muss es eine „Zone" von Informationen geben, die, wenn beim Schuldner präsent, zwar aufklärungspflichtig sind, deren **Beschaffung** von anderen Wissensträgern aber **nicht geschuldet** ist, die also jenseits von Wissensorganisationspflichten liegen. Daher dürfte insoweit die Teilmenge der von Wissensorganisationspflichten umfassten Informationen tendenziell kleiner sein als die Menge der überhaupt von der Aufklärungspflicht umfassten Informationen. 8.101

---

134) Sie hängen vom „Umstand", dem Vertragszweck des Gläubigers, seinen subjektiven Entscheidungskriterien, Verkehrspflichten etc. ab. S. Rn. 6.36–6.73.
135) Möglicherweise laufen teilweise parallel öffentlich-rechtliche, aktienrechtliche, Ad hoc-rechtliche, versicherungsrechtliche, strafrechtliche Wissensorganisationspflichten oder Pflichten zum Aufstellen von Reporting-Systemen oder deliktische Verkehrssicherungspflichten etc. S. *Bachmann*, WM 2015, 105, 109 f.
136) S. Rn. 6.41–6.43, 6.45, 6.48–6.50, 6.55, 6.58, 6.62 f. und 6.66 f.

b) Wissensorganisationspflichten über die Schuldnerorganisation hinaus?

8.102 Je mehr die Formalität eines „Bestellungsakts" als Voraussetzung einer Wissenszurechnung bei der Bevollmächtigung eines Vertreters (bei § 166 Abs. 1 BGB) bzw. Bestellung seines Wissensvertreters (in der erweiterten analogen Anwendung von § 166 Abs. 1 BGB) verloren geht bzw. durch die Herleitung von Wissensorganisationspflichten ersetzt wird, umso fragwürdiger wird es, Wissensorganisationspflichten an Grenzen eines „Rechtssubjektes" oder einer „Organisation" enden zu lassen.

8.103 Es fragt sich also, ob es nicht Aufklärungspflichten und Wissensorganisationspflichten bezüglich von Umständen geben kann, deren Kenntnis a priori nur **außerhalb der „Organisation" des Schuldners** besteht. Warum soll nicht, könnte man fragen, bei entsprechendem Schutzbedarf, z. B. bei Arzneimitteltests, eine Pflicht eines pharmazeutischen Unternehmens oder eines Veranstalters von klinischen Tests bestehen, veröffentlichte wissenschaftliche Publikationen oder andere zugängliche Forschungsergebnisse zu beschaffen und auszuwerten (z. B. um einen Test schnell abzubrechen, wenn eine Gefahr für die Gesundheit der Teilnehmer erkennbar wird). Man kann auch daran denken, dass bei „Auskünften ins Blaue hinein" der Vorsatzvorwurf nicht daran hängt, ob sich der Schuldner innerhalb oder nur außerhalb seiner Organisation hätte kundig machen können. All das spricht für einen fließenden Übergang von innerorganisationellen Wissensorganisationspflichten zu organisationsübergreifenden Wissensorganisationspflichten auf.

8.104 Weiter ist zu berücksichtigen, dass der von der Rechtsprechung verwendete „Organisationsbegriff", der soziologischer Herkunft sein muss, ebenso undefiniert ist wie der Begriff einer „Grenze" einer Organisation (Rechtsgrenze? Soziologische Grenze? Wie zu ziehen?), und dass zudem in dem v. a. praktisch relevanten Fallen von „Verkäuferteams" in M&A-Transaktionen (die bei Share Deals oft aus dem Verkäufer, Verkäufermitarbeitern, Organen und Mitarbeitern der Zielgesellschaft und Partnern und Mitarbeitern verschiedener selbstständiger Beraterunternehmen bestehen) ganz unklar ist, wann und ob solche „Teams" (selbstverständlich sind alle unterschiedlich) überhaupt als „Organisationen" angesehen werden können, in denen Wissensorganisationspflichten des Verkäufers bestehen. Bestehen solche „Teams" nicht vielleicht sogar nur aus *mehreren* Organisationen, in den es nur auf diese selbst bezogene Wissensorganisationspflichten geben kann? Und soll es andererseits generell keine Pflicht eines Verkäufers zu Nachfragen an einen Berater bestehen, der nicht als „Teammitglied" bezeichnet werden kann und der den Verkäufer auch nicht nach § 166 Abs. 1 BGB oder Wissensvertreter i. S. der erweiterten Anwendung von § 166 Abs. 1 BGB vertritt?[137]

---

137) Diese Frage sind i. R. der herkömmlichen Wissenszurechnungsdoktrin nach dem Vertretermodell besonders dringlich, da die „Teammitgliedschaft" oder „Organisationsmitgliedschaft" bzw. das Unterliegen von Wissensorganisationspflichten ja an die Stelle der Vertreterbestellung nach § 166 Abs. 1 BGB treten soll.

III. „Wissensorganisationshaftung" (Wissenszurechnung)

All diese Fragen sind ebenso wenig geklärt wie die meisten anderen zu Wis- 8.105
sensorganisationspflichten bzw. zur Wissenszurechnung. Allerdings dürfte es,
um zu praktisch angemessenen Ergebnissen zu kommen, Vorzüge haben, das
Aufstellen von Wissensorganisationspflichten **möglichst unabhängig von dem
ohnehin selbst unscharfen Organisationsbegriff** zu machen. Dies kann dazu
führen, dass das informationelle Hinausgreifen über Rechtssubjekte oder Organisationen, etwa in die Zielgesellschaft hinein, per se kein Hinderungsgrund
für Wissensorganisationspflichten ist, aber andererseits auch Wissensorganisationspflichten in informellen Ad hoc-Organisationen angenommen werden
können.

c) Haftung bei jedem Versagen einer Wissensorganisation?

Die §§ 31, 278 BGB stellen eine Erfolgshaftung des Schuldners für eine schuld- 8.106
hafte Pflichtverletzung durch eines seiner Organe bzw. einen seiner Erfüllungsgehilfen dar. Nach demselben Vertretermodell rechnet § 166 Abs. 1 BGG in direkter Anwendung oder der erweiterten analogen Anwendung von § 166 Abs. 1
BGB dem Vertretenen pauschal das Wissen des Vertreters bzw. „Wissensvertreters" zu.

Wie ist es aber nun bei der weiten analogen Anwendung, die auf eine Verletzung 8.107
von Wissensorganisationspflichten gestützt wird? Unterstellt, ein Verkäufer hat,
weil die Wissensorganisation nicht funktionierte bzw. einen **„Aussetzer"** hatte,
eine bestimmte offenzulegende Information nicht erhalten und konnte deshalb
nicht darüber aufklären – haftet er schon immer allein deshalb? Oder kann er sich
darauf berufen, dass er seiner Pflicht zur Wissensorganisation gleichwohl genügt
habe und ihm deshalb weder nach dem „Vertretermodell" Wissen zugerechnet
werden kann, noch er nach der Wissensorganisationshaftung in Anspruch genommen werden kann.

Nach Auffassung des Verfassers ist letzteres zu bejahen, weil die Wissenszu- 8.108
rechnung aufgrund der Verletzung von Wissensorganisationspflichten und die
unmittelbare Wissensorganisationshaftung **keine Erfolgshaftungen** aufgrund
einer gesellschaftsrechtlichen Stellung oder einer Organ- oder Vertreterstellung
begründen.

Eine Wissensorganisationshaftung beruht auf einer Verletzung von auf Aufklä- 8.109
rungspflichten beruhenden Wissensorganisationspflichten. Wenn aber **Organisationspflichten erfüllt** wurden – es wurde z. B. ein Wissensträger oder dessen
Vorgesetzter angewiesen, über bestimmte Ereignisse kurzfristig zu berichten

oder es wurden Nachfragen gestellt, aber die Antwort war falsch,[138] gleich ob bei dem Wissensträger oder seinem Vorgesetzten Verschulden vorlag[139] –, hat der Verkäufer seine Wissensorganisationspflicht erfüllt. Entsprechend haftet er nicht. Die Wissensorganisationshaftung ist eine Verschuldenshaftung für pflichtwidriges schuldhaftes Verhalten, keine Einstandspflicht für das reibungslose Funktionieren einer Wissensorganisation. Sonst würde sie zu einer absoluten Wissenszurechnung jedes Organisationsmitglieds führen.

8.110 Aus Sicht der herkömmlichen Wissenszurechnung ist das Ergebnis dasselbe. Hier ist die Wissenszurechnung die Rechtsfolge bzw. **Sanktion für eine mangelhafte Wissensorganisation.**[140] Eine Wissensorganisation ist aber i. d. R. noch nicht per se dadurch mangelhaft, dass ein Wissensträger oder eine Stelle in der Organisation einmal einen „Aussetzer" hat.[141]

8.111 Dasselbe Ergebnis wird durch eine **Zusammenschau von § 276 BGB und § 278 BGB** bestätigt. Die Existenz von § 278 BGB dürfte zeigen, dass es aus Sicht des BGB-Gesetzgebers ohne § 278 BGB Fälle geben musste, in denen sich aus einem pflichtwidrigen und schuldhaften Verhalten eines Erfüllungsgehilfen noch kein *persönliches* pflichtwidriges und schuldhaftes Verhalten des Geschäftsherrn ableitete. Oblägen nämlich einem Geschäftsherr grundsätzlich so weitgehende Wissensorganisationspflichten, dass sie das erfolgreiche „Ankommen" aller bei einem Erfüllungsgehilfen vorhandenen Informationen bei ihm selbst zu gewährleisten hätten, so würde bei jedem schuldhaften Verhalten eines Erfüllungsgehilfen per se auch ein Verschulden des Geschäftsherrn nach § 276 BGB anzunehmen sein;[142] dann aber würde § 278 BGB leerlaufen.

---

138) In BGH v. 31.2.1996 – VIII ZR 297/94, NJW 1996, 1205 = ZIP 1996, 500, war bei einem Ankauf eines Gebrauchtwagens von angestellten Gebrauchtwagenankäufer K. einer GmbH & Co. KG nicht gleich in ein zu verwendendes Formular eingetragen worden, dass die Laufleistung abweichend von der auf dem Tacho ersichtlichen Leistung von 35.000 km tatsächlich 53.000 km betrug. Später hatte K., da ihm die abweichende Laufleistung nicht mehr erinnerlich war, die aus dem Tacho ersichtliche Laufleistung in das Formular eingetragen. Der BGH hat in der Vorgabe der GmbH & Co. KG an ihre Mitarbeiter zur Ausfüllen des Formulars eine angemessene Wissensorganisation gesehen. So führte das fahrlässige Falscheintragen *nicht* zur Haftung der GmbH & Co. KG.

139) Dann mag eine Haftung des Geschäftsherrn nach § 278 BGB und/oder ggf. eine Sachwalterhaftung des Dritten eingreifen.

140) Zivilrechtlich ähnelt das, wie schon erwähnt, § 162 BGB.

141) Zu denken ist daran, dass ein Wissensträger eine zu erfassende Information übersieht, sie nicht oder falsch eingibt (Tippfehler, Einordnungsfehler, falsche Bedienung eines Rechners, manuelle Weiterleitung unterbleibt durch Sekretariatsversehen), weitergibt (z. B. in ein System einspeist), die Information verlorengeht (ein Blatt löst sich beim Umräumen aus einem Ordner und kann nicht mehr zugeordnet werden, eine Datei „stürzt ab" und kann nicht gerettet werden). Eine Anweisung zu einer Abfrage wird nicht zugestellt, eine Abfrage ist nicht möglich, ein Abfrageergebnis wird manuell nicht weitergeleitet, der Bote verliert die Nachricht, die Nachricht wird verlegt etc.

142) Eine Pflichtwidrigkeit des Geschäftsherrn liegt immer schon vor, weil die Pflichtwidrigkeit des Verhaltens des Erfüllungsgehilfen sich nur hieraus ergeben kann.

III. „Wissensorganisationshaftung" (Wissenszurechnung)

Wenn es einen nicht redundanten Anwendungsbereich für § 278 BGB geben soll, können also die Wissensorganisationspflichten des Schuldners nicht so weit gehen, dass alle Informationen seiner Erfüllungsgehilfen (geschweige von etwa in seine Wissensorganisation einzubeziehenden Nicht-Erfüllungsgehilfen) bei ihm „ankommen" müssen. 8.112

Das BGB geht so auch hier davon aus, dass es **keine absolute Zurechnung des Wissens aller Organisationsmitglieder** zulasten des Schuldners, weder gesellschaftsrechtlicher Herkunft noch aus Wissensorganisationspflichten abgeleitet, gibt. Daher muss es in der Konsequenz einen **Bereich** geben, wo **trotz Versagens** der Wissensorganisation in einem konkreten Fall **keine Wissensorganisationshaftung** bzw. Wissenszurechnung einsetzt. 8.113

d) Wissensorganisationspflichten, Unrecht und § 280 Abs. 1 Satz 2 BGB

Es ist die Frage aufzuwerfen, ob das Bestehen von Wissensorganisationspflichten, wie das Bestehen von Aufklärungspflichten, dogmatisch eine Frage der Pflichtwidrigkeit (Unrechtsbegründung) ist. 8.114

Dies ist zu bejahen. Auch das Verletzen von Wissensorganisationspflichten ist **pflichtwidrigkeitsbegründend.** So kann ein Pflichtwidrigkeitsvorwurf dahingehend, der Verkäufer habe über einen Umstand aufklären müssen, damit begründet werden, dass ihn nur eine Verletzung seiner Wissensorganisationspflichten davor bewahrt hat, Kenntnis von dem Umstand zu erlangen.[143] Wie weit die Wissensorganisationspflichten dabei gehen, hängt im Ausgangspunkt von den Aufklärungspflichten ab. 8.115

In der Konsequenz wäre das Vorliegen von Umständen, aus denen sich Wissensorganisationspflichten ergeben, ebenfalls grundsätzlich vom Gläubiger bzw. Käufer zu beweisen, und fände § 280 Abs. 1 Satz 2 BGB hierauf keine Anwendung. 8.116

6. Wissensorganisationspflichten und M&A-Transaktionen

a) „Gesteigerte" Wissensorganisationspflichten bei M&A-Transaktionen

Schon nach den Vorauflagen dieses Buchs können Wissensorganisationspflichten nicht davon unbeeinflusst bleiben, ob **aktuell ein Unternehmensverkauf** vorbereitet oder durchgeführt wird und dass hierdurch eine **„gesteigerte Aufklärungspflicht des Unternehmensverkäufers"**[144] ausgelöst wird. Wer im besonderen Maße aufklären muss, muss, um dies tun zu können, seine Wissensorganisation daran anpassen. Das aber bedeutet, dass im Vorfeld und während eines Unternehmensverkaufs eine besondere Ausrichtung und eine besondere Anspannung der Wissensorganisationspflichten des Verkäufers Platz greift. 8.117

---

143) S. Rn. 4.18 ff., insb. 4.31.
144) Vgl. Rn. 6.99.

8.118 Der Informationsfluss muss v. a. gegenüber „Normalzeiten" neu fokussiert werden. Dies betrifft zunächst eine **thematische Ausrichtung** von Wissensorganisationspflichten gerade **auf gegenüber dem Käufer bestehende Aufklärungspflichten**. Wenn während einer M&A-Transaktion periphere Informationsquellen, wie M&A-unerfahrene Manager und Mitarbeiter, nicht wissen, welche Informationen zur Erfüllung von Informationspflichten des Verkäufers wichtig sind, muss der Verkäufer die Informationsquellen also umso zielgerichteter – rechtzeitig bzw. ggf. wiederholt – über die Art der benötigten Informationen instruieren bzw. die Informationen abfragen.

8.119 Gleichermaßen muss die Wissensorganisation in M&A-Transaktionen **intensiviert** werden. Dies betrifft u. U. das **Tempo**, in dem benötigte Informationen zu erfassen, einzuspeichern, abzufragen und zu berichten sind. Es bedeutet aber v. a., dass aufklärungspflichtige Informationen **rechtzeitig vor kritischen Zeitpunkten**, v. a. dem Signing, zu beschaffen sind und dass ggf. erteilte Informationen, bei denen Hinweise bestehen, dass sie inzwischen unrichtig geworden sein könnten, rechtzeitig korrigiert werden müssen.[145]

8.120 Im Ausgangspunkt gilt das Vorstehende zunächst unabhängig davon, ob der Verkauf als Asset Deal oder Share Deal erfolgt und ob demnach die Informationsträger Organe und Angestellte im Verkäuferunternehmen oder in einer anderen Gesellschaft sind.[146] Limitationen und Abmilderungen, die von einer „Rechtsgrenze" einer Juristischen Person oder rechtsfähigen Personengesellschaft ausgehen, werden später behandelt.

b) „Wissensorganisationsanweisung" und punktuelle Nachfragepflichten

8.121 Wenn man sich vorstellt, es könnten die Gehirnaktivitäten der Mitarbeiter eines Unternehmens in einer **Computertomographie** erfasst und zusammen mit ihren Kommunikationen nach Abteilungen und Hierarchieebenen auf einem Mega-Bildschirm dargestellt werden, so würden sich hier unendlich viele **Innervationsmuster** zeigen, die je nach der Unternehmenssituation variieren würden. Die gezeigten Muster mögen dabei sogar als unzureichend beurteilt werden; der Vorwurf, dass Wissensorganisationspflichten verletzt wurden, bedeutet ja, dass gebotene Kommunikationen und Gehirnaktivitäten nicht stattfanden. Gleichwohl würde die zu erwartende große Unterschiedlichkeit zeigen, wie sinnlos eine **einmal erlassene „Anweisung Wissensorganisation"** wäre, wenn sie vorgeben würde, dass jeder ständig über Alles nachdenken und mit Allen darüber reden sollte. Gleichermaßen würde eine solche „Anweisung" ineffektiv, wenn sie aus vielen unübersichtlichen und auf Sondersituationen ausgerichteten Konditionalprogrammen oder weite Spielräume eröffnenden verallgemeinernden Zweckprogrammen bestünde.

---

145) Richtig *Weißhaupt*, WM 2013, 782, 785 li. Sp. Mitte.
146) Zur Hemmung von Wissensorganisationspflichten wegen begrenzten rechtlichen oder tatsächlichen Möglichkeiten oder Widerständen bei Informationsquellen s. Rn. 8.104 f., 8.127 – 8.131.

III. „Wissensorganisationshaftung" (Wissenszurechnung)

Es liegt daher nahe, dass bei M&A-Transaktionen – im normalen Geschäftsverkehr mag das anders sein – eine zweckgerechte Wissensorganisation kaum in einem **routinemäßigen Wissensorganisationsplan** bestehen kann, sondern dass sie v. a. aus **situationsabhängigen Interventionen** bzw. einzelnen **punktuellen Anweisungen und Abfragen** bestehen muss, allenfalls ergänzt durch gewisse allgemeine Regeln. 8.122

Damit ist gesagt – und das entspricht der Erfahrung aus post M&A-Streitigkeiten – dass in einem konkreten Fall die Frage nach dem Bestehen von Wissensorganisationspflichten häufig darauf hinauslaufen wird, ob der Verkäufer **kurz vor einem wichtigen Einschnitt** – einer Auskunft oder dem Signing – **Anfragen an einzelne Wissensträger** gerichtet hat. Da letztlich alle Fehlinformationen bis zum Signing durch das Nachholen einer Auskunft „repariert" werden können, schmilzt oft die kritische Frage sogar dahin zusammen, ob am **letztem Tag vor dem Signing** bestimmte **Rückfragen an Wissensträger**, so sie denn geschuldet waren, erstmals gestellt oder nochmals erneuert werden mussten. 8.123

Dies kann u. U. die Folge haben, dass das Fehlen einer Wissensorganisation, die einem Gericht oder Schiedsgericht grundsätzlich angemessen erscheinen mag, dennoch (etwa bei inhabergeführten, mittelständischen, kreativen Unternehmen) keine Verletzung von Wissensorganisationspflichten darstellen muss, wenn die **einzelnen kritischen Punkte rechtzeitig konkret abgefragt wurden**. Insofern kann eine **pflichtgemäße Wissensorganisation aus vielen Einzelanfragen** bestehen.[147) 8.124

c) Ad hoc-Teams aus Transaktionsberatern *plus* „Organisationsstümpfen" aus Zielunternehmen

Die Rechtsprechung hat Wissensorganisationspflichten v. a. (i) an eher mittelgroßen hierarchisch und funktional gegliederten Organisationen, (ii) öffentlich-rechtlicher Natur und die (iii) i. R. ihrer üblichen Alltagsaufgaben operierten, entwickelt. Dies war ein Feld mit vielen Wiederholungen ähnlicher Abläufe, das sachgerecht durch Etablierung von Routinen zu kontrollieren ist. All diese Gesichtspunkte schlugen auf die Maßstäbe dafür durch, welches Wissen an den Funktionsstellen der Organisationen erfasst, gespeichert, abgefragt bzw. bereitgestellt werden musste. 8.125

Allerdings hat die Rechtsprechung die Wissenszurechnung auf „**Handlungs- und Informationseinheiten**" zwischen Behörden ausgedehnt und so erkennen lassen, dass die Grenzen juristischer Personen (bestenfalls) zweitrangig sind und die Wissenszurechnung nicht auf mittelgroße und große Organisationen beschränkt ist. Zugleich hat die Rechtsprechung so die Wissenszurechnung für Ad hoc-Aufgaben bzw. Projektaufgaben in eher informellen kleineren Einheiten eröffnet. 8.126

---

147) Das würde i. d. R. sogar dann gelten, wenn der Verkäufer eine sachlich falsche Antwort erhalten hätte. Hierfür müsste er ggf. allenfalls nach § 278 BGB haften.

8. Kapitel Subjektive Merkmale auf Verkäuferseite zur Haftungsbegründung

8.127 Bei M&A-Transaktionen ähneln die auf Verkäuferseite eingesetzten Strukturen zum Teil Behörden und zum Teil „Handlungs- und Informationseinheiten". Es gibt zunächst, etwa beim Share Deal, auf der Verkäuferseite um den Eigentümer/Verkäufer herum ein i. d. R. kleineres **Ad hoc-Team** aus **professionellen Transaktionsberatern** (v. a. Anwälte, Finanzberater, M&A-Berater, Wirtschaftsprüfer und Steuerberater und deren Zuarbeiter). Weiter gibt es einen Kreis von Personen, die **Organe** und/oder **Mitarbeiter des Zielunternehmen** sind, die aber – ggf. abweichend von ihrer hierarchischen Stellung und ihren funktionalen Aufgaben im Zielunternehmen – teilweise von dem Verkäufer zur Unterstützung des Verkaufs herangezogen wurden. Diesen aus dem Zielunternehmen kommenden Personen obliegt es, i. d. R., vermittels ihrer Stellung im Zielunternehmen und ihrer Detailkenntnisse relevante Sachfragen aufzuklären. Dabei haben sie, soweit das Transaktionsvorhaben im Zielunternehmen noch nicht bekannt werden soll, u. U. unauffällig zu operieren. Insgesamt wirken so bei M&A-Transaktionen auf der Verkäuferseite oft Ad hoc-Teams aus professionellen Transaktionsberatern gemeinsam mit **„Organisationsstümpfen"** aus den Zielunternehmen. Rechtlich gehören die Team-Mitglieder oft vier oder mehr juristischen Einheiten (Verkäufer, Zielunternehmen, die Beraterorganisationen) an; sie sind also „multipel" rechtsformübergreifend.

8.128 Gerade wenn nun mit der sachlich begründeten Tendenz der Rechtsprechung in kleineren und informellen Ad hoc-Organisationen Wissensorganisationspflichten anzunehmen sind und dem „Umfasst-Werden" oder dem Zerschnitten-Werden solcher „Teams" von Rechtsgrenzen sekundäre Bedeutung zukommt, muss das Ausmaß und die Intensität von Wissensorganisationpflichten neben den jeweils bestehenden Aufklärungspflichten von dem **realen Charakter**, den **Merkmalen** und dem **Leistungsvermögen dieser informellen Ad hoc-Organisationen** abhängen. Es kommt zunächst dem Verkäufer, schon weil er die Berater ausgesucht hat und bezahlt, die größte Macht zu. Zudem entscheidet er schlussendlich über „Ja" und „Nein" des Verkaufs und von seiner Zustimmung hängt der Zugang seiner Berater zum Zielunternehmen ab. Es ist aber eine Frage des Einzelfalles, ob er neben seiner Eigentümer- und Verkäuferrolle die dem Verkäufer zufallenden Sachaufgaben annehmen möchte und wie gut er das kann. Unter Umständen kann ein starker und sachkompetenter Verkäufer sein „Verkaufsteam"[148] so führen **wie** er als **Geschäftsleiter** sein Unternehmen führt. In diesem Fall wird es wenig geben, das ihn an einer effektiven Wissensorganisation zu hindern vermag.

8.129 Oft kommt es auch vor, dass der Verkäufer in der Organisation des Verkaufsprozess keine leitende Rolle spielt, sondern er entweder einem kompetenten

---

148) Wir werden später (Rn. 8.154–8.160, 8.173–8.227) sehen, dass die „Mitgliedschaft" einer Person im „Verkaufsteam" nicht per se bedeuten muss, dass sie Erfüllungsgehilfe des Verkäufers ist.

III. „Wissensorganisationshaftung" (Wissenszurechnung)

Berater eine ausgezeichnete Stellung als Projektleiter zuweist oder den Beratergruppen überlässt, ihre Zusammenarbeit zu koordinieren. Wenn es so gelingt, eine **professionelle Ad hoc-Organisation** zu institutionalisieren und diese das Selbstverständnis besitzt oder angewiesen wird, aufklärungsbedürftige Umstände aus einem kooperativen Zielunternehmen heraus aufzugreifen und Aufklärungspflichten gegenüber dem Käufer zu beachten, kann die Frage auftreten, ob nicht schon dies den Verkäufer vor dem **Vorwurf der Verletzung von Wissensorganisationspflichten bewahren** muss.

Je schwächer, desorganisierter, zersplitterter, zerstrittener und weniger verwurzelt das hinzukommende Spezialisten-Projekt-Team im Zielunternehmen ist, umso weniger darf sich der Verkäufer freilich darauf verlassen, dass dieses „Team" seine Aufklärungspflichten erfüllt und umso gewichtiger werden Wissensorganisationspflichten des Verkäufers bleiben, die nicht via Ad-hoc-M&A-Projektteam laufen. 8.130

Ganz unabhängig von dem Vorstehenden müssen immer die **realen informationellen Durchgriffsmöglichkeiten** des Verkäufers in das Zielunternehmen von Bedeutung sein. Hier wird u. a. zwischen Asset Deal (direkter Alleinkontrolle), Share Deal des Alleingesellschafters einer GmbH (indirekte Alleinkontrolle)[149], Share Deal eines Alleinaktionärs (keine unmittelbare Alleinkontrolle) und dem Verkauf von Mehrheits- und Minderheitsanteilen zu unterscheiden sein.[150] Zudem können Umstände des Einzelfalls (z. B. Loyalitäten) eine Rolle spielen. 8.131

---

149) *Ehling/Kappel* sprechen sich wohl für eine generelle Wissensorganisationspflicht **über Grenzen von Konzerngesellschaften hinweg** schon unter Gesichtspunkten der Arbeitsteilung aus: „Organisiert sich ein ‚Unternehmen' über die Grenzen einer einzelnen Gesellschaft hinaus – in einer Gruppe oder in einem Konzern – kann bei wertender Betrachtung die Frage der Zurechnung nicht anders ausfallen, als bei einer rein unternehmensinternen Organisation. Maßgeblich muss erneut der Verkehrsschutz sein. Ein Unternehmen darf sich daher zum Schutze seines Vertragspartners nicht seiner Verantwortung eines ordnungsgemäßen Wissensmanagements entziehen, indem es ‚Verantwortlichkeiten' an eine andere Konzerngesellschaft outsourct." (*Ehling/Kappel*, BB 2013, 2955, 2957 re. Sp.). Offengelassen aus der Sicht von internationalen Schiedsverfahren bei *Tschäni*, Post Closing Disputes, in: Kaufmann-Kohler/Johnson, Arbitration of Merger and Acquisition Disputes, S. 67 ff., 77 unten.

150) *Hoenig/Klingen* haben Argumente gegen eine Zurechnung des Wissens der Zielgesellschaft zulasten des Verkäufers zusammengetragen. Sie meinen, dass vertragliche **Vertraulichkeitsvereinbarungen** die Wissensorganisationspflichten auf Verkäuferseite reduzieren könnten. Es könne widersprüchlich sein, „dem Verkäufer das Wissen solcher Dritter zuzurechnen, auf deren Befragung er aufgrund berechtigter Geheimhaltungsinteressen beider Parteien verzichten muss" (*Hoenig/Klingen*, NZG 2013, 1046, 1049 re. Sp. Mitte.) *Hoenig/Klingen* meinen weiter, eine Ausdehnung der Wissenszurechnung auf Mitarbeiter der Zielgesellschaft solle unterbleiben, da diese Mitarbeiter „ab einem gewissen Stadium einer Transaktion nicht mehr eindeutig zur Sphäre zur Verkäufers gehören, sondern vielmehr bereits ihrem zukünftigen Gesellschafter zuzuordnen sind (Fälle der **vorzeitig übergegangenen Loyalität**)" (*Hoenig/Klingen*, NZG 2013, 1046, 1049 re. Sp. unten).

8. Kapitel Subjektive Merkmale auf Verkäuferseite zur Haftungsbegründung

7. Einseitige oder vertragliche Begrenzung von Wissensorganisationspflichten (bzw. der Wissenszurechnung?)

8.132 Wenn Parteien selbstständige Garantien vereinbaren und sie entscheiden, dass diese kenntnisabhängig sind, bleiben sie selbstverständlich frei darin, die Voraussetzungen der Kenntnis weit oder eng zu fassen. Entsprechend können sie bestimmen, dass es für die Kenntnis nur auf bestimmte Personen oder nur auf eine qualifizierte Kenntnis ankommt. Weil sie die Garantiehaftung originär begründen, dürften sie all dies frei vereinbaren; die Frage einer Unzulässigkeit von vertraglichen Beschränkungen oder die Frage von einseitigen Beschränkungen stellt sich daher rechtlich nicht.[151]

8.133 Bei einer gesetzlichen Vorsatzhaftung, etwa der c. i. c., ist die Rechtslage anders. **Einseitige Eingrenzungen** von bestehenden Wissensorganisationspflichten durch Ausschluss der Zurechnung des Wissens bestimmter Personen sind mit Wirkung für die Zukunft möglich, indem die für das Eingreifen der Wissensorganisationspflichten konstitutiven Umstände vermieden werden; dies kann v. a. geschehen, indem ein bestimmter **Wissensträger** aus seinem funktionalen Bereich **entfernt** wird.[152] Nach ihrem Ausscheiden wird sich i. d. R. die Frage der Zurechnung neu erlangten Wissens dieser Person nicht mehr stellen bzw. könnte wohl auch von ihr neu erlangtes Wissen, jedenfalls nach einer pflichtgemäßen Übergabe, von einem bestimmten Zeitpunkt an der Organisation nicht mehr zugerechnet werden.

8.134 Da die Wissensorganisationspflichten Folge einer Organisation sind, tritt freilich oft eine **neue Person in die alte Rolle**, auf deren Wissen sich wieder Organisationspflichten beziehen können. Vor allem würde u. U. eine Organisationspflicht dahingehend bestehen, dass die ausgeschiedene Person **alte Informationen** von entsprechender Bedeutung auf eine Weise gespeichert hat, dass sie auch nach ihrem Weggang **verfügbar bleiben**.[153]

8.135 Es fragt sich, ob sich ein Verkäufer auch für Zwecke einer Haftung aus c. i. c. oder Delikt durch eine **einseitige Mitteilung**, dass er sich das **Wissen einer Person**, obwohl diese Funktionsträger bleibt, **nicht zurechnen lasse**, gegenüber Wissensorganisationspflichten in Bezug auf Wissen dieser Person „immunisieren" kann?[154]

---

151) Möglicherweise sieht das aber nicht jedes Gericht und jedes Schiedsgericht von Anfang an genauso.
152) Gewissermaßen, wie wenn bei einer legalen Steuergestaltung das Eingreifen einer Steuerpflicht vermieden wird.
153) Sonst könnte ihr altes Wissen i. S. der Wissenszurechnungsdoktrin gleichwohl zugerechnet werden. Das Vorstehende dürfte sich aus den in BGH v. 2.2.1996 – V ZR 239/94, NJW 1996, 1339 = ZIP 1996, 548, aufgestellten Kriterien ergeben. S. a. BGH v. 15.4.1997 – XI ZR 105/96, NJW 1997, 1917, 1918 li. Sp. oben.
154) Eine einseitige Mitteilung kann z. B. mündlich erfolgen oder sie kann in einem erläuternden Schreiben, einer Datenraumordnung oder einer Information durch einen Anwalt oder Investmentbanker enthalten sein.

III. „Wissensorganisationshaftung" (Wissenszurechnung)

Richtigerweise dürfte die Antwort von dem Bestehen oder Nichtbestehen von Aufklärungspflichten abhängen: Wenn in casu aus **bestehenden Aufklärungspflichten** gewisse Wissensorganisationspflichten eingreifen, kann sich der Verkäufer, wenn er den Aufklärungserfolg nicht herbeiführt, i. d. R. nicht damit entlasten, dass er offenlegt, dass er diesen Wissensorganisationspflichten nicht nachgekommen ist bzw. nicht nachkommen will. Er kann dies ebenso wenig wie er sich bei bestehenden Aufklärungspflichten der Haftung nicht durch Verweigerung der Auskunft entziehen kann. Werden z. B. einzelne Gebäude aus einem großen Immobilienpark verkauft, so kann der Verkäufer, der selbst keine Kenntnis von Asbestvorkommen hat, sich seiner Aufklärungspflicht über Asbestvorkommen und einer Haftung aus c. i. c. oder Delikt nicht dadurch entziehen, dass er erklärt, er lasse sich das Wissen des „Asbestverantwortlichen" nicht zurechnen.[155] 8.136

Bestehen **keine Aufklärungspflichten** und kann also der Verkäufer, wie gesehen,[156] Auskünfte verweigern, so umfasst dies, dass er Auskünfte auf einer offengelegt reduzierten Wissensbasis erteilen darf. Er kann also sagen: „*Ich weiß nicht, ob die Verkäufer ihre Verkaufsziele im letzten Quartal erreicht haben*[157], aber bitte, ich habe sie nicht gefragt und werde sie nicht fragen" – ohne hierdurch eine Haftung auszulösen. Ebenso kann er Auskunft über die letzten ihm bekannten Verkaufsziele für das Quartal erteilen und hinzufügen, dass er sich das Wissen der Mitarbeiter der Zielgesellschaft oder, beim Asset Deal, der eigenen Verkaufsmitarbeiter, nicht zurechnen lasse. 8.137

Das Ergebnis ist also: Wo schon keine Aufklärungspflichten bestehen oder außerhalb des Bereiches der hieraus abzuleitenden Wissensorganisationspflichten, also generell bei freiwillig erteilten einfachen Informationen[158] oder jenseits von durch Aufklärungspflichten ausgelösten Wissensorganisationspflichten, ist der Schuldner bzw. Unternehmensverkäufer ebenso frei darin, einseitig Wissensor- 8.138

---

155) Wenn sich die Person, die allein Kenntnis von aufklärungspflichtigen Umständen hat, gerade auf einem Sabbatical befindet und schwer erreichbar durch die Anden wandert, gehen u. U. die eingreifenden Wissensorganisationspflichten von vorneherein nicht so weit, dass der Verkäufer den „Asbestverantwortlichen" in den Anden suchen lassen muss. Entsprechend würde ggf. Wissensorganisationshaftung stattfinden, selbst wenn der reisende „Asbestverantwortliche" Kenntnis hat. Freilich könnte man u. U. eine Wissensorganisationspflicht dahingehend statuieren, dass das „Asbestwissen" so gespeichert werden musste, dass es unabhängig von Reisen des Verantwortlichen zugänglich bleibt. Darüber wird man im Einzelfall nachdenken können. Soweit keine Wissensorganisationspflichten bestehen, sind einseitige Erklärungen, die das klarstellen (keine Wissenszurechnung des Wissens aller Produktionsarbeiter in der Fabrik), zwar nicht erforderlich, aber auch nicht schädlich.
156) S. Rn. 6.21.
157) Das Erreichen von Verkaufszielen im letzten Quartal ist i. d. R. kein per se aufklärungspflichtiger Umstand.
158) S. Rn. 6.19 f.

8. Kapitel Subjektive Merkmale auf Verkäuferseite zur Haftungsbegründung

ganisationspflichten bzw. seine Wissensorganisationshaftung zu begrenzen, wie er hier überhaupt Auskünfte verweigern dürfte.

8.139 Das Bestehen bzw. Nichtbestehen von Aufklärungspflichten ist auch der richtige Ausgangspunkt für die Frage, inwieweit **Wissensorganisationspflichten vertragsdispositiv** sind. Sicher können vertraglich, also beidseitig und einvernehmlich, Wissensorganisationspflichten und die Wissensorganisationshaftung des Verkäufers mindestens so weit begrenzt werden, wie der Verkäufer das schon einseitig tun kann. Die Frage ist, ob vertraglich eine weitergehende Begrenzung möglich ist.

8.140 Der erste Ansatz hierzu könnte sein, schon auf der Ebene der Aufklärungspflichten anzusetzen. Auch wenn, soweit Aufklärungspflichten bestehen, der Schuldner sich nicht einseitig hiervon lösen kann, sind **Aufklärungspflichten** anerkanntermaßen **vertragsdispositiv**.[159] Entsprechend können Parteien wohl vereinbaren, dass Aufklärungspflichten nicht zu bestimmten **Themen** (technischen, Marktentwicklungen) oder dass sie insoweit nicht bestehen als sonst aufklärungspflichtige **Informationen nur bei anderen Personen** als dem Verkäufer vorhanden sind oder, dass subjektive Merkmale, die sonst Aufklärungspflichten mit begründen könnten, nur bei anderen Personen als dem Verkäufer bekannt sind. Diese Reduzierung von Aufklärungspflichten würde – bis zur Grenze des § 138 BGB – wirksam sein.

8.141 Wenn Aufklärungspflichten vertragsdispositiv sind, gibt es keinen zwingenden Grund, nicht auch **Wissensorganisationspflichten**, die ebenfalls der Ebene der Rechtswidrigkeit bzw. Pflichtwidrigkeit zuzuordnen sind, und sich gewissermaßen an Aufklärungspflichten anschließen, als **vertragsdispositiv** anzusehen. Entsprechend müssten gezielt hier ansetzende vertragliche Beschränkungen ebenfalls – bis zur Grenze des § 138 BGB – wirksam sein. So wäre etwa eine wirksame Vereinbarung möglich, dass der Verkäufer nicht verpflichtet ist, selbst soweit er Aufklärungspflichten unterliegt, den Versuch zu unternehmen, Auskünfte bei der Zielgesellschaft oder, beim Asset Deal, vom der unteren Managementebene einzuholen.

8.142 Bislang wurde die Frage ob die Wissenszurechnung bei (Fort-)Bestehen von Aufklärungspflichten vertragsdispositiv ist v. a. als **Verschuldensproblem** diskutiert. Da die Verletzung von Wissensorganisationspflichten zu einer Haftung nach § 276 BGB führt und da § 276 Abs. 3 BGB keinen Ausschluss der Vorsatzhaftung für eigenes Verschulden im Voraus zulässt (anders als § 278 Satz 2 BGB für Erfüllungsgehilfen) erschien hier wenig Spielraum zu bestehen. Entsprechend hatten die Vorauflagen dieses Buchs[160] wenig höchstrichterliche

---

159) S. Rn. 6.62.
160) 2. Auflage, 2014, Rn. 959.

III. „Wissensorganisationshaftung" (Wissenszurechnung)

Sympathie für Versuche erwartet, die Wissenszurechnung vertraglich abzubedingen.[161]

Allerdings haben immer schon einzelne Autoren vorsichtig und unter mehrfachen Hinweisen, dass die Auffassung nicht gesichert sei, eine gegenteilige Sichtweise vorgeschlagen.[162]

8.143

Ein Ansatz zu Einschränkungen könnte § 278 Satz 2 BGB sein.[163] Dieser Gesichtspunkt wird von *Hoenig/Klingen*[164] aufgegriffen. Da die Haftung für vorsätzliches Verhalten von Erfüllungsgehilfen ausgeschlossen werden könne, meinen sie, würde die Rechtsprechung des BGH u. U. zu einer befremdlichen Situation führen, wenn die Erfüllungsgehilfen zugleich Wissensvertreter sind. Dann nämlich müsse „der Verkäufer sich zwar nicht das vorsätzliche Fehlverhalten seines Mitarbeiters „als Erfüllungsgehilfe" gemäß § 278 BGB, wohl aber dessen Wissen „als Wissensvertreter" nach § 166 BGB analog zurechnen lassen ...".[165] Als Argument hierfür wird angeführt, das Wissen einer Person sei lediglich ein Element des Vorsatzes und stelle im Vergleich zum Vorsatz insgesamt insofern ein „Minus" dar. Aus diesem Grund sei nicht nachvollziehbar, „weshalb dem Geschäftsherrn trotz Ausschlusses der Haftung für vorsätzliches Verhalten seines Erfüllungsgehilfen dessen bloßes Wissen schaden soll".[166] Dieser Einwand berücksichtigt freilich nicht, dass der Geschäftsherr (bzw. Verkäufer) bei einer Wissenszurechnung/Wissensorganisationshaftung nicht für den Vorsatz bzw. das Verschulden seines Erfüllungsgehilfen, sondern nur für sein *eigenes* Verschulden haftet. Dieses eigene Verschulden liegt aber nicht darin, dass der Erfüllungsgehilfe etwas weiß oder nicht weiß oder sogar Vorsatz bei einem Verhalten hat, sondern darin, dass der Geschäftsherr seinen persönlichen Wissensorganisationspflichten nicht angemessen nachgekommen ist.

8.144

---

161) Ganz eindeutig verneint *Rasner*, WM 2006, 1425, 1429 li. Sp. unten, die Zulässigkeit einer Ausgestaltung der Wissenszurechnung im Bereich von §§ 276, 444 BGB. Skeptisch auch *Schmitz*, RNotZ 2006, 561, 593.

162) So schlägt *Weißhaupt* vor, abgesehen von der Situation, dass evident unerfahrene Unternehmenskäufer handelten, die auch nicht durch professionelle Berater vertreten würden, im Normalfall also, wenn „auf Augenhöhe" verhandelt würde, sollte eine „freie Verhandlung der Wissensorganisationspflichten" zulässig sein (WM 2013, 782, 788 re. Sp. oben.). Ähnlich *Meyer*, WM 2012, 2040, 2045 f.

163) Rspr. ist hierzu nicht bekannt. In diesem Sinne jetzt auch *Meyer*, WM 2012, 2040, 2045 li. Sp. unten. *Meyer* führt dort auch an, dass § 166 BGB dem Vertretungsrecht entstamme, wo der Umfang der Vertretungsmacht des Vertreters frei durch den Vertretenen bestimmbar wäre. Dies ist dies zwar richtig, steht aber in direktem Konflikt zu den Verkehrsschutzgesichtspunkten, mit denen der BGH seine Wissenszurechnungsrechtsprechung begründet.

164) NZG 2013, 1046 ff.

165) *Hoenig/Klingen*, NZG 2013, 1046, 1051 li. Sp. oben.

166) *Hoenig/Klingen*, NZG 2013, 1046, 1051 oben.

8.145 Im Übrigen ergibt sich aus der hier vertretenen Auffassung ohnehin, dass die Herleitung von Wissensorganisationspflichten auf der Rechtswidrigkeits- bzw. Pflichtwidrigkeitsebene zu erfolgen hat, und daher die einem Haftungsausschluss für Vorsatz nach § 276 Abs. 3 BGB gesetzten Grenzen nicht einschlägig sind. Das Problem würde sich insoweit auflösen, wenn der mit Wissensorganisationspflichten von der Rechtsprechung eingeschlagene Weg der Begründung einer Wissensorganisationshaftung zu Ende gegangen und das „Vertretermodell" der herkömmlichen pauschalen Wissenszurechnung – als im Widerspruch zum Schuldprinzip und zur Herleitung der Wissenszurechnung aus Wissensorganisationspflichten stehend – aufgegeben würde.

8.146 Es ist das Thema abschließend zu wiederholen, dass dort, wo keine zwingenden gesetzlichen Vorschriften i. S. des § 276 Abs. 3 BGB und § 444 BGB herrschen, namentlich bei **Garantien**, von den Rechtsprechungsregeln zur Wissenszurechnung abweichende Regeln **grundsätzlich frei** vereinbart werden können.[167] Auch können in dem Umfang, in dem der Verkäufer einseitig die Tatbestandsvoraussetzungen der Wissenszurechnung gestalten kann, analoge vertragliche Vereinbarungen oder Klarstellungen mit Wirkung für eine gesetzliche Haftung getroffen werden.

IV. Verhaltenszurechnung nach § 278 BGB

8.147 Zunächst können die gesetzlichen **Organe des Verkäufers** aus dem Problemkreis ausgeschlossen werden. Obwohl in § 278 BGB „gesetzliche Vertreter" genannt sind, wendet die Rechtsprechung hier § 31 BGB an; der Verkäufer haftet für seine gesetzlichen Organe, wie seinen Geschäftsführer oder Vorstand, immer.[168]

8.148 Bei der Verhaltens- bzw. Verschuldungszurechnung geht es also darum, das **vollständig schuldhafte Verhalten** einer Person, die nicht Verkäufer und nicht Organ des Verkäufers ist, dem Verkäufer zuzurechnen. Sachlich betroffen sind v. a. vorsätzliche oder fahrlässige Falschangaben oder pflichtwidrig unterlassene Aufklärungen durch **Organe oder Mitarbeiter der Zielgesellschaft** i. R. der Due Diligence, in Managementpräsentationen, bei späteren mündlichen und schriftlichen Auskünften, bei Betriebsbesichtigungen, Q&A-Sitzungen oder am Rande von oder in Verhandlungen. Daneben kommen solche Verhaltensweisen von **Mitarbeitern oder Beratern des Verkäufers**, z. B. einer Investmentbank, des Wirtschaftsprüfers oder seiner Anwälte, bei den genannten Gelegenheiten in Betracht.

---

167) So auch *Rasner*, WM 2006, 1425, 1431 li. Sp. oben.
168) Vgl. etwa Palandt-*Ellenberger*, BGB, § 31 Rn. 1, 3 m. w. N.

IV. Verhaltenszurechnung nach § 278 BGB

1. „Verhandlungsgehilfen" und „Auskunftspersonen"

§ 278 BGB begründet eine **Erfolgs-** bzw. **Garantiehaftung** des Prinzipals für das **Verschulden anderer Personen** bei Verletzung von Pflichten des Prinzipals, wobei die an das Verhalten dieser Personen mindestens[169] dieselben Ansprüche gestellt werden wie an das Verhalten des Prinzipals. 8.149

a) Schwierige Abgrenzung

Die Frage, ob das schuldhafte Verhalten einer Person zugerechnet wird, hängt davon ab, ob sie sein „Erfüllungsgehilfe" bzw. „Verhandlungsgehilfe"[170] – dann erfolgt eine Zurechnung – oder **nur eine „Auskunftsperson"**[171] ist, in welchem Fall keine Zurechnung erfolgt. Ob eine Person „**Verhandlungsgehilfe**" ist, hängt nach dem Text von § 278 BGB davon ab, ob sich der Prinzipal dieser Person „zur Erfüllung seiner Verbindlichkeit bedient". 8.150

Dabei sind gibt es viele Fälle, in denen § 278 BGB klare, eingängige und den „billig und gerecht Denkenden" befriedigende Ergebnisse liefert (der Arbeitnehmer eines Installationsunternehmens zerschlägt unaufmerksam einen Spiegel), Fälle, in denen man ins Zweifeln gerät (alle Mieter eines Vermieters und Arbeitnehmer eines Arbeitgebers sollen als sog. „Nebenparteien" Erfüllungsgehilfen des Vermieters/Arbeitgebers gegenüber allen anderen Mietern/Arbeitnehmern sein).[172] Und es gibt richtig problematische Fälle, in denen das Recht zwar irgendwie einen gordischen Knoten zerhacken muss, aber beide Parteien nachvollziehbar darüber empört sind, wo es das tut. Man denke an eine vermögende Dame, die im Tessin lebt und Kriminalromane schreibt, aber ihr ererbtes Unternehmen veräußern will und für den ungetreuen Geschäftsführer haften soll, der den Käufer ebenso belügt, wie er sie viele Jahre belogen hat. Oder an die Treuhandanstalt, die viele tausende ostdeutsche Betriebe zu veräußern hatte und hinsichtlich wesentlicher Informationen von Organen und Mitarbeitern der ehemaligen VEB abhing, die bisweilen eigene Ziele auch durch Unwahrheiten verfolgten. Hier gibt es **oft keine „Wohlfühl-Lösung"**: Entweder die alte Dame/Treuhand haften für Informationspflichtverletzungen der Geschäftsführer (obwohl sie keine wirklichen Kontrollmöglichkeiten haben und ihnen kein Vorwurf gemacht werden kann) oder dem Käufer würde zugemutet, dass er sich gerade auf das, das ihm derjenige sagt, der überhaupt etwas weiß, nicht 8.151

---

169) Wenn die Personen besondere Experten sind, haftet der Prinzipal möglicherweise für ein Verhalten der Erfüllungsgehilfen, für das er bei eigenem Verhalten nicht gehaftet hätte (*Grundmann* in: MünchKomm-BGB, § 278 Rn. 50 m. w. N.).
170) Der „Erfüllungsgehilfe" bei Verhandlungen heißt „Verhandlungsgehilfe".
171) Der Begriff „Auskunftsperson" ist nicht so verbreitet wie der Begriff „Verhandlungsgehilfe".
172) *Grundmann* in: MünchKomm-BGB, § 278 Rn. 30 m. w. N.

verlassen darf.[173] Diese **schwierige Ausgangssituation**, wird durch folgenden Eingangsfall illustriert.

8.152 *Fallbeispiel „Wildstand"* (RG v. 14.12.1928 –VII 277/28, HRR 1929 Nr. 595)
Ein Jäger wollte von einer Gemeinde eine Jagd pachten und erkundigt sich bei dem Bürgermeister nach dem Wildstand in dem Revier. Dieser konnte keine Auskunft geben und verwies den Jäger an die anwesenden Förster, die offenbar eine falsche Auskunft erteilten. War die falsche Auskunft der Förster der verpachtenden Gemeinde zuzurechnen?

Das RG verneinte dies. Die Äußerung des Bürgermeisters könne so verstanden werden, dass es den Bietern überlassen bleibe, auf ihre Verantwortung bei den Förstern Erkundigungen einzuziehen;[174] diese konnten also auch nur als „Auskunftspersonen" eingeführt worden sein.

8.153 Die Rechtsprechung nimmt im Regelfall die Abgrenzung von „Verhandlungsgehilfe" und „Auskunftsperson" anhand des Kriteriums vor, ob der Dritte „nach den tatsächlichen Verhältnissen mit dem Willen des Verkäufers in der Erfüllung einer Verbindlichkeit des Verkäufers als seine Hilfsperson tätig wird".[175] Hier kommen mehrere Aspekte zum Tragen:

b) **Tätigwerden „mit Auswirkung auf Schuldner" vs. „Tätigwerden** *als* **Hilfsperson"**

8.154 Es wird oft nicht fraglich sein, ob der Dritte, z. B. die obigen Förster, nach „den tatsächlichen Verhältnissen" irgendwie in dem Feld agiert, das im Ergebnis für den Gläubiger ausschlaggebend ist und in dem der Verkäufer etwaige Aufklärungspflichten oder seine Pflicht, dass erteilte Auskünfte richtig sein müssen, zu erfüllen hat. Problematisch ist aber in rechtlicher Hinsicht zunächst, was es bedeutet, dass der Dritte „mit Willen des Verkäufers ... als seine Hilfsperson tätig wurde". Genauer kann zunächst gefragt werden, ob sich der **Verkäuferwille** nur auf das **Tätigwerden überhaupt** oder auf das **Tätigwerden** *als* **Hilfsperson** beziehen muss. Im ersten Fall würde die Verhaltenszurechnung schon eingreifen, wenn der Verkäufer weiß und duldet, dass der Dritte im Bereich seiner Pflichterfüllung „unterwegs" ist, aber nicht in welcher Kapazität er tätig wird, z. B., ob er bloß als höflicher und auskunftswilliger sowie sachkundiger (bisweilen auch eitler) Zeitgenosse tätig wird, der aber nur Zwecke und Ziele des Käufers oder seine eigenen Zwecke (z. B. Karriereziele), aber nicht solche des

---

173) Auch wer sich bei M&A-Transaktionen mit dem Impetus aufmacht, entweder eine klare und „moralisch" befriedigende Haftungsbejahung oder Haftungsverneinung herzuleiten, wird vermutlich auf verlorenem Posten stehen. Freilich enthalten die Beispiele schon einen Hinweis auf die Richtung, in der die Lösung zu suchen ist. Es muss u. a. darauf ankommen, wie die alte Dame bzw. die Treuhandanstalt des Geschäftsführers präsentiert haben.
174) RG v. 14.12.1928 – VII 277/28, HRR 1929 Nr. 595 re. Sp. unten.
175) BGH v. 17.4.1986 – III ZR 246/84, NJW-RR 1987, 59, 60.

IV. Verhaltenszurechnung nach § 278 BGB

Verkäufers verfolgt, oder ob der Prinzipal wissen und *wollen* muss, dass der Dritte Zwecke und Ziele des Prinzipals mitverfolgt. Letzteres muss richtig sein. Nur dann ist die Erfolgshaftung für den Prinzipal gerechtfertigt.

c) Dem Gläubiger objektiv nützlich vs. „Tätigwerden *als* Hilfsperson"

8.155 Nicht nur macht das „Dasein" und das „Etwas-Tun" oder „Etwas-Lassen" des Dritten in dem Feld, das im Ergebnis für den Gläubiger ausschlaggebend ist und in dem der Verkäufer Pflichten zu erfüllen hat, den Dritten schon zum Erfüllungsgehilfen, es reicht auch nicht ‚dass sein Verhalten dem Käufer **objektiv nützlich** ist (und ggf. dem Verkäufer die Sache leichter macht). So genügt es nicht, dass der Dritte zur Erlangung einer vom Verkäufer zu beschaffenden Genehmigung beiträgt oder sein Verhalten ein Informationsbedürfnis des Käufers befriedigt (oder zu befriedigen scheint). Der Verkäuferwille muss nicht nur das Nützlich-Sein des „Etwas-Tun" oder „Etwas-Lassen" des Dritten bezogen sein, sondern auf das **„Etwas-Tun"** oder „Etwas-Lassen" einer Person **„als seiner Hilfsperson"** – sei das Ergebnis nun nützlich oder nicht für den Gläubiger.

d) Erfüllungsgehilfeneigenschaft aufgabenbezogen und schuldverhältnisbezogen

8.156 Der BGH formulierte einmal – in einer überhaupt luziden Entscheidung –, Beschäftigte eines Werkunternehmers seien „zwar Erfüllungsgehilfen des Unternehmers bei der Herstellung des Werks, aber nicht seine Erfüllungsgehilfen in Bezug auf seine Offenbarungspflicht gegenüber dem Besteller",[176] womit er den grundsätzlichen **Aufgabenbezug** bzw. den **Schuldverhältnisbezug** der Erfüllungsgehilfeneigenschaft zum Ausdruck brachte. Richtig hat auch das OLG Düsseldorf in seiner *Clean Air/Masterflex*-Entscheidung vom 16.6.2016[177], obwohl es den Erfüllungsgehilfenbegriff erheblich überdehnt hat,[178] im Ausgangspunkt diesen Grundsatz in dem zutreffenden Satz wiederholt „Bei Offenbarungspflichten hängt die Anwendung von § 278 BGB davon ab, **welche Aufgaben der Hilfsperson zugewiesen** sind"[179].

8.157 Insoweit gibt es eine Ausgrenzung des Bereichs, in dem eine Person Erfüllungsgehilfe sein kann, über eine **sachlich-gegenständliche bzw. räumliche Spezifikation** wie über eine **personelle schuldverhältnisbezogene Spezifikation**.[180] Mit

---

176) BGH v. 20.12.1973 – VII ZR 184/72, NJW 1974, 553.
177) OLG Düsseldorf v. 16.6.2016 – 1-6 U 20/15, ZIP 2016, 2363.
178) S. Rn. 8.195 f.
179) OLG Düsseldorf v. 16.6.2016 – 1-6 U 20/15, Rn. 88 (Hv. hinzugefügt), ZIP 2016, 2363. Eine Begrenzung einer Erfüllungsgehilfeneigenschaft auf eine „zugewiesene Aufgabe" sollte freilich nicht nur für *Offenbarungs*pflichten, so klingt es beim OLG Düsseldorf an, sondern auch für die Pflicht, keine positiv unrichtigen Aussagen zu machen, gelten.
180) BGH v. 26.4.1991 – V ZR 165/89, NJW 1991, 2556, 2557 re. Sp. oben.

8. Kapitel Subjektive Merkmale auf Verkäuferseite zur Haftungsbegründung

der „Aufgaben-Relativität" und „Schuldverhältnis-Relativität" der Erfüllungsgehilfeneigenschaft ist impliziert, dass eine und dieselbe Person „**Doppelcharakter**" besitzen bzw. eine doppelte Rolle spielen kann. Zum Beispiel kann sie zugleich Makler – und insoweit i. d. R. nicht Verhandlungsgehilfe –, aber daneben zusätzlich Verhandlungsgehilfe einer Partei sein.

e) Zeitliche Dimension der Erfüllungsgehilfeneigenschaft

8.158 Eine Konsequenz des „Sich-Bedienen-Müssens" als Tatbestandsvoraussetzung der Erfüllungsgehilfeneigenschaft ist es, dass Dritte nicht entweder Erfüllungsgehilfen sind (und dann bezogen auf *alle Aufgaben*, in denen der Prinzipal Erfüllungs- oder Bewahrungspflichten[181] erfüllt, vielleicht sogar gegenüber *allen Gläubigern* des Prinzipals und für *alle Zeit*), sondern dass die Erfüllungsgehilfeneigenschaft auch in der **Zeit-Dimensionen relativ** ist. Das bedeutet, dass eine Person zuerst kein Erfüllungsgehilfe sein, aber dann von Prinzipal dazu gemacht werden kann, oder sie kann umgekehrt zuerst Erfüllungsgehilfe gewesen sein, aber diese Eigenschaft kann durch den Prinzipal beendet (quasi „gekündigt") werden.

8.159 *Fallbeispiel „Distanzierung von vorvertraglichen Erklärungen eines Maklers"* (BGH v. 2.6.1995 – V ZR 52/94, NJW 1995, 2550)

Ein Makler hatte mit Billigung des Grundstückseigentümers für diesen die Verhandlungen über den Verkauf eines Wohn- und Geschäftshauses in Berlin in einem Ausmaß geführt, dass das KG und der BGH an einer ursprünglich bestehenden Erfüllungsgehilfeneigenschaft nicht zweifelten. Es war neben einem Kaufpreis von 22 Mio. DM ein weiterer Kaufpreis von 1 Mio. DM im Hinblick auf die Möglichkeit des Aufstockens des Gebäudes und der Schaffung von weiteren 1.500 qm neuer Fläche vereinbart worden, der auf ein Notaranderkonto gezahlt wurde. Der Käufer machte nun geltend, von dem Makler schuldhaft über die Kosten des Aufstockens des Gebäudes getäuscht worden zu sein und verlangte u. a. die 1 Mio. DM.

Das KG hatte verurteilt. Der BGH verwies auf die Revision an das KG zurück. Das KG habe den erheblichen Vortrag des Verkäufers übergangen, dass bei der Beurkundung „unmißverständlich erklärt habe, daß Gegenstand des Kaufvertrages nur die von ihm persönlich i. R. der Protokollierung des Vertrages abgegebenen Erklärungen über Tatsachen und Zusagen seien; was der Zeuge St. zuvor im einzelnen erklärt habe, sei ihm unbekannt und keine Grundlage für die Bemessung des Kaufpreises. *Damit sei der Kläger einverstanden gewesen.* Wenn sich der Beklagte in dieser Weise von allen

---

[181] Hierzu *Wendelstein*, AcP 215 (2015), 70, zur Frage der „Erfüllungs-"Gehilfenschaft bei Verletzungen des Integritätsinteresses. *Wendelstein* bejaht eine analoge Haftung aus § 278 BGB in solchen Fällen und nennt den Erfüllungsgehilfen dann plastisch „Bewahrungsgehilfen".

IV. Verhaltenszurechnung nach § 278 BGB

früheren Erklärungen des Zeugen St. distanziert hat, so können ihm sorgfaltspflichtwidrig erteilte Fehlinformationen des Zeugen jedenfalls im konkreten Fall nicht mehr zugerechnet werden."

Dem stehe auch nicht entgegen, dass der Beklagte die früheren Angaben des Zeugen nicht zugleich berichtigt habe. Der Beklagte habe vorgetragen, diese Angaben seien ihm nicht bekannt gewesen. „Dann aber durfte er einer möglichen Haftung wegen weiterer Pflichtverletzungen des Zeugen in der behaupteten Weise entgegentreten ...". Da die Pflichtverletzung noch nicht in einen Schaden umgeschlagen war, habe sie vom Beklagten noch so ausgeräumt werden können. Die Kläger seien dadurch nicht schutzlos gestellt; „denn sie waren durch die Erklärungen des Beklagten gewarnt. Sie wussten – anders als nach seiner Behauptung der Beklagte –, um welche konkreten vorvertraglich abgegebenen Erklärungen es ging, und hätten den Beklagten um Aufklärung, d. h. um Bestätigung oder Richtigstellung, ersuchen und davon ihr weiteres Verhalten abhängig machen können."[182]

All das liest sich wie eine Herleitung der Möglichkeit eines Prinzipals, die Erfüllungsgehilfeneigenschaft eines Dritten nicht nur ex nunc, sondern sogar retroaktiv, **ex tunc zu beenden**. Allerdings geht das Urteil von dem Beklagtenvortrag aus, dass der Kläger mit den Erklärungen des Beklagten zu dem Makler *einverstanden gewesen sei*. Insofern bleiben am Ende Unklarheiten.[183] Sicher spricht zunächst gegen die Möglichkeit einer retroaktiven Beendigung einer Erfüllungsgehilfeneigenschaft bzw. einer Beendigung ex tunc, dass der Gläubiger schon Informationen des Erfüllungsgehilfen erhalten und ausgewertet und dass diese sein Verhalten in dem Schuldverhältnis schon beeinflusst haben könnten. Hier kann jedoch leicht unterschieden werden: Ist der Schaden schon eingetreten *(„das Kind in den Brunnen gefallen")*, so ist es sicher zu spät, die Erfüllungsgehilfeneigenschaft mit haftungsbegrenzender Wirkung nach § 278 BGB zu beenden.[184] Das dürfte aber regelmäßig noch nicht der Fall sein, wenn der Gläubiger, etwa ein Unternehmenskäufer, nur Informationen von dem Erfüllungsgehilfen erhalten hat, aber z. B. der **M&A-Vertrag noch nicht geschlossen** ist. Stellt ein Verkäufer, z. B. der Verkäufer in der *Clean Air/Masterflex*-Entscheidung[185] irgendwann **vor Signing** fest, dass ein in casu zunächst zum Erfüllungsgehilfen erhobener Geschäftsleiter der Zielgesellschaft ein „notorischer Lügner" ist und sein „eigenes Süppchen kocht", so muss er sich von dessen Informationen bzw. Äußerungen und seinem Schweigen auch für die Vergangen-

8.160

---

182) BGH v. 2.6.1995 – V ZR 52/94, NJW 1995, 2550, 2551 a. E. (Hv. hinzugefügt).
183) Sollte das Einverständnis der tragende Grund für die Rückverweisung gewesen sein, hätte sich der BGH die anderen Ausführungen sparen können, die sich doch sehr so lesen, als ob es eine einseitige Erklärung ausgereicht hätte.
184) Wenn der Erfüllungsgehilfe dem Gläubiger die sprichwörtliche Teppichbodenrolle auf den Kopf geworfen hat, haftet der Geschäftsherr.
185) OLG Düsseldorf v. 16.6.2016 – 1-6 U 20/15, ZIP 2016, 2363.

heit lösen können. Für den Käufer bedeutet das dann zwar, dass eine Vertrauensgrundlage für seine bisherige Sicht des Zielunternehmens weggebrochen ist und er *Zeit* benötigt, um sich neu zu sortieren, z. B. zusätzliche Garantien zu verlangen, den Kaufpreis nachzuverhandeln oder sich zu entscheiden, ggf. die Transaktion abzubrechen.

f) Erfüllungsgehilfe qua Billigkeit?

8.161 Allerdings hat der BGH neben § 278 BGB auch eine (fragwürdige) Möglichkeit einer **Zurechnung aus Billigkeitsgründen** eröffnet. So heißt es etwa in einer Entscheidung vom 20.11.1995 relativ lapidar als Vorwurf an das OLG: „Ob Billigkeitsgründe es gebieten, das Verhalten des Zeugen S. der Kl. zuzurechnen, hat das Berufungsgericht nicht geprüft ...".[186]

8.162 *Fallbeispiel „Seglerhafen"* (BGH v. 8.12.1989 – V ZR 259/87, NJW 1990, 1661)[187]

Es wurde ein Seglerhafen am A-See verkauft. Der Käufer wurde nicht darüber aufgeklärt, dass ein Teil der Hafenanlage und 43 von 80 Liegeplätzen nicht genehmigt waren. Dieser Umstand war zwar nicht der Verkäuferin, aber ihrem Ehemann, dem langjährigen Verwalter des Hafens, bekannt. Der Ehemann hatte den Steuerberater des Käufers informiert, dass seine Frau die Hafenanlage verkaufen wolle. Das OLG München hatte dies *ausreichen lassen*, um anzunehmen, der Ehemann sei auch mit der Führung der Verkaufsverhandlungen beauftragt – und deshalb zur Offenlegung verpflichtet – gewesen.[188] Der BGH widersprach dem OLG München. Die bloße Mitteilung an den Steuerberater des Käufers über den Verkaufswillen seiner Frau habe den Ehemann noch nicht zum Verhandlungsgehilfen gemacht.

Der BGH gelangte gleichwohl auf andere Weise zur Haftung. Der Personenkreis, für den ein Verhandlungspartner wegen c. i. c. einzustehen habe, sei der gleiche wie bei § 123 Abs. 2 BGB.[189] Die Eigenschaft eines Dritten i. S. von § 123 Abs. 2 BGB sei aber zu verneinen, wenn sich der Erklärungsempfänger die Täuschung durch eine andere Person *nach Billigkeitsgesichtspunkten unter Berücksichtigung der Interessenlage* zurechnen lassen müsse.[190] Da hier der Ehemann nicht nur entsprechend eindeutige Kenntnisse gehabt, sondern auch den Steuerberater des Verkäufers informiert und auch beim Vertragsabschluss geschwiegen habe, als er hörte, wie seine Frau die Versicherung abgab, dass ihr wesentliche Mängel nicht bekannt seien, sowie

---

186) BGH v. 20.11.1995 – II ZR 209/94, NJW 1996, 1051, 1052 li. Sp. oben = ZIP 1996, 176.
187) S. schon Rn. 6.144.
188) BGH v. 8.12.1989 – V ZR 259/87, NJW 1990, 1661, 1662 li. Sp. Mitte.
189) BGH v. 8.12.1989 – V ZR 259/87, NJW 1990, 1661, 1662 li. Sp. Mitte.
190) BGH v. 8.12.1989 – V ZR 259/87, NJW 1990, 1661, 1662 li. Sp. unten.

IV. Verhaltenszurechnung nach § 278 BGB

im Hinblick darauf, dass der Ehemann den Vertrag gemäß § 1365 BGB mit unterschrieb, „wäre es mit Treu und Glauben nicht zu vereinbaren, den (Ehemann) nicht als zurechenbare Hilfsperson der (Verkäuferin), d. h. als Beteiligten an der Erfüllung der die Verkäuferin treffenden Aufklärungspflicht, anzusehen". Es sei „untragbar, ein arglistiges Verschweigen nur deswegen zu verneinen", weil sich die Ehefrau bei der Antwort auf die Frage nach etwaigen Mängeln „nicht ausdrücklich der Hilfe" ihres Ehemanns bediente, „gleichwohl aber erwartete, dass dieser auch insoweit ihrer Erklärung zustimmen werde. Der (Ehemann) hätte daher, auch ohne dass er mit der Wahrnehmung von Aufgaben des Verkäufers betraut worden war, die der (Ehefrau) obliegende Aufklärungspflicht erfüllen müssen."[191]

An diesem Urteil überzeugt, dass der BGH zur Begründung einer Verhandlungsgehilfeneigenschaft nicht ausreichen ließ, dass der Ehemann dem Steuerberater des Käufers die Verkaufsabsicht seiner Frau mitteilte. Hingegen ist die faktische Entwicklung eines (weiteren) **Zurechnungstatbestands** *praeter legem* „aus Billigkeitsgründen" bzw. die Fortschreibung einer in diesem Sinne bereits begonnenen Entwicklung **bedenklich**. Es fragt sich, warum der BGH nicht den Weg ging, aufgrund der Anwesenheit des Ehemanns bei der objektiv unrichtigen Erklärung seiner Frau, seiner Mitunterzeichnung der Vertragsurkunde und seiner Fachkompetenz doch seine Verhandlungsgehilfeneigenschaft zu bejahen. Vielleicht zeigt dies, dass der BGH eine generelle Ausweitung des Begriffs des Verhandlungsgehilfen vermeiden wollte. 8.163

Fallbeispiel „Mörder als Verhandlungsgehilfe der Ermordeten" (BGH v. 8.2.1989 – IVa ZR 197/87, NJW-RR 1989, 1183) 8.164

Der Ehemann hatte den Abschluss eines Lebensversicherungsvertrages über maximal 4.022.782 DM durch seine Ehefrau begleitet. Sodann ermordete er seine Frau. Die Frage war, ob der Ehemann als Verhandlungsgehilfe seiner später von ihm ermordeten Frau bei den Verhandlungen des Lebensversicherungsvertrages nach § 16 VVG verpflichtet gewesen wäre, die Absicht, seine Frau zu ermorden, zu offenbaren.[192] Das OLG Hamm prüfte, ob er Verhandlungsgehilfe war und verneinte dies, weil er nicht „maßgeblich" an den Verhandlungen beteiligt gewesen sei.[193] Nach dem BGH ist eine *maßgebliche* Beteiligung *nicht erforderlich*, sondern nur eine Beteiligung überhaupt; hierfür reichte es dem BGH aus, dass der Ehemann zunächst gemeinsam mit seiner Frau Verhandlungen führte, seiner Frau den ausgefüllten Vertragsantrag brachte, ihn wieder an die Versicherung zurückleitete, die Versicherung ermächtigte, die Prämien von seinem Konto abzubuchen

---

191) BGH v. 8.12.1989 – V ZR 259/87, NJW 1990, 1661, 1662 re. Sp. oben.
192) Dies mag für den Nichtjuristen bizarr klingen, aber hier hat das juristische Denken seine volle Berechtigung.
193) BGH v. 8.2.1989 – IVa ZR 197/87, NJW-RR 1989, 1184 re. Sp. Mitte.

8. Kapitel Subjektive Merkmale auf Verkäuferseite zur Haftungsbegründung

und den Versicherungsschein entgegennahm.[194] Die Kinder des Opfers und Täters gingen – wohl richtig – leer aus.

8.165 Als nicht ausreichend zur Begründung einer Erfüllungsgehilfeneigenschaft hat der BGH angesehen, dass eine Person, die die Erklärung abgab, die endgültige Finanzierung eines Vorhabens durch eine langfristige Beleihung von Grundstücken sei gesichert, „vielfach als Repräsentant" einer Bank „aufgetreten war".[195] Ebenso wenig hat er in einem Fall, in dem der ehemalige Lebensgefährte der Alleingesellschafterin einer Konzertagentur *eigenmächtig* bzw. *aus eigenem Antrieb* den Verkauf von 35 % der Anteile an der Agentur an seinen eigenen Sohn und den restlichen 65 % der Anteile an eine dritte Person vermittelt und die Verhandlungen für seine ehemalige Lebensgefährtin als Verkäuferin geführt hatte, die Erfüllungsgehilfeneigenschaft dieses ehemaligen Lebensgefährten bejaht. Wer einen Vertragsabschluss **lediglich vermittele** sei **Dritter** i. S. von § 123 BGB und also nicht Erfüllungsgehilfe. Dasselbe müsse im Grundsatz gelten, wenn eine Person aus eigenem Antrieb ein Vertragsabschluss anbahne und zwar auch dann, wenn der Vertrag schließlich zustande komme.[196]

8.166 Der BGH hat sich der Frage, welche Personen einem Prinzipal als Verhandlungsgehilfen zuzurechnen sind, zum Teil auch über den **Begriff des Dritten in § 123 BGB**, genähert. Der Personenkreis, für den ein Prinzipal wegen Verschuldens bei Vertragsschluss einzustehen habe, sei der gleiche wie bei § 123 Abs. 2 Satz 1 BGB. Mit anderen Worten: Der Prinzipal steht für die Personen ein, die ihm näher stehen als „Dritte" i. S. von § 123 Abs. 2 Satz 1 BGB.[197] Sachlich ist kein Unterschied ersichtlich.[198]

---

194) BGH v. 8.2.1989 – IVa ZR 197/87, NJW-RR 1989, 1183 re. Sp. unten.
195) BGH v. 17.4.1986 – III ZR 246/84, NJW-RR 1987, 59, 60 re. Sp. oben und unten.
196) BGH v. 20.11.1995 – II ZR 209/94, NJW 1996, 1051, 1052 re. Sp. unten = ZIP 1996, 176.
197) BGH v. 20.2.1967 – III ZR 40/66, BGHZ 47, 224, 230 = NJW 1967, 1026, 1027; BGH v. 3.7.1985 – VIII ZR 102/84, WM 1985, 906, 908 = ZIP 1985, 935; BGH v. 28.9.1988 – VIII ZR 160/87, WM 1988, 1669, 1672 = ZIP 1988, 1578.
198) Es stellt sich im Grundsätzlichen noch die Frage, *wessen Pflicht* ein Erfüllungsgehilfe bei einer seinem Prinzipal zurechenbaren „Pflichtwidrigkeit" verletzt. Eine eigene Pflicht des Erfüllungsgehilfen kommt wohl i. d. R. nicht in Betracht, weil er zu dem Geschädigten nicht in einem Schuldverhältnis steht. Wie kann aber eine Person eine Pflicht eines anderen, des Prinzipals, verletzen? Die Antwort dürfte sein: Der Prinzipal verletzt seine Pflicht, indem er sich einer Person bedient, die die Pflichten des Prinzipals verletzt. Die Intensität der Pflichten hängt grundsätzlich von den Eigenschaften des Prinzipals ab. Allerdings können sich seine Pflichten verstärken, wenn er sachkundige Erfüllungsgehilfen einschaltet, etwa nicht fachkundige Eltern ihren Sohn, der ein Experte für Steuervorteile bei der „Berlinförderung" ist. Die Einschaltung des Fachkundigen erhöht die Pflichten des Geschäftsherrn und der Fachkundige verletzt dessen Pflichten umso eher, wenn er dann nicht so fachkundig ist (BGH v. 26.4.1991 – V ZR 165/89, NJW 1991, 2556, 2558 li. Sp. oben). Auch das Verschulden des Gehilfen ist wohl auf die Verletzung der Pflichten des Geschäftsherrn zu beziehen.

IV. Verhaltenszurechnung nach § 278 BGB

2. Ausdehnungen des Begriffs des Erfüllungsgehilfen in der Rechtsprechung

Im alltäglichen Verständnis würde man als Hilfsperson, „der sich ein anderer zur Erfüllung seiner Verbindlichkeit bedient", wie es in § 278 BGB heißt, wohl v. a. eine Person verstehen, die (i) **vom Schuldner** zur Erfüllung seiner Pflichten **eingesetzt wird** (wenn nicht unbedingt aufgrund eines Vertrages und wenn nicht unbedingt von dem Schuldner bezahlt), die (ii), weil sich der Geschäftsherr ihrer „bedient", dem **Geschäftsherrn** im Regelfall auch **wissentlich** „dienen" wird, und die (iii) tätig wird, **wenn** die **Verbindlichkeit bereits existiert**, also *nach* Entstehung des Schuldverhältnisses zu dem Gläubiger.   8.167

Wenn man in der Kommentarliteratur recherchiert, stößt man auf eine Serie von Entscheidungen der Rechtsprechung, durch die dieses alltägliche Verständnis in verschiedene Richtungen ausgedehnt wurde.   8.168

Zunächst soll es die Anwendung von § 278 BGB nicht ausschließen, dass der Erfüllungsgehilfe eine Leistung **für ein anderes Rechtssubjekt** als den Verkäufer erbrachte.[199] Dies kann i. S. des obigen einfach nur bedeuten, dass die Tätigkeit eines Erfüllungsgehilfen, die Tätigkeit für einen Prinzipal in Bezug auf ein Schuldverhältnis ist, *zugleich* Tätigkeit für die Hilfsperson selbst (rechtlich geschuldete oder nicht) oder Tätigkeit für einen anderen Prinzipal sein kann.[200] Insofern wäre die Ausdehnung sachlich begründet; sie würde freilich nicht mehr sagen, als dass eine Kommunikation in einer Sozialdimension *A* und in einer anderen Sozialdimension *B* bedeuten kann. Es würde aber nichts daran ändern, dass sich ein Geschäftsherr der Person jedenfalls *auch* „zur Erfüllung seiner Verbindlichkeit bedient", damit sie sein Erfüllungsgehilfe sein kann – und wenn er das tut, wäre die Person auch dann Erfüllungsgehilfe, wenn sie es in anderer Beziehung nicht ist.   8.169

Zweitens soll nicht erforderlich sein, dass die Hilfspersonen **weiß**, dass sie durch ihre Tätigkeit eine **Verpflichtung des Schuldners** erfüllt.[201] In dem häufig zitierten BGH-Fall aus dem Jahre 1954 hatte die Beklagte es übernommen einen Schauspieler zu einem Auftritt zu transportieren und hiermit einen Fahrer A beauftragt, der schuldhaft einen PKW-Unfall verursachte, aber dabei nicht wusste, dass die Beklagte einem Dritten, dem klagenden Veranstalter, zu dem Transport verpflichtet war. Der BGH hat es zu Recht als unerheblich angesehen, dass A. nicht wusste, dass eine Verbindlichkeit der Beklagten bestand und er sie erfüllte.   8.170

---

199) Palandt-*Grüneberg*, BGB, § 278 Rn. 7.
200) S. Rn. 8.157.
201) Palandt-*Grüneberg*, BGB, § 278 Rn. 7 m. w. N.; BGH v. 21.4.1954 – VI ZR 55/53, BGHZ 13, 113, 114.

8.171 Sodann heißt es *drittens*, z. B. bei *Grüneberg* zwar richtig, das Verhalten der Hilfsperson müsse „i. d. R." „in die Zeit nach der Entstehung der Verpflichtung" fallen, aber es soll – wohl als Ausnahme? – § 278 BGB „auch gelten, wenn die Hilfsperson die Leistung schon vor Vertragsschluss hergestellt oder vorbereitet habe".[202] Mit anderen Worten soll § 278 BGB nicht nur Anwendung finden, wenn zuerst das Schuldverhältnis begründet und dann die Hilfsperson tätig wird, sondern u. U. in dem umgekehrten Fall, dass die Hilfsperson **zeitlich vor der Entstehung des Schuldverhältnisses** (zwischen Schuldner und Gläubiger) **tätig war**. Was aber ist gemeint? Sicher kann der Verkäufer einer Haftung für ein bewusst täuschendes Informationsmemorandum seines M&A-Beraters nach § 278 BGB[203] nicht entgehen, weil es erstellt wurde, bevor überhaupt ein Kontakt zwischen dem Verkäufer zu dem prospektiven Käufer bestand. Dies schon deshalb nicht, weil der M&A-Berater, wenn er es schon liebt, täuschende Informationsmemoranda vorzufabrizieren, diese jedenfalls *nicht mehr verwenden* darf bzw. zu korrigieren hat, wenn er tatsächlich beauftragt wird. Der Verkäufer haftet insofern nicht für das vorfabrizierte Memorandum, sondern dafür, dass der M&A-Berater es später einsetzte bzw. nicht richtig stellte.

8.172 Allerdings spricht *Grüneberg* auch davon, dass eine Leistung „**vor Vertragsschluss hergestellt**" worden sein könne. Dies bringt eine erhebliche Unsicherheit in Bezug auf die Unmenge von **schriftlich** und anders **gespeicherten Daten in Unternehmen** mit sich. Sollte wirklich ein späterer Unternehmensverkäufer für all diese Daten (Bilanzen alle möglichen Erklärungen gegenüber Steuer, Zoll-, Subventions-, Umwelt-, Kartellbehörden etc.) via § 278 BGB haften müssen, wenn diese **fehlerhaft** bzw. **falsch** sind und nicht korrigiert wurden? Dies könnte auf eine – sogar von seinem persönlichen Verschulden unabhängige – **Generalhaftung für alle Due Diligence-Unterlagen** hinauslaufen, die der Käufer vor Signing zu Gesicht bekam. Hier ist eine Eingrenzung geboten und rechtlich möglich. Weil die Haftung nach § 278 BGB daran hängt, dass sich der Schuldner einer Person „als seiner Hilfsperson bedient", kann der Schuldner dies hinsichtlich von „vor Vertragsschluss" bzw. vor Verhandlungsaufnahme „hergestellten Leistungen" auch einfach lassen.[204]

3. Verhaltenszurechnung bei Organen und Mitarbeitern der Zielgesellschaft in der Rechtsprechung

8.173 Beim Share Deal hat die Rechtsprechung bisweilen zu entscheiden, ob Organe und Mitarbeiter der Zielgesellschaft als Verhandlungsgehilfen des Anteilsverkäufers oder als Auskunftsperson anzusehen sind. Diese Frage ist in Abhängigkeit von den Umständen des Einzelfalls unterschiedlich zu beantworten.

---

202) *Grundmann* in: MünchKomm-BGB, § 278 Rn. 23; Palandt-*Grüneberg*, BGB, § 278 Rn. 12.
203) Wenn die Haftung nicht nach § 278 Satz 2 BGB ausgeschlossen ist.
204) S. unten Rn. 8.205 f., 8.216 f.

IV. Verhaltenszurechnung nach § 278 BGB

Verhaltenszurechnung nach § 278 BGB

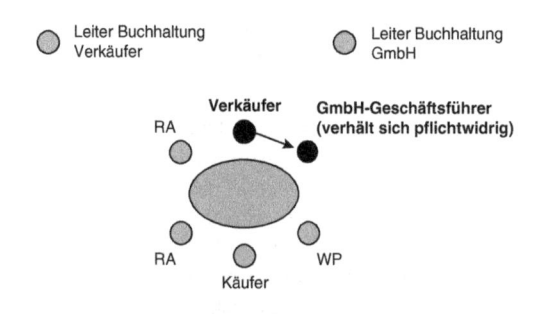

Verhaltenszurechnung in Pfeilrichtung: Ist dem Pfeilende das pflichtwidrige Verhalten der Pfeilspitze zuzurechnen?

Das KG erhob es in einer Entscheidung im Jahre 1995[205]) zum maßgeblichen Abgrenzungskriterien, ob der Geschäftsführer der Zielgesellschaft „damit betraut war, für (den Prinzipal, d. Vf.) die vorvertraglichen Verhandlungen ... zu führen" und betrachtete es als eine nicht zu einer Verhandlungsgehilfeneigenschaft führende Form der Einbeziehung des Geschäftsführers, dass der Verkäufer den Käufer „zur Information über das Unternehmen lediglich an die damalige Geschäftsleitung der GmbH verwiesen (haben könne), ohne diese zu ihrem Verhandlungsgehilfen zu machen."[206]) Unter anderem führte es für diese Möglichkeit an, es habe im Vertrag geheißen, dass sich der Käufer durch „Auskünfte bei der Geschäftsleitung" über die Verhältnisse der Gesellschaft informiert habe. 8.174

Ein praktisch wichtiges Sonderthema sind die Voraussetzungen der Zurechnung eines Verschuldens des „Bilanzerstellers" bei einer fehlerhaften Bilanz, wenn dem Verkäufer selbst kein Verschulden vorgeworfen werden kann.[207]) Bei genauer Betrachtung müsste sich dieser Fall als Unterfall der Zurechnung von Erklärungen von Organen der Zielgesellschaft darstellen, obwohl dieser Zusammenhang in der Rechtsprechung bisweilen nicht hergestellt wird. 8.175

---

205) KG v. 2.2.1995 – 2 U 7876/93, VIZ 1995, 476 = WM 1996, 356.
206) KG v. 2.2.1995 – 2 U 7876/93, VIZ 1995, 476, 479 = WM 1996, 356.
207) Bisweilen hat die Rspr. es abgelehnt ein Verschulden nur daraus herzuleiten, dass eine von einem Geschäftsführer erstellte und testierte Bilanz vom Verkäufer nicht noch einmal überprüft wurde; so für grobe Fahrlässigkeit (KG v. 6.5.1997 – 14 U 3534/95, KG Report 1998, 238, 240 li. Sp. Mitte). Vgl. Rn. 8.191.

8. Kapitel Subjektive Merkmale auf Verkäuferseite zur Haftungsbegründung

8.176 Dazu, wann ein Bilanzersteller als Erfüllungs- bzw. Verhandlungsgehilfe[208] des Verkäufers anzusehen ist, wurden bzw. werden in Rechtsprechung und Literatur zum Teil unterschiedlich strenge Auffassungen vertreten.

8.177 *Fallbeispiel „Export-Comptable"* (BGH v. 27.2.1970 – I ZR 103/68, WM 1970, 819)

Hier hat der BGH einen Anspruch wegen Übergabe einer unrichtigen Bilanz, der v. a. auf § 463 Satz 1 BGB a. F. gestützt war, daran scheitern lassen, dass nicht bewiesen worden war, dass der Verkäufer die Bilanz als richtig bezeichnet oder behauptet hatte, sie sei von einem Export-Comptable geprüft.[209] Auch hatte es sich um eine vorläufige Bilanz gehandelt und war erkennbar gewesen, dass sie nur mit Vorbehalt verwertbar war.[210]

8.178 Dieses frühe Urteil ist zwar im Sachverhalt nicht ganz eindeutig, aber zeigt doch, dass dem BGH zunächst die Vorstellung fern lag, ein Verkäufer hafte generell für das Verschulden eines Bilanzerstellers. Drei Jahre später machte der BGH allerdings einen Schritt in die andere Richtung. Er ging das Thema wesentlich schärfer und recht apodiktisch an. Die Entscheidung stellte die Weichen möglicherweise falsch.

8.179 *Fallbeispiel „Überhöhter Warenbestand"* (BGH v. 5.10.1973 – I ZR 43/72, WM 1974, 51)

„Da der Beklagte Auskünfte in Form von Bilanzen erteilt hat, kommt es nicht darauf an, ob er dazu verpflichtet gewesen wäre. Denn da die Klägerin bzw. ihr Steuerbevollmächtigter die Bilanzen entgegen genommen hat, musste der Beklagte davon ausgehen, dass deren Angaben eine Einfluss für den Kaufentschluss der Klägerin haben würden, wie dies auch nach dem insoweit nicht bestrittenen Vortrag der Klägerin der Fall gewesen ist, dass nämlich der Steuerberater aufgrund der Bilanzen der Jahre 1961–1965 festgestellt habe, der vom Beklagten verlangte Kaufpreis von 220.000 DM stelle die Obergrenze des Tragbaren dar. Unter diesen Voraussetzungen mussten die Angaben zutreffen, d. h. die Bilanzen durften nicht einen unzutreffenden Eindruck erwecken ..."[211]

Dabei komme es nicht darauf an, ob der Verkäufer von der Unrichtigkeit der Bilanzen wusste. „Fehlsam ist die Auffassung des Berufungsgerichts, für Manipulationen und Unrichtigkeiten dieser Bilanzen sei der Beklagte nicht verantwortlich. Es kommt nicht darauf an, ob der Beklagte sie persönlich erstellt hat. Unerheblich ist auch, ob ihr beanstandeter Inhalt auf seine per-

---

208) Weil es auch schon auf den Zeitpunkt der Erstellung der Bilanz ankommen kann, wäre möglicherweise eine begriffliche Einschränkung auf einen „Verhandlungsgehilfen" zu eng.
209) BGH v. 27.2.1970 – I ZR 103/68, WM 1970, 819, 821 li. Sp. Mitte.
210) BGH v. 27.2.1970 – I ZR 103/68, WM 1970, 819, 821 li. Sp. Mitte.
211) BGH v. 5.10.1973 – I ZR 43/72, WM 1974, 51 re. Sp. unten.

IV. Verhaltenszurechnung nach § 278 BGB

sönliche Anweisung zurückgeht. Denn insoweit **haftet der Beklagte persönlich nach §§ 278, 276 für den, der die Bilanzen erstellt hat**; davon abgesehen, dass nach den §§ 38 ff. HGB Bilanzen persönliche Erklärungen des Kaufmanns, also seine eigenen Erklärungen sind." (Hervorhebung durch den Autor)[212]

Bemerkenswert ist, dass der BGH, obwohl das Berufungsgericht ein Verschulden des Verkäufers verneint hatte, weil der Verkäufer die Bilanzen nicht selbst erstellt hatte, nicht systematisch prüfte, ob dem Verkäufer ein etwaiges Verschulden des Dritten, der die Bilanz erstellte, zugerechnet werden könne, weil die Voraussetzungen des § 278 BGB erfüllt seien. Hierzu hätte gehören können, ob der physische Bilanzersteller „mit Willen" des Verkäufers „als seine Hilfsperson in der Erfüllung einer Verbindlichkeit des Verkäufers" tätig war. Diese **Anknüpfung an die geltende Dogmatik wird übersprungen** und, losgelöst von einer Subsumtion unter die Voraussetzungen von § 278 BGB, die Anwendbarkeit von § 278 BGB auf eine Übergabe von Bilanzen an einen Käufer quasi als ein von den sonst geltenden Voraussetzungen des § 278 BGB unabhängiger Fall postuliert. 8.180

In dem entschiedenen Fall war der Verkäufer Einzelkaufmann gewesen, so dass sich die Frage der Zurechnung eines Mitarbeiters einer anderen[213] juristischen Person, wie bei Organen der Zielgesellschaft, noch nicht stellte. Sie stellte sich in dem folgenden Fall. 8.181

Fallbeispiel „Falscher Status" (BGH v. 12.11.1975 – VIII ZR 142/74, WM 1976, 10) 8.182

Es wurden durch Verkauf und eine Kapitalerhöhung Anteile an einer GmbH übertragen, wobei ein von dem Steuerberater des Verkäufers erstellter Status der GmbH zugrunde gelegt wurde. Dieser Status enthielt verschiedene Fehler. Der BGH machte sich die Sache nicht schwieriger, als in der weichenstellenden Entscheidung aus dem Jahre 1973: „Für die schuldhaft unsachgemäße Erstellung des Status hat der Beklagte, der diesen Status bei seinem Steuerberater in Auftrag gegeben und der Klägerin vorgelegt hat, gemäß § 278 BGB einzustehen."[214]

Der BGH setzte dieselbe Linie 1979 fort: *Fallbeispiel „Bilanzmanipulationen"* (BGH v. 23.11.1979 – I ZR 161/77, LM § 123 Nr. 56 = DB 1980, 679) 8.183

Ein Käufer focht einen Aktienkaufvertrag u. a. aufgrund der Vorlage einer manipulierten Bilanz an. Das OLG Düsseldorf hatte einen Anfechtungsgrund nicht anerkannt, weil nicht widerlegt sei, dass sich die beklagte Ver-

---

212) BGH v. 5.10.1973 – I ZR 43/72, WM 1974, 51, 52 li. Sp. oben.
213) Dies ist freilich nach der h. M. im Allgemeinen ohnehin kein entscheidendes Kriterium für § 278 BGB. Vgl. Palandt-*Grüneberg*, BGB, § 278 Rn. 7.
214) BGH v. 12.11.1975 – VIII ZR 142/74, WM 1976, 12 li. Sp. unten.

käuferin während der Bilanzierungsarbeiten noch nicht mit der Absicht eines Aktienverkaufs getragen habe.[215] Die Berufung warf der Verkäuferin vor, sie habe in **Kenntnis der Unrichtigkeit** der Bilanz **von ihr Gebrauch gemacht** und die Unrichtigkeit zumindest ausgenutzt.[216] Der BGH nahm die Seite der Berufung ein: Auch wenn die Beklagte während der Bilanzierung den Verkauf der Aktien noch nicht beabsichtigt haben sollte, könne sich die Unrichtigkeit der Bilanz später noch bei Vertragsschluss ausgewirkt haben.[217] Er nahm in diesem Zusammenhang auf sein Urteil aus dem Jahre 1973 Bezug.[218]

8.184 In diesem Urteil wurden zum ersten Mal überhaupt – rudimentär – die beiden Formen entwickelt, in denen nach der Rechtsprechung ein Prinzipal einen Bilanzersteller zu seinem Erfüllungs- bzw. Verhandlungsgehilfen machen kann. Wenn er ihn **zur Erstellung einer Bilanz oder eines Status zur Vorlage bei der Verhandlung** veranlasst, bedient er sich seiner hierdurch (möglicherweise) schon bei der Erstellung „zur Erfüllung seiner Verbindlichkeit" i. S. des § 278 BGB. Daneben stellt der BGH die Möglichkeit in den Raum, dass der Ersteller einer noch ohne Bezug zu einem Verkauf gefertigten Bilanz auch dadurch Erfüllungs- bzw. Verhandlungsgehilfe werden könne – gewissermaßen retroaktiv –, dass der Prinzipal **später von der Bilanz Gebrauch macht**.

8.185 *Fallbeispiel „Tiefbauunternehmen"* (BGH v. 25.5.1977 – VIII ZR 186/75, BGHZ 69, 53 = NJW 1977, 1536)

Der beklagte Verkäufer hatte im Verlauf der Verkaufsverhandlungen über Anteile an einer GmbH & Co. KG einen von der GmbH & Co. KG gefertigten (falschen) Status zur Verfügung gestellt. Das OLG München meinte, der Status sei von „Angestellten des *Beklagten*, für deren Verhalten er einzustehen habe" (Hervorhebung hinzugefügt), erstellt worden und ließ den Verkäufer haften. Das Urteil wurde vom BGH aufrechterhalten.

8.186 Aus den Urteilsgründen ergibt sich nicht eindeutig, ob die Bilanzersteller Angestellte des Verkäufers oder der GmbH & Co. KG waren. Vermutlich kam es dem OLG München hierauf nicht an. Allerdings drängt sich – obwohl die Erfüllungsgehilfeneigenschaft grundsätzlich unabhängig von einem Anstellungs-

---

215) BGH v. 23.11.1979 – I ZR 161/77, LM § 123 BGB Nr. 56 Bl. 2 unten = DB 1980, 679, 680 re. Sp. Mitte.
216) BGH v. 23.11.1979 – I ZR 161/77, LM § 123 BGB Nr. 56 Bl. 3 = DB 1980, 679, 680.
217) BGH v. 23.11.1979 – I ZR 161/77, LM § 123 BGB Nr. 56 Bl. 3 Mitte = DB 1980, 679, 680.
218) BGH v. 5.10.1973 – I ZR 43/72, BB 1974, 152. Allerdings geben die Urteilsgründe nicht zu erkennen, ob der BGH dieses Urteil in seiner weitgehenden Auswirkung – Zurechnung jedes Verschuldens des Bilanzerstellers – bestätigen oder dem Revisionsführer nur hinsichtlich der von diesem in der Revision vorgetragenen Auffassung Recht geben wollte. Hier war der Anspruch nur darauf gestützt worden, dass der Verkäufer in *Kenntnis* der Unrichtigkeit von der Bilanz Gebrauch gemacht hatte. In diesem Fall ist die Haftung selbstverständlich. Sie ist sogar schon aus § 276 BGB herzuleiten.

IV. Verhaltenszurechnung nach § 278 BGB

verhältnis ist – die Annahme, dass der Bilanzersteller Erfüllungsgehilfe ist, bei einem Asset Deal, etwa eines Einzelkaufmannes, aber auch einer Gesellschaft als Verkäufer, mehr auf. Daran, dass der Bilanzersteller *überhaupt Erfüllungsgehilfe des Unternehmensträgers* und späteren Verkäufers – bei der Erfüllung dessen bilanzrechtlicher Verpflichtungen und möglicher sonstiger Verpflichtungen, etwa gegenüber Banken – war, kann dann kein Zweifel mehr bestehen.[219] Die kritische Frage bleibt allerdings, ob sich der Prinzipal des Bilanzerstellers auch *im Verhältnis zu dem Käufer* bei der Erfüllung von Verbindlichkeiten bedient habe.[220]

Fallbeispiel „Kaufhof/Oppermann" (OLG Hamburg v. 3.6.1994 – 11 U 90/92, WM 1994, 1378 = ZIP 1994, 944)[221]   **8.187**

Das OLG Hamburg wies in dem bereits behandelten Kaufhof/Oppermann-Fall die auch auf c. i. c. gestützte Klage mangels Pflichtverletzung ab. Aus dem Urteil ergibt sich, dass das OLG Hamburg gleichwohl den früheren Finanzvorstand der Ziel-AG, der einen falschen Jahresabschluss erstellt hatte, und die Wirtschaftsprüfer der Ziel-AG als Verhandlungsgehilfen des Verkäufers ansah.[222] Es blieb allerdings offen, ob dies so war, weil sie die Bilanz der AG erstellten bzw. prüften oder weil beide zudem an den Verhandlungen für den Verkäufer teilnahmen. Möglicherweise kam es dem OLG Hamburg hierauf nicht an.

Während in den vorgenannten Fällen zum Teil ohne tieferes Eindringen in Sachverhalts- und Rechtsfragen eine Zurechnung von schuldhaftem Verhalten im Zusammenhang mit der Erstellung/Übergabe von Bilanzen bejaht wurde, kam das KG bei Unternehmensverkaufsverträgen der Treuhandanstalt in einigen Fällen zu einer anderen Sichtweise.   **8.188**

Fallbeispiel „B-Produktions GmbH" (KG v. 2.2.1995 – 2 U 7876/93, WM 1996, 356 = VIZ 1995, 476)   **8.189**

Es waren 1992 von der Treuhandanstalt alle Anteile an der B-Produktions-GmbH verkauft worden. Hiernach wurden verschiedene Umstände bekannt, die den Käufer veranlassten, den Rücktritt zu erklären bzw. den Kauf anzufechten. Der Käufer trug vor, der Geschäftsführer F. der B-Produktions-GmbH habe diese Umstände jedenfalls teilweise gekannt und er war der Auffassung, das hierin liegende Verschulden sei der Treuhandanstalt nach § 278 BGB zuzurechnen. Der F. hatte den Anteilsverkauf namens der B-Produk-

---

[219] Beim Share Deal kann es hingegen u. U. ganz fernliegend gewesen sein, dass der Bilanzersteller irgendeine andere Verbindlichkeit erfüllen wollte als eine Verbindlichkeit gegenüber der Gesellschaft und dass sich der Gesellschafter seiner bei der Bilanzerstellung bediente.
[220] S. hierzu Rn. 8.156 f., 8.169.
[221] S. schon Rn. 8.24.
[222] OLG Hamburg v. 3.6.1994 – 11 U 90/92, WM 1994, 1386 re. Sp. oben, 1388 re. Sp. unten = ZIP 1994, 944.

8. Kapitel Subjektive Merkmale auf Verkäuferseite zur Haftungsbegründung

tions-GmbH mit unterzeichnet, die hierin verschiedene Verpflichtungen im Zusammenhang mit Arbeitsplätzen und Investitionen übernommen hatte.[223] Das KG zögerte, den F. als Verhandlungsgehilfen der Treuhandanstalt anzusehen. In dem Kaufvertrag sei festgehalten worden, dass der Käufer sich u. a. durch „Auskünfte bei der Geschäftsleitung" über die tatsächlichen und rechtlichen Verhältnisse der Gesellschaft informiert habe. Damit habe die Verkäuferin den Käufer „zur Information über das Unternehmen lediglich an die damalige Geschäftsleitung der GmbH verwiesen, ohne diese zu ihrem Verhandlungsgehilfen zu machen".[224] Dieser Gesichtspunkt war aber letztlich für die Verneinung der Haftung des Verkäufers nicht tragend, sondern Argumente aus der Formbedürftigkeit des Anteilsverkaufs.[225]

8.190 In einem von dem Verfasser geführten, ebenfalls die Treuhandanstalt betreffenden, Prozess kam das KG rechtskräftig zu einem ähnlichen Ergebnis:

8.191 *Fallbeispiel „CEPAS Plan GmbH"* (KG v. 6.5.1997 – 14 U 3534/95 KG Report 1998, 238)

Bei einem Verkauf einer GmbH waren Verbindlichkeiten i. H. von 1,4 Mio. DM nicht bilanziert und dem Käufer auch nicht offengelegt worden, obwohl der Käufer in einem Schreiben an die Treuhandanstalt seiner Erwartung Ausdruck verliehen hatte, dass die in der Bilanz ausgewiesenen Verbindlichkeiten durch die ausgewiesenen Forderungen gedeckt seien und die ausgewiesenen Rückstellungen aufgelöst werden könnten.[226] Die Verbindlichkeiten waren nicht dem Verkäufer, jedoch dem Geschäftsführer M der verkauften GmbH bekannt. Der Geschäftsführer M hatte an einer Betriebsbesichtigung, an mindestens einem vorbereitenden Gespräch mit dem Käufer sowie „in seiner Eigenschaft als Geschäftsführer[227] der Gesellschaft, die den Kaufgegenstand darstellte, ... gelegentlich an Verhandlungen teilgenommen",[228] des Weiteren gemeinsam mit dem Käufer eine öffentliche Stelle wegen eines verwaltungsrechtlichen Problems aufgesucht und den Anteilskaufvertrag für die Gesellschaft unterschrieben. Nach dem Kauf wurde die Gesellschaft auf den Käufer verschmolzen und M zum Geschäftsführer des Käufers. Nach seiner Ablösung und der Insolvenz des Käufers und Zielunternehmens klagte der Insolvenzverwalter des Käufers. Das KG prüfte lehrbuchmäßig: ein *persönliches* Verschulden des Verkäufers liege nicht vor, da die Treuhandanstalt persönlich keine Kenntnis von der Verbindlichkeit

---

223) KG v. 2.2.1995 – 2 U 7876/93, WM 1996, 361 re. Sp. unten = VIZ 1995, 476.
224) KG v. 2.2.1995 – 2 U 7876/93, WM 1996, 362 li. Sp. Mitte = VIZ 1995, 476.
225) S. sogleich Rn. 8.86.
226) KG v. 6.5.1997 – 14 U 3534/95 KG Report 1998, 238 re. Sp. Mitte.
227) Dies ist freilich schon eine Wertung des KG.
228) KG v. 6.5.1997 – 14 U 3534/95, KG Report 1998, 238, 241 li. Sp. oben.

IV. Verhaltenszurechnung nach § 278 BGB

gehabt habe.[229] Es verneinte auch eine fahrlässige c. i. c., da sich die Treuhandmitarbeiter darauf hätten verlassen dürfen, dass die von dem Geschäftsführer unter Mitwirkung eines Steuerberaters erstellte Bilanz vollständig und richtig war und in Ermangelung konkreter Anhaltspunkte keinen Anlass gehabt hätten, die Bilanz zu überprüfen; jedenfalls liege keine grobe Fahrlässigkeit vor.[230] Das (schuldhafte) Verschweigen des Geschäftsführers sei dem Verkäufer auch nicht zuzurechnen, weil der Geschäftsführer nicht sein Verhandlungsgehilfe war. Für eine solche Annahme ausreichende Einzelheiten zu dem Verhalten von M im Zusammenhang mit den Vertragsverhandlungen und dem Vertragsschluss, aus denen auf dessen Stellung als Vertreter oder Verhandlungsgehilfe der Beklagten geschlossen werden könnte, ergäben sich aus dem Sachvortrag nicht.

Dass M doch ganz erhebliche Berührungen mit dem Käufer und dem Verhandlungsprozess hatte, reichte dem KG also nicht aus. Beachtenswerterweise erörterte das KG nicht, ob M dadurch zum Verhandlungsgehilfen geworden sein könnte, dass die Treuhandanstalt bei den Verkaufsverhandlungen von der – doch wohl von ihm – aufgestellten Bilanz i. S. der Entscheidung des BGH vom 20.11.1979[231] Gebrauch gemacht hatte, und sich deshalb ein etwaiges Verschulden von M schon bei *Erstellung* der falschen Bilanz zurechnen lassen musste. Möglicherweise ging das KG davon aus, dass der Geschäftsführer bei der Bilanzerstellung kein Erfüllungsgehilfe des Verkäufers war und es auch nicht retroaktiv – durch die spätere Verwendung der Bilanz bei den Verhandlungen – werden konnte.[232] Dass sich das KG sorgfältig mit der Rechtsprechung des BGH auseinandergesetzt hatte, zeigt sich daran, dass es in ausdrücklicher Abgrenzung zu dem „Seglerhafen-Fall"[233] eine Verhaltenszurechnung „nach Billigkeitsgesichtspunkten unter Berücksichtigung der Interessenlagen" zwar prüfte, aber ausschloss.[234]

8.192

Fallbeispiel „Patentanwaltskanzlei" (BGH v. 4.6.2003 – VIII ZR 91/02, ZIP 2003, 1399)

8.193

In dieser Entscheidung nahm der VIII. Zivilsenat des BGH die Linie des I. Zivilsenats aus dem Jahre 1973[235] wieder auf. Ein Patentanwalt hatte seine Mitgliedschaft an einer als *Gesellschaft bürgerlichen Rechts* geführten Patentanwaltskanzlei verkauft. Dabei waren objektiv falsche Gewinn- und Verlust-

---

229) KG v. 6.5.1997 – 14 U 3534/95, KG Report 1998, 238, 240 li. Sp. Mitte.
230) KG v. 6.5.1997 – 14 U 3534/95, KG Report 1998, 238, 240 re. Sp. oben. (Der Vertrag hatte die Haftung für grobe Fahrlässigkeit nicht ausgeschlossen.)
231) BGH v. 23.11.1979 – I ZR 161/77, LM § 123 Nr. 56 = DB 1980, 679; s. o. Rn. 8.183.
232) S. dazu Rn. 8.158 f., 8.171.
233) BGH v. 8.12.1989 – V ZR 259/87, NJW 1990, 1661 (Seglerhafenfall), s. Rn. 8.162, 6.144.
234) BGH v. 8.12.1989 – V ZR 259/87, NJW 1990, 1661, 1662 li. Sp. unten (Seglerhafenfall).
235) BGH v. 5.10.1973 – I ZR 43/72, BB 1974, 152; s. o. Rn. 8.179.

rechnungen zur Grundlage der Kaufpreisverhandlungen gemacht worden. Der BGH lies dahinstehen, von welchem „Beteiligten" die falschen Gewinn- und Verlustrechnungen vorgelegt worden waren. Der Verkäufer habe sie sich jedenfalls „zu eigen gemacht". Er müsse sich die „Fehler bei den Verbuchungen" durch die Buchhalterin seiner Kanzlei (durchlaufende Posten wurden als Gewinne gebucht) zurechnen lassen. Indem sich der Verkäufer „bei seinen Angaben über die Verhältnisse der Gesellschaft auf Zahlenwerke gestützt hat, die von der Buchhalterin der Kanzlei für diese erstellt worden sind, und danach den Kaufpreis kalkuliert hat, bediente er sich ihrer als Erfüllungsgehilfin".

8.194 Diese Entscheidung des BGH geht wiederum in die Richtung grundsätzlich bei jeder unrichtigen Bilanz, die unter Verletzung des Bilanzrechts erstellt wurde[236]) und bei der hinsichtlich dieses Fehlers ein Verschulden des Bilanzerstellers vorlag,[237]) eine c. i. c. und Haftung des Verkäufers zu bejahen, sofern die fragliche Position der Bilanz überhaupt von Bedeutung ist.[238])

8.195 *Fallbeispiel „Clean Air Mobility/Masterflex"* (OLG Düsseldorf v. 16.6.2016 – 1-6 U 20/15, ZIP 2016, 2363)[239])

Das OLG Düsseldorf war in diesem interessanten Fall mit Fragen der Verhaltenszurechnung beim Verkäufer und der haftungsausschließenden Wissenszurechnung beim Käufer konfrontiert.

Die *Masterflex Group* wollte sich von ihrem vermittels der *Masterflex Entwicklungs GmbH* (beklagte Verkäuferin) gehaltenen Geschäftsbereich „Mobility" trennen, der u. a. in einer selbstständigen GmbH betrieben wurde. Ein MBO-Versuch der Geschäftsführer G. und H. scheiterte, da die Finanzierung misslang. Den beiden Geschäftsführern gelang es aber, über einen Berater die Private Equity-Gesellschaft S. zu interessieren, die schließlich durch ein Erwerbvehikel (klagende Käuferin) am 20.4.2011 je 100 % der Anteile der Ziel-GmbH erwarb. Zugleich erwarben die Geschäftsführer G. 10 % und H. 39 % an dem klagenden Erwerbvehikel und wurde H. zum weiteren Geschäftsführer der Klägerin bestellt.

Es war unstreitig, dass garantierte Bilanzen manipuliert worden waren und dass G. und H. unrichtige Angaben gemacht hatten. Eine Verkäuferhaftung

---

236) Dies war bei der Fehlbehandlung der durchlaufenden Posten sicher gegeben.
237) Auch dies lag – bei einem so einfachen Fehler – sicher vor.
238) Wie bei Rn. 6.32–6.35 dargestellt, ist eine c. i. c. durch positive Falschangabe auch dann gegeben, wenn der Umstand nicht ungefragt zu offenbaren gewesen wäre. Dies dürfte auch für Bilanzierungsfehler gelten – gegenständlich sind deshalb nicht nur Bilanzunrichtigkeiten von so großem Gewicht umfasst, die ungefragt zu offenbaren gewesen wären.
239) S. ausf. Besprechung von *Weißhaupt*, ZIP 2016, 2447, 2451. S. a. Kurzbesprechungen von *Schilling/Scharf*, DB 2016, 2402, und *Schwarzfischer*, GWR 2016, 442. *Schwarzfischer* behandelt die Thematik des § 278 BGB überhaupt nicht.

IV. Verhaltenszurechnung nach § 278 BGB

aus Garantien war durch eine Kenntnisklausel generell bei Käuferkenntnis und bei einzelnen in Ziff. 10.2 aufgeführten Garantieversprechen auch bei Kenntnis oder Kennenmüssen von G. und H. ausgeschlossen.
Als sechs Monate später Insolvenzanträge für die Zielgesellschaft gestellt werden mussten, klagte das Erwerbsvehikel wegen c. i. c. und Garantieverletzung. Das LG Köln ging davon aus, dass die Herren G. und H. sowohl Verhandlungsvertreter der Verkäuferin als auch – bereits vor ihrem Anteilserwerb bzw. der Geschäftsführerbestellung bezogen auf die Käuferin – Wissensvertreter gewesen seien und wies die Klage ab.

Das OLG Düsseldorf gewährte der Klägerin einen Anspruch auf Rückgängigmachung des Kaufs und Erstattung der im Zusammenhang hiermit angefallenen Kosten. G. und H. seien Erfüllungsgehilfen der Verkäuferin gewesen, weshalb diese für deren Täuschungen nach § 278 BGB einzustehen habe. Andererseits müsse sich die Klägerin auch das Wissen von G. und H. zurechnen lassen. Dies stehe aber den Ansprüchen der Klägerin ebenso wenig entgegen wie § 442 BGB, da die Parteien vereinbart hätten, dass eine Zurechnung des Wissens von G. und H. nur in den in Ziff. 10.2 aufgeführten Fällen erfolgen solle.[240]

Hier interessiert zunächst, dass das OLG Düsseldorf mit nicht haltbaren Argumenten und im Ergebnis zu Unrecht die **Erfüllungsgehilfeneigenschaft** von G. und H bejahte. Es ging von dem Obersatz aus: „Schaltet ein Verkäufer von Geschäftsanteilen bei der von ihm geschuldeten Auskunftserteilung, etwa i. R. einer Due Diligence, andere Personen ein, zu denen häufiger auch Manager und/oder Mitarbeiter des Zielunternehmens gehören, und stammen die dem Käufer überlassenen Informationen von dem Management der Zielgesellschaft oder deren Mitarbeitern, sind diese *regelmäßig als Erfüllungsgehilfen* des Verkäufers *zu qualifizieren*. Soweit eine solche Person eine falsche Auskunft erteilt hat, haftet der Verkäufer daher, wie wenn er die Auskunft selbst erteilt hätte" (Rn. 88, Hv. hinzugefügt). 8.196

Hier ist schon methodisch scharf zu kritisieren, dass sich das OLG Düsseldorf einfach auf *Semler* („vgl. *nur* Semler in Hölters, Handbuch Unternehmenskaufs, 8. Auflage, 2015, 7.58 m. w. N."; Hv. hinzugefügt) stützte und die starke Gegenauffassung also entweder bewusst verschwieg oder ihr nicht einmal gewahr wurde. Diese Sorglosigkeit ist umso inakzeptabler als die Bejahung der Erfüllungsgehilfeneigenschaft fallentscheidend war und der Sachverhalt mehrere konkrete und gewichtige Umstände bereithielt, die für das gegenteilige Ergebnis sprachen. *Weißhaupt* hat insoweit ausführlich und überzeugend Kritik geübt.[241] Man könnte hinzufügen, dass auch der Umstand, dass sich die Ver- 8.197

---

240) OLG Düsseldorf v. 16.6.2016 – 1-6 U 20/15, Rn. 75, ZIP 2016, 2363.
241) *Weißhaupt*, ZIP 2016, 2447, 2451 re. Sp. ff., insb. 2453 li. Sp. oben.

käuferin von H. am 21.3.2011 die Richtigkeit von Sachangaben bestätigen ließ, die für den Käufer bestimmt waren, eher nicht dafür sprach, dass sie H. zum Verhandlungsgehilfen erheben wollte.[242]

8.198 Auf das Urteil wird im Zusammenhang mit Fragen des Haftungsausschlusses wegen Käuferkenntnis zurückzukommen sein.[243]

4. Literaturmeinungen zur Verhaltenszurechnung bei M&A-Transaktionen

8.199 In der Literatur werden die Voraussetzungen für die Zurechnung des Verhaltens von Organen, Mitarbeitern und Beratern der Zielgesellschaft oder bei Bilanzen zulasten des Verkäufers kontrovers diskutiert.

8.200 *Huber* vertritt die hier im Ansatz geteilte restriktive Sichtweise und sieht „vom Verkäufer genannte, direkt befragte Auskunftspersonen im Unternehmen des Verkäufers" nicht als Erfüllungsgehilfen des Verkäufers an:[244] „Verweist ... der Verkäufer beim Share Deal den Käufer einfach an die Gesellschaft, deren Anteile er verkaufen will, so ist Adressat des Due Diligence-Verfahrens die Gesellschaft und nicht der Verkäufer. Er ist daher unter Verschuldensgesichtspunkten nicht für die Auskünfte der Gesellschaft haftbar zu machen, sondern nur, wenn er ... für die Auskünfte besondere Garantien übernimmt."[245]

8.201 Auch hinsichtlich von Bilanzen vertritt *Huber* eine restriktive Sichtweise: „Leitet der Verkäufer eine ihm vorliegende Information an den Käufer weiter, die erkennbar aus fremder Quelle stammt, so ist der Urheber der Information keine Hilfspersonen des Verkäufers im Sinne von § 278 BGB. Das betrifft insbesondere den Fall, dass beim Beteiligungskauf der Verkäufer, der nicht der Geschäftsleitung angehört und daher an der Aufstellung der Bilanzen nicht beteiligt ist, reguläre Jahresbilanzen weiterleitet, bei deren Aufstellung die Geschäftsleitung, vom Verkäufer unbemerkt, die Grundsätze ordnungsgemäßer Buchführung verletzt hat. Die Geschäftsleiter sind also in diesem Zusammenhang nicht als Erfüllungsgehilfen des Verkäufers im Sinne des § 278 BGB anzusehen. Anders zu entscheiden hieße, dem Verkäufer eine unbeschränkte Garantiehaftung für die Ordnungsmäßigkeit der Bilanz aufzuerlegen. Das wäre mit dem Verschuldensprinzip unvereinbar ...".[246]

8.202 *Weißhaupt* hat kürzlich vorgeschlagen, i. d. R. solle eine **Vermutung** dafür sprechen, dass bei der Due Diligence behilfliche **Geschäftsleiter der Zielgesell-**

---

242) OLG Düsseldorf v. 16.6.2016 – 1-6 U 20/15, Rn. 89, ZIP 2016, 2363.
243) S. Rn. 9.77.
244) *Huber*, AcP 202 (2002), 179, 198, Mitte.
245) *Huber*, AcP 202 (2002), 179, 199, Mitte.
246) *Huber*, AcP 202 (2002), 179, 215 unten.

schaft lediglich **Auskunftspersonen** des Unternehmensverkäufers sind.[247] So kann man das sagen, weil diese – jedenfalls zuerst einmal – für die Zielgesellschaft handeln und deren Pflichten, etwa nach § 51a GmbHG, erfüllen. Freilich werden in den meisten Fällen die Erklärungen und das Verhalten des Verkäufers darauf zu befragen sein, in welcher Rolle er eine dritte Person einschaltete oder mitwirken ließ. Diese Auslegung hat dann Vorrang vor der Vermutung. Insofern kommt es auf den Einzelfall an.[248]

Die Gegenposition wird etwa von *Jaques und Weitnauer* vertreten. *Jaques* neigt tendenziell einer Erfüllungsgehilfeneigenschaft von Mitarbeitern der Zielgesellschaft zu.[249] *Weitnauer* weist zutreffend darauf hin, dass nicht der Gesellschafter, sondern der Unternehmensträger die Jahresabschlüsse zu erstellen habe, weshalb beim Share Deal eine Zurechnung zweifelhaft sein könne. Er setzt sich aber über diese Bedenken mit dem – auch in der Rechtsprechung vorkommenden – Argument hinweg, dass sich der Verkäufer der Unternehmensbilanzen bedient habe, auch wenn die Hilfspersonen ihre Leistung schon vor Vertragsabschluss erbracht haben.[250]

8.203

Aus dogmatischen und praktischen Gründen sollte tendenziell der restriktiven Ansicht von *Huber* und *Weißhaupt* gefolgt werden.[251] Allerdings kommt es auf den Einzelfall an. Die Gefahr von Fehlern liegt hier v. a. in einer Generalisierung und einer Entfernung von dem – allein seine Erfolgshaftung rechtfertigende – einseitigen Bestimmungsrecht des Prinzipals. Auf den richtigen Weg führen dabei durchaus die Kriterien, anhand derer der BGH üblicherweise die „Verhandlungsgehilfeneigenschaft" bzw. „Erfüllungsgehilfeneigenschaft" von Personen beurteilt, nämlich, ob sie „mit dem Willen des Schuldners bei der Erfüllung einer diesem obliegenden Verbindlichkeit als seine Hilfsperson tätig wird".[252]

8.204

5. Einseitige Vermeidung oder Beendigung einer Erfüllungsgehilfeneigenschaft einer Person durch den Prinzipal

Der Legitimationskern der Erfolgshaftung nach § 278 BGB bleibt, dass Erfüllungsgehilfe nur ist, wer **„mit Willen des Schuldners"** bei der Erfüllung einer

8.205

---

247) *Weißhaupt*, ZIP 2016, 2447, 2452 li. Sp. unten.
248) Richtig stellt *Koppmann*, BB 2014, 1673, 1675 re. Sp. oben, fest, dass das Merkmal „sich bedienen" kritisch für die Abgrenzung von Erfüllungsgehilfen und Auskunftsperson ist und die Qualifikation als Erfüllungsgehilfe schlussendlich nur anhand des konkreten Sachverhalts erfolgen kann.
249) Vgl. *Jaques*, BB 2002, 417.
250) *Weitnauer*, NJW 2002, 2511, 2514 re. Sp. oben.
251) So auch *Rödder/Hötzel/Müller-Thuns*, Unternehmenskauf, Unternehmensverkauf, S. 235, 236. Der beim Share Deal hafte nicht für einen fehlerhaften Abschluss oder Organe der Zielgesellschaft, die keine Erfüllungsgehilfen des Verkäufers seien.
252) Etwa BGH v. 17.4.1986 – III ZR 246/84, NJW-RR 87, 59, 60 re. Sp. Mitte, m. w. N.

diesem obliegenden Verbindlichkeit „**als seine Hilfsperson**" tätig wird.[253] Also muss dem Verkäufer die Freiheit belassen werden, Personen zu seinen Verhandlungsgehilfen zu machen oder dies zu lassen.

8.206 Schon die Verwendung des Wortes „**Gehilfe**" in „Erfüllungs- oder Verhandlungsgehilfe" und, noch mehr, das Erfordernis des „**sich Bedienens**"[254] im Text von § 278 Satz 1 BGB weisen darauf, dass Rechtsgrund für die Verhaltenszurechnung ein **willentliches Verhalten des Prinzipals** ist. Dies spricht im Ausgangspunkt dafür, dass der Prinzipal eine Verhaltenszurechnung ebenso einseitig vermeiden, beschränken oder beendigen kann, wie er sie zunächst auslösen kann (oder auch nicht).

8.207 Da wohl für das „Einsetzen" („Befördern", „Erheben") einer Person als Erfüllungsgehilfe eine Äußerung des entsprechenden Willens erforderlich ist, wobei der Wille wohl nicht rechtsgeschäftlich sein muss und konkludent zum Ausdruck gebracht werden kann, wird man hierfür erstens formal grundsätzlich einen **durch** einen **Realakt** geäußerten nicht rechtsgeschäftlichen Willen **des Geschäftsherrn** zu verlangen haben.

8.208 Zweitens wird man v. a. diesen Realakt (und ergänzende Umstände) **inhaltlich** daraufhin zu befragen haben, ob er sachlich-materiell die oben dargestellten Merkmale[255] zum Ausdruck bringt, die eine Person zu einem Erfüllungsgehilfen machen.

8.209 Dabei sollte man davon ausgehen, dass es dem Verkäufer möglich sein muss, von dritten Personen stammende Informationen (einzelne Daten, aber auch zusammenfassende Analysen und Beschreibungen, Bewertungen, Prognosen und Planungen) dem Käufer aktiv zur Verfügung zu stellen, ohne dass er uno actu in die Erfolgshaftung nach § 278 BGB für ein etwaiges Verschulden der Person(en) gerät, von denen die Daten herrühren.

8.210 Insofern wäre es nach der hier vertretenen Ansicht eine nicht gerechtfertigte Vereinfachung, einen Verkäufer vor eine Zwangsentscheidung zu stellen „**Lege vor und hafte nach § 278 BGB oder lege nicht vor!**" bzw. „Verwende Informationen und hafte oder verwende die Informationen nicht!". Dies würde in einer arbeitsteiligen Welt dem Bedürfnis, von anderen Personen erstellte Informationen zu verwenden, ohne für schuldhafte Pflichtwidrigkeiten dieser Personen zu haften, nicht entsprechen.

8.211 Vor allem besteht **kein Schutzbedürfnis des Käufers**, wenn Informationen übergeben, aber dabei **klargestellt** ist, dass der **Verkäufer hierfür nicht haften**

---

[253] St. Rspr. schon RG v. 17.4.1920 – I 238/19, RGZ 98, 327, 328; RG v. 4.3.1930 – VII 397/29, RGZ 127, 313, 315; RG. v. 9.5.1939 – VII 251/38, RGZ 160, 310, 316. s. a. Palandt-*Grüneberg*, BGB, § 278 Rn. 7 m. w. N.
[254] So auch *Koppmann*, BB 2014, 1673, 1675 re. Sp. oben.
[255] S. Rn. 8.149–8.160.

IV. Verhaltenszurechnung nach § 278 BGB

möchte. Da die Erfüllungsgehilfeneigenschaft eine von einem Gläubiger zu beweisende Tatbestandsvoraussetzung einer Haftung des Geschäftsherrn ist, kann anderes gelten, wenn sich das **Fehlen der Erfüllungsgehilfeneigenschaft nur negativ** daraus **ergibt**, dass der Prinzipal eine Person nicht zum Erfüllungsgehilfen gemacht hat. Der Käufer kann auch dann weitere Prüfungen durchführen, einen niedrigeren Preis zahlen, sich durch eine Vermögens- oder Bilanzgarantie schützen oder von dem Kauf Abstand nehmen.[256] Der Käufer ist insofern nicht vor Fehlbeurteilungen der Rolle eines Informationserstellers oder Informationslieferanten geschützt.[257]

Andererseits besteht ein legitimer und **hoher Schutzbedarf des Prinzipals**, davor, dass ihm Personen nicht unwillentlich als Verhandlungsgehilfe zugerechnet werden. Die Erfolgshaftung des § 278 BGB – sie kann das vertragliche Garantieregime mit Haftungsbeschränkungen völlig obsolet machen – ist einfach zu scharf! Äußerungen des Verhandlungsgehilfen können sogar – „solange sein Handeln noch im Zusammenhang mit den ihm übertragenen Aufgaben steht",[258] selbst über eigene richtige Informationen durch den Geschäftsherrn hinweg, z. B. eine zutreffende schriftliche Darstellung, dessen Haftung begründen, z. B. wenn ein Prospekt Risiken zutreffend beschreibt, aber ein Verhandlungsgehilfe durch die Aussage, hinter einem Fonds stünden „Minister der Bayrischen Staatsregierung", in der Sache irreführt.[259]

8.212

Es muss somit schlussendlich für die Frage, ob ein Bilanzersteller oder sonstiger Informationsersteller oder -geber zum Verhandlungsgehilfen des Verkäufers wurde, darauf ankommen, ob entweder dessen Stellung eindeutig klargestellt wurde oder jedenfalls auf die konkludente **Art und Weise der Einführung** der betreffenden Person bzw. der Informationen **durch den Verkäufer** ankommen.

8.213

Wie schon dargestellt, kann indessen der Umstand, dass eine Bilanz oder sonstige Informationen (i) überhaupt auf dem bei einem Unternehmenskauf interessierenden Feld liegen, (ii) dass sie dem Käufer nützlich sind oder dem Verkäufer

8.214

---

256) Man macht sich die Sache zu einfach, wenn man statuiert, es sei eben Sache des Verkäufers, sich darum zu kümmern, dass korrekte Jahresabschlüsse erstellt würden. Dies unterstellt schon häufig nicht bestehende Einflussnahme- und Kontrollmöglichkeiten sowie Sachkenntnisse des Verkäufers. Es gibt nicht nur vermögende Damen, die im Tessin leben und Kriminalromane schreiben, aber irgendwann ihr ererbtes Unternehmen veräußern wollen, sondern Ähnliches galt auch für die Treuhandanstalt bei vielen tausenden ostdeutschen Betrieben (s. Rn. 8.151) und es gilt für jeden Weiterverkäufer eines Unternehmens kurz nach dem Erwerb. Erst recht gilt es für jeden Verkäufer eines kleineren Anteils eines Unternehmensträgers, der eine Bilanz vorlegen muss, um einen Kaufinteressenten überhaupt informieren zu können.
257) Er ist auch, was die eigene Haftung einer solchen Person angeht, nicht davor geschützt, dass er sie unbegründet als Sachwalter ansieht (s. Rn. 14.15 f.).
258) BGH v. 14.5.2012 – II ZR 69/12, Rn. 12, ZIP 2012, 1289.
259) BGH v. 14.5.2012 – II ZR 69/12, Rn. 12, ZIP 2012, 1289.

"helfen", den Käufer über das Unternehmen zu informieren[260], allein zur rechtlichen Einordnung der Person als Erfüllungsgehilfe nicht ausreichen.

8.215 Der Verkäufer muss also den Bilanzersteller bzw. den Informationsersteller oder -geber oder die Informationen auf eine Art und Weise in das Verhältnis zum Käufer eingeführt haben, die **über das Gebrauchen der von dieser Person geschaffenen oder erteilten Informationen** oder das Anbieten der Person als Auskunfts- bzw. Wissensquelle hinausgeht. Der Bilanzersteller bzw. Informationsersteller oder -geber muss jedenfalls in eine **ähnliche Position** gerückt werden wie der Rechtsanwalt oder andere **Transaktionsberater des Verkäufers**. Hierzu wird der Verkäufer zumeist keine Veranlassung haben, so dass der Bilanzersteller oder andere Informationsersteller oder -geber i. d. R. eher nicht Verhandlungsgehilfen des Verkäufers sind.

8.216 Einem legitimen Schutzbedarf des Käufers ist durch das **Ansetzen zeitlicher Bestimmungen** Rechnung zu tragen, indem es einerseits auf den Zeitpunkt der Tätigkeit des Erfüllungsgehilfen und andererseits auf zum Zeitpunkt etwaiger Beendigung/Einschränkung der Erfüllungsgehilfeneigenschaft nicht mehr kontrollierbare Kausalketten ankommen muss. Wie die Erfüllungsgehilfeneigenschaft eines Fahrers, der bereits einen Unfall zum Schaden des Gläubigers verursacht hat, „nicht mehr weg zu bekommen ist", ist auch eine haftungsbegründende Schädigung durch eine Täuschung eines Erfüllungsgehilfen **nach dem Signing** i. d. R. ein **fait accompli**. Hiernach kann der Geschäftsherr also die Erfüllungsgehilfeneigenschaft mit Wirkung für die Vergangenheit nicht mehr beeinflussen, z. B. beenden oder auf ein bestimmtes Gebiet beschränken.

8.217 Kann der Geschäftsherr nun vor Vertragsschluss **retroaktiv** seine **Haftung für vergangene Informationen** durch den Erfüllungsgehilfen vermeiden? Dies muss grundsätzlich bejaht werden, da ein Schaden – durch Abschluss unter Einfluss einer Täuschung[261] – noch nicht eingetreten sein kann bzw. soweit der Käufer dann noch in der Lage ist – regelmäßig wird er das Signing verschieben müssen – die neue Risikolage neu zu bewerten und ggf. den Abschluss von einer erweiterten Due Diligence bzw. neuen Garantien abhängig zu machen.[262]

---

[260] Es ist etwa für einen Verkäufer einer Sache hilfreich, dass ein Hersteller die Sache produziert hat – ohne dass der Hersteller hierdurch zu seinem Erfüllungsgehilfen wird (Palandt-*Heinrichs*, BGB, § 278 Rn. 13 m. N. aus der Rspr.). Ebenso leistet eine Beförderungsperson dem Verkäufer beim Versendungskauf eine wichtige „Hilfe" – erneut wird sie hierdurch nicht zu seinem Erfüllungsgehilfen (Palandt-*Heinrichs*, BGB, § 278 Rn. 15 m. N. aus der Rspr.). Der Arzt, der den erkrankten Arbeitnehmer beim Nachweis seiner Erkrankung behilflich ist, ist nicht Erfüllungsgehilfe des Arbeitnehmers und der von einem Geschädigten beauftragte Sachverständige und die von ihm beauftragte Reparaturwerkstatt sind ebenfalls nicht seine Erfüllungsgehilfen (Palandt-*Heinrichs*, BGB, § 278 Rn. 17 m. N. aus der Rspr.).

[261] U. U. ist, wenn der Käufer jetzt abbricht, an Ansprüche gegen den Verkäufer aus c. i. c. – wie beim Abbruch von Verhandlungen, s. Rn. 1.3–1.106 – zu denken.

[262] S. Rn. 8.160.

IV. Verhaltenszurechnung nach § 278 BGB

Dabei muss der Geschäftsherr, um sich hinfort vor einer Haftung nach § 278 BGB zu bewahren, nur damit aufhören, sich einer Person „als seiner Hilfsperson" zu bedienen. Er muss aber diese Person **nicht** etwa, wenn er das überhaupt kann,[263] aus dem sachlichen Kontext entfernen oder sie **daran hindern**, als Organ oder Mitarbeiter der Zielgesellschaft bzw. Experte **dem Käufer weiter mit Informationen nützlich zu sein.** Da zwischen einem Dulden oder sogar Wünschen, Ermöglichen und Befördern, dass eine Person dem Käufer mit Informationen nützlich ist und einem „Sich-Willentlich-Bedienen" der Person als „seiner Hilfsperson" nur innere Tatsachen liegen, muss und wird es hier – anders als beim dem Betriebsrundgang – ausreichen, dass der Geschäftsherr dies **verbal zum Ausdruck bringt** („*X* ist nicht Erfüllungsgehilfe", „ich hafte nicht für *X* nach § 278 BGB" o. Ä.).[264]

8.218

Es macht für eine Haftung nach § 278 BGB keinen Unterschied, ob die Hilfsperson direkt mit dem Kaufinteressenten kommuniziert oder der Verkäufer dem Käufer **Informationen** weiterleitet, die **erkennbar von einer anderen Person stammen.** Auch hier kann der Verkäufer entscheiden, ob er diese Informationen als Informationen eines Erfüllungsgehilfen oder als andere Informationen (einer Auskunftsperson) weiterleitet, für die er nicht haften möchte. Handelt es sich um Informationen aus dem Zielunternehmen, spricht dies wieder dafür, dass es sich im Regelfall um Informationen einer Auskunftsperson handeln dürfte.[265] So sollte es im Regelfall auch gewürdigt werden, wenn eine Betriebsbesichtigung mit einem Due Diligence-Team eines Kaufinteressenten durchgeführt wird und das Due Diligence-Team den technischen Leitern, Meistern oder Bandarbeitern einige Fragen stellt. Selbst wenn der Verkäufer diese Gefälligkeiten seiner Mitarbeiter duldet, bleiben sie Auskunftspersonen und werden hierdurch noch nicht zu Erfüllungsgehilfen des Verkäufers, ähnlich wie in dem Fallbeispiel „Wildstand".[266] Dasselbe gilt für **im Datenraum bereitgestellte Unterlagen**, die historische Dokumente oder selbst aktuellen Zuarbeiten von Mitarbeitern des Zielunternehmens für den Verkauf sind, wobei es nicht einmal darauf ankommt, ob ein Share Deal oder Asset Deal vorliegt. Die rechtliche Begründung bei **historischen Dokumenten** wäre, dass sie von den *seinerzeit* Tätigen (i) u. U. schon nicht als Hilfsperson des Verkäufers (sondern ggf. als Hilfsperson der Gesellschaft), (ii) nicht in Bezug auf ein bestehendes Schuldverhältnis zum Käufer und (iii) *nicht* in Bezug auf eine *Aufgabe* der

8.219

---

263) Was z. B. bei einem Vorstand einer Ziel-AG kaum möglich ist.
264) Wenn allerdings z. B. ein Unternehmer eine Betriebsbesichtigung mit den Kaufinteressenten durchführt, kann er sich nicht vor einer Haftung für eine körperliche Verletzung der Besucher durch fahrlässige Mitarbeiter – etwa durch unaufmerksame Gabelstaplerfahrer – durch die Erklärung schützen, er „bediene sich der Arbeiter in dem Betrieb nicht als seiner Erfüllungsgehilfen".
265) Vgl. *Weißhaupt*, ZIP 2016, 2447, 2452 li. Sp. unten.
266) Vgl. Rn. 8.152.

bestreffenden Erstell-Person *zur Information des Käufers* erstellt wurden und dass sich der Verkäufer, (iv) soweit er sich der Hilfsperson *heute* zum Vorlegen historischer Dokumente oder ihrem Einstellen („Hochladen") in einen Datenraum bedient, er sich ihr *nicht* bei der Aufgabe der *inhaltlichen Information* des Käufers bedient.

8.220 Auch bei **aktuellem Zuarbeiten von Mitarbeitern des Zielunternehmens** (z. B. Aufstellungen über Schriftverkehr, Zahlungen, Angebote, Vertragsabschlüsse etc.) kann ebenfalls nicht ohne weiteres davon ausgegangen werden, dass es sich um Leistungen als Erfüllungsgehilfe des Verkäufers handelt. Es dürfte sich vielmehr i. d. R. nur um Leistungen handeln, die sie als Angestellte oder Organe der Zielgesellschaft[267], oder, beim Asset Deal, dem Verkäufer erbringen.

8.221 Anders mag es sein, wenn der die Verhandlungen führende Anwalt des Verkäufers oder andere **Vertreter des Verkäufers bei Verhandlungen**, etwa um den Käufer zu einem Risiko zu beschwichtigen, eine **Faktenzusammenstellung** erstellen. Hier mag es naheliegen, dass sie insoweit also Erfüllungsgehilfe gehandelt haben.[268]

8.222 Wenn der Prinzipal **Auskünfte im eigenen Namen erteilt**, die er – **für den Kaufinteressenten nicht erkennbar** – von Hilfspersonen erheben, prüfen oder zusammenstellen ließ, liegt hierin i. d. R. ein „Sich-Bedienen-als-Hilfspersonen" dieser Personen und der Verkäufer haftet nach § 278 BGB.

8.223 Daneben mag der Verkäufer – z. B. aufgrund einer Verletzung von Wissensorganisationspflichten oder Unterlassen einer situationsangemessenen Prüfung von Informationen von Auskunftspersonen – für persönliches Verschulden nach § 276 BGB haften. § 276 BGB wird auch i. d. R. (i. V. m. § 280 Abs. 1 und § 241 Abs. 2 BGB) die Grundlage für seine Haftung sein, wenn er **geschuldete Aufklärungen**, die ohne Fragen durch den Käufer zu liefern waren, nicht erbrachte. Da solche Umstände vom Verkäufer per se und ungefragt offenzulegen waren, hatte er den **Aufklärungserfolg herbeizuführen**. Wenn dieser nicht eintrat, wird er sich i. d. R. nicht dadurch nach § 280 Abs. 1 Satz 2 BGB dafür exkulpieren können, dass eine Auskunftsperson die (angeblich) von ihr erhoffte Aufklärung nicht erbrachte. Lässt er sich hingegen dahin ein, eine Person als Erfüllungsgehilfen mit der Aufklärung beauftragt zu haben, so liegt hierin deren Bestellung und er haftet nach § 278 BGB.

6. Zum vertraglichen Ausschluss der Verhaltenszurechnung nach § 278 Satz 2 BGB

8.224 Wie soeben dargestellt, obliegt es nach der hier vertretenen, allerdings nicht gesicherten Auffassung, schon einseitig der grundsätzlich freien Disposition des Verkäufers, wen er zu seinem Verhandlungsgehilfen einsetzt, da das „Sich-Be-

---

267) Etwa um dieser die Erfüllung ihrer Pflichten nach § 51a GmbHG zu ermöglichen.
268) Das heißt noch nicht, dass die Sekretärin im Zielunternehmen, die eine Kopie vergaß, ebenfalls Erfüllungsgehilfin war.

IV. Verhaltenszurechnung nach § 278 BGB

dienen zur Erfüllung einer Verbindlichkeit" einen entsprechenden einseitigen Willen des Schuldners voraussetzt.[269] Hierbei ist er nur dadurch beschränkt, dass er sich nicht im Widerspruch zu seiner Erklärung der Person doch weiter als Erfüllungsgehilfen bedienen darf; dies ergibt sich rechtlich aus dem Wortlaut des § 278 BGB oder aus § 242 BGB.[270]

Hat der Schuldner diese Wahlfreiheit aufgebraucht und einen Erfüllungsgehilfen eingeschaltet ohne dessen Stellung rechtzeitig – i. e. vor dem Signing – wieder zu beenden, so hat er hierdurch grundsätzlich seine Haftung erweitert. Diese erweiterte Haftung kann er dann nur noch vertraglich – mit Zustimmung des Vertragspartners – beschränken. Dies wiederum ist bei Individualverträgen nach § 278 Satz 2 BGB (i. V. m. § 276 Abs. 3 BGB) in relativ weitem Umfang möglich. Vor allem kann nach § 278 Satz 2 BGB sogar die **Haftung für Vorsatz eines Erfüllungsgehilfen ausgeschlossen** werden.[271] 8.225

Die in vielen M&A-Verträgen enthaltene Feststellung, dass andere als aufgelistete Personen „keine Erfüllungsgehilfen des Verkäufers sind", würde im Lichte des Vorstehenden somit **zwei** unterschiedliche **Bedeutungen** haben können. Unter Umständen wird einfach nur im Vertrag klargestellt, wozu der Verkäufer (bis an die Grenze des § 242 BGB) auch einseitig berechtigt gewesen wäre, dass er sich der ausgeschlossenen Personen schon überhaupt nicht als Verhandlungsgehilfen bedient hat. Zunächst spricht einiges für diese Auslegung der obigen Formulierung. Wo indessen der Ausschluss der Person als Erfüllungsgehilfe scheiterte, sie also gewissermaßen „objektiver Erfüllungsgehilfe" blieb – z. B. indem sie für den Käufer verborgen für den Verkäufer an den Käufer übergebene Informationen erstellte – könnte eine Umdeutung in einen vertraglichen Haftungsausschluss i. S. von § 278 Satz 2 BGB naheliegen. Selbstverständlich können Vertragsparteien – in Individualverträgen – auch explizit den Weg des § 278 Satz 2 BGB gehen. 8.226

Grenzen für einen Haftungsausschluss nach § 278 Satz 2 BGB bestehen möglicherweise bei **Formularverträgen**.[272] 8.227

7. Zurechnungsabbruch bei beurkundungspflichtigen Rechtsgeschäften?

Bei beurkundungspflichtigen Rechtsgeschäften ist die Rechtsprechung zum Teil davon ausgegangen, dass die **Kenntnis eines vorbereitenden Verhandlungsgehilfen** dem Verkäufer nicht zugerechnet werden könne, wenn der **Verkäufer bei der notariellen Beurkundung durch** eine **andere Person vertreten** wird. Der Warn- und Schutzzweck der Beurkundung könne sich nur gegenüber den 8.228

---

269) Palandt-*Grüneberg*, BGB, § 278 Rn. 1.
270) Etwa wenn die Person den Käufer intern falsch informiert oder ihn, z. B. als Stapelfahrer bei einem Werksbesuch, verletzt. S. o. Rn. 8.222 und 8.218.
271) So ausdrücklich OLG Düsseldorf v. 16.6.2016 – 1-6 U 20/15, Rn. 91, ZIP 2016, 2363.
272) Vgl. oben Rn. 8.210.

Beteiligten an der Beurkundung entfalten. Deshalb könne es auf die Kenntnis eines mit der Anfertigung des Vertragsentwurfs oder der Führung der Verhandlungen Beauftragten nicht ankommen.[273] Von Teilen der Rechtsprechung, etwa dem OLG Köln, wird dieser einschränkende Effekt wieder auf dem Weg korrigiert, dass dem bei der Beurkundung anwesenden Vertreter eine Kenntnis der arglistigen Täuschung des nicht anwesenden Verhandlungsgehilfen entsprechend § 166 BGB zugerechnet werden können soll.[274]

8.229 Diese Windungen der Rechtsprechung wären eigentlich überflüssig. Es wurden bereits im Zusammenhang mit der „c. i. c. durch Verhandlungsabbruch" (sog. zweite Fallgruppe) Bedenken dazu geäußert, die § 15 Abs. 3 und 4 GmbHG sowie § 311b BGB i. V. m. § 125 BGB über ihren einfachen, „Entweder-Oder"-Regelungsgehalt hinaus, zu einer Quelle von qualitativen Argumenten zu machen. Die Normen leisten einen wichtigen formalen Beitrag, indem sie Verträge ausscheiden, die eine angeordnete – und inzwischen im Rechtsverkehr bekannte – formale Konvention missachten; dies hat eine ganze Reihe Vorteile und Effekte und mag gewissen Zwecken des Gesetzgebers entsprochen haben (oder auch nicht). Es ist aber **verfehlt**, dem Formgebot eine **Ausstrahlungswirkung** derart zuzuerkennen, dass Treuepflichten von Parteien im Vorfeld eines Vertragsabschlusses gemindert, erhöht oder unterbrochen werden. Dies gilt schon für eine etwaige Verpflichtung, Verhandlungen nicht ohne triftigen Grund abzubrechen,[275] erst recht für Pflichten, bei Verhandlungen nicht zu täuschen, irrezuführen oder pflichtwidrig zu verschweigen oder zu lügen.

8.230 Dass ein Vertrag, um wirksam zu sein, notariell beurkundet werden muss, sollte aber nach der hier vertretenen Auffassung keiner Partei Rechte daraus abschneiden, dass sie zuvor belogen wurde. Am besten wäre es daher, wenn sich die den BGH in der Entscheidung aus dem Jahre 1986[276] beschäftigende Problematik überhaupt nicht stellen und es deshalb auch nicht der Handreichung des OLG Köln bedürfen würde, um die Wucherungen der vermeintlichen Zwecke von § 15 Abs. 3 und 4 GmbHG oder von § 311b BGB i. V. m. § 125 BGB durch – ebenso problematische – „Gegenwucherungen" des § 166 BGB zu korrigieren.[277]

---

273) BGH v. 21.2.1986 – V ZR 126/84, NJW-RR 1986, 1019, 1020; zust. OLG Dresden v. 16.10.1998 – 5 U 844/98, Rn. 12, und OLG Koblenz v. 23.1.1992 – 5 U 901/91, NJW-RR 1993, 180. Ebenso Palandt-*Ellenberger*, BGB, § 116 Rn. 6a (zur Wissenszurechnung).
274) OLG Köln v. 24.3.1993 – 2 U 160/92, NJW-RR 1993, 1170.
275) S. o. Rn. 1.98.
276) BGH v. 21.2.1986 – V ZR 126/84, NJW-RR 1986, 1019, 1020; zust. OLG Dresden v. 16.10.1998 – 5 U 844/98, Rn. 12.
277) Wenn sich das Recht dahin entwickelt, dass die Rspr. die von ihr gerufenen Geister nur noch im Einzelfall mit abenteuerlichen Gegengeistern so beherrschen kann, dass sachgerechte Ergebnisse herauskommen, so ist die Rationalität des Zivilrechts verloren.

V. Beweisfragen

8.231 Die Darlegungs- und Beweislast hinsichtlich subjektiver Merkmale des Verkäufers kann sich bei Ansprüchen aufgrund von verschuldensabhängigen Garantien und aufgrund von c. i. c. unterscheiden. Bei der c. i. c. kommt dem Käufer **§ 280 Abs. 1 Satz 2 BGB** zugute. Nicht er muss Verschulden beweisen, der Käufer muss sich (und seine Erfüllungsgehilfen)[278] exkulpieren.

8.232 *Hasselbach/Ebbinghaus*[279] vertreten die Ansicht, wenn der M&A-Vertrag die Haftung für c. i. c. bis auf die Vorsatzhaftung ausschließe, könne § 280 Abs. 1 Satz 2 BGB unanwendbar sein. Ihr Gedankengang ist wohl, dass durch die Abbedingung der c. i. c. „außer bei Vorsatz"[280] den Tatbestandsvoraussetzungen des § 280 Abs. 1 BGB vorgeschaltet zunächst zu prüfen sei, ob, eben weil Vorsatz vorliegt, eine c. i. c. überhaupt geprüft werden darf. Der Käufer würde also den Verkäufervorsatz zweimal nachweisen müssen, einmal um gewissermaßen in einem Vorkampf darzulegen, dass Ansprüche aus der c. i. c. erhoben werden dürfen, und zum zweiten Mal, um im Hauptkampf das c. i. c.-Tatbestandsmerkmal „Vorsatz" zu belegen. *Hasselbach/Ebbinghaus* meinen nun, dass dem Käufer im Vorkampf, wo es darum geht, ob das „Tor zur c. i. c." – entgegen ihres generellen vertraglichen Ausschlusses – aufzustoßen, § 280 Abs. 1 Satz 2 BGB noch nicht zur Hilfe kommt. So nutzt es ihm nicht mehr, dass er später leichteres Spiel hätte; er ist gewissermaßen schon in der Vorrunde ausgeschieden.

8.233 Während das juristische Differenzierungsvermögen in den Gedanken von *Hasselbach/Ebbinghaus* respektabel ist und beide Ebenen durchaus zu unterscheiden sind, können auf ihnen gleichwohl dieselben materiellen Regeln gelten. Die sachliche Frage ist, ob das BGB beim Schutz eines Zugangs des Gläubigers zu einer Vorsatzhaftung des Schuldners – Möglichkeit eines Ausschlusses im Voraus? – andere Wertungen ansetzt als bei der schließlichen Prüfung der Tatbestandsvoraussetzungen der Haftung selbst. Diese Frage dürfte zu verneinen sein. Nach § 276 Abs. 3 BGB soll der Schuldner für Vorsatz haften, wenn er ohne den versuchten Ausschluss nach § 280 Abs. 1 BGB zu haften hätte. Deshalb gilt gewissermaßen § 280 Abs. 1 Satz 2 BGB schon i. R. von § 276 Abs. 3 BGB bzw. anders formuliert, der Gläubiger kann einfach seinen Kampf beginnen; ein Erfolg bedeutet zugleich Sieg im Vor- und Hauptkampf.

8.234 Setzt die Haftung nach Garantien – ausnahmsweise – das Vorliegen von subjektiven Merkmalen beim Verkäufer voraus, so hängt die Darlegungs- und Beweislast in erster Linie von dem Vertrag selbst ab. Schweigt dieser, so kann theoretisch das Vorliegen der subjektiven Merkmale – wie der anderen Voraus-

---

[278] Palandt-*Grüneberg*, BGB, § 280 Rn. 40; *Hasselbach/Ebbinghaus*, DB 2012, 216, 220 re. Sp. unten.
[279] DB 2012, 216 re. Sp. unten.
[280] Es dürfte keinen Unterschied machen, ob die Vertragsklausel, die die c. i. c. ausschließt, selbst das Tor für Vorsatz offenlässt, oder ob sie von § 276 Abs. 3 BGB offengehalten wird.

setzungen – des Garantieanspruchs in der Beweislast des Käufers liegen. Es kann **nicht** ohne weiteres davon ausgegangen werden, dass bei Garantien § 280 Abs. 1 Satz 2 BGB analog zugunsten des Käufers angewendet werden kann. Dies ergibt sich aus der Selbstständigkeit von Garantien sowie daraus, dass auch bei objektiver Unrichtigkeit einer Garantie noch keine Pflichtwidrigkeit vorliegen muss, wie sie in § 280 Abs. 1 Satz 1 BGB vorausgesetzt wird.

8.235 Teilweise hört oder liest man Äußerungen, wonach es besonders schwer sein müsse, Kenntnisse oder andere subjektive Merkmale zu beweisen – so als ob derjenige, bei dem die Merkmale vorliegen müssen, einen erheblichen Verteidigervorteil hätte.[281] Andererseits: Gerade weil es, wie dargestellt, schlechterdings unmöglich ist, Kenntnis oder Verschulden wirklich dingfest zu machen, aber die Gerichte wegen der Bedeutung des Schuldprinzips im Zivilrecht viele Ansprüche ohne Bejahung schwierig zu ermittelnder subjektiver Merkmale nicht gewähren können, haben sie sich bisweilen angewöhnt, im Bereich des Verschuldens recht herzhaft zuzupacken. *Huber* beobachtet etwa: „Tatsächlich ist aus der Entscheidungspraxis des BGH kein Fall bekannt, in dem die auf *culpa in contrahendo* gestützte Klage an fehlendem Verschulden des Verkäufers gescheitert wäre."[282]

8.236 Es ist sodann bisweilen leider eine Neigung von Gerichten zu erkennen, die Bejahung oder Verneinung von Vorsatz als eine vom Einzelfall gelöste Routineentscheidung anzusehen, die im Zivilrecht keiner großen Erörterung oder gar einer Beweisaufnahme bedarf. Dies ist angesichts der weitreichenden Folgen[283] der Frage bedauerlich und zu korrigieren.

---

281) *Picot* in: Berens/Brauner/Strauch/Knauer, S. 313, 332 m. w. N., meint, es handele sich für den Verkäufer um eine „schwierige" Beweislast.
282) *Huber*, AcP 202 (2002), 179, 190. Immerhin verneinte das OLG Koblenz bei einem Hausverkauf, obwohl es einen starken Ungezieferbefall mit Buckelkäfern gab, die das gesamte Haus besiedelt hatten, eine Arglist i. S. von § 444 BGB. Daraus, dass dem Sachverständigen zufolge, der Buckelkäferbefall bereits bei dem Verkauf vorhanden gewesen sein müsse, lasse „sich nicht ableiten, dass dieser den Beklagten bereits aufgrund seines Umfangs bekannt war" (OLG Koblenz v. 4.10.2012 – 2 U 1020/11, MDR 2013, 205, 206 li. Sp. Mitte).
283) S. o. Rn. 6.1.

9. Kapitel Subjektive Merkmale auf Käuferseite zum Haftungsausschluss

Übersicht

I. Einleitung 9.1	III. Käuferkenntnis bei kaufrecht-
II. Käuferkenntnis bei selbststän-	licher Sachmängelhaftung 9.48
digen Garantien 9.7	1. § 442 BGB 9.48
1. Keine analoge Anwendung von	2. Abbedingbarkeit des
§ 442 BGB 9.7	§ 442 BGB 9.51
2. Kein Haftungsausschluss nach	IV. Käuferkenntnis und Mitver-
§ 242 BGB 9.17	schulden bei c. i. c. und Delikt ... 9.56
3. „Offenlegungs-" und „Kennt-	1. § 254 BGB bei c. i. c. und Delikt
nisklauseln" bei Garantien 9.24	durch Täuschungen nicht an-
a) Zeitpunkt der Kenntnis 9.30	wendbar 9.56
b) Erforderliche Inhalte der	2. § 442 BGB bei c. i. c. und
Käuferkenntnis 9.31	Delikt nicht anwendbar 9.65
c) Grob fahrlässige Unkenntnis	V. Wissenszurechnung auf
des Käufers 9.34	Käuferseite 9.69
d) Grobe Fahrlässigkeit und	
Due Diligence 9.36	

Literatur: *Böttcher,* Due Diligence beim Unternehmenskauf als Verkehrssitte, ZGS 2007, 20; *Findeisen,* Die Sorgfaltspflichten des Erwerbers beim Unternehmenskauf – Zugleich eine Besprechung der Entscheidung des LG Hamburg vom 13.3.2015 – 315 O 89/13, BB 2015, 2700; *Goldschmidt,* Wissenszurechnung beim Unternehmenskauf, ZIP 2005, 1305; *Hasselbach/Ebbinghaus,* Vorvertragliche Pflichtverletzung als Haftungsfalle beim Unternehmenskauf, DB 2012, 216; *Hilgard,* Kenntnis des Käufers von einer Garantieverletzung beim Unternehmenskauf, BB 2013, 963; *Hoenig/Klingen,* Grenzen der Wissenszurechnung beim Unternehmenskauf, NZG 2013, 1046; *Huber,* Die Praxis des Unternehmenskaufs im System des Kaufrechts, AcP 202 (2002), 179; *Mellert,* Selbständige Garantien beim Unternehmenskauf – Auslegungs- und Abstimmungsprobleme, BB 2011, 1667; *Möller,* Offenlegungen und Aufklärungspflichten beim Unternehmenskauf, System, Regelungskonzepte und Haftungsrisiken, NZG 2012, 841; *Müller,* Käufer- und verkäuferbezogene Kenntnisklauseln im Zusammenhang mit Garantien in Unternehmenskaufverträgen; insbesondere bei MBO, in: Birk/Pöllath/Saenger (Hrsg.), Forum Unternehmenskauf 2006, 2007, S. 183; *Müller,* Einfluss der Due Diligence auf die Gewährleistungsrechte des Käufers beim Unternehmenskauf, NJW 2004, 2196; *Paefgen/Wallisch,* Vermutungswirkung, Chain of Title, Verkäuferhaftung und Due Diligence, NZG 2016, 801; *Picot,* Due Diligence und privatrechtliches Haftungssystem, in: Berens/Brauner/Strauch, Due Diligence bei Unternehmensakquisitionen, 4. Aufl. 2005, S. 313; *Rasner,* Die Bedeutung von Parteienwissen für die Gestaltung von Unternehmenskaufverträgen, WM 2006, 1425; *Schilling/ Scharf,* Aufklärungspflichtverletzung und Wissenszurechnung beim Unternehmenskauf, DB 2016, 2402; *Schmitz,* Mängelhaftung beim Unternehmenskauf nach der Schuldrechtsreform, RNotZ 2006, 561; *Schwarzfischer,* Wissenszurechnung beim Management Buy-out, GWR 2016, 442; *Triebel/Hölzle,* Schuldrechtsreform und Unternehmenskaufverträge, BB 2002, 521; *Tschäni,* Post Closing Disputes, in: Kaufmann-Kohler/Johnson, Arbitration of Merger and Acquisition Disputes, 2005, S. 67; *Weißhaupt,* Geschäftsleiter der Zielgesellschaft als „Diener zweier Herren" des Unternehmenskaufvertrags?, ZIP 2016, 2447; *Weißhaupt,* Haftung und Wissen beim Unternehmenskauf – über Gestaltungsspielräume im M&A Recht, WM 2013, 782.

443

9. Kapitel Subjektive Merkmale auf Käuferseite zum Haftungsausschluss

I. Einleitung

9.1 Häufig versucht sich der Verkäufer gegen Ansprüche wegen Unternehmenswertbeeinträchtigungen damit zu verteidigen, dass der Käufer Kenntnis von ihnen gehabt habe oder hätte erlangen können. Die Stichhaltigkeit und die Voraussetzungen einer solchen Verteidigung hängen *erstens* davon ab, auf **welcher Rechtsgrundlage** der Käufer Ansprüche wegen Unternehmenswertbeeinträchtigungen erhebt, aus einer Garantie, c. i. c./Delikt oder kaufrechtlicher Gewährleistung und *zweitens* davon, ob und ggf. welche **„Offenlegungs"**- oder **„Kenntnisklausel"** in den Vertrag aufgenommen wurde oder per Gesetz gilt.

9.2 Hierin liegt bereits ein erhebliches praktisches Problem. Regelmäßig wird die Due Diligence des Käufers nämlich zu einem Zeitpunkt durchgeführt, da zumeist noch nicht einmal Entwürfe für den späteren M&A-Vertrag vorliegen. In der Phase, in der die für einen etwaigen Haftungsausschluss wegen subjektiver Käufermerkmale maßgeblichen Kommunikationen stattfinden, wissen also typischerweise weder Freund noch Feind, woran die fließenden Informationen später gemessen werden. Und wenn, zudem oft ganz am Ende der Verhandlungen, endlich definitiv geklärt ist, welche vertragliche „Offenlegungs"- oder „Kenntnisklausel" gelten wird, ist es zu spät, das Verkäufer- oder Käuferverhalten noch hierauf auszurichten.[1]

9.3 Bei der – praktisch überwiegend unbedeutenden – **kaufrechtlichen Gewährleistung** ist es für den Verkäufer vorteilhaft, wenn der Vertrag schweigt – da dann § 442 BGB in Geltung bliebt. Allerdings kann § 442 BGB abbedungen werden.[2] Dabei hat das OLG Frankfurt a. M. in seiner vielbesprochenen Entscheidung vom 7.5.2015[3] eine Abbedingung von § 442 BGB für selbstständige Garantien schon darin gesehen, dass ein Anteilskaufvertrag **kaufrechtliche Gewährleistungsansprüche ausgeschlossen** habe.

> „Einen etwaigen Anspruchsausschluss nach § 442 BGB muss sich die Klägerin ... nicht entgegenhalten lassen. Die Behauptung der Beklagten, wonach die Klägerin Kenntnis von die den Fehlerhaftigkeit der Bilanz bestimmenden Umständen hatte bzw. hätte haben können, ist schon im Tatsächlichen nicht schlüssig dargelegt ... Zudem ist eine mögliche Kenntnis auch aus Rechtsgründen unbeachtlich. Die Parteien haben in dem zugrunde liegenden Kaufvertrag die der Käuferin zustehenden Ansprüche ausdrücklich und abschließend geregelt und weitergehende gesetzliche Ansprüche gerade ausgeschlossen, mit Ausnahme solcher, denen ein vorsätzliches oder arglistiges Verhalten der Beklagten zugrunde gelegen hätte. Sollten aber die gesetzlichen Vorschriften über die Gewährleistung gerade nicht zur Anwendung kommen, die Beklagten vielmehr allein nach Garantiegrundsätzen haften, ist davon auszugehen, dass *auch die Regelung des § 442 BGB in diesem Zusammenhang keine Geltung haben sollte*."[4]

---

1) Zutreffend *Möller*, NZG 2012, 841, 843; *Weißhaupt*, WM 2013, 782, 788 re. Sp. Mitte.
2) S. Rn. 9.51 f.
3) OLG Frankfurt a. M. v. 7.5.2015 – 26 U 35/12, BB 2016, 722 = ZIP 2016, 774 = NZG 2016, 435.
4) OLG Frankfurt a. M. v. 7.5.2015 – 26 U 35/12, BB 2016, 722 re. Sp. unten = ZIP 2016, 774 = NZG 2016, 435 (Hv. hinzugefügt).

II. Käuferkenntnis bei selbstständigen Garantien

Bei den – praktisch sehr bedeutsamen – **selbstständigen Garantien** ist es, wenn, wie hier vertreten, § 442 BGB *nicht* analog auf selbstständige Garantien anzuwenden ist,[5] direkt umgekehrt; eine Verteidigung des Verkäufers mit Käuferkenntnis kommt vom Ansatz her nur infrage, wenn es dem Verkäufer gelingt, eine Kenntnisklausel im Vertrag durchzusetzen, von der es dann abhängt, welche Art von Kenntnis oder Kennenmüssen etc. erforderlich ist und welche Rechtsfolgen es hat. § 242 BGB gewährt regelmäßig dem Verkäufer keine Möglichkeit zur Verteidigung mit Käuferkenntnis.[6] Freilich wäre die Situation tiefgreifend anders, wenn § 442 BGB ohne weiteres auf selbstständige Garantien angewendet werden würde. 9.4

Bei der – praktisch ebenfalls bedeutsamen – Haftung aus **c. i. c. oder Delikt** tritt nach Auffassung des Verfassers die Frage der Kenntnis konstruktiv auf andere Weise schon im Zusammenhang mit der Prüfung einer Informationspflichtverletzung bzw. der Kausalität auf und ist zudem aus anderen Gründen eine analoge Anwendung von § 442 BGB nicht geboten.[7] Freilich ist hier vieles unklar. 9.5

Die Wahrscheinlichkeit, dass ein M&A-Vertrag zu den möglichen Auswirkungen einer Käuferkenntnis ganz schweigt, ist indessen eher gering. Entweder um die Verteidigungsmöglichkeiten des Verkäufers mit Käuferkenntnis zu erweitern oder um, aus Sicht des Käufers, sich für den Fall einer etwa doch von einem Gericht vorgenommenen analogen Anwendung des § 442 BGB zu schützen, wird zumeist eine Kenntnisklausel vereinbart werden – häufig nach besonders intensiver Verhandlung. Dies ist grundsätzlich möglich. Da § 442 BGB zweifelsfrei i. R. der kaufrechtlichen Gewährleistung abbedungen werden kann, müsste umso mehr eine, entgegen der hier vertretenen Ansicht angenommene, analoge Anwendung von § 442 BGB auf selbstständige Garantien einvernehmlich ausgeschlossen werden können. Wohl deshalb kam in Streitigkeiten post M&A – soweit ersichtlich – bislang weder die Frage der analogen Anwendung von § 442 BGB noch die ihrer unmittelbaren Auslegung zum Schwur, sondern stellen sich praktisch v. a. Auslegungsfragen bezüglich **der jeweiligen vertraglichen „Offenlegungs-" oder „Kenntnisklauseln"**, die allerdings oft Versatzstücke aus § 442 BGB enthalten. 9.6

II. Käuferkenntnis bei selbstständigen Garantien
1. Keine analoge Anwendung von § 442 BGB

Es stellt sich im Zusammenhang mit selbstständigen Garantien zunächst die Frage, ob sich ein Verkäufer auf § 442 BGB berufen kann, wenn der Vertrag hierzu schweigt, ob § 442 BGB analog auf selbstständige Garantien angewendet wer- 9.7

---

5) S. Rn. 9.7 f.
6) S. Rn. 9.17 f.
7) S. Rn. 9.56.

9. Kapitel Subjektive Merkmale auf Käuferseite zum Haftungsausschluss

den kann. Diese Frage sollte im Ergebnis verneint werden.[8] Der Einwand, dass der Garantiegläubiger **Kenntnis von der Unrichtigkeit** der Garantieaussage hatte, ist daher grundsätzlich **im Rechtsstreit unerheblich**. Dies gilt selbstverständlich unabhängig davon, wie die Garantie, v. a. auf der Tatbestandsseite, ausgestaltet ist, ob die Haftung also von Verkäuferkenntnis abhängig ist („subjektive Garantie") oder nicht („objektive Garantie").

9.8 Dies betrifft freilich **nur „selbstständige Garantien"** nach § 311 Abs. 1 BGB. Dass für eine „Garantie für die Beschaffenheit der Sache" etwas anderes gilt, ergibt sich aus § 442 Satz 2 BGB. Wenn die Klarstellung, dass selbstständige Garantien nach § 311 Abs. 1 BGB abgegeben werden, einmal unterblieben ist und eine Garantie nach § 443 BGB in Betracht kommt, könnte das also Folgen haben.

9.9 § 442 BGB ist seinem Wortlaut nach doppelt beschränkt. Die Norm gilt für „Rechte des Käufers wegen eines Mangels" und für den Fall, dass der Käufer „den Mangel kennt". Selbstständige Garantien gehen aber über die Beschaffenheit einer Kaufsache (Mangel) hinaus, indem sie Aussagen über jeden beliebigen Aspekt der Welt mit Rechtsfolgen verknüpfen können. Sie führen sodann nicht zu Gewährleistungen eines Käufers, sondern zu Schadensersatzansprüchen eines Garantiegläubigers. Eine direkte Anwendung von § 442 BGB auf selbstständige Garantien scheidet insofern definitiv aus, die analoge würde sich über **zwei Unterschiede** hinwegzusetzen haben, den zwischen Sachmangel und Garantieunrichtigkeit und den zwischen dem Regime selbstständiger Garantien und dem Kaufrecht.

9.10 Die Kraft, die benötigt wird, um über diese Unterschiede hinwegzugehen, könnte man in der normativ-ethischen Vorstellung suchen, es könne nicht angehen, seinen Vertragspartner quasi „sehenden Auges **ins Messer laufen zu lassen**"[9]. Allerdings ist sogleich nachzufragen, wohin der Vertragspartner denn laufen *wollte*? War er nicht auf dem Weg dazu, sich einen ungerechtfertigten Vorteil zu verschaffen? Was soll Unrecht daran sein, wenn der Käufer das erste Unrecht erkennt, aber seine Geltendmachung *aufschiebt*?

---

8) So auch *Paefgen/Wallisch*, NZG 2016, 801, 804; *Mellert*, BB 2011, 1667, 1671; *Hilgard*, BB 2013, 963, 963; *Schmitz*, RNotZ 2006, 561, 590 unten. Hiervon geht stillschweigend wohl auch *Rasner*, WM 2006, 1425, 1431 re. Sp. oben, aus, indem es nur die Zweckmäßigkeit/Unzweckmäßigkeit der Vereinbarung einer analogen Anwendung von § 442 BGB auf Garantien erörtert. A. A. *Picot* in: Berens/Brauner/Strauch/Knauer, S. 313, 337 Mitte, 339 oben. Nach der Auffassung von *Picot* steht der Gläubiger einer selbstständigen Garantie im Ergebnis sogar schlechter als der Gläubiger einer Beschaffenheitsgarantie (i. S. von § 444 BGB). § 442 Abs. 1 Satz 2 BGB begünstige den Käufer nur bei einer Beschaffenheitsgarantie, nicht aber bei einer selbstständigen Garantie, so dass der Gläubiger einer selbstständigen Garantie seine Rechte aus der Garantieverletzung schon bei eigener grober Fahrlässigkeit verliere. Nach der hier vertretenen Auffassung findet hingegen § 442 BGB bei einer selbstständigen Garantie überhaupt keine Anwendung. Für an. Anwendung von § 442 BGB auf Garantien auch *Ettinger/Jaques-Jaques*, Beck'sches Hdb. Unternehmenskauf im Mittelstand, D 346; *Stamer* in: Knott, Unternehmenskauf, Rn. 1144.

9) Formulierung etwa bei *Mellert*, BB 2011, 1667, 1671 li. Sp. unten.

II. Käuferkenntnis bei selbstständigen Garantien

Sodann ist das Bild des „In-ein-Messer-laufen-lassen" mehrfach irreführend. Es gibt eine Reihe von verständlichen und legitimen Hintergrundmotiven für einen Käufer, zunächst zu schweigen. So mag zwar eine Garantieverletzung absehbar sein, aber vielleicht nicht, ob diese wirtschaftliches Gewicht für den Käufer haben und sich ein Schaden für diesen ergeben wird. Bei einer späteren Geltendmachung wird der **Käufer die Klägerrisiken und Klägerlasten** zu tragen haben – und er wird oft noch nicht wissen, ob er das auf sich nehmen wird. Weiter wird der Käufer aufgrund des das deutsche Recht beherrschenden Ausgleichsgedankens und der Unterdrückung von pönalen Elementen nach einem erfolgreichen Rechtsstreit i. d. R. **nicht besserstehen**, als er bei sofortiger Aufdeckung der Garantieunrichtigkeit gestanden hätte, etwa wird er keine „triple damages" erhalten. Vor allem dürfte es so sein, dass wenn der Käufer, der während den Verhandlungen glaubt, eine Garantieunrichtigkeit zu erkennen, aber gleichwohl schweigt, dies zumeist **aus Unsicherheit darüber tun, ob wirklich eine Garantieunrichtigkeit** vorliegt, aber nicht aus Intrige oder Berechnung. Bisweilen schweigt der Käufer zudem, weil er den Prozess des Vertragsabschlusses nicht verzögern oder gefährden möchte oder weil er befürchtet, sich eine Abfuhr zu holen, wenn er unter Hinweis auf einen unbestreitbare Garantieverletzung z. B. eine Kaufpreisanpassung verlangt. Auch dieses Verhalten ist nicht per se illegitim. Übrigens wird dem Verkäufer der durch die Garantieunrichtigkeit erlangte, ungerechtfertigte Vorteil sogar zunächst belassen; er soll ihm *nur möglicherweise später wieder entzogen* werden.

9.11

Im angelsächsischen Rechtsbereich hat sich dafür, dass der Käufer das Closing eines Vertrags betreibt, obwohl er weiß, dass eine Garantiezusage des Verkäufers unrichtig ist, der Begriff des **„Sandbagging"** herausgebildet.[10] Dieses Bild ist ebenso fragwürdig wie das zuvor kritisierte des „In-ein-Messer-laufenlassens". Es dürfte gemeint sein, dass der (clevere) Garantiegläubiger einen Sandsack hinhält, auf den der Schuldner einschlägt ohne das zu bemerken. *Warum sollte man aber nicht einer Person, die doch offenbar zuschlagen möchte, einen Sandsack hinhalten?* Das Bild des „Sandbagging" beschönigt erneut die Situation zugunsten des Käufers auch hinsichtlich des Ergebnisses: Die Garantieverletzung hat – bis auf weiteres – „funktioniert" und der Käufer *hat* einen überhöhten Kaufpreis gezahlt, den der Verkäufer „einstecken" kann. Der Käufer kann diesen Vorteil allenfalls später auf Schadensersatz, also Ausgleich, verklagen.[11]

9.12

Die vorstehenden Betrachtungen deuten an, dass eine ethisch-moralische Verurteilung des Gläubigerverhaltens – close and sue –[12] fragwürdig ist. Zuerst hat

9.13

---

10) *Weißhaupt*, WM 2013, 782, 783 li. Sp. Mitte.
11) Es mag sodann sein, dass, weil das Verhältnis zwischen Signing und Closing doch ein anderes ist als in Deutschland und u. U. wegen der theoretischen Möglichkeit, ein Mehrfaches des Schadens ersetzt zu erhalten, im angelsächsischen Kontext noch andere Umstände relevant sind.
12) *Weißhaupt*, WM 2013, 782, 783 li. Sp. Mitte.

sich eben der **Garantieschuldner ins Unrecht** gesetzt. Er wird hierdurch zwar nicht „vogelfrei", aber das Recht (und die Moral) binden denjenigen, der sich einem rechtswidrigen Übergriff eines anderen ausgesetzt sieht (und sich in dieser Situation ja irgendwie verhalten muss), grundsätzlich nur an eine **Verhältnismäßigkeit der Mittel**. Insofern ist die defensive „Unehrlichkeit" dessen, der Kenntnis einer Garantieverletzung zu seinen Lasten hat, die zudem i. d. R. noch unsicher ist, durchaus anders zu werten als die offensive „Unehrlichkeit" eines bei Vertragsverhandlungen Täuschenden, der bei Vorsatz *zwingend* nach § 276 Abs. 3 bzw. §§ 823, 826 BGB haftet. Mit anderen Worten: Die ethisch-moralischen Kräfte, die hinter § 442 BGB stehen, sind keineswegs denen hinter § 276 Abs. 3 bzw. §§ 823, 826 BGB vergleichbar und erzwingen deshalb keineswegs eine analoge Anwendung von § 442 BGB auf selbstständige Garantien.

9.14 Gegen eine analoge Anwendung von § 442 BGB auf selbstständige Garantien spricht sodann, dass **§ 442 BGB** dahingehend als **dispositiv** angesehen wird, dass dem Verkäufer jede Berufung auf Käuferkenntnis abgeschnitten werden darf.[13)] Dass dieser Norm kein so grundlegender Gerechtigkeitsgehalt zugunsten des Verkäufers zukommt, dass sie der Verfügungsmacht der Parteien entzogen werden muss, spricht aber zugleich gegen einen analogen Export der Norm in die Sphäre selbstständiger Garantien. Wenn die Parteien § 442 BGB im Kaufrecht „abwählen" dürfen – **warum** sollte sie ihnen **außerhalb des Kaufrechts aufgedrängt** werden? Meines Erachtens ergeben sich auch aus dem Bericht von *Weißhaupt* über den angelsächsischen Bereich Argumente in diesem Sinne. Hier gibt es „Anti-Sandbagging-Jurisdiktionen", deren herrschende Rechtsauffassung die Geltendmachung von Garantien an Vertrauen („reliance") auf diese knüpft (Vereinigtes Königreich, Kalifornien) und „Pro-Sandbagging-Jurisdiktionen" (Delaware, tendenziell New York), wo nach der herrschenden Rechtsauffassung Garantien unabhängig von „reliance" geltend gemacht werden können. Beide Jurisdiktionen lassen ein Überwechseln in die jeweils andere Welt durch vertragliche Vereinbarung zu.[14)]

9.15 Sodann enthält **§ 442 Abs. 1 Satz 2 BGB** selbst einen Hinweis gegen seine analoge Anwendung auf selbstständige Garantien. Eine Verteidigung des Verkäufers mit grob fahrlässiger Unkenntnis des Käufers scheidet aus, wenn der Verkäufer eine „Garantie für die Beschaffenheit der Sache" übernommen hat. Die *Verstärkung der Aussage* des Schuldners (Beschaffenheitsgarantie anstelle von z. B. Be-

---

13) In der Literatur wird § 442 BGB selbst als dispositiv angesehen (Palandt-*Weidenkaff*, BGB, § 442 Rn. 4; Staudinger-*Beckmann*, BGB, § 442 Rn. 61; *Rasner*, WM 2006, 1425, 1431 re. Sp. oben). § 442 BGB ist allerdings in § 475 Abs. 1 BGB unter den Normen aufgeführt, hinsichtlich derer keine zum Nachteil eines *Verbrauchers* abweichende Vereinbarungen getroffen werden können.

14) *Weißhaupt*, WM 2013, 782, 783 li. Sp. Mitte ff.; *Möller*, NZG 2012, 843, berichtet, dass in deutschen Verträgen überwiegend ein Haftungsausschluss bei Kenntnis gelte, also sich das „sandbagging" nicht durchgesetzt habe (NZG 2012, 841, 843).

II. Käuferkenntnis bei selbstständigen Garantien

schaffenheitsvereinbarung) wirkt sich also so aus, dass sich der Schuldner *weniger auf subjektive Merkmale* bei dem Gläubiger berufen kann. Dieser gedankliche Ansatz wird durch die Ablehnung der analogen Anwendung von § 442 BGB fortgesetzt, indem dem Schuldner angesichts der *weiteren Verstärkung* (selbstständige Garantie anstelle von Beschaffenheitsgarantie) nun auch die Berufung auf Kenntnis des Käufers verwehrt wird.

Letztendlich ergibt sich die Ablehnung einer analogen Anwendung von § 442 BGB auf selbstständige Garantien formal v. a. daraus, dass durch eine selbstständige Garantie bewusst das denkbar **strengste und abstrakteste Haftungsregime** im deutschen Recht begründet werden soll,[15] strenger eben – und etwas Anderes – als die Sachmängelgewährleistung oder eine kaufrechtliche Garantie für die Beschaffenheit der Sache i. S. des § 443 BGB.[16] Wie dargestellt, hat das OLG Frankfurt a. M. den Ausschluss von kaufrechtlichen Gewährleistungsansprüchen so ausgelegt, dass § 442 BGB jedenfalls nicht auf selbstständige Garantien angewendet werden könne.[17] Es hat sich hierbei zudem darauf gestützt, dass eine ausnahmsweise Anwendung von § 442 BGB „auch mit dem Wesen der vereinbarten Garantiehaftung nicht vereinbar (wäre); da die Beklagten die uneingeschränkte Haftung für die Richtigkeit der vorgelegten Stichtagsbilanz übernommen hatten, ist für eine Haftungsbeschränkung auf Käuferseite außerhalb der vertraglichen Vereinbarung der Parteien kein Raum."[18] Sonstige Behandlungen der analogen Anwendung von § 442 BGB auf Garantien sind nicht bekannt.[19]

9.16

2. Kein Haftungsausschluss nach § 242 BGB

Bisweilen wird überlegt, ob unter bestimmten, offenbar eher seltenen,[20] Voraussetzungen ein Gläubiger gegen § 242 BGB (**venire contra factum proprium**) verstoßen könnte, wenn er Garantieansprüche erhebt, obwohl er bei Vertragsabschluss schon Kenntnis von der Garantieverletzung hatte. Dies ist – vielleicht abgesehen von Extremfällen – **zu verneinen**.

9.17

---

15) Die selbstständige Garantie ist dem deutschen Recht keineswegs fremd. Unrichtig OLG Schleswig, das verschuldensunabhängige Schadensersatzansprüche als dem deutschen Recht wesensfremd bezeichnet (Urt. v. 28.5.2009 – 5 U 146/08, Rn. 29).
16) Weitere Argumente gegen die analoge Anwendung von § 442 BGB auf selbstständige Garantien oder gegen einen Rechtsverlust nach § 242 BGB bei Kenntnis einer Garantieunrichtigkeit finden sich in Rn. 9.51 ff.
17) S. Rn. 9.3.
18) OLG Frankfurt a. M. v. 7.5.2015 – 26 U 35/12, BB 2016, 721, 723 li. Sp. oben = ZIP 2016, 774 = NZG 2016, 435.
19) Das LG Hamburg v. 13.3.2015 – 315 O 89/13, juris, wendet § 442 BGB auf die c. i. c. an (Rn. 78 f.), aber wohl nicht auch auf Garantien (s. Rn. 84 und Rn. 86).
20) *Mellert*, BB 2011, 1667, 1671 li. Sp. oben, und zustimmend *Hilgard*, BB 2013, 963 li. Sp. unten, sprechen nur von einer „gewissen Rechtsunsicherheit" bzw. der „Gefahr einer Rechtsunsicherheit".

9. Kapitel Subjektive Merkmale auf Käuferseite zum Haftungsausschluss

9.18 Zunächst sprechen schon die Gründe, die zur Dispositivität von § 442 BGB zugunsten des Käufers führen bzw. bereits gegen eine analoge Anwendung von § 442 BGB angeführt wurden, auch gegen eine Anwendung von § 242 BGB auf diese Fälle.

9.19 Weitere Gesichtspunkte kommen hinzu. Für eine Treuwidrigkeit des Erhebens eines Garantieanspruches bei Kenntnis der Verletzung bei Vertragsabschluss kann nicht angeführt werden, dass der Schuldner nicht „gewarnt" worden sei, der Käufer zweifele an der Richtigkeit der garantierten Aussage oder kenne sogar ihre Unrichtigkeit. Dies schon deshalb nicht, weil Garantien typischerweise überhaupt nur dann verlangt werden, wenn der Gläubiger schon einen Zweifel hinsichtlich des garantierten Umstandes hat. **Garantien sind Antworten auf Zweifel.** Aber nicht nur das. Der Käufer lässt sich auch Garantien geben, wenn er schon „positiv *glaubt*", dass eine Aussage nicht zutrifft. Dies ist deshalb sinnvoll, weil zu dem betreffenden Zeitpunkt für ihn fast nie die Möglichkeit besteht, die Frage endgültig aufzuklären. Der Unterschied zwischen einem „positiven Glauben" an die Unrichtigkeit einer Aussage und der „positiven Kenntnis" der Unrichtigkeit schwindet erst wesentlich später, letztlich erst, wenn ein Gericht die Garantieunrichtigkeit festgestellt hat. **Garantien sind** insoweit auch **Antworten auf „positiven Unglauben";** dieser wird ohne weiteres zur positiven Kenntnis, wenn sich der Unglaube bestätigt.

9.20 Der Zweifel kann verschiedene Hintergründe haben und unterschiedlich „verdichtet" sein. Schon eine rein **theoretische Gefahr** mag zu dem Verlangen nach einer Garantie führen, wenn große Schäden möglich sind. Oder der Gläubiger erlangt **Hinweise auf ein konkreteres Risiko** (z. B. kann schon die Größe eines Vorratslagers nahelegen, die Verwendbarkeit und Werthaltigkeit der Vorräte garantieren zu lassen). Möglicherweise besorgt der Käufer, dass der Verkäufer das Unternehmen (oder einzelne Bereiche) selbst nicht genau kennt und dass seine **Angaben** daher **nicht zuverlässig** sind. Jeder Käufer weiß auch, dass bei Unternehmenskaufverträgen **bisweilen unredlich agiert** wird und er wird für diesen Fall den einfacheren Schutz einer verschuldensunabhängigen Garantie wünschen. Das Bestehen solcher (abstrakter oder konkreter) Zweifel kann dem Verkäufer nicht entgehen – er ist also **schon gewarnt** und hätte jeden Anlass, seine garantierten Angaben, mit denen er den Zweifel seines Vertragspartners zunächst zu dessen Lasten überwinden möchte, noch einmal zu überprüfen.

9.21 Schon bei etwas komplexeren Kaufgegenständen, erst recht bei M&A-Transaktionen, sprechen sodann situative Umstände gegen eine Treuwidrigkeit des Verschweigens von Kenntnis (oder einer vermeintlichen Kenntnis). Bei einfachen Mängeln, wie einem durch Sperrholz ersetzten Teil einer Antiquität, kann erwartet werden, dass der Käufer unmittelbar hierauf reagiert, indem er den Kauf abbricht oder den angebotenen Kaufpreis reduziert. Schon hinsichtlich von Immobilien erhält aber ein Käufer typischerweise Informationen über Mängel, die hinsichtlich ihres Vorliegens und hinsichtlich ihrer wirtschaftlichen Auswirkun-

II. Käuferkenntnis bei selbstständigen Garantien

gen **nicht hic et nunc ausgewertet** werden können, jedenfalls nicht ausreichend und nicht abschließend.[21] Bei M&A-Transaktionen erhöht sich die **Zahl relevanter Umstände**, die von Garantien abgedeckt werden, weiter, besitzen sie oft eine noch **größere Komplexität** und kommt zu der Stoffmasse und Komplexität noch der **Zeitdruck** hinzu, unter dem die Verhandlungen stehen. Es kann daher nicht ohne weiteres davon ausgegangen werden, dass die Parteien in der Lage gewesen wären, eine abschließende Regelung darüber zu treffen, wie sich der zur Kenntnis gelangte Umstand auf die Vertragskonditionen auswirken soll.

Schließlich geben nicht nur Verkäufer häufig Garantien ab, deren sie sich nicht vollständig sicher sind (unterhalb oder oberhalb der Grenze zur „Abgabe ins Blaue" hinein und also der Auslösung auch einer Vorsatzhaftung)[22], sondern kann sich ebenso beim Käufer während der Verhandlungen mehrfach die Einschätzung dazu ändern, ob eine verhandelte Garantie verletzt ist. Korrekt wäre es sicher, wenn der *Verkäufer* in dem Moment, in dem er eine Unrichtigkeit einer Garantie oder ihre „Abgabe ins Blaue hinein" erkennt, dies offenbart. Die Offenbarung würde unmittelbar dazu führen, dass die **Garantie ihren Charakter ändert**, indem sie zu einer **offenen Risikogarantie** bzw. zu einer sich der Garantietechnik bedienenden **faktischen Freistellungsklausel** würde. Zudem würde der Verkäufer durch die Offenbarung der Kenntnis (oder u. U. auch nur seines Unglaubens) das Eingreifen der zusätzlichen Vorsatzhaftung (mit ihren Folgen etwa für Haftungsbegrenzungen etc.) vermeiden, was im Interesse des Verkäufers läge. 9.22

Sollte der Käufer „positive Kenntnis" bzw. „positiven Glauben" einer Unrichtigkeit einer Garantie erlangen, so mag es Fälle einer solchen Eindeutigkeit geben, dass eine Offenlegung seiner Zweifel bzw. die Anregung eines Umschwenkens zu einer Freistellungs- oder Kostenerstattungsklausel auch aus seiner Sicht sachgerecht sein könnten.[23] Indessen gibt es nach Auffassung des Verfassers keine Rechtfertigung dafür, dem Garantiegläubiger, wenn er dies nicht tut, die Rechte aus der Garantie ohne weiteres nach § 242 BGB zu versagen. 9.23

---

21) Bei einem kürzlich von dem Verfasser begleiteten Unternehmenskauf war ein neues Produktionsgebäude auf einer Fläche errichtet worden, für die ein vorliegendes Sachverständigengutachten eine „schwere Kontamination" aufgrund von Auffüllungen und eine mangelnde Tragfähigkeit feststellte. Es lag nahe, die Risiken, die sich hieraus ergeben konnten, wenn die Kontaminationen nicht beseitigt bzw. keine sachgerechten baulichen Schlussfolgerungen hieraus gezogen worden wären, durch eine Garantie abzusichern. Wenn sich im weiteren Fortgang vor Unterzeichnung herausgestellt hätte, dass dies nicht vollständig geschehen wäre (diese Erkenntnis wäre vermutlich mit großen Unsicherheiten behaftet gewesen), wäre es dem Käufer kaum möglich gewesen, diese Risiken einzupreisen.
22) Palandt-*Ellenberger*, BGB, § 123 Rn. 11.
23) S. a. Rn. 13.17.

9. Kapitel Subjektive Merkmale auf Käuferseite zum Haftungsausschluss

3. „Offenlegungs-" und „Kenntnisklauseln" bei Garantien

9.24 Nach der dargestellten hier vertretenen Auffassung ist § 442 BGB auf Garantien nicht analog anwendbar und steht § 242 BGB der Geltendmachung von Garantieansprüchen bei Kenntnis einer Garantieverletzung bei Vertragsabschluss i. d. R. nicht im Wege. Der Verkäufer kann sich gegen selbstständige Garantien also nur aufgrund einer vertraglichen „Offenlegungs-" oder „Kenntnisklausel" verteidigen. Solche Klauseln sind v. a. deshalb sehr verbreitet, weil sich zumeist beide Parteien ihrer eigenen Rechtsauffassungen zur analogen Anwendung von § 442 BGB und zu etwaigen Auswirkungen von § 242 BGB nicht sicher sind bzw. sie jedenfalls die Technik einer haftungsbefreienden Offenlegung in einer Disclosure File oder in Vertragsanlagen festlegen wollen.[24]

9.25 Dabei ist *Möller* zuzustimmen, dass zwischen „Offenlegungs"- und „Kenntnisklauseln" zu unterscheiden ist. In dem einen Fall befreit schon die Offenlegung durch den Verkäufer – als Handlung bzw. objektiver Umstand –, in dem anderen erst die Kenntnis des Käufers – als subjektives Ergebnis.[25]

9.26 Es dürfte **keine Grenzen der Dispositivität** für eine Kenntnisklausel geben, soweit sie sich **nur auf selbstständige Garantien** bezieht. Die Vertragsfreiheit, eine zusätzliche Verkäuferhaftung zu statuieren, erlaubt es, diese ggf. in einem zweiten Schritt wieder stark auszudünnen. Die gilt nicht nur für Höchstbeträge, sondern auch für **sehr verkäuferfreundliche Kenntnisklauseln**. Diese sind deshalb hier zulässig.[26] An der Zulässigkeit von käuferfreundlichen Gestaltungen besteht ohnehin kein Zweifel.

9.27 Auf diesem Weg geraten u. U. Klauseln in die Verträge, die § 442 BGB ähneln können. Sachlich beinhalten vertragliche Kenntnisklauseln für Garantien aber auch oft Abweichungen gegenüber § 442 BGB, wenn etwa durch sie die Haftung aufgrund einer bloßen **Offenlegung** über einen **bestimmten Kanal**, etwa im Datenraum oder einer Anlage, aber unabhängig von einer Kenntnis oder grob fahrlässigen Unkenntnis ausgeschlossen wird. Hierin liegt sowohl eine sachliche Erweiterung des Haftungsausschlusses gegenüber § 442 BGB (indem keine subjektiven Käufermerkmale mehr verlangt werden) als auch eine Verengung (indem die zu einem Haftungsausschluss führenden Information eben in dem besonderen Kanal enthalten sein müssen). Häufig werden allerdings auch die

---

24) *Weißhaupt*, WM 2013, 782, 783 li. Sp. Mitte. S. a. Rn. 9.6.
25) *Möller*, NZG 2012, 841, 843. Zu käufer- und verkäuferbezogenen Kenntnisklauseln s. a. *Müller*, Käufer- und verkäuferbezogene Kenntnisklauseln im Zusammenhang mit Garantien in Unternehmenskaufverträgen; insbesondere bei MBO, in: Birk/Pöllath/Saenger, Forum Unternehmenskauf 2006, S. 183 ff.
26) Z. B. wäre eine Regelung, dass die Haftung für eine Garantieverletzung ausgeschlossen ist, wenn sie leicht fahrlässig von Mitgliedern einer gemeinsamen Expertengruppe der Parteien (die nur beschränkt an diese berichten dürfen – Clean Team) übersehen wurde oder die durch eine technische Untersuchung von Produktionsanlagen, die *nicht* durchgeführt wurde, erkennbar gewesen wäre, wohl zulässig. So zutr. *Weißhaupt*, WM 2013, 782, 787 li. Sp. oben, allerdings ohne Einschränkung auf Garantien.

II. Käuferkenntnis bei selbstständigen Garantien

Begriffe von § 442 BGB (**Kenntnis, fahrlässige Unkenntnis**) oder ähnliche Begriffe („Kennen können", „Kennen müssen", „best knowledge" o. Ä.) verwendet oder modifiziert.

In Rechtsstreitigkeiten hängt praktisch fast immer alles von dem **Vorhandensein und Inhalt einer Kenntnisklausel** ab. Ohne eine solche Klausel gibt es für den Verkäufer keine Grundlage, sich haftungsverweigernd auf Käuferkenntnis oder eine Offenlegung zu berufen – und bleiben z. B. Diskussionen darüber, ob die Nichtdurchführung „einer" Due Diligence grob fahrlässig sei, ohne Ansatzpunkt. Die Kenntnisklausel ist indessen individuelles Vertragsrecht, so dass sich die **Argumentationsbasis von Streit zu Streit anders** darstellt. Es können gleichwohl einige wiederkehrende Streitfragen behandelt werden. 9.28

Dabei ist erneut auf die **Parallelität der Problemstellung** zu der Begründung des objektiven Tatbestandes einer Informationspflichtverletzung durch Verschweigen einer offenbarungspflichtigen Information hinzuweisen. Dort wird der Verkäufer angegriffen, weil er nicht einen bestimmten Kenntnisstand bei dem Käufer geschaffen habe und hieraus ein Anspruch aus c. i. c. oder Delikt hergeleitet. Der Verkäufer verteidigt sich mit der Behauptung, dass er diesen Kenntnisstand doch geschaffen oder der Käufer ihn anderweitig erlangt habe. Ist dies so, so fehlt es am Tatbestand einer c. i. c. oder eines Delikts. Die **Käuferkenntnis** führt zum **Nichtentstehen eines Anspruchs**. Bei der jetzigen Garantiehaftung ist das Ergebnis für den Verkäufer ähnlich günstig, aber konstruktiv anders: Sofern es eine entsprechende Kenntnisklausel gibt, führt die Käuferkenntnis zur **Zerstörung der** anderweitig tatbestandlich schon begründeten **Garantiehaftung**. 9.29

a) Zeitpunkt der Kenntnis

Nach dem Wortlaut des § 442 BGB muss die schädliche Kenntnis bei Zustandekommen des Vertrags vorliegen. Im Regelfall ist dies der Zeitpunkt des Abschlusses des schuldrechtlichen Geschäfts bzw. des Signings. Freilich ist es bei „**gestreckten Verkäufen**" so, dass die Erklärungen des Käufers zu einem anderen Zeitpunkt als die des Verkäufers verbindlich werden, auch *vor* denen des Verkäufers. Für diesen Fall hat der BGH bezogen auf einen Grundstücksverkauf entschieden, dass es für die Kenntnis des Käufers auf den Zeitpunkt der **Abgabe des Angebots des Käufers** ankam. Allerdings soll u. U., wenn der Käufer die Versendung des Angebotes hinauszögert oder Veranlassung hatte, sich nach Möglichkeiten zu erkundigen, den Eintritt der Bindungswirkung zu verhindern und rechtzeitig entsprechend tätig werden konnte, u. U. gemäß dem Wortlaut des § 442 BGB doch erst das Zustandekommen des Vertrags maßgeblich sein.[27] 9.30

---

27) BGH v. 15.6.2012 – V ZR 198/11, ZIP 2012, 1812, 1814 re. Sp. Mitte f.

9. Kapitel Subjektive Merkmale auf Käuferseite zum Haftungsausschluss

b) Erforderliche Inhalte der Käuferkenntnis

9.31 Bei der Vereinbarung einer inhaltlich § 442 BGB entsprechenden Kenntnisklausel, also einer verkäuferfreundlichen Situation, wird die wichtigste Frage sein, ob eine „Kenntnis des Käufers" vorlag.

9.32 Der Logik der Sache folgend, stellt die Rechtsprechung an die haftungsausschließende Kenntnis des Käufers nach § 442 BGB strengere Anforderungen als an eine haftungsbegründende Kenntnis bzw. einen Vorsatz des Verkäufers. So etwas wie einen „bedingten Vorsatz" oder eine „Kenntnis ins Blaue hinein" gibt es bei der Kenntnis i. R. des § 442 BGB nicht; eine Enthaftung des Verkäufers tritt nur ein, wenn der Käufer den **konkreten Mangel positiv gekannt** hat und nur insoweit, als er auch seinen Umfang gekannt hat.[28] Auch ein **dringender Verdacht reicht nicht**.[29] Es sei darauf hingewiesen, dass diese strengen Anforderungen an „Kenntnis" in Verbindung damit, dass der Käufer fast zwangsläufig immer nur unzuverlässige Kenntnis von der Unrichtigkeit oder Richtigkeit von Garantien – „positiven Unglauben" – erlangen kann, selbst bei einer analogen Anwendung von § 442 BGB dessen Eingreifen häufig am Fehlen der „Kenntnis" scheitern lassen müssten.

9.33 Wie bei der parallelen Thematik, ob der Verkäufer den Käufer zur Vermeidung einer c. i. c. bzw. eines Delikts hinreichend aufgeklärt hat und hierdurch das Vorliegen des Tatbestandes eines Verschweigen ausgeschlossen wurde,[30] ist erneut v. a. **präzises Denken** gefragt: Es reicht nicht aus, dass ein Thema „angeklungen" ist oder dass der Käufer wusste oder wissen konnte, dass „hier ein Problem" ist. Eine Kenntnis über eine Altlast auf einem Grundstücksteil ist etwas anderes als eine Kenntnis der Altlast am anderen Ende, die Kenntnis des Altlastenverdachts ist nicht die Kenntnis eines bestimmten Schadstoffes, Kenntnis eines Prozesses ist nicht Kenntnis der Umstände aus denen sich ergibt, dass der Prozess verloren werden wird. Dass der Käufer bei einer Betriebsbesichtigung erkennen konnte, dass der Maschinenpark altehrwürdig ist, ist nicht gleichbedeutend mit der Kenntnis, dass zehn Jahre keine Instandhaltung etc. stattfand. Der Inhalt der Kenntnis ist *räumlich*, *gegenständlich*, seiner *Intensität* und seiner *Gewissheit* nach zu unterscheiden. *Tschäni* berichtet über ein Schiedsgerichtsverfahren, in dem ein Haftungsausschluss für den Fall vereinbart war, dass eine Garantieverletzung „obviously and doubtlessly apparent at first sight from the documents provided to the buyer" sein sollte. Das Schiedsgericht neigte dazu, den Ansatz eines Betrages für einen neuen Server in der Investitionsplanung als

---

28) Ähnlich *Picot* in: Berens/Brauner/Strauch/Knauer, S. 313, 332.
29) Vgl. Palandt-*Weidenkaff*, BGB, § 442 Rn. 7. OLG Köln v. 17.2.1999 – 13 U 174/98, Rn. 4, openJur 2011, 78549: „Ein noch so dringender Verdacht genügt insoweit nicht" (zu § 460 Satz 1 BGB a. F.). Um bedingten Vorsatz bzw. Arglist bei einem Verkäufer zu bejahen, ist nicht einmal ein *dringender* Verdacht, dass ein garantieverletzender Umstand existiert, erforderlich.
30) S. Rn. 6.88 ff.

II. Käuferkenntnis bei selbstständigen Garantien

nicht ausreichende Offenlegung eines Überholungsbedarfs des IT-Systems i. S. dieser Regelung anzusehen. In einem zweiten Fall, über den *Tschäni* berichtete,[31] war garantiert worden, dass der Wert der Vorräte nicht unter dem niedrigeren Betrag aus Anschaffungskosten oder Marktwert liege. Es trat die Frage auf, ob die Offenlegung der angewandten Bewertungsmethoden in einer Anlage ausreiche. Die Frage wurde hier ebenso wenig entschieden wie – in einem von dem Verfasser begleiteten Schiedsgerichtsverfahren – die Frage, ob die Angabe, dass zur pauschalierenden Vorratsbewertung ein Abgangsverfahren angewandt wurde (und welche Abwertungsprozentsätze welchen Abgangszahlen in welchen Zeiträumen zugeordnet wurden), eine ausreichende Offenlegung einer Überbewertung darstellte.

c) Grob fahrlässige Unkenntnis des Käufers

Nach § 442 Abs. 1 Satz 2 BGB sind die Rechte eines Käufers wegen eines Mangels u. U. ausgeschlossen, wenn ihm ein Mangel grobfahrlässig unbekannt geblieben ist. Hier wird das Tor für eine Verteidigung weiter geöffnet. Zu den Erfordernissen der grob fahrlässigen Unkenntnis wird auf die Kommentarliteratur verwiesen.[32]   9.34

Wenn eine analoge Anwendung von § 442 BGB vereinbart wird, kann eine unklare Situation mit der Anmutung eines Zirkularitätsproblems entstehen. Der Käufer kann nämlich gegen den Verkäufereinwand der grob fahrlässigen Unkenntnis nach § 442 Abs. 1 Satz 2 BGB den Gegeneinwand erheben, dass der Verkäufer eine *Garantie übernommen habe*. Die Frage ist nun, ob dies, da bei vereinbarter analoger Anwendung des § 442 BGB auf selbstständige Garantien immer eine Garantie[33] abgegeben wurde, bedeutet, dass für den Verkäufer generell doch nur eine Verteidigung mit Kenntnis übrig bliebe? Wenn ja, warum haben die Parteien dann die analoge Anwendung des § 442 BGB insgesamt vereinbart? Man wird Argumente für beide Sichtweisen finden[34] und es könnte im Ergebnis entscheidend auf Nuancen des Einzelfalls ankommen. Die meisten Kenntnisklauseln sind so formuliert, dass die Unklarheit vermieden wird.   9.35

---

31) Bei *Tschäni*, Post Closing Disputes, in: Kaufmann-Kohler/Johnson, Arbitration of Merger and Acquisition Disputes, S. 67 ff., 76 Mitte (ohne weitere Angaben).
32) Selbstverständlich müssen Parteien, die eine analoge Anwendung des § 442 BGB oder eine ähnliche Kenntnisklausel vereinbaren, dem Verkäufer diese zusätzliche Verteidigung nicht auch eröffnen.
33) Eine Garantie i. S. von § 442 Abs. 1 Satz 2 BGB ist auch eine selbstständige Garantie; vgl. Palandt-*Weidenkaff*, BGB, § 442 Rn. 19.
34) Man wird etwa sagen können, dass der Einwand grob fahrlässiger Unkenntnis nicht erhoben werden könne, weil er sich schon nicht aus der Norm ergebe, deren analoge Anwendung angeordnet wurde. Das Gegenargument wäre, dass durch die explizite analoge Anwendung der Norm gerade erreicht werden sollte, dass das, was bei direkter Anwendung der Norm nicht möglich sei (die Berufung auf grob fahrlässige Unkenntnis gegen eine Garantie), ausnahmsweise möglich sein soll. Vermutlich wird sich ein Gericht nicht durch einen „logizistischen" Schlagabtausch überzeugen lassen.

d) Grobe Fahrlässigkeit und Due Diligence

9.36 Es gibt eine Diskussion um die Frage, unter welchen Voraussetzungen der Verkäufer bei einer Garantieverletzung eine „grob fahrlässige Unkenntnis" der Käufers aufgrund einer vertraglichen Kenntnisklausel oder – selten – i. S. von § 442 BGB angenommen werden kann.

9.37 Wenn eine entsprechende vertragliche Kenntnisklausel vereinbart wurde – oder ausnahmsweise § 442 BGB direkt eingreift –, ist grundsätzlich der Einwand einer grob fahrlässigen Unkenntnis eröffnet.[35]

9.38 Die erste Frage ist dann, ob schon die bloße **Nichtdurchführung einer Due Diligence** den Vorwurf einer **groben Fahrlässigkeit** begründen kann. Die Diskussion hierzu überlagert sich teilweise mit derjenigen über die Auswirkung einer Due Diligence auf Aufklärungspflichten des Verkäufers aus § 241 Abs. 2 BGB und der Frage eines Mitverschuldens bei Nichtstattfinden einer Due Diligence.[36]

9.39 Eine weitgehende Auffassung behauptet, der Verzicht auf eine Due Diligence begründe stets grobe Fahrlässigkeit.[37] Diese Auffassung hat sich allerdings[38] in Rechtsprechung und Literatur – zu Recht – nicht durchzusetzen vermocht. Heute dürfte die Auffassung herrschend sein, dass die Nichtdurchführung einer Due Diligence allein keine grobe Fahrlässigkeit begründet.[39]

9.40 Auch wenn heute wohl in einer erheblichen Zahl, vielleicht der größeren Zahl, von Fällen bei M&A-Transaktionen unter der Überschrift „Due Diligence" Prüfungsmaßnahmen durchgeführt werden, bestehen weiter Zweifel, ob dies schon quantitativ für eine Verkehrssitte ausreicht.[40] Vor allem könnten Statistiken allenfalls bestätigen, dass es eine verbreitete Übung gibt, **unter der Überschrift „Due Diligence" irgendwelche Prüfungshandlungen** durchzuführen, es bliebe aber unbestimmt, welche Prüfungshandlungen im Einzelnen dazu gehören und also auch welche konkreten Nachforschungen einem Käufer abverlangt werden

---

35) Es sei denn, man ist der Meinung, dass der Einwand der grob fahrlässigen Unkenntnis bei einer analogen Anwendung des § 442 BGB, wie oben erörtert, aufgrund des Satzteiles „oder eine Garantie für die Beschaffenheit der Sache übernommen hat" in § 442 Abs. 1 Satz 2 BGB generell ausgeschlossen sei.
36) S. dazu Rn. 6.75 und Rn. 9.56 f.
37) Hölters-*Semler*, Hdb. Unternehmenskauf, S. 729, – mit der Ausnahme von Kleinunternehmen und freiberuflichen Praxen; weitere Nachweise für die Auffassung bei *Beisel/Klumpp*, Der Unternehmenskauf, S. 37 unten.
38) Überzeugend *Huber*, AcP 202 (2002), 179, 200 f.
39) So etwa *Hilgard*, BB 2013, 963, 967 li. Sp. unten. *Weißhaupt*, WM 2013, 782, 783 li. Sp. oben; *Schmitz*, RNotZ 2006, 561, 582. Weitere Nachweise bei *Lips/Stratz/Rudo* in: Beck'sches Mandatshandbuch Unternehmenskauf, § 4 Rn. 54.
40) *Picot* in: Berens/Brauner/Strauch/Knauer, S. 313, 335 ff., gibt statistische Daten als Argument gegen eine Verkehrssitte.

II. Käuferkenntnis bei selbstständigen Garantien

sollen.⁴¹⁾ Eine Verkehrssitte kann es aber nicht geben, solange sich kein hinreichend klarer und stabiler Inhalt einer Verkehrssitte herausgebildet hat. Um ein Beispiel zu geben: Die Checklisten für die Wartung eines Airbus legen eindeutig fest, wann welche Checks durchzuführen sind; ebenso ist in der Medizin etabliert, dass bestimmte Operationen nicht ohne vorheriges EKG unternommen werden können und würden Wirtschaftsprüfer ihre Pflichten verletzen, wenn sie bei Jahresabschlussprüfungen bestimmte Vollständigkeitsbestätigungen nicht einholen würden. Eine vergleichbare Klarheit und Stabilität gibt es bei einer Due Diligence nicht; dass bestimmte Prüfungshandlungen immer wieder vorkommen, ändert daran nichts.⁴²⁾

Sodann: Ein Vorwurf einer groben Fahrlässigkeit wird immer als Verteidigung 9.41 gegen einen Anspruch des Käufers erhoben, etwa wenn dieser eine Unternehmenswertbeeinträchtigung rügt, weil Risiken aus Pensionsverpflichtungen nicht passiviert wurden. Wieso soll aber ein Fahrlässigkeitsvorwurf an den Käufer, diese Risiken nicht erkannt zu haben, damit begründet werden können, dass er sich nicht intensiv mit gesellschaftsrechtlichen Dokumenten, Bezugsverträgen und öffentlich-rechtlichen Genehmigungen befasst hat? Das eine hat mit dem anderen, auch wenn es auf demselben Datenraumindex aufgelistet sein könnte, nichts zu tun; der Vorwurf könnte nur sein, dass der Käufer sich nicht sorgfältig mit den Pensionsverpflichtungen befasst habe.

Als weiteres Argument gegen eine Obliegenheit zur Durchführung einer Due 9.42 Diligence kann neben § 377 HGB – die Norm sieht nur eine *nach*vertragliche Untersuchungsobliegenheit vor⁴³⁾ – wohl auch angeführt werden, dass *Vertrauen* in andere Menschen, das immer mit einem gewissen Verzicht auf Kontrolle, Risikobereitschaft und Überwindung des eignen Misstrauens verbunden ist, von der Rechtsordnung nicht a limine als grob fahrlässig angesehen werden sollte.⁴⁴⁾

Es geht auch nicht um die Frage, ob ein Käuferorgan gegenüber dem Käufer ver- 9.43 pflichtet ist, eine Due Diligence durchzuführen.⁴⁵⁾ Selbst wenn es das wäre und haften würde, wenn es die Pflicht missachtet, würde das auf das Verhältnis des Verkäufers zum Käufer keinen Einfluss haben können.⁴⁶⁾

---

41) A. A. *Böttcher*, ZGS 2007, 20, 23 li. Sp. Mitte, und Hölters-*Semler*, Hdb. d. Unternehmens- und Beteiligungskaufs, Teil VI Rn. 43; *Triebel/Hölzle*, BB 2002, 521, 526.
42) *Müller*, NJW 2004, 2196, 2198 li. Sp. oben; zutr. auch *Beisel/Klumpp*, Der Unternehmenskauf, S. 38 oben, m. w. N.
43) *Müller*, NJW 2004, 2196, 2197 li. Sp. oben; *Picot* in: Berens/Brauner/Strauch/Knauer, S. 313, 335.
44) Jedenfalls nicht mit einer gegenüber dem Schuldner enthaftenden Wirkung.
45) Vgl. Rn. 14.29. Auch hier muss es richtigerweise darauf ankommen, ob das Organ verpflichtet war, bestimmten Umständen nachzugehen.
46) *Weißhaupt*, WM 2013, 782, 783 li. Sp. oben.

9. Kapitel Subjektive Merkmale auf Käuferseite zum Haftungsausschluss

9.44 Zuletzt ist zu erinnern, dass sich ein jährlich Billionen schwerer Aktienhandel von Großunternehmen ohne Durchführung jeglicher Due Diligence vollzieht. Sollen diese Käufe alle grob fahrlässig sein, nur weil eine Due Diligence im üblichen Sinne per se ausscheidet?

9.45 Es kommt also, wenn eine Kenntnisklausel eine Haftung bei grober Fahrlässigkeit des Käufers ausschließt oder ausnahmsweise § 442 Anwendung findet, für die Verkäuferverteidigung mit einer groben Fahrlässigkeit des Käufers nur und ausschließlich darauf an, ob der Käufer grob fahrlässig handelte, als er **konkrete Informationen nicht erbat, einzelnen Umständen nicht nachging,** die sich später als kritisch erwiesen haben, oder **naheliegende Zusammenhänge nicht erkannte.**[47]

9.46 Hier angelangt, ist freilich zu betonen, dass keineswegs überhöhte Anforderungen an den Käufer gestellt werden dürfen. Sicher kann der Vorwurf grober Fahrlässigkeit nicht darauf gestützt werden, dass er einfach nicht bemerkte, dass eine Information falsch war (dies ist ihm häufig gar nicht möglich), oder dass er nicht jede Information mit großem Aufwand überprüfte. Es muss, wenn er eine Angabe über die Höhe von Pensionsverpflichtungen erhält, also nicht etwa Versicherungsmathematiker befragen, ob der Betrag angesichts der Anzahl der Mitarbeiter und der Geschichte des Unternehmens plausibel ist. Er muss sodann nicht zu jeder relevanten Information weitere Nachfragen stellen, weder „Stimmt die Information in der Bilanz wirklich?" noch „Können Sie mir weitere Details geben?". Immerhin hat der Käufer – in der übergebenen Bilanz – ja schon die Antwort erhalten, dass es über den passivierten Rückstellungsbedarf hinaus keinen weiteren gebe. Daher kann ein Unterlassen solcher Fragen keine grobe Fahrlässigkeit begründen. Es müssen vielmehr im Einzelfall gewichtige Umstände hinzukommen, die ihn zu gezieltem Nachfragen **veranlassen und befähigen,** um das Verhalten des Käufers als grob fahrlässig zu qualifizieren, wenn er keine weiteren Fragen stellt.[48]

9.47 Wenn grobe Fahrlässigkeit des Käufers vorliegt, spielt es allerdings keine Rolle, auf welche Weise er die Kenntnis über die Umstände erlangt hat, die ihn zu weiteren Maßnahmen veranlassen mussten. Er kann auch nicht einwenden, dass er die Kenntnis dieser Umstände hätte vermeiden können, ohne pflichtwidrig zu handeln.[49]

---

47) In der Sache ähnl. *Hilgard*, BB 2013, 963, 967 re. Sp. oben. S. a. oben Rn. 6.75 f.
48) So auch *Hilgard*, BB 2013, 963, 967 re. Sp. oben.
49) Überzeugend *Picot* in: Berens/Brauner/Strauch/Knauer, S. 313, 332. A. A. *Müller*, NJW 2004, 2196, 2199 li. Sp. oben. *Müller* macht eine Ausnahme, wenn „dem Käufer der Mangel auch ohne nähere Durchleuchtung des Unternehmens, also ohne Due Diligence hätte auffallen müssen" (m. w. N. für diese Ansicht).

III. Käuferkenntnis bei kaufrechtlicher Sachmängelhaftung

1. § 442 BGB

§ 442 BGB wird nur benötigt, wenn die dem Käufer zur Kenntnis gelangten Umstände nicht schon in die Beschaffenheitsvereinbarung – durch Klarstellung, dass sie keine Mängel darstellen – eingingen. Dies impliziert, dass in der Sache eine „*Beschaffenheitsvereinbarungsebene*", auf der nach § 434 Abs. 1 BGB entschieden wird, was geschuldet wird, von einer zweiten, einer Art von „*Rechtsverlust-durch-Kenntnis-Ebene*", zu unterscheiden ist. Auf der zweiten Ebene wird ggf. durch § 442 BGB, was nach der ersten Ebene noch *iniuria* wäre, durch die Kenntnis gerechtfertigt.

9.48

In jedem Fall bewirkt § 442 BGB, dass eine, u. U. nur auf formbedürftige Weise, wie beim Asset Deal mit Grundstücken, begründbare Beschaffenheitsvereinbarung **formfrei um ihre praktische Wirksamkeit gebracht** werden kann.

9.49

Die haftungsausschließende Wirkung der Kenntnis ist als Rechtsfolge zwingend. Der Käufer kann sich, wenn er den Vertrag schließt, die Geltendmachung des Mangels **nicht einseitig vorbehalten**.[50] Die nach § 442 BGB geltenden Regeln weichen insoweit doch erheblich gegenüber den bei der Aufstellung von Beschaffenheitsvereinbarungen geltenden Regeln ab. Was nach § 434 BGB mühsam festgelegt werden muss, kann nach § 442 BGB leicht zerrinnen.

9.50

2. Abbedingbarkeit des § 442 BGB

Ein Abbedingung des § 442 BGB zugunsten des Käufers ist, wie schon vorgreifend erwähnt wurde, unstreitig möglich.[51]

9.51

Die Abbedingung des § 442 BGB zugunsten des Käufers hilft zukünftigen **Streit** über eine Kenntnis des Käufers, v. a. von nicht im Vertrag oder seinen Anlagen offengelegten Mängeln, zu **vermeiden**. Sie schützt den Käufer vor einem eigenen **Versehen**, wie vor der **Kenntnis** eines ihm vielleicht analog § 166 BGB zurechenbaren **Mitglieds des Due Diligence-Teams**, das die Information **nicht** an ihn **weitergeleitet** hat. Angesichts der umfassenden Informationsaufnahme und des Zeitdrucks, die bei M&A-Transaktionen üblich sind, sind leider solche Fehler möglich.

9.52

Die Abbedingung des § 442 BGB ist sodann gegenüber dem Verkäufer gerechtfertigt, weil es **in seiner Hand läge**, alle Gewährleistungsverletzungen im Vertrag oder in den Anlagen **aufzuzählen** und so sicher, sowohl den Käufer aufzuklären

9.53

---

50) Palandt-*Weidenkaff*, BGB, § 442 Rn. 4.
51) S. bereits Rn. 9.3 f.

als auch seine Haftung für die so offengelegten Umstände auszuschließen.[52] Es ist sachgerecht, dass es dem Verkäufer nicht zum Vorteil gereicht, wenn er diesen Fleiß bzw. die Sorgfalt nicht aufbrachte.

9.54 Im Übrigen dient der Ausschluss des § 442 BGB dem **Missbrauchsschutz** und der **Streitvermeidung**. Indem eine Haftung nur für im Vertrag oder den Anlagen oder auf sonstige Weise eindeutig als Gewährleistungsverletzungen offengelegte Umstände ausgeschlossen wird, entfällt die Möglichkeit der **üblen Überraschung** für den Käufer dahingehend, dass eine Mehrzahl von verkäufernahen Zeugen aussagt, es sei ihm – etwa bei Anlass der Erörterung eines benachbarten Punktes – der einen Mangel begründende Umstand auseinander gesetzt worden, und entfällt die Versuchung für den Verkäufer, es hierauf ankommen zu lassen.

9.55 Auf eine **Abbedingung zugunsten des Verkäufers** – durch Erweiterung der Fälle, die zu einem Haftungsausschluss führen, kann sich ein Unternehmen nach § 475 Abs. 1 BGB bei einem Verbrauchsgüterverkauf nicht berufen. Während diese Norm keine Anwendung auf M&A-Transaktionen findet, kann sich aber auch hier die Frage stellen, ob **§ 276 Abs. 3 BGB** bzw. **§ 444 BGB** Grenzen für eine Erweiterung dieser Norm zugunsten der Verkäufer setzen. Kann etwa abweichend von § 442 Satz 2 BGB geregelt werden, dass der Käufer seine Rechte auch verliert, wenn ihm ein *arglistig* verschwiegener Mangel aufgrund grober – oder sogar leichter – Fahrlässigkeit unbekannt geblieben ist? Dies ist zweifelhaft, spielt allerdings praktisch nur in den wenigen Fällen eine Rolle, wo die kaufrechtliche Gewährleistung Anwendung findet.

IV. Käuferkenntnis und Mitverschulden bei c. i. c. und Delikt
1. § 254 BGB bei c. i. c. und Delikt durch Täuschungen nicht anwendbar

9.56 Man könnte meinen, dass, wie bei allen Schadensersatzansprüchen, generell auch bei Täuschungen, die eine c. i. c. oder ein Delikt darstellen, **§ 254 BGB Anwendung** finden sollte.[53]

9.57 Indessen ist dies **zweifelhaft**, nach der hier vertretenen Auffassung jedenfalls soweit es darum geht, ob der Getäuschte aufgrund der Täuschung eine sein Vermögen mindernde oder gefährdende **Verfügung getroffen hat**, wohl überhaupt **abzulehnen** bzw. kann eine Anwendung von § 254 BGB allenfalls mit **aller-**

---

52) Auf welche Weise dies bewerkstelligt wird, hängt von dem Vertrag i. Ü. ab. Bei der Garantietechnik führt die Offenlegung einer Ausnahme schon dazu, dass die Garantie tatbestandlich nicht mehr verletzt ist. Wenn ein Unternehmensverkauf auf kaufrechtlichen Beschaffenheitsvereinbarungen beruht und es werden Mängel als Verletzungen der Beschaffenheitsvereinbarungen offengelegt, kann sich vernünftigerweise ein etwaiger Ausschluss von § 442 BGB nicht auf im Vertrag und den Anlagen offengelegte Mängel beziehen.

53) Palandt-*Heinrichs*, BGB, § 254 Rn. 2, 14; so auch BGH v. 8.4.1998 – VIII ZR 228/96, NJW-RR 1998, 948, 949 li. Sp. Mitte.

IV. Käuferkenntnis und Mitverschulden bei c. i. c. und Delikt

größter Zurückhaltung erfolgen. Wie § 263 StGB nicht nur den Gutgläubigen, sondern auch den „zu" Gutgläubigen, also auch den fahrlässig und grob fahrlässig Handelnden schützt,[54] sollte sich auch der Täuschende bei Fahrlässigkeit des Täuschungsopfers zivilrechtlich nicht auf ein Mitverschulden berufen können, wenn er in Folge der Täuschung verfügt. Jedenfalls müsste dies auf ganz extreme Fälle begrenzt werden. Das Täuschungsunrecht wird nicht ungeschehen dadurch, dass das Opfer ein leichtes Opfer war. Diese Sichtweise steht auch in Übereinstimmung damit, dass eine Täuschung nur **mitursächlich** für die Verfügung bzw. den Schaden gewesen sein muss.

Ein argumentativer Ansatz für den Ausschluss der Anwendung von § 254 BGB soweit es darum geht, ob der Getäuschte aufgrund der Täuschung eine sein Vermögen mindernde oder gefährdende Verfügung getroffen hat, findet sich im **Strafrecht**. Hier ist es gebräuchlich, beim Betrugstatbestand nicht nur zwischen Täuschung und Irrtum, sondern v. a. zwischen **Vermögensverfügung** und **Schaden** zu unterscheiden.[55] Oft wird leider dieser höhere Differenzierungsgrad im Strafrecht, namentlich der „Zwischenschritt" der Verfügung, im Zivilrecht unbeachtet gelassen und einfach von Kausalität der Täuschung für den Schaden gesprochen. So wird die vom Strafrecht bereitgestellte Möglichkeit, zwei Kausalitäten (Irrtum → Verfügung, Verfügung → Schaden) zu unterscheiden, die zwischen dem Täuschungserfolg (Irrtum) und Schaden liegen, brachliegen gelassen.

9.58

Die Unterscheidung dieser beiden Kausalitäten[56] würde entweder erlauben, die Anwendung von § 254 BGB auf die erste Kausalität (Irrtum → Verfügung) ganz auszuschließen oder hier auf Extremfälle zu begrenzen, aber andererseits § 254 BGB bereitzuhalten, um den Schädiger auf der Kausalitätsstrecke Verfügung → (Gesamt-)schaden zu schützen. So unterliegt der Geschädigte – gleich ob er ohne jegliches Verschulden, fahrlässig, oder grob fahrlässig zum Täuschungsopfer wurde, als er ein Unternehmen erwarb –, wenn er Aufwendungen tätigt, die er sich von dem Verkäufer erstatten lassen möchte, zweifelfrei einer Schadensminderungspflicht nach § 254 Abs. 2 BGB.[57]

9.59

Huber[58] vertritt einen gänzlichen Ausschluss[59] der Anwendung von § 254 BGB und stützt seine Sicht auf eine Aussage des BGH aus dem Jahr 1977:

9.60

„Schließlich hat das BerGer. auch ein anrechenbares Mitverschulden der Kl. (§ 254 BGB) rechtsfehlerfrei verneint. Wer eine vertraglich geschuldete Auskunft

---

54) *Fischer*, StGB, § 263 Rn. 55a; BGH v. 5.12.2002 – 3 StR 161/02; BGH v. 4.12.2003 – 5 StR 308/03.
55) *Fischer*, StGB, § 263 Rn. 14 f., 18 f., 53, 63, 87 f.
56) Es ist nicht sicher, ob die in der Nähe ansetzende Unterscheidung zwischen „haftungsbegründend" bzw. „haftungsausfüllend" vollkommen passt.
57) Die dürften auch *Hasselbach/Ebbinghaus*, DB 2012, 216, 222 li. Sp. Mitte, im Blick haben.
58) *Huber*, AcP 202 (2002), 179, 189 f.
59) Er differenziert nicht zwischen den beiden hier erwogenen „Kausalitäten".

9. Kapitel Subjektive Merkmale auf Käuferseite zum Haftungsausschluss

unrichtig erteilt hat, kann in der Regel nicht geltend machen, den Geschädigten treffe deshalb ein Mitverschulden, weil er der Auskunft vertraut und dadurch einen Mangel an Sorgfalt gezeigt habe. Das gilt gleichermaßen auch für die Verletzung entsprechender vorvertraglicher Sorgfaltspflichten i. R. von Vertragsverhandlungen."[60]

9.61 Die Haftung aus c. i. c. sei Haftung aus in Anspruch genommenem Vertrauen. Also, so darf man *Huber* wohl weiter verstehen, kann der Schädiger nicht geltend machen, der Geschädigte habe ihm nicht vertrauen dürfen. Auch die Aufklärungspflicht, so *Huber*, besteht darin, ungefragt offenbaren zu müssen. Also kann sich der Schädiger nicht damit verteidigen, das Opfer hätte Fragen stellen müssen. Wenn ein Gericht zu der Beurteilung kommt, ein Käufer hätte fragen müssen, sei dadurch schon das Bestehen einer Aufklärungspflicht verneint.[61] Dies ist in der Sache überzeugend.

9.62 Teilweise hat die Rechtsprechung die Anwendung von § 254 BGB bei einer c. i. c. durch Verletzung von Informationspflichten für möglich gehalten.[62] Auch ein Schiedsgericht, dessen Schiedsspruch dem OLG München i. R. eines Verfahrens zur Vollstreckbarerklärung vorlag, hatte ein Mitverschulden angenommen,[63] ebenso das OLG Koblenz bei einem Hauskauf.[64]

9.63 In der bereits erwähnten Entscheidung aus dem Jahre 1978[65] hatte der BGH eine c. i. c. bejaht, als bei einem Grundstücksverkauf die Eintragung eines Zwangsversteigerungsvermerks im Grundbuch nicht offenbart worden war. Dass der Zwangsversteigerungsvermerk für jedermann, der in das Grundbuch einsehen konnte, ersichtlich war,[66] änderte nichts. Leider ging der BGH nicht darauf ein, auf welche dogmatische Weise und unter welchen Voraussetzungen die Ersichtlichkeit doch zum Rechtsverlust hätte führen können. Die Aussage, die Einsichtnahme in das Grundbuch sei dem Käufer „schon dadurch erschwert (gewesen), dass die Parteien gleich im Anschluss an die erste Besichtigung des Kaufgrundstücks zum Makler fuhren und noch am selben Tag, obwohl es bereits später

---

60) BGH v. 25.5.1977 – VIII ZR 186/75, NJW 1977, 1536, 1537 re. Sp. oben (gekürzter Abdruck ohne die für *Huber* maßgebliche Passage in BGHZ 69, 53 ff.).
61) *Huber*, AcP 202 (2002), 179, 190 unten.
62) Darauf weist *Huber*, AcP 202 (2002), 179, selbst hin. Vgl. BGH v. 4.4.2001 – VIII ZR 32/00, NJW 2001, 2163, 2165 re. Sp. Mitte = ZIP 2001, 918. Allerdings erfolgt nur eine Erwähnung am Rande.
63) OLG München v. 20.4.2009 – 34 Sch 017/08, Rn. 19, OLGR 2009, 482; s. a. bereits Rn. 5.218 und Fn. zu Rn. 5.218.
64) In OLG Koblenz v. 19.10.2011 – 1 U 113/11, MDR 2012, 392 f., hatte der Verkäufer eines Bungalows erklärt, das Flachdach sei neu gemacht worden. Tatsächlich war das Flachdach geraume Zeit zuvor unfachmännisch instandgesetzt worden, so dass es zu Wassereintritt kam. Das OLG Koblenz gelangte bei einer kaufrechtlichen Haftung nach § 444 BGB aufgrund von § 254 BGB zu einer Haftungsquote des Käufers von 25 %, weil er eine Inaugenscheinnahme des „marode(n) Dachzustandes" unterlassen habe. (S. 393 re. Sp.).
65) BGH v. 24.2.1978 – V ZR 122/75, DB 1978, 979; s. o. Rn. 6.146.
66) BGH v. 24.2.1978 – V ZR 122/75, DB 1978, 979 li. Sp. Mitte.

IV. Käuferkenntnis und Mitverschulden bei c. i. c. und Delikt

Abend geworden war, den Kaufvertrag beurkunden ließen"[67], lässt offen, ob das Ergebnis ein anderes gewesen wäre, wenn der Käufer mehr Zeit gehabt hätte, das Grundbuch zu überprüfen.

Das OLG München hat die Anwendung von § 254 BGB in einem anderen Fall verneint.[68] Vor allem hat sich der BGH in zwei jüngeren Entscheidungen sehr eindeutig i. S. einer allenfalls sehr restriktiven Anwendung von § 254 Abs. 1 BGB ausgesprochen. Im Falle einer Verletzung von Informationspflichten käme ein Mitverschulden desjenigen, dem die zu erteilenden Informationen vorenthalten wurden, nur unter besonderen Umständen zur Anrechnung, da sich dieser auf die Richtigkeit und Vollständigkeit der ihm erteilten Informationen verlassen dürfe.[69]

9.64

2. § 442 BGB bei c. i. c. und Delikt nicht anwendbar

Die Situation bei c. i. c. oder Delikt sollte bei **positiver Kenntnis** des Käufers ganz einfach sein: Ein Gläubiger kann nicht getäuscht worden sein, wenn er positiv Kenntnis hatte. Demnach ist eine c. i. c. oder ein Delikt durch Täuschung von vorneherein **tatbestandlich ausgeschlossen**, wenn der Betroffene die Täuschung erkannt hat; es ist gleich, ob die Täuschung durch Falschangabe oder Verletzung einer Aufklärungspflicht erfolgte und es ist gleich, woher er die Kenntnis erlangte. Strafrechtlich würde allenfalls ein Betrugsversuch vorliegen. Zudem würde zivilrechtlich die Kausalität für einen Schaden fehlen – aber es würde hierauf schon nicht mehr ankommen. Aus demselben Grund ist eine Arglistanfechtung bei Kenntnis der Täuschung nicht möglich.[70] Insoweit würde sich bei positiver Kenntnis des Gläubigers die Frage, ob sich der tatbestandliche „Getäuschte" seine Kenntnis über § 442 BGB oder aufgrund einer Kenntnisklausel haftungsvernichtend anrechnen lassen muss, gar nicht mehr stellen.

9.65

Weniger eindeutig ist die Situation bei **grob fahrlässiger Unkenntnis** des Gläubigers. Nun wird das Vorliegen einer haftungsbegründenden Informationspflichtverletzung (der Täuschungserfolg) nicht schon durch positive Kenntnis des Käufers von der tatsächlichen Lage ausgeschlossen. Entsprechend kommt die juristische Prüfung nicht schon mangels einer objektiven Pflichtwidrigkeit zu einem Halt. Vielmehr liegt i. d. R. eine tatbestandliche Täuschung vor – „wer zweifelt, irrt". Daher können bei grob fahrlässiger Unkenntnis des Käufers die Umstände, die ggf. eine grobe Fahrlässigkeit der Unkenntnis begrün-

9.66

---

67) BGH v. 24.2.1978 – V ZR 122/75, DB 1978, 979 li. Sp. Mitte.
68) OLG München v. 26.7.2006 – 7 U 2128/06, OLGR 2007, 198 ff. = ZIP 2006, 1911; s. teilweise die Darstellung bei Rn. 6.136.
69) BGH v. 8.7.2010 – III ZR 2049/09, Rn. 21, BGHZ 186, 152, 159 m. w. N. sowie BGH v. 2.2013 – V ZR 72/11, UG A. III. 4, MDR 2013, 769.
70) Der Anfechtende, der die Täuschung erkannte, kann durch sie nicht zur Abgabe der Erklärung „bestimmt" worden sein (§ 123 BGB).

9. Kapitel Subjektive Merkmale auf Käuferseite zum Haftungsausschluss

den, frühestens bei der Prüfung der *Kausalität* der Täuschung für den Schaden Bedeutung gewinnen. Da für Kausalität grundsätzlich *Mitursächlichkeit* ausreicht,[71] wird aber eine den Täuschungserfolg erleichternde grobe Fahrlässigkeit des Gläubigers wohl i. d. R. nicht zu einem Haftungsausschluss führen. Neben dem bereits behandelten § 254 BGB bleibt – in Abwesenheit einer Kenntnisklausel – also nur die Möglichkeit, der groben Fahrlässigkeit des Gläubigers über § 442 BGB eine haftungsbeschränkende Wirkung beizulegen.

9.67 Dies erzwingt nun eine Antwort auf die Frage, ob § 442 BGB bei grob fahrlässiger Unkenntnis **analog auf die c. i. c. oder Delikt** durch eine Täuschung anzuwenden ist. Nach der hier vertretenen Auffassung ist dies zu verneinen, da anders als bei § 442 BGB, Täuschungsunrecht vorliegt. Zudem kann sich die Täuschung auf Umstände außerhalb eines (leichter „inspizierbaren") Kaufgegenstandes beziehen.

9.68 Freilich sieht dies die Rechtsprechung anders.[72] In diesem Sinne hat das LG Hamburg in dem schon teilweise dargestellten Fall *„Fehlende Patentlizenzen für digitalen Satellitenempfänger"* einen Anspruch aus einer c. i. c. wegen einer Täuschung u. a. hinsichtlich des Vorliegen einer Patentlizenz an § 442 BGB scheitern lassen.[73] Die analoge Anwendung von § 442 BGB auf die c. i. c. und Delikt bleibt aber aus den angeführten Gründen auch bei grob fahrlässiger Unkenntnis des Gläubigers (bei positiver Kenntnis passt sie erst recht nicht) abzulehnen. Die Entscheidung des LG Hamburg ist übrigens ein abschreckendes Beispiel dafür, zu welchen fragwürdigen Gedankengängen es führen kann, wenn sich Gerichte auf die Suche machen, ob ein Täuschungsopfer grob fahrlässig war.[74]

---

71) *Fischer*, StGB, § 263 Rn. 63 m. w. N.
72) Etwa BGH v. 29.3.2009 – V ZR 30/08, Rn. 25, BGHZ 180, 205 (und sich anschließend OLG Düsseldorf v. 16.6.2016 – 1-6 U 20/15, Rn. 77, ZIP 2016, 2363), die meinen, es läge, was die Kenntnis des Getäuschten bei c. i. c. angeht, eine planwidrige Gesetzeslücke vor, die durch Rückgriff auf § 442 BGB zu schließen sei.
73) S. Rn. 5.98 f. LG Hamburg v. 13.3.2015 – 315 O 89/13, Rn. 78 f., juris. Zust. *Findeisen*, BB 2015, 2700, 2701 re. Sp.
74) So führte das LG Hamburg es als einen Umstand, der für eine grobe Fahrlässigkeit der Unkenntnis des Käufers hinsichtlich des Fehlens einer Patentlizenz sprechen sollte, an, dass die Muttergesellschaft der Klägerin ein „sog. „Turn around"-Spezialist" gewesen wäre, dementsprechend „die Klägerin über erhebliches Wissen im Hinblick auf die Risiken von Unternehmenskaufverträgen verfügte" und dass „der Klägerin ausdrücklich mitgeteilt (worden war), dass es ein Patentverletzungsverfahren ... vor dem OLG Karlsruhe gab, das offensichtlich aber *nichts mit den hier streitgegenständlichen ... Patenten zu tun hatte.*" (LG Hamburg v. 13.3.2015 – 315 O 89/13, Rn. 79, 83, juris). Das würde etwa bedeuten, dass ein Käufer von VW hinsichtlich von „Cheating Devices" in Benzinmotoren grob fahrlässig wäre, weil er Kenntnis von ihrem Vorkommen in Dieselmotoren hatte.

V. Wissenszurechnung auf Käuferseite

Wir haben schon in zwei Zusammenhängen „Wissenszurechnungsfragen" angesprochen. So wurde die Frage gestreift, wer im Zielunternehmen eine Information besitzen muss, damit sie von dem Bilanzersteller bei der Bilanzierung zu berücksichtigen ist. Vor allem wurde die Frage ausführlich behandelt, wann eine Haftung des Verkäufers für eigenes Verschulden nach § 276 BGB eingreifen kann, wenn ihm subjektive Merkmale fehlten, die eine Aufklärungspflicht oder sein Verschulden begründen.[75] 9.69

Darüber hinaus kann sich bei M&A-Transaktionen ein Wissenszurechnungsproblem auf eine **dritte Weise, beim Käufer,** stellen. Subjektive Merkmale auf Käuferseite können, wie gesehen, etwa bei einer Verschuldenshaftung bei Informationspflichtverletzungen aufgrund der c. i. c. oder bei Delikt eine Täuschung tatbestandlich ausschließen oder eine Kausalität der Täuschung für eine Verfügung bzw. einen Schaden „abschneiden". Sodann können bei selbständigen Garantien Kenntnisklauseln zum Anspruchsverlust führen. Schließlich hängt auch eine analoge Anwendung von § 442 BGB auf Garantien oder c. i. c./Delikt, auch wenn sie hier abgelehnt wird, davon ab, dass irgendwelche Personen Kenntnis haben müssen. Die Frage, auf wessen Kenntnis es ankommt, kann ebenfalls für die Bestimmung des Beginns des Laufs von Verjährungs- oder Ausschlussfristen entscheidend sein. 9.70

Zunächst ist der Blick auf die **unmittelbare Anwendung von § 166 Abs. 1 BGB** zu richten. Wenn der **Abschlussvertreter** bei einer M&A-Transaktion Kenntnis hatte oder er einen Umstand kennen musste, wird dies dem Käufer zugerechnet. Wenn zwar nicht der Vertreter, aber der Vertretene Kenntnis hatte oder er einen Umstand kennen musste, hilft dem Vertretenen die Unkenntnis des Vertreters nicht, wenn der Vertreter nach bestimmten Weisungen des Vertretenen gehandelt hat; dies ergibt sich aus § 166 Abs. 2 BGB. Da der Begriff der Weisung weit auszulegen ist,[76] dürfte das auch gelten, wenn der **Vertretene** den Vertreter nur generell zum Abschluss einer M&A-Transaktion veranlasst, ohne etwa durch eine Weisung konkret auf die Vertragsgestaltung zu dem kritischen Punkt eingewirkt zu haben. So sind praktisch wichtige Fälle, in denen eine Wissenszurechnung gerechtfertigt ist, schon durch eine **unmittelbare Anwendung** von § 166 Abs. 1 BGB sachgerecht gelöst. Es leuchtet ein, dass wenn sich der Käufer eines **„Hauptvertreters"** bedient, der für ihn Informationen einholt, die Due Diligence durchführt, bzw. an den alle Informationen weiterfließen und der zudem verhandelt und den Vertrag **abschließt**, dem Verkäufer das Wissen eines solchen „Hauptvertreters" zuzurechnen ist. 9.71

---

75) Die wurde sowohl aus der Perspektive der herkömmlichen Wissenszurechnung nach dem Vertretermodell als aus der Perspektive einer Wissensorganisationshaftung erörtert.
76) Palandt-*Ellenberger*, BGB, § 166 Rn. 11.

9. Kapitel Subjektive Merkmale auf Käuferseite zum Haftungsausschluss

9.72 Das unmittelbare Eingreifen des § 166 Abs. 1 BGB endet aber sobald als **Abschlussvertreter** eine Person auftritt, die entweder überhaupt keine Informationen über das Zielunternehmen eingeholt, die Due Diligence nicht durchführt hat, an die auch keine oder nicht alle Informationen weitergeflossen sind und die auch nicht für den Käufer verhandelt hat bzw. der jedenfalls die **konkret streitigen Informationen fehlen**. Hierzu mag es ohne Absicht kommen (es wird ein Associate eines Großbüros zum Signing geschickt, der den Vorgang gar nicht kannte, aber gerade verfügbar ist, oder es tritt sogar ein Notarmitarbeiter auf). Denkbar ist ebenso, dass im Hinblick auf § 166 Abs. 1 BGB bewusst ein Abschlussvertreter bestellt wird, der möglichst wenig von dem Unternehmen weiß.[77] Wenn man solche Zufallsergebnisse nicht hinnehmen will, bietet es sich an, zulasten des Käufers eine erweiterte und weite analoge Anwendung von § 166 Abs. 1 BGB in Betracht zu ziehen.

9.73 Eine Lösung i. R. einer erweiterten analogen Anwendung von § 166 Abs. 1 BGB – Ausdehnung auf **Wissensvertreter** – hängt davon ab, ob diese Konstruktion, die eingreift wenn Mitarbeiter einen Vertragsabschluss selbstständig sachlich-inhaltlich vorbereiten,[78] der im Anschluss daran mechanisch aufgrund einer delegierten Vertretungsmacht vollzogen wird, auch auf M&A-Transaktionen Anwendung finden kann. Zunächst scheint sie nicht zu passen, da es bei M&A-Transaktionen überhaupt keine Vielzahl von selbstständigen Entscheidungen, sondern nur eine einzige große Entscheidung über den Abschluss der Transaktion gibt und da diese Entscheidung oft nicht einmal das vertretungsberechtigte Organ des Geschäftsherrn alleine, geschweige selbst ein hervorgehobener Verhandlungsvertreter, treffen darf. Andererseits könnte man den Begriff des Wissensvertreters **von den Bedürfnissen des Massenverkehrs lösen** und durchaus argumentieren, dass zwar vielleicht nicht jedem Mitarbeiter eines Due Diligence-Teams, aber u. U. doch seinem Leiter im Einzelfall die Aufgabe anvertraut sein könnte, eigenverantwortlich und selbstständig darüber zu entscheiden, ob ein Thema hinreichend aufgeklärt ist, weitere Nachfragen zu stellen sind oder ggf. Forderungen nach Garantien oder einer Kaufpreisreduzierung im Hinblick auf ein erkennbar gewordenes Risiko zu erheben sind. Entsprechend könnte dann dem Käufer nach dem Vertretermodell der Wissenszurechnung pauschal „in Bausch und Bogen" das Wissen solcher im Käuferteam hervorgehobener Personen zugerechnet werden. Dies könnte unabhängig davon geschehen, ob

---

77) Die Irrelevanz von Kenntnissen eines früheren, bloßen Verhandlungsvertreters ist bei der unmittelbaren Anwendung von § 166 BGB Folge des Gesetzestextes. Es wurde kritisiert, dass die Rspr. bei § 278 BGB und der erweiterten und weiten analogen Anwendung von § 166 Abs. 1 BGB bei notariell beurkundungsbedürftigen Verträgen z. T. von einem Zurechnungsabbruch im Hinblick auf Kenntnisse von Personen ausgeht, die nicht selbst bei der Beurkundung Erklärungen abgeben. Hier ist vieles unklar. S. Palandt-*Ellenberger*, BGB, § 166 Rn. Rn. 7.
78) Sie wurde etwa entwickelt, um Kenntnisse von Bankmitarbeitern zurechnen zu können.

V. Wissenszurechnung auf Käuferseite

sie den Vertrag unterzeichnen[79] – dann läge eine direkte Anwendung von § 166 Abs. 1 BGB vor – oder ob eine Zurechnung eines bestimmten Wissensbrockens im Einzelfall mit Wissensorganisationspflichten durch die weite analoge Auslegung von § 166 Abs. 1 BGB begründet werden kann – dann läge eine herkömmliche weite analoge Anwendung von § 166 Abs. 1 BGB vor.

Insofern wäre möglicherweise die Auffassung von *Goldschmidt*, der nur das Wissen von **Abschlussvertretern** oder **Verhandlungsvertretern** (Entwürfe fertigende Anwälte),[80] aber nicht das Wissen/Wissenmüssen von nur an der **Due Diligence** mitwirkenden Steuerberatern oder Käufermitarbeitern zurechnen möchte,[81] zwar in der Vorgehensweise zielführend, aber möglicherweise etwas zu eng. Dieser Ansatz würde in ähnliche Probleme hineinführen, die sich bei der Zurechnung des Wissens von **Anwälten** zulasten ihrer Mandanten[82] oder von **Ehegatten** untereinander[83] stellen. 9.74

Das geschriebene Wort verdient keine Sonderbehandlung. Daher spielt es für das Wissen oder Wissenkönnen von rechtsgeschäftlichen Vertretern oder ggf. Wissensvertretern i. S. der erweiterten Auslegung von § 166 Abs. 1 BGB keine Rolle, was in **Due Diligence-Berichten** oder sonstwo niedergelegt wurde, und die Frage, ob generell der Inhalt solcher Berichte oder nur der „Management Summaries" zuzurechnen ist,[84] erübrigt sich. Es kommt auf das Kennen oder Kennenmüssen der etwaigen Wissensvertreter an, wobei die Aufnahme eines Umstandes in ein Dokument, je nach dem Charakter des Dokuments und den Eigenheiten des Falles, freilich eine Kenntnis nahelegen oder für ein Kennenmüssen ausreichen kann. 9.75

Alternativ steht im Raum, ob auf Käuferseite eine Wissenszurechnung i. S. der weiten analogen Anwendung von § 166 Abs. 1 BGB durch den BGH, auf Basis von Wissensorganisationspflichten, oder eine Wissensorganisationshaftung begründbar ist. Hier besteht freilich im Ansatz auf Käuferseite eine wesentlich unterschiedliche Situation, weil Wissensorganisationspflichten jedenfalls nicht aus Aufklärungspflichten des Verkäufers als Sachleistungsschuldner hergeleitet wer- 9.76

---

79) So auch *Goldschmidt*, ZIP 2005, 1305, 1312 re. Sp. unten f.
80) *Goldschmidt*, ZIP 2005, 1305, 1310 re. Sp. Mitte, 1313 re. Sp. Mitte.
81) *Goldschmidt*, ZIP 2005, 1305, 1311 li. Sp. unten, 1313 re. Sp. Mitte.
82) S. Rn. 8.91.
83) Der BGH hat in einer Entscheidung aus dem Jahre 2012 eine Wissenszurechnung „qua Ehegattentum" allein abgelehnt und es für die Frage des Beginns des Verjährungslaufs bei einer Anlageberaterhaftung als entscheidend angesehen, ob der Ehegatte den anderen „mit der Erledigung eigener Angelegenheiten in eigener Verantwortung betraut, insbesondere ihm im Zusammenhang mit der Verfolgung des Anspruchs die Kenntnisnahme von bestimmten Tatsachen oder die Vornahme der erforderlichen Tatsachenfeststellungen übertragen (habe)." Vgl. BGH v. 13.12.2012 – III ZR 298/11, ZIP 2013, 219, 220 re. Sp. Mitte.
84) A. A. *Goldschmidt*, ZIP 2005, 1305, 1312 re. Sp. Mitte, 1313 re. Sp. Mitte.

9. Kapitel Subjektive Merkmale auf Käuferseite zum Haftungsausschluss

den können.[85] Wenn es aber keine Aufklärungspflichten und auch keine Gefährdungen der Gegenpartei durch positive Aussagen über ein Kaufobjekt gibt, fehlt die auf der Verkäuferseite obwaltende Ausgangs-Schuld, die Wissensorganisationspflichten forderte und ihr Maß vorgab. Es spricht daher vieles dafür, dass i. d. R. die **weite analoge Anwendung von § 166 Abs. 1 BGB** bzw. eine Wissensorganisationshaftung **keine Bedeutung** für Fragen der Wissenszurechnung auf **Käuferseite** haben werden. Insofern muss man sich davor bewahren, allein aufgrund des Umstandes, dass auf Käuferseite in der Due Diligence und bei Verhandlungen ein für Zwecke des organisierten Wissenserwerbs und für Abschluss eines vorteilhaften Geschäfts gebildetes Expertenteam tätig ist, Wissensorganisationspflichten herzuleiten, die sich für den Verkäufer haftungsbeschränkend auswirken können. Wenn die Tätigkeit eines „Teammitglieds" nicht so beschaffen ist, dass er als „Wissensvertreter" zu qualifizieren ist, führt indessen selbst eine anspruchswidrig schlechte Organisation der Tätigkeit der „Teammitglieder" allenfalls zu einer **Beraterhaftung** oder **Organhaftung** gegenüber dem Käufer, aber i. d. R. nicht zu einem Rechtsverlust gegenüber dem täuschenden oder garantiebrüchigen Verkäufer.

9.77 In einem schon mit Blick auf Verhaltenszurechnung behandelten *Fallbeispiel* „*Clean Air Mobility/Masterflex*" hat sich das OLG Düsseldorf[86] auch mit Problemen der Wissenszurechnung auf Käuferseite auseinandergesetzt. Wie es den Begriff des Erfüllungsgehilfen auf Verkäuferseite zu weit ausgedehnt hat, hat es dabei nicht nur zu Unrecht § 442 BGB auf eine c. i. c. und Delikt angewendet,[87] sondern die Wissenszurechnung auf Käuferseite – auf doppelte Weise – wesentlich zu weit ausgedehnt.

9.78 Es hat zunächst eine neue Möglichkeit der **direkten Anwendung von § 166 Abs. 1 BGB** erfunden, nämlich Zurechnung von Wissen einer Person, die bei Abschluss des Rechtsgeschäfts *nicht* Vertreter einer *zweiten* Person ist, zulasten der zweiten Person, wenn die erste Person *später* zum Vertreter der zweiten Person bestellt wird, über **§ 242 BGB**. Es meint „Die Berufung auf diesen Aspekt ist der Klägerin versagt, § 242 BGB",[88] wobei mit „Aspekt" gemeint ist, dass die entscheidende Tatbestandsvoraussetzung des § 166 Abs. 1 BGB – das Vertreten des Vertretenen – nicht vorlag. Ebenso wie es nicht akzeptabel ist, die Tore für eine Verhaltenszurechnung qua Billigkeit zu öffnen,[89] ist dies aber

---

85) Wissensorganisationspflichten hängen von dem Rechtsverhältnis bzw. den Rechtspflichten ab, denen sie dienen sollen bzw. auf das sie sich beziehen. So *Goldschmidt*, ZIP 2005, 1305, 1308 re. Sp. Mitte.
86) OLG Düsseldorf v. 16.6.2016 – 1-6 U 20/15, ZIP 2016, 2363. S. ausf. Besprechung von *Weißhaupt*, ZIP 2016, 2447, 2451. S. a. Kurzbesprechungen von *Schilling/Scharf*, DB 2016, 2402, und *Schwarzfischer*, GWR 2016, 442.
87) Das immerhin noch in Übereinstimmung mit dem BGH. S. Rn. 9.68.
88) OLG Düsseldorf v. 16.6.2016 – 1-6 U 20/15, Rn. 107, ZIP 2016, 2363.
89) S. Rn. 8.161 f.

V. Wissenszurechnung auf Käuferseite

auch bei der Vertreterbestellung und Wissenszurechnung inakzeptabel. Es ist zu wünschen, dass der BGH hierzu ein deutliches Wort spricht.[90]

Weiterhin hat das OLG Düsseldorf dem zur Beschreibung einer menschlichen bzw. sozialen Situation durchaus sinnvollen Ausdruck der „vorzeitig übergegangenen Loyalität"[91] gewissermaßen „Flügel verliehen" und den **„Aspekt"** (erneut Aspekt!) der **„vorzeitig übergegangenen Loyalität"** zur einer neuen Unterkategorie von Fällen erhoben, in denen eine weite analoge Anwendung von § 166 Abs. 1 BGB möglich ist. Hierfür argumentiert das OLG Düsseldorf mit einem Sammelsurium von „Absichten" und „Interessen" etc. und bemüht die Metapher des „in einem Lager stehen".[92] Es wird nicht einmal ein methodischer Versuch unternommen Wissensorganisationspflichten i. S. der BGH-Rechtsprechung herzuleiten. Auch wenn das OLG Düsseldorf schlussendlich eine enthaftende Wissenszurechnung daran scheitern lässt, dass die Parteien die Wissenszurechnung in Ziff. 10.2 vertragsautonom auf bestimmte Fälle beschränkt hatten,[93] ist das Urteil leider ein Schritt in die grundfalsche Richtung des „Everything goes". Der zutreffenden Kritik von *Weißhaupt*,[94] ist wenig hinzuzufügen, vielleicht, dass das Recht verschwindet, wenn Begriffe und Dogmatik durch „Aspekte" und Metaphern ersetzt wird.

9.79

Da ein Haftungsausschluss bei Kenntnis/Kennenmüssen nach der hier vertretenen Auffassung, da § 442 BGB außerhalb der kaufrechtlichen Sachmängelhaftung nicht analog anzuwenden ist und jedenfalls abbedingbar ist, kann **auf Käuferseite** – anders als wohl auf der Verkäuferseite bei gesetzlicher Vorsatzhaftung[95] – die Wissenszurechnung **nach Belieben vertragsautonom eingegrenzt** werden, etwa auf den Inhalt des Due Diligence-Berichts, seine Zusammenfassung[96] oder das Wissen von Leitern von Due Diligence Teams etc.

9.80

---

90) Nach *Weißhaupt*, ZIP 2016, 2447, 2458 Fn. 99, wurde offenbar Nichtzulassungsbeschwerde eingelegt.
91) Er wurde in dem Kontext ursprünglich von *Hoenig/Klingen*, NZG 2013, 1046, 1059, verwendet.
92) OLG Düsseldorf v. 16.6.2016 – 1-6 U 20/15, Rn. 108, ZIP 2016, 2363.
93) OLG Düsseldorf v. 16.6.2016 – 1-6 U 20/15, Rn. 111, ZIP 2016, 2363.
94) S. insb. *Weißhaupt*, ZIP 2016, 2447, insb. 2454 re. Sp. ff.
95) S. Rn. 8.139 f.
96) Das wird nicht unbeeinflusst lassen, welche Informationen hier aufgenommen werden. Die Texte werden dann faktisch mittelbar zu Haftungsausschlüssen.

Vierter Teil

Rechtsfolgen bei Unternehmenswertbeeinträchtigungen

10. Kapitel Überblick Rechtsfolgenseite

Übersicht

I. „Unternehmenswertaffines", aber topisch dekonturiertes Schadensrecht 10.2
II. Betriebswirtschaftliche Quantifizierung von Unternehmenswertminderungen nicht trivial 10.9
III. Der für ein (Schieds)Gericht maßgebliche Unterehmenswert vs. von den Parteien verwendete Unternehmenswerte und der Kaufpreis 10.14
IV. Subjektbezogenheit und Prognosesubjektivität bei Unternehmenswerten und die „objektive Bestimmung subjektiver Unternehmenswerte" 10.27
V. Weiter Begriff von Unternehmenswert vs. „Enterprise Value" 10.34

Literatur: *Brand*, Die Dogmatik der §§ 249 ff. BGB bei der Verletzung von Bilanzgarantien, in: Drygala/Wächter, Bilanzgarantien bei M&A-Transaktionen, 2015, S. 297; *Bergjan/ Schäfer*, Die Ausgestaltung von Bilanzgarantien in der Praxis des Unternehmenskaufvertrages, DB 2016, 2587; *Demuth*, Direktes und in- direktes Verfahren der Schadensberechnung, in: Drygala/Wächter, Bilanzgarantien bei M&A-Transaktionen, 2015, S. 166; *Elsing*, Das Interesse beim Schadensersatz Post-M&A-Streitigkeiten am Beispiel der Bilanzgarantie und der culpa in contrahendo, in: Festschrift für Wilhelm Haarmann, 2015, S. 26; *Elsing*, Schadensberechnung in Post-M&A-Streitigkeiten, Vortrag bei der Petersberger Konferenz der DIS am 25.2.2012; *Görg*, Objektive Bilanzgarantien – der Windfall-Profit des Unternehmenskäufers, DB 2016, M 5; *Haarbeck/König*, Interdependenz von Due Diligence-Untersuchungen, Unternehmensbewertung und Unternehmenskaufvertrag, in: Berens/Brauner/Strauch/Knauer, Due Diligence bei Unternehmensakquisition, 7. Aufl., 2013, S. 171; *Hayn*, Paneldiskussion – Unternehmensbewertung und Kaufpreisanpassungen, in: Drygala/Wächter, Kaufpreisanpassungs- und Earnout-Klauseln, 2016, S. 45; *Henle*, Die Bilanzauffüllung als Rechtsfolge der Verletzung einer Eigenkapitalgarantie, in: Drygala/Wächter, Bilanzgarantien bei M&A-Transaktionen, 2015, S. 189; *Hennrichs*, Falsche Bilanzen und Bilanzgarantien bei M&A-Transaktionen, in Drygala/Wächter, Bilanzgarantien bei M&A-Transaktionen, 2015, S. 1; *Hennrichs*, Zur Haftung auf Schadensersatz wegen unrichtiger Bilanzgarantien bei M&A-Transaktionen, NZG 2014, 1001; *Hilgard*, Berechnung des Schadens bei Verletzung einer Eigenkapitalgarantie beim Unternehmenskauf, BB 2013, 937; *Hilgard*, Schaden bei Verletzung von Garantien eines Unternehmenskaufvertrages, ZIP 2005, 1813; *Hüttemann*, Unternehmensbewertung als Rechtsproblem, in: Fleischer/Hüttemann, Rechtshandbuch Unternehmensbewertung, 2015, S. 1; *Kantor*, Valuation for Arbitration. Compensation Standards, Valuation Methods and Expert Evidence, 2008; *Kiethe*, Der Schaden beim Unternehmenskauf, DStR 1995, 1756; *König/ Gießelmann*, Zur Haftung beim Unternehmenskauf – Voraussetzungen und Schadensbegriff bei der objektiven und der subjektiven Bilanzgarantie, GWR 2016, 155; *Mehrbrey/ Hofmeister*, Schadensersatz bei Verletzung einer Bilanzgarantie, NZG 2016, 419; *Mellert*, Selbständige Garantien beim Unternehmenskauf – Auslegungs- und Abstimmungsprobleme, BB 2011, 1667; *Paefgen*, Zum Zusammenhang von Abschlussangaben, Bewertungsmethoden und Haftungsumfang beim Unternehmenskauf, DZWiR 1997, 177; *Perry*, Quantum Mechanics, Global Arbitration Review (GAR), 15.5.2011, S. 1; *Quill*, Interessengeleitete Unternehmensbewertung. Ein ökonomisch soziologischer Zugang zu einem neuen Objektivismusstreit, 2016; *Schiemann*, „Neues" allgemeines Schadensrecht durch Rückfall hinter Friedrich Mommsen?, in: Zimmermann, Rechtsgeschichte und Privatrechtsdogmatik, 2000; *Schniepp/Holfeld*, Compliancegarantien in Unternehmenskaufverträgen, DB 2016, 1738; *Wächter*, Schadensersatz und Kaufpreisanpassung post M&A, in:

10. Kapitel Überblick Rechtsfolgenseite

Drygala/Wächter, Kaufpreisanpassungs- und Earnout-Klauseln, 2016, S. 1; *Wächter*, Bilanzgarantien und ihre Auslegung, BB 2016, 711; *Wächter*, Dreiecksproblem und Faktoren, in: Drygala/Wächter, Bilanzgarantien bei M&A-Transaktionen, 2015, S. 225; *Wächter*, Schadensrechtliche Probleme beim Unternehmenskauf: Naturalherstellung und Bilanzgarantien, NJW 2013, 1270; *Weisburg/Ryan*, Means to be made whole: Damages in the context of international investment arbitration, Paris 2005; *Wessels*, Tatbestandsseite von Bilanzgarantien in internationalen Schiedsverfahren, in: Drygala/Wächter, Bilanzgarantien bei M&A-Transaktionen, 2015, S. 69; *Wollny, C.*, Wer den Schaden hat, muss für die Bewertung sorgen – Unternehmensbewertung zur Ermittlung von Schadensersatzansprüchen, DStR 2013, 2132; *Wollny, C.*, Der objektivierte Unternehmenswert, 2. Aufl., 2010; *Ziehms/Winepress*, Post M&A Disputes and Completion Mechanisms, im Erscheinen.

10.1 Bei Ansprüchen wegen Unternehmenswertbeeinträchtigungen treffen auf der Rechtsfolgenseite ein aus **sechs Paragraphen (§§ 249–254 BGB) bestehendes Schadensrecht** und **nicht triviale wirtschaftswissenschaftliche Fragestellungen** aufeinander.

I. „Unternehmenswertaffines", aber topisch dekonturiertes Schadensrecht

10.2 Nach Auffassung des Verfassers war das Schadensrecht des BGB ursprünglich **ausgesprochen gelungen, gedanklich konsistent** und zeigte (und zeigt!) ein **tiefes wirtschaftliches Verständnis.** Dieser erfreuliche Umstand war, nachdem Deutschland im Jahre des Wirksamwerdens des BGB seit der industriellen Revolution 1848 eine 52-jährige dynamische wirtschaftliche Entwicklung erlebt hatte und angesichts einer parallelen Hochzeit von Wirtschaftsliberalismus und die Rechtsdogmatik nicht überraschend.

10.3 Wie wir sehen werden, ist das Schadensrecht des BGB insbesondere keineswegs einem Denken i. S. von „Substanzwerten" verfallen, sondern reflektiert es in einer seiner beiden Zentralunterscheidungen, derjenigen zwischen Naturalherstellung (§§ 249, 250 BGB) und Wertentschädigung bzw. finanzieller Kompensation (§ 251 BGB), sobald sie **auf investive Güter angewendet** wird, oft die wirtschaftliche Differenz zwischen der **Einsatzseite** (Input, Kosten, Anschaffungs- oder Herrichtungskosten eines Investments) und der **Ausstoßseite** (Output, Verkaufserlöse, Revenues etc.). Blickt man auf Unternehmen als Ganzes, so steht die Naturalherstellung für die Anschaffungskosten der Assets und die Wertentschädigung bzw. finanzielle Kompensation für den geschaffenen Unternehmenswert. Das Schadensrecht des BGB ist also, wie wir genauer sehen werden, aus sich heraus modern und **unternehmenswertaffin.**

10.4 Dennoch ist im Schadensrecht heute keine Dogmatik etabliert, die seine überzeugende und voraussehbare Anwendung auf Unternehmenswertbeeinträchti-

I. „Unternehmenswertaffines", aber topisch dekonturiertes Schadensrecht

gungen[1]) oder Investitionsgüter bzw. „Financial Assets" überhaupt erlauben würde.[2]) Die im Schadensrecht angelegten unternehmenswertaffinen Differenzierungen wurden nicht nur brachliegen lassen (es gibt keine wirklichen „Grundsatzurteile" zu Schadensersatz post M&A), sondern sie wurden, indem das Schadensrecht überwiegend an im Verhältnis zu seinem Potential **unterkomplexen Konsumgüter-Fällen** malträtiert wurde, sogar überwuchert. An Unfällen privater Kraftfahrzeuge und Beschädigungen privater Konsumgüter konnte die Rechtsprechung keine Dogmatik entwickeln, die für Schadensprobleme post M&A Richtung und Rüstzeug geben könnte; sie konnte sie nur „verlernen"!

Soweit Autoren und Gerichte unabhängig hiervon an die Tradition von *Mommsen* anknüpfen und Schadensdogmatik betreiben wollten, führte dies zu einem Mix von sich teilweise überlagernden **Entwürfen von Begriffs-Geflechten**, die schwierig sind, i. d. R. voneinander abweichen und deren Begriffe oft sogar innerhalb eines Geflechts inkonsistent gebraucht werden.[3]) 10.5

Viele Autoren, Schiedsgerichte und Gerichte haben sodann vor der Aufgabe einer konsistenten Dogmatik bzw. Systematik des Schadensrechts zugunsten eines rein einzelfallbezogenen Umgangs mit ihm kapituliert. Insgesamt steht das Schadensrecht so irgendwo zwischen einer massenhaften Rechtsprechung zu Konsumgüterfällen, mehreren komplizierten, aber i. d. R. in sich nicht konsistenten Begriffsgeflechten und der Preisgabe der Schadensdogmatik zugunsten einer **topischen Auflösung des Schadensrechts**. Das ist eine schlechte Ausgangsposition für die schwierigen Fragen von Schadensersatz post M&A. 10.6

Merkwürdiger-, aber nicht überraschenderweise, **bringt das M&A-Thema frohe Botschaft für das Schadensrecht** – indem es ein intelligentes Schadensrecht fordert und braucht. Wenn das Schadensrecht diesen Ruf hört und sich dem „Stresstest" von post M&A-Schadensproblemen stellt, kann es nur gewinnen. Die Fragen, die der Ausgleich von Unternehmenswerteinbußen aufwerfen, sind so rational, pointiert und differenziert, wozu der betriebswirtschaftliche Input beiträgt, dass sie helfen können, den Begriffswirrwarr um das Schadensrecht (wie- 10.7

---

1) Der Nutzen des Begriffes „Unternehmenswertbeeinträchtigung" liegt darin, dass er die wirtschaftliche Betroffenheit des Unternehmensübernehmers – das Unternehmen ist aufgrund der Unternehmenswertbeeinträchtigung weniger wert – auszudrücken erlaubt, ohne diesen Umstand sogleich rechtlich qualifizieren zu müssen, etwa als Garantieverletzung, Mangel, Täuschung etc. S. Rn. 4.10 ff.

2) In einem Papier für das 25. Annual Meeting des ICC Institute of World Business Law „Evalution of Damages in International Arbitration" am 28.11.2005 mit dem Titel „Means to be made whole: Damages in the context of international investment arbitration" führen *Weisburg/Ryan* aus: „What is surprising, however, is that claimants, respondents and tribunals, frequently seem at loss as to how damages should be computed in a particular case" (S. 2).

3) Z. B. wird häufig gesagt, das erste Prinzip des BGB sei „Naturalrestitution" und damit in Wirklichkeit der maßstabgebende Ausgleichsgedanke gemeint. Kurz darauf wird dann der Begriff „Naturalrestitution" nochmals verwendet, jetzt aber zur Bezeichnung *eines* der *Modi* des Ausgleichs (§§ 249, 250 statt § 251 BGB).

der) zu lichten und seine Konturen zu klären. Hilfreich ist natürlich, dass es i. d. R. der Höhe nach um Beträge geht, die Intensiv-Dauereinsätze von sehr guten Juristen rechtfertigen und dass die Fälle sich der Struktur nach wiederholen.

10.8 Insbesondere darin, dass Schadensersatzfragen bei Investitionsgütern (Unternehmen) systematisch um die Differenz zwischen Anschaffungskosten eines Investments (Cost) und seinem Wert (Value) kreisen, hilft die schon erwähnte Ausgangsunterscheidung zwischen dem Ersatz der Kosten der Naturalherstellung in Geld (§§ 249, 250 BGB) und der Wertentschädigung (§§ 251, 252 BGB)[4] zu reanimieren. Jetzt plötzlich zeigt das Schadensrecht, seine Intelligenz, Leistungsfähigkeit und seinen wirtschaftlichen Tiefgang – wie ein hochbegabter Schüler, der bei dummen Aufgaben stumpf und verstockt in sich brütet und nur zu glänzen beginnt, wenn er ernsthaft gefordert wird. Insofern sind M&A-Transaktionen nicht nur ein Bewährungsfeld, sondern auch ein besonders **instruktives Feld für das Schadensrecht überhaupt** oder, um es – mit einem freilich sehr klugen – Modewort zu sagen: Das BGB-Schadensrecht ist, wie Recht sein sollte, **„antifragile"**.[5]

II. Betriebswirtschaftliche Quantifizierung von Unternehmenswertminderungen nicht trivial

10.9 Es ist nicht trivial, die wirtschaftlichen Gegebenheiten bei einem Unternehmen aufzubereiten und zu analysieren, die bei einer Unternehmenswertbeeinträchtigung schadensrechtlich abzugreifen sind. Irgendetwas in einem Unternehmen ist anders, als es sein sollte, und nun soll die Betriebswirtschaftslehre dies betragsmäßig quantifizieren, damit das Schadensrecht mit seinen Begriffsinstrumenten – gemäß dem Primat des Rechts in Rechtsstreitigkeiten – hieraus einen ersatzfähigen Schaden herausschälen kann. Ein Schaden, soviel ist gleich klar, ist immer eine Minderung des Barwerts der Zukunftsüberschüsse eines Unternehmens, der nur durch **Mehrkosten** bzw. **Mehrauszahlungen** auf der **Einsatzseite** – ein Dach muss repariert, eine Lizenz erworben werden – oder einer **Minderung der Revenuen** bzw. Umsatzeinzahlungen auf der **Output-Seite** – Produktionsstillstand während es in die Fabrik regnet bzw. solange die Lizenz fehlt – zustande kommen kann. In einem auf einer Planung der Zukunftsüberschüsse beruhenden Gesamtbewertungsverfahren, wie Ertragswert- oder DCF-Verfahren, fließen beide Effekte ein, rechtlich mögen sie zu unterscheiden sein, z. B. als Naturalherstellung (§§ 249, 250 BGB) und entgangener Gewinn als Teil der Wertentschädigung (§§ 251, 252 BGB).

---

[4] S. im Einzelnen Rn. 12.42 ff.
[5] *Taleb*, Antifragile. Things that gain from Disorder, 2012.

II. Betriebswirtschaftliche Quantifizierung von Unternehmenswertminderungen

Betriebswirtschaftlich unaufgeklärten Juristen mochte es naheliegen, eine Summe von Sachen, die in einem Inventar bzw. einer Bilanz aufgelistet sind, als Musterbeispiel für Werte und entsprechend die „Sachbeschädigung" (§ 303 StGB) als „Urform" einer Wertbeeinträchtigung anzusehen. Das war zwar immer verkürzt, aber auch nie ganz falsch, weil Unternehmen immer auch aus Sachen bestanden – über Jahrtausende, etwa bei *Jakob* und *Laban*, waren Viehherden und Land größter Ausweis von Reichtum. Solange die Volkswirtschaft Werte aus objektiven Gegebenheiten der Vergangenheit (**Produktionskosten, Arbeitswert**) herleitete (*Smith, Riccardo, Marx*), schien das die reifizierende Sicht *der* Juristen zu bestätigen. Eine sichtbarere Kluft öffnete sich allerdings mit den **subjektiven Wertlehren**, v. a. die Grenznutzenlehre, von *Menger, Jevons* oder *Walras*, die den Wert **aus der Zukunft** und aus der **Sicht des Abnehmers** eines Gegenstandes herleiteten. 10.10

Indessen: Was die Volkswirtschaftslehre spät begriff, hatten assyrische, ägyptische, griechische, römische, chinesische, arabische, venezianische, toskanische, holländische, englische (und selbst deutsche) Kaufleute schon lange vorher gewusst und auch Ökonomen, wieder sind *Smith, Riccardo* und *Marx* zu nennen, war bekannt, dass der Profit aus dem Unterschied zwischen Herstellungskosten und Verkaufserlös kam. Auch waren Juristen immer sehr gut in der Lage etwa **Einkommensausfallschäden von Selbständigen** zu berechnen.[6] So ist es eher erstaunlich, wie lange auf der theoretischen Makro-Ebene das Oszillieren zwischen subjektiven und objektiven Wertlehren fortdauerte und wie viele Anläufe die deutsche subjektive Bewertungslehre nach dem 2. Weltkrieg benötigte, um sich durchzusetzen.[7] 10.11

All dies verstanden, sollte es Juristen nicht schwer fallen umzusatteln. Dabei ist sogar das Schadensrecht als Lehrmeister der Unternehmensbewertung zu gebrauchen: **Unternehmenswert ist das, was nach § 251 BGB zu ersetzen ist, wenn das Unternehmen weg ist.** Ein anderer Zugang zu einem adäquaten Verständnis besteht darin, sich nicht mehr die Sachbeschädigung (§ 303 StGB) als „Urform" einer Wertbeeinträchtigung vorzustellen, sondern an die Köperverletzung (§ 223 StGB) eines Selbständigen zu denken. Die Vielzahl aktienrechtlicher Anfechtungsklagen und Spruchstellenverfahren (und *wie* sie geführt werden) beweist, wie gut sich staatliche Gerichte in die Materie einarbeiten können.[8] 10.12

---

6) S. BGH v. 31.3.1992 – VI ZR 143/91, NJW-RR 1992, 852; BGH v. 7.12.1993 – VI ZR 152/92, NJW 1994, 652; OLG Hamm v. 15.2.1995 – 13 U 111/94, NZV 1995, 316.

7) S. *Quill*, Interessengeleitete Unternehmensbewertung. Ein ökonomisch soziologischer Zugang zu einem neuen Objektivismusstreit, 2016. Ich verdanke den Hinweis auf dieses Werk einer Seminararbeit von *Josefine Taubert* in einem gemeinsamen Seminar von Prof. *Drygala*, C. *Wollny* und dem Autor über Bewertungsfragen im Recht im WS 2016/17 an der Universität Leipzig.

8) Die Mathematisierung der Unternehmensbewertung ist kein unüberwindliches Hindernis; benötigt wird nur Oberstufenmathematik.

Das Problem liegt eher darin, dass jenseits der Bewertungskompetenz der aktienrechtlichen Spezialkammern eine **Bewertungs-Diaspora** liegt, von der neben post M&A-Streitigkeiten übrigens auch unternehmensbezogene Bewertungskonflikte aus Anlass des Ausscheidens von Gesellschaftern aus Personengesellschaften oder bei Ehescheidung oder Erbfall betroffen sind. So geben die üblichen juristischen Darstellungen zum Schadens- bzw. Schadensersatzrecht, an denen sich Juristen zwangsläufig orientieren, kaum Hilfestellungen. Wer *Lange/Schiemann*[9] oder die Kommentierungen von *Schiemann* in Staudinger[10], von *Oetker* im Münchener Kommentar[11] aufschlägt, muss feststellen, dass hier **schadensersatzrechtliche Fragen im Zusammenhang mit Unternehmensverkäufen** fast **nicht erörtert** werden.[12] Erfreulicherweise hat sich der Schadens- und Versicherungsrechtler *Brand* neuerdings dem Thema etwas angenommen[13] und hat die monographische Behandlung seit Erscheinen der ersten Auflage dieses Buches in 2012[14] zugenommen.[15] Die Handbücher zu M&A-Transaktionen gehen allerdings i. d. R. nur punktuell und nicht hinreichend tief auf schadensrechtliche Probleme ein.

---

[9] *Lange/Schiemann*, Schadensersatz.
[10] Staudinger-*Schiemann*, BGB, 2017, §§ 249 ff.
[11] *Oetker* in: MünchKomm-BGB, §§ 249 ff.
[12] Kennzeichnend ist z. B. das Fehlen einer Behandlung des Übergangs von einer Naturalherstellung durch den Schädiger zu einer Naturalherstellung durch den Geschädigten bei Ersatz der Kosten der Naturalherstellung für Garantieverletzungen. § 249 Abs. 1 BGB sieht – altertümlich und praxisfremd – vor, dass grundsätzlich der Schädiger selbst die Naturalherstellung durchzuführen, also etwa eine beschädigte Sache zu reparieren, hat. § 249 Abs. 2 BGB gewährt dem Ersatzberechtigten bei der Verletzung von Personen und der Beschädigung von Sachen das Wahlrecht, die Reparatur selbst durchzuführen und den Ersatz der erforderlichen Kosten von dem Ersatzpflichtigen zu verlangen. § 249 Abs. 2 BGB hilft aber nicht einem Unternehmenskäufer, weil i. d. R. keine Sachbeschädigung vorliegt. Wann kann er also ein Fachunternehmen mit der Reparatur einer garantiewidrig schadhaften Maschine beauftragen? Dieses Problem, und namentlich, ob § 250 BGB diese „Umschaltfunktion" übernehmen kann, stellt sich bei jedem Schadensersatzanspruch auf das positive Interesse, aber wird fast nicht erörtert. Es werden Zweifel geäußert, ob § 250 BGB überhaupt einen Anwendungsbereich habe (vgl. Staudinger-*Schiemann*, BGB, 2005, § 250 Rn. 1 ff.; *Lange/Schiemann*, Schadensersatz, S. 233).
[13] *Brand*, Die Dogmatik der §§ 249 ff. BGB bei der Verletzung von Bilanzgarantien, in: Drygala/Wächter, Bilanzgarantien bei M&A-Transaktionen, S. 297; *Brand*, Schadensersatzrecht, 2. Aufl., 2015.
[14] S. dort S. 283–388.
[15] Vorher: *Binz/Freudenberg*, DStR 1991, 1629; *Kiethe*, DStR 1995, 1756; *Paefgen*, DZWiR 1997, 177; *Hilgard*, ZIP 2005, 1813 ff.; *Wächter*, NJW 2013, 1270 ff.; *Elsing*, Schadensberechnung in Post-M&A-Streitigkeiten, Vortrag bei der Petersberger Konferenz der DIS am 25.2.2012; *Mellert*, BB 2011, 1667.

II. Betriebswirtschaftliche Quantifizierung von Unternehmenswertminderungen

Bei **internationalen Schiedsverfahren** ist dies kaum besser. Das Buch von *Kantor*[16] – es wurzelt v. a. in Investitionsstreitigkeiten – ist seinem Anspruch nach nicht systematisch oder dogmatisch – weder zu Schadensersatzfragen, noch zu Bewertungsfragen, wobei beides i. d. R. nicht scharf getrennt wird – angelegt. Es will wohl auch primär v. a. Problemstellungen und Lösungen illustrieren. Verschiedene internationale Tagungen[17] zu dem Thema bringen kaum Erleuchtung. In Publikationen finden sich wenig Dogmatik, aber zahlreiche sehr skeptische und kritische Aussagen.[18] In dem Ausmaße, indem *Wessels* mit einer „70/30"Regel"[19] Recht hätte, wäre von Schiedsgerichten – trotz der dort versammelten hohen Sachkompetenz – kaum ein originärer Beitrag zur Schadensdogmatik zu erwarten. Da es auch nur wenige veröffentlichte **Entscheidungen**

10.13

---

16) Nachher: *Bergjan/Schäfer*, DB 2016, 2587; *Brand*, Die Dogmatik der §§ 249 ff. BGB bei der Verletzung von Bilanzgarantien, in: Drygala/Wächter, Bilanzgarantien bei M&A-Transaktionen, S. 297; *Demuth*, Direktes und in- direktes Verfahren der Schadensberechnung, in: Drygala/Wächter, Bilanzgarantien bei M&A-Transaktionen, S. 166; *Elsing* in: FS Haarmann, S. 26; *Görg*, DB 2016, M 5; *Hayn*, Paneldiskussion – Unternehmensbewertung und Kaufpreisanpassungen, in: Drygala/Wächter, Kaufpreisanpassungs- und Earnout-Klauseln, S. 45; *Hennrichs*, Falsche Bilanzen und Bilanzgarantien bei M&A-Transaktionen, in: Drygala/Wächter, Bilanzgarantien bei M&A-Transaktionen, S. 1; *Henle*, Die Bilanzauffüllung als Rechtsfolge der Verletzung einer Eigenkapitalgarantie, in: Drygala/Wächter, Bilanzgarantien bei M&A-Transaktionen, S. 189; *Hennrichs*, NZG 2014, 1001; *Hilgard*, BB 2013, 937; *König/Gießmann*, GWR 2016, 155; *Schmiepp/Holfeld*, DB 2016, 1738; *Mehrbrey/Hofmeister*, NZG 2016, 419; *Wächter*, Schadensersatz und Kaufpreisanpassung post M&A, in: Drygala/Wächter, Kaufpreisanpassungs- und Earnout-Klauseln, S. 1; *Wächter*, NJW 2013, 1270; *Wächter*, BB 2016, 711; *Wächter*, Dreiecksproblem und Faktoren, in: Drygala/Wächter, Bilanzgarantien bei M&A-Transaktionen, S. 225; *Wollny, C.*, DStR 2013, 2132.
17) Z. B. „Arbitration of Merger and Acquisition Disputes", Conference of ASA Swiss Arbitration Association on January 21, 2005, in Basel; die Papiere sind veröffentlicht in Kaufmann-Kohler/Johnson (ed.), Arbitration of Merger and Acquisition Disputes, 2005, S. 25. Annual Meeting des ICC Institute of World Business Law am 28.11.2005 in Paris „Evaluation of Damages in International Arbitration"; die Papiere sind veröffentlicht in Derains/Kreindler (Ed.), Evaluation of Damages in International Arbitration, Paris 2006.
18) „There are among the most famous names in our business a large number of people who do not understand the first thing about damages in their application", soll *Mark Baker*, Global Co-Head of International Arbitration von Norton Rose Fulbright im Jahre 2011 auf einer Konferenz in Hongkong gesagt haben. Bei derselben Konferenz soll *Mark Kantor* berichtet haben, wie in drei ICSID-Fällen „well-respected Arbitrators had either made elementary errors in their calculations or shied away from considering tricky questions of economic variables and market volatility." (*Sebastian Perry*, Quantum Mechanics, Global Arbitration Review (GAR), 15.5.2011, S. 1 ff., 6). *Lawrence W. Newmann/David Zaslowsky*, Grappling with Damages in International Arbitration, New York Law Journal Vol. 242 No. 63, September 29, 2009, S. 2: „The sad reality is, however, that consultants, including damages consultants, are sometimes more overtly partisan than the lawyers …".
19) Schiedsgerichte würden ein Verfahrensende durch einen Vergleich bevorzugen und „alles-oder-nichts"-Lösungen scheuen. „Schiedspraktiker sprechen flapsig von einer „70/30"Regel": Es ist schwer, vor einem Schiedsgericht zu mehr als 70 % zu obsiegen oder so hoch zu verlieren, dass nicht mindestens ein Selbstbehalt von 30 % beim Kläger verbleibt." *Wessels*, Tatbestandsseite von Bilanzgarantien in internationalen Schiedsverfahren, in: Drygala/Wächter, Bilanzgarantien bei M&A-Transaktionen, S. 69, 76.

deutscher staatlicher **Gerichte** und, jedenfalls veröffentlichte, von Schiedsgerichten gibt, steht die Konfliktpraxis schadensrechtlichen Problemen beim Unternehmenskauf ohne ein gesichertes Instrumentarium und nicht selten etwas ratlos gegenüber. Von einem gelungenen Brückenschlag oder, etwas pompös formuliert, einer *Interpenetration*[20] von schadensrechtlicher Dogmatik und Unternehmensbewertung, kann nicht die Rede sein.

III. Der für ein (Schieds)Gericht maßgebliche Unternehmenswert vs. von den Parteien verwendete Unternehmenswerte und der Kaufpreis

10.14 Bevor wir mit wirtschaftswissenschaftlichen Fragen beginnen, sollen zwei Hinweise vorangestellt werden. Der Unternehmenswert, mit dem sich Schiedsgerichte oder Gerichte im Zusammenhang mit schadensrechtlichen Fragen post M&A zu befassen haben, ist von ihnen aus einem doppelten Grund **autonom festzustellen.**

10.15 Der *erste* Grund liegt darin, dass das Auffüllen eines Schadensersatzanspruchs eine **rechtliche Erkenntnis- bzw. Subsumtionsaufgabe** ist und dass nur das Recht entscheidet, was als Schadensersatz zu gewähren ist.[21] Dies wird übrigens oft gerade – dankbar – von Betriebswirten anerkannt. So schreibt *Hüttemann*:

„Im Mittelpunkt der rechtsgebundenen Bewertung steht die Ableitung gesetzlicher Bewertungsvorgaben. Dies ist eine juristische Aufgabe, die durch Auslegung derjenigen Vorschriften, die eine Unternehmensbewertung erforderlich machen zu lösen ist. In diesem Rahmen müssen auch übergeordnete Wertungen des jeweiligen Teilrechtsgebietes berücksichtigt werden."[22]

10.16 Später zitiert *Hüttemann* das OLG Düsseldorf, wonach Entscheidungen über unternehmenswertabhängige Rechtsfolgen „in erster Linie Rechtsfragen" sind.[23]

---

20) Ein von *Luhmann* im Anschluss an *Parsons* verwendeter Begriff, der bezeichnet, dass sich zwei Systeme prozesshaft aneinander „abarbeiten", wobei das aufnehmende System auf die Strukturbildung des penetrierenden Systems zurückwirkt (*Luhmann*, Soziale Systeme, S. 290).

21) Das Recht wäre z. B. frei darin, das *lucrum cessans* überhaupt nicht, aber dafür das Dreifache des *damnum emergens* zu ersetzen. Es kann Folgeschäden einbeziehen oder auch nicht. Jeder „Schadensbegriff", der die Rechtsfolge einer Norm beschreibt, ist ein rechtliche Schadensersatzbegriff – auch der in der naturrechtlichen Tradition stehende, um enge Anknüpfung an die wirtschaftliche Bewertung bemühte Schadensbegriff des BGB. Das römische und angelsächsische Recht schlagen z. T. pragmatisch in die andere Richtung aus.

22) *Hüttemann*, Unternehmensbewertung als Rechtsproblem, in: Fleischer/Hüttemann Rechtshandbuch Unternehmensbewertung, S. 1 sowie § 1 Rn. 31. S. a. Rn. 5 ff. m. w. N. Allerdings werden post M&A-Streitigkeiten nur ganz kurz angesprochen (Rn. 20). „Im Mittelpunkt der rechtsgebundenen Bewertung steht die Ableitung gesetzlicher Bewertungsvorgaben Dies ist eine juristische Aufgabe, die durch Auslegung derjenigen Vorschriften, die eine Unternehmensbewertung erforderlich machen, zu lösen ist. In diesem Rahmen müssen auch übergeordnete Wertungen des jeweiligen Teilrechtsgebietes berücksichtigt werden."

23) *Hüttemann*, Unternehmensbewertung als Rechtsproblem, in: Fleischer/Hüttemann, Rechtshandbuch Unternehmensbewertung, S. 1 sowie § 1 Rn. 75, OLG Düsseldorf v. 8.8.2013 – I-26-W 15/12, NZG 2014, 1393 = ZIP 2013, 1816 (zit. nach *Hüttemann*).

III. (Schieds)gericht Unternehmenswert vs. Parteien-Unternehmenswert und Kaufpreis

Zweitens kann der für den Schadensersatz relevante Unternehmenswert nicht mit irgendeinem der Unternehmenswerte gleichgesetzt werden, die die Parteien während der Verhandlungen verwendet haben mögen – und erst recht nicht mit dem Kaufpreis. 10.17

Wir werden später sehen, dass die Höhe von Schadensersatzansprüchen post M&A i. d. R. von dem subjektiven Unternehmenswert des Käufers und/oder des Verkäufers abhängt. Das Gericht oder Schiedsgericht muss solche Unternehmenswerte schon deshalb selbstständig feststellen, weil **historische Fehleinschätzungen** einer Partei hinsichtlich des Wertes einer ihr durch Rechtsgeschäft zufließenden Leistung aus Rechtsgründen ohnehin **kein schadensersatzerhöhender** oder ein **schadensersatzmindernder Umstand** sein kann. § 249 BGB sagt, dass der Zustand herzustellen ist, der ohne den zum Ersatz verpflichtenden Umstand „bestehen würde", nicht dass der Zustand herzustellen ist, den sich der Geschädigte (oder gar der Schädiger) *vorstellte bzw.* den er *erwartete*.[24] 10.18

Wenn es bei dem Schadensrecht bleibt, sind also weder die *Verkäufer*vorstellungen noch die *Käufer*vorstellungen dazu maßgeblich, wie hoch die Käufervorteile ohne das die Haftung auslösende Ereignis gewesen wären, sondern die Vorstellungen des *Gerichts oder Schiedsgerichts*, zu denen es ggf. nach Beweisaufnahme kommt. Hierfür kommt es nicht einmal darauf an, ob die in der Verhandlungsphase aufgetauchten oder abgeleiteten Unternehmenswerte „strategisch" oder „argumentativ", ob sie fehlerhaft und ungenau oder ob sie „ehrliche" und „echte" Berechnungen der Grenzpreise der Parteien gewesen sein mögen.[25] 10.19

Wenn die Parteien verhindern wollen, dass der Schaden und die Schadenshöhe von dem Gericht oder Schiedsgericht autonom festgestellt werden, können sie dies freilich erreichen, indem sie ihm **Vorgaben** machen – von einer **Formel** über **ein Schema** bis zu einer **vorprogrammierte Tabellenkalkulation** –, in die das Gericht oder Schiedsgericht nur zusätzliche Kosten oder fehlende Umsätze einzusetzen hat. Obwohl solches oft empfohlen wird, tun dies die Parteien indessen nie oder so gut wie nie. 10.20

---

24) Die Einkünfte, die sich ein junger Mensch, der sich zum Web-Designer ausbilden ließ, erwartete, sind für seinen Schadensersatzanspruch, wenn er durch einen Unfall an der Berufsausübung gehindert wird, unerheblich. Es kommt auf die realen Einkommensverhältnisse an. Ebenso hängt der Schadensersatzanspruch eines Aktienkäufers, wenn die Lieferung pflichtwidrig nicht erfolgt, nicht an seinen damaligen konservativen oder utopischen Erwartungen. Ein Unternehmer, der eine Produktionsanlage, etwa eine Fertigungsstraße kauft, würde *ausgelacht* werden, wenn er bei Nichtlieferung und Schadhaftigkeit seinen Schadensersatz aus seinen Erwartungen bzw. seiner Kalkulation beim Kauf herleiten wollte. Vortrag dazu wäre schlicht unerheblich.

25) Klar ist natürlich auch: Jede Zahl, die damals extern kommuniziert wurde (und deren historisches Auftauchen gewiss ist) war strategisch bzw. „argumentativ" und wenn es einen „ehrlichen" internen Grenzpreis gegeben haben sollte, wäre dieser Betrag geheim geblieben – und heute kaum beweisbar. Aber darauf kommt es nicht an.

10.21 Bisweilen wird versucht, den Umstand, dass eine Partei einer anderen ihre (angebliche) Unternehmensbewertung oder Teile davon **zur Kenntnis gab** oder für die andere Partei erkennbar damit argumentiert hat bzw. dass diese in den Vertragsanlagen erscheint, so zu interpretieren, dass hierdurch das bestehende Schadensrecht derogiert worden sei. Eine solche Zur-Kenntnisgabe oder selbst ein einfaches Einbeziehen einer Bewertung in die Vertragsanlage wird aber nach der Auslegungslehre typischerweise **nicht ausreichen**, das Schadensrecht des BGB als gesetzliches Regelrechtsfolgenregime zu verdrängen.

10.22 Wenn Gerichte oder Schiedsgerichte gleichwohl bisweilen erwägen, als Strohhalm einen in den Verhandlungen aufgetauchten Unternehmenswert zu nutzen, so geschieht dies oft aus – uneingestandener – Schwäche und Unsicherheit. Sie wollen sich so möglichst weitgehend dem Risiko entziehen, den Schaden selbst herleiten und berechnen zu müssen und sich so weit möglich auf etwas stützen, dass, weil es in den Verhandlungen der Parteien auftauchte, legitim und ungefährlich erscheint. Diese Vorgehensweise ist aber nicht nur rechtlich nicht gerechtfertigt,[26] sondern auch nicht „fair". Sie ist nicht fair, weil sie das Niveau des Schadensersatzes hebt, wenn eine in den Verhandlungen aufgetauchte Bewertung zufälligerweise optimistisch war,[27] und das Niveau des Schadensersatzes senkt, wenn sie zufälligerweise pessimistisch war. Je nachdem über- oder unterkompensiert sie. Sie ist nicht sachgerecht, weil es typischerweise nicht nur in verschiedenen Phasen, sondern auch zu verschiedenen Zwecken *mehrere Versionen* von Bewertungen gab, mit denen u. U. andere Zwecke verfolgt wurden (z. B. eine Bankfinanzierung zu gewinnen, einen skeptischen Investmentboard zu überzeugen, den Kaufpreis zu drücken), und die eine äußerst sachfremde Grundlage für eine Ersatzhaftung des Verkäufers wären.

10.23 Ein Gericht oder Schiedsgericht kann sich die Arbeit nicht vereinfachen, indem es (stillschweigend oder nicht) **Unternehmenswert und Kaufpreis identifiziert**. Alle solche Versuche beruhen auf schweren Denkfehlern. Wir werden ausführlicher auf das Thema zurückkommen, hier nur so viel:

10.24 Zunächst gibt es, wie schon erwähnt, immer *zwei* subjektive Unternehmenswerte.[28] Da es indessen immer nur *einen* Kaufpreis gibt, kann dieser a priori nicht mit zwei Unternehmenswerten gleich sein.

10.25 Sodann ist der Kaufpreis das, was der **Käufer in Geld weggibt** und ist der Unternehmenswert ein quantifiziertes Denkergebnis, eine **Bewertung**, von **etwas**,

---

26) Nochmals § 249 Abs. 1 Satz 1 BGB: Es ist der Zustand herzustellen, der „bestehen würde", nicht der Zustand, den der Schuldner der Gläubiger oder sogar beide gemeinsam erwartet haben.

27) Oder wenn sie frivol und utopisch war, wenn sie ex post produziert wurde oder – was auch möglich erscheint – wenn sie damals schon, v. a. vom Käufer eingespielt wurde, um sie später zur Herleitung fantastischer Schäden verwenden zu können.

28) S. Rn. 4.5, ausf. Rn. 10.27 f.

IV. Subjektbezogenheit und Prognosesubjektivität bei Unternehmenswerten

das er erhält. Das eine, der Unternehmenswert, steht auf der **Leistungsseite** des Austauschs, der Kaufpreis auf der **Gegenleistungsseite**. Beides gehört auf getrennte Ebenen und in verschiedene Welten. Wirtschaftlich kann man sagen: „Price is what you pay and value is what you get."[29] Unternehmenswert und Kaufpreis sind klar zwei unterschiedliche Dinge.

Schließlich ist die Höhe eines **Unternehmenswertes unabhängig davon**, ob ein Unternehmen bzw. sonstiger Gegenstand **verkauft** wird. Unternehmenswerte und Unternehmenswertminderungen können losgelöst davon berechnet werden, ob irgendjemand zeitnah überhaupt über einen Kaufpreis für das Unternehmen nachdenkt. Und wenn doch über einen Kaufpreis nachgedacht, Verhandlungen geführt oder Verträge geschlossen werden, lässt dies den Unternehmenswert unberührt.

10.26

IV. Subjektbezogenheit und Prognosesubjektivität bei Unternehmenswerten und die „objektive Bestimmung subjektiver Unternehmenswerte"

Der Unternehmenswert i. S. der modernen Unternehmensbewertung ist doppelt subjektiv und wir wollen zur Vermeidung von Missverständnissen beide Subjektivitäten als „**Subjektbezogenheit**" und „**Prognosesubjektivität**" voneinander unterscheiden:

10.27

– Jeder Unternehmenswert ist erstens insofern subjektiv als eine Bewertung nur aus der Perspektive eines bestimmten **Eigentümersubjekts mit bestimmten Merkmalen**, nämlich Konzepten, Synergien, Möglichkeiten zu alternativen Investitionen bzw. einem bestimmten Kalkulationszinssatz erfolgen kann. Wir wollen dies „**Subjektbezug des Unternehmenswerts**" nennen.[30]

– Jeder Unternehmenswert ist zweitens subjektiv, weil er immer nur ein **subjektives Denkergebnis** eines (oft anderen) Subjekts als des Eigentümersubjekts, eines individuellen Planers bzw. Bewerters, ist und daher von dessen subjektiven Kenntnissen, Erfahrungen, Risiko- und sonstigen Einschätzungen abhängig ist, wobei auch Irrtümer einfließen können. Wir wollen diese *bewerterbezogene Subjektivität* „**Prognosesubjektivität**" nennen.

Zu Unrecht wird bei der „Subjektivität der Unternehmensbewertung" oft zuerst an die letzte, die bewerterbezogene Prognosesubjektivität, gedacht. Dies kann die Weichen in eine falsche Richtung stellen. Ja, die Unternehmensbewertung ist, wie jede Vorausschau, z. B. eine Wetterprognose, „subjektiv", weil es ohne ein

10.28

---

[29] *Graham/Buffet*, Berkshire Hathaway Inc. Annual Reports 2008, S. 5, zit. nach *C. Wollny*, DStR 2013, 2132, 2134. Vgl. auch *Haarbeck/König*, Interdependenz von Due Diligence-Untersuchungen, Unternehmensbewertung und Unternehmenskaufvertrag, in: Berens/Brauner/Strauch/Knauer, 7. Aufl., S. 171, 178.

[30] Die Bezeichnung verwendet auch *Hüttemann*, Unternehmensbewertung als Rechtsproblem, in: Fleischer/Hüttemann, Rechtshandbuch Unternehmensbewertung, S. 1 sowie § 1 Rn. 2.

"Subjekt" kein Denken und kein Vorausschauen gibt. Es gibt aber bei den meisten Prognosen, z. B. einer Wetterprognose, nur einen Prognosegegenstand, z. B. nur ein Wetter, und nur eine Zukunft. Genau das ist aber – und *das* ist das Kennzeichnende! – bei der Unternehmensbewertung anders. Der Käufer prognostiziert und bewertet eine *andere Zukunft* als der Verkäufer und Verkäufer und Käufer haben gewissermaßen – aufgrund unterschiedlicher Konzepte, Synergien und alternativen Anlagemöglichkeiten – jeweils, ein *anderes Wetter* zu prognostizieren.

10.29 Der Subjektbezug der Unternehmensbewertung leitet sich daraus ab, dass **Bewerten immer Vergleichen ist.** Im **Zentrum** des Vergleichs und der Bewertung steht ein Vergleichssubjekt bzw. Bewertungssubjekt, von dessen Bedürfnissen, Vorzügen, Sensitivitäten bzw. von dessen **Utility-Funktion** der Bewertungsvorgang und das Bewertungsergebnis genauso abhängt wie von den Merkmalen der zu bewertenden alternativen Optionen. Das gilt für vergleichende Bewertungen von persönlichen Handlungsalternativen, wie etwa der Wahl eines Lebensmittelpunktes, ebenso wie für eine quantifizierte vergleichende Bewertung von Anlagealternativen. Bei der Bewertung von Investitionen (inklusive Unternehmen) fließt das Bewertungssubjekt auf der Ebene der **Planung der Periodenüberschüsse** der Investition bzw. der Unternehmensplanung ein, indem aus Käufersicht – nicht das derzeit real vorhandene Unternehmen ("stand alone")[31], sondern ein derzeit nicht vorhandenes, noch fiktives, nämlich das zukünftige, durch die von dem Käufer "mitgebrachten" **Konzepte, Synergien** und **Dyssynergien** beeinflusstes Unternehmen geplant wird. Sodann fließt als zweites wesentliches subjektives Moment die von dem konkreten Käufer erzielbare **Alternativverzinsung** ein. Dies geschieht auf die Weise, dass die unter Berücksichtigung der Käufersynergien/-dyssynergien geplanten Periodenüberschüsse mit der risikoadjustierten Alternativverzinsung des Käufers "manipuliert", nämlich multipliziert werden.[32] Je höher die Alternativverzinsung, umso niedriger der Wert des Bewertungsobjekts. Vereinfacht könnte gesagt werden, dass die Überschüsse des von dem Käufer beeinflussten Unternehmens mit einem, seine allgemeinen subjektiven Möglichkeiten und Ambitionen widerspiegelnden Faktor multipliziert werden.[33]

10.30 Dieser entscheidende Punkt würde am besten dadurch zum Ausdruck gebracht, dass man immer hinzusagen würde, ob der **Verkäufer-Unternehmenswert,** der **Käufer-Unternehmenswert** oder der Unternehmenswert eines Dritten gemeint

---

31) Bzw. das Unternehmen in synergetischer Verbundenheit mit dem *Verkäufer*.
32) Eine Risikoadjustierung ist erforderlich, weil die von dem Käufer erreichbare Alternativverzinsung regelmäßig aus Investitionen hergeleitet wird, die ein (zumeist) niedrigeres Risiko besitzen. Eine einfache Form ist die quasi willkürliche Vorgabe einer "hurdle rate" durch den Käufer. S. hierzu C. Wollny, Der objektivierte Unternehmenswert, S. 71.
33) Vgl. IDW S 1 Ziff. 2.1., 2.4., 4.4.3.

IV. Subjektbezogenheit und Prognosesubjektivität bei Unternehmenswerten

ist.[34)] Die bewerterbezogene Prognosesubjektivität ist demgegenüber nicht das Entscheidende. Sie ist vielmehr unvermeidlich und, wie sonst im menschlichen Leben, bedauerlich und eher zu minimieren.[35)] Insbesondere rechtfertigt die Prognosesubjektivität im Schadensersatzprozess nicht, dass der Käufer irgendwelche Prognose- und Planungs**annahmen willkürlich treffen darf**. Hier kann vielmehr über Wahrheit bzw. „richtig" und „falsch" gestritten werden – und muss darüber gestritten werden – weshalb es so etwas wie eine **„objektiv-richtige, subjektive Unternehmensbewertung"** oder objektive subjektive Unternehmensbewertung gibt, das, was Gerichte und Schiedsgerichte anstreben. Genau dieses, den „objektiven subjektiven Unternehmenswert"[36)] – i. d. R. des Käufers – ist von Gerichten und Schiedsgerichten in post M&A-Streitigkeiten als Grundlage eines Schadensersatzanspruchs anzustreben und festzustellen.

Akzeptiert man, dass die Möglichkeit der objektiven Bestimmung von subjektiven Werten besteht und dass also in einem Rechtsstreit eine objektive Bestimmung subjektiver Unternehmenswerte möglich und maßgeblich ist, so wird man bei einem post M&A-Streit Regeln zur Unternehmensbewertung in dem M&A-Vertrag nicht mehr so sehr vermissen, wie dies manche tun. Man kann ebenso gut **ohne Bewertungsregeln in dem M&A-Vertrag auskommen** und damit leben, dass der Kaufpreis nicht mit dem Unternehmenswert identifiziert werden kann. Schließlich können auch verschenkte oder nicht von einer M&A-Transaktion betroffene Unternehmen bewertet werden.[37)] Es sind dann die jeweils von dem rechtlichen Anlass vorgegebenen Maßstäbe maßgeblich. Beim Schadensersatz sind dies andere als bei Spruchstellenverfahren und im Familien- oder Erbrecht, und erst recht im Erbschaftsteuerrecht. 10.31

Wenn der betreffende M&A-Vertrag ausnahmsweise einmal (wirklich eindeutig) Bewertungsregeln enthält, die das Schadensrecht derogieren, liegt die Rechtfertigung dieser – dann anzuwendenden – Regelungen nicht in der „Subjektivität" der Unternehmensbewertung sondern in der **Vertragsfreiheit**, die das Scha- 10.32

---

34) Entsprechend wird unten neben der allgemeinen Notation „UW" für Unternehmenswert, „UWi" für „Ist- Unternehmenswert" und „UWs" für „Soll-Unternehmenswert" auch z. T. „KUW" für Käufer-Unternehmenswert bzw. „VkUW" für „Verkäufer-Unternehmenswert" verwendet, ggf. auch „KUWi" oder „KUWs" etc.

35) Am Subjektbezug des Unternehmenswertes würde es nichts ändern, wenn es gelänge, etwa weil der Mensch göttergleich absolute Zukunftsvoraussicht gewänne, alle Subjektivitäten und Fehler bei Prognosen zu vermeiden.

36) In dem hier vertretenen Sinne auch *Kiethe*, DStR 1995, 1756, 1759 li. Sp. Mitte („objektive Wertung von subjektiven Kriterien"). Der Aufsatz ist lesenswert, auch wenn er sonst in wichtigen Punkten zu hier abgelehnten Ergebnissen kommt.

37) Am Rande: Auch Spruchkammern, die Streitigkeiten um die Höhe von Abfindungen entscheiden müssen, zweifeln nicht an ihrer Befähigung dazu, obwohl die AG-Satzungen zumeist keine Bewertungsregeln beinhalten. Landgerichte entscheiden über Schadensersatz wegen nicht erfüllten Grundstückskaufverträgen, obwohl Grundstückskaufverträge erst recht keine Bewertungsregeln beinhalten.

densrecht umfasst.[38] Solche Regeln können zwar nicht die „äußere Welt" oder die betriebswirtschaftliche Bewertungslehre, wie sie z. B. in dem Grundsatz IDW S 1 zum Ausdruck kommt, oder den Käufer- oder Verkäuferunternehmenswert abändern. Sie ersetzen oder modifizieren aber zulässigerweise die §§ 249 ff. BGB.

10.33 Gerichte und Schiedsgerichte müssen nicht fürchten, die Kontrolle zu verlieren, wenn sie sich bei ihrer Schadensherleitung nicht an in den Verhandlungen aufgetauchte historische Unternehmensbewertungen oder gar den Kaufpreis binden zu lassen. Es obliegt dem Kläger zu seinem Schaden, also auch zu einem geminderten Unternehmenswert, vorzutragen ggf. einen Beweis zu führen. Insoweit hat der **Kläger eine Bringschuld**, der er nur durch ausführlichen und geordneten tatsächlichen Vortrag, oft sogar nur durch ein Parteigutachten, genügen können wird. Der Käufer muss hierauf substantiiert antworten und Gerichten und Schiedsgerichten stehen dann § 287 ZPO und § 252 Satz 2 BGB helfend zur Verfügung, wodurch eine justizielle Beherrschbarkeit erreicht wird.

V. Weiter Begriff von Unternehmenswert vs. „Enterprise Value"

10.34 In diesem Buch ist mit „Unternehmenswert" (UW), der i. d. R. niedrigere Wert des Unternehmens gemeint, das der Verkäufer weggibt (VkUW), oder der i. d. R. höhere Wert, der beim Käufer ankommt (KUW). Dabei ist das Unternehmen gemeint, „wie es steht und liegt". Wir werden daher schreiben:

Unternehmenswert = Barwert der Überschüsse aus dem operativen Geschäftsbetrieb *plus* **Barwert der Überschüsse aus dem nicht betriebsnotwendigen Vermögen**

und dies in der Formel ausdrücken

$$UW = BW\ddot{U} (OP) + BW\ddot{U} (NBV).^{39)}$$

10.35 Hiermit ist der Wert des Unternehmens „mit allem Drum und Dran" abgebildet. Das bedeutet, dass die **Finanzierungsstruktur** (Net Debt bzw. Net Cash) schon ebenso berücksichtigt ist wie **nicht betriebsnotwendiges Vermögen**. Letzteres wird in der Formel gesondert ausgewiesen als BWÜ (NBV), der Barwert aus den Überschüssen des operativen Geschäftsbetriebs. Die Finanzierungsstruktur ist versteckt berücksichtigt, indem Zinsen und Tilgung schon die Barwerte des operativen Geschäftsbetriebes, BWÜ (OP) bzw. des nicht betriebsnotwendigen Vermögens, BW (NBV) reduzieren. Das Wort „Unternehmenswert" wird insofern für einen *weit*gefassten Begriff verwendet.

10.36 In der Betriebswirtschaft wird allerdings häufig das deutsche Wort „Unternehmenswert" *eng*gefasst und **nur mit „Enterprise Value" gleichgesetzt**.[40]

---

38) *Oetker* in: MünchKomm-BGB, § 249 Rn. 6.
39) S. Rn. 11.10 f.
40) Etwa *Ziehms/Winepress*, Post M&A Disputes and Completion Mechanisms, im Erscheinen.

V. Weiter Begriff von Unternehmenswert vs. „Enterprise Value"

Dieser engere Wortgebrauch ist natürlich möglich und legitim. Das Recht braucht jedoch als Ausgangspunkt einen Begriff (und ein Wort) für die *Totalität* der Werte, die aufgrund einer Transaktion bewegt bzw. beim Käufer ankommen sollten, da hieran z. B. der Betrag des Schadensersatzes als positives Interesse bei einer Nichtlieferung oder vollkommenen Zerstörungen des Unternehmens zu bemessen ist und da hiervon auch dann auszugehen ist, wenn der Schaden nur eine Teilmenge der Wertpartikel umfasst.[41] Zudem **vermeidet** dieses Buch, wenn es im **Zusammenhang mit einer Schadensersatzberechnung** um Unternehmensbewertung geht, bewusst den Begriff und das Wort **„Enterprise Value"**. Dieser Begriff kommt in M&A-Transaktionen regelmäßig aus der Welt der Kaufpreisverhandlungen und der Kaufpreisklauseln, also aus der Welt des Kaufpreises und der Gegenleistung. Er ist insoweit jedenfalls für die Schadensbemessung, die fehlenden Unternehmenswert (auf der Leistungsseite) auszugleichen hat, unmaßgeblich und unbeachtlich.[42]

---

41) Wenn ein Miethaus abbrennt, ist der Schaden des Eigentümers eine Totalität aus dem Barwert der Überschüsse aus der Vermietung und dem Barwert der Verwertung von etwa im Speicher eingelagerten wertvollen Möbeln und Kunstwerken.
42) S. Rn. 10.14 f., 11.34 f.

11. Kapitel Berechnung von Nachbaukosten und Unternehmensbewertung

Übersicht

I. Kosten des Nachbaus eines Investments 11.2
1. Garantieunrichtigkeit u. U. ohne Auswirkungen auf Revenuen 11.2
2. Nachbaukosten eines Investments kein Unternehmenswert 11.3
3. Nachbaukosten und Naturalherstellung nach §§ 249, 250 BGB 11.5

II. Unternehmenswert als Barwert von Zukunftsüberschüssen 11.7
1. „Der Kaufmann gibt nichts für die Vergangenheit" 11.8
2. Die Zukunft besteht aus Prognosen und Planungen 11.9
3. Unternehmenswert = Barwert der Überschüsse aus dem operativen Geschäftsbetrieb *plus* Barwert der Überschüsse aus dem nicht betriebsnotwendigen Vermögen 11.10
   a) Barwert der Überschüsse aus dem operativen Geschäftsbetrieb 11.14
   b) ... *plus* Barwert der Überschüsse aus nicht betriebsnotwendigem Vermögen 11.22
   c) Vereinfachte Darstellung: Überschüsse aus betriebsnotwendigem und nicht betriebsnotwendigem Vermögen vermengt 11.33
   d) Barwert des betriebsnotwendigen Vermögens und Barwert des nicht betriebsnotwendigen Vermögens vs. Equity Value und Enterprise Value 11.34
   e) Auch der Liquidationswert ist ein Barwert von Zukunftsüberschüssen 11.40

4. Das nicht sehr berechtigte Vertrauen in Unternehmensplanungen – und warum man gut damit leben kann 11.41
   a) Gründe für geringe Vertrauenswürdigkeit von Unternehmensplanungen 11.41
   b) Gründe, warum die Wirtschaft gut mit der Unsicherheit von Unternehmensbewertungen leben kann 11.43
   aa) Wirtschaftlich relevant sind nur die ersten 38 Jahre 11.44
   bb) Wenn man sich nur nicht zu weit von der Herde entfernt 11.47
   c) Gründe, warum Gerichte gut mit der Unsicherheit von Unternehmensbewertungen leben können 11.50
5. Multiplikatorverfahren für Rechtsstreitigkeiten i. d. R. ungeeignet 11.52
6. Unternehmenswert und Wertentschädigung nach § 251 BGB 11.64

III. Verkäufer- und Käufer-Unternehmenswert und Kaufpreis **11.65**
1. Zwischen zwei Unternehmenswerten 11.66
2. Wie werden Kaufpreise vereinbart? 11.68
3. Kaufpreis und Unternehmenswerte weichen systematisch voneinander ab................. 11.79
4. Verführungen zur Verwechselung von Unternehmenswert(en) und Kaufpreis durch Net Debt-/ Net Cash-Klauseln 11.88

IV. Ausgleichsmodelle zur Anpassung der Sachleistung oder Gegenleistung an Unternehmenswertminderungen 11.91

489

11. Kapitel Berechnung von Nachbaukosten und Unternehmensbewertung

1. Ausgleichsmodelle, die die Soll-Vermögensposition des Käufers oder das vertragliche Austauschverhältnis aufrechterhalten 11.92
   a) Erhöhung der Verkäuferleistung 11.99
   aa) Nachlieferung von „fehlendem Unternehmen" in natura bis zur Erreichung des Soll-Unternehmens 11.100
   bb) Nachlieferung von fehlendem Unternehmenswert bis zur Erreichung des Soll-Käufer-Unternehmenswerts 11.104
   b) Herabsetzung der Käuferleistung 11.108
   aa) Überproportionale Herabsetzung der Käuferleistung zur Aufrechterhaltung der Soll-Vermögensposition des Käufers 11.109
   bb) Proportionale Herabsetzung der Käuferleistung zur Aufrechterhaltung des vertraglichen Austauschverhältnisses 11.112
2. Ausgleichsmodelle, die die Soll-Vermögensposition des Käufers und das vertragliche Austauschverhältnis abändern 11.124
   a) Erhöhung der Verkäuferleistung 11.124
   aa) Nachlieferung von „fehlendem Unternehmen" in natura bis zur Erreichung einer Kaufpreiskongruenz? 11.124
   bb) Nachlieferung von fehlendem Unternehmenswert in Geld bis zur Erreichung einer Kaufpreiskongruenz, SE = KP − KUWi? 11.125
   b) Herabsetzung des Kaufpreises auf den Ist-Unternehmenswert, KPneu = UWi? 11.132
V. Grundfälle von Unternehmenswertbeeinträchtigungen 11.133
1. Grundfall 1: Bargeld oder Guthaben bei Kreditinstituten zu niedrig, unbedingte Schulden (Verbindlichkeiten) zu hoch 11.136
2. Grundfall 2: Nicht betriebsnotwendige Wirtschaftsgüter nicht vorhanden oder Marktwert zu niedrig 11.138
3. Grundfall 3: Forderungen (andere als gegen Kreditinstitute) oder Vorräte zu niedrig, Risiken im Verhältnis zu Rückstellungen zu hoch 11.141
4. Grundfall 4: Betriebsnotwendige Wirtschaftsgüter nicht vorhanden oder mangelhaft 11.143
5. Grundfall 5: Laufende Überschüsse zu niedrig 11.147
6. Grundfall 6: Buchwerte betriebsnotwendiger Wirtschaftsgüter des Anlagevermögens zu niedrig 11.149
7. Grundfall 7: Bilanzielles Eigenkapital zu niedrig 11.157

Literatur: *Barnert*, Mängelhaftung bei dem Unternehmenskauf im neuen Schuldrecht, WM 2003, 416; *Commandeur/Kleinebrink*, Gestaltungsgrundsätze im Anwendungsbereich des § 613a BGB, NJW 2008, 3467; *Haarbeck/König*, Interdependenz von Due Diligence-Untersuchungen, Unternehmensbewertung und Unternehmenskaufvertrag, in: Berens/Brauner/Strauch/Knauer, 7. Aufl., S. 171; *Hachmeister/Ruthardt*, Unternehmensbewertung mit Multiplikatoren, Erfahrungen beim Einsatz vor US-Gerichten, DB 2015, 1511; *Hayn*, Paneldiskussion – Unternehmensbewertung und Kaufpreisanpassungen, in: Drygala/Wächter, Kaufpreisanpassungs- und Earnout-Klauseln, 2016, S. 45; *Hilgard*, Berechnung des Schadens bei Verletzung einer Eigenkapitalgarantie beim Unternehmenskauf, BB 2013, 937; *Hilgard*, Berechnung des Schadens bei Verletzung von Garantien eines Unternehmenskaufvertrages, ZIP 2005, 1813; *Hüttemann*, Unternehmensbewertung als Rechtsproblem, in: Fleischer/Hüttemann, Rechtshandbuch Unternehmensbewertung, 2015, S. 1; *Kantor*, Valuation for Arbitration. Compensation Standards, Valuation Methods and Expert

Evidence, 2008; *Knott*, Unternehmenskauf nach der Schuldrechtsreform, NZG 2002, 252; *Mellert*, Tatbestandsprobleme bei Eigenkapitalgarantien, in: Drygala/Wächter, Bilanzgarantien bei M&A-Transaktionen, 2015, S. 11; *Paefgen*, Zum Zusammenhang von Abschlussangaben, Bewertungsmethoden und Haftungsumfang beim Unternehmenskauf, DZWiR 1997, 177; *Schöne/Uhlendorf*, Kaufpreisanpassung an das bilanzielle Eigenkapital oder Nettovermögen, in: Drygala/Wächter, Kaufpreisanpassungs- und Earnout-Klauseln, 2016, S. 133; *Schüler*, Unternehmensbewertung in der Rechtsprechung – eine Bestandsaufnahme und Einordnung, DB 2015, 2277; *Weisburg/Ryan*, Means to be made whole: Damages in the context of international investment arbitration, Paris 2005; *Wollny, C.*, Unternehmensbewertung, Eigenkapitalgarantie und Kaufpreisanpassung, in: Drygala/Wächter, Kaufpreisanpassungs- und Earnout-Klauseln, 2016, S. 23; *Wollny, C.*, Der objektivierte Unternehmenswert, 2. Aufl. 2010.

Einfache Fälle des Schadensersatzes benötigen, auch wenn ein Unternehmen betroffen ist und sein Unternehmenswert beeinträchtigt ist, oft noch keine Unternehmensbewertung. Manchmal, bei größerem zeitlichen Abstand zwischen der schädlichen Einwirkung und umsatzbringenden Operationen, müssen nur Kosten der Naturalherstellung addiert werden.[1] Dauert es etwas länger, müssen entgangene Gewinne hinzugezählt werden.[2] Das einfach über eine sog. direkte Methode herleitbare Ergebnis, kann aber auch über eine indirekte Methode,[3] durch zwei Unternehmensbewertungen begründet werden. 11.1

I. Kosten des Nachbaus eines Investments
1. Garantieunrichtigkeit u. U. ohne Auswirkungen auf Revenuen

Würde eine Garantie unrichtig aussagen, dass ein Dach einer Fabrikhalle dicht oder eine Lizenz vorhanden ist, und würde die Fabrik oder Lizenz operativ nicht benötigt, bis sie beschafft werden kann, so kann Schadensersatz geleistet werden, indem das Dach repariert bzw. die Lizenz beschafft wird.[4] Da die Halle/Lizenz operativ nicht benötigt wurde, bevor der garantiekonforme Zustand hergestellt war, werden die Revenuen des Unternehmens nicht gemindert. Um zu dem richtigen Ergebnis zu gelangen, wird eine Unternehmensbewertung noch nicht benötigt, die Addition von Kostenpositionen genügt. 11.2

2. Nachbaukosten eines Investments kein Unternehmenswert

Würde man sich fragen, welche Kosten anfallen, um ein zerstörtes ganzes Unternehmen wiederaufzubauen (ohne an Umsatzausfälle in der Nachbauperiode und Folgeschäden etc. zu denken), so wäre die Antwort hierauf sog. „Teil-Rekon- 11.3

---

1) Wenn eine Naturbühne, die nur im Sommer bespielt wird, im Winter beschädigt wird, fallen überhaupt keine Umsatzeinbußen an, wenn sie bis in den Frühling repariert werden kann.
2) Wenn zwei Konzerte ausfallen, bevor die Reparatur der Naturbühne fertig ist, können die entgangenen Gewinne zu den Reparaturkosten addiert werden. Es werden keine Unternehmensbewertungen benötigt.
3) Zur direkten und indirekten Methode s. Rn. 2.272 ff.
4) Es wird das positive Interesse durch Naturalherstellung ersetzt. S. Rn. 2.223 ff.

struktionszeitwert"[5]. Hierzu werden die heutigen **Kosten des Nachbaus** eines Unternehmens anhand der aktuellen[6] Marktpreise seiner Elemente und für ihren Zusammenbau zusammengezählt. Der „Teil-Rekonstruktionszeitwert" ermittelt so Einsatz, nicht Ergebnis, Input, nicht Output, Kosten, nicht Wert bzw. „Cost", nicht „Value" oder „Aussaat", nicht „Ernte". Die Silbe „Teil-" erklärt sich daraus, dass bestimmte Eigenschaften – z. B. ein langjährig erworbener Ruf – nicht ohne weiteres nachgebaut werden können.

11.4 Unternehmen werden regelmäßig **nicht nach dem „Teil-Rekonstruktionszeitwert" ge- oder verkauft.** Wenn der Barwert der Überschüsse aus dem operativen Geschäftsbetrieb und aus nicht betriebsnotwendigem Vermögen *über* den Kosten des Nachbaus des Unternehmens liegt,[7] war der Unternehmensaufbau erfolgreich und es besteht für den Eigentümer keine Veranlassung, den Mehrwert (die Differenz zwischen dem als Barwert der Zukunftsüberschüsse berechneten Unternehmenswert und dem „Teil-Rekonstruktionszeitwert") zu verschenken; liegt andererseits der Barwert der erzielbaren Überschüsse *unter* den Kosten des Nachbaus, besteht für potentielle Käufer keine Veranlassung, den Verkäufer gegenüber den Folgen seines Fehlinvestments „glattzustellen".[8] Nur wenn das gerade im Aufbau befindliche Unternehmen noch keine Gelegenheit hatte, sich zu bewähren und niemand wissen kann, ob sein Aufbau ein gutes Investment war, wäre u. U. nachvollziehbar, dass das Unternehmen gegen Ersatz der Kosten seines Aufbaus oder aktuellen Nachbaus verkauft würde.

3. Nachbaukosten und Naturalherstellung nach §§ 249, 250 BGB

11.5 Ist der „Teil-Rekonstruktionszeitwert" zur Unternehmensbewertung ungeeignet, so hat er doch Bedeutung für die Bemessung des Schadensersatzes bei einer Naturalherstellung nach § 249 Abs. 1 BGB bzw. dem Ersatz der Kosten hierfür (ggf. i. V. m. § 250 BGB). Die **Kosten der Naturalherstellung** bzw. der Zahlbetrag der

---

5) Vgl. IDW S 1 Rn. 171, 172. *Kantor*, Valuation for Arbitration, Compensation Standards, Valuation Methods and Expert Evidence, spricht hier von einem „asset based business valuation approach", einem „cost approach" und von „replacement costs", wobei er diese Werte, teils unter Bezug auf Guidance Note N. 6 des International Valuation Standard Committee (IVSC), wohl als Unternehmenswerte ansieht (S. 8). An anderer Stelle spricht er „adjusted book value (ABV)" op. cit. S. 231 et seq. bzw. von „replacement value of the business" (S. 21) und nennt die Methode auch „Adjusted Net Asset method" (S. 12).

6) Genau genommen, der gerade vergangenen und vermuteten zukünftigen Marktpreise. Vgl. *v. Mises*, Human Action, S. 330: „All the prices we know are past prices ... . In speaking of present prices, we imply that the prices of the immediate future will not differ from those of the immediate past."

7) Der gewünschte Fall bei jeder Investition.

8) S. bereits Rn. 11.16. Der Teil-Rekonstruktionszeitwert stellt aus Sicht des Käufers ebenso eine Preisobergrenze dar, wie der Liquidationswert aus Sicht des Verkäufers eine Preisuntergrenze. Im ersten Sinne auch *Beisel/Klumpp*, Der Unternehmenskauf, S. 78, unten, wobei der Teil-Rekonstruktionszeitwert dort „Substanzwert" genannt wird.

Ersatzleistung bei der Naturalherstellung sind nämlich nach der **Logik des "Teil-Rekonstruktionszeitwerts"** zu berechnen. Sind ein intaktes Fabrikdach und das Bestehen einer Lizenz unrichtig garantiert, so besteht ein (teilweiser) Schadensausgleich auf dem Weg der Naturalherstellung darin, dass der Schädiger die Reparatur- oder Ersatzbeschaffungskosten trägt.[9] Da es indessen nicht um die „Teil-Rekonstruktion" des gesamten Unternehmens, sondern nur eines Teiles geht, könnte man von der Bestimmung eines **„Teil-Teil-Rekonstruktionszeitwerts"** sprechen.

Wir sagten schon, dass dieses Ergebnis vermittels der indirekten Methode auch aus **zwei Unternehmensbewertungen** hergeleitet werden kann. In der ersten Planungsperiode (wir nehmen an, es geht so schnell) wird die Planung des „realen Falles" (mit Garantieverletzung) zusätzliche Kosten ausweisen. Das wird dazu führen, dass das Periodenergebnis durch die zusätzlichen Kosten schlechter sein wird als in der Parallelplanung für das garantiekonforme Unternehmen. Der Barwert dieser Differenz wird den Unternehmenswert in der „realen Planung" unter den Wert in der „garantiekonformen Planung" drücken, wobei ein Abzinsungseffekt (erste Periode) nicht Platz greift.

11.6

II. Unternehmenswert als Barwert von Zukunftsüberschüssen

Da häufig im Zusammenhang mit Schadensfragen post M&A zu Unternehmensbewertungen unvermeidlich sind, sollen nun kurz und vereinfachend die Haupterkenntnisse der modernen Unternehmensbewertung bzw. der Bewertung von Investitionsgütern jeglicher Art (Investments, Capital Assets oder Financial Assets) dargestellt werden. Die gewonnenen Erkenntnisse werden sodann verwendet, um zu untersuchen, welche Auswirkungen typische Unternehmenswertbeeinträchtigungen, die häufig von Unternehmenskäufern beanstandet werden und bei Schadensfragen auftreten, auf den Unternehmenswert haben.

11.7

1. „Der Kaufmann gibt nichts für die Vergangenheit"

Die erste Grunderkenntnis der modernen Unternehmensbewertung steckt schon in dem alten Lehrsatz „Der Kaufmann gibt nichts für die Vergangenheit". Präziser: Es ist völlig gleichgültig, was ein Investment gekostet hat, was die vergangenen Kosten der Herstellung des Investments, **„costs"**, inklusive „sunk costs", sind. Allein entscheidend ist, **was es einspielen wird**, seine **Zukunftsüberschüsse**,[10] sein **„Value"**. Es zählt, was der Bauer für die Ernte erhält, nicht was er für die Saat weggeben hat.

11.8

2. Die Zukunft besteht aus Prognosen und Planungen

Indem die (richtige) Unternehmensbewertung auf die Zukunft „abhebt", „hebt" sie auch etwas von der Wirklichkeit „ab". Die Welt der Unternehmensbewer-

11.9

---

9) Dies vorgreifend. Näher Rn. 12.223 ff.
10) *Kantor*, Valuation for Arbitration, Compensation Standards, Valuation Methods and Expert Evidence, S. 8, nennt dies „income capitalization approach".

11. Kapitel Berechnung von Nachbaukosten und Unternehmensbewertung

tung besteht, *zweitens*, zwar nicht aus Phantasien und Spekulationen, aber doch ganz überwiegend nur aus **Prognosen und Planungen**. Das einzig reale, die Vergangenheitsanalyse, zählt am wenigsten. Immerhin haben die für die nächsten Perioden geplanten Zuflüsse das größte Gewicht (wegen des niedrigeren Abzinsungseffekts), hingegen wirken sich in der Summe die späteren Perioden, besonders die „ewige Rente",[11] auf das Gesamtergebnis am stärksten aus.

3. Unternehmenswert = Barwert der Überschüsse aus dem operativen Geschäftsbetrieb *plus* Barwert der Überschüsse aus dem nicht betriebsnotwendigen Vermögen

11.10 *Drittens*, es ist egal, wie das Investment Überschüsse einspielt. Allerdings kommen nur zwei Wege in Betracht: durch seinen **operativen Geschäftsbetrieb** oder durch sein **nicht betriebsnotwendiges Vermögen**.[12] So kann wie folgt formuliert werden:

Unternehmenswert = Barwert[13] der Überschüsse aus dem operativen Geschäftsbetrieb *plus* Barwert der Überschüsse aus dem nicht betriebsnotwendigen Vermögen.

---

11) $K = r/i$, wobei K der Barwert des Kapitals, r der regelmäßig zu zahlendes Rentenbetrag und i der Abzinsungssatz ist.
12) Das für den operativen Geschäftsbetrieb nicht benötigte Vermögen wird in der Unternehmensbewertung häufig „nicht betriebsnotwendiges Vermögen" im Gegensatz zum „betriebsnotwendigen Vermögen" genannt. Vgl. etwa IDW S 1 v. 28.6.2000 i. d. F. v. 2.4.2008, insb. Rn. 21, 59–63.
13) Der Barwert wird aus Zukunftswerten durch *Ab*zinsen berechnet. Bei der *Ver*zinsung wird ein Ausgangsbetrag x für die Periode 1 mit $(1 + i)$ multipliziert [i steht für den Zinssatz, z. B. 0,07]. Dann wird das jeweilige Ergebnis für die erste Periode, also z. B. $x (1 + i)$ für die Folgeperiode noch einmal mit $(1 + i)$ multipliziert. Mathematisch ist das gleichbedeutend mit $x (1 + i)^2$, und, wenn es t Perioden sind, mit $x (1 + i)^t$. Gäbe es 5 Perioden und betrüge $x = 1$ Mio. €, so wäre zu rechnen 1 Mio. $* 1{,}07^5 = 1{,}40255$. Die *Ab*zinsung, die bei der Berechnung von Barwerten aus Zukunftswerten zum Einsatz kommt, ist das Gegenteil der Verzinsung. Es wird z. B. der Überschussbetrag, der in 5 Jahren nach der Planung erzielt würde, z. B. 3 Mio. € mit $1/1{,}07^5$ multipliziert. Man kann auch $1 * 1{,}07^{-5}$ schreiben. Die Formel für den Barwert (BW) einer einmaligen zukünftigen Zahlung Z lautet: $BW(Z) = Z \times (1 + i)^{-t}$ bzw. $(BW) Z = Z \times \dfrac{1}{(1+i)^t}$, wobei i der Zinssatz und t die Periode ist. Bei einem Zinssatz von 7 % wäre der Abzinsungseffekt einer Zahlung in Periode 5 also wie folgt zu berechnen:

$$3 \text{ Mio.} \times (1{,}00 + 0{,}07)^{-5} = 3 \text{ Mio.} \times \frac{1}{1{,}07} \times \frac{1}{1{,}07} \times \frac{1}{1{,}07} \times \frac{1}{1{,}07} \times \frac{1}{1{,}07} = 3 \text{ Mio.} \times \frac{1}{1{,}40255}.$$

Der Barwert eines Betrages von nominal 3 Mio. €, der in fünf Jahren ausgeschüttet wird, wäre also heute nur 2.138.961 €, was auch als Produkt des Kehrwerts von 3 Mio. und 0,71299 gerechnet werden kann. Bei Verzinsung und Abzinsung, wie sie bei der Unternehmensbewertung benötigt wird, wird übrigens mit „Zinseszins" bzw. „compound interest" gerechnet. Erzielte Erträge werden ja wieder im Unternehmen angelegt. § 289 BGB hat nichts hiermit zu tun.

II. Unternehmenswert als Barwert von Zukunftsüberschüssen

Man könnte dies in einer Formel ausdrücken als: 11.11
UW = BWÜ (OP) + BWÜ (NBV).

Diese Formel ist, obwohl eine weitere Vereinfachung möglich wäre,[14] für das 11.12
Verständnis besonders nützlich indem sie den **wichtigen Dualismus** zwischen dem **betriebsnotwendigen** und **nicht betriebsnotwendigen** Bereich im Blick behält. Sie passt übrigens nicht nur auf den normalen Fall, dass ein Unternehmen sowohl betriebsnotwendiges als auch nicht betriebsnotwendiges Vermögen besitzt (und aus beidem Überschüsse erzielt), sondern auch auf die Extremfälle, z. B. dass Überschüsse nur im Bereich einer der Summanden entstehen – durch den operativen Geschäftsbetrieb oder den Verkauf nicht betriebsnotwendigen Vermögens – und in dem anderen Bereich Null oder negativ sind.[15] Die Formel ist bei **Schadensüberlegungen in post M&A-Rechtsstreitigkeiten hilfreich**, weil sie den für das Verständnis wichtigen Unterschied zwischen dem operativen Geschäftsbetrieb und nicht betriebsnotwendigen Bereich hervorhebt.

Viele **Kaufpreisformeln** besitzen **ebenfalls zwei Summanden**, etwa wenn Net 11.13
Debt (als Saldo von Debt und Cash) zum Übergangsstichtag von einem vorläufigen Kaufpreis abgezogen wird. Diese Technik ist aber **nicht** mit dem Dualismus von betriebsnotwendigem und nicht betriebsnotwendigem Vermögen bei der Unternehmensbewertung **zu verwechseln**, sondern ist als kaufpreisbezogene Technik gedanklich streng zu trennen. Wir kommen hierauf zurück.[16]

a) Barwert der Überschüsse aus dem operativen Geschäftsbetrieb ...

Unternehmen wurden in der Vergangenheit, wie schon erwähnt, für rechtliche 11.14
Zwecke, zumeist ausgehend von ihrer Substanz (v. a. ihren Sachwerten) bewertet. Der Blick war auf die Fabriken, die Gebäude, die Maschinen, Transportmittel, die Patente und andere Schutzrechte und ihre historischen Anschaffungskosten,[17] die Kosten ihrer Wiederbeschaffung bzw. des Nachbaus des Unternehmens zu heutigen Marktpreisen[18] oder die Erlöse, die bei einer Veräußerung der Unternehmenssubstanz (und Bedienung der Schulden) erzielt werden könnten,[19] gerichtet. Dies, obwohl, wie schon erwähnt, man nur an den **selbständigen Dienstleister** denken musste, um zu erkennen, dass man auf der falschen Spur war.[20]

---

14) S. unten Rn. 11.33.
15) Der Verkauf nicht betriebsnotwendigen Vermögens findet freilich bald ein natürliches Ende. Eine Gebrauchsgewährung, z. B. Verpachtung, kann ewig andauern.
16) S. unten Rn. 11.34.
17) Von denen ausgehend, nach den Vorgaben des Bilanzrechtes, der „Buchwert" oder „Bilanzwert" bestimmt wird.
18) Von denen ausgehend der „Teil-Rekonstruktionszeitwert" bestimmt wird – s. Rn. 11.3, 11.4.
19) Von denen ausgehend der „Liquidationswert" bestimmt wird – s. Rn. 11.40.
20) S. Rn. 10.11.

11. Kapitel Berechnung von Nachbaukosten und Unternehmensbewertung

11.15 Die heute ganz h. M. der Betriebswirtschaftslehre betont demgegenüber zu Recht, dass eine Unternehmenssubstanz nur als **Mittel zu einem Zweck** geschaffen wird. Die Berechnung der Kosten des Nachbaus der Unternehmenssubstanz (durch den Teil-Rekonstruktionswert) vermag nur die Kosten der heutigen erneuten **Herstellung des Mittels**, aber nicht das **Ausmaß der Zweckerreichung** in den Blick zu nehmen. Dasselbe gilt für den Liquidationswert, der angibt, welche Überschüsse bei der optimalen Veräußerung der Unternehmenssubstanz zurückbleiben; hier wird eigentlich schon die *Verfehlung oder Aufgabe des Zwecks*, der zur Errichtung der Unternehmenssubstanz geführt hatte, unterstellt.

11.16 Die Erreichung des Zwecks des errichteten, nicht schon wieder zu liquidierenden Unternehmens kann nur durch ein Bewertungsverfahren gemessen werden, das in die **Zukunft blickt** und eben zu bestimmen versucht, welche **Überschüsse** vermittels der Unternehmenssubstanz in der Zukunft erwirtschaftet werden. Solche Verfahren gehen von der Prämisse aus, dass „der Wert eines Unternehmens allein aus seiner Ertragkraft, d. h. seine Eigenschaft finanzielle Überschüsse für die Unternehmenseigner zu erwirtschaften" abgeleitet.[21] Es liegt auf der Hand, dass, wenn der Barwert der Zukunftsüberschüsse höher ist als die **historischen Anschaffungskosten**, die Investition erfolgreich war, und ein Unternehmensgründer kaum veranlasst wäre, das Unternehmen nur für den Betrag der historischen Anschaffungskosten wieder zu veräußern.[22] Um seinen Unternehmergewinn nicht wegzuschenken, müsste er bei einem Verkauf den **Barwert der Zukunftsüberschüsse** verlangen. Bewertungsverfahren, die an die historischen Anschaffungskosten oder die Nachbaukosten anknüpfen, würden insoweit das Marktgeschehen verfehlen.[23]

---

21) IDW S 1 Rn. 4. In diesem Buch wird der Begriff „Überschüsse", wie es gebräuchlich ist, sowohl für die Gewinne, die das Ertragswertverfahren, als auch für die Cash-Überschüsse, die das DCF-Verfahren verwendet, benutzt.

22) Dies gilt analog im Hinblick auf die aktuellen Kosten des Nachbaus des Unternehmens, den „Teil-Rekonstruktionszeitwert."

23) Vgl. *Weisburg/Ryan*, Means to be made whole: Damages in the context of international investment arbitration, 2005: „Traditionally, international law has required that the fair market value of a company can be calculated by reference to two factors: *damnum emergens* – the value of the investment, including tangible and intangible Assets, property rights, good will, and contract rights; and *lucrum cessans* – lost profits. Consequently, tribunals often struggle to capture these seemingly disparate elements in their awards. Treating *damnum emergens* and *lucrum cessans* separately, however, is viewed as unnecessary in most modern cases. From an economic perspective, investments have little real value other than their ability to generate a stream of profits over their lifetimes. For example, imagine a scenario in which there are two identical enterprises, both of which have the same capacity to generate identical profits over time. Now, imagine that the owner of the first enterprise paid twice what the owner of the second enterprise paid to establish their facilities. If both owners tried to sell these enterprises, they would each be valued based on their abilities to generate revenues. The fact that one investor paid more for his investment would be irrelevant since a rational buyer would not be willing to pay more simply because the original owner overpaid ... The fair-market value of the companies would be tied directly to their abilities to produce revenues, without regard to the amount of money invested. Tribunals, therefore, are not likely to adopt any distinction between *damnum emergens* and *lucrum cessans* if the result is to value equally productive Assets differently." (S. 8 f.).

II. Unternehmenswert als Barwert von Zukunftsüberschüssen

Dasselbe gilt für den Liquidationswert – solange die Überschüsse aus der Fortführung des operativen Geschäfts höher sind als die Liquidationsüberschüsse.
Die Bestimmung des Unternehmenswerts als Barwert der Überschüsse ist den anderen Verfahren auch bei negativen Entwicklungen überlegen. Werden nämlich geringe, keine oder **negative Überschüsse** erzielt, wird eine Veräußerung des Unternehmens zu seinen ursprünglichen Anschaffungskosten oder seinen Nachbaukosten ebenfalls nicht mehr möglich sein. Es lag eine erfolglose Investition vor. Der Markt wird dem Unternehmensgründer die Verluste daraus nicht abnehmen und nur den Liquidationswert zahlen wollen.   11.17

Das maßgebliche Institut der deutschen Wirtschaftsprüfer (**IDW**) erachtet die Herleitung des Unternehmenswerts aus den Zukunftsüberschüssen schon lange als geboten;[24] inzwischen geht auch die **Rechtsprechung** diesen Weg.[25] Danach sind Unternehmensbewertungen „nach anerkannten betriebswirtschaftlichen Methoden" durchzuführen, wobei grundsätzlich eine Bewertungsmethode nicht vorgeschrieben ist. Grundlegendes Konzept der Wertermittlung ist regelmäßig die zukünftige Entwicklung des Unternehmens und die zu erwartenden Erträge.   11.18

Für die Ermittlung der künftigen Überschüsse gibt es mehrere Bewertungsverfahren. In Deutschland orientiert sich die Praxis v. a. am im IDW Standard S 1.   11.19

---

24) Bereits der Standard HfA 2/1983, jetzt IDW S 1 v. 28.6.2000 i. d. F. v. 2.4.2008, insb. Rn. 5, 7, 24, 25, 85.
25) In BGH v. 8.5.1998 – BLW 18/97, BGHZ 138, 371 = ZIP 1998, 1161, hat der BGH die Auswahl der Wertermittlungsmethode als „Aufgabe des Tatrichters" angesehen, die das Gericht im Allgemeinen dem von ihm in aller Regel hinzuzuziehenden Sachverständigen überlassen werde. Das Gericht muss allerdings von der Richtigkeit des erstellten Gutachtens überzeugt sein (BGHZ 138, 371, 382). Regelmäßig dürfte das Ertragswertverfahren (BGHZ 138, 371, 383) angemessen sein, wobei der Liquidationswert den Mindestwert darstelle (BGHZ 138, 371, 385). In dem Urteil wird auch deutlich, dass das Recht bzw. die Rspr. die Bestimmung eines Unternehmenswerts keineswegs an betriebswirtschaftliche Gutachter delegiert, sondern sich letztlich – ganz zu Recht, was als ersatzfähiger Schaden zu ersetzen ist, als normative Entscheidung vorbehält. Die Rspr. bevorzugt im Allgemeinen das Ertragswertverfahren. Vgl. Nachweise bei *C. Wollny*, Der objektivierte Unternehmenswert, S. 93. Ausf. *Hüttemann*, Unternehmensbewertung als Rechtsproblem, in: Fleischer/Hüttemann, Rechtshandbuch Unternehmensbewertung, § 1 Rn. 44 ff.
In der juristischen Literatur finden sich aber immer noch verschiedene Stimmen, etwa, dass der Wert eines Unternehmens „regelmäßig durch Ermittlung seiner Substanz *oder* seines Ertrags festgestellt" werde (Kursivdruck hinzugefügt), vgl. *Hilgard*, ZIP 2005, 1813, 1816 li. Sp. oben. *Mirow* (s. Rn. 13.121 f.) möchte das Eigenkapital als relevante Größe verteidigen; *Kantor*, Valuation for Arbitration, Compensation Standards, Valuation Methods and Expert Evidence, S. 8, spricht sich für Methodenvielfalt aus, die „asset-based approaches" einschließt.

11. Kapitel Berechnung von Nachbaukosten und Unternehmensbewertung

Durchgesetzt hat sich neben dem **Ertragswertverfahren**[26] das **Discounted Cash Flow-Verfahren** (DCF)[27]. Die Rechtsprechung hat häufig eine Präferenz für das Ertragswertverfahren.[28]

11.20 Beide Verfahren benötigen, wie eine Bilanz einen Bilanzstichtag benötigt, einen **Bewertungsstichtag**, und wie eine Bilanz einen Wertaufhellungsstichtag benötigt, einen **Informationsstichtag** zudem eine Planung bzw. Prognose der zu erwartenden Überschüsse in einem **Detailplanungszeitraum** und eine Abschätzung eines nachhaltigen Ergebnisses, das für den Zeitraum jenseits der Planjahre als dauerhaft erzielbar angesehen werden kann, die „ewige Rente".

11.21 **Schulden** bedürften eigentlich keiner besonderen Erwähnung. Es wird (natürlich) geplant, dass sie bedient werden. Die Aufnahme von Schulden bzw. die Zins- und Tilgungszahlungen mindern irgendwann die Periodenergebnisse und den Unternehmenswert. Alternativ können v. a. langfristige Finanzierungsverbindlichkeiten zunächst unberücksichtigt bleiben und erst am Ende der **Barwert des Fremdkapitals abgezogen** werden.

---

26) Das **Ertragswertverfahren** nimmt ausschüttungsfähige Gewinne, die unter Berücksichtigung des Bilanzrechts nach der Gewinn- und Verlustrechnung bestimmt werden, zu seiner zu diskontierenden Ausgangsgröße, denkt also gewissermaßen in „Aufwand, Ertrag, Jahresüberschuss, **Gewinn und Verlust**"; es berücksichtigt jedoch in einem zweiten Schritt die Verfügbarkeit von Finanzmitteln für Ausschüttungen (vgl. WP-Handbuch 2008, II. A. Rn. 66 f.). Ebenso berücksichtigt es die individuelle Steuerlast des konkreten Unternehmenseigentümers.

27) Die **DCF-Verfahren**, die v. a. im angelsächsischen Bereich bei der Bewertung von börsennotierten Großunternehmen entwickelt wurden, legen, wie der Name schon sagt, ausschließlich **Zahlungsströme**, Cash-Größen, Finanzmittelüberschüsse zugrunde, die sie abzinsen, um den Barwert der Cash-Überschüsse zu bestimmen. Sie berücksichtigen – jedenfalls zunächst – weder die Ausschüttungsfähigkeit und wären, weil sie überhaupt keinen handelsrechtlichen Gewinn oder Verlust berechnen, auch zum Abzug einer individuellen Steuerlast gar nicht in der Lage, sofern dies nicht in einem gesonderten Arbeitsgang nachgeholt würde. Allerdings berücksichtigen die in Deutschland praktizierten DCF-Verfahren die Ausschüttungsfähigkeit in Nebenrechnungen (vgl. WP-Handbuch 2008, II. A. Rn. 63 ff.), so dass zwischen den in Deutschland in beiden Verfahren verwendeten Beträgen praktisch nur noch geringe Unterschiede bestehen, weil sie sowohl liquiditätsmäßig verfügbar als auch ausschüttungsfähig sein müssen.

28) *Hüttemann*, Unternehmensbewertung als Rechtsproblem, in: Fleischer/Hüttemann, Rechtshandbuch Unternehmensbewertung, § 1 Rn. 52 m. w. N. S. a. OLG Düsseldorf v. 4.10.2006 – I-26 W 7/06 AktE, DB 2006, 2391, 2392 re. Sp. oben; in der Sache ebenso OLG Hamburg v. 29.9.2004 – 11 W 78/04, DB 2004, 2805 f. = ZIP 2004, 2288; LG Bremen v. 18.2.2002 – 13 O 458/96, AG 2003, 2014 ff.

II. Unternehmenswert als Barwert von Zukunftsüberschüssen

b) ... *plus* **Barwert der Überschüsse aus nicht betriebsnotwendigem Vermögen**

Wie oben und in der Formel 11.22

$$UW = BWÜ\ (OP) + BWÜ\ (NBV)$$

schon zum Ausdruck gebracht wurde, ist der Unternehmenswert nicht nur eine Funktion der Überschüsse aus dem operativen Geschäftsbetrieb. Wenn im Safe einer von zwei völlig identischen Schokoladenfabriken *Goldbarren* im Wert von 10 Mio. € eingelagert oder 100 nicht betriebsnotwendige LKW im gleichen Wert vorhanden wären, würde diese, wie jeder Laie in Unternehmensbewertung spüren würde, mehr wert sein als die andere. Die Goldbarren/LKW gehören nicht zum operativen Geschäftsbetrieb und sie erwirtschaften keine laufenden Überschüsse – gleichwohl erhöhen sie den Unternehmenswert. Sie könnten nämlich (einmal) veräußert werden und hierdurch in der Periode der Veräußerung die Überschüsse erhöhen.[29] Auch hier erhöht der Barwert[30] der Überschüsse[31] aus ihrer Veräußerung den Gesamtwert der Schokoladenfabrik. Dasselbe gilt für Immobilien, Segelyachten oder Schutzrechte etc.

Das eigentliche Problem ist die Abgrenzung. Der **Unterschied** zwischen nicht betriebsnotwendigem und betriebsnotwendigem Vermögen ist nämlich **nicht sachlich-gegenständlicher Art**. Nicht betriebsnotwendiges Vermögen kann in allen Teilen der Unternehmenssubstanz (Beteiligungen, Grundstücke, Gebäude, Maschinen, Vorräte, Forderungen, Bankguthaben, Bargeld etc.) enthalten sein. Die Nagelprobe ist, ob es **funktional**[32] für die Erbringung der **operativen Unternehmensleistungen** *benötigt* wird. Dann nämlich kann es zu den Überschüssen bzw. dem Unternehmenswert nur durch seinen sachlich-gegenständlichen Beitrag in der betrieblichen Leistungserstellung beitragen, die schon von der Planung der Überschüsse des operativen Geschäftsbetriebs erfasst sind. Der „Zwang" zur Unterscheidung zwischen betriebsnotwendigem und nicht betriebsnotwendigem Vermögen bei der Unternehmensplanung/Bewertung erweist sich insoweit als eine **Regel zur Vermeidung von Doppelberücksichtigungen**. 11.23

---

29) *Beisel/Klumpp*, Der Unternehmenskauf, S. 64, alle Vermögensgegenstände, die veräußert werden können, ohne dass dadurch der Unternehmenszweck berührt wird, sind selbstständig neben dem operativen Geschäftsbetrieb zu bewerten und später hinzuzurechnen.

30) Im Beispiel wird dieser meist dem aktuellen Verkehrswert entsprechen, es sei denn der Verkauf des Goldes wird verzögert, etwa weil das Unternehmen auf einen weiteren Anstieg des Goldpreises spekuliert. Dann sind die bei der später geplanten Veräußerung erzielten Überschüsse abzuzinsen.

31) Das Besitzen und die Veräußerung des Goldes bringen Kosten mit sich, etwa für Bewachung, Versicherung, Transport, Makler, Umschmelzen etc.

32) Insoweit ist die Grenze zwischen betriebsnotwendigem und nicht betriebsnotwendigem Vermögen auch subjektiv. Vgl. *Moxter*, Grundsätze ordnungsgemäßer Unternehmensbewertung, S. 41.

11. Kapitel Berechnung von Nachbaukosten und Unternehmensbewertung

11.24 Nicht betriebsnotwendiges Vermögen kann auch darin „stecken", dass **luxuriösere Ausstattungen** vorhanden sind, als sie für den operativen Zweck benötigt werden. Zum Beispiel kann das Unternehmen seine Betriebsimmobilie im Zentrum der Stadt verkaufen und in einen Gewerbepark auf dem Land umziehen.

11.25 *Beispiel:* Erzielbarer Veräußerungserlös für das Grundstück in guter Lage 3 Mio. €, Anschaffungspreis für ein Ersatzgrundstück in Randlage 1,5 Mio. €, Kosten des Umzugs 0,6 Mio. €, durch den Umzug entgangener Gewinn 0,4 Mio. €, Folgeschäden keine. Ergebnis: Durch den Umzug kann ein Betrag von 0,5 Mio. € „gehoben" werden. Danach gehört dem Unternehmen allerdings auch nicht mehr ein Grundstück im Wert von 3 Mio. €, sondern nur noch eines im Wert von 1,5 Mio. € (mit Relevanz bei einer Liquidation oder für die Beleihung). Um frei verfügbare Liquidität von 0,5 Mio. € zu schaffen, mussten 1 Mio. € (0,6 + 0,4 Mio. €) vernichtet werden.

11.26 Neben einem Verkauf kommen auch andere Verwertungsformen in Betracht, z. B. eine entgeltliche Nutzungsüberlassung.

11.27 Nicht betriebsnotwendiges Vermögen kann auch im Umlaufvermögen bzw. Working Capital, namentlich in **Vorräten** oder in **Geldbeständen** „stecken". Benötigt ein mikrooptisches Unternehmen 500 Speziallinsen eines bestimmten Typus pro Jahr, hält aber Vorräte von 3.000, so können 2.500 als nicht betriebsnotwendig versilbert werden; benötigt es 1 Mio. € auf den Geschäftskonten zur laufenden Bedienung seiner üblichen Zahlungen, verfügt aber über 4 Mio. €, so können die Mehrbeträge ausgeschüttet werden.

11.28 Das Problem liegt in der Grenzziehung. Wie gesagt, ist die Unterscheidung von betriebsnotwendigem Vermögen und nicht betriebsnotwendigem Vermögen im Zusammenhang mit Planungen/Bewertungen v. a. eine Aufforderung zur Vermeidung von Doppelberücksichtigungen. Von den vorhandenen Bargeld- und Vorratsbeständen ist daher ein **Betrag abzuziehen**, der die **normale Bewegung** des Unternehmens bei der Erzielung der Überschüsse aus dem operativen Geschäftsbetrieb repräsentiert. Dieser **Sumpf** oder „**Unterstrom**" des Geld- bzw. Vorratsvermögens, auf dem nicht betriebsnotwendiges Vermögen obenauf schwimmt, darf keineswegs den „Barwert der Überschüsse aus dem nicht betriebsnotwendigen Vermögen" erhöhen. Einfließen darf nur, was am Ablesezeitpunkt an **zusätzlichem Bargeld über dem Normalpegelstand** zu diesem Zeitpunkt vorhanden ist, der Sumpf oder „Unterstrom". bzw. das, was von ihm übrig bleibt, wird allenfalls den Überschuss nach Liquidation des operativen Geschäfts erhöhen.

11.29 *Ein Beispiel:* Ein Unternehmen erzielt durch Abverkauf von Vorräten, die teilweise aus einem zu großen Bestand herrühren, Umsatzerlöse von 1 Mio. €. Die Erlöse aus dem **Verkauf des Normalbestandes** i. H. von 400.000 € erhöhen die Überschüsse aus dem operativen Geschäftsbetrieb

II. Unternehmenswert als Barwert von Zukunftsüberschüssen

(bzw. sind bereits in dem Barwert der Überschüsse aus dem operativen Geschäftsbetrieb berücksichtigt), das Bargeld aus dem **Verkauf des Überbestandes** i. H. von 600.000 € erhöht die Überschüsse aus dem nicht betriebsnotwendigen Vermögen und kann unternehmenswerterhöhend hinzugerechnet werden.[33]

Diese Überlegungen gelten grundsätzlich für jegliches Vermögen eines Unternehmens, das betriebsnotwendiges Vermögen gewissermaßen auch „verstecken" bzw. als „nicht betriebsnotwendiges Vermögen maskieren" kann. Wenn ein Unternehmen ständig Vorräte i. H. von 2 Mio. € und Liquidität i. H. von 1,5 Mio. € benötigt, aber seine Vorräte vollständig versilbert und davon 2,5 Mio. € für den Kauf einer Yacht verwendet, so ist sogar *die Yacht betriebsnotwendiges Vermögen* – und ihr Wert kann selbstverständlich nicht noch einmal zu dem Barwert der Überschüsse aus dem operativen Geschäftsbetrieb hinzugezählt werden.[34] 11.30

Schulden bedürften auch dann keiner besonderen Erwähnung, wenn sie das nicht betriebsnotwendige Vermögen belasten. „**Negatives Vermögen**" mindert den Wert des nicht betriebsnotwendigen Vermögens und schlussendlich den Unternehmenswert. 11.31

Die Abgrenzungsfrage i. R. der **Unternehmensbewertung** zwischen betriebsnotwendig und nicht betriebsnotwendig ist erneut nicht mit ähnlichen Abgrenzungsproblemen zu verwechseln, die sich i. R. von **Kaufpreisanpassungsklauseln**, etwa bezüglich von „Debt" „Cash" oder „Working Capital" stellen.[35] 11.32

c) Vereinfachte Darstellung: Überschüsse aus betriebsnotwendigem und nicht betriebsnotwendigem Vermögen vermengt

Wie oben angedeutet, ist auch die Vereinfachung 11.33

$$UW = BWÜ \ (OP + NBV)$$

möglich. Sie zeigt, dass, wie gesagt, schlussendlich die Herkunft der Überschüsse (aus dem operativen Geschäftsbetrieb oder aus dem nicht betriebsnotwendigen Vermögen) gleichgültig ist. Daher können sie auch von Anfang an durcheinander erfasst werden. Entsprechend kann ein Unternehmenswert auch richtig berechnet werden kann, indem, z. B. mit einem **Tabellenkalkulationsprogramm**, alle ein Unternehmen betreffenden operativen und sonstigen Ab-

---

[33] Was geschieht, wenn die 600.000 € zur Zurückführung von Schulden benutzt werden? Dies ändert nichts mehr – die Tilgung erhöht den Unternehmenswert entsprechend.

[34] Aufgrund der sachwidrigen Anlage muss die Yacht freilich sogleich versilbert werden, um den operativen Liquiditätsbedürfnissen zu genügen. Wenn der Wert der Yacht 3,5 Mio. € wäre, enthielte diese nicht betriebsnotwendiges Vermögen i. H. von 1 Mio. €.

[35] S. sogleich Rn. 11.34.

und Zuflüsse zusammen erfasst werden. Diese Vorgehensweise entspricht der vereinfachten Formel.

d) Barwert des betriebsnotwendigen Vermögens und Barwert des nicht betriebsnotwendigen Vermögens vs. Equity Value und Enterprise Value

11.34 Im M&A-Kontext ist die Unterscheidung zwischen **Equity Value** und **Enterprise Value** noch verbreiteter als die v. a. hier verwendete, an den IDW S 1 angelehnte[36] Unterscheidung von **Barwert des betriebsnotwendigen Vermögens** und **Barwert des nicht betriebsnotwendigen Vermögens**. Es ist aber wichtig, sich klarzumachen, dass die beiden Unterscheidungen

$$UW = BWÜ\ (OP) + BWÜ\ (NBV)^{37)}$$

und

Equity Value = Enterprise Value + Net Debt

oft auf zwei verschiedenen Ebenen ansetzen und keineswegs identisch sind.

11.35 Hierfür kommt es darauf an, ob mit „Equity Value = Enterprise Value + Net Debt", wie oft, eine Kaufpreis- bzw. Kaufpreisanpassungsformel oder, eher ausnahmsweise, eine Aussage i. R. einer Bewertung gemeint ist. Ist eine **Kaufpreis- bzw. Kaufpreisanpassungsformel** gemeint, sind die Parteien frei darin, nach ihrem Gusto Summanden zu bilden und sie zu taufen wie sie mögen, auch mit zu Verwechselungen einladenden Namen aus der Unternehmensbewertung. Sie können z. B. einen **vorläufigen Kaufpreis**, den sie für das Unternehmen Cash Free und Debt Free bestimmt haben, „**Enterprise Value**" **taufen** und hieraus einen endgültigen Kaufpreis ableiten, indem sie das später festgestellte Saldo aus Cash und Debt hinzuaddieren und das Ergebnis „**Equity Value**" **taufen**.[38] Oder sie können einen vorläufigen Kaufpreis auf Basis eines bezifferten Net Debt und eines bezifferten Working Capital, die beide nicht null sind, zum letzten Bilanzstichtag oder Stichtag eines Zwischenabschlusses bestimmen und den endgültigen Kaufpreis an die Veränderungen des Net Debt bzw. Working Capital bis zum Übergangsstichtag anpassen.

---

36) S. IdW S 1 Ziff. 4.4 und 4.5.
37) Noch einmal ausgeschrieben: Unternehmenswert = Summe der Barwerte der Überschüsse aus dem operativen Betrieb plus Summe der Barwerte der Überschüsse aus der Verwertung des nicht betriebsnotwendigen Vermögens.
38) Ausführlicher hierzu Rn. 13.111 ff.

II. Unternehmenswert als Barwert von Zukunftsüberschüssen

Solches ist selbst dann möglich (und i. d. R. zur Kaufpreisanpassung an Veränderungen zwischen zwei Zeitpunkten sinnvoll), wenn der vorläufige Kaufpreis nur ein vorläufiger Kaufpreis *für einen Unternehmenswert* ist, aber nicht den Unternehmenswert – i. d. R. weder des Verkäufers (VkUW) noch des Käufers (KUW) – angibt. 11.36

Wenn allerdings „Equity Value" und „Enterprise Value" als **Begriffe der Unternehmensbewertung** verwendet werden und also quantifizieren sollen, was der Käufer erhält (gemäß § 433 Abs. 1 BGB), nicht, was er schlussendlich zahlen muss (gemäß § 433 Abs. 2 BGB), gerät man in Schwierigkeiten. 11.37

Das betrifft zunächst nicht betriebsnotwendiges Vermögen. *Nicht betriebsnotwendiges Anlagevermögen* müsste, wenn es vorhanden ist, zwangsläufig schon im Enterprise Value „stecken" – es ist sicher nicht Cash, Debt und auch nicht Working Capital. Das passt aber nicht zu einem verbreiteten Verständnis des Begriffes „Enterprise Value" als Barwert nur der operativen Ergebnisse. Nicht betriebsnotwendiges Umlaufvermögen würde, wenn es als Cash oder Debt auftritt, zutreffend erfasst, aber wiederum u. U. nicht, wenn es in einer anderen sachlich-gegenständlichen Form auftritt, die nicht Working Capital ist. Betriebsnotwendige und nicht betriebsnotwendige Schulden werden beide zutreffend als Debt erfasst. 11.38

Sodann ist zwar die Vorstellung eines Unternehmens, das Cash Free und Debt Free (oder gar Working Capital Free) ist, zwar hilfreich als Rechenvereinfachung i. R. einer Kaufpreisanpassungsklausel, aber ein solches Unternehmen wäre ein lebensunfähiges Zombie-Unternehmen. Selbst wenn die Finanzierungsstruktur (Eigen- bzw. Fremdkapitalfinanzierung) ausgeblendet werden soll, muss ein wirkliches Unternehmen, nie Cash Free oder Working Capital Free sein. Hier ist also die Formel „Enterprise Value" + Net Cash/Net Debt = „Equity Value" also als Unternehmensbewertungstool auch eher irreführend. Am besten bleibt man sich bewusst, dass **„Enterprise Value"** ein **vorläufiger Kaufpreis** für alles andere ist, was noch nicht von Net Cash/Net Debt (oder auch Working Capital) umfasst ist. 11.39

e) **Auch der Liquidationswert ist ein Barwert von Zukunftsüberschüssen**

In der Literatur über Unternehmensbewertung wird häufig gesagt, dass der Liquidationswert den **Mindestwert eines Unternehmens** definiert, wenn der operative Geschäftsbetrieb nur geringe oder keine Überschüsse erwirtschaf- 11.40

11. Kapitel Berechnung von Nachbaukosten und Unternehmensbewertung

tet.[39] Dies trifft zu. Wenn eine GmbH in einer ihr gehörenden Immobilie am Münchener Stachus seit 50 Jahren einen Fahrradladen mit Werkstatt im Parterre, einem Lager für Schläuche im 1. OG, für Lenkstangen im 2. OG usw. betreibt, ist der Unternehmenswert nicht der Barwert aus den in dem Fahrradgeschäft erzielten Überschüssen, sondern er ist der – namentlich durch Verkauf der Immobilie – erzielbare Liquidationswert.[40] Um zu dieser Erkenntnis zu gelangen, ist kein Bruch mit der bisher dargestellten Methodik erforderlich. Vielmehr ist der Liquidationswert der Grenzfall des Bisherigen, in dem der operative Geschäftsbetrieb wegen eines unwirtschaftlichen Einsatzes der Unternehmenssubstanz ganz eingestellt bzw. mit maximaler Geschwindigkeit herabgefahren und das (dann) nicht mehr betriebsnotwendige Vermögen vollständig versilbert

---

39) So z. B. der BGH v. 8.5.1998 – BLW 18/97, BGHZ 138, 385 = ZIP 1998, 1161. In einem Strafverfahren zu einem von dem Verfasser geführten Zivilrechtsstreit stellte der 5. Strafsenat des BGH bei der Prüfung der Schadenshöhe Betrachtungen des Verhältnisses von Unternehmenswert und Liquidationswert an, die jedenfalls im zivilrechtlichen Zusammenhang nicht zu überzeugen vermögen. Für den Fall der Unternehmensfortführung waren positive Überschüsse nicht feststellbar gewesen. Die Wirtschaftsstrafkammer hatte deshalb das Vorliegen eines Schadens verneint. Hiergegen legte die Staatsanwaltschaft Revision mit dem Argument ein, dass bei der Liquidation des Unternehmens ausweislich eines Parteigutachtens Überschüsse von 50 Mio. DM erzielt worden wären. Da der Liquidationswert anerkanntermaßen der Mindest-Unternehmenswert sei, habe der Unternehmenswert und Schaden entsprechend 50 Mio. DM betragen. Die Staatsanwaltschaft rügte insoweit, dass die Wirtschaftsstrafkammer nicht Beweis darüber erhoben hatte, ob der Liquidationswert höher gewesen wäre als der Unternehmenswert bei Fortführung. Der 5. Strafsenat des BGH folgte dem in seiner Entscheidung, BGH v. 11.9.2003 – 5 StR 524/02, wistra 2003, 457–460 nicht: „Dem Einwand, der Unternehmenswert hätte durch eine *Verbindung von Substanz- und Ertragswert* ermittelt werden müssen und insoweit wären weitergehende Feststellungen … erforderlich gewesen, ist nicht zu folgen. Zur Bestimmung des Wertes eines Unternehmens sind im Strafverfahren grundsätzlich die anerkannten Bewertungsgrundsätze heranzuziehen, die für den Beschuldigten am günstigsten sind." Schon dadurch, dass der 5. Strafsenat die Beanstandungen der Staatsanwaltschaft, es habe der Unternehmenswert als Liquidationswert berechnet werden müssen, als Verlangen nach einer „Verbindung von Substanz- und Ertragswert" bezeichnet hatte, war die Präzision des Revisionsangriffs aufgelöst. Der Staatsanwaltschaft war es v. a. darum gegangen, dass der Bewertung ein anderes *Szenario* – das der Rettung der noch zu rettenden Werte durch Liquidation – zugrunde gelegt werden sollte, statt das Szenario, dass das Unternehmen fortgeführt werde, bis das noch vorhandene erhebliche Vermögen vollends durch Verluste aufgebraucht worden war. Ob bei der Bewertung eines Gegenstandes anzunehmen ist, dass der Verfügungsberechtigte kaufmännisch vernünftig mit dem Gegenstand umgeht oder nicht, kann jedenfalls im Schadensrecht des BGB keine Frage der „Freiheit der Bewertungsmethode" sein. Wie ökonomisch oder unökonomisch der Schädiger mit dem Gegenstand umgeht, den er sich verschafft hat, kann den Schaden nicht mindern. Übrigens waren auch die Schädiger in dem vom 5. Strafsenat entschiedenen Fall höchst „ökonomisch" mit dem Unternehmen umgegangen, indem sie es nicht nur sofort liquidiert, sondern sich auch die Bedienung der Gläubiger „erspart" hatten. Für sie entsprach der „Unternehmenswert" dem Liquidationswert des Aktivvermögens abzüglich Veräußerungskosten (jedoch nicht abzüglich von Schulden). Für die Unternehmensbewertung wäre indessen wohl richtigerweise der Liquidationswert, der die Bedienung der Gläubiger berücksichtigt, anzusetzen gewesen.

40) Ein Beispiel von Herrn Steuerberater und Wirtschaftsprüfer *Christoph Wollny* aus gemeinsamen Seminaren.

II. Unternehmenswert als Barwert von Zukunftsüberschüssen

wird. Es ist wichtig, dass **auch** der **Liquidationswert** ein **Barwert von Überschüssen** ist. Der Unterschied zu einem „normalen" als Barwert von Überschüssen berechneten Unternehmenswert ist lediglich, dass zumeist ein **wesentlich kürzerer Zeitraum** von nur wenigen Jahren oder Monaten zu betrachten ist und am Ende der Unternehmensplanung keine „ewige Rente", sondern der Verkauf des letzten Wirtschaftsgutes steht. Auch beherrschen sonst untypische Positionen die Unternehmensplanung. Auf der Einnahmenseite stehen v. a. Erlöse aus der Veräußerung des Unternehmensvermögens, auf der Ausgabenseite v. a. Abwicklungskosten, die regelmäßig in der Bilanz nicht passiviert sind, wie v. a. Löhne und Gehälter bis zu den Entlassungszeitpunkten, Sozialpläne und andere Vertragsbeendigungskosten.[41] Unter Umständen müssen zur Vermeidung von Schadensersatzansprüchen Aufträge noch zu Ende bearbeitet werden; wenn der Betrieb ohnehin vorübergehend fortgeführt werden muss, kann es sogar sinnvoll sein, einzelne neue Aufträge anzunehmen. Je größer das zu liquidierende Unternehmen ist, umso länger mag sich die Liquidation hinziehen[42] und umso deutlicher wird, dass nach der grundsätzlichen betriebswirtschaftlichen Perspektive kein Unterschied zwischen der Bewertung eines Liquidations- oder sonstigen Unternehmens besteht. Der Liquidationswert ist nur ein Grenzfall der Bewertung von Zukunftsüberschüssen.

4. Das nicht sehr berechtigte Vertrauen in Unternehmensplanungen – und warum man gut damit leben kann …

a) Gründe für geringe Vertrauenswürdigkeit von Unternehmensplanungen

Die dargestellte Unternehmensbewertung aufgrund von geplanten Zukunftsüberschüssen durch Ertragswert- oder DCF-Verfahren ist für praktische Zwecke alternativlos. Dennoch kommt man nicht an der Frage vorbei, ob zukünftige Überschüsse so **hinreichend verlässlich berechnet** werden können, wie die Bewertungsverfahren unterstellen. In der Sache verlangen Ertragswert- und DCF-Verfahren ja nichts weniger, als eine **Unzahl von zukünftigen Marktpreisen zu prognostizieren**,[43] um dann mit ihren Differenzen zu rechnen. Selbst bei einem zeitlich begrenzten Unternehmen (unterstellen wir, die Fußballweltmeisterschaft in Katar in 2022 würde von einem einzigen Unternehmen durchgeführt und es sollte der Wert dieses Unternehmens bestimmt werden) wäre für eine zutreffende Unternehmensbewertung eine **enorme Prognosekompetenz** erforderlich.

11.41

---

41) Der Liquidationswert ist insoweit der *Ertragswert bei einem Liquidationsszenario*.
42) Die Liquidation der IG Farben dauerte Jahrzehnte.
43) *Kantor*, Valuation for Arbitration, Compensation Standards, Valuation Methods and Expert Evidence, S. 7, zit. „valuation is, in essence a prophecy as to the future" aus IRS Rev. Rule 59–60 supra n. 5 at § 3.03.

11. Kapitel Berechnung von Nachbaukosten und Unternehmensbewertung

11.42 Wenn man skeptisch gegenüber dem überbordenden Vertrauen von Planern in ihre Zukunftsprognosen ist, was ganz dem gesunden Menschenverstand entspricht,[44] würde aber auch der eindrucksvolle intellektuelle und mathematische Aufwand,[45] den etwa DCF-Verfahren bei der Herleitung der Abzinsungsfaktoren treiben, nichts mehr retten können. **Schlechter Input ergibt schlechten Output** – wie intelligent die Plandaten auch weiter prozessiert werden mögen. Auch wird man nicht auf persönliches Vertrauen in die Planer bauen können. Kaum irgendeiner, der seinen Lebensunterhalt mit auf Finanzdaten bezogenen Zukunftsprognosen bestreitet, versteht irgendetwas auch nur von *einem* der jedenfalls fünf großen zukunftsrelevanten Faktoren (Naturkatastrophen, Politik, soziale und technische Entwicklung, Makroökonomie), selbst von letzterer nicht.[46] Der Hinweis, dass die Planer (dasselbe gilt für Anlageberater), schon längst reich geworden sein müssten, wenn sie wirklich die Zukunft prognostizieren könnten, sticht.

b) **Gründe, warum die Wirtschaft gut mit der Unsicherheit von Unternehmensbewertungen leben kann ...**

11.43 Es gibt indessen mehrere Gründe dafür, warum Marktakteure, etwa Unternehmens- oder Aktienkäufer, und auch Gerichte und Schiedsgerichte, mit den erheblichen Planungsunsicherheiten gut leben können.

aa) **Wirtschaftlich relevant sind nur die ersten 38 Jahre**

11.44 Es wird darauf hingewiesen, dass bei (üblichen) Zinsen von etwa 10 % ca. 60–80 % des Werts eines Unternehmens aus der ewigen Rente herrühren.[47] Es ist aber v. a. zu beachten, dass die „**erste Phase der Ewigkeit**" wirtschaftlich das **höchste Gewicht** hat, so dass, erneut bei Zinsen von 10 % ca. **97 % des Rentenwertes aus den ersten 38 Jahren herrühren.**[48]

---

44) Wie etwa in jüngerer Zeit *Taleb*, The Black Swan, schlagend gezeigt hat. 99 % oder mehr der politischen Analytiker haben den Fall der Mauer und die Implosion des Realsozialismus 1989 und 99 % der Ökonomen haben die Weltfinanzkrise 2008 nicht vorausahen. Auch den Brexit wurde überwiegend nicht erwartet.

45) Dies zeigt sich besonders an dem „Capital Assets Pricing Modell". Vgl. *C. Wollny*, Der objektivierte Unternehmenswert, S. 339 ff.; *Loderer/Wälchli*, Handbuch der Bewertung, Bd. 2, S. 115 ff.

46) Kein Unternehmensplaner, Investmentbanker oder Bankberater sieht es als persönliches Versagen an, dass er die Weltfinanzkrise ab 2008 nicht vorausgesehen hat – und wenn er ihre Voraussicht in seine Planungen und Abzinsungen eingebaut hätte, hätte er sich nur „aus dem Geschäft gebracht" – auf Verkäufer- wie auf Käuferseite.

47) *C. Wollny*, Der objektivierte Unternehmenswert, S. 216.

48) *C. Wollny*, Der objektivierte Unternehmenswert, S. 217. Wir ignorieren hier großzügig, dass in der Detailplanungsphase ebenfalls Beträge zum Unternehmenswert erzielt werden, und die Zinssatzabhängigkeit der Rechnung.

II. Unternehmenswert als Barwert von Zukunftsüberschüssen

Mit anderen Worten, wenn nur in diesem – halbwegs überschaubaren – Zeitraum die Dinge einigermaßen plangemäß laufen – keine Naturkatastrophen, keine Weltkriege oder politischen Katastrophen, keine technischen Revolutionen oder sozialen Umwälzungen, keine länger dauernden tiefen Wirtschaftskrisen –, „passt" der berechnete Unternehmenswert im Wesentlichen. 11.45

Freilich bleibt es dabei, dass die Planüberschüsse zwischen etwa dem 6. Jahr und dem 38. Jahr nicht mehr mit den heutigen Technologien und Produkten (und wohl teilweise nicht mehr mit den heutigen Kunden) erzielt werden können. Es wird also faktisch unterstellt, dass es dem geplanten Unternehmen, etwa *Apple*, irgendwie gelingen wird, (wieder) **neue Technologien und Produkte** zu erfinden und diese auf veränderten Märkten mit ähnlichen Überschüssen zu verkaufen wie in der Gegenwart. 11.46

bb) Wenn man sich nur nicht zu weit von der Herde entfernt ...

Glauben Investoren an Unternehmensbewertungen? Sogar an solche von biederen Wirtschaftsprüfern? Die Antwort ist, dass sie gar nicht daran glauben müssen – und erst recht nicht an Seherkräfte der Bewerter. 11.47

Vielmehr entscheiden sie je nachdem strategisch oder opportunistisch, ob sie ein Unternehmen verkaufen oder kaufen wollen. Sodann betrachten sie ein „passendes"[49] Bewertungsgutachten als eine zusätzliche interne Rechtfertigung und Hinweis darauf, dass die **anderen Marktakteure von ihren Bewertern**, solange keine Naturkatastrophen, politischen Umbrüche und Kriege, technische Revolutionen oder makroökonomische Verwerfungen eintreten, **ähnliche Bewertungen erhalten werden**. So beobachten sie vermittels von Gutachten, die sie erhalten, was andere Gutachter wahrscheinlich anderen Marktteilnehmern schreiben werden, etwa, wenn sie das Unternehmen wieder verkaufen sollten. Es ist dieselbe reflexive Situation wie bei dem berühmten **„Beauty Contest" von *Keynes*.**[50] Insofern erwarten Auftraggeber von Bewertungsgutachten nicht, dass ihr Gutachter etwas „ganz Besonderes" sagt, sondern dass er **möglichst dasselbe sagt**, was andere Gutachter auch sagen werden.[51] 11.48

Dass Unternehmensführer nicht an das Vermögen ihrer Unternehmensbewerter, die Zukunft vorherzusagen glauben, zeigt sich übrigens daran, dass sie in einer Krise nicht ihren Wirtschaftsprüfer anrufen, um Prognosen zur wahrscheinlichen weiteren Entwicklung des Unternehmenswerts einzuholen. Die operativen Fragen 11.49

---

49) „Passt" das Bewertungsgutachten nicht, wird der Bewerter nicht selten zu Korrektur veranlasst.
50) *John Maynard Keynes*, The General Theory of Employment, Interest and Money, chap. 12.5.(4). "We have reached the third degree where we devote our intelligences to anticipating what average opinion expects the average opinion to be ... tries to guess better than the crowd how the crowd will behave".
51) Das ist so ähnlich bei juristischen Gutachten, wo der Auftraggeber i. d. R. auch hofft, dass andere, spätere Gutachten zu demselben Ergebnis kommen werden.

werden mit anderen besprochen, die Stunde der Bewerter kommt erst wieder, wenn der Markt stabil geworden ist und sich erneut eine „öffentliche Meinung" herausgebildet hat.

c) Gründe, warum Gerichte gut mit der Unsicherheit von Unternehmensbewertungen leben können ...

11.50 Gerichte und Schiedsgerichte können bei post M&A-Streitigkeiten – aus anderen Gründen – ebenfalls gut mit den großen Planungsunsicherheiten umgehen, die Planungen und Bewertungsgutachten anhaften. Diese Gründe liegen im Recht. Mit einer Klage werden die **Regeln zur Darlegungs- und Beweislast** evoziert, die dem Gericht bzw. Schiedsgericht keine neutrale Einstellung im Hinblick auf die Feststellung der für eine Verurteilung erforderlichen Tatsachen erlauben, sondern ihm vorgeben, dass es Vortrag (wenn er bestritten ist) nur, durch Beweiserhebung, nachgehen muss, wenn er hinreichend substantiiert ist und dass eine Klage **abzuweisen** ist, wenn bei von dem Kläger zu beweisenden Tatsachen ein **non liquet verbleibt**.

11.51 Dies gilt für jedes einzelne Datum, das für die Gewährung eines Schadensersatzanspruchs notwendig ist, also jede einzelne **Planungszahl in einer Tabellenkalkulation**. Während hinreichend transparente, detaillierte und konsistente Unternehmensplanungen i. V. m. ergänzendem qualitativen Vortrag oft dem Substantiierungsanspruch genügen dürften, wäre es andererseits nach der allgemeinen Regel des § 286 ZPO i. d. R. kaum möglich, solche Planungszahlen zu beweisen. Hier gewähren nun die § 287 ZPO und § 252 Satz 2 BGB den Gerichten bzw. Schiedsgerichten einen zusätzlichen Spielraum. Dennoch sind die Möglichkeiten der § 287 ZPO und § 252 Satz 2 BGB nicht unbegrenzt und die **Grenzen der § 287 ZPO** und **§ 252 Satz 2 BGB** erlauben es Gerichten und Schiedsgerichten bzw. fordern sie dazu auf, Planungszahlen, die innerhalb der Grenzen nicht bewiesen werden können, nicht als bewiesen gelten zu lassen. Insoweit ermöglichen § 287 ZPO und § 252 Satz 2 BGB, zu unsichere Planungen als Grundlage für Schadensersatzansprüche zurückzuweisen.

5. Multiplikatorverfahren für Rechtsstreitigkeiten i. d. R. ungeeignet

11.52 Multiplikatorverfahren können Kaufpreisherleitungsverfahren bzw. Kaufpreisanpassungsverfahren oder Unternehmensbewertungsverfahren sein. Im ersten Fall stehen sie jenseits der Möglichkeit einer wissenschaftlichen Kritik.[52]

---

[52] Selbstverständlich *darf* ein Käufer zur Kaufpreisherleitung das EBITDA des letzten abgeschlossenen Geschäftsjahres plus 1.000 € pro Kubikmeter Wasserverdrängung des Anlagevermögens des Zielunternehmens multipliziert mit dem Alter seiner Lebensgefährtin, dividiert durch die Anzahl der in seinem Haushalt vorhandenen Hunde zahlen. *Also* darf er auch das sechs-, acht- oder zwölffache EBITDA des letzten abgeschlossenen Geschäftsjahres o. Ä. *zahlen.*

II. Unternehmenswert als Barwert von Zukunftsüberschüssen

Hier sind jedoch Bewertungsverfahren zu behandeln, die in post M&A-Streitigkeiten verwendet werden können und dürfen, um eine **Unternehmenswertbeeinträchtigung zu quantifizieren**. Multiplikatorverfahren ist eine denkbar **geringe Eignung für diesen Zweck** zu bescheinigen. Sie sind aus mehreren Gründen so ungeeignet, dass zumeist die Vorlage von Gutachten auf der Basis von Multiplikatorverfahren **nicht einmal zu einer Substantiierung von Schadensersatzansprüchen** selbst nach den herabgesetzten Maßstäben der §§ 287 ZPO bzw. 252 Satz 2 BGB **ausreichen** dürfte. 11.53

An Multiplikatorverfahren ist **schon der Name irreführend**. Das Hervorheben, dass „multipliziert" wird, betrifft nur eine oberflächliche mathematische Operation, schweigt aber (verräterisch) darüber, wie die Daten, die multipliziert werden, generiert werden. Und *dass* multipliziert wird, kann nicht einmal als Unterscheidungsmerkmal zu Ertragswert- und DCF-Verfahren angesehen werden, weil dort auch multipliziert – indem abgezinst – wird.[53] 11.54

Andererseits könnte man umgekehrt sagen, dass die „Multiplikatorverfahren" in Wirklichkeit *dividieren*, weil, wenn es eine Rechtfertigung für „Multiplikatorverfahren" gibt, diese darin liegt, dass sie sich eine vergangene Flussgröße hernehmen, diese (wie auch immer) „normalisieren", und sie dann als ewige Rente[54] behandeln. Die namensgebende Multiplikation (z. B. „mal 7") hat dann aber in Wirklichkeit ihre **Rechtfertigung** darin, dass ein **Barwert einer ewigen Rente berechnet** wird. Das aber geschieht durch *Division* des Betrages der Rente durch einen Abzinsungssatz, den Kehrwert des Multiplikators. Der Name „Multiplikationsverfahren" stellt das auf den Kopf und verheimlicht das eigentliche Vorgehen. 11.55

Wir hatten schon bemerkt, dass Multiplikatorverfahren – anders als das ertragsund DCF-Verfahren – in ihrem Namen nicht verraten, wie sie die Daten gewinnen, die sie multiplizieren.[55] **Wie gehen sie nun tatsächlich vor?** Zunächst teilen Multiplikatorverfahren den richtigen Ausgangspunkt mit dem Ertragswert- oder DCF-Verfahren, dass der Unternehmenswert ein **Zukunftserfolgswert**, nicht etwa ein Substanzwert, ist. Deshalb zielen sie eigentlich auf dasselbe Ergebnis ab, das Ertragswert- oder DCF-Verfahren anstreben. Der ins Auge 11.56

---

53) S. Rn. 11.10.
54) Der eine oder andere Konsument von Multiplikatorverfahren mag in das Missverständnis hineineinlaufen, hinter einem bestimmten Multiplikator x stehe die Annahme, dass der Rentenbetrag *nur x Jahre* erzielt werde. Aber auch Multiplikatorverfahren rechnen mit einer *ewigen* Rente, die durch die Multiplikation mit dem Kehrwert eines Abzinsungssatzes in einen Barwert umgesetzt wird (Rentenformel; BW = r/i).
55) Ertragswert- und DCF-Verfahren verraten immerhin, dass die es mit Ertragswerten oder Zahlungsströmen zu tun haben.

springende Unterschied zu Ertragswert- oder DCF-Verfahren besteht aber darin, wie sie dieses Ergebnis erreichen wollen.[56]

11.57 Ertragswert- und DCF-Verfahren verwenden **mehrere zukünftige Periodenergebnisse**, einschließlich eines Barwerts der ewigen Rente als Flussgrößen, während Multiplikatorverfahren eine einzige Flussgröße als Zwischengröße, z. B. ein EBIT oder EBITDA, verwenden. Es liegt insoweit auf der Hand, dass Ertragswert- und DCF-Verfahren hier detailorientierter sind. Weiterhin verwenden Ertragswert- und DCF-Verfahren für jede Periode einen **unterschiedlichen Abzinsungsfaktor** und daher separate Barwerte von Periodenergebnissen,[57] während Multiplikatorverfahren auch nur einen einzigen Multiplikator verwenden; auch hier sind Ertragswert- und DCF-Verfahren detailorientierter. Aber hieraus ist den Multiplikatorverfahren noch kein Strick zu drehen. Entscheidend wäre ja, ob der Barwert der ewigen Rente der Multiplikatorverfahren einen anderen Unternehmenswert als die Addition mehrerer periodenbezogener Barwerte ergibt, der zudem falsch ist – aber das kann nicht pauschal gesagt werden.

11.58 Die „Erbsünde" der Multiplikatorverfahren liegt aber ganz in der Nähe, nämlich darin, *wie sie ihre ewige Rente generieren.* Hier ist den Multiplikatorverfahren nun der entscheidende Vorwurf zu machen – und dieser macht sie besonders ungeeignet, wenn es um Unternehmensbewertung i. R. von Gerichts- oder Schiedsgerichtsverfahren zu Zwecken einer Schadensfeststellung geht: **Multiplikatorverfahren vermeiden eine transparente Unternehmensplanung.**

11.59 Bei Ertragswert- oder DCF-Verfahren ist die **Unternehmensplanung** das (vorgeschaltete) **Kernstück** der **Unternehmensbewertung**, bei Multiplikatorverfahren findet eine Unternehmensplanung, die den Namen verdienen würde, hingegen i. d. R. nicht statt. Es liegt von vornherein auf der Hand, dass eine Planung für Investitionen von einer gewissen Komplexität an (Unternehmen)[58] *nie* zu einer **laufend gleich hohen, zukünftigen, jährlichen Rentenzahlung** führen könnte (die Multiplikatorverfahren benötigen – sonst haben sie nichts, das sie multiplizieren können). Multiplikatorverfahren könnten daher nur „gerettet" werden, wenn sie irgendwie bzw. insgeheim doch planen würden und ihre Planung adjustiert in ihre ewige Rente aggregieren würden. Dann müssten freilich, bevor Multiplikatorverfahren zu der ausgewiesenen ewigen Rente gelangen, vorher zwei Arbeitsvorgänge absolviert worden sein, nämlich erstens eben

---

56) Nach *Hachmeister/Ruthardt* dominieren in Deutschland DCF- und Ertragswertverfahren, während in den USA Multiplikatorverfahren dank eines „Methodenpluralismus" eine größere Rolle spielen, ohne allerdings zu dominieren. S. dort auch Beobachtungen zum „Comparable Company-Approach" und „Comparable Transaction-Approach" als Generator von Multiplikatoren und zu den als Multiplikator verwendeten Erfolgsgrößen (*Hachmeister/Ruthardt*, DB 2015, 1511).
57) S. Rn. 11.10 und Fn. dort.
58) Bei zukünftig erzielbaren Zinsen aus Staatsanleihen, Lizenzgebühren oder Netto-Mieteinnahmen mag das anders sein.

II. Unternehmenswert als Barwert von Zukunftsüberschüssen

die Unternehmensplanung und zweitens die Transformation bzw. „Glättung" der unterschiedlich hohen zukünftigen Periodenergebnisse, die die Unternehmensplanung ergeben hätte, in eine äquivalente gleich hohe ewige Rente.

Dies wiederum bedeutet nichts anderes, als dass Multiplikatorverfahren, die ihre ewige Rente aus einer Unternehmensplanung herleiten wollen, in einem ersten Schritt ein fast vollständiges Ertragswert- oder DCF-Verfahren enthalten müssten und nur hieran einen zweiten überflüssigen Arbeitsgang anschließen würden, durch den sie den schon greifbaren oder schon berechneten Unternehmenswert nochmals in einer ewigen Rente verpacken würden. **11.60**

Überflüssige Operationen sind aber nun gerade nicht die Sache der pragmatisch aufgelegten Investmentbanker und M&A-Berater, die Multiplikatorverfahren bevorzugen, und der Charme, den diese Verfahren für sie haben, besteht nicht darin, dass sie besonders umständlich, sondern darin, dass sie besonders „umstandslos" sind.[59] Namentlich vermeidet die Intransparenz Kritikmöglichkeiten, Konsistenzzwänge und Selbstbindungen (auch Verantwortlichkeit), die eine detaillierte Planung zwangsläufig mit sich bringen würde. So bleiben **alle Stellschrauben verfügbar**, um fast beliebig, je was gebraucht wird, einen höheren Wert (gegenüber dem Käufer auf der Gegenseite), einen niedrigeren Wert (gegenüber dem beratenen Verkäufer i. R. von dessen Erwartungsmanagements nach unten) oder, je nach Konstellation, wieder einen niedrigeren/höheren Wert in einem post M&A Rechtsstreit hervorzukehren.[60] **11.61**

Freilich können auch Multiplikatorverfahren Ansätze zu planerischen Überlegungen nicht völlig vermeiden, wenn sie ihre **ewige Rente** anhand sog. „**Normalisierungsüberlegungen**" ableiten, wo ja in einem bestimmten Umfang erklärt werden muss, wie sie von den Ergebnissen der Vergangenheit (EBIT, EBITDA o. Ä.) zu ihrem „normalisierten Ergebnis" („normalisiertes EBIT", „normalisiertes EBITDA" o. Ä.) gelangen, das die Zukunft repräsentieren soll. Diese Planungsüberlegungen sind, da punktuell und unsystematisch, jedoch eben wenig transparent und i. d. R. nicht überprüfbar. Nicht selten tauchen in Schadensherleitungen auf der Basis von Multiplikatorverfahren in Rechtsstreitigkeiten sogar grobe Denkfehler auf; z. B. dürfen **zeitlich begrenze Ergebnis-Effekte** oder **Einmal-Effekte** nicht mit ihren Nominalbeträgen der ewigen Rente zugeschlagen oder von ihr abgesetzt werden etc.[61] **11.62**

---

59) Oft mag es auch darum gehen, dass die Verwender die Aufgabe einer individuellen Planung des Zielunternehmens nicht an eine andere Profession, etwa Wirtschaftsprüfer, abgeben wollen.

60) Zur Unternehmensbewertung in der Rechtsprechung, mit Kritik an Multuplikatorverfahren, s. a. *Schüler*, DB 2015, 2277.

61) Es kann ein Einmal-Effekt auch nicht in der ewigen Rente berücksichtigt werden, indem der Betrag des Effektes dividiert durch den Multiplikator m abgezogen/zugeschlagen wird. Dies würde unterstellen, dass die ewige Rente keine ewige Rente wäre, sondern nur in m Jahren erzielt würde. So ist es aber nicht. S. Rn. 11.55.

11. Kapitel Berechnung von Nachbaukosten und Unternehmensbewertung

11.63 Multiplikatorverfahren können grundsätzlich ihren Multiplikator (als Kehrwert eines Abzinsungssatzes) genauso herleiten wie Ertragswert- oder DCF-Verfahren, z. B. als **erzielbare Alternativrendite** oder über das **CAPM**. Oft leiten sie ihre Multiplikatoren auch aus **Relationen** ab, die sie zwischen der **Marktkapitalisierung**[62] und dem **EBIT(DA)** (o. Ä.) von börsennotierten Vergleichsunternehmen feststellen. Die Rechtfertigung hierfür liegt darin, dass solche Relationen branchen- und risikoadjustierte Abzinsungssätze widerspiegeln können;[63] auch hier liegt nicht der Hauptkritikpunkt an Multiplikatorverfahren.

6. Unternehmenswert und Wertentschädigung nach § 251 BGB

11.64 Es wird sich im Verlauf dieses Buches ergeben, dass die Unternehmensbewertung insbesondere für die Bemessung einer Wertentschädigung nach § 251 BGB benötigt wird.[64]

III. Verkäufer- und Käufer-Unternehmenswert und Kaufpreis

11.65 Eingangs der Behandlung von Fragen des Unternehmenswerts war davor gewarnt worden, **Unternehmenswert und Kaufpreis** zu **verwechseln**. Viele Wege führen in diese Falle und wer hineingleitet, wird zwangsläufig irgendwo in grundsätzliche Fehler geraten, die i. d. R. das Ergebnis schwer verfälschen.

---

62) Der aktuelle Börsenkurs multipliziert mit der Anzahl der ausgegebenen Aktien. Allerdings kann man darüber streiten, ob die „Confusion des Confusiones" (so der Klassiker von *de la Vega* aus 1688) und die „Extraordinary popular Delusions and the Madness of the Crowds" (so derjenige vom *Macay* aus dem Jahr 1841; Neudruck beider Werke New York 1996), die der Aktienmarkt mit Anteilen an Gesellschaften treibt, in der Summe wirklich den Unternehmenswert ergibt. Verneinend *C. Wollny*, Der objektivierte Unternehmenswert, S. 6 m. w. N.

63) Wenn so vorgegangen wird, müssen freilich schon bei Ableitung der zu transponierenden Relationen bzw. des Multiplikators Verzerrungen durch nicht betriebsnotwendiges Vermögen und Schulden des Vergleichsunternehmens vermieden werden. Beispiel: Wenn die Marktkapitalisierung eines vergleichbaren börsennotierten Unternehmens mit einem EBIT von 200 Mio. € aktuell 1,3 Mrd. € beträgt, muss dieser Betrag zunächst durch Abzug des nicht betriebsnotwendigen Vermögens, einschließlich von nicht betriebsnotwendigem Barvermögen, bereinigt werden. Langfristige Schulden sind hinzuzuzählen, sie indizieren, dass der Wert des schuldenfreien Unternehmens höher wäre. Sagen wir, das Unternehmen verfügt über betriebsnotwendiges Bankguthaben i. H. von 500 Mio. € und hat langfristige Schulden i. H. von 800 Mio. €. Dann würde sich saldiert ein Abzugsposten von 300 Mio. € ergeben und würde sich für das – von langfristigen Schulden, nicht betriebsnotwendigem Vermögen und überflüssigem Cash befreite – börsennotierte Unternehmen ein Wert von 1 Mrd. € ergeben. Zwischen dem EBIT und dem Unternehmenswert läge also ein Faktor von 5. Durch Anwendung dieses Faktors auf das EBIT des Zielunternehmens kann nun der Wert des Zielunternehmens berechnet werden. Unterstellen wir, das Zielunternehmen habe ein EBIT von 50 Mio. €, so ergibt sich ein Wert von 250 Mio. €. Z. T. werden auch hier die Begriffe „Equity Value" (für die Börsenkapitalisierung) und „Enterprise Value" (für das Unternehmen nach betriebsnotwendigem Vermögen) verwendet. Das ist nicht unproblematisch. S. Rn. 11.34 f.

64) S. v. a. Rn. 12.254 f.

III. Verkäufer- und Käufer-Unternehmenswert und Kaufpreis

1. Zwischen zwei Unternehmenswerten

Wir hatten schon gesagt, dass der Wert bzw. Unternehmenswert rechtlich auf der **Sachleistungsseite** eines Kaufvertrages (wo er die zukünftigen Überschüsse aus einem Investitionsgut repräsentiert), der Kaufpreis aber auf der **Gegenleistungsseite, der Geldleistungsseite**, eines Verkaufs steht. Unternehmenswert ist das, was der Verkäufer weggibt und was der Verkäufer erhält. Kaufpreis ist, was der Käufer weggibt und was der Verkäufer erhält.[65]

11.66

Bei dem, schon zitierten, von *Buffet* aus Käuferperspektive ausgesprochenen Satz „Price is what you pay and value is what you get"[66], setzt *Buffet* als selbstverständlich voraus, dass der **„Value" höher ist als der gezahlte „Price"**. Dies kann so sein, weil der Käufer von vorneherein weniger gezahlt hat als seinen, in der Transaktion gleich gebliebenen Unternehmenswert oder weil der „ankommende Wert" (Value) aufgrund von Konzeptänderungen und Synergieeffekten – mit Mehrwert angereichert wurde – und insofern der **„ankommende Wert" höher ist als** der vom Verkäufer **„losgeschickte Wert"**[67]. Wie hoch der ankommende „Value" ist, kann, wie gesehen, nur durch eine **immer subjektbezogene** Unternehmensbewertung aus Käuferperspektive festgestellt werden. Hierzu muss aus dem Fluss des beim Verkäufer und Käufer stetig gedanklich über die Zukunft, vorhandenen Dauerkalküls eine bestimmte, dem Informationsstand eines Zeitpunkts entsprechende **Prognosezahl** abgeschöpft werden.

11.67

2. Wie werden Kaufpreise vereinbart?

Was sind nun Kaufpreise und wie werden sie vereinbart? Kaufpreise sind angestrebte und vereinbarte, dann geschuldete und schließlich i. d. R. getätigte Zahlungen. Zahlungen erlauben Zugriffe auf knappe Güter, aber verknappen dadurch zugleich das danach noch vorhandene Geld, das für weitere Zugriffe benötigt wird. Entsprechend gilt für jeden Käufer: **Gut ist, möglichst wenig zu zahlen** und für jeden Verkäufer, um sein zukünftiges Vermögen zu Zahlungen zu erhöhen: **Gut ist, möglichst viel zu bekommen.** Dies ist zwar so banal, dass es jedes Kind weiß, aber es ist zugleich die primäre, elementare Logik, der jeder Wirtschaftsteilnehmer qua Teilnahme an der Wirtschaft unterliegt.[68] Also ist dies auch die primäre Logik der Parteien bei M&A-Transaktionen. Die Logik ist **maßlos** und **egozentrisch**

11.68

---

65) S. § 433 Abs. 1 und Abs. 2 BGB!
66) Rn. 10.24.
67) *Haarbeck/König* schreiben im Ansatz richtig: „Letztlich *erwirbt* der Unternehmenskäufer im Rahmen der Transaktion den Equity Value, also die Anteile am Unternehmen." (Hv. v. Vf., Haarbeck/König in: Berens/Brauner/Strauch/Knauer, 7. Aufl., S. 171, 178.). Es wird aber nicht ein potenzieller Wertzugewinn durch Konzeptänderungen und Synergien hervorgehoben.
68) Das hebt die systemtheoretische Wirtschaftssoziologie hervor: Vgl. *Luhmann*, Die Wirtschaft der Gesellschaft, 1988, S. 131 ff.; *Baecker*, Information und Risiko in der Marktwirtschaft, 1988, S. 105 ff. *Baecker*, Womit handeln Banken?, 1991, S. 24 f.

und während jeder versteht, dass jeder andere ihr unterliegt, fühlt sich niemand allein hierdurch veranlasst, ein Handeln eines Anderen hinzunehmen.

11.69 Freilich wird diese Logik durch eine zweite überlagert, eine nun **maßvolle Wertlogik**. Die zu leistende Zahlung soll nicht nur so niedrig sein wie irgend möglich, sondern sie darf in keinem Fall höher sein als der Nutzen der für die Zahlung erlangten Gegenleistung. Namentlich darf, wenn die erlangte Leistung ein Investitionsgut bzw. ein Financial Asset, etwa ein Unternehmen, ist, das selbst zukünftig Zahlungen einbringen soll, die weggegebene Zahlung nicht höher sein, als der Barwert der Zahlungen, die das Investitionsgut dem Zahlenden in der Zukunft einbringen wird (also als der subjektiver Unternehmenswert des Käufers), den das Dauerkalkül der Unternehmensbewertung zum Entscheidungszeitpunkt als Grenzpreis auswirft. Ist die ausgehende Zahlung höher, macht sich der Käufer ärmer.

11.70 Spiegelbildlich gilt für den Verkäufer: Die erhaltenen Zahlungen[69] dürfen nicht niedriger sein als der Barwert der Zahlungen, die ihm zugeflossen wären, wenn er das Gut behalten hätte, sonst wird er ärmer. Da diese zweite von Verkäufer und Käufer angewandte Logik die abfließenden bzw. erhaltenen Zahlungen mit den aus dem Kaufgegenstand zufließenden Zahlungen bzw. den Zahlungen, die zugeflossen wären, vergleicht, ermöglicht sie ein **intersubjektives „richtig" oder „falsch"**.

11.71 In Verhandlungen um M&A-Transaktionen ebenfalls treten beide Logiken bei beiden Parteien zunächst **intern** zutage. Relativ früh werden sie sich eine mindestens vage und nur intuitive Vorstellung von ihrem subjektiven Unternehmenswert als Grenzpreis i. S. der zweiten (Wert-)logik bilden. Dann werden sie vorrangig ihrer primären Logik folgen (Verkäufer: möglichst viel bekommen, Käufer: möglichst wenig zahlen) und versuchen, den Preis herauf- oder herunterzuverhandeln. Wenn eine Partei am Ende das Gefühl hat, das es „knapp wird", wird sie vielleicht noch einmal mit Hilfe einer Unternehmensbewertung genauer überprüfen, was die Effekte des Abschlusses oder Nichtabschlusses zu dem absehbaren Preis auf ihre Reichtums- bzw. Vermögensposition sind.

11.72 Parallel wird jede Partei im Argumentationsprozess nach außen versuchen, ihre Wünsche, eine hohe Zahlung zu erhalten oder nur eine niedrige zu leisten, in Konkordanz mit der zweiten Logik zu bringen und zugleich darzulegen, dass die entsprechenden Wünsche der Gegenpartei nicht von der zweiten Logik gestützt werden (also nur der ersten Logik entsprechen). Die Wirksamkeit der Berufung auf die zweite Logik wird, selbst wo sie zu Recht erfolgt, freilich abgebremst durch die erste Logik der Gegenpartei und benötigt eine erhebliche Verhandlungsmacht als ihren Sekundanten.

11.73 Die beiden zuvor beschriebenen Logiken sind auch die Kräfte im Hintergrund, die zur Aufnahme von **Klauseln** in Verträge und zur Inanspruchnahme solche

---

[69] Genau genommen müsste man auch hier von dem Barwert der Kaufpreiszahlungen reden, was aber nur bei längerfristigen Stundungen wirtschaftlich relevant wird.

III. Verkäufer- und Käufer-Unternehmenswert und Kaufpreis

Klauseln führen, durch die vereinbarte **Zahlungen angepasst** werden können. Es gibt solche Klauseln und Inanspruchnahmen solcher Klauseln, die auf der **ersten und zweiten Logik** beruhen und es gibt Klauseln und Inanspruchnahmen solcher Klauseln, die **nur auf der ersten Logik** beruhen, indem sie eine Anpassung der Zahlung unabhängig von einer Unternehmenswertänderung bewirken (über die sich die begünstigte Partei genauso freut).

Die beiden Logiken tauchen auch in jedem nachvertraglichen Disput oder **im** 11.74 **Rechtsstreit** auf, wo jede Partei wiederum versucht ihre Wünsche, eine hohe Zahlung zu erhalten oder nur eine niedrige zu leisten, in Konkordanz mit der zweiten Logik zu bringen und auf der anderen Seite darzulegen, dass die entsprechenden Wünsche der Gegenpartei nur der ersten Logik folgen. Nunmehr erschwert die durch den unterschriebenen Vertrag erfolgte Verrechtlichung, gemeinsam mit der ersten Logik, die Wirksamkeit der Berufung auf die zweite Logik.

Im Hintergrund dieses von „Animal Spirits" (oder Gier) getriebenen, aber teil- 11.75 weise rational handhabbaren Ziehens und Zerrens eröffnet und verschließt ein bemerkenswerter Mechanismus das Zustandekommen von „Deals": Dass jedes Investitionsgut in Abhängigkeit von den bei dem jeweiligen Eigentümers vorhandenen Umständen einen anderen Nutzen und namentlich in Abhängigkeit von den von dem jeweiligen Eigentümers hinzugebrachten **Konzepten, Synergien** und **Dyssynergien** und seinen **alternativen Investitionsmöglichkeiten** einen unterschiedlichen Wert hat.

Ein breiter Korridor für begünstigte Transaktionsmöglichkeiten eröffnet sich 11.76 so für Verkäufe von Eigentümern, in deren Händen ein Investitionsgut wenig wert ist, weil sie ein schlechtes Konzept und wenig Synergien haben (**Niedrigwert-Eigentümer**), an Eigentümer, in deren Händen das Gut viel wert ist (**Hochwert-Eigentümer**). Durch solche Transaktionen kann der Verkäufer *mehr* als seinen Verkäufer-Unternehmenswert erhalten (er wird reicher) und der Käufer kann, da er dennoch weniger als seinen Käufer-Unternehmenswert zahlen muss, ebenfalls reicher werden.[70] Insoweit können sich beide Partei **wirklich miteinander** über den Verkauf/Kauf als „Win/Win"-Situation **freuen** (und der gemeinsame Champagner oder das Closing Dinner muss nicht Heuchelei sein). Andererseits sind Verkäufe von Hochwert-Eigentümern, in deren Händen das Gut viel wert ist, an Niedrigwert-Eigentümer, in deren Händen das Gut wenig wert ist, sehr unwahrscheinlich oder ausgeschlossen. Dies ist so, weil es i. d. R. nur zu einer Preiseinigung kommen kann, wenn der Verkäufer etwas von seinem subjektiven Unternehmenswert *verschenkt* (er durch den Verkauf ärmer wird) *oder* der Käufer *„überbezahlt"* den subjektiven Unternehmenswert, der bei ihm

---

70) Die Richtung von Niedrig-Synergie zu Hoch-Synergie ist oft mit Klein zu Groß (Economies of Scale, Zugang zu internationalen Märkten, bessere Marken und besseres Image, besseres Management, billigere Finanzierung etc.) identisch. Das Modell erklärt teilweise schon die Konzentrationsprozesse in der Wirtschaft.

ankommt[71] (wodurch er ärmer wird). Demnach können durch ein solches Geschäft sogar **beide Parteien ärmer werden**, als sie zuvor waren („Lose/Lose").

11.77 Wir sind bislang davon ausgegangen, dass die Alternativrenditen gleich waren, um die Grundidee hervorzuheben. Tatsächlich sind oft die **Alternativrenditen in verschiedenen Sektoren der Wirtschaft unterschiedlich** und i. d. R. bei großen Akteuren höher. Dies *bremst* tendenziell die Kauflust größerer Akteure etwas, weil die Barwerte der Zukunftsüberschüsse möglicher Targets durch ihre Abzinsung mehr abschmelzen als bei den Alteigentümern.[72]

11.78 Zusammengenommen treffen so bei Kaufpreisverhandlungen zwei Imperative aufeinander. Der Imperativ an den Verkäufer lautet: „Verkaufe möglichst teuer, aber keinesfalls unter deinem subjektiven Unternehmenswert!". Der Imperativ an den Käufer lautet: „Kaufe möglichst billig, aber keinesfalls über deinem subjektiven Unternehmenswert!"

3. Kaufpreis und Unternehmenswerte weichen systematisch voneinander ab

11.79 Beides, Unternehmenswert und Kaufpreis, sind Geldbeträge – können sie nicht deshalb als gleich hoch angenommen werden? Vor allem fragt sich, ob Gerichte und Schiedsgerichte bzw. das Recht bei gewissen Operationen, z. B. bei der Berechnung von Schadensersatz, unterstellen dürfen, dass sie gleich hoch seien? Eine solche Unterstellung wäre sehr praktisch, da, statt aus den vorhandenen Informationen über die Zukunft eine Unternehmensplanung zu erstellen und einen Unternehmenswert abzuleiten, einfach eine aus dem M&A-Vertrag ablesbare Zahl verwendet werden könnte.

11.80 Indessen ist eine betragsmäßige Gleichsetzung von Kaufpreis und Unternehmenswert nie gerechtfertigt, sondern ein **grober wirtschaftlicher Denkfehler** und, wenn die Gleichsetzung i. R. der Rechtsanwendung, etwa zur Schadensberechnung erfolgt, auch **Unrecht**.

11.81 Eine Gleichsetzung von Kaufpreis und Unternehmenswert ist, wie gesehen, schon logisch ausgeschlossen, da es stets **zwei Unternehmenswerte** (je des Verkäufers und des Käufers) gibt, aber immer nur **einen Kaufpreis**. Die Abweichung zwischen beiden Unternehmenswerten ist zwangsläufig, weil sie aus dem Sub-

---

71) Selten wird eine Konditorei eine Starbucks-Filiale zurückkaufen können, die ihre Räume übernahm.

72) Gefälle zwischen Alternativrenditen gibt es nicht nur im *Raum* (zwischen unterschiedlichen Akteuren), sondern auch in der *Zeit*. Pöllath wies bei seinem Begrüßungsvortrag bei dem „Munich Private Equity Training (MUPET) 2016" darauf hin, dass die Zinssätze für US-Staatsanleihen von damals über 15 % bis 2015 von 0 % gefallen waren, und zwar recht kontinuierlich. M. a. W.: Jedes Investment etwa der Private Equity-Branche wurde jeden Tag wertvoller und die Aussichten auf einen Exit mit Gewinn stiegen, ohne dass das Management hätte selbst „Wert" kreieren müssen. Zweifellos unterstützte dieser „warme Unterstrom" M&A-Aktivitäten der letzten Jahrzehnte massiv und vielleicht auf eine historisch einmalige Weise.

III. Verkäufer- und Käufer-Unternehmenswert und Kaufpreis

jektbezug von Wert und den unterschiedlichen Konzepten, Synergien und unterschiedlichen alternativen Investitionsmöglichkeiten der Parteien herrührt.
Weiter strebt niemals eine Vertragspartei an, dass der Kaufpreis ihrem Unternehmenswert entspricht. Aus **Verkäufersicht** wäre ein Kaufpreis, der *nur* dem eigenen Unternehmenswert (stand alone bzw. mit Verkäufersynergien und Verkäuferalternativverzinsung) entspräche, **zu niedrig**; definitionsgemäß ist ja sein Unternehmenswert der Betrag, den der Verkäufer bei Unternehmensfortführung *schon in Händen hat*. Dass der Unternehmenswert als **Grenzpreis** ein **Indifferenzwert** für die betreffende Partei ist, bedeutet, dass für den Verkäufer ein Verkauf zum Verkäufer-Unternehmenswert, der sein Grenzpreis bzw. Indifferenzpreis ist, keinen Sinn macht; die dem Verkäufer zufließenden Zukunftsüberflüsse würden nicht erhöht werden, also **bliebe sein Reichtum gleich**. 11.82

Aus **Käufersicht** wäre ein Kaufpreis, der *bereits* seinem Unternehmenswert entspräche (mit Käufersynergien und Käuferalternativverzinsung), **zu hoch**; definitionsgemäß ist ja sein Unternehmenswert der Betrag, den der Käufer bei durch Fortführung des Zielunternehmens nach seinem Konzept und nach Konzeptänderungen, Anbringung seiner Synergien und unter Berücksichtigung seiner alternativen Investitionsmöglichkeiten *erlangt*. Auch für ihn bedeutet dies, dass sein Unternehmenswert sein Grenz- bzw. Indifferenzpreis ist und dass ein Kauf zu diesem Betrag keinen Sinn macht; sein Reichtum würde sich nicht erhöhen. 11.83

Man mag daran denken, dass die beiden Unternehmenswerte zufällig gleich sein könnten. Typischerweise wird aber der Kaufpreis, wie gerade gesehen, signifikant *über* dem subjektiven Unternehmenswert (und Grenzpreis) *des Verkäufers* und signifikant *unter* dem subjektiven Unternehmenswert (und Grenzpreis) *des Käufers* liegen. Ein (Ver)kauf zu einem Kaufpreis, der zufälligerweise den Unternehmenswerten *beider* Parteien entspräche, könnte so nur in seltenen und zufälligen Fällen zustande kommen und würde zudem dann den Extremfall darstellen, bei dem das Geschäft sogar **für beide Parteien keinen** (ökonomischen) **Sinn** ergeben würde. Beide Parteien würden nur „Geld tauschen". Deshalb kann auch in die Einigung der Parteien auf einen Kaufpreis keineswegs die Aussage hineingelesen werden, dass der Kaufpreis der Wert für beide Parteien sei. 11.84

Der letzte Grund, warum der Kaufpreis nicht mit einem Unternehmenswert der Parteien gleichgesetzt werden kann, auf den das Vorstehende freilich schon hindeutet, geht noch mehr an die Substanz: Die Gleichsetzung würde das Grundmotiv der kapitalistischen Wirtschaft bzw. der Wirtschaft überhaupt, das **Gewinnerzielungsmotiv, ignorieren**. Ein Kaufmann kauft keine Ware zum Weiterverkauf der Ware an, wenn er sie nicht mit Gewinn weiterverkaufen kann und ein Fabrikant kauft keine Produktionsfaktoren an, wenn er die Produktion nicht mit Gewinn verkaufen kann. Das ist auf der Meta-Ebene, auf der Unternehmenskäufer agieren, die Profit machen sollen, indem sie ankaufen, produzieren und mit Gewinn verkaufen, nicht anders. Wenn schon absehbar ist, dass der Barwert dieser Zukunftsprofite nicht größer als der Kaufpreis ist, werden 11.85

Unternehmenskäufer nie kaufen. (Tatsächlich messen sie den Kauf an einem noch strengeren Maßstab: An dem Barwert der Zuflüsse, die sie durch alternative Investitionen mit ihrem Einsatzkapital erreichen können).

11.86 Die Gleichsetzung von Kaufpreis und Unternehmenswert ist so **unmöglich**, weil es zwei Unternehmenswerte gibt. Die Gleichsetzung von Kaufpreis und Unternehmenswert des Verkäufers oder Käufers ist **ökonomisch unsinnig**, da sie konträr zu den Gewinnmotiven der Akteure wäre. Schließlich ist die Gleichsetzung, wenn sie post M&A in Schadensersatzstreitigkeiten verwendet werden soll,– und darum geht es in diesem Buch – sogar **Unrecht**. Das Schadensrecht entscheidet, *was* als Schadensersatz zu gewähren ist – und indem es sagt, dass z. B. als Ersatz des positiven Interesses durch Wertentschädigung, dass ein Unternehmenswertmanko auszugleichen ist,[73] schreibt es eben zugleich vor, dass nichts anderes zu geschehen hat; darauf muss es aber hinauslaufen, den Kaufpreis als Unternehmenswert zu behandeln.[74]

11.87 Die Gleichsetzung von Unternehmenswert und Kaufpreis, hat übrigens tendenziell den **Effekt**, den ersatzfähigen **Schaden des Käufers klein zu rechnen**.[75] Es ist die Regel, dass ein Käufer **unter** seinem subjektiven Unternehmenswert kauft – sonst kauft er normalerweise nicht. Wenn nur der Barwert der Zuflüsse, die im hypothetischen Fall bei ihm angekommen wären, bei der Schadensberechnung auf den Kaufpreis herabgedrückt wird, wird er um die Vorteile gebracht, die sein Motiv zum Vertragsabschluss waren (mehr „Value" als „Price").

4. Verführungen zur Verwechselung von Unternehmenswert(en) und Kaufpreis durch Net Debt-/Net Cash-Klauseln

11.88 Bisweilen mag zur Verwechselung von Unternehmenswert(en) und Kaufpreis verführen, dass bei **Net Debt-/Net Cash-Klauseln** der Unternehmenswert als Equity Value mit dem Kaufpreis gleichgesetzt zu werden *scheint*. Dieser äußere Eindruck beruht jedoch, wie schon anklang,[76] auf einem **Missverständnis** bzw. einer abgekürzten Sprechweise.

---

73) S. Rn. 12.221 ff.
74) Man stelle sich vor, das verkaufte Unternehmen bestünde nur aus einem verschlossenen Kuvert mit Geld. Woran würde ein Gericht nach § 249 BGB einen Schadensersatz zu bemessen haben: An dem Betrag, der im Kuvert *war*, oder an dem Betrag, von dem der Käufer *glaubte*, dass er darin sei.
75) Das ist genauso, wie wenn man bei der Nichterfüllung einer Lieferpflicht unter Kaufleuten davon ausgehen würde, das nicht gelieferte Gut könne nur zum Kaufpreis (ohne Marge) weiterverkauft werden. Nur wenn der Käufer *über* seinem Unternehmenswert gekauft hat (was er nie hätte tun sollen), kommt ihm die Gleichsetzung von Kaufpreis und Unternehmenswert ausnahmsweise zugute, weil sie Ersatzansprüche an einem Geldbetrag orientiert, der ihm, auch ohne Unternehmenswertbeeinträchtigung nie zugeflossen wäre. Dann liefert die Gleichsetzung Unrecht zulasten des Verkäufers.
76) S. Rn. 11.34.

Net Debt-/Net Cash-Klauseln sind **Kaufpreis*anpassungs*klauseln**, die ein fest- 11.89
gestelltes punktuelles Unternehmenswertdelta (z. B. weniger Cash, mehr Debt)
in eine Kaufpreis*anpassung* umsetzen. Insofern sagen sie, wie viel weniger gezahlt werden soll, wenn weniger Cash oder mehr Debt vorhanden ist. Sie sagen
aber *erstens* schon nicht, dass der Ausgangsbetrag, von dem die Abzüge erfolgen, „der" Unternehmenswert, auch nicht der Käufer-Unternehmenswert war;
regelmäßig war der Käufer-Unternehmenswert vielmehr höher. *Zweitens* ist für
das sinnvolle funktionieren von Net Debt-/Net Cash-Klauseln vollkommen
gleichgültig, wie der Ausgangsbetrag hergeleitet wurde. Der Sinn von Net
Debt-/Net Cash-Klauseln ist nur eine Kaufpreisreduzierung auszulösen, *wenn*
weniger Unternehmenswert (in der Form von weniger Cash oder mehr Debt)
„da" ist, und dies in einem angemessenen Maße zu tun (oft „1 zu 1"). Sie sagen,
dass es weniger „Price" für weniger „Value" gibt, aber sie sagen nicht, dass die
beiden vorkommenden Preise gleich hoch wie der Unternehmenswert sind.
Dies kann ausgedrückt werden als:

$$KPneu = KPalt - (KUWs - KUWi),$$

wobei als Posten, die bei KUWs – KUWi berücksichtigt werden dürfen, nur
Cash, Debt (und ggf. Working Capital) zugelassen sind.[77]

Wir haben die theoretische Möglichkeit angesprochen, dass die Parteien eines 11.90
M&A-Vertrages das BGB-Schadensrecht derogieren oder modifizieren könnten, indem sie bindend vereinbaren, dass für etwaige spätere Schadensersatzansprüche davon ausgegangen werden solle, dass der Kaufpreis dem Unternehmenswert entspreche. Eine solche **Vereinbarung**, die i. d. R. auf eine **Abmilde-
rung der Verkäuferhaftung** aus Garantien hinausliefe und die rechtlich eine
Modifikation der §§ 249 f. BGB darstellt, ist aufgrund der Vertragsfreiheit rechtlich zulässig, wird aber so gut wie nie getroffen. Allerdings reicht i. d. R. weder
die (unvermeidliche) Vereinbarung eines Kaufpreises noch die Argumentation
mit Unternehmenswerten dazu aus, durch Auslegung eine Derogation des BGB-
Schadensersatzregimes herzuleiten.

IV. Ausgleichsmodelle zur Anpassung der Sachleistung oder Gegenleistung an Unternehmenswertminderungen

Ausgehend von dem Verständnis, das wir uns vom Unternehmenswert und der 11.91
Differenz zwischen den Unternehmenswerten der Parteien und dem Kaufpreis
erarbeitet haben, erörtern wir nun die Palette der den Parteien, dem Gesetzgeber oder einem Spruchkörper zur Verfügung stehenden **sinnvollen oder weni-**

---

77) KUWi steht für Ist-Käufer-Unternehmenswert, KUWs für Soll-Käufer-Unternehmenswert.
Ein Euro mehr Cash und ein Euro weniger Debt affizieren den Unternehmenswert von
Verkäufer und Käufer i. d. R. im gleichen Maße. Deshalb könnte mit Blick auf Cash und
Debt auch geschrieben werden KPneu = KPalt – (VkUWs – VkUWi). Dies wird aber oft
schon anders sein, wenn das Working Capital einbezogen wird, weil es beim Verkäufer und
Käufer einen unterschiedlich hohen Wertbetrag leisten kann.

ger **Ausgleichsalternativen.** Hierdurch wird die schadensrechtliche Behandlung dieser Probleme vorbereitet.

1. Ausgleichsmodelle, die die Soll-Vermögensposition des Käufers oder das vertragliche Austauschverhältnis aufrechterhalten

11.92 Wir verstehen unter einem quantitativ bzw. wirtschaftlich sinnvollem Ausgleich einen solchen Ausgleich, der sich an dem von den Vertragsparteien ausgehandelten Vorgabe

„x Value *für* y Price"

oder

KUW *für* KP

orientiert. Hierzu sind mehrere Anmerkungen zu machen.

11.93 Zunächst wird mit dem Unterschied von x und y bzw. **KUW** und **KP** die spezifische von den Parteien ausverhandelte grundlegende **Ungleichheit** von Unternehmenswert (i. d. R. beiden Unternehmenswerten) und Kaufpreis deutlich.[78]

11.94 Sodann ist anzumerken, dass jeder Ausgleich, wenn weniger „Value" als x vorhanden war, eine Wiederherstellung des Austauschgewinns x-y bzw. **KUW – KP** oder eine Wiederherstellung des Austauschverhältnisses x/y bzw. **KUW/KP** anstreben kann. Das ist wirtschaftlich nicht dasselbe. Wir werden darauf zurückkommen.

11.95 Schließlich ist bei allen etwaigen „Ausgleichsmaßnahmen" stets **auf der Sachleistungsseite zu beginnen** und ein Vergleich zwischen einem (beschriebenen, garantierten) Soll-Unternehmen bzw. einem Soll-Unternehmenswert, das bei dem Käufer „ankommen" sollte, und einem tatsächlich „gelieferten" Ist-Unternehmen bzw. Ist-Unternehmenswert anzustellen. Insofern wird eine „**Soll-Reichtumsposition**" des Käufers mit seiner „**Ist-Reichtumsposition**" nach dem Erwerb verglichen. Nur *diese* Differenz, steuert Ausgleichsmaßnahmen.

11.96 Es ist zu fragen, wie das gegenüber dem Soll fehlende „Stück Unternehmen" bzw. der fehlende Unternehmenswert zu kompensieren ist. Dies kann nun auf beiden Seiten der Ungleichung geschehen. Auf der *Sachleistungsseite* kann die Unternehmenslieferung durch einen Schadensersatzanspruch ergänzt werden. Oder es kann auf der *Geldleistungsseite* der Kaufpreis herabgesetzt werden.

11.97 Nie findet aber ein „**Wertvergleich**" zwischen **Leistung und Gegenleistung** (Unternehmen, in Geld quantifiziert Unternehmenswert) und Kaufpreis, ein Vergleich

---

78) Wir haben schon gesehen, dass i. d. R. gilt KUW > KP > VkUW. Es erleichtert das Nachdenken über Unternehmensbewertungsfragen in Kontext mit schadensrechtlichen Problemen post M&A, dies in Erinnerung zu behalten.

IV. Ausgleichsmodelle zur Anpassung der Sachleistung oder Gegenleistung

von x und y oder KUW und KP, statt. Dies würde eine die **Vertragsfreiheit verletzende** Implementierung eines *iustum pretium* und v. a. **Unrecht** darstellen.[79]

Bei Abweichung des Soll-Werts eines Tauschgegenstandes von seinem Ist-Wert ist ein Ausgleich stets durch ein nachträgliches 11.98

- **Heraufschleusen der Leistung** bzw. eine **Erhöhung der Verkäuferleistung** (um den Soll-Wert doch noch zu erreichen, v. a. durch eine zusätzliche Zahlung, z. B. von Schadensersatz,) oder

- **Herabschleusen der Gegenleistung** bzw. eine **Reduzierung der Verkäuferleistung** (Anpassung der Gegenleistung an den niedrigeren gelieferten Ist-Wert, v. a. durch eine Kaufpreisrückzahlung) möglich.

a) Erhöhung der Verkäuferleistung

Die „Leistungslücke" zwischen einem Soll-Unternehmen und Ist-Unternehmen bzw. Soll-Unternehmenswert und Ist-Unternehmenswert kann auf zwei Weisen auf der Leistungsseite „aufgefüllt" werden.[80] 11.99

aa) Nachlieferung von „fehlendem Unternehmen" in natura bis zur Erreichung des Soll-Unternehmens

Zunächst kann die Korrektur auf der Einsatz- bzw. Input-Seite erfolgen, indem das Unternehmen, die Maschine, die Geld erwirtschaften soll, an das „Pflichtenheft" angepasst wird. So wird das Unternehmen nachträglich so ausgestattet, dass es wenigstens von da an den gemachten Angaben entspricht und Überschüsse auf die vom Käufer erwartete Weise erwirtschaften kann. Es wird zusätzlicher Unternehmenswert übertragen, indem die **„Apparatur" verbessert** wird, mit dem das Unternehmen mehr Unternehmenswert „abwerfen" kann. Diese „Nachlieferung" von „fehlendem Unternehmen" ist auf zwei – Juristen vertrauten – Unterwegen möglich. 11.100

Erstens kann das „Zuwenig an Unternehmen" **durch den Verkäufer selbst „physisch" nachgeliefert** werden, indem er fehlende Sachen und Gegenstände, etwa Grundstücke, Maschinen, Vorräte, Patente, Marken oder andere Rechten, beschafft und dem Käufer oder der Zielgesellschaft überträgt. Obwohl es hier 11.101

---

79) Letzteres ist so, weil, soweit die Ergänzung der Sachleistung betroffen ist, § 249 BGB vorgibt, den Geschädigten so zu stellen, wie er ohne den zum Ersatz verpflichtenden Umstand stünde; § 249 BGB sagt aber nicht, dass der Geschädigten so gestellt werden soll, als ob der Kaufpreis dem Unternehmenswert entsprochen hätte oder wie er ohne den zum Ersatz verpflichtenden Umstand stünde, *wenn* der Kaufpreis dem Unternehmenswert hätte. Auch soweit die Anpassung der Gegenleistung betroffen ist, sagt § 441 Abs. 3 BGB nicht, dass der Kaufpreis an den Wert der mangelhaften Sache angepasst werden solle.

80) Es ist immer wieder hinzuzusagen, dass der zu ersetzende Gesamtschaden größer oder kleiner als die „Leistungslücke" sein kann. Es können Folgeschäden außerhalb des Unternehmensminderwertes hinzukommen oder zu berücksichtigende Vorteile theoretisch den Gesamtschaden mindern. S. hierzu Rn. 12.253, 12.278, 12.327.

noch nicht auf rechtliche Gesichtspunkte ankommt, ist nicht zu verkennen, dass § 249 Abs. 1 BGB – mit der Naturalherstellung durch den Verkäufer selbst – diese Vorgehensweise im Auge hat.[81]

11.102 Zweitens (und häufiger) kann der Verkäufer dem Käufer den **Geldbetrag geben**, den dieser benötigt, damit er – i. d. R. mit dritten Lieferanten, Dienst- und Werkleistungserbringern – das Unternehmen so ausstatten kann, dass es von da an den gemachten Angaben entspricht; ein wirtschaftlicher Unterschied zum vorherigen Fall besteht nicht. Insbesondere setzt die Intervention ebenfalls an der Apparatur der Leistungserbringung des Unternehmens an. Es ist wiederum nicht zu verkennen, dass § 250 BGB oder Vertragsklauseln, die einem Käufer von Anfang an einen Anspruch auf eine Geldzahlung in der Höhe gewähren, dass das Unternehmen in einen garantiekonformen Zustand gebracht werden kann, diese Vorgehensweise im Auge haben.[82]

11.103 Wir hatten gesagt, dass wenn über die beschriebenen Wege „fehlendes Unternehmen" nachgeliefert wurde, das Unternehmen *von da an* dem Soll-Unternehmen entspricht. Was ist aber mit dem **Zeitraum bevor die „Reparaturmaßnahmen"** gegriffen haben? Nun, da ersichtlich durch die Reparaturen nicht rückwirkend Einfluss auf schon losgetretenen Kausalketten genommen werden kann, die entweder schon in der Vergangenheit zu Überschussminderungen geführt haben oder dies noch in Zukunft tun werden, kommt die nachträgliche Herstellung des geschuldeten Unternehmens zu spät, um den vollen Soll-Unternehmenswert zu transferieren. Um die Differenz auch noch auszugleichen, kann nicht mehr an der „Unternehmensapparatur" herumrepariert werden, sondern es müssen entgangene Überschüsse bzw. entgangener Unternehmenswert übertragen werden.

bb) **Nachlieferung von fehlendem Unternehmenswert bis zur Erreichung des Soll-Käufer-Unternehmenswerts**

11.104 Die zweite Weise der Auffüllung von Soll-Unternehmenswert besteht darin, dass Überschüsse, die entgingen, weil das Unternehmen nicht dem Soll-Unternehmen entsprach, aufgefüllt werden (KUWs-KUWi)[83]. Insoweit erfolgt nun der Übergang auf die Ausstoßseite bzw. Output-Seite; es werden „Ernteausfälle" ersetzt.

11.105 Grundsätzlich kann ein Vorgehen auf der Ausstoßseite immer ein Vorgehen auf der Einsatzseite substituieren. Umgekehrt setzt der Zeitablauf, die Bewegung

---

81) S. ausf. unten Rn. 12.223 ff.
82) Rechtlich werden wir die beiden Wege als Ersetzung des positiven Interesses durch Naturalherstellung, einmal durch Sachleistungen des Verkäufers selbst (was fast nie praktisch wird) und einmal durch Kostenersatz einordnen.
83) Soll-Unternehmenswert des Käufers (*KUWs*) *minus* Ist-Unternehmenswert des Käufers (*KUWi*). Die Bezeichnung der „Leistungslücke" als *KUWs – KUWi* weist darauf hin, dass die Bewertung unter Einbeziehung von Konzeptänderungen und Synergien etc. des Käufers erfolgt. Genau genommen ist eine Lücke bei dem „ankommenden" Wert gemeint.

IV. Ausgleichsmodelle zur Anpassung der Sachleistung oder Gegenleistung

des „Jetzt" auf der Zeitachse, der Substitution Grenzen, da die Übertragung von „zusätzlichem Unternehmen" auf der Einsatzseite nur Wirkung auf den Unternehmenswert der Zukunft hat.

Erneut ist offensichtlich, dass der Ausgleich auf der Seite des Ausstoßes bzw. der Überschüsse einer Vorgehensweise des BGB, §§ 251 und 252 BGB, entspricht. 11.106

In einer Formel lässt sich sagen, dass wenn der Ist-Käufer-Unternehmenswert (KUWi) kleiner als der Käufer-Soll-Unternehmenswert ist (KUWs), also wenn KUWi < KUWs, der Käufer beim „Heraufschleusen" zusätzlich zu dem Unternehmen noch die Differenz 11.107

$$KUWs - KUWi$$

erhalten muss, etwa durch eine Barzahlung. Er *erhält* dann am Ende *für* den alten Kaufpreis

$$KPalt \rightarrow KUWi + (KUWs - KUWi),$$

also doch den KUWs.

b) Herabsetzung der Käuferleistung

Durch ein Reduzieren der Käuferleistung wird die Transaktion auch auf der Gegenleistungsseite „kleiner" gemacht – nachdem sie vorher schon planwidrig auf der Sachleistungsseite kleiner war, als sie sein sollte. 11.108

aa) Überproportionale Herabsetzung der Käuferleistung zur Aufrechterhaltung der Soll-Vermögensposition des Käufers

Ein Käufer kauft ein Unternehmen, weil er hierdurch eine höhere Rendite erzielt als durch ihm mögliche Alternativinvestments. Absolut betrachtet, ist daher sein schlussendlicher Reichtumsgewinn immer umso höher, je „mehr Unternehmen" mit der höheren Verzinsungskraft er erwerben kann. 11.109

Wenn durch ein Herabschleusen der Transaktion hingenommen wird, das die erhaltene Sachleistung „kleiner" ist als geplant, erhält er also **weniger von dem „Stoff" bzw. „Apparat", der ihn reicher machen sollte** (und der insofern für ihn einen höheren Wert hatte als der hingegebene Kaufpreis). Weil er weniger Geld in etwas umtauschen kann, das ihm mehr Geld machen wird, ist er „ärmer" geworden, als er geworden wäre, wenn die Transaktion ihr ursprüngliches Volumen behalten hätte. Auch die ist eine Folge davon, dass Unternehmen und Kaufpreis wertmäßig eben nicht identisch sind. 11.110

Die **ursprünglich avisierte Käufer-Vermögensposition** (KUWs – KP), der „Net Present Value" der Transaktion, kann daher auf dem Weg einer Kaufpreisreduzierung nur erhalten werden, wenn der Kaufpreis im Verhältnis zu dem fehlenden Käufer-Unternehmenswert **überproportional reduziert wird** – bis hin zu einem negativen Kaufpreis. Das Ausmaß der überproportionalen Kaufpreisre- 11.111

duzierung müsste aus dem Verhältnis zwischen dem Käufer-Unternehmenswert zu dem Kaufpreis und aus der Volumenreduzierung abgeleitet werden.[84]

bb) Proportionale Herabsetzung der Käuferleistung zur Aufrechterhaltung des vertraglichen Austauschverhältnisses

11.112 Ein anderes, für den Käufer weniger günstiges Modell, besteht darin, die gemäß der vertraglichen Austauschbalance **vereinbarte Ungleichheitsformel** (x/y bzw. KUWs/KP) **aufrechtzuerhalten.** Der Käufer muss danach zwar im Verhältnis weniger zahlen, weil er weniger Unternehmenswert erhält, aber der Ausfall an potenziellem Reichtumszuwachs aus dem fehlenden „produktiv wucherndem" Stück Unternehmen wird nicht ausgeglichen.

11.113 Dieses Ergebnis kann erreicht werden, indem eine Transformationsformel i. S. eines **Dreisatzes** verwendet wird, wie sie etwa § 441 Abs. 3 BGB für die kaufrechtliche Minderung vorgesehen wird.

11.114 Soll der Kaufpreis in diesem Sinne auf einen Betrag KPneu (geminderter Kaufpreis) herabgeschleust werden, um den Kaufpreis – nach der Logik der Parteien – an KUWi anzupassen, so ist zu rechnen

$$KPneu = KPalt \times \frac{UWi}{UWs}$$

und beträgt die Kaufpreisminderung

$$KPalt \times \frac{UWs - UWi}{UWs}.$$

11.115 Hierdurch wird das vereinbarte Austauschverhältnis aufrechterhalten.[85] Der Käufer erhält so KPalt – KPneu als Minderungsbetrag zurück und hat am Ende für den Kaufpreis KPneu den defizitären Unternehmenswert UWi in Händen

$$KPneu \to UWi.[86]$$

---

84) Im Vorausblick: In der Praxis spielt dieses Ausgleichsmodell keine erkennbare Rolle. Wenn der Kaufpreis reduziert wird, etwa bei der c. i. c. oder einer kaufrechtlichen Minderung, geschieht dies nicht gerade auf die Weise, dass dem Käufer wirtschaftlich das positive Interesse gewährt wird.

85) Es findet also weder eine Reduzierung „*auf* den reduzierten Unternehmenswert" (UWi) noch eine Reduzierung „*um* den Wert der Unternehmenswertbeeinträchtigung" (UWs – UWi) statt, sondern um einen zu berechnenden Kaufpreisanteil, der *nach der Bewertungslogik der Parteien* auf den (nunmehr als nicht vorhanden erkannten) Unternehmensanteil i. H. der Differenz zwischen dem Soll-Unternehmenswert und dem (defizitären) Ist-Unternehmenswert (UWs – UWi) entfallen wäre.

86) Wir merken an, dass wir die Frage, ob hier als „UW" der Käufer- oder Verkäuferunternehmenswert oder ein dritter Unternehmenswert zu verwenden ist, noch offenlassen. Hier wird eine interessante Frage bei der Gewährung des negativen Interesses liegen. S. Rn. 11.141–11.157.

IV. Ausgleichsmodelle zur Anpassung der Sachleistung oder Gegenleistung

Im Regelfall ist für den Käufer ein „Heraufschleusen" der Verkäuferleistung bei Aufrechterhaltung des gezahlten Kaufpreis – also dass der Käufer „fehlendes Unternehmens" oder fehlenden Unternehmenswert in Geld nachgeliefert erhält – vorteilhaft, weil normalerweise der von ihm gezahlte **Kaufpreis unter seinem Soll-Unternehmenswert** lag,[87] also KPalt < KUWs war. In diesem Fall erhält der Käufer nämlich für jeden Euro Kaufpreis, für den der Verkäufer fehlenden Unternehmenswert nachliefern muss, Schadensersatz von *mehr* als einem Euro. Das Heraufschleusen ist wünschenswert, um den Umfang eines vorteilhaften Investments zu erhöhen (oder wenigstens monetär durch einen hieran orientierten Schadensersatzanspruch so gestellt zu werden). Dies erklärt, warum i. d. R. dem Käufer – weil er normalerweise das Unternehmen zu einem im Verhältnis zu seinem Käufer-Unternehmenswert günstigen Preis erworben hat – an einer Nacherfüllung[88] bzw. dem „positiven Interesse" statt dem „negativen Interesse" oder gar einem Rücktritt gelegen sein müsste.[89]

11.116

Der Versuch, die Ungleichheitsformel (!) des vertraglichen Austauschs aufrechtzuerhalten, führt u. U. zu der Notwendigkeit diese Ungleichheitsformel genauer festzustellen, als dies bislang geschah. Wenn ein Unternehmen mit einem Käufer-Unternehmenswert von 10 Mio. € wert ist (KUWs = 10 Mio. €) für 5 Mio. € gekauft werden kann, so muss dies nicht bedeuten, dass für jeden „Euro Unternehmenswert" homogen 50 Cent Kaufpreis gezahlt wurde. Die Vereinbarung eines Kaufpreises von 5 Mio. € könnte vielmehr eine Zusammenfassung bzw. eine **Aggregation von mehreren heterogenen Einzelbewertungen** des Käufers bzw. beider Parteien sein.

11.117

Beispiel: Wurde z. B. für ein vermeintlich schuldenfreies Unternehmen mit einem operativen Geschäftsbetrieb und 2 Mio. € (nicht betriebsnotwendigem) Cash ein Kaufpreis von 5 Mio. € vereinbart, während der Käufer-Unternehmenswert mit dem Cash 10 Mio. € betrug, so spricht einiges dafür, dass das Cash nur mit seinem Nennbetrag in den Kaufpreis einging (1 zu 1) und also wohl 3 Mio. € Kaufpreis für den operativen Geschäftsbetrieb bezahlt wurden. Das spricht schon allein dafür, dass, wenn das Cash fehlt, der Kaufpreis auf 3 Mio. € herabzusetzen sein wird. In diesem Fall wäre aber die Anwendung der Dreisatz-Formal kaum sachgerecht; sie würde, wenn mit Käufer-Unternehmenswerten gerechnet wird, dazu führen (€ 8m/€ 10m * € 5m = € 4m), dass der Kaufpreis nur auf 4 Mio. € herabgesetzt würde.

11.118

Nimmt man andersherum an, der operative Geschäftsbetrieb wäre ganz verschwunden, so würde die proportionale Herabsetzung nach der Dreisatz-

11.119

---

87) S. Rn. 11.83.
88) Zutreffend *Knott*, NZG 2002, 252 re. Sp. oben.
89) So auch *Barnert*, WM 2003, 416, 422 re. Sp. unten f.; *King*, Die Bilanzgarantie beim Unternehmenskauf, Rn. 369.

525

11. Kapitel Berechnung von Nachbaukosten und Unternehmensbewertung

formel dazu führen, dass der neue Kaufpreis nur 1 Mio. € betrüge (€ 2m/ € 10m * € 5m = € 1m). Aber das macht wirtschaftlich keinen Sinn.

11.120 Beides war die Folge davon, dass die *Un*gleichung, die der Transaktion aus Käufersicht zugrunde lag (5 Mio. € Kaufpreis für 10 Mio. € Käuferunternehmenswert) so interpretiert wurde, als ob dieses Verhältnis 1 zu 2 homogen für jeden „Krümel" Unternehmen gegolten hätte, während wohl tatsächlich für den Cash-Bestand ein Verhältnis 1 zu 1 und für den operativen Geschäftsbetrieb ein Verhältnis 3 zu 8 galt.

11.121 In dem vorstehenden Beispiel wurden Käufer-Unternehmenswerte (KUWs, KUWi) verwendet. Auch das ist nicht selbstverständlich, sondern es wäre auch die Verwendung von Verkäuferunternehmenswerten, Verkäufer-Soll-Wert und Verkäufer-Ist-Wert möglich.

11.122 Nehmen wir an, dass das Unternehmen mit dem Cash-Bestand für den Verkäufer einen Verkäufer-Unternehmenswert (VkUWs) von 4 Mio. € hätte, so würde die Anwendung der Dreisatz-Formal (VkUWi) bei Fehlen des Cash einen Kaufpreis von 2,5 Mio. € (€ 2m/€ 4m * € 5m = € 2,5m) und bei Fehlen des operativen Geschäftsbetriebes wiederum von 2,5 Mio. € (€ 2m/ € 4m * € 5m = € 2,5m) ergeben. Auch das macht keinen Sinn.

11.123 Einzelheiten sind erst bei der Behandlung schadensrechtlicher Fragen von Bedeutung, wo die rechtlichen Wertungskriterien dafür erarbeitet werden, wie das Unternehmenswertmanko in eine Kaufpreisanpassung zu transformieren ist. Hier wollten wir der vorschnellen Annahme vorbeugen, dass es zwingend **nur eine Transformationsformel** geben könne bzw. diese immer fix, etwa i. S. eines **Dreisatzes**, wie ihn § 441 Abs. 3 BGB vorsieht, oder einer Anweisung „**Ziehe das Unternehmenswertmanko vom Kaufpreis ab!**", aufzufassen wäre.[90]

2. Ausgleichsmodelle, die die Soll-Vermögensposition des Käufers und das vertragliche Austauschverhältnis abändern

a) Erhöhung der Verkäuferleistung

aa) Nachlieferung von „fehlendem Unternehmen" in natura bis zur Erreichung einer Kaufpreiskongruenz?

11.124 Es wäre theoretisch denkbar, „so viel" Unternehmen in natura nachzuliefern „**bis der Kaufpreis erreicht ist**". Hierdurch würde der Käufer wirtschaftlich anders gestellt, als er bei vertragsgemäßer Lieferung gestanden hätte, und die alte Austauschs-Ungleichung der Parteien würde durch eine **neue Austauschs-Ungleichung** ersetzt. Das Maß der Ausgleichsleistung wäre nicht die vertragliche Sollbeschreibung des Unternehmens, sondern der Vertrag würde so gelesen, als ob die entsprechenden Seiten des Vertrages leer wären der Vertrag aus-

---

[90] S. unten Rn. 11.151 ff.

IV. Ausgleichsmodelle zur Anpassung der Sachleistung oder Gegenleistung

sagen würde, dass der Käufer „so viel Unternehmen" erhalten solle, wie das nach Einschätzung des Gerichts oder Schiedsgerichts wertmäßig dem gezahlten Kaufpreis „angemessen wäre". Wie soll aber eine sachlich-gegenständliche **Leistungspflicht aus einem Kaufpreis abgeleitet** werden? Wie soll ein Gericht, bildlich gesprochen, auf den vereinbarten Kaufpreis schauen, während der Verkäufer „Unternehmen", etwa Grundstücke, Patente, Gold, LKW-Züge, Vorräte und Aufträge, nachliefert, hierbei bedächtig den Kopf wiegen bis es irgendwann aufgrund eines Vergleichs des dann „angehäuften" Unternehmens mit dem Kaufpreis sagt: „Stopp das reicht"? Wie soll es sagen können, „wie viel Unternehmen" dem Käufer zusteht, wenn es nicht dahin schaut, wo dies beschrieben wird – in vertraglichen Leistungspflichten des Verkäufers? Und warum sollte es berechtigt sein, die vereinbarte Austausch-Ungleichheit abzuändern? Es ist es nicht.

bb) **Nachlieferung von fehlendem Unternehmenswert in Geld bis zur Erreichung einer Kaufpreiskongruenz, SE = KP – KUWi?**

Im letzten Absatz erschien als krude, dass ein Gericht aus dem Kaufpreis herleiten sollte, wie viele LKW-Züge etc. zu liefern sind. Wenn nicht mehr die Herstellung des „Soll-Unternehmens" *in natura*, sondern eine *Wertentschädigung* bzw. finanzielle Kompensation zum Ausgleich einer Wertdifferenz zwischen Käufer-Soll-Unternehmenswert und Käufer-Ist-Unternehmenswert in Rede steht,[91)] wird dieses krude Vorgehen allerdings häufig ernsthaft empfohlen und praktiziert. 11.125

Das Gericht soll also zwar nicht sagen „Stopp, Sie müssen diese Goldbarren oder LKW-Züge nicht mehr nachliefern – der Kaufpreis ist erreicht", aber es soll doch sagen „Stopp, Sie müssen nicht weiter Unternehmenswert ausgleichen, – der Kaufpreis ist erreicht". Bereits im Jahre 1921 verteidigte sich so ein Verkäufer im 11.126

Fallbeispiel „Rittergut mit Verkalbungsseuche" (RG v. 15.6.1921 – V 6/21, RGZ 102, 307 f.). 11.127

Nach dem Verkauf eines Landgutes mit einer verseuchten Kuhherde wandte er ein, „ein Schaden sei überhaupt nicht entstanden, weil die Kuhherde infolge ihres schlechten Ernährungszustandes bei der Bemessung des Kaufpreises **so niedrig bewertet** worden sei, dass der Kläger diesen **Wert auch erlangt habe**, obwohl er Vieh als krank habe verkaufen müssen…".

Richtig wies indessen das Oberlandesgericht Breslau den Einwand mit dem Argument zurück, „eine im Futterzustande stark herabgekommene, sonst gesunde Viehherde sei immer noch erheblich wertvoller als eine eben solche aber noch kranke".[92)]

---

91) Rechtlich also von der Naturalherstellung des § 249 BGB zur Wertentschädigung nach § 251 BGB hinübergewechselt wird. S. ausf. unten Rn. 12.61 f., 12.239 f.
92) Hv. v. Vf., RG v. 15.6.1921 – V 6/21, RGZ 102, 307, 310 unten.

11. Kapitel Berechnung von Nachbaukosten und Unternehmensbewertung

Das Reichsgericht billigte dies. Es implizierte zutreffend, dass es auf einen Vergleich zwischen dem Sollwert und Istwert der Herde, aber nicht einen Vergleich zwischen Istwert und Kaufpreis ankam.

11.128 In einem unten noch einmal zu behandelnden

Fallbeispiel „Rückstellung für Steuerverbindlichkeit" (LG Stuttgart v. 20.5.1996 – 5 KfH O 45/94)[93)]

ging es 64 Jahre später um dasselbe Thema. Es war bei einem Anteilskaufvertrag eine Vollständigkeitsgarantie zu vorhandenen Verbindlichkeiten abgegeben worden, die sich als unrichtig erwiesen hatte. Der Verkäufer verteidigte sich damit dass – gewissermaßen trotz Garantieunrichtigkeit – „der objektive *Wert des Unternehmens* keineswegs *unter* dem *vereinbarten Kaufpreis* gelegen habe." Das LG Stuttgart ging dem Verkäufer auf den Leim und holte Sachverständigengutachten darüber ein, ob „der *Ertragswert* des Unternehmens bei Berücksichtigung der unterlassenen Rückstellung *unter* dem *vereinbarten Kaufpreis* lag."[94)]

11.129 Hier ist das LG Stuttgart in die Falle gelaufen, dass es den tatsächlichen niedrigeren (Käufer-)Unternehmenswert nicht mit dem fiktiven (Käufer-)Soll-Unternehmenswert verglichen hat, der bei Richtigkeit der Garantieaussage bestanden hätte, sondern mit dem Kaufpreis. Wir werden bei der Erörterung des Leistungs- bzw. positiven Interesses hierauf zurückkommen.

11.130 Schließlich muss ein auszugsweiser veröffentlichter Schiedsspruch eines ICC-Schiedsgerichts aus dem Jahre 1999 wohl ebenfalls so gelesen werden, als ob das Schiedsgericht den Unternehmenswert an dem Kaufpreis habe messen wollen:

„Si les garanties données ne se vérifient pas dans les faits, le vendeur est tenu à indemnisation si l'acheteur subit un préjudice, lequel résultera de la différence susceptible d'exister entre le prix qu'il a payé et la valeur réelle de la société qu'il a achetée."[95)]

11.131 Es soll also nicht so viel Unternehmenswert (in Geld) „nachgeliefert" werden, bis dies dem Unternehmenswert des Soll-Unternehmens entspricht (das sich aus den vertraglichen Leistungsbeschreibungen ergibt), sondern nur so viel, oder ggf. auch mehr, bis dies dem Kaufpreis entspricht. Auch die Argumentation des Schiedsgerichts dürfte[96)] auf der schon kritisierten **Annahme**, der vereinbarte **Kaufpreis entspräche dem Unternehmenswert**, beruht haben.

---

93) S. a. Rn. 11.22 oder 11.125.
94) *Paefgen*, DZWiR 1997, 177, 178 li. Sp. oben.
95) ICC-Fall 7986, 1999 Final Award Case, ICC International Court of Arbitration Bulletin Vol. 18, No. 1, 2007, IV. 4. Der Schiedsspruch leitet dies aus einer vertraglichen Vereinbarung her.
96) Da die Schiedsspruch nicht vollständig vorlag, kann dies nicht abschließend beurteilt werden.

b) Herabsetzung des Kaufpreises auf den Ist-Unternehmenswert, KPneu = UWi?

Wie, wenn die Austausch-Ungleichheit „x Unternehmenswert *für* y Kaufpreis" bzw. „UWs *für* KP"[97)] nach der Anpassung weiter gelten soll, kann auch eine Herabsetzung des Kaufpreises auf der Gegenleistungsseite nicht durch die Anpassung des Kaufpreises an den Käufer-Ist-Unternehmenswert erfolgen. Es muss vielmehr, wenn die Austausch-Ungleichheit aufrechterhalten werden soll, entweder eine **der Unternehmenswertminderung proportionale Herabsetzung** des Kaufpreises (dann ist das Verhältnis UWi/UWs maßgeblich) oder eine **Herabsetzung um den Betrag der Unternehmenswertminderung** (dann ist die Differenz UWs – UWi maßgeblich) erfolgen, aber nie eine Herabsetzung *auf* den Unternehmenswert. Es kann also nicht gelten:

11.132

$$KPneu = UWi.^{98)}$$

V. Grundfälle von Unternehmenswertbeeinträchtigungen

Darüber, ob eine Unternehmenswertbeeinträchtigung, die wir als Oberbegriff auf der Sachverhaltsebene definiert haben, zu einem Anspruch des Käufer führt, entscheidet das Recht.[99)] Darüber, ob eine Unternehmenswertbeeinträchtigung zu einer Unternehmenswertminderung führt, entscheidet die Wirtschaftswissenschaft bzw. die Bewertungslehre. Aber das Recht gibt seine Gesamtverantwortung nicht ab. Es entscheidet wieder darüber, ob und inwieweit eine Unternehmenswertminderung durch Schadensersatz auszugleichen ist bzw. welche wie berechneten Unternehmenswertminderungen kompensationsfähige Schäden darstellen.

11.133

Es soll nun untersucht werden, welche Auswirkungen verschiedene **Unrichtigkeiten von Verkäuferangaben auf den Unternehmenswert haben.** Solche Angaben sind z. B. häufig in Bilanzgarantien enthalten; sie betreffen aber zum Teil auch außerbilanzielle Umstände, die unabhängig von Bilanzen gemacht werden. Auf die Frage, ob, warum und wie der Verkäufer hierfür haftet (etwa wegen Garantieverletzung oder aus c. i. c. etc.) kommt es noch nicht an.

11.134

Diese Überlegungen bereiten die spätere Erörterung von Fragen des Schadensersatzes in diesen Fällen vor. Sieben Grundfälle werden behandelt:

11.135

– **Grundfall 1:** Bargeld oder Guthaben bei Kreditinstituten zu niedrig, unbedingte Schulden (Verbindlichkeiten) zu hoch.

---

97) Es wird hier wieder offengelassen, ob es um den KUWs oder VkUWs geht.
98) Dieser Fehler wird m. E. von *Kiethe* begangen, indem er die von dem BGH bei der c. i. c. gewährte Kaufpreisminderung wie folgt beschreibt: „Eine Bezifferung dieses überhöhten Kaufpreises, *der in der Wertdifferenz zwischen dem bezahlten Kaufpreis und dem tatsächlichen Wert des Unternehmens liegt*, ist aber nur mit Hilfe von betriebswirtschaftlichen Ermittlungsmethoden möglich …" (*Kiethe*, DStR 1995, 1756, 1759 li. Sp. oben, Kursivdruck hinzugefügt).
99) S. o. Rn. 10.15, 10.16.

- **Grundfall 2:** Nicht betriebsnotwendige Wirtschaftsgüter nicht vorhanden oder Marktwert zu niedrig.
- **Grundfall 3:** Forderungen (andere als gegen Kreditinstitute) oder Vorräte zu niedrig, Risiken im Verhältnis zu Rückstellungen zu hoch.
- **Grundfall 4:** Betriebsnotwendige Wirtschaftsgüter nicht vorhanden oder mangelhaft.
- **Grundfall 5:** Laufende Überschüsse zu niedrig.
- **Grundfall 6:** Buchwerte betriebsnotwendiger Wirtschaftsgüter des Anlagevermögens zu niedrig.
- **Grundfall 7:** Bilanzielles Eigenkapital zu niedrig.

1. Grundfall 1: Bargeld oder Guthaben bei Kreditinstituten zu niedrig, unbedingte Schulden (Verbindlichkeiten) zu hoch

11.136 Bei einem Nichtvorhandensein von angegebenem Bargeld oder angegebenen Guthaben bei Kreditinstituten oder dem Vorhandensein von (unbedingten Zahlungsverbindlichkeiten)[100] ist die Sache im Wesentlichen so einfach, wie sie sich der Alltagsverstand vorstellt: Das nicht vorhandene Geld wird in irgendeiner Periode zu einer einmaligen Reduzierung der Überschüsse (Faktor 1) und einer Reduzierung der Ausschüttungen führen.[101] Ein Unternehmen, dem heute 3 Mio. € in der Kasse fehlen, ist daher 3 Mio. € weniger wert; ein Unternehmen, dass 3 Mio. € zahlen muss, ist ebenfalls 3 Mio. € weniger wert (als ein Unternehmen mit dem Geld bzw. ohne die Verbindlichkeit).[102] Hierin liegt auch der Grund dafür, dass – als Bewertungsoperation – die Überleitung vom Enterprise Value zum Equity Value durch einen Abzug einer Net Debt bzw. Addition von Net Cash sachlich richtig und dass – als Kaufpreisanpassungsoperation – eine Erhöhung des Kaufpreises um zwischenzeitliche Erhöhungen des Cash und eine Reduzierung um zwischenzeitliche Erhöhung von Debt (durch eine Net Cash-/Net Debt-Klausel) fair ist.

11.137 Geld und Geldschulden erfahren übrigens hier, wie so oft, eine Sonderrolle, indem es hier nicht auf Betriebsnotwendigkeit oder Nicht-Betriebsnotwendigkeit ankommt. Wenn nicht betriebsnotwendiges Cash fehlt, sinkt der Unternehmens-

---

100) Rückstellungen gehören nicht in die hiesige Fallgruppe.
101) Es wird m. a. W. davon ausgegangen, dass nicht zugleich der Grundfall 5 vorliegt, also dass der niedrige Bestand an Bargeld, Bankguthaben, Forderungen oder Vorräten nicht darauf beruht, dass die laufenden Überschüsse nicht in der erwarteten Höhe erzielt werden.
102) Es wird nicht berücksichtigt, ob sich Finanzierungserfordernisse, zusätzliche Zinslasten oder u. a. das Ausschüttungspotenzial des Unternehmens, Zeitpunkt und Abzinsungsfaktor von Zuflüssen, ändern. Selbstverständlich sind bei der Unternehmensbewertung auch Wiederanlagegewinne und steuerliche Auswirkungen zu berücksichtigen. Bei Unternehmensplanungen mit Tabellenkalkulationsprogrammen ergibt sich dies fast automatisch. Für das grundsätzliche Verständnis sind diese Aspekte nicht entscheidend.

V. Grundfälle von Unternehmenswertbeeinträchtigungen

wert, weil es nicht ausgeschüttet werden kann; fehlt betriebsnotwendiges Cash, sinkt der Unternehmenswert, weil es aufgefüllt werden muss. Zusätzliche Schulden werden irgendwann zu Auszahlungen an den Gläubiger und so zur Reduzierung der für Ausschüttungen zur Verfügung stehenden Überschüsse führen.

2. Grundfall 2: Nicht betriebsnotwendige Wirtschaftsgüter nicht vorhanden oder Marktwert zu niedrig

Da nicht betriebsnotwendige Wirtschaftsgüter für den operativen Geschäftsbetrieb nicht benötigt werden, könnten sie veräußert werden. 11.138

Wenn sie angabewidrig nicht vorhanden sind oder einen niedrigeren Marktwert haben als angegeben, führt dies also zu einer einmaligen Reduzierung der Überschüsse, wodurch der Barwert der betreffenden Periodenergebnisse und der Unternehmenswert reduziert wird (Faktor 1).[103] 11.139

Was ist indessen, wenn die Klasse der Wirtschaftsgüter, zu dem ein angabewidrig nicht vorhandenes gehört, erheblich im Wert fällt? Sagen wir, i. R. des Verkaufs von Kasinos in Havanna de Cuba im Jahre 1958 durch Share Deal wird das Vorhandensein von fünf nicht betriebsnotwendigen Villen am Meer garantiert, während nur zwei wirklich im Eigentum der Zielgesellschaft stehen. Um wie viel ist nun der Unternehmenswert der Zielgesellschaft niedriger? Das hängt davon ab, ob nach der Revolution 1959 einsetzende massive Wertabfall kubanischer Immobilien zu berücksichtigen ist, was wiederum von der *Wahl des Bewertungsstichtags* und zudem von dem *Filter* abhängt, der entscheidet, welche zukünftigen Entwicklungen bei der Bewertung berücksichtigt werden dürfen, dem Informationsstichtag.[104] An dieser Stelle reicht die Feststellung aus, dass es nicht von vornherein ausgeschlossen ist, spätere Entwicklungen bei der Bemessung der Unternehmenswertminderung aufgrund der Unrichtigkeit der Angabe zu berücksichtigen. Mit dieser Einschränkung ist der Grundfall 2 mit dem Grundfall 1 gleichzubehandeln. 11.140

3. Grundfall 3: Forderungen (andere als gegen Kreditinstitute) oder Vorräte zu niedrig, Risiken im Verhältnis zu Rückstellungen zu hoch

Sind Werte von Forderungen oder Vorräte – im Verhältnis zu einer Angabe – zu niedrig oder Rückstellungen im Verhältnis zu den vorhandenen Risiken zu niedrig, so werden i. d. R. niedrigere Einzahlungen in das Unternehmen und höhere 11.141

---

103) U. U. hat auch hier eine Abzinsung zu erfolgen – vermutlich ohne nennenswerte betragsmäßige Relevanz. zu Rn. 11.136.
104) S. Rn. 11.20, 12.141 f. und 12.254 f. Insofern sind oft nicht nur die Wahl des Bewertungsstichtages, sondern gleichermaßen des Informationsstichtages (Werterhellungsstichtages o. Ä.) und die Regeln ausschlaggebend, wie greifbar die Erkenntnisse am Informationsstichtag sein müssen, um berücksichtigt zu werden dürfen und um berücksichtigt zu werden müssen (etwa „Wurzeltheorie").

Auszahlungen erfolgen als erwartet.[105) Dies führt i. d. R. zu einer einmaligen Verschlechterung der Überschüsse (Faktor 1), wodurch die Barwerte der betroffenen Periodenüberschüsse und der Unternehmenswert insgesamt reduziert werden. Die Zeit spielt eine Rolle. Fließen dem Unternehmen erst in fünf Jahren 3 Mio. € weniger zu als geplant, so ist es heute nur den Barwert von 3 Mio. € weniger wert.[106)

11.142 Erneut stellt sich allerdings ein dem Beispiel mit den kubanischen Villen analoges Problem: Was ist, wenn die Schuldner der Forderungen zahlungsunfähig oder wenn Vorräte entwertet (das Modell, für das sie Ersatzteile waren, wird überraschend eingestellt) werden? Und was ist, wenn eine Rückstellung, z. B. Prozessrückstellung aufgelöst werden kann (weil der Prozess gewonnen wurde)? Auch hier stellt sich die Frage, ob bei der Unternehmensbewertung die Augen davor verschlossen werden müssen/dürfen, das entweder der Wert von nicht vorhandenen oder von zu hoch bewerteten Wirtschaftsgütern später absank oder dass der „Unwert" von vorhandenem „Negativvermögen" – das Risiko, für das eine Rückstellung gebildet wurde – nachträglich verschwand oder er sich minderte. Dies ist wiederum eine Frage der Wahl des Bewertungsstichtags und des Filters der über die Zulässigkeit der Verwendung späterer Informationen entscheidet, des Informationsstichtages.[107)

4. Grundfall 4: Betriebsnotwendige Wirtschaftsgüter nicht vorhanden oder mangelhaft

11.143 Das Fehlen oder Mängel eines betriebsnotwendigen Wirtschaftsguts – es kann sich um Anlage- oder Umlaufvermögen, eine Fertigungsstraße oder Vorräte, Sachen, Rechte, aber auch um öffentlich-rechtliche Positionen, z. B. eine Genehmigung oder eine Lizenz, handeln – stellt das Unternehmen zunächst vor die **kaufmännische Investitionsentscheidung,**

– ob das Wirtschaftsgut neu angeschafft oder repariert werden, oder

– ob die betriebliche Leistungserstellung, für die das Wirtschaftsgut benötigt wird, eingestellt werden soll.[108)

---

105) Es wird davon ausgegangen, (i) dass nicht zugleich der Grundfall 5 vorliegt, dass also die zu hohen Schulden nicht darauf beruhen, dass die laufenden Überschüsse nicht in der erwarteten Höhe erzielt werden, und (ii) dass die Auszahlungen nicht zur Insolvenz führen.

106) Der Abzinsungseffekt ist bei fünf Jahren schon nicht mehr unbeachtlich. Der Barwert eines Betrages von nominal 3 Mio. €, der in fünf Jahren ausgeschüttet wird, würde heute bei einem Zinssatz von 7 % nur 2.138.961 € betragen. S. ausf. Fn. 13 zu Rn. 11.10.

107) Und noch einmal wird es so sein, dass auf der letzten, hier v. a. interessierenden Stufe der Bemessung einer Schadensersatzleistung teilweise das Schadensrecht der Unternehmensbewertung Vorgaben machen wird, wie zu bewerten ist.

108) Es wird erneut davon ausgegangen, dass nicht zugleich der Grundfall 5 vorliegt, dass also das Fehlen bzw. die Mängel der betriebsnotwendigen Wirtschaftsgüter nicht darauf beruhen, dass die laufenden Überschüsse nicht in der erwarteten Höhe erzielt werden.

V. Grundfälle von Unternehmenswertbeeinträchtigungen

Im ersten Fall benötigt das Unternehmen Mittel für den Ersatz oder die Reparatur des Wirtschaftsguts, wofür aktuelle Marktpreise zu entrichten sein werden und die sozusagen dem „Teil-Teil-Rekonstruktionszeitwert"[109] dieses Wirtschaftsguts entsprechen werden. 11.144

Der Ersatz bzw. die Reparatur würde indessen zum völligen Ausgleich nicht genügen. Der Eintritt einer Unternehmenswertbeeinträchtigung hat eine **negative Kausalkette in Gang gesetzt**, die nicht mehr dadurch ungeschehen gemacht werden kann, dass z. B. ein Defekt einer Fertigungsstraße irgendwann repariert wird. Namentlich dürften zwischen dem **Eintritt des Defekts** und dem **Abschluss der Reparatur** der **Ausstoß** und damit die Überschüsse **gemindert** worden sein und u. U. **Folgenachteile** eingetreten sein, möglicherweise aber auch noch über diesen Zeitpunkt hinaus. Diese Nachteile wären zusätzlich zu den Reparatur- bzw. Ersatzkosten auszugleichen.[110] 11.145

Der Defekt des Wirtschaftsgutes kann aber auch dazu führen, dass das Unternehmen den Bereich der **Leistungserstellung aufgibt**, zu dem das Wirtschaftsgut gehört. Das Unternehmen wird dann regelmäßig Kosten für die Erstellung der aufgegebenen Leistung, z. B. Personal- und Materialkosten, einsparen können. Allerdings werden auch Umsatzerlöse wegfallen und, wenn der Bereich rentabel war, insgesamt die Überschüsse des Unternehmens gemindert werden. Ein Ausgleich kommt dann nur durch Zahlung des Unternehmenswertminderungsbetrages in Betracht.[111] 11.146

5. Grundfall 5: Laufende Überschüsse zu niedrig

Alle zuvor untersuchten Fälle wirkten sich dahingehend aus, dass irgendwann – allerdings nur einmal (Faktor 1)[112] – die Überschüsse des Unternehmens gemindert wurden. Hierdurch wurde immer auch der Unternehmenswert als Summe seiner Barwerte gemindert.[113] Der jetzige Fall unterscheidet sich dadurch, dass **laufend (wiederholt) niedrigere Umsätze** erwirtschaftet werden oder laufend **höhere Kosten** anfallen.[114] Dabei macht es hier keinen relevanten Unterschied, 11.147

---

109) S. Rn. 11.3–11.6.
110) Der „Teil-Teil-Rekonstruktionszeitwert" wäre rechtlich als Schadensersatz durch Naturalherstellung anzusehen. Dieser wäre auch dann zu zahlen, wenn der Teilbetrieb, zu dem das fehlende oder schadhafte Gut gehört, nicht profitabel wäre. Ist er profitabel kann eine Wertentschädigung, z. B. für Ersatz des entgangenen Gewinns und von Folgeschäden, hinzukommen.
111) Rechtlich würde dies auf eine Wertentschädigung nach § 251 BGB hinauslaufen; s. Rn. 12.251 ff.
112) Unterstellt, im Grundfall 4 wird das betriebsnotwendige Wirtschaftsgut ersetzt oder repariert.
113) Unabhängig davon, welche Überschüsse aus nicht betriebsnotwendigem Vermögen erzielt werden.
114) Z. B. wenn ein Asset-Käufer feststellen muss, dass dank § 613a BGB mehr Arbeitnehmer als nur die „Wunschmannschaft" bei ihm angekommen sind. Vgl. *Commandeur/ Kleinebrink*, NJW 2008, 3467.

ob diese Überschussminderung im operativen Geschäftsbetrieb oder im Bereich von darauf bezogenem nicht betriebsnotwendigem Vermögen (Vermietung von Immobilien) anfällt.

11.148 So sind die Überschüsse mehrerer Zukunftsperioden oder von allen und entsprechend auch ihre Barwerte gemindert; vielleicht sind sogar einige Periodenergebnisse negativ. Ein Ausgleich könnte theoretisch durch eine **variable Rente** erfolgen. In der Praxis wird fast immer die Summe der Barwerte der Minderungen der zukünftigen Periodenüberschüsse, also die Minderung des Unternehmenswerts, berechnet und durch eine **einmalige Zahlung** ausgeglichen.[115]

6. Grundfall 6: Buchwerte betriebsnotwendiger Wirtschaftsgüter des Anlagevermögens zu niedrig

11.149 Die in der Buchhaltung und in Bilanzen angesetzten Buchwerte für betriebsnotwendige Gegenstände des Anlagevermögens sind für die Unternehmensbewertung grundsätzlich **doppelt irrelevant**.

11.150 Zunächst sind sie irrelevant, weil sie zum erheblichen Teil vom Ansatz her nicht angeben können (und nicht einmal angeben sollen), welche Geldbeträge bei einer Veräußerung erzielbar wären. Bilanzansätze für Gegenstände des Anlagevermögens gehen von historischen Anschaffungskosten, also **vergangenen Marktpreisen**, aus. Diese überalterten Werte werden sodann ggf. durch **Abschreibungen gemäß bilanzrechtlicher Vorschriften** weiter reduziert.

11.151 In der Regel noch wichtiger ist, dass die Gegenstände nicht veräußert werden können, ohne dem operativen Geschäftsbetrieb, auf drastische oder wenige drastische Weise, zentrale oder periphere Funktionen zu amputieren. Betriebsnotwendiges Vermögen kann insgesamt nur bei einer Unternehmenszerschlagung veräußert werden.[116]

11.152 *Beispiel:* Ob die Betriebsimmobilie, auf der eine Fabrik betrieben wird, heute für 1 Mio. € oder 3 Mio. € verkauft werden könnte, ist für die mit der Fabrik erwirtschafteten Überschüsse grundsätzlich ohne Auswirkung, solange sie nicht verkauft werden kann.[117]

---

115) Dies würde, gleich ob eine Rente oder ein Einmalbetrag gezahlt wird, auf einen Ersatz des positiven Interesses durch Wertentschädigung hinauslaufen; s. Rn. 12.252 ff. Man sieht schon hier, dass die Berechnung des Ausgleichs allein gegenüber dem Soll-*Unternehmenswert* erfolgt, der bei Erreichung von höheren Umsätzen bestanden hätte. Der gezahlte Kaufpreis kommt in der Rechnung nicht vor. Auf diesen wichtigen Punkt wird zurückzukommen sein.

116) S. Rn. 11.152.

117) „Der Grundbesitz, der zum Betriebsvermögen gehört, hat ebenso wenig wie die anderen dazu gehörenden Wirtschaftsgüter ... einen selbständigen Wert. Einen solchen hätte er erst, wenn er den Unternehmensbereich verlassen soll, z. B. durch Veräußerung oder Entnahme", vgl. *Simon/Cors/Troll*, Hdb. Grundstückswertermittlung, S. 188.

V. Grundfälle von Unternehmenswertbeeinträchtigungen

Sind daher Buchwerte betriebsnotwendiger Wirtschaftsgüter des Anlagevermögens zu hoch angegeben bzw. zu niedrig, so hat dies keine oder nur eine zu vernachlässigende Auswirkung auf den Unternehmenswert.   11.153

Es gibt allerdings drei geringfügige Einschränkungen:[118] Für den **Beleihungswert** kommt es i. d. R. auf den Verkehrswert der Wirtschaftsgüter an. Höhere Verkehrs- und Beleihungswerte können so **Finanzierungskosten** mindern und den Unternehmenswert mittelbar (geringfügig) erhöhen.   11.154

Der Verkehrswert bzw. Marktwert von nicht betriebsnotwendigem Vermögen kann auch relevant werden, wenn der **Gegenstand freigesetzt** bzw. ersetzt werden kann und der Zufluss aus dem Verkauf des Gegenstandes höher ist als die Kosten der Anschaffung eines Ersatzgegenstandes, der Umstellung des Betriebes auf den neuen Gegenstand und die durch die Umstellung verursachten Folgeschäden und entgangenen Gewinne. In der Sache liegt eine Umwandlung von betriebsnotwendigem in nicht betriebsnotwendiges Vermögen vor.[119]   11.155

Hohe Verkehrswerte können schließlich, als dritte Einschränkung, bei einem Scheitern oder einer völligen Aufgabe des operativen Geschäftsbetriebs zu einem **höheren Liquidationsergebnis** führen. Insgesamt spielt aber die Herleitung von Schadensersatzansprüchen aus solchen Effekten bei post M&A Streitigkeiten kaum eine Rolle.   11.156

7. Grundfall 7: Bilanzielles Eigenkapital[120] zu niedrig

Die in der Buchhaltung und Bilanzierung erfassten **Buchwerte**, einschließlich der hieraus abgeleiteten Größen **Bilanzsumme** und **Eigenkapital** – sind für die Unternehmensbewertung **doppelt irrelevant**.[121]   11.157

Bilanzansätze gehen von historischen Anschaffungskosten, also vergangenen Marktpreisen, aus. Diese, wie schon erwähnt, überalterten Werte werden durch Abschreibungen weiter reduziert; das führte bekanntermaßen bei *Immobilien* in der Vergangenheit oft zu einem erheblich höheren Marktwert gegenüber den   11.158

---

118) Noch einmal: Die Reduzierung des Ausschüttungspotentials aufgrund der niedrigeren Buchwerte und eine aufgrund niedrigerer Abschreibungen erhöhten Steuerlast, können einen maßvollen unternehmenswertmindernden Effekt haben.
119) S. ein Beispiel in Rn. 11.25.
120) Zur Problematik Unternehmenswert und Eigenkapital s. *Mellert*, Tatbestandsprobleme bei Eigenkapitalgarantien, in: Drygala/Wächter, Bilanzgarantien bei M&A-Transaktionen, S. 11; *Wollny*, Unternehmensbewertung, Eigenkapitalgarantie und Kaufpreisanpassung, in: Drygala/Wächter, Kaufpreisanpassungs- und Earnout-Klauseln, S. 23; *Hayn*, Paneldiskussion – Unternehmensbewertung und Kaufpreisanpassungen, in: Drygala/Wächter, Kaufpreisanpassungs- und Earnout-Klauseln, S. 45; *Schöne/Uhlendorf*, Kaufpreisanpassung an das bilanzielle Eigenkapital oder Nettovermögen, in: Drygala/Wächter, Kaufpreisanpassungs- und Earnout-Klauseln, S. 133.
121) Ausf. s. *Wollny*, Unternehmensbewertung, Eigenkapitalgarantie und Kaufpreisanpassung, in: Drygala/Wächter, Kaufpreisanpassungs- und Earnout-Klauseln, S. 23 f.

Buchwerten. Hinsichtlich von *Vorräten, Forderungen und Beteiligungen des Umlaufvermögens* enthält das Bilanzrecht andererseits Vorschriften, die die Buchwerte nahe an den Marktwerten halten sollen;[122] bei *Bargeld, Bankguthaben und Verbindlichkeiten* entsprechen sie den Marktwerten.[123] Allerdings kommen dann bei den *Rückstellungen* wieder Schätzwerte hinzu, die erheblich von den realen Belastungen abweichen können.[124] So addiert und subtrahiert die Bilanz Größen, die Marktpreisen entsprechen, mit Größen, die historischen Anschaffungskosten abzüglich von Abschreibungen entsprechen, und solchen Größen, die auf riskanten Schätzungen beruhen. In der Bilanzsumme und im Eigenkapital werden also zwangsläufig „Äpfel" und „Birnen" (von marktwertnahen und marktfernen bis zu spekulativen Beträgen) durcheinander geworfen. Wie sehr sie von Marktpreisen abweichen, ist eine Frage der Bilanzstruktur und von Zufälligkeiten.

11.159 Sodann wird in der Bilanz **betriebsnotwendiges und nicht betriebsnotwendiges Vermögen** durcheinander geworfen und im Eigenkapital miteinander vermengt. Betriebsnotwendiges Vermögen kann aber, wie gesehen, überhaupt nicht veräußert werden, ohne dem operativen Geschäftsbetrieb, auf drastische oder wenige drastische Weise, zentrale oder periphere Funktionen zu amputieren; betriebsnotwendiges Vermögen kann insgesamt nur bei einer Unternehmenszerschlagung veräußert werden.[125]

11.160 Wegen dieser doppelt hybriden Natur des Eigenkapitals hängen die Auswirkungen von Eigenkapitalminderungen auf den Unternehmenswert davon ab, **wie sie zustande gekommen sind**. Wenn das Eigenkapital zu niedrig ist, weil einer oder mehrere der Fälle 1 bis 4 vorliegen, dann gilt das zu diesen Fällen Gesagte; dass sie zusätzlich zu einer Eigenkapitalminderung geführt haben, ändert daran nichts. Beruht die Abweichung des Ist-Eigenkapitals von dem Soll-Eigenkapital auf Fall 6, so gilt das dort Gesagte.[126]

11.161 Darüberhinaus besitzt das Eigenkapital, wie Buchwerte überhaupt, eine **mäßige mittelbare Auswirkung** auf den Unternehmenswert. Ein höheres Eigenkapital erhöht nach §§ 30, 31 GmbHG oder §§ 57, 62 AktG v. a. das Ausschüttungsvolumen und vorverlagerte Ausschüttungen erhöhen den Unternehmenswert.

---

122) Vgl. § 253 Abs. 3 HGB für Vorräte, Forderungen und Beteiligungen des Umlaufvermögens.
123) Vgl. § 253 Abs. 1 Satz 2 HGB für Verbindlichkeiten.
124) Hierzu trägt das „Alles-oder-Nichts-Prinzip" bei, wonach ein Risiko, das eine Eintrittswahrscheinlichkeit von 49 % hat mit „null", eines mit einer Wahrscheinlichkeit von 51 % in voller Höhe anzusetzen ist. Wenn die Prognose, die zur Bildung oder Nichtbildung einer Rückstellung führte, falsch war, schlägt dies daher quantitativ massiv durch und erweckt die Bilanz sogleich einen grob unrichtigen Eindruck von den zukünftigen Zahlungsströmen; s. Rn. 5.219.
125) S. Rn. 11.152.
126) S. Rn. 11.149.

12. Kapitel Schadensersatz- bzw. Schadensrecht

Übersicht

I. „Interesse" und Totalausgleich ... 12.3
II. Zwei Bedeutungsebenen in § 249 Abs. 1 BGB: generelle Zielprogrammierung und ein vorrangiger Zielerreichungsmodus 12.6
III. Die beiden wichtigsten schadensrechtlichen Begriffspaare 12.11
1. Bestands- bzw. negatives Interesse und Leistungs- bzw. positives Interesse 12.23
   a) Herausbildung des Unterschieds 12.23
   b) Maßgeblichkeit des § 249 Abs. 1 BGB (erste Bedeutungsebene) für das „Interesse" 12.28
   c) Unschärfen beim Begriffsgebrauch „positives" und „negatives Interesse" 12.32
   d) Eigentlich das „negative", ausnahmsweise aber doch das „positive Interesse"? 12.35
   e) „Negatives" und „positives Interesse" gleich hoch? 12.36
   f) „Negatives Interesse" und „Bestandsinteresse" 12.40
2. Naturalherstellung und Wertentschädigung 12.42
   a) Aussaat und Ernte 12.42
   b) Vorrang der Naturalherstellung 12.48
   c) Inhalt, Möglichkeit und Unmöglichkeit der Naturalherstellung 12.51
   aa) Zur Interessenlage 12.51
   bb) „Umschaltnormen" und „Umschaltpunkte" 12.57
   cc) Noch Naturalherstellung 12.61
   dd) Nicht mehr Naturalherstellung 12.68
   d) Teilweise Naturalherstellung, teilweise Wertentschädigung 12.70

   e) Bemessung der Wertentschädigung 12.75
IV. Ergänzende und irreführende schadensrechtliche Begriffe 12.88
1. Nähe und Ferne des Schadens.... 12.90
2. Voraussehbarkeit des Schadens.... 12.93
3. Damnum ermergens („positiver Schaden") und lucrum cessans („entgangener Gewinn") 12.94
4. „Geldersatz" 12.108
5. „Integritätsinteresse" 12.109
V. Ersatz des Bestands- bzw. negativen Interesses bei Unternehmenswertbeeinträchtigungen 12.113
1. Ersatz des Bestands- bzw. negativen Interesses durch Naturalherstellung 12.113
   a) Rücktritt 12.118
   b) Ersatz des „Restvertrauensschadens" bzw. schadensrechtliche Kaufpreisminderung 12.119
   aa) Entwicklung einer schadenrechtlichen Kaufpreisminderung durch die Rechtsprechung 12.119
   bb) Die Berechnung der schadensrechtlichen Kaufpreisminderung 12.126
   (1) Dogmatische Unentschiedenheit der Rechtsprechung ... 12.126
   (2) Durch Täuschung verborgener Minderwert relevant 12.132
   (3) Bestimmung der drei relevanten Unternehmenswerte: Subjektive Unternehmenswerte und früher Bewertungs- und Informationsstichtag..... 12.141
   (4) Transformation des Minderwerts in eine Kaufpreisanpassung 12.151

537

12. Kapitel Schadensersatz- bzw. Schadensrecht

(a) Alleinige Maßgeblichkeit des Käufer-Unternehmensminderwertes? 12.152
(b) Drei Modelle zur schadensrechtlichen Kaufpreisminderung 12.158
cc) Rechtsprechung zur schadensrechtlichen Kaufpreisminderung 12.167
(1) Rechtsprechung in den Grundfällen 1 bis 4 .... 12.167
(2) Rechtsprechung im Grundfall 5 ohne betriebsnotwendiges Vermögen 12.179
(3) Rechtsprechung im Grundfall 5 bei Vorhandensein von nicht betriebsnotwendigem Vermögen 12.190
dd) Zusammenfassung Kaufpreisminderung bei der c. i. c. 12.199
c) Vertragsanpassung? 12.204
d) Entgangener Gewinn und Folgeschäden 12.207
e) Bestands- bzw. negatives Interesse bei Delikt 12.212
2. Ersatz des Bestands- bzw. negativen Interesses durch Wertentschädigung 12.215
VI. Ersatz des Leistungs- bzw. positiven Interesses bei Unternehmenswertbeeinträchtigungen 12.221
1. Ersatz des Leistungs- bzw. positiven Interesses durch Naturalherstellung 12.223
a) Naturalherstellung des Leistungs- bzw. positiven Interesses überhaupt 12.224
b) Grenzen der Naturalherstellung des positiven bzw. Leistungsinteresses 12.239
c) Entgangener Gewinn und Folgeschäden bei (teilweisem) Ersatz des positiven bzw. Leistungsinteresses durch Naturalherstellung ... 12.246

2. Ersatz des Leistungs- bzw. positiven Interesses durch Wertentschädigung 12.251
a) Subjektiver Käufer-Unternehmenswert, später Bewertungs- und Informationsstichtag 12.254
aa) Subjektiver Käufer-Unternehmenswert 12.256
bb) Später Bewertungs- und Informationsstichtag 12.266
b) Direkte und indirekte Methode der Berechnung der Wertentschädigung 12.272
c) Zwei grundlegende BGH-Entscheidungen zur Gewährung des positiven Interesses durch Wertentschädigung 12.290
d) Vier Schiedssprüche zur Gewährung des positiven Interesses durch Wertentschädigung 12.304
e) „Wertdifferenzschaden" oder „Preisdifferenzschaden"? 12.309
aa) Schwer erklärbare Aufgabe gesicherter Erkenntnisse beim Unternehmenskauf 12.309
bb) Verwechselung des negativen Interesses mit dem positiven in zwei Gerichtsentscheidungen 12.314
cc) Verwechselung des negativen Interesses mit dem positiven in der Literatur, sog. „Preisdifferenzschaden" 12.319
f) Entgangener Gewinn und Folgeschäden bei Ersatz des Leistungsinteresses durch Wertentschädigung 12.326
g) Wiederkehrende Nachteile und Abzinsung 12.328
h) Faktorenvereinbarungen 12.331
i) Schadensersatz bei Steuergarantien 12.346

j) Abschließendes Beispiel – was schief gehen kann 12.347
3. Ersatz des Leistungs- bzw. positiven Interesses bei Bilanzgarantien 12.349
   a) „Verschlüsselung" der Welt in Bilanzen und „Entschlüsselung" von Bilanzaussagen von Bilanzgarantien 12.350
   b) Rechtsfolgen bei Bilanzgarantien 12.355
   aa) „Bilanzauffüllung"? 12.355
   bb) „Preisdifferenzschaden" 12.374
   cc) Ist-EK/Soll-EK * Kaufpreis? 12.376
   dd) Aufstellung einer neuen Bilanz? 12.379
   c) Schaden bei Bilanzgarantien: Anlagevermögen 12.381
   d) Schaden bei Bilanzgarantien: Vorratsvermögen 12.386
   aa) Hauptfälle der Unrichtigkeit von Bilanzwerten für Vorräte 12.386
   bb) Die Entschlüsselung von Bilanzaussagen und das „strenge Niederstwertprinzip" 12.387
   cc) Keine „Delkredere-Haftung" des Verkäufers ... 12.390
   dd) Naturalherstellung und Wertentschädigung bei Vorräten 12.396
   e) Schaden bei Bilanzgarantien: Unfertige Erzeugnisse 12.399
   f) Schaden bei Bilanzgarantien: Forderungen 12.404
   g) Schaden bei Bilanzgarantien: Bankguthaben und Kasse 12.407
   h) Schaden bei Bilanzgarantien: Verbindlichkeiten 12.408
   i) Schaden bei Bilanzgarantien: Rückstellungen 12.409
   j) Schaden bei Bilanzgarantien: Eigenkapitalgarantien 12.415

   aa) Saldierung auf Tatbestandsebene 12.415
   bb) Aufteilung eines Eigenkapitalminderbetrages 12.416
   cc) Saldierung mit nachträglichen Eigenkapitalverbesserungen? 12.422
   dd) „Quersaldierung" von Tatbestandsgrößen und Schadensgrößen? 12.423
   ee) Saldierung auf Schadensebene 12.424
VII. „Dreiecksprobleme" beim Share Deal: Aktivlegitimation (Anspruchsberechtigung), Käuferschaden und Gesellschaftsschaden und Empfangszuständigkeit für die Ersatzleistung 12.425
VIII. Mitverschulden 12.436
IX. Vertragliche Rechtsfolgenklauseln 12.437
1. Fristen zulasten des Käufers 12.439
2. Freigrenzen (Triggers), Freibeträge (Baskets) und Höchstbeträge (Caps) 12.442
X. Darlegungs- und Beweisfragen 12.447
1. Direkte und indirekte Methode 12.447
2. Begrenzungen entgangener Gewinne und Vorteilsanrechnung 12.448
3. Schadensschätzung und „Ersatz entgangener Chancen" 12.452
   a) § 252 Satz 2 BGB, § 287 ZPO 12.452
   b) Internationale Schiedsgerichte 12.458
   c) Ersatz entgangener Chancen? 12.463
XI. Zusammenfassende Matrix: Schadensersatzansprüche bei M&A-Transaktionen 12.466

12. Kapitel Schadensersatz- bzw. Schadensrecht

Literatur: *Bergjan/Schäfer*, Die Ausgestaltung von Bilanzgarantien in der Praxis des Unternehmenskaufvertrages, DB 2016, 2587; *Binz/Freudenberg*, Die Bilanzgarantie im Unternehmenskaufvertrag, DStR 1991, 1629; *Brand*, Die Dogmatik der §§ 249 ff. BGB bei der Verletzung von Bilanzgarantien, in: Drygala/Wächter, Bilanzgarantien bei M&A-Transaktionen, 2015, S. 297; *v. Braunschweig*, Variable Kaufpreisklauseln in Unternehmenskaufverträgen, DB 2002, 1815; *Canaris*, Wandlungen des Schuldvertragsrechts – Tendenzen zu seiner „Materialisierung", AcP 200 (2000), 273; *Demuth*, Direktes und indirektes Verfahren der Schadensberechnung, in: Drygala/Wächter, Bilanzgarantien bei M&A-Transaktionen, 2015, S. 166; *Dietrich*, Steuerklauseln im Unternehmenskaufvertrag (Asset Deal und Share Deal), Ubg 2010, 712; *Elsing*, Das Interesse beim Schadensersatz Post-M&A-Streitigkeiten am Beispiel der Bilanzgarantie und der culpa in contrahendo, in: Festschrift für Wilhelm Haarmann, 2015, S. 26; *Görg*, Objektive Bilanzgarantien – der Windfall-Profit des Unternehmenskäufers, DB 2016, M 5; *Graham/Buffet*, Berkshire Hathaway Inc. Annual Reports 2008; *Harke*, Positives als negatives Interesse – Beweiserleichterung beim Vertrauensschaden, JR 2003, 1; *Hasselbach/Ebbinghaus*, Vorvertragliche Pflichtverletzung als Haftungsfalle beim Unternehmenskauf, DB 2012, 216; *Hayn*, Paneldiskussion – Unternehmensbewertung und Kaufpreisanpassungen, in: Drygala/Wächter, Kaufpreisanpassungs- und Earnout-Klauseln, 2016, S. 45; *Henle*, Die Bilanzauffüllung als Rechtsfolge der Verletzung einer Eigenkapitalgarantie, in: Drygala/Wächter, Bilanzgarantien bei M&A-Transaktionen, 2015, S. 189; *Hennrichs*, Zur Haftung auf Schadensersatz wegen unrichtiger Bilanzgarantien bei M&A-Transaktionen, NZG 2014, 1001; *Hilgard*, Berechnung des Schadens bei Verletzung einer Eigenkapitalgarantie beim Unternehmenskauf, BB 2013, 937; *Hilgard*, Schaden bei Verletzung von Garantien eines Unternehmenskaufvertrages, ZIP 2005, 1813; *Hilgard*, Bagatell- und Cap-Klauseln beim Unternehmenskauf, BB 2004, 1233; *Hüttemann*, Unternehmensbewertung als Rechtsproblem, in: Fleischer/Hüttemann, Rechtshandbuch Unternehmensbewertung, 2015, S. 1; *Kantor*, Valuation for Arbitration. Compensation Standards, Valuation Methods and Expert Evidence, 2008; *Kersting*, Die Rechtsfolge vorvertraglicher Informationspflichtverletzungen- Vertragsaufhebungsanspruch oder „Minderung" aus c. i. c.?, JZ 2008, 714; *Kiethe*, Der Schaden beim Unternehmenskauf, DStR 1995, 1756; *Kindl*, Unternehmenskauf und Schuldrechtsmodernisierung, WM 2003, 409; *König/Gießelmann*, Zur Haftung beim Unternehmenskauf – Voraussetzungen und Schadensbegriff bei der objektiven und der subjektiven Bilanzgarantie, GWR 2016, 155; *Lorenz*, Haftungsausfüllung bei der culpa in contrahendo: Ende der „Minderung durch c. i. c."?, NJW 1999, 1001; *Luka*, Bilanzgarantien, ihre vertragsrechtliche Bedeutung und ihre Rechtsfolgen, in: Birk/Pöllath/Saenger, Forum Unternehmenskauf 2006, 2007, S. 157; *Medicus*, Ansprüche auf Erfüllungsinteressen aus Verschulden bei Vertragsverhandlungen, in: Festschrift für Hermann Lange, 1992, S. 539; *Mehrbrey/Hofmeister*, Schadensersatz bei Verletzung einer Bilanzgarantie, NZG 2016, 419; *Mellert*, Selbständige Garantien beim Unternehmenskauf – Auslegungs- und Abstimmungsprobleme, BB 2011, 1667; *Mohr*, Berechnung des Schadens nach der Differenzhypothese, Jura 2010, 327; *Ostendorf/Kluth*, Die Auslegung von Folgeschadenausschlussklauseln im internationalen Vertragsrecht, RIW 2009, 428; *Paefgen*, Zum Zusammenhang von Abschlussangaben, Bewertungsmethoden und Haftungsumfang beim Unternehmenskauf, DZWiR 1997, 177; *Paefgen/Wallisch*, Vertragliche Kaufpreisanpassungsklauseln als Alternative zum Schadensersatz bei Bilanzgarantien, in: Drygala/Wächter, Bilanzgarantien bei M&A-Transaktionen, 2015, S. 205; *Paulsson*, The expectation Model, in: Derains/Kreindler (Ed.), Evaluation of Damages in International Arbitration, Paris 2006, S. 57; *Rust*, Zum Umfang des deliktischen Schadensersatzanspruchs eines getäuschten Käufers, NJW 1999, 339; *Schiemann*, „Neues" allgemeines Schadensrecht durch Rückfall hinter Friedrich Mommsen?, in: Zimmermann, Rechtsgeschichte und Privatrechtsdogmatik, 2000; *Schmitz*, Mängelhaftung beim Unternehmenskauf nach der Schuldrechtsreform, RNotZ 2006, 561; *Schniepp/Holfeld*, Compliancegarantien in Unternehmenskaufverträgen – Bedeutung, Inhalt sowie Probleme bei der Verletzung von Compliancegarantien-, DB 2016, 1738; *Schöne/Uhlendorf*, Schadensersatzklauseln im „Contract Drafting" – Ausgewählte Problemstellungen, in: Drygala/Wächter, Bilanzgarantien bei M&A-Transaktionen, 2015, S. 264;

12. Kapitel Schadensersatz- bzw. Schadensrecht

Schwerdtner, Grundzüge des Schadensersatzrechtes (I), Jura 1987, 142; *Steckler*, Zum Umfang der Schadensersatzansprüche infolge verspäteter oder mangelhafter Lieferungen und zur Vertragsgestaltung im Einkauf, BB 1995, 469; *Theisen*, Rechtsfolgen eines Schadensersatzanspruchs aus culpa in contrahendo, NJW 2006, 3102; *Vuia*, Der merkantile Minderwert als Teil des Vermögensschadens, NJW 2012, 3057; *Wächter*, Schadensersatz und Kaufpreisanpassung post M&A, in: Drygala/Wächter, Kaufpreisanpassungs- und Earnout-Klauseln, 2016, S. 1; *Wächter*, Bilanzgarantien und ihre Auslegung, BB 2016, 711; *Wächter*, Dreiecksproblem und Faktoren, in: Drygala/Wächter, Bilanzgarantien bei M&A-Transaktionen, 2015, S. 225; *Wächter*, Schadensrechtliche Probleme beim Unternehmenskauf: Naturalherstellung und Bilanzgarantien, NJW 2013, 1270; *Wollny, C.*, Wer den Schaden hat, muss für die Bewertung sorgen – Unternehmensbewertung zur Ermittlung von Schadensersatzansprüchen, DStR 2013, 2132; *Wollny, C.*, Der objektivierte Unternehmenswert, 2. Aufl. 2010; *Wollny, P.*, Rechtsprechung zum „Streit um den Wert von Unternehmen", BB Beilage 1991, Nr. 17, S. 1.

Bei Durchsetzung der meisten auf Erbringung einer vertraglichen Leistung gerichteten Ansprüche liegen die Schwierigkeiten nur auf der Tatbestandsseite. Wenn der Anspruch besteht, ergibt sich der Inhalt der Leistungspflicht hinreichend konkret und klar aus dem Vertrag oder aus Gesetz.[1] Bei einem auf Schadensersatz gerichteten Anspruch ist dies anders. Die Normen, die einen Anspruch auf Schadensersatz gewähren – also v. a. der vertragliche Anspruch bei einer Garantieverletzung oder § 280 Abs. 1, § 280 Abs. 2. i. V. m. § 286, § 280 Abs. 3 i. V. m. §§ 281 ff. BGB und die §§ 823, 826 BGB[2] – bestimmen nur, *dass* Schadensersatz zu leisten ist; die Ausfüllung dessen, **welche Leistung** der Gläubiger nach den §§ 249 ff. BGB konkret verlangen kann, erfordert einen **zweiten Arbeitsgang**. Dieser ist oft schwieriger und aufwendiger als die Feststellung des Anspruchs dem Grunde nach.

12.1

Im folgenden Abschnitt wird untersucht, welche Vorgaben Schadens- und Schadensersatzrecht,[3] gleich ob sich die Ersatzpflicht aus Vertrag oder Gesetz ergibt, für die Festlegung der Rechtsfolgen von Unternehmenswertbeeinträchtigungen machen und wie sich betriebswirtschaftlich sinnvolle Lösungen hier

12.2

---

1) Allenfalls hinzutretende Zins- und Kostenersatzansprüche etc., die in der Sache ergänzende Schadensersatzansprüche darstellen, werfen zusätzliche Fragen auf.

2) Da sich der Schadensersatz bei der c. i. c. seit der Schuldrechtsreform aus § 280 Abs. 1 BGB herleitet, sind hiermit auch die wichtigsten Anspruchsgrundlagen genannt. Für das Leistungs- bzw. positive Interesse werden bei M&A-Transaktionen nach der hier vertretenen Auffassung zumeist die § 280 Abs. 3 i. V. m. §§ 281 f. BGB nicht benötigt, um dem Primäranspruch auf Erfüllung zu dem Sekundäranspruch auf Schadensersatz „umzuschalten", weil sich dies schon aus der Rechtsfolgeanordnung einer selbstständigen Garantie ergibt.

3) Bisweilen wird von Schadensrecht und andererseits von Schadensersatzrecht gesprochen. Das Schadensrecht bestimmt, welche Interessen als ersatzfähig gelten und in welcher Form ein Ausgleich stattfindet (Schmoeckel/Rückert/Zimmermann-*Jansen*, HKK, §§ 249–253, 255 Rn. 1). Als Schadensersatzrecht könnte man die Normen verstehen, die Schadensersatz anordnen, – Garantien, § 280 Abs. 1, § 280 Abs. 2. i. V. m. § 286, § 280 Abs. 3 i. V. m. §§ 281 ff. BGB und die §§ 823, 826 BGB – oder die Summe beider Bereiche. Soweit Autoren, wie oben bei Rn. 5.66 dargestellt, als Rechtsfolge einer Garantieverletzung einen Erfüllungsanspruch vorsehen oder wenn die §§ 249 ff. BGB modifiziert werden, bleibt es i. d. R. bei denselben Sachproblemen. Die Begriffsverwendung ist insgesamt nicht eindeutig.

12. Kapitel Schadensersatz- bzw. Schadensrecht

einfügen oder hiermit zusammengebracht werden können. Dabei kann an die schon bei der Behandlung der objektiven Tatbestandsvoraussetzungen einer Garantiehaftung für Unternehmenswertbeeinträchtigungen entwickelte Auffassung angeknüpft werden, dass die Rechtsfolge von **Garantieverletzungen** ein **Schadensersatzanspruch**, kein Erfüllungsanspruch, ist.[4]

I. „Interesse" und Totalausgleich

12.3 Über dem Schadensrecht thront der **Ausgleichsgedanke**. Dies ist im deutschen Recht nicht anders als in anderen Rechtsordnungen, wo immer wieder von „to make whole", „to compensate", „to put in a position as if …" etc. gesprochen wird.[5] Der Ausgleich erfolgt durch Gewährung des sog. „**Interesses**", dem **Oberbegriff** gegenüber den viel bekannteren Begriffen des „positiven" und „negativen Interesses". Das Interesse besteht darin die **kausalen Folgen des haftungsbegründenden Ereignisses ungeschehen zu machen bzw. in ihrer Aufhebung oder Negation**. Der Grundsatz des Ersatzes des Interesses (*id quod interest, quanti interest*) bzw. die Erfüllung der Anordnung des § 249 Abs. 1 BGB, den Zustand herzustellen, der „bestehen würde, wenn der zum Ersatz verpflichtende Umstand nicht eingetreten wäre" (das ist die gesetzliche Formulierung des Ausgleichsgedanken bzw. des Interesses) bedeutet, dass personenbezogen alle kausalen Folgen beim Gläubiger aufzuspüren und auszugleichen sind, ohne Unterscheidung auch entfernte Folgen. Das deutsche Schadensrecht ist insoweit ein „**Gläubigerfolgenausgleichsrecht**".[6]

12.4 Teilweise wird für Ausgleichsgedanken bzw. den Gedanken des Ersatzes des Interesses auch der Begriff „**Totalkompensation**" verwendet.[7] Dies ist möglich, aber nicht unbedenklich, weil der Begriff ein wenig so klingt, als stelle er den nur auf § 251 BGB bezogenen Gegenbegriff zu der für § 249 BGB geltenden „**Totalreparation**"[8] dar. Ein Oberbegriff, der das Umfassende und das „Bis-in-den-letzten-Winkel-Gehende" der Festlegung der ersten Bedeutungsebene von

---

4) Vgl. Rn. 5.66 ff.
5) Auch das englische Recht hat sich für eine „restitutio in integrum" und das französische für eine „réparation intégrale" entschieden (*Magnus*, Schaden und Ersatz, S. 37, 51).
6) „Der Umfang des Interesses wird bestimmt durch den Kausalnexus zwischen dem eingetretenen Schaden und der zum Ersatz verpflichtenden Thatsache" (*Mommsen*, S. 117). Das nach § 249 Abs. 1 BGB zu ersetzende Interesse „schrumpft" nur dann auf den Ersatz der Einbuße, etwa des Wertes des von einem schädigenden Ereignis betroffenen Gegenstandes (Sachwert, quanti res est) als Mindestschaden, wenn es ausnahmsweise keine sonstigen kausalen Auswirkungen im Gläubigervermögen gibt. (*Mommsen*, S. 17, 48).
7) Begriff bei Schmoeckel/Rückert/Zimmermann-*Jansen*, HKK, §§ 249–253, 255 Rn. 102.
8) Begriff bei Staudinger-*Schiemann*, BGB, 2017, § 249 Rn. 1. Manche verwenden freilich auch „Totalreparation" in dem hier mit „Totalausgleich" gemeinten, übergeordneten Sinne. S. Schmoeckel/Rückert/Zimmermann-*Jansen*, HKK, §§ 249–253, 255 Rn. 39, der die naturrechtlichen Grundlagen darstellt. Aus dem dort „Totalreparation" genannten Grundsatz ergibt sich, dass es im deutschen Recht nicht auf die Vorhersehbarkeit des Schadens ankommen kann (Rn. 43 f.). Ähnl. *Brand*, Schadensersatzrecht, S. 19 unten.

II. Zwei Bedeutungsebenen in § 249 Abs. 1 BGB

§ 249 Abs. 1 BGB auf den Ausgleichsgedanken, der sowohl die Naturalherstellung als auch die Wertentschädigung gleichermaßen umgreifen würde, könnte „Totalausgleich" sein.

Der „Totalausgleich" ist das Prinzip eines Schadensrecht, das zugleich **zutiefst** **12.5** **wirtschaftlich ausgerichtet**[9] wie **zutiefst dogmatisch** ist. Der herzustellende Zustand ist aus außenweltlichen, v. a. technischen und wirtschaftlichen, Kausalitäten herzuleiten. Die Dogmatik ist gefordert weil pragmatische Simplifizierungen, wie sie das römische Recht und teilweise das angelsächsische Recht kennen, etwa die Beschränkung von Schadensersatz auf ein *duplum* oder *triplum* des Marktwertes einer beschädigten Sache und den Ausschluss nicht voraussehbarer, ungewöhnlicher, ferner oder mittelbarer Schäden, nicht stattfinden. Der Ausgleichsgedanke sagt zugleich, dass das Schadensrechts keine Pönalfunktion besitzt.

II. Zwei Bedeutungsebenen in § 249 Abs. 1 BGB: generelle Zielprogrammierung und ein vorrangiger Zielerreichungsmodus

Das deutsche Schadensrecht ist freilich so „spärlich",[10] dass es eine **fundamen-** **12.6** **tale materielle Vorgabe** und eine ebenso **modale Regelvorgabe** in demselben Satz ausdrückt: In § 249 Abs. 1 BGB sind der Gedanke des Ersatzes des Interesses bzw. der Ausgleichsgedanke und eine der beiden Entschädigungsarten, die Naturalherstellung, nicht nur zusammengedrängt, sondern sogar in denselben Worten formuliert.

Es hilft außerordentlich, wenn man sich dieses Nebeneinander **zweier Bedeu-** **12.7** **tungsebenen in § 249 Abs. 1 BGB** klar macht. Die **erste Bedeutungsebene** ist die Vorgabe eines Ziels des Schadensrechts, des Ausgleichs des Interesses (**Ausgleichsgedanke**)[11], die **zweite Bedeutungsebene** ist die Vorgabe eines „wie" (**Naturalherstellung**). Indem § 249 Abs. 1 BGB sagt, dass der Zustand hergestellt werden soll, der „bestehen würde, wenn der zum Ersatz verpflichtende Umstand nicht eingetreten wäre", setzt er einerseits den Maßstab für die Ersatzleistung und impliziert andererseits, dass diese **soweit nichts anderes dazu gesagt wird** „in natura", durch sachlich-gegenständliche Veränderung der Welt, erfolgen soll.[12] Der Ausgleichsgedanke (**Totalausgleich**), der von Anfang an den entgangenen Gewinn umfasst, gilt als „**Zielprogramm**" und „**Messvorgabe**" immer, die **Naturalherstellung** als **eine modale Umsetzung** nur, sofern aus

---

9) S. Rn. 12.59.
10) *Schiemann* in: Zimmermann, Rechtsgeschichte und Privatrechtsdogmatik, S. 259 ff., 259.
11) Diese materielle Vorgabe von § 249 Abs. 1 BGB wird auch „Totalreparation" oder „Ausgleichsgedanke" genannt (Staudinger-*Schiemann*, BGB, 2017, § 249 Rn. 1; *Schwerdtner*, Jura 1987, 142, 144 li. Sp.).
12) Die Naturalherstellung unterteilt sich weiter in zwei Unterwege, Sachleistung, Sachreparatur oder Sachsubstitution durch den Schädiger direkt nach § 249 Abs. 1 BGB oder Geldleistung zu Finanzierung der Naturalherstellung nach § 250 BGB ist, s. Rn. 2.59.

12. Kapitel Schadensersatz- bzw. Schadensrecht

§ 251 BGB nicht anderes folgt. Das der entgangene Gewinn erst in § 252 BGB erwähnt wird, ändert nichts. Es mag darauf beruhen, dass in den meisten Fällen entgangene Gewinne modal als Wertentschädigung ersetzt werden.

12.8 Wenn § 251 Abs. 1 BGB über eine der „Umschaltnormen" des § 251 Abs. 1 oder 2 BGB zur Anwendung kommt und „in Geld zu entschädigen ist", schweigt das Gesetz dazu, *wie* die Entschädigung *bemessen* werden soll.[13] **Das ist problemlos, denn es wird keine neue Regel benötigt**, in welcher Höhe die Geldleistung für § 251 BGB zu bemessen ist bzw. wieviel zu zahlen ist. Die Vorgabe der ersten Bedeutungsebene des § 249 Abs. 1 BGB, der **Ausgleichsgedanke gilt einfach für § 251 Abs. 1 BGB weiter**.[14] In § 251 BGB wird gewissermaßen nur „dazugesagt", dass der Ausgleichsgedanke, die Entschädigung, auch soweit sie entgangene Gewinne umfasst, hier nicht durch Naturalherstellung (i. S. der zweiten Bedeutungsebene des § 249 Abs. 1 BGB), sondern „in Geld" verwirklicht werden soll. Wenn man ausführlich und genau zitieren wollte, sollte es daher am besten heißen: „**§§ 249 Abs. 1 (erste Bedeutungsebene) i. V. m. 251 Abs. 1 BGB**". Der Begriff „Wertentschädigung" bringt zum Ausdruck, dass entschädigt (ausgeglichen) wird, aber nicht (mehr) durch Herstellung einer sachlich-gegenständlichen Situation, sondern durch Bemessung der Ausgleichsleistung an der eingetretenen Werteinbuße.

12.9 „Naturalherstellung" ist also **nicht dasselbe wie** der **Ausgleichsgedanke**, obwohl oft „Naturalherstellung" (oder „Naturalrestitution") gesagt, aber eigentlich der *in der Begriffspyramide höher einzuordnende* Begriff des „Ausgleichs" bzw. „Gewährung des Interesses" gemeint wird. Dies führt zu Verwirrung. Entweder wird eine Wertentschädigung nach § 251 BGB, weil sie Ausgleich ist, als Naturalherstellung bezeichnet, oder es wird die Naturalherstellung des § 249 Abs. 1 BGB der Wertentschädigung des § 251 BGB zu sehr entgegengesetzt und tendenziell aus dem Schadensersatz herausgelöst und nur noch § 251 BGB als „echter" Schadensersatz verstanden. Beides ist falsch.

12.10 Richtig ist: Der Schadensersatz umfasst § 249 Abs. 1 BGB und § 251 BGB. § 249 Abs. 1 BGB enthält in seiner ersten Bedeutungsebene die *materielle Vorgabe*, die für das ganze Schadensrecht gilt. Zugleich enthält § 249 Abs. 1 BGB eine *modale Vorgabe* für einen Weg des Schadensersatzes bzw. eine Entschädigungsart, die Naturalherstellung. Die modale Regelvorgabe, die als „wie" der „Ersatzintervention" die Naturalherstellung (und damit die körperliche bzw. sachlich-gegenständliche Herstellung eines Zustandes vorschreibt), wird mit dem Übergang zu § 251 BGB aufgegeben, nicht aber die Bemessung der dann

---

13) So auch *Alff* in: RGRK, 12. Aufl., § 251 Rn. 20.
14) Vgl. *Wagner*, ZGR 2008, 495 ff., 520: „Obwohl dieser Maßstab in § 249 Abs. 1 lediglich für die Naturalrestitution normiert worden ist, gilt er für die Berechnung des Wertersatzes gleichermaßen". Ähnl. *Magnus*, Schaden und Ersatz, 1987: „Der Schaden ist in vollem Umfang und er ist primär in natura auszugleichen" (S. 29).

in Geld erfolgenden „Ersatzintervention" an dem Ausgleichsgedanken, der ersten Bedeutungsebene des § 249 Abs. 1 BGB. Beim Übergang zu § 251 BGB erledigt sich nur der Modus der Naturalherstellung, nicht das Ziel des Ersatzes des Interesses, der Ausgleichsgedanke.

III. Die beiden wichtigsten schadensrechtlichen Begriffspaare

Wie im 10. Kapitel erwähnt, sind die schadensrechtlichen Begriffe, die Juristen heute heranziehen müssen, wenn sie Schadensfragen zu entscheiden haben, sind nicht nur teilweise schwierig und oft ungeklärt, sondern bilden oft auch kein konsistentes System.[15] In Wechselwirkung hierzu und im Zusammenhang mit einem allgemeinen Verlust an „Dogmatizität" im Recht[16] wurde die Dogmatik des Schadensrechts teilweise wieder[17] zugunsten einer Kasuistik oder Topik aufgegeben, so dass im deutschen Schadensrecht ein **Nebeneinander** von **dogmatisch-begrifflichen Strukturierungsbemühungen** und einer **pragmatischen Kasuistik bzw. Topik**[18] herrscht. Dieses Nebeneinander schwebt über originär eigentlich dogmatisch klaren und unternehmenswertaffinen Ge-

12.11

---

15) Das Schadensrecht wird schon immer aus diesem Grund kritisiert. *Schiemann*, Argumente und Prinzipien bei der Fortbildung des Schadensrechts, 1981, S. 159, 160, spricht von „Unübersichtlichkeit", *Degenkolb* schon 1890, einem „breiartigen Gemenge" (AcP 76 (1890), 28 – zit. nach *Wagner*, Karlsruher Forum 2006, S. 5 ff., 40). Wie wir sehen werden, verdient indessen nicht das Schadensrecht des BGB diese Kritik, sondern allenfalls die späteren Juristen, die es verunstaltet haben. *Magnus*, Schaden und Ersatz, S. 30, weist darauf hin, dass das deutsche Schadensrecht (im Gegensatz zum englischen) auch aufgrund des Nebeneinanders vieler Oberlandesgerichte und der Zuständigkeit mehrerer BGH-Senate für das Schadensrecht nur eine geringe Einheitlichkeit erlangt habe.
16) Dazu unten Rn. 15.30, 15.36 ff.
17) Das Schadensrecht begann im römischen Recht kasuistisch, indem in Abhängigkeit von bestimmten Verletzungshandlungen oder betroffenen Rechtsgütern einmal nur das *interesse circa rem* (als interesse conventum, commune oder singulare) oder auch ein *interesse extra rem*, also Folgeschäden, etwa als *lucrum cessans*, gewährt wurden, die u. U. auf die vorhersehbaren Folgeschäden oder im *duplum* beschränkt sein konnten (vgl. Schmoeckel/Rückert/Zimmermann-*Jansen*, HKK, §§ 249–253, 255 Rn. 13). Erst die Restitutionslehre von *Salamca* (in Anlehnung an Aristoteles und Thomas von Aquin) sowie das Vernunftsbzw. Naturrecht (*Grotius, Pufendorf, Wolff*) entwickelten die Vorstellung eines einheitlichen, auf dem Gedanken der Naturalrestitution und dem Grundsatz des Totalausgleichs beruhenden Schadensrechtes, das – im Allgemeinen Schuldrecht konzentriert – in allen Situationen anwendbar sein sollte (vgl. Schmoeckel/Rückert/Zimmermann-*Jansen*, HKK, §§ 249–253, 255 Rn. 16, 17, 21 f.). In der deutschen Tradition erfolgte noch eine weitere Art von homogenisierender Expansion des Schadensrechtes, indem die Rechtsfolgen bei *Nichteinhaltung von Leistungsversprechen* auf Ersatz „des Interesses" unter den Begriff des Schadensersatzes gezogen wurden (vgl. Rn. 12.27), was noch im römischen Recht (*quod interest*) klar von der Schadensersatzpflicht geschieden worden war (vgl. auch Schmoeckel/Rückert/Zimmermann-*Schermaier*, HKK, Vor § 275 Rn. 24, 35; vgl. auch Schmoeckel/Rückert/Zimmermann-*Jansen*, HKK, §§ 249–253, 255 Rn. 31 f.).
18) Vgl. *Schiemann*, Argumente und Prinzipien bei der Fortbildung des Schadensrechts, 1981, S. 157, 158 f.; als Kommentator formuliert *Schiemann*: „Schadensrechtliche Lösungen ergeben sich aus wertender Betrachtung der jeweiligen Probleme" (Staudinger-*Schiemann*, BGB, 2017, Vorbem. zu §§ 249 ff. Rn. 42 zust. zu *Oetker* in: MünchKomm-BGB, § 249 Rn. 22).

setzesnormen. Auch Gerichte, die in Schadenskonflikten vielleicht eigentlich gerne dogmatisch „sauber" arbeiten möchten, resignieren am Ende häufig bzw. machen von Dogmatik und Kasuistik einen „eklektischen" Gebrauch.[19]

12.12 Freilich ist diese Resignation nicht notwendig. Stadtstrukturen, die ein Archäologe vorfindet, sind durch die Zeit eingeebnet und überwuchert – aber sie können rekonstruiert werden. Genauso gilt: Wer bereit ist, die Überwucherungen des Schadensrechts zu entfernen und den alten Morphologien nachzugehen, wird zwar ein enorm komprimiertes Schadensrecht, jedoch ein solches von **tiefer, fast seherischer Klarheit** und **höchster Wirtschaftsadäquanz** finden. Um dahin zu kommen, muss man etwas Energie, Sorgfalt – und bisweilen auch eine Machete – mitbringen, um sich von den Überwucherungen über dem ursprünglichen Schadensrecht zu befreien. Neben der bereits vorgeschlagenen bewussten Unterscheidung der beiden Bedeutungsebenen in § 249 Abs. 1 BGB kann v. a. – eng an das BGB angelehnt – anhand zweier Begriffspaare eine relativ klare Ordnung geschaffen werden.[20] Die entscheidenden schadensrechtlichen bzw. schadensdogmatischen Begriffe[21] sind:

Negatives Interesse (Bestandsinteresse) – positives Interesse (Leistungsinteresse)

12.13 Beide Pole sind, wie schon erwähnt, Unterbegriffe des kardinalen Begriffs des „Interesses", der deutsch-rechtlichen Definition dessen, was als Schadensersatz zu leisten ist. Das Interesse besteht, wie ebenfalls schon gesagt, nachdem das haftungsbegründende Ereignis eingetreten ist, in der **Negation (aller) kausalen Folgen des haftungsbegründenden Ereignisses**. Die beiden Pole (negatives und

---

19) Vgl. etwa die Beschreibung von *Jansen*: „Die dogmatische Diskussion dieser Fragen (gemeint: von schadensrechtlichen, d. Vf.) hat seit dem grundlegenden Werk *Friedrich Mommsens* in der Form abstrakter, begrifflich angelegter, rechtspolitisch freilich bisweilen ideologischer Theorien stattgefunden. Deren Abstraktionshöhe hat sich allerdings als wenig hilfreich für die Lösung der vielen konkreten Einzelfragen erwiesen. Abstrakte Ansätze … boten dabei keine Hilfe. Die Rspr. hat deshalb allenfalls eklektisch auf einzelne derartige Argumente zurückgegriffen und sich im Übrigen weitgehend auf eine kasuistische Rechtsfortbildung beschränkt. Insgesamt stellt sich das Schadensrecht sich damit heute als ein wenig glückliches Nebeneinander von abstrakter Dogmatik und konkreter, ungeklärter Kasuistik dar" (Schmoeckel/Rückert/Zimmermann-*Jansen*, HKK, §§ 249–253, 255 Rn. 5). *Jansen* stellt auch eine Spannung zwischen Integrationsbemühungen und Fragmentierungstendenzen im Schadensrecht des BGB fest (Schmoeckel/Rückert/Zimmermann-*Jansen*, HKK, §§ 249–253, 255 Rn. 36). Man könne zwar sagen, „dass das BGB ein allgemeines Regelungsmodell für den Schadensersatz formuliere; von der allgemeinen Geltung dieser Regeln konnte aber noch nie die Rede sein" (Schmoeckel/Rückert/Zimmermann-*Jansen*, HKK, §§ 249–253, 255 Rn. 37).
20) *Wächter*, NJW 2013, 1270, 1271 li. Sp. oben.
21) Vgl. als Gesamtdarstellungen der schadensrechtlichen Dogmatik: *Brand*, Schadensersatzrecht, 2. Aufl., 2015; Staudinger-*Viehweg*, Eckpfeiler des Zivilrechts, Schadensersatzrecht, S. 365 ff.; *Lange/Schiemann*, Schadensersatz; *Oetker* in: MünchKomm-BGB, §§ 249 ff.; Schmoeckel/Rückert/Zimmermann-*Jansen*, HKK, §§ 249–253, 255.

III. Die beiden wichtigsten schadensrechtlichen Begriffspaare

positives Interesse etc.) klassifizieren das Interesse nach der **Art des haftungsbegründenden Ereignisses.** Die Identifikation des haftungsbegründenden Ereignisses muss also schon erfolgt sein, bevor von der Haftung auf das negative oder positive Interesse gesprochen werden kann: War es ein Eingriff in einen vorhandenen Bestand an Rechtsgütern oder Vermögen (wie er/es sich dynamisch ohne eine Schuldnereinwirkung entwickelt hätte), so lag eine Verletzung des negativen Interesses bzw. Bestandsinteresses vor; war es die Nichterfüllung einer Verpflichtung zur Veränderung der Welt bzw. der Einhaltung eines Leistungsversprechens, so lag eine Verletzung des positiven Interesses bzw. des Leistungsinteresses vor; entsprechend ist jeweils das eine oder andere Interesse auszugleichen. Die Begriffe negatives und positives Interesse sind zur schnellen kategorialen Verständigung nützlich, so wie wenn Unfallärzte sich zurufen: „Herzinfarkt!" oder: „Überdosis!". Wie bei den Rufen der Unfallärzte erübrigen sie aber nicht die *vorherige* Untersuchung – das Aufspüren eines haftungsbegründenden Ereignisses –, sondern setzen sie voraus.

Die Begriffe negatives und positives Interesse sind also so angelegt, dass sie **zwei Mengen von kausalen Folgen von unterschiedlichen haftungsbegründenden Ereignissen** bezeichnen, die typischerweise aus einem Eingriff in eine vorhandene Vermögensdynamik oder einem Bruch eines Versprechens hervorgehen. Sie ersetzen jedoch nicht die **konkrete Untersuchung** der von dem haftungsbegründenden Ereignis **ausgehenden Kausalketten,** die § 249 Abs. 1 BGB verlangt. So können zwar auf das Ereignis fokussieren, dessen Folgen auszugleichen (wie bei „Herzinfarkt!" oder: „Überdosis!"), aber damit ist auch ihre Leistungsfähigkeit erschöpft. 12.14

Die Verwendung der Begriffe negatives und positives Interesse verlangt und erlaubt insbesondere keine Selektion zwischen kausalen Folgen des haftungsbegründenden Ereignisses, etwa derart, dass bei dem positiven Interesse solche und solche kausalen Folgen und bei dem negativen Interesse andere auszugleichen seien. Im Gegenteil sind bei beiden **stets alle kausalen Folgen** der haftungsbegründenden Ereignisse auszugleichen.[22] Es ist genau umgekehrt: *Alle* kausalen Folgen, die von einem Eingriff in einen vorhandenen Bestand an Rechtsgütern oder an Vermögen ausgehen, sind auszugleichen – und das heißt 12.15

---

22) Es gibt auch keine Regel, dass etwa bei Verzug nur gewisse typische „Verzugsschäden" und bei der Lieferung einer mangelhaften Sache oder einer mangelhaften Leistung nur „mangeltypische Schäden" auszugleichen wären. Wenn ein Architekt falsche Pläne liefert, haftet er ebenso auf entgangene Gewinne, wie wenn er Pläne zu spät liefert, und als Verzugsschaden kann auch ein Schaden aus Spekulationsgeschäften mit Aktien ersetzt werden (BGH v. 18.2.2002 – II ZR 355/00, NJW 2002, 2553 = ZIP 2002, 895).

12. Kapitel Schadensersatz- bzw. Schadensrecht

dann Gewährung des „negativen Interesses" (oder des „Bestandsinteresses")[23]. Ebenso sind *alle* Folgen davon auszugleichen, dass ein Versprechen gebrochen wurde – und das heißt dann Gewährung des „positiven Interesses" oder „Leistungsinteresses"[24]. Was „alle Folgen" ist, ist aber nicht aus den Begriffen positives und negatives Interesse zu deduzieren.

Naturalherstellung – Wertentschädigung

12.16 Die beiden Pole repräsentieren **zwei Modi des Schadensausgleichs**, je nachdem ob der körperliche, sachlich-gegenständliche Zustand – auf der „**Gebrauchswertseite**" – hergestellt wird, der ohne das haftungsbegründende Ereignis bestehen würde, oder ob die durch das haftungsbegründende Ereignis verursachte betragsmäßige Einbuße an dem Vermögen des Geschädigten – auf der „**Tauschwertseite**" – ausgeglichen wird.

12.17 Beide Modi haben dabei ihre eigene Zeit. Für die **Naturalherstellung** gibt es ein **frühes**, aber i. d. R. **endliches Zeitfenster**. Die Zeit für die **Wertentschädigung** ist **nach hinten offen**.

12.18 Die Differenz zwischen Naturalherstellung und Wertentschädigung (bzw. finanzielle Kompensation) offenbart sich in einer zusätzlichen Dimension und erst in ihrer vollen Intelligenz und Tiefe, **wenn** sie auf **Investitionsgüter** bzw. **Financial Assets** oder Unternehmen angewendet wird. Stellt man sich vor, dass dass das **ausgesäte Saatgut eines Bauern mangelhaft** war, so besteht die Naturalherstellung nach §§ 249, 259 BGB darin, dem Bauern einwandfreies Saatgut zu verschaffen und (damit er schnell säen kann). Ist es aber dazu spät (§ 251 BGB), so ist dem Bauer der **aus der Ernte entgangene Gewinn** zu ersetzen. Naturalher-

---

23) Der Begriff „negatives Interesse" kann intuitiv in Bezug zu der **actio negatoria** gebracht werden, die ja auch die Entwicklung des von ihr geschützten Bestandes sichert. Neben „Bestands-" und „negativem Interesse" wird teilweise „Erhaltungsinteresse" (*Lange/Schiemann*, Schadensersatz, S. 67, und unter Bezug hierauf BGH v. 18.1.2011 – VI ZR 325/09, ZIP 2011, 529 = NJW 2011, 1196. Der Begriff „Erhaltungsinteresse" assoziiert aber noch mehr als „Bestands"- oder „negatives Interesse", dass es um ein „Konservieren" von etwas schon Vorhandenem gehe. Richtig ist aber, dass das „negative Interesse" die dynamische Entwicklung eines Zustandes, bzw. das Wachsen eines Vermögens, die/das sich ohne den schädigenden Eingriff ergeben hätte, mitschützt. Der Ausdruck „**Integritätsinteresse**" wird leider fast immer auf eine Weise gebraucht, die die beiden Bedeutungsebenen in § 249 Abs. 1 Satz 1 BGB verwirrt. Man weiß nie, ob „Herstellung des Zustandes als ob" (Ausgleichsgedanke) oder die körperliche, sachlich gegenständliche Herstellung (Naturalherstellung) gemeint ist. Was meint z. B. „Integritätsinteresse", wenn eine mechanische Spieluhr aus dem 18. Jahrhundert zerstört wird: Reparatur der Uhr oder Ersatz des Marktwertes? Weil manchmal dieses und manchmal jenes (und nicht selten ununterschieden beides) gemeint ist, muss der Ausdruck „Integritätsinteresse" derzeit leider vermieden werden, obwohl er sonst besser passen würde (s. näher Rn. 12.109).

24) Dies wird synonym auch häufig *Erfüllungsinteresse* genannt. Der Begriff „Leistungsinteresse" betont etwas mehr, dass es um ein auf die Änderung des *status quo* gerichtetes Verhalten geht (obwohl natürlich auch eine Untätigkeit eine Leistung darstellen kann), der Begriff „Erfüllungsinteresse" mehr das Interesse an der Einlösung einer rechtlichen Verpflichtung. Beide sind möglich. In der Folge wird i. d. R. von dem Leistungs- bzw. positiven Interesse gesprochen.

III. Die beiden wichtigsten schadensrechtlichen Begriffspaare

stellung und Wertentschädigung knüpfen dann an zwei verschiedene Phasen der Kapitalverwertung an, die Naturalherstellung repariert den Gebrauchswert auf der Input-Seite bzw. die **Investition** (Aussaat) oder ersetzt betragsmäßig die Kosten dafür, also die Einkaufspreise für Produktionsfaktoren. Die Wertentschädigung interessiert sich für den **Tauschwert** der logisch und zeitlich später folgenden Output-Seite bzw. **des Absatzes** (Ernte). Sie schätzt die Verkaufspreise und die Gewinne, die bei Verkauf der Produktion (Ernte) erzielt worden wären und kompensiert diese. Die Naturalherstellung berücksichtigt insoweit nicht den durch die Investition erwirtschafteten Gewinn bzw. den geschaffenen Mehrwert, die Wertentschädigung tut es. Das Zusammenspiel von Naturalherstellung und Wertentschädigung nach §§ 249, 250 und § 251 BGB kann also – im Beispiel und durchaus darüber hinaus – aufgefasst werden als Befehl „**Schaffe deinem Opfer rechtzeitig neue Aussaat oder ersetze ihm die Gewinne aus der Ernte!**".[25)]

Beide Gegensatzpaare stehen „quer" zueinander und bilden so eine Matrix:[26)] **12.19**

Naturalherstellung des negativen Interesses	Wertentschädigung des negativen Interesses
Naturalherstellung des positiven Interesses	Wertentschädigung des positiven Interesses

Mit diesen vier Kombinationen können alle wesentlichen Fragen des Schadensersatzes bei M&A-Transaktionen eingeordnet werden. Es kommen alle Fälle vor. **12.20**

Die erste Frage ist danach immer: **Worin** liegt der „**zum Ersatz verpflichtende Umstand**"[27)] i. S. von § 249 Abs. 1 BGB, also das haftungsbegründende Ereig- **12.21**

---

25) U. U. kann freilich auch Ernte in Körnern (oder wenn, Mutterkühe verletzt werden, diese in Kühen, Kälbern und Milch) ersetzt werden. Dann würde eine Naturalehrstellung auf der Output-Seite stattfinden.
26) Zu dieser von ihm sog. „Wächter'schen Matrix" Brand, Die Dogmatik der §§ 249 ff. BGB bei der Verletzung von Bilanzgarantien, in: Drygala/Wächter, Bilanzgarantien bei M&A-Transaktionen, S. 297, 306.
27) Dem Begriff des „*zum Ersatz verpflichtenden Umstands*" in § 249 BGB kommt für das ganze Schadensrecht *konstitutive Bedeutung* zu und die Untersuchung wird mehrfach auf ihn zurückkommen. Der „zum Ersatz verpflichtende Umstand" kann bei Garantien die Unrichtigkeit der Garantieaussage, also ein garantiewidriger Zustand, sein. Ein „zum Ersatz verpflichtender Umstand" sind auch Umstände, die Deliktstatbestände (§ 823 Abs. 1, § 823 Abs. 2 oder § 826 BGB) erfüllen, Pflichtwidrigkeiten i. S. von § 280 Abs. 1, Abs. 2 i. V. m. § 286 BGB (verzögerte Leistungserbringung bei Vorliegen der Verzugsvoraussetzungen) und Pflichtwidrigkeiten i. S. von § 280 Abs. 3 i. V. m. §§ 281 ff. BGB (die zu Schadensersatz statt der Leistung führen). Es ist von Bedeutung, dass die Rechtsfolge des Schadensersatzes bei Garantien eine *unmittelbare Rechtsfolge der Garantie* ist und *nicht erst über den Umweg des § 280 Abs. 3 i. V. m. § 281 BGB* hergeleitet werden muss (etwa ist keine Fristsetzung nach § 281 Abs. 1 Satz 1 BGB erforderlich – es sei denn sie wird vertraglich selbst angeordnet). S. a. Rn. 5.62 sowie Rn. 12.1 und Fn., Rn. 12.15 und Fn.

nis bzw. die Pflichtwidrigkeit? Von ihm führen Kausalitätslinien zu dem **zu ersetzenden Interesse**, das freilich immer nur individuell aufgefunden werden kann. Lag das haftungsbegründende Ereignis in der Verletzung einer Pflicht zur Achtung eines Bestandes an Rechtsgütern, einschließlich der Pflicht, einen Verhandlungspartner nicht durch Irreführung zu einer Selbstschädigung zu verleiten,[28] oder lag es in der Verletzung einer Leistungspflicht zur Änderung des Bestandes an Rechtsgütern?

12.22 Die sich anschließende zweite Frage ist: **Wie**, durch die Erbringung welcher Leistung, kann das **Ausgleichsziel** des § 249 Abs. 1 BGB (erste Bedeutungsebene) **erreicht werden**? Inwieweit (noch) durch Naturalherstellung auf der „Gebrauchswertseite" bzw. „Einssatzseite"? Oder inwieweit kann ein Ausgleich nur noch erfolgen bzw. muss er schon erfolgen, indem die Summe des Vermögens des Geschädigten auf der „Tauschwertseite" durch Kompensation ausgefallener Rückflüsse auf die Höhe gebracht wird, die es heute ohne die Schädigung hätte?

1. Bestands- bzw. negatives Interesse und Leistungs- bzw. positives Interesse

a) Herausbildung des Unterschieds

12.23 Schon lange vor der entwickelten Verkehrsgesellschaft, bevor es rechtshistorisch Verträge gab, bestand ein soziales Bedürfnis, auf Verletzungen eines Menschen oder Beschädigung seiner Sachen durch eine Wiedergutmachung zu reagieren. Der Schadensersatz wurde dabei **ursprünglich** von der Verletzung eines bestehenden „heilen" Ausgangszustandes her gedacht, in den der Schädiger eingebrochen war und den er durch ein zerstörerisches und pflichtwidriges Verhalten, das zumeist zugleich ein Delikt oder eine Straftat war, verändert hatte. Insoweit ging es zunächst um eine **Verschlechterung** der Lage **zwischen einem früheren und einem späteren Zeitpunkt**. Der frühere, intakte (und reale) Zustand gab den *Soll-Zustand* vor, an den die Wirklichkeit im Heute wieder anzupassen war; das Wort *„Wieder*gutmachung" oder *„Restitution"* war daher berechtigt, ja angebracht.[29]

12.24 Allerdings wurde bald erkannt, dass nicht alle Nachteile des Geschädigten ausgeglichen waren, wenn nur der ursprüngliche Zustand von damals im Heute wiederhergestellt war. Es musste vielmehr darum gehen, den Zustand herzustellen, der sich aus dem ursprünglichen Zustand heraus, dem *status quo ante*, *entwickelt hätte* und heute bestehen *würde*, wenn die Schädigung *nicht erfolgt*

---

28) Durch eine Verletzung von Informationspflichten. S. unten Rn. 6.1 ff.
29) Das ALR formulierte noch in diesem Sinne: „Wenn ein Schaden geschehen ist, so muss so viel als möglich wieder (sic!) in den Zustand versetzt werden, welcher vor (sic!) der Anrichtung des Schadens vorhanden war." (I 6 § 79).

III. Die beiden wichtigsten schadensrechtlichen Begriffspaare

wäre.[30] Somit war also eine **hypothetische Weiterentwicklung** aus einem früheren realen Zustand[31] zu berücksichtigen, um den heutigen Sollzustand zu definieren.[32] Maßstab für den Schadensersatz war daher eigentlich nicht mehr der frühere historische Zustand, sondern ein **fiktiver heutiger Zustand**, nämlich derjenige, der sich ohne die Störung durch den Schädiger eingestellt hätte. Die Wörter „*Resti*tution" oder „*Wieder*gutmachung" wurden schon durch diese erste Erweiterung des Schadensbegriffs sachlich überholt und irreführend;[33] richtig wäre allenfalls „Natural*stitution*" i. S. der erstmaligen Herstellung eines Zustandes, der nie zuvor bestand. Da der Begriff „Naturalstitution" befremdlich wäre und andererseits die eingebürgerte Silbe „Natural" nicht aufgegeben werden soll, wird in diesem Buch einheitlich der teilweise schon vom Reichsgericht verwendete Begriff **„Naturalherstellung"** verwendet.[34]

Auch der Ersatz des Bestandsinteresses bzw. des negativen Interesses bedeutet somit immer, dass Werte mit zu „ersetzen"[35] sind, die zum Zeitpunkt der Schädigung *noch gar nicht zum Vermögen des Geschädigten gehören konnten*, neben dem *damnum emergens* also auch das *lucrum cessans* bzw. entgangene Gewinne und Folgeschäden.[36] Insoweit bedeutet „Bestandsinteresse" nicht „Bestandserhaltung", sondern **Schutz des Bestandes in seiner dynamischen Weiterentwicklung, Schutz der Dynamik eines Bestandes**, Schutz des Bestandes, so wie er sich ohne die Schädigung entwickelt hätte. Daher hat der Dieb einer Kuh, der in den Bestand eingriff, nicht nur die Kuh zu ersetzen, sondern auch die Milch, die Kälber und die sonstigen Vorteile, die dem Opfer – bis zum Ersatz der Kuh – entgingen. 12.25

Schon hier ist eine für manche überraschende Feststellung zu treffen: Wenn eine Rechtsordnung bei Zerstörung, Beschädigung, Entfernung eines Gegenstandes nicht nur den Wert dieses Gegenstandes (Sachwert, *quanti res est*), sondern, i. S. eines „Gläubigerfolgenausgleichsrechts", „das Interesse" ersetzt bzw. einen dynamischen Schutz des Bestandes in seiner Weiterentwicklung gewährt, dann muss der „entgangene Gewinn" und müssen alle Folgeschäden umfasst sein. **Der Ersatz des Bestandsinteresses bzw. „negativen Interesses" umfasst also den „entgangenen Gewinn".**[37] Dies ergibt sich heute positiv-rechtlich daraus, dass der Ausgleichsgedanke (§ 249 Abs. 1 BGB, erste Bedeutungsebene) unabhängig 12.26

---

30) So in der Sache auch *Lange/Schiemann*, Schadensersatz, S. 215 Mitte; Prütting/Wegen/Weinreich-*Medicus*, BGB, § 249 Rn. 7; *Larenz*, Schuldrecht AT, S. 434.
31) Palandt-*Heinrichs*, BGB, § 252 Rn. 1 m. w. N.
32) Palandt-*Heinrichs*, BGB, § 249 Rn. 2 m. w. N.
33) Es ist kein gutes Omen für ein zu Missverständnissen einladendes und mit Fallstricken übersätes Rechtsgebiet, dass schon ein Hauptbegriff in die Irre führt.
34) Also nicht Natural*wieder*herstellung. Vgl. *Alff* in: RGRK, 12. Aufl., § 249 Rn. 1 m. w. N.
35) Auch dieses Wort ist schon ein wenig irreführend. Es wird nichts „er" setzt, das schon einmal existierte. Es wird ein Zustand *gesetzt*, der ganz mit hypothetischen Überlegungen definiert wird.
36) Vgl. Palandt-*Heinrichs*, BGB, § 249 Rn. 2 m. w. N., Einf. v. § 823 Rn. 17 m. w. N.
37) Palandt-*Grüneberg*, BGB, § 252 Rn. 1. S. a. 12.219 m. w. N.

551

davon gilt, worin die Pflichtwidrigkeit lag und welches Interesse zu ersetzen ist. Ebenso kann er daraus abgeleitet werden, dass § 251 BGB, der durch § 252 BGB klarstellend erläutert wird, unabhängig von der Spezifik des haftungsbegründenden Umstandes in § 249 Abs. 1 BGB anzuwenden ist. Völlig selbstverständlich ist etwa bei einem Eingriff in den „eingerichteten und ausgeübten Gewerbebetrieb" der entgangene Gewinn zu ersetzen.[38]

12.27 Das Leistungsinteresse oder das positive Interesse ist in der Sache historisch jüngeren Datums als das Bestandsinteresse bzw. das negative Interesse.[39] Erst indem *pacta* akzeptiert wurden, die *servanda* waren, wurde die Möglichkeit geschaffen, die **Veränderung der Welt als Pflicht** zu begründen und die **Nichteinhaltung des Versprechens als einen Schaden zu konzipieren** – obwohl nur ein *Versprechen* nicht eingehalten und nichts Körperliches oder gegenständlich schon Vorhandenes beschädigt worden war.[40] Die herkömmlichen Schadensvorstellungen, die sich schon in dem eingeführten Begriffsarsenal festgesetzt hatten, passten nun überhaupt nicht mehr. Durch die Nichterfüllung eines Versprechens wird die tatsächliche **Lage des Gläubigers** nicht verschlechtert; sie wird **nur nicht verbessert**. Es kann also auch beim Schadensersatz nicht mehr darum gehen, im Heute eine Situation herzustellen, die sich aus dem *status quo ante* entwickelt hätte, wenn dieser nicht durch die Schädigung beeinträchtigt worden wäre. Vielmehr geht es um die Herstellung einer Situation im Heute, die sich entwickelt hätte, wenn im Damals eine *fiktive* Situation bestanden hätte, wie sie durch eine fiktive Erfüllung einer Pflicht geschaffen worden *wäre*, die indessen tatsächlich nicht erfüllt worden ist. Die Bestimmung eines zu ersetzenden Leistungs- bzw. des positiven Interesses oder eines Nichterfüllungsschadens[41] setzt so einen Vergleich eines heutigen tatsächlichen Zustandes mit einem **heutigen fiktiven Zustand** voraus, der sich aus einem **anderen fiktiven Zustand** *der Vergangenheit* entwickelt hätte.[42] Das Wort „Restitution" oder das „Re" in „Natural*re*stitution" ist nun doppelt irreführend geworden und *unter-*

---

38) Palandt-*Grüneberg*, BGB, § 252 Rn. 1. *Kantor*, Valuation for Arbitration. Compensation Standards, Valuation Methods and Expert Evidence, 2008, behandelt weithin analog ein sog. „reliance interest", scheint aber entgangene Gewinne abschneiden zu wollen. „Damages based upon the reliance interest seek to restore the injured party to the economic position he would would have occupied at the time the contract was entered into by the parties." (S. 39) Andererseits heißt es anderswo (S. 42): The „sunk investments approach" also referred to as „wasted investments" is a measure oft he reliance interest. It seeks to place the injured party in the same position as if the investment had never been made – recovery of invested sums plus a reasonable rate of return until the date of recovery."

39) Auch wenn die Bezeichnungen als Gegensatzpaar vermutlich zeitgleich entstanden sind.

40) § 287 Abs. 1 ZPO, der Anwendung findet, wenn unter den Parteien streitig ist, „wie hoch sich der Schaden oder ein zu ersetzendes Interesse belaufe", erinnert noch an diese frühere Dualität.

41) Wie schon angesprochen, könnte man das Leistungsinteresse auch Erfüllungsinteresse nennen. S. Rn. 12.15 und Fn.

42) Hier liegt der Unterschied zur Bestimmung des Schadensersatzes beim negativen oder Bestandsinteresse, wo wenigstens der vergangene Zustand, aus dem der gegenwärtige fiktive Zustand herzuleiten ist, *real* war; s. Rn. 12.23 f.

III. Die beiden wichtigsten schadensrechtlichen Begriffspaare

treibt die gestellte Aufgabe doppelt.[43)] Diese ist eher auf eine Art von „Nach-Nacherfüllung" auf anderen Wegen oder **„Anders-Nacherfüllung"** (anders als es im vertraglichen Leistungsprogramm vorgesehen war) gerichtet. Ihr Ziel ist auch nicht mehr die Erbringung der ursprünglich vereinbarten Leistung, sondern die Herstellung des Zustandes, der sich aus ihrer Erfüllung entwickelt hätte. Der Zwischenschritt, der Gegenstand der ursprünglichen Leistungspflicht war, wird übersprungen. Die in die Form der „Nach-Nacherfüllung" bzw. der „Anders-Nacherfüllung" übergegangene Pflicht greift weiter in die Zukunft und **„kürzt" den Weg ab.** Der „Vektor" zu einem bestimmten sachlich-gegenständlichen oder Vermögenszustand, als der die sekundäre Ersatzleistung gesehen werden kann, ist ein anderer, direkterer als wenn die Primärleistung erbracht worden wäre.[44)]

b) Maßgeblichkeit des § 249 Abs. 1 BGB (erste Bedeutungsebene) für das „Interesse"

Im Schadensrecht des BGB ist vom negativen Interesse oder positiven Interesse 12.28
nicht die Rede. § 249 BGB als Grundnorm des Schadensersatzrechts ordnet an, dass als Schadensersatz der Zustand herzustellen ist, „der bestehen würde, wenn der zum Ersatz verpflichtende Umstand nicht eingetreten wäre." Diese Formulierung des Ausgleichsgedankens (§ 249 Abs. 1 BGB, erste Bedeutungsebene) kann gleichgesetzt werden damit, dass das sog. „Interesse" zu ersetzen ist.

Nach § 249 Abs. 1 BGB (erste Bedeutungsebene) **entscheidet allein der „zum** 12.29
Ersatz verpflichtende Umstand" was als Schaden zu ersetzen ist.[45)] Hieraus

---

43) Man kann wirklich nicht die Herstellung eines Zustandes, der nie bestand und sich aus einem anderen Zustand entwickelt *hätte,* der auch niemals bestand, mit dem Attribut „wieder" schmücken.

44) *Kantor,* Valuation for Arbitration. Compensation Standards, Valuation Methods and Expert Evidence, 2008, S. 39: „For this compensatory purpose, courts in breach of contract cases will commonly award an amount that will restore the injured party to the economic position he expected from performance of the contract. This approach is known as the „expectation measure" of damages or the „benefit-of-the-bargain-measure". Es ist zu bemerken, obwohl es hier nicht darauf ankommt, dass diese Formulierung und die Bezugsstelle von *Kantor* zur Schadensbemessung die vergangenen Erwartungen des Geschädigten maßgeblich machen, nicht, wie § 249 BGB, die hypothetische Position („Zustand, der bestehen würde"), in der sich der Geschädigte ohne den zum Ersatz verpflichtenden Umstand *befände.*

45) Schon *Mommsen* drang darauf, „die zum Ersatz verpflichtende Thatsache genau (festzustellen) und bei der Berechnung des Interesse fortwährend scharf im Auge (zu behalten)" *Mommsen,* S. 140. *Oetker* in: MünchKomm-BGB, § 249 Rn. 122, betont ebenfalls: „Zweck der Schadensersatzpflicht ist es, den Geschädigten so zu stellen, wie er stünde, wenn der Schädiger sich ordnungsgemäß verhalten hätte. Je nach dem Inhalt der verletzten Verhaltensnorm folgen hieraus unterschiedlich ausgestaltete Schadensersatzansprüche". *Teichmann* in: jurisPK-BGB, § 249 Rn. 12, erläutert zutreffend, dass der Umstand, der die Verpflichtung zur Schadensersatzleistung „auslöst", „darüber bestimmt, mit welcher hypothetischen Lage die reale Güterlage verglichen wird." In diesem Sinne auch *Hanau/Wackerbarth,* in: FS Hyung-Bae Kim, S. 205: „Dem Gläubiger wird je nach Art der Pflichtverletzung sein positives oder negatives Interesse am Vertrag ersetzt."

kann regelmäßig ohne weiteres, insbesondere ohne dass man auch nur eine Sekunde darüber nachdenken müsste, ob das negative oder das positive Interesse zu gewähren ist, das richtige Ergebnis abgeleitet werden. Ist der haftungsbegründende Umstand eine Beschädigung, der Entzug oder die Zerstörung eines Gegenstandes, so ist der Geschädigte – in diesem ersten Fall – so zu stellen, als ob der Gegenstand nicht beschädigt, entzogen oder zerstört worden wäre. Ist der Umstand die Verletzung einer Verpflichtung, bei Verhandlungen keine Falschangaben zu machen oder eine unterlassene Aufklärung, so ist der Geschädigte – in diesem zweiten Fall – so zu stellen, als ob er durch die Verletzung der Informationspflicht nicht beeinflusst worden wäre. Ist der Umstand – in dem dritten Fall – die Nichterfüllung einer Leistungsverpflichtung, so ist der Geschädigte so zu stellen, als ob die Leistungsverpflichtung nicht nicht erfüllt worden wäre, also so, als ob sie doch erfüllt worden wäre.

12.30 Der Gedankengang verläuft also nicht: Es wurde eine Pflicht zur Erfüllung eines Vertrages verletzt, ... also ist das positive Interesse zu ersetzen ... es folgt eine Exegese des Begriffs des „positiven Interesses". Sondern: Wenn der „zum Ersatz verpflichtende Umstand" die Nichterfüllung eines Vertrages ist, ergeben sich alle Einzelheiten der Ersatzleistung aus § 249 Abs. 1 BGB, v. a. aus den danach anzustellenden Kausalitätsüberlegungen. Der Begriff des „positiven Interesses" schiebt sich nicht ein bzw. **drängt sich nicht dazwischen.** Wenn der jeweils „zum Ersatz verpflichtende Umstand" in § 249 Abs. 1 BGB „eingesetzt" wird, wirft vielmehr bereits die gesetzliche Anweisung „den Zustand herzustellen, der bestehen würde, wenn der zum Ersatz verpflichtende Umstand nicht eingetreten wäre", zielsicher das zu ersetzende Interesse (= den zu ersetzenden Schaden) aus. *Damit ist der konkrete Fall gelöst*[46]– eigentlich ohne dass man wissen müsste, ob nun das negative oder positive Interesse ersetzt wurde.

12.31 Wie gesagt, dient es freilich der Verständigung unter Juristen, wenn man davor oder danach sagen kann: „Aha, hier ist/war der zum Ersatz verpflichtende Umstand eine Nichterfüllung und es ist/war das „positive Interesse" zu ersetzen ..." oder „Schau her, hier wurde in eine bestehende Rechtsgüterlage eingegriffen ... – das ist/war das negative Interesse ...", aber einen Beitrag zur Falllösung leistet beides kaum.[47] Die Leistungsfähigkeit und dogmatische Bedeutung des Begriffspaars ist also gering. Zudem besteht die zu vermeidende Gefahr, dass die Rechtsanwendung das Schadensrechts in eine Summe von – teilweise praeter legem aufgefundenen – Regeln und Wertungen verwandelt, wann das positive

---

46) Es bleibt natürlich zu entscheiden, ob ein Wechsel zur Wertentschädigung erfolgt o. Ä.
47) S. erneut *Mommsen*, (Fn. 155), S. 137 f., der nachdrücklich die Verschiedenartigkeit der „Thatsachen, welche zur Leistung des Interesse verpflichten können" und die Verschiedenartigkeit der „Beschaffenheit des davon betroffenen Vermögens" betont. Die „Aufstellung allgemeiner Grundsätze" lässt er gerade als „nicht völlig unthunlich" durchgehen.

III. Die beiden wichtigsten schadensrechtlichen Begriffspaare

und wann das negative Interesse zu ersetzen sei – bzw. von Ausnahmeregeln, wenn die Ergebnisse der ersten Regeln nicht passen.

c) Unschärfen beim Begriffsgebrauch „positives" und „negatives Interesse"

Unklar an dem Begriff „positives Interesse" ist, ob ein positives Interesse einen bestimmten Inhalt der gebrochenen rechtlichen Verpflichtung voraussetzt, etwa **materiell auf eine Veränderung des status quo** gerichtet sein muss, oder ob es für eine Verletzung des positiven Interesses ausreicht, dass **formell** überhaupt eine **vertragliche oder vorvertragliche Pflicht** bestand, die verletzt wurde. Das erste „materielle Verständnis" besitzt wohl *Schiemann*.[48] Andere Autoren oder Gerichte scheinen einem „formellen Verständnis" zu folgen, wonach das bloße Bestehen einer vertraglichen Pflicht ausreicht, die auf ein Unterlassen oder einen Schutz gerichtet sein könnte. Zum Beispiel: Wie ist es mit einem Bodyguard, der tatenlos zusieht, wie der ihm Anvertraute verprügelt wird (oder der den ihm Anvertrauten selbst verprügelt)? Hat er das „negative Interesse" zu ersetzen, weil seine Pflicht (nur) eine auf die *Aufrechterhaltung eines Bestandes* gerichtete Schutz- und Fürsorgepflicht war (Prügel und Schlimmeres abzuwehren)? Oder muss er das „positive Interesse" ersetzen, weil er eine *vertragliche Leistungspflicht*, Prügel und Schlimmeres abzuwehren, nicht erfüllt hat?[49]

12.32

Eine zweite begriffliche Unsicherheit mindern Kalibers bezieht sich auf entgangene Gewinne. Entgangene Gewinne wären i. d. R. durch den **Abschluss von Absatzverträgen** realisiert worden. Sollte man nun Bedenken haben, etwa als „positives Interesse" auch den Ersatz von Vorteilen anzusehen, die aus Verträgen entstanden sind, die aufgrund eines Vertragsbruchs (Nichtlieferung von Einsatzmaterialien) erst gar nicht mehr geschlossen wurden. Der Frage liegt schon ein Missverständnis zugrunde und die Antwort kann nur „ja" lauten. Das zu ersetzende positive Interesse ist das aus der Nichtlieferung der Einsatzmaterialien, nicht das aus dem Nichtabschluss aus erst **gar nicht mehr geschlossenen** Verkaufsverträgen. Von einem Anspruch „auf das Erfüllungsinteresse (eines) nicht zustande gekommenen Vertrages" bzw. dem Vorteil, der dem Geschädigten „über ein hypothetisches Geschäft zugeflossen wäre" spricht auch zutreffend bisweilen der BGH.[50]

12.33

---

48) Staudinger-*Schiemann*, BGB, 2017, Vorbem. zu §§ 249 ff. Rn. 48.

49) Für diejenigen, die der zweiten Ansicht zuneigen, könnte sich die Frage anschließen, ob es bei Bestehen eines Vertrags oder einer rechtlichen Bindung nach § 311 Abs. 2 i. V. m. § 241 Abs. 2 BGB überhaupt noch Raum für eine Haftung auf das negative Interesse geben kann, da alle Vertragsbeziehungen doch als Nebenpflichten Schutz- und Fürsorgepflichten einschließen.

50) BGH v. 24.6.1998 – XII ZR 126/96, UG 3 (ausf.), s. a. BGH v. 6.4.2001 – V ZR 394/99, WM 2001, 1302 f.; BGH v. 15.11.2011 – VI ZR 4/11, WM 1998, 2210 = BB 1998, 1710; MDR 2012, 76 re. Sp Mitte. S. a. *Lange/Schiemann*, Schadensersatz, § 2 IV 3.

12. Kapitel Schadensersatz- bzw. Schadensrecht

12.34 Drittens fragt sich, ob ohne weiteres schon von dem „positiven Interesse" gesprochen werden kann, wenn zwar ein Sonderrechtsverhältnis bestand, aber keine Hauptleistungspflicht verletzt wurde. Zum Beispiel sprach das OLG München von einem „positiven Interesse" an der Richtigkeit einer Auskunft über eine Altersrente.[51] Das AG Rostock gewährte Reisenden, die von ihrem Reisebüro zu einem falschen Flughafen geschickt worden waren, die Kosten für den Ersatzflug als positives Interesse.[52] In beiden Fällen war aber möglicherweise fraglich, ob die verletzte Pflicht Hauptleistungspflicht war.

d) Eigentlich das „negative", ausnahmsweise aber doch das „positive Interesse"?

12.35 Abweichend von der hier vertretenden[53] Sichtweise geht die Rechtsprechung bislang häufig so vor, dass sie z. B. aus einer abstrahierenden Betrachtung der vorliegenden Pflichtverletzung herleitet, dass das „negative Interesse" zu ersetzen ist. Wenn dieses Ergebnis nicht befriedigend ist, sucht sie in einem „Korrekturarbeitsgang" nach Gründen, warum ausnahmsweise doch das positive Interesse ersetzt werden könne.[54] Hieran ist v. a. zu kritisieren, dass es sich die Rechtsprechung so schwer macht und sich überhaupt mit der Notwendigkeit der Rechtfertigung einer ausnahmsweisen Gewährung des „positiven Interesses" befasst, obwohl „eigentlich" das „negative" zu gewähren wäre, statt zu erkennen, dass sich die Frage, welches Interesse zu gewähren ist, einfach in eine Analyse der kausalen Folgen des haftungsbegründenden Umstandes auflöst. Entsprechend könnten die Schemata „c. i. c./Delikt → negatives Interesse" und „Garantieverletzung → positives Interesse" beiseitegelegt werden. Die einfache Anwendung von § 249 BGB führt stets zu zutreffenden Ergebnissen. Bei der c. i. c. kommt regelmäßig heraus, dass das negative Interesse zu gewähren ist – und hieran ändert es nichts, wenn derselbe Betrag in anderen Zusammenhängen als positives Interesse zu gewähren wäre, wenn es einen Vertrag gäbe. Auf diese Weise wird vermieden, eine vermeintliche Regel zu pflegen, von der immer

---

51) OLG München v. 5.8.1999 – 1 U 2459/99, OLGR 1999, 330.
52) AG Rostock Urt. v. 23.4.2010 – 43 C 212/09, Rn. 27. Die Kosten für den Ersatzflug wären richtig als negatives Interesse zu gewähren gewesen. Ohne die fehlerhafte Auskunft hätten die Reisenden den gebuchten Flug erreicht und die Zusatzkosten erspart.
53) S. Rn. 12.28 f.
54) Z. B. BGH v. 15.11.2011 – VI ZR 4/11, MDR 2012, 76 f. Vgl. auch OLG Koblenz v. 27.5.2009 – 1 U 596/08 („Ammenkuhhaltung"), OLGR 2009, 888.

III. Die beiden wichtigsten schadensrechtlichen Begriffspaare

wieder Ausnahmen erfunden werden müssen, um im Einzelfall zu richtigen Ergebnissen kommen zu können.[55]

e) „Negatives" und „positives Interesse" gleich hoch?
Unzweifelhaft kann derselbe sachlich-gegenständliche Zustand mit denselben 12.36
Kausalitätslinien und wirtschaftlichen Folgen einmal das Bestands- bzw. negative Interesse und einmal das Leistungs- bzw. positive Interesse verletzen, wenn sich die Pflichtwidrigkeit des Umstands aus verschiedenen Normen ergibt, z. B. für verschiedene Schuldner.

Fallbeispiel „Schokoladenfabrik" (erfunden)   12.37

In einer Schokoladenfabrik beschädigt ein unachtsamer Fahrer eines Lieferanten eine Fertigungsstraße, so dass Maschinenöl in die Schokolade gerät;

---

55) In OLG Düsseldorf v. 26.11.1985 – 23 U 66/85, NJW-RR 1986, 508, wurde bei einem Anspruch aus c. i. c. das positive Interesse gewährt. Der Fall betraf die Aufhebung einer Ausschreibung der Deutschen Bundespost, die das OLG Düsseldorf als rechtswidrig ansah (also keine Informationspflichtverletzung). Es meinte, dass einem Fensterbauunternehmen, obwohl in voller Beweis dafür, dass einem bestimmten Bieter der Zuschlag hätte erteilt werden müssen, niemals geführt werden könne (NJW-RR 1986, 509 re. Sp.), ausnahmsweise das positive Interesse, „letztlich in Höhe des ihnen durch die Nichterteilung des Auftrags entgangenen Gewinns" zustehe, weil ihm der Auftrag bei Unterlassen der rechtswidrigen Aufhebung der Ausschreibung mit hinreichender Wahrscheinlichkeit erteilt worden wäre (NJW-RR 1986, 510 li. Sp. Mitte). Nach der hier vertretenen Auffassung konnte indessen ein „positives", „Leistungs-", oder „Erfüllungsinteresse" nicht gewährt werden, weil (ja) gerade *kein Zuschlag erteilt* wurde und kein Vertrag zustande kam. Gewährt wurde das „negative Interesse", allerdings in Höhe des durch das pflichtwidrige Nicht-Zustandekommen des Vertrages entgangenen Gewinns. Der BGH gewährte in BGH v. 29.1.1965 – V ZR 53/64, NJW 1965, 812, 814 li. Sp. Mitte, das positive Interesse. Die Pflichtwidrigkeit hatte in einer Nichtaufklärung über die Formbedürftigkeit eines Vorvertrags bestanden und der BGH sah es als naheliegend an, dass ohne das zum Schadensersatz verpflichtende Verhalten der Kaufvertrag formgültig zustande gekommen wäre. Die Ersatzberechtigten waren daher so zu stellen, wie sie stehen würden, wenn der Vertrag rechtswirksam wäre. Allerdings konnte nicht auf Grundstücksauflassung geklagt werden, weil dies Vertragserfüllung und kein Schadensersatz gewesen und dies einer Außerkraftsetzung der Formvorschrift des § 313 BGB hinausgelaufen wäre. Die Ersatzberechtigten sollen daher in Geld schadlos gestellt werden, so dass sie sich unter Berücksichtigung der heutigen Grundstücks- und Baustoffpreise und der heutigen Arbeitslöhne etc., ein gleichwertiges Hausgrundstück beschaffen können (BGH v. 29.1.1965 – V ZR 53/64, NJW 1965, 812, 814 re. Sp. oben). Auch hier konnte kein „positives Interesse" gewährt werden, weil es keinen Vertrag gab und kein Vertrag gebrochen werden konnte. Gewährt wurde vielmehr das negative Interesse, das durch ein Nachverfolgen der Kausalitätslinien aus dem pflichtwidrigen Verhandlungsabbruch bestimmt wurde. Der Betrag, der schließlich gewährt wurde, mag ziffernmäßig dem Betrag entsprochen haben, der beim Zustandekommen eines Vertrages und dem nachfolgenden Vertragsbruch als positives Interesse zu gewähren gewesen wäre. Aber das steht auf einem anderen Blatt. In beiden Entscheidungen wird deutlich, dass es letztendlich um Kausalitätsfragen geht. Übrigens kann, wenn eine Partei bei pflichtgemäßer Aufklärung einen Vertrag mit einem Dritten geschlossen hätte, der Getäuschte das ersetzt verlangen, was ihm aus dem Geschäft mit dem Dritten zugeflossen wäre (BGH v. 2.3.1988 – VIII ZR 380/86, CR 1988, 558). Dies ergibt erfolgt nach Auffassung des Verfassers erneut als Gewährung des negativen Interesses.

12. Kapitel Schadensersatz- bzw. Schadensrecht

die Pflichtwidrigkeit folgt daraus, dass er Schutzpflichten i. S. von § 241 Abs. 2 BGB und § 823 BGB verletzt (Situation 1). Die Schokoladenfabrik wird nun ohne Reparatur der Fertigungsstraße (es gerät weiter Maschinenöl in die Schokolade) verkauft. Dabei wird die Garantie abgegeben, dass die Fertigungsstraße einwandfrei ist; die Pflichtwidrigkeit folgt hier daraus, dass eine vertragliche Garantie unrichtig ist (Situation 2).

12.38 In der Situation 1 ist das Bestands- bzw. negative Interesse verletzt, in der Situation 2 das Leistungs- bzw. positive Interesse. Dieselbe Maßnahme zur Naturalherstellung nach § 249 Abs. 1 BGB mit denselben Kosten nach § 249 Abs. 2 Satz 1 BGB bzw. § 250 BGB ersetzt einmal das Bestands- bzw. negative Interesse und einmal das Leistungs- bzw. positive Interesse – freilich bezogen auf *zwei verschiedene Pflichtverletzungen* bzw. haftungsbegründende Umstände bei zwei verschiedenen Schuldnern.[56] Nichts anderes würde bei einer Wertentschädigung nach § 251 BGB gelten. Einer Schadensersatzleistung ist nicht auf die Stirn geschrieben, was sie ist.

12.39 Kann es auch Fälle geben, in denen aufgrund *derselben Pflichtverletzung* bzw. desselben haftungsbegründenden Umstandes einmal das Bestands- bzw. negative Interesse und einmal das Leistungs- bzw. positive Interesse durch dieselbe Naturalherstellung bzw. eine gleich hohe Wertentschädigung zu ersetzen sind? In vielen schuldhaften Vertragsbrüchen, eingeschlossen schuldhaft unrichtige Garantien, steckt eine Pflichtverletzung i. S. von § 241 Abs. 2 BGB; bei Garantien ist dies i. d. R. eine Informationspflichtverletzung. Würde ein Reisebüro einem Flugreisenden garantieren, dass ein Flug von dem Flughafen Hahn abgeht, während er in Wirklichkeit vom Flughafen Rhein/Main abgeht, so gäbe es u. U. eine parallele Haftung aus der Garantie auf das positive Interesse und aus c. i. c. auf das negative Interesse.[57] Verprügelt ein Bodyguard den ihm Anvertrauten, wäre es wohl ähnlich; hinsichtlich der zu ersetzenden Schäden dürften keine Unterschiede bestehen. Auch bei schuldhaft unrichtigen Garantien bei M&A-Transaktionen besteht ein solches Nebeneinander. Freilich ergeben sich hier wohl Abweichungen daraus, dass in einem Fall der Käufer so zu stellen ist, als ob der Verkäufer die unrichtige Garantieaussage nicht getätigt hätte und im anderen so als ob die Welt der Aussage entsprochen hätte.

f) „Negatives Interesse" und „Bestandsinteresse"

12.40 Es muss noch eine letzte terminologische Frage angesprochen werden: Der Begriff **„negatives Interesse"** kann weit, i. S. einer Gleichsetzung mit „Bestandsinteresse" oder eng, nur im Zusammenhang mit einem Vertragsabschluss oder

---

56) Theoretisch könnte es auch einmal derselbe Schuldner sein.
57) AG Rostock v. 23.4.2010 – 43 C 212/09, Rn. 27. In dem Fall lag keine Garantie vor, so dass darüber gestritten werden kann, ob der falsche Hinweis überhaupt zu einer Haftung auf das Leistungs- bzw. positive Interesse führte.

III. Die beiden wichtigsten schadensrechtlichen Begriffspaare

gescheiterten Vertragsabschluss, gebraucht werden. Er wäre dann gleichbedeutend mit **Vertrauensschaden**.[58] Dieser enge, wohl überwiegende Gebrauch hat logisch und gedanklich für sich, dass der Begriff „negatives Interesse" offensichtlich als Gegenbegriff zu dem „positiven Interesse" gebildet wurde, das in der Tat nur durch – zumindest die Aussicht auf – eine vertragliche Leistungspflicht in die Welt kommt. In der Folge wäre z. B. durch eine PKW-Beschädigung bei einem Autounfall zwar das Bestandsinteresse, aber nicht das negative Interesse verletzt. Bei einem weiten Begriffsgebrauch wäre dies anders.

Für einen weiten Gebrauch des Begriffs „negatives Interesse" bzw. eine **Gleichsetzung mit „Bestandsinteresse"** lässt sich anführen, dass so der Gegensatz zwischen dem *Interesse am Erhalt der vorhandenen Rechtsgüter in einem bestimmten Zustand* und dem *Interesse an einer Schaffung oder Änderung von Rechtsgütern* durch vertragliche Verpflichtungen deutlich hervorgehoben wird. Zudem würden durch die Gegenbegriffe „negatives" und „positives Interesse" alle Möglichkeiten abgedeckt und die Begriffslage vereinfacht. Entsprechend folgt dieses Buch den Autoren, die den Begriff „**negatives Interesse**" mit dem „**Bestandsinteresse**" gleichsetzen.[59] 12.41

2. Naturalherstellung und Wertentschädigung

a) Aussaat und Ernte

Die zweite wesentliche Unterscheidung, die sich explizit aus dem Gesetz ergibt, ist die zwischen Naturalherstellung und Wertentschädigung.[60] Der Gegensatz zeigt bei Investitionsgütern den Gegensatz zwischen **eingesetztem Gebrauchswert** und **realisiertem Tauschwert**, noch einfacher: § 249 Abs. 1 BGB (zweite Bedeutungsebene) blickt auf die Kosten der **Aussaat** und ersetzt sie, § 251 Abs. 1 BGB auf den Veräußerungserlös für die **Ernte**. 12.42

---

58) *Brandt*, Schadensersatzrecht, S. 11 Rn. 15. *Busche*, Privatautonomie und Kontrahierungszwang, S. 144; *Fikentscher*, Schuldrecht, Rn. 391; *Emmerich* in: MünchKomm-BGB, Vor § 275 Rn. 168; Staudinger-*Löwisch*, BGB, Vorbem. zu §§ 275 ff. Rn. 64; *Larenz*, Schuldrecht; *Medicus* in: FS Lange, S. 539. Vgl. Darstellung und weitere Nachweise bei *Nickel*, Die Rechtsfolgen der culpa in contrahendo, S. 49; vgl. *Lange/Schiemann*, Schadensersatz, S. 67 m. w. N. – *Lange* bevorzugt außerhalb des Zusammenhangs mit Forderungen den Begriff „Erhaltungsinteresse", aber das ändert in der Sache nichts.

59) So *Keuk*, Vermögensschaden und Interesse, S. 162. Vgl. auch Darstellung und weitere Nachweise bei *Nickel*, Die Rechtsfolgen der culpa in contrahendo, S. 49.

60) Vgl. Palandt-*Heinrichs*, BGB, Vor § 249 Rn. 2 f., 7 zum internationalen Recht schreibt hierzu *Marc Allepuz*: „Under international law there exist two main types of reparation: restitution and compensation. Restitution has been considered the primary remedy in international law and it requires putting the offended in the status quo ante, i. e. the reestablishment of the situation that had existed before the wrongful act took place. ... The weakness of restitution as a remedy is that is not capable of repairing the losses that may have happened in the interim period between the moment of the wrongful act and the time of the indemnification." (Moral Damages in International Investment Arbitration, Spain Arbitration Review, Vol. 2013 Issue 17, S. 5–15, 5).

559

12. Kapitel Schadensersatz- bzw. Schadensrecht

12.43 Wie schon erwähnt, zeigt sich die Zweckhaftigkeit mancher Unterscheidungen erst, wenn die Erscheinungen, auf die sie angewendet werden, einen gewissen **Reife- oder Kompliziertheitsgrad** erreicht haben. So ist es auch mit § 249 Abs. 1 BGB (zweite Bedeutungsebene) und § 251 Abs. 1 BGB. Der Unterschied zwischen Naturalherstellung, etwa durch Ersatzbeschaffung, und Wertentschädigung bleibt kaum greifbar, solange Güter nur als **Verbrauchsgüter** betrachtet werden.[61] Seine Bedeutung zeigt sich aber sogleich lebendig, wenn er auf **Investitionsgüter** angewendet wird. Dies deshalb, weil der Tauschwert von Investitionsgütern (Investments, Capital Assets, Financial Assets) eben nicht identisch mit ihren Anschaffungskosten ist. **Anschaffungskosten eines Investitionsguts** (bzw. die für Reparatur oder Ersatzbeschaffung) und **Rückflüsse aus dem Investitionsgut** sind vielmehr quantitativ regelmäßig ganz andere. Zwischen beidem liegt die Pointe jedes Wirtschaftens, der Gewinn oder Verlust der Investition.

12.44 Für den Unterschied von Naturalherstellung und Wertentschädigung ist es gleichgültig, ob die Naturalherstellung bzw. Wertentschädigung dem Ziel des Schutzes des Bestandsinteresses bzw. negativen Interesses oder des positiven Interesses bzw. Leistungsinteresses dient.[62] Ebenso ist es unerheblich, ob ein unmittelbarer oder Folgeschaden zu ersetzen ist.

12.45 In diesem Buch wird von zwei **Modi (Wegen, Formen oder Arten) der Entschädigung** gesprochen.[63] Dabei ist die **Naturalherstellung der Hauptmodus** (Hauptform[64] oder Hauptweg) des Schadensersatzes.

12.46 Hier ist der (sehr) interessante, keineswegs paradoxe, Punkt zu bemerken, dass Naturalherstellung (wie immer einschließlich Kostenersatz) und Wertentschädigung regelmäßig **unterschiedliche Kosten bei Ersatzpflichtigen** auslösen (das, was beim Schuldner abfließt ist unterschiedlich), aber **denselben Reichtums- bzw. Vermögenseffekt beim Geschädigten** (das was ankommt, ist dasselbe) bewirken.

12.47 Zunächst *muss* es rechtlich so sein, dass bei dem Geschädigten bei der Naturalehrstellung und der Wertentschädigung i. d. R. schlussendlich „dasselbe an-

---

61) So spielt z. B. bei einer Zerstörung des am häufigsten von Schadensfällen betroffenen Verbrauchsguts, eines privaten PKWs, der Unterschied zwischen den Kosten der Ersatzbeschaffung nach § 249 Abs. 2 BGB und einer Wertentschädigung nach § 251 BGB praktisch nie eine Rolle, da fast immer eine Ersatzbeschaffung möglich ist und dann §§ 249, 250 BGB, aber nie § 251 BGB eingreift. Auch wenn § 251 BGB eingreift, spräche fast alles dafür, dass die Werteinbuße in dem Vermögen des geschädigten Privatmannes dem Betrag entspricht, für den er gerade im Markt – durch den Käufer finanziert – einen Ersatz-PKW gekauft hat.
62) S. oben Rn. 12.13, 12.109, 12.111.
63) § 251 Abs. 1 BGB sagt selbst, dass die Herstellung der „Entschädigung" des Gläubigers diene. Also regelt § 251 Abs. 1 BGB eine andere Art der Erreichung dieses Zwecks als § 249 Abs. 1 BGB, einen anderen Weg zur Entschädigung oder einen anderen Entschädigungsmodus.
64) *Medicus/Petersen*, Bürgerliches Recht, Rn. 819; *Lange/Schiemann*, Schadensersatz, S. 212.

III. Die beiden wichtigsten schadensrechtlichen Begriffspaare

kommt" – andernfalls wäre ja der Ausgleichsgedanke verletzt, der für die Naturalherstellung und die Wertentschädigung gilt. Sodann *kann* es wirtschaftlich so sein, dass bei dem Geschädigten in beiden Fällen „dasselbe ankommt", weil dem Geschädigten, wenn seine investive Ausgangsposition „natural" hergestellt wird, zusätzlich zur der Naturalherstellung später die *Gewinne aus der Investition* zufließen, deren Voraussetzungen „natural" hergestellt wurden. Hingegen erhält er, soweit Naturalherstellung nicht mehr möglich ist, die entgangenen Gewinne in der Wertentschädigungszahlung (Ersatz der Ernte) eingeschlossen. Letzten Endes beruht also das „Paradox", dass Naturalehrstellung und Wertentschädigung den Schädiger unterschiedlich viel kosten, aber dass beim Geschädigten gleich viel ankommt, darauf, dass der Geschädigte im ersten Fall den Profit selbst erzielt und er ihm im zweiten Fall von dem Schädiger mitersetzt wird.[65]

b) Vorrang der Naturalherstellung

Die **Naturalherstellung** ist nach dem BGB gegenüber der Wertentschädigung vorrangig.[66] Man kann diesen Vorrang zunächst als **Privilegierung des Gegenständlichkeitsinteresses**[67] interpretieren. Der Geschädigte soll vorrangig sachlich-gegenständlich so gestellt werden, wie er ohne die Schädigung gestanden hätte. Um dieses Ziel zu erreichen nimmt das Gesetz in Kauf, dass der Schädiger u. U. mehr zahlen muss als bei einer Wertentschädigung.[68] Eine Naturalherstellung nach § 249 Abs. 1 BGB ist unabhängig davon möglich, ob überhaupt ein Vermögensschaden vorliegt, also auch bei **immateriellen bzw. Nichtvermögensschäden**, wenn das schädigende Ereignis bei einem Gesamtvermögensvergleich keinen Differenzschaden auswürfe.[69]

12.48

Zugleich steht hinter dem Vorrang der Naturalherstellung – ein wenig versteckt – eine **ordnungspolitische Präferenz des Gesetzgebers**: Das Gesetz sagt, dass sich der **Staat**, wenn es um Schadensersatz nach Beschädigung eines Investitions- oder Kapitalgutes geht, solange dies irgend möglich und vertretbar

12.49

---

65) So ist es bei profitablen Investitionen. Bei unprofitablen Investitionen müsste die Wertentschädigung niedriger als die Naturalherstellung ausfallen. Der Vorrang der Naturalherstellung eröffnet dann dem Geschädigten die Möglichkeit, wirtschaftlich besserzustehen als bei Durchführung der Investition. Er bekommt gewissermaßen das Geld für ein Fehlinvestment zurück. Das Schadensrecht nimmt hier einen den Geschädigten per saldo bereichernde Überkompensation hin.
66) Dies ergibt sich aus „soweit ... nicht" in § 251 Abs. 1 bzw. aus der Bedingung in § 251 Abs. 2 S. 1 BGB.
67) S. Rn. 12.13, 12.109, 12.111.
68) Die Existenz der Grenze des § 251 Abs. 2 BGB bestätigt dies.
69) Vgl. *Oetker* in: MünchKomm-BGB, § 249 Rn. 321. (Wenn etwa versprochen war, dass ein Gebäude blau angestrichen ist, aber es tatsächlich grün ist, können die Kosten des Neuanstrichs verlangt werden, auch wenn das grüne Gebäude nicht weniger wert war.).

ist,[70] **nicht** soll entscheiden müssen, **wie rentabel die Investition gewesen wäre.** Gerichte sollen stattdessen nur – auf der Einsatzseite – den „Gebrauchswertzustand" herstellen, mit dem der Investor ohne die Beeinträchtigung im Wettbewerb hätte antreten können. Die Startposition wird „repariert"; danach muss der Geschädigte sein Glück wieder selbst im Markt versuchen. Auch wenn er geschädigt wurde, liefert ihm der Staat nicht das erhoffte Schlussergebnis – die erwarteten Profite – „frei Haus".

12.50 Drittens wird es ein benachbartes **pragmatisches Motiv** für den Vorrang der Naturalherstellung gegeben haben: Solange wie möglich soll den Gerichten die Auseinandersetzung mit Planungen bzw. Schätzungen zur Höhe der Rückflüsse bzw. Überschüsse aus der Investition, also abgezinst, dem Wert der Investition oder eines Unternehmens, erspart bleiben und sollen sie sich auf die einfachere Addition von Nachbaukosten beschränken dürfen.

c) Inhalt, Möglichkeit und Unmöglichkeit der Naturalherstellung

aa) Zur Interessenlage

12.51 Je weiter der Kreis der Maßnahmen, die unter den Begriff der Naturalherstellung subsumiert werden können, umso seltener wird die „Umschaltnorm" des § 251 Abs. 1 BGB (Naturalherstellung „nicht möglich") zum Tragen kommen. Umso seltener wird entsprechend Wertentschädigung zu leisten sein, je enger hingegen der Kreis, der von der Naturalherstellung umfasst ist, umso häufiger. Von besonderer Bedeutung ist hierbei, dass – zu Recht – die Herstellung eines „wirtschaftlich gleichwertigen Zustands" noch als Naturalherstellung angesehen wird.

12.52 Diese Frage, wann noch eine „Herstellung" des hypothetischen „Zustandes ohne den Umstand"[71] bzw. eines „wirtschaftlich gleichwertigen Zustandes" vorliegt und wann der Gläubiger (nur) dafür entschädigt wird, dass dieser Zustand nicht mehr herstellbar ist, hat häufig **weitreichende Auswirkungen.**

12.53 So ist eine Naturalherstellung bei **immateriellen Schäden**[72] möglich. Andererseits bekommt der Geschädigte, vielleicht abgesehen von Schmerzensgeld, gar nichts mehr, wenn die Naturalherstellung unmöglich und der Übergang zur Wertentschädigung erfolgt ist (er hat ja keine Werteinbuße erlitten). Der Geschädigte ist hier also an einem möglichst weiten Begriff der Naturalherstellung bzw. „wirtschaftlichen Gleichwertigkeit" interessiert.

12.54 Auf ähnliche Weise kann sich ein Schädiger erhebliche Zahlungen ersparen, wenn die **Reparaturkosten hoch** oder Ersatzbeschaffung teuer, aber der **Differenzschaden gering** ist, und es ihm gelingt, aus der Naturalherstellung heraus

---

70) S. die „Umschaltpunkte" in § 251 Abs. 1 und Abs. 2 BGB. Dazu unten Rn. 12.57 f.
71) Eine Kurzformulierung, kein exaktes Gesetzeszitat.
72) S. *Brand*, Schadensersatzrecht, S. 10 Mitte, 52 oben, m. w. N.

III. Die beiden wichtigsten schadensrechtlichen Begriffspaare

und „in die Wertentschädigung" zu kommen.[73] Derselbe Konflikt wird noch schärfer ausgetragen, wenn, wie immer die Kosten der Naturalherstellung sein mögen, ausnahmsweise das Vermögen des „Geschädigten" in Folge des „Umstands" erhöht wird, also der **Vermögensschaden negativ** ist. Dies ist etwa bei Zerstörung eines zum Abriss vorgesehenen oder unter Denkmalschutz stehenden Gebäudes auf einem wertvollen Grundstück der Fall. Dabei liegt eine wichtige Pointe darin, dass der Geschädigte das Geld nicht für die Herstellungsmaßnahme ausgeben muss.[74]

In anderen Fällen ist die Interessenlage genau umgekehrt und werden Schädiger und Geschädigter mit getauschten Rollen kämpfen. Zum Beispiel mag der Geschädigte versucht sein, wenn ein mit dem vernichteten Gegenstand identischer Gegenstand nicht mehr erhältlich ist, einen Übergang zu einer **wesentlich höheren Wertentschädigung** damit zu begründen, dass eine preisgünstige Ersatzbeschaffung eines weitgehend funktionsgleichen Gegenstandes, wirtschaftlich nicht mehr „gleichwertig" wäre. *In der Praxis wählen Gläubiger also ihre präferierte Entschädigungsart danach aus, welche ihnen eine höhere Zahlung zu versprechen scheint.*

12.55

Die Frage des Übergangs von der Naturalherstellung zur Wertentschädigung hat gerade bei Investitionsgütern und der Gewährung von Schadensersatz bei M&A-Transaktionen große Auswirkungen. Zum Beispiel kann bei Bilanzgarantien von ihrer Beantwortung abhängen, ob überhaupt Schadensersatz zu leisten ist;[75] jedenfalls wird sie erheblichen Einfluss auf die Höhe besitzen. Indem die Rechtsprechung die **Möglichkeit der Herstellung eines wirtschaftlich vergleichbaren Zustandes** noch als Naturalherstellung ansieht, fordert sie direkt zu einer wirtschaftlichen Bewertung auf. Die **Auslegungsfrage** „was ist noch Naturalherstellung" kann entsprechend hier nicht abstrakt begrifflich, sondern nur aus wirtschaftlicher Perspektive beantwortet werden.

12.56

bb) „Umschaltnormen" und „Umschaltpunkte"

Bevor der mögliche Inhalt einer „Herstellung eines wirtschaftlich vergleichbaren Zustandes" näher erörtert wird, sollen kurz die drei „Umschaltpunkte" vorgestellt werden, die bei einer schadensrechtlichen Herleitung einer Entschädigungsleistung von Bedeutung sind.

12.57

Der *erste* „Umschaltpunkt", noch innerhalb der Naturalherstellung, ist derjenige zwischen **Herstellung** und **Ersatzbeschaffung**. Er ist implizit, nicht ausdrück-

12.58

---

73) Wenn die Verhältnismäßigkeit zu sehr aus dem Ruder läuft, kommt dem Geschädigten § 251 Abs. 2 BGB zur Hilfe.
74) *Lange/Schiemann*, Schadensersatz, S. 58.
75) S. dazu Rn. 12.364 ff.

12. Kapitel Schadensersatz- bzw. Schadensrecht

lich im BGB geregelt, sondern wurde von der Rechtsprechung anhand des *Kriteriums der Wirtschaftlichkeit* entwickelt.[76]

12.59 Der *zweite* „Umschaltpunkt" liegt ebenfalls noch innerhalb der Naturalherstellung. Er ist derjenige zwischen der Erbringung der Ersatzleistung durch den **Schädiger selbst** oder einer **Kostenerstattung**. Bei Sach- und Personenschäden wird der Übergang in § 249 Abs. 2 Satz 1 BGB geregelt. Für andere Fälle – wozu v. a. Garantieverletzungen gehören – ist das Gesetz unklar[77] und bestehen Meinungsverschiedenheiten. Es ist richtigerweise davon auszugehen, dass der Geschädigte durch eine Fristsetzung nach § 250 BGB „nur" erzwingen kann, dass er die Kosten für die Reparatur oder Ersatzbeschaffung erhält und nicht mehr eine Art von „Nachbesserung" bzw. „Selbstvornahme" durch den Schädiger hinnehmen muss.[78] Insoweit ist § 250 BGB ein § 249 Abs. 2 Satz 2 BGB analoger „Umschaltpunkt" zur Zahlung „des dazu erforderlichen Geldbetrag(es)". Nach der Gegenauffassung soll hier bereits der Sprung zur Wertentschädigung nach § 251 Abs. 1 BGB erfolgen.[79]

12.60 Da die Naturalherstellung vorrangig ist, kommt es zu einem **Übergang zur Wertentschädigung** nur, wenn eine Norm dies anordnet; hierfür stehen als Umschaltpunkte *dritter* Kategorie, die beiden Alternativen des § 251 Abs. 1 BGB („nicht möglich" und „nicht genügend") sowie § 251 Abs. 2 BGB („Herstellung nur mit unverhältnismäßigen Aufwendungen möglich") zur Verfügung.

---

76) BGH v. 15.10.1991 – VI ZR 314/90 BGHZ 115, 364–374; *Teichmann* in: jurisPK-BGB, § 249 Rn. 76; Bamberger/Roth-C. *Schubert*, BGB, § 249 Rn. 178, 180; *Wagner*, ZGR 2008, 495 ff., 516; Schmoeckel/Rückert/Zimmermann-*Jansen*, HKK, §§ 249–253, 255 Rn. 89–92.

77) Nachdem § 249 Abs. 2 Satz 1 BGB eindeutig einen Übergang von der „Herstellung" zu „dem dazu erforderlichen Geldbetrag" vorsieht, wäre in § 250 BGB eine ähnliche Formulierung zu erwarten gewesen, wenn dasselbe gemeint ist. Tatsächlich heißt es aber, dass der Gläubiger, wenn die Frist zur „Herstellung" abgelaufen ist, „Ersatz in Geld verlangen" könne. Es irritiert auch, dass der „Anspruch auf die Herstellung" durch § 250 BGB ausgeschlossen wird. Andererseits: Wenn § 250 BGB einen Übergang zur Wertentschädigung bewirken soll, warum verwendet er dann eine gegenüber § 251 BGB abweichende Formulierung (§ 250: „*Ersatz in Geld*" – § 251: „in Geld *entschädigen*").

78) *Für „Umschaltpunkt" zur Kostenerstattung i. S. von § 249 Abs. 2 Satz 1:* BGH v. 16.11.1953 – GSZ 5/53, BGHZ 11, 156, 163; *Oetker* in: MünchKomm-BGB, § 250 Rn. 11; Staudinger-*Schiemann*, BGB, 2017, § 250 Rn. 2–4; Prütting/Wegen/Weinreich-*Medicus*, BGB, § 250 Rn. 2; *Teichmann* in: jurisPK-BGB, § 249 Rn. 90; *Mellert*, BB 2011, 1667, 1668 re. Sp. unten. Sehr klar auch *Brand*, Schadensersatzrecht, 2010, S. 62: „§ 250 BGB erweitert die Regel des § 249 Abs. 2 S. 1 BGB über die dort genannten Sachverhalte der Sachbeschädigung und Körperverletzung hinaus ... § 250 BGB eine Regel der Naturalrestitution".

79) *Für „Umschaltpunkt" zur Wertentschädigung i. S. von § 251:* Alff in: RGRK, § 250 Rn. 4; BGH v. 13.1.2004 – XI ZR 355/02, ZIP 2004, 452, 454 li. Sp. unten. Von den Kommentaren wird fast immer unbeachtet gelassen, wie wichtig diese Frage für Vermögensschäden aufgrund einer Garantieverletzung ist.

III. Die beiden wichtigsten schadensrechtlichen Begriffspaare

cc) Noch Naturalherstellung

Es war zeitweise unklar, ob neben der Reparatur einer Sache die sog. *restitutio* 12.61
in genere – die **Beschaffung einer Ersatzsache** für eine beschädigte oder zerstörte Sache – noch eine **Naturalherstellung** i. S. von § 249 BGB sein könne oder ob, wenn eine Reparatur ausschied, nur noch eine Wertentschädigung nach § 251 BGB möglich sein sollte. Die Motive zum BGB sind wohl so zu verstehen, dass eine *restitutio in genere* als Naturalherstellung gelten sollte, während es von der Zweiten Kommission wahrscheinlich abgelehnt wurde.[80] Der Gesetzgeber, heißt es, habe unter Naturalherstellung vermutlich nur die Reparatur von Sachen und die Heilung von Personen verstanden.[81]

Das RG hat die *restitutio in genere* auf der Linie der Motive – zunächst bei Gat- 12.62
tungssachen – als Fall des § 249 Abs. 1 BGB (zweite Bedeutungsebene) angesehen, der BGH hat diesen Standpunkt übernommen und fortgeführt.[82] Die Sache verändernde Instandsetzungsarbeiten[83] und die Anschaffung von Ersatzsachen[84] könnten als Naturalrestitution angesehen werden, soweit dies der Nutzungsfunktion des Geschädigten diene und die Ersatzsache, etwa der Neubau eines Hauses, nicht als aliud erscheine.[85] Schließlich hat die Rechtsprechung auch bei Unikaten, etwa Gebrauchtfahrzeugen, eine Naturalherstellung durch Ersatzbeschaffung zugelassen,[86] so dass heute wohl davon ausgegangen werden kann, dass neben der Reparatur einer beschädigten Sache auch die Beschaffung einer Ersatzsache – oder die Erstattung der Kosten dafür – als Naturalherstellung nach § 249 Abs. 1 BGB verlangt werden kann.[87]

Die Herstellung „in Natur" ist aber nicht auf körperliche Dinge und erst recht 12.63
nicht auf natürliche beschränkt. Sie umfasst neben einer körperlichen Reparatur von Sachen und der Ersatzbeschaffung auch die **Herstellung von Rechtslagen**, z. B. durch Lösung von einem unerwünschten Vertrag,[88] den **Erlass oder**

---

80) Schmoeckel/Rückert/Zimmermann-*Jansen*, HKK, §§ 249–253, 255 Rn. 49.
81) Schmoeckel/Rückert/Zimmermann-*Jansen*, HKK, §§ 249–253, 255 Rn. 49.
82) Schmoeckel/Rückert/Zimmermann-*Jansen*, HKK, §§ 249–253, 255 Rn. 89 m. w. N.
83) BGH v. 8.12.1987 – VI ZR 53/87, BGHZ 102, 322, 325 ff.
84) BGH v. 23.3.1976 – VI ZR 41/74, BGHZ 66, 239, 244 f., 248 f.
85) BGH v. 8.12.1987 – VI 53/87, BGHZ 102, 322, 325 ff.
86) BGH v. 8.12.1987 – VI 53/87, BGHZ 102, 322, 325 ff. Weitere Nachweise bei Schmoeckel/Rückert/Zimmermann-*Jansen*, HKK, §§ 249–253, 255 Rn. 87, 89.
87) Die *restitutio in genere* ist Naturalherstellung: BGH v. 8.12.1987 – VI ZR 53/87, BGHZ 102, 322, 325 ff.; BGH v. 23.3.1976 – VI ZR 41/74 BGHZ 66, 239, 244 f., 248 f.
88) Etwa bei den §§ 37b, 37c WpHG und § 826 BGB. Vgl *Wagner*, ZGR 2008, 495 ff., 508. Liegt eine Naturalherstellung auch noch darin, dass ein Kauf durch A von B gegenüber C rückabgewickelt wird? Bejahend *Wagner*, ZGR 2008, 495 ff., 509 f. m. w. N., erneut in den vorgenannten Fällen, wo der irregeführte Anleger einen Anspruch gegen die Gesellschaft oder das täuschende Organ auf Rückzahlung des an einen Dritten gezahlten Kaufpreises bei Rückgabe des Anteils haben soll.

12. Kapitel Schadensersatz- bzw. Schadensrecht

Freistellung von Verbindlichkeiten[89] oder den **Abschluss oder Änderung von Verträgen** und die **Anpassung von Preisen**[90], daneben **Realakte**[91].

12.64 „Naturalherstellung" ist nicht puristisch zu verstehen. Wenn die historische Weiterentwicklung aus dem ursprünglichen Zustand in $t1$ einmal abgebrochen ist, lässt sich eigentlich nie ein hypothetischer Zustand in $t2$ herstellen, der demjenigen entspräche, der sich aus dem ursprünglichen Zustand heraus entwickelt hätte. Fast immer fehlen einige Spuren des ursprünglichen Zustandes und sind andererseits Spuren des die Ersatzpflicht begründenden Umstandes und der „Herstellungsintervention" vorhanden. Deshalb läuft aber § 249 Abs. 1 BGB (zweite Bedeutungsebene) nicht leer. Vielmehr ist die Naturalherstellung **kaufmännisch** und **etwas pragmatisch** (aber wiederum keineswegs beliebig weit) zu verstehen. Nach zutreffender h. M. muss qualitativ nicht der absolut identische Zustand hergestellt werden („der bestehen würde"), sondern reicht ein **„wirtschaftlich gleichwertiger Zustand"** aus.[92]

12.65 Insbesondere steht der Naturalherstellung das unvermeidliche **Verstreichen einer gewissen Zeit** zwischen Beschädigung und Reparatur/Ersatzbeschaffung nicht entscheidend entgegen. Sonst bliebe kein Anwendungsbereich für sie. So ist die Rückgabe oder Reparatur einer Sache oder Ersatzsache (noch) Naturalherstellung, also auch die Rückgabe von Diebesgut oder das Wiederauffüllen einer Kasse nach einem Diebstahl (mit *anderen* Geldscheinen – *restitutio in genere*) bzw. eine Bankgutschrift.[93] Dieser Logik folgend dürfte, da, wie erwähnt, die Freistellung von einer Verbindlichkeit Naturalherstellung ist,[94] die **Erstattung** der schon auf die freistellungspflichtige Schuld geleisteten Zahlung, also eine Kostenerstattung, noch Naturalherstellung sein. Unten in Rn. 12.116 wird vertreten werden, dass eine schadensrechtliche Kaufpreisminderung bzw. die Gewährung eines „Restvertrauensschadens" ebenfalls noch Naturalherstellung ist.

---

89) Schmoeckel/Rückert/Zimmermann-*Jansen*, HKK, §§ 249–253, 255 Rn. 87 – für die Befreiung von einem unerwünschten Vertrag; *Oetker* in: MünchKomm-BGB, § 249 Rn. 29 m. w. N.; BGH v. 29.6.1972 – II ZR 123/71, BGHZ 59, 148, 150, 151 Mitte – für die Befreiung von einer Verbindlichkeit; *Lange/Schieman*, Schadensersatz, S. 216 – erwähnt wird nur der Fall, dass der Ersatzpflichtige den Berechtigten selbst mit einer Verbindlichkeit belastet hat.
90) Zahlreiche Nachweise bei *Teichmann* in: jurisPK-BGB, 6. Aufl., § 249 Rn. 85 m. w. N.
91) Etwa den Widerruf von Äußerungen (*Teichmann* in: jurisPK-BGB, § 249 Rn. 88 m. w. N.) oder eine für Erlangung einer Forderung gegen die Bank nicht konstitutive Verbuchung eines Kontoguthabens (BGH v. 31.5.1994 – VI ZR 12/94, NJW 1994, 2357, 2359).
92) So schon *Mommsen*, S. 130. Falls die völlige Wiederherstellung nicht möglich ist, sei ein „Zustand herzustellen, welcher dem Verletzten wenigstens doch dieselben Annehmlichkeiten und Vortheile, wie der frühere Zustand, gewährt"; ähnl. Palandt-*Grüneberg*, BGB, § 249 Rn. 2; *Oetker* in: MünchKomm-BGB, § 249 Rn. 325 f.
93) *Schiemann* meint, dass sich dann § 249 und § 251 BGB „decken" würden (Staudinger-*Schiemann*, BGB, 2017, § 249 Rn. 190, § 251 Rn. 2). Die Zahlung von Zinsen dürfte freilich, wie der Ersatz entgangener Gewinne, schon Wertentschädigung sein.
94) Vgl. Rn. 12.63.

III. Die beiden wichtigsten schadensrechtlichen Begriffspaare

Wenn im Fall kaufrechtlicher Mängelhaftung oder der Verletzung einer Garantie zum Eigentum, Vorhandensein oder Zustand von z. B. Vorräten eine Ersatzbeschaffung auf Kosten des Lieferanten (als *restitutio in genere*) denkbar ist, müsste auch eine **Naturalherstellung eines einer Bilanzaussage entsprechenden Zustandes** bezüglich z. B. derselben Vorräte durch Nachlieferung solcher Vorräte möglich sein, wenn der Garantieschuldner selbst Zugriff auf solche Vorräte hat oder diese im Markt zu erwerben sind? Auch wenn entgegen des „Bilanzauffüllungsansatzes" ein durch einen garantiewidrigen Abschreibungs-, Wertberichtigungs- oder Rückstellungsbedarf aufgerissenes Buchwertdeltas nicht einfach in Cash ersetzt werden kann,[95] erscheint aber eine Naturalherstellung durch Reparatur- bzw. Ersatz des von der Abschreibung oder Wertberichtigung betroffenen Wirtschaftsguts oder Freistellung von der nicht durch eine Rückstellung berücksichtigten Schuld möglich. 12.66

Wir hatten gesehen, dass sich der Gegensatz zwischen Naturalherstellung und Wertentschädigung bei Investitionsgütern mit dem Herstellung eines bestimmten Gebrauchswertzustandes auf der Einsatz-Seite einer Investition und dem Ersatz entgangener Gewinne auf der Payback-Seite deckt.[96] Man könnte indessen daran denken, dass neben Naturalherstellung auf der Einsatzseite durch Bereitstellung oder Ersetzung der Kosten für fehlende Aussaat (die noch rechtzeitig gesät werden kann) und Wertentschädigung durch Ersatz der entgangenen Gewinne aus der Ernte auf der Payback-Seite als Drittes auch eine *Naturalherstellung auf der Payback-Seite* stattfinden könnte, indem der Schädiger dem Geschädigten etwa Erntefrüchte in entsprechender Menge übereignet. Dies dürfte im Beispiel jedoch daran scheitern, dass der *Ausgleichsgedanke* verletzt wäre. Der geschädigte Bauer, dessen Ernteausfall durch Feldfrüchte in der hypothetischen Erntemenge ersetzt würde, stünde nämlich wirtschaftlich besser (weil er sich Düngekosten, Personalkosten für die Feldarbeit und Ente, Lager- und Versicherungskosten etc. erspart hätte). Insofern läge zwar eine Herstellung von „etwas" in natura vor, aber es wäre eben der übergeordnete Ausgleichsgedanke verletzt. Eine Wertentschädigung durch Übereignung einer geringeren Zahl von Erntefrüchten – bei Bemessung der Mindermenge an der Kosteneinsparung des Geschädigten – ist wiederum fraglich, da § 251 Abs. 1 BGB nur eine Entschädigung „in Geld" vorsieht. 12.67

dd) Nicht mehr Naturalherstellung

Hier ist aber wohl die Grenze erreicht. Schon **Verzögerungsschäden** – ausgefallene Miete, weil eine Gebäude nicht fertig wurde o. Ä., – können wohl schon 12.68

---

95) S. Rn. 11.149 f., 11.157 f., 12.355 ff.
96) S. Rn. 12.18, 12.42 f.

nicht mehr als Naturalherstellung ausgeglichen werden.[97] Entsprechend ist der **Zins** auf einen gestohlenen Geldbetrag schon Wertentschädigung. Es können auch nicht rückwirkend **hypothetische Marktgegebenheiten** (bei denen etwa Ladekabel als Vorräte noch marktgängig gewesen wären) geschaffen oder **nicht stattgefundene Ereignisse** (das Ausbleiben von Defekten an Maschinen oder ein höherer Ausstoß) simuliert werden. Desgleichen können nicht **wirtschaftliche Folgen** von in der Vergangenheit bestehenden Marktgegebenheiten oder des Nichtstattfindens von Ereignissen (ein niedriger Umsatz, schlechteres Jahresergebnis) i. S. einer Naturalherstellung „ungeschehen" gemacht werden. Die Begründung einer Forderung oder eine heutige Zahlung vermögen nicht mehr einen wirtschaftlich gleichwertigen Zustand zu schaffen.[98]

12.69 Es kann nicht ein Ersatz **entgangener Gewinne**, der immer nur als Saldo aus einer Mehr- oder Vielzahl von Zu- und Abflüssen **in Geld** berechnet werden muss, nicht mehr „wirtschaftlich gleichwertig" mit einem Zustand bzw. mit Abläufen sein, die sich ohne den haftungsbegründenden Umstand ergeben hätten. **Entgangene Gewinne sind per Wertentschädigung in Geld** und liegen immer im Anwendungsfeld von § 251 BGB. Dies gilt auch dann, wenn entgangene Gewinne von vorneherein vom Ausgleichsgedanken des § 249 Abs. 1 BGB (erste Bedeutungsebene) umfasst sind; man wird also sagen müssen, dass wenn das „Entgehen" von Gewinnen nicht mehr durch eine rechtzeitige Naturalherstellung verhindert werden kann, zwangsläufig eine Wertherstellung ins Spiel kommt.

d) Teilweise Naturalherstellung, teilweise Wertentschädigung ...

12.70 Selbstverständlich ist denkbar – hierauf zielt § 251 Abs. 1 Alt. 2 BGB ab –, dass eine **Herstellung nur teilweise möglich** ist und also der Schaden zum anderen Teil als Wertentschädigung zu ersetzen ist.[99] Dies bewirkt v. a. das Wörtchen „soweit" in § 251 Abs. 1 BGB.

12.71 Dieser Fall tritt bei **Verbrauchsgütern** auf, wenn nach einer Reparatur nach § 249 Abs. 1 BGB ein „merkantiler Minderwert" verbleibt; dieser wird zusätzlich nach § 251 Abs. 1 BGB ersetzt.[100] Ebenso kann, immer noch bei Verbrauchsgütern, z. B. ein defektes Dach zu **Folgeschäden**, etwa an unersetzbaren Anti-

---

97) Der Ersatz von Verzögerungsschäden ist nur als Wertentschädigung möglich (*Steckler*, BB 1995, 469, 471 li. Sp. Mitte).
98) A. A. OLG München v. 30.3.2011 – 7 U 4226/10, BeckRS 2011, 07200. S. krit. dazu unten Rn. 12.404.
99) Prütting/Wegen/Weinreich-*Medicus*, BGB, § 251 Rn. 3. Schmoeckel/Rückert/Zimmermann-*Jansen*, HKK, §§ 249–253, 255 Fn. 602.
100) Vgl. *Alff* in: RGRK, § 251 Rn. 6; *Vuia*, NJW 2012, 3057.

III. Die beiden wichtigsten schadensrechtlichen Begriffspaare

quitäten oder Kunstwerken geführt haben. Diese sind als Wertentschädigung auszugleichen, wenn keine Naturalherstellung möglich ist.[101]
Erst recht ist bei Beschädigungen von **Investitionsgütern** – einer Maschine, einer Kuh, eines Ackers, eines Unternehmens – durch die Reparatur des in *t1* eingetretenen Schadens in *t2* „die Herstellung ... zur Entschädigung des Gläubigers nicht genügend" i. S. von § 251 Abs. 1 Alt. 2 BGB. Das Investitionsgut hätte zwischen *t1* und *t2* Produkte fertigen können, was zu zusätzlichen Umsätzen und einem besseren Ergebnis geführt hätte. Mit anderen Worten war die vorrangige Naturalherstellung (§ 249 Abs. 1 BGB, zweite Bedeutungsebene) zum Ausgleich des Interesses (§ 249 Abs. 1 BGB, erste Bedeutungsebene) eben noch nicht ausreichend. 12.72

Das „Soweit ..." in § 251 BGB lässt in all diesen Fällen keinen Zweifel daran, dass es **kein „Alles-oder Nichts"** gibt. Auch wenn punktuell ein Übergang von der vorrangigen Naturalrestitution zur Wertentschädigung stattfindet, betrifft dies nur die Schadensteile bzw. „Schadenssplitter", bei denen „die Herstellung nicht möglich oder zur Entschädigung des Gläubigers nicht genügend ist". Im Übrigen bleibt es bei dem Vorrang der Naturalherstellung und erfolgt kein genereller Regimewechsel.[102] Es ist eine freie Zusammensetzung einer Schadensersatzleistung aus Beträgen, die Kostenersatz für eine Naturalherstellung und solchen Beträgen, die eine Wertentschädigung darstellen, möglich. 12.73

Bei Unternehmenswertbeeinträchtigungen i. R. von Streitigkeiten post M&A führt der Ausgleichsgedanke **fast stets zu Kombinationen** von Naturalherstellung und Wertentschädigung. 12.74

e) Bemessung der Wertentschädigung

Hat eine „Umschaltnorm" des § 251 BGB eingegriffen oder haben die Parteien eines M&A-Vertrages vertraglich die Leistung von Schadensersatz vereinbart,[103] der auf eine Wertentschädigung hinausläuft, so sind nun nicht mehr die Kosten von sachlich-gegenständlichen Reparaturen auf der Einsatzseite der Investition, 12.75

---

101) *Oetker* in: MünchKomm-BGB, § 251 Rn. 14 m. w. N.
102) Vgl. *Oetker* in: MünchKomm-BGB, § 249 Rn. 332 (für den Ersatz des merkantilen Minderwerts nach § 251 BGB neben der Naturalherstellung).
103) Das OLG München v. 30.3.2011 – 7 U 4226/10, BeckRS 2011, 07200, hatte es mit folgender typischen Rechtsfolgenklausel zu tun: „Stellt sich heraus, dass eine oder mehrere Aussagen, für die der Verkäufer gem. Ziffer 2 dieses Vertrages ein selbstständiges Garantieversprechen übernommen hat, nicht zutreffend bzw. sind, können die Erwerber Verlangen, dass der Verkäufer innerhalb einer angemessenen Frist, spätestens aber innerhalb einer Frist von 4 Wochen ab Zugang des Verlangens, den Zustand herstellt, der bestehen würde, wenn die Aussage bzw. Aussagen zutreffend wären. Stellt der Verkäufer innerhalb der gesetzten Frist nicht den vertragsgemäßen Zustand her oder ist die Herstellung des vertragsgemäßen Zustands nicht möglich oder nicht zumutbar, können die Erwerber von dem Verkäufer Schadensersatz in Geld verlangen."

12. Kapitel Schadensersatz- bzw. Schadensrecht

an dem Unternehmen, aufzuaddieren, sondern es ist die wertmäßige Differenz zwischen dem Wert des Vermögens[104] bzw. dem Vermögen im Ganzen,[105] wie es sich hypothetisch ohne das schädigende Ereignis darstellen würde, und dem durch das schädigende Ereignis verminderten Wert zu ersetzen.

12.76 Hier, aber **erst hier** (!)[106], kommt die bekannte **Differenzhypothese** ins Spiel, die sich nicht mehr mit Kosten verschiedener sachlich-gegenständlicher Maßnahmen beschäftigt, sondern die von Anfang an in die „Welt der Tauschwerte", der Ernte und der Bewertung hinüberwechselt. Es hat ein **Gesamtvermögensvergleich** eines hypothetischen Sollzustandes, der nicht von dem schädigenden Ereignis beeinflusst ist, mit dem realen, schadensbehafteten Istzustand zu erfolgen. Die Summe der zweiten ist von der ersten zu subtrahieren und ergibt den **Differenzschaden**.[107] Für beide Vermögensaufstellungen sind **Bewertungen** erforderlich – d. h. die qualitativen Gegebenheiten müssen in Geldbeträge quantifiziert werden.

12.77 Dieses Vorgehen im deutschen Recht entspricht weitgehend der Praxis in internationalen Schiedsverfahren: „The object of damages is **to place the party** to whom they are awarded **in the same pecuniary position** that they would have been (wenn die Haftung auslösende Verletzung nicht erfolgt wäre)."[108] Oder: „International tribunals are nearly unanimous in agreeing that the purpose of damages for breach of contract is to place the injured party in the **position in**

---

104) Palandt-*Heinrichs*, BGB, § 251 Rn. 10 m. w. N.
105) *Lange/Schiemann*, Schadensersatz, S. 236.
106) Wenn das Gebot des Totalausgleich nach § 249 Abs. 1 BGB (erste Bedeutungsebene) noch nach dem primären Ausgleichsmodus der Naturalherstellung (zweite Bedeutungsebene) umgesetzt werden kann, sollte, obwohl dies häufig geschieht, der Begriff „Differenzhypothese" noch nicht angewendet werden. Zwar setzt der Begriff „Ausgleich" schon einen Unterschied zwischen einem Soll-Zustand und einem Ist-Zustand ebenso voraus wie der Begriff „Herstellen" einen Unterschied zwischen einem Ziel-Zustand und einem Ist-Zustand, aber die „Differenzhypothese" meint etwas anderes, nämlich einen Vergleich zwischen zwei immer schon **in Geldbeträgen quantifizierten Gesamtvermögen**. Es geht in § 249 BGB immer schon um den Unterschied zwischen zwei Zuständen, aber erst in § 251 BGB um eine Differenz zwischen zwei Vermögenslagen. S. a. *Oetker* in: MünchKomm-BGB, § 251 Rn. 18, 19. Dennoch ist es nicht glücklich, wenn „Differenzschaden" und „Erfüllungsinteresse" einander so entgegengestellt werden, wie der BGH dies z. T. tut (BGH v. 18.1.2011 – VI ZR 325/09, ZIP 2011, 529 = NJW 2011, 1196; BGH v. 15.11.2011 – VI ZR 4/11, MDR 2012, 76). „Erfüllungsinteresse" ist ein anderes Wort für das positive Interesse, das ausgehend von der Art des haftungsbegründenden Umstands – Vertragsbruch, Nichterfüllung, Garantieverletzung – einen Ausblick auf die wahrscheinlich als kausale Folgen auszugleichenden Nachteile gibt. Der Begriff „Differenzschaden" betrifft den Modus. Die Verwendung dieses Begriffes zeigt an, dass die Naturalherstellung (§ 249 Abs. 1, zweite Bedeutungsebene, § 250 BGB) verlassen wurde und eine Wertentschädigung nach § 251 BGB erfolgt.
107) Vgl. *Lange/Schiemann*, Schadensersatz, S. 249 f. *Schellhammer*, Schuldrecht, S. 638, spricht von einer „Schadensbilanz".
108) Sapphire International Petroleum Ltd. V. National Iranian Oil Co., Arbitral Award, 15.3.1963, nachgedr. in 35 ILR 136, 185–186.

III. Die beiden wichtigsten schadensrechtlichen Begriffspaare

which it would have been, had the contract been performed as promised. Damages may include losses incurred or gains foregone".[109]

Rechtslehre und Rechtsprechung finden allerdings keinen wirklichen Boden bei der Frage, wie die Höhe der **Wertentschädigung** nach § 251 BGB **bei Gebrauchsgütern** bestimmt werden soll. Es wird bei der Naturalherstellung nach § 249 BGB (also noch nicht bei der Wertentschädigung nach § 251 BGB) zunächst davon ausgegangen, dass bei Beschädigung oder Zerstörung eines Gegenstandes der **Wiederbeschaffungswert** zu ersetzen ist.[110] Dies muss so sein, da nach § 249 Abs. 1 BGB (zweite Bedeutungsebene) der Geschädigte „in natura" in die Lage versetzt werden soll, als ob es die Schädigung nicht gegeben hätte; er muss deshalb so ausgestattet werden, dass er das Ersatzgut auf dem Markt kaufen kann.

12.78

Es ist aber keineswegs überzeugend, dass auch eine Wertentschädigung nach § 251 BGB bei einer Beschädigung oder Zerstörung eines Gegenstandes nach dem Wiederbeschaffungswert bemessen werden soll.[111] Die Wertentschädigung nach § 251 BGB blickt auf die Wertminderung des Gesamtvermögens des Geschädigten. Hierfür **muss eine Versilberung angenommen werden** und ist also maßgeblich, welchen Betrag der Geschädigte durch eine Veräußerung auf dem ihm zugänglichen Markt hätte erzielen können. Nur durch die Annahme einer Veräußerung – zu normalisierten Marktbedingungen – kann nämlich der Geldwert von Gegenständen festgestellt werden, die eine andere sachliche Erscheinungsform besitzen.

12.79

So hatte die Rechtsprechung häufiger zu entscheiden, welche Schäden zu ersetzen sind, wenn der Verkäufer oder der Käufer einen *Kaufvertrag nicht erfüllt*. Im Ergebnis kann der *enttäuschte Verkäufer*, der den Kaufgegenstand dann behält (oder zurückerhält), den Kaufpreis verlangen, muss sich auf diesen aber den Wert des bei ihm verbleibenden Kaufgegenstandes anrechnen lassen.[112] Andersherum kann der Käufer bei Nichterfüllung des Verkäufers den Betrag verlangen, um den der Marktwert des nicht gelieferten Kaufgegenstandes über dem Kaufpreis liegt.[113] Wirtschaftlich erhält also die von dem Vertragsbruch betroffene Partei die **Marge zwischen dem vereinbarten Kaufpreis und dem**

12.80

---

109) *Kraus*, Arbitration Newsletter, International Bar Association Legal Practice Division, March 2011, S. 150 f., 151 re. Sp. oben.
110) Palandt-*Grüneberg*, BGB, § 249 Rn. 15.
111) Vgl. Palandt-*Grüneberg*, BGB, § 251 Rn. 10 m. w. N. – für den Fall der Zerstörung eines Gegenstandes; *Oetker* in: MünchKomm-BGB, § 251 Rn. 14.
112) BGH v. 20.5.1994 – V ZR 64/93, NJW 1994, 2480 = ZIP 1994, 1277; *Harke*, JR 2003, 1, 2 re. Sp. unten, m. w. N.
113) OLG Düsseldorf v. 11.6.2001 – 9 U 183/00, OLGR 2002, 222, 225 li. Sp.; BGH v. 18.1.1980 – V ZR 110/76, WM 1980, 466 re. Sp. unten; BGH v. 15.6.2005 – VIII ZR 271/04 MDR 2006, 79, 80 re. Sp. Mitte.

Marktwert;[114] der Marktwert wird aus den bestehenden *Verkaufsmöglichkeiten* bzw. dem Absatzmarkt hergeleitet.

12.81 Der Ansicht von *Grüneberg* (und der wohl noch h. M.), wonach gemäß § 251 BGB der Wiederbeschaffungswert zu ersetzen sein soll, also der Preis, den der Geschädigte bei einem Kauf von einem seriösen Händler – im gewerblichen Kleinhandel – zu zahlen gehabt hätte (und der aufgrund der Handelsspanne i. d. R. ca. 15–25 % über dem Zeitwert liegen soll)[115], ist also zur Aufrechterhaltung des Unterschieds zwischen § 249 BGB und § 251 BGB nicht zu folgen. Aus demselben Grund müssen methodische Bedenken dagegen erhoben werden, dass bei der Kommentierung von § 251 BGB auf eine Kommentierung zu § 249 BGB verwiesen wird;[116] § 251 BGB will gerade auf das Gegenteil von § 249 BGB hinaus.

12.82 Es gibt keine Rechtfertigung dafür, in einfacheren Konsumentenfällen den Blick auf Veräußerungserlöse bzw. den Absatzmarkt, wie er auch bei Gestaltungen mit einer kommerziellen Note praktiziert wird, aufzugeben und Wiederbeschaffungskosten anzusetzen (also auf den Beschaffungsmarkt zu blicken). Die vom BGB gewollte Ungleichbehandlung von Naturalherstellung und Wertentschädigung kann nicht (unausgesprochen) dem Gedanken geopfert werden, dass die Wertentschädigung bei **privaten Konsumgütern** *niedriger* als die Kosten der Naturalherstellung bzw. die Wiederbeschaffungskosten ausfiele, indem etwa ein Eigentümer eines zerstörten PKW nur den bei einem Verkauf auf dem Gebrauchswarenmarkt (für den noch intakten PKW) erzielbaren Preis erhalten würde. Nicht bedacht würde hierbei, dass der um ein Konsumgut geschädigte Privatmann regelmäßig die Wiederbeschaffungskosten schon als Naturalherstellung ersetzt erhalten wird und somit ein Bedürfnis zu seiner Begünstigung aus Billigkeitsgesichtspunkten gar nicht besteht. Sodann können bei der Bemessung der Wertentschädigung aus Rechtsgründen dergleichen Billigkeitsgesichtspunkte keine Rolle spielen. Es sollte also auch für die Wertentschädigung von Konsumgütern auf den **erzielbaren Verkaufspreis** (abzüglich etwaiger Verkaufskosten) **abgestellt** wird.[117]

12.83 Bei Investitions- oder Anlagegütern (wie Unternehmen) liegt der Unterschied zwischen Anschaffungs- oder Wiederbeschaffungskosten auf der Hand. Hier ist es, wenn es sich um ein rentables Unternehmen handelt, genau umgekehrt wie bei privaten Konsumgütern; die Einnahmen aus dem „Verkauf" von Leistungen, etwa von aus Rohstoffen gefertigten Produkten, sind typischerweise

---

114) Der Verkäufer zu einem niedrigeren und der Käufer zu einem höheren Marktwert.
115) Palandt-*Grüneberg*, BGB, § 249 Rn. 16.
116) Dies tut *Grüneberg*. Palandt-*Grüneberg*, BGB, § 249 Rn. 15.
117) Schmoeckel/Rückert/Zimmermann-*Jansen*, HKK, §§ 249–253, 255 Rn. 108.

III. Die beiden wichtigsten schadensrechtlichen Begriffspaare

höher als die Gestehungs- bzw. Wiederbeschaffungskosten. Zwischen beiden liegt der Gewinn.

Wenig überzeugend wird von der h. L. das schöne Beispiel des Hebens und der Reparatur eines **gesunkenen Schiffes** behandelt. Hieran soll deutlich gemacht werden, dass die Wertentschädigung nach § 251 BGB – durch Kauf eines neuen Schiffes – niedriger sein kann als die Kosten der Naturalherstellung (durch Heben und Reparatur des Schiffes).[118] Tatsächlich dürfte es aber i. d. R. gar nicht zu einer Wertentschädigung kommen, weil Ersatzbeschaffung durch Kauf eines neuen Schiffes noch möglich und diese Naturalherstellung ist.[119] Erfolgt ausnahmsweise ein Übergang zur Wertentschädigung nach § 251 Abs. 2 BGB oder aufgrund einer vertraglichen Regelung, so wäre freilich auf Rückflüsse aus dem Betrieb des Schiffes als Investitionsgut abzustellen. Nur wenn der Betrieb des Schiffes unrentabel ist oder es sich um eine private Yacht o. Ä. handelt, wäre sein Liquidationswert – auch hier i. H. des erzielbaren Verkaufspreises, nicht von Wiederbeschaffungskosten – maßgeblich. 12.84

Ein Schaden kann prozessual immer auf dem Weg einer **konkreten Schadensberechnung**[120] festgemacht werden, indem die Erzielbarkeit eines bestimmten Kaufpreises dargelegt wird.[121] Wie erwähnt, entsteht dem Käufer, wenn ein *Verkäufer* einen beliebigen Gegenstand *nicht liefert*, ein Schaden i. H. der Differenz zwischen dem gezahlten Kaufpreis und dem erzielbaren höheren Weiterverkaufspreis, der i. d. R. dem Verkehrswert[122] entspricht. Wenn umgekehrt ein *Käufer* den Kaufpreis *nicht zahlt*, kann der Verkäufer Schadensersatz i. H. der Differenz zwischen dem vereinbarten Verkaufspreis und seinen konkreten Beschaffungskosten verlangen. Wenn eine sog. „abstrakte Berechnung" zulässig ist, kann anstelle von konkreten Absatzmöglichkeiten auf Marktpreise auf den 12.85

---

118) Im Anschluss an RG v. 7.6.1909 – Rep. I. 329/08, RGZ 71, 212. Vgl. *Lange/Schiemann*, Schadensersatz, S. 214 Mitte; Staudinger-*Schiemann*, BGB, 2017, § 249 Rn. 211, § 251 Rn. 2.
119) Palandt-*Grüneberg*, BGB, § 249 Rn. 15; Oetker in: MünchKomm-BGB, § 249 Rn. 329 m. w. N.
120) Vgl. ICC-Fall 8740, 1996, ICC Bulletin Vol. 11 No. 2.
121) Ein entgangener Gewinn kann sogar zu ersetzen sein, wenn er das 29fache des Einkaufspreises ausmacht (Rn. 1.28); s. a. OLG Düsseldorf v. 6.7.1989 – 8 U 239/88, NJW-RR 1990, 43 – zur Höhe des Anspruchs gegen einen Berater wegen Kauf eines Unternehmens zu einem überhöhten Preis. Wenn es für das Gut einen Markt gibt, ist u. U. auch eine sog. *abstrakte Schadensberechnung* möglich. Vgl. Palandt-*Grüneberg*, BGB, § 252 Rn. 6, § 281 Rn. 25, 26.
122) Verkehrswert, Marktwert und gemeiner Wert sind im Wesentlichen dasselbe.

12. Kapitel Schadensersatz- bzw. Schadensrecht

Absatzmärkten abgestellt werden.[123)] Selbstverständlich wird hierbei – i. R. einer konkreten wie abstrakten Schadensberechnung – von einem Gegenstand mit den vertraglichen Beschaffenheiten ausgegangen.

12.86 Bei Nichtlieferung/Nichtabnahme eines Unternehmens kann eine ähnliche Betrachtung angestellt werden. Der Schaden kann ebenfalls in der Differenz zwischen dem vereinbarten Kaufpreis zu einem erzielbaren Weiterverkaufspreis oder dem Käufer-Unternehmenswert gesehen werden. Wenn börsennotierte Aktien verkauft wurden, kann daher u. U. der Börsenpreis[124)] verwendet werden. In der Regel wird eher, unabhängig von einem Weiterverkauf, der Verkehrs- bzw. Unternehmenswert vermittels der gebräuchlichen Bewertungsverfahren aus den Zukunftsüberschüssen abzuleiten sein. Bei einer Nichtlieferung kann dann, ganz wie bei einer Nichterfüllung bei anderen Gegenständen, hiervon der Kaufpreis abgezogen werden, der zu zahlen gewesen wäre. Hieraus ergibt sich betriebswirtschaftlich der **Nettobarwert** bzw. der **Net Present Value** der Investition, der dem entstandenen Schaden entspricht.[125)]

12.87 Bei dem praktisch wichtigeren Fall der Lieferung eines Unternehmens mit einer Unternehmenswertbeeinträchtigung und einem *minus* an **Unternehmenswert** ist bei Bemessung einer Wertentschädigung ebenfalls auf die Absatzseite, die Ernte, zu blicken. Auch hier kann grundsätzlich der Schaden in Form einer

---

123) Vgl. BGH v. 15.11.2011 – VI ZR 4/11, MDR 2012, 76 f. In diesem einfachen, aber interessanten Fall hatte ein Besteller von Heizöl über seine Zahlungsfähigkeit und -willigkeit getäuscht. Das Heizöl war geliefert worden. Hier stand dem Lieferanten zweifellos der Kaufpreis zu. Im Streitfall ging es indessen – offenbar im Zusammenhang mit einer Präferenz bei der Zwangsvollstreckung – darum, wie hoch der Schadensersatz war, den der Lieferant aufgrund Delikts beanspruchen konnte. Der BGH führte aus, bei Delikt stelle sich die Frage nach dem Erfüllungsinteresse als solche nicht (bezugnehmend auf BGH v. 8.1.2001 – VI ZR 325/09, ZIP 2011, 529). Der Schaden aufgrund Delikts könne aber in einem „Ausnahmefall" dem Erfüllungsinteresse entsprechen. Die Sichtweise des LG Kassel als Berufungsgericht hatte insoweit noch dem BGH entsprochen. Hier trennten sich aber die Wege. Das LG Kassel hatte gemeint, dass dem Lieferanten durch die deliktische Täuschung, ohne die der Kauf nicht zustande gekommen wäre, ein Schaden nur i. H. der Anschaffungs- und Lieferkosten entstanden wäre (S. 77 li. Sp. oben). Der BGH meinte, dass LG Kassel habe den bei der „Ermittlung des Differenzschadens zugrunde zu legenden hypothetischen Geschehensablauf zu eng" gefasst (S. 76 re Sp. Mitte) und sprach den Verkaufspreis zu. Es gelte sowohl § 252 Satz 2 BGB wie die Möglichkeit einer abstrakten Schadensberechnung. Das Urteil lässt richtig keinen Zweifel, dass auch bei einer Verletzung des Bestands- bzw. negativen Interesses ein Anspruch auf entgangenen Gewinn besteht und dass § 252 Satz 2 BGB gilt. Dies ist überzeugend. Vielleicht kann man aber doch zweifeln, ob es nach „dem gewöhnlichen Lauf der Dinge oder ... den besonderen Umständen, insbesondere nach den getroffenen Anstalten und Vorkehrungen, mit Wahrscheinlichkeit erwartet werden konnte", dass Heizöl, dass an einen Kunden nicht verkauft werden konnte, an einen anderen hätte verkauft werden können.

124) Obwohl der Unternehmenswert regelmäßig eher nicht der Marktkapitalisierung eines Unternehmens entspricht, vgl. *C. Wollny*, Der objektivierte Unternehmenswert, S. 6 m. w. N.

125) Zum Schaden bei Nichtlieferung eines Unternehmens s. a. Rn. 12.292. Zum „net present value" vgl. *Brealey/Myers*, Principles of Corporate Finance, 5th. Ed., S. 11 ff., 85 ff., 322 f. In unserer Notation wäre dies KUWi – KP.

Differenz zwischen einem Weiterverkaufspreis, der für das Unternehmen ohne die Unternehmenswertbeeinträchtigung zu erzielen gewesen wäre, und dem tatsächlich erzielbaren Weiterverkaufspreis geltend gemacht werden. Erneut wird in der Praxis v. a. anstelle von Vortrag zu einer Weiterverkaufsdifferenz eine Unternehmensbewertung erfolgen. Auch wenn es sich hierbei nur um eine Bewertung „stand alone" handeln kann (und also in die Bewertung keine Wertsteigerungen aus Synergien eines konkreten Käufers einfließen können – er ist ja nicht bekannt –, wie sie den Weiterverkaufspreis erhöht hätten) ist dies nicht nur gerechtfertigt, sondern der übliche Weg, der unten näher dargestellt werden wird.[126] Folgeschäden, die sich außerhalb des bewerteten Unternehmens niederschlagen, sind hierin freilich noch nicht enthalten.[127]

IV. Ergänzende und irreführende schadensrechtliche Begriffe

12.88 Die in diesem Buch zugrunde gelegte, sich aus dem Gesetz ergebende Ordnung und Auslegung schadensrechtlicher Begriffe findet sich in dieser konsequenten Form zumeist nicht in Lehre und Praxis. Diese geht, wie erwähnt, überwiegend topisch und kasuistisch vor, was Systematisierungsversuche teilweise erübrigt. Nichtsdestoweniger leben einige in den Jahrtausenden des Schadensrechts geborenen und in anderen Zeiten (oder heute in andere Rechtsordnungen passende) Begriffe fort und werden immer wieder verwendet.

12.89 Diese Begriffe konnten als „zweitrangig" bezeichnet werden, weil sie – anders als die des positiven bzw. Leistungs- und des negativen bzw. des Bestandsinteresses und der Naturalherstellung und Wertentschädigung – **zur normalen Anwendung der §§ 249 ff. BGB** nicht unbedingt oder zumeist **nicht benötigt** werden.[128] Einige sind nützlich, andere kaum relevant, einzelne sogar irreführend.

1. Nähe und Ferne des Schadens

12.90 Verschiedene Begriffspaare unterscheiden danach, ob ein Schaden oder das verletzte Rechtsgut „näher" zu dem zur Haftung verpflichtenden Umstand oder „entfernter" von ihm war. Das Begriffspaar „unmittelbarer Objektschaden" bzw.

---

126) S. Rn. 12.251 f.
127) S. Rn. 12.253, 12.278, 12.327.
128) Es kommt ihnen zumeist nur dann Bedeutung zu, wenn Parteien den Umfang des Schadensersatzes vertraglich abweichend von dem Grundsatz des Totalausgleichs regeln und hierzu solche Begriffe verwenden. Dann ist übrigens z. B. äußerste Vorsicht beim Ausschluss einer Haftung für mittelbare und Folgeschäden geboten, weil hiermit eine Haftung auch für entgangene Gewinne und somit die wesentlichste Unternehmenswertminderung abgeschnitten wäre. So auch *Mellert*, BB 2011, 1667, 1674 li. Sp. Die Unterscheidung zwischen unmittelbaren und mittelbaren Schäden wird übrigens im internationalen Vertragsrecht als so unklar angesehen, dass ein Verzicht auf diese Begriffe – zugunsten des Ausschlusses einzelner Schadensarten oder von Höchstbeträgen – empfohlen wird. *Ostendorf/Kluth*, RIW 2009, 428. U. U. ist der Begriff der „mittelbaren Kausalität" auch für die hypothetische Kausalität von Belang (*Brand*, Schadensersatzrecht, 2010, S. 12 unten).

12. Kapitel Schadensersatz- bzw. Schadensrecht

„Verletzungsschaden"[129)] einerseits und „mittelbare Folgeschäden"[130)] andererseits findet bei einer Verletzung des Bestandsinteresses bzw. negativen Interesses Anwendung, etwa bei deliktischen Körper- oder Sachbeschädigungen.[131)]

12.91 Für die parallele Unterscheidung bei der Verletzung eines Leistungsinteresses werden zum Teil dieselben und zum Teil genauere Begriffe verwendet. Häufig werden die Begriffspaare „Nichterfüllungsschaden" und „Folgeschaden" bzw. „mittelbare Schäden" oder bei Vertragsbeziehungen mit einem Mangelrecht[132)] „Mangelschaden" und „Mangelfolgeschaden" verwendet.[133)]

12.92 Bei M&A-Transaktionen geht es i. d. R. nicht um körperliche zerstörerische Eingriffe in einen vorhandenen Bestand. Der Prüfung, ob mittelbare Schäden kausale Folgen von unmittelbaren Schäden sind, kommt daher meistens keine Bedeutung zu. Auch wäre eine Beschädigung der Fertigungsstraße durch einen LKW-Fahrer, wie im Fallbeispiel, zunächst noch kein „M&A-Rechtsfall". Der technische **Defekt an der Fertigungsstraße** würde erst zu einem „**M&A-Rechtsfall**" werden, wenn die Fabrik *verkauft* und die Funktionsfähigkeit der

---

129) Vgl. Staudinger-*Schiemann*, BGB, Vor § 249 Rn. 44.

130) Als römisch-rechtliche Vorgängerbegriffe könnten angesehen werden *interesse circa rem* und *interesse extra rem*, Schmoeckel/Rückert/Zimmermann-*Jansen*, HKK, §§ 249–253, 255 Rn. 13; Staudinger-*Schiemann*, BGB, Vor § 249 Rn. 24. Zum Aufeinandertreffen von angelsächsischem und deutschem Verständnis von „indirect and consequential damages" s. *Freudenberg*, ZIP 2015, 2354.

131) Bei Beschädigung einer Fertigungsstraße einer Schokoladenfabrik beim Zurücksetzen durch einen unaufmerksamen LKW-Fahrer wäre der Objektschaden der Schaden an der Fertigungsstraße die Folgeschäden der mittelbaren Schäden wären Betriebsausfallschäden, entgangener Gewinn, Gesundheitsschäden von Kunden und Imageschäden der Fabrik, die sich daraus ergeben könnten, dass durch die Beschädigung Schmieröl in die Schokolade geriet, und die Brandschäden, wenn aus tropfendem Öl ein Feuer entsteht, sowie die mittelbaren oder Folgeschäden eines solchen Feuers (etwa erneut Betriebsausfallschäden und entgangener Gewinn wegen abgebrannter benachbarter Maschinen); wir werden noch mehrfach auf dieses Beispiel zurückkommen.

132) Kaufrecht, Werkvertragsrecht, Mietrecht o. Ä.

133) Soll ein *Werkunternehmer* eine Fertigungsstraße für eine Schokoladenfabrik überholen und setzt er hierbei eine nicht fachgerechte Dichtung ein, so liegt hierin ein Mangelschaden. Wenn nun dasselbe geschieht wie bei der Beschädigung der Fertigungsstraße durch einen LKW-Fahrer, nämlich Schmieröl in die Schokolade gerät, Kunden Gesundheitsschäden erleiden, das Unternehmen einen Imageschaden und Betriebsausfallschaden sowie entgangene Gewinne davonträgt etc., liegen hierin Mangel*folge*schäden aus der Schlechtleistung des Anlagenbauers. Wird die Schokoladenfabrik verkauft und im Vertrag die Mangelfreiheit der Fertigungsstraße garantiert, so könnte man denselben Defekt als „Nichterfüllungsschaden" bezeichnen (eine Garantie ist eine schuldrechtliche Verpflichtung, die kein besonderes Mangelrecht kennt) und die sich daraus ergebenden Schäden (Betriebsausfall-, Gesundheits-, Imageschäden etc.) als mittelbare Schäden oder Folgeschäden.

IV. Ergänzende und irreführende schadensrechtliche Begriffe

Maschinen garantiert würde.[134)] Der Defekt der Fertigungsstraße würde zugleich durch die Garantie zu einem „unmittelbaren Schaden" bzw. „Nichterfüllungs"- bzw. ggf. „Mangelschaden" werden. Die Gesundheitsschäden der Verbraucher, die mit vergifteter Schokolade in Kontakt kämen, oder etwaige Zerstörungen durch das Feuer blieben allerdings auch hier „mittelbare Schäden", „Folgeschäden" oder „Mangelfolgeschäden".

2. Voraussehbarkeit des Schadens

In einigen Rechtsordnungen ist die gesetzliche Vertragshaftung auf z. B. bei Vertragsabschluss voraussehbare Schäden oder „nach dem normalen Gang der Dinge" voraussehbare Schäden begrenzt. Diese Unterscheidung spielt im deutschen Recht nahezu überhaupt keine Rolle; ähnliche Fragestellungen werden allerdings vermittels der Begriffe der „Adäquanz" oder des „Schutzzwecks der Norm" innerhalb der Kausalitätslehre behandelt.   12.93

3. Damnum ermergens („positiver Schaden") und lucrum cessans („entgangener Gewinn")

Die römisch-rechtlichen Begriffe *damnum ermergens* und *lucrum cessans* bzw. die deutschen des „positiven Schadens"[135)] und des „entgangenen Gewinns" werden in der Lehre sowie in Urteilen und Schiedssprüchen[136)] gerne verwendet, um **zwei Schadensgruppen** zu unterscheiden, die etwa bei der direkten   12.94

---

134) Die Fertigungsstraße kann schon defekt sein, wenn die Garantie abgegeben wird. Gleichwohl *wird* der Defekt erst durch die Garantieabgabe zu einem Nichterfüllungs- oder Mangelschaden, wie dies beim Verkauf einer mangelhaften Sache nicht anders ist. Es bleibt selbstverständlich dabei, dass der Defekt schon eine Verletzung des Bestands- bzw. negativen Interesses durch den LKW-Fahrer darstellt. *Derselbe Umstand kann also zugleich das negative wie das positive Interesse,* jedenfalls zweier verschiedener Personen, *verletzen.* Nicht mit der Verletzung des Bestands- bzw. negativen Interesses des Fabrikeigentümers durch den LKW-Fahrer zu verwechseln, ist die Verletzung des negativen Interesses des Unternehmenskäufers durch eine Täuschung oder ein pflichtwidriges Verschweigen hinsichtlich des Defekts der Fertigungsstraße i. S. einer c. i. c. oder eines Delikts. Hier ist das negative Interesse nicht der Schaden an der Maschine, sondern dass der Vertragsabschluss zu den vereinbarten Konditionen zustande kam.

135) Der Ausdruck „*positiver Schaden*" für *damnum emergens* ist schon bei Verletzungen des negativen bzw. Bestandsinteresses, etwa bei einem eingeschlagenen Fenster oder sinnlosen Aufwendungen in Folge einer c. i. c., intuitiv kaum passend. Er ist noch weniger passend, wenn es um das Leistungs- bzw. positive Interesse geht – was sollte daran positiv sein, dass garantiewidrig ein Grundstück nicht vorhanden ist oder Schulden bestehen? Dennoch kann er verbreitete Begriff verwendet werden.

136) Im ICC-Fall 6283, 1990 (Yearbook Commercial Arbitration 1992, Vol. XVII, 1992, S. 178–185) benutzte das Schiedsgericht *damnum emergens* und *lucrum cessans* als zwei Rubriken, unter die es die verschiedenen geltend gemachten Schadenspositionen einordnete. Dogmatische Fragen, ob die Differenz nur auf Verletzungen des Bestands- bzw. negativen Interesses oder auch auf solche des Leistungs- oder positiven Interesses Anwendung findet oder ob das *damnum emergens* Folgeschäden umfasst, die nicht entgangener Gewinn sind, werden i. d. R. nicht erörtert.

Methode der Bemessung des Schadensersatzes zur Bestimmung des eingetretenen Gesamtschadens aufaddiert werden.[137] Eine konstitutive Bedeutung für die Bestimmung des ersatzfähigen Schadens überhaupt besitzt die Unterscheidung und besitzen die Begriffe indessen nicht; die „Außengrenze" des ersatzfähigen Schadens war schon zuvor durch § 249 Abs. 1 BGB (erste Bedeutungsebene) und Kausalitätslinien gezogen. „Positive Schäden" und „entgangene Gewinne" werden nicht erstattet, weil „Schadenssplitter" unter diese Begriffe subsumiert werden konnten, sondern die anderweitig, eben durch Verfolgung von Kausalitätslinien in Anwendung von § 249 Abs. 1 BGB (erste Bedeutungsebene) als ersatzfähig festgestellten „Schadenssplitter" können ex post in diese beiden Gruppen aufgeteilt werden.

12.95 Die Unterscheidung des *damnum ermergens* vom *lucrum cessans* bzw. des „positiven Schadens" vom „entgangenen Gewinn" zieht **andere Grenzlinien als die zwischen positivem und negativem Interesse** bzw. Leistungs- und Bestandsinteresse und durchschneidet beide Teilmengen. So entstehen auch hier vier Klassen. Zunächst „positive Schäden" bei Verletzung des Leistungs- bzw. positiven Interesses, z. B. Sachschäden aufgrund eines Brands bei einer garantiewidrig defekten Maschine und entgangene Gewinne bei Verletzung des Leistungs- bzw. positiven Interesses, etwa wegen Produktionsausfällen in Folge derselben Garantieverletzung. Sodann: „Positive Schäden" bei Verletzung des negativen Interesses, eine Zerstörung einer Fertigungsstraße durch einen LKW-Fahrer, und entgangene Gewinne bei Verletzung des negativen Interesses, etwa bei Produktionsausfällen aufgrund dieser Zerstörung.

12.96 Ebenso gibt die Unterscheidung des *damnum ermergens* vom *lucrum cessans* bzw. des „positiven Schadens" vom „entgangenen Gewinn" nicht zwingend vor, ob eine Ersatzleistung als **Naturalherstellung oder Wertentschädigung** zu erbringen ist. Jeder „positive Schaden" kann bekanntlich als Naturalherstellung oder Wertentschädigung zu ersetzen sein. Der Ersatz „entgangener Gewinne" wird praktisch fast immer Wertentschädigung sein. Aber ein zwingender rechtlicher Grund, warum nicht, etwa in Inflationszeiten,[138] ein geschädigter Bauer von dem Schädiger Kälber, Kücken oder Gerste verlangen können sollte, und zwar solche die selbst durch die Schädigung nicht vernichtet wurden, sondern in ihrer Folge nur nicht gezeugt wurden oder nicht neu gewachsen sind – und dann würde es sich um entgangene Gewinne handeln –, ist nicht ersichtlich.

---

137) S. Rn. 12.272 f.
138) Während heute Gläubiger im Allgemeinen den Geldbetrag nach §§ 249 Abs. 2, 250 BGB bevorzugen und die Reparatur selbst vornehmen (oder nicht vornehmen), erinnern *Lange/Schiemann*, Schadensersatz, S. 217, (zu § 249 Satz 1 BGB a. F.) daran, dass dies bei Verfall des Geldwertes ganz anders war. Es lag in Inflationszeiten im Interesse des Gläubigers, über § 249 Abs. 1 BGB (damals Satz 1) gebrauchte Möbel, ein Damenfahrrad für ein Herrenfahrrad und Goldschmuck für Zahngold zu erhalten. Vgl. Fn. 26 bei *Lange/Schiemann*, Schadensersatz, S. 217.

IV. Ergänzende und irreführende schadensrechtliche Begriffe

Es ist davon auszugehen, dass das *damnum ermergens* bzw. der „positive Schaden" auf der einen und das *lucrum cessans* bzw. entgangene Gewinne auf der anderen Seite Komplementärbegriffe sind, die nach ihrem Differenzierungskriterium alle ersatzfähigen Schäden aufteilen. Das Differenzierungskriterium besteht darin, ob **vorhandenes Vermögen gemindert** oder der **Erwerb weiteren Vermögens verhindert** wird. Auch Folge- bzw. mittelbare Schäden sind auf die beiden Gruppen aufzuteilen. Folge- bzw. mittelbare Schäden, die das vorhandene Vermögen betreffen, gehören zum *damnum ermergens* bzw. sind „positive Schäden" (etwa wenn die Beschädigung einer Fertigungsstraße durch einen LKW-Fahrer zum Auslaufen von Öl und zu einem Brand einer anderen Maschine führt); daneben kann es Folge- bzw. mittelbare Schäden geben, die ein *lucrum cessans* bzw. entgangene Gewinne darstellen (die Gewinnminderungen in Folge der Produktionsausfälle). Wenn ein Verkäufer ausnahmsweise unmittelbar zukünftige Gewinne garantiert, kann die Herstellung des Zustandes, der bei Richtigkeit der Garantieaussage bestanden hätte, die Entstehung der Gewinne statt ihres Ausfalls, durch Ersatz der entgangenen Gewinne möglicherweise entsprechend sogar u. U. als Ausgleich eines direkten bzw. unmittelbaren Schadens aufgefasst werden.

12.97

Die „Innengrenze" zwischen vorhandenem Vermögen und noch nicht vorhandenem dürfte rechtlich zu ziehen sein. **Forderungsvermögen** würde demnach grundsätzlich noch in die erste Gruppe des vorhandenen Vermögens gehören. Nicht nur wenn ein ungetreuer Geschäftsführer treuwidrig eine Forderung, z. B. gegen eine Bank, abtritt, sondern auch, wenn ein Anwalt einen Anspruch verjähren lässt, wurde vorhandenes Vermögen geschmälert und liegt ein *damnum ermergens* bzw. ein „positiver Schaden" vor. Dieser „Innengrenze" kommt freilich kaum eine rechtliche Bedeutung zu, da schadensrechtlich gemäß § 249 Abs. 1 BGB (erste Bedeutungsebene) i. V. m. § 251 BGB ein **wirtschaftlicher Vermögensbegriff** maßgeblich ist, der eben über das Forderungsvermögen und andere verrechtlichte Positionen hinausgeht.[139] Entgangene Gewinne sind ebenso gut geschützt, wenn noch kein Rechtsanspruch auf Umsatzerlöse oder Einnahmen besteht, sondern insoweit nur eine „**Expektanz**" vorliegt. Dies wurde schon aus der Vorgabe des Ausgleichs des Interesses in § 249 Abs. 1 BGB (erste Bedeutungsebene) hergeleitet; das „Interesse" umfasst den **Ausgleich aller** kausaler Folgen und **Vermögensminderungen** aufgrund einer Schädigung und schließt vom Ansatz her „entgangene Gewinne" ein.[140]

12.98

---

139) Jenseits der rechtlich nicht maßgeblichen Unterscheidung von *damnum* und *lucrum* kommt dem Begriff der „entgangenen Gewinne" u. U. für § 252 Satz 2 BGB eine gewisse Bedeutung zu. Wenn der Gesamtschaden nach der indirekten Methode berechnet wird (Rn. 12.277 f.), ist lediglich darauf zu achten, dass innerhalb der jeweiligen Rechnung eine einmal gezogenen Grenze beibehalten wird; sonst ergäben sich Doppelzählungen.
140) Palandt-*Heinrichs*, BGB, § 252 Rn. 1 m. w. N.

12. Kapitel Schadensersatz- bzw. Schadensrecht

12.99 In dem Nebeneinander von „positiven Schäden" und entgangenen Gewinnen bzw. von *damnum ermergens* und *lucrum cessans* liegt eine ähnliche Problematik wie im Verhältnis von **Unternehmenssubstanz** zu **Unternehmensüberschüssen**. Der um eine Kuh Geschädigte bekommt nicht eine neue Kuh und *zusätzlich* einen Ausgleich dafür, dass die abhandengekommene Kuh keine Milch mehr geben, nicht mehr kalben, keine Wagen mehr ziehen kann etc. Wenn der Geschädigte eine neue Kuh erhält – oder das Geld dafür –, entstehen von dem Zeitpunkt an, in dem die *restitutio in genere* erfolgt und die („wirtschaftlich vergleichbare") Ersatzkuh „operativ" ist, keine neuen Ausfälle an Milch, Kälbern und anderen „Kuhleistungen" mehr.[141] Die erfolgte Naturalherstellung beseitigt so für die Zukunft den Anfall neuer entgangener Gewinne (und neue Kausalimpulse für weitere Folgeschäden). Gleichwohl können allerdings noch entgangene Gewinne nach dem Zeitpunkt der Reparatur/Ersatzbeschaffung anfallen (wenn die neue Kuh Zeit benötigt, um den „Standard" der alten zu erreichen).

12.100 *Fallbeispiel „Schokoladenfabrik"* (erfunden)[142]

Es war garantiewidrig die Funktionsfähigkeit einer Fertigungsstraße für Schokolade beeinträchtigt und Schmieröl in die Schokolade gelangt; hier sind die Reparaturkosten der Fertigungsstraße sowie Folgeschäden und der entgangene Gewinn zu ersetzen.

Nach der Reparatur wird zwar keine mit Schmieröl vergiftete Schokolade mehr ausgeliefert, aber typischerweise wird der einmal eingetretene „zum Schadensersatz verpflichtende Umstand" noch *über den Abschluss der Reparatur hinaus* weiter negative Wirkungen zeigen. Die schon „losgelassenen" schadensstiftenden Kausalimpulse werden nicht plötzlich auswirkungslos, weil es keinen Nachschub an weiteren Impulsen mehr gibt. Die belastete Schokolade ist noch auf dem Markt – und neue Kunden machen möglicherweise weiter schlechte Erfahrungen mit ihr oder das Produkt wird von einer Handelskette ausgelistet. Solche Schäden sind ebenfalls auszugleichen, obwohl sie in Zeiträumen anfallen, in denen die Fertigungsstraße längst wieder einwandfrei arbeitet.

---

141) *Paulsson* schreibt in diesem Sinne in einem Papier für das 25. Annual Meeting des ICC Institute of World Business Law am 28.11.2005 „Evalution of Damages in International Arbitration" unter dem Titel „The expectation Model": „To put it in another way, if a tribunal begins with *lucrum cessans* and awards every bit of it, there is no room for *damnum emergens*. This is because *damnum emergens* represents the sunk costs of the victim of the breach, and it would never have been recovered if there had been no breach. This is no different from saying that if you lose a house which has a market value of $ 300,000, your loss is indeed $ 300,000 – and not $ 500,000 because you originally paid $ 200,000 for it" (p. 6), abgedr. in Derains/Kreindler (Ed.), Evaluation of Damages in International Arbitration, Paris 2006, S. 57 ff., 62.

142) S. schon Rn. 12.90 und Fn. dort, und Rn. 12.91 und Fn. dort 133.

IV. Ergänzende und irreführende schadensrechtliche Begriffe

Da schon § 249 Abs. 1 BGB (erste Bedeutungsebene) einen „Totalausgleich" statuiert, ist § 252 BGB, wie schon erwähnt, nicht konstitutiv. Es muss also nicht etwa ein Anspruch auf Herstellungs- oder Ersatzbeschaffungskosten auf §§ 249, 250 BGB und ein Anspruch auf entgangene Gewinne auf § 252 BGB gestützt werden.[143] Wenn man es ganz genau nimmt, wäre für das Erste § 249 Abs. 1 (erste und zweite Bedeutungsebene) i. V. m. § 250 BGB und für das Zweite § 249 Abs. 1 (erste Bedeutungsebene) i. V. m. §§ 251, 252 BGB zu zitieren, wobei § 252 BGB nur aus Respekt vor dem Klarstellungswillen des Gesetzgebers in das Zitat aufzunehmen wäre.

12.101

Es stellt sich die Frage, ob es für eine Einbeziehung entgangener Gewinne in einen Schadensausgleich überhaupt **erforderlich** ist, dass **ihre Höhe betragsmäßig festgestellt** wird. Oder dürfen diese betraglich mit anderen Schadenssplittern vermengt bleiben? Kann also ein Delikt- oder Garantiegläubiger, der im Hinblick auf die Folgen eines Brands in einer Schokoladenfabrik ersatzberechtigt ist, seinen Differenzschaden nach § 251 BGB berechnen, indem er etwa als Tabellenkalkulation zwei Unternehmensplanungen/Bewertungen (für den schadensfreien Fall und den Schadensfall) gegenüberstellt, obwohl die Tabellenkalkulation keine Angabe für „entgangene Gewinne" auswirft? Die Ergebnisse für die jeweiligen Perioden (in beiden Planungen) würden vielmehr Mehrausgaben (oder zusätzliche Cash-Abflüsse) wegen Herstellungs- bzw. Ersatzbeschaffungskosten und Einnahmeausfälle (oder ausgefallene Cash-Zuflüsse) im Gefolge von Umsatzeinbußen ungetrennt durcheinander enthalten.[144] Die Frage ist m. E. zu verneinen. Da der Geschädigte schon nach § 249 Abs. 1 BGB (erste Bedeutungsebene) einen Totalausgleich beanspruchen kann, besteht **keine Obliegenheit** für ihn, seinen **Gesamtschaden in Schadensteile aufzugliedern**, diese gesondert zu beziffern und aufzuaddieren, um den Gesamtschaden geltend zu machen.[145] § 252 BGB ist allein in § 252 Satz 2 BGB konstitutiv. Im Übrigen bildet § 252 BGB nur eine Bezeichnung für eine Untergruppe der ohnehin schon nach § 249 Abs. 1 BGB (erste Bedeutungsebene) zu ersetzenden Schäden, teils als klarstellende Bestätigung und teils zum Zweck der Eingrenzung des Anwendungsbereichs von § 252 Satz 2 BGB. Der Gläubiger muss also nur dann die entgangenen Gewinne aus seinem Gesamtschaden herausrechnen, wenn er sich auf § 252 Satz 2 BGB berufen möchte. (Vielleicht wird er es dennoch – vorsorglich – seinen Wirtschaftsprüfer tun lassen.)

12.102

Ein ausgleichsfähiger und -bedürftiger Differenzschaden entsteht nur, wenn „entgangene Einnahmen" oder „entgangene Umsatzerlöse" ihrem Wert nach höher gewesen wären als zu ihrer Erzielung getätigte weitere Ausgaben oder der Kosten-

12.103

---

143) S. schon Rn. 12.13 f.
144) S. Beispiel unter Rn. 12.274, 12.275 und Rn. 12.281.
145) Die eigentliche Darstellung von Fragen der Wertentschädigung erfolgt unten in Rn. 12.252 ff.

einsatz. Insofern spricht § 252 BGB zu Recht **nicht** von „entgangenen Einnahmen" oder „entgangenen Umsätzen". Es ist Folge der Vorgabe des „Totalausgleichs" in § 249 Abs. 1 BGB (erste Bedeutungsebene), dass entgangene zukünftige Zuflüsse nur dann zu ersetzen sind, wenn der Geschädigte per saldo hierdurch „reicher" geworden wäre; dann aber wären „entgangene Gewinne" entstanden. Freilich: Wenn Umsatzerlöse ausgefallen sind, zu deren Erzielung keine weiteren Aufwendungen erforderlich gewesen wären, dann entsprechen die zu ersetzenden entgangenen Gewinne den entgangenen Umsätzen. Der Blick ist freilich immer allein auf die Positionen gerichtet, die aufgrund des schädigenden Ereignisses *verändert wurden*. Mit anderen Worten: Auch wenn ein Unternehmen ohne das schädigende Ereignis nur ein ausgeglichenes Jahresergebnis erzielt hätte, aber durch das schädigende Ereignis in die Verlustzone geriet, sind entgangene Gewinne i. S. von § 252 BGB entstanden. Nichts anderes gilt, wenn die von dem schädigenden Ereignis berührten Positionen ohne seinen Eintritt nur ein ausgeglichenes oder negatives Ergebnis ausgeworfen hätten. Auch die Erhöhung von Verlusten bzw. Unterdeckungen ist nach dem Grundsatz des Totalausgleichs auszugleichen. Dies ergibt sich schon aus § 249 Abs. 1 BGB (erste Bedeutungsebene). Man kann auch sagen: **„Entgangene Gewinne" i. S. von § 252 BGB sind auch „zusätzliche Verluste".**

12.104   Fragen des Ersatzes von „entgangenen Gewinnen" sind, v. a. wenn nicht mit einer fachgerechten Unternehmensplanung und einem Gesamtvermögensvergleich, sondern mit vereinfachten direkten Verfahren operiert wird,[146] auch deshalb denkfehleranfällig, weil zwischen dem **durchschnittlichen Gewinn** bzw. der durchschnittlichen Gewinnmarge und dem **marginalen Gewinn** bzw. Grenzgewinn im Einzelfall unterschieden werden muss. „Entgangene Gewinne" sind insoweit nicht die üblichen durchschnittlichen Gewinne sondern die **konkret entgangenen Umsätze** *minus* der **konkret eingesparten Kosten**. Der BGH musste diesen Denkfehler in einem Fall des OLG Bamberg korrigieren.

12.105   *Fallbeispiel „Schweinemast"* (BGH v. 15.7.1997 – VI ZR 208/96, NJW 1997, 2943)

Aufgrund des Verschuldens eines Tierarztes waren 251 Schweine verendet. Das OLG Bamberg gewährte dem Betreiber der Schweinemast als Schadensersatz pro Schwein den durchschnittlichen „Deckungsbeitrag",[147] den es als Differenz zwischen den Roherlösen von 278,25 DM und variablen Be-

---

146) Wenn mit dem indirekten Verfahren zweier Unternehmensbewertungen operiert wird, bewirkt dies automatisch, dass sich die Unternehmensplanungen nur um die marginalen Gewinne unterscheiden.

147) Auf einen etwaigen Unterschied zwischen „entgangenen Gewinnen" und einem „entgangenen Deckungsbeitrag" kommt es hier nicht an. Der letzte Begriff bezeichnet die Differenz zwischen den Erlösen und den variablen Kosten, die zur „Deckung" der Fixkosten zur Verfügung steht. Wenn es keine Fixkosten gäbe oder mit Gesamtkosten gerechnet worden wäre, könnte man von dem „Durchschnittsgewinn" sprechen.

IV. Ergänzende und irreführende schadensrechtliche Begriffe

triebskosten von 217,04 DM pro Tier berechnete. Das OLG Bamberg erhöhte den von ihm zugesprochenen „durchschnittlichen Deckungsbeitrag" allerdings nicht um die bis zu der Verendung der Tiere schon in der Vergangenheit angefallenen Kosten.

Das OLG Bamberg geriet in Schwierigkeiten, weil es nicht exakt gegenüberstellte, welche Einnahmen und Ausgaben der Schweinemäster noch gehabt hätte, wenn die Schweine nicht verendet wären, und welche tatsächlich anfielen. Wäre es so vorgegangen, hätte der bis zum Verkauf entstehende Saldo richtig *über* dem durchschnittlichen Gewinn bzw. dem durchschnittlichen Deckungsbeitrag pro Schwein gelegen – weil eben ein Teil der den Deckungsbeitrag mindernden Kosten *schon vorher angefallen* war. Nur wenn dieser über dem Durchschnittsgewinn bzw. durchschnittlichen Deckungsbeitrag liegende „entgangene Gewinn" ersetzt worden wäre, wäre der Schweinemäster glattgestellt worden. Wie gesehen, kann der „entgangene Gewinn" in Grenzfällen an die „entgangenen Einnahmen" heranreichen. Er muss identisch mit ihnen sein, wenn der Geschädigte den Aufwand für die Herstellung und den Absatz seiner Leistungen schon voll erbracht hat. Wäre das OLG Bamberg methodisch den – aufwendigeren Weg – mit zwei Unternehmensplanungen gegangen, wäre ihm der Fehler nicht unterlaufen.

Nichtsdestoweniger ist neben einer Berechnung des entgangenen Gewinns als Differenz zwischen den entgangenen *zukünftigen* Einnahmen und den *zukünftig* entstehenden Kosten auch seine Berechnung durch Bestimmung des hypothetischen Gewinns (bzw. Deckungsbeitrags), der im schadensfreien Szenario erzielt worden wäre, zuzüglich der bereits angefallenen Kosten, möglich. Das OLG Bamberg hat diesen Weg gewählt, aber es hätte den von ihm angesetzten erwartungsgemäßen Deckungsbetrag um die bereits für die Tiere angefallenen Aufwendungen erhöhen müssen. Es wurde vom BGH im vorstehenden Sinne korrigiert.[148]

Wenn der Denkfehler des OLG Bamberg (teilweise doppelter Abzug von schon angefallenen Kosten vom entgangenen Umsatz) vermieden wird, spielt der Umstand, dass der hypothetisch konkret entstandene Gewinn, nicht der Durchschnittsgewinn, zu ersetzen ist, bei stark an **variablen Kosten-orientierten Geschäftsmodellen** (personalintensiven Beratungsunternehmen), wo der marginale Gewinn nahe am Durchschnittsgewinn liegt, kaum eine Rolle. Bei **stark an Fixkosten-orientierten Geschäftsmodellen** (Hotels, Fluglinien, Bahnbetreiber, Erbringer von Telefondienstleistungen, elektronischen Abonnements, Privatfernsehen etc.) kann die Maßgeblichkeit des marginalen Gewinns aber dazu führen, dass garantiewidrig ausgefallene Umsätze einen besonders hohen Ge-

12.106

---

148) BGH v. 15.7.1997 – VI ZR 208/96, NJW 1997, 2943.

winnanteil enthalten können, wenn zuvor der „Break-Even-Point" überschritten wurde bzw. die **„Festkosten schon verdient waren".**[149]

12.107 Zuletzt fragt sich zum **entgangenen Gewinn**, ob er als **Naturalherstellung oder Wertentschädigung** einzuordnen ist. In der 1. Auflage wurde offengelassen, ob „§ 249 Abs. 1 BGB, ohne dass § 251 BGB in Anspruch genommen werden muss, den Ersatz von entgangenen Gewinnen ... ermöglichen könnte" oder ob der „Anwendungsbereich von § 251 BGB bzw. §§ 251, 252 BGB[150] entsprechend weiter (zu) ziehen" sei.[151] Richtig dürfte Folgendes sein: § 249 Abs. 1 BGB (erste Bedeutungsebene) enthält in der Vorgabe des „Totalausgleichs" bereits die Vorgabe eines Ausgleichs entgangener Gewinne. Für das „Wie" dieses Ausgleichs – Naturalehrstellung oder Wertentschädigung – gelten die allgemeinen Umschaltpunkte, namentlich § 251 Abs. 1 und 2 BGB. Zumeist wird die Prüfung dieser Umschaltpunkte, insbesondere die Prüfung, ob ein „wirtschaftlich gleichwertiger Zustand" hergestellt werden kann oder ob die Herstellung i. S. von § 251 Abs. 1 BGB nicht möglich ist, zur Unmöglichkeit einer Naturalherstellung i. S. von § 249 Abs. 1 BGB (zweite Bedeutungsebene) und also zur Wertentschädigung führen. (Die Gewinne sind entgangen und eine Naturalherstellung ist nicht mehr möglich).

4. „Geldersatz"

12.108 Der Begriff **„Geldersatz"** ist eher irreführend und bringt wenig Nutzen, da Schadensersatz, abgesehen von den seltenen und idyllischen Fällen der Reparatur durch den Schädiger, **fast immer in Geld erfolgt**. Der Begriff verführt v. a. zu einer Verwechselung des für die Naturalherstellung nach §§ 249, 250 BGB benötigten Geldbetrages mit der Wertentschädigung nach § 251 BGB. Diese ist zu vermeiden.

5. „Integritätsinteresse"

12.109 Der Begriff **„Integritätsinteresse"**[152] wäre intuitiv eine bessere Bezeichnung für das, was i. d. R. „negatives Interesse", „Bestandsinteresse" (in diesem Buch) oder „Erhaltungsinteresse" genannt wird, weil er die Vorstellung einer **ungestörten „Integrität"**, eines weiteren „Prozessierens" eines Systems bzw. einer **organischen Fortentwicklung einer Rechtsgüterlage** assoziiert. Hingegen muss bei „Bestandsinteresse" ab und zu hinzugesagt werden, dass ein *dynamischer* Bestand

---

149) In diesem Sinne auch *Kantor*, Valuation for Arbitration. Compensation Standards, Valuation Methods and Expert Evidence, 2008, S. 45: „Most commonly a business interruption valuation will will focus on lost profits – loss of affected income minus the expense that would have been (but were not) incurred to produce the lost income. That formula would ordinarily exclude fixed costs ...".
150) Schmoeckel/Rückert/Zimmermann-*Jansen*, HKK, §§ 249–253, 255 Fn. 602. S. a. Rn. 12.249.
151) 1. Auflage, Rn. 1001.
152) Z. B. *Teichmann* in jurisPK-BGB, § 249 Rn. 12; *Rengier*, Die Abgrenzung des positiven Interesses vom negativen Interesse und vom Integritätsinteresse, S. 53.

IV. Ergänzende und irreführende schadensrechtliche Begriffe

geschützt wird. Der Begriff des „Erhaltungsinteresses" ist noch undynamischer bzw. „konservierend" und blendet noch mehr aus, dass die Sphäre des Geschädigten in ihren Entwicklungsmöglichkeiten geschützt wird.

Wie schon angesprochen, wird der Begriff „Integritätsinteresse" jedoch unglücklicherweise häufig unterschiedlich und oft in sich selbst unentschieden gebraucht. Zwar wird der Begriff häufig verwendet, um das *„negative Interesse"* bzw. „Bestandsinteresse" (oder „Erhaltungsinteresse"), etwa bei Verletzung einer Person, Sache oder eines vorhandenen Vermögensbestandes, zu bezeichnen. Dann stünde er, was sinnvoll wäre, im Gegensatz zu dem *„positiven Interesse"*. 12.110

Daneben wird der Begriff aber auch oft zur Bezeichnung eines Pols der Unterscheidung zwischen *Naturalherstellung* und *Wertentschädigung* verwendet und bezeichnet hier das Interesse an einer sachlich-gegenständlichen bzw. körperlichen Herstellung einer Situation, also an der Naturalherstellung. Insofern stünde er für die Reparatur oder die Ersatzbeschaffung nach §§ 249, 250 BGB im Gegensatz zur Wertentschädigung nach § 251 BGB.[153] 12.111

---

153) *Medicus/Petersen*, Bürgerliches Recht, Rn. 818, gebrauchen den Begriff zunächst mit Bezug auf das Gegenständlichkeitsinteresse und knüpfen ihn an die Naturalherstellung. (Ebenso *Brand*, Schadensersatzrecht, 2. Aufl. 2015, S. 53 Mitte, S. 66 oben – synonym mit „Erhaltungsinteresse".) Bei Naturalherstellung werde „der Schaden am Integritätsinteresse gemessen, also dem Interesse des Geschädigten, dass sein Vermögen in seiner konkreten Zusammensetzung erhalten bleibt". Dagegen werde der Schaden im zweiten Fall, bei der Wertentschädigung, „an dem Wertinteresse (Summeninteresse) ermittelt, also dem Interesse des Geschädigten an der Erhaltung seines Vermögens dem Werte nach". *Medicus/Petersen* gehen dabei stillschweigend allerdings nur von dem Fall der Verletzung eines Bestands- bzw. negativen Interesses, also des Eingriffs in schon vorhandene Rechtsgüter, aus und ziehen die Nichterfüllung eines Leistungsversprechens bzw. das Leistungsinteresse als Auslöser eines Schadensersatzanspruches nicht in Betracht. Bei dieser Einschränkung (der Ersatz eines Leistungsbzw. positiven Interesses, etwa als Folge einer Garantieverletzung oder nach § 280 Abs. 3 i. V. m. § 281 BGB fehlt) ist der Begriff „Integritätsinteresse" plastisch und zutreffend. Nach der hier vertretenen Auffassung muss die Unterscheidung zwischen einer Herstellung eines „Vermögen(s) in seiner konkreten Zusammensetzung" und einer Entschädigung des „Wertinteresses" bzw. „Wertsummeninteresses" aber auch bei der *Nichteinhaltung von Leistungsversprechen* stattfinden können, etwa bei einer Garantie. Ebenso wie es ein durch die §§ 249 ff. BGB geschütztes Interesse an der Wiederherstellung einer beschädigten Fertigungsstraße geben kann, kann es ein durch die §§ 249 ff. BGB geschütztes Interesse an der erstmaligen Herstellung/Anschaffung einer solchen Fertigungsstraße auf dem Wege des Schadensersatzes nach §§ 249 Abs. 1, 250 BGB geben (wenn z. B. eine Garantie verletzt wurde, dass sie schon vorhanden sei). Mit anderen Worten: *Es gibt nicht nur ein durch einen Erfüllungsanspruch, sondern auch ein durch § 249 BGB geschütztes Gegenständlichkeitsinteresse daran, eine gegenständliche Situation, die noch nie zuvor bestand, zu schaffen.* Es würde dem Sprachgefühl nicht entsprechen, dieses zukunftsgerichtete Gegenständlichkeitsinteresse an der Herstellung eines konkreten Zustandes als „Integritätsinteresse" zu bezeichnen.

12.112 Wegen dieser Gefahr der Irreführung[154] wird in diesem Buch der Begriff „Integritätsinteresse" weder zur Bezeichnung des Interesses an der Aufrechterhaltung eines Bestandes an Rechtsgütern (Bestandsinteresse, negatives Interesse, „Erhaltungsinteresse") noch des Interesses an einer gegenständlichen Herstellung einer Situation durch Naturalherstellung im Gegensatz zu einer bloßen Wertentschädigung verwendet; in letzterem Zusammenhang wird von „**Gegenständlichkeitsinteresse**" gesprochen.[155]

V. Ersatz des Bestands- bzw. negativen Interesses bei Unternehmenswertbeeinträchtigungen

1. Ersatz des Bestands- bzw. negativen Interesses durch Naturalherstellung

12.113 Gegenstand der Betrachtungen ist hier das obere linke Kästchen der Matrix.

Naturalherstellung des negativen Interesses	Wertentschädigung des negativen Interesses
Naturalherstellung des positiven Interesses	Wertentschädigung des positiven Interesses

12.114 Der Ersatz des Bestandsinteresses bzw. negativen Interesses durch Naturalherstellung nach § 249 Abs. 1 i. V. m. § 250 BGB wurde historisch fast einheitlich von allen Rechtsordnungen in dem „Ur-Fall" des Schadensersatzes, der **Zerstörung oder Beschädigung einer Sache**, gewährt. Er bestand darin, dass die Sache repariert oder dass sie ersetzt wurde. Der Ersatz des Bestandsinteresses bzw. negativen Interesses erfolgt auf ähnliche Weise bei einer Vernichtung oder Beeinträchtigung von vorhandenen **Rechten** des Geschädigten. Er kann auch darin liegen, dass bei dem Geschädigten durch die Schädigung entstandene **Pflichten**

---

[154] *Jansen* verwendet in Schmoeckel/Rückert/Zimmermann-*Jansen*, HKK, §§ 249–253, 255 Rn. 3, das Wort Integritätsinteresse in zwei aufeinander folgenden Sätzen mit diesen unterschiedlichen Bedeutungen. Zunächst spricht er davon, dass das Schadensrecht eine „Gewährung und sodann davon, dass ein „gegenständliches Integritätsinteresse an dem konkret verlorenen oder beschädigten Gegenstand" bestehe. In der Folge verwendet *Jansen* den Ausdruck „gegenständliches Integritätsinteresse" konsequent in dem Sinne, in dem hier der Ausdruck „Gegenständlichkeitsinteresse" verwendet wird (Rn. 27 f., 48). *Jansen* und *Medicus/Petersen* stoßen sich wohl deshalb nicht an dem von ihnen verwendeten Begriff „Integritätsinteresse" für das hier „Gegenständlichkeitsinteresse" genannte Interesse, weil sie von vorneherein nur die Situation der Wiederherstellung des *status quo ante* nach einem schädigenden Eingriff in den Blick nehmen. Die Herstellung eines Zustandes, der schon bestand, durch seinen konkret-gegenständlichen Nachbau kann in der Tat sehr gut als Ersatz des „Integritätsinteresses" begriffen werden. Es führt aber kein Weg daran vorbei, um dies zu wiederholen, dass auch bei *Nichteinhaltung eines Leistungsversprechens*, etwa einer Garantie, vorrangig Schadensersatz durch Naturalherstellung zu leisten ist, also auch in einer konkretgegenständlichen Weise. Dafür passt „Integritätsinteresse" aber nicht mehr.

[155] Auch der Begriff „Natural*restitution*" ist irreführend; dazu schon Rn. 12.24.

V. Ersatz des Bestands-/negativen Interesses bei Unternehmenswertbeeinträchtigungen

aufgehoben werden, etwa durch Freistellung von Verbindlichkeiten.[156] Bei M&A-Transaktionen kann es auf zwei verschiedene Weisen zu einer Naturalherstellung des negativen Interesses bzw. des Bestandsinteresses kommen.

Die praktisch wichtigsten Arten des Ersatzes des Bestands- bzw. des negativen Interesses bei M&A-Transaktionen bestehen in den von der Rechtsprechung bei Vorliegen einer c. i. c. entwickelten Möglichkeiten eines **Rücktritts vom Vertrag** und einer **schadensrechtlichen Kaufpreisminderung** bzw. der Gewährung des sog. „Restvertrauensschadens". Sie bewirken, dass entweder der geschlossene Vertrag überhaupt oder eine durch den „zum Ersatz verpflichtenden Umstand" (die Täuschung) herbeigeführte Kaufpreiserhöhung aus der Welt „herausoperiert" wird.   12.115

Soweit ersichtlich klassifiziert die Rechtsprechung die Gewährung des Restvertrauensschadens weder explizit als Naturalherstellung unter die §§ 249, 259 BGB noch als Wertherstellung unter § 251 BGB. *Lange/Schiemann* sehen die Gewährung eines Rücktrittsrechts oder des Restvertrauensschadens als Naturalherstellung an.[157] *Kersting* betrachtet die Gewährung des Restvertrauensschadens als Wertherstellung nach § 251 BGB.[158] Für die erste Einordnung spricht zunächst, dass ein zeitlicher Abstand zwischen einem Geldabfluss vom Geschädigten und einem Ausgleich durch eine Geldzahlung vom Schädiger allein die Naturalherstellung noch nicht ausschließt; die nachträgliche Erstattung von Kosten zur Herstellung eines geschuldeten Zustandes nach § 250 BGB ist ja unzweifelhaft Naturalherstellung.[159] Ebenso kann man wohl den nachträglichen Ausgleich eines zu viel gezahlten Kaufpreisteilbetrages als Naturalherstellung ansehen.[160] Diese Sichtweise wird sodann dadurch unterstützt, dass die Änderung von nachteiligen Rechtslagen und die Freistellung von einer Haftung generell als Naturalherstellung angesehen werden. Auch kann wohl das nachträgliche Zurückerhalten eines Geldbetrages im Verhältnis dazu, dass der Betrag nie gezahlt wurde, als Herstellung eines „wirtschaftlich gleichwertigen Zustandes"[161] angesehen werden. Sowohl der Rücktritt vom Vertrag wie die schadensrechtliche Kaufpreisminderung bzw. der Gewährung des sog. „Restvertrauensschadens" werden deshalb, wie in den Vorauflagen, als **Ausprägungen der Naturalherstellung** angesehen.   12.116

Möglicherweise tritt neben eine Naturalherstellung durch Rücktritt oder Kaufpreisanpassung **zusätzlich** eine **Wertentschädigung** nach § 251 BGB. Zum Beispiel wäre denkbar, dass der Käufer in Folge der Täuschung auf eine andere   12.117

---

156) S. Rn. 11.131.
157) *Lange/Schiemann*, Schadensersatz, S. 222.
158) *Kersting*, JZ 2008, 714, 719 li. Sp. Mitte.
159) S. Rn. 12.64.
160) So schon Rn. 12.63 f.
161) S. Rn. 12.64, 12.65.

Erwerbsmöglichkeit verzichtete, dieser Erwerb nun nicht mehr möglich ist, er aber profitabel gewesen wäre. Dann wäre der hier entgangene Gewinn durch Wertentschädigung zu ersetzen. In der Folge werden zunächst der Rücktritt und dann – ausführlich – Fragen der Kaufpreisminderung bzw. Vertragsanpassung als Naturalherstellung infolge einer c. i. c. oder eines Delikts behandelt.

a) Rücktritt

12.118 Das RG hatte – vor der Einführung des § 311 Abs. 2 BGB – die Rechtsfolgen der c. i. c. als Vertrauensschaden in Analogie zu § 122 BGB bestimmt. Es sei der Zustand, der ohne das Verschulden, in Fällen der Täuschung bei Vertragsverhandlungen, also der ohne den Vertragsabschluss bestehende Zustand herzustellen. Der Getäuschte könne daher „Befreiung von (seinen) Verpflichtungen aus dem Kaufvertrag verlangen".[162] Im Jahre 1973 sah der BGH dieses Recht auf Rückgängigmachung des durch eine Informationspflichtverletzung zustande gebrachten Vertrages offenbar noch als die einzige Rechtsfolge – ggf. neben Ersatz der Vertragskosten, Unterlassen eines anderen Abschlusses etc. – an.[163] Wenn der BGH zwei Jahre nach Unternehmensübergang entschied, dass der Verkäufer aufgrund einer c. i. c. Schadensersatz zu leisten hatte, bedeutete dies, dass der Käufer so zu stellen war, als ob das Geschäft zwei Jahre zuvor nicht zustande gekommen wäre. Das, was von dem Unternehmen noch übrig war, war an den Verkäufer zurückzugeben; dieser hatte dem Käufer dessen Aufwendungen und den gezahlten Kaufpreis zu erstatten. Die Rückabwicklung im Einzelnen, insbesondere der Ausgleich von Verwendungen und Nutzungen war aufgrund von bereicherungsrechtlichen Vorschriften und ggf. nach den Vorschriften des Eigentümer-Besitzer-Verhältnisses (§§ 819, 989, 994, 996 BGB) vorzunehmen.[164]

---

162) BGH v. 5.3.1973 – I ZR 43/72, WM 1974, 51, 52 li. Sp. unten; RG v. 22.6.1936 – IV 75/36, RGZ 151, 357, 359.
163) Etwa, außerhalb von M&A-Transaktionen, können u. U. ein Arbeitnehmer, der im Vorgriff auf eine Stellenzusage einen Arbeitsplatz aufgibt (BAG v. 15.5.1974 – 5 AZR 393/73, DB 1974, 2060; BGH v. 21.9.1987 – II ZR 16/87, ZIP 1988, 89 = MDR 1988, 382), oder ein Vermieter, der im Vertrauen auf einen in Aussicht gestellten Vertragsschluss das Mietobjekt herrichtet (BGH LM § 276 BGB [Fa] Nr. 3), das negative Interesse verlangen.
164) Der BGH v. 5.3.1973 – I ZR 43/72, WM 1974, 52 li. Sp. unten, gibt zu der Rückabwicklung nur die weiteren Vorgaben, dass § 254 BGB und die Regeln über die Vorteilsausgleichung anwendbar seien. S. a. BGH v. 27.2.1970 – I ZR 103/68, WM 1970, 819, wo der BGH einem Kläger, der über die Überschuldung einer übernommenen Unternehmensgruppe getäuscht worden war und deshalb der Gruppe zur Sanierung 5.485.000 DM zuwenden musste, entgegenhielt, dass die c. i. c. nur auf den Ersatz des Vertrauensschadens gerichtet sei. Dies könne sich allenfalls mit dem positiven Interesse decken, wenn der Kläger geltend machen könnte, er hätte die Unternehmensgruppe ohne die Täuschung zu einem niedrigeren Kaufpreis erwerben können. Dafür war nichts vorgetragen (S. 822 li. Sp. Mitte).

V. Ersatz des Bestands-/negativen Interesses bei Unternehmenswertbeeinträchtigungen

b) Ersatz des „Restvertrauensschadens" bzw. schadensrechtliche Kaufpreisminderung

aa) Entwicklung einer schadenrechtlichen Kaufpreisminderung durch die Rechtsprechung

Das, was die Rechtsprechung durch den Einsatz der c. i. c. neben dem unpassenden Kaufrecht an Adäquanz und Flexibilität auf der Tatbestandsseite gewonnen hatte, wäre durch Grobheit auf der Rechtsfolgenseite schnell wieder zerronnen. Also machte sich der BGH daran, auch die Rechtsfolge einer c. i. c. an die Erfordernisse eines Unternehmenskaufs bzw. überhaupt eines Kaufs anzupassen. Er tat dies auf höchst sinnvolle Weise, indem er dem täuschenden Verkäufer auferlegte, sich so stellen zu lassen, als ob   12.119

– der Käufer die **Täuschung** noch **während der Verhandlungen herausgefunden hätte** und

– es ihm **gelungen wäre**, den **Kaufpreis** auf den Betrag **herabzusetzen**, den die Parteien ohne die Täuschung vereinbart hätten.

Hiermit schnitt er dem Verkäufer v. a. den Einwand ab, wenn der Käufer die Täuschung herausgefunden und nur noch zu einem niedrigeren Preis abgeschlossen hätte, hätte er nicht mehr an diesen Käufer verkauft (sondern sein Glück bei einem anderen Interessenten – zu einem höheren Preis, mit derselben Täuschung – noch einmal versucht). Tatsächlich dürfte die Annahme des BGH kontrafaktisch und umso „fiktiver" sein, je gröber die Täuschung ist.[165] Es steckt so ein Stück „Strafe" für den überführten Täuschenden in ihr.   12.120

Im Jahr 1975 hatte der BGH den Schritt dazu, zwei mögliche Inhalte des Anspruchs auf Ersatz des Vertrauensschadens anzuerkennen, schon vollzogen. Könne festgestellt werden, dass der Getäuschte gleichwohl gekauft hätte, es ihm aber bei Kenntnis von der wirklichen Sachlage gelungen wäre, einen geringeren Kaufpreis durchzusetzen, dann bestehe sein Schaden regelmäßig in diesem Preisunterschied.[166] Müsse dagegen davon ausgegangen werden, dass der Käufer den Vertrag nicht abgeschlossen hätte, dann sei zu berücksichtigen, welche Leistungen der Verkäufer erbracht und welche weiteren Vorteile der Käufer durch den Kauf erlangt habe.[167] Es gehöre zur vollständigen Erledigung des Klagegrundes, so der I. Zivilsenat des BGH, darüber zu befinden, was ohne die Täuschung geschehen wäre.[168] Von Beweiserleichterungen zugunsten des   12.121

---

165) Wer gefälschten Schmuck als echten Schmuck verkaufen möchte, wird ihn, selbst wenn der Käufer ihn als Glasschmuck kaufen möchte, ungern zu seinem wirklichen Preis abgeben und somit auf die Möglichkeit eines weiteren Betrugsversuchs verzichten.
166) St. Rspr. bis in die Gegenwart, s. etwa BGH v. 8.12.1988 – VII ZR 83/88, NJW 1989, 1793; BGH v. 11.2.1999 – IX ZR 352/97, NJW 1999, 2032, 2034 = ZIP 1999, 574.
167) BGH v. 18.3.1977 – I ZR 132/75, NJW 1977, 1538.
168) BGH v. 18.3.1977 – I ZR 132/75, NJW 1977, 1538, 1539 re. Sp. Mitte.

Käufers ist hier noch nicht die Rede. Der I. Zivilsenat des BGH wies das OLG Frankfurt 1975 sogar noch an, zu erwägen, ob die Verkäuferin „auch bereit gewesen wäre, ihr Teehandelsgeschäft zu einem niedrigeren Preis ... abzugeben". Schließlich sei auch denkbar, „dass Wettbewerber bereit gewesen wären, einen gleich hohen Preis zu zahlen".[169]

12.122 Nur zwei Monate später stellte allerdings der für das Kaufrecht zuständige VIII. Zivilsenat die Weichen neu: Wenn der Käufer, obwohl er bei anfänglicher Kenntnis der wahren Sachlage den Kaufvertrag nicht abgeschlossen hätte, den Verkäufer am Vertrag festhalten wolle – weil er ein solches Verhalten aus wirtschaftlicher Sicht für geboten erachte oder weil er das erworbene Unternehmen bereits so weit in seinen eigenen Unternehmensverband eingegliedert habe, dass eine Rückabwicklung nur noch unter sehr erschwerten Bedingungen möglich sei – so sei dies zulässig.[170] In einem solchen Fall müsse der Käufer, „soll der Schaden überhaupt sinnvoll erfassbar sein, so behandelt werden, als *wäre* es ihm bei Kenntnis der wahren Sachlage gelungen, den Kaufvertrag zu einem günstigeren Kaufpreis abzuschließen, **ohne** dass es auf den – hypothetischen und ohnehin kaum zu führenden – **Nachweis** ankommt, **ob der Verkäufer** sich damals mit einem Vertragsschluss unter diesen Bedingungen **einverstanden** erklärt hätte. **Schaden** ist also hier der **Betrag, um den** die Kl. im enttäuschten Vertrauen auf die Richtigkeit der Bilanzangaben des Bekl. dessen Anteile an der **KG überhöht gekauft** hat."[171] (Hervorhebungen hinzugefügt).

12.123 Im Jahr 1979 ging der VIII. Zivilsenat des BGH diesen Weg noch einen Schritt weiter. Bei einer Täuschung durch Verschweigen einer nicht bilanzierten Verbindlichkeit soll gelten: „Der Anspruch auf Schadensersatz ist in einem solchen Fall weder davon abhängig, dass sich der Geschädigte vom Vertrag gelöst hat, noch davon, dass er den Abschluss eines für ihn günstigeren Vertrages für den Fall pflichtgemäßen Verhaltens des Schädigers beweist.[172] Wäre der Vertrag ohne das schuldhaft schädigende Verhalten überhaupt nicht oder jedenfalls nicht mit dem später vereinbarten Inhalt zustande gekommen, so steht es dem Getäuschten nach der Rechtsprechung des erkennenden Senats frei, ob er sich

---

169) BGH v. 18.3.1977 – I ZR 132/75, NJW 1977, 1538, 1539 re. Sp. unten. Gemeint war: *ohne die Täuschung* einen gleich hohen Preis zu zahlen, den der – möglicherweise ja etwas zu anspruchsvolle – Getäuschte nur aufgrund der Täuschung zahlen wollte.
170) BGH v. 25.5.1977 – VIII ZR 186/75, BGHZ 69, 53 ff., 57 Mitte.
171) BGH v. 25.5.1977 – VIII ZR 186/75, BGHZ 69, 53 ff., 58 oben.
172) Die Aussage von *Hasselbach/Ebbinghaus*, der Käufer müsse nachweisen, „dass er in den Kaufvertragsverhandlungen in der Lage gewesen wäre, einen entsprechend geringeren Kaufpreis durchzusetzen" (*Hasselbach/Ebbinghaus* DB 2012, 216, 221 li. Sp. Mitte.) steht m. E. im Widerspruch zu dieser BGH-Rechtsprechung.

V. Ersatz des Bestands-/negativen Interesses bei Unternehmenswertbeeinträchtigungen

vom Vertrag lösen oder daran festhalten und seinen durch die Täuschung veranlassten Mehraufwand als Schaden berechnen will."[173]

Der BGH stellte nunmehr auch gegenüber seiner Entscheidung aus dem Jahre 1977[174] unzweideutig klar, dass das Recht „Schadensersatz trotz Festhaltens am Vertrag zu fordern" nicht davon abhänge, ob die Rückabwicklung möglich" sei. Dem geschädigten Käufer steht vielmehr „die **freie Entschließung** zu".[175]   12.124

Allerdings bleibt für die Gerichte im Einzelfall zu prüfen, ob die Informationspflichtverletzung ein solches Gewicht hatte, dass der Käufer ohne die Täuschung den Vertrag nicht so geschlossen hätte, wie er geschlossen wurde.[176]   12.125

---

173) BGH v. 2.6.1980 – VIII ZR 64/79, NJW 1980, 2408, 2409 re. Sp. unten = ZIP 1980, 549. Die hier vom BGH getroffene Aussage „über die Höhe des für den Geschäftsanteil gezahlten Entgeltes hinaus – ggf. zuzüglich etwaiger Nebenkosten – kann jedoch kein Schaden erwachsen sein, der vom Kläger unter dem Gesichtspunkt der sog. culpa in contrahendo zu ersetzen wäre" (NJW 1980, 2410 li. Sp. unten) dürfte indessen nur richtig sein, wenn der Begriff „Entgelt" sehr weit verstanden wird. Wenn der Käufer neben dem Kaufpreis weitere *Lasten auf sich nimmt*, ist nicht zu sehen, wieso diese nicht auch durch die Täuschung als des „zum Ersatz verpflichtenden Umstandes" verursacht sind. Das Kaufpreisminderungsrecht hat daher *keine Grenze bei einer Kaufpreisminderung „auf Null"*, sondern die c. i. c. kann auch zu einem *„negativen Kaufpreis"* führen. So auch wohl der V. Zivilsenat des BGH in BGH v. 3.7.1992 – V ZR 97/91, NJW 1992, 2564, 1317 = NJW 1992, 2564, der klarstellt, dass das negative Interesse bei dem Verkauf eines Stundenhotels als „gepflegte Pension", nicht auf das Erfüllungsinteresse begrenzt sei (NJW 1992, 2564, 2565 re. Sp. Mitte). Da das Erfüllungsinteresse höher sein kann als der gezahlte Kaufpreis, muss dies auch für das negative Interesse gelten, wenn dieses über das Erfüllungsinteresse hinausgehen kann. Dies dürfte sich übrigens auch aus BGH v. 3.7.1992 – V ZR 97/91, ZIP 1992, 1317 = NJW 1992, 2564, ergeben, wo der nach c. i. c. zu ersetzende Schaden *Aufwendungen auf das gekaufte Grundstück* umfasste (NJW 1992, 2565 re. Sp. oben). Nur dies entspricht überhaupt der Zweckrichtung der Gewährung des negativen Interesses bei der c. i. c., den Geschädigten so zu stellen, als ob das Rechtsgeschäft nicht zustande gekommen wäre. Vom negativen Interesse sind daher – wie bei einem Rücktritt – nicht nur der gezahlte Kaufpreis, sondern auch sonstige durch die Täuschung kausal verursachte Aufwendungen, einschließlich auf die Kaufsache – wie Einlagen, verlorene Zuschüsse, nicht zurück zu erlangende Darlehen, Vertragskosten etc. – umfasst. Nicht mehr kausal verursacht sind allerdings Aufwendungen, die der Käufer später, *nach Entdeckung* der *Täuschung, aus freien Stücken* macht; vgl. BGH v. 2.6.1980 – VIII ZR 64/79, NJW 1980, 2410 li. Sp. Mitte = ZIP 1980, 549; dazu sogleich bei Rn. 12.128. S. a. Rn. 12.210 und Rn. 12.250.

174) BGH v. 25.5.1977 – VIII ZR 186/75, BGHZ 69, 53 ff.

175) BGH v. 2.6.1980 – VIII ZR 64/79, NJW 1980, 2408, 2410 li. Sp. oben = ZIP 1980, 549 (Fettdruck hinzugefügt). Bisweilen musste sich der BGH später mit Widerstand der Instanzgerichte gegen seine Rspr. auseinandersetzen, so in BGH v. 5.10.1988 – VIII ZR 222/87, WM 1988, 1700, wo das OLG Düsseldorf den klagenden Käufer einer Rechtsbeistandspraxis für darlegungs- und beweispflichtig dafür gehalten hatte, dass es ihm gelungen wäre, bei richtiger Information den Verkäufer zum Abschluss eines Vertrages zu einem entsprechend niedrigeren Kaufpreis zu bewegen. Der BGH hielt an seiner Rspr. fest (WM 1988, 1702 li. Sp. unten).

176) Im Streitfall nahm der Senat an, dass bei angegebenen „Passivposten" mit etwa 78.000 DM bei einer Offenbarung von weiteren Schulden i. H. von 81.000 DM der Vertrag mit Sicherheit nicht zustande gekommen wäre, BGH v. 2.6.1980 – VIII ZR 64/79, NJW 1980, 2410 li. Sp. oben = ZIP 1980, 549.

An dieser sog. „Minderungsrechtsprechung" hat der BGH – trotz verbreiteter Kritik[177] – bis heute festgehalten.[178]

bb) Die Berechnung der schadensrechtlichen Kaufpreisminderung
(1) Dogmatische Unentschiedenheit der Rechtsprechung

12.126 Von den soeben behandelten Fragen, *ob* der Käufer den Vertrag ohne die Informationspflichtverletzung so nicht geschlossen und ob ihn der Verkäufer dann überhaupt noch – zu einem niedrigeren Kaufpreis – geschlossen hätte, ist die **Frage** zu unterscheiden, **um wie viel der Kaufpreis ohne die Informationspflichtverletzung niedriger vereinbart worden wäre.** In einem Rechtsstreit muss dieser Betrag „um den (der Käufer) im Vertrauen auf die Richtigkeit der (gemachten Angaben)[179] den Geschäftsanteil zu teuer gekauft hat",[180] jeweils streitig festgestellt werden. Die Parteien müssen hierzu vortragen und das Gericht muss entsprechende Feststellungen treffen und das negative Interesse beziffern, wobei § 287 ZPO anzuwenden ist.

12.127 Wie unterstrichen wurde, ist der „zum Ersatz verpflichtende Umstand" bei der c. i. c. die Informationspflichtverletzung. Die Herstellung des Zustandes, der bestehen würde, wenn es die Informationspflichtverletzung nicht gegeben hätte, bedeutet also, dass die **Folgen der Täuschung ungeschehen** zu **machen** sind. Dies erfolgt durch Gewährung eines Schadensersatzanspruchs i. H. der Differenz zwischen dem vereinbarten Kaufpreis und dem Kaufpreis, der ohne die Täuschung vereinbart worden wäre bzw. dem ohne die Täuschung vermutlich erzielten Verhandlungsergebnis.[181] Dies hat die wesentliche Konsequenz, dass der Käufer wegen einer Informationspflichtverletzung nach c. i. c. – jedenfalls zunächst – **nicht** die **Reparatur der Unternehmenswertbeeinträchtigung** verlangen kann. Die Unternehmenswertbeeinträchtigung bestand ja unabhängig davon, ob der Verkäufer über sie aufklärte oder nicht.[182]

12.128 Ausgehend hiervon hat der BGH in der zitierten Entscheidung von 1980,[183] in der Schulden von 81.000 DM in der Bilanz verschwiegen worden waren, die

---

177) Vgl. *Lorenz*, NJW 1999, 1001; *Canaris*, AcP 200 (2000), 273, 315; *Theisen*, NJW 2006, 3102; w. Nachw. bei *Emmerich* in: MünchKomm-BGB, § 311 Rn. 271 u. Fn. 829.
178) Etwa BGH v. 19.5.2006 – V ZR 264/05, ZIP 2006, 2046 = JR 2007, 370 = NJW 2006, 3139.
179) Im Streitfall waren dies Bilanzangaben.
180) BGH v. 2.6.1980 – VIII ZR 64/79, NJW 1980, 2410 li. Sp. unten = ZIP 1980, 549.
181) Der BGH vermeidet in diesem Zusammenhang den Ausdruck „Anpassung des Vertrages" und spricht von Gewährung eines „Restvertrauensschadens". Vgl. BGH v. 19.5.2006 – V ZR 264/05, ZIP 2006, 2046 = JR 2007, 370 = NJW 2006, 3139.
182) Auch dies ergibt sich ganz einfach aus der Anwendung des Wortlauts von § 249 BGB – die zum Ersatz verpflichtende Handlung war die Täuschung, nicht die Nichteinhaltung eines Versprechens, das es so überhaupt nicht gab. Die zum Ersatz verpflichtende Handlung war auch nicht das Vorliegen der Unternehmenswertbeeinträchtigung.
183) BGH v. 2.6.1980 – VIII ZR 64/79, NJW 1980, 2408 = ZIP 1980, 549.

Freistellung des Käufers von diesen Schulden und die Erstattung der von ihm zur Tilgung aufgewandten Beträge abgelehnt.[184]

Fallbeispiel „Schokoladenfabrik" 12.129

Für den Beispielfall, in dem in der Fertigungsstraße Maschinenöl in die Schokolade gerät, bedeutet dies, dass der Käufer aufgrund einer Informationspflichtverletzung durch den Verkäufer zunächst *nicht* die Reparaturkosten für die Fertigungsstraße (als Korrektur auf der Seite des gelieferten Unternehmens) verlangen kann. Stattdessen wäre (i. S. der Gewährung eines „Restvertrauensschaden") zu fragen, auf welchen Betrag der vereinbarte Kaufpreis herabgesetzt worden wäre, wenn der Defekt bekannt gewesen wäre und i. H. der Differenz Schadensersatz zu gewähren.

Freilich kann es in bestimmten Fallkonstellationen naheliegen, dass die Parteien 12.130
ohne die Täuschung den Kaufpreis um exakt („1 zu 1") den Betrag niedriger vereinbart hätten, der für die „Reparatur" der Unternehmenswertbeeinträchtigung aufzuwenden gewesen wäre.[185]

Die Vorgaben des BGH zu den dogmatischen Grundlagen und der mathemati- 12.131
schen Formel zur Berechnung der Kaufpreisminderung sind bislang sehr allgemein geblieben. Im Jahre 1980 hat der BGH judiziert, „dieser Betrag (der Kaufpreisminderung, d. Vf.) ist unter **Berücksichtigung aller für den Anteilserwerb maßgeblichen Umstände** – wie z. B. des wirtschaftlichen Interesses der Klägerin an möglicherweise in der Zukunft zu erwartenden Gewinn – zu ermitteln und **notfalls nach § 287 ZPO zu schätzen**".[186] Dies gibt eine Suchrichtung, den in Zukunft zu erwartendem Gewinn, und ein wichtiges prozessuales Instrument, § 287 ZPO, vor; eine eindeutige dogmatische Grundlage und eine „Rechenanweisung" fehlen jedoch noch.[187]

(2) Durch Täuschung verborgener Minderwert relevant

Untersucht man die Rechtsprechung genauer, so erweist sich immerhin, dass 12.132
die Bemessung des Restvertrauensschadens als **Zwischenschritt** davon abhängt, wie hoch der tatsächliche **Wert** eines Kaufgegenstands bzw. Unternehmens **ohne die Täuschung** ist.

---

184) Der BGH begründete dies damit, dass die Aufwendungen nicht ursächlich auf dem Verhalten des Verkäufers beruhten, weil der Käufer die Unrichtigkeit der Bilanz bereits kannte, als er die Zahlung leistete. Er sei als Gesellschafter nicht zu den Zahlungen verpflichtet gewesen, BGH v. 2.6.1980 – VIII ZR 64/79, NJW 1980, 2410 li. Sp. Mitte = ZIP 1980, 549. S. aber auch – mit einen anderen Ergebnis – OLG Köln v. 18.3.1994 – 6 U 211/93, NJW-RR 1994, 1064 (vgl. Rn. 12.168).
185) S. Rn. 11.108 f., 12.158 f., 12.116 ff.
186) BGH v. 2.6.1980 – VIII ZR 64/79, NJW 1980, 2410 li. Sp. unten = ZIP 1980, 549 (Fettdruck hinzugefügt).
187) *Kersting*, JZ 2008, 714, 719 re. Sp., gibt einen kurzen Nachweis der vertretenen Auffassungen. Er beurteilt die Rspr. als „insofern nicht leicht zu erfassen".

12. Kapitel Schadensersatz- bzw. Schadensrecht

12.133 Die gilt zunächst *außerhalb von post M&A-Streitigkeiten*. So judizierte der BGH in seiner Entscheidung vom 8.12.2000, wo ein Wohnungskäufer durch die Ankündigung, es sei der Einbau eines Fahrstuhls in das Haus vorgesehen, getäuscht wurde:

> „Bleibt der Wert der Kaufsache hinter dem Wert zurück, den sie aufgrund der vom Verkäufer zu vertretenden Fehlvorstellung des Käufers für diesen hatte, so hat der Käufer die Wahl, ob er die Rückgängigmachung des Kaufes verlangt oder die Kaufsache behält und den **Ausgleich ihres Minderwertes** vom Verkäufer beansprucht (st. Rspr., vgl. BGHZ 69, 53, 58; BGH, Urt. v. 2. Juni 1980, VIII ZR 64/79, NJW 1980, 2408, 2409; und v. 8. Dezember 1988, VII ZR 83/88, NJW 1989, 1793, 1794)."

12.134 Der BGH erhielt die folgenden Überlegungen einer Vorinstanz aufrecht:

> „Der von dem Sachverständigen zur **Schätzung der Wertdifferenz** eingeschlagene Weg, von den üblichen Kosten für die Erstellung eines Fahrstuhls auszugehen, ist sachgerecht. Die Relation dieser Kosten zur Wertsteigerung der Wohnungen ist für einen gewerblichen Verkäufer von Immobilien ... entscheidend für die Frage, ob er zum Verkauf von Dachgeschoß- und Altbauwohnungen den mit dem Einbau eines Fahrstuhls verbundenen Aufwand auf sich nimmt. Einleuchtend ist weiterhin, daß die Wertsteigerung einer Wohnung durch den Einbau eines Fahrstuhls um so größer ist, je höher diese Wohnung im Hause gelegen ist ...".[188]

12.135 In seiner Entscheidung vom 6.4.2001 hatte der BGH es damit zu tun, dass ein Gebäudeverkäufer eine einem Mieter zustehende Verlängerungsoption verschwiegen hatte. Er entschied:

> „Damit festgestellt werden kann, ob und ggf. in welchem Umfang den Klägern ein Schaden dadurch entstanden ist, dass sie wegen der unzutreffenden Information über die Dauer des Mietverhältnisses das Grundstück zu teuer erworben haben, werden sie – bezogen auf den Zeitpunkt des Vertragsschlusses – vortragen und unter Beweis stellen müssen, welcher **Minderwert des Grundstücks** sich gegenüber einem Ende 1999 auslaufenden Mietverhältnis mit der H. H. KG durch die Verlängerungsoption bis Ende 2004 ergibt (vgl. Senat, Urt. v. 10. Juli 1987, aaO; BGH, Urt. v. 27. September 1988, aaO). Das bisherige Vorbringen der Kläger **reicht nicht aus**, um den für die Anpassung des Kaufpreises maßgeblichen **Minderwert ermitteln** zu können. Zwar haben die Kläger im ersten Rechtszug behauptet, durch ein Mietverhältnis von längerer Dauer sei der Verkehrswert eines zu Ausbau- oder Neubauzwecken erworbenen Grundstücks um 10 % gemindert. Die Parteien haben indes die Nutzung des Grundstücks für die Errichtung eines Boardinghouses oder auch nur für eine bauliche Umgestaltung nicht zum Vertragszweck gemacht. Es kann daher nur maßgeblich sein, welche Bedeutung der Geschäftsverkehr gewöhnlich einer Verlängerungsoption, wie sie hier vereinbart wurde, für die **Wertermittlung** beilegt. Den Absichten einzelner Interessenten, auf die der vom Landgericht beauftragte Sachverständige bei der Erläuterung seines Gutachtens abgestellt hat, kommt unter den hier gegebenen Umständen keine entscheidende Bedeutung zu."[189]

---

188) BGH v. 8.12.2000 – V ZR 484/99, Rn. 24 f., NJW-RR 2001, 842 (Hv. hinzugefügt).
189) BGH v. 6.4.2001 – V ZR 394/99, Rn. 22 f., WM 2001, 1302 (Hv. hinzugefügt).

V. Ersatz des Bestands-/negativen Interesses bei Unternehmenswertbeeinträchtigungen

Der BGH hat dieselbe Herangehensweise bei *post M&A-Streitigkeiten* beibehalten. 12.136
In einer Entscheidung aus dem Jahre 1997 rügte der BGH ein Berufungsgericht
„Das BerGer hätte daher – und zwar ausgehend davon, dass die Kl. unter Berücksichtigung des ihr vorliegenden konsolidierten Status ... einen Kaufpreis von 1.090.500 DM für angemessen hielt – durch Schätzung nach § 287 ZPO ermitteln müssen, welcher Kaufpreis bei einem bilanzmäßig ausgewiesenen Verlust von 1.522.204,53 DM für die zu erwerbenden Anteile **angemessen gewesen** wäre".[190]

1980 entschied der BGH, der Schadensersatz sei „unter Berücksichtigung aller 12.137
für den Anteilserwerb maßgeblichen Umstände – wie z. B. des wirtschaftlichen
Interesses der Klägerin am möglicherweise in der **Zukunft zu erwartenden
Gewinn** – zu ermitteln".[191] Als es 1991 das OLG Düsseldorf ablehnte, einen
„Restvertrauensschaden" zu gewähren, stütze es dies darauf, dass „auch nicht
ersichtlich (sei), wie eine **Minderung des Firmenwertes** ... bemessen werden sollte."[192] 2006 wandte das OLG München in einer bekannten Entscheidung, in
der ein Verkäufer über EBIT-relevante Umstände getäuscht hatte, die Formel
aus § 441 Abs. 3 BGB an, womit es, da es hiernach zweimal auf den **Wert der
Kaufsache** ankommt, der Differenz zwischen dem Wert des Unternehmen, wie
es sich nach der Täuschung darstellte und seinem Wert, wie er sich ohne Täuschung dargestellt hätte, entscheidende Bedeutung zumaß.[193]

Die vorstehende Rechtsprechung zeigt so – richtigerweise –, dass die Quantifi- 12.138
zierung des Restvertrauensschadens nicht nur überhaupt von **äußeren körperlichen oder rechtlichen Merkmalen** abhängig ist – im wievielten Stockwerk
eine Wohnung ohne Fahrstuhl liegt, wie lange eine Verlängerungsoption läuft
und wie niedrig die bei Ausübung geltende Miete ist –, sondern dass diese
Merkmale in **Wertbegriffe** bzw. eine **Wertdifferenz** umzusetzen sind. Soweit
es um einen „Restvertrauensschaden" post M&A ging, orientierte sich dabei
die Rechtsprechung hierzu an Finanzgrößen, zukünftige Gewinne und EBIT.

Dies bereits hat für Streitigkeiten um den Restvertrauensschaden post M&A 12.139
eine wichtige Folge. Der Käufer kann nämlich einen Schadensersatzanspruch
nicht einfach daraus herleiten, dass er wenn er nicht getäuscht worden wäre,
aufgrund irgendwelcher von ihm angestellter Überlegungen, etwa einer Kaufpreisherleitungsmethodik oder -Formel, einen niedrigeren Kaufpreis gezahlt
hätte. **Er muss den „Umweg" über die Darlegung einer Wertminderung einschlagen**; darauf wird zurückzukommen sein.

---

190) BGH v. 23.5.1977 – II ZR 44/76, NJW 1977, 1536, 1538 li. Sp. unten (Hv. hinzugefügt).
191) BGH v. 2.6.1980 – VIII ZR 64/79, NJW 1980, 2410 1538 li. Sp. unten = ZIP 1980, 549 (Hv. hinzugefügt).
192) OLG Düsseldorf v. 8.11.1991 – 16 U 112/90, NJW-RR 1993, 377 (Hv. hinzugefügt).
193) OLG München v. 26.7.2006 – 7 U 2128/06, OLGR 2007, 198 ff. = ZIP 2006, 1911 (Hv. hinzugefügt).

12.140 Allerdings geben die Rechtsprechung und die untersuchten Urteile keinen Aufschluss darüber (i) wie genau der Zwischenschritt der Bewertung des von der Täuschung beeinflussten Unternehmens und des tatsächlichen Unternehmens zu erfolgen hat und ob es (ii) wie eine festgestellte Wertdifferenz in eine Kaufpreisanpassung zu transformieren ist. Diese beiden Fragen werden in der Folge behandelt.

(3) **Bestimmung der drei relevanten Unternehmenswerte: Subjektive Unternehmenswerte und früher Bewertungs- und Informationsstichtag**

12.141 Das Recht hat vorzugeben, wie die als Zwischenschritt zur Berechnung des Restvertrauensschadens erforderlichen Werte bzw. Unternehmenswerte festzustellen sind. Insoweit ist die Bearbeitung des soeben dargestellten Zwischenschrittes eine „rechtsgeleitete Unternehmensbewertung" und obliegt es also in Rechtsstreitigkeiten den Gerichten oder Schiedsgerichten, etwaigen Sachverständigen Vorgaben zu machen.[194] Diese werden freilich die Bewertungslehre konsultieren und sie daraufhin befragen, welche Methoden und Ansätze bereitstehen.

12.142 Beim Ersatz des negativen Interesses ist nach § 249 Abs. 1 Satz 1 BGB der Zustand herzustellen, der ohne die Täuschung bestehen würde. Dies muss bedeuten, dass der Zustand herzustellen ist, **als ob auch der Käufer**, nicht nur der Verkäufer, bei den Verhandlungen **um die cachierte Unternehmenswertbeeinträchtigung gewusst** hätte. Auf der anderen Seite „tut sich" durch die Aufklärung bei dem Unternehmenswert des Verkäufers „wenig". Er wusste ja von Anfang an, wie die Umstände, über die er täuschte, wirklich waren. Entsprechend ist anzunehmen, dass er seinen Verkäufer-Grenzpreis richtig berechnen konnte und berechnet hat.

12.143 In einem Diskussionsprozess haben der Autor und der Wirtschaftsprüfer *Christoph Wollny* juristische Vorgaben und Gesichtspunkte aus der Bewertungslehre dazu zusammengetragen, welche Unternehmenswerte richtigerweise als **Zwischenglieder** für Zwecke der Herleitung eines Restvertrauensschadens zum Ausgleich des negativen Interesses zu verwenden sind.[195]

12.144 Wenig überraschend war das Ergebnis, dass, weil die Situation simuliert werden soll, dass beide Seiten bestimmte Kenntnisse von dem Unternehmen gehabt und ausgehend davon interessegeleitet einen anderen Preis verhandelt hätten, nur **subjektive Unternehmenswerte** der Parteien in Betracht kommen. Objektivierte Werte oder Schiedswerte spielen also keine Rolle.

---

[194] S. Rn. 10.15 f.
[195] Ein gemeinsamer Artikel ist in der Vorbereitung. Ich danke Herrn *Wollny*, dass die Ergebnisse teilweise hier schon dargestellt werden dürfen. Insbesondere danke ich dafür, dass dies hinsichtlich der v. a. von Herrn *Wollny* angestoßenen Überlegungen zum Bewertungsstichtag und Informationsstichtag möglich ist.

V. Ersatz des Bestands-/negativen Interesses bei Unternehmenswertbeeinträchtigungen

Genauer sind *ein* subjektiver Verkäufer-Unternehmenswert und *zwei* subjektive Käufer-Unternehmenswerte von Bedeutung. Der Verkäufer war nie daran gehindert, seinen Grenzpreis täuschungsfrei zu berechnen; es kann angenommen werden, dass er das von Anfang an getan hat. Hätte andererseits der Käufer nicht der Täuschung unterlegen, so hätte er seinen subjektiven Käufer-Unternehmenswert abgesenkt und einen neuen, niedrigeren Grenzpreis für sich definiert, über dem er vernünftigerweise nicht gekauft hätte. Dies hätte ihm zugleich zusätzliche Argumente für die Kaufpreisverhandlung in die Hand gegeben. Die „Simulation", dass der Vertrag unter historisch anderen Bedingungen geschlossen worden wäre, muss von diesen käuferseitigen Gegebenheiten ausgehen. Insofern müssen für den **Käufer** seine **historischen oder fiktiven Grenzpreise** maßgeblich sein.   12.145

Indessen bedeutet, wie dargestellt, diese „Subjektbezogenheit" des Käufer-Unternehmenswertes schon bei einer „nicht rechtsgebundenen Bewertung" nicht Willkür. Der Subjektivismus, der notgedrungenerweise daraus folgt, dass eine Bewertung auf Prognosen und einer Planung beruht, ist so weit wie möglich zu reduzieren und Prognose und Planungen müssen intersubjektiv rational sein. Erst recht kann der Käufer nicht einfach sagen „Wenn ich das gewusst hätte, hätte ich nie mehr als x gezahlt!" (selbst wenn er irgendwelche Formeln produziert und historische Dokumente vorlegt, die das zu belegen scheinen). Es darf vielmehr den Zwischenschritt einer, auf einer seriösen Planung beruhenden **„objektiv-subjektiven Bewertung"** nicht auslassen.[196]   12.146

Dies gilt **erst recht** bei einer **„rechtsgebundenen Bewertung"** für Zwecke einer Schadensersatzleistung.[197] Der Umstand, dass der Verkäufer Unrecht begangen hat – deshalb haftet er! – bedeutet daher nicht, dass die Phantasiebäume des Käufers für Zwecke der Herleitung seines Anspruches auf den Restvertrauensschaden in den Himmel wachsen dürften oder der Verkäufer nun abenteuerlichen Bewertungsmethoden, z. B. Multiplikatorverfahren, des Käufers ausgeliefert wäre. Eine wichtige Bremse liegt darin, dass, der Käufer seinen geminderten Käufer-Unternehmenswert auf eine **intersubjektiv verifizierbare** und den **Vorgaben des Schadens- und Beweisrechts** sowie der **Bewertungslehre** entsprechende Weise geltend machen muss.[198] Hiermit wird er auf die legitime maßvolle Wertlogik zurückgedrängt, nicht mehr zu zahlen, als seinem objektiven-   12.147

---

196) S. Rn. 10.27 f.
197) S. Rn. 10.15 f.
198) Das schließt auch ein, dass er den Betrag der Minderung des Käufer-Unternehmenswerts aufgrund der Unternehmenswertbeeinträchtigung, die durch die Täuschung verdeckt wurde, ggf. vermittels der direkten oder, was die Regel sein wird, vermittels der direkten Methode herleiten muss. Die genaue Vorgehensweise wird erst beim positiven Interesse dargestellt. S. Rn. 12.272 ff.

subjektiven Unternehmenswert entspricht.¹⁹⁹⁾ Die auch in ihm (wie in jeder Person) wirkende zweite, maßlose Logik (Maximierung der zukünftigen Zahlungsfähigkeit per se),²⁰⁰⁾ wird indessen blockiert.

12.148 Aus Sicht der Bewertungslehre ist jede Bewertung **stichtagsbezogen**, wobei ein **Bewertungsstichtag** und ein **Informationsstichtag** zu unterscheiden sind. Dies ist ähnlich aus dem Bilanzrecht bekannt, wo der Bilanzstichtag i. d. R. der Jahresultimo und der Informationsstichtag der Werterhellungsstichtag ist. Ausgehend hiervon spricht vieles dafür, dass, um eine Verhandlung ohne ein Informationsgefälle zu simulieren, der maßgebliche **Bewertungsstichtag und Informationsstichtag** der letzte Zeitpunkt sein muss, an dem die getäuschte Verhandlungspartei noch Einfluss auf die Verhandlungen nehmen konnte, also das **Signing**.

12.149 Diese aus der Bewertungslehre herkommenden Überlegungen finden Parallelen im juristischen Denken. Für die Simulation, wie die Parteien bis zum Signing ohne Täuschung des Käufers verhandelt hätten, wenn das Informationsgefälle nicht bestanden hätte, darf rechtlich **nur** die **Täuschung hinweggedacht** bzw. die durch die Täuschung verdeckte Information hinzugedacht werden. Im Übrigen muss aber die Simulation davon ausgehen, dass die Parteien über keine weitergehenden Informationen verfügten, als die, über die sie tatsächlich bei ihren historischen Verhandlungen verfügten. Hierfür muss als **Stichtag ebenfalls das Signing** maßgeblich sein.

12.150 Dies muss bedeuten, dass um der rechtlichen Vorgabe, den Zustand herzustellen, der ohne das Wirken der Fehlinformation bestanden hätte, zu entsprechen, v. a. der **Effekt des Wegfalls der Täuschung ausschließlich ausgehend von**

---

199) In einem von dem Verfasser kürzlich für einen Verkäufer geführten Schiedsverfahren versuchte eine kaufende amerikanische VC-Gesellschaft ihren Restvertrauensschaden zu berechnen, indem sie vorgab, ihr *Kaufpreisangebot* ausgehend von der Multiplikation des Durchschnitts des letzten Jahres vor und der drei Jahre nach dem Verkauf berechnet zu haben. Sodann behauptete sie Täuschungen über den Auftragsbestand und die Übergabe einer überoptimistischen Planung des Directors Business Development über zukünftige Abschlüsse. Sie zog die in den Jahren 1 bis 3 nach dem Kauf erwarteten Umsatzausfälle ab, zeigte bei dem Unternehmen, das in 25 Jahren immer profitabel gewesen war, erstmals ein Verlustjahr, rechnet vor, dass sie unter diesen Umständen nur einen Kaufpreis von „Null" bezahlt hätte und verlangte die Zahlung des gesamten Kaufpreises zurück. (Nicht) erstaunlicherweise fand sie einen Forensic Accountant und einen „Bewertungsexperten", die diesen *Unfug* quer schreiben. Richtigerweise lag nicht einmal ein substantiierter Vortrag zur Schadenshöhe vor. Wie die Klägerin (angeblich) ihr Kaufpreisangebot berechnet hatte, war nämlich ein Vortrag zu aliud. Es enthielt auch in der Sache keinen Vortrag zu einer intersubjektiv rational herleitbaren Käufer-Unternehmenswertminderung, der auch betragsmäßig, wenn überhaupt eine Täuschung vorgelegen hätte, in einer vernachlässigbaren Größenordnung gelegen hätte. Hinweisen des Schiedsgerichts i. R. eines Vergleichsvorschlages war zu entnehmen, dass es der Klägerargumentation jedenfalls überwiegend nicht gefolgt wäre. Die Schiedsklage wurde schließlich abgewiesen, weil das Schiedsgericht mehrheitlich schon eine Täuschung durch den Verkäufer verneinte.

200) S. Rn. 11.68, 11.69 f.

V. Ersatz des Bestands-/negativen Interesses bei Unternehmenswertbeeinträchtigungen

dem Informationsstand bei Signing beurteilt werden darf. Hierdurch wird erreicht, dass zwischen dem Signing und der letzten mündlichen Verhandlung eingetretene „werterhellende" Umstände, neue Erkenntnisse über wertrelevante Gegebenheiten, die die Parteien damals noch nicht hatten, abgeschnitten werden.

(4) Transformation des Minderwerts in eine Kaufpreisanpassung

Nach dem Zwischenschritt der subjektiven (bzw. subjektbezogenen) Unternehmensbewertung sind also **drei Unternehmenswerte bekannt**: ein *Verkäufer-Unternehmenswert*, ein realer *Ist-Käufer-Unternehmenswert (KUWi)* der die Unternehmenswertbeeinträchtigung, über die getäuscht wurde, wertmindernd berücksichtigt, und ein fiktiver *Soll-Käufer-Unternehmenswert (KUWs)*, der Käufer-Unternehmenswert, wenn die Täuschung wahr gewesen wäre. Bewertungs- und Informationsstichtag ist das Signing. Zwischen dem KUWs und dem KUWi liegt ein durch das Aufdecken der Täuschung entdeckter Minderwert. Die Frage, wie ausgehend hiervon der Restvertrauensschaden bzw. die schadensrechtliche Kaufpreisminderung berechnet wird, zerfällt in zwei Unterfragen.

12.151

(a) Alleinige Maßgeblichkeit des Käufer-Unternehmensminderwertes?

Zuerst ist zu entscheiden, ob allein der Käufer-Unternehmenswert bzw. seine Minderung bei Wegfall der Täuschung maßgeblich ist. Es ist betriebswirtschaftlich klar, dass der Käufer, wenn er gewusst hätte, dass sein Käufer-Unternehmenswert niedriger war, als er aufgrund der Täuschung annahm, von einem niedrigeren Grenzpreis ausgegangen wäre. Es wäre möglich gewesen, dass, wenn sein Käufer-Unternehmenswert bzw. sein Grenzpreis niedriger gewesen wäre als der Kaufpreis, er von einem Kauf zu dem alten Preis Abstand genommen hätte. Ebenfalls ist denkbar, dass zwar sein Käufer-Unternehmenswert und Grenzpreis noch über dem Kaufpreis gelegen hätten, er also von dem Erwerb weiter einen Reichtumsgewinn erwarten konnte, aber dass dessen Betrag weniger attraktiv gewesen wäre als zuvor. In beiden Fällen hätte der Käufer anders verhandelt als unter dem Eindruck der Täuschung und versucht, den Kaufpreis zu drücken.

12.152

Die kritische normative bzw. juristische Frage ist aber, ob bei der Transformation einer Käufer-Unternehmenswertdifferenz in eine Kaufpreisreduzierung überhaupt **allein von der Käuferseite** bzw. Käufer-Unternehmenswerten ausgegangen werden darf. Diese Frage hat mit der Frage, nach welcher Formel das zu geschehen hat, etwa KPalt – (KUWs – KUWi) oder KPalt * KUWi/KUWs, noch gar nichts zu tun. Es geht vorgelagert zunächst nur darum, welche Beträge in eine solche Formel einzusetzen wären, speziell ob *K*UW oder *Vk*UW, also

12.153

ob Verkäuferunternehmenswerte oder Käuferunternehmenswerte, zu verwenden sind (oder was sonst).

12.154 Gegen eine alleinige Maßgeblichkeit von Käuferunternehmenswerten spricht, dass, wenn der Gedanke einer Simulation einer fiktiven Verhandlung ohne Informationsgefälle ernstgenommen wird und der Käufer aufgrund seiner spezifischen Nutzenfunktion „besonders sensibel" bezogen auf die spezifische, durch die Täuschung verdeckte Unternehmenswertbeeinträchtigung war, der Verkäufer vermutlich den Kaufpreis nicht so weit abgesenkt hätte, bis dieser, sein späterer Käufer, ihn akzeptiert, sondern zu einem höheren Preis an einen **anderen, in dem Punkt „unsensibleren" Käufer verkauft** hätte. Ausgehend hiervon könnte erwogen werden, dass eine konkurrierende Nachfrage Dritter bzw. so etwas wie ein „**Marktpreis**", der vermutlich von Dritten gezahlt worden wäre, die **Untergrenze für eine Kaufpreisreduzierung** gewesen wäre. Wenn so der Kaufpreis nur auf einen historischen „Marktpreis" für das Unternehmen reduziert würde, würde dies zweifellos bedeuten, dass der Käufer gezwungen bliebe, mehr für das Unternehmen zu zahlen, als er wohl tatsächlich gezahlt hätte. Dies muss indessen die Berücksichtigung des Marktpreisniveaus als Untergrenze einer Kaufpreisreduzierung nicht zwingend ausschließen; um sich davor zu bewahren, teurer zu kaufen als er gekauft hätte, könnte der Käufer ja, als Rechtsfolge der c. i. c. oder nach § 123 BGB, von dem Vertrag **zurücktreten bzw. ihn anfechten**. Diese Rechtsfolge würde dem Simulationsgedanken bzw. dem „Zustand herstellen, der bestehen würde" (wenn der Käufer in dem Punkt, auf die sich die Täuschung bezog, so besonders empfindlich war) sogar sehr genau entsprechen.

12.155 Man könnte weiter erwägen, ob u. U. auch der **subjektive Verkäufer-Unternehmenswert** eine Untergrenze der Kaufpreisreduzierung darstellen sollte. Es könnte ausgehend von dem Simulationsgedanken gesagt werden, dass der Verkäufer möglicherweise nicht zu einem Preis verkauft hätte, der unter seinem Unternehmenswert bei **Fortführung oder Liquidation des Unternehmens** gelegen hätte. Erneut könnte dem Einwand, dass dann der Kaufpreis nur auf einen Betrag reduziert würde, zu dem der Käufer nicht gekauft hätte, damit begegnet werden, dass der Käufer ja auch zurücktreten bzw. anfechten kann.

12.156 Die vorstehend aufgeworfenen Fragen, ob ein „Marktpreis" bzw. ein von Dritten für das Unternehmen in Kenntnis der Unternehmenswertbeeinträchtigung angebotener Preis oder ein subjektiver Unternehmenswert des Verkäufers Untergrenze für den Unternehmenswert sein können, von der bei eine schadensrechtlichen Kaufpreisreduzierung auszugehen ist, ist **originär normativer Natur**. Die Frage ist noch nicht mit der dargestellten Rechtsprechung verneint, wonach der Käufer nicht nachweisen muss, dass sich der Verkäufer auf einen Verkauf zu dem reduzierten Kaufpreis eingelassen hätte.[201] Hier geht es nur

---

201) S. Rn. 12.122 f.

V. Ersatz des Bestands-/negativen Interesses bei Unternehmenswertbeeinträchtigungen

darum, dass *wenn* ein angemessener Betrag einer Kaufpreisreduzierung bestimmt wurde, der Käufer die Gewährung eines entsprechenden Restvertrauensschadens nicht blockieren kann, weil dass ihm nicht bewiesen werden kann, dass er sich auf einen Abschluss zu dem niedrigeren Preis eingelassen hätte. Es geht aber nicht darum, *wie*, mit Hilfe welcher betriebswirtschaftlichen Überlegungen, zunächst die Kaufpreisreduzierung zu bemessen ist.

Die hier aufgeworfenen Fragen wurden, soweit ersichtlich, bislang in der Rechtsprechung nicht explizit gestellt oder beantwortet. Manche Formulierungen von Gerichten im „Einzugsbereich" des Problems lassen erwarten, dass die befassten Spruchkörper dazu tendieren könnten, nur die Käufer-Unternehmenswertreduzierung zu berücksichtigen. Aber solange sich die Rechtsprechung nicht klar positioniert hat, sollte hiervon nicht ausgegangen werden. Während das Problem offen ist, gehen wir im Fortgang gleichwohl vorsorglich davon aus, dass für die Bemessung des Restvertrauensschadens nur Käufer-Unternehmenswerte bzw. Käufer-Unternehmenswertminderungen maßgeblich sind.   12.157

(b) Drei Modelle zur schadensrechtlichen Kaufpreisminderung

Wir haben schon abstrakt zwei Ausgleichsmodelle kennengelernt, durch die eine Anpassung des Kaufpreises an eine festgestellte Käufer-Unternehmenswertminderung erfolgen kann.[202] Ein Käufer, der von einer Käufer-Unternehmenswertminderung erfährt, könnte entweder versuchen, den absoluten Betrag seines Reichtumsgewinns durch eine *überproportionale Minderung* des Kaufpreises aufrechtzuerhalten – dann muss er KUWs – KUWi vom KP abziehen. Wenn vom Kaufpreis KUWs – KUWi abgezogen wird, ist also KPneu = KPalt – (KUWs – KUWi) und hierfür erhält der Käufer KUWi. Sein Reichtumsgewinn wäre ohne Täuschung KUWs – KPalt gewesen und bleibt derselbe.[203]   12.158

Alternativ könnte ein Käufer versuchen, den Kaufpreis nach einem Dreisatz bzw. § 441 Abs. 3 BGB proportional zu mindern. Er würde dann – im Normalfall wenn KUWs > KP war – das Verhältnis „*x* value für *y* price" bzw. KUW/KP aufrechterhalten, aber einen Reichtumsverlust hinnehmen, weil er weniger von dem ihm Mehrwert generierenden Organismus kaufen könnte.   12.159

Dies sind auch die beiden zunächst ins Auge springenden Hauptfälle, wie ein im Zwischenschritt festgestellter subjektiver Käufer-Unternehmensminderwert[204]   12.160

---

202) S. Rn. 11.10 f. und 11.112 f.
203) Der Reichtumsgewinn (oder der „Net Present Value" der Transaktion) bleibt KUWs – KPalt. Der Käufer zahlt KPneu, das ist KPalt – (KUWs – KUWi) bzw. KPalt – KUWs + KUWi. Er erhält KUWi. Sein Ergebnis ist also KUWi – (KPalt – KUWs + KUWi) = KUWi – KPalt + KUWs – KUWi = KUWs – KPalt.
204) Davon gehen wir zunächst aus. S. Rn. 12.152–12.157.

formal rechnerisch in einen Restvertrauensschadens **umgesetzt werden kann,** nämlich durch

- eine Herabsetzung des Kaufpreises durch **Abzug eines Festbetrages**, etwa den Betrag der sich für den Käufer ergebenden Unternehmenswertminderung (KUWs – KUWi) und[205]
- eine **proportionale Herabsetzung des Kaufpreises** (Multiplikation des alten Kaufpreises mit einem Bruch aus dem **Ist-Käufer-Unternehmenswert** (KUWi)[206] im Zähler und dem **Soll-Käufer-Unternehmenswert** (KUWs)[207] im Nenner, also

$$KPneu = KPalt \times \frac{KUWi}{KUWs}. \text{ [208]}$$

12.161 **Dogmatisch** werden **zwei Wege** vertreten,
- eine analoge Anwendung von § 441 Abs. 3 BGB oder
- die Anwendung von § 249 BGB.

---

[205] Dies nähert den gewährten Restvertrauensschaden betragsmäßig dem an, was auch etwa bei einer Garantieverletzung als positives Interesse zu gewähren wäre, etwa Freistellung von der verschwiegenen Steuer, Ersatz der Kosten des Einbaus des fehlenden Fahrstuhls, Ersatz der Einbußen aus der verschwiegenen Mieteroption etc. S. Rn. 12.167.

[206] Dem Käufer-Unternehmenswert, der durch die Unternehmenswertbeeinträchtigung gemindert wurde, also der Wert des realen Unternehmens.

[207] Dem Unternehmenswert, der sich ergeben hätte, wenn das Unternehmen nicht die von der Informationspflichtverletzung verdeckten Unternehmenswertbeeinträchtigungen gehabt hätte, also der Wert eines fiktiven Unternehmens.

[208] Das Ergebnis kann analog § 441 Abs. 3 BGB oder aus § 249 BGB hergeleitet werden; s. zu der quantitativen Seite auch schon ausf. Rn. 11.108 ff. Mathematisch wäre es dasselbe, von dem alten Kaufpreis einen Betrag i. H. des Produktes aus der Unternehmenswertdifferenz und einem Bruch aus dem alten Kaufpreis und dem Soll-Unternehmenswert abzuziehen. Die Formel

$$KPalt \times \frac{UWi}{UWs}$$

berechnet den neuen, geminderten Kaufpreis. Die Formel

$$KPalt \times \frac{(UWs - UWi)}{UWs}$$

berechnet den Betrag, der von dem alten Kaufpreis abzuziehen ist, um zu dem neuen, geminderten zu gelangen. Also gilt auch:

$$KPneu = KPalt - KPalt \times \frac{(UWs - UWi)}{UWs}.$$

Die Formeln lassen sich auseinander ableiten. In einem von *King* gebildeten Beispiel (Rn. 12.177) wird die zweite Formel verwendet.

V. Ersatz des Bestands-/negativen Interesses bei Unternehmenswertbeeinträchtigungen

Emmerich[209] formuliert etwa die Alternative, ob die Vertragsanpassung durch verhältnismäßige Herabsetzung nach § 441 BGB oder durch Abzug der nach § 249 BGB zu ermittelnden Schadenspositionen zu erfolgen habe.[210]   12.162

Richtigerweise ist dogmatischer Ausgangspunkt zur Gewährung des Bestands- bzw. des negativen Interesses bei der c. i. c. aber die **schadensrechtliche Vorschrift des § 249 BGB**. Diese sagt nur aus, dass „der Zustand herzustellen" ist, „der bestehen würde, wenn der zum Ersatz verpflichtende Umstand nicht eingetreten wäre". Es wird also nur ein Ziel vorgegeben, aber § 249 BGB legt nicht im Voraus und für alle Fälle gleich fest, *wie* dieses Ziel zu erreichen ist. Insbesondere sagt § 249 BGB nicht, dass dies immer auf dieselbe Weise, z. B. durch eine Berechnung der Minderung nach § 441 Abs. 3 BGB, zu geschehen hat. Es gibt daher keine juristische Rechtfertigung dafür, den Spielraum, den § 249 BGB gewährt, von vorneherein zugunsten der Festlegung auf die Rechenanweisung von § 441 Abs. 3 BGB zu opfern.   12.163

Dies ist umso weniger angemessen als die Rechenvorgabe des § 441 Abs. 3 BGB, wie wir bald sehen werden, in wichtigen Fällen zu wirtschaftlich unsinnigen Ergebnissen führt.[211]   12.164

Das Festhalten an § 249 BGB als Ausgangspunkt für die Berechnung der Rechtsfolge einer c. i. c. durch Informationspflichtverletzung hält nichtsdestoweniger sachlich auch die Optionen   12.165

- des **Abzugs eines Festbetrages** (etwa eine verschwiegene Schuld, fehlendes Bargeld oder Gold etc.),
- einer **proportionalen Herabsetzung** (etwa wenn der Unternehmenswert nur durch den Enterprise Value oder *nur* durch nicht betriebsnotwendiges Vermögen gebildet wird), aber darüberhinaus
- eben auch andere, ggf. **einzelfallorientierte Vorgehensweisen**, unter Berücksichtigung verschiedener Gesichtspunkte[212]

offen.

---

209) *Emmerich* in: MünchKomm-BGB, § 311 Rn. 272.
210) *Emmerich* in: MünchKomm-BGB, § 311 Rn. 273. *Emmerich* neigt tendenziell zu einer verhältnismäßigen Herabsetzung nach § 441 Abs. 3 BGB. Noch eindeutiger in diesem Sinne *Kindl*, WM 2003, 409, 412 li. Sp. unten. Weitere Nachweise von Literaturmeinungen bei *Emmerich* in: MünchKomm-BGB, § 311 Rn. 271, Fn. 833.
211) Vorgreifend: In den Grundfällen 1 bis 4 (s. Rn. 11.136–11.146). Hingegen dürfte in dem sehr wichtigen Grundfall 5 (laufende Überschüsse [Enterprise Value] zu niedrig) die Anwendung von § 249 BGB wie von § 441 Abs. 3 BGB eine proportionale Kaufpreisherabsetzung gebieten, s. Rn. 12.179 ff.
212) S. ausf. Rn. 12.190 f.

12. Kapitel Schadensersatz- bzw. Schadensrecht

12.166 Zwischen diesen Verfahren kann demgemäß i. R. von § 249 BGB unter Einsatz des prozessualen Instruments des § 287 ZPO **nach Sachadäquanz im Einzelfall** ausgewählt werden, wobei das maßgebliche Kriterium sein dürfte, **wie die Parteien tatsächlich historisch den Kaufpreis geändert** hätten, wenn sie die konkrete Unternehmenswertbeeinträchtigung gekannt hätten. Hierzu muss, soweit möglich, „die Kaufpreisermittlung nachvollzogen werden".[213]

cc) **Rechtsprechung zur schadensrechtlichen Kaufpreisminderung**
(1) **Rechtsprechung in den Grundfällen 1 bis 4**

12.167 In mehreren veröffentlichten Entscheidungen ist die Rechtsprechung das Thema sachgerecht angegangen.

12.168 *Fallbeispiel „Gaststätte mit Umsatzsteuerschuld"* (OLG Köln v. 18.3.1994 – 6 U 211/93, NJW-RR 1994, 1064 = WiB 1994, 610 mit Anm. *Klein-Blenkers*) Der Käufer hatte als Asset Deal eine Gaststätte erworben; der alte Inhaber hatte Umsatzsteuerschulden für die der Käufer nach § 75 AO haftete. Das OLG Köln sah eine vorsätzliche sittenwidrige Schädigung nach § 826 BGB als gegeben und auf das negative Interesse gerichtet an. Zur Bestimmung der Schadensersatzpflicht sei „die hypothetische Vermögenslage ohne die arglistige Täuschung mit der durch die Täuschung im Zeitpunkt des Vertragsschlusses herbeigeführten Vermögenslage zu vergleichen und die Differenz zu ersetzen." Diese Differenz betrage in casu „die angefallene Steuer, weil davon auszugehen ist, dass sich der Kläger bei pflichtgemäßem Hinweis durch den Beklagten, nicht ohne **Anrechnung der Steuerforderung** auf den Kaufpreis zum Vertragsschluss bereitgefunden hätte" (Fettdruck hinzugefügt).[214]

---

213) *Binz/Freudenberg*, DStR 1991, 1629, 1631.
214) OLG Köln v. 18.3.1994 – 6 U 211/93, NJW-RR 1994, 1066 re. Sp. unten.

V. Ersatz des Bestands-/negativen Interesses bei Unternehmenswertbeeinträchtigungen

Die Anrechnung der Steuerforderung bedeutete hier nichts anderes als die **Minderung** des Kaufpreises **um den Betrag der verschwiegenen Schuld.**[215] In der Sache entschied das OLG Köln hier den **Grundfall 1** (Bargeld oder Guthaben bei Kreditinstituten zu niedrig, unbedingte Verbindlichkeiten zu hoch). Das OLG war zu seiner Sichtweise berechtigt, weil bei den § 249 BGB ausfüllenden Überlegungen zu berücksichtigen war, dass der Betrag der Steuerschuld **verlässlich feststellbar** und die Auszahlung **gewiss** war und deshalb die **wirtschaftliche Vernunft** ihren Abzug „1 zu 1" erforderte. 12.169

Es läge nahe den **Grundfall 2** (nicht betriebsnotwendige Wirtschaftsgüter Marktwert nicht vorhanden oder Marktwert zu niedrig) und u. U.[216] sogar den **Grundfall 4** (betriebsnotwendige Wirtschaftsgüter nicht vorhanden oder mangelhaft) genauso zu entscheiden. 12.170

---

215) Es sind mehrere ergänzende Anmerkungen zu machen:
1. Da der Käufer selbst Unternehmensträger war, ergaben sich keine Zusatzfragen aus einer etwaigen Besteuerung auf Gesellschaftsebene und, weil die Verbindlichkeit fällig war, auch keine Abzinsungsfragen. Genau genommen, mindert eine verschwiegene Schuld den Unternehmenswert sonst nicht um den Nominalbetrag der Schuld, sondern um ihren Barwert. Unter Umständen können auch Steuereffekte zu berücksichtigen sein.
2. Die Rspr. scheint bislang als Folge einer c. i. c. durch eine Informationspflichtverletzung lediglich eine Herabsetzung des Kaufpreises, also eine Anpassung der Gegenleistung, gewährt zu haben. Schon das *Fallbeispiel „Gaststätte mit Umsatzsteuerschuld"* lässt die Frage aufkommen, ob dies zwingend so sein muss. Hätte es hier nicht näher gelegen, dass der Kaufpreis unverändert geblieben wäre, aber sich der Verkäufer verpflichtet hätte, seine originären Steuerschulden selbst an das Finanzamt zu zahlen? Dies hätte eine *Vertragsanpassung bei den Verkäuferleistungen* bedeutet. Man erwäge v. a. folgenden Fall: Ein Grundstückskäufer erwirbt von einem Verkäufer ein Teilfläche für die Errichtung eines bestimmten Gebäudes, die nach fahrlässigen Falschangaben 5.000 qm betragen soll, wobei eine Fläche dieser Größe für die Erlangung des Baurechts erforderlich ist. Die Baubehörde verweigert die Baugenehmigung weil die erworbene Grundstücksfläche nur 4.600 qm beträgt. Ersichtlich wird man hier i. R. des § 249 BGB weder Argumente dafür finden, die Parteien hätten den vereinbarten Kaufpreis im Verhältnis 4.600/5.000 herabgesetzt, noch dass sie von dem Kaufpreis den Betrag abgesetzt hätten, der für den Ankauf von 400 qm gleichwertigen Lands anderswo aufzuwenden wäre. Wenn man den Käufer nicht auf seine ohnehin bestehende Rücktrittsmöglichkeit verweisen will, wäre i. R. von § 249 BGB zu erwägen, ob sich die Parteien ohne die Täuschung nicht auf eine *Vergrößerung der Kauffläche* verständigt, also den *Kaufvertrag bei der Leistung bzw. dem Kaufgegenstand* geändert hätten. Dies sieht nur bei ungenauem Hinsehen so aus, als ob dem Käufer das positive Interesse gewährt werde, was bekanntlich bei der c. i. c. i. d. R. unzulässig sein soll. Tatsächlich wird nicht ein Anspruch auf Erfüllung eines Leistungsversprechens als positives Interesse gewährt, sondern ein Anspruch auf *Begründung eines Leistungsversprechens* als das negative bzw. Bestandsinteresse. Es ist nicht zu erkennen, wieso dies i. R. von § 249 BGB immer zwingend unzulässig sein soll. Allerdings wird zu prüfen sein, ob sich der Verkäufer hierauf eingelassen hätte und greifen hierbei u. U. nicht die Erleichterungen ein, die die Rspr. dem Käufer sonst bei der Kaufpreisminderung gewährt; vgl. Rn. 12.122–12.125, 12.204.

216) Sofern nur der Grundfall 4 vorliegt und nicht zugleich der Grundfall 5. Dies ist so, wenn der Defekt oder das Fehlen weder Folge eines niedrigeren Enterprise Values ist, noch einen niedrigeren Enterprise Value nach sich zieht, z. B. weil die Reparatur/Ersatzbeschaffung in den Werksferien erfolgen kann und bei niemanden Folgeschäden eingetreten sind.

12. Kapitel Schadensersatz- bzw. Schadensrecht

12.171 Dies ist in der Durchführung unproblematisch, wenn Bargeld oder Bankguthaben, sonstige marktgängige Gegenstände von verlässlich bestimmbarem Wert, wie etwa das Gold bzw. die LKW der Schokoladenfabrik (**Grundfall 2**)[217], oder werthaltige Forderungen (**Grundfall 3**) fehlen; der Kaufpreis wäre dann um deren Barwert zu mindern. Ob der fehlende oder unverwendbare Gegenstand betriebsnotwendig ist, muss hier keinen Unterschied machen.

12.172 Auch im **Grundfall 4**[218] kann u. U. die Annahme plausibel sein, dass die Parteien den Wert der fehlenden Gegenstände oder die Reparaturkosten vom Kaufpreis abgezogen hätten. Dies wird jedenfalls umso überzeugender je mehr der Käufer von den betreffenden Wirtschaftsgütern abhängt, insoweit seine Auszahlung für diese Wirtschaftsgüter gewiss ist und die Kosten verlässlich feststellbar sind.

12.173 In dem *Fallbeispiel „Schokoladenfabrik"*, in dem Maschinenöl aus der Fertigungsstraße in die Schokolade geriet, könnte dies bedeuten, dass der Käufer zwar nicht unter dem Gesichtspunkt, dass ihm der Verkäufer eine funktionsfähige Fertigungsstraße schulde, die Reparaturkosten verlangen kann (annahmegemäß hätte er ja in dieser Fallvariante gerade keine Garantie abgegeben), aber dass u. U. die Überlegung, die Parteien hätten bei Offenlegung des Defekts einen um die Reparaturkosten geminderten Kaufpreis vereinbart, zu demselben Ergebnis führen kann.[219]

12.174 Je weniger leicht und verlässlich der Wert von fehlenden oder defekten Gegenständen bestimmt werden kann – etwa bei Patenten, Marken- und Lizenzrechten ggf. auch bei Immobilien oder sonstigen Gegenständen – und je weniger zwingend der Käufer eine Reparatur/Ersatzbeschaffung vornehmen muss, umso weniger kann freilich i. R. von § 249 BGB angenommen werden, dass die Parteien den Kaufpreis ohne die Informationspflichtverletzung um die Reparatur- bzw. Ersatzbeschaffungskosten gesenkt hätten.

12.175 Vielmehr spricht dann Einiges dafür, dass sie den Gegenstand gemeinsam mit dem operativen Geschäftsbetrieb in den **„großen Topf" einer proportionalen Kaufpreisminderung** geworfen hätten.

12.176 Es kann leicht gezeigt werden, dass eine Minderung nach § 441 Abs. 3 BGB wirtschaftlich unsinnig ist, wenn der Kaufpreis *über* dem Unternehmenswert liegt und Anlass der Minderung eine nur einmalige Überschussminderung ist.

---

[217] S. Rn. 11.138.
[218] Betriebsnotwendige Wirtschaftsgüter nicht vorhanden oder mangelhaft; s. Rn. 11.143.
[219] Erneut vorausgesetzt, dass nur der Grundfall 4 vorliegt und nicht zugleich der Grundfall 5.

V. Ersatz des Bestands-/negativen Interesses bei Unternehmenswertbeeinträchtigungen

King[220] bildet das *Beispiel*, dass der Kaufpreis $\frac{6}{5}$ des Unternehmenswertes ausmacht und eine um 500.000 € zu niedrige Pensionsrückstellung gebildet wurde. Nach der Formel § 441 Abs. 3 BGB würde dies zu einer Kaufpreisminderung um 600.000 € führen. Weil für jeden Euro Unternehmenswert 1,2 € bezahlt wurden, würde als Folge von § 441 Abs. 3 BGB jeder fehlende Euro Unternehmenswert auch zu einer Minderung i. H. von 1,2 € führen. § 441 Abs. 3 BGB würde so zu einer Überkompensierung des Schadens führen, der 500.000 € beträgt.

12.177

Das Vorstehende kann als Zwischenergebnis dahingehend formuliert werden, dass in den **Grundfällen 1 bis 4** aus der Perspektive der Unternehmensbewertung i. d. R. eine Kaufpreisminderung durch **Abziehen** des Betrages **der Unternehmenswertminderung** von dem vereinbarten Kaufpreis sachgerecht ist, nicht hingegen eine proportionale Minderung des Kaufpreises i. S. von § 441 Abs. 3 BGB.

12.178

(2) Rechtsprechung im Grundfall 5 ohne betriebsnotwendiges Vermögen

Anhand eines Falles des OLG Düsseldorf und des OLG München soll nun die Situation im Grundfall 5 (laufende Überschüsse zu niedrig) erörtert werden.

12.179

Fallbeispiel „Herren- und Kinderbekleidungsgeschäft mit ‚Abschriften'" (OLG Düsseldorf v. 8.11.1991 – 16 U 112/90, NJW-RR 1993, 377)

12.180

Beim Verkauf eines Einzelhandelsgeschäfts für Herren- und Kinderbekleidung waren Umsatzzahlen vorgelegt worden, ohne offenzulegen, dass der Verkäufer durch sog. Abschriften (Preissenkungen) die Umsätze vor dem Verkauf zulasten der Umsatzrendite erhöht hatte (der Käufer konnte also nicht, etwa ausgehend von einer branchenüblichen Umsatzrendite, von den angegebenen Umsätzen auf die Profitabilität des Geschäfts zurückrechnen). Das OLG Düsseldorf verneinte eine Haftung und hatte deshalb keine Veranlassung, sich weiter mit Fragen der Bemessung des Schadensersatzes auseinanderzusetzen. Gleichwohl führte es aus, es sei „... auch **nicht ersichtlich, wie eine Minderung des Firmenwertes**[221] als Folge des Verkaufspreises reduzierter Waren **bemessen werden sollte**" und stellte Überlegungen dazu an, ob nicht „... die Preisreduzierung die ... gebotene unternehmenspolitische Entscheidung war, den Umsatz – auch unter Hinnahme von Gewinneinbußen – zu halten"[222].

---

220) *King*, Die Bilanzgarantie beim Unternehmenskauf, Rn. 368.
221) Gemeint ist der Unternehmenswert, nicht der bilanzielle Begriff von „Firmenwert".
222) OLG Düsseldorf v. 8.11.1991 – 16 U 112/90, NJW-RR 1993, 379 li. Sp. unten (Fettdruck hinzugefügt).

12. Kapitel Schadensersatz- bzw. Schadensrecht

12.181 Zunächst ist zurechtzurücken, dass der klägerische Vorwurf in dem Rechtsstreit, ein Täuschungsvorwurf, dahin gegangen war, dass die Abschreibungen *nicht offengelegt* worden waren, nicht dahin, dass sie vorgenommen worden waren. Selbst wenn sie unternehmerisch geboten gewesen wären, hätte der Verkäufer so darüber berichten müssen, dass nicht der Eindruck entstehen konnte, die Umsätze enthielten die üblichen Deckungsbeiträge und Gewinne. Darin, dass der Verkäufer darüber täuschte,[223] dass die angegebenen Umsätze mit *üblichen* Deckungsbeiträgen kalkuliert waren, konnte, anders als das OLG Düsseldorf zu meinen scheint, durchaus eine **Täuschung über die dauerhaft erzielbaren Überschüsse** liegen.[224]

12.182 Gehen wir davon aus, dass das Gericht zu dem Auslegungsergebnis gekommen wäre, dass durch das nicht angemessene Offenlegen der Abschriften über ein Jahres-EBIT von 20.000 € getäuscht wurde: Wie wäre nun der Kaufpreis zu mindern gewesen, wenn es darauf angekommen wäre?

12.183 Es soll zunächst unterstellt werden, dass das Bekleidungsgeschäft **kein nicht betriebsnotwendiges Vermögen** besaß. In diesem Fall wäre mit dem Kaufpreis **allein** der Wert des operativen Geschäftsbetriebs bezahlt worden.

12.184 Hiernach wäre der Wert des operativen Geschäftsbetriebs sowohl für den Fall, dass die mitgeteilten Umsätze mit den üblichen Deckungsbeiträgen kalkuliert worden wären (dies wäre zugleich der Soll-Unternehmenswert, KUWs) als auch unter Berücksichtigung der niedrigeren Deckungsbeiträge (dies wäre der geminderte Unternehmenswert, KUWi) festzustellen, was die Berechnung des Verhältnisses von $\dfrac{\text{KUWi}}{\text{KUWs}}$ sowie der Unternehmenswertminderung (KUWs – KUWi) erlauben würde.

12.185 Hier, im Grundfall 5, spricht nun, anders als in den Grundfällen 1 bis 4, i. R. von § 249 BGB und § 287 ZPO kaum noch etwas für die Annahme, dass die Parteien die Unternehmenswertdifferenz „1 zu 1" von dem Kaufpreis abgezogen hätten.[225]

12.186 Vielmehr ist hier – ausgehend von § 249 BGB – eine **proportionale Minderung** angebracht, was **rechnerisch** auf die **Anwendung der Formel des § 441 Abs. 3 BGB** hinausläuft.[226]

---

[223] Im Rechtsstreit wurde darüber gestritten, ob überhaupt getäuscht worden war und dies war nicht eindeutig; s. Rn. 12.180, 12.181.

[224] Durch das Verschweigen der Abschriften wurde, Gleichheit der Effekte in alle Zukunft unterstellt, *vorhandener Unternehmenswert* i. H. des Produktes des *Kehrwertes des Abzinsungsfaktors* (in der Potenz der jeweiligen Zukunftsperiode) *multipliziert* mit den *verschwiegenen Abschriften* vorgespiegelt.

[225] Erneut abgesehen von dem untypischen Sonderfall, dass der Unternehmenswert zufällig dem Kaufpreis entsprach – s. Rn. 12.163.

[226] Dass die Kaufpreisanpassung richtigerweise nach § 249 BGB erfolgt und nicht auf § 441 Abs. 3 BGB festgelegt ist, schließt nicht aus, dass sie im Einzelfall zu demselben Ergebnis führt; s. Rn. 12.160.

V. Ersatz des Bestands-/negativen Interesses bei Unternehmenswertbeeinträchtigungen

Das OLG München ging in einem anderen Fallbeispiel in der Sache so vor: 12.187

Fallbeispiel „Abgrenzungsbuchungen"[227)] 12.188

Das OLG München war zu einer Verurteilung wegen einer c. i. c. gelangt. Es glaubte sich bei der Bestimmung der Höhe der Kaufpreisminderung berechtigt, von dem Verhältnis zwischen dem von dem Käufer aufgrund der Täuschung angenommenen EBIT (1,1 Mio. €) und dem Kaufpreis (6,6 Mio. €) auszugehen und den sich hieraus ergebenden Multiplikator auf die EBIT-Minderung (1,1 Mio. € – 650.000 € = 450.000 €) anzuwenden und hieraus eine Kaufpreisminderung von 2,7 Mio. € zu berechnen.[228)] In der Sache wandte es also einen Dreisatz an, durch den es den Kaufpreis proportional senkte, bzw. die Formel in § 441 Abs. 3 BGB.[229)]

Das OLG München beschäftigte sich nicht näher mit den normativen[230)] und betriebswirtschaftlichen[231)] Grundlagen seiner Kaufpreisanpassung sowie mit der Frage, ob relevantes nicht betriebsnotwendiges Vermögen vorhanden[232)] und es berechtigt war, den gesamten Kaufpreis dem Enterprise Value zuzuschlagen.

Hier kann das Zwischenergebnis zusammengefasst werden, dass es sachgerecht – 12.189 und jedenfalls rechtlich auf der Grundlage einer schadensrechtlichen Minderung nach § 249 BGB – möglich erscheint, im Grundfall 5 eine Kaufpreisminderung durch Multiplikation des alten Kaufpreises mit einem Bruch aus dem Ist-Unternehmenswert und dem Soll-Unternehmenswert vorzunehmen.

---

227) OLG München v. 26.7.2006 – 7 U 2128/06, OLGR 2007, 198 ff. = ZIP 2006, 1911; s. schon Rn. 6.136.
228) OLG München v. 26.7.2006 – 7 U 2128/06, Rn. 118, 119, OLGR 2007, 198 = ZIP 2006, 1911.
229) 1,1 Mio. EBIT entspricht 6,6 Mio. KP. Es ergibt sich: 1 € EBIT entspricht 6 € KP. Also entsprechen 650.000 € EBIT einem neuen Kaufpreis von 3,9 Mio. €. Die Differenz zu dem vereinbarten Kaufpreis von 6,6 Mio. € beträgt 2,7 Mio. €. Dieser Betrag ist auch als Kaufpreisminderungsbetrag (450.000 € × 6) zu berechnen.
230) § 441 Abs. 3 BGB vs. § 249 BGB. Die Formel von § 441 Abs. 3 BGB führt hier zu demselben Ergebnis:

$$KP_{neu} = 6,6 \text{ Mio } € \times \frac{650.000 \text{ €}}{1,1 \text{ Mio. €}}.$$

Allerdings wären richtigerweise in diese Formel nicht das EBIT nur eines Jahres, sondern wären die Unternehmenswerte aufgrund des niedrigeren oder höheren EBIT einzusetzen. Im Allgemeinen wird das Verhältnis zwischen beiden nicht dem Zufallsergebnis eines Jahres entsprechen. Ob die Vereinfachung des OLG München im Einzelfall berechtigt war, kann hier nicht übersehen werden.
231) Durfte ohne weiteres davon ausgegangen werden, dass der EBIT-Multiplikator bei einem niedrigeren EBIT derselbe gewesen wäre? War wirklich sicher, dass alle EBIT-Minderungen auf sich wiederholenden, laufenden Umständen i. S. des Grundfalles 5 beruhten?
232) Vermutlich war kein nennenswertes nicht betriebsnotwendiges Vermögen vorhanden. Sonst hätte das OLG München einen Fehler begangen.

(3) Rechtsprechung im Grundfall 5 bei Vorhandensein von nicht betriebsnotwendigem Vermögen

12.190 Wie nun aber, wenn im Düsseldorfer Fallbeispiel „*Herren- und Kinderbekleidungsgeschäfts mit ‚Abschriften'*" oder im Münchener Fallbeispiel „*Abgrenzungsbuchungen*" **nicht betriebsnotwendiges Vermögen** im Wert von BWÜ (NBV)[233] vorhanden gewesen wäre?

12.191 Es ist dann zunächst evident, dass der vereinbarte Kaufpreis aus **zwei Kaufpreisteilen**, einem Kaufpreisanteil für den Enterprise Value bzw. den operativen Betrieb und einem zweiten für das nicht betriebsnotwendige Vermögen, bestehen muss.

12.192 Ebenso liegt auf der Hand, dass von den zu niedrigen Deckungsbeiträgen (in dem Düsseldorfer Fall) bzw. dem reduzierten EBIT (in dem Münchner Fall) jeweils **nur der Wert des operativen Geschäftsbetriebs betroffen** sein kann. Wenn die Verhandlungsparteien um die niedrigeren Deckungsbeiträge bzw. das niedrigere EBIT gewusst hätten, hätten sie also vernünftigerweise jeweils nur den Kaufpreisanteil für den operativen Geschäftsbetriebs niedriger vereinbart.

12.193 Stellt man sich vor, dass zu dem Bekleidungsgeschäft in dem Fallbeispiel des OLG Düsseldorf eine Immobilie gehört hätte, in der sich früher das Geschäftslokal befand, die aber jetzt an einen gastronomischen Betrieb vermietet ist, so zeigt sich dies als sachlich vernünftig; die niedrigeren Deckungsbeiträge des Bekleidungswarengeschäfts haben keinen Einfluss auf den Wert dieser Immobilie, deren Ertragswert BWÜ (NBV) aber wohl *irgendwie* erhöhend in den Kaufpreis eingeflossen sein muss. Eine Täuschung über die zu niedrigen Deckungsbeiträge kann sich deshalb nur auf den Kaufpreisanteil auswirken, der für den operativen Geschäftsbetrieb gezahlt wurde. Im Gesamtergebnis darf sie also umso mehr auf den Gesamtkaufpreis durchschlagen, je größer der Anteil des Kaufpreisanteils für den operativen Geschäftsbetrieb ist.

12.194 In dem Fallbeispiel „*Abgrenzungsbuchungen*"[234] ging das OLG München – wie erwähnt – offenbar stillschweigend davon aus, dass kein nicht betriebsnotwendiges Vermögen vorhanden war. Deshalb war es berechtigt, das Verhältnis des durch das zu niedrige EBIT reduzierten Unternehmenswerts zu dem fiktiven Unternehmenswert, der bei dem angegebenen EBIT bestanden hätte, auf den gesamten Kaufpreis anzuwenden. Hätte das OLG München hierbei nicht betriebsnotwendiges Vermögen übersehen oder bewusst nicht berücksichtigen wollen, so wäre dies aus der Perspektive der Unternehmensbewertung inkorrekt und ein Unrecht gegenüber dem Verkäufer gewesen. Wären etwa einige Goldbarren als nicht betriebsnotwendiges Vermögen mitverkauft worden, so

---

233) Also des Barwertes der Überschüsse aus der Verwertung von nicht betriebsnotwendigem Vermögen; s. Rn. 11.8, 11.22.
234) Rn. 6.136, 12.188.

V. Ersatz des Bestands-/negativen Interesses bei Unternehmenswertbeeinträchtigungen

wäre dies zweifelsfrei kaufpreiserhöhend in den Kaufpreis eingeflossen, aber es gab keine Rechtfertigung, auch den hierauf entfallenden Kaufpreisanteil wegen des niedrigeren EBIT zu mindern.

Nun löst die Erkenntnis, **dass** der Anteil des Kaufpreises für das nicht betriebsnotwendiges Vermögen (NBV) **anders behandelt werden muss**, als der Anteil für den operativen Geschäftsbetrieb (OP), noch nicht das praktische Problem, **in welcher Höhe der bekannte Gesamtkaufpreis (KP) dem operativen Geschäftsbetrieb** als KP (OP) zugeordnet ist. Da die Gerichte den Gesamtkaufpreis KP kennen, fragt sich aber, ob sie hieraus, etwa i. R. von § 287 ZPO, Rückschlüsse auf den Kaufpreisanteil für den operativen Geschäftsbetrieb, KP (OP), ziehen dürfen, nach der Formel 12.195

$$KP\ (OP) = KP - KP\ (NBV).$$

Die Voraussetzung für diese Vorgehensweise wäre, dass der *Kaufpreisanteil* KP (NBV) relativ verlässlich bestimmt werden kann, etwa weil er im Einzelfall mit dem *Wert* des nicht betriebsnotwendigen Vermögens BWÜ (NBV) gleichgesetzt werden kann. Dies kann angenommen werden, wenn das NBV aus Geld oder Banknoten besteht. Es könnte dann der KP (OP) durch Subtraktion der beiden bekannten Größen KP und KP (NBV) berechnet werden, etwa 12.196

$$KP\ (OP) = KP - BWÜ\ (NBV).$$

Der Kaufpreisanteil für den operativen Geschäftsbetriebs wäre dann der **Restkaufpreis** nach Abzug des Kaufpreisanteils für das nicht betriebsnotwendige Vermögen bzw. des Barwerts des nicht betriebsnotwendigen Vermögens von dem Gesamtkaufpreis. 12.197

In zahlreichen Fällen dürfte es tatsächlich vertretbar sein, diese Annahme zugrunde zu legen. Dies würde übrigens auch nicht auf einen Versuch hinauslaufen, einer überzogenen Präzisionserwartung zu entsprechen, sondern der Vermeidung von groben und evidenten Denkfehlern bei der Schadensfeststellung nach § 249 BGB dienen. Der schon mehrfach erwähnte § 287 ZPO bietet hierzu eine angemessene Gelegenheit. Praktisch wäre also im Grundfall 5, wenn auch nicht betriebsnotwendiges Vermögen vorhanden ist, häufig der Kaufpreisanteil für den operativen Geschäftsbetriebs zu bestimmen, indem von dem Gesamtkaufpreis 12.198

- nicht betriebsnotwendiges[235] Cash,
- der Barwert von sonstigem nicht betriebsnotwendigen Working Capital,
- der Barwert von sonstigem nicht betriebsnotwendigen Vermögen (Immobilien, Gold, Beteiligungen etc.)

---

[235] Das betriebsnotwendige Cash ist ebenso wie sonstiges betriebsnotwendiges Working Capital und anderes betriebsnotwendiges Vermögen bereits in den Enterprise Value eingeflossen; s. Rn. 11.28.

abgezogen[236]) wird. Hiernach wäre (nur) der verbleibende Restkaufpreis, der der Kaufpreisanteil für den operativen Geschäftsbetrieb sein muss, proportional – mit demselben Ergebnis wie nach § 441 Abs. 3 BGB – zu mindern.

dd) Zusammenfassung Kaufpreisminderung bei der c. i. c.

12.199 Es kann zusammenfassend formuliert werden: Bei Vorliegen einer c. i. c. ist zur Herleitung einer schadensrechtlichen Kaufpreisminderung zunächst die **Minderung des Käufer-Unternehmenswertes** bzw. der tatsächliche Käufer-Unternehmenswert KUWi maßgeblich. Das Erfordernis dieses Zwischenschrittes bewahrt den Verkäufer vor Willkür und (angeblichen oder tatsächlichen) subjektiven Kaufpreisüberlegungen oder -formeln des Käufers und gibt den Gerichten und Schiedsgerichten eine sachliche und intersubjektiv rationale Basis zur Herleitung eines Restvertrauensschaden. In diesem Buch wird dabei zunächst davon ausgegangen, dass auch hier – wie beim positiven Interesse – allein der subjektive Käufer-Unternehmenswert maßgeblich ist.

12.200 Bei der Transformation der Käufer-Unternehmenswertminderung in einen Restvertrauensschadens ist i. R. einer schadensrechtlichen Kaufpreisminderung i. Ü. zu unterscheiden, worauf sich die Unternehmenswertbeeinträchtigung bezieht, über die getäuscht wurde.

12.201 In den **Grundfällen 1 bis 4** ist i. d. R. als Rechtsfolge eine Kaufpreisminderung durch **Abzug des Betrags der Unternehmenswertminderung** sachgerecht, da i. d. R. angenommen werden kann, dass der vermeintlich höhere Unternehmenswert den Kaufpreis „1 zu 1" erhöht hat. Bedenken hiergegen bestehen allerdings, v. a. im Grundfall 4, dann, wenn der Wert eines fehlenden oder defekten Gegenstandes nicht verlässlich feststellbar oder ungewiss ist, ob der Käufer überhaupt eine Reparatur/Ersatzbeschaffung vornehmen muss.

12.202 Wenn die Unternehmenswertbeeinträchtigung zu einer Minderung der laufenden Überschüsse i. S. des **Grundfalles 5** geführt hat, ist aus der Perspektive der Unternehmensbewertung eine **proportionale Minderung** des auf den operativen Geschäftsbetrieb entfallenden Kaufpreisanteils im Verhältnis des realen zu dem durch die c. i. c. vorgespiegelten Wert des operativen Geschäftsbetriebs sachgerecht. Sie ist rechtlich als schadensrechtliche Kaufpreisminderung nach § 249 BGB – wenn auch mit demselben Ergebnis wie nach § 441 Abs. 3 BGB – begründbar.

12.203 Wenn im Grundfall 5 zusätzlich zu dem operativen Geschäftsbetrieb **nicht betriebsnotwendiges Vermögen** vorhanden ist, wie sehr häufig, tritt das Problem auf, wie der allein zu mindernde Kaufpreisanteil für den operativen Geschäfts-

---

236) Mit den vorhandenen Schulden wäre analog zu verfahren, soweit sie nicht betriebsnotwendig sind. Da sie insoweit bei der Kaufpreisbildung abgezogen worden sein müssen, wären sie hinzuzurechnen.

V. Ersatz des Bestands-/negativen Interesses bei Unternehmenswertbeeinträchtigungen

betrieb KP (OP) aus dem Gesamtkaufpreis herausgerechnet werden kann. In vielen Fällen wird dies i. R. von § 287 ZPO möglich sein, indem der Wert für das nicht betriebsnotwendige Vermögen berechnet und von dem Gesamtkaufpreis abgezogen wird.[237] Hiervon werden die Gerichte insbesondere bei Bargeld, Bankguthaben, Gold, Wertpapieren, und anderen Vermögenswerten ausgehen können, die einen relativ leicht und verlässlich feststellbaren und zu realisierenden Wert besitzen. Hiernach kann der **Restkaufpreis** als **Kaufpreis für den operativen Geschäftsbetrieb** angesehen und dieser Restkaufpreis, der KP (OP), proportional **gemindert** werden.

c) Vertragsanpassung?

Wie erwähnt, hat die Rechtsprechung, jedenfalls in den letzten Jahren, für die von ihr bei einer c. i. c. in der Sache vorgenommene Kaufpreisminderung durch Gewährung eines Schadensersatzanspruchs i. H. der Differenz zwischen dem Kaufpreis und dem hypothetischen Kaufpreis, der ohne die Täuschung vereinbart worden wäre, den **Begriff der „Vertragsanpassung"** vermieden. Der BGH spricht stattdessen von der Gewährung eines „Restvertrauensschadens"[238] 12.204

Dies könnte den Eindruck erwecken, dass in Folge einer c. i. c. oder sonstigen Informationspflichtverletzung – neben einem Rücktritt – **nur eine Änderung auf der Gegenleistungsseite** des Rechtsgeschäfts möglich wäre, indem die geleistete Kaufpreiszahlung – wirtschaftlich – durch einen gegenläufigen Schadensersatzanspruch gemindert würde. Es kann allerdings die Frage auftreten, ob dies zwingend immer so bleiben muss bzw. ob und unter welchen Voraussetzungen **als Schadensersatz eine Vertragsanpassung auf der Leistungsseite** erfolgen kann. Die Frage stellte sich in einem Schiedsgerichtsverfahren, an dem der Verfasser als Schiedsrichter beteiligt war. Der Käufer machte eine c. i. c. geltend, da er bei Verhandlungen um die Höhe einer Kaufpreisherabsetzung wegen einem bekannt gewordenen Risiko (Gewährleistungsansprüche aus mangelhaften Lieferungen) über das potentielle Ausmaß der hieraus möglicherweise resultierenden Kostenlast getäuscht worden sei. Der Zeitraum, in dem derartige Gewährleistungskosten anfallen konnten, erstreckte sich dabei über mehrere Jahre und die Kosten waren der Höhe nach nicht vorhersehbar. Daher wären sie durch eine einmalige Kaufpreisanpassung kaum angemessen zu berücksichtigen gewesen. Der Käufer argumentierte daher, es wäre ihm bei pflichtgemäßer Offenlegung gelungen, eine **Freistellungsklausel zu vereinbaren**. 12.205

---

237) Diese Aufgabe würde sich übrigens nicht anders stellen, wenn eine verkaufte Gesellschaft *zwei operative Geschäftsbetriebe* besäße. Wenn über die Ergebnisse nur des einen getäuscht wurde, kann das Verhältnis des Ist-Unternehmenswerts zu dem Soll-Unternehmenswert dieses Teilbetriebs natürlich nur auf den auf ihn entfallenden Kaufpreisanteil – kaufpreismindernd – angewendet werden. Die Kaufpreisanteile für den zweiten Geschäftsbetrieb bzw. nicht betriebsnotwendiges Vermögen müssen unberührt bleiben.

238) BGH v. 19.5.2006 – V ZR 264/05, ZIP 2006, 2046 = JR 2007, 370 = NJW 2006, 3139.

12.206 Mit diesem Ansatz wäre es dem Käufer u. U. gelungen, quasi als „negatives Interesse" eine Vertragsanpassung auf der Leistungsseite durchzusetzen, die ihm einen Anspruch auf das „positive Interesse" (wie bei einer Garantie oder Freistellung) verschafft hätte. Es ist wohl nicht zweifelhaft, dass grundsätzlich als Schadensersatz eine Vertragsanpassung gewährt werden kann (als Naturalherstellung).[239] Diese Rechtsfolge dürfte indessen jedenfalls außerhalb der „Minderungsrechtsprechung" des BGH liegen, so dass der Geschädigte nicht auf die ihm i. R. dieser „Minderungsrechtsprechung" bzw. der Rechtsprechung zum „Restvertrauensschaden" gewährten Erleichterungen der Darlegungs- und Beweislast bauen könnte.[240]

d) Entgangener Gewinn und Folgeschäden

12.207 Sofern der Käufer infolge der c. i. c. von dem Vertrag *zurücktritt* und ihm durch den Vertragsabschluss sonstige Folgeschäden oder entgangene Gewinne entstanden sind, sind diese ggf. zusätzlich zu ersetzen. Der Ersatz von Folgeschäden, selbst von entgangenen Gewinnen, kann teilweise noch als Naturalherstellung möglich sein;[241] freilich wird besonders der Ersatz entgangener Gewinne i. d. R. als Ersatz eines Differenzschadens bzw. Wertentschädigung nach § 251 BGB erfolgen.[242]

12.208 Auch bei einer Geltendmachung des *schadensrechtlichen Minderungsrecht* kann der Käufer u. U. zusätzliche entgangene Gewinne geltend machen, etwa soweit ein weiterer Schaden darauf beruht, dass er bis zur Rückzahlung des zu viel gezahlten Kaufpreises **an einer alternativen Anlage gehindert** war. Indessen können Umstände, die bei der Herabsetzung des Kaufpreises berücksichtigt wurden, nicht noch einmal als Folgeschäden oder entgangener Gewinn ausgeglichen werden.

12.209 In dem *Fallbeispiel „Schokoladenfabrik"* kann der Käufer, wenn der Kaufpreis wegen des Schadens an der Fertigungsstraße der Schokoladenfabrik herabgesetzt (bzw. Schadensersatz i. H. d. Differenz gewährt) wurde, nicht zusätzlich entgangene Gewinne wegen der Gewinneinbußen aufgrund des verringerten Ausstoßes verlangen. Auch wenn er zur Rettung des Unternehmens Gesellschafterdarlehen zur Finanzierung der Reparatur gegeben hat, kann er diese nicht zusätzlich von dem Verkäufer als weiteren Scha-

---

239) Die Begriffe „negatives" und „positives Interesse" werden hier v. a. verwendet, um das Thema deutlich zu machen. Dogmatisch sind die Begriffe wenig fruchtbar. Vgl. Rn. 12.28 f.
240) In diesem Sinne wohl auch BGH v. 19.5.2006 – V ZR 264/05, NJW 2006, 3139 (LS 3) und 3141 re. Sp. Mitte.
241) Es gibt keine zwingende Regel, dass mittelbare Schäden, indirekte Schäden, Folgeschäden oder Mangelfolgeschäden, selbst entgangene Gewinne, nur als Wertentschädigung kompensiert werden können. Der Vorrang der Naturalherstellung gilt hier nicht minder als bei unmittelbaren oder direkten Schäden. Auch der letzte umgefallene Domino-Stein kann noch als Naturalherstellung wieder aufgestellt werden. Die „Umschaltpunkte" des § 251 BGB bleiben dieselben. S. Rn. 12.25 f.
242) S. Rn. 12.96.

V. Ersatz des Bestands-/negativen Interesses bei Unternehmenswertbeeinträchtigungen

densersatz verlangen, wenn sie ihm nicht zurückgezahlt werden. Es ist anzunehmen, dass der Kaufpreis auf einen solchen Betrag gemindert worden wäre, der die Umsatzeinbußen und das zusätzliche Liquiditätserfordernis schon berücksichtigt hätte. Dabei ist zu beachten, dass der Kaufpreis nur auf den Betrag herabzusetzen ist, der ohne die Täuschungen vereinbart worden wäre. Andere nachteilige Umstände, z. B. spätere Entwicklungen, die nicht auf einer Täuschung beruhen – etwa der Einbruch des Marktes wegen verbreitet auftretender Schokoladenvergiftungen, über die der Verkäufer nicht täuschte – bleiben ohne Einfluss.

In dem *Fallbeispiel „Abgrenzungsbuchungen"*,[243] in dem eine Computer-Hardware- und Software-Gesellschaft verkauft worden und ein falsches EBIT mitgeteilt worden war, scheiterten entsprechend die Käufer mit dem Versuch, zur Aufrechterhaltung der Liquidität des Unternehmens gegebene Zuschüsse als Schaden ersetzt zu erhalten. Es war weder eine bestimmte Liquidität garantiert worden, noch ausreichend dazu vorgetragen worden, wieso Pflichtverletzungen des Verkäufers für die Liquiditätsnöte ursächlich waren.[244]   12.210

Möglicherweise stand hinter dieser ablehnenden Haltung des OLG München in einer insgesamt sehr überzeugenden Entscheidung die erwähnte[245] Thematik der Vermeidung einer Doppelberücksichtigung (einer aufgrund eines schlechteren EBIT zwangsläufig doch schlechteren Liquidität) als ein bei der Kaufpreisminderung relevanter Umstand und als Folgeschaden.[246]   12.211

e) Bestands- bzw. negatives Interesse bei Delikt

Im Grundsatz ist anerkannt, dass dem Käufer wie bei einer c. i. c. auch bei einem Delikt das Bestands- bzw. negative Interesse zu ersetzen ist.[247] Es fragt sich, ob dies bedeutet, dass die Minderungsrechtsprechung des BGH mit den verschiedenen von ihr gewährten Beweiserleichterungen bei Delikt ebenfalls anwendbar ist.   12.212

Fallbeispiel „Hallendach" (BGH v. 18.1.2011 – VI ZR 325/09, BGHZ 188, 78 = ZIP 2011, 529 = NJW 2011, 1196)   12.213

Ein Käufer erwarb 1998 von einer GmbH ein Grundstück, das u. a. mit einer Gewerbehalle bebaut war. Einer der damaligen Geschäftsführer der GmbH hatte wiederholt erklärt, das Dach der Gewerbehalle sei zuvor erneuert worden. Dies traf nicht zu und nachdem die Verkäufer-GmbH in Insolvenz

---

243) OLG München v. 26.7.2006 – 7 U 2128/06, OLGR 2007, 198 ff. = ZIP 2006, 1911; s. schon Rn. 6.136, 12.188, 12.194.
244) OLG München v. 26.7.2006 – 7 U 2128/06, Rn. 123 ff., OLGR 2007, 198 = ZIP 2006, 1911.
245) S. Rn. 11.33 f. und Rn. 12.190 f.
246) Dass das OLG München das Urteil auf eine c. i. c. stützte, war vielleicht nicht zwingend; möglicherweise hätte der Anspruch auch mit einer vertraglichen Garantie begründet werden können; s. Rn. 6.136 bei Fn. 2.168 (vertragliche „Versicherungen").
247) Etwa BGH v. 10.3.2010 – VIII ZR 65/09, Rn. 15, NJW 2011, 1196 m. w. N.

war, klagte der Käufer gegen den *ehemaligen Geschäftsführer* auf Ersatz der Reparaturkosten. Die Klage wurde abgewiesen.

Zunächst ist erwähnenswert, dass der BGH den Fall nicht unter dem Gesichtspunkt einer c. i. c. prüfte, wohl deshalb, weil der Geschäftsführer nicht selbst Verkäufer gewesen und die Voraussetzungen einer Sachwalterhaftung nicht vorgetragen waren.[248]

Es blieb somit nur ein Anspruch nach § 823 Abs. 2 BGB i. V. m. § 263 StGB (bzw. ggf. § 826 BGB). Der VI. Zivilsenat des BGH hatte sich nur mit der schadensrechtlichen Frage auseinanderzusetzen, ob der Käufer Ersatz der Reparaturkosten verlangen konnte. Er formulierte klar, dass eine deliktische Haftung nicht an das Bestehen einer Verbindlichkeit und deren Nicht- oder Schlechterfüllung anknüpfe; deshalb stelle sich im Deliktsrecht nicht die Frage nach dem Erfüllungsinteresse, sondern nur – unter Bezugnahme auf *Lange/Schiemann*[249] – nach dem Erhaltungsinteresse.[250] Die geltend gemachten Reparaturkosten betrafen nach seiner Ansicht aber das *Erfüllungsinteresse* und waren so nicht ersatzfähig. Das Urteil steht in einer Linie mit anderen BGH-Urteilen zu dem bei Ansprüchen nach c. i. c. zu ersetzenden Schaden.[251]

Zu bedauern ist allerdings, dass der VI. Zivilsenat des BGH nicht einen Schritt weitergegangen ist und einen Ersatz des negativen Interesses durch Kaufpreisminderung auf den Betrag erörterte, der bei Kenntnis der Schadhaftigkeit des Daches vereinbart worden wäre. Er meint hierzu immerhin, dass Sachvortrag dazu, dass der Käufer einen geminderten Kaufpreis hätte zahlen müssen, wenn der Geschäftsführer nicht erklärte hätte, dass das Dach erneuert worden sei, fehle, wodurch er die generelle Möglichkeit dieser Vorgehensweise wohl anerkannte.[252]

---

248) Ein Beispiel dafür, dass die Deliktshaftung einen weitergehenden Schutz gewähren kann als die Sachwalterhaftung, s. Rn. 6.172.
249) *Lange/Schiemann*, Schadensersatz, S. 67.
250) BGH v. 18.1.2011 – VI ZR 325/09, ZIP 2011, 529 = NJW 2011, 1196.
251) S. Rn. 12.123 und Fn. dort.
252) BGH v. 18.1.2011 – VI ZR 325/09, ZIP 2011, 529 = NJW 2011, 1196. In dem Urteil findet sich übrigens die etwas irritierende Aussage „Allerdings muss der Differenzschaden nicht notwendiger geringer sein als das positive Interesse des Geschädigten an der Vertragserfüllung", wobei Differenzschaden zuvor sachlich mit dem negativen Interesse identifiziert wurde (Rn. 10). Richtig dürfte aber wohl sein, dass im Falle der Wertentschädigung nach § 251 BGB der Begriff des „Differenzschadens" als Rechenanleitung bzw. Methodik zur Herleitung sowohl des negativen wie des positiven Interesses dient. Dabei sind freilich zwei verschiedene „Differenzen" zu berücksichtigen, die zwischen dem realen Vermögenszustand und demjenigen ohne die Täuschung und diejenige zwischen dem realen Vermögenszustand und demjenigen bei Erfüllung der nichterfüllten Pflicht. M. a. W.: Die Differenzhypothese gilt bei § 251 BGB für das negative (oder Bestandsinteresse) und das positive Interesse.

V. Ersatz des Bestands-/negativen Interesses bei Unternehmenswertbeeinträchtigungen

In der Sache dürfte wohl Einiges dafür sprechen, die besondere „schadensrechtliche Minderung" nach der BGH-Rechtsprechung zur c. i. c. bei Delikten anzuwenden und also auch bei deliktischen Täuschungen den „Restvertrauensschaden" zu gewähren.[253]   12.214

2. Ersatz des Bestands- bzw. negativen Interesses durch Wertentschädigung

Hier ist nun das obere rechte Kästchen der Matrix Betrachtungsgegenstand; der Ersatz der Unternehmenswertbeeinträchtigung erfolgt nach § 251 BGB, der § 252 BGB umfasst.   12.215

Naturalherstellung des negativen Interesses	**Wertentschädigung des negativen Interesses**
Naturalherstellung des positiven Interesses	Wertentschädigung des positiven Interesses

Außerhalb von M&A-Transaktionen gehören v. a. der Ersatz von entgangenen Gewinnen aufgrund von Delikten, z. B. dauerhafte Einkommensminderungen aufgrund eines Unfalls[254] oder Unternehmenswertminderungen aufgrund einer Gewerbebetriebsverletzung, etwa einem rechtswidrigen Streik o. Ä., oder aufgrund einer wettbewerbsrechtlichen Anspruchsgrundlage in diese Gruppe. Solche Fälle können grundsätzlich Gesamtvermögensvergleiche mit Unternehmensbewertungen erforderlich machen, wie sie später bei Garantieverletzungen und der Gewährung des positiven Interesses vorkommen werden. Sie passen auch dann in das Kästchen, wenn die Anspruchsgrundlage vertraglich oder quasivertraglich ist, etwa wenn bei einer Haftung aufgrund einer c. i. c. bzw. der Verletzung anderer Pflichten i. S. von § 280 Abs. 1 BGB „Schadensersatz neben der Leistung" zu leisten ist.[255]   12.216

Soweit eine Partei aufgrund einer Täuschung über die Abschlussbereitschaft oder einem Verhandlungsabbruch oder wegen einer Täuschung, die zu einem Rücktritt berechtigte, auf Schadensersatz haftet, sind Vertragsvorbereitungskosten umfasst.[256] Es kann i. R. des Ersatzes des negativen bzw. Bestandsinteresses als Wertentschädigung auch ein **entgangener Gewinn** aus einer **alternativen Kapitalanlage** (in die ohne die c. i. c. investiert worden wäre) geltend gemacht werden.   12.217

In dem *Fallbeispiel „Schokoladenfabrik"* könnte wegen der Beschädigung einer Fertigungsstraße durch den Fahrer eines Lieferanten,[257] soweit eine Naturalherstellung nach § 251 Abs. 1 BGB nicht genügend oder nach § 251 Abs. 2   12.218

---
253) S. a. BGH v. 25.11.1997 – VI ZR 402/96, JP 1998, 173 = MDR 1998, 266 = DB 1998, 718.
254) Vgl. etwa einen Kfz-Unfall.
255) Vgl. Palandt-*Grüneberg*, BGB, § 280 Rn. 18.
256) Zur Haftung beim Abbruch von M&A-Transaktionen s. Rn. 1.3 ff.
257) S. oben Rn. 5.197, 12.37.

BGB etwa im Verhältnis zu den durch die Fertigungsstraße erwirtschafteten Gewinnen unverhältnismäßig teurer wäre,[258] ebenfalls u. a. Schadensersatz durch Wertentschädigung erfolgen; ersetzt würde das negative bzw. Bestandsinteresse.

12.219 Es ist also ein Irrtum, wenn gelegentlich gesagt wird, dass das **„negative Interesse"** keine **entgangenen Gewinne** umfasse.[259] Ein Widerspruch zwischen dem Wort „negativ" und „entgangenen Gewinnen" besteht nicht. Dieses Missverständnis ist auch ein Beispiel dafür, wie leicht das Operieren mit Begriffen wie „negativem" oder „positivem Interesse" in die Irre führen kann. Wenn hingegen stattdessen einfach § 249 Abs. 1 BGB, z. B. auf eine **Brandstiftung in einem Hotel**, angewendet wird, ist sofort erkennbar, dass natürlich die entgangenen Gewinne bzw. Einnahmeverluste des Hoteliers zu ersetzen sind. Das „negative Interesse" bzw. „Bestandsinteresse" umfasst also den entgangenen Gewinn.[260]

12.220 Bei M&A-Transaktion kommen Wertentschädigungen des negativen Interesses bzw. des Bestandsinteresses selten vor, praktisch wohl v. a. nur ergänzend zu einem Rücktritt aufgrund einer c. i. c., einem Delikt oder einer Anfechtung nach § 123 BGB oder hinsichtlich von Vertragsvorbereitungskosten beim Verhandlungsabbruch. Dies macht i. d. R. noch keine Unternehmensbewertungen erforderlich. Die Erörterung der interessanten Fragen der Berechnung der Wertentschädigung bei Unternehmenswertminderungen gehört deshalb zum Ersatz des positiven bzw. Leistungsinteresses.[261]

VI. Ersatz des Leistungs- bzw. positiven Interesses bei Unternehmenswertbeeinträchtigungen

12.221 Sachlich stellt die Gewährung des positiven oder des Leistungsinteresses eine Konsequenz aus dem Grundsatz **pacta sunt servanda** dar. Entscheidend ist, dass der Sollzustand, der hier zum Maßstab für den Schadensersatz wird, nie real, sondern **nur fiktiv**, in einer **garantierten Aussage** des Verkäufers, der Garantieaussage, existiert hat bzw. existiert. Also kann das hier zu ersetzende „In-

---

258) Vgl. Palandt-*Grüneberg*, BGB, § 251 Rn. 6.
259) So ist etwa die Frage von *Rust* (NJW 1999, 339), „ob der Deliktsanspruch ausnahmsweise den Ersatz des entgangenen Gewinns, also das Erfüllungsinteresse, mit umfassen kann", falsch gestellt. Ein Deliktsanspruch umfasst *immer* den Ersatz des entgangenen Gewinns. Zugleich gibt dieser Anspruch nicht auf das Erfüllungsinteresse, sondern auf das negative bzw. Bestandsinteresse.
260) Bamberger/Roth-*C. Schubert*, BGB, § 252 Rn. 1; *Steckler*, BB 1995, 469, 470 li. Sp. Mitte; *Oetker* in: MünchKomm-BGB, § 249 Rn. 128, 129; *Lange/Schiemann*, Schadensersatz, § 2 IV. 2; *Mohr*, Jura 2010, 327, 329 re. Sp. unten. OLG Celle v. 24.2.2004 – 16 U 155/03, Rn. 19 (bei einem rechtswidrigen Verbot von „Oberstufenpartys"). Ein Schadensersatzanspruch kann sogar nur aus entgangenem Gewinn bestehen (*Mommsen*, S. 12 Fn. 1); s. a. schon Rn. 12.26.
261) S. unten Rn. 12.251 ff.

VI. Ersatz des Leistungs-/positiven Interesses bei Unternehmenswertbeeinträchtigungen

teresse" i. S. von § 249 Abs. 1 BGB immer nur ein **Interesse an etwas Noch-nie-Dagewesenem** sein.[262)]

Anders als etwa beim Werkvertrag enthalten die typischen Aussagegarantien in M&A-Verträgen keine Herstellungspflichten des Verkäufers hinsichtlich der den Aussagen entsprechenden Zuständen.[263)] Es wird nur sanktioniert, wenn die Aussage falsch war, wobei die einzige Sanktion Schadensersatz durch eine schadensrechtliche Naturalherstellung oder Wertentschädigung ist. Die Möglichkeit der – praktisch einfach anwendbaren – Naturalherstellung des positiven Interesses bzw. des Leistungsinteresses ist rechtlich nicht eindeutig gesichert, die Möglichkeit der Wertentschädigung bei Garantieverletzungen ist unstreitig, aber sie führt in nicht ganz einfache Fragen der Unternehmensbewertung.

12.222

1. Ersatz des Leistungs- bzw. positiven Interesses durch Naturalherstellung

Richtigerweise sollte die Möglichkeit einer Naturalherstellung des positiven Interesses bzw. des Leistungsinteresses nach **§ 249 Abs. 1 i. V. m. § 250 BGB** – und also die Existenz von Fällen in dem unteren linken Kästchen – bejaht werden.

12.223

Naturalherstellung des negativen Interesses	Wertentschädigung des negativen Interesses
Naturalherstellung des positiven Interesses	Wertentschädigung des positiven Interesses

a) Naturalherstellung des Leistungs- bzw. positiven Interesses überhaupt

Grundsätzlich heißt es oft, dass die §§ 249 ff. BGB für alle Fälle des Schadensersatzes gelten, unabhängig davon, ob aus Delikt, vorvertraglich oder vertraglich gehaftet wird.[264)]

12.224

---

262) Auch beim Ersatz des negativen Interesses ist der maßgebliche Sollzustand i. d. R. nicht einfach nur ein *status quo ante* ($x1$), der einmal existierte, sondern ein hypothetischer Zustand ($x2$), der sich hieraus entwickelt hätte (s. Rn. 12.23 f.). Aber der Sollzustand ($x2$) ergibt sich nicht aus der Prognose, wie sich die Dinge bei Einhaltung eines Versprechens bzw. bei Richtigkeit einer Garantie entwickelt hätten, sondern aus der Prognose, wohin sich die Dinge ohne den schädigenden Eingriff entwickelt hätten.
263) S. Rn. 5.16 f.
264) Prütting/Wegen/Weinreich-*Medicus*, BGB, Vor §§ 249 bis 255 Rn. 2; Bamberger/Roth-*C. Schubert*, BGB, § 249 Rn. 5; Erman-*Ebert*, BGB, 12. Aufl., Vor §§ 249–253 Rn. 4; *Alff* in: RGRK, § 249 Rn. 2; Staudinger-*Schiemann*, BGB, 2017, § 249 Rn. 180 zur BGH-Rspr. zu § 635. *Brand*, Schadensersatzrecht, S. 17 Mitte spricht zutreffend von einem „einheitlichen Regelungsansatz" des deutschen Schadensrechts.

12.225 Prima facie spricht auch sonst nichts dagegen, das positive Interesse, z. B. bei Garantieverletzungen, durch Naturalherstellung zu gewähren. So hatte etwa *Mommsen* keine Bedenken, obwohl er tendenziell die Wertentschädigung vor die Naturalherstellung stellte, eine Leistung des Interesses als Naturalherstellung zu gewähren. Beim Diebstahl oder Raub bildete z. B. für ihn „die Restitution der entwendeten oder gewaltsam erworbenen Sache den hauptsächlichen Theil der Leistung des Interesses". Anschließend verallgemeinerte er: „So gehört es nicht zum Begriff des Interesses, dass eine Schätzung erfolge und ebensowenig ist es nöthig, dass das Interesse ausschließlich in Geld bestehe".[265]

12.226 Allerdings finden sich auch Urteile und Äußerungen, die dahin verstanden (oder missverstanden) werden könnten, dass bei Gewährung des Leistungs- bzw. positiven Interesses eine Naturalherstellung nach § 249 BGB nur ausnahmsweise in Betracht komme. Die **Rechtsprechung ist widersprüchlich bzw. unklar**.[266]

12.227 Zwei Fälle, in denen der **BGH systematisch** i. R. der §§ 249 ff. BGB argumentierte, sprechen zunächst eher für die hier befürwortete Möglichkeit einer Gewährung des positiven Interesses durch Naturalherstellung. „Der Umfang der Schadloshaltung", heißt es etwa, „bestimmt sich nach den Grundsätzen des Schadensrechts. Danach finden die §§ 249 f. BGB auf die Garantieverpflichtung Anwendung."[267] Im Anschluss expliziert der BGH hinsichtlich der Freistellung von einer Verbindlichkeit, die Naturalherstellung ist: „Ob die Beklagten nach den Grundsätzen der Naturalrestitution (§ 249 Satz 1 BGB) lediglich zur Freistellung der Klägerin von dieser Verbindlichkeit oder unmittelbar zu deren Rückzahlung in Geld verpflichtet sind … kann hier dahin gestellt bleiben".[268] In der zweiten Entscheidung wird formuliert, der Garantieschuldner habe „den Gläubiger so zu stellen, als ob der garantierte Erfolg eingetreten oder der Schaden nicht entstanden wäre."[269] Die Formulierung der zwei Alternativen („so zu stellen, als ob der…" oder „der Schaden nicht entstanden wäre") könnte nahelegen, dass aus der Sicht des BGH auch bei Garantien der übliche Dualismus von

---

265) *Mommsen*, S. 14.

266) *Schöne/Uhlendorf*, Schadensersatzklauseln im „Contract Drafting" – Ausgewählte Problemstellungen, in: Drygala/Wächter, Bilanzgarantien bei M&A-Transaktionen, S. 264, finden den Befund – zu Recht – überraschend, aber stimmen dem Befund zu.

267) BGH v. 10.2.1999 – VIII ZR 70/98, UG II. 4., ZIP 1999, 607; ähnl. BGH v. 18.6.2001 – II ZR 248/99, UG II. 1., ZIP 2001, 1496. Ebenso schon BGH v. 11.7.1985 – IX ZR 11/85, NJW 1985, 2941, 2942 li. Sp. oben.

268) BGH v. 10.2.1999 – VIII ZR 70/98, UG II. 4., ZIP 1999, 607; ähnl. BGH v. 18.6.2001 – II ZR 248/99, UG II. 1., ZIP 2001, 1496. Es ging in der Sache um eine garantiewidrig unterbliebene Ablösung eines Altkredits.

269) BGH v. 18.6.2001 – II ZR 248/99, UG II. 1., ZIP 2001, 1496 und BGH v. 10.2.1999 – VIII ZR 70/98, UG II. 4., ZIP 1999, 607.

VI. Ersatz des Leistungs-/positiven Interesses bei Unternehmenswertbeeinträchtigungen

Naturalherstellung[270] und Wertentschädigung Platz greift. Entsprechend müssten die üblichen schadensrechtlichen Subsidiaritätsregeln – § 251 Abs. 1 und 2 BGB – und ein Vorrang der Naturalherstellung gelten.[271] Im Jahre 2012 hat der VII. Zivilsenat des BGH bei einem Anspruch eines Bestellers einer Werkleistung auf das positive Interesse (nach §§ 634 Nr. 4, 280, 281 BGB) faktisch eine Naturalherstellung zugelassen, indem er einen Anspruch auf Mängelbeseitigungskosten, also Naturalherstellung, bejahte.[272] Soweit ein Besteller Schadensersatz in der Höhe von Mängelbeseitigungskosten geltend mache, entsprächen, so der VII. Zivilsenat, die nach § 251 Abs. 2 Satz 1 BGB für eine Verhältnismäßigkeit des Verlangens maßgeblichen Kriterien denen des § 635 Abs. 3 BGB.[273]

In anderen Fällen finden sich allerdings Formulierungen in der Rechtsprechung, die den Eindruck erwecken könnten, bei Ersetzung des positiven Interesses, oder jedenfalls wenn der „Zuführungsweg" § 325 BGB a. F. oder § 280 f. BGB n. F. ist, komme generell keine Naturalherstellung, sondern nur eine Wertentschädigung in Betracht[274]. Zum Teile „springen" Gerichte – ohne sich mit der Frage zu befassen, wieso der Vorrang des § 249 Abs. 1 BGB außer Kraft gesetzt

12.228

---

270) In BGH v. 10.2.1999 – VIII ZR 70/98, ZIP 1999, 607.

271) Ähnlich (systematisch) ist der BGH in Fällen vorgegangen, in denen § 635 BGB der „Zuführungsweg" zum Schadensersatzrecht war und der Besteller entweder das Bauwerk behielt und den „kleinen Schadensersatz" wählte oder das Bauwerk zur Verfügung stellte und den „großen Schadensersatz" wählte. Der BGH hat hier über die jeweils erhobenen Einwände, dass der geforderte Mehraufwand entweder für die Reparatur des behaltenen oder die Herstellung eines neuen Werks unverhältnismäßig sei, „in entsprechender Anwendung" von § 251 Abs. 2 entschieden (vgl. BGH v. 29.6.2006 – VII ZR 86/05, UG II. 2, 3 a., NJW 2006, 2912 m. w. N.). Es hätte wohl sogar eine direkte Anwendung von § 251 Abs. 1 BGB erfolgen können.

272) BGH v. 11.10.2012 – VII ZR 179/11, NJW 2013, 370, 371 re. Sp. Mitte. Der BGH sagte zwar zugleich, regelmäßig komme ein Anspruch auf Naturalherstellung nicht in Betracht, weil die Erfüllung nach § 281 Abs. 4 BGB nicht mehr verlangt werden könnte (S. 371 li. Sp. oben). Er dürfte aber (wohl) hiermit nur gemeint haben, dass der Besteller nicht mehr von dem Unternehmer selbst die Leistungserbringung fordern durfte.

273) BGH v. 11.10.2012 – VII ZR 179/11, NJW 2013, 370, 371 li. Sp. unten.

274) „Bei einem Schadensersatzanspruch nach § 325 Abs. 1 Satz 1 BGB a. F. wird das ursprüngliche Vertragsverhältnis mit Eintreten der Haftungsvoraussetzungen in der Weise umgestaltet, dass an die Stelle der beiderseitigen Leistungsverpflichtungen ein einseitiges, am Erfüllungsinteresse ausgerichtetes Abrechnungsverhältnis tritt, bei dem die gegenseitigen Ansprüche nur noch unselbstständige Rechnungsposten sind. Es ist deshalb ein Gesamtvermögensvergleich anzustellen ..." (BGH v. 15.6.2005 – VIII ZR 271/04, MDR 2006, 79, 80 re. Sp. oben). Damit, dass § 325 Abs. 1 Satz 1 BGB a. F. ein „einseitiges Abrechnungsverhältnis" herstelle, scheint entschieden zu sein, dass nur eine Wertentschädigung nach § 251 Abs. 1 BGB in Frage kommt und die Naturalherstellung ausgeschlossen ist. Auch BGH v. 15.3.2006 – VIII ZR 120/04, GmbHR 2006, 1042, 1044 li. Sp. oben = ZIP 2006, 1351 könnte teilweise so gelesen werden, als ob der BGH die Möglichkeit einer Naturalherstellung bei Garantieverletzungen nicht in Betracht ziehe.

sein soll – zu der Behauptung, konkret sei der Differenzschaden zu gewähren – also zu § 251 Abs. 1 BGB.[275)]

12.229 Auch in der **Literatur** kann man Formulierungen finden, dass Schadensersatz bei Nichterfüllung stets als Geldersatz – statt als Naturalrestitution – zu verstehen sei[276)] oder dass ein Verlangen von Schadensersatz statt der Leistung durch den Gläubiger nach §§ 280 Abs. 3, 281 ff. BGB eine Naturalherstellung hinsichtlich der ausgebliebenen Leistung grundsätzlich ausschließe.[277)] Bei solchen Äußerungen ist allerdings eigentlich nie eindeutig, ob die Autoren sich wirklich auf das *allgemeine* schadensrechtliche Thema der Möglichkeit der Gewährung des positiven Interesses durch Naturalherstellung überhaupt beziehen wollen oder *nur* einen *spezifischen schadensersatzrechtlichen „Zuführungsweg"*, z. B. denjenigen der §§ 280, 281 BGB (ggf. i. V. m. § 437 Nr. 4 oder § 637 Nr. 4

---

275) Eine Gemeinde hatte Straßenland als Gartenland verkauft. Es stellte sich heraus, dass dieses Land wegen dort verlegten Versorgungsleitungen kaum nutzbar war. Der Käufer verlangte Schadensersatz. Das OLG Düsseldorf sah – aufgrund einer Wissenszurechnung – in dem Verschweigen der Versorgungsleitungen eine Verletzung von § 463 BGB a. F., was zur Haftung auf das positive Interesse führte. Der Käufer könne „verlangen, so gestellt zu werden, wie er stünde, wenn der arglistig verschwiegene Mangel bei Übergabe nicht vorhanden gewesen wäre" (S. 271 li. Sp. oben). Das OLG Düsseldorf fährt fort: „Auch wenn die Umschreibung der Einstandspflicht für das positive Interesse beim Käufer eine gegenteilige Vorstellung indizieren mag, bedeutet dieser Schadensersatz wegen Nichterfüllung lediglich Geldersatz. ... Er richtet sich also nicht auf Beseitigung des Mangels oder Herstellung des vertragsgerechten Zustandes nach § 249 BGB, denn es geht hier nicht um Naturalrestitution, sondern um Ersatz der Wertdifferenz" (OLG Düsseldorf v. 12.11.2001 – 9 U 53/01, OLGR 2001, 268, 271 re. Sp. oben). Dem Gericht ging es hier offenbar darum, den angeblich unverhältnismäßig hohen Kostenersatz zu verweigern, ohne dies auf § 251 Abs. 2 BGB stützen zu müssen (S. 271 re. Sp. unten).

276) Schmoeckel/Rückert/Zimmermann-*Jansen*, HKK, §§ 249–253, 255 Rn. 37 und Fn. 256 zitiert diese Auffassung von *v. Tuhr*.

277) Staudinger-*Otto*, BGB, 2009, § 280 E 7, E 86 f., E 87; Staudinger-*Schwarze*, BGB, 2014, § 280 Rn. E 3.

VI. Ersatz des Leistungs-/positiven Interesses bei Unternehmenswertbeeinträchtigungen

BGB) zu §§ 249 ff. BGB, behandeln wollen.[278] Die Argumente, die angeführt werden, sprechen eher für Letzteres. Wenn es heißt, die Formulierung „Schadensersatz statt der Leistung" (in § 281 Abs. 1 BGB) mache deutlich, dass Schadensersatz strikt von der Leistung zu unterscheiden sei,[279] könnte dies dafür sprechen, dass es nur um § 281 BGB geht.

Ähnliches gilt, wenn vorgebracht wird, dass es wenig sinnvoll wäre, den Schuldner, nachdem er gerade z. B. seine Liefer- oder Herstellungspflicht nach § 433 Abs. 1 oder § 633 Abs. 1 BGB nicht habe erfüllen können oder wollen (etwa nach § 437 Nr. 3 oder § 634 Nr. 4 BGB) und u. U. auch die Nacherfüllungspflicht (nach § 437 Nr. 1 i. V. m. § 439 bzw. nach § 634 Nr. 1 i. V. m. § 635 BGB) missachtet habe, als Form des Schadensersatzes (über §§ 280 Abs. 3, 281 f. i. V. m. § 249 Abs. 1 BGB) noch einmal zu etwas doch sehr Ähnlichem zu verpflichten.[280]

12.230

Am deutlichsten ablehnend ist wohl *Schiemann*

12.231

> „Das Gesetz gewährt dem Gläubiger in zahlreichen Fällen einen Anspruch auf Schadensersatz wegen Nichterfüllung ... Bei diesen Tatbeständen kann es einen Herstellungsanspruch gem. § 249 Abs. 1, der auf eine Erfüllung der betreffenden Verbindlichkeit hinausliefe, nicht geben."[281]

---

278) Staudinger-*Otto*, BGB, 2009, § 280 E 86 f., erörtert das Thema als Unterthema zu § 325 BGB n. F. (vgl. E 67 ff.); Schmoeckel/Rückert/Zimmermann-*Jansen*, HKK, §§ 249–253, 255 Rn. 37, bei generellen systematischen Fragen. Bei Staudinger-*Otto*, BGB, 2009, § 280 E 7 heißt es: „Liegen die Voraussetzungen des §§ 280 Abs. 1 u. 3 i. V. m. § 281, § 282 oder § 283 vor und verlangt der Gläubiger Schadensersatz statt der Leistung (§ 281 Abs. 4), tritt der Schadensersatzanspruch *an die Stelle der primär geschuldeten Leistung* oder anders ausgedrückt: der Gläubiger erhält insoweit anstelle der Leistung ein ‚Äquivalent in Geld' .... Dies schließt eine Naturalherstellung gemäß § 249 BGB hinsichtlich der ausgebliebenen Leistung selbst grundsätzlich aus ..., aber hinsichtlich etwaiger Folgeschäden. Im Übrigen richtet sich der Anspruch nach den §§ 249 ff." Dieses Zitat könnte dafür sprechen, dass sich die Auffassung zur eingeschränkten Anwendbarkeit der Naturalherstellung beim Leistungsinteresse nur auf die Fälle des Eingreifens von §§ 280 Abs. 3, 281 BGB bezieht, aber nicht wenn der Schadensersatz Rechtsfolge einer vertraglichen Garantie ist. Gleichwohl sind Bedenken gegen die Argumentation zu erheben. Die §§ 280 ff. BGB verweisen generell auf Schadensersatz, also auf die §§ 249 ff. BGB mit all ihren Differenzierungen hinsichtlich der Art und Weise der Leistung des Schadensersatzes – bei einem Vorrang der Naturalherstellung. Daraus, dass der Schadensersatzanspruch „an die Stelle der primär geschuldeten Leistung" tritt, kann daher nur geschlossen werden, dass überhaupt Schadensersatz in einer seiner Gestaltungen nach den §§ 249 ff. BGB zu leisten ist. Aber die Weichenstellung zwischen § 249 BGB und § 251 BGB ist noch nicht entschieden, also insbesondere nicht, ob das „Äquivalent in Geld" zu leisten ist. Diese Frage bleibt § 251 BGB überlassen. Es kommt hinzu, dass unklar bliebe, ob ein Geldbetrag i. H. der Kosten der Reparatur oder Ersatzanschaffung nach § 250 BGB oder ob Wertentschädigung nach § 251 BGB, zu leisten wäre.

279) Staudinger-*Otto*, BGB, 2009, § 280 E 86 f., E 87. Freilich lässt *Otto* auch hier Ausnahmen dann zu, wenn der Gläubiger ein berechtigtes Interesse an der Naturalherstellung habe (E 87).

280) In diesem Sinne: *Oetker* in: MünchKomm-BGB, § 249 Rn. 356; Staudinger-*Schiemann*, BGB, 2012, § 249 Rn. 180.

281) Lange/*Schiemann*, Schadensersatz, S. 220.

12. Kapitel Schadensersatz- bzw. Schadensrecht

12.232 Weitere Argumente werden nicht angeführt. Allerdings räumt *Schiemann* wiederum ein, dass ein Herstellungsanspruch keineswegs immer ausgeschlossen sei.[282]

12.233 In NJW 2013, 1270 ff. hat der *Verfasser* die Kommentierung von *Grüneberg* im Palandt zu dem Thema exemplarisch untersucht. Sie war ebenfalls nicht eindeutig.[283] Dort wurde das Ergebnis begründet, dass die Naturalherstellung auch bei Garantieverletzungen bzw. der Gewährung des positiven Interesses die vorrangige Entschädigungsart ist.

12.234 Dafür spricht, dass keine Rechtfertigung ersichtlich ist, warum die proklamierte **generelle Geltung der §§ 249 ff. BGB** bei Ersatz des positiven bzw. Leistungsinteresses außer Kraft gesetzt werden sollte.

12.235 Es ist sodann nicht ersichtlich, wie, auch wenn die §§ 281, 283 BGB auf Garantieansprüche anwendbar wären, sich hieraus eine Abschaffung des Vorrangs der Naturalherstellung ergeben könnte. § 281 Abs. 1 BGB und § 283 Abs. 3 BGB ordnen als Rechtsfolge **„Schadensersatz statt der Leistung"** an. Das „statt der Leistung" sagt, dass die Leistung *nicht zusätzlich* zu Schadensersatz verlangt werden kann, aber nicht mehr. Das, *was* zu leisten ist – Schadensersatz –, wird auf keine Weise abgeändert. Also wird das **allgemeine Schadensrecht** hierdurch **nicht modifiziert**. Und: Setzt man die Unrichtigkeit einer Garantieaussage als den „zum Ersatz verpflichtenden Umstand" in § 249 Abs. 1 BGB ein, wird man geradewegs zur Naturalherstellung eben dieses positiven Interesses – an der Richtigkeit der Garantieaussage – geführt. Ein Grund, warum bei einem „Schadensersatz statt der Leistung" der Schadensersatz auf § 251 Abs. 1 BGB verkürzt sein sollte, ist nicht ersichtlich.

12.236 Weiter ist zweifelhaft, ob die §§ 280–285 BGB überhaupt für selbstständige Garantien gelten. § 280 Abs. 1 BGB sowie die hieran angeschlossen §§ 280 Abs. 3 BGB und § 281 BGB sowie § 283 BGB setzen voraus, dass der Schuldner eine **„Pflicht"** aus einem Schuldverhältnis **„verletzt"** (§ 280 Abs. 1 Halbs. 1 BGB). Die typischen selbstständigen Garantien in Unternehmenskaufverträgen sind aber bloße **Aussagegarantien**, durch die der Garantiegeber zwar für einen Erfolg – die Richtigkeit der Aussage, genauer: einen der Aussage entsprechenden Zustand – einzustehen hat. Aber der Garantiegeber unterlag keiner zeitlich vorgelagerten primären Leistungspflicht zur Herstellung des der Aussage entsprechenden Zustands „in Natur". Die Pflicht, Schadensersatz nach den §§ 249 ff. BGB zu leisten, ist vielmehr erst die *primäre* Rechtsfolge der Abgabe einer unrichtigen Garantie.[284] Wenn aber die erste und einzige durch die Aussagegarantie begründete Leistungspflicht diejenige ist, Schadensersatz zu leisten, wenn

---

282) *Lange/Schiemann*, Schadensersatz, S. 220 f.
283) *Wächter*, NJW 2013, 1270, 1273 li. Sp. f.
284) Vgl. oben Rn. 5.62 und Rn. 12.1 und Fn. dort.

VI. Ersatz des Leistungs-/positiven Interesses bei Unternehmenswertbeeinträchtigungen

die Garantieaussage falsch ist, folgt die Schadensersatzhaftung unmittelbar aus der Garantie und bedarf **nicht** eines **vorherigen „Durchganges" durch die §§ 280 ff. BGB**. Man könnte auch mit *Mommsen* sagen, dass das Interesse „ursprünglicher Gegenstand einer Obligation" ist und nicht nur ihr „nachfolgender Gegenstand".[285] Die §§ 280 ff. BGB können also dem Schadensersatz nicht einen solchen „spin" mitgeben, dass die Haftung nur noch auf die zweite Entschädigungsart ginge.

In der Tat mag es schließlich – i. S. des schon erwähnten Einwands von *Oetker* und *Schiemann*[286] – auf den ersten Blick ein wenig nach einer „endlosen Schleife" aussehen, wenn einem nicht vertragsgemäß Leistenden zunächst als „Sekundärobligation I" eine Nacherfüllungspflicht und dann (oder unter zusätzlichen Voraussetzungen) als „Sekundärobligation II" eine Naturalherstellungspflicht auferlegt wird, die einer „Nach-Nacherfüllung" oder **„Anders-Nacherfüllung"** nicht unähnlich ist.[287] Irgendwann, das scheint ein legitimer Impuls zu sein, sollte das Recht akzeptieren, dass der Gläubiger die ursprünglich versprochene Leistung nicht *in kind* erbringen kann. Freilich führen *Oetker* und *Schiemann* nicht aus, wann und aus welchem Rechtsgrund dies so sein soll.[288] Zum Beispiel ist keineswegs überzeugend, dass ein vorhergegangenes Misslingen einer gegenständlichen Herstellung das Ende einer Lösung auf einer gegenständlichen Ebene überhaupt bedeuten muss. Selbst bei Vertragstypen mit einem spezifischen „Mangelrecht", beispielsweise dem Kauf- oder Werkvertrag, ist denkbar, dass der Gläubiger nach Fehlschlagen der Nacherfüllung (§§ 437 Nr. 1, 439 bzw. 634 Nr. 1, 635 BGB) noch ein legitimes fortdauerndes Interesse an der gegenständlichen Herstellung hat. Die §§ 249, 250 BGB ermöglichen ihm, nunmehr **auf dem Wege des Schadensersatzes** einen **Dritten einzuschalten**, der die Sache liefert oder repariert. Vor allem ist der Garantievertrag eben ein Vertragstypus, der kein Mangelrecht besitzt. Es gibt also z. B. **keinen vorgeschalteten Anspruch auf Ersatz der Kosten** der Selbstvornahme nach §§ 634 Nr. 2, 637 BGB, der § 249 Abs. 1 BGB verdrängen könnte.

12.237

Zuletzt leuchtet sofort ein, dass es i. d. R. **zweckmäßig** ist, einem Unternehmensverkäufer, der eine unrichtige Garantie abgegeben hat, z. B. zur Funktionsfähigkeit einer Fertigungsstraße, primär die **Reparaturkosten** (bzw. die Kosten einer Ersatzanschaffung) aufzuerlegen, wenn die Garantieaussage falsch war. Hingegen würde es zu unnötigen Verkomplizierungen führen, den Parteien diese pragmatische Lösung zu verschließen und als Schadensersatz nur einen Anspruch auf eine Unternehmenswertminderung – durch Berechnung der zu-

12.238

---

285) Vgl. *Mommsen*, S. 6, 8.
286) S. Rn. 12.230.
287) S. Rn. 12.27.
288) Der von *Oetker* in: MünchKomm-BGB, § 251 Rn. 334, erwähnte § 281 Abs. 4 BGB, kann einer Garantiehaftung auf das positive Interesse nicht entgegenstehen.

künftigen reduzierten Überschüsse etc. – zuzulassen. Dies wird dadurch bestätigt, dass die **Rechtsfolgenklauseln fast aller M&A-Verträge**[289] **die Naturalherstellung als vorrangig** ausgestalten.

b) Grenzen der Naturalherstellung des positiven bzw. Leistungsinteresses

12.239 In der Konsequenz gelten bei Garantieverletzungen bzw. der Gewährung des Leistungs- bzw. des positiven Interesses dieselben Regeln wie bei Ersatz des Bestandsinteresses bzw. des negativen Interesses: Nach § 249 Abs. 1 BGB ist zunächst der **Schädiger selbst zur Herstellung** des Zustandes „in natura" **verpflichtet,** der heute bestehen würde, wenn die Garantieaussage richtig gewesen wäre.

12.240 Da § 249 Abs. 2 BGB bei Vermögensschäden nicht anwendbar ist, kann der Gläubiger den Anspruch, wenn sich dies nicht schon aus einer Vertragsklausel ergibt, nach § 250 BGB in einen Anspruch auf Ersatz des für die **Naturalherstellung erforderlichen Geldbetrages** überführen.[290] Dessen Betrag ist nach den **aktuellen Nachbaukosten**[291] – bei einem ganzen Unternehmen würde man von dem Teilrekonstruktionszeitwert sprechen – zu bemessen, die für die Reparatur bzw. Ersatzbeschaffung entstehen. Die Naturalherstellung ist insoweit auch hier die **vorrangige** Art und Weise des Schadensersatzes.

12.241 Der Schädiger kann sich nicht darauf berufen, dass der Wert der Maschine niedriger wäre als die Reparaturkosten. Der Vorrang der Naturalherstellung bedeutet, dass der Geschädigte – abgesehen von den Ausnahmefällen des § 251 Abs. 2 BGB[292] – eben nicht gezwungen sein soll, das betroffene Rechtsgut

---

289) Vgl. z. B. *Ettinger/Jaques*, Beck'sches Hdb. Unternehmenskauf im Mittelstand, G. VII, Share Deal I Nr. 8.8.

290) So zutreffend die im Vordringen befindliche Auslegung von § 250 BGB. Vgl. Staudinger-*Schiemann*, BGB, 2017, § 250 Rn. 2–4 m. w. N. S. a. Rn. 12.96 und Fn. dort.

291) S. Rn. 11.2 Dass eine Geldzahlung erfolgt, kann nicht den Unterschied zwischen § 249 BGB und § 251 BGB ausmachen, sondern nur, wie sie berechnet wird. Der Begriff „Geldersatz" ist deshalb kein zentraler Begriff des Schadensrechts. S. Rn. 12.108.

292) Nur wenn die Herstellung unverhältnismäßige Aufwendungen verlangt, ist der Schädiger berechtigt, den Gläubiger in Geld zu entschädigen (§ 251 Abs. 2 BGB) und muss das Gegenständlichkeitsinteresse des Gläubigers zurücktreten. Dies ist die grundsätzliche Regel. S. etwa BGH v. 4.4.2014 – V ZR 275/12, juris. Freilich bleibt die Frage, was eine Wertentschädigung nach § 251 BGB bei einer Unternehmenswertbeeinträchtigung bedeuten kann; s. Rn. 12.52. § 251 Abs. 2 BGB regelt übrigens nicht, wann der Gläubiger statt einer aufwendigen Reparatur „nur noch" eine Ersatzbeschaffung verlangen darf. Diese Frage ist nach dem Kriterium der Wirtschaftlichkeit i. R. der §§ 249, 250 BGB zu entscheiden (s. Rn. 12.58).

VI. Ersatz des Leistungs-/positiven Interesses bei Unternehmenswertbeeinträchtigungen

gleichsam an den Schädiger zu verkaufen.²⁹³⁾ Der Schädiger kann sich auch nicht darauf berufen, dass die betroffene Fertigungsstraße oder die Schokoladenfabrik als Ganzes nicht ertragreich sind.²⁹⁴⁾

Ein Vorteil der Naturalherstellung liegt darin, dass der Schaden leichter zu beziffern ist. Die **Schadensberechnung** bei Reparaturmaßnahmen oder Ersatzbeschaffungen ist **relativ einfach**.²⁹⁵⁾ Schadensberechnung ist hier noch Zusammenaddieren von Kosten; noch wird keine Unternehmensbewertung benötigt – soweit es keine weiteren Schadensfolgen gab oder der Geschädigte sie nicht geltend macht. 12.242

Der Geschädigte kann also nicht nur in dem Fall, dass eine Sache, z. B. eine Fertigungsstraße, beschädigt wird von dem körperlichen Schädiger, sondern auch dann, wenn er Gläubiger einer **Garantie** (etwa in einem M&A-Vertrag) ist, wonach die **Sache**, hier Fertigungsstraße, **funktionsfähig** ist, nach § 249 Abs. 1 BGB (ggf. i. V. m. § 250 BGB) verlangen, dass die Fertigungsstraße auf dem Weg der Naturalherstellung repariert wird. Im ersten Fall wird das negative bzw. Bestandsinteresse durch Naturalherstellung ersetzt, im zweiten Fall das positive bzw. Leistungsinteresse; sachlich geschieht in beiden Fällen dasselbe und die Kosten sind gleich hoch. § 249 Abs. 1 und Abs. 2 BGB schützen in beiden Fällen das Gegenständlichkeitsinteresse des Geschädigten, einmal des Unternehmensträgers der Fabrik, an einer *schon vorhandenen* Gegenständlichkeit – deshalb das negative bzw. Bestandsinteresse – und einmal des Käufers an einer *nur versprochenen* Gegenständlichkeit – deshalb das positive bzw. Leistungsinteresse.²⁹⁶⁾ 12.243

---

293) *Medicus/Petersen*, Bürgerliches Recht, Rn. 819. Durch die Naturalrestitution wird „die gegenständliche und die Vermögensintegrität des Geschädigten gleichermaßen gewahrt" (Schmoeckel/Rückert/Zimmermann-*Jansen*, HKK, §§ 249–253, 255 Rn. 19) und zudem gewissermaßen die Verfügungsfreiheit des Geschädigten, indem er davor geschützt wird, sich die Wegnahme einer Sache gegen Entschädigung gefallen lassen zu müssen (Schmoeckel/Rückert/Zimmermann-*Jansen*, HKK, §§ 249–253, 255 Rn. 23).

294) „Die Kosten der Reparatur des beschädigten Gegenstandes schuldet der Ersatzpflichtige auch dann, wenn dieser dem Berechtigten nicht von Nutzen ist" (s. *Lange/Schiemann*, Schadensersatz, S. 213 Mitte).

295) *King*, Die Bilanzgarantie beim Unternehmenskauf, Rn. 339–345, führt verschiedene Argumente für die Zweckmäßigkeit der Nacherfüllung als Rechtsfolge von Garantieverletzungen an. Dieselben Argumente sprechen auch für die Zweckmäßigkeit der Naturalherstellung gegenüber der Wertentschädigung.

296) Deshalb ist das negative Interesse bzw. das Interesse an der Erhaltung eines vorhandenen Bestands auch klar etwas anderes, als das Gegenständlichkeitsinteresse, das, wie erwähnt, auch im Hinblick auf zukünftige Gegenständlichkeiten bestehen kann, die noch nie existiert haben, sondern nur versprochen sind.

12.244 Soweit eine Garantie zum **Vorhandensein eines Gegenstandes** oder zum **Nichtvorhandensein von Verpflichtungen**[297] abgegeben wird, kann entsprechend ebenfalls Naturalherstellung des positiven Interesses verlangt werden.

12.245 Einen Unterschied zwischen Asset Deal und Share Deal kann es nicht geben. Die Garantieverletzung führt jeweils grundsätzlich zur Naturalherstellung, auch wenn die Reparatur an Rechtsgütern eines Dritten erfolgt bzw. ihm Ersatz zu beschaffen ist.[298]

c) **Entgangener Gewinn und Folgeschäden bei (teilweisem) Ersatz des positiven bzw. Leistungsinteresses durch Naturalherstellung**

12.246 Dass ein Zustand in $t2$ repariert wurde, z. B. eine neue Lizenz beschafft wurde, ändert, wie schon erwähnt, nichts mehr daran, dass seit der Beschädigung in $t1$ nachteilige Kausalketten angestoßen wurden. Der Ausgleich auch dieser Nachteile – zusätzlich zur Reparatur oder Ersatzbeschaffung – wird von dem Gedanken des Ausgleichs des Interesses bzw. des „Totalausgleichs" verlangt (§ 249 Abs. 1 BGB, erste Bedeutungsebene).

12.247 Auch hier gilt grundsätzlich der Vorrang der Naturalherstellung. Hieraus ergibt sich, dass der Käufer auch **Folgeschäden** aus einem pflichtwidrigen Zustand eines Gegenstandes, z. B. einer schadhaften Fertigungsstraße – etwa beim Ausbruch eines Feuers und Zerstörung weiterer Produktionseinrichtungen – primär als Naturalherstellung geltend machen kann (und muss). Dies kann ebenfalls noch so sein, wenn eine unrichtige Garantie zu einer Ordnungsstrafe gegen das Unternehmen führt; die Freistellung von der Ordnungsstrafe wäre als Befreiung von einer Verbindlichkeit noch Naturalherstellung.[299]

12.248 In den meisten Fällen wird es aber nicht mehr möglich sein, einen identischen oder „wirtschaftlich gleichwertigen Zustand" herzustellen, als ob die negativen Kausalwirkungen, die von dem schadensbeeinflussten Zustand bis zur Reparatur ausgingen, nicht ausgelöst worden wären. Der Käufer kann insoweit also zusätzlich **entgangenen Gewinn** und ggf. **Wertentschädigung zum Ersatz von Folgeschäden** verlangen.[300] Es können auch ungewöhnliche Schäden ersetzt werden.[301]

12.249 Allerdings setzt die Geltendmachung von Folgeschäden den Nachweis der Kausalität und des Rechtswidrigkeitszusammenhangs voraus.

---

297) Die Belastung mit einer Verbindlichkeit ist ein Schaden. Aus § 249 BGB folgt zunächst ein Freistellungsanspruch, der sich nach § 250 BGB in einen Geldersatzanspruch umwandeln kann. Vgl. *Oetker* in: MünchKomm-BGB, § 249 Rn. 29 m. w. N.; BGH v. 29.6.1972 – II ZR 123/71, BGHZ 59, 148, 150, 151 Mitte.
298) Zu „Dreiecksproblemen" s. Rn. 12.425 f.
299) S. Rn. 12.63.
300) S. sogleich Rn. 12.251 ff.
301) S. Rn. 12.85 und Fn. dort.

VI. Ersatz des Leistungs-/positiven Interesses bei Unternehmenswertbeeinträchtigungen

Fallbeispiel "Stanzfertigungsbetrieb" (OLG Koblenz v. 6.5.1993 – 5 U 1930/92)   12.250
Es war ein Stanzfertigungsbetrieb verkauft worden, wobei ein nicht vorhandener Auftragsbestand von 160.000 DM zugesichert war. Die Käufer nahmen Kredite auf und schossen die Valuta in das Unternehmen ein. Dies konnte die Insolvenz nicht verhindern. Die Käufer klagten nun auf Schadensersatz i. H. ihrer Zuschüsse. Die Klage scheiterte daran, dass sie nicht vortrugen, dass das Unternehmen wegen des geringen Auftragsbestandes gescheitert sei. Es fehlte an der Darlegung des Rechtswidrigkeitszusammenhanges.[302]

2. Ersatz des Leistungs- bzw. positiven Interesses durch Wertentschädigung

Das letzte Kästchen, das untere rechte, enthält wiederum Fälle, in denen sich   12.251
die Anwälte und Gerichte i. d. R. mit Fragen der Unternehmensbewertung befassen müssen (und nicht nur mit der Addition von Kosten eines Nachbaus i. R. der Naturalherstellung). Das rechte untere Kästchen beherbergt v. a. den klassischen Fall der Wertentschädigung des positiven Interesses bzw. des Leistungsinteresses nach einer **Garantieverletzung**[303], der post M&A-Streitigkeiten noch mehr dominiert als Konflikte aus Kaufpreisanpassungsklauseln oder c. i. c. und Delikt.

Naturalherstellung des negativen Interesses	Wertentschädigung des negativen Interesses
Naturalherstellung des positiven Interesses	**Wertentschädigung des positiven Interesses**

Der Übergang von der vorrangigen Naturalherstellung zur Wertentschädigung   12.252
– auch des Leistungs- bzw. positiven Interesses – erfolgt zumeist weil die Voraussetzungen des § 251 Abs. 1 BGB vorliegen. So ging der BGH in einem später näher zu behandelnden Fall davon aus, dass ein Schädiger „Schadensersatz wegen Nichterfüllung des ihm auferlegten Verschaffungsvermächtnisses, also den Ersatz des Erfüllungsinteresses, schuldet(e), und zwar, da die Herstellung in Natur nicht möglich (war), durch eine Entschädigung gemäß den Grundsätzen des § 251 BGB." Es hieß weiter: „Dabei ist die Höhe der Entschädigung nach dem (positiven) Interesse zu bestimmen, welches der Kl. an der ordnungsgemäßen

---

302) OLG Koblenz v. 6.5.1993 –5 U 1930/92, Rn. 29, 30.
303) Dafür, dass bei Garantieverletzungen grundsätzlich das positive Interesse zu ersetzen ist, *King*, Die Bilanzgarantie beim Unternehmenskauf, Rn. 339 f.; *Mellert*, BB 2011, 1667, 1668; *Elsing* in: FS Haarmann, S. 46 oben m. w. N., S. 50 oben, S. 52 oben (ausgehend von Bilanzgarantien); *Bergjan/Schäfer*, DB 2016, 2587, 2591 li. Sp. unten.

Erfüllung des Vermächtnisses hatte."[304] Ebenso kann es zur Wertentschädigung kommen, weil eine Rechtsfolgenklausel des M&A-Vertrages dies anordnet.[305]

12.253 Grundsätzlich besitzt die Wertentschädigung des positiven Interesses folgende Merkmale:

- Der Ausgleich findet, beim Asset-Deal wie beim Share Deal, wenn der Vertrag nichts anderes festlegt, grundsätzlich **zwischen Verkäufer und Käufer** statt.[306]
- Die Höhe des Ausgleichs entspricht der **Wertdifferenz zu dem Unternehmens- bzw. Anteilswert bei Richtigkeit der Garantieaussage** („Unternehmenswert-" bzw. „Anteilswertdifferenz").
- Es können zu der Unternehmenswert- bzw. Anteilswertdifferenz noch solche **Folgeschäden**, einschließlich von **entgangenen Gewinnen**, hinzukommen, die **außerhalb des Unternehmens** anfallen, dessen Wertminderung festgestellt wurde;[307] ebenso kann ein Vorteilsausgleich erfolgen.
- Für die Höhe des Schadensersatzes spielt es **keine Rolle**, welchen **Kaufpreis** die Parteien vereinbart haben oder wie sie selbst bei den Verhandlungen das Unternehmen bewertet haben oder in welchem Verhältnis der Kaufpreis zu dem Unternehmenswert (bzw. beiden Unternehmenswerten) stand.

---

304) BGH v. 29.2.1984 – IVa ZR 188/82, NJW 1984, 2570, 2571 re. Sp. unten; s. Rn. 12.292.
305) Das Formular III. A. 10 von *Meyer-Sparenberg* in: Beck'sches Formularbuch, überlässt die Bestimmung des Inhalts von Schadensersatzansprüchen dem Gesetz „Der nach diesem § 6 ersatzfähige Schaden bestimmt sich nach den §§ 249 ff. BGB'". In vielen Vertragsklauseln bleibt unklar, ob ein Umschlag von Naturalherstellung in Wertentschädigung beabsichtigt ist. In dem Klauselvorschlag bei *Seibt/Schrager* in: Beck'sches Formularbuch M&A, Form C. II. 2 in § 9.1.2, heißt es: „Soweit eine Naturalrestitution nicht möglich oder genügend ist, hat ... Schadensersatz in Geld zu leisten". Wie erwähnt, ist die Aussage, dass Schadensersatz in Geld zu erfolgen hat, wenig aussagekräftig. Entscheidend ist, ob der Geldbetrag die Höhe der Kosten der Naturalherstellung nach §§ 249, 250 BGB oder der Wertentschädigung nach § 251 BGB haben soll. Am Ende dürfte die Auslegung der Klausel von *Seibt/Schrager* noch recht eindeutig zu letzterem Ergebnis führen, schon weil § 9.1.3 den Übergang von Naturalherstellung durch den Verkäufer zur Zahlung des hierfür erforderlichen Betrages regelt. Es sind aber auch Klauseln im Umlauf, die kaum Anhaltspunkte zur Entscheidung dieser Auslegungsfrage bieten.
306) Zu „Dreiecksproblemen s. Rn. 12.425 ff.
307) *Mellert*, BB 2011, 1667, 1669 li. Sp. Mitte, betont freilich zu Recht, dass die Unternehmens- bzw. Anteilswertminderung nur dann den vollständigen Schaden des Geschädigten wiedergibt, „wenn der Schaden keine Auswirkungen auf das restliche Vermögen des Käufers hat". Entsprechend hat ein Käufer „seinen Schaden bei Verletzung einer Garantie nicht bereits dadurch nachgewiesen, dass er einen Minderwert der erworbenen Anteile am Zielunternehmen nachweisen kann. Vielmehr müsste er eine Bewertung seines gesamten Unternehmens inklusive der erworbenen Beteiligung am Zielunternehmen vornehmen und nur der so ermittelte Minderwert wäre sein Schaden, den der Verkäufer zu ersetzen hätte" (S. 1669 re. Sp. oben). Man könnte sagen, dass die Unternehmens- bzw. Anteilswertminderung das *interesse circa rem* und eine Beeinträchtigung des sonstigen Vermögens des Käufers ein *interesse extra rem* oder also Folgeschäden darstellen würde. Das von *Mellert* angesprochene Thema stellt sich insbesonders, wenn die Garantieverletzung sich auch negativ (oder ausnahmsweise positiv) auf vorhandene Unternehmensteile des Käufers auswirkt.

VI. Ersatz des Leistungs-/positiven Interesses bei Unternehmenswertbeeinträchtigungen

a) Subjektiver Käufer-Unternehmenswert, später Bewertungs- und Informationsstichtag

Ausgehend von diesen Grundsätzen bleiben verschiedene weitere Fragen zu klären, zunächst die **Rechtsfrage**,[308] ob bei der Bestimmung der Wertentschädigung für das positive Interesse (i) von einem **subjektiven Unternehmenswert** oder (ii) einem **objektivierten Unternehmenswert**[309] oder gar einem „Schiedswert" und ob (iii) von einem solchen des **Verkäufers** oder (iv) des **Käufers** (etwa ihren Grenzwerten als Entscheidungswerten) auszugehen ist. Wie schon erläutert, entscheidet dies v. a. über die Berücksichtigung von unterschiedlichen Unternehmenskonzepten, Synergien und Zinssätzen.[310]   12.254

Ebenso bleibt zu klären, welcher Bewertungsstichtag und Informationsstichtag maßgeblich ist.[311]   12.255

aa) Subjektiver Käufer-Unternehmenswert

Änderungen des Unternehmenskonzepts durch den Käufer und seine Synergiepotentiale können dazu führen, dass ein Unternehmen nach Konzeptänderung/Integration wesentlich höhere Überschüsse erwirtschaftet als dies zuvor *Stand Alone* bei dem Verkäufer möglich war und dass der **Unternehmenswert für den Käufer also höher ist als für den Verkäufer**. Dies ermöglicht dem Käufer, wie gesehen, ganz rational einen höheren Kaufpreis als den Stand Alone-Unternehmenswert des Verkäufers zu zahlen und das Unternehmen dennoch zu einem Preis zu erwerben, der unter seinem eigenen subjektiven Unternehmenswert liegt.[312] Subjektive Unternehmenswerte drücken so die ureigensten Handlungsmotive der Marktteilnehmer, insbesondere bei dem wichtigsten Marktvorgang – Verkauf und Kauf –, aus.[313]   12.256

---

308) S. Rn. 10.15 f.
309) Einen *objektiven Unternehmenswert* kennt die Betriebswirtschaft nicht; er steht also gewissermaßen gar nicht zur Disposition. S. Rn. 10.11.
310) S. o. Rn. 10.29, 10.30.
311) S. Rn. 11.20.
312) Er wird natürlich versuchen dies zu vermeiden, während der Verkäufer versuchen wird – durch Ausspielen des Käufers gegen andere Interessenten – einen möglichst hohen Anteil der Käufersynergien in seine Taschen umzuleiten. Die Existenz von Synergien, und dass unterschiedliche Kaufinteressenten unterschiedliche Synergiepotentiale mitbringen, erklärt zu einem wesentlichen Teil, dass unterschiedliche Kaufinteressenten *auf rationale Weise*(!) unterschiedliche über dem Grenzpreis (= Stand Alone-Unternehmenswert) des Verkäufers liegende Kaufpreise zahlen können.
313) S. auch *Kraus*, Arbitration Newsletter, International Bar Association Legal Practice Division, March 2011, 150 f., 151 re. Sp. Mitte, der an amerikanischen Beispielen darstellt, dass von dem Schadensersatzanspruch eines Käufers im Falle der Nichterfüllung des Verkäufers „the opportunity to realize anticipated merger synergies" umfasst sein sollte, auch wenn, wie zu einem solchen Fall der Delaware Chancery Court anmerkte „No doubt, the parties would haggle over huge valuation questions". Zitiert nach *Kraus*, 152 li. Sp. unten.

12. Kapitel Schadensersatz- bzw. Schadensrecht

12.257 Im *Fallbeispiel Schokoladenfabrik*[314] wäre, wenn ein größerer Konzern die Fabrik übernimmt, denkbar, dass der Käufer aufgrund seines Vertriebsnetzes in Europa (Synergien) den Schokoladenumsatz ohne erhebliche Mehrkosten wesentlich steigern könnte. Aufgrund dieser Vertriebssynergien läge der Unternehmenswert höher als Stand Alone bei dem Verkäufer. Vielleicht würde er auch eine Teenager-Schokoladen-Café-Kette aufmachen (Konzeptänderungen)

12.258 Unseres Erachtens muss für die Bestimmung einer Wertentschädigung nach §§ 249, 251 BGB für Zwecke des Schadensersatzes der **subjektive Unternehmenswert des Käufers** verwendet werden.[315] Freilich meinen wir hiermit, wie bereits dargestellt, einen **subjektbezogen Unternehmenswert**, bei dem „schlechte" Subjektivitäten (Willkür, falsche Planungsannahmen, methodische Fehler etc.) möglichst weitgehend ausgemerzt sind, der intersubjektiv rational ist und daher als „**objektiver subjektiver Unternehmenswert**" bezeichnet werden kann.[316]

12.259 Die Verwendung des **subjektiven Unternehmenswerts** liegt in der **Logik des Schadensrechts**. Der „Schadensersatzanspruch steht einem Rechtssubjekt zu, und insofern bezieht sich der Begriff des Schadens notwendigerweise auf eine Person."[317] „Konkrete Schadensberechnung besteht darin, dass der dem Geschädigten im Einzelfall erwachsende Schaden festgestellt wird."[318] Der BGH formulierte im gleichen Sinne: „Da der Schadensersatz dazu dient, den **konkreten Nachteil des Geschädigten auszugleichen, ist der Schadensbegriff im Ansatz subjektbezogen.**"[319]

12.260 Dieser Gedanke wird auch häufig so formuliert, dass der Schädiger den **Geschädigten „so zu nehmen hat, wie er ist"**. Daher sind höhere Schäden aufgrund von besonderen Nutzungsmöglichkeiten (oder Gefährdungen) des Geschädigten zu berücksichtigen[320] und kann der Geschädigte auch den Ausgleich ungewöhnlicher Gewinne nach § 252 BGB ersetzt verlangen; natürlich muss er, unterstützt durch § 287 ZPO, hierfür den Beweis erbringen.[321]

---

314) S. u. a. Rn. 5.197, 12.37.
315) In diesem Sinne auch aus betriebswirtschaftlicher Sicht: *C. Wollny*, DStR 2013, 2132 ff., 2136 li. Sp. oben. Nachdrücklich hierfür bereits *Kiethe*, DStR 1995, 1756, 1759 re. Sp. Mitte, 1762 li. Sp. unten.
316) S. Rn. 10.30.
317) *Lange/Schiemann*, Schadensersatz, S. 40; vgl. *P. Wollny*, BB Beilage 1991, Nr. 17, S. 1, 2 – beim Schadensersatz würden für die Unternehmensbewertung subjektive Grundsätze gelten.
318) *Lange/Schiemann*, Schadensersatz, S. 353.
319) Hv. v. Vf. BGH v. 21.12.2004 – VI ZR 206/03, NJW-RR 2005, 611; BGH v. 26.9.1997 – V ZR 29/96, ZIP 1998, 154 = NJW 1998, 302.
320) S. Rn. 12.85 und Fn. dort.
321) Palandt-*Heinrich*, BGB, § 252 Rn. 4; *Lange/Schiemann*, Schadensersatz, S. 341 m. w. N.

VI. Ersatz des Leistungs-/positiven Interesses bei Unternehmenswertbeeinträchtigungen

Der Subjektbezug des Schadensersatzes folgt abstrakt daraus, dass das auszugleichende Interesse nichts anderes als die **Negation der kausalen Folgen** des „zum Ersatz verpflichtende(n) Umstand(es)" ist, die **von Anfang an durch den konkret Geschädigten bestimmt werden**, auf den der zum Ersatz verpflichtende Umstand „niederprasselt". Der Subjektbezug des Schadensersatzes ist insoweit nicht etwa Folge eines Bemühens, „es besonders genau zu machen", sondern eine **bare, alternativlose Notwendigkeit**. Von den Eigenschaften des konkreten Subjekts, auf das das schädigende Verhalten einwirkt, hängt das „ob", „wie" und „wie viel" des Schadens ebenso ab, wie es von einer zweiten Chemikalie abhängt, ob es zur Explosion kommt (und zu welcher Explosion es kommt), wenn eine erste Chemikalie in sie hineingegossen wird.   12.261

Jede andere Lösung als ein Abstellen auf den subjektiven Unternehmenswert des Geschädigten, also des Käufers, würde zuletzt in Wertungswidersprüche führen, wie die Abänderung des   12.262

Fallbeispiels „Schokoladenfabrik"[322] zeigt: 12.263

Wenn eine Schokoladenfabrik einen Maschinenbauer mit der Lieferung einer zusätzlichen Fertigungsstraße beauftragt hätte und der Maschinenbauer pflichtwidrig nicht liefern würde, so bestünde kein Zweifel, dass der Schadensersatzanspruch der Schokoladenfabrik – i. R. der sog. konkreten Berechnung – nach der ihr **individuell und konkret entgangenen Gewinnen zu bemessen** wäre. Ohne überhaupt hierüber näher nachzudenken, würde sich also das gute Vertriebsnetz und die Marke der Fabrik *schadens- und schadensersatzerhöhend* auswirken. Warum soll es nun anders sein, wenn bei einem Verkauf derselben Schokoladenfabrik die Funktionsfähigkeit der Fertigungseinrichtungen garantiert wird und (i) entweder das gute Vertriebsnetz und die Marke schon vorhanden sind oder (ii) sie von dem Käufer „mitgebracht" werden. Dies wäre nicht überzeugend.

Der „objektivierte Unternehmenswert" ist nicht zu verwenden. Seine Anwendung liegt bei Gesellschafterstreitigkeiten in Personen- und Kapitalgesellschaften und Spruchstellenverfahren; er gehört hierhin gerade weil es hier nicht auf die individuelle Schädigung, sondern auf eine Standardisierung ankommt.[323] Die Verwendung des objektivierten Unternehmenswertes in solchen Zusammenhängen stellt insofern, wie C. *Wollny* herausgearbeitet hat, geradezu ein *Gegenmodell* zu dem subjektiven Unternehmenswert dar, der in Fällen der Schädigung eines Unternehmens (auf jegliche Weise) maßgeblich ist.[324]   12.264

Eine etwaige Sorge der Rechtsprechung, dass durch die Maßgeblichkeit des subjektiven Unternehmenswerts nicht handhabbare Weiterungen eröffnet würden,   12.265

---

322) Erfunden; Abwandlung von Rn. 5.197, 12.37.
323) Vgl. *C. Wollny*, Der objektivierte Unternehmenswert, S. 6 m. w. N., S. 50.
324) Vgl. *C. Wollny*, DStR 2013, 2132, 2134 f., 2139 (Tabelle).

wäre, wie schon angesprochen, nicht begründet.[325] Die staatliche Rechtsprechung kommt ohnehin, etwa bei aktienrechtlichen Spruchverfahren, am Umgang mit Unternehmensplanungen und finanzmathematischen Fragen der Unternehmensbewertung nicht vorbei und zeigt sich ihnen durchaus gewachsen.[326] Sodann ist der Schritt von der Prüfung objektivierter Unternehmenswerte, mit denen es die zuständigen Kammern und Senate in Aktionärsstreitigkeiten ständig zu tun haben, zu subjektiven Unternehmenswerten nur ein kleiner. Darin, dass der **Käufer darlegungs- und beweisbelastet** ist, liegt schließlich ein wirksamer Schutz vor zu „luftigen" Fantasien. Wertsteigerungen aus Konzeptänderungen oder Synergien aus behaupteten Umsatzsteigerungen oder Kostensenkungen werden unbeachtet bleiben,[327] wenn sie – auch unter Berücksichtigung von § 252 Satz 2 BGB und § 287 ZPO – nicht hinreichend substantiiert oder bewiesen werden.

bb) Später Bewertungs- und Informationsstichtag

12.266 Der Geschädigte soll, wenn ihm das positive Interesse gewährt wird, nach § 249 Abs. 1 Satz 1 BGB so gestellt werden als ob ihm gemachte Versprechen, hier **Garantieversprechen, erfüllt worden wäre**. Es soll die Vermögenslage, „Reichtumsposition" bzw. finanzielle Position hergestellt werden, die bei Garantieeinhaltung bestanden hätte.

12.267 Ausgehend hiervor ist zu fragen, welcher Bewertungsstichtag und welcher Informationsstichtag diese rechtliche Vorgabe am besten umsetzt. Dabei lässt die **Erfolgsorientierung dieser Vorgabe** wenig Wahl: Wenn das Ziel ist, eine Person im *Ergebnis* und *in allen Hinsichten* (Totalausgleich) so zu stellen, wie sie unter anderen Umständen stünde, dann muss ein **möglichst später Zeitpunkt** gewählt werden und es dürfen selbstverständlich **keine zugänglichen Informationen abgeschnitten** werden. Dies kann auch damit begründet werden, dass § 249 BGB keine Begrenzung des Schadensersatzes auf zum Schädigungszeitpunkt voraussehbare Schäden beinhaltet. Man muss also auf das Heute blicken und alle Informationen einbeziehen, die irgendwie zugänglich gemacht werden können.

12.268 Das Vorstehende liegt auf einer Linie mit der h. M. zum Zeitpunkt der Schadensbemessung. Zum Beispiel trägt der Schädiger das Risiko, dass sich die Kosten

---

325) S. Rn. 11.50 f.
326) Es bestehen Sonderzuständigkeiten von Spruchkörpern und die Richter dieser Spruchkörper haben eine entsprechend große Erfahrung angesammelt. Vgl. bspw. folgende jüngere Urteile: BGH v. 8.5.2007 – VIII ZR 235/06, ZIP 2007, 1155 = NJW 2007, 2117; BGH v. 19.7.2010 – II ZB 18/09, ZIP 2010, 1487 = NJW 2010, 1471; OLG Stuttgart v. 18.12.2009 – 20 W 2/08, ZIP 2010, 274 = WM 2010, 654; OLG Stuttgart v. 17.3.2010 – 20 W 9/08, ZIP 2010, 1498 = AG 2010, 510; OLG Stuttgart v. 19.1.2011 – 20 W 3/09, ZIP 2011, 382 = AG 2011, 205; OLG Stuttgart v. 4.5.2011 – 20 W 11/08, ZIP 2011, 1709; OLG Frankfurt v. 7.12.2010 – 5 U 29/10, ZIP 2011, 75 = WM 2011, 116.
327) So auch *Kiethe*, DStR 1995, 1756, 1762 li. Sp. unten.

VI. Ersatz des Leistungs-/positiven Interesses bei Unternehmenswertbeeinträchtigungen

der Naturalehrstellung mit der Zeit erhöhen[328] und erhöht sich ein auf, wie Oetker sagt, Geldersatz gehender Schadensersatzanspruch bei Preissteigerungen.[329] Allgemein ist der für die Bemessung des Schadensersatzanspruches maßgebliche Zeitpunkt der Augenblick, in dem dem Geschädigten das wirtschaftliche Äquivalent für das beschädigte Recht zufließt, der **Zeitpunkt der Erfüllung der Schadensersatzpflicht**.[330]

Entsprechend müsste rechtlich der Stichtag, zu dem der Gesamtvermögensvergleich stattfindet, **jedenfalls die letzte mündliche Verhandlung** sein. Dieses ist im Grundsatz unstreitig bei Schadensersatzfällen außerhalb von M&A-Transaktionen. So ist z. B. der Schaden eines **Unfallopfers** nicht aus der Perspektive des Schädigungsstichtages und mit der Anweisung nur Umstände zu berücksichtigen, die angelegt oder vorrausehbar waren oder deren „Wurzeln" schon gelegt waren. Ebenso könnte, wenn ein Verkäufer eines Grundstücks in Leipzig schadensersatzpflichtig wäre, der Käufer den Umstand, dass die Staatsfonds von Katar, Norwegen, China (etc.) alle parallel, aber erst nach jedem denkbar relevanten Zeitpunkt (Signing, Closing, Übergabe oder Umschreibung) Leipzig zum massiven Ankauf von Immobilien auserkoren und die Grundstückpreise signifikant in die Höhe trieben, den geschädigten Käufer nicht daran hindern, seinen Schaden auf dieser (für ihn glücklichen) neuen Basis zu berechnen. 12.269

Weil der „Totalausgleich" eben alle Vermögenseinbußen umfasst, umfasst er auch solche Einbußen, die nach dem Ende der letzten mündlichen Verhandlung eintreten. Der „Day of Reckoning" muss daher möglichst weit, *am besten unendlich weit in die Zukunft*, verschoben werden. Dem sind zwar praktische Grenzen gesetzt, aber das Prozessrecht eröffnet immerhin die Möglichkeit, dem Grunde nach eine Ersatzpflicht des Verkäufers für noch nicht angemessen bezifferbare, aber hinreichend wahrscheinlich Schäden durch **Feststellungsurteil** auszusprechen.[331] 12.270

Dies kann nicht anders sein, wenn es um Schadensersatz nach M&A-Transaktionen geht, auch dann nicht, wenn (i) M&A-Transaktionen selbst verschiedene Stichtage verwenden und (ii) die Unternehmensbewertungslehre, die zur Berechnung von Ersatzansprüchen benötigt wird, selbst „Stichtagsdenken" betreibt und für Bewertungen in anderen Kontexten normalerweise andere Stichtage, z. B. den wirtschaftlichen Übergangsstichtag, verwenden würde. Übrigens ist das Ansetzen des Informationsstichtages auf die letzte mündliche Verhandlung i. d. R. 12.271

---

328) *Oetker* in: MünchKomm-BGB, § 249 Rn. 309.
329) *Oetker* in: MünchKomm-BGB, § 249 Rn. 311.
330) *Oetker* in: MünchKomm-BGB, § 249 Rn. 314 bzw. der „Zeitpunkt der Ersatzleistung (Rn. 316).
331) S. etwa OLG Koblenz v. 13.2.2008 – 1 U 130/07, MDR 2008, 1068; OLG München v. 14.6.2010 – 19 U 4302/09, WM 2010, 1622; BGH v. 10.7.2014 – IX ZR 197/12, ZIP 2014, 2150; BGH v. 4.6.1996 – VI ZR 123/95, NJW 1996, 2715; BGH v. 16.11.2006 – I ZR 257/03, NJW 2007, 1809.

12. Kapitel Schadensersatz- bzw. Schadensrecht

von größerer Bedeutung als das Ansetzen des Bewertungsstichtages auf diesen Tag; da die Unternehmensbewertung ohnehin auf einer in die Zukunft vorgreifenden Planung basiert, sind die Regeln, die darüber entscheiden, welche Informationen verwendet werden dürfen, oft folgenreicher als der Bewertungsstichtag.

b) Direkte und indirekte Methode der Berechnung der Wertentschädigung[332]

12.272 Wenn das „Soweit ... nicht ..." in § 251 Abs. 1 BGB zum Tragen kommt und Naturalherstellung und Wertentschädigung nebeneinander erfolgen,[333] scheint dies i. d. R.[334] zur Schadensherleitung eine Addition von zwei Beträgen (oder von mehreren Teilbeträgen) zu implizieren:

12.273 *Fallbeispiel „Schokoladenfabrik"* (erfunden)

Beim Verkauf der Schokoladenfabrik soll garantiewidrig die Funktionsfähigkeit einer Fertigungsstraße für Schokolade beeinträchtigt gewesen und Schmieröl in die Schokolade gelangt sein. Die Kosten der Reparatur der Fertigungsstraße betrugen 1,3 Mio. €, entgangene Gewinne 3,2 Mio. €. Infolge des Eindringens des Schmieröls soll es zudem zu einem Brand gekommen sein, durch den eine benachbarte (museale, nur noch für Repräsentationszwecke verwendete) Schokoladenmaschine im Wert von 300.000 € zerstört wurde. Sonstige Schäden sollen beim Käufer nicht eingetreten sein.

12.274 Hier kann gerechnet werden:

Kosten der Reparatur der Fertigungsstraße (Naturalherstellung)	1,3 Mio. €
Wertentschädigung für museale Schokoladenmaschine[335]	0,3 Mio. €
Wertentschädigung für entgangene Gewinne[336]	3,2 Mio. €
Naturalherstellung und Wertentschädigung für Schäden, inkl. entgangener Gewinne, außerhalb des Unternehmens	0,0 Mio. €
Summe Schadensersatz	4,8 Mio. €

---

332) Zur direkten und indirekten Methode, s. a. die 2. Auflage dieses Buches (2014), Rn. 1428 ff., und aus Sicht eines Wirtschaftsprüfers Demuth, Direktes und indirektes Verfahren der Schadensberechnung, in: Drygala/Wächter, Bilanzgarantien bei M&A-Transaktionen, S. 166.
333) Zu dieser Möglichkeit s. schon Rn. 12.70 f.
334) Wenn nicht der Naturalherstellungsanteil durch Reparatur oder Ersatzlieferung durch den Schädiger selbst erfolgt.
335) Wie gesehen, ergeben sich daraus, dass ein Schaden als mittelbarer bzw. als Folgeschaden einzuordnen ist, keine Auswirkungen auf die Einordnung der für ihn zu leistenden Entschädigung als Naturalherstellung oder Wertentschädigung (s. Rn. 12.44). Wenn die museale Schokoladenmaschine noch reparabel wäre, wären auch hier Kosten der Naturalherstellung entstanden.
336) Hier, wie i. d. R., sind entgangene Gewinne nach § 251 Abs. 1 BGB als Wertentschädigung auszugleichen (s. Rn. 12.96 f.).

VI. Ersatz des Leistungs-/positiven Interesses bei Unternehmenswertbeeinträchtigungen

Ebenso gut könnten – mit demselben Ergebnis – andere Kategorien bzw. Unterscheidungen[337] verwendet werden: 12.275

Damnum emergens, „positiver Schaden" I (Kosten der Reparatur der Fertigungsstraße)	1,3 Mio. €
Damnum emergens, „positiver Schaden" II (Zerstörung der musealen Schokoladenmaschine)	0,3 Mio. €
Lucrum cessans, entgangene Gewinne	3,2 Mio. €
Damnum emergens, „positiver Schaden" III und lucrum cessans, entgangene Gewinne außerhalb des Unternehmens	0,0 Mio. €
Summe Schadensersatz	**4,8 Mio. €**

Eine **Addition** der vorstehenden Art **von zuvor bestimmten „Schadenssplittern"**, gleich nach welchen Kriterien sie gebildet werden, entspricht der Vorgehensweise, die Kaufleute oder Privatpersonen in einfachen Fällen spontan wählen würden.[338] Sie wird **„direkte Methode"** der Berechnung des Schadensersatzes genannt, weil sie ohne den „Umweg" der vorherigen Feststellung zweier Gesamtvermögenslagen und eine Substraktion zu dem zu ersetzenden Betrag gelangt. Sie **ähnelt** der direkten Bestimmung des Jahresergebnisses durch eine **Gewinn- und Verlustrechnung** (statt durch Aufstellung zweier Jahresbilanzen und den Vergleich zweier Eigenkapitalwerte). Anstelle von „direkte Methode" könnte von **„Additionsmethode"** gesprochen werden. Allerdings hat die „direkte Methode" bzw. „Additionsmethode" verschiedene Schwächen. Sie bietet zunächst keine systematische Gewähr dafür, dass schadensmindernde Effekte des schädigenden Ereignisses, selbst solche, die unmittelbar im beeinträchtigten Unternehmen anfallen, nicht übersehen werden. Sodann: Soweit der Schaden aus einem **Saldowert** besteht, wie dies typischerweise bei entgangenen „Gewinnen" (entgangene Erträge *minus* ersparte Kosten) der Fall ist, oder bei einer **Vorteilsausgleichung** müssen zuerst die das Saldo ergebenden Zwischenwerte und die Saldowerte in einer Nebenrechnung hergeleitet werden.[339] Zudem müssen etwaige **Verzinsungen und Abzinsungen** zusätzlich – je nachdem bezogen auf die einzelnen „Schadenssplitter" oder die Schadenssumme insgesamt – vorgenommen werden; dies kann insbesondere zu Schwierigkeiten führen, weil eigentlich die Periodenergebnisse abzuzinsen sind und nicht erst deren Summe. 12.276

---

337) Die Unterscheidung damnum emergens/*lucrum cessans* bzw. „positiver Schaden"/entgangener Gewinn ist nicht identisch mit der Naturalherstellung/Wertentschädigung, v. a. weil mittelbare Schäden nicht unbedingt zum *lucrum cessans* bzw. entgangenen Gewinn gehören müssen, sondern Teil des „positiven Schadens"/damnum emergens sein können. Gleichwohl sind sie u. U. als Naturalherstellung zu ersetzen.
338) Z. B.: Auto in Italien gestohlen. Gesamtschaden = Ersatzkosten für PKW *plus* Mehrkosten für Hotel und Rückreise.
339) Z. B. Vorteile daraus, dass die von der musealen Schokoladenmaschine bislang in Anspruch genommene Fläche nunmehr anders genutzt werden kann.

12.277 Der direkten Methode steht als Alternative die „**indirekte Methode**", die man auch „**Substraktionsmethode**" nennen könnte, gegenüber. Diese ist zu umständlich als dass sie in einfachen Fällen spontan gewählt werden würde, da sie nur über den Umweg der vorherigen Feststellung zweier Gesamtvermögenslagen zur Bestimmung des auszugleichenden Schadens gelangt. Dies **ähnelt** der Bestimmung des Jahresergebnisses durch die Aufstellung **zweier Jahresbilanzen** und den Vergleich der beiden Eigenkapitalwerte. Hinsichtlich des in dem Zielunternehmen gebundenen Vermögens fließen insoweit auch „automatisch" alle Effekte der **Schadensminderung** bzw. der **Vorteilsausgleichung** ein; sie müssen nicht in einem gesonderten Arbeitsgang zusätzlich berechnet werden.

12.278 Freilich ist zu beachten, dass die Vorgabe des Gesamtvermögensvergleichs sich auf das **Vermögen des Ersatzgläubigers** bezieht, das aus dem erworbenen Zielunternehmen und sonstigem Vermögen besteht. Der Vergleich nur zwischen zwei Unternehmenswerten für das Zielunternehmen übersieht insofern möglicherweise – zugunsten oder zuungunsten des Geschädigten – solche Effekte, die *außerhalb* des Zielunternehmens, etwa beim Käufer, angefallen sind, namentlich Folgeschäden und dort entgangene Gewinne. Der Vergleich zweier Werte des Zielunternehmens, unter Einfluss der Schädigung und ohne sie, stellt insofern noch keinen abschließenden „Gesamtvermögensvergleich" i. S. von § 249 Abs. 1 BGB, erste Bedeutungsebene, i. V. m. § 251 Abs. 1 BGB dar. Wenn der Käufer insoweit als „Gesamtvermögensvergleich" in der Sache nur einen „**Teilvermögensvergleich**", bestehend aus zwei Bewertungen des Zielunternehmens vorlegt, sollte schriftsätzlich dargelegt werden, dass keine schadenserhöhende bzw., v. a., keine zusätzlichen schadensmindernde Effekte eingetreten sind.

12.279 Wenn bzw. soweit, wie bei M&A-Transaktionen, das hypothetische und das reale, schadensbeeinflusste Gesamtvermögen[340] aus einem Unternehmen besteht, sind die Gesamtvermögen durch **Unternehmensplanung/Unternehmensbewertung**, i. d. R. in einem Ertragswert- oder DCF-Verfahren, zu bestimmen.[341] Die erforderlichen Abzinsungen werden hierbei „automatisch" vorgenommen, indem die Barwerte der Periodenergebnisse berechnet werden; für außerhalb der Unternehmensplanung und -bewertung stehende Vermögenswerte sind ggf. gesonderte Abzinsungen erforderlich.

12.280 Die Verwendung der indirekten Methode hat **keinen Einfluss auf prozessuale Regeln**. Der Käufer muss zur Berechtigung und Höhe der einzelnen Positionen seiner Tabellenkalkulation genauso vortragen und sie ggf. beweisen wie bei der indirekten Methode, wobei ihm auch hier § 252 S. 2 BGB und § 287 ZPO helfen. Dass Positionen in eine Tabellenkalkulation eingesetzt wurden, erübrigt so-

---

340) *Kantor*, Valuation for Arbitration. Compensation Standards, Valuation Methods and Expert Evidence, 2008, nennt dieses reale Szenario das „impaired scenario". Das hypothetische Szenario ohne Beeinträchtigung heißt bei ihm „but-for" scenario" (S. 48).

341) Nie zu vergessen: Das hypothetische schadensfreie und das reale schadensbeeinflusste zu $t2$, nicht das reale schadensfreie zu $t1$ und das reale schadensbeeinflusste zu $t2$.

VI. Ersatz des Leistungs-/positiven Interesses bei Unternehmenswertbeeinträchtigungen

dann nicht die Darlegung, dass die Voraussetzungen der jeweiligen Schadensart, etwa von Naturalehrstellung oder Wertentschädigung, vorliegen. Soweit Kosten für Herstellungsmaßnahmen (Reparaturen, Ersatzbeschaffungen) geltend gemacht werden, kann deshalb z. B. vom Verkäufer weiter § 251 Abs. 2 BGB (Unverhältnismäßigkeit der Aufwendungen) geltend gemacht werden; es gelten die üblichen Regeln zur Darlegungs- und Beweislast.

Die indirekte Methode wird häufig bzw. zumeist dazu führen, dass die Beträge für die „Schadenssplitter", die die direkte Methode verwendet aufaddiert, als solche **nicht** mehr in der **Unternehmensplanung aufzufinden** sind. Im Fallbeispiel „Schokoladenfabrik" könnte sich das – bei denkbar grob vereinfachenden Annahmen und einer grob vereinfachten Planung[342] – so darstellen: 12.281

Planung für das hypothetische, schadensfreie Unternehmen (Szenario 1)

	Periode 1	Periode 2	Periode 3	Ewige Rente
Umsatzerlöse	30,0	30,0	30,0	30,0
Materialaufwand	−10,0	−10,0	−10,0	−10,0
Personalaufwand	−12,0	−12,0	−12,0	−12,0
Reparaturaufwand	−0,5	−0,5	−0,5	−0,5
Sonstiger Aufwand	−3,5	−3,5	−3,5	−3,5
AfA	−0,4	−0,4	−0,4	−0,4
EBIT	**3,6**	**3,6**	**3,6**	**3,6**
Abgezinst mit 7 %	3,36	3,14	2,93	41,98
UW	51,41			

Planung für das reale, schadensbehaftete Unternehmen (Szenario 2)

	Periode 1	Periode 2	Periode 3	Ewige Rente
Umsatzerlöse	*28,0*	*26,0*	30,0	30,0
Materialaufwand	*−9,6*	*−9,0*	−10,0	−10,0
Personalaufwand	*−11,6*	*−11,0*	−12,0	−12,0
Reparaturaufwand	*−0,9*	*−1,4*	−0,5	−0,5
Sonstiger Aufwand	*−3,8*	*−3,5*	−3,5	−3,5
AfA	−0,4	−0,4	−0,4	−0,4
EBIT	*54,3*	*51,3*	**3,6**	**3,6**
Abgezinst mit 7 %	*1,58*	*0,61*	2,93	41,98
UW	*47,10*			
Δ UW	*4,31*			

---

342) V. a. wird vereinfachend angenommen, dass das Unternehmen, wie eine Schuldverschreibung, ohne den Schadenseinfluss bis in die Unendlichkeit jährlich dieselben Einnahmen, Ausgaben, Aufwendungen und Erträge hätte.

12.282 Die im zweiten Szenario abweichenden Werte sind kursiv gesetzt, die zu einer Unternehmenswertminderung führenden EBIT-Werte und die Herleitung der Unternehmenswertminderung sind grau unterlegt. Man sieht, dass das Unternehmen im schadensfreien Szenario 1 eine absolute Identität aller Einnahmen, Ausgaben, Aufwendungen und Erträge bis in die Unendlichkeit besäße und bei Umsatzerlösen von 30,0 p. a. ein EBIT von 3,6 p. a. erwirtschaftet hätte. Das Absinken des EBIT im schadensbeeinflussten Szenario 2 auf ein EBIT von 1,7 in P1 bzw. 0,7 in P2 hat mehrere Ursachen. Diese sind: (i) der *zusätzliche Reparaturaufwand von insgesamt 1,3* (0,9 in P1 und 1,4 in P2 statt jeweils nur 0,5), (ii) der *zusätzliche sonstige Aufwand von 0,3* durch die einmalige Abschreibung der musealen Maschine, was diesen in P1 auf 3,8 erhöht, und (iii) eine weitere Ergebnisverschlechterung aufgrund der gegenläufigen Effekte von *niedrigeren Umsatzerlösen* (in P1 von 30 auf 28, in P2 von 30 auf 26) und *Einsparungen beim Materialaufwand* (in P1 von 10 auf 9,6, in P2 von 10 auf 9) und *Personalaufwand* (in P1 von 12 auf 11,6, in P2 von 12 auf 11).

12.283 Der Gesamteffekt dieser Zeilen gegenüber den entsprechenden Zeilen in dem schadensfreien Szenario 2 berechnet sich wie folgt: –1,3 – 0,3 + (–6 + 1,4 + 1,4) = –4,8). Dies entspricht der Gesamtminderung des EBIT, wenn *nicht abgezinste* Beträge addiert werden (4,8 = 3,6 – 1,7 + 3,6 – 0,7) und der Berechnung des Ersatzanspruchs nach dem direkten bzw. Additionsverfahren. Richtigerweise erfolgt indessen eine Abzinsung der ewigen Rente und der Periodenergebnisse, was bei einem Zinsatz von 7 % zu einem niedrigeren Unternehmenswertdelta von nur **4,31** (statt 4,8 führt). Obwohl sich Veränderungen nur in den beiden ersten Perioden ergeben, ist die Abzinsung schon nicht mehr unbeachtlich.[343]

12.284 Es ist zu bemerken, dass der „positive Schaden" bzw. das *damnum emergens* und entgangene Gewinne bzw. das *lucrum cessans* als solche in der Planung nicht ausgewiesen werden. Zum Beispiel treten nicht einmal in den einzelnen Perioden der dort angefallene „positive Schaden" bzw. das *damnum emergens* und/oder der dort entgangene Gewinn bzw. *lucrum cessans* als eigene Größen auf; erst recht treten die insgesamt entstehenden Summen über die Perioden hinweg nicht in der Planung als solche auf.[344]

12.285 Das vorstehende Fallbeispiel zeigt auch, dass eine Tabellenkalkulation zur Berechnung einer Unternehmenswertminderung i. d. R. ein **„Durcheinander" von Beträgen darstellen wird**, die rechtlich Kosten einer Reparatur oder Er-

---

343) Häufig klingen Schadensauswirkungen erst „wellenförmig" über längere Zeiträume aus. Dazu, dass dies im Beispielfall nicht so ist, tragen die vorgenommenen Vereinfachungen bei.

344) Es ist am Rande bemerkenswert, dass schon bei der extrem vereinfachenden Planungsannahme absolut identischer Positionen bis in die Unendlichkeit ein Auffinden der Schadenseffekte durch Vergleich zwischen den Szenarien nicht einfach ist. Wenn Wachstum, Kostenveränderungen, Produktneueinführungen und -ausläufe etc. eingeplant werden, sind die Schadenspositionen noch schwerer identifizierbar.

VI. Ersatz des Leistungs-/positiven Interesses bei Unternehmenswertbeeinträchtigungen

satzbeschaffung, also **Naturalherstellung** nach §§ 249, 250 BGB, und **Wertentschädigung** nach § 251 BGB sind. Wie erwähnt, unterliegt deren Ansatz gleichwohl denselben Voraussetzungen, als ob sie isoliert geltend gemacht worden wären.[345]

Nach der hier vertretenen Ansicht besitzt **keine der beiden Methoden**, weder die direkte noch die indirekte, einen **rechtlichen Vorrang** bzw. ist die eine oder andere gar nur allein zulässig. Richtig ist, dass das Nebeneinander von §§ 249, 250 BGB und der §§ 251, 252 BGB durchaus die Existenz von **zwei Schadenskomponenten** reflektiert, die bei der direkten bzw. Additionsmethode i. d. R. in die Addition eingehen. Andererseits scheint für die indirekte bzw. Subtraktionsmethode zu sprechen, dass sie die aus § 249 Abs. 1 BGB (erste Bedeutungsebene) i. V. m. § 251 BGB abzuleitende Zielvorgabe der Bemessung der Entschädigung nach dem **Differenzschaden** aufgrund eines Gesamtvermögensvergleichs unmittelbarer in ihrer Vorgehensweise abbildet, indem sie zwei Gesamtvermögensbeträge von einander subtrahiert. Beides sind indessen nur oberflächliche Argumente, die, wie gesagt, kein Monopol oder eine Priorität begründen können. Ein Gesamtvermögensvergleich findet übrigens in der Sache auch statt, wenn sogleich das Delta zwischen den Vermögenslagen berechnet wird.

12.286

Das BGB bleibt dabei stehen, in § 249 Abs. 1 BGB (erste Bedeutungsebene) den Ausgleich als Ziel des Schadensersatzes vorzugeben und in § 251 Abs. 1 BGB anzuordnen, dass dieser Ausgleich unter bestimmten Voraussetzungen als Wertentschädigung zu bewirken ist. Mehr sagt das BGB nicht – wie sollte es auch bei einem Schadensrecht von sieben Paragraphen! Es sagt, *dass* die Gesamtvermögensdifferenz auszugleichen ist, aber nicht *wie*, *vermittels welchen Verfahrens*, sie zu berechnen ist. Das BGB überlässt die Entwicklung von Methoden zur praktischen Umsetzung seiner Vorgaben hinsichtlich der Quantifizierung von Vermögenslagen bzw. der Bewertung ebenso der Justiz wie sie ihr die Entwicklung von Methoden zur Lösung der gleichermaßen wichtigen Kausalitätsfragen überlässt. Zweifellos erwartet das Gesetz dabei den **sachgerechten Einsatz kaufmännischer Methoden und wirtschaftlichen Denkens entsprechend dem Stand des wissenschaftlichen Fortschritts**. Im Übrigen ist in einem Rechtsstreit zwischen den Methoden nach **prozessualen Grundsätzen** und **nach Opportunität auszuwählen**.

12.287

Die **direkte Methode eignet sich** für Fälle, in denen die Schädigung neben Herstellungsmaßnahmen (die durchaus umfangreich sein dürfen) und/oder nur mehr durch Wertentschädigung kompensierbaren Zerstörungen/Teilzerstörungen von vorhandenem Vermögen i. S. eines *damnum emergens* bzw. „positiven Schaden" nur zu einem sachlich einfachen und zeitlich oder quantitativ leicht be-

12.288

---

345) S. Rn. 12.280.

stimmbaren Gewinnausfall führt und Interdependenzen, Schadensminderungen und ein Vorteilsausgleich kein oder kaum ein Faktor sind. Der Käufer kann zudem sicher auch in schwierigeren und komplexeren Fällen bei der direkten Methode bleiben, wenn er den Streit durch eine Beschränkung des Umfangs der Klage vereinfacht, indem er etwa nur einen abgrenzbaren Teil oder „Block" der entgangenen Gewinne geltend macht oder auf entgangene Gewinne ganz verzichtet und Schäden aus Interdependenzen, z. B. Finanzierungsmehrkosten, außen vor lässt. Freilich muss ausgeschlossen sein, dass schadensmindernde Effekte, wie ersparte Aufwendungen oder auszugleichende Vorteile, zu seinen Gunsten durch das Raster hindurchfallen.[346] Unter Umständen kann die direkte Methode auch noch zur Anwendung kommen, wenn langfristig wirkende Positionen fehlerhaft garantiert waren, z. B. Ausgaben aus einer wiederkehrenden Gebühr, Steuern o. Ä. übersehen oder fälschlich wiederkehrende Einnahmen garantiert worden waren. Freilich ist hier eine Abzinsung geboten und einzuberechnen, z. B. nach der Formel der ewigen Rente.[347]

12.289 Je komplexer die Vorgänge sind, je wahrscheinlicher und unübersichtlicher mittelbare Schäden, Interdependenzen, Schadensminderungen und ein Vorteilsausgleich werden sowie umso bedeutender entgangene Gewinne als zweite Schadenskomponente werden, **umso eher wird die indirekte Methode anzuwenden** sein. Oft regelt sich das Thema von selbst: Wenn es kompliziert wird, werden die Parteien Wirtschaftsprüfer rufen – und diese werden i. d. R. ohnehin zur indirekten Methode übergehen. Bei komplexen Wechselwirkungen ist die direkte Methode wohl zu fehleranfällig. Auch wenn Juristen, die von einen Gesamtvermögensvergleich sprechen, meistens nicht eine Unternehmensplanung, *erst recht nicht zwei solche bis in die Unendlichkeit*, im Sinn haben, gelten die sachgerechten kaufmännischen bzw. betriebswirtschaftlichen Grundsätze der Investitionsplanung/-bewertung.

c) Zwei grundlegende BGH-Entscheidungen zur Gewährung des positiven Interesses durch Wertentschädigung

12.290 Vor dem Einstieg in die überschaubare Rechtsprechung zu Schadensersatzfragen post M&A ist zu anzumerken, dass die Rechtsprechung in anderen Themen – v. a. der Bemessung von Schadensersatz an durch Unfälle verletzte Selbststän-

---

346) Dies wird häufig missachtet, wenn nach der direkten Methode Schäden bei steuerlicher oder anwaltlicher Fehlberatung berechnet werden. S. etwa *Gehrlein*, Anwalts- und Steuerberaterhaftung, S. 91 sowie BGH v. 21.7.2005 – IX ZR 49/02, ZIP 2005, 1925; BGH v. 20.1.2005 – IX ZR 416/00 („Weinbergfall"), WM 2005, 999, 1000.

347) S. Rn. 11.10 und Fn. dort. Man unterstelle, bei Richtigkeit einer Garantieaussage wäre dem Geschädigten unendlich ein jährlicher Mehrbetrag von 1 Mio. € zugeflossen. Selbstverständlich müssen, um den Barwert dieses Schadens korrekt zu bestimmen, auch bei der direkten Methode die Zuflüsse bis in die Unendlichkeit berücksichtigt werden und muss eine Abzinsung erfolgen.

VI. Ersatz des Leistungs-/positiven Interesses bei Unternehmenswertbeeinträchtigungen

dige –, ganz überwiegend nicht nur schadensrechtliche Regeln richtig angewendet, sondern auch oft wirtschaftlich verständig und mit Augenmaß gehandelt hat. Namentlich hatten die Gerichte immer wieder mit Fällen zu tun, in denen Geschädigte – vermutlich, weil es ihre Anwälte nicht besser wussten oder nicht anders konnten – statt einen Schaden als Differenz zwischen zwei Vermögenlagen einzuklagen, lediglich **vermögensmindernde Einzelpositionen** herausgriffen und geltend machten, obwohl auf der Hand lag, dass es gegenläufige Effekte des haftungsbegründenden Umstandes gegeben hatte oder dass sonst die Gesamtvermögensminderung niedriger sein konnte als diese Einzelpositionen. Regelmäßig war solchen Klagen der Erfolg versagt.[348] Es ist anzumerken, dass sich die Rechtsprechung in diesen Entscheidungen nicht nur durch die „räumliche" Einbeziehung einer Vielzahl von beeinflussten und teilweise gegenläufigen Einzelpositionen, sondern auch indem sie zeitlich zahlreiche Jahre überblicken musste, eigentlich schon auf dem Weg zur Gewährung von Schadensersatz durch die Berechnung von Unternehmenswertdifferenzen befindet.

Indessen hat die Rechtsprechung außerhalb von Spruchverfahren und Aktionärsstreitigkeiten selten Gelegenheit, namentlich bei Streitigkeiten post M&A, Unternehmensbewertung zu betreiben oder sogar mit Schadensrecht zu verknüpfen. Insbesondere sind kaum Urteile bekannt, in denen das bei komplexeren Schadensfragen gebotene indirekte Verfahren mit zwei Unternehmenspla-

12.291

---

[348] In BGH v. 31.3.1992 – VI ZR 143/91, NJW-RR 1992, 852, war ein Unternehmer, der ein Blumengeschäft und ein Bestattungsunternehmens betrieb, durch einen Unfall verletzt worden und verlangte Schadensersatz wegen der Minderung seines Gewinnes. Er führte an, dass ihm höhere Kosten entstanden seien, weil er Hilfskräfte habe beschäftigen müssen. Nicht schon der Wegfall der Arbeitskraft des Geschädigten, sondern erst dessen konkrete negative Auswirkung in seinem Vermögen stellte einen erstattungsfähigen Schaden dar (S. 852 re. Sp. oben). Der BGH interpretierte den Klägervortrag dazu großzügiger als die Vorinstanz in diesem Sinne. In BGH v. 7.12.1993 – VI ZR 152/92, NJW 1994, 652, hatten Ehepartner einen Gartenbaubetrieb betrieben, einer von ihnen wurde verletzt. Hier stellte nur die „Beeinträchtigung des Gewinnergebnisses des Unternehmens" einen ersatzfähigen Schaden dar, einzelne Verlustpositionen waren jeweils nur Berechnungsposten (S. 652 re. Sp. unten, 654 re. Sp. unten, 655 li. Sp. Mitte). In OLG Hamm v.15.2.1995 – 13 U 111/94, NZV 1995, 316, war bei einem unfallbedingten Ausfall eines Zahnarztes vom durchschnittlichen Monatsumsatz abzüglich ersparter variabler Kosten von geschätzt 14 % auszugehen. In LG Ingolstadt v. 27.7.2000 – 3 O 274/00, JZ 2001, 771, war bei einem Schadensersatzanspruch gegen eine Steuerberaterin schadensmindernd, hier sogar schadensvermeidend, zu berücksichtigen, dass durch die beratungswidrig nicht steuerneutral mögliche Entnahme von Bauland per saldo sogar eine Bereicherung des Kunden eingetreten war, weil sie nun „wertvolles Bauland für geringerwertiges landwirtschaftliches Nutzland erhalten" hatten (S. 771 re. Sp. unten). (Einen ausreichenden Vortrag, dass das Bauland auch steuerfrei hätte entnommen werden können, gab es nicht). In BGH v. 6.2.2001 – VI ZR 229/99, NJW 2001, 1640, erhielt eine ehemals selbständiger Rohrleitungsbauer, der nach einem Unfall seinen Beruf nicht mehr ausüben konnte und nur noch Einkünfte als Hausmeister erzielte, Ausgleich für die Minderung seiner Einkünfte.

nungen, der Ableitung von Barwerten durch Abzinsung und einem Vergleich der beiden (abgezinsten) Unternehmenswerte angewendet wurde.

12.292 Eine der frühen wichtigen BGH-Entscheidungen betraf ein Vermächtnis: *Fallbeispiel „Vermächtnis des Versicherungsmaklers"* (BGH v. 29.2.1984 – IVa ZR 188/82, NJW 1984, 2570)

In diesem lesenswerten Urteil hatte ein Versicherungsmakler durch Vermächtnis seinem Enkel Gelegenheit zum Eintritt in eine offenbar blühende Versicherungsmaklerfirma gegeben. Die Erfüllung war durch einen Onkel des Enkels unmöglich gemacht worden. Dessen Schadensersatzpflicht war dem Grunde nach festgestellt. Es wurde nur noch um die Höhe gestritten.

Der klagende Enkel hatte zunächst den Wert der ihm vorenthaltenen Mitgliedschaft geltend gemacht. Offenbar auf Hinweis des OLG Hamburg stellte er seine Schadensherleitung dann aber auf den Ersatz der Gewinnanteile an der Firma um, die ihm bei Erfüllung des Vermächtnisses als deren Gesellschafter jährlich zugeflossen wären. Von dem sich ergebenden Betrag setzte er die niedrigen Einkünfte ab, die er tatsächlich in einem Anstellungsverhältnis bezogenen hatte. Das OLG Hamburg ging auf die von ihm selbst erbetene Vorlage ein. Es nahm für die ersten zehn Jahre von 1971 bis 1981 eine 10 %ige Beteiligung und hiernach eine 15 %ige Beteiligung des Enkels an den Ergebnissen der Versicherungsmaklerfirma als „mutmaßlich" an und billigte dem Kläger 50 % der Differenz zu seinem tatsächlich erzielten Angestelltengehalt zu (nur 50 %, weil die Ersatzleistungen nicht der Einkommensteuer unterlägen).[349)]

Der BGH lehnte eine solche „Gewinnersatzrente" ab, die nicht berücksichtige, dass der Kläger ein Haftungsrisiko getragen und das Unternehmen mit vollem Einsatz hätte fördern müssen. Vor allem schösse eine derartige Lösung aber über das Ziel der gemäß § 251 Abs. 1 BGB geschuldeten gerechten Entschädigung hinaus. Bei der richtigen Anwendung des § 251 Abs. 1 BGB würden sich, so der BGH, allerdings Rechtsfragen stellen, die in der bisherigen Rechtsprechung noch keine Lösung gefunden hätten. Der Senat neigte zu folgender Auffassung: „Auszugehen ist davon, dass der Bekl. dem Kl. Schadensersatz wegen Nichterfüllung des ihm auferlegten Verschaffungsvermächtnisses, also den Ersatz des Erfüllungsinteresses, schuldet, und zwar, da die Herstellung in Natur nicht möglich ist, durch eine Entschädigung gemäß den Grundsätzen des § 251 BGB. Dabei ist die Höhe der Entschädigung nach dem (positiven) Interesse zu bestimmen, welches der Kl. an der ordnungsgemäßen Erfüllung des Vermächtnisses hatte. Dabei muss die Entschädigung dem verletzten Interesse, soweit es rechtlich geschützt ist, entsprechen; beide müssen einander gleichwertig (äquivalent) sein. Nur

---

349) BGH v. 29.2.1984 – IVa ZR 188/82, NJW 1984, 2570, 2571 li. Sp. Mitte.

VI. Ersatz des Leistungs-/positiven Interesses bei Unternehmenswertbeeinträchtigungen

damit ist das geschützte Interesse voll (kompensiert) ausgeglichen (Erfüllungsausgleich). Das macht es erforderlich, das auszugleichende Interesse des Kl. in Geld zu bewerten. Dieses Erfüllungsinteresse des Kl. war darauf gerichtet, dass er die ihm durch das Testament seines Großvaters zugewendete ‚Gelegenheit zum Eintritt in die Firma' ordnungsgemäß erhielt, sein Eintrittsrecht also erfüllt wurde. Auszugleichen ist demgemäß in erster Linie und mindestens der **(objektive) Wert der dem Kläger vorenthaltenen Mitgliedschaft**".[350]

Zum „objektiven Wert der Mitgliedschaft" äußerte sich der BGH wie folgt: „Bei der Bewertung der dem Kläger vorenthaltenen Rechtsposition als Gesellschafter geht es um die Feststellung des angemessenen Äquivalents, um die Feststellung des idealen (gedachten) Kaufpreises unter Fachkundigen, etwa den Betrag, den der Beklagte, wenn er das Vermächtnis nicht erfüllen wollte, dem Kläger dafür fairerweise mindestens hätte bieten sollen. In die Bewertung müssen daher alle damit verbundenen Vorteile einfließen. Dazu gehört *auch die Entwicklung*, die das Unternehmen bei vorausschauender Betrachtung *aus Sicht des maßgeblichen Stichtags zu erwarten hatte*".[351]

Der BGH wurde hier – ohne dass es eine nennenswerte Vorbereitung in Literatur oder Rechtsprechung gegeben hätte – mit mehreren Kernfragen von Schadensersatzleistungen im Zusammenhang mit Unternehmen konfrontiert. Dass es um eine Nichtlieferung bzw. eine Verhinderung einer Lieferung (statt der Lieferung eines Unternehmens mit einer Unternehmenswertbeeinträchtigung) ging, änderte nichts; die Nichtlieferung und die Anwendung von § 251 BGB machten jedenfalls *eine* Unternehmensbewertung erforderlich, die diese Kernfragen auf den Tisch brachte. 12.293

Soweit der BGH entwickelt, dass bei Nichtlieferung eines Unternehmens (oder Unternehmensanteils) der **„Wert der ... vorenthaltenen Mitgliedschaft" zu ersetzen** ist, ist dem **uneingeschränkt zuzustimmen**. Diese Aussage ist, wie der BGH selbst darstellt, eine gebotene **Anwendung von § 251 BGB** und kann als die wichtigste und bleibende Aussage des Urteils angesehen werden. 12.294

Freilich gibt es in diesem Zusammenhang zwei (schwierige) Fragen, hinsichtlich derer das Urteil nicht so klar ist. Nach der in diesem Buch vertretenen Auffassung ist zur Bemessung von Schadensersatz bei Unternehmen eine **„subjektive Unternehmensbewertung"** geboten,[352] der BGH spricht aber mehrfach von dem „objektiven Wert der Mitgliedschaft". 12.295

---

350) BGH v. 29.2.1984 – IVa ZR 188/82, NJW 1984, 2570, 2571 re. Sp. unten (Fettdruck hinzugefügt).
351) BGH v. 29.2.1984 – IVa ZR 188/82, NJW 1984, 2570, 2573 li. Sp. oben (Kursivdruck hinzugefügt).
352) S. Rn. 10.27 f., 11.65 f.

12.296 Sodann meint der BGH, da das Erfüllungs- bzw. Leistungsinteresse nach § 251 BGB bezogen auf einen bestimmten Zeitpunkt auszugleichen sei, könne dem Geschädigten ein **nachträglicher Wertverfall** des ihm entgangenen Gegenstandes **nicht vorgehalten werden** und nicht zu einer nachträglichen Minderung seines Schadens und seines Ersatzanspruches führen; andernfalls, so der BGH, würde dem Geschädigten der Einwand abgeschnitten, er würde sich von dem ihm gebührenden Gegenstand noch vor Einsetzen der Wertminderung wieder getrennt haben. Ebenso könne sich der Geschädigte **nicht darauf berufen**, der Gegenstand hätte bei ordnungsgemäßer Erfüllung **in seiner Hand an Wert zugenommen**. Der BGH formuliert hierzu: „Denn (der Geschädigte) wird gemäß § 251 BGB gerade nicht so gestellt, als wenn er den Gegenstand erlangt hätte, hier also Mitglied der Gesellschaft geworden wäre und an deren Entwicklung teilgenommen hätte. Wie gesagt ist dem Kläger der Weg in die Gesellschaft verbaut; dafür ist er voll zu entschädigen. Infolgedessen hat er mit der weiteren Entwicklung der Gesellschaft – soweit sie nicht für die Bewertung der Anteilsbeteiligung von Bedeutung ist – ebenso wenig zu tun, wie der Bekl. sich auf die tatsächlichen Einkünfte des Kl. berufen kann."[353]) Dies klingt wie ein Widerspruch zur Unternehmensbewertung durch Feststellung des Barwerts von Zukunftsüberschüssen.

12.297 C. *Wollny* hat entsprechend an der BGH-Entscheidung, insbesondere im Hinblick auf diese Passage bzw. das Festzurren des Wert- oder Summeninteresses des Geschädigten zu einem bestimmten Stichtag, kritisiert, dass „objektive und subjektive Bewertungsaspekte ... konkurrierend nebeneinander stehen."[354]) Meines Erachtens ist diese Kritik berechtigt, jedenfalls sind die BGH-Aussagen nicht klar. Die schon zitierte Aussage des BGH, der Geschädigte würde gemäß § 251 BGB „gerade nicht so gestellt, als wenn er den Gegenstand erlangt hätte, hier also Mitglied der Gesellschaft geworden wäre und an deren Entwicklung teilgenommen hätte", ist ambivalent. Man kann sie so lesen, als ob sie nur sagen solle, dass eine Naturherstellung § 249 Abs. 1 BGB (zweite Bedeutungsebene) nicht möglich ist; dann träfe die Aussage zu. Man kann sie aber auch so lesen, als ob sie im flagranten Widerspruch zu § 249 Abs. 1 BGB (erste Bedeutungsebene) stehe, wonach – als Vorgabe des „Totalausgleichs" zu lesen – der „Zustand herzustellen (ist), der bestanden hätte, wenn der zum Ersatz verpflichtende Umstand nicht eingetreten wäre". Ohne die Pflichtwidrigkeit des Onkel hätte der Enkel aber „den Gegenstand erlangt", wäre er „Mitglied der Gesellschaft geworden" und hätte er „an deren Entwicklung teilgenommen", was wertmäßig bei einer Wertentschädigung fortgelten würde. Bei dieser zweiten Lesart würde also die Vorgabe des „Totalausgleichs" bzw. der „Totalkompensation" missachtet. Ein Argument „weil Sie nicht bekommen haben, was Sie zu

---

353) BGH v. 29.2.1984 – IVa ZR 188/82, NJW 1984, 2570, 2572 li. Sp. unten.
354) *C. Wollny*, DStR 2013, 2132, 2135 li. Sp. Mitte.

VI. Ersatz des Leistungs-/positiven Interesses bei Unternehmenswertbeeinträchtigungen

bekommen hatten, haben Sie nicht zu bekommen, was Sie zu bekommen gehabt hätten – sondern weniger", wäre aber nach § 249 Abs. 1 BGB (erste Bedeutungsebene) nicht zulässig. Dies bestätigt der BGH selbst mit seinem folgenden Satz: „Wie gesagt ist dem Kläger der Weg in die Gesellschaft verbaut; dafür ist er voll zu entschädigen". Vielleicht deutet der sich daran anschließende Satz des BGH, infolgedessen habe der klagende Enkel „mit der weiteren Entwicklung der Gesellschaft – *soweit sie nicht für die Bewertung der Anteilsbeteiligung von Bedeutung ist* – ..."[355] nichts zu tun, den Weg zur Aufklärung der Unklarheit an: Hier wird impliziert, dass die Zukunft, die „weitere Entwicklung der Gesellschaft", doch relevant ist, jedenfalls insoweit als sie „für die Bewertung der Anteilsbeteiligung von Bedeutung ist". Gemeint sein dürfte, dass der Wert der Mitgliedschaft durch eine Zukunftsprognose bestimmt werden kann. Die BGH-Entscheidung dürfte so letztendlich nicht im Widerspruch zur Unternehmensbewertung durch Feststellung des Barwerts von Zukunftsüberschüssen stehen.[356]

Die zweite Unklarheit – „Objektivität" oder „Subjektivität" des Anteilswerts – ist wohl weniger eindeutig auflösbar. Beachtlich ist allerdings, dass der BGH zwei weitere „Gruppen" von möglichen negativen Folgen der Verhinderung des Anteilserwerbs durch den Enkel anspricht, die grundsätzlich ersatzfähig seien und dass beide an subjektive Merkmale des Enkels anknüpfen. Zu dem „Erfüllungsausgleichs" sollen nämlich „sonstige typische Vorteile gehören, die der frühzeitige Eintritt in eine alt eingesessene, erfolgreiche Sozietät dem Juniorpartner zumindest zu Beginn seiner Tätigkeit zu bieten vermag", die nicht bereits in die „objektive, von der Person des Klägers gelöste Bewertung des Werts der vorenthaltenen Mitgliedschaft" eingeflossen sind.[357]

12.298

Als zweite Gruppe können, wie der BGH ausführt, „neben diesem primären ‚Erfüllungsausgleich' weitere Schadensfolgen zu ersetzen sein. Wird dem Geschädigten bspw. der ihm zustehende, mindestens nach dem Wert des entgangenen Gegenstandes bemessene Erfüllungsausgleich vorenthalten, dann können ihm dadurch weitere Nachteile entstehen, nämlich dann, wenn er mit Hilfe des ihm geschuldeten primären Ausgleichs bei rechtzeitiger Zahlung – durch gewinnbringende Anlagen – einen zusätzlichen Vermögenszuwachs erlangt hätte ... (Verzögerungsausgleich)".

12.299

---

355) Kursivdruck hinzugefügt.
356) Möglicherweise haben auch unausgesprochen solche Fragen, wie, welcher Bewertungsstichtag zu wählen und welcher Kenntnisstand hierbei berücksichtigt werden darf – ohne abschließend durchdacht werden zu können –, Pate bei den BGH-Formulierungen gestanden. Sicher steht der Annahme eines bestimmten Unternehmenswerts und seiner Maßgeblichkeit für eine Entschädigung nicht entgegen, dass der Unternehmenswert später, bei der Bewertung unvoraussehbar, ansteigt oder abfällt.
357) BGH v. 29.2.1984 – IVa ZR 188/82, NJW 1984, 2570, 2572 li. Sp. oben.

12. Kapitel Schadensersatz- bzw. Schadensrecht

12.300 Nach dem BGH sind also neben dem „objektiven Wert der Mitgliedschaft" sonstige Nachteile auszugleichen, die zusätzlich zur Nichtlieferung des Anteils eingetreten sind, einschließlich von Folgeschäden. Auch wenn die Abgrenzung der beiden Gruppen ebenfalls nicht ganz klar ist, dehnt der BGH die ersatzfähigen Nachteile jedenfalls in eine Richtung aus, die, trotz Unschärfen, teilweise in Richtung einer subjektiven Unternehmensbewertung deutet. Vielleicht benutzte der BGH das Wort „objektiv" auch v. a. zur Abgrenzung gegen die „Gewinnersatzrente" des OLG Hamburg bzw. meinte er etwas Ähnliches hiermit wie dieses Buch mit einem auf einer Planung und Bewertung beruhenden „objektiven subjektiven Unternehmenswert".

12.301 Der Verkauf einer Kommanditbeteiligung im Jahre 1991 gab dem BGH erneut Gelegenheit, zur Wertentschädigung bei der Verletzung von Garantien Stellung zu nehmen.

12.302 *Fallbeispiel „Pensionsansprüche"* (BGH v. 15.3.2006 – VIII ZR 120/04, GmbHR 2006, 1042, 1043 = ZIP 2006, 1351)[358]

Bei dem Verkauf einer Kommanditbeteiligung hatte es unter der Überschrift „Gewährleistung" geheißen: „Herr K garantiert ...,[359] dass die in der Bilanz ... dargestellten wirtschaftlichen Verhältnisse bis zum heutigen Tag keine wesentlichen Änderungen erfahren haben (und) ... dass die Ertragslage der Gesellschaft unverändert positiv ist ..." Beide Aussagen waren falsch.

Das OLG Düsseldorf hatte eine Kaufpreisminderung als Schadensersatz mit der Erwägung gewährt, dass die Parteien andere Konditionen vereinbart hätten, wenn der Käufer die Unrichtigkeit der Garantieerklärung gekannt hätte. Der BGH sah dies als fehlerhafte Anwendung der allein beim Ersatz des negativen Interesses nach c. i. c. gegebenen Rechtsfolge an[360] und hob das Urteil auf.[361]

---

[358] Bespr. bei *Oechsler*, JA 2006, 823 f.
[359] Wieder ein Beispiel für die Verwendung einer widersprüchlichen Terminologie (Gewährleistung und Garantie).
[360] BGH v. 15.3.2006 – VIII ZR 120/04, GmbHR 2006, 1042, 1044 li. Sp. oben = ZIP 2006, 1351. Dieselbe Korrektur nahm der BGH in BGH v. 8.1.1975 – VIII ZR 124/73, WM 1975, 230 – es ging um den Erwerb einer GmbH & Co. KG zu Steuersparzwecken – vor. Anspruchsgrundlage war § 463 BGB sowie § 823 Abs. 2 BGB i. V. m. § 263 StGB und der Anspruch darauf gerichtet, den Käufer so zu stellen „wie wenn er die Kaufsache mangelfrei erhalten hätte" (S. 231 li. Sp. Mitte). Auf den Kaufpreis kam es nicht an (S. 231 li. Sp. unten).
[361] Das Urteil könnte in manchen Passagen so gelesen werden, als ob der BGH die Möglichkeit einer Naturalherstellung bei Garantieverletzungen ausschließen wolle. Dies dürfte allerdings eine Überinterpretation sein. Im Streitfall kam es dem BGH v. a. darauf an, der Sichtweise des OLG Düsseldorf zu widersprechen. Das Urteil sollte daher nicht – etwa im Fall des garantiewidrigen Defekts der Fertigungsstraße in der Schokoladenfabrik – als eine definitive Absage an eine Naturalherstellung durch eine Reparatur auf Gesellschaftsebene angesehen werden.

VI. Ersatz des Leistungs-/positiven Interesses bei Unternehmenswertbeeinträchtigungen

Richtigerweise sei im „Garantiefall ... der Garant verpflichtet, den Versprechensempfänger schadlos zu halten. Der Umfang dieser auf Erfüllung gerichteten Pflicht bestimmt sich nach den Grundsätzen des Schadensrechts. Danach finden die §§ 249 ff. BGB auf die Garantieverpflichtung Anwendung. Der Garantieschuldner hat im Falle der Gewährleistung den Gläubiger so zu stellen, **als ob der garantierte Erfolg eingetreten** oder der Schaden nicht entstanden wäre. Zur Ermittlung des auf Ersatz des positiven Interesses gerichteten Schadensersatzanspruchs des Berechtigten ist deshalb ein Gesamtvermögensvergleich anzustellen. Der tatsächlichen Vermögensentwicklung ist die Vermögenssituation, die bei ordnungsgemäßer Erfüllung bestünde, gegenüberzustellen. Nur die Differenz beider Vermögenslagen kann Gegenstand des Schadensersatzanspruchs sein."[362]

Der BGH konkretisierte sodann das positive Interesse bzw. das Leistungsinteresse eines Garantiegläubigers bei einer Garantieverletzung. Es könne nur darin liegen, dass „die erworbenen **Anteile** an der übernommenen Gesellschaft ... **weniger wert** gewesen sind, **als wenn** sich die **Garantiezusage** als **richtig** erwiesen hätte. Allein eine Differenz dieser beiden Vermögenslagen kann einen Schaden des Käufers begründen."[363]

Diese Ausführungen des BGH in den Entscheidungen „Vermächtnis des Versicherungsmaklers" und „Pensionsansprüche" weisen grundsätzlich den Weg zur richtigen Berechnung der Höhe der Wertentschädigung bei Unternehmenswertbeeinträchtigungen.

12.303

d) Vier Schiedssprüche zur Gewährung des positiven Interesses durch Wertentschädigung

Es wurden vier Schiedssprüche von internationalen Schiedsgerichten veröffentlicht bzw. teilweise veröffentlicht (und sind dem Verfasser bekannt geworden), die in der Sache grundsätzliche bzw. methodische Fragen einer Wertentschädigung bei Unternehmenswertbeeinträchtigungen behandeln. Diese Entscheidungen bestätigen im Wesentlichen den dargestellten Stand.

12.304

Fallbeispiel „direkte Methode" (ICC-Fall 5834, 1989)[364]

12.305

Das Schiedsgericht wendet zur Schadensberechnung die oben dargestellte direkte bzw. Additionsmethode an. Es ging davon aus, dass der Schadenser-

---

362) BGH v. 15.3.2006 – VIII ZR 120/04, GmbHR 2006, 1042, 1043 re. Sp. Mitte = ZIP 2006, 1351 (Fettdruck hinzugefügt), unter Bezugnahme auf BGH v. 15.6.2005 – VIII ZR 271/04, NJW-RR 2005, 1534 – zu einem Schadensersatzanspruch.
363) BGH v. 15.3.2006 – VIII ZR 120/04, GmbHR 2006, 1042, 1044 li. Sp. Mitte = ZIP 2006, 1351 (Fettdruck hinzugefügt). Außerhalb des Unternehmens anfallende Folgeschäden müssen noch hinzugezählt werden (vgl. Rn. 12.250, 12.275, 12.348).
364) ICC-Fall 5834, 1989, Final Award, ICC International Court of Arbitration Bulletin Vol. 5, No. 1, S. 66 f.

satz bei einem Vertragsbruch darauf ziele „to put the aggrieved party in approximately the same economic position as he would have been in, had the defaulting party performed the contract faithfully." Hieraus schlussfolgerte es: „Such compensation must therefore cover positive damages (damnum emergens) as well as loss of profit (lucrum cessans) ...".[365] Es setzte in der Folge wohl die insgesamt eingetretene Unternehmenswertminderung aufgrund einer Garantieverletzung mit der Summe der „positive damages (damnum emergens)" und des „loss of profit (lucrum cessans)" gleich.

12.306 *Fallbeispiel „Kaufpreis bei Rück-Put-Option für 49 Aktien" (ICC-Fall 11786, 2004)*[366]

In einem Streit über die Höhe eines in Folge der Ausübung einer Rück-Put-Option für 49 Aktien zu zahlenden Kaufpreises stellten sich Bewertungsfragen. Für die Höhe des Kaufpreises sollte der Unternehmenswert maßgeblich sein. Das Schiedsgericht mit Sitz in Zürich unternahm aus diesem Anlass eine tour d'horizon durch verschiedene Bewertungsverfahren und folgte den Parteien (bzw. dem Kläger) schließlich dahingehend, dass ein DCF-Verfahren (Adjusted Present Value) anzuwenden sei. Es ging sodann diesen Weg weiter und begab sich tief in Fragen der Unternehmensbewertung anhand vorgelegter Excel-Sheets. Zunächst bestätigte es, dass eine Übereinstimmung zwischen dem maßgeblichen Bewertungsverfahren und dem verwendeten Excel-Sheet insofern bestand, dass „l' utulisation faite de ses chiffres dans le fichier Excel ... correspond donc bien au modèle d'évaluation".[367] Nach der Korrektur kleinerer Fehler (Verlinkungen mit falschen Zeilen, Korrektur des Terminal Value um Verwaltungskosten und des Tax Shield wegen eines falschen Wachstumfaktors) ersetzte es schließlich 27 zuvor als „rot" bzw. streitig markierte Werte der Planung des Klägers mit eigenen Werten (die nicht im Einzelnen mitgeteilt werden, aber offenbar v. a. zusätzliche Investitionen und erneut den Wachstumfaktor betrafen).[368]

12.307 *Fallbeispiel „asiatisches Energieunternehmen" (ICC-Fall 11593, 2003)*[369]

Nach dem Erwerb eines asiatischen Energieunternehmens geriet eine Garantie zur Offenlegung aller „material contracts" in Streit. Dem Käufer war offenbar eine Änderung von zwei wichtigen Bezugsverträgen verschwiegen

---

365) ICC-Fall 5834, 1989, Final Award, ICC International Court of Arbitration Bulletin Vol. 5, No. 1, S. 66 f.
366) ICC-Fall 11539, 2003, ICC International Court of Arbitration Bulletin Vol. 24, No. 1, 2013, S. 100 ff. (auf Französisch)
367) ICC-Fall 11539, 2003, ICC International Court of Arbitration Bulletin Vol. 24, No. 1, 2013, S. 100 ff., 103 re. Sp. unten f.
368) ICC-Fall 11539, 2003, ICC International Court of Arbitration Bulletin Vol. 24, No. 1, 2013, S. 100 ff., 104 re. Sp. Mitte.
369) ICC-Fall 11539, 2003, ICC International Court of Arbitration Bulletin Vol. 24, No. 1, 2013, S. 84 ff., insb. 93 f.

VI. Ersatz des Leistungs-/positiven Interesses bei Unternehmenswertbeeinträchtigungen

worden, durch die Lieferkapazitäten herabgesetzt worden waren. Unter anderem erörterte das Schiedsgericht ausführlich „what discount rate to be used in determining the present value of the damages".[370] Leider ergibt sich aus dem nur teilweise veröffentlichten Schiedsspruch nicht, ob es zu dem zu diskontierenden Wert über das direkte oder indirekte Verfahren gelangt war. Der Anspruch wurde schließlich verneint, weil der Schwellenbetrag von 10 Mio. US $ nicht überschritten war.

Fallbeispiel „CME vs Tschechische Republik" (UNCITRAL-Schiedsverfahren v. 14.3.2003)   12.308

In einem (offenbar vollständig) veröffentlichten Schiedsspruch (161 Seiten) klagte die CME Czech Republic B. V. (Niederlande) gegen die Tschechische Republik Ansprüche wegen einer „wirtschaftlichen Zerstörung" einer erfolgreichen privaten Fernsehstation in der Tschechei durch den tschechischen Medienrat ein. Das Schiedsgericht entschied, dass dem Kläger „full reparation for the ‚genuine value' of the Claimant's investment in the Czech Republic" zu gewähren sei, und stellte hierbei die Unternehmensplanung betreffende Überlegungen an. Nach der *„quantum phase of the arbitration"* verurteilte es die Tschechei schließlich zur Zahlung von 269.814.000 US $. Dieser Betrag wurde als „appropriate form of relief" angesehen, die dem „fair market value of Claimant's investment as it was before consummation of Respondent's breach of the Treaty in August 1999" entsprochen habe.[371]

e) „Wertdifferenzschaden" oder „Preisdifferenzschaden"?

aa) Schwer erklärbare Aufgabe gesicherter Erkenntnisse beim Unternehmenskauf

Oben waren das positive und negative Interesse als eines der beiden zentralen Gegensatzbegriffspaare des Schadensrechtes behandelt und das negative Interesse bei Informationspflichtverletzungen als Gewährung des sog. „Restvertrauensschadens" herausgearbeitet worden. Dieser bestand der Höhe nach in der Differenz zwischen zwei Kaufpreisen, dem real vereinbarten und dem Kaufpreis, der hypothetisch vereinbart worden wäre.[372] Wenn man möchte, könnte man diese Differenz statt **„Restvertrauensschaden"** auch **„Preisdifferenzschaden"** nennen.   12.309

Andererseits wurde dargestellt, dass für die Berechnung des Leistungs- bzw. positiven Interesses nach § 251 BGB allein die Wertdifferenz zwischen einer Soll-Leistung und einer Ist-Leistung maßgeblich ist. Dieses könnte man, wenn   12.310

---

370) ICC-Fall 11539, 2003, ICC International Court of Arbitration Bulletin Vol. 24, No. 1, 2013, S. 84 ff., 94 li. Sp. oben.
371) UNCITRAL-Schiedsverfahren v. 14.3.2003, (im Internet veröffentlicht), S. 32.
372) S. Rn. 12.119 f.

man (unbedingt) einen weiteren Ausdruck sucht, „**Wertdifferenzschaden**" nennen. All dies ist dogmatisch klar, einschließlich dessen, dass das Verkäuferrisiko bei einer unrichtigen Garantie größer ist als bei einer Verletzung einer Informationspflicht ohne Garantieverletzung, und es ist – außerhalb des Unternehmenskaufs – gesicherte Rechtsprechung.

12.311 Diese Differenzierungen bzw. diese Rechtsprechung kann ohne weiteres auf den Unternehmenskauf angewendet werden und das positive Interesse kann hier als Unterschied zwischen einem Soll-Unternehmen und Ist-Unternehmen bzw., bei der Wertentschädigung, zwischen einem Soll-Unternehmenswert und einem Ist-Unternehmenswert – also in dem gerade geäußerten Sinne als „Wertdifferenzschaden" aufgefasst werden. Da hier, wie gesehen, der subjektive Käufer-Unternehmenswert maßgeblich ist, kann man noch genauer von der Differenz zwischen einem **Soll-Käufer-Unternehmenswert** und einem **Ist-Käufer-Unternehmenswert** sprechen.

12.312 Der einzige Unterschied zwischen einfacheren Geschäften und Unternehmenskäufen bestünde darin, dass bei letzteren – wenn eine Naturalherstellung nicht ausreicht – schwierige wirtschaftliche Fragen zu klären sind, z. B. häufig auf dem Weg des indirekten Verfahrens **zwei Unternehmensbewertungen** erforderlich sein werden. Diese Komplexität wird aber einerseits vom Recht und aus der Sache heraus gefordert und ist andererseits, wie die zahlreichen Unternehmensbewertungen in Spruchverfahren und Aktionärsanfechtungsklagen zeigen, durchaus, sogar sehr gut, von der staatlichen Justiz, zu bewältigen. Schiedsgerichte, die sich als M&A-Expertengerichte anbieten, sollten noch höhere Ansprüche an sich stellen und sicher nicht fragwürdige schadensrechtliche Konstruktionen akzeptieren, die die Bedeutung von Bewertungsthemen künstlich reduzieren.[373]

12.313 Ein großer Teil der Literatur und Rechtsprechung **scheuen** aber die **Anwendung der Regeln zum positiven Interesse auf den Unternehmenskauf**. Allerdings wird hierbei von solchen Entscheidungen oder Stimmen i. d. R. ihr Vorgehen nicht dogmatisch begründet und oft nicht einmal bemerkt, dass und wie sehr sie sich in Gegensatz zur Dogmatik und Rechtsprechung zum positiven Interesse außerhalb von Fällen des Unternehmenskaufs setzen.[374] Daher stößt man sogar oft auf **Widersprüche** bzw. **Verwirrung** derart, dass grundsätzlich richtig geäußert wird, dass eine Unternehmenswertdifferenz zwischen Soll- und Ist-Unternehmenswert zu ersetzen sei, aber dies dann plötzlich stillschweigend

---

373) Bei einer konsequenten Gewährung eines „Restvertrauensschadens"/„Preisdifferenzschadens" anstelle des positiven Interesses würden zuerst auch zwei Unternehmensbewertungen erfolgen müssen, s. Rn. 12.132.

374) Indem sich die Literatur berechtigt fühlt, das negative Interesse anstelle des positiven zu gewähren, mutet sie einem Käufer eines neuen Mercedes zu, den ihm gelieferten alten Toyota zu behalten – bei einer Kaufpreisminderung.

VI. Ersatz des Leistungs-/positiven Interesses bei Unternehmenswertbeeinträchtigungen

mit dem in „Preisdifferenzschaden" umgetauften „Restvertrauensschaden" verwechselt wird.

bb) **Verwechselung des negativen Interesses mit dem positiven in zwei Gerichtsentscheidungen**

In den beiden folgenden Fallbeispielen unterlief der Rechtsprechung der Fehler der Gewährung des negativen Interesses bei einer Garantieverletzung. 12.314

Fallbeispiel „Rückstellung für Steuerverbindlichkeit" (LG Stuttgart v. 20.5.1996 – 5 KfH O 45/94) 12.315

Im Jahre 1990 waren die Anteile an einer GmbH für 23,7 Mio. DM verkauft worden und dabei eine *Garantie* abgegeben worden, dass die Gesellschaft am Stichtag keinerlei Verbindlichkeiten habe, die nicht in der Bilanz ausgewiesen seien. Diese Vermögensgarantie[375] war falsch, weil keine Rückstellungen für eine Steuerverbindlichkeit i. H. von 485.088,00 DM gebildet worden waren. Der Käufer meinte, der Kaufpreis von 23,7 Mio. DM habe dem 13,3-fachen des Jahresüberschusses 1989/1990 entsprochen; reduziere man diesen Jahresüberschuss um 485.088,00 DM, so reduziere sich der Kaufpreis um ca. 6,5 Mio. DM auf 17,2 Mio. DM. Der Käufer machte diesen Betrag als Schadensersatz aus c. i. c. und subsidiär als Kaufpreisminderung geltend.

Schon der allererste Ansatz des Käufers in diesem ausführlich von *Paefgen*[376] diskutierten Fall war fragwürdig. Da eine Garantie abgegeben worden war, hätte ein Anspruch auf Schadensersatz i. H. des Leistungs- bzw. positiven Interesses, aber nicht auf Kaufpreisminderung analog § 441 Abs. 3 BGB oder nach § 249 BGB, bestanden. Das LG Stuttgart hat immerhin diesen Holzweg vermieden und schließlich einen Anspruch aus einem selbstständigen Garantieversprechen angenommen.[377] Wie dargestellt[378] hätte der Käufer dann als Naturalherstellung Befreiung von der garantiewidrigen Verbindlichkeit oder als Wertentschädigung eine möglicherweise höhere Unternehmenswertdifferenz verlangen können. Es wäre dem Käufer **versprochener, aber nicht gelieferter Unternehmenswert** „nachzuliefern" gewesen, jedoch wären keine Überlegungen dazu anzustellen gewesen, nach welcher Formel die Parteien den Kaufpreis an die Unternehmenswertbeeinträchtigung angepasst hätten.[379] Als Schadensersatz wäre also entweder die Steuer von 485.088,00 DM als Naturalherstellung nach § 249 Abs. 1 BGB 12.316

---

375) In der Sache war eine Vermögensgarantie abgegeben worden; vgl. Rn. 5.85.
376) *Paefgen*, DZWiR 1997, 177.
377) S. bei *Paefgen*, DZWiR 1997, 177, 179 re. Sp. Mitte. Daneben hat das LG Stuttgart einen Anspruch aus Eigenschaftszusicherung gesehen.
378) Der Fall entspricht dem Grundfall 3.
379) So auch zutreffend und sehr klar *Paefgen*, DZWiR 1997, 177, 180. In der Sache hier wohl ebenso *Hilgard*, ZIP 2005, 1813, 1817 re. Sp. Mitte.

zu zahlen gewesen oder eine höhere Unternehmenswertminderung nach § 251 Abs. 1 BGB; letzteres allerdings nur, wenn die Garantieverletzung zu einer laufenden Minderung der Überschüsse geführt hätte.[380] Beide Implikationen des Leistungs- bzw. positiven Interesses waren dem Käufer *ungelegen*, weil sie die Aufmerksamkeit darauf gelenkt hätten, ob wegen der Verletzung der Vermögensgarantie **wirklich** eine wiederkehrende bzw. **laufende Minderung** der zukünftigen Überschüsse über den Betrag von 485.088 DM hinaus eintreten würde.[381]

12.317 *Fallbeispiel „Mobilkran"* (LG Limburg v. 29.6.2012 – 1 O 28/10; OLG Frankfurt a. M. v. 7.5.2015 – 26 U 35/12, BB 2016, 721 = ZIP 2016, 774)

In einem Urteil aus dem Jahre 2012 hatte das LG Limburg festgestellt, dass eine garantierte Bilanz fehlerhaft war und einen sog. Bilanzauffüllungsschaden gewährt. Das OLG Frankfurt a. M. korrigierte in der Berufung diesen Fehler. Es formulierte richtig: „Soweit das Landgericht seiner Schadensberechnung den jeweiligen Differenzbetrag zugrunde gelegt hat, der sich bei den beanstandeten Positionen aus einem Vergleich des in der Bilanz angesetzten Wertes zu dem vom Sachverständigen ermittelten Wert ergibt, wird diese Berechnung den vertraglichen Vereinbarung der Partei nicht gerecht."[382] Vielmehr sei der Käufer „so zu stellen, wie er stehen würde, wenn die entsprechende Gewährleistung zutreffend wäre". Hiermit schlug das OLG Frankfurt a. M. die zutreffende Richtung zum Totalausgleich ein. Die erste Hälfte der Satzes, mit dem das OLG Frankfurt a. M. seine Ausführungen dazu begann, was an die Stelle der Bilanzauffüllung zu setzen wäre, begann ebenfalls noch korrekt „Der Schaden besteht ... in dem Minderwert ...". Hätte das OLG Frankfurt a. M. unter dem **Minderwert** den Minderwert verstanden, den die **erbrachte Leistung**, das gelieferte Unternehmen, gegenüber dem **Soll-Wert** des durch die Bilanzgarantie versprochenen Unternehmens hatte, hätte es sich auch weiter in Übereinstimmung mit den § 249 Abs. 1 BGB (erste Bedeutungsebene) und § 251 BGB bewegt.

12.318 Es wechselte jedoch in der zweiten Satzhälfte in der Sache von dem „Minderwert" des Unternehmens zu einem Aufschlag auf den Preis. Es schloss an „Der Schaden besteht ... in dem Minderwert ..." an, als ob das dasselbe wäre „... der **Wertdifferenz zu dem hypothetisch erzielten Kaufpreis**" und später keine

---

380) Wie Grundfall 5, s. Rn. 11.147.
381) Hätte es sich bei der nicht zurückgestellten Steuer um *Grunderwerbsteuer* gehandelt, so wäre der Aufwand hieraus ohnehin nur einmalig angefallen und hätte die verschwiegene Last die Zukunftsüberschüsse nicht wiederkehrend mindern können. Aber selbst wenn es sich um eine Rückstellung für die *Körperschaftsteuer* gehandelt hätte, die auch in der Zukunft jährlich anfallen würde, war fraglich, ob die Garantieaussage „es gibt keine Verbindlichkeiten außer ..." so ausgelegt werden konnte, dass nicht nur aktuell keine Verbindlichkeit bestehen würde, sondern dass die Zielgesellschaft auch zukünftig nicht körperschaftsteuerpflichtig sein würde. Dies ist wohl zu verneinen.
382) OLG Frankfurt a. M. v. 7.5.2015 – 26 U 35/12, BB 2016, 721, 724 = ZIP 2016, 774.

VI. Ersatz des Leistungs-/positiven Interesses bei Unternehmenswertbeeinträchtigungen

Zweifel lässt, dass es das negative Interesses gewähren möchte.³⁸³⁾ Als Schadensersatz wäre „der Käufer … so zu stellen, als wäre es ihm bei Kenntnis der wahren Sachlage gelungen, den Unternehmenskaufvertrag zu einem günstigen Kaufpreis abzuschließen."³⁸⁴⁾ Dies ist aber genau die Formulierung, wie sie Jahrzehnte zur Begründung des Ersatzes des negativen Interesses verwendet wird, während – ebenfalls nach einer überzeugenden Rechtsprechung seit Jahrzehnten – bei Garantieverletzungen das positive Interesse zu gewähren ist.³⁸⁵⁾

cc) Verwechselung des negativen Interesses mit dem positiven in der Literatur, sog. „Preisdifferenzschaden"

Auch Literaturstimmen unterliegen dem Fehler des LG Stuttgart und des OLG Frankfurt a. M.³⁸⁶⁾ Bereits 1995 beschrieb *Kiethe* zunächst den „kleinen Schadensersatz" nach § 463 BGB a. F. richtig dahingehend, dass er sich „aus dem Minderwert (ergebe), den das Unternehmen durch das Abweichen von der vertraglich vereinbarten Beschaffenheit hat".³⁸⁷⁾ Sodann lässt er aber seine eigene Aussage umkippen: 12.319

„Dieser merkantile Minderwert richtet sich beim Unternehmensverkauf nach den allgemeinen Vorschriften. Die Berechnung des merkantilen Minderwerts bemisst sich auch hier nach der Wertdifferenz zu dem hypothetischen, niedrigeren Kaufpreis, zu dem der Kaufpreis zustande gekommen wäre, wenn der Käufer von der wahren Sachlage Kenntnis gehabt hätte."³⁸⁸⁾

Hilgard stellte 2005 (als Beispiel 2) eine Klausel vor, nach der der Käufer „von dem Verkäufer Schadensersatz in Geld verlangen (kann)" und schloss an: 12.320

„Der am Vertrag festgehaltene Käufer muss mithin so gestellt werden, als wäre es ihm bei Kenntnis der wahren Sachlage gelungen, den Unternehmenskaufvertrag zu einem günstigeren Kaufpreis abzuschließen. Der Schaden besteht also im

---

383) *Ulrich* gibt diese Passage in seiner Kurznotiz wieder, leider ohne auf die Widersprüchlichkeit hinzuweisen (*Ulrich*, GmbHR 2016, R 37).
384) OLG Frankfurt a. M. v. 7.5.2015 – 26 U 35/12, BB 2016, 721, 724 li. Sp. Mitte = ZIP 2016, 774.
385) Im Ergebnis abl. wie hier: *Bergjan/Schäfer*, DB 2016, 2587, 2590 f. Nicht der zu viel gezahlte Kaufpreis, sondern die Unternehmenswertminderung sei als Schaden anzusehen. Richtig werden hier die drei Varianten, Schadensersatz als „Wertersatz mittels Differenzhypothese" (richtig) und Bilanzauffüllung und Kaufpreisreduzierung (jeweils falsch) angesprochen. Auch *Stamer* in: Knott, Unternehmenskauf, Rn. 1143, sieht richtig den Schaden in der Minderung des Werts der Anteile aufgrund fehlerhafter Garantiezusage.
386) Ettinger/Jaques-*Jaques*, Beck'sches Hdb. Unternehmenskauf im Mittelstand, D 336 (sog. „Preisdifferenzschaden"). Allerdings erörtert *Jaques* später (D 359) Schadensbemessung anhand des subjektiven Unternehmenswertes so also ob er doch, wie man sagen könnte, richtig einen „Wertdifferenzschaden", nicht „Preisdifferenzschaden" gewähren wollte.
387) *Kiethe*, DStR 1995, 1756, 1759 li. Sp. Mitte.
388) *Kiethe*, DStR 1995, 1756, 1759 li. Sp. Mitte.

Minderwert, d. h. in der Differenz zu dem hypothetisch erzielten niedrigeren Kaufpreis bei Kenntnis des Käufers von der wahren Sachlage."[389]

12.321 Sodann wurde das schadensrechtliche Vorgehen des OLG Frankfurt a. M. in jüngster Zeit in mehreren Urteilsbesprechungen gelobt.[390] Hierbei werden zum Teil die Dinge recht gründlich durcheinander geworfen. So schreiben *Bormann/ Trautmann* im Anschluss an eine schon unrichtige Darstellung des Bilanzauffüllungsschadens.

„Häufiger, aber nicht immer, dürfte es mit der überwiegenden Auffassung... dem Parteiwillen entsprechen, auf die Auswirkung der Fehler auf den Unternehmenswert abzustellen. Ersatzfähig wäre dann die Differenz zwischen dem vereinbarten und hypothetischen Kaufpreis bei Kenntnis der wahren Sachlage".[391]

12.322 Der zweite Satz widerspricht dem ersten. Nach einem Unternehmenswertmanko bei dem Zielunternehmen ist an ganz anderer Stelle zu suchen (durch Vergleich zweier Unternehmensplanungen) als nach einem möglicherweise herausverhandelten Kaufpreisnachlass, beide sind auch grundsätzlich quantitativ verschieden. *Bormann/Trautmann* verkennen hier den Unterschied zwischen Unternehmenswert und Kaufpreis.

12.323 Ebenso haben *Schniepp/Holfeld*, als sie auf die Frage des Schadensausgleichs bei Compliancegarantien stießen, zunächst wesentlich richtig gemeint

„der Schaden ist ... nach allgemeinen Grundsätzen der Differenzhypothese anhand eines Vergleichs des **tatsächlichen Vermögens** des Geschädigten mit seinem **hypothetischen Vermögen** ohne die Verletzung der Compliancegarantie zu berechnen."[392]

12.324 Dann aber führen sie den Begriff „**Preisdifferenzschaden**" ein.

„Der Preisdifferenzschaden ist in diesem Fall also der Betrag, um den der Käufer im enttäuschten Vertrauen auf die Rechtskonformität des Zielunternehmens dieses zu einem überhöhten Preis (zu teuer) gekauft hat."[393]

12.325 Es wird *erstens* nicht die Nähe bzw. Identität des „Preisdifferenzschadens" zu dem „Restvertrauensschaden" erörtert, *zweitens* nicht gerechtfertigt, wieso, obwohl bei Garantieverletzungen das positive Interesse zu gewähren ist, de facto das negative Interesse gewährt werden soll, und *drittens* wird nicht erklärt, warum die Autoren, die sich aufmachten, das positive Interesse zu bestimmen, beim negativen Interesse landen. Die §§ 249 ff. BGB sind aber keine Rechtfertigung dafür, ohne weiteres irgendwelche Größen als „Schaden" zu deklarieren, nur weil sie plausibel und greifbar sind.

---

[389] *Hilgard*, ZIP 2005, 1813, 1814 li. Sp. und re. Sp. oben. *Hilgard* betont dabei die Parallele zur c. i. c. (Fn. 20).
[390] *Bormann/Trautmann*, GmbHR 2016, 122, 123; *König/Gießelmann*, GWR 2016, 155, 158; a. A., wie hier: *Bergjan/Schäfer*, DB 2016, 2587, 2591 re. Sp. oben.
[391] *Bormann/Trautmann*, GmbHR 2016, 122, 123 re. Sp. unten.
[392] *Schniepp/Holfeld*, DB 2016, 1738 unter III. 4.
[393] *Schniepp/Holfeld*, DB 2016, 1738 unter III. 4.

VI. Ersatz des Leistungs-/positiven Interesses bei Unternehmenswertbeeinträchtigungen

f) Entgangener Gewinn und Folgeschäden bei Ersatz des Leistungsinteresses durch Wertentschädigung

Entgangene Gewinne und Folgeschäden,[394] die innerhalb des bewerteten Unternehmens anfallen, sind materiell bzw. sachlich schon von der Wertentschädigung für eine Unternehmenswertbeeinträchtigung nach § 251 Abs. 1 BGB umfasst und sind nicht als zusätzlicher Posten hinzuzurechnen. Sie erscheinen allerdings, wie bereits dargestellt, nur bei Anwendung der **direkten bzw. Additionsmethode als eigene Positionen**. Bei der **indirekten bzw. Subtraktionsmethode** sind ihre Gesamtbeträge i. d. R. in der Summe von Salden verschiedener geminderter Zuflüsse und/oder erhöhter Abflüsse „**versteckt**", die die Unternehmensplanung für das schadensbeeinflusste Szenario auswirft. Die Einzelbeträge werden aber nicht isoliert ausgewiesen.[395]

12.326

Im Rahmen des „Totalausgleichs" zu ersetzende entgangene Gewinne und Folgeschäden können auch außerhalb des bewerteten Zielunternehmens, namentlich im sonstigen Käufervermögen anfallen. Dann sind sie ebenfalls getrennt zu bestimmen und hinzuzuzählen. Ihre Berechnung kann erneut nach der direkten bzw. Additionsmethode oder der indirekten bzw. Subtraktionsmethode erfolgen, im letzteren Fall durch Erstellung von z. B. zwei Unternehmensbewertungen des Käuferunternehmens.

12.327

g) Wiederkehrende Nachteile und Abzinsung

Es ist wirtschaftlich und mathematisch nicht zu bezweifeln, dass sich wiederholende bzw. laufende Minderungen der Überschüsse nicht nur mit dem einmaligen Betrag der Überschussminderungen auf einen Unternehmenswert durchschlagen. Das Recht war nie so unvernünftig, dass es nicht zu unterscheiden wusste, ob ein Schaden in der Form von verminderten Überschüssen einmal oder mehrfach eintrat. Wenn zeitlich verteilt **mehrfach Schäden** auftreten, sind sie nach dem Schadensrecht, gleich ob als Naturalherstellung oder Wertentschädigung, selbstverständlich auch **mehrfach** zu ersetzen.[396] Mit anderen Worten: Bereits das **geltende Schadensrecht** bewirkt, dass wenn aufgrund einer Garantieverletzung in mehreren späteren Perioden Überschussminderungen eintreten, diese auch **mehrfach zu ersetzen** sind.

12.328

---

394) Folgeschäden können u. U., einschließlich entgangener Gewinne (Eier, Hühner etc.) grundsätzlich durchaus auch auf dem Weg einer Naturalherstellung ersetzt werden (vgl. Rn. 12.96 f.).
395) Vgl. oben Rn. 12.272 ff.
396) Es würde etwa niemand auf den Gedanken kommen, bei der Berechnung des einem Unfallopfer zustehenden Schadensersatzes die Zahl der Wochen seiner Verletzung nicht als „Multiplikator" für die entstandenen Krankenhauskosten oder Gewinnausfälle zu berücksichtigen – und zwar auch dann nicht, wenn es keinen vorherigen Vertrag zwischen Schädiger und Gläubiger über eine etwaige Schadensbewertung bei einem Unfall gibt.

12. Kapitel Schadensersatz- bzw. Schadensrecht

12.329 Allerdings ist zu berücksichtigen, dass der maßgebliche **heutige Barwert** zukünftiger (Ein- oder Aus-)zahlungen **geringer als ihr Nominalbetrag** ist. Deshalb können zur Berechnung des Gesamtschadens aus zukünftigen Teilschäden nicht einfach diese Teilschäden addiert bzw., wenn sie stets gleich hoch sind, sie mit der Häufigkeit ihres Anfalls multipliziert werden. Es ist so vorzugehen, dass die Schäden auf einer Zeitachse hintereinander gereiht und dann jeweils durch Abzinsung die Barwerte berechnet und (erst) diese addiert werden. Die Schäden können dabei unregelmäßig anfallen und ungleich hoch sein; es ist auch kein Problem, wenn in einzelnen Perioden erhöhte Überschüsse auftreten. Dieselbe Vorgehensweise, in etwas elaborierterer Form, besteht darin, die anfallenden „positiven Schäden" (*damnun emergens*), anzurechnenden Vorteile und entgangenen *Einnahmen*[397] in die Unternehmensplanung in einem Tabellenkalkulationsprogramm einzusetzen. Die Berechnung der Barwerte erfolgt durch Abzinsung auf die dargestellte Weise. Der Abzinsungsfaktor ist dabei für jede Periode unterschiedlich; er nimmt umso mehr zu, je weiter die Periode in der Zukunft liegt.[398]

12.330 Fallen die Schäden regelmäßig an und sind sie jeweils gleich hoch, ist eine vereinfachte Berechnung nach der Formel zur Berechnung des **Barwertes einer „ewigen Rente"** möglich. Hiernach gilt

$$BW = r/i,$$

wobei BW der Barwert, r der regelmäßig zu zahlende Rentenbetrag und i der Abzinsungssatz ist. Bei einem Zinssatz von 7 % und einem jährlichen Schaden von 1 Mio. € würde also der Barwert des Schadens 14.285.714 € betragen. **Faktoren** sind **Kehrwerte von Abzinsungszinssätzen**. Dem hier angewandten Abzinsungssatz von 0,07 entspricht also ein Faktor von ca. 14,3. Würde der einmal auftretende Schaden mit 14,3 multipliziert, ergäbe sich derselbe Gesamtschaden.

h) Faktorenvereinbarungen

12.331 Der Begriff „Faktor" oder „Multiplikator" wird, wie gesehen auch zur quantitativen Beschreibung des **Verhältnisses von EBIT, Gewinn** o. Ä. zum **Kaufpreis** oder Unternehmensbewertung benutzt. Dies ist unproblematisch, wenn der Kaufpreis gemeint ist.[399] Dieses Verhältnis, also der Faktor, lässt sich aus den bekannten Größen EBIT des Vorjahres und Kaufpreis leicht berechnen. Auch eine vertragliche Kaufpreisanpassungsregelung, nach der eine Ergebnisverschlechterung in einem „Normjahr" den Kaufpreis um das Produkt des Betrages dieser Ergebnisverschlechterung und des Faktors mindert, ist unproblematisch.

---

397) Hier sind die entgangenen Einnahmen einzusetzen, da die gegenläufigen Ausgaben, aus denen sich per saldo die entgangenen *Gewinne* ergeben würden, ohnehin schon in der Planung enthalten sein werden.

398) Er beträgt $\dfrac{1}{(1+i)^t}$, s. Rn. 11.10 und Fn. dort. Erläuterung und Rechenbeispiel dort.

399) S. Rn. 11.52 f.

VI. Ersatz des Leistungs-/positiven Interesses bei Unternehmenswertbeeinträchtigungen

Freilich ist genau zu überlegen, **auf welche Rechtsfolge welche Faktoren** bezogen sein können. Die regelmäßige Rechtsfolge einer Garantieverletzung ist der Ersatz des Leistungs- oder positiven Interesses, das an der Unternehmenswertminderung zu bemessen ist. Für die Frage, **wie hoch der Unternehmenswert** ohne dass Defizit wäre, kommt es aber, weil der Kaufpreis nicht mit dem Unternehmenswert zu verwechseln ist,[400] überhaupt nicht auf den vereinbarten Kaufpreis an. Selbst wenn die Parteien bei der Kaufpreisvereinbarung einen Faktor 7 zugrunde gelegt hätten, könnte der bei der subjektiven Unternehmensbewertung aus Käufersicht zugrunde zu legende Faktor 10 betragen (wenn der Käufer günstig gekauft hat). Dass der Käufer das Unternehmen hier unter seinem eigenen Unternehmenswert erworben hätte, würde nichts daran ändern, dass eine Garantieverletzung, die die Überschüsse laufend mindert, wenn sie nach § 251 Abs. 1 BGB zum Ausgleich des Differenzschadens durch Wertentschädigung führen soll, mit dem Faktor 10 auf den Unternehmenswert durchschlagen müsste.[401] Das vorteilhafte Verhandlungsergebnis des Käufers würde aufrechterhalten werden.

12.332

Von Braunschweig und *Jaques* empfehlen, in Unternehmenskaufverträgen anzugeben, mit welchem Faktor die Überschüsse der letzten bei den Vertragsverhandlungen vorliegenden Periode in den vereinbarten *Kaufpreis* eingeflossen sind;[402]

12.333

---

400) S. o. Rn. 11.52 f.
401) Weil der Käufer durch die Garantieverletzung tatsächlich in dieser Höhe geschädigt wurde. Es geht erneut darum, das vereinbarte Äquivalenzinteresse aufrechtzuerhalten. Würde der Schadensersatz nur mit dem Faktor 7 berechnet, wäre das Gesamtvermögen des Käufers gegenüber dem Zustand bei Garantierichtigkeit verringert. Das ist aber gerade das, was die §§ 249 ff. BGB unbedingt vermeiden wollen. Es ändert übrigens hier nichts, ob dabei der subjektive oder ein objektivierter Unternehmenswert zugrunde gelegt wird. Dies hat nur Auswirkungen darauf, wie der maßgebliche Unternehmenswert berechnet wird; es bleibt aber dabei, dass er von dem Kaufpreis verschieden ist. *Tschäni/Frey/Müller*, Streitigkeiten aus M&A-Transaktionen, S. 130, meinen – m. E. zutreffend –, dass, soweit keine gemeinsame Preisbestimmungsmethode nachweisbar sei, eine objektive Bestimmung des durch die Gewährleistungsverletzung (bzw. Garantieunrichtigkeit) bedingten Minderwerts des Zielunternehmens vorgenommen werden müsse. Hierzu müssten die maßgebenden zukünftigen Erträge bestimmt werden, wie sie ohne Gewährleistungsverletzung (bzw. Garantieverletzung) vorliegen würden. Allerdings sollen wohl Synergieeffekte, die dem Käufer nicht bekannt waren, bei der Schadensberechnung nicht berücksichtigt werden. Dies halte ich, jedenfalls nach deutschem Recht, für nicht überzeugend. Der Totalausgleich nach § 249 Abs. 1 BGB ist eben „total"; er umfasst deshalb auch solche Nachteile, in der Form von nicht eingetretenen Vorteilen, die der Geschädigte oder Schädiger subjektiv nicht voraussehen konnte. Zutreffend führen *Tschäni/Frey/Müller* m. E. wiederrum in der Folge aus, dass die DCF-Methode i. R. einer Schadensschätzung zur Anwendung gelangen könnte. (*Tschäni/Frey/Müller*, Streitigkeiten aus M&A-Transaktionen, S. 131). Sicher würde neben der Schadensschätzung aufgrund eines DCF-Verfahrens eine Schadensschätzung auch auf ein Ertragswertverfahren gestützt werden können. Im deutschen Recht wäre § 287 ZPO heranzuziehen; *Tschäni/Frey/Müller* beziehen sich auf Art. 42 Abs. 2 Obligationenrecht, der lautet „der nicht ziffernmäßig nachweisbare Schaden ist nach Ermessen des Richters mit Rücksicht auf den gewöhnlichen Lauf der Dinge und auf die vom Geschädigten getroffenen Maßnahmen abzuschätzen".
402) *v. Braunschweig*, DB 2002, 1815 re. Sp. unten; Ettinger/Jaques-*Jaques*, Beck'sches Hdb. Unternehmenskauf im Mittelstand, S. 281, Rn. 102 m. w. N. Ähnl. *Tschäni/Frey/Müller*, Streitigkeiten aus M&A-Transaktionen, S. 130, für das von ihnen behandelte Schweizer Recht.

insoweit ginge es also um Faktoren für das **Verhältnis von Überschüssen und Kaufpreis**. Allerdings finden sich bei *v. Braunschweig* und *Jaques* ebenso Formulierungen, die dafür sprechen, dass Faktoren für das **Verhältnis von Überschüssen und Unternehmenswert** gemeint sein könnten. Bei *v. Braunschweig* heißt es etwa, es werde dem Käufer u. U. nur gelingen, einen Schadensersatzanspruch i. H. des Minderergebnisses multipliziert mit einem Faktor durchzusetzen,[403)] wenn dies im Vertrag ausdrücklich vorgesehen ist;[404)] da ein Schadensersatzanspruch an einer Unternehmenswertminderung zu bemessen wäre, dürfte also Letzteres gemeint sein. *Jaques* vertritt die Ansicht, bei Käuferansprüchen aufgrund von Umständen, die ein „dauerhaftes Minderergebnis des verkauften Unternehmens begründen", wäre nur dann der Barwert dieses „dauerhafte(n) Minderergebnis(ses) des verkauften Unternehmens" zu ersetzen, wenn dies im Vertrag vereinbart gewesen wäre;[405)] auch hier – freilich weniger eindeutig – dürfte der Faktor zur leichteren Berechnung eines Schadensersatzanspruchs dienen und also auf den Unternehmenswert bezogen sein.

12.334 Nach der hier vertretenen Auffassung muss, bevor sinnvoll über die Zweckmäßigkeit der Angabe von Faktoren in M&A-Verträgen (eine **„Faktorenvereinbarung"**) und ihre Anwendung nachgedacht werden kann, entschieden werden, auf welches Verhältnis,

– Überschüsse des Referenzjahrs und Kaufpreis oder

– Überschüsse des Referenzjahrs und Unternehmenswert,

sie sich beziehen sollen.

12.335 Im (i) ersten, einfachen, eher seltenen Fall wurde vereinbart, dass abweichend von der gesetzlichen Rechtsfolge des Schadensersatzes eine **Kaufpreisminderung** stattzufinden hat. Wenn der Vertrag keine genaueren Vorgaben zur Kaufpreisminderung macht, würde ein Gericht wohl von der BGH-Rechtsprechung zur Gewährung des „negativen Interesses" bei einer c. i. c. oder einem Delikt durch Erstattung des „Restvertrauensschaden" ausgehen, also einen Schadensersatzanspruch i. H. der Differenz zwischen dem vereinbarten Kaufpreis und dem hypothetischen Kaufpreis in Erwägung ziehen. Es würde so auch ohne Vereinbarung der Faktoren, mit denen die Überschüsse des Referenzjahrs in den vereinbarten *Kaufpreis* eingeflossen sind, auf die Verhandlungsgeschichte (einschließlich von Umständen außerhalb des Vertragstextes) blicken. Dabei steht § 287 ZPO schon helfend bereit. Nichtsdestoweniger kann eine „Faktorenver-

---

403) Es dürfte impliziert sein, dass eine Anwendung von Faktoren nur bei periodisch wiederkehrenden Schäden in Betracht kommt.
404) *v. Braunschweig*, DB 2002, 1815 re. Sp. unten.
405) Ettinger/Jaques-*Jaques*, Beck'sches Hdb. Unternehmenskauf im Mittelstand, S. 281 Rn. 102 m. w. N.

VI. Ersatz des Leistungs-/positiven Interesses bei Unternehmenswertbeeinträchtigungen

einbarung" und vielleicht die Angabe weiterer Details, bis hin zu Rechenanweisungen, die Bemessung des Betrags der Kaufpreisanpassung erheblich erleichtern.

Weniger einfach sind die verbleibenden drei Fälle: Gibt (ii) der Faktor ein **Verhältnis** zwischen den **Überschüssen** im Referenzjahr **zu dem Kaufpreis** an, aber ist Rechtsfolge der Garantieverletzung ein Schadensersatzanspruch, so wurde das Thema verfehlt und war die Angabe des (nicht benötigten) Faktors eigentlich nutzlos – jedenfalls vor einer fragwürdigen und sicher mühsamen Umdeutung. 12.336

Gibt der Faktor ein **Verhältnis** zwischen den Überschüssen im Referenzjahr **zu dem Unternehmenswert** an, so stellen sich in beiden verbleibenden Fällen (iii) und (iv) primär zwei Fragen: *Erstens*, ob die Parteien überhaupt vertraglich **über den Unternehmenswert „disponieren" können** und zweitens, wenn sie es können, welche rechtlichen Anforderungen an eine für die Bemessung eines Schadensersatzanspruchs wirksame „Faktorenvereinbarung" zu erheben sind. Die erste Frage kann **wirtschaftlich** und rechtlich beantwortet werden. Wirtschaftlich steht der Unternehmenswert natürlich *nicht* zur Disposition der Parteien. An dem Wert der Deutschen Bank AG ändert sich nichts dadurch, dass Verkäufer und Käufer zweier Aktien von einem bestimmten Unternehmenswert „ausgehen" – auch dann nicht, wenn sie ihn in den Vertrag schreiben. Bei einem Verkauf eines ganzen Unternehmens tritt ein weiterer Grund hinzu, der es den Parteien schon *logisch unmöglich macht,* „den" Wert des Unternehmens mit wirtschaftlicher Relevanz festzulegen, nämlich, dass es *zwei* subjektive Unternehmenswerte gibt, einen des Käufers und einen des Verkäufers, die sich fast immer (und oft erheblich) unterscheiden. Selbst wenn die Parteien es wollten: Die „Abstoßungskräfte" dieser beiden Unternehmenswerte wären immer so groß, dass sie – wie zwei starke Magnete – nie zusammenzubringen wären. Es kommt noch ein Letztes hinzu, das dagegen spricht, Angaben von Unternehmenswerten in M&A-Verträgen als wirtschaftliche Größen ernst zu nehmen: Die Argumentationen um Unternehmenswerte sind Schattenspiele. Hinter der Bühne prüfen beide Parteien, ob das resultierende Kaufpreisergebnis für sie tragbar ist; nur das zählt. 12.337

Die rechtliche Beantwortung der Frage, ob die Parteien **vertraglich über den Unternehmenswert „disponieren"** können, führt zu einem offeneren Ergebnis: Die den Vertragsparteien vom Recht gewährte Vertragsfreiheit erlaubt es ihnen, in einem weiten Umfang, die Augen vor Realitäten der Außenwelt zu schließen und fiktive (oder offen falsche) Annahmen für die Innenwelt ihres Vertrages maßgeblich zu machen. Entsprechend können sie – immer nur mit Folgen für ihre Vertragsbeziehung – vereinbaren, dass etwa eine Immobilie, die einen tatsächlichen Marktwert von 5 Mio. € hat, für sie einen „Wert" von 1 Mio. € oder 10 Mio. € haben bzw. so behandelt werden soll, als ob sie nur diesen Wert hätte. Solche vertraglichen Regelungen, die das **materielle Schadensrecht** 12.338

modifizieren, sollten grundsätzlich zulässig sein.[406] So können Parteien für Zwecke der Garantiehaftung festlegen, dass ein bestimmter Zinssatz/Faktor zu verwenden ist oder eine Derogation sonst geltender schadensrechtlicher Regelungen erfolgt. Eine solche Vereinbarung ist freilich rechtlich eben nur als „Vereinbarung" zu werten, nicht als vom Recht passiv hinzunehmendes Faktum. Sie gilt also nicht nur bloß *inter partes*, sondern sie gilt nur soweit ihr nicht zwingendes Recht entgegensteht. Entsprechend würde die Justiz, wenn in dem vorstehenden Immobilienbeispiel z. B. Schadensersatz wegen Betrug zu gewähren wäre, stets von dem tatsächlichen Wert von 5 Mio. € ausgehen. Dies führt zu der Feststellung, dass die Bedeutung von „Faktorenvereinbarungen" in M&A-Verträgen **auf den vertragsdispositiven Bereich beschränkt** ist.

12.339 Die das Thema abschließende Frage ist, welche Voraussetzungen erfüllt sein müssen, damit ein Gericht bei der Bemessung eines Schadensersatzanspruchs berechtigt wäre, eine „Faktorenvereinbarung" (bezogen auf das Verhältnis einer Überschussminderung in einer Referenzperiode und den Unternehmenswert) anstelle einer mit anderen Mitteln, eben zwei Unternehmensbewertungen, festzustellenden Unternehmenswertminderung zugrunde zu legen. Es gibt praktisch nur die Möglichkeit, dass eine Faktorenvereinbarung den Verkäufer oder den Käufer benachteiligt. Wenn der implizierte Unternehmenswert über dem sonst streitig festzustellenden „objektiven subjektiven Unternehmenswert" des Käufers läge, begünstigt sie den Käufer, läge er darunter, den Verkäufer. Insofern **modifiziert** eine „Faktorenvereinbarung" **die §§ 249 ff. BGB** und wirkt wie ein **„Cap"** oder ein **Haftungshöchstbetrag** oder, im gegenteiligen Fall, wie ein *dublum* oder wie **„liquidated damages"**. Vor diesem Hintergrund wird man erwarten müssen, dass im Vertrag jedenfalls **deutlich der Parteiwille zu Tage tritt,** dass für Schadensersatzansprüche wegen Garantieverletzungen der durch die „Faktorenvereinbarung" implizierte Unternehmenswert – und nicht der „objektive subjektive Unternehmenswert" des Käufers – maßgeblich sein soll.

12.340 Die Problematik einer Berücksichtigung von nur bei den Kaufpreisverhandlungen argumentativ verwendeten Faktoren oder Methoden bei der Bemessung eines Schadensersatzanspruchs werden in folgendem Fallbeispiel deutlich.

12.341 *Fallbeispiel ICC-Fall 10986, 2002*
Eine Eigenkapitalgarantie lautete: „The equity of the Company at 12-31-1998 was US $ 12.800.000 (according to International Accounting Standards) … The equity of the Company at Closing shall be at least US $ 10.500.000 (according to International Accounting Standards)". Der Käufer trug vor, dass Eigenkapital habe beim Closing mehr als 2 Mio. US $ unter dem garantierten Betrag gelegen. Er scheiterte mit einem Anspruch aus der Garantie, da das Schiedsgericht aus einer „analysis of the negotiations" herleitete, dass „a speci-

---

406) Mit ähnlichen Grenzen wie Haftungshöchstbeträge etc., also nicht bei einer c. i. c. oder einem Delikt nach § 276 Abs. 3 BGB.

VI. Ersatz des Leistungs-/positiven Interesses bei Unternehmenswertbeeinträchtigungen

fic method to determine Target's equity value ... has been progressively worked out by the Parties". Der Käufer hatte dies nicht beachtet.[407]

Ob die Vorgehensweise des Schiedsgerichts im Streitfall berechtigt war, kann aus den veröffentlichten Auszügen der Urteilsgründe nicht abschließend beurteilt werden. Es wäre aber bedenklich, wenn ohne weiteres eine **Brücke von der Verhandlungsgeschichte**, in der die Parteien ihre *Kaufpreis*vorstellungen mit betriebswirtschaftlichen Argumenten begründeten, auch wenn sie Aussagen zum Wert des Unternehmens machten, zu transaktionsspezifischen Regeln zur Bestimmung des „objektiven subjektiven Unternehmenswerts" geschlagen wurde. Wie klug (oder weniger klug), sachlich und fair (oder weniger so) die Verhandlungsargumente gewesen sein mochten – ihre Bedeutung erschöpft sich darin, dass sie zum Einverständnis hinsichtlich der Ziffer des Kaufpreises beitrugen. Den Wert dessen, was der Käufer erhalten hat, affizieren sie nicht, wenn es keinen Streit gibt – und sie dürften ihn auch nicht affizieren, wenn es zu Streit kommt. 12.342

Jedenfalls fehlt (in dem veröffentlichten Auszug) eine methodisch sorgfältige Untersuchung der rechtlichen Qualität der tatsächlichen Feststellung des Schiedsgerichts. Die Aussage, die Parteien hätten „progressively worked out" ... „a specific method to determine Target's equity value" reicht m. E. hierzu nicht aus. 12.343

Theoretisch käme u. U. auch in Betracht, vertraglichen Regeln die Bedeutung einer **prozessualen Vereinbarung** zuzuerkennen. Wenn Parteien, wie von *v. Braunschweig* oder *Jaques* vorgeschlagen, Faktoren vereinbaren, die einen Bezug zwischen Größen wie EBIT oder Gewinn und Unternehmenswert (nicht Kaufpreis) herstellen, wird diese Vereinbarung also in eine der hier genannten Interpretationen aufgelöst werden müssen. 12.344

Wie schon dargestellt,[408] sollte den Gerichten bei der Geltendmachung von Schäden, die als Barwerte von Zukunftsschäden berechnet werden, nicht unwohl sein. Dies ist ebenso wenig problematisch wie die Geltendmachung von Gesamtschäden, bei denen von einmaligen Überschussminderungen vermittels von Faktoren hochgerechnet wird. Eine Zurückhaltung ist nicht angebracht, da die Verkäufer hinreichend durch das Erfordernis eines substantiierten und zu beweisenden Käufervortrags – der Käufer hat vorzutragen, wie hoch der Unternehmenswert mit dem Defizit ist und wie hoch er ohne das Defizit gewesen wäre – geschützt sind, auch wenn § 252 Satz 2 BGB und § 287 ZPO helfen. 12.345

i) Schadensersatz bei Steuergarantien

Enthält eine Garantie lediglich die Aussage, dass alle Steuererklärungen *rechtzeitig abgegeben* wurden und alle festgesetzten *Zahlungen rechtzeitig geleistet* 12.346

---

407) ICC-Fall 10986, 2002, teilw. abgedr. in ICC International Court of Arbitration Bulletin Vol. 24, 2013, S. 57 f., 59 li. Sp. Mitte. Es erscheint naheliegend, dass ein Gericht u. U. auch aus der Verhandlung eine einvernehmliche Derogation von sonst geltenden betriebswirtschaftlichen Regeln zur Bestimmung des Enterprise Value entnehmen könnte.
408) S. Rn. 11.50 f., 12.65.

wurden, würden als Schäden typischerweise nur Zinsschäden und andere andere Sekundärzahlungspflichten geltend gemacht werden. Geht eine Garantie dahin, dass die *Steuererklärungen vollständig, zutreffend, in Übereinstimmung mit dem geltenden Recht etc.* abgegeben wurden, ist auch für später festgesetzte Mehrsteuern zu haften.[409] Auch hier ist also das „positive Interesse" zu ersetzen. Der Käufer ist nicht so zu stellen als ob die Erklärungen richtig (also anders) abgegeben worden wären – dann hätten bereits die ursprünglichen Erklärungen zu den Mehrsteuern geführt und wäre i. d. R. keine Vermögensdifferenz entstanden –, sondern so als ob die in den abgegebenen Erklärungen dargestellten Sachverhalte bzw. erklärten Einkünfte, Gewinne etc. (nur) wie dargestellt bzw. erklärt existiert hätten.

j) **Abschließendes Beispiel – was schief gehen kann**

12.347 Eine Ehescheidung eines Maschinenbauers, der sein Unternehmen als Einzelkaufmann betrieb, ließ den Gutachter und zwei Gerichtsinstanzen schlecht aussehen. Der Fall zeigt exemplarisch, wie man bei sehr einfachen Konstellationen aufgrund von Denkfehlern im Dunkeln herumtapsen kann.

12.348 *Fallbeispiel „Scheidung des Maschinenbauers"* (BGH v. 8.9.2004 – XII ZR 194/01, NJW-RR 2005, 153; OLG Koblenz v. 13.7.2001 – 11 UF 248/00, OLGR 2002, 152)

Der Maschinenbauer hatte eine große Investition vorgenommen, nämlich eine schöne und große[410] Werkhalle errichtet, die einen Verkehrswert von 624.000 DM besaß; in der Bilanz war sie noch mit 257.678 DM aktiviert. Darüber hinaus gab es in der Bilanz weitere Aktiva i. H. von 105.322 DM, so dass die Summe der Aktiva 363.000 DM betrug. Es waren Verbindlichkeiten – vermutlich überwiegend aus dem Bau der Werkhalle – und Rückstellungen i. H. von insgesamt 962.000 DM passiviert, so dass sich für das Unternehmen des Einzelkaufmanns ein negatives bilanzielles Eigenkapital i. H. von 599.000 DM ergab. Der BGH nannte – soweit ersichtlich – das Kind erstmals beim Namen: das Unternehmen war bilanziell überschuldet.

Bilanz des einzelkaufmännischen Unternehmens des Maschinenbauers

Werkhalle	257.678 DM		
Sonstige Aktiva	105.322 DM	Summe Schulden	962.000 DM
Negatives Eigenkapital	599.000 DM		
Bilanzsumme	962.000 DM	Bilanzsumme	962.000 DM

---

409) Zutr. *Dietrich*, Ubg 2010, 712, 716 li. Sp. unten.
410) Wir kennen die Halle nicht und wollen uns das so ausmalen.

VI. Ersatz des Leistungs-/positiven Interesses bei Unternehmenswertbeeinträchtigungen

Der Gutachter bewertete den „Ertragswert"[411] des Unternehmens mit 509.000 DM. Er sah es als richtig an, hiervon das negative Eigenkapital[412] von 599.000 DM abzuziehen, was einen negativen Unternehmenswert von –90.000 DM ergab.

Wie gesehen, ist es grundsätzlich **nie richtig**, das **Eigenkapital** – eine Mixtur von Buchwerten und Verkehrswerten für betriebsnotwendiges und nicht betriebsnotwendiges Vermögen – zur Unternehmenswertbestimmung zu irgendetwas **hinzuzuzählen**;[413] ebenso kann es nicht richtig sein, ein negatives Eigenkapital von irgendetwas **abzuziehen**. Allerdings *kann* es völlig richtig sein, von einem Enterprise Value Schulden (Net Debt) abzuziehen, sofern diese nicht schon in die Berechnung des Enterprise Value eingeflossen sind.[414]

Im Fall des Maschinenbauers könnte daher die Finanzierungsverbindlichkeit für die Werkhalle nicht über den Umweg des negativen Eigenkapitals noch einmal abgezogen werden, wenn die laufenden Zinsen und Tilgungen den von dem Gutachter berechneten „Ertragswert" von 509.000 DM bereits gemindert hätten. Wir wollen hier unterstellen,[415] dass der Gutachter insoweit keinen Fehler gemacht hat und die Schulden, die zu dem negativen Eigenkapital geführt haben, nicht schon zuvor den Ertragswert gemindert haben.[416]

---

411) Leider gibt es einen Gebrauch des Worts „Ertragswert" in einem engeren und weiteren Sinne. Wenn davon die Rede ist, dass Unternehmen mit dem Ertragswert zu bewerten seyen, gibt der Ertragswert i. d. R. das Endergebnis, also den *Unternehmenswert* einschließlich nicht betriebsnotwendigen Vermögens und nach dem Finanzergebnis *(Equity Value)* an. Hier meinte der Gutachter wohl den Ertragswert im engeren Sinne, nämlich die Summe der Barwerte der zukünftigen operativen Überschüsse des Unternehmens, also den *Enterprise Value*. Andernfalls wäre der Gutachter nicht berechtigt gewesen nach irgendeinem Betrag für ein positives oder negatives nicht betriebsnotwendiges Vermögen hinzuzuzählen oder abzuziehen.

412) Dass der Gutachter eine zweite Komponente, die hinzuzuzählen oder abzuziehen war, einerseits in Buchwerten (statt in Liquidationswerten) und andererseits im Eigenkapital (unter Einbeziehung auch der betriebsnotwendigen Aktiva) suchte, war sein großer Doppelfehler. Richtig wäre es gewesen, die Liquidationswerte des nicht betriebsnotwendigen Vermögens hinzuzuzählen und die noch nicht berücksichtigten Schulden abzuziehen.

413) S. Rn. 11.157.

414) S. Rn. 11.34 f., 14.111 ff.

415) S. a. Rn. 12.348 und Fn. dort.

416) Dafür spricht auch die Aussage des OLG Koblenz, dass bei der Ermittlung des Ertragswertes die Verbindlichkeiten des Unternehmens nicht berücksichtigt worden seien. Vgl. BGH v. 8.9.2004 – XII ZR 194/01, NJW-RR 2005, 154 re. Sp. unten. *King*, Die Bilanzgarantie beim Unternehmenskauf, Rn. 411, verfolgt mit seiner Kritik des Urteils im Kern die Tendenz, die auch hier vertreten wird, v. a. den Hinweis auf den Fehler, Verkehrswerte, stille Reserven oder selbst Buchwerte von betriebsnotwendigem Vermögen den Unternehmenswert erhöhend hinzuzuzählen. *King* betont zu Recht, dass Schulden (soweit sie nicht bereits den Enterprise Value gemindert haben), aber keineswegs ein negatives Eigenkapital abzuziehen sind. M. E. richtet sich die Kritik von *King* aber teilweise zu Unrecht auch gegen den BGH. Dies kann damit zusammenhängen, dass *King* die hier getroffenen Annahmen zur fehlenden Betriebsnotwendigkeit der i. H. von 105.322 DM angenommenen Liquidität nicht nachvollzieht.

12. Kapitel Schadensersatz- bzw. Schadensrecht

Ebenso wollen wir – zur Vereinfachung – annehmen, dass es sich bei den sonstigen Aktiva i. H. von 105.322 DM um nicht betriebsnotwendige Liquidität handelt, die nicht schon im Ertragswert berücksichtigt wurde.

Einen Vorwurf können wir aber dem Gutachter nicht ersparen: Wie konnte er den Betrag, den er von dem Enterprise Value abzog, um den Buchwert der Werkhalle mindern? Dies wäre nur dann richtig, wenn der Maschinenbauer die Werkhalle für 257.678 DM verkaufen und hiermit etwa teilweise seine passivierten Schulden tilgen könnte. Eben das kann er aber nicht: Wenn sein Unternehmen einen positiven Enterprise Value i. H. von 509.000 DM haben soll, kann er nicht die wesentliche Produktionsgrundlage seines Maschinenbaus versilbern.

Der Gutachter hat den Maschinenbauer also *reicher* gerechnet als er war; in Wahrheit war er um den Buchwert der Werkhalle ärmer und der Unternehmenswert betrug nur –347.678 DM.[417] Der Maschinenbauer hat sich eine Werkhalle gebaut, die, wenn die Berechnung des Enterprise Value durch den Gutachter richtig ist, auf ewig (viel) zu luxuriös für sein Unternehmen war.[418]

Die Amtsrichterin oder der Amtsrichter, der den Fall am 7.4.2000 erstinstanzlich zu entscheiden hatte, unternahm einen Frühlingsspaziergang durch das schöne Montabaur, wanderte an der Werkhalle vorbei – und war von ihrer Größe und Schönheit ebenso beeindruckt wie der Maschinenbauer selbst.[419] Es konnte für das AG hiernach nicht angehen, dass der Maschinenbauer ein Unternehmen mit einem positiven Ertragswert von einer halben Million DM besäße – und dann noch eine so schöne Halle! Also beschloss das AG, den Verkehrswert der Halle zu dem von dem Gutachter berechneten Wert von 90.000 DM hinzuzurechnen, womit es zu einem Unternehmenswert von 534.000 € gelangte. Die Hälfte dieses Wertes,[420] so das AG, hatte der Maschinenbauer als Teil des Zugewinnausgleichs an seine ehemalige Frau abzuführen – und war ruiniert.[421]

---

417) Man kann dies nachrechnen, wenn man annimmt, dass alle Bilanzpositionen außer der Werkhalle Geld oder Zahlungsverbindlichkeiten seien. Der Maschinenbauer tilgt mit den 105.322 DM teilweise die 962.000 DM Schulden. Es blieben ihm Schulden von 856.678 DM. Diese zieht er von dem Ertragswert von 509.000 DM ab und erhält –346.678 DM.
418) Auch eine Liquidation bringt keine Rettung. Wenn der Maschinenbauer den Verkehrswert von 624.000 DM zuzüglich der 105.322 DM realisieren könnte, in der Summe 729.322 DM, wäre die Schuldenlast mit 962.000 DM immer noch größer – selbst wenn, was unrealistisch ist, keine weiteren Liquidationskosten anfielen.
419) Auch das wollen wir uns so vorstellen.
420) Es kamen noch andere Positionen aus dem Privatbereich des Maschinenbauers hinzu.
421) Das AG hat so den Fehler des Gutachters verstärkt. Während dieser den Unternehmenswert zu Unrecht durch den Buchwert des betriebsnotwendigen Vermögens erhöht hatte, erhöhte das AG den Unternehmenswert gleich doppelt, um den Buchwert und den Verkehrswert.

VI. Ersatz des Leistungs-/positiven Interesses bei Unternehmenswertbeeinträchtigungen

Das OLG Koblenz bemerkte den einen Fehler, dass nämlich das AG die Werkhalle zweimal berücksichtigt hatte. Zuerst hatte die Werkhalle i. H. ihres Buchwerts von 257.678 DM das abgezogene negative Eigenkapital gemindert und war dann noch einmal i. H. des Verkehrswertes von 624.000 DM hinzugezählt worden. Hierdurch war der Maschinenbauer i. H. des Buchwerts zweimal reicher gerechnet worden.

Zur Korrektur zog das OLG Koblenz den Buchwert der doppelt eingerechneten Halle wieder ab. Es ergab sich jetzt die Rechnung: 509.000 DM Ertragswert *minus* 856.668 DM (die um die sonstigen Aktiva von 105.322 DM geminderten Schulden von 962.000 DM) = –347.678 DM.

Dies wäre das richtige Ergebnis gewesen. Das OLG Koblenz wiederholte aber den zweiten (und grundsätzlicheren) Fehler, den der Gutachter und das AG gemacht hatten, indem es nunmehr den Verkehrswert der betriebsnotwendigen Werkhalle hinzurechnete: –346.678 DM + 624.000 DM = 276.322 DM; dies war der Unternehmenswert des OLG Koblenz.

Die Geschichte nahm zunächst ein glückliches Ende für den Maschinenbauer. Der XII. Zivilsenat des BGH waltete seines Amtes. Er monierte, dass das OLG Koblenz davon ausgegangen war, „dass der für das Unternehmen einschließlich der Werkhalle ermittelte Ertragswert von 509.000 DM unverändert bleibe, auch wenn die Werkhalle aus dem Betriebsvermögen ausgegliedert ... würde. Für die Annahme eines auch bei (fiktivem) Wegfall der Werkhalle gleichbleibenden Ertragswertes des Unternehmens fehlt jedoch jede tatsächliche Grundlage."[422] Hiermit traf der XII. Zivilsenat den Nagel auf den Kopf.[423]

3. Ersatz des Leistungs- bzw. positiven Interesses bei Bilanzgarantien

Auch bei der Verletzung von Bilanzgarantien findet die Differenz zwischen **Naturalherstellung** nach § 249 Abs. 1 BGB und **Wertentschädigung** nach § 251 Abs. 1 BGB Anwendung. Es wäre daher möglich und sachlich richtig gewesen, das Thema „Schadensersatz bei Bilanzgarantien" bereits oben – teilweise als Naturalherstellung und teilweise als Wertentschädigung – mit abzuhandeln. Na-

12.349

---

422) BGH v. 8.9.2004 – XII ZR 194/01, NJW-RR 2005, 155 li. Sp. unten. In der Sache gab der BGH dem OLG Koblenz also auf, zu überprüfen, ob die Werkhalle betriebsnotwendig oder nicht betriebsnotwendig war. Derzeit war sie wohl betriebsnotwendig. Die Frage hätte allenfalls sein können, ob sie durch einen Umzug in eine kleinere – vielleicht gemietete – Halle freigesetzt werden konnte. Dann hätte der Liquidationswert der Halle den Unternehmenswert erhöht. Andererseits wären neue einmalige Kosten (Kosten des Umzugs, der Neuanschaffung gewisser eingebauter Gegenstände) und eine laufende Minderung der Überschüsse durch die für die Ersatzhalle zu zahlende Miete hinzugekommen, s. a. Rn. 11.154. Im Ergebnis dürfte dies nicht viel geändert haben.

423) Wir wissen nicht, wie es nach der Rückverweisung weiterging. Für die Ehefrau mag das Ende nicht so glücklich gewesen sein, da sie wohl die Kosten aus vier Instanzen tragen und erfahren musste, dass der Zugewinn, auf den sie über zwei Instanzen hinweg gehofft hatte, nie existierte.

mentlich finden die beiden unteren Kästchen der Matrix[424] Anwendung und ist über ein „Umschalten" von der vorrangigen zu der sekundären Entschädigungsart nach den allgemeinen Kriterien in § 251 Abs. 1 und 2 BGB zu entscheiden. Bei dem derzeitigen Stand der Diskussion[425] ist aber eine zusammenhängende Behandlung als Sonderthema vorzuziehen.

a) „Verschlüsselung" der Welt in Bilanzen und „Entschlüsselung" von Bilanzaussagen von Bilanzgarantien

12.350 Wie schon bei der Tatbestandsseite von Bilanzgarantien erörtert, stellt eine Bilanzerstellung in der Sache eine **„Verschlüsselung"** von tatsächlichen Umständen nach einem gewissen „Code" in Bilanzpositionen und Geldbeträge dar.[426] Es wird aus Merkmalen eines Gegenstandes, z. B. Anschaffungskosten, Anschaffungsdatum, Abschreibungsraten und seinem Zustand, eine Bilanzziffer hergeleitet („Fertigungsstraße ... 20 Mio. €, Vorräte ... 17 Mio. €"). Bei der Auslegung von Bilanzgarantien findet der umgekehrte Prozess der **„Entschlüsselung"** von quantitativen Bilanzaussagen in qualitative Aussagen über diesen Gegenstand bzw. die sie betreffende „Welt" statt.

12.351 Bei der **Entschlüsselung** werden gewissermaßen die Bilanzziffern und das Bilanzrecht als konstant und die Welt als die anzupassende Variable behandelt, etwa so: Wenn die Bilanzziffer für die Fertigungsstraße 20 Mio. €, die Anschaffungskosten x, das Anschaffungsdatum t und die Abschreibungsraten y waren bzw. sind, *dann* muss die Fertigungsstraße bei gegebenem Bilanzrecht in intaktem Zustand sein, weil nach dem Bilanzrecht sonst, wenn die Fertigungsstraße nicht intakt wäre, den Ansatz einer Bilanzziffer von unter 20 Mio. € erfordert hätte. Analoge Überlegungen können zu dem Ergebnis führen, dass bei dem Ansatz von 17 Mio. € für Vorräte nicht davon ausgegangen werden kann, dass diese unverkäuflich waren.

12.352 Allerdings besteht ein typisches Problem bei der Entschlüsselung darin, dass Bilanzziffern bezogen auf die, in ihnen „steckenden" qualitativen Aussagen **mehrdeutig** sind; es kann mehrere Konstellationen und Mischverhältnisse von qualitativen Merkmalen geben, die bei der „Verschlüsselung" zu der Bilanzziffer 20 Mio. € bzw. 17 Mio. € führten. Die obige Bilanzziffer 20 Mio. € bezogen auf die Fertigungsstraße kann z. B. sowohl richtig sein, wenn (i) sie 2000 angeschafft, nicht defekt ist und regulär abgeschrieben wurde, (ii) 2005 angeschafft wurde, nicht defekt ist und begünstigt abgeschrieben werden durfte, aber auch,

---

424) S. z. B. Rn. 12.19.
425) *Weißhaupt* überschreibt seine Behandlung des Themas mit „Keine „Patentrezepte" für die Praxis" und resümiert: „Das Rechtsfolgenproblem der Bilanzgarantie ist daher letztlich unvermeidbar.", BB 2013, 2947, 2953 re. Sp. unten.
426) S. Rn. 5.121 f.

VI. Ersatz des Leistungs-/positiven Interesses bei Unternehmenswertbeeinträchtigungen

wenn (iii) sie erst im Bilanzjahr 2014 angeschafft wurde, aber wegen eines Defekts abzuschreiben war.

Oben war die Auffassung vertreten worden, dass zur qualitativen Entschlüsselung einer quantitativen Bilanzaussage **Umstände** herangezogen werden dürfen, die sich **nicht aus der Bilanz ergeben**, z. B. *wann* eine Fertigungsstraße angeschafft oder was die Anschaffungskosten für Vorräte waren. Erst wenn berücksichtigt werden darf, dass eine Fertigungsstraße schon im Jahre 2000 angeschafft und mit normalen Sätzen abgeschrieben wird, ist der Schluss möglich, dass sie nicht defekt sein darf; analog führt bei Vorräten z. B. erst die Information, dass sie noch mit den Anschaffungskosten aktiviert sind, zu dem Schluss, dass sie weder defekt noch nicht mehr verkäuflich sein dürften. Die Zulässigkeit der **Einbeziehung von Umständen, die außerhalb der Bilanz** liegen, kommt im Ergebnis dem Käufer bzw. **Gläubiger einer Bilanzgarantie zugute**, weil ihm erleichtert wird, die quantitativen und abstrakten Bilanzaussagen so zu konkretisieren, dass er ggf. ihre Unrichtigkeit und einen Schaden darlegen kann. In Fällen, in denen das nicht reicht, konkrete falsifizierbare Garantieaussagen abzuleiten, die Ausgangspunkt für Kausalketten zu einem heutigen Soll-Zustand und der Herleitungen eines Schadens sein können, kann der Käufer bzw. Garantiegläubiger aber **nicht mehr Entgegenkommen erwarten**. Es bleibt sein Problem bzw. eben das Ergebnis der Verhandlungen der Parteien, dass er dem Verkäufer nicht konkretere und spezifischere Garantien zu den verschiedenen in der Bilanz in einer Kunstsprache widergespiegelten unternehmenswertrelevanten Umständen abringen konnte. Also trägt er die Nachteile daraus, wenn Bilanzaussagen vielfältig interpretierbar oder nicht eindeutig sind.

12.353

Da die Rechtsfolge der Verletzung einer Bilanzgarantie in der Gewährung des Interesses liegt, und dieses bedeutet, den „Zustand herzustellen, der „bestehen würde, wenn der zum Ersatz verpflichtende Umstand nicht eingetreten wäre" (§ 249 Abs. 1 BGB), **schlagen die Auslegungsfragen** bei der Entschlüsselung einer Bilanzaussage **direkt auf die Rechtsfolgenseite durch**, also auf die Bemessung der Entschädigung.

12.354

b) Rechtsfolgen bei Bilanzgarantien
aa) „Bilanzauffüllung"?

In dem schwierigen Überlagerungsfeld von Schadensdogmatik und wirtschaftlichen Fragen bzw. Unternehmensbewertung hat sich die Praxis zum Teil mit einer recht groben Methode beholfen, um bei der Verletzung von Bilanzgarantien überhaupt zu einer für sie halbwegs plausiblen Rechtsfolge zu gelangen, der sog. „Bilanzauffüllung". Die Erleichterung, die dieser Ansatz gewährte, bestand im Kern in der Annahme – überwiegend ohne Begründung –, dass der **als Rechtsfolge zu gewährende Geldbetrag** identisch mit dem **Betrag der Garantieunrichtigkeit** sei. Hiermit wurde gewissermaßen bei Bilanzgarantien das **Schadens-**

12.355

12. Kapitel Schadensersatz- bzw. Schadensrecht

recht über Bord geworfen und die Anweisung des § 249 Abs. 1 BGB (erste Bedeutungsebene), allen Kausalitätslinien, die von dem haftungsbegründenden Umstand ausgehen, so lange nachzugehen, bis der „Zustand ohne den Umstand" feststellbar ist und diesen sodann herzustellen, missachtet.

12.356 Obwohl die „Bilanzauffüllung" in der Mehrzahl der M&A-Transaktionen der letzten Jahrzehnte bei Überlegungen zu erhofften oder befürchteten Rechtsfolgen einer Garantieverletzung, vermutlich stillschweigend, im Hintergrund stand, wurde er in der Literatur nur selten explizit vertreten,[427] eher abgelehnt.[428] *Hilgard* gehörte zu den wenigen, die sich ausführlicher mit dem Bilanzauffüllungsansatz befasst und sich in der Vergangenheit in seinem Sinne geäußert haben. In einem Aufsatz aus dem Jahre 2005 stellte *Hilgard* zwei Rechtsfolgen von Eigenkapitalgarantien zur Diskussion, darunter ein Modell, das er als „Bilanzauffüllung" bezeichnete und bei dem sich bei einer unrichtigen Eigenkapitalgarantie der Kaufpreis um den Betrag ändern sollte, um den das Eigenkapital gemäß Stichtagsbilanz von dem Eigenkapital bei Vertragsabschluss abwich.[429] Inzwischen hat sich *Hilgard* mit guten Gründen – auch unter Bezug auf eine in der 1. Auflage dieses Buches geäußerten Kritik – deutlich distanziert.[430]

12.357 Die Rechtsprechung ist teilweise den gegenläufigen Weg gegangen. Nach dem Urteil des *OLG München* aus 2011[431] erging 2012 ein Urteil des *LG Limburg*[432] und 2013 ein Hinweisbeschluss des *OLG Hamburg*[433], die den Bilanzauffüllungsansatz nicht grundsätzlich zurückweisen. Der BGH hatte einmal Skepsis gegen-

---

427) Dies taten allerdings, wenn auch schon vor länger als zwei Jahrzehnten, *Binz/Freudenberg*, DStR 1991, 1629, 1631: „Garantiert der Verkäufer (im Sinne einer ‚echten Garantie'), dass zu einem festgelegten Zeitpunkt ein bestimmtes Eigenkapital vorhanden ist, und stellt sich später die Unrichtigkeit dieser Garantie heraus, so hat er dem Käufer ohne weiteres die Differenz zwischen dem garantierten und tatsächlichen Eigenkapital zu ersetzen". Ähnl. *Flick*, Die Garantie beim Unternehmenskauf, S. 224. *Rödder/Hötzel/Müller-Thuns*, Unternehmenskauf, Unternehmensverkauf, S. 277, schließen bei der Verletzung einer Bilanzgarantie eine Bilanzauffüllung durch Ersetzung des „Fehlbetrags" ebenfalls nicht aus. Falls die Unrichtigkeit aber eine dauerhafte Verschlechterung der Ertragslage zur Folge habe, reiche das aus, sondern sollten die Parteien – vertraglich – einen Faktor vereinbaren. I. S. einer Bilanzauffüllung bei Verletzung einer Eigenkapitalgarantie auch *Luka* in: Birk/Pöllath/Saenger, Forum Unternehmenskauf 2006, S. 157, 179. *Beisel* in: Beisel/Klumpp, Der Unternehmenskauf, meint noch umstandslos und ohne erkennbare Rezeption der Diskussion der letzten Jahre, bei einer Bilanzgarantie sei Schadensersatz durch „Auffüllung der Bilanz der Gesellschaft" zu leisten (§ 16 Rn. 109).
428) So schon *Kästle/Oberbracht*, Unternehmenskauf – Share Purchase Agreement, S. 181 f.
429) *Hilgard*, ZIP 2005, 1813, 1816 re. Sp. unten ff.
430) *Hilgard*, BB 2013, 937 ff., insb. 938, 941, 942.
431) OLG München, Urt. v. 30.3.2011 – 7 U 4226/10, BeckRS 2011, 07200.
432) LG Limburg v. 29.6.2012 – 1 O 28/10.
433) OLG Hamburg, Hinweisbeschluss v. 10.7.2013 – 8 U 101/11. In der Sache war erstinstanzlich ein Urteil des LG Hamburg v. 24.11.2010 – 307 O 356/07 ergangen.

VI. Ersatz des Leistungs-/positiven Interesses bei Unternehmenswertbeeinträchtigungen

über der „Bilanzauffüllung" gezeigt,[434)] aber hat seitdem noch keine eindeutige Entscheidung zu dem Thema getroffen. Erfreulicherweise hat kürzlich das *OLG Frankfurt a. M.* in seiner Entscheidung vom 7.5.2015,[435)] der Berufungsentscheidung zu der in der Vorauflage dieses Buches[436)] kritisch besprochenen erstinstanzlichen Entscheidung des LG Limburg, die sog. „Bilanzauffüllung" zurückgewiesen und haben auch seit der 1. Auflage dieses Buches im Jahre 2012 mehrere Autoren die Bilanzauffüllung zurückgewiesen.[437)] Das Thema ist indessen immer noch keineswegs erledigt. Für die Bilanzauffüllung gibt es mehr Scheinargumente als Argumente:

Der Bilanzauffüllungsansatz drängt sich zunächst quasi von selbst auf: Garantieaussagen auf der Tatbestandsseite sind i. d. R. rein qualitativer Natur („ist Eigentümer des Grundstücks …", „besitzt alle öffentlich-rechtlichen Genehmigungen" etc.). Nur ausnahmsweise, eben etwa bei Bilanzgarantien, sind sie quantifiziert („der Bilanzansatz für Verbindlichkeiten ist x"; „das Eigenkapital ist y …" etc.). Wenn auf der Tatbestandsseite eine quantifizierte Garantieaussage abgegeben wird, kann ihre Unrichtigkeit ebenso quantifiziert werden („um x falsch"). Schon das kann unkritischem Denken ausreichen, den Betrag der Garantieunrichtigkeit gleichzusetzen mit dem Betrag des Schadensersatzes. Dies ist natürlich nicht haltbar: Das **quantitative Ausmaß der Garantieunrichtigkeit** ist eine Frage des **Tatbestandes** der Anspruchsnorm und darf nicht mit der Höhe des aufgrund der Garantieunrichtigkeit zu leistenden Schadensersatzes verwechselt werden.[438)]

12.358

Für den Bilanzauffüllungsansatz spricht sonst eigentlich nur, dass er **nicht bei allen Bilanzpositionen immer völlig falsche Ergebnisse** (und bei einer Bilanzpositionen sogar häufiger ein beinahe richtiges Ergebnis) liefert. Wegen des doppelt hybriden Charakters der Bilanz, hängt es nämlich von der Natur der konkret garantierten Bilanzpositionen und der jeweiligen Aktiva oder Passiva bzw., bei einer Eigenkapitalgarantie, ihrem Mix ab, in welchem Ausmaß der Bilanzauffüllungsansatz die Entschädigungsleistung fehlprogrammiert. Bei Barvermögen (Bankguthaben, Kasse) liefert der Ansatz zunächst tendenziell richtige Ergeb-

12.359

---

434) BGH v. 25.5.1977 – VIII ZR 186/75, BGHZ 69, 53 ff. *Hilgard* kommentiert: „Auf den BGH kann sich daher niemand stützen, der eine ‚Bilanzauffüllung' als Schadensersatz fordert." (BB 2013, 937, 941 li. Sp. unten.)
435) OLG Frankfurt a. M. v. 7.5.2015 – 26 U 35/12, BB 2016, 721 = ZIP 2016, 774.
436) 2. Auflage, Rn. 1535 f.
437) Zustimmung zur Zurückweisung der „Bilanzauffüllung" neben *Wächter*, BB 2016, 711, auch *Bergjan/Schäfer*, DB 2016, 2587; *König/Gießelmann*, GWR 2016, 155, 157 f.; *Görg*, DB 2016, M 5, meint fälschlich, das OLG Frankfurt a. M. spreche sich für Bilanzauffüllung aus. Nicht ganz eindeutig *Mehrbrey/Hofmeister*, NZG 2016, 419, 421 re. Sp. unten, wo etwas missverständlich anklingt, mit der Ablehnung der Bilanzauffüllung könne überhaupt die Möglichkeit verabschiedet werden, die Zielgesellschaft so zu stellen, wie diese stehen würde, wenn die Garantie richtig wäre.
438) Zust. zur 1. Auflage *Hilgard*, BB 2013, 937, 938 li. Sp. oben.

nisse und verpasst nur Folgeschäden aus fehlenden Geldmitteln, wie Finanzierungsmehrkosten, Zinsen etc. Soweit es sich um nicht betriebsnotwendiges Vermögen handelt, dessen Buchwert sich zufällig den Verkehrswerten annähert und sofern nur unbeachtliche Veräußerungskosten anfallen sowie der Veräußerungszeitraum kurz ist, führt der Bilanzauffüllungsansatz ebenfalls zu annähernd richtigen Ergebnissen, erneut ohne die Folgeschäden in den Blick zu nehmen.

12.360 Indessen wird der Bilanzauffüllungsansatz schon bei **nicht betriebsnotwendigem Vermögen** falsch oder grob, wenn der Bilanzansatz und die Verkehrswerte weiter auseinanderliegen und/oder erhebliche Veräußerungskosten und Veräußerungszeiträume in Rechnung zu stellen sind. Sodann versagt er systematisch und vollständig, wenn er auf **betriebsnotwendiges Anlagevermögen** angewendet wird.[439] Bei Vorräten blendet er aus, dass für den Beitrag von Vorräten zu Zukunftsüberschüssen und den Unternehmenswert die aus der Bilanz noch nicht ersichtliche Gewinnrealisierung[440] maßgebend ist (insoweit wirft er u. U. zu niedrige Werte aus), aber auch dass betragsmäßig zulässige Bilanzansätze keine Sicherheit für eine Veräußerbarkeit in gleicher Höhe – per Forderungen an Vorräte – bedeuten; insoweit wirft er u. U. zu hohe Werte aus. Letzteres verkennt er auch bei Forderungen (insoweit wirft er erneut u. U. zu hohe Werte aus). Bei **Rückstellungen** blendet der Bilanzauffüllungsansatz ebenfalls das eigentlich entscheidende aus, nämlich **ob sich das Risiko realisiert**. Er gewährt möglicherweise eine bilanzrechtlich zu Unrecht nicht ausgewiesene Eigenkapitalminderung als Schadensersatz, obwohl die Rückstellungsbildung als solche weitgehend ohne Einfluss auf die Zukunftsüberschüsse und den Unternehmenswert bleiben kann, wenn sich das Risiko später nicht realisiert (insoweit wirft er u. U. wiederum zu hohe Werte als Schadensersatz aus).[441]

12.361 Gegen den „Bilanzauffüllungsansatz" spricht, dass er auf **Kriegsfuß mit der Unternehmensbewertung** steht. Diese interessiert sich für die Rückflussseite, das Pay Back aus einer Investition; der Unternehmenswert ist der Barwert, um den die Rückflüsse die Abflüsse bzw. den Einsatz übersteigen.[442] Wenn bei Verletzung einer Bilanzgarantie die daraus resultierende Unternehmenswertminderung ausgeglichen werden soll, müsste sich also auch das Recht für die **Minderung der Rückflüsse** interessieren, die sich aus der Unrichtigkeit der Garantieaussage ergibt. Dies blockiert der Bilanzauffüllungsansatz aber geradezu bekennerisch, indem er bei Positionen, bei denen die Bilanz noch keine Rückflüsse widerspiegelt, wie etwa bei Vorräten oder dem Anlagevermögen, gleichwohl an vergan-

---

439) S. ausf. unten Rn. 12.381 f.
440) Entsprechend löst sich die Unternehmensbewertung explizit von dem bilanziellen Vorsichtsprinzip. Vgl. IDW S 1 v. 28.6.2000 i. d. F. v. 2.4.2008, insb. Rn. 64, 65.
441) Die Auswirkungen des Bilanzauffüllungsansatzes auf die einzelnen Bilanzpositionen wird unter Rn. 12.381 ff. näher behandelt.
442) S. o. Rn. 11.12 ff. Ggf. kommen bei einem zeitlich befristeten Unternehmen am Ende die Liquidationsüberschüsse hinzu.

VI. Ersatz des Leistungs-/positiven Interesses bei Unternehmenswertbeeinträchtigungen

genen, historischen – zudem u. U. bilanzrechtlich modifizierten – Kosten der „Aussaat" als dem *non plus ultra* festhält, statt nach den zukünftigen Rückflüssen („Erlösen aus der Ernte") zu fragen.

Selbst die sog. „Teilrekonstruktionszeitwerte" verfehlt der Bilanzauffüllungsansatz. Es würde sich hier um aktuelle Zeit- bzw. Wiederbeschaffungswerte handeln; die Bilanz enthält aber eben, wie gerade festgestellt, historische Anschaffungs- bzw. Herstellungskosten *minus* Abschreibungen. Insofern steht der Ansatz auf **Kriegsfuß** mit dem **wirtschaftlichen Denken überhaupt** und kann nicht einmal verwendet werden, um die Ausgangssituation, die „Aussaatseite" des Unternehmens, wieder auf den Zeitpunkt vor der Schädigung zurückzudrehen. 12.362

Das rechtlich letztendlich entscheidende Argument gegen den Bilanzauffüllungsansatz ist indessen, wie schon eingangs zum Ausdruck gebracht, dass er auch auf **Kriegsfuß mit dem Recht** steht; er **missachtet** und ignoriert **die Anweisungen der §§ 249 ff. BGB vollständig** und ist deshalb **schlicht rechtswidrig**. § 249 Abs. 1 BGB (erste Bedeutungsebene) verlangt den Ausgleich des Interesses als Totalausgleich, wobei allen Kausalitätslinien zu folgen ist. Diesen Arbeitsgang schneidet der Bilanzauffüllungsansatz ab. **Die Buchwertdifferenz ist aber nicht das „Interesse".** Sie hat vom Ansatz her nichts mit der Umsetzung der Vorgaben des Schadensrechts zu tun. Es wird weder gefragt, welcher „Zustand ohne den Umstand", ohne die Unrichtigkeit der Garantieaussage, also bei Richtigkeit der Garantieaussage bestanden hätte (wie also die Welt gewesen wäre, wenn der garantierte Buchwert des Aktivums berechtigt gewesen wäre), noch werden von diesem gegenständlichen Zustand der „Welt" die Kausalitätsfolgen in die Gegenwart gezogen. 12.363

An dieser Stelle ist auf die wohl einzige Argumentation für den **Bilanzauffüllungsansatz** einzugehen, die nicht von vorneherein eine Scheinargumentation ist. Sie versucht, die von dem Bilanzauffüllungsansatz gewährte Entschädigungsleistung **als Naturalherstellung zu begründen**.[443] 12.364

Zunächst deckt es sich mit der hier vertretenen Auffassung, dass auch bei Bilanzgarantien eine Naturalherstellung nicht per se ausgeschlossen ist.[444] Die Meinungsverschiedenheit kommt ans Tageslicht, wenn gefragt wird, *was* in Natur hergestellt werden soll. Richtig wäre es, auch bei der Verletzung einer Bilanzgarantie die Möglichkeit zu untersuchen, den **(außerbilanziellen) qualitativen Zustand, der bei Richtigkeit der Garantieaussage bestanden hätte, in Natur** 12.365

---

443) *Henle* hat das Beste, was überhaupt für den Bilanzauffüllungsansatz vorgebracht werden kann, in einem lesenswerten Beitrag zusammengefasst. *Henle*, Die Bilanzauffüllung als Rechtsfolge der Verletzung einer Eigenkapitalgarantie, in: Drygala/Wächter, Bilanzgarantien bei M&A-Transaktionen, S. 189.
444) S. Rn. 12.66.

herzustellen.[445] Dies führt über eine Entschlüsselung der Bilanzaussage in eine qualitative Aussage über die Wirklichkeit und zu einer tatsächlichen Prüfung (z. B.: Sind die fehlenden Vorräte noch auf dem Markt erhältlich?). Hier würde, ganz i. S. von § 249 Abs. 1 BGB (erste und zweite Bedeutungsebene) Schadensersatz durch Naturalherstellung geleistet und hiergegen wären keine Einwände zu erheben.

12.366 Die Vertreter des Bilanzauffüllungsansatzes, auch *Walter Henle* in seinem zitierten Beitrag, meinen aber etwas anderes. Sie fragen nicht danach, welcher (außerbilanzielle) qualitative Zustand bei Richtigkeit der Garantieaussage bestanden hätte, sondern bleiben in der Vorstellung einer **„Naturalherstellung einer Buchwertziffer"** bzw. einer **„Bilanzreparatur"** befangen. In der Sache bedeutet dies die Differenz zwischen dem garantierten Bilanzwert und korrigierten Bilanzwert zu berechnen und also eine **Ersatzleistung in Geld nach dem Betrag der Unrichtigkeit des Buchwerts** zu bemessen.

12.367 Für die Vorstellung **„Naturalherstellung einer Buchwertziffer"** kann oberflächlich zunächst damit argumentiert werden, dass eine Naturalherstellung anerkanntermaßen ohne Rücksicht darauf gewährt werden kann, ob die Schädigung überhaupt zu einer Minderung des Gesamtvermögens geführt hat, z. B. bei immateriellen Schäden.[446] In diesem Sinne versuchen Anhänger der Bilanzauffüllung die Unrichtigkeit einer Bilanz wie einen **immaterieller Schaden**, etwa eine Gesichtsverletzung eines Menschen, zu behandeln und wollen dem Unternehmenskäufer einen Anspruch auf eine „Bilanzreparatur" ohne Prüfung der Vermögensauswirkung der Bilanzunrichtigkeit zuerkennen – ganz so wie einem verletzten Menschen ein Anspruch auf die Kosten einer orthopädischen bzw. kosmetischen Operation zuerkannt wird, ohne dass die Vermögensauswirkungen der Gesichtsverletzung geprüft werden.

12.368 Allerdings passt die Analogie nicht: Wenn derart eine Buchwertunrichtigkeit wie eine gebrochenen Nase betrachtet werden könnte, würde eine Naturalherstellung eine orthopädische bzw. kosmetische Operation *der Nase*, nicht aber die Entfernung von Hüftspeck, rechtfertigen. Schon deshalb wäre eine von dem Bilanzauffüllungsansatz gewährte Geldzahlung i. H. der Buchwertdifferenz nur ausnahmsweise als „Reparatur" der Bilanzposition, hinsichtlich welcher die Garantie verletzt worden war, geeignet, nämlich dann, wenn **Geld in der Kasse** oder auf einem **Bankkonto** fehlte.

---

445) *Bormann/Trautmann*, GmbHR 2016, 122, 123 re. Sp. unten, verstehen die Bilanzauffüllung zu Unrecht in diesem Sinne indem sie meinen, eine Bilanzauffüllung bestehe darin, dass „der Verkäufer den Zustand herzustellen hat, der sich aus der garantierten Bilanz ergibt." Um einen *qualitativen* Zustand, „der sich aus der garantierten Bilanz ergibt" kümmert sich die Bilanzauffüllung indessen überhaupt nicht, sondern sie blickt allein auf Buchwertziffern und berechnet eine Differenz zwischen bilanzrechtlich richtigen und unrichtigen.
446) Rn. 12.241 und Fn.

VI. Ersatz des Leistungs-/positiven Interesses bei Unternehmenswertbeeinträchtigungen

In allen anderen Fällen, etwa wenn Anlagevermögen oder Vorräte überbewertet wurden oder wenn Rückstellungen fehlten (etc.), wäre eine Einzahlung der Buchwertdifferenz in die Kasse oder auf ein Bankkonto nie in der Lage, nicht einmal wenigstens ein paar Monate oder Jahre nach dem Bilanzstichtag, der unrichtigen Bilanzposition ein Gesicht zu geben, das der garantierten Bilanz entsprochen hätte. Hergestellt bzw. „repariert" würden die Positionen **„Kasse"** oder **„Guthaben bei Kreditinstituten"** (§ 266 Abs. 2 B. IV. HGB), aber nicht Anlagevermögen, Vorräte oder Rückstellungen etc. Insofern fände, um auf das Beispiel zurückzukommen, ebenso wenig ein Naturalherstellung (im engeren Sinne) statt, wie wenn statt der gebrochenen Nase Hüftspeck entfernt werden würde. Ein erster Einwand gegen den Bilanzauffüllungsansatz, den man mit gleichem Recht formal wie qualitativ nennen kann, lautet also, dass eine (wirkliche, „naturale") Herstellung des **„versprochenen Buchwertes"** nach **§ 251 Abs. 1 BGB „nicht möglich"** ist. Das Auffüllen der Position „Guthaben bei Kreditinstituten" (§ 266 Abs. 2 B. IV. HGB) oder „Kasse" (ebenfalls § 266 Abs. 2 B. IV. HGB) ist einfach etwas anderes und auch i. d. R. wirtschaftlich nicht vergleichbares. 12.369

Der Versuch einer Rechtfertigung des Bilanzauffüllungsansatzes mit der Vorstellung einer „Naturalherstellung einer Buchwertziffer" kann sich auch nicht damit retten, dass ein **„wirtschaftlich gleichwertiger Zustand"**[447] hergestellt werde. Ob zwei Zustände „wirtschaftlich gleichwertig" sind, ist nämlich gerade durch *wirtschaftliches Denken*, namentlich eine **Analyse zweier Vermögenslagen,** festzustellen. Gerade eine solche Analyse erweist aber, dass es überhaupt *nicht* „wirtschaftlich gleichwertig" ist, ob der Buchwert einer betriebsnotwendigen Immobilie 1 Mio. € höher ist oder ob die Zielgesellschaft den Betrag von 1 Mio. € in der Kasse hat bzw. ob für ein Risiko i. H. von 1 Mio. €, das sich später nicht realisiert, bilanzrechtswidrig keine Rückstellung gebildet wurde, oder ob die Zielgesellschaft diesen Betrag in der Kasse hat. 12.370

Der Einwand gegen die Bilanzauffüllung kann auch rechtlich formuliert werden: Der von § 249 Abs. 1 BGB gemeinte und zur Herbeiführung eines Ausgleichs herzustellende Zustand ist ein *bestimmter, realer bzw. wirtschaftlicher Zustand*. Eine „Naturalherstellung einer Buchwertgröße" ist etwas anderes und verfehlt den Ausgleichsgedanken des § 249 Abs. 1 BGB (erste Bedeutungsebene). 12.371

Wirtschaftlich verkennt der „Bilanzauffüllungsansatz" den doppelt **hybriden Charakter des Eigenkapitals.** Buchwerte entsprechen nicht Verkehrswerten und Buchwerte von betriebsnotwendigem Vermögen sind ohnehin weitgehend 12.372

---

447) Hierauf beruht die Argumentation von *Henle*, Die Bilanzauffüllung als Rechtsfolge der Verletzung einer Eigenkapitalgarantie, in Drygala/Wächter, Bilanzgarantien bei M&A-Transaktionen, S. 189, 196 unten bis 203.

12. Kapitel Schadensersatz- bzw. Schadensrecht

irrelevant.[448] Dies führt dazu, dass Eigenkapitalminderungen nicht mit dem Faktor 1 auf den Unternehmenswert durchschlagen. Der „Bilanzauffüllungsansatz" verkennt schließlich v. a., dass soweit das Interesse nach § 251 BGB durch Wertentschädigung für die erlittene Unternehmenswertminderung auszugleichen ist, das Unternehmen richtig **zu bewerten** wäre, also **nach seinen zukünftigen Überschüssen**. Diese entsprechen aber, abgesehen von abgelegenen Zufällen, **nie** dem **Betrag der Unrichtigkeit der Bilanzgarantie** (der „Bilanzwertdifferenz" bzw. „Buchwertdifferenz"). Die „Bilanzwertdifferenz" bzw. „Buchwertdifferenz" ist grundsätzlich keine betriebswirtschaftlich ausschlaggebende Größe bei der Unternehmensbewertung und kann es deshalb – wenn der Ersatz betriebswirtschaftlich sinnvoll sein soll – ebenso wenig bei der Berechnung einer Unternehmenswertminderung sein.[449]

12.373 Dies gilt auch soweit „Bilanzwertdifferenzen" bzw. „Buchwertdifferenzen" ausnahmsweise als solche unternehmenswertrelevant sind, indem sie – etwa über die Höhe der Abschreibung, Steuern oder das Ausschüttungsvolumen – unmittelbar (in einem geringen Umfang) Einfluss auf die Zukunftsüberschüsse nehmen.[450] Wenn wegen der Unrichtigkeit eines garantierten Buchwertes als **Folge des gegenläufigen Spiels der dadurch ausgelösten Effekte** (etwa von höherer oder niedriger Abschreibung, höheren oder niedrigen Steuern, höherem oder niedrigerem Ausschüttungsvolumen in einer früheren Periode) eine Unternehmenswertminderung eintritt, so ist diese ersatzfähig. Dieser Ersatz hat freilich wiederum nichts mit einer „Bilanzauffüllung" zu tun, weil die konsolidierten Unternehmenswerteffekte auch hier nicht dem Betrag der Buchwertunrichtigkeit entsprechen. Insoweit schützt eine Bilanzgarantie vor Unternehmenswertminderungen aufgrund von **handels- oder steuerbilanziellen Folgen** einer Bilanzunrichtigkeit (ähnlich wie Garantien zur Steuerbefreiung bestimmter Tätigkeiten, zu Verlustvorträgen, früher zur Eigenkapitalgliederung etc.).

---

448) Wenn der richtige Buchwert im Fallbeispiel z. B. nur deshalb 200.000 € gewesen wäre, weil anfänglich versehentlich ein zu hoher Anschaffungspreis eingebucht wurde (aber die Fertigungsstraße würde weiter funktionieren), hätte dies kaum Auswirkungen auf den Unternehmenswert.

449) Vgl. die Grundfälle Rn. 11.133–11.161. Als weitere ausführliche Kritiken des „Bilanzauffüllungsansatzes" s. *Wächter*, NJW 2013, 1270; *Wächter*, BB 2016, 711; *Wächter*, Schadensersatz und Kaufpreisanpassung post M&A, in: Drygala/Wächter, Kaufpreisanpassungs- und Earnout-Klauseln, S. 1. Zust. *Hayn*, Paneldiskussion – Unternehmensbewertung und Kaufpreisanpassungen, in: Drygala/Wächter, Kaufpreisanpassungs- und Earnout-Klauseln, S. 45, 49: „Die Ablehnung der Bilanzauffüllung in Form einer Substanzbewertung von Wächter deckt sich vollständig mit der Bewertungstheorie und -praxis, so dass Wächters Postulat eines Schadenersatzes anstatt einer Bilanzauffüllung betriebswirtschaftlich vollumfänglich zuzustimmen ist."

450) S. Rn. 11.154–11.156, 11.161.

bb) „Preisdifferenzschaden"

Es wurde oben schon dargelegt, dass bei der Verletzung von Erfüllungsansprüchen bzw. Leistungsversprechen, einschließlich von Garantieverletzungen, nach den §§ 249 f. BGB grundsätzlich das **positive Interesse** zu ersetzen ist. Vor dem Hintergrund dieser Entscheidung sollte es keinen Unterschied machen, ob eine Eigentums-, Compliance- oder Bilanzgarantie abgegeben wurde. 12.374

Gleichwohl neigte *Hennrichs* in seinem mehrfach zitierten Beitrag dazu, als Rechtsfolge der Verletzung von Bilanzgarantien den sog. „Preisdifferenzschaden" zu gewähren.[451] Ein Motiv für diese Sichtweise lag möglicherweise darin, dass es nach Ablehnung des „Bilanzauffüllungsschadens" tatsächlich schwierig ist, eine andere überzeugende Berechnungsweise zu identifizieren. Freilich kann die Schwierigkeit, einen ersatzfähigen Schaden festzumachen, schon damit zu tun haben, dass die **Garantie**, die sich ein Gläubiger geben ließ, von Anfang an **nicht ausreichend zielgenau** war und dass sich das zeigt, wenn er hieraus einen Schadensersatz ableiten möchte. Meines Erachtens sollte man aber hinnehmen, dass es Fälle gibt, in denen der Garantiegläubiger trotz Verletzung einer gedankenlos verlangten und erhaltenen Garantie schlussendlich *nichts* bekommt – weil es keinen nachweisbaren Schaden gibt.[452] Auch hilft das Ausweichen in eine Kaufpreisanpassung nicht wirklich weiter. Die Kaufpreisminderung muss ja ebenfalls aus einem Unternehmensminderwert abgeleitet werden[453] und der Unternehmensminderwert muss also ohnehin bestimmt werden. 12.375

cc) Ist-EK/Soll-EK * Kaufpreis?

Hilgard hatte in einem Aufsatz im Jahre 2005 als eine dritte mögliche Rechtsfolge der Verletzung der Bilanzgarantie eine **Multiplikation des vereinbarten Kaufpreises mit dem Verhältnis des Ist-Eigenkapitals zu dem Soll-Eigenkapital** erwogen.[454] Diese Rechtsfolge wäre indessen noch weniger begründbar als die Bilanzauffüllung. Sie hätte bedeutet, dass das Verhältnis von zwei unsicheren, hybriden und zufälligen Größen mit maßgeblichen Auswirkungen ins Spiel gebracht worden wäre und ist daher inzwischen von *Hilgard* – teilweise in Bezug auf eine in der ersten Auflage dieses Buchs geäußerte Kritik – wieder aufgegeben worden.[455] 12.376

---

451) *Hennrichs*, NZG 2014, 1001, 1005, 1007.
452) Wer sich garantieren lässt, dass am 31.12.2016 die Anzahl der Fahrräder in einem Unternehmen 75 oder die Wasserverdrängung aller Maschinen des Unternehmens 10 Mio. Kubik-Liter nicht unterschritt, wird auch Schwierigkeiten haben, bei Verletzung dieser Garantien einen Schaden nach §§ 249 ff. BGB darzulegen (wen er nicht in den Vertrag schreiben ließ, dass der Kaufpreis pro fehlendes Fahrrad um x € bzw. pro fehlenden Kubik-Liter um y € zu reduzieren ist.
453) S. Rn. 12.132.
454) *Hilgard*, ZIP 2005, 1813, 1817 li. Sp. oben.
455) *Hilgard*, BB 2013, 937, 942 li. Sp. Mitte.

12. Kapitel Schadensersatz- bzw. Schadensrecht

12.377 *Beispiel:* Man stelle sich etwa vor, dass in dem, in der Veröffentlichung aus dem Jahre 2005, von *Hilgard* gebildeten Beispiel bei einem Kaufpreis von 100 Mio. € angenommene, garantierte Eigenkapital von 55 Mio. € durch Buchwertansätze für das betriebsnotwendige Vermögen von 50 Mio. €, Cash und Bankguthaben von zusammen 30 Mio. € und Schulden von 25 Mio. € (50 + 30 – 25 = 55) zustande gekommen sei. Die bilanzierten Schulden sollen i. H. von 15 Mio. € auf eine Prozessrückstellung entfallen sein. Nach Vertragsschluss stellt sich nun heraus, dass der Buchwert für das betriebsnotwendige Vermögen um 20 Mio. € überhöht war, während die Prozessrückstellung von 15 Mio. € aufgelöst werden kann. Hierdurch hätte sich per Saldo das von *Hilgard* angenommene tatsächliche Eigenkapital von 50 Mio. € ergeben.

12.378 Im Ergebnis dieser beiden Änderungen wäre der Unternehmenswert *massiv gestiegen*. Es wurde ein Schuldposten von 15 Mio. € aufgelöst, der Betrag könnte kurzfristig ausgeschüttet werden. Die gegenläufige Entwicklung, die Korrektur des Buchwertes des betriebsnotwendigen Vermögens, wäre hingegen von zu vernachlässigender Bedeutung; das betriebsnotwendige Vermögen kann für die operativen Zwecke genutzt werden wie eh und je. Die im Jahre 2005 von *Hilgard* erwogene Rechtsfolge hätte also im Ergebnis bei einer glücklichen Unternehmenswertsteigerung um grob[456] 15 Mio. € zu einer Kaufpreisminderung von ca. 9 Mio. € geführt.[457] Dies zeigt, dass auch die Multiplikation des Kaufpreises mit dem Verhältnis des Ist-Eigenkapitals zu dem Soll-Eigenkapital keine sachadäquate Rechtsfolge der Verletzung einer Bilanzgarantie sein kann.[458]

dd) Aufstellung einer neuen Bilanz?

12.379 Bisweilen soll in Schiedsgerichtsverfahren eine noch befremdlichere Rechtsfolge ernsthaft zur Diskussion gestellt worden sein. Einige Verkäufer haben offenbar die fröhliche Unbefangenheit besessen, bei der Verletzung einer Eigenkapitalgarantie Schadensersatz durch Aufstellung einer neuen Bilanz – möglicherweise auch deren Prüfung und Übergabe eines hübschen gebundenen neuen Exemplars – anzubieten.[459] Wer die Neuerstellung einer korrigierten Bilanz anbietet, verkennt schon, dass die Schadensersatzpflicht nicht darauf gerichtet ist, die

---

[456] Nicht berücksichtigt sind – allerdings geringfügige – etwaige Unternehmenswertbeeinflussungen, die aus den Einflüssen des reduzierten Buchwerts des betriebsnotwendigen Vermögens auf Abschreibung, Ausschüttung und Steuern resultieren. Diese sind im Effekt i. d. R. nicht bedeutend.

[457] Von 100 Mio. € auf 90,9 Mio. € $\left(\dfrac{50}{55} \times 100\right)$.

[458] Zutr. *Hilgard*, BB 2013, 937, 942 li. Sp. Mitte.

[459] Auch *Kindl*, WM 2003, 409, 412 li. Sp. unten, erwähnt dies mit Hinweis darauf, dass dem Käufer hierdurch nicht gedient sei, jedoch ohne weitere Kommentierung.

VI. Ersatz des Leistungs-/positiven Interesses bei Unternehmenswertbeeinträchtigungen

falsche Garantieaussage zu korrigieren, sondern die **Situation** im Heute herzustellen, *als ob* **die falsche Garantieaussage zum Stichtag richtig gewesen wäre.** Dies kann nie durch Korrektur der falschen Aussage erreicht werden.

Mit der Frage, welchem Ansatz bei der Schadensmessung von Bilanzgarantien grundsätzlich zu folgen ist, ist das Thema des Schadensersatzes bei Bilanzgarantien bei weitem noch nicht abgehandelt. Vielmehr stellen sich bei fast allen Bilanzposition eigene interessante Fragen, die bislang kaum erörtert wurden, z. B. zu den Grenzen zwischen Naturalherstellung und Wertentschädigung.[460] In der Folge wird daher nacheinander für die wesentlichen Bilanzpositionen erörtert, welche Ersatzleistungen sich aus der Anwendung der §§ 249 ff. BGB ergeben. Dabei wird i. d. R. das nach der Vorgabe der §§ 249 ff. BGB gefundene Ergebnis mit dem Ergebnis des „Bilanzauffüllungsansatzes" verglichen.   12.380

c) Schaden bei Bilanzgarantien: Anlagevermögen

Fallbeispiel „Schokoladenfabrik"[461] (erfunden)   12.381

Wie erwähnt, soll beim Verkauf der Schokoladenfabrik auch eine Bilanzgarantie abgegeben worden sein, die lautete: „Alle Aktiva sind nicht mit höheren Werten in die Bilanz eingestellt worden als nach geltendem Bilanzrecht zulässig." Der Bilanzwert für die schadhafte Fertigungsstraße, bei der Schmieröl in die Schokolade gerät, und der deshalb nach § 253 Abs. 2 Satz 3 Halbs. 2 HGB nach dem „gemilderten Niederstwertprinzip" außerplanmäßig auf 200.000 € abzuschreiben gewesen wäre, soll indessen gemäß der regulären AfA weiter mit 800.000 € angesetzt worden sein.

Die Kosten der Reparatur der Fertigungsstraße betrugen – wie oben – 1,3 Mio. €, entgangene Gewinne 3,2 Mio. €. Infolge des Eindringens des Schmieröls soll es zudem zu einem Brand gekommen sein, durch den eine benachbarte (museale, nur noch für Repräsentationszwecke verwendete) Schokoladenmaschine im Wert von 300.000 € zerstört wurde.

Was kann der Käufer als Schadensersatz verlangen? Kann er (nur) eine „Bilanzauffüllung" i. H. von 600.000 € verlangen? Geht man „schulmäßig" vor, so wäre zunächst festzustellen, wie schon erwähnt, dass der richtige Buchwert 200.000 € wäre. Der garantierte Bilanzansatz ist demgemäß „um 600.000 €" falsch, der Tatbestand einer Garantieverletzung erfüllt und es ist eine Schadensersatzhaftung ausgelöst. An dieser Stelle ist bereits bemerkenswert, dass die Frage, *um wieviel die Garantie falsch ist*, für das Weitere unmittelbar keine Rolle spielt.   12.382

---

460) *Hilgard*, BB 2013, 937, 939 re. Sp. unten, meint etwa zutreffend zum Eigenkapital, es sei praktisch ausgeschlossen, dass dieses zum Stichtag wieder rückwirkend hergestellt werden könnte. Dies dürfte auch für verschiedene sonstige Bilanzpositionen gelten, bei anderen mag allerdings eine Naturalherstellung möglich sein. S. im Text.

461) S. o. Rn. 5.192.

12.383 Der richtige nächste Schritt ist vielmehr die Frage danach, wie die „Welt" hätte beschaffen sein müssen, damit die Garantieaussage (Bilanzwert = 800.000 €) (noch, gerade noch) richtig gewesen wäre. Dies erfordert eine Dechiffrierung bzw. Auslegung der quantitativen Bilanzaussage in eine qualitative Aussage.[462] Nach der hier vertretenen Auffassung dürfen bei dieser **Entschlüsselung** der quantitativen Bilanzaussage in eine qualitative Aussage – zur Lösung des Problems der Mehrdeutigkeit von Bilanzziffern – **außer der Bilanz liegende Umstände** berücksichtigt werden. Hier kämen etwa das Anschaffungsjahr, die Anschaffungskosten und die übliche AfA-Rate etc. in Betracht. Wenn so vorgegangen wird, könnte dies zu der Erkenntnis führen, dass sich die aktivierten 800.000 € zum Bilanzstichtag bei den gegebenen Anschaffungskosten und normaler Abschreibung ergeben hätten. Also, das wäre der zu ziehende Schluss, durfte die Fertigungsstraße nicht defekt sein, um diesen Bilanzwert von 800.000 €. noch zu rechtfertigen. Nunmehr ist die quantitative Bilanzaussage „Fertigungsstraße ... 800.000 €" in die qualitative Aussage „Die Fertigungsstraße A war nicht defekt" „entschlüsselt".

12.384 Diese „**Entschlüsselung**" geht schon über die Feststellung der Garantieverletzung hinaus und ist der **erste Schritt zur Herleitung des zu ersetzenden Interesses**. Jetzt nämlich ist der (fiktive) historische Weltzustand *x1* in *t1* definiert und kann, von diesem ausgehend, geklärt werden, welcher Zustand in *t2* sich daraus entwickelt hätte. Diese Kausalbetrachtung („was wäre dann heute?") macht den **zweiten Schritt** aus und führt zu dem hypothetischen heutigen Zustand *x2*. Die Fertigungsstraße wäre z. B. immer noch funktionsfähig, wenn auch ein wenig stärker beansprucht, und es wären keine Folgeschäden in der Form von Auslistungen und Umsatzeinbußen (in Folge des Schmieröls in der Schokolade) eingetreten; hiermit wäre festgelegt, welches Interesse i. S. von § 249 Abs. 1 BGB (erste Bedeutungsebene) auszugleichen ist. Der **dritte Schritt** der Anwendung der §§ 249 ff. BGB bestünde in der Festlegung des „Wie" bzw. des Wegs der Entschädigung oder der Entschädigungsart. Die Reparatur der Fertigungsstraße wäre sicher noch als Naturalherstellung i. S. von § 249 Abs. 1 BGB (zweite Bedeutungsebene) möglich; ein Ersatz der entgangenen Gewinne und der Folgeschäden aufgrund von Auslistungen etc. wäre dies jedoch nicht mehr. Soweit der Käufer diese geltend machen möchte, wird er über § 249 Abs. 1 BGB (zweite Bedeutungsebene) hinausgehen und das Gericht – nach der indirekten oder direkten Methode – von einer Unternehmenswertminderung i. S. von § 251 Abs. 1 BGB überzeugen müssen.

12.385 Die vorstehende Vorgehensweise hätte übrigens zur Folge, dass, wenn die Bilanzunrichtigkeit durch eine **Einbuchung von zu hohen Anschaffungskosten** verursacht worden wäre, nahezu kein Schaden feststellbar und kein Ersatz zu zahlen wäre. Für die Zukunftsüberschüsse und den Unternehmenswert ist es

---

[462] S. o. Rn. 5.121–5.124, 5.132–5.141 und 5.350 f.

VI. Ersatz des Leistungs-/positiven Interesses bei Unternehmenswertbeeinträchtigungen

nämlich weitgehend[463)] gleichgültig, wie hoch die historischen Anschaffungskosten für das Anlagevermögen waren.

d) Schaden bei Bilanzgarantien: Vorratsvermögen
aa) Hauptfälle der Unrichtigkeit von Bilanzwerten für Vorräte

Auch bei Vorräten kommt einer Garantie der Richtigkeit einer quantitativen Bilanzaussage die Bedeutung einer qualitativen Aussage zu. Mit dem „Richtig-Sein" des Buchwerts wird ein „So-Sein" der „Welt" garantiert. Hierzu gehört, dass die aktivierten Vorräte in entsprechender Anzahl **vorhanden sind** und nicht schon ursprünglich **überhöhte Anschaffungs- bzw. Herstellungskosten** eingebucht wurden, die später unkorrigiert blieben. Sodann kann ein Bilanzwert bedeuten, dass die Gegenstände **sachliche Merkmale** besitzen, z. B. keine Defekte aufweisen.

12.386

bb) Die Entschlüsselung von Bilanzaussagen und das „strenge Niederstwertprinzip"

Eine Bilanzaussage „Vorräte … 13 Mio. €" greift aber hierüber noch hinaus. Sie enthält nämlich, da das **„strenge Niederstwertprinzip"** des **§ 253 Abs. 4 HGB** gilt, implizit die weitere Aussage, dass die Vorräte, jedenfalls Fertigwaren,[464)] nach pflichtgemäßer Einschätzung bei Bilanzerstellung mindestens **zu den angesetzten Werten absetzbar** sind. Die Bilanzaussage geht also über die Gegenständlichkeit (wie Defekte) der Vorräte weit hinaus und reflektiert alle möglichen schon eingetretenen oder absehbaren für den Absatzmarkt relevanten Ursachenketten in Technik, Politik, Makroökonomie etc. Zum Beispiel werden KfZ-Ersatzteile schlagartig fast unverkäuflich, wenn eine Automobilgeneration durch eine neue ersetzt wird.

12.387

Das „strenge Niederstwertprinzip" des § 253 Abs. 4 HGB sagt zweierlei, einerseits dass grundsätzlich die Anschaffungs- bzw. Herstellungskosten fortgeführt werden können, freilich ohne dass erwartete höhere Veräußerungserlöse angesetzt werden dürfen (Verbot der sog. „Gewinnrealisierung"); andererseits sind die Vorräte aber auf einen niedrigeren Wert abzuschreiben, wenn ein solcher „den Vermögensgegenständen am Abschlussstichtag beizulegen ist" (§ 253 Abs. 4 Satz 2 HGB). § 253 Abs. 4 HGB sieht so als Ausdruck des „Imparitätsprinzips" einen „Markttest" nur mit Wirkung „nach unten" vor.

12.388

---

463) Effekte aufgrund der Verschiebung von möglichen Ausschüttungen und Steuereffekte beiseitegelassen.
464) Welche hier nur näher betrachtet werden, weil sich das Grundsätzliche an ihnen leichter darstellen lässt. Bei Roh-, Hilfs- und Betriebsstoffen sowie unfertigen Erzeugnissen kommt durch die Notwendigkeit ihrer weiteren Verarbeitung eine weitere Komplexitätsstufe hinzu.

12.389 Dieser bilanzrechtlichen „Verschlüsselungsvorschrift" kommt für die „Entschlüsselung" einer Bilanzaussage zum Vorratsvermögen die Bedeutung zu, dass aus Sicht der Bilanzaufstellung bei Fertigwaren grundsätzlich **mindestens** mit der Erzielung der angesetzten Werte bei einer Veräußerung gerechnet werden können musste; denn nur dann durfte der aktivierte Betrag angesetzt bleiben. In der Konsequenz wird ein Unternehmenskäufer erwarten dürfen, dass für Fertigwaren teilweise/überwiegend ein **über dem Buchwert** liegender Verkaufserlös erzielbar ist, dass es also **stille Reserven** gibt. Fehlen etwa Vorräte, so läge es daher im Regelfall nahe, einen Schaden ausgehend von den angesetzten Bilanzwerten *plus* Marge[465] bzw., was dasselbe ist, die hypothetisch realisierbaren Verkaufserlöse abzüglich von Veräußerungskosten zu berechnen.

cc) Keine „Delkredere-Haftung" des Verkäufers

12.390 Beim Vorrats- wie beim Forderungsvermögen stellt sich ein Problem, das mit dem Stichwort „Delkredere-Haftung des Verkäufers" gekennzeichnet werden kann. Dieses soll vorgreifend für Forderungen und Vorräte gemeinsam am Beispiel der Forderungen erörtert werden. Man unterstelle, dass zu Unrecht nicht bestehende Forderungen oder nicht vorhandene oder technisch mangelhafte Vorräte aktiviert wurden, aber später, bei Bilanzaufstellung unvorhersehbar, der Forderungsschuldner insolvent wurde bzw. die Vorräte durch eine Geschäftsentscheidung des Herstellers (bevorratete Ladekabel werden durch einen neuen Stecker in der nächsten Handygeneration unverkäuflich) entwertet wurden.

12.391 Eine zulässige Einstellung von Forderungen in eine Bilanz bedeutet bekanntlich nicht schon, dass die Forderungen eintreibbar sind. Für die Einstellung reicht es aus, dass sie *aus Sicht der Bilanzerstellung* bestehen, der Bilanzierende seine Leistung erbracht, z. B. geliefert, hat und Gründe für eine Wertberichtigung fehlen. Wird danach der Schuldner unvorhersehbar insolvent und sind die Forderungen nicht eintreibbar, bleibt die Bilanz dennoch richtig.[466] Wird also eine solche Bilanz garantiert, so haftet der Verkäufer bei Ausfall dieser Forderungen nicht; die Bilanz war richtig und es liegt keine tatbestandliche Garantieverletzung vor. Eine Haftung scheitert daran, dass die Forderungen aufgrund *bei der Bilanzierung noch nicht zu berücksichtigenden Umständen* ausfielen. Dies ist insoweit unstreitig – und begrenzt u. a. den Schutz, den einfache, sog. „subjektive" Bilanzgarantien gewähren.

12.392 Wie ist es nun, wenn die Bilanz *falsch* war, indem z. B. überhöhte Forderungen gegen einen Schuldner aktiviert wurden, aber der Schuldner, wie zuvor, bei Bi-

---

465) Die Marge entspricht dem Betrag, der bei einer „Gewinnrealisierung" gebucht werden dürfte (z. B.: per Forderungen an Ertrag), jedoch gemindert um die Abgänge der veräußerten Vorräte (z. B.: per Bestandsveränderung an Vorräte). Zumeist wird die Marge zusätzlich durch Veräußerungskosten geschmälert.
466) S. Rn. 5.147 f., 12.395.

VI. Ersatz des Leistungs-/positiven Interesses bei Unternehmenswertbeeinträchtigungen

lanzerstellung unvorhersehbar, später in Insolvenz fällt? Hier liegt nun eine tatbestandliche Garantieverletzung vor, so dass der Verkäufer grundsätzlich Schadensersatz zu leisten hat. Der Käufer kann zunächst also **Naturalherstellung** verlangen. Freilich nutzt ihm dies bei den Forderungen – unterstellt der Verkäufer besäße abtretbare Forderungen gegen den insolventen Schuldner – wirtschaftlich nichts. Bei den Vorräten nutzt es ihm kaum mehr. Der Verkäufer wird – statt fantastische fiktive Reparaturkosten zu zahlen – berechtigt sein, die fehlenden, jetzt überall billig erhältlichen Ladekabel nachzuliefern (wenn der Käufer hierauf besteht).

Kommt es nach § 251 Abs. 1 BGB oder auf andere Weise zur Wertentschädigung, so wird zu berücksichtigen sein, dass der Wert der fehlenden oder mangelhaften Forderungen bzw. Vorräte drastisch gesunken bzw. ein Wert nicht mehr vorhanden ist. Selbst wenn etwa die zu Unrecht aktivierten Forderungen bestanden hätten und bei der Bilanzerstellung noch werthaltig gewesen wären, hätten sie das Schicksal der anderen Forderungen gegen den Schuldner geteilt und das bilanzierende Unternehmen wäre ausgefallen. Daher ließe sich *kein zu ersetzender Differenzschaden* feststellen. 12.393

Die schadensrechtlichen Vorgaben der §§ 249 ff. BGB wirken sich beim Vorratsvermögen analog aus: Wenn etwa aufgrund eines Inventurfehlers zu viele Ladekabel aktiviert wurden, aber der Handyhersteller ändert nach Bilanzaufstellung unvorhersehbar die Stecker, so wären hierdurch, wie die vorhandenen Ladekabel zu Schrott wurden, auch die nicht vorhandenen Teile zu Schrott geworden – und ein Differenzschaden nicht feststellbar. 12.394

Einem Ersatzschuldner bleibt so der Einwand, dass, auch wenn Vorräte oder Forderungen wie garantiert vorhanden gewesen wären, sie aufgrund von **nach der Bilanzaufstellung** eintretenden (und deshalb in der Bilanz nicht mehr zu berücksichtigenden) Umständen überhaupt nicht oder nicht mehr zu den von dem Gläubiger behaupteten Preisen absetzbar gewesen wären. Mit anderen Worten: Aus den schadensrechtlichen Vorgaben der §§ 249 ff. BGB folgt, dass es bei einer einfachen Bilanzgarantie eine „Delkrede-Haftung" des Garantiegebers nicht nur nicht gibt, wenn die Bilanz richtig ist, sondern dass eine **„Delkrede-Haftung" auch nicht entsteht, wenn die garantierte Bilanz falsch ist.** 12.395

dd) Naturalherstellung und Wertentschädigung bei Vorräten

Ist ein Bilanzansatz für Vorräte unrichtig, weil Vorräte entgegen einer garantierten Bilanz nicht vorhanden sind oder weil sie einen Defekt haben, so können sie repariert oder ersetzt werden; eine Naturalherstellung ist möglich. 12.396

Ist der Bilanzansatz unrichtig, weil die Vorräte aufgrund der Marktgegebenheiten abzuschreiben gewesen wären, liegt es außerhalb der Macht des Verkäufers, die Marktgegebenheiten wiederherzustellen, unter denen die in der Bilanz vorgenommene Bewertung zutreffen würde; eine Naturalherstellung ist nicht mög- 12.397

683

lich. Die Uhr kann z. B. nicht so zurückgedreht werden, dass der Ansatz von Anschaffungskosten für Ladekabel gerechtfertigt wäre, wenn die marktgängigen Handys inzwischen andere Stecker verwenden. Da eine Naturalherstellung ausscheidet, kann der Käufer nicht die Wiederbeschaffungskosten verlangen. Sein Interesse ist auf dem Wege der Wertentschädigung – durch Ausgleich der Unternehmenswertminderung – nach § 251 BGB zu ersetzen.

12.398 Der „Bilanzauffüllungsansatz" verfehlt den beim Vorratsvermögen sachgerechten und rechtlich geschuldeten Ausgleich, indem er entweder den Buchwert von fehlenden oder die Differenz zwischen dem Buchwert von intakten und defekten Vorräten gewähren würde.

e) Schaden bei Bilanzgarantien: Unfertige Erzeugnisse

12.399 Wie ist es, wenn bei unfertigen Erzeugnissen bilanziell verfrüht ein Gewinn realisiert wird? Ist es wirtschaftlich sinnvoll und rechtens, Schadensersatz i. H. der überhöhten Aktivierung zuzusprechen?

12.400 *Fallbeispiel „Mobilkran"* (LG Limburg v. 29.6.2012 – 1 O 28/10)

In einem Urteil aus dem Jahre 2012 hatte das LG Limburg festgestellt, dass in einer verschuldensabhängig garantierten Bilanz („garantiert nach § 276 BGB") u. a. der Wertansatz für unfertige Erzeugnisse (Bauleistungen) zu hoch war. Es lehnte mangels Vergleichbarkeit mit BGH, NJW 1977, 1536 ff. und BGH, NJW 1980, 2408, die „abstrakte Berechnung eines etwaigen Minderwertes der Geschäftsanteile" ab und führte aus:

„In Abs. 2 [der Rechtsfolgennorm, d. Verf.] ist geregelt, dass der Verkäufer, falls eine Gewährleistung unzutreffend sein sollte, durch Schadensersatz in Geld so zu stellen ist, wie die Gesellschaft stehen würde, wenn die entsprechende Gewährleistung zutreffend wäre. Dies bedeutet, dass, falls das Vermögen der Gesellschaft in der genannten Bilanz unzutreffend dargestellt wurde, sei es, dass Aktivposten überbewertet wurden oder dass Passivposten unterbewertet wurden, *der entsprechende Differenzbetrag in Geld* von den Beklagten *auszugleichen ist. Eine andere Bedeutung kann die Regelung nicht haben. Es ist nicht ersichtlich, wie anders die Ansprüche der Klägerin als Käuferin der Geschäftsanteile überhaupt praktikabel bewertet werden sollten.* Dass die Gesellschaft so zu stellen ist, wie wenn die entsprechende Gewährleistung zutreffend wäre, kann letztlich nur heißen, dass die entsprechenden Fehlbeträge durch entsprechende Geldzahlungen auszugleichen sind, dann wird der *Fehler der Bilanz durch eine entsprechende finanzielle Zuwendung ausgeglichen*".[467]

---

467) LG Limburg v. 29.6.2012 – 1 O 28/10, S. 8, 9.

VI. Ersatz des Leistungs-/positiven Interesses bei Unternehmenswertbeeinträchtigungen

Die vorstehende Passage enthält keine schadensrechtliche Begründung dafür, warum die Schadenssanktion nach dem Ausmaß der Tatbestandsunrichtigkeit soll bemessen werden können. Sie gesteht nur ein, dass für das LG Limburg eine alternative „praktikable Bewertung" nicht ersichtlich war, also namentlich nicht, wie § 249 Abs. 1 BGB (erste Bedeutungsebene) bei Bilanzgarantien richtig und sinnvoll angewendet werden kann. 12.401

In der Sache war infolge einer Verletzung des *strengen Realisationsprinzips* das Eigenkapital i. H. der noch unzulässigen Gewinnrealisierung falsch und überhöht. Um wie viel war aber der Unternehmenswert gemindert, weil die Gewinnrealisierung buchhalterisch/bilanziell noch nicht in dem früheren Bilanzjahr erfolgen durfte? Nun, es kommt offensichtlich darauf an, ob die Gewinnrealisierung endgültig ausfiel oder sich nur in eines der Folgejahre verschob. Im zweiten Fall wäre die Unternehmenswertminderung in Folge der Bilanzunrichtigkeit wirtschaftlich kaum beachtlich.[468] Ein Gericht würde einem Käufer ein unberechtigtes Geschenk machen, wenn er (oder die Gesellschaft), weil die Bilanz zu früh eine Eigenkapitalerhöhung auswies, diesen Betrag zusätzlich zu dem erhielte, was die Gesellschaft (hoffentlich) plangemäß aus der Erbringung der Bauleistung einnehmen wird. 12.402

Nach § 249 Abs. 1 BGB (erste Bedeutungsebene) i. V. m. § 251 BGB[469] wäre daher richtig zu fragen gewesen, welcher Zustand bestehen würde, wenn die Garantieaussage richtig gewesen wäre, also die Umstände, die eine Gewinnrealisierung i. S. des Bilanzrechts erlaubt hätten, z. B. die Abnahme des Baus, schon vor dem Bilanzstichtag vorgelegen hätten. Dies hätte zu einem Gesamtvermögensvergleich geführt, der sich nur darin unterschieden hätte, dass das Unternehmen die fraglichen Zahlungen des Bestellers einmal in einer früheren und einmal in einer späteren Periode erhalten hätte (noch nicht einmal das ist sicher); der Schaden kann also allenfalls in einem Zinsverlust und ggf. Folgeschäden hieraus liegen.[470] 12.403

---

468) In einer Planung durch eine Tabellenkalkulation würden die Einnahmen/Einzahlungen entweder in P 1 oder in P 2 einzustellen sein, mit nur minimal unterschiedlichen Effekten auf Zinsen, Steuern und Ausschüttbarkeit.

469) Es ist nicht möglich, die äußeren Umständen, die schon in P 1 (in der Vergangenheit) zu einer Gewinnrealisierung i. S. des Bilanzrechts geführt hätten, noch „in Natur" herzustellen (§ 251 Abs. 1 Alt. 1 BGB), so dass Wertentschädigung zu leisten ist.

470) Auch wenn die Zahlung für die erbrachten Leistungen nie mehr eingeht, bedeutet dies nach der hier vertretenen Ansicht noch nicht unbedingt, dass zwingend ein Betrag i. H. der zu Unrecht zu früh erfolgten Aktivierung als Schadensersatz zu zahlen ist. Das Adressen- bzw. Bonitätsrisiko wurde auch hier – wie bei einer zu Unrecht bilanzierten Forderung – nicht von dem Garantieschuldner übernommen. Wenn der Bauauftraggeber insolvent wird, haftet der Schuldner also nicht oder nur reduziert, wenn die Gewinnrealisierung nie mehr stattfindet.

f) **Schaden bei Bilanzgarantien: Forderungen**

12.404 *Fallbeispiel „Bilanzgarantie bezogen auf Forderungen"* (OLG München v. 30.3.2011 – 7 U 4226/10, BeckRS 2011, 07200)

In einer garantierten Bilanz waren Forderungen aktiviert, die nicht mehr bestanden. Das OLG bejahte zu Recht eine Verletzung der Bilanzgarantie und gewährte, dies mit nicht überzeugender Begründung und nur möglicherweise zu Recht, desgleichen Schadensersatz i. H. der zu Unrecht aktivierten Forderungen. Das OLG München begründete sein Urteil wie folgt:

„Voranzustellen ist zunächst, dass sich aus der vertraglichen Vereinbarung unzweifelhaft ergibt, dass der Verkäufer für den Fall des Vorliegens der Voraussetzungen der Einstandspflicht aus dem Garantieversprechen primär Naturalrestitution zu leisten hat. Das bedeutet, dass er im vorliegenden Fall die Gesellschaft so zu stellen hat, als wären die Angaben im Jahresabschluss 2008 zutreffend und damit als bestünden die fehlerhaft als offen gebuchten Forderungen noch. Entgegen der Auffassung der Kläger ist die Herstellung des vertragsgemäßen Zustands durch den Verkäufer auch möglich und zumutbar. Soweit die Kläger meinen, eine Naturalrestitution sei im vorliegenden Fall bezüglich der fehlgebuchten Forderung im Jahresabschluss nicht möglich, der Gesellschaft sei kein Schaden entstanden, der auszugleichen wäre, ist ihnen entgegen zu halten, dass es sich nicht um eine Frage des Schadens der Gesellschaft handelt und hinsichtlich der Frage, wie und in welchem Umfang Naturalrestitution zu leisten ist, auf den Sinn und Zweck der vertraglichen Regelung abzustellen ist. Eine ‚Wiederherstellung' der identischen Forderungen – wie sie im Jahresabschluss 2008 ausgewiesen sind – gegen die gleichen Schuldner wäre tatsächlich nicht möglich. Dies zu verlangen, würde jedoch die Anforderungen an die Voraussetzung einer Naturalrestitution weit überspannen. Abzustellen ist vielmehr darauf, dass der Beklagte gem. Ziffer II.2.9. letztlich das Bestehen der ausgewiesenen offenen Forderungen der Gesellschaft garantierte. Da er vertraglich verpflichtet ist im Rahmen seiner Einstandspflicht den Zustand herzustellen, der bestehen würde, wenn die Aussage zutreffend wäre, kann die Naturalrestitution nur auf Begründung einer Forderung der Gesellschaft gegen den Beklagten, mithin auf einen Zahlungsanspruch in Höhe der fehlgebuchten Forderungen, gerichtet sein. Dies ist dem Beklagten auch möglich und zumutbar."[471]

12.405 Die Situation, dass eine Forderung zu Unrecht aktiviert wurde, wie in dem Fall des OLG München, wurde bereits i. R. der Darstellung der analogen Situation bei Vorräten behandelt: Ein Unternehmen ist nicht schon deshalb um den Betrag einer Forderung mehr wert, weil diese bilanzrechtlich zulässigerweise aktiviert werden durfte. Der Ansatz einer Forderung in der Bilanz bedeutet nur,

---

471) Krit. *Hennrichs*, NZG 2014, 1001, 1005 re. Sp. Mitte; *Elsing* in: FS Haarmann, S. 46 oben.

VI. Ersatz des Leistungs-/positiven Interesses bei Unternehmenswertbeeinträchtigungen

dass die bilanzrechtlichen Voraussetzungen für ihre Aktivierung – ihr rechtliches Bestehen, die Erbringung der eigenen Leistung und das Fehlen von bekannten Gründen für eine Teilwertberichtigung – vorliegen. Durch die Garantie der Richtigkeit der Bilanzierung übernimmt der Schuldner im Fall des Nichtbestehens einer Forderung – wie im Fall ihres Bestehens – aber nicht das Adressen- bzw. Bonitätsrisiko und er steht nicht dafür ein, dass die Forderung, statt zur Einzahlung zu kommen, nicht wertberichtigt oder ausgebucht werden muss.[472] Das Kausalitätskriterium in § 249 Abs. 1 BGB bewirkt entsprechend, dass der Schuldner für die unrichtige Garantieaussage nur dann durch Zahlung des Forderungsbetrags (und gegebenenfalls zusätzlich für Folgeschäden) Ersatz leisten muss, wenn die bilanzierte Forderung nicht nur als Forderung in die Bilanz, sondern wenn auch der *Zufluss* aus ihr *in die hypothetische Gesamtvermögensaufstellung einzustellen* gewesen wäre. Praktisch bedeutet dies, dass der Vortrag einer Unternehmenswertminderung bzw. eines Schadens i. H. einer zu Unrecht eingebuchten Forderung den Vortrag und ggf. den Nachweis erfordern dürfte, die Forderung wäre einzuziehen gewesen.

Da das OLG München Schadensersatz i. H. der zu Unrecht aktivierten Forderungen gewährt hat, ohne die Frage der Werthaltigkeit zu erörtern,[473] war die Entscheidung nur dann im Ergebnis richtig, wenn die Forderung werthaltig war.

12.406

g) Schaden bei Bilanzgarantien: Bankguthaben und Kasse

Wie erwähnt, trifft die „Bilanzauffüllung" wirtschaftlich das Ziel weitgehend, wenn eine Cash-Position oder eine definitiv werthaltige Forderung oder ein versilberbarer Gegenstand des nicht betriebsnotwendigen Vermögens zu Unrecht aktiviert oder eine zu einem definitiven Abfluss führende Schuldposition zu Unrecht nicht passiviert wurde. Solche Fälle, v. a. die Verwechselung von „Kassenauffüllung" mit „Bilanzauffüllung" dürften an der Quelle der Fehlvorstellung des „Bilanzauffüllungsschadens" gelegen haben. Selbst hier bleibt der Bilanzauffüllungsansatz indessen unvollständig, indem er **Folgeschäden**, die auf Grund eines Gesamtvermögensvergleichs nach §§ 249 Abs. 1, 251 Abs. 1 BGB im Laufe der Zeit sichtbar würden, nicht in den Blick zu nehmen vermag; jedenfalls bietet er keinen systematischen Platz dafür.

12.407

h) Schaden bei Bilanzgarantien: Verbindlichkeiten

Wurde eine Verbindlichkeit nicht passiviert, die bilanzrechtlich zu passivieren gewesen wäre, ist insoweit die Bilanz unrichtig. Der wirtschaftliche Schaden liegt freilich erst in der Zahlung der Verbindlichkeit, so dass kein Schaden ein-

12.408

---

472) S. bereits den Vorgriff hierauf bei Rn. 5.147 f., 12.395.
473) OLG München v. 30.3.2011 – 7 U 4226/10, BeckRS 2011, 07200.

tritt, wenn diese Zahlung nicht erfolgt, z. B. weil ein **Rechtsstreit** bezüglich der Verbindlichkeit **von dem Bilanzierenden gewonnen** wird.[474] Während der sog. „Bilanzauffüllungsansatz" in den meisten Fällen von zu Unrecht nicht passivierten Verbindlichkeiten zu richtigen Ergebnissen führt, läge er also in diesem Fall erneut falsch.

i) Schaden bei Bilanzgarantien: Rückstellungen

12.409 Eine Rückstellung ist nach der herrschenden „51 %-Regel" zu passivieren, wenn die Eintrittswahrscheinlichkeit r der Realisierung eines Risikos größer als 51 % ist (gemeint wohl > 50 %); dann ist sogar eine Rückstellung i. H. von 100 % des bei Realisierung des Risikos eintretenden Schadens einzustellen.[475] Das Bilanzrecht hat sich wohl aus der Not heraus für diese – nicht wirklich überzeugende – Vorgabe als einem Mittelweg zwischen einer zu „konservativen" (Rückstellungsbildung schon ab 1 % Eintrittswahrscheinlichkeit o. Ä.) oder einer zu „liberalen" Sichtweise (Rückstellungsbildung erst ab 66 % Eintrittswahrscheinlichkeit o. Ä.) entschieden. Es schließt eine Bemessung der Rückstellung nach der mathematischen Formel „Eintrittswahrscheinlichkeit mal Schadenshöhe" aus. In dem Extremfall, dass eine Passivierung gerade noch erfolgen muss (Risiko 51 %), besteht also eine **49 %ige Wahrscheinlichkeit, dass sich das Risiko nicht realisieren** und kein Schaden eintreten wird ($1 - r = 49\,\%$). Zudem wird häufig, obwohl sich ein Risiko realisierte, nur eine niedrigere Zahlung zu leisten sein als der zurückgestellte Maximalbetrag. Mit anderen Worten verlangt das Bilanzrecht eine Vorgehensweise, die unvermeidlich **relativ häufig (vorläufige) „stille Reserven" oder „stille Lasten"** in der Bilanz schaffen wird. Solche „stille Reserven" oder „stille Lasten" dürfen/müssen dann zur gegebenen Zeit durch Buchungen („per Rückstellung an außerordentlichen Ertrag" o. Ä. oder „per Aufwand an Verbindlichkeiten") korrigiert werden.

12.410 Bei der Schadensbemessung bzw. Feststellung eines Unternehmensminderwertes gelten andere, gewissermaßen auf das **wirtschaftlich endgültige Ergebnis** zielende Regeln. § 249 Abs. 1 BGB (erste Bedeutungsebene) verlangt einen wirtschaftlichen, also so weit als möglich, endgültigen Ausgleich. Es gelten daher für die Schadensfeststellung nicht die Bilanzregeln zum Ausweis/Nichtausweis von Rückstellungen, sondern andere, aus § 249 Abs. 1 BGB (erste Bedeutungsebene) herzuleitende materielle Vorgaben (Ausgleichsgedanke), die mit den Regeln der prozessualen Darlegungs- und Beweislast zu verfolgen sind.

12.411 Eine Bildung einer Rückstellung ist nicht gleichbedeutend mit einer Unternehmenswertminderung in gleicher Höhe. Die Unternehmensbewertung löst sich

---

474) Vgl. LG Hamburg v. 24.11.2010 – 307 O 356/07; OLG Hamburg, Hinweisbeschluss v. 10.7.2013 – 8 U 101/11.
475) S. Rn. 5.219 f.

VI. Ersatz des Leistungs-/positiven Interesses bei Unternehmenswertbeeinträchtigungen

von Bilanzregeln.[476)] Entsprechend kann noch nicht aus einer zu Unrecht nicht passivierten Rückstellung, obwohl dann die Bilanz unrichtig ist, auf eine Unternehmenswertminderung in gleicher Höhe geschlossen werden. In beiden Fällen entscheidet die **tatsächliche Zukunft**,[477)] die das Bilanzrecht zunächst „abschneidet", aber Schadensbemessung und Unternehmensbewertung berücksichtigt. Wenn sich etwa ein nicht passiviertes Risiko nicht verwirklicht – weil z. B. der Prozess gewonnen wird – fließt kein Geld ab und ist die Rückstellung aufzulösen. Die historische Bilanz bleibt unrichtig, aber der Unternehmenswert wurde durch den nicht passivierten Umstand nicht gemindert und der Schaden, für den die Rückstellung bestand, ist nicht eingetreten.[478)] Wenn der Gläubiger dennoch den zu Unrecht versprochenen „Mehr-Buchwert" in bar erhielte, stünde er besser da als bei Richtigkeit der Garantieaussage. Das kann nicht sein. Nur wenn der Prozess verloren wird, ist das Unternehmen (mindestens) um den Barwert des verschwiegenen Risikos weniger wert. Dann ist der **Schaden** aber nicht die Bilanzunrichtigkeit, sondern die **Zahlung an den Prozessgegner** (ggf. zuzüglich entgangener Gewinne und Folgeschäden, wie Prozesskosten). Auch wenn bilanzrechtlich eine sehr hohe Rückstellung zu bilden gewesen wäre, aber sich nur ein niedrigerer Schaden realisiert, ist selbstverständlich nur der **tatsächliche entstandene niedrigere Schaden** zu ersetzen.[479)]

Der umgekehrte Fall führt zu einer interessanten Fragestellung: Begrenzt, wenn ein Risiko pflichtwidrig nicht passiviert wurde, der Betrag, mit dem es hätte passiviert werden müssen, die Haftung nach oben? Das Problem ergibt sich in tatsächlicher Hinsicht daraus, dass häufig miteinander verbundene Risiken auftreten, die unterschiedliche Eintrittswahrscheinlichkeiten, manche > 50 % und manche < 50 %, besitzen.

12.412

Fallbeispiel „Realisierung verschieden wahrscheinlicher Risiken" (erfunden)
Man unterstelle, in der garantierten Bilanz seien im Hinblick auf bestimmte Risiken überhaupt keine Rückstellungen gebildet worden. Es wäre aber bilanzrechtlich ein Risiko i. H. von x (Eintrittswahrscheinlichkeit > 50 %) zu bilden gewesen. Eine höhere Rückstellung war nicht zu bilden, weil die Realisierung des weitergehenden Risikos zulässigerweise nur mit 33 % eingeschätzt wurde. Allerdings hat sich später ein Schaden von $3x$ realisiert.

12.413

---

476) Wie erwähnt löst sich die Unternehmensbewertung von dem bilanziellen Vorsichtsprinzip. Vgl. IDW S 1 v. 28.6.2000 i. d. F. v. 2.4.2008, insb. Rn. 64, 65.
477) Dass die Unternehmensbewertung bzw. Schadensbemessung auf das wirtschaftliche endgültige Ergebnis abstellen, schließt nicht aus, dass dieses u. U. erst in der Zukunft liegt und im Prozess nur i. R. einer Unternehmensplanung oder als zukünftiger Schaden – nach § 287 ZPO – geltend gemacht werden kann.
478) Etwaige Unternehmenswertveränderungen aus verschobenen Ausschüttungszeitpunkten und Steuereffekten bleiben hier unberücksichtigt, vgl. Rn. 11.161.
479) Diese wirtschaftlichen Realitäten werden von der „Bilanzauffüllung" verfehlt. Der „Bilanzauffüllungsschaden" gewährt bei Rückstellungen tendenziell Schadensersatz ohne wirklichen Schaden.

12.414 Klar ist, dass die Bilanz nur „*um x falsch*" ist, nicht „*um 3x*". Ebenso klar ist: Wenn die Rückstellung i. H. von x gebildet worden wäre, wäre die Bilanz richtig gewesen und hätte es mangels einer tatbestandlichen Garantieverletzung (z. B. bei einer einfachen Bilanzgarantie) überhaupt keine Haftung gegeben. Da aber das Risiko überhaupt nicht passiviert war, liegen tatbestandlich eine Bilanzunrichtigkeit und eine Garantieunrichtigkeit vor; also würde der Verkäufer haften. In voller Höhe? Möglicherweise ließe sich für ihn wie folgt argumentieren: Aus der Rechtsfolgenanweisung des § 249 Abs. 1 BGB (erste Bedeutungsebene), „den Zustand herzustellen, der bestehen würde, wenn der zum Ersatz verpflichtende Umstand nicht eingetreten wäre", ergibt sich, dass der Geschädigte nur so zu stellen ist, als ob die *passivierungspflichtigen* (!) Umstände nicht existiert hätten. Hätte der Verkäufer nur garantiert, dass bilanziell über den Betrag von x hinaus keine Rückstellungen zu bilden sind, würde er nämlich nicht haften. In Folge dieser Sichtweise, wäre der eingetretene Schaden in zwei „Teilmengen" aufzuspalten, eine die dem bilanzierungspflichtigen Risiko x und eine die dem nicht bilanzierungspflichtigen Risiko von zusätzlichen $2x$ zuzuordnen wäre; gehaftet würde nur für die erste Teilmenge. Möglicherweise kann der Umstand, dass der (höhere) Schaden auch bei einem rechtmäßigen Verhalten des Bilanzierungspflichtigen (Rückstellung von x) entstanden wäre, auch als Einwand eines rechtmäßigen Alternativverhaltens oder unter Gesichtspunkten des Schutzwecks der Norm berücksichtigt werden.

j) Schaden bei Bilanzgarantien: Eigenkapitalgarantien
aa) Saldierung auf Tatbestandsebene

12.415 Bei der Darstellung der tatbestandlichen Probleme von Eigenkapitalgarantien[480] wurde schon angedeutet, dass die Möglichkeit des Ausgleichs einer Eigenkapitalminderung aufgrund einer Überbewertung von Aktiven oder Unterbewertung von Passiven durch gegenteilige Änderungen bei anderen Positionen zu u. U. befremdlichen Folgen führt. Sie kann bedeuten, dass ein Anspruch wegen einer Bilanzunrichtigkeit aufgrund eines Umstandes, der eine erhebliche Unternehmenswertminderung und erhebliche Schäden zur Folge hat, daran scheitert (oder dadurch erheblich gemindert wird), dass die **Eigenkapitalunterschreitung** durch eigenkapitalerhöhende Gegenbuchungen „**wegschmilzt**". Dann liegt nur i. H. des übrig bleibenden Saldos eine Verletzung der Eigenkapitalgarantie oder eine solche überhaupt nicht mehr vor.

bb) Aufteilung eines Eigenkapitalminderbetrages

12.416 Auch bei Eigenkapitalgarantien kann ein Schaden nur aus einem Vergleich hypothetischer und realer Kausalitätsverläufe hergeleitet werden. Das erfordert die Entschlüsselung der quantitativen Bilanzaussage zum Eigenkapital in einen konkreten

---

480) S. Rn. 5.229–5.246.

VI. Ersatz des Leistungs-/positiven Interesses bei Unternehmenswertbeeinträchtigungen

qualitativen „Zustand ohne den Umstand" bzw. in mehrere solche Zustände. Hierzu muss der **Minderbetrag des Eigenkapitals auf die Bilanzpositionen aufgeteilt werden,** die ihn verursacht haben. Entspricht der Eigenkapitalminderbetrag der Summe der eigenkapitalmindernden Effekte aus den Bilanzpositionen, die zur Verletzung der Eigenkapitalgarantie geführt haben, so tritt kein Problem auf. Die Eigenkapitalgarantie funktioniert dann wie eine parallele mehrfache Verletzung einer Bilanzgarantie zu sonstigen Bilanzpositionen. Es kann also bei der Prüfung des Schadens genauso vorgegangen werden wie in solchen Fällen.

Ein besonderes Problem tritt auf, wenn der Betrag der Eigenkapitalminderung aus zwei oder mehr Minderungen von Aktiven oder Erhöhungen von Passiven zusammengesetzt war, die **unterschiedliche Schadensauswirkungen** besitzen, und es zudem **gegenläufige,** den Betrag der Eigenkapitalminderung reduzierende „**Buchwertaufstockungen**" gab. Hier muss entschieden werden, *gegen welche Buchwertpositionen,* die zu dem Eigenkapitaldefizit führen, die „Buchwertaufstockungen" gerechnet werden. Wegen der Unterschiedlichkeit der Schadensauswirkungen resultiert dies in unterschiedlich hohen ersatzfähigen Schäden. Stellt man sich vor, die Eigenkapitalminderung sei durch überhöhte Abschreibungen auf (funktionsfähiges) Anlagevermögen und fehlende Bargeldbestände ausgelöst worden, so würde eine „Umsetzung" der Eigenkapitalminderung als Minderung des Bilanzwertes des Anlagevermögens zu keinem oder einem geringen Schaden führen, während aus einer Zuordnung zu den Geldbeständen im Wesentlichen ein Ausgleich „100 € Schadensersatz" für „100 € Eigenkapitalminderung" folgen würde. Da diese Frage, soweit ersichtlich, noch nicht erörtert wurde, hat sich auch noch keine Meinung in Literatur oder Rechtsprechung herausgebildet. Es wird vorgeschlagen, das „Wertaufholungsvolumen" bzw. die „Buchwertreserven", die wegen Unterbewertungen von Aktiven oder Überbewertungen von Schulden zur Verfügung stehen, zu gleichen Anteilen auf die Bilanzpositionen aufzuteilen, aus denen sich das Eigenkapitaldefizit ergab.[481]

12.417

Benachbarte Aspekte von Eigenkapitalgarantien zeigt das folgende aktuelle Fallbeispiel:

12.418

Fallbeispiel „Fertiggerichte" (LG Hamburg v. 24.11.2010 – 307 O 356/07, OLG Hamburg, Hinweisbeschluss v. 10.7.2013 – 8 U 101/11)

12.419

Es waren GmbH-Geschäftsanteile verkauft und abgetreten worden. Ziffer 7.2.6. des Kaufvertrags enthielt die Eigenkapitalgarantie, nach Ziffer 8.2

---

481) Wurden etwa Aktiva i. H. von 50 zu niedrig und Passiva i. H. von ebenfalls 50 zu hoch angesetzt (gibt es also insgesamt ein „Eigenkapitalguthaben" von 100), und gibt es *drei* Positionen mit Überbewertungen von Aktiven oder Unterbewertungen von Schulden, so wären jeder unrichtigen Position jeweils 33 „gutzuschreiben". Es wäre also z. B. davon auszugehen, dass Vorräte von nur 166 (statt 200), Forderungen von nur 117 (statt 150) und Rückstellungen von nunmehr 133 (statt 100 – hier führt die Gutschrift zur Erhöhung) garantiert wurden. Diese Positionen sind dann wie üblich in qualitative Aussagen zu übersetzen und es ist der Schaden nach §§ 249 ff. BGB zu bestimmen.

12. Kapitel Schadensersatz- bzw. Schadensrecht

konnten die Käufer von den Verkäufern verlangen, dass diese die Gesellschaft so stellen, „wie sie gestanden hätten, wenn die Garantien richtig gewesen wären." Das LG Hamburg untersuchte im Detail die streitigen Positionen, die Auswirkungen auf das tatsächliche Eigenkapital hatten. Es lehnte hierbei einen Antrag auf Verfahrensaussetzung des Verkäufers nach § 148 ZPO ab, der im Hinblick auf einen parallelen Rechtsstreit gestellt worden war; bei diesem parallelen Rechtsstreit ging es darum, ob passivierte Verbindlichkeiten wirklich bestanden. Die Verbindlichkeiten, führte das LG Hamburg aus, seien nach dem Stand der Dinge unabhängig von diesem Prozessausgang zu passivieren gewesen.[482] Per saldo stellte das LG Hamburg eine erhebliche Unterschreitung des garantierten Betrages fest.[483]

Schadensrechtliche Erwägungen finden sich in dem Urteil nicht. Das LG Hamburg setzte vielmehr umstandslos den von ihm festgestellten Betrag der Verletzung der Eigenkapitalgarantie – i. S. der „Bilanzauffüllung" – gleich mit dem Betrag des Schadensersatzes. „Demnach hat die Klägerin in Höhe der nicht eingehaltenen Garantie aus Ziffer 7.2.6. Ansprüche nach Ziffer 8.2 des Anteilskaufvertrages in Höhe von …".[484]

Der Beklagte kritisierte in der Berufung diese vom LG Hamburg vorgenommene Gleichsetzung. Das OLG Hamburg reagierte hierauf in einem Hinweisbeschluss: „Der Einwand des Beklagten, die Klägerin könne aus Ziff. 8.2. des Anteilskaufvertrages nicht die ‚Auffüllung der Bilanz' wie begehrt und vom Landgericht zugesprochen – geltend machen –, … dürfte unbegründet sein. Die von dem Beklagten genannte Entscheidung des BGH vom 15.5.1997 (Aktz. VIII ZR 186/75) rechtfertigt diesen Einwand nicht. Der BGH hatte hierin über einen gesetzlichen Schadensersatzanspruch aus vorvertraglicher Pflichtverletzung zu entscheiden. Der Anspruch aus Ziffer 8.2. des Anteilskaufvertrages ist ein vertraglicher Anspruch." Allerdings erkannte das OLG Hamburg eine sachliche Berechtigung der Kritik des Beklagten an: „Zwar teilt der Senat nicht die Bedenken, dass die Klägerin – jedenfalls im Ausgangspunkt – ihren Schaden im Wege der Bilanzauffüllung berechnet. Doch darf dies nach allgemeinen Grundsätzen des Schadensrechts nicht zu einer Bereicherung der Klägerin führen. Hieraus folgt weiter, dass Umstände, die zu einer *Verbesserung der Eigenkapitalsituation des [Gesellschaft] bis zum Schluss der mündlichen Verhandlung führen*, bei einem der Klägerin aus Ziff. 8.2. zuste-

---

482) LG Hamburg v. 24.11.2010 – 307 O 356/07, S. 23 f. Dies war zweifellos ganz richtig, soweit es um die Tatbestandsvoraussetzung der Höhe des Eigenkapitals ging. Für die Höhe des zu ersetzenden Schadens wäre ein Obsiegen der Gesellschaft freilich relevant gewesen.
483) Hierbei spielte auch eine wichtige Rolle, inwieweit der Eintritt eines stillen Gesellschafters, der einen Verlustanteil übernahm, das Eigenkapital erhöht hatte. (LG Hamburg v. 24.11.2010 – 307 O 356/07, S. 25 f.).
484) LG Hamburg v. 24.11.2010 – 307 O 356/07, S. 22 oben.

VI. Ersatz des Leistungs-/positiven Interesses bei Unternehmenswertbeeinträchtigungen

henden Schadensersatz zu Berücksichtigung finden müssen".[485] Dieses Thema wurde sogleich konkret, da inzwischen die Rechtsstreitigkeiten hinsichtlich der passivierten Verbindlichkeiten rechtskräftig entschieden worden waren, und zwar *zugunsten* der Gesellschaft. Hierzu das OLG Hamburg: „Soweit diese [abgewiesenen, d. Vf.] Forderungen in der Bilanz zum 31.12.2006, die die Klägerin ihrer Schadensberechnung zugrunde legt, als Verbindlichkeiten eingestellt sind, dürfte sich bei ihrem Wegfall das Eigenkapital der [Gesellschaft] verbessern und ein Schadensersatzanspruch wegen Verletzung der Eigenkapitalgarantie entsprechend verringern, selbst wenn nach Bilanzrecht zum 31.12.2006 bzw. 1.12.2006 der spätere Wegfall von Verbindlichkeiten durch Gerichtsurteil nicht zu berücksichtigen war."[486]

Hier soll zunächst angenommen werden, die tatsächlich als Verbindlichkeiten passivierten Ansprüche eines Dritten wären nicht passiviert gewesen. Erst im nächsten Abschnitt soll eine relativ atypische Situation weiterbehandelt werden, die tatsächlich vorlag. Die Ausführungen des OLG Hamburg wären für den Fall zutreffend, dass bei einer Eigenkapitalgarantie später ein **Rechtsstreit gegen Gläubiger von zu Unrecht nicht passivierten Verbindlichkeiten gewonnen** würde. Es wäre sicher nicht begründbar, dem Käufer, obwohl die Zielgesellschaft keine Zahlungen leisten muss, Schadensersatz i. H. der (annahmegemäß) zu Unrecht nicht passivierten Verbindlichkeiten zu gewähren. Allerdings ist die Argumentation, mit der das OLG dieses Ergebnis herleitet, dogmatisch nicht überzeugend: Die *tatbestandliche Ebene*, zu der die Eigenkapitalhöhe und das Bilanzrecht gehören, wird nicht hinreichend von der *Ebene der Rechtsfolgen* getrennt, in das das Schadensrecht gehört. Indem das OLG Hamburg zunächst vom Bilanzauffüllungsansatz ausgeht, löst es die Bemessung der Rechtsfolge aus dem Schadensrecht heraus. Dann erkennt es, dass dies zu einem befremdlichen Ergebnis[487] führen wird und findet in dem schadensrechtlichen „Bereicherungsverbot" ein vermeintlich legitimes Instrument zur Korrektur. Hier ist anzumerken, dass diese „Krücke" nur notwendig wurde, weil die Schadensbemessung „im Ausgangspunkt" durch Bilanzauffüllung erfolgte. Das „Bereicherungsverbot" wäre aber nicht benötigt worden, wenn das OLG einfach gefragt hätte, welcher Schaden daraus entstanden war, dass die Gesellschaft nicht in dem Zustand war, den die Eigenkapitalgarantie (nach ihrer Entschlüsselung) behauptete.[488] Bei seiner

12.420

---

485) Hv. v. Vf., OLG Hamburg, Hinweisbeschluss v. 10.7.2013 – 8 U 101/11, S. 2 unten f.
486) OLG Hamburg, Hinweisbeschluss v. 10.7.2013 – 8 U 101/11, S. 2 unten f.
487) Es würde tatsächlich zu einem befremdlichen Ergebnis führen, wenn die Rückstellungen/Verbindlichkeiten zu Unrecht nicht passiviert worden wären.
488) Hätte das OLG Hamburg diese Frage gestellt, so hätte sich ergeben, dass es nach der Eigenkapitalgarantie keine passivierungspflichtigen Verbindlichkeiten geben durfte, die nicht passiviert waren (Schritt 1). Sodann hätte sich aber ergeben (Schritt 2), dass dies nicht zu einem Schaden führte. Die Gesellschaft durfte durchatmen und der Verkäufer war mit einem „blauen Auge" davongekommen. (Leider wird dieser Fall den BGH nicht erreichen; er wurde inzwischen verglichen.)

Korrektur vermittels des „Bereicherungsverbots" fällt das OLG Hamburg allerdings sogleich wieder in eine *Ebenenvermengung* zurück, indem es eine „Verbesserung der *Eigenkapitalsituation*" bis zum Schluss der mündlichen Verhandlung bei dem, dem Käufer zustehenden *„Schadensersatz"* berücksichtigen möchte. Zu berücksichtigen bis zum Schluss der mündlichen Verhandlung sind aber nur *Schadensverläufe* bis zum Schluss der mündlichen Verhandlung, als welcher das Obsiegen der Gesellschaft in dem Rechtsstreit mit den Gläubigern der (annahmegemäß nicht passivierten) Verbindlichkeiten anzusehen ist.

12.421 Hingegen hat das Obsiegen der Gesellschaft in den Rechtsstreitigkeiten *keinen Einfluss* mehr auf eine *Bilanz aus der Vergangenheit* und also *keinen Einfluss* mehr auf die Eigenkapitalsituation, die für die Bilanzgarantie relevant ist. Das Obsiegen lässt sowohl die damalige „Eigenkapitalsituation" wie das Ausmaß der Unrichtigkeit der Eigenkapitalgarantie unberührt. Weil das OLG Hamburg nicht erkennt, dass der Fall einfach auf der Schadensebene zu lösen ist, setzt es aber eben doch hier – an der historischen Eigenkapitalsituation bzw. historischen Bilanz – an. Dieses wiederum zwingt das OLG Hamburg dazu, für Bilanzgarantien die Möglichkeit zu eröffnen, dass sich die *für die Bilanzgarantie maßgebliche Bilanz* von der *historischen handelsrechtlichen Bilanz* ablöst und quasi bis zum Schluss der mündlichen Verhandlung aufgrund von Schadensverläufen geändert werden kann. Bei genauer Betrachtung ist diese „Zwickmühle" eine Folge davon, dass das OLG Hamburg im Ansatz dem mit § 249 Abs. 1 BGB (erste Bedeutungsebene) nicht zu vereinbarenden Bilanzauffüllungsansatz folgt, aber dennoch zu § 249 Abs. 1 BGB entsprechenden Ergebnissen gelangen möchte.

cc) Saldierung mit nachträglichen Eigenkapitalverbesserungen?

12.422 Der gerade behandelte Fall des OLG Hamburg war nun, wie erwähnt, tatsächlich so gestaltet gewesen, dass die garantierte Bilanz hinsichtlich der fraglichen Verbindlichkeiten eine Schuldposition ausgewiesen hatte, also *richtig* gewesen war. Also war die Bilanzgarantie schon nicht verletzt gewesen. Das OLG Hamburg steuert insofern ausweislich des Hinweisbeschlusses darauf zu, dem Verkäufer bei Anwendung einer Eigenkapitalgarantie die **nachträgliche Auflösbarkeit von zu Recht gebuchten Rückstellungen gutzuschreiben**. Dies ist nicht haltbar. Es ignoriert etwas Grundsätzliches, dass die Bilanzgarantie eine Ausnahme (möglicherweise neben anderen) von dem Regeleffekt einer Anteilsübernahme darstellt, dass alle *Chancen und Risiken einer Gesellschaft auf den Käufer übergehen*. Wenn die Bilanzgarantie als eine solche Ausnahme Schadensersatzansprüche des Käufers bei einer Bilanzunrichtigkeit begründet, so rechtfertigt dies nicht, solche Ansprüche mit Vorteilen zu saldieren, die sich (erfreulicherweise) für Gesellschaft und Käufer in anderen Zusammenhängen ergeben, sei es aufgrund eines besonders guten operativen Geschäftsjahres oder des Erfolgs in einem Rechtsstreit.

VII. „Dreiecksprobleme" beim Share Deal

dd) „Quersaldierung" von Tatbestandsgrößen und Schadensgrößen?
Von der vorstehenden Situation zu unterscheiden ist, wenn eine höhere Aktivierung von Aktiva oder eine niedrigere Passivierung von Schulden bilanzrechtlich zulässig gewesen wäre, aber unterblieb. Wie bei der Behandlung des Tatbestandes von Eigenkapitalgarantien dargestellt, darf sich der Verkäufer solche „Buchwertreserven" bzw. „Eigenkapitalreserven" zur Verteidigung gegen das Vorliegen/den Betrag einer Unterdeckung des garantierten Eigenkapitals auf der Tatbestandsebene „gutschreiben" lassen; bei Eigenkapitalgarantien ist insofern ausnahmsweise eine „Saldierung auf Tatbestandsebene" möglich.[489]

12.423

ee) Saldierung auf Schadensebene
Theoretisch kann, unter den Voraussetzungen einer Vorteilsanrechnung, ausnahmsweise eine „Saldierung auf Schadensebene" in Betracht kommen. Dann müssten ein „Schaden" und eine (gegenläufige) „Vermögenssteigerung" verrechnet werden können. Hierzu muss der Verkäufer vortragen, dass mit einem schädigenden Ereignis, etwa einer Bilanzunrichtigkeit, (i) überhaupt ein Vorteil, eine Unternehmenswertsteigerung, und (ii) als *conditio sine qua non* verknüpft ist.[490] Beides scheint eher fernliegend und wird hier nicht weiter verfolgt.

12.424

VII. „Dreiecksprobleme" beim Share Deal: Aktivlegitimation (Anspruchsberechtigung), Käuferschaden und Gesellschaftsschaden und Empfangszuständigkeit für die Ersatzleistung

Beim **Asset Deal** gibt es in allen drei möglichen Dimensionen **keine „Dreiecksprobleme"**: Das Unternehmen geht auf den Käufer über und der Käufer besitzt einen Anspruch gegen den Verkäufer aus eigenem Recht auf Ersatz seines Schadens durch eine Leistung an sich selbst. Dies ist unabhängig davon, ob der Anspruch auf c. i. c., Delikt oder einer Garantieverletzung beruht und ob eine etwaige Schadensersatzleistung als Naturalherstellung oder Wertentschädigung und Ersatz des positiven oder negativen Interesses erfolgt.

12.425

Dies ist beim **Share Deal** anders und jetzt müssen dringlich zwei Fragen und bisweilen noch eine dritte Frage unterschieden werden, primär die Fragen nach der **Aktivlegitimation (Anspruchsinhaberschaft)** und danach, wessen Schaden zu ersetzen ist (**Schaden der Zielgesellschaft oder des Käufers**). Sodann kann die Ersatzleistung, gleich nach welchem Schaden sie bemessen ist, an zwei mög-

12.426

---

489) Unmöglich ist es aber, solche „Buchwertreserven" bzw. „Eigenkapitalreserven" betraglich von einem sonst bestehenden Schadensersatzanspruch abzusetzen. Auch wenn es sich um Eurobeträge handelt, bleiben solche „Buchwertreserven" bzw. „Eigenkapitalreserven" Tatbestandsgrößen, die nicht einfach mit Schadensbeträgen verrechnet werden dürfen. Es fehlt die Kommensurabilität, eine „Quersaldierung" von Tatbestandsgrößen und Schadensgrößen ist ausgeschlossen.
490) Vgl. Palandt-*Grüneberg*, BGB, 73. Aufl., Vor § 249 Rn. 69.

liche Empfänger fließen – den Käufer oder die Gesellschaft. Diese letzte dritte Frage, die sog. „**Empfangszuständigkeit**", wird nur als eigenes Thema bewusst, wenn sie (ausnahmsweise) von der Anspruchsberechtigung abweicht, was aber bei M&A-Transaktionen aufgrund vertraglicher Abrede der Fall sein kann.[491]

12.427 Es kommen so 2^3 (= 8) Varianten in Betracht, von denen die grau unterlegten am wichtigsten sind. Es wird in der Folge eine Kurzübersicht über auftretende Probleme gegeben; wegen weiterer Einzelheiten wird auf einen ausführlichen Beitrag des Autors verwiesen.[492]

Anspruchsberechtigung	Wessen Schaden?	Leistung an?
Käufer	Käuferschaden	an Käufer
	Gesellschaftsschaden	an Gesellschaft
	Käuferschaden	an Gesellschaft
	Gesellschaftsschaden	an Käufer
Gesellschaft	Käuferschaden	an Käufer
	Gesellschaftsschaden	an Gesellschaft
	Käuferschaden	an Gesellschaft
	Gesellschaftsschaden	an Käufer

12.428 Wenn nichts anderes geregelt ist, liegt die **Aktivlegitimation (Anspruchsinhaberschaft)** aus c. i. c., Delikt und Garantien beim Käufer. Es kann namentlich i. d. R. nicht hergeleitet werden, dass die Zielgesellschaft, wenn der Verkäufer falsche Informationen über sie gibt, hierdurch selbst einen Anspruch gegen den Verkäufer erlangen würde. Ebenso dürfte es i. A. keine Schutzwirkung von Garantien zugunsten der Zielgesellschaft geben.[493]

12.429 Bei der Frage, ob ein **Schaden der Zielgesellschaft oder des Käufers** zu ersetzen ist, ist zunächst zwischen dem Ersatz des negativen und positiven Interesses zu unterscheiden. Beim **negativen Interesse** kommt aufgrund einer Informationspflichtverletzung überhaupt nur ein Schaden des Verkäufers in Betracht, der sog. „Restvermögensschaden" zwischen dem hypothetischen, angemessenen und dem real gezahlten Kaufpreis. Die Gesellschaft wird nicht dadurch geschädigt, dass „zu schön" über sie geredet wurde.

12.430 Bei den üblichen Garantien, die zum Ersatz des positiven Interesses des Käufers als Garantiegläubigers führen, dürfte dem Käufer ebenfalls nicht möglich sein,

---

[491] Als gesetzliche Bespiele einer besonderen Empfangszuständigkeit s. die §§ 335, 432, 2039 BGB.
[492] S. auch ausf. *Wächter*, Dreiecksproblem und Faktoren, in: Drygala/Wächter, Bilanzgarantien bei M&A-Transaktionen, S. 225.
[493] S. ausf. *Wächter*, Dreiecksproblem und Faktoren, in: Drygala/Wächter, Bilanzgarantien bei M&A-Transaktionen, S. 225, 229 f., 231 f.

VII. „Dreiecksprobleme" beim Share Deal

auf dem Wege der **Drittschadensliquidation** einen Schaden der Gesellschaft zu liquidieren.[494] Zweifellos kann aber eine vertragliche Rechtsfolgenregelung anordnen (und oft tun sie es), dass „bei der Gesellschaft der Zustand herzustellen (sei), der bei Garantierichtigkeit bestehen würde". Die Frage danach, **worin** sich **Schaden der Zielgesellschaft** und **Schaden des Käufers** unterscheiden, bleibt also auf dem Tisch.

Es kann hier **nicht** der Gesellschaftsschaden mit Naturalherstellung gleichgesetzt und angenommen werden, dass eine **Wertentschädigung** ausschließlich zum Ersatz eines **Käuferschadens** in Betracht kommt. Ist etwa eine Maschine garantiewidrig schadhaft, so ist selbstverständlich die Gesellschaft nicht nur durch die Kosten der Reparatur der Maschine, sondern auch durch die Überschussminderungen betroffen und könnte auch insoweit ein Ausgleich bei der Gesellschaft erfolgen.[495] Der Dualismus der beiden *Modi* bzw. *„Arten" des Schadensersatzes* deckt sich *nicht* mit dem Dualismus von Gesellschafts- und Gesellschafterebene.[496]   12.431

Sind mehrere Gesellschafter vorhanden, so kann das dazu verführen, den Gesellschaftsschaden als „das Ganze" und den Gesellschafterschaden als die **quotalen Anteile** des Gesellschaftsschadens anzusehen. Auch das wäre **nicht richtig**. Ein Unterschied zwischen Gesellschaftsschaden und Gesellschafterschaden kann z. B. bei einer GmbH mit einem Alleingesellschafter auftreten – und besteht auch in der Regel.   12.432

Richtigerweise ergibt sich der Unterschied zwischen Gesellschaftsschaden und Gesellschafterschaden daraus, dass **Gesamtvermögensvergleiche** hinsichtlich von **zwei verschiedenen Vermögenssubjekten** anzustellen sind und dass entsprechend i. d. R. der Kreis der relevanten unmittelbaren und mittelbaren Schäden und der auszugleichenden Vorteile unterschiedlich ist. Zum Beispiel ist der Gesellschafterschaden niedriger als der Gesellschaftsschaden, wenn der Gesellschafter aufgrund des schädigenden Ereignisses an anderer Stelle zusätzliche   12.433

---

494) Dazu *Brand*, Die Dogmatik der §§ 249 ff. BGB bei der Verletzung von Bilanzgarantien, in: Drygala/Wächter, Bilanzgarantien bei M&A-Transaktionen, S. 297, 316; Ausf. *Wächter*, Dreiecksproblem und Faktoren, in: Drygala/Wächter, Bilanzgarantien bei M&A-Transaktionen, S. 225, 239.

495) Erst recht unrichtig ist die Vorstellung, bei einem Schadensausgleich bei der Zielgesellschaft sei (nun doch) eine Bilanzauffüllung angemessen. So aber *Bormann/Trautmann*, GmbHR 2016, 122, 124, die freilich den Inhalt der Bilanzauffüllung missverstehen (s. Rn. 12.319).

496) Übrigens kann auch die vertragliche Rechtsfolgenregelung „bei der Gesellschaft der Zustand herzustellen, der bei Garantierichtigkeit bestehen würde" nicht nur i. S. der Naturalherstellung gelesen werden. Das würde ja bedeuten, dass der Verkäufer zwar ggf. die Reparatur- oder Ersatzkosten für Maschinen tragen müsste, aber nicht entgangenen Gewinn wegen des zeitweisen Ausfalls der Maschinen. Die zitierte Rechtsfolgenregelung wird i. d. R. i. S. des Ausgleichsgedanken in § 249 Abs. 1 BGB (erste Bedeutungsebene), nicht i. S. der Naturalherstellung (zweite Bedeutungsebene) zu verstehen sein.

Einnahmen erzielt[497] oder Auszahlungen tätigen muss, z. B. die Ausschüttungen besteuert würden, aber die Ersatzleistungen steuerfrei bleiben. Andererseits mag der Käuferschaden höher sein, wenn der Käufer aufgrund des schädigenden Ereignisses mittelbare bzw. Folgeschäden hinnehmen muss, z. B. weil er als Lieferant oder Vertriebspartner der Gesellschaft zusätzliche Ausfälle erleidet. Erhöhungen des Käuferschadens gegenüber dem Gesellschaftsschaden können sich auch daraus ergeben, dass Ausschüttungen, z. B. im Hinblick auf die Einhaltung von Kapitalerhaltungsvorschriften bei der Gesellschaft, verzögert (zeitinkongruent) erfolgen, was den Barwert der Zuflüsse bei dem Käufer mindert.

12.434 Wird im M&A-Vertrag eine Anspruchsberechtigung oder Empfangszuständigkeit zugunsten der Gesellschaft vereinbart, so dürfte hierin eine **Einlage** zu sehen sein. Hier muss man sich vor dem Urteil bewahren, es sei nur gut und billig so, dass der Schadensersatzspruch eingelegt werde, weil die Gesellschaft auch den „Schaden erlitten" habe. Genau das ist nämlich falsch.[498] Der Käufer hat von dem Verkäufer weniger Unternehmen bzw. Unternehmenswert erhalten als er aufgrund einer Garantie erwarten durfte. Daher ist die **Vermögensposition des Käufers zu verbessern**. Eine Verbesserung des Unternehmenswerts der Gesellschaft ist nur *ein* Weg dazu, und bisweilen ein fragwürdiger – wenn die Gesellschaft schon *moribund* ist.[499] Als Folge geht der Schadensersatz, den der Käufer aufgrund der Abweichungen der Zielgesellschaft von gewährten Garantien erlangt (nachdem er zuvor wegen des Bestehens dieser Mängel einen zu hohen Kaufpreis gezahlt hatte), die Zielgesellschaft schlechterdings *nichts an* und der Käufer ist keineswegs verpflichtet, diesen, etwa aufgrund der „Grundsätze der Kapitalerhaltung", einer „Treuepflicht des Gesellschafters" o. Ä. in die Gesellschaft einzubringen. Der Käufer könnte der Gesellschaft den Anspruch also sogar – unter Beachtung der üblichen kapitalerhaltungsrechtlichen Regeln – verkaufen oder ihr die vereinnahmten Geldbeträge darlehensweise zur Verfügung stellen. Etwas anderes dürfte sich auch nicht aus der sog. **„Reflexschadensrechtsprechung" des BGH** ergeben.[500]

12.435 Im *ICC-Fall 7986, 1999* versuchte das Schiedsgericht bei Bruch einer Vollständigkeitsgarantie zu Schulden einer Gesellschaft zwischen einer *„garantie de passif"* (zahlbar an die Gesellschaft) und einer *„garantie de valeur"* (zahlbar

---

497) Z. B., weil eine Nachfrageverlagerung auf ein anderes Unternehmens des Gesellschafters erfolgt.
498) *Schmitz*, RNotZ 2006, 561, 596 Mitte, sagt richtig, dass durch das Unternehmen durch eine Garantieverletzung i. d. R. gar nicht geschädigt werden kann. Bei einer Täuschung über ein Unternehmen ist das nicht anders (s. Rn. 12.429 f.).
499) Ein Hauskäufer, dem Schadensersatz wegen Altlastenbefall eines gekauften Grundstücks zufließt, ist keineswegs verpflichtet, das Geld für das Haus zu verausgaben, sondern darf das Geld rechtens nunmehr in sicherere Projekte stecken. Eine „Verwendungsbindung" eines erlangten Schadensersatzes gibt es nicht (*Brand*, Schadensersatzrecht, S. 59; Palandt-*Grüneberg*, BGB, § 249 Rn. 6).
500) Ausf. dazu *Wächter*, Dreiecksproblem und Faktoren, in: Drygala/Wächter, Bilanzgarantien bei M&A-Transaktionen, S. 225, 241 f.

an den Käufer) zu unterscheiden und stellte hierzu folgende Überlegungen an: „... si le bénéficiaire de la garantie est la société dont les actions ont été cédées, il s'agira alors d'une véritable *garantie de passif* donnant droit au bénéficiaire à un paiement intégral de l'indemnité. Si, en revanche, ce bénéficiaire est l'acquéreur, il s'agira d'une *garantie de valeur* et l'indemnisation due sera plafonnée au montant du prix payé (cf. A. Viandier: «Arbitrage et garantie de passif» dans Revue de l'arbitrage, 1994-3, p. 439, 441). In casu, c'est bien d'une garantie de valeur dont il s'agit puisque l'indemnité... est payable à [l'acquéreur] et non à [la société]." Da die Käuferin 79,31 % des Kapitals der Gesellschaft erworben hatte, verurteilte das Schiedsgericht schließlich zur Zahlung von „79,31 % du montant que le Tribunal arbitral aura reconnu au titre d'insuffisance d'actifs ou d'augmentation de passif" an den Käufer.[501]

VIII. Mitverschulden

Mitverschulden i. S. von § 254 BGB wird i. d. R. als Teil des Schadensrechts angesehen, durch den eine Einschränkung des Grundsatzes der Totalreparation bewirkt werde.[502] Oben wurde die Auffassung präferiert, dass es bei der c. i. c. – dasselbe muss bei Delikten i. S. von § 823 Abs. 2 BGB i. V. m. § 263 StGB oder nach § 826 BGB gelten – kein Mitverschulden durch fahrlässiges Unterlassen von Schutzmaßnahmen gegen die Täuschung geben könne. Die Rechtsprechung scheint diesbezüglich noch nicht zu einem einheitlichen Ergebnis gekommen zu sein.[503]

12.436

IX. Vertragliche Rechtsfolgenklauseln

Bislang wurde zwar mehrfach erwähnt, dass viele M&A-Verträge Rechtsfolgenklauseln beinhalten, aber nicht näher darauf eingegangen. Die wesentliche Weichenstellung ist zweifellos auch hier, ob solche Rechtsfolgenklauseln bei der Verletzung vertraglicher Garantien, worin sie vollkommen frei sind, **Schadensersatz** oder eine **Kaufpreisminderung** vorsehen. Im ersten Fall bleiben die Überlegungen dieses Kapitels weitgehend anwendbar, im zweiten werden sie, vielleicht abgesehen von einer mittelbaren Bedeutung der Darstellungen aus Anlass der Minderungsrechtsprechung bei der c. i. c. oder einem Delikt, gegenstandslos.[504] Es wurde erläutert, dass von einigen Autoren die Rechtsfolge bei Garantieverletzungen auch als Erfüllungsanspruch konzipiert wird;[505] diese Einordnung dürfte aber häufig praktisch folgenlos bleiben.

12.437

---

501) ICC-Fall 7986, 1999, Final Award, ICC International Court of Arbitration Bulletin Vol. 18, No. 1, 2007, IV. 4. Ebenfalls eine „garantie d'actif et de passif" behandelte der ICC-Fall 13308, 2008. Das in Chronique de Jurisprudence arbitrale de la CCI, Cahiers de l'arbitrage, Gazette du Palais 2009 veröffentliche résumé behandelt indessen nur Kostenfragen.
502) *Oetker* in: MünchKomm-BGB, § 254 Rn. 2 m. w. N.
503) S. oben Rn. 9.62.
504) *Paefgen/Wallisch*, Vertragliche Kaufpreisanpassungsklauseln als Alternative zum Schadensersatz bei Bilanzgarantien, in: Drygala/Wächter, Bilanzgarantien bei M&A-Transaktionen, S. 205.
505) Vgl. oben Rn. 5.66 ff.

12.438 Rechtsfolgenklauseln, die Schadensersatz vorsehen, regeln häufig die Reihenfolge, in welcher Ansprüche auf **Naturalherstellung** oder **Wertentschädigung** bzw. Ansprüche auf Ersatz des **Schadens der Gesellschaft** oder des **Käufers** geltend gemacht werden können, oder weisen einer Person, fast immer dem Käufer, diesbezüglich eine Entscheidungsbefugnis vor. Solche Regelungen können die „Umschaltpunkte" des § 251 Abs. 1 und 2 BGB überlagern, ergänzen und verdrängen. Auch werden bisweilen Rügefristen und andere **Fristen** für Mitwirkungshandlungen **zulasten des Käufers** und schließlich Verjährungs- oder Ausschlussfristen sowie **Freigrenzen** (Triggers), **Freibeträge** (Baskets) und **Höchstbeträge** (Caps) vereinbart. Überwiegend entziehen sich diese individuellen Abreden einer sinnvollen Behandlung in diesem Buch. Dies gilt jedoch nicht für einige Fristenfragen und die Höchstbeträge etc.

1. Fristen zulasten des Käufers

12.439 Rechtsfolgenklauseln enthalten nicht selten – oft recht kurze – Rügefristen und sonstige Fristen, etwa zur Anmeldung oder **Spezifikation, Substantiierung oder Detaillierung von Forderungen.** Käufer schenken solchen Fristen bei Vertragsverhandlungen häufig nur geringe Bedeutung; es herrscht der Eindruck vor, dass die entsprechenden Erfordernisse leicht zu erfüllen sein müssten, wenn ein substanzieller Anspruch erhoben werden soll. Praktisch werden indessen nicht selten die Anwälte des Käufers erst relativ spät eingeschaltet. Dann stellt sich typischerweise heraus, dass noch eine erhebliche „Substantiierungsarbeit" zu erbringen ist. Dies geschieht in einer Situation, wo sich die Anwälte eigentlich schon um ihre eigene Haftung sorgen müssten, jedenfalls wenn sie sich nicht unverzüglich mit aller Kraft an die Arbeit machen können, um verlorene Zeit aufzuholen. Für strategische oder taktische Überlegungen bleibt oft schon kein Raum mehr. So beginnt bisweilen das, was sich später in einen großen Konflikt ausweiten kann, mit einem eiligst zusammengeschusterten Produkt, das seiner Bedeutung kaum gemäß ist; die Verkäuferanwälte werden süffisant eine unzureichende Substantiierung rügen und auf Käuferseite breitet sich gleich zu Beginn Furcht und Schrecken aus.

12.440 Eine besondere Schärfe bringen solche Fristen, wenn **nicht eindeutige Kriterien** für die von dem Käufer zu erbringenden Handlungen (bekanntlich bestehen immer wieder Meinungsverschiedenheiten zwischen Gerichten, was „hinreichend substantiiert" ist) damit verbunden werden, dass die Käuferansprüche bei Säumnis überhaupt **ausgeschlossen** sein sollen. Bisweilen wird zwar nur eine Forderungsanmeldung (ohne zusätzliche Substantiierungsanforderungen) verlangt, aber die Frist wird nicht kalendermäßig bestimmt, sondern nur qualitativ („unverzüglich", „as soon as reasonably possibly" etc.). Dann kann hierüber gestritten werden. In einem Schiedsverfahren nach deutschem Recht, berichtet *Tschäni*, neigte das Schiedsgericht etwa der Auffassung zu, dass eine Untersuchung des gekauften Unternehmens innerhalb eines guten Monats einer Verpflichtung zu

IX. Vertragliche Rechtsfolgenklauseln

seiner Prüfung „as soon as reasonably possibly" genügt hätte.[506] Unter Umständen kann streitig werden, wann eine vereinbarte Frist zu laufen beginnt. In einem anderen von *Tschäni* erwähnten Schiedsgerichtsverfahren war eine 45-Tages-Frist ab der „discovery" einzuhalten. Das Schiedsgericht interpretierte dies so, dass erst ein „sufficient knowledge" den Fristlauf auslöste.[507]

Eine Überschreitung solcher zulasten des Käufers vereinbarter Fristen kann die (ziemlich harmlose) Rechtsfolge auslösen, dass der Käufer etwaige kausal verursachte Mehrkosten oder höhere Schäden selbst tragen muss; sie kann aber auch die (äußerst scharfe) Rechtsfolge haben, dass der Käufer seine Ansprüche *a limine* verliert. *Tschäni* berichtet, dass nach seiner Kenntnis zunehmend M&A-Verträge die erstere, mildere Variante vorsehen würden und dass sich ein Schiedsgericht in einem Fall, wo die Rechtsfolge der Fristsäumnis nicht festgelegt war, ebenfalls hierfür entschied.[508]   12.441

2. Freigrenzen (Triggers), Freibeträge (Baskets) und Höchstbeträge (Caps)

Freigrenzen (Triggers), Freibeträge (Baskets) und Haftungshöchstbeträge (Caps) sind **relativ simple Instrumente des Verkäuferschutzes, die im Verhältnis dazu oft mit zu viel Ehrfurcht behandelt werden**. Sie beschränken die **Kontinuität von Ausgleichsleistungen** durch den Verkäufer bei Unternehmenswertbeeinträchtigungen, die aus der Perspektive der Aufrechterhaltung der Ausgleichsbalance durch Auffüllung der „Leistungslücke" des Verkäufers eigentlich geboten wäre.   12.442

Dies heißt aber nicht, dass solche Klauseln nicht sachlich gerechtfertigt sein könnten. Ein wirtschaftlich zwingendes Motiv für „Haftungsbegrenzungen nach oben" kann sich für den Verkäufer aus dem Nebeneinander von Handlungsalternativen ergeben. Wenn ein risikoloser Verkauf ohne jede Haftung möglich ist, wird ein Verkäufer auch bei dem von ihm bevorzugten Verkauf für einen höheren Kaufpreis bei Abgabe von Garantien an einen anderen Interessenten auf eine Haftungsobergrenze oder anderen Formen der Haftungsbeschränkung bestehen, die sicherstellen, dass der Wahrscheinlichkeitswert des Kaufpreises in der durch-   12.443

---

506) *Tschäni*, Post Closing Disputes, in: Kaufmann-Kohler/Johnson, Arbitration of Merger and Acquisition Disputes, Conference of ASA Swiss Arbitration Association on January 21, 2005, S. 67 ff., 74 oben.

507) *Tschäni*, Post Closing Disputes, in: Kaufmann-Kohler/Johnson, Arbitration of Merger and Acquisition Disputes, Conference of ASA Swiss Arbitration Association on January 21, 2005, S. 67 ff., 74 oben.

508) *Tschäni*, Post Closing Disputes, in: Kaufmann-Kohler/Johnson, Arbitration of Merger and Acquisition Disputes, Conference of ASA Swiss Arbitration Association on January 21, 2005, S. 67 ff., 74 unten.

geführten Transaktion über dem Wahrscheinlichkeitswert des alternativen Verkaufs liegt.[509)]

12.444 Motive für eine Abwehr von Ansprüchen unterhalb eines Schwellenwerts können – daneben, dass dies dem Verkäufer Geld sparen soll[510)] – darin liegen, dass die Verteidigung gegen Kleinansprüche für den Verkäufer – nach Weggabe der Geschäftsunterlagen – überaus lästig ist.[511)] Es wird zu Recht darauf hingewiesen, dass Freigrenzen wie Freibeträge einen Käufer, der einen Anspruch erheben möchte, der noch unterhalb der Grenze liegt, veranlassen werden, besonders energisch nach weiteren Ansprüchen zu suchen, um die Grenze überschreiten zu können.[512)] Dies trifft zu; die Festlegung von Schwellenbeträgen erhöht den Mindesteinsatz.

12.445 Streitigkeiten ergaben sich in der Vergangenheit bisweilen daraus, dass Freigrenzen (Triggers) und Freibeträge (Baskets) bei der Vertragsgestaltung nicht sauber unterschieden wurden. Solche Fehler dürften heute kaum noch vorkommen, womit der ärgerlichste potentielle Konfliktpunkt von „Schwellenwert-Klauseln" erledigt sein dürfte. *Hilgard*[513)] weist darauf hin, dass sich aus einer Kombination von unterschiedlichen Verjährungs- oder Ausschlussfristen mit einem gemeinsamen Schwellenwert ein Dilemma für den Käufer ergeben könne; er muss möglicherweise einen Anspruch anmelden oder sogar Klage erheben, bevor er wissen kann, ob er den Schwellenwert überschreiten wird.

12.446 Es ist inzwischen weithin anerkannt, dass Höchstbeträge eine Vorsatzhaftung nicht beschränken können. Dies trifft sicher zu, aber dürfte nicht minder für Schwellenwerte gelten. Besondere Schwierigkeiten gehen sonst von den hier behandelten Klauseln nicht aus.[514)]

---

509) *King*, Die Bilanzgarantie beim Unternehmenskauf, Rn. 397, lässt den Widerspruch anklingen, dass Verkäufer beim Unternehmensverkauf eine Haftungsbeschränkung fordern, während sie u. U. vorher, etwa aufgrund von Altlasten, weitergehenden Risiken ausgesetzt sind. Ein Verkauf ist tatsächlich oft auch ein *Versuch, Risiken loszuwerden*. Aus Sicht des Verkäufers kann man verstehen, dass er als Geldeigentümer die noch über ihm als Unternehmenseigentümer schwebende Bedrohung des Totalverlusts nicht mehr spüren möchte. Häufig wird er glaubhaft machen können, dass er ohne eine erhebliche Verbesserung seiner Risikoposition nicht verkauft.

510) Freigrenzen bewahren bis zu einem bestimmten Punkt davor, sich mit Bagatellen beschäftigen zu müssen, Freibeträge bringen den „Freibetrag" endgültig „nach Hause".

511) *Hilgard*, BB 2004, 1233, 1233 li. Sp. unten.

512) *Semler/Volhard*, Arbeitshandbuch für Unternehmensübernahmen, § 16 Rn. 178; *Hilgard*, BB 2004, 1233, 1233 re. Sp. unten.

513) *Hilgard*, BB 2004, 1233, 1234 re. Sp. oben ff.

514) *Tschäni*, Post Closing Disputes, in: Kaufmann-Kohler/Johnson, Arbitration of Merger and Acquisition Disputes, Conference of ASA Swiss Arbitration Association on January 21, 2005, S. 67 ff., 78, berichtet, dass „in Switzerland the cap would frequently be below 50 % of the purchase price, while in the US the cap – if agreed at all – would tend to be 100 % of the purchase price."

X. Darlegungs- und Beweisfragen
1. Direkte und indirekte Methode

Die oben dargestellte direkte und indirekte Methode sind nur verschiedene Methoden zur Berechnung des Betrags der Wertentschädigung nach § 251 BGB. Für die Darlegungs- und Beweislast ist es so unerheblich, welche Methode angewendet wird und ob ein für die Schadenshöhe relevanter Umstand oder Betrag isoliert oder i. R. einer Unternehmensplanung auftritt. 12.447

2. Begrenzungen entgangener Gewinne und Vorteilsanrechnung

Schwierigkeiten machen die Anforderungen an den Geschädigtenvortrag und die Beweisführung in zwei benachbarten Fällen. Bei der Vernichtung oder Beeinträchtigung bestehender Werte, dem *damnum emergens* oder „positiven Schaden", besteht kein Zweifel, dass der **Geschädigte**, auch wenn § 287 ZPO hilft, **für jedes Jota an Schaden** die **Darlegungs- und Beweislast** trägt. Wo seine Darlegung bzw. sein Beweis endet, endet auch der ihm zuzusprechende Anspruch. 12.448

Bei Geltendmachung des *damnum emergens*/eines „**positiven Schadens**" bleibt es hierbei und ist die Situation klar. Der Geschädigte beziffert z. B. den Betrag der geltend gemachten Wertentschädigung und der Schädiger greift diesen Betrag überhaupt oder der Höhe nach an. Im Übrigen sind aber die Grenzen dieser Obliegenheit freilich teilweise unsicher. 12.449

Wie ist es aber bei **Umständen**, die einen **entgangenen Gewinn**/*lucrum cessans* mindern? Wenn der Käufer im Fallbeispiel der Schokoladenfabrik aus Umsatzausfällen in Folge der defekten Fertigungsstraße von 6 Mio. € nach hierdurch ermöglichten Einsparungen bei Material- und Personalkosten von insgesamt 2,8 Mio. € entgangene Gewinne von 3,2 Mio. € geltend machen möchte, so trägt der Käufer sicher für die Umsatzausfälle die Darlegungs- und Beweislast (wobei § 252 Satz 2 BGB und § 287 ZPO natürlich gelten). Wie ist es aber, wenn der Verkäufer geltend macht, die Kosteneinsparungen hätten sich zu 4,0 Mio. € aufaddiert statt nur zu 2,8 Mio. €? 12.450

Dieser Fall ist nochmals davon zu unterscheiden, dass dem Geschädigten aufgrund der Schädigung an anderer Stelle Vorteile entstehen (Fälle des sog. **Vorteilsausgleichs**). *Ganter* hat die Problematik kürzlich umfassend untersucht. Er kommt zu dem Ergebnis, dass eine Unterscheidung zwischen der Berücksichtigung schadensmindernder Positionen i. R. des Gesamtvermögensvergleichs und der Vorteilsausgleichung aufrechtzuerhalten ist. Dafür, dass es keine schadensmindernden Umstände gibt, die i. R. des Gesamtvermögensvergleichs zu berücksichtigen wären, auf der sog. „ersten Ebene", soll der Geschädigte die Darlegungs- und Beweislast tragen. Hingegen hält *Ganter* umgekehrt den Schädiger für etwaige Vorteile auf einer „zweiten Stufe" für darlegungs- und beweispflichtig. Es sind Vorteile gemeint, die sich erst „infolge eines zu dem schadenstiftenden Ereignis 12.451

hinzutretenden Umstands ergeben".[515] In dieser Logik des Beitrages von *Ganter* wäre wohl der Käufer dafür darlegungs- und beweispflichtig, dass der entgangene Gewinn/lucrum cessans die von ihm behauptete Höhe besitzt.[516]

3. Schadensschätzung und „Ersatz entgangener Chancen"

a) § 252 Satz 2 BGB, § 287 ZPO

12.452 Bei allen Fragen der Schadensbemessung bei Unternehmenswertbeeinträchtigungen nach deutschem Recht spielen § 287 ZPO und bei entgangenen Gewinnen zudem § 252 Satz 2 BGB eine zentrale Rolle. Das Prinzip des Totalausgleichs besteht darin, *allen* Kausalitätslinien mit Vermögensrelevanz nachzugehen; hierdurch rücken Fragen des **Kausalitätsnachweises** – und damit die Relationstechnik und das Beweisrecht[517] – **in das Zentrum von Schadensersatzprozessen.**

12.453 Gäbe es nicht die prozessrechtliche Sekundierung durch § 252 Satz 2 BGB und § 287 ZPO, würde die materiell-rechtliche Weite des „Totalausgleichs" im Streitverfahren wieder zu einem großen Teil durch die Erfordernisse des Strengbeweises verlustiggehen. § 249 Abs. 1 BGB (erste Bedeutungsebene) würde ohne die Möglichkeit einer Schätzung, wie es in § 287 ZPO heißt, „wie hoch sich der Schaden oder ein zu ersetzendes Interesse[518] belaufe", weithin leerlaufen. Dabei gilt § 287 ZPO über den engen Wortlaut hinaus auch für die Frage, „ob ein **Schaden überhaupt entstanden** ist", jedoch nur „soweit es um die **haftungsausfüllende Kausalität** geht".[519] Für die richterliche Überzeugungsbildung reicht dann eine „**deutlich überwiegende, auf gesicherter Grundlage beruhende Wahrscheinlichkeit** aus …".[520]

---

515) *Ganter*, NJW 2012, 801, 806 re. Sp. Die Gegenauffassungen sind bei *Ganter* diktiert.

516) Die Problematik kann hier nicht weiter verfolgt werden. Der zitierte Beitrag von *Ganter* erschließt die weitere Literatur.

517) Die Relevanz des Beweisrechts hebt auch *Hüttemann*, Unternehmensbewertung als Rechtsproblem, in: Fleischer/Hüttemann, Rechtshandbuch Unternehmensbewertung, § 1 Rn. 37, 46, 67 hervor.

518) Hier sieht man noch schön, dass Schaden und Interesse einmal zwei verschiedene Dinge waren.

519) BGH v. 12.7.2016 – KZR 25/14 (Lottoblock II), Rn. 42, NJW 2016, 3527. Im Zusammenhang damit, dass der BGH die Unzulässigkeit einer Abbedingung von § 123 BGB darlegte, überging der BGH allerdings § 287 ZPO und stellte die Durchsetzung des Erfüllungsinteresses entsprechend als schwieriger dar, als sie ist. „Es ist ferner unerheblich, ob der Täuschende … Garantien für verschiedene Umstände … übernimmt und auf Herstellung des garantierten Zustandes haftet. Denn der getäuschte Käufer wird jedenfalls auf das Erfüllungsinteresse verwiesen. Er müsste darlegen, inwiefern sich seine wirtschaftliche Situation günstiger dargestellt hätte, wenn die Umstände, über die er arglistig getäuscht worden ist [Anm. Vf.: gemeint wohl die garantierten Umstände] ist, tatsächlich vorgelegen hätten. Dies würde ihn vor kaum zu überwindende Darlegungs- und Beweisschwierigkeiten stellen …" (BGH v. 17.1.2007 – VIII ZR 37/06, ZIP 2007, 1271).

520) BGH v. 12.7.2016 – KZR 25/14 (Lottoblock II), Rn. 41, NJW 2016, 3527.

X. Darlegungs- und Beweisfragen

Die Legitimität von § 252 Satz 2 BGB und § 287 ZPO ergibt sich neben dem Ausgleichsgedanken auch aus den Situationen der Prozessparteien. Der Geschädigte weiß sehr gut, dass sich sein Schaden nie präzise berechnen lassen wird; er nimmt daher zur Not gerne Ausschläge zu seinem Nachteil hin, weil er dankbar ist, dass er überhaupt entschädigt wird. Umgekehrt der Schädiger: Wenn er sich überhaupt eingesteht, dass er Unrecht getan hat, kann er ebenfalls kaum etwas gegen eine Schätzung einwenden (die u. U. zu seinem Nachteil ausschlagen kann). 12.454

§ 252 Satz 2 BGB und § 287 ZPO geben einem Gericht den Raum und die Zeit, die es benötigt, die Ermächtigung zur Schätzung möglichst richtig auszuüben. 12.455

Im *Fallbeispiel „57 Mitarbeiter im Fernstraßenbau"*[521] 12.456

hatte ein Interessent am Erwerb eines Fernstraßenbaubetriebs, der nicht zum Zuge gekommen war, 57 Mitarbeiter, darunter Schlüsselkräfte, abgeworben. Das BAG wies die Klage trotz der Pflichtwidrigkeiten des Interessenten ab, weil die Voraussetzungen für eine Schadensschätzung nach § 287 ZPO nicht vorlagen. Die Auswirkungen der Personalfluktuation auf die Gewinnsituation und die Kalkulation der einzelnen Bauprojekte war nicht hinreichend vorgetragen worden.

Fragen des § 287 ZPO stellen sich auch bei der Verzinsung. Kann sich ein Gläubiger substantiierten Vortrag über eine rentierliche Anlage eines Geldbetrages ersparen, wenn er nur den gesetzlichen Zinssatz geltend macht? Nein, entschied der BGH; es kann nach dem gewöhnlichen Verlauf der Dinge nicht erwartet werden, dass sich ein zur Verfügung gestellter Geldbetrag zumindest i. H. des gesetzlichen Zinssatzes von 4 % verzinst. Es entspricht nicht einmal dem gewöhnlichen Verlauf der Dinge, dass eine Geldanlage überhaupt Gewinn abwirft.[522] 12.457

b) Internationale Schiedsgerichte

Internationale Schiedsgerichte orientieren sich an dem jeweils anwendbaren nationalen materiellen und Verfahrensrecht. Bisweilen kamen Tribunale so zu § 287 ZPO-ähnlichen Ergebnissen, etwa im *ICC-Fall 8362, 1995*: „With respect to calculation of the amount of alleged damages, counterbalancing factors are taken into account under the law: on the one hand, there must be a sound basis upon which alleged damages are to be calculated. They cannot be the product of sheer speculation unsupported by tangible evidence. On the other hand, the law will not reward 12.458

---

521) S. bereits oben Rn. 1.108.
522) BGH v. 24.4.2012 – XI ZR 360/11, NJW 2012, 2266 ff., 2267 li. Sp. unten.

a party in breach by depriving the other party of compensation merely because no precise basis for determining the amount of damages exists."[523]

12.459 In einem nach dem Recht des Staates New York entschiedenen ICC-Fall begründete das Tribunal seine – § 287 ZPO ähnliche Vorgehensweise – wie folgt: „An additional legal doctrine cuts across our deliberation. The fact that the quantum of damages is uncertain does not necessarily dictate their denial. Western Geophysical v. Bolt Associates, 584 F. 2d 1164 (2d Cir.1978). Corbin (Contracts, vol. 5 Sections 992, et seq.) describes the difficulties encountered in determining the damages to be awarded for breach of contract in these Terms: 'The position that one would have occupied if history had been different is purely hypothetical. And yet that is the problem that the trial court and jury are required to solve.' (§ 992). The doctrine of 'uncertainty' is considered in Berly Industries v. City of New York, 412 N. Y. S. 2d 589 (1978), and also in MCI Communications Corp. v. ATT, 708 F. 2d 1081 (7th Cir. 1983), where the Court stated: 'Since the Supreme Court has been willing to accept a degree of uncertainty in the calculation of damages, strict proof of what damages have been caused by which acts, has not been required.' (p. 1161)."[524]

12.460 In einem dritten Fall stützte sich erneut ein ICC-Schiedsgericht, obwohl möglicherweise das (nicht mitgeteilte) maßgebliche nationale Recht keine § 287 ZPO vergleichbaren Regelungen enthielt, auf die ihm erteilte Ermächtigung zum Handeln als „*amiable compositeur*":

12.461 *Fallbeispiel „Wartungsverträge ‚stage III' und ‚stage IV'"* (ICC-Fall 10049, 2003, Final Award)[525]

Zwischen den Parteien bestand ein Joint Venture-Vertrag, dessen Gegenstand die gemeinsame Beteiligung an Ausschreibungen für Bauleistungen und Wartungsverträge im Nahen Osten und die Erbringung dieser Leistungen war. Sie erhielten zunächst einen Auftrag und errichteten ein Gebäude. In der Folge ging die Beklagte jedoch (*allein*) ein neues Joint Venture mit einem dritten Unternehmen ein, bewarb sich mit diesem gemeinsam um die Wartungsverträge für ‚*stage III'* und ‚*stage IV*' des Gebäudes und das neue Joint Venture erhielt diese auch. Das Schiedsgericht hatte bereits in einem Interim Award entschieden, dass Schadensersatz zu leisten war. In dem Final Award, in dem es um die Bestimmung des Schadens ging, war sowohl zu entscheiden, ob das ursprüngliche Joint Venture zwischen den Parteien bei

---

523) ICC-Fall 8362, 1995, in: Albert Jan van den Berg (ed), Yearbook Commercial Arbitration 1997 – Vol. XXII, (Kluwer Law International) S. 164 ff., 176. In diesem Fall gewährte der Einzelschiedsrichter einem Händler entgangene Gewinne wegen des Bruchs eines Alleinvertriebsvertrages durch den Hersteller.
524) ICC-Fall 5285, 1992, Final Award (excerpts), ICC International Court of Arbitration Bulletin Vol. 3, No. 2.
525) Bulletin de la Cour internationale d'arbitrage de la CCI Vol. 18, No. 1, S. 93 ff.

pflichtgemäßem Verhalten der Beklagten die Wartungsverträge für ‚*stage III*' und ‚*stage IV*' erhalten hätte, als auch die Höhe der „net profits" hieraus zu bestimmen. Das Tribunal listete die Argumente auf, die dafür sprachen, dass das ursprüngliche Joint Venture den Auftrag erhalten hätte, und hielt eine ausreichende genaue Abschätzung der Gewinne für möglich.

Wesentlich restriktiver ging das Schiedsgericht im bereits behandelten *ICC-Fall 5834, 1989*[526]) vor. Der zu gewährende Ersatz umfasse zwar grundsätzlich „positive damages (damnum emergens) as well as loss of profit (lucrum cessans)." In dem indischen Recht unterliegenden Streit gelte dies jedoch nur „to the extent nevertheless that they might reasonably be envisaged by both parties at the time they made the contract. Lost profits can be awarded as damages even though they cannot be determined with absolute certainty, as long as they are not contingent, remote or conjectural."

12.462

c) Ersatz entgangener Chancen?

Wenig überzeugend agierte ein ICC-Schiedsgericht in dem *ICC-Fall 9078, 2001*, dem deutsches Recht zugrunde lag. Das Thema, das ebenso gut als materiell-rechtliches Problem des Schadensbegriffs hätte behandelt werden können, ist häufig praktisch relevant.

12.463

Fallbeispiel „19 verlorene Aufträge von Lizenznehmern" (ICC-Fall 9078, 2001)

12.464

Ein schwedischer Knowhow-Käufer warf einem deutschen Knowhow-Verkäufer vor, eigenen Lizenznehmern und einem Beteiligungsunternehmen vertragswidrig erlaubt zu haben, lizensierte Produkte weiter herzustellen und zu vertreiben. Andernfalls wären 19 Aufträge an die Lizenznehmer des schwedischen Käufers gegangen. Der schwedische Käufer verlangte hierfür in einer Schiedsklage (Schiedsort Zürich) Schadensersatz.

Zweifellos lag ein zentrales Problem des Falles darin, dass ungewiss war, ob die Lizenznehmer des schwedischen Unternehmens ohne die Pflichtwidrigkeit die Kundenaufträge erhalten hätten. Dieses Problem sprach das Schiedsgericht klar an: „In fact, in most cases it would be impossible to prove that the potential customer would have concluded a supply contract with the claiming party, and, further, it would be impossible in most cases to prove at what conditions, respectively prices, such contract might have been concluded ... There might indeed have been other potential suppliers and the Claimant might have had to concede lower prices for being actually awarded the contract."[527])

---

526) ICC-Fall 5834, 1989, Final Award, ICC International Court of Arbitration Bulletin Vol. 5, No. 1, S. 66 f.
527) ICC-Fall 9078, 2001, (Extract), Dispute Resolution Library, Special Supplement 2005, UNIDROIT PRINCIPLES, New Developments and Applications, S. 73 f.

12. Kapitel Schadensersatz- bzw. Schadensrecht

Allerdings ist fragwürdig, wie das Schiedsgericht hiernach das folgende Problem exponiert: „The damage which Claimant claims is actually a **damage for a lost opportunity**, respectively the **value of the missed chance** or opportunity of concluding a deal and realising a profit on such deal. Claimant has not submitted materials which would support the existence of clear rules under German law as to how such cases should be dealt with, nor has the Arbitral Tribunal become aware of such rules clearly established by learned authors or precedents. It must be admitted though that damage resulting from lost opportunities is real damage and the possibility to claim the compensation of such damage caused by a breach of contract must be upheld. The principle is recognised in countries like France and Switzerland as well as by proposed Unidroit rules. The Arbitral Tribunal has not become aware of any opinions under German law to the effect that the principles should not apply in Germany".[528]

12.465 Es dürfte folgender Einwand zu erheben sein: Sicher kann zutreffend gesagt werden, dass das schwedische Unternehmen durch die Pflichtwidrigkeit des deutschen Verkäufers eine „Chance" verloren hat. Es ist aber eine zweite Frage, ob der Verlust einer Chance im deutschen Recht, das im Streitfall maßgeblich war, einen ersatzfähigen Schaden darstellt. Dies dürfte jedenfalls zu verneinen sein, wenn der Gläubiger eine Wertentschädigung nach § 251 Abs. 1 BGB begehrt, da hier ein Differenzschaden vorzutragen ist. Da aber eine **bloße „Chance"** i. R eines Gesamtvermögensvergleichs schon das **Vermögen im hypothetischen, schadensfreien Fall nicht erhöht** hätte, kann ihr Verlust in dem schadensbeeinflussten Fall das Vermögen nicht relativ erniedrigen. **Eine Chance ist noch nicht Vermögen, und daher ihr Wegfall noch nicht Schaden**; sie bleibt unterhalb der Schwelle, die für den Differenzschaden relevant ist. Ein Ersatzgläubiger muss also vortragen, dass **aus der Chance Vermögen geworden wäre**;[529] dies freilich erleichtern ihm § 287 ZPO und § 252 Satz 2 BGB ganz erheblich. Es wäre zu erkennen gewesen, dass zwar das deutsche Recht keinen Schadensersatz für eine „verlorene Chance" kennt, aber einem Gläubiger den Nachweis, dass aus einer Chance, die der Schuldner vernichtete, Vermögen geworden wäre, erheblich erleichtert.[530]

---

528) ICC-Fall 9078, 2001, (Extract), Dispute Resolution Library, Special Supplement 2005, UNIDROIT PRINCIPLES, New Developments and Applications, S. 73 f. [8.5.5].

529) Dazu, dass das deutsche Recht keinen Schadensersatz für entgangene Chancen gewährt, auch überzeugend *Brand*, Schadensersatzrecht, § 5 Rn. 43 f. *Brand* erläutert dies eindrucksvoll an dem Fall *Harding vs United States Figur Skating Association*. Dass eine amerikanische Weltklasseeisläuferin ihrer Konkurrentin im eigenen Lande mit einer Eisenstange die Knie zerschlagen ließ, um sie bei olympischen Spielen auszuschalten, führe nach deutschem Recht nicht zu einem Schadensersatzanspruch, namentlich nicht i. H. des Produkts der „Eintrittswahrscheinlichkeit" mit der „Siegprämie".

530) In dem veröffentlichten Auszug aus dem ICC-Fall 9078, 2001 werden bemerkenswerterweise § 287 ZPO und § 252 Satz 2 BGB nicht erwähnt.

XI. Zusammenfassende Matrix: Schadensersatzansprüche bei M&A-Transaktionen

Die bei M&A-Transaktionen in Frage kommenden Schadensersatzansprüche aus c. i. c. und Garantien können wie folgt dargestellt werden: **12.466**

	Naturalherstellung	Wertentschädigung
Bestands- bzw. negatives Interesse „zum Ersatz verpflichtender Umstand": Aussage weicht von „Welt" ab. Informationspflichtverletzung.	Rücktritt „Restvertrauensschaden" Schadensersatz i. H. d. Differenz zwischen dem vereinbarten Kaufpreis und dem, ausgehend von dem tatsächlichen Käufer-Unternehmenswert, hypothetisch vereinbarten Kaufpreis U. U. **Vertragsanpassung**[531]	
	Ersatz von Vertragskosten, entgangen Gewinnen und von Folgeschäden je nachdem als Naturalherstellung oder Wertentschädigung	
Positives bzw. Leistungsinteresse „zum Ersatz verpflichtender Umstand": „Welt" weicht von Garantieaussage ab	Naturalherstellung des positiven Interesses nach §§ 249 Abs. 1, 250 BGB	Differenz zwischen geschuldetem und geliefertem Unternehmenswert bzw. Anteilswert nach dem „**objektivem subjektiven Unternehmenswert des Käufers**".[532] Folgeschäden und entgangene Gewinne, die *außerhalb* des Unternehmens anfallen, hinzuzurechnen

---

531) Inwieweit die Rspr. eine *Vertragsanpassung* gewähren würde, ist nicht gesichert. Voraussichtlich würden jedenfalls die Beweiserleichterungen, die bei dem „Restvertrauensschaden" eingreifen, wegfallen.

532) Vgl. Rn. 10.130, 12.258.

Fünfter Teil

Zusatzabreden und Weiterungen

13. Kapitel Zusatzabreden und Kaufpreisklauseln

Übersicht

- I. Hintergrund 13.1
- II. Pflichten des Verkäufers neben der Lieferungspflicht 13.13
  1. Pflichten des Verkäufers zur Herbeiführung von Wirksamkeitsbedingungen 13.14
  2. Freistellungs- oder Kostenerstattungspflichten 13.17
  3. Altlastenklauseln 13.21
     - a) Vertraglicher Altlastenbegriff 13.22
     - b) Bedeutung der sog. „Nutzungsrelativität" 13.25
     - c) Vorliegen einer Sanierungsanordnung 13.27
     - d) Mitwirkungsrechte des Verkäufers 13.32
     - e) Rechtsprechung zu § 463 BGB a. F. 13.35
  4. Steuerklauseln 13.36
  5. Geschäftsführung zwischen Signing und Closing 13.42
  6. Liefer-, Bezugs- und Finanzierungspflichten des Verkäufers 13.46
  7. Einstandspflichten des Verkäufers für einen Mindestwert von Aktiva und einen Höchstwert von Schulden 13.49
  8. Pflichten des Verkäufers aus Wettbewerbsverboten 13.50
- III. Pflichten des Käufers neben der Kaufpreiszahlungspflicht 13.56
  1. Pflichten des Käufers zur Herbeiführung von Wirksamkeitsbedingungen 13.56
  2. Freistellungs- und Kostenerstattungspflichten des Käufers 13.58
  3. Liefer- und Bezugspflichten des Käufers 13.61
  4. Nachbewertungsklauseln 13.63
  5. Mehrerlös-, Einzelverwertungs- oder Spekulationsklauseln 13.80
     - a) Unterschiedliche Zwecke und Ausgestaltungen von Mehrerlös- u. ä. Klauseln 13.80
     - b) Kontrolle von Mehrerlös- u. ä. Klauseln 13.83
  6. Rückstellungsauflösungs- u. ä. Klauseln 13.86
  7. Beschäftigungs-, Standort- und Investitionszusagen des Käufers 13.87
     - a) Hintergrund 13.87
     - b) Ökonomische Problematik . 13.89
     - c) Unverbindliche und verbindliche Zusagen 13.91
     - d) Tatbestand von Zusagen 13.92
     - e) Grenzen von Zusagen nach §§ 138 und 305 ff. BGB 13.93
     - f) Ausnahme „dringende betriebliche Erfordernisse" etc. 13.96
- IV. Kaufpreisklauseln 13.99
  1. Hintergrund 13.99
  2. Kaufpreisanpassungsklauseln und Unternehmenswert 13.104
  3. Net Debt-/Net Cash- und Working Capital-Kaufpreisklauseln 13.111
  4. Auf nicht betriebsnotwendiges Vermögen bezogene Kaufpreisklauseln 13.132
  5. Auf das buchmäßige Eigenkapital bezogene Kaufpreisklauseln 13.133
  6. Auf operative Überschüsse bezogene Kaufpreisklauseln 13.139
  7. Earn Out-Klauseln bzw. Besserungsscheine 13.140
  8. Gemeinsame Probleme bei Kaufpreis- u. ä. Klauseln 13.151
  9. Rechtsnatur von Kaufpreisklauseln 13.156

13. Kapitel Zusatzabreden und Kaufpreisklauseln

V. Wechselseitige Pflichten bei Minderheitsbeteiligungen, bei Venture Capital oder Private Equity-Finanzierungen 13.159
VI. Sog. „Sprech-", „Neuverhandlungs-" oder „Nachverhandlungsklauseln" 13.160
VII. Pflichten der Gesellschaft 13.168
VIII. Zur Verjährung von Ansprüchen aus Zusatzabreden und Kaufpreisklauseln 13.169

Literatur: *Arens/Boz Ali*, Rechtliche Beurteilung der Mehrerlösklauseln in Privatisierungsverträgen mit der BvS und zulässige Gestaltungsalternativen, VIZ 1997, 393; *Baron/Trebing*, Umgang mit Kartellrechtsrisiken in M&A-Transaktionen – aktuelle Fragestellungen und Entwicklungen, BB 2016, 131; *Bernhard*, Grenzen vertraglicher Wettbewerbsverbote zwischen Unternehmen, NJW 2013, 2785; *Bolt*, Kennzeichenrechtliche Verträge bei Unternehmenskäufen, BB 2013, 2568; *Borowicz*, Earn-out: Grundgedanke, Ausgestaltung und Einbettung in die Transaktion, CF 2014, 429; *v Braunschweig*, Vendor Loan, Rückbeteiligung und Earn Out als aktuelle Finanzierungsalternativen bei Buy Outs, DB 2010, 713; *v. Braunschweig*, Variable Kaufpreisklauseln in Unternehmenskaufverträgen, DB 2002, 1815; *Bruse*, Gesellschafter- und Investorenvereinbarungen in der Praxis, in: Müller-Stewens/Kunisch/Binder, Merger&Acquisitions, 2010, S. 564; *Demuth*, 10. Petersberger Schiedstage „M&A und Schiedsverfahren", SchiedsVZ 2012, 271; *Dietrich*, Steuerklauseln im Unternehmenskaufvertrag (Asset Deal und Share Deal), Ubg 2010, 712; *Drygala*, Vertragliche und gesetzliche Kontrolle des Earnout-Schuldners, in: Drygala/Wächter, Kaufpreisanpassungs- und Earnout-Klauseln, 2016, S. 247; *Ehle*, Arbitration as a Dispute Resolution Mechanism in Mergers and Acquisitions, Comparative Law Yearbook of International Business, Vol. 27, 2005, S. 287; *Ehle/Scherer*, Arbitration of International M&A Disputes, Inter-Pacific Bar Association Journal, September 2007, S. 23; *Engelhardt*, Aktuelles zur Kaufpreissicherung und variablen Kaufpreisklauseln, GmbHR 2014, R 257, *Ettinger/Schmitz*, Earn-Out-Gestaltungen im Unternehmenskaufvertrag, GmbHR 2016, 966; *Fischer*, Steuerklauseln in Unternehmenskaufverträgen, in: Drygala/Wächter, Kaufpreisanpassungs- und Earnout-Klauseln, 2016, S. 91; *Fischer/Kagan*, Auf Altlastenrisiken bezogene „Kaufpreisanpassungsklauseln", in: Drygala/Wächter, Kaufpreisanpassungs- und Earnout-Klauseln, 2016, S. 71; *Fleischer/Schneider*, Tag along- und Drag along-Klauseln in geschlossenen Kapitalgesellschaften, DB 2012, 961; *Geisler/Winterling*, Bilanzielle Behandlung von Carve-out-Transaktionen beim Veräußerer, BB 2016, 303; *Gresbrand*, Wettbewerbsverbote für den Gesellschafter-Geschäftsführer beim GmbH-Unternehmenserwerb, GmbHR 2013, 119; *Greven*, Der Umgang mit Gesellschafterdarlehen bei M&A-Transaktionen, BB 2014, 2309; *Gross*, M&A Disputes and Expert Determination: Getting to Grips with the Issues, PLC Cross-Border-Arbitration Handbook 2010/11, S. 1; *Haarbeck/König*, Interdependenz von Due Diligence-Untersuchungen, Unternehmensbewertung und Unternehmenskaufvertrag, in: Berens/Brauner/Strauch/Knauer, Due Diligence bei Unternehmensakquisition, 7. Aufl., S. 171; *Habersack*, Preisfeststellung durch Schiedsgutachten beim Unternehmenskauf, DB 2009, 44; *Haberstock*, Risikoverteilung im Unternehmenskaufvertrag, in: Festschrift P+P Pöllath + Partners, 2008, S. 29; *Henle*, Paneldiskussion zum Thema Kaufpreisanpassungsklauseln im Niemandsland zwischen betriebswirtschaftlich ignoranten Juristen und juristisch ignoranten Kaufleuten, in: Drygala/Wächter, Kaufpreisanpassungs- und Earnout-Klauseln, 2016, S. 171; *Herkenroth*, Bericht über die Diskussion im Panel zur steuerlichen Kaufpreisanpassungs- und Earnout-Klauseln bei M&A Transaktionen, in: Drygala/Wächter, Kaufpreisanpassungs- und Earnout-Klauseln, 2016, S. 215; *Hesse/Micha*, Earn-out beim Unternehmenskauf, RölfsPartner report 4/2011, 16; *Hilgard*, Der Freistellungsanspruch beim Unternehmenskauf BB 2016, 1218; *Hilgard*, Earn-Out-Klauseln beim Unternehmenskauf, BB 2010, 2912; *Hilgard*, Cash-free/Debt-free-Klauseln beim Unternehmenskauf, DB 2007, 559; *Hirte*, Zivil- und kartellrechtliche Schranken für Wettbewerbsverbote im Zusammenhang mit Unternehmensveräußerungen, ZHR 154 (1990), 443; *Hoenig/Sprado*, „Best

I. Hintergrund

Efforts"-Klauseln in Unternehmenskaufverträgen unter deutschem Vertragsstatut, NZG 2014, 688; *Hofer*, Negativer Kaufpreis beim Unternehmenskauf – Gestaltungsmöglichkeiten zur Absicherung der Verkäuferinteressen, BB 2013, 972; *Hoffmann*, Die rechtliche Ausgestaltung von Kaufpreisanpassungsklauseln (insbesondere Earn-Out-Klauseln) in Unternehmenskaufverträgen, in: Birk/Bruse/Sänger, Forum Unternehmenskauf 2014, 2015, S. 151; *Hoger*, Verkäuferfreundliche M&A-Verträge – der Trend hält an, AG 2016, R 136; *Hohenstatt/Schramm*, Vertragsregelungen beim Unternehmenskauf als Zusagen zugunsten der Belegschaft, NZA 2006, 251; *Hormann*, Treuhandprivatisierungsverträge im Lichte der Rechtsprechung, Teil 1, VIZ 1996, 1 und Teil 2, VIZ 1996, 71; *Horn*, Vertragsbindung unter veränderten Umständen – Zur Wirksamkeit von Anpassungsregelungen in langfristigen Verträgen, NJW 1985, 1118; *Horn*, Neuverhandlungspflicht, AcP 181 (1981), 255; *Hüttemann/Meinert*, Nicht betriebsnotwendiges Vermögen, in: Fleischer/Hüttemann, Rechtshandbuch Unternehmensbewertung, 2015, S. 200; *Ihlau/Gödecke*, Earn-Out-Klauseln als Instrument für die erfolgreiche Umsetzung von Unternehmenstransaktionen, BB 2010, 687; *Jonas/Wieland-Blöse*, Besonderheiten des DCF-Verfahrens, in: Fleischer/Hüttemann, Rechtshandbuch Unternehmensbewertung, 2015, S. 252; *Kästle*, Fünf Hauptthemen zu Net Working Capital aus betriebswirtschaftlicher und kautelarjuristischer Sicht, in: Drygala/Wächter, Kaufpreisanpassungs- und Earnout-Klauseln, 2016, S. 119; *Kiem*, Am Enterprise Value orientierte Kaufpreisanpassungsklauseln, Weiterverkaufs- und Mehrerlösklauseln, in: Drygala/Wächter, Kaufpreisanpassungs- und Earnout-Klauseln, 2016, S. 151; *Kiethe*, Die Auslegung von Mehrerlösklauseln in Kaufverträgen der Treuhandanstalt/Bundesanstalt für vereinigungsbedingte Sonderaufgaben, VIZ 2003, 209; *Kiethe*, Nachbewertungsklausel in Musterverträgen der THA/BvS auf dem Prüfstand der Rechtsprechung, VIZ 1999, 697; *Kiethe*, Nachträgliche Korrektur von Vertragsklauseln in Treuhandmusterverträgen, BB 1994, 7; *Kiethe*, Nachverhandlungen mit der Treuhandanstalt 1994; *Kiethe*, Mehrerlösklauseln und Nachbewertungsklauseln in Treuhand-Musterverträgen – eine kritische Bestandsaufnahme, VIZ 1993, 471; *Krispenz*, Umwelthaftung in Unternehmenskaufverträgen, Ein Überblick über die Gestaltungsmöglichkeiten, M&A Review 2015, 448; *Krüger/Kaufmann*, Exklusivität und Deal Protection bei Unternehmenskauf vom Insolvenzverwalter, ZIP 2009, 1095; *Kutt*, Steuerliche Behandlung von nachträglichen Kaufpreiserhöhungen – insbesondere beim Earnout, in: Drygala/Wächter, Kaufpreisanpassungs- und Earnout-Klauseln, 2016, S. 193; *Lappe*, Risikoverteilung beim Unternehmenskauf durch Stichtagsregelungen, DB 2007, 153; *Lauster*, Behandlung von Gesellschafterdarlehen im Rahmen von M&A-Transaktionen im Lichte der jüngsten Rechtsprechung des Bundesgerichtshofs, WM 2013, 2155; *Lehmann*, Unternehmenskauf von der Treuhandanstalt – Praktische Hinweise zur Vertragsgestaltung, DStR 1992, 1287; *Liekefett*, Die Verjährung von Freistellungsansprüchen in M&A-Vertragswerken, DB 2005, 2398; *Link*, Bilanzielle und steuerliche Fragestellungen bei Earnout-Gestaltungen, BB 2014, 554; *Maidl/Kreifels*, Beteiligungsverträge und ergänzende Vereinbarungen, NZG 2003, 1091; *Messerschmidt*, Investitions- und Beschäftigungsgarantien in Treuhand- und Privatisierungsverträgen, WiB 1994, 377; *Meyding/Grau*, Earn-out-Klauseln und Absicherung von Garantieansprüchen – „tickende Zeitbomben" bei Distressed M&A?, NZG 2011, 41; *Mirow*, Kaufpreisanpassung in Unternehmenskaufverträgen: Cash Free/Debt Free oder Renaissance der Eigenkapitalgarantie, Corporate Finance Law, 3/2011, S. 1; *Moser*, Kaufpreisklauseln in Unternehmenskaufverträgen, in: Berens/Brauner/Strauch/Knauer, Due Diligence bei Unternehmensakquisition, 7. Aufl., S. 363; *Otto*, „Eigenkapitalraub" und „nicht erwünschtes Verhalten": Private Equity zwischen betriebswirtschaftlicher Logik und der Idee vom Unternehmen an sich, AG 2013, 357; *Peter*, Arbitration of Merger and Acquisitions: Purchase Price Adjustment Arbitrations, in: Kaufmann-Kohler/Johnson, Arbitration of Merger and Acquisition Disputes, Conference of ASA Swiss Arbitration Association on January 21, 2005, S. 55; *Popp*, Betriebswirtschaftliche Techniken zum Ausgleich zwischen Earnout-Parteien, in: Drygala/Wächter, Kaufpreisanpassungs- und Earnout-Klauseln, 2016, S. 261; *Preu*, Konflikte zwischen Treuhandanstalt und Investoren aus Privatisierungsverträgen, Teil 1, DStR 1994, 1265, Teil 2 DStR 1994, 1497, Teil 3 DStR 1994, 1777, Teil 4, DStR 1995, 1390; *Pröbsting/Peitz*, „Rettung"

13. Kapitel Zusatzabreden und Kaufpreisklauseln

sittenwidriger Wettbewerbsverbote mittels einer salvatorischen Klausel?, BB 2013, 840; *Reinhard/Schützler*, Anfechtungsrisiko für den Unternehmensverkäufer aus der Veräußerung von Gesellschafterdarlehen?, ZIP 2013, 1898; *Roitzsch/Wächter*, Gesellschaftsrechtliche Probleme des Finanzmarktstabilisierungsgesetzes, DZWIR 2009, 1; *Roitzsch/Wächter*, Zweifelsfragen beim Erwerb von Risikopositionen nach dem Finanzmarktstabilisierungsgesetz, ZIP 2008, 2301; *Sachs*, Schiedsgerichtsverfahren über Unternehmenskaufverträge – unter besonderer Berücksichtigung kartellrechtlicher Aspekte, SchiedsVZ 2004, 123; *Schmidt-Hern/Behne*, Mehrerlösklauseln in Unternehmenskaufverträgen, NZG 2012, 81; *Schniepp/Hensel*, Gesellschafterdarlehen – gesamtschuldnerische Haftung von Zedent und Zessionar in M&A-Transaktionen?, BB 2015, 777; *Schniepp/Hensel*, Gesellschafterdarlehen in Unternehmenstransaktionen: Auswirkungen der jüngeren BGH-Rechtsprechung auf die M&A-Praxis, DB 2015, 479; *Schöne/Uhlendorf*, Kaufpreisanpassung an das bilanzielle Eigenkapital oder Nettovermögen, in: Drygala/Wächter, Kaufpreisanpassungs- und Earnout-Klauseln, 2016, S. 133; *Schrader*, Inhalte des Unternehmenskaufvertrages, in: Eilers/Koffka/Mackensen, Private Equity, 2. Aufl. 2012, S. 59; *Schweer/Todorow*, Prozessuale Durchsetzung von Freistellungsansprüchen, NJW 2013, 3004; *Seibt*, Sinn und Zweck, Einsatz und Mechanik von Earnout-Regelungen, in: Drygala/Wächter, Kaufpreisanpassungs- und Earnout-Klauseln, 2016, S. 222; *Sessler/Leimert*, The Role of Expert Determination in Mergers and Acquisitions under German Law, Arbitration International, Vol. 20 Nr. 2, 2004, S. 151; *Streck/Mack*, Unternehmenskauf und Steuerklauseln, BB 1992, 1398; *Swoboda/Gruhn*, Net Debt/Net Cash-Klauseln und Vergleich der Kaufpreisbestimmung gemäß Festpreis/Locked Box- oder Completion-Accounts-Mechanismus, in: Drygala/Wächter, Kaufpreisanpassungs- und Earnout-Klauseln, 2016, S. 109; *Thole*, Die Bedeutung von sogenannten Sprech- und Neuverhandlungsklauseln in Projektfinanzierungsverträgen am Beispiel von Stuttgart 21, WM 2013, 1005; *Toll/Rollinck*, Earn-Out-Klauseln zur Überwindung divergierender Erfolgserwartungen– oder Segen?, M&A Review 2014, 154; *Vischer*, Earn Out-Klauseln in Unternehmenskaufverträgen, SJZ 98 (2002), 509; *Wächter*, Schadensersatz und Kaufpreisanpassung post M&A, in: Drygala/Wächter, Kaufpreisanpassungs- und Earnout-Klauseln, 2016, S. 1; *Wächter*, Praktische Fragen der Gestaltung und Auslegung von Altlastenklauseln in Grundstücks- und Unternehmenskaufverträgen, NJW 1997, 2073; *Wächter*, Privatization in East Germany: Success or Failure?, in: Ebke/Vagts, Demokratie, Marktwirtschaft und Recht, 1996, S. 254; *Wächter*, Beschäftigungs- und Investitionszusagen in Treuhandprivatisierungsverträgen, ZAP-Ost, Fach 15, S. 181, Nr. 16 v. 17.8.1994, S. 519; *Wächter*, Geltung des AGB-Gesetzes bei der Nichteinhaltung von Zusagen in Treuhandprivatisierungsverträgen, VIZ 1994, 265; *Wächter*, Käufereinwendungen gegen Zahlungspflichten bei Nichteinhaltung von Beschäftigungs- oder Investitionszusagen in Treuhandprivatisierungsverträgen, WM 1994, 1319; *Wächter/Kaiser/Krause*, Klauseln in Unternehmenskaufverträgen mit der Treuhandanstalt, Teil 1, WM 1992, 293 und Teil 2, WM 1992, 337; *Wächter/Stender*, Die Rechtsprechung zu Investitions- und Beschäftigungszusagen in Treuhandprivatisierungsverträgen, NJW 2000, 395; *Wälzholz*, Gesellschaftervereinbarungen (side-letters) neben der GmbH-Satzung, Chancen – Risiken – Zweifelsfragen, GmbHR 2009, 1020; *Weidenbach/Mühle*, Wettbewerbsverbote im Kartellrecht – Teil I Unternehmenskaufverträge, EWS 2010, 353; *Weimar*, Haftungsrisiken aus Investitions- und Beschäftigungsgarantien bei privatisierten Unternehmen, DStR 1993, 63; *Weitnauer/Grob*, Gesellschaftsrechtliche Wettbewerbsverbote, GWR 2014, 185; *Wenzel*, Auf Einzelassets bezogene bedingte und unbedingte Nachbewertungsklauseln, in: Drygala/Wächter, Kaufpreisanpassungs- und Earnout-Klauseln, 2016, S. 59; *Werner*, Earn-Out-Klauseln – Kaufpreisanpassung beim Unternehmenskauf, DStR 2012, 1662; *Wernicke*, Die Rückführung überlanger Wettbewerbsverbote in der BGH-Rechtsprechung, BB 1990, 2209; *Witte/Mehrbrey*, Variable Kaufpreisregelungen in Unternehmenskaufverträgen im Geflecht von Schiedsgutachtervereinbarungen und Schiedsgerichtsklauseln, NZG 2006, 241; *Wollny*, Unternehmensbewertung, Eigenkapitalgarantie und Kaufpreisanpassung, in: Drygala/Wächter, Kaufpreisanpassungs- und Earnout-Klauseln, 2016, S. 23; *Zeuner*, Privatisierungsverträge der Treuhandanstalt in der Gesamtvollstreckung ehemaliger Treuhandunternehmen, ZIP 1993, 1365; *Ziegert*, Der Venture Capital-Beteiligungsvertrag (VCB), Diss. Jur.,

2005; *Ziegler*, Ausgestaltung von Earn-Out-Klauseln in Unternehmenskaufverträgen – Praktische Hinweise zur Vertragsgestaltung, M&A-Review, 2016, 226.

I. Hintergrund

Bei den im Dritten Teil behandelten Ansprüchen und den im Vierten Teil behandelten Rechtsfolgen drehte sich alles um versprochenen und gelieferten Unternehmenswert. Dies ist bei den Ansprüchen und Rechtsfolgen dieses 13. Kapitels nicht anders.[1] 13.1

Bisher kannten wir indessen nur eine kaufrechtliche Hauptpflicht zur Unternehmenslieferung (Shares oder Assets) aus § 433 Abs. 1 BGB, eine kaufrechtliche Hauptpflicht zur Kaufpreiszahlung aus § 433 Abs. 2 BGB und eine nähere Spezifizierung des Leistungsprogramms zur Unternehmenslieferung durch die gesetzliche c. i. c.-Haftung, eine deliktische Haftung und eine Haftung aus selbstständigen Garantien. Diese Haftungen bezogen sich aber nur auf Sollzustände des kaufrechtlich (nach § 433 Abs. 1 BGB) zu liefernden Unternehmens oder ggf. auf relevante Umweltzustände. 13.2

Nunmehr, wenn die Verpflichtungen dieses 13. Kapitels auf der Bühne erscheinen, wird das **verfügbare rechtliche Repertoire** im **erweiterten Umfang** eingesetzt, um den Übergang von Unternehmenswert auf den Käufer zu sichern. Das betrifft zunächst **nicht kaufrechtliche Leistungspflichten mit Herrichtungscharakter,** die auf die **Nachbearbeitung des gelieferten Unternehmens** gerichtet sind. Das Spektrum solcher möglicher Pflichten ist sehr groß. Sie kommen vorrangig aus der Vertragsfreiheit und unterliegen dem allgemeinen Schuldrecht, obwohl sie bisweilen Berührungspunkte zum besonderen Schuldrecht (Kaufrecht, Geschäftsbesorgung, Werkvertrag, o. Ä.) aufweisen. 13.3

Praktisch bedeutend sind v. a. **Freistellungs- und Kostentragungspflichten** des Verkäufers, die es erlauben bei Eintritt oder Nichteintritt gewisser Umstände dem Käufer ergänzende Ansprüche auf Nachjustierung des bei ihm „ankommenden" Unternehmens bzw. Unternehmenswerts zu gewähren. 13.4

Auch **Wettbewerbsverbote** sichern die Übertragung des Unternehmenswerts vor einem Verhalten, mit dem der Verkäufer nach der Unternehmensübertragung noch Unternehmenswert absaugen könnte. 13.5

Ebenfalls von erheblicher praktischer Bedeutung sind **bedingte Nachzahlungspflichten des Käufers,** die Im Umkreis der kaufrechtlichen Hauptleistungspflicht zur Kaufpreiszahlung nach § 433 Abs. 2 BGB begründet werden. Sie können dadurch getragen sein, dass ein „Nachmessen" mehr Unternehmenswert indiziert (Nachbewertung, Mehrerlös, Earn Out), oder dass der Käufer bestimmte **außermonetäre Wohlverhaltenspflichten** (Beschäftigungs- und Investitions- 13.6

---

[1] Dies gilt mit einer Nuancierung auch für Beschäftigungs- und Investitionszusagen.

zusagen) nicht erfüllt hat, die sodann – über Kaufpreiserhöhungsregelung oder Vertragsstrafen[2] – **monetarisiert** oder **remonetarisiert**[3] werden.

13.7 In diesem 13. Kapitel werden die in Frage kommenden Klauseln nach Parteirollen getrennt behandelt. Zuerst werden den Verkäufer und dann den Käufer belastende Klauseln untersucht. Die üblichen Kaufpreisanpassungsklauseln, die zu Anpassungen des wirtschaftlichen Kaufpreises in beide Richtungen, nach oben wie nach unten führen können, verdienen einen Sonderstatus und werden danach erörtert.

13.8 Obwohl, wie schon eingeräumt, es auch in diesem 13. Kapitel darum geht, wie viel Unternehmenswert für einen vereinbarten Kaufpreis übertragen wird (genauer: wie viel Unternehmenswert unter Berücksichtigung von Konzeptänderungen, Synergien und Dyssynergien beim Käufer ankommt), ist eine von dem Dritten und Vierten Teil **getrennte Behandlung** dennoch sachdienlich. Einerseits wird im Dritten Teil ein bestimmter, schon vorhandener Unternehmenswert vorausgesetzt; die im hiesigen 13. Kapitel behandelten Abreden, die Verkäuferpflichten betreffen, *erhöhen oder senken* aber den zu liefernden Unternehmenswert durch nachträgliche Eingriffe. Zweitens sind die hier behandelten Abreden zwar regelmäßiger, aber *nicht zwingender Bestandteil* einer M&A-Transaktion und zuletzt unterscheiden sich die in diesem 13. Kapitel behandelten Fragestellungen rechtlich erheblich von denen des Dritten und Vierten Teils, die auf der Tatbestandsseite durch Fragestellungen wie nach dem Inhalt von Garantien, den Voraussetzungen von c. i. c., Delikt, Verschulden, Verhaltens- und Wissenszurechnung etc. sowie auf der Rechtsfolgenseite durch schadensrechtliche Probleme gekennzeichnet waren. Alle diese Themen spielen im 13. Kapitel indessen zumeist überhaupt keine, allenfalls ein sekundäre Rolle. Hier geht es um noch freiere kautelarjuristische Gestaltungen.

13.9 Die Pflichten, um die es in diesem Kapitel geht, können unbedingt sein, etwa den Verkäufer zur Gewährung einer Lizenz oder den Käufer zum Bezug von Verkäuferprodukten verpflichten. Häufig handelt es sich aber um **konditionierte Pflichten**, etwa die Pflicht zur Übernahme der Kosten bei einer Altlastensanierung, wenn noch nicht feststeht, ob eine solche erfolgen muss und welche Maßnahmen durchgeführt werden müssen. Weil das Bestehen oder der Inhalt der im 13. Kapitel behandelten Pflichten häufig von in der **Zukunft liegenden Umständen** abhängt, sind sie von einer Problematik betroffen, die bei den Ansprüchen wegen einer Beeinträchtigung des Unternehmenswertes aus Garantien, c. i. c., Delikt oder kaufrechtlicher Gewährleistung keine oder fast keine Rolle spielte: Es müssen Vorkehrungen dagegen getroffen werden, dass die Parteien den Eintritt

---

2) Wohl i. d. R. nicht über Schadensersatz; s. Rn. 13.8.
3) Dabei muss, wenn ein ökonomisch rationales Verhalten des Käufers unterstellt wird, angenommen werden, dass der ursprünglich von ihm gezahlte Barkaufpreis unter seinem Grenzpreis lag (wenn die Erfüllung der Wohlverhaltenspflichten unternehmenswertmindernd war) oder dass sie von vornherein unternehmenswertneutral war. S. Rn. 13.89 f.

I. Hintergrund

von für sie vorteilhaften Umständen **manipulativ herbeiführen oder** den Eintritt von nachteiligen Umständen **verhindern.** Bei einer Herbeiführung der Voraussetzungen für einen Anspruch in einer solchen zu missbilligenden Weise muss entweder die Entstehung von Ansprüchen ausgeschlossen werden oder, im gegenteiligen Fall, müssen Ansprüche gewährt werden, obwohl der Schuldner den Eintritt der Voraussetzungen verhindert hat; u. U. müssen solche Ansprüche auch in ihrem Inhalt korrigiert werden.

Dabei sind **Manipulationen oft nicht leicht nachzuweisen.** Abschreibungen bezogen auf Vorräte und Forderungen, rasche Verkäufe von Altbeständen unter erheblichen Abschlägen, die schnelle Aufgabe von Produkten mit geringen Margen (was oft zu schlagartigem Abschreibungsaufwand führt) und die kurzfristige Durchführung von Reparaturen und Marketingkampagnen *können* manipulativ, aber sie können ebenso gut gebotene Maßnahmen sein. Vielleicht holen sie nur nach, was der Verkäufer selbst manipulativ unterließ.[4]   13.10

Bei den zusätzlichen Pflichten dieses Kapitels stellt sich das Problem von Manipulationen (bzw. *moral hazard*) nicht nur im Hinblick auf das Vorliegen/Nichtvorliegen von Voraussetzungen für zusätzliche Leistungspflichten, sondern auch bezogen auf die **Bemessung ihrer Höhe.** Häufig hängt ihre Höhe etwa von Feststellungen von Sachverständigen zu technischen oder wirtschaftlichen Umständen oder Bewertungen ab. Sehr skeptisch formuliert etwa *Peter* zu Parteiengutachtern in internationalen Schiedsverfahren: "Experience shows that almost any target amount proposed either by the seller or by the buyer will be supported by the relevant Party's account expert…".[5] Niemand müsse sich deshalb wundern, so *Peter* weiter, wenn ausgehend von denselben Daten die Verkäufer-Experten häufig eine substantielle Kaufpreiserhöhung und die Käufer-Experten eine ebensolche Minderung begründen.   13.11

In die Zukunft gerichtete Pflichten stellen den Regelfall des Schuldrechts dar; so wundert es nicht, dass das BGB Normen bereithält, die den Schuldner vor Manipulationen durch den Gläubiger, oder umgekehrt, schützen sollen.[6] Diese Normen werden allerdings bei Unternehmenskaufverträgen meist nicht als ausreichend angesehen, sondern vertraglich ergänzt, etwa durch formale bzw. pro-   13.12

---

4) „… in practice, measures which are effectively manipulations are not always easy to prove and often raise complex accounting and valuation issues." (*Peter*, Arbitration of Merger and Acquisitions: Purchase Price Adjustment Arbitrations, in: Kaufmann-Kohler/Johnson, Conference of ASA Swiss Arbitration Association on January 21, 2005, S. 55–65, S. 60).

5) *Peter*, Arbitration of Merger and Acquisitions: Purchase Price Adjustment Arbitrations, in: Kaufmann-Kohler/Johnson, Conference of ASA Swiss Arbitration Association on January 21, 2005, S. 55–65, S. 61.

6) S. im allgemeinen Schuldrecht etwa: § 242 (insb. die Fälle des „unredlichen Erwerbs der eigenen Rechtsstellung" – vgl. Palandt-*Grüneberg*, BGB, § 242 Rn. 43 – bzw. excepti doli specialis bzw. „unclean hands") §§ 254, 264, 293, 313, 314, 320, 323 Abs. 6, 424 BGB und im besonderen Schuldrecht: §§ 447, 490, 615, 642, 645, 671 Abs. 2, 723 Abs. 1 Nr. 1 BGB etc.

zedurale Voraussetzungen von Leistungspflichten sowie Mitwirkungsrechte bei Verwaltungsverfahren und Passivprozessen der Gesellschaft etc. Wenn man sich bewusst macht, dass auch die **Feststellung von Größen der Vergangenheit**, von denen eine Leistungspflicht abhängt, ein **zukünftiger Umstand** ist,[7)] wird deutlich, dass auch die üblichen Schiedsgutachterklauseln, etwa bei Abrechnungsbilanzen, hier einzuordnen sind.

II. Pflichten des Verkäufers neben der Lieferungspflicht

13.13 Neben der Pflicht des Verkäufers zur Übertragung der Sachen und Rechte sowie der Verträge, die das Unternehmen „ausmachen", beim Asset Deal bzw. der Beteiligungsrechte, die dem Käufer die Inhaberschaft an dem Unternehmensträger verschaffen, übernimmt der Verkäufer häufig weitere selbstständige Leistungspflichten.[8)]

1. Pflichten des Verkäufers zur Herbeiführung von Wirksamkeitsbedingungen

13.14 Schuldrechtliche und dingliche Geschäfte können an aufschiebende Bedingungen geknüpft werden. Wäre ausnahmsweise schon das **schuldrechtliche Geschäft** an eine aufschiebende Bedingung geknüpft, könnte formalistisch argumentiert werden, der M&A-Vertrag sei noch nicht wirksam und deshalb könnten aus ihm noch keine Verpflichtungen zur Herbeiführung eines Bedingungsauftritts abgeleitet werden. Indessen zeigen die §§ 311 Abs. 2 und 241 Abs. 2 BGB sowie die überzeugende Rechtsprechung zur c. i. c. durch Täuschung über eine nicht bestehende Abschlussbereitschaft[9)], dass schon vor Vertragsschluss die Vertragsabschlussfreiheit beschränkende Bindungen bestehen. Umso mehr wird i. d. R., auch ohne entsprechende Klauseln,[10)] angenommen werden können, dass die **Parteien im Normalfall nach § 242 BGB** verpflichtet sind, **Wirksamkeitsbedingungen nach besten Kräften herbeizuführen**.[11)] Schon der Beispielsfall, dass

---

7) Der Umstand liegt in der Vergangenheit, die Feststellung in der Zukunft.
8) Eine Einordnung juristischer Themen danach, ob die eine oder andere Partei Schuldner oder Gläubiger ist, wird fast immer auf das Problem stoßen, dass es im engen Zusammenhang gegenläufige Pflichten der jeweils anderen Partei gibt. So kommt es z. B. bei Freistellungsklauseln bezogen auf Altlasten, Steuern, Gewährleistungen etc. durchaus vor, dass der Käufer den Verkäufer hinsichtlich bestimmter Risiken freizustellen hat. Weil sich durch solche Klauseln typischerweise primär der Käufer schützt, ist es dennoch sinnvoll, sie in der entsprechenden Rubrik zu behandeln.
9) S. Rn. 1.17 f. Gegen die benachbarte Rspr. zu einer c. i. c.-Haftung bei Verhandlungsabbruch bestehen Bedenken, s. Rn. 1.56 f.
10) Etwa eine ausdrückliche Zerlegung des Vertrages in mehrere „Wirksamkeitsschichten" und die Anordnung, dass die Regelungen zur Herbeiführung der schuldrechtlichen Wirksamkeitsbedingung sofort gelten sollen. So vorzugehen ist freilich lege artis.
11) Zu „Best Efforts"-Klauseln *Hoenig/Sprado*, NZG 2014, 688.

II. Pflichten des Verkäufers neben der Lieferungspflicht

ein Vater seine Anwaltssozietät für den Fall verkauft, dass sein Sohn zum dritten Mal durch das zweite juristische Staatsexamen fällt, macht aber deutlich, dass dies nicht immer gelten kann. Es hängt vielmehr, wenn der Vertrag das Thema nicht selbst regelt, von einer sachgerechten Interpretation der Treuepflichten ab, ob überhaupt „Bemühenspflichten" bestehen und welche Opfer und Ausdauer sie einer Partei ggf. abverlangen. Unter Umständen mag auch ein *neutrales Verhalten* zum Bedingungseintritt oder selbst ein *Bemühung um Verhinderung des Bedingungseintritts* legitim und nicht treuewidrig sein (der Vater gibt Jura-Nachhilfe).

Zumeist knüpfen M&A-Verträge nur die **dingliche Unternehmensübertragung** (Shares oder Assets) im Closing an aufschiebende Bedingungen. Diese können die Verpflichtung zur Abgabe der dinglichen Abtretungs- oder Übereignungserklärungen bedingen oder die dingliche Abtretungs- oder Übereignungserklärungen können schon i. R. des Signing des schuldrechtlichen Geschäfts abgegeben, aber ihr Wirksamwerden kann bedingt worden sein.[12] Für die Pflichten zur Herbeiführung der Bedingungen dürfte dies keinen Unterschied machen. Wurden nicht vertraglich solche Pflichten festgelegt, dürften sie sich erneut i. d. R. aus § 242 BGB ergeben. Je nach Fallgestaltung und nach Schwierigkeiten, Zeitaufwand und von dem Verkäufer zu erbringenden Opfern und einzugehenden Risiken wird man aber ggf. streiten können, wie weit die Treuepflicht geht. 13.15

Wenn der Verkäufer treuewidrig den Eintritt einer Wirksamkeitsbedingung nicht herbeiführt oder hieran nicht ausreichend mitwirkt und es so nicht zur Lieferung des Unternehmens kommt, kann dies zu Streitigkeiten wegen einer Nichtlieferung des Unternehmens führen, wie sie schon im 3. Kapitel erörtert wurden. Der Käufer macht entweder einen Anspruch auf Herbeiführung der Bedingung und Unternehmenslieferung oder, ggf. nach Fristsetzung oder Erfüllung sonstiger vertraglicher Voraussetzungen, auf Schadensersatz geltend. 13.16

2. Freistellungs- oder Kostenerstattungspflichten

Freistellungs- oder Kostenerstattungspflichten sind selbstständige vertragliche Pflichten, die beim Eintritt bestimmter Umstände beim Asset Deal i. d. R. den Käufer und beim Share Deal i. d. R. die Gesellschaft von Ansprüchen freistellen oder ihm/ihr die Kosten ersetzen. Sie sind nur möglich, wenn das **Risiko bzw.** 13.17

---

12) Übrigens fällt oft das Closing noch nicht mit dem vollständigen dinglichen Unternehmensübergang zusammen, dann nämlich, wenn zur Rechtswirksamkeit Registereintragungen erforderlich sind, z. B. im Grundbuch. Selbst bei der Abtretung von GmbH-Anteilen erhält der Käufer die Kontrolle erst mit Aufnahme der neuen Gesellschafterliste in das Handelsregister.

13. Kapitel Zusatzabreden und Kaufpreisklauseln

Problem bekannt ist;[13] dann können sie v. a. auf der Rechtsfolgenseite **zielgenauer formuliert werden** als eine Garantie, weil die Probleme des Schadensrechts umgangen werden und per se nur die Intervention durch eine maßgeschneiderte Rechtsfolge in Frage kommt. Zwar bestünden auf der Tatbestandsseite bei einer Garantie grundsätzlich dieselben Gestaltungsfreiheiten wie bei einer Freistellung, aber es tritt ein **Störgefühl** auf, wenn dem Verkäufer eine Garantieaussage hinsichtlich des Nichteintritts eines zukünftigen Ereignisses zugemutet werden soll, über das er beim besten Willen kaum etwas wissen kann. Zudem besteht das Risiko, dass eine Garantieaussage dahin, dass ein Risiko nicht bestehe, wenn es doch besteht und der Verkäufer hiervon Kenntnis haben konnte, ihn später dem **Vorwurf des Vorsatzes** und einer **c. i. c.-Haftung** aussetzen könnte. Dies gilt sogar dann, wenn die Rechtsfolge der Garantie ebenfalls nur Freistellung wäre.[14]

13.18 Freistellungen oder Kostenerstattungen lassen sich für jede vorstellbare Situation, etwa die Erhebung von Gewährleistungsansprüchen von Kunden oder Lizenznachforderungen von Lizenzgebern vereinbaren.[15] Sie können die Freistellung von begründeten privat- oder öffentlich-rechtlichen Ansprüchen als auch die Abwehr unbegründeter solcher Ansprüche[16] bzw. die Übernahme der Kosten dafür umfassen. Die Nichterfüllung einer Freistellungsverpflichtung kann, wie die Nichterfüllung jeder vertraglichen Pflicht, zum Schadensersatz führen.[17]

13.19 Die wichtigsten Arten sind **Altlasten- und Steuerklauseln**. Zunehmend werden Freistellungs- und Kostenerstattungsklauseln bei Inanspruchnahme der Gesellschaft mit Geldstrafen oder Ordnungsbußen wegen Korruption oder **Compliance-Verletzungen** vereinbart.

13.20 Die **Beweislast** für einen Anspruch des Dritten gegen den Berechtigten (im Außenverhältnis zu dem Freistellungsgläubiger) ergibt sich aus der privat- oder öffentlich-rechtlichen Außenrechtsbeziehung des Freistellungsgläubigers zu dem Dritten. Innerhalb des vertraglichen Freistellungsverhältnisses dürfte nach allgemeinen Regeln der Freistellungsgläubiger beweisbelastet sein. Dies dürfte unabhängig davon gelten, ob die Freistellung nur bei im Außenverhältnis **berechtigter Inanspruchnahme von einem Dritten**[18] oder auch bei **unberechtigter**

---

13) Entsprechend kann diese Bekanntheit, gleich ob als Disclosure angesehen oder sub specie des § 442 BGB thematisiert, Ansprüche aus Freistellungsklauseln nicht ausschließen. § 442 BGB gilt nicht bei Freistellungsklauseln. Zutr. *Moser*, Kaufpreisklauseln in Unternehmenskaufverträgen, in: Berens/Brauner/Strauch/Knauer, 7. Aufl., S. 363 ff., 384 unten.
14) Vgl. *Haberstock* in: FS Pöllath + Partners, S. 29 ff., 43. Nebenbei kann das auch dazu führen, dass Schwellen- und Höchstbeträge der Garantie nicht gelten, die bei einer Freistellung wirksam gewesen wären (vgl. ebenfalls *Haberstock*, ebd.).
15) Zu prozessualen Fragen s. *Schweer/Todorow*, NJW 2013, 3004 ff.
16) *Hilgard*, BB 2016, 1218 re. Sp. oben, m. zahlr. Nachw. aus der Rspr.
17) BGH v. 15.12.2010 – VIII ZR 86/09, BB 2011, 1745 = NJW-RR 2011, 479; dazu *Hilgard*, BB 2016, 1218, 1225 li. Sp. oben.
18) Der Regelfall bei Altlasten- und Steuerklauseln.

Inanspruchnahme[19] eingreifen soll; nur die Darlegungs- bzw. Beweislast erweitert sich bzw. schrumpft entsprechend. An der Darlegungs- und Beweislast sollte sich – ohne gegenteilige vertragliche Regelung – nichts ändern, wenn der Freistellungsgläubiger, statt gegen seinen Freistellungsschuldner auf Leistung an den Dritten oder ggf. auf Feststellung zu klagen, etwa um weitere Nachteile zu verhindern, schon vorab an den Dritten geleistet hat und erst danach von dem Freistellungsschuldner Kostenerstattung geltend macht.

3. Altlastenklauseln[20]

Bei Altlastenklauseln treten immer wieder dieselben Streitigkeiten auf. Sie betreffen die Frage, ob der vorhandene Befund an **Kontaminationen** die im Vertrag **vorausgesetzte Intensität** besitzt,[21] welche **Sanierungsmaßnahmen** durchzuführen sind,[22] namentlich ob der Verkäufer sich an Mehrkosten aufgrund einer **besonders hohen Sanierungsintensität** beteiligen muss,[23] die Folge einer anspruchsvolleren Nutzung durch den Käufer ist und ob die Einhaltung **zusätzlicher verfahrensmäßiger Voraussetzungen** – Verwaltungsakt und ggf. seine Bestätigung in einem Verwaltungsgerichtsverfahren – für eine Verkäuferhaftung erforderlich sind.[24]

13.21

a) Vertraglicher Altlastenbegriff

Jede vertragliche Altlastenklausel benötigt einen vertraglichen Altlastenbegriff. Das **Bundesbodenschutzgesetz** (BBodSchG) enthält in seinem § 2 Abs. 3 und 5 einen Begriff von „schädlicher Bodenveränderung" bzw. „Altlast", der im **Verhältnis zwischen Umweltbehörde und Unternehmen** maßgeblich ist und die wesentliche Voraussetzung umweltbehördlichen Eingreifens definiert. Dies hindert allerdings die Parteien nicht, zu Zwecken ihrer internen Aufteilung von

13.22

---

19) So *Hilgard*, BB 2016, 1218, 1235 li. Sp. unten. S. allerdings auch *Hilgard*, BB 2016, 1218, 1227 li. Sp. oben.
20) S. ausführlich zu Altlastenklauseln und den dabei auftretenden Problemen *Wächter*, NJW 1997, 2073, und *Fischer/Kagan*, Auf Altlastenrisiken bezogene „Kaufpreisanpassungsklauseln", in: Drygala/Wächter, Kaufpreisanpassungs- und Earnout-Klauseln, S. 71. Als kurze Darstellung v. a. zu den Möglichkeiten der Abarbeitung von Altlastenproblemen in M&A-Transaktionen *Krispenz*, M&A Review 2015, 448.
21) S. Rn. 13.22 f.
22) Zu dem allgemeinen Umfang der nachbarrechtlichen Beseitigungspflicht s. a. BGH v. 4.2.2005 – V ZR 142/04, NJW 2005, 1366.
23) S. Rn. 13.25.
24) S. Rn. 13.27 Der Verkäufer macht häufig auch geltend, dass in den ihm vorgelegten Berechnungen Leistungen enthalten sind, die nichts mit der Altlastenbeseitigung zu tun hatten oder dass die – etwa von einem Bauunternehmen – abgerechneten Beträge überhöht waren (etwa um Nachlässe zu kompensieren, die das Bauunternehmen der Zielgesellschaft oder dem Käufer für sonstige Leistungen berechnet hatte). Solche Missbräuche haben aber nichts „M&A-typisches", sondern sind ein Thema bei jeder Kostenerstattung oder Freistellung. Sie werden deshalb nicht weiter behandelt.

Sanierungsnachteilen im Verhältnis zwischen Verkäufer und Käufer einen abweichenden vertraglichen Altlastenbegriff zu vereinbaren. Entsprechend kann im Verhältnis zwischen Umweltbehörde und Unternehmen ein anderer Altlastenbegriff gelten als **im Verhältnis zwischen Verkäufer und Käufer**. Dies ist unproblematisch und bedeutet nur, dass der öffentlich-rechtliche Sanierungsverantwortliche, die Zielgesellschaft beim Share Deal und der Käufer beim Asset Deal, möglicherweise nur hinsichtlich eines Teils seiner Nachteile eine Regressmöglichkeit gegen den Verkäufer besitzt.

13.23 Wenn kaufvertraglich die Begriffe des BBodSchG adaptiert werden, ist zu beachten, dass nicht jeder Grundstücksmangel, selbst nicht jeder solcher Mangel aus ökologischen Gründen, eine Altlast oder schädliche Bodenveränderung i. S. des BBodSchG sein muss, obwohl sein Vorhandensein erhebliche Nachteile mit sich bringen kann. Kritisch ist etwa **kontaminierter Bodenaushub unterhalb der Schwellenwerte** für eine schädliche Bodenveränderung. Durch die Loslösung aus dem Boden wird der Bodenaushub zu Abfall[25] und muss deshalb u. U. abfallrechtlich, v. a. auf einer Deponie, entsorgt werden, wodurch dem Käufer oder der Gesellschaft bei Baumaßnahmen Mehrkosten entstehen können. Da die Schwellenwerte für eine abfallrechtliche Sonderbehandlung i. d. R. niedriger sind, als diejenigen, die zu einer beseitigungspflichtigen Altlast bzw. schädlichen Bodenveränderung führen, greift für diesen kontaminierten Bodenaushub das BBodSchG nicht ein. Wenn der vertragliche Altlastenbegriff dem dortigen Begriff einer „schädlichen Bodenveränderung" entspricht, ist der Käufer also schutzlos.

13.24 Bei einem fehlenden oder unscharfen vertraglichen Altlastenbegriff kann auch streitig werden, ob **Gebäudebelastungen**, etwa **Asbest**, überhaupt umfasst sind. Ebenso befinden sich auf Altlastengrundstücken häufig Industrie- und **Gebäudetrümmer, Baureste, Abfall, Abraum** und **Müll**, etwa alte Tanks und Fässer im Boden, Lagerbehälter, gebrochene Betonteile[26] etc., deren Entsorgung zwar kostenaufwendig und lästig ist, die aber deshalb noch nicht dem Altlastenbegriff des BBodSchG oder dem vertraglichen Altlastenbegriff unterliegen müssen.[27]

b) Bedeutung der sog. „Nutzungsrelativität"

13.25 Nach § 4 Abs. 4 BBodSchG ist das Vorliegen einer Gefahr abhängig von dem Vorhandensein sog. **Gefährdungspfade zu Schutzgütern**. Sensiblere/höherwertige Nutzungsarten eröffnen neue Gefährdungspfade. Etwa wachsen die an die Bodenqualität gestellten Anforderungen bei einer Umwidmung eines Industriegeländes zur Wohnnutzung erheblich, da nunmehr mit einer Dauerexposition von Menschen gegenüber Bodenemissionen, bis hin zur gärtnerischen Bodennutzung

---

25) Vgl. § 3 Abs. 1 AbfallG.
26) Diese Gegenstände wurden in LG Berlin v. 1.12.1994 – 9 O 395/94, nicht als von der Klausel mitumfasste Altlast angesehen.
27) Vgl. teilweise Nachweise bei *Wächter*, NJW 1997, 2073.

II. Pflichten des Verkäufers neben der Lieferungspflicht

oder durch in Sandkästen spielenden Kleinkindern, gerechnet werden muss. Dies bedeutet, dass nach einer **Nutzungsänderung** nach dem BBodSchG u. U. **wesentlich strengere Anforderungen** an Sanierungsmaßnahmen gestellt werden können als bei Fortsetzung der alten Nutzung. Es gehört daher zu einer sorgsam formulierten Vertragsklausel, eindeutig zu regeln, ob der Verkäufer auch an durch Nutzungsänderungen verursachten Mehrkosten beteiligt sein soll oder nicht.[28]

Fallbeispiel "Chemiefabrik" (LG Frankfurt/Oder v. 18.12.1996 – 13 O 745/95) **13.26**

In dem Fallbeispiel[29] wurde von einer GmbH ein Grundstück mit fast 30.000 qm verkauft, auf dem über 100 Jahre eine Chemiefabrik betrieben worden war. Bauplanungsrechtlich war das Gebiet als Industrie-, Gewerbe- und Gebiet der Lagerwirtschaft ausgewiesen. Im Vertrag hieß es: „Für auftretende Umweltlasten, die nachweislich aus der Zeit vor Besitzübergang ... herrühren, ... und zu deren Beseitigung die Käuferin öffentlich-rechtlich oder privatrechtlich verpflichtet ist ... gilt folgende Regelung: (Kostenteilung)."

Der Käufer erreichte eine Heraufstufung zum Wohngebiet, wodurch die Sanierungskosten von geschätzt 4 Mio. DM auf geschätzt 60 Mio. DM anstiegen. Obwohl deutliche Hinweise aus der Verhandlungsgeschichte dafür sprachen, dass der Verkäufer eine gewerbliche Anschlussnutzung erwarten durfte – der Kauf wurde im Stadtparlament u. U. als Möglichkeit zur Industrieansiedlung und Arbeitsplatzbeschaffung in der strukturschwachen Region begrüßt – ließ sich das LG Frankfurt/Oder nicht erweichen, den Kreis der kostenbeteiligungspflichtigen Altlasten auf die bei gewerblicher Anschlussnutzung bzw. bei sog. *Parallelnutzung* beseitigungsbedürftigen Altlasten einzuengen. Die hierfür angebotenen Ansatzpunkte Vertragsauslegung, Geschäftsgrundlage und Treuwidrigkeit[30] reichten dem Gericht nicht aus.

---

28) Eine Sachlogik, die generell die eine oder andere Lösung nahelegen würde, ist nicht zu erkennen. Es gibt schon keinen zwingenden Grund, überhaupt eine Altlastenklausel vorzusehen, sondern bleibt den Parteien überlassen mögliche Sanierungskosten pauschalierend, gewisse Ungenauigkeiten und Risiken in Kauf nehmend, aber den Vertrag hierdurch vereinfachend, schon bei der Unternehmensbewertung als zukünftige Abflüsse unternehmenswert- und kaufpreismindernd in Abzug zu bringen. Wenn sie sich für eine zielgenauere aber aufwendigere Lösung durch eine Altlastenklausel entscheiden, etwa weil das Risiko ihnen nicht verlässlich abschätzbar erscheint, bleiben sie jedenfalls frei darin festzulegen, welche Kosten zu einer Beteiligung des Verkäufers führen sollen und welche nicht. Ob Mehrkosten bei einer Heraufstufung dazu gehören, mag davon abhängen, ob bei der Kaufpreisbildung auch eine Steigerung des Unternehmenswertes durch die Heraufstufung berücksichtigt wurde.
29) Ein Fall des Verfassers.
30) Die planungsrechtliche Umwidmung konnte rechtswidrig gewesen sein, weil es öffentlich-rechtliche Grenzen der Überplanung von Altlasten gibt. Vgl. etwa BGH v. 14.10.1993 – III ZR 157/92, ZIP 1994, 293 = WM 1994, 70 m. w. N.

Hiernach würde die vertragliche Kostentragungspflicht bei Altlasten gewissermaßen mit durch Nutzungsänderungen größer gewordenen Altlasten mitwachsen. An anderer Stelle zeigte sich indessen eine Schwäche des Käufers, die dem Verkäufer half. Siehe sogleich.[31]

c) Vorliegen einer Sanierungsanordnung

13.27 Verkäufer legen Wert darauf, genau festzulegen, welche formalen und verfahrensmäßigen Voraussetzungen für ihre Inanspruchnahme bestehen. Häufig ist der Verkäufer nur bereit, sich an Kosten von Maßnahmen, denen er nicht zugestimmt hat, zu beteiligen, wenn sie **durch eine Sanierungsanordnung** als Verwaltungsakt **angeordnet** wurden. Dies kann auf die vertragliche Regelung hinauslaufen oder so ausgelegt werden, dass der Verkäufer bei Vorliegen einer entsprechenden Anordnung nicht mehr geltend machen kann, trotz der Anordnung läge keine Altlast vor; es kann also in eine Situation führen, als ob das Verwaltungsverfahren eine **Art Interventionswirkung** i. S. von § **68 ZPO** zulasten des Verkäufers entfaltet (Modell I).[32] Wenn es eine solche Bindung an das Verwaltungsverfahren gibt, wird der Verkäufer zusätzlich verlangen, dass die Sanierungsanordnung trotz der Einlegung von Rechtsmitteln aufrechterhalten wird und er diese Verfahren, da er auch deren wirtschaftliche Ergebnisse tragen wird, durch Anwälte seines Vertrauens führen kann. Die Voraussetzungen, die der Haftung des Verkäufers vorgeschaltet werden können, reichen von einer Bestätigung im verwaltungsinternen Widerspruchsverfahren bis zur Bestandskraft des Bescheids und einer Klagemöglichkeit zum BVerwG.

13.28 *Fallbeispiel „Voreiliger Käufer I"* (LG Berlin v. 1.12.1994 – 9 O 395/94)[33]

Die Altlastenklausel lautete: „Der Verkäufer ... erstattet 90 % des in den ersten 12 Monaten nach Vertragsabschluss anfallenden, für die Beseitigung einer Bodenkontamination erforderlichen Aufwands." Der Käufer engagierte ein dynamisches Ingenieurbüro, ließ eine Sanierungsplanung erstellen und setzte diese in Abstimmung mit der Umweltbehörde durch, ohne den Verkäufer weiter zu beteiligen. Der Käufer verlangte nun klagend die Sanierungskosten ersetzt. Die Klausel war sprachlich unpräzise.

Der Verkäufer vertrat die Auffassung, dass sich seine Kostenbeteiligungsverpflichtung nur auf

– nach öffentlichem Recht beseitigungspflichtige Altlasten bezogen habe,

---

31) Rn. 13.33.
32) Das Modell II besteht darin, dass sich der Verkäufer für das Verwaltungsverfahren überhaupt nicht interessieren muss, und das Vorliegen einer Altlast und der Umfang der erforderlichen Maßnahmen i. S. des M&A-Vertrages originär in dem Zivilrechtsstreit zu klären sind. S. a. Rn. 13.30.
33) Ein Fall des Verfassers.

II. Pflichten des Verkäufers neben der Lieferungspflicht

- deren Beseitigung durch Verwaltungsakt angeordnet worden sei und
- gegen den auf Verlangen des Verkäufers Rechtsmittel eingelegt worden waren.

Der Käufer konnte nicht beweisen, dass beseitigungspflichtige Altlasten vorgelegen hatten und das LG Berlin folgte im Wesentlichen dem Verkäufer. Im Urteil hieß es: „Der Umstand, dass die örtlichen Behörden die Sanierungsanstrengungen ... mit Wohlwollen und Ermunterung begleitet haben mögen, ist für die Frage, ob beseitigungspflichtige Altlasten im Rechtssinne vorlagen, ohne Belang, denn selbstverständlich wird die Vornahme von Umweltreparaturen ... von jedermann, der nicht die Kosten zu tragen hat, freudig begrüßt."

Fallbeispiel „Voreiliger Käufer II" (KG Berlin v. 26.2.1996 – 2 U 3792/95)[34]   13.29

Die Altlastenklausel lautet: „Der Verkäufer übernimmt 70 % aller Kosten, die aufgrund von Bodenverunreinigungen oder in anderer Weise umweltbelastenden Stoffen entstehen können." Der Käufer unternahm ebenfalls Sanierungsmaßnahmen, ohne diese vorher mit dem Verkäufer abgestimmt zu haben, und ohne dass eine Sanierungsanordnung vorlag. Der Verkäufer lehnte die Kostentragung ab, weil keine rechtsmittelfähige Sanierungsverfügung vorgelegen habe und er nicht überprüfen könne, inwieweit überhaupt beseitigungspflichtige Altlasten vorgelegen hätten bzw. ob die durchgeführten Maßnahmen geboten gewesen seien.

LG und KG gaben auch hier dem Verkäufer überwiegend Recht. Nach dem KG sind freistellungsfähig nur Kosten, „die (dem Käufer) aufgrund von Bodenverunreinigungen ... aufgrund öffentlichen ... Rechts von dritter Seite entstehen, ohne dass (er) dies beeinflussen konnte." Seine Klage wurde abgewiesen, da er dies nicht nachgewiesen hatte. Andererseits wandte sich das KG gegen das formale Erfordernis des Vorliegens eines Verwaltungsakts: „Dabei muss eine öffentlich-rechtliche Verpflichtung nicht durch eine entsprechende Sanierungsanordnung konkretisiert sein."

Fallbeispiel „Voreiliger Käufer III" (KG Berlin v. 18.6.1997 – 23 U 2981/96,   13.30
KGR Berlin 1997, 269)

Die Altlastenklausel lautet: „Der Verkäufer beteiligt sich nur an solchen Kosten, die wegen der Beseitigung von Altlasten *aufgrund behördlicher Maßnahmen* ... erforderlich sind." Wiederum führte der Käufer zügig umfangreiche Sanierungsmaßnahmen ohne Ergehen einer Sanierungsverfügung oder Zustimmung des Verkäufers durch und der Verkäufer berief sich auf das Nichtvorliegen einer beseitigungspflichtigen Altlast und das Nichtvorliegen eines Verwaltungsakts. Das KG bestätigte erneut, dass ein Verwaltungsakt nicht erforderlich sei. „Die Klage scheitert ... nicht daran, dass die Maßnahmen ... nicht durch Verwaltungsakt(e) angeordnet worden sind ... Als ...

---

[34] Ein Fall des Verfassers.

behördliche Maßnahme reicht ... die behördliche Ankündigung eines Vorgehens durch Verwaltungsakt ... aus, ..., für die (der klagende Käufer) darlegungs- und beweispflichtig ist." Allerdings habe hingegen der klagende Käufer zu beweisen, dass die Voraussetzungen für eine Sanierungsverfügung vorgelegen hätten.

13.31 Hier zeichnet sich schon ein Umschlag in ein Gestaltungs- oder Interpretationsmodell II ab.[35)]

d) Mitwirkungsrechte des Verkäufers

13.32 Gut gestaltete M&A-Verträge regeln selbstverständlich auf detaillierte Weise die Mitwirkungsrechte einer Partei, wenn ihre Leistungspflichten von dem Verhalten der Gegenpartei abhängen. Was geschieht aber, wenn dies unterblieb?

13.33 In dem bereits erwähnten *Fallbeispiel „Chemiefabrik"*[36)] enthielt der Vertrag keine Mitwirkungsrechte des Verkäufers. Die Sanierungsplanung war – wie üblich und zweckmäßig – von dem Grundstückseigentümer als Sanierungspflichtigem durch ein Umweltingenieurbüro erarbeitet und vorgelegt worden. Der Grundstückseigentümer übermittelte es an die Umweltbehörde, die die vorgeschlagenen Maßnahmen innerhalb weniger Tage in den Entwurf einer Sanierungsverfügung umschrieb. Der Grundstückseigentümer erklärte sich postwendend mit dieser Verfügung einverstanden, die wiederum innerhalb zweier Tage erging. Als der Verkäufer Kenntnis von der Verfügung erlangte, forderte er den Grundstückseigentümer auf, Widerspruch einzulegen, was dieser *ablehnte*, da die Anordnung sachgerecht sei. Der Verkäufer sah hierin eine *Treuwidrigkeit des Käufers* und das LG folgte ihm. Obwohl der Vertrag keine ausdrücklichen Mitwirkungsrechte des Verkäufers enthielt, hätte der Käufer auf Verlangen des Verkäufers zumindest Widerspruch einlegen und diesen begründen müssen. Dazu, inwieweit der Verkäufer berechtigt sein müsste Einfluss auf die Widerspruchsbegründung nehmen zu können, schwieg das LG. Der Rechtsstreit wurde zwischen den Instanzen verglichen.

13.34 Ähnlich hat das OLG Stuttgart in einem Fall geurteilt, bei dem der Anspruch nicht auf einer Freistellungs- oder Kostenerstattungsklausel, sondern auf einem Schadensersatzanspruch beruhte.[37)]

e) Rechtsprechung zu § 463 BGB a. F.

13.35 Die Rechtsprechung hat unter der Leitung des V. Zivilsenats des BGH im Übrigen das Vorhandensein von Kontaminationen von einer gewissen Intensität oder

---

35) S. Rn. 13.27 und Fn. dazu.
36) LG Frankfurt/Oder v. 18.12.1996 – 13 O 745/95; s. schon Rn. 13.26.
37) OLG Stuttgart v. 6.9.2010 – 5 U 114/09, BauR 2010, 1983; BGH v. 26.1.2012 – VII ZR 154/10, NJW 2012, 1573.

den Verdacht davon (Altlastenverdacht) als Sachmangel eines verkauften Grundstücks angesehen. Einige Fallbeispiele sind an anderer Stelle dokumentiert.[38]

4. Steuerklauseln

Eine Altlastensanierungsanordnung einer Umweltbehörde ähnelt in der Sache einer dem Sanierungspflichtigen auferlegten **Sondersteuer**. Die meisten Probleme von Altlastenklauseln finden sich daher auch bei Steuerklauseln[39] wieder. Es gibt verschiedene Themen, u. U. ein umsatzsteuerliches, wenn die Finanzverwaltung statt von einer Geschäftsveräußerung im Ganzen vom Verkauf von Einzelwirtschaftsgütern ausgeht[40] oder, häufiger, grunderwerbsteuerrechtliche Themen.[41] Vor allem geht es um die Freistellung von vor dem Übergangsstichtag verursachten Körperschaftsteuernachforderungen, etwa aufgrund nicht deklarierter Gewinne, verdeckten Gewinnausschüttungen oder bei fehlender Anerkennung von Organschaften der verkauften Gesellschaft mit Tochterkapitalgesellschaften.[42] 13.36

Wie sich bei Altlastenklauseln die Frage nach dem vertraglichen Altlastenbegriff stellt, fragt sich bei Steuerklauseln, ob die betreffende Belastung unter den **„vertraglichen Steuerbegriff"** fällt; dabei kann bei Auslandssachverhalten ein Abstellen auf § 3 AO u. U. ungenügend sein.[43] 13.37

Sodann wird es um die Frage gehen, ob eine **Steuerschuld** besteht und unter welchen Voraussetzungen der Verkäufer die Feststellung einer Steuerschuld in einem Beststeuerungs- oder finanzgerichtlichen Verfahren für Zwecke der Steuerklausel gegen sich gelten lassen muss. Erneut fragt sich, welche **Mitwirkungsrechte** der Verkäufer in solchen Verfahren hat bzw. ob der Käufer oder die Gesellschaft **Verfahrensrechte nach Weisung des Verkäufers ausüben müssen** und ggf. was geschieht, wenn derartige Rechte des Verkäufers missachtet werden. Für den Verkäufer ist praktisch von Belang, dass er Zugriffsrechte auf alte Steuerunterlagen erhält.[44] 13.38

Unter Umständen kommt es zu **Überlagerungen mit Garantien**.[45] Sodann kann der Umstand der zu freistellungspflichtigen Mehrsteuern führt, eine **zukünftige Minderbesteuerung** zur Folge haben;[46] anders als beim Schadensersatz, wo 13.39

---

38) Nachweise s. Rn. 6.150.
39) S. *Fischer*, Steuerklauseln in Unternehmenskaufverträgen, in: Drygala/Wächter, Kaufpreisanpassungs- und Earnout-Klauseln, S. 91.
40) *Dietrich*, Ubg 2010, 712, 714 li. Sp. Mitte.
41) *Dietrich*, Ubg 2010, 712, 714 f.
42) *Dietrich*, Ubg 2010, 712, 716 re. Sp. oben.
43) Sog. „Umkehreffekte" – vgl. *Dietrich*, Ubg 2010, 712, 715 re. Sp. unten.
44) *Dietrich*, Ubg 2010, 712, 713 re. Sp. oben.
45) *Dietrich*, Ubg 2010, 712, 714. S. zu Steuergarantien Rn. 5.100.
46) *Dietrich*, Ubg 2010, 712, 714.

ohnehin nur der Differenzschaden zu ersetzen ist bzw. Vorteile auszugleichen sind, ist es bei einer Freistellung Sache der Parteien, ob und inwieweit eine Minderbelastung durch zukünftige Mindersteuern den Freistellungsbetrag mindert und wie dies zu geschehen hat. Viele Regelungen werden der Komplexität dieser Aufgabe nicht gerecht. Da zudem die Prognose der zukünftigen Mindersteuern schwierig ist, ist das Thema streitanfällig.

13.40 Steuerklauseln[47] scheinen indessen insgesamt zu weniger Rechtsstreitigkeiten zu führen als Altlastenklauseln – möglicherweise, weil die Parteien i. d. R. eine sorgfältige Tax Due Diligence durchführen, bei den Verhandlungen steuerlich gut beraten sind und jedenfalls dann Steuerrisiken eher im Voraus erkennbar sind als Altlastenrisiken.

13.41   *ICC-Fall 7661, 1995*[48]

Ein dänischer Käufer hatte aufgrund mehrerer Verträge sukzessive, teils verbunden mit Garantien und Bankgarantien, Anteile an einer spanischen Gesellschaft gekauft, die ein „double accounting system with a view to defrauding the Spanish tax authorities"[49] benutzt hatte, wodurch offenbar bis zu 80 % der Gewinne verborgen worden waren. Einer der Verträge enthielt eine Klausel, wonach die Verkäufer eine sog. „financial contingency" zu ersetzen hatten.[50] Die Verkäufer verteidigten sich damit, dass die Steuerrisiken hieraus, die sich schließlich materialisierten, schon bei dem Kaufpreis berücksichtigt worden seien. Der Einzelschiedsrichter lehnte dies – nach feinen Betrachtungen zu „hidden" und „known" „financial contingencies"[51] – ab und gab dem Käufer Recht.

5. Geschäftsführung zwischen Signing und Closing

13.42 M&A-Verträge enthalten häufig eine Verpflichtung des Verkäufers, zwischen Signing und Closing außergewöhnliche Geschäftsführungsmaßnahmen zu unterlassen und insbesondere keine außergewöhnlichen Rechtsgeschäfte einzugehen. Solche Klauseln haben bei Festkaufpreisen (Locked Box) besondere Bedeutung, aber stopfen auch Schutzlücken, die trotz Bilanzgarantien und Net Debt-/Net

---

47) Vgl. auch *Streck/Mack*, BB 1992, 1398; weitere Beispiele von Steuerklauseln befinden sich bei *Meyer-Sparenberg* in: Beck'sches Formularbuch BHWR, Form. A. III. 11 § 9 und *Seibt/Schrager* in: Beck'sches Formularhandbuch Mergers & Acquisitions, Form. C. III. 2 § 7.
48) ICC-Fall 7661, 1995, Yearbook Commercial Arbitration, 1997 – Vol. XXII, Kluwer Law International, S. 149–163.
49) ICC-Fall 7661, 1995, Yearbook Commercial Arbitration, 1997 – Vol. XXII, Kluwer Law International, S. 149.
50) ICC-Fall 7661, 1995, Yearbook Commercial Arbitration, 1997 – Vol. XXII, Kluwer Law International, S. 149. (Es könnte sich statt einer Freistellung auch um eine Garantie gehandelt haben.)
51) ICC-Fall 7661, 1995, Yearbook Commercial Arbitration, 1997 – Vol. XXII, Kluwer Law International, S. 154.

II. Pflichten des Verkäufers neben der Lieferungspflicht

Cash-Kaufpreisanpassungsmechanismen[52] bei unternehmenswertmindernden Transaktionen bestehen, etwa wenn stille Reserven im nicht betriebsnotwendigen Vermögen oder Werttreiber des operativen Geschäfts ohne Buchverluste aus der Zielgesellschaft herausgegeben oder – zunächst bilanzneutral – wertvolle Verträge gekündigt oder belastende neu geschlossen werden.

Fallbeispiel „Beraterkosten der Zielgesellschaft wegen der Übertragung von Pensionsverpflichtungen" (OLG Düsseldorf v. 16.8.2007 – I-6 U 130/06, mit Anm. *Schulze*, jurisPR-HaGesR 1/2008 Anm. 3) 13.43

Ein Anteilsverkäufer hatte eine Garantie dafür übernommen, dass die verkaufte Gesellschaft ihre Geschäfte gemäß dem normalen und üblichen Geschäftsverlauf in Übereinstimmung mit der bisherigen Praxis geführt und dass außerhalb des ordentlichen Geschäftsverlaufs keine lang- oder kurzfristigen Verbindlichkeiten eingegangen wurden. Die Gesellschaft hatte aber verschiedene Beraterfirmen damit beauftragt, die Übertragung von Pensionsverpflichtungen, von denen der Anteilskäufer sie entlastet sehen wollte, zu bewerkstelligen. Nachdem die Gesellschaft die Berater honoriert hatte, machte der Käufer diese Honorare als Schadensersatz aufgrund einer Garantieverletzung geltend. Das OLG Düsseldorf gab ihm Recht.

In der Tat kann im Allgemeinen Einiges dafür sprechen, dass eine Übertragung von Pensionsverpflichtungen einer Gesellschaft außerhalb ihres „normalen" bzw. „üblichen" oder „ordentlichen Geschäftsverlauf(s)" liegt. Indessen war es im Streitfall so gewesen, dass die Übertragung auf ausdrückliches Drängen des Käufers erfolgt war. Die Übertragung von Pensionsverpflichtungen war ihm also – auch wenn sie dadurch noch nicht „normal" und „üblich" i. S. von alltäglich wurde – bekannt gewesen und von ihm gebilligt worden, womit wohl ihre „Ordentlichkeit" anerkannt war. Das OLG Düsseldorf meinte, dies nicht berücksichtigen zu müssen und begründete das wie folgt: „Sämtliche vorgenannten Verbindlichkeiten ist die (Gesellschaft) ausschließlich im Interesse (des Verkäufers) eingegangen, weil sie ausschließlich seinem Interesse an einer Veräußerung seiner Geschäftsanteile ... dienten." Dieses ausschließliche Interesse ergebe sich daraus, dass der Käufer die Befreiung der Gesellschaften verlangt und sogar die „Zahlung des zur Übertragung erforderlichen Einmalbetrages an den externen Versorgungsträger garantiert und finanziert (habe)". Demgegenüber fehlten „jegliche Anhaltspunkte dafür, dass die (Gesellschaft), z. B. aus wirtschaftlichen Gründen, selbst ein Interesse an einem Gesellschafterwechsel oder an einer Übertragung der Pensionsverpflichtungen auf einen externen Versorgungsträger gehabt hätte."[53]

---

52) S. Rn. 11.88 f., 13.111 ff.
53) OLG Düsseldorf v. 16.8.2007 – I-6 U 130/06, UG II. 4 mit Anm. *Schulze*, jurisPR – HaGesR 1/2008 Anm. 3.

13.44 Die Argumentation des OLG Düsseldorf ist nicht bedenkenfrei. Die Übertragung der Pensionsverbindlichkeiten wäre, wenn sich die Beraterkosten wirklich auf sie bezogen, eine Geschäftsführungsmaßnahme der Gesellschaft gewesen, nicht minder als ob ein Fabrikdach repariert worden oder ein Rechtsstreit verglichen worden wäre. Ebenso wie der Gesellschafter unabhängig von einem Anteilsverkauf entscheiden durfte, die Altersversorgung umzustrukturieren, durfte er dies im Vorgriff auf einen Wunsch des Neugesellschafters tun. Daran, dass hierdurch Aufwand der Gesellschaft entstand, hätten weder sein Wirtschaftsprüfer noch die Steuerbehörden gezweifelt. Zudem hat das OLG Düsseldorf nicht angemessen berücksichtigt, dass der Käufer sachliche Gründe für die Umstrukturierung gehabt haben mag. Vielleicht entsprach dies seinen Erfahrungen oder war eine Anpassung an die Usancen seiner sonstigen Unternehmen sinnvoll. Auch wenn diese Sichtweise subjektiv war – dies ist bei jeder Geschäftsführungsentscheidung so – rechtfertigt dies nicht, dass ein Gericht die Entscheidung als nicht im „alleinigen Interesse" der Gesellschaft liegend qualifiziert.

13.45 Sodann hat das OLG den eigentlich kritischen Punkt verfehlt: Wie war die Vertragsklausel („ordentliche Maßnahmen") vor dem Hintergrund des Wissens des Käufers um die Änderungen bei der Altersversorgung auszulegen? Hier konnte die Entscheidung allerdings in beide Richtungen ausfallen.[54]

6. Liefer-, Bezugs- und Finanzierungspflichten des Verkäufers

13.46 Bisweilen verpflichtet sich ein Verkäufer oder ein mit ihm verbundenes Unternehmen zu Leistungen, die wesentlich für die Erfolgsaussichten des verkauften Unternehmens sind. Die Leistungen können unterschiedlicher Art sein: die Übertragung und Lizensierung von Kennzeichnen[55] und gewerblichen Schutzrechten, Lizenzvergaben, die Überlassung von Räumen oder Liefer-, Bezugs- oder Finanzierungspflichten.[56] Wenn sich der Verkäufer hieraus lösen kann, steht häufig das verkaufte Unternehmen vor dem Aus.

13.47 *Fallbeispiel „Beteiligung an Projektentwicklungskosten"* (OLG Brandenburg v. 29.9.1998 – 11 U 252/96)[57]

Der Verkäufer besaß ein stillgelegtes Glaswerk mit erheblichen produktionstypischen Bodenbelastungen und rechnete mit erheblichen Sanierungskosten. Ein Übernahmeinteressent erklärte sich in der Lage, vermittels eines neuen Verfahrens diese Bodenbelastungen in einen technisch überlegenen,

---

54) *Schulze*, jurisPR-HaGesR 1/2008 Anm. 3, der nach eigener Mitteilung den siegreichen Kläger vertreten hat, tritt der Entscheidung m. E. zu Unrecht bei. *Schulze* hält sogar einen Betrug des Verkäufers für denkbar.
55) Zu kennzeichenrechtlichen Verträgen bei Unternehmensverkäufen s. *Bolt*, BB 2013, 2568 ff.
56) Zu Finanzierungshilfen des Verkäufers s. *Kästle/Oberbracht*, Unternehmenskauf – Share Purchase Agreement, S. 84.
57) Ein Fall des Verfassers.

II. Pflichten des Verkäufers neben der Lieferungspflicht

besonders wärmedämmenden Baustoff umwandeln zu können. Der Verkäufer verkaufte dem Interessenten das Glaswerk und ein verbundenes Unternehmen verpflichtete sich in einem zusätzlichen Sanierungsvertrag, – statt Sanierungskosten aufzuwenden – die Entwicklungskosten für das neuartige Verfahren mit zu finanzieren. Es deponierte 25 Mio. DM auf einem Sperrkonto und verpflichtet sich in § 3.7. des Vertrages, das Guthaben bei Erreichen bestimmter Milestones – in der Form von finanziellen Aufwendungen des Käufers – in Teilbeträgen zur Auszahlung freizugeben, „wenn der Käufer ... nachweislich ... aus Eigenmitteln und/oder von ihm beschafften Fremdmitteln 12,5 Mio. DM aufgewandt hat". Zu den anrechenbaren Aufwendungen gehören auch Planungskosten und Investitionen.

Am 8.5.1993 führte der Käufer schriftlich aus, „ab jetzt liegen die Voraussetzungen von § 3.7. gemäß Anlagen 2, 3 und 4 für die Freigabe von Mitteln von dem Sonderkonto in Höhe von 13,9 Mio. DM vor". Die Anlagen 2–4 stellten Übersichten über Rechnungen an den Käufer dar. Bei einem Gespräch am 20.6.1993 übergab der geschäftsführende Gesellschafter Dr. X., der Mehrheitsgesellschafter des Käufers, 40 Rechnungen, die sich zu den in Anlagen 2, 3 und 4 enthaltenen Beträgen aufaddierten. Es handelte sich fast ausschließlich um Rechnungen, die jeweils auf Prozentsätzen an vereinbarten Gesamthonoraren beruhten und zwischen Gesellschaften der Käufergruppe ausgestellt worden waren, die alle überwiegend Dr. X. gehörten und bei denen insgesamt nur fünf Personen beschäftigt waren. Auf Nachfrage erklärte Dr. X., dass es sich bei den übergebenen „Rechnungen" nur um *„Rechnungsentwürfe"* handele, die nicht gebucht worden seien, da sonst Umsatzsteuer fällig geworden wäre, die der Käufer nicht aufbringen könne. Der Käufer legte gleichwohl ein Gutachten einer namhaften WP-Gesellschaft vor, wonach der Milestone einer Vorleistung i. H. von 13,9 Mio. DM „erbracht" sei.

Die Verkäuferin hatte aus einer Reihe von Gründen inzwischen das Vertrauen nicht nur in das technologische Funktionieren des Verfahrens des Käufers, sondern auch in sein Vermögen, sonstiges Kapital für das Projekt zu akquirieren und in seine Seriosität verloren. Sie sah in dem Verhalten von Dr. X. einen schweren Täuschungsversuch und kündigte den Sanierungsvertrag aus wichtigem Grund fristlos. Dies führte in mehrere langwierige und verbitterte Rechtsstreitigkeiten, die bislang alle zulasten des Käufers endeten.

Das Schicksal von Nebenverträgen zu einem M&A-Vertrag wird – wenn nicht Nichtigkeitsgründe der allgemeineren Art angeführt werden[58] – i. d. R. auf den   13.48

---

58) S. Rn. 2.24 ff.

Gefechtsfeldern des jeweiligen Nebenvertrages entschieden, die außerhalb des Themas dieses Buches liegen.[59]

7. Einstandspflichten des Verkäufers für einen Mindestwert von Aktiva und einen Höchstwert von Schulden

13.49 Gelegentlich kommt es vor, dass der Verkäufer dafür einsteht, dass einzelne Vermögenswerte des Unternehmens einen bestimmten Geldwert haben. Am häufigsten dürfte der Verkäufer für die Werthaltigkeit und Eintreibbarkeit von Forderungen einstehen. Es können aber auch Vorräte oder die Veräußerbarkeit von nicht betriebsnotwendigem Vermögen zu bestimmten Beträgen betroffen sein. Daher sind unterschiedliche rechtliche Ausgestaltungen möglich. Der Vertrag kann etwa regeln, dass, wenn bis zu einem bestimmten Tag Forderungen nicht eingezogen werden können, der Ausfallbetrag von dem Verkäufer an den Käufer zu zahlen ist. Ebenso ist denkbar, dass der Verkäufer dem Käufer (oder der Zielgesellschaft) den Erwerb des betreffenden Gegenstandes zu einem Mindestwert anbietet. Schließlich kann auch eine Reduzierung des Kaufpreises um den Betrag des Ausfalls vereinbart werden.

8. Pflichten des Verkäufers aus Wettbewerbsverboten

13.50 Wettbewerbsverbote dienen der Übertragung des Unternehmens, indem sie den Verkäufer daran hindern, auf die Beziehungen zwischen dem verkauften Unternehmen und seiner Umwelt – insbesondere Lieferanten, Arbeitnehmer und Kunden – durch Wettbewerb auf einer für das Unternehmen abträgliche, seinen Unternehmenswert mindernde Weise einzuwirken. Hier ist ein Wettbewerbsverbot daher „ein **unter Umständen sehr wertvolles Aktivum**".[60] Die Gefährdung, vor der Wettbewerbsverbote schützen sollen, besteht allerdings nur da, wo der Verkäufer nach dem Verkauf noch in der Lage ist, Konkurrenz zu machen. Dies ist so beim Verkauf von Restaurants, Friseurläden, Reisebüros, Handwerksbetrieben und Beratungsunternehmen wie Anwalts- und Steuerbe-

---

59) In LG Köln v. 7.1.2010 – 8 O 120/09, GWR 2010, 68, hatte eine Tochter der GDF Suez mit im Jahre 2008 einem weltweiten Umsatz von 83 Mrd. € eine Ausgründung eines Geschäftsbereichs „Pharma/Biotechnologie" an ehemalige leitende Mitarbeiter initiiert und ihnen eine Mezzanine-Finanzierung zugesagt. Das LG Köln gab einem Anspruch der neugegründeten Einheit auf diese Mezzanine-Finanzierung statt und lehnte eine geltend gemachte Aufhebung durch Email wegen Nichtbeachtung einer „doppelten Schriftformklausel" ab (Rn. 45 f.).

60) RG v. 22.4.1921 – II 492/20, RGZ 102, 127, 128 Mitte. In dieser Entscheidung, bei der es darum ging, ob ein bei einem Erstverkauf durch Asset Deal begründetes Wettbewerbsverbot nach einem Zweitverkauf durch Asset Deal von dem Zweitkäufer gegen den Erstverkäufer geltend gemacht werden konnte, erachtete das RG ein 10-jähriges Wettbewerbsverbot im Groß- und Kleinhandel „auch bei der Veräußerung des Geschäfts durch seine Preis und Wert erhöhende Wirkung" als ein „greifbares Wertobjekt" (ebd.) und sah es als durch den zweiten Asset Deals wirksam übertragbar an, selbst obwohl die Übertragung der „im Geschäft begründeten Forderungen" ausgeschlossen gewesen war (S. 127).

II. Pflichten des Verkäufers neben der Lieferungspflicht

raterkanzleien, aber meist schon nicht mehr bei mittleren industriellen Betrieben. Bei strategischen Desinvestitionen oder Exits von Finanzinvestoren wäre eine Reinvestition durch den Verkäufer hingegen ebenso unwahrscheinlich wie wenig bedrohlich für den Verkäufer. Hier kommt allerdings immer noch in Betracht, dass der Verkäufer oder Manager des Verkäufers als Berater, Manager oder Vertriebspartner für andere Konkurrenten auftreten könnte und die Aufrechterhaltung der Kunden- und Lieferantenbeziehungen zu dem verkauften Unternehmen gefährden könnte. Das Thema scheint in den letzten Jahren bei Akquisitionen und in der Rechtsprechung keine besondere Relevanz zu besitzen.[61]

Grenzen von Wettbewerbsverboten ergeben sich aus § 138 BGB, § 1 GWB und dem europäischen Kartellrecht.[62] In allen drei Rechtsbereichen gilt im Wesentlichen noch wie vor 20 Jahren, dass Wettbewerbsverbote, die darauf zielen, dem Erwerber die Konsolidierung des übernommenen Kundenstamms zu sichern, und **zeitlich auf zwei Jahre** beschränkt sind, im Allgemeinen zulässig sind.[63] Zum Teil werden auch Wettbewerbsverbote von drei oder sogar fünf Jahren als zulässig angesehen.[64] Nach Ziff. 20 der sog. „**Nebenabredenbekanntmachung**" der EU[65] sind, wenn der **Geschäftswert alleine** übertragen wird, Wettbewerbsverbote bis zu **zwei Jahren** gerechtfertigt, wenn **auch Know-how** übertragen wird, bis zu **drei Jahren**.[66]

13.51

Die Rechtsprechung zeigt hier eine etwas abgemilderte Abneigung gegenüber der sog. geltungserhaltenden Reduktion, indem eine **Überschreitung allein von zeitlichen Grenzen** nicht zur Unwirksamkeit des Wettbewerbsverbotes insge-

13.52

---

61) Immerhin s. *Bauer/Diller*, Wettbewerbsverbote, und *Gresbrand*, GmbHR 2013, 119 ff. sowie *Bernhard*, NJW 2013, 2785 ff.
62) Vgl. ausführlich *Lips/Stratz/Rudo* in: Beck'sches Mandatshandbuch Unternehmenskauf, § 4 Rn. 510–563. Hierzu auch die teilweise veröffentlichte Entscheidung eines Schiedsgerichts der ICC No. 10704 v. Februar 2001, Bulletin de la Court d'abritrage internationale de la CCI, Vol. 14, No. 1, 2003, S. 73–83.
63) Vgl. *Weidenbach/Mühle*, EWS 2010, 353, 355 – u. U. drei Jahre; *Hirte*, ZHR 154 (1990), 443, 451 m. w. N.; *Wernicke*, BB 1990, 2209; vgl. auch BGH v. 15.3.1989 – VIII ZR 62/88, DB 1989, 1620; BGH v. 29.10.1990 – II ZR 241/89, GmbHR 1991, 15.
64) *Gresbrand*, GmbHR 2013, 119, 120 re. Sp. oben.
65) Abl. (EU) C 56/24 v. 5.3.2005.
66) Zu aktuellen Kartellrechtsrisiken in M&A-Transaktionen s. *Baron/Trebing*, BB 2016, 131. Ziff. 21 der „Nebenabredenbekanntmachung", der lautet „Beschränkt sich hingegen die Übertragung de facto auf materielle Vermögenswerte wie Grundstücke, Gebäude oder Maschinen oder auf ausschließliche gewerbliche Schutzrechte (deren Inhaber gegen Rechtsverletzungen durch den Veräußerer sofort gerichtlich vorgehen kann), können Wettbewerbsverbote nicht als notwendig angesehen werden", dürfte nicht dazu führen, dass bei Unternehmensverkäufen durch *Asset Deal* keine Wettbewerbsverbote vereinbart werden dürfen (immanent argumentiert: da eben wirtschaftlich nicht nur materielle Vermögenswerte übertragen, sondern mit den Assets auch ein Zukunftserfolgswert). Diese Frage bleibt in der Darstellung von *Baron/Trebing* unaufgeklärt (BB 2016, 131, 133 re. Sp.).

samt führen soll.[67] Das Nichtigkeitsrisiko ist also bei überzogen Grenzen des sachlichen und (wohl auch) räumlichen Marktes größer als bei nur überlangen Laufzeiten.[68] In einer Entscheidung vom 27.1.2011, die vom BGH aufrechterhalten wurde,[69] hat das OLG Hamburg diese rechtliche Beurteilung wie folgt zusammengefasst: Der BGH habe „für Wettbewerbsverbote, die an der Generalklausel des § 138 BGB zu messen sind, angenommen, dass eine geltungserhaltende Reduktion nicht möglich sei, wenn die Sittenwidrigkeit der Regelung nicht allein in ihrer zeitlichen Ausdehnung liege, sondern auch in weiteren Umständen begründet sei. Dann nämlich müsste das Gericht nicht nur den Verbotszeitraum anpassen, sondern auch auf den übrigen Inhalt des sittenwidrigen Geschäfts rechtsgestaltend einwirken. Dies aber übersteige den dem Richter eingeräumten Gestaltungsspielraum, weil ..., die unterschiedlichsten Regelungen denkbar" seien. In dieser Situation entspreche es dem Zweck des § 138 BGB, den Betroffenen das Risiko zuzuweisen, dass die Vereinbarung sittenwidrig und nichtig sei.[70] In einer anderen Entscheidung des BGH, ebenfalls zu § 138 BGB, heißt es insofern: „Nur wenn eine solche Wettbewerbsklausel ausschließlich die zeitlichen Grenzen überschreitet, im Übrigen aber unbedenklich ist, kommt nach der Rechtsprechung des Senats eine geltungserhaltende Reduktion in Betracht; die Missachtung der gegenständlichen und räumlichen Grenzen dagegen hat die Nichtigkeit des Verbots zur Folge".[71]

13.53 *Fallbeispiel „Wettbewerbsverbot zugunsten des Verkäufers"* (OLG Naumburg v. 20.12.2012 – 2 U 144/12 Kart, BeckRS 2013, 01886)

Der Verkäufer war mit 24,9 % an einer Ziel-GmbH beteiligt, die, mit Butter- und Würzzubereitungen gefüllte Baguettes produzierte. Im Jahre 2006 ver-

---

67) Vgl. *Gresbrand*, GmbHR 2013, 119, 120 re. Sp. oben; *Bauer/Diller*, Wettbewerbsverbote, S. 422 f.; *Hirte*, ZHR 154 (1990), 443, 459 m. w. N.; *Wernicke*, BB 1990, 2210; *Beisel/Klumpp*, Der Unternehmenskauf, S. 281 f.; eine geltungserhaltende Reduktion wurde bei einem zehnjährigen Verbot in OLG Sachsen-Anhalt v. 19.7.2005 – 1 U 83/04, Rn. 66 ff., NJW-RR 2006, 421, verweigert. Vgl. auch *Weidenbach/Mühle*, EWS 2010, 353, 359, zur Zulässigkeit bzw. Unzulässigkeit von zeitlicher, gegenständlicher und räumlicher Reduktion sowie salvatorischen Klauseln. Vgl. BGH v. 24.9.2002 – KZR 10/01, ZIP 2003, 126 = NJW 2003, 347; BGH v. 15.3.2010 – II ZR 84/09, ZIP 2010, 925 = NJW 2010, 1660.
68) OLG Hamm v. 15.2.1993 – 8 U 154/92 NJW-RR 1993, 1314, 1315; s. aber BGH v. 20.1.2015 – II ZR 369/13, ZIP 2015, 472 = DStR 2015, 838; *Gresbrand*, GmbHR 2013, 119, 120 re. Sp. oben; *Bauer/Diller*, Wettbewerbsverbote, S. 419 f.; vgl. auch *Pröbsting/Preitz*, BB 2016, 840.
69) BGH v. 25.10.2012 – VII ZR 56/11, ZIP 2012, 2508.
70) BGH v. 14.7.1997 – II ZR 238/96 (Stuttgart), NJW 1997, 3089.
71) BGH v. 18.7.2005 – II ZR 159/03, NJW 2005, 3061, 3062 li. Sp. unten; vgl. auch BGH v. 8.5.2000 – II ZR 308/98, NJW 2000, 2584; BGH v. 10.12.2008 – KZR 45/08. Vgl. OLG Hamburg v. 27.1.2011 – 3 U 260/08, UG B. I. 1. b), (2); BGH, Urt. v. 25.10.2012 – VII ZR 56/11 EWiR 2013, 13 *(Emde)*. Das OLG Hamburg bejahte allerdings im Gegensatz zu seiner Darstellung der allgemeinen Rechtslage für den von ihm entschiedenen Fall eine „geltungserhaltende Reduktion"; diese sei bei der einfach-gesetzlichen Spezialnorm des § 90a Abs. 1 Satz 2 HGB möglich (a. a. O.).

äußerte er seinen Anteil. Dabei schlossen Verkäufer und Zielgesellschaft einen Kooperationsvertrag, der vorsah, dass die Zielgesellschaft „während zehn Jahren nach Ablauf des Vertrages keine gekühlten Backwaren mit Butter- und Würzzubereitung ... für sich selbst oder verwandte Unternehmen, andere Hersteller und Vertreiber oder Lizenznehmer produzieren (darf), es sei denn die Waren sind für das nichtgeschützte Vertragsgebiet bestimmt". Nach Ablauf des Kooperationsvertrages nahm der Verkäufer die Zielgesellschaft auf Unterlassung der Herstellung (etc.) der betroffenen Produkte, auf Auskunft und Feststellung einer Schadensersatzverpflichtung in Anspruch.

Das OLG Naumburg ging davon aus, dass bei Unternehmensverkäufen die Vereinbarung eines Wettbewerbsverbots primär die Interessen des Erwerbers schützen soll, und stützte sich auf eine EU-Bekanntmachung, wonach Einschränkungen, welche den Veräußerer begünstigen entweder nicht mit der Durchführung des Zusammenschlusses unmittelbar verbunden oder jedenfalls von ihrem Geltungsbereich und/oder ihrer Geltungsdauer hier stärker eingeschränkt werden müssten, als den Erwerber begünstigende Klauseln. Jedenfalls bestünde ein etwaiges schutzwürdiges Interesse der Anteilsverkäuferin an einem Wettbewerbsverbot zulasten der Zielgesellschaft allenfalls für einen Zeitraum von drei Jahren.[72] Das OLG Naumburg prüfte nunmehr die Möglichkeit, einer „geltungserhaltenden Reduktion" wie folgt: „Nachvertragliche Wettbewerbseinschränkungen sind nach der ständigen Rechtsprechung des Bundesgerichtshofs – mit Rücksicht auf die vor allem bei der Auslegung der zivilrechtlichen Generalklauseln zu beachtenden Wertentscheidungen der Verfassung – nur dann gerechtfertigt, wenn und soweit sie notwendig sind, um den Vertragspartner zu schützen. Sie dürfen insbesondere nicht dazu eingesetzt werden, den Anderen als Wettbewerber auszuschalten. Ihre Wirksamkeit hängt davon ab, dass sie in räumlicher, gegenständlicher und zeitlicher Hinsicht das notwendige Maß nicht überschreiten. Nur wenn eine solche Wettbewerbsklausel ausschließlich die zeitlichen Grenzen überschreitet, im Übrigen aber unbedenklich ist, kommt eine geltungserhaltende Reduktion in Betracht, die Missachtung der gegenständlichen und räumlichen Grenzen dagegen hat die Nichtigkeit des Verbots zur Folge."[73] Schlussendlich verneinte es eine „geltungserhaltende Reduktion", weil das Wettbewerbsverbot auch in gegenständlicher Hinsicht über das erforderliche Maß hinausgehe.

---

[72] OLG Naumburg, Urt. v. 20.12.2012 – 2 U 144/12 Kart, UG B. II. 2. b), c), BeckRS 2013, 01886.
[73] OLG Naumburg, Urt. v. 20.12.2012 – 2 U 144/12 Kart, UG B. II. 3. a), BeckRS 2013, 01886.

13.54 Wettbewerbsverbote, die nach einem Unternehmensverkauf (vormalige) **Gesellschafter-Geschäftsführer** betreffen, unterliegen zusätzlichen Prüfungen, die sich letztlich an die §§ 74 ff. HGB anlehnen, wenn auch hier mit § 138 BGB und Art. 12 GG argumentiert wird. Die **zweijährige Höchstgrenze** des § 74a Abs. 1 Satz 3 HGB wird regelmäßig als maßgeblich angesehen. Wegen der weiteren Einzelheiten und der Kollisionsproblematik (Wettbewerbsverbote in Unternehmenskaufverträgen für Gesellschafter-Geschäftsführer) wird auf den Beitrag von *Gresbrand*[74] und das Buch von *Bauer/Diller*[75] verwiesen. *Weitnauer/Grob* haben kürzlich Wettbewerbsverbote in der GmbH untersucht, die bei M&A-Transaktionen ggf. zusätzlich zu solchen aus dem M&A-Vertrag fortwirken können.[76]

13.55 Es gibt einzelne Entscheidungen von internationalen Schiedsgerichten zu Wettbewerbsverboten. Im *ICC-Fall 6106, 1991* zwischen einer amerikanischen und italienischen Partei, die einen Anteilskaufvertrag über ein italienisches Unternehmen geschlossen hatten, wurde ein Wettbewerbsverbot als unter Art. 85, 86 EUV wirksam angesehen.[77] Im *ICC-Fall 10433, 2001* wurde nach Auffassung des Schiedsgerichts ein Wettbewerbsverbot dadurch nach Art. 81 Abs. 1 EUV nichtig, dass sich eine Partei mit einem dritten Unternehmen zusammenschloss.[78] Im *ICC-Fall 10704, 2001* wurde ein Wettbewerbsverbot über drei Jahre nach „the special and particular facts of this case" als nach EU-Recht zulässig angesehen. Das Schiedsgericht, das auch seinen räumlichen Anwendungsbereich akzeptierte, beschränkte es allerdings auf Endprodukte.[79]

III. Pflichten des Käufers neben der Kaufpreiszahlungspflicht

1. Pflichten des Käufers zur Herbeiführung von Wirksamkeitsbedingungen

13.56 Wie der Verkäufer kann auch der Käufer Pflichten zur Herbeiführung von Wirksamkeitsbedingungen übernehmen. Scheitert der Eintritt einer Wirksamkeitsbedingung am Käufer, so haftet er u. U. auf Schadensersatz oder Vertragsstrafe.

13.57 Im *ICC-Fall 11789, 2003* war der Versuch eines europäischen Konsortium zur Übernahme einer Mehrheitsbeteiligung an einer europäischen Fluglinie an der europäischen Fusionskontrolle gescheitert. Der Verkäufer nahm das Käuferkonsortium auf Schadensersatz in Anspruch, weil dieses nicht angemessen an dem fusi-

---

74) *Gresbrand*, GmbHR 2013, 119, v. a. S. 121, 122.
75) *Bauer/Diller*, Wettbewerbsverbote, S. 29 ff.
76) *Weitnauer/Grob*, GWR 2014, 185.
77) ICC International Court of Arbitration Bulletin Vol. 5, No. 2, 1994, S. 47 f. (Auszug).
78) ICC-Fall 10433, 2001, teilw. abgedruckt in ICC International Court of Arbitration Bulletin Vol. 24, 2013, S. 41–49.
79) ICC-Fall 10704, 2001, International Court of Arbitration Bulletin, Vol. 14, No. 2, 2003, S. 62 f.

III. Pflichten des Käufers neben der Kaufpreiszahlungspflicht

onskontrollrechtlichen EU-Freigabeverfahren mitgewirkt habe.[80] *Sachs* berichtet von einem ICC-Schiedsverfahren, in dem ein portugiesischer Verkäufer ein Käuferkonsortium auf Schadensersatz in Anspruch nahm, weil diese nicht angemessen an dem fusionskontrollrechtlichen Freigabeverfahren vor der EU mitgewirkt habe (möglicherweise dasselbe Verfahren), und von einem DIS-Schiedsverfahren, in dem der amerikanische Käufer eine Finanzierungszusage beibringen sollte und, weil er dies nicht tat, auf eine Vertragsstrafe von 10 Mio. € in Anspruch genommen wurde.[81] Ergänzend wird auf die Darstellung in Rn. 13.14 f. verwiesen.

2. Freistellungs- und Kostenerstattungspflichten des Käufers

Freistellungs- und Kostenerstattungspflichten des Käufers für später eintretende Belastungen des Verkäufers sind selten. Eine BGH-Entscheidung aus 2013[82] mag solche Gestaltungen nun häufiger nahelegen. 13.58

Nach § 135 Abs. 1 Nr. 2 InsO ist eine Rechtshandlung anfechtbar, die für die Forderung eines Gesellschafters auf Rückgewähr eines Gesellschafterdarlehens i. S. des § 39 Abs. 1 Nr. 5 InsO Befriedigung gewährt hat, wenn die Handlung im letzten Jahr vor dem Eröffnungsantrag oder nach diesem Antrag vorgenommen worden ist. Der BGH[83] hat entschieden, dass eine solche Anfechtung auch gegenüber dem Zedenten möglich ist. Diese Entscheidung trifft auf die verbreitete und sinnvolle Praxis, dass beim Verkauf von gesellschafterfinanzierten Gesellschaften neben den Anteilen auch die **Ansprüche auf Rückzahlung von Gesellschafterdarlehen** an den Anteilskäufer **abgetreten** werden, wofür der Anteilsverkäufer einen angemessenen Kaufpreisanteil (gesondert ausgewiesen oder nicht) erhält. Dieses Urteil setzt den Anteilsverkäufer dem Risiko aus, dass dies als Rückzahlung des Gesellschafterdarlehens konstruiert wird, und er, wenn hinsichtlich der Zielgesellschaft innerhalb eines Jahres Insolvenzantrag gestellt wird, planwidrig eine Zahlung an den Verwalter der Zielgesellschaft leisten muss. 13.59

Die Literatur erörtert dieses Urteil überwiegend kritisch und diskutiert Gestaltungsmöglichkeiten zur Vermeidung der Verkäuferrisiken.[84] Ein Thema der „M&A Litigation" wird hieraus nur, wenn der Verkäufer, der seine Inanspruchnahme durch den Verwalter nicht abwehren kann, den Käufer auf Regress in Anspruch nimmt. 13.60

---

80) ICC-Fall 11789, 2003, ICC International Court of Arbitration Bulletin, Vol. 24, No. 1, 2013, S. 105 f.
81) *Sachs*, SchiedsVZ 2004, 123, 126 li. Sp. unten und re. Sp. oben. Es stand im zweiten Fall wohl im Streit, was eine „unwiderrufliche und unbedingte" Finanzierungszusage ist.
82) BGH v. 21.2.2013 – IX ZR 32/12, ZIP 2012, 879 = WM 2013, 568.
83) BGH v. 21.2.2013 – IX ZR 32/12, ZIP 2012, 879 = WM 2013, 568.
84) *Lauster*, WM 2013, 2155, 2160; *Greven*, BB 2014, 2309; *Reinhard/Schützler*, ZIP 2013, 1898; *Schniepp/Hensel*, BB 2015, 777; *Schniepp/Hensel*, DB 2015, 479.

3. Liefer- und Bezugspflichten des Käufers

13.61 Unter Umständen übernimmt auch der Käufer eines Unternehmens, etwa wenn ein Konzern eine Teilefertigung zum Zweck der Reduzierung der Fertigungstiefe (Spin Off, Outsourcing) verkauft, Liefer- und Bezugspflichten; i. d. R. geschieht dies in einem gesonderten Nebenvertrag.

13.62 Sie sind nicht mit den schon erwähnten Bezugs- und Lieferpflichten des Verkäufers[85] zu verwechseln, sind für den Käufer besser zu überblicken und schlagen zumeist nicht plötzlich, überraschend und mit so großer Wucht auf den M&A-Vertrag insgesamt durch, wie die den Verkäufer verpflichtenden Nebenverträge, aber können natürlich auch zu Streitigkeiten führen. Diese werden hier nicht weiter behandelt.

4. Nachbewertungsklauseln

13.63 Nachbewertungsklauseln sind dadurch gekennzeichnet, dass ein Vermögensgegenstand, häufig eine Immobilie, nach Ablauf einer i. d. R. fixierten Frist – zumeist zu Zwecken einer etwaigen Kaufpreiserhöhung zugunsten des Verkäufers[86] – nachbewertet wird. Auf weitere Auslöser als den Ablauf einer Frist wird verzichtet. Da **kein Verkauf vorausgesetzt** wird, kann auch nicht ein am Markt erzielter Veräußerungspreis als Nachbewertungswert verwendet werden, sondern muss dieser **zwangsläufig durch Gutachter** bestimmt werden. Mehrerlös-, Einzelverwertungs- oder Spekulationsklauseln unterscheiden sich erstens dadurch, dass sie bedingt und nicht nur befristet sind und zweitens dadurch, dass sie häufig[87] den Auslöser, etwa der Veräußerung des Gegenstandes zu einem Preis, zur Bestimmung des Nachbewertungswertes benutzen können.

13.64 Obwohl Nachbewertungs- wie Mehrerlös-, Einzelverwertungs- oder Spekulationsklauseln verbreitet in den Verträgen der öffentlichen Hand eingesetzt wurden (und werden), verfolgen sie vom Ansatz her primär einen monetären Zweck. Sie können als eine Art von **Earn Out-Klausel** bezogen auf die **Verwertung**

---

85) *Beisel/Klumpp*, Der Unternehmenskauf, S. 286. Vgl. zur geltungserhaltenden Reduktion oben Rn. 2.25 sowie Rn. 5.4.

86) Die Klausel kann natürlich auch so gestaltet werden, dass die Unterschreitung eines Mindestwertes zu einer Kaufpreisminderung führt. Dann nähert sie sich einer Kaufpreisanpassungsregelung an; s. Rn. 13.99.

87) Nicht immer. Es ist denkbar, dass eine Mehrerlösklausel durch den Abschluss eines *langfristigen Mietvertrages* o. Ä. ausgelöst werden kann, indem dann ein Anteil an dem Wert des Gegenstandes an den Verkäufer zu zahlen ist. Dann fehlt es an einem Verkaufspreis für den Gegenstand. Immerhin kann der Wert des Gegenstandes aus den Mieterlösen hergeleitet werden. Es stellt sich ein Liquiditätsthema, das bei einem Verkauf nicht auftritt.

III. Pflichten des Käufers neben der Kaufpreiszahlungspflicht

von Teilen des Unternehmensvermögens angesehen werden.[88] Zum Beispiel ist vorstellbar, dass ein Käufer sich die Option einer betrieblichen Nutzung eines Reservegrundstücks offenhalten möchte, aber er dem Verkäufer verspricht, ihn an Wertrealisierungen durch Verkäufe zu beteiligen, wenn er das Grundstück für betriebliche Zwecke doch nicht benötigt.[89]

Die Rechtsprechung, die zu Nachbewertungsklauseln in Treuhandprivatisierungsverträgen[90] ergangen ist, war umfangreich und nicht widerspruchsfrei. Die Gerichte haben sich mit einer Vielzahl von Fragen beschäftigt, die weiter von Bedeutung bleiben werden. 13.65

Nachbewertungsklauseln scheinen zunächst hinsichtlich der Auslösung der Bewertung einfach zu sein, weil sie ein i. d. R. fixiertes Datum vorsehen (oder sonst befristet, nicht bedingt, sind). Dennoch haben die Gerichte unterschiedliche Auffassungen zur **Natur eines „Nachbewertungsstichtags"** vertreten. Das OLG Sachsen[91] meinte etwa, das Betreiben einer Nachbewertung Ende 1995, nachdem eine Nachbewertung zwischen dem 1.10. und 31.12.1992 vereinbart gewesen war, erfolge zu spät. Die Nachbewertung sei „entsprechend dem in ergänzender Auslegung zu ermittelnden Vertragsinhalt aufgrund verspäteter Durchführung ausgeschlossen." Auf diese Weise wurde, was fragwürdig ist, eine zeitliche Nähe der Durchführung der Nachbewertung zu dem Nachbewertungsstichtag zur Voraussetzung des Anspruchs gemacht. Mit ähnlicher Tendenz sah das OLG Dresden eine Klausel, wonach der Verkäufer „auf den 31.12.1993 eine Neubewertung des Verkaufspreises" durchführen können sollte, als eine *Ausschlussfrist* an.[92] 13.66

Das KG und andere Gerichte haben dieser Auffassung, wohl zu Recht, widersprochen; die Klausel lege nur fest, dass die Nachbewertung anhand der zum 31.12.1993 vorhandenen Erkenntnismöglichkeiten im Wege des Schiedsgutachtens erfolgen solle.[93] 13.67

Die Hauptfrage bei Nachbewertungsklauseln ist, **welche Umstände** bei der Nachbewertung **zu berücksichtigen** sind, insbesondere ob und ggf. wie der Nachbewertungswert um vom Käufer irgendwie mit herbeigeführte Wertsteigerungen 13.68

---

88) Dieser Vergleich ist gerechtfertigt, weil, obwohl, anders als bei Mehrerlös-, Spekulations- und Einzelverwertungsklauseln, keine Realisierung des Wertes des Gegenstands in Geld verlangt wird, *jedenfalls der Wert oder Wertzuwachs als vorhanden festgestellt werden muss.* Nachbewertungsklauseln können sich dabei auch durchaus auf betriebsnotwendiges Vermögen beziehen. Sie zwingen den Käufer dann, dieses frei zusetzen, wenn es einen gewissen Wert überschreitet und durch ein preisgünstigeres Ersatzstück zu ersetzen.
89) Zum Einsatz von Nachbewertungsklauseln in aktuellen M&A-Transaktionen s. *Wenzel*, Auf Einzelassets bezogene bedingte und unbedingte Nachbewertungsklauseln, in: Drygala/Wächter, Kaufpreisanpassungs- und Earnout-Klauseln, S. 59.
90) Der Großteil der veröffentlichten Rspr. zu Nachbewertungsklauseln entstammt diesem Bereich.
91) OLG Sachsen v. 29.6.1999 – 11 U 55/99.
92) OLG Dresden v. 27.10.1999 – 18 U 1019/99.
93) So auch KG v. 13.3.1998 – 7 U 2233/97, DB 1998, 1277.

zu korrigieren ist und welches Bewertungsverfahren anzuwenden ist, m. a. W. die **Programmierung des Schiedsgutachters.**

13.69 Wenn ein Grundstück bis zum Nachbewertungsstichtag ohne physische Veränderungen, etwa neue Gebäude u. Ä., und ohne rechtliche Entwicklungsmaßnahmen geblieben ist, ist die Sache noch relativ einfach; es wird der Verkehrswert bzw. der voraussichtliche Verkaufspreis für das Grundstück wie es (immer noch) steht und liegt – recht oder schlecht – bestimmt und u. U. darüber gestritten, ob die Bestimmung durch den Sachverständigen so fehlerhaft ist, dass sie nach § 319 Abs. 1 Satz 2 BGB durch das Gericht zu ersetzen ist.[94]

13.70 Sobald aber auf der Immobilie ein Gebäude errichtet oder umgebaut oder ein Baurecht oder seine Erweiterung erlangt wird, tun sich Probleme auf. Zuerst: Kann bzw. soll gleichwohl als für die Berechnung maßgeblicher Nachbewertungswert der Verkehrswert genommen werden, obwohl er vermutlich **durch die Investition** (oder Geschick) des Käufers oder der Gesellschaft **nach der Übernahme positiv beeinflusst** wurde? Dies wird der Käufer zurückweisen, und wenn der Vertrag eindeutig ist, insoweit die Sittenwidrigkeit der Klausel geltend machen. Es könne ihm doch nicht abverlangt werden, dass er einen „selbst geschaffenen" Wert abführen müsse. Freilich muss diese Wertung nicht immer so überzeugend sein, wie sie zuerst klingt. Vielleicht war ja das **Entwicklungspotenzial** des Grundstücks **absehbar**, hätte der Verkäufer die Entwicklungsleistung **ebenso gut** erbringen können wie der Käufer und waren die **Kosten gering** bzw. wurden schon (wirtschaftlich) berücksichtigt, indem der Käufer **nicht 100 %** der Wertsteigerung abzuführen hat.[95] Schließlich ließe sich für die Verkäufer argumentieren, dass sich die Parteien eben auf eine etwas vereinfachende Technik verständigt hätten, um sich die spätere Abwicklung zu erleichtern. Diese Verkäuferargumente richten sich überhaupt gegen Abzüge bei der Bestimmung des Nachbewertungswerts aufgrund von Käuferbeiträgen.

13.71 Wenn der Vertrag diese nicht *a limine* ausschließt bzw. ein Gericht auf dem Auslegungsweg zu dieser Sichtweise gelangt, tritt ins Gesichtsfeld, dass solche Beiträge auf mehrfache Weise berücksichtigt werden können, nämlich der **Einsatz des Käufers** an Geld und u. U. sonstigen Aufwendungen (cost) einerseits oder der im Ergebnis **herbeigeführte Werterhöhungsbetrag** (value).

---

94) Ob dies eine realistische Option ist, hängt fast allein von der Qualität der Vorkenntnisse des Gerichts in betriebswirtschaftlichen und Bewertungsfragen ab. Viele Gutachten sind so schlecht, dass die Schwelle der offenbaren Unrichtigkeit, die § 319 Abs. 1 Satz 1 BGB entnommen wird, deutlich überschritten ist. Bei einer Schiedsklausel sollte es eben zumeist problemlos möglich sein, ein so qualifiziertes Schiedsgericht zu bilden, dass eine Korrektur erfolgen kann. Bei staatlichen Gerichten ist eine Korrektur ebenfalls ganz einfach, wenn ein entsprechend durchsetzungskräftiger Richter des Spruchkörpers die Sachkenntnis hat; andernfalls wird ein Gericht wohl sehr zurückhaltend reagieren – und die Chancen für eine Korrektur stehen eher schlecht.

95) Es ist damit zu rechnen, dass manche staatlichen Gerichte – zu Unrecht – gleichwohl § 138 BGB anwenden könnten.

III. Pflichten des Käufers neben der Kaufpreiszahlungspflicht

Die in der Umsetzung einfachere Variante besteht sicher darin, von dem aktuellen Verkehrswert nur die **nachgewiesenen Kosten** bzw. **Investitionen des Käufers**[96] abzusetzen. 13.72

Klauseln, die die Handschrift des Käufers tragen, sehen freilich auch bisweilen vor, dass bei der Nachbewertung Wertsteigerungen, „die auf zwischenzeitliche Maßnahmen des Käufers *zurückgehen*", also nicht nur die Kosten, sondern auch die **Effekte** des Verhaltens des Käufers, unberücksichtigt bleiben sollten.[97] Damit war in Rechtsstreitigkeiten – v. a. dem Verkäufer – die schwierige Aufgabe gestellt, den eingetretenen Wertsteigerungsbetrag, etwa wenn ein allgemeines Ansteigen der Immobilienpreise mit einem durch eine Umwidmung oder die Erlangung eines Baurechts etc. verursachten Wertzuwachses zusammentraf, unterschiedlichen Ursachen zuzuordnen.[98] 13.73

Je weniger sich die Parteien bei der Vertragsverhandlung mit solchen Differenzierungen beschäftigt haben, umso größer ist der Streit später. Kürzlich hatte sich der V. Zivilsenat des BGH noch einmal mit einem Fall aus den Treuhandprivatisierungen zu befassen. Er hat bei einer Mehrerlösklausel, die keine eindeutige Regelung zur Berücksichtigung von Wertsteigerungsbeiträgen des Verkäufers enthielt, werterhöhende Aufwendungen abgezogen.[99] 13.74

Für jede Nachbewertungsklausel stellt sich auch die Frage nach dem **anzuwendenden Bewertungsverfahren**. Wenn die Klausel hierzu keine Vorgaben macht, wird die die Nachbewertung einleitende Partei versuchen, den Gutachter von einem für sie vorteilhaften Verfahren zu überzeugen; die „nachziehende" Partei gerät in Nachteil. Die Problematik tritt etwa auf – und sie trat in dem sogleich darzustellenden Fall „Verbleiungsanlage" auf – wenn zu dem zu bewertenden Vermögen **Grundstücke** oder Gebäude gehören, die aktuell, aber **nicht** unbedingt **dauerhaft für den operativen Geschäftsbetrieb** der Gesellschaft genutzt werden, sondern nicht betriebsnotwendig werden können. Im Allgemeinen wird 13.75

---

96) Der Wertansatz in dem Verkaufsvertrag beträgt 1 Mio. €. Der Käufer investiert 500.000 €. Ein Verkauf erfolgt für 2 Mio. €. Wenn „durch Investitionen *verursachte* Wertsteigerungen" abzuziehen sind, muss gestritten werden, inwieweit der Wertzuwachs durch die Investition oder die allgemeine Preisentwicklung verursacht wurde. Die Investitionsausgaben müssen sich ja nicht nur 1:1, sondern können sich auch 1:2 ausgewirkt haben. Sind die „Investitions*kosten*" abzuziehen, ist die Situation einfach. Aufzuteilen sind 500.000 €.
97) Vgl. OLG Dresden v. 27.10.1999 – 18 U 1019/99. Die Klausel kann übrigens theoretisch dazu führen, dass – bei einer schlechten Investition – ein gegenüber den Investitionen niedrigerer Wertsteigerungsbetrag anzusetzen ist.
98) So etwa bei einer Mehrerlösklausel (s. sogleich Rn. 13.80 f.), wo sich dasselbe Problem stellt, LG Berlin v. 2.5.2000 – 9 O 49/99. Nach dem Vertrag sollten Wertsteigerungen nicht abgeschöpft werden, die auf Investitionen des Käufers „beruhen". Das LG meinte, deshalb mindere nicht nur der Betrag der Investitionen den abschöpfbaren Mehrerlös. Obwohl nach Ansicht des LG die Darlegungs- und Beweislast dafür, dass die Investitionen, die in den Verkehrswert mit einem höheren Betrag einflossen, bei dem Käufer lagen, ließ es den Verkäufer sogar an den Erfordernissen eines substantiierten Bestreitens scheitern.
99) BGH v. 13.3.2009 – V ZR 10/08, Rn. 11.

13. Kapitel Zusatzabreden und Kaufpreisklauseln

der Käufer einen niedrigen Verkehrswert mit der Betriebsnotwendigkeit einer Immobilie begründen wollen. In dem folgenden Fall war es umgekehrt. Hier trat auch das nicht ganz seltene Phänomen auf, dass die Parteien eine vermeintliche „Feinmechanik" in den Vertrag eingebaut hatten, die sich, als es darauf ankam, als undurchdacht erwies.

13.76   *Fallbeispiel „Verbleiungsanlage"* (LG Berlin v. 13.3.1997 – 30 O 495/96)[100]
Eine Klausel lautete: „Die Parteien vereinbaren, dass zum ... eine ... Nachbewertung des in der Bilanz mit 2.568.000 DM ausgewiesenen Immobilienbestandes ... stattfindet ... Bei der Nachbewertung ist ein Abschlag in derselben Höhe vorzunehmen, in welcher bei der ... Bilanz ein Abschlag für Bodenbelastungen stattgefunden hat. ... Der Unterschiedsbetrag ist ... (auszugleichen)." Wesentlicher Teil des Immobilienbestandes war eine relativ neue Verbleiungsanlage für Kraftstoffe. Der Käufer setzte den Wert des Immobilienbestandes nach der Ertragswertmethode mit 4,6 Mio. DM an und zog hiervon Wertminderungen wegen Kontaminationen und zu erwartenden Sanierungsverfügungen nach dem BBodSchG nach den Erkenntnissen zum Bewertungsstichtag i. H. von 8,2 Mio. DM ab. Der Wert des Immobilienbestandes hätte hiernach –3,6 Mio. DM betragen, so dass der Käufer die Differenz zu dem Bilanzansatz von +2.568.000 Mio. DM, also rund 6,1 Mio. DM einklagte.

Das LG Berlin und das KG interpretierten den Vertrag so, dass die Ansätze zu den Bodenbelastungen in der Bilanz auch dann gelten sollten, wenn sie sich als unzutreffend erweisen würden und dass die Parteien die Chancen und Risiken hieraus tragen wollten. Also durfte der Gutachter diesbezüglich nicht neuere Erkenntnisse zum Bewertungsstichtag berücksichtigen, sondern musste den „alten" Abschlag abziehen. Weil der Gutachter diese Vorgabe verletzt hatte, war sein Gutachten nach § 319 BGB durch richterliches Urteil zu ersetzen. Allerdings hatten die Parteien bei den Verhandlungen keine Sorgfalt darauf verwandt, zu präzisieren, welcher Abschlag bei der Bilanz berücksichtigt worden war[101] und es erwies sich, dass sich eine eindeutige Antwort hierauf nicht finden ließ. Zum Unglück des Käufers sprach aber ein Prüfungsbericht über die DM-Eröffnungsbilanz dafür, dass nur Abzüge von unter 50.000 DM vorgenommen worden waren, so dass der Käufer beim LG unterlag.

In der Berufung drehte der Verkäufer den Spieß um und erhob Widerklage auf Zahlung eines ihm zustehenden Ausgleichsbetrages aus der – in beide Richtungen wirkenden – Nachbewertungsklausel. Er bezweifelte, dass die Ertragswertmethode anwendbar sei. Deshalb spiele es auch keine Rolle, dass überhaupt bei einer Vermietung auf dem Markt, die der Sachverständige unterstellt hatte, nur sehr niedrige Mieten für die Verbleiungsanlage erzielbar gewesen wären. Da die Verbleiungsanlage betriebsnotwendig sei, sei die Sach-

---

100) Das Verfahren wurde von dem Verfasser für den Verkäufer geführt.
101) Am einfachsten wäre es gewesen, die Parteien hätten den Betrag im Vertrag genannt.

III. Pflichten des Käufers neben der Kaufpreiszahlungspflicht

wertmethode maßgeblich,[102] die, da der Wiederbeschaffungswert der Verbleiungsanlage erheblich war, zu einem relativ hohen Nachbewertungswert und einer beachtlichen Zahlungspflicht – nunmehr des Käufers – führte. Diese Fragen blieben leider unentschieden. Der Rechtsstreit endete mit einer Vergleichszahlung – zugunsten des Verkäufers.

Es sollen abschließend noch **Wirksamkeitsbedenken gegen** Nachbewertungsklauseln überhaupt angesprochen werden, die in der Rechtsprechung eine Rolle spielten. Das OLG Naumburg hat 1997[103] eine Nachbewertungsklausel *a limine* als im Widerspruch zu § 9 AGBG angesehen, weil der Kaufpreis im Allgemeinen im Kaufvertrag endgültig und bindend bestimmt werde.[104] Auch dass der Verkäufer, ohne in irgendeiner Weise ein Risiko zu tragen, an einer möglichen Werterhöhung partizipieren wolle, sei problematisch.[105] Unter Berücksichtigung weiterer Gesichtspunkte wurde die Wirksamkeit der Klausel schließlich verneint. 13.77

Im Jahre 1999 erachtete das Thüringer OLG[106] eine Nachbewertungsklausel als im Widerspruch zu § 9 AGBG (§ 305 BGB n. F.) stehend, weil sie *nur Erhöhungen* des Grundstückspreises, nicht aber auch Absenkungen[107] zum Stichtag erfasse und weil sie erheblichen Äquivalenzverschiebungen im Vertragsgefüge nicht mit einer Kappungsgrenze oder einem Lösungsrecht[108] begegne. Das LG Rostock hat dieser Sichtweise widersprochen.[109] 13.78

---

102) Zur Bewertung von Geschäfts- und Fabrikgrundstücken durch Sachwertverfahren bzw. Ermittlung der Wiederbeschaffungskosten: *Simon/Cors/Troll*, Hdb. der Grundstückswertermittlung, S. 15, 148 f. Bei Zuführung des Grundstücks zu einer anderen Nutzung ist aber ein Wertermittlungsverfahren in Abhängigkeit von der wahrscheinlichsten Folgenutzung zu bestimmen, bei einer Vermietung also u. U. das Ertragswertverfahren, S. 150 f.
103) OLG Naumburg v. 9.12.1997 – 11 U 1058/97, VIZ 1998, 412.
104) In diesem Sinne auch *Zeuner*, ZIP 1993, 1365, 1369 li. Sp. oben. Es liegt aber neben der Sache, in Unternehmenskaufverträgen jede variable Kaufpreisklausel als illegitim anzusehen.
105) Auch dieses Argument überzeugt nicht. Der Anspruch auf Leistung nach der Nachbewertungsklausel ist eine nachträgliche Gegenleistung dafür, dass der Verkäufer den Vermögenswert mitübertragen hat, nicht dafür, dass er an unternehmerischen Risiken partizipiert. Selbst das ist übrigens nicht richtig: er trägt jedenfalls das Risiko, dass sich das Up-Side-Potenzial der ihm ehemals gehörenden Immobilie aufgrund von Managementfehlern des Käufers nicht realisieren lässt. Zuletzt: Die Parteien haben einfach die Gegenleistung des Käufers so verhandelt. Das bedarf keiner Rechtfertigung.
106) OLG Thüringen v. 29.9.1999 – 2 U 169/98, OLG-NL 1999, 271, n. rkr.; BGH v. 11.5.2001 – V ZR 491/99, WM 2001, 1305; ähnl. OLG Rostock v. 25.7.1996 – 1 U 183/94, VIZ 1996, 736.
107) Eine zu einfache Gleichheitsvorstellung. In diesem Sinne allerdings auch *Kiethe*, VIZ 1999, 697, 703 li. Sp.
108) Dieses Argument verdient sorgfältigere Betrachtung. Tatsächlich kann ein Unternehmen in Liquiditätsnöte gestürzt werden, wenn eine Kaufpreisnachzahlung aufgrund einer nicht in Geld realisierten Wertsteigerung eines Gegenstandes abverlangt wird. Möglicherweise steht im Hintergrund auch die Sorge, dass der Sachverständige zu leichthin überhöhte Werte feststellen könnte. Ob dies aber realisieren kann, eine Sittenwidrigkeit oder – bei Formularverträgen – eine Verletzung von § 307 n. F. BGB zu begründen, bleibt fraglich.
109) LG Rostock v. 19.3.1999 – 4 O 281/97, OLG-NL 1999, 123, 125 li. Sp. Mitte.

13.79 Auch der V. Zivilsenat des BGH hat im Jahre 1999[110] einen Anspruch aus einer Nachbewertungsklausel verneint, da sich bis zur Jahreswende 1991/1992 noch kein funktionsfähiger Grundstücksmarkt im Bereich von Irxleben herausgebildet hatte.[111] Er ließ es dahin gestellt, ob eine Abschöpfung einer Werterhöhung durch einen Ausweis als Bauland überhaupt möglich sei.[112] Andererseits hat auch derselbe Senat zwei Jahre später die Kontrollpflicht einer ihm vorgelegten Nachbewertungsklausel aus einem Treuhandvertrag nach § 8 AGBG überhaupt verneint.[113] Verschiedene OLG haben Nachbewertungsklauseln grundsätzlich als zulässig angesehen.[114]

5. Mehrerlös-, Einzelverwertungs- oder Spekulationsklauseln

a) Unterschiedliche Zwecke und Ausgestaltungen von Mehrerlös- u. ä. Klauseln

13.80 Mehrerlös-, Einzelverwertungs- oder Spekulationsklauseln[115] werden Klauseln genannt, die eine Kaufpreiserhöhung an das Stattfinden von zukünftigen Ereignissen, z. B. Handlungen des Käufers oder der Zielgesellschaft, knüpfen. Es gibt neben Veräußerungen eines Gegenstandes ein breites Spektrum sonstiger Verhaltensweisen, die als Auslöser in Frage kommen.

---

110) BGH v. 26.2.1999 – V ZR 4/98, WM 1999, 1278.
111) BGH v. 26.2.1999 – V ZR 4/98, WM 1999, 1278, UG 3. Im Hintergrund stand Ziff. 4 der Anlage IX zum Einigungsvertrag. Sie lautete: „Da es zunächst an einem funktionsfähigen Markt für Grund und Boden und entsprechenden Marktpreisen fehlen wird, kann im Rahmen der Vertragsfreiheit mit den üblichen Klauseln vorgesehen werden, den zunächst vereinbarten Grundstückspreis nach Ablauf einer Übergangsfrist einer Überprüfung und nachträglichen Anpassung zu unterziehen. Dabei müssen Verfügbarkeit und Beleihungsfähigkeit des Grundstücks gesichert, die Übergangszeit kurz und die Kalkulierbarkeit der Belastung für den Erwerber gewährleistet sein." Freilich wäre es ein Missverständnis, die Möglichkeit zur Vereinbarung von Nachbewertungsklausel *konstitutiv* aus diesem „Gestaltungshinweis" des Einigungsgesetzgebers herzuleiten und sie also von dem Vorliegen der von ihm angenommenen Voraussetzungen abhängig zu machen. Die Möglichkeit von Nachbewertungsklauseln ergibt sich aus der Vertragsfreiheit, nicht aus einem transformationsrechtlichen „Hinweis".
112) BGH v. 26.2.1999 – V ZR 4/98, WM 1999, 1278, UG 4.
113) BGH v. 26.1.2001 – V ZR 452/99, BGHZ 146, 331 = ZIP 2001, 463.
114) Neben dem KG v. 13.3.1998 – 7 U 2233/97, DB 1998, 1277, sind dies auch das OLG Karlsruhe v. 19.3.1998 – 4 U 179/96, DB 1998, 1278, und das OLG Frankfurt v. 31.1.2001 – 13 U 187/98 (das Verfahren wurde von dem Verfasser geführt).
115) Vgl. etwa *Wächter/Kaiser/Krause*, WM 1992, 293; *Hormann*, VIZ 1996, 71; *Kiethe*, Nachverhandlungen mit der Treuhandanstalt, S. 147 ff.; *Kiethe*, VIZ 2003, 209; *Lehmann*, DStR 1992, 1287; *Preu*, DStR 1995, 1390; *Arens/Boz Ali*, VIZ 1997, 393. Zu Mehrerlösklauseln in Unternehmenskaufverträgen neuerdings *Schmidt-Hern/Behne*, NZG 2012, 81 ff., im Zusammenhang mit „negativen Kaufpreisen" *Hofer*, BB 2013, 972 ff., und *Kiem*, Am Enterprise Value orientierte Kaufpreisanpassungsklauseln, Weiterverkaufs- und Mehrerlösklauseln, in: Drygala/Wächter, Kaufpreisanpassungs- und Earnout-Klauseln, S. 151.

III. Pflichten des Käufers neben der Kaufpreiszahlungspflicht

- Bei „**Mehrerlösklauseln**" steht die Idee einer **Teilabschöpfung eines erzielten Mehrerlöses** im Vordergrund und wird somit eine Vergleichsmöglichkeit zwischen einer Art von Einkaufspreis und Weiterverkaufspreis impliziert.[116] Solche Klauseln setzen weder irgendein sozialpolitisches Motiv noch eine gegenüber einem schnellen Weiterverkauf kritische Haltung voraus; der Verkäufer will nur partizipieren oder er will davor geschützt sein, sich zu blamieren, wenn sein Käufer kurz darauf einen Weiterverkauf zu wesentlich besseren Konditionen vornimmt, was „**Fool's Insurance**"[117] oder „**Anti-Embarrassement**"-Klausel[118] genannt werden kann. Solche Mehrerlösklauseln sind insoweit mit „Earn Out"-Klauseln vergleichbar, die freilich nur bei der Bedingung eines „Exits" des Käufers eingreifen und gehören zum Repertoire von M&A-Transaktionsjuristen.[119]
- Bei „**Einzelverwertungsklauseln**" (oder Anti-Asset-Stripping-Klauseln) geht es nur darum, dass ein Gegenstand aus dem operativen Geschäftsbetrieb herausgelöst und **teilliquidiert** wird; es ist nicht einmal mehr erforderlich, dass irgendein Mehrerlös erzielt oder ein Mehrwert geschaffen wird, sondern es reicht bereits die Realisierung vorhandener Werte, z. B. das Heben von stillen Reserven (bei einem buchhalterischen Ertrag aus dem Verkauf) aus. Selbst das ist nicht erforderlich. Die Klausel kann auch so gestaltet sein, dass der Verkäufer an dem vorhandenen Buchwert beteiligt wird, wenn er nur durch einen ergebnisneutralen Aktivtausch versilbert wird.

Hintergrundmotiv für solche Klauseln mag einfach sein, dass der Käufer bei dem ersten Kauf noch nicht die erforderliche Liquidität hatte, um den Wertanteil des Verkäufers zu vergüten oder dass die Parteien abwarten wollten, weil sie weitere Wertsteigerungen erwarteten. Die Klausel rückt so wirtschaftlich in die Nähe einer **Kaufpreisstundungsregelung** und es muss daher auch irre-

---

116) Die freilich nicht treffend ist, wenn bei einem Share Deal eine Mehrerlösklausel für den Verkauf einer Betriebsimmobilie durch die Gesellschaft vereinbart wird. Die Ausgangsgröße kann hier nie ein Einkaufspreis, sondern nur ein Buchwert oder frei festgelegter Betrag sein.
117) So *Schmidt-Hern/Behne*, NZG 2012, 81, Fn. 7.
118) *Weißhaupt*, BB 2013, 2947, 2950 li. Sp., der zutreffend darauf hinweist, dass eine „Anti-Embarrassment"-Klausel bzw. „Non-Embarrassement"-Klausel einen Unterfall des „Earn Out" darstellt. Vgl. auch *Hofer*, BB 2013, 972, 975. *Rotthege* in: Rotthege/Wassermann, Unternehmenskauf bei der GmbH, S. 268.
119) Besonders bei Verkäufen zu einem „negativen Kaufpreis". Vgl. *Hofer*, BB 2013, 972 ff., der einen Vorschlag für eine Mehrerlösklausel macht (S. 975), in der Einzahlungen des Käufers in das Eigenkapital der Zielgesellschaft abgesetzt werden. Insoweit wird also nicht der Wertsteigerungsbeitrag des Käufers, sondern sein Kosteneinsatz von der Abschöpfung ausgenommen. *Hofer* versteht unter einem „negativen Kaufpreis" einen Kaufpreis, der *unter dem Reinvermögen* des veräußerten Unternehmens liegt (S. 972). Unter einem negativen Kaufpreis sollte aber besser nur verstanden werden, dass der Verkäufer „Geld dazu geben muss" – an den Käufer oder das Zielunternehmen und nicht nur einfach einen Preis unter dem Reinvermögen erlöst, das sogar noch über dem Unternehmenswert, z. B. als Liquidationswert, liegen kann. Wie *Hofer* allerdings auch Ettinger/Jaques-*Jaques*, Beck'sches Hdb. Unternehmenskauf im Mittelstand, S. 242, Rn. 91 m. w. N.

13. Kapitel Zusatzabreden und Kaufpreisklauseln

levant sein, ob der Käufer die realisierten Beträge reinvestieren oder privat entnehmen möchte.

– Eine „**Spekulationsklausel**" löst, wie eine Einzelverwertungsklausel, eine Beteiligung an Liquiditätszuflüssen durch Verwertung eines Gegenstandes, v. a. durch Verkauf aus, wobei der Akzent stärker auf subjektiven Absichten des Käufers liegt; bisweilen bringen solche Klauseln zum Ausdruck, dass sie ein wenig klares Verständnis des Inhalts von „Spekulation", aber eine umso sichere Überzeugung ihrer Verwerflichkeit besitzen; oft sind sie Einzelverwertungsklauseln sehr ähnlich.[120]

13.81 Ein Weiterverkauf (nach einem Asset Deal) oder ein Verkauf eines Gegenstandes durch die Zielgesellschaft im Anschluss an den Kauf der Anteile an der Gesellschaft führt regelmäßig zur Auslösung solcher Klauseln.[121] Das LG Berlin hat im Jahre 1995[122] im Wege der ergänzenden Vertragsauslegung die **Bestellung eines Erbbaurechts** einem Verkauf gleichgestellt, während eine andere Kammer desselben Gerichts im Jahre 1996[123] das Erleiden einer Zwangsversteigerung nicht ausreichen ließ.[124] In der Sache hatte auch der V. Zivilsenat des BGH im Jahre 2001 und 2009 anhand desselben Falles ein Umgehungsproblem zu entscheiden. Es waren zwei Grundstücke weiterverkauft worden, die aneinander angrenzten und von denen nur eines von einer Mehrerlösklausel betroffen war. Das Grundstück mit Mehrerlösklausel wurde für 45 DM/qm, das Grundstück ohne Mehrerlösklausel wurde für 2.126 DM/qm weiterverkauft; der Senat fand es gerechtfertigt, bei dem Grundstück mit Mehrerlösklausel einen Mischpreis zugrunde zu legen.[125] Das OLG Hamm hat eine Mehrerlösklausel, die dem Wortlaut nach auf einen Anteilsweiterverkauf beschränkt war, auf den Weiterverkauf von Assets angewendet.[126]

---

120) Das auch Mehrerlösklauseln selbst einen spekulativen Zweck verfolgen können, zeigen sog. *Overbid-Protection*-Klauseln. Hier geht es darum, dass sich ein Kaufinteressent im Fall, dass der Verkäufer an einen Dritten zu einem höheren Wert veräußert, einen Anteil an dem so erzielten Mehrerlös versprechen lässt. Solche Klauseln sind nur in Verträgen im Vorfeld des Abschlusses des Hauptvertrages möglich und ähneln Break Up Fee-Vereinbarungen (s. Rn. 1.137). Vgl. *Krüger/Kaufmann*, ZIP 2009, 1095, 1100 li. Sp. unten.
121) Ein völlig anderes Thema wäre es, den Weiterverkauf von Anteilen einer Gesellschaft z. B. einer Mehrerlösklausel zu unterwerfen, da hier der Verkäufer an Wertsteigerungen des Gesamtunternehmens partizipieren würde, nicht an einer Teilliquidation. Vgl. hierzu der Klauselentwurf *Seibt/Berenbrock*, Mehrerlösabführungsklausel, in: Beck'sches Formularhandbuch Mergers & Acquisitions, Form. H. II. 9 mit Anm. S. a. *Kiem*, Am Enterprise Value orientierte Kaufpreisanpassungsklauseln, Weiterverkaufs- und Mehrerlösklauseln, in: Drygala/Wächter, Kaufpreisanpassungsanpassungs- und Earnout-Klauseln, S. 151, 156 f.
122) LG Berlin v. 2.11.1995 – 27 O 268/95.
123) LG Berlin v. 11.7.1996 – 9 O 478/95.
124) Möglichkeiten zur Vermeidung eines Eingreifens von Mehrerlösklauseln erörtern *Arens/Boz Ali*, VIZ 1997, 393, 396 re. Sp. unten.
125) BGH v. 30.3.2001 – V ZR 27/00; BGH v. 13.3.2009 – V ZR 10/08, Rn. 12.
126) OLG Hamm v. 14.6.2007 – 27 U 213/04 (LG Siegen), BeckRS 2008, 04663 m. Anm. *Haberstock* (FD-MA 2008, 257092 – beck-online) und *Siebert* (FD-HGR 2008, 256799 – beck-online).

III. Pflichten des Käufers neben der Kaufpreiszahlungspflicht

Mehrerlös- und verwandte Klauseln führen bei Rechtstreitigkeiten besonders häufig zu **argumentativen Auseinandersetzungen über ihren Zweck**, weil oft Fälle auftreten, die anhand des – nicht hinreichend sorgfältigen und vorausschauenden – Wortlauts nicht befriedigend zu lösen sind. Die Richter suchen dann ausgehend von dem Text der Klausel, ihren Einstellungen und ihrem Vorwissen einen Zweck hinter der Klausel und kehren, wenn sie fündig wurden, gestärkt zum Wortlaut der Klausel zurück – nun wissend, was zu tun ist. Das Problem liegt darin, dass es, wie sich schon aus der Darstellung gerade ergab,[127] bei Mehrerlös- und ähnlichen Klauseln einen **Reigen von oberflächlich ähnlichen Zwecken** geben kann. Tatsächlich können diese Zwecke aber von einer rein privatwirtschaftlich getriebenen Beteiligung des Verkäufers an vorhandenen Werten über seine Beteiligung an Wertsteigerungen oder erzielten Mehrerlösen über die Verhinderung von Spekulationen[128] bis hin zu sozialpolitischen Zwecken gehen. Möglicherweise ist die Klausel auch einfach nur widersprüchlich.[129] Das Risiko, dass ein Gericht hier einen unzutreffenden, vermeintlich hinter der Norm stehenden Zweck „herauspickt", ist also groß. 13.82

b) Kontrolle von Mehrerlös- u. ä. Klauseln

Die Urteile der OLG zu Mehrerlösklauseln in Treuhandverträgen waren noch widersprüchlicher als die Urteile zu Nachbewertungsklauseln. Dies dürfte damit zusammenhängen, dass sich die Annahme unterschiedlicher Zwecke hinter den Klauseln i. S. eines breiten Spektrums von Lösungen auswirkte.[130] 13.83

Zum Teil wird die einengende Interpretation vorgenommen, dass schon bei Abschluss des Vertrages vorliegende Wertanteile, die über den dabei vereinbarten Kaufpreis oder Wertansatz hinausgingen, nicht abgeschöpft werden dürften, sondern der Mehrerlösgläubiger eine **zwischenzeitliche Wertsteigerung nachweisen müsse**; diese kann er u. U. auch dann geltend machen, wenn der Verkaufspreis – aus Manipulations- oder anderen Gründen – unter dem Verkehrswert liegt.[131] Zur Begründung wird angeführt, ein Erwerber müsse nicht damit 13.84

---

127) S. Rn. 13.80 f.
128) Der unklarste aller Zwecke. *Zeuner*, ZIP 1993, 1365, 1367 li. Sp., sieht in diesem Sinne die Verhinderung der Spekulation als Ziel derartiger Klauseln an. *Arens/Boz Ali*, VIZ 1997, 393, 394 li. Sp. oben, betonen gewissermaßen den generalpräventiven Gesichtspunkt und meinen, derartige Klauseln hätten das Ziel zu verhindern, dass Grundstücke zu Spekulationszwecken erworben werden, indem sie den Anreiz nehmen, Grundstücke nur deshalb zu erwerben, um sie gewinnbringend zu verkaufen, also ein Zweck i. S. der Feuerbach'schen Generalpräventionstheorie.
129) Mehrerlösklauseln haben u. U. den versteckten Nebenzweck, dass das Management des Verkäufers oder die verkaufende öffentliche Hand verhindern möchte, dass schnell zu Tage tritt, wie vorteilhaft der Kaufpreis für den Käufer war.
130) Vgl. etwa OLG Brandenburg v. 8.6.2005 – 4 U 167/03; BGH v. 7.2.2003 – V ZR 285/02, VIZ 2003, 241; BGH v. 8.11.2002 – V 78/02, VIZ 2003, 240; BGH v. 6.7.2001 – V ZR 82/00, VIZ 2001, 602; OLG Brandenburg v. 13.7.2000 – 5 U 155/99, VIZ 2001, 637; OLG Brandenburg v. 28.6.2000 – 13 U 10/00; LG Berlin v. 2.5.2000 – 9 O 49/99; LG Berlin v. 9.9.1999 – 9 O 497/96; LG Trier v. 5.4.2000 – 4 O 356/98; LG Potsdam v. 8.10.1997 – 8 O 204/97.
131) So etwa BGH v. 8.11.2002 – V 78/02, UG II. 1., VIZ 2003, 240.

rechnen, dass die Klausel bei einem Verkauf zu einem festen Kaufpreis eine verdeckte Nachbewertung des Erwerbspreises enthalte; diese Auslegung führte der BGH durch, obwohl der V. Zivilsenat 2002 sogar noch offen ließ, ob AGB vorlagen.[132] Im Jahre 2003 betätigte er seine Ansicht, dass eine ähnliche Vertragsklausel „einen zwischen dem Ersterwerb und der Weiterveräußerung gestiegenen Verkehrswert des Grundstücks voraussetzt."[133] Hiermit wird dem Verkäufer in der Sache eine schwierige Darlegungs- und Beweislast auferlegt. Das OLG Dresden hat im Jahre 2000 eine Mehrerlösklausel an § 9 AGB scheitern lassen, weil sie nicht auch eine Berücksichtigung einer nachträglichen Wertminderung vorsah.[134]

13.85   Auch bei Mehrerlös- u. ä. Klauseln stellte sich das von Nachbewertungsklauseln bekannte Problem der Berücksichtigung der Auswirkungen von Investitionen des Käufers.[135]

6. Rückstellungsauflösungs- u. ä. Klauseln

13.86   Ging es bei Nachbewertungs- und Mehrerlös- und ähnlichen Klauseln um die Beteiligung des Verkäufers an der Steigerung des Werts von Aktivpositionen, so geht es bei Rückstellungsauflösungs- oder Rückstellungsklauseln um seine **Beteiligung an der Reduzierung von Schulden**, bzw. an einer Beteiligung an dem Ertrag aus der Auflösung von Rückstellungen. Ein vom BGH entschiedener Fall betraf wieder einmal einen Privatisierungsvertrag der Treuhandanstalt. In der Bilanz der Zielgesellschaft waren Rückstellungen für Altlastenbeseitigung i. H. von 3 Mio. DM gebildet worden. Der Käufer hatte sich verpflichtet, „dafür Sorge zu tragen", dass nicht verbrauchte Rückstellungen an die Treuhandanstalt ausgekehrt würden. Die Sanierung unterblieb, die Zielgesellschaft fiel in Insolvenz und die Treuhandanstalt klagte gegen den Käufer. Sie war in allen Instanzen erfolgreich.[136] Rückstellungsklauseln werden freilich auch international verwendet.[137] Analoge Regelungen können auch für den Fall der Ausbuchung von Verbindlichkeiten vereinbart werden. Im Allgemeinen sind diese Klauseln in der Anwendung weniger streitanfällig als Nachbewertungs- und Mehrerlös- und ähnliche Klauseln.

---

132) So etwa BGH v. 8.11.2002 – V 78/02, UG II. 2. c), aa), II. 3., VIZ 2003, 240.

133) BGH v. 7.2.2003 – V ZR 285/02, UG eingangs II. und II. 1. a), VIZ 2003, 241. Wirklich überzeugend ist dies nicht. Im Jahre 2009 hat der BGH klargestellt, dass diese Voraussetzung jedenfalls bei einer Mehrerlösklausel nicht gilt. Es scheint, sie solle nur gelten, wenn eine Abschöpfung einer Differenz zwischen dem Kaufpreis und einem fiktiven Weiterverkaufspreis i. H. des Verkehrswertes erfolgt. (BGH v. 13.3.2009 – V ZR 10/08, Rn. 11.)

134) OLG Dresden v. 2.3.2000 – 7 U 2628/99. Kritisch hierzu bereits Rn. 13.78.

135) S. Rn. 13.68; etwa LG Berlin v. 2.5.2000 – 9 O 49/99 sowie LG Berlin v. 29.1.1998 – 9 O 670/96.

136) BGH Az. VIII ZR 170/03 (nicht begr. Beschluss zur Zurückweisung der NZB).

137) *King*, Die Bilanzgarantie beim Unternehmenskauf, Rn. 542, berichtet etwa über eine Rückstellungsklausel in Koch Business Holding Company v. AMOCAO Pipeline Holding Company 554 F.3d. 1334 (11th Cir. 2009).

III. Pflichten des Käufers neben der Kaufpreiszahlungspflicht

7. Beschäftigungs-, Standort- und Investitionszusagen des Käufers
a) Hintergrund

Beschäftigungs-, Standort- und Investitionszusagen[138] des Käufers (in diesem Absatz „Zusagen") liegen **nicht in der marktwirtschaftlichen Logik** der Gewinnmaximierung. Sie belasten – jedenfalls von einem bestimmten Punkt an immer und stets potenziell[139] – den Käufer und müssten dessen Bereitschaft zur Zahlung eines maximalen Kaufpreises reduzieren. Weshalb sollte also der Verkäufer derartige Klauseln vereinbaren, die Dritten – Arbeitnehmern, der Regionalstruktur, den Lieferanten der Investitionsgüter – Vorteile bringen, ihm aber ein Kaufpreisopfer abverlangen? Entsprechend sind diese Klauseln v. a. in Verträgen der öffentlichen Hand verbreitet, die anderen Zielen verpflichtet ist als der reinen Gewinnmaximierung. Sie kamen früher gelegentlich in Verkaufsverträgen bei gemeindlichen oder staatlichen Grundstücken vor und gelangten durch die Treuhandanstalt, die das Unternehmensvermögen in der ehemaligen DDR unter volkswirtschaftlichen, sozial- und strukturpolitischen Gesichtspunkten zu privatisieren hatte, in den neunziger Jahren zu einer gewissen Berühmtheit.[140] Mit dem Abschluss des massenhaften Verkaufs staatlicher Vermögenswerte nach der Wiedervereinigung hat ihre Bedeutung wieder stark abgenommen. Gleichwohl könnten sie eine Renaissance erleben, weil sie, wenn auch nicht der Logik der Marktwirtschaft, so doch der Logik der **Massendemokratie** entsprechen. Man hört häufig, dass Politiker oder Arbeitnehmervertreter bei öffentlich diskutierten M&A-Transaktionen „Beschäftigungsgarantien" oder „Standortgarantien" verlangen und in Einzelfällen hiermit Erfolg haben, etwa bei dem Verkauf der Handy-Sparte der Siemens AG an BenQ im Jahre 2005.[141] Die Übernahme von Zusagen und von ähnlichen Verpflichtungen kann seit kurzem zu Vorteilen bei der Erbschaftssteuer führen.[142] Dass die europäischen Staaten ihre Banken – in Deutschland durch das Finanzmarktstabilisierungsgesetz sowie der Folgegeset-

13.87

---

138) Vgl. *Wächter/Kaiser/Krause*, WM 1992, 293, 300 ff.; *Wächter/Stender*, NJW 2000, 395 ff.; *Hohenstatt/Schramm*, NZA 2006, 251; *Messerschmidt*, WiB 1994, 377; *Preu*, DStR 1994, 1497; *Weimar*, DStR 1993, 63; vgl. auch die Klauselbeispiele von *Seibt/Berenbrock* in: Beck'sches Formularhandbuch Mergers & Acquisitions, Form. H. II. 5, H. II. 6, H. II. 10.
139) S. hierzu unten Rn. 13.90.
140) Grundlegend zu Treuhandprivatisierungsverträgen überhaupt *Wächter/Kaiser/Krause*, WM 1992, 293 ff. (Teil I) und WM 1992, 337 ff. (Teil II). Als ein Résumée der Rspr. vgl. auch *Wächter/Stender*, NJW 1990, 395 ff.; *Hormann*, VIZ 1996, 1 ff. (Teil I) und 71 ff. (Teil II). S. ergänzend *Wächter*, VIZ 1994, 265 ff.; *Wächter*, WM 1994, 1319 ff., sowie *Wächter*, ZAP-Ost, Fach 15, S. 181, Nr. 16 v. 17.8.1994, S. 519 ff. Ein Hauptkritiker der Treuhandanstalt war *Kiethe*, s. u. a. BB 1994, 7 ff., und *Kiethe*, Nachverhandlungen mit der Treuhandanstalt, 1994; vermittelnd *Preu*, DStR 1994, 1265 ff. (Teil I) und 1497 ff. (Teil II), zu Zusagen insb. 1497 ff.
141) „Siemens. Das Geheimnis um die Standortgarantie." Süddeutsche.de v. 7.11.2006.
142) Vgl. die Möglichkeit zur Gewährung von „Verschonungsabschlägen" bei Einhaltung einer bestimmten „Mindestlohnsumme" über eine „Lohnsummenfrist" in §§ 13a, b ErbStG.

13. Kapitel Zusatzabreden und Kaufpreisklauseln

ze[143] – retteten, führte bekanntlich zu dem Vorstandsvergütungsgesetz[144] und Überlegungen zu einer gesetzlichen Stimulanz der Nachhaltigkeit der Unternehmensgeschäftsführung.

13.88 Der Weg zum weiteren Gebrauch von Zusagen ist gerade bei Transaktionen nicht weit, die mit Staatsmitteln subventionierte oder gerettete Unternehmen betreffen,[145] die auf besonderes Wohlgefallen der Politik oder Gewerkschaften angewiesen sind. Ein großer Vorteil von solchen Zusagen ist ihre **Eignung zum faulen Kompromiss:** Politik oder PR können verkünden, dass die Arbeitsplätze durch Zusagen „gesichert" oder „gerettet" seien, während, wie die Anwälte beider Seite wissen, viele Zusagen tatsächlich nicht erzwingbar sind; oft sollten sie das auch nicht sein. Auch hierauf kann man sich indessen als Schuldner nicht immer verlassen. Rückblickend erweist sich, dass die Versuche von Treuhandjuristen, Zusagen „mit Zähnen" zu versehen, im Wesentlichen erfolgreich waren; zahlreiche Käufer, die sie als unbeachtliche *Drappage* verstanden hatten, mussten unliebsame Überraschungen erleben.[146]

b)   Ökonomische Problematik

13.89 Die Übernahme von Zusagen durch den Käufer bedeutet zunächst, dass er in dem jeweiligen Parameter unfrei wird. Dies stelle aber, so das stärkste Argument der Befürworter von Zusagen in Verhandlungen, keine zusätzliche Last für den Käufer dar, da er die zugesagten Maßnahmen **„ohnehin vorhabe"** bzw. schon aus betriebswirtschaftlichen Gründen einhalten müsse. Daran ist richtig, dass durch die Einhaltung der Zusagen dem Käufer nur *möglicherweise* Abweichungen von einer Überschuss maximierenden oder Unterdeckung minimierenden Unternehmensführung auferlegt werden. Wenn ein Unternehmen ein Zementwerk in Essen erhalten möchte, so wird das Unternehmen in der Tat (zunächst) nicht zusätzlich belastet, wenn es eine Anzahl von Arbeitsplätzen vor Ort zusagt, die ein Zementwerk sowieso nicht unterschreiten kann.[147] In einem Szenario „Unternehmensfortführung" sind daher Zusagen, die sich auf einen **maßvollen**

---

143) Finanzmarktstabilisierungsgesetz v. 17.10.2008, BGBl. I 2008, 1982. Vgl. etwa *Roitzsch/ Wächter*, DZWIR 2009, 1 ff., und *Roitzsch/Wächter*, ZIP 2008, 2301 ff.
144) VorstAG v. 31.7.2009, BGBl. I 2009, 2509.
145) Immerhin können sie hier eine sachliche Berechtigung besitzen.
146) In OLG Dresden v. 16.10.1998 – 5 U 844/98 machte ein aus einer Zusage beklagter Käufer geltend, die Verhandlungsführer beider Parteien seien einig gewesen, dass die Zusagen nicht ernst gemeint gewesen seien, sondern „nur statistischen Zwecken" gedient hätten und erhob den Einwand des § 117 BGB. Er unterlag hiermit. S. weitere Beispiele bei *Wächter/Stender*, NJW 2000, 395 ff. Die Kritik macht es sich natürlich zu einfach, wenn sie daraus, dass Zusagen die unternehmerische Freiheit einschränken, auf ihre fehlende Legitimität schließt. Jede Zahlungspflicht beschränkt die unternehmerische Freiheit ebenso sehr wie sie Folge von ihr ist. Wenn Zusagen der Rechtfertigung niedriger Kaufpreise dienten, wurde schon hier nicht marktkonform gehandelt und kann es nicht *per se* unbillig sein, die Zusagen später durchzusetzen.
147) Auch ein Großkaufhaus kann nicht ohne Verkäufer und Verwaltungsangestellte betrieben werden, ein Halbleiterwerk kann nicht ohne Investitionen gebaut werden etc.

III. Pflichten des Käufers neben der Kaufpreiszahlungspflicht

Kernbereich beziehen, kostenneutral und nicht unternehmenswertmindernd, aber **schützen den Verkäufer vor Täuschungen**, etwa einer Ausschlachtung und Stilllegung des Unternehmens. Sie wirken insofern nur wie ein **Zwang** dazu, einen **versprochenen Versuch zur Fortführung oder Sanierung nicht vorzeitig abzubrechen**, um das Liquidationsergebnis für den Käufer zu erhöhen.

Der Effekt von Zusagen schlägt allerdings in zwei Fällen sofort um, erstens, wenn sie **über den Kernbereich** hinausgehen; sie erlegen dann dem Unternehmen betriebswirtschaftlich unsinnige Kosten auf, gleich ob sie erfüllt oder nicht erfüllt und ihre Nichterfüllung sanktioniert wird.[148] Ebenso sind sie, zweitens, kostenerhöhend, wenn ein **Unternehmen in eine Krise** gerät und sich das Szenario „Unternehmensfortführung" nicht wie geplant realisieren lässt. Sie beschleunigen dann i. d. R. den Absturz, aber bewirken, dass ein Teil des noch vorhandenen Vermögens – durchaus zulasten der anderen Insolvenzgläubiger oder weiterer Sanierungsversuche – an den Verkäufer zurückfließt. Sie verteuern daher in jedem Fall die Kosten in dem Szenario „Liquidation" einschließlich von „Insolvenz". Insoweit mindern sie den Unternehmenswert umso mehr, je größer die Wahrscheinlichkeit für den Eintritt eines Liquidationsszenarios in der Unternehmensplanung anzusetzen ist. Da sie i. d. R. mit dem Käufer als Schuldner vereinbart werden, können sie den gescheiterten Käufer, der schon am Boden liegt, noch einmal abstrafen.[149]

13.90

---

148) Aus Anlass eines Kongresses zum 20sten Jahrestag der Ermordung von *Herrn Dr. Rohwedder* trug *Herr Prof. Lucke* am 1.4.2011 vorläufige Datenauswertungen vor, die nach seiner Würdigung dafür sprachen, dass die Treuhandanstalt *Beschäftigungszusagen* im wirtschaftlichen Effekt *durch Verzicht auf sonst verhandelbare Kaufpreiserhöhungen erkaufte*. Der Verfasser hatte in anderem Zusammenhang darauf hingewiesen, dass es eine vorteilhafte Gestaltung für den Käufer eines LKW ist, wenn er den LKW teilweise durch seine Betankung bezahlen darf. Vgl. *Wächter*, Privatization in East Germany: Success or Failure?, in: Ebke/Vagts, S. 254 ff. Dazu, dass umgekehrt Verkäufer übernommene Garantien oder Freistellungen wie eine Versicherungsprämie kalkulieren, den Kaufpreis erhöht vgl. *Haarbeck/König*, Interdependenz von Due Diligence-Untersuchungen, Unternehmensbewertung und Unternehmenskaufvertrag, in: Berens/Brauner/Strauch/Knauer, 7. Aufl., S. 171, 193.

149) Dies gilt jedenfalls, wenn das Scheitern des Unternehmens und die Insolvenz keine Ausnahmetatbestände sind, die eine Sanktionierung der Nichteinhaltung der Zusagen ausschließen. Hiergegen wehrte sich die Treuhandanstalt zumeist mit dem – nicht grundsätzlich falschen – Argument, dass die Zusagen *Kaufpreisersatzfunktion* gehabt hätten. Wie ein Scheitern eines erworbenen Unternehmens nicht von der Zahlung von offenen Kaufpreisraten oder der Bedienung eines Kaufpreisfinanzierungskredits einer Bank entbinde, so könne es auch nicht zum Erlass von Sanktionen für die Nichteinhaltung von Zusagen führen. Das Argument setzt voraus, dass der ursprüngliche monetäre Kaufpreis (ohne zusätzliche Sanktionen) *unter dem Unternehmenswert des Käufers* lag und die Treuhandanstalt bei den Verhandlungen – i. S. eines Verzichts auf einen höheren Kaufpreis – altruistische Verhaltensweisen des Käufers festschreiben ließ, die dieser ohnehin – deshalb nicht unternehmenswertmindernd – vorhatte. Die Durchsetzung der Sanktionen nach einem Scheitern eines Unternehmens würde insoweit das Einfordern eines aus Subventionsgründen zunächst nicht verlangten Kaufpreisanteils darstellen, nachdem der Subventionszweck verfehlt wurde, also eine Art von Rückforderung einer Subvention.

c) Unverbindliche und verbindliche Zusagen

13.91 Es ist zwischen Absichtserklärungen, Verpflichtungen und sanktionierten Verpflichtungen zu unterscheiden. In der Praxis der Treuhandanstalt haben sich nur letztere, die als Vertragsstrafen oder bedingte Kaufpreiserhöhungsklauseln ausgestaltet werden können, als durchsetzungsfähig erwiesen. Bei einfachen vertraglichen Verpflichtungen zu Investitionen oder Aufrechterhaltung eines Beschäftigungsstandes[150] könnte man an eine Durchsetzung der Zusagen über § 888 ZPO nachdenken. Allerdings hat dies – nach Kenntnis des Verfassers – auch die Treuhandanstalt nicht versucht.

d) Tatbestand von Zusagen

13.92 Funktionsfähige Klauseln erfordern eine präzise Bestimmung der Anforderungen auf der Tatbestandsseite (etwa: von 2014 bis 2016 mindestens 12.000 Mannmonate von sozialversicherungspflichtig Beschäftigten o. Ä.) und eine logische und schlüssige Herleitung von Sanktionen aus der Nichterfüllung (etwa: 1.500 € pro Mannmonat der Unterschreitung).[151] Bei Investitionszusagen wurde gelegentlich streitig, ob nur **aktivierungsfähige Investitionen** oder auch **nicht-aktivierungsfähige Aufwendungen** anzurechnen sind.[152] Dies ist ebenso eine Frage der Formulierung wie eine etwaige **Relevanz der Mittelherkunft**, etwa ob die Investitionen nur aus Eigenmitteln des Käufers, die dieser zusätzlich in die Gesellschaft einlegen muss, oder auch aus bereits vorhandenen Mitteln der Gesellschaft oder Krediten finanziert werden können. Wenn das Motiv der Investitionszusage nur struktur- oder regionalpolitisch ist, müsste zunächst die Investitionsmaßnahme als solche, unabhängig von der Art und Weise ihrer Finanzierung, genügen. Denkbar ist allerdings eine Erweiterung des Motivs dahingehend, dass zugleich die Finanzkraft des Unternehmens – durch Zuführung von weiterem Kapital oder Eigenkapitalersatz – gestärkt werden soll.

e) Grenzen von Zusagen nach §§ 138 und 305 ff. BGB

13.93 In der Rechtsprechung zu den Zusagen in Treuhandprivatisierungsverträgen wurde zwar häufig eine Nichtigkeit aufgrund eines **Verstoßes gegen die guten Sitten** (§ 138 Abs. 1 BGB) geltend gemacht, aber fast immer ohne Erfolg.[153] An der weitgehenden Aussichtslosigkeit des Einwandes des § 138 BGB dürfte

---

150) Ohne eine Vertragsstrafe oder sonstige bezifferte Sanktion.
151) Unbestimmte Zusagen sind u. U. unwirksam. Vgl. Beispiele und Nachweise bei *Wächter/Stender*, NJW 1990, 395, 400 li. Sp. unten.
152) Verneint bei OLG Dresden v. 11.7.1996 – 7 U 76/96.
153) Gegen die Treuhandanstalt ist der Einwand des § 138 Abs. 1 BGB soweit ersichtlich stets erfolglos geblieben. Vgl. *Wächter/Stender*, NJW 1990, 395, 400 re. Sp. unten m. w. N.

III. Pflichten des Käufers neben der Kaufpreiszahlungspflicht

es am Ende auch nichts ändern, wenn – statt einer staatlichen Anstalt – einem privaten Verkäufer die Strafsanktion zufließt.[154]

Das Gesetz zur Regelung allgemeiner Geschäftsbedingungen war in den seinerzeitigen Auseinandersetzungen um Zusagen in Treuhandprivatisierungsverträgen zu der hauptsächlichen Referenzgrundlage geworden. Es wurde darüber gestritten, ob die Treuhandanstalt über einen Formularvertrag verfügte, ob die Zusagenklauseln allgemeine Geschäftsbedingungen waren oder nicht und Klauseln im Einzelfall ausgehandelt waren.[155] Später, nachdem der BGH in mehreren Urteilen die Zusagen auch als AGB aufrechterhalten hatte,[156] verlagerte sich der Streit darauf, ob die jeweiligen Klauseln im Einzelfall den Ansprüchen des damaligen § 9 AGBG genügten. Eine Klärung dieser von den Instanzgerichten zuvor sehr kontrovers gesehenen Frage brachte der BGH auch hier mit der Formulierung, es entspräche „der gefestigten Rechtsprechung des Bundesgerichtshofes, dass auch ein formularmäßiges Vertragsstrafeversprechen[157] in einem Unternehmenskaufvertrag oder einem ähnlichen Vertrag unter Beteiligung der Treuhandanstalt grundsätzlich dann nicht gegen § 9 Abs. 1 AGBG verstößt, wenn die Strafe ihrer Höhe nach in einem angemessenen Verhältnis zum Gewicht des Verstoßes und zu dessen Folgen für den Vertragspartner steht. Dieses Verhältnis", hieß es weiter, „bleibt insbesondere unter der Berücksichtigung der von der Treuhandanstalt zu ihrer Aufgabenerfüllung verfolgten Zwecke gewahrt, wenn die Höhe der Vertragsstrafe an den Umfang der geschuldeten Leistung, deren Erfüllung sie sichern soll, anknüpft und durch ihn nach oben begrenzt wird."[158]

13.94

---

154) Die Klausel dient auch dann den „weichen", „volkswirtschaftlichen" Zielen der Arbeitsplatzerhaltung und Investitionsförderung und es muss auch im privatwirtschaftlichen Kontext davon ausgegangen werden, dass der Verkäufer die Übernahme der sanktionierten Zusage teilweise durch einen Kaufpreisverzicht finanzieren musste.

155) Grob gesagt, wurde anfänglich etwa in der Hälfte der Entscheidungen das Vorliegen eines nicht ausgehandelten Formularvertrages bejaht und in der anderen Hälfte verneint. Das spricht nicht für die Eignung des Begriffs der „allgemeinen Geschäftsbedingung" und des „Stellens" bzw. „Aushandelns", was freilich nicht überrascht.

156) BGH v. 3.4.1998 – V ZR 6/97, WM 1998, 1289 = NJW 1998, 2600 = ZIP 1989, 1049, (der Verfasser vertrat die Treuhandanstalt in den Tatsacheninstanzen); BGH v. 26.5.1999 – VIII ZR 102/98, WM 1999, 1529 = ZIP 1999, 1266 (der Verfasser vertrat die Treuhandanstalt in den Tatsacheninstanzen); BGH v. 29.9.1999 – VIII ZR 256/98, VIZ 1999, 746; BGH v. 9.2.2000 – VIII ZR 55/99, BB 2000, 949 = ZIP 2000, 799; vgl. auch *Wächter/Stender*, NJW 1990, 395, 400 re. Sp. unten m. w. N. Zuletzt erachtete das OLG Brandenburg v. 31.7.2008 – 5 U 103/07, Rn. 27, eine sanktionierte Beschäftigungszusage als nach § 9 AGBGB a. F. zulässig.

157) Der BGH sah die Sanktionen bevorzugt als Vertragsstrafen (und nicht als Kaufpreiserhöhungsansprüche) an. Er glaubte dies daraus ableiten zu sollen bzw. wollte das Moment betonen, dass sie den Käufer *zur Einhaltung der Zusagen anhalten sollten* (BGH v. 29.9.1999 – VIII ZR 256/98, VIZ 1999, 746). Z. T. wurden Sanktionen aber explizit als Kaufpreiserhöhungsbeträge zur Anpassung des Kaufpreises an den Unternehmenswert bei Wegfall eines Subventionszwecks konzipiert und von den Gerichten aufrechterhalten. Vgl. OLG Frankfurt v. 13.5.1997 – 14 U 100/96 (der Prozess wurde von dem Verfasser geführt).

158) BGH v. 9.2.2000 – VIII ZR 55/99, BB 2000, 949 re. Sp. Mitte = ZIP 2000, 799.

13.95 Es dürfte davon auszugehen sein, dass bei zukünftigen Zusagen die §§ 305 bis 310 BGB, die das Gesetz über Allgemeine Geschäftsbedingungen ersetzt haben, insbesondere § 307 BGB, nicht mehr das hauptsächliche Auseinandersetzungsfeld sein werden. Anders als bei der Treuhandanstalt dürften Zusagen nämlich tatsächlich relativ seltene Ausnahmen darstellen, die entweder schon nicht den Charakter eines Formularvertrages haben werden oder jedenfalls im Einzelnen ausgehandelt wurden. Die alte Rechtsprechung könnte indessen in dem Sinne relevant bleiben, als das, was sogar unter § 9 AGBG zulässig war, erst recht bei Nicht-Formularverträgen zulässig bleiben müsste.

f) Ausnahme „dringende betriebliche Erfordernisse" etc.

13.96 In Prozessen um die Nichteinhaltung von Zusagen ging es – als Schlussverteidigungsposition des Käufers – immer auch darum, ob Ausnahmeumstände vorlagen, die die Geltendmachung der Sanktion im Einzelfall ausschlossen. Dabei stützten sich die Käufer zum Teil auf explizit in den Vertrag aufgenommene **Ausnahmetatbestände, die MAC-Klauseln ähnelten**, auf die Grundsätze zum Wegfall der Geschäftsgrundlage – jetzt § 313 BGB – oder § 242 BGB.

13.97 *Fallbeispiel „Faltarzneimittelschachteln"* (LG Berlin v. 27.6.2000 – 9 O 518/95)

Beim Verkauf einer Großdruckerei und Verpackungsmittelwerke AG war eine Beschäftigungszusage für 102 Vollzeitarbeitnehmer während 24 Monaten vereinbart worden. Die Treuhandanstalt klagte eine Vertragsstrafe von rd. 1 Mio. DM ein. Die beklagte Käuferin berief sich darauf, dass eine Vertragsstrafe gemäß § 13 Abs. 5 des Vertrages nicht anfallen sollte, wenn **„zum Zeitpunkt des Vertragsschlusses nicht voraussehbare dringende betriebliche Erfordernisse"**[159] für die Nichteinhaltung der Zusage ursächlich waren. Sie machte geltend, dass nicht voraussehbare Umsatzeinbrüche, das Gesundheitsstrukturgesetz und eine Änderung der Verpackungsverordnung, die zu einem Rückgang der Umsätze mit Arzneimittelherstellern bei Faltschachteln geführt habe, den Ausnahmetatbestand von § 13 Abs. 5 erfüllen würden.

Das LG meinte: „Umsatzeinbußen können die Beklagte ... nicht entlasten, auch wenn diese auf einer im Zeitpunkt des Vertrages nicht voraussehbaren wirtschaftlichen Rezession, Marktverschiebungen und daraus resultierenden Preiskämpfen und des sich beschleunigenden Verfallprozesses in den ehemaligen Ostblockländern etc., beruhten. Wenn sich die wirtschaftliche Entwicklung des Unternehmens und die prognostizierten Umsätze nicht wie erwartet gestalten, so verwirklicht sich das typische unternehmerische Risi-

---

[159] Eine ähnliche Formulierung (auf „dringenden, vom Vorhabenträger nicht zu vertretenden Gründen beruht.") wurde in § 15 Abs. 1 Investitionsvorranggesetz zur Überwindung von angemeldeten Rückübertragungsansprüchen in einem besonderen Verwaltungsverfahren verwendet. Nach Erinnerung des Verfassers wanderte die Formulierung jedoch von der Vertragspraxis der Treuhandanstalt in das Investitionsvorranggesetz und nicht umgekehrt.

IV. Kaufpreisklauseln

ko ...". Auch die Gesetzesänderungen erachtete das LG als nicht relevant, jedenfalls weil sie vor Vertragsabschluss bereits in der öffentlichen Diskussion gestanden hatten.

Verschiedentlich wandten Käufer gegen die Durchsetzung von Sanktionen ein, dass die zugesagten Maßnahmen nicht durchgeführt werden konnten, weil Kredite nicht gewährt, Beleihungsmöglichkeiten nicht bestanden, Geschäftsführer das Unternehmen verlassen, Dritte Pflichtwidrigkeiten begangen hatten etc. Zumeist scheiterten sie hiermit.[160]   13.98

IV. Kaufpreisklauseln
1. Hintergrund

Auch die meisten zuvor behandelten Klauseln, die jeweils einen einzelnen Umstand „nachmessen", hätten schon als Kaufpreisklauseln bezeichnet werden können, soweit sie zu einer Kaufpreisanpassung führten. Der Begriff wird allerdings meistens eher verwendet, wenn **mehrere Größen** überprüft werden.   13.99

Dabei geht der Blick in der Praxis typischerweise zunächst zum **Vermögensbestand** (Stock, Assets), besonders beim nicht betriebsnotwendigen Vermögen. Der Vermögensstand kann sich innerhalb eines relativ kurzen Zeitraums, etwa von einem **wirtschaftlichen Übergangsstichtag** oder dem **Signing** zum **Closing** verändern. Es mag aber auch sein, dass der vordere Stichtag weiter in die Vergangenheit verschoben wird, z. B. auf einen **Bilanzstichtag der Vorjahre**.   13.100

Entweder knüpft die Kaufpreisanpassung an den Eintritt neuer Ereignisse bzw. von Veränderungen an,[161] aber ggf. auch (nur) an neue Erkenntnisse bzw. die erstmalige Feststellung schon länger eingetretener Ereignisse. Denkbar ist auch, dass der zweite Stichtag sogar in die Zukunft gelegt wird; so kann der Verkäufer in der Art eines Earn Out bzw. einer Nachbewertungsklausel an Zukunftsergebnissen beteiligt werden.   13.101

---

160) Nachweise bei *Wächter/Stender*, NJW 1990, 395, 402 li. Sp. Mitte. Ein Grundstückskäufer, der eine Rehabilitationsklinik errichtet hatte, scheiterte ebenfalls bei einer solchen Klausel mit der Berufung eines Rückgangs des Marktes für stationäre medizinische Rehabilitationsleistungen um 34,4 % aufgrund von Gesetzesänderungen, BGH v. 6.12.2002 – V ZR 184/02, WM 2003, 839, 841 li. Sp. unten. Anders OLG Düsseldorf v. 8.1.1998 – 6 U 283/95, NZG 1998, 353, das eine Zusage für unwirksam hielt, m. Anm. *Kiethe*, NZG 1998, 355 (der Rechtsstreit wurde vom Verfasser geführt).

161) Veränderungen zwischen diesem in der Vergangenheit liegenden Stichtag und der Gegenwart können dann über Garantien, MAC-Klauseln oder sonstige Pflichten (z. B. sog. „No Leakage"-Covenants) abgegriffen werden.

13. Kapitel Zusatzabreden und Kaufpreisklauseln

13.102 Eine Kaufpreisklausel[162] kann auch auf eine Anpassung an neue Erkenntnisse über das Potenzial des Unternehmens zur **Erwirtschaftung von Zukunftsüberschüssen** ausgerichtet sein. Hierbei kann sachlich-gegenständlich vereinfacht auf Umsatz- oder Bekanntheitsindikatoren (wie die Anzahl der Kundenverträge einer Telefongesellschaft oder „Klicks" eines Internetunternehmens), oder – v. a. – auf Ergebnisindikatoren wie Gewinn, EBIT oder EBITDA abgestellt werden, die an die **Gewinn- und Verlustrechnung** angelehnt sind.[163] Es würde dabei dem gedanklichen Ansatz einer an den Zukunftsüberschüssen orientierten Kaufpreisanpassung am konsequentesten entsprechen, die Zukunftsergebnisse möglichst weit in der Zukunft, am besten bis zur ewigen Rente abzugreifen. Dies ist natürlich nicht möglich, v. a. weil der Verkäufer hiermit nicht einverstanden sein wird.

13.103 Also muss sich der regelmäßig „kaufpreisanpassungsklauselfreudige" Käufer mit einem kürzeren Zeitraum begnügen. Zur Not wird er sogar ggf. einen Zeitraum akzeptieren müssen, der in der Vergangenheit liegt; jede zukünftige Ertragskraft baut auf den Vergangenheitsergebnissen auf und so weiß es jeder Käufer zu schätzen, wenn der von ihm gezahlte Kaufpreis wenigstens in einem angemessenen Verhältnis zu den vergangenen, *überprüften* Überschüssen steht; diese Sicherheit vermag er sich aber schon zu verschaffen, wenn eine **Kaufpreisklausel** akzeptiert wird, die auf die **Überschüsse einer vergangenen Periode** abstellt. Besser ist es natürlich, wenn auf einige Zeit, in der Zukunft abgestellt wird. So ergibt sich ein fließender Übergang[164] zu einer – in beide Richtungen wirkenden – **Earn Out-Klausel**.

2. Kaufpreisanpassungsklauseln und Unternehmenswert

13.104 Wir hatten oben gesehen, dass Wirtschaftsakteure generell **zwei Logiken** unterliegen, *erstens*, ganz banal, generell möglichst wenig zu bezahlen – um möglichst viel Geld für spätere Zahlungen zu behalten. *Zweitens* will ein Käufer in einer M&A-Transaktion, das ist spezifischer, nicht mehr zahlen als seinen Käufer-Unternehmenswert, um per saldo durch die Transaktion keinen Reichtums-

---

162) Umfassend zu Kaufpreisklauseln, *Kiem*, Kaufpreisregelungen beim Unternehmenskauf, 2015. Es werden häufiger verkäufer- oder käuferfreundliche Trends festgestellt, nicht selten widersprüchlich. So spricht *Engelhardt* im Jahre 2014 davon, ein „Trend", der sich in der Kreditkrise verstärkt habe und zu Kaufpreisanpassungsmechanismen und Earn Outs gehe, scheine von Dauer zu sein (GmbHR 2014, R 257, R 258), während *Hoger* im Jahre 2016 den (wohl entgegengesetzten) Trend zu verkäuferfreundlichen M&A-Verträge anhalten sieht (AG 2016, R 136).

163) Der wirtschaftliche und konzeptionelle Unterschied zwischen beiden Typen von Kaufpreisanpassungsklauseln wird schön von *Peter*, Arbitration of Merger and Acquisitions: Purchase Price Adjustment Arbitrations, in: Kaufmann-Kohler/Johnson, Conference of ASA Swiss Arbitration Association on January 21, 2005, S. 55–65, herausgearbeitet. Zur Wechselwirkung zwischen rechtlichen und betriebswirtschaftlichen Themen bei Kaufpreisanpassungsklauseln auch *Mirow*, Corporate Finance Law, 3/2011, S. 1–6.

164) Dies betont zu Recht *Peter*, Arbitration of Merger and Acquisitions: Purchase Price Adjustment Arbitrations, in Kaufmann-Kohler/Johnson, Conference of ASA Swiss Arbitration Association on January 21, 2005, S. 55–65, S. 62, Fn. 6.

IV. Kaufpreisklauseln

verlust zu erleiden. Analog will der Verkäufer keinesfalls weniger erhalten als seinen Verkäufer-Unternehmenswert um keinen Reichtumsverlust zu erleiden.

Diese beiden Logiken wirken sich so aus, dass Kaufpreisklauseln in die M&A-Verträge gelangen, die Kaufpreisanpassungen an Änderungen des Käufer-Unternehmenswertes, des Verkäufer-Unternehmenswertes, beider Unternehmenswerte oder an Sonstiges knüpfen. 13.105

Dass es immer **zwei Unternehmenswerte**, aber nur einen Kaufpreis gibt, führt bei Kaufpreisverhandlungen dazu, dass die Parteien, wenn sie ihre Unternehmenswerte berechnen und diese Werte als Grenzpreise verwenden, ausgesprochen oder unausgesprochen, zwei verschiedene Messlatten an den Kaufpreis anlegen. Bei den Verhandlungen kann dabei letztlich offenbleiben, wie hoch der Unternehmenswert des einen und des anderen ist (und selbst ob es einen oder zwei Unternehmenswerte gibt), wenn sich die Parteien nur auf **einen Kaufpreis einigen**. Auch für das Funktionieren von Kaufpreisklauseln ist nicht erforderlich, dass sich die Parteien auf einen maßgeblichen Unternehmenswert einigen. Es reicht, wenn – und so wird bei den praktisch relevanten Anpassungsmechanismen eigentlich immer vorgegangen – **einzelne Parameter** festgelegt werden, deren Änderung Auswirkungen auf die Unternehmenswerte einer Partei oder beider Parteien hat (etwa der Bestand an Bargeld, Bankguthaben oder Schulden) und die Kaufpreisanpassung allein hieran zu knüpfen. 13.106

Kaufpreisklauseln „funktionieren" sogar dann, wenn Kaufpreisanpassungen an Umstände geknüpft werden, die **unternehmenswertneutral** sind oder den Kaufpreis sogar in die entgegengesetzte Richtung der Unternehmenswertänderung bewegen. Ob solche Klauseln vereinbart werden, ist Ergebnis des Verständnisses oder Unverständnisses der Parteien und ihrer Verhandlungsmacht. 13.107

Kaufpreisklauseln gehen also von einem ausverhandelten Zwischenergebnis 13.108

„*x* Unternehmenswert *für y* Kaufpreis"

aus und passen den Ausgangskaufpreis an neu eingetretene oder neu festgestellte Umstände, die, im Gegensatz zu anderen oder späteren Umständen, noch bei dem endgültigen „Deal" berücksichtigt werden sollen.

Es ist insbesondere Folgendes zu beachten: 13.109

- Es geht *erstens* um eine **Anpassung des Kaufpreises, nicht** um eine Anpassung „**des**" **Unternehmenswerts** oder eines der Unternehmenswerte der Parteien. Der Unternehmenswert bzw. beide Unternehmenswerte, der Verkäufer-Unternehmenswert und der Käufer-Unternehmenswert, liegen auf einer **anderen Ebene**.[165] In ihrer Verwechselung – einer Variante der behan-

---

165) Zutreffend *Rotthege/Wassermann*, Unternehmenskauf bei der GmbH, S. 259, Rn. 5 „Der Kaufpreis hat mit der Bewertung nur indirekt zu tun ... Auch die Kaufpreisanpassung zu einem Stichtag ... ändert nichts daran, dass Bewertung und Preisfindung zwei unterschiedliche Fragestellungen sind." Ebenso *Hörtnagl/Zwirner/Busch* in: Beck'sches Mandatshandbuch Unternehmenskauf, S. 234, Rn. 1.

delten Verwechselung von Kaufpreis und Unternehmenswert[166] – liegt bei Kaufpreisanpassungsfragen die Quelle vieler Missverständnisse.

- *Zweitens* ist der die Kaufpreisanpassung sachlich rechtfertigende Grund und **Auslöser der Kaufpreisanpassung i. d. R.** der Eintritt oder die Feststellung eines **Umstandes** der eine **Unternehmensdifferenz** (im Verkäufer- oder Käufer-Unternehmenswert, oft beiden) nach oben oder unten bewirkt. Dies entspricht der zweiten Wertlogik.[167]
- *Drittens* geht es um eine Anpassung des Kaufpreises **an** eine neu festgestellte oder neu eingetretene Unternehmenswert**differenz**, ein Manko oder ein Surplus, aber es geht **nicht** um eine Anpassung **an die absolute Höhe** „des" Unternehmenswerts bzw. des Verkäufer- oder Käufer-Unternehmenswerts. Der Käufer strebt **nicht** eine **betragsmäßige** Annäherung oder **Gleichheit** von **Kaufpreis** und **Unternehmenswert** an. Das würde die Aufgabe der von ihm ausgehandelten Austauschbalance „*x* Unternehmenswert für *y* Kaufpreis" bedeuten. Er strebt vielmehr gerade die Aufrechterhaltung der vorteilhaften Austauschbalance zwischen seinem (i. d. R. höheren) Käufer-Unternehmenswert und dem (i. d. R. niedrigeren) Kaufpreis, die Aufrechterhaltung einer Ungleichheit, an. Umgekehrt strebt auch der Verkäufer die Aufrechterhaltung der i. d. R. gleichermaßen für ihn vorteilhaften Austauschbalance zwischen dem (i. d. R. niedrigeren) Verkäufer-Unternehmenswert und dem (i. d. R. höheren) Kaufpreis an.

13.110 Kaufpreisklauseln sind ein Ort, wo oft Verwechselungen von Kaufpreis und Unternehmenswert große Verwirrung stiften.

3. Net Debt-/Net Cash- und Working Capital-Kaufpreisklauseln[168]

13.111 Wie erwähnt knüpfen Kaufpreisklauseln i. d. R. als **Auslöser** einer Kaufpreisanpassung nicht an Änderungen des Verkäufer- oder Käufer-Unternehmenswertes insgesamt, sondern an **einzelne Parameter** an, die für einen Unternehmenswert, oft sogar für beide Unternehmenswerte, von Belang sind.

---

166) S. ausführlich Rn. 10.23–10.26; 11.65–11.90.
167) Es können aber auch, um dies zu wiederholen, Kaufpreisanpassungen vereinbart werden, obwohl diese aus der zweiten Logik, der Wertlogik, heraus nicht gerechtfertigt wären. Der Käufer freut sich ganz besonders wenn der Kaufpreis nach unten angepasst wird, *obwohl* der Käufer-Unternehmenswert gar *nicht niedriger geworden* ist, als zuvor angenommen. Genauso freut sich der Verkäufer im umgekehrten Fall. Hierdurch wird nicht nur ein Reichtumsverlust vermieden, sondern der Begünstigte wird positiv „reicher".
168) Ausführlich *Swoboda/Gruhn*, Net Debt/Net Cash-Klauseln und Vergleich der Kaufpreisbestimmung gemäß Festpreis/Locked Box- oder Completion-Accounts-Mechanismus, in: Drygala/Wächter, Kaufpreisanpassungs- und Earnout-Klauseln, S. 109; *Kästle*, Fünf Hauptthemen zu Net Working Capital aus betriebswirtschaftlicher und kautelarjuristischer Sicht, in: Drygala/Wächter, Kaufpreisanpassungs- und Earnout-Klauseln, S. 119.

IV. Kaufpreisklauseln

Bei Net Debt-/Net Cash- oder Working Capital-Kaufpreisklauseln[169] sind dies **Bargeld, Bankguthaben** und, so sieht es i. d. R. die vertragliche Definition vor, **langfristige Finanzierungsverbindlichkeiten**, deren Saldo oft „**Nebt Debt**" oder „**Nettofinanzverbindlichkeiten**" genannt wird. Höhere Net Debt bzw. „Nettofinanzverbindlichkeiten", also fehlendes Bargeld, fehlende Bankguthaben oder zusätzliche Finanzverbindlichkeiten führen i. d. R. zur **Reduzierung des Verkäufer- und des Käufer-Unternehmenswerts um denselben Betrag.** 13.112

Ihre Wirkung ist die quantitative Erhöhung oder Reduzierung einer rechtlichen Verpflichtung, eines Anspruchs nach § 433 Abs. 2 BGB. Änderungen eines Unternehmenswerts sind i. d. R. der Auslöser, aber nicht die Folge der Klausel. Wenn irgendwo die Rede geführt wird 13.113

„**Enterprise Value + Cash − Debt = Equity Value**"

muss insofern genau beachtet werden, was der Satz bedeuten soll. Soll er beschreiben, wie *i. R. einer Unternehmensbewertung* verschiedene Komponenten zusammenaddiert werden sollen, so ist der Satz darauf zu befragen, was mit den Komponenten gemeint ist und ob er so richtig ist.

Es ist aber etwas ganz anderes, wenn der Satz eine *Anweisung zur Anpassung des Kaufpreises* ist, hinter dem der Gedanke steht, einen ausverhandelten Ausgangskaufpreis (bzw. Kaufpreisgrundbetrag), mit dem ein bestimmter bezifferter Bestand an Cash und Debt abgegolten war (z. B. „Cash Free" und „Debt Free"), an das an dem maßgeblichen Übergangsstichtag tatsächlich vorhandene Cash oder langfristig vorhandenen Schulden anzupassen. Dann ist der Satz als die Anweisung „Nimm den Ausgangskaufpreis, zähle das vorhandene Cash und die vorhandenen langfristigen Schulden und berechne das Ergebnis", also zur Änderung der Höhe der Verpflichtung nach § 433 Abs. 2 BGB, zu lesen: 13.114

„**Ausgangskaufpreis + Cash − Debt = Endgültiger Kaufpreis**"

Das Erfassen (Zählen, Addieren, Subtrahieren) von vorhandenem Cash und Debt an dem für die Kaufpreisanpassung maßgeblichen Stichtag ist dann eine **allein auf die Kaufpreisbildung bezogene Operation** und das Hinzuzählen bzw. Abziehen des Saldos, soweit er über/unter dem des Cash/Debt-Saldos liegt, passt den Kaufpreis **an** die eingetretenen **Unternehmenswert*änderungen*** an. 13.115

---

[169] S. den Klauselvorschlag von *Kästle/Oberbracht*, Unternehmenskauf – Share Purchase Agreement, S. 49: „The purchase price for the Shares ... shall be the sum of: (i) EUR [...] (in words Euro [...]) (the „Base Amount"); (ii) minus the consolidated Financial Debt of the Group Entities as of the Effective Date ...; (iii) plus the consolidated Cash of the Group Entities as of the Effective Date ...; (iv) minus [or plus] the amount by which the consolidated Net Working Capital of the Group Entities as of the Effective Date (the „Effective Date Net Working Capital") falls short of [or exceeds] EUR [...] (in words Euro [...]); and (v) [ggf. weitere Hinzurechnungs- oder Abzugsposten] all as included in the Effective Date Financial Statements." S. a. die ausführliche Erläuterungen S. 70 ff.

13.116 Auch bei Net Debt-/Net Cash wird aber **nicht der Kaufpreis in absoluten Zahlen an den Unternehmenswert angepasst.**[170] Wenn der Ausgangskaufpreis die Hälfte des Käufer-Unternehmenswertes (oder Verkäufer-Unternehmenswertes) betrug, und das Saldo von Net Debt-/Net Cash negativ ist, wird weiterhin weniger als der Unternehmenswert (des Käufers oder Verkäufers) gezahlt.

13.117 Da es bei Kaufpreisanpassungsrechnungen um eine zweckgeleitete Kaufpreisanpassung geht, sind die Parteien in der Verwendung ihrer Begriffe frei. Die zu stellenden Anforderungen sind nur, dass die Begriffe möglichst eindeutig abgegrenzt und konsistent verwendet werden. Häufig werden in Net Debt-/Net Cash-Klauseln **„Leihbegriffe" aus der Unternehmensbewertung** verwendet. Aber diese „Leihbegriffe" dürfen nicht mit Begriffen der Unternehmensbewertung verwechselt werden und sie **müssen nicht i. S. der Unternehmensbewertung verwendet werden,** wenn sie nur eindeutig sind und konsistent eingesetzt werden.

13.118 Schließlich können solche „Leihbegriffe" sogar oft nicht mit derselben Bedeutung wie in der Unternehmensbewertung verwendet werden. Werden etwa der endgültige Kaufpreis als „Equity Value" und der Ausgangskaufpreis als „Enterprise Value" bezeichnet, so muss das **nicht betriebsnotwendige Vermögen,** das **nicht Cash oder Working Capital** (also z. B. Immobilien, Yachten, Kunstwerke ...), wohl schon im Ausgangskaufpreis berücksichtigt worden sein, da es kaum „Cash" oder „Debt" (auch nicht Working Capital) ist. Dies ist auch zweckmäßig, da die Parteien bei der Kaufpreisverhandlung solches nicht betriebsnotwendiges Vermögen relativ gut bewerten können und es sich i. d. R. nicht schnell „bewegt" und sich der Käufer vor Abgang durch Verbot bestimmter Geschäftsführungsmaßnahmen in der Interims-Periode gut schützen kann. Ist aber solches nicht betriebsnotwendiges Vermögen schon mit dem Ausgangskaufpreis abgegolten, kann man schon nicht einmal mehr sagen, dass der Ausgangskaufpreis „für" den „Enterprise Value" vereinbart worden sei (erst recht nicht ihm entspreche), da nach der **überwiegenden Begriffsverwendung** in der Unternehmensbewertung der **„Enterprise Value"** nur der Barwert der Überschüsse aus dem operativen Geschäft bzw. dem betriebsnotwendigen Vermögen darstellt und das **nicht betriebsnotwendige Vermögen noch nicht umfasst.**[171]

13.119 Es ist kann weiter nicht gesagt werden, dass wenn ein Ausgangskaufpreis für ein Unternehmen vereinbart wurde, das „Cash and Debt free" war, hiermit ein Preis für das Unternehmen ***nur* losgelöst von seiner Finanzierungsstruktur** verein-

---

170) S. schon Rn. 11.88 f. *Mirow* formuliert insofern ungenau: „Auf der zweiten Stufe wird der endgültige Kaufpreis bestimmt, indem Abweichungen zwischen dem vorläufigen Kaufpreis und einem ermittelten Wert des Unternehmens zum Bewertungsstichtag (Effective Date) durch einen Anpassungsmechanismus erfasst werden ..." (*Mirow*, Corporate Finance Law, 3/2011, S. 1 li. Sp. Mitte).

171) In diesem Sinne *Hüttemann/Meinert,* Nicht betriebsnotwendiges Vermögen, in: Fleischer/Hüttemann, § 7 Rn. 2 (zum Ertragswertverfahren); *Jonas/Wieland-Blöse,* Besonderheiten des DCF-Verfahrens, in: Fleischer/Hüttemann, § 9 Rn. 10.

IV. Kaufpreisklauseln

bart worden wäre (erst recht nicht, dass der Ausgangskaufpreis dem Wert des Unternehmens als eigenkapitalfinanziertem entspreche). Wenn das Unternehmen wirklich „Cash Free" („Debt and *Cash free*"!) ist, ist es **vollkommen trocken**, verfügt über keinen Tropfen Öl in seinem Organismus und der Geschäftsführer hat nicht einmal das Geld, um mit der U-Bahn zum Insolvenzgericht zu fahren (um Insolvenz wegen Zahlungsunfähigkeit zu beantragen). Die „Cash Free"-Annahme in „Cash and Debt Free" ist eine *nur* i. R. einer Kaufpreisanpassungsklausel zulässige Rechenvereinfachung, aber sie ist außerhalb dieses Kontextes eine extrem entstellende Abstraktion (wie ein Mensch ohne Blut). Sie entspricht insbesondere nicht einem wirklichen Unternehmen, für das ein „Enterprise Value" berechnet werden kann, weil dieses zwar ausschließlich eigenkapitalfinanziert ist, aber ein lebendes und operationsfähiges Unternehmen darstellt, das über das für seinen laufenden Betrieb benötigte Working Capital, darunter Cash, verfügt. Weil das für den laufenden Geschäftsbetrieb notwendige Cash bei der rechnerischen „Cash and Debt free"-Abstraktion eliminiert wird, ist also die Aussage falsch, der Ausgangskaufpreis sei für den „Enterprise Value" vereinbart (geschweige denn, er entspreche ihm betragsmäßig). Es kann nur gesagt werden, der Ausgangskaufpreis sei für ein Unternehmen mit „null" Cash vereinbart bzw. mit Nettofinanzverbindlichkeiten von „null" (oder *x*) vereinbart.

Dass Net Debt-/Net Cash-Klauseln nur **immanent** als Kaufpreisanpassungsrechnungen **stimmig sein** müssen, bedeutet zunächst v. a., dass ein **Ausgangskaufpreis** dem Unternehmen mit einem bestimmten **Soll-Bestand eines Cash/Debt-Saldos** zugeordnet werden muss. Dieser Soll-Bestand von Cash und Debt kann beliebig hoch, auch „Null" sein; in diesem Sonderfall gilt er für eine blutleere Hülle, der das Leben erst nochmals eingehaucht werden muss. Der Soll-Bestand von vorhandenem Cash und Debt muss nicht[172] in irgendeiner Relation zu einem betriebswirtschaftlich in dem Unternehmen erforderlichen Betrag, z. B. zu betriebsnotwendigem Cash o. Ä., stehen. **Entscheidend** ist nur, dass nach dem übereinstimmenden Willen der Parteien der **Ausgangskaufpreis** für das Unternehmen **mit diesem Soll-Bestand gilt** (und dass der Anpassungsmechanismus so angesetzt ist, dass ein positives Delta gegenüber dem Soll-Bestand zum Ausgangskaufpreis hinzugezählt und ein negatives abgezogen wird.) 13.120

Mirow hat sich näher mit solchen Konsistenzfragen beschäftigt. Sein Ergebnis kann so interpretiert werden, dass zum Abzug des „Net Debt-/Net Cash" bzw. der Nettofinanzverbindlichkeiten vom zunächst ermittelten Ausgangskaufpreis nur dann ein Bedürfnis besteht, wenn das Fremdkapital nicht schon bei der Vereinbarung des Ausgangskaufpreises als wertmindernder Faktor berücksich- 13.121

---

172) Natürlich *kann* der Soll-Bestand des Net Debt-/Net Cash bzw. auch des Working-Capitals zugleich ein quasi betriebsnotwendiges Soll-Working-Capital und eine Soll-Liquidität be schreiben. In diesem Sinne *v. Braunschweig*, DB 2002, 1815, 1816 re. Sp. Mitte f. Eine Kaufpreisklausel, die Kaufpreiserhöhungen an „mehr" Cash und „mehr" Working Capital knüpft, ist aber unabhängig davon sinnvoll.

13. Kapitel Zusatzabreden und Kaufpreisklauseln

tigt wurde.[173] Dieses Ergebnis würde logische Konsistenz bei der Klauselverwendung anmahnen bzw. daran erinnern, dass man bei einem **zweiten Rechengang** (vom vorläufigen Kaufpreis bzw. Ausgangskaufpreis zum endgütigen Kaufpreis) nichts abziehen bzw. hinzuzählen darf, das man schon beim **ersten Rechengang** (genau genommen den beiden Rechnungen der Parteien, die zur Vereinbarung des Ausgangskaufpreises führten) abgezogen bzw. hinzugezählt hat. Diese Warnung bezöge sich zwar auf einen recht dummen Fehler (und würde übrigens wenig Vertrauen in M&A-Anwälte und andere M&A-Berater zeigen), aber sie wäre berechtigt.

13.122 *Mirow* erhebt allerdings wohl einen theoretischen Anspruch, der weiter reicht, indem er eine notwendige Unvereinbarkeit zwischen bestimmten Methoden der Unternehmensbewertung und „Net Debt-/Net Cash"-Klauseln herzuleiten versucht. Er begeht hiermit den kritisierten Fehler, die Ebenen der Unternehmensbewertung und Kaufpreisanpassung – und namentlich den Kaufpreisausgangsbetrag „Enterprise Value" – durcheinanderzuwerfen. *Mirow* meint, dass, wenn bestimmte Bewertungsmethoden verwendet würden, das „Cash Free/Debt Free"-Konzept „aus methodischen Gründen nicht angewandt werden" dürfe.[174] Namentlich scheide die Anwendung des „Cash Free/Debt Free"-Konzepts aus, „wenn das Zielunternehmen nach der Ertragswertmethode oder nach dem DCF-Verfahren in der Variante des **Nettoansatzes** bewertet wird." Kurz darauf heißt es: „Die Verwendung des Cash Free/Debt Free"-Modells in einem Unternehmenskaufvertrag setzt zwingend voraus, dass das Unternehmen im DCF-**Bruttoverfahren** bewertet wurde." Und schließlich formuliert *Mirow*: „Der Abzug der Nettofinanzverbindlichkeiten vom zunächst ermittelten (Gesamt-)Unternehmenswert bedeutet nichts anderes als den Abzug des Marktwerts des Fremdkapitals. Dazu besteht aber nur dann ein Bedürfnis besteht, wenn das Fremdkapital nicht schon bei der vorgelagerter Unternehmensbewertung als wertmindernder Faktor berücksichtigt wurde."[175] In der Folge äußert *Mirow* auch seine Auffassung, Rechtsberater müssten sich, vor dem Entwurf des Unternehmenskaufvertrages „Klarheit über die angewandte Methode der Unternehmensbewertung verschaffen."[176]

13.123 An all dem ist aber nur richtig, dass man Schulden und Cash, die schon bei der Vereinbarung des Ausgangskaufpreises berücksichtigt wurden, nicht noch einmal hinzuzählen bzw. abziehen darf. Hierzu reicht es aber aus, zu wissen, *wie sich der Ausgangskaufpreis versteht*. Mit Unternehmensbewertung hat das nichts

---

173) *Mirow*, Corporate Finance Law, 3/2011, S. 1, 3 re. Sp. oben.
174) *Mirow*, Corporate Finance Law, 3/2011, S. 1 re. Sp. unten. *Schrader*, Inhalte des Unternehmenskaufvertrages, in: Eilers/Koffka/Mackensen, S. 59, unterscheidet Kaufpreisanpassungsfragen ebenfalls nicht genügend von Bewertungsfragen.
175) *Mirow*, Corporate Finance Law, 3/2011, S. 1, 3 re. Sp. oben.
176) *Mirow*, Corporate Finance Law, 3/2011, S. 1, 3 re. Sp. unten.

IV. Kaufpreisklauseln

zu tun – es geht nur um Vermeidung eines „double dip". Hingegen ist die Gleichsetzung des „Brutto-Unternehmenswerts" mit dem Ausgangskaufpreis im Ansatz falsch und verwirrend. Selbst wenn der Käufer das Unternehmen mit *astrologischen Methoden* bewertet hat, kann eine „Net Debt-/Net Cash"-Klausel immer noch sinnvoll sein, wenn die Parteien hierbei nur von einem bestimmten Bestand an Debt und Cash ausgegangen sind. Entsprechend müssen auch Rechtsberater nicht wissen, wie (wer?) das Unternehmen bewertet hat, um eine „Net Debt-/Net Cash"-Klausel zu entwerfen; sie müssen nur wissen, von welchem Soll-Bestand an Debt und Cash die Parteien bei Festlegung des Ausgangskaufpreises ausgingen.[177]

Es kann die Frage auftreten, ob ggf. ein **Vielfaches** des Deltas zum Soll-Net Debt-/Net Cash **hinzugezählt oder abgezogen** werden kann.[178] Die Addition/Subtraktion eines Vielfachen dieses Deltas ist indessen grundsätzlich ungeeignet, den Kaufpreis *angemessen* an eine festgestellte Veränderung des Unternehmenswerts anzupassen, da Net Debt-/Net Cash- und Working Capital-Kaufpreisanpassungsrechnungen alle kurzfristigen Veränderungen (auch in ihrer Erweiterung auf das Working Capital – dazu gleich) aufsaugen und keine „Filter" beinhalten, Veränderungen auszusondern, die zufällig und für das langfristige bzw. „normalisierte Ergebnis" nicht relevant sind, da sie z. B. Einmaleffekte darstellen.[179]

13.124

Bei **Working Capital-Klauseln**[180] wird in die Kaufpreisanpassungsrechnung auch das Working Capital einbezogen, weil es ebenfalls kurzfristig bewegliche bzw. liquidierbare Werte reflektiert und um Manipulationen zu vermeiden. Die Vertragspraxis scheint hier seltener als bei Debt und beim Cash mit extremen Abstraktionen wie „Working Capital Free" zu arbeiten, sondern bei der Vereinbarung des Ausgangskaufpreises eher ein Soll-Working Capital zu unterstellen, das dem betriebswirtschaftlich erforderlichen angenähert und deshalb größer als Null ist. Die Working Capital-Klausel wird dann bei Über- oder Unterschreitungen dieses Working Capital ausgelöst. Erneut ist ein sachlicher Bezug zu einem betriebswirtschaftlich erforderlichen Working Capital nicht zwingend. Es könnte auch beim Verkauf einer Bratwurstbude mit einem Soll-Working Capital von

13.125

---

177) Es ist natürlich gut, wenn M&A-Anwälte einiges darüber wissen, wie die Unternehmenswerte der *beiden* Parteien zustande kamen.
178) Die Möglichkeit klingt an bei *Mirow*, Corporate Finance Law, 3/2011, S. 1 li. Sp. unten. Das mag aber anders gemeint und etwa nur auf Kaufpreisanpassungen an das Eigenkapital bezogen sein.
179) Da aber bei Kaufpreisanpassungsrechnungen Vertragsfreiheit herrscht, sind die Parteien frei, Dinge zu tun, die aus Perspektive des Unternehmenswertes (der „zweiten Logik") *Unsinn* sind. Wenn der Käufer dazu bereit ist, darf er (aus Sicht des Verkäufers gerne!) einen Kaufpreis überweisen, der um das Dreifache einer zwischenzeitlich zugeflossenen Versicherungszahlung höher ist.
180) Hierzu sehr problemorientiert und lesenswert: *Kästle*, Fünf Hauptthemen zu Net Working Capital aus betriebswirtschaftlicher und kautelarjuristischer Sicht, in: Drygala/Wächter, Kaufpreisanpassungs- und Earnout-Klauseln, S. 119.

1 Mrd. € operiert werden und die Klausel würde dennoch sinnvolle Ergebnisse liefern, wenn entsprechend ein Ausgangskaufpreis von 1 Mrd. € plus x € vereinbart worden wäre.

13.126 Net Debt-/Net Cash-Klauseln liegen in der Logik einer **sachgerechten Unternehmensbewertung.** Dies nicht etwa nur deshalb weil sie das Vorhandensein eines Mindestbestandes an Liquidität absicherten, die für die Unternehmensfortführung erforderlich ist,[181] sondern, weil der Unternehmenswert eines Unternehmens mit weniger Barmittel (grundsätzlich in Höhe der Differenz) weniger wert ist als ein Unternehmen mit mehr Barmitteln. Dass Schulden den Unternehmenswert mindern, ist aus sich evident. Wenn die Barmittel als Working Capital benötigt werden, müssen sie eingelegt werden, wenn nicht, können sie ausgeschüttet werden.

13.127 Working Capital-Klauseln fungieren auch als Schutz davor, **Manipulationen** zu verhindern. Da bei der Berechnung des Ausgangskaufpreises das Anlagevermögen nicht als Cash oder Working Capital erfasst wurde, wären (recht grobe) Manipulationen auch möglich, indem der Verkäufer z. B. Anlagevermögen versilbern würde. Dieser Vorgang[182] würde zu einer Erhöhung des Cash ohne eine Erhöhung der Debt oder Reduzierung des Working Capital und damit nach den üblichen Net Cash/Net Debt und Working Capital-Kaufpreisklauseln zu einer Kaufpreiserhöhung führen.

13.128 Das mag dazu verleiten, die Größen, die in die Kaufpreisanpassung eingehen, auf das Eigenkapital zu erweitern und so, statt eine Kaufpreisanpassung an Änderungen der Nettofinanzverbindlichkeiten und an das Working Capital, eine **Kaufpreisanpassung an Änderungen des Eigenkapitals** vorzusehen. Es ist aber besser, diese Manipulationsmöglichkeit durch Verhaltensgebote (Covenants), z. B., dass Verbot Anlagevermögen zu versilbern und Ausschüttungsverbote, zu verschließen. Eine Anpassung des Kaufpreises an Veränderungen des Eigenkapitals besitzt nicht nur keinen soliden Bezug zum Unternehmenswert und liefert häufig willkürliche Ergebnisse,[183] sondern deckt auch nicht alle legitimen Schutzbedürfnisse des Käufers ab. Wenn z. B. ein Wirtschaftsgut des Anlagevermögens stille Reserven besitzt (Marktwert höher als Buchwert), kann sich der Verkäufer diese stille Reserven, z. B. durch Veranlassung eines Zwischenverkaufs zum Buchwert an ein verbundenes oder befreundetes Unternehmen, sichern, ohne dass dies zu einem Absinken des Eigenkapitals und dem Eingreifen eines am Eigenkapital orientierten Anpassungsmechanismus führt.

13.129 Auch wenn nach dem Vorstehenden die bei Net Debt-/Net Cash-Klauseln oder Working Capital-Klauseln verwendeten Begriffe („Cash", „Debt", „Finanzver-

---

181) Diesen Punkt betont zu Recht *Mirow*, Corporate Finance Law, 3/2011, S. 1, 2 li. Sp. oben.
182) Buchung „per Erlöse aus Anlagenverkauf an Maschinen".
183) S. Rn. 11.157 f.

IV. Kaufpreisklauseln

bindlichkeiten", „Working Capital" etc.) bloße **Zweckschöpfungen** sind, die keine objektive Wahrheit[184] kennen und sie insbesondere an die Verwendung möglicherweise derselben Worte in der Unternehmensbewertung nicht gebunden sind, bleibt die **Formulierung** einer Net Debt-/Net Cash-Klausel bzw. von Working Capital-Klauseln (oder einer auf das Working Capital erweiterten Net Debt-/Net Cash-Klausel) eine **Herausforderung**.

Diese besteht zunächst darin, dass „die Kompetenzbereiche der an der Transaktion beteiligten Finanzexperten einerseits und vertragsgestaltenden Juristen andererseits häufig unverbunden aufeinander stoßen"[185] und hat mehrere Folgerungen. Zunächst ist das Vermögen von beiden Seiten gefordert, die Inhalte der Begriffe „auf der anderen Seite des Zauns" zu verstehen. In einer Paneldiskussion nach i. R. der 2. Leipziger M&A-Konferenz 2016, gratulierten sich die Teilnehmer selbst dazu, „Kenntnisse der Juristen in den letzten zehn Jahren enorm gesteigert (zu) haben". Ebenso seien die Betriebswirte, die regelmäßig mit Transaktionen befasst sind, für die Bedürfnisse der Juristen sensibilisiert." Weiter berichtete *Henle* über den Konsens, dass „wichtig ... eine enge Zusammenarbeit ... und keine „Hegemonie" der einen oder anderen Berufsgruppe" sei.[186] Offenbar besteht dennoch verbreitet das Problem, dass sich die „Berufsgruppen" **nicht** von ihren **gewohnten Perspektiven zu lösen vermögen**. So berichtet *Kästle*, z. B., dass Finanzexperten, die im Allgemeinen zur Erhöhung des Unternehmenswertes des Zielunternehmens eine Reduzierung des Working Capital anstreben, u. U. als *Soll*-Working Capital in Due Diligence-Berichten „einen niedrigeren Betrag an Net Working Capital ausweisen als zum Stichtag vorhanden ist". „Wird dieser niedrigere Betrag als Benchmark für den Net Working Capital-Test im Kaufvertrag verwendet, ergibt sich zum Stichtag zwangsläufig eine ungewollte kaufpreiserhöhende Differenz."[187]

13.130

Man muss noch mehr **Bedenken** hinsichtlich des **Gelingens der „Interpenetration" von juristischem und betriebswirtschaftlichem Denken** angesichts der Verbreitung von Eigenkapitalgarantien, Kaufpreisanpassungen an das Ei-

13.131

---

184) Es wird naheliegenderweise empfohlen, die Definitionen des HGB oder IFRS zu benutzen, um Auslegungsschwierigkeiten zu vermeiden. *Rotthege/Wassermann*, Unternehmenskauf bei der GmbH, S. 261, Rn. 12.

185) *Kästle*, Fünf Hauptthemen zu Net Working Capital aus betriebswirtschaftlicher und kautelarjuristischer Sicht, in: Drygala/Wächter, Kaufpreisanpassungs- und Earnout-Klauseln, S. 119. Die Aussage wird von *Kästle* primär auf das Working Kapital bezogen, gilt aber auch für Debt und Cash.

186) So *Henle* als Panelleiter in seinem Diskussionsbericht über das Panel zum Thema „Kaufpreisanpassungsklauseln im Niemandsland zwischen betriebswirtschaftlich ignoranten Juristen und juristisch ignoranten Kaufleuten" in: Drygala/Wächter, Kaufpreisanpassungs- und Earnout-Klauseln, S. 119, 172.

187) *Kästle*, Fünf Hauptthemen zu Net Working Capital aus betriebswirtschaftlicher und kautelarjuristischer Sicht, in: Drygala/Wächter, Kaufpreisanpassungs- und Earnout-Klauseln, S. 119, 125 oben.

genkapital, „Bilanzauffüllung" und ähnlichen Anti-Unternehmenswert-Monstren haben. Schwachstellen, die zum „Streitig-Stellen" von Net Debt-/Net Cash- bzw. Working Capital-Klauseln führen, beruhen i. d. R. darauf, dass entweder schon die betriebswirtschaftliche Komplexität bzw. Intelligenz, die zur „Einspeisung" in die Klauseln zur Verfügung stand, zu gering war, dass beim Formulieren nicht genug an die Ziele und Effekte der Klausel gedacht wurde oder dass kautelarjuristisch inkonsistent oder ungenau gearbeitet wurde.[188] Sodann mag Unvorhergesehenes geschehen, wenn die Komplexität und betriebswirtschaftliche Intelligenz der Klausel zu hoch für die später an einem justiziellen Verfahren Beteiligten ist.

4. Auf nicht betriebsnotwendiges Vermögen bezogene Kaufpreisanpassungsklauseln

13.132 Aus der Unternehmensbewertung folgt, dass die Höhe des nicht betriebsnotwendigen Vermögens **unternehmenswertrelevant** ist.[189] Indessen gibt es mehrere Gründe dafür, dass sich nur relativ selten auf Höhe des nicht betriebsnotwendigen Vermögens ausgelegte Kaufpreisanpassungsklauseln finden:

- In den Net Debt-/Net Cash-Klauseln werden neben betriebsnotwendigem Cash und betriebsnotwendiger Debt auch (automatisch) nicht betriebsnotwendiges Cash und nicht betriebsnotwendige Debt eingefangen; eine eigenständige Regelung dieser besonders volatilen Größen erübrigt sich.
- Dasselbe gilt für nicht betriebsnotwendiges Working Capital. Es erhöht den Kaufpreis automatisch, soweit es das dazu beiträgt, das Soll-Working Capital zu übersteigen.
- Die dritte hauptsächlich in Frage kommende Kategorie von nicht betriebsnotwendigem Vermögen, nicht betriebsnotwendiges Anlagevermögen, ist eher *selten und schwer beweglich*. Unzulässige Abgänge werden i. d. R. durch Garantien adressiert und wenn eine Bewegung (Abgang oder Wertänderung) erwartet wird, werden Sonderregelungen wie Nachbewertungsklauseln etc. eingesetzt.

5. Auf das buchmäßige Eigenkapital bezogene Kaufpreisanpassungsklauseln

13.133 Bei der Darstellung von Fragen der Unternehmensbewertung und zu Eigenkapitalgarantien wurde herausgearbeitet, dass der absolute Betrag des Eigenkapitals als solcher kaum je einen Einfluss auf den Unternehmenswert hat und dass die Beantwortung der Frage, ob und wie sich Änderungen des Eigenkapitals auf

---

188) S. *Wächter*, Schadensersatz und Kaufpreisanpassung post M&A, in: Drygala/Wächter, Kaufpreisanpassungs- und Earnout-Klauseln, S. 1, 18 f.
189) I. S. des hier verwendeten weiten Begriffs von „Unternehmenswert", s. 10.34 ff.

IV. Kaufpreisklauseln

den Unternehmenswert auswirken, entscheidend davon abhängt, **welche Komponente des Eigenkapitals** die Änderung des absoluten Betrages des Eigenkapitals verursacht hat.

Hier gibt es Komponenten, die unmittelbar und oft im Verhältnis „1 zu 1" auf den Unternehmenswert durchschlagen, wozu Cash und Debt gehören. Andere Komponenten können sogar mit einem höheren Betrag als dem Buchwert auf den Unternehmenswert durchschlagen (nicht betriebsnotwendiges Vermögen und Vorräte mit stillen Reserven). Buchwertveränderungen von Wirtschaftsgütern einer dritten Kategorie, die Buchwerte von betriebsnotwendigem Anlagevermögen, bleiben fast ohne Unternehmenswertauswirkung. Ob eine Minderung des Eigenkapitals durch Rückstellungen auch den Unternehmenswert mindert, hängt davon ob, ob sich die Risiken, die Anlass der Rückstellungsbildung waren, später realisieren. 13.134

Das „Verbreien" aller dieser Äpfel und Birnen und das Garantieren eines Bestandes an „Breimasse" durch eine Eigenkapitalgarantie wurde – wie eine Garantie zum Totalgewicht aller beweglichen Sachen eines Unternehmens – als „zielungenau" bezeichnet. Hierauf wird verwiesen.[190] 13.135

Wenn aber eine Unternehmensbewertung anhand des Eigenkapitals fehlerhaft und eine Eigenkapitalgarantie höchst fragwürdig ist, so kann auch eine Anpassung des Kaufpreises an das Eigenkapital nicht wirklich sinnvoll sein. Dies wird aber immer noch empfohlen und praktiziert.[191] Es wird zum Teil sogar erwogen, ein festgestelltes Eigenkapitaldelta multipliziert mit einem Faktor auf den Kaufpreis durchschlagen zu lassen.[192] 13.136

All dies kann aus den ausführlich dargestellten Gründen nicht überzeugen. Eigenkapitalgarantien sind nicht erforderlich, weil mit Klauseln, die das Net Debt-/Net Cash, das Working Capital oder das nicht betriebsnotwendige Vermögen adressieren (oder auch einmal Zukunftsrisiken mit Freistellungen oder 13.137

---

190) S. Rn. 5.228 ff; 5.231, 11.157 f. Abwägend und kritisch, aber weniger eindeutig als hier: *Schöne/Uhlendorf*, Kaufpreisanpassung an das bilanzielle Eigenkapital oder Nettovermögen, in: Drygala/Wächter, Kaufpreisanpassungs- und Earnout-Klauseln, S. 133. Abwägend und kritisch, aber weniger eindeutig als hier: *Schöne/Uhlendorf*, Kaufpreisanpassung an das bilanzielle Eigenkapital oder Nettovermögen, in: Drygala/Wächter, Kaufpreisanpassungs- und Earnout-Klauseln, S. 133.

191) *Beisel/Klumpp*, Der Unternehmenskauf, S. 259: „Dieser vorläufige Kaufpreis wird dann um den sich aus der Abrechnungsbilanz ergebenden Buchwert (buchmäßiges Eigenkapital) erhöht oder – bei negativem Buchwert – vermindert". Ähnlich S. 267: „Diese übergehende Vermögenssubstanz ist Grundlage für die Festlegung der Vergütung (Kaufpreis). Das Netto-Eigenkapital bildet die Ertragskraft des Unternehmens ab." *Lappe/Schmitt*, DB 2007, 153: „Der vorläufige Kaufpreis richtet sich oft nach der Größe des bilanziellen Eigenkapitals ... Die Ermittlung des endgültigen Kaufpreises erfolgt im Nachgang auf Grundlage der Abrechnungsbilanz". Ebenso *Mirow*, Corporate Finance Law, 3/2011, S. 1, 2 re. Sp. unten, S. 6 li. Sp. unten.

192) *Mirow*, Corporate Finance Law, 3/2011, S. 1, 2 re. Sp. unten.

Vermögensgarantien oder auf den Enterprise Value bezogenen Garantien) viel zielgenauere und effizientere Instrumente verfügbar sind. Aber da Vertragsfreiheit herrscht, ist der Wille der Parteien ihr Himmelreich und dürfen auch Regelungen in den M&A-Vertrag aufnehmen, die nach der zweiten Logik, der Wertlogik,[193] sinnlos sind. Sie bleiben immer insofern – i. S. der ersten Logik – sinnvoll, als sie das Vermögen einer der Parteien, zukünftige Zahlungen zu leisten, erhöhen.

13.138 Obwohl Kaufpreisklauseln aus der sie kennzeichnenden Gemengelage von Unternehmensbewertung und Vertragsfreiheit heraus – durch ihre Bezugnahme auf unklare bilanzrechtliche Begriffe, eigene Ansatz- und Bewertungsregeln der Parteien oder Konzepte der Unternehmensbewertung – viele streitanfällige Auslegungsfragen nach sich ziehen, ist keine nennenswerte veröffentlichte Rechtsprechung deutscher Gerichte dazu bekannt geworden.[194] In internationalen Schiedsverfahren sind einige instruktive, veröffentlichte Entscheidungen ergangen, die materiell-rechtliche Fragen betreffen und an anderer Stelle erwähnt bzw. dargestellt wurden. Zahlreiche Schiedssprüche betreffen Verfahrensfragen im Zusammenhang mit dem Einsatz von Schiedsgutachtern.[195]

6. Auf operative Überschüsse bezogene Kaufpreisanpassung

13.139 Auch auf operative Überschüsse, hier verstanden ohne betriebsnotwendiges Vermögen, bezogene Kaufpreisklauseln ist keine Rechtsprechung deutscher Gerichte bekannt geworden.[196] Aus den an anderer Stelle behandelten Schiedssprüchen betreffen mehrere das Thema mit.[197]

7. Earn Out-Klauseln bzw. Besserungsscheine

13.140 Earn Out-Klauseln (altertümlich und untechnisch auch „Besserungsscheine" genannt) können Brücken schlagen und eine M&A-Transaktion ermöglichen, wo **Informationsasymmetrien** und Differenzen in der **Informationsbewertung** (Unternehmensbewertung) eine wirtschaftliche Einigung erschweren. Sie tun dies

---

193) S. Rn. 11.68 f.
194) Aus der Literatur lesenswert v. *Braunschweig*, DB 2002, 1815. Als ausführliche Behandlungen der Positionen von Net Debt-/Net Cash-Rechnungen s. a. *Moser*, Kaufpreisklauseln in Unternehmenskaufverträgen, in: Berens/Brauner/Strauch/Knauer, 7. Aufl., S. 363 ff., 368 ff., und *Haarbeck/König*, Interdependenz von Due Diligence-Untersuchungen, Unternehmensbewertung und Unternehmenskaufvertrag, in: Berens/Brauner/Strauch/Knauer, 7. Aufl., S. 171, 178–191 ff., und *Hilgard*, DB 2007, 559, mit Darstellung von Manipulationsmöglichkeiten zur Erzielung kaufpreiserhöhender Effekte (S. 560 li. Sp. oben f.).
195) Vgl. auch *Habersack*, DB 2009, 44 ff.
196) S. aber: *Kiem*, Am Enterprise Value orientierte Kaufpreisanpassungsklauseln, Weiterverkaufs- und Mehrerlösklauseln, in: Drygala/Wächter, Kaufpreisanpassungs- und Earnout-Klauseln, S. 151.
197) S. a. *Hörtnagl/Zwirner/Busch* in: Beck'sches Mandatshandbuch Unternehmenskauf, S. 244, Rn. 3 ff.

IV. Kaufpreisklauseln

v. a. indem sie es erlauben, einen **Kampf** zwischen einem vom Verkäufer verfochtenen **Positivszenario** und einem von Käufer befürchteten **Negativszenario** zu beenden, indem die Entscheidung mit einer „**Wenn-Dann**"-**Struktur in die Zukunft verschoben wird.**

So kann sowohl die Bedeutung des Fehlens von Käufer-Vertrauen in das Verkäufer-Szenario relativiert werden (weil der Käufer weniger zahlt, wenn „die Dinge nicht so laufen") als auch der Verkäufer, der im Unternehmen verbleibt, wirksam **angereizt** werden, sich in besonderem Maße zu bemühen „dass die Dinge gut laufen".[198]   **13.141**

Freilich ist die Befriedungswirkung von Earn Out-Klauseln in der Gegenwart und ihre im Vergleich zu Festkaufpreisen höhere Leistungsfähigkeit nur über eine höhere Komplexität zu haben. Die Erhöhung der Komplexität besteht v. a. darin, dass zu Zwecken der Festlegung des endgültigen Kaufpreises nun nicht mehr über in der Vergangenheit liegende Fakten und deren Bewertung zu argumentieren ist, sondern über erst **in der Zukunft,** i. d. R. in zwei bis fünf Jahre[199] **zu schaffende Fakten.** Dies bedeutet, dass bevor die Parteien möglicherweise nachher (doch wieder) über die Feststellung und Bewertung von Earn Out-relevanten Umständen argumentieren und streiten können, sie diese Umstände – das ist das Neue – zuerst noch gestaltend beeinflussen können. Diese **Zukunftsabhängigkeit** eröffnet zwangsläufig mehr Möglichkeiten für strategisches Verhalten bzw. **höhere Missbrauchsanfälligkeit.**   **13.142**

Dabei wird oft der Käufer, zugleich die Partei, die i. d. R. auf den Earn Out drängt, Earn Out-erfahrener sein als der noch übergangsweise in dem verkauften Unternehmen mitarbeitende Verkäufer, und die besseren Einflussmöglichkeiten haben. Und die Annahme liegt nicht fern, dass der Käufer, wenn er dies nicht   **13.143**

---

[198] Eine sehr gute Zusammenfassung des Earn Out-Themas in ökonomischer und rechtlicher Hinsicht, z. B. ökonomische Herleitung der Zweckmäßigkeit von Earn Outs aus Informationsasymmetrien und unterschiedlichen Informationsbewertungen, Darstellung der auftretenden Interessenskonflikte (opportunistisches Verhalten, Principal-Agent-Konflikte), zu Kernfragen der Vertragsgestaltung und zur empirischen Verbreitung von Earn Outs finden sich bei *Seibt*, Sinn und Zweck, Einsatz und Mechanik von Earnout-Regelungen, in: Drygala/Wächter, Kaufpreisanpassungs- und Earnout-Klauseln, S. 222. Zur Ausgestaltung von Earn Out-Klauseln, ausführlich auch *Ziegler*, M&A-Review, 2016, 226, und *Hoffmann*, Die rechtliche Ausgestaltung von Kaufpreisanpassungsklauseln (insbesondere Earn Out- Klauseln) in Unternehmenskaufverträgen, in: Birk/Bruse/Sänger, S. 151. Aus primär betriebswirtschaftlicher Sicht s. *Toll/Rollinck*, M&A Review 2014, 154. *Ettinger/Schmitz*, GmbHR 2016, 966 behandeln neben zivilrechtlichen Gestaltungsfragen auch umfangreich steuerliche Fragen. Dazu s. a. *Kutt*, Steuerliche Behandlung von nachträglichen Kaufpreiserhöhungen – insbesondere beim Earnout, in: Drygala/Wächter, Kaufpreisanpassungs- und Earnout-Klauseln, S. 193, und den Bericht über die Paneldiskussion von *Herkenroth* in: Drygala/Wächter, Kaufpreisanpassungs- und Earnout-Klauseln, S. 215. S. a. *Meyding/Grau*, NZG 2011, 41; *Link*, BB 2014, 554; *Hesse/Micha*, Earnout beim Unternehmenskauf, RölfsPartner report 4/2011, 16.

[199] So *Seibt*, Sinn und Zweck, Einsatz und Mechanik von Earnout-Regelungen, in: Drygala/Wächter, Kaufpreisanpassungs- und Earnout-Klauseln, S. 222, 233 unten.

schon von Anfang an beabsichtigte, jedenfalls leicht und bald Gründe finden wird, seine Gestaltungsmöglichkeiten in der Earn Out-Periode tatsächlich strategisch einzusetzen.

13.144 Der Käufer wird für einen Earn Out mit dem Argument werben, dass Earn Outs die Zahlung eines **höheren (Gesamt)kaufpreises ermöglichen**, was auch allgemein zutrifft. Oft wird sich der Verkäufer von dieser Verlockung, „dank Earn Out" ggf. mehr zu bekommen, schwer freimachen können, selbst wenn er versteht, dass Käufer *immer* versuchen werden, einen Preis, den sie schlussendlich ohne Earn Out gezahlt hätten, zunächst in einen festen Bestandteil und einen Earn Out aufzuteilen. Wie Versicherungen damit werben, dass sie Deckungen gewährten, werden Käufer, z. B. Corporate VCs, möglicherweise sogar mit **„Testimonials" von glücklichen Earn Out-Verkäufern** werben, um die Befürchtung neuer Generationen von Verkäufern zu zerstreuen, dass es den Käufern regelmäßig gelingt, Zahlungen auf Earn Outs zu vermeiden. Gleichwohl verwandeln sich (gute) Käuferanwälte, wenn sie (ausnahmsweise) einen Verkäufer vertreten, erstaunlich oft von **Earn Out-Gläubigen** in **Earn Out-Skeptiker**.

13.145 Wenn ein Earn Out vereinbart wurde, ist die Interessenslage klar: Der Earn Out-Gläubiger, meist der Verkäufer, möchte alles Positive in die **Earn Out-Periode** – ohne eine solche ist ein Earn Out nicht zu gestalten – hineinziehen und alles Negative heraushalten. Der Earn Out-Schuldner möchte das direkte Gegenteil, am besten allen Aufwand der nächsten zehn Jahre vorziehen, so dass ihn der Earn Out-Gläubiger durch einen niedrigeren Kaufpreis mitfinanzieren muss. Entscheidend ist zunächst, wer den **„Fahrersitz"** übernimmt. Das ist i. d. R. der Käufer. Primär besteht die Übernahme des „Fahrersitzes" in der Geschäftsführung, wobei sie bei der GmbH auch die Absicherung vor Weisungen eines anderen Mehrheitsgesellschafters umfasst.

13.146 *Drygala* hat auf der 2. Leipziger M&A-Konferenz 2016 herausgearbeitet, dass Earn Outs rechtsdogmatisch wohl als **partiarische Rechtsverhältnisse** anzusehen sind, die nur „sehr schwach ausgeprägte Einsichts- und Kontrollrechte (gewähren)".[200] Einen „gewissen Basisschutz" gewährt gerade noch § 162 BGB, da für seine Anwendung Vorsatz oder Absicht nicht erforderlich sind, sondern eine objektive Beeinträchtigung ausreicht.[201] Da für den Earn Out-Gläubiger nachteilige Maßnahmen als Geschäftsführungsmaßnahmen i. d. R. von der Geschäftsführung der Zielgesellschaft veranlasst werden, wird es allerdings dem Earn Out-Gläubiger u. U. schwer fallen, die Verursachung durch den Käufer

---

200) *Drygala*, Vertragliche und gesetzliche Kontrolle des Earnout-Schuldners, in: Drygala/ Wächter, Kaufpreisanpassungs- und Earnout-Klauseln, S. 247, 253.

201) *Drygala*, Vertragliche und gesetzliche Kontrolle des Earnout-Schuldners, in: Drygala/ Wächter, Kaufpreisanpassungs- und Earnout-Klauseln, S. 247, 254.

IV. Kaufpreisklauseln

nachzuweisen.²⁰²⁾ Hingegen ist der Earn Out-Gläubiger nach *Drygala* selbst vor gröberen wirtschaftlichen Fehlentscheidungen des Earn Out-Schuldners nicht geschützt, solange diese nicht einseitig gegen die Interessen des Earn Out-Gläubigers gerichtet sind.²⁰³⁾ Der Earn Out-Gläubiger würde demnach bei wirtschaftlichen Fehlentscheidungen der Zielgesellschaft (oder des Käufers), die den Earn Out mindern, z. B. **nicht Schadensersatz wegen einer Pflichtverletzung in einem Geschäftsbesorgungsverhältnis** verlangen können. Ob das uneingeschränkt auch bei groben und gröbsten Verletzungen des nach der Business Judgment Rule etwa von einem Organ der Zielgesellschaft geschuldeten Verhaltens, einer Verletzung der *diligentia quam in suis* und auch bei Vorsatz (ohne gezielte Stoßrichtung gegen den Earn Out-Gläubiger, die § 162 BGB auslösen würde), gilt, ist aber noch nicht gesichert.²⁰⁴⁾

Es gibt im Wesentlichen **zwei Techniken** dazu, die fehlenden bzw. unzureichenden gesetzlichen Schutzmechanismen kautelarjuristisch zu ersetzen. Die *erste Technik* besteht darin, der Vertragspartei, die auf den „Fahrersitz" gehievt wird, i. d. R. dem Käufer, der als neuer Mehrheitsgesellschafter ein quasi natürliches Anrecht hierauf hat, sogleich, gewisse **„Zügel"** bzw. **„Fesseln"** anzulegen. Diese erlauben der anderen Partei – i. d. R. dem Verkäufer – die Vorhand der ersten Partei in den kritischen Bereichen wieder einzuschränken und opportunistisches oder jedenfalls nachteiliges Verhalten (unangemessenen *long termism* des Käufers bzw. unangemessenen *short termism* des Verkäufers)²⁰⁵⁾ einzudämmen. Es liegt auf der Hand, dass wenn solche Regelungen **formal und eindeutig** sind, sie entweder kaum zielgenau sind oder wiederum Missbrauchsmöglichkeiten in die andere Richtung eröffnen – wie sie bei Mitwirkungsrechten des Schuldners bei Freistellungsklauseln bekannt sind.²⁰⁶⁾

13.147

Die Alternative bestünde darin, eine Liste von **Vorbehaltsgeschäften** aufzustellen oder **inhaltliche Festlegungen** zur Geschäftsführung in der Earn Out-Periode zu treffen. Dies wird oft verhandlungsaufwendig sein und die Parteien, jedenfalls bei kleineren Transaktionen, überfordern. Durch die Technik des „Zügel" bzw. „Fesseln anlegen" wird vorprogrammiert, dass ein späterer Konflikt auf

13.148

---

202) *Drygala*, Vertragliche und gesetzliche Kontrolle des Earnout-Schuldners, in: Drygala/Wächter, Kaufpreisanpassungs- und Earnout-Klauseln, S. 247, 255.

203) *Drygala*, Vertragliche und gesetzliche Kontrolle des Earnout-Schuldners, in: Drygala/Wächter, Kaufpreisanpassungs- und Earnout-Klauseln, S. 247, 255.

204) M. a. W.: Muss der Earn Out-Gläubiger jede noch so grobe Inkompetenz seines nicht böswilligen Earn Out-Schuldners hinnehmen? Denkbar wäre vielleicht eine Analogie mit personengesellschaftsrechtlichen Treuepflichten des Inhabers gegenüber dem stillen Gesellschafter, wobei der BGH in BGH, Urt. v. 29.6.1987 – II ZR 173/86, ZIP 1987, 1316, eine solche Inhaberhaftung aus der nicht bestimmungsgemäßen Verwendung von Vermögen, nicht der inkompetenten hergeleitet hat.

205) S. *Seibt*, Sinn und Zweck, Einsatz und Mechanik von Earnout-Regelungen, in: Drygala/Wächter, Kaufpreisanpassungs- und Earnout-Klauseln, S. 222, 244 Mitte.

206) S. Rn. 13.27–13.31. Ausf. *Wächter*, NJW 1997, 2073, 2078 re. Spalte unten f.

der Seite des Kontrolleurs unter der Losung „**Manipulationsvermeidung**" und von der Partei im Fahrersitz unter der Losung „**unternehmerische Freiheit**"[207] bzw. der **unbehinderten Geschäftsführung** bzw. sogar unter dem Gesichtspunkt einer angeblichen Rechtswidrigkeit und Unwirksamkeit von zu weit gehenden Bindungen geführt werden wird. Für Streitigkeiten post M&A wird vorprogrammiert, dass die sich benachteiligt fühlende Partei primär **Schadensersatzansprüche** wegen Verletzung ihre Prärogative oder ihrer Vorbehaltsrechte geltend machen wird.

13.149 Anstelle einer Beschränkung der tatsächlichen unternehmerischen Handlungsfreiheit der „Partei im Fahrersitz" können i. S. einer *zweiten Technik* Regeln festgelegt werden, durch die die Folgen von bestimmten Geschäftsführungsmaßnahmen **aus der Bemessungsgrundlage des Earn Outs** herausgerechnet werden.[208] Diese Technik ist noch einmal intelligenter und komplexer, indem sie nicht mehr die Handlungsfreiheit der Partei „im Fahrersitz" beschränkt, sondern auf einer **fiktiven Bemessungsgrundlage** aufsetzt, die von den tatsächlichen Ergebnissen unterscheidet (i. d. R. wird sie besser sein). Es schadet dann nicht, so die Idee, wenn eine Partei Erträge oder Aufwendungen verschiebt, da der Earn Out ohnehin ausgehend von einer, ggf. **neutralisierten, Gewinn- und Verlustrechnung** und Außerachtlassung erheblicher Geschäftsvorfälle, berechnet wird. Hierdurch werden die für den Earn Out maßgeblichen Größen, die als Bemessungsgrundlage dienen, EBIT(DA) oder weiter oben in der Gewinn- und Verlustrechnung, wie Umsätze, oder sogar nicht selten außerhalb von ihr angesiedelte Größen, wie die Kundenzahl, „Klicks", Milestones o. Ä., **bloße Planungsgrößen**. Theoretisch kann einem Earn Out-Schuldner dann sogar erlaubt werden, dass er die **Einheit**, nach deren Ergebnissen der Earn Out bemessen wird, durch Zukäufe oder Verschmelzungen **verschwinden lässt**.[209] In diesem, auf die Spitze getriebenen Fall, wären in der Art von „**Carve Out Financials**"[210]

---

207) So *v. Braunschweig*, DB 2010, 713, 717 li. Sp. unten ff.
208) Vgl. *Ziegler*, M&A-Review, 2016, 226, 299 li. Sp. oben; *v. Braunschweig*, DB 2010, 713, 717 re. Sp. unten: Hölters-*Semler,* Hdb. Unternehmenskauf, S. 790; *Haberstock* in: FS Pöllath + Partners, S. 29 ff., 35, 45 f.; *Hilgard*, BB 2010, 2912, 2917 li. Sp. Mitte, weist auf das Problem und die Schwierigkeit hin, dass u. U. auch Filter eingebaut werden müssen, um den Einfluss makroökonomischer Faktoren, die in den Bereich der Geschäftsgrundlage hineinreichen, zu neutralisieren. S. a. *Popp*, Betriebswirtschaftliche Techniken zum Ausgleich zwischen Earnout-Parteien, in: Drygala/Wächter, Kaufpreisanpassungs- und Earnout-Klauseln, S. 261.
209) Vgl. hierzu und weiteren Gestaltungsfragen *Ziegler*, M&A-Review, 2016, 226, 229 li. Sp. Mitte (Auslösung des Earn Outs bei Verschmelzung) und *Werner*, DStR 2012, 1662 ff., 1665 li. Sp. oben.
210) Zur Bilanzierung bei sog. Carve Out-Abschlüssen, s. *Geisler/Winterling*, BB 2016, 303.

IV. Kaufpreisklauseln

die relevanten Earn Out-Bemessungsgrundlagen einer fiktiven, real gar nicht mehr existierenden Einheit zu berechnen.[211]

Bei Wahl der zweiten Gestaltungsalternative werden sich Rechtsstreitigkeiten um Earn Out-Klauseln neben der Auslösung von sog. *Trigger Events*[212] v. a. – wie bei Bilanzgarantien – um Bewertungsfragen und sodann um Manipulationsvorwürfe oder um Regelungen zur Neutralisierung von Folgen einer kontroversen Einflussnahme einer Partei drehen. Es sind keine instruktiven Entscheidungen staatlicher Gerichte, jedoch z. B. teilweise die Inhalte zweier Schiedssprüche bekannt geworden.[213] So hatte der Käufer unter einer Kaufpreisanpassungsklausel eine Gesellschaft gekauft und hiernach das Nennkapital der Gesellschaft erhöht und einen neuen Gesellschafter aufgenommen. Dies – genauer vermutlich[214] die Einlagen, die der Gesellschafter erbrachte – wurde von dem Verkäufer zum Anlass genommen, eine Kaufpreiserhöhung zu fordern, die ihm ein Schiedsgericht der Züricher Handelskammer auch gewährte.[215] In einem bekannt gewordenen amerikanischen Fall entstand Streit darüber, wie gewisse einmalige Kosten (Boni im Zusammenhang mit der Transaktion und Zahlungen zur Ablösung eines Stock-Option-Programms) durch eine Kaufpreisanpassungsklausel zu behandeln waren.[216]

13.150

8. Gemeinsame Probleme bei Kaufpreis- u. ä. Klauseln

Eine gebräuchliche Lösung bei Kaufpreis- und ähnlichen Klauseln (seltener auch in Rechtsfolgeklauseln von Garantien) besteht darin, einen **Experten** zu beauftragen, der über die spezifischen Fachfragen für die Parteien verbindlich entscheiden soll, im deutschen Recht als **Schiedsgutachter** nach § 317 BGB. Hierdurch entstehen *zwei* Verfahren bzw. zwei Ebenen eines Verfahrens – Gerichts- bzw. Schiedsgerichtsverfahren und Sachverständigenverfahren – und ein

13.151

---

211) S. *Borowicz*, CF 2014, 429, 433 f., und *Seibt*, Sinn und Zweck, Einsatz und Mechanik von Earnout-Regelungen, in: Drygala/Wächter, Kaufpreisanpassungs- und Earnout-Klauseln, S. 222, 238.
212) Vgl. *Hilgard*, BB 2010, 2912, 2914.
213) S. a. *Vischer*, SJZ 98 (2002), 509–517. Aus Sicht von Wirtschaftsprüfern s. *Ihlau/Gödecke*, BB 2010, 687.
214) Die näheren Hintergründe wurden nicht bekannt gemacht.
215) Schweizer Bundesgericht, 1. Civil Chamber, Urt. v. 16.3.2004 – 4P 14/2004, ASA Bulletin 4/2004, S. 770–781. Dazu auch *Ehle*, Arbitration as a Dispute Resolution Mechanism in Mergers and Acquisitions, The Comparative Law Yearbook of International Business, Vol. 27, 2005, S. 287–309, 296 und *Ehle/Scherer*, Arbitration of International M&A Disputes, Inter-Pacific Bar Association Journal, September 2007, S. 23 ff., 24 re. Sp. unten.
216) Richard Hoeft III v. MVL Group, Inc. et al., United States Court of Appeals for the Second Circuit, Decision of 3 September 2003, 343 F.3d 57 (2nd Cir. 2003). Dazu *Ehle*, Arbitration as a Dispute Resolution Mechanism in Mergers and Acquisitions, The Comparative Law Yearbook of International Business, Vol. 27, 2005, S. 287–309, 297. Der Schiedsspruch wurde von dem United States Court of Appeals aufrechterhalten.

13. Kapitel Zusatzabreden und Kaufpreisklauseln

„Interface"[217] zwischen ihnen. Dies erweist sich als problemanfällig. Es kommt immer wieder zum Streit über die Abgrenzung von Sachverständigenfragen von Rechts- und anderen Fragen, die Relevanz von vorgeschalteten Rechtsfragen für Expertenfragen, die Erübrigung von Expertenfragen durch Lösung von Rechtsfragen etc. Solche Schwierigkeiten werden besonders bei Schiedsgerichtsverfahren von der Partei, zu deren Nachteil die Kaufpreisanpassung erfolgen würde, zu Verzögerungs- und Destruktionsstrategien genutzt.[218] In einem von *Ehle/Scherer* berichteten amerikanischen Fall aus dem Jahre 2002 hatte ein Schiedsgericht eine Kaufpreisanpassung durch einen Experten als fehlerhaft aufgehoben; dieser Schiedsspruch wurde indessen wiederum durch ein amerikanisches staatliches Gericht aufgehoben (weil die Schiedsrichter ihre Kompetenzen überschritten hätten).[219] Die Möglichkeit solcher destruktiven Taktiken hat sogar zu der Empfehlung von *Pickrahn* geführt, in M&A-Transaktionen auf Schiedsgutachterklauseln überhaupt zu verzichten und besser alles dem Schiedsgericht zu überlassen.[220]

13.152 Im *ICC-Fall 11593, 2003*[221] war in dem Anteilskaufvertrag über den Erwerb eines asiatischen Energieunternehmens eine Kaufpreisanpassungsklausel ver-

---

217) Ausdruck bei *Ehle/Scherer*, Arbitration of International M&A Disputes, Inter-Pacific Bar Association Journal, September 2007, S. 23 ff., 25 re. Sp.

218) Zu Schiedsgutachten (Expert Determination) in Schiedsverfahren und ihrem (bisweilen riskant unklaren) Verhältnis zu dem Schiedsspruch sowie den sich daraus ergebenden Problemen s. *Ehle*, Arbitration as a Dispute Resolution Mechanism in Mergers and Acquisitions, Comparative Law Yearbook of International Business, Vol. 27, 2005, S. 287 ff., 297 f. (mit verschiedenen Fallbeispielen); *Witte/Mehrbrey*, NZG 2006, 241 ff. (unter Berücksichtigung prozessualer Fragen); *Sessler/Leimert*, The Role of Expert Determination in Mergers and Acquisitions under German Law, Arbitration International, Vol. 20 Nr. 2, 2004, S. 151–165; skeptischer: *B. Gross*, M&A Disputes and Expert Determination: Getting to Grips with the Issues, PLC Cross-Border-Arbitration Handbook 2010/11, S. 1 ff.; Zu Fragen der Zuständigkeitsabgrenzung zwischen Gerichten und Accounting-Experten in „Purchase Price Accounting Arbitration" nach amerikanischem Recht und den daraus folgenden „forum disputes" s. *Herrington/Buzetta*, Purchase Price Accounting Arbitration: Why Courts Sometimes find that Disputes About Purchase Price are not subject to purchase price arbitration, Mealey's International Arbitration Report Vol. 26, October 2010. *Schöll*, Réflexions sur L'expertise-arbitrage en droit suisse, ASA Nulleitin 4/2006, 621. Über einen Problemfall – alle in der Klausel aufgeführten WP-Firmen waren verschmolzen, aufgelöst oder im Konflikt – berichtet *Ehle/Scherer*, Arbitration of International M&A Disputes, Inter-Pacific Bar Association Journal, September 2007, S. 23 ff., 25 li. Sp. Dazu Geneva Court of Justice, Decision JTPI/9028/2004 in ASA Bulletin 4/2006, 779.

219) Norman Katz v. Herbert Feinberg, United States Court of Appeals for the Second Circuit, Decision of 26 April 2002, 167 F Supp2d 556, 565-66 (SDNY 2001), bestätigt 290 F3d 95 (2nd Cir 2002); dazu auch *Ehle/Scherer*, Arbitration of International M&A Disputes, Inter-Pacific Bar Association Journal, September 2007, S. 23 ff., 25 li. Sp. Mitte ff.

220) *Pickrahn*, Sind Schiedsgutachterklauseln gute Klauseln, Vortrag bei den 10. Petersberger Schiedstagen „M&A und Schiedsverfahren" am 25.2.2012. S. a den Bericht von *Demuth*, 10. Petersberger Schiedstage „M&A und Schiedsverfahren", SchiedsVZ 2012, 271, 272.

221) ICC-Fall 11539, 2003, ICC International Court of Arbitration Bulletin Vol. 24, No. 1, 2013, S. 84 ff.

IV. Kaufpreisklauseln

einbart worden. Bei der Fertigstellung einer noch im Bau befindlichen Anlage fielen Gebühren i. H. von rd. 2,7 Mio. US $ an, die von dem Schiedsgutachter – nach einem Zickzack-Kurs – schlussendlich als kaufpreismindernd behandelt wurden. Das Schiedsgericht untersuchte nun nach dem Recht von New York, ob hier (i) ein „error" und (ii) ein „manifest error" vorlag und gab dem Verkäufer schlussendlich Recht.

13.153 Unter Umständen kann auch das Verhältnis zwischen einer vertraglichen Kaufpreisanpassungsregelung und Garantien streitig werden. Im *ICC-Fall 10377, 2002*, der das Verhältnis zwischen einem deutschen Verkäufer und italienischen Käufer betraf, machte der Käufer, obwohl die Kaufpreisanpassungsklausel durch ein Settlement Agreement erledigt war, sachlich benachbarte Ansprüche aus Garantien geltend, die deutschem Recht unterlagen.[222]

13.154 Im *ICC-Fall 11539* aus dem Jahre 2003 machte der Käufer nach dem Erwerb eines im Bereich Außenwerbung tätigen europäischen Unternehmens u. a. Ansprüche nach schweizerischem Recht auf Kaufpreisminderung geltend, weil das Zielunternehmen zwischen März und August 2000 40 % seiner Umsätze verloren hatte. Bei einer „Gewährleistung wegen Mängeln der Sache" kann der Käufer nach OR 205 I „Ersatz des Minderwertes der Sache... fordern." Diese Vorgabe könnte so gelesen werden, als ob der *Betrag des Minderwertes* selbst gefordert werden könnte.[223] Die h. M. im schweizerischen Recht vertritt indessen die sog. „relative Methode", bei der, wie nach § 441 Abs. 3 BGB, der Kaufpreis im Verhältnis von Ist-Wert zu Soll-Wert herabzusetzen ist.[224] Die erste Methode benötigt den Wert UWs – UWi, die zweite $\frac{UWi}{UWs}$ * KPalt. Beide Methoden können also nur ein Ergebnis bieten, wenn sie UWs und UWi kennen. Bei UWs und UWi handelt es sich, wie näher dargestellt wurde, um „objektive subjektive Unternehmenswerte" des Käufers.[225] Obwohl das Schiedsgericht seine Vorgehensweise mit einer Minderung nach Art. 205 I OR gleichsetzte, interessierte es sich nicht wirklich für diese Möglichkeiten. Es nahm stattdessen den Ansatz des Käufers auf, dass "the difference between the paid purchase price and the price the parties *would have agreed upon* as reasonable contract partners under the circum-

---

222) Vgl. Yearbook Commercial Arbitration 2006 – Vol. XXXI, Kluwer Law International, pp. 72–94 und Yearbook Commercial Arbitration 2006 – Vol. XXXI, Kluwer Law International, pp. 127–147.
223) Im Streitfall beschrieb das Schiedsgericht diese Methode wie folgt: „The reduction of the purchase price is equal to the difference between the value of the object of the purchase without the defect and with the defect" (ICC-Fall 11539, 2003, ICC International Court of Arbitration Bulletin Vol. 24, 2013, No. 1, S. 65 ff., 70 li. Sp. oben.
224) H. M. im schweizerischen Recht. Vgl. *Honsell*, Schweizerisches Obligationenrecht, BT, S. 73–100.
225) S. Rn. 12.141 ff., 12.152–12.157.

stances if they had known the defect/brach of contract"[226] maßgeblich sein sollte. Diese Formulierung ähnelt dem „Restvertrauenschaden", den der BGH bei der c. i. c. oder Delikt gewährt, und gab dem Schiedsgericht größere Freiheitsgrade. Namentlich musste sich das Schiedsgericht jetzt nicht mehr mit Auswirkungen der behaupteten Umsatzeinbrüche auf den (objektiven subjektiven) Unternehmenswert befassen, sondern nur mit „the method of calculating the purchase price" bzw. „the parameters used when calculating the enterprise value". Es fand den Käufervortrag hierzu entweder nicht genügend substantiiert oder nicht überzeugend und kam zu der Feststellung „that turnover did not play an important role for [Käufer] when assessing the Purchase Price".[227] Weder entsprach der angewendete Obersatz einer der beiden Interpretationen von OR 205, noch war seine Anwendung in sich überzeugend. Daraus, dass von Käuferseite v. a. über Synergien, den Aufbau einer Marktposition, einen konkreten Vertrag der Zielgesellschaft etc. gesprochen worden war (und über Umsatz und EBIT allenfalls am Rande) konnte kaum geschlossen werden, dass Umsatz und EBIT gleichgültig gewesen seien.

13.155 Der *ICC-Fall 11587*[228] mit Teilurteilen aus den Jahren 2003, 2004 und 2005 drehte sich v. a. um prozessuale Fragen bei Schiedsgutachterverfahren.

9. Rechtsnatur von Kaufpreisklauseln

13.156 Richtigerweise sind Vereinbarungen über die Anpassung des Kaufpreises **selbstständige vertragliche Vereinbarungen**. Das OLG Karlsruhe behandelte sie im Geiste einer expansiven analogen Anwendung des Sachmängelrechts zu Unrecht als Abänderungen von Gewährleistungsregeln.

13.157 *Fallbeispiel „Getränkevertrieb und Brauerei"* (OLG Karlsruhe v. 14.8.2008 – 4 U 137/06, OLGR 2009, 305 ff., rkr.)

Bei einem Verkauf der Geschäftsanteile einer Getränkevertriebsgesellschaft GmbH und einer Brauerei GmbH am 11.12.1996 war der Kaufpreis auf der Basis von Übernahmebilanzen berechnet worden, in die Forderungen der Zielgesellschaften eingestellt worden waren. Die Verträge enthielten in § 3 Abs. 5 bzw. § 3 Abs. 9 Regelungen für eine nachträgliche Kaufpreiskorrektur, wenn und soweit die ausgewiesenen Forderungen bis zum 31.12.1997 nicht bezahlt werden würden. Nachdem ein Teil der Forderungen nicht bezahlt worden war, erhob der Käufer nach dem 30.6.1998 – ausweislich des erstinstanzlichen Aktenzeichens wohl im Jahr 2005 – Klage. Das LG Freiburg

---

226) Hv. v. Vf., ICC-Fall 11539, 2003, ICC International Court of Arbitration Bulletin Vol. 24, No. 1, 2013, S. 65 ff., 70 re. Sp. oben.
227) Die drei Zitate ICC-Fall 11539, 2003, ICC International Court of Arbitration Bulletin Vol. 24, No. 1, 2013, S. 65 ff., 71 re. Sp. oben, 71 li. Sp. oben und 71 li. Sp. Mitte.
228) ICC-Fall 11539, 2003, ICC International Court of Arbitration Bulletin Vol. 24, No. 1, 2013, S. 73–84.

IV. Kaufpreisklauseln

hatte § 3 Abs. 5 bzw. § 3 Abs. 9 (noch richtig) als eigenständige Ansprüche zur Korrektur des Kaufpreises angesehen, für die die Verjährungsfrist des § 195 BGB a. F. gegolten habe. Der Anspruch sei deshalb nicht verjährt.[229] Das OLG Karlsruhe widersprach. Die Verjährung habe sich aus *§ 477 Abs. 1 BGB a. F.* ergeben, da die Ansprüche aus § 3 Abs. 5 bzw. § 3 Abs. 9 nicht als eigenständige Ansprüche zur Korrektur des Kaufpreises, sondern als *Ausgestaltung der gesetzlichen Sachmängelhaftung* des Verkäufers anzusehen seien.[230] Die restlichen Urteilsgründe bestehen im Wesentlichen darin, dass das OLG Karlsruhe nach und nach zahlreiche Gesichtspunkte aus dem Vertrag, die dagegen sprachen, die privatautonom vereinbarten Kaufpreisanpassungsregeln unter das Regime der Sachmängelminderung zu zwängen, zur Seite schiebt. So soll sich daraus, dass die Parteien jeden Forderungsausfall als erheblich ansahen, ergeben, dass sie ihn als Fehler des Unternehmens i. S. von § 459 Abs. 1 BGB behandeln wollten.[231] Ohne Bedeutung soll sein, dass die Parteien nicht auf die gesetzlichen Folgen des Gewährleistungsrechts hingewiesen hätten.[232] Ebenfalls ohne Bedeutung solle sein, dass die Parteien dort im Vertrag, wo sie von „Gewährleistung" sprachen, ersichtlich etwas anderes als § 3 Abs. 5 bzw. § 3 Abs. 9 meinten und den Begriff „Gewährleistung" für die Ansprüche aus § 3 Abs. 5 bzw. § 3 Abs. 9 nicht verwendeten.[233] Auch durch den Ausdruck „vorläufigen Kaufpreis" ließ sich das OLG Karlsruhe nicht von dem Oktroi des Sachmängel- bzw. Minderungsrechts abhalten.[234]

Es wurde oben die analoge Anwendung des Sachmängelrechts auf Unternehmenswertbeeinträchtigungen als nicht sachgerecht und insbesondere die von ihr entfaltete „Sperrwirkung" zulasten der c. i. c. kritisiert.[235] Die Entscheidung des OLG Karlsruhe zeigt nun, dass das einmal losgelassene Sachmängelrecht weiter wuchern und eigentlich eindeutig selbstständige Vereinbarungen unterwandern kann.

13.158

---

229) Es gelangte allerdings im Wege ergänzender Vertragsauslegung zur Annahme einer Ausschlussfrist, die überschritten worden sei. Da die Ansprüche zudem verwirkt seien, wies das LG Freiburg die Klage ab, OLG Karlsruhe v. 14.8.2008 – 4 U 137/06, Rn. 10, OLGR 2009, 305.
230) OLG Karlsruhe v. 14.8.2008 – 4 U 137/06, Rn. 23, 26 ff., OLGR 2009, 305.
231) OLG Karlsruhe v. 14.8.2008 – 4 U 137/06, Rn. 26, OLGR 2009, 305.
232) OLG Karlsruhe v. 14.8.2008 – 4 U 137/06, Rn. 27, OLGR 2009, 305.
233) OLG Karlsruhe v. 14.8.2008 – 4 U 137/06, Rn. 28, OLGR 2009, 305.
234) OLG Karlsruhe v. 14.8.2008 – 4 U 137/06, Rn. 29, OLGR 2009, 305.
235) S. Rn. 6.4 ff., 7.8, 7.86 ff.

V. Wechselseitige Pflichten bei Minderheitsbeteiligungen, bei Venture Capital oder Private Equity-Finanzierungen

13.159 Minderheitsbeteiligungen, Venture Capital-[236] oder Private Equity-Beteiligungen[237] gehen typischerweise mit einem Geflecht von wechselseitigen Pflichten einher, die zumeist im Beteiligungsvertrag,[238] aber oft ebenso schon im Anteilskaufvertrag enthalten sein können. Teilweise sehen sie eine Verteilung von Einflussnahme-, Organbesetzungs- oder **Mitwirkungsrechten** vor, die von den gesetzlichen abweichen. Besonders wichtig ist die Veräußerung von Anteilen, insbesondere bei einem **Exit** des VC- oder PE-Investors. Aus der Perspektive von transaktionsbezogenen Konflikten interessieren v. a. Konflikte, die bei der Ausübung von Rechten aus solchen exitbezogenen Klauseln auftreten, etwa bezüglich der Durchsetzbarkeit von **Drag Along-Klauseln**.[239] Diese sind in diesem Buch als Streitigkeiten um den Bestand von durch eine Optionsausübung zustande gekommenen M&A-Verträgen eingeordnet und das Thema ist dort behandelt.[240]

VI. Sog. „Sprech-", „Neuverhandlungs-" oder „Nachverhandlungsklauseln"

13.160 Vertraglich sog. „Sprech-," „Neuverhandlungs-," oder „Nachverhandlungsklauseln" (gemeinsam „Sprechklauseln") befinden sich in Nachbarschaft zum gesetzlichen Institut des **Wegfalls der Geschäftsgrundlage** (jetzt § 313 BGB) und zu vertraglichen **MAC-Klauseln**. § 313 BGB besitzt zwar relativ abstrakte Tatbestandsmerkmale; diese sind aber durchaus strukturiert und wurden durch die Rechtsprechung ausgefüllt. Auf der Rechtsfolgenseite erlaubt § 313 BGB, soweit es noch nicht um das nachgeschaltete Rücktrittsrecht geht, eine gerichtliche Vertragsanpassung; denkbar ist, dass eine pflichtwidrige Verweigerung einer Vertragsanpassung zudem einen sekundären Schadensersatzanspruch auslösen kann. Bei **Sprechklauseln** ist die namensgebende Rechtsfolge eine Pflicht zum Sprechen oder Verhandeln, dies jedoch nur vordergründig. Ihre eigentliche Sanktion liegt darin, dass sich ein Gericht bei einem, je nach Formulierung, „nicht ausreichenden Sprechen" zu einer gerichtlichen Vertragsanpassung oder Gewährung von Schadensersatz be-

---

236) Grundlegend, wirtschaftlich und dogmatisch tiefgehend, sowie auf dem neuem Stand betreffend die US-amerikanische Praxis, auch wenn der Titel der Schrift (Habilitation) dies nicht verrät: *Kuntz*, Gestaltung von Kapitalgesellschaften zwischen Freiheit und Zwang, Venture Capital in Deutschland und den USA. Zu Private Equity: *Eilers/Koffka/Mackensen*, Private Equity.
237) *Classen/Drechsel*, M&A Review 2013, 488.
238) Hierzu vgl. *Bruse* in: Müller-Stewens/Kunisch/Binder, S. 564–574; *Maidl/Kreifels*, NZG 2003, 1091 ff. Zur wirtschaftlichen Diskussion um Private Equity s. *Otto*, AG 2013, 357 ff.
239) Zu Rechtsfragen von Drag Along- und Tag Along-Klauseln ausführlich *Fleischer/Schneider*, DB 2012, 961 ff., zu Gesellschaftervereinbarungen *Wälzholz*, GmbHR 2009, 1020 ff. S. a. *Ziegert*, Der Venture Capital-Beteiligungsvertrag (VCB), S. 169 ff.
240) S. Rn. 2.3–2.23.

VI. Sog. „Sprech-", „Neuverhandlungs-" oder „Nachverhandlungsklauseln"

rechtigt ansehen könnte; sie liegt also darin, dass die **„Sprechpflicht"** in etwas **Greifbareres umschlägt**. Die Vertragsparteien haben es in der Hand, auf der Tatbestandsseite weitere oder konkretere, ggf. auch engere,[241] Voraussetzungen aufzustellen als die in § 313 BGB. Sprechklauseln sind insoweit möglicherweise auf der Tatbestandsseite und Rechtsfolgenseite weniger definiert als § 313 BGB und MAC-Klauseln und wären also gewissermaßen gegenüber dem § 313 BGB noch näher an einem rechtlich *Nullum*.

	Tatbestand	Rechtsfolgen
Sprechklausel	unbestimmt bis sehr konkret	scheinbar bestimmt („Sprechen", „Verhandeln"), unklar, ob dies durch Vertragsanpassung/Schadensersatz sanktioniert ist
§ 313 BGB	3 abstrakte, aber durch Rechtsprechung ausgefüllte Tatbestandsmerkmals	Vertragsanpassung, Rücktritt
MAC-Klausel	häufig Kombination von konkretisierten und abstrakten Voraussetzungen	keine Pflicht zum Closing, Rücktritt. Seltener Kaufpreisanpassung oder Schadensersatz

Sprechklauseln begegnen **Bedenken**. Man kann – wenn man will – jederzeit „sprechen" und einen oder mehrere Aspekte neu verhandeln. Hierzu wird keine Klausel benötigt, die dies für den Eintritt mehr oder minder bestimmter Umstände (den „Sprechfall") festlegt. Auch saßen die Parteien doch gerade zusammen – und haben „gesprochen", um im Grundsätzlichen ihr Verhältnis von weiteren Gesprächen unabhängig zu machen. So kommt der Verdacht hoch, dass die Parteien bei ihrer ursprünglichen Verhandlung zu *wenig* „gesprochen" (und vielleicht auch nachgedacht) haben, um das Thema sorgfältig zu lösen. In der Tat sind „Sprechklauseln" beliebte Techniken Probleme einfach **in die Zukunft zu verschieben** oder „unter den Teppich zu kehren". 13.161

Häufig wird ein seriöser Betrachter zugleich einen anderen Verdacht nicht von sich weisen können, nämlich dass, wenn bei der Vereinbarung der „Sprechklausel" tatsächlich der Eintritt eines Umstandes absehbar war, der den Wunsch einer Partei zur Vertragsänderung in diesem Fall verständlich machte, diese Partei eben recht **wohlfeil abgespeist** wurde. „Nur eine Sprechklausel!" wird der Anwalt der Gegenpartei seinem Mandanten gesagt haben und den Punkt als Verhandlungserfolg abhaken – hatte er doch vielleicht eine konkrete Anpassungsregelung, Rücktrittsrecht, auflösende Bedingung o. Ä. befürchtet. 13.162

Hierzu gibt es aber möglicherweise auch eine andere Sichtweise: „Abwarten", wird der Gegenanwalt denken, „so harmlos sind Sprechklauseln doch nicht!". Tatsächlich muss die Partei, die sich so zufrieden stellen ließ, überhaupt nicht unschuldig sein. Sie wollte die „Sprechklausel" nicht, um mit dem Verhandlungsgegner zu sprechen; das kann sie auch so, sie weiß es – und sie weiß, dass ihr 13.163

---
[241] S. Rn. 2.172.

das wenig nutzt. Nicht die Begründung der ersten – expliziten – vertraglichen Verpflichtung des Vertragsgegners zu sprechen interessiert eigentlich, sondern eine hierdurch ausgelöste – implizite, zweite – Folgeverpflichtung, nämlich **zu haften, wenn nicht „ausreichend" gesprochen wurde.** Die Sprechklausel ist insoweit nicht die Vorbereitung einer Klage auf Erfüllung (zu sprechen), sondern einer Schadensersatzklage – weil nicht ausreichend gesprochen wurde. Eine Sprechklausel ist insofern u. U. ein „Dolch im Gewande". Die Unklarheiten der ersten, offenen Verpflichtung, „ausreichend zu sprechen", können zu einer ernsten Gefahr werden, wenn hiervon eine Schadensersatzhaftung abhängt. An dieser Stelle wird nun entdeckt, dass natürlich eine Verpflichtung zu sprechen allein wenig sinnvoll ist. Es drängt sich die Annahme auf, dass die Parteien mehr gewollt haben, nämlich irgendwie doch eine Pflicht zur Herbeiführung einer Vertragsänderung als Ergebnis, jedenfalls wenn sich die andere Partei **nach Treu und Glauben** (§ 242 BGB) hierauf nach dem von ihr nicht oder nicht angemessen geführten Gespräch hätte einlassen müssen. Während im Einzelfall zu sehen bleiben wird, welche Partei sich hinsichtlich der Sprechklausel verrechnet hat, mag der Umstand, dass sie die Eröffnung eines substantiellen Kampfes mit einem häufig nicht zuversichtlich vorhersehbaren Ergebnis eröffnen, kautelarjuristisch – für jedenfalls eine Partei – gegen den Einsatz von Sprechklauseln sprechen.

13.164   Kommt es später tatsächlich dazu, dass die andere Partei Bezug auf die Klausel nimmt und Gespräche oder Nachverhandlungen einfordert, ist zumeist der Anwalt, der die Sprechklausel zunächst für harmlos hielt, inzwischen vorsichtiger geworden. Es könne nicht schaden, wenn man sich „der Form halber" auf Gespräche einlasse, wird er seinem Mandanten vielleicht jetzt empfehlen. Tatsächlich ist der „Schuldner" einer Sprechklausel in einer wenig angenehmen und etwas paradoxen Situation: Jeder weiß, dass es dem „Gläubiger" nicht um das „Sprechen" geht, sondern er eine wirtschaftlich vorteilhafte Vertragsänderung wünscht. Der „Schuldner" wird also zuerst prüfen, ob er dem (absehbaren) Wunsch des „Gläubigers" entsprechen will. Wenn nicht, wäre es ein sozial gebräuchlicher Usus, ein Gespräch über das Thema erst gar nicht zustande kommen zu lassen. Dies entspricht zwar nicht utopischen Visionen einer authentischen menschlichen Kommunikation, aber wird richtig als Zurückweisung des erwarteten Wunsches verstanden – und vermeidet beiden Seiten sinnlose Kosten, Anstrengungen und Peinlichkeiten, schont den, dessen Anliegen zurückgewiesen werden würde. Eine Sprechklausel **verbietet** nun nicht nur diesen **Takt**, sondern **zwingt** den „Schuldner" auch noch **zum Schauspielen, zur Heuchelei.** Natürlich erkennt dies der „Gläubiger" irgendwann und die Verhandlungen enden auf eine bittere Weise: Die eine Seite fühlte sich zu etwas gezwungen, was sie nie wollte, die andere getäuscht oder veralbert.

13.165   Eigentlich sollte das Vorstehende zu allergrößter **Skepsis** ausreichen und die seriöse Kautelarjurisprudenz entweder ganz zum Verzicht auf Sprechklauseln veranlassen oder man sollte ausdrücklich klarstellen, dass hiermit keine rechtliche Verpflichtung begründet werden soll.

VI. Sog. „Sprech-", „Neuverhandlungs-" oder „Nachverhandlungsklauseln"

Fallbeispiel „Abtretung eines Anspruchs auf Nachverhandlung" (OLG Frankfurt **13.166**
v. 21.9.2011 – 1 U 174/10, ZIP 2012, 32)
Alle Anteile an einer GmbH wurden an Käufer 1 und von ihm weiter an Käufer 2 veräußert. Der erste Anteilskaufvertrag hatte eine Regelung zu einer Pensions-Rückdeckungsversicherung mit einer Nachverhandlungsklausel enthalten. Diese lautete: „Should it turn out that the employer's pension liability insurance policy… does not cover all expenses of the Company deriving from the pension liabilities…, the Vendor shall refund the Company for the balance. The Parties agree insofar that until the fifth anniversary of this Agreement they will meet upon the initiative of the Vendor and discuss in good faith the pension liabilities and the above obligation of the Vendor in light of the then valid legal framework and the then available actuarial figueres. Both Parties undertake to use best efforts to adjust the above obligation of the Vendor adequately, if necessary."[242] Käufer 2 klagte auf rd. 1,2 Mio. €. Das OLG sah die Klausel nicht als Freistellungsklausel („shall refund the Company for the balance") sondern als einheitliche Nachverhandlungsklausel an, die nach § 399 Alt. 1 BGB nicht abtretbar seien.[243]

Während durchaus fraglich erscheint, ob die Klausel nicht i. S. einer Freistellungsverpflichtung hätte ausgelegt werden können, ist dem OLG Frankfurt darin zuzustimmen, dass eine Nachverhandlungsklausel bzw. Sprechklausel keine normale Schuld begründet; dies kann u. U. auch zur Anwendung von § 399 Alt. 1 BGB führen.

Freilich gibt es Autoren, die die Skepsis des Verfassers nicht teilen. An erster **13.167**
Stelle ist *Horn*[244] zu nennen. Wenn eine Sprechklausel vereinbart ist, zwingt dies in der Tat zur Beschäftigung mit solchen Fragen, wie sie von *Thole*, ausgehend von einem Projektvertrag zu „Stuttgart 21" untersucht wurden:[245] Was bedeutet inhaltlich eine Pflicht zu sprechen oder zu verhandeln? Darf der „Schuldner" diese Gespräche abbrechen? Macht eine Unterscheidung zwischen „Anpassungsrechts-„ und (prozessorientierten) „Anpassungsverfahrensklauseln" Sinn? Welche Klauseln haben einen rein „appellativen Charakter", welche sind verpflichtend? Was kann eine Verpflichtung bedeuten, sich „ernsthaft um Konsens zu bemühen"? Kann eine Verletzung einer Nachverhandlungspflicht darin liegen, wenn eine Partei von Anfang an ein mögliches Verhandlungsergebnis ablehnt (z. B. das Land Baden Württemberg eine Beteiligung an Mehrkosten von „Stuttgart 21")? Welche Rolle können die §§ 315, 316 BGB spielen? Zu diesen Fragen, die teilweise die sich bei einer c. i. c. durch Täuschung über Abschlussbereitschaft

---

242) OLG Frankfurt v. 21.9.2011 – 1 U 174/10, ZIP 2012, 32, 33 li. Sp. oben.
243) OLG Frankfurt v. 21.9.2011 – 1 U 174/10, ZIP 2012, 32, 33 re. Sp. oben; Az. d. Revision BGH VIII ZR 309/11.
244) *Horn*, AcP 181 (1981), 255 ff.; *Horn*, NJW 1985, 1118.
245) *Thole*, WM 2013, 1005 ff.

oder Verhandlungsabbruch stellenden Probleme berühren,[246] wird auf den Beitrag von *Thole* und die darin enthaltenen Nachweise verwiesen.

VII. Pflichten der Gesellschaft

13.168 Pflichten zusätzlich zu den Hauptleistungspflichten der Parteien können auch zulasten der Gesellschaft begründet werden. Dabei sind die Grenzen des Gesellschaftsrechts, v. a. der Kapitalerhaltung und zu dem existenzvernichtenden Eingriff,[247] einzuhalten. Werden sie missachtet, kann die Verpflichtung nichtig sein. Im Übrigen bestehen keine Besonderheiten.

VIII. Zur Verjährung von Ansprüchen aus Zusatzabreden und Kaufpreisklauseln

13.169 Die Verjährungsfrist bei Ansprüchen aus ergänzenden Verpflichtungen und Kaufpreisanpassungsklauseln wäre nicht die Schwierigkeit; sie betrüge, wenn nicht abweichend vereinbart und wenn sich nicht die abzulehnende Tendenz des OLG Karlsruhe, das § 477 BGB a. F. analog anwenden wollte, durchsetzt,[248] nach § 195 BGB n. F. drei Jahre.[249]

13.170 Freistellungs- und Kostenersatzklauseln werfen jedoch insofern eine besondere Verjährungsproblematik auf, weil das Bestehen und die Höhe von Freistellungs- und Kostenersatzklauseln im Verhältnis des Käufers zum Verkäufer davon abhängen, ob Dritte Ansprüche gegen den Käufer oder die Zielgesellschaft erheben.

13.171 Wer die Situation aus dem Blickwinkel des Käufers betrachtet, kann keine Zweifel haben: Es kann „nicht angehen", dass Ansprüche bereits verjährt sind, wenn sie „benötigt" werden. Also kann die Verjährung nicht unabhängig von der Realisierung des Risikos – etwa der Erhebung von Gewährleistungsansprüchen durch Kunden, der Entstehung von Altlastensanierungskosten oder der Festsetzung von Steuernachzahlungen – zu laufen beginnen.

13.172 Der Verkäufer wird darauf hinweisen, dass die Sache so einfach nicht ist. Was soll sein, wenn die Altlastenbehörde sich zwanzig Jahre Zeit lässt, eine Sanierungsanordnung zu erlassen? Der Verkäufer wird also auf sein legitimes Interesse an einer zeitlichen Begrenzung seiner Haftung verweisen. Er wird verlangen, dass der Beginn der Verjährung ein fixes Datum, am besten das des Vertragsschlusses, ist.

13.173 Als eine mögliche Struktur, um die Interessen beider Seiten zu berücksichtigen, scheint die Vereinbarung von *zwei Fristen* in Frage zu kommen. So schlägt

---

246) Vgl. Rn. 1.17 ff., 1.56 ff.
247) *Roth/Altmeppen*, GmbHG, § 13 Rn. 72 ff., sowie insb. BGH v. 26.6.2007 – XI ZR 277/05 – Trihotel, BGHZ 173, 26 = ZIP 2007, 1543.
248) OLG Karlsruhe v. 14.8.2008 – 4 U 137/06, OLGR 2009, 305. S. Rn. 13.157.
249) So auch *Liekefett*, DB 2005, 2398.

VIII. Zur Verjährung von Ansprüchen aus ergänzenden Verpflichtungen

Liekefett vor, die Regelung „Der Anspruch auf Freistellung wird fällig mit Bestandskraft des Steuerbescheids … und verjährt sechs Monate nach Bestandskraft dieses Bescheids" mit der Regelung zu kombinieren „Der Anspruch auf Freistellung verjährt – ungeachtet seiner Entstehung – fünf Jahre nach Unterzeichnung dieses Vertrages."[250)]

Am Ende bedeutet diese Gestaltung freilich, wie *Liekefett* selbst erkennt, doch die Durchsetzung eines Vorranges der Interessen des Verkäufers und eine Schutzlosigkeit des Käufers, wenn sich das Risiko nach Ablauf der Höchstfrist realisiert. Um sich hiervor zu schützen mag der Käufer u. U. das Finanzamt oder eine Altlastenbehörde „auf Trab" bringen wollen, was das weitere Thema eröffnet, ob hierin eine Treuwidrigkeit liegen kann.

13.174

Haben die Parteien keine Regelung zu dem Beginn der Verjährung getroffen, soll über § 199 Abs. 1 Nr. 1 BGB der Schluss des Jahres maßgeblich sein, in dem der Anspruch entstanden ist. Dafür soll es auf § 271 BGB ankommen. Da der Freistellungsanspruch bzw. Anspruch auf Kostenerstattung unverzüglich nach Vertragsabschluss fällig gestellt werden kann, würde dies zunächst bedeuten, dass die Verjährung eines solchen Anspruchs regelmäßig am Jahresende nach Vertragsabschluss zu laufen beginnt. Allerdings hat der BGH akzeptiert, dass die Parteien diesbezüglich eine Vereinbarung treffen können und dass die Gerichte den Umständen des Einzelfalles etwas Abweichendes entnehmen können.[251)]

13.175

---

250) *Liekefett*, DB 2005, 2400 re. Sp. Mitte.
251) BGH v. 11.4.1984 – VII ZR 302/82, NJW 1984, 2151. S. a. *Liekefett*, DB 2005, 2399 li. Sp. oben f. In BGH v. 5.5.2010 – III ZR 209/09, BGHZ 185, 310, 318 f. hat der BGH selbst die Verjährung von Ansprüchen aus § 257 Satz 1 BGB erst bei Fälligkeit der Drittforderung beginnen lassen; ähnl. BGH v. 12.11.2009 – III ZR 113/09, NZG 2010, 192; wohl generell in diesem Sinne für Befreiungsansprüche Erman-*Schmidt-Räntsch*, BGB, § 119 Rn. 4a.

14. Kapitel Weiterungen

Übersicht

I. Weitere Beteiligte 14.1
II. Haftung des Managements der Zielgesellschaft und Dritter 14.5
1. Haftung des Managements aufgrund eines Management Letters 14.5
2. Auskunftsvertrag 14.10
3. Sachwalterhaftung von Personen neben dem Verkäufer (§ 311 Abs. 3 BGB) 14.15
   a) Inanspruchnahme besonderen persönlichen Vertrauens 14.16
   b) Wirtschaftliches Eigeninteresse 14.21
III. Haftung des Verkäufers als Altgesellschafter oder von verkäufernahen Personen als vormaligen Organen beim Share Deal 14.25
1. Ansprüche aus §§ 30, 31 GmbHG, §§ 57, 62 AktG 14.26
2. Ansprüche aus § 43 Abs. 2 GmbHG, § 93 Abs. 2 oder § 116 AktG 14.28
3. Ansprüche aus § 823 Abs. 2 BGB i. V. m. § 41 GmbHG bzw. § 826 BGB 14.32
IV. Altansprüche des Anteilsverkäufers gegen die Zielgesellschaft beim Share Deal 14.35
V. Ansprüche des Anteilskäufers gegen die Zielgesellschaft beim Share Deal 14.39
VI. Informationshaftung des Käufers gegenüber dem Verkäufer bei M&A-Transaktionen 14.43
VII. Haftung von Verkäufer- oder Käufer-Organen oder -Beratern wegen Fehlern bei M&A-Transaktionen 14.53
VIII. Streitigkeiten zwischen Verkäufer oder Käufer und Warranty & Indemnity-Versicherungen 14.54

Literatur: *Bachmann*, Die Haftung des Geschäftsleiters für die Verschwendung von Gesellschaftsvermögen, NZG 2013, 1121; *Bauer*, Zur Darlegungs- und Beweislast des Vorstands in organschaftlichen Haftungsprozessen, NZG 2015, 549; *Böttcher*, Verpflichtung des Vorstands einer AG zur Durchführung einer Due Diligence, NZG 2005, 49; *Dahles/Haßler*, Warranty & Indemnity-Versicherungen bei Unternehmenstransaktionen, GWR 2016, 455; *Fleischer*, Zur deliktsrechtlichen Haftung der Vorstandsmitglieder für falsche Ad Hoc-Mitteilungen, DB 2004, 2031; *Grossmann/Mönnich*, Warranty & Indemnity Insurance. Die Versicherbarkeit von Garantierisiken aus Unternehmenskaufverträgen, NZG 2003, 708; *Haas/Müller*, Haftungsrisiken des GmbH-Geschäftsführers im Zusammenhang mit Unternehmensverkäufen, GmbHR 2004, 1177; *Hiort*, Transaction Insurance zur Überbrückung von (potentiellen) Price Gaps bei M&A-Transaktionen, Corporate Finance Law, 3/2012, 127; *Hohaus/Kaufhold*, Garantien des Managements bei Private Equity-Transaktionen, BB 2015, 709; *Jakobs/Thiel*, Managementerklärungen bei Unternehmenskäufen – Risiken und Absicherung aus Sicht der Geschäftsführung, BB 2016, 1987; *Kiethe*, Vorstandshaftung aufgrund fehlerhafter Due Diligence, NZG 1999, 976; *Kränzlin/Otte/Fassbach*, Die Gewährleistungsversicherung bei Unternehmenskäufen: Neue Entwicklungen und Gestaltungshinweise, BB 2013, 2314; *Liese*, Compliance in Due-Diligence-Fragelisten, BB 2010, Beilage Nr. 4, S. 27; *Link*, Droht dem Verkäufer von GmbH-Anteilen bei Leveraged-Buyout-Transaktionen eine Haftung für Verbindlichkeiten der Zielgesellschaft?, ZIP 2007, 1397; *Lorenz*, Haftung des Geschäftsführers auf Verkäuferseite bei M&A-Transaktionen (ADAC), GWR 2016, 11; *Lutter/Wahlers*, Der Buyout: Amerikanische Fälle und die Regeln des deutschen Rechts, AG 1989, 1; *Maidl/Kreifels*, Beteiligungsverträge und ergänzende Vereinbarungen, NZG 2003, 1091; *Meckbach*, Organhaftung und Beweisrisiken, NZG 2015, 580; *Nauheim/Goette*, Managerhaftung im Zusammenhang mit Unternehmenskäufen, DStR 2013, 2520; *Rapp*, Zur Bedeutung zweckgerechter Unternehmensbewertung im Vorfeld einer Unternehmenstransaktion für die Erfüllung der aktienrechtlichen Sorgfaltspflicht, DStR 2014, 1066; *Schaffner*, Haftungsbeschränkungen im Managementletter, BB 2007, 1292; *Scheuffele*, Stellungnahmen zu Garantie-Erklärungen beim Unternehmenskauf – Pandora-Büchse für Geschäftsführer der zu veräußernden GmbH?, GmbHR 2010, 965; *Sedemund*, Due Diligence bei Unternehmenskauf: Existenzbedrohung bei unterlassener Prüfung von Schmiergeld- und Bestechungszahlungen, DB 2004, 2256; *Seibt/Wunsch*, Managementgarantien bei M&A-Transaktionen, ZIP 2008, 1093; *Servan*, Apologie de la Bastille, 1784, S. 177; *Sieger/Hasselbach*, Die Übernahme von Gewährleistungen durch die Aktiengesellschaft bei Kapitalerhöhung und Aktientausch, BB 2004, 60; *Timmerbeil/Pfeiffer*, Unternehmenskauf Nebenvereinbarungen, 2010; *Ulrich*, Treuhandabtretung: Wann stehen und fallen zwei Rechtsgeschäfte miteinander, GmbHR 2016, R 325; *Wächter*, Zivilrechtliche Zweifelsfragen und Unklarheiten beim Verfall (§§ 73 ff. StGB), StraFo 2006, 221, *Werner*, Haftungsrisiken Unternehmensakquisitionen: die Pflicht des Vorstandes zur Due Diligence, ZIP 2000, 989.

I. Weitere Beteiligte

14.1 In post M&A-Situationen geht es nicht nur um Streitigkeiten zwischen Verkäufer und Käufer aufgrund von Garantien, c. i. c., Delikt oder Sachmängelrecht. Die nachstehende Graphik zeigt verschiedene mögliche Weiterungen.

Übersicht Weiterungen

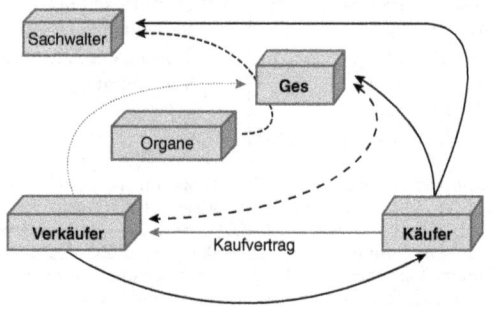

14.2 Eine Haftung von Personen neben dem Verkäufer kann sich aus direkten Vertragsbeziehungen mit ihnen, einem Auskunftsvertrag oder Management Letter und u. U. als sog. *Sachwalterhaftung* ergeben. Hierdurch kommen Personen als Schuldner ins Visier des Käufers, die neben dem Verkäufer – als seine Erfüllungsgehilfen, Berater oder an dem Verkauf wirtschaftlich Interessierte – an der Transaktion mitgewirkt haben. Dieses Mal[1] geht es nicht darum, ob der Verkäufer für diese Personen haftet, sondern ob sie *selbst* dem Käufer haften.

14.3 Weiterhin kommen Ansprüche der Gesellschaft, die nach dem Kauf wirtschaftlich dem Lager des Käufers zugerechnet werden kann, gegen Altgesellschafter

---

1) Anders als bei § 278 BGB bzw. der Wissenszurechnung analog § 166 BGB. S. Rn. 8.36 ff.

und vormalige Organe der Gesellschaft in Betracht, z. B. aus gesellschaftsrechtlichen Normen, Pflichtwidrigkeiten oder vertraglichen Beziehungen.

Auch „vergessene Forderungen" des Verkäufers gegen die Zielgesellschaft können den Käufer unangenehm treffen. Zu den Kuriositäten, die allerdings vorkommen, gehören Ansprüche des Verkäufers wegen einer Täuschung durch den Käufer oder Ansprüche des Anteilserwerbers gegen die Zielgesellschaft, die freilich wirtschaftlich nur sinnvoll sein dürften, wenn diese in Insolvenz ist oder der Käufer nicht alle Anteile erworben hat.   14.4

II. Haftung des Managements der Zielgesellschaft und Dritter

1. Haftung des Managements aufgrund eines Management Letters

Vor allem aus sog. „Management Letters" kann sich eine Haftung von Organen der Zielgesellschaft gegenüber dem Käufer, u. U. aber auch gegenüber dem einen Regress suchenden Verkäufer, ergeben. Schon in den 80ger Jahren wurden in Einzelfällen Bestätigungen des Managements der Zielgesellschaft zu diversen Umständen eingeholt, die damals **Officers' Certificates** genannt wurden. Inzwischen ist diese Praxis weit verbreitet. Diese Erklärungen werden heute v. a. **Management Letters** genannt.[2] Während in den Jahren, in denen Manager mit M&A-Transaktion wenig vertraut waren, bisweilen die Rechtsqualität von Officers' Certificates dahingestellt blieb – es konnte sich dann u. U. um selbstständige Auskunftsverträge wie bei Erklärungen von Beratern des Verkäufers[3] handeln –, sind heute „Managementgarantien" in der expliziten Form von selbstständigen Garantien gebräuchlich.   14.5

Dabei liegt nahe, dass das Management – ggf. abweichend von dem Verkäufer –, da ihm der Kaufpreis nicht zufließt, nur subjektive Garantien, unter Ausschluss einer Haftung für Kennenmüssen,[4] unter expliziter Einschränkung von Nachforschungspflichten sowie verbunden mit einem Haftungshöchstbetrag, abgibt.[5] Dies würde, meinen *Timmerbeil/Pfeiffer*, dem Manager allerdings nur bei einer Haftung wegen Fahrlässigkeit oder grober Fahrlässigkeit, jedoch nicht bei Vorsatz helfen, weil Haftungshöchstgrenzen dann bekanntlich nach § **276 Abs. 3 BGB** unwirksam seien.[6] Diese Ansicht entspricht zwar der ganz h. M. und   14.6

---

2) Ein Beispiel befindet sich bei *Timmerbeil/Pfeiffer*, Unternehmenskauf Nebenvereinbarungen, S. 122–138.
3) *Seibt/Wunsch*, ZIP 2008, 1093, 1099 ff. S. a. Rn. 1725.
4) *Seibt/Wunsch*, ZIP 2008, 1093, 1101, wobei *Seibt/Wunsch* die Haftung für Unkenntnis aufgrund grober Fahrlässigkeit noch akzeptabel erscheint. Nach dem Formular von *Timmerbeil/Pfeiffer*, Unternehmenskauf Nebenvereinbarungen, S. 128, soll der Manager hingegen schon bei Verletzung der Sorgfalt eines ordentlichen Kaufmanns i. S. von § 43 Abs. 1 GmbHG haften.
5) Vgl. *Seibt/Wunsch*, ZIP 2008, 1093, 1101 ff. Ebenso *Timmerbeil/Pfeiffer*, Unternehmenskauf Nebenvereinbarungen, S. 135. Die Haftungshöchstgrenze solle so sein, dass sie den Manager im Falle einer Garantieverletzung finanziell nicht ruiniert (S. 136).
6) So a. *Jakobs/Thiel*, BB 2016, 1987, 1990 li. Sp. unten. *Timmerbeil/Pfeiffer*, Unternehmenskauf Nebenvereinbarungen, S. 136. Zur Haftung s. a. *Hohaus/Kaufhold*, BB 2015, 709, 713.

14. Kapitel Weiterungen

Rechtsprechung zu der Möglichkeit der Haftungsbeschränkung im Allgemeinen,[7] ist aber im Ergebnis wenig befriedigend. Warum sollte sich eine Person, die zur Abgabe einer Managementgarantie oder von anderen haftungsrelevanten Erklärungen zugunsten des Käufers *überhaupt nicht verpflichtet ist*,[8] veranlasst sehen, solche Erklärungen abzugeben, wenn sie nicht einmal so ausgestaltet werden können, dass bei einem Prozessverlust wenigstens der finanzielle Ruin ausgeschlossen werden kann?[9]

14.7 Mit dem Hinweis, der Manager brauche sich keine Sorgen zu machen, wenn er nur die Wahrheit sage, machen es sich die Hinweisgeber zu einfach. Als einer von mehreren Beklagten, vermutlich ein Nebenbeklagter am Rande, über Jahre einem **existenzbedrohenden Prozess** ausgesetzt zu sein, ist – auch unabhängig von dem Erfordernis der Vorfinanzierung der Verteidigungskosten und dem Zeitaufwand – eine Belastung, die nicht nur sonst sinnvolle Finanzdispositionen, sondern auch die Lebensqualität erheblich einschränkt. Zudem sind viele Garantieaussagen in den üblichen Garantiekatalogen komplex und von Wertungen abhängig, ist der Vorsatzbegriff in der Rechtsprechung des BGH weit gefasst – musste den Manager noch diesen und jenen fragen, bevor er den Managerletter unterzeichnen durfte? – und die Beweissituation nach seinem Ausscheiden für den Manager sehr nachteilig,[10] so dass erhebliche Risiken bestehen.

14.8 Gibt es eine Lösung? Man könnte das Rechtsinstitut wechseln und dem Manager empfehlen, sich von vorneherein auf eine Weise zu verpflichten, die eine Beschränkung „nach oben" zulässt. *Schaffner* schlägt die Abgabe einer Freistellungsverpflichtung vor.[11] Die führt allerdings – innerhalb des Bereichs bis zu dem

---

7) S. a. Rn. 6.1, 12.442.
8) Nach Auffassung von *Seibt/Wunsch*, ZIP 2008, 1093, 1098 li. Sp. Mitte, ist der Manager jedenfalls zur Abgabe einer Garantie nicht verpflichtet, soweit hierdurch eine weitere persönliche, über die durch das organschaftliche oder Arbeitsverhältnis bereits bestehende Haftung hinausgehende begründet wird. *Schaffner*, BB 2007, 1292 li. Sp. unten, weist – natürlich zutreffend – darauf hin, dass die Position in dem Unternehmen für den Manager gefährdet sein wird, wenn er einen Management Letter verweigert und daran der Verkauf scheitert. Zust. *Hohaus/Kaufhold*, BB 2015, 709, 712 und *Jakobs/Thiel*, BB 2016, 1987, 1989 li. Sp. oben.
9) Das Risiko ist nicht von den üblichen D&O-Versicherungen gedeckt, *Timmerbeil/Pfeiffer*, Unternehmenskauf Nebenvereinbarungen, S. 138.
10) Richtig *Schaffner*, BB 2007, 1292, 1293 li. Sp. oben. *Schaffner* weist darauf hin, dass sogar Intrigen gegen den ausgeschiedenen Manager befürchtet werden müssen. Der französische Aufklärer *Servan* wollte einer von ihm herausgegebenen Sammlung der Strafgesetze folgendes „épitre dédicatoire" voranstellen. « Messieurs les accusés, j'ai l'honeur de vous offrir un receuil de nos lois criminelles, pour que vous apprendre une vérité qu'il est bon que vous sachiez: C'est, Messieurs les accusés, qu'une bonne fuite vaut mieux qu'une mauvaise attente, sauve qui peut & bon voyage» (*Servan*, Apologie de la Bastille, S. 177). Die derzeitige deutsche Zivil justiz (die Strafjustiz auch) ist sicher in einem wesentlich besseren Licht zu sehen. Dennoch bleibt ein richtiges Urteil, wie schon betont, ein Ergebnis, das nur im Einzelfall gelingen – und das auch misslingen – kann. Es ist keine angenehme Lage, „nur ein subjektives Tatbestandsmerkmal" von dem wirtschaftlichen Ruin entfernt zu sein.
11) *Schaffner*, BB 2007, 1292, mit Formulierungsbeispiel (S. 1293 f.).

II. Haftung des Managements der Zielgesellschaft und Dritter

nun wohl sicheren Höchstbetrag – auch zu einer wahrscheinlicheren, da nun verschuldensunabhängigen Inanspruchnahme.[12] Darüber ließe sich aber wohl hinwegkommen und man könnte sich den legitimen Erwartungen der Parteien weiter annähern, wenn die **Freistellung verschuldensabhängig** ausgestaltet würde.[13] Soweit ersichtlich, liegt Rechtsprechung nicht vor. Der verklagte Manager würde den Management Letter sicher auch mit § 138 BGB und ggf. über §§ 305 ff. BGB angreifen. Je nach Formulierung könnte ein Gericht ggf. auch so weit gehen, einen Management Letter in eine verschuldensabhängige Freistellungsverpflichtung umzudeuten – oder der Fall könnte zwingen, darüber nachzudenken, ob eine Haftungsbeschränkung bei Managementgarantien trotz Kenntnis immer an § 276 Abs. 3 BGB scheitern muss.

Scheuffele hat untersucht, welche Haftungsverhältnisse zwischen Geschäftsführer, Gesellschaft und Anteilsverkäufer entstehen können, wenn kein Management Letter oder ähnliche vertragliche Vereinbarungen geschlossen wurden. Der veräußerungswillige Gesellschafter habe nach § 51a GmbHG, so *Scheuffele*, gegenüber der GmbH, aber nicht gegenüber dem Geschäftsführer, ein Recht auf Auskunft.[14] Hieraus könne sich allerdings eine **Haftungskette** derart ergeben, dass der Käufer den Verkäufer, dieser wiederum (verschuldensunabhängig) die Gesellschaft und diese zuletzt nach § 42 GmbHG den Geschäftsführer in Anspruch nehmen könne.[15] Es wären einige weitere Voraussetzungen erforderlich (z. B. ein Schaden des Verkäufers, auf den er sich den Vorteil des erzielten höheren Kaufpreises anrechnen lassen müssen soll).[16] Den Käufer würden wirtschaftlich die Früchte seiner eigenen Klage – in der Person der inzwischen seiner GmbH – selbst treffen, wenn die GmbH mit ihrer Forderung ausfiele oder irgendeine Partei doch mit ihrem Anspruch scheitern würde. Es würde sich wohl auch eine Streitverkündungskette ergeben; das Thema kann hier nicht weiter verfolgt werden.

14.9

2. Auskunftsvertrag

Bei Managern bzw. Organen oder Mitarbeitern des Zielunternehmens, wie bei Beratern des Zielunternehmens oder des Verkäufers, kann auch eine Haftung aus einem (i. d. R.) konkludent abgeschlossenen Auskunftsvertrag zustande kommen. Das Bestehen eines Auskunftsvertrages zwischen einer, von einem Vertragspartner, i. d. R. dem Verkäufer, hinzugezogenen oder eingeschalteten Person und der Gegenpartei, i. d. R. dem Käufer, setzt allerdings ein deutliches

14.10

---

12) Was *Schaffner*, BB 2007, 1293 li. Sp. Mitte, einräumt.
13) Denkbar wäre übrigens auch eine Teilbürgschaft für Garantien des Verkäufers, vielleicht auch diese – sehr ungewöhnlich – verschuldensabhängig?
14) *Scheuffele*, GmbHR 2010, 965, 967 li. Sp. oben, 969 re. Sp. oben.
15) *Scheuffele*, GmbHR 2010, 965, 967 li. SP. oben, 969 re. Sp. unten m. w. N.
16) *Scheuffele*, GmbHR 2010, 965, 972 li. Sp. oben.

Hinausgreifen dieser Person über ihre originäre Tätigkeit voraus, die an einen Rollen- oder Statuswechsel heranreichen muss. Der BGH hat das Vorliegen einer solchen Situation bei einem Wirtschaftsprüfer und Steuerberater geprüft.

14.11 *Fallbeispiel „WP-Auskunft"* (BGH v. 2.4.1998 – III ZR 245/96, BGHZ 138, 257 = ZIP 1998, 826)

Der Käufer hatte eine STN-GmbH für 2,5 Mio. DM gekauft. Bei der STN-GmbH war ein um 13 Mio. DM zu hohes EK ausgewiesen worden, primär aufgrund der Aktivierung von noch nicht aktivierungsfähigen Ausgangsrechnungen. Nach dem Klägervortrag hatte der Wirtschaftsprüfer der STN[17] es unterlassen, diesbezügliche Saldenbestätigungen einzuholen, aber dem Wirtschaftsprüfer des Käufers mitgeteilt, der Jahresabschluss werde von ihnen nicht mehr geändert und könne bestätigt werden. Der Kläger verklagte den Wirtschaftsprüfer der STN-GmbH auf Schadensersatz.

Der BGH lehnte Ansprüche aus § 323 Abs. 1 HGB ab, da diese Norm nur Schadensersatzpflichten eines Wirtschaftsprüfers gegenüber der Gesellschaft und verbundenen Unternehmen begründe. Es könne aber eine Haftung für Gutachten, Testate und Äußerungen im Zusammenhang mit dem Prüfgegenstand gegenüber Dritten eingreifen, wenn sich für den WP „nur hinreichend deutlich ergibt, dass von ihm anlässlich der Prüfung eine besondere Leistung begehrt wird, von der gegenüber einem Dritten, der auf seine Sachkunde vertraut, Gebrauch gemacht werden soll".[18] Nachdem der Käufer bei LG und OLG Hamm verloren hatte, wies der BGH die Sache zur weiteren Sachaufklärung zurück.

14.12 Auch bei Steuerberatern ist die Schwelle für die Annahme eines Auskunftsvertrages mit der Gegenpartei zu Recht hoch.

14.13 *Fallbeispiel „Steuerberaterauskunft"* (BGH v. 13.2.1992 – III ZR 28/90, WM 1992, 1031)

Der Steuerberater eines einzelkaufmännischen Unternehmens erstellte bei Verhandlungen über den Eintritt eines Kommanditisten Bilanzentwürfe und gab die Erklärung ab, es handele sich um ein „im Grunde gesundes Unternehmen, das nur eine gegenwärtige Liquiditätsschwäche" habe. Die Zahlen, in dem von ihm selbst erstellten Bilanzentwurf, der einen Verlust von 400.000 DM auswies, seien richtig. Eine von dem Wirtschaftsprüfer des Neu-Kommanditisten erstellte Bilanz wies einen Verlust von 1,4 Mio. DM aus und die KG wurde trotz Zuschuss von 1,3 Mio. DM durch den Kommanditisten illiquide. Der Neu-Kommanditist verklagte den Steuerberater.

---

[17] Unter Umständen handelte es sich also nur um einen Verhandlungsgehilfen der Zielgesellschaft, nicht des Verkäufers.
[18] BGH v. 2.4.1998 – III ZR 245/96, BGHZ 138, 257, 261 = ZIP 1998, 826.

II. Haftung des Managements der Zielgesellschaft und Dritter

Der BGH stellte das Für und Wider eines Abschlusses eines Auskunftsvertrages gegenüber. Wenn eine Auskunft für den Empfänger von erheblicher Bedeutung sei, er sie zur Grundlage wesentlicher Entschlüsse machen wolle und wenn die Hinzuziehung auf Wunsch des Auskunftsempfängers erfolge, spreche dies für einen Auskunftsvertrag. Dafür spreche auch, dass der Auskunftsgeber besonders sachkundig sei und das Versprechen eigener Nachprüfung abgebe und eigene wirtschaftliche Interessen bei ihm im Spiel seien.

Allerdings spreche hier gegen den Abschluss eines Auskunftsvertrages, dass der Steuerberater vom Verkäufer eingeschaltet worden war und als dessen Verhandlungsgehilfe in erster Linie dessen Interessen zu vertreten und keine unabhängige, neutrale Position gehabt hatte.[19] Auch hatte der Beitrittswillige den Beistand eines eigenen Beraters.

Der BGH verneinte auch eine Sachwalterhaftung aufgrund einer Inanspruchnahme besonderen persönlichen Vertrauens[20] und wies die Klage ab.

Auch bei dem dritten Typ von Berufsträgern, die typischerweise bei M&A-Transaktionen eingeschaltet sind, bei Rechtsanwälten, kam der BGH zu einem negativen Ergebnis. Der Akzent lag hier auf einer möglichen Sachwalterhaftung und der Fall wird deshalb erst sogleich behandelt. 14.14

3. Sachwalterhaftung von Personen neben dem Verkäufer (§ 311 Abs. 3 BGB)

Die Rechtsprechung hat neben der Konstruktion eines Auskunftsvertrages zwei weitere Fallgruppen entwickelt, in denen eine persönliche Haftung von für den Verkäufer oder das Zielunternehmen tätigen Personen aus Erklärungen oder Schweigen im Transaktionsprozess gegenüber dem Käufer eingreifen kann, die inzwischen in § 311 Abs. 3 BGB kodifiziert wurde. Bei der Sachwalterhaftung wegen Inanspruchnahme besonderen Vertrauens liegt der Haftungsgrund, wie beim Auskunftsvertrag, darin, dass die Person relativ **nahe an den Käufer heranrückt**. Bei der Sachwalterhaftung wegen wirtschaftlichem Eigeninteresse tritt die Person hingegen quasi **(zu) nahe neben den Verkäufer**. Sie ist wirtschaftlich so sehr von der Transaktion betroffen, dass sie wie eine zusätzliche Partei behandelt werden kann. 14.15

a) Inanspruchnahme besonderen persönlichen Vertrauens

Hier liegt der Haftungsgrund darin, dass die Person ein Mehr, *ein deutliches Mehr*, an Vertrauen erheischt, fordert oder ihr auf ihren Wunsch gewährt wird, als eine Person, die im Lager der Vertragsgegenseite steht, erwarten darf. 14.16

---

19) BGH v. 13.2.1992 – III ZR 28/90, WM 1992, 1031, 1035 li. Sp. Mitte.
20) BGH v. 13.2.1992 – III ZR 28/90, WM 1992, 1031, 1036 li. Sp. unten.

14. Kapitel Weiterungen

14.17 *Fallbeispiel „Belgisches Casino"* (BGH v. 9.10.1986 – II ZR 241/85, WM 1987, 77 = ZIP 1987, 175)

Der Käufer hatte 1981 20 Aktien an einer belgischen Spielbankgesellschaft erworben. Ihm war angeblich gesagt worden, die Gesellschaft sei bis auf eine hypothekarische Belastung des zu dem Casino gehörenden Hotels i. H. von 160.000 DM schuldenfrei; Bilanzen könnten noch nicht vorgelegt werden, weil sie noch nicht erstellt seien. Tatsächlich hatte die Gesellschaft Schulden i. H. von 29,7 Mio. bfr (auf Basis der Euroumstellung ca. 750.000 €) gehabt. Der Käufer verklagte nicht den Verkäufer, sondern eine andere Person, die die Verhandlungen allein geführt, den Scheck mit dem Kaufpreis entgegengenommen und sich gutschreiben lassen hatte. Der Beklagte sollte aufgrund einer Zusatzvereinbarung auch eine Vergütung für seine Tätigkeit in der Gesellschaft erhalten.

LG und Berufungsgericht hatten im Wesentlichen antragsgemäß verurteilt, der BGH hob die Urteile auf. Zur Eigenhaftung eines Sachwalters wegen Inanspruchnahme eigenen Vertrauens reiche es noch nicht aus, dass er die Verhandlungen geführt und die maßgeblichen Erklärungen abgegeben habe. Es müsse hinzukommen, dass er dem Verhandlungspartner gegenüber eine zusätzliche, von ihm persönlich ausgehende Gewähr für die Richtigkeit und Vollständigkeit seiner Erklärungen geboten habe, die für den Willensentschluss des anderen Teils bedeutsam gewesen sei.[21]

14.18 Auch ein Anwalt des Vertragsgegners, selbst wenn er bei Gelegenheit in die Rolle des wohlwollenden Beraters der Gegenpartei schlüpft, haftet ihr deshalb i. d. R. wohl eher noch nicht.

14.19 *Fallbeispiel „Anwaltserklärung zum Unternehmenswert"* (BGH v. 11.7.1988 – II ZR 232/87, DB 1988, 2398 = ZIP 1988, 1581)

Ein Anwalt hatte beim Verkauf eines Anteils an einer GmbH eine Erklärung über deren Unternehmenswert formuliert. Der II. Zivilsenat des BGH verneinte eine Haftung. Die Annahme, ein Rechtsanwalt sei allein aufgrund des von ihm ausgeübten Berufs eine Vertrauensperson, die für die Erklärungen der von ihr beratenen Partei unter allen Umständen einstehen wolle,

---

[21] BGH v. 9.10.1986 – II ZR 241/85, WM 1987, 77, 78 re. Sp. oben = ZIP 1987, 175; ähnl. BGH v. 4.7.1983 – II ZR 220/82, BGHZ 88, 67 = ZIP 1983, 1061: Ein Angestellter eines Vermittlers von Warentermingeschäften wird nicht dadurch zum Sachwalter, dass er über die für seine Tätigkeit erforderliche Sachkunde verfügt und auf sie hinweist. Selbst dann nicht, meinte der BGH abweichend von dem OLG Celle, wenn er eine Empfehlung mit der Sicherheit einer ärztlichen Diagnose vergleicht (S. 69 Mitte). Zu der bei der Prospekthaftung deutlich schärferen Haftung der Vertrauensadressaten für durch das Prospekt vermittelte, typisierte, anonyme Vertrauen vgl. BGH v. 2.6.2008 – II ZR 210/06, Rn. 12 f., BGHZ 177, 25 = ZIP 2008, 1526.

finde keine Stütze im Gesetz. Es müssten besondere Umstände hinzukommen, um eine persönliche Haftung des Anwalts zu begründen.[22]

Andererseits kann ein Sachwalter haften, wenn er einen Dritten zum *Kontrahieren mit einer zahlungsunfähigen GmbH*, im Streitfall zur vergütungspflichtigen Erstellung einer Bilanz, bewegt, in dem er erklärt, zur Finanzierung der Vergütung des Dritten werde die GmbH ein Liquidationsdarlehen der Treuhandanstalt erhalten, das bereits bewilligt sei.[23] Das OLG Dresden hatte die besondere Vertrauensstellung des Liquidators gerade daraus abgeleitet, das kein Vertragspartner in eine bekannt insolvente Liquidationsgesellschaft Vertrauen setzen werde, sondern nur in die Zuverlässigkeit und Integrität des Liquidators.[24]   14.20

b) Wirtschaftliches Eigeninteresse

Eigentlich sind die Fälle der Sachwalterhaftung wegen in Anspruch genommen eigenen Vertrauens und die der Haftung wegen wirtschaftlichen Eigeninteresses phänomenologisch andere. Bisweilen treten sie aber gleichwohl auch kombiniert auf. Die Anforderungen sind relativ hoch. Der Vertreter müsse, heißt es „**gleichsam in eigener Sache**" gehandelt haben.[25] So in dem bereits teilweise besprochenen   14.21

Fallbeispiel „Belgisches Casino" (BGH v. 9.10.1986 – II ZR 241/85, WM 1987, 77 = ZIP 1987, 175)[26]   14.22

Bei dem bereits erwähnten Kauf der Aktien an der belgischen Spielbankgesellschaft hatte der beklagte Sachwalter auch den Scheck mit dem Kaufpreis entgegengenommen und sich gutschreiben lassen und ihm sollte aufgrund einer Zusatzvereinbarung eine Vergütung für seine Tätigkeit in der Gesellschaft zufließen. Der BGH hat indessen auch dies zur Bejahung des wirtschaftlichen Eigeninteresses nicht ausreichen lassen. Das Eigeninteresse müsse so stark sein, dass sich sagen ließe, der Sachwalter „habe gleichsam in eigener Sache" gehandelt.[27]

---

22) BGH v. 11.7.1988 – II ZR 232/87, DB 1988, 2399 li. Sp. oben = ZIP 1988, 1581.
23) OLG Dresden v. 18.6.1998 –7 U 695/98, GmbHR 1999, 238, 239 re. Sp. Mitte.
24) OLG Dresden v. 18.6.1998 –7 U 695/98, GmbHR 1999, 238, 239 re. Sp. Mitte.
25) Etwa BGH v. 6.6.1994 – II ZR 292/91, BGHZ 126, 181, 185 = ZIP 1994, 1103. Das RG hat diese Formulierung wohl ausgehend von dem Gedanken des „procurator in rem suam" entwickelt. Der Begriff des „procurator in rem suam" meinte zunächst noch, dass der Vertreter nur aus formalen Gründen nicht selbst als Vertragspartei, sondern als Vertreter auftrat, obwohl er der eigentliche Vertragsinteressent war. Der BGH hat diese Haftung ausgeweitet, aber das Erfordernis „gleichsam in eigener Sache" handeln zu müssen, erinnert noch daran (S. 183 m. w. N.).
26) S. schon Rn. 14.17.
27) BGH v. 9.10.1986 – II ZR 241/85, WM 1987, 77, 78 re. Sp. Mitte = ZIP 1987, 175.

14.23 Auch in dem bereits behandelten *Fallbeispiel „Wärmeanlagenbau Berlin (WBB)"* (KG v. 2.7.2002 – 9 U 2711/99)[28] stellte sich die Frage einer Sachwalterhaftung aufgrund eines persönlichen wirtschaftlichen Interesses von Vertretern. Die Chematec, die gegenüber der Treuhandanstalt als Käufer aufgetreten war, war insolvent. Konnten ihre, die Verhandlungen führenden, Mitglieder des Verwaltungsrates aufgrund Sachwalterhaftung persönlich in Anspruch genommen werden, insbesondere nachdem vereinbart war, dass sie jeweils aus dem Vermögen der WBB kurzfristig 5 Mio. sFr. erhalten sollten, was auch geschah?

Das KG verneinte das. „Der Umstand, dass ... (das die Verhandlungen führende Mitglied des Verwaltungsrates des Käufers) Aktionär mit einem Anteil von 20 % werden sollte" und dass er „aus den Mitteln der ... (WBB) 5 Mio. sFr. erhalten sollte ..." begründe „kein besonderes wirtschaftliches Interesse am Abschluss des Vertrages".[29]

14.24 Das Vorliegen eines eigenen wirtschaftlichen Interesses i. S. der Sachwalterhaftung bei einem Kommanditisten einer KG kann, während sein Interesse als Gesellschafter an florierenden Handelsgeschäften seiner Firma nicht ausreicht, sich daraus ergeben, dass er aufgrund einer unbeschränkten selbstschuldnerischen Bürgschaft für die KG haftet.[30] Hingegen genügt die Stellung von Sicherheiten aus dem eigenen Vermögen allein noch nicht.[31]

III. Haftung des Verkäufers als Altgesellschafter oder von verkäufernahen Personen als vormaligen Organen beim Share Deal

14.25 Der Gesellschafterwechsel beim Share Deal ändert nichts an bestehenden gesellschaftsrechtlichen oder sonstigen Ansprüchen der Gesellschaft gegen Altgesellschafter oder frühere Organe. Es können alle bestehenden Ansprüche, etwa aus dem Kapitalaufbringungs- und Kapitalerhaltungsrecht, weiter geltend gemacht werden.

1. Ansprüche aus §§ 30, 31 GmbHG, §§ 57, 62 AktG

14.26 Die Gesellschaft kann nach Anteilsabtretung gegen die Altgesellschafter Ansprüche wegen Kapitalrückzahlungen geltend machen; dies wird v. a. praktisch werden, wenn sich schon kurz nach der Übernahme eine vorher nicht bekannte Krisensituation der Zielgesellschaft herausstellt.[32]

---

28) S. schon Rn. 6.175.
29) KG v. 2.7.2002 – 9 U 2711/99, S. 63. So recht überzeugend ist dies freilich nicht.
30) BGH v. 25.1.1984 – VIII ZR 227/82, ZIP 1984, 438, 442 li. Sp. oben.
31) BGH v. 6.6.1994 – II ZR 292/91, BGHZ 126, 181, 186 unten = ZIP 1994, 1103.
32) Vgl. etwa BGH v. 11.5.1987 – II ZR 226/86, NJW 1988, 139 = ZIP 1987, 1113.

III. Haftung des Verkäufers als Altgesellschafter oder als vormaligen Organen

Neben Auszahlungen an die Altgesellschafter kommen als Rückzahlungen i. S. von etwa § 30 GmbHG auch Maßnahmen in Betracht, mit denen der Verkäufer die Durchführung eines Unternehmensverkaufs, v. a. eines Anteilsverkaufs als Leveraged Buy Out,[33)] unterstützen wollte. Dies betrifft namentlich die Mitwirkung an Darlehensvergaben der Zielgesellschaft an den Käufer oder der Besicherung von Finanzierungsverbindlichkeiten des Käufers mit Vermögen der Zielgesellschaft.[34)] Dies dürfte allerdings i. d. R. nur für Insolvenzverwalter der Zielgesellschaft interessant sein und liegt außerhalb des M&A-Rechts.   14.27

2. Ansprüche aus § 43 Abs. 2 GmbHG, § 93 Abs. 2 oder § 116 AktG

Eine Gesellschaft verliert auch ihre Ansprüche aus dem organschaftlichen und Anstellungsverhältnis gegen ihre Organe nicht dadurch, dass die Anteile an der Gesellschaft übertragen oder die Organträger abberufen werden. Bekanntlich führt auch eine gesellschaftsrechtliche sog. *Entlastung* nicht zu einem Erlöschen der Ansprüche, v. a. nach § 43 Abs. 2 GmbHG, § 93 Abs. 2 oder § 116 AktG. Erlassverträge nach § 397 BGB, die dies bewirken könnten, sind ungewöhnlich und wären u. U. auch nicht wirksam.[35)] Es ist deshalb durchaus möglich, dass die Gesellschaft, beeinflusst durch den Käufer, solche Ansprüche gegen den Verkäufer oder ihm nahestehende Personen erhebt. Dabei kann ihr der **Zeitgeist** i. S. einer **Verschärfung der Organhaftung** Rückenwind geben.[36)] Die Verjährungsfristen betragen derzeit fünf Jahre ab Entstehung des Anspruchs,[37)] was einem Käufer ausreichend Zeit geben kann. Als Pflichtverletzung kommt neben Mitwirkungen an Kapitalrückzahlungen nach den §§ 30, 31 GmbHG oder §§ 57, 62 AktG i. V. m. § 43 Abs. 3 GmbHG oder § 93 Abs. 3 AktG auch eine Inanspruchnahme wegen einer gesellschaftsvertragswidrigen Auszahlung unter **Verletzung des Gleichbehandlungsgrundsatzes** in Betracht, die (noch) keine Kapitalrückzahlung darstellt. Auch alle denkbaren **sonstigen Pflichtverletzungen**, etwa Geschäftsführungsentscheidungen unter **Missachtung der Business Judgment Rule**, durch die die Zielgesellschaft geschädigt wurde, können aufgegrif-   14.28

---

33) Zum „Buy out" grundlegend *Lutter/Wahlers*, AG 1989, 1 ff.
34) Vgl. *Link*, ZIP 2007, 1397; zu Haftungsrisiken der Geschäftsführung auch *Haas/Müller*, GmbHR 2004, 1177 li. Sp. oben.
35) Zur Möglichkeit von „Generalbereinigungsverträgen" vgl. etwa *Roth/Altmeppen*, GmbHG, § 46 Rn. 34 – zu den Grenzen nach §§ 9b, 43 Abs. 3 Satz 2 – und § 43 Rn. 118.
36) Vgl. etwa OLG Düsseldorf v. 28.11.1996 – 6 U 11/95, ZIP 1997, 27. Gerade wenn neue Tendenzen gegen alte Widerstände zum Durchbruch gekommen sind, schießen Sie häufig über das Ziel hinaus, weil sich neue Widerstände noch nicht gebildet und das neu erschlossene Feld noch nicht recht durchdacht und geordnet ist.
37) Vgl. § 43 Abs. 5 GmbHG, § 93 Abs. 6 AktG. Dies bedeutet, dass der Anspruch durch Klage geltend gemacht werden kann und setzt regelmäßig auch schon die Entstehung eines Schadens voraus. Dessen Entwicklung muss aber noch nicht abgeschlossen sein. Vgl. *Hüffer*, AktG, § 93 Rn. 37.

fen werden,[38] z. B. *Schmiergeldzahlungen* der alten Geschäftsleitung.[39] Das gleiche könnte gelten, wenn die alte Geschäftsleitung eine nachteilige M&A-Transaktion abgeschlossen, etwa eine gebotene Due Diligence, zu der Organe verpflichtet sein sollen,[40] unterlassen hat.

14.29   *Fallbeispiel „Erwerb einer Klinik in B.i.H."* (OLG Oldenburg v. 22.6.2006 – 1 U 34/03, DB 2006, 2511 = ZIP 2006, 2087)

Ein alleinvertretungsberechtigter Geschäftsführer erwarb für seine Gesellschaft, die bundesweit Akut- und Rehabilitationskliniken betrieb, eine Klinik in B. i. H. Der Gesellschaft wurde vom OLG Oldenburg ein Schadensersatzanspruch gegen den Geschäftsführer i. H. von 2.938.349 € zugesprochen. Der Geschäftsführer habe beim Erwerb der verlustbringenden Klinik den *Erwerb unzureichend und fehlerhaft vorbereitet und den Aufsichtsrat unzutreffend*, zumindest aber unvollständig *informiert*. Ein Hauptvorwurf des OLG Oldenburg bestand darin, dass der Geschäftsführer eine maßgebliche Wirtschaftlichkeitsberechnung von dem Verwaltungsleiter der Klinik in B. i. H. erstellen ließ, der zum alten Management gehörte, das erhebliche Verluste erwirtschaftet hatte und der weiter für den Käufer tätig sein wollte.[41] Zudem meinte das OLG Oldenburg, nachdem es einen Sachverständigen gehört hatte, dass bei den „Ungereimtheiten und Unsicherheiten in den vorhandenen betriebswirtschaftlichen Daten ..., der Verlustlage beim vorausgegangenen Klinikbetreiber, einer eindeutig negativen Prognose nach den eigenen Ermittlungen der Geschäftsführer im November 1999 und dem hier vorhandenen Erwerb aus einer Insolvenz ... jedenfalls vor der abschließenden Kaufentscheidung ... eine umfassende Überprüfung der betriebswirtschaftlichen Daten, der genauen Ursachen der jahrelangen Verluste und eine eingehende, realistische Analyse des Umsatz- und Gewinnpotenzials (nach den Standards einer Commercial und Financial Due Diligence) unter Einsatz unbeteiligter, objektiver Fachleu-

---

38) Vgl. auch *Haas/Müller*, GmbHR 2004, 1169.

39) Hier hat sich etwa im letzten Jahrzehnt anhand mehrerer bekannter Fälle bei Großunternehmen auch für das Ausland eine *Bewertungswende* vollzogen. Wurden Schmiergeldzahlungen – im Ausland – früher schulterzuckend hingenommen, unter Verweis darauf, dass man sonst nicht zum Zuge käme, werden sie heute auch für das Ausland als Tabu behandelt. Vgl. *Liese*, BB 2010, Beilage Nr. 4, 27 ff.; *Sedemund*, DB 2004, 2256 stellt anhand von BGH v. 14.9.2004 – StR 202/04, DB 2004, 2265, Risiken bei einem Unternehmenskauf bei einer unterlassenen oder zu oberflächlichen Prüfung von Schmiergeldzahlungen i. R. einer Due Diligence dar. Einige Staatsanwaltschaften vertreten der Auffassung, dass der Wert des Auftragsvolumens für verfallen erklärt werden könne. Hierzu s. a. BGH v. 31.3.2008 – V StR 631/07, wistra 2008, 262; VG München v. 18.12.2007 – M 5 K 06.916; OLG Köln v. 21.11.2003 – 2 Ws 593/03, 617/03; BGH v. 9.7.2009 – V StR 263/08, BGHSt 54, 39. Zu dem Institut des Verfalls s. a. *Wächter*, StraFo 2006, 221 ff.

40) *Kiethe*, NZG 1999, 976, 982 li. Sp. unten, 983 re. Sp. Mitte; *Werner*, ZIP 2000, 989 ff., 995 re. Sp. Mitte; *Böttcher*, NZG 2005, 49, 54 re. Sp. Mitte.

41) OLG Oldenburg v. 22.6.2006 – 1 U 34/03, DB 2006, 2513 li. Sp. Mitte, = ZIP 2006, 2087, rkr.

III. Haftung des Verkäufers als Altgesellschafter oder als vormaligen Organen

te ... erforderlich gewesen" wäre.[42] Der Vorwurf einer mangelhaften Information des Aufsichtsrates bezog sich auf Angaben zu den Gründen, aus denen zunächst die Kaufverhandlungen abgebrochen worden waren.[43]

Wegen weiterer Einzelheiten wird auf die insgesamt sehr lesenswerte Entscheidung des OLG Oldenburg verwiesen.[44] 14.30

Wenn die Organe der Zielgesellschaft i. R. des vorangegangenen Verkaufs, bei dem der Käufer zum Zuschlag kam, anderen Interessenten, die jetzt ggf. als Wettbewerber agieren, eine zu großzügige Due Diligence ermöglicht haben, kann hierin ebenfalls eine Pflichtverletzung liegen.[45] Die Herausbildung einer strengen Rechtsprechung des BGH, die inzwischen auch für Aufsichtsräte gilt,[46] eröffnet sogar die Möglichkeit, gegen ehemalige Aufsichtsräte Ansprüche zu erheben, weil sie es ihrerseits unterlassen haben, Geschäftsführungsmaßnahmen zu unterbinden, oder sogar Ansprüche aus für die Gesellschaft nachteiligen Maßnahmen durchzusetzen.[47] Die meisten dieser Ansprüche erscheinen fernliegend. Die Verschärfung der Rechtsprechung in diesem Bereich könnte ihren Einsatz in M&A-Streitigkeiten aber u. U. zu einer wirkungsvollen Waffe machen. 14.31

3. Ansprüche aus § 823 Abs. 2 BGB i. V. m. § 41 GmbHG bzw. § 826 BGB

Es ist streitig, ob § 41 GmbHG (Buchführung) ein Schutzgesetz i. S. von § 823 Abs. 2 BGB ist. Der BGH hat im Jahre 1994 ein Urteil des OLG Köln aufrechterhalten, dass dies verneint hatte, aber wollte möglicherweise nicht abschließend Stellung nehmen.[48] Der BGH verneinte dabei auch den Schutzgesetzcharakter der §§ 283 Abs. 1 Nr. 5–7, 283b StGB.[49] 14.32

Eine Schutzgesetzcharakter und in der Folge eine „Garantenhaftung" des Geschäftsführers für die Richtigkeit unternehmensinterner Daten i. S. von § 41 GmbHG lehnen etwa *Hass/Müller*[50] ab. 14.33

---

42) OLG Oldenburg v. 22.6.2006 – 1 U 34/03, DB 2006, 2513 li. Sp. Mitte = ZIP 2006, 2087.
43) OLG Oldenburg v. 22.6.2006 – 1 U 34/03, DB 2006, 2514 = ZIP 2006, 2087.
44) S. a. *Beisel/Klumpp*, Der Unternehmenskauf, S. 46, 47.
45) S. umfangreiche Nachweise in Rn. 1.21.
46) Unter Umständen können auch zweistufige Konstruktionen möglich sein, etwa eine Haftung von Aufsichtsräten wegen unterlassener Inanspruchnahme von Vorständen. Vgl. zu einer Pflicht von Aufsichtsräten in diesem Sinne: BGH v. 21.4.1997 – II ZR 175/95 – ARAG/Garmenbeck, BGHZ 135, 244, 245 = ZIP 1997, 883. Die Haftung der Aufsichtsräte war Thema in BGH v. 20.9.2010 – II ZR 78/09, ZIP 2010, 1988, und – strafrechtlich – etwa in dem sog. „Ackermann"-Strafverfahren. Eine Verurteilung hätte zweifellos Fragen der zivilrechtlichen Haftung aufgeworfen.
47) *Kiethe*, NZG 1999, 976, 977 li. Sp. oben. Vgl. auch BGH v. 21.4.1997 – II ZR 175/95 – ARAG/Garmenbeck, BGHZ 135, 244 = ZIP 1997, 883.
48) BGH v. 13.4.1994 – II ZR 16/93, BGHZ 125, 366, 377 = ZIP 1994, 867.
49) BGH v. 13.4.1994 – II ZR 16/93, BGHZ 125, 366, 378 f. = ZIP 1994, 867.
50) *Haas/Müller*, GmbHR 2004, 1169, 1174 li. Sp., m. w. N.

14.34 Auch § 826 BGB kommt als Grundlage für eine Eigenhaftung eines Alt-Geschäftsführers in Betracht. Die Anforderungen sind hoch.[51]

IV. Altansprüche des Anteilsverkäufers gegen die Zielgesellschaft beim Share Deal

14.35 Zu Streitigkeiten zwischen Verkäufer und der verkauften Gesellschaft kommt es typischerweise, wenn i. R. des Verkaufs die zuvor existierenden Vernetzungen nicht sorgfältig aufgelöst wurden. Etwa kann der Verkäufer oder ein mit ihm verbundenes Unternehmen oder eine ihm nahestehende Person **Restansprüche aus vergangenen Leistungsbeziehungen** (Darlehen, Gehälter, Zahlungsansprüche aus Lieferungen oder M&A-Vorgängen) oder aus dem Fortbestehen der Beziehung als solcher, die übersehen wurde, geltend machen. Konflikte können sich auch aus einer teilweise nicht aufgehobenen kreuzweisen Stellung von Sicherheiten ergeben.

14.36 In folgendem Fallbeispiel ging es um **Dividendenansprüche**.

Fallbeispiel „Dividendenansprüche" (BGH v. 30.6.2004 – VIII ZR 349/03, BB 2004, 1759 = ZIP 2004, 1551)

Es waren GmbH-Anteile an drei Käufer verkauft worden. Im Kaufvertrag hieß es: „Jeder Erwerber ist ab dem 1. Januar 1997 mit dem erworbenen Geschäftsanteil am Gewinn und Verlust beteiligt." Die Käufer beschlossen in der Gesellschafterversammlung, in der sie den Bilanzgewinn für 1996 feststellten, zugleich, ihn zur Bildung einer Rücklage zu verwenden. Die Verkäufer klagten und obsiegten. Der BGH interpretierte die Vertragsklausel als Vorausabtretung der zukünftigen Dividendenansprüche an die Verkäufer.

14.37 Schließlich können vergangene gesellschaftsrechtliche Beziehungen Quelle von Streitigkeiten sein. Zum Beispiel führt die Abtretung von Kommanditanteilen nicht automatisch zum Verlust von **Guthaben auf einem Darlehenskonto**, die demgemäß noch von dem Verkäufer nachgefordert werden können.

14.38 Sodann ist denkbar, dass i. R. der Transaktionen neue Rechtsbeziehungen für die Zukunft begründet worden sind, die streitig werden. Soweit diese für die M&A-Transaktion relevant werden können, wurden Sie bereits angesprochen.[52]

V. Ansprüche des Anteilskäufers gegen die Zielgesellschaft beim Share Deal

14.39 Es scheint merkwürdig, dass ein Käufer Ansprüche gegen eine Zielgesellschaft geltend machen sollte, an der er gerade Anteile erworben hat. Dennoch kann dies die letzte Chance sein, einen gewissen Ausgleich für einen Verlust zu erreichen.

---

51) Vgl. *Haas/Müller*, GmbHR 2004, 1169, 1173 re. Sp. unten, m. w. N.
52) S. z. B. Rn. 13.62, 13.169.

VI. Informationshaftung des Käufers gegenüber dem Verkäufer

Die Erhebung solcher Ansprüche kann bei einer Insolvenz der Zielgesellschaft 14.40
oder beim Bestehen von Ansprüchen wegen Unternehmenswertbeeinträchtigungen gegen insolvente oder nicht erreichbare Verkäufer zu prüfen sein.

Fallbeispiel „Insolvente Verkäuferfamilie" (Beratungsfall) 14.41
Ein Investor erwarb 50 % an einer Zielgesellschaft von der Verkäuferfamilie. In dem Beteiligungsvertrag gab die Zielgesellschaft Erklärungen und Garantien ab. Es stellte sich bald heraus, dass zahlreiche Garantien grob falsch waren, und die Eigentümerfamilie fiel in Insolvenz. Die 50 %ige Restbeteiligung der Verkäuferfamilie war an eine Bank verpfändet.

(Selbstverständlich) kommt grundsätzlich auch eine Haftung von Unternehmens- 14.42
trägern wegen Täuschungen oder unrichtigen Garantieaussagen gegenüber Neugesellschaftern in Betracht. Die gesellschaftsvertraglichen Beschränkungen der Anspruchsdurchsetzung – etwa unter dem Gesichtspunkt der Kapitalrückzahlung – sind zu beachten, aber u. U. kein unüberwindbares Hindernis.[53] Von einer näheren Darstellung wird abgesehen.[54]

VI. Informationshaftung des Käufers gegenüber dem Verkäufer bei M&A-Transaktionen

Der typische Fall eines Unrechts des Käufers gegenüber dem Verkäufer bei M&A- 14.43
Transaktionen besteht darin, dass der Kaufpreis nicht bzw. nicht in voller Höhe gezahlt wird oder die Freigabe eines Kaufpreisrestbetrages auf einem Notaranderkonto oder in einem anderen *Escrow Account* blockiert wird. Regelmäßig beruht dies darauf, dass der Käufer Unternehmenswertbeeinträchtigungen geltend macht und die Streitigkeit mündet schließlich in eine der bereits erörterten Konstellationen.

Gelegentlich kommt es indessen dazu, dass der Verkäufer geltend macht, es sei 14.44
ihm Unrecht geschehen, weil der Vertrag mit dem vereinbarten Inhalt geschlossen wurde. Dies wird v. a. praktisch, wenn der **Käufer**, weil er über besonderes Wissen verfügt, z. B. die Geschäftsführung innehat, **Informationsvorteile gegenüber**

---

53) Vgl. OLG München v. 28.4.2005 – 23 U 4675/04 – Comroad, ZIP 2005, 1141. Bei einer Haftung einer AG am Neuen Markt wegen Falschangaben ihres Vorstandes nach § 823 BGB i. V. m. § 263 StGB kann sich diese nicht auf das Verbot der Einlagenrückgewähr nach § 57 Abs. 1 AktG berufen (unter UG II. 3. – unter Bezug auf OLG Frankfurt a. M. v. 17.3.2005 – 1 U 149/04, ZIP 2005, 710 m. w. N.). Zu den Grenzen bei einer AG: *Maidl/Kreifels*, NZG 2003, 1091 ff., 1093 re. Sp. oben f.

54) Vgl. aber BGH v. 30.9.1991 – II ZR 208/90, NJW 1992, 368 = ZIP 1991, 1584; BGH v. 19.7.2004 – II ZR 218/03 – fehlerhafte Ad-Hoc-Mitteilungen I/Informatec, BGHZ 160, 134 = ZIP 2004, 1599; BGH v. 19.7.2004 – II ZR 402/02 – Infomatec II, BGHZ 160, 149 = ZIP 2004, 1593 – s. hierzu *Fleischer*, DB 2004, 2031; BGH v. 9.5.2005 – II ZR 287/02 – EMTV, ZIP 2005, 1270; OLG München v. 28.4.2005 – 23 U 4675/04 – Comroad, ZIP 2005, 1141 – Haftung einer AG am Neuen Markt wegen Falschangaben ihres Vorstandes nach § 823 BGB i. V. m. § 263 StGB; *Sieger/Hasselbach*, BB 2004, 60. In der Tendenz möglicherweise restriktiver: BGH v. 31.5.2011 – II ZR 141/09, Rn. 26, ZIP 2011, 1306.

dem **Verkäufer** besitzt. Der Verkäufer behauptet dann u. U. von dem Käufer rechtswidrig benachteiligt, etwa getäuscht worden zu sein.

14.45 *Fallbeispiel „Negativer Earn Out"* (OLG Sachsen-Anhalt v. 19.7.2005 – 1 U 83/04, NJW-RR 2006, 421)

Hier lag der Aspekt auf einem besonders großen Gefälle in „Sachen M&A-Kompetenz". Ein 48 jähriger Steuerberater in Magdeburg war im Jahre 2001 von einem Vermittler von Praxisübernahmen darauf angesprochen worden, ob er bereit sei, seine Praxis zu veräußern. Der Steuerberater ging darauf ein. Als Kaufpreis wurde ein Betrag i. H. von 100 % der in einer Mandantenliste genannten nachhaltigen Honorarsumme, 409.000 €, vereinbart. Dem Verkauf war ein Formular zugrunde gelegt worden, das nach Aussage des Vermittlers auf eine Empfehlung der Bundessteuerberaterkammer zurückgehe. Es enthielt die Klausel:

„Scheiden in der Mandantenliste aufgeführte Mandanten innerhalb von 24 Monaten nach dem Übernahmetag aus oder sinkt der Beratungsumsatz mit diesen Mandanten und sinkt damit der der Kaufpreisbemessung zugrunde liegende Umsatz, so hat der Verkäufer den Differenzbetrag zu 100 % zu erstatten."

Der Käuferin *gestaltete die übernommene Praxis* sowohl was ihre Ausrichtung als auch die technischen Arbeitsabläufe und das Personal anging – u. a. entließ er den zunächst angestellten Verkäufer als Mitarbeiter – *grundlegend um* und machte schließlich geltend, dass sich ein Minderumsatz von 79,52 % ergeben habe. Das OLG Sachsen-Anhalt betrachtete den Vertrag als nach § 138 Abs. 1 BGB nichtig. Es führte u. a. an, dass durch die zitierte Vereinbarung „das Geschäftsrisiko des Praxisbetriebes trotz der Praxisübertragung ... für weitere 2 Jahre beim Beklagten (verblieb). Obwohl der Beklagte ... den Einfluss auf die Unternehmensführung vollständig verlor, blieb er wirtschaftlich betrachtet allein dafür verantwortlich."[55]

14.46 Der von dem OLG Sachsen-Anhalt eingeschlagene Weg ist nicht frei von Bedenken. Stellt man sich vor, es wären nur 2/3 des Jahresumsatzes der Vergangenheit als Kaufpreis vereinbart und ein üblicher „positiver" Earn Out hinzugefügt worden, aufgrund dessen ein Fortbestehen der Umsätze mit den Mandanten zu einer Kaufpreiserhöhung auf bis zu 100 % des vergangenen Jahresumsatzes geführt hätte, so wäre hiergegen wohl nichts einzuwenden gewesen. Es erscheint auch fraglich, ob dies hätte anders sein müssen, wenn die Anpassungsmöglichkeit in beide Richtungen wirken und auch zu einer weiteren Kaufpreisminderung hätte führen können. Damit hätte aber nahezu dasselbe wirtschaftliche Ergebnis beanstandungsfrei erreicht werden können. Aus diesem Bedenken heraus, wäre es zu bevorzugen gewesen, das Verlangen einer Kaufpreisminderung aufgrund

---

55) OLG Sachsen-Anhalt v. 19.7.2005 – 1 U 83/04, Rn. 57 ff., NJW-RR 2006, 421.

VI. Informationshaftung des Käufers gegenüber dem Verkäufer

der weitgehenden Umgestaltung des Betriebs durch den Käufer (oder, wenn es so war, weil über die Herkunft des Vertragsmusters getäuscht worden war) als treuwidrig zurückzuweisen. So wäre weiter vermieden worden, die Parteien *stante pede* in mindestens einen weiteren Rechtsstreit zu schicken.[56)]

Fallbeispiel „Chemikalie Isozyanat" (BGH v. 16.1.1995 – II ZR 279/93, NJW-RR 1995, 413 = ZIP 1995, 276)   14.47

Ein Kommanditist war durch Verkauf seines Anteils aus der KG ausgeschieden. Verkäufer und Käufer hatten sich später auf Grundlage einer – offenbar maßgeblich von dem übernehmenden Kommanditisten – gefertigten Bilanz über den Gewinnanteil des ausscheidenden Kommanditisten für das Jahr seines Ausscheidens verglichen. Der ausscheidende Kommanditist machte später jedoch – als c. i. c. und Wegfall der Geschäftsgrundlage für den Vergleich – geltend, der in der Bilanz ausgewiesene Gewinn sei wesentlich zu niedrig gewesen, weil wesentliche Teile des Vorratsvermögens, insbesondere die Chemikalie *Isozyanat*, überhaupt nicht in der Bilanz aktiviert gewesen seien. Der BGH gab ihm Recht. Das Nicht-Ansetzen eines Teils der vorhandenen Gegenstände, das einen Verstoß gegen das grundlegende Gebot der Vollständigkeit im Jahresabschluss darstellte, war unzulässig und der Verkäufer musste diese Art der Bilanzierung und der Berechnung seines Gewinnanspruchs nicht hinnehmen.[57)]

In einem Fall des Verfassers wurde der Vorwurf der Täuschung eines Anteilsverkäufers durch einen Käufer in einer Turn Around-Situation erhoben.   14.48

Fallbeispiel „Anteil an Maschinenfabrik" (OLG Dresden v. 6.11.2000 – 2 U 2060/00)   14.49

Eine größere Werkzeugmaschinenfabrik, an der ein Geschäftsführer einen Anteil von ca. 3 % hielt, stand vor der Insolvenz. Ein Konsortium von staatlichen und privaten Beteiligungsgesellschaften unternahm einen Rettungsversuch. Eine mitwirkende Bank gab eine sog. *Hausbankzusage* und es wurde die Liquidität der Gesellschaft zunächst aufrechterhalten.

Das Konsortium forderte den Geschäftsführer auf, seinen Anteil ohne Gegenleistung zu übertragen, weil der Geschäftsanteil wertlos sei und er sich dem Sanierungsversuch nicht entgegenstellen solle. Der Geschäftsführer gab ein

---

56) Das OLG Sachsen-Anhalt war sich bewusst, dass ein solcher auf die Parteien zukommen musste: „Soweit die Prozessparteien bisher im Hinblick auf den nichtigen Praxisübernahmevertrag vom 26.3.2002 Leistungen erbracht haben, sind diese zwar bereicherungsrechtlich nach § 812 Abs. 1 Satz 1 Alt. 1 BGB herauszugeben; derartige Ansprüche sind jedoch nicht Gegenstand dieses Rechtsstreits. Insbesondere fehlt es dem bisherigen Prozessstoff an Sachvortrag zu den vom Kläger gezogenen Nutzungen und zum objektiven Wert der vom Kläger übernommenen, in seiner Beschaffenheit völlig veränderten Steuerberaterpraxis im Hinblick auf § 818 Abs. 2 BGB."

57) BGH v. 16.1.1995 – II ZR 279/93, NJW-RR 1995, 414 li. Sp. unten = ZIP 1995, 276.

bindendes Abtretungsangebot für 1 DM ab. Die Banken verzichteten danach auf Forderungen i. H. von knapp 12 Mio. DM und gaben einen neuen Kredit von knapp 50 Mio. DM. Später nahm das Konsortium das Abtretungsangebot des Geschäftsführers an. Nachdem die Werkzeugfabrik auf dem Weg der Sanierung war, focht er die Abtretung an, v. a. weil er über den Wert seines Anteils getäuscht worden sei. Hierfür führte er an, dass im Vorgriff auf eine Gesamtsanierung neben der „Hausbankzusage" schon einzelne liquiditätsverbessernde Maßnahmen ergriffen worden waren, die sich schon ausgewirkt hätten, als ihm gesagt wurde, sein Anteil habe keinen Wert.

Das OLG Dresden legte die Äußerungen gegenüber dem Geschäftsführer zum Wert seines Anteils dahin aus, dass sie erkennbar nur subjektive Einschätzungen der Mitglieder des Konsortiums gewesen seien. Eine arglistige Täuschung scheitere insofern daran, dass schon nicht erkennbar sei, dass die Konsortialmitglieder selbst an einen höheren Wert geglaubt hätten.[58] Vor allem stellte das OLG zu Recht klar, dass es auf etwaige Wertsteigerungen aufgrund von bei Abgabe des bindenden Angebotes des Geschäftsführers „durch erfolgte oder erwartete Sanierungsmaßnahmen der (Bank) bereits eingetretene Wertsteigerungen nicht angekommen (wäre)". Die gemachten Angaben hätten sich nach ihrem Gesamtzusammenhang auf jenen Wert bezogen, der sich „ohne die (von der Bank) veranlassten oder erwogenen – die Werthaltigkeit der Unternehmensbeteiligung im Vorgriff auf die erhoffte Sanierung bereits erhöhenden – Darlehensgewährungen ergab".[59]

14.50 *Fallbeispiel „doppelnütziger Treuhänder"* (vereinfacht, LG Kiel, 2015)

In einem weiteren Fall des Verfassers ergab sich 15 Jahre später wieder eine ähnliche Konstellation. Eine AG mit mehreren Produktionsbetrieben, hatte u. a. aufgrund von Fehlinvestitionen eine erhebliche Schuldenlast aufgeladen und war zudem durch Streitigkeiten zwischen Aktionären in eine Liquiditätskrise geraten. Die finanzierenden Banken machten ein Moratorium davon abhängig, dass maßgebliche Altgesellschafter ausscheiden würden und eine unwiderrufliche Verkaufsvollmacht an einen mit Krisensituationen vertrauten sog. „doppelnützigen Treuhänder" erteilten. Nachdem andere Optionen nicht realisierbar waren, waren die Banken schließlich zu wesentlichen Schulderlassen und neuen Krediten bereit, sofern diese Aktien i. R. eines „Management-Buy-In" an das neue Management verkauft wurden. So geschah es, aber ein Altaktionär griff später den vereinbarten Aktienverkauf als u. a. nach § 138 BGB nichtig an. Im Rechtsstreit ging es v. a. um Fragen der Bewertung des Unternehmens in der Schulden- und Liquiditätskrise und erneut um die Bestimmung des Zeitpunkts der Wertsteigerung durch

---

58) OLG Dresden v. 6.11.2000 – 2 U 2060/00, UG 21.
59) OLG Dresden v. 6.11.2000 – 2 U 2060/00, UG 23.

VII. Haftung von Verkäufer- oder Käufer-Organen oder -Beratern wegen Fehlern

die Entschuldung. Der klagende Aktionär konnte sich in dem geschlossenen Vergleich überwiegend nicht durchsetzen.

In dem folgenden Fall hatte sich der BGH damit zu befassen, wann ein Sachleistungsgläubiger auf einen Kalkulationsirrtum des Sachleistungsschuldners hinweisen muss. Der Fall wird kurz dargestellt, obwohl er keine M&A-Transaktion betraf, weil sich die Rechtsprechung wohl in eine ähnliche Richtung bewegen würde, wenn ein Verkäufer einmal geltend machen sollte, der Käufer habe ihn darauf hinweisen müssen, dass er sich zu seinem Nachteil verrechnet habe. Die Aussichten für den Verkäufer werden eher gering sein. 14.51

Fallbeispiel „Außenputzarbeiten" (BGH v. 4.10.1979 – VII ZR 11/79, NJW 1980, 180) 14.52

Ein öffentlicher Auftraggeber hatte nach einer Ausschreibung, an der sich zehn Firmen beteiligten, einen Auftrag zu Außenputzarbeiten für 63.056,44 DM an einen Anbieter erteilt. Die Angebote der anderen Anbieter lagen um mindestens 30.000 DM höher und erreichten in der Spitze 180.000 DM. Der beauftragte Anbieter führte die Arbeiten nicht aus, sondern focht sein Angebot wegen eines Irrtums bei der Beistimmung und Berechnung der Preise an. Der Auftraggeber erteilte dem zweitbesten Anbieter das Angebot und klagte die Differenz zu dem nunmehr vereinbarten Honorar als Schadensersatz ein. Ein Auftraggeber ist nach Auffassung des BGH nach § 242 BGB nur verpflichtet, auf einen Kalkulationsirrtum des Auftragnehmers hinzuweisen, wenn er ihn vor Vertragsschluss *erkennt*.[60] Da die Kenntnis nicht beweisbar war, obsiegte der Auftraggeber.

VII. Haftung von Verkäufer- oder Käufer-Organen oder -Beratern wegen Fehlern bei M&A-Transaktionen

Im Grenzbereich von M&A Litigation sind Streitigkeiten von Parteien eines M&A-Vertrages mit ihren eigenen Organen[61], Investmentbanken[62], M&A-Beratern, Anwälten[63], Steuerberatern, Wirtschaftsprüfern etc. wegen Fehlern bei M&A-Transaktionen angesiedelt. Sie spielen in der Praxis eine immer wichtigere Rolle – bald mag es auch Klagen gegen Käuferorgane wegen unterlassener 14.53

---

60) BGH v. 4.10.1979 – VII ZR 11/79, NJW 1980, 180 re. Sp. unten.
61) S. v. a. zur Managerhaftung im Zusammenhang mit Unternehmenskäufen *Nauheim/Goette*, DStR 2013, 2520 ff., und dazu *Rapp*, DStR 2014, 1066. Zur Verpflichtung des Aufsichtsrats vor einer M&A-Transaktion eine Fairness Opinion einzuholen OLG Köln v. 31.1.2013 – 18 U 21/12 (Solarworld), ZIP 2013, 516; Anm. *Uhlendorf*, BB 2013, 696. OLG München v. 8.7.2005 – 7 U 3130/14, ZIP 2015, 2472; *Ulrich*, GmbHR 2015, R 326; *Bachmann*, NZG 2013, 1121; *Bauer*, NZG 2015, 549; *Meckbach*, NZG 2015, 580; *Lorenz*, GWR 2016, 11.
62) OLG München, v. 11.1.2012 – 7 U 2609/11, NJOZ 2013, 254, betraf zwar keine Haftung eines M&A-Berater, aber einen Provisionsanspruch.
63) *Schaefer*; GWR 2015, 475; OLG Hamm v. 27.5.2010 – 28 U 163/09, juris.

805

14. Kapitel Weiterungen

Post-M&A Due Diligence geben.[64] Das Thema wird in diesem Buch nicht behandelt.

VIII. Streitigkeiten zwischen Verkäufer oder Käufer und Warranty & Indemnity-Versicherungen

14.54 Versicherungsunternehmen haben mit sog. „Warranty & Indemnity"- bzw. „W&I"-Versicherungen ein neues Geschäftsfeld erschlossen. Das Geschäft scheint Momentum zu gewinnen, die Publikationen nehmen zu.[65] Nach *Hiort* sind „W&I"-Versicherungen v. a. für Steuer- und Altlastenfreistellungsklauseln bei mittleren Transaktionen geeignet,[66] aber das wird man sehen. „W&I"-Versicherungen bergen jedenfalls ein erhebliches Streitpotential.[67] Entschiedene Fälle sind noch nicht bekannt geworden.

---

64) *Frhr. v. Falkenhausen*, NZG 2015, 1209.

65) *Daghles/Haßler*, GWR 2016, 455; *Fromholzer*, WM 2016, M 5; *Kiesewetter/Hoffmann*, BB 2016, 1798; *Hoenig/Klingen*, NZG 2016, 1244.

66) *Hiort*, Corporate Finance Law, 3/2012, S. 127, 132 re. Sp. Nach *Kränzlin/Otte/Fassbach*, BB 2013, 2314 re. Sp. unten, „steht auch in Deutschland zu erwarten, dass die W&I-Versicherung zunehmend Eingang in die M&A-Praxis finden und die bisherige Skepsis gegenüber dem Produkt hierzulande überwunden wird". Nicht ganz klar ist, wie dies mit einer späteren Mitteilung von *Kränzlin/Otte/Fassbach* zusammenpasst: „Folgeschäden werden weitgehend in W&I-Versicherungspolicen ausgeschlossen, denn im Vorfeld können solche Schäden und deren Ausmaß kaum eingeschätzt werden." (S. 2317 li. Sp. unten). Indessen wären die meisten Nachteile, die aus Garantieverletzungen entstehen, rechtlich richtigerweise als „mittelbare Schäden" bzw. „Folgeschäden" zu qualifizieren (s. Rn. 12.89 und Fn. dort). Auch die Behauptung von *Kränzlin/Otte/Fassbach*, der Ausschluss von Folgeschäden entspreche „oft auch der Regelung in Unternehmenskaufverträgen, die meist ebenfalls eine Haftung des Verkäufers für Folgeschäden ausschließen" (S. 2317 li. Sp. unten), dürfte – jedenfalls für das deutsche Recht –überwiegend nicht zutreffen. Sowohl die gesetzliche Regelung der §§ 249 ff. BGB als auch die üblichen Rechtsfolgenklauseln stellen auf Schadensersatz ab, der nach dem Grundsatz des „Totalausgleichs" grundsätzlich mittelbare Schäden bzw. Folgeschäden einschließt.

67) *Daghles/Haßler*, GWR 2016, 455, 457, berichten, dass ein Konsortium um AIG und der japanischen Baukonzern *Lixil* im Nachgang des Erwerbs von *Grohe* durch *Lixil* und die *Japanese Development* Bank in Streit geraten wäre. Es ist zu erwarten, dass sich die Problematik des neuen Versicherungsprodukts erst richtig zeigen wird, wenn einige Male Ansprüche streitig geklärt wurden (ähnl. *Daghles/Haßler*, S. 457). Als Überblick *Grossmann/Mönnich*, NZG 2003, 708 ff.

Sechster Teil

Anhang

15. Kapitel Rechtsstreit, Recht, Gerichte und Prozessführung

Übersicht

I. Einführung 15.1
II. Was ist ein Rechtsstreit? 15.3
1. Gewalt – ein Spiel ohne Schiedsrichter 15.3
2. Rechtsstreit – argumentativer Kampf unter dem Schirm des Staates 15.5
III. Gerichte und Recht 15.9
1. Faktenschwäche der deutschen Ziviljustiz 15.14
   a) Nichtwahrnehmung von Vortrag als „verspätet" 15.18
   b) Nichtwahrnehmung von Sachvortrag aus qualitativen Gründen 15.21
   c) Illegale Nichtwahrnehmung von Sachvortrag 15.24
   d) Rechtsgeschichtliches und Rechtsvergleichendes 15.25
2. Materielle Inhaltskontrolle, bürokratischer Formalismus, verfallende Dogmatik 15.28
   a) Materielle Inhaltskontrolle, bürokratischer Formalismus .. 15.31
   b) Verfallende Dogmatik und „Pianistentheorie" 15.36
3. Richter 15.47
   a) Hintergrundwissen 15.47
   b) Einstellungen 15.53
   c) Stile 15.55
   d) Zur Auswahl von Schiedsrichtern 15.58
IV. Zur Prozessführung 15.65
1. Kampf um den Sachverhalt 15.66
2. Kampf um den Recht 15.71
3. Kampf um Skripte 15.74
4. Zur rechten „Körnung" und zum rechten Zeitpunkt 15.87
   a) Zur rechten „Körnung" der Argumente 15.87
   b) Zur rechten Zeit der Argumente 15.89
5. Destruktionsstrategien 15.95
6. Anwaltskunst 15.102
7. Friktionen 15.109

Literatur: *Aristoteles*, Rhetorik, zit. nach UTB-Ausgabe, 1993; *v. Clausewitz*, Vom Kriege, zit. nach Ullstein-Ausgabe 1980; *Davis*, Game Theory, 1970, ed. 1997; *Dixit/Nalebuff*, Thinking Strategically, 1991; *Gehrlein*, Beschlusszurückweisung einer Berufung im Zivilprozess, NJW 2014, 3393; *Gravenhorst*, „Substantiierungserfordernisse bei Parteivortrag" (Anm. zu LArbH Nürnberg v. 2.4.2004 – 6 Sa 846/01), jurisPR-ArbR 36/2004 Anm. 6; *Hantke*, Auswahl der Schiedsrichter, in: Taktik im Schiedsverfahren, 2008, S. 38; *Hirsch*, Der Richter wird's schon richten, ZRP 2006, 161; *Hobbes*, Leviathan, 1651; *Jonakait*, The American Jury System, 2006; *Kelsen*, Hauptprobleme der Staatsrechtslehre, 1923; *Kelsen*, Über Grenzen zwischen soziologischer und juristischer Methode, 1911; *Kerley/Hames/Sukys*, Civil Litigation, 3. ed. 2001; *Kondylis*, Theorie des Krieges, 1988; *Kressel/Kressel*, Stack and Sway, The new Science of Jury Consulting, 2002; *Luhmann*, Das Recht der Gesellschaft, 1993; *Luhmann*, Die Profession des Juristen. Kommentare zur Situation in der Bundesrepublik Deutschland, in: Ausdifferenzierung des Rechts, 1981, S. 188; *Luhmann*, Rechtssoziologie, Bd. 1, 1972; *v. Mises*, Human Action, A Treatise on Economics, Vol. 1., 2007; *Müller/Heydn*, Der sinnlose Schlagabtausch zwischen den Instanzen auf dem Prüfstand: Für eine Abschaffung der Tatbestandsberichtigung, NJW 2005, 1750; *Munday*, Evidence, 2005; *Rüthers*, Klartext zu den Grenzen des Richterrechts, NJW 2011, 1857; *Rüthers*, Trendwende im BVerfG, NJW 2009, 1461; *Rüthers*, Rechtstheorie, 4. Aufl. 2008; *Rüthers*, Die unbegrenzte Auslegung: Zum Wandel der Privatrechtsordnung im Nationalsozialismus, 1968; *Saenger*, Grundfragen und aktuelle Probleme des Beweisrechts aus deutscher Sicht, ZZP 2008, 139; *Schrager*, The Trial Lawyer's Art, 1999; *Starr/McCormick*, Jury Selection, 2000; *Tigar*, Persuasion. The Litigators Art, 1999; *Wach*, Taktik in M&A-Schiedsverfahren, in: Taktik im Schiedsverfahren,

2008; *Schulz von Thun*, Miteinander Reden, Bd. 1 und 2, 1981; *Wächter*, Die Tatsacheninstanzen in großen bürgerlichen Rechtsstreitigkeiten nach der ZPO-Reform, ZZP 2006, 393; *Wächter*, Tatbestand und Heilung verdeckter Sacheinlagen, insbesondere bei Unternehmenseinbringungen, GmbHR 2006, 1084; *H. P. Westermann*, Due Diligence beim Unternehmenskauf, ZHR 169 (2005), 248; *Wieacker*, Privatrechtsgeschichte der Neuzeit, 1952; *Windscheid*, Lehrbuch des Pandektenrechts, 1862; *P. Wollny*, Rechtsprechung zum „Streit um den Wert von Unternehmen", BB 1991, Beilage Nr. 17, S. 1.

I. Einführung

15.1 In diesem Anhang geht es nicht mehr, wie letztlich überall im Hauptteil, um die normative Herleitung dessen, was Recht ist, sondern es werden **explikative**[1] **Beobachtungen** mit Relevanz für die **Prozessführung** unterbreitet. In einem Buch über „M&A-Litigation" ist dies angemessen. Hierzu muss der Bogen, auch wenn schlussendlich nur ein kleiner, in vielen Hinsichten privilegierter Anteil der Prozesse und v. a. Schiedsgerichtsverfahren interessiert, zunächst weit gespannt werden. Vor allem müssen in einem ersten Teil Fragen der Justiztheorie und der geistesgeschichtlichen und sonstigen Lage der heutigen deutschen Justiz behandelt werden. Der Befund ist eher skeptisch. Wie schon *Hobbes* wusste, existieren **keine verlässlichen Methoden**, letztinstanzlich urteilende **Gerichte an das Gesetz zu binden.**[2] Diese Freiheit der letzten Instanz strahlt auf die Vorinstanzen aus. Das Ausmaß, in dem die Gerichte von ihrer Freiheit Gebrauch machen, hängt v. a. von ihnen selbst ab, namentlich davon, inwieweit sie sich ihrer bewusst werden und davon Gebrauch machen wollen, also **sich diese Freiheit nehmen.** Die Bewusstwerdung der Gerichte über ihre Freiheit und das Gebrauchmachen-Wollen davon ist im letzten Jahrhundert durch die ideologiekritische Aushöhlung bzw. „**Dekonstruktion**" der methodischen und verfassungspolitischen **Überzeugungen, die eine Bindung an das Gesetz betonten** – der Begriffsjurisprudenz, des Rechtspositivismus und einer verbindlichen Methodenlehre – erheblich „voran" gebracht worden. Verantwortlich waren die Freirechtsschule, die „unbegrenzte Auslegung" im Nationalsozialismus,[3] die Naturrechtsrenaissance nach dem Nationalsozialismus, die Ideologiekritik der „68er" und die Durchsetzung des Methodenpluralismus in der Verfassungs- und Gesetzesauslegung. Dies und die seit dem 19. Jahrhundert enorm gesteigerte Komplexität der Gegenstände, über die Gerichte zu entscheiden haben und der Normen, die sie anwenden sollen, haben weithin faktisch eine Situation geschaffen, in der ein Gericht, ohne sich vor der Fachwelt zu blamieren, fast jedes beliebige Urteil sprechen kann. Die gute Nachricht bleibt, dass die Macht der Gerichte auch groß genug ist, dass jeder Spruchkörper immer, überall und in jedem Fall ein sehr gutes Urteil fäl-

---

1) Zum Unterschied normativer und explikativer Betrachtungsweise als zweier Denkmodi, die nicht voneinander ableitbar sind vgl. *Kelsen*, Über Grenzen zwischen soziologischer und juristischer Methode, S. 5 f., 10 f. und *Kelsen*, Hauptprobleme der Staatsrechtslehre, S. 5 ff.
2) *Hobbes*, Leviathan, 18. Kap.
3) Vgl. *Rüthers*, Die unbegrenzte Auslegung: Zum Wandel der Privatrechtsordnung im Nationalsozialismus.

II. Was ist ein Rechtsstreit?

len kann. Und nicht nur das: Die Macht ist auch groß genug, dass sie sich wieder stärker selbst i. S. der Bindung ihrer Urteile an voraussehbare rationale Begriffe, Dogmatiken und Methoden beschränken könnten.

Der zweite Teil dieses Anhangs behandelt Strategien und Taktiken der Parteien in Rechtsstreitigkeiten. Wenig, wenn überhaupt etwas, in der Juristenausbildung qualifiziert Anwälte zur strategischen oder taktischen Beratung. Bei den meisten Mandanten in M&A-Rechtsstreitigkeiten ist dies nicht anders. Kenntnis von Märkten, Techniken, Finanzen sowie Kompetenz im Management oder als Verkäufer **befähigen** ebenso **wenig zu strategisch-taktischer Reflexion** wie Kenntnis der Relationstechnik. Das meiste, das zwischen Anwälten und Parteien hierzu besprochen wird, dürfte furchtbar falsch sein. Geistige Ausflüge in die Wissensbereiche, mit deren Hilfe man vielleicht das strategische oder taktische Verständnis von Prozesssituationen verbessern könnte – Trial Advocacy, Spiel- und Kriegstheorie[4] – erziehen zur Bescheidenheit. Es muss daher vor zu hohen Erwartungen gewarnt werden. Es ist allenfalls möglich, Teile eines „Inventar(s) aus beobachtbaren oder denkbaren Konstellationen aufzustellen", die vielleicht in Prozessen wiedererkannt werden können.[5] 15.2

II. Was ist ein Rechtsstreit?
1. Gewalt – ein Spiel ohne Schiedsrichter

Spiele – im spieltheoretischen Sinne – sind durch unterschiedliche Regeln konstituiert. Um die Eigenart von Rechtsstreitigkeiten als gewissermaßen „domestizierte Kämpfe" zu verstehen, grenzt man sie am besten zunächst von „Spielen" der uneingeschränkten Gewalt – dem Zweikampf oder dem Krieg – ab. Eine wesentliche Entwicklungslinie in der Menschheitsgeschichte bestand darin, rohe Spiele, bei denen die Gewalt mit hohen Kosten an Leben und Gütern die Entscheidung herbeiführte, durch verfeinerte Spiele zu ersetzen, bei der die Gewalt 15.3

---

[4] Es gibt einige Veröffentlichungen von deutschen Praktikern und Wissenschaftlern zu Fragen der sog. „Prozesstaktik". Hier werden zumeist Tricks und Kniffe prozessualer Art (Wann ist eine „Flucht in das Versäumnisurteil" sinnvoll?) behandelt. Die Problemsicht ist überwiegend von eher kleinen Prozessen geprägt, in denen die Beherzigung der vorgeschlagenen Verhaltensweisen möglicherweise hilft. Solche „ Strategiefragen" sind freilich hier nicht gemeint. Es gibt auch eine soziologische Literatur, die den Ausgang von Rechtsstreitigkeiten z. B. mit statistischen Mitteln untersucht. Als Ergebnis wird nicht selten eine unerwünschte „Selektivität" der Justiz zulasten bestimmter Personengruppen in Massenprozessen, insbesondere im Mietrecht, Arbeitsrecht, Strafrecht etc. – in der Tradition der Kritik der „Klassenjustiz" – festgestellt. Auch diese Ansätze helfen hier nicht weiter.

[5] In diesem Sinne fasst *Kondylis*, Theorie des Krieges, S. 79, das Leistungsvermögen der Kriegstheorie *v. Clausewitz* zusammen: „Die Theorie verfügt über keine Mittel, um den Takt des Urteils durch allgemeine präskriptive Aussagen zu ersetzen, andererseits will sie sich aber nicht mit dem Hinweis auf die unermessliche Vielfalt von möglichen Zwecken und Mitteln begnügen. Sie schickt sich vielmehr an, ein Inventar aus beobachtbaren und denkbaren Konstellationen aufzustellen und mithin so tief wie möglich in das Labyrinth der Praxis einzudringen, ohne jedoch ihre eigenen Grenzen zu überschreiten …".

15. Kapitel Rechtsstreit, Recht, Gerichte und Prozessführung

zurückgedrängt und die Kosten minimiert wurden.⁶⁾ In der ersten, rohen Phase ist der unmittelbare Zugriff auf einen anderen Körper – durch seine Einsperrung, Beschädigung, Folter oder Vernichtung – Ziel des Kampfes. Wenn ein Rekurs hierauf erfolgt, zeigt sich die Schwäche von allem anderen, das unter Menschen Bedeutung hat, sei es Intelligenz, Wissen, Wahrheit, Schönheit, soziales Ansehen, politische Macht, ja selbst ökonomische Macht und Reichtum.⁷⁾ Ein **gewaltsamer Kampf** ist **gewonnen**, wenn der Gegner **nicht mehr aussichtsreich körperlichen Widerstand leisten** kann, im Zweikampf Mann gegen Mann, wenn er „auf dem Rücken" liegt, im Krieg wenn die gegnerische Streitmacht – nicht der Gegner – vernichtet ist.⁸⁾ Die „Regeln", von denen es abhängt wer gewinnt, sind objektiver und zuletzt sogar naturgesetzlicher Art, etwa wann ein Soldat nicht mehr kampffähig ist, welche Feuerkraft benötigt wird, um eine Festungswand zu durchbrechen, wie genau eine Kanone treffen kann und wie hoch ein Flugabwehrgeschoss reicht etc. Im Vorfeld und Hintergrund und selbst noch bei dem Aufeinanderprallen der Körper spielen psychologische, soziale, demographische, technologische und ökonomische Faktoren⁹⁾ durchaus eine wichtige Rolle; die Entscheidung fällt aber immer auf dem Schlachtfeld der Körper. *v. Clausewitz* sah den Krieg daher als einen Kampf durch „Abmessen der geistigen und körperlichen Kräfte vermittels der letzteren"¹⁰⁾ an.

15.4 Es mag makaber klingen, aber die **Gewalt** besitzt gegenüber allen anderen Spielen, den enormen **Vorteil**, dass **kein Schiedsrichter benötigt** wird, um festzustellen, wer gewonnen hat.¹¹⁾ Demjenigen, der das Ergebnis eines gewaltsamen Streits bezweifelt, wird der Beweis durch seine Vernichtung nachgeliefert.¹²⁾

---

6) Dies ist etwa bei *Luhmann*, Rechtssoziologie, Bd. 1, S. 145 ff., 157 f. beschrieben.
7) Diese Größen sind nur ein Faktor, soweit sie schon in Kampfkraft umgemünzt sind oder es noch rechtzeitig werden können, bevor der Kampf zu Ende ist.
8) *v. Clausewitz*, Vom Kriege, II. Buch, 1. Kap., S. 82.
9) Den Kampfeswillen von Soldaten, den Zusammenhalt von Armeen, die Opferbereitschaft von Völkern betreffend, ihren Glauben an eine „gerechte Sache", das ökonomische Potential von Völkern, ihr Geschick beim Finanzieren des Kriegs durch Finanzinnovationen, ihre Resistenz gegen Untergrabung des Kriegswillens durch moderne Medienberichterstattung etc.
10) *v. Clausewitz*, Vom Kriege, I. Buch, 1. Kap. S. 17 „Der Krieg ist also ein Akt der Gewalt, um den Gegner zur Erfüllung unseres Willens zu zwingen. Um diesen Zweck sicher zu erreichen, müssen wir den Feind wehrlos machen, und dies ist dem Begriff nach das eigentliche Ziel der kriegerischen Handlung", I. Buch, 2. Kap., S. 48: „So erscheint also die Vernichtung der feindlichen Streitkraft immer als das höherstehende, wirksamere Mittel, dem alle anderen weichen müssen."
11) Um einen Krieg zu entscheiden, muss niemand einen „Sachverhalt" feststellen, Wissen über Naturgesetze haben, Artillerietreffer zählen oder den Umkreis des Einschlags einer Granate berechnen, in dem der Feind ausgeschaltet wird. Es kann sich auch niemand hierbei irren. Dies ist nur bei Strategiespielen für Computer, die Kämpfe simulieren, und bei der Tätigkeit von Manöverbeobachtern anders.
12) Die Kapitulationsurkunde ist nicht unbedingt erforderlich und bestätigt nur, v. a. für die Zukunft, was alle ohnehin schon wissen.

II. Was ist ein Rechtsstreit?

2. Rechtsstreit – argumentativer Kampf unter dem Schirm des Staates

15.5 Der Kriegszustand muss beendet und ein Gebiet muss befriedet sein, bevor Rechtsstreitigkeiten stabil geführt werden können. Sie **bedürfen des Schirmes eines Staates**, der das Gewaltmonopol errichtet hat. Der Rechtsstreit ist also ein von dem Staat geschützter gewaltloser, nur auf den Geist – durch Argumente – gerichteter Kampf vor Gerichten. Hierbei „leiht" der Staat den Gerichten seinen Gewaltapparat zur Durchsetzung ihrer Entscheidung. An der grundsätzlichen Durchsetzbarkeit der gerichtlichen Entscheidungen besteht in der Moderne fast nie ein Zweifel.[13]

15.6 Bei der Justiz, einschließlich des Teils, mit dem Schiedsgerichte beliehen sind, geht es um zwei Dinge.

- Zum einen geht es darum, dass, ganz banal, Streitigkeiten **überhaupt entschieden** werden; dies wird von der Justiz immer mit größter Sicherheit erledigt.[14]
- Zum anderen ist es ausgesprochen unwahrscheinlich, voraussetzungsvoll, kaum institutionalisierbar und misslingt verlässlich, sobald im Einzelfall ein wenig in der Kräfteanstrengung und Konzentration nachgelassen wird, dass Streitigkeiten **richtig entschieden** werden.

15.7 Eine „richtige" Entscheidung, so der Entscheidungslogarithmus der Justiz, bedeutet nicht nur überhaupt die Verlagerung von einer körperlichen auf eine geistige Ebene – das könnte auch durch ein Schachspiel oder Rätselraten zwischen Beauftragten der Parteien geschehen –, sondern dass ein Streit auf Grundlage der **richtig festgestellten Fakten** bzw. der Wahrheit **und nach dem Recht** entschieden wird.[15]

---

13) An der ökonomischen Effizienz der Vollstreckung bestehen durchaus Zweifel, z. B. an der Durchsetzung von Zahlungstiteln, Herausgabeansprüchen auf eine Mietwohnung etc.
14) Kennzeichnend ist, dass die Prozessführung verbreitet soziologisierend „Konfliktlösung", „dispute resolution" o. Ä. genannt wird. Dies trifft die primäre Aufgabe der Justiz genau, aber lässt die zweite unerwähnt. Von einem Gewaltmonopol geschützte Gerichte wären sogar dann ein bewahrenswürdiger zivilisatorischer Gewinn, wenn sie Streitigkeiten immer schlecht, nach zu plumpen und dummen Programmen, etwa zufällig, entscheiden würden, ja sogar, wenn Richter käuflich wären. Den Eigenwert einer Befriedung als solcher – Herstellung des Rechtsfriedens überhaupt, nicht eines „gerechten Friedens" – wird im Rückblick auf ein Jahrhundert, dass sich vorrangig mit massenhafter sozialer Gerechtigkeit oder Freiheit befasste und die selbst die Rechtsstaatlichkeit nur als Sekundärtugend ansah, gering geschätzt. Wir werden in der Folge auf den Umstand stoßen, dass die staatliche Gerichtsbarkeit bis in die Gegenwart ihren „Heimvorteil" bei dem „ob" des Entscheidens von Rechtsstreitigkeiten und der Wiederherstellung von Rechtsfrieden behalten hat. Sie ist z. B. weniger anfällig für Verzögerungsstrategien, hat verlässlicheren Zugriff auf Beweismittel etc. Die private Schiedsgerichtsbarkeit, wie wir sie heute kennen, besitzt ihre Vorteile bei der Verfahrens- und Entscheidungsqualität, vergleichbar mit Privatschulen und Privatuniversitäten. Die private Schiedsgerichtsbarkeit bedarf aber des Staates und v. a. der staatlichen Gerichte – nicht nur zur Vollstreckung –, sondern auch falls ein Schiedsgericht einmal blockiert wird oder sonst ausfällt zumindest als *ultima ratio*.
15) „… gehört es zur höchsten Gewalt, alle Rechtshändel der Wahrheit und den Rechten nach zu untersuchen und alle Streitigkeiten zu entscheiden …" *Hobbes*, Leviathan, Kap. 18.

15. Kapitel Rechtsstreit, Recht, Gerichte und Prozessführung

15.8 Obwohl sie eine erhebliche Zufallschance auf ihrer Seite hat,[16] ist die Justiz bei ihrer sekundären Aufgabe, „richtig" zu entscheiden, viel weniger zuverlässig, als die soeben betrachtete körperliche Gewalt bei der „Anwendung" von Naturgesetzen. Kein Gericht kann so treffsicher dabei sein, Fakten festzustellen und Rechtsregeln anzuwenden, wenn es über einen Rechtsstreit entscheidet, wie die Natur in der „Anwendung" von Naturgesetzen, wenn sie über den Ausgang eines körperlichen Kampfes „entscheidet".[17] Die Frage, **ob es gelingt**, einen Konflikt *richtig* zu lösen, **Unrecht zu beseitigen**, wenn es solches gab, ist **prekär**[18] **und ungewiss**. Sie wird in jedem Prozess immer wieder neu gestellt. Und wenn sie positiv beantwortet werden kann, so ist immer nur ein Augenblickserfolg erreicht. Um dies zu wiederholen: Wer die Durchsetzung seiner Rechtsbehauptung nicht mehr selbst gewaltsam in die Hand nehmen kann, also jeder im *status civilis*, tauscht die Unvorhersehbarkeiten des gewaltsamen Kampfes gegen die **Unvorhersehbarkeiten eines geistigen Prozesses, Irrtümer, Denkfehler** und möglicherweise auch **Willkür** der Gerichte.

III. Gerichte[19] und Recht

15.9 Die **Wahrscheinlichkeit richtiger Urteile** hängt von denselben Faktoren ab, die auch sonst für die **Leistungsfähigkeit von sozialen Institutionen**, etwa Schulen, ausschlaggebend sind: dem „Stand der Technik", dem Wissen, dem Geist und dem Willen in der betreffenden Institution, ihrer organisatorischen Ausstattung, der monetären und nichtmonetären Motivation der Beteiligten und den institutionellen Vorgaben, etwa der Justizverfassung, dem Richterrecht, Anwaltsrecht und dem Zivilprozessrecht. Im Einzelfall entscheidet aber immer die konkrete Einstellung, Leistungsfähigkeit und -bereitschaft der Mitglieder des Spruchkörpers, der Anwälte und der Parteien.

---

16) Bei Alles-oder-Nichts-Situationen spricht eine 50 %ige Wahrscheinlichkeit für ein richtiges Zufallsergebnis, auch in Fällen, in denen *skaliert* über einen Anspruch entschieden werden kann, indem *weniger* oder *mehr* gewährt wird, bestehen erhebliche Chancen, nicht alles falsch zu machen.

17) Das Gute ist: Selbst ein Dummkopf spürt eine Kugel. Das Gleiche lässt sich von einem Argument in einem Rechtsstreit nicht sagen.

18) Eine „Sache" zu Gericht zu bringen, heißt, vor einer Macht zu plädieren, die keine immanente Richtigkeitsgarantie abgeben kann, also einer *unvermeidlich und strukturell bezüglich ihrer Erkenntnisse unsicheren Macht*. Deshalb das Gefühl der Unsicherheit der Parteien, die ihre Sache „aus der Hand gegeben" haben. Deshalb der Vergleich der Situation im Rechtsstreit damit, sich auf „hoher See" zu befinden und die Lebensweisheit „Gehe nicht zu Deinem Ferscht, wenn Du nicht gerufen werscht!" Wegen der Unsicherheit und Fehleranfälligkeit von Gerichten betont die angelsächsische Rechtstradition das Zeitmoment, das Recht auf einen „*day* in court".

19) Obwohl die meisten M&A-Streitigkeiten von Schiedsgerichten entschieden werden dürften, wird bei der Darstellung von staatlichen Gerichten ausgegangen, weil sich zu diesen (und staatlichen Richtern) am ehesten verallgemeinerungsfähige Aussagen treffen lassen. Schiedsgerichte werden v. a. in ihren Besonderheiten gegenüber staatlichen Gerichten dargestellt.

III. Gerichte und Recht

Die **Voraussetzungen** für „**gutes Richten**" waren **in Deutschland lange Zeit sehr positiv**. Vom 19. Jahrhundert bis in die 30er Jahre des 20. Jahrhunderts hinein und vorübergehend wieder nach 1945 besaß Deutschland eine Justiz mit einem sehr hohen Niveau. Obwohl die Politik – aus Kostengründen und zur Öffnung der Justiz gegenüber massendemokratischen Anforderungen – den klassischen Bereich der großen bürgerlichen Rechtsstreitigkeiten teils vernachlässigt und teils bewusst gering geschätzt hat, befindet sich die deutsche Justiz als solche hier – gemeinsam mit den Angelsachsen – wohl immer noch in einem besseren Zustand als etwa in den romanischen Ländern und dem größten Teil des Rests der Welt. 15.10

Dise staatliche Justiz wird allerdings in eine immer **schlechter werdende Lage** hineingezogen. Das europäische Bürgertum schuf v. a. im 19. Jahrhundert das bürgerliche Recht und die bürgerliche Justiz, wie es etwa in demselben Zeitraum die großartige europäische Architektur, etwa in London, Paris, Berlin und Wien, schuf. Die ökonomischen, sozialen, politischen und geistigen Voraussetzungen des einen wie des anderen sind entfallen. Es gibt keine ökonomische Aussicht mehr zu den gegenwärtigen Arbeitskosten[20] rentierliche Gebäude in dieser Art zu errichten, wie sie die Innenbereiche der genannten Orte prägen. Auch das „**Gebäude der Justiz**", wenn es heute auf dem Niveau des 19. und der erwähnten Teile des 20. Jahrhunderts weiter „gebaut" werden würde, müsste **unvergleichbar teurer** sein als damals, selbst wenn nur dieselbe Anzahl von Fällen zu entscheiden wäre und die Komplexität des Rechts sich nicht erhöht hätte. Beides ist aber anders. Die Komplexität des Rechts wurde signifikant erhöht und die Justiz wurde massenhaft mit Fällen, u. a. aus dem Bereich der Verbraucher- und Kleinkonflikte, geflutet, die zudem, aus Gründen der Political Correctness, mit substanziellen Rechtsstreitigkeiten gleichbehandelt werden sollen. Sodann **verliert** der **Richterberuf** an **sozialem Ansehen**, wird mehr zu einem „Job", verfällt die Dogmatik und sind die rechtspolitischen Weichen in die falsche Richtung gestellt.[21] Gäbe es nur diese allgemeinen Trends, so könnte die Prognose nur ganz düster sein: Ein zunehmend komplexer werdendes Recht würde zunehmend schlechter von unzufriedenen Richtern angewandt. Glücklicherweise finden sich aber weiterhin, auch in den unteren Instanzen viele Richter, die aus Motiven der individuellen Lebensführung heraus, etwa des Selbstrespekts und des Interesses an ihrer Arbeit, auf einem hohen Niveau Recht sprechen. Diese Richter werden dadurch unterstützt, dass die Gerichte von den OLG an, insbesondere der BGH, noch deutlich besser ausgestattet sind – und ihre Fälle 15.11

---

20) Dies betrifft ebenso die Bauunternehmen, Bauleute und Handwerker wie die Architekten.
21) Zum teilweise planmäßigen Justizrückbau s. Rn. 12.124. Symbolhaft ist das durch die Schuldrechtsreform 2002 geänderte Verjährungsrecht, das im Kern auf eine souveräne Zehnteilung(!) der Regelverjährungsfrist hinausläuft. Man wird dies wohl nicht als ein Hinweis darauf ansehen dürfen, dass der Wert erworbener Rechte aus heutiger Sicht nur noch ein Zehntel der Sicht des Jahres 1900 betrage. Aber welcher Faktor ist in Ansatz zu bringen?

teilweise noch so bearbeiten können, wie ein Architekt ein Bürgerhaus im 19. Jahrhundert.[22)]

15.12 Private Schiedsgerichte haben aus einer Reihe von Gründen bessere Chancen als staatliche Gerichte, die sekundäre Aufgabe der Justiz – richtige Ergebnisse zu erzielen – zu erfüllen. Die **Schiedsrichter** sind meist nicht nur hoch qualifizierte Juristen (wie sie sich auch teilweise bei den staatlichen Gerichten, v. a. bei den Obergerichten finden), sondern sie sind i. d. R. **älter, erfahrener** und verfügen über **mehr** Hintergrundwissen als die Richter der Eingangsinstanzen[23)] der staatlichen Gerichte, denen der Fall zufällig zugewiesen würde.[24)] Sie werden **persönlich und anders honoriert** als staatliche Richter und können für das einzelne Verfahren i. d. R. **mehr Zeit** bereitstellen als staatliche Richter. Wichtig ist auch, dass die Schiedsrichter i. d. R. in einer bestimmten Besetzung nur einmal zusammen arbeiten, die **Hierarchie**, wenn es überhaupt eine gibt, allenfalls **sehr flach** ist und sie neben dem Konsens unter sich auch **stärker** jedenfalls die **Anerkennung** der Parteien (und ihrer Anwälte) **suchen**, schon um wieder benannt zu werden und einen Aufhebungsantrag nach § 1059 ZPO zu vermeiden. Dies ist v. a. an der Prozessführung bemerkbar. Schiedsgerichte verhalten sich heute (zumeist) noch so, wie es Menschen schon immer von Gerichten erwartet haben. Sie nehmen sich Zeit, hören zu, erheben Beweis und denken nach. Nichtsdestoweniger ist auch die Qualität von schiedsrichterlichen Verfahren immer eine Sache des Gelingens im Einzelfall.

15.13 In der Folge werden drei Komplexe behandelt, die bei Schiedsgerichten oder staatlichen Gerichten auf das Ergebnis des Rechtsstreits einwirken können, die Faktenschwäche der deutschen Justiz, der Verfall der Rechtsdogmatik sowie das Vorwissen, die Einstellungen und Stile von Richtern.

1. Faktenschwäche der deutschen Ziviljustiz

15.14 *Audiatur et altera pars*, das „rechtliche Gehör" gilt als Grundsatz der Justiz überhaupt. Hierin ist v. a. **„Audiatur"** enthalten. Auch *Hobbes*, der weder im Verdacht stand, Anhänger der Gewaltenteilung – noch gar der Demokratie – zu sein, formulierte eine offenbar generell gemeinte Anforderung an den Richter:

---

22) Allerdings bei einer zunehmenden Beschränkung des Zugangs zu diesen Instanzen. Längerfristig ist ein Auseinanderfallen der Leitrechtsprechung des BGH und der Rspr. der Untergerichte zu befürchten, indem sich diese einfach nicht mehr an dem BGH orientieren. Ein Recht, das „eigentlich" gelten sollte und sich aus wissenschaftlichen Gutachten und der BGH-Rspr. ergibt, könnte den Kontakt zu dem tatsächlich in den unteren Instanzen praktizierten Recht minderer Qualität verlieren.

23) Die nach der Hybris des Gesetzgebers der ZPO-Reform 2001 sogar als grundsätzlich einzige Tatsacheninstanz agieren soll, vgl. § 529 Abs. 1 Nr. 1 ZPO.

24) Schon aus diesem Grund wäre ein Vergleich des Niveaus von Schiedsgerichten mit dem Niveau der Eingangsinstanz der staatlichen Justiz nicht fair gegenüber den staatlichen Gerichten.

III. Gerichte und Recht

„Zu einem guten Richter gehört ... viertens, dass er jeden geduldig anhöre, auf alles aufmerksam werde, was er gehört hat, behalte, ordne und anwende."[25]

Leider strebt die deutsche staatliche Ziviljustiz fort von dem, was *Hobbes* hier fordert. Zunächst besteht eine **äußerst dürftige Bereitschaft, Beweis zu erheben**[26] – also widersprüchlichen Parteivortrag ernst zu nehmen. Weil diese geringe Bereitschaft zur Beweiserhebung besteht, könnte man sagen, hat sich die Justiz Instrumente geschaffen, um störenden Sachvortrag auszusortieren, damit es erst gar nicht zur Beweiserhebung kommen muss. Die Kausalkette ließe sich auch umgekehrt darstellen: Weil störender Sachvortrag schon „vorne" aussortiert werden kann, braucht die Justiz oft keine Beweiserhebung mehr. **15.15**

Wenn die Beweiserhebung verkümmert, muss eine Faktenlücke entstehen und die Gerichte müssen entweder die **Fakten** so **anpassen**, dass die Lücke verschwindet oder das Recht anpassen, so dass es auf die Lücke nicht mehr ankommt.[27] **15.16**

Streitiges muss also als unstreitig oder als bewiesen behandelt werden (können), m. a. W. es wird ein „**Fakten-Nicht-Wahrnehmungsrecht**" und ein „**Nichtbeweiserhebungsrecht**" benötigt.[28] Am wichtigsten ist das „Fakten-Nicht-Wahrnehmungsrecht", gewissermaßen das Recht des richterlichen „**Nichtzuhörens**" bzw. der „**Non-Audiatur**".[29] Gesetzgebung und Rechtsprechung haben hierzu ein umfangreiches Arsenal von legalen Instrumenten der Nichtwahrnehmung von Sachvortrag geschaffen. **15.17**

a) Nichtwahrnehmung von Vortrag als „verspätet"

Jedes Verfahren hat ein Ende und **nach dem Verfahrensende** vorgebrachte Umstände können das Verfahrensergebnis nicht mehr beeinflussen. Insoweit beschreibt der Satz „Quod non est in actis, non est in mundo"[30] eine Selbstver- **15.18**

---

25) *Hobbes*, Leviathan, Teil II, Kap. 26.
26) Entsprechend unentwickelt sind das Beweisrecht, die Fertigkeiten der Richter und Anwälte bei der Beweiserhebung, etwa der Zeugenvernehmung, Routinen etc., was erneut die Bereitschaft zur Zeugenvernehmung reduzieren dürfte. Auch das Gebührenrecht „bestaft" Beweiserhebungen. Für staatliche Richter waren Beweisaufnahmen immer schon eine unbezahlte lästige Mehrarbeit. Nach der alten Bundesrechtsanwaltsgebührenordnung erhielten immerhin noch die Anwälte eine zusätzliche Gebühr für ihre Mitwirkung bei einer Beweisaufnahme. Indem das Rechtsanwaltsvergütungsgesetz dies abgeschafft hat, sind nunmehr Beweisaufnahmen für *alle* maßgeblich Beteiligten eigentlich nur noch Kosten, die sie, wenn sie allein der ökonomischen Logik folgen würden, zu vermeiden hätten. Vgl. *Saenger*, ZZP 2008, 139, 141, Mitte. *Saenger* berichtet u. a. auch, dass ein Rückgang der Beweisaufnahmen vor OLG von 13 % auf 8,5 % zu verzeichnen sei (S. 158 m. w. N.).
27) Etwa indem Obersätze so gebildet werden können, dass die streitigen Faktenfragen irrelevant werden. Der Flexibilitätsgrad, den das heutige Recht erreicht hat, wird sogleich dargestellt.
28) Diese sind Teil eines wuchernden „Rechtnichtanwendungsrechts", s. *Wächter*, ZZP 2006, 393 ff.
29) Es ist kein Zufall, dass der BGH als Korrektiv gegen die ZPO-Reform gerade die Verletzung des verfassungsmäßigen Rechts auf rechtliches Gehör deutlicher als Revisionsgrund ausgeprägt hat.
30) S. hierzu auch Rn. 12.168 f.

15. Kapitel Rechtsstreit, Recht, Gerichte und Prozessführung

ständlichkeit jedes justizförmigen Verfahrens. Das Verfahrensende („Schluss der Debatte") bewirkt eine **natürliche** (und legitime) **Ausschlussmöglichkeit** für Sachvortrag, die der ZPO ursprünglich als ausreichend erschien.

15.19 Seit den 70er Jahren hat der Gesetzgeber indessen zahlreiche Regeln zum **Ausschluss von Sachvortrag während eines noch laufenden Verfahrens** geschaffen[31] und sukzessive ausgeweitet.[32] Diese teilweise liebevoll latinisierend als „Novenrecht" bezeichneten Regeln, wurden aus der etwas paranoiden Vorstellung heraus eingeführt, dass die Parteien und ihre Anwälte es bei fast jeder Gelegenheit darauf anlegen würden, Vortrag zurückzuhalten, um ihn schließlich doch noch einzuführen (wobei unterstellt wurde, dass sich die Gerichte gegen missbräuchliche Prozessverschleppungen sonst nicht schützen könnten). Ausgehend hiervon, eröffnen die neu geschaffenen Regeln den Gerichten insbesondere die Möglichkeit, entgegen richterlich gesetzter Fristen (vgl. § 296 Abs. 1 ZPO), aus Sicht einer Prozessförderung überhaupt verspätet (vgl. § 296 Abs. 2 ZPO) oder erst in der zweiten Instanz (§§ 530, 531 ZPO) vorgebrachten Sachvortrag aus dem Verfahren auszuschließen.

15.20 Ein brachiales und verfassungswidriges[33] Mittel zur Nichtwahrnehmung von Sachvortrag ist es schließlich, dass von einem Gericht **falsch**, also abweichend

---

31) Gesetz zur Vereinfachung und Beschleunigung gerichtlicher Verfahren (sog. Vereinfachungsnovelle) v. 3.12.1976. *Gehrlein*, NJW 2014, 3393, hat sich kürzlich für die Abschaffung der Beschlusszurückweisung nach § 522 Abs. 2 ZPO ausgesprochen.
32) Gesetz zur Reform des Zivilprozesses v. 27.7.2001.
33) Vgl. *Wächter*, ZZP 2006, 393 ff., Fn. 82 und S. 421. Hier geht es also (i) um im Verfahren vorgetragene Tatsachen (die demgemäß „in actis" sind) und um (ii) rechtzeitig selbst i. S. des „Novenrechts" vorgetragene Tatsachen. Das Gericht hat nun aber einen (relativ eindeutigen) Fehler gemacht und diesen Vortrag nicht nur übersehen oder falsch verstanden, sondern dieses ergibt sich auch noch aus dem Urteil. § 320 ZPO sagt nun nicht mehr und nicht weniger, dass im Rechtsstreit diese fehlerhaft festgestellten Tatsachen weiter maßgeblich sein sollen, selbst wenn sonst ohnehin ein Rechtsmittel durchgeführt wird und ggf. sonst über die Sachverhaltswürdigung des Gerichts weiter gestritten werden kann. Das Instrument des § 320 ZPO war ursprünglich wohl gemeint, den *Streit um die Wiedergabe mündlicher Äußerungen* in der mündlichen Verhandlung zeitnah zu entscheiden (vgl. *Müller/Heydn*, NJW 2005, 1750, 1751) und hatte hierfür eine Berechtigung. Indem sich der deutsche Zivilprozess so entwickelte, dass trotz Mündlichkeitsgrundsatz der hauptsächliche Sachvortrag immer mehr schriftlich erfolgt, ist eigentlich das von § 320 ZPO ins Auge gefasste Problems „weggeschrumpft". Indem die Rspr. § 320 BGB auch auf schriftsätzlichen Sachvortrag anwendet, hat die Rspr. allerdings das Gegenteil erreicht. Es ist der Rspr. der Rechtsmittelinstanzen die Möglichkeit zugewachsen (die diese dankend angenommen hat), sich die Auseinandersetzung mit Sachverhaltsfehlern der vorherigen Instanz i. R. des Rechtsmittelverfahrens zu ersparen, wenn schon der „Tatbestand" des Urteils der Vorinstanz fehlerhaft war. Weil das Urteil falsch war, bleibt es bestehen! Ein falsches Urteil wird so einer falschen Saldobestätigung durch eine Bank bei einem laufenden Kontokorrent ähnlich. Hier liegt eine Pervertierung des Rechtsgedankens vor. Es ist geradezu *unanständig*, über § 320 ZPO den Fehler einer Instanz in der nächste retten zu sollen, wenn nicht in einer kurzen Frist (deren Beginn durch eine durch die Partei nicht voraussehbare Urteilszustellung ausgelöst wird) u. U. - in großen Verfahren - sehr aufwendige Überprüfungen stattfinden können. Dass die staatlichen Gerichte – dankenswerter Weise – § 320 ZPO nicht ständig anwenden, hilft nichts. Die Drohung ist eine ständige und sie wächst mit der Komplexität des Sachvortrages und dem Umfang des Urteils. Die Anwendung von § 320 ZPO ist auf mündlichen Vortrag in der mündlichen Verhandlung zurückzuführen.

III. Gerichte und Recht

von dem tatsächlichen Vortrag der Partei in Schriftsätzen oder der mündlichen Verhandlung, **festgestellter Sachvortrag** gegenüber dem tatsächlichen Vortrag der Partei **endgültig** die **Oberhand** erhalten soll, wenn die betroffene Partei nicht innerhalb einer Frist von zwei Wochen einen sog. „**Tatbestandsberichtigungsantrag**" stellt (§ 320 ZPO). Der Gesetzgeber gibt hier den Gerichten der höheren Instanzen ein *Recht* auf Nichtwahrnehmung von vorgetragenen Tatsachen, die von einem Gericht erster Instanz fälschlich nicht wahrgenommen wurden.

b) Nichtwahrnehmung von Sachvortrag aus qualitativen Gründen

Eine zweite Möglichkeit zur Nichtwahrnehmung von Vortrag besteht in dem **Vorwurf fehlender Substantiierung**.[34] Die Untergerichte der staatlichen Gerichtsbarkeit haben beharrlich versucht, diese Möglichkeit immer weiter auszudehnen; anderseits hat der BGH diese Möglichkeit häufig eingeschränkt, z. B. zur Frage, inwieweit Details zu einer Behauptung vorgetragen werden müssen.[35] Die verbleibenden Möglichkeiten sind aber immer noch groß, v. a. sind die Grenzen unscharf und die **Untergerichte halten sich** oft einfach **nicht an die Vorgaben des BGH**. 15.21

Eine ähnliche Funktion kann die sog. „sekundäre Darlegungs- oder Beweislast" übernehmen. Ihre Missachtung bewirkt nicht, dass ein Vortrag, sondern dass das – nur einfache – **Bestreiten von Vortrag unbeachtlich wird**.[36] 15.22

Gerichte sollen auch einem Beweisangebot nicht nachgehen, wenn ein **Beweisangebot nicht ausreichend konkret** sei oder gar einen „**Ausforschungsbeweis**" darstellt.[37] Hierdurch hat sich die Rechtsprechung einen Weg eröffnet, auch bei substantiiertem Vortrag eine **Beweisaufnahme zu vermeiden**. Eine richterliche Hinweispflicht nach § 139 ZPO kann der Nichtbeachtung von Vortrag entgegenstehen.[38] 15.23

---

34) Hierzu etwa *Wagner* in: MünchKomm-ZPO, § 138 Rn. 18 f.
35) BGH v. 29.9.1992 – X ZR 84/90, NJW-RR 1993, 189 f.; BGH v. 15.5.2001 – VI ZR 55/00, NJW-RR 2001, 1294 f.; BGH v. 13.7.1998 – II ZR 131/97, NJW-RR 1998, 1409 f.; *Gravenhorst*, Anm. zu LArbH Nürnberg v. 2.4.2004 – 6 Sa 846/01, jurisPR-ArbR 36/2004 Anm. 6.
36) *Wagner* in: MünchKomm-ZPO, § 138 Rn. 21 f.
37) Prütting/Gehrlein-*Laumen*, ZPO, § 284 Rn. 23 f.
38) Prütting/Gehrlein-*Prütting*, ZPO, § 139 Rn. 7.

15. Kapitel Rechtsstreit, Recht, Gerichte und Prozessführung

c) Illegale Nichtwahrnehmung von Sachvortrag

15.24 Die legale Nichtwahrnehmung von Fakten wird leider nicht ganz selten durch ein anerkannt illegales einfaches **Überlesen oder Missverstehen** von Sachvortrag, **Denkfehler** oder das Überschreiten sonstiger Grenzen der legalen Möglichkeiten der Nichtwahrnehmung von Vortrag i. S. des Vorstehenden ergänzt. Hierzu geben besonders komplexe Sachmaterien Gelegenheit.

d) Rechtsgeschichtliches und Rechtsvergleichendes

15.25 Eine ursprüngliche Weichenstellung für die Faktenschwäche der deutschen Justiz lag bereits in der Rezeption des römischen Rechts. *Wieacker*[39] stellt dar, wie hierdurch die seit den fränkischen Königen praktizierte Respektierung der **Sachverhaltsfeststellung durch „Urteiler"** aus der Volksgemeinde unter Verwendung deren überlieferten Rechtswissens **zu** einem **Ende** kam. Das Richterkollegium wurde an die Lehrsätze der Rechtswissenschaft gebunden, was u. a. zu dem Usus der **Aktenversendung an die rechtswissenschaftlichen Fakultäten** zur Begutachtung der Fälle führte.[40] Ihr Motto **„Quod non est in actis, non est in mundo"**[41] machte sie in erheblichem Umfang von den Fakten unabhängig. Die Aufklärung und die liberalen Kodifikationen setzten später, etwa in der ZPO, wieder die Unmittelbarkeit der Verfahren und ein liberales Beweisrecht durch, aber vermochten die **Geringschätzung der Faktenfeststellung** im deutschem Zivilprozess nicht mehr umzukehren, die sich auch später in den erwähnten ZPO-Reformen als zäh erwies.

---

39) *Wieacker*, Privatrechtsgeschichte der Neuzeit.
40) *Wieacker*, Privatrechtsgeschichte der Neuzeit, S. 53, 97,128.
41) *Wieacker*, Privatrechtsgeschichte der Neuzeit, S. 97. Sätze wie „Quod non est in actis, non est in mundo" besitzen einen merkwürdig changierenden Charakter. Werden sie als deskriptiv einfach aufgefasst, weisen sie auf objektive Gegebenheiten hin, sind insoweit einfach nur zutreffend und auf keine Weise zu beanstanden. Ganz leicht erhalten sie aber einen „Dreh" zur Rechtfertigung des beschriebenen Zustandes über den Kerntatbestand der deskriptiven bzw. explikativen Aussage hinaus und können zu einer *Operationsanweisung* zu einem instrumentalen und expansiven Einsatz der angesprochenen Gegebenheit werden. Statt die Justiz stets daran zu erinnern, dass die bei ihr maßgebliche prozessuale Wahrheit durch die in das Verfahren eingeführten „factis" begrenzt wird (mit einer Tendenz dazu, Justizverfahren möglichst offen für Sachvortrag zu halten), befördern sie dann ein „Abheben" der Justiz, eine Bereitschaft zum Hinwegsehen über die Beschränkungen von Justizverfahren in einem Wohlgefühl. Dieselbe Situation besteht bei Sätzen, die fehlende Kontrolle oder geringe Kontrolle von Entscheidungen zum Inhalt haben. Beschreiben sie einfach nur einen tatsächlichen Zustand oder schwingt ein „Also!" mit?

III. Gerichte und Recht

Dies kontrastiert außerordentlich mit der großen Bedeutung, die die angelsäch- **15.26**
sische Rechtspraxis den Fakten zumisst. Nicht nur gibt es in der Juristenausbildung ein Fach „Evidence"[42] mit ähnlich vielen Lehrbüchern, wie es sie bei uns zum Prozessrecht gibt, sondern v. a. eine sog. **Discovery**,[43] das Entgegennehmen von **Depositions**[44] und die Durchführung von **Interrogatories**.[45] Wer die Anwendung der Instrumente des Discovery nur ein einziges Mal erlebt hat, dem fällt wie Schuppen von den Augen, wie sehr aufgrund des deutschen **Beibringungsgrundsatzes** Prozessergebnisse von **Zu- und Glücksfällen** bei der Erlangung von Fakten **abhängig** sind. Beati possidentes![46] Obwohl im angelsächsischen Zivilprozess die Fakten schon in der Pre-Trial-Phase besser aufgeklärt werden, dreht sich die Trial-Phase noch einmal mehr um sie als im deutschen Zivilprozess.[47] Das Eindrucksvollste daran, einem angelsächsischen Jury-Prozess als Zuschauer zu folgen, ist zu beobachten, wie oft man mit dem Fortgang der Zeugenvernehmungen selbst innerlich die Seiten wechselt. Die Situation in vergleichbaren deutschen und angelsächsischen Prozessen kann so unterschiedlich sein, dass der Beobachter ins Zweifeln gerät, ob beide Veranstaltungen auf ähnliche Weise dasselbe Ziel verfolgen, wie etwa eine amerikanische und eine deutsche Schule.

So verfügen deutsche Gerichte *insgesamt* über ein großes Repertoire an Mitteln, **15.27**
den **Sachverhalt** auf elegante und **legale oder quasi-legale Weise umzugestalten**. Sie sind wohl schon deshalb veranlasst hiervon Gebrauch zu machen, weil sonst die Kombination der Relationstechnik mit präzisem juristischem Denken eine solche **Masse an Beweisaufnahmen** erzwingen würde, die sich Berufsrich-

---

42) Bspw. *Munday*, Evidence.
43) Vgl. bspw. *Kerley/Hames/Sukys*, Civil Litigation, S. 207 ff.
44) Vgl. *Kerley/Hames/Sukys*, Civil Litigation, S. 231 ff.
45) Vgl. *Kerley/Hames/Sukys*, Civil Litigation, S. 253 ff. Man stelle sich vor, man könnte in einem deutschen M&A-Rechtsstreit zum Nachweis von Arglist, interne Unterlagen des Gegners einsehen, die dieser unter Strafandrohungen vollständig und richtig zu liefern hat, oder man könnte schon vor der „Trial-Phase" Zeugen des Gegners mündlich unter Eid (in Anwesenheit eines mitschreibenden Gerichtsreporters) ausführlich vernehmen. Eben dies ist in der angelsächsischen Welt bei größeren Streitigkeiten das übliche Verfahren.
46) Die Betonung der materiellen Gerechtigkeit im deutschen Recht bleibt merkwürdig ungestört von dem Wissen um die Zufälligkeit und Löchrigkeit der Faktengrundlage. Das vermeintlich so sehr an der Gerechtigkeit orientierte kontinentale Recht zeigt sich hier auf eine harte Weise urliberal und eine viel größere Bereitschaft hinzunehmen, falsche Ergebnisse hinzunehmen, als das vermeintlich weniger an der materiellen Gerechtigkeit orientierte angelsächsische Recht.
47) Die im angelsächsischen Prozess zu entscheidenden Rechtsfragen sind meist sehr einfach. Der Obersatz wird oft am Anfang zwischen den Anwälten und dem Gericht einvernehmlich niedergelegt und ist Inhalt eines kurzen Jury-Briefings durch den *Judge*, etwa im Strafverfahren: „In order to find the defendant guilty on count one, you must find that ..." Im Trial geht es v. a. darum, die Jury von den u. a. in der Discovery erlangten Fakten zu überzeugen und stehen die – auf die Überzeugung des Gerichts von Fakten gerichteten – Fertigkeiten und Künste der Anwälte im Vordergrund.

ter – in einem bestimmten Maße: verständlicherweise – nicht mehr zumuten wollen. Von einer Laienjury kann man vielleicht erwarten, dass sie einmalig einer quälenden Beweisaufnahme mit großem Interesse folgt (auch hier ist nicht immer gesagt, dass dies alle Juroren tun), aber eine gewisse Abneigung von Berufsrichtern dagegen, ihr Berufsleben Tag für Tag und Jahr um Jahr mit Beweisaufnahmen um Petitessen zu füllen, ist verständlich. Freilich gehen Gerichte oft weit hierüber hinaus und setzen das Repertoire so ein, dass sie sich auch in wesentlich substantielleren Fragen eine Beweisaufnahme ersparen. Faktisch werden so entweder die zufälligen Ergebnisse der Auslegung der – oft sehr unklaren – Normen, die die Nichtwahrnehmung von Vortrag ermöglichen, oder die Vorwegnahme des vermutlichen Beweisergebnisses prozessentscheidend. Vor allem führt das Vorhandensein dieser **Selektionsmöglichkeit der Gerichte** hinsichtlich des **Sachverhalts** dazu, dass, auch in Prozessen zwischen sehr sorgfältigen und qualifizierten Anwälten, ebenfalls Einladungen an das Gericht erfolgen, dem Gegner in dem einen oder anderen Punkt nicht zuzuhören.

2. Materielle Inhaltskontrolle, bürokratischer Formalismus, verfallende Dogmatik

15.28 Selbstverständlich ist der Charakter des Rechts eines Landes ein für die Prozessführung wesentlicher Umstand.

15.29 Deutschland hat zunächst eine vom aufgeklärten Absolutismus geprägte **paternalistisch-bürokratische Rechtstradition**. Diese begann mit der Rezeption des römischen Rechts, bildete sich im Preußen des 18. und in Preußen-Deutschland des 19. und frühen 20. Jahrhunderts voll aus und wurde in keiner Epoche der deutschen Geschichte danach ernsthaft korrigiert.[48] Sie unterscheidet das deutsche Recht deutlich von der **kommerziell-liberalen** Tradition des angelsächsischen Rechts.

15.30 Sodann besitzt das deutsche Recht, dem Land der Dichter und Denker gemäß, eine ausgeprägte **begrifflich-dogmatische Tradition**. Auch hierin unterscheidet sich das deutsche Recht von pragmatischeren Einstellungen, wie sie in den angelsächsischen Ländern – übrigens auch im römischen Recht – herrschen bzw. geherrscht hatten. Schon im letzten Jahrhundert setzte aber ein Verfall der Dogmatik ein und die Gegenwart ist v. a. durch ein **Nebeneinander** von **Restformen der Dogmatik und** ihrem **Verfall** geprägt.[49]

---

[48] Nationalsozialismus und DDR-Sozialismus haben eher in dieselbe Richtung gewirkt. Erst seit den 80er Jahren bringen Europäisierung und die Globalisierung Gegenwind.

[49] Statt von einem „Verfall der Dogmatik" könnte präziser von einem Verfall der „*Dogmatizität*" (Begriff bei *Luhmann*, Das Recht der Gesellschaft, S. 338) gesprochen werden. Die vorhandene Dogmatik wird eigentlich nicht schlechter – v. a. die Überzeugung, dass das rechtlich Entscheidende dogmatisch herzuleiten und zu begründen sei, geht verloren.

III. Gerichte und Recht

a) Materielle Inhaltskontrolle, bürokratischer Formalismus

Westliche Spuren des Paternalismus in der deutschen Zivilrechtsgegenwart sind die verschiedenen Formen der **materiellen Inhaltskontrolle** und ein gelegentlich **bürokratischer Formalismus**. 15.31

Im Hauptteil wurden die Möglichkeiten der **Nichtigerklärung von Verträgen** gemäß §§ 134 und 138 BGB, die durch alle seit Einführung des BGB verabschiedeten neuen „Verbotsgesetze", die erweiternde Auslegung von § 139 BGB,[50] das sog. „Verbot der geltungserhaltenden Reduktion" und eine restriktive Anwendung der Heilungsvorschriften stetig ausgeweitet wurden, kritisch dargestellt. Staatliche Gerichte greifen in der Praxis auch bisweilen auf die Möglichkeiten zurück, ziehen „den Stöpsel" und lassen die Parteien aus ihrem maßgeschneiderten Vertragsregime in einen Orkus stürzen, in dem so primitive Geister wie das Bereicherungsrecht oder das Eigentümer-Besitzer-Verhältnis herrschen. Die Ausreichung dieser Art „Einheitstodesstrafe des Zivilrechts" für eine Unbotmäßigkeit der Parteien – oft in Bagatellen – ist in ihren Auswirkungen umso destruktiver, je komplexer und wirtschaftlich bedeutender die Transaktion ist, und wäre also besonders dramatisch in M&A-Streitigkeiten. 15.32

Glücklicherweise gibt es sichtbare **Gegentendenzen**. Die Abschaffung der Nichtigkeit des Einbringungsgeschäfts bei der „verdeckten Sacheinlage"[51] und die Ersetzung von § 306 BGB a. F. durch § 311a BGB n. F.[52] gehören dazu. Es finden sich in jüngerer Zeit auch Entscheidungen, die angemessene richterliche Zurückhaltung erkennen lassen.[53] Solange die Tore für richterliche Nichtigkeits- 15.33

---

50) Vgl. Rn. 2.93 f., 2.104 f., 2.110 f. und 2.154 f. Nachweise bei Palandt-*Grüneberg*, BGB, § 306 Rn. 6.
51) Vgl. § 19 Abs. 4 Satz 3 GmbHG n. F.; vgl. auch *Wächter*, GmbHR 2006, 1084. S. o. Rn. 1.141.
52) Auch die Abschaffung der Nichtigkeit von Vereinbarungen über den Dirnenlohn durch das Prostitutionsgesetz v. 20.12.2001 kann genannt werden.
53) BGH v. 27.2.2007 – XI ZR 195/05, BGHZ 171, 180 = ZIP 1007, 619 – keine Nichtigkeit der Abtretung einer Kreditforderung wegen Verstoßes gegen das Bankgeheimnis oder das BDSG und BGH v. 19.4.2011 – XI ZR 25/10, GWR 2011, 312 – keine Nichtigkeit der Abtretung einer Kreditforderung wegen Verstoßes gegen § 32 Abs. 1 Satz 1 KWG.

15. Kapitel Rechtsstreit, Recht, Gerichte und Prozessführung

erklärungen weiter sperrangelweit offen stehen, kann aber keine Entwarnung gegeben werden.[54)]

15.34 Eine zweite Ebene der materiellen Inhaltskontrolle könnte, auch bei M&A-Transaktionen, immer noch das **Recht der allgemeinen Geschäftsbedingungen** werden. Klauseln in Privatisierungsverträgen der Treuhandanstalt, die in der Sache M&A-Verträge waren, wurden von zahlreichen OLG und dem BGH relativ häufig als allgemeine Geschäftsbedingungen behandelt.[55)] Soweit ersichtlich sind die Gerichte und Schiedsgerichte diesen Weg bei normalen privatwirtschaftlichen M&A-

---

54) Man hört gelegentlich zur Rechtfertigung des status quo, dass Gerichte *nur in sehr wenigen Fällen* von der Möglichkeit der „Nichtigerklärung" *Gebrauch machen* würden. Ähnliche Argumente werden auch sonst zur Verteidigung gegen Kritik an weiten Gestaltungsfreiheiten der Justiz (unscharfen Verjährungsregelungen, Formerfordernissen, Begriff des Formularvertrages etc.) oder des Staates vorgebracht. Sie sind indessen denkbar wenig überzeugend. Der Vorwurf ist nicht, dass Gerichte *massenhaft Verträge als nichtig behandeln*, sondern dass sehr viele Verträge sehr schnell von einer Nichtigkeit *bedroht* sind – und dass schon dies das rechtliche Verfahren deformiert (der Vorwurf ist also gewissermaßen nicht, dass man beim „russischen Roulette" immer umkäme, sondern dass man überhaupt gezwungen wird, „russisches Roulette" zu spielen). Dazu drei Erläuterungen: **Erstens:** Leider ist es auch unter Anwälten in M&A-Streitigkeiten inzwischen so, dass häufig die Gerichte bedenkenlos mit allen Argumenten zugeworfen werden, von denen sich der Anwalt auch nur entfernt Erfolg erhofft. Als Folge wird dem Gericht fast immer eine u. U. ausführliche, vielleicht sogar intelligent, begründete Darstellung eines namhaften Anwalts oder Anwaltsbüros vorliegen, dass es zum Gebrauchmachen der richterlichen Gestaltungsmöglichkeit auffordert – und die Argumente dafür anbietet, falls das Gericht diesen Weg gehen möchte. **Zweitens:** Eben *weil* die Grenzen der Anwendbarkeit der Gestaltungsmacht des Gerichts unscharf sind, lassen sich derartige Darlegungen leider nicht einfach, klar und endgültig widerlegen. Wenn der betroffene Anwalt sich nicht auf eine pauschale Zurückweisung beschränken möchte, bleibt ihm deshalb keine andere Wahl als sich in die – typischerweise selbst widersprüchliche und vage – Rspr. zu dem betreffenden Punkt *en détail* einzuarbeiten und hierzu sorgfältig und umsichtig zu argumentieren. Während es fünf Minuten Zeit kostet, die Behauptung, dass ein Vertrag (z. B. als Asset Deal nach § 311b Abs. 2 BGB oder als Formularvertrag) nichtig sei, aufzustellen, kann es das *Hundertfache* (oder mehr) an Zeit kosten, diesen Vorwurf zu widerlegen. Der Gegner lacht sich dabei ins Fäustchen, legt nochmals mit „Fünf-Minuten-Argumenten" nach und wartet ohne Risiko ab, ob das Gericht darauf einsteigt. **Drittens:** Wir stellen uns vor, der Mandant, der bei einem Eingreifen der richterlichen Gestaltungsmöglichkeit geschädigt wäre, fragt besorgt bei seinem Anwalt nach, ob dieses sicher ausgeschlossen werden könne. Was bleibt einem Anwalt – bevor die Entscheidung vorliegt –, sogar in den beiden jüngst vom BGH positiv i. S. der Verneinung einer Nichtigkeit entschiedenen Fälle (s. Rn. 12.176 f.), anderes, als nach Darstellung seiner Überzeugung, einzuräumen, dass „eigentlich" die Voraussetzungen der richterlichen Gestaltungsmöglichkeit nicht vorlägen, aber ein gewisses Risiko bestehe, dass das Gericht sie gleichwohl ausüben könnte? Niemand weiß, wie der Mandant dies an seine Beiräte kommunizieren wird, niemand weiß, welchen Eindruck die Erwähnung des Risikos in Vergleichsgesprächen machen wird. Und würde der Mandant, wenn das LG oder OLG fehlerhaft von einer richterlichen Gestaltungsmöglichkeit Gebrauch machen, noch der Empfehlung des Anwalts zu einem Rechtsmittel folgen? Das Bedrohliche an unscharfen Normen ist, dass sie fast jederzeit Diskussionen über fast alles zulassen, so dass auch mit allem argumentiert und Rechtsfolgen daraus hergeleitet werden können. Rechtssicherheit besteht darin, dass man in einer Situation verlässlich wissen kann, dass manches überhaupt kein Thema ist. Rechtskultur besteht darin, dass über solche Grenzen weiterhin Konsens besteht.

55) Nachweise s. Rn. 12.20 f., 12.36. Die Meinungen waren geteilt. Zuletzt dürfte sich aber eine Mehrheit dafür herausgebildet haben, dass die Klauseln AGB waren.

III. Gerichte und Recht

Transaktionen noch nicht gegangen. Allerdings dürfte dies mehr mit einem weisen **Judicial Self Restraint** als mit dem ausgeuferten und konturenlosen Begriff des Formularvertrages zusammenhängen. Es ist nicht zu verkennen, dass bei Anwendung der unscharfen Kriterien für das Vorliegen eines Formularvertrages, etwa der Kriterien, die in den Treuhandanstalt-Entscheidungen zugrunde gelegt wurden, die **Sicherheitsmarge**, die die M&A-Praxis von den §§ 305 ff. BGB trennt, **sehr schmal**[56] ist. So kann kaum verlässlich ausgeschlossen werden, dass die §§ 305 ff., wohl v. a. § 307 BGB, irgendwann zu einem Thema für M&A-Transaktionen werden könnten.[57]

Das Aufstellen von formalen Anforderungen, die dazu beitragen, Fragen eindeutig und schnell zu entscheiden und die von dem Verkehr eingehalten werden können, ist ein für die Praxis sehr hilfreiches und bewährtes Mittel jeder Rechtsordnung. Insoweit wäre eine Kritik am „Formalismus" zurückzuweisen. Das Bemerkenswerte am deutschen Recht ist aber, dass nach fast 120 Jahren BGB immer noch **viele Formfragen nicht eindeutig beantwortet** sind. Aus Sicht von M&A-Transaktionen bedeutet dies, dass eine Entscheidung über die Nichteinhaltung einer in Betracht kommenden Form i. d. R. nur nach umfangreicher vorheriger Rechtsprüfung getroffen werden kann,[58] dass sich bei M&A-Streitigkeiten plötzlich an **überraschenden Stellen Nichtigkeitsrisiken** auftun können oder – aus Sicht der Gegenpartei – die Chance besteht, eine Vertragsnichtigkeit mit einem Formverstoß zu begründen.

15.35

b) Verfallende Dogmatik und „Pianistentheorie"

Das **Vernunftrecht**, v. a. *Hugo Grotius* und *Samuel Pufendorf*, traf auf den schon erwähnten „fast revolutionären Wechsel der Träger der Rechtspflege", der in der Verdrängung der „Urteiler" aus der Volksgemeinde bestand, und entfaltete seine systematisierende Wirkung auf den vorhanden und hinzugebrachten Rechtsstoff.[59] Hierauf – mehr als auf das römische Recht – gehen die meisten dogma-

15.36

---

56) Dies ist ein gutes Beispiel dafür, wie durch Optionenreichtum der Rechtsauslegung Entscheidungen nicht mehr prognostizierbar sind und entsprechende Unsicherheit geschaffen wird. Würde sich eine Partei eines M&A-Vertrages in einem Schiedsgerichtsverfahren auf § 307 BGB berufen, würde es unter Umständen zu einer Frage des „Fingerspitzengefühls" werden, ob die Schiedsrichter hierauf eingehen. Das spricht nicht für die Qualität des Rechts.
57) Eine dritte Ebene einer materiellen Vertragskontrolle stellen § 242 BGB und die zahlreichen ihn sekundierenden Normen, etwa §§ 134, 138, 139, 226, 241 Abs. 2, 313, 314, 319 und 343 BGB dar.
58) Die für M&A-Transaktionen relevanten Fragen betreffen v. a. § 311b n. F. BGB, § 15 Abs. 3 und 4 GmbHG, die Heilungsvorschriften des § 311b Abs. 1 Satz 2 BGB und von § 15 Abs. 4 Satz 2 GmbHG, sowie § 128 BGB und die beurkundungsrechtlichen Regelungen insbesondere der §§ 6–14 BeurkG. Von der hilfreichen, positiven Seite der Formalien ist also zurzeit wenig zu spüren. Der beratende Anwalt, der um diese Risiken zu umschiffen, den „sichersten Weg" gewählt hat und alle Absprachen in weitem Umfang beurkunden ließ, kann noch froh sein, wenn er anschließend nicht in die Anwaltshaftung genommen wird, weil er überflüssige Notarkosten auslöste.
59) *Wieacker*, Privatrechtsgeschichte der Neuzeit, S. 128, 180 ff.

15. Kapitel Rechtsstreit, Recht, Gerichte und Prozessführung

tischen Grundlagen unseres heutigen bürgerlichen Rechts zurück. Die historische Rechtsschule und **die Pandektenwissenschaft**, in die die **historische Rechtsschule** überging, blieben ihnen treu.[60] Dies führte zu einem Höhepunkt der deutschen juristischen Dogmatik in dem Pandektenlehrbuch von *Windscheid*.[61] *Wieacker* schreibt hierüber:

> „So war im Pandektenlehrbuch ... eine Autorität vereint, die heute auf verschiedene Faktoren verteilt ist: das Gesetz, die höchstrichterliche Entscheidung, den großen Kommentar für die Praxis und das Lehrbuch."[62]

15.37 Dieser Positivismus ohne dominantes positives Gesetz, den *Wieacker*, „**wissenschaftlichen Positivismus**" nannte, ging schließlich in den **Gesetzespositivismus** über – immer noch unter Aufrechterhaltung eines ungewöhnlich hohen dogmatischen Niveaus.[63]

15.38 Allerdings erging es der juristischen Dogmatik im folgenden 20. Jahrhundert nicht viel besser als zuvor der theologischen oder später der marxistischen Dogmatik. Wenn es nicht mehr *ein* Lehrbuch einer Dogmatik, sondern mehrere Schulen, Lehrmeinungen und Dogmatiken gibt, ist nicht nur die unangefochtene Rolle einer bestimmten Dogmatik verloren, sondern die der Dogmatik überhaupt gefährdet. Vor allem änderten sich die sozialen Verhältnisse: Solange noch die Frauen den Männern, die Söhne den Vätern und die Väter dem Kaiser und Pfarrer folgten, solange also ein „**Wertmonismus**" herrschte, fiel es den Richtern nicht schwer, sich auch „methodenmonistisch", begriffsjuristisch bzw. positivistisch zu dem dogmatisch interpretierten Gesetz zu bekennen. Alles war im Einklang: Werte, Religion, Tradition und begriffsjuristische bzw. positivistische Gesetzesauslegung.[64]

15.39 Dieser Einklang ging aber verloren. Die Gesetze haben in der Massendemokratie ihren Pathos[65] verloren, Begriffsjurisprudenz und Positivismus ihre Anerkennung. In der sog. pluralistischen Gesellschaft sind die Menschenrechte die herrschenden materiellen Werte; aber diese sind v. a. Anti-Einstellungen: Antifaschismus, Antirassismus, Antiwilhelmismus, Anti-Militarismus, Anti-Konstitutionalismus, Antimittelaltertum, Antiantike, eigentlich überhaupt Anti-Vergangenheit. Auch die Zukunft vermag heute **keine konsensfähigen Werte** anzubieten. Schließlich sind selbst technokratische „Sekundärtugenden" wie **Begriff-**

---

60) *Wieacker*, Privatrechtsgeschichte der Neuzeit, S. 229.
61) *Windscheid*, Lehrbuch des Pandektenrechts.
62) *Wieacker*, Privatrechtsgeschichte der Neuzeit, S. 263.
63) *Wieacker*, Privatrechtsgeschichte der Neuzeit, S. 271 ff.
64) „Solange freilich im Rechtsbewusstsein der gesetzgebenden Mehrheit der Volksvertretung der ethische Grundbestand des europäischen Menschenbildes unausgesprochen aber selbstverständlich lebte, konnte auch der Gesetzespositivismus im Einlang mit der konkreten Rechtsidee unserer Kultur bleiben", *Wieacker*, Privatrechtsgeschichte der Neuzeit, S. 15.
65) Dies begann schon mit *Bismarck*, der die Gesetzgebung und Wurstherstellung verglichen hat und geäußert haben soll „Je weniger die Leute wissen, wie Würste und Gesetze gemacht werden, desto besser schlafen sie!"

III. Gerichte und Recht

lichkeit, Logik und Dogmatik in Verruf gekommen. Diese Rationalitätsformen haben – nach einem verbreiteten Geschmack – etwas Unmodernes und auch etwas *Zwingendes* an sich, das sie schon fast als Helfershelfer abgelehnter Vergangenheit unter Verdacht bringt.[66]

Wieacker zeichnete schon vor fast sechzig Jahren einen skeptischen Ausblick auf den **Methodenpluralismus** des bürgerlichen Rechts: 15.40

> „Heute, nachdem die Grundlagen und das Prestige der pandektistischen Methode zerstört sind, und eine neue produktive Methode sich nicht durchgesetzt hat, wird man ohne Resignation sagen müssen, dass die dogmatische Fortentwicklung auf dem Gebiet des bürgerlichen Rechts … in den letzten Jahrzehnten an Wirkung und Gewicht dem regelmäßigen Tagewerk der Pandektenwissenschaft und selbst noch ihrer Nachzügler zu Beginn dieses Jahrhunderts nicht mehr gewachsen war."[67]

Am Ende bleibt der Rechtsprechung (natürlich) doch nichts anderes übrig, als an dem Gesetz anzuknüpfen. Dies geschieht jedenfalls pragmatisch, wobei das Gesetz, als eingeordnet in ein größeres Angebot von widersprüchlichen, aber schwachen Werten, wahrgenommen wird, zwischen denen sich die Gerichte ohne erhebliche begriffliche Anstrengungen relativ leicht und frei bewegen können; es herrscht ein **skeptischer Eklektizismus bei schwachen Werten, Methodenvielfalt und erheblichen richterlichen Spielräumen** – in den Worten des vormaligen Präsidenten des BGH *Professor Hirsch*: 15.41

> „Sucht man ein Bild, so passt meines Erachtens am ehesten das des Pianisten und Komponisten für das Verhältnis von Richter und Gesetzgeber. Er interpretiert die Vorgaben, mehr oder minder virtuous, er hat Spielräume, darf aber das Stück nicht verfälschen."[68]

Ein virtuoser Interpret also, soll der Richter sein dürfen, statt bloß „être inanimé" und „la bouche qui prononce les paroles de la loi"[69] sein zu müssen. Wo 15.42

---

66) *Luhmann* gibt einen anderen Grund für den Rückgang der logischen Argumentation an, nämlich dass bewusst geworden sei, wie kompliziert die Logik ist und wie wenig sie von dem Juristen beherrscht werden kann: "So hütet der Jurist sich heute, den Anspruch zu erheben, streng logisch zu argumentieren; die Logik zeigt allzu deutlich, was dazu erforderlich wäre." *Luhmann*, Ausdifferenzierung des Rechts, S. 188.
67) *Wieacker*, Privatrechtsgeschichte der Neuzeit, S. 362. Krit. auch *Rüthers*, Rechtstheorie, Rn. 640 ff., 675, 694, 696–713.
68) *Hirsch*, ZRP 2006, 161.
69) „Il n'y a point encore de liberté si la puissance de juger n'est pas séparée de la puissance législative et de l'exécutrice. Si elle était jointe à la puissance législative, le pouvoir sur la vie et la liberté des citoyens serait arbitraire: car le juge serait législateur. Si elle était jointe à la puissance exécutrice, le juge pourrait avoir la force d'un oppresseur. …Mais, si les tribunaux ne doivent pas être fixes, les jugements doivent l'être à un tel point, qu'ils ne soient jamais qu'un texte précis de la loi. S'ils étaient une opinion particulière du juge, on vivrait dans la société, sans savoir précisément les engagements que l'on y contracte. Des trois puissances dont nous avons parlé, celle de juger est en quelque façon nulle…Mais les juges de la nation ne sont, comme nous avons dit, que la bouche qui prononce les paroles de la loi; des êtres inanimés qui n'en peuvent modérer ni la force ni la rigueur.", *Montesquieu*, De l'Esprit des lois. Livre XI, Chapitre VI De la constitution d'Angleterre.

aber ist der Unterschied zwischen einem virtuosen Interpretieren und einem „mehr oder minder virtuosen" Improvisieren oder Herumklimpern auf einem Klavier? Der Methodentheoretiker *Rüthers* hat das Bild von *Hirsch* entsprechend mehrfach nachdrücklich als **„Pianistentheorie"** angegriffen.[70]

15.43 Das postmoderne Nebeneinander von **übrig gebliebenen Dogmatiktrümmern**, gelegentlichen Ansätzen zu einer **Rückkehr zu einem systematisch-dogmatisch gedachten Recht** und von weitgehender **dogmatikfreier Wert- oder Zweckorientierung**, setzt Prozessparteien einer besonders **gefährlichen Situation** aus: Sie wissen vorher nicht, welche Töne das Gericht anschlagen wird und müssen mit allen Varianten rechnen. Gerade dieses Nebeneinander mehrerer Optionen **erhöht** aus Sicht der Parteien die **Unvorhersehbarkeit des Urteils**[71] und aus Sicht des Gerichts die Leichtigkeit, mit der es sowohl das eine wie das andere begründen kann.[72] Die Parteien wissen nicht einmal, ob das Gericht (wenigstens) während seiner Entscheidung bei derselben Melodie bleibt oder ob es zwischendurch die Tonart ändert. Die Gemengelage von Dogmatik und Topik macht die Lage gelegentlich so unübersichtlich, dass diejenigen, die sparsamer mit der Resource „Geist" umgehen möchten, lieber gleich nach dem Gefühl entscheiden. Hier gilt dann *Kants*[73] schönes Beispiel: Wenn man sich Aufgaben stellt, die man nicht lösen kann – etwa einen Bock zu melken –, kann man auch ein untaugliches Mittel anwenden – etwas ein Sieb darunterhalten.

15.44 Die zuvor beschriebene Situation der Rechtsprechung drückt sich häufig auf die Weise aus, dass **Urteile wenig „geradeheraus"** sind und eine klare Auskunft vermeiden, warum so oder so entschieden wurde. Die Entscheidungen scheinen auch häufig nicht dort gefallen zu sein, wo dies die Parteien – selbst ihre Anwälte – erwartet haben, beim Nachweis eines Vorsatzes durch eine Beweisaufnahme schon gar nicht, aber auch immer seltener als Ergebnis einer klaren Rechts- oder Vertragsauslegung. Ebenso selten werden sie eine eindeutige Bewertung, Logik oder auf eine pragmatischen kommerziellen Gesichtspunkt gestützt.

---

70) *Rüthers*, NJW 2009, 1461; *Rüthers*, NJW 2011, 1857. *Rüthers* sieht sich in seiner krit. Haltung durch zwei in den vorgenannten Beiträgen behandelte Entscheidungen des BVerfG bestätigt. *Rüthers* spricht sich auch ausdrücklich gegen einen Methodenpluralismus aus und scheint ein „Methodengesetz" für nicht von vorneherein ausgeschlossen zu erachten (*Rüthers*, Rechtstheorie, Rn. 713).

71) Zusätzlich bleibt die Möglichkeit, dass das Gericht einfach i. S. aller denkbaren Varianten falsch entscheidet. Immerhin gibt es weiterhin nicht selten überzeugende und souveräne Urteile der staatlichen Justiz.

72) Richter hatten, seit es Gesetze gibt, bei der Begründung der Urteile schon immer zwei Optionen. Sie können sich dafür entscheiden, sich eng an das Gesetzesrecht oder Präjudizien zu halten oder sie konnten in das Reich der „Billigkeit" überwechseln. „… steht das geschriebene Gesetz dem zur Verhandlung stehenden Sachverhalt entgegen, so muss man auf das Allgemeine und die Sätze der Billigkeit, als im höheren Maße mit der Gerechtigkeit in Übereinstimmung stehend, rekurieren", schrieb schon *Aristoteles*, Rhetorik, Buch I, 15. Kap.

73) *Kant*, Kritik der reinen Vernunft, zit. nach Ausgabe Felix Meiner Verlag, 1956, S. 100.

III. Gerichte und Recht

Es wird eher bevorzugt, die Parteien zu einer **Slalom- oder Zickzackfahrt** zwischen Werten, Normen, formalen Erfordernissen und prozessualen Fragen einzuladen. Mehrfaches Haken-Schlagen, um möglichst viele Dinge links und rechts zu berühren, die zu einem klaren Urteil führen könnten, es aber nicht tun, und im letzten Moment noch einmal die Richtung korrigieren – am besten wegen einer individuellen Petitesse, einer Formfrage oder einer prozessualen Bagatelle. Die Urteilsbegründung dürfte in solchen Fällen kaum noch etwas mit dem Zustandekommen der Entscheidung zu tun haben. 15.45

Eine gute Nachricht ist immerhin, dass es im Allgemeinen besser wird, je weiter man in den Instanzen der staatlichen Gerichtsbarkeit nach oben steigt, und rechtliche Grundsätze und die entscheidenden Sachverhaltsfragen eher die Bedeutung zurückgewinnen, die ihnen zukommen sollte. Dasselbe gilt bei Schiedsgerichten. 15.46

3. Richter

a) Hintergrundwissen

Hintergrundwissen ist Wissen über Fakten und Zusammenhänge zu relevanten Themen, welches die Richter nicht erst durch das Verfahren erlangen; hierzu gehört allerdings auch Hintergrund*un*wissen, d. h. nicht vorhandenes, und Hintergrund*fehl*wissen, falsches Wissen. Das Hintergrundwissen der Richter wirkt auf ihre Beobachtung der Prozessführung der Parteien ein. Es hilft ihnen, wie mit einer Landkarte, eine Vorauswahl der Fakten zu treffen, die sie interessieren, und diese in einen Zusammenhang zu bringen. Ohne ein passendes Hintergrundwissen wird mancher Vortrag nicht verstanden oder vielleicht nicht einmal als relevant bemerkt. 15.47

Das **Hintergrundwissen** der Richter **überlagert** und ergänzt die Morphologie des Gefechtsfeldes, die der Gesetzgeber in der Form von **Tatbestandsvoraussetzungen** vorgegeben hat. Es kann Gräben und Abgründe vertiefen oder nivellieren, Flüsse reißender oder zu einem harmlosen Bächlein und Bergketten sperriger oder zu sanften Hügeln werden lassen und Umstände, die gegen eine Partei sprechen, vernebeln oder in ein grelles Licht rücken. 15.48

Das Hintergrundwissen kann man, bezogen auf ein Thema, mit den beiden Achsen „**richtig – falsch**" und „**viel – wenig**" beschreiben, also ergibt sich: 15.49

- großes, richtiges Wissen,
- geringes, aber richtiges Wissen,
- geringes, falsches Wissen,
- großes, aber falsches Wissen.[74]

---

[74] Der Gedanke, dass es ein großes, aber falsches Wissen geben könne, wird etwa bei *Montaigne*, Essais, Buch I, Kap. XXV ausgesprochen. „Il falloit s'enquirir qui est mieux sçavant, non qui est plus sçavant."

15.50 Im Interesse einer idealen Justiz wäre sicher die erste Kombination wünschenswert; gar nicht so selten mag eine Partei aber auf die Letztere hoffen.[75]

15.51 Bei staatlichen Richtern ist das Vorhandensein und Ausmaß des **Wissens zu wirtschaftlichen Fragen** – aus einem Zweitstudium, privater Lektüre, familiären Zusammenhängen, früheren Rechtsstreitigkeiten – oft ein (bewusst) **wohl gehütetes Geheimnis**,[76] so dass der an der Aufklärung von Missverständnissen interessierte Anwalt kaum Ansatzpunkte zu einem Eingreifen hat. Selbst wenn deutlich wird, *wo* ein Gericht konkrete Unklarheiten hat, ist es sehr schwer, diese angemessen anzugehen. Der Prozessgegner wird nichts zu einer qualifizierten mündlichen Diskussion beitragen. Er wird, im Gegenteil, versuchen die Erläuterungsversuche des Gegenanwalts zu torpedieren, das Gericht in Irrtümern zu bestärken und das Thema zu verwirren; bisweilen nehmen selbst Anwälte, die es besser wissen, **absichtlich „Dummenpulver"** und geben Gerichten bei groben Missverständnissen „Rückendeckung". Erklärungsversuche eignen sich hier auch wenig für einen schriftlichen Vortrag. Die **Wissenslücke** im konkreten Fall ist oft **zu groß** als dass sie auch durch einen schriftlichen „Expresskursus" aufgefüllt werden könnte, der zudem, weil es keine rechtzeitige Rückmeldung gibt, oft sein Ziel verfehlen würde. Vor allem werden solche Schriftsätze von den Richtern, auch wenn tatsächlich Lernbedarf besteht, **als belehrend verübelt**.

15.52 Zweifelsfrei liegt ein großer Vorteil der Schiedsgerichte darin, dass die Schiedsrichter danach ausgesucht werden können, ob sie das erforderliche Hintergrundwissen mitbringen und so der Zufallsfaktor reduziert werden kann.

b) Einstellungen

15.53 Die Einstellungen der Richter beziehen sich auf Bewertungen, die im Moralischen, Ethischen, Politischen, (inkl. Verfassungspolitischen), Weltanschaulichen, Religiösen und Philosophischen beheimatet sind. Im Rahmen einer groben Vereinfachung lassen sie sich v. a. vermittels zweier Achsen darstellen, einer Achse „Staat – Freiheit" und einer Achse „soziale Gerechtigkeit – Eigentum". Von der Verortung auf der Achse **Staat – Freiheit** hinge etwa ab, ob ein Richter tendenziell der

---

[75] Um bei einem schwachen Fall vor einem schwachen Gericht vielleicht doch noch zu einem Erfolg zu kommen. S. Rn. 12.249 f.
[76] Leider werden die Richter häufig die Grenzen ihres eigenen Verständnisses selbst nicht erkennen oder verbergen, so dass sie erst – wenn es zu spät ist – aus dem Urteil ersichtlich werden.

III. Gerichte und Recht

Vertragsfreiheit und Parteienautonomie oder Ordnungsvorstellungen,[77] etwa den in unserer Rechtsordnung vorhandenen Materialisierungen, mehr Gewicht einräumt; entsprechend wird der Machtbereich der Rechtsprechung weiter in die Gesellschaft hinein vorgeschoben und wohlmeinende, steuernde Kontrolle ausgeübt[78] oder i. S. von *Judicial Restraint* zurückgenommen. Auf der zweiten Achse treffen die grundlegenden sozial-philosophischen Werthaltungen – zwischen Bergpredikt und Liberalismus – aufeinander. In Kombination mit der ersten Achse würden sich vier Einstellungstypen ergeben wie

– ordnungspräferierender Eigentumsanhänger,

– ordnungspräferierender Anhänger der sozialen Gerechtigkeit,

– freiheitspräferierender Eigentumsanhänger,

– freiheitspräferierender Anhänger der sozialen Gerechtigkeit.

Auf der Achse **Staat – Freiheit** wäre auch zu verorten, welche Position ein Richter in der Methodenfrage einnimmt; sieht er sich stärker durch eine Methodenlehre, Dogmatik oder Rechtsprechung an das Gesetz gebunden oder sieht er sich, etwa durch die Erwähnung von „Gesetz und Recht" in Art. 20 Abs. 3 GG, normativ dazu ermächtigt, großzügiger von den faktischen Freiheiten Gebrauch zu machen, die die Justiz ohnehin besitzt?   15.54

c) Stile

Die unterschiedlichen Verhaltensstile können, wie bei der Beschreibung von Formen der Führung gebräuchlich, zunächst auf einer Achse „**autoritär – kooperativ**" abgetragen werden. Von der Verortung auf dieser Achse würden etwa die Setzung von Fristen und die Zurückweisung von Vortrag ebenso abhängen, wie   15.55

---

77) Im Ergebnis einer von ihm 1974 durchgeführten empirischen Untersuchung kam der Ex-Jurist und Ex-Verwaltungsbeamte *Luhmann* zu der Einschätzung, dass Richter fast noch beamtentypischer seien als Beamte selbst. „Besonders fällt auf die Selbstselektion zum Richterberuf ... Er zieht etwas stärker als andere Rechtsberufe Nachwuchs aus den Oberschichten an, v. a. Kinder höherer Beamter. Man müsse danach erwarten, dass dieser Nachwuchs in stärkerem Maße Persönlichkeitsmerkmale aufweist, die für obere Schichten typisch sind – also Flexibilität, Toleranz für andere, Selbstzurechnung ... von Erfolg und Misserfolg, Risikobereitschaft. Das Gegenteil ist der Fall. Die Auslese läuft her von der Herkunft her zu erwartenden Trend entgegen. Die Kandidaten für den Richterberuf zeigen z. B. ein geringeres Maß an beruflichem Erfolgsstreben. Sie rechnen Ereignisse eher den Umständen als sich selbst zu, sie sind weniger risikobereit und weniger in der Lage, Unbestimmtheiten ... zu tolerieren. Ihre Berufswerte zentrieren um Sicherheit und Unabhängigkeit des Gehalts von Erfolg und Misserfolg, sind eher auf Ordnung als auf Abwechslung gerichtet. Kurz: es handelt sich um typische Beamte. Und zwar sind ... diese beamtentypischen Merkmale im Richternachwuchs sehr viel stärker ausgeprägt als im Nachwuchs für die Verwaltungslaufbahn." *Luhmann*, Ausdifferenzierung des Rechts, S. 178.

78) Etwa bei den Freiheitsgraden, wie sie sich die Rspr. bei der Auslegung von Verträgen und Gesetzen herausnimmt, insbesondere bei wertauffüllungsbedürftigen Begriffen wie in § 242 BGB.

die Atmosphäre in mündlichen Verhandlungen und die Freiheitsgrade der Anwälte bei Zeugenvernehmungen. Die weitere Achse „**konventionell – intellektuell**" erlaubt eine Abrundung der Beschreibung der Verhaltensstile. Man würde hiernach

- kooperativ konventionelle,
- autoritär konventionelle,
- kooperativ intellektuelle und
- autoritär intellektuelle

Verhaltensstile unterscheiden können.

15.56 Die Intellektualität im Gegensatz zur Konventionalität würde etwa an dem Niveau des dogmatischen Interesses und der geübten Bereitschaft, neuen und schwierigeren Gedankengängen auch aus nichtjuristischen Bereichen zu folgen oder sie zu entwickeln, ablesbar sein. Eine konventionelle Orientierung wird sich bei ungewohnten Gedankengängen und Begriffen irritiert zeigen, aber weniger Anstoß an gedanklich widersprüchlichen oder gewohnheitsmäßigen Argumenten nehmen und anspruchsvollere Argumente nicht präferieren.

15.57 Schließlich liegt ein wichtiger Unterschied auch darin, in welchem Ausmaß ein Richter bereit ist, sich *in casu* zu engagieren, also Arbeitszeit und Energie einzusetzen. Mehr **Arbeitseinsatz** führt – ceteris paribus – dazu, dass Verborgenes eher entdeckt wird und komplexe Gedanken eher eine Chance erhalten.

d) Zur Auswahl von Schiedsrichtern

15.58 Es ist eine einfache, aber nicht häufig ausgesprochene Wahrheit, dass *erstens* überhaupt die **Existenz**, *zweitens* eines arbeitsfähigen und arbeitenden und *drittens* die Qualität **eines Gerichts** oder Schiedsgerichts v. a. im Interesse des **Klägers** liegt, der einen begründeten Anspruch erhebt. Für den sich verteidigenden Beklagten wäre es – natürlich nur bezogen auf den konkreten Streitfall – am besten, es gäbe gar keine Gerichte, kein Gericht wäre zuständig, die Klage wäre unzulässig, es würde auf ewig über formale Fragen gestritten etc. oder das Gericht wäre am Ende zu schwach und zerstritten, um eine Verurteilung begründen zu können.[79] Wenn dies zutrifft, besteht schon ein **Interessengegensatz** der Parteien darin, **ob** wirklich ein **starkes**, qualitätsvolles, zügig arbeitendes **Schiedsgericht** aus der Taufe gehoben werden soll.

---

79) *v. Clausewitz* vergleicht den Vorteil der Beklagten im Rechtsstreit mit dem des Verteidigers im Krieg. „Dieser aus Begriff und Zweck sich ergebende Vorteil der Verteidigung liegt in der Natur aller Verteidigung und ist im übrigen Leben, besonders in dem dem Kriege so ähnlichen Rechtsverkehr, durch das lateinische Sprichwort beatis sunt possidentes fixiert" (*v. Clausewitz*, Vom Kriege, VI. Buch, Kap. 1 Abs. 2, S. 361). In der Sache ähnl. auch *Wach*, Taktik in M&A-Schiedsverfahren, S. 74.

III. Gerichte und Recht

Der große Vorteil von Schiedsgerichten, dass die Schiedsrichter nach ihrem Vorwissen, ihrer Einstellung und ihrem Stil und ggf. auch im Hinblick auf ihr Zusammenwirken ausgewählt werden können, um die Sachkompetenz und die Verfahrensqualität gegenüber einem zufällig zusammengesetzten staatlichen Gericht[80] zu erhöhen, ist daher, wenn es an die Auswahl der Schiedsrichter geht, teilweise schon zum Vorteil einer Partei und gleichzeitig dem Nachteil der anderen geworden. Beide Parteien wollen den ausgebrochenen Konflikt **gewinnen, nicht** ein **optimales Schiedsgericht**, und ihre Ansprüche an die Schiedsrichter gehen daher objektiv und zumeist auch schon subjektiv auseinander. Beide Seiten werden Vorstellungen davon haben, wie sie den Rechtsstreit gewinnen können und Schiedsrichter bevorzugen, die erwarten lassen, für die zu ihrem Sieg führenden Gedankengänge besonders empfänglich zu sein.

15.59

Das Thema ist aus der Trial Advocacy in den vereinigten Staaten, insbesondere aus dem sog. **Voir Dire**, der Befragung der prospektiven Juroren durch Anwälte bei der **Jury Selection**, bekannt. Es gibt eine beachtliche Literatur zu dem Thema[81] und sogar spezialisierte Beratungsunternehmen, die Anwälten bei der Jurorenbeurteilung behilflich sind.[82] Dabei spielt auch die Antizipation von gruppendynamischen Strukturen und Meinungsbildungsprozessen in der Jury eine Rolle. Das Ziel ist, dass einer oder mehrere für die eigenen Themen empfängliche Juroren in die Jury gewählt werden, die unter den anderen Juroren zu Meinungsführern werden können.[83] Es werden sogar Untersuchungen dazu durchgeführt, wie die verfügbaren Argumente vorgebracht werden müssen, um bei einer gegebenen Jury am besten zu „stechen", indem – in großen Fällen – wichtige Verfahrensabschnitte um einige Tage vorgezogen und einer ähnlich besetzten Mock-Jury vorgespielt werden.[84]

15.60

Bei deutschen oder europäischen Schiedsgerichtsverfahren ist es zumeist so, dass der Kläger zuerst einen Schiedsrichter zu benennen hat.[85] Der Kläger ist also zuerst gebunden und, was immer die Idee des Klägers war, der Beklagte kann in Ruhe überlegen, wie er sie durchkreuzt. Spieltheoretisch liegt ein se-

15.61

---

80) Hierzu trägt allerdings bei, dass Schiedsrichter meist älter und erfahrener sind als Richter in den Eingangsinstanzen der staatlichen Gerichtsbarkeit und dass sie, und zwar alle drei Schiedsrichter, wesentlich mehr Zeit auf das Verfahren verwenden können als die Richter am LG (s. bereits Rn. 12.126). Bei Deliktssachverhalten kann es sich gleichwohl eher empfehlen, es bei der Zuständigkeit eines staatlichen Gerichts zu belassen (*Wach*, Taktik in M&A-Schiedsverfahren, S. 67). Allerdings: wie soll man im Vorhinein wissen?
81) Z. B. *Starr/McCormick*, Jury Selection; *Jonakait*, The American Jury System; *Kressel/Kressel*, Stack and Sway, The new Science of Jury Consulting.
82) Etwa: www.juryresearchinstitute.com; www.rd-ss.com; www.trialbehavior.com.
83) *Schrager*, The Trial Lawyer's Art, S. 67.
84) http://www.trialbehavior.com/articles/Mock%20Trials%20Past%20and%20Present.pdf.
85) So auch *Hantke*, Taktik im Schiedsverfahren, S. 38.

quential move game, nicht ein simultaneous move game[86] vor, was auch vorstellbar, und eigentlich fairer wäre, in welchem die Parteien ihre Benennungen zeitgleich abgeben müssten. Der Kläger muss aber, so wie die Regeln heute zumeist sind, bei seiner Auswahl zwangsläufig davon ausgehen, dass der Beklagte mit einer Gegenauswahl reagieren könnte, die die Wirksamkeit der Klägerauswahl minimiert. Er sollte also seine Auswahl so treffen, dass, was immer die Gegenauswahl des Beklagten ist, er das bestmögliche Ergebnis erreicht. Dies ist das, was man eine **Minimax-Strategie**[87] nennt.

15.62 Allerdings muss er bei dieser Strategie eine große **Unbekannte** mit ins Kalkül ziehen, nämlich die Frage, welchen **Obmann, Vorsitzenden** bzw. **Präsidenten** die beiden anderen Schiedsrichter gemeinsam auswählen werden. Er wird nicht nur die Balance zwischen den anderen Schiedsrichtern maßgeblich beeinflussen, sondern i. d. R. der wichtigste Schiedsrichter sein. Die Parteien vermögen nicht einmal den von ihnen vorgeschlagenen Schiedsrichter darauf festzulegen, nicht in einen bestimmten Obmann – z. B. keinen Techniker, keinen Anwalt, keinen Richter – einzuwilligen.[88]

15.63 Diese Unsicherheit und die Schwierigkeiten, das Agieren der Schiedsrichter, ihre eigene Überzeugungsgewinnung und ihre Überzeugungskraft und die Beratungsdynamik im Schiedsgericht zu prognostizieren, wirken (wohltuend) **dämpfend auf zu viel Taktik bei Auswahl der Schiedsrichter** ein. Praktisch wird der Kläger zunächst überlegen, welches Hintergrundwissen, welche Einstellungen und welche Stile er in dem Schiedsgericht vertreten sehen möchte. Sind schwierige rechtliche, betriebswirtschaftliche oder technische Fragen entscheidend? Müssen Experten im Schiedsgericht vertreten sein oder können die Fachfragen auch ausreichend durch Schriftsätze, mündliche Ausführungen und Sachverständige eingebracht werden? Welche Nachteile könnten für die eigene Seite entstehen, wenn zwei qualifizierte Juristen einem Nichtjuristen gegenübersäßen? Sodann wird sich der Kläger überlegen, **welche Persönlichkeitstypen** er **nicht im Schiedsgericht** sehen möchte, weil er von ihnen bestimmte Missverständnisse oder seiner Sache abträgliche Einstellungen bzw. sogar eine Befangenheit zugunsten des Gegners erwartet. Oft wird es am Ende aller Überlegungen einfach nur darum gehen, einen **qualifizierten, sachkompetenten** und der eigenen Sache **nicht feindlichen** Juristen auszuwählen, von dem man zudem das Vermögen erwartet, konstruktiv auf das Schiedsgericht **einzuwirken**.

---

86) Zu diesem Begriffspaar vgl. *Dixit/Nalebuff*, Thinking Strategically, S. 33 ff. Schach ist ein *sequential move game*, das Gefangenendilemma ein *simultaneous move game*.

87) Die auf *Neumann* und *Morgenstern* zurückgehende *Minimax-Strategie* empfiehlt in Zwei-Personen-Nullsummenspielen Züge (moves) zu machen, die das *maximale Ergebnis* (payoff) *des Gegners minimieren* (vgl. *Dixit/Nalebuff*, Thinking Strategically, S. 178 ff. *Davis*, Game Theory, S. 38 f.).

88) Nach Ziff. 12.2. Satz 2 DIS-SchO „sollen" die Schiedsrichter bei der Benennung des Vorsitzenden nur „übereinstimmende Wünsche der Parteien berücksichtigen."

Der Beklagte wird seinen Schiedsrichter zunächst analog nach den von ihm vorzubringenden Themen aussuchen. Unter Umständen plant der Beklagte auch eine Destruktionsstrategie, etwa eine Verzögerungsstrategie; dann wird er dies bei seiner Auswahl berücksichtigen. 15.64

IV. Zur Prozessführung

Deutsche staatliche Richter sehen sich im Allgemeinen selbst lieber als aktive Instruktoren denn als passive Juroren. Auch wenn eine materielle Prozessleitung, wie sie der Vorstellung der reformierten ZPO entspricht,[89] umso unrealistischer ist, je komplexer der Prozess ausfällt, wollen sie jedenfalls nicht nur nachvollziehen, was die Anwälte ihnen vorlegen, sondern ihre **Blicke frei über das Gefechtsfeld gleiten** lassen und selbst entscheiden, was sie näher untersuchen wollen. Sie mögen alles, was die Phalanxen der Argumente der Anwälte durcheinander bringt, studieren – gerne auch Passagen von Anlagen, die nicht in Bezug genommen wurden – oder stellen überraschende und direkte Fragen an die Parteien (was fragwürdig sein kann). Dennoch sind sie – das ist der Kern des Rechtsstreites als eines friedlichen Kampfes mit Argumenten auf Basis von Fakten und des Rechts – **Adressaten gezielter Überzeugungsstrategien** der Anwälte, die nun teilweise beleuchtet werden sollen. 15.65

1. Kampf um den Sachverhalt

Welchen Standpunkt ein Anwalt auch immer als Philosoph einnehmen mag, als Forensiker muss er hinsichtlich der Wirklichkeit Konstruktivist bzw. Subjektivist sein. Er weiß, dass es am Ende nur darauf ankommt, **wie das Gericht den Sachverhalt sieht**. „Sachverhalt" ist sogar in der Sprache des Zivilprozesses gleichbedeutend damit, was von dem Gericht als solcher fest – und teilweise dem Urteil vorangestellt wird.[90] Die **Wahrheit**[91] von Fakten ist nur ein **Hilfsmittel** beim Kampf um den Sachverhalt, und zwar dahingehend, das Gericht zur Aufnahme dieser Fakten in seinen Sachverhalt zu veranlassen. Die hilfreiche Wirkung der Wahrheit zeigt sich in den meisten Fällen indem der Gegner die wah- 15.66

---

89) Prütting/Gehrlein-*Prütting*, ZPO, § 139 Rn. 2 f.
90) Wenn es den Fakten widerspricht, umso schlechter für die Fakten. Wobei diese nun plötzlich, abweichend von dem sonstigen Sprachgebrauch, „Tatbestand" heißen. Er ist die subjektive Wahrheit des Gerichts. Vgl. den sehr bedenklichen § 320 ZPO. S. Rn. 12.162.
91) Philosophisch kann man zweifeln, ob es eine intersubjektive objektive Wahrheit von Fakten überhaupt geben kann. Selbst wenn nicht, würde das aber im Kern nichts daran ändern, dass es ggf. unterschiedliche subjektive Wahrheiten gäbe, von denen eine zweite möglicherweise gegenüber der ersten vorzugswürdig sein könnte. *P. Wollny*, BB 1991, Beilage Nr. 17, S. 2 leitet – mit Blick auf Fragen der Unternehmensbewertung – die in der Justiz herrschende Erwartung der Eindeutigkeit daraus ab, dass es weder in der Tatsachenermittlung noch der Rechtsanwendung ein „non liquet" gibt. Die Existenz von so etwas wie *Wahrheit* ist eine *Operationsvoraussetzung der Justiz.*

ren Fakten nicht bestreitet. Andernfalls wird es allerdings schnell schwierig. Die Wahrheit beweist sich eben nicht von selbst. Hoffentlich ist wenigstens die *Wahrscheinlichkeit* höher, entsprechende Dokumente zu finden (wer sucht danach?) oder dass Zeugen entsprechend aussagen werden. Die Qualität des Sachvortrags der Anwälte im Rechtsstreit hängt auch entscheidend von der **Zuarbeit** ihrer **Partei** ab.[92] Typischerweise sind bei M&A-Streitigkeiten wirtschaftliche Umstände, subjektive Merkmale und Gesprächsinhalte umstritten.

– **Wirtschaftliche Umstände** sind oft als Tatbestandsvoraussetzungen von Ansprüchen und für die Bestimmung der Höhe von Rechtsfolgen relevant, z. B. im Zusammenhang mit Unternehmenswerten.

– **Gesprächsinhalte und Verhandlungsabläufe** werden streitig, wenn in Gesprächen Tatbestände einer Haftungsnorm erfüllt sind (z. B. eine falsche Angabe gemacht, auf eine Frage geschwiegen) oder die Grundlagen dafür gelegt werden, dass dem Verkäufer nach § 278 BGB oder analog § 166 BGB subjektive Merkmale von sog. „Verhandlungsgehilfen"[93], „Wissensvertretern" und „Wissensträgern"[94] zugerechnet werden können. Allerdings kann in einem Gespräch auch eine haftungsausschließende Aufklärung erfolgt sein. Bisweilen wird die Rekonstruktion von Verhandlungsabläufen unternommen, um hieraus ein besonderes Gewicht eines Vorgangs oder eine Kausalität („weil Sie X gesagt haben, haben wir Y akzeptiert") herzuleiten.

15.67 **Gespräche sind schwer zu rekonstruieren.** Oft wird die vortragende Partei den Gesprächsverlauf schon in ihrer Erinnerung auf eine für sie vorteilhafte Weise „geglättet" haben. Dadurch dass der Anwalt diese Erinnerung schriftsätzlich vorträgt, wird der Inhalt noch einmal weiter in Richtung des vermeintlichen Vorteils der Partei akzentuiert. Wenn die Gegenpartei ebenso vorgeht, liegen dem Gericht zwei Darstellungen vor, die beide angreifbar sind – und es kann u. U. eine Frage des Zufalls sein, welche Partei eine Unstimmigkeit des Vortrags der anderen aufdecken, und so das Gericht auf ihre Seite ziehen kann. Auch redliche Parteien stoßen bei ihrem Versuch, einen zusammenhängenden

---

92) Die Qualität der Aktionen des Anwalts, der Vortrag oder die Argumentationen in seinen Schriftsätzen, die Interventionen in der mündlichen Verhandlung oder seine Zeugenvernehmung hängen völlig davon ab, wie gut er von seinen Mandanten *„aus dem Hinterland" munitioniert* wird. Die Qualität dieser Versorgung ist auch bei M&A-Streitigkeiten außerordentlich unterschiedlich. Sie reicht, im positiven Fall, von dem Bereitstellen von qualifizierten Vollzeitkräften zur Erschließung, Sichtung und Vorbereitung von Informationen und der Bereitstellung von technischen und betriebswirtschaftlichen Fachberatern auf der einen Seite bis dahin, dass sich der Anwalt bei wenig motivierten Mitarbeitern des Unternehmens durchfragen muss, um stückweise sorglos zusammengestellte, widersprüchliche, wechselnde und am Ende nicht belastbare Informationen zu erhalten. Es kommt auch vor, dass „Tauben" im Unternehmen die von den „Falken" veranlassten Aufklärungen geradezu sabotieren.
93) S. Rn. 6.154 f., 6.159 ff.
94) S. Rn. 6.154 f., 7.40 ff.

IV. Zur Prozessführung

Gesprächsverlauf zu rekonstruieren, oft auf die versteckte Schwierigkeit, dass der **historisch wirkliche Gesprächsverlauf** von **Halbheiten** an Wissen, Missverständnissen, Irrtümern, ungeklärten eigenen Absichten und Präferenzen etc., **beeinflusst** war, die inzwischen aufgeklärt, überwunden und **vergessen** sind. Gesprächsteilnehmer können sich oft später an diese Umstände, ohne deren Einfluss aber der Verlauf des Gesprächs nicht erklärt werden kann, nicht mehr erinnern. Gerade der Versuch, das Gespräch „glättend" so zu rekonstruieren, dass sein Verlauf auf Grundlage ihres heutigen Kenntnisstandes einen Zusammenhang und Sinn ergibt, führt so aufs Glatteis, weil die Erklärung zwangsläufig mit einzelnen Umständen nicht zusammenpassen kann. Für die Gegenpartei ergibt sich daraus die Chance, solchen Umständen eine Bedeutung und einen Inhalt zu geben, die sie historisch nicht besaßen.

Schließlich sind in M&A-Streitigkeiten häufig auch **subjektive Merkmale**, v. a. Kenntnis, Vorsatz und Arglist, streitig. Diese sind i. d. R. entscheidende Tatbestandsmerkmale von Haftungsnormen mit weit reichenden Folgen – wie der Außerkraftsetzung von Haftungshöchstbeträgen, Durchbrechen der „Sperrwirkung" des Sachmängelrechts zulasten der c. i. c.[95]) oder Arglistanfechtung nach § 123 BGB. Kenntnis des Käufers kann die Haftung des Verkäufers ausschließen. Subjektive Merkmale sind oft auch deshalb umstritten, weil sie Dreh- und Angelpunkte der konkurrierenden Skripte sind.[96])   15.68

Es wurde schon die Schwäche der deutschen staatlichen Ziviljustiz bei der Sachverhaltsfeststellung und Beweiserhebung angesprochen.[97]) Die **Extensität, Intensität, Sorgfalt** und das **Niveau** von **Sachverhaltserörterungen und Beweisaufnahmen** in Zivilrechtsstreitigkeiten fallen im Allgemeinen enorm gegenüber angelsächsischen Zivil- und Strafverfahren (und auch gegenüber deutschen Strafverfahren) ab. Dies ist nicht ermutigend für die Partei, deren Prozesserfolg von dem Nachweis strittiger und schwieriger Fragen durch Zeugenbeweis abhängen könnte und erfordert von ihr besondere Sorgfalt und Umsicht.   15.69

Bei **Schiedsgerichten** verschwindet das **Problem** nicht völlig, aber wenn es zu einer Beweisaufnahme kommt und die benötigten Beweismittel zugänglich sind,[98]) **reduziert** es **sich erheblich**. Letzteres dürfte neben der häufig ausgeprägteren Sachkompetenz von Schiedsrichtern v. a. darauf beruhen, dass sie bereit sind, ein wesentlich größeres Zeitbudget einzusetzen als staatliche Richter in vergleichbaren Verfahren.[99]) Die Faktenschwäche der deutschen Justiz ist aller-   15.70

---

95) S. Rn. 6.4 f.
96) S. näher zur Skripttheorie Rn. 15.74 f.
97) S. Rn. 12.128.
98) Zu dem Nachteil der Schiedsgerichtsbarkeit, dass sie über geringere exekutive Macht verfügt als staatliche Gerichte (s. Rn. 12.126), gehört auch, dass Schiedsgerichte einen weniger direkten und verlässlichen Zugriff auf Beweismittel haben, etwa das Erscheinen von Zeugen nur über staatliche Gerichte erzwingen können (vgl. § 1050 ZPO).
99) S. Rn. 12.126.

dings so ausgeprägt, dass auch Schiedsgerichte nicht stets völlig aus ihrem Schatten heraustreten könnten.[100] Je internationaler das Schiedsverfahren, umso mehr ist die Sachverhaltsermittlung durch den angelsächsischen Prozess beeinflusst und umso besser sind die Aussichten der von einer Beweisführung abhängigen Partei.[101]

2. Kampf um Recht

15.71 Wie ein Forensiker, was den Sachverhalt angeht, nur „Konstruktivist" oder „Subjektivist" sein kann, kann er auch nur **„Rechtsrealist"** sein, was das Recht angeht. Er mag bestimmte Rechtsauslegungen für falsch, verfassungswidrig oder grob denkfehlerhaft halten – das für ihn entscheidende Recht ist das Recht, das das Gericht anwendet.[102] Er wird gut daran tun, sich darauf einzustellen.

15.72 Das Recht, mit dem er es zu tun hat, wurde oben bereits charakterisiert. Es ist ein bürgerliches Recht mit starken paternalistisch-bürokratischen Spuren und einer beachtlichen begrifflich-dogmatischen Tradition, die (als Jurist muss man sagen: leider) in ein postmodernes Verfalls-Stadium übergegangen ist. Dies versetzt die Gerichte in die Lage, ebenso auf noch vorhandene Bruchstücke dieser Tradition (dazu gehört auch eine saubere Relationstechnik und die Durchführung von Beweisaufnahmen bei streitigem Vortrag) zurückgreifen, wie – den Sachverhalt auswählend und Beweiserhebungen vermeidend – Haken schlagend

---

100) Anwälte und Richter, die in der staatlichen Justiz praktiziert haben, legen ihre Vergangenheit nicht schlagartig ab, wenn sie Schiedsrichter werden. Zudem wird meist die ZPO als Prozessordnung vereinbart, und nicht die „IBA-Rules on Taking of Evidence" (abrufbar unter www.ibanet.org). Diese Regeln verbinden die Vorzüge des kontinentalen Verfahrens (Professionalisierung der Spruchkörper – eben durch die Schiedsrichter – und teilweise Schriftlichkeit durch „Briefs" mit verschieden Vorzügen des Beweisrechts der angelsächsischen Tradition; vgl. *Wächter*, ZZP 2006, 393 ff.). Schließlich wird der Anwalt der Partei, der etwas von der Faktenaufklärung zu befürchten hat, die Einhaltung der in der staatlichen deutschen Justiz üblichen Restriktionen einfordern. Gleichwohl ist die Bereitschaft, in Schiedsgerichten Beweis zu erheben, spürbar größer und sind die den Parteivertretern bei der Zeugenvernehmung gewährten Freiheiten ausgeprägter.

101) Bei einem qualifizierten Schiedsgericht, in dessen Verfahren die Schriftlichkeit – als Beitrag des kontinentalen Rechts – mit einer Discovery, gründlichen mündlichen Erörterung des Sachverhalts, Zeugenvernehmung, Kreuzverhör etc. – als Beitrag des angelsächsischen Rechts – verbunden ist, befinden sich die Parteien nahe am Idealzustand.

102) Man ist versucht zu sagen „das Gericht letzter Instanz". Dies ist auch richtig, wenn man das Gericht meint, das den Fall *tatsächlich* in letzter Instanz entscheidet. Indessen kommt es nur dann auf die Rechtsauffassung des höchsten Gerichts an, zu dem Rechtsmittel bestehen, wenn es angerufen wird. Geschieht dies nicht, z. B. weil die Kriegskasse der Partei ausgetrocknet ist, die unterlegene Partei von ihrer zu Unrecht erlittenen Niederlage demoralisiert ist oder die Fortsetzung des Streites aus einem anderen Grund – z. B. einem zwischenzeitlichen Sieg der „Tauben" über die „Falken" bei der Partei – inopportun geworden ist, war die Rechtsauffassung des Gerichts niederer Instanz entscheidend. Immer wenn sich die Parteien zwischen den Instanzen vergleichen, wiegt auch ein vorliegendes Urteil schwer. Die Ankündigung, es sei offensichtlich fehlerhaft und werde in der nächsten Instanz aufgehoben, beeindruckt die gegnerische Partei meist sehr wenig.

IV. Zur Prozessführung

um schwache Werte, methodenpluralistisch nach der „Pianistentheorie"[103] zu ihrem Urteil kommen zu können.

Es kann keine Frage sein, dass eine Partei trotzdem (und trotz *iura novit curia*) zum Recht vortragen sollte. Darauf zu vertrauen, dass ein Gericht – oder Schiedsgericht – keine Rechtsfehler machen werde, wäre unverantwortlich riskant. Die Aufhebung eines rechtsfehlerhaften Urteils eines staatlichen Gerichts in der nächsten Instanz hängt an einem dünnen Faden.[104] In der Schiedsgerichtsbarkeit ist eine Aufhebung eines Schiedsspruchs nach § 1059 ZPO noch zweifelhafter. 15.73

3. Kampf um Skripte

"'Deciders perceive whole Stories'. Juries and Judges decide cases based on a gestalt or total picture from which the decision occurs to them as a just resolution."[105]

Die **Skripttheorie** wird in der angelsächsischen Trial Advocacy als die maßgebliche Theorie über das Zustandekommen der Überzeugungen der sog. „Fact Finder" angesehen. Die Skripttheorie hat ihre **Wurzeln in der Kognitionspsychologie**. Sie beruht auf dem menschlichen Bedürfnis zur Entwicklung geistiger Bilder, die Zusammenhänge zwischen den aufgenommenen Informationen herstellen. Fact Finder beginnen schon bei den ersten Berührungen mit Sachverhalten eines Rechtsstreits damit, geistige Bilder des Ganzen zu entwerfen. Neue Informationen, die sich – wie Teile in ein Puzzle – in die Bilder einfügen, erscheinen glaubwürdig. Sachverhaltslücken oder Widersprüche, die in fast allen Rechtsstreitigkeiten unvermeidlich sind, werden oft zuletzt i. S. eines etablierten Skripts gefüllt oder aufgelöst. 15.74

Die harmonisierende Wirkung von Skripten betrifft nicht nur Vorstellungen von isolierten Menschen – etwa ihren Zwecken, Motiven, Zielen, und Fertigkeiten etc. –, sondern v. a. von **Geschichten**, den Abläufen, die sich ergeben, wenn Ziele verfolgende, denkende Menschen in Situationen und diese im Wechselspiel mit anderen Menschen in Bewegung gebracht werden. Jeder Rechtsstreit hat ein **Zentrum**, und in diesem Zentrum – das ist die Quintessenz der Skripttheorie – steht ein **einziger Streit um ein Skript für die Geschichte**. Dies steht im Gegensatz zu der durch die **Tatbestandstechnik des Gesetzes** (Tatbestandsvoraussetzung 1, 2, ...) nahegelegten Annahme, dass die Gerichte ein Nebeneinander oder 15.75

---

103) S. o. Rn. 15.41.
104) S. nochmals § 543 Abs. 2 ZPO. Nach der Zivilprozessrechtsreform des Jahres 2001 ist schon in der Theorie nicht mehr beabsichtigt, dass der BGH *jedes falsche Urteil aufhebt*. Richtigerweise hat der BGH diese rechtsstaatlich bedenkliche Einschränkung einschränkend interpretiert und sich – u. a. über den Zulassungsgrund der Verletzung von Verfahrensgrundrechten wie des rechtlichen Gehörs (vgl. Darstellung bei Prütting/Gehrlein-Ackermann, ZPO, § 543 Rn. 10 ff., 19 f; *Wenzel* in: MünchKomm-ZPO, § 543 Rn. 3 ff., 18 f.) die Möglichkeit offengehalten, Urteile zu überprüfen, die er überprüfen möchte; aber es gibt keine Sicherheit, dass er den Streitfall nicht durch dieses Raster fallen lassen wird.
105) *Tigar*, The Litigators Art, S. 7.

15. Kapitel Rechtsstreit, Recht, Gerichte und Prozessführung

eine Sequenz von voneinander unabhängigen und isolierten Kämpfen um die einzelnen Tatbestandsvoraussetzungen zu beobachten hätten.[106]

15.76 Kann es auch bei M&A-Streitigkeiten einen solchen einzigen großen Kampf um ein einziges integriertes Skript für das Ganze geben?

15.77 Bei M&A-Streitigkeiten dürfte es tatsächlich auf eine andere Weise und möglicherweise am Ende in einem geringeren Maße auf das Drama einer Geschichte ankommen. Die egoistischen und wirtschaftlich-monetären Ausgangszwecke beider Parteien liegen von Anfang an offen zu Tage und können nicht „enthüllt" werden. Erstaunlich, aber wahr: Um dasselbe Ziel zu erreichen – die Reichtumsvermehrung – haben beide Parteien das Gegensätzliche getan – der eine hat ver-, der andere gekauft.[107] Auch die Beteiligung von emotionslosen Organisationen scheint zunächst wenig Ansatzpunkte für Geschichten zu gewähren. Zudem sind viele Umstände schriftlich dokumentiert, v. a. der Vertrag, ein Großteil der Verhandlungsgeschichte und der Datenraum und regelmäßig die Unternehmenswertbeeinträchtigungen, um die gestritten wird, und war die Zeit, in der sich Geschehnisse im Wechselspiel der Parteien entfalten konnten, zumeist auf einige Monate beschränkt.

15.78 Dies trifft zu und mag tatsächlich bei **M&A-Streitigkeiten** zur Versachlichung und – etwa gegenüber Strafverfahren, bei denen die Begehung der Tat streitig ist – zu einer **Reduzierung der Bedeutung von Skripten** beitragen.

15.79 Sobald der **Vorwurf einer Unredlichkeit**, etwa einer Täuschung oder von Arglist, eingeführt wird, kann sich dies aber schon sehr ändern und **Skripte** werden wieder **wichtiges**. Sofort stellt sich der „Fact Finder" die Frage: Warum sollte dieser angesehene mittelständische Unternehmer, der Manager eines DAX-Unternehmens oder gar jene staatliche Organisation unredlich handeln oder täuschen? Wird der Verkäufer ein Skript anbieten können, dass dies weiter als unwahrscheinlich erscheinen lässt oder vermag das Skript des Käufers die Unredlichkeit überzeugend zu erklären?

15.80 Der **Kläger** wird zunächst **versuchen**, sein **Skript aufzurichten**. Ein Beobachter vieler amerikanischer Trials beschrieb dies wie folgt:

> "what occured was a movement of many in the court room from one way of framing the story to another. When the jury began they were neutral (or trying to be); soon they had taken on the prosecutor's view of events. They had been carried along by a momentum that had grown incrementally by a series of revelations."[108]

15.81 Auch bei M&A-Streitigkeiten ist es das Ziel des Klägers eine Darstellung zu geben, die neben den maßgeblichen Tatbestandsmerkmalen ein Skript für den

---

106) Eine einmal auf Skriptebene erreichte Überlegenheit überträgt sich u. U. sehr leicht, nahezu wie ein Infekt, in alle Einzelgefechte um Tatbestandsvoraussetzungen und kann die Waage zugunsten einer Partei bewegen. Im Krieg ist u. U. weniger sicher, dass der Sieg in einem Gefecht im Norden, sogleich ein anderes Gefecht im Süden beeinflusst.
107) Wir haben oben (Rn. 11.4) gesehen, dass dies kein Paradox ist.
108) *Schrager*, The Trial Lawyer's Art, S. 25.

IV. Zur Prozessführung

Gesamtkomplex anbietet, das möglichst viel **Besonderes, Lokalkolorit, Plausibles** und **nachvollziehbare Zwecke,**[109] **Ziele und Motive** der handelnden Personen enthält. Sie sollen abstrakt erscheinenden Vorkommnissen Leben einhauchen, sie eingängig und erinnerbar machen und sie v. a. durch Kausal- und Motivstränge in ein sich wechselseitig verstärkendes System, eine Erzählstruktur aus vielen „Darum" und „Um-Zu", einbinden.

Der Beklagte könnte sich darauf beschränken, Zweifel zu sähen und den Nachweis der Erfüllung der einzelnen Tatbestandsmerkmale zu hintertreiben. Dies wäre eine fragwürdige, gewissermaßen zu passive Verteidigungsstrategie.[110] 15.82

Klüger ist es, wenn der Beklagte **ein Gegenskript anbietet** und vermittels diesen Skripts den Kampf um die Fakten aufnimmt. Er muss wie Gestalten um optische Eindrücke kämpfen, **um die Sichtweise der Richter kämpfen**. Eine Sichtweise ist ein System – sie kann nur insgesamt geändert werden. 15.83

---

109) Grundlegend: *v. Mises*, Human Action, S. 11 „Human action is purposeful behavior. Or we may say: action is will put into operation …"
110) Allerdings unterschätzen M&A-Transaktionsanwälte, die im Allgemeinen an den Umgang mit seriösen Partnern gewöhnt sind, häufig auch die Möglichkeiten, Prozesse auf die Weise zu gewinnen, dass nur der Nachweis der Wahrheit verhindert wird. Die Branche der Strafverteidiger, deren Alltagsgeschäft dies (auch) ist, verfügt hier über mehr Erfahrung und größeres Handlungsrepertoire.

15. Kapitel Rechtsstreit, Recht, Gerichte und Prozessführung

"It is always a mistake for a defendant to rely solely on weaknesses in the plaintiffs case. The jurors will, one must assume, apply the burden of proof. However, they will want a context – a how and a why."[111]

"You are lookin for the minimum perceptual shift that brings the entire story in line with your viewpoint."[112]

"The main images on the landscape remain the same … But the shadows cast by by lighting the tableau differently, and making a slight rearrangement, give one a different impression entirely."[113]

15.84 Gelingt das Umstürzen eines Skripts, wird nicht nur die beschriebene Dame nicht mehr als alt angesehen, sondern auch ihr großes Kinn ist verschwunden.

15.85 Motive sind ein wichtiger Ansatzpunkt, um ein Skript umzustürzen. Nichts kann einen Beobachter wirkungsvoller auf eine falsche Bahn bringen, als das Durcheinanderbringen der Motive der Handelnden, nichts gewährt ihm mehr Klarheit als das Verständnis der Motive. Die Entdeckung, dass **andere Motive** im Spiele waren, als die Richter zuvor auf der Rechnung hatten, ist alarmierend. Wenn die Motive eines Akteurs andere waren als vorgestellt, gilt dies vermutlich auch für die Motive des Gegenakteurs. Wenn aber die Motivbänder andere sind, befindet man sich aber **„in einem anderen Stück"**, das völlig neu zu bewerten ist.

15.86 Ansatzpunkte für ein „Aha"-Erlebnis, das einen Umschwung einleiten kann, sind, wie schon ausgesprochen wurde, oft **fern von** jeder **Subsumtionsrelevanz**. Der Käufer hatte während der Verhandlungen ein Zweitgutachten einer großen Wirtschaftsprüfungsgesellschaft beauftragt, aber dann den Auftrag storniert – warum? Der Kläger hat den Vorgang gegenüber einem Dritten ganz anders geschildert als heute[114] – was bedeutet das? Der Käufer hat nach dem Erwerb die Integrationsmaßnahmen nicht durchgeführt, die er angekündigt hatte. Wieso? Schon während des Kaufs gab es im Haus des Käufers eine Opposition gegen den Erwerb: Deshalb wurde mit unterschiedlichen Zungen geredet! Der Auf-

---

111) *Tigar*, The Litigators Art, S. 18.
112) *Tigar*, The Litigators Art, S. 23.
113) *Tigar*, The Litigators Art, S. 167.
114) Es unterliegt keinem Zweifel, dass es in einem Rechtsstreit nützlich ist, wenn historische Dokumente vorhanden sind, anhand derer die Motive für Entscheidungen authentisch nachgewiesen werden können. Selbst bei relativ bedeutenden Entscheidungen, an die sich die meisten oder alle Mitglieder im Verhandlungsteam noch erinnern werden, werden die Einzelheiten schon nach Monaten ungenau. Z. T. werfen die Teammitglieder selbst Motivbündel durcheinander oder sie rekonstruieren sich die Vorgänge, und weil ihnen heute ein Kettenglied fehlt, rekonstruieren sie diese falsch – gerade *weil* sie eine logische Verknüpfung suchen (s. Rn. 12.211). Es kommt auch vor, dass einzelne Teammitglieder die Zusammenhänge schon damals missverstanden haben und sich an ihr Missverständnis erinnern. Natürlich schadet es der betreffenden Partei, wenn die Beweisaufnahme am Ende ein solches Durcheinander ergibt. Selbstverständlich erweist es sich jetzt als hilfreich, wenn eine Partei, und sei es auch nur in halb offiziösen Dokumenten oder für sich, die maßgeblichen wirtschaftlichen Hintergründe dokumentiert hat.

IV. Zur Prozessführung

trag an die zweite WP-Gesellschaft sollte das Aus besiegeln. Die Pro-Partei hat sich damals noch einmal durchgesetzt. Jetzt hat endgültig die Kontra-Partei gesiegt, die den Kauf nie wollte! Was soll der Verkäufer damit zu tun haben, dass der Käufer nicht wusste was er will![115)]

4. Zur rechten „Körnung" und zum rechten Zeitpunkt
a) Zur rechten „Körnung" der Argumente

Harm Peter Westermann[116)] berichtet in einem Aufsatz nebenbei, ein Anwalt sei aufgrund einer Begutachtung zu dem Ergebnis gelangt, dass einem Unternehmen ein Anspruch zustehe. Die Klage scheiterte jedoch. *Westermann* kommentierte, der Anwalt sei wohl „zu feinfühlig" gewesen.   15.87

Dieser Erklärung „*zu* feinfühlig" setzt als ausgemacht voraus, dass es bei Rechtsstreitigkeiten eine **Höchstschwelle an Feinfühligkeit** gebe, die man **nicht ungestraft überschreiten** kann. Mit anderen Worten: Prozesse sind keine wissenschaftlichen Kongresse, Schriftsätze keine Habilitationen und eine Gerichtsrede[117)] oder ein Schriftsatz werden nicht besser dadurch, dass sie sich diesen möglichst annähern. Die Körner der Geschosse des Geisteskriegers sollten eine gewisse Grobheit besitzen – schon um dem Gericht die Chance zu lassen, präziser zu sein.   15.88

b) Zur rechten Zeit der Argumente

„Der Soldat wird ausgehoben, gekleidet, bewaffnet, geübt, er schläft, isst, trinkt und marschiert, alles nur, um an rechter Stelle und zu rechter Zeit zu fechten."[118)]   15.89

Es ist im Krieg wichtig, zur rechten Zeit mit möglichst überlegenen Streitkräften an dem entscheidenden Gefechtsfeld zu sein. Wann aber ist die rechte Zeit und wo ist der rechte Ort, das entscheidende Gefechtsfeld?   15.90

Bei vielen Spielen gibt es Momente, in denen bei gewissen Verläufen erkennbar die Entscheidung zu einem klar definierten Zeitpunkt fällt. Bei Spielen, bei denen der gewinnt, der bei dem Ablauf der Spielzeit im Vorteil ist, und die kurz vor Ende noch nicht entschieden sind, sind dies die verbleibenden Minuten bis   15.91

---

115) Natürlich ist es, juristisch korrekterweise, für die Frage, ob die Tatbestandsvoraussetzungen einer fraglichen Vertragsklausel erfüllt sind, gleichgültig, ob die „Kontra-Partei" auf Seiten des Käufers nach Vorwänden sucht, sich von einer Transaktion zu lösen, die sie ohnehin nie wollte. Dennoch führt sie, sobald dieses Skript durchgesetzt ist, einen Kampf „bergauf".
116) H. P. *Westermann*, ZHR 169 (2005), 248, 269.
117) *Aristoteles* unterschied zwischen der Gerichtsrede und der Rede vor der Volksversammlung mit der Tendenz, dass die Gerichtsrede „in höherem Maße sorgfältig" sein müsse, als die Rede vor der Volksversammlung, die „ganz und gar vergleichbar mit der Dekorationsmalerei (Kulissenmalerei)" – für die Betrachtung aus der Ferne – sei; *Aristoteles*, Rhetorik, Buch III, Kap. 12.
118) *v. Clausewitz*, Vom Kriege, I. Buch, 2. Kap., S. 45.

zum Abpfiff, oft die „Overtime". Beim Tennis ist es der Tie break, beim Fußball das abschließende Elfmeterschießen. Bei anderen Spielen sind die entscheidenden Momente mehr in den Abläufen versteckt, z. B. beim Schach. Ein Gefecht hat nach *v. Clausewitz* „Momente von großer Wichtigkeit", obwohl der Verlust eines Gefechts ein „stufenweises Niedersinken der Waage" ist.[119]

15.92 Je mehr die Schriftlichkeit des Verfahrens ausgeprägt ist, je weniger klar definiert die Obersätze sind[120] und je weniger eine Beweisaufnahme im Zentrum steht, umso mehr liegen auch die **wichtigen Momente** eines Rechtsstreits **häufig im Verborgenen**. Die *Crisis* kann schon nach Vorliegen von Klageschrift und Klageerwiderung erreicht werden, wenn das Gericht einen rechtlichen Obersatz bildet, nach dem die Klage unschlüssig ist oder eine Beweisführung voraussetzt, die nicht gelingen kann. Hier wird es i. d. R. schon keine Auswirkungen mehr haben, ob und was der Kläger noch einmal repliziert oder der Beklagte dupliziert.

15.93 Rechtsstreitigkeiten können sich aber auch längere Zeit in einem gemächlichen Tempo hinziehen – und dann plötzlich eine Zuspitzung erfahren. Kurz vor einem Termin zur mündlichen Verhandlung tritt ein neuer Anwalt auf und eröffnet eine überraschende neue Verteidigungslinie. Das Gericht könnte unter dem Eindruck dieses Schriftsatzes zu der Sichtweise des Gegners umschwenken. Jetzt ist eine **schnelle** und **kraftvolle Reaktion** gefragt und wird die Zusammenarbeit zwischen Partei und Anwalt auf eine erste Belastungsprobe gestellt, weil u. U. nun die Partei in äußerster Dringlichkeit eine Vielzahl lästiger Zuarbeiten erbringen muss. Das muss leider in Ungewissheit darüber geschehen, wie wichtig der gegnerische Schriftsatz für das Gericht sein wird und ob das Gericht den eigenen Schriftsatz überhaupt noch lesen und verarbeiten wird. Es kann jetzt tatsächlich auf Minuten ankommen, um die ein Telefax zu spät eingeht, so dass es nicht mehr mit nach Hause ins Wochenende genommen wird.[121]

---

[119] *v. Clausewitz*, Vom Kriege, IV. Buch, 17. Kap., S. 219.

[120] Etwa i. S. einer Jury-Instruction: „In order to find the defendant guilty on count one, you must find that ..."

[121] Es ist leider nicht so, dass der Schriftsatz dieselbe Wirkung auch noch am Montag haben wird. Gerichte gewähren einer Sache nur eine *begrenzte Aufmerksamkeitsspanne*. Staatliche Gerichte neigen zudem manchmal dazu, sich, bevor sie überhaupt zu den aus Sicht der Parteien und Anwälte richtigerweise entscheidenden Fragen kommen, bisweilen bis zur Selbsterschöpfung, mit Fragen der Zuständigkeit ihrer Kammer, ihres Senats, ihres Gerichts, der Zulässigkeit eines Rechtsmittels, von neuem Sachvortrag, der Formulierung von Anträgen, des Nichtdurchgreifens von ganz fern liegenden Einwendungen, an die selbst die Partei, die sie erhob, nicht glaubte, etwa der Verjährung etc., zu beschäftigen, so dass sie, wenn sie an dem **eigentlichen Schlachtfeld** des Falles **angekommen** sind, **nur noch** über ein **knappes Zeitbudget** verfügen. Manchmal berichten sie ausführlich über ihren Weg bis hierher, meinen, dass das nun ausreichen müsse und erhoffen ganz treuherzig Beifall für ihre Mühen. Dies ist ein wenig so, wie wenn ein Pilot meinen würde, nach dem stundenlagen Streckenflug könne von ihm nicht auch noch eine konzentrierte Landung erwartet werden.

IV. Zur Prozessführung

Je ausgedehnter die Verfahrenszeit und je großzügiger die mündlichen Verhand- 15.94
lungen, umso weniger durchschlagend werden sich durch zeitliche Zufälle verstärkte, punktuelle Überlegenheiten einer Partei auf das Ergebnis auswirken. Argumentationszeit und **Diskussionszeit** führen immer zu einem tieferen Eindringen aller Beteiligten in die Fakten und die Rechtsfragen, und die Kombination von mündlicher Erörterung und systematischer und geschlossener Darstellung in den Schriftsätzen **erhöht** zweifelsohne die **Entscheidungsqualität**. Dennoch sollten Vorkehrungen getroffen werden, um kurz vor entscheidenden Terminen schnell und schlagkräftig auf überraschende Züge des Gegners reagieren zu können.

5. Destruktionsstrategien

Bestehen für eine Partei keine Aussichten, ein überzeugendes Gegenskript auf- 15.95
zurichten, so bleibt ihr oft nichts anderes als eine Destruktionsstrategie.

Diese kann sich gegen den **Fortschritt des Verfahrens** als solches, wie gegen 15.96
die **Qualität des Verfahrens** richten. Wie erwähnt, ist v. a. der Rechtssuchende, der einen von ihm als Unrecht angegriffenen *status quo* mit Hilfe des Rechts und von Gerichten ändern lassen möchte, an dem Funktionieren und der Qualität der Gerichte interessiert; derjenige, der sich eines rechtswidrigen Vorteils erfreut, also eher an ihrem Nichtfunktionieren, ihrer Ineffizienz, ihrer Langsamkeit und Fehlerhaftigkeit. Er schlägt deshalb u. U. eine **Verhinderungs- und Verzögerungsstrategie** ein. Dies beginnt bei der Anzweifelung der Zuständigkeit eines Gerichts (wenn ein Schiedsgericht angerufen wird, wird die Zuständigkeit der staatlichen Justiz gelten und umgekehrt). Sodann werden Schiedsrichter wegen Befangenheit abgelehnt,[122] über Sprache, Verhandlungsorte und jede sonstige prozessuale Frage etc. gestritten.[123] Solche Strategien, die teilweise durch die Schwäche der Schiedsgerichtsbarkeit – es ist eben kein Gericht eines souveränen Staates, der seine Verfahrensregeln relativ zügig durchsetzen wird – unterstützt werden, können insbesondere in internationalen Schiedsverfahren aussichtsreich sein. Irgendwann wünscht sich dann die Seite, die zu einem Ergebnis kommen möchte – typischerweise der Kläger mit einem begründeten Anspruch – zu einem deutschen LG zurück; hierfür ist es aber dann zu spät.

Destruktionsstrategien sind häufig auf ein qualitatives **Herabdrücken** des intel- 15.97
lektuellen Niveaus des Verfahrens gerichtet. In der Spieltheorie wurde das Begriffspaar „**High Road – Low Road**" zur Analyse des Nebeneinanders von sachlichen Auseinandersetzungen und persönlichen Angriffen (etwa wegen des Pri-

---

122) Die Ablehnung auch des von der Gegenseite bestellten Schiedsrichters spielt der Strategie in die Hände, weil es zu weiteren Zeitverzögerung beiträgt.
123) Für solche Strategien sind v. a. Anwälte geeignet, die ohnehin im Rufe stehen, jeden Rechtsstreit zu eskalieren, so dass der Umstand, dass sie (wieder einmal) eskalieren keinen Hinweis mehr auf die Qualität ihres Falles gibt.

15. Kapitel Rechtsstreit, Recht, Gerichte und Prozessführung

vatlebens eines Bewerbers bei Wahlkämpfen) verwendet.[124] Die Partei, die sich auf der „High Road" wenig Erfolg verspricht, trägt ein extremes Gegenskript vor. Es gibt eine Intrige, Konspiration, politische oder Weltverschwörung gegen sie selbst, Zeugen sind bestochen, Beweismittel sind gefälscht etc. (oder Schlimmeres). Hierbei wird meist in Kauf genommen, dass das Gericht nicht von dem Gegenskript überzeugt werden kann, sondern es geht darum, den **Vorstellungsraum mit** so grellen **Farben** und **Misstönen** der „Low Road" **auszufüllen**, dass das Gericht den Versuch der Ordnung der Fakten anhand des von der Gegenseite vorgebrachten Skripts aufgibt oder hierbei nachlässig wird. Es kann auch dazu gehören, dass die Partei, die so agiert, eigene Pflichtwidrigkeiten oder sogar Straftaten einräumt. Aus ihrer Sicht wäre viel erreicht, wenn das Gericht überzeugt werden könnte, dass **„Gauner gegen Gauner"** streiten und es sich die Arbeit nicht unnötig schwer machen muss. Ein beabsichtigter Effekt einer solchen Vorgehensweise besteht auch darin, das Gericht auf diese Weise zu prozessualen Fehlern zu verleiten oder damit zu erschöpfen, solche Fehler zu vermeiden: Der **Zufallsfaktor** soll **erhöht**, die **Rationalität** des Spiels **zerstört** werden.

15.98 Ein geistiger Kampf ist auch allerlei sonstigen Störmanövern zugänglich. Man kann Unterbrechen und Dazwischenreden, um dem Gegner – als den Sender der Botschaften – aus der Fassung zu bringen, aber auch um das „Ankommen" eines vernichtenden Gedankengangs bei dem Gericht zu verhindern. Oder man lenkt ab oder emotionalisiert an kritischen Stellen. Eine Destruktionsstrategie im schriftlichen Verfahren kann darin bestehen, ein Gericht absichtlich **mit Stoff** zu **überladen**, etwa um die innere Grenze der Bereitschaft des Gerichts zur Aufnahme von weiterem Stoff des Gegners zu senken. Oder in der Hoffnung, dass das Gericht gerade die Passagen der Schriftsätze des Gegners resigniert oder erschöpft nicht mehr aufnimmt, auf die es ankäme.

15.99 Eine solche Strategie weist der Gegenseite fast unvermeidlich die **Rolle der konstruktiven Partei** zu, die unablässig gegen die prozessualen Störmanöver und die Verwirrungen und Vernebelungen durch die erste anzugehen hat; eine Partei schafft Unübersichtlichkeit und Chaos – die andere kämpft für Ordnung.

15.100 Eine **Destruktionsstrategie** ist immer eine **Wette auf die Schwäche der Richter**. Wenn das Gericht die Strategie durchschaut und die Kraft besitzt, ihm präsentierten Müll souverän zur Seite zu kehren, steht die Partei, die sie angewendet hat, nackt und auf verlorenem Posten da. Der Wahl einer Destruktionsstrategie liegt – sicher oft unbewusst – folgende spieltheoretische Matrix zugrunde:

---

[124] *Dixit/Nalebuff*, Thinking Strategically, S. 50 ff. Auch wer die Auseinandersetzung auf der *high road* gewinnen könnte, wenn sie *nur* hier geführt werden würde, darf die *low road* nicht preisgeben, wenn der Gegner den Kampf hier eröffnet.

IV. Zur Prozessführung

Starker Fall des Gegners

	Starkes Gericht	Schwaches Gericht
Konstruktives Agieren	Ich verliere ...	Ich habe eine Zufallschance ...
Destruktives Agieren	Ich verliere ...	Ich habe eine *bessere* Zufallschance ...

Nach dem spieltheoretischen Gesetz, dass man die sog. „dominante Strategie"[125] wählen sollte, wäre die Wahl der Strategie „destruktiv agieren" geboten. Wenn die Strategie keinen Erfolg hat, kann sich die Partei damit trösten, dass sie den Rechtsstreit auch sonst verloren hätte – vermutlich nur schneller. 15.101

6. Anwaltskunst

Wie wichtig ist nun die Kunst des Anwalts im Rechtsstreit? Das **Gericht** ist der **Dreh- und Angelpunkt** für die **Rationalität** des Verfahrens, so dass bei einem schwachen Gericht, je schwächer umso mehr, Hopfen und Malz verloren ist.[126] Die Situation gerät so sehr außer Kontrolle, dass man nicht einmal mehr sagen kann, ob einer Partei überhaupt noch mit einem starken Anwalt gedient ist, wenn das Gericht zu einem Zufallsgenerator geworden ist. 15.102

Es kann also geantwortet werden: Je stärker das Gericht und je stärker und einfacher der Fall einer Partei, umso weniger wichtig ist die Qualität ihres Anwalts; er darf nur nicht alles falsch machen, etwa dass das, worin die Stärke seiner Partei in dem Fall[127] liegt überhaupt nicht vorgetragen wird, oder beharrlich falsche Anträge gestellt werden. 15.103

Je komplexer aber der Fall (und je besser der Anwalt der Gegenpartei), umso mehr kommt es, auch bei einem starken eigenen Fall und einem starken Gericht, auf den eigenen Anwalt an. 15.104

Die vorstehenden Ergebnisse lassen sich wie folgt in Matrixform darstellen.[128] 15.105

---

125) *Davis*, Game Theory, S. 20 f.; *Dixit/Nalebuff*, Thinking Strategically, S. 58 ff. Eine dominante Strategie ist eine Strategie, die bei einigen Zügen des Gegners zu einem besseren Ergebnis und bei anderen zu keinem schlechteren Ergebnis führt als alternativ mögliche Strategien.
126) Ein Gericht ist etwa ungleich wichtiger als der Schiedsrichter beim Fußball, wo die Chance verbleibt, den Ball auf eine solche Weise ins gegnerische Tor zu bringen, dass auch ein schlechter Schiedsrichter nicht abpfeifen kann. Bei Gerichten fallen „Tore" überhaupt nur in den Köpfen der Richter.
127) Fakten und Recht können als „Fall" zusammengefasst werden. Ein starker Fall ist ein Fall, in dem die Fakten so sind, dass sie der Position der betroffenen Partei in dem Rechtsstreit dem Recht nach zum Erfolg verhelfen müssten.
128) Es wurde auf den Gesichtspunkt der Stärke des Gegenanwalts verzichtet, um die Matrix nicht dreidimensional und unübersichtlich zu machen.

Starker, eigener Fall

	Starkes Gericht	Schwaches Gericht
Starke Partei + Anwalt	Ich gewinne ...	Ich habe nur eine Zufallschance ...
Schwache Partei + Anwalt	Ich gewinne wahrscheinlich immer noch ...	Ich habe nur eine Zufallschance ...

15.106 Die Matrix zeigt: Bei einem schwachen Gericht hat auch eine Partei mit einem starken Fall nur eine Zufallschance.[129]

15.107 Darin, dass das Ergebnis wenig von der Qualität des Falles und der Partei abhängt, zeigt sich die Schwäche des Gerichts. Schlechter, als mit einer Wahrscheinlichkeit von 50 % im Ergebnis richtig zu entscheiden, kann ein Gericht nicht werden; seine Schwäche liegt darin, dass es **Rechtsurteile in Zufall** verwandelt, nicht dass es verlässlich immer das Falsche trifft.

15.108 Bei einem starken schwierigen Fall wirkt sich der gewachsene Schwierigkeitsgrad aus, indem eine Partei, die den Prozess schlecht führt, u. U. sogar bei einem starken Gericht verlieren kann, insbesondere wenn, was in der Matrix nicht berücksichtigt wird, die Gegenpartei stark agiert. Vielleicht obsiegt bei schwachen Gerichten auch die stärkere Partei – statt des stärkeren Falles – wenn nicht die Schwäche eines Gerichts gerade darin besteht, dass es nicht merkt, dass die eine Seite den stärkeren Fall hat, und auch nicht bemerkt, dass sie stark agiert. Inwieweit sich ein schwaches Gericht von einer starken Partei beeinflussen lässt, hängt also davon ab, auf welche Weise es schwach und in welcher Hinsicht die Partei stark ist.

7. Friktionen

15.109 *v. Clausewitz* nennt Friktionen alles das, was „den **wirklichen Krieg von dem auf dem Papier unterscheidet.**" (Fettdruck hinzugefügt).[130] Ebenso könnte man in Bezug auf einen Rechtsstreit alles als Friktionen bezeichnen, was den wirklichen Rechtsstreit von dem vorausgeplanten unterscheidet. Hören wir weiter *v. Clausewitz*:

> „So stimmt sich im Kriege durch den Einfluss unzähliger kleiner Umstände, die auf dem Papier nie gehörig in Betracht kommen, alles herab und man bleibt weit hinter dem Ziel ...".[131]
>
> „Die Friktion ... ist es ..., welches das scheinbar Leichte schwer macht."[132]

---

129) Selbst wenn, was die Matrix nicht zeigen kann, auch der Gegenanwalt schwach wäre.
130) *v. Clausewitz*, Vom Kriege, I. Buch, 7. Kap., S. 77.
131) *v. Clausewitz*, Vom Kriege, I. Buch, 7. Kap., S. 77.
132) *v. Clausewitz*, Vom Kriege, I. Buch, 7. Kap., S. 79.

IV. Zur Prozessführung

„Es ist alles im Krieg sehr einfach, aber das Einfachste ist schwierig. Diese Schwierigkeiten häufen sich und bringen eine Friktion hervor, die sich niemand richtig vorstellt, der den Krieg nicht gesehen hat."[133)]

15.110 *v. Clausewitz* spricht auch davon, dass das „Handeln im Kriege ... eine Bewegung im erschwerenden Mittel" sei.[134)] Auch wenn in Rechtsstreitigkeiten glücklicherweise keine Waffen oder Soldaten körperlich bewegt werden müssen und v. a. niemand getötet wird – sondern sie geistige Kämpfe[135)] darstellen –, finden sie doch auf vierfache Weise **in einem widerständigen Element** statt.

– Die Widerständigkeit ergibt sich zuerst aus der Tücke des Objekts bzw. aus der **Komplexität der intellektuellen Aufgabe der Rechtsanwendung**, erstens zeitlich zurückliegende **Sachverhalte** überhaupt zu **rekonstruieren** und sie, zweitens, **unter** juristische Begriffe und **Rechtsnormen zu subsumieren**.[136)] Es sind erhebliche Kenntnisse, Intelligenz, denkerische Disziplin und Fleiß gefordert, um überhaupt zu einem Ergebnis *lege artis* zu kommen.

– Sodann geht es in Rechtsstreitigkeiten, drittens, um Kommunikation, den **Transfer von Sinn (von den Anwälten zu dem Gericht)**, ein auch als solches, voraussetzungsvolles Unterfangen mit einem ungewissen Erfolg. Selbst wenn kein Gegenspieler vorhanden ist und der Empfänger der Botschaft grundsätzlich für sie offen ist, misslingt Kommunikation erfahrungsgemäß häufig.[137)] Richter bringen den *Überzeugungsversuchen*, denen sie ausgesetzt sind, *zudem* – wie ein skeptischer Käufer, der eines von zwei Produkten kaufen muss – einen **(verständlichen) Widerstand** entgegen.

– Vor allem erhöht aber, viertens, der **Kampf mit der Gegenseite** die Widerständigkeit im Rechtsstreit massiv. Der Gegner tritt als **gezielter Störer** gegen einen Überzeugungserfolg der Botschaften der anderen Seite und **konkurrierender Anbieter eigener Botschaften** an. Selbst wenn er nicht auf eigentlich unzulässige Weise (Behinderung der Kommunikationsfähigkeit des Senders durch Unterbrechen und persönliche Angriffe, Behinderung der Schallwellen durch Dazwischenreden, Behinderung des Empfanges durch Ablenken) stört, behindert er schon dadurch, dass er überhaupt Teile der knap-

---

133) *v. Clausewitz*, Vom Kriege, I. Buch, 7. Kap., S. 77.
134) *v. Clausewitz*, Vom Kriege, I. Buch, 7. Kap., S. 78.
135) Übrigens sind Rechtsstreitigkeiten durchaus nicht völlig körperlos. Konditions- und Willensfragen, die teilweise dem Körper zuzurechnen sind, spielen bei der eigenen Partei, der Gegenpartei – und bei den Gerichten, etwa ihre Aufnahmefähigkeit – durchaus eine Rolle. Die Parteien ringen darum, ihre besten Argumente zu platzieren bevor die Richter erschöpft sind und (körperlich) nicht mehr zuhören können (oder wollen). Wenn die Parteien selbst erschöpft sind, bevor sie ihre besten Argumente entwickelt oder vorgetragen haben, erreichen sie ihr Ziel auch nicht.
136) Insoweit gilt das zuvor zitierte Dictum nicht, dass im Krieg alles sehr einfach, aber schwierig sei. Es ist komplex und schwierig, wenn auch überwiegend körperlos.
137) Vgl. *Schulz von Thun*, Miteinander Reden.

pen Zeit des Gerichts in Anspruch nimmt. Freilich ist Unterbreitung von eigenen Sinnangeboten der bei weitem größte „Störungsfaktor".

15.111 Geistige Kämpfe haben sogar in einer Hinsicht etwas Bedrohlicheres als körperliche Angriffe in einer gewaltsamen Auseinandersetzung. Es wurde oben schon erwähnt, dass Naturgesetze sich von selbst vollziehen (siehe Rn. 1307, 1312). Die fehlerhaft konstruierte Maschine fliegt auseinander, die Kombination gewisser Stoffe führt zur Explosion; wenn ein Ringer auf den Rücken geworfen wurde oder ein Infanterist von einer Kugel getroffen wurde, zeigt dies, dass der Schuss ein Treffer war; wenn ein Schuss des Gegners vorbei geht, steht auch dieses fest.

15.112 In rein geistigen argumentativen Auseinandersetzungen ist dies anders. **Ob** ein Argument ein **„Treffer"** war, kann selbst **nur im Geistigen festgestellt** werden – und also kann hierüber endlos gestritten werden. Jeder hat deshalb eine enorme Freiheit, ob er etwas Kluges und Wahrhaftiges oder etwas Dummes und Falsches sagt oder ob er irgendetwas sagt, dessen Intelligenz und Wahrheit ihm gleichgültig sind. Ebenso kann jeder frei wählen, ob er ein gutes Argument des Gegners verstehen will oder nicht bzw. ob er so tut, als ob er es nicht verstanden habe. Geistige Diskurse sind auf die unendliche Vermehrung von Sinnangeboten angelegt und verfügen über **keine Mechanismen,** um **Unsinn von selbst auszuscheiden.** Von dem prozessualen Grundsatz *audiatur et altera pars*, dem rechtlichen Gehör, kann auch der Fürsprecher des Falschen, Dummen und Überflüssigen beliebig Gebrauch machen und eben auch Schriftsatz um Schriftsatz, Stunde um Stunde, wieder und wieder, Tonnen von Unfug auf das Gericht abladen.

15.113 Natürlich wissen die Richter um diese Möglichkeit, aber das hilft nichts, weil es dem Vortrag und den Argumenten der Parteien **nicht auf die Stirn geschrieben** steht, in welche Kategorie sie gehören und – das ist entscheidend – es innerhalb des Parteienprozesses auch niemanden gibt, auf den das Gericht bei seiner **Entscheidung als neutrale und helfende Ressource zurück greifen könnte.** Richter sind im entscheidenden Moment. Es ist niemand da, der sagen könnte „Hier verlaufen Sie sich!" – auch wenn es ganz evident wäre – außer den Parteien. Da diese das aber ständig sagen und sagen müssen, glaubt ihnen das Gericht gerade nicht. So geraten Gerichte bisweilen auf Abwege und treffen „verstiegene" Entscheidungen.[138]

---

138) Es gibt einen Supervisor erst in der nächsten Instanz. Besonders gefährdet ist der Einzelrichter. Das spricht stark gegen den Einzelrichter bei substantiellen Streitigkeiten. Dieser Gesichtspunkt spricht aber auch noch gewichtig gegen die – gegenüber dem Einzelrichter immer noch wesentlich bessere – Praxis von Kammern, dass der Fall zwischen seinem Berichterstatter, einem oft jüngeren Richter, der um seine berufliche Anerkennung oder Karriere bemüht ist, und dem Vorsitzenden entschieden wird. An die Stelle von drei unabhängigen Menschen, die einen Vorgang beurteilen, treten zwei, von denen der eine hierarchisch von dem anderen abhängig ist (aus der Analyse von militärischen Fehlentscheidungen und Fehlern von Cockpit-Crews ist bekannt, dass ein zu großes hierarchisches Gefälle und eine Abhängigkeit des Untergeordneten, Fehlentscheidungen begünstigen). Auch hier liegt ein Vorteil eines (Dreier-)Schiedsgerichts. Beide Beisitzer sind mit dem Sachverhalt vertraut, aktiv und einander nicht untergeordnet. Im Regelfall gibt es auch keine Überlagerung ihrer Beziehungen mit Einzelinteressen.

IV. Zur Prozessführung

v. Clausewitz sprach davon, dass im Krieg eine „**Nebel- oder Mondscheinbeleuchtung**" herrsche, die den Dingen „einen übertriebenen Umfang, ein groteskes Ansehen gibt." (Fettdruck hinzugefügt).[139] Dies beschreibt – leider – auch ganz zutreffend, wohin bisweilen – bei Zusammentreffen einer schwierigen Materie mit dem feindlichen Eifer der Parteien und einem nicht souveränen Gericht – Rechtsstreite abtreiben können.

15.114

---

139) *v. Clausewitz*, Vom Kriege, II. Buch, 2. Kap., S. 100. *Gehrlein*, NJW 2014, 3393, hat sich kürzlich für die Abschaffung der Beschlusszurückweisung nach § 522 Abs. 2 ZPO ausgesprochen.

Literaturverzeichnis

Altmeppen, Holger
In-Sich-Geschäfte der Geschäftsführer in der GmbH, NZG 2013, 401
Altmeppen, Holger
Die Grundfesten des deutschen Notarwesens kommen ins Wanken (Kommentar zu KG 14 U 136/04), NJW 2006, 3761
Altmeppen, Holger
Verbandshaftung kraft Wissenszurechnung am Beispiel des Unternehmenskaufs, BB 1999, 749
Aristoteles
Rhetorik (zit.: nach UTB-Ausgabe, 4. Aufl., 1993)
Arends, Volker/Hofert-von Weiss, Sebastian
Distressed M&A – Unternehmenskauf aus der Insolvenz, BB 2009, 1538
Arens, Wolfgang/Boz Ali, Ainour
Rechtliche Beurteilung der Mehrerlösklauseln in Privatisierungsverträgen mit der BvS und zulässige Gestaltungsalternativen, VIZ 1997, 393
Arzt, Gunther/Weber, Ulrich/Heinrich, Bernd/Hilgendorf, Eric
Strafrecht BT, 1978
Bachmann, Gregor
Thesen zur deutschen Business Judgment Rule, WM 2015, 105
Bachmann, Gregor
Die Haftung des Geschäftsleiters für die Verschwendung von Gesellschaftsvermögen, NZG 2013, 1121
Bächstädt, Cristian Nicolas
Kritische Erfolgsfaktoren bei Distressed M&A-Transaktionen, M&A Review 2014, 264
Bamberger, Heinz-Georg/Roth, Herbert
Kommentar zum BGB in 3 Bänden, 3. Aufl., 2012
Barnert, Thomas
Mängelhaftung beim Unternehmenskauf zwischen Sachgewährleistung und Verschulden bei Vertragsschluss im neuen Schuldrecht, WM 2003, 416
Baron, Michael/Trebing, Christina
Umgang mit Kartellrechtsrisiken in M&A-Transaktionen – aktuelle Fragestellungen und Entwicklungen, BB 2016, 131
Bauer, Leopold
Zur Darlegungs- und Beweislast des Vorstands in organschaftlichen Haftungsprozessen, NZG 2015, 549

Bauer, Jobst-Hubertus/Diller, Martin
Wettbewerbsverbote, 7. Aufl., 2015

Baumgärtel, Gottfried/Laumen, Hans-Willi/Prütting, Hanns
Handbuch der Beweislast, 2. Aufl., 2009

Baur, Jürgen F.
Die Gewährleistungshaftung des Unternehmensverkäufers, BB 1979, 381

Bayer, Walter
Übertragung von GmbH-Geschäftsanteilen im Ausland nach der MoMiG-Reform, GmbHR 2013, 897

Bechtold, Rainer
GWB, Kommentar, 6. Aufl., 2010

Beck'scher Bilanzkommentar
hrsg. v. Ellrott, Helmut/Förschle, Gerhart/Kozikowski, Michael/Winkeljohann, Norbert, 7. Aufl., 2010

Beck'sches Formularbuch Bürgerliches, Handels- und Wirtschaftsrecht
hrsg. v. Hofmann-Becking, Michael/Rawert, Peter, 12. Aufl., 2016
(zit.: Beck'sches Formularbuch BHWR)

Beck'sches Formularbuch Mergers & Acquisitions,
hrsg. v. Seibt, Christoph H., 2. Aufl., 2011
(zit.: Beck'sches Formularbuch M&A)

Beck'sches Mandatshandbuch Unternehmenskauf
hrsg. v. Hettler, Stephan/Straatz, Rolf Christian/Hörtnagl, Robert, 2. Aufl., 2013

Beck'scher Online-Kommentar BGB
hrsg. v. Bamberger, Heinz Georg, Stand 1.1.2016 (zit.: BeckOK-BGB)

Beisel, Wilhelm/Klumpp, Hans-Hermann
Der Unternehmenskauf, 7. Aufl., 2016

Berens, Wolfgang/Brauner, Hans U./Strauch, Joachim/Knauer, Thorsten (Hrsg.)
Due Diligence bei Unternehmensakquisition, 7. Aufl., 2013

van den Berg, Albert
Buyer Y v. Seller A and others, Final Award, ICC Case No. 7661, 1995

Berger, Christian
Der Beschaffenheitsbegriff des § 434 Abs. 1 BGB, JZ 2004, 276

Bergjan, Ralf
Die Haftung aus culpa in contrahendo beim Letter of Intent nach neuem Schuldrecht, ZIP 2004, 395

Bergjan, Ralf
Die Auswirkungen der Schuldrechtsreform 2002 auf den Unternehmenskauf, 2003

Bergjan, Ralf/Feltes, Christine
Keine Formbedürftigkeit von Kostenerstattungsklauseln beim Letter of Intent, GWR 2012, 468

Bergjan, Ralf/Schäfer, Verena
Die Ausgestaltung von Bilanzgarantien in der Praxis des Unternehmenskaufvertrages – Zugleich Besprechung von OLG Frankfurt/M. Urteil vom 7.5.2015 – 26 U 35/12 und den Folgen für die Beratungspraxis –, DB 2016, 2587

Bergjan, Ralf/Schwarz, Philipp
Scheitern von Vertragsverhandlungen bei M&A-Transaktionen: Die Breakup-Fee-Klausel im Letter of Intent, GWR 2013, 4

Bernhard, Jochen
Grenzen vertraglicher Wettbewerbsverbote zwischen Unternehmen, NJW 2013, 2785

Berninger, Dr. Axel
OLG Bremen: Maßgeblichkeit der Gesellschafterliste auch bei Anfechtung des Erwerbs eines Geschäftsanteils, GWR 2012, 271

von Bernuth, Wolf H.
Die Gewährleistungshaftung des Unternehmensverkäufers für Angaben in Geschäftsplänen (Business Plans), DB 1999, 1689

Bihr, Dietrich
Due Diligence: Geschäftsführungsorgane im Spannungsfeld zwischen Gesellschaft- und Gesellschafterinteressen, BB 1998, 1198

Binz, Mark K./Freudenberg, Götz
Die Bilanzgarantie im Unternehmenskaufvertrag, DStR 1991, 1629

Binz, Mark K./Rosenbauer, Iris
Beurkundungspflicht bei der Veräußerung von Anteilen an einer GmbH & Co. KG?, NZG 2015, 1136

Birk, Dieter/Pöllath, Reinhard/Saenger, Ingo (Hrsg.)
Forum Unternehmenskauf 2006, 2007

Bisle, Michael
Gewährleistungs- und Garantieklauseln in Unternehmenskaufverträgen, DStR 2013, 364

Blunk, Andreas/Rabe, Sebastian
Bilanz- und Eigenkapitalgarantien beim GmbH-Geschäftsanteilskauf, GmbHR 2011, 408

von Bodungen, Thilo/Eberl, Walter/Geimer, Reinhold et al.
Taktik im Schiedsverfahren, 2008

Bohrer, Michael
Form, Beurkundung und was einmal zur Verlesung gesagt sein muss, Bemerkungen zu OLG Frankfurt/M. vom 21.2.20012, 11 U 97/11, DStR 2012, 1232

Bolt, Jan
Kennzeichenrechtliche Verträge bei Unternehmenskäufen, BB 2013, 2568

Borowicz, Frank
Earn-out: Grundgedanke, Ausgestaltung und Einbettung in die Transaktion, CF 2014, 429

Borris, Christian
Streiterledigung bei (MAC-)Klauseln in Unternehmenskaufverträgen: ein Fall für „Fast-Track"-Schiedsverfahren, BB 2008, 294

Borris, Christian
Streiterledigung beim Unternehmenskauf, Law of International Business and Dispute Settlement in the 21st Century 2001, 75

Böttcher, Lars
Due Diligence beim Unternehmenskauf als Verkehrssitte, ZGS 2007, 20

Böttcher, Lars
Verpflichtung des Vorstandes einer AG zur Durchführung einer Due Diligence, NZG 2005, 49

Böttcher, Lars/Grewe, Daniel
Die Anwendbarkeit des § 311b III BGB beim Unternehmenskauf, NZG 2005, 950

Böttcher, Leif
Zur Beurkundungspflicht von Änderungsvereinbarungen zu GmbH-Anteilskaufverträgen, NotBZ 2011, 118

Brand, Oliver
Die Dogmatik der §§ 249 ff. BGB bei der Verletzung von Bilanzgarantien, in: Drygala, Tim/Wächter, Gerhard H. (Hrsg.), Bilanzgarantien bei M&A-Transaktionen, Beiträge der 1. Leipziger Konferenz „Mergers & Acquisitions", 2015, S. 297

Brand, Oliver
Schadensersatzrecht, 2. Aufl., 2015

v. Braunschweig, Philipp
Vendor Loan, Rückbeteiligung und Earn-Out als aktuelle Finanzierungsalternativen bei Buy-Outs, DB 2010, 713

v. Braunschweig, Philipp
Variable Kaufpreisklauseln in Unternehmenskaufverträgen, DB 2002, 1815

Brealey, Richard A./Myers, Stewart C.
Principles of Corporate Finance, 5th. Ed.

Bredol, Martin/Natterer, Joachim
Von Irrungen und Wirrungen bei der Veräußerung des „ganzen" Vermögens einer Kommanditgesellschaft: Keine analoge Anwendung des § 179a AktG!, ZIP 2015, 1419

Broichmann, Alice
Disputes in the Fast Lane: Fast Track Arbitration in Merger and Acquisition Disputes, International Arbitration Law Review, Issue 4, 2008, S. 143

Broichmann, Alice
Streiten auf der Überholspur – Fast-Track-Arbitration bei M&A-Streitigkeiten, in: Festschrift zum Zehnjährigen Bestehen von P+P Pöllath+Partners, 2008, S. 115

Broichmann, Alice/Makos, Adalbert
Rücktritt vom Unternehmenskaufvertrag unter Berufung auf eine Material Adverse Change-Klausel: Handlungsoptionen des Verkäufers – Ein rechtlicher Ablaufplan im Fall eines MAC-Szenarios –, BB 2015, 2801

Broichmann, Alice/Makos, Adalbert
Unternehmenskäufer muss Anhaltspunkten aus einer Due Diligence konkret nachgehen, GWR 2015, 279

Brors, Christiane
Zu den Konkurrenzen im neuen Kaufgewährleistungsrecht, WM 2002, 1780

Brüggemeier, Gert
Das neue Kaufrecht des Bürgerlichen Gesetzbuches – Eine kritische Bestandsaufnahme -, WM 2002, 1376

Bruse, Matthias
Zeiten, Fristen und wirtschaftliche Abgrenzungen im Unternehmenskaufvertrag, in: Festschrift für Sebastian Spiegelberger, hrsg. Wachter, Thomas, 2009, S. 598

Buck, Petra
Wissen und juristische Person, 2001

Buck-Heeb, Petra
Wissenszurechnung und Verschwiegenheitspflicht von Aufsichtsratsmitgliedern, WM 2016, 1469

Buck-Heeb, Petra
Wissenszurechnung, Informationsorganisation und ad-hoc-
Mitteilungspflicht bei Kenntnis eines Aufsichtsratsmitglieds,
AG 2015, 801

Busche, Jan
Privatautonomie und Kontrahierungszwang, 1999

Canaris, Claus-Wilhelm
Leistungsstörungen und Gewährleistung beim Unternehmenskauf
nach der Reform des deutschen Schuldrechts, in: Festschrift für Apostolos
Georgiades, hrsg. v. Stathopoulos, Michael/Beys, Kostas/Doris,
Philippos/Karakostas, Ioannis, 2006, S. 71

Canaris, Claus-Wilhelm
Wandlungen des Schuldvertragsrechts – Tendenzen zu seiner
„Materialisierung", AcP 200 (2000), 273

Ciric, Dejan
Grundsätze ordnungsgemäßer Wertaufhellung, 1995

von Clausewitz, Carl
Vom Kriege, 1980 (zit.: nach Ullstein-Verlag)

Commandeur, Gert/Kleinebrink, Wolfgang
Gestaltungsgrundsätze im Anwendungsbereich des § 613a BGB, NJW
2008, 3467

Daghles, Murad M./Haßler, Thyl N.
Warrauty & Indemmity-Versicherungen im Rahmen von Unternehmenstransaktionen, GWR 2016, 455

Dauner-Lieb, Barbara
Wissenszurechnung im Gewährleistungsrecht – Ethische Neutralisierung
der Arglist?, in: Festschrift für Alfons Kraft 1998, bearb. v. Hönn, Günther/
Konzen, Horst/Kreutz, Peter, S. 43

Dauner-Lieb, Barbara/Thiessen, Jan
Garantiebeschränkungen in Unternehmenskaufverträgen nach der Schuldrechtsreform, ZIP 2002, 110

Davis, Morton D.
Game Theory, 1970, ed. 1997

Demuth, Alexander
Direktes und in- direktes Verfahren der Schadensberechnung, in:
Drygala, Tim/Wächter, Gerhard H. (Hrsg.), Bilanzgarantien
bei M&A-Transaktionen, Beiträge der 1. Leipziger Konferenz
„Mergers & Acquisitions", 2015, S. 166

Derains, Yves/Kreindler, Richard H. (Ed.)
Evaluation of Damages in International Arbitration, Paris 2006

Dietrich, Holger
Steuerklauseln im Unternehmenskaufvertrag (Asset Deal und Share Deal), Ubg 2010, 712

Diller, Martin
BAG: Ersatzpflichtiger Schaden bei wettbewerbswidrigem Abwerben von Mitarbeitern, GWR 2013; 51

Dixit, Avinash K./Nalebuff, Barry J.
Thinking Strategically, 1991

Döser, Wulf H.
Vertragsgestaltung im internationalen Wirtschaftsrecht, 2001

Drygala, Tim
Vertragliche und gesetzliche Kontrolle des Earnout-Schuldners, in: in: Drygala, Tim/Wächter, Gerhard H. (Hrsg.), Kaufpreisanpassungs- und Earnout-Klauseln, Beiträge der 2. Leipziger Konferenz „Mergers & Acquisitions", 2016, S. 247

Drygala, Tim
Deal Protection in Verschmelzungs- und Unternehmenskaufverträgen – eine amerikanische Vertragsgestaltung auf dem Weg ins deutsche Recht – Teil 1, WM 2004, 1413

Drygala, Tim/Wächter, Gerhard H. (Hrsg.)
Kaufpreisanpassungs- und Earnout-Klauseln, Beiträge der 2. Leipziger Konferenz „Mergers & Acquisitions", 2016

Drygala, Tim/Wächter, Gerhard H. (Hrsg.)
Bilanzgarantien bei M&A-Transaktionen, Beiträge der 1. Leipziger Konferenz „Mergers & Acquisitions", 2015

v. Drygalski, Andrea
BGB und Unternehmenskauf oder die Möglichkeit eines kurzen deutschen Unternehmenskaufvertrages, in: Festschrift zum Zehnjährigen Bestehen von P+P Pöllath+Partners, 2008, S. 51

Duhnkrack, Stephan/Hellmann, Kathrin
Der Side Letter, ZIP 2003, 1425

Ebenroth, Carsten Th./Boujong, Karlheinz/Joost, Detlef/Strohn, Lutz
HGB, Kommentar, 3. Aufl., Bd. 1, 2014; Bd. 2, 2015

Ebke, Werner F./Vagts, Detlev
Demokratie, Marktwirtschaft und Recht/Democracy, Market Economy and the Law, 1995

Ehle, Bernd D.
  Arbitration as a Dispute Resolution Mechanism in Mergers and Acquisitions, Comparative Law Yearbook of International Business, Vol. 27, 2005, S. 287

Ehle, Bernd D./Scherer, Matthias
  Arbitration of International M&A Disputes, IPBA Journal, September 2007, S. 23

Ehling, Jan/Kappel, Jan
  Arglist sticht Haftungsausschluss – Gewährleistungsprozess mit „harten Bandagen", BB 2013, 2955

Eidenmüller, Horst
  Rechtskauf und Unternehmenskauf, ZGS 2002, 290

Eilers, Stephan/Koffka, Nils Matthias/Mackensen Marcus (Hrsg.)
  Private Equity, 2. Aufl., 2012

Elsing, Siegfried H.
  Das Interesse beim Schadensersatz Post-M&A-Streitigkeiten am Beispiel der Bilanzgarantie und der culpa in contrahendo, in: Festschrift für Wilhelm Haarmann, bearb. v. Schüppen, Matthias/Blumenberg, Jens/Crezelius, Georg/Gosch, Dietmar, 2015, S. 26

Elsing, Siegfried H.
  Schadensberechnung in Post-M&A-Streitigkeiten, Vortrag am 25. Februar 2012 im Rahmen der 10. Petersberger Schiedstage „M&A-Streitigkeiten vor Schiedsgerichten"

Engelhardt, Clemens
  Aktuelles zur Kaufpreissicherung und variablen Kaufpreisklauseln, GmbHR 2014, R 257

Engelhardt, Clemens
  Gesellschafterbeschluss zur Durchführung einer Due Diligence, Zugleich Besprechung von LG Köln, Urteil vom 26.3.2008 – 90 O 11/08, GmbHR 2009, 237

Erman, Walter
  Bürgerliches Gesetzbuch, Handkommentar, hrsg. v. Westermann, H. P./ Grunewald, Barbara/Maier-Reimer, Georg, 12. Aufl., 2008, 13. Aufl., 2011

Escher-Weingart, Christina/Lägeler, Alexander
  Schadensersatzanspruch, Schadensart und Schadensberechnung gem. der §§ 37b, 37c, WpHG, WM 2004, 1845

Ettinger, Jochen/Jaques, Henning
  Beck'sches Handbuch Unternehmenskauf im Mittelstand, 2. Aufl., 2016

Ettinger, Jochen/Schmitz, Markus
Earn-Out-Gestaltungen im Unternehmenskaufvertrag, GmbHR 2016, 966
von Evans-Krbek, Franziska-Sophie
Zur Fruchtbarkeit der Formeln vom sogenannten positiven und negativen Interesse, NJW 1980, 2792
Falk, Ulrich/Schäfer, Carsten
Insolvenz- und gesellschaftsrechtliche Haftungsrisiken der übertragenden Sanierung, ZIP 2004, 1337
Fassbender, Christian/Neuhaus, Heiner
Zum aktuellen Stand der Diskussion in der Frage der Wissenszurechnung, WM 2002, 1253
Feißel, Annette/Gorn, Cornelia
Finanzkrise v. Pacta sunt servanda – Vertragsanpassung in Krisenzeiten, BB 2009, 1138
Feldhaus, Heiner
Der Verkauf von Unternehmensteilen einer Aktiengesellschaft und die Notwendigkeit einer außerordentlichen Hauptversammlung, BB 2009, 562
Ferguson, Niall
The Ascent of Money, 2008
Fikentscher, Wolfgang
Schuldrecht, 9. Aufl., 1997
Findeisen, Maximilian
Die Sorgfaltspflichten des Erwerbers beim Unternehmenskauf – Zugleich eine Besprechung der Entscheidung des LG Hamburg vom 13.3.2015 – 315 O 89/13, BB 2015, 2700
Fischer, Nico
Steuerklauseln in Unternehmenskaufverträgen, in: Drygala, Tim/Wächter, Gerhard H. (Hrsg.), Kaufpreisanpassungs- und Earnout-Klauseln, Beiträge der 2. Leipziger Konferenz „Mergers & Acquisitions", 2016, S. 91
Fischer, Roderich/Kagan, Ronald
Auf Altlastenrisiken bezogene „Kaufpreisanpassungsklauseln, in: Drygala, Tim/Wächter, Gerhard H. (Hrsg.), Kaufpreisanpassungs- und Earnout-Klauseln, Beiträge der 2. Leipziger Konferenz „Mergers & Acquisitions", 2016, S. 71
Fischer, Thomas
StGB, Kommentar, 58. Aufl., 2011
Fleischer, Holger/Hüttemann, Rainer (Hrsg.)
Rechtshandbuch Unternehmensbewertung, 2015

Fleischer, Holger
Zur deliktsrechtlichen Haftung der Vorstandsmitglieder für falsche Ad-Hoc-Mitteilungen, DB 2004, 2031

Fleischer, Holger/Schneider, Stephan
Tag along- und Drag along-Klauseln in geschlossenen Kapitalgesellschaften, DB 2012, 961

Fleischer, Holger/Schneider, Stephan
Zulässigkeit und Grenzen von Shoot-Out-Klauseln im Personengesellschafts- und GmbH-Recht, DB 2010, 2713

Flick, Martin
Die Garantie beim Unternehmenskauf, Diss. iur., 2006

Freitag, Peter/Kiesewetter, Matthias/Narr, Patrick
Unternehmenskauf vom Verkäufer in der Krise, BB 2015, 1418

Fritzemeyer, Wolfgang
Common Law vs. Civil Law – Dichotomie oder Konvergenz der Rechtssysteme, in: Festschrift für Kay Hailbronner, hrsg. v. Hailbronner, Kay/Ress, Georg/Stein, Torsten, 2013, S. 833

Fröhlich Martin/Ehlen Teresa
Eintritt der aufschiebenden Bedingungen durch Hinterlegung in M&A Transaktionen, GWR 2014, 151

Gasteyer, Thomas/Goldschmidt, Christof-Ulrich
Wissenszurechnung bei juristischen Personen und im Konzern, AG 2016, 116

Gehling, Christian
Zur Beurkundungsbedürftigkeit einer ein selbstständiges Strafversprechen enthaltenden Vereinbarung zu Verhandlungen über Unternehmensübernahmen und Unternehmenszusammenschlüsse, NZG 2000, 901

Gehrlein, Markus
Anwalts- und Steuerberaterhaftung, 2. Aufl., 2012

Gehrlein, Markus
Haftung nach Abbruch von Verhandlungen über formgebundene Verträge, MDR 1998, 445

Geisler, Ralf/Winterling, Gerd
Bilanzielle Behandlung von Carve-out-Transaktionen beim Veräußerer, BB 2016, 303

Geyrhalter, Volker/Zirngibl, Nikolas/Strehle, Christopher
Haftungsrisiken aus dem Scheitern von Vertragsverhandlungen bei M&A-Transaktionen, DStR 2006, 1559

Goffmann, Erving
The Presentation of Self in Every Day Life, 1959 (zit.: nach Schrader, The Trial Lawyer's Art, 1999)

Goldschmidt, Christof-Ulrich
Wissenszurechnung beim Unternehmenskauf, ZIP 2005, 1305

Goldschmidt, Christof-Ulrich
Die Wissenszurechnung, 2001

Görg, Werner
Objektive Bilanzgarantien – der Windfall-Profit des Unternehmenskäufers, DB 2016, M 5

Graewe, Daniel
Gesetzliche Aufklärungspflichten bei M&A-Transaktionen – Informationszusammenstellung und -offenlegung durch den Verkäufer, M&A Review 2015, 168

Graham, Ben/Buffet, Warren E.
Berkshire Hathaway Inc. Annual Reports 2008

Gran, Andreas
Abläufe bei Mergers & Acquisitions, NJW 2008, 1409

Gravenhorst, Wulf
„Substantiierungserfordernisse bei Parteivortrag" (Anm. zu LArbH Nürnberg v. 2.4.2004 – 6 Sa 846/01), jurisPR-ArbR 36/2004 Anm. 6

Gresbrand, Klaus
Wettbewerbsverbote für den Gesellschafter-Geschäftsführer beim GmbH-Unternehmenserwerb, GmbHR 2013, 119

Greven, Tobias
Der Umgang mit Gesellschafterdarlehen bei M&A-Transaktionen, BB 2014, 2309

Grigoleit, Hans Christoph/Herresthal, Carsten
Grundlagen der Sachmängelhaftung im Kaufrecht, JZ 2003, 118

Gross, Balz
M&A disputes and expert determination: getting to grips with the issues, PLC Cross-border Arbitration Handbook 2010/11

Grossmann, Klaus/Mönnich, Ulrike
Warranty & Indemnity Insurance. Die Versicherbarkeit von Garantierisiken aus Unternehmenskaufverträgen, NZG 2003, 708

Gruber, Urs Peter
Neues Kaufrecht – Umsatz- und Ertragsangaben beim Unternehmenskauf, MDR 2002, 433

Literaturverzeichnis

Haarbeck, Christoph/König, Rainer
Interdependenz von Due Diligence-Untersuchungen, Unternehmensbewertung und Unternehmenskaufvertrag, in: Berens, Wolfgang/Brauner, Hans U./Strauch, Joachim/Knauer, Thorsten, 7. Aufl., 2013, S. 171

Haas, Ulrich/Müller, Henning
Haftungsrisiken des GmbH-Geschäftsführers im Zusammenhang mit Unternehmens(ver)käufen, GmbHR 2004, 1169

Habersack, Mathias/Schürnbrand, Jan
Unternehmenskauf im Wege des Auktionsverfahrens aus AGB-rechtlicher Sicht, in: Festschrift für Claus-Wilhelm Canaris, hrsg. v. Heldrich, Andreas, 2007, Bd. I, S. 359

Habersack, Mathias/Tröger, Tobias
Preisfeststellung durch Schiedsgutachten beim Unternehmenskauf, DB 2009, 44

Haberstock, Otto
Risikoverteilung im Unternehmenskauf, in: Festschrift zum Zehnjährigen Bestehen von P+P Pöllath+Partners, 2008, S. 29

Hachmeister, Dirk/Ruthardt, Frederik
Unternehmensbewertung mit Multiplikatoren, Erfahrungen beim Einsatz vor US-Gerichten, DB 2015, 1511

Haedicke, Maximilian
Die Gewährleistungshaftung bei Patentveräußerungs- und Patentlizenzverträgen und das neue Schuldrecht, GRUR 2004, 123

Hager, Johannes
Schadensumfang, JA 2011, 468

Hanau, Peter/Wackerbarth, Ulrich
Positives und negatives Interesse, in: Festschrift für Hyung-Bae Kim, hrsg. v. Leser, Hans G., 1995, S. 205

Harke, Jan Dirk
Positives als negatives Interesse Beweiserleichterung beim Vertrauensschaden, JR 2003, 1

Hartung, Manfred
Wissenszurechnung beim Unternehmenskauf, NZG 1999, 524

Hasselbach, Kai
Die Weitergabe von Insider Informationen bei M&A Transaktionen mit börsennotierten Aktiengesellschaften – unter Berücksichtigung des Gesetzes zur Verbesserung des Anlegerschutzes vom 28.10.2004, NZG 2004, 1087

Hasselbach, Kai/Ebbingshaus, Felix
Vorvertragliche Pflichtverletzung als Haftungsfalle beim Unternehmenskauf, DB 2012, 216

Hasselbach, Kai/Jakobs, Janis
Internationale Assets Deals Transaktionsstrukturierung und rechtliche Besonderheiten aus Käufersicht, DB 2014, 2092

Hasselbrink, Hagen
Beteiligungserwerbe an GmbH durch ausländische Investoren, Auswirkungen des Außenwirtschaftsgesetzes auf GmbH-Transaktionen, GmbHR 2010, 512

Hayn, Marc
Paneldiskussion – Unternehmensbewertung und Kaufpreisanpassungen, in: Drygala, Tim/Wächter, Gerhard H. (Hrsg.), Kaufpreisanpassungs- und Earnout-Klauseln, Beiträge der 2. Leipziger Konferenz „Mergers & Acquisitions", 2016, S. 45

Heckschen, Heribert
Die Formbedürftigkeit der Veräußerung des gesamten Vermögens im Wege des „asset deal", NZG 2006, 772

Heidenhain, Martin
Katastrophale Rechtsfolgen verdeckter Sacheinlagen, GmbHR 2006, 455

Henle, Walter
Paneldiskussion zum Thema Kaufpreisanpassungsklauseln im Niemandsland zwischen betriebswirtschaftlich ignoranten Juristen und juristisch ignoranten Kaufleuten, in: Drygala, Tim/Wächter, Gerhard H. (Hrsg.), Kaufpreisanpassungs- und Earnout-Klauseln, Beiträge der 2. Leipziger Konferenz „Mergers & Acquisitions", 2016, S. 171

Henle, Walter R.
Die Bilanzauffüllung als Rechtsfolge der Verletzung einer Eigenkapitalgarantie, in: Drygala, Tim/Wächter, Gerhard H. (Hrsg.), Bilanzgarantien bei M&A-Transaktionen, Beiträge der 1. Leipziger Konferenz „Mergers & Acquisitions", 2015, S. 189

Hennrichs, Joachim
Falsche Bilanzen und Bilanzgarantien bei M&A-Transaktionen, in: Drygala, Tim/Wächter, Gerhard H. (Hrsg.), Bilanzgarantien bei M&A-Transaktionen, Beiträge der 1. Leipziger Konferenz „Mergers & Acquisitions", 2015, S. 1

Hennrichs, Joachim
Zur Haftung auf Schadenersatz wegen unrichtiger Bilanzgarantien bei M&A- Transaktionen, NZG 2014, 1001

Henssler, Martin
Material Adverse Change-Klauseln in deutschen Unternehmenskaufverträgen – (r)eine Modeerscheinung?, in: Festschrift für Ulrich Huber, hrsg. v. Baums, Theodor/Wertenbruch, Johannes/Lutter, Marcus, 2006, S. 739

Herkenroth, Klaus
Bericht über die Diskussion im Panel zur steuerlichen Kaufpreisanpassungs- und Earnout-Klauseln bei M&A Transaktionen, in: Drygala, Tim/Wächter, Gerhard H. (Hrsg.), Kaufpreisanpassungs- und Earnout-Klauseln, Beiträge der 2. Leipziger Konferenz „Mergers & Acquisitions", 2016, S. 215

Hermann, Florian
Der Umfang des notariellen Formerfordernisses bei GmbH-Geschäftsanteilsübertragungen am Beispiel von Finanzierungszusagen – Keine Verbesserung durch das MoMiG, GmbHR 2009, 625

Hermes, Josef
Abbruch von Vertragsverhandlungen im deutsch-niederländischen Rechtsverkehr, RIW 1999, 933

Herrington David H./Buzzetta Jerilin
Purchase Price Accounting Arbitration: Why Courts Sometimes Find That Disputes About Purchase Price Are Not Subject to Purchase Price Arbitration, MEALEY'S International Arbitration Report, Vol. 26, 10. October 2011, S. 34

Hesse, Jossip/Micha, Christiane
Earn-out beim Unternehmenskauf, RölfsPartner report 4/2011, 16

Hilgard, Mark, C.
Der Freistellungsanspruch beim Unternehmenskauf BB 2016, 1218

Hilgard, Mark C.
Kenntnis des Käufers von einer Garantieverletzung beim Unternehmenskauf, BB 2013, 963

Hilgard, Mark C.
Berechnung des Schadens bei Verletzung einer Eigenkapitalgarantie beim Unternehmenskauf, BB 2013, 937

Hilgard, Mark C.
Earn-Out-Klauseln beim Unternehmenskauf, BB 2010, 2912

Hilgard, Mark C.
Break-up Fees beim Unternehmenskauf, BB 2008, 286

Hilgard, Mark C.
Cash-free/Debt-free-Klauseln beim Unternehmenskauf, DB 2007, 559

Hilgard, Mark C.
Berechnung des Schadens bei Verletzung von Garantien eines Unternehmenskaufvertrages, ZIP 2005, 1813

Hilgard, Mark C.
Bagatell- und Cap-Klauseln beim Unternehmenskauf, BB 2004, 1233

Hiort, Malte J.
Transaction Insurance zur Überbrückung von (potentiellen) Price Gaps bei M&A-Transaktionen, Corporate Finance Law, 3/2012, 127

Hirsch, Günter
Der Richter wird's schon richten, ZRP 2006, 161

Hirte, Heribert
Zivil- und kartellrechtliche Schranken für Wettbewerbsverbote im Zusammenhang mit Unternehmensveräußerungen, ZHR 154 (1990), 443

Hobbes, Thomas
Leviathan, 1651

Hoenig, Klaus Marinus/Klingen, Sebastian
Grenzen der Wissenszurechnung beim Unternehmenskauf, NZG 2013, 1046

Hoenig Klaus Marinus/Sprado Christopher
„Best Efforts"-Klauseln in Unternehmenskaufverträgen unter deutschem Vertragsstatut, NZG 2014, 688

Hofer, Florian
Negativer Kaufpreis beim Unternehmenskauf – Gestaltungsmöglichkeiten zur Absicherung der Verkäuferinteressen, BB 2013, 972

Hoffmann, Heiko
Die rechtliche Ausgestaltung von Kaufpreisanpassungsklauseln (insbesondere Earn-Out- Klauseln) in Unternehmenskaufverträgen, in: Forum Unternehmenskauf 2014, v. Birk, Dieter/Bruse, Matthias/Sänger, Ingo (Hrsg.), 2015, S. 151

Hoffmann, Wolf-Dieter
Wertaufhellung – das Bilanzierungsproblem schlechthin, BB 1996, 115

Hoger, Andreas
Verkäuferfreundliche M&A-Verträge – der Trend hält an, AG 2016, R 136

Hohaus, Benedikt/Kaufhold, Tim
Garantien des Managements bei Private Equity-Transaktionen, BB 2015, 709

Hohenstatt, Klaus-Stefan/Schramm, Nils
Vertragsregelungen beim Unternehmenskauf als Zusagen zugunsten der Belegschaft, NZA 2006, 251

Hölters, Wolfgang
  Handbuch Unternehmenskauf, 8. Aufl., 2015
  (zit.: Hdb. Unternehmenskauf)
Hölters, Wolfgang
  Handbuch des Unternehmens- und Beteiligungskaufs, 6. Aufl., 2005
  (zit.: Hdb. d. Unternehmens- und Beteiligungskauf)
Holzapfel, Hans-Joachim/Pöllath, Reinhard
  Unternehmenskauf in Recht und Praxis, 15. Aufl., 2017
Hölzle, Gerrit
  Sanierende Übertragung – Besonderheiten des Unternehmenskaufs in Krise und Insolvenz, DStR 2004, 1433
Honsell, Heinrich
  Schweizerisches Obligationenrecht BT, 6. Aufl., 2001
Hopt, Klaus J.
  MAC-Klauseln im Finanz- und Übernahmerecht, in: Festschrift für Karsten Schmidt, bearrb. v. Bitter, Georg/Lutter, Marcus/u. a., 2009, S. 681
Hormann, Carsten
  Treuhand-Privatisierungsverträge im Lichte der Rechtsprechung – Teil 1, VIZ 1996, 1 und Teil 2, VIZ 1996, 71
Horn, Norbert
  Vertragsbindung unter veränderten Umständen – Zur Wirksamkeit von Anpassungsregelungen in langfristigen Verträgen, NJW 1985, 1118
Horn, Norbert
  Neuverhandlungspflicht, AcP 181 (1981), 255
Houck Rudolph/Zondler, Christoph
  Verjährung von Garantieübernahmen bei M&A-Transaktionen in den USA, M&A Review 2014, 204
Huber, Ulrich
  Die Praxis des Unternehmenskaufs im System des Kaufrechts, AcP 202 (2002), 179
Hübner, Rudolf Matthias
  Schadensersatz wegen Täuschung beim Unternehmenskauf, BB 2010, 1483
Hüffer, Uwe
  AktG, Kommentar, 8. Aufl., 2008
Hüttemann, Rainer
  Unternehmensbewertung als Rechtsproblem, in: Fleischer, Holger/Hüttemann, Rainer (Hrsg.), Rechtshandbuch Unternehmensbewertung, 2015, S. 1

Hüttemann, Rainer/Meyer, André
Stichtagsprinzip, in: Fleischer, Holger/Hüttemann, Rainer (Hrsg.), Rechtshandbuch Unternehmensbewertung, 2015, S. 323

Hüttemann, Rainer/Meinert, Carsten
Nicht betriebsnotwendiges Vermögen, in: Fleischer, Holger/Hüttemann, Rainer (Hrsg.), Rechtshandbuch Unternehmensbewertung, 2015, S. 200

Ihlau, Susann/Gödecke, Steffen
Earn-Out-Klauseln als Instrument für die erfolgreiche Umsetzung von Unternehmenstransaktionen, BB 2010, 687

Imping, Andreas
„Großer" Schadensersatz und entgangener Gewinn im Kaufrecht, JZ 1998, 943

Imping, Andreas
Zum Ersatz des positiven Interesses bei deliktischem Schadensersatzanspruch eines betrogenen Käufers, MDR 1998, 267

Irriger, Ulrich/Münstermann, Klaus
Teilung und Teilveräußerung von Geschäftsanteilen, Offene Rechtsfragen zur Zuständigkeit und Wirksamkeit, GmbHR 2010, 617

Jakobs, Michael/Thiel, Sven-Markus
Managementerklärungen bei Unternehmenskäufen – Risiken und Absicherung aus Sicht der Geschäftsführung, BB 2016, 1987

Jansen, Nils
Gesetzliche Schuldverhältnisse. Eine historische Strukturanalyse, AcP 216 (2016), 117

Jaques, Henning
Haftung des Verkäufers für arglistiges Verhalten beim Unternehmenskauf – zugleich eine Stellungnahme zu § 444 BGB n. F., BB 2002, 417

Jonakait, Randolph N.
The American Jury System, 2006

Jonas, Martin/Wieland-Blöse, Heike
Besonderheiten des DCF-Verfahrens, in: Fleischer, Holger/Hüttemann, Rainer (Hrsg.), Rechtshandbuch Unternehmensbewertung, 2015, S. 252

Juretzek, Peter
OLG Karlsruhe: Eine der Vorbereitung einer Firmenbestattung dienende Geschäftsführerbestellung ist nicht nichtig, GWR 2013, 270

Juris PraxisKommentar BGB
hrsg. v. Herberger/Martinek/Rüßmann/Weth, 6. Aufl., 2012

Kamlah, Klaus
Optionen, Gesellschafterlisten und Guter Glaube, GmbHR 2009, 841

Kammel, Volker
Ausgewählte Probleme des Unternehmenskaufs aus der Insolvenz, NZI 2000, 102

Kantor, Marc
Valuation for Arbitration. Compensation Standards, Valuation Methods and Expert Evidence, 2008

Kapp, Thomas
Nochmals: Schadensersatz aus culpa in contrahendo beim gescheiterten Abschluss eines formbedürftigen Vertrages – Erwiderung zu Küpper, DB 1990, 2460, DB 1991, 1265

Kapp, Thomas
Der geplatzte Unternehmenskauf: Schadensersatz aus culpa in contrahendo bei formbedürftigen Verträgen (§ 15 IV GmbHG)?, DB 1989, 1224

Karampatzos, Antonios G.
Der Umfang der Aufklärungspflicht des Verkäufers beim Unternehmenskauf – Insbesondere die so genannte „Non-Reliance"-Klausel, NZG 2012, 852

Kästle, Florian
Fünf Hauptthemen zu Net Working Capital aus betriebswirtschaftlicher und kautelarjuristischer Sicht, in: Drygala, Tim/Wächter, Gerhard H. (Hrsg.), Kaufpreisanpassungs- und Earnout-Klauseln, Beiträge der 2. Leipziger Konferenz „Mergers & Acquisitions", 2016, S. 119

Kästle, Florian
M&A-Verträge unterliegen nicht der AGB-Kontrolle, NZG 2014, 288

Kästle, Florian
Post-M&A-Streitigkeiten nehmen zu – Ist die M&A-Praxis darauf vorbereitet?, M&A Review 2014, 71

Kästle, Florian/Haller, Heiko
Schieds- oder Schiedsgutachterverfahren zur Feststellung einer Material Adverse Change (MAC) beim Unternehmensverkauf, NZG 2016, 926

Kästle, Florian/Oberbracht, Dirk
Unternehmenskauf – Share Purchase Agreement, 2. Aufl., 2010

Katzenstein, Matthias
Die Nichterfüllungshaftung nach § 311 a Abs. 2 BGB, JR 2003, 447

Kaufmann-Kohler, Gabrielle/Johnson, Alexandra (Ed.)
Arbitration of Merger and Acquisition Disputes, Conference of ASA Swiss Arbitration Association on January 21, 2005

Kelsen, Hans
Hauptprobleme der Staatsrechtslehre, 1923

Kelsen, Hans
Über Grenzen zwischen soziologischer und juristischer Methode, 1911

Kersting, Christian
Die Rechtsfolge vorvertraglicher Informationspflichtverletzungen – Vertragsaufhebungsanspruch oder „Minderung" aus c. i. c.?, JZ 2008, 714

Kerley, Peggy N./Hames, Joanne Banker/Sukys, Paul
Civil Litigation, 3. ed. 2001

Keuk, Brigitte
Vermögensschaden und Interesse, 1972

Keynes, John Maynard
The General Theorie of Employment, Quarterly Journal of Economics, 51 (Vol. 2), 1937, S. 209

Kiem, Roger
Am Enterprise Value orientierte Kaufpreisanpassungsklauseln, Weiterverkaufs- und Mehrerlösklauseln, in: Drygala, Tim/Wächter, Gerhard H. (Hrsg.), Kaufpreisanpassungs- und Earnout-Klauseln, Beiträge der 2. Leipziger Konferenz „Mergers & Acquisitions", 2016, S. 151

Kiem, Roger
Kaufpreisregelungen beim Unternehmenskauf, 2015

Kiem, Roger
Das Beurkundungserfordernis beim Unternehmenskauf im Wege des Asset Deals, NJW 2006, 2363

Kiethe, Kurt
Die Auslegung von Mehrerlösklauseln in Kaufverträgen der Treuhandanstalt/ Bundesanstalt für vereinigungsbedingte Sonderaufgaben, VIZ 2003, 209

Kiethe, Kurt
Vorstandshaftung aufgrund fehlerhafter Due Diligence beim Unternehmenskauf, NZG 1999, 976

Kiethe, Kurt
Nachbewertungsklauseln in Musterverträgen der THA/BvS auf dem Prüfstand der Rechtsprechung, VIZ 1999, 697

Kiethe, Kurt
Der Schaden beim Unternehmenskauf, DStR 1995, 1756

Kiethe, Kurt
Nachverhandlungen mit der Treuhandanstalt, 1994
Kiethe, Kurt
Nachträgliche Korrektur von Vertragsklauseln in Treuhandmusterverträgen, BB 1994, 7
Kiethe, Kurt
Mehrerlösklauseln und Nachbewertungsklauseln in Treuhand- Musterverträgen – eine kritische Bestandsaufnahme, VIZ 1993, 471
Kindl, Johann
Unternehmenskauf und Schuldrechtsmodernisierung, WM 2003, 409
Kindt, Anne/Stanek, Dennis
MAC-Klauseln in der Krise, BB 2010, 1490
King, Christopher
Die Bilanzgarantie beim Unternehmenskauf, 2010
Kleinhenz, Michael/Junk, Oliver
Die Haftung des Verkäufers für Falschangaben beim Unternehmenskauf, JuS 2009, 787
Klöckner, Stefan
Erfordernis der notariellen Beurkundung gem. § 311b Abs. 3 BGB beim Asset-Deal?, DB 2008, 1083
Knoche, Joachim
Sachmängelgewährleistung beim Kauf eines Altlastengrundstücks, NJW 1995, 1985
Knott, Hermann
Unternehmenskauf nach der Schuldrechtsreform, NZG 2002, 249
Knott, Hermann
Unternehmenskauf, RWS Verlag Kommunikationsforum, 5. Aufl., 2017
Koch, Jens
Wissenszurechnung aus dem Aufsichtsrat, ZIP 2015, 1757
Kondylis, Panajotis
Theorie des Krieges, 1988
König, Kai-Michael/Gießelmann, Tim Christian
Zur Haftung beim Unternehmenskauf – Voraussetzungen und Schadensbegriff bei der objektiven und der subjektiven Bilanzgarantie, GWR 2016, 155
Koppmann, Verena
Die gesetzliche Aufklärungspflicht des Verkäufers und ihre Erfüllung beim Unternehmenskauf, BB 2014, 1673

Kösters, Friedrich
Letter of Intent – Erscheinungsformen und Gestaltungshinweise, NZG 1999, 623

Kraus, Douglas M.
Awarding equitable relief in cross-border M&A disputes, Arbitration News. Newsletter of the International Bar Association Legal Practice Division. Vol. 16 No. 1 March 2011, S. 150

Krebs, Christian A./Kemmerer, Martin T.
Non Reliance Letter – ein wirkungsvolles Gestaltungsinstrument?, NZG 2012, 847

Krecek, Thomas
Die Gewährleistungshaftung beim Unternehmenskauf nach deutschem und englischem Recht, Diss. iur., 2001

Krejci, Heinz
Verschwiegenheitspflicht des AG-Vorstandes bei Due-Diligence-Prüfungen, RdW 1999, 574

Kressel, Neil J./Kressel, Dorit F.
Stack and Sway, The new Science of Jury Consulting, 2002

Krispenz, Sabrina
Umwelthaftung in Unternehmenskaufverträgen, Ein Überblick über die Gestaltungsmöglichkeiten, M&A Review, 2015, 448

Krüger, Stefan/Kaufmann, Christian
Exklusivität und Deal Protection bei Unternehmenskauf vom Insolvenzverwalter, ZIP 2009, 1095

Kuntz, Thilo
Gestaltung von Kapitalgesellschaften zwischen Freiheit und zwang, Venture Capital in Deutschland und den USA, 2016

Kuntz, Thilo
Auswirkungen der Finanzmarktkrise auf Unternehmenskaufverträge aus Sicht des Käufers, WM 2009, 1257

Kuntz, Thilo
Die Auslegung von Material Adverse Change (MAC) – Klauseln in Unternehmenskaufverträgen, DStR 2009, 377

Küpper, Wolfgang
Schadensersatz aus culpa in contrahendo beim gescheiterten Abschluss eines formbedürftigen Vertrages – zu LG Heilbronn, DB 1989, 1227; OLG Stuttgart, DB 1989, 1817 und Kapp, DB 1989, 1224, DB 1990, 2460

Kutt, Florian
Steuerliche Behandlung von nachträglichen Kaufpreiserhöhungen – insbesondere beim Earnout, in: Drygala, Tim/Wächter, Gerhard H. (Hrsg.), Kaufpreisanpassungs- und Earnout-Klauseln, Beiträge der 2. Leipziger Konferenz „Mergers & Acquisitions", 2016, S. 193

Land, Volker
Rechtsfragen des internationalen Unternehmenskaufs, BB 2013, 2697

Lang, Matthias/Hunke, Anna
Aufklärungs- und Informationspflichten bei der Veräußerung von Altlastengrundstücken für Verkäufer, Käufer und Banken, NJOZ 2009, 2508

Lange, Christoph
„Material Adverse Effect" und „Material Adverse Change"-Klauseln in amerikanischen Unternehmenskaufverträgen, NZG 2005, 454

Lange, Hermann/Schiemann, Gottfried
Schadensersatz, 3. Aufl., 2003

Lange, Oliver
Ungelöste Rechtsfragen der gesetzlichen Unternehmensmangelgewährleistung, ZGS 2003, 300

Lappe, Thomas/Schmitt, Alexander
Risikoverteilung beim Unternehmenskauf durch Stichtagsregelungen, DB 2007, 153

Larenz, Karl
Lehrbuch des Schuldrechts, AT, 14. Aufl., 1987

Larisch, Tobias
Gewährleistungshaftung beim Unternehmens- und Beteiligungskauf, 2004

Laub, Alexander/Laub, Tobias
Die Verletzung technischer Schutzrechte als Rechtsmangel beim Sachkauf, GRUR 2003, 654

Lauster, Georg
Behandlung von Gesellschafterdarlehen im Rahmen von M&A-Transaktionen im Lichte der jüngsten Rechtsprechung des Bundesgerichtshofs, WM 2013, 2155

Lehmann, Christoph
Unternehmenskauf von der Treuhandanstalt – Praktische Hinweise zur Vertragsgestaltung, DStR 1992, 1287

Leonhard, Marc
Der Ersatz des Vertrauensschadens im Rahmen der vertraglichen Haftung, AcP 199 (1999), 660–694

Lettl, Tobias
Schadensersatz bei Kartellrechtsverstößen in der 9. GWB-Novelle, WM 2016, 1962

Leuschner/Meyer
AGB-Verträge zwischen Unternehmen, Forschungsprojekt des BMJV, Abschlussbericht v. 30.9.2014

Liebs, Rüdiger
Der Unternehmenskauf, 2. Aufl., 2003

Liekefett, Kai Haakon
Die Verjährung von Freistellungsansprüchen in M&A-Vertragswerken, DB 2005, 2398

Liese, Jens
Die Beurkundungspflicht von Änderungsvereinbarungen zu Geschäftsanteilskaufverträgen, GmbHR 2010, 1256

Liese, Jens
Compliance in Due-Diligence-Fragelisten, BB 2010, Beilage Nr. 4, S. 27

Link, Jan
Droht dem Verkäufer von GmbH-Anteilen bei Leveraged-Buyout-Transaktionen eine Haftung für Verbindlichkeiten der Zielgesellschaft?, ZIP 2007, 1397

Link, Mathias
Bilanzielle und steuerliche Fragestellungen bei Earn-out-Gestaltungen, BB 2014, 554

Linke, Johanna/Fröhlich, Martin
Gestaltungsoptionen für Vertraulichkeitsvereinbarungen bei Unternehmenstransaktionen, GWR 2014, 449

Linke, Johanna/Fröhlich, Martin
Einsatz von Vorrats- und Mantelgesellschaften in M&A-Transaktionen, GWR 2014, 277

Loderer, Claudio/Wälchli, Urs
Handbuch der Bewertung, Bd. 2, 5. Aufl., 2010

Löhnig, Martin/Jerger, Christoph
Von Sozietäten entworfene Verträge maßgeschneidert oder doch AGB?, GWR 2013, 240

Lorenz, Dirk
Haftung des Geschäftsführers auf Verkäuferseite bei M&A-Transaktionen (ADAC), GWR 2016, 11

Lorenz, Stephan
Der Unternehmenskauf nach der Schuldrechtsreform, in: Festschrift für Andreas Heldrich, Lorenz, Stephan/Trunk, Alexander/Eidenmüller, Horst/Wendehorst, Christiane/Adolff, Johannes, 2005, S. 305

Lorenz, Stephan
Haftungsausfüllung bei der culpa in contrahendo: Ende der „Minderung durch c. i. c."?, NJW 1999, 1001

Lorenz, Stephan
Anspruch des betrogenen Käufers auf positives Interesse, MDR 1998, 266

Louven, Christoph/Mehrbrey, Kim Lars
Bedeutung aktueller M&A-Streitigkeiten für die Gestaltungspraxis NZG 2014, 1321

Luhmann, Niklas
Das Recht der Gesellschaft, 1993

Luhmann, Niklas
Soziale Systeme, 1984

Luhmann, Niklas
Die Profession der Juristen. Kommentare zur Situation in der Bundesrepublik Deutschland, in: Ausdifferenzierung des Rechts, 1981

Luhmann, Niklas
Rechtssoziologie, Bd. 1 1972

Lutter, Marcus
Due Diligence des Erwerbers beim Kauf einer Beteiligung, ZIP 1997, 613

Lutter, Marcus
Verdeckte Leistungen und Kapitalschutz, in: Festschrift für Ernst Stiefel zum 80. Geburtstag, hrsg. v. Lutter, Marcus/Oppenhoff, Walter/Sandrock, Otto/Winkhaus, Hanns, 1996, S. 505

Lutter, Marcus/Hommelhoff, Peter
GmbHG, Kommentar, 17. Aufl., 2009

Lutter, Marcus/Wahlers, Henning W.
Der Buyout: Amerikanische Fälle und die Regeln des deutschen Rechts, AG 1989, 1

Magnus, Ulrich
Schaden und Ersatz, 1987

Maidl, Johannes/Kreifels, Rainer
Beteiligungsverträge und ergänzende Vereinbarungen, NZG 2003, 1091

Maier-Reimer, Georg
AGB-Recht im unternehmerischen Rechtsverkehr – Der BGH überdreht die Schraube, NJW 2017, 1.

Maier-Reimer, Georg/Niemeyer, Christoph
Unternehmenskaufvertrag und AGB-Recht, NJW 2015, 1713

Maier-Reimer, Georg/Schilling, Myriam
Bilanzgarantien in Unternehmenskaufverträgen, KSzW 2016, 4

Mayer, Dieter
Ein Beitrag zur „Entschleierung" der verschleierten Sacheinlage im Recht der GmbH, NJW 1990, 2593

Maschke, Clemens
Die Societas Privata Europaea im Rahmen von Unternehmenstransaktionen, BB 2011, 1027

Meckbach, Anne
Organhaftung und Beweisrisiken, NZG 2015, 580

Medicus, Dieter
Probleme der Wissenszurechnung, in: Karlsruher Forum, 1994, S. 4

Medicus, Dieter
Ansprüche auf Erfüllungsinteresse aus Verschulden bei Vertragsverhandlungen, in: Festschrift für Hermann Lange, hrsg. v. Medicus, Dieter/Mertens/Knut, Hans-Joachim/Nörr, Wolfgang/Zöllner, Wolfgang, 1992, S. 539

Medicus, Dieter/Petersen, Jens
Bürgerliches Recht, 22. Aufl., 2009

Mehrbrey, Kim Lars (Hrsg.)
Handbuch gesellschaftsrechtliche Streitigkeiten, 2013

Mehrbrey, Kim Lars/Hofmeister, Lisa
Schadensersatz bei Verletzung einer Bilanzgarantie NZG 2016, 419

Meissner, Michael H.
Die Veräußerung von Teilen eines GmbH-Geschäftsanteils in Erfüllung von Earn-Out-Klauseln, GmbHR 2005, 752

Mellert, Christopher Rudolf
Tatbestandsprobleme bei Eigenkapitalgarantien, in: Drygala, Tim/Wächter, Gerhard H. (Hrsg.), Bilanzgarantien bei M&A-Transaktionen, Beiträge der 1. Leipziger Konferenz „Mergers & Acquisitions", 2015, S. 11

Mellert, Christofer Rudolf
Selbständige Garantien beim Unternehmenskauf – Auslegungs- und Abstimmungsprobleme, BB 2011, 1667

Merkt, Hanno; Göthel, Stephan
Internationaler Unternehmenskauf, 3. Aufl., 2011

Mertens, Kai
Die Information des Erwerbers einer wesentlichen Unternehmensbeteiligung an einer Aktiengesellschaft durch deren Vorstand, AG 1997, 541–545

Messerschmidt, Burkhard
Investitions- und Beschäftigungsgarantien in Treuhand- und Privatisierungsverträgen, WiB 1994, 377

Meyding Thomas/Adolfs, Mark
Veräußerung von Konzernteilen im Rahmen von M&A-Transaktionen, BB 2012, 2383

Thomas Meyding/Tobias Grau
Earn-out-Klauseln und Absicherung von Garantieansprüchen – „tickende Zeitbomben" bei Distressed M&A?, NZG 2011, 41

Meyer, Susanne
Vereinbarungen über die Grenzen der Wissenszurechnung- Überlegungen zur Wirksamkeit von Gewährleistungsausschlüssen im Unternehmenskaufvertrag, WM 2012, 2040

Mirow, Cornelius
Kaufpreisanpassung in Unternehmenskaufverträgen: Cash Free/Debt Free oder Renaissance der Eigenkapitalgarantie, Corporate Finance Law, 3/2011, S. 1

Mirow, Cornelius
Kaufpreisanpassung in Unternehmenskaufverträgen: Cash Free/Debt Free oder Renaissance der Eigenkapitalgarantie, Corporate Finance law, 3/2011, S. 1

von Mises, Ludwig
Human Action, A Treatise on Economics, Vol. 2, Indianapolis, 2007

Möller, Jan
Offenlegungen und Aufklärungspflichten beim Unternehmenskauf, System, Regelungskonzepte und Haftungsrisiken, NZG 2012, 841

Mohr, Jochen
Berechnung des Schadens nach der Differenzhypothese, Jura 2010, 327

Mommsen, Friedrich
Beiträge zum Obligationenrecht/von Friedrich Mommsen, Abt. 2: Zur Lehre von dem Interesse, 1855

Moritz, Klaus
§ 123 BGB Anfechtbarkeit wegen Täuschung oder Drohung, juriPK-BGB Bd. 1, 6. Aufl., 2012

Morshäuser, Ralf
Die Formvorschrift des § 311b Abs. 3 BGB bei Unternehmenskäufen, WM 2007, 337

Moser, Michael
Kaufpreisklauseln in Unternehmenskaufverträgen, in: Berens, Wolfgang/Brauner, Hans U./Strauch, Joachim/Knauer, Thorsten, 7. Aufl., 2013, S. 363

Moxter, Adolf
Grundsätze ordnungsgemäßer Unternehmensbewertung, 2. Aufl., 1991

Müggenborg, Hans-Jürgen
Der Kauf von Altlastengrundstücken nach der Schuldrechtsmodernisierung, NJW 2005, 2810

Müller, Klaus J.
Auslandsbeurkundungen von Abtretungen deutscher GmbH-Geschäftsanteile in der Schweiz, NJW 2014, 1994

Müller, Klaus J.
Unternehmenskauf und notarielle Beurkundung nach § 311b III BGB, NZG 2007, 201

Müller, Klaus J.
Einfluss der Due Diligence auf die Gewährleistungsrechte des Käufers beim Unternehmenskauf, NJW 2004, 2196

Müller, Klaus J.
Gestattung der Due Diligence durch den Vorstand der Aktiengesellschaft, NJW 2000, 3453

Müller-Feldhammer, Ralf
Die übertragende Sanierung – ein ungelöstes Problem der Insolvenzrechtsreform, ZIP 2003, 2186

Müller-Laube, Hans-Martin
Vertragsaufwendungen und Schadensersatz wegen Nichterfüllung, JZ 1995, 538

Müller-Stewens, Günter/Kunisch, Sven/Binder, Andreas (Hrsg.)
Mergers & Acquisitions, 2. Aufl., 2016

Müller, Werner/Heydn, Truiken
Der sinnlose Schlagabtausch zwischen den Instanzen auf dem Prüfstand: Für eine Abschaffung der Tatbestandsberichtigung, NJW 2005, 1750

Münchener Kommentar zum Bürgerlichen Gesetzbuch
hrsg. v. Säcker/Rixecker, Bd. 1, 7. Aufl., 2015; Bd. 2, 7. Aufl., 2016; Bd. 3 7. Aufl., 2016

Münchener Kommentar zum HGB
hrsg. v. Dres/Schmidt, 2. Aufl., 2009, Bd. 2 4. Aufl., 2016

Münchener Kommentar zur ZPO
hrsg. v. Rauscher/Wax/Wenzel, Bd. 1, 3. Aufl., 2008

Munday, Roderick
Evidence, 2005

Nassall, Wendt
Zehn Jahre ZPO – Reform vor dem BGH, NJW 2012, 113

Nauheim, Markus/Goette, Constantin
Managerhaftung im Zusammenhang mit Unternehmenskäufen, Anmerkung zur Business Judgement Rule aus der M&A-Praxis, DStR 2013, 2520

Neuner, Norbert
Interesse und Vermögensschaden, AcP 131 (1931), 277

Newman, Lawrence W./Zaslowsky David
Grappling with Damages in International Arbitration, New York Law Journal, Vol. 242, No. 63, 29.9.2009, S. 2

Nickel, Carsten
Die Rechtsfolgen der culpa in contrahendo, 2004

Niesse, Susanne/Ghassemi-Tabar, Nima
Grundstückskauf – Die Arglisthaftung des Verkäufers, MDR 2013, 569

Niewiarra, Manfred
Unternehmenskauf, 2. Aufl., 2002

Noelle-Neumann, Elisabeth
Die Schweigespirale, 1980

Nowotny, Christian
„Due Diligence" und Gesellschaftsrecht, Zeitschrift für österreichisches und europäisches Wirtschaftsrecht (wbl) 1998, 145

Ostendorf, Patrick/Kluth, Peter
Die Auslegung von Folgeschadenausschlussklauseln im internationalen Vertragsrecht, RIW 2009, 428

Osterloh-Konrad, Christine
Rückstellungen für Prozessrisiken in Handels- und Steuerbilanz – Kriterien der Risikokonkretisierung und ihre Anwendung auf die Prozesssituation (Teil 1), DStR 2003, 1631 und (Teil 2), DStR 2003, 1675

Otto, Hans Jochen
„Eigenkapitalraub" und „nicht erwünschtes Verhalten": Private Equity zwischen betriebswirtschaftlicher Logik und der Idee vom Unternehmen an sich, AG 2013, 357

Paefgen, Walter G.
Zum Zusammenhang von Abschlussangaben, Bewertungsmethoden und Haftungsumfang beim Unternehmenskauf, DZWIR 1997, 177

Paefgen, Walter G./Wallisch, Kai
Vermutungswirkung, Chain of Title, Verkäuferhaftung und Due Diligence, NZG 2016, 801

Paefgen, Walter G./Wallisch, Kai
Vertragliche Kaufpreisanpassungsklauseln als Alternative zum Schadensersatz bei Bilanzgarantien, in: Drygala, Tim/Wächter, Gerhard H. (Hrsg.), Bilanzgarantien bei M&A-Transaktionen, Beiträge der 1. Leipziger Konferenz „Mergers & Acquisitions", 2015, S. 205

Palandt
Bürgerliches Gesetzbuch, 76. Aufl., 2017

Paulsson, Jan
The expectation model, paper presented at ICC Institute of World Business Law 25th Annual Meeting "Evaluation of Damages in International Arbitration", paper 2005

Perry, Sebastian
Quantum Mechanics, Global Arbitration Review, 6 (2011) 2, 1

Perwein, Sigmund
Übergabe der Aktienurkunde als Wirksamkeitsvoraussetzung bei der Abtretung von Namensaktien kleiner Publikums-Aktiengesellschaften, AG 2012, 611

Peter, Wolfgang
Arbitration of Merges and Acquisitions: Purchase Price Adjustment Arbitrations, Arbitration of Merger and Acquisition Disputes, ASA, Mai 2005, S. 55

Picot, Gerhard
Unternehmenskauf und Restrukturierung, 4. Aufl., 2013

Picot, Gerhard
Unternehmenskauf und Sachmängelhaftung – Rechtsfortbildung durch den BGH?, DB 2009, 2587

Picot, Gerhard
Handbuch Mergers & Acquisitions, 5. Aufl., 2012

Picot, Gerhard/Duggal, Raoul
Unternehmenskauf: Schutz vor wesentlich nachteiligen Veränderungen der Grundlagen der Transaktion durch sog. MAC-Klauseln, DB 2003, 2635

Pohlmann, André
Die Haftung wegen Verletzung von Aufklärungspflichten, 2002

Popp, Matthias
Betriebswirtschaftliche Techniken zum Ausgleich zwischen Earnout-Parteien, in: Drygala, Tim/Wächter, Gerhard H. (Hrsg.), Kaufpreisanpassungs- und Earnout-Klauseln, Beiträge der 2. Leipziger Konferenz „Mergers & Acquisitions", 2016, S. 261

Preu, Peter
Konflikte zwischen Treuhandanstalt und Investoren aus Privatisierungsverträgen, Teil 1, DStR 1994, 1265, Teil 2 DStR 1994, 1497, Teil 3 DStR 1994, 1777, Teil 4, DStR 1995, 1390

Pröbsting, Philipp/Peitz, Carlo
„Rettung" sittenwidriger Wettbewerbsverbote mittels einer salvatorischen Klausel?, BB 2016, 840

Prütting, Hanns/Gehrlein, Marcus
ZPO, Kommentar, 2. Aufl., 2010

Prütting, Hanns/Wegen, Gerhard/Weinreich, Gerd
BGB, Kommentar, 5. Aufl., 2010

Quill, Tobias
Interessengeleitete Unternehmensbewertung. Ein ökonomisch soziologischer Zugang zu einem neuen Objektivismusstreit, 2016

Rapp, David
Zur Bedeutung zweckgerechter Unternehmensbewertung im Vorfeld einer Unternehmenstransaktion für die Erfüllung der aktienrechtlichen Sorgfaltspflicht, DStR 2014, 1066

Rasner, Andreas
Die Bedeutung von Parteiwissen für die Gestaltung von Unternehmenskaufverträgen, WM 2006, 1425

Redeker, Philipp
Die Verkäuferhaftung beim Unternehmens- und Grundstückskauf, Die Grenzziehung zwischen Gewährleistungsrecht und Informationshaftung, NJW 2012, 2471

Reichsgerichtsrätekommentar
Das Bürgerliche Gesetzbuch, Kommentar, hrsg. v. Mitgliedern des Bundesgerichtshofs, 12. Aufl., 1976

Reinicke, Dietrich/Tiedtke, Klaus
Schadensersatzverpflichtungen aus Verschulden beim Vertragsabschluss nach Abbruch von Vertragsverhandlungen ohne triftigen Grund, ZIP 1989, 1093

RGRK
Das bürgerliche Gesetzbuch unter besonderer Berücksichtigung der Rechtsprechung des Reichsgerichts und des Bundesgerichtshofes, Kommentar, 12. Aufl., 1974 ff.

Reinhard, Thorsten/Schützler, Christian
Anfechtungsrisiko für den Unternehmensverkäufer aus der Veräußerung von Gesellschafterdarlehen?, ZIP 2013, 1898

Rengier, Hans-Bernhard
Die Abgrenzung des positiven Interesses vom negativen Vertragsinteresse und vom Integritätsinteresse: dargestellt am Problem der Haftung des Verkäufers, Vermieters und Unternehmers für Schäden infolge von Sachmängeln, Diss. iur., 1977

Rittmeister, Maximilian
Due Diligence und Geheimhaltungspflichten beim Unternehmenskauf – Die Zulässigkeit der Gestaltung einer Due Diligence durch den Vorstand oder die Geschäftsführer der Zielgesellschaft, NZG 2004, 1032

Rödder, Thomas/Hötzel, Oliver/Mueller-Thuns, Thomas
Unternehmenskauf, Unternehmensverkauf, 2003

Roitzsch, Frank/Wächter, Gerhard
Gesellschaftsrechtliche Probleme des Finanzmarktstabilisierungsgesetzes, DZWIR 2009, 1

Roitzsch, Frank/Wächter, Gerhard
Zweifelsfragen beim Erwerb von Risikopositionen nach dem Finanzmarktstabilisierungsgesetz, ZIP 2008, 2301

Römermann, Volker
Praxisverkauf und Praxisbewertung bei Freiberuflern – ein (scheinbar) unlösbares Problem, NJW 2012, 1694

Römermann, Volker/Wachter, Thomas
GmbH-Beratung nach dem MoMiG, GmbHR-Sonderheft 10/2008

Roschmann, Christian; Frei, Johannes
Geheimhaltungsverpflichtungen der Vorstandsmitglieder von Aktiengesellschaften bei Unternehmenskäufen, AG 1996, 449

Rosenboom Torsten/Ens, Sebastian
Kosten sparen durch Beurkundung in der Schweiz, M&A Review 2014, 245

Roth, Günther/Altmeppen, Holger
GmbHG, Kommentar, 8. Aufl., 2015

Rotthege, Georg/Wassermann, Bernd
Unternehmenskauf bei der GmbH, 2011

Rusch, Arnold F.
Auskehr in der Schweiz, Schadensersatz in Deutschland?, WM 2012, 440

Rüßmann
§ 249 BGB Art und Umfang des Schadensersatzes, jurisPK-BGB Bd. 2, 6. Aufl., 2012

Rüßmann
§ 251 BGB Schadensersatz in Geld ohne Fristsetzung, jurisPK-BGB Bd. 2, 6. Aufl., 2012

Rust, Ulrich
Zum Umfang des deliktischen Schadensersatzanspruchs eines getäuschten Käufers, NJW 1999, 339

Rüthers, Bernd
Klartext zu den Grenzen des Richterrechts, NJW 2011, 1856

Rüthers, Bernd
Trendwende im BVerfG, NJW 2009, 1461

Rüthers, Bernd
Rechtstheorie, 4. Aufl., 2008

Rüthers, Bernd
Die unbegrenzte Auslegung: Zum Wandel der Privatrechtsordnung im Nationalsozialismus, 1968

Sachs, Klaus
Schiedsgerichtsverfahren über Unternehmenskaufverträge – unter besonderer Berücksichtigung kartellrechtlicher Aspekte, SchiedsVZ 2004, 123

Sachs, Klaus
Fast-Track Arbitration Agreements of MAC Clauses, M. Á. Fernández-Ballesteros and David Arias (eds.), Liber Amicorum Bernardo Cremades (La Ley 2010), S. 1051

Sachs, Klaus
Schiedsgerichtsverfahren über Unternehmenskaufverträge – unter besonderer Berücksichtigung kartellrechtlicher Aspekte, SchiedsVZ 2004, 123

Saenger, Ingo
Grundfragen und aktuelle Probleme des Beweisrechts aus deutscher Sicht, ZZP 2008, 139

Sajnovits, Alexander
Ad-hoc-Publizität und Wissenszurechnung, WM 2016, 765

Schaffner, Petra
Haftungsbeschränkung im Managementletter, BB 2007, 1292

Literaturverzeichnis

Schalast, Christoph (Hrsg.)
Aktuelle Aspekte des M&A-Geschäftes (Jahrbuch 2011), 2011
Schaub, Renate
Zum Umfang des deliktsrechtlichen Schadensersatzes – Vertragliche Ansprüche als Grundlage der Berechnung – Anpassung des deliktsrechtlichen Anspruchs an den Ersatzanspruch aus BGB § 463, ZEuP 1999, 943
Schellhammer, Kurt
Schuldrecht nach Anspruchsgrundlagen, 7. Aufl., 2008
Schermaier, Martin
Zur Schadensberechnung bei deliktischen Schadensersatzansprüchen aus betrügerischen Vertragsabwicklungen, JZ 1998, 857
Scheuffele, Friedrich
Stellungnahmen zu Garantie-Erklärungen beim Unternehmenskauf – Pandora-Büchse für Geschäftsführer der zu veräußernden GmbH?, GmbHR 2010, 965
Schiemann, Gottfried
Argumente und Prinzipien bei der Fortbildung des Schadensrechts, 1981
Schilling, Myriam/Scharf, Sarah
Aufklärungspflichtverletzung und Wissenszurechnung beim Unternehmenskauf, DB 2016, 2402
Schlütter, Egon
Steuerprobleme des Unternehmenskaufs, NJW 1993, 2023
Schmidt, Karsten
Gesellschaftsrecht, 4. Aufl., 2002
Schmidt-Hern, Karsten/Behme, Caspar
Mehrerlösklauseln in Unternehmenskaufverträgen, NZG 2012, 81
Schmitz, Christian
Mängelhaftung beim Unternehmenskauf nach der Schuldrechtsreform, RNotZ 2006, 561
Schmoeckel, Mathias/Rückert, Joachim/Zimmermann, Reinhard
Historisch-kritischer Kommentar zum BGB, Bd. 1 AT §§ 1–240 (2003); Bd. 2 Schuldrecht AT §§ 241–432 (2007) (zit.: Schmoeckel/Rückert/Zimmermann-*Bearbeiter*, HKK)
Schmolke, Klaus Ulrich
„Shoot out"-Klauseln und Verpflichtung des Vorstands zur Amtsniederlegung, ZIP 2014, 897

Schniepp, Steffen/Hensel, Christian
Gesellschafterdarlehen – gesamtschuldnerische Haftung von Zedent und Zessionar in M&A-Transaktionen? BB 2015, 777

Schniepp, Steffen/Hensel, Christian
Gesellschafterdarlehen in Unternehmenstransaktionen: Auswirkungen der jüngeren BGH-Rechtsprechung auf die M&A-Praxis, DB 2015, 479

Schniepp Steffen/Hensel Christian
Probleme mit der Chain of Title – Die Verschmelzung der Ziel-GmbH als Königs- oder Holzweg?, NZG 2014, 857

Schniepp Steffen/Holfeld Florian
Compliancegarantien in Unternehmenskaufverträgen – Bedeutung, Inhalt sowie Probleme bei der Verletzung von Compliancegarantien, DB 2016, 1738

Scholz, Franz
GmbHG, Kommentar, Bd. 1, 11. Aufl., 2012

Schön, Hans
Wie die unrichtige Darstellung in der Rechnungslegung den Deal gefährdet – der Grundsatz der Bilanzwahrheit in M&A-Disputes, M&A Review 2014, 122

Schöne, Franz-Josef/Uhlendorf, Jens
Kaufpreisanpassung an das bilanzielle Eigenkapital oder Nettovermögen, in: Drygala, Tim/Wächter, Gerhard H. (Hrsg.), Kaufpreisanpassungs- und Earnout-Klauseln, Beiträge der 2. Leipziger Konferenz „Mergers & Acquisitions", 2016, S. 133

Schöne, Franz-Josef/Uhlendorf, Jens
Schadensersatzklauseln im „Contract Drafting" – Ausgewählte Problemstellungen, in: Drygala, Tim/Wächter, Gerhard H. (Hrsg.), Bilanzgarantien bei M&A-Transaktionen, Beiträge der 1. Leipziger Konferenz „Mergers & Acquisitions", 2015, S. 264

Schrader, Nikolaus
Inhalte des Unternehmenskaufvertrages, in Eilers, Stephan/Koffka, Nils Matthias/Mackensen Marcus (Hrsg.), Private Equity, 2. Aufl., 2012

Schrager, Sam
The Trial Lawyer's Art, 1999

Schreier, Torsten/Leicht, Michael
Übertragung von Verträgen bei Carve-Outs, NZG 2011, 121

Schröcker, Stefan
Unternehmenskauf und Anteilskauf nach der Schuldrechtsreform, ZGR 2005, 63

Schroeder Hans-Patrick/Welpot, Eva Christina
Neues zum Texan Shoot-out, zum Russian Roulette und zu anderen Klauseln der alternativen Streitbeilegung im Gesellschaftsrecht, NZG 2014, 609

Schubert, Werner
Umfang des Schadensersatzes bei arglistiger Täuschung eines Käufers, JR 2012, 109

Schüler, Andreas
Unternehmensbewertung in der Rechtsprechung – eine Bestandsaufnahme und Einordnung, DB 2015, 2277

Schulte, Norbert/Sieger, Jürgen J.
„Russian Roulette" und „Texan Shoot Out" – zur Gestaltung von radikalen Ausstiegsklauseln in Gesellschaftsverträgen von Joint-Venture-Gesellschaften, NZG 2005, 24

Schulz von Thun, Friedemann
Miteinander Reden, 1981

Schulze, Jörn-Christian
„Verdeckte" Beraterkosten im Unternehmenskauf, jurisPR-HaGesR 1/2008, Anm. 3

Schulze, Reiner/Dörner, Heinrich/Ebert, Ina/Hoeren, Thomas/Kemper, Rainer/ Saenger, Ingo/Schreiber, Klaus/Schulte-Nölke, Hans
BGB, Nomos Handkommentar, 7. Aufl., 2011

Schulze, Reiner/Ebers, Martin/Grigoleit, Hans Ch.
Informationspflichten und Vertragsschluss im Aquis Communautaire, 2003

Mayer, Carolin/Schiffer, Jack
Sorgfaltspflichten des Verkäufers und des Käufers beim Unternehmenskauf: die neue Rechtsprechung, BB 2016, 2627

Schwarzfischer, Benjamin
Wissenszurechnung beim Management Buy-out, GWR 2016, 442

Schweer, Carl-Stephan/Todorow, Valentin
Prozessuale Durchsetzung von Freistellungsansprüchen, NJW 2013, 3004

Schwerdtner, Peter
Grundzüge des Schadensersatzrechtes (I), Jura 1987, 142

Schwintowski, Hans-Peter
Die Zurechnung des Wissens von Mitgliedern des Aufsichtsrats in einem oder mehreren Unternehmen, ZIP 2015, 617

Sedemund, Jan
 Due Diligence bei Unternehmenskauf: Existenzbedrohung bei unterlassener Prüfung von Schmiergeld- und Bestechungszahlungen – zum Verfall in der jüngeren Rechtsprechung (zugleich Anmerkung zum BGH Urt. v. 14.9.2004 – 1 StR 202/04, DB 2004, 2265), DB 2004, 2256

von Segesser, Georg
 Arbitrating Pre-Closing Disputes in Merger and Acquisition Transactions, in Kaufmann-Kohler/Johnson (ed.) Arbitration of Merger and Acquisition Disputes, Conference of ASA Swiss Arbitration Association on January 21, 2005, S. 17

Seibt, Christoph H.,
 Sinn und Zweck, Einsatz und Mechanik von Earnout-Regelungen, in: Drygala, Tim/Wächter, Gerhard H. (Hrsg.), Kaufpreisanpassungs- und Earnout-Klauseln, Beiträge der 2. Leipziger Konferenz „Mergers & Acquisitions", 2016, S. 222

Seibt, Christoph H./Schwarz, Simon
 Fortgeschrittenenklausur – Zivilrecht: Sachmängelgewährleistung und Verschulden bei Vertragsverhandlungen beim Unternehmenskauf, JuS 2012, 43

Seibt, Christoph/Wunsch, Oliver
 Managementgarantien bei M&A Transaktionen, ZIP 2008, 1093

Semler, Johannes/Volhard, Rüdiger
 Arbeitshandbuch für Unternehmensübernahmen, Bd. 1 2001; Bd. 2 2003

Servan, Antoine Joseph Michel
 Apologie de la Bastille, 1784

Sessler, Anke/Leimert, Corinna
 The Role of Expert Determination in Mergers and Acquisitions under German Law, Arbitration International, Vol. 20 No. 2 (2004), S. 151

Sieger, Jürgen J./Hasselbach, Kai
 Die Übernahme von Gewährleistungen durch die Aktiengesellschaft bei Kapitalerhöhung und Aktientausch, BB 2004, 60

Sieger, Jürgen J./Hasselbach, Kai
 Break Fee-Vereinbarung bei Unternehmenskäufen, BB 2000, 625

Simon, Jürgen/Cors, Klaus/Troll, Max
 Handbuch der Grundstückswertermittlung, 4. Aufl., 1997

Sörgel, Michael
 Letter of Intent – Absichtserklärung oder mehr?, M&A Review 2014, 334

Spindler, Gerald/Stilz, Eberhard
 AktG, Kommentar, 2. Aufl., 2010

Starr, Hale/McCormick, Mark
Jury Selection, 2000

von Staudinger, Julius/Busche, Jan
Eckpfeiler des Zivilrechts, Die Begründung von Schuldverhältnissen, 2005

von Staudinger, Julius
BGB, Kommentar, Neubearb. 2014 ff.

Steckler, Brunhilde
Zum Umfang der Schadensersatzansprüche infolge verspäteter oder mangelhafter Lieferungen und zur Vertragsgestaltung im Einkauf, BB 1995, 469

Stengel, Arndt
Rückstellungen für Risiken aus Rechtsstreiten, BB 1993, 1403

Stoppel, Jan
Die Formbedürftigkeit von Vollzugsprotokollen im Rahmen des Erwerbs von Geschäftsanteilen, GmbHR 2012, 828

Stoppel, Jan
Reichweite der Heilung bei fehlender Beurkundung von Anteilskäufen, GmbHR 2010, 225

Streck, Michael/Mack, Alexandra
Unternehmenskauf und Steuerklauseln, BB 1992, 1398

Süßmann, Rainer
Die befugte Weitergabe von Insidertatsachen, AG 1999, 162

Swoboda, Jörg/Gruhn, Thomas
Net Debt/Net Cash-Klauseln und Vergleich der Kaufpreisbestimmung gemäß Festpreis/Locked Box- oder Completion-Accounts-Mechanismus, in: Drygala, Tim/Wächter, Gerhard H. (Hrsg.), Kaufpreisanpassungs- und Earnout-Klauseln, Beiträge der 2. Leipziger Konferenz „Mergers & Acquisitions", 2016, S. 109

Taleb, Nassim Nicholas
Antifragile. Things that gain from Disorder, 2012

Taleb, Nassim Nicholas
The Black Swan, 2007

Taupitz, Jochen
Wissenszurechnung nach englischem und deutschem Recht, Karlsruher Forum 1994, S. 16

Teichmann, Arndt
Vinkulierte Gesellschaftsanteile im Vermögen zu spaltender Gesellschaften, GmbHR 2014, 393

Ternick, René
   Der Vorvertrag beim Unternehmenskauf, GmbHR 2015, 627, 631
Theisen, Frank
   Rechtsfolgen eines Schadensersatzanspruchs aus culpa in contrahendo, NJW 2006, 3102
Thole, Christoph
   Die Bedeutung von sogenannten Sprech- und Neuverhandlungsklauseln in Projektfinanzierungsverträgen am Beispiel von Stuttgart 21, WM 2013, 1005
Tholen, Laurenz/Weis, Manuel
   Formfragen bei Finanzierungsrunden in der GmbH – Formbedürftigkeit von Beteiligungsverträgen und Gesellschaftervereinbarungen nach § 15 Abs. 4 S. 1, § 53 Abs. 2 S. 1 und § 55 Abs. 1 GmbHG, GmbHR 2016, 915
Tiedtke, Klaus
   Zum deliktischen Schadensersatzanspruch des getäuschten Käufers, DB 1998, 1019
Tiedtke, Klaus
   Zu den Rechtsfolgen einer falschen Angabe des Verkäufers über die steuerliche Belastung des Kaufgegenstands, JZ 1990, 1077
Tigar, Michael
   Persuasion. The Litigators Art, 1999
Timmerbeil, Sven/Mansdörfer, Marco
   Die Behandlung kartellrechtlicher Bußgeldrisiken im Rahmen von M&A-Transaktionen, BB 2011, 323
Timmerbeil, Sven/Pfeiffer, Gero
   Unternehmenskauf Nebenvereinbarungen, 2010
Toll, Christina/Rollinck, Jan-Philipp
   Earn-Out-Klauseln zur Überwindung divergierender Erfolgserwartungen– oder Segen? M&A Review 2014, 154
Tophoven, Axel
   Anspruch auf Ersatz der Kosten einer Due Diligence wegen Verstoßes gegen eine Exklusivitätsvereinbarung – ein Praxisbericht, BB 2010, 2919
Triebel, Volker
   Anglo-amerikanischer Einfluss auf Unternehmenskaufverträge in Deutschland – eine Gefahr für die Rechtsklarheit?-Umbruch und Wandel, in: Festschrift für Carl Zimmerer zum 70. Geburtstag, hrsg. v. Claussen, Carsten P./Hahn, Oswald/Kraus, Willy, 1996, S. 429

Triebel, Volker/Balthasar, Stephan
Auslegung englischer Vertragstexte unter deutschem Vertragsstatut – Fallstricke des Art. 32 I Nr. 1 EGBGB, NJW 2004, 2189

Triebel, Volker/Hölzle, Gerrit
Schuldrechtsreform und Unternehmenskaufverträge, BB 2002, 521

Tschäni, Rudolf
Post Closing Disputes, in: Kaufmann-Kohler/Johnson (ed.), Arbitration of Merger and Acquisition Disputes, Conference of ASA Swiss Arbitration Association on January 21, 2005, S. 67

Tschäni, Rudolf/Frey, Harold/Müller, Dominique
Streitigkeiten aus M&A-Transaktionen, 2013

Turiaux, André/Knigge Dagmar
Umweltrisiken bei M&A-Transaktionen, BB 1999, 913

Ulrich, Stephan
Treuhandabtretung: Wann stehen und fallen zwei Rechtsgeschäfte miteinander, GmbHR 2016, R 325

Ulrich, Stephan
Schweigepflicht des Aufsichtsrats wichtiger als Wissenszurechnung, GmbHR 2016, R 213

Ulrich, Stephan
Abwerbeverbote – und warum sie manchmal doch halten, z. B. nach einer Due Diligence, GmbHR 2015, R 149

Ulrich, Stephan
Ad-hoc Mitteilung bei Unternehmenskäufen nach Gelti/Daimler und vor Marktmißbrauchsverordnung, GmbHR 2013, 374

Ulrich, Stephan
Untreue-Strafbarkeit von Geschäftsführern, GmbHR 2013, R 325

Ulrich, Stephan
Wie bindend ist das „Binding Term Sheet"?, GmbHR 2013, R 230

Ulrich, Stephan/Böhle, Jens
Die Auslandsbeurkundung im M&A-Geschäft, GmbHR 2007, 566

Valdini, Daniel und Koch, Malte
Die missbräuchliche Verwendung von Russian-Roulette-Klauseln, GWR 2016, 179

Vallender, Heinz
Unternehmenskauf in der Insolvenz (II), GmbHR 2004, 642

van Venroy, Gerd J.
Vereinbarte „Beurkundung" im Sinne von § 154 Abs. 2 BGB, DStR 2012, 565

Verse, Dirk A.
Doppelmandate und Wissenszurechnung im Konzern, AG 2015, 413

Vischer, Markus
Earn Out-Klauseln in Unternehmenskaufverträgen, SJZ 98 (2002), 509

Vuia, Mihai
Der merkantile Minderwert als Teil des Vermögensschadens, NJW 2012, 3057

Wach, Karl J. T.
Taktik in M&A-Schiedsverfahren in: Wissenschaftlicher Gesprächskreis Schiedsrecht, 2008

Wächter, Gerhard H.
Bilanzgarantien und ihre Auslegung, Zugleich eine Besprechung von OLG Frankfurt a. M. 7.5.2015 – 26 U 35/12 („Mobilkran"), BB 2016, 711

Wächter, Gerhard H.
Schadensersatz und Kaufpreisanpassung post M&A, in: Drygala, Tim/Wächter, Gerhard H. (Hrsg.), Kaufpreisanpassungs- und Earnout-Klauseln, Beiträge der 2. Leipziger Konferenz „Mergers & Acquisitions", 2016, S. 1

Wächter, Gerhard H.
Dreiecksproblem und Faktoren, in: Drygala, Tim/Wächter, Gerhard H. (Hrsg.), Bilanzgarantien bei M&A-Transaktionen, Beiträge der 1. Leipziger Konferenz „Mergers & Acquisitions", 2015, S. 225

Wächter, Gerhard H.
Schadensrechtliche Probleme beim Unternehmenskauf: Naturalherstellung und Bilanzgarantien, NJW 2013, 1270

Wächter, Gerhard H.
Tatbestand und Heilung verdeckter Sacheinlagen, insbesondere bei Unternehmenseinbringungen, GmbHR 2006, 1084

Wächter, Gerhard H.
Die Tatsacheninstanzen in großen bürgerlichen Rechtsstreitigkeiten nach der ZPO-Reform, ZZP 2006, 393

Wächter, Gerhard H.
Zivilrechtliche Zweifelsfragen und Unklarheiten beim Verfall (§ 73 ff. StGB), StraFo 2006, 221

Wächter, Gerhard H.
Praktische Fragen der Gestaltung und Auslegung von Altlastenklauseln in Grundstücks- und Unternehmenskaufverträgen, NJW 1997, 2073

Wächter, Gerhard H.
Käufereinwendungen gegen Zahlungspflichten bei Nichteinhaltung bei Beschäftigungs- und Investitionszusagen in Treuhand-Privatisierungsverträgen, WM 1994, 1319

Wächter, Gerhard H.
Beschäftigungs- und Investitionszusagen in Treuhandprivatisierungsverträgen, ZAP-Ost 1994, Fach 15, S. 181, Nr. 16 v. 17.8.1994, S. 519

Wächter, Gerhard H.
Geltung des AGB-Gesetzes bei der Nichteinhaltung von Zusagen in Treuhandprivatisierungsverträgen, VIZ 1994, 265

Wächter, Gerhard H./Kaiser, Thomas/Krause, Michael
Klauseln in Unternehmenskaufverträgen mit der Treuhandanstalt, Teil I, WM 1992, 293; Teil II, WM 1992, 395

Wächter, Gerhard H./Stender, Thomas
Die Rechtsprechung zu Investitions- und Beschäftigungszusagen in Treuhandprivatisierungsverträgen, NJW 2000, 395

Waltermann, Raimund
Zur Wissenszurechnung – am Beispiel der juristischen Personen des privaten und öffentlichen Rechts, AcP 192 (1992), 181

Wälzholz, Eckhard
Gesellschaftervereinbarungen (side-letters) neben der GmbH-Satzung, Chancen – Risiken – Zweifelsfragen, GmbHR 2009, 1020

Weber, Martin
Haftung für in Aussicht gestellten Vertragsabschluss, AcP 192 (1992), 390

Weidenbach, Georg/Mühle, Jan
Wettbewerbsverbote im Kartellrecht – Teil 1: Unternehmenskaufverträge, EWS 2010, 353

Weigl, Gerald
Die Auswirkungen der Schuldrechtsreform auf den Unternehmenskauf, DNotZ 2005, 246

Weimar, Robert
Haftungsrisiken aus Investitions- und Beschäftigungsgarantien bei privatisierten Unternehmen, DStR 1993, 63

Weisburg, Henry/Ryan, Christopher
  Means to be made whole: Damages in the context of international investment arbitration, paper presented at the ICC Institute of World Business Law 25th Annual Meeting "Evaluation of Damages in International Arbitration", Paper 2005

Weißhaupt, Frank
  Geschäftsleiter der Zielgesellschaft als „Diener zweier Herren" des Unternehmenskaufvertrags?, ZIP 2016, 2447

Weißhaupt, Frank
  Äquivalenzsicherung im Unternehmenskaufvertrag durch Kaufpreisklauseln und Jahresabschlussgarantien, BB 2013, 2947

Weißhaupt, Frank
  Haftung und Wissen beim Unternehmenskauf – über Gestaltungsspielräume im M&A Recht, WM 2013, 782

Weitnauer, Wolfgang
  Der Unternehmenskauf nach neuem Kaufrecht, NJW 2002, 2511

Weitnauer, Wolfgang/Grob, Verena
  Gesellschaftsrechtliche Wettbewerbsverbote, GWR 2014, 185

Wendelstein, Christoph
  Zur Schadenshaftung für „Erfüllungs"-Gehilfen bei Verletzungen des Integritätsinteresses, AcP 215 (2015), 70

Wenzel, Jens
  Auf Einzelassets bezogene bedingte und unbedingte Nachbewertungsklauseln, in: Drygala, Tim/Wächter, Gerhard H. (Hrsg.), Kaufpreisanpassungs- und Earnout-Klauseln, Beiträge der 2. Leipziger Konferenz „Mergers & Acquisitions", 2016, S. 59

Werkmüller, Maximilian A.
  Haftungsbeschränkung und Schadensersatz beim Tod des Verkäufers im schwebenden M&A-Prozess, ZEV 2007, 16

Werner, Rüdiger
  Die Zurechnung von im Aufsichtsrat vorhandenem Wissen an die Gesellschaft und ihre Folgen, WM 2016, 1474

Werner, Rüdiger
  Earn-Out-Klauseln – Kaufpreisanpassung beim Unternehmenskauf, DStR 2012, 1662

Werner, Rüdiger
  Der Asset Deal und die Notwendigkeit seiner notariellen Beurkundung – Zu Anwendung und Reichweite des § 311 Abs. 3 BGB, GmbHR 2008, 1135

Werner, Rüdiger
Haftungsrisiken bei Unternehmensakquisitionen: die Pflicht des Vorstands zur Due Diligence, ZIP 2000, 989

Wernicke, Konrad
Die Rückführung überlanger Wettbewerbsverbote in der BGH Rechtsprechung, BB 1990, 2209

Wertenbruch, Johannes
Zur Haftung aus culpa in contrahendo bei Abbruch von Vertragsverhandlungen, ZIP 2004, 1525

Wessels, Peter
Unternehmenskauf im Vorfeld der Verkäuferinsolvenz, ZIP 2004, 1237

Westermann, Harm Peter
Due Diligence beim Unternehmenskauf, ZHR 269 (2005), 248

Wieacker, Franz
Privatrechtsgeschichte der Neuzeit, 1952

Wilken, Oliver/Felke, Klaus
Corporate Litigation, 2013

Willms, Nicole/Bicker, Eike
Shoot-Out – der wirksame Ausstieg aus einem paritätischen Joint Venture, BB 2014, 1347

Wittuhn, Georg A./Quecke, Justus
Unternehmenskaufverträge und das Recht der Allgemeinen Geschäftsbedingungen, NZG 2014, 131

Witte, Christoph/Gerardy, Patrick
Ausgestaltung von Bilanzgarantien – objektive und subjektive Elemente, in: Drygala, Tim/Wächter, Gerhard H. (Hrsg.), Bilanzgarantien bei M&A-Transaktionen, Beiträge der 1. Leipziger Konferenz „Mergers & Acquisitions" 2015, S. 23

Witte, Jürgen J./Mehrbrey, Kim Lars
Variable Kaufpreisregelungen in Unternehmenskaufverträgen im Geflecht von Schiedsgutachtervereinbarungen und Schiedsgerichtsklauseln, NZG 2006, 241

Wolf, Manfred
Rechtsgeschäfte im Vorfeld von Grundstücksübertragungen und ihre eingeschränkte Beurkundungsbedürftigkeit, DNotZ 1995, 179

Wolf, Manfred/Kaiser, Jochen
Die Mängelhaftung beim Unternehmenskauf nach neuem Recht, DB 2002, 411

Wollny, Christoph
   Unternehmensbewertung, Eigenkapitalgarantie und Kaufpreisanpassung, in: Drygala, Tim/Wächter, Gerhard H. (Hrsg.), Kaufpreisanpassungs- und Earnout-Klauseln, Beiträge der 2. Leipziger Konferenz „Mergers & Acquisitions", 2016, S. 23

Wollny, Christoph
   Wer den Schaden hat, muss für die Bewertung sorgen – Unternehmensbewertung zur Ermittlung von Schadensersatzansprüchen, DStR 2013, 2132

Wollny, Christoph
   Der objektivierte Unternehmenswert, 2. Aufl., 2010

Wollny, Paul
   Rechtsprechung zum „Streit um den Wert von Unternehmen", BB Beilage 1991, Nr. 17, S. 1

Wulf, Martin
   Rückstellungen für ungewisse Verbindlichkeiten – zwingend zu bilden nach Klageerhebung?, AG 2013, 713

Wunderlich, Nils-Christian
   Die kaufrechtliche Haftung beim asset deal nach dem SchuldRModG, WM 2002, 981

Zeuner, Mark
   Privatisierungsverträge der Treuhandanstalt in der Gesamtvollstreckung ehemaliger Treuhandunternehmen, ZIP 1993, 1365

Ziegert, Nicholas
   Der Venture Capital-Beteiligungsvertrag (VCB), Diss. iur., 2005

Ziegler, Andrea
   Ausgestaltung von Earn-Out-Klauseln in Unternehmenskaufverträgen – Praktische Hinweise zur Vertragsgestaltung, M&A-Review, 2016, 226

Ziegler, Ole
   „Due Diligence" im Spannungsfeld zur Geheimhaltungspflicht von Geschäftsführern und Gesellschaftern, DStR 2000, 249

Ziehms, Heiko/Winepress, John
   Post M&A Disputes and Completion Mechanisms – A Corporate Finance Perspective, im Erscheinen

Ziemons, Hildegard
   Die Weitergabe von Unternehmensinterna an Dritte durch den Vorstand einer Aktiengesellschaft, AG 1999, 492

Zimmermann, Reinhard (Hrsg.)
   Rechtsgeschichte und Privatrechtsdogmatik, 2000

Wichtige Gerichtsurteile und Schiedssprüche zum Unternehmenskauf

Gericht	Datum	Aktenzeichen	Fundstellen
RG	13.3.1906	II 344/05	RGZ 63, 57
RG	27.3.1906	II 374/05	RGZ 62, 149
RG	15.11.1907	II 283/07	RGZ 67, 86
RG	20.11.1908	II 199/08	RGZ 69, 429
RG	4.12.1908	Rep. II 212/08	RGZ 70, 82
RG	26.1.1909	VII 146/08	RGZ 70, 226
RG	11.5.1911	II 376/10	WarnRspr. 1911, Nr. 368
RG	7.12.1911	VI 240/11	RGZ 78, 239
RG	18.12.1912	I 4/12	RGZ 81, 120
RG	16.2.1916	V 356/16	RGZ 88, 103
RG	2.11.1920	II 162/20	RGZ 100, 200
RG	22.4.1921	II 492/20	RGZ 102, 127
RG	15.6.1921	V 6/21	RGZ 102, 307
RG	7.7.1925	II 494/24	RGZ 111, 233
RG	9.3.1928	II 489/27	RGZ 120, 283
RG	14.12.1928	VII 277/28	HRR 1929 Nr. 595
RG	8.4.1929	VI 701/28	RGZ 124, 81
RG	23.5.1930	II 532/29	JW 1930, 3740
RG	19.6.1930	VI 530/28	RGZ 129, 280
RG	11.3.1932	II 307/31	RGZ 135, 339
RG	22.11.1932	II 148/32	RGZ 138, 354
RG	11.12.1934	VII 240/34	RGZ 146, 120
RG	22.6.1936	IV 75/36	RGZ 151, 357
RG	15.6.1942	V 132/41	RGZ 169, 185
BGH	20.6.1952	V ZR 34/51	BGHZ 6, 330
BGH	21.4.1954	VI ZR 55/53	BGHZ 13, 111
BGH	8.10.1954	I ZR 43/53	MDR 1955, 26
BGH	12.2.1959	VIII ZR 54/58	BGHZ 29, 289 = NJW 1959, 1424 = WM 1959, 543
BGH	9.5.1959	VIII ZR 107/58	NJW 1959, 1584
BGH	7.6.1967	VIII ZR 259/64	DB 1967, 1315
BGH	7.3.1968	II ZR 89/65	VersR 1968, 437

Wichtige Gerichtsurteile und Schiedssprüche zum Unternehmenskauf

Gericht	Datum	Aktenzeichen	Fundstellen
BGH	16.10.1968	I ZR 81/66	WM 1969, 67
BGH	6.2.1969	II ZR 86/67	NJW 1969, 595 = DB 1969, 555 = BGH LM § 276 BGB (Fa) Nr. 28
BGH	12.11.1969	I ZR 93/67	NJW 1970, 653
BGH	7.1.1970	I ZR 99/68	NJW 1970, 556
BGH	21.1.1970	VIII ZR 145/68	WM 1970, 251
BGH	27.2.1970	I ZR 103/68	WM 1970, 819
BGH	10.7.1970	V ZR 159/67	NJW 1970, 1840
BGH	29.1.1971	V ZR 112/68	WM 1971, 528
BGH	1.12.1971	VIII ZR 88/70	WM 1972, 136 = NJW 1972, 249
BGH	13.4.1972	II ZR 51/70	WM 1972, 772
BGH	29.6.1972	II ZR 123/71	BGHZ 59, 148
BGH	16.3.1973	V ZR 118/71	BGHZ 60, 319
BGH	5.10.1973	I ZR 43/72	WM 1974, 51 = BB 1974, 152
BGH	20.12.1973	VII ZR 184/72	NJW 1974, 553
BGH	18.10.1974	V ZR 17/73	NJW 1975, 43
OLG Karlsruhe	8.11.1974	10 U 231/73	BB 1974, 1604
BGH	8.1.1975	VIII ZR 124/73	WM 1975, 230
BGH	5.6.1975	II ZR 23/74	BGHZ 65, 15 = NJW 1976, 191
BGH	10.7.1975	II ZR 154/72	WM 1975, 927 = NJW 1975, 1774 (LS/Gründe)
BGH	12.11.1975	VIII ZR 142/74	BGHZ 65, 246 = WM 1976, 10
BGH	27.2.1976	I ZR 122/73	WM 1976, 923
BGH	9.7.1976	V ZR 256/75	BGHZ 67, 134
BGH	22.10.1976	V ZR 247/75	WM 1976, 1330
BGH	28.3.1977	VIII ZR 242/75	WM 1977, 618
BGH	25.5.1977	VIII ZR 186/75	BGHZ 69, 53 = NJW 1977, 1536
BGH	13.7.1977	VIII ZR 72/76	BB 1977, 1171
OLG Köln	30.10.1977	12 U 3/76	NJW 1978, 429
BGH	9.11.1977	VIII ZR 40/76	WM 1978, 60
BGH	24.2.1978	V ZR 122/75	DB 1978, 979
BGH	10.3.1978	V ZR 69/76	NJW 1978, 1429

Wichtige Gerichtsurteile und Schiedssprüche zum Unternehmenskauf

Gericht	Datum	Aktenzeichen	Fundstellen
BGH	21.4.1978	V ZR 235/77	BGHZ 71, 234
BGH	8.6.1978	III ZR 48/76	BGHZ 71, 386 = NJW 1978, 1802
BGH	14.7.1978	I ZR 154/76	NJW 1979, 33
BGH	19.1.1979	I ZR 172/76	WM 1979, 458
BGH	2.3.1979	V ZR 157/77	NJW 1979, 2243
OLG Frankfurt a. M.	3.4.1979	5 U 21/78	BB 1980, 179 = MDR 1979, 935
BGH	15.6.1979	I ZR 137/77	WM 1979, 944
BGH	12.7.1979	VII ZR 154/78	NJW 1979, 2202
BGH	4.10.1979	VII ZR 11/79	NJW 1980, 180
BGH	23.11.1979	I ZR 161/77	BGH LM § 123 BGB Nr. 56 = DB 1980, 679
BGH	18.1.1980	V ZR 110/76	WM 1980, 466
BGH	7.2.1980	III ZR 23/78	BGHZ 76, 343 = NJW 1980, 1683
BGH	2.6.1980	VIII ZR 64/79	NJW 1980, 2408 = ZIP 1980, 549
BGH	25.6.1980	IVb ZR 516/80	BGHZ 77, 293 = NJW 1980, 2350 = ZIP 1980, 761
BGH	13.7.1981	II ZR 56/80	BGHZ 81, 263 = ZIP 1981, 978
BGH	16.9.1981	VIII ZR 161/80	NJW 1982, 376
BGH	12.7.1982	II ZR 175/81	NJW 1982, 2823 = WM 1982, 862 = ZIP 1982, 923
BGH	23.9.1982	III ZR 196/80	NJW 1983, 422
BGH	8.10.1982	V ZR 216/81	WM 1982, 1436
BGH	14.11.1982	VIII ZR 263/81	BGHZ 1985, 367 = ZIP 1983, 74
BGH	19.11.1982	V ZR 161/81	WM 1982, 1434
BGH	11.2.1983	V ZR 191/81	WM 1983, 418
BGH	23.2.1983	IVa ZR 187/81	NJW 1983, 1843
BGH	4.7.1983	II ZR 220/82	BGHZ 88, 67 = ZIP 1983, 1061
BGH	13.7.1983	VIII ZR 142/82	ZIP 1983, 1073 = WM 1983, 1006
BGH	20.10.1983	III ZR 32/83	WM 1984, 205
BGH	25.1.1984	VIII ZR 227/82	ZIP 1984, 439
BGH	29.2.1984	IVa ZR 188/82	NJW 1984, 2570

Wichtige Gerichtsurteile und Schiedssprüche zum Unternehmenskauf

Gericht	Datum	Aktenzeichen	Fundstellen
BGH	11.4.1984	VIII ZR 302/82	NJW 1984, 2151
BGH	18.4.1984	VIII ZR 46/83	WM 1984, 936
BGH	20.9.1984	III ZR 47/83	BGHZ 92, 164 = NJW 1985, 1778
BGH	16.1.1985	VIII ZR 317/83	NJW 1985, 1769
OLG Düsseldorf	26.11.1985	23 U 66/85	NJW-RR 1986, 508
BVerwG	13.12.1985	8 C 95/83	NJW 1986, 1770
BGH	17.4.1986	III ZR 246/84	NJW-RR 1987, 59
BGH	9.10.1986	II ZR 241/85	WM 1987, 77 = ZIP 1987, 175
BGH	10.11.1986	II ZR 140/85	NJW 1987, 1077 = ZIP 1987, 29
BGH	26.11.1986	VIII ZR 260/85	ZIP 1987, 452 = NJW 1987, 909
OLG Celle	19.12.1986	4 U 284/85	NJW-RR 1987, 744
BGH	1.10.1987	III ZR 175/86	NJW-RR 1988, 763
OLG Köln	20.1.1987	4 U 22/86	NJW-RR 1987, 801
OLG Hamm	25.3.1987	30 RE Miet 1/86	NJW-RR 1987, 968
OLG Hamm	27.5.1987	20 U 335/86	NJW-RR 1987, 1170 = VersR 1988, 458
BGH	10.7.1987	II ZR 226/86	NJW 1988, 139 = ZIP 1987, 1113
BGH	10.7.1987	V ZR 236/85	NJW-RR 1988, 10
BGH	21.9.1987	II ZR 16/87	WM 1988, 163 = NJW-RR 1988, 288 = ZIP 1988, 89 = WuB II C. § 2 GmbHG 1.88, 427
BGH	12.10.1987	II ZR 251/86	NJW 1988, 1321 = WM 1988, 414 = ZIP 1988, 512
BGH	30.10.1987	V ZR 144/86	ZIP 1988, 316 = NJW-RR 1988, 348
BGH	11.11.1987	VIII ZR 304/86	NJW 1988, 1907
BGH	26.2.1988	V ZR 234/86	NJW 1988, 1837
BGH	2.3.1988	VIII ZR 380/86	CR 1988, 558
OLG Hamm	10.3.1988	18 U 130/87	NJW-RR 1989, 631
LG Bochum	13.4.1988	2 O 255/87	BB 1989, 651
BGH	9.5.1988	II ZR 247/85	WM 1988, 1370 = GmbHR 1988, 431
BGH	18.5.1988	IVa ZR 59/87	NJW 1988, 3012

Wichtige Gerichtsurteile und Schiedssprüche zum Unternehmenskauf

Gericht	Datum	Aktenzeichen	Fundstellen
BGH	13.7.1988	VIII ZR 224/87	NJW 1989, 763
Lieu d'arbitrage Ottawa (Canada)	8/1988	l'affaire no. 9154	Bulletin de la Cour internationale d'arbitrage de la CCI Vol. 11, No. 1 – 1er semestre 2000, 100
LG Heilbronn	15.8.1988	2 KfH O 241/87	DB 1989, 1227 (Kurzwiedergabe), vgl. Besprechung *Kapp*, DB 1989, 1224; s. a. *Küpper* DB 1990, 2460
BGH	22.9.1988	III ZR 183/87	BGHR BGB Vor § 1 Verschulden bei Vertragsschluss, Ratsvorbehalt = BGH – DAT Zivil
BGH	5.10.1988	VIII ZR 222/87	NJW-RR 1989, 306 = WM 1988, 1700
BGH	23.11.1988	VIII ZR 262/87	WM 1989, 256 = ZIP 1989, 234
BGH	8.12.1988	VII ZR 83/88	NJW 1989, 1793 = MDR 1989, 441
BGH	8.2.1989	Iva ZR 197/87	NJW-RR 1989, 1183 = MDR 1989, 616
BGH	22.2.1989	VIII ZR 4/88	NJW-RR 1989, 627 = ZIP 1989, 514
BGH	15.3.1989	VIII ZR 62/88	DB 1989, 1620 = NJW-RR 1989, 800 = WM 1989, 954
BGH	7.6.1989	VIII ZR 91/88	BGHZ 108, 1
OLG Düsseldorf	6.7.1989	8 U 239/88	NJW-RR 1990, 43
OLG Stuttgart	7.7.1989	9 U 13/89	DB 1989, 1817 = BB 1989, 1932
BGH	20.9.1989	VIII ZR 143/88	NJW 1990, 1234 = ZIP 1990, 1402
BGH	8.12.1989	V ZR 259/87	NJW 1990, 1661 = BGHZ 109, 327
BGH	21.12.1989	III ZR 49/88	BGHZ 110, 1 = NJW 1990, 1042
ICC International Court of Arbitration	1989	ICC Case 5834, Final Award	ICC International Court of Arbitration Bulletin Vol. 5, No. 1 – 1989, S. 66
OLG Düsseldorf	11.1.1990	10 U 96/89	Juris
BGH	28.3.1990	VIII ZR 169/89	BGHZ 111, 75 = NJW 1990, 1659
BGH	30.3.1990	V ZR 13/89	NJW 90, 1658
LG Düsseldorf	18.5.1990	21 S 354/89	ZfSch 1990, 357

901

Wichtige Gerichtsurteile und Schiedssprüche zum Unternehmenskauf

Gericht	Datum	Aktenzeichen	Fundstellen
ICC International Court of Arbitration	1990	ICC Case 6283	Yearbook Commercial Arbitration, Vol. XVII, 1992, Kluwer Law International, 178
BGH	16.1.1991	VIII ZR 335/89	NJW 1991, 1223 = ZIP 1991, 321
BGH	28.1.1991	II ZR 20/90	ZIP 1991, 442
BGH	14.3.1991	VII ZR 342/89	BB 1991, 993
OLG Düsseldorf	25.4.1991	10 U 154/90	DWW 1991, 240 = ZAP EN Nr. 691/91
BGH	26.4.1991	V ZR 165/89	BGHZ 114, 263 = NJW 1991, 2556 = ZIP 1991, 874
BGH	12.7.1991	V ZR 121/90	ZIP 1991, 1291 = NJW 1991, 2900
BGH	30.9.1991	II ZR 208/90	NJW 1992, 368 = ZIP 1991, 1584
BGH	8.11.1991	V ZR 260/90	NJW 1992, 899
OLG Köln	8.11.1991	19 U 50/91	BauR 1992, 98 = OLGR 1992, 71 = MDR 1992, 228 = VersR 1992, 66
OLG Köln	14.11.1991	III ZR 145/90	MDR 1992, 228
BGH	6.12.1991	V ZR 311/89	NJW 1992, 1037 = ZIP 1992, 489
BGH	11.12.1991	VIII ZR 4/91	BGHZ 116, 268
BGH	13.12.1991	LwZR 5/91	BGHZ 116, 334
ICC International Court of Arbitration	1991	ICC Case 9613, Final Award	Yearbook Commercial Arbitration 2007 – Vol. XXXII, Kluwer Law International, 42
OLG Koblenz	23.1.1992	5 U 901/91	NJW-RR 1993, 180
BGH	24.1.1992	V ZR 262/90	BGHZ 117, 104 = WM 1992, 792
BGH	28.1.1992	XI ZR 301/90	WM 1992, 602
BGH	10.3.1992	VII ZR 5/91	NJW 1992, 1754 = ZIP 1992, 773
BGH	19.3.1992	III ZR 16/90	NJW 1992, 1953
BGH	31.3.1992	VI ZR 143/91	NJW-RR 1992, 852
BGH	3.7.1992	V ZR 97/91	NJW 1992, 2564 = ZIP 1992, 1317
OLG Celle	25.11.1992	3 U 303/91	NJW-RR 1993, 500
OLG Köln	27.11.1992	19 U 82/92	ZUR 1993, 281

Wichtige Gerichtsurteile und Schiedssprüche zum Unternehmenskauf

Gericht	Datum	Aktenzeichen	Fundstellen
ICC International Court of Arbitration	1992	ICC Case 5285, Final Award	ICC International Court of Arbitration Bulletin Vol. 3, No. 2 – 1992
OLG Koblenz	6.5.1993	5 U 1930/92	Juris
BGH	6.07.1993	XI ZR 12/93	BGHZ 123, 126 = ZIP 1993, 1148
BGH	14.10.1993	III ZR 156/92	WM 1994, 70
OLG München	10.11.1993	7 U 2879/93	BB 1995, 2235
BGH	7.12.1993	VI ZR 152/92	NJW 1994, 652
OLG Köln	18.3.1994	6 U 211/93	NJW-RR 1994, 1064 = WiB 1994, 610
BGH	13.4.1994	II ZR 16/93	BGHZ 129, 366 = ZIP1994, 867
BGH	31.5.1994	VI ZR 12/94	NJW 1994, 2357
OLG Hamburg	3.6.1994	11 U 90/92	WM 1994, 1378 = ZIP 1994, 944
BGH	6.6.1994	II ZR 292/91	BGHZ 126, 181 = ZIP 1994, 1103
BGH	14.11.1994	III ZR 145/90	MDR 1992, 228
BGH	28.11.1994	VIII ZR 53/94	BGHZ 128, 111 = NJW 1995, 518 = ZIP1995, 130
LG Berlin	1.12.1994	9 O 395/94	n. v.
BGH	2.12.1994	V ZR 193/93	NJW 1995, 587 = ZIP 1995, 220
KG Berlin	12.12.1994	2 U 5962/93	GmbHR 1995, 381 (Tenor)
OLG Schleswig	15.12.1994	5 U 45/93	NJW-RR 1995, 554
LG Baden-Baden	30.12.1994	4 O 49/93	CR 1995, 399
KG Berlin	2.2.1995	2 U 7876/93	VIZ 1995, 476 = WM 1996, 356
BGH	8.2.1995	VIII ZR 8/94	ZIP 1995, 655 = NJW 1995, 1547
OLG Hamm	15.2.1995	13 U 111/94	NZV 1995, 316
OLG Düsseldorf	16.2.1995	10 U 100/89	Juris
BGH	17.5.1995	VIII ZR 70/94	NJW 1995, 2159 = ZIP 1995, 1082 = WM 1995, 1145
BGH	17.5.1995	VIII ZR 94/94	NJW 1995, 2026 = ZIP 1995, 1016
OLG Naumburg	28.8.1995	7 U 38/94	NJW-RR 1995, 799
KG Berlin	9.10.1995	12 U 1926/92	NJW-RR 1996, 431

Gericht	Datum	Aktenzeichen	Fundstellen
BAG	16.11.1995	8 AZR 240/95	BB 1996, 432 = DB 1996, 630
BGH	20.11.1995	II ZR 209/94	NJW 1996, 1051 = ZIP 1996, 176
BGH	6.12.1995	VIII ZR 192/94	NJW-RR 1996, 429
OLG Brandenburg	7.12.1995	5 U 58/95	NJW-RR 1996, 724
BayObLG	11.12.1995	3 Z BR 36/91	AG 1996, 176
ICC International Court of Arbitration	12/1995	ICC Case 8362	ICC International Court of Arbitration Bulletin, in: Albert Jan van den Berg (ed), Yearbook Commercial Arbitration 1997, Vol. XXII, Kluwer Law International, S. 164
ICC International Court of Arbitration	1995	ICC Case 7661	Yearbook Commercial Arbitration, 1997 – Vol. XXII, Kluwer Law International, 149
BGH	2.2.1996	V ZR 239/94	BGHZ 132, 30 = NJW 1996, 1339 = ZIP 1996, 548
KG Berlin	26.2.1996	2 U 3792/95	n. v.
BGH	31.2.1996	VIII ZR 297/94	NJW 1996, 1205 = ZIP 1996, 500
OLG Oldenburg	8.3.1996	11 U 82/95	WM 1997, 1252
OLG München	20.3.1996	7 U 5523/95	DB 1996, 975
LG Wuppertal	28.3.1996	2 U 54/95	BB 1996, 2216
BGH	29.3.1996	V ZR 332/94	NJW 1996, 1884 = BB 1996, 1238 = ZIP, 1996, 1174
LG Stuttgart	20.5.1996	5 KfH O 45/94	n. v.
BGH	13.6.1996	IX ZR 172/95	MDR 1997, 27
BGH	14.6.1996	V ZR 85/95	WM 1996, 1732 = DB 1996, 2222
BGH	18.6.1996	VI ZR 121/95	ZIP 1996, 1515 = NJW 1996, 2503
BGH	20.9.1996	V ZR 173/95	NJW-RR 1997, 144
ICC International Court of Arbitration	1996	ICC Case 8740	ICC Bulletin Vol. 11, No. 2
OKG Koblenz	25.2.1997	3 U 477/96	NJW-RR 1997, 974
BGH	21.4.1997	II ZR 175/95	BGHZ 135, 245 = ZIP 1997, 883
KG Berlin	6.5.1997	14 U 3534/95	KG-Report 1998/238

Wichtige Gerichtsurteile und Schiedssprüche zum Unternehmenskauf

Gericht	Datum	Aktenzeichen	Fundstellen
OLG Saarbrücken	14.5.1997	1 U 744/96–121	NJW-RR 1998, 341
OLG Düsseldorf	23.5.1997	3 Wx 203/97	NJW-RR 1998, 756
BGH	2.6.1997	II ZR 81/96	BGHZ 135, 387 = ZIP 1997, 1453
OLG Düsseldorf	16.6.1997	9 U 240/96	OLGR 1997, 234
KG Berlin	18.6.1997	23 U 2981/96	KGR Berlin 1997, 269
BGH	26.9.1997	V ZR 29/96	ZIP 1998, 154 = NJW 1998, 302
OLG Frankfurt a. M.	30.10.1997	3 U 178/95	MDR 1998, 957
BGH	20.11.1997	IX ZR 286/96	NJW 1998, 982 = VersR 1998, 598
BGH	24.11.1997	AnwZ (B) 38/97	MDR 1998, 244
BGH	25.11.1997	VI ZR 402/96	JP 1998, 173 = MDR 1998, 266 = DB 1998, 718
OLG Karlsruhe	11.12.1997	11 U 16/97	OLGR 1998, 160
LG Berlin	29.1.1998	9 O 670/96	n. v.
OLG Naumburg	11.3.1998	5 U 1705/09 (rechtskräftig: LG Magdeburg 9 O 1725/97)	OLGR 1999, 151
OLG Naumburg	11.3.1998	5 U 1705/97	OLGR 1999, 151
BGH	25.3.1998	VIII ZR 185/96	BGHZ 135, 195 = NJW 1998, 2360 = ZIP 1998, 908
OLG Celle	1.4.1998	13 U 197/97	OLGR 1998, 285
BGH	2.4.1998	III ZR 245/96	BGHZ 138, 257 = ZIP 1998, 826
BGH	8.4.1998	VIII ZR 228/96	NJW-RR 1998, 948
OLG Stuttgart	18.5.1998	5 U 101/97	n. v.
OLG Schleswig	28.5.1998	5 U 24/97	NZG 1998, 856
BGH	10.6.1998	V ZR 324/97	NJW 1998, 2905 = ZIP 1998, 1313
BGH	24.6.1998	XII ZR 126/96	WM 1998, 2210 = BB 1998, 1710
OLG Hamm	15.7.1998	8 U 200/97	GmbHR 1998, 984
BGH	12.11.1998	IX ZR 145/98	NJW 1999, 284 = ZIP 1999, 2162
OLG Düsseldorf	28.11.1998	6 U 11/95	ZIP 1997, 27
OLG Stuttgart	14.12.1998	5 U 129/98	OLGR 1999, 162

Wichtige Gerichtsurteile und Schiedssprüche zum Unternehmenskauf

Gericht	Datum	Aktenzeichen	Fundstellen
ICC International Court of Arbitration	1998	ICC Case 8786	International Court of Arbitration Bulletin Vol. 11, No. 1 – 2000, S. 84
ICC International Court of Arbitration	1998	ICC Case 9029	ICC International Court of Arbitration Bulletin Vol. 10, No. 2 – 1999
BGH	11.1.1999	II ZR 170/98	BGHZ 140, 258 = NJW 1999, 1252 = NJW-RR 1999, 826 (LS)
BGH	3.2.1999	VIII ZR 14/98	NJW 1999, 1404
BGH	10.2.1999	VIII ZR 70/98	ZIP 1999, 607
OLG Köln	17.2.1999	13 U 174/98	openJur 2011, 78549
BGH	26.5.1999	VIII ZR 102/98	WM 1999, 1529= ZIP 1999, 1266
OLG München	5.8.1999	1 U 2459/99	BayObLGR 1999, 330
OLG München	23.8.1999	24 U 388/99	NJW-RR 2000, 1130 = NZG 2000, 654 (Ls.)
OLG Dresden	20.9.1999	7 U 3654/98	GmbHR 1999, 238–240
BGH	24.9.1999	V ZR 71/99	NJW 1999, 3625
BGH	28.9.1999	VI ZR 165/98	NJW 1999, 3711
BGH	1.10.1999	V ZR 218/98	NJW 1999, 3777
ICC International Court of Arbitration	1999	ICC Case 7986, Final Award Case	ICC International Court of Arbitration Bulletin Vol. 18, No. 1 – 2007
BGH	9.2.2000	VIII ZR 55/99	BB 2000, 949 = ZIP 2000, 799
OLG Koblenz	11.2.2000	10 U 458/99	Juris
OLG München	29.3.2000	29 U 2007/00	MDR 2000, 213
LG Paderborn	28.4.2000	2 O 132/00	NZG 2000, 899
BGH	24.5.2000	VIII ZR 329/98	NZG 2000, 992 = ZIP 2000, 1385
LG Berlin	27.6.2000	9 O 518/95	n. v.
LG Zwickau	30.6.2000	2 HK O 2/00	n. v.
OLG Celle	12.7.2000	9 U 125/99	NZG 2000, 992 = ZIP 2000, 981
LG Ingolstadt	27.7.2000	3 O 254/00	JZ 2001, 771
OLG Dresden	6.11.2000	2 U 2060/00	n. v.
BGH	7.12.2000	VII ZR 360/98	NJW-RR 2001, 381 = ZIP 2001, 655

Wichtige Gerichtsurteile und Schiedssprüche zum Unternehmenskauf

Gericht	Datum	Aktenzeichen	Fundstellen
ICC International Court of Arbitration	2000	ICC Case 10335	ICC International Court of Arbitration Bulletin Vol. 12, No. 2 – 2001, S. 102
BGH	26.1.2001	V ZR 452/99	BGHZ 146, 331 = ZIP 2001, 463
BGH	6.2.2001	VI ZR 229/99	NJW 2001, 1640
BGH	4.4.2001	VIII ZR 32/00	NJW 2001, 2163 = ZIP 2001, 918 = DStR 2001, 901
BGH	6.4.2001	V ZR 394/99	WM 2001, 1302
BGH	23.5.2001	IV ZR 62/00	NJW 2001, 2713
OLG Düsseldorf	11.6.2001	9 U 183/00	OLGR 2002, 222
BGH	18.6.2001	II ZR 248/99	ZIP 2001, 1496 = WM 2001, 1565 = BB 2001, 1806
ICC International Court of Arbitration	7/2001	ICC Case 10433	ICC International Court of Arbitration Bulletin, Vol. 24, No. 1 – 2013, S. 41
OLG Düsseldorf	12.11.2001	9 U 53/01	OLGR 2002, 268
BGH	28.11.2001	VIII ZR 37/01	ZIP 2002, 440 = NJW 2002, 1042
BGH	6.12.2001	VII ZR 440/00	NJW 2002, 681
ICC International Court of Arbitration	2001	ICC Case 9078	Dispute Resolution Library, Special Supplement 2005, UNIDROIT PRINCIPLES, New Developments and Applications, S. 73
ICC International Court of Arbitration	2001	ICC Case 10433	teilw. abgedruckt in ICC International Court of Arbitration Bulletin Vol. 24 – 2013, S. 41
ICC International Court of Arbitration	2001	ICC Case 10704	International Court of Arbitration Bulletin, Vol. 14, No. 2 – 2003, S. 66
OLG Rostock	30.1.2002	1 U 255/99	OLG-NL 2003, 73
BGH	6.2.2002	VIII ZR 185/00	ZIP 2002, 853 = NZG 2002, 644
BGH	18.2.2002	II ZR 355/00	NJW 2002, 2553 = ZIP 2002, 895
LG Bremen	18.2.2002	13 O 458/96	AG 2003, 214
ICC International Court of Arbitration	3/2002	ICC Case 10986	ICC International Court of Arbitration Bulletin, Vol. 24, No. 1 – 2013, S. 57
OLG Karlsruhe	13.3.2002	6 U 170/99	IBR 2002, 314

Wichtige Gerichtsurteile und Schiedssprüche zum Unternehmenskauf

Gericht	Datum	Aktenzeichen	Fundstellen
BGH	18.4.2002	IX ZR 72/99	NJW 2002, 2787 = ZIP 2002, 1144
BGH	6.12.2002	V ZR 184/02	WM 2003, 839
ICC International Court of Arbitration	12/2002	ICC Case 10377	ICC International Court of Arbitration Bulletin, in: Albert Jan van den Berg (ed), Yearbook Commercial Arbitration 2006, Vol. 31, Kluwer Law International, S. 72
LG München I	18.2.2003	33 O 8439/02	NJW 2003, 1046
ICC International Court of Arbitration	2/2003	ICC Case 11326	ICC International Court of Arbitration Bulletin, Vol. 24, No. 1 – 2013, S. 61
ICC International Court of Arbitration	3/2003	ICC Case 11593	ICC International Court of Arbitration Bulletin, Vol. 24, No. 1 – 2013, S. 84
BGH	6.5.2003	XI ZR 226/02	NJW 2003, 2230 = ZIP 2003, 1189
ICC International Court of Arbitration	5/2003	ICC Case 11539	ICC International Court of Arbitration Bulletin, Vol. 24, No. 1 – 2013, S. 65
BGH	4.6.2003	VIII ZR 91/02	ZIP 2003, 1399 = BB 2003, 1695 = NJW-RR 2003, 1192
Lieu d'arbitrage Bruxelles, Belgique	6/2003	l'affaire no. 10049	Bulletin de la Cour internationale d'arbitrage de la CCI Vol. 18, No. 1, S. 93
ICC International Court of Arbitration	9/2003	ICC Case 11789	ICC International Court of Arbitration Bulletin, Vol. 24, No. 1 – 2013, S. 105
BGH	10.9.2003	VIII ZR 4/03	NJW-RR 2004, 33
BGH	11.9.2003	5 StR 524/02	wistra 2003, 457 = NStZ-RR 2004, 17
BGH	22.9.2003	II ZR 229/02	NJW 2003, 3629 = ZIP 2003, 2068
BGH	22.9.2003	II ZR 74/01	NJW 2004, 365 = ZIP 2003, 2116
OLG Koblenz	26.9.2003	10 U 893/02	VersR 2004, 872
LG Bonn	30.10.2003	10 O 27/03	NJW 2004, 74 = NJW 2005, 240
OLG Frankfurt a. M.	3.11.2003	16 U 31/03	NJW-RR 2004, 835
ICC International Court of Arbitration	11/2003	ICC Case 12021	ICC International Court of Arbitration Bulletin, Vol. 24, No. 1 – 2013, S. 113

Wichtige Gerichtsurteile und Schiedssprüche zum Unternehmenskauf

Gericht	Datum	Aktenzeichen	Fundstellen
ICC International Court of Arbitration	12/2003	ICC Case 12073	ICC International Court of Arbitration Bulletin, in: Albert Jan van den Berg (ed), Yearbook Commercial Arbitration 2008, Vol. 33, Kluwer Law International, S. 63
ICC International Court of Arbitration	12/2003	ICC Case 11440	ICC International Court of Arbitration Bulletin, in: Albert Jan van den Berg (ed), Yearbook Commercial Arbitration 2006, Vol. 31, Kluwer Law International, S. 124
LG Potsdam	5.2.2004	2 O 315/02	Juris
LG Potsdam	5.2.2004	12 O 298/03	Juris
OLG Celle	24.2.2004	16 U 108/03	Juris
OLG Celle	24.2.2004	16 U 155/03	Juris
ICC International Court of Arbitration	3/2004	ICC Case 11786	ICC International Court of Arbitration Bulletin, Vol. 24, No. 1 – 2013, S. 100
OLG Dresden	9.3.2004	20 U 1544/05	ZfBR 2004, 515
BGH	16.7.2004	V ZR 222/03	NJW 2004, 3330
BGH	16.7.2004	II ZR 402/02	BGHZ 160, 149 = ZIP 2004, 1593
BGH	8.9.2004	XII ZR 194/01	NJW-RR 2005, 153
OLG Hamburg	29.9.2004	11 W 78/04	DB 2004, 2805 = ZIP 2004, 2288
ICC International Court of Arbitration	1/2003, 11/2004, 1/2005	ICC Case 11587	ICC International Court of Arbitration Bulletin, Vol. 24/ No. 1 – 2013, S. 73
ICC International Court of Arbitration	2004	ICC Case 12875/MS	Mealeys' International Arbitration Report, 19/9 (2004), 6–8, A. 1–A. 17
OLG Frankfurt a. M.	17.3.2005	1 U 149/04	ZIP 2005, 710
BGH	15.6.2005	VIII ZR 118/03	BeckRS 2005, 30358080
BGH	15.6.2005	VIII ZR 271/04	MDR 2006, 79 = NJW-RR 2005, 1534
OLG München	8.7.2005	7 U 3130/14	ZIP 2015, 2472
OLG Naumburg	19.7.2005	1 U 83/04	NJW-RR 2006, 421
ICC International Court of Arbitration	8/2005	ICC Case 10977	ICC International Court of Arbitration Bulletin, Vol. 24/ No. 1 – 2013, S. 49

Wichtige Gerichtsurteile und Schiedssprüche zum Unternehmenskauf

Gericht	Datum	Aktenzeichen	Fundstellen
KG	4.11.2005	14 U 136/04	NJW 2006, 3786
BGH	28.11.2005	II ZR 355/03	JuS 2006, 657 = NJW 2006, 1002
OLG Saarbrücken	1.12.2005	8 U 588/04	Rechtsprechungsdatenbank Saarland
OLG Karlsruhe	29.12.2005	17 U 55/03	IBR 2006, 149
OLG Hamm	19.1.2006	27 U 101/05	NJW-RR 2006, 980 = ZIP 2006, 1734
OLG Dresden	27.1.2006	20 U 1873/05	BauR 2006, 1302
BGH	15.3.2006	VIII ZR 120/04	GmbHR 2006, 1042 = ZIP 2006, 1351 = NJW-RR 2006, 1185
OLG Karlsruhe	9.5.2006	8 U 211/04	IBR 2007, 471 = BauR 2007, 1789
BGH	17.5.2006	VIII ZR 244/04	Juris
BGH	19.5.2006	V ZR 264/05	ZIP 2006, 1351 = JR 2007, 370 = NJW 2006, 3139
OLG Dresden	31.5.2006	6 U 2222/05	LKV 2007, 382
LG Koblenz	9.6.2006	8 O 434/05	Juris
OLG Oldenburg	22.6.2006	1 U 34/03	DB 2006, 2511 = ZIP 2006, 2087
BGH	29.6.2006	VII ZR 86/05	NJW 2006, 2912 = MDR 2007, 146
BGH	5.7.2006	VIII ZR 172/05	BGHZ 168, 220 = ZIP 2006, 1871 = ZfBR 2006, 668
OLG München	26.7.2006	7 U 2128/06	OLGR 2007, 198 = ZIP 2006, 1911 = DNotZ 2007, 712
OLG München	27.7.2006	23 U 5590/05	BB 2007, 14
ICC International Court of Arbitration	11/2003, 07/2006	ICC Case 11724	ICC International Court of Arbitration Bulletin, Vol. 24/No. 1 – 2013, S. 95
OLG Düsseldorf	4.10.2006	I-26 W 7/06 AktE	DB 2006, 2391
BGH	16.11.2006	I ZR 257/03	NJW 2007, 1809
OLG Nürnberg	24.11.2006	2 U 1723/06	BauR 2007, 882 = BauR 2007, 440
BGH	8.12.2006	V ZR 249/05	ZIP 2007, 686 = BB 2007, 292
ICC International Court of Arbitration	2006	ICC Case 13308	Chronique de jurisprudence arbitrale de la CCI, in Cahiers de l'arbitrage, Gazette du Palais

Wichtige Gerichtsurteile und Schiedssprüche zum Unternehmenskauf

Gericht	Datum	Aktenzeichen	Fundstellen
BGH	17.1.2007	VIII ZR 37/06	ZIP 2007, 1271 = WM 2007, 562 = BB 2007, 1073
OLG Hamburg	26.1.2007	11 U 254/05	ZIP 2007, 1008 = BB 2007, 398
LG Karlsruhe	31.1.2007	3 O 465/06	Juris
OLG Koblenz	7.2.2007	1 U 248/06	IBR 2007, 585
OLG Düsseldorf	12.2.2007	I-9 U 112/06	Rechtsprechungsdatenbank NRW
BGH	19.3.2007	II ZR 300/05	ZIP 2007, 862
OLG Stuttgart	2.4.2007	5 U 177/06	WM 2007, 1743 = m&a 06/2007 mit Anm. *Broichmann*
OLG Frankfurt a. M.	5.6.2007	11 U 74/06	openJur 2012, 28747
OLG Hamm	14.6.2007	27 U 213/04	BeckRS 2008, 04663 mit Anm. *Haberstock* = FD-MA 2008, 257092 und *Siebert*, FD-HGR 2008, 256799
OLG Düsseldorf	16.8.2007	I-6 U 130/06	jurisPR-HaGesR 1/2008 Anm. 3
BGH	24.9.2007	II ZR 284/05	NJW 2007, 3784 = ZIP 2007, 2262
BGH	19.10.2007	V ZR 211/06	MDR 2008, 71
OVG Saarland	30.10.2007	1 R 24/06	Rechtsprechungsdatenbank Saarland
BGH	28.11.2007	VIII ZR 16/07	CR 2008, 143 = VersR 2008, 646 = ZfSch 2008, 389
OLG Köln	5.12.2007	9 S 195/07	ZIP 2008, 260
BGH	25.1.2008	V ZR 79/07	BGHZ 175, 123 = ZIP 2008, 600
OLG Koblenz	13.2.2008	1 U 130/07	MDR 2008, 1068
BGH	18.2.2008	II ZR 62/07	VersR 2008, 1355
OLG Düsseldorf	14.3.2008	I-7 U 40/07	Juris
LG Köln	26.3.2008	90 O 11/08	GmbHR 2009, 261 (LS/Gründe)
OLG München	7.5.2008	20 U 5630/07	Juris
BGH	2.6.2008	II ZR 210/06	BGHZ 177, 25 = ZIP 2008, 1526
BGH	19.6.2008	VII ZR 215/06	NJW 2008, 2773 = EWiR 2008, 715 (*Podewils*)
OLG Brandenburg	31.7.2008	5 U 103/07	Juris

911

Gericht	Datum	Aktenzeichen	Fundstellen
ICC International Court of Arbitration	8/2008	ICC Case 14235	ICC International Court of Arbitration Bulletin, Vol. 24, No. 1 – 2013, S. 119
OLG Karlsruhe	14.8.2008	4 U 137/06	OLGR 2009, 305 = BB 2009, 673 (LS)
VG Augsburg	7.11.2008	Au 7 K 6.1407	Juris
BGH	26.11.2008	VIII ZR 100/05	ZIP 2009, 176
LAG München	23.12.2008	9 Sa 833/07	Juris
ICC International Court of Arbitration	1/2009	ICC Case 14691	ICC International Court of Arbitration Bulletin, Vol. 24, No. 1 – 2013, S. 128
BGH	16.1.2009	V ZR 133/08	NJW 2009, 1262
OLG Köln	29.1.2009	12 U 20/08	ZIP 2009, 2063 = DB 2009, 2259
OLG Rostock	26.2.2009	3 U 22/08	OLGR 2009, 598
BGH	27.3.2009	V ZR 30/08	BGHZ 180, 205
OLG Düsseldorf	1.4.2009	I-18 U 208/08	WM 2009, 1935
OLG Düsseldorf	2.4.2009	I-12 U 56/08, 12 U 56/08	Juris
OLG München	20.4.2009	34 Sch 017/08	OLGR 2009, 482
OLG Stuttgart	22.4.2009	20 Kap 1/08	ZIP 2009, 962
OLG Brandenburg	30.4.2009	12 U 165/08	Juris
OLG München	30.4.2009	19 U 1589/09	Juris
OLG Koblenz	27.5.2009	1 U 596/08	OLGR 2009, 888
OLG Schleswig	28.5.2009	5 U 146/08	Juris
OLG Frankfurt a. M.	8.7.2009	4 U 85/08	OLGR 2009, 669
BGH	9.7.2009	III ZR 104/08	VersR 2010, 907
FG München	13.7.2009	4 K 235/06	ErbStB 2011, 5
BGH	15.7.2009	VIII ZR 217/06	NJOZ 2009, 3882 = BeckRS 2009, 23484
OLG Hamm	20.8.2009	I-27 U 34/09, 27 U 34/09	ZNER 2010, 88
LG Frankfurt a. M.	7.10.2009	3-13 O 46/09	ZIP 2010, 88 = NJW 2010, 683
OLG Düsseldorf	19.10.2009	I-24 U 58/09	Rechtsprechungsdatenbank NRW
OLG Düsseldorf	21.10.2009	I-19 U 8/09	Rechtsprechungsdatenbank NRW

Gericht	Datum	Aktenzeichen	Fundstellen
BGH	16.12.2009	VIII ZR 38/09	NJW 2010, 858
OLG Karlsruhe	22.12.2009	17 U 50/09	BauR 2010, 508 = BR 2010, 89
LG Köln	7.1.2010	8 O 120/09	GWR 2010, 68
OLG Frankfurt a. M.	10.2.2010	7 U 204/08	openJur 2012, 32670
OLG Brandenburg	10.2.2010	3 U 65/09	Juris
AG Lingen	17.2.2010	4 C 1222/09	NJW-RR 2010, 757
BGH	14.4.2010	VIII ZR 145/09	NJW 2010, 2426 = VersR 2010, 1463 = BB 2010, 1751
BGH	14.4.2010	VIII ZR 16/07	MDR 2010, 804
AG Rostock	23.4.2010	43 C 212/09	Juris
OLG Hamm	27.5.2010	I-28 U 163/09	Juris
BGH	31.5.2010	II ZR 30/09	NJW 2010, 2506
OLG München	14.6.2010	19 U 4302/09	WM 2010, 1622
OLG Köln	18.6.2010	19 U 98/09	IBR 2011, 355 = IBR 2011, 322
OLG Brandenburg	7.7.2010	7 U 206/08	Juris
OLG München	12.7.2010	19 U 5240/09	WM 2010, 1895
BGH	14.7.2010	1 StR 245/09	NStZ 2010, 700
OLG Brandenburg	2.9.2010	12 U 6/10	Juris
OLG Stuttgart	6.9.2010	5 U 114/09	BauR 2010, 1983
FG Köln	6.10.2010	13 K 4188/07	BB 2011, 174
OLG Köln	21.10.2010	8 U 12/10	Rechtsprechungsdatenbank NRW
OLG Koblenz	21.10.2010	5 U 653/10	MDR 2012, 124
OLG München	15.11.2010	17 U 3448/10	n. v.
FG Münster	7.12.2010	15 K 2529/07 U	BeckRS 2011, 94316
OLG Düsseldorf	8.12.2010	VI U(Kart) 17/10	Rechtsprechungsdatenbank NRW
BGH	15.1.2011	VI ZR 4/11	MDR 2012, 76
BGH	18.1.2011	VI ZR 325/09	BGHZ 188, 78 = ZIP 2011, 529 = NJW 2011, 1196
OLG Saarbrücken	2.2.2011	1 U 31/10	IBR 2011, 258
OLG Düsseldorf	24.3.2011	I-6 U 18/10	Juris
OLG München	30.3.2011	7 U 4226/10	BeckRS 2011, 07200

Gericht	Datum	Aktenzeichen	Fundstellen
BGH	6.4.2011	V ZR 402/99	ZIP 2001, 1152 = BB 2001, 1276
LG Köln	28.4.2011	15 O 209/10–9	Rechtsprechungsdatenbank NRW
OLG München	4.5.2011	15 U 2762/10	Juris
BGH	15.6.2011	VIII ZR 279/10	MDR 2011, 906 = WM 2011, 1764
BGH	15.7.2011	V ZR 171/10	ZIP 2011, 1872 = NJW 2011, 3640, mit Anm. Lorenz, LMK 2011, 323580
LG Düsseldorf	28.7.2011	I-24 U 35/11	MDR 2012, 18
OLG Frankfurt a. M.	21.9.2011	1 U 174/10	ZIP 2012, 32
OLG Koblenz	19.10.2011	1 U 113/11	MDR 2012, 392
OLG Frankfurt a. M.	25.10.2011	5 U 27/10	BeckRD 2011, 27373
BGH	28.10.2011	V ZR 212/10	WM 2012, 461
BGH	11.11.2011	V ZR 245/10	NJW 2012, 846 = ZIP 2012, 332
BGH	15.11.2011	VI ZR 4/11	MDR 2012, 76 = VersR 2012, 195
OLG Hamm	15.12.2011	2 U 65/11	NJW 2012, 1743 = DStR 2012, 722 mit Anm. *Weitze*
BGH	22.12.2011	VII ZR 67/11	MDR 2012, 143
BGH	22.12.2011	VII ZR 136/11	NJW 2012, 1070 = MDR 2012, 216 = VersR 2012, 731
OLG München	11.1.2012	7 U 2609/11	NJOZ 2013, 254
OLG Nürnberg	9.1.2012	4 U 931/11	ZIP 2012, 1043
OLG Hamm	13.1.2012	I-7 U 74/11	Juris
OLG München	18.1.2012	20 U 3476/11	n. v.
BGH	1.2.2012	VIII ZR 307/10	NJW 2012, 1718
LG Frankfurt a. M.	2.2.2012	3-04 050/10	Juris
BGH	10.2.2012	V ZR 51/11	WM 2012, 2015
OLG Frankfurt a. M.	21.2.2012	11 U 97/11	DB 2012, 739 = ZIP 2012, 1125
OLG Köln	23.2.2012	8 U 45/11	Rechtsprechungsdatenbank NRW
BGH	8.3.2012	VII ZR 116/10	WM 2012, 2206
OLG München	2.5.2012	15 U 1624/11	Juris

Wichtige Gerichtsurteile und Schiedssprüche zum Unternehmenskauf

Gericht	Datum	Aktenzeichen	Fundstellen
OLG Düsseldorf	2.5.2012	I-13 U 80/11	Rechtsprechungsdatenbank NRW
BGH	14.5.2012	II ZR 69/12	ZIP 2012, 1289
BGH	14.5.2012	II ZR 130/10	NJW 2012, 3510 = ZIP 2012, 1455 = WM 2012, 1393
BGH	15.6.2012	V ZR 198/11	ZIP 2012, 1812
OLG Brandenburg	21.6.2012	5 U 5/11	MDR 2013, 206
LG Limburg	29.6.2012	1 O 28/10	n. v.
BGH	13.7.2012	V ZR 176/11	WM 2013, 854
Schleswig-Holsteinisches FG	25.9.2012	3 K 77/11	BB 2013, 302
BAG	26.9.2012	10 AZR 370/10	GWR 2013, 51
OLG Schleswig-Holstein	27.9.2012	5 W 44/12	Juris
OLG Koblenz	4.10.2012	2 U 1020/11	MDR 2013, 205
BGH	9.11.2012	V ZR 182/11	MDR 2013, 271 = DNotZ 2013, 288
OLG Thüringen	5.12.2012	2 U 557/12	GmbHR 2013, 145
BGH	13.12.2012	III ZR 298/11	ZIP 2013, 219
OLG Naumburg	20.12.2012	2 U 144/12 Kart	BeckRS 2013, 01886
LG München I 5. KfHs	27.12.2012	5 HK O 20845/11, 5 HKO 20845/11	BB 2013, 399 u. a.
OLG Nürnberg	7.1.2013	4 U 585/12	MDR 2013, 322
BGH	10.1.2013	IX ZR 13/12	ZIP 2013, 174
BGH	22.1.2013	II ZR 80/10	GmbHR 2013, 301 = ZIP 2013, 263
OLG Köln	31.1.2013	18 U 21/12	ZIP 2013, 516 = BB 2013, 696 mit Anm. *Uhlendorf*
BGH	1.2.2013	V ZR 72/11	MDR 2013, 769 = openJur 2013, 20483
OLG Saarbrücken	6.2.2013	1 U 132/12 – 37	MDR 2013, 577
BGH	14.2.2013	IX ZR 115/12	WM 2013, 567 = ZIP 2013, 685
BGH	21.2.2013	IX ZR 32/12	ZIP 2012, 879 = WM 2013, 568
BGH	12.3.2013	II ZR 179/12	AG 2013, 431 = ZIP 2013, 819

Wichtige Gerichtsurteile und Schiedssprüche zum Unternehmenskauf

Gericht	Datum	Aktenzeichen	Fundstellen
OLG Karlsruhe	19.4.2013	2(7) Ss 89/12 – AK	GmbHR 2013, 1090
OLG München	14.8.2013	3 U 1530/11	Juris
OLG München	10.9.2013	34 SchH 10/13 (n. rkr.)	SchiedsVZ 2013, 287
BGH	11.2.2014	II ZR 273/12	ZIP 2014, 722
BGH	29.2.2014	II ZR 216/13	ZIP 2014, 1327
BGH	4.4.2014	V ZR 275/12	Juris
BGH	30.4.2014	I ZR 245/12	ZIP 2014, 1934
BGH	10.7.2014	IX ZR 197/12	ZIP 2014, 2150
BGH	27.11.2014	III ZR 294/13	NZG 2015, 273 = ZIP 2015, 229
BGH	20.1.2015	II ZR 369/13	ZIP 2015, 472 = DStR 2015, 838
OLG Frankfurt a. M.	7.5.2015	26 U 35/12	BB 2016, 722 = ZIP 2016, 774 = NZG 2016, 435
AG Charlottenburg	22.1.2016	99 AR 9466/15	BeckRS 2016, 02475 = ZIP 2016, 770
BGH	12.7.2016	KZR 25/14	NJW 2016, 3527
BGH	15.9.2016	IX ZR 250/15	ZIP 2016, 2329
BGH	22.9.2016	III ZR 427/15	ZIP 2016, 2019

Stichwortverzeichnis

Abschlussbereitschaft
- Aufklärungspflicht, Fallbeispiele § 1, 45
- Fallbeispiele § 1, 43 ff
- Formerfordernisse § 1, 42, 45, 50
- nicht vorhandene § 1, 17 ff
- „Hinhalten", Fallbeispiel § 1, 44
- Schadens-/Aufwendungsersatz § 1, 55
- Täuschung § 1, 17 ff
- Täuschung über die „Abschlusssicherheit" § 1, 28 ff
- Täuschung über Voraussetzungen/Kriterien § 1, 24 ff
- Täuschung, Verschulden § 1, 40 f
- Vertrauenstatbestand § 1, 52 ff

Abtretung
- Anteilsinhaberschaft, fehlende § 3, 16 ff
- Geschäftsanteile, fehlerhafte § 3, 2 f
- Geschäftsanteile, Formmängel § 2, 32 ff, 55 ff
- vinkulierte Anteile § 3, 42
- Zustimmung, fehlende § 3, 43 ff

Abwerbeverbot
- Angestellte § 1, 135 f

Abzinsung § 12, 328 ff

AG
- Kapitalerhaltungsgrundsatz § 2, 144
- Urkunde, Übergabe § 2, 148

Aktiva
- Garantien § 5, 85 ff
- Mindestwert, Einstandspflicht § 13, 49

Allgemeine Geschäftsbedingungen
- AGB-Recht, Kritik § 4, 40 ff
- Inhaltskontrolle § 4, 48 f.
- M&A-Vertrag § 4, 37 ff

- Treuhandprivatisierungsverträge § 4, 36

Altlasten § 13, 21 ff, 35
- Aufklärungspflichten § 6, 92 ff
- Sanierungsanordnung § 13, 27 ff

Anfechtung
- AnfG § 2, 168
- Täuschung/Drohung § 6, 168 ff

Angestellte
- Abwerbeverbot § 1, 135 f

Anlagevermögen
- Bilanzgarantien § 12, 381 ff

Anteile
- Falschbezeichnung § 2, 138
- Formmängel § 2, 55 ff
- Holding § 3, 35 f
- Übertragung unter Zwischenschaltung Dritter § 3, 35
- unzulässige Stückelung/Teilung § 2, 135 f
- Vinkulierung § 3, 30 ff, 42
- Vor-GmbH § 2, 139 f

Anteilsabtretung
- Auslandsbeurkundung § 2, 92
- Formmängel § 2, 32 ff
- gutgläubiger Erwerb § 3, 2

Anteilskauf s. Share Deal

Anwalt s. Rechtsanwalt

Arglist
- Anfechtung, objektiver Tatbestand § 6, 168 ff
- subjektiver Tatbestand, Käuferseite § 9, 56
- subjektiver Tatbestand, Verkäuferseite § 8, 1 ff;
  s. a. Fahrlässigkeit; Kenntnis; Vorsatz; Wissen
- Verjährung § 6, 171

Arztpraxis
- Patientenkartei § 2, 95 ff

917

Asset Deal
- Anteilsinhaberschaft, fehlende § 3, 16 ff
- Anteilsübertragung, fehlende Zustimmung § 3, 43 ff
- Formmängel § 2, 61 ff
- Grundstücksübertragung § 2, 61 ff
- Nichterfüllung d. Verkäufers § 3, 50 ff
- Rechtsmängel § 3, 50 ff
- Sachmängelhaftung § 7, 4 ff
- Sachmängelhaftung, analoge Anwendung § 7, 23 ff
- Übersicht § 7, 25
- Übertragung „gegenwärtigen Vermögens" § 2, 72 ff

Aufklärungspflichten
- Abgrenzung z. einfachen Informationspflichten § 6, 19 ff
- Abschlussbereitschaft, Fallbeispiel § 1, 45
- Altlastenverdacht § 6, 92 ff
- Arglist § 6, 92 ff
- Austausch, Offenbaren/Nachfragen § 6, 63 ff
- Due Diligence § 6, 74 ff
- Erfüllung/Umfang § 6, 88 ff, 99 ff
- Erwarten-Können einer Aufklärung § 6, 50 ff
- Fallbeispiele § 6, 69 ff
- Garantien, kenntnisabhängige § 4, 34 f
- Garantien, subjektiver Tatbestand § 4, 20 ff
- Informationsbeschaffungspflichten § 6, 58 ff
- Kartellverfahren, Verschweigen § 6, 97 f
- Kenntnis/Kennenmüssen § 6, 41 ff
- Kostenrisiken § 6, 55
- Pflichtwidrigkeit/Verschulden § 4, 31 ff
- Sachkenntnis d. Käufers § 6, 66 ff
- sekundäre § 6, 65
- Verdachtsmomente/Selbstoffenbarung § 6, 56 f
- Vorfeld-Risiken, Fallbeispiel § 1, 46
- Wettbewerbsposition, Verschlechterung § 6, 53 f
- Wissensorganisationspflichten § 8, 97 ff

Aufklärungspflichtverletzung
- Auskunftsperson § 8, 149 ff
- c. i. c. § 6, 36 ff
- Due Diligence § 6, 74 ff
- Erwarten-Können einer Aufklärung § 6, 50 ff
- Fallbeispiele § 6, 69 ff, 102 ff
- Finanzplanung § 6, 138 ff
- Grundbuchbelastungen § 6, 146
- Grundstücksübertragung § 6, 150 ff
- Haftungsbeschränkung § 6, 155 ff
- Kaufpreis, günstiger § 6, 149
- Kausalität § 6, 151 ff
- Kenntnis/Kennenmüssen § 6, 41 ff
- Kostenrisiken § 6, 55
- Kostenvereinbarungen § 6, 119
- öffentlich-rechtliche Genehmigung § 6, 141
- Ruf/Charakter § 6, 147 f
- Schulden § 6, 103 ff
- Umsätze/Bilanz/BwA § 6, 120 ff
- Umstände von „wesentlicher Bedeutung" § 6, 47 ff
- Unternehmensplanung § 6, 138 ff
- Verdachtsmomente/Selbstoffenbarung § 6, 56 f

– Vereitelung d. Vertragszwecks § 6, 43 ff
– Vermögen § 6, 116 ff
– Wettbewerbsposition, Verschlechterung § 6, 53 f
Aufwendungsersatz
– Break up-Fee § 1, 137 ff
– Exklusivitätsvereinbarung § 1, 125 ff
– Investitionen, Fallbeispiel § 1, 48, 52 ff
– Täuschung über Abschlussbereitschaft § 1, 55
– Verhandlungsabbruch § 1, 106
– Verjährung § 1, 152
Auskunftsperson § 8, 149 ff
Auskunftsvertrag
– Haftung, Zielgesellschaft § 14, 5 ff
Ausländische Rechtsordnungen
– Anwendung, Schiedsverfahren § 12, 458 ff
Auslandsbeurkundung § 2, 92
Aussagegarantien § 5, 8 ff
– erster Ordnung § 5, 9 ff, 43 ff
– Verletzung, Pflichtwidrigkeit § 5, 58 ff
– Verletzung, Rechtsfolgen § 5, 62 ff
– zweiter Ordnung § 5, 10, 47 ff
Außenwirtschaftsgesetz
– Verstoß § 2, 153

Bankgeheimnis
– Verstöße § 2, 103
Bankgeschäfte
– Erlaubnispflicht § 2, 103
Bankguthaben
– Bilanzgarantien § 12, 407
Baskets § 12, 442 ff
Bedingungen
– aufschiebende, Verzicht § 2, 52 ff

– Kaufpreiszahlung § 2, 127 f
– Nichtherbeiführung durch d. Verkäufer § 3, 37 ff
– Nichtigkeitsfolge § 2, 121 ff
– Pflicht zur Herbeiführung § 13, 14 ff, 56 f
– Risiken § 2, 121 ff
– Russian Roulette-Klausel § 2, 12 ff
– Texan Shoot Out-Klausel § 2, 12 ff
– Trigger Events § 2, 10
Berater
– Haftung § 14, 5 ff, 53
– Streitigkeiten, interne § 14, 53
Beschaffenheitsvereinbarung § 7, 1 ff
– Fingierung/Vorliegen § 7, 58 ff
– Käuferkenntnis § 9, 48 ff
– Sachmängelhaftung, Anwendbarkeit § 7, 54 ff
Beschäftigungszusagen § 13, 87 ff
Besserungsschein
– Earn Out-Klausel § 13, 140 ff
Bestandsinteresse
– Abgrenzung z. positiven Interesse § 12, 23 ff
– Begriff § 12, 11 ff
– bei Deliktshaftung § 12, 212 ff
– Ersatz durch Wertentschädigung § 12, 215 ff
– Unternehmenswertbeeinträchtigung § 12, 113 ff
– Vertrauensschaden § 12, 40 f
Beste Kenntnis/Wissen
s. Kenntnis; Wissen
Betriebsvermögen
– Garantien über Zustand v. Sachen § 5, 77 ff
Betriebswirtschaftliche Auswertung
– Aufklärungspflichtverletzung § 6, 132 ff

919

Betrug § 6, 172 ff
Beurkundung
- Anlagen, Verlesung § 2, 84 ff
- Anteilsabtretung, GmbH & Co. KG § 2, 46
- Ausland § 2, 92
- Darlehensvertrag § 2, 41
- Finanzierungsabrede § 2, 42
- Formmängel § 2, 81 ff
- Schiedsordnung § 2, 49
- Treuhandvereinbarung § 2, 40
- Unterschrift, fehlende § 2, 82 f
- vereinbarte § 2, 80
- Verhaltenszurechnung § 8, 228 ff
- Verhandlungsabbruch § 1, 48, 98
- Verpflichtung z. Satzungsänderung § 2, 147
- Vertragsänderungen § 2, 47 f
- Vollständigkeitsgrundsatz § 2, 35 ff
Beweisfragen § 12, 447 ff
Beweislast
- c. i. c. § 6, 162 ff
- subjektive Tatbestandsmerkmale § 8, 231 ff
- Unternehmenswert § 11, 50 f
Bewertungsstichtag
- Relevanz f. Unternehmenswert § 12, 141 ff
- Unternehmenswertbeeinträchtigung § 12, 266 ff
Bezugspflichten § 13, 46 ff, 61
Bilanz
- Aufklärungspflichtverletzung § 6, 132 ff
- Verhaltenszurechnung § 8, 175 ff
Bilanzauffüllungsschaden § 5, 193 ff; § 12, 355 ff
Bilanzgarantien § 5, 246
- Allgemeines § 5, 11 f
- Anlagevermögen § 12, 381 ff
- Auslegung § 5, 154 ff, 198 ff
- Aussage über Eigentum § 5, 72 ff

- Aussagegehalt § 5, 118 ff
- Bankguthaben § 12, 407
- Begriff d. Bilanz § 5, 184 ff
- Begriff d. Bilanz, Fallbeispiele § 5, 186 ff
- Bilanz, Fehlerbegriff § 5, 147 ff
- Bilanz, Richtigkeit/Sorgfalt § 5, 132 ff, 176 ff
- Bilanzauffüllungsschaden § 5, 193 ff; § 12, 355 ff
- Buchwertaufstockung § 12, 417
- bzgl. Jahresergebnis § 5, 227
- Delkrederehaftung § 12, 390 ff
- Eigenkapitalgarantien § 12, 415 ff
- Forderungsbestand § 12, 404 ff
- harte § 5
- Kassenbestand § 12, 407
- objektive § 5, 154 ff
- Preisdifferenzschaden § 12, 374 f
- Rückstellungen § 12, 409 ff
- Saldierung v. Unrichtigkeiten § 5, 245
- Schaden § 12, 349 ff
- strenges Niederstwertprinzip § 12, 387 ff
- subjektive § 5, 142 ff
- True and Fair View § 5, 135
- über Bilanzwerte v. Aktiva § 5, 191 ff
- unfertige Erzeugnisse § 12, 399 ff
- Unrichtigkeit, „Höhe" § 5, 183
- Verbindlichkeiten § 12, 408
- Vermögensgarantien, Unterschied § 5, 156 f
- Vorräte § 12, 396 f
- Vorratsvermögen § 12, 386 ff
- weiche § 5, 142 ff
- Zielsetzung § 5, 154 f
Break up-Fee § 1, 137 ff
- Fallbeispiel § 1, 140
Buchwertaufstockung § 12, 417

C. i. c.
- Anwendbarkeit § 6, 4 ff
- Aufklärungspflichtverletzung § 6, 36 ff; s. a. dort
- Ausschluss bei Fahrlässigkeit § 6, 17
- bei Formerfordernissen § 6, 29 ff
- Beweisfragen § 8, 231 ff
- Beweislast § 6, 162 ff
- Erwarten-Können einer Aufklärung § 6, 50 ff
- Fallbeispiele § 6, 69 ff
- Gläubigerstellung, noch zu gründende Gesellschaft § 6, 18
- Informationspflichten, Unterscheidung § 6, 19 ff
- Informationspflichtverletzung § 5, 247 ff
- Kaufpreisminderung § 12, 119 ff
- Kaufpreisminderung, Berechnung § 12, 126 ff, 158 ff
- Kausalität § 6, 151 ff
- Kenntnis/Kennenmüssen § 6, 41 ff
- M&A-Vertrag, Nicht-Zustandekommen § 1, 3 ff
- Mitverschulden § 12, 436
- Mitverschulden, Käufer § 9, 56 ff
- negatives Interesse § 12, 35
- objektiver Tatbestand § 6, 1 ff
- positive Falschangabe § 6, 32 ff
- Rücktritt § 12, 118
- Sachmängelrecht, Sperrwirkung § 7, 50 ff
- Sperrwirkung der Sachmängelhaftung § 6, 4 ff, 11 ff
- Streitigkeiten post prae § 1, 1 ff
- subjektiver Tatbestand, Käuferseite § 9, 56 ff
- Täuschung über Abschlussbereitschaft § 1, 17 ff; s. a. Abschlussbereitschaft
- Täuschung über Zustandekommen § 1, 22 f
- Umstände von „wesentlicher Bedeutung" § 6, 47 ff
- und Sachmängelrecht § 4, 12 ff
- und Unternehmensverkauf § 6, 9 f
- Unternehmenswertbeeinträchtigung § 4, 9 ff
- Verhaltens-/Wissenszurechnung § 8, 36 ff
- Verhältnis z. Garantien § 4, 16 f
- Verhandlungsabbruch § 1, 56 ff; s. a. dort
- Verjährung § 6, 167
- Voraussetzungen § 6, 4 ff
- Vorsatz, Arglist § 6, 8, 16
- vorsätzliche/fahrlässige § 4, 11 f; § 6, 1 f

Call-Option § 2, 115 ff
Caps § 12, 442 ff
Catch-All-Klausel § 2, 76
Charakter
- Aufklärungspflichtverletzung § 6, 147 f

Closing
- Geschäftsführung zw. Signing und Closing § 13, 42 ff
- Prüfung d. Richtigkeit d. Garantieaussage § 5, 43 ff

Compliance-Garantien § 5, 94 ff
Culpa in contrahendo s. c. i. c.

Damnum emergens § 12, 94 ff
Darlegungsfragen § 12, 447 ff
- subjektive Tatbestandsmerkmale § 8, 231 ff
- Unternehmenswert § 11, 50 f

Darlehen
- Gesetzesverstoß § 2, 103

921

– MAC-Klausel § 2, 184 ff
Darlehensvertrag
– Beurkundung § 2, 41
Datenschutz
– Verstöße § 2, 103
DCF-Verfahren § 11, 19 ff
– und Multiplikatorverfahren
§ 11, 52 ff
DDR-Betriebe
– Privatisierung § 4, 36
– Umwandlung § 3, 7 ff
Delikt
– Altgesellschafter/-organe,
Streitigkeiten § 14, 32 ff
– Anspruchsgegner § 6, 172
– Bestandsinteresse/negatives
Interesse § 12, 212 ff
– Betrug § 6, 172 ff
– Mitverschulden § 12, 436
– Mitverschulden, Käufer § 9, 56 ff
– objektiver Tatbestand § 6, 172 ff
– subjektiver Tatbestand, Käufer-
seite § 9, 56 ff
– Täuschung, Begriff § 1, 19 ff
– Verhältnis z. Garantie § 4, 16 f
– Verjährung § 6, 179
Delkrederehaftung
– Bilanzgarantien § 12, 390 ff
Destruktionsstrategien § 15, 95 ff
– Low-/High Road § 15, 97
Differenzhypothese § 12, 75 ff
Discounted Cash Flow-Verfahren
s. DCF-Verfahren
Drag Along-Klausel § 2, 5, 115 ff
Drohung
– Anfechtung, objektiver
Tatbestand § 6, 168 ff
Due Diligence
– Angestellte, Abwerbeverbot
§ 1, 135 f
– Aufklärungspflichtverletzung
§ 6, 74 ff
– Break-up-Fee § 1, 138 ff

– Exklusivitätsvereinbarung
§ 1, 125 ff
– Geheimhaltungsvereinbarung
§ 1, 112 ff
– grob fahrlässige Unkenntnis
d. Käufers § 9, 36 ff
– Kostenvereinbarungen
§ 1, 142 ff
– Verhandlungsstand § 1, 66
– Wissenszurechnung auf Käuferseite § 9, 69 ff

Earn Out
– Zukunftserfolgsgarantie
§ 5, 103 ff
Earn Out-Klausel § 13, 140 ff
EBIT § 12, 331
– Multiplikatorverfahren
§ 11, 57 ff
EBITA
– Multiplikatorverfahren
§ 11, 57 ff
Eigenkapital
– Kaufpreisanpassungsklauseln
§ 13, 133 ff
Eigenkapitalgarantien § 5, 228 ff
– Auslegung § 5, 229 ff
– Fallbeispiele § 5, 242 ff
– Problematik § 5, 231 ff
– Saldierung v. Unrichtigkeiten
§ 12, 415, 422 ff
– Schaden § 12, 355 ff
– Schadensbemessung § 12,
415 ff
– Unrichtigkeit, „Höhe" § 5, 239 ff
Eigentum
– Garantie § 5, 71 ff
Einbringung § 2, 141 f
– verdeckte Sacheinlage § 3, 20 ff
Einheitliches Rechtsgeschäft
– Beurkundungsumfang § 2, 35 ff
Einzelverwertungsklauseln
§ 13, 80 ff

Enterprise Value
- Begriff § 10, 36 ff
- und Unternehmenswert § 10, 34 ff
- Unternehmenswert § 11, 34 ff

Entgangene Chancen § 12, 452 ff, 463 ff

Entgangener Gewinn § 12, 94 ff
- Begriff § 12, 25 ff
- Beweislast § 12, 448 ff
- Darlegungslast § 3, 55 ff
- Geltendmachung, nach Rücktritt § 12, 207 ff
- Leistungsinteresse/positives Interesse § 12, 223 ff
- lucrum cessans/damnum emergens § 12, 94 ff
- Wertentschädigung § 12, 326 f

Equity Value
- Unternehmenswert § 11, 34 ff

Erbrecht
- Verfügungsbeschränkungen § 2, 151

Erfüllungsanspruch § 3, 59
- Verjährung § 3, 60 f
- Vollstreckung § 3, 57 f

Erfüllungsgehilfe § 8, 147 ff; § 14, 5 ff
- Aufgaben-/Schuldverhältnisbezug § 8, 156 f
- Aufklärungs-/einfache Informationspflichten § 6, 25 ff
- Begriff, Ausweitung § 8, 167 ff
- Exkulpation § 8, 10 ff
- Haftungsbeschränkung § 8, 224 ff
- Verhaltenszurechnung, einseitige Beschränkung § 8, 205 ff
- zeitliche Dimension § 8, 158 ff

Ersatzbeschaffung
- Bilanzunrichtigkeit, Schaden § 5, 193

Ertragswertverfahren § 11, 19 ff
- und Multiplikatorverfahren § 11, 52 ff

Exklusivitätsvereinbarung § 1, 125 ff
- Fallbeispiel § 1, 128
- Vereinbarungen zw. Kaufinteressenten § 1, 151

Fahrlässigkeit
- Exkulpation § 8, 10 ff
- grob fahrlässige Unkenntnis d. Käufers § 9, 34 ff
- Täuschung über Abschlussbereitschaft § 1, 40 f
- Verkäuferseite § 8, 3 f

Familienrecht
- Verfügungsbeschränkungen § 2, 149 f

Finanzierungspflichten § 13, 46 ff

Finanzierungsvertrag
- Beurkundung § 2, 42
- MAC-Klausel § 2, 184 ff

Finanzplanung
- Aufklärungspflichtverletzung § 6, 138 ff

Firmenbestattung
- Geschäftsführerbestellung, Sittenwidrigkeit § 2, 114

Folgeschäden § 12, 88 ff
- Geltendmachung, nach Rücktritt § 12, 207 ff
- Leistungsinteresse/positives Interesse § 12, 246 ff
- Wertentschädigung § 12, 326 f

Forderungen
- Bilanzgarantien § 12, 404 ff

Formerfordernisse s. a. Beurkundung
- Anteilsabtretung § 2, 32 ff
- Asset Deal § 2, 61 ff
- aufschiebende Bedingung, Verzicht § 2, 52 ff

- Auslandsverkauf einer GmbH
  § 2, 92
- Beurkundungsmängel § 2, 81 ff
- c. i. c. durch Falschangabe
  § 6, 29 ff
- Catch-All-/Sweep-Klausel
  § 2, 76
- Fallbeispiel § 1, 45, 50
- Geltendmachung, Einwand
  d. Treuwidrigkeit § 2, 69
- GmbH-Gründung § 2, 30 f
- Grundstücke § 2, 61 ff
- Heilungsmöglichkeiten § 2, 50 ff
- Nichtigkeitsfolge § 2, 29 ff
- qualifizierte § 1, 42, 98 ff
- Verhaltenszurechnung § 8, 228 ff

Freibeträge § 12, 442 ff
Freigrenzen § 12, 442 ff
Freistellungspflichten § 13, 4,
  17 ff, 58 ff
Fristenregelungen § 12, 439 ff
Frustrationsschaden § 1, 132

Garantieanspruch
- Käuferkenntnis § 9, 17 ff
- Käuferkenntnis, Abdingbarkeit
  § 9, 7 ff
- Nachbaukosten/Natural-
  herstellung § 11, 1 ff
- subjektiver Tatbestand, Käuferseite § 9, 1 ff

Garantieerklärung
- Beurkundung § 2, 43

Garantien
- Aufklärungspflichten § 4, 20 ff
- Aussagegarantien, erster
  Ordnung § 5, 9 ff, 43 ff
- Aussagegarantien, zweiter
  Ordnung § 5, 10, 47 ff
- Begriff § 5, 1 ff
- Beweisfragen § 8, 231 ff
- Bilanzgarantien § 5, 11 f, 118 ff;
  s. a. Bilanzgarantien

- Bilanzgarantien, Schadensersatz
  § 12, 349 ff
- bzgl. Jahresergebnis § 5, 227
- Compliance-Garantien § 5, 94 ff
- Eigenkapitalgarantien § 5, 228 ff
- Gegenwarts-/Zukunftsbezug
  § 5, 18 ff, 102 ff
- grob fahrlässige Unkenntnis d.
  Käufers § 9, 34 ff
- Informationsgarantien § 5, 13
- Informationspflichten § 5, 247 ff
- Kenntnis/Wissen § 8, 3 ff
- kenntnisabhängige § 4, 34 f
- Kenntnisklauseln § 9, 24 ff
- objektive Tatbestandsmerkmale,
  Grundsätzliches § 4, 17 ff
- objektiver Tatbestand § 5, 1 ff
- objektiver Tatbestand, Erfüllung
  § 5, 16 f
- öffentlich-rechtliche Vorschriften,
  Einhaltung § 5, 94 ff
- Pflichtwidrigkeit § 4, 19
- Planungs-/Prognosegarantien
  § 5, 11 f, 21, 102 ff; s. a. dort
- Richtigkeitsgarantien § 5, 10,
  22 ff
- Share Deal § 12, 425 ff
- Steuergarantien § 5, 100 f
- Steuergarantien, Schadensersatz
  § 12, 346
- Struktur § 5, 8 ff
- subjektive Tatbestandsmerkmale,
  Grundsätzliches § 4, 17 ff
- subjektiver Tatbestand,
  Verkäuferseite § 8, 3 ff;
  s. a. Fahrlässigkeit; Kenntnis;
  Vorsatz; Wissen
- über Bilanzwerte v. Aktiva
  § 5, 191 ff
- über Eigentum/Inhaberschaft
  § 5, 71 ff
- über Richtigkeit einer Aussage
  § 5, 8 ff

- über Schulden/Risiken § 5, 200 ff
- über Zustand v. Sachen § 5, 77 ff
- Unternehmenswertbeeinträchtigung § 4, 9 ff
- Verhältnis z. c. i. c./Delikt § 4, 16 f
- Verjährung § 5, 254
- Verletzung, Beurteilungszeitpunkte § 5, 29 ff
- Verletzung, Rechtsfolgen § 5, 6 f, 62 ff
- Vermögensgarantien § 5, 85 ff
- verschuldensabhängige § 5, 27 f
- wertaufhellende/wertbeeinflussende Tatsachen § 5, 220

Geheimhaltungsvereinbarung
- Due Diligence § 1, 112 ff
- Pflichtverletzung § 1, 112 ff
- Verletzungsfolgen § 1, 119 ff
- Vertragsstrafe § 1, 119 ff

Genehmigungen
- Aufklärungspflichtverletzung § 6, 141

Genehmigungsvorbehalt § 2, 127 ff

Gerichte
- Dogmatik, verfallende § 15, 36 ff
- Faktenschwäche § 15, 14 ff
- Formalismus, bürokratischer § 15, 31 ff
- materielle Inhaltskontrolle § 15, 28 ff
- Pianistentheorie § 15, 36 ff
- Sachvortrag, Nichtwahrnehmung/Ablehnung § 15, 21 ff
- Sachvortrag, verspäteter § 15, 18 ff

Geschäftsanteile s. a. Anteile; Share Deal
- Altansprüche des Anteilsverkäufers gg. Zielgesellschaft § 14, 35 ff
- Altgesellschafter/-organe, Streitigkeiten § 14, 25 ff
- Ansprüche des Anteilsverkäufers gg. Zielgesellschaft § 14, 39 ff
- Vinkulierung § 3, 30 ff, 42

Geschäftschancen § 12, 452 ff, 463 ff

Geschäftsführer
- Bestellung, Firmenbestattung § 2, 114

Geschäftsführung
- zw. Signing und Closing § 13, 42 ff

Gesellschaft
- Altansprüche des Anteilsverkäufers gg. Zielgesellschaft § 14, 35 ff
- Altgesellschafter/-organe, Streitigkeiten § 14, 25 ff
- Ansprüche des Anteilsverkäufers gg. Zielgesellschaft § 14, 39 ff
- Gläubigerstellung, noch zu gründende Gesellschaft § 6, 18
- Nichtexistenz d. Verkäufers § 3, 4 ff
- Nichtexistenz d. Zielgesellschaft § 3, 13 ff
- Organe, Verhaltenszurechnung § 8, 147 ff
- Organstreitigkeiten § 14, 53
- Streitigkeiten, interne § 14, 53
- vertragliche Zusatzpflichten § 13, 168

Gesellschafter
- Russian Roulette-Klausel § 2, 14 ff
- Texan Shoot Out-Klausel § 2, 14 ff

Gesetzesverstoß
- Kanzleiakten § 2, 98
- Kartellrecht § 2, 101 f
- Nichtigkeitsfolge § 2, 93 ff
- Patientenkartei § 2, 95 ff

925

Gewinn
- Aufklärungspflichtverletzung § 6, 120 ff
- entgangener s. dort

GmbH
- Altgesellschafter/-organe, Streitigkeiten § 14, 25 ff
- Anteile, Falschbezeichnung § 2, 138
- Anteile, unzulässige Stückelung/Teilung § 2, 136 f
- Anteilsabtretung, Formmängel § 2, 32 ff
- Gesellschafterliste § 2, 144
- Kapitalerhaltungsgrundsatz § 2, 144
- mangelhafte Gründung § 2, 30 f
- Nichtexistenz d. Verkäufers § 3, 4 ff
- Nichtexistenz d. Zielgesellschaft § 3, 13 ff
- verdeckte Sacheinlage § 2, 141 f
- Vermögensübertragung (gesamtes) § 2, 146
- Verpflichtung z. Satzungsänderung § 2, 147

GmbH & Co. KG
- Anteilsabtretung, Beurkundung § 2, 46

Grundbuchbelastungen
- Aufklärungspflichtverletzung § 6, 146

Grundstücke
- Asset Deal, Formmängel § 2, 61 ff
- Aufklärungspflichtverletzung § 6, 150 ff
- Grundbuchbelastungen, Aufklärungspflicht § 6, 146

Gründung
- Fehlschlagen § 2, 30 f; § 3, 5 ff, 13 ff
- mangelhafte § 3, 17 ff

Haftung
- Auskunftsvertrag § 14, 10 ff
- Berater § 14, 53
- Management Letter § 14, 1 ff

Haftungsbeschränkung
- Aufklärungspflichtverletzung § 6, 155 ff
- Freigrenzen/-beträge § 12, 442 ff
- Fristenregelungen § 12, 439 ff
- Höchstbeträge § 12, 442 ff
- Rechtsfolgenklauseln § 12, 437 ff
- Rüge-/Anspruchsfristen § 12, 439
- Verhaltenszurechnung § 8, 224 ff

Heilungsvorschriften
- Asset Deal § 2, 61 ff
- Formmängel § 2, 50 ff

Hinauskündigungsklausel § 2, 118 f
Höchstbeträge § 12, 442 ff
Holding
- Anteilsübertragung § 3, 35 f

Immobilien s. Grundstücke
Informationen s. a. Aufklärungspflichtverletzung; Due Diligence
- Vertrauenstatbestand § 1, 58 ff

Informationsgarantien § 5, 13, 247 ff.
Informationspflichten
- Abgrenzung z. Aufklärungspflichten § 6, 19 ff
- Informationsbeschaffungspflichten § 6, 58 ff

Informationsstichtag
- Relevanz f. Unternehmenswert § 12, 148 ff
- Unternehmenswertbeeinträchtigung § 12, 266 ff

Inhaltskontrolle § 15, 28 ff
Insolvenzanfechtung § 2, 164 ff
Insolvenzverfahren
- Eröffnung, Unternehmensverkauf § 2, 169

Stichwortverzeichnis

Insolvenzverwalter
– Wahlrecht § 2, 167
Internationale Schiedsverfahren
– Schadensbemessung § 12, 458 ff
Internationales Privatrecht
– lex rei sitae § 3, 41
Inventar
– Garantien über Zustand v. Sachen § 5, 77 ff
Investitionsbedarf
– Garantien über Zustand v. Sachen § 5, 77 ff
Investitionszusagen § 13, 87 ff

Jury Selection § 15, 60

Kapitalerhaltungsgrundsatz
– verdeckte Sacheinlage § 3, 20 ff
– Verletzung § 2, 144
Kartellrecht
– Gesetzesverstoß § 2, 101 f
Kartellverfahren
– Aufklärungspflichten § 6, 97 f
Kassenbestand
– Bilanzgarantien § 12, 407
Kaufinteressenten
– Vereinbarungen zw. Kaufinteressenten § 1, 151
Kaufpreis
– Bestimmungsfaktoren, Vereinbarung § 12, 331
– Herabsetzung § 11, 108 ff, 132
– Käufer-/Verkäufer-Unternehmenswert § 11, 65 ff
– Minderung § 12, 119 ff
– Minderung, Berechnung § 12, 126 ff, 158 ff
– Senkung d. Herstellerpreises, c. i. c. § 6, 149
– und Net Debt-/Net Cash-Klauseln § 11, 88 ff

– und Unternehmenswert
  § 10, 23 ff; § 11, 65 ff, 79 ff;
  § 13, 104 ff
Kaufpreisanpassung
– MAC-Klausel § 2, 209
Kaufpreisanpassungsklauseln § 13, 99 ff
– Earn Out-Klausel § 13, 140
– eigenkapitalbezogene § 13, 133 ff
– Net Debt-/Net Cash-Klauseln § 13, 111 ff
– operative Überschüsse § 13, 139
– Rechtsnatur § 13, 156 ff
– Schiedsgutachter § 13, 151 ff
– und Unternehmenswert § 13, 104 ff
– Unternehmenswert § 13, 104 ff
– Verjährung § 13, 169 ff
– Wirtschaftsgüter, nicht betriebsnotwendige § 13, 132
– Working Capital-Klauseln § 13, 125 ff
Kaufpreisklauseln
– Rechtsnatur § 13, 156 ff
Kausalität
– Aufklärungspflichtverletzung § 6, 151 ff
– c. i. c. § 6, 151 ff
– Nichterfüllung § 3, 54 ff
Kenntnis
– Aufklärungspflichtverletzung § 6, 41 ff
– bewusste Wahrnehmung v. Informationen § 8, 22
– Garantien § 8, 3 ff
– Informationsstichtag, Relevanz f. Unternehmenswert § 12, 148 ff
– Käuferkenntnis, Abdingbarkeit § 9, 7 ff, 51 ff
– Käuferkenntnis, Beschaffenheitsvereinbarungen § 9, 48 ff

927

- Käuferkenntnis, Garantieanspruch § 9, 17 ff
- Mitverschulden, Käufer § 9, 56 ff
- Nicht-Wahrnehmung v. Informationen § 8, 21
- Nicht-Zugang v. Informationen § 8, 19 f
- widersprüchliche Informationen § 8, 23 ff

Kenntnisklauseln
- bei Garantien § 9, 24 ff

Kostenerstattungspflichten § 13, 4, 17 ff, 58 ff

Kostenvereinbarungen
- Aufklärungspflichtverletzung § 6, 119
- Due Diligence, Kosten § 1, 142 ff
- Verhandlungsabbruch § 1, 82

Leistungsinteresse
- Abgrenzung z. negativen Interesse § 12, 23 ff
- Begriff § 12, 11 ff
- Bilanzgarantien § 12, 349 ff
- entgangener Gewinn/Folgeschäden § 12, 246 ff
- Ersatz durch Wertentschädigung § 12, 251 ff
- Grenzen § 12, 239 ff
- Unternehmenswertbeeinträchtigung § 12, 221 ff

Leistungspflichten, vereinbarte
- Aktiva-Mindestwert, Einstandspflicht § 13, 49
- Altlastenklauseln § 13, 21 ff, 35
- Beschäftigungszusagen § 13, 87 ff
- Bezugspflichten § 13, 46 ff, 61
- Earn Out/Besserungsschein § 13, 140 ff
- Einzelverwertungs-/Spekulationsklauseln § 13, 80 ff
- Finanzierungspflichten § 13, 46 ff
- Freistellungs-/Kostenerstattungspflichten § 13, 4, 17 ff, 58 ff
- Geschäftsführung zw. Signing und Closing § 13, 42 ff
- Herbeiführung von Wirksamkeitsbedingungen § 13, 14 ff, 56 f
- Investitionszusagen § 13, 87 ff
- Kaufpreisanpassungsklauseln § 13, 99 ff
- Lieferpflichten § 13, 46 ff, 61
- Mehrerlösklauseln § 13, 80 ff
- Mitwirkungsrechte d. Verkäufers § 13, 32 ff
- Nachbewertungsklauseln § 13, 63 ff
- Pflichten d. Gesellschaft § 13, 168
- Rückstellungen, Auflösungsklauseln § 13, 86
- Schuldenhöchstwert, Einstandspflicht § 13, 49
- selbstständige § 13, 1 ff, 13 ff
- Sprech-/Nachverhandlungsklauseln § 13, 160 ff
- Standortzusagen § 13, 87 ff
- Steuerklauseln § 13, 36 ff
- Venture Capital/Private Equity-Finanzierung § 13, 151
- Verjährung § 13, 169 ff
- Vertragsstrafe § 13, 91 ff

Letter of Intent § 1, 109 ff
- Vertrauenstatbestand § 1, 65 f

Lieferpflichten § 13, 46 ff, 61 f

Lieferungsanspruch
- Vollstreckung § 3, 57 f

Liquidationswert § 11, 40

Lizenz § 3, 48
- fehlende § 5, 99

Stichwortverzeichnis

Lucrum cessans § 12, 94 ff
– Begriff § 12, 25
Lucrum emergens
– Begriff § 12, 25

M&A-Transaktionen
– Schadensrecht, Unternehmenswertaffinität § 10, 1 ff
M&A-Vertrag
– AGB, Anwendung § 4, 37 ff
– Aktiva-Mindestwert, Einstandspflicht § 13, 49
– Altlastenklauseln § 13, 21 ff, 35
– Anbahnung s. Vertragsanbahnung
– Anfechtung nach AnfG § 2, 168
– Anlagen, Verlesung § 2, 84 ff
– Ansprüche aus Vorvereinbarungen § 1, 109 ff
– Außenwirtschaftsgesetz § 2, 153
– Beschäftigungszusagen § 13, 87 ff
– Beurkundung, vereinbarte § 2, 80
– Beurkundungsumfang § 2, 33 ff
– Bezugspflichten § 13, 46 ff, 61 f
– Break-up-Fee § 1, 137 ff
– Drag Along-Klausel § 2, 115 ff
– Earn Out/Besserungsschein § 13, 140 ff
– einheitliches Rechtsgeschäft § 2, 35 ff
– Einzelverwertungs-/Spekulationsklauseln § 13, 80 ff
– eröffnetes Insolvenzverfahren § 2, 169
– Finanzierungspflichten § 13, 46 ff
– Freistellungspflichten § 13, 4, 17 ff, 58 ff
– Garantien § 4, 9 ff
– Geheimhaltungsvereinbarung § 1, 112 ff

– Genehmigungsvorbehalt § 2, 127 ff
– Geschäftsführung zw. Signing und Closing § 13, 42 ff
– gesellschaftsrechtliche Verstöße § 2, 135 ff
– Herbeiführung von Wirksamkeitsbedingungen § 13, 14 ff, 56 f
– Hinauskündigungsklausel § 2, 118 f
– Inhaltskontrolle § 15, 28 ff
– Insolvenzfall § 2, 162 ff
– Internationales Privatrecht § 3, 41
– Investitionszusagen § 13, 87 ff
– Kanzleiakten § 2, 98
– Kartellrecht § 2, 101 f
– Kaufpreisanpassungsklauseln § 13, 99 ff
– Kaufpreiszahlung, Bedingungen § 2, 127 f
– Kostenerstattungspflichten § 13, 4, 17 ff, 58 ff
– Kostenvereinbarungen § 1, 142 ff
– Krisensituation § 2, 162 ff
– Leistungspflichten s. dort
– Letter of Intent § 1, 109 ff
– Lieferpflichten § 13, 46 ff, 61 f
– MAC-Klausel § 2, 170 ff
– Mehrerlösklauseln § 13, 80 ff
– Memorandum of Understanding § 1, 109 ff
– Nachbewertungsklauseln § 13, 63 ff
– Nichtbestehen, Verjährung § 2, 213 f
– Nichterfüllung d. Verkäufers § 3, 1 ff
– Nichtexistenz d. Verkäufers § 3, 4 ff
– Nichtexistenz d. Zielgesellschaft § 3, 13 ff

- Nichtherbeiführung einer Bedingung § 3, 37 ff
- Nichtigkeit § 2, 24 ff; s. a. dort
- Nichtigkeit, Bestätigung durch Änderung § 2, 120
- Nichtigkeit, Teil-/Gesamtnichtigkeit § 2, 154 ff
- Nicht-Zustandekommen § 1, 3 ff
- Optionen § 2, 1 ff
- Patientenkartei § 2, 95 ff
- Pflichten d. Gesellschaft § 13, 168
- rechtliche Unmöglichkeit § 2, 152
- Rechtsfolgenklauseln § 12, 437 ff
- Rückstellungen, Auflösungsklauseln § 13, 86
- Rücktrittsklausel § 2, 170 ff
- Rüge-/Anspruchsfristen § 12, 439
- salvatorische Klauseln § 2, 160 ff
- Schadensersatzansprüche, Zusammenfassung § 12, 466
- Schiedsgutachter § 13, 151 ff
- Schuldenhöchstwert, Einstandspflicht § 13, 49
- selbstständige Leistungspflichten, vereinbarte § 13, 1 ff, 13 ff
- Sittenwidrigkeit § 2, 110 ff
- Sprech-/Nachverhandlungsklauseln § 13, 160 ff
- Standortzusagen § 13, 87 ff
- Steuerklauseln § 13, 36 ff
- Streitigkeiten post prae § 1, 1 ff; s. a. c. i. c.; Vertragsanbahnung
- Tag Along-Klausel § 2, 115 ff
- Täuschung über Zustandekommen § 1, 22 f
- Term Sheet § 1, 109 ff
- Übertragungsstichtag § 5, 29 ff
- Unterschrift, fehlende § 2, 82 f
- Venture Capital/Private Equity-Finanzierung § 13, 151

- Verhaltenszurechnung § 8, 199 ff
- Verjährung v. Zusatzpflichten § 13, 169 ff
- Vertragsänderungen, Beurkundung § 2, 47 f
- Vertragsanpassung/Restvertrauensschaden § 12, 204 ff
- Vertragsstrafe § 13, 91 ff
- Vorfeldvereinbarungen § 1, 46, 109 ff
- Vorratsgesellschaft § 3, 12
- Vorvereinbarungen zw. Kaufinteressenten § 1, 151
- Vorvertrag § 1, 148 ff
- Warranty & Indemnity-Versicherung § 14, 54
- Wegfall d. Geschäftsgrundlage § 2, 171 f
- Wettbewerbsverbot § 13, 5, 50 ff
- Wissenszurechnung § 8, 57 ff, 117 ff
- Wucher § 2, 104 ff
- Zustandekommen, Streitigkeiten § 2, 1 ff

Management Letter
- Haftung, Zielgesellschaft § 14, 1 ff

Mangelfolgeschäden s. Folgeschäden

Material Adverse Chance-Klausel (MAC-Klausel) § 2, 170 ff; § 13, 160
- Ausgestaltung § 2, 173 ff
- Entschärfungsversuche § 2, 205 ff
- Käuferrisiken § 2, 196 ff
- Kaufpreisanpassung § 2, 209
- Kreditverträge § 2, 184 ff
- Risikoabdeckung für Interimsperiode § 2, 179 ff
- Rücktrittsrechte § 2, 170
- Schiedsverfahren § 2, 206, 210 ff

- Verkäuferrisiken, hohe
  § 2, 188 ff.
- Wegfall d. Geschäftsgrundlage
  § 2, 171 f
- Wirkung/Rechtsnatur § 2, 173

Mehrerlösklauseln § 13, 80 ff

Memorandum of Understanding
§ 1, 109 ff
- Vereinbarungen zw. Kaufinteressenten § 1, 151

Minderung
- Unternehmenswertbeeinträchtigung § 12, 119 ff, 126 ff, 158 ff
- Wirtschaftsgüter, nicht betriebsnotwendige § 12, 190 ff

Mitarbeiter
- Charakter, Aufklärungspflicht § 6, 147
- Verhaltenszurechnung § 8, 147 ff

Mitverschulden § 12, 436
- Käufer § 9, 56 ff

Mitwirkungsrechte § 13, 32 ff

Multiplikatorverfahren § 11, 52 ff
- ewige Rente § 11, 58 ff

Nachbewertungsklauseln
§ 13, 63 ff

Nachverhandlungsklauseln
§ 13, 160 ff

Naturalherstellung
- Begriff § 12, 16 ff
- Bilanzunrichtigkeit, Schaden § 5, 193
- Ersatzbeschaffung § 12, 58
- Grenzen § 12, 239 ff
- Kostenerstattung § 12, 59
- Leistungsinteresse/positives Interesse § 12, 223 ff
- Reichweite § 12, 61 ff
- Schadensersatzansprüche, Zusammenfassung § 12, 466
- teilweise § 12, 70 ff
- Umfang/Möglichkeit § 12, 51 ff

- Unternehmenswertbeeinträchtigung § 12, 113 ff
- Verhältnis z. Wertentschädigung § 12, 51 ff
- Vorrang § 12, 48 ff

Negatives Interesse
- Abgrenzung z. positiven Interesse § 12, 23 ff
- Begriff § 12, 11 ff
- bei Deliktshaftung § 12, 212 ff
- c. i. c. § 12, 35
- Ersatz durch Wertentschädigung § 12, 215 ff
- Täuschung über Abschlussbereitschaft § 1, 55
- Unternehmenswertbeeinträchtigung § 12, 113 ff
- Verhältnis z. positivem Interesse § 12, 36 ff
- Vertrauensschaden § 12, 40 f
- Verwechselung mit positivem Interesse § 12, 314 ff, 319 ff

Net Cash-Klausel
- Kaufpreisanpassungsklauseln § 13, 111 ff
- und Unternehmenswert § 11, 88 ff

Net Debt-Klausel
- Kaufpreisanpassungsklauseln § 13, 111 ff
- und Unternehmenswert § 11, 88 ff

Neuverhandlungsklauseln § 13, 160 ff

Nichterfüllung
- Anteilsabtretungen, missglückte § 3, 1 ff
- Anteilsübertragung, fehlende Zustimmung § 3, 43 ff
- Asset Deal § 3, 50 ff
- des Verkäufers § 3, 1 ff
- Erfüllungsanspruch, Vollstreckung § 3, 57 f
- Gründungsmängel § 3, 4 ff

- Kausalität § 3, 54 ff
- Nichtexistenz d. Zielgesellschaft § 3, 13 ff
- Nichtherbeiführung einer Bedingung § 3, 37 ff
- Schaden § 3, 59
- Verjährung § 3, 60 f
- vinkulierte Anteile § 3, 30 ff, 42

Nichtigkeit
- Anteilsabtretung § 3, 1 ff
- Bedingungen § 2, 121 ff
- erbrechtliche Verfügungsbeschränkungen § 2, 151
- familienrechtliche Verfügungsbeschränkungen § 2, 149 f
- Formmängel § 2, 29 ff
- Gesellschafter, Beschluss § 2, 144
- gesellschaftsrechtliche Verstöße § 2, 135 ff
- Gesetzesverstoß § 2, 93 ff
- In-Sich-Geschäft § 2, 130
- M&A-Vertrag § 2, 24 ff
- Missbrauch der Vertretungsmacht § 2, 131 ff
- rechtliche Unmöglichkeit § 2, 152
- salvatorische Klauseln § 2, 160 ff
- Sittenwidrigkeit § 2, 110 ff
- Teil-/Gesamtnichtigkeit § 2, 154 ff
- Vertragsbestätigung durch Änderung § 2, 120
- Wucher § 2, 104 ff

Niederstwertprinzip § 12, 387 ff

Öffentlich-rechtliche Genehmigung
- Aufklärungspflichtverletzung § 6, 141

Öffentlich-rechtliche Vorschriften
- Einhaltungsgarantie § 5, 94 ff

Optionen
- Abänderung § 2, 20 ff
- Arten § 2, 3 ff, 9
- Ausübung § 2, 3 ff
- Call-Option § 2, 115
- Hinauskündigungsklausel § 2, 118 f
- Risiken § 2, 2, 6 ff
- Russian Roulette-Klausel § 2, 12 ff
- Tag Along/Drag Along-Klausel § 2, 115 ff
- Texan Shoot Out-Klausel § 2, 12 ff
- Verpflichtung zur Ausübung § 2, 23
- Vollstreckung § 2, 23
- wechselseitige § 2, 12 ff

Organe
- Altgesellschafter/-organe, Streitigkeiten § 14, 25 ff
- Streitigkeiten, interne § 14, 53
- Verhaltenszurechnung § 8, 147 ff

Patent § 3, 48 ff
Patientenkartei
- Erwerb § 2, 95 ff
Pfandrechte § 3, 47
Pflichtwidrigkeit
- Aufklärungspflichten § 4, 19, 31 ff
- Aussagegarantien, Verletzung § 5, 58 ff
- Pflichtwidrigkeit § 8, 114 ff
Pianistentheorie § 15, 36 ff
Planungs-/Prognosegarantien § 5, 11 f, 21
- Gewinngarantie § 5, 116 f
- Prognosequalitätsgarantie § 5, 104 ff
- Zukunftserfolgsgarantie § 5, 103 ff
Positives Interesse
- Abgrenzung z. negativen Interesse § 12, 23 ff

- Begriff § 12, 11 ff
- Bilanzgarantien § 12, 349 ff
- entgangener Gewinn/Folgeschäden § 12, 246 ff
- Ersatz durch Wertentschädigung § 12, 251 ff
- Grenzen § 12, 239 ff
- Unternehmenswertbeeinträchtigung § 12, 221 ff
- Verhältnis z. negativem Interesse § 12, 36 ff
- Verwechselung mit negativem Interesse § 12, 314 ff, 319 ff

Private Equity-Finanzierung
- Leistungspflichten, vereinbarte § 13, 159

Prozessführung § 15, 102 ff
- Argumentation § 15, 87 ff
- Destruktionsstrategien § 15, 95 ff
- Friktionen § 15, 109 ff
- Low-/High Road § 15, 97
- Minimax-Strategie § 15, 61
- Rechtslage § 15, 71 ff
- Rechtsstreit § 15, 1 ff
- Richter § 15, 47 ff
- Sachverhalt § 15, 65 ff
- Sachvortrag, Nichtwahrnehmung/Ablehnung § 15, 21 ff
- Sachvortrag, verspäteter § 15, 18 ff
- sequential/similtaneous move game § 15, 61
- Skripte § 15, 74 ff

Quantitätsmängel § 7, 56 f

Rechnungsabschlüsse
- Aufklärungspflichtverletzung § 6, 132 ff

Rechtsanwalt
- Haftung § 14, 53

- Prozessführung § 15, 65 ff, 102 ff; s. a. dort; s. a. Gerichte; Rechtsstreit; Richter; Schiedsgerichte

Rechtsanwaltskanzlei
- Akten/Honorare § 2, 98

Rechtsgeschichte
- Rechtsstreit/Gerichte § 15, 25 ff

Rechtsmängel
- Asset Deal § 3, 50 ff
- Share Deal § 3, 47 ff
- Verjährung § 3, 60 f

Rechtsstreit
- Begriff § 15, 3 ff
- Dogmatik, verfallende § 15, 36 ff
- Formalismus, bürokratischer § 15, 36 ff
- materielle Inhaltskontrolle § 15, 28 ff
- Pianistentheorie § 15, 36 ff
- Rechtsgeschichte/-vergleichung § 15, 25 ff
- Sachvortrag, Nichtwahrnehmung/Ablehnung § 15, 21 ff
- Sachvortrag, verspäteter § 15, 18 ff

Rechtsvergleichung
- Jury Selection § 15, 60
- Rechtsstreit/Gerichte § 15, 25 ff
- Voir Dire § 15, 60

Richter
- Einstellungen/Stil § 15, 53 ff
- Wissen § 15, 47 ff

Risiken
- Vermögensgarantien § 5, 89 f

Rückstellungen
- Auflösungsklauseln § 13, 86
- Bilanzgarantien § 12, 409 ff
- Garantien § 5, 200 ff

Rücktritt
- Unternehmenswertbeeinträchtigung § 12, 118

Rücktrittsklausel § 2, 170 ff
- MAC-Klausel § 2, 170
Ruf
- Aufklärungspflichtverletzung § 6, 147 f
Rügefristen
- vertragliche § 12, 439
Russian Roulette-Klausel § 2, 12 ff

Sachmängelhaftung
- Abbedingung § 4, 10
- analoge Anwendung § 7, 23 ff
- Asset Deal § 7, 4 ff
- bei Unternehmenswertbeeinträchtigung § 4, 12 ff
- Beschaffenheitsvereinbarung § 7, 1 ff, 54 ff
- Beschaffenheitsvereinbarung, Fingierung/Vorliegen § 7, 58 ff
- Käuferkenntnis, Abdingbarkeit § 9, 7 ff, 51 ff
- objektiver Tatbestand § 7, 1 ff
- Quantitätsmängel § 7, 56 f
- Share Deal § 7, 25 ff
- Sperrwirkung § 6, 4 ff, 11 ff; § 7, 50 ff
- subjektiver Tatbestand, Käuferseite § 9, 1 ff
- Unternehmenswertbeeinträchtigung § 4, 9 ff; § 7, 36 ff, 64 ff
- Verjährung § 7, 81 f
Sachwalterhaftung § 14, 15 ff
- Inanspruchnahme besonderen persönlichen Vertrauens § 14, 16 ff
- wirtschaftliches Eigeninteresse § 14, 21 ff
Salvatorische Klauseln
- Teil-/Gesamtnichtigkeit § 2, 160 ff
Sanierungsanordnung § 13, 27 ff

Schadensersatz s. a. Minderung; Positives Interesse; Negatives Interesse; Unternehmenswertbeeinträchtigung; Wertentschädigung
- Abzinsung § 12, 328 ff
- Ansprüche, Zusammenfassung § 12, 466
- Ausgleichsgedanke § 12, 3 ff
- Ausgleichung bei Soll-Unterschreitung § 11, 100 ff
- Austauschbalance § 11, 92 ff, 112 ff
- Austauschbalance, Abweichung § 11, 124 ff
- Begriffe § 12, 1 ff, 6 ff
- Bestandsinteresse/negatives Interesse § 12, 113 ff
- Bestimmungsfaktoren, Vereinbarung § 12, 331
- betriebsnotwendige Wirtschaftsgüter nicht vorhanden/mangelhaft § 11, 143 ff; § 12, 167 ff
- Bewertungsstichtag, Relevanz f. Unternehmenswert § 12, 141 ff
- Bilanzauffüllungsschaden § 5, 193 ff
- Break-up-Fee § 1, 137 ff
- Buchwerte betriebsnotwendiger Wirtschaftsgüter zu niedrig § 11, 149 ff
- damnum emergens § 12, 94 ff
- Darlegungs-/Beweislast § 12, 447 ff
- „der zum Ersatz verpflichtende Umstand" § 12, 28 ff
- Differenzhypothese § 12, 75 ff
- Eigenkapital zu niedrig § 11, 157 ff
- entgangene Chancen § 12, 452 ff, 463 ff

Stichwortverzeichnis

- entgangener Gewinn § 3, 55 ff; § 12, 94 ff, 207 ff, 326 f
- Erhöhung d. Verkäuferleistung § 11, 124 ff
- Ersatzbeschaffung § 5, 193
- Folgeschäden § 12, 88 ff, 207 ff, 326 f
- Forderungen/Vorräte zu niedrig § 11, 141 f; § 12, 167 ff
- Frustrationsschaden § 1, 132
- Geldersatz § 12, 108
- Guthaben zu niedrig/ Verbindlichkeiten zu hoch § 11, 136 f; § 12, 167 ff
- Informationshaftung d. Anteilskäufers § 14, 43 ff
- Informationsstichtag, Relevanz f. Unternehmenswert § 12, 148 ff
- Integritätsinteresse § 12, 109 ff
- internationale Schiedsverfahren § 12, 458 ff
- irreführende Begriffe § 12, 88 ff
- Käufer-/Verkäufer-Unternehmenswert, Relevanz § 12, 141 ff
- Kaufpreisminderung § 12, 119 ff
- Kaufpreisminderung, Berechnung § 12, 126 ff, 158 ff
- lucrum cessans § 12, 94 ff
- Mitverschulden § 12, 436
- Nachbaukosten/Naturalherstellung § 11, 1 ff
- „Nachlieferung" des Verkäufers § 11, 100 ff
- Naturalherstellung § 12, 6 ff, 42 ff
- Naturalherstellung, Vorrang § 12, 48 ff
- nicht betriebsnotwendige Wirtschaftsgüter nicht vorhanden/ Marktwert zu niedrig § 11, 138 ff; § 12, 167 ff
- Nichterfüllung § 3, 59
- Preisdifferenzschaden § 12, 309 ff
- Rechtsfolgenklauseln § 12, 437 ff
- Reduzierung der Käuferleistung § 11, 108 ff, 132
- Rückstellungen zu niedrig § 11, 141 f; § 12, 167 ff
- Schadensrecht, Unternehmenswertaffinität § 10, 1 ff
- Schätzung § 12, 452 ff
- Share Deal, Anspruchsberechtigter § 12, 425 ff
- Share Deal, Zielgesellschaft § 12, 425 ff
- Soll-Vermögensposition d. Käufers § 11, 92 ff
- Steuergarantien § 12, 346
- Täuschung über Abschlussbereitschaft § 1, 55
- Teil-Rekonstruktionszeitwert § 11, 5 ff
- Totalkompensation § 12, 4 ff
- Überschüsse zu niedrig § 11, 147 f
- unmittelbare Schäden § 12, 88 ff
- Unrichtigkeit von Verkäuferangaben § 11, 133 f
- Unternehmenswertbeeinträchtigung § 12, 113 ff
- Verhandlungsabbruch § 1, 106
- Verjährung § 1, 152 f
- Vertragsanpassung/Restvertrauensschaden § 12, 204 ff
- Vorteilsanrechnung § 12, 448 ff
- Wertdifferenzschaden § 12, 309 ff
- Wertentschädigung § 12, 8 ff, 16 ff, 42 ff; s. a. dort
- Wertentschädigung gem. § 251 BGB § 11, 64
- Wertminderung, betriebswirtschaftliche § 10, 9 ff

- wiederkehrende Schäden
  § 12, 328 ff
Schätzung
- Schaden § 12, 452 ff
Schiedsgerichte
- ausländische Rechtsordnungen, Anwendung § 12, 458 ff
- MAC-Klausel § 2, 206, 210 ff
- Richterauswahl § 15, 58 ff
- sequential/similtaneous move game § 15, 61
- Unternehmenswert, Bestimmung § 10, 14 ff
Schiedsgutachterverfahren
- MAC-Klausel § 2, 206, 210 ff
Schiedsordnung
- Beurkundung § 2, 49
Schiedsverfahren
- Bilanzgarantien § 5, 246
Schmiergeldzahlung § 2, 111
Schulden
- Aufklärungspflichtverletzung § 6, 103 ff
- Bilanzgarantien § 12, 408
- Garantien § 5, 200 ff
- Höchstwert, Einstandspflicht § 13, 49
Selbstkontrahierung
- Nichtigkeit § 2, 130
Share Deal
- Altansprüche des Anteilsverkäufers gg. Zielgesellschaft § 14, 35 ff
- Altgesellschafter/-organe, Streitigkeiten § 14, 25 ff
- Ansprüche des Anteilsverkäufers gg. Zielgesellschaft § 14, 39 ff
- Dreiecksprobleme, Anspruchsberechtigter § 12, 425 ff
- Dreiecksprobleme, Geschädigter § 12, 425 ff
- Garantieverletzung § 12, 425 ff

- Informationshaftung d. Anteilskäufers § 14, 43 ff
- Optionen § 2, 9 ff
- Rechtsmängel § 3, 47 ff
- Sachmängelhaftung § 7, 25 ff
- Übersicht § 7, 25
- Verhaltenszurechnung § 8, 173 ff
Signing
- Geschäftsführung zw. Signing und Closing § 13, 42 ff
Sittenwidrigkeit
- Ausbeutung/Zwangslage § 2, 107
- Firmenbestattung, Geschäftsführerbestellung § 2, 114
- Nichtigkeitsfolge § 2, 110 ff
- Schädigung Dritter § 2, 113
- Schmiergeldzahlung § 2, 111
- Steuerhinterziehung § 2, 112
Spekulationsklauseln § 13, 80 ff
Sprechklauseln § 13, 160 ff
Standortzusagen § 13, 87 ff
Stellvertretung s. Vertretung
Steuerberater
- Haftung § 14, 53
Steuergarantien § 5, 100 f
- Schadensersatz § 12, 346
Steuerhinterziehung § 2, 112
Steuerklauseln § 13, 36 ff
Stichtag
- Bedeutung § 5, 29 ff
- Prüfung d. Richtigkeit d. Garantieaussage § 5, 43 ff
- Übertragungsstichtag § 5, 43 ff
- Zeitpunkt d. Kenntnis über Unrichtigkeit d. Aussage § 5, 52 ff
Sweep-Klausel § 2, 76

Tag Along-Klausel § 2, 5, 115 ff
Take Along-Klausel § 2, 5
Täuschung
- Abschlussbereitschaft § 1, 17 ff

Stichwortverzeichnis

– Anfechtung, objektiver
  Tatbestand § 6, 168 ff
– Begriff § 1, 19 ff
Term Sheet § 1, 109 ff
– Vertrauenstatbestand § 1, 65 f
Texan Shoot Out-Klausel § 2, 12 ff
Treuhandgesetz § 3, 6
Treuhandvereinbarung
– Beurkundung § 2, 40
Treuhandverträge
– AGB, Anwendung § 4, 36
Triggers § 12, 442 ff

Überschüsse s. Enterprise Value; Gewinn
Übertragende Sanierung § 2, 162 f
Umsätze
– Aufklärungspflichtverletzung § 6, 120 ff
Umwandlung
– Fehlschlagen § 3, 5 ff, 13 ff
Unfertige Erzeugnisse
– Bilanzgarantien § 12, 399 ff
Unternehmenskauf
– Begriff § 6, 9 f
– Share Deal/Asset Deal § 7, 25 ff
Unternehmenskrise § 2, 162 ff
Unternehmensplanung
– Aufklärungspflichtverletzung § 6, 138 ff
– falsche, Vorsatz § 8, 31 ff
– Unsicherheit § 11, 41 f
Unternehmensübergang
– Closing § 5, 43 ff
– Signing § 5, 52 ff
– Stichtag § 5, 29 ff
Unternehmenswert
– als Barwert zukünftiger Überschüsse § 11, 7 ff
– Barwert aus dem operativen Betrieb § 11, 14 ff
– Begriff § 11, 7 ff

– Berechnungsmethoden § 12, 272 ff
– betriebsnotwendige/nicht betriebsnotwendige Wirtschaftsgüter § 11, 10 ff
– Bewertungsstichtag § 12, 141 ff
– Darlegungs-/Beweislast § 11, 50 f
– DCF-Verfahren § 11, 19 ff, 52 ff
– Enterprise Value § 10, 34 ff; § 11, 34 ff
– Equity Value § 11, 34 ff
– Ertragswertverfahren § 11, 19 ff, 52 ff
– Informationsstichtag § 12, 148 ff
– Kaufpreisanpassungsklauseln § 13, 104 ff
– Liquidationswert § 11, 40
– Multiplikatorverfahren § 11, 52 ff
– Nachbaukosten/Naturalherstellung § 11, 1 ff
– nicht betriebsnotwendige Wirtschaftsgüter § 11, 22 ff
– objektive Bestimmung subjektiver Unternehmenswerte § 10, 27 ff
– Schadensrecht, Unternehmenswertaffinität § 10, 1 ff
– Teil-Rekonstruktionszeitwert § 11, 5 ff
– Überschüsse aus betriebsnotwendigen und nicht betriebsnotwendige Wirtschaftsgüter § 11, 33 ff
– und Kaufpreis § 10, 23 ff; § 11, 65 ff, 79 ff; § 13, 104 ff
– und Net Debt-/Net Cash-Klauseln § 11, 88 ff
– Unsicherheit v. Unternehmensplanungen § 11, 43 ff

Stichwortverzeichnis

- Unternehmenswerte der Parteien § 10, 14 ff; § 11, 65 ff, 79 ff
- Wertentschädigung gem. § 251 BGB § 11, 64
- Wertentschädigung, Bemessung § 12, 254 ff
- Wertminderung, betriebswirtschaftliche § 10, 9 ff

Unternehmenswertbeeinträchtigung
- Anspruchsgrundlagen § 4, 9 ff
- Ausgleichung bei Soll-Unterschreitung § 11, 100 ff
- Austauschbalance § 11, 92 ff, 112 ff
- Austauschbalance, Abweichung § 11, 124 ff
- Begriff § 4, 2 f
- Beschaffenheitsvereinbarung/Sachmängelhaftung § 7, 1 ff; s. a. dort
- Bestandsinteresse/negatives Interesse § 12, 113 ff
- betriebsnotwendige Wirtschaftsgüter nicht vorhanden/mangelhaft § 11, 143 ff; § 12, 167 ff
- Bewertungsstichtag § 12, 266 ff
- Buchwerte betriebsnotwendiger Wirtschaftsgüter zu niedrig § 11, 149 ff
- c. i. c., objektiver Tatbestand § 6, 1 ff; s. a. dort
- Eigenkapital zu niedrig § 11, 157 ff
- entgangener Gewinn/Folgeschäden § 12, 246 ff
- Erhöhung d. Verkäuferleistung § 11, 124 ff
- Forderungen/Vorräte zu niedrig § 11, 141 f; § 12, 167 ff
- Garantien, objektiver Tatbestand § 4, 9 ff; s. a. dort; s. a. Bilanzgarantie; Unternehmensplanungen
- Grundfälle § 11, 133 ff
- Guthaben zu niedrig/Verbindlichkeiten zu hoch § 11, 136 ff; § 12, 167 ff
- Informationsstichtag § 12, 266 ff
- Käufer-/Verkäufer-Unternehmenswert, Relevanz § 12, 141 ff, 254 ff
- Kaufpreisminderung § 12, 119 ff
- Kaufpreisminderung, Berechnung § 12, 126 ff, 158 ff
- Kenntnis d. Käufers § 9, 1 ff
- Leistungsinteresse/positives Interesse § 12, 221 ff
- „Nachlieferung" des Verkäufers § 11, 100 ff
- Naturalherstellung § 12, 113 ff
- nicht betriebsnotwendige Wirtschaftsgüter nicht vorhanden/Marktwert zu niedrig § 11, 138 ff; § 12, 167 ff
- objektive Bestimmung subjektiver Unternehmenswerte § 10, 27 ff
- Preisdifferenzschaden § 12, 309 ff
- Reduzierung der Käuferleistung § 11, 108 ff, 132
- Rückstellungen zu niedrig § 11, 141 f; § 12, 167 ff
- Rücktritt § 12, 118
- Sachmängelrecht § 4, 12 ff; § 7, 64 ff
- Sachmängelrecht, Anwendbarkeit § 7, 36 ff
- Schadensersatzansprüche, Zusammenfassung § 12, 466
- Schadensrecht, Unternehmenswertaffinität § 10, 1 ff
- Soll-Vermögensposition d. Käufers § 11, 92 ff
- Überschüsse zu niedrig § 11, 147 f

Stichwortverzeichnis

- Unrichtigkeit von Verkäuferangaben § 11, 133 ff
- Unternehmenswerte der Parteien § 10, 14 ff; § 11, 65 ff, 79 ff
- Verhältnis Überschüsse/Kaufpreis, Bestimmungsfaktoren § 12, 331
- Wertdifferenzschaden § 12, 309 ff
- Wertentschädigung § 12, 87; s. a. dort
- Wertentschädigung gem. § 251 BGB § 11, 64
- Wertminderung, betriebswirtschaftliche § 10, 9 ff
- wiederkehrende Schäden § 12, 328 ff
- Wissenszurechnung § 8, 44 ff; s. a. dort

Unterschrift
- fehlende § 2, 82 f

Venture Capital-Finanzierung
- Leistungspflichten, vereinbarte § 13, 159

Verbindlichkeiten
- Aufklärungspflichtverletzung § 6, 103 ff
- Bilanzgarantien § 12, 408
- Garantien § 5, 200 ff
- Höchstwert, Einstandspflicht § 13, 49
- Vermögensgarantien § 5, 86

Verdeckte Einlage § 2, 141 f; § 3, 3, 20 ff

Verfügungsbeschränkungen § 2, 149 ff

Verhaltenszurechnung
- Aufklärungs-/einfache Informationspflichten § 6, 25 ff
- bei Formerfordernissen § 8, 228 ff
- Bilanzen § 8, 175 ff

- Erfüllungsgehilfe, einseitige Beschränkung § 8, 205 ff
- Haftungsbeschränkung § 8, 224 ff
- M&A-Vertrag § 8, 199 ff
- Share Deal § 8, 173 ff
- Überblick § 8, 36 ff

Verhandlungsabbruch
- Ansprüche aus Vorvereinbarungen § 1, 109 ff
- Beurkundungspflicht § 1, 48
- Break-up-Fee § 1, 137 ff
- c. i. c., vertragsähnlicher Charakter § 1, 57 ff
- Einigungsformen § 1, 75 ff
- Einwilligungserfordernis § 1, 83
- Fallbeispiele § 1, 69 ff
- Formerfordernisse § 1, 98 ff
- Gründe, triftige/nicht triftige § 1, 58 f, 85 ff
- Investitionen, Fallbeispiele § 1, 69 ff
- Kostenvereinbarungen § 1, 82
- Schadens-/Aufwendungsersatz § 1, 106
- Stand d. Verhandlungen, Fallbeispiele § 1, 73 ff
- Vertrauenstatbestand § 1, 58 ff
- Wettbewerbsverletzung § 1, 107 f
- Zeitablauf § 1, 84

Verhandlungsgehilfe § 8, 149 ff

Verjährung
- Arglist § 6, 171
- Bestehen/Nichtbestehen d. M&A-Vertrags § 2, 213 f
- c. i. c. § 6, 167
- Delikthaftung § 6, 179
- Garantien § 5, 254
- Nichtlieferung d. Unternehmens § 3, 60 f
- Rechtsmängel § 3, 60 f
- Sachmängelhaftung § 7, 81 f

939

- Streitigkeiten post prae
  § 1, 152 f
- vertragliche Zusatzpflichten
  § 13, 169 ff
Vermögen
- Aufklärungspflichtverletzung
  § 6, 116 ff
- gesamtes, Übertragung § 2, 146
Vermögensgarantien § 5, 85 ff
- Bilanzgarantie, Unterschied
  § 5, 156 f
- Bilanzgarantien, Abgrenzung
  § 5, 92
- Nichtexistenz v. Risiken
  § 5, 89 ff
Verschulden
- Aufklärungspflichten § 4, 31 ff
- Exkulpation § 8, 10 ff
- Mitverschulden § 12, 436
- Nicht-Zugang v. Informationen
  § 8, 19 f
- subjektive Tatbestandsmerkmale
  § 8, 231 ff
- subjektiver Tatbestand, Kognitionspsychologie § 8, 18
- subjektiver Tatbestand, Verkäuferseite § 8, 19 ff
- Täuschung über Abschlussbereitschaft § 1, 40 f
- Unternehmensplanung, vorsätzlich falsche § 8, 31 ff
Versicherungsverträge
- Warranty & Indemnity-Versicherung § 14, 54
Vertragsanbahnung
- Angestellte, Abwerbeverbot
  § 1, 135 f
- Ansprüche aus Vorvereinbarungen § 1, 109 ff
- Break-up-Fee § 1, 137 ff
- Geheimhaltungsvereinbarung
  § 1, 112 ff
- Kostenvereinbarungen § 1, 142 ff

- Letter of Intent § 1, 109 ff
- Memorandum of Understanding
  § 1, 109 ff
- Streitigkeiten post prae § 1, 1 ff
- Täuschung über Abschlussbereitschaft § 1, 17 ff;
  s. a. Abschlussbereitschaft
- Täuschung über Zustandekommen § 1, 22 f
- Term Sheet § 1, 109 ff
- Vereinbarungen zw. Kaufinteressenten § 1, 151
- Verhandlungsabbruch § 1, 56 ff
- Vorfeldvereinbarungen § 1, 46, 109 ff
- Vorvertrag § 1, 148 ff
Vertragsstrafe
- Geheimhaltungsvereinbarung
  § 1, 119 ff
- vertragliche Zusatzpflichten
  § 13, 91 ff
Vertrauensschaden § 12, 40 f
Vertretung
- Exkulpation § 8, 10 ff
- Missbrauch der Vertretungsmacht
  § 2, 131 ff
- Täuschung über Abschlussbereitschaft § 1, 20
- Wissenszurechnung auf Käuferseite § 9, 69 ff
Vinkulierung § 3, 30 ff, 42
Voir Dire § 15, 60
- Vorfeldvereinbarungen § 1, 46, 109 ff
Vor-GmbH
- Anteilsabtretung, nichtige
  § 2, 139 f
Vorratsgesellschaft
- M&A-Vertrag § 3, 12
Vorratsvermögen
- Bilanzgarantien § 12, 386 ff
Vorsatz
- Exkulpation § 8, 10 ff

- subjektiver Tatbestand, Verkäuferseite § 8, 1 ff
- Unternehmensplanung, vorsätzlich falsche § 8, 31 ff
Vorteilsanrechnung § 12, 448 ff
Vorvertrag § 1, 148 ff
- Fallbeispiel § 1, 45

Warranty & Indemnity-Versicherung § 14, 54
Wegfall d. Geschäftsgrundlage § 2, 171 f
Wertentschädigung § 12, 42 ff
- Begriff § 12, 8 ff, 16 ff
- Bemessung § 12, 75 ff
- Berechnungsmethoden § 12, 272 ff
- Bestandsinteresse/negatives Interesse § 12, 215 ff
- Differenzhypothese § 12, 75 ff
- entgangener Gewinn § 12, 326 f
- Folgeschäden § 12, 326 f
- Leistungsinteresse/positives Interesse § 12, 251 ff
- Nettobarwert d. Investition § 12, 86
- Schadensersatzansprüche, Zusammenfassung § 12, 466
- statt Naturalherstellung § 12, 61 ff
- teilweise § 12, 70 ff
- Unternehmenswert, Bestimmung § 12, 254 ff
- Verhältnis z. Naturalherstellung § 12, 51 ff
- Wiederbeschaffungswert § 12, 78 ff
- wiederkehrende Schäden § 12, 328 ff
Wettbewerbsverbot § 13, 5, 50 ff
Wettbewerbsverletzung
- Verhandlungsabbruch § 1, 107 f

Wirtschaftsgüter, betriebsnotwendige
- Bedeutung i. R. d. Unternehmensbewertung § 11, 10 ff
Wirtschaftsgüter, nicht betriebsnotwendige § 12, 190 ff
- Bedeutung i. R. d. Unternehmensbewertung § 11, 10 ff
- Kaufpreisanpassungsklauseln § 13, 132
- Schulden § 11, 31
- Umlaufvermögen § 11, 27
Wirtschaftsprüfer
- Haftung § 14, 53
Wissen
- bewusste Wahrnehmung v. Informationen § 8, 22
- Garantien § 8, 3 ff
- Nicht-Wahrnehmung v. Informationen § 8, 21
- Nicht-Zugang v. Informationen § 8, 19 f
- widersprüchliche Informationen § 8, 23 ff
Wissensorganisationpflichten
- Aufklärungs-/einfache Informationspflichten § 6, 24 ff
Wissensorganisationshaftung
- analoge Anwendung v. § 166 BGB § 8, 96 ff
- Begriff § 8, 55
- Haftungsbeschränkung § 8, 132 ff
- Überblick § 8, 44 ff
- Versagen d. Organisation § 8, 106 ff
- Verschuldensprinzip § 8, 89 ff
- Vertretermodell § 8, 48
- Wissenszurechnung § 8, 89 ff
- Wissenszusammenrechnung § 8, 50 ff, 87 f
Wissensorganisationspflichten
- ad hoc-Teams § 8, 125 ff

941

- Aufklärungspflichten
  § 8, 97 ff
- außerhalb d. Schuldnerorganisation § 8, 102 ff
- Haftungsbeschränkung § 8, 132 ff
- Nachfragepflicht § 8, 125 ff
- Pflichtwidrigkeit § 8, 114 ff
- Versagen d. Organisation
  § 8, 106 ff

Wissenszurechnung
- analoge Anwendung v. § 166 BGB
  § 9, 72 ff
- aus Billigkeitsgründen § 8, 161 ff
- Beurkundungspflicht § 8, 86
- Käuferseite § 9, 69 ff
- M&A-Transaktionen § 8, 57 ff, 117 ff
- nach § 166 BGB § 8, 47 ff, 57 ff
- nach § 166 BGB analog § 8, 51 f, 60 ff
- nach § 166 BGB analog, Rechtsprechung § 8, 64 ff
- Überblick § 8, 36 ff
- Wissensorganisationshaftung
  § 8, 44 ff
- Wissenszusammenrechnung
  § 8, 50 ff, 87 f

Working Capital
- Kaufpreisanpassungsklauseln
  § 13, 125 ff

Wucher
- Nichtigkeitsfolge § 2, 104 ff

Zusatzpflichten s. Leistungspflichten, vereinbarte

Zwangsvollstreckung
- Erfüllungsanspruch § 3, 57 f